教育传播与技术研究手册

第三版

Handbook of Research on Educational Communications and Technology

· Third Edition ·

J. Michael Spector M. David Merrill
Jeroen van Merriënboer Marcy P. Driscoll 主编

任友群 焦建利 刘美凤 汪琼 主译

华东师范大学出版社

Handbook of Research on Educational Communications and Technology, Third Edition/edited by J. Michael Spector, M. David Merrill, Jeroen Van Merriënboer and Marcy P. Driscoll/
ISBN: 0-415-96338-9

上海市版权局著作权合同登记 图字:09-2009-157号

华东师范大学985哲学社会科学创新基地成果

献辞

谨以此书献给 David H. Jonassen，他主编了《教育传播与技术研究手册》的前两版。他关注和支持本书多年，提出过有益的建议，并参与了“基于问题的学习”一章的撰写。

Mike Spector，Dave Merrill，Jeroen Van Merriënboer 和 Marcy Driscoll

目录

第二部分　策略

第三部分　技术

第五部分 设计和开发

第六部分　方法论观点

中文版序(一)
凝聚学科智慧　引领专业发展

在美国教育传播与技术协会(AECT)凝聚全球教育技术专家之集体智慧推出第三版《教育传播与技术研究手册》(以下简称《手册》)两年之后,其近千万字的中译本在我国教育技术界一批中青年学者的共同努力下很快面世了。尽管中译本的水平和质量还需要进一步提升,但这显然是中国教育技术学专业迈向21世纪国际舞台的坚定、坚实之步伐。应中译本主持者之邀为其作序,我们想就此发一番评论与感言。

桑新民:传统上序的写法通常都是由一个学者独力完成的。但面对规模如此浩大、内容如此精深的《手册》,单凭一个人的力量显然难以驾驭。首先,仅仅是对近千万字中文译稿的把握,对"认知负荷"而言就是个巨大挑战,尤其是要认真为这样一部大型专业工具书写一篇对中国读者负责任的序言,需要阅读的英文原文和查询的英文文献就更不是我所能胜任的了;其次,工具书的编著是一项继往开来的学术事业,《手册》原作本身就是老一辈学者和青年一代精诚合作的产物,中译本则基本都是我国中青年学者的再创作,因此更应该让年轻人参与到序的写作中来,这也是我们年长的学者应该为年轻一代的成长创造发展机会的愿望和实际行动;另外还有我个人的偏好,我最喜欢的创作形式是对话而非个人独白,因此以对话的形式来写这个序,也算是别开生面。之所以倡导对话,是力图在教育研究风格上寻找21世纪的某种时代精神。总之,在这个瞬息万变的时代,序的写作也需要创新。因此,我请我的博士郑旭东共同来完成这项工作,他和我共同担任本届AECT定义与术语委员会成员,目前正在南京大学哲学系作博士后研究,并参与了由AECT定义与术语委员会正在进行的教育技术领域内另一项基础研究工程《教育技术学术语百科全书》的研究和开发工作。

郑旭东:桑老师交给我的无疑是一项令人感到诚惶诚恐的任务。但听了他的一席话,也让我觉得没有理由推辞。作为教育技术学领域内的末学后进,能够参与这样一项本专业建设的基础学术工程,不仅是中国教育技术领域青年学者和我个人的幸运,也是一份义不容辞的使命和责任。这几年来,在桑老师的指导、督促甚至是"逼迫"下,我一次又一次超越自己狭隘的视野,抛弃那些固执的偏见,不但提高了学习效率,开阔了思想眼界,而且还增加了学术胆量,使我在修身治学的道路上能不断前进。因此,面对桑老师交代的这个任务,我不仅没有理由推却，相反还非常愿意接受这项挑战。在这个变革的时代，师生关系也要在探索中创新发展和返璞归真。很幸运，受命于老师，我能借着这个序在和先生的对话中再做一回“学徒”。然而，在众多前辈学者面前，我的诚惶诚恐却始终挥之不去。

一、领域与学科：专业《手册》之地位与功能

桑新民：电化教育（教育技术）是近百年来迅速发展的现代信息技术（从幻灯、电影、广播，到电视、计算机、互联网）在教育领域应用过程中所开垦出的一片教育新天地，它属于教育领域，但在这里拓荒、耕耘的却经常是一批“陌生人”，而且每当一种新技术诞生，就有一批新的“陌生人”闯入教育领域，在新信息技术的教育应用中开拓新天地。教育关系到千家万户，是一个开放的广阔舞台，但教育领域原来的耕耘者主要来自传统教育学和心理学这两大学科。近代西方工业文明造成了科技与人文之间的巨大鸿沟，教育学和心理学者显然都缺乏信息技术背景，因此开始只能是“旁观者”甚至会成为“反对者”，但一百多年来，信息技术以其强大的生命力在各个领域势如破竹、不可阻挡，不仅打破了学科的壁垒，而且改变着领域的范围和边界，尤其重要的是在教育领域造就了一批越来越精通当代信息技术的“耕耘者”，由此加速了教育信息化、现代化的进程，并拓展、丰富了教育学专业学者的视野、知识结构、研究方法和方法论。这是一个以当代信息技术（生产力）为杠杆、动力的“双向建构”过程：一方面建构了教育领域以信息技术为手段、工具发展起来的新舞台、环境、时空；另一方面建构了在教育领域耕耘的实践者、研究者及其学科、专业。但同时也使领域发展、学科建设变得极其复杂。如何保证教育技术实践沿着正确的方向健康发展？这显然必须加强教育技术学专业的基础理论建设，并以此指导实践。

在任何一个领域建造专业学科大厦，大部头工具书都是不可或缺的基石。与建筑工程大厦的不同之处在于，学科大厦不可能预先设计出一套完整的图纸，照此打好地基，再盖起大厦；而只能在创造性实践的过程中总结经验，逐步建立起理论，同时用理论指导实践，不断明确领域之边界、疆域，在此过程中逐步确立学科研究之对象、基本范畴、基本理论、研究方法和方法论，使学科理论大厦及其基石不断拓展、日益完善。对于那些古老的传统学科来说，学科大厦的建设都经历过漫长的历史进程。而对于近百年发展起来的许多新兴、交叉学科来说，尽早提出、探讨、反思领域之边界、学科研究之对象、范畴、方法论等基础理论难题，对统一认识、明确学科建设方向、少走弯路、加快学科成熟显然具有十分重要的意义。

郑旭东：凝聚本领域专家之智慧、编纂大部头、权威性的专业手册就成为学科建设中的重大基础工程。专业手册的出版不仅标志着一个新兴学科正在努力走向成熟，更发挥了本领域实践的导航仪、本学科建设中系统的知识库和方向盘之作用。我在跟桑老师攻读博士期间有幸到美国跟随教育技术领域的著名学者“94 定义”的主笔之一丽塔 · 里奇（Rita Richey）教授做了一年访问学者，就亲身感受到《手册》对于美国教育技术专业人士的作用，这是他们随时查询的工具和参考书。对于教育技术领域学科建设来说，它意味着教育技术学发展到了这样一种水平：已有足够丰富的历史经验和资源、足够多的研究议题、足够好的研究成果和足够强的研究队伍来完成规模如此浩大的一项基础研究工程。同时我也感受到，对教育技术学专业而

言，编纂这样一部《手册》无疑是个巨大挑战。从传统的媒体技术到现代的信息技术，几十年来不仅发展迅速，而且变化巨大。这导致教育技术领域的疆界不断拓展而难以确定，学科研究焦点不断游移，从各相关学科引进的概念、理论、方法层出不穷……作为一个多学科交叉的研究领域，教育技术学经常陷入“耕了别人的地，荒了自家的田”之尴尬，更免不了陷入“众说纷纭、莫衷一是”的思想混乱。这让编撰一本具有高度理论综合性和强大实用工具性的手册变得极为困难，而却又恰恰彰显出《手册》对学科建设所具有之价值。

桑新民：尤其需要指出的是，近20多年来，以国际互联网为杠杆的当代信息技术和以人工智能专家为先导的当代学习科学携手在教育技术领域内一路高歌猛进，迫使教育技术学的阵营不断分化和重组，学科理论与方法变得更加扑朔迷离，专业文献浩如烟海……如何从中甄别、挑选出真正有价值、对未来有指导意义的成果，并以大型“自助餐”的方式，尤其是以雅俗共赏的语言文字呈现给众口难调的各类读者？这无疑考验着主编和撰稿人的战略眼光、学术功底、对学术前沿的洞察力以及对读者需求所具有的敏锐直觉。从这一意义上来说，《手册》第三版的编纂出版不仅是教育技术学研究成果的一次集中展示，更是对专业研究队伍的一次集体检阅和锻炼。

二、耕耘与收获：三大《手册》的比较与透析

桑新民：对领域与学科的关系，我们还可以从更深刻的层次上来进行认识和透析，这就需要把《手册》与本领域或相关领域的其他手册进行一番比较与透析。我们选择了近六年出版并在世界范围产生了较大影响的《学习科学手册》(中译本已由教育科学出版社出版)和《多媒体手册》。这三本手册虽然立足点各不相同，风格也迥然相异，但却都可以看作教育技术领域的“耕耘者”辛勤劳作所取得的成果。如果从领域之开拓和学科大厦建设之比较作一番深入透析，将会别开生面、发人深省。

郑旭东：《学习科学手册》于2006年推出。全书共包括六大部分，内容涉及学习科学的理论基础(如建构主义、认知学徒)；学习科学研究的基本方法和方法论(如基于设计的研究、协作会话分析)；知识的本质与分类(如基于案例的推理、学习中的空间表征、概念转变)；知识可视化的理论与方法(如模型化推理)；协作学习的模型与技术(如计算机支持的协作学习)；学习环境的设计与构建(如学习环境中的动机与认知参与)等[①]。

《学习科学手册》不仅汇聚了新兴之学习科学领域内的绝大部分精英力量，全面展示了学习科学自《人是如何学习的》国家研究理事会(NRC)系列报告发表以来在各方面的研究进展，而且还较全面、系统地向教育工作者展现了如何利用学习科学来设计更加有效之学习环境以促进学习，并革新教育的各种理论、模式、技术与方法。正如主编 Robert Sawyer 所言，《学习科学手册》是学习科学领域内的第一本手册，也是一本真正意义上的手册，因为它在组编过程中始终注重以下两个基本问题：一是如何界定学习科学及其学科体系；二是学习科学如何才能影响教育实践[②]。我们认为，这也是《手册》必须认真思考和面对的两大课题。

桑新民：《学习科学手册》中译本已经出版，并受到我国教育技术理论和实践工作者的广泛关注。从我了解到的反应来看，许多人看后感到耳目一新，很有冲击力，同时也有许多读不懂

和困惑之处。原因在于20年前诞生的学习科学是一个多学科交叉的前沿领域，郑旭东博士最近发表的一篇论文对此作了系统介绍[③]，可以帮助大家更深入地了解这门新学科的创建和发展过程。尤其值得注意的是，一批人工智能专家在学习科学研究中充当了重要角色，这一方面大大提高了学习科学研究的理论与技术层次、水平，另一方面则加快了传统心理学和教育学将学习研究的立足点从简单、抽象的实验室研究转向现实中极其复杂的学习现场研究(包括学校的课堂学习和各种非正式学习活动)，并导致研究方法论的创新发展(如设计研究法越来越成为学习科学研究的主流)，这既是对教育技术学的严峻挑战，也是当今世界教育技术学发展前沿的大趋势。我建议读者可以先看《学习科学手册》的"导言"、"后记"和"跋"，后两篇都不长，却精辟地展现了当今美国人工智能领域顶级专家对学习科学与教育改革的真知灼见，真正读懂了，你一定会心潮澎湃[④]。在"导言"中还专门有一段是对教育技术近六十年在美国发展的历史反思[⑤]，从这段高度浓缩的文字中，你可以感受到当代世界学习科学专家群体对教育技术专业的批评与期望，更可以强烈地感受到学习科学在教育技术未来发展中的地位和作用。总之，通过认真研读《学习科学手册》，可以拓展我国教育技术学研究者、工作者的视野和知识结构，提升研究与实践的水平，尤其可以提高与世界同行展开平等对话的能力，打破我国教育技术界长期以来严重存在的时而"自说自话、自我欣赏"，时而又盲目追随国外潮流的被动局面。其实，反思美国教育技术学发展的历史，我们可以清楚地看到：媒体派和学习派的"二重唱"，构成了教育技术学发展的主旋律。这样的"二重唱"在今天学习科学的研究领域也同样存在，这就是为什么会出现两本不同的《学习科学手册》之原因。下面请郑博士介绍一下当代学习科学研究中的媒体派及其工具书《多媒体手册》。

郑旭东：《多媒体手册》于2005年推出。多媒体学习一方面和"人是如何学习的"(学习科学)休戚相关，另一方面又和"技术是如何发展的"(教育技术)有着密切联系，因此这本手册可以作为理解和沟通《手册》和《学习科学手册》，也就是沟通教育技术学与学习科学这两个交叉学科的中介与桥梁。它主要关注以下三个基本问题：1. 哪些东西有效(即鉴别出究竟是多媒体课程的何种特性影响了学习)？2. 它是如何有效的(把研究建基于科学的理论之上)？3. 何时何地它才有效(即探讨研究对实践的启示)？全书共分五篇，从理论基础、基本原则、高阶原则、分科应用、高阶计算机境脉中的多媒体学习出发，以层层深入的方式对上述三个问题做出了非常精彩的回答，不但在总体上界定了多媒体学习这一领域，而且还较为全面地呈现了这一领域的研究景观。

《多媒体手册》的特色概括起来主要有以下几点：1. 简明扼要，每章坚持以不到20页的篇幅来说明问题；2. 焦点集中，每章都针对一个专门话题对相关研究进行评述；3. 引证翔实，提供了一系列非常丰富的与研究相关的文献；4. 证据充分，对最优秀的经验研究证据进行最新评述；5. 理论坚实，探讨相关的研究发现与恰当的理论之间的相关性；6. 注重与教育的联系，阐发相关研究对教育实践的启发意义[⑥]。

桑新民：这些特色与《手册》既有相同之处，更有非常值得其吸收和借鉴之处。如果教育技术学者群体再下决心、组织力量将《多媒体手册》也翻译出版，对三大手册的研究和比较就可以在我国更加广泛、深入地开展起来了。打开这样一扇"窗口"，可以使我们对媒体技术前沿有更深入的把握，尤其可以改变我国教育技术领域严重存在的“狭隘技术观”，这对中国教育技术学建设无疑具有重要价值。

在一个新开垦的处女地中耕耘，能较早地开始大型工具书的研究、编纂、出版，显然能促进学科的反思和自我意识，加快学科建设、成熟的步伐。教育技术学在领导世界潮流的美国历经七十余年积淀才于20世纪末推出了《手册》；而在学习科学领地创业的不同背景研究群体，在不到二十年时间内就分别从学习理论和多媒体技术这两个不同视角推出了两本大部头的工具书，这不仅值得中国同行学习，而且应该引起我们的深思。

郑旭东：尤其值得指出的是，这两本以信息时代的学习为研究对象的工具书与《手册》相比，不仅理论基础更坚实、研究方法更先进，更重要的是在研究范式上体现出了极为鲜明的实践转向，并对当今世界教育科学研究产生了广泛而深刻的影响，尤其是学习科学的影响力明显超过了教育技术学，这一严峻挑战不能不引起我们深思和高度重视。在此我想请教桑老师，学习科学和教育技术学应该属于不同学科，但它们各自研究的领域之间又是什么关系呢？

桑新民：领域可以有广义与狭义之分。广义的领域是人类一切实践活动的共同舞台，在这一舞台上的分类形成了不同的专业(这是广义的专业概念，即专门化的行业)，如经济、政治、军事、科学、文化、艺术、宗教、哲学等；狭义的领域是人类文化、科学这一特殊实践活动的舞台，在这一舞台上的分类形成了不同的学科，学科也有广义与狭义之分，广义的学科如理学(自然科学)、工学、社会科学、人文学科等；狭义的学科则是研究分类的进一步细化，如将自然科学分成物理学、化学、生物学等，将社会科学分成政治学、经济学、法学等；随着人类实践的发展和文化、科学研究的不断深化，学科发展呈现出两种不同的趋势，一方面越分越细，另一方面学科之间的交叉、综合也越来越强，由此产生了生物化学、计量经济学等交叉学科，以及系统科学、管理科学等横向学科、方法论学科。这里需要强调的是，分类有不同的目的、不同的视角和参照系，并受到不同时代人类实践发展水平和认识发展水平的影响与制约，因此不是绝对的，是多层次、多元化的，是随着历史和文化的发展而不断深化、发展的。我个人在人生与学术道路上自觉、不自觉地跨越了不同的行业、专业，十五年前“鬼使神差”地迈进了教育技术学的门槛，从教育哲学的博导，变成教育技术学博导，这是一种巨大的压力和责任，为了避免“误人子弟”，这10多年来我几乎把所有休息时间都用来学习，即使如此，也深感无法适应日新月异的教育技术创新步伐，深感到学问之博大和个体之渺小、人生之短暂……后来我突然醒悟了：其实每个人的潜能还是很大的，大可不必悲观，只要能充分认识、发挥自己的特点与专长，并善于向不同背景、观点的人学习，与各种类型的专业人士合作，你就能学得开心、干得高效、活得充实。这不仅需要广阔的胸怀，而且需要具有自我超越的意识和跨学科、跨领域学习与创新的能力。这些素养对置身于教育技术这样一个多学科交叉、很不成熟、发展变化又极其迅速之学科、领域的教师、学生、研究与实践工作者来说尤其重要。

领域是耕耘的土壤，而学科则是在这块土壤上生长出来的参天大树。人类创造了越来越辉煌、同时也越来越复杂的文明。为了使文明世代相传，人类需要并创造出一个专门从事文明传承的舞台，用专业化的术语表述，是人类实践活动的一大专门领域，这一领域被称作教育。这一领域存在和发展的历史显然与人类文明的历史一样久远。随着文明传承之日益复杂化，教育活动也越来越专门化、专业化，不仅出现了学校和教师这样专门的活动场所和专业人士，而且总结出越来越丰富的专业经验、知识、理论、艺术、智慧，形成了专业化的研究人员和学术成果，创建了被称作“教育学”的学科和学科群。

教育技术学是当代信息技术在教育领域开垦出的一片新园地，只有当这片园地中培育出的各种学习、教学、教育成果为广大教师、学生乃至全社会的终身学习者都理解、接受，在教育的百花园中传花授粉、争相开放的时候，其价值才能真正显现出来。所以，将其定位为教育学大家庭中一门独具特色的二级学科，不仅是科学的，而且是适当的。近年来有些学者为了提升学科地位，提出并努力争取将教育技术学发展为独立于教育学之外的一级学科，还有些学者试图将教育技术学转化为一门技术学科，其实只要认真研究一下学科的历史和分类标准、理论和方法论依据，尤其是认清了领域与学科之关系，结论自然就清楚了。提升学科地位的愿望是好的，但学科地位之提升不是靠行政手段来实现的，更不能靠包装和炒作，只能依靠学科专业人士辛勤的耕耘与长期的积淀，要靠真才实学，拿出经得起实践检验、历史考验的成果。使本学科大厦挺立在学科之林，这需要几代人的努力，绝非急功近利所能奏效。新的一级学科产生是有客观规律的，六十年前美国教育技术领域著名思想家 James Finn 曾经提出了指导和评价学科建设的六条标准，[7]对美国乃至世界产生了很大影响，许多思想今天仍然有指导意义，但时间毕竟已经过去了半个多世纪。从当前中国的国情出发，我认为判别一门学科是否能成为一级学科，其中最主要的标准应该包括以下几方面：社会实践的需求和领域舞台之确立；研究对象的形成及其与相关一级学科界限之确立；理论基础和研究方法论的成熟；专业人才标准及其培养体系之成熟等。掌握了这些规律就可以进行研究和预测。我在此想特别提请专业人士注意：近二十年迅速发展起来的学习科学可能最有希望成为新的一级学科，因为在众多学科的合力耕耘下，学习已经成为信息时代的一片广阔新时空、新舞台、新领域，并在学习方式的历史变革中书写着人类文明的新篇章，这才是最值得教育技术学乃至整个教育学所共同关注和追踪的前沿阵地。1997 年我跨入教育技术学专业大门之时，很快发现并抓住了这一重要的生长点，倡导开展信息时代的学习科学与技术研究[8][9]，推动学习方式的历史变革[10]，但当时在教育技术学专业能理解和接受的人并不多，因此只能在边缘地带艰难地生长。相隔十几年，情况就完全不同了，学习科学在今天的教育技术学研究中已经成为热点，但做些“冷思考”就不难发现，大量研究都属于介绍和模仿国外的研究，真正扎实、艰苦的实践探索和原创性成果非常少。最近我们提出了扎根于中国文化土壤的 G-Learning（绿色学习）理念[11]，对西方工业文明导致的学习文化之严重异化、“污染”进行了深刻剖析，倡导“学习环保运动”，使其成为 21 世纪学习文化返璞归真的“启蒙运动”，以此唤醒千百万低效学习的受害者和厌学瘟疫的受害者。希望能引起教育技术界的关注和参与。

学习科学在中国文化教育土壤中与西方的发展道路可能会有很大区别。中国目前学科壁垒森严，很不利于交叉学科之成长，我认为在目前中国孵化学习科学与技术的最好学科文化土壤不是心理学，也不是计算机科学与技术，而是教育学一级学科中的教育技术学，这是“天赐良机”，请我国教育技术学各位专家学者、院系领导、尤其是学科带头人务必珍惜此机遇和“缘分”……

郑旭东:您对领域与学科关系的深入剖析,把我在教育技术学专业读本科、硕士、博士期间的许多根本性困惑化解了。不过我还有个疑问,就是学科和专业的关系?我在美国访学期间,发现教育技术作为一个学科,专业人员偏好使用的术语各不相同。从传统视听教学中成长起来、注重媒体开发和应用的专业人员使用最多的是“教学技术”(Instructional Technology),这也是美国在用来指称本领域和学科时使用最多的一个术语,它大体上对应着我们中国语境下的“教育技术”;而强调以学习的心理学研究为基础、引入系统思维和方法论、注重对教学与学习进行整体设计的专业人员使用最多的则是“教学系统”(Instructional Systems)。我认为,术语使用的偏好可以视为“媒体派”和“学习派”两大派别之分野的一大外在表征,但这却并没有影响到二者之间的相互认同与合作。尤其是近年来,随着两大学派不断走向融合,“教学设计与技术”(Instructional Design 和 Technology)这一称谓得到了越来越多的认可,使用也越来越广泛。另外还有一点非常有意思的是,在这两派之外,还有一部分专业人员习惯使用“教育技术”(Educational Technology),用以指称对以计算机为核心的当代信息技术在教育中的应用实践和学术研究,这一派以麻省理工学院媒体实验室的 Seymour Papert 及其追随者为代表,他们和以上两派的互动不多,但层次和水平却更高,在美国整个教育研究与实践领域内的影响也更大,现在很多知名的学习科学专家就是从这个阵营中分化和成长起来的。谈到教育技术专业在美国大学中的称谓,则更是五花八门,在有影响的传统教育技术专业中,有的使用“教学系统”(佛罗里达州立大学和宾州州立大学),有的使用“教学系统技术”(印第安纳大学),有的使用“教学技术”(乔治亚大学和韦恩州立大学),另外还有使用“教学设计、发展与评价”的(雪城大学)等等,不一而足,表现出高度的多元化色彩。但是,这种专业称谓上的多样性不但没有削弱教育技术作为一个学科的凝聚力;相反,它大大增强了这一学科的开放性和包容性,而开放和包容正是教育技术作为一个交叉学科之所以能够持续发展并不断走向成熟的生命线。这种开放和包容的学科文化在以 Edgar Dale、James Finn 和 Donald Ely 以及加涅等为代表的老一代前辈学者之卓越学术领导力和个人魅力所锻造的包容百家、携手共进之优良学科传统的引领和增强下,把教育技术学打造成了一个既有强大凝聚力又有高度开放性的科学共同体。我们很欣喜地看到,近年来面对学习科学的强势崛起,美国教育技术正力图与学习科学展开深层次与高水平的对话与合作,在专业建设上正在以高度自信开始新一轮纵横捭阖,其分化组合之结果当令人瞩目,很可能会迎来自 20 世纪 70 年代之后的又一次大变革。

桑新民:你看到的情况反映了教育技术在美国高校发展的复杂情况,与中国显然存在明显差别。如何认识中国和美国在这方面的差异?还得有基础理论指导。前面我已谈到,领域与学科都有广义与狭义之分,与此对应的专业同样也有广义与狭义之分。广义的专业概念是指专门化的行业分工,而我们在专业建设中所使用的是狭义的专业概念,指高等教育中人才培养的分类,它不仅与实践中的行业分工(广义的专业概念)、文化科学研究中广义与狭义的学科分类有密切联系,同时还要受到各国不同的高等教育模式、体制所制约。中国大学中非常强调专业,这可能与 20 世纪 50 年代中国在高等教育中全盘接受苏联的专业化教育模式有关系,而且与计划经济体制也有直接关系;西方发达国家高等教育体系受市场经济影响很大,专业之间从来没有如此严格的分类与壁垒,反而强调在通识教育中拓宽人才培养口径,在新兴学科中尤其倡导学科的交叉和专业课程的互修互补，这导致了你所看到的美国教育技术专业多姿多彩之现状。东西方有各自不同的文化传统，这不仅决定了东西方哲学、科学、教育模式存在很大差异，而且对领域、学科、专业的认识和分类也不尽相同，这方面不存在绝对的界限，更不应该“画地为牢”，自己束缚自己。对于如何认识和处理领域与学科的关系、学科与专业的关系，我非常欣赏古今中外那些大学者们的智慧和学术人生态度——“只问耕耘，不问收获”。

以孔夫子为例，他属于哪个学科、哪个领域、哪个专业呢？孔子是世界公认的教育家和哲学家，他“删诗书，定礼乐，修春秋，序易传”，但最能体现其思想，流传、影响最大的著作《论语》却并非出自孔子自己的手笔，而是其弟子忠实记录的与老师之“对话”，这不仅无损于人们对孔子作为教育家、哲学家的认同，而且更彰显出中国圣人的智慧与胸怀，也表现出中国师生之间超功利的感情。

再以美国教育技术领域的学术权威人士为例。斯金纳和加涅在美国心理学和教育技术学领域内显然都是“里程碑”式的人物，但他们一生同样是“只问耕耘，不问收获”。在西方，这两大领域的耕耘者和学科建设者们也并没有去刻意追究他们二人究竟应该归属于哪个专业、哪个学科。

郑旭东：我也想举一个例子。斯坦福大学教授 Patrick Suppes 是世界知名的科学哲学家，在科学哲学、测量理论、量子力学基础、决策论和心理学等诸多方面都有杰出贡献，曾获科学哲学最高奖拉卡托斯奖。但谁能想到的是，此人在教育技术方面也有非常重大的贡献。20 世纪 60 年代中期，继程序教学退潮之后兴起的计算机辅助教学运动就是由 Patrick Suppes 和后来成为加州大学总校校长的著名心理学家 Richard C. Atkinson 在斯坦福大学首先开启的，其在学习理论和教育技术上的开创性工作为迄今为止的计算机教育应用奠定了心理学基石和经验基础，他也因此而被誉为“CAI 之父”[12]。

桑新民：这种跨领域、跨学科的耕耘者显然需要付出比常人更多之心血，尤其需要承担更多的风险，而激励他们作此选择的绝不是外在的眼前功利，而是对学术之真、善、美的内在神往，是超越自我之悲壮情怀……这是我们今天需要在中国教育技术领域和学科的耕耘者、建设者中广泛宣传和大力提倡的。

三、个体与团队：《手册》版本的演进与第三版之特色

郑旭东：除了从领域和学科之关系的视角进行透视之外，对《手册》版本演化的分析也有助于我们把握教育技术领域自身景观的发展演化。作为教育技术领域历史上规模最大的基础性学术研究工程之一，《手册》编撰迄今已持续十余年，先后推出了三个版本。第一版由教育技术领域内建构主义的代表人物乔纳森主编，于 1996 年出版，全面展现了 20 世纪 90 年代初教育技术研究的整体面貌。全书共 42 章，分为五个部分：教育传播与技术研究的理论基础；硬技术：和媒体相关的研究；软技术：教学和信息设计研究；教学讯息设计研究；教学策略研究；教育传播与技术中的组织与变革；教育传播与技术研究方法。2004 年又推出了第二版，在整体框架上无甚大改动，只在具体各章对第一版进行了修订和更新，以体现自第一版出版以来教育技术研究的最新进展。同时，为了顺应学术出版数字化的时代潮流，让更多专业人士从中受

益，第二版还推出了电子版，超文本的阅读方式让读者可以在阅读过程中获得新体验。

《手册》第三版于 2007 年底推出，汲取了第一版和第二版的成功经验并有所创新和突破，不但在编写体例和总体框架上做了改进，而且增加了新的研究内容。全书共分为六部分：基础篇、策略篇、技术篇、模型篇、设计和开发篇、方法论观点篇，其中特别值得关注的是出现了不少新概念、新理论、新方法与方法论，如功能依景论、开放资源、面向对象的学习，还有对热点与前沿的新进展介绍，如复杂性理论的教育应用、绩效技术等课题在专章中得到了充分阐述。和前两版相比，第三版讨论的话题更复杂多样、篇幅更短小精悍、行文更简洁明了、文献更丰富全面。尤其重要的是，第三版的全球化色彩更加浓厚，主编和撰稿人力图站在全球教育技术创新发展的高度对本领域的新进展进行总结、概括、提炼和呈现，从而打造一本真正意义上的教育通信与技术研究手册，而不仅仅是"美国"的教育通信与技术研究手册。

《手册》前后 3 个版本从某种程度上折射了 20 世纪 90 年代以来教育技术研究变迁发展的基本景观，从行为主义向建构主义的范式转换、认知学徒和情境认知等新理论的涌现、新技术的发展及其在教育中的创新性应用、学习环境的设计建构等等勾画了其最为精彩的篇章。值得注意的是，第一版和第二版在总体框架上把技术划分为硬技术和软技术，体现了教育技术领域内"媒体派"和"学习派"二者之间存在的深刻思想分野；而在第三版中，对软硬技术的这种区分已不复存在。这表明：在各种新观念、新理论、新方法和新技术等多重力量的综合作用下，两大学派正不断走向融合。另外，《手册》的不同版本在组稿过程中对内容的取舍也体现了主编个人的学术风格与偏好，这一点在《手册》的第一版和第二版上尤为明显。众所周知，乔纳森是一位激进的建构主义者，具有浓厚的后现代气质和强烈的批判精神，因此在前两个版本的《手册》中，批判理论和后现代主义成为主色调，而第三版则在各派观点的兼容并蓄中被相对淡化。

桑新民：还有一点非常值得我们的注意，那就是不同版本之《手册》在演进过程中编撰主体从个人到团队的进化。和前两版主编只有乔纳森一人唱独角戏，撰稿人队伍主要由美国学者组成不同，第三版由 Michael Spector、David Merrill、Jeroen van Merriënboer 和 Marcy Driscoll 联合主编，撰稿人团队涵盖了来自美国、加拿大、英国、荷兰、比利时、德国、西班牙、挪威、奥地利、瑞士、澳大利亚、中国和土耳其等十几个国家的学者。尤其值得指出的是，第三版的大部分章节都由知名学者和青年学者合作撰写，年轻一代在其中发挥了重要作用并得到了锻炼，体现了教育技术领域内薪火相传的优良传统，更展现出当今教育技术学加快全球化步伐的追求、趋势和壮美新气象。但正由于吸纳了世界各国学者，不同思想、派别之间的差异甚至分歧在所难免，沟通与达成共识的难度非常大，这也决定了第三版主编团队的指导思想不明晰，内容显得散乱，因此带有明显的过渡性。我们更期盼能将当今世界教育技术学基础和前沿驾驭得更加清晰、明了的第四版《手册》问世。在翻译第三版《手册》的过程中，中国的教育技术学者充分发挥了团队协同的优势和互联网的合作共享精神，借助于网络写作协同平台，打造了一个全球化 3.0 时代的翻译创作团队，这是中国教育技术研究共同体未来的希望。与英文第三版《手册》同样遗憾的是，由于篇幅大、时间紧、新手多，翻译的组织、沟通、校对难度相当大，致使不同部分翻译质量的差异较大。但这是中国教育技术学走向世界舞台的必经阶段。

郑旭东:我有幸出席了2010年10月底的AECT国际年会,会上Michael Spector和David Merrill又组织召开了组编手册第四版的工作研讨会,来自比利时鲁汶大学的知名教育学教授Jan Elen接替Jeroen van Merriënboer进入了主编团队。根据初步讨论结果,将要推出的第四版比前三版规模更加庞大,涵盖的议题更多,讨论的也将更加详尽,全书计划分为上、下两卷,共计九篇70余章。上卷包括:基础;方法;评估与评价;一般策略;分领域策略与模型;设计、规划和实施。下卷包括:新兴技术;技术整合;未来展望。全书预计将于2012至2013年间推出。另外,还有学者建议,在第四版《手册》的编撰过程中,如果能进一步扩大前期的需求调查和分析之规模,利用互联网的力量,突破AECT的组织框架和美国一个国家的地域限制,通过大规模的问卷调查充分了解和把握全球范围内教育技术理论与实践工作者的实际需求,吸收更多国家的优秀学者参与,将会进一步增强《手册》的全面性、综合性、权威性和实用性[13]。同时,我们也期望,新推出的第四版能汲取《学习科学手册》和《多媒体学习手册》的特色与经验,从而更加完善。

四、借鉴与创新:中国教育技术学走向世界的希望之路

桑新民:从电影、电视、计算机、互联网,到这些信息技术在教育领域应用形成的视听教学、计算机教育、网络教育……所有这一切都是来自西方的"舶来品"。100多年来,当代信息技术及其创生的文化教育新形态、新理念、新方法极大地影响、改变着中国科技、经济、文化、教育的面貌。中国在吸收和借鉴西方文明的过程中跌跌撞撞:品尝过闭关锁国的苦果,体验过全盘西化之悲剧,改革开放以来也经历了"与狼共舞"的严峻考验,终于开始变得成熟与自信。

教育是为未来培养人才,但教育的变革与发展又总是滞后的,这是一个令社会难以容忍的二律悖反,也是我本人近30年来从事教育研究与教育改革所切身感受到的最大困惑。当代日新月异的信息技术在各个领域都引发了深刻的历史变革,但在学校、课堂、家庭装备了越来越多的信息技术之后,教育领域的历史性变革并没有发生,传统教学方式在课堂中安然无恙,学校大量配置的数字化设备被用来使"黑板搬家"、"教科书搬家",以"人灌+机灌"的形式加剧了学习的异化和"非人化",学校教育中像瘟疫一样流行的厌学之风并没有多少好转,而在学校和家庭中不断增加的"网络沉迷者"却惊显出"电子鸦片"的魔力……信息技术"双刃剑"的负面影响让教师和家长们怯步……实践使我深切地体会到,在20世纪(以工业文明为背景)的文化、教育土壤中,不可能直接生长出21世纪(信息时代)的学习文化和教育体系。当前迅速发展的网络文化新环境,正在孕育出新一代教师和学生,但却受到各种现行观念、政策、体制的阻碍和束缚。信息时代学习新文化的生成发展,必然要经历一个曲折、坎坷的过程。为了寻找、选择阻力和代价较少的前进道路,需要具有全球化战略眼光和教育智慧的教育改革家们联合起来,不断总结和提升来自教育实践中的新思想、新技术、新经验,设计和推动教育系统在复杂、渐进的矛盾运动中实现学习方式的历史变革。

《手册》中文版的翻译出版,为中国教育技术学借鉴世界同行的研究成果提供了一个开放的窗口,这是一件功德无量的好事。但信息时代教育经验与理念的引进和借鉴本身就是一项极其复杂的跨文化系统工程,必须有理论指导,否则必然陷入盲目发展的危险境地。近十五年

来，中国教育技术学专业借助教育信息化的潮流、借助国外同行的理念，创造了超常规跨越发展的“奇迹”，但其中的酸甜苦辣只有被卷入这一潮流中的“亲历者”才最清楚。如果敢用学者的“胆略”、“良知”和“智慧”做一番真诚的反思，才有可能获得超越眼前功利的文化自觉。到目前为止，中国教育技术的思想和理论不仅非常混乱，而且其中绝大多数都来自于西方发达国家。这当然并不仅限于教育领域。西方某大国一位前首相对此曾发表过这样的评论：中国成不了超级大国，因为今天中国出口的是电视机，而不是思想观念[14]。西方政治家这种独特的视角和见解，已经引起我国决策者和理论界的高度重视，但似乎尚未引起我国教育技术工作者的警觉。中国教育技术的理论与教育信息化政策、理论研究严重滞后，尤其是严重脱离复杂多变之中国教育现代化、信息化现实，这种状况如不能尽快改变，中国的教育技术学就不可能步入世界舞台，具有中国特色、高度信息化、现代化的教育体系也不可能诞生。

教育技术学是一门新兴的交叉学科，发展很快，却又很不成熟，在其诞生还不到一百年的历史进程中，各相关学科的概念、理论、方法、技术都被引入，各种不同的思维方式和研究方法同生共长，因此必然处处是战场，被大家所公认的基石都不多见；另一方面，教育技术学在中国至今还是一个“重技术，轻理论”的领域，基础理论和方法论的研究经常被边缘化，这样的学术土壤和氛围必然导致本领域的学术研究存在很多“荒漠”并“荆棘丛生”。出路何在？对学科历史与现状的系统考察和国际比较，显然是任何一门学科建设都不可缺少的基础研究，因此除了立足本土之外，还必须将视野拓展到世界，在与国际同行的高层次、高水平交流和对话中，把握领域与学科发展的历史、现实与未来。这是一切成熟学科发展的成功之道，更是教育技术学走向成熟的必由之路。在这个意义上，《手册》中文版的翻译、出版的确扎扎实实地迈出了重要的一步。乔纳森曾在《手册》第二版的序言中说：“我诚挚地希望，您会觉得这部手册对于建构您自己对于我们这个领域中的研究的认识而言是个重要的概念工具，对于您自己在教育通信与技术上付诸的研究努力来说，它能发挥催化剂的功能。”[15]这也是我们对《手册》中文版最诚挚的期望。

在中国教育技术领域讨论引进与自主创新这一沉重话题的时候，我们生活在当年金陵大学校址上的南京大学教育技术学专业晚辈不能不深深地怀念着中国电化教育领域的开拓者、学科的创始人孙明经先生。他从小立志从事影音教育，在中国学术泰斗蔡元培、陈裕光（原金陵大学校长、著名教育家）等人支持、指导下，学贯中西，技艺超群，对中国早期电化教育的实践和理论建设作出了杰出贡献，尤其是开创了影音教育的中国之路，中年不幸被错划为右派，受到不公正待遇却仍心系电教、无怨无悔。这种“只问耕耘，不问收获”的高风亮节，为中国电教人树立起永恒的丰碑！

遗憾的是，在当今这样一个急功近利的时代，这种超然、恬淡、宁静致远的学者和学风已经越来越少见了。在愈演愈烈的恶性竞争压力下，在“钱本位”和“官本位”这两只“看不见的手”的双重绞杀下，众多领域被切割成七零八落的“不毛之地”，许多学科成为滋生学术腐败的名利场。现在确实已经到了返璞归真、呼唤学术良心和学者自救互救的危难时刻了。今年适逢中国电化教育创建七十五周年，也是孙明经先生诞辰一百周年。我们应该借此在中国教育技术领域与学科举办纪念活动，倡导返璞归真的职业道德和人格追求，净化学术风气，扎扎实实地稳步提高研究的层次和水平，开创与世界同行平等对话的新局面。这对于本领域、学科的健康发展，对老一代学者保持“晚节”、中青年学者在复杂的学术环境中健康成长，都是至关重要的。

桑新民　郑旭东

辛卯年(2011)阳春三月

完稿于南京大学金陵园

参考文献

① SAWYER R. Preface [M]//SAWYER R. The Cambridge handbook of the learning sciences. New York: Cambridge University Press, 2006: xi - xiv.

② SAWYER R, COLLINS A, CONFREY J, KOLODNER J, SCAEDAMALIA M. Moving forward: the learning sciences and the future of education [C]//BARAB S, HAY K, SONGER N. Make a difference: proceedings of the 7th International Conference on Learning Sciences. Indiana: International Society of the Learning Sciences, 2006:1084 - 1087.

③ 郑旭东.学习研究新学科创建的辉煌历程——学习科学成功之道探秘[J].开放教育研究,2011,17(1):42—50.

④ PAPERT S. Afterword: after how comes what [M]//SAWYER R. The Cambridge handbook of the learning sciences. New York: Cambridge University Press, 2006:581 - 586.

⑤ SAWYER R. Introduction: the new science of learning [M]//SAWYER R. The Cambridge handbook of the learning sciences. New York: Cambridge University Press, 2006:1 - 16.

⑥ MAYER R. Preface [M]//MAYER R. The Cambridge handbook of multimedia learning. New York: Cambridge University Press, 2005:ix - xii.

⑦ FINN J. A walk on the altered side [J]. The Phi Delta Kappan,1962,44(1):29 - 34.

⑧ 桑新民.步入信息时代的学习理论与实践[M].北京:中央广播电视大学出版社,2000.

⑨ 桑新民.学习科学与技术——信息时代大学生学习能力培养[M].北京:高等教育出版社,2004.

⑩ 桑新民.科教兴国的教育使命——实现人类学习方式的历史性变革[J].人民教育,1999,1:13—15.

⑪ 桑新民,谢阳斌.21世纪:学习向何处去?——绿色学习研究论纲[J].开放教育研究,2011,17(3):10—17.

⑫ Papert S. The children's machine: rethinking school in the age of the computer [M]. New York: BasicBooks, 1993:163.

⑬ Liu G Z. Book review: handbook of research on educational communications and technology [J]. Educational Technology & Society, 2010,13(1):260 - 263.

⑭ 郭沂.国家意识形态与民族主体价值相辅相成——全球化时代马克思主义与儒学关系的再思考[J].哲学动态,2007,3:3—13.

⑮ JONASSEN D. Preface [M]//JONASSEN D. Handbook of research for educational communications and technology. New York: Lawrence Erlbaum Associates, 2005:ix - x.

中文版序(二)

《教育传播与技术研究手册》(*Handbook of Research on Educational Communications and Technology*)一直是教育技术学领域的风向标,每册都能高度综合与概要地反映国际上教育通信与技术研究的最新动向与趋势,对广大教育技术研究者具有很高的参考价值。时隔4年后新出版的第三版更引起了人们的极大关注,不仅是因为第一、二版著名主编大卫·乔纳森(David Jonassen)的易人,更是在于教育通信与技术领域的定位与未来研究取向的变化。从第三版的主编团队、主要内容和特点可以看到手册的基调为"谦逊、开放、多元",不仅为研究通信与技术支持下的教与学提供了多元理论视角,也为教育技术的未来研究指引了新方向。

俗语说"文如其人",由于学术背景、研究经历及专长的差异,手册的每个主编都有各自的认识论隐喻(如客观主义、建构主义)、学习理念(如行为主义、认知主义)和媒体技术观(如"从媒体中学习"、"用媒体学习"),进而影响到对手册的"建构"。为此,有必要简要介绍一下手册三个版本的主编。手册第一、二版由AECT分别于1996年、2004年推出,主编均为大卫·乔纳森。乔纳森博士,美国密苏里哥伦比亚大学大学教育学院杰出教授,其主要研究领域涉及视觉文化、认知风格、教学设计、基于计算机的学习、超媒体、建构主义、建构主义学习环境以及认知工具等。他当前的研究主要关注认知建模与认知任务分析、问题解决、建构主义学习环境设计、学习中认知工具的开发等。其专著《学习环境的理论基础》、《学会用技术解决问题:一个建构主义者的观点》的中文版已经由华东师范大学出版社出版。为了了解乔纳森博士为何不继续担任第三版主编,笔者通过电子邮件与乔纳森进行了交流,他告知说"I was tired(我累了)",故没有继续担任手册第三版的主编。与此同时,他也告知"I may edit the 4th edition(可能主编第四册)"。当然,乔纳森对第三册内容的定位与新主编人选的确定都起到了决定性的作用,新主编班子在第三册的首页特地向乔纳森博士个人写了献辞(Dedication)。此外,他也参与合著了其中的第38章:基于问题的学习。

考虑到主编队伍以团队可能比单个主编的效果更好,视野更开阔,效率更高,由AECT协会办公室执行主任哈里斯(Phil Harris),手册出版商Routledge的教育主编艾克斯(Lane Akers)与乔纳森共同讨论确定了主编团队由四位人选组成,分别为迈克尔·斯佩克特(J. Michael Spector)、戴维·梅瑞尔(M. David Merrill)、范·麦里恩博尔(Jeroen van

Merriënboer)和 M·P·德里斯科尔(Marcy P. Driscoll,她也是手册第一版的副编辑)。

斯佩克特博士,佛罗里达州立大学学习系统学院副院长、教育心理学与学习系统教授,且是 AECT 新当选主席(2011 年就任)。他当前的研究包括:教学设计的智能绩效支持、复杂领域的学习、远距离和分布式学习环境,以及知识管理等。梅瑞尔博士,美国犹他州立大学名誉退休教授,当代著名教学设计专家、教育心理学家,是部件显示理论(Component Display Theory)和聚焦于完整任务的五星教学模式(或称"首要教学原理",5 - Star Instructional Model/First Principles of Instruction)的创立者。他既是以加涅为代表的第一代教学设计理论的核心人物,又是第二代教学设计理论公认的领军人物。麦里恩博尔博士,国际知名教学设计专家、荷兰开放大学教授、荷兰终身学习研究中心主任,提出了一种面向复杂学习任务的设计模式——四要素教学设计模式(4C/ID Model, the Four-Component Instructional Design Model)。他的研究专长为面向复杂学习的教学设计、教学设计的智能绩效支持系统、认知结构与教学、面向复杂技能的互动式基于计算机的学习环境、教学设计的整体方法等。他曾于 2008 年 2 月访问华东师范大学,并作了题为"面向复杂学习的教学设计"(Instructional Design for Complex Learning)的专题演讲。德里斯科尔博士,佛罗里达州立大学教授,曾任该校教育心理学和学习系统主任(1996—2003),现任该校教育学院院长,也曾任 AECT 主席(2000—2001)。她曾作为第二作者与加涅合著《教学的学习基础》(*Essential of Learning for Instruction*),其专著《学习心理学——面向教学的取向》(*Psychology of learning for instruction*)第三版中文版已经由华东师范大学出版社出版。

手册第三版分成六个专题部分:基础、策略、技术、模式、设计与开发、方法问题,尤其是中间的四个核心部分充分集中地反映了信息和通信技术支持学与教的关键特征。

第一部分　基础:由德里斯科尔负责,包括 7 章,依次为:历史基础;理论基础;复杂性理论;体验的视角;记忆和动机:实证的观点;境脉主义的观点(Contextualistic perspectives);哲学观。预期数年后该部分还能保持适当的稳定,仅要求每五年左右作较小的更新。该部分针对各种教育通信与技术研究的基础的成套假说(理论)。部分假说基于先前已有的,其余假说则基于其他学科的发展。此部分的目的在于使这些假说清晰,概述其关键发展,并提供其应用于教育通信与技术研究中可效仿的工作案例的指示器(在各章的参考部分,有星号标示的为核心参考书目)。

第二部分　策略:由梅瑞尔负责,包括 7 章,依次为:呈现策略;真实感课程的(Embodied curriculum)设计策略;生成性学习(Generative learning):意义形成(Making meaning)的原则和启示;互动学习任务的反馈策略;探究性学习的技术增强型(Technology-enhanced)支持策略;协作活动的分布式分析法;教学设计的说明性原则。尽管该部分的暗含重点是为了设计与开发,但也包括了教和学的策略。此部分的众多策略还与第三、四、五部分有很大的关联,与手册的整体组织框架相一致。

第三部分　技术:由斯佩克特负责。因为硬技术与软技术的差别很容易区分,且没有特别的意义,故主编团队一致决定在此版本中不再讨论。本部分包括数字的和非电子的技术、智能的和非智能的技术、计划编制和评价技术,以及适用于实施的技术,即陈述了上游技术(分析、计划和设计)与下游技术(开发、部署、评价)。该部分是手册中最大的一部分,包括16章,依次为:程序化技术;教育超文本;计算机中介技术;计算机中介的通讯技术;K-12图书馆多媒体中心;基于技术的知识系统;灵活学习和学习场所构建;随时、随地、自定步调学习;混合式学习环境;适应性技术;代际差异;学习、认知和教学的联结技术;合成的学习环境;建模技术;学习对象研究综述;开源与开放标准。

第四部分　模型:由麦里恩博尔负责。主要涉及不同的学习类型和学习方法问题。这些模式清楚地告知如何设计与开发,并可以关联第二部分中各种各样的教学策略。该部分包括直接面向学校内/外的学习通用模式,也包括聚焦于特定领域中(如医学、科学、阅读)的学习的模式。具体的11章依次为:人类认知结构;学习结果参照的、基于条件的理论和模式;合作与技术应用;教育实践中的认知学徒制模式;教育中的整体任务模式;模型促进的学习(Model-facilitated learning);适应性教学系统;基于问题的学习;绩效提升的行为、认知与技术方法;基于资源的学习;领域与专业中的教学模型。

第五部分　设计和开发:由梅瑞尔负责。此部分所探讨的都是直接面向专业实践的,其重点在于检验教学技术人员"在做什么、如何工作、使用的工具"等。读者将会发现这些章的主题都是熟悉的,如能力发展、任务分析、变化推动(Change agency)和绩效评定等。此部分也包括设计语言的创新性处理、设计与开发团队、使用者中心的设计与开发等。具体的11章依次为:新世纪教学设计者的能力素质;认知任务分析;基于技术的绩效评估的设计与效度;评价的模式和方法;变革代理的职责;设计语言;设计与开发团队的社会影响;以用户为中心的设计与开发;在线教学的设计与开发工具;在设计过程中作为工具的人工制品;教育与培训变革的系统设计。

第六部分　方法论观点:由麦里恩博尔负责,涉及的内容有理论发展(Theory development),研究设计,数据收集与分析,未来的基础。该部分遵循经验主义的完整周期——理论发展、研究设计、数据的收集与分析。研究设计章节,与手册的主要部分及论述相一致,依次为:关于"策略、技术、模式、设计与开发"的研究。数据收集部分讨论了为评价复杂绩效所建立(虚拟)实验室的特别要求。分析方法包括学习过程、交互和复杂性绩效等的分析。面向未来的基础探讨了如何为本领域未来的研究构建一个强壮的科学理论基础。

从某种意义上讲,手册的第一版具有开创、奠基性的作用,第二版是对第一版的完善和更新。这两个版本在内容框架上大体一致。而手册第三版则是在第二版的基础上做了进一步的调整,对最新的教育信息和技术的使用方面的最新研究进行更新。与第二版相比,第三版更加全面地将各章进行重组,也更加国际化,同时注重理论和方法论,以及研究和发展等问题。具体而言,手册第三版的特点可归纳为:(1)更具广泛性:主题范围从第二版的41个扩展到56个,且在"技术"部分包含更多的章;(2)章结构的重组:把每章简短为"介绍性的摘要、关键词定义和扩展参考书目";(3)更具国际性:20%多的手册作者和1位主编为非美国人;(4)理论焦点:第一部分提供了扩大的、交叉学科的理论覆盖;(5)方法焦点:方法论章节被扩大了,首先是对研究方法的全面纵览,随后详细、个别地写作针对特定方法的各节;(6)研究与开发焦点:另一章节被扩大,并详细、个别地写作各节,用以涵盖教育技术研究与开发在不同领域的调查研究，例如，用来确定教学设计效果的实验方法、基于技术的教学干预调查研究、教学设计模式研究、基于设计的研究方法等。

手册第三版给我们的启示是多方面的，如，关注技术支持下学习的复杂性、情景性、建构性、动态性，提供众多的可效仿的教育技术研究案例，等等。当然，手册第三版的主基调是“谦逊、开放、多元”。随着技术的进步，教育通信与技术研究领域也变得越来越复杂，更具非线性和动态性。显然，通过简单的或单一学科的方法，是不可能解决复杂性的问题，因此教育技术研究的理论基础日趋多元化。面对多元理论，谦逊与开放是研究者应有的态度。这也是与后现代主义(Postmodernism)*对待他者(Otherness)的态度相一致。

手册主编之一斯佩克特认为“传统研究和理论的两个方面——谦逊和开放，应该保留为我们的理论基础的核心”，一些研究者倾向于完全地抛弃传统的科学方法，但是这样做可能是草率的和无保证的决定。更谦虚的方法是利用传统的研究方法，并对其进行适应和修正以适合于特殊的研究环境。为了强调“谦逊、开放”的价值，斯佩克特还以雪莱(Shelley, 1818)的十四行诗“奥兹曼迪亚斯(Ozymandias)”**作为该章的结尾。“谦逊、开放、多元”的基调在手册中随处可见，如哲学视角分别介绍了“行为、认知、认知建构、社会文化、历史相对主义、情景理论”等，技术部分的“面向技术的研究”与“面向理论的研究”，模式部分的“整体任务”与“部分任务”，方法问题部分的“量的研究”与“质的研究”等等。

在此须特别指出的是，在手册“面向未来的基础”章节，谈到最近5年来的重大研究发现时，编者认为“一个重要的研究成果就是建构主义学习原则(如发现法和探究学习)的局限性更清晰了”。谈到最近五年来的重大发展时，编者认为“教学模式、设计与开发实践中，建构主义与工程学的教学设计模式之间的差异和紧张状态大大地缩小了。长期以来，建构主义与系统方法各自支持学习的计划和实施，被理解为不相容且常常是敌手。新近，整体任务模式、模式促进学习的模式和基于问题的学习越来越结合了系统与系统方法来设计具有建构主义学习原则的教学。建构主义与系统思想之间的重修旧好，部分是为了回应——努力支持复杂、动态和劣构任务中的学习”。

为了进一步理解手册基调“谦逊、开放、多元”的难能可贵，在此有必要回顾建构主义与客观主义(传统研究方法的基石)之争。20世纪70—80年代以来，西方学术界有一场声势浩大、旷日持久的论争，至今仍未平息，这场争论就是“现代性”与“后现代性”之争。现代性的本质是力图综合和控制一切，迷恋秩序和权利，强调理性、逻辑、真理、基础和本质，后现代主义则对现代性的本质特征提出了严峻的挑战，乃至无情的质疑与批判。后现代主义倡导多元性、开放性、创造性，强调突出主体性、透明性、和谐性(人与人，人与自然的和谐、协调)。后现代思维方式是以强调否定性、非中心化、破碎性、反正统性、不确定性、非连续性以及多元性为特征的。这与肇始于笛卡儿的，以肯定、建设为特征的现代主义哲学形成了鲜明的对照。

当代建构主义就是在后现代主义思潮下应运而生的。它本来是为了改善维也纳学派逻

---

* 笔者注：“后现代主义”相关内容在手册第一、二版有专门章节论述，而在第三版则没有。

** 笔者注：奥兹曼迪亚斯，万王之王(the king of kings)，雪莱想用石碑上的话和现今比照来说明国王的傲慢与自大，显示其愚蠢，因为最后他所建立的功业全都归于尘土。

辑实证主义科学方法所产生的某些缺陷,以便适应当代科学技术突飞猛进的事实,进一步纠正原有古典和现代实证主义或经验主义在诠释客观世界及科学研究对象时所表现的工具主义和"超然中立"的态度。正如当代建构实在论的杰出代表瓦尔纳(Fritz Wallner)所说,近两个世纪以来统治着科学技术研究领域的实证主义路线,将科学分为工具主义部分和诠释部分,从而破坏了科学的真正精神。建构主义总结了近一百年来科学研究的基本成果,并注意到近半个世纪以来围绕科学方法论的各种论争,尤其是分析和批判了现代科学哲学关于研究方法的最新论述,反对"科学旨在描述实在本身"的古典和现代实证主义原则。现代科学哲学,特别是费尔阿本、库恩等人的后经验主义和后实证主义,一方面注意到科学语言问题的重要性,对于语言和科学论述的结构及其运作逻辑进行了深入的探讨,另一方面又反复批判传统理性主义和经验主义路线,清算将主观与客观两种因素加以分割又进行同一化的程序,使长期以来统治科学界的实证主义方法论发生动摇。在此基础上,建构主义认为,科学的基本工作不是描述,而是建构。在建构主义看来,不但科学研究的对象必须是一种建构起来的"微世界"(Micro-worlds),而且,在建构这个微世界的过程中,科学家为了对将被使用的数据进行构思和必要的连接,还必须建构一定的特殊语言。正如瓦尔纳所说:"在建构一个世界之前,我们必须对使用数据的选择有所构思。由此我们开始了某种语言的建构,此建构帮助我们增加语言精确表白的自由。"此外,还可以用控制论系统观(Cybernetic systems,六种建构主义核心范式之一)所用的"二阶观察"概念来进一步说明建构主义与客观主义之争。基于客观主义的传统研究方法观察自然界的物体时,采用的是一阶观察方法,这在自然科学研究中取得了巨大的成功,但若走得太远,如推广到人就显得力不从心,即是后现代所批评的可以看到整个实在的绝对神眼观。此时,考虑到反身性的二阶观察就具有重大的方法论意义,如教学中教师势必考虑学生是如何思考的,但也请注意"子非鱼,焉知鱼之乐",毕竟我们都不是"沙陀利"*。

那种把建构主义凌驾于其他理论之上的做法,仅吸收了后现代主义的某些理论立场,却丢掉了后现代主义对待他者的开放态度与多元取向,其本身囿于现代主义的二元论,还有"理论霸权"之嫌。借用手册的话来讲,那就是在认识论中为描述性的(Descriptive),而在学习理论或教学设计中就变为说明性的了,即从"what is"激烈地转换为"what should be",这种转换与其他演绎法一样,本质上是有问题的。笔者认为,在教育技术研究实践中,对客观主义与建构主义应排除非此即彼的现代主义二值逻辑思维,多借鉴后现代主义的多元化视角,如此方能促进教育技术的研究发展。

手册第三版的另一侧重点就是技术支持下的复杂学习(Complex learning)。这反映在如下几个方面:在手册的前言部分,Joost Lowyck谈到关于教育技术的创新性研究演变时,讨论了教育技术研究所经历过的三种复杂性水平(微观、中观、宏观);在手册基础部分,继历史基础、理论基础之后,第三章旋即专门论述复杂性理论;从三位主编(斯佩克特、梅瑞尔、麦里恩伯尔)的研究经历与专长来看,都与复杂学习密切相关,如聚焦于完整任务的"五星教学模式"、面向复杂学习任务的"四成份教学设计模式",且手册多个章节的论述都涉及到这两个模式(具体

---

* 笔者注:沙陀利,与禅宗有关的一种能看透人的心思的动物。

参见手册第 14、35 章等),并探讨了面向复杂任务的复杂绩效的评价问题等。

那种认为把技术用于教育中就自然而然能够增强学习过程和获得高阶能力的观点,严重忽视了学习的复杂性。在技术—增强的学习环境中,学习更加具有高度的情景性、个体性、社会性和交互性。复杂学习的目的在于:整合知识、技能和态度,协调性质不同的各构成技能,实现所学知识在日常生活和工作中的迁移。目前对复杂学习的研究主要表现在流行的教育方法中以及教学设计的理论模式中。前者如,基于项目的学习、案例法、基于问题的学习、基于能力的学习等;后者如,McCarghy (1996)的 4 - Mat, Collins、Brown (1980)等人的认知学徒学习,Nelson (1999)的合作式问题解决,Jonassen (1999)的建构主义学习环境,Andre (1997)的教学事件(Instructional episodes), Schank 等人(1999)的做中学,Garder (1999)的多元理解法以及 Vanderbilt (1999)的学习技术中心。所有这些方法的共同之处在于它们都是聚集于源于真实生活任务的学习任务,并以此作为学习的推动力。

手册指明了诸多研究的新方向:合作活动(学习)的分布式视角、情感因素(情感计算、有说服力的技术、虚拟人等)支持学习、代差对教学设计的影响、认知任务分析、面向复杂任务的复杂绩效的评价、数字化解决方案(e-solutions)、基于资源的学习、智能导学技术、专家逆转效果(Expertise reversal effect)、丰富学习场景中的技术整合(Technology integration in rich learning scenarios)、面向复杂学习的策略与模式等。例如,“认知任务分析”(CTA,使用多种面试和观察策略来捕获专家用于执行复杂任务时的明显的与不明显的知识的描述,有别于传统的“行为任务分析”),它是始于 20 世纪 70 年代的心理学和教育中的认知革命的结果,是对教学技术的显著贡献之一。但许多设计者显然没有意识到它或使用它。再如,许多研究者长期以来认为:先前的知识是影响学习的最重要因素,并心照不宣地假设:对新手学习者起作用的教学方法,对更高级的学习者虽是不必要的但却是无害的。与此相反,“专家逆转效果”表明:对新手学习者能起很好作用的方法,可能对高级学习者具有反生产力效果(Counterproductive effects),反之亦然。……对一个人起作用的东西(如心智模式,教学模式、方法等),可能并不能对所有的人都起作用。如此等等,都值得教育技术研究者深思,并做进一步的研究。

概之,手册第三版对我国广大教育技术研究者具有很高的参考价值,是难得的良师益友。手册的主要读者群体是教育通信与技术领域的研究生及其导师、教学设计者以及研究人员,如博士生用于学位论文的研究评论(如国内外研究现状),教师作为讲授课程相关主题时的补充资源,研究者查找特定主题的要点评论。对于研究者而言,手册更加有助于其了解国外教育技术研究现状和未来趋势、设计申请书,增大申报各级课题的成功机会。

愿他山之石,可以攻玉。

张际平

2011 年 5 月

译者前言

历时三年多的一项“浩瀚工程”，总算要落下帷幕了。心里除了完成了一件我们自认为非常重要的事情之欣喜和放松，更多的是接受读者检验和评论的紧张、忐忑和不安。

回想这部大部头著作的翻译、校对、编辑和出版的始末，60多位来自海内外中青年学者基于网络协同工作以及面对面交流的一幕又一幕，回味其中的酸甜苦辣、感悟与收获，各种滋味，一时涌上心头。

背景与缘起

早在1999年的时候，我们就注意到了《教育传播与技术研究手册》(*Handbook of Research for Educational Communications and Technology*，以下简称“手册”)这本著作。当时，单从内容目录上看，它就已经深深地吸引了我们。

从2000年前后起，我们就将这本书看作是教育技术学专业博士生、硕士研究生必读书籍之第一本。因此，从《手册》英文版第二版的出版发行开始，我们就一直关注、追踪着这部著作的发展，也不断地积极寻找机会，尝试对这部经典著作进行翻译，以便将其介绍到国内。

2002年下半年及2003年初，焦建利就开始探索将《手册》翻译成中文的可能性。他先是写邮件给《手册》第一版的主编戴维·乔纳森君，乔纳森回邮件说他自己并不拥有版权，建议联系出版社，焦建利又联系了出版社，出版社建议联系美国教育传播与技术协会(AECT)的执行主席Philip Harris博士。经过多次邮件交谈，焦建利基本上获得了Philip同意。正是在那个时候，焦建利计划陪同桑新民教授访问美国，在访问日程的安排中，他们将AECT的所在地，印第安纳州Bloomington作为一站，计划对AECT进行顺访，与Philip先生约定面谈《手册》中译以及中国教育技术学协会双会员合作等相关事宜。不巧的是，因为第二次海湾战争，他们两人均未能获得赴美签证，访问计划泡汤，《手册》中文翻译一事搁浅。

2007年12月，《手册》英文版第三版出版发行。2008年夏天，任友群与华东师范大学同仁到华南师范大学考察交流，在焦建利的办公室里，两人第一次聊到了《手册》一事。正好此前，《手册》第三版主编之一 Jeroen van Merriënboer 先生应任友群之邀到访过华东师范大学。原来，任友群和他的团队也很早就对这部著作"耿耿于怀"。于是，两人一拍即合。就在那个晚上，两人一致表示，要合作将《手册》中译这件事情做成。

2008年9月的时候，得知桑新民教授要赴美出席 AECT 年会，任友群与焦建利还分别跟桑教授提及《手册》中文翻译的事情，希望他能在访美期间，就《手册》版权问题予以斡旋。再后来，华东师范大学出版社从推动知识传播的社会责任出发，慷慨应允，鼎力支持纯学术著作的翻译工作，华东师范大学985工程二期"教师教育理论与实践"创新基地也给予了一定的经费支持。当年10月，华东师范大学出版社来邮件说《手册》版权有希望。此后，任友群和焦建利两个人便开始了频繁的邮件往来。后来，在北京出差期间，任友群分别与北京师范大学的刘美凤教授和北京大学的汪琼教授谈及《手册》翻译事宜，并邀请两位加盟，一起来做这个事情，两位也非常爽快地接受了邀请。11月底，我们四人与华东师范大学出版社签订了翻译出版合同。《手册》第三版中文翻译计划正式启动。

接下来就是组织力量，讨论翻译和校对工作规范，对关键词表进行翻译以便其他译者在翻译过程中参考，以及对翻译工作方法与流程进行规划。任友群、焦建利、刘美凤、汪琼四人分别联系了自己熟悉的国内同行与朋友，包括在国外攻读学位或工作的中青年华裔学者。很快，一个由60多人组成的、其中绝大多数拥有留学背景和翻译经验的团队迅速组建起来了。

可是，面对这样一部大部头著作，面对这样庞大的一个翻译团队，如何来开展工作呢？尤其是分散于全国各地乃至世界各地的这60多位中青年学者如何高效地沟通交流、协同翻译呢？这又成了摆在我们面前的一个难题。

后来，我们选用了17xie平台作为协同写作的平台。大伙纷纷加入进来，好主意层出不穷，《手册》翻译借助网络的协作顺利地启动起来了。到2009年5月，翻译初稿便基本完成了。

2009年5月8日到9日，由华东师范大学学习科学研究中心主办的"全国教育传播与技术研讨会"在闵行校区"教师之家"举行，会议由我们四人联合主持，来自北京大学、南京大学、北京师范大学、华东师范大学、华南师范大学、上海师范大学、美国佛罗里达州立大学等高校及汇思软件公司的四十余位教授、博士和青年学者出席了会议。会议围绕《手册》翻译工作的中期进展，结合每一位译者的翻译工作，深入探讨和解读了新版《手册》所呈现的当代教育传播与技术研究与开发的理论、模型、方法、技术和策略，为翻译团队准确理解国际视野中各研究主题的意涵奠定了坚实基础。会议在广泛交流和充分对话的基础上，就教育技术领域国际发展的新概念达成理解和共识，并对如何从教育传播与技术研究的国际视角看我国教育技术研究的发展及促进我国教育技术研究领域与国际的交流对话提出了建议，同时还对后一阶段的翻译和校对工作做出了部署。

那次会议中，许多在网络上远程并肩战斗了将近一年的朋友，第一次面对面坐在了一起。会议非常成功，大家的干劲更足了。此后，所有参与翻译的人开始了第一轮的交叉校对，该工作一直持续到年底。2010 年上半年又进行二次校对，到 2010 年 10 月完成了三校。而终审校对一直从 2010 年 10 月持续到了 2011 年 6 月。从 2011 年 7 月一直到 2012 年 2 月，由我们四个人最后统校了全部译稿。

特别值得一提的是，华东师范大学出版社一反常规，采取了更加灵活的措施，主动积极地协调支持《手册》的翻译和校对工作。出版社的编辑朋友们破例允许我们在终审校对过程中，成熟一部分，就交给编辑一部分。到 2012 年 2 月，全书翻译稿全部处理完毕。

目的与意义

面对这样一部篇幅庞大的著作，翻译的难度和艰辛可以说是不难想象的。

在目前大学学院的科研业绩考核与职称评定过程中，翻译作品也只能勉强作为参考性的学术成果，译者的工作难以获得现行科研评价体制的充分认可；而对出版社而言，学术性译著也无法赢得图书市场的等值回报。这样，致使学术著作的翻译工作不仅是艰辛的，而且往往是“得不偿失”的。因此，在目前这样的知识生产机制和科研评价体系中，投身翻译工作，尤其是学术著作的翻译，实质上就是“奉献”，而严谨认真的学术著作的翻译，几乎可以说是彻头彻尾的“自虐性牺牲”。

既然这样，我们为什么要花费三年多的时间，六七十人共同来做这样一个看起来很是“得不偿失”、“劳民伤财”的事情呢？这是因为，这部著作对于推动中国教育技术学学科的建设与发展，加快教育技术学的研究与实践，促进教育技术学研究人员、设计与开发人员和实践人员的培养与成长，缩短中国教育技术学研究与国际教育技术学研究之间的差距，增进国内外教育技术学学术共同体之间的沟通与交流，都具有极为重要的现实意义。

首先，这部著作的国际影响力和卓越品质、其权威性和系统性等，深深地吸引了我们，它使得我们愿意不惜代价而为之付出努力。这本著作具有研究概览和指南的功能，其内容涵盖了教育传播与技术领域的几乎所有重要研究议题和研究成果，从基本理论，到领域的各个子范畴，再到不同的应用领域。几个版本《手册》的作者队伍阵容强大，独到的见解、宽广的视野、丰富的经验，使得该书赢得了良好的学术声誉。

回顾这部多达六个部分 56 章的著作，尤其是纵观历时十多年先后出版的这部著作的三个不同版本，在每个议题的历史回顾、研究综述和未来展望中，我们从中既能看到各个研究议题的历史发展脉络，又能窥探国际教育传播与技术领域研究与实践的未来趋势。正是以其这样的特性，才使得各个版本的《手册》始终都深受国内外同行的喜爱。

其次，国内教育技术学的发展还面临许多困难，学科建设有诸多问题有待进一步研究和讨论，研究什么，怎么研究，为什么研究，怎样的研究是好的，以及怎么将研究与实践更加紧密地联系起来，我们还有很多工作要做，还有很长一段路要走。这部著作的翻译和介绍，有望为我国教育技术学的学科建设提供帮助和支持。对此，我们深信不疑！

再次，翻译这样一部著作，尤其是六七十人一起来完成这样一件可以称得上浩瀚的工程，无论是对于促进国内中青年学者之间的交流与协作，还是增强我们教育技术学学术共同体与国外教育技术学共同体之间的彼此了解，都具有非常重要的桥梁意义。不仅如此，经由这部著作的翻译,我们也可以将国内的中青年学者团结起来,一起在翻译与协同工作中学习与交流,共同成长。事实上,这部著作的翻译和校对以及出版工作也始终得到了国内外同行的关注、帮助和支持,尤其是《手册》作者的支持和帮助。在翻译过程中,许多译者反复与原作者通过电子邮件联系,就其中的相关问题进行讨论和交流。几位主编也非常关心《手册》翻译工作的进展。这本身就是一个很好的国际学术交流。

此外,在我们看来,这部著作对于推进中国教育技术学的发展,缩短与美国以及欧洲教育技术学研究的差距实在是太重要了。对于教育技术学专业的博士、硕士研究生以及研究人员来说,这部著作(包括此前的两个版本)应该会成为您研究生涯的案头必备,是您的研究重要的参考工具书之一。对于教育技术从业人员及其他相关人士来说,这部著作可以作为您工作中的好帮手。它可以在您需要进一步学习和决策的时候,提供一个国际视野,从而使您的决策不仅立足本地,同时又能放眼全球。

我们深信,《手册》的翻译出版发行,无疑将会对我国教育技术学研究与开发、应用与实践、教育信息化乃至学科建设与人才培养起到重要的促进作用。

内容与要义

《教育传播与技术研究手册》(第三版)由 J. Michael Spector、M. David Merrill、Jeroen van Merriënboer 和 Marcy P. Driscoll 联合主编。全书共分基础、策略、技术、模型、设计与开发,以及方法论观点六大部分。共计 56 章。

第一部分由 Marcy Driscoll 领衔主编,含历史基础、理论基础、复杂性理论、经验的视角、记忆和动机:实证的观点、境脉主义的观点,以及哲学观共 7 章。

在"历史基础"一章,作者回顾了教育传播与技术发展史上的里程碑式的事件以及所经历的范式转变,向读者展现了硬技术和软技术的交互作用与协同发展,突出强调了教育传播与技术领域自始自终的跨学科性质。

在"理论基础"一章,作者概括了作为教育传播与技术基础的学习心理学观点及其哲学基础,具体讨论了学习心理学、传播理论、人一机交互以及教学设计与开发这四个相关领域的研究及进展。

"记忆和动机:实证的观点"一章结合媒体经验和人类记忆是如何相互作用的这一问题,对于记忆和动机这两个与媒体、技术相关领域的研究结果进行了概括性的分析。

"复杂性理论"、"体验的视角"和"境脉主义的观点"这 3 个章节都指向了学习的真实性问题。其中复杂性理论解释了教育技术所面对的复杂实体的特征和运行规律,体验学习观发展了基于实践的教育的想法,境脉主义的观点则关注学习活动所发生的当前的和历史的境脉。对于复杂性理论、体验学习和境脉主义观的探索都体现了对于学习的真实性的关注。

然而,对于理论的更为深层的哲学追问构成了这一部分的关注点,毕竟建立在哲学观基础上的对于理论的分析更加深入。诚如 Eric J. Fox 在讨论境脉主义时所说的那样:"理论以及能指导其构建和评价的哲学假设,才是科学和技术进步的基础。"在"哲学观"一章评述的理性主义、客观主义、相对主义世界观和方法论,特别是其关于知识是什么、人的认识是如何产生的观点，为研究者与开发者理性地思考自己的工作提供了理论前提。

第二部分由 David Merill 领衔主编，含呈现策略、真实感课程的设计策略、生成性学习：意义形成的原则和启示、互动学习任务的反馈策略、探究性学习的技术增强型支持策略、协作活动的分布或分析法以及教学设计的说明性原则共 7 章，这 7 章分别从不同的角度阐述教育传播与技术的教/学策略。

在“呈现策略”一章中，作者使用了一个三层工具箱的隐喻，来说明基于媒体的教学设计如何综合运用理论、模型和准则。这个工具箱的顶层探讨了学习理论，中间一层探讨了多媒体模型，底层探讨了具体的文本、视频、音频和动画的设计准则。作者所提出的这个三层工具箱对于指导教育技术学研究者、设计开发人员以及实践者进行媒体呈现设计不仅具有重要的现实意义，而且具有较强的操作性。

“真实感课程的设计策略”一章讨论了抛锚式教学、基于问题的学习和认知学徒制之类的设计式模拟模型；基于案例的推理、基于项目的学习和课堂学习共同体之类的生成式模拟模型；以及参与式模拟、学业游戏空间和实践共同体之类的参与式模型。作者还对比观察了每类中的实例，厘清了在朝向课程具身的工作中涌现出来的境脉的质量(含噪音的 vs. 修剪过的)和形式体系的质量(直言的 vs. 隐含的)之间的张力。

“生成性学习：意义形成的原则和启示”一章通过对生成性学习理论基础的综述，探讨了不同类型学习所具有的生成性学习效果，从而对意义形成的过程进行理论概括，为教学设计人员开发使学习者在面对面、数字化学习甚至非正式的环境下积极参与信息加工的学习环境，提供了理论与方法上的指导。

“互动学习任务的反馈策略”一章介绍了一个用于解释互动性教学中反馈的一些核心因素和效果的互动双环反馈模型，提出了用于设计和评估反馈策略的一些基于理论和实证的指导原则。

“探究性学习的技术增强型支持策略”一章介绍了设计原则数据库中最可能支持学习的 8 条实用设计原则，并提供证据说明了应用这些原则的技术特性是如何支持学习的。

“协作活动的分布式分析法”一章不仅分析了协作学习研究是如何脱离教育研究和设计中人类活动的纯粹个人观而逐渐发展起来的，而且在处方性协作学习和描述性协作学习两大类协作学习的分析中，揭示了协作学习研究中重处方轻描述的不平衡现象，进而倡导了一种嵌入描述性协作学习的分布观。

“教学设计的说明性原则”一章回顾了由 Merrill (2002a)所提出的首要教学原则，并把近年来有关教学设计原则的描述与首要教学原则进行比较，最后对以整体任务为中心的教学设计方法进行回顾与评价。

总体来说，第二部分系统分析了教育传播与技术视角下学的理论、教的模型以及教学设计原则。在学的理论部分，重点回顾了与技术支持有关的学习心理学观点和生成性学习理论；在教的模型部分，概述了当前流行的九类对教学改革产生重大影响的真实性教学模式；在教学设计原则部分，则介绍了首要教学设计原则和有关知识呈现、教学反馈的说明性原则。从这样一个表述逻辑可以看出，教的策略与理论和学的策略与理论，乃至建立在二者基础至上的教学原则,均为后续第三、四、五各部分奠定基础,并对技术环境下的教学实践提供了指导。

第三部分由 M. Spector 领衔主编,含程序化技术,教育超文本,计算机中介技术,计算机中介的通讯技术,K—12 图书馆多媒体中心,基于技术的知识系统,灵活学习和学习场所构建,随时、随地、自定步调学习,混合式学习环境,适应性技术,代际差异,学习、认知和教学的联结技术,合成的学习环境,建模技术,学习对象研究综述,以及开源与开放标准共 16 章。整个第三部分为读者描绘了当今教育技术研究的一幅广阔图景。

在"程序化技术"一章中,作者讨论了程序化技术的历史演变、潜在的心理学原则和特征、以及构成教学设计与技术领域早期地基的广泛的研究基础。在这一章中,作者系统地回顾了最著名的程序教学(PI)、个别化教学系统(PSI),以及精细化教学(PT)等程序化技术模型。

"教育超文本"一章以认知弹性理论和建构—整合模型为基础,对当前加深我们对从超文本学习的理解的实证研究进行了分析和回顾。作者认为连贯性和自我调控学习方面的理论性研究在未来将会大有前途。

"计算机中介技术"一章回顾总结了以计算机为媒介的技术在学习中应用的研究,包括传统的基于计算机教学培训、基于计算机的自适应培训、多媒体、超文本与超媒体、互动模拟、智能导师系统、探究式信息检索、动画型教学代理、具备代理的虚拟环境、严肃游戏、协作学习环境等。

"计算机中介的通讯技术"一章概要论述了基于计算机的沟通(CMC)的特点及其合适性,评述了基于计算机的沟通在教育情境中应用的若干最新研究。

"K—12 图书馆多媒体中心"一章回顾了图书馆多媒体中心研究与实践中由关注拓展与解释图书馆媒体专家的多重角色,到开始寻求 K—12 图书馆媒体计划与学生学习之间的关系的演变,指出图书馆的优质媒体计划与学生学习之间的广泛联系,呼吁在政策、立法层面充分重视这一媒体方式对学生学习的重要性。

"基于技术的知识系统"一章着重研究专家系统、知识管理系统、知识社区三种方式中知识如何提取、知识怎样以可被机器阅读的方式编码,以及怎样用分类、元数据和本体知识来组织数字化知识集等问题,作者关注的问题在于,一方面集中在知识的抽取、表征、结构化、评价和确认知识质量,另一方面集中在评估技术对于个体、组织和社会的影响。

"灵活学习和学习场所构建"一章对灵活学习进行了总体描述,并重点讨论了学习与空间之间的关系。作者认为,尽管灵活学习、移动学习和其他类似说法常常被认为是对时间和空间的征服,但是有趣的是,它们事实上使时间和空间变得更为重要。

"随时、随地、自定步调学习"一章重点分析了支持随时随地学习的有关技术,尤其是那些对线上、线下的自定步调学习和同步、异步的群体学习具有"功能可供性"的技术。混合学习是"当今高等教育领域内一个毋庸置疑的必然发展趋势",是知识传递领域内最重要的十个趋势之一。

"混合式学习环境"一章以 Sloan Assn Alliance 的五个支柱理论(学习效率、学生满意度、教师满意度、成本效益及可获得性)为基础,综述了混合式学习相关的研究成果,并对混合式学习研究的未来趋势进行了分析。

“适应性技术”一章为读者展示了一个组织适应性技术的总体架构，包括适应性系统调整教学内容的基本原理（初始知识、技能和能力变量、人口学、统计学个人背景特征和社会文化变量、情感变量），四阶段适应性循环学习者模型（获取学习者数据、分析数据、选择内容、展示内容）以及依据该模型在适应性环境中运作的软件技术与硬件技术。代际差异是人们特别愿意探讨但同时又对其缺少足够研究的问题。

在“代际差异”一章中，作者在系统回顾相关研究和主流文献的基础上，主张在整个社会经济背景下以及国际环境下来考察代际差异，并建议在教学设计过程中要采用基于设计的创新性研究方法从而将世代差异性纳入进来。

“学习、认知和教学的联结技术”一章重点讨论了对学习有重要影响的认知特征和主要的学习风格理论，介绍了识别学习者认知特征和学习风格的方法，论述了认知特征和学习风格之间的关系。

“合成的学习环境”一章从学习者、教学特征与策略两大方面，分析了影响综合学习环境以及模拟、游戏、虚拟现实等技术的那些促进学习的条件与限制，为读者描述了一个综合学习环境的开发路径。

“建模技术”一章以用技术进行动态建模为主题，重点讨论了建模对象和模型的关系以及动态建模的工具，回顾了建模技术应用于课堂教学的相关因素的研究。

“学习对象研究综述”一章对有关学习对象研究的文献进行聚类分析，回顾了从最初的重用数字化教育资源的思想到比较成型的学习对象研究的历程，对有关学习对象的指导性隐喻、使用学习对象的规范化级别以及开放教育资源等方面的研究进行了综述。

“开源与开放标准”一章在简要介绍开源软件与开放标准的基本概念的基础上，重点讨论了开源软件与开放标准在促进专业领域内知识的融合，提高 e-learning 应用软件的普遍质量和互用性，加强研究者与用户之间的交流和合作的重要作用。

第三部分除了有教育技术中早已为人熟知的程序化技术、学校图书馆媒体等外，也有近些年来渐渐成熟的教育超文本、基于计算机的传播等研究主题，特别是围绕学习者中心的各种学习技术或学习的支持技术（适应性技术、综合学习环境、建模技术等）占有相当大的比重，甚至还出现了以往我们认为至少不那么“技术”的话题，如代际差异。

第四部分由 Jeroen van Merriënboer 领衔主编，含人类认知结构，学习结果参照的、基于条件的理论和模式，合作和技术应用，教育实践中的认知学徒制模式，教育中的整体任务模式，模式促进的学习，适应性教学系统，基于问题的学习，绩效提升的行为、认知与技术方法，基于资源的学习，领域与专业中的学习模型共 11 章。整个第四部分以人类认知结构为基础，阐述了教育传播与技术领域中的九种面向学校内外的学习通用模式，并就各种模式在领域与专业中的应用进行了讨论。整个第四部分向读者展示了教育传播与技术领域在学习模式研究与实践上的新进展。

在“人类认知结构”一章中，作者概述了人类认知结构的进化基础，分析了与教学直接相关的认知结构的各个方面，讨论了认知负荷理论提出的各条教学原则，尤其是这些教学原则如何应用于教学技术。

“学习结果参照的、基于条件的理论和模式”一章概述和分析目标参照的和基于条件的视角的基本假设，概述和分析针对各种理论和模式的开发与研究，指出了未来研究和发展的方向。

“合作与技术应用”一章在分析合作学习的特征、阐明其理论根源、定义使合作有效的基本要素的基础上，回顾了计算机支持的合作学习相关研究，并展望了计算机支持的合作学习的前景。

“教育实践中的认知学徒制模式”一章在简要描述认知学徒制的定义、历史背景和要素的基础上，从在教育中应用的整体路向、认知学徒制过程的组成部分，以及实践共同体中的认知学徒制活动三个方面，对相关研究进行了系统地综述。

“教育中的整体任务模式”一章简要讨论了整体任务模式的历史，分析了教育传播与技术领域中整体任务模式的特点，论述了作为整体任务模式的三个代表性范例及其有效性研究，并就其研究发现和未来研究的发展方向进行了讨论。

“模型促进的学习”一章以科学学习为样本，分析了计算机模型起关键性作用的三种学习方式：根据模型学习、建模学习以及基于模型的探究学习。

“适应性教学系统”一章概括了宏观适应性教学、态度调节互动、微观适应性教学、适应性超媒体系统，以及支持特定教学法的系统等五种适应性教学的实现方法。

“基于问题的学习”一章描述了基于问题的学习(PBL)在不同教育场景中的历史发展与应用，界定了 PBL 的主要特征，回顾了过去三十年中对 PBL 的研究，提出了未来研究的建议。

“绩效提升的行为、认知与技术方法”在界定绩效改进的基础上，分别就绩效改进的行为工程模型、认知—动机模型和技术型模型进行了系统回顾，对绩效改进模型研究提出了建议，并指出了绩效改进的未来方向。

“基于资源的学习”一章向读者呈现了基于资源的学习的历史，描述了基于资源的学习的组成部分，讨论了其认识论、原理和假设的有关影响，批判性地分析相关的研究，明确指出了基于资源的学习的问题与启示。

“领域与专业中的教学模型”一章讨论了一般教学设计模型在特定领域和专业中的应用和适应性基础，调查了领域特定教学方法的产生基础、存在的困难及解决方案，最后介绍了模式在阅读、数学、科学、法律以及医学等五个领域中的应用。

第四部分开篇以一章(第 31 章)的篇幅介绍了人类认知结构的进化基础，接着，从第 32 章开始，分九章系统介绍了九种面向学校内外的学习通用模式。整个第四部分的逻辑线条是由认知结构到学习模式，又由学习模式经由教学模式再发展到教学设计模式。然而，从学习模式到教学模式，再到教学设计模式这期间又是何等艰巨的思想跨越。究竟应该如何从学习模式，跳转为教学模式，又演化为教学设计模式，值得我们深思。

第五部分由 David Merill 领衔主编，含新时代教学设计者的能力素质、认知任务分析、基于技术的绩效评价的设计与效度、评价的模式和方法、变革代理的职责、设计语言、设计与开发团队的社会影响、以用户为中心的设计与开发、在线教学的设计与开发工具、设计过程中作为工具的人工制品以及教育与培训变革的系统设计共 11 章。

在“新时代教学设计者的能力素质”一章中，作者结合已有的能力标准与模型，对实现有效的教学设计与开发所必需的知识、技能和态度进行了分析，尤其是重点阐述了那些有助于将硬件及软件技术融于合作性教学网络之中的基本能力。

“认知任务分析”一章描述了各种认知任务分析技术、其共同特征、用以抽取专家知识及其他来源知识的典型策略，分析与回顾了有关认知任务分析所产生的影响方面的研究，综合了大量与知识抽取背后问题相关的研究和评述，讨论了认知任务分析与培训设计的整合，并对今后研究提出了众多建议。

“基于技术的绩效评估的设计与效度”一章在对绩效测评进行界定的基础上，列举了一系列效度标准，并从基础教育和培训机构中选择了大量案例，阐明了绩效测评在设计、管理和自动打分中技术工具的应用，总结了绩效测评未来的方向及其启示。

“评价的模式和方法”一章概述了一般教育项目评价所用的主要评价方法，分析了常用的基于特定技术的项目的评价标准和框架，描述了用于分析评价数据的工具，并对评价结果的发布做了简要的讨论。

“变革代理的职责”一章在界定变革代理职责，介绍变革理论、代理理论和扩散理论等相关理论的基础上，对有关中小学学校背景、政府组织、企业和卫生保健行业的有关实证研究进行了综述，并就变革代理的职责提出了至关重要的三个核心思想。

“设计语言”一章从设计语言与教学设计语言出发，分析了教学设计语言的范围，并通过具体的教学设计语言的样例，论述了教学设计语言的价值与意义，从而为考察教学设计、教学理论、教学设计理论以及日常实践提供了一种全新的方式与工具，也为教学系统设计提供了一种方法。

“设计与开发团队的社会影响”一章以相关文献为基础，简要回顾了设计与开发团队的历史，通过过去65年中的三个著名例子，勾勒出了团队工作的模型，提出了从事教育传播与技术的设计开发团队所面临的挑战。

“以用户为中心的设计与开发”一章概观了以用户为中心设计和开发(UCDD)的方法、技术、实施和具有挑战性的问题。

“在线教学的设计与开发工具”一章从设计和开发的视角探究了那些教学设计者和新手开发者最常用来制作在线学习内容的工具、不同的开发工具所提供的教学设计支持的类型，以及这些工具是如何可能(或者不能)影响满足教学需求的能力。

“在设计过程中作为工具的人工制品”一章就其他设计领域与教学系统设计实践中有着共同特点的、为了开展和教授“设计”而作为工具使用的人工制品进行了系统的分析与回顾。

“教育与培训变革的系统设计”一章在简要介绍系统设计基本原理的技术上，论述了教育及培训领域进行系统设计的必要性，总结归纳了设计理论和系统理论的主要文献，提供了一个综合的系统设计原则，并就一些文献研究中现有的系统设计模型进行了评述。

整个第五部分的11章可以简单地概括为四类内容。首先第42章论述了新时代教学设计者的能力素质；然后，从第43章起，用6章的篇幅论述了设计与开发的具体研究内容与实践；接着用两章的篇幅讨论了评价问题；最后用两章的篇幅阐述了整体变革中代理的职责，以及教育和培训的系统设计问题。整个 11 章可以说是环环相扣,层层递进。

第六部分由 Jeroen van Merriënboer 领衔主编,含理论发展、研究设计、数据收集与分析、未来的基础共 4 章。整个这一部分阐述了理论发展、研究设计及数据收集与分析的方法,最后,《手册》落脚于对教育传播与技术领域过去 5 年的重要发展和研究发现的总结,以及对未来 5 年的可能发展和研究问题的探讨。

在"理论发展"一章,作者系统介绍了理论陈述的对象、起源、复杂性和理由四种视角,比较分析了教育传播与技术领域的描述性理论和处方性理论,论述了作为处方性理论的教学设计模式是作为推理方法的归纳法和推理法的结合结果,认为教育技术领域的多样性既反映了教育技术领域所涉及诸方面的复杂性,也反映了带入本领域的理论视角的多样性。

"研究设计"一章通过大量研究实例,分析了教学策略、教育技术、教学设计模型及教学设计与开发这四种研究的设计类型,以及与之相对应的实验研究、实验与基于设计的研究、模型开发的方法以及包括案例研究、访谈、文档调查和观察等在内的质的研究方法。

教育领域中的许多研究都涉及到对学习或者绩效进行评估。在由 13 位作者共同完成的第 55 章"数据收集与分析"中,作者从个体学习过程评估、小组学习过程的评估、复杂行为表现的评估,以及如何安排实验室测量学习和复杂行为四个方面,介绍了各自的基本概念和数据收集与分析的方法。这些数据收集和分析方法以及《手册》中的研究案例,对我国教育技术学的研究具有非常重要的建设性意义。

"未来的基础"一章总结了教育传播与技术领域过去 5 年的重要发展和研究发现,探讨了未来 5 年的可能发展和研究问题,并对教育传播与技术领域内的研究方法进行了讨论、总结和展望。不仅如此,作者还在最后就如何开展教学设计的研究进行了评论,对如何培养本领域的实践者与研究者进行了讨论。

鸣谢与建议

有许多人为《手册》中文版的翻译出版付出了自己的辛劳和智慧。感谢华东师范大学出版社在今天这样一个出版氛围与环境中,慷慨应允,大力支持学术著作的翻译出版工作。感谢华东师范大学出版社朱杰人董事长、王焰社长、朱文秋书记和教育心理分社的彭呈军社长,正是因为他们一贯以来对教育事业与出版事业的挚爱与担待,对专业图书选题的精准把握和前瞻性预见,果断地决定支持《手册》(第三版)中文本的出版,才使得如此浩瀚的大部头研究性质的专业书籍得以与读者诸君见面。为此,我们心怀感激!

在翻译校对过程中,《电化教育研究》、《中国电化教育》和《远程教育杂志》等专业杂志社的同仁们,对这部译作给予了极大的关注、支持与鼓励。《远程教育杂志社》的陶侃主任积极策划,邀请我们组织撰写发表了一组六篇综述性文章,系统地报道、介绍和评述了《手册》的内容与思想。

《手册》翻译校对工作得到了不少学界前辈的点拨与指导。教育部教育学学科评议组成员、全国高等院校教育技术学专业教学指导委员会主任委员徐福荫教授与全国高等院校教育技术学专业教学指导委员会副主任委员祝智庭教授,始终关心《手册》的翻译与校对工作,对翻译工作提出了许多中肯的指导意见与建议。南京大学桑新民教授与华东师范大学张际平教授慷慨应允,为《手册》中文版特别撰写了《中文版序》。感谢华东师范大学、华南师范大学、北京师范大学和北京大学四所院校中我们的同事和领导,大家的宽容、关爱、帮助和支持,使得我们能在繁忙的教学、科研和管理工作中挤出更多的时间来从事《手册》的翻译和校对工作。所有这些,都激励着《手册》翻译团队的诸位朋友。

特别要感谢的是我们翻译团队的每一个成员。

为了保证翻译和校对的进度,我们不断地写邮件督促和提醒,大家总能尽可能地及时予以回复;对于在翻译过程中存在的分歧,大家总能本着认真负责地态度,不厌其烦地查证、讨论,甚至争论,这实在令我们四位主译深感欣慰。在《手册》翻译过程中彼此之间结下的深厚友谊,相信会为我们未来的合作奠定坚实的基础。

我们设想,对这部著作感兴趣的读者除了教育技术学的专业研究人员、博士和硕士研究生之外,还包括各级电化教育馆的领导和工作人员,广大教育技术领域的从业人员,以及关心用技术改变教育的人士。当然,《手册》作为工具书,其用户还包括图书馆、大学系科、研究所和教育科技企业等集团用户。

这样的一部著作,究竟如何为大家提供帮助和支持?或者说,大家会怎样使用这部著作?就这个问题,我们这里也非常乐意提供一些我们的意见和建议,供广大读者参考。

首先,在学习、工作和研究过程中进行速查。众所周知,所谓手册,大抵是这样一种出版物,它是针对某一个特定的领域,为实践者撰写的综合性参考著作。就大学而言,它通常是作为教科书的一种扩展和补充。它具有结构良好的特点,具有速查、概览和指南的功能。

其次,如果您是教育技术学领域的研究人员,无论您是大学教师,专门的教育研究机构工作人员,或者是教育技术学相关专业的博士/硕士研究生,那么,这部著作对您非常有价值的地方就在于让您不仅可以快速地了解和概览一个研究议题的背景、来龙去脉、研究的历程、研究的问题与解决这些问题的方法、文献中的重点研究案例,还可以帮助您把握这个研究议题的未来走势,为您的研究提供一个方向。不仅如此,每章之后的大篇幅的参考文献,也会为您按图索骥检索高相关度研究资料和核心文献提供重要线索。

特别需要说明的是,在本书的翻译过程中,由于作者和译者都人数众多,其结果就是在全书中,即便是同一个字一个词,不同的作者可能使用了不同的意义,而翻译的过程中,也难免造成不同的解读、理解和翻译。比如,communication 一词,在全书中,有的时候,有的作者,想表达的意思可能是“沟通”,或者“传播”,再或者“通讯”。甚至在全书即将定稿的时候,译者团队对于书名中的 communication 的译法也多次通邮件沟通。再如,context 一词,在不同的译者中,也使用了不同的译法,如境脉、语境、背景、上下文等。又如,agent 一词,有的译者倾向于使用“代理”来翻译,而有的译者则使用了“智能体”,或者“智能代理”等,performance 一词,在全书中可以看到的译法有“绩效”、“表现”、“成绩”等。Computer-Mediated Communication,有时会被译为“基于计算机的通讯”,有的译者又更倾向于“计算机居间的通讯”。对此,我们经过讨论,并没有强求统一,而是在一些情况下,我们保留了各自的译法。

在最后终校过程中,四位主译经过反复讨论,决定还是尊重译者的选择,而不是采取统一的译法。因为在原文中，不同作者在使用同一个词汇时，其本身想要表达的意义就不尽相同，加之各自的语境、背景知识、个人偏好等因素，全书统一不仅难以实现，而且也未必有这个必要。

我们注意到，《手册》第三版与此前的两个版本相比，有一个重要的差别就在于启用了不少学界新人承担撰稿任务。

这部著作的翻译，正如一位主译曾半开玩笑地抱怨的那样，真是把四位主译和所有译者拖进一片沼泽，越是到了最后阶段，大家越是心里没底。译者的交叉校对，不同的审校者的理解也不尽相同，前后翻译校对的不同版本甄别也成了后期校对时的一项艰巨任务。毕竟如此浩瀚的篇章，要几个人前后通读，发现所有问题，并全部予以解决，实在是太难了。正是那种"心里没底如坠深渊"的感觉，使得大家一遍又一遍地审读修整，其中的疏漏甚至错误也在所难免。继续尽善尽美地审读修改下去，恐怕会将这个周期本身已经超长的翻译工程无限期拖延下去。为此，我们还是决定怀着忐忑的心情，将这份本该早早递交的答卷，呈于读者诸君的面前。我们诚挚地邀请您对于其中存在的问题、疏漏和错误予以指正。

我们注意到，美国教育传播与技术协会(AECT)自《手册》第二版起，就开始与《手册》作者合作，将《手册》作为 AECT 会员的阅读书目。不仅如此，目前，AECT 正在 M. Spector 的领导下，开展《手册》第四版的撰写和编辑工作，如果一切顺利，《手册》第四版英文本将于 2013 年前后与读者见面。为此，我们将持续地跟追《手册》第四版的编辑出版情况及后续的应用和研究进展。

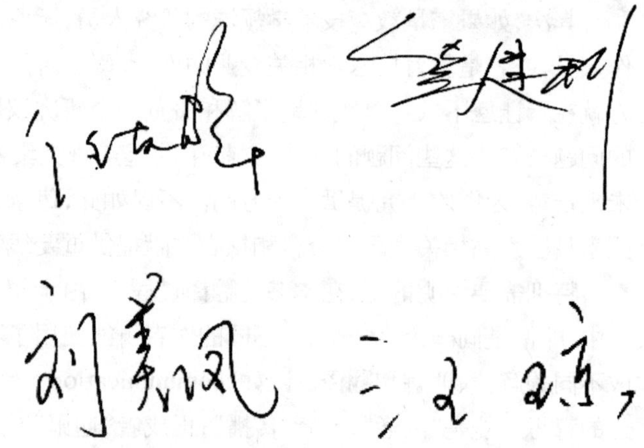

序

技术与教育

Karl Benz 在 1885 年发明了内置内燃机引擎的汽车，这不仅在技术领域，也在人类生活的所有领域，诸如经济、文化、家庭结构、城市化、女性与青年解放、气候变化等方面，引发了全球范围的变革。然而，一辆小汽车似乎更适合去解决机动性的问题，而不是去服务教育目标。20世纪后半叶个人电脑和网络设备的兴起最终聚合在一个产生信息开发和交换革命的数字万维网（WWW）上。越来越小型化的、整合的功能和无线的应用现在已经在全世界组成了一个传播的超空间（hyperspace）。相比于以汽油为燃料的引擎，信息与传播技术提出了解决人类终身学习各个问题的敏感性。这就是《教育传播与技术研究手册》的全部意义。

因为在所有的社会和文化中，教育都是一个重要的话题，社会经常渴望利用（或试图利用）现有技术去实现学校教育的目标。虽然乍一看把技术与教育联系在一起是再自然不过的尝试，但却不意味着这必然是一项顺利的和持续推进的事业。而且，教育技术历史上经历了一个长期而且通常困难的相互适应、犹豫和整和的过程。对这个历史的深度考察揭示了在并不顺利的推进发展过程中的一些突兀和裂痕；这些突破被新媒体和技术的制造者的承诺所相继激发。这些以教育改革者自居的人从他们自己商务和技术的背景出发，对学习和教学的效率与效果做了一个线性的预测，而忽略了多维和多层次教育环境的复杂性。更有甚者在还没有发现任何证明成功的有效实证证据时，就作出过度乐观的承诺。所有关于这个充满希望的技术世界（techno-land）的说法充斥于互联网。教师们、家长们和学校管理者们，或者本身就是革新者，或者被政策制定者所驱使，都对新设备的正面效果抱有强烈信心。他们感受到在现代学校里采用技术和把新技术作为服务内部创新需求的外部手段（特洛伊木马现象）的社会需求。然而，在大多数案例中，与技术有关的经历带来的困难比最初预期的更多，而产出则更少，这即使在研究共同体内都经常引起挫折感。人们就等待着直到下一个更有效的工具出现。这类似于西绪弗斯（Sisyphus）神话，这个科林斯王（king of Corinth）被惩罚永远把一块大圆石推到冥界一座山的山顶，而石头每次都是在接近山顶时滚下来。

确实，媒体和技术的发明都是为了学校外的目的，这意味着这些发明最初在教育组织中都不是自然的而是外来的；因而，我们急需移植知识来应对学校这个免疫系统。建立这个移植知识——按照我们这个隐喻——不仅仅是技术的问题；它必须在一个多学科、宽口径和多种观点的研究方法下获得其实证基础。在这种方法下，关于学习与教学、哲学、课程、方法、学校组织、技术、使用者特点的研究能会聚成充分考虑日益增长的复杂性的教育创新策略。

媒体与技术的进化

根据不同媒体或技术的属性和它们所植入的教育境脉，我们会得到也需要得到不同的答案，以在技术与教育之间建立富有成效的互动。有些人把这种境脉称之为联姻。对媒体和技术进化的简单回顾揭示了发展的不同阶段；然而，这不是在各个发展步骤中间提出一个必然导致孤立或分割的断然破裂，似乎更适合使用的概念是浪潮(wave)。教育技术是一种日益增长的努力，其中早期知识能在较近的浪潮中被容易地吸收。我们可以举一些例子，早期对媒体属性或符号系统的研究能轻易被整合到当代关于媒体属性和符号系统效果的观点中；早期对超媒体卡(hypercard)和超文本(hypertext)的调查仍然在对洞察超媒体(hypermedia)的特性提供帮助；对心智效果的研究能被整合到所谓认知负荷理论(cognitive load theory)中；对个人计算机与同侪学习的研究能对互联网环境下学习共同体的重要观点提供启迪。

技术的进化可以概括成三次相继的发展。二战后，人们希望用信息表征媒体(information representation media)来支持大多发生在课堂中的传统的教与学。这种媒体被假设能通过使用收音机、电视、幻灯、电影和视频把真实世界带到沉闷的课堂中。这种技术被认为是教师演讲和书本中的语言和文本符号的拓展；然而，传统学校格局由于锁定时间段、事先确定课程、教师对变革的抵制以及组织灵活性与基础设施与财务上的局限而阻碍了这些新媒体的灵活运用。如果用了媒体，那么它们只是一种附加物，而没有给教与学的方法带来任何根本性的变革。

从20世纪70年代开始，社会上日益增长的对计算机的应用导致了把计算机整合到教育情境中去的一个对立的争论。一方面，社会宣称年轻人必须为在一个信息社会中生存而做好准备，要掌握在信息高速公路上行驶所必需的计算机技能(虽然现在看来，年轻一代似乎在使用数字技术方面比他们的老师和父母都要好)。另一方面，计算机的属性允许互动数字处理、符号转换和信息存储，这些似乎都与人类信息处理和知识建构相类似。个人计算机被安装了从句型练习到模拟和开放工具的各类软件。在创新的策略方面，绝大多数政府设想，给学校装备电脑会自动增进学习过程和高级技能的获得。然而，研究表明，只有得到充分支持和计算机应用是课程或学习环境的有机组成部分的情况下，计算机才能形成学习的成果。

从20世纪的最后十年开始，个人计算机的封闭处境被网络计算机的通讯装备所打开。计算机不再是个人的，也不再是处理数字的计算机器。计算机是激发人类通讯的工具。一方面，这些工具处理、纠正和微调教育软件或互联网中的信息；另一方面，它们可以通过计算机互动来形成新的信息和共享知识。这个“人类之盾”支持专家们、培训者们、教师们、同辈们、家长们和学习者们之间的很多互动。计算机是丰富信息环境中的通讯工具，并被应用于技术增强的学习者共同体和实践共同体。

教育技术的创新性研究

当前的通讯和信息技术比非数字式的早期技术更接近教育的共识,可以形成更顺畅的教育应用。这个观点至少从逻辑上看是可持续的;然而,教与学的创新不仅仅依靠逻辑观点,还依靠心理动机(psychological motives)。对计算机应用的调查表明,只有很小部分的使用计算机的时间是为了教育或学习目的。学习和知识的构建不同于简单地在互联网上发现有用的信息,这是把新知识整和到已有的先前知识中并逐步抽象、综合和概念变化的发展性过程。学习是积累的,是心智努力、动机和认知技能提升的对象。学习不太受制于获得信息的数量,而受制于把有关信息逐步形成知识的转换过程。这不是仅仅在信息社会中传递信息这么简单的事情。这本质上是支持新手在长期理念指导下通过不断努力,从获得的信息中构建他们自己的知识。学习本质上是一个发展性的行为。

虽然对教育技术的研究经常面向该领域的进步,它总是开始于对复杂性的微观层面的很多研究:计算机软件的有效性和效率的评估、在学校中应用技术的最低条件的甄别、技术面前的学习者的主要特征的深度分析,等等。后来,当不仅是技术工具而是人类与工具和同伴的互动也成为决定因素时,研究会更加复杂并定位在复杂性的微观层面上。整体性的学校革新、计算机与课程的整合、离线与在线学习的互动、面对面和远程学习的互动都是需要深度研究的主题。技术在教育中应用的复杂性和范围的日益增长呼唤与之相适应的研究方法。如果整个教育系统能成为研究对象,唯一的答案就是采用系统研究的方法。系统的(systemic)意味着既在概念一致性上又在经验方法上对较好理解复杂性有所贡献,并导致更好的设计。研究不应该是术语、途径、方法和变量的拼凑,研究的目标应该是积累。离心的趋势需要被转换成向心的趋势:用强大的研究项目来把研究者团结在一起。

复杂性不能靠单一的或单个学科的方法来解决。因为系统包括着很多子成分,这些成分对应不同的背景和解释框架,解决方案存在于交叉学科研究的努力中。而且,技术、课程开发、课件开发、远程教学、创新策略、哲学、社会心理学、人类学、学习范式、组织问题以及论理学都规范着现代技术应用的价值。这仅仅是因为这样的事实,即在复杂性的宏观层面,高度组织的混合学习包括并整合了组织的个体、群体和共同体层面的技术与人类互动。

研究的问题不再是那些个别的研究怎样对基于证据的技术应用做贡献,而是怎样把这些研究在多学科和多层次的研究项目中联合起来。这其中包括了对变量和层次之间互动的强调,而不是对个别的、平面的研究的强调;例如,因为开放的技术环境呼唤学习者控制、自律和小组学习,就不得不在学习者控制和环境(技术)支持之间的复杂关系下定义技术支持的本质。这种方式下,研究项目就能考虑环境中的长期目标和对变革的灵活适应。

大多数技术研究聚焦在有限的样本(大多数是大学生),以及苛刻到只有一次机会的研究问题。我们几乎不知道技术应用的进化,也几乎不知道从新手转化成专家的发展性特征。我们需要更多纵向跟踪的研究以为这种进化的观点提供启迪。

从学习软件设计和开发的早期开始,重点就被放在设计者和他们的专家知识上。然而,如果学习者们想作为学习共同体中的一员来共同设计他们的学习环境,就需要去对学习者进行研究:政策制定者们、学校管理者们、培训者们、教师们和学生们的复杂心态,以及他们在共建学习环境中的能力。这其中包括了为建设最优学习环境所需要的教学知识。

由知名学者提供的本《手册》中的信息描述了教育通信与技术的基础、策略、技术、模式、设计与开发、方法论等方面的成果。人们期待着这个巨大知识库的产出之一——新一代研究与开发的诞生,其概念的准确性、经验的丰富性和共同协作性将引领教育创新。

Joost Lowyck
比利时鲁汶大学荣誉教授

(任友群 译)

前言

历史

在2005年初,教育传播与技术协会(AECT)的执行主任Phil Harris找到Mike Spector,并询问他是否能领导《教育传播与技术研究手册》第三版的开发工作。Spector咨询了前两个版本的主编David Jonassen和Routledge出版社的资深教育编辑Lane Akers。这样就形成了编辑策略,即应该让第三版在内容范围和人员参与方面更加国际化,应该由一个编辑团队而不是一个人来领导这项工作。Spector、Harris、Akers和Jonassen随后讨论了哪些人可能进入编辑团队。在2005年5月,就形成了由Mike Spector、Dave Merrill、Jeroen van Merriënboer和Marcy Driscol组成的编辑团队。

用来确定内容的策略包括四个步骤:(1)与Jonassen进行广泛的谈话以把前两个版本的编辑经验吸收到本次编辑中;(2)对AECT会员进行调查,以获得他们对第二版的反馈和对第三版的建议;(3)在2005年和2006年的AECT年会上发布第三版的编辑方案以从AECT会员那里获得直接反馈;(4)编辑之间通过电话会议、视频会议和偶尔的面对面会议持续对本《手册》进行讨论。

有近200人对《手册》调查做出了反馈,调查询问了《手册》的一般用途、第二版中的各个章节,以及他们对第三版的期望。反馈的信息表明,博士研究生们主要用《手册》来为博士论文写作启动研究综述,教师们主要用《手册》来作为相关主题教学课程的补充资料,研究者们主要用《手册》来快速查询一个特定主题的综述。对第三版的建议包括要论述更多的主题,章节应更短并提供当前研究的更多文献。我们尽了最大努力来采纳这些建议。

在AECT的2005年会上,编辑团队建立了由四个部分组成的《手册》的基本组织框架:(1)策略篇,(2)技术篇,(3)模型篇,以及(4)设计和开发篇。这几个部分反映了将信息传播技术(ICT)用于教育目的的主要方面;在这四个部分前还加了一个基础部分,后面还跟了一个研究方法论的部分。每一个部分由一位合作主编领衔,并得到一位第二合作主编和多位编辑团队以外的评阅者的协助。

也是在那次会议上,编辑团队在Jonassen的深度参与下提出了一个邀请参与者的最初名单。与我们的出版商Lawrence Erlbaum Association的协议是,将在AECT网站上为会员提供第二版的电子版，这样其中的精彩章节就不再收录到第三版中。对作者的写作要求反映了调查的结果和编辑团队提出的组织架构。我们特别要求章节应该更短，而文献应该更多，我们还要求对关键词进行定义并收录到术语集中，我们也要求列出核心参考资料(在参考资料部分用星号标明)。

我们向AECT会员发出了参与写作的请求。手册每一部分的领衔主编负责决定该部分的作者、协调书稿的撰写并对《手册》的该部分进行评阅。总之，编辑团队以团队的方式发挥作用，而合作主编对本《手册》的各个部分具有并承担责任。

我们在最初就付出相当的努力来吸收更多的美国以外的作者。我们不是简单地询问那些已经在前两版本中参与写作的学者再为我们写，我们认为我们应该超前设想第四版本。我们也知道第二版本将一直存在下去。因此，当最终与作者沟通时，我们希望能有一位经验丰富的作者与一位有潜力的青年学者搭配起来，而后者假设可能在下一版本中起领衔撰写的作用。选择作者的导向是要确保各个章节能广泛代表特定领域的有关研究，而不是仅仅反映一个观点或一种方法。

《手册》在2005年末成型。当时，我们想写的内容多达100章。在2006年初，当各个章节开始撰写时，编辑团队将目录压缩到大约65章。随着写作开始，一些作者觉得他们不能写出他们想写的内容并决定退出。我们最杰出的作者之一，也给前两个版本作出卓越贡献的作者——Bill Winn不幸去世了。Bill的作用是不能被取代的；然而，他负责的以计算机为媒介的技术的章节是十分关键的一章。Art Graesser同意接手这个艰巨的任务，在只有六个月的很短时间内领导了本章的写作。《手册》第三版最终包括56章，分成六大部分。

内容

正如上文所述，第三版由六大部分组成。第一部分是基础篇，由Marcy Driscoll领衔，该部分被认为是多年内相对稳定的，只需要在大约每五年进行小部分的修订。基础部分包括历史的、理论的和方法论的基础和观点。《手册》的这个开篇部分的目标是梳理教育传播技术研究背后的各种假设。有一些这样的假设是基于很久以前的东西。另外一些则基于其他学科的发展。《手册》本部分的目标是阐明这些假设，总结关键的进展，点出对教育传播技术研究有意义的样板工作。

第二部分由Dave Merrill领衔，聚焦的是策略。策略部分的不同章节以设计和开发的意义为重点，包含了教学策略和学习策略两个部分。这些不同的策略可以和《手册》第三、第四和第五部分的后继章节联系起来，也符合我们的组织架构。

第三部分由Mike Spector领衔，聚焦的是技术。编辑团队集体决定，去区别软技术与硬技术之间的差异太容易了，也不是太有意义，在这个版本中我们舍弃了这种做法。《手册》的技术部分包括了关于数字技术与非电子技术、智能技术与非智能技术、规划和评估技术以及执行技术的17个章节。

第四部分由Jeroen van Merriënboer领衔，聚焦的是模型。该部分讨论了与不同学习类型和不同学习方法有关的问题。这些模型清楚地表明了设计和开发，并能与第二部分中的不同教学策略联系起来。模型部分包括直接针对学校学习和校外学习的一般模型,也包括了在针对类似医药、科学和阅读等特殊领域的学习模型。

第五部分由 Dave Merrill 领衔,聚焦的是设计和开发。《手册》的这个部分讨论了直接关于专业实践的研究。读者们将发现针对诸如能力发展、任务分析、变革智能体(change agency)和绩效评估等我们所熟悉的主题的章节。设计和开发部分还包括了设计语言的创新处理、设计和开发团队和以用户为中心的设计和开发。

第六部分由 Jeroen van Merriënboer 领衔,聚焦的是方法论的议题。该部分根据的是从理论发展到实验设计到数据收集和分析的经验式循环路径。设计环节与《手册》的主要部分即与相应的处理、策略研究、技术、模型、设计与开发等部分保持一致。针对数据收集,则讨论了(虚拟)实验室的特殊需求。分析方法包括了学习进程的分析、互动和复合绩效(complex performance)。方法论议题部分的结尾是编辑团队对一个能帮助我们领域为未来建立一个强大科学基础的研究计划的讨论。

用途

四个核心部分的划分代表了用信息与通讯技术来支持学习和教学的重点方向,在前面增加一个基础篇和在最后增加一个方法论议题篇是为了有助于对本研究手册的使用。我们有意让题目保持简要和有描述性,以帮助那些希望通过《手册》的四个核心部分来探索一条线索的读者们。

例如,与教学建模和表征研究有关的线索可能包括表征策略、建模技术、模型协助下的学习和设计语言等章节。还可能有很多这样的线索。独立的章节的写作主要是为了表述在已有框架和纲要下对特定主题的自成一体的梳理。所有的章节都有宽泛的参考资料,这应该对一个特定研究领域的新研究者们是有用的,对做研究背景分析的博士研究生们也是有用的。

我们相信,专业领域的实践者和教育研究者将从第一篇和第六篇的章节获益。这些章节和《手册》的其他章节一起,将有助于那些负责教育技术、教学系统或学习环境设计和开发领域的研究生研讨会的学者们。我们希望,《手册》的这个版本将和前两个版本一样有用。时间会告诉我们这一点。在任何情况下,我们欢迎您给我们您的反馈,并会把您的反馈传递给被选拔来撰写第四版本的作者。

学习,教育和坚持。

Michael Spector、David Merrill、
Jeroen van Merriënboer 和 Marcy Discoll

(任友群 译)

致谢

我们要向很多为这卷书投入良多的人表示感谢。David Johnassen 提供了大量关于框架的建议和见地,并是手册第三版的潜在贡献者。Lane Akers 是 Routledge 出版社的高级教育编辑,在整个过程中提供了协助,从计划阶段开始到最后的成果阶段。Phil Harris 是教育传播与技术协会的执行助管,也从始至终的努力支持着。AECT 主办了一次在线调查,近 200 人为第二版提交了反馈,他们将会在第三版中看到这些体现。感谢 Rick Xavier 为这次在线调查提供了开发和部署。很多外部评论者提供了大量不同的草图反馈。两个研究生助手帮我们追踪原稿和管理复审过程:ChanMin Kim 和 JungMission Lee,都是佛罗里达州立大学的学生。一些大学贡献了资源,包括佛罗里达州立大学,荷兰开放大学,雪城大学。最后,我们要感谢为手册做研究的贡献者们,没有你们的实质性努力手册就不可能问市。

作者名录

主编

J. Michael Spector
Professor and Associate Director
Learning Systems Institute
Florida State University
Tallahassee, Florida

M. David Merrill
Professor Emeritus
Utah State University
Logan, Utah
and
Visiting Research Professor
Florida State University
Tallahassee, Florida

Jeroen J. G. van Merriënboer
Professor and Research Program Director
Educational Technology Expertise Center
Open University of the Netherlands
Heerlen, the Netherlands

Marcy P. Driscoll
Dean, College of Education
Florida State University
Tallahassee, Florida

撰写者

Robert Atkinson
College of Education
Arizona State University
Tempe, Arizona

Paul Ayres
School of Education
University of New South Wales
Sydney, Australia

Eun-Ok Baek
College of Education
California State University
San Bernardino, California

Eva L. Baker
National Center for Research on Evaluation, Standards, and Student Testing (CRESST)
Graduate School of Education and Information Studies
University of California, Los Angeles
Los Angeles, California

Sasha A. Barab
School of Education

Indiana University
Bloomington, Indiana

Matthew Barclay
College of Education and Human Services
Utah State University
Logan, Utah

Brian Beabout
College of Education
Pennsylvania State University
University Park, Pennsylvania

Laura Blasi
College of Education
University of Central Florida
Orlando, Florida

Elizabeth Boling
School of Education
Indiana University
Bloomington, Indiana

Eddy Boot
Department of Training and Instruction
TNO Human Factors
Soesterberg, the Netherlands

Henny P. A. Boshuizen
Educational Technology Expertise Centre
Open University of the Netherlands
Heerlen, the Netherlands

Luca Botturi
NewMinE Lab
University of Lugano
Lugano, Switzerland

Clint A. Bowers
College of Arts and Sciences
University of Central Florida
Orlando, Florida

Robert Maribe Branch
College of Education
University of Georgia
Athens, Georgia

Kerry J. Burner
College of Education
Florida State University
Tallahassee, Florida

John K. Burton
School of Education
Virginia Polytechnic Institute and State University
Blacksburg, Virginia

Kursat Cagiltay
Computer Education and Instructional Technology
Middle East Technical University
Ankara, Turkey

Janis A. Cannon-Bowers
Institute for Simulation and Training
University of Central Florida
Orlando, Florida

Alison A. Carr-Chellman
College of Education
Pennsylvania State University
University Park, Pennsylvania

Bryan L. Chapman
Brandon Hall Research/Chapman Alliance
Sunnyvale, California

Patrick Chipman
Institute for Intelligent Systems
University of Memphis
Memphis, Tennessee

Gregory K. W. K. Chung
National Center for Research on Evaluation, Standards, and Student Testing (CRESST)
Graduate School of Education and Information Studies
University of California, Los Angeles
Los Angeles, California

Geraldine Clarebout
Centre for Instructional Psychology and Technology
Katholike Universiteit Leuven
Leuven, Belgium

Roy B. Clariana
College of Education
Pennsylvania State University
Malvern, Pennsylvania

Richard E. Clark
Center for Cognitive Technology
Rossier School of Education
University of Southern California
Los Angeles, California

Ruth Colvin Clark
Clark Training and Consulting
Cortez, Colorado

L. K. Curda
College of Education
University of West Florida
Pensacola, Florida

Ton de Jong
Department of Instructional Technology
Faculty of Behavioral Sciences
University of Twente
Enschede, the Netherlands

Girlie C. Delacruz
National Center for Research on Evaluation, Standards, and Student Testing (CRESST)
Graduate School of Education and Information Studies
University of California, Los Angeles
Los Angeles, California

Vanessa P. Dennen
College of Education
Florida State University
Tallahassee, Florida

Tyler Dodge
School of Education
Indiana University
Bloomington, Indiana

Tim Dornan
Manchester Medical School
University of Manchester
Manchester, England

Ian Douglas
Learning Systems Institute
Florida State University

Tallahassee, Florida

Aaron R. Duley
Ames Research Center
National Aeronautics and Space Administration
Moffett Field, California

Charles Dziuban
Research Initiative for Teaching Effectiveness
University of Central Florida
Orlando, Florida

Sean Early
Center for Cognitive Technology
Rossier School of Education
University of Southern California
Los Angeles, California

Jan Elen
Faculty of Psychology and Educational Sciences
Katholike Universiteit Leuven
Leuven, Belgium

David F. Feldon
College of Education
University of South Carolina
Columbia, South Carolina

Stephen M. Fiore
Cognitive Sciences Program
Department of Philosophy and Institute for Simulation and Training
University of Central Florida
Orlando, Florida

Eric J. Fox
College of Arts and Sciences
Western Michigan University
Kalamazoo, Michigan

Theodore Frick
School of Education
Indiana University
Bloomington, Indiana

James E. Gall
College of Education and Behavioral Sciences
University of Northern Colorado
Greeley, Colorado

Andrew S. Gibbons
Instructional Psychology and Technology
McKay School of Education
Brigham Young University
Provo, Utah

Peter Goodyear
CoCo Research Centre
University of Sydney
Sydney, Australia

Barbara L. Grabowski
Instructional Systems Program
Pennsylvania State University
University Park, Pennsylvania

Arthur C. Graesser
Institute for Intelligent Systems
University of Memphis
Memphis, Tennessee

Sabine Graf
Women's Postgraduate College for Internet Technologies

Vienna University of Technology
Vienna, Austria

Charles R. Graham
Instructional Psychology and Technology
McKay School of Education
Brigham Young University
Provo, Utah

Koeno Gravemeijer
Freudenthal Institute for Science and Mathematics Education and Langeveld Institute
Utrecht University
Utrecht, the Netherlands

Peter A. Hancock
College of Science
University of Central Florida
Orlando, Florida

Michael J. Hannafin
Learning and Performance Support Laboratory
University of Georgia
Athens, Georgia

Robert D. Hannafin
Neag School of Education
University of Connecticut
Storrs, Connecticut

John Hedberg
School of Education
Macquarie University
North Ryde, New South Wales, Australia

Janette R. Hill
College of Education
University of Georgia
Athens, Georgia

Woei Hung
Educational Technology
University of Arizona South
Sierra Vista, Arizona

David W. Johnson
College of Education and Human Development
University of Minnesota
Minneapolis, Minnesota

Roger T. Johnson
College of Education and Human Development
University of Minnesota
Minneapolis, Minnesota

Tristan E. Johnson
Learning Systems Institute
Florida State University
Tallahassee, Florida

David H. Jonassen
School of Information Science and Learning Technologies
University of Missouri
Columbia, Missouri

Yael Kali
Technion-Israel Institute of Technology
Technion City
Haifa, Israel

Liesbeth Kester
Educational Technology Expertise Center
Open University of the Netherlands
Heerlen, the Netherlands

ChanMin Kim
College of Education
Florida State University
Tallahassee, Florida

Brandon G. King
Institute for Intelligent Systems
University of Memphis
Memphis, Tennessee

Kinshuk
School of Computing and Information Systems
Athabasca University
Athabasca, Alberta, Canada

James D. Klein
College of Education
Arizona State University
Tempe, Arizona

Rob Koper
Educational Technology Expertise Centre
Open University of the Netherlands
Heerlen, the Netherlands

Tiffany A. Koszalka
Instructional Design, Development, and Evaluation
Syracuse University
Syracuse, New York

Wilmad Kuiper
University of Twente
Faculty of Behavioral Sciences
Enschede, the Netherlands

Miriam B. Larson
Educational Research and Outreach
Virginia Polytechnic Institute and State University
Blacksburg, Virginia

Hyeon Woo Lee
College of Education
Pennsylvania State University
University Park, Pennsylvania

Jung Lee
The Richard Stockton College of New Jersey
Pomona, New Jersey

JungMi Lee
College of Education
Florida State University
Tallahassee, Florida

Kyu Yon Lim
College of Education
Pennsylvania State University
University Park, Pennsylvania

Marcia C. Linn
Graduate School of Education
University of California at Berkeley
Berkeley, California

Rude Liu
Educational Psychology

Beijing Normal University
Beijing, China

Barbara B. Lockee
School of Education
Virginia Polytechnic Institute and State University
Blacksburg, Virginia

Linda L. Lohr
College of Education and Behavioral Sciences
University of Northern Colorado
Greeley, Colorado

Joost Lowyck
Center for Instructional Psychology and Technology
Leuven University
Leuven, Belgium

M. David Merrill
College of Education and Human Services
Utah State University
Logan, Utah
and
Learning Systems Institute
Florida State University
Tallahassee, Florida

Michael Molenda
School of Education
Indiana University
Bloomington, Indiana

D. Michael Moore
Educational Research and Outreach
Virginia Polytechnic Institute and State University
Blacksburg, Virginia

Konrad Morgan
School of Applied Media and Information Technology
Northern Alberta Institute of Technology
Edmonton, Alberta, Canada

Gary R. Morrison
College of Education
Old Dominion University
Norfolk, Virginia

Som Naidu
Educational Technology
University of Melbourne
Victoria, Australia

Susanne Narciss
Learning and Instruction
Technische Universitaet Dresden
Dresden, Germany

Jon Nelson
Department of Instructional Technology
Utah State University
Logan, Utah

Delia Neuman
College of Information Studies
University of Maryland
College Park, Maryland

Frank Nguyen
San Diego State University
San Diego, California

Xiaopeng Ni
College of Education
University of Georgia
Athens, Georgia

Dale S. Niederhauser
College of Human Sciences
Iowa State University
Ames, Iowa

Mary Niemczyk
College of Technology and Applied Sciences
Arizona State University-Polytechnic
Mesa, Arizona

Fleurie Nievelstein
Educational Technology Expertise Center
Open University of the Netherlands
Heerlen, the Netherlands

Debra L. O'Connor
Intelligent Decision Systems, Inc.
Williamsburg, Virginia

Eunjung Oh
College of Education
University of Georgia
Athens, Georgia

Ron Owston
Institute for Research on Learning Technologies
York University
Toronto, Ontario, Canada

Fred Paas
Educational Technology Expertise Center
Open University of the Netherlands
Heerlen, the Netherlands

Ok-Choon Park
Institute of Education Sciences
Washington, D.C.

Jay Pfaffman
College of Education, Health, and Human Sciences
University of Tennessee
Knoxville, Tennessee

Caroline Phythian-Sence
College of Arts and Sciences
Florida State University
Tallahassee, Florida

Frans J. Prins
Educational Technology Expertise Center
Open University of the Netherlands
Heerlen, the Netherlands

Tillman J. Ragan
Instructional Psychology and Technology Program
University of Oklahoma
Norman, Oklahoma

Thomas C. Reeves
College of Education
University of Georgia
Athens, Georgia

Charles M. Reigeluth
School of Education
Indiana University
Bloomington, Indiana

Rita C. Richey
College of Education
Wayne State University
Detroit, Michigan

Remy M. J. P. Rikers
Psychology Department
Erasmus University
Rotterdam, Zuid-Holland, the Netherlands

Rhonda Robinson
Department of Educational Technology, Research, and Assessment
Northern Illinois University
DeKalb, Illinois

Steven M. Ross
Center for Research in Educational Policy
University of Memphis
Memphis, Tennessee

Thomas Satwicz
College of Education
University of Georgia
Athens, Georgia

Wilhelmina Savenye
College of Education
Arizona State University
Tempe, Arizona

Albert Scherpbier
Medical Informatics
Maastricht University
Maastricht, the Netherlands

Richard F. Schmid
Centre for the Study of Learning and Performance
Concordia University
Montreal, Quebec, Canada

Kathy L. Schuh
College of Education
University of Iowa
Iowa City, Iowa

Norbert M. Seel
College of Education
Florida State University
Tallahassee, Florida
and
University of Freiburg
Freiburg, Germany

Valerie J. Shute
College of Education
Florida State University
Tallahassee, Florida

Roderick C. Sims
School of Education
Capella University
Woodburn, New South Wales, Australia

Kennon M. Smith
School of Education
Indiana University
Bloomington, Indiana

Patricia L. Smith
Instructional Psychology and Technology Program

University of Oklahoma
Norman, Oklahoma

J. Michael Spector
Learning Systems Institute
Florida State University
Tallahassee, Florida

John Spencer
School of Medical Education Development
University of Newcastle
Newcastle, England

Reed Stevens
Cognitive Studies in Education
University of Washington
Seattle, Washington

Johannes Strobel
Educational Technology and Centre for the Study of Learning and Performance
Concordia University
Montreal, Quebec, Canada

John Sweller
School of Education
University of New South Wales
Sydney, New South Wales, Australia

Jan van den Akker
Faculty of Behavioral Sciences
University of Twente
Enschede, the Netherlands

Geerdina Maria van der Aalsvoort
Pedagogische Wetenschappen
Leiden University
Leiden, the Netherlands

Tamara van Gog
Educational Technology Expertise Center
Open University of the Netherlands
Heerlen, the Netherlands

Wouter R. van Joolingen
Department of Instructional Technology
Faculty of Behavioral Sciences
University of Twente
Enschede, the Netherlands

Jeroen J. G. van Merriënboer
Educational Technology Expertise Center
Open University of the Netherlands
Heerlen, the Netherlands

Andrew van Schaak
Vanderbilt University
Nashville, Tennessee

Richard K. Wagner
Florida Center for Reading Research
Florida State University
Tallahassee, Florida

Paul Ward
Department of Psychology and Learning Systems Institute
Florida State University
Tallahassee, Florida

Sunnie Lee Watson
School of Education
Indiana University
Bloomington, Indiana

William R. Watson
School of Engineering and Technology
Indiana University-Purdue University Indianapolis
Indianapolis, Indiana

David A. Wiley
Center for Open and Sustainable Learning
College of Education and Human Services
Utah State University
Logan, Utah

Kenneth A. Yates
Rossier School of Education
University of Southern California
Los Angeles, California

Michael Young
School of Education
University of Connecticut
Storrs, Connecticut

Diego Zapata-Rivera
Research and Development
Educational Testing Service
Princeton, New Jersey

评论者

Sharon Ainsworth
Learning Sciences Research Institute
University of Nottingham
Nottingham, England

Bonnie H. Armstrong
College of Education
Florida State University
Tallahassee, Florida

Theo J. Bastiaens
Institut für Bildungswissenschaft und
Medienforschung
Fern Universität Hagen
Hagen, Germany

Saskia Brand-Gruwel
Educational Technology Expertise Center
Open University of the Netherlands
Heerlen, the Netherlands

L. K. Curda
College of Professional Studies
University of West Florida
Pensacola, Florida

Sanne Dijkstra
Behavioral Sciences
University of Twente
Enschede, the Netherlands

Tyler Dodge
School of Education
Indiana University
Bloomington, Indiana

Philip L. Doughty
School of Education
Syracuse University
Syracuse, New York

Gijsbert Erkens
College of Liberal Arts and Sciences
Universiteit Utrecht
Utrecht, the Netherlands

Begoña Gros-Salvat
Department of Education
University of Barcelona
Barcelona, Spain

Dirk Ifenthaler
Department of Education
Albert-Ludwigs-Universität
Freiburg, Germany

Tristan E. Johnson
Learning Systems Institute
Florida State University
Tallahassee, Florida

Paul A. Kirschner
Educational Psychology and ICT and
Research Centre Learning in Interaction
Utrecht University
Utrecht, the Netherlands

Ard W. Lazonder
Behavioral Sciences
University of Twente
Enschede, the Netherlands

Detlev Leutner
School of Education
Duisburg-Essen University
Essen, Germany

M. David Merrill
College of Education and Human Services
Utah State University
Logan, Utah
and
Learning Systems Institute
Florida State University
Tallahassee, Florida

Konrad Morgan
Human Computer Interaction and InterMedia
Research Centre
University of Bergen
Bergen, Norway

Richard A. Schwier
College of Education
University of Saskatchewan
Saskatoon, Saskatchewan, Canada

H. Barbara Sorensen
United States Air Force Research Laboratory
Mesa, Arizona

J. Michael Spector
Learning Systems Institute
Florida State University
Tallahassee, Florida

Jan-Willem Strijbos
Department of Educational Sciences
Leiden University
Leiden, the Netherlands

Carla van Boxtel
Graduate School of Teaching and Learning
University of Amsterdam
Amsterdam, the Netherlands

Marcel van der Klink
Educational Technology Expertise Center
Open University of the Netherlands
Heerlen. the Netherlands

Hans van der Meij
Behavioral Sciences
University of Twente
Enschede, the Netherlands

Jeroen J. G. van Merriënboer
Professor and Research Program Director
Educational Technology Expertise Center
Open University of the Netherlands
Heerlen, the Netherlands

Andrew van Schaack
College of Education and Human Development
Vanderbilt University
Nashville, Tennessee

Monique Volman
Centre for Educational Training, Assessment, and Research (CETAR)
Vrije Universiteit Amsterdam
Amsterdam, the Netherlands

Hui-Ling Wu
College of Education and Human Development
Texas A&M University
College Station, Texas

翻译校对分工明细表

章数	译者	一校	二校
第 1 章	张文兰	庄榕霞	郑太年
第 2 章	张文兰	张秀梅	郑太年
第 3 章	孙亚玲	高　峰	郑太年
第 4 章	汪晓东	吴筱萌	郑太年
第 5 章	郑太年	赵　健	王　美
第 6 章	庄榕霞	李立君	王　美
第 7 章	赵　健、李贵芹	郑太年	王　美
第 8 章	金　慧	汪晓东	汪　琼
第 9 章	何　美	郑旭东	汪　琼
第 10 章	郑　葳	吕林海	刘　玲、汪　琼
第 11 章	石　敏	闫志明	刘　玲、汪　琼
第 12 章	吴筱萌	金　慧	汪　琼
第 13 章	赵建华	郑　葳	汪　琼
第 14 章	吕林海	石　敏	汪　琼
第 15 章	孙艳超	王旭卿	任友群
第 16 章	王旭卿	孙艳超	任友群
第 17 章	贾义敏	王旭卿	任友群
第 18 章	王为杰	胡海洪	任友群
第 19 章	王琼常	李立君	詹春青、王洪荣
第 20 章	金　慧	汪晓东	詹春青、王洪荣

第 21 章	石　敏	孙艳超	何秋琳、黄小强
第 22 章	张秀梅	闫寒冰	任友群
第 23 章	赵国栋	吴筱萌	何秋琳、黄小强
第 24 章	胡海洪	张志祯	赵　健
第 25 章	张秀梅	赵国栋	赵　健
第 26 章	吉　喆	郑　葳	赵　健
第 27 章	贾义敏	赵国栋	赵　健
第 28 章	张志祯	张倩苇	裴新宁、俞　琼
第 29 章	王爱华	贾义敏	宗　华、裴新宁
第 30 章	赵国栋、姜中皎	王爱华	裴新宁、宗　华
第 31 章	郑　葳	王为杰	何秋琳、黄小强
第 32 章	王为杰	任友群	何秋琳、黄小强
第 33 章	刘晓镜	闫志明	詹春青、王洪荣
第 34 章	陈家刚	王　美	刘玉玉、陈江涛
第 35 章	王旭卿	闫寒冰	刘玉玉、陈江涛
第 36 章	赵　健、吴晓燕	顾小清	詹春青、王洪荣
第 37 章	张志祯	王琼常	余燕云、焦建利
第 38 章	李　妍	张志祯	余燕云、焦建利
第 39 章	孟红娟	郑旭东	陈丽亚、焦建利
第 40 章	王爱华	穆　肃	陈丽亚、焦建利
第 41 章	贾义敏、秦　丹	张育桂	詹春青、王洪荣
第 42 章	李海霞	庄榕霞	刘美凤、鞠慧敏
第 43 章	王　美	陈家刚	刘美凤、马晓玲
第 44 章	李海霞	刘晓镜	刘美凤、康　翠
第 45 章	庄榕霞	张秀梅	刘美凤、方圆媛
第 46 章	高　峰	王爱华	刘美凤、方圆媛
第 47 章	焦建利	穆　肃	刘美凤、赵　磊
第 48 章	郑太年	石　敏	刘美凤、鞠慧敏
第 49 章	穆　肃	李　妍	刘美凤、马晓玲
第 50 章	吴筱萌	金　慧	刘美凤、赵　磊
第 51 章	闫寒冰	任友群	刘美凤、鞠慧敏

第 52 章	赵建华	孙亚玲	刘美凤、康　翠
第 53 章	张倩苇	焦建利	詹春青、焦建利
第 54 章	顾小清	赵建华	詹春青、焦建利
第 55 章	张志祯	焦建利	何秋琳、焦建利
第 56 章	闫寒冰	赵建华	何秋琳、焦建利

序、前言、鸣谢等由任友群译。

关键词和索引的翻译由王蕊核对、任友群审定。

终审校对由任友群、焦建利、刘美凤、汪琼共同完成。

第一部分　基础

《手册》的基础部分是由 Marcy P. Driscoll 牵头，J. Michael Spector 协助来做的。我们期望基础这部分能保持多年的稳定水准。有关的基础包括历史上的、理论上的、方法上在内的相关发展、理论和观点。本《手册》该起始部分针对成为教育传播和技术研究的基础的各类假说。这其中的一些假说是基于之前已经发生过的，其他的假说是基于其他学科的发展。《手册》中这部分的目标是明确这些假设，总结关键发展，并为研究教育传播和技术的影响的可效仿的工作提供指标。《手册》中的这部分由 7 个章节组成：(1)历史基础，(2)理论基础，(3)复杂性理论，(4)体验的视角，(5)记忆和动机：实证的观点，(6)境脉主义的观点，(7)哲学观。

1

历史基础

Michael Molenda

3*

* 边码为原著页码。——译者注

摘要

教育技术的研究和实践起源于原始时代人类渴望寻找更有效的教学方法的动机。每个文明社会都形成了正规的教育方法，这比人们通过日常生活中的尝试—错误法更为有效。20世纪的前几十年，个人以及相关的专业研究小组热衷于探寻更有效的教学方法，由此建立了教育技术学这一领域。最初，他们主要研究运用视觉以及后来的视听资源来丰富学习经验。随着20世纪30年代无线电广播的兴起以及50年代电视的出现，这些大众媒体成为向更多人——包括校内和校外——提供视听教育节目的途径。20世纪60年代，教学机器与基于行为主义心理学的程序教学相结合的热潮席卷了教育技术领域，也使得该领域发生了重大转变。教育技术领域原有的研究从视听技术扩展到了包括心理学技术在内的所有技术。到了20世纪80年代，受到认知主义和建构主义一些新观点的启发，研究的重心转向教学系统的设计，特别是教学方法的灵活应用。计算机在20世纪90年代得到了普及，并由于其交互能力而成为信息传递系统的最佳选择。1995年后万维网在全球的迅速拓展使得计算机网络承担起了通讯以及存储和处理信息的职责。日益关注远程教育的教育技术开启了21世纪的新篇章。远程教育的永恒使命是要帮助更多的人更快、更好、更经济地学习，这也使得远程教育成为教育技术的最新范式。

关键词 5

建构主义：学习理论中一系列关于人类学习的假说，强调在学习新知识时，个体的积极主动建构所起的关键作用。

远程教育：以教师和学生的时空分离为特点的，师生借助通讯媒体进行交互的一种教育模式。

技术：科学知识或者其他有组织的知识在实践中的应用。

引言

本手册所探讨的研究领域——教育传播与技术——是一个非常宽泛、复杂的领域。每章所侧重的内容有时区分得并不是很明显，通常存在着交叉。本书中的研究基于许多不同的学科，而每个学科都有其自身的历史和文化。因此，试图将一个连贯的故事主线强加到这样一个丰富多彩、线索时常交织的戏剧上的任何尝试，都将是很困难的。我们对教育技术短暂的发展历史的描述不追求原创或者新奇，而是寻求相反的效果：根据主流研究者所理解的研究，讲述教育传播与技术演化的历程。本书吸收了大量具有广泛影响力的资源，例如 Saettler (1990) 对历史所作的全面描述和其他学者对本领域观点的最新概述（Januszewski 和 Molenda, 2008）。编者期望在本手册一开始就能对研究所基于的假设作出明确的陈述。本手册运用了美国教育传播与技术协会（AECT）的成员和读者以及本协会上一世纪前辈的观点和成果。为了简洁，这里用教育技术这个术语作为我们正在描述其历史的领域的名称。

历史基础

起源

人类能够成为一个成功的物种，很大程度上是因为自身具有从经验中学习并且能将知识传承给后代的能力。很多学习及文化适应都是自发的，没有经过计划或组织。在多年的发展中，随着人类社会的日益复杂和有序，人们开始有意识地建立一些特别组织，比如学徒制、学校以及其他教育机构，来帮助社会成员掌握生存和发展所必需的认知技能和实用技能。

有组织的教育和培训的历史可以看作是一个长期的奋斗过程，它要让更多的人能够获得学习机会，还要尝试各种学习方法来帮助人们比通过日常生活学得更好。为教育和培训设立的机构实施多种活动来帮助人们更有效地学习，如个别化学习或小组学习，班级教学或远程学习。学校、大学、企业培训中心以及其他教育机构给人们提供了许多促进学习的便利条件。

教育机构中的学习目标集通常是复杂的、困难的，也有一定的长期性。纵观整个教育史，教育者们设计出了很多更简单、更快速、更可靠或更经济的方法，来帮助学习者学习。其中的一些方法可以归类为技术性的方法，也就是我们所谓的为达到最终的实际目的而运用科学知识或其他有组织的知识。技术的这一定义是由 John Kenneth Galbraith (1967)提出来的。这些发展有些表现为硬技术形式，包括材料和物理设施；有些表现为软技术形式，即一些特别的工作程序或精心设计的教学模板，这些模板适用于多种教学案例。本章主要讲述教育技术发展过程中的一些标志性事件。

现代教育技术的先驱

推动现代教育技术发展的各种理论渊源最早可以追溯到公元前 5 世纪的哲学、教育学以及心理学理论。当时雅典文化在西方正处于顶峰时期，这一时期孔子正建立着他的哲学并最终成为主导东亚的主要思想（直到 1600 年前后，孔子的思想才经由意大利基督教的传教士 Matteo Ricci 翻译而被西方世界所认知）。

古雅典时期，诡辩哲学家到处宣传煽动性的并且经常是相对论性的认识论观点。他们认为一个好的观点就是只要通过修辞处理就能够辩论胜利的观点，而不必考虑其真理性。苏格拉底、柏拉图和亚里士多德等人在自己的著作中从哲学方面阐述了对诡辩者观点的反对。在欧洲的黑暗时期，苏格拉底等人关于认知和知识方面的论述大部分都遗失了，但随着中世纪
6 学者接触到以阿拉伯文保留的有关内容，它们逐渐被人们重新发现和审视。15 世纪朝鲜的李退溪（Yi T'oegye）提出一种新的儒家哲学，强调道德法则的同时也讨论了认识论方面的问题。这种儒家哲学提倡的自我修养的培养步骤和通过问题去思考的过程类似于苏格拉底的“产婆术”（苏格拉底认为在帮助个体传递观念方面，他的教育思想和产婆术相似）(Kim, 2003)。

文艺复兴时期，夸美纽斯等欧洲教育哲学家详细阐述了教育学原理和实践，这些理论和实践都是现代教育家们所熟悉的。例如，为了进行有效的管理而设立了班级；将可视化媒体系统地融合到文本呈现中；按照学习者的认知发展阶段来组织课程；通过生动的教学活动吸引

学生参与到学习过程中,而不是处罚性的机械练习。

18、19世纪,传播媒介逐渐被引入到教育领域中。在18世纪,地图、地球仪及科学仪器已成为一些较好的学校和大学的标准设备;而直到19世纪早期,黑板才作为一种多用途的新媒体普遍应用到教学中。苏格兰人认为黑板是James Pillans发明的,他是19世纪早期爱丁堡古代高等学校的校长,他用黑板和彩色粉笔来教授地理课程(Scots Community, 2007)。19世纪30年代,黑板已经成为教室中必备的设备之一,这种黑板一般是在厚木板上涂上黑色颜料制作而成。黑板能够让教师或学生写或者画一些能同时让一大群人都能看到的视觉符号,它极大地提高了教师的教学能力。Bumstead (1841, p. viii)称"黑板的发明者即使不能被认为是人类最伟大的贡献者,也应该被看作是学习和科学最伟大的贡献者。"

19世纪50年代中期,英格兰的David Brewster推出的手持立体照相镜开始盛行。通过对立体照相镜的基本研究,他坚信立体照相镜在形象地呈现课程内容方面有巨大潜力(Anderson, 1962)。

早期的视觉媒体

幻灯片放映机

现代教育技术的起源可以追溯到19世纪末20世纪初投影技术的应用,当时的视觉投影主要是对演讲内容进行补充。幻灯片放映机是从17世纪用油灯照亮的手绘幻灯片发展而来的。而在19世纪,这种所谓的魔术灯为人们带来了娱乐(Petroski, 2006)。由于购买和操作早期幻灯机设备的费用太高,幻灯片放映机在教育中的应用受到限制。幻灯片放映机的主要靠煤气、石油或者氢与石灰的混合物维持运作(也就是所谓的灰光灯*,1837年在伦敦的柯芬园大剧院首次使用灰光灯),而使用这些物质每小时的花费都很高。19世纪80年代Edison发明了以电为能源的白炽灯照明设备,这就使得幻灯机的使用变得可能;到了19世纪末期,幻灯机就被普遍地应用到教育中。

教育中的无声电影

教育电影的鼻祖是1910年左右出现的非戏剧的短片电影。英国和法国的电影摄影放映师向人们展示出了令人惊异的电影图片,例如微小的生物、飞行的昆虫以及水下的海景等。其中,观众比较喜欢新闻事件及旅游探险方面的电影。早在1910年无声电影就开始在学校中使用(Saettler, 1990)。1912年,法国的Lycee Hoche de Versailles将电影与科学教学相结合,引起了全球关注。20世纪20年代,各行各业,不论是个人、企业、非赢利性组织还是政府机构,都努力增加现有剧院性影片和新闻短片的供应,教育者由此可以使用多种类型的影片进行教学,比如,为特定目的制作的戏剧影片、工业影片、政治影片以及小部分专门为学校教学而制作的影片。希望有所创新的学校都建立起自身的影片资源库。尽管很多影片价值并不大,但人

* 灰光灯,是当今聚光灯的前身。——译者注

们对电影的兴趣却与日俱增。20 世纪 20 年代末，许多教育机构都有了专门致力于电影或视觉教育的部门；而厚厚的电影目录记载了教育者可以使用的数千部影片。

视觉教学运动

人们对将静止及动态的图片作为一种教育资源表现出极大的兴趣，为了促进幻灯、电影等新技术的使用，这些热衷者们进行了一场有组织的教育改革的尝试——视觉教学运动。视觉教学运动被认为是教育技术的发端。在这个潮流下，视觉教学的拥护者努力想将视觉媒体更广泛地运用于学校、中学后教育机构以及成人教育机构中。最初的视觉教学资源是存放在教育博物馆中的。美国第一个教育博物馆是 1905 年在美国密苏里州圣路斯建立的，其资源主要来自 1904 年在该市举办的世界博览会上的展品(Saettler, 1990)。在此之后，视觉媒体被集中到各自的视觉资源中心，而这场新兴的视觉教学运动的领导者也就成为视觉资源中心的负责人。

7 Lashley 和 Watson 最早开始了对媒体在教学中的应用的正式研究，该项目研究了第一次世界大战中使用的预防性病的军事培训影片在普通民众中的使用效果(Lashley 和 Watson, 1921)。20 世纪 20 年代耶鲁大学推出的关于美国电影剧发展史(*Chronicles of America Photoplays*)，是一系列经过精心设计、制作的专门用于学校教育的影片。Knowlton 和 Tilton (1929)研究了这些历史影片在七年级课堂上的使用情况，其中一个重要的结论就是：影片的教育价值不仅仅取决于其质量，还在于教师是否可以恰当地使用。媒体的教育价值很大程度上是由它的使用方式决定的，这种观点在后来每一代新媒体中都得到证实，包括广播、电视、程序教学、后来的计算机辅助教学和现在的基于网络环境的学习。

在早些年，人们制作用于教育的影片并没有得到教育学理论的明确指导，影片制作者通常选择一些在本质上很直观的题材，然后用其中一个影片类型的方法将其制作成教育电影。当时影片类型通常包括戏剧、游记、讲演、记录片、民族志、历史再现、自然探究、科学实验或者示范、讲座、程序指导等。

20 世纪 20 年代，视觉教育的热衷者们成立了许多学术性机构，其中，全国教育协会的视觉教育部(DVI)于 1923 年成为运用视觉媒体改善教学效果的主要专业组织。1947 年视觉教育部更名为视听教育部(DAVI)，因为它的领域已经扩展到听觉媒体：有声影片和记录声音的多种形式——从留声机开始，之后是无线电广播，教学中使用的有声电影胶片以及录音磁带。

视听教学

1910 年，留声机唱片出现了，成为最早得到广泛应用的录音装置，但大部分的留声机唱片主要用于音乐领域。20 世纪 50 年代磁带取代了留声机，但一直到现在的 21 世纪黑胶唱片依然在使用中。留声机一问世，电影制作者就开始尝试各种方法，通过留声机将声音添加到无声电影中。20 世纪 20 年代末，给电影添加一种光录声迹*技术成为有声电影倾向选择的一种形式。有趣的是，有声电影在进入教育领域时也受到了相当大的阻挠。虽然一些教法学者认为，将教师的讲述添加到无声影片中的做法无疑能为电影放映增加一定的人性化和个性化特点，但管理者们则担忧先前大量投资的无声电影放映机会过时。1936 年底的一项调查表明，学校拥有的无声电影放映机的数量是有声电影放映机的十倍(Saettler, 1990)。标准的幻灯片框架尺寸为 2×2 英尺，胶片为 35 毫米。这种 35 毫米胶片的格式也用于电影胶片，并成为以后商业化生产的视听材料中普遍采用的格式。听觉媒体是在视觉媒体基础之上发展起来的。到了 20 世纪 30 年代，学校已经具有以下设备(按使用的频率排列)：幻灯片放映机、收音机、16 毫米无声电影放映机、35 毫米无声电影放映机、电影胶片放映机、实物投影机、微型幻灯片放映机、16 毫米有声电影放映机以及 35 毫米有声电影放映机(Saettler, 1990)。

教育广播

无线电广播的兴起

20 世纪 20—30 年代，广播成为全球主要的大众传播媒体。继 1927 年英国成立 BBC 广播电台后，许多国家也有了专属的类似自我管理的公营公司模式(例如日本的 NHK、加拿大的 CBC)，但大部分国家的广播还是由政府直接管理的。广播的主要责任是为公众提供文化类和教育类的节目，这两类节目通常也是最先播放的。1925 年加拿大开始了第一个学校广播节目，1926 年英国也开始了。到 20 世纪 30 年代中期，澳大利亚、日本、南非、印度和几乎所有的欧洲国家都有了学校广播服务。

日本的教育广播

1935 年日本广播协会(NHK)发起了全国范围内的学校广播教育，之后又制定了一项政 8
策，用这些节目来辅助学校课程的开展，“将教育普及到传统教育无法到达的地方”(De Vera, 1967, 23 页)。第二次世界大战后，NHK 进行了重组，并继续因其在教育广播及后来的教育电视(始于 1953 年)上的有雄心的、高质量的节目而成为国际典范。

北美的教育广播

加拿大国家铁路部(CNR)率先在国内提供大规模的学校广播。铁路广播系统的初衷是为了给乘坐火车出行的旅行者提供娱乐节目，但广播的范围也辐射到铁路沿线的各个城镇，因此，CNR 迅速做出相应调整，开始播放一些学校感兴趣的节目。CNR 学校广播特意在节目中设计了参与性活动，从而吸引了大量的忠实听众。1933 年 CNR 的学校广播被加拿大广播公司 CBC 合并。20 世纪 20 年代初，许多美国的大学也获得了建立广播电台的许可，这些广播电台通常作为电子工程的技术试验基地。在与商业性广播电台的竞争中，很多校园广播电台

---

* 光录声迹，光电词汇，指根据声信号，在电影胶片的边缘部分以光电记录形成的声迹。——译者注

被迫关闭,但也有一些广播电台扎根发展起来了。在这些成功的运营中,广播成为实现大学使命——为校外的学习者提供学习机会——的一个不可或缺的部分(Wood 和 Wylie, 1997)。

教育广播节目

到 20 世纪 30 年代中期,美国许多学区都设立了广播电台,并开发了体现创新性教学技术的先进教育节目。20 世纪 30 年代,克利夫兰、俄亥俄州、教育广播电台委员会和 WBOE 都是先制作节目草案并让学生试听,以此来对广播节目进行预测试。这个做法也为后来的观点提供了启示——利用形成性评价和总结性评价可以改进课程教学并验证其价值(Cambre, 1978)。教育广播为每一门可能的学科都提供了节目,包括外语、健康、社会学、家庭经济、科学、音乐、艺术以及其他多个学科。为了找到能体现听觉材料教育价值的学科内容结合点,英国 BBC 广播公司的节目制作人员与每个学科的教师咨询委员会都保持着密切联系(Bailey, 1957)。他们与分布在各地的几千所学校保持着联系,例如,1936 年在英格兰和威尔士,大约有 4600 所学校成为注册用户(Parker, 1993)。然而在美国和许多欧洲国家,广播节目趋向于成为 Levenson 和 Stasheff (1952)所提到的"非正规教育"方式,而非直接教学的方法。广播难以发挥核心教学作用。广播的优势是可以覆盖大面积区域,但同时也意味着它跨越了学区,甚至超出了州和地区的边界,因此很难设计出一门课程来满足不同辖区的不同学校在课程内容、范围、顺序和时间上的不同需求。另一方面,作为课堂的掌控人,教师也不愿意将主要课程内容移交给其他人,那样会使他们觉得自己的权威受到威胁。在之后的电视教学、程序教学和计算机辅助教学中,同样也存在着这种将基于技术的教学作为辅助手段的情况。

第二次世界大战时的教育媒介

二战时期,不论是轴心国还是同盟国都广泛应用电影来达到对国民进行宣传的目的。德国导演 Leni Riefenstahl 执导了《意志的胜利》(*Triumph of the Will*)等能给人带来强大心理震撼的纪录片,并建立了一种新的审美标准。这些影片为从事心理学和媒体研究的一代美国和欧洲学者提供了丰富的资源。电影被推向军事培训的最前线,被用来快速、集中地培养出数以百万计的战士和工人。英国和美国的军队将 16 毫米电影广泛用于军事培训和激发将士的积极性,而且,几乎没有一个参战国家能比美国更普遍地应用电影。1941 年至 1945 年间,美国军事训练视觉辅助部与好莱坞的导演、演员一起,共同创作了 400 多部有声电影和 400 部无声幻灯影片,这些影片所带来的军事动员要比轴心国战略家预期的范围更大、速度更快(Saettler, 1990)。

二战期间所有的电影都被用于军事培训,为了检验不同的电影技术与其教学效果之间关系的假设,美国军队还进行了一系列心理学的研究,之后发表了名为《大众传播实验》(*Experiments on Mass Communication*)的研究报告(Hovland 等,1994)。由于美国在这些影片上集中投入了相当的时间、金钱、人力和研究,因此,一种新的教学电影由此产生。新的电影协议也建立起来了,例如,影片要从表演者的角度而不是从观众的角度来表现程序性的任务,而且要以第一人称来叙述和展现影片人物的思维过程。

战后时期的教育媒介

媒体研究

二战结束后,宾夕法尼亚州立大学在美国海军的赞助下继续教学电影研究,并发布了一 9
百多种出版物(Hoban 和 Van Ormer, 1997)。其中一些实验是与如何利用设备的技术有关的,但大多数还是集中在与信息呈现有关的因素方面,如摄像机的角度、速度、解说、音乐以及色彩等(Saettler, 1990)。20 世纪 50 年代初,美国空军部也开始了一系列对教育电影的研究,探索电影和程序教学技术之间可能存在的相互影响,还广泛地调查了学习者在观看电影或录像期间的反应状况。1953 年,AECT 的前身 DAVI 创办了名为《视听传播评论》(*Audio-Visual Communication Review*)的杂志,这使得视听教育领域的研究受到了极大的鼓舞。1958 年通过的《国防教育法》第七条也规定要为视听教育研究提供大量的资金支持。

基础研究

对视觉和听觉进行的基础研究往往超出了教育技术领域的范畴。与视觉教学研究最相关的是 20 世纪前半叶出现在德国的格式塔心理学,它由 Max Wertheimer (1944)提出,并由 Kurt Koffka 和 Wolfgang Köhler 进一步发展。他们试图解释人类及其他灵长类动物如何感知刺激并运用认知过程来理解并解决问题。另一个相关研究关注心智模型的形成,由英国的 Kenneth Craik (1943)最早提出这一概念,Johnson-Laird (1983)对其进行了发展。而 Fleming 和 Levie (1978)则从信息设计原则的角度对上述各种基本研究进行了概述。

视听教学实践

从第二次世界大战到 1982 年,个人计算机出现的这一时期可以看作是视听教学时期。二战之后,大量的媒体被投入到教学实践之中,教育技术实践也围绕着这些媒体展开:16 毫米影片、35 毫米幻灯片放映机或电影胶片放映机、实物投影机、收音机以及电唱机。学校按照每百名教师至少有一台的比例来配置这些设备。电视机在 1958 年达到这个配置比,而高架投影机(overhead projectors)则在 1960 年达到这样的普及率(Finn 等,1962)。1935 年德国发明了磁带录音技术,退役军人在战后把录音机带回了美国。到 1956 年,轴式磁带录音机已经成为学校大量使用的多媒体设备中的一种(Finn 等,1962)。1962 年飞利浦公司在荷兰推出盒式磁带录音机,到 20 世纪 70 年代初,该设备成为全球学校中的标准音频设备。

在视听教学时期,K-12 中小学教师实际使用视听媒体的比率是比较适中的。媒体使用率主要受到其获得性难易程度的影响。教师们倾向于使用那些存放在自己教室里的资源,较少使用那些集中存放于教学楼的某个中心的资源,更少使用那些需按照时间安排从校外运来的资源,如 16 毫米电影。根据 20 世纪 40—50 年代美国的一项调查,大约 40%的小学教师和 20%的中学教师频繁使用影片。多方调查显示,每个教师平均一个月才使用一次影片

(Cuban, 1986, 14—18 页)。电影及类似媒体的使用率较为低下,教师们认为除了媒体的不易获取性外,还存在技术培训匮乏、投影设备不可靠、学校预算(租用影片和购买放映机的费用)局限以及资源与课程整合困难等各种问题。同样的,在 20 世纪 90 年代,有关调查显示教师在使用计算机时也存在同样的限制因素。

Hoban 等人(1937)提出的视听教学模式,用有意义的学习取代了空洞的咬文嚼字或死记硬背的学习。Dale(1946)很早就提倡设计丰富的学习环境,他通过“经验之塔”向人们系统阐述了视觉教学的观念。他提出人们的学习经验包括个人直接经验、野外旅行、戏剧表演以及视音频媒体等,这些学习经验可以按照从具体到抽象的顺序排列,且每种学习经验在塔中都有其适当位置。

教育电视(ETV)

1936 年,英国广播公司(BBC)开始了定期电视广播,第二次世界大战前,美国、德国、法国及苏联等国也开始了定期电视广播,但二战期间都停播了。二战之后电视行业迅速发展起来,例如,1947 年美国国家广播公司(NBC)商业网络开始广播电视节目,1953 年日本广播协会
10 (NHK)开始定期播放电视节目。在大多数欧洲国家,无线电广播的模式被延伸到了电视,国家广播机构进入到这个新媒体中来。电视广播得到了许可证费的资金支持,也延续着它的传统职能——向大众提供文化和教育节目。

欧洲的 ETV

英国广播公司(BBC)于 1957 年开始了学校广播业务,到 1974 年至少有 80%的学校定期使用 BBC 节目(British Information Services, 1974),且这种模式一直持续到 21 世纪。自早期的无线电广播时代开始,校园广播委员会就主要由教师代表组成,在该委员会的指导下,学校广播节目被很好地设计整合到了国家课程中去。在欧洲其他一些国家,一般来说是由国家电视局将电视播放的时间抽出一小段,播放专门针对在校师生及成人的教育节目。

北美的 ETV

与英国一样,加拿大也有一个国家电视网,即加拿大广播公司(CBC),除了政府支持外,CBC 还得到了商业广告的资助。随着 1952 年电视节目的出现,CBC 也开始了校园广播。在 20 世纪 60—70 年代,虽然各省逐渐开始自己制作广播节目,但 CBC 仍继续提供有限的学校广播节目。和美国一样,加拿大的 K-12 教育系统也是由省政府而不是国家政府控制。到 20 世纪 60 年代中期,大部分省都制作了适合本地需求的学校广播节目。创办于 1970 年的安大略电台,是一个服务于安大略省的非商业性公共广播网络,主要负责提供适合于学校的电视广播,该电台的一些节目得到了国际认可并在全球内转播。这样,国属和省属的广播节目都可以在学校内得以使用。

在 20 世纪 50 年代,美国的许多大学、社团组织得到了非商业性电视台的许可,教育电视

广播也就开始向在校学习者以及在家学习的成人和孩子播放(1953 年美国休斯敦大学的 KUHT 是首个由大学或社团创办的电视台)。许多曾经尝试过无线电广播的机构现在又开始尝试电视广播,这在本质上又重现了无线电广播的情况。在这个时期,学校在校人数猛增,但合格的教师却普遍短缺。一些人认为通过电视来播放课程这种形式可以减少对于更多教师的需求。

在美国,从 20 世纪 50 年代末到整个 60 年代,电视节目只在地区范围内播放,例如东部教育广播网和中西部空中教育电视网(MPATI,卫星传播的前身),只有少量节目是全国播放的,如大陆教育电视课堂。在此期间,联邦政府和福特基金为电视教育在高等教育中的开展提供了资助,允许高等学校设置闭路电视系统并制作电视节目。到 20 年代 60 年代末,上千万学校的学生每天都会接受电视教学。录像带(及以后的盒式磁带录像)普及后,教育电视广播节目越来越多,且多以现货包装而不是广播接收的方式为人们所用。

ETV 节目

与教育电影一样,教育电视节目也采用了人们熟悉的影片类型:演讲、示范、讲解、采访、小组讨论、戏剧、野外旅游或者纪录片等(Wood 和 Wylie, 1977)。与商业性广播和电视节目的制作过程相比,教育电视节目"在节目的组织方面,我们从商业性电视节目里汲取了一定的理念,但并没有因此受到束缚而失去自由"(Suchman, 1966,30 页)。美国的教育电视,特别是那些针对大学的教育节目,相对而言要比欧洲的教育电视节目有更多的语言(该节目的典型特征就是有所谓能说会道的人)(Tanner 和 Woerdehoff, 1964)。欧洲的电视节目,特别是 BBC 录制的,以注重清晰的视觉效果而闻名。BBC 收录了国际上可作为制作典范的电视节目,这些存档的文件或作品为全球电视制作者所推崇。

受到认知革命的冲击,20 世纪 60 年代解说性的模式被打破。认知革命认为电视应该是参与性的而不是被动观看的,它应该提出富有挑战性的问题,引发大家的讨论并最终得出答案。简而言之,电视教育应该提出问题并激发思考(McBride, 1996)。这种发现式学习运动促进了大量教育电视系列节目的出现,特别是在科学和社会研究领域,节目描述了问题情境并邀请学习者围绕问题进行讨论。20 世纪 90 年代的"贾斯珀·伍德伯里问题解决系列"(*Jasper Woodbury Problem Solving Sries*)代表着这种发现式学习运动的顶峰。

发展中国家的 ETV 11

随着电视的引入,教育电视在工业化程度较低的国家中也逐渐得到应用。在许多国家,教育电视是和工业化国家的技术及资金支持一起进来的。工业化国家希望将教育电视作为国家项目的一部分,从而扩大国民受教育的机会。例如,在 1961 年,联合国教科文组织和福特基金在印度德里设立了一个实验项目,旨在为该市中学生提供物理、化学以及英语的电视课程(Mohanty, 1984)。他们在 1966 年又启动了一个向德里市郊区 80 个村庄的农民传播农业信息的项目,在这个项目中,人们一起观看电视节目,并分组讨论节目内容。

许多发展中国家采用了这种电视教育模式:在城市中面向学校教育,而在农村,则用于支持农业发展。在20世纪60—70年代,拉丁美洲和非洲各有十几个国家开发了教育电视节目(如拉丁美洲的萨尔瓦多和哥伦比亚、非洲的科特迪瓦和尼日尔),而亚洲也不例外(如韩国、印度)。在20世纪60年代,位于大洋洲的美国萨摩亚群岛的整个教育系统都围绕电视教育进行了重组。

在许多情况下,这些项目都不是永久性的;一般来说,大部分都不能持久。Tiffin (1978)在系统分析了拉丁美洲的ETV节目后指出:尽管课程本身具有教育价值,但整个项目依然存在系统性的问题。Clayton (1979)也赞同这一观点,他认为,任何系统若其主要组成部分缺席或者功能不齐全,都会趋于灭亡。

在后殖民时期,ETV被认为是一种在提升教育质量的同时,扩大教育受众的手段。迹象表明,若从严格的经济角度来看,这些早期项目的成效难以确定。基于电视的教学改革可能是一种改进课程和提高教师教学方法的较快手段,但这场改革所需的设备投入过于昂贵,且在这些地方常常难以持续(Carnoy, 1975)。

传播范式

信息理论

从教育广播发展的后期到早期的教育电视,传播理论一直占据着自然科学及社会科学研究范式的主导地位。从Shannon和Weaver (Shannon, 1949)的信息理论,到Wiener (Wiener, 1950)的控制论及Berlo的传播过程模式,教育技术领域的学者一直将教学/学习问题看成是传播的问题。一般是通过发现并改进传播过程所存在的不足来提高传播的效果,如选择更加形象的媒体,添加更多的冗余信息,更好地与接收者的语言能力相适应,为传播者提供更多有关接收者反应情况的反馈,等等。

语义学

在20世纪40—50年代,传播理论不仅促进了信息科学的出现,同时也引起了社会科学的关注。Korzybski (1933)创立了普通语义学,语言学专家Hayakawa (1941)对它进行了解释并大力推广。在研究人们通过各种媒体交流所产生的意义时,普通语义学提供了一种新的研究方式,它将人的维度添加到其他传播理论中所提及的技术性过程中。

视听教育的新范式

传播观成为一个定义视听教学领域的新范式。它受到该领域中部分人士的衷心拥护,举例来说,雪城大学(Syracuse University)的学术项目的名称历经了如下演化:视听教育—教育媒介—20世纪60年代中期的教学传播。1963年,该领域的第一个正式定义将"视听传播"这一术语作为核心概念。1971年,在视听教学部(DAVI)更名时,人们认为"传播"和"技术"两词都应作为核心术语,所以"传播"与"技术"被同时包含在"教育传播与技术协会(AECT)"这一新名称中。

激进行为主义

在教学中的应用

行为主义泛指心理学上几个相关但又有所区别的理论。其中，激进行为主义对教育技术产生了最大的实际影响，这是因为它提出的教学方法、操作性条件反射在教学—学习问题中 12
得到了广泛的应用(Burton 等，2004)。正如 Lockee 和他的同事在本手册的技术部分所讨论的那样，B. F. Skinner 对于传统的小组教学问题的分析引导他发明一种机械装置，这种装置可以将操作性条件反射应用到理论教学中(Skinner, 1954)。这种被称为是教学机器的装置引起了全国的关注。刺激、反应、强化在教学机器中的组合被称为程序教学，而书本形式的程序教学课程则在 20 世纪 60 年代大量印发。

教学机器的影响

视听教学部(1960 年去掉了视觉与听觉之间的连字符，即从 audio-visual 变成 audio visual)也加入了这种新的程序教学运动，出版了《教学机器和程序化学习：参考手册》(*Teaching Machines and Programmed Learning*: *A Source Book*)(Lumsdaine, Glaser, 1960)。1959 年的 DAVI 会议日程中只有一份文件与程序教学有关，但 1960 年就召开了名为"教学机器中使用的程序化教学材料"的大型会议。会议的这一名称给了我们一个线索，可以将视听管理人员与程序化教学联系起来——教学机器最初只是被用于传递程序化课程。当学院和大学都开始接受这种教学机器时，就必须有人来管理它们，这就是视听协调员！在接下来的几次 DAVI 大会中，我们可以从相关兴趣小组的名称——教学机器小组上看到这种机器的重要性。

教育技术范式的出现

人们的研究重点逐渐转移到对自我教学系统的设计上来。这种设计过程与早期 James D. Finn 提出的观念相吻合，即教学技术是一种思考教学的方法，而非仅仅是各种工具设备的混合体。由此，技术开始具有双重意义：科学思想的应用以及各种传播媒体和设备的应用(两者的区别类似于本手册第二版中提到的硬件与软件技术的差别)。此外，到 20 世纪 60 年代中期，斯金纳也开始将程序教学看成是科学知识在教育中的实际应用，他将他的教学策略称为一种教学的技术(Skinner, 1965, 1968)。其他作者则将这个词转化成教育技术，如早期出版的《教育技术：程序教学选读》(*Educational Technology*: *Readings in Programmed Instruction*)(DeCecco, 1964)。

20 世纪 60 年代到 70 年代间，该领域研究的重心开始从对视听教育领域的界定，迅速转向教学机器及程序教学上，这一改变促成了领域名称从视听教育改为教育技术。在调查 1963—1967 年间《视听传播评论》期刊上发表的文章内容时，Torklson (1977)发现，教学机器和程序教学这一类主题在 60 年代占据了主要地位。实际上，这些主题在 1963—1967 年间该杂志上发表文章中占绝大多数。

本领域的关注点从视听媒体的创设和使用或信息的传播，转为根据一系列心理特征来设计学习环境，这个对研究重心的再定位可以看作是本领域一次重大的范式转移。随着时间的推移，每个时期占主导地位的心理学理论可能会发生变化，但应用心理学家一直扮演着核心角色。

行为主义技术

行为主义的研究和发展带来了其他的教育创新，例如 Lockee 及其同事在第三部分花了大篇幅来讨论的那些内容：程序化指导、直接教学和个别化教学系统等。在一些用纸笔测验来考察学习者成绩的实验中，与所谓的传统教学相比，这些新技术产生了令人羡慕的效果（Lockee，2004）。随着传播技术的发展，这些教学模式被应用到机械式、电子机械式及最终的数字化教学环境中，如计算机辅助教学和在线远程教育。

教学设计的系统方法

系统方法的演化

系统方法的本质就是将教学计划的过程再细分成若干步，按照逻辑顺序来安排各步骤，然后将每一步的输出作为下一步的输入。系统方法的概念可以追溯到二战时期的军事研究。
13 一种由潜艇搜索演化而来的分析技术被称为运筹学，其中计算机被用来完成相关运算。二战以后，这种对人或机器进行分析、创建和管理人/机操作的方法，也即现在所谓的系统方法，被用于培训资源及程序的开发之中。

二战后，美国军事服务的各个部门都开发了各自的培训开发模式，且这些模式都以系统方法为基础。这种系统方法是系统分析的一种形式，也是运筹学的一个分支。在军事中，系统方法被看作是一种将人与机器两种要素共同加入到人机系统中的范式，这也是对纯机械论思想的纠正。自系统方法进入到教育技术领域，其倡导者就认为它是一个由能解决人类学习的复杂问题的原则所组成的松散集合，它采用类推，而非其批评者所认为的那种完全确定顺序及严格控制的方法来解决问题。

1956 年在衣阿华州欧克波奇湖（Lake Okoboji）举行的第二次领导力会议上，Charle F. Hoban 发表的题为《视听传播的系统方法》的政策演讲，首次将系统方法的概念介绍给美国教育技术的领导者（Nole 和 Nole，1965）。这次会议的焦点恰好与 James D. Finn 在同时期发表的一系列文章的观点相吻合。经过讨论，两人提出了隐含于系统方法思想背后的若干要素，这些要素最后也成为本领域的特征。

教学系统开发模式

在 20 世纪 60 年代，美国高等教育的教学系统开发（ISD）的程序化模式中开始涌现出系统方法的思想。由密歇根州立大学和其他三所大学在 1961 年到 1965 年间实施了 Barson（1967）教学系统开发项目，该项目提出了一个对开发者有着深远影响的模型和一系列启发式的指导方针。同一时期,L. C. Silvern 基于自身的军事和航空经验,在南加利福尼亚大学开设了第一门有关在教学中运用系统方法的课程(即“设计教学系统”)。同时,他还提出了一个对后来模型建立者有着深刻影响的详细的程序化模式(Silvern, 1965)。

为学校设计的模式

雪城大学、密歇根州立大学、美国国际大学以及南加利福尼亚大学(后来印第安纳大学也加入进来)成立了一个协会,协会的一些早期活动在教学开发学会(IDI)承担联合项目时达到巅峰。IDI 是一个为教师设计的关于教学开发的成套培训方案,1971—1977 年间它为数以百计的教师团体提供了培训。由于 IDI 通常由附近大学的教员和研究生来组织管理,所以在向美国的教育技术教员和学生宣传 ISD 过程的思想时,它逐渐成为一种极具影响力的手段。

为军事服务设计的模式

1973 年,美国国防部选择了佛罗里达州立大学的绩效技术中心来开发能有效提高陆军训练的程序。正如 Brason (1978)所陈述的那样,为陆军开发的 ISD 程序发展成为一种模式——联合军种教学系统开发(IPISD),这种模式被陆军、海军、空军及舰队所广泛采用。IPISD 有五大主要功能:分析、设计、开发、实施和监控。除了被美国陆海空三军使用,所有的国防承包商也采用了这一模式,由此 IPISD 不论在军事训练和还是工业培训中都产生了巨大的影响。

教学系统开发的一般模式

20 世纪 80 年代,用于教育及培训的各种 ISD 模型纷纷出现。虽然细节上有所不同,但这些模式都遵循一个共同的概念框架:分析、设计、开发、实施和评价。这个概念框架按其首字母缩写被称为“ADDIE”模型。20 世纪 70—80 年代,系统方法的倡导者试图在 K－12(中小学)和高等教育中使用这种方法。但可能是由于教育部门的社会和经济背景,这些努力在很大程度上是不成功的。相反,ISD 在企业和军事培训中大受欢迎,它作为一种将设计工作标准化并使得培训更有效及高效的方法,在接下来的 20 年间成为企业及军事培训中的一种主要方法。

教学系统开发成为一种范式转换

ISD 运动可以看作是教育技术史上的另一次范式转换。到 20 世纪 80 年代末,教学设计 14
的技能被看作是教育技术专业人员的核心能力。相比之下,视听材料的开发和制作就成为一个专门化的方向,且经常被外包出去。

对教学系统开发的批评质疑

然而到了 20 世纪 90 年代末,各种压力的积累——新的数字化能力、激烈的价格竞争和降低人力资源成本的需求以及变化节奏的加快,导致了越来越多对传统 ISD 模型的批评和质疑(Tennyson 等人的书中从一种国际化角度讨论了这一问题,Tennyson 等,1997)* 。特别是在更复杂的基于计算机的学习环境的设计中,人们期望学习者能主动获取知识并能在这个过程中与他人合作,而这些也对传统的 ISD 过程提出了挑战(Häkkinen, 2002)。其中,Lowyck 和

---

* 指《教学设计的国际观》第一、二册,已由教育科学出版社翻译出版。——译者注

Pöysä(2001)提出强调共同建构知识以及共同设计学习环境的新模式。

教育领域中计算机时代的到来

大型机时代

20世纪60年代初微处理器出现之前,大型计算机使用穿孔卡片作为输入,人们也首次尝试用计算机来呈现和控制教学。计算机辅助教学(CAI)实验始于程序教学最兴盛之际,所以很多早期的CAI课件延续了操练与练习模式或个别化指导模式:正确的反应将被巩固,而错误的反应将使学习者返回到补习分支上,或者回到较为简单的问题上。自20世纪60年代中期起,斯坦福大学的CAI研究和开发项目(即后来的计算机课程公司),开发了用于数学和阅读的操作与练习材料,后来还增加了外语的材料(Saettle, 1990)。

微型机时代

随着20世纪70年代微处理器的出现和微机数量的大幅增加,杨百翰大学(Brigham Young University)在TICCIT项目中制作了越来越多的具有创新性且以学习者为中心的程序。尽管这些复杂的程序能够成功地实现数学及英语写作教学,但不论是斯坦福项目还是TICCIT项目都未能在K-12和社区学院教育中被大量采用(Saettler, 1990)。

伊利诺斯(Illinois)大学于1961年开始了PLATO项目,其目的在于通过低廉的网络化终端设备和简单的程序语言来开发具有较高成本效益比的教学系统——TUTOR (Saettler, 1990)。大多数早期的程序基本上是带有一些分支的操练与练习,但大部分的学科内容都是基于大学水平开发的。随着时间的推移,一些偏远大学的终端通过分时操作系统与中心主机相联接,这样整个系统就形成了数以百计的站点,并可以在各学院的课程之间共享上千小时的资源。随着软件的开发,许多创新性的显示系统出现了,这其中也包括图形网页浏览器。有了经验和功能强大的硬件设施的支持,越来越多的教学策略成为可能,这其中也包括实验室和发现式教学方法。

PLATO系统率先开发了在线讨论、留言板、电子邮件、聊天室、即时信息、远程屏幕共享以及多人游戏等板块,促使了世界上最早的在线社区的出现(Wolley, 1994)。它在21世纪的进一步发展,促进了当地CAI的发展并确定了它在军事和职业教育中的位置。

认知主义和建构主义理论

认知主义

同行为主义一样,认知主义也是心理学中多种不同理论的总称,它强调要通过科学的方法来解释内部心理功能。认知主义认为,学习者通过自身的记忆和思考过程来产生策略,同时存储和操作心理表征及观点。苏格兰心理学家Kenneth Craik (1943)提出一种理论,认为思考和推理活动是通过对心智模型进行内部操作而产生的。Johnson-Laird (1983)在Kenneth

Craik 的基础上进一步发展了这一理论:人们在参与谈论的时候,会就所讨论的情境创建一个心理模型。瑞士的 Jean Piaget 和俄国的 Lev Vygotsky 在 20 世纪二三十年代间形成的理论也对后人具有深远的意义,但是直到 60 年代,这些理论才因为译本的大量发行而在美国教育心理学界产生巨大影响。1960 年 Jerome Bruner 的《教育的过程》的发表、Piaget 及 Vygotsky 著 15
作的传阅,以及 60 年代出现的信息加工理论(后来发展为认知负荷理论)推动了认知主义理论在美国的发展。20 世纪 70 年代诞生了《认知心理学》期刊,由此认知主义观点不仅获得认同,而且在心理学领域占主导地位。

建构主义

在 1990 年的教学设计与技术专家(PIDT)会议上,一种名为建构主义的关于学习和教学的观点,在 David Jonassen 的极力宣扬下进入到北美教育技术领域的词汇表中。在 Jonassen 后来的《教育技术》杂志专栏(1990)和《教育技术研究与发展》(1991)中的一篇引领性的文章中,他又详细介绍了这种思想。他呼吁教学设计和技术人员去质疑作为本领域实践之基础的"客观主义认识论"。他将该领域难以发生革命性变革的原因归结于人们对客观主义认识论的认同,他认为这种认识论是行为主义学习理论和认知主义学习理论的根基所在。

早期的一些建构主义倡导者用"建构"一词来涵盖认知主义心理学近期产生的多种具有创造性的教学方法(参考 Bednar 等,1991; Duffy 和 Cunningham, 1996; Duffy 和 Jonassen, 1992)。Piaget 和 Vygotsky 被认为是对建构主义思想的发展有着根本性影响的重要人物。Vygotsky 的理论中强调社会及文化影响的重要性,它被认为是一种学习的社会文化观。建构主义中遵循社会文化理论的分支通常被称为社会建构主义。

Robinson 等人(2008)认为难以给建构主义作出一个公认的定义。根据建构主义理论的这些不同流派,Driscoll (2005)得出这样的结论:"不存在单一的建构主义教学理论"(见 386 页),她还用一假设作为建构主义的共同特点:"知识是学习者在试图理解个人经验时自己建构的(见 387 页)"。这一假设与早先认知主义学习理论存在交叠。Driscoll 认为,建构主义者(其中的某些人)与认知主义者的不同之处在于他们认为"知识的建构并不一定要与外部的现实世界相一致"(Driscoll, 2005,388 页)。这种主观主义与激进建构主义创始人 von Glasersfeld (1984,1992)的认识论是一致的。

建构主义运动

不考虑建构主义理论基础的模糊性,这种建构的思想在教育技术学术界中引起了广泛共鸣。对于后现代主义者来说,建构主义和他们有着共同的主观主义认识论基础;对于行为主义还原论者来说,建构主义具有整体论的特点,它吸取了布鲁纳有关建立一种以学习者为中心的有意义学习方法的思想。也许对于教育技术者来说,最重要的是建构主义能与数字化媒体的新能力相融合。

Driscoll 认为(2005,394—395 页),建构主义的教学策略应该包括以下几个大的原则:

1. 将学习内嵌于复杂的、真实的相关情景中。
2. 将社会协商作为学习必不可少的一部分。

3. 支持多重视角并应用多种表征模式。

4. 激发学习者主人翁意识。

5. 培养知识建构过程中的自我意识。

比起面对面的传统教学来说,至少前三项原则能在以技术为支撑的教学传递系统中有良好的体现。首先,复杂的真实的情景(或者是微世界)可以通过模拟软件来创建。其次,电子邮件、聊天室以及线程讨论可以使得社会协商更方便。再次,万维网的平台使得设计者可以将各种图片及动态动画片和文本显示相链接,而这所有的一切都可以根据个人的需求及喜好进行操作。

在 Bednar 等人的著作(1991)中提到了许多建构主义的教学策略:情境化认知(与认知学徒制相关联)、抛锚式教学、基于问题的学习以及协作学习。这些策略得到了教学和学习方法的权威杂志——美国心理学协会所著的《以学习者为中心的心理学准则》(APA, 1995)的认同。

建构主义作为一种新的范式

16 建构主义的倡导者,如美国的 Thomas Duffy 和 David Jonassen、英国的 Joost Lowyck,共同参与了一些合作项目(见 Duffy 等,1993),这些都促进了大西洋两岸建构主义兴趣浪潮的涌现。20 世纪 90 年代中期,建构主义运动中教育技术获得了巨大的发展动力,这也被看作是教育技术领域的又一次范式更替。时至今日,建构主义学派的会话就一直集中于利用教育技术的各种工具来创设适合于体验式学习的学习环境:WebQuest、基于问题解决的学习(PBL)、微世界、模拟和游戏教学、博客以及 Wiki。

新兴的综合体

近年来,理论家一直在寻找一种方案,希望能解决这场相互竞争的学习理论之间的范式争夺战。M. David Merrill (2002)提出一种综合的观点,认为一堂课的设计框架中应该同时包含行为主义、认知主义以及建构主义思想。Merrill (2002)将他的框架称为首要教学原理,他提出了教学过程的四个阶段:(1)对先前经验的激发;(2)技能的演示;(3)技能的应用;(4)将技能整合运用到真实世界的活动中。以上四个阶段都是围绕一个问题或真实任务展开的。英国开放大学的 Diana Laurillard (2002)认为学术教学的本质是一种对话,一种在师生之间迭代进行的关于特定主题或目的的对话。她指出,媒体在教学对话中能起到四种作用:推理、适应、交互或反思。这些作用也反映了不同心理学观念的侧重点,因此 Laurillard 的模型也被认为是对各种理论进行综合的一种尝试。

数字时代

微型计算机和个人计算机

20 世纪 60—70 年代微型计算机在法国和美国得到快速发展,这使得计算机在教育领域的作用发生了巨大的变化。自从 1977 年 Apple 和 RadioShack 公司,1981 年 IBM 公司相继推出新机型之后,计算机逐渐在商业领域取得了成功。到 1982 年底,个人计算机的迅速发展使得《时代》周刊将其命名为年度机器，打破了该杂志评选年度人物的传统。1984 年，Apple 公司开发的 Macintosh 模型使得许多人(即使是初学者)都能进入到计算机世界来探险。以前，学生只有在实验室里才能接触到大型计算机或者是个人计算机，而这些机器作为教师控制着操练与练习模式的学习。而现在，不管是学生还是教师都可以在教室或是家里使用用户友好界面的台式电脑及各种工具，如用于书写的文字处理软件，用于处理定量数据的电子制表软件，以及一些制作图表或幻灯片的显示软件。

计算机在学校的使用

1989 年的一份国际调查显示：大部分工业化国家的学校在 1983 年左右开始大范围使用计算机，且计算机的使用率在此之后便逐年稳定增长。到 1989 年为止，一些国家和地区(卢森堡、瑞士、荷兰、法国、美国和加拿大不列颠哥伦比亚省)的计算机普及已经趋于稳定，几乎一间教室一台电脑，但正如视听教学阶段就发现的那样，有了硬件并不意味着就会去用它。这次及之后进行的调查都表明：能接触到计算机的教师中，只有很小一部分教师会真正将计算机的应用与他们的教学相整合(Pelgrum 和 Plomp, 1991; Pelgrum 和 Plomp, 1993)。在早期，学生使用计算机主要是为了学习计算机知识而非用计算机来学习。

2005 年左右随着计算机的发展，计算机的普及率终于达到建议的水平了，但学生对计算机的使用情况仍落后于它的普及情况。20 世纪 90 年代中期，学生的使用情况仍然比较普通，经常被限制于每周几个小时的练习或是常规的文字处理应用中(Anderson 和 Ronnkvist, 1999)。到了 21 世纪头十年的中期，有更多的学生花更多的时间使用计算机(美国联邦教育部，2005)，有人认为这表示计算机应用可能在课程中扮演着更为中心的角色。当然这种说法具有争议性。

20 世纪 80—90 年代，学校、大学和企业培训中心使用的教学媒体的主要来源从模拟媒体变成了数字化媒体。但是一些传统的媒体，如课本、投影仪和录像直到现在仍然被教师大量应用。例如，有 3/4 的企业培训者仍然在用手册和书本，且超过一半的培训者还在使用录像带(Dolezalek, 2004，34 页)。

因特网和万维网

正如在 80 年代，个人计算机极大地改变了信息环境，在 90 年代，因特网的出现则对信息 17
环境产生了更加深远的影响。90 年代初，随着越来越多的用户接入因特网，远距离共享信息的潜力得到了极大的发掘。1993 年，图形用户界面的发明使得万维网(WWW)成为最流行的互联网协议，而万维网的普遍存在则使其成为资源共享的实际标准平台。根据超媒体准则(节点和链接)构建而成的万维网，极大地改变了早期位于本地计算机系统中的超媒体程序的概念。在世界上任何地方都可以通过因特网来点击网络上存在的程序。

远程教育

远程教育的概念最早可追溯到 1840 年的英国，当时 Isaac Pitman 开始使用邮件这种媒介教授速记课程。在 1873 年波士顿首次提出美国的函授学习方案(即 Society to Ecourage Studies at Home,鼓励在家学习协会)之前,德国就很好地开展了函授学习。20 世纪早期函授学习在美国得到广泛关注和推崇,当时函授学习的主修课程由芝加哥大学和哥伦比亚大学提供。1956 年芝加哥城市初级学院开设了电视学院,在芝加哥地区通过电视广播来向学习者传送中学后教育内容。电视学院受到了极大的欢迎。1964 年一组英国专家访问团——著名的 Brynmor Jones Committee 将其列入了访问日程。1965 年,该委员会(高等科学教育中的视听辅助教学)所作的报告成为英国教育技术发展的一个分水岭(MacKenzie, 2005),同时它也点亮了"开放大学"的远景。1963 年开放大学成为工党政治纲领的一部分。

英国开放大学

1969 年英国开放大学成立,这从几个方面讲都是远程教育的一个里程碑。首先,开放大学是一种开放入学、授予学位的学院。其次,人们希望能扩大大学规模,为成千上万的学生提供服务。最后,虽然电视广播与 BBC 合作能够提供大多数的视觉教学内容,但是开放大学却能将电视、其他视听媒体、印刷、电话帮助系统以及面对面教学整合成一个完整的统一体。英国的开放大学最终成为后来多数远程大学的一种模式。香港开放大学、孟加拉开放大学和韩国国立开放大学纷纷仿效这种广播合作(Bates, 2005)。

巨型大学

在后续的几年间,一系列规模庞大的远程大学相继出现,Daniel(1996)将它们称为巨型大学,比如中国的电视大学系统、法国国家远程教育中心(Centre National d'Enseignementà Distance)、印度的英迪拉甘地国立开放大学和印度尼西亚的特布卡大学(Universitas Terbuka)。其中规模最大的可能是土耳其的阿纳多卢大学(Anadolu),它拥有来自从德国到塞浦路斯的约 50 万名的学生。

网络课程

计算机对远程教育的影响最早体现在基于计算机会议的课程中。90 年代,博伊西(Boise)州立大学通过计算机会议提供教育技术专业的硕士学位课程。但近些年来,万维网的迅速发展则促进了其在远程教育中的应用。网络为高等教育院校和企业培训机构提供了便利且经济的远程课程。网络课程不需要视频工作室和昂贵的发射系统,它通过计算机基础设施为使用者提供无额外费用的课程。1995 年前后,网络课程初步形成。1996 年,不列颠哥伦比亚大学首次使用了完整的网络学分课程(Bates, 2005)。

网络课程的成功案例使得 20 世纪 90 年代末的美国大学涌现出一股短暂的抢注心态,为的是能在在线远程教育市场中占有重要份额。到 90 年代末,60%的大学提供网络课程,而 5 年前这个比例仅为 22%(美国联邦教育部,1999)。然而,这种投资热在短短几年内就逐渐减退了,市场上只剩下了那些缓慢但稳定发展的可靠优质课程的提供者。约有 30 个国家成立了远程学习联合体,共享这些网络课程资源并为学生提供更为广泛的学习选择。麻省大学的网络学院(UmassOnline)和伊利诺斯虚拟校园(Illinois Virtual Campus)联合体在 2000—2006 年期间的入学率呈两位数增长(Bichlmeyer 和 Molenda, 2006)。在欧洲,1996 年成立的加泰罗尼亚开放大学是一个公立的、完全的在线大学,到 2004 年为止它拥有学生 25000 人(Bates, 2005)。

虚拟学校

过去十年中，远程教育已经成为美国 K－12 教育中的一个主要现象。许多学区(尤其是
位于市区中心的)由于面临着家庭学校、特许学校以及私立学校的压力，纷纷开办虚拟学校以 18
吸纳公立学校体系外的学生。2003 年一次大型的全国调查显示，超过 1/3 的公立学区的学生参加了远程学习：其中在高中阶段这一比例为 76%，在合并的或不分级的学校，这一比例为 15% (Setzer 和 Lewis, 2005)。

基于计算机的在校生课程

网络的使用不仅促进了校外远程课程的发展，而且也促进了在校生课程的发展。到 2004 年为止，大多数美国高校都已经采用一套标准课程管理系统(CMS)，这是一套应用程序，用来配合网页显示、电子邮件、讨论论坛以及其他程序。Blackboard. com 于 1999 年引进了第一套 CMS——CourseInfo。2006 年，Blackboard 与其最大的竞争对手 WebCT 系统合并后占领了大学 CMSs 的市场，尽管同时期一些有竞争力的开放源码软件的 CMSs 也得到了发展，如 Moodle 和 Sakai。CMSs 的广泛使用模糊了远程课程与在校课程的分界线，因为它允许在校的大学生更多地通过计算机进行课程学习活动，使得距离只是远近程度上的差距而非类别上的差异。

远程教育的发展形成了对远程课程设计者和开发者的需求，这也成为教育技术行业的一个关键发展领域。到 2006 年为止，教育技术工作的重心已经转向数字化领域，这使得本专业更加接近信息学领域。但是在计算机以前的时代就形成的专业人员的身份——学习环境的设计者——目前还保持着核心地位，需要补充的是，他们更早期的身份是知觉上丰富的学习经验的促进者。

小结

从创立初起，技术的不断改变及其潜在范式的重大转移就成为了教育技术领域的特点。从视觉教学开始，到视听教学，人们都是希望通过各感官的参与来产生丰富的学习经验，而支持者们正是被这一前景所吸引。广播技术的发展促进了另一个愿景的提出：使那些迄今为止不能接受学校教育的人获得受教育的机会。新的心理学理论随之而来，承诺要设计课程的框架，使它们能够以显著改善的方式来促进学习。接着，数字化技术占据了教育技术领域，设计者利用数字化手段可以创造出这样一种学习环境：言语和视觉媒体在各种教育学理论的指导下被整合到讲解式课程、问题解决实验室、协同工作空间或者是混合式的形式，所有这些形式使得几乎任何人在任何地方都可以获得课程。

本领域一直而且将继续是跨学科性质的。虽然近些年，一些学者或者学术机构提出教育技术在多年来经历了一个连续发展的过程，但是间断性已成为一个经常性的问题。每一次媒体革命和每一个范式的转移都会吸纳新的具有不同学科背景的学者进入本领域。从视觉教学到无线电教学，从视听媒体教学到程序教学，从教学设计到远程教育——每一次转变都意味着要重新确定研究问题的方向以及教育改革伟大梦想的方向。

同样,本领域一直而且将继续是国际性的。尽管本领域的各组成部分在地理位置上相对分散,连接并不紧密,但是观念可以广泛地传播,从而使理论和经验可以相互滋养。互联网使得交流和合作越来越方便,由此我们可以大胆预测:将来参与者会更加紧密地联系在一起。

(张文兰 译,庄榕霞 一校,郑太年 二校)

参考文献

Anderson, C. (1962). *Technology in American Education 1650 - 1900*. Washington, D.C.: U.S. Department of Health, Education, and Welfare.

Anderson, R.E. and Ronnkvist, A. (1999). *The Presence of Computers in American Schools*. Irvine, CA: Center for Research on Information Technology and Organizations, University of California.

APA. (1995). *Learner-Centered Psychological Principles: A Framework for School Reform and Redesign*. Washington, D.C.: Board of Educational Affairs, American Psychological Association (http://www.apa.org/ed/lcpnewtext.html).

Bailey, K.V. (1957). *The Listening Schools: Educational Broadcasting by Sound and Television*. London: British Broadcasting Corporation.

Barson, J. (1967). *Instructional Systems Development: A Demonstration and Evaluation Project*, U.S. Office of Education Title II - B Project OE - 16 - 025. East Lansing, MI: Michigan State University.

Bates, A.W. (2005). *Technology, e-Learning and Distance Education*, 2nd ed. New York: Routledge.

Bednar, A.K., Cunningham, D., Duffy, T.M., and Perry, J.D. (1991). Theory into practice: how do we link? In *Instructional Technology: Past, Present and Future*, edited by G. Anglin, pp. 17 - 34. Denver, CO: Libraries Unlimited.

Berlo, D.K. (1960). *The Process of Communication: An Introduction to Theory and Practice*. New York: Holt, Rinehart and Winston.

19 Bichelmeyer, B. and Molenda, M. (2006). Issues and trends in instructional technology: gradual growth atop tectonic shifts. In *Educational Media and Technology Yearbook*, Vol. 31, edited by M. Orey, V.J. McClendon, and R.M. Branch, pp. 3 - 32. Englewood, CO: Libraries Unlimited.

Branson, R.K. (1978). The interservice procedures for instructional systems development. *Educ. Technol.*, 18(3), 11 - 14.

British Information Services. (1974). *Educational Television and Radio in Britain*. London: British Information Services. Bruner, J. (1960). *The Process of Education*. Cambridge, MA: Harvard University Press.

Brynmor - Jones Committee. (1965). *Audio-Visual Aids in Higher Scientific Education*. London: HMSO.

Bumstead, J.F. (1841). *The Blackboard in the Primary Schools*. Boston: Perkins & Marvin.

Burton, J.K., Moore, D.M., and Magliaro, S.G. (2004). Behaviorism and instructional technology. In *Handbook of Research on Educational Communications and Technology*, 2nd ed., edited by D.H. Jonassen, pp. 3 - 36. Mahwah, NJ: Lawrence Erlbaum.

Cambre, M.A. (1978). The Development of Formative Evaluation Procedures for Instructional Film and Television: The First Fifty Years, unpublished Ph.D. dissertation. Bloomington, IN: Indiana University.

Carnoy, M. (1975). The economic costs and returns to educational television. *Econ. Devel. Cult. Change*, 23(2), 207 - 248.

Clayton, J.S. (1979). Inhibitors to the application of technology [comment]. *Educ. Commun. Technol. J.*, 27, 157 - 163.

Craik, K. (1943). *The Nature of Explanation*. Cambridge, U.K.: Cambridge University Press.

Cuban, L. (1986). *Teachers and Machines: The Classroom Use of Technology Since 1920*. New York: Teachers College Press.*

Dale, E. (1946). *Audio- Visual Methods in Teaching*. New York: The Dryden Press.

Daniel, J.S. (1996). *Mega-Universities and Knowledge Media*. London: Kogan Page.

DeCecco, J.P. (1964). *Educational Technology: Readings in Programmed Instruction*. New York: Holt, Rinehart and Winston.

De Vera, J.M. (1967). *Educational Television in Japan*. Tokyo: Sophia University and Charles E. Tuttle.

Dolezalek, H. (2004). Industry report 2004. *Training*, 41(10), 20 - 36.

Driscoll, M.P. (2005). *Psychology of Learning for Instruction*, 3rd ed. Boston: Allyn & Bacon.

Duffy, T.M. and Cunningham, D.J. (1996). Constructivism: implications for the design and delivery of instruction. In *Handbook of Research for Educational Communications and Technology*, edited by D.H. Jonassen, pp. 170 - 198. New York: Macmillan Library Reference USA.

Duffy, T.M. and Jonassen, D.H., Eds. (1992). *Constructivism and the Technology of Instruction: A Conversation*. Hillsdale, NJ: Lawrence Erlbaum Associates.

Duffy, T.M., Lowyck, J., and Jonassen, D.H., Eds. (1993). *Designing Environments for Constructive Learning*. New York: Springer-Verlag.

Finn, J.D., Perrin, D.G., and Campion, L.E. (1962). *Studies in the Growth of Instructional Technology. I. Audio-Visual Instrumentation for Instruction in the Public Schools, 1930 - 1960: A Basis for Take-Off*. Washington, D.C.: National Education Association.

Fleming, M. and Levie, W.H. (1978). *Instructional Message Design: Principles from the Behavioral Sciences*. Englewood Cliffs, NJ: Educational Technology Publications.

Galbraith, J.K. (1967). *The New Industrial State*. Boston: Houghton Mifflin.

Häkkinen, P. (2002). Challenges for design of computer-based learning environments. *Br. J. Educ. Technol.*, 33(4), 461 - 469.

Hayakawa, S.I. (1941). *Language in Action: A Guide to Accurate Thinking, Reading and Writing*. New York: Harcourt, Brace.

Hoban, C.F., Hoban, Jr., C.F., and Zisman, S.B. (1937). *Visualizing the Curriculum*. New York: The Cordon Company.

Hoban, C.F. and Van Ormer, E.B. (1970). *Instructional Film Research 1918 - 1950*. New York: Arno Press.

Hovland, C.I., Lumsdaine, A.A., and Sheffield, F.D. (1949). *Studies in Social Psychology in World War II*. Vol. 3. *Experiments on Mass Communication*. Princeton, NJ: Princeton University Press.

Januszewski, A. and Molenda, M. (2008). *Educational Technology: A Definition with Commentary*. New York: Lawrence Erlbaum Associates.*

Johnson-Laird, P.N. (1983). *Mental Models: Towards a Cognitive Science of Language, Inference, and Consciousness*. Cambridge, U.K.: Cambridge University Press.

Jonassen, D.H. (1990). Thinking technology: toward a constructivist view of instructional design. *Educ. Technol.*, 30(9), 32 - 34.

Jonassen, D.H. (1991). Objectivism versus constructivism: do we need a new philosophical paradigm? *Educ. Technol. Res. Devel.*, 39(3), 5 - 14.

Kim, Y. (2003). An information literacy initiative adopting a moral philosophy for cyberspace: based on Yi Toegye's neoConfucian pedagogy for self cultivation of one's mind and heart. *Media Educ.*, 10, 1 - 11.

Knowlton, D.C. and Tilton, J.W. (1929). *Motion Pictures in History Teaching*. New Haven, CT: Yale University Press.

Korzybski, A. (1933). *Science and Sanity: An Introduction to Non-Aristotelian Systems and General Semantics*. Lancaster, PA: International Non-Aristotelian Library Publishing.

Lashley, K.S. and Watson, J.B. (1922). *A Psychological Study of Motion Pictures in Relation to Venereal Disease Campaigns*. Washington, D.C.: U.S. Interdepartmental Social Hygiene Board.

Laurillard, D. (2002). *Rethinking University Teaching*, 2nd ed. New York: RoutledgeFalmer.

Levenson, W.B. and Stasheff, E. (1952). *Teaching Through Radio and Television*, rev. ed. New York: Rinehart & Co.

Lockee, B., Moore, D.M., and Burton, J. (2004). Foundations of programmed instruction. In *Handbook of Research on Educational Communications and Technology*, 2nd ed., edited by D.H. Jonassen, pp. 545 - 569. Mahwah, NJ: Lawrence Erlbaum Associates.

Lowyck, J. and Pöysä, J. (2001). Design of collaborative learning environments. *Comput. Hum. Behav.*, 17(6), 507 - 516.

Lumsdaine, A. A. and Glaser, R., Eds. (1960). *Teaching Machines and Programmed Learning: A Source Book*. Washington, D. C.: Department of Audiovisual Instruction, National Education Association.

MacKenzie, N. (2005). Genesis: the Brynmor Jones report. *Br. J. Educ. Technol.*, 36(5), 711 - 723.

McBride, W., Ed. (1966). *Inquiry: Implications for Televised Instruction*. Washington, D. C.: National Education Association.

Merrill, M. D. (2002). First principles of instruction. *Educ. Technol. Res. Devel.*, 50(3), 43 - 59.

Mohanty, J. (1984). *Educational Broadcasting: Radio and Television in Education*. New Delhi, India: Sterling Publishers.

Noel, F. W. and Noel, E. S. (1965). *Audio-Visual Leadership*, a summary of the Lake Okoboji Audio-Visual Leadership Conferences held at the Iowa Lakeside Laboratory, Milford, Iowa, during the years 1955 - 1959. Iowa City, IA: State University of Iowa Extension Division.

Parker, L. W. (1939). British school broadcasting. *English J.*, 28(4), 296 - 302.

Pelgrum, W. J. and Plomp, T. (1993). The worldwide use of computers: a description of main trends. *Comput. Educ.*, 20(4), 323 - 332.

Petroski, H. (2006). *Success Through Failure: The Paradox of Design*. Princeton, NJ: Princeton University Press.

Plomp, T. and Pelgrum, W. J. (1991). Introduction of computers in education: state of the art in eight countries. *Comput. Educ.*, 17(3), 249 - 258.

Robinson, R., Molenda, M., and Rezabek, L. (2008). Facilitating learning. In *Educational Technology: A Definition with Commentary*, edited by A. Januszewski and M. Molenda. New York: Lawrence Erlbaum Associates.

Saettler, P. (1990). *The Evolution of American Educational Technology*. Englewood, CO: Libraries Unlimited. *

Scots Community. (2007). Inventing Scots, http://www.scotscommunity.com/HISTORY/Famous%20Scots/Inventions.htm.

Setzer, J. and Lewis, L. (2005). *Distance Education Courses for Public Elementary and Secondary School Students: 2002 - 2003*, NCES 2005 - 101. Washington, D. C.: U. S. Department of Education, National Center for Education Statistics.

Shannon, C. E. (1949). *The Mathematical Theory of Communication*. Urbana, IL: University of Illinois Press.

Silvern, L. C. (1965). *Basic Analysis*. Los Angeles, CA: Education and Training Consultants.

Skinner, B. F. (1954). The science of learning and the art of teaching. *Harvard Educ. Rev.*, 24, 86 - 97.

Skinner, B. F. (1965). The technology of teaching. *Proc. R. Soc. Lond. B*, 162, 427 - 443.

Skinner, B. F. (1968). *The Technology of Teaching*. New York: Appleton-Century-Crofts.

Suchman, J. R. (1966). The pattern of inquiry. In *Inquiry: Implications for Televised Instruction*, edited by W. McBride, pp. 23 - 30. Washington, D. C.: National Education Association.

Tanner, D. and Woerdehoff, F. J. (1964). Profiles of instructional methodology for selected television courses. *School Rev.*, 72(2), 201 - 208.

Tennyson, R. D., Schott, F., Seel, N. M., and Dijkstra, S. (1997). *Instructional Design: International Perspectives*, Vols. 1 and 2. Mahwah, NJ: Lawrence Erlbaum Associates.

Tiffin, J. W. (1978). Problems in instructional television in Latin 20
America. *Revista de Tecnologia Educativa*, 4(2), 163 - 235.

Torkelson, G. M. (1977). AVCR — one quarter century: evolution of theory and research. *AV Commun. Rev.*, 25(4), 317 - 358.

U. S. Department of Education. (1999). *Distance Education at Postsecondary Education Institutions: 1997 - 1998*, NCES 2000 - 013. Washington, D. C.: National Center for Education Statistics.

U. S. Department of Education. (2005). *Rates of Computer and Internet Use by Children in Nursery School and Students in Kindergarten through Twelfth Grade: 2003*, Issue Brief 2005 - 111. Washington, D. C.: Institute of Education Sciences, National Center for Education Statistics.

von Glasersfeld, E. (1984). An introduction to radical constructivism. In *The Invented Reality*, edited by P. Watzlawick, pp. 17 - 40. New York: W. W. Norton.

von Glasersfeld, E. (1992). *Aspects of Radical Constructivism and Its Educational Recommendations*, presented at the Seventh International Congress on Mathematical Education (ICMe - 7), Working Group 4, Quebec, Canada.

Wertheimer, M. (1944). Gestalt theory [English translation of *Über Gestalttheorie*, 1924/1925]. *Social Res.*, 11, 78 - 99.

Wiener, N. (1950). *The Human Use of Human Beings: Cybernetics and Society*. Boston: Houghton Mifflin.

Wood, D. N. and Wylie, D. G. (1977). *Educational Telecommunications*. Belmont, CA: Wadsworth. *

Woolley, D. R. (1994). *PLATO: The Emergence of Online Community*, http://www.thinkofit.com/plato/dwplato.htm.

---

* 表示主要参考文献。

2

理论基础

21 J. Michael Spector

摘要

本章旨在介绍教育传播与技术研究的理论基础，主要探讨以下四个相关领域：(1)学习心理学，(2)传播理论，(3)人机交互，以及(4)教学设计与开发。前人在以上四个相关领域的研究为教育传播与技术领域的进一步研究和发展提供了基础。

关键词

教育传播学：用来表达和分享观点、信息和知识，以便支持学习和教学的各种形式、手段和方法。

教育技术学：对科学原理和理论知识的专业化应用，以支持和促进学习与绩效提升。

理论基础：能够预测并解释各种现象的一系列相关的规则和原理。

引言

“变革之风袭来之时，愿你能牢牢站稳。”(“May you have a strong foundation when the winds of changes shift.”)——引自 Bob Dylan 的歌曲 *Forever Young*

变革，是教育传播与技术领域的一个重要方面。50 年前，电视曾一度成为影响(或好或坏 22
地)学习和教学的一种新的传播技术。自此，教育传播学领域中许多其他的新技术和创新不断显现；然而，对于教育研究者来讲，研究的问题是相对不变的，例如，在既定的教育环境下，如何有效地利用某一种技术。我们可以在前人工作的基础上研究这些问题。那么，教育传播与技术的理论基础的本质又是什么呢？

方法

简要地讲，理论基础就是在某一领域进行研究的基础。在本章，阐述了教育传播与技术领域研究的基本特征，正文中有几处做了文献引用，但没有考察某一理论以及引用相应的文献来源。在篇末列出了一些参考文献，以帮助读者在一些他们看来是有用的和适当的方向上做进一步的研究(在重要的参考文献前面有一个星号作为标记)。

这样做的原因有二：(1)了解本领域的框架——作为知识传承和认同的一部分，对大多数教育技术学研究相关的基础理论进行讨论都是值得的。(2)我在该领域专业知识的欠缺——在将要提及的多数研究领域中，我并不认为自己是专家，因此我能做的最多就是指出我所认为与以上研究领域相关的事情。当然，这并不意味着我在这里所罗列的理论框架或参考文献中的一些条目对于教育技术学研究都是详尽的或最重要的。它们仅仅是过去 20 年我在教育技术学领域的偶然发现。

研究和理论的本质

理论研究要回答的一个基本问题是：事情为什么会像它们现在所发生的那样发生。正如我们经常会问未来将发生什么事情——如果我们改变某种情境中的一种或几种相关因素，会发生什么样的事情？寻求这一问题的答案常常会引入一些基本的、能够提供解释或预测的规则或原理。我们可以把那些已被证明在许多情境下都适用的一系列规则和原理称为理论。

当然，需要研究的问题是多种多样的，研究的对象也是千变万化的。方法的恰当性取决于研究问题和对象的本质。例如，教育技术学研究领域的几类问题包括：(1)什么对学生学习这个材料是有帮助的？(2)为什么那些学生在学习这个材料的时候感到困难？(3)这种技术以及这种传播形式什么时候对于那些学习者是有效的？(4)我们如何解释教学变革的作用？当然，还有其他类型的问题。

在具体情境中提出特定问题时，相应地，适当的研究方法也被确定下来。通常，在对一种新的传播形式或一种新的技术做探索性的研究时，需要采用质的研究（如行动研究、案例研究、人种志研究）方法来理解和解释影响学习以及绩效的相关因素。另一方面，如果要解释哪些因素系统地产生特定结果的时候，人们可以使用量的研究方法（如采用随机样本的对照研究、准实验研究）。在一些情况下，根据所调查的问题以及所涉及的研究对象，一项研究可能会同时用到质的研究和量的研究。

目前，使这个本已复杂的研究领域令人困惑的是，教育技术学者通常试图寻求一种促进学习和绩效的方法。当设计出一个普遍的教学方法时，必须要有论证该方法使用效用的原始证据。这可能需要做形成性评价，以做后续修改，优化最终结果。此外，学习和教学领域的差异性使一般性解释和预测性理论的开发难度增加了。对某一类学习任务和一组学习者有效的理论未必对其他学习任务和学习者有效。学习发生的环境也会影响学习的结果。

23 教育学在过去 50 年中能够克服障碍并取得如此进步，这真是一个奇迹。有些研究者倾向于摒弃传统的科学方法，我认为他们这样做是近乎草率的、毫无根据的。比较恰当的方法是，利用传统的研究方法并对其做出修改调整，以适应特定的研究环境。正如我前面所指出的，一项研究调查的起点是：个人首先承认对事情发生的原因还没有一个很好的解释。研究领域的出发点是谦虚（开始时不知道结果）和开放（研究过程可能有多种结果）。传统理论研究的这两个方面——谦虚和开放——应该作为我们理论基础的核心。

四个基础领域

学科要有理论基础并不是新的观念。有理论基础意味着有历史，而且，理论基础为未来的工作——研究和发展提供了很好的根基。换句话说，从理论基础既可以看到一个学科的过去，又可以展望它的未来。回顾过去，心理学——尤其是学习心理学，在我看来显然是一个关键的基础领域。人类行为和知识技能的形成可能是教育传播与技术存在的根基。学习心理学（或与学习心理学密切相关的学科，例如学习原理）是教育技术学和教学系统相关专业研究生的一门核心课程，这足以证明心理学在教育传播与技术中的基础地位。本章将会对学习心理学作简要介绍。

传播的本质及其多样化的形式对教育技术学是至关重要的。传播的相关理论能够对信息呈现以及从某个地方、某个人或某个系统到另一个地方、另一个人或另一个系统的信息传播起到指导作用。

迄今，我确定有两个领域，就我个人看来，是基础领域：人们做什么（心理学）以及人们说什么（传播学）。下面要讨论的其他两个基础领域更加具体，更具有应用性，它们对促进人们做什么和说什么的方式与手段进行了相关的研究，尤其是人们与他人（如师生交互）、学习材料和教学系统之间的交互。除了此处所讲的两点——谦虚和开放，不难想象还有其他基本价值观和科学态度（如图 2.1）。我们也可以找出其他支持和促进教育传播与技术研究的理论基础。在此呈现出的框架（如图 2.1）仅作为本章讨论的一个出发点。

对于以上提到的四个领域中的每一个领域，我将指出过去的相关研究和开发，并指明这些理论研究是如何影响教育传播与技术未来的研究和开发的。

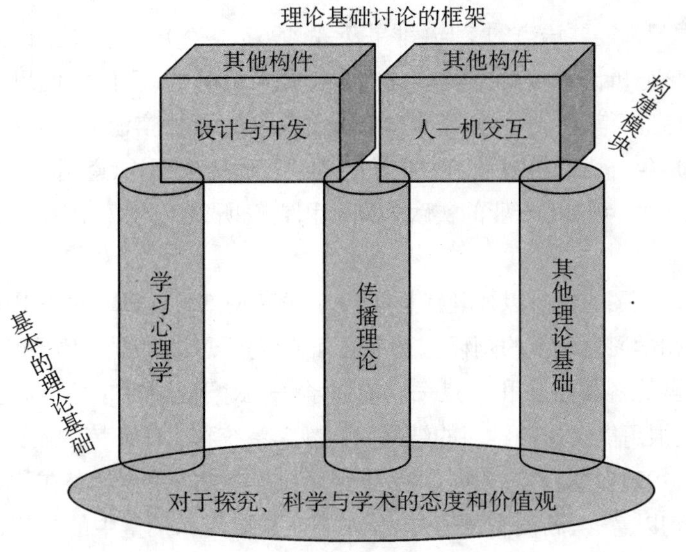

图 2.1 理论基础讨论的框架

学习心理学

杜威(1910)在《我们怎样思维》一书中指出,我们需要理解思维的本质,以便能够设计出合适的方法和途径来对思维进行训练。除此之外,杜威还对抽象思维和具体思维进行了区分,并指出,许多培训都是从具体走向抽象。皮亚杰(1929)识别了儿童推理的并行发展过程。杜威指出他的思维理论对教学规划的启示,即,有效的训练需要多种因素之间的平衡,这些因素尤其包括信息、观察、想象力、反思、趣味性以及严肃性等。

布鲁纳(1966)指明了皮亚杰(1929)研究的智力发展理论和杜威(1910)提出的设计相关学 24
习支持的实际任务之间的紧密联系。自那时起,其他研究者开始设计基于新的学习心理学研究的教学设计框架(如 Merrill 和 Twitchell, 1993; Reigeluth, 1983,1999; Van Merrienboer, 1997)。期间,学习心理学也经历了由行为主义(Skinner, 1938)到认知主义(Anderson, 1983)再到建构主义(Ford, 1987)的演变。与这些变化相关联的是,研究者和开发者对教学的看法也随着理论的发展而改变(如 Driscoll, 2000; Lesgold 等,1978; Reigluth, 1983,1999; Spector 和 Andson, 2000)。

关于人类心理和学习还有很多未知等待着我们去开启,这一点似乎是不辨自明的。因此,教学模式也会随着我们对人类行为、认知和情感的逐渐理解而不断演进。心理学研究的新领域很可能会影响到教学设计的研究,包括神经机制和问题解决之间的联系,以及记忆结构在学习和非学习中的作用。

传播理论

这里要讨论的第二个理论基础是传播理论。传播理论作为教育技术学理论基础的原因是，几乎所有的学习都需要语言的参与(维果茨基，1962，1978)。语言、思维以及学习之间的关系似乎在许多哲学分析论著中都出现过，例如，杜威(1910)的《我们如何思维》和维特根斯坦(1953)的《哲学研究》。其中，维特根斯坦(1953)详细阐述了语言游戏在思维训练和问题解决中所扮演的中心角色。语言游戏就是由被认可的共同体所采用的、遵循一定规则的传播方式。对于学习和教学来讲，可以把专业的实践共同体和它们所采用的语言游戏作为研究分析的基础单元。

我们在古代柏拉图的作品以及现代哲学(Klein 等人，2004; Spector, 1994)的论著中都可以找到关于语言和学习之联系的阐释。简言之，语言对于思维和学习都是很重要的。那么，用于表达和分享语言的各种技巧和工具——传播学——对于思维和学习也是至关重要的。此外，传播的方式也很可能会影响学习的结果以及教学系统和工作环境的设计、利用与评价。

维特根斯坦(1953)的语言游戏观点特别强调了语言的应用。其潜在的观点是：应用和语境赋予文字和语句以意义，若没有语境，以及人们能够接受和期望中的应用，文字和语句就没有了生命力。尽管语言的应用和具体的语境对于语言所表达的意义是非常重要的，但是传播理论学家在语言的基础方面却做了更多的研究。如皮尔斯(Charles Sanders Peirce)、索绪尔(Ferdiniand de Saussure)、香农(Claude Shannon)和其他一些学者，发展和充实了符号学理论以及规范语言在不同情境下使用的规则(Hardwicke, 1977; Saussure, 1959; Shannon, 1948)。索绪尔(1959)对意符和意指作了明确的区分。皮尔斯在索绪尔的基础上又作了第三类划分——图标(icon)的概念——并且指出符号本身是没有实际意义的。这种观点是基于实用语言学理论提出来的，并且皮尔斯在介绍这种观点时渗透了维特根斯坦在《哲学研究》中关于语言应用的观点。香农将计算机也作为符号的使用者引入进来，从而对符号这一概念作了扩展；并且还创造性地提出了对符号系统进行数学处理的方法，这一贡献在计算机和信息科学领域产生了深远的影响。

除了本章提到的主要理论外，对于研究者来讲，还有很多理论也是非常重要的。在转向其他两个实用的基础领域之前，我们有必要提到另一个与数字媒体领域有关的传播学理论，即可视化，它是传播的一种形式。Tufte (1977)认为，图像是一种表达形式——一种语言——它们被有效应用的程度取决于指导其使用的规则和指导原则的水平。若读者对设计有效的图像感兴趣，那么我建议你去阅读一下 Tufte (1977)的著作。他的著作被认为是架起了传播理论基础领域和更为实用的人机交互基础领域之间的桥梁。

人机交互

一个人向另一个人陈述事情的方式，以及特定形式的表达都会影响人们对语言所传达的语义的理解。这就是传播学理论之所以会成为学习的一个理论基础的原因，也是为什么教学
25 信息的设计受到如此重视的原因。尽管用于支持学习的计算机已经得到广泛的应用，手持移动设备的使用也在日益增加，但是，在人与计算机之间进行信息交换的时候，人们还是很自然地把人和计算机分别作为独立的方面区别对待。毫无疑问，在人机交互和传播学的若干问题

上都用到了心理学的很多理论。因此,在这个简单的理论框架下,人机交互被作为教育传播与技术研究的一个实用基础领域。

人们已经研究了人机交互的许多方面。其中包括人的基本因素,例如:在电脑显示器上容易辨别的颜色和字体,以及如何设计各种形式的控制设备以便使用。其他关于人类对设备的使用问题包括:系统什么时候并且如何支持那些学习时间、学习地点不同的各类学习者。同时,学者们还研究了不同情境下,由计算机生成的并对学习和绩效有促进作用的各类信息,这成为人机交互研究的重要方面。

正如不同学科有适用于特定问题的具体研究方法,我所提到的这些基础领域的研究也相应用到了一些研究方法。活动理论在人机交互研究方面被广泛使用(Leont'ev, 1975; Nardi, 1996)。活动理论是在研究人类和人造物使用时所采用的框架,其强调的是物体的用途以及人们如何利用它同其他人一起达到某一特定的目的。行为理论则强调有目的的社会交互,它被认为是对语言游戏观点的研究扩展。

与人机交互有关的教学理论中最著名的也许当数 Merrill (1980)的成分显示理论(CDT)了。成分显示理论一个有趣的方面是:它提出了学习者控制,并且针对教学计算系统应何时对学习者进行控制、这个控制应包含哪些因素等问题提供了相关的指导。根据学习者学习某一组学习材料的进度,CDT 还可以指导计算机屏幕应该显示什么内容。这一思想可以说是较早的人机交互理念了。当然,这些概念还在不断演进,并引发了许多后续研究和教学设计,对于这一点,我们接下来便会加以讨论。

教学设计和开发

最后要讨论的一个领域是教育传播与技术专业实践中一个核心领域——教学设计和开发。这一领域有着丰富的实证研究,学与教的形式多样,技术和传播形式也日新月异,那么,教学设计和开发这一领域的研究就不可能枯竭。在这个理论基础讨论结束时,我将提出一个用于指导教学设计和开发的模型。

教学设计和开发都是人类的行为。这些行为的总目的是要促进和支持人类的学习与绩效。为了取得预期的结果,教学设计人员主要是基于学习心理学和著名的有效传播理论,开发出了若干教学设计模型和进行教学设计的一系列原则(Gustafson 和 Branch, 2002)。这些模型表明,不同的教学方法和策略可能在不同情境下发挥作用(Gagné, 1985; Merrill 和 Twitchell, 1993)。教学设计原则的制定与学习心理学和人类的感知尤为相关(Gagné 等, 1992)。一种形式的教学结果需要特定的教学设计模型与之匹配。

由 van Merriënboer (1997)开发的四要素教学设计(4C/ID)模型是所有教学设计模型中比较全面和详实的一个模型。4C/ID 模型对重复性任务和非重复性任务有明确的区分:重复性任务指的是无论环境怎么变化,行为都相对不变的那些任务,而非重复性任务指的是那些随着环境改变而行为也显著改变的任务。为前者提供的教学支持包括部分任务的训练,以达到任务绩效的自动化;为后者提供的教学支持包括不同情境中整体任务的演示与实践,这些演示与实践是在教师或教练的启发下进行的。

Reigeluth (1983)在整合所有教学设计模型的基础上,对教学设计模型做了进一步的研究,提出了一个理论框架。他认为,学习心理学研究和教学设计研究之间的一个本质区别在
26 于:前者主要是描述性的(在不同条件下,学习者会获得不同的学习结果),而后者是说明性的(在特定条件下要达到预期的目的,则应该采用一定的教学策略)。这个教学设计的研究框架可应用于一堂课或一门完整的课程或项目。

一些研究者对描述性与说明性的区分提出了挑战,他们认为这种观点是一种幼稚的经验主义观,它忽略了描述性研究中的一个事实:在说明性研究中明显存在的价值判断,在描述性研究中也同样存在。虽然我认同所有人类活动根本的特点就是包含了态度和价值观(参见图2.1),但我仍然认为 Reigeluth 的理论框架能够有效指导我们学科今后的研究工作。我确实认为如果没有一个坚实的理论基础,那么教学设计的研究和理论将会成为一个边缘化的技巧,不会对教育产生太大的影响。

小结

本人希望本章能为后续理论基础的讨论奠定基础。我意识到,本章涉猎了很多方面,但并没有进行详尽的阐述,并且也可能忽略了一些相关的理论。省略的部分可以作为继续讨论的基础,同时也为本手册下一版“理论基础”这章的作者提供了更广阔的空间。

最后,我想回到前面两个基本价值观的讨论上:谦虚和开放。这两个基本的价值观是我们的理论研究的出发点。我自己很清楚,关于教育传播与技术的理论知识非常丰富。因此,在本章的末尾,我为广大学习者提供了一些相关的扩展性书目,而不是为强调我的观点给出一些简单的参考文献。我们的确是站在巨人的肩膀上,但问题是,我们需要选择谁的肩膀来达到一个有意义的高度,让我们看得更远。保持谦虚的一个方面是要意识到我们那么多的前辈所取得的令人瞩目的成果。

保持谦虚的另一种方式就是要承认我们对任何一个复杂问题的理解都有局限性。为了说明这一点,在结尾我引用了一首颂歌——如果我个人想象力的局限性恰好与现实的局限相符合,这肯定是一个不同寻常的巧合。如果谦虚,那么我们自然会有开放的心态,这也会让我们意识到他人会有更好的观点。

作为教育研究者,我们想知道我们所做的和正在做的以及未来可能要做的事情会产生什么结果。我们从事研究,我们著书立说,我们已经作出了很多成就,但是我们必须意识到还有很多事情有待于我们去做,还有很多未知领域有待于我们去开发,还有更多新的问题有待于我们进一步进行研究,新的方法也有待于我们去实践等等。最后请允许我引用波西·比希·雪莱(1818)的十四行诗* 作为本章的结尾:

---

* 本文选用著名翻译家王佐良的译文。

奥西曼提斯

客自海外归，曾见沙漠古国
有石像半毁，唯余巨腿
蹲立沙砾间。像头旁落，
半遭沙埋，但人面依然可畏，
那冷笑，那发号施令的高傲，
足见雕匠看透了主人的心，
才把那石头刻得神情唯肖，
而刻像的手和像主的心
早成灰烬。像座上大字在目：
“吾乃万王之王是也，
盖世功业，敢叫天公折服！”
此外无一物，但见废墟周围，
寂寞平沙空莽莽，
伸向荒凉的四方。

（张文兰 译，张秀梅 一校，郑太年 二校）

参考文献*

Alessi, S.M. and Trollip, S.R.(1991). *Computer-Based Instruction: Methods and Development*. Englewood Cliffs, NJ: Prentice-Hall.

Anderson, J.R.(1983). *The Architecture of Cognition*. Cambridge, MA: Harvard University Press.

Anglin, G.J., Ed.(1995). *Instructional Technology: Past, Present, and Future*, 2nd ed. Englewood, CO: Libraries Unlimited.

Ausubel, D.P.(1960). The use of advance organizers in the learning and retention of meaningful verbal material. *J. Educ. Psychol.*, 51, 267–272.

Banathy, B.(1973). *Developing a Systems View of Education*. Belmont, CA: Lear Siegler, Inc./Fearon Publishers.

Banathy, B.(1991). *Systems Design of Education: A Journey to Create the Future*. Englewood Cliffs, NJ: Educational Technology Publications.

Banathy, B.(2000). *Guided Societal Evolution: A Systems View*. New York: Plenum Press.

Bloom, B.S., Engelhart, M.D., Furst, E.J., Hill, W.H., and Krathwohl, D.R.(1956). *Taxonomy of Educational Objectives, Handbook I: Cognitive Domain*. New York: McKay.

Bransford, J.D., Brown, A.L., and Cocking, R.R.(1999). *How People Learn: Brain, Mind, Experience, and School*. Washington, D.C.: National Academy Press. *

Brethower, D.M., Markle, D.G., Rummler, G.A., Schrader, A.W., and Smith, D.E.P.(1965). *Programmed Learning: A Practicum*. Ann Arbor, MI: Ann Arbor Publishers.

Bruner, J.S.(1966). *Toward a Theory of Instruction*. Cambridge, MA: Harvard University Press. *

Collins, A.(1991). Cognitive apprenticeship and instructional technology. In *Educational Values and Cognitive Instruction: Implications for Reform*, edited by L. Idol and B.F. Jones, pp. 121–138. Hillsdale, NJ: Lawrence Erlbaum Associates.

Cunningham, D.J.(1987). Outline of an education semiotic. *Am. J. Semiotics*, 5, 201–216.

Davydov, V.V.(1988). Learning activity: the main problems needing further research. *Activity Theory*, 1(1–2), 29–36.

Dean, P.J. and Ripley, D.E., Eds.(1997). *Performance Improvement Pathfinders: Models for Organizational Learning Systems*. Washington, D.C.: International Society for Performance Improvement.

Dewey, J.(1910). *How We Think*. Boston: Heath. *

Dewey, J.(1938). *Experience and Education*. New York: Kappa Delta Pi.

Dills, C.R. and Romiszowski, A.J., Eds.(1997). *Instructional Development Paradigms*. Englewood Cliffs, NJ: Educational Technology Publications.

Dörner, D.(1996). *The Logic of Failure: Why Things Go Wrong and What We Can Do to Make Them Right*, translated by Rita and Robert Kimber. New York: Holt, Rinehart and Winston. *

Dreyfus, H.L. and Dreyfus, S.E.(1986). *Mind over Machine: The Power of Human Intuition and Expertise in the Era of the Computer*. New York: Macmillan.

Driscoll, M.P.(2000). *Psychology of Learning for Instruction*, 2nd ed. Boston: Allyn & Bacon. *

Duffy, T.M. and Jonassen, D.H.(1991). Constructivism: new implications for instructional design? *Educ. Technol.*, 31, 7–12.

Eco, U.(1976). *A Theory of Semiotics*. Bloomington, IN: Indiana University Press.

Ertmer, P.A. and Quinn, J., Eds.(1999). *The ID Casebook: Case Studies in Instructional Design*. Upper Saddle River, NJ: Merrill.

Ford, D.H.(1987). *Humans As Self-Constructing Living Systems: A* 27
Developmental Perspective on Behavior and Personality. Hillsdale, NJ: Lawrence Erlbaum Associates.

Friedman, S.L., Klivington, K.A., and Peterson, R.W., Eds.(1986). *The Brain, Cognition and Education*. Orlando, FL: Academic Press.

Gagné, R.M.(1985). *The Conditions of Learning and Theory of Instruction*, 4th ed. New York: Holt, Rinehart and Winston. *

Gagné, R.M.(1989). *Studies of Learning: 50 Years of Research*. Tallahassee, FL: Learning Systems Institute.

* 此处所列“参考文献”，不仅包括本文所引用的文献，还包括其他与教育传播和技术理论基础相关的资料。

[redacted]

Gagné, R.M., Briggs, L., and Wager, W. (1992). *Principles of Instructional Design*, 4th ed. Englewood Cliffs, NJ: Prentice-Hall.

Gentner, D. and Stevens, A.L., Eds. (1983). *Mental Models*. Hillsdale, NJ: Lawrence Erlbaum Associates.

Gilbert, T.F. (1978). *Human Competence: Engineering Worthy Performance*. New York: McGraw-Hill.

Gustafson, K. and Branch, R. (2002). *Survey of Instructional Development Models*, 4th ed. Syracuse, NY: ERIC Clearinghouse on Information and Technology.

Hardwick, C.S., Ed. (1977). *Semiotics and Significs: The Correspondence between Charles S. Peirce and Lady Victoria Welby*. Bloomington, IN: Indiana University Press.

Havelock, R.G. with Zlotolow, S. (1995). *The Change Agent's Guide*, 2nd ed. Englewood Cliffs, NJ: Educational Technology Publications.

Hlynka, D. and Belland, J.C., Eds. (1991). *Paradigms Regained: The Uses of Illuminative, Semiotic and Post-Modern Criticism As Modes of Inquiry in Educational Technology*. Englewood Cliffs, NJ: Educational Technology Publications.

Jonassen, D.H. and Land, S., Eds. (2000). *Theoretical Foundations of Learning Environments*. Mahwah, NJ: Lawrence Erlbaum Associates.

Jonassen, D.H., Tessmer, M., and Hannum, W.H. (1999). *Task Analysis Methods for Instructional Design*. Mahwah, NJ: Lawrence Erlbaum Associates.

Kaufman, R. (1998). *Strategic Thinking: A Guide to Identifying and Solving Problems*, rev. ed. Washington, D.C.: International Society for Performance Improvement.

Kaufman, R. (2000). *Mega Planning: Practical Tools for Organizational Success*. Thousand Oaks, CA. Sage Publications.

Khan, B.H., Ed. (1997). *Web-Based Instruction*. Englewood Cliffs, NJ: Educational Technology Publications.

Kintsch, W. (1974). *The Representation of Meaning in Memory*. Hillsdale, NJ: Lawrence Erlbaum Associates.

Klein, J.D., Spector, J.M., Grabowski, B., and de la Teja, I. (2004). *Instructor Competencies: Standards for Face-to-Face, Online and Blended Settings*. Greenwich, CT: Information Age Publishing.

Koschmann, T. (1996). Paradigm shifts and instructional technology: an introduction. In *CSCL: Theory and Practice of an Emerging Paradigm*, edited by T. Koschmann, pp. 1 - 23. Mahwah, NJ: Lawrence Erlbaum Associates.

Kozma, R.B. (1994). Will media influence learning? Reframing the debate. *Educ. Technol. Res. Devel.*, 42(2), 11 - 14.

Lajoie, S.P. (1993). Computer environments as cognitive tools for enhancing learning. In *Computers as Cognitive Tools*, edited by S.P. Lajoie and S.J. Derry, pp. 261 - 288. Hillsdale, NJ: Lawrence Erlbaum Associates.

Langdon, D. (2000). *Aligning Performance: Improving People, Systems, and Organizations*. San Francisco, CA: Jossey-Bass/Pfeiffer.

Lave, J. (1988). *Cognition in Practice: Mind, Mathematics and Culture in Everyday Life*. New York: Cambridge University Press.

Leont'ev, A.N. (1975). *Activity, Consciousness, and Personality*. New York: Prentice Hall.

Lesgold, A.M., Pellegrino, J.W., Fokkema, S.D., and Glaser, R. D., Eds. (1978). *Cognitive Psychology and Instruction*. New York: Plenum Press.

Mager, R.F. (1997). *Preparing Instructional Objectives: A Critical Tool in the Development of Effective Instruction*, 3rd ed. Atlanta, GA: Center for Effective Performance.

McGilly, K., Ed. (1994). *Classroom Lessons: Integrating Cognitive Theory and Classroom Practice*. Cambridge MA: Bradford/MIT.

Merrill, M.D. (1980). Learner control in computer based learning. *Comput. Educ.*, 4, 77 - 95.

Merrill, M.D. and Twitchell, D.G., Eds. (1993). *Instructional Design Theory*. Englewood Cliffs, NJ: Educational Technology Publications. *

Merrill, M.D., Tennyson, R.D., and Possey, L.O. (1992). *Teaching Concepts: An Instructional Design Guide*, 2nd ed. Englewood Cliffs, NJ: Educational Technology Publications.

Nardi, B.A., Ed. (1996). *Context and Consciousness: Activity Theory and Human - Computer Interaction*. Cambridge, MA: MIT Press.

Norman, D.A. (1990). *The Design of Everyday Things*. Hillsdale, NJ: Lawrence Erlbaum Associates.

28

Palmer, P.J. (1998). *The Courage to Teach: Exploring the Inner Landscape of a Teacher's Life*. San Francisco, CA: Jossey-Bass.

Papert, S. (1999). *Mindstorms: Children, Computers, and Powerful Ideas*. New York: Basic Books.

Piaget, J. (1929). *The Child's Conception of the World*. New York: Harcourt Brace Jovanovich.

Plomp, T. and Ely, D. (1996). *International Encyclopedia of Educational Technology*, 2nd ed. Tarrytown, NY: Elsevier.

Polanyi, M. (1967). *The Tacit Dimension*. New York: Doubleday Anchor.

Posavec, E. and Carey, R. (1997). *Program Evaluation: Methods and Case Studies*, 5th ed. Upper Saddle River, NJ: Prentice-Hall.

Reigeluth, C.M. (1983). *Instructional Design Theories and Models: An Overview of Their Current Status*. Hillsdale, NJ: Lawrence Erlbaum Associates. *

Reigeluth, C.M., Ed. (1999). *Instructional Design Theories and Models: A New Paradigm of Instructional Theory*, Vol. 2. Hillsdale, NJ: Lawrence Erlbaum Associates. *

Resnick, L.B., Ed. (1989). *Knowing, Learning, and Instruction: Essays in Honor of Robert Glaser*. Hillsdale, NJ: Lawrence Erlbaum Associates.

Resnick, L., Levine, J.M., and Teasley, S., Eds. (1991), *Perspectives on Socially Shared Cognition*. Washington, D.C.: APA Press.

Richey, R.C., Fields, D.C., and Foxon, M., with Roberts, R.C., Spannaus, T., and Spector, J.M. (2001). *Instructional Design Competencies: The Standards*, 3rd ed. Syracuse, NY: ERIC Clearinghouse on Information and Technology.

Rossett, A. (1999). *First Things Fast: A Handbook for Performance Analysis*. San Diego, CA: Pfeiffer.

Rummler, G.A. and Brache, A.P. (1990). *Improving Performance: How to Manage the White Space on the Organization Chart*. San Francisco, CA: Jossey-Bass.

Sales, G. and Dempsey, J., Eds. (1993). *Interactive Instruction and Feedback*. Englewood Cliffs, NJ: Educational Technology.

Salomon, G., Ed. (1993). *Distributed Cognitions: Psychological and Educational Considerations*. New York: Cambridge University Press.

Saussure, F. (1959). The object of linguistics — nature of the linguistic sign, a course in general linguistics. In *Semiotics: An Introductory Anthology*, edited by R.E. Innis, pp. 28 - 40. London: Hutchinson.

Scardamalia, M. (2004). Instruction, learning, and knowledge building: harnessing theory, design, and innovation dynamics. *Educ. Technol.*, 44 (3), 30 - 33.

Schank, R.C. and Abelson, R.P. (1977). *Scripts, Plans, Goals and Understanding: An Inquiry into Human Knowledge*. Hillsdale, NJ: Lawrence Erlbaum Associates.

Shannon, C.E. (1948). A mathematical theory of communication. *Bell System Tech. J.*, 27, 379 - 423; 623 - 656.

Shelly, P.B. (1818). Ozymandias. *The Examiner*, February 1, p. 13.

Shrock, S.A. and Coscarelli, W.C.C. (1989). *Criterion-Referenced Test Development: Technical and Legal Guidelines for Corporate Training*. Reading, MA: Addison-Wesley.

Simon, H.A. (1981). *The Sciences of the Artificial*, 2nd ed. Cambridge, MA: Harvard University Press.

Skinner, B.F. (1938). *The Behavior of Organisms: An Experimental Analysis*. Englewood Cliffs, NJ: Prentice-Hall. *

Skinner, B.F. (1969). *Contingencies of Reinforcement: A Theoretical Analysis*. New York: Appleton-Century-Crofts.

Smith, P.L. and Ragan, T.J. (1999). *Instructional Design*, 2nd ed. Upper Saddle River, NJ: Merrill.

Spector, J.M. (1994). Integrating instructional science, learning theory, and technology. In *Automating Instructional Design, Development, and Delivery*, edited by R.D. Tennyson, pp. 243 - 260. Brussels, Belgium: Springer-Verlag.

Spector, J.M. (1998a). The role of epistemology in instructional design. *Instruct. Sci.*, 26, 193 - 203.

Spector, J.M. (1998b). The future of instructional theory: a synthesis of European and American perspectives. *J. Structural Learning Intelligent Syst.*, 13(2), 115 - 128.

Spector, J.M. (2000). Towards a philosophy of instruction. *Educ. Technol. Soc.*, 3(3), 522 - 525.

Spector, J.M. (2001). A philosophy of instructional design for the 21st century? *J. Structural Learning Intelligent Syst.*, 14(4), 307 - 318.

Spector, J.M. and Anderson, T.M., Eds. (2000). *Integrated and Holistic Perspectives on Learning, Instruction and Technology: Understanding Complexity*. Dordrecht: Kluwer Academic Press.

Spector, J.M., Polson, M.C., and Muraida, D.J., Eds. (1993). *Automating Instructional Design: Concepts and Issues*. Englewood Cliffs, NJ: Educational Technology.

Spector, J.M., Ohrazda, C., Van Schaack, A., and Wiley, D.A., Eds. (2005). *Innovations in Instructional Technology: Essays in Honor of M. David Merrill*. Mahwah, NJ: Lawrence Erlbaum Associates.

Sterman, J.D. (1994). Learning in and about complex systems. *Syst. Dynam. Rev.*, 10(2/3), 291 - 300.

Stolovitch, H. D. and Keeps, E. J., Eds. (1999). *Handbook of Human Performance Technology: Improving Individual and Organizational Performance Worldwide*, 2nd ed. San Francisco, CA: Jossey-Bass/Pfeiffer.

Sweller, J. (1999). *Instructional Design in Technical Areas*. Australia: Stylus Publications.

Tennyson, R. D., Schott, F., Seel, N. M., and Dijkstra, S. (1997). *Instructional Design International Perspectives: Theory, Research, and Models*. Mahwah, NJ: Lawrence Erlbaum Associates.

Tufte, E. R. (1997). *Visual Explanations: Images and Quantities, Evidence and Narrative*. Cheshire, CN: Graphics Press.

van Merriënboer, J. J. G. (1997). *Training Complex Cognitive Skills: A Four Component Instructional Design Model*. Englewood Cliffs, NJ: Educational Technology Publications. *

Vygotsky, L. S. (1962). *Thought and Language*. Cambridge, MA: MIT Press.

Vygotsky, L. S. (1978). *Mind in Society: The Development of Higher Psychological Processes*. Cambridge, MA: Harvard University Press.

Wenger, E. (1987). *Artificial Intelligence and Tutoring Systems: Computational and Cognitive Approaches to the Communication of Knowledge*. Los Altos, CA: Morgan Kaufmann.

Wilson, B. G. (1996). *Constructivist Learning Environments: Case Studies in Instructional Design*. Englewood Cliffs, NJ: Educational Technology Publications.

Winograd, T. and Flores, F. (1986). *Understanding Computers and Cognition: A New Foundation for Design*. Norwood, NJ: Ablex.

Wittgenstein, L. (1953). *Philosophical Investigations*, translated by G. E. M. Anscombe. New York: Macmillan.

---

* 表示主要参考文献。

3

复杂性理论

29 倪小鹏、Robert Maribe Branch

摘要

29 复杂性是一种普遍现象，在生物机体、地质构造以及社会结构中都普遍存在。在研究和实践中，教育研究者和实践者面临复杂的局面似乎是一种定则，应对复杂化的局面已成为教育技术研究者理解复杂情况的一种必然；然而，复杂性作为教育技术研究的要素却面临着错位、被过分简化、得不到重视的倾向，致使教育技术领域的很多研究结果缺乏可推广性(generalizability)。由于教育技术研究要解决诸如非线性和复杂关系等问题，因此，对复杂性概念、理论和实践的理解可以为具有非线性和复杂关系性质方面的教育技术研究提供一个框架。复杂性理论运用于具有以下五个特性的现象：(1)现象由独立的复杂实体构成；(2)实体本身又包含多个实体；(3)现象中的不同实体彼此间相互作用；(4)现象寻求一个共同的目标；(5)由于自身以及与环境之间的不可预知的相互作用，现象具有不确定性。复杂性与教育传播和技术息息相关，本章旨在概括阐述有关复杂性概念、理论和实践研究。

关键词

复杂体：指多个独立而又彼此相互关联的实体通过适应性过程达成一个共同的目标而构成的组合。

复杂化：由许多相互联系的部分和元素构成；错综复杂；包括许多不同的、模糊不清的表现形式。

系统：一个有规则的、相互依赖的实体，该实体对它所处环境的开放性或闭合性作出反应并为其所制约。

不确定性：由不可预测的相互作用所产生的非线性模式。

引言

教育传播与技术的研究经常使用一种简化的形式，即在教学干预过程中倾向于减少或者 30
控制各种关系的数量，把一小部分关系分离出来，以便做进一步的观察（例如，媒体功效比较研究——译者注）。对社会学家和行为科学家来说，将某一变量分离出来并控制所选择的关系是常用的方法。在复杂情境中，教育技术研究者使用控制变量数目和关系的手段是十分明智的。教育技术研究经常涉及对复杂实体的研究，这些复杂实体共处于一个复杂环境中，彼此之间相互作用。复杂现象是指多个独立而又彼此相互关联的实体通过适应性过程达成一个共同的目标而构成的组合。

复杂性现象在生物机体、地质构造以及社会结构中普遍存在。尽管复杂体（complex entity）作为一种非常独特的现象存在，重要的是理解实体内部各要素间的关系以及实体与外部环境之间的关系，所蕴含的联系性，获取多重现象背后所蕴含的共性信息，赋予其意义，归纳其普遍性。这里所指的普遍性介于没有普遍意义的具体和没有具体内容的一般之间，为了任一目的，在任何一个抽象水平上的最佳程度的概括（Banathy 和 Jenlink，2003，38 页）。作为教育技术研究领域的一个要素，复杂性常常被混淆、被过分简化、得不到重视，造成很多教育技术研究结果缺乏可推广性和实际应用价值*。因此，对复杂性做一个概念化、理论和实践阐述，能够为教育技术研究提供一个指导性的框架，因为教育技术所研究的对象具有非线性的、复杂的特性。

复杂性的概念

复杂性作为一个独立的研究概念，最早出现在数学和物理学领域。Levy（1992）将复杂性系统定义为：一个拥有多个组成部分，并且组成部分之间相互作用的方式非常复杂，无法用标准的线性方程对其演进过程加以预测的系统。Levy 还补充道，因为多个变量以非线性方式相互作用，所以整个复杂实体的行为只能够被理解为系统内部无数个行为进行整体性综合所导致的偶然性结果。Levy 的定义主要侧重于非线性系统内的动态联系和不可预测的模式。Law 和 Mol（2001）主张：复杂性存在的前提是（1）系统内部事物之间相互联系但不是单纯的相加，（2）事件的发生不遵从线性规律，（3）这种复杂现象的空间不能够映射到三维坐标体系。复杂性科学最早来源于诸多领域研究成果的综合，包括控制论、系统论、人工智能和非线性动力学，其中很多都是 20 世纪中叶自然科学领域的新兴学科。复杂性是一种用来描述现象的概

* 一个例子是“无显著效应现象”（Nosiguificant Difference Phenomenon）（Russell，1999）；另一个例子是，很多学校的教学设计课本身就没有被很好地“教学设计”。——译者注

念，这里所描述的现象是一种不断产生大量信息、能量、等级、变异、关系以及各种要素的现象，这种现象反过来又提高了产生多种结果的可能性，并且降低了确定性和可预见性。复杂性的概念同样适用于教育传播与技术的研究，信息量和研究成果的数量快速增长。

复杂性理论

复杂性理论认为自然和社会系统是非线性的、动态演化的，教育系统理应被划归为非线性的、动态的、兼具自然性和社会性的系统："在社会科学领域中，复杂性理论的应用呈多种形式，包括高度技术化的、叙事化的、思辨式的，以及近来出现的应用性的方式"(Davis 等，2004，2页)。教育技术人员可以对教室做不同的布局，制定教学进程表，并按顺序准备、组织和呈现教学材料。但即使这样，教育技术人员无法保证每个学习者学习经验的获得具有相同的线性规律，也不能保证学生、教师、媒体和教学环境之间所发生的交互模式具有相同性。复杂性理论用于具有以下五种特性的现象：(1)现象由独立的复杂实体构成，(2)实体本身又包含多个实体，(3)现象中的不同实体彼此间相互作用，(4)现象寻求一个共同的目标，(5)由于自身以及与环境之间的不可预知的相互作用，现象是不确定的。复杂现象是由一些独立的实体组成，这些实体又可以被划分为更小的实体。每一个实体都具有自身的功能和特性，并且能够被进一步划分为子实体。人体是说明复杂性原理的最好例子，人体具有复杂体所包含的五种特征，而且可以被划分为更小的独立的复杂实体，诸如头部、躯干和四肢。每一个实体又由子实体构成，
31 比如骨骼、细胞组织和血液。同样，人体的每一个子实体还可以进一步分为各种细胞，以此类推。一个复杂体可以被解构为许多部分(有时候这种分化令人难以理解)，而每一部分从微观角度来讲又是一个完整的复杂体。一滴水的复杂程度不亚于宇宙的复杂程度；因此，从理论上来讲宇宙中存在的所有事物都具有复杂性。一个单独的复杂体在相对简单的环境下也许能够独立地完成某种既定任务，而复杂任务往往需要多个实体在复杂情境中协同工作才能完成。

复杂性拥有多重结构和多重功能，这种观点与系统论观点是一致的。系统内部的每一部分都依赖于其他部分所提供的信息和产出(production)，以此实现与其他部分的交互。人体系统依赖于肌肉、骨骼、神经和血液等实体，这些实体相互配合以实现生理机能。系统内部各部分的协同作用使其整体效用大于部分之和。由于各部分之间的相互作用是不可预知的，所以造成了不确定性。许多社会和自然系统是复杂的，而复杂性理论作为基本框架，可以使我们更好地认识这些系统。复杂性理论也为人们研究教育传播与技术这样的复杂系统提供了一种新的方法。

实践中的复杂性

教育技术是复杂的，因为它形成于自身内部各元素以及自身与外界的多重交互。教育技术通过创建、应用、管理适当的技术过程和资源来促进学习、提高绩效的研究与符合职业伦理的实践(教育传播与技术协会，2007)。这里的实践是指："为促进患者或顾客的利益而实施的干预，这种干预有一个理性的成功预期。"(DHEW, 1979，3 页)。教育技术人员研制和使用一系列产品、程序和软件，以促进学生的身心健康，期望他们成功。Gagné 等人(2005)用九种教

学事件来描述基于认知过程模型的最佳教学活动。一个教学事件是一个相对小的单元,这个单元为学习者提供与其内部条件相配的外部条件。Branch (1999)将隶属于同一教学届别的一系列教学事件定义为,教学情节(instructional Episode,教学情节是由多个教学事件组成——译者注)。一个教学情节就是一个引导学习者学习既定知识和技能的活动过程。这个过程有无数个变量,并且错综复杂,教育技术的设计与使用应该与之相适应。

我们可以把学习理解为获得知识与技能的过程。有意学习(mentional learning)是为了达到特定目的,通过有目的地运用信息、安排人力资源和创建学习环境而进行的学习。有意学习非常复杂,是因为知识体系本质上具有复杂性并且各个体系之间的联系呈现非线性特征。按照You (1993)的观点,学习过程是复杂的,因为知识体系本身是一个动态系统和对动态现实的积极建构,而现实又由各种模式的连接网络组成。Branch (1999)把 You (1993)所指的这种动态系统称为有意学习空间(intentional learning space)。Branch 认为一个有意学习空间中通常包含 8 个实体:学生、教学内容、教学媒介、教师、同伴、时间、目标和境脉。Branch 指出,这 8 个实体都具有内在的复杂性。学生具有复杂性,是由于其生理、情绪、社会和心理的发展,以及智力、认知风格、学习动机、文化规范、创造力和社会经济地位等方面对行为模式会产生影响。教学内容具有复杂性,因为它是概念、规则、命题、程序和社会建构的信息的集合。此外,信息类型可以是事物的属性、范畴、分类、组成部分、维度、细化、目标、层级、种类、矩阵、前提、程序、规则、技能和类型等。同伴的复杂性源自同龄、同等地位或同等能力的人之间的社会协商。作为传播渠道的教学媒介的形式也是多种多样的,而教师则充当决策者,如创设适当的目标和预期、分析学习需要、安排教学内容、选择教学媒体和教学方法并对教学和学生实施评估等。时间也是一个复杂的实体,时间无处不在且不能控制,只能通过确定离散的增量和间隔来测量它。境脉也是复杂的实体,是指直接或间接影响状态、环境和社群的条件,而境脉为物质、政治、经济和文化背景(也即人类生态环境)所塑造。有意学习空间是教育实体和非线性行为共存的空间。教育技术人员在有意学习空间中开展研究和试验。因此,有意学习的实践也是复杂的。

小结

复杂性是教育技术的一个基本特征;然而,教育技术研究对复杂性因素并没有给予足够 32
的重视。尽管现有的有关复杂性的认识为教学设计人员和教育技术人员提供了一些基础性的知识,但是,为了更好地理解作为复杂现象存在的教育行为,我们还需要对非线性现象模式做更多的研究。

(孙亚玲 译,高　峰 一校,郑太年 二校)

参考文献

Association for Educational Communications and Technology. (2007). Definition and Terminology Committee, http://www.aect.org/about/div_.asp? DivisionID=18.

Banathy, B. H. and Jenlink, P. M. (2003). Systems inquiry and its application in education. In *Handbook of Research on Educational Communications and Technology*, edited by D. H. Jonassen, pp. 37-57. New

York: Macmillan. *

Branch, R. (1999). Instructional design: a parallel processor for navigating learning space. In *Design Approaches and Tools in Education and Training*, edited by J. van den Akker, R. Branch, K. L. Gustafson, N. Nieveen, and T. Plomp, pp. 145 - 154. Dordrecht: Kluwer.

Davis, B., Phelps, R., and Wells, K. (2004). Complexity: an introduction and a welcome. *Complicity Int. J. Complexity Educ.*, 1(1), 1 - 8.

DHEW. (1979). *The Belmont Report: Ethical Principles and Guidelines for the Protection of Human Subjects of Research*. Washington, D. C.: The National Commission for the Protection of Human Subjects of Biomedical and Behavioral Research, Department of Health, Education, and Welfare.

Gagné, R. M., Wager, W. W., Golas, K. C., and Keller, J. M. (2005). *Principles of Instructional Design*, 5th ed., Belmont, CA: Wadsworth/Thomson Learning.

Law, J. and Mol, A. (2002). *Complexities: Social Studies of Knowledge Practices*. Durham, NC: Duke University Press.

Levy, S. (1992). *Artificial Life*. New York: Random House. *

You, Y. (1993). What we can learn from chaos theory? An alternative approach to instructional systems design. *Educ. Technol. Res. Devel.*, 41 (3), 17 - 32. *

---

* 表示主要参考文献。

4

体验的视角 33

Konrad Morgan

摘要

如果没有提及日益引起关注的体验学习的重要性及其对学习者学习并创造性应用领域技能的促进关系，那么就算不上是全面地从当代视角来回顾学习。尽管体验学习最早是David Kolb(1984)在论文《体验学习：让体验成为学习和发展的源泉》中提出的，但其中主要的原理却可以追溯到中世纪的学徒制。Kolb甚至还引用了孔子在公元前450年提到的格言：闻之不若见之，见之不若知之，知之不若行之。* 本章从当代视角探讨了体验学习，并且向读者展示了对相关概念的深入理解，以及在技术支持的终身学习情境中体验学习未来的应用方向。

关键词

主动学习：体验学习的支持者常常提到主动学习，并且由这个词提到了体验学习的参与性。学习者在学习中扮演着主动的角色，这种角色通常意味着学习者要对自己的学习和理解力的发展承担责任。

---

* 虽然文中认为此格言是孔子提出的，但译者大多认为《荀子·儒效篇》篇中的解释更为贴切，即“不闻不若闻之，闻之不若见之；见之不若知之，知之不若行之；学至于行而止矣”。——译者注

学徒制：学习者通过跟随师傅一起工作从而学习的一种传统学习范式，这种教育方式在中世纪得到了广泛的应用。许多行业和技能要求学习者以学徒的方式学习 7 年，并
34 在通过独立制作物品或者完成某项任务等正式测试之后方可毕业。毕业前的这段较长经历可以帮助学习者获得更多的实践经验，而这些经验正是成为本行业的能工巧匠所需要的。到 20 世纪，随着大众教育的兴起，这种耗时较长的学徒制逐渐衰落。

学习风格：包括一个理论模型，这个模型描述了个体对不同学习方式的偏好。典型的学习风格一般包括视觉表征型、言语解释型和实际案例型。尽管这些风格都倾向于学习的实践表述，很少强调学习的理论表述，但是，体验学习仍然提供了多种途径，使得教育者可以顺应不同的学习风格。

反思：体验学习的核心要素，在体验学习中，学习者对自己在实践学习中的一系列行为进行内部心智思考。在用体验方法进行学习的时候，需要用到一些心智模型，以便进行有效的反思。

引言

鉴于本章讨论的是体验学习，所以采用了以下几个术语，这些术语在前面的关键词中已经提及：

主动学习：体验学习的支持者常常提到主动学习，并且由这个词提到了体验学习的参与性。学习者在他们的学习中扮演着主动的角色，这种角色通常意味着学习者要对自己的学习和理解力的发展承担责任。

学徒制：学徒制是学习者通过跟随师傅一起工作从而学习的一种传统学习范式，这种教育方式在中世纪得到了广泛的应用。许多行业和技能要求学习者以学徒的方式学习 7 年，只有通过正式测试(这些测试常常无人监考，多为创制一个产品或者完成一项任务)才可以毕业。毕业前的这段较长经历可以帮助学习者获得更多的实践经验，而这些经验正是成为本行业的能工巧匠所需要的。到 20 世纪，随着大众教育的兴起，这种耗时较长的学徒制逐渐衰落。

学习风格：学习风格包括一个理论模型，这个模型描述了个体对不同学习方式的偏好。学习风格一般包括视觉表征型、言语解释型和实际案例型。尽管这些风格都倾向于学习的实践表述，很少强调学习的理论表述，但是，体验学习仍然提供了多种途径，使得教育者可以顺应不同的学习风格。

反思：反思被看作是体验学习的核心要素，在体验学习中，学习者对实践学习中的一系列行为进行内部心智思考。在用体验方法进行学习时，需要用到一些心智模型，以便进行有效的反思。

Kolb 和 Fry (1975)在其发表的论文中提出了基于实践的教育思想，但在此之前，这种思想已经存在很久了。事实上，在 20 世纪前，教育只是少数人的事情，一对一的学徒训练是艺术

和科学学习的主要方式。

变化开始于19世纪末,大众教育成为教育的主要方式,这种教育更关注对一系列呈现的事实性信息进行理论学习和机械学习(Dewey, 1933)。课程与评价开始关注学生对一系列观点或事实的学习,并期望学习者从这些事实中推断出关于某一主题的系统方法。这种只从理论角度对某个领域进行学习的方式虽然在经济上取得了巨大的效益,但培养出来的学生缺乏实际经验,在他们毕业之后,难以将所学知识应用到实际工作中。

这种对事实进行理论化和机械化学习的方式在早期的教育技术系统中非常普遍。甚至在早期的基于模拟学习环境的教学模式中也存在这样的不足,学习者不能通过实际的实验过 35
程进行学习。对于最优秀的学生来说,这不是问题,因为无论通过何种方式向他们提供学习资料,这些有天赋的学生都能够对主题进行学习。但是,对于大多数学生而言,更有效的方法是使他们能够在学习环境中体验不同行为和策略的实际效果,而不是仅仅在一旁被动地观察。这就是为什么 David Kolb (1976,1981,1984)以及他的助手 Roger Fry (Kolb 和 Fry, 1975)提出的这种教育思想能够变革教育理论与实践的原因。

1975年,Kolb 和 Fry 在论文中提出一个中心假设,即如果让学习者在学科学习中体验真实情境,学习将会变得更加有效。Kolb 和 Fry (1975)以及稍后 Kolb 和其他学者的研究(Kolb, 1976, 1981,1984; Kolb 等,1995; Osland 等,2007)都指出,体验学习有助于学生从具体的体验中获得意义理解,这种具体的体验极大地改变了教学的应用及其效果。

Kolb 和 Fry(1975)在其文章中列出了这种思想的许多不同来源。其中最有说服力的支持体验学习的观点之一见于 Kolb 那篇影响广泛的论文《体验学习:让体验成为学习和发展的源泉》(1984),该文引用了中国哲学家孔子(公元前450年)的一段话:

> 闻之不若见之,见之不若知之,知之不若行之。

但是,这段引用或许会被质疑,因为在大多数传统手工行业中,都有较好的基于实践的学习历史。此外,在多数传统手工业以及学科(如医学和法学)中,长时间的学徒训练这一个观念已经成为这些专业的一部分了。

体验学习的概念

在考察了这种思想的基础和历史之后,现在我们可以探讨体验学习的要素(Borak, 1981; Brookfield, 1983; Houle, 1980)。Kolb 的模型认为每一个有效的体验学习情境都包含四个要素:(1)具体的体验,(2)观察和反思,(3)形成抽象的概念,(4)在新情境中检验(Kolb, 1984)。Kolb 同时指出,学习循环中的这四个要素分别是活动性的、反思性的、理论性的、实用主义的。

Kolb 的文章还讨论了在学习循环中是否存在最佳起始点的问题(参见图4.1),然而,循环中的多数阶段似乎并不是相互分离的,考虑到大脑神经活动的并行性,当学生在开展体验学习的时候,这几个阶段可能也是同时进行的。

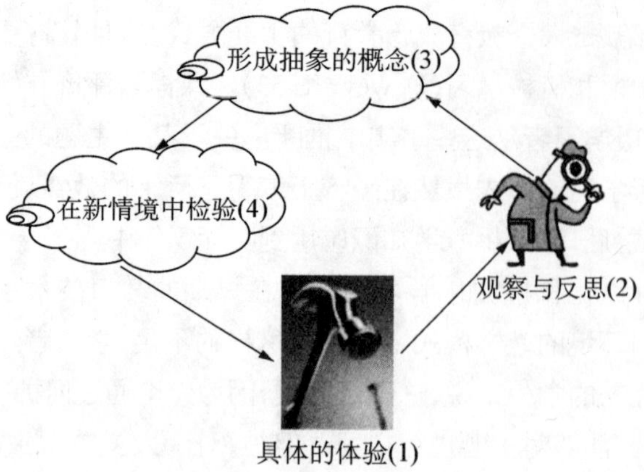

图 4.1 体验学习的阶段

有趣的是，这个模型中包含了几个完全内在的、概念化的阶段。但是，很多体验学习却把重点放在那些能够产生实际而又主动的体验的客观物理阶段上，较少强调 Kolb 模型所提出的内在心智控制。

另一个值得注意的地方是，虽然这个模型很有吸引力，但事实上，对于"实际学习情境中存在这些学习阶段"这种说法，其支持或反驳的经验证据是非常少的。因此，读者必须意识到，在讨论体验学习的时候更像是讨论教育哲学而非教育科学。

体验学习的一个重要观点是：如何有效地帮助学习者掌握学科的核心概念，并独立地将这些核心概念应用到不同情境中(Mezirow, 1997; Tennant, 1997)。读者还应该认识到，对于"教育工作者应该如何组织基于体验的教育活动，以最优方式进行特定主题或学科的教学"这个问题，体验学习理论并没有提供具体的建议。

由于体验学习更像教育哲学而非科学原理，因此，对读者来说非常重要的是：要意识到认知科学为体验学习的根本原则提供的理论或事实上的支持或反对证据是非常少的。但是，真实的参与性体验在体验学习中显然扮演了十分重要的角色。尽管认知科学或神经科学对学习的解释未必能够为体验学习的原则提供有力的支持，但是，对探究神经科学与学习之间的关联感兴趣的研究者而言，这也许是一个值得进一步探索的富饶之地。

36 **学习风格与体验学习**

形成体验学习理论基础的那些早期论文清晰地显示出皮亚杰思想对其产生的重要影响(让·皮亚杰档案基金会，1989)。不难发现，体验学习的重要因素之一就是学习风格：聚敛型(converger)、发散型(diverger)、同化型(assimilator)、顺应型(accommodator)(表 4.1)(Kolb, 1984)。这些风格为如何组织学习活动以适应学习者的学习风格提供了实际的指导。令人遗憾的是，这里缺乏明确的指导来说明如何判断学习者的学习风格，我们必须认识到，支持这些学习风格的经验性证据是比较少的，人们也没有认识到教育工作者自身也有偏爱的教学风格，为了使真正有效的学习能够发生，我们也必须对这点加以考虑。然而，从积极的方面来看，这些学习风格的观念确实改变了学习的单一视角，例如社会技能或者智力的视角，同时也展示出任何单一学习风格的优点及不足。Tennant (1997)对体验学习中的基本学习风格进行了细化，如表 4.1 所示。

表 4.1 体验学习者风格

聚敛型	发散型	同化型	顺应型
抽象概念化和主动实验	具体的体验和主动实验	抽象概念化和反思性观察	具体的体验和主动实验
擅长理论的实际应用，演绎推理，不情绪化的，专注力强	想象力强，善于提出新观点和独特视角，社会取向和群体取向	擅长于建构理论模型，归纳推理，抽象概念，个人化取向	擅长于行动、冒险、快速反应，依靠直觉解决问题

体验学习的不同应用

研究者发现，在技术增强的学习(TEL)的相关文献中，体验学习这个术语通常是以两种形式出现的。第一种形式认为体验学习是一种学习方式，是真实生活的直接体验。与之相反，在TEL 中更为普遍的第二种用法认为体验学习是对各种任务、交流和活动进行模拟体验的机会，这些任务、交流和活动与特定的学习主题相关联(Houle, 1980)。体验学习这个术语的两种用法都不同于传统教学方法对某一主题理论层面的学习，或者对其历史的学习，抑或对一系列操作步骤的高度形式化和抽象化的学习。

体验学习的进一步发展

Weil 和 McGill (1989)提出四种与体验学习相关的解释：

- 第一种解释评估并认证了从生活和工作经验中获得的学习。
- 第二种解释侧重于将体验学习视为学校后教育体系发生变革的基础。
- 第三种强调体验学习是群体意识提升的基础。
- 第四种是关于个体发展与自我意识的。

尽管这些定义十分有用，但重要的是，要认识到与实践工作相关的模拟是体验学习在TEL 中的主要应用，这种模拟与真实世界的实践是密切相关的。

体验学习的诸多应用并不会对体验这一概念本身造成问题。Jarvis (1994,1995)利用一个案例解释了体验学习理论如何应对通过间接经验而进行的学习，例如通过交流来进行学习。举个例子，学习者显然可以仅通过阅读就获得相当多的知识和专业技能，但是，与体验学习相关的文献几乎没有提到过这一点。

评论 37

如前所述，对体验学习的主要批评观点之一认为，先前提出的理论或学习风格缺乏实证效度。此外，来自神经科学强有力的证据表明，学习的任何一个阶段在很大程度上都是同步发生的，因此，“学习阶段是固定的”这一观点应该被看作是为了便于设计学习情境，或是用于解释理论背后的核心概念。还有一些批判者认为体验学习的文献对反思过程关注不够(Bound 和 Miller, 1983; Schon, 1983)。此外，对于社会和文化问题如何纳入体验学习模式也缺乏考虑(Anderson, 1988; Brookfield, 1983; Fraser, 1995; Johnson 和 Johnson, 2002)。对体验学习的批判为这个领域的进一步研究奠定了基础。

小结

尽管存在各种批判，但由本篇文献述评可以清晰地看到，体验学习的核心观念包含了一些原则，这些原则对 TEL 中基于模拟的学习是极有价值的。进一步的研究应该采用这些观点，并开始设法解决如何对体验学习的各种观点进行实证检验，以求更深入地了解如何将神经科学的发现应用到技术增强的学习中，从而实现数字化环境下学习效果的最大化。

(汪晓东 译，吴筱萌 一校，郑太年 二校)

参考文献

Anderson, J. A. (1988). Cognitive styles and multicultural populations, *J. Teacher Educ.*, 39(1), 2-9.

Borzak, L., Ed. (1981). *Field Study: A Source Book for Experiential Learning*. Beverley Hills, CA: Sage Publications.*

Boud. D. and Miller, N., Eds. (1983). *Working with Experience: Animating Learning*, London: Routledge.*

Brookfield, S. D. (1983). *Adult Learning, Adult Education and the Community*. Milton Keynes, U.K.: Open University Press.*

Dewey, J. (1933). *How We Think*. New York: Heath.

Fraser, W. (1995). *Learning from Experience: Empowerment or Incorporation*. Leicester, U.K.: National Institute of Adult Continuing Education.

Houle, C. (1980). *Continuing Learning in the Professions*. San Francisco, CA: Jossey-Bass.*

Jarvis, P. (1994). *Learning: ICE301 Lifelong Learning, Unit 1 (1)*. London: YMCA George Williams College.

Jarvis, P. (1995). *Adult and Continuing Education: Theory and Practice*, 2nd ed. London: Routledge.*

Jean Piaget Archives Foundation. (1989). *The Jean Piaget Bibliography*. Geneva: Jean Piaget Archives Foundation.

Johnson, D. W. and Johnson, F. P. (2002). *Joining Together: Group Theory and Group Skills*, 8th ed. Boston, MA: Allyn & Bacon.

Kolb, A. and Kolb, D. A. (2001). *Experiential Learning Theory Bibliography 1971-2001*. Boston, MA: McBer.

Kolb, D. A. (1976). *The Learning Style Inventory: Technical Manual*. Boston, MA: McBer.*

Kolb, D. A. (1981). Learning styles and disciplinary differences. In *The Modern American College*, edited by A. W. Chickering, pp. 232-255. San Francisco, CA: Jossey-Bass.

Kolb, D. A. (1984). *Experiential Learning: Experience as the Source of Learning and Development*. Englewood Cliffs, NJ: Prentice-Hall.*

Kolb, D. A. and Fry, R. (1975). Toward an applied theory of experiential learning, In *Theories of Group Process*, edited by C. Cooper, pp. 33-57. London: John Wiley & Sons.

Kolb, D. A., Osland, J., and Rubin, I. (1995). *Organizational Behavior: An Experiential Approach to Human Behavior in Organizations*, 6th ed. Englewood Cliffs, NJ: Prentice Hall.

Mezirow, J. (1997). *Transformative Dimensions of Adult Learning*. San Francisco, CA: Jossey-Bass.*

Osland, J., Turner, M. E., and Kolb, D. A. (2007). *The Organizational Behavior Reader*, 8th ed. Englewood Cliffs, NJ: Prentice Hall.

Schön, D. A. (1983). *The Reflective Practitioner*. New York: Basic Books.

Smith, M. K. (2001). *The Encyclopedia of Informal Education: David A. Kolb on Experiential Learning*, http://www.infed.org/b-explrn.htm.

Tennant, M. (1997). *Psychology and Adult Learning*, 2nd ed. London: Routledge.*

Weil, S. W. and McGill, I., Eds. (1989). *Making Sense of Experiential Learning: Diversity in Theory and Practice*. Milton Keynes, U.K.: Open University Press.

Witkin, H. and Goodenough, D. (1981). *Cognitive Styles, Essences and Origins: Field Dependence and Field Independence*. New York: International Universities Press.

---

* 表示主要参考文献。

5

记忆和动机:实证的观点 39

Norbert M. Seel

摘要

本章讨论教育传播与技术领域对于记忆和动机的实证研究,将对多种研究方法(论)进行描述,特别强调理论构件(如记忆和动机)的易用性以及评价的效度和信度。围绕记忆和动机主题的话题很多,这里缩减至文献中反复出现的、当前教学心理学重点讨论的几个主题。本章将描述和讨论认知构造和人类记忆模型的几个理论方法,讨论将结合媒体经验和人类记忆是如何相互作用的这一问题展开。因而,对认知负荷理论和双重编码加工理论

(dual-code processing,又译为双通道编码理论),以及图式理论和心智模型理论,都将从其
40 对于探讨媒体学习的优势和不足的角度加以批判性地分析和评价。本章还将介绍与技术促进的学习相关的动机研究问题。在描述研究相关动机因素(如沉浸和自我效能感)的几个理论方法之后,本章批判性地分析和评价了关于媒体和动机是如何相互作用的这一问题的相关实证研究。

关键词

信息加工:由感觉输入和认知转换构成的包含一系列加工阶段的建模过程。

记忆:保存和回忆过去经验的心智能力(或译为心理官能)。

心智模型:人们用以组织经验的心智表征,包括关于自己的、他人的、环境的和与他们互动的事物的经验。心智模型的功能是为理解这些现象提供预测性和解释性的力量。

图式:表征一般知识和特定知识的数据结构。

引言

我们不仅通过经验学习,媒体和技术制品在我们关于世界的知识的形成中也发挥着重要作用。因而,六十多年来,用媒体学习一直是教学研究的核心,迄今已经没有任何一种媒体,或者一种媒体的任何一种特征,其学习效果还没有被探察过。媒体的应用可能改变了学习环境的特征,对认知运算、表征形式、交互性、语义结构的可视化、反馈等产生了影响。更为具体地说,对于信息的知觉组织影响了学习者将信息编码的方式,因为它决定了学习者通过与传播媒体互动而建构起来的心智表征的特性。

将视觉呈现方式和听觉呈现方式相结合的媒体被称作多媒体,许多研究都是探索人是如何加工视听信息的。对于视听冗余的研究在过去几十年中产生了几个理论方法。尽管在 20 世纪 60 年代,Severin 的线索累积理论(cue-summation,有的译为提示一累计理论)看似颇有前途,但在 70 年代出现了 Paivio (1971)的双重编码理论,然后在 80 年代和 Sweller(1988)的认知负荷理论加以综合。双重编码理论和认知负荷理论都采用了记忆的阶段模型,其前提假定是信息加工呈顺序性。与此相对,认知心理学家则强调并行信息加工以及记忆系统支持完成广泛的认知任务所必需的功能性容量。重要的研究包括:加工层级法(levels of processing)(Craik 和 Lockhart, 1972),信息加工的并行分布式加工(PDP)模型,以及联结主义模型(McClelland 等,1986)。最后,双重加工记忆模型(dual-process memory models)在过去三十年中影响了人们对于再认记忆的理解。双重加工记忆模型对类似回忆的加工(recall-like process)和基于流畅性的加工进行了区分:在类似回忆的加工中,情节信息在再认时被提取出来;在基于流畅性的加工中,一般性的熟悉度成为再认的基础(Kelley 和 Jacoby, 2000)。双重过程模型聚焦于语义记忆和情节记忆之间的关系,对此,研究者揭示了主体性在记忆中的重要性。实际上,记忆是建构,与当前的需要和愿望一致,经常伴随着感情和情绪(Schacter, 1996)。这一点与那些揭示了多媒体学习能够促进学生动机的研究是一致的(Cheung 等,2003)。

因而,更多的研究者建议将多媒体交互过程中的动机和认知特征联系起来(Hede, 2002)。

本章将描绘多媒体学习领域关于记忆与动机研究的主要线索。然后将转到需要多媒体学习的整体模型这一当前话题,这些模型应当将信息加工的认知因素和动机因素整合起来,以获得对于学习有效性的更好的、与教学更相关的理解。

方法论问题

像记忆、学习和动机这些理论构件都是科学的发明,用以描述不能观察到——因而必须从可观察到的数据进行推断——的现象。认知心理学本身有很多方法对认知进行评价,从自然化的观察到计算机模拟,从实验法到言语报告法,从记录大脑的电子脉冲到反应时间的数 41
据收集(Simon 和 Kaplan, 1989)。相应地,以这些方法为基础,我们发现了记忆研究的两种主要的方法论。第一种方法论侧重物理方法,将心理物理法[如 EEG(脑电图)和 PET(正电子发射断层扫描)]用于评价心理状态。第二种方法论关注认知的功能方面,从可观察的行为对心智运算进行推断。功能方法论是实验法的核心,包括了传统的测验、问卷、学习所需时间、在任务完成过程中错误的出现频率和类型、画图、任务完成过程中的注视状况(eye fixation),等等。在自然场景中,言语交流便于沟通观念、思想和感情。考虑到语言对于交流的首要地位,显而易见,不同的言语表达方式对于认知的诊断发挥着中心作用。心理学家常认为出声思维法足以将思想、解释、推断、猜测和证明转化为言语。从方法论角度看,将信息技术用于教育,就有可能使计算机发挥评价知识和认知技能的潜能。基于计算机的认知建模法被认为是评价关于学科内容的概念、观点和思想的有效方法。不过,运用这些方法必须有评价知识的特殊工具(如,概念图)。

学习与记忆

关于人类记忆的理论

人们建构了理论来解释复杂的概念和观点。这些概念和观点常常难以进行讨论,因为它们不清晰、不具体。比如,记忆就是一个比较抽象的概念,人们发展了很多理论来解释人是如何储存信息并使其能够在需要时提取出来的。尽管所有理论都描述了记忆的这一基本功能,认为记忆能够保留和回忆信息和个人经验,但是并没有普遍接受的人类记忆模型。通常,人类记忆模型都是基于对信息加工和储存的常识性假设。

一个常见的记忆模型就是信息加工的三阶段模型(Atkinson 和 Shiffrin, 1968)。这一模型将信息加工分为三个阶段:感觉记忆、短时记忆和长时记忆,认为信息在从一个阶段到另一个阶段的过程中是以序列化的、间断性的方式进行加工的。修订的三阶段模型的中心要点是具有有限处理能力的工作记忆(Baddeley 和 Hitch, 1974)。这个观点可以追溯到 Ebbinghaus (1885)和 Miller (1956),他们认为在工作记忆不超负荷的情况下,人能够同时处理 7 ± 2 个信息要素。

但是，其他几种信息加工理论和三阶段模型不一致。比如，Soar 架构*（Soar architecture）认知理论也预设了工作记忆这一观念，但是和三阶段理论所指的意义不同（Newell, 1990）。在 Soar 架构中，工作记忆是一个更为精致的临时性记忆结构，保持着与当前问题解决境脉相关的信息。工作记忆的机能分布于架构的多个要素中，包括长时的产出式记忆（production memory）中，这使得认知系统能够依赖基于识别的长时工作记忆，处理需要大量信息的复杂任务。

加工层级（levels-of-processing, LOP）法、双重加工记忆模型和连结主义模型没有采用工作记忆的概念。相反，LOP 认为，所有激活感受细胞的刺激都永远储存在记忆中，但是不同的加工层级水平影响了从记忆中访问或提取信息的能力。当前处于认知心理学核心的连结主义模型（McLeod 等，1998），以及并行分布式加工（PDP）模型都认为，信息以网络化的连接储存于整个大脑的多个地方。但是，PDP 模型采用图式和心智模型的理论构件在摩尔的水平上解释人类的信息加工（Rumelhart 等，1986）。

记忆被从多个学科加以研究这一事实经常产生学术上的怀疑。教育心理学家强调记忆的三阶段模型，而认知心理学家则强调并行联想记忆。这样，就产生了一个问题：教育心理学家和认知科学家在讨论人类记忆的时候他们确实是在面对同一个现象吗？

认知多媒体学习与记忆

对有于多媒体学习的文献的分析表明，主流的教育心理学认同与信息加工的三阶段模型相符的认知架构（Reed, 2006）。在这一模型中，信息加工的限制发生于若干具体的点上，特别
42 是在容量有限的工作记忆中。Mayer（2002）提出了一个多媒体学习的认知理论，他的理论也援引了 Paivio（1971）的双重编码信息加工理论。Paivio 认为有两个认知通道，一个专门通过图像（imagery）加工非言语对象，另一个专门处理语言。当信息通过两个而不是仅仅一个通道进行加工时，学习会更好，但是工作记忆限制了每一个通道在一个时间点上能够处理的信息的量。通过同时运用两个通道，相应的视觉和言语表征相邻出现在工作记忆中，这样可以提升工作记忆的容量。此外，通过在言语和视觉信息以及相关的先验知识之间建立连接，学习者能够在言语上和视觉上将信息组织到一个整体的表征中。整个模型如图 5.1 所示。

因为工作记忆只能处理有限数量的信息，所以，如果学习任务过于复杂，就可能产生超负荷。这是认知负荷理论的核心假设（Sweller, 1988）。认知负荷可能受到多种因素影响，包括：处理新信息所需的认知努力（内在认知负荷）、材料呈现的方式（外在认知负荷）以及激活图式所需要的努力（关联认知负荷）。较早的时候，Berlyne（1971）就曾提出信息超负荷的简单观点，认为，一个模型包含的要素越多，那个模型就越复杂。认知负荷理论建构了一个概念来解决这个复杂性：要素互动性。如果许多要素进行互动，要素互动性就高；反之，互动性就低。为了避免工作记忆的限制，认知负荷理论强调图式的激活，它能将若干信息要素组合成一个组

---

* Soar 是一个通用认知体系架构，可用于开发具有智能行为的系统。Soar 由人工智能领域的奠基人之一 Allen Newell 在密歇根大学带领团队于 1983 年启动研发，人工智能领域的学者使用 Soar 作为开发综合智能主体的工具；认知科学家使用 Soar 帮助对认知过程进行建模。——译者注

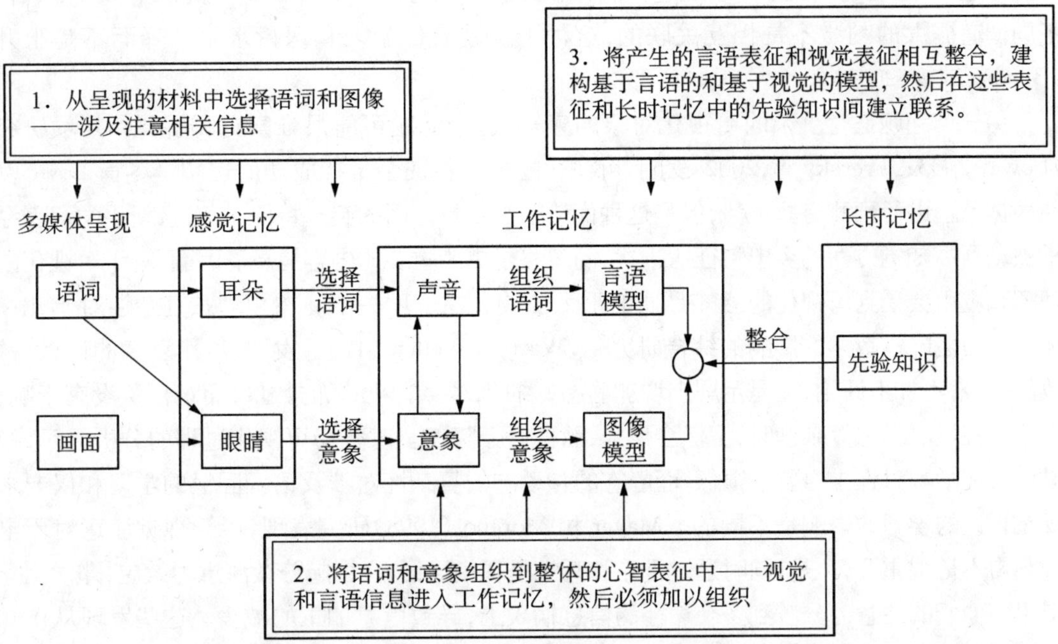
1. 从呈现的材料中选择语词和图像——涉及注意相关信息
3. 将产生的言语表征和视觉表征相互整合，建构基于言语的和基于视觉的模型，然后在这些表征和长时记忆中的先验知识间建立联系。
多媒体呈现
感觉记忆
工作记忆
长时记忆
语词
耳朵
选择语词
声音
组织语词
言语模型
整合
先验知识
画面
眼睛
选择意象
意象
组织意象
图像模型
2. 将语词和意象组织到整体的心智表征中——视觉和言语信息进入工作记忆，然后必须加以组织

图 5.1 多媒体学习的认知理论。(来源于 Mayer, R. E., *Multimedia Learning*, Cambridge University Press, Cambridge, U. K., 2002. 经许可使用。)

块。图式的激活使自动加工成为可能,因而将工作记忆的负荷最小化。娴熟的技能就是通过建构越来越多的日益复杂、日益抽象的图式而发展起来的(Sweller, 1994)。

认知负荷理论是一个教学设计理论,旨在减少因学习任务设计不当引起的认知负荷(Sweller 等,1998),而 Mayer 的多媒体学习的认知理论可以很容易地整合到有关视听冗余的研究领域中。

关于视听冗余的研究结果

研究者用了很多办法来研究视听冗余这个概念,以理解人是如何整合和学习以语词和视 43
觉方式呈现的信息的,例如,用一个带有许多静态图片的文本,或者用带有叙述的动态图片(动画或者录像)呈现的信息。对于人如何处理视听信息的研究显示了多个方面的复杂性和不一致性(Lang, 1995),例如,人对于听觉信息比对于视觉信息的短时记忆更好(Penney, 1989),人需要叙述才能从动画中获取有效的指导(Mayer 和 Anderson, 1991)。而且,Nugent (1992)发现,将听觉和图片结合会提高成效,而听觉和文本结合则不能提高成效。而其他的研究(Mayer 和 Gallini, 1990)则显示,由于视觉的线索在学习过程中产生了对于记忆过程至关重要的图像,因此,视觉的线索强化并解释了文本,而且促进了对新知识的记忆。显然,两个通道的信息能够相互强化,既能促进记忆,也能促进理解(Levie 和 Lentz, 1982)。

这些研究与线索累积理论相一致,该理论认为,当获得的刺激的数量增加时,学习也会提升(Severin, 1967)。当相关的线索在不同通道间进行综合时,多通道交流优于单通道的交流;当提供给两个通道的线索有冗余时,单通道交流和多通道交流没有优劣之分;当无关线索结

合到一起时，多通道交流不如单通道交流，因为无关线索引起了两个通道之间的干扰。如果在不同通道提供的刺激不是相互关联的，这种干扰就会使学习和保持水平下降而不是上升(Brashears 等，2005)。

另一个问题是对复杂的可视化对象的感知，这个问题可能很难察觉和解释。几项研究(Lowe, 2003; Tversky 等，2002)表明，可视化的知觉特征会干扰成功的理解。尽管 Lowe 发现根据动画进行预测有些优势，但是这种优势限于知觉方面的突出特征。不过，新手学习者经常被动画中知觉方面的突出特征所干扰，而忽略了更为重要的内容信息。因而，对于可视化的理解和应用会受到可视化的感知品质的很大影响。在一项关于静态和动态复杂性对于儿童注意和回忆电视教学的影响的综合研究中，Watt 和 Wellch (1983)发现，运用复杂的设计、精致的图表，再加上评论，在显示屏上增加静态的细节，会减少回忆的数量，而对再认没有影响；在增加视觉的动态复杂度时，记忆会增强，而再认会降低。对整个可视化过程的分析显示，视觉注意在学习过程中重要性很低，而静态的和动态的复杂性对涉及语词回忆的学习和仅要求视觉再认的学习的影响是不同的。Mayer 和 Moreno (1998)研究发现，尽管视觉注意对于电视观看不是很重要，但是，同时通过视觉和听觉呈现指导语，会引起分散注意力效应，即学生不得不将他们的注意力分散到多个途径的信息输入上，导致信息加工的减少。这些发现从认知负荷理论的视角进行了解释，这一理论目前处于认知心理学的核心(Pass 和 van Gog, 2006)。尽管认知负荷理论的研究结果对于教学设计而言很重要，但是从方法论和理论上看也有一些限制。认知负荷理论的倡导者，像 Mayer 和 Moreno (1998)，就曾指出了认知负荷理论研究的局限(包括参与者通常是大学生)，不过，许多研究都显示，记忆的容量和记忆搜寻策略的应用在发展过程中都会提升(Harris, 1978)。明显地，成人比儿童可以调用更多的感知经验，并运用更多的提取知识表征的有效策略(Lindberg, 1980; Seel, 1984)。认知负荷理论研究的另外一个局限是教学的情节很短，而且只运用了关于运作方式的材料(Mayer 和 Moreno, 1998)。

其他理论和预测

认知负荷理论和双重编码理论预设了一个容量有限的工作记忆。工作记忆的观念和计算机制有关，这一机制维持和提供了通达信息的途径，这些信息在完成任务时被提取出来。任何计算系统必须支持这种功能，因为计算本身是一个要求暂时储存信息的过程；不过，在认知科学中，反应时间超过 6500 毫秒则被认为是工作记忆的特异值了(如，Reijnen 等，2005)。

44 这样就产生了一个问题：像认知负荷理论和双重编码理论等教育心理学理论，是否和认知科学领域的信息加工理论相一致。实际上，Young 和 Lewis (1999)提出，复杂的认知任务不能简单地用 7±2 个单位的储存能力来分析。例如，根据思维监控的研究，一个涉及内部言语的问题解决任务，可能持续数十秒甚至几分钟(Franklin 等，2005)。为了解释记忆对于复杂性状况的投入，Ericsson 和 Kintsch (1995)提出了长时工作记忆的观念，Logie (1995)则识别了几种工作记忆的观念，包括将工作记忆视作受控注意(controlled attention)的观念。这与 Shiffrin 和 Schneider (1977)的观点是一致的，他们认为，在认知限制程度上的个体差异反映了受控处理能力上的差异。看来，认知科学的记忆理论在很大程度上和三阶段模型及相关理论是不一致的；不过，如果相异的理论存在并作出不同的预测，我们可以同时检验该理论的预测和与之竞争的理论的预测,当两种预测不一致时,就会产生强推断(Platter, 1964)。比如,与认知负荷理论所不同,双通道加工模型认为,有意识地重新收集信息以及增加熟悉度都有助于提高记忆成绩。记忆判断的作出,是通过确定某一水平的熟悉程度作为一个反应标准,然后接收超过这一标准的信息条目。将每一个信息单元同长时记忆进行比较,这样就持续产生一个熟悉程度值,用这个熟悉程度值作出再认的判断。这个过程适合用信号—探测理论加以解释。

另外一个例子是图式建构,它在认知负荷理论中有着重要地位。Bransford (1984)指出,图式激活和图式建构是两个不同的问题。尽管激活与一个主题相关的图式是可能的,但是,接下来学习者未必能够用这一激活的知识发展新的知识和技能。而且,对于图式理论的一个主要批评是说这些理论基本上是同化模式,而同化模式未能回答现有观念在遇到不一致的输入时是如何改变的,以及这样的理论如何处理新奇性等问题(Brown, 1979)。

认知心理学中的学习与记忆

教育心理学家(Clark, 2006)强调自动化的知识对于学习和记忆的作用,而认知心理学家强调意识在信息加工中的重要性——因为许多人类认知活动都是通过信息内容和多种记忆系统之间的持续交互进行的。Franklin 和其同事(2005)将这些交互称为认知循环。据估计,人类计算能力为每秒十个循环。尽管这些循环会交叉,产生并行的动作,但是必须保持有意识的状态。这与认知心理学的基本假设是一致的,该假设认为人通过将新信息与已知东西加以关联而在记忆中储存信息。这一过程在本质上是语义性的,因为信息是根据它的意义,即它与记忆中其他信息的关联加以储存的。这种储存的能力基本上是无限制的,认知系统能够运用基于再认的长时记忆(recognition-based long-term memory),处理需要大量信息的复杂任务,这一运作过程与外部环境相协调。

人类有一些对处理信息和在不同环境中成功行动而言必不可少的基本能力。根据 Rumelhart 和其同事(1986)的观点,其中一项能力就是人类擅长模式匹配(pattern matching),以迅速对输入的模式进行解释。用于对象再认、计数和选择任务的时间从 25 毫秒到 170 毫秒不等(平均为 70 毫秒)。Potter 和 Levy (1969)的研究表明,在视觉噪声(visual noise,又译视觉干扰)水平从低到高变化时,处理单一图片的时间从 50 毫秒到 300 毫秒不等;他们的研究还表明,当呈现的时间从 125 毫秒提高到 1000 毫秒,视觉再认的准确率会提升(从 16%到 80%)。人类的第二项基本能力是擅长对他们的世界进行建模。就是说,他们能够对行动或者他们观察到的事件导致的新状况进行预计。这一能力是基于预期和假设的建立,该能力对于推理性的学习至关重要(Seel, 1991)。第三项能力是人类擅长操作他们的环境。这可以看作"人是工具使用者"的另外一种说法,可能对于形成一种文化来说是至关重要的能力。这里特别重要的一点是有能力操作环境,使其表征某些东西。Rumelhart 和其同事(1986)认为,这三项基本认知能力涉及记忆的两个部分之间的相互作用:一个部分是释义网络,与图式的激活相关,另一个部分是关于世界的模型的建构。

并行分布式加工、图式和心智模型

在认知心理学中,图式被定义为大型的填充槽结构,这种结构在理解输入数据、引导行动

和在记忆中储存知识方面发挥着关键作用(Anderson, 1984)。不过,并行分布式加工模型不
45 采用像图式这样的概念,而是采用约束网络的概念研究记忆,这一点同最近的脑研究相一致。约束网络源于对于一个单元的许多兴奋性和抑制性影响。输入信息来到认知系统,激活一系列单元,这些单元倾向于一起行动,作为对某些特定的输入模式的反应。这些密切互联的单元与认知心理学中所说的图式相一致。图式是将某一时刻运作的某一系列的约束最大化的状态。当然,这种观念与图式是储存在记忆中的这种传统说法相矛盾。在并行分布式加工模型中,多个图式是记忆的主要内容,但是,没有什么东西是根据某一个图式来储存的。储存的是一系列连接强度,在被激活时,它们就包含了产生心智状态的能力,这些心智状态是和实例化的图式相一致的。

同样,心智模型包含了放松网络(relaxation networks),当输入某种我们希望执行的行动要求时,网络产生对于将要发生的事情的理解。真实世界中的事件未必真正发生。如果没有发生的话,认知系统会用关于世界的模型中的输入取代来自真实世界的输入。在并行分布式加工模型中,图式和心智模型都在认知的摩尔的水平上加以界定,在这个水平上个体经验或思想的符号的组织以这样一种方式进行:这些符号形成一种对于经验或思想的系统化的表征,以此作为理解的途径。

心智模型和图式是心智表征的基本格式。用皮亚杰的术语说,它们发挥了同化和顺应的功能。图式将新信息同化到认知结构中。如果图式与新任务不相符,图式可以得到调整,通过扩增、协调和重组的途径满足任务要求。如果没有成功,就会发生顺应,个体重组获得的知识,来建构一个认知模型(Seel, 1991)。这一过程如图 5.2 所示。

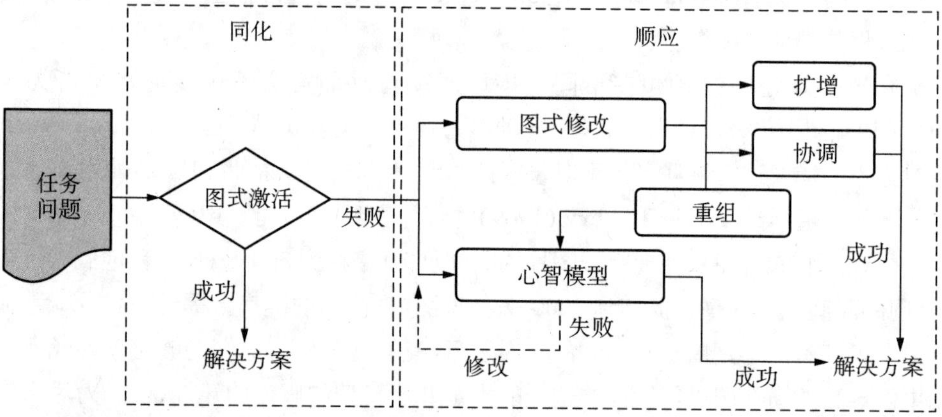

图 5.2 图式和心智模型作为同化和顺应的手段。(来源于 Seel, N. M. 等, *Technol, Instruct, Cognit. Learn.*, 4(4),273—299,2006. 经许可使用。)

心智模型是建构出来的动力性表征,它们发挥几项功能:(1)将探索简化为一个领域中的某个现象或者相关现象;(2)将复杂结构展现出来(将不可视的变得可视);(3)进行类比推理;(4)进行思维实验意义上的心智模拟(Seel, 1991)。建立心智模型有两个步骤:和已知建立类比,或者在建立类比不可能时,将一般性知识的关联点整合到整体结构中,以满足要解释的现象的要求。两个步骤都需要很多时间和心智努力。建立心智模型的一个中心要素包含了一个

完善过程(Johnson-Laird, 1983),这一过程可以理解为从一个最初的模型到一个更完善的模型的逐步完成过程。图式是一个填充槽结构,而心智模型则包含了必须通过观察来证明的假设。对于假设的证明是与归谬法相联系的(Seel, 1991)。这个过程持续检测一个模型能否被一个更好的模型代替。只要没有这种可能,这个模型就被认为是适宜的。

对于图式和心智模型的研究

图式这个概念自20世纪70年代初以来一直是认知心理学的一个有影响的建构物,也激发了文本和图片处理以及电视观看领域的大量研究。在很多研究中人的记忆的作用被忽略了,但是,一些研究者(比如Watt和Welch, 1983)明确指出了知觉、注意和记忆的相互作用。在这些研究中,很明显地,图片信息的情境脉络和复杂性对于学习和记忆而言会有着重要的影响。Friedman (1979)发现,镶嵌于复杂情景中的未预料到的(即图式失调的)对象能够比预 46
料到的对象更好地回忆出来,因为不一致的信息诱发了注意的集中,而对于与图式一致的信息,则不一定出现这种情况。

对与图式相关的信息的记忆的研究得出了相互矛盾的结论。一些研究发现记忆会选择与图式一致的信息,而另外的研究则发现记忆会选择与图式不一致的信息。Rojahn和Pettigrew (1992)对60项研究(其中包含了165项比较测试)进行了元分析,发现总体上倾向于记忆选择与图式不一致的信息的研究稍多。此外,Seel (1984)的一项研究显示,学习者对于复杂场景中的局部信息(local information)的注意、加工及提取和与年龄相关的发展状况无关。一年级的学生能够运用场景图式对复杂场景中的整体信息和局部信息进行编码,但是他们在回忆图片细节的数量和质量上无法和年龄大的孩子和成人相比。注视的情况各异,有的关注小范围区域,处理程度高,有的则集中关注较宽广的区域而对细节关注不够;只关注一个具体对象则会导致忽略其他对象(Shaw, 1982)。显然,一个具体的局部信息的凸显对于理解和记忆而言发挥着中心性的作用。最后,Seel (1984)的研究显示,复杂场景的内容能激起情感反应,使人由于新奇效应(novelty effect)而集中注意场景的突出特征。

自20世纪80年代心智模型研究开始以来,文本和图片处理也是其中的一个中心问题。研究者研究了图像或者有帮助的录像在心智模型建构中的效应(Hegarty和Just, 1993; Sharp等,1995)。明显地,复杂技术系统的图像不仅能够对复杂的真实场景进行表征,而且能对其过程进行模拟。不过,这种媒体取得成功的前提条件是,学习者在语义上对与模型相关的特征具有敏感性。语义敏感性的概念是Anzai和Yokoyama (1984)提出的,他们认为个体会自动地对来自环境的信息作出反应,对其产生基本的理解。大量研究都揭示了学习者在要求心智模型建构的学习环境中表现出的语义敏感性(Anzai和Yokoyama, 1984; Seel, 1995)。

尽管这些结果看来颇有前景,但几位作者(Snow, 1990)批评了对于心智模型的早期研究,因为这些研究通常是在小规模的、特定的情境中分别进行的。在很多早期研究中(Kieras和Bovair, 1984)运用了下述方法:先对被试进行训练,训练中被试必须形成初步的心智模型,在实验中的不同的学习阶段再次形成心智模型,然后让被试完成能显示成功建构模型状况的具体任务。但是,20世纪90年代以来出现了其他方法,这些方法聚焦于关于建构和修改心智模型的教学研究。这些模型导向的学习和教学将学习理解为积极的、建构性的、累积性的过程,

对此,Norman (1981,284)这样描述道:

> 我预计成为某项任务的专家可能要花费5000个小时获得他们的技能:那不是一个多么长的时间,是两年半的全日制学习,每周40小时,每年50周。而成为一个职业网球选手、计算机程序员或者语言学家,这么长时间还不够。这段时间经历了什么?不管是什么,它是缓慢的、连续的。没有神奇的知识药丸或者讲授。只能慢慢地、持续地接触那个主题,可能伴随着几个来回的内部心智表征的重建,概念的再概念化,加上许多个小时的大量事实的积累。

因而,模型导向的学习和教学方法强调长时学习和知识积累。模型导向的教学聚焦于课堂上的参与模式和对话模式,学习者在课堂上建构他们对于某一现象的理解(Buckley和Boulter, 1999)。此时的主要帮助是外部表征,由教师或者多媒体程序提供和引导。另一方面,模型导向的学习聚焦于所学现象的心智模型的建构。当模型得到成功运用时,它就得到强化,可能最终成为一个预编的(precompiled)、稳定的模型,甚至在多次重复之后成为一个图式。如果这个模型不令人满意,它可能会在心智模型演进的过程中被修改或者抛弃。

目前,有几个研究小组在关注模型导向的学习与教学(Lesh和Doerr, 2003; Penner,
47 2001)。这类研究的特点是参照数学和科学教学中模型的传统应用,而不是参照关于人类记忆的理论和研究。

与此不同,我自己的研究(Seel等,2000)与信息加工的并行分布式加工模型相一致,关注复杂的问题解决和学习中的心智模型演进。不同的重复研究(共600多名不同年龄和背景的学生)的主要结果可以概括如下:

- 心智模型不是可以从记忆中提取的固定结构,而是在需要用来应对新学习情境的具体要求时建构出来的。
- 当学生认为外部提供的信息比已有知识更合理、更有说服力的时候,他们会动态地修改和重构他们最初的心智模型。这表明学习者对于环境中的相关信息具有语义敏感性。学习环境是信息源,学习者从中可以撷取他们需要的信息来建构解释性模型。
- 在心智模型的稳定和变化方面,不同的研究都认同心智模型是高度情境依赖的。在不同的测量点上,模型都不是彼此独立地进行建构的,但是结构上有着明显的不同。很自然,学生在每一个测量点上建构新模型的认知需要较低,而记住先前建构的模型的认知需要更高。
- 心智模型确实可以有效地模拟要从认知上掌握的复杂系统的相关属性(Seel等, 2006)

这些研究的结果表明,对于图式的涌现而言,成功进行基于模型的学习所需的时间是不够的,在这里图式被界定为自动化的常规,它可以用于通达和应用已储存的知识结构而无需付出心智努力。

对于心智模型的教学研究凸显了几个方面的复杂性和一致性。其中一个一致性就是评价依赖于学习的心智模型演进的新方法论的发展。这种方法论的原则包括:将心智模型的诊断镶嵌在一个复杂的问题情境中,通过纵向设计方法收集数据,提供有效的和可信的定量数据,从方法论上直接对所收集的数据进行分析和解释(Seel 等,2007)。这个方法论的核心是SMD (Surface, Matching, Deep Structure,表层—匹配—深层结构)技术和 MIToCaR (Model Inspection Trace of Concepts and Relations,概念和关系的模型检测跟踪)。这些可以与评价心智模型的其他方法结合起来,如出声思维法、结构成形法、概念匹配工具和因果图,这些方法都在心智模型研究中得到了成功应用(Seel, 1999)。心智模型研究的另外一个一致性是促进有效心智模型建构和精炼的新教学方法(Seel, 2003)。

小结与评论

现代心理学认为,人在面对每一个新环境时发挥着积极的和选择性的作用。认知理论家更强调,个体将在他们先前经验的基础上建立的预先确定的图式带到了每一个环境中。这些图式是在先前与环境的大量互动过程以及在心智练习时对这些经验作进一步反思的过程中建立起来的。其中一些图式比其他图式更为复杂,更具整合性和组织性,或者更有区分性。不过,尽管图式的激活在不同的心理学理论(比如认知负荷理论)中都占据中心的地位,但我们对于图式的建构知道得还不够。例如,我们还不清楚心智模型是在何种条件下合并成图式的。最近的研究(Seel 等,2006)显示,心智模型成为预编的、稳定的模型并合并为图式,需要大量的时间和模型的反复成功建构。

上述所有理论概念和相关研究都和语义记忆的结构和功能有关。不过,在认知心理学中,对语义记忆和情景记忆进行了区分,后者专指描述性记忆。

情景记忆

情景记忆的一个简单定义是它包含了我们记住的一切,而不是我们所知道的一切,后者经常称作语义记忆,被认为是情景记忆的基础。对上次全家度假的记忆就是情景记忆。不过, 48
如果有人问成熟的香蕉是什么颜色,人们通常会用语义记忆来回答。情景记忆的观念在大约30 年前由 Tulving 和 Thomson (1973)提出。那时是从材料和任务的角度对情景记忆进行界定的。今天,情景记忆被理解为一个神经认知系统,与使人能记住过去经验的其他记忆系统有明显不同(Tulving, 2002)。情景记忆包含了时间、地点和相关的情感,其中情感影响着记忆的质量。有趣的是,自传体记忆曾被用来具体阐释情景记忆。它与日常记忆研究有关,日常记忆指在日常环境中常规性地发生的记忆活动和目击证据,这方面引发了大量的对其准确性的研究(Loftus, 1975)。明显地,人类对于事件的记忆容易被歪曲。

尽管情景记忆的观念在人类记忆研究中占有中心地位,但在关于多媒体学习的认知构架中并非如此。实际上,在 Reed (2006)最新进行的综述中没有提到情景记忆和自传体记忆。尽管如此,从这个理论观念和对这一主题的研究中,我们可以知道记忆是与当前的需要、欲望和社会影响等相一致的建构物。因而,记忆常常伴随着强烈的情绪和情感,这些情绪和情感促进了对于情景记忆中所储存事件的回忆。最后,记忆通常和对于记忆的意识相关(Schacter, 1996)。

记忆是对于信息、个人经验和程序的保留状况和回忆能力。普遍认为,一个记忆系统有三个层次的活动:编码、储存和提取。许多记忆的丢失是因为从来没有对其精致地加以编码。知觉过程最主要是一个过滤和碎片化的过程。我们的兴趣和需要影响着知觉,但是,大多数潜在的感觉数据从来不会被加工,大多数加工的也将被忘记。我们只是不会忘记去避免忆及那些令人不快的事情。我们忘记,是因为我们一开始就没有密切地感知那个经验或者对其进行编码(Schacter, 1996)。因而,人类记忆的一个中心特点是记忆的主观性。这将引导我们进入本章的下一部分,重点探讨多媒体学习的动机方面。

媒体学习与动机

动机是一个相当困难的研究领域,我们已经发展了一些理论并以这些理论为基础来解释人们为什么那样做,预测或者猜想别人实际上会怎么做。虽然动机通常被认为是学习中的一个关键变量,但是令人吃惊的是,明确地关注多媒体学习中的动机问题的研究如此之少,反过来,关于动机的文献中的学习和认知问题研究也是如此之少。实际上,Elliott 和 Dweck (2005)的分析表明,在5000个被引述的文献中,没有提及认知负荷理论和信息加工的三阶段模型。另一方面,像 Lowe (2003)将动画激发动机的特征和其教学能力区分开来。看来很明显有两大群体的研究者,他们互不采用对方的视点。

这样,我们发现仅有几种方法致力于将动机融入多媒体学习的综合模型中(Astleitner 和 Wiesner, 2004; Samaras 等,2006)。不过,这些模型缺乏可靠的实证证据,还需要进一步的研究来分析动机和认知变量之间的相互关系。将动机引入多媒体学习是一个复杂的挑战。动机可以是内部的、外部的、混合的,或者根本没有动机。有一些证据显示,内部动机鼓励学习者在认知上投入到多媒体材料中并促进学习。

尽管如此,外部动机因素,如多媒体资料包的设计特征,为学习者接触这些材料提供了最初的诱因,但是只有内容有趣、具有挑战性,才能激发内部动机,学习者才会付出持续的努力(Najjar, 1998)。这就涉及到了认知投入,认知投入是学习者被激发动机从而完全掌控他们自己的学习的过程。一般来说,人们认为多媒体和计算机能够进行外部调控和自主支持(Stefanou 等,2004)。技术也可能提供学习任务的情境脉络和多样性,理论上认为这些要素能够用来将动机情境化。Hede (2002)认为多种动机要素会影响学习者的控制,或确切地说,会影响学习者运用多媒体进行学习的时间和努力。除了 Hede 的模型外,还有三种理论方法将动机整合到多媒体学习之中:(1)基于图式的方法;(2)基于沉浸的方法;(3)使用与满足方法。

49 多媒体学习中的动机研究:基于图式的方法

与皮亚杰(1952)的失衡理论一致,一些理论模型假设认知和情感之间有强关系。比如,Eckblad(1981)认为,同化新信息到现有图式中的每一次拒斥都会激发某种特征的情感。类似地,Stein 和 Leivine (1991)认为,将新信息同化到图式中的努力与情感经验是相关的。若进入的信息是新奇的,便会引起和现存图式之间的不匹配,导致自主神经系统被唤醒。当这一唤醒和对情境的认知评价一起发生时,会产生多少有些特异的情感反应。计划或者预期的图式不仅仅针对情境,还涉及到与要处理的那类信息相关的搜索和选择策略。当处理新材料的策略和具体的预期与新情境中实际遇到的信息相匹配时，我们通常会经历积极的情感、快乐或者一般意义上的幸福感。然而，如果我们预期的图式或者加工信息的计划不充分，我们就可能经历负面的情感(Singer 和 Singer, 1983)。

基于图式的动机研究的基本假设是：当学习者遇到矛盾、异常事件、达成目的的障碍、明显的对比、困扰、惊奇、其他选择和其他刺激或经验，而这些又和基于图式的预期无法匹配时，深层学习会发生(Mandler, 1999)。认知失衡很可能会激发人有意识地、努力地深入思考、质疑和探究，以恢复认知平衡。困惑或者是沮丧的情感状态可能会发生在认知失衡时。近期的研究(Rozin 和 Cohen, 2003)将困惑作为促进学习的一种重要情感状态。困惑指对接下来做什么和如何做的问题存在不确定性，因而，困惑常常伴随着认知失衡。同样，困扰和犹豫的状态经常表明需要弄清楚或者需要更多的信息。

Schuztwohl (1998)在四项实验中研究了与不同强度的图式不一致的刺激的效应，包括对惊奇的三个要素的效应：(1)中断当前活动(根据反应时间的增加排列)；(2)集中注意于与图式不一致的事件(根据记忆的表现排列)；(3)惊奇的情绪(根据自我报告排列)。随着图式强度的上升，反应时间呈一致性的上升。这种效应归因于图式修改愈加困难。相比之下，对与图式不一致的事件的记忆不受图式强度的影响，这支持了这样的假设：与图式不一致的刺激带着一个清晰的提示储存在记忆中。最后一点，在自我报告的惊奇程度方面，只有在惊奇事件出现之后不被任何问题干扰而马上做出报告，惊奇程度才会随着图式强度的不同而不同，这意味着对于惊奇的自我报告极其容易受到记忆扭曲。

学习和记忆的情感和动机方面也在与认知负荷理论的联系中加以讨论，例如，Early (2006)认为，将影响学习者动机的因素分成不同的组可能会有用：提升学习者动机的变量或变量值与降低或者不影响学习者动机的变量或变量值。Custer 和 Aarts (2005)识别出积极情感作为提升未来目标追求的变量值的一个例子。对快乐感觉的记忆与先前的目标追求相联系，随着时间的推移，它可能会变得自动化，让人对新目标作出积极的选择。不过，工作记忆的过重负担可能是降低目标追求的变量值的一个例子，因为这种情况降低了努力和坚持的程度。

这与 Berlyne (1971)所说的规则相一致，他认为，信息负荷过重的另外一个极端是厌倦。比如，过于简单的视觉领域可能会导致不舒适的厌倦感。厌倦外部环境的一个反应就是切换到内部信息加工(比如，做白日梦)。另外一个有趣的实验是 Ashcraft 和 Kirk (2002)做的，他们研究了焦虑对于工作记忆的影响。对数学有高度焦虑的人表现出工作记忆容量的降低，在同时进行加法运算和一个有记忆负担的任务时，工作记忆容量的降低导致反应时间和错误的显著增加。在一项工作记忆密集型的转换任务中也同样出现了这种工作记忆容量缩小的效应。总之，这些结果显示，焦虑影响了在任务中的表现，这种效应可以解释为工作记忆的短时中断。

沉浸、投入和自我效能感

根据建构主义的理论框架，一个人的情感状态会系统地影响他处理新资料的方式。关于

内部动机的文献识别了一些情感状态(如好奇)作为动机水平和学习的指标。有更多内部动机
50 和兴趣的学习者显示出更高水平的快乐和对任务的更积极参与(Tobias, 1994),更持久的任务投入和较低的厌倦(Miserandino, 1996),更少的焦虑和愤怒(Patrick 等,1993)。而且,因为一个人的情感状态和他的动机水平是相关联的,所以参与活动中有内部动机的学习者会在任务完成的过程中显示出更高的投入度和持久性。一个重要的结果就是对于材料更深地理解。

Craig 和其同事(2004)在一项研究中通过运用一个促进自然语言的对话的智能化指导系统,调查了学习中会出现的几种情感状态(挫折、厌倦、沉浸、困扰、惊喜、漠然)的作用。观察分析显示,学习和厌倦、沉浸、困扰之间存在显著关系。其他研究显示,当焦虑降低和态度改善时,兴趣会随之提升,这种动机帮助学习者在虚拟学习环境中取得自我效能感。

这些研究表明,学习与厌倦呈负相关,与投入呈正相关,这些结果与 Csikszentmihalyi (1975)对于沉浸经验分析得出的预计是一致的。沉浸描述了一种完全被吸引或者投入某一活动的状态,指的是最佳的经验。在最佳经验中,个体处于一种全身心投入目标驱动的活动而心无旁骛的状态。过去的研究已经表明沉浸状态对学习有积极影响(Salanova 等,2006; Webster 等,2006),在设计学习材料应对此加以考虑。Kiili (2005)用沉浸理论作为框架,来促进积极的用户经验和投入,以使数字化学习环境的影响最大化。研究的目的是促进多媒体学习环境中的积极的学习过程、创造性的参与和学习。此外,Kiili 还将认知负荷理论的假设整合到参与型多媒体学习模型中,在这个学习模型中,学习者必须自己开发学习材料。他通过大学生参与的教育游戏对所提出的这个模型进行了研究。问卷和访谈显示,内容的创建是促成沉浸状态的主要活动。另外他还发现了沉浸和学习之间的正相关。

与沉浸和投入相关的有前景的研究领域还包括情绪和自我效能感这样的研究主题。有相当多的证据表明,在不同的领域中,如在工作场所、学校和运动中,自我效能感对绩效表现和幸福感有着积极的影响(Bandura, 1997)。自我效能感在作为压力缓冲器的作用中显示了它的力量。自我效能感还与更好的健康状况、更好的自我发展和更高的社会融入相关联。此外,也有一些证据显示了自我效能感对于多媒体学习的效应。例如,Reid (2006)提出了一个将虚拟现实中的趣味和沉浸加以整合的模型。模型的主要要素包括自我效能感和意志,Reid 将其看作是虚拟现实中影响活动趣味和沉浸的必要特点。更具体地说,Reid 研究了沉浸是如何和趣味相关联的。这些发现支持了先前对于自我效能感和意志的研究,因为儿童和成人报告说控制是很重要的,并强调了能够做新事情的价值。趣味被认为是感到置身于活动之中的能力。

更概括地说,自我效能感显然可以通过应用技术的经验而提升。比如,Cheung 和其同事(2003)研究了多媒体学习系统对于自我效能感的影响,发现使用有用的、易用的软件影响了学生的自我效能感。而且,更长时间地使用多媒体学习系统能在学习中提升自我效能感,但是没有能够提升得更快。自我效能感还取决于若干个人因素,如焦虑和态度。特别是对于成熟的学生而言,这些个人因素之间的联系可能会增加学生的负担(过去应用技术的负面经验)。Cavanaugh 等人(2000)假设对于技术的自我效能感会影响参与者对于技术的态度和他们对于培训的有效性的感知。结果显示,对于技术的态度影响了技术、自我效能感和不同有效性水平

之间的关系。Meyer 和 Sternberger (2005)在一项以大学生为被试的准实验研究中研究了自我效能感、自我依赖和动机,在后测和课程分数中没有显著性,而对问卷的逐项分析显示,对教学方法总体上满意,而自我效能感、自我依赖和动机的结果则各不相同。

使用与满足法

这一方法在多媒体研究中颇有影响,它聚焦于人们为什么使用某种媒体而不是关注内容。使用与满足法可以追溯到 Blumler 和 Katz (1974),他们认为媒体使用者在选择和使用最 51
能满足用户需要的媒体方面发挥着积极作用。从动机心理学的观点看,使用与满足法可以看作一个动机的期望值模型的一个特定变式样。这些模型一般都假定目标投入离不开期望和期望值。

很长时间以来,使用与满足法的焦点明显是在大众传媒(如电视)领域。有足够的证据显示,看电视经常是习惯性的、仪式化的、没有选择性的(Barwise 和 Ehrenberg, 1988),但是看电视有时也可能会是一场涉及内部动机的审美经验。Zillmann(转引自 McQuail, 1987,236 页)进一步揭示了情绪对于媒体选择的影响:厌倦时会选择刺激的内容,而压力大时会选择轻松的内容。

鉴于互联网已经成为当代主要的大众媒体,因而使用与满足法已被用于研究整个网络以及网络上的各类网站。比如,Kaye (2002)研究了在线访问政治信息方面的资源的使用与满足状况。一项因素分析显示了链接在线政治信息的四个重要动机,其中与娱乐的需要和动机有关。有趣的是,Grace-Farfaglia 和同事(2005)从不同国家的互联网用户中抽取代表性样本,研究了性别问题和互联网的使用与满足状况。总体而言,男人在计算机应用中仍有较高的网络技能和自我效能感,但是性别差异在每个国家都在缩小。实际上,对于网络满足因素的回归分析发现了在互联网使用动机和在线共同体参与方面的性别差异。数据显示,真实世界的社会性动机影响了虚拟空间的参与。

对于最近文献的一项分析显示,对与互联网应用相关的动机问题已经进行了很好的研究(Parker 和 Plank, 2000; Song 等,2006)。不过,这些研究在很大程度上还是采用传统的使用与满足法,它们对使用的动机进行了分类,但是没有发展出新的专门针对互联网的满足问题的分析(Stafford 等,2004)。

小结

当我们从教学设计的启示意义这个角度来考虑关于记忆与动机研究的主要领域的时候,我们发现了强假设(那些能够引出非常精确的结论的假设)和弱假设(那些引出的结论不够精确的假设)之间的张力。当强假设得以应用的时候它是有益的,但是他们常常没有得到应用,这就使得该模型规定的结论无效。弱假设在创设具体的教学系统和学习活动方面不那么有帮助,但是它们应用的范围更广,无效的可能性更小。寻求二者之间的适度平衡是对专业实践者的挑战。将研究加以拓展从而使弱模型变得更强且更有用是对教学设计研究的挑战。

(郑太年 译,赵　健 一校,王　美 二校)

参考文献

Anderson, R.C. (1984). Some reflections on the acquisition of knowledge. *Educ. Res.*, 13(9),5-10.

Anzai, Y. and Yokoyama, T. (1984). Internal models in physics problem solving. *Cognit. Instruct.*, 1,397-450.

Ashcraft, M.H. and Kirk, E.P. (2001). The relationships among working memory, math anxiety, and performance. *J. Exp. Psychol. Gen.*, 130(2),224-237.

Astleitner, H. and Wiesner, C. (2004). An integrated model of multimedia learning and motivation. *J. Educ. Multimedia Hypermedia*, 13(1),3-21.

Atkinson, R.C. and Shiffrin, R.M. (1968). Human memory: a proposed system and its control processes. In *The Psychology of Learning and Motivation: Advances in Research and Theory*, Vol.2, edited by K.W. Spence and J.T. Spence, pp.89-195. New York: Academic Press.

Baddeley, A.D. and Hitch, G.J. (1974). Working memory. In *The Psychology of Learning and Motivation*, Vol.8, edited by G.H. Bower, pp.47-90. New York: Academic Press.

Bandura, A. (1997). *Self-Efficacy: The Exercise of Control*. New York: Freeman.

Barwise, D. and Ehrenberg, A. (1988): *Television and Its Audience*. London: Sage.

Berlyne, D.E. (1971). *Aesthetics and Psychobiology*. New York: Appleton-Century-Crofts.

Blumler J.G. and Katz, E. (1974). *The Uses of Mass Communications: Current Perspectives on Gratifications Research*. Beverly Hills, CA: Sage.

Bransford, J.D. (1984). Schema activation versus schema acquisition. In *Learning to Read in American Schools: Basal Readers and Content Texts*, edited by R.C. Anderson, J. Osborn, and R. Tierney, pp. 259-272. Hillsdale, NJ: Lawrence Erlbaum Associates.

Brashears, T., Akers, C., and Smith, J. (2005). The effects of multimedia cues on student cognition in an electronically delivered high school unit of instruction. *J. South. Agric. Educ. Res.*, 55(1),5-18.

Brown, A.L. (1979). Theories of memory and the problems of development: activity, growth, and knowledge. In *Levels of Processing in Human Memory*, edited by L.S. Cermak and F.I.M. Craik, pp.225-258. Hillsdale, NJ: Lawrence Erlbaum Associates.

52 Buckley, B.C. and Boulter, C.J. (1999). Analysis of representation in model-based teaching and learning in science. In *Visual Representations and Interpretations*, edited by R. Paton and I. Neilsen, pp.289-294. London: Springer.

Cavanaugh, M.A., Milkovich, J.G., and Tang, J. (2000). *The Effective Use of Multimedia Distance Learning Technology: The Role of Technology, Self-Efficacy, Attitudes, Reliability, Use, and Distance in a Global Multimedia Distance Learning Classroom*, CAHRS Working Paper Series, 00-01. Ithaca, NY: Cornell University.

Cheung, W., Li, E.Y., and Yee, L.W. (2003). Multimedia learning system and its effect on self-efficacy in database modeling and design: an exploratory study. *Comput. Educ.*, 41(3),249-270.

Clark, R.E. (2006). Not knowing what we don't know: reframing the importance of automated knowledge for educational research. In *Avoiding Simplicity, Confronting Complexity: Advances in Studying and Designing (Computer-Based) Powerful Learning Environments*, edited by G. Clarebout and J. Elen, pp.3-14. Rotterdam, the Netherlands: Sense Publishers.

Craig, S.D., Driscoll, D., and Gholson, B. (2004). Constructing knowledge from dialog in an intelligent tutoring system: interactive learning, vicarious learning, and pedagogical agents. *J. Educ. Multimedia Hypermedia*, 13,163-183.

Craik, F.I.M. and Lockhart, R.S. (1972). Levels of processing: a framework for memory research. *J. Verbal Learn. Verbal Behav.*, 11,671-684.

Csikszentmihalyi, M. (1975). *Beyond Boredom and Anxiety*. San Francisco, CA: Jossey-Bass.

Custers, R. and Aarts, H. (2005). Positive affect as implicit motivator: on the nonconscious operation of behavioral goals. *J. Person. Soc. Psychol.*, 89(2),129-142.

Dyck, J.L. and Smither, J.A. (1994). Age differences in computer anxiety: the role of computer experience, gender and education. *J. Educ. Comput. Res.*, 10(3),239-248.

Early, S. (2006). Motivational load in instructional design. In *Avoiding Simplicity, Confronting Complexity: Advances in Studying and Designing (Computer-Based) Powerful Learning Environments*, edited by G. Clarebout and J. Elen, pp.97-108. Rotterdam, the Netherlands: Sense Publishers.

Ebbinghaus, H. (1885). *Über das Gedächtnis: Untersuchungen zur experimentellen Psychologie* (Neuaufl. 1985) [*About Memory: Studies of Experimental Psychology*]. Darmstadt: Wissenschaftliche Buchgesellschaft.

Eckblad, G. (1981). *Scheme Theory. A Conceptual Framework for Cognitive-Motivational Processes*. London: Academic Press.

Elliott, A.J. and Dweck, C.S., Eds. (2005). *Handbook of Competence and Motivation*. New York: Guilford Press.

Ericsson, K.A. and Kintsch, W. (1995). Long-term working memory. *Psychol. Rev.*, 102,211-245.

Franklin, S., Baars, B.J., Ramamurthy, U., and Ventura, M. (2005). *The Role of Consciousness in Memory*, Digital Peer Publishing, http://www.dipp.nrw.de/lizenzen/dppl/dppl/DPPL_v2_en_06-2004.html.

Friedman, A. (1979). Framing pictures: the role of knowledge in automatized encoding and memory for gist. *J. Exp. Psychol. Gen.*, 108, 316-355.

Grace-Farfaglia, P., Peters. L., Dekkers, A.C., and Park, S.H. (2005). Gender Differences in the Uses and Gratifications of Internet Use for the United States, the Netherlands, and South Korea. Paper presented at ASSA/AEA Annual Meeting, January 7-9,2005, Philadelphia, PA.

Harris, P.L. (1978). Developmental aspects of memory: a review. In *Practical Aspects of Memory*, edited by M.M. Gruneberg, P.E. Morris, and R.N. Sykes, pp.369-377. London: Academic Press.

Hede, A. (2002). An integrated model of multimedia effects on learning. *J. Educ. Multimedia Hypermedia*, 11(2),177-191.

Hegarty, M. and Just, M.A. (1993). Constructing mental models of machines from text and diagrams. *J. Mem. Language*, 32,717-742.

Johnson-Laird, P.N. (1983). *Mental Models: Towards a Cognitive Science of Language, Inference, and Consciousness*. Cambridge, U.K.: Cambridge University Press.

Kaye, B.K. (2002). Online and in the know: uses and gratifications of the Web for political information. *J. Broadcasting Electron. Media*, 46(1), 54-71.

Kelley, C.M. and Jacoby, L.L. (2000). Recollection and familiarity: process-dissociation. In *The Oxford Handbook of Memory*, edited by E. Tulving, F. Craik, and I.M. Fergus, pp. 215-228. London: Oxford University Press.

Kieras, D.E. and Bovair, S. (1984). The role of a mental model in learning to operate a device. *Cognit. Sci.*, 8,255-273.

Kiili, K. (2005). Participatory multimedia learning: engaging learners. *Australasian J. Educ. Technol.*, 21(3),303-322.

Lang, A. (1995). Defining audio/video redundancy from a limited-capacity information processing perspective. *Commun. Res.*, 22(1),86-115.

Lesh, R. and Doerr, H.M., Eds. (2003). *Beyond Constructivism. Models and Modelling Perspectives on Mathematics Problem Solving, Learning, and Teaching*. Mahwah, NJ: Lawrence Erlbaum Associates.

Levie, W. and Lentz, R. (1982). Effects of text illustrations: a review of research. *Educ. Commun. Technol. J.*, 30,195-232.

Lindberg, M.A. (1980). Is knowledge base development a necessary and sufficient condition for memory development? *J. Exp. Child Psychol.*, 30, 401-410.

Logie, R.H. (1995). *Visuo-Spatial Working Memory*. Hove, U.K.:

Lawrence Erlbaum Associates.

Loftus, E.F. (1975). Leading questions and the eyewitness report. *Cognit. Psychol.*, 7,560 - 572.

Lowe, R.K. (2003). Animation and learning: selective processing of information in dynamic graphics. *Learn. Instruct.*, 13,156 - 176.

Mandler, G. (1999). Emotion. In *Cognitive Science: Handbook of Perception and Cognition*, 2nd ed., edited by B.M. Bly and D.E. Rumelhart, pp. 367 - 384. San Diego, CA: Academic Press.

Mayer, R.E. (2002). *Multimedia Learning*. Cambridge, UK: Cambridge University Press.

Mayer, R.E. and Anderson, R.B. (1991). Animations need narrations: an experimental test of a dual-coding hypothesis. *J. Educ. Psychol.*, 83(4), 484 - 490.

Mayer, R.E. and Gallini, J.K. (1990). When is an illustration worth ten thousand words? *J. Educ. Psychol.*, 82(6),715 - 726.

Mayer, R.E. and Moreno, R. (1998). A split-attention effect in multimedia learning: evidence for dual processing systems in working memory. *J. Educ. Psychol.*, 90(2),312 - 320.

McClelland, J.L., Rumelhart, D.E., and The PDP Research Group. (1986). *Parallel Distributed Processing: Explorations in the Microstructure of Cognition*. Vol. 2. *Psychological and Biological Models*. Cambridge, MA: The MIT Press.

McLeod, P., Plunkett, K., and Rolls, E.T. (1998). *Introduction to Connectionist Modelling of Cognitive Processes*. Oxford: Oxford University Press.

McQuail, D. (1987). *Mass Communication Theory: An Introduction*, 2nd ed. London: Sage.

Meyer, L.H. and Sternberger, C.S. (2005). Self-efficacy, selfreliance, and motivation in an asynchronous learning environment. *Trans. Eng. Comput. Technot.*, 8,225 - 229.

Miller, G.A. (1956). The magical number seven, plus or minus two: some limits on our capacity for processing information. *Psychol. Rev.*, 63, 81 - 97.

Miserandino, M. (1996). Children who do well in school: individual differences in perceived competence and autonomy in above-average children. *J. Educ. Psychol.*, 88,203 - 214.

Najjar, L.J. (1998). Principles of educational multimedia interface design. *Hum. Factors*, 40(2),311 - 323.

Newell, A. (1990). *Unified Theories of Cognition*. Cambridge, MA: Harvard University Press.

Norman, D.A. (1981). Twelve issues for cognitive science. In *Perspectives on Cognitive Science*, edited by D.A. Norman, pp. 265 - 295. Norwood, NJ: Ablex.

Nugent, G.G. (1992). Pictures, audio, and print: symbolic representation and effect on learning. *Educ. Commun. Technol. J.*, 30(3), 163 - 174.

Paas, F. and van Gog, T., Eds. (2006). Recent worked examples research: managing cognitive load to foster learning and transfer. *Learn. Instruct.*, 16(2), special issue.

Paivio, A. (1971). *Imagery and Verbal Processes*. New York: Holt, Rinehart and Winston.*

Parker, B.J. and Plank, R.E. (2000). A uses and gratifications perspective on the Internet as a new information source. *Am. Bus. Rev.*, 18 (2),43 - 49.

Patrick, B., Skinner, E., and Connell, J. (1993). What motivates children's behavior and emotion? Joint effects of perceived control and autonomy in the academic domain. *J. Person. Soc. Psychol.*, 65,781 - 791.

Penner, D.E. (2001). Cognition, computers, and synthetic science: building knowledge and meaning through modeling. *Rev. Res. Educ.*, 25,1 - 35.

Penney, C.G. (1989). Modality effects and the structure of short-term memory. *Mem. Cognit.*, 17(4),398 - 422.

Piaget, J. (1952). *The Origins of Intelligence in Children*. New York: International Universities Press.

Platt, J.R. (1964). Strong inference. *Science*, 146,347 - 353.

Potter, M.C. and Levy, E.I. (1969). Recognition memory for a rapid sequence of pictures. *J. Exp. Psychol.*, 81(1),10 - 15.

Reed, S.K. (2006). Cognitive architectures for multimedia learning. *Educ. Psychol.*, 41(2),87 - 98.

Reijnen, W., Walder, F., Stöcklin, M., Wallach, D., and Opwis, K. (2005). Measuring the components of attention in a single task: an exploratory study. In *Proceedings of Kog Wis05: The German Cognitive Science Conference 2005*, edited by K. Opwis and I.K. Penner, pp. 155 - 160. Basel: Schwabe.

Reid, D. (2006). A model of playfulness and flow in virtual reality interactions. *Presence*, 13(4),451 - 462.

Rojahn, K. and Pettigrew, T.F. (1992). Memory for schemarelevant information: a meta-analytic resolution. *Br. J. Soc. Psychol.*, 31(2),81 - 109.

Rozin, P. and Cohen, A.B. (2003). Confusion infusions, suggestives, correctives, and other medicines. *Emotion*, 3,92 - 96.

Rumelhart, D.E., Smolensky, P., McClelland, J.L., and Hinton, G.E. (1986). Schemata and sequential thought processes in PDP models. In *Parallel Distributed Processing: Explorations in the Microstructure of Cognition*. Vol. 2. *Psychological and Biological Models*, edited by J.L. McClelland, D.E. Rumelhart, and The PDP Research Group, pp. 7 - 57. Cambridge, MA: MIT Press.*

Salanova, M., Bakker, A.B., and Llorens, S. (2006). Flow at work: evidence for an upward spiral of personal and organizational resources. *J. Happiness Studies*, 7,1 - 22.

Samaras, H., Giouvanakis, T., Bousiou, D., and Tarabanis, K. (2006). Towards a new generation of multimedia learning research. *Assoc. Adv. Comput. Educ. J.*, 14(1),3 - 30.

Schacter, D.L. (1996). *Searching for Memory: The Brain, the Mind, and the Past*. New York: Basic Books.

Schutzwohl, A. (1998). Surprise and schema strength. *J. Exp. Psychol. Learn. Mem. Cognit.*, 24(5),1182 - 1199.

Seel, N.M. (1984). Entwicklungsverläufe der Verarbeitung von Bildinformationen [Developmental trends of the processing of pictorial information]. *Unterrichtswissenschaft*, 12(1),18 - 31.

Seel, N.M. (1991). *Weltwissen und mentale Modelle* [World knowledge and mental models]. Göttingen: Hogrefe.

Seel, N.M. (1995). Mental models, knowledge transfer, and teaching 53
strategies. *J. Struct. Learn. Intell. Syst.*, 12(3),197 - 213.

Seel, N.M. (1999). Education diagnosis of mental models: assessment problems and technology-based solutions. *J. Struct. Learn. Intell. Syst.*, 14 (2),153 - 185.

Seel, N.M. (2003). Model-centered learning and instruction. *Techn. Instruct. Cognit. Learn.*, 1(1),59 - 85.*

Seel, N.M. (2006). Mental models and complex problem solving: instructional effects. In *Handling Complexity in Learning Environments: Theory and Research*, edited by J. Elen and R.E. Clark, pp. 43 - 66. Amsterdam: Kluwer.

Seel, N.M. and Winn, W.D. (1997). Research on media and learning: distributed cognition and semiotics. In *Instructional Design: International Perspectives*. Vol. I. *Theories and Models of Instructional Design*, edited by R.D. Tennyson, F. Schott, N.M. Seel, and S. Dijkstra, pp. 293 - 326. Mahwah, NJ: Lawrence Erlbaum Associates.*

Seel, N.M., Al-Diban, S., and Blumschein, P. (2000). Mental models and instructional planning. In *Integrated and Holistic Perspectives on Learning, Instruction and Technology: Understanding Complexity*, edited by J.M. Spector and T.M. Anderson, pp. 129 - 158. Dordrecht: Kluwer.

Seel, N.M., Darabi, A.A., and Nelson, D.W. (2006). A dynamic mental model approach to examine schema development in performing a complex troubleshooting task: retention of mental models. *Technol. Instruct. Cognit. Learn.*, 4(4),273 - 299.

Seel, N.M., Ifenthaler, D., and Pirnay-Dummer, P.N. (2007). Mental models and problem solving: technological solutions for measurement and assessment of the development of expertise. In *Learning by Modeling*, edited by P. Blumschein, J. Strobel, D. Jonassen, and W. Hung. Rotterdam: Sense Publishers.

Severin, W.J. (1967). Another look at cue summation. *Audio Visual Commun. Rev.*, 15,233 - 245.

Sharp, D.L.M., Bransford, J.D., Goldman, S.R., Risko, V.J., Kinzer, C.K., and Vye, N.J. (1995). Dynamic visual support for story comprehension and mental model building by young, at-risk children. *Educ. Technol. Res. Devel.*, 43(4),25 - 42.

Shaw, M.L. (1982). Attending to multiple sources of information. I. The integration of information in decision making. *Cognit. Psychol.*, 14, 353 - 409.

Shiffrin, R.M. and Schneider, W. (1977). Controlled and automatic human information processing. II. Perceptual learning, automatic attention, and a general theory. *Psychol. Rev.*, 84,127 - 190.

Simon, H.A. and Kaplan, C.A. (1989). Foundations of cognitive 54
science. In *Foundations of Cognitive Science*, edited by M.I. Posner, pp. 1 - 47. Cambridge, MA: The MIT Press.

Singer, J.L. and Singer, D.G. (1983). Implications of childhood television viewing for cognition, imagination, and emotion. In *Children's Understanding of Television: Research on Attention and Comprehension*, edited by J. Bryant and D.R. Anderson, pp. 265 - 295. New York: Academic

Press.

Song, I., Larose, R., Eastin, M.S., and Lin, C.A. (2006). Internet gratifications and internet addiction: on the uses and abuses of new media. *CyberPsychol. Behav.*, 7(4), 384 - 394.

Snow, R. E. (1990). New approaches to cognitive and conative assessment in education. *Int. J. Educ. Res.*, 14(5), 455 - 473.

Stafford, T. F., Stafford, M. R., and Schkade, L. L. (2004). Determining uses and gratifications for the Internet. *Decision Sci.*, 35(2), 259 - 288.

Stefanou, C.R., Perencevich, K.C., DiCintio, M., and Turner, J.C. (2004). Supporting autonomy in the classroom: ways of teachers encourage student decision making and ownership. *Educ. Psychol.*, 39(2), 97 - 110.

Stein, N. and Levine, L.J. (1991). Making sense out of emotion In *Memories, Thoughts, and Emotions: Essays in Honour of George Mandler*, edited by W. Kessen, A. Ortony, and F. Craik, pp. 295 - 322. Hillsdale, NJ: Lawrence Erlbaum Associates.

Sweller, J. (1988). Cognitive load during problem solving: effects on learning. *Cognit. Sci.*, 12, 257 - 285. *

Sweller, J. (1994). Cognitive load theory, learning difficulty, and instructional design. *Learn. Instruct.*, 4, 295 - 312.

Sweller, J., van Merrienboër, J.J.G., and Paas, F. (1998). Cognitive architecture and instructional design. *Educ. Psychol. Rev.*, 10, 251 - 296.

Tobias, S. (1994). Interest, prior knowledge, and learning. *Rev. Educ. Res.*, 64, 37 - 54.

Tulving, E. (2002). Episodic memory: from mind to brain. *Annu. Rev. Psychol.*, 53, 1 - 25.

Tulving, E. and Thomson, D. M. (1973). Encoding specificity and retrieval processes in episodic memory. *Psychol. Rev.*, 80, 352 - 373.

Tversky, B., Morrison, J. B., and Betrancourt, M. (2002). Animation: can it facilitate? *Int. J. Hum.-Comput. Studies*, 57, 247 - 262.

Watt, Jr., J.H. and Welch, A.J. (1983). Effects of static and dynamic complexity on children's attention and recall of televised instruction. In *Children's Understanding of Television: Research on Attention and Comprehension*, edited by J. Bryant and D.R. Anderson, pp. 69 - 102. New York: Academic Press.

Webster, J., Trevino, L., and Ryan, L. (1993). The dimensionality and correlates of flow in human-computer interaction. *Comput. Hum. Behav.*, 9, 411 - 426.

Young, R.M. and Lewis, R.L. (1999). The Soar cognitive architecture and human working memory. In *Models of Working Memory: Mechanisms of Active Maintenance and Executive Control*, edited by A. Miyake and P. Shah, pp. 224 - 256. New York: Cambridge University Press.

---

* 表示主要参考文献。

6

境脉主义的观点

55

Eric J. Fox

摘要

本章介绍了 Stephen Pepper (1942)的哲学世界观,借此来区分各种不同观点的哲学假设。同时详细分析了境脉主义,并解释了在教学设计中该世界观与建构主义及行为主义理论之间是如何联系的。

关键词

境脉主义:一种哲学的世界观,它认为任何事件都可以解释为一种与其当前和历史的境脉不可分割的、正在进行的行为，它还采用一种完全实用的方法来解释事实和意义。境脉主义的根隐喻(root metaphor)是境脉中的行动(act-in-context)，它的真实性标准(truth criterion)是成功运行(successful working)或有效的行动。

56 **描述性境脉主义**：境脉主义的一种变体。其主要目标是通过对一个完整事件的参与者及事件特征的认识，来理解该事件的复杂性和丰富性。描述性境脉主义要探寻对知识的建构，而这种知识是具体的、个人的、转瞬即逝的、具有时空限制的，就像一个历史叙事。

功能性境脉主义：它既是一种科学哲学，又是境脉主义的一种变体。它的主要目标是运用基于实证的观念和规则，从准确性、范围以及深度几个方面，对一些事件所带来的预见和影响进行判断。它探寻知识的建构，而这种知识是一般性的、抽象的、无时空限制的，就像一个科学原理。

引言

人们很难完全认识到哲学假设在理论、科学和技术发展中的作用。这一点在教学设计之类的应用学科中尤为明显。在教学设计中，学者和实践者常常不阐明他们的核心假设。他们或者把东拼西凑的理论或策略拼合起来，希望以此来包含各种不同的观点，或者相信强有力的实证主义能够揭示所有的相关事实。不幸的是，这样的实践很难清晰地辨明不同观点在哲学上的差异，也不太可能为一个统一的、不断进步的学科的发展作出贡献。在实践中，有的人没有详细说明他们的核心假设，或声称没有核心假设，这些人正是采用主流文化观点的代表；有的人随意地整合不同的理论，冒险把原本互相排斥的原则联合起来，但他们得到的几乎还是不相一致的东西；而有的人仅仅相信要积累原始的实证数据，他们所提倡的是一种效率很低，且不具有科学研究典型特性的策略，而这种策略也不适合真正的技术革新发展。理论以及能指导其构建和评价的哲学假设，才是科学和技术进步的基础。

在知性话语中，“理论”一词具有广泛含义，但我们将把我们的讨论限定在一个相对简单的解释中：理论是指那些相对精确、相对宽泛的论述。其中，精确指的是用一组给定的分析概念来解释某一特定现象的途径(越少越好)；而范围指的是能够用这些分析概念解释的现象的范围(越大越好)。理论的价值就在于它们考虑到了概念的经济性和简易性的要求，能在我们遇到新问题或新情景时提供指引，并能防止一个学科变得越来越无序和混乱(Hayes 等，1999)。

我们可以产生许多不同的理论或论述来描述、解释和理解我们这个世界中的事件。什么能够决定我们所构建和评价的理论的类型？那就是哲学。虽然许多理论明显地是与实证数据联系在一起的，但哲学假设仍影响着知识主张和理论的建立、评估和评价。例如，某一特定理论，尽管它得到了实证的支持，但我们不难发现还是会有一些学者或实践者在回避该理论。这有时是因为批评家对实证支持有着不同的标准(或考虑)，有时是因为他们认为这一理论与他们的信仰体系不相容；而有时则因为他们有一个能解释相同数据并可与之竞争的理论。在上述情形中，哲学假设影响了他们对这一理论的评价。然而，正如之前所述，人们在进行理论辩论时，常常并不会明确地表达或说明这些假设。要弄清这些问题，似乎可能会引发更具生产性的(productive)讨论和比较。

阐明潜在的哲学假设的一种方法是 Stephen Pepper 在《世界假设：一项有证据的研究》(*World Hypotheses: A Study in Evidence*)(1942)一书中提出的根隐喻或世界观方法。Pepper 也可以被看作是一位元哲学家：他对哲学进行哲学探讨。Pepper 对识别出几个世纪以来出现的许多不同哲学流派间的关键相似点和不同点特别感兴趣。正如 Morris (1997，531 页)所说，Pepper“只不过想弄清楚在他那个时代所出现的各种哲学的和科学的思想及概念间的纷争”。

Pepper 声称任何哲学都能根据它所使用的支配性的隐喻语言(即它的根隐喻)和它所包含的证据规则(即它的真实性标准)进行分类。一个世界假设或世界观由一个独特的根隐喻和真实性标准组成。Pepper 还发现，发展良好的哲学往往是围绕着类似这种世界观中的某一种世界观而组织起来。由一个世界观的根隐喻所发展起来的范畴和概念，构成了建构主义关于世界的理论或论述的基础，而它的真实性标准则提供了评价理论和知识主张的规则。对于揭示不同话语共同体的本质组成部分、假设和关注点来说，Pepper 的框架非常有用。正因为如此，最近在许多领域，他的著作又重新受到人们的关注(Ambrose, 1998; Berry, 1984; Berzins, 1979; Biglan, 1995; Bredo, 1994; Fox, 2006; Hayes 等，1988; Lyddon, 1989; 57
Minton, 1992; Morris, 1988; Overton, 1984; Prawat and Floden, 1994; Quina, 1982; Reese, 1991; Seifert, 2000)。

本章首先简要地回顾了 Pepper 述及的主要世界观，然后聚焦于其中一种似乎影响了众多教学设计理论的世界观：境脉主义。文中分析了境脉主义的各种变体，并把它们与教学设计领域联系起来，概述了境脉主义在发展一门更为统一、实用且不断进步的学习与教学科学中所起的作用。

哲学世界观

Pepper (1942)指出，一个世界观的特征是根隐喻和真实性标准。其中，根隐喻指的是一个作为基本比喻的、众所周知的、熟悉的对象或想法，分析家用它作为基本的类比来试图理解世界的复杂性。举例来说，那些坚持机械主义世界观的人，用一个机器的根隐喻来解释事件：整个宇宙被看作一个机器，而机械主义者试图发现这个机器的各个分离的部分，并想弄清楚这些部分间彼此的关系。一个世界观的真实性标准不可避免地要和其根隐喻相联系，为评价分析的有效性建立了基础。

根隐喻大致相当于本体论的假设，或对存在的本质的看法(如宇宙是否是确定性的)。真实性标准大致相当于认识论假设，或对知识和真理的本质的看法(如它是被发现的还是被建构的)。Morris (1997)指出一个世界观(如机械主义)是由非正式地组织在一起的本体论和认识论组成的一个宽泛范畴，而一个具体哲学(如逻辑实证主义)则代表了一个关于其世界观的本体论和认识论的更为正式的系统化的观点。正像后面会说到的，由于在如何正式确认本体论和认识论假设方面存在着差异，在同样世界观下运行的具体哲学会表现得相当不一样。

和理论一样，世界观也可以用它们的精确度和范围来评价。事实上，Pepper 用这些标准来确定“相对完备”的世界观：即那些争取达到全部范围和绝对精确的世界观。尽管理论通常能够较好地覆盖某个特定领域里的事件，但世界观力求无限地覆盖所有事件。世界上存在着许多不同的世界观，没有哪一个的范围和精准性是完美的，但 Pepper 认为在保持良好的内部一致性方面，下面这些世界观是相似的：形式主义、机械论、境脉主义、机体论。

在更为详细检视各种世界观前，我们有必要思考 Pepper(1942)提出的关于评价世界观的一些告诫。第一，一种世界观的完备性不能由另一种世界观来合法地规定，且一种世界观的缺点并不能必然增强另一种世界观的地位。如果我们把一种世界观的假设比作玩游戏的规则(从某种角度上来说，它们是玩哲学游戏的规则)，那么就能很好地理解为什么上述忠告中所说的事情是不合适的了。这就像一个棒球运动员批评网球运动中没有本垒打——很显然，由于网球比赛是在一整套完全不同的规则下进行的，因此，这个批评是不合法的。同样，用一套不同的世界观分析规则去批评另一种世界观的分析，也是不合法的。每个人都应审慎持有一定程度的哲学上的谦恭态度，因为没有哪种程度上的实证证据会永远“证明”某种世界观优于另一种世界观。哲学假设使我们的分析成为可能，但它们不是分析的结果(Hayes, 1993)。

第二个值得注意的告诫是折衷主义在哲学假设的层次上易使人困惑，且无助于得出结论。这是因为世界观的根隐喻彼此是自洽和互斥的。继续用我们的游戏做类比，这就像要玩一场兼有棒球和网球所有规则的游戏一样。这两个游戏中的大多数规则是无法同时实施的。当我们采用“游戏折衷主义”时，实际上我们不可能确定得分、犯规和获胜者(Bill Watterson 在他的连环漫画 *Calvin* 和 *Hobbes* 中用 Calvinball 比赛极好地说明了这个道理)。如果采用哲学折衷主义时，我们实际上也不可能用任何清晰、一致或系统的方式来评价理论或知识主张。上面两种折衷主义形式都将变得极其有趣，但它们谁也不太可能得到有意义的结果。

形式主义

形式主义的根隐喻是相似性，其真实性标准是一致性。形式主义有两种主要变体，即先验形式主义和超验形式主义。在先验形式主义中，其根隐喻是建立在这样一个观念上，即两个或多个对象是相似或相像的(如“这两个苹果是相似的”)。在超验形式主义中，其根本隐喻是建
58 立在这样一种观念上，即各对象都要遵照一个预设的形式或样式(如“这些苹果是超验的苹果形式的例子”)。形式主义者分析的一个关键过程是或者描述两个对象间的相似性和差异性，或者命名及描述对象作为例子所属的形式。这个根隐喻内在的真理量度是“一个描述和它的对象或参考物之间的相似性程度”(Pepper, 1942, 181 页)，或一个描述和它的指示物之间的一致性。形式主义被认为是消散性的，除非证明事实有关联，否则就假设它们之间无关联。它可能是最为古老的相对完备的世界假设，学哲学的学生们把它视为柏拉图(也可能是亚里士多德)的世界观。

机械论

在机械论中，事件、对象和自然法则不是像形式主义中的那样，被假定为分离的、无关联的

形式的实例，而被认为是一个单一系统的组成部分。这个系统的特征是机械论的“机器”根隐喻。该世界观假定宇宙被先验地组织成为一个由相互关联的部分构成的巨大结构——机器，而其真理由“更为强大的言语规则对假定的世界构成的揭示方式”所决定(Hayes, 1993,12页)。建构主义者可能会把机械论当作他们所说的客观主义和实证主义，并认为它是大部分认知心理学所蕴含的世界观。机械主义的真实性标准是形式主义的一致性真实性标准的一个更为详尽的版本，但它应被更恰当地称为“预测性的验证”，因为关于假定的世界构成的真理论述(如，预测)通常是通过新现象来得以证明的(Hayes, 1993)。这种分析形式在很多心理和教育研究中占支配地位，这些研究中有一个“开发和验证由预测行为的假设性概念组成的模型的悠久传统”(Biglan和Hayes, 1996,50页)。

机体论

机体论的根隐喻可以描述为有机性发展，而它的真实性标准是一致性。有机主义者把事件看作是有生命的、生长着的、变化着的整合性有机系统，而真理实现于“信念体系……变得越来越包容和一体化时，导致一个绝对的、全面的理解”(Prawat和Floden, 1994,42页)之际。和机械主义者一样，有机主义者认为世界的所有事件和事实是相互关联的。但与机械主义者不同的是，有机主义者不认为整体(即有机系统)仅仅是它的各部分的汇集；相反，整体是根本的，而各部分只有和这整个系统联系在一起时才有意义。不稳定状态是一个有机系统的固有特性，有机主义者因此把变化和新奇(novelty)看作是给定的条件，而稳定和恒久不变的状态则是需要解释的事件。我们可以在基于阶段模型的学习和心理学的发展性理论(比如皮亚杰的研究)中看到这一特性(Hayes等，1988)。

境脉主义

境脉主义是一种基于实用主义哲学的世界观，这种哲学传统深受Charles Sanders Piece、William James、Oliver Wendell Holmes、George Herbert Mead和John Dewey等多位著名学者的研究的影响。正如Menand (2001)在其关于美国实用主义出现的历史论述中的前言所说：

> 如果我们找出这些思想家彼此间在个人和哲学方面的差异，我们可以说……他们共有的不是一组思想，而是一个单一的思想——一个关于思想(ideas)的思想(idea)。他们都相信思想不是“在那儿”等着被发现的，而是人们设计出来应对他们身在其中的那个世界的工具——就像刀叉和芯片一样。

在实用主义和境脉主义中，语词的真理和意义存在于它们的功能或效用，而不是它们对现实的描述有多好。境脉主义的真实性标准以成功运行为准则，它意味着只有在分析带来有效行动或达成某些目的时，分析才被认为是真实的、有效的。这一真理概念并不要求——也与之无关——存在着关于宇宙的绝对的、根本的真理或假设。正如詹姆斯所写:“一个思想所包含的真理不是其所固有的不变的特性。一个思想恰好是真理。真理之为真,是事件使其为真。”(1907/1948,161页)

对于境脉主义者来说,一个思想的意义是由其实践结果来确定的,且它的真理性取决于那些结果在多大程度上反映了成功的行动。这种非常有用的分析意义的方法,反映了查尔斯·达尔文对实用主义的影响。在实用主义刚出现的时侯,达尔文关于自然选择的见解得到了学者们的广泛欢迎(Menand, 2001)。实用主义可以看作是达尔文的选择理论在认识论中的应用:“在实用主义中,如果思想能导致成功的行动,它们就会被‘选择’(被当作真实的或确凿的保留下来),就像在自然选择中,生物的性状如果能导致成功的繁殖,它们就被选择(作为物种保留下来)。”(Fox, 2006,10页)

59 境脉主义的根隐喻是正在进行的境脉中的行为这一常识性概念,如读一本书、吃一个三明治或教一堂课。这些事件是“某人为了某种目的在某种境脉中执行的”(Reese, 1993,72页)实地发生的、具体的行为。在境脉主义中,境脉指的是某一行为的当前和过去的背景,实际上,相对于地点这一背景来说,境脉更多地指历史背景(Morris, 1997)。尽管一个行为的当前背景很重要,但要理解行为的意义、作用和目的,人们也必须了解它的历史背景。Pepper对“境脉”一词的应用似乎是以杜威对境脉的理解为基础的,即“行为的意义和作用所处的历史性境脉”(Morrs, 1997,533页)。基于上述原因,Pepper也认为境脉主义的根隐喻是“历史性事件”(1942,232页)。

境脉主义者把所有现象都分析为境脉中的行为。事件及其境脉被看作是完整的整体,它只是为了达到一些实际目标才被分成不同的部分,而不是为了揭示世界的真实结构或构成才被分解的(机械主义者倒有可能会这么做)。在境脉主义中,这样的分解是功利性的而不是基础性的。此外,整个宇宙和所有的时间都被看作是任何事件的完整境脉的一部分。然而,一个境脉主义者怎么知道在潜在的无穷的境脉中,有多少以及有哪些特征可以用来充分地说明某一行为的特性? 这个问题的答案最终(当然)是一个务实的回答:这首先取决于他描述行为特性的目的。从本质上看,境脉中任何有助于达到分析目标的特征都应该包括进来。这个答案强调了分析目标在境脉主义中的重要作用。

分析目标

Pepper (1942,250—251页)指出,在境脉主义中,“重要的分析……总是直接或间接地指向实践……为了分析而分析,是没有任何意义的”。在境脉主义中,没有最终目标的分析是有问题的,这是因为不管是根隐喻还是真实性标准,在缺少清晰分析目标的情况下都难以发挥作用。在一项缺少明确目标的分析中,成功的运行这一真实性标准将变得没有意义,这是因为成功只能用目标的达成情况来测量(Dewey, 1916/1953)。同样,没有清晰的目标,境脉中的行动这一根隐喻也是难以达成的,这是因为在这种情况下,在行为所具有的无限广阔的历史和环境背景中,人们会缺少把分析限定在某个范围内的根据(Gifford和Hayes, 1999)。对于境脉主义者来说,缺乏明确的目标会使他难以建构或分享知识(Hayes, 1993)。

境脉主义的变体

如前所述，世界观是能包容许多具体哲学的宽泛范畴。分析目标在境脉主义中起着极重要的作用，它们可用来识别境脉主义世界观的具体例子(Hayes, 1993)。境脉主义者所作的分析的类型以及所评价的知识的种类深受其分析目标影响。即使在相同领域内(如，人类学习)，他们的目标和方法也可能很不一样。例如，一些人可能对建立一个自然科学感兴趣，而其他人可能对建立一个自然历史感兴趣(Morris, 1993)。尽管都基于相同的世界观，但在目的上的差异可能会造成探究系统表现出相当程度的差异。境脉主义理论可以根据其总体分析目标，分成两个一般性的范畴：描述性境脉主义和功能性境脉主义(Hayes, 1993)。

描述性境脉主义寻求通过对其参与者和特征进行个人的以及审美的了解，来理解整个事件的复杂性和丰富性(参考 Rosnow 和 Georgoudi, 1986)。这种方法表现出对境脉主义根隐喻的强力坚持，也可以把它比作历史事业，其中人们试图通过建构过去的故事来理解整个事件。然而对任何事件来说，不存在一个完整的或真实的解释，每一种解释都属于某个个体，属于个体自身的和审美的意义及评价，而不是普遍的和终极的意义及评价(Gifford 和 Hayes, 1999)。因此，描述性境脉主义者所建构的知识就像一个历史叙事——个人的、转瞬即逝的、具体的、具有时空限制的(Morris, 1993)。社会建构主义(Gergen, 1985; Rosnow 和 Georgoudi, 1986)、戏剧作法(Scheibe, 1993)、解释学(Dougher, 1993)和叙事方法(Sarbin, 1986)都是描述性境脉主义的例子。

另一方面，功能性境脉主义者试图运用基于实证的概念和规则，来预测和影响事件(Biglan 和 Hayes, 1996; Fox, 2006; Gifford 和 Hayes, 1999; Hayes, 1993)。这种方法很好地体现了境脉主义非常注重实效的真实性标准，可以把它类比为科学或工程事业，其中人们运用一般性的规则和原则来预测及影响事件。那些无助于潜在地预测和影响重要事件的规 60
则或理论不受采纳或被认为它还不完善。功能性境脉主义者所建构的知识是一般化的、抽象的、无时空限制的(Morris, 1993)。知识就像科学原理，我们可以不用考虑时空限制，而将它们应用于所有(或许多)与之相似的事件上。描述性境脉主义和功能性境脉主义之间的差别类同于自然历史与自然科学之间的差别。

描述性境脉主义与教学设计

描述性境脉主义近年来在教学设计领域产生了重大的影响，主要表现为共同被划归到建构主义名下的方法。建构主义者认为，知识不是“我们获得的东西，而是我们产生的东西”(Mautner, 1996, 83 页)，他们还挑战了认识论背景下的许多传统实践。建构主义者认为，曾经影响了众多教学设计原则的行为主义与认知主义代表了客观主义。客观主义认识论认为真实世界是外在于识知者而存在的，它具有一个完整而正确的结构(或意义)，该结构由其组成实体、属性和关系所决定(Lakoff, 1987)。由于客观主义的知识观与建构主义的正好相反，因此，建构主义者对在行为主义和认知主义心理学影响下的许多教学设计实践提出了批评，如，对教学目标的强调、任务和内容分析的应用，以及对标准参照评价技术的依赖(Jonassen,

1991)。相反，建构主义者们推荐用多种不同的技术来促进教学，如，提供复杂的真实的学习环境；运用合作学习、基于问题的学习和发现学习策略；使用先行组织者和概念图；培养知识建构过程的自我意识(Driscoll, 2000; Morrison 等，2007)。

建构主义的分类

教育中的建构主义者们很少把自己看作是实用主义者或境脉主义者，但显而易见的是，大多数形式的建构主义是以境脉主义世界观为基础的。建构主义的定义前提——即，知识是建构的而不是发现的——全然是实用主义/境脉主义的真理和意义观的重申。当建构主义者反对客观主义的绝对真理和结构主义时，境脉主义重实效的真实性标准就表现得很明显了；而当建构主义者强调教育发生的文化和历史背景，或主张设计真实的学习环境时，境脉主义的根隐喻就显而易见了。进一步来说，许多著名的建构主义学者，包括杜威、杰根、布鲁纳和维果茨基，都被认为是典型的境脉主义者(Capaldi 和 Proctor, 1999; Reese, 1993)。建构主义和境脉主义之间的关系是如此之明显，以至于 Manuso (1993，120 页)提出，“作为一个认识论，建构主义的基本信念要求其接受境脉主义的世界观”。

然而，建构主义难以完全描述清楚，这是因为这一术语“指向许多观念，这些观念有着一些总体的相似性，但又经常提出相当矛盾的观点”(Burbules, 2000，308 页)。建构主义有许许多多的变体，Matthews (2000)提出，单单教育中的建构主义就有超过 20 种的变体。最近，一些关于教育中的建构主义的著作(参考，如 Phillips, 2000; Larochelle 等，1998)揭示了建构主义领域的庞大和复杂，并说明了存在于不同建构主义体系中的大量的理论变体。

通过仔细分析各建构主义中“知识”的含义及其他们是如何“建构”的，我们可以区分建构主义的各种变体。区分各种形式变体的首要维度是它们是关注个体建构知识和意义的方式，还是关注共同体或社会群体协商知识或真理的方式(Phillips, 2000)。强调个体知识建构的建构主义观点常被认为是激进建构主义(有时也被称为心理建构主义)(Phillips, 2000)，而那些强调公共领域的知识建构的建构主义观点通常被认为是社会建构主义。在多大程度上倾向于这两极中的哪一极上，理论家们表现得很不一样，另外，在知识是建构的还是协商的问题上，他们也经常无法达成一致(Prawat 和 Floden, 1994; Phillips, 1995)。这些差异导致了在如何最好地改进教学实践的问题上，出现了截然不同的建议，这也使得人们容易理解教育文献中建构主义资料数量激增的原因。

在教学设计中，作者们很少详细说明他们描述的是哪种建构主义，而且他们似乎常常难
61 以在哲学上保持对某一流派的忠诚。例如，Jonassen (1994)在建构主义的大旗下工作，他最初持有的是激进建构主义的立场，即“学习者建构他们自己的现实，或至少基于他们对经验的感性认识来解释现实”(34 页)，但就在下一段，他又表现出社会建构主义的立场，指出“很多现实是通过社会协商的过程来分享的”(35 页)。尽管这两个论述在逻辑上未必是不相容的，但它们确实代表了相当不同的观点，这些观点有着截然不同的目标，而且甚至是建立在完全不同的世界观上的。有人认为，激进建构主义是建立在机体论基础上的(Hayes 等，1988; Prawat 和 Floden, 1994)，而社会建构主义则很明显是建立在境脉主义基础上的。

建构主义文献中出现的这种含糊，无疑促进了建构主义运动所引发的众多质疑与争论：极端建构主义立场是否使教学设计实践变得毫无意义或不可行(Winn, 1993)？为什么有的建构主义者似乎接受信息加工理论，但其他人却要反对呢(Prawat 和 Floden, 1994)？建构主义真的能作为教学的一个规定性理论吗(Jonassen, 1994)？为什么将建构主义模型程序化时，它们看起来那么像传统的教学设计模型呢(Dick, 1996)？建构主义能否既作为一种教育哲学，又作为一种方法(Lebow, 1993)？此外，可能最重要的是"建构主义是否打算要把发现学习加到那一长串的此起彼伏的教育热潮的名单中去，却从不把它表述清楚，让人们能去检验它，或延长它的流行时间，以证明它们的理论影响或实践价值?"(Cobb, 1999,16 页)

识别出潜藏于大多数的建构主义理论背后的境脉主义世界观可能有助于我们解决围绕建构主义而产生的一些混乱。通过采用不同的方法来定义"知识"和"建构"，建构主义者们实际上采纳着不同的分析目标和内容范围。由于在境脉主义中，分析目的引导着人们如何使用根隐喻以及如何判断真理性，因此，不同的建构主义理论正发展成(或已经发展成)评价和开发不同类型的知识与分析的境脉主义体系。这就使得不同类型的建构主义者难以进行有意义的会话，同时也使得对建构主义观点的各种变体的处理变得十分不明智，因为这些观点代表的是各自的理论观点。

尽管教育中的建构主义理论间存在着重大的差异，但大多数还可被看作是描述性境脉主义的形式。对此，最明显的证据就是它们对质性研究方法的偏爱。Savenye 和 Robinson (2004)指出，质性研究是建立在"人类构建自己的现实"这一观念基础上的，它通常包括"对人类行为和观点的高度细致、丰富的描写"(2004,1046 页)。这样的研究通常包括人种志、个案研究、调查、访谈以及历史和文献分析(Denzin 和 Lincoln, 1998)。所有这些方法和历史叙事很类似，而历史叙事正是描述性境脉主义者所追求和建构的知识的范例。

局限

作为描述性境脉主义的形式，建构主义理论其优势在于牢牢坚持境脉中的行为这一境脉主义的根隐喻。描述性境脉主义的目标是获得对整个事件的个人理解和描写，这和根隐喻完美协调，也正因为此，这种立场也是高度一致的(Gifford 和 Hayes, 1999)。

然而，这些理论同样也具有描述性境脉主义的内在缺点(Gifford 和 Hayes, 1999; Hayes, 1993)。首先，难以确定描述性境脉主义的那些表述不清的目标什么时候能实现(Hayes, 1993)。什么时候叙述完成了，或什么时候故事讲得足够了？很多描述性境脉主义者清楚地认识到这个问题："定性的叙述都把逼真地、整体地描述出完整无缺的历史或文化场景作为它们的目标……(但)什么组成了逼真以及整体的描述这一问题已成为人们热烈讨论的内容了。"(LeCompte 等，1992，xv 页)人们对事件的各种不同历史解释的精确性和完整性展开的辩论也反映了上述的那些困难。

描述性境脉主义者所面临的另一个问题，是完成他们的目标不会必然地获得任何实践知识或益处。针对一个具体事件的个人的、整体的理解也许会产生有助于达成研究者或其他任何人的任何其他目标，也许不会(Hayes, 1993)。这可能是教育中的建构主义者们，在努力发展自己经过实证检验的理论的实际应用的过程中,遇到的最烦恼的问题(Cobb, 1999; Driscoll, 2000)。从总体目的来看,建构主义可以看作是一种学习或知识的描述性理论,而不是教学的规定性理论(Jonassen, 1994)。描述性境脉主义者和建构主义者们通常不
62 关心这种缺少实践知识的情况(毕竟,这不是他们的目的)。例如,在提倡活动理论时,Jonassen 指出它"不是一个能从中合理推出教学规定的学习理论"(2006,44 页)。一些建构主义者甚至批评功能性境脉主义明确地把重点放在"实用的"和"有用的"上(Hannafin, 2006,40 页)。

尽管牢牢坚持境脉主义的根隐喻,但描述性境脉主义并不是很适合于实践知识的发展。这个观点的确有其优点,并对该领域作出了重要贡献,但它难以作为类似教学设计这样的应用性学术学科的科学哲学或基础(Fox, 2006)。

功能性境脉主义与教学设计

功能性境脉主义是作为一个现代行为主义心理学内在的科学哲学被提出来的,它还可以作为教学设计的坚固的基础(Biglan, 1995; Fox, 2006; Gifford 和 Hayes, 1999; Hayes, 1993)。作为包含了在行为分析领域发展起来的学习和条件化的科学原则的一种哲学,功能性境脉主义支持行为主义心理学家多年来发展的许多教学开发的指导原则(见本书 15 章;以及 Burton 等,2004; Fredrick 和 Hummel, 2004; West 和 Hamerlynck, 1992)。另外,最近有关语言和认知的功能-境脉研究(Hayes 等,2001),有望提供一种更为实际有用的方式来描述对于教学设计实践具有深远影响的人类的复杂行为。有人认为,尽管功能性境脉主义和大多数建构主义方法有着共同的世界观,但它可以"通过对实用知识的更多的阐释、精确与重视"(Fox, 2006,21 页),来提供一种更具凝聚力的观点来指导学与教的科学。

行为主义心理学传统上具有机械主义的、客观主义的、实在论的、实证主义的和还原主义的特点。尽管这对行为主义的一些变体来说确是如此(行为主义有超过一打的变体;见 O'Donohue 和 Kitchener, 1999),但它对于斯金纳开发的系统来说却不完全准确。从斯金纳的著作及其思想的不断发展(Gifford 和 Hayes, 1999; Hayes 等,1988; Moxley, 1999,2001)中表现出的哲学观上的不一致可以看出,行为分析同时包括了机械主义和境脉主义的要素(Hayes 等,1988)。斯金纳的早期著作显然体现更多的是机械主义和实证主义的观点,但到了 1945 年,他的著作更接近于实用主义、选择主义和境脉主义(Moxley, 1999,2001)。斯金纳把科学知识描述成"达到有效行动的规则的全集,另外,我们特别认识到,如果它能产生最有效的行动可能,那它就是'真'的"(1974,235 页)。在这其中,他明确地采用了实用主义的真实性标准,并拒绝了客观主义和实在论的知识观。实际上,现在许多行为主义心理学家,也明确地把境脉主义作为他们研究的哲学基础(如 Barnes-Holmes, 2000; Biglan, 1995; Gifford 和 Hayes, 1999; Hayes 等,1993; Lee, 1988; Morris, 1988; Odom 和 Haring, 1994; Roche, 1999)。在斯金纳后来的著作和现代行为主义心理学中,功能性境脉主义可以看作是对实用哲学的阐释和完善。

分析目标的意义

由于分析目标的不同，基于功能性境脉主义的研究（如，行为分析），就显得和基于描述性境脉主义的工作（如，社会建构）很不一样。尽管描述性境脉主义重点在于建立一个关于事件的描述性的自然历史，而功能性境脉主义重点则在于建立一个重实效的自然科学，这一自然科学要探求“一个由基于实证的概念和规则构成的有组织系统的开发，而且它能够从准确性、范围和深度上预测并影响行为现象”（Biglan 和 Hayes，1996，50—51 页）。功能性境脉主义者研究行为演变的当前的和历史的境脉，努力建构一般性的法则、原则和规则，并用它们来预测和改变各种不同场景下的心理事件。

把对心理事件的预测和影响采纳为分析目标，会对行为科学产生复杂的后果（Biglan 和 Hayes，1996；Fox，2006）。首先，分析侧重于一定环境中心理事件和可操纵事件（至少原则上是可操纵的）之间在功能上的联系。许多教育和心理学理论上的讨论，侧重于一类心理事件（如，认知图式）和另一类（如，与任务有关的外在行为）之间的联系。这对功能性境脉主义者来说并无帮助，因为我们只能在一个人的环境中（或他们行为的境脉中）（Hayes 和 Brownstein，1986）直接操纵事件。通过强调两类心理事件之间的联系，认知理论很难就如何影响其中任一类事件提供指导。这就像着重于两个因变量间的关系，而不是一个自变量和一个因变量之间 63
的函数关系。

尽管功能性境脉主义者同意建构主义者所说的“学习者是一个积极的、变化的实体”（Hannafin 和 Hill，2002，77 页），但他们并没有忽视环境和经验在学习者行动或变化中的重要作用。毕竟，学习者不是在一个真空中行动或变化的。因此，行为主义研究者试图确定可操纵环境中的各方面因素，这些因素能影响隐秘的和公开的心理事件的出现、发生、流行或可能性。可以通过一个人的学习经历来解释认知和其他内部心智活动，而不是假定它们存在于引起和控制其他心理事件或行为的过程之中。

另外，预测和影响的最终目的要求对实验研究加以重视。为了检验一个具体的境脉变量对某一事件的影响，就必须系统地改变该变量的值，并测量它对相关事件的影响的结果，换言之，就是必须要做实验（Biglan，1995；Hayes，1993）。单纯的描述性或相关性研究并没有脱离那些正影响心理事件变化的境脉特征。功能性境脉主义者喜欢实验技术，但他们也认为能达成实际目标的各种方法都是有价值的（Biglan 和 Hayes，1996）。传统的分组设计和个体行为的时间序列分析，可以用来有效地实现功能性境脉主义的目的，甚至相关性研究或预测性研究也可用来表明哪些境脉变量可能与重要事件相关。在功能性境脉主义中，质性研究方法同样有用，但它们在检验环境变量对行为的影响或证明原则的一般性用途方面，就不如实验程序那样有效。

行为的原则及其应用

大家最为认可的、能够预测并影响心理事件的原则是与经典条件反射和操作条件反射有关的原则。这一系列相对较少的原则和概念，提供了一种描述学习的准确方式，并具有广泛的应用范围。几十年来，行为主义研究者所构建的概念和原则在帮助教师、家长、治疗专家、管理人员、行政官员、培训者以及许多其他人去改变和改善大量不同境脉中的人与动物的行为上成效卓然(Austin 和 Carr, 2000; Biglan, 1995; Dougher, 1999; Martin 和 Pear, 2003; Mattaini 和 Thyer, 1996)。

通常认为,来源于行为分析的那些程序是治疗和教育具有发展障碍的个体的最佳实践。例如,Scotti 等人(1996)以及 Matson 等人(1996)指出,550 多例的研究表明这些方法对孤独症患者的治疗是有效的。在临床心理学中,美国心理协会所属的"心理程序的促进和传播行动小组"(Task Force on Promotion and Dissemination of Psychological Procedures)于 1995 年发布的一份报告中指出,在 27 个实证有效的临床干预中,有超过 20 个是行为治疗技术(引自 O'Donohue 和 Kitchener, 1999)。

在教学设计中,大多数人都很熟悉斯金纳的程序教学运动(1954,1968)对教学系统设计和人类绩效技术(human performance technology, HPT)(Binder, 1995; Reiser, 2002)的重要影响,但人们可能还没有意识到其他行为科学对教育的影响。其他的教学方法,如个性化教学系统 (Personalized System of Instruction, PSI)(Fox, 2004; Keller, 1968)、直接教学(Becker 和 Carnine, 1980; Engelmann 和 Carnine, 1991; Kinder 和 Carnine, 1991)、精确教学 (Merbitz 等,2004a, b)、启蒙阅读基础(Layng 等,2004)、行为分析在学校教育中的综合应用(CABAS)(Greer, 2002)以及生成式教学的晨兴模式(Morning-side Model of Generative Instruction)(Johnson 和 Layng, 1992; Johnson 和 Street, 2004),很明显都是建立在行为主义原则的基础上,且也获得了大量的实证支持(参见 Moran 和 Malott, 2004 对其中一些方法所作的评论)。由于大多数建构主义者错误地认为行为主义心理学是客观主义或机械主义的,他们经常仅由于它们"与建构主义者们拥护的方法不一致",而拒绝接受这些获得实证支持的方法(Hannafin, 2006,39 页)。现代行为主义心理学和功能性境脉主义一样注重实效,一旦明确了这一核心,人们就难以理解建构主义者们对这些方法还有什么可争论的。

功能性境脉主义者们并不会仅仅由于教学方法产生自不同的世界观或观点而拒绝它们。如果一个技术被证明确实可以可靠地促进学习和绩效,那么功能性境脉主义者们就会接受它(尽管他们会以一种与自己的观点更为一致的方法来描述学习的过程)。作为一种世界观,境脉主义因其实用性的真实性标准,而与技术折衷主义特别相适——只要其他世界观下的技术和方法能够帮助自己达成分析目标,境脉主义者们会随时采纳这些技术和方法(Hayes 等, 1988)。

64 关于语言和认知的行为主义研究的新近进展对教育也有着重大意义。尤其是关系框架理论(Relational Frame Theory, RFT)(Hayes 等,2001),它是一种理解复杂人类行为的方法,建立在功能性境脉主义和行为主义的基本原则的基础上。关系框架理论也引入了一种新的行为主义原则,该原则解释了如何通过言语加工和联系来改变诸如强化、惩罚、动机和辨别功能等之类的基本刺激功能。尽管这个新原则和操作理论完全一致,但它对于如何影响(通过教学手段或其他方法)复杂学习有着重要的启示,它还为言语知识和认知的结构提供了一套功能性的解释。这里不可能对关系框架理论及其获得的实证支持和所具有的启发意义作出完整的解释,但感兴趣的人们可以查找一本有关该理论的综合性书籍(Hayes 等,2001),一个介绍其基本概念的在线指导(Fox, 2005),一本有关一些它的应用实例的书(Hayes 等,1999),《组织行为管理杂志》的一期专刊(Austin, 2006),以及境脉化行为科学协会(Association for Contextual Behavioral Science)网站上的 RTF 部分(ACBS, 2005)。

小结

Pepper 的世界观分析(1942)对于澄清各种潜在的哲学假设非常有用。通过强调建构主义和行为主义理论所共享的境脉主义世界观,可以明了它们之间的共同假设和关键差异。建构主义和行为主义都对教学设计和教育技术有着显著的贡献,但它们在教学实践中却往往得出相反的结论。更好地理解它们共同的哲学传统,可以更好地促进交流与合作,并懂得每种观点的相对价值将有赖于其目的和境脉(Morris, 1993)。

(庄榕霞 译,李立君 一校,王　美 二校)

参考文献

ACBS. (2005). *Relational Frame Theory*, Association for Contextual Behavioral Science, http://www.contextualpsychology.org/rft.

Ambrose, D. (1998). Comprehensiveness of conceptual foundations for gifted education: a world-view analysis. *J. Educ. Gifted*, 21(4), 452 - 470.

Austin, J., Ed. (2006). Acceptance and mindfulness at work: applying acceptance and commitment therapy and relational frame theory to organizational behavior management. *J. Org. Behav. Manage.*, 26(1/2), special issue.

Austin, J., and Carr, J. E., Eds. (2000). *Handbook of Applied Behavior Analysis*. Reno, NV: Context Press.

Barnes-Holmes, D. (2000). Behavioral pragmatism: no place for reality and truth. *Behav. Anal.*, 23, 191 - 202.

Becker, W. C. and Carnine, D. W. (1980). Direct instruction: an effective approach to educational intervention with disadvantaged and low performers. In *Advances in Clinical Child Psychology*, Vol. 3, edited by B. B. Lahey and A. E. Kazdin, pp. 429 - 473. New York: Plenum Press.

Berry, F. M. (1984). An introduction to Stephen C. Pepper's philosophical system via *World Hypotheses: A Study in Evidence*. *Bull. Psychonom. Soc.*, 22(5), 446 - 448.

Berzins, J. I. (1979). Discussion: androgyny, personality theory, and psychotherapy. *Psychol. Women Q.*, 3(3), 248 - 254.

Biglan, A. (1995). *Changing Culture Practices: A Contextualistic Framework for Intervention Research*. Reno, NV: Context Press.

Biglan, A. and Hayes, S. C. (1996). Should the behavioral sciences become more pragmatic? The case for functional contextualism in research on human behavior. *Appl. Prev. Psychol. Curr. Sci. Perspect.*, 5, 47 - 57.*

Binder, C. (1995). Promoting HPT innovation: a return to our natural science roots. *Perform. Improv. Q.*, 8(2), 95 - 113.

Bredo, E. (1994). Reconstructing educational psychology: situated cognition and Deweyian pragmatism. *Educ. Psychol.*, 29(1), 23 - 35.

Burbules, N. C. (2000). Moving beyond the impasse. In *Constructivism in Education: Opinions and Second Opinions on Controversial Issues*, edited by D. C. Phillips, pp. 308 - 330. Chicago: National Society for the Study of Education.

Burton, J. K., Moore, D. M., and Magliaro, S. G. (2004). Behaviorism and instructional technology. In *Handbook of Research on Educational Communications and Technology*, 2nd ed., edited by D. H. Jonassen, pp. 3 - 36. Mahwah, NJ: Lawrence Erlbaum Associates.

Capaldi, E. J. and Proctor, R. W. (1999). *Contextualism in Psychological Research? A Critical Review*. Thousand Oaks, CA: SAGE.

Cobb, T. (1999). Applying constructivism: a test for the learner as scientist. *Educ. Technol. Res. Dev.*, 47(3), 15 - 31.

Denzin, N. K. and Lincoln. Y. S., Eds. (1998). *Strategies of Qualitative Inquiry*. Thousand Oaks, CA: SAGE.

Dewey, J. (1916/1953). *Essays in Experimental Logic*. New York: Dover.

Dick, W. (1996). The Dick and Carey model: will it survive the decade? *Educ. Technol. Res. Dev.*, 44(3), 55 - 63.

Dougher, M. J. (1993). Interpretive and hermeneutic research methods in the contextualistic analysis of verbal behavior. In *Varieties of Scientific Contextualism*, edited by S. C. Hayes, L. J. Hayes, H. W. Reese, and T. R. Sarbin, pp. 211 - 221. Reno, NV: Context Press.

Dougher, M. J., Ed. (1999). *Clinical Behavior Analysis*. Reno, NV: Context Press.

Driscoll, M. P. (2000). *Psychology of Learning for Instruction*, 2nd ed. Needham Heights, MA: Allyn & Bacon.

Engelmann, S. and Carnine, D. (1991). *Theory of Instruction: Principles and Applications*, rev. ed. Eugene, OR: ADI Press.

Fox, E. J. (2004). The personalized system of instruction: a flexible and effective approach to mastery learning. In *Evidence-Based Educational Methods*, edited by D. J. Moran and R. W. Malott, pp. 201 - 221. San Diego, CA: Academic Press.

Fox, E. J. (2005). *An Introduction to Relational Frame Theory*, http://www.contextualpsychology.org/rft_tutorial.

Fox, E. J. (2006). Constructing a pragmatic science of learning and instruction with functional contextualism. *Educ. Technol. Res. Dev.*, 54, 5 - 36.*

Fredrick, L. D. and Hummel, J. H. (2004). Reviewing the outcomes and principles of effective instruction. In *Evidence-Based Educational Methods*, edited by D. J. Moran and R. W. Malott, pp. 9 - 22. San Diego, CA: Academic Press.

Gergen, K. J. (1985). The social constructionist movement in modern psychology. *Am. Psychol.*, 40, 266 - 275.

Gifford, E. V. and Hayes, S. C. (1999). Functional contextualism: a pragmatic philosophy for behavioral science. In *Handbook of Behaviorism*, edited by W. O'Donohue and R. Kitchener, pp. 285 - 327. San Diego, CA: Academic Press.*

Greer, R. D. (2002). *Designing Teaching Strategies: An Applied Behavior Analysis Systems Approach*. San Diego, CA: Academic Press.

Hannafin, M. J. (2006). Functional contextualism in learning and instruction: pragmatic science or objectivism revisited? *Educ. Technol. Res. Dev.*, 54(1), 37 - 41.

Hannafin, M. J. and Hill, J. R. (2002). Epistemology and the design of learning environments. In *Trends and Issues in Instructional Design and Technology*, edited by R. A. Reiser and J. V. Dempsey, pp. 70 - 82. Upper Saddle River, NJ: Prentice Hall.

65

Hayes, S.C.(1993). Analytic goals and the varieties of scientific contextualism. In *Varieties of Scientific Contextualism*, edited by S.C. Hayes, L.J. Hayes, H. W. Reese, and T. R. Sarbin, pp. 11 - 27. Reno, NV: Context Press. *

Hayes, S.C. and Brownstein, A.J.(1986). Mentalism, behavior-behavior relations, and a behavior-analytic view of the purposes of science. *Behav. Anal.*, 9(2),175 - 190.

Hayes, S. C., Hayes, L. J., and Reese, H. W. (1988). Finding the philosophical core: a review of Stephen C. Pepper's *World Hypotheses*. *J. Exp. Anal. Behav.*, 50,97 - 111. *

Hayes, S.C., Hayes, L.J., Reese, H. W., and Sarbin. T. R., Eds. (1993). *Varieties of Scientific Contextualism*. Reno, NV: Context Press. *

Hayes, S.C., Strosahl, K.D., and Wilson, K.G. (1999). *Acceptance
66 and Commitment Therapy: An Experiential Approach to Behavior Change*. New York: The Guilford Press.

Hayes, S.C., Barnes-Holmes, D., and Roche, B., Eds. (2001). *Relational Frame Theory: A Post-Skinnerian Account of Human Language and Cognition*. New York: Kluwer/Plenum.

James, W. (1907/1948). *Essays in Pragmatism*. New York: Hafner.

Johnson, K. R. and Layng. T. V. (1992). Breaking the structuralist barrier: literacy and numeracy with fluency. *Am. Psychol.*, 47(11),1475 - 1490 (special issue on reflections on B. F. Skinner and psychology).

Johnson, K.R. and Street, E. M. (2004). *The Morningside Model of Generative Instruction: What It Means to Leave No Child Behind*. Concord, MA: Cambridge Center for Behavioral Studies.

Jonassen, D.H. (1991). Objectivism versus constructivism: do we need a new philosophical paradigm? *Educ. Technol. Res. Dev.*, 39(3),5 - 14. *

Jonassen, D. H. (1994). Thinking technology: toward a constructivist design model. *Educ. Technol.*, 34(4),34 - 37. *

Jonassen, D. H. (2006). A constructivist's perspective on functional contextualism. *Educ. Technot. Res. Dev.*, 54(1),43 - 47.

Keller, F.S. (1968). "Goodbye teacher...." *J. Appl. Behav. Anal.*, 1,79 - 89.

Kinder, D. and Carnine, D. (1991). Direct instruction: what it is and what it is becoming. *J. Behav. Educ.*, 1(2),193 - 213.

Lakoff, G. (1987). *Women, Fire, and Dangerous Things: What Categories Reveal About the Mind*. Chicago: University of Chicago Press.

Larochelle, M., Bednarz, N., and Garrison, J., Eds. (1998). *Constructivism and Education*. Cambridge, U.K.: Cambridge Press. *

Layng, T.V.J., Twyman, J.S., and Stikeleather, G. (2004). Selected for success: how Headsprout Reading Basics™ teaches beginning reading. In *Evidence-Based Educational Methods*, edited by D.J. Moran and R.W. Malott, pp. 171 - 197. San Diego, CA: Academic Press.

Lebow, D. (1993). Constructivist values for instructional systems design: five principles toward a new mindset. *Educ. Technol. Res. Dev.*, 41(3),4 - 16.

LeCompte, M.D., Millroy, W.L., and Preissle, J., Eds. (1992). *The Handbook of Qualitative Research in Education*. San Diego, CA: Academic Press.

Lee, V.L. (1988). *Beyond Behaviorism*. Hillsdale, NJ: Lawrence Erlbaum Associates.

Lyddon, W.J. (1989). Root metaphor theory: a philosophical framework for counseling and psychotherapy. *J. Counsel. Dev.*, 67(8), 442 - 448.

Mancuso, J. C. (1993). Personal construct systems in the context of action. In *Varieties of Scientific Contextualism*, edited by S.C. Hayes, L.J. Hayes, H.W. Reese, and T.R. Sarbin, pp. 111 - 133. Reno, NV: Context Press.

Martin, G.L. and Pear, J.J. (2003). *Behavior Modification: What It Is and How to Do It*, 7th ed. Englewood Cliffs, NJ: Prentice Hall.

Matson, J.L., Benavidez, D.A., Compton, L.S., Paclwaskyj, T., and Baglio, C. (1996). Behavioral treatment of autistic persons: a review of research from 1980 to the present. *Res. Dev. Disabilities*, 7,388 - 451.

Mattaini, M.A. and Thyer, B.A., Eds. (1996). *Finding Solutions to Social Problems: Behavioral Strategies for Change*. Washington, D.C.: American Psychological Association.

Matthews, M.R. (2000). Appraising constructivism in science and mathematics education. In *Constructivism in Education: Opinions and Second Opinions on Controversial Issues*, edited by D. C. Phillips, pp. 161 - 192. Chicago: National Society for the Study of Education.

Mautner, T. (1996). *The Penguin Dictionary of Philosophy*. London: Penguin Books.

Menand, L. (2001). *The Metaphysical Club: A Story of Ideas in America*. New York: Farrar, Straus, and Giroux.

Merbitz, C., Vieitez, D., Merbitz, N.H., and Binder, C. (2004a). Precision teaching: applications in education and beyond. In *Evidence-Based Educational Methods*, edited by D.J. Moran and R.W. Malott, pp. 63 - 80. San Diego, CA: Academic Press.

Merbitz, C., Vieitez, D., Merbitz, N.H., and Pennypacker, H.S. (2004b). Precision teaching: foundations and classroom applications. In *Evidence-Based Educational Methods*, edited by D. J. Moran and R. W. Malott, pp. 47 - 62. San Diego, CA: Academic Press.

Minton, H.L. (1992). Root metaphors and the evolution of American social psychology. *Canad. J. Psychol.*, 33(3),547 - 553.

Moran, D. J. and Malott, R.W., Eds. (2004). *Evidence-Based Educational Methods*. San Diego, CA: Academic Press. *

Morris, E.K. (1988). Contextualism: the world view of behavior analysis. *J. Exp. Child Psychol.*, 46,289 - 323.

Morris, E.K. (1993). Contextualism, historiography, and the history of behavior analysis. In *Varieties of Scientific Contextualism*, edited by S. C. Hayes, L.J. Hayes, H.W. Reese, and T.R. Sarbin, pp. 137 - 165. Reno, NV: Context Press. *

Morris, E.K. (1997). Some reflections on contextualism, mechanism, and behavior analysis. *Psychol. Rec.*, 47,529 - 542.

Morrison, G.R., Ross, S.M., and Kemp, J.E. (2007). *Designing Effective Instruction*, 5th ed. Hoboken, NJ: Wiley.

Moxley, R.A. (1999). The two Skinners: modern and postmodern. *Behav. Philos.*, 27,97 - 125.

Moxley, R.A. (2001). The modern/postmodern context of Skinner's selectionist turn in 1945. *Behav. Philos.*, 29,121 - 153.

Odom, S.L. and Haring, T.G. (1994). Contextualism and applied behavior analysis: implications for early childhood education for children with disabilities. In *Behavior Analysis in Education: Focus on Measurably Superior Instruction*, edited by R. Gardner III, D.M. Sainato, J.O. Cooper, T.E. Heron, W.L. Heward, J. Eshleman, and T.A. Grossi, pp. 87 - 100. Pacific Grove, CA: Brooks/Cole.

O'Donohue, W. and Kitchener, R., Eds. (1999). *Handbook of Behaviorism*. San Diego, CA: Academic Press.

Overton, W.F. (1984). World views and their influence on psychological theory and research: Kuhn-Lakatos-Laudan. In *Advances in Child Development and Behavior*, Vol. 18, edited by H.W. Reese, pp. 191 - 226. New York: Academic Press.

Pepper, S.C. (1942). *World Hypotheses: A Study in Evidence*. Berkeley, CA: University of California Press. *

Phillips, D.C. (1995). The good, the bad, and the ugly: the many faces of constructivism. *Educ. Res.*, 24(7),5 - 12.

Phillips, D.C., Ed. (2000). *Constructivism in Education: Opinions and Second Opinions on Controversial Issues*. Chicago: The National Society for the Study of Education. *

Prawat, R.S. and Floden, R.E. (1994). Philosophical perspectives on constructivist views of learning. *Educ. Psychol.*, 29(1),37 - 48.

Quina, J. (1982). Root metaphor and interdisciplinary curriculum: designs for teaching literature in secondary schools. *J. Mind Behav.*, 3,345 - 356.

Reiser, R.A. (2001). A history of instructional design and technology. In *Trends and Issues in Instructional Design and Technology*, edited by R.A. Reiser and J.V. Dempsey, pp. 26 - 53. Upper Saddle River, NJ: Prentice Hall.

Reese, H.W. (1991). Contextualism and developmental psychology. In *Advances in Child Development and Behavior*, edited by H.W. Reese, pp. 187 - 230. New York: Academic Press.

Reese, H.W. (1993). Contextualism and dialectical materialism. In *Varieties of Scientific Contextualism*, edited by S.C. Hayes, L.J. Hayes, H. W. Reese, and T.R. Sarbin, pp. 71 - 110. Reno, NV: Context Press.

Roche, B. (1999). "New wave" analysis. *Psychologist*, 12(10), 498 - 499.

Rosnow, R.L. and Georgoudi, M., Eds. (1986). *Contextualism and Understanding in Behavioral Science: Implications for Research and Theory*. New York: Praeger.

Sarbin, T.R. (1986). The narrative as a root metaphor for psychology. In *Narrative Psychology: The Storied Nature of Human Conduct*, edited by T. R. Sarbin, pp. 3 - 22. New York: Praeger.

Savenye, W.C. and Robinson, R.S. (2004). Qualitative research issues and methods: an introduction for educational technologists. In *Handbook of Research on Educational Communications and Technology*, 2nd ed., edited by D. H. Jonassen, pp. 1045 - 1071. Mahwah, NJ: Lawrence Erlbaum Associates.

Scheibe, K.E. (1993). Dramapsych: getting serious about context. In *Varieties of Scientific Contextualism*, edited by S.C. Hayes, L.J. Hayes, H. W. Reese, and T.R. Sarbin, pp. 191 - 205. Reno, NV: Context Press.

Scotti, J. R., Ujcich, K. J., Weigle, K. L., and Holland, C. M. (1996). Interventions with challenging behavior of persons with developmental disabilities: a review of current research practices. *J. Assoc. Persons Severe Handicaps*, 21(3), 123 - 134.

Seifert, K. L. (2000). Uniformity and diversity in everyday views of the child. In *Variability in the Social Construction of the Child: New Directions for Child and Adotescent Development # 87*, edited by S. Harkness, C. Raeff, and C. Super, pp. 75 - 92. San Francisco, CA: Jossey-Bass.

Skinner, B. F. (1954). The science of learning and the art of teaching. *Harvard Educ. Rev.*, 24, 86 - 97.

Skinner, B. F. (1968). *The Technology of Teaching*. New York: Appleton-Century-Crofts.

Skinner, B. F. (1974). *About Behaviorism*. New York: Knopf.

West, R. P. and Hamerlynck, L. A., Eds. (1992). *Designs for Excellence in Education: The Legacy of B. F. Skinner*. Longmont, CO: Sopris West.

Winn, W. D. (1993). A constructivist critique of the assumptions of instructional design. In *Designing Environments for Constructive Learning*, edited by T. Duffy, J. Lowyck, and D. Jonassen, pp. 189 - 212. New York: Springer.

---

* 表示主要参考文献。

7

67 # 哲学观

Kathy L. Schuh和Sasha A. Barab

摘要

哲学观是世界观,它界定了世界的本质、个体在世界中的位置以及个体与这个世界及其组成部分之间的可能关系。学习理论和教学理论的发展基于关于认识和学习的一系列特定假设。我们认为,当情境变量需要教育者一方作出决策时(我们相信情况总是这样),一套潜在的假设(无论是默会的还是明确的)将会,而且应当驱动这一决策。在这一章中我们概述了五种心理学观点,并从以下几方面对它们进行对比:认识论、本体论、分析单元以及他们是否表现了二元论的关系。这些理论(行为主义、认知主义、认知建构主义、社会文化历史观,以及情境理论)为描述学习和设计教学提供了理论框架。本章的目标是澄清这些理论的区别以及背后潜在的假设,这样教学设计人员、教师和研究者可以更清晰地作出教育决策。

关键词

行为主义:关于个体行动和决策的客观主义和一元论观点。

认知建构主义:一种实在论,它强调个体理解世界时的心智结构的重新组织。

认知主义：关于个体认知结构的客观主义和理性主义观点。

二元论：两个明显相关的事物被看成是相互分离和截然不同的（比如，身/心，或个体/环境）。

经验主义：一种认识论，认为知识来源于经验并通过感官被感知。

认识论：我们是如何认识世界上的存在的。

唯心主义：将现实看作是精神，认为世界不能脱离精神而存在的观点。

客观主义：一种认识论和本体论的观点，认为现实存在于个体之外并由具体实体组成。

本体论：这个世界上存在着什么。

实用主义：认为知识来源于个体组成的群体和他们所处环境中的人工制品之间的相互作用，二者共同创造了现实。

理性主义：一种认识论的观点，认为理性是知识的主要来源。

实在论：客观主义的一种形式，它假设有些现实独立于精神之外，认识过程包含了世界和精神之间的协同。

相对论：一种普遍的原则，把经验事件和物理事件的意义放到两者之间存在的关系中来考察。

情境理论：实在论的一种形式，强调个体对事件和现象的直接感受。

社会文化历史观：强调个体和社会之间的关系及其发展过程的一种相对主义观点。

分析单元：所关心的现象的边界。

69 引言

行为主义、认知主义、认知建构主义、社会文化历史观和情境理论等理论观点为描述学习和设计教学提供了理论框架。从哲学的本源上看，这些观点的本体论和认识论假设是各不相同的。学习理论和教学理论的发展和一系列特定的假设密不可分，人们假定它们符合其中某一种理论观点。Duffy 和 Jonassen (1992)认为，教学策略和方法明显受到哲学假设的影响，而教学设计中隐含着关于认识和学习的理论。如果教学设计不是完全照菜谱式的方案来实施，那么当情境变量需要教育者一方作出决策时，潜在的一系列理论假设（无论它们是默会的还是明确的）将驱动决策的制定（Barab 和 Duffy, 2000）。很难想象一位教师或教学设计者可以不用任何一种关于学生如何思考和学习的缄默理论而设计出一个特定的课例或活动。

在文献中，我们看到关于这些观点的各种各样的定义。例如，Greeno 等人（1996）描述了行为主义/实证主义，认知主义/理性主义，情景学习观/实用主义—社会历史观，等等。Prawat 和 Floden (1994)运用世界观来进行分类：机械的（包括信息加工方法）、有机联系的（包括激进的建构主义）、情境化的（包括社会建构主义）。Wood (1995)根据学习理论在技术的应用中建立了他的分类：斯金纳和新行为主义，皮亚杰和建构主义理论，维果茨基和社会建构主义以及情境认知。

遗憾的是，当思考这些理论观点和在这些理论观点中发展起来的学习理论时，其背后的哲学本源是什么并非总是十分清晰。事实上，当我们看到不同作者对理论观点所做的不同区分的描述时，情况就会变得扑朔迷离。例如，Driscoll (1994)宣称皮亚杰的发展理论和建构主义都是基于解释论的。Cobb(1994)在区分认知建构主义和社会建构主义时，认为 Von Glasersfeld 的观点和认知建构主义一致，后者将皮亚杰作为认知建构主义的例证；但是 Von Glasersfeld 将认知建构主义的哲学基础视为实用主义。Greeno 及其同事们(1996)、Cobb(1994)、Driscoll (1994)呼应维果茨基的观点，也都认为社会建构主义或社会历史观是基于实用主义的。Phillips (1995)区分了建构主义的各个部分，以分析单元为依据将皮亚杰和维果茨基的观点放在一起。Greeno 及其同事们(1996)将建构主义和认知主义放到了一起，认为其源头在理性主义。Ertme 和 Newby (1993)认为认知主义和行为主义属于客观主义的范畴，而认知主义和建构主义属于理性主义的范畴。

Garrison (1995)把当代社会建构主义和在杜威的实用主义基础上发展起来的社会行为主义看作是等同的，表明了建构主义和行为主义的适应性之间的关系。这就使得情况更加混乱。Garrison 还认为，情境认知(Greeno 等人 1996 年将之划分到情境/实用主义—社会历史观的范畴)对社会建构主义很重要。Greeno (1998)认为情景学习观可以包容行为主义和认知主义的观点。Derry (1992)区分了建构主义和文化情境学习观之间的区别，而 Prawat 和 Floden (1994)把社会建构主义和情景学习观结合了起来。在各种情景学习观中，Lave (1997)进一步区分了她所称的合并认知(cognition plus)、解释主义观和情境化社会实践观的概念。

用什么因素来区分上述理论观点？认识论的假设还是本体论的假设？对于这个领域的成熟的学者来说，厘清这些区别可能没有什么价值，或者可能有人认为这些区别没有任何实际意义。但对于初涉这个学术领域的人来说，常常会有困惑。而对于那些对设计实际应用的教学和寻找理论基础感兴趣的人来说，理解自己的设计所基于的基础是困难的。

为了回应这些问题，提供这些分类之间的清晰界限，从而为学习的设计者提供信息，我们写了这一章。我们把这些理论观点总括为五个范畴，并通过界定身/心关系、认识论、本体论和分析单元来厘清这些范畴。然后，我们谈谈这五个范畴对教学的意蕴。重要的一点是要认识到，我们是在提供清晰的理论边界和激发讨论的背景中来做出这些区分的。因此，我们在各观点之间划出的界限，可能界定得过于绝对，或者可能不适用于其他背景和其他目的。例如，有些理论家就不会区分情景学习观和建构主义，或不会在客观主义和认知主义之间建立联系。 70
因此，在写作本文时，我们致力于在认识论和本体论上的努力，这是一个我们认为对教学设计者和教育心理学家都有益的过程。

这并不意味着我们可以凭想象简单地创造这些区别；事实上，我们引用了并支持来自领域同行们的各种猜测，如果你愿意的话我们可以把这些同盟者都罗列出来(Latuor, 1987)。在提出这些范畴时，我们担心，读者会把这些简要的、过于简单的分类当成固定的、严格的规则，甚至把它作为相关的特定的哲学研究的替代品。我们希望，这些分类不会用于理论上的分隔，而应作为我们同行们继续讨论和开展更广泛对话的背景。

背景

认识论

认识论和本体论都是哲学的基础领域并相互支持(Lombardo, 1987; Reber, 1995)。认识论主要研究“人类知识的起源、本质、方法和局限”(Reber, 1995, p. 256),侧重于知识以及与知识的本质相关的问题(Everitt 和 Fisher, 1995)。因此不管赞同哪一种观点,那些对学习和教学感兴趣的人都有一个认识论的目的(即,支持学习者获得认识)。理解学习者是如何获得认识的,以及如何促进这个过程,构成了学习和教学研究的基础。

本体论

本体论是哲学的一个分支(属于形而上学),主要研究存在和现实的本质(Lombardo, 1987; Reber, 1995);也就是说,一种本体论界定了这个世界上什么是真实的,不论它是具象的还是抽象的结构。那些对学习和教学感兴趣的人,通过澄清什么是关于知识、信息和世界的真理,表明了他们的本体论偏好。下面这句话看似多余,实则简洁,本体论研究的是“存在什么”,而认识论关注的是“我们如何认识”存在物(Barab 等,1999; Jonassen, 1991)。

分析单元

从评价的角度看,分析单元指的是所关注的现象,或更具体一点,指的是人们试图去测量的现象的边界(Young 等,1997)。例如,Salomon (1991)区分了分析方法和系统方法。在分析方法中,对单元的研究是孤立的,因为人们认为它们是分离的;在系统方法中,人们认为分析单元是相互依存的、不可分离的。分析单元不是和某种理论观点无关的、挑选出来的客观属性;相反,人们试图去测量的现象边界会受到某种理论观点的影响(Barab 和 Duffy, 2000)。如果一个人把知识看作是存在于大脑中的结构,那么一个可行的分析单元就会是孤立地考察个体(或个体的认知结构)。而如果一个人把知识看作是情境性地建构起来的,那他就会更加关注并且必然会将分析单元扩大至包括思维发生的周遭境脉。这并不意味着在分析单元和哲学假设之间存在着一一对应的关系;相反,分析单元受到背后的本体论和认识论假设的影响和限制。这一章中,我们描述在特定的一系列假设下,什么是恰当的分析单元。

二元论

笛卡尔二元论认为,精神与身体是分离的。自从精神和身体这两个领域出现以后,二元论在哲学和心理学中一直是讨论不休的话题。Turvey 和 Shaw (1995)指出了心理学中四种至关重要的二元论:精神—身体、符号—内容(symbol-matter)、主观—客观、感知—行动。他们认为有机体—环境这个二元论包含上述四种。在这个二元论中,有机体或认识主体被认为是独立于环境或其所认识之物的。在涉及到感知的理论中,这些二元论更加明显(Barab 等,1999;

Reed, 1996)。人们提出了各种各样的理论试图去解释当无意义的光点到达人眼时,大脑是如何知觉物体的。例如,作为对结构主义的二元论和唯物主义的一元论的补充,人们提出了功能主义,它假定心智状态作为系统的一个功能而存在。换言之,关键的是系统的组织方式,而不是组成系统的材料,因而使得系统(不一定是人脑)可以产生心智状态(Fodor, 1994)。从功能主义的视角来看,心智和大脑被视为一体,"心智被看作是'从内部看到的大脑',大脑被看作'从外部看到的心智'"(Turvey 和 Shaw, 1995,146 页)。 71

范畴小结

这些范畴为区别各种哲学观点提供了基础。表 7.1 是对这些范畴的一个概括。

表 7.1 区分各种哲学观的特征

因素	定义
本体论	什么存在于这个世界上
认识论	我们如何认识存在什么
分析单元	所关注的现象的界限
二元论	两个要素被认为是彼此分离的(例如,精神/身体,或个体/环境)

哲学观

哲学观反映了有关世界本质以及我们如何认识它的某些假设。但是,这只是一系列的信念,并没有得到实证意义上的验证:"我们无法根据终极的和根本的标准,来判断哪个比其他的更优一些。"(Guba 和 Lincoln, 1983,108 页)但这并不意味着我们要采取一个激进的相对主义的立场。这些观点代表了关于世界观的一系列的假设和承诺,同时,对某种特定观点的支持,必须依靠的是说服、盟友(其他同行)的联合以及该观点的有用性,而不是提供证明他们地位的证据。这一节将就这些范畴的根本特征的界定提出我们的解释(同样,我们引用同行的话以支持我们的猜想,增加其可信度)。

客观主义

客观主义既可以作为本体论也可作为认识论。从本体论的角度来讲,"所有的现实都是由实体组成的,各实体都有自己固定的属性,它们之间在任何时候都存在相互关联"(Lakeoff, 1987,160 页)。世界是由这些实体、实体的属性以及实体之间的关系组成的。现实存在于这些实体的结构中,独立于任何人的理解之外(Lakoff, 1987)。因此,世界是真实的且存在于个体之外的(Bednar 等,1995; Driscoll, 1994; Jonassen, 1991; Jonassen 等,1993)。从认识论的角度来讲,心智的作用就像是自然的一面镜子,它创造了关于真实世界的表征,这些表征与外部世界相对应。认识活动就是拥有这些正确的表征(Lakoff, 1987)。

实在论

实在论是一种本体论观点,客观主义是其中的一种形式(Lakeoff, 1987)。实在论和客观主义都支持真实的、物质的世界的存在,这个世界是外在于个体的,它也包括人类的经验。尽管客观主义按照实体及其属性具体描述了这个真实的世界必然是怎样的,现实主义"只是假设存在某种现实"(Lombardo, 1987,159 页)。从这个角度看,物质的世界是一个从知觉和心智中分离出来的现实(Mackay, 1997; Reber, 1995)。真理或知识就是在心智的结构和世界的存在物之间建立一致性(Prawat, 1995)。

经验主义

正如"经验主义强调知识和经验的一致性,洛克和桑代克是其典型代表"(Greeno 等, 1996,16 页)。从认识论的角度看,知识建立在经验之上,更确切地说,是建立在感知的基础上(Driscoll, 1994; Ertmer 和 Newby, 1993; Lombardo, 1987; Reber, 1995; Traiger, 1994)。经验主义拒斥这样一种观点,即认为人类的思维是带着一种先验的思想和观念进入世界中的,这种先验的思想和观念独立存在于个人经验之外(Reber, 1995)。因此,学习的东西来源于和环境的相互作用 (Ertmer 和 Newby, 1993)。一个经验主义者应该会选择事实数据而不是理论推测,应该会在经验证据的基础上形成观点。

理性主义和唯心主义

人们通常从认识论的观点来讨论理性主义。从理性主义的视角看,理性是知识的主要来源(Lombardo, 1987; Reber, 1995; Traiger, 1994)。这种理性的力量影响了来自于世界的感
72 官经验,从而创造了世界(Gardner, 1985)。早期的理性主义假定一切事物都先验地存在于人脑中,学习者的任务就是去发现已经存在的事物,就像柏拉图的《美诺篇》所说的那样(Plato, 1977)。唯心主义的本体论基础比理性主义更加强烈地宣称:现实是心理的,所有的知识和经验由这些心理表征构成(Reber, 1995);因此,一个由物质实体或事物构成的孤立世界是不存在的(Lombardo, 1987)。

相对主义

相对主义不仅仅是某种特定的哲学观,更是一种普遍性的原则,它把经验性事件和物质性事件的意义置于它们之间的关系中。从这个意义上讲,不依赖于其他事件的固有意义是不存在的(Reber, 1995)。这个观点认为,现实是社会性的、基于经验的,对观察者和情境来说它是此时此地的、具体的(Guba 和 Lincoln, 1983)。世界上没有绝对的真理;相反,只有高度依赖于个体建构活动的个体对现实的建构。

实用主义

一种以亚里士多德的思想为基础的思想路向出现了,它挑战了分析的、静止的、分割的绝对二元论思想。这一点在自然科学中尤为明显,诸如"对动物的结构和能力的描述不能脱离它

们在某种环境中的生活方式;反过来,对环境的描述也不能脱离生活在其中的动物的生活方式(Lombardo, 1987,5 页)”。在心理学中,实用主义(也叫做功能主义)更多地关注头脑可以做什么而不是头脑的内在结构。实用主义者皮埃斯·詹姆斯和杜威主要聚焦于什么样的适应性目的证明了心理的存在(Turvey 和 Shaw, 1996)。Rorty(1991)宣称实用主义既不需要“形而上学(本体论),也不需要认识论,用威廉·詹姆斯的话来讲,他们(实用主义者)认为真理是我们相信对我们有好处的东西(22 页,强调之处出自原文)。真理或知识,其实就是这些交互作用产生的结果(Reber, 1995)。某个特定的立场之所以被认为是真理,不在于它是否与现实世界相符合,而在于它是否具有进步性(功能性)(Barab 和 Squire, 2004; Bereiter, 1994b)。

哲学观小结

以上所述并未涵盖所有的哲学观。我们选择出来加以界定的是那些对我们的心理观的讨论而言最重要的哲学观,因为它们涉及学习和教学。表 7.2 是对这些哲学观的一个总结。

表 7.2　哲学观总结

哲学观	定　义
客观主义	一种本体论和认识论观点,认为现实(世界)存在于个体之外,并由特定的实体组成;认识就是去反映(mirroring)这个世界。
实在论	客观主义的一种形式,它假定有一些现实是和精神分离的(本体论),认识就是在现实和精神之间建立联系(认识论)。
经验主义	一种认识论,认为知识来源于经验并通过感官被感知。
理性主义	本质上是一种认识论的观点,认为理性是知识的主要来源。
唯心主义	认为现实是精神的,世界不能与精神相脱离(本体论)。
相对主义	一个普遍的原则,它把经验事件和物质事件的意义置于它们之间的关系中。
实用主义	既非认识论也非本体论;知识来源于个体所组成的群体及环境中的人工制品之间的相互作用,二者都创造了一个现实。

不同的心理学观

考虑到本体论和认识论的假设、分析单元、二元论,我们提出了一个范畴模型,把作为学与教的理论基础的当前一些心理学观点分为主要的五个范畴。我们的目的并不是补充业已存在的无数描述理论范畴的术语。例如,看一下各种建构主义的许多名字,就知道术语已经够多了:信息加工建构主义(Prawat 和 Floden, 1994)、认知信息加工(Derry, 1992)、激进建构主义或认知建构主义(Cobb, 1994; Derry, 1992; Duffy 和 Cunningham, 1996; Prawat 和 Floden, 1994; von Glasersfeld, 1995),以及社会文化建构主义(社会文化历史观)(Cobb, 1994; Duffy 和 Cunningham, 1996; Prawat 和 Floden, 1994)。

考虑到这一点,我们选择了下面几个范畴:行为主义、认知主义、认知建构主义(最为关注个体思维)、社会文化历史观(最为关注个体之间以及个体与社会之间的相互作用)、情境理论 73
(最为关注对个体与个体行动所置身其中的情境之间的相互作用)。正如 Greeno 及其同事们

(1996)在提出三种观点的边界时所论及的那样,边界当然是相对主观的。我们讨论范畴不是为了确定各个观点之间的单一的界限,而主要是为了明晰区别。我们只有通过观察当某个变量(本体论、认识论、分析单元、二元论)反映了两种观点间的区别而另一个变量反映了两种观点间的相似性时形成的拼图(jigsaw),才能使那些区别更加明晰。

行为主义

行为主义是20世纪上半叶主要的心理学流派。这个领域的倡导者有巴普洛夫、桑代克、华生、托尔曼、赫尔和斯金纳。

本体论/认识论

人们似乎更倾向于认为行为主义的本体论依据是客观主义(Driscoll, 1994; Duffy和Junassen, 1992; Ertmer和Newby, 1993; Greeno等,1996; Jonassen, 1991)。世界是真实的并存在于个体之外。从行为主义的理论框架看,认识事物就是在特定刺激下去从事特定的行为。Burton等人(1996)总结了这一过程得以发生的三种类型的学习:应答性学习(例如,引起无意识动作的经典条件反射)、操作性条件反射(在刺激和反应之间产生联系)、观察学习(通过观察他人的经验引起行为改变,班杜拉的实验就是其中的一个例子)。因此,行为主义的认识论框架也从经验主义中找到了依据(Ertmer和Newby, 1993; Greeno等,1996)。

分析单元

为了指明知识的焦点,从行为主义观点来看,分析单位是个体的行为及引起行为的刺激。行为主义认为,心理是无法检验的,因而和解释行为无关——也因此没必要打开那个黑箱(Gardner, 1985)。

二元论的观点

因为行为主义的本体论依据是客观主义,所以它赞同把认识者和世界分开的二元论;但是,由于“所有的心理术语都可以根据可观察的、可以用物理方法描述的行为来重新界定”(Garfield, 1995,336页),因此任何事物没有物理特征也就不可能有心理特征,所以行为主义被认为是反对笛卡尔观念的心理学流派,由此行为主义是一种一元论,而不是二元论。

认知主义

我们这里描述的认知主义,是在20世纪50年代随着认知革命而最初出现的,它将焦点再次放到了心理上。就像布鲁纳描述的那样(1990,1页),“革命的目的,是想在客观主义的漫长寒冬之后把‘心理’带回到关于人的科学之中”。他们“不是要‘改革’行为主义,而是要替代它”(1990,3页)。认知主义来源于结构主义,结构主义认为心理状态就像图灵机的计算状态一样,或者就像联结性(神经网络)机器的时间演进状态一样(Turvey和Shaw, 1995,146—147页)。这种理论把关注点放在心理上,心理被看作是一个信息加工系统,就像出现的“心理就像计算机”的隐喻所例示的那样,该理论还寻求对知识的组织、编码和检索的理解。我们把Greeno等人(1996)所描述的符号信息加工和认知符号加工(Derry, 1992)看作同义词,并作为这种观点的范例。

本体论/认识论

尽管如布鲁纳所言，认知革命是对行为主义的寒冬的反击，但认知主义仍然从客观主义中寻找本体论依据。Ertmer 和 Newby (1993)认为，行为主义和认知主义首先都是客观的，世界是真实的且外在于学习者的。Duffy 和 Jonassen (1992，3 页)认为认知心理学中关于信息加工过程的大多数观点，建立在客观主义的认识论基础上，他们还引用"信息的独立存在以及信息的获取"来支持自己的这一观点。对世界的直接映射，以及专家信息的知识基础，都可以通过学习而获得。虽然知识结构的获得确实是认知主义的基础，但是我们认为，在界定行为主义和认知主义之间的一个边界时，理性主义的认识论基础提供了这种界定所需的区别(Ertmer 74
和 Newby, 1993)。Greeno 及其同事们的理论概念的基础，是认识(实质上即认识论)以及学习、迁移、动机、参与的本质问题，他们也把行为主义描述为客观主义，把认知主义描述为理性主义。

分析单元

像行为主义者一样，分析单元仍然和个体有关，但它分析的是个体的心理结构及其发展出来的表征，而不是个体的行为。

二元论的观点

由于认知主义根植于理性主义，因此认为心理和环境不可分离，世界只有通过心理才存在；然而，这只是理性主义用于认知主义时的一个极端解释。Bredo (1994)列出了许多发端于该观点的二元论：语言和现实、心理和身体、个体和群体。在我们的讨论中，我们更赞同 Turvey 和 Shaw (1995)的观点。他们认为，认知主义是从 19 世纪的结构主义中成长起来的，后者认为心理和身体是分离的，同时又是交互作用的。

认知建构主义

总的来说，认知建构主义和皮亚杰的研究紧密相关。和皮亚杰的这种联系综合了那些用于该观点的各种名字：激进建构主义(Derry, 1996; von Glasersfeld, 1995)、认知建构主义(Cobb, 1994; Duff 和 Cunningham, 1996)，心理建构主义(Prawat, 1995)、建构主义(Bednar 等，1995)。我们相信，由于本体论的差异和分析单元的区别，认知建构主义这种观点已经成为了与认知主义和社会建构主义都不同的一种实体。

本体论/认识论

从认知建构主义的观点看，存在一个我们所经验的真实世界(Duffy 和 Jonassen, 1992)，于是我们似乎在客观主义中找到其本体论依据；然而，这个世界不能被直接认识(Derry, 1992; von Glaserfeld, 1995)，这就把本体论的本质扩大至实在论(von Glaserfeld, 1995)。现实的存在无可否认，然而我们对世界的认识只是一种基于我们的经验的解释。因此，认知建构主义是主观的、相对主义的，没有绝对的对和错，并以经验主义为基础(Bednar 等，1995)。认知建构主义还在很大程度上从理性主义中找到其认识论依据(Greeno 等，1996)。对认识的强调，主要在于个体在理解世界时所进行的认知活动(Cobb, 1994)。

分析单元

认知建构主义下的分析单元和认知主义一样仍是关注个体的，但关注于个体知识的概念重组而不是个体知识的现存结构。关于个体认知的自组织，Cobb (1994, p. 15)认为，“建构主义者通常关注个体诠释活动的质量”。

二元论的观点

如 Cobb 所述(1994)，认知建构主义认为心理存在于个体的头脑中。文化和境脉在每个个体的意义建制活动中发挥着作用。个体的心理尽管受到社会情境的影响，但却并不与社会情境相联系(Bereiter, 1994b)；因此，心理和环境是相分离的(Prawat 和 Floden, 1994)。

社会文化历史观

人们通常把社会文化主义与认知建构主义区分开来(Cobb, 1994; Duff 和 Cunningham, 1996; Philips, 1995; Wood, 1995)。一般而言，人们注意到这种区别，要么是通过建构主义的名字，如，社会建构主义(socioconstructivism)、社会文化建构主义(sociocultural constructivism)(Cobb, 1994)、社会建构主义(social constructivism)、社会历史主义(sociohistoricism)(Strauss, 1993)，要么是通过对观点的倡导者的区别。正如我们将要指出的，社会建构主义在传统意义上是与维果茨基的观点相一致的。

本体论/认识论

不同形式的建构主义的区别很大程度上取决于认识论的不同(Cobb, 1994; Philips, 1995)。社会文化历史观认为，认识分布在世界上的物体和个体之间。知识创造是一种共享的经验而不是个体的经验(Prawat 和 Floden, 1994)，并且通过社会性协商不断演进(Savery 和 Duffy, 1995)。Phillips(1995)将这种对社会政治过程或者获得共识的重视看作是对相对主义
75 的趋近，相对主义认为意义的发生仅仅与关系有关，由此给出了各种建构主义理论观点之间的认识论区别。Prawat 和 Floden (1994)从与境论(contextualist)的世界观角度探讨了社会建构主义，认为经过证实的知识与所发生的行动和事件相联系。因此，从本体论上说，社会建构主义和认知建构主义一样，认为现实通过诠释得以存在；而从社会文化观的角度，社会以及个体与社会之间的关系在塑造现实上具有至关重要的作用(Prawat 和 Floden, 1994)。

分析单元

社会文化主义者旗帜鲜明地坚持，知识创造是一个共享的而不是个人的经验(Prawat 和 Floden, 1994)。正是这一过程取代了个体的心理结构或环境构成了分析单位(Strauss, 1993)；因此，心理被置于社会中，而以个体的认知结构作为分析单位从根本上也就毫无意义。

二元论的观点

我们发现 Cobb (1994,14 页)引述的 Bakhurst 对思维本质的描述能够帮助我们理解认知建构主义视角下的二元论观点。

> 思想应该被看作本质上是“表面上”的一些东西，就像那些处在有机体和外部世界的分界线上的东西。思想只有处在社会性地建构出来的意义的环境中才有生命力。

因此,个体和环境之间就出现了一种二元论。尽管思想可能只存在于社会性地建构的世界中,但个体和环境既不是一体的,也不是相同的。

情境理论

Young (1993)和 Greeno (1998)曾讨论过情境学习理论的生态原则——那就是,人的头脑中存在着无需中介性变量的直接感知。情境学习理论也可以从 Lave 和 Wenger (1991)等多个人类学者的工作中找到起源,他们描述了日常生活世界中的学习和认知(Kirshner 和 Whitson, 1997)。我们的讨论不会去区分这些理论观点之间的差异,而选择那些对我们而言可以阐明情境学习理论的本质,并把它与上面所讨论的其他心理学观点加以区分的那些特点。

本体论/认识论

Lombardo (1987)认为生态心理学的本体论基础是生态交互,即发生在环境各个方面之间的动力关系。在这种观点看来,环境和个体并不是截然分开的,个体只是高度相关的关系系统的一部分(Barab 和 Roth, 2006)。在这个环境中,我们根据环境提供的给养和限制以及环境营造的情境去感知和行动。情境学习观的认识论基础,尽管看起来和它的本体论无法区别,但在 Lombardo (1996)看来是直接的实在论,而这也是 Gibson 的研究的基础。问题不是把经验看作心智的建构物,而是在判断心智的存在时,存在着什么样的适应性目的(Turvey 和 Shaw, 1995)。

人类学视角下的情境理论研究者的一个基本观念是"我们必须把认知看作是它所属的物理的、社会的、文化的境脉的组成部分"(Barab 和 Plucker, 2002; Derry, 1996,416 页)。学习或理解有一个明确的特征,那就是个体介入到实践共同体中的合法边缘参与中(Lave 和 Wenger, 1991)。在这种观点看来,认识、身份和情境是辩证的关系,而不是二元论的关系,都在学习过程中得到了建构(Barab 和 Duffy, 2000; Lave, 1997)。学习发生在共同体的实践中,不仅如此,世界的社会实践也通过这一过程而得以发展。因此,就像生态学观点所认为的那样,这里就产生了一种交互关系。

分析单元

这一观点的分析单元是"活动所嵌入的社会文化背景"(Kirshner 和 Whitson, 1997,5 页)。具体而言,就是学习者作为其中一部分的生态系统,以及情境学习观必须捕捉的个体—生态系统之间的交互(Barab 和 Kirshner, 2001)。

二元论的观点

情境学习观要求认知和自然的统一(Turvey 和 Shaw, 1995)。这样看来,并不存在心理和环境的二元论,相反,就像 Turvey 和 Shaw 所描述的那样,有机体—环境之间存在交互和互惠 76
的关系。由此,我们发现了情境学习观和社会建构主义观之间的区别。情境理论认为有机体和环境之间没有 Bakurst 所说的界限,相反,从情境学习观看来,它们是一体的。

心理学观点小结

我们概述了心理学观点的五个范畴,它们为描述学习和教学设计提供了基础。我们从认识论、本体论、分析单元、心理—环境之间的关系等方面对这些范畴进行了界定。表 7.3 对此进行了总结。

表 7.3　心理学观点:认识论、本体论、分析单元、二元论

	认识论/本体论	分析单元	二元论
行为主义	客观主义	个体的行为	单一的
认知主义	客观主义 理性主义	个体的认知结构	心理/环境
认知建构主义	理性主义 实在论	个体理解世界的心理结构的重组	心理/环境
社会文化历史观	相对主义	个体和社会之间的关系(进程)	个体/环境
情境理论	生态实在论	个体作为其中一部分的生态系统	交互主义

对学习理论和教学方法的意蕴

上述理论观点已被作为学习理论的基础,进而作为教学理论和相关方法的基础。学习理论是描述性的(Prawat, 1992; Reigeluth, 1999b),用一个特殊的例子描述学习是如何发生的。认知主义学习理论的一个例子是图式理论,它用输入、调和、重组来描述学习是如何发生的(Rumelhart, 1981)。相对而言,教学理论是处方性的,它为如何设计教学以促进学习提供指导。一个教学设计理论要能够识别要使用的方法,更重要的是,要能辨别该用或者不该用这些方法的情境。

精致化理论*(Reigeluth, 1999a)是教学设计理论的一个例子,它辨别了教学应该如何安排以使学习过程有意义而且更能激发动机,主张对内容进行简化而不把学习任务解构成无意义、去情境的片断。教学设计理论是或然性的,而不是决定性的,它增加了达到学习目标的机会而不是保证实现目标。教学设计理论所识别的方法提供了支持和促进学习的具体途径。条件简化法(simplifying conditions method)为运用精致化理论的教学设计者在设计一个学习活动时提供了对将要学习的内容进行分析、选择、排序的方法。

教学设计理论及其相关方法是基于学习理论的,在学习是如何发生的和如何促进学习过程之间建立起了重要的联系。学习理论反映了理论观点,并用关于世界的知识的本质以及一个人是如何认识这些知识的来界定学习;然而,在心理学观点、学习理论、教学设计理论及相关方法之间的联系并不总是简单的、直接的。从历史上看,学习理论可能是限于一种心理学观点(C. M. Reigeluth, pers. comm., August 24,1998)。例如,操作性条件反射属于行为主义几

* 主要内容可用"一二四七"概括。一个目标:按照认知学习理论实现对教学内容最合理而有效的组织。两个过程:概要设计和细化等级设计。四个环节:"选择"(Selection)、"定序"(Sequenecing)、"综合"(Synthesizing)和"总结"(Summarizing),简称 4S。七种策略是指为了保证细化过程内容(涉及整门课程)的细化顺序。——译者注

乎毋庸置疑。但是,随着对心理学观点的进一步描述以及对那些观点影响下的新理论和已有理论的分析,也许并不总会有这种清晰的区分。例如,Reigeluth(pers. comm., August 24, 1998)就他的理论声明如下:

> 虽然认知观为精细加工理论中的许多处方提供了理性依据,但是建构主义也为其他的处方提供了依据,甚至行为主义也能为一些处方提供依据。同样,根据使用者的哲学取向,可以通过不同的方式运用精细加工理论。例如,它可以是自我导向的、基于问题的学习的核心部分;它也可以用来安排行为主义教学。我想我们经常武断地试图把特定的方法分类成不同的哲学取向和理论描述取向,这是很有危害的。我发现真实的世界比这个简单的分类要复杂得多。

我们同意 Reigeluth 对把特定的理论和方法划分为特定的哲学观的观点;然而,我们也相信 77
设计教学的人(教学设计者或教师)会从关于学习理论和教学设计理论之间的差异的讨论中受益。这些理论隐含的关于世界、知识和感兴趣的学习单元的本质,为设计教学提供了理论基础。

下面,我们逐一讨论五种理论观点对学习和教学的意蕴。对每一个理论观点,我们提出了从我们对心理学视角的描述看来可作为范例的一个学习理论、教学理论或方法。每一个范例的描述都是简要的,读者可以根据自己的资源更多地理解对这些理论的描述。同样,重要的是牢记我们所提出的分类界限本质上是不确定性的、情境性的。

行为主义

因为行为主义根植于客观主义,所以那些基于行为主义理论的教学比较适合通过描述能够预示学习的特定的可观察的结果来界定将要发生的学习。由于知识的作用就是反映世界,因此教学内容可以根据界定的特定结果而提前计划、组织、编排。正如我们曾经描述过的,该观点下的一个范例是斯金纳的操作性条件反射。在这个理论中学习被看作是条件反射,伴随着某种强化物的行为会增加发生的频率或概率。该理论详细说明了安排所期望的行为和强化物之间的联结的方法以及确定强化物的效应的进程(Barker, 1994; Goetz 等,1992)。

根据该学习理论,程序教学提供了利用强化和反馈促进学习的教学方法的一个范例。以客观主义的本体论为基础,对内容进行分析和预先规划,为学习者提供具体要学内容的直接地图。教学机器和计算机辅助教学作为程序教学的后继者,提供了促进强化过程的技术手段。虽然技术促进了该教学方法的强化过程,但这些方法的重要方面是"安排材料,使学生可以作出正确的反应并在作出正确的反应时得到强化"(Saettler, 1995,294 页)。鉴于该理论和方法的重点是将正确的反应投射到学习者身上,因此它非常符合行为主义的客观传统。学习者的行为(即作出正确的反应)就是我们所定义的分析单元。

认知主义

认知主义也是以客观主义的本体论视角来看这个世界的,因此在设计目标上和行为主义有很多相同的地方。人们对材料进行分析和排序，通常也是从简单到复杂或按层级来组织(Gagné 等，1992)。理性主义的认识论引导该理论把重点放在学习者的知识结构上，因此将认知结构作为一个有意义的分析单元。由于侧重理性知识的创建，它可能把学习者从环境中分离出来，因此支持的是二元论的观点。

这种观点下的学习理论把重点放在信息的组织上，以促进学习者对信息的获得。奥苏贝尔(1977)在关于"有意义的接受学习"的讨论中描述了学习者的认知结构，在这个认知结构中观念被有层次地加以组织，认知结构包括包摄性强的概念，而在它下面是下级概念和其他信息。认知结构是存在的，它被组织起来以显得稳定清晰，并影响学习和记忆(Ausubel, 1963)，学习是把有意义的新材料同化进认知结构的过程。从教学的角度来讲，内容是以它的最终形式呈现的(Ausubel, 1961)，而且"学习者需要以便于以后使用的形式内化信息"(Driscoll, 1994，115 页)，因而在和客观主义本体论相一致的同时，该理论承认理性认识论所需的认知结构的作用。

加涅的教学理论提供了认知视角下的一个范例。他在《学习的条件》一书中描述了五种类型的学习能力：智慧技能、言语信息、认知策略、动作技能、态度。他利用这些综合的类别界定了促进学习的条件。例如，关于认知策略，学习者的内部条件是需要解码策略。在行为主义看来，学习的目标或结果可以是明确的、客观的。教学过程围绕信息加工学习理论的组成部分和步骤来设计，这个信息加工理论就是早期的认知主义学习理论。

78 在这种理论观点中，解码和提取策略与理性主义认识论相一致，从界定清晰的学习者将要产生的技能和知识中则可以看到客观主义的本体论。虽然学习结果可能是一个行为，但分析单元是学习者形成的知识结构，该知识结构是通过将结构良好的信息投射给学习者而形成的。

认知建构主义

认知建构主义因为根源于实在论，所以认为世界是存在的，而学习是个体所独特地、个体地建构起来的对那个世界的阐释。从认知主义的视角看，根据理性主义的认识论，认知结构的发展是重要的，不过和认知主义不同，认知建构主义认为信息不是预先结构化或预先设定好从而投射到个体头脑中去的。

von Glasersfeld (1995)从皮亚杰的研究找出了一个符合我们所描述的认知建构主义的学习理论。von Glasersfeld (1989，125 页)把皮亚杰视为"我们这个世纪最有创造力的建构主义者"，指出皮亚杰的图式是适应性的概念结构，通常基于个体的经验世界，而永远不能表征真实世界。皮亚杰的图式为个体提供了利用同化建构他们的世界的工具，个体通过同化这一过程把经验置于现存的概念结构中。如果经验和图式并不十分匹配，就会发生冲突，现存的概念结构不能同化新经验。这时就会产生顺应，从而建立一个新图式。在皮亚杰的图式中，同化和顺应都建立在主观经验的基础上，个体依赖这些主观经验建立了对世界的个体描述(von Glaserfeld, 1995)。

对教学而言，这为学习者提供了意义制定的机会，让他们去经历并由此建构新的理解。教师在对学习者的教学过程中发挥更多的交互性的作用,更少的指挥性的作用(Greeno, 1998)。发现教学法提供了这种类型的学习。奥苏贝尔(1961)描述了接受学习和发现学习的差异,前者把所有的内容都提供给了学习者,而后者则让学习者重新安排信息,使之整合到他或她现存的认知结构中(即发现它)。布鲁纳(1961)在他早期的著作中描述了发现学习。他认为发现不仅仅是"发现对人类来说未知的事情,还包括个体使用自己的大脑为自己获取知识的所有形式"(Bruner, 1961,22 页)。他认为学习是"对经验进行组织或安排的积极过程"(Goetz 等,1992,313 页)。从这点来看,发现学习支持允许学习者探究新概念和发展新技能的经验。实在论本体论认为,的确存在被发现或被赋予意义的东西,并且在世界和心智之间也建立着联系。有趣的是学习者的结构的发展,学习者对经验的安排的顺序,该观点因此把学习者的认知结构的重构作为一个分析单元。

社会文化历史观

分析单元是认知建构主义和社会文化观之间最有意义的区别。从这个观点出发试图去理解学习需要关注发生在个体之间的过程。尽管其他一些观点也把互动和同伴合作作为建构或获得知识的途径,但社会文化观要求的是这个过程的发生;因此,知识是在个体之间的互动中发展而与个体无涉。

我们把维果茨基的研究作为该观点下的一个学习理论。维果茨基(1978)认为,学习特别是好的学习,发生在发展的前面,他将之称为最近发展区。最近发展区是学习者的实际发展水平和在成人或更有能力的同伴的帮助下可以达到的水平之间的差距。学习不仅是个体的努力,它更依赖于孩子参加的互动(Vygotsky, 1978,90 页):

> 学习唤醒了多种内部发展过程,这一过程只有在孩子与他所在环境中的人们互动以及与他的伙伴合作时才能发生。这些过程是内化的,它们变成孩子独立发展成就的一部分。

知识存在于学习者和成人之间的互动中,尽管这种互动被学习者内化了,变成了学习者的一个新功能。这种通过互动而带来的知识内化被称作领有(appropriation)(Wertsch, 1998)。

该观点下的一个重视最近发展区的教学策略是 Collins (1989)所说的教学脚手架,即为学 79
习者提供教学支撑,从而使学习者发展渐增的能力,与此同时可以拆除额外的支撑。学习者正是以这种方式参与到那些处于他/她最近发展区的上限的活动中。这种支撑使任务保持了复杂性和激励性,但同时仍处于学习者的作用水平上。

情境理论

我们为情景学习观这一学习理论挑选了 Lave 和 Wenger (1991)的研究。与其他那些明显强调内化过程的观点不同,该观点认为学习涉及到整个人以及他或她成为一个共同体中的一个完全参与者的角色(Barab,等,1999)。基于社会实践理论,这一理论强调的是"代理

(agent)和世界,活动、意义、认知、学习和认识之间的相互依赖关系”(Barab 和 Duffy, 2000,50页)。学习作为合法的边缘参与是成员身份的一个演化形式,其中学习者也再生产和转变着他们在其中寻求成员身份的实践共同体。因此分析单元是整个系统,学习者是该系统的一部分,知识存在于系统的动态关系中。获得知识性的技能就是领有共同体的实践,它强调了把个体与共同体结合起来的共同体界定的实践,而不是认知加工。

就教学而言,人们通常把情境教学理论和社会文化观联系起来。实际上,Garrison (1995)认为情境认知理论对社会建构主义作出了重要的贡献。从我们的目的出发,我们选择了Vanderbilt 大学认知与技术小组(Cognition and Technology Group at Vanderbilt)的研究作为该观点下的一个教学理论(方法),主要区别它与社会文化观的特征。抛锚式教学把学习活动置于信息丰富的影像环境中。在这个环境中,给学习者呈现了复杂的、现实的问题,他们运用镶嵌在环境中的“抛锚式”故事中的信息来解决问题。为了解决问题,学习者要参加很多问题解决活动,比如“贾斯泊·伍德伯里问题解决系列”(*Jasper woodbury problem solving Series*)中的数学问题解决。

作为生态实在论的一个例子,作为教学基础的锚被看作 Gibson 所说的给养,这些锚的设计是为了支持特定类型的教学和学习活动,也就是说学习机会作为学习者在教学中的问题解决的角色这一结果出现。锚的设计是为了建立一个丰富的宏情境,在这个宏情境中概念工具可以用来解决锚问题(CTGV, 1993)。虽然贾斯伯系列缺乏真实世界中存在的问题解决的逼真性,但它为学习者提供了参与模拟世界的机会。因此,即使是在这个基于技术的世界中,分析单元并不是学习者,而是问题解决所发生的、学习者作为其一部分的系统。

对学习理论和教学方法的意蕴:小结

针对上述五种理论观点,我们分别提出了一种能够描述各自特征的学习理论和教学理论或方法的范例。对每一种观点来讲,将这些理论囊括至一种观点之中有什么优点以及其他理论和方法是否会更好地代表它的特征,都可以展开充分的辩论和讨论。表 7.4 小结了我们讨论到的学习理论和教学理论或方法。

表 7.4 心理学观点:学习理论和教学理论或方法的相关的范例

心理学观点	学习理论	教学理论或方法
行为主义	斯金纳的操作性条件反射	程序教学和计算机辅助教学
认知主义	奥苏贝尔的有意义接受学习	加涅的学习条件
认知建构主义	皮亚杰的图式理论	发现学习
社会文化史观	维果茨基的最近发展区	互惠教学或支架式教学
情境理论	莱夫和温格的合法的边缘参与	抛锚式教学

80 ## 小结

哲学观是世界观,它界定了世界的本质、个体在世界中的位置及其与世界和它的各组成部分之间的可能关系。这些观点形成了一系列探究的基础，包括那些与特定学科相关的探究。正因如此，在开始一系列的探究或从事教学之前，个体检查一下他们对本体论和认识论的认识是非常重要的。在这篇文章中，我们提出了心理学观点的五种主要范畴，并从认识论、本体论、分析单元以及它们是否支持二元关系几个方面对它们进行了比较。

在心理学领域，我们发现心理学观点的出现源自不同的哲学认识。重要的一点是要认识到，关于认识论和本体论假设的哲学不是教学方法而且方法也不是哲学。但是，人们也指出，教学策略和方法明显受到哲学假设的影响，认识和学习理论对教学设计具有内隐的影响(Barab 和 Duffy, 2000; Duffy 和 Jonassen, 1991; Reigeluth, 1999b)。我们发现，如果一位教师或教学设计者所开展的某个特定课例或活动甚至不涉及一个关于学生如何思考和学习的缄默理论的话，那是不可思议的。在这篇文章中，我们区分了各种哲学观点，提出了和各种观点相关的假设与学习教学理论之间的一致性。显然，这些一致性仅仅抓住了表面，而且可能不会与其他人提出的一致性相吻合；但是我们发现，这些一致性在它们开始捕捉一些关系并开启讨论的时候是有用的。

我们希望这一章能推动教育者去考察和质疑他们的本体论和认识论假设，以及他们的教学实践是否符合他们的假设。如果在哲学假设和教学实践之间有不协调，那么很重要的一点是我们要问自己“为什么不协调”以及“我如何最好地解决它”。在我们自己的教学和实践中，我们发现这种反思性实践是最有用的。这有时意味着改变教学实践，而有时则意味着挑战哲学假设(参见 Glaser 和 Strauss, 1967，对于贯一理论发展的讨论)。一些教育者主张兼收并蓄，根据手头的任务汲取各种各样的哲学观、学习理论和教学理论(Ertmer 和 Newby, 1993; Reigeluth, 1999b; Sfard, 1998)。我们发现，通过一个研究或教学项目不断认识本体论和认识论是很有用的，这样做的优点是避免坠入迷途和固步自封。因此，我们作为研究者和反思性的实践者，可以由此通过实证来考察这种认识的价值所在，即我们可以去思考我们的理论假设如何与实证观察相一致并根据实证观察作出相应的调整。

我们已经指出，这篇文章提出的范畴和描述并不是硬性的规定或共同体赞同的经社会协商的真理，而是基于我们的理解和对于文献的诠释与评论，以及写这篇文章的背景。从一般的实证主义的意义上来说，没有办法证明一个理论比另一个理论更好。这有一部分原因是因为用来论证的方法也是基于一系列的本体论和认识论(Greeno, 1997)。因此，我们希望理论的辩论在这个领域中仍然是一个很重要的实践。我们把我们的范畴和该领域中的同行统一起来，至少可以说我们的大多数猜测和一些经过社会协商的意义相一致而和另一些有冲突。但是，需要再次说明的是，我们这一章的目标是提供一个讨论的出发点，并推动教育者去质疑哲学假设、心理学观点、学习和教学理论以及教学实践之间的关系，而不是提供不容置辩的事实。

(赵　健、李贵芹 译，郑太年 一校，王　美 二校)

参考文献

Ausubel, D. P. (1961). In defense of verbal learning. *Educ. Theory*, 11 (1), 15 - 25. *

Ausubel, D. P. (1963). Cognitive structure and the facilitation of meaning verbal learning. *J. Teacher Educ.*, 14(2), 217 - 222.

Ausubel, D. P. (1977). The use of advance organizers in the learning and retention of meaningful verbal material. In *Learning and Instruction*, edited by M. C. Wittrock, pp. 148 - 155. Berkeley, CA: McCutchan Publishing.

Barab, S. A. and Duffy, T. (2000). From practice fields to communities of practice. In *Theoretical Foundations of Learning Environments*, edited by D. Jonassen and S. M. Land, pp. 25 - 56. Mahwah, NJ: Lawrence Erlbaum Associates. *

Barab, S. A. and Kirshner, D. (2001). Methodologies for capturing learner practices occurring as part of dynamic learning environments. *J. Learn. Sci.*, 10(1/2), 5 - 15.

Barab, S. A. and Plucker, J. A. (2002). Smart people or smart contexts? Cognition, ability, and talent development in an age of situated approaches to knowing and learning. *Educ. Psychol.*, 37(3), 165 - 182.

81 Barab, S. A. and Roth, W.-M. (2006). Intentionally-bound systems and curricular-based ecosystems: an ecological perspective on knowing. *Educ. Res.*, 35(5), 3 - 1.

Barab, S. A. and Squire, K. D. (2004). Design-based research: putting our stake in the ground. *J. Learn. Sci.*, 13(1), 1 - 14.

Barab, S. A., Cherkes-Julkowski, M., Swenson, R., Garrett. S., Shaw, R. E., and Young, M. F. (1999). Principles of selforganization: ecologizing the learner-facilitator system. *J. Learn. Sci.*, 8(3/4), 349 - 390.

Barker, L. M. (1994). *Learning and Behavior: A Psychobiological Perspective*. New York: Macmillan.

Bednar, A. K., Cunningham, D. J., Duffy, T. M., and Perry, J. D. (1995). Theory into practice: how do we link? In *Instructional Technology: Past, Present, and Future*, edited by G. J. Anglin, pp. 100 - 112. Englewood, CO: Libraries Unlimited, Inc.

Bereiter, C. (1994a). Constructivism, socioculturalism, and Popper's world, 3. *Educ. Res.*, 23(7), 21 - 23. *

Bereiter, C. (1994b). Implications of postmodernism for science, or, science as progressive discourse. *Educ. Psychol.*, 29, 3 - 12.

Bredo, E. (1994). Reconstructing educational psychology: situated cognition and Deweyian pragmatism. *Educ. Psychologist*, 29(1), 23 - 35.

Bruner, J. S. (1961). The act of discovery. *Harvard Educ. Rev.*, 31 (1), 21 - 32. *

Bruner, J. S. (1990). *Acts of Meaning*. Cambridge, MA: Harvard University Press. *

Burton, J. K., Moore, D. M., and Magliaro, S. G. (1996). Behaviorism and instructional technology. In *Handbook of Research for Educational Communications and Technology*, edited by Jonassen, D. H., pp. 46 - 73. New York: Macmillan.

Cobb, P. (1994). Where is the mind? Constructivist and sociocultural perspectives on mathematical development. *Educ. Res.*, 23, 13 - 20. *

Cognition and Technology Group at Vanderbilt (CTGV). (1993). Anchored instruction and situated cognition revisited. *Educ. Technol.*, 33, 52 - 70.

Collins, A., Brown, J. S., and Newman, S. E. (1989). Cognitive apprenticeship: teaching the crafts of reading, writing, and mathematics. In *Knowing, Learning, and Instruction: Essays in Honor of Robert Glaser*, edited by L. B.
82 Resnick, pp. 453 - 494. Hillsdale, NJ: Lawrence Erlbaum Associates.

Derry, S. J. (1992). Beyond symbolic processing: expanding horizons for educational psychology. *J. Educ. Psychol.*, 84, 413 - 418.

Derry, S. J. (1996). Cognitive schema theory in the constructivist debate. *Educ. Psychol.*, 31(3/4), 163 - 174.

Dewey, J. (1963). *Experience and Education*. New York: Collier Macmillan.

Driscoll, M. P. (2005). *Psychology of Learning for Instruction*, 3rd ed. Boston, MA: Allyn & Bacon.

Duffy, T. M. and Cunningham, D. J. (1996). Constructivism: implications for the design and delivery of instruction. In *Handbook of Research for Educational Communications and Technology*, edited by D. H. Jonassen, pp. 170 - 198. New York: Macmillan. *

Duffy, T. M. and Jonassen, D. H. (1992). Constructivism: new implications for instructional technology. In *Constructivism and the Technology of Instruction*, edited by T. Duffy and D. Jonassen, pp. 1 - 16. Hillsdale, NJ: Lawrence Erlbaum Associates.

Ertmer, P. A. and Newby, T. J. (1993). Behaviorism, cognitivism, constructivism: comparing critical features from an instructional design perspective. *Perform. Improve. Q.*, 6(4), 50 - 72.

Everitt, N. and Fisher, A. (1995). *Modern Epistemology: A New Introduction*. New York: McGraw-Hill. *

Fodor, J. (1994). The mind-body problems. *Sci. Am.*, 244(1), 114 - 123. (Reprinted in Klemke, E. D. et al., Eds., *Philosophy: Contemporary Perspectives on Perennial Issues*, 4th ed., pp. 197 - 214. New York: St. Martin Press.) *

Gagné, R. M. (1985). *The Conditions of Learning*, 4th ed. New York: Holt, Rinehart and Winston.

Gagné, R. M., Briggs, L. J., and Wager, W. W. (1992). *Principles of Instructional Design*, 4th ed. Fort Worth, TX: Harcourt Brace Jovanovich College Publishers.

Gardner, H. (1985). *The Mind's New Science: A History of the Cognitive Revolution*. New York: HarperCollins.

Garfield, J. (1995). Philosophy: foundations of cognitive science. In *Cognitive Science: An Introduction*, 2nd ed., edited by N. A. Stilling, S. E. Weisler, C. H. Chase, M. H. Feinstein, J. L. Garfield, and E. L. Rissland, pp. 331 - 377. Cambridge, MA: MIT Press.

Garrison, J. (1995). Deweyan pragmatism and the epistemology of contemporary social constructivism. *Am. Educ. Res. J.*, 32(4), 716 - 740.

Gibson, J. J. (1996). *The Sense Considered as Perceptual Systems*. Boston, MA: Houghton Mifflin. *

Glaser, B. G. and Strauss, A. L. (1967). *The Discovery of Grounded Theory: Strategies for Qualitative Research*. Chicago, IL: Aldine.

Goetz, E. T., Alexander, P. A., and Ash, M. J. (1992). *Education Psychology: A Classroom Perspective*. New York: Macmillan.

Greeno, J. G. (1997). On claims and answering the wrong questions. *Educ. Res.*, 26(1), 5 - 17.

Greeno, J. G., Collins, A. M., and Resnick, L. B. (1996). Cognition and learning. In *Handbook of Educational Psychology*, edited by D. C. Berliner and R. C. Calfee, pp. 15 - 46. New York: Macmillan. *

Greeno, J. G. and the Middle School Mathematics Through Applications Project Group. (1998). The situativity of knowing, learning, and research. *Am. Psychol.*, 53(1), 5 - 26.

Guba, E. G. (1992). Relativism. *Curric. Inquiry*, 22, 17 - 24.

Guba, E. G. and Lincoln, Y. S. (1983). Epistemological and methodological bases of naturalistic inquiry. In *Evaluation Modets: Viewpoints on Educational and Human Services Evaluation*, edited by G. F. Madaus, M. S. Scriven, and D. L. Stufflebeam, pp. 311 - 334. Boston, MA: Kluwer-Nijhoff.

Jonassen, D. H. (1991). Objectivism versus constructivism: do we need a new philosophical paradigm? *Educ. Technol. Res. Dev.*, 3(93), 5 - 14.

Jonassen, D. H., Wilson, B. G., Wang, S., and Grabinger, R. S. (1993). Constructivist uses of expert systems to support learning. *J. Comput. Based Instruct.*, 20(3), 86 - 94.

Kirshner, D. and Whitson, J. A. (1997). Editors' introduction to situated cognition: social, semiotic, and psychological perspectives. In *Situated Cognition: Social, Semiotic, and Psychological Perspectives*, edited by D. Kirshner and J. A. Whitson, pp. 1 - 16. Mahwah, NJ: Lawrence Erlbaum Associates.

Lakoff, G. (1987). *Women, Fire, and Dangerous Things: What Categories Reveal About the Mind*. Chicago, IL: The University of Chicago Press. *

Latour, B. (1987). *Science in Action: How to Follow Scientists and Engineers Through Society*. Cambridge, MA: Harvard University Press.

Lave, J. (1997). The culture of acquisition and the practice of understanding. In *Situated Cognition: Social, Semiotic, and Psychological Perspectives*, edited by D. Kirshner and J. A. Whitson, pp. 63 - 82. Mahwah, NJ: Lawrence Erlbaum Associates.

Lave, J., and Wenger, E. (1991). *Situated Learning: Legitimate Peripheral Participation*. New York: Cambridge University Press. *

Lombardo, T. J. (1987). *The Reciprocity of Perceive and Environment: The Evolution of James J. Gibson's Ecological Psychology*. Hillsdale, NJ: Lawrence Erlbaum Associates.

Mackay, N. (1997). Constructivism and the logic of explanation. *J. Construct. Psychol.*, 10, 339 - 361.

Phillips, D. C. (1995). The good, the bad, and the ugly: the many faces of constructivism. *Educ. Res.*, 24(7), 5 - 12.

Plato. (1977). Meno. In *Learning and Instruction*, edited by M. C. Wittrock, pp. 14 - 21. Berkeley, CA: McCutchan.

Prawat, R. S. (1992). Teachers' beliefs about teaching and learning: a constructivist perspective. *Am. J. Educ.*, 100, 354 - 395.

Prawat, R. S. (1995). Misreading Dewey: reform projects and the language game. *Educ. Res.*, 24(7), 13 - 22.

Prawat, R. S. and Floden, R. E. (1994). Philosophical perspectives on constructivist views of learning. *Educ. Psychol.*, 29(1), 37 - 48.

Reber, A. S. (1995). *The Penguin Dictionary of Psychology*. New York: Penguin Books.

Reed, R. S. (1996). *Encountering the World: Toward an Ecological Psychology*. New York: Oxford University Press.

Reigeluth, C. M. (1999a). The elaboration theory: guidance for scope and sequence decisions. In *Instructional-Design Theories and Models: A New Paradigm of Instructional Theory*, Vol. 2, edited by C. M. Reigeluth, pp. 425 -453. Hillsdale, NJ: Lawrence Erlbaum Associates.

Reigeluth, C. M. (1999b). What is instructional design theory and how is it changing? In *Instructional-Design Theories and Models: A New Paradigm of Instructional Theory*, Vol. 2, edited by C. M. Reigeluth, pp. 5 - 29. Hillsdale, NJ: Lawrence Erlbaum Associates.

Rorty, R. (1991). *Objectivity, Relativism, and Truth: Philosophicat Papers*, Vol. 1. Cambridge, U. K.: Cambridge University Press. *

Rumelhart, D. E. (1981). Schemata: the building blocks of cognition. In *Cognitive Skills and Their Acquisition*, edited by J. R. Anderson, pp. 33 - 58. Hillsdale, NJ: Lawrence Erlbaum Associates.

Saettler, P. J. (1990). *The Evolution of American Educational Technology*. Englewood, CO: Libraries Unlimited.

Salomon, G. (1991). Transcending the qualitative-quantitative debate: the analytic and systematic approaches to educational research. *Educ. Res.*, 20(6), 10 - 18.

Savery, J. R. and Duffy, T. M. (1995). Problem based learning: an instructional model and its constructivist framework. In *Constructivist Learning Environments*, edited by B. G. Wilson, pp. 135 - 148. Englewood Cliffs, NJ: Educational Technology Publications.

Sfard, A. (1998). On two metaphors for learning and the dangers of choosing just one. *Educ. Res.*, 27(2), 4 - 13. *

Strauss, A. L. (1993). Theories of learning and development of academics and educators. *Educ. Psychol.*, 28(3), 191 - 203.

Traiger, S. (1994). The secret operations of the mind. *Minds Machines*, 4, 303 - 315.

Turvey, M. T. and Shaw, R. E. (1995). Toward an ecological physics and a physical psychology. In *The Science of the Mind: 2001 and Beyond*, edited by R. L. Solso and D. W. Massaro, pp. 144 - 169. New York: Oxford.

von Glasersfeld, E. (1989). Cognition, construction of knowledge, and teaching. *Synthese*, 80, 121 - 140.

von Glasersfeld, E. (1995). *Radical Constructivism: A Way of Knowing and Learning*. London: The Falmer Press. *

Vygotsky, L. S. (1978). *Mind in Society: The Development of Higher Psychological Processes*. Cambridge, MA: Harvard University Press. *

Wertsch, J. V. (1998). *Mind as Action*. New York: Oxford University Press.

Wood, D. (1995). Theory, training, and technology, part 1. *Educ. Train.*, 37(1), 12 - 16.

Young, M. F. (1993). Instructional design for situated learning. *Educ. Technol. Res. Dev.*, 41, 43 - 58.

Young, M. F., Kulikowich, J. M., and Barab, S. A. (1997). The unit of analysis for situated assessment. *Instruct. Sci.*, 25, 133 - 150.

---

* 表示主要参考文献。

第二部分　策略

手册中第二部分策略由 M. David Merrill 牵头。策略部分的各章既包括教学策略，也涉及学习策略，尽管侧重于设计和开发空间的影响。这些不同策略能与手册中随后的第三、四和五部分联系起来，整本书的组织架构相一致。手册中的这部分包括 7 个章节：(1)呈现策略；(2)真实感课程的设计策略；(3)生成性学习：意义形成的原则和启示；(4)互动学习任务的反馈策略；(5)探究性学习的技术增强型支持策略；(6)协作活动的分布式分析法；以及(7)教学设计的说明性原则。手册中的这部分提供读者一个能同第三部分技术、第四部分模型和第五部分设计与开发相联系的，关于不同教学技术的近期研究的广泛而综合的评述。

8

呈现策略

Linda L. Lohr 和 James E. Gall 85

摘要

在教育作为一门社会科学的历史长河中，实验研究探索了各种知识表示模型以及它们对学习者的影响。虽然教育领域中提出过不少主观哲学的假说，但知识表示方面的研究一直都是以知识迁移范式为主。本章使用一个三层工具箱来类比基于媒体的教学设计。工具箱的顶层为学习理论，中间一层是多媒体教学设计模型，底层探讨了具体的文本类信息、视觉类信息、听觉类信息和动画/视频类信息的呈现准则。

关键词

Baddeley的记忆模型：一种信息加工模型，认为视觉类信息和听觉类信息具有不同的短时记忆存储区，即视空间模板(sketchpad)和语音环路(phonological loop)。

认知负荷理论：一种信息加工的认知模型，主要研究人类思考时概念化的心智工作负荷。

认知模型：用某种结构类比描述人类的思维过程。这些结构与真实的生理结构未必一致。判断一个模型的价值是看其描述或预测实际思维过程的效用，而不是是否精确描绘了大脑结构。

建构—整合模型：一种理解文本处理过程的认知模型，认为对文本的处理就是一个不停对照文本内容和读者先前知识，通过多层次的建构和确认，形成统一心智模型的过程。

双重编码理论：一种信息加工的认知模型，认为言语子系统与视觉子系统在理解人类认知方面各有独特贡献。

外在负荷：在认知负荷理论中，指用来处理与特定内容没有直接关联的信息而产生的工作负荷。

关联认知负荷：在认知负荷理论中，指用来处理可以让相关内容更易获取的策略而产生的工作负荷。

交互多媒体：采用了超过一种媒体形式(如文本、视觉类信息、影片、动画和声音)用户有很大的权限来控制程序的进展，作出选择。

内在认知负荷：在认知负荷理论中，指那些与特定内容及其复杂度相关联的负荷成分。

长时记忆：这是认知信息加工模型的一个组成部分，用于存储那些会保存一辈子的信息。

语音环路：在Baddeley的记忆模型中，指专门用于保留听觉信息的短时记忆成分。

冗余：以相同形式或不同的形式多次呈现同一信息。在传播中冗余的价值视情形而定。

感觉记忆：认知信息加工模型中描述信息最初输入(如视觉或听觉)的成分。

短时记忆：认知信息加工模型中描述一个人注意的成分。

视觉略图薄：在Baddeley的记忆模型中，指专门用于保留视觉和空间信息的短时记忆成分。

视觉类信息：一种用视觉方式呈现信息的媒体形式；文本有时候不被视为视觉类信息。

易学区：在文本加工的建构—整合模型中，在文字内容和读者的先前知识之间假设存在一个最佳的重叠区。

引言

这一章介绍了一些使用媒体来支持学习的准则，这些准则的提出都是有研究支撑的。随着技术的进步，获取图像、声音、影片和动画越来越方便，这使得今天的大多数教学设计者都可以很容易地开发出信息丰富的学习环境。虽然这些媒体越来越复杂并且多样，但是要使用这些媒体，并不要求普通设计师都成为专家。当媒体使用不当时，这些希望能够促进教学的努力就会适得其反。

越来越多的实验开始研究特定媒体的认知，提供了测量和描绘在媒体促进教学情境下大脑活动的新方法。现今的教学设计者需要具备的知识和技能越来越多，就像一个充满信息的工具箱。了解如何使用这些信息是一个越来越大的挑战。对个人而言，工具箱是混乱的，正如教学设计的过程(Meikle, 2005)，也如教学设计者所使用的模型(Bichelmeyer, 2005)，含糊不清的指导原则、教科书的死搬硬套，都加剧了这种混乱。

本章的目的是打破俗套以便从混乱中解脱出来。近年来在认知负荷理论方面(Merrienboer 和 Sweller, 2005)的发展，再次强调了降低内容的复杂程度对增加有意义学习的重要性。为了达到这一目标，我们在此分享一个简化的媒体研究观，回顾一些精选的理论和值得注意的呈现指导准则。从这些理论和准则在许多情境中的应用结果来看，这些理论和指导准则是值得讨论的。

设计原则的组织框架

图 8.1 使用一个工具箱来类比说明基于媒体的设计原则的组织框架。这个三层方法论中通用 87
学习理论在最高层，多媒体学习理论在中间层，而关于文本信息、视觉类信息、听觉类信息和动画/视频类信息等具体媒体的指导准则在最底层，也是最常用到的。

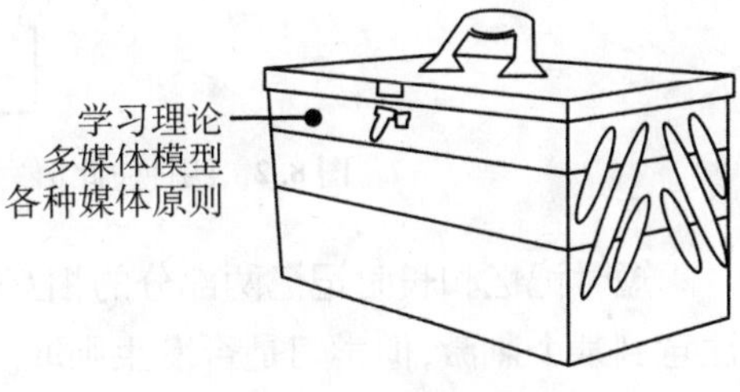

图 8.1 教学设计工具箱

四种彼此相关的学习理论

学习理论，尤其是那些以认知科学为基础的、研究知识如何获取的学习理论，使我们了解到应该怎样呈现媒体才能达到有效的学习，产生期望的表现。四种彼此相关的对设计者和研究者来说都很重要的学习理论是：(1)信息加工理论；(2)双重编码理论；(3)认知负荷理论；(4)Baddeley 的记忆模型(见图 8.2)。其中信息加工理论提供了一个关于记忆结构的概览和透视，这对理解双重编码理论、认知负荷理论和 Baddeley 记忆模型有非常重要的意义。

信息加工理论

很多理论都描述了信息在记忆系统中的转移过程(Atkinson 和 Shiffrin, 1968; Broadbent, 1984; Lockhart 和 Craik, 1994; Norman 和 Bobrow, 1975; Waugh 和 Norman, 1965)。Atkinson 和 Shiffrin (1968)提出了一个有两类记忆的记忆模型，即包括短时记忆(包括感觉记忆和工作记忆)和长时记忆。这种记忆的双存储模型通常也叫做信息加工理论。在这个模型中，短时记忆在持续时间(只有数秒)和存储容量上都十分有限。短时记忆的一个组成部分是工作记忆，是一个通过管理和操作那些构成了学习者当前注意力的信息来履行执行能力的系统。长时记忆似乎具有无限的容量和保存时间。

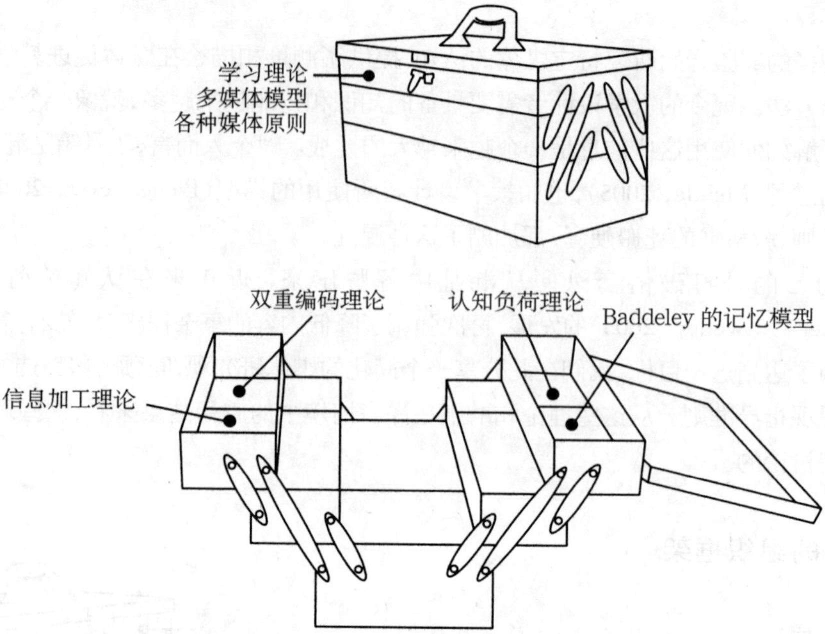

图 8.2　四种彼此相关的对教学设计来说很重要的学习理论

短时记忆和长时记忆两部分的相互作用是学习研究的重点。尽管事实上任何人都可能注意到某个刺激，但学习是否发生则取决于有关信息是否转移到长时记忆，能否在需要时从长时记忆中检索出来。教学设计者主要关心工作记忆的功能。若不考虑媒体形态，相关信息必须要能引起学习者的注意，并最好以易于合并到长时记忆中的形式保存在工作记忆中。

88 **双重编码理论**

Pavio 的研究(1971,1986)扩展了一般的信息加工理论，提出记忆具有独立的言语(verbal)子系统和视觉子系统。以言语或视觉形式呈现的信息分别被编码在言语记忆存储器中或视觉记忆存储器中。这些独立的记忆系统可以相互激活，也可以从一种信息形式转化为另一种形式。比如，文字可以用言语的形式编码，也可转化为图像形式，只要读者原有的知识允许。类似地，图像也一样可以转化为言语描述。按照 Paivio 的观点，视觉编码和言语编码之间的连接可以强化记忆。对信息设计者来说，同时呈现视觉和言语信息很可能会提高辨识和回想的几率，因为双重编码强化了关联。

认知负荷理论

认知负荷理论(CLT)依赖于信息加工模型的核心组件(短时记忆、工作记忆和长时记忆)，但尤其关注工作记忆的局限性。按照认知负荷理论的观点，教学材料应该以理论上最理想的认知负荷的方式来创建。换句话说，认知超负荷会损害学习，认知低负荷不能让学生产生学习兴趣。认知负荷理论对教学设计者特别有用，也与本章话题最为契合。Sweller 等人(1998, 262 页)指出，“工作记忆是有限的，这是人的认知结构研究中业已确定的方面之一，因此，所有的教学设计都应该从认知负荷的视角进行分析”。

认知负荷是指所呈现信息的数量,及这个数量与工作记忆大小的匹配程度。最佳负荷量因学习者的专业水平而不同。新手因为先前知识有限,适合处理简单顺序结构的信息,以免超记忆负荷;而专家级学习者则能够处理更为丰富和更加复杂的信息负荷,这主要是因为他们已经建立的知识图式或知识表征可以将新信息整合进来。在理想情况下,设计者的任务是按照已有图式(也就是已有知识)组织信息。但当设计的材料要被广泛的学习者使用时,个体在先前知识和有效工作记忆容量的差异就会带来麻烦。

认知负荷的研究描述了三种负荷:内在负荷、外在负荷和关联负荷(Paas 等,2003)。内在负荷指内容的本质和它的复杂程度。复杂度可以定义为元素交互作用度,或者根据学习者必须理解的教学内容与其他教学内容关联和重叠的程度来定义。高内容交互性描述的是作为一个大系统的各个组成部分之间的复杂关系。低内容交互性描述的是那些较易被单独理解的信息,因为理解该信息只需要很少的元素。例如,学习概念与学习事实相比,可能包含更高的元素交互性。教学设计者不能改变内在负荷,因为它是由信息本身的复杂度决定的。

外在负荷可被看作噪音,或者视为传输中多余的部分,由于它们增加了记忆负荷而成为学习的障碍。例如,在文本的某一部分中使用多种字体,并没有增加内容,但却增加了认知负荷,因为阅读者会试图为这些字体的变化赋予一定的意义。

关联负荷是指那些设计者能够做的用以促进最优负荷的事情,如把内容组块、排序,或者提供能够帮助学习者快速理解新信息的类比。设计者可以通过减少外在负荷和增加关联负荷两种方式来降低较高的内在负荷。

虽然认知负荷理论特别适用于讨论教学材料的创建问题,但它并不是理解心智工作负荷问题的唯一模型。诸如"特别心智努力(exerted mental effort)"这样的词汇在研究文献中经常使用,但除了对负荷高低或难度的粗略比较外,其概念并没有被很好地定义。比如,一个从人的因素出发的心智工作负荷模型认为有限数量的注意力资源必须要分摊给感知、工作记忆、元认知监控和反馈执行(Wickens, 1994)。

Baddeley 的记忆模型

Baddeley 的研究(2000)试图进一步阐明工作记忆的容量。工作记忆由一个中枢执行功能组成。这个中枢执行功能在注意力集中、转移、分散中发挥作用。在 Baddeley 的模型中,这个执行功能监控一个视觉略图薄(视觉和空间记忆)、一个语音环路(听觉记忆)和一个情景缓冲 89
器。情景缓冲器是视觉略图薄和语音环路的交接区域,可以绑定或整合信息。从某种意义上说,Baddeley 的模型试图从双重编码拥有不同的信息通道的信息加工角度来调和对短时记忆和长时记忆的理解。

教学设计者感兴趣的是这一观点,即不把情景缓冲器当作长时记忆的一部分。这样就可以为优化使用这个缓冲器来设计和组织信息。如果学习者不需要执行低水平的整合和组织,更多的心智努力将会被释放出来执行能够帮助长时记忆存储和回忆的其他功能。工作记忆能够从情景缓冲器中检索信息,创建相关的新的表示方式,同时还从长时记忆中检索信息。情景缓冲器这种独特的信息并置或许可以解释问题解决过程以及创造性的某些方面。

多媒体呈现指导准则

两个著名的多媒体理论(见图 8.3)(Mayer, 2001; Park 和 Hanafin, 1993)提出了很多设计准则,具体内容见表 8.1。Park 和 Hanafin (1993)在综述广泛研究的基础上,提出了一个使用 20 条设计原则进行交互多媒体设计的拱形框架。最近,Mayer (2001)的多媒体理论提出了 7 条设计原则,尤其关注很多受控实验中的听觉、文本和视觉上的互动。表 8.1 是作者基于认知负荷理论对两个理论的多媒体设计原则所作的分类,相关的原则放在相近的单元格中,以表明理论之间的潜在关联。

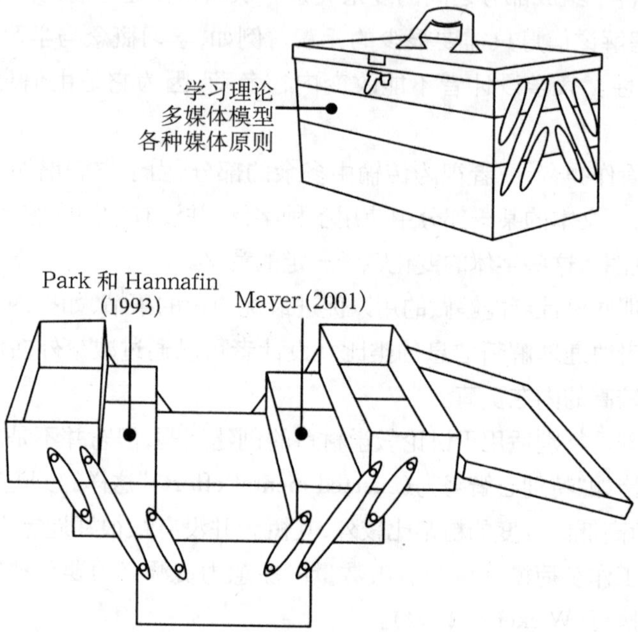

图 8.3 多媒体准则

90

表 8.1 多媒体呈现的认知框架

CLT 理论组成	**Park 和 Hannafin (1993) 涉及以下要点的原则**	**Mayer (2001) 涉及以下要点的原则**
增加关联负荷	先前知识及学习者对内容域的熟悉程度(原则 1,2,4,6); 真实情境(原则 10); 可适应的、个别化的注意和反馈(原则 17,18,19)。	为拥有较少知识并具有较高空间智能的学习者提供视觉材料(原则 7)。
减少内在负荷	辅助认知过程的组织/内在的组织(原则 3,7,9); 多种观点和交叉参照(原则 11); 组织活动(投入的心智努力、精加工、清晰化、知识差异(原则 5,8,12,14)。	使用文字加图片,而不是单独使用文字(原则 1); 把文字和视觉类信息放在一起(原则 2); 同时呈现文字和图片(原则 3)。
减少外在负荷	清晰的系统特征、程序、存取和视觉表征(原则 15,16,20); 适当的结构和相关的反馈(原则 13)。	排除无关的文字、图片和声音(原则 4); 使用动画加讲述,而不是动画加字幕或者动画、字幕加讲述(原则 5,6)。

文本类、视觉类、听觉类信息和动画/视频类信息的呈现准则

这一节将介绍文本类信息、视觉类信息、听觉类信息的和动画/视频类信息的呈现准则(见图 8.4)。

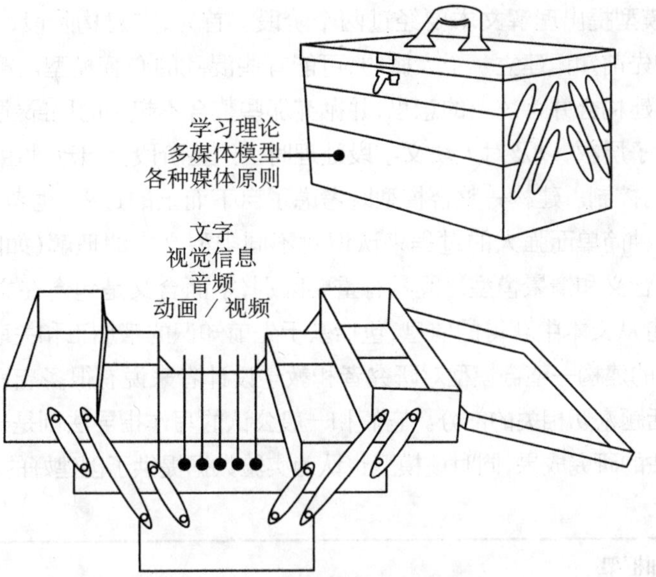

图 8.4 具体媒体呈现准则

文本类信息的呈现准则

文字信息一直是正规教育的主干。虽然在人类历史中使用视觉类信息和口头语言要早于使用书面文字,但是文字的使用作为一种人类记忆的扩充,使教育获得了巨大的进步。本节介绍的呈现准则以 Walther Kintsch (1998)的工作为基础。多种形式的媒体教学只是在近百年才出现的,而文字的使用和发展已经经历了上千年,在 20 世纪 70 年代,为了研究如何用计算机表达知识,两个深入理解文本加工的关键理论——命题表征和图式理论——得以发展。

按照文本加工的观点,一个命题就是一个谓词加上几个参数共同组成的一个观点或一个信息单元。对于那些进行文本研究的人来说,区分一个观点和该观点在英语或其他语言中的多种表达方式是非常重要的。把自然语言解码成多个命题或一个命题网络(表达复杂观点的命题之间会互相参引,形成一个树状的意义结构),提供了表述转为意义的标准方法,这种方法旨在尽量减少语言、措辞或其他表达细节上的变化。

命题关注的是在较低的层次上建立理解,而图式理论却提供了自上而下看待理解的视角。虽然命题能够从构成理解的基本单元来解释理解,但它却没有提到先前知识的作用。我们很少会被要求去解释一个完全陌生的、先前知识发挥不了多大作用的新信息或新场景。图 91
式理论的倡议者指出,我们遇到的大多数情况本质上都是符合常规的。这些常规可以被表达为图式,即理解的脚本或模板。虽然细节和例外可能会非常多,但图式的概念提供了一个基本的自上而下的统一结构,并反映出个体寻找模式匹配的行为。当处于一个全新的场景中时,学习者常常都会努力使信息适合一个已有的图式。

命题表示和图式理论在语言学、计算机科学和认知心理学领域引发了大量的研究。经过数年的努力，Kintsch 基于这些先驱的工作，开发了一个文本理解的模型。1998 年，他把他的建构—整合模型写成了一本书，恰当地概括为“理解：一种认知的范式”(Kintsch, 1988)。

建构—整合模型提出理解文本要经过两个阶段。首先，在建构阶段，阅读者根据文本内容、自己的目标和先前知识建立一个大概的、可能有些混乱的心智模型。第二个阶段，即整合阶段，将一些局部建构合并为统一的意思，并抛弃那些整合不起来的局部建构。这些阶段会发生在字词层次、句子层次，以及对大块文字段处理时。这些阶段会自动地由熟悉的材料引发且受到主动学习者的控制。建构—整合模型既考虑了自下而上的过程，也考虑了自上而下的过程，它还提供了一种简单而强大的过程来认识对不同类型文本的理解(如隐喻、幽默、抽象)。Kinrsch 指出字面含义和情景模型之间具有重要区别，字面含义是包含在文本中信息的表示，而情景模型是读者从文本中获得的信息，包括基于先前知识的精加工和关联。

虽然 Kintsch 的建构—整合模型对研究者和教学设计者来说有很多启发，但表 8.2 中只列出了那些与本章话题密切相关的部分。它们和一般公认的写作指导法则是一致的，因为该模型的构建包含了以往的研究成果，同时该模型也认为实验数据提供了创建好的教学材料的基础。

92 **表 8.2　文本的认知框架**

	特　征	建　　议
好的阅读者	好的阅读者也会是好的解码者。	使用读者熟悉的字词可以使读者致力于更高级别的信息加工； 好的解码可以增加词汇量，所以应该系统化地将新词汇加入到熟悉的情境中； 差的解码者可能会花费更多的时间或者使用高阶加工来弥补。
	好的阅读者具有良好的语言技能(确切地说，能够从词法结构中读出含义)。	使用熟悉的文本结构有助于文字材料的理解； 好的语言技能使阅读者能够从文本中推断并建构出更多的意义； 语言技能的不足可以通过使推论明确化或促使阅读者下结论的方式来克服。
	好的阅读者拥有领域知识(也就是，在熟悉的领域中阅读更加容易)。	围绕熟悉的领域创建文本会减少解码能力不佳、语言技能缺乏的局限； 不熟悉的领域更要强调解码和语言技能； 专家因为具有广泛的领域知识，所以有能力从写得很差的文本中衍生出意义，而非专家却很难判断这些文本的价值。
好文本	好的文本一贯使用少歧义的文字。	在文本中清晰定义具有特定含义的词汇； 在选择词汇时，选择那些最熟悉且少歧义的文字； 在选择词汇时注意其适用的领域。
	好的文本使用明显表达含义的结构。	结构线索应该清晰； 文本的组织与文字本身一样，对理解其含义同样重要； 内容冗余的一个重要功能就是减少歧义，对于较长的文本尤其如此。
	文本的清晰度对目标读者来说是合适的。	采用完整清晰的文本，读者只需较少的预备知识； 如果阅读者拥有广博的预备知识，为促进高水平的加工，可以使用不太直白的文字。
将读者与文字匹配	文本必须和阅读者的情景模式相重叠，但也不要重叠太多(学习区)。	当文本和学习者的已有知识没有重叠时，文本将难以理解(所有的加工都仅仅是在最低的字词水平上)； 当文本和读者的已有知识重叠太多时，该文本对这个读者来说就没有教育价值； 若要确定文本是否适合一组相似的读者，实验数据提供了最有效的方法。

资料来源：改编自 Kintsch, W., *Comprehension: A Paradign for Cognition*, Cambridge University Press, Cambridge, U.K., 1998.

这个模型有一点值得重点指出的就是 Kintsch 提出的"易学区"。它有意模仿维果斯基的最近发展区(1978)。Kintsch 指出一篇好的文本能够在文本中新信息和学习者的情景模型(也就是相关的先前知识)之间提供适当数目的重叠。一个明显的含义是若重叠部分太多,学习者就不能从文本中获得什么新信息。不太明显的含义是,熟悉信息的出现,无论是以单词、结构或其他内容形式,都是促进深度理解的必要支架。一段最简化的文字,如果信息被分解、背景被删除,那么也可能像极度复杂的文本一样无法解读。为了支持深层意义的建构,额外的文字可能是必要的。

与早期的文本理解的理论研究一样,建构—整合模型引发了一系列有可能扩展该模型或提出新模型的深入研究。它也导致了一种特殊的研究方法——潜在语义分析的产生,促生了理解文本的多种计算技术。

视觉类信息的呈现准则

关于视觉类信息的教学效益的研究已有很长的历史(Tversky 等,2002),最佳的概括可能是在 Mayer (2001,184)的多媒体原则中:"学生从文字和图片中学习比单独从文字中学习效果更好。"视觉类信息、图形、图像,这几个术语在文献中经常交替使用。视觉类信息通常被看作是一种非言语的交流形式。Braden (1996)列出了教育研究者已经研究过的五类视觉类信息:

- 符号语言学和电影/录像类表达;
- 标志、符号和图符;
- 图片和插图;
- 多张图片;
- 图形表征,也包括把文本看作视觉类信息。

Saunders (1994)把图形看作是视觉交流的处理形式,图形可以包括:

- 符号(象形或抽象);
- 地图;
- 图形;
- 图表;
- 插图或渲染图片(从真实到抽象);
- 模型
- 复合图片(多个图片);
- 照片(静态或动态)。

基于认知理论的视觉类信息的设计指导准则列在表 8.3 中(Lohr, 2007)。这些准则是以 Mayer 的学习原则(1)选择、(2)组织、(3)整合为基础的,并和学习者记忆中的短时记忆、工作记忆和长时记忆直接对应。

听觉类信息的呈现准则

在教育领域中,听觉类信息通常是说话录音的形式。虽然言语中的信息与书面语言中的信息语义相似,但在大脑中对两类信息的处理是不同的。听觉类信息也会传递一些非语义的

表 8.3　教学视觉类信息呈现的准则

学习原则	描　述	文本、图像和数据呈现的准则
选择	选择过程要考虑到人总是倾向于把信息组织成主要信息和背景信息。	使主要信息和背景信息差异尽可能清楚，以便减少记忆需要处理的信息数量。 在图形和数字呈现时通过对比类型、形状、颜色和尺寸，把重要信息从不重要的信息中分离出来。 （此原则和 Park 和 Hannafin 的原则 3，7，9 有关，即以补偿认知过程和内部表征的方式将信息结构化。）
组织	组织原则基于人都倾向于处理和记忆整块信息，这些信息按层次组织。	组织信息的结构要显示其上级、下级和同级关系，包括它们在时间和方位上的关系。提纲、箭头和列表是视觉类信息中常用的建立层级的方法。 排列方式和形状可以表明关系。纵向和横向排列以确立基于文化理解和阅读顺序的关系。西方文化中把比较重要的条目放在顶部或左边，因为阅读习惯是从上到下、从左到右的。 对于同等状态的要素使用同样的颜色、大小和类型。 尽可能将相似的条目放在一起，不相似的条目保持点距离。
整合	整合原则是建立在格式塔理论的基础上的，该理论认为整体大于部分之和。一个人的原有经验能帮助他（她）了解全局，哪怕只让他（她）看到一部分。	使用网格结构组织和整合信息。 将条目分组形成有意义的单元。当信息的各部分或各要素被整体地而非挑选出来处理时，理解更容易。 Mayer 的原则 7 强调以要求学习者较少认知负荷的方式来呈现信息的重要性，也就是说，关注部分—总体关系可以减少认知负荷。 通过文本、形状、颜色和尺寸及排列方式建立条目间的联系。 尽可能将相似的条目放在一起，不相似的条目保持点距离。

93 信息，如警报和声音特效，以及音乐形式中很专业的信息。在音乐中，可能会教授一些诸如识别相对音高的技能，但是其他一些技能诸如绝对音高的识别（要求对某个音高具有稳定的长时记忆）就可能需要特别的大脑机制参与，且是在幼时就习得的（Levitin 和 Rogers，2005）。

Bishop 和 Cates（2001）从认知的视角提供了一个研究教学声音的框架（见表 8.4）。虽然他们最初的目标是调查教学软件中声音对教学的支持潜力，但该框架对单独考虑声音媒体也
94 是有用的。噪音的三种类型区分来自 Shannon 和 Weaver 的工作，Bishop Cates（2001）从认知教学的视角对其进行了解释。接收噪音干扰了教学信息的接收。加工噪音是指理解已接收讯息时出现问题。检索噪音是将要理解的信息与先前的知识、经验和态度进行了错误的匹配。

表 8.4　教学听觉信息呈现的认知框架

为克服	接收噪音	加工噪音	检索噪音
	水平 A：技术问题 内部和外部刺激冲突造成讯息传输问题。	水平 B：语义问题 解释性框架缺失会导致讯息解释问题。	水平 C：有效性问题 提示/图式不匹配造成讯息理解问题。
讯息应该包含	内容冗余，增强讯息传输的内容（激发学习者获取信息状态的抗噪能力）。	情境冗余，提供讯息解释的情境（激发学习加工策略的抗噪能力）。	构建冗余，为讯息理解提供适当的构建线索（激发学习者检索方案抗噪能力）。
选择	1. 使用声音帮助学习者引起注意。	2. 使用声音帮助学习者分离信息。	3. 使用声音来帮助学习者建立与先前知识的联系。

为克服	接收噪音	加工噪音	检索噪音
分析	4. 使用声音帮助学习者集中注意。	5. 使用声音来帮助学习者组织信息。	6. 使用声音来帮助学习者发展先前知识。
综合	7. 使用声音帮助学习者保持注意。	8. 使用声音来帮助学习者精加工信息。	9. 使用声音来帮助学习者为后面的使用做知识准备。

资料来源:改编自 Bishop, M. J. and Cates, W. M., Educ. Technol. Res. Dev., 49(3),5-22,2001.

听觉信息的冗余对于理解以时序为特征的媒体是非常重要的。Baddeley 的语音环路(2001)是指和听觉信息相关的短时记忆。虽然他研究的是言语加工,但也可以认为其他声音形式(如音乐或声效)的短时记忆也有同样的局限性。Neisser (1967)认为这属于回声记忆。当听到一段声音时,一个人能够在短时记忆系统中重放简短片断以便于进一步加工。这也可以部分地解释"鸡尾酒会效应",即交谈中的人能够排除屋内其他人的谈话声。短时的声音记忆也会允许人们用有限的感官去监听其他对话,并在听到他们的名字或者其他敏感信息片段时,将注意力切换到别的会话中。

Bishop 和 Cates (2001)(见表 8.4)建议使用冗余去克服声音传播的时效性。内容的冗余指的是音频信息的重发或放大。情境冗余包括以多种方式呈现语义信息,以确保其能够被正确地感觉。最后,构建冗余试图强调信息和先前知识的联系。

动画/视频类信息的呈现准则

把动画和视频放在一起讨论是因为它们具有相似的特征(如具有时间维度,运动或变化地呈现)。随着制作动画和视频的数字技术的出现和发展,人工制品和真实记录之间的区别已经模糊了。那些考察动画对教育影响的研究者必须顾及各种媒体比较研究中的批评。虽然经常见到的情形是用动画提供一个过程或某个行为的简约视觉呈现,否则在课堂中展示这个过程或行为就需要使用模型或录像,但是动画还可以用来独特地刻画难以可视化的教育概念,或出于资金或操作原因替代其他方法;例如,Adamo-Villani 和 Beni (2004)描述了一个系统,使用逼真的三维动画通过手语教授手指拼写。大多数关于动画运用的研究描述的都是动画与其他媒体共同呈现。一般来说,让动画有效性呈现的准则可以采用与上面多媒体相同的认知框架来分类。表 8.5 分类列出了在认知负荷理论框架下的一些研究发现。

表 8.5 动画/视频的认知框架

理论组成	描 述	指导准则
增加关联负荷	Hays (1996)证明当使用动画时而与使用静态图片或者不使用图片相比,空间能力低的参与者会有更大的收获。 Schnotz 和 Rasch (2005)提出动画对具备较低学习先决条件的学习者有价值。具有较高学习先决条件的学习者从自己操作图片中收获更多。 Bishop 和 Cates (2001)介绍了让有视觉障碍的人看电视、电影的可视化技术,他们认为这种技术也会促进正常视力个体的理解。	设计效果对知识水平低和空间想象力低的学习者比对知识水平高和空间想象力高的学习者更明显(Mayer 的原则 7)。

续 表

理论组成	描 述	指导准则
减少内在负荷	Reiber (1996)发现动画类图形反馈比仅仅是文字的反馈更能够产生意会知识。 Garcia (1998)描述了学生根据自己对科学内容的理解创作动画的好处。 Catrambone 和 Seay (2002)发现,与文字配静态图相比,动画的方式有助于学生理解算法。特别是将一篇差文与改进后的文字对比时。 Bodemer 等(2005)论证了在接触动态的、交互的可视化信息之前怎样展示静态的信息来支持学习。 Koroghlanian 和 Klein (2004)发现那些与动画接触的实验对象会比只接触静态画面的实验对象要花更多的教学时间。 Hegarty 等(2003)发现了静态图解和动态图解对于理解动态过程没有什么不同;但是,他们认为实验对象从静态图解中创建动态心智模型的能力可能是造成无差异的原因。	使用组织活动(投入的心理努力、精加工、清晰度、知识分化)(Park 和 Hannafin 的原则 5,8,12,14)。 同时呈现相对应的文字和图片,而不是先后呈现(Mayer 的原则 3)。
减少外在负荷	Linebarger (2001)发现在视频节目中使用字幕可以让幼儿认识更多的字,产生积极影响。该研究者也指出字幕减弱了对视觉类信息和听觉类信息的注意力。 Caspi 等(2005)发现演讲的录像确实影响传递给学生的讯息,媒体和讯息的不匹配可能产生消极的认知和情感结果。	这些发现与 Mayer 原则冲突,Mayer 原则认为动画加解说要好于动画、解说和文字(Mayer 的原则 5)。 排除而不是包括无关的文字、图片或声音(Mayer 的原则 4)。

下一步研究方向

虽然没有一个认知学习理论或多媒体模型足以详细解释记忆的所有功能,但是本章介绍的理论和模型对促进教学媒体设计的理解有很大帮助。也许,一个更复杂的包含大多数认知心理学和教学媒体研究成果的理论和模型将最终被提出来,但也有可能,这样一个复杂的理论和模型将难以指导实践。

虽然本章所提到的大多数指导原则基于很多实验研究工作,但对其选择和分类源于作者对研究的解释,因此可能会与他们的观点有点偏差。定期综述新的研究发现是很有必要的,可以确保最有价值的设计指导准则得以分享。有些人可能会考虑用更严谨的方法来对指导准则进行分类。

可能最需要做的是建立一个更为整合的媒体呈现准则集。本章视觉类信息和动画/视频类媒体具有一个类似的多媒体组织架构,文本类和听觉类准则又是一种组织方式,这会使不同模型间的关系变得更加难以理解。

未来的研究议题还包括比较基于研究的准则和那些偏重应用少研究的准则。现实制作中所遇到的限制也值得进一步探讨。虽然设计关注最佳的呈现,但是工作场合的动态可变性经常会影响一个产品的效果。举一个典型的例子,本章第一作者有一本图形设计方面的教材,因为削减出版费用,该教材本身就严重违反了书中所提到的很多有效展示图像的原则。事先知道这些现实对设计者有好处。

小结

本章用一个三层工具箱比喻来指导几类媒体的呈现设计。通常设计者多使用第三层的元素，也就是设计中最具体和最方便的因素：文本类信息、视觉类信息、听觉类信息、以及动画/视频类信息。理解第一层那些基于认知学习理论的元素（信息加工理论、双重编码理论、认知负荷理论和 Baddeley 记忆模型），能帮助设计者更清晰地理解第二层的多媒体模型（Mayer，2001；Park 和 Hannafin，1993），以及它们与媒体呈现指导准则之间的关系。这三个层次之间的关系很有意思。若要建立一个更加一体化的设计工具箱，还需要更多更深入的研究。

（金　慧 译，汪晓东 一校，汪　琼 二校）

参考文献

Adamo-Villani, N. and Beni, G. (2004). Automated finger spelling by highly realistic 3D animation. *Br. J. Educ. Technol.*, 35(3), 345–362.

Alessi, S. M. and Trollip, S. R. (2001). *Multimedia for Learning: Methods and Development*, 3rd ed. Boston: Allyn & Bacon. Anderson, J. R. (1985). *Cognitive Psychology and Its Implications*, 2nd ed. New York: W. H. Freeman.

Atkinson, R. L. and Shiffrin, R. M. (1968). Human memory: a proposed system and its control processes. In *The Psychology of Learning and Motivation: Advances in Research and Theory*, Vol. 2, edited by K. W. Spence and J. T. Spence. New York: Academic Press.

Baddeley, A. D. (2000). The episodic buffer: a new component in working memory? *Trends Cogn. Sci.*, 4(1), 417–423.

Bauer, J. and Gall, J. (2006). Digital video production and editing for preservice teachers. In *Proceedings of Society for Information Technology and Teacher Education International Conference 2006*, edited by C. Crawford et al., pp. 3147–3149. Chesapeake, VA: AACE.

Bichelmeyer, B. (2005). *The ADDIE Model: A Metaphor for the Lack of Clarity in the Field of IDT*, http://www.indiana.edu/~idt/shortpapers/documents/IDTf_Bic.pdf.

Bishop, M. J. and Cates, W. M. (2001). Theoretical foundations for sound's use in multimedia instruction to enhance learning. *Educ. Technol. Res. Dev.*, 49(3), 5–22.

Bodemer, D. R., Ploetzner, R., Bruchmuller, K., and Hucker, S. (2005). Supporting learning with interactive multimedia through active integration of representations. *Instruct. Sci.*, 33(1), 73–95.

Braden, R. A. (1996). Visual literacy. In *Handbook of Research for Educational Communications and Technology*, edited by D. H. Jonassen, pp. 491–520. New York: Simon & Schuster.

Broadbent, D. E. (1984). The Maltese cross: a new simplistic model for memory. *Behav. Brain Sci.*, 7, 55–94.

Caspi, A., Gorsky, P., and Privman, M. (2005). Viewing comprehension: students' learning preferences and strategies when studying from video. *Instruct. Sci.*, 33(1), 31–47.

Catrambone, R. and Seay, A. F. (2002). Using animation to help students learn computer algorithms. *Hum. Factors*, 44(3), 495–511.

Chi, M. T. H., Glaser, R., and Farr, M., Eds. (1988). *The Nature of Expertise*. Hillsdale, NJ: Lawrence Erlbaum Associates.

Davenport, T. (1999). From data to knowledge. *CIO Mag.*, April 12 (http://www.cio.com/archive/040199/think.html).

Gagné, R. M. (1965). *The Conditions of Learning*, 1st ed. New York: Holt, Rinehart and Winston.

Gagné, R. M. (1985). *The Conditions of Learning*, 4th ed. New York: Holt, Rinehart and Winston.

Garcia, C. E. (1998). Exploring the use of animation software with young bilingual students learning science. *J. Educ. Comput. Res.*, 19, 247–267.

Gardner, H. E. (1987). *The Mind's New Science: A History of the Cognitive Revolution*. New York: Basic.

Goetz, E. T. and Sadoski, M. (1995). The perils of seduction: distracting details or incomprehensible abstractions? [commentary]. *Reading Res. Q.*, 30(3), 500–511.

Guthrie, J. T. and Mosenthal, P. (1987). Literacy as multidimensional: locating information and reading comprehension. *Educ. Psychol.*, 22(4), 279–297.

Harp, S. F. and Mayer, R. E. (1998). How seductive details do their damage: a theory of cognitive interest in science learning. *J. Educ. Psychol.*, 90(3), 414–434.

Hays, T. A. (1996). Spatial abilities and the effects of computer animation on short-term and long-term comprehension. *J. Educ. Comput. Res.*, 14(2), 139–155.

Hegarty, M., Kriz, S., and Cate, C. (2003). The roles of mental animations and external animations in understanding mechnical systems. *Cogn. Instruct.*, 21(4), 325–360.

Jacobson, R. (2000). Introduction: why information design matters. In *Information Design*, edited by R. Jacobson. Cambridge, MA: MIT Press.

Kintsch, W. (1998). *Comprehension: A Paradigm for Cognition*. Cambridge, U.K.: Cambridge University Press.*

Koroghlanian, C. and Klein, J. D. (2004). The effect of audio and animation in multimedia instruction. *J. Educ. Multimedia Hypermedia*, 13(1), 23–46.

Landauer, T. K., Foltz, P. W., and Laham, D. (1998). Introduction to latent semantic analysis. *Discourse Processes*, 25, 259–284.

Levitin, D. J. and Rogers, S. E. (2005). Absolute pitch: perception, coding, and controversies. *Trends Cogn. Sci.*, 9(1), 26–33.

Linebarger, D. L. (2001). Learning to read from television: the effects of using captions and narration. *J. Educ. Psychol.*, 93(2), 288–298.

Lockhart, R. S. and Craik, F. I. M. (1990). Levels of processing: a retrospective commentary on a framework for memory research. *Can. J. Psychol.*, 44, 87–112.

Lohr, L. L. (2007). *Creating Graphics for Learning and Performance: Lessons in Visual Literacy*. Upper Saddle River, NJ: Prentice Hall.

Mathewson, J. H. (1999). Visual-spatial thinking: an aspect of science overlooked by educators. *Sci. Educ.*, 83(1), 33–54.

Mayer, R. E. (1984). Aids to text comprehension. *Educ. Psychol.*, 19, 30–42.

Mayer, R. E. (1989). Models for understanding. *Rev. Educ. Res.*, 59, 43–64.

Mayer, R. E. (2001). *Multimedia Learning*. New York: Cambridge University Press.*

Meeter, M. and Murre, J. M. J. (2004). Consolidation of longterm memory: evidence and alternatives. *Psychol. Bull.*, 130(6), 843–857.

Meikle, J. L. (2005). Ghosts in the machine: why it's hard to write about design. *Technol. Cult.*, 46(2), 385–392.

Merrienboer, J. G. and Sweller, J. (2005). Cognitive load theory and complex learning: recent developments and future directions. *Educ. Psychol. Rev.*, 17(2), 147–177.*

Neisser U. (1967). *Cognitive Psychology*. New York: Appleton-Century-Crofts.

Norman, D. A. (1980). Twelve issues for cognitive science. *Cogn. Sci. Multidiscip. J.*, 4(1), 1-32.

Norman, D. A. and Bobrow, D. G. (1975). On data limited and resource limited processes. *Cogn. Psychol.*, 7, 44-64.

Paas, F., Renkl, A., and Sweller, J. (2003). Cognitive load theory and instructional design: recent developments. *Educ. Psychol.*, 38(1), 1-4.

Park, I. and Hannafin, J. (1993). Empirically based guidelines for the design of interactive media. *Educ. Technol. Res. Dev.*, 41(3), 63-85.

Pavio, A. (1965). Abstractness, imagery, and meaningfulness in paired-associate learning. *J. Verbal Learn. Verbal Behav.*, 4, 32-38.

Pavio, A. (1990). *Mental Representations: A Dual Coding Approach*, 2nd ed. New York: Oxford University Press.

Reiber, L. P. (1996). Seriously considering play: designing interactive learning environments based on the blending of microworlds, simulations, and games. *Educ. Technol. Res. Dev.*, 44(2), 43-58.

Schnotz, W. and Rasch, T. (2005). Enabling, facilitating, and inhibiting effects of animations in multimedia learning: why reduction of cognitive load can have negative results on learning. *Educ. Technol. Res. Dev.*, 53(3), 47-58.

Tversky, B., Morrison, J. B., and Betrancourt, M. (2002). Animation: can it facilitate? *Int. J. Hum-Comput. Stud.*, 57, 247-262.

Vidal-Abarca, E., Martinez, G., and Gilabert, R. (2000). Two procedures to improve instructional text: effects on memory and learning. *J. Educ. Psychol.*, 92(1), 107-116.

Vygotsky, L. S. (1978). *Mind and Society: The Development of Higher Mental Processes*. Cambridge, MA: Harvard University Press.

Waugh, N. C. and Norman, D. A. (1965). Primary memory. *Psychol. Rev.*, 72, 89-104.

Wertheimer, M. (1987). *A Brief History of Psychology*, 3rd ed. New York: Harcourt Brace Jovanovich.

Wickens, C. D. (1984). *Engineering Psychology and Human Performance*. Columbus, OH: Merrill.

---

* 表示主要参考文献。

9

真实感课程的设计策略 97

Sasha A. Barab 和 Tyler Dodge

摘要

本章提供了一个设计情境真实感的概念框架；讨论了三种类型的课程设计，从设计式和生成式的模拟模型到参与式模型；概述了每类设计不同的实现策略，包括来自文献的实例；具体介绍了设计式模拟模型(如，抛锚式教学、基于问题的学习和认知学徒制)，生成式模拟模型(如，基于案例的推理、基于项目的学习和课堂学习共同体)和参与式模型(如，参与式模拟、学业游戏空间和实践共同体)。通过这些不同的例子，我们还可以察觉到在追求课程真实感时出现的张力，即与境脉的质量(含噪音的与修剪过的)和学科形式体系的质量(直言的与隐含的)有关的张力。

关键词

真实性：学习者感知到相关实践与其预计或预想到的这些实践的使用价值之间的关系。

形式体系：构成内容领域概念框架的形式化结构与抽象原理；例如，侵蚀的概念是科学学
98 科的一种形式体系，除法是数学学科的一种形式体系，而隐喻则是语言艺术学科的一类形式体系。

真实感的参与式模型：这类模型建立真实感是让学习者作为真实共同体的一份子从事真实世界的任务，在一个能重视那些任务结果的情境中开展真实的实践。

真实感的模拟模型：这类模型建立在这样的假设之上，即课堂活动要与现实世界实践者所做的事情尽可能相似。

情境化的真实感：当对要学习内容的体验与某个具体的应用情境有关时，就建立了情境化的真实感。这个应用情境为学习内容和学生行为提供了合法性，并为学习者确立了一个有意义的目标，及一系列应采取的行动，正是以此为基础，学习者的行为将产生一些结果。

引言

许多理论家认为，认知革命是由两个阶段构成的。在第一个阶段，强调的是单个的思考者和孤立的心智(Gardner, 1985)。显然，这一阶段的理论家们试图淡化情境(部分原因是要去除斯金纳等人所设置的行为主义桎梏)，而聚焦于脱离所置身的具体环境的个体心智(Fodor, 1975; Shannon, 1988)。第二个阶段将认知的功能重置于其所处的社会、文化和历史的框架中(Barron 等, 1995)，这也是许多称为情境观点的核心(Brown 等, 1989; Cobb 和 Yackel, 1995; Greeno, 1989; Kirshner 和 Whitson, 1998; Suchman, 1987; Young, 1993)。

与 Gibson 等人(Gibson, 1966, 1979/1986; Reed, 1991; Reed 和 Jones, 1982; Shaw 和 Bransford, 1977; Young, 1993)提倡的生态观一致，学习者不再被认为是外在于学习所发生的环境而孤立存在的；相反，个体与环境，通过一系列有意设计的受控的实践活动而联系在一起，共同发挥作用(Reed, 1991)。这些生态学的描述挑战着这样一种信念，即知识(knowledge)是一种可被获得的东西(thing)，而求知(knowing)只不过是发生在个人心智内的一种认知行为而已。从生态学的视角来看，事实并非如此，知识涉及的是一项活动(而不是一种东西)，它总是被境脉化了的(而不是抽象的)，是作为个体—环境互动的一部分而被建构的(而不是客观定义的或主观创造的)，卷入其中的是整个人(而不是被孤立出来了的心智)(Barab 和 Duffy, 2000)。认知不是心智的行为或去境脉化的、待传输的知识比特，而是有真实情景的实践活动，它使所参与的个体鲜活地置身于丰富的而有意义的环境之中。

这一理论的核心在于强调要支持在丰富境脉体验中的有意义参与。Sfard (1998)将这一

转变描述为从“获得”观(曾经指导了 K－12 学校许多教育实践)向“参与”观(认为知识根植于实践的情境中)迈进。虽然实践应放在首位,但是从现实的角度来说,学校的教学安排及对支持抽象理解的重视,都会使情境化教学或体验式课程难以被采用。学校不单是要将一般意义上的经验结构化,而且要将支持具体内容学习的教学上有用的经验结构化。在本章中,我们先简要概述真实感课程概念,并提供一个概念化框架,描述建立完全真实的课程理解所面临的挑战,而后介绍九种致力于情境化理解的教学方法。

真实感课程概述

许多教育工作者已经指出,聚焦于识记事实性信息的授受式教学推动着浅层概念理解的发展(Lave 和 Wenger, 1991; Roth, 1996; Ruopp 等,1993; Wandersee 等,1994)。作为对这些以教师为中心的,或者说对基于课堂讲授环境局限的回应,越来越多的教育工作者正摒弃 99
这类占主导地位的教学授受模式,而转向更加体验化、情境化的教学模型(Barab 和 Hay, 2001; Barab 和 Plucker, 2002; Brown, 1992; Brown 等,1994; Collins 等,1989; Cognition 和 Technology Group at Vanderbilt [CTGV], 1991, 1993; Duffy 和 Jonassen, 1992; Roth, 1996)。这些参与式学习环境支持内容的天然复杂性,避免过度简化;使学生在复杂境脉下通过实践获得知识;这种学习环境鼓励合作,教学可以在模拟的或者真实的情境中展开(Barab 和 Duffy, 2000)。

这些不同的努力具有一个共同的信念,即当所要教授的内容情境化于真实应用时,它改变了这些内容对于学习者的根本意义,其核心在于论证我们需要这种情境化真实感的课程,一种由学习者主导,同时还要彰显目标形式体系的功用和必要性的课程。基于 Nathan (2005) 对形式体系的描述,它是指“构成内容领域概念框架的形式化结构与抽象原理”(5 页)。每个学科都有其核心概念、方法论、框架、任务和原理,它们在所在的学科中扮演着重要的组织作用(例如,符号方程、图形图表、科学定律、语法规则、历史结构、音乐符号、艺术运动)。形式体系被认为具有概括力和阐述深层结构的效用,可用于剥离不相关的境脉。但是这些对于知识渊博的专家来说非常有用的形式体系,对于那些仅仅是刚开始认识一个学科的人们来说,难以达到同样的作用。对于后一类人,直接阐释从实用环境中抽象出来的形式体系并不是最具产出的教学举措。

然而,在学校环境中建立真实感课程却是一个巨大的挑战,其难度在于选择一个合适的情境,确定噪声的数量,以便这些基础的学科形式体系具有真实感。当一个学习环境被过度地裁剪时,就会使人觉得这是一个学校作业,而不是真实体验(Dewey, 1938/1997),想置身于其中的可能性变得极小,而且知识对于学生来说还是死知识(Whitehead, 1929)。随着学习环境中加入更多的情景因素,神秘感、真实感和探究乐趣也会增加,但同时却会牺牲指导、效率和清晰度。事实上,生活本身就是充满噪声的,学校之所以出现,部分原因就是为了让形式体系摆脱这种噪声而呈现出来——学校是一个纯粹理性大行其道、明确关注形式体系的地方。

只要教育者在教育目标的设定上继续尊崇纯粹思考和抽象的形式体系，我们就会继续不断地破坏我们想要支持的意义和理解。情境化真实感设计的目标是推动与课程教学框架有关的学习轨迹的发展，从而将内容扎根于体现其价值的那些情境中。课程的情境化真实感取决于所要学习的内容是否是在一个特定的叙述情境中被体会到的。我们所说的叙述情境不是周围随便一个场景，而是一段为学习内容和学生行动提供合理性的故事情节，包含一个有意义的目标和一组学生要采取的行动，学生的行动会产生一些结果。如果某个具体的形式规则没有关联到一个应用境脉，没有使学生看到其真实应用的境脉锚钩，就有被当作孤立的事实被死记的危险。正是从应用境脉中涌现出来的学习者的想法和行动结果将一个形式体系从脱离实体的事实变成了一个内嵌的甚或形象的事实(Barab 等，1999)。在建立某个应用情境的过程中，教育者必须审视可能会从核心境脉中涌现出来的各种想法，并且明了如何将形式体系作为工具，通过使用和验证某个形式化原则来证实这些涌现出的想法。下面我们介绍九种致力于将内容、学习者和经验加以真实化和情境化的教学方法。

设计真实感课程

以上我们指出了一套形式体系置于应用情境中时其意义会发生变化。因此，对那些有兴趣设计真实感课程的人来说，决定性的挑战是建立真实的境脉，即要建立一个具有真实感元素的课程教学情境。然而，真实感作为一个术语被广泛地应用，却并未被充分地定义。在为学习设计环境时，必须确定怎样才为"真实的"以及对谁而言是真实的(Barab 等，2000)。例如，对设计者来讲是真实的，对学习者来说可能不真实，对学习者来讲是真实的，对设计者来说又未必真实，而对现实世界的实践者来说，它们可能都是真实的或都不是真实的(Brown 等，1989)。

真实感有赖于学习者所感知的关系，即相关实践与一个人预计或预想到的这些实践的使用价值之间的关系。按照这种说法，许多教育者已经在开发有助于建立真实感的理论和学习环境了。下面我们介绍其中的一些工作，先看看那些真实感的模拟模型，将那些主要是由设计师导演的真实感模拟模型，与那些要学习的内容是生成式的但仍旧不是置于真实世界环境的模拟模型区分开来，然后，我们概述那些以真实参与为手段的模型，这些模型强调解决现实世界的问题时真实世界情境的重要性(Petraglia, 1998; Radinsky 等，1998)。

建立真实感的设计式模拟模型

模拟模型建立在这样的假设之上，即课堂活动应与现实世界的实践者所进行的活动尽可能地相似。这包括：事实方面的真实，即模型中的任务环境的细节被设计成与现实世界的细节相似；程序性或过程的真实，即学习者在模型中的实践与在校外参与的实践相似；以及任务真实，即学习者在模型中的任务活动与现实世界的实践者所从事的任务相似(Petraglia; 1998)。Barab 和 Duffy (2000)从 Senge 那里借用实践场(practice field)来指称这些境脉，因为它们并不是发生在真实场域中，而是允许学生实践那些他们以后会在学校以外遇到的活动。我们认为，真实的实践之所以必不可少，并不只是因为他们让这些情境变得极为有用，还在于他们合法化了所实践内容的价值和意义。没有一组策略可以反映代表模拟模型的所有理论和设计，所以在此我们只概述若干能够表明我们所指的实践场是什么意思的理论和设计。

抛锚式教学

抛锚式教学是指在这样的教学中，所要学习的材料呈现在一个具体主题的境脉或锚中。这一具体主题或锚能够将材料合法化，并且进一步地，使其能够从多个视角被审视。范德比尔特认知与技术小组(1990，1991，1993)的工作主要关注了基于视频的宏观境脉，试图通过将学 100
习锚定，即包含所要学习的内容，于有意义的问题解决活动的境脉当中，来克服惰性知识(Whitehead, 1929)。对比在课本每章最后找到的那些互不相关的应用题，宏观境脉指嵌入语义丰富的、开放的环境中的故事(CTGV, 1993)。在这些锚式宏观境脉当中，学生从引入问题的复杂故事开始，并使用自顶向下的策略来生成达到解决问题所必需的子目标。这一自顶向下的处理帮助学生学习较低水平的技能(例如，数学算法和事实)，同时也让他们认识到所学技能和应用场景之间的关系。

这类具有代表性的课程是“贾斯泊・伍德伯里问题解决系列”，该课程是为5年级以上学生设计的。每个录像带包含一个冒险短片(大约17分钟)，短片最后有一个复杂的挑战问题。像那些写得不错的侦探小说一样，这些冒险故事中嵌入了所有必要的数据(同时也有多余的、不相关的数据)。在一个这样的故事中，学生必须发现并解决17个数学子问题，这决定着主角贾斯泊能否回到家中(CTGV, 1990)。情节中的许多挑战需要将境脉中的噪声从手头问题相关的方面中区分出来。这套贾斯泊冒险系列还嵌入了讲授场景，示范解决问题的特定方法，如果学生在应对挑战中需要这些方法，可随时翻看。当学生使用这套课程时，他们在应对挑战的同时学习了数学：通过需要时的即时教学，他们学习了概念和技能。

重要的是，这些课并没有将教学内容(例如，距离—速度—时间公式)与媒体(例如介绍贾斯泊问题的录像故事)分开，而是简单地呈现了一个情境(即决定贾斯泊能否回到家中)。虽然抛锚式教学与基于问题的学习(PBL；在下面描述)有些相似，但相比后者它的结果不算开放。大多数抛锚式模块是为年轻学习者设计的，所以会通过嵌入数据设计将解决问题所需要的所有数据都嵌入在模块中。还有，对比PBL，抛锚式模块中通常不要求进行大量的独立研究和数据收集。与PBL一样，目标都是抓住现实世界场景中的一个真实问题，但是抛锚式教学并不会向学生说这个问题是实际存在的，而是明确邀请学习者来解决一个虚构的问题。还有一点需要注意，虽然CTGV设计的第一个抛锚式情节系列聚焦的是相对限制性设计的模拟问题，后来他们开发了连接共同体(community-linking)的脚手架(Barron等，1995)以及灵活适应性设计，其结果越来越多地由学生和教师来决定了(Schwartz等，1999)。

基于问题的学习

按照Finkle和Torp (1995，1页)的说法，基于问题的学习(PBL)通过将学生置于问题解决者的积极角色中，使其面对反映现实世界问题的劣构问题，来同时发展问题解决策略和学科知识基础和技能。虽然PBL最初出现在医学课程中，且规定了一系列有序的规则来解决医疗领域的劣构问题，但是现在它已经在许多领域中被广泛地采用，不是严格地只作为方法论，而是更广泛地作为一种教学方法。虽然本质上并非置于现实世界(参与式真实),学习者还是会体验到模拟的真实,感受意义和问题焦点。这一教学策略的核心是问题境脉(Dewey, 1938/1997)或认知困惑(Savery 和 Duffy, 1995),它通过使学习者参与有意义的、与学科相关的任务来孕育学习。

在讨论 PBL 时,Savery 和 Duffy (1995)提出了一系列能够应用于 PBL 环境的教学原理,整理如下。首先,学习者必须感到学习活动是与更大的任务或问题相关的,并且必须接受需要他们自己去定义教学目标和问题解决过程。其次,虽然学习活动是嵌入在一个定制的安全的境脉中,但是学习活动还是要能够支持和挑战学习者,过程要逼真,要帮助学习者为未来在复杂的现实世界环境中应对做好准备。最后,学习者必须用多种视角和场景来检验所生成的理
101 解,不仅要反思学到了什么,还要反思学习发生的过程。这种方法与其他相近的策略,如基于案例的推理(Kolodner, 2006)的不同点在于学生要承担起为一个问题给出原创解法的责任,而不是研究其他人的解决方案。

切尔西银行(Chelsea Bank)是采用 PBL 教学的一个例子,作为一个工作场所的模拟,学生在这个虚构的金融机构中担任不同的职位。这个课程由 12 个计算机场景组成,中学生通过运用一组问题解决策略,包括提出假设、修改方案和寻求帮助,来解决各种不同的与财务相关的问题(Duffy 等,1996)。实际上,虽然情境化于金融行业,但该项目并不是作为职业培训,而是为了培养基本读写能力和问题解决能力的。例如,在帮助一个切尔西顾客时,学生需要使用银行手册、账户信息和其他资源从多个选项中决定采取什么行动;他们必须从选项中选择并证明他们的答案是正确的。切尔西银行项目和其他 PBL 模拟成功实施的一个关键性挑战是要帮助教师成为支持成功探究活动的指导者。

认知学徒制

认知学徒制是 Collins 等人(Collins 等,1989)提出的一种学习方法,他们认为传统学徒制中丰富的境脉促进了学习的发生,因此根据传统社会学徒在熟练工匠指导下工作的隐喻,以及有关人在日常的、非正式的环境中是如何学习和参与的研究结果(Rogoff 和 Lava, 1984),发展出一种教学模型。然而,传统学徒制必须要有动手的学习轨迹,以制作的手工作品为证,不同的是,认知学徒制则强调认知学习轨迹,如将概念处理过程可视化。在这种方法中,教师或其他有知识的人要解释教师所采取行动背后的思考,从而通过一种认知学徒制形式来为学生示范。然后教师给予指导和支架,目标是渐渐减少教师的干预,最终使学生能够在没有教师支持下开展行动。

其他的教学策略还包括鼓励学生口头清晰表述他们的知识和思考;反思其学习经历;探索他们自己提出的原创性问题。认知学徒制的核心并非简单地学习一个具体的事实或概念,而是让学生参与到一个丰富的、有意义的任务中。Collins 等(1989,487 页)建议:“哺育学习的一个关键要素是让学生在一个体现了未来他们的知识会有多种用途的环境中完成任务和解决问题。”其实,Palincsar 和 Brown (1984)的阅读互惠教学(reciprocal teaching)就包含认知学徒制的许多特征,其基本方法围绕对学生四项策略技能的示范和训练,即根据文章形成疑问,总结文章,预测接着会发生什么,以及阐明阅读文章的困难。

这个方法曾被用于小组学习、大班学习，也用在单个学生身上。互惠教学这一术语意指为了理解一段文章，教师和学生轮流扮演教师的角色。在描述其效果时，Palincsar 和 Brown (1984)认为，用讨论的方式处理文章与教授孤立的理解技巧(如确定主要观点)有很大的不同。当学生参与互惠教学时，他们所学习的策略服务于更大的目标，不仅是为了理解他们正在阅读的内容，也为了发展阅读和学习的关键技能。另一个例子来自数学学科(Schoenfeld, 1996)。在这个例子中，专家在解决一个新问题的过程中进行出声思维，然后与其他学习者反思其所使用的策略和所走过的路径。在描述一堂课的真实情景时，Schoenfeld (1996，213 页)写道：

> 数学是交流的媒介。我们谈论数学，相互阐释，分享错误的起点，享受人之间的交往。总之，我们成了搞数学的人。这很有趣，也很自然，而且感觉就应该这样。它不再是一周几小时的孤零零的“上课”。通过这种文化浸润，学生以一种理解的方式体验数学。

Schoenfeld (1987)强调创设一个数学家文化的微世界来帮助学生像数学家一样思考是非常重要的。

建立真实感的生成式模拟模型

上面谈到的设计在学习者开始学习之前都需要先开发出大部分的学习情境。限制条件主要设置在资源中，并且可接受的学习结果也被相当好地界定了；设计者多半知道正确的解决方案是什么，即使设计还正在创作当中。相反，一个生成式模拟模型将许多交流情境化于任务当中，让参与者通过社会性协商形成大部分的活动结构，并决定什么可以算作是合理的成功证据。在这些情形中，真实感主要来自于说服其他人相信某人的解释是有意义和可信的。而且，这样的一种学习过程有较长的持续时间，其间与之合作的人中既有知识不如他的人，也有与之相比知识更丰富的人。与参与式模型相比，这些模型还属于模拟式，呈现的是为某个学习情境所设计的任务，而不是会受解决方案影响的一个真实世界的问题。同前面一样，虽然没有一组策略能够反映所有理论，也没有一个设计能够体现所有的理论，但是我们还是介绍几种理论和设计，来解释这类生成式模拟模型。

102

基于案例的推理

基于案例的推理(Case-Based Reasoning, CBR)源于计算机科学领域对人工智能的追求(Schank, 1982)，但是受建构主义学习观的影响，现在这一方法引发了相当广泛的教育尝试。确实，作为一种教学策略，案例方法提供了丰富的学习境脉，而且无需做什么设计。就像 PBL 一样，CBR 依靠先前知识和经验来为问题解决提供丰富的境脉，并且很重要的是，这些先前的知识和经验并不限于个体学习者仅有的知识和经验，而是允许用同一场域的其他人的知识和经验一起来构成案例的境脉(Kolodner, 1993，2006)。如乔纳森所述：

> 学生是通过研究案例……，和准备案例概述或诊断分析来获得知识和必要的思维技

能的。案例学习锚定在真实境脉中;学习者必须处理复杂性并像从业者那样思考。

其次,站在学习者这方面来看,这些案例的劣构性提供了一种可以被感觉得到的真实(Jonassen 和 Hernandez-Serrano, 2002)。通过对嵌入在这些案例之中的理解和认识进行解读、思考和应用,新的理解与认识就会自然而然地生发出来。不管是亲身体验还是假手他人,“具体、真实、及时的反馈”都会促进学习者经验得到丰富和发展(Kolodner 和 Guzdial, 2000, 220 页),从而促进其解决当前案例或其他补充案例或者反例的能力不断提高,不断娴熟。

案例库(Case Libraries)将反映某个感兴趣的学科,如法律、科学或社会工作的案例放到一起。这些案例不仅挑选自所在学科的文献,而且还可能来自于其他学生运用学科相关的概念或技能时遇到的事情(Kolodner, 2006);也就是说,一个学生的经历能够作为一个案例呈现给其他人,通过这个案例,其他学生可以假手他人来体验这种经历,从而形成个人对此番遭遇的理解。从这个角度来看,不仅案例库,还有课堂讨论,都可以被设计为能够促进学生产生真实感的工具或结构。然而,即使案例促进了学生对学科形式体系的理解,而且这也是通过将这些形式体系嵌入一个丰富的情境中而做到的,案例也同时要提供支架让学生去感知这些形式体系,而要做到这点,案例就需要通过叙述的方式而不是解释的方式,这样就提供了一种真实感,尽管其经历还有些被设计的味道。

尽管案例库证实了教师可能设计出有效的学习经历,但是案例本身的吸引力来自于案例丰富的情境,学习是以强调学生亲历并保证理解的方式生成的。Kolodner (2002)有关气球车挑战(Balloon Car Challenge)的讨论例证了这一生成性质。“气球车挑战”是中学物理科学课的一系列活动中的一项,应用了多种学习理论,包括用 CBR 来使学生从事科学应用。与前面所讨论的准则一致,它将科学实践的发展体现在对可能的解决方案进行反复测试和改进当中。这个单元是关于推动力的,要求学生测试不同数目的气球,以及连接气球和车辆的不同长度和直径的吸管。最后,根据测试、推测和发现,学生们组合各种不同的动力系统来使他们的车辆能够穿过一段有难度的道路。通过这些经历,学生发展了进行科学假设、实验和解释的能力,以及基于证据的决策能力。而且,他们学会了科学阐释,即边讨论边做科学。通过他们自
103 身的体验,学生们融入了科学领域的真实实践中。

基于项目的学习

基于项目的学习会提出不平凡的疑难问题,对此,学生要形成疑问、进行预测、开展实验和分析、产生结论和作品(Blumenfeld 等,1991)。由于这些探究或项目本质上是需要较长的持续时间以及需要合作的,因此对学生来说具有真实性,带给他们一种有真实感的课程体验。与 PBL 必须要有精心设计的或结构化的问题来引导学生发现“正确”解法不同,基于项目的学习的产出是不确定的,是在学生创建课堂与现实世界之间以及跨学科的联系时,从学生自己的实践中产生出来的。简言之,虽然可能是教师建立了学习环境,但学习过程是以学生的动机、方向和成就为特征的,尽管由于这一过程本身耗时较长而且常常模棱两可的性质,教师还必须支持这一过程(Blumenfeld 等,2006)。基于项目的学习有两个基本的方面值得强调:第一,因为是学生明确表述的疑问驱动着项目探究,所以是学生在建构他们自己对学科形式体系的

理解，第二，因为项目以具体的、外显的人工制品作为结束，学生可以反思这些理解并根据其他人给出的反馈来修改这些理解。

在20世纪90年代早期，研究者发现美国初中和高中的科学教育是有问题的：话题广泛但浅尝辄止，复杂性不够，学生的体验是人为构造的、一般性的、可预测的。而且，无论是课本还是教师实践，都没能认识到学生应该在他们的先前知识基础上来建构他们个人的科学认识。为此，出现了若干具有基于项目学习特征的学科项目，共同描绘了项目式科学教育的特点（Krajcik 和 Blumenfeld, 2006），这包括"城市学校学习技术中心"（Center for Learning Technologies in Urban Schools, LeTUS），和"用科技探索我们的世界"（the Investigating and Questioning our World through Science and Technology, IQWST），这两个项目都是中学和大学合作开发的，它们将对科学实践和概念的学习置于大项目的境脉中，这是目前讨论的核心。

正如 Krajcik 和 Blumenfeld (2006)所阐释的那样，首先这些项目都是由真实的疑问——有意义的并且境脉化的疑问驱动的，这些疑问将学生活动结构化，并与教育标准相对应。其次，学生活动的真实感源于其置身于科学学科的实践和形式体系，参与持续的探究，得出科学的解释。第三，学生的工作取决于合作——不仅是与其他学生（他们会支持或批判所产生的理解）合作，也不只是与教师（他们对探究过程进行结构化并提供支持）合作，还要与课堂以外的共同体成员（他们帮助学生在该学科的表达和实践变得更为娴熟）合作。第四，这些项目使用技术工具不仅让学生活动类似真实的科学实践，也促进学生自己建构理解，制作作品。其实，这点与 Krajcik 和 Blumenfeld 所讨论的基于项目的科学项目的第五个特征也有关系，即制作作品过程中学生展示的理解不仅能够促进其他学生的理解，而且通过反馈和反复修改，也提高了那个学生自己产生的认识。 104

课堂学习共同体

在上面关于认知学徒制的讨论中曾谈到，当一个人用情境化的视角来进行课堂练习的时候，课堂文化就会改变，且一定会改变（Brown, 1992; Schoenfeld, 1988）。正如 Driscoll (2000，175页)所解释的那样，"学校传统的社会结构是这样一种结构，处于其中的教师通过课堂活动、课本和其他可能的媒体将知识分发给学生"。像这样的一种安排让教师拥有了一种控制学生学习的特权，而且把教师和教科书描述为独一无二的合法知识来源。"然而，当一个课堂成为一个学习共同体时，社会结构就发生了变化，转换为师生一起努力来达到重要目标，而这些目标也是师生共同设立的"（Driscoll, 2000，175页）。从这个角度来看，学习共同体例示了分布式专长、合作和所产生的所有权。

Brown 和 Campione (Brown, 1992; Brown 和 Campione, 1990; Brown 等，1994)设计并研究学生共同体已有十多年了。在 Brown 的(1992)有关设计实验的重要文献中，她介绍了在五年级学生中建立一个学习共同体的过程。他们的课堂展示了一种尊重的氛围，在那里，学生的陈述被真诚地对待，他们的疑问被认真地考虑。此外，学生们还建立了讨论共同体，在该共同体中"随着共同体成员发展和分享他们的知识和技能，意义被协商和再次协商"（Brown 等，1994，200页）。这些努力的核心是运用互惠教学法和拼图法，以使学生参与合作。因为在前面已经介绍过互惠教学法，下面只谈谈拼图法。

这个教学策略要求学生们要一起努力分别培养完成某个大任务中的一部分所需要的知识和技能，一旦他们掌握了所负责的部分，就采用互惠教学法去与小组中的其他学生分享他们所学到的内容。通过这些技术，教育者能够建立重复结构(repetitive structure)，称作循环(cycles)，来帮助学生达到对各个不同部分的熟练，并认识到随着时间推移掌握能力在提高。这样的循环教学大约要持续 10 周时间，首先是由一位教师或一位应邀专家介绍一个单元，上基础课，阐述对任务的整体认识以及对各个不同的主题如何内在地彼此关联的分析视角。然后，学生们集中于研究他们的"拼板"(pieces of puzzle)并将这些内容教授给他们小组的其他人。当学生在发展任务各个方面的能力时，分布式专长便出现了。教师在整个研究循环中会示范怎样做拼图练习，当循环结束时，整个组都要参与全面的互惠教学，每个学生作为他或她所负责的话题材料的某个方面的专家参与其中。

值得注意的是，随着采用技术为媒介的交流被越来越多地应用于教育环境，像 e-mail 和电话会议这样的结构使学生不仅能够面对面地合作，还可以分布式地跨越空间和时间，不仅可以进行彼此之间的交流，还可以与更广泛的共同体交流。Scardamalia 和 Bereiter (Bereiter 和 Scardamalia, 1996; Scardamalia 和 Bereiter, 1994, 1996)给出了另一个使用技术资源支持合作的有趣的例子。他们的工作中一个精彩的方面是为共同体建立了一个公共数据库，每个新班级都参与其中，学习不仅嵌入当前的课堂活动中，而且是作为随着时间不断扩展和进化的共同体的一部分。

建立真实感的参与式模型

参与式模型建立真实感是通过让学生解决现实的问题，进行"真枪实弹"的练习，学生常常是作为一个社区的成员，这个社区有一些新手和老手(Lave 和 Wenger, 1991)。同设计式模拟和生成式模拟类似，参与式模型也要求具备事实真实、过程真实和任务真实的特点，另外还增加了生态真实。在生态真实中，学习者以所处的生态位(ecological niche)来参与现实世界任务，生态位使任务具有了价值。除浸润于现实世界外，这些设计也整合了大量的教学支架，包括发生在课堂中的练习场景以及为帮助学生理解必要的内容和更有意义地参与相关任务而定制的简单的及时的讲解。实际上，对于这些类型的空间而言，它们作为学习的境脉成功的关键是：即使是这样的现实世界的参与也要结构化，以便让非专家也能成功，这与那些只是把学习者扔到现实中任其沉浮的情景形成了鲜明对比。而且，所有教学结构化的活动，无论是不是基于课堂的，都嵌入在对现实世界有影响的真实世界的任务情境中。

105 **参与式模拟**

具有真实感的参与式模型是建立在这样的假设基础上的，即一项学习活动的真实感来自学生在真实境脉中参与一项现实世界的任务。这为学校环境设计的参与式模型提出了许多挑战，因为它们要求学生离开课堂环境，与现实世界实践者一道作为共同体成员直接参与。建立真实性参与的方法之一是将孕育学生—专家的伙伴关系(SEPs)作为教育经历(educational experience)的一部分。SEP 模型的核心是通过动手、动脑的活动——即学和做——来接受某个内容，这些活动为学生提供机会，参与对现实世界有影响的、对他们和现实世界实践者都有重要意义的项目。这种伙伴关系的例子包括“有益环境的全球学习与观察”(GLOBE)项目(Finarelli, 1998; Rock和Lawless, 1997)、“全球江河环境教育网络”(GREEN)项目(Donahue等,1998)和“守卫森林”(Rock和Lauten, 1996)。所有这些项目的核心是这些实践活动和结果产出都是真实的,并被学习者及实践共同体所共同拥有,并且它们是针对现实世界真实问题的。

另一个例子,国家地理学会的儿童网络课程(Bradsher和Hogan, 1995; Karlan等,1997)已经让来自50个国家超过150万的儿童参与到关于现实世界问题的合作调查研究中。该课程由8周课程单元构成,面向4至6年级的学生。在实施期间,5至10个地理上分布的教室的学生通过“儿童网络”(Kids Network)连接起来,形成一个研究团队。学生先研究课程领域(例如,全球变暖、河流侵蚀),讨论与他们的社区相关的一般性问题;分布在各地的班级像一个团队一样工作,协商如何解决反映每个小组各自感兴趣的问题。这种合作地决定具体研究问题的过程平衡了不同小组的兴趣,考虑了所有权和合法性,并且使全球性的比较成为可能。一旦研究问题得以确定,小组就开发数据采集工具并从社区收集样本,同时有“儿童网络”的专家参与他们讨论问题并提供指导。

“儿童网络”的人员从不同的地方接收和整合数据。将数据汇总后发送到参加项目的班级;此外,一位一线的科学家会把对数据资料的初步解读发给学生,以向学生示范科学的思维模式(Bradsher和Hogan, 1995)。学生通过对数据进行原创性解释,得出与他们的社区有关的结论,准备好向社区汇报发现的演示报告,就算完成了课程。这些发现和报告也会放在“儿童网络”中,这样后来的小组就能够从先前的工作中获益。Bradsher和Hogan(1995,39页),两个国家地理学会项目人员,是这样描述“儿童网络”课程的:

> 学生提出有关他们当地社区的研究问题,形成假设,通过实验采集数据,并分析结果。大部分答案无法预先得知,并且那些发现超出了课堂教学的兴趣。

该课程比在这里描述的更为结构化,那些发现也都很规范(Hunter, 1990; Karlan等,1997),这种方法展示了使学生参与到真实的科学问题,与其他学生和科学家讨论的潜力。产生真实感的核心因素是学生们通过他们的工作为他们现实世界的社区作出了重要贡献。

学业游戏空间

学业游戏空间是寓教育、娱乐和个人转变为一体的课程境脉,它根据当代学习理论而设计(Bransford等,2000),糅合了故事(Bruner, 2002; Rosenblatt, 1938/1995)、交互叙事(Murray, 1997)和游戏设计(Gee, 2003; Salen和Zimmerman, 2004)。重要的是,这些空间的结构和内容不仅遵从学业标准和学科形式体系,也与现实世界的问题和真实实践相对应。当然,游戏能够建立沉浸感的“世界”,提供一种扮演的感觉和行为因素,但是学业游戏空间除此之外,还要为学业学习提供课程任务和教法要素。这些环境支持交互叙事框架中参与的各种复杂形式,在这其中,学习者由角色来决定这些故事如何展开。开发这样的有故事情节的课程,其核心挑战不仅包括将学业内容有意义地情境化,还要包括将学习者情境化,使其求知

(knowing)过程成为具有真实感和参与的过程。进一步地,空间设计要安置学科内容,使其不仅在当前情境下产生结果而且还要能够迁移到——即关联到或应用于——其他情境,包括未来的故事情节中(Bereiter, 1997)。这样,学业游戏空间就需要模糊魔幻圈(magic circle)的边界,即淡化游戏世界与其他非游戏世界之间想象中的边界(Murray, 1997; Salen 和 Zimmerman, 2004)。

设计支持真实经历的学业游戏空间的过程或许可以用"探索亚特兰提斯"(Quest Atlantis)为例来说明。那是一个教与学项目,采用虚拟多用户环境,使 9 到 12 岁儿童沉浸于教育挑战之中(Barab 等,2005b)。综合了商业游戏策略和有关学习和动机研究成果,"探索亚特兰提斯"让孩子们在虚拟空间中旅行,完成有趣的学业活动;他们能够与其他儿童和指导者进行文字聊天,还可以通过定制他们的化身和项目主页建立虚拟形象。另外,该项目还提出了一系列贴近现实道德原则的生活承诺(例如,环境意识、创造性表达、主张多样性)以培养学生的觉悟和权益意识(Gardner 等,2001)。儿童通过参与项目来挑战这些承诺,也可以通过虚构的人物角色,即亚特兰提斯星球上 7 个青少年委员会的委员的身份,来捍卫这些承诺。为了淡化游戏的魔幻圈,孩子们在游戏中的身份取决于他们是否成功完成了在本地社区的任务,本地社区是其校外生活世界的一部分(Barab 和 Roth, 2006)。

委员会的每一位成员都是其中一项承诺的冠军,这样孩子们就可以对这些承诺形成丰富的理解和生态学角度的认识。重要的是,课程任务常常不是简单地参与虚拟世界就可以完成的,而是经常需要回到现实世界中,比如去采集附近河流水质的数据以便告知他人这个采集过程。在这个项目中,孩子们并不是故事的观众,这些故事事先已通过小说、漫画书和其他方式广为人知。虽然孩子们也发现这些游戏结构很引人入胜(Barab 等,2005a),但是在这个项目中,孩子们是故事的参与者,他们参加活动,获得新的能力,甚至可以影响故事的发展,比如与委员会成员谈话,或对有关问题投票。实际上,正是孩子们与故事情节、虚拟空间和游戏之外他们所处的社区的相互作用共同给养了一种虚实结合的真实感体验。

106 **实践共同体**

实践共同体具备上面讨论的学习共同体的许多方面的特征,只是需要更长的时间,在更真实的环境中发展。Lave 和 Wenger (1991)提出实践共同体这一术语,抓住活动对于个体融入共同体的重要性,以及共同体在个体实践合法化中的重要性。在这一境脉中,学习被看作一种轨迹,学习者沿着它,在实践共同体中,从合法的边缘性参与者向核心参与者移动。Barab 等(2004,55 页)在先前概念的基础上(Barab 和 Duffy, 2000),将实践共同体定义为"一个持续维系的人际网络",具有以下的特征:(1)共同的知识观、价值观和信念;(2)成员之间有类似的历史经历;(3)相互依赖;(4)繁衍扩大机制;(5)同样的实践和/或共同的事业;(6)交流和参与的机会;(7)有意义的关系;(8)尊重多样化观点和少数观点。重要的是,实践共同体是相互嵌套,互相重叠的,它们既可以独立存在于真实世界中,也可以部分地或全部地用网上社交技术结构支持。

教育实践共同体的一个典型例子是"教师共同体",这是一个依托大学的职前教师专业发展的培训项目(Barab 等,2002)。该项目强调实地工作,每个参与者委培于一所学校。他们没有被指定导师,其与某位老师之间的学徒关系是在社交协商和双方就这一关系的好处相互认同的基础上建立起来的。这样,每个学生在第一年争取证书资格的时候就与一个"老前辈"配对了,而且在整个培养期间他会继续与这位老师一起工作。此外,每个学生还是一个师范生共同体的成员,并且在整个学习期间都是这个共同体的一份子,在这个共同体中,分享他们的成长见识和技能,不断探讨共同体及教师专业的目标和意义(Barab 等,2002)。与其他共同体一样,"教师共同体"中有老手(有教学经验的学生)、新手(大学二年级学生)、和水平介于两者之间的人,大家都在从事一项共同的事业。

这个培养方案还列出了每个学生在学徒期间需要达到的 23 项培养目标(Gregory, 1993),而且这些目标是通过真正的实习而不是通过听课或看教科书来实现的。学生用个人档案袋收集教学证据,通过他们的经历证明他们是如何达到目标要求的。因为是用档案袋来举证学生做好了职业准备,假以时日,就会收集到一堆个人的陈述,包括共同体公认的实践活动。档案袋还会帮助学生学会用一种分享的语言来描述具体的群体实践。这些成员会逐渐成为培养方案的一部分,在此过程中共同体孕育的传统和成果也会不断地被其成员所继承和完善。共同体轨迹就是以这样一种方式在不同的课堂和场合中延伸,每个人都开始认为自己越来越处于这些由职前教师、实习教师和经验丰富教师组成的嵌套的共同体的核心。这个项目最重要的一个组成,或者更宽泛地说,那个建立真实感的实践共同体模型是将其成员的工作或实践情境化于真实世界和反思境脉,成为共同体的一员和变得有知识有技能是相辅相成的(Wenger, 1998)。

小结 107

如果情境理论家是正确的,即一个人的学习所处的境脉会影响一个人对所要学习的内容的识知,那么对情境化内容的理解策略就变得至关重要了。在本章中,我们提供了一个概念框架,并从文献中选取了一些设计了情景真实感的项目作为例证。这里并未能穷尽所有的范例,只是给出了一些富有启发性的例子而已。另外,我们讨论了三种在课程中建立真实感的课程设计方法,从精心设计真实感到自然生成真实感的模拟模型再到参与现实的参与式模型。我们坚信,每一个模型都具有优势和劣势。设计式模型因为可控且实施方便,更容易在课堂中被采用。生成式模型因为需要为学习者提供丰富的对话和创造情境,因此真实感更强,但也要求学生更为主动,这都增加了在 K-12 课程中应用的复杂性。最后一种参与式模型不要求考虑对现实世界场景的设计,而是实际发生于真实境脉当中;然而,这一类型的真实感被证明是很耗时的、难以支持的,并且,确实,虽然会带来丰富的体验,但是教学功能却被暗中削弱了。

综观不同的例子,我们也看到了在追求课程真实感的工作中呈现出来的张力,也就是与境脉的质量(含噪音的与修剪过的)和学科形式体系的质量(直言的 vs. 隐含的)有关的张力。确实,平衡图 9.1 四个象限所描述的课程体验对教学设计来说是一个重要的挑战,也为未来的研究提出了一个值得深入的重要课题。具体来说,强调直言形式体系的课程有引起过分的学校式经历的风险,而过多地关注境脉很可能是低效的——特别是现在越来越强调学生必须通过一个又一个学业标准。而且,先前经验和知识也会影响是否采用故事情节来建立真实感的决定。对那些已经有丰富应用情境感知的学生来说,为学习而建立一种详细的故事情节可能是低效的,且很可能达不到预期目标;反而不如用讲课方式提供直接精简的教学更有效。

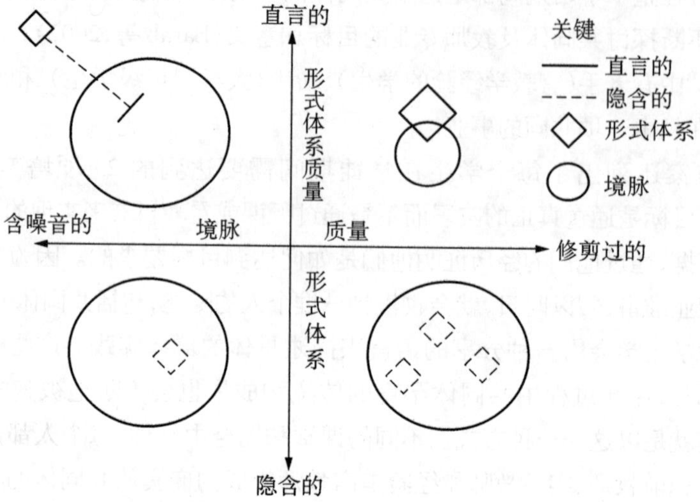

总之,我们认为,建立情境化真实感的课程并不是出一道复杂的应用题那么简单,就像许多传统的教科书上所做的那样;相反,上面描述的设计理论其目标是建立一种性质上完全不同的课程类型。我们的核心观点是,当学科形式体系被情境化于一个应用境脉中时,它们的意义以及学习者与这些意义的关系就被改变了,并且建立这样的意义关系——不是获得死知识——才是教育所应该支持的(Dewey, 1938/1997)。为了形象阐释这一论点,我们呈现了一些设计理论,所有这些理论以不同的方式将教学内容内嵌于某种丰富的境脉中。而且它们不单单以设计理论存在,还被投入实践产生了实际的设计,并用实验研究检验它们的效果,提升了教学设计的理论性。受篇幅所限,我们未能给出这些方法中学习者的真实感细节。而是采用更温和的目标,即提供其间的关联框架,有兴趣的读者可以自己进一步探究。然而,本文的主要目标是提出一种真实感理论,综述真实感课程概念及设计这类课程的若干方法。

108

(何　美 译,郑旭东 一校,汪　琼 二校)

参考文献

Barab, S.A. and Duffy, T. (2000). From practice fields to communities of practice. In *Theoretical Foundations of Learning Environments* *, edited by D. Jonassen, and S.M. Land, pp. 25 - 56. Mahwah, NJ: Lawrence Erlbaum Associates. *

Barab, S. A. and Hay, K. (2001). Doing science at the elbows of scientists: issues related to the Scientist Apprentice Camp. *J. Res. Sci. Teach.*, 38(1), 70 - 102.

Barab, S.A. and Plucker, J.A. (2002). Smart people or smart contexts? Cognition, ability, and talent development in an age of situated approaches to knowing and learning. *Educ. Psychol.*, 37(3), 165 - 182.

Barab, S.A. and Roth, W.-M. (2006). Curriculum-based ecosystems: supporting knowing from an ecological perspective. *Educ. Res.*, 35(5), pp. 3 - 13. *

Barab, S. A., Cherkes-Julkowski, M., Swenson, R., Garrett. S., Shaw, R. E., and Young, M. F. (1999). Learning as participation in autocatakinetic systems. *J. Learn. Sci.*, 8(3/4), 349 - 390. *

Barab, S.A., Squire, K.D., and Dueber, W. (2000). A coevolutionary model for supporting the emergence of authenticity. *Educ. Technol. Res.*

* 《学习环境的理论基础》已由华东师范大学出版社翻译出版。——译者注

Dev., 48(2), pp. 37 - 62.

Barab, S. A., Barnett, M. G., and Squire, K. (2002). Building a community of teachers: navigating the essential tensions in practice. *J. Learn. Sci.*, 11(4), 489 - 542.*

Barab, S. A., MaKinster, J. G., and Scheckler, R. (2004). Designing system dualities: characterizing an online professional development community. In *Designing for Virtual Communities in the Service of Learning*, edited by S. A. Barab, R. Kling, and J. H. Gray, pp. 53 - 90. New York: Cambridge University Press.

Barab, S. A., Arici, A., and Jackson, C. (2005a). Eat your vegetables and do your homework: a design-based investigation of enjoyment and meaning in learning. *Educ. Technol.*, 65(1), 15 - 21.

Barab, S. A., Thomas, M., Dodge, T., Carteaux, B., and Tuzun, H. (2005b). Making learning fun: Quest Atlantis, a game without guns. *Educ. Technol. Res. Dev.*, 53(1), 86 - 107.

Barron, B., Vye, N. J., Zech, L., Schwartz, D. L., Bransford, J. D., Goldman, S. R., Pellegrino, J., Morris, J., Garrison, S., and Kantor, R. (1995). Creating contexts for community-based problem solving: the *Jasper* challenge series. In *Thinking and Literacy: The Mind at Work*, edited by C. Hedley, P. Antonacci, and M. Rabinowitz, pp. 47 - 72. Hillsdale, NJ: Lawrence Erlbaum Associates.

Barrows, H. S. and Tamblyn, R. M. (1980). *Problem-Based Learning: An Approach to Medical Education*. New York: Springer.

Bereiter, C. (1997). Situated cognition and how to overcome it. In *Situated Cognition: Social, Semiotic and Psychological Perspectives*, edited by D. Kirshner and J. A. Whitson, pp. 281 - 300. Mahwah, NJ: Lawrence Erlbaum Associates.

Bereiter, C. and Scardamalia, M. (1996). Rethinking learning. In *Handbook of Education and Human Development: New Models of Learning, Teaching, and Schooling*, edited by D. R. Olson and N. Torrance, pp. 485 - 513. Cambridge, MA: Basil Blackwell.

Blumenfeld, P., Soloway, E., Marx, R., Krajcik, J., Guzdial, M., and Palincsar, A. (1991). Motivating project-based learning: sustaining the doing, supporting the learning. *Educ. Psychol.*, 26(3 & 4), 369 - 398.

Blumenfeld, P. C., Kempler, T. M., and Krajcik, J. S. (2006). Motivation and cognitive engagement in learning environments. In *Cambridge Handbook of the Learning Sciences*, edited by R. K. Sawyer, pp. 475 - 488. New York: Cambridge University Press.*

Bradsher, M. and Hogan, L. (1995). The Kids Network: studentscientists pool resources. *Educ. Leadership*, 53(2), 38 - 43.

Bransford, J. D. and Stein, B. S. (1993). *The IDEAL Problem Solver*, 2nd ed. New York: Freeman.

Bransford, T. D., Brown, A. L., and Cocking, R. R., Eds. (2000). *How People Learn: Brain, Mind, Experience, and School*, expanded ed. Washington, D. C.: National Academy Press.*

Brown, A. L. (1992). Design experiments: theoretical and methodological challenges in creating complex interventions in classroom settings. *J. Learn. Sci.*, 2(2), 141 - 178.*

Brown, A. L. and Campione, J. C. (1990). Communities of learning and thinking, or a context by any other name. In *Contributions to Human Development*. Vol. 21. *Developmental Perspectives on Teaching and Learning Thinking Skills*, edited by D. Kuhn, pp. 108 - 126. London: Karger.

Brown, A. L., Ash, D., Rutherford, M., Nakagawa, K., Gordon, A., and Campione, J. C. (1994). Distributed expertise in the classroom. In *Organizational Learning*, edited by M. D. Cohen and L. S. Sproull, pp. 188 - 228. London: SAGE.

Brown, J. S., Collins, A., and Duguid, P. (1989). Situated cognition and the culture of learning. *Educ. Res.*, 18(1), 32 - 42.*

Bruner, J. (2002). *Making Stories: Law, Literature, Life*. New York: Farrar, Straus and Giroux.

Cobb, P. and Yackel, E. (1995). Constructivist, emergent, and sociocultural perspectives in the context of developmental research. In *Proceedings of the 17th Annual Meeting of the North American Chapter of the International Group for the Psychology of Mathematics Education*, Vol. 1, edited by D. T. Owens, M. K. Reed, and G. M. Millsaps, pp. 3 - 29. Columbus, OH: ERIC Clearinghouse for Science, Mathematics, and Environmental Education.

Cognition and Technology Group at Vanderbilt (CTGV). (1990). Anchored instruction and its relationship to situated cognition. *Educ. Res.*, 19(6), 2 - 10.*

Cognition and Technology Group at Vanderbilt (CTGV). (1991). Some thoughts about constructivism and instructional design. *Educ. Technol.*, 31 (9), 16 - 18.

Cognition and Technology Group at Vanderbilt. (1993). Anchored instruction and situated cognition revisited. *Educ. Technol.*, 33(3), 52 - 70.*

Collins, A., Brown, J. S., and Newman, S. E. (1989). Cognitive apprenticeship: teaching the crafts of reading, writing, and mathematics. In *Knowing, Learning, and Instruction: Essays in Honor of Robert Glaser*, edited by L. B. Resnick, pp. 453 - 494. Hillsdale, NJ: Lawrence Erlbaum Associates.*

Dewey, J. (1938/1997). *Experience and Education*. New York: Macmillan.*

Donahue, M., Voit, G. M., Gioia, I., Luppino, G., Hughes, J. P., and Stocke, J. T. (1998). A very hot high redshift cluster of galaxies: more trouble for $\Omega_0 = 1$. *Astrophys. J.*, 502(Pt. 1), 550 - 557.

Driscoll, M. P. (2000). *Psychology of Learning for Instruction*, 2nd ed. Boston: Allyn & Bacon.

Duffy, T. M. and Jonassen, D. H. (1992). Constructivism: new implications for instructional technology. In *Constructivism and the Technology of Instruction: A Conversation*, edited by T. M. Duffy and D. H. Jonassen, pp. 1 - 16. Hillsdale, NJ: Lawrence Erlbaum Associates.*

Duffy, T. M., Greene, B., Farr, R., and Mikulecky, L. (1996). *Cognitive, Social, and Literacy Competencies: The Chelsea Bank Simulation Project*, year one final report submitted to the Andrew W. Mellon and Russell Sage Foundations. Bloomington, IN: Indiana University.

Finarelli, M. G. (1998). GLOBE: a worldwide environmental science and education partnership. *J. Sci. Educ. Technol.*, 7(1), 77 - 84.

Finkle, S. and Torp, L. (1995). *Introductory Documents*. Available from the Center for Problem-Based Learning, Illinois Mathematics and Science Academy, 1500 West Sullivan Road, Aurora, IL 60506.

Fodor, J. (1975). *Language of Thought*. Cambridge, MA: Harvard University Press.

Gardner, H. (1985). *Frames of Mind: The Theory of Multiple Intelligences*. New York: Basic Books.

Gardner, H., Csikszentmihalyi, M., and Damon, W. (2001). *Good Work: When Excellence and Ethics Meet*. New York: Basic Books.

Gee, J. P. (2003). *What Videogames Have to Teach Us About Learning and Literacy*. New York: Palgrave Macmillan.*

Gibson, J. J. (1966). *The Senses Considered as Perceptual Systems*. Boston: Houghton Mifflin.

Gibson, J. J. (1979/1986). *The Ecological Approach to Visual Perception*. Hillsdale, NJ: Lawrence Erlbaum Associates.*

Greeno, J. G. (1989). A perspective on thinking. *Am. Psychol.*, 44 (2), 134 - 141.*

Gregory, T. (1993). *Community of Teachers*, unpublished manuscript. Bloomington, IN: Indiana University.

Hunter, B. (1990). Computer-mediated communications support for teacher collaborations: researching new contexts for both teaching and learning. *Educ. Technol.*, 30(10), 46 - 49.

Jonassen, D. H. (1999). Designing constructivist learning environments. In *Instructional Design Theories and Models: A New Paradigm of Instructional Theory*, Vol. II, edited by C. M. Reigeluth, pp. 215 - 239. Mahwah, NJ: Lawrence Erlbaum Associates.*

Jonassen, D. H. and Hernandez-Serrano, J. (2002). Case-based reasoning and instructional design: using stories to support problem solving. *Educ. Technol. Res. Dev.*, 50(2), 65 - 77.

Karlan, J. W., Huberman, M., and Middlebrooks, S. H. (1997). The challenges of bringing the Kids Network to the classroom. In *Bold Ventures*. Vol. 2. *Case Studies of U. S. Innovations in Science Education*, edited by S. A. Raizen and E. D. Britton, pp. 247 - 394. Boston: Kluwer.

Kirshner, D. and Whitson, J. A. (1998). Obstacles to understanding cognition as situated. *Educ. Res.*, 27(8), 22 - 28.

Kolodner, J. L. (1993). *Case-Based Reasoning*. San Mateo, CA: Morgan Kaufman Publishers.

Kolodner, J. L. (2002). Facilitating the learning of design practices: 109
lessons learned from an inquiry into science education. *J. Indust. Teacher Educ.*, 39(3), 9 - 40.

Kolodner, J. L. (2006). Case-based reasoning. In *Cambridge Handbook of the Learning Sciences*, edited by R. K. Sawyer, pp. 225 - 242. New York: Cambridge University Press.*

Kolodner, J. L. and Guzdial, M. (2000). Theory and practice of case-based learning aids. In *Theoretical Foundations of Learning Environments*, edited by D. H. Jonassen and S. M. Land, pp. 215 - 242. Mahwah, NJ: Lawrence Erlbaum Associates.

Krajcik, J. S. and Blumenfeld, P. C. (2006). Project-based learning. In *Cambridge Handbook of the Learning Sciences*, edited by R. K. Sawyer, pp. 317 - 333. New York: Cambridge University Press.*

Lave, J. and Wenger, E. (1991). *Situated Learning: Legitimate Peripheral Participation*. New York: Cambridge University Press.*

Murray, J. (1997). *Hamlet on the Holodeck: The Future of Narrative in Cyberspace*. New York: The Free Press.

Nathan, M. J. (2005). *Rethinking Formalisms in Formal Education*, WCER Working Paper Series No. 2005 - 11. Madison, WI: Wisconsin Center for Educational Research.

Palincsar, A. S. and Brown, A. L. (1984). Reciprocal teaching of comprehension-fostering and comprehension-monitoring activities. *Cognit. Instruct.*, 1(2), 117 - 175.*

Petraglia, J. (1998). *Reality by Design: The Rhetoric and Technology of Authenticity in Education*. Mahwah, NJ: Lawrence Erlbaum Associates.*

Radinsky, J., Bouillion, L., Hanson, K., Gomez, L., Vemeer, D., and Fishman, B. (1998). A Framework for Authenticity: Mutual Benefits Partnerships. Paper presented at the annual meeting of the American Educational Research Association, April 13 - 17, San Diego, CA.

Reed, E. S. (1991). Cognition as the cooperative appropriation of affordances. *Ecot. Psychol.*, 3(2), 135 - 158.

Reed, E. S. and Jones, R., Eds. (1982). *Reasons for Realism: Selected Essays of James J. Gibson*. Hillsdale, NJ: Lawrence Erlbaum Associates.

Rock, B. N. and Lauten, G. N. (1996). K - 12 grade students as active contributors to research investigations. *J. Sci. Technol.*, 5(4), 255 - 266.

Rock, B. N. and Lawless, J. G. (1997). The GLOBE program: a source of datasets for use in global change studies. *IGBP Newslett.*, 29, 15 - 17.

110 Rogoff, B. and Lave, J., Eds. (1984). *Everyday Cognition: Its Development in Social Context*. Cambridge, MA: Harvard University Press.*

Rosenblatt, L. M. (1938/1995). *Literature as Exploration*, 5th ed. New York: Modern Language Association.

Roth, W.-M. (1996). Knowledge diffusion in a grade 4 - 5 classroom during a unit of civil engineering: an analysis of a classroom community in terms of its changing resources and practices. *Cognit. Instruct.*, 14(2), 170 - 220.

Roth, W.-M. (1998). *Designing Communities*. Dordrecht: Kluwer.

Ruopp, R., Gal, S., Drayton, B., and Pfister, M., Eds. (1993). *LabNet: Toward a Community of Practice*. Hillsdale, NJ: Lawrence Erlbaum Associates.

Salen, K. and Zimmerman, E. (2004). *Rules of Play: Game Design Fundamentals*. Cambridge, MA: MIT Press.*

Savery, J. R. and Duffy, T. M. (1995). Problem-based learning: an instructional model and its constructivist framework. *Educ. Technol.*, 35(5), 31 - 38.*

Scardamalia, M. and Bereiter, C. (1994). Computer support for knowledge-building communities. *J. Learn. Sci.*, 3(3), 265 - 283.*

Scardamalia, M. and Bereiter, C. (1996). Computer support for knowledge building communities. In *CSCL: Theory and Practice of an Emerging Paradigm*, edited by T. Koschmann, pp. 249 - 268. Mahwah, NJ: Lawrence Erlbaum Associates.

Schank, R. C. (1982). *Dynamic Memory: A Theory of Reminding and Learning in Computers and People*. New York: Cambridge University Press.

Schoenfeld, A. H. (1987). What's all the fuss about metacognition? In *Cognitive Science and Mathematics Education*, edited by A. H. Schoenfeld, pp. 189 - 215. Hillsdale, NJ: Lawrence Erlbaum Associates.

Schoenfeld, A. H. (1988). When good teaching leads to bad results: the disasters of 'well-taught' mathematics courses. *Educ. Psychol.*, 23(2), 145 - 166.

Schoenfeld, A. H. (1996). In fostering communities of inquiry, must it matter that the teacher knows the 'answer'? *For Learn. Math.*, 16(3), 11 - 16.

Schwartz, D. L., Lin, X., Brophy, S., and Bransford, J. D. (1999). Toward the development of flexibly adaptive instructional design. In *Instructional-Design Theories and Models: A New Paradigm of Instructional Theory*, Vol II, edited by C. Reigeluth, pp. 183 - 213. Mahwah, NJ: Lawrence Erlbaum Associates.*

Senge, P. M. (1994). *The Fifth Discipline: The Art and Practice of the Learning Organization*. New York: Doubleday.

Sfard, A. (1998). On two metaphors for learning and the dangers of choosing just one. *Educ. Res.*, 27(2), 4 - 13.*

Shannon, B. (1988). Semantic representation of meaning: a critique. *Psychol. Bull.*, 104(1), 70 - 83.

Shaw, R. E. and Bransford, J. (1977). Introduction: psychological approaches to the problem of knowledge. In *Perceiving, Acting and Knowing*, edited by R. E. Shaw and J. Bransford, pp. 1 - 39. Hillsdale, NJ: Lawrence Erlbaum Associates.

Suchman, L. (1987). *Plans and Situated Actions: The Problem of Human-Machine Communication*. New York: Cambridge University Press.

Wandersee, J. H., Mintzes, J. J., and Novak, J. D. (1994). Research on alternative conceptions in science. In *Handbook on Science Teaching and Learning*, edited by D. L. Gabel, pp. 177 - 210. New York: Macmillan.

Wenger, E. (1998). *Communities of Practice: Learning, Meaning, and Identity*. New York: Cambridge University Press.*

Whitehead, A. N. (1929). *The Aims of Education and Other Essays*. New York: Macmillan.*

Young, M. F. (1993). Instructional design for situated learning. *Educ. Technol. Res. Dev.*, 41(1), 43 - 58.

---

* 表示主要参考文献。

10

生成性学习:意义形成的原则和启示 111

Hyeon Woo Lee、Kyu Yon Lim 和 Barbara L. Grabowski

摘要

本章的前两版*对生成性学习及其理论基础进行了界定,并且介绍了检验该理论的相关研究。本版的主要目的是:通过对生成性学习理论基础的综述,以及对不同类型的学习结果所具有的生成性学习效果的探讨,对生成性学习的意义形成过程进行重新定义。生成性学习模型的

* 本书的前两个版本都各有一章谈论生成性学习。——译者注

实质是知识的生成。只有通过学习者自己生成关系和意义,生成的知识才能是持久的——这是学习者意义制定的基本过程。同样地,只有真正创造出关系和意义的活动,才能作为生成性学习策略的范例。关于生成性学习策略结果的大量研究表明,在大多数情况下,学习者的积极参与能够促进回忆、理解以及高级思维的发展,并提高自我调节学习的技能。但是,错误概念、提供反馈以及发展的恰当性仍然是尚未解决的问题。因此,还有待进行大量的研究来建立具体的指导性原则,帮助设计者创建学习环境,以激发学习者的注意力和学习意愿,促进学习者在各个学习阶段和学习水平上进行积极的心理加工,并为学习者在意义制定过程中提供恰当的帮助。

112 **关键词**

注意力:头脑中会影响个体学习过程的觉醒和意愿。如果不去积极地、动态地以及选择性地注意环境中的刺激,意义的生成就不能发生。

知识生成:通过建立观点之间的联系生成理解。

意义制定:将新知识与先前知识建立联系的过程,会受学习者的意愿、动机以及所采用的策略的影响。

动机过程:Wittrock (1991)认为兴趣和归因是动机过程中两个基本的、相互联系的组成部分,动机过程是由觉醒和意愿通过递减的错综网状的激活系统激发的。

自我调节:学习者在学习过程中在行为、动机以及元认知方面的积极参与(Zimmerman, 1986)。

引言

学习的内在过程以及学习是如何被激发的,是教学设计人员需要考虑的首要问题。对这些过程的认识主要是通过有关认知功能、认知过程以及记忆结构的大量理论观点、推论和实验证据而获得的。运用关于学习的基础理论,教学设计人员作出关于学习者内在思维产生过程的构想,并使用这个构想来指导学习环境的设计。解释这些过程的一个重要观点就是生成性学习理论。生成性学习理论及其伴随模型——生成性教学模型,基于神经学研究以及关于知识结构和认知发展的研究,关注为学习者选择合适的、以学习者为中心的教学活动。这个理论既注重学习者,也注重教学意图。正是由于这种混合性,Bonn 和 Grabowski (2001)认为生成性学习理论实际上与建构主义有着"近亲关系"。由于它还为学习提供了一个更加全面的观点,所以与行为主义也是"远亲"。这个理论将我们对学习过程的认识以及对外部刺激或教学的设计联系在一起。本章的任务就是描述对于不同类型的学习结果,意义是如何形成的。

生成性学习中的意义形成

生成性学习的基本原理

Wittrock (1974a, b)是生成性学习理论的创始人。其关于学习的看法受到认知心理学几个领域研究的影响,包括认知发展、人类学习、人类能力、信息加工以及能倾—处理相互作用理论。他的研究成果解释并提出了增强阅读理解能力的教学策略。在他的理论中,Wittrock 强调了一个十分重要的基本假设:学习者不是信息的被动接收者,而是学习过程的主动参与者,他们在对环境中的信息建构有意义的理解。Wittrock (1974a, p. 182)指出:“虽然学生可能不理解老师对他所说的话,但他肯定理解自己加工生成的语句。”正如 Harlen 和 Osborne (1985, p. 137)所言,“学习要通过个人消化”。

然而,在这个假设的基础上进行教学设计并不像初看起来那样简单直接。Wittrock 建构的模型基于大脑功能的神经模型(Luria, 1973)和对认识过程的认知研究(Wittrock, 1992),有四个组成部分。从本章后面提及的研究结果可以明显看出,采用简单化而非整体化视角所进行的研究,得到的结论是混杂的或难以预料的。所以,阐明 Wittrock 模型的四个部分(生成过程、动机、学习过程和知识创造过程)之间的相互关系十分重要。虽然大多数情况下 Wittrock 将元认知包裹在知识创造过程中,但是元认知过程在这个模型中也起着关键的作用。

生成性学习各部分之间的相互关系 113

图 10.1 的概念图描述了我们对 Wittrock 著作中的观点(1974a, b, 1985, 1990, 1991, 1992)以及 Grabowski (2004)关于生成性学习过程概念图中所体现的观点的理解。正如图 10.1 中的

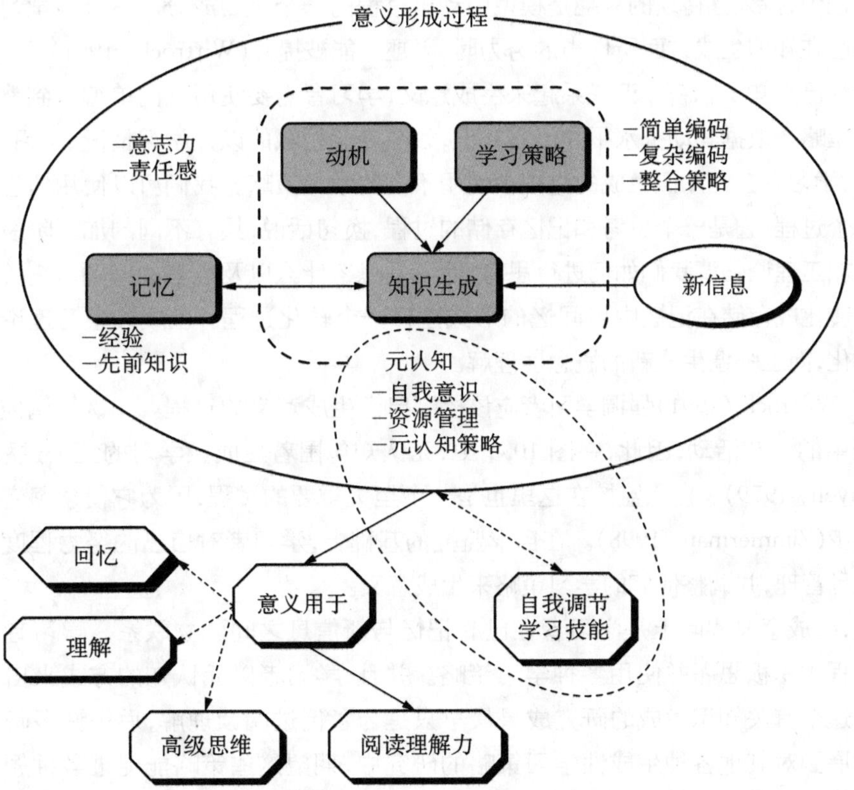

图 10.1 对生成性学习的概念性理解

虚线框内所示,生成性学习的实质是知识生成。只有通过学习者自己生成关系和理解,才能有意义地生成知识。只有那些真正建立了联系和意义的活动才属于生成性学习策略。由定义来重组环境中的信息,就要求学习者不仅要生成有组织的或整体性的联系,而且要建构个人的意义。一部分意义的生成来源于将记忆中的先前概念、抽象知识、日常经验、专业知识与新信息建立联系的过程(Wittrock, 1974b)。图中用连接箭头来表示这种联系。这种生成将带来学习者的图式适应(Rummelhart, 1981; Rummelhart 和 Ortony, 1977)。

基本上,数据点或图式构成了生成性学习中被处理的知识单元。由于知识的存储方式,教学和学习活动必须将新的知识与已有的知识联系起来,以便对知识进行检索。这种联系是通过向图式中添加信息、重构或调整图式来实现的。虽然这些联系是由链接构成的,但是在图式理论中,就像在做笔记画图时没有标记连接线一样,这些链接并没有被明确或被标记。生成性学习理论则不同,它在概念上与对链接进行了标注的笔记相似。图式理论学家设计的活动也会包括一些活动来提醒学习者回忆先前知识、将新知识与学习者的已有知识联系起来,与是否建立起联系相比,谁来选择这些连接点,对图示理论来说,关系并不大。

通过定义可以知道学习者在学习中应该负有责任和义务,他们需要积极地思考以在已有
114 知识和正在学习的新知识之间建构联系(Wittrock, 1990)。在虚线框内还显示了 Wittrock 提到的第二个部分——动机,动机能够提升学习或完成任务的动力和意愿(Corno, 2001)。在知识生成过程中,持久且持续的兴趣是模型中动机过程的一个重要成分。只有当学习者将成功归因于自己在知识生成方面所作出的努力时,兴趣才能被提升(Wittrock, 1991)。

为了将已有知识和新知识联系起来生成意义,学习者需要使用从简单编码到整合策略的多种学习策略。根据其动机水平和已有知识,如在专业领域的以往学习情况、学习策略、学习者的偏好,学习者会在知识生成的过程中使用不同的学习策略。我们可以使用信息加工理论来解释这个过程:它是一个思考和记忆存储的过程,换句话说,具有不同的加工阶段和加工水平。信息加工理论强调我们如何进行思考,而不是思考什么以及思考的问题。它关注的是将外部刺激转化成存储在记忆中可回忆的形式这样一个转化过程。生成性学习理论不仅强调信息的转化,而且强调生成新的概念性理解。

最后,Wittrock (1991)强调学习者应该控制自己生成意义的过程。元认知调控着个体在学习过程中的认知活动,因此,在图 10.1 中,元认知包围着生成性学习的三个过程(Brown, 1978; Flavell, 1979)。自我监控在这里也是一个至关重要的过程,因为它使学习者能够了解自己的进步(Zimmerman, 1998)。在自我监控的基础上,学习者对自己的努力程度和可获得的资源进行管理,并调整他们的学习策略来生成意义。

总之,生成意义实际上是学习者在已有记忆与新信息之间建立联系。学习者在这个知识生成过程中积极思考并使用各种学习策略。并且,学习者以元认知的方式来自我调节这个过程。这个有关知识生成的研究成果最早只是为了促进阅读理解,后来许多研究者将这个模型扩展到对其他各种生成性学习策略的研究中,期望这些策略能促进各种领域中不同层次的学习。最近,研究者开始把高级思维和自我调节学习策略作为生成性学习的产出进行研究。

应用该理论的研究综述

从学习过程视角

如图 10.1 中所示,学习策略用来在学习过程中产生知识和意义。它是生成性学习理论中最经常被研究的部分。例如,许多研究检验了各种学习策略的效果:诸如划线、记笔记、附加或插入问题等简单编码策略;分等级、列标题、总结、画概念图或对象操作等较复杂的编码组织策略;以及影像、举例、解释或类比等精加工策略(表 10.1,见本章后)。

本章的前两版都从这个策略视角进行了分析。从这个视角,可以得出三个结论。首先,将使用生成性策略的实验组和控制组进行对比,研究者往往发现并无显著的差异。这说明思维活动并不受教学的严格控制,这个发现引出了一个观点,即如果想要得到预期的结果,公开给出反馈可能会更有效(Anderson 和 Kulhavey, 1972; Peper 和 Mayer, 1986; Shrager 和 Mayer, 1989)。

其次,在生成性学习研究中,一个比较常见的研究内容是:将被试生成的与提供给被试的活动进行对比研究(比如, Barnett 等,1978; Bull 和 Wittrock, 1973; Doctotow 等,1978; Rickard 和 August, 1975; Smith 和 Dwyer, 1995; Stein 和 Bransford, 1979)。这些研究结果与学习收获混在一起,不能一致性地解释这个因素。

第三,另一个常被研究的话题是对不同类型的生成性策略进行比较(Hooper 等,1994; McKeague 和 DiVesta, 1996; Wittrock 和 Alesandrini, 1990)。从这个视角审视生成性学习,也并没有产生一致或明确的应用指南。虽然一些研究已经发现有些生成性学习策略是有效的,但是当根据学习策略类型来检验时,结果是多样的,这说明需要进行一种不同类型的分析。

从学习结果视角 115

在从学习结果视角审视对生成性学习策略进行的研究时,可以从四个维度进行比较分析:回忆力、理解、高级思维能力以及自我调节能力。

回忆力

根据表 10.1 中的总结,回忆力是研究中最经常测定的标尺。Wittrock 和 Carter (1975)进行了一项研究,比较生成性学习小组和复述性学习小组间的自由回忆水平。研究人员要求生成性学习小组的被试自己组织信息的层次结构,而复述性学习小组的被试简单地复制所提供的层次结构。结果显示,对于无条理、可随意组织不同层次的信息来说,生成性学习小组的回忆表现要比复述性学习小组的表现好;然而对有组织的信息,复述性学习小组在自由回忆方面的表现要比不知道信息关系的生成性学习小组好。Burton 等人(1986)通过使用一个辅助任务探测技术和一篇关于一个虚拟国家的文章研究了上位问题和下位问题的效果。整个研究结果表明学习者所记忆的更多的是主要观点,而不是细节。

表 10.1 精选生成性理论应用研究汇总

学习结果	生成性活动	作者/年代	内容	年龄阶段	结果	
回忆	**记笔记**					
	记不记笔记，详尽温习与简单温习；由教师提供笔记和由学习者自己记笔记	Barnett 等(1981)	历史	大学生	• 记笔记比不记笔记回忆效果好，但是对笔记进行详尽温习和简单温习没有明显的差别。 • 温习由教师准备的笔记比温习学生自己生成的笔记，学习效果更好。 • 学习者在笔记中提出问题能够提升延时记忆分数。	116
	在记笔记时进行总结	Davis 和 Hult (1997)	初级心理学	大学生	• 进行总结的小组在自由回忆和延时记忆测试中分数明显较高。	
	附加问题					
	附加问题：随后提出一个上位问题	Burton 等(1986)	描述一个神话国度	大学生	• 记住了更多的主要观点，与细节问题相比，综合问题更能吸引学生。	
	提出一些问题	Woods 和 Bernard (1987)	天气预报	60 岁以上的成人	• 附加问题仅能帮助回忆意向性的观点。	
	组织策略					
	组织层级	Wittrock 和 Carter (1975)	矿物表	大学生	• 学习者对无条理的列表生成层级比仅仅是复制层级效果好。 • 复制有组织的层级比学习者生成层级的效果明显要好。	
	操作物体					
	个人绘制概念图和小组绘制概念图，操作物体；对活动排序	Ritchie 和 Volkl (2000)	科学	六年级学生	• 无论是以小组方式还是个人方式绘制概念图和操作对象，即时记忆没有差别。 • 在延时后测中，先绘制概念图然后操作物体的学习者表现明显要好。 • 策略与个人/团队之间在即时和延时记忆上有相互作用；团队使用概念图的表现比团队使用操作材料的效果要好。间接回忆效果相反。	
	图形化					
	图形化：实验者提供及学习者生成	Bull 和 Wittrock (1973)	名词的解释	小学生	• 图形化策略比文字/抄写策略能够显著提升回忆。	
	精细化					
	精细化解释	Johnsey 等(1992)	职业发展	成人	• 与孤立的精细化策略相比，研究结果倾向于使用嵌入式的精细化策略。 • 精细化得到的效果比不精细化好。 • 无论精细化工作是由学生生成还是由实验者提供，二者之间没有发现差别。	

续 表

学习结果	生成性活动	作者/年代	内容	年龄阶段	结　果
	编码和综合策略结合				
	自我提问,总结和记笔记	King (1992)	一般讲座	准备不足的大学生	● 即时记忆:写总结的学习者的表现比自我提问者好,后者的表现又比记笔记的学习者好。 ● 延时记忆:自我提问者的表现比写总结者好,后者又比记笔记者好。 117
理解	**划线**				
	划线	Richards 和 August (1975)	教育心理学	大学生	● 当学习者在最相关的信息下划线时,后测的成绩提高了。
	记笔记				
	精读与重读、划线或标注	McGuire (1975)	阅读	英语作为第二语言的学习者	● 精读比重读、划线或标注更能促进理解。
	附加问题				
	附加图片	Brody 和 Legenza (1980)	历史	大学生	● 在之后附加图片比之前附加图片效果好。
	组织策略				
	组织标题、句意	Doctorow 等(1978)	《科学研究文摘》中的文章	小学生	● 学习者造句与实验者提供标题相结合能提升理解,仅由学习者造句会差一些。
	实际操作物体	Sayeki 等(1991)	数学	小学生	● 后测表明,与看静态图片或看计算机上操作图片相比,实际操作图片能促进问题解决。
	图形组织	Kenny (1995)	护理年老病人	大学护理专业学生和教职工	● 自己生成图形组织的学习者在即时学习和保持测试中明显差于被提供图形组织的学习者。
	图形化				
	口头表达和图片加工:序列	Kourilsky 和 Wittrock (1987)	经济学	高中生	● 先说后看图的序列明显比看图说话或者单独使用图片或单独口头表达效果好。
	精细化				
	推敲语句	Stein 和 Bransford (1979)	语言艺术	大学生	● 当推敲有清晰明确的目标时,有助于产生较好的表现;奖励能鼓励学习者提出更多相关问题。
	精心准备例子	DiVesta 和 Peverley (1984)	虚构的概念	大学生	● 在完成远迁移任务时,自己生成例子的学生明显比从教师那儿获得例子的学生表现好。
	编码与综合策略结合				
	图片,看图说话和总结,结构化的追加问题	Carnine 和 Kinder (1985)	社会研究和科学	低学业成就的小学生	● 能够显著提升理解,但是不如插入关于文章结构的问题效果好。
	按不同顺序总结、类比以及回答问题	BouJaoude 和 Tamin (1998)	科学	七年级学生	● 使用不同策略或顺序没有发现差异。 ● 学生们最喜欢总结;喜欢回答问题的原因是“题目简单”;喜欢类比的原因是“有趣”;喜欢进行总结的原因是“有用”。

续 表

学习结果	生成性活动	作者/年代	内容	年龄阶段	结　果	
	元认知策略					
	生成性学习过程训练	Kourilsky 和 Wittrock (1992)	经济学	中学四年级学生	● 生成性学习过程能够显著地增强自信,降低误解程度。	118
	生成性学习训练	Kourilsky (1993)	经济学	职业教师	● 当澄清了错误概念和再次进行学习时,前测到后测的进步明显。	
记忆和理解	**记笔记**					
	记笔记	Peper 和 Mayer (1986)	汽车引擎	高中生和大学生	● 记笔记能够促进远迁移问题的解决,但是对近迁移事实的记忆没有影响。	
	记笔记	Shager 和 Mayer (1989)	如何使用照相机	大学生	● 证实了上面的结论;另外,发现对具有较少先前知识的学生有显著差别。	
	组织策略					
	画概念图	Smith 和 Dwyer (1995)	人类心脏	大学生	● 使用教师提供的概念图的学习者只在鉴别测验中表现更好;没有发现其他差异。	
	画概念图:根据反馈由学生部分或全部生成概念图	Taricani (2002)	人类心脏	大学生	● 对学生部分生成的概念图提供反馈使得他们在术语考核上得分较高。	
	画概念图:概念匹配图,论点分析图,学习者生成概念图	Wang (2003)	心脏容积	大学生	● 在三种策略中,概念匹配图策略最有效。	
	图形化					
	图形化	Anderson 和 Kulhavey (1972)	对一个部落的小说描述	高中毕业生	● 发现了显著的差异,那些真正使用图形化策略的学生表现较好。	
	编码与综合策略结合					
	总结和类比	Wittrock 和 Alesandrini (1990)	海洋生物	大学生	● 生成总结的学生的表现比生成类比的学生好。 ● 自己完成的学生比两人一组完成的学生表现好。	
	生成性策略的组合,图形化总结句以及类比/隐喻	Linden 和 Wittrock (1981)	阅读	小学生	● 所有生成性策略都与理解相关,并促进理解。 ● 当口头表达前进行图形化时,会生成更多的东西。 ● 生成顺序没有发现差别。 ● 对于事实性记忆的研究结果不一致。	
	策略培训(划线、列标题和类比):有指导的与主动去做的	McKeague 和 DiVesta (1996)	雷达	大学生	● 没有发现策略的效果。 ● 在有指导的活动中的学生要比那组主动做的学生表现好。	

续 表

学习结果	生成性活动	作者/年代	内容	年龄阶段	结果
高级思维技巧	**附加问题**				
	附加问题:反馈的频率、性质、需求,明显的/隐性的反应	Anderson 和 Biddle (1975)	各种领域的内容	各年龄阶段	● 经常性地提出问题学习效果更好。 119 ● 是否提供反馈没有发现差别。 ● 是否需要明显的反应取决于问题是不是嵌入性的。
	附加后置问题并且不提供明显的反应	Sutliff (1986)	电机工程	学院中低能力和高能力学生	● 组间没有发现显著的差别。
	组织策略				
	线性的、导航性的和生成性计算机文本	Barab 等(1999)	社会研究	大学生	● 导航性和生成性的小组在问题解决中表现更好。 ● 线性小组在阅读理解中表现更好。
	生成概念图与补充完成概念图	Lee 和 Nelson (2005)	教学设计	大学生	● 在良构问题的解决中,生成概念图策略比提供已完成的概念图的效果好。
	图形化				
	只是口头表达,或仅用图像,以及结合使用详细描述	Laney (1990)	经济学	三年级学生	● 只用口头表达以及口头表达和图像结合使用的策略比仅使用图像更能促进推理。
	元认知策略				
	教授摘要写作与反思训练	Friend (2001)	阅读理解	不具备写作技能的大学生	● 教授如何写出好的摘要的策略更有效果。
理解和高级思维技巧	**组织策略**				
	概念图与语义图	Beissner 等(1993)	人类心脏	大学生	● 对整体型学习者来说,由学习者生成概念图的策略更好。 ● 对序列型学习者来说,只有在问题解决学习时由学习者生成语义图的策略更好。
回想、理解和高级思维技巧	**对象操作**				
	鼠标操作图形对象	Haag 和 Grabowski (1994)	人类心脏	大学生	● 让学习者操作图形对象比用静态图片或由计算机操作图形对象更有助于问题解决。 120
高级思维技巧和自我调节学习	**组织策略**				
	绘制概念图	Chularut 和 DeBacker (2004)	英语作为第二语言学习	大学生	● 绘制概念图小组在成绩和自我监控能力上得分更高。 ● 英语非常熟练的小组在成绩、自我监控和自我效能感上得分更高。 ● 对于英语更熟练的小组来说,随着时间的过去,画概念图小组和控制组在成绩、自我监控能力和自我效能感的得分上有很大差异。

Davis 和 Hult (1997)研究了在心理学导论课程中使用记笔记和写总结的学习策略对即时记忆和延迟记忆的影响。他们的研究结果支持 Barnett 等人(1981)的研究发现:在记课堂笔记的间隙写总结可以显著地提高自由回想能力和记忆持久性。King (1992)研究了自己提出问题、写总结以及记笔记对于准备不足的大学生在即时记忆和延时记忆方面的效果。在即时记忆方面,写总结要比自我提问的效果好,而自我提问又比记笔记的效果好,这表现出一个渐进的生成性效果。在延迟记忆的测试中,自我提问的效果最好,说明在自我提问这种更具生成性的任务中,发生了更深层次的加工。Woods 和 Bernard (1987)也发现了附加概念性问题对 60 岁以上老人更深入地加工口头信息有促进作用。从有意图的和偶然性的自由回想测验结果来看,他们发现附加问题只对老年学习者更深层次地处理有意图的文本有帮助。Shrager 和 Mayer (1989)给出了一些关于能倾—处理相互作用的有趣结论。如果学习者的先前知识水平较低,通过记笔记能够记忆更多的内容,而如果学习者的先前知识水平较高的话,则并非如此。

总结以上研究发现可以看出,在简单编码策略的研究中,记忆常常被作为因变量。另外,一些研究者发现生成性水平越高,延时回想的得分越高。然而,考虑到策略类型、测量工具,以及不同个体的差异,这些研究发现也是不一致的。

理解力

在对小学生进行的两个实验中,Doctorow 等人(1978)研究了段落标题和段落大意由学习者生成或者由试验人员提供对学生理解力的影响。研究发现:让学习者组织文字,如加段落标题和写段落大意,会对学生的阅读理解产生重大影响。该策略在提升阅读理解力方面,对能力较强的学生比对能力较弱的学生更显著,也许是因为学习能力较强的学生对于杂乱无章的信息具有更好的组织认知的能力。还有两项研究测试了综合运用生成性策略对理解力的影响。Carnine 和 Kinder (1985)研究了影像、矫正性反馈以及总结句对阅读理解的影响。他们发现不论是记叙文还是说明文,学生从前测到后测都有了明显的提高。Linden 和 Wittrock (1981)也研究了影像、总结句和类比的作用,结果是都与理解相关,并能促进理解。

还有一些研究测试了概念图对理解的影响。Smith 和 Dwyer (1995)发现由教师提供概念图仅对低层次术语类任务影响显著,对理解性任务没有明显的影响。同样地,另外两项研究(Kenny, 1995; Taricani, 2002)也发现,由学习者生成图表或概念图对理解没有影响。在 Taricani (2002)的研究中,还检验了反馈对生成性的影响,比如学生生成了错误概念,但是因为有反馈而在考试前得到了纠正。但是,混合使用概念图和反馈并没有对术语的学习和理解有总体上的帮助。Wang (2003)也测试了不同的概念图策略对术语学习和理解的影响。那些被提供了部分概念图的学习者在所有层次的学习结果上都表现得较好;而由自己创建概念图的学习者仅在术语学习方面表现较好。

总之,关于复杂编码策略对理解的影响仍没有定论,但是人们一致认为简单编码策略的确能够有效促进理解。当使用复杂编码策略(如,由学习者生成概念图)进行高层次的生成性学习时,不见得能够有效地促进理解。

115 **高级思维能力**

还有一些研究人员对问题解决、推理、推断和应用进行了研究。在这些研究中,有几个是对问题解决进行研究的。Shrager 和 Mayer (1989)对比研究了在学习如何使用一种相机时记笔记和不记笔记的学习者,得出结论:当大家都不具备有关知识的时候,记笔记的学生比不记笔记的学生能够更好地解决迁移的问题。Barab 等人(1999)也报告说,生成性学习活动小组的学生在基于计算机的学习环境中解决问题的表现要更好一些。关于组织策略,Beissner 等人(1993)比较了四个不同学习水平的学习者生成的概念图和序列图。他们的研究表明在概念图或语义图与序列型或整体型学习者之间,仅在问题解决方面会有相互作用,系列型学习者使用语义图表现较好,整体型学习者使用概念图表现较好。在一个最近的研究中,Lee 和 Nelson (2005)比较了由学习者生成概念图和由教师提供概念图对问题解决的影响。研究结果表明,在良构问题的解决方面,由学习者生成概念图的小组比由教师提供概念图的小组表现好。他们还指出了一个与学习者先前知识的相互影响:先前知识水平高的小组比水平低的小组更能从生成概念图活动中获益。

另一方面,Laney (1990)和 Sutliff (1986)研究了生成性策略分别对推理和推断的影响。在 Laney 的研究中,让三年级学生进行经济学推理,仅用言语表达策略和言语表达与图片相结合的策略都比仅用图片的策略有效。他认为他的研究结果符合 Wittrock 的观点:有效地使用图片是发展性的。Laney 的三年级被试者还没有发展出这种推理能力,而且也更熟悉言语教学。Sutliff 研究了在一个用来自学的录像讲座中为降低学习者被动听讲而插入问题的效果,比如是否会增强对事实和推理的学习。他发现小组之间没有显著的差别,而先前研究认为小组之间会有显著差别,这两个研究结果是矛盾的。

总之,有很多研究是针对与组织策略这样的复杂编码策略相关的高级思维技能的。由于我们研究生成性学习这个话题只有十年,这些研究结果并不是互相支持的。不管怎样,相当多的研究精力开始投入到能倾一处理相互作用研究中,开始关注学习者的先前知识水平或学习风格。

自我调节能力 121

最近几年,人们对自我调节学习(SRL)的兴趣开始复苏。该现象可以从两个方面进行解释。首先,最近的研究发现证实了学生的自我调节能力与他们的学业成就之间存在正相关关系(Azevedo 和 Cromley, 2004; Kramarski 和 Gutman, 2006; Pintrich 和 De Groot, 1990; Zimmerman, 1998; Zimmerman 和 Schunk, 2001)。其次,教育的一个主要目标是使学生成为娴熟的自我调节者,以便使他们成为终身学习者(Boekaerts, 1997; Boekaerts 和 Corno, 2005)。"自我调节学习者在他们自己的学习过程中在行为上、动机上以及元认知上都是积极参与者"(Zimmerman, 1986)。这个解释与 Wittrock 对知识生成过程中学习者动机、认知学习策略和元认知过程的强调是相符的。换句话说,自我调节技能在生成性学习中担当十分重要的角色,学习者也可以通过生成性学习活动来发展这种技能。Chularut 和 DeBacker (2004)研究了在英语作为第二语言学习时,画概念图这个生成性策略对学生的成绩、自我调节能力和自我效能感的影响。他们发现,画概念图的学生后测成绩明显比前测成绩高。除了提高学业成绩外,研究结果表明相对于控制组,画概念图对提高学习者的自我调节能力及自我效能感也有积极的作用。

小结

这里总结了众多有关生成性策略结果的研究。在这一章里，并不打算穷尽所有的研究，只是挑选了一些具有代表性的研究，这些研究涵盖了不同的学习内容、学习类型和年龄层级。但是，所有这些文章中都能找到所包含的某种生成性学习，因为是在对生成性学习理论进行检验。总的来说，研究结果表明当学习者积极参与到学习过程中时，与作为一个被动参与者相比，在记忆、理解、高级思维以及自我调节学习技能等方面都会得到提高；当教学中包含有将新知识联系到一起以及将新知识与已有知识联系起来的活动时，学习者的记忆、理解、高级思维以及自我调节学习技能也都会得到提高。这些对生成性学习的研究表明，在许多情况下，学习者积极主动地参与到学习中能够增强学习效果；也就是说，学习者的生成性活动显著地促进了学习者的学习，虽然对于错误概念、反馈和发展适当性方面还需要进一步的研究，对于生成性学习策略的研究也还未形成一致的结论。

122 对进一步研究的建议

以往的研究证实了 Wittrock 关于主动学习者积极参与的价值论断；进一步的研究应该探究图 10.1 所示的四个组成部分(动机、学习策略、知识生成、元认知)之间在生成意义和应用意义时的相互关系，以达到更高水平的记忆、更深刻的理解、更好的高级思维以及更可控的自我调节。如果把所有四个部分都考虑在内，之前的研究结果中薄弱和不一致的地方应该会得到加强。建议在以下两个方面进行研究。

动机、学习者以及知识创造过程

确定能够增强学习者责任感的策略是研究各部分之间相互关系的一个例子。这表明需要将对学习者控制的研究与生成性学习研究结合起来，关注以下问题：

- 对于学习者生成的关于教学内容的概念，提供指导性反馈最好的方法是什么？它们的效果如何？
- 当动机水平不同时，指导性、嵌入式或启发式控制对学习各有什么作用？

教师提供或学习者生成与自我调节

另外，关于生成性学习和学习者自我调节之间的关系仍旧是一个问题。根据 Wittrock 的定义，学习者在生成知识的过程中需要使用自我调节技能，结果学习者不仅提升了自己的理解而且提高了自我调节能力。当学习者需要生成自己的理解而不是从教师那儿获得理解时，尤其是在可能出现误解的情况下，自我调节就显得至关重要。这些关系应该通过关注以下问题进行实验检验：

- 学习者的自我调节能力水平与生成性活动之间有没有相互作用？
- 生成性学习策略对学习者自我调节能力有什么影响？

最后的思考

生成性学习背后的原则为教学设计人员开发出能使学习者积极参与信息加工的学习环境提供了很多指导，这些学习环境可以是面授环境、E-learning 环境，甚至是非正式学习环境。根据 Wittrock 提出的原则，学习的控制权应该交到学习者的手里，这可以通过创设一个提供指导的环境，让学习者在这个环境中通过思考或实际地移动文本、图片和媒体来操纵信息，以检验他们对自己建构的关系的理解。这意味着要将学习者置于一个能够引导、奖励和强化成功的环境中。生成性学习理论不是发现式学习，而是以学生为中心的学习，采用了一些积极建构意义的活动。生成性学习活动要求对外部刺激进行内部处理。生成性学习环境并不是只有可自由回答的资源，尽管它会产生这些资源，它还包括为个体加工过程所精心设计的外界刺激。生成性活动是存在于外界刺激和学习者之间的。该理论并没有假定学习者或者教师（或教学）的主导地位，而是认为他们在学习过程中是一种伙伴关系。

由于与建构主义以及行为主义具有或近或远的亲缘关系，生成性学习理论可以很容易地被应用到任何学习或教学环境。这个理论与其他两个理论之间的细微差别在于教师所扮演的角色不同（智者的作用）。对于行为主义来说，智者是站在讲台上的，对于建构主义来说，智者是导师。在生成性学习理论中，智者、导师和学习者都处于中心位置。教学内容、教学技巧和教学目的是对智者和导师的要求，积极的参与、保持注意力以及具有学习兴趣是对学习者的要求。

为了支持这个论断还需要做很多的研究。为了建立能够帮助设计者创设学习环境的指导性原则，也需要做大量的研究。学习环境应能激发学习者的注意力和学习兴趣，促进学习者在学习的各个水平和阶段上进行积极的头脑加工，并为学习者的意义制定过程提供恰当的帮助。有证据表明生成性学习理论非常适合应用于教学设计领域，那些对已确定的加工类型进行的研究也应该继续下去。

（郑　葳 译，吕林海 一校，刘　玲、汪　琼 二校）

参考文献 123

Anderson, R.C. and Biddle, W.B. (1975). On asking people questions about what they are reading. In *Psychology of Learning and Motivation*, Vol. 9, edited by G. Bower. New York: Academic Press.

Anderson, R.C. and Kulhavey, R.W. (1972). Imagery and prose learning. *J. Educ. Psychol.*, 63(3), 242 - 243.

Azevedo, R. and Cromley, J.G. (2004). Does training of selfregulated learning facilitate students' learning with hypermedia? *J. Educ. Psychol.*, 96, 523 - 535.

Barab, S.A., Young, M.F., and Wang, J. (1999). The effects of navigational and generative activities in hypertext learning on problem solving and comprehension. *Int. J. Instruct. Media*, 26(3), 283 - 309.

Barnett, J.E., DiVesta, F.J., and Rogonzenski, L.T. (1981). What is learned in notetaking? *J. Educ. Psychol.*, 73(2), 181 - 192.

Beissner, K., Jonassen, D., and Grabowski, B.L. (1993). Using and selecting graphic techniques to convey structural knowledge. In *Proceedings of Selected Research Paper Presentations*, edited by M.R. Simonson, pp. 79 - 114. Ames: Iowa State University.

Boekaerts, M. (1997). Self-regulated learning: a new concept embraced by researchers, policy makers, educators, teachers, and students. *Learn. Instruct.*, 7(2), 161 - 186.

Boekaerts, M. and Corn, L. (2005). Self-regulation in the classroom: a perspective on assessment and intervention. *Appl. Psychol. Int. Rev.*, 54 (2), 199 - 231.

Bonn, K. and Grabowski, B.L. (2001). Generative Learning Theory: A Practical Cousin to Constructivism. Paper presented at the Joint Meeting of Mathematics, January 9 - 14, New Orleans, LA.

Boujaoude, S. and Tamin, R. (1998). Analogies, Summaries, and Question Answering in Middle School Life Science: Effect on Achievement and Perceptions of Instructional Value. Paper presented at the annual meeting of the National Association for Research in Science Teaching, April 19 - 22, San Diego, CA (ERIC Document ED 420 503).

Brody, P. and Legenza, A. (1980). Can pictorial attributes serve mathemagenic functions? *Educ. Commun. Technol. J.*, 28(1),25 - 29.

Brown, A. L. (1978). Knowing when, where, and how to remember: a problem of metacognition. In *Advances in Instructional Psychology*, Vol. 1, edited by R. Glaser, pp. 77 - 165. Hillsdale, NJ: Lawrence Erlbaum Associates.

Bull, B. L. and Wittrock, M. C. (1973). Imagery in the learning of verbal definitions. *Br. J. Educ. Psychol.*, 43(3),289 - 293.

Burton, J. K., Niles, J. A., Lalik, R. M., and Reed, M. W. (1986). Cognitive capacity engagement during and following interspersed mathemagenic questions. *J. Educ. Psychol.*, 78(2),147 - 152.

Carnine, D. and Kinder, C. (1985). Teaching low-performing students to apply generative and schema strategies to narrative and expository materials. *Remed. Spec. Educ.*, 6(1),20 - 30.

Chularut, P. and DeBacker, T. K. (2004). The influence of concept mapping on achievement, self-regulation, and self-efficacy in students of English as a second language. *Contemp. Educ. Psychol.*, 29,248 - 263.

Corno, L. (2001). Volitional aspects of self-regulated learning. In *Self-Regulated Learning and Academic Achievement: Theoretical Perspectives*, 2nd ed., edited by B. J. Zimmerman and D. H. Schunk, pp. 191 - 225. Mahwah, NJ: Lawrence Erlbaum Associates.

Davis, M. and Hult, R. E. (1997). Effects of writing summaries as a
124 generative learning activity during note taking. *Teaching Psychol.*, 24 (1),47 - 49.

DiVesta, F. T. and Peverley, S. (1984). The effects of encoding variability, processing activity, and rule-examples sequence on the transfer of conceptual rules. *J. Educ. Psychol.*, 76(1),108 - 119.

Doctorow, M., Wittrock, M. C., and Marks, C. B. (1978). Generative processes in reading comprehension. *J. Educ. Psychol.*, 70(2),109 - 118.

Flavell, J. H. (1979). Metacognition and cognitive monitoring. *Am. Psychol.*, 34, 906 - 911.

Friend, R. (2001). Effects of strategy instruction on summary writing of college students. *Contemp. Educ. Psychol.*, 26,3 - 24.

Grabowski, B. L. (2004). Generative learning contributions to the design of instruction and learning. In *Handbook of Research on Educational Communications and Technology*, 2nd ed., edited by D. H. Jonassen and Association for Educational Communications and Technology, pp. 719 - 743. Mahwah, NJ: Lawrence Erlbaum Associates. *

Haag, B. B. and Grabowski, B. L. (1994). The effects of varied visual organizational strategies within computer-based instruction on factual, conceptual and problem solving learning. In *16th Annual Proceedings of Selected Research and Development Presentations*, edited by M. R. Simonson, N. Maushak, and K. Abu-Omar, pp. 235 - 246B. Ames: Iowa State University.

Harlen, W. and Osborne, R. (1985). A model for learning and teaching applied to primary science. *J. Curric. Stud.*, 17(2),133 - 146.

Hooper, S., Sales, G., and Rysavy, S. (1994). Generating summaries and analogies alone and in pairs. *Contemp. Educ. Psychol.*, 19,53 - 62.

Johnsey, A., Morrison, G. R., and Ross, S. M. (1992). Using elaboration strategies training in computer-based instruction to promote generative learning. *Contemp. Educ. Psychol.*, 17,125 - 135.

Kenny, R. (1995). The generative effects of instructional organizers with computer-based interactive video. *J. Educ. Comput. Res.*, 12(3),275 - 296.

King, A. (1992). Comparison of self-questioning, summarizing, and note taking review as strategies for learning from lectures. *Am. Educ. Res. J.*, 29,303 - 323.

Kourilsky, M. (1993). Economic education and a generative model mislearning and recovery. *J. Econ. Educ.*, 25(Winter), 23 - 33.

Kourilsky, M. and Wittrock, M. C. (1987). Verbal and graphical strategies in teaching economics. *Teaching Teacher Educ.*, 3(1),1 - 12.

Kourilsky, M. and Wittrock, M. C. (1992). Generative teaching: an enhancement strategy for the learning of economics in cooperative groups. *Am. Educ. Res. J.*, 29(4),861 - 876.

Kramarski, B. and Gutman, M. (2006). How can self-regulated learning be supported in mathematical e-learning environments? *J. Comput. Assist. Learn.*, 22,24 - 33.

Laney, J. D. (1990). Generative teaching and learning of cost benefit analysis: an empirical investigation. *J. Res. Dev. Educ.*, 23(3),136 - 144.

Lee, Y. and Nelson, D. W. (2005). Viewing or visualizing: which concept map strategy works best on problem-solving performance? *Br. J. Educ. Technol.*, 36(2),193 - 203.

Linden, M. and Wittrock, M. C. (1981). The teaching of reading comprehension according to the model of generative learning. *Reading Res. Q.*, 17(1),44 - 57.

Luria, A. (1973). *The Working Brain: An Introduction to Neuropsychology*. New York: Basic Books.

McKeague, C. A. and DiVesta, F. J. (1996). Strategy outcomes, learner activity, and learning outcomes: implications for instructional support of learning. *Educ. Technol. Res. Dev.*, 44(2),29 - 42.

Peper, R. J. and Mayer, R. E. (1986). Generative effects of note taking during science lectures. *J. Educ. Psychol.*, 78(1),34 - 38.

Pintrich, P. R. and De Groot, E. V. (1990). Motivational and self-regulated learning components of classroom academic performance. *J. Educ. Psychol.*, 82,33 - 40.

Rickards, J. P. and August, G. J. (1975). Generative underlining strategies in prose recall. *J. Educ. Psychol.*, 67(6),860 - 865.

Ritchie, D. and Volkl, C. (2000). Effectiveness of two generative learning strategies in the science classroom. *School Sci. Math.*, 100(2),83 - 90.

Rummelhart, D. E. (1981). *Understanding Understanding* [technical report], ERIC Document 198 - 497. Washington, D. C.: National Science Foundation.

Rummelhart, D. E. and Ortony, A. (1977). The representation of knowledge in memory. In *Schooling and the Acquisition of Knowledge*, edited by R. C. Anderson, R. J. Spiro, and W. E. Montague, pp. 37 - 53. Mahwah, NJ: Lawrence Erlbaum Associates.

Sayeki, Y., Ueno, N., and Nagasaka, T. (1991). Mediation as a generative model for obtaining an area. *Learn. Instruct.*, 1,229 - 242.

Shrager, L. and Mayer, R. E. (1989). Note-taking fosters generative learning strategies in novices. *J. Educ. Psychol.*, 81(2),263 - 264.

Smith, K. and Dwyer, F. M. (1995). The effect of concept mapping strategies in facilitating student achievement. *Int. J. Instruct. Media*, 22 (1),25 - 31.

Stein, B. S. and Bransford, J. P. (1979). Constraints on effective elaboration: effects of precision and subject generation. *J. Verbal Learn. Verbal Behav.*, 18(6),769 - 777.

Sutliff, R. (1986). Effect of adjunct postquestions on achievement. *J. Indust. Teacher Educ.*, 23(3),45 - 54.

Taricani, E. (2002). Effect of the Level of Generativity in Concept Mapping with Knowledge of Correct Response Feedback on Learning, unpublished dissertation. University Park, PA: Pennsylvania State University.

Wang, C. X. (2003). The Instructional Effects of Prior Knowledge and Three Concept Mapping Strategies in Facilitation Achievement of Different Educational Objectives, unpublished dissertation. University Park, PA: Pennsylvania State University.

Wittrock, M. C. (1974a). A generative model of mathematics education. *J. Res. Math. Educ.*, 5(4),181 - 196. *

Wittrock, M. C. (1974b). Learning as a generative process. *Educ. Psychol.*, 19(2),87 - 95. *

Wittrock, M. C. (1985). Teaching learners generative strategies for enhancing reading comprehension. *Theory Pract.*, 24(2),123 - 126. *

Wittrock, M. C. (1990). Generative processes of comprehension. *Educ. Psychol.*, 24,345 - 376. *

Wittrock, M. C. (1991). Generative teaching of comprehension. *Elem. School J.*, 92,167 - 182. *

Wittrock, M. C. (1992). Generative learning processes of the brain. *Educ. Psychol.*, 27(4),531 - 541. *

Wittrock, M. C. and Alesandrini, K. (1990). Generation of summaries and analogies and analytic and holistic abilities. *Am. Educ. Res. J.*, 27, 489 -502.

Wittrock, M. C. and Carter, J. (1975). Generative processing of hierarchically organized words. *Am. J. Psychol.*, 88(3),489 - 501.

Woods, J. H. and Bernard, R. M. (1987). Improving older adults retention of text: a test of an instructional activity. *Educ. Gerontol.*, 13(2), 107 - 112.

Zimmerman, B. J. (1986). Development of self-regulated academic learning: which are the key subprocesses? *Contemp. Educ. Psychol.*, 16, 307 -313.

Zimmerman, B. J. (1998). Developing self-fulfilling cycles of academic regulation: an analysis of exemplary instructional models. In *Self-Regulated Learning: From Teaching to Self-Reflective Practice*, edited by D. H. Schunk and B. J. Zimmerman, pp. 1 - 19. New York: Guilford Press. *

Zimmerman, B. J. and Schunk, D. H. (2001). *Self-Regulated Learning and Academic Achievement: Theoretical Perspectives*, 2nd ed. Mahwah, NJ: Lawrence Erlbaum Associates.

---

* 表示主要参考文献。

11

互动学习任务的反馈策略 125

Susanne Narciss

摘要

现代信息技术扩大了反馈策略的应用范围，使之可以在基于计算机的学习环境中实施；但是，设计和实施反馈策略是非常复杂的任务，人们常常是根据直觉而不是基于心理学上得到检验的设计原则。本章的目的是介绍一些基于理论和实证的指南性原则来指导反馈策略的设计和评价。为了达到该目的，本章介绍了交互式双反馈环路模型，用来解释在交互式教学
126 中反馈的核心因素和效果(Narciss, 2006)。在这些理论阐释的基础上，提出了一个在多种个人的和情景的条件下设计和评估多种反馈策略的多维视角。这一多维视角整合了之前有关精细反馈(Schimmel, 1988; Smith 和 Ragan, 1993)、任务分析(Jonassen 等，1999)、错误分析(VanLehn, 1990)和辅导技术(McKendree, 1990; Merrill 等，1992)等方面的研究建议。

关键词

控制论：与在处理复杂系统和过程时我们所面临的规范、秩序和稳定性等问题有关的系统理论。

反馈：一个系统的输出，作为系统控制器的输入信号返回，经与参照值的比较来调节系统(控制论的定义)；在学习者作出响应后提供给学习者的信息，以便让他们了解自己实际的学习或表现情况(教学情境中的定义)。

信息丰富的教学辅导反馈：对多次尝试的反馈策略，提供精细反馈来引导学习者成功完成任务，而不是直接给出正确答案。

互动学习任务：这类学习任务提供多级回答步骤或尝试机会，以及诸如反馈、引导性问题、提示语、模拟工具等教学性成分。

引言

研究人员研究教学情境中反馈的因素和效果已近一个世纪，因此，有关反馈的研究文献相当丰富。Edna Mory 在本书的前几个版本中已经对这些研究进行了广泛的调查和回顾(Mory, 1996,2004)。受篇幅所限，在之前的文献综述中已有提及的反馈研究在此不再详述，但对这些研究的洞察将会在一个用于讨论互动学习任务中反馈的设计和评价的概念框架中进行组织和概述。在介绍这个概念框架之前，首先需要讨论一下"反馈"一词的定义。

教学情境中的反馈：定义

"反馈"一词被广泛运用于很多科学技术领域，例如：经济学、电子学、生物学、医学和心理学等等。反馈这个概念来源于控制论(Wiener, 1954)，它研究系统的控制，即复杂系统和过程中的规范、秩序和稳定性等问题。在控制论中，反馈指的是一个系统的输出信息，它作为输入信号返回给系统控制器。这个输入/反馈信号完成了反馈环路，并与一个外部定义的参考值一起来控制系统。除了参考值和反馈信号之外，系统控制器和受控变量也是关键元素。控制器

储存参考值，将其与当前的实际值进行比较，然后基于比较结果，判断需要做出什么样的校正。因此，反馈信号的效果不仅依赖于反馈信号，同时也依赖于这个因果环路上的其他功能元素。

自 Thorndike (1913)年提出效果律以来，在心理学上，人们普遍认可一项行为的后果可能会影响未来情景中该行为出现的频率和强度。在学习和教学领域，反馈既被看作高效学习的一个基本原则(Andre, 1997; Bilodeau, 1969; Bloom, 1976; Fitts, 1962; Taylor, 1987)，也被认为至少是教学的一个重要元素(Collies 等，2001; Dick 等，2001)。

一些教学研究者认为：在教学情境中，学习者对一个学习任务作出响应后，提供给他的任 127
何信息都可以认为是反馈(Wager 和 Wager, 1985)。该定义过于宽泛，因为学生作出响应后提供给他的信息是多种多样的，未必包含这样的思想：提供信息的目的在于使学习者能够将实际学习结果与期望的学习结果进行比较，从而来调节或控制对这一学习任务的下一次尝试。因此，实验研究人员使用的是一个狭义的"反馈"概念。他们使用"信息性反馈"一词来指所有在学习者作出响应后由外部信息源根据实验定义的规则和条件提供给学习者的刺激，目的是告知学习者其学习或表现的实际状况(Annett, 1969; Bilodeau, 1969; Holding, 1965)。

根据控制论和实验性研究的定义，教学情境中的反馈的一般定义为：反馈是指在学习者对学习任务作出响应后提供给学习者的旨在告知学习者其学习或表现的实际状况的所有信息。在教学情境中，这一反馈的定义需要区分由外部信息源所提供的反馈和由内部信息源所提供的反馈(也就是学习者在学习过程中能直接感知到的信息，如在执行用手指指东西这一任务时本身感受到的信息)。这一区分在方法论的角度尤为重要；因此，在早期的实验反馈研究中，研究者试图排除或者控制内部反馈源来研究外部反馈对学习或表现的效果(相关文献回顾参见 Bilodeau, 1969)。近来的一些教学模型将知识获得过程看作积极的知识构建和交流过程(Jonassen, 1999)或自我调节的学习过程(Butler 和 Winne, 1995)，如果我们基于这些模型来研究反馈的效果，那么对内部和外部反馈的区分也至关重要。在回顾反馈相关研究和考虑反馈策略时我们都应牢记这两者之间的区别。

外部反馈可能会强化或补充内部反馈，也有可能与内部反馈相矛盾。后一种情况将引起至少三个问题：

- 学习者如何对待和处理内部反馈和外部反馈之间的差异？
- 是哪些个人的和情境的因素导致了内部反馈和外部反馈之间的差异？
- 如果内部反馈和外部反馈之间存在差异，那么我们应该如何设计和评估支持学习者成功调整其学习过程的反馈策略？

第一个问题在 Kulhavy 和他的合作者(Kulhavy 和 Stock, 1989; Kulhavy 等，1990a, b; Stock 等，1992)所提出的响应确定模型中，以及悉心反馈处理的五阶段模型(Bangert-Drowns 等，1991)中已经含蓄地谈到。此外，这也是 Butler 和 Winne 关于反馈和自我调节学习的理论综述中所明确关注的焦点(Butler 和 Winne, 1995)。这些模型在 Mory 之前的文献综述中已有详细的描述和讨论(Mory, 1996, 2004)。

第二个问题已经间接从元分析研究中得到了回答。元分析表明外部反馈的效果并非总是积极的，因此为了提高外部反馈的有效性，有必要确定合理的仲裁机制(Bangert-Drowns,

1991；Kluger 和 DeNisi，1996）。这些对元分析的洞察被整合进了在下文中将详细介绍的概念框架中。

第三个问题也是教学设计和实践中最为关键的问题之一，开发和评估智能导师系统（Intelligent Tutoring System，ITSs）的研究者们已对其作了部分的回答。Anderson（1995）和 VanLehn（2005）等人已经对 ITS 的相关研究作了详尽的回顾，也可参见本书的第 24 章和 27 章。先前研究中与这一问题相关的核心问题和观点将在下文中进行讨论。

交互式教学中反馈的概念框架

本节重点讨论对基于计算机的互动学习任务的反馈，这些反馈由外部信息源（如教学程序或教师）提供，目的是为了调整学习过程，使学习者能够掌握完成这些任务所需的知识和技能。正如将在下一节详细介绍的那样，内部反馈被认为是影响如何处理外部反馈所提供信息的一个重要因素。把反馈概念化为旨在调整学习过程的一个教学活动使得我们有可能使用教学和自我调节学习模型中的核心观点（Bloom，1976；Boekaerts，1996；Carroll，1963）来分析信息性反馈的可能因素和效果。教学模型是基于如下假设：教学活动的效果是由教学活动的质量（如：所提供信息的范围、性质和结构及呈现形式）、学习者个人的学习先决条件（如：先前知识、元认知策略、动机倾向和学习策略）以及教学环境中的情境因素（教学目标、学习内容、学习任务）所决定的。这里讨论的概念框架将这些问题与系统论联系起来，试图将系统论的研究发现与之前有关精细反馈（Schimmel，1988；Smith 和 Ragan，1993）、任务分析（Jonassen 等，1999）、错误分析（VanLehn，1990）和辅导技术（Anderson 等，1995；McKendree，1990；Merrill 等，1992；VanLehn 等，2005）等方面的研究中提出的建议结合起来。

128 **基本假设**

普通反馈环路的基本组成部分是形成由两个交互反馈循环组成的反馈模型（即交互式双环路反馈模型，ITFL）的基础。

- 确认或定义需加以控制的变量。
- 通过传感器来持续测量这些受控变量。
- 将受控变量的实际值反馈给控制器。
- 每个受控变量的参考值预先确定并储存在控制器中。
- 将受控变量的实际值与预先确定的参考值进行比较。

注意：如果实际值与参考值之间存在差异，控制器必须将这一差异转换为一个控制行为。

- 将这一控制行为传送给控制部件（控制执行器）。
- 由控制执行器执行控制行为。

根据系统论，执行控制行为的控制执行器、受控变量和测量受控变量的传感器是控制元素。要调节控制过程，控制器需要有参考值、由反馈提供的实际值，以及为产生控制行为而进行的比较和转换过程。

在 ITFL 模型中,控制过程被定义为完成学习任务或掌握与这些任务相关的要求。这一模式是基于自我调节学习模型(Boekaerts, 1996)和 Butler 和 Winne (1995)的方法建立的,对认知、动机和元认知要求进行了区分(见图 11.1)。可计量的受控变量包括掌握特定任务所需要的经过仔细定义的可操作的认知、元认知或动机方面的各种指标。

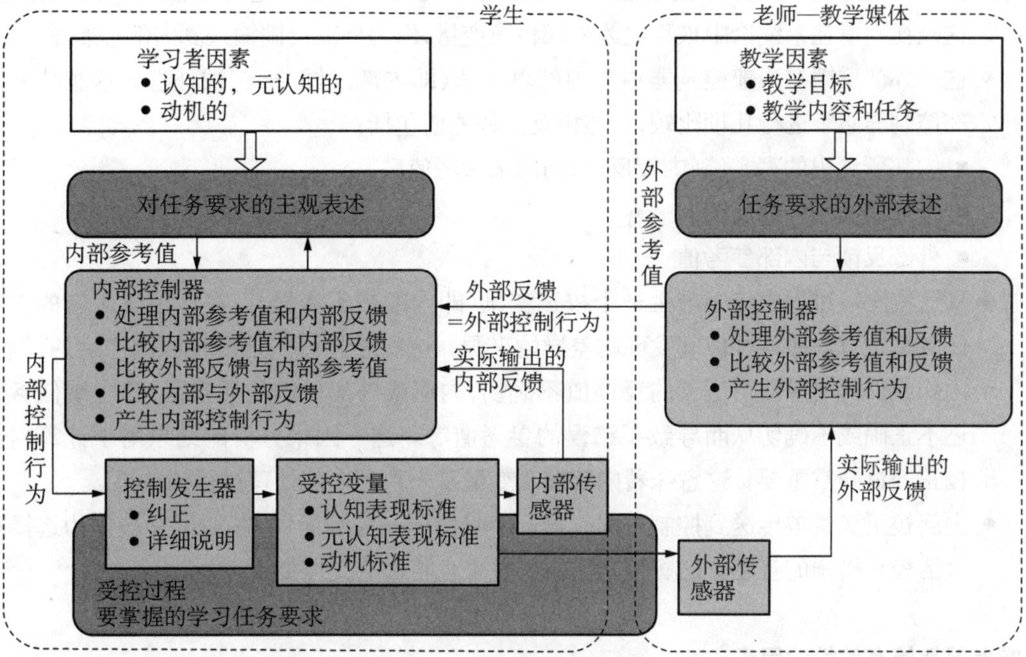

图 11.1 ITFL 模型组成成分概览(引自 Narciss, S., *Informatives tutorielles Feedback. Entwicklungsund Evaluationsprinzipien auf der Basis instruktionspsychologischer Erkenntnisse* (*Informative Tutoring Feedback*), Waxmann, Münster, 2006. 经允许使用。)

当将系统论中的调节模式应用于包含外部反馈的教学情境中时,我们必须考虑二次反馈循环模型,即:(1)处理内部反馈或学习者可以直接感知的实际值的内部反馈环路;(2)处理由学习媒介(如教师、学习程序、实验者等)所确定的实际值的外部反馈环路。

要区分外部和内部反馈环路意味着我们也必须区分以下这些要素:

- 传感器:内部和外部反馈环路都要求有一个诊断性的部件来记录受控变量的实际值。
- 参考值:内部和外部反馈环路的控制都必须基于相关的参考值。在 ITFL 模型中,我们假设内部参考值产生于对学习任务要求的主观表述基础上,而外部参考值是基于对这些要求的外部描述。任务的主观表述主要取决于个人的先决条件,例如先前知识、元认知和动机策略以及个人学习目标等。而学习任务的外部描述与教学环境的特点,尤其是特定的教学目标紧密相关。
- 控制器:如果要处理由内部和外部传感器所记录的真实值,都必须有一个比较参考值和真实值的部件;因此,需要有能执行这一过程的外部和内部控制器。

在提供外部信息性反馈的教学情境中,ITFL 模型所提出的种种区别引出了以下有关内部和外部反馈环路之间相互作用的假设:

● 内部和外部调节过程的起始点是特定控制过程(即掌握学习任务要求)的相关受控变量。

● 受控变量的真实值由学习者和诸如教师或计算机教学系统之类的外部角色同时记录。

129 ● 外部真实值首先由教学媒介的外部控制器进行外部处理。外部参考值、参考值与真实值之间的比较以及计算校正值的外部指定的规则在一起决定外部控制器的初始值。这一初始值在系统论中被称之为外部校正变量,作为外部反馈输入到内部控制器。

● 这一外部反馈在内部控制器中与内部真实值(即内部反馈)一起被处理。这意味着内部控制器必须进行几项比较,这些相互比较的值包括:
    ■ 内部所测出的真实值(内部反馈)与内部参考值
    ■ 外部反馈与内部反馈
    ■ 外部反馈与内部参考值

● 从这些比较过程中势必产生一个校正变量(即内部校正变量)。在这里学习者的主要任务是定位这些各种值间发现的差异的来源。这些差异可能是多种原因产生的,例如内部或外部传感器所记录的反馈值不确切,内部或外部反馈的质量太差,主观任务表述不正确或不确切从而导致了错误的参考值等。这一因果分析的结果对于计算内部校正变量非常重要。这意味着内部校正变量是一系列内部处理过程的结果。

● 内部校正变量被传送到控制过程的第一个阶段——控制元件,在那里它被作为选择和激活校正措施的基础。这些校正措施反过来也将影响受控变量。

130 **影响外部反馈有效性的因素**

从 ITFL 模型的假设中可以得出以下结论:利用外部反馈对任务过程的有效调控可能会受到内部和外部两条反馈环路中各种因素的影响。这两条反馈环路都对同一控制过程的调控有影响,而控制过程由于学习任务要求的不同而具有不同的特征。

学习任务的要求和教学目标

如前所述,两条反馈环路的起始点都是控制过程,而控制过程根据学习任务的要求和学习目标,其复杂程度可能有所不同。系统要想对其进行成功的控制,必须对控制过程进行仔细精确的描述。同时,有必要界定哪些变量将作为需要测量和调控的受控变量,如何测量这些变量以及校正过程是如何实施的。在教学情境中,这一过程包括初始时对与教学内容、目标和任务相关的要求的精确分析。另外,要选择调整受控变量的校正措施,还必须甄别在掌握任务要求时可能出现的错误和困难,以及要消除这些错误或困难所需要的信息和策略。

教学内容、目标和任务在要求上可能繁简不一。Bloom 修正后的学习目标的分类可以作为对任务要求进行分类的基础(Anderson 等,2001)。在这个分类的基础上分析学习任务的要求有一点很清楚,即要精确辨识复杂任务(如那些要求高阶的、内容相关的知识和操作)与内容相关的、认知、元认知和动机的要求,这要比辨识简单任务困难得多。因此,可以假设对于复杂的学习任务,内部和外部反馈环路的有效性可能会降低。有关任务的复杂性影响内部反馈环路的观点,Mory 在其研究中有所提及,目的是为了使 Kulhavy 和 Stock 的响应确定模型一般化(Mory, 1994,1996,2004)。Mory发现对于高级的学习任务,学生对响应的确认不能作为调节反馈的一种可靠测量,因为学生无法正确评价他们对任务的回答(根据ITFL模型,他们无法生成可靠的内部反馈)。

这一假设在许多有关精细反馈的研究中也有所体现,进行这些研究是为了检验精细反馈对于越复杂的学习任务越有效这一假设,但研究结果并不一致(参见综述Azevedo和Bernard, 1995; Bangert-Drowns等,1991; Mory, 1996,2004)。然而,将精细反馈建立在对任务要求彻底分析的基础上的反馈研究普遍发现,这样的精细反馈要优于简单的结果反馈(Birenbaum和Tatsuoka, 1987; Nagata, 1993,1997; Nagata和Swisher, 1995; Narciss, 2004,2006; Narciss和Huth, 2004,2006)。但是,在一些研究中,如果是非常复杂的、高难度的学习任务或者是错误很严重的情况,那么即使是在任务分析的基础上开发的精细反馈也不是很有效(Birenbaum和Tatsuoka, 1987; Clariana和Lee, 2001; Nagata, 1997)。

内部环路因素:先前知识、认知能力、元认知及动机水平

根据ITFL模型,学习者对学习任务要求的理解,学习者评估自身响应的能力(内部传感器的质量),学习者分析、比较内部和外部信息及确定校正行为的能力和策略(内部控制器的质量),以及学习者应用这些校正行为的能力和动机(控制执行器的质量)是影响内部反馈环路有效性的核心因素。所有这些内部因素也会影响到外部反馈环路,因为这两个环路是相互作用的。

主观任务表述:先前知识

内部控制器中诸过程的起始点是受控变量参考值的精确定义。这些参考值是基于学习者如何理解和表述学习任务的要求而产生的。只有对任务要求进行充分的主观表述,才能生成有意义的参考值。学习者是否能充分、精确地表述任务的要求取决于这些要求的复杂度,同时也取决于学习者的先前知识、元认知水平、策略和动机等个人因素。个人在主观任务表述上的差异对学习反馈的影响究竟有多大是一个有意思的问题,有待进一步研究。

学习者的自我评估技能

只有在准确判定受控变量的真实值的情况下,参考值与受控变量的实际值的比较才能得出有意义的信息。在内部环路中,这在很大程度上取决于学习者对自身响应和表现的判断力(Mory, 1996,2004)。学习者必须确定每个任务要求的指标,以便帮助他们评估任务要求的完成程度。外部反馈如何支持自我评估技能的习得,这是另一个有待将来研究的有趣问题。

学习者在信息处理方面的技能和策略

为了生成适当的控制行为,学习者必须将内部与外部反馈、内部反馈与参考值,以及外部反馈与内部参考值分别进行比较。正如在悉心反馈加工五阶段模型(Bangert-Drowns等,1991)以及Butler和Winner (1995)对反馈和自我调节学习的综述中所讨论的那样,很多个人因素可能会影响学习者如何处理这些信息,特别是当这些信息的不同部分之间存在差异时。

学习者战胜错误和阻碍的意愿和技能

有关寻求反馈的研究表明,如果学习者不关注(Aleven等,2003; Narciss等, 2004)或是不愿意花费时间和精力来纠正错误,那么即使最完善的反馈也毫无意义。除了要有意愿,学习者还需要有纠正错误所必需的技能。Chinn 和 Brewer (1993)对错误概念会如何阻碍概念上的改变进行了研究。Butler 和 Winner (1995)从他们的研究中得出了六种寻求和处理反馈的不良方式,即学生可能(1)忽视外部反馈;(2)拒绝接受外部反馈;(3)认为外部反馈不相关;(4)把外部反馈和内部反馈看作是不相关联的;(5)对外部反馈进行重新解读,使之与内部反馈一致;(6)对自己的知识或想法进行表面的而不是根本的改变。在这些情况下,外部反馈的影响都会很小。

131 **外部环路因素:教学目标、诊断过程、反馈质量**

除了这些内部环路因素之外,ITFL 模型也让我们注意到那些可能会影响两个反馈环路有效性的外部环路因素。这包括:与教学目标相关的任务要求的外部表述;评估学习者响应的诊断过程的准确性(相当于外部传感器的质量);教学媒介在分析学习者响应(即错误)以及在辨识针对这些错误的纠正性行为方面的能力和策略(外部控制器的质量);最后还有教学媒介在传递这些纠正性行为方面的能力(相当于外部反馈的质量)。

任务要求和教学目标的外部表述

外部控制器中诸过程的起始点是受控变量参考值的精确定义。在外部环路中,这些参考值是基于教学媒介(如教师、基于计算机的学习环境)如何表述学习任务要求而产生的。和内部环路一样,只有对任务要求进行充分的表述,才能产生有意义的参考值。这就意味着学习目标必须这样来操作:有效的、能可靠测量的学习结果才能被定义为参考值。如上面所谈到的那样,这对于越复杂的任务要求越困难。

诊断过程的准确性

在外部环路中,受控变量必须被准确诊断,这样才能使受控变量的参考值与真实值的比较有意义。反过来,这也就意味着必须确定适合于以有效和可靠的方式测量不同掌握程度的各种指标。从 Chi (2004)等近期的一项有关辅导教师的准确性的研究中可以看到做出准确的诊断是多么困难的一件事。Chi 和她的同事发现辅导者只能从他们自己的角度去判断学生的理解程度,而无法从学生知识的角度去诊断学生所作出的理解。

外部数据处理与反馈设计的质量

如果发现受控变量的实际值与参考值之间存在差异,那么就必须定义一个校正性变量。这里的一个关键问题是,外部控制器(即学习媒介)能在多大程度上将此差值转变为一个与掌握任务要求有高度信息相关性的校正性变量。特别是对于那些高难度、非常复杂的学习任务,可能需要一系列的转换才能使学习者获得外部校正性变量(外部反馈)的信息,用以改正错误或克服学习障碍。这些必须的转换步骤从是对控制过程的精确了解开始。必须知道哪些因素——也就是受控变量——会影响系统的表现,因此必须通过校正性变量(即外部反馈)来进行处理。

设计和评估(辅导)反馈

研究者们使用了大量不同的反馈类型。广泛使用的反馈类型包括如下几类。

- 关于表现的知识(Knowledge of performance, KP):学习者在完成一组任务后所得到的总结性反馈。这类反馈包含对这组任务完成水平的信息(比如正确解决的任务数的百分比)。
- 关于结果/响应的知识(Knowledge of result/response, KR):为学习者提供了关于他们 132
回答的正确性方面的信息(如正确/错误)。
- 关于正确回答的知识(Knowledge of the correct response, KCR):提供所给任务的正确答案。
- 不断尝试直到正确(Answer-until-correct, AUC):提供KR,同时给予学习者再次尝试同一任务的机会,一直到任务被正确回答为止。
- 多次尝试反馈(Multiple-try feedback, MTF):提供KR,同时给予学习者有限次数的尝试同一任务的机会。
- 精细反馈(Elaborated feedback, EF):提供除KR或KCR之外更多的信息。

复杂的精细反馈有多种存在形式,因此,有很多可能也不尽明晰的意义。有一些作者试图将众多的反馈类型进行归类(Dempsy等,1993; Kulhavy和Stock, 1989; Mason和Bruning, 2001; Schimmel, 1988)。对于简单的反馈形式(如KR或KCR)的分类达成了一些一致,尽管这些反馈类型有时以不同的名称出现(如关于结果的知识、确认性反馈、简单确认反馈、正确回答知识等)。但是对于如何组织不同类型的精细反馈,产生了多种分类方法。Kulhavy和Stock(1989)区分了三种精细反馈信息,即特定任务精细编码(例如如果是多项选择题任务,就属于"正确回答知识")、基于教学的精细编码(如提示去参照与正确答案有关的教材章节)以及教学之外的精细信息(超出教学材料之外,比如与元认知策略相关的信息)。Mason和Bruning(2001)将精细反馈区分为如下几类:主题相关类(提供与主题相关的题目确认信息及概述信息),答案相关类(提供KR, KCR并解释答案为什么对或错),错误相关类(提供KR和具体错误相关的信息)(Schimmel, 1988),以及属性分离类(提供KR并强调该概念的相关属性)(Merrill, 1987)。

通过对这些分类的比较可以发现,反馈类型可能在功能、与内容的相关性以及形式特点上有变化。通过上面的分析,我们似乎可以断定,外部反馈信息的性质和质量至少由反馈的三个方面所决定:(1)与教学目标相关的功能方面(比如,提升信息处理这样的认知功能,强化正确回答或让学生保持努力和坚持这样的动机功能);(2)与反馈信息内容相关的语义方面;(3)与反馈信息的呈现相关的形式和技术方面(如频率、计时、方式、数量、形式等)(Narciss, 2006; Narciss和Huth, 2004)。

下面几节的目的是:(1)介绍用于选择和阐释精细反馈成分的功能性、内容相关性和形式维度的原则,这些反馈成分在指导性反馈算法中可以实现;(2)概述未来反馈研究的方向。

选择并说明外部反馈的功能

不同的理论框架使用不同类型的反馈,并对学习情景中的反馈赋予了不同的功能。行为主义认为反馈能够强化正确响应。因此,在行为主义学习情境下,兴趣的焦点更多放在诸如频率和延迟这样的反馈的形式和技术特征上，而非反馈内容的复杂程度上。所以行为主义研究使用与结果相关的反馈类型，如关于结果的知识或关于正确答案知识(相关文献综述见 Kulik 和 Kulik, 1988)。认知主义则认为反馈是更正不正确响应所必需的信息源(Anderson 等，1971；Kulhavy 和 Stock, 1989)。哪种类型的精细反馈最为有效是认知反馈研究最感兴趣的问题；但
133 是，在大多数这些研究中，即使是精细的信息性反馈也只被认为是用于确认或改变学习者的领域知识。将反馈看作是自我调节学习的反馈模型者认为，反馈最重要的作用是辅导或指导学习者成功地调整学习过程(Bulter 和 Winne, 1995)。

以上对之前研究的简单总结表明，反馈可以在各个层次上影响学习过程，因此可以有很多不同的功能。为此，许多作者进行了更为细致的区分(Butler 和 Winne, 1995；Cusella, 1987；Sales, 1993；Wager 和 Mory, 1993)(参见表 11.1)。将这些分类进行比较，我们可以发现，所有这些研究者都支持反馈具有确认或强化功能、信息功能以及某种形式的引导或指导功能，而且所有这些研究都假定反馈具有调整和矫正功能。另外，Cusella(1987)，Sales(1993)，Wager 和 Mory(1993)指出了反馈的激励和教学功能。Butler 和 Winne(1995)描述了反馈至少具备教学功能的三种子功能(调整或完成、区分、重构)。此外，这些研究者还指出反馈可以激活诸如监控或寻求信息之类的元认知过程。

表 11.1　四篇文献中谈到的反馈功能

Cusella(1987)	Sales(1993)	Wager 和 Mory(1993)	Bulter 和 Winne(1995)
强化	刺激	确认	确认
告知	告知	告知	告知
指示	指导	指示	指示
激励	激励	激励	纠正
调节	调节	纠正	提出建议
教授	教授	教授	完善知识
	考核	考核	区分
	建议		重构

如果立足于现在的 ITFL 模型来看外部的信息反馈，很显然，多种反馈功能一般是根据受控变量和命令变量是如何被定义的而同时发挥作用。基于优良信息处理器模型(Pressley, 1986)、智能新手模型(Mathan 和 Koedinger, 2005)和自我指导学习模型(Boekaerts, 1996)，可以从认知、元认知、激励的角度对反馈功能进行定义。因为对反馈功能更好地区分使得我们可能弄清楚什么信息在什么样的环境下有用，因此，对预期的反馈功能进行精心选择和说明为设计指导性反馈提供了基础。

认知功能

对于复杂任务，可能因为很多不同的原因而产生错误的答案和解决方案(VanLehn, 1990)。学习者达到正确解决方案所需要的与内容相关的、过程性的或策略性的知识元素可能有所缺失、不正确或是不够准确。必需的知识元素也可能出现引用错误，或者使用这些知识的条件不对或者定义不够明晰。反馈可以为所有这些方面提供信息。我们将与错误答案相关的

各种认知反馈功能分为如下几类。

- 信息性功能:错误的数量、位置和种类或者错误的原因不清楚时提供。
- 完成性功能:由于内容、过程或策略性知识的缺失产生错误时,反馈提供所缺失的知识信息。
- 校正性功能:因为内容、过程或策略性知识的缺失造成错误的情况下,反馈提供可用于纠正错误内容的信息。
- 区分性功能:因为内容、过程或策略性知识的不准确造成错误的情况下,反馈提供不准确内容的澄清信息。
- 重构性功能:内容、过程或策略性知识方面出现关联错误的情况下,反馈提供对这些要 134
素进行正确重构的信息。

元认知功能

根据 Butler 和 Winne (1995)的观点,外部反馈除了表 11.1 中所列出的之外,还有许多元认知功能,例如,外部反馈可以提供元认知策略和使用方法,提供监控和评估学习目标的标准,或激励学习者生成他们自己的监控相关信息。另外,它还可以作为评估所采用的问题解决策略或错误搜寻和改正策略的可行性的基础。因此,根据对元认知要求的掌握,反馈功能至少可以分为以下几种。

- 信息性功能:元认知策略或其使用条件不清楚时,反馈可以提供关于元认知策略的信息。
- 说明性功能:反馈提供监控目标的标准,或是明确说明特定解决策略或元认知策略的使用条件。
- 校正性功能:因为元认知策略的使用产生错误时,反馈提供可用于纠正错误策略的信息。
- 指导性功能:鼓励学习者生成他们自己的监控或评估标准(如:通过引导性问题),评估他们自己的解决策略或其他行为的可行性。

近来关于元认知过程和策略的反馈效果的研究结果各执一词,并不统一(Roll 等,2006;van den Boom 等,2004)。

动机性功能

尽管反馈被认为对成就和动机方面都有着重要作用(Hoska, 1993; Kluger 和 DeNisi, 1996; Mory, 1996),大多数关于外部信息性反馈的研究都关注学习者的成就方面,而忽视反馈对于动机的影响。但是,在动机层面,在完成任务时维持一定的努力水平、坚持和任务处理强度是非常重要的,即使有可能犯错并带来消极影响。很多动机理论认为学习者对任务处理所持有的态度和对自我能力的认知是学习者动机的关键因素(Pintrich, 2003)。

一般来说,所有的反馈类型都包含有可评价的反馈成分(即有关解决方案的正确性或质量的信息)来表明任务处理是成功还是失败。因此,反馈对于任务的成就价值有一定影响,可能会激发更多的努力和策略上的思考,进而影响表现。Symonds 和 Chase (1929)、Brown (1932)的研究为反馈的这种动机效果提供了支持性的结果。最近,Vollmeyer 和 Rheinberg

(2005)的一项研究表明,即使只是宣布一下反馈,反馈的这种影响也是存在的。另外,Ulicsak(2004)发现如果学生认为教学系统在观察他们的表现并将提供反馈,他们就会花更多的时间来反思小组活动。

如果反馈提供给学习者可以引导其成功完成任务的额外的精细化的内容,而不立即提供正确答案,就可以帮助学习者获得与自身原因相联系的成功体验。就其本身而言,成功体验被认为是发展积极的自我效能感——即对自我能力的积极认知的最重要的来源(Bandura, 1997; Usher 和 Pajares, 2006)。反馈也可能会影响学习者在未来如何评估这样的任务的难度、对成功的预期以及对成功或失败的归因。因此,在评估信息性精细反馈时至少应考虑以下几个基本的动机性功能。

- 激励性功能:反馈使任务处理的结果变得可视。
- 任务辅助功能:为克服解决问题过程中所遇到的困难提供信息。
- 提升自我效能感的功能:即使犯了错误或遇到困难,反馈可以提供信息使成功完成任务变为可能。
- 重新归因功能:反馈提供信息使学习者获得能够与个人原因相联系的成功体验。

135 除了信息性精细反馈类型之外,动机研究者们还研究了许多动机性精细反馈类型。这些动机性反馈类型包括重新归因反馈(Dresel 和 Ziegler, 2006; Schunk, 1983),掌握导向反馈,它使得学习者的进步可见(Schunk 和 Rice, 1993),以及任务与能力反馈(Sansone, 1986, 1989; Senko 和 Harackiewicz, 2005)。总之,对学习者的学习动机(即对自身能力的认知)有着积极影响的精细的动机性反馈有以下特点:(1)强调努力、能力和成功之间的关系;(2)使进步可视化;(3)提供任务方面的信息而不是表现方面的信息;(4)指出与目标之间的差距。

选择并说明反馈元素的内容

一般而言,反馈信息的内容可能包括两个部分(Kulhavy 和 Stock, 1989)。第一个部分是评估性部分,或者用 Kulhavy 的术语,确认性部分,与学习结果相关,表明所达到的表现水平(如:答案的正误、答对的比例、与学习标准的差距等)。这一部分归于控制性功能(Keller, 1983)。第二个部分是信息性部分,包含与主题、任务、错误或解决方案相关的额外信息。将评估性部分与信息性部分结合在一起,反馈的内容可能会有很多种类。

精细反馈成分概述

表 11.2 呈现了与内容相关的反馈成分的分类,这个分类提供了一个简单反馈与精细反馈成分的结构化概览,这些反馈成分是根据对教学情境哪个方面进行处理来组织的。这个与内容相关的分类认为精细信息应该包括:(1)任务规则、任务的限制条件和任务要求;(2)概念性知识;(3)错误;(4)程序性知识;(5)元认知知识。因此精细反馈成分的五个类别可以定义为:

- 关于任务约束的知识(knowledge on task constraints, KTC),提供有关任务规则、任务的限制条件、任务要求的信息。
- 关于概念的知识(knowledge about concepts, KC),提供与任务处理相关的概念性知识信息。

表 11.2　与内容相关的反馈成分的分类

类　别	例　子
关于表现的知识(Knowledge of performance, KP)	20 个中有 15 个正确；85%正确
关于结果/响应的知识(Knowledge of result/response, KR)	正确/不正确
关于正确响应的知识(Knowledge of the correct response, KCR)	对正确答案的描述/指示
详细概念	
关于任务约束的知识(knowledge on task constraints, KTC)	对任务类型的提示或解释
	对任务处理规则的提示或解释
	对子任务的提示或解释
	对任务要求的提示或解释
关于概念的知识(knowledge about concepts, KC)	对技术术语的提示或解释
	用以说明概念的例子
	对概念的语境的提示或解释
	对概念属性的提示或解释
	单独属性的例子
关于错误的知识(knowledge about mistakes, KM)	错误的数量
	错误的位置 136
	对错误类型的提示或解释
	对错误来源的提示或解释
关于如何做的知识(knowledge about how to proceed, KH)	对如何纠正错误的提示
	对特定任务策略的提示或解释
	对任务处理步骤的提示或解释
	引导性问题
	完成的样例
关于元认知知识(knowledge on meta-cognition, KMC)	有关元认知策略的提示或解释
	有关元认知的引导性问题

来源：Narciss, S., *Informatives tutorielles Feedback. Entwicklungsund Evaluationsprinzipien auf der Basis instruktionspsychologischer Erkenntnisse* (*Informative Tutoring Feedback*), Waxmann, Münster, 2006. 经允许使用。

- 关于错误的知识(knowledge about mistakes, KM),提供与错误相关的信息。
- 关于如何做的知识(knowledge about how to proceed, or briefly, know-how, KH),提供与任务处理相关的程序性知识信息。
- 关于元认知知识(knowledge on meta-cognition, KMC),提供与元认知知识相关的信息。

要设计具有复杂成分的反馈算法,可以将几种简单的和精细的反馈成分进行组合。在大多数的反馈研究中,精细反馈的设计都是将关于正确答案的知识(KCF)或关于结果的知识(KR)与对正确答案或错误答案的解释这样的复杂成分进行组合。

认知任务和错误分析

Narciss 和 Huth (2004)从认知任务分析和错误分析的知识中得出了选择和说明反馈内容的必要步骤(具体参见 Jonassen 等,1999；VanLehn, 1990)。VanLehn 和他的同事(2005)、Rittle-Johnson 和 Koedlinger (2005)基于开发智能导师系统方面的深刻了解和经验也提出了类似步骤。

第一步包括选择和说明教学目标(如获取某一领域的知识、要掌握的学习任务、某个环境下的读写能力)。该步骤的起点是课程和课程目标,通常情况下需要通过获得明确、具体、可测量的学习结果来详细说明。Bloom 修订后的教学目标分类学为说明学习目标提供了良好的分类框架(Anderson 等,2001)。明确、具体的学习结果为反馈的功能、内容和形式的选择提供了基础。

反馈是在学习任务完成后呈现的,学习任务与反馈的设计紧密相关。因此,第二步就是选择典型的学习任务并将其与所要求的学习结果相匹配。

第三步要对每种类型的任务要求进行分析,其目的在于确定:(1)特定领域的知识点(如事实、概念、事件、规则、模型、理论);(2)与这些知识点相关的认知处理(如记忆、转换、分类、辩论、推断);(3)掌握所选择的学习任务需要的认知和元认知技能。反馈信息的信息性成分可以涉及以上所提到的学习任务的任何方面;因此,这些任务分析的结果提供了任务要求和可以应用于反馈信息中的信息性成分的概要。

如前面所提到的,从认知和自我调节学习的观点来看,精细反馈或信息性反馈被认为是一个必要的信息源,尤其是如果学习者遇到障碍或发生错误时。因此,下一个设计信息性反馈的重要步骤就是描述典型错误和典型的错误过程。另外,还必须确定可能导致以上错误的错误概念和不正确的或无效的策略(Crippen 和 Brooks, 2005; Narciss 和 Huth, 2004,2006; VanLehn, 1990)。

上面所描述的步骤是选择和详细说明有用信息所需要的基本先决条件。任务和错误分析的结果为选择与任务要求相匹配的信息性成分提供了必要的信息。如果反馈信息的主要功能是辅导学习者使其掌握给定的学习任务及相关要求,那么反馈不应该立即给出正确答案或解释正确的做法。只有当学习者实在无法成功时,才应该给出这一信息。因此,当学习者遇到障碍时,我们应告诉他如何继续进行,而不是直接给出正确答案。表 11.2 给出了这样的信息丰富的教学辅导反馈成分的例子。

Smith 和 Ragan (1993)认为反馈内容应该与学习任务的类型相适应,但是,我们必须明
137 白,对有关各种学习任务的不同类型的信息的有效性的对比研究结果并不一致(详见 Mory, 1996,2004)。另外,随着新的学习范式和教学范式的产生,反馈内容应当针对哪种知识这个问题变得越来越复杂。

选择并说明反馈呈现的形式和模式

反馈类型不仅在内容方面有所不同,在反馈呈现的形式和技术方面也各有不同。比如,Holding (1965)使用形式标准(如计时、频率)区分了 32 种不同类型的反馈。现代信息技术的交互能力拓宽了可以有效应用于计算机教学的反馈策略的范围(Hannafin 等,1993)。例如,使用现代信息技术的交互能力使我们可以结合精细反馈、指导和掌握学习策略来设计信息丰富的教学辅导反馈。信息丰富的教学反馈(informative tutoring feedback, ITF)一词指的是提供精细反馈信息以引导学习者成功完成学习任务的反馈策略。精细信息的关注点是辅导学生发现错误、克服障碍,应用更有效的策略来解决学习问题。与直接提供给学习者正确答案和额外信息的精细反馈类型不同,ITF 并不直接给出正确答案。另外,IFT 策略提供使用反馈信息进行再一次尝试的机会(Narciss, 2006)。这些 ITF 策略来源于对辅导活动的研究

(McKendree, 1990; Merrill 等,1992,1995)。下面会简要介绍选择反馈呈现的形式和模式时必须考虑到的一些重要方面。

即时反馈与延迟反馈的机时

在反馈研究中备受关注的一个方面是反馈的机时(Dempsey 和 Wager, 1998;文献综述见 Kulik 和 Kulik, 1988)。根据斯金纳的行为学习理论,我们可能会认为反馈应当在响应后马上给出,但是,实验研究发现延迟反馈可能是有益的,尤其是在延迟后测中的记忆保持方面。这些实验研究使用了与那些对比研究成块或密集式练习与分散式练习效果的研究相似的研究范式。这一效果被称之为延迟保留效应(Brackbill 等,1963)。Kulhavy 和 Anderson(1972)用持续干涉假说(interference preservation hypothesis)解释了这一效应,认为即时反馈可能前摄性的干扰错误答案,而这一干扰可能会阻碍获得正确答案。而延迟反馈与前摄干扰无关,因为错误响应并不是在此时,有可能已经被遗忘了。基于持续干涉假说的研究结果并不一致(Kulhavy 和 Anderson, 1972; Kulhavy 和 Stock, 1989; Markowotz 和 Renner, 1966; Peek 和 Tillema, 1978; Rankin 和 Trepper, 1978; Schroth 和 Lund, 1993; Sturges, 1969,1972,1978; Surber 和 Anderson, 1975)。对于延迟保留效应,Kulik 和 Kulik(1988)提出了一个双踪(dual-trace)信息加工解释。他们指出,对于即时反馈而言,学习者只进行了一次尝试,而对于延迟反馈,他们对同一项目有两次分开的尝试。在记忆方面,两次分开的尝试比一次要好,所以延迟反馈可能优于即时反馈。

Clariana 给出了反馈时机的联结主义描述,能够更好地解释现有的结果,对即时反馈和延迟反馈提出了新见解(Clariana, 1999; Clariana 等,2000)。关于即时反馈与延迟反馈的潜在效果,Clariana 的模型指出延迟反馈对错误答案有强化作用,而即时反馈弱化了错误答案与题目之间的关联。这些假设在 Clariana 和 Koul (2005)的一项研究中得到了证实;但是,延迟反馈的优越性(即延迟保留效应)只出现在使用测试的实验情境中,在应用研究中没有发现(Kulik 和 Kulik, 1988)。因为研究者们使用了各种各样的即时和延迟反馈类型,包括逐项反馈与测试结束后整体反馈,结束后马上反馈与结束后数小时或是数天后反馈(Dempsey 和 Wager, 1988),所以,Mory (2004,256 页)指出有关反馈时机方面的研究"相当混乱"。

近来,Mathan 和 Koedinger (2005)从元认知的角度重新审议了有关反馈时机的争论。他们认为,要回答在错误发生后何时提供反馈这个问题,必须基于一个预期表现模型。如果这一模型包括错误检测和纠正的元认知技能,那么提供正确答案的反馈不应马上提供,因为它无助于这些技能的获得。与此相反,如果是可多次尝试、要求学生分析他们的错误答案并确认错误纠正步骤,则可即时提供结果知识及与错误有关的知识的反馈(参见 Mathan 和 Koedinger, 2005; Moreno 和 Valdez, 2005; Narciss 和 Huth, 2006)。 138

单次尝试与多次尝试:精细反馈的同时呈现与顺序呈现

第二个形式上的问题是在学习者得到反馈后再给他多少次尝试的机会。很多研究都只给予学习者单次尝试机会,也就是说,学习者对一个问题进行回答,得到反馈,之后就不再有机会重新尝试。但是有些研究在提供反馈之后又给予多次的尝试机会。这些研究中大部分都使用"尝试直到正确"(Answer-until-correct, AUC)的反馈方式(文献综述见 Clariana, 1993)。

Clariana 综述了 30 个比较单次尝试的各种反馈方法(直接给出结果知识、直接给出正确答案知识、延迟反馈、无反馈)和多次尝试反馈(即 AUC)的研究后发现,所有的反馈方式都优于没有反馈,但在单次尝试和多次尝试之间并无差别。在较近的一篇文献综述中,Clariana 和 Koul (2004)对比了多次尝试反馈(AUC)对于纯记忆性产出与非纯记忆性的高阶产出(比如画出及标记生物学图表)的效果,结果发现 AUC 对高阶产出更为有效(Clariana 和 Koul, 2005)。

如果我们考虑反馈呈现的第三个形式方面,我们还可以开发除了 AUC 之外的其他多次尝试反馈类型,即复杂精细反馈可以同时(即所有信息一次性给出)或顺序呈现(渐增地或一步步地给出信息)。大多数复杂精细反馈研究将结果和正确答案同步呈现(Kulhavy 等,1985; Phye, 1979; Phye 和 Bender, 1989)。但是,在使用这种同步给出精细反馈的研究中,只有半数得到了显著的积极效果(Kulhavy 和 Stock, 1989; Mory, 1996,2004)。

除了这些关于同步呈现复杂精细反馈的实证研究结果之外,教学情境中认知负载的研究发现,顺序呈现复杂精细反馈要优于同步呈现(Chandler 和 Sweller, 1992)。确实,仅有的几个顺序呈现反馈内容的关于辅导反馈类型的准实验研究都发现顺序呈现复杂精细反馈有正面影响(Albacete 和 VanLehn, 2000; Heift, 2004; Nagata, 1993; Nagata 和 Swisher, 1995; Narciss 和 Huth, 2006; VanLehn 等,2005)。

因为顺序呈现各反馈要素要求提供对同一问题的多次尝试机会,因此直接比较同步呈现和顺序呈现的效果非常困难。将来研究的一个重要话题是:在什么样的个人和情境条件下,多
139 少反馈步骤或循环是有效的。

自适应与非自适应反馈呈现

反馈呈现的第四个形式方面是反馈是应该以自适应的方式还是以非自适应的方式呈现。自适应问题关系到以下这些问题:

- 哪些学习者特征是决定是否提供自适应反馈的关键?广泛的反馈研究和大多数辅导系统研究发现,这些关键特征包括学习者的先前知识或知识状况(Albert 和 Lukas, 1999; Hancock 等,1995a),一般根据学习者的反馈确认来判定的学习者的元认知状况(Hancock 等,1992,1995b; Mory, 1991,1994)。在最近的一些研究中才开始关注一些其他重要的特征,包括学习者的动机(如自我效能感)(Narciss, 2004),目标取向(Senko 和 Harackiewicz, 2005),以及除响应确认之外的元认知技能(Aleven 等,2006)。
- 哪些任务特征是决定是否提供自适应反馈的关键?根据 Sanz (2004)的研究,这个问题有时被教学设计者所忽视;但是,不同的任务对自适应的要求不一样,而有些关键性的任务特征(如特殊的任务要求)可能可以被用来作为指标,决定什么时候、多少自适应是合理的。比如在一个叫做 Ms. Lindquist 的代数辅导系统中,三种反馈策略是由练习题及其结构来决定的(Heffernan, 2001)。
- 我们如何做到可靠有效地诊断个人特征?开发智能导师系统的研究者们已经研究了几种诊断学习者特征的方法:手动授权的有限状态机(Koedinger 等,2004);生成性方法,例如模式追踪法(Anderson 等,1995);评估法(Mitrovich 等,2002);决策理论法(Murray 等,2004)等。近来,有几位作者建议使用对学生活动的可观察数据来推断无

法观察的学习者特征(Kutay 和 Ho, 2005; Melis 和 Anders, 2005; Romero 等,2005)。

- 我们如何使反馈适应关键的环境和个人因素？自适应反馈可以通过几种方式实施。一种在智能导师系统中经常被使用的方法是控制顺序、内容和教学活动(程序控制的自适应)。第二种方式是基于学习者应该在学习过程中起主动作用的理论,呈现给学习者一些教学活动让其选择(学习者控制的自适应)。不幸的是,学习者有时缺乏需要的元认知技能和动机来决定哪个学习活动对他们最好(有关学习者控制与程序控制的教学效果的对比研究,参见 Steinberg, 1977,1989; Corbett 和 Anderson, 1990; Narciss 等,2004)。最近关于自适应反馈的研究和框架包含了可以促进元认知技能习得的元认知反馈内容(Aleven 等,2006; Gouli 等,2005)。第三种方法则将程序控制和学习者控制结合起来,这就为自适应反馈提供了各种其他可能性,也为未来的研究提出了新的课题(比如,何时及如何从程序控制转换为学习者控制,何时及如何从学习者控制转换为程序控制)。

单模式与多模式的反馈呈现

现代信息技术的发展使反馈的呈现形式不仅限于文字,而且也可以通过语音(Narciss 和 Huth, 2004,2006),或者以静态或动态的图形来呈现。而且,反馈也可以通过动画人物来给出(Moreno, 2004)。何时及如何应用 Mayer (2001)提出的多媒体学习理论中的多媒体学习原则以多种方式地呈现反馈仍有待研究。

对评价(辅导)反馈的启示

以上给出的设计原则表明外部反馈,特别是信息丰富的教学辅导反馈,是一个多维度的教学手段。而且,之前描述的交互式双环路反馈模型表明外部反馈的效果是在与学习者(即一个复杂的信息处理系统)互动时产生的。这反过来也意味着外部反馈的效果并不是通用的,而是在特定的情境和个人条件下出现的。例如,通过外部反馈的帮助消除错误所需要的时间有赖于:(1)学习者的个人特征;(2)外部反馈各部分的质量;(3)任务的类型、复杂性和难度;(4)错误的类型。比如,对于高度熟练的学习者、容易的学习任务或简单的错误而言,仅仅给出结果就足以使其在下一次得出正确的答案。而对于学习技能较低的学习者、高度复杂或难度较大的学习任务,或发生严重错误时,即使是提供信息丰富的教学辅导反馈也可能不足以让学习者达到那种高层次的要求。

各种反馈策略的效果同时也在很大程度上依赖于学习者如何处理和理解所提供的信息。除了认知方面的要求(如先前知识、策略性知识)之外,个人的动机因素(如自我效能感和对任务价值的意识)以及个人的元认知因素(如自我监控能力和策略),都起着一定作用。要想对不同类型反馈的效果得出区分性的结论,除了要控制认知因素,还要对个人的动机和元认知因素以及个人如何处理反馈进行控制。

外部反馈带来的变化可能发生在(1)反馈中(2)反馈刚刚结束(3)反馈后较长时间。因此,要评估各种反馈策略所产生的效果,要求在反馈实施中和反馈实施后都要收集数据(Phye, 1991, 2001; Phye 和 Sanders, 1994)。当我们研究外部反馈各种类型或策略的效果时,不应该再是研究哪种反馈类型最好，而是应该问以下的问题：

- 在哪种个人和情境的条件下，哪些反馈成分或策略对学习者而言具有较高的信息价值？
- 在这些个人或情境条件下，各种反馈成分或策略具有哪些认知的、元认知的和动机效果？
- 这些效果什么时候会发生，预期的持续时长是多久？

图 11.2 总结了这些有关各种类型外部反馈的要求和效果所涉及的因素。

140

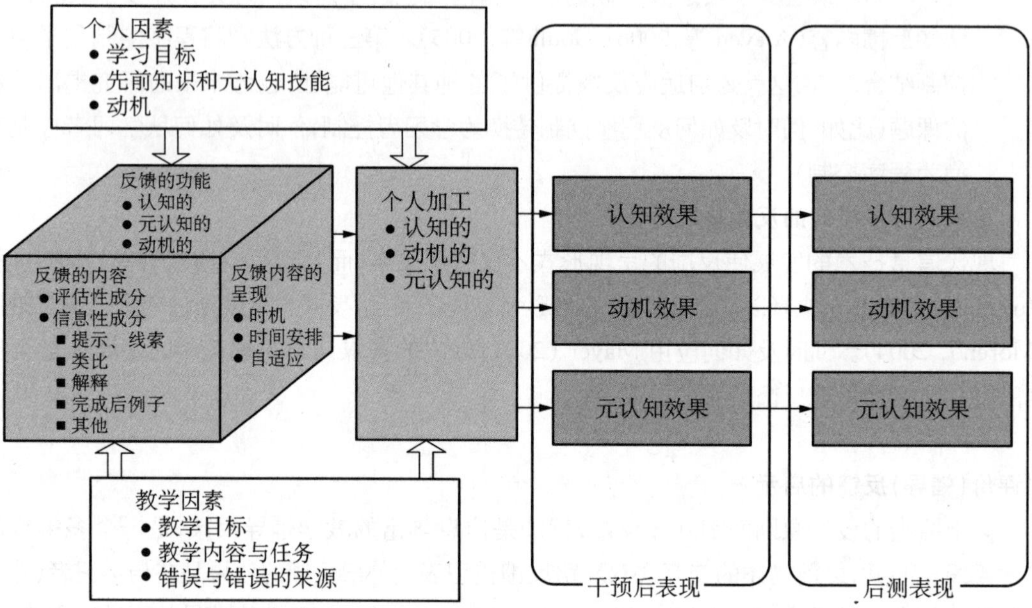

图 11.2 外部反馈因素和效果概览(引自 Narciss, S., *Informatives tutorielles Feedback. Entwicklungsund Evaluationsprinzipien auf der Basis instruktionspsychologischer Erkenntnisse* (*Informative Tutoring Feedback*), Waxmann, Münster, 2006. 经允许使用。)

(石　敏 译，闫志明 一校，刘　玲、汪　琼 二校)

参考文献

Albacete, P. and VanLehn, K. (2000). Evaluating the effectiveness of a cognitive tutor for fundamental physics concepts. In *Proc. of the 22nd Annual Meeting of the Cognitive Science Society*, August 13 - 15, Philadelphia, PA.

Albert, D. and Lukas, J. (1999). *Knowledge Spaces: Theories, Empirical Research, and Applications*. Mahwah, NJ: Lawrence Erlbaum Associates.

Aleven, V., Stahl, E., Schworm, S., Fischer, F., and Wallace, R. (2003). Help seeking and help design in interactive learning environments. *Rev. Educ. Psychol.*, 62, 148 - 156.*

Aleven, V., McLaren, B.M., Roll, I., and Koedinger, K.R. (2006). Toward computer-based tutoring: a model of help-seeking with a cognitive tutor. *Int. J. Artif. Intell. Educ.*, 16, 101 - 130.

Anderson, J.R., Corbett, A.T., Koedinger, K.R., and Pelletier, R. (1995). Cognitive tutors: lessons learned. *J. Learn. Sci.*, 4, 167 - 207.*

Anderson, L.W., Krathwohl, D.R., Airasian, P.W., Cruikshank, K. A., Mayer, R.E., Pintrich, P.R., Raths, J., and Wittrock, M.C. (2001). *A Taxonomy for Learning, Teaching, and Assessing: A Revision of Bloom's Taxonomy of Educational Objectives*. New York: Longman.

Anderson, R.C., Kulhavy, R.W., and Andre, T. (1971). Feedback procedures in programmed instruction. *J. Educ. Psychol.*, 62, 148 - 156.*

Andre, T. (1997). Selected microinstructional methods to facilitate knowledge construction: implications for instructional design. In *Instructional Design: International Perspectives*. Vol. 1. *Theory, Research, and Models*, edited by R.D. Tennyson and F. Schott, pp. 243 - 267. Mahwah, NJ: Lawrence Erlbaum Associates.

Annett, J. (1969). *Feedback and Human Behavior*. Oxford: Penguin Books.*

Azevedo, R. and Bernard, R.M. (1995). A meta-analysis of the effects of feedback in computer-based instruction. *J. Educ. Comput. Res.*, 13, 111 - 127.

Bandura, A. (1997). *Self-Efficacy: The Exercise of Control*. New York:

Holt.

Bangert-Drowns, R. L., Kulik, C. C., Kulik, J. A., and Morgan, M. T. (1991). The instructional effect of feedback in testlike events. *Rev. Educ. Res.*, 61, 213 - 238.*

Bilodeau, E. A. (1969). *Principles of Skill Acquisition*. New York: Academic Press.*

Birenbaum, M. and Tatsuoka, K. (1987). Effects of 'on-line' test feedback on the seriousness of subsequent errors. *J. Educ. Meas.*, 24, 145 - 155.

Bloom, B. (1976). *Human Characteristics and School Learning*. New York: McGraw-Hill.

Boekaerts, M. (1996). Self-regulated learning at the junction of cognition and motivation. *Eur. Psychol.*, 1, 100 - 112.

Brackbill, Y., Blobitt, W. E., Davlin, D., and Wagner, J. E. (1963). Amplitude of response and the delay-retention effect. *J. Exp. Psychol.*, 66, 57 - 64.

Brown, F. J. (1932). Knowledge of results as an incentive in school room practice. *J. Educ. Psychol.*, 23, 532 - 552.

Butler, D. L. and Winne, P. H. (1995). Feedback and self-regulated learning: a theoretical synthesis. *Rev. Educ. Res.*, 65, 245 - 281.*

Carroll, J. B. (1963). A model of school learning. *Teachers College Record*, 64, 723 - 733.

Chandler, P. and Sweller, J. (1992). The split-attention effect as a factor in the design of instruction. *Br. J. Educ. Psychol.*, 62, 233 - 246.

Chi, M., Siler, S. A., and Joeng, H. (2004). Can tutors monitor students' understanding accurately? *Cognition and Instruction*, 22, 363 - 387.

Chinn, C. A. and Brewer, W. F. (1993). The role of anomalous data in knowledge acquisition: a theoretical framework and implications for science instruction. *Rev. Educ. Res.*, 63, 1 - 49.

Clariana, R. B. (1993). A review multiple-try feedback in traditional and computer-based instruction. *J. Comput. Based Instruct.*, 20, 67 - 74.

Clariana, R. B. (1999). CBT design: a feedback achievement treatment interaction. *21st Annu. Proc. Assoc. Educ. Commun. Technol.*, 22, 87 - 92.

Clariana, R. B. and Koul, R. (2004). Multiple-try feedback and higher-order learning outcomes. *Int. J. Instruct. Media*, 32, 239 - 245.

Clariana, R. B. and Koul, R. (2005). The effects of different forms of feedback on fuzzy and verbatim memory of science principles. *Br. J. Educ. Psychol.*, 75, 1 - 13.

Clariana, R. B. and Lee, D. (2001). The effects of recognition and recall study tasks with feedback in a computer-based vocabulary lesson. *Educ. Technol. Res. Dev.*, 49, 23 - 36.

Clariana, R. B., Wagner, D., and Rohrer-Murphy, L. C. (2000). A connectionist description of feedback timing. *Educ. Technol. Res. Dev.*, 48, 5 - 21.

Collies, B., DeBoer, W., and Slotman, K. (2001). Feedback for Web-based assignments. *J. Comput. Assist. Learn.*, 17, 306 - 313.

Corbett, A. T. and Anderson, J. R. (1990). The effect of feedback control on learning to program with the Lisp Tutor. In *Proceedings of the Twelfth Annual Conference of the Cognitive Science Society*, July 25 - 28, Cambridge, MA (http://act-r.psy.cmu.edu/papers/165/FeedbackControl_CorJRA.pdf).

Crippen, K. J. and Brooks, D. W. (2005). The AP descriptive chemistry question: student errors. *J. Comput. Math. Sci. Teach.*, 24, 357 - 366.

Cusella, L. P. (1987). Feedback, motivation and performance. In *Handbook of Organizational Communication: An Interdisciplinary Perspective*, edited by F. M. Jablin, L. L. Putnam, K. H. Roberts, and L. W. Pooter, pp. 624 - 678. Newsbury Park, CA: SAGE.

Dempsey, J. V. and Sales, G. C., Eds. (1993). *Interactive Instruction and Feedback*. Englewood Cliffs, NJ: Educational Technology Publications.*

Dempsey, J. V., Driscoll, M. P., and Swindell, L. K. (1993). Text-based feedback. In *Interactive Instruction and Feedback*, edited by J. V. Dempsey and G. C. Sales, pp. 21 - 54. Englewood Cliffs, NJ: Educational Technology Publications.

Dempsey, J. V. and Wager, S. U. (1988). A taxonomy for the timing of feedback in computer-based instruction. *Educ. Psychol.*, 28(10), 20 - 25.

Dick, W., Carey, L., and Carey, J. O. (2001). *The Systematic Design of Instruction*. New York: Addison, Wesley, Longman.

Dresel, M. and Ziegler, A. (2006). Langfristige Förderung von Fähigkeitsselbstkonzept und impliziter Fähigkeitstheorie durch computerbasiertes attributionales Feedback (Longterm enhancement of academic self-concept and implicit ability theory through computer-based attributional feedback). *Zeitschrift für Pädagogische Psychologie*, 20, 49 - 64.

Fitts, P. M. (1962). Factors in complex skill training. In *Training Research and Education*, edited by R. Glaser, pp. 177 - 197. Oxford, England: University of Pittsburgh Press.

Gouli, E., Gogoulou, A., Papanikolaou, K., and Grigoriadou, M. (2005). An adaptive feedback framework to support reflection, tutoring and guiding in assessment. In *Advances in Web-Based Education: Personalized Learning Environments*, edited by G. Magoulas and S. Chen, pp. 178 - 202. New York: Idea Group Publishing.

Hancock, T. E., Stock, W. A., and Kulhavy, R. W. (1992). Predicting feedback effects from response-certitude estimates. *Bull. Psychonom. Soc.*, 30, 173 - 176.

Hancock, T. E., Thurman, R. A., and Hubbard, D. C. (1995a). An expanded control model for the use of instructional feedback. *Contemp. Educ. Psychol.*, 20, 410 - 425.

Hancock, T. E., Thurman, R. A., and Hubbard, D. C. (1995b). Using multiple indicators of cognitive state in logistic models that predict individual performance in machine-mediated learning environments. *Machine-Mediated Learn.*, 5(3), 237 - 253.

Hannafin, M. J., Hannafin, K. D., and Dalton, D. W. (1993). Feedback and emerging instructional technologies. In *Interactive Instruction and Feedback*, edited by J. V. Dempsey and G. C. Sales, pp. 263 - 286. Englewood Cliffs, NJ: Educational Technology Publications.

Heffernan, N. T. (2001). Intelligent Tutoring Systems Have Forgotten the Tutor: Adding a Cognitive Model of Human Tutors, Ph. D. dissertation, School of Computer Science, Carnegie Mellon University (http://www.algebratutor.org).

Heift, T. (2004). Corrective feedback and learner uptake in CALL. *ReCall: J. Eurocall*, 16, 416 - 431.

Holding, D. H. (1965). *Principles of Training*. Oxford, U. K.: 141
Pergamon Press.

Hoska, D. M. (1993). Motivating learners trough CBI feedback: developing a positive learner perspective. In *Interactive Instruction and Feedback*, edited by J. V. Dempsey and G. C. Sales, pp. 105 - 131. Englewood Cliffs, NJ: Educational Technology.*

Jonassen, D. H. (1999). Designing constructivist learning environments. In *Instructional-Design Theories and Models: A New Paradigm of Instructional Theory*, Vol. II, edited by C. M. Reigeluth, pp. 215 - 239. Mahwah, NJ: Lawrence Erlbaum Associates.

Jonassen, D. H., Tessmer, M., and Hannum, W. H. (1999). Classifying knowledge and skills from task analysis. In *Task Analysis Methods for Instructional Design*, edited by D. H. Jonassen, M. Tessmer, and W. H. Hannum, pp. 25 - 32. Mahwah, NJ: Lawrence Erlbaum Associates.

Keller, J. M. (1983). Motivational design of instruction. In *Instructional Design Theories and Models: An Overview of Their Current Status*, edited by C. M. Reigeluth, pp. 386 - 434. Mahwah, NJ: Lawrence Erlbaum Associates.

Koedinger, K. R., Aleven, V., Heffernan, N., McLaren, B., and Hockenberry, M. (2004). Opening the door to non-programmers: authoring intelligent tutor behavior by demonstration. In *Proceedings of the Seventh International Conference on Intelligent Tutoring System (ITS 2004)*, pp. 162 - 174. Berlin: Springer Verlag.

Kluger, A. N. and DeNisi, A. (1996). Effects of feedback interventions 142
on performance: a historical review, a meta-analysis, and a preliminary feedback intervention theory. *Psychol. Bull.*, 119, 254 - 284.*

Kulhavy, R. W. and Anderson, R. C. (1972). Learning-criterion error perseveration in text material. *J. Educ. Psychol.*, 63(5), 505 - 512.

Kulhavy, R. W. and Stock, W. A. (1989). Feedback in written instruction: the place of response certitude. *Educ. Psychol. Rev.*, 1, 279 - 308.*

Kulhavy, R. W., White, M. T., Topp, B. W., Chan, A. L., and Adams, J. (1985). Feedback complexity and corrective efficiency. *Contemp. Educ. Psychol.*, 10, 285 - 291.

Kulhavy, R. W., Stock, W. A., Hancock, T. E., Swindell, L. K., and Hammrich, P. L. (1990a). Written feedback: response certitude and durability. *Contemp. Educ. Psychol.*, 15, 319 - 332.

Kulhavy, R. W., Stock, W. A., Thornton, N. E., Winston, K. S., and Behrens, J. T. (1990b). Response feedback, certitude and learning from text. *Br. J. Educ. Psychol.*, 60, 161 - 170.

Kulik, J. A. and Kulik, C. C. (1988). Timing of feedback and verbal learning. *Rev. Educ. Res.*, 58, 79 - 97.*

Kutay, C. and Ho, P. (2005). Designing agents for feedback using the documents produced in learning. *Int. J. E-Learning*, http://goliath.ecnext.com/coms2/gi_0199 - 4307620/ Designing-agents-for-feedback-using.html.

Markowotz, N. and Renner, K. E. (1966). Feedback and the delay-retention effect. *J. Exp. Psychol.*, 72(3), 452 - 455.

Mason, J. B. and Bruning, R. (2001). *Providing Feedback in Computer-Based Instruction: What the Research Tells Us*, http://dwb4.unl.edu/dwb/Research/MB/MasonBruning.html.

Mathan, S. A. and Koedinger, K. R. (2005). Fostering the intelligent novice: learning from errors with meta-cognitive tutoring. *Educ. Psychol.*, 40, 257 - 265.

Mayer, R. E. (2001). *Multimedia Learning*. New York: Cambridge University Press.

McKendree, J. (1990). Effective feedback content for tutoring complex skills. *Hum.-Comput. Interact.*, 5, 381 - 413. *

Melis, E. and Anders, E. (2005). Global feedback in Activmath. *J. Comput. Math. Sci. Teach.*, 24, 197 - 220.

Merrill, D. C., Reiser, B. J., Ranney, M., and Trafton, J. G. (1992). Effective tutoring techniques: a comparison of human tutors and intelligent tutoring systems. *J. Learn. Sci.*, 2, 277 - 305. *

Merrill, D. C., Reiser, B. J., Merrill, S. K., and Landes, S. (1995). Tutoring: guided learning by doing. *Cognit. Instruct.*, 13, 315 - 372.

143 Merrill, J. (1987). Levels of questioning and forms of feedback: instructional factors in courseware design. *J. Comput.-BasedInstruct.*, 14 (1), 18 - 22.

Mitrovic, A., Martin, B., and Mayo, M. (2002). Using evaluation to shape ITS design: results and experience with SQL - Tutor, *User Model. User-Adapt. Interact.*, 12(2/3), 243 - 279.

Moreno, R. (2004). Decreasing cognitive load for novice students: effects of explanatory versus corrective feedback in discovery-based multimedia. *Instruct. Sci.*, 32, 99 - 113.

Moreno, R. and Valdez, A. (2005). Cognitive load and learning effects of having students organize pictures and words in multimedia environments: the role of student interactivity and feedback. *Educ. Technol. Res. Dev.*, 53, 35 - 45.

Mory, E. H. (1994). Adaptive feedback in computer-based instruction: effects of response certitude on performance, feedback-study time and efficiency. *J. Educ. Comput. Res.*, 11, 263 - 290.

Mory, E. H. (1996). Feedback research. In *Handbook of Research for Educationat Communications and Technology*, edited by D. H. Jonassen, pp. 919 - 956. New York: Simon & Schuster. *

Mory, E. H. (2004). Feedback research revisited. In *Handbook of Research on Educational Communications and Technology*, 2nd ed., edited by D. H. Jonassen, pp. 745 - 783. Mahwah, NJ: Lawrence Erlbaum Associates. *

Murray, R. C., VanLehn, K., and Mostow, J. (2004). Looking ahead to select tutorial actions: a decision-theoretic approach. *Int. J. Artif. Intell. Educ.*, 14, 235 - 278.

Nagata, N. (1993). Intelligent computer feedback for second language instruction. *Modern Lang. J.*, 77, 330 - 339.

Nagata, N. (1997). An experimental comparison of deductive and inductive feedback generated by a simple parser. *System*, 25, 515 - 534.

Nagata, N. and Swisher, M. V. (1995). A study of consciousnessraising by computer: the effect of metalinguistic feedback on second language learning. *Foreign Lang. Ann.*, 28, 337 - 347.

Narciss, S. (2004). The impact of informative tutoring feedback and self-efficacy on motivation and achievement in concept learning. *Experimental Psychology*, 51(3), 214 - 228.

Narciss, S. (2006). *Informatives tutorielles Feedback. Entwicklungs-und Evaluationsprinzipien auf der Basis instruktions-psychologischer Erkenntnisse (Informative Tutoring Feedback)*. Münster: Waxmann.

Narciss, S. and Huth, K. (2004). How to design informative tutoring feedback for multi-media learning. In *Instructional Design for Multimedia Learning*, edited by H. M. Niegemann, D. Leutner, and R. Brünken, pp. 181 - 195. Münster: Waxmann. *

Narciss, S. and Huth, K. (2006). Fostering achievement and motivation with bug-related tutoring feedback in a computer-based training for written subtraction. *Learn. Instruct.* 16, 310 - 322.

Narciss, S., Körndle, H., Reimann, G., and Müller, C. (2004). Feedback-seeking and feedback efficiency in Web-based learning: how do they relate to task and learner characteristics? In *Instructional Design for Effective and Enjoyable Computer-Supported Learning: Proceedings of the First Joint Meeting of the EARLI SIGs Instructional Design and Learning and Instruction with Computers* [CD - ROM], edited by P. Gerjets, P. A. Kirschner, J. Elen, and R. Joiner, pp. 377 - 388. Tübingen: Knowledge Media Research Center.

Peek, J. and Tillema, H. H. (1978). Delay of feedback and retention of correct and incorrect responses. *J. Exp. Educ.*, 38, 171 - 178.

Phye, G. D. (1979). The processing of informative feedback about multiple-choice test performance. *Contemp. Educ. Psychol.*, 4, 381 - 394.

Phye, G. D. (1991). Advice and feedback during cognitive training: effects at acquisition and delayed transfer. *Contemp. Educ. Psychol.*, 16, 87 - 94.

Phye, G. D. (2001). Problem-solving instruction and problem-solving transfer: the correspondence issue. *J. Exp. Psychol.*, 93, 571 - 578.

Phye, G. D. and Bender, T. (1989). Feedback complexity and practice: response pattern analysis in retention and transfer. *Contemp. Educ. Psychol.*, 14, 97 - 110.

Phye, G. D. and Sanders, C. E. (1994). Advice and feedback: elements of practice for problem solving. *Contemp. Educ. Psychol.*, 19, 286 - 301.

Pintrich, P. R. (2003). Motivation and classroom learning. In *Handbook of Psychology*. Vol. 7. *Educational Psychology*, edited by W. M. Reynolds and G. E. Miller, pp. 103 - 122. Hoboken, NJ: John Wiley & Sons.

Pressley, M. (1986). The relevance of the good strategy usermodel to the teaching of mathematics. *Educ. Psychol.*, 21, 139 - 161.

Rankin, R. J. and Trepper, T. (1978). Retention and delay of feedback in a computer-assisted task. *J. Exp. Educ.*, 64, 67 - 70.

Rittle-Johnson, B. and Koedinger, K. R. (2005). Designing knowledge scaffolds to support mathematical problem solving. *Cognit. Instruct.*, 23, 313 - 349. *

Roll, I., Aleven, V., McLaren, B. M., Ryu, E., Baker, R., and Koedinger, K. R. (2006). The help-tutor: does metacognitive feedback improve students' help-seeking actions, skills and learning? In *ITS 2006*, LNCS 4053, edited by M. Ikeda, K. Ashley, and T.-W. Chan, pp. 360 - 369. Berlin: Springer.

Romero, C., Ventura, S., and DeBra, P. (2005). Knowledge discovery with genetic programming for providing feedback to courseware authors. *User Model. User-Adapt. Interact.*, 14, 425 - 464.

Sales, G. C. (1993). Adapted and adaptive feedback in technology-based instruction. In *Interactive Instruction and Feedback*, J. V. Dempsey and G. C. Sales, pp. 159 - 175. Englewood Cliffs, NJ: Educational Technology Publications.

Sansone, C. (1986). A question of competence: the effects of competence and task feedback on intrinsic interest. *J. Person. Soc. Psychol.*, 51, 918 - 931.

Sansone, C. (1989). Competence feedback, task feedback, and intrinsic interest: an examination of process and context. *J. Exp. Soc. Psychol.*, 25, 343 - 361.

Sanz, C. (2004). Computer delivered implicit versus explicit feedback in processing instruction. In *Processing Instruction: Theory, Research and Commentary*, edited by B. Van Patten, pp. 241 - 255. Mahwah, NJ: Lawrence Erlbaum Associates.

Schimmel, B. J. (1988). Providing meaningful feedback in courseware. In *Instructional Designs for Microcomputer Courseware*, edited by D. H. Jonassen, pp. 183 - 195. Hillsdale, NJ: Lawrence Erlbaum Associates.

Schroth, M. L. and Lund, E. (1993). Role of delay of feedback on subsequent pattern recognition transfer tasks. *Contemp. Educ. Psychol.*, 18, 15 - 22.

Schunk, D. H. (1983). Ability versus effort attributional feedback: differential effects on self-efficacy and achievement. *J. Educ. Psychol.*, 75, 848 - 856.

Schunk, D. H. and Rice, J. M. (1993). Strategy fading and progress feedback: effects on self-efficacy and comprehension among students receiving remedial reading services. *J. Spec. Educ.*, 27, 257 - 276.

Senko, C. and Harackiewicz, J. M. (2005). Regulation of achievement goals: the role of competence feedback. *J. Educ. Psychol.*, 97, 320 - 336.

Smith, P. L. and Ragan, T. J. (1993). Designing instructional feedback for different learning outcomes. In *Interactive Instruction and Feedback*, edited by J. V. Dempsey and G. C. Sales, pp. 75 - 103. Englewood Cliffs, NJ: Educational Technology. *

Steinberg, E. R. (1977). Review of student control in computerassisted instruction. *J. Comput.-Based Instruct.*, 3, 84 - 90.

Steinberg, E. R. (1989). Cognition and learner control: a literature review, 1977 - 1988. *J. Comput.-Based Instruct.*, 16, 117 - 121.

Stock, W. A., Kulhavy, R. W., Pridemore, D. R., and Krug, D. (1992). Responding to feedback after multiple-choice answers: the infiuence of response confidence. *Q. J. Exp. Psychol.*, 45A, 649 - 667.

Sturges, P. T. (1969). Verbal retention as a function of the informativeness and delay of information feedback. *J. Educ. Psychol.*, 60, 11 - 14.

Sturges; P. T. (1972). Information delay and retention: effect of information in feedback and tests. *J. Educ. Psychol.*, 63, 32 - 43.

Sturges, P. T. (1978). Delay of informative feedback in computer-assisted testing. *J. Educ. Psychol.*, 70(3), 357 - 358.

Surber, J. R. and Anderson, R. C. (1975). Delay-retention effect in natural classroom settings. *J. Educ. Psychol.*, 67(2), 170 - 173.

Swindell, L. K. and Walls, W. F. (1993). Response confidence and the delay retention effect. *Contemp. Educ. Psychol.*, 18, 363 - 375.

Symonds, P. M. and Chase, D. H. (1929). Practice vs. motivation. *J. Educ. Psychol.*, 20, 19 - 35.

Taylor, R. (1987). Selecting effective courseware: three fundamental instructional factors. *Contemp. Educ. Psychol.*, 12, 231 - 243.

Thorndike, E. L. (1913). *Educational Psychology: The Psychology of Learning*. New York: Teachers College Press.

Ulicsak, M. H. (2004) 'How did it know we weren't talking?': an investigation into the impact of self-assessments and feedback in a group activity. *J. Comput. Assist. Learn.*, 20, 205 - 211.

Usher, E. L. and Pajares, F. (2006). Sources of academic and self-regulatory efficacy beliefs of entering middle school students. *Contemp. Educ. Psychol.*, 31, 125 - 141.

van den Boom, G., Paas, F., van Mërrienboer, J. J. G., and van Gog, T. (2004). RefLection prompts and tutor feedback in a Web-based learning environment: effects on students' selfregulated learning competence. *Comput. Hum. Behav.*, 20, 551 - 567.

VanLehn, K. (1990). *Mind Bugs: The Origins of Procedural Misconceptions*. Cambridge, MA: The MIT Press.

VanLehn, K., Lynch, C., Schulze, K., Shapiro, J. A., Shelby, R., Taylor, L., Treacy, D., Weinstein, A., and Wintersgill, M. (2005). The Andes physics tutoring system: lessons learned. *Int. J. Artif. Intell. Educ.*, 15 147 - 204. *

Vollmeyer, R. and Rheinberg, F. (2005). A surprising effect of feedback on learning. *Learn. Instruct.*, 15, 589 - 602.

Wager, W. and Mory, E. H. (1993). The role of questions in learning. In *Interactive Instruction and Feedback*, edited by J. V. Dempsey and G. C. Sales, pp. 55 - 73. Englewood Cliffs, NJ: Educational Technology Publications.

Wager, W. and Wager, S. U. (1985). Presenting questions, processing responses, and providing feedback in CAI. *J. Instruct. Dev.*, 8(4), 2 - 8.

Wiener, N. (1954). *The Human Use of Human Beings: Cybernetics and Society*. Oxford, England: Houghton Mifflin.

---

* 表示主要参考文献。

12

探究性学习的技术增强型支持策略

145 Yael Kali 和 Marcia C. Linn

摘要

设计研究证实了在技术支持环境下为学习提供特定支持的有效性,并为设计和利用这些技术支持提出了指导性建议。设计原则数据库是以"设计原则"为基本结构、用来捕捉和综合
146 这类知识的合作共建工具。在本章中,我们重点介绍设计原则数据库中支持学习最为有效的8条实用设计原则,并举例说明应用这些原则的技术系统是如何支持学习的。我们讨论了这些设计原则的优点与局限性,并指出为使设计原则更有效地指导新的教学创新,我们应将它

们与设计模式结合使用。

关键词

设计原则：基于研究发现的用于教学设计的指导性原则。设计原则可以在不同的粒度上阐述，例如：表述那些用来设计学习环境中某一特性的基本原理的具体原则，连接若干特性背后所蕴含原理的实用主义原则，以及综合一组实用主义原则的元原则等。

知识整合：添加、辨别、组织和评价现象、情境和抽象概念的过程。

学习环境：一个整合了包括导航在内的一组特性的系统，学习环境可以支持任何主题的课程。

软件特性：旨在促进学习之技术的具体应用；这些软件特性包括模型化工具、仿真环境、 146
微世界、可视化工具、合作工具、反思提示语、游戏，以及内嵌式评估工具等。

引言

本章综述了探究性学习中采用技术支持的益处，旨在帮助设计者在以往工作基础上开展设计，帮助研究者呈现在当前工作环境下的新发现。为了达到这些目标，我们借助了如 Brown (1992), Kali (2006), Kali(印刷中), Merrill (2002), Quintana 等(2004), Reigeluth (1999), van den Akker (1999)等学者对教学设计的贡献，以此为基础整理出一些设计原则，我们还吸取了在认知和教学研究中关于学习者的最新观点(Bransford 等，1999; Linn 等，2004b)。

设计者们已经创造和提炼了大量支持探究性学习的方法。我们将支持策略定义为技术增强型教学(technology-enhanced instruction)的特色，设计者们认为这些支持策略通过引导学习、促进反思以及对内容的多样化表达而对探究性学习有所贡献。我们把“探究”广义地定义为任何能够促进学习者探寻科学现象的活动。这些支持策略蕴含在很多技术增强型探究项目中，已经在课堂上得到了检验(Barab 等，2000; Bruer, 1993; diSessa, 2000; Edelson 等，1999; Krajcik 等，1998; Linn 等，2003; Means, 1994; Reiser 等，1996; Schwartz 等，1999; Songer 等，2003; Tinker, 2005; White 和 Frederiksen, 1998)。

关于探究性学习的研究显示，学习者在探究过程中挣扎于多重的、冲突的，以及常常是令人迷惑的关于科学现象的各种观点中。成功的探究支持可以帮助学习者在多种多样的、真实的问题情境当中建立他们的知识库。成功的技术增强型教学常常利用模型、仿真或者可视化技术来介绍新思想。但是，有效的教学不会止步于只是引出观点和添加想法，为了使学生获得持久的、可举一反三的理解，需要设定一些在各种环境和不同层次下分析这些观点的标准。他们需要支持，从而使得他们能够——通常在与他人的合作中——形成越来越精细的评价观点的标准。他们需要时间来整理想法，并对各种现象形成关联性越来越强的观点。在本章中，我们综述了用技术扩展的课程资源来支持探究性学习的新近研究，发现有效的探究学习支持都强调下面四个步骤：引出观点，添加想法，确定标准，整理思路。这些步骤也是知识整合框架的主要元素(Linn, 1995; Linn 和 His, 2000; Linn 等，2004b)。

设计者们常常发现推陈出新是极富挑战性的，因为过去的研究并没有梳理出这些创新过程的基本元素(Vanderbilt 认知和技术小组，1997)。我们需要寻找方法以促进在科学学习当中有效使用技术。尽管对于探究性学习的支持已经有非常丰富的研究，但是，在大多数中小学教学中，技术主要是用在训练与练习、文字处理以及网上冲浪等方面(Fishman 等，2004)。在大学的教学中则主要是靠互联网传递信息(Herrington 等，2005)。因此，Mioduser 等人将技术在当前教育中的使用情况总结为："技术上领先了一步，但在教法上却后退了两步。"

为发现支持探究的关键要素，我们综合了设计研究中的一些发现。设计研究者们为了开发成功的创新设计，会进行反复地改进(Bell 等，2004; Design-Based Research Collective,
147 2003; Simon, 1969)。对不同设计或改进步骤的比较研究证实了某些支持的有效性，揭示了这些支持背后的机理，并为实现这些支持提供了指南。这些研究常常以设计原则、学习原则、模式和相对综合的方法来总结其研究成果，凝练那些导致其成功的创新点和机制。如 Brown (1992)是用学习原则来综合她的研究成果。Collins (1992)倡议总结用以获取基于研究的实践性设计知识的指南。这些努力与其他设计领域，如建筑(Alexander 等，1977)、图像通讯(Tufte, 1983)，以及计算机科学(Gamma 等，1995)的实践是一致的，这些领域也同样认为指导原则很有用。

在设计原则数据库中(http://www. design-principle. org)，当前对这些设计原则的汇总是以 Kali 所提出的创新探究相关的特性开始的(Kali, 2006; Kali，印刷中)，目前设计原则数据库中的条目代表着 50 多位研究者的成果，有 100 个特性(主要来自于物理、生命、科学以及地球科学学科)。数据库提供了：(1)这些有效特性的说明，(2)每个特性的原理，(3)这个特性体现的实用原则及有影响的证据。实用原则是一些抽象的指导方针，揭示了在不同学习环境中隐藏在这些特性背后的相似原理。尽管这些特性是以独立的条目被输入数据库的，但是它们常常是组成学习环境一系列特性中的一部分。

这个数据库根据元原则(Meta-principle)进行组织。元原则是一组上位概念，用来综合一组实用原则。数据库中的元原则包括使思维可视化，使科学便于理解，帮助学习者相互学习，以及促进终身自治的学习等。

设计原则数据库的结构是在技术支持科学学习的长期研究中形成的(Linn 和 Hsi, 2000; Linn 等，2004b)。"作为学习伙伴的计算机"研究项目，通过长达 20 年对有效的、交互的科学体验不断精细化地研究，总结出了 4 个元原则以及最初的 14 个实用原则(Linn 和 Hsi, 2000)。设计原则数据库的不断地扩大依赖于有关研讨会的参与者、课程活动以及同行们的贡献(Kali 等，2002)。它作为知识建构的合作性工具为设计和探究教育技术的社群提供服务(Kali, 2006)。设计原则数据库使得设计者们能够解释隐藏在学习环境中各个特性背后的教学法原理，也允许社群成员根据他们的经历作出响应，在数据库中加入其经验。建立这样的数据库是基于这样的一个想法，即解释特性背后的基本原理会对其他设计者有所帮助。研究者们已经向其中添加了更多的原则(Linn 等，2004b)并将这些原则应用于设计考试评价(Clark 和 Linn, 2003)、教师专业发展(Williams 和 Linn, 2003)和学习环境中(Linn 等，2003)。研究者们可以在新情境下探究这些原则的应用，并将他们的发现重新添加到设计原则数据库中。在对这些原则进行争论、提炼和不断为其提供一线证据的过程中，有关教学设计的知识也得以不断丰富起来。

对探究性学习的支持

为了综合探究性学习的各种支持策略，我们从设计原则数据库的4个元原则出发，并选择那些与尽可能多的特性相关联的实用原则。对于每个实用原则，我们聚焦在两个有良好应用前景的特性上。这些特性的规模不同，有些意味着整个学习环境(例如，Model-It)，有些只是学习环境中的一个工具(例如WISE项目中的探究地图)，还有一些为软件的元素(如在Geo3D中可操纵的3D动画演示)。表12.1列出了这些特性以及它们与实用原则和元原则的联系。下面我们将介绍元原则、与之相关的实用原则，并图示说明这些特性是怎样支持探究学习的。

表12.1 本章所描述的特性以及它们与实用原则和元原则的联系 148

实用原则	特 性
元原则:使科学便于理解	
宣扬科学探究的多样性	WISE中的探究地图(Inquiry Map) WISE中的意义生成器(SenseMaker)
与个人经历关联	Jasper项目中的真实情境 TELS模块中的背景定义
元原则:使思维可视化	
为学生提供组织思路的模板	WISE的原理生成器(Principle Maker) SMILE中经验法则的设计模板
提供知识表征工具	Model-It Causal Mapper
能够进行三维操纵	Geo3D中的三维图示 支持学生使用分子模型软件的脚手架
元原则:帮助学习者相互学习	
鼓励学习者相互学习	CeLS中自动收集同伴评价数据 eStep中对合作的支持
元原则:促进终生自治的学习	
能够操作模型和仿真中的参数	在Molecular Workbench中可操作的分子模型 在Visual Mathematics中的导数模型
鼓励反思	在CASES中为行动反思提供的提示 WISE中的记笔记功能

元原则:使科学便于理解

设计者希望帮助学习者理解科学，以产生他们自己完整的观点。他们为所有的学习者——无论是立志从事科学事业的，还是最后一次上科学课程的学生——提供支持，加强了科学与学习者的相关性，以应对常见的关于科学与自己关系不大或不实用的抱怨。这些支持还将修正学生们对科学不充分的认识(Hofer和Pintrich，2002)。在此元原则之下有两条实用原则，呼吁"宣扬多样化的科学探究"以及"与个人经历关联"。

实用原则:宣扬科学探究的多样性

这条原则要求设计者要让学习者感受探究过程中的丰富多样性。学生们在离开科学课堂的时候,对探究持有的态度经常是教条的、不灵活的,或者是抽象的、难以理解的(Linn 等,2004a)。技术支持的学习环境可以让学生参与到各种探究过程中,从而使他们意识到科学探究的多样性。我们用"基于网络的科学探究环境"(Web-Based Inquiry Science Environment, WISE)(Slotta, 2004)中的两个特性来说明如何应用这条原则。

WISE 中的探究地图

为了帮助学生研究探究过程,WISE 采用了一种探究地图工具,它会为每个 WISE 项目建立一个动态一图形化向导(图 12.1),形象地展示该项目的探究步骤。这使得学生们可以一目了然该项目及项目中包含的探究策略。随着探究地图的扩展,还可以按照每个项目的主要探究部件分解展示。使用 WISE 的教师指出,探究地图使得学生在探究活动中更加独立,因此增强了他们对探究过程多样性的理解。在很多情况下,探究地图回答了"我现在做什么"这一问题,这使得探究过程的自我导向性更强。这个地图也能帮助学生更好地理解项目的各个步骤是如何与整个探究过程相联系的(Linn 和 Hsi, 2000)。

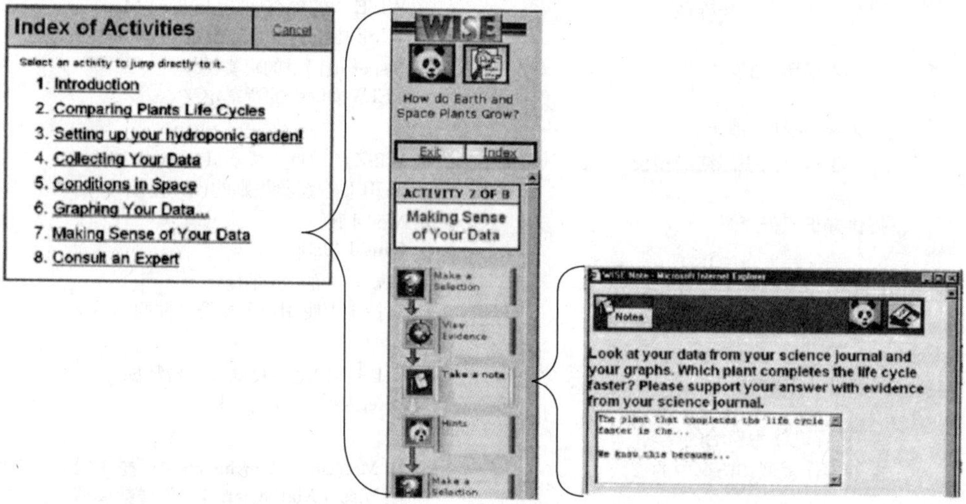

图 12.1 WISE 探究地图(中间部分)及活动索引(左边)和反思笔记(右边)

WISE 中的意义生成器

向学生宣扬科学探究多样性思想的另一个机制是让学生参与到科学辩论中(Bell, 2004)。WISE 的意义生成器工具(图 12.2)可以帮助学生发现不同网络资源之间的关系。在研究来自网络的各种证据时,学生在意义生成器中对它们进行分类。对各种证据的分类使得学生坚定了自己在争论中的立场,并为课堂辩论做好了准备。在辩论过程中,学生们的观点以图形化的方式显示,通过将自己的观点与其他同学和专家的观点进行比较,学生们能够看到探究策略的差异(Bell, 2004)。意义生成器可以支持诸如"疟疾的危害"这样问题的辩论。学生们在保护人类生命(通过播撒 DDT)和保护野生动物和环境(限制使用 DDT)之间探究道德的平衡

149

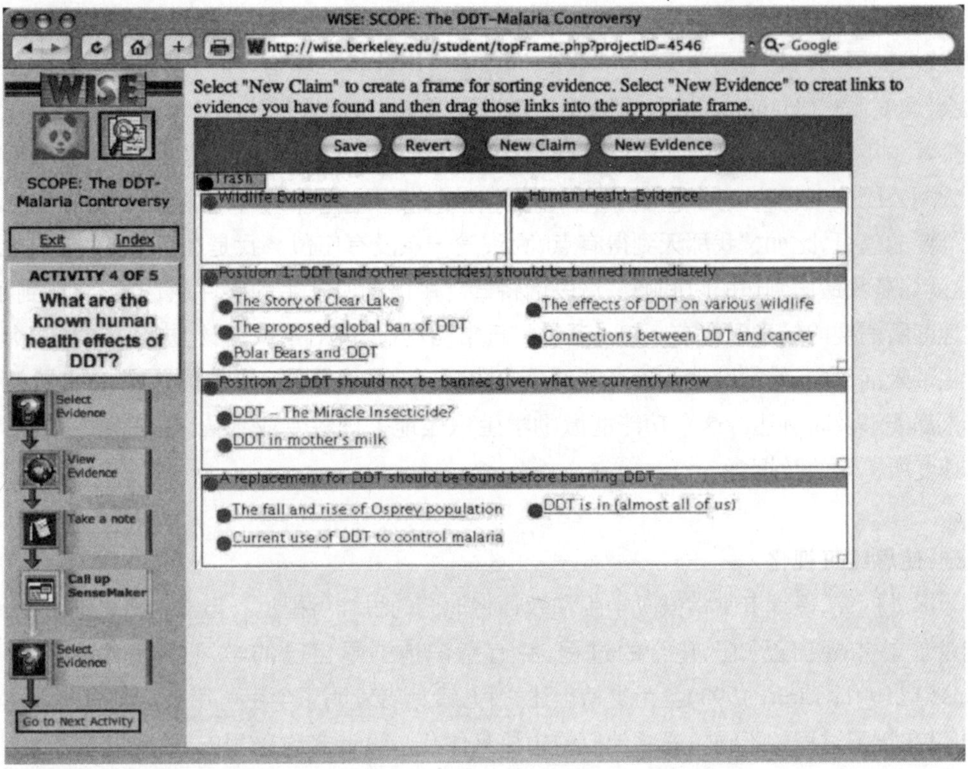

图 12.2 在意义生成器中整理来自网页的证据

(Seethaler 和 Linn, 2004)。研究显示,采用意义生成器,让学生参与到这样的辩论并支持他们的探究过程,能够帮助学生对复杂的科学问题有更加综合的理解。

实用原则:与个人经历关联

与个人相关的问题,如怎样保持饮料凉爽等,让科学变得不那么遥远,因为这会激发人们对燃料进行探究的各种直觉想法(Linn 和 Hsi, 2000; Songer 和 Linn, 1991)。Linn 等人(2004b)的研究认为,引发学生对科学广泛的想法,并鼓励这些观点,能够使学生树立更加一致的、长久的科学观。这个原则提倡采用个人经历过的事情作为科学探究的情境。下面的例子显示了两个研究小组是如何应用此原则的。

Jasper 项目中的真实情境

Jasper 项目采用抛锚式教学方法(Vanderbilt 认知和技术小组,1990, 1997),它是采用技
术支持的真实情境下抛锚式教学的最早尝试之一。Jasper 项目由 12 个旨在解决数学问题的 150
冒险录像故事组成,每个录像结束的时候会提出一个复杂的挑战问题。这些冒险活动设计得好像侦探小说,解决问题所需要的所有数据都蕴含在故事当中。Jasper 冒险活动故事真实可信,其中有有趣的人物、复杂且重要的挑战,而且,延伸到课程领域的很多方面。为解决挑战问题,学生们需要综合问题解决技能、数学概念和录像中的信息。这些冒险故事被设计为架接日常生活与学校学习问题之间差距的桥梁,它们既是教学的情境,也是一项真实任务的背景,还是一个机会,让人们看到学校的知识是可以用来解决实际问题的。

TELS 模块中的背景定义

“技术扩展的科学学习”(Technology Enhanced Learning in Science, TELS)项目中“与朋友约会,速度派!”(Hanging with Friends, Velocity Style!)模块(Tate, 2005)将科学术语嵌入和一个青少年的交谈背景中。这次交谈的目的是为了确定这个女生的速度(velocity),谈的是她从大湖公园到电影院去见朋友的那段路程。被访者用口语化的表达谈出了为确定她的速度所需要的信息,比如:“我那天到得有点晚了,差一点没有座位。我是在下午 5:05 到达电影院,这就算是我最后到达的时间吧。”这段话将日常用语和所发生的事件(看电影要迟到了)与决定速度所需要的信息融合在一起。通过将日常活动(一段对话或访谈)加入游戏,这个功能把学生带入活动中,并帮助他们置身于熟悉的情境。他们计算每个朋友的速度,以此推测是否所有人都能够及时到达。这个功能能激励学生积极地去理解专业术语以及那些为日常活动计算速度所需要的数据。

元原则:使思维可视化

为促进探究,设计者常常鼓励学生和教师将他们的思维可视化。当学生将思维可视化时,他们就能够审视自己知识整合的过程,并有意识地引导自己的学习(Bransford 等,1999; Collins 等,1991; Linn, 1995)。为支持上述过程,设计者发明了学生可用来绘制思路地图的工具,可以在学习过程的不同阶段将他们的想法具体化。设计者也采用内嵌在探究项目中的模型或者可视化工具以使复杂概念和科学现象形象化。这里我们着重介绍此元原则下的三条实用原则,前两条是希望帮助学生将他们自己的思维可视化,第三条是试图将复杂的科学现象可视化。我们为每条实用原则都准备了两个来自不同情境的例子。

实用原则:为学生提供组织思路的模板

为支持学生清晰地表达复杂的科学观点,设计者创制了被称为模板的工具。模板为学生在完成复杂活动时表达想法和修正观点提供了支持框架(Kolodner 等,2004)。下面的两个例子展示了在两个系统中应用此原则的特性。

WISE 中的原理生成器

一个能够说明模板是如何帮助组织思路的例子是原理生成器(Clark 和 Sampson, 2007)。在 WISE 环境中原理生成器(图 12.3)是一个用来帮助学生将他们所收集到的或体验到的归总
151 为原理的工具。通过提供用来表述原理的基本词汇,这个工具为学生完成原理提炼任务搭建了支架,使学生能够用专业性而非口语化的方式清晰表达原理。原理生成器也是 TELS 中的一个项目“热力学:探索你的周围环境”的一部分。Clark 和 Sampson (2007)所进行的研究指出,在学生创建原理的过程中为他们提供支架,能够帮助学生理清思路。Clark 和 Sampson 利用学生创建的原理,组织了各种讨论,如持对立观点小组之间的辩论。他们认为这一过程促进了对话式争论。通过使思维可视化,原理生成器形成了比传统的科学课堂上更加复杂的争论模式。这样,学生能够更好地理解他们同伴的观点,并能够拿出他们的时间来支持、评价或者批评这些观点。

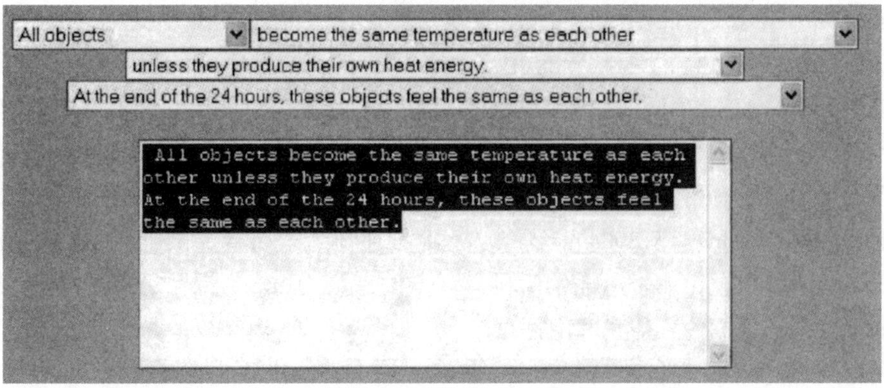

图 12.3 使用原理生成器,为学生归纳原理提供支架

SMILE 中经验法则的设计模板

根据这个原则设计的另外一个特性是“支持多用户交互学习环境”(Supporting Multiuser Interactive Learning Environment, SMILE)中“通过设计来学习课堂”(Learning by Design classroom)的一部分(Kolodner 等,2004)。这个特性帮助学生通过一个项目体验,产生并修改所设计的经验法则。这些经验法则是学生通过项目实践所学到的经验与教训。经验法则设计模板包括可以帮助学生构建一条法则的构件,它一般是如下形式:当/如果(描述你正在进行的行动、设计或选择)利用/连接/建立/采用/测量(列出你的建议或方法)因为(列出或者提出支持你观点的证据、科学原理或概念)(图 12.4)。学生们先是在小组中基于他们的实验结果或

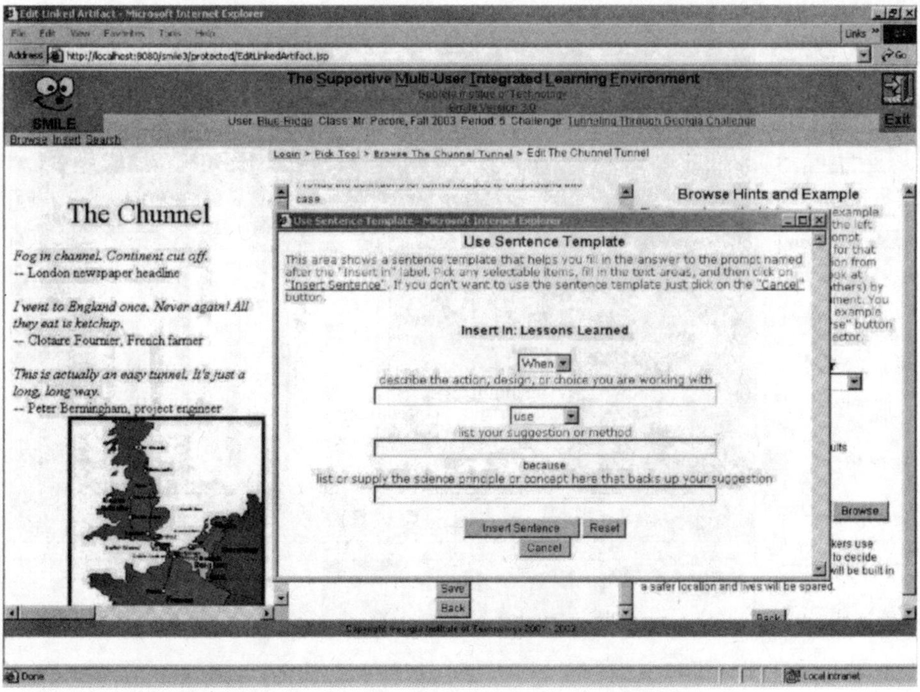

图 12.4 SMILE 中的经验法则设计模板

是所阅读的案例生成经验法则。然后他们在全班讨论这些经验法则，并进行修正。理想情况下，学生们能够注意到他们无法解释的观点，并能确定他们需要学习的科学知识。研究表明，在使用这个模板之前，学生们往往不能够很好地联系科学知识。而当在课堂中应用模板时，教师可以比较好地介绍所需的科学概念。当教师帮助学生确定这类经验原则的时候，那些使用软件模板的学生比没有用此模板的学生能够产生更好的经验法则（具有比较丰富的情境描述和正当的理由）(Kolodner 等，2004)。这条实用原则呼吁为学习者提供工具，以使得他们能够在不同的学习阶段可视化地表达他们对科学观点的理解。Linn 等人(2004b)指出，知识表征工具有助于对事实证据的解释和理论化。

152 **实用原则：提供知识表征工具**

Model-It

一个能够促进学生表达并检验他们知识的工具实例就是由密西根大学开发的 Model-It。Model-It 是一个以学习者为中心的工具，用来构建动态的定性模型。它可以支持学生，即使是那些只有非常基础的数学技能的学生，构建科学现象的动态模型，并且运用他们的模型进行模拟仿真以检验和分析所获得的结果(Jackson 等，2000)。例如，学生们可以利用它构建水质模型，然后检测不同的污染物质是如何影响水质的。Model-It 提供了一种易于使用的可视化结构，学生们可以利用它规划、构建及检测自己的模型(图 12.5)。Model-It 已经被美国城市和郊区数以千计的师生所使用。研究显示，当被恰当地整合进课程中时，Model-It 能够使得学生们参与到各种科学实践活动中，比如检测、调试、建立关系、定义变量以及分析综合等。

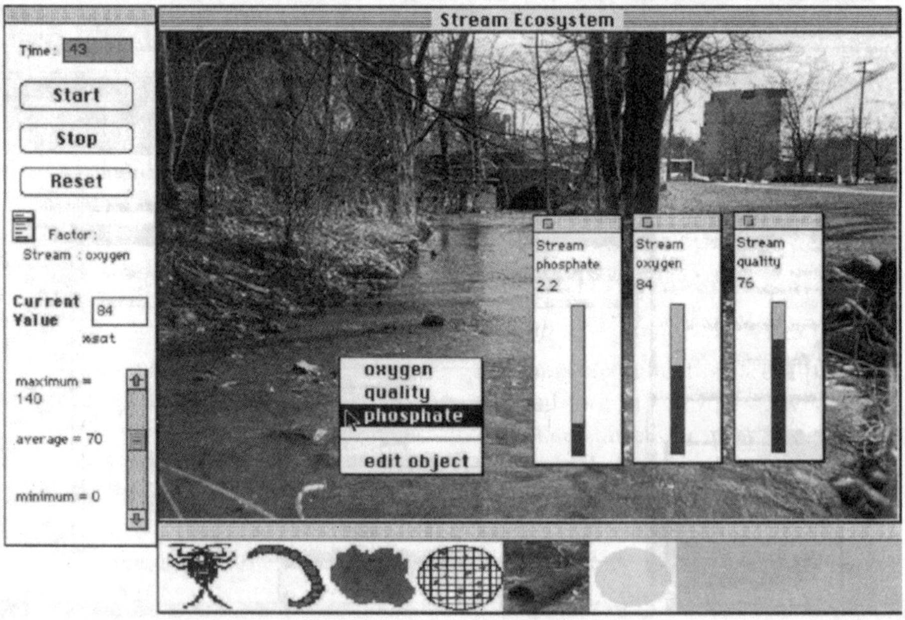

图 12.5 在 Model-It 中运行由学生建立的一个模拟

因果图(Causal Mapper)

另一个帮助学生表达他们对事物理解的软件实例是因果图。它由 Baumgartner (2004)开发,是一款能够帮助学习者理解一组因果关系的非常卓越的应用软件。与概念图有些相似,因果图是使用带方向的点线图来表达系统内的因果关系集合。例如,在图 12.6 中显示的因果对应,是由两位 6 年级女生所画,反映了影响河流水质的因素之间的关系。因果图比概念图更加结构化,这是因为这些连线显示了因果关系。学生们可以制作出用来分享的因果关系图,小组成员能够很快地审核和评论每个人的因果图,并讨论复杂的因果链。Baumgartner (2004)的研究显示,当学生们采用因果图绘制自己数据的关系时,他们解释数据的能力和将数据作为研究证据的能力得到了发展。

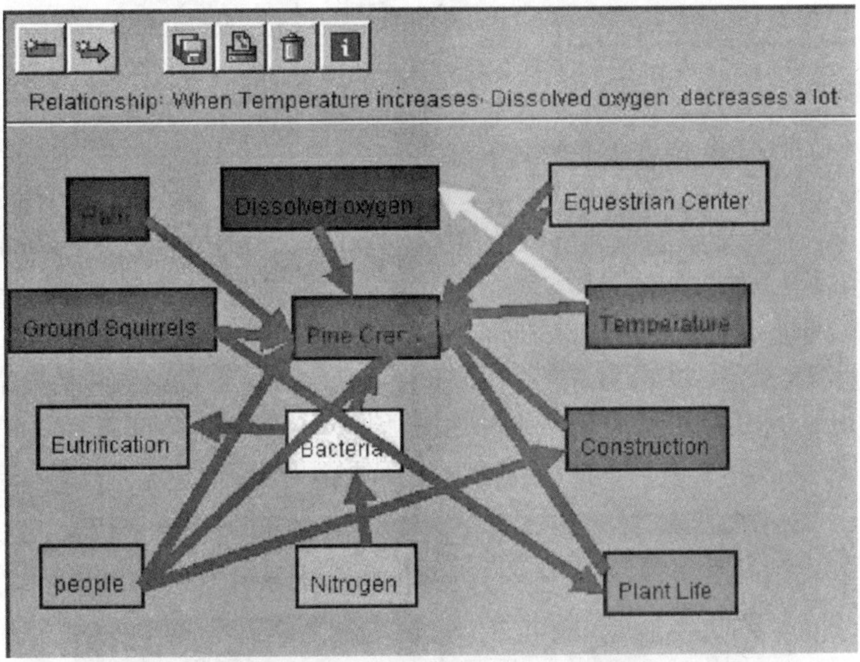

图 12.6 由学生采用因果对应工具绘制的表示水质影响因素的关系图

实用原则:能够进行三维操作

在前面谈到"使思维可视化"元原则的时候,我们提到其中一个方面就是要让复杂的科学现象动起来。"能够进行三维操作"这条实用主义原则强调将科学现象可视化。许多学生难以理解课本上以二维(2D)方式显示的物体的三维(3D)结构。技术可以提供工具使学生能够操作这些结构的表示。可视化工具让学生能够旋转所研究的物体,从而可以从不同的方向对它们进行观察(Dori 等,2003;Hsi 等,1997;Kali 等,1997)。其他类型的三维可视化工具也可以增进学生对问题的理解,就像下面两个特性所描述的那样。

Geo3D 中的三维图示 153

设计 Geo3D 是为了满足结构地质学对培养学生空间想象力的需求,解决高中生在理解地质结构时遇到的困难(Kali 的 Orion, 1996)。在 Geo3D 中,学生可以看到地质结构的剖面图示

(见图 12.7),探究地质结构可见部分与不可见部分间的关系。对于这种关系的讨论加深了学生对由褶皱、上升运动和侵蚀等作用而产生的地质结构的理解(Kali 等,1997)。即使只接触这些动画很短的时间(1 到 2 小时),学生也能够提高对地质结构的想象力。

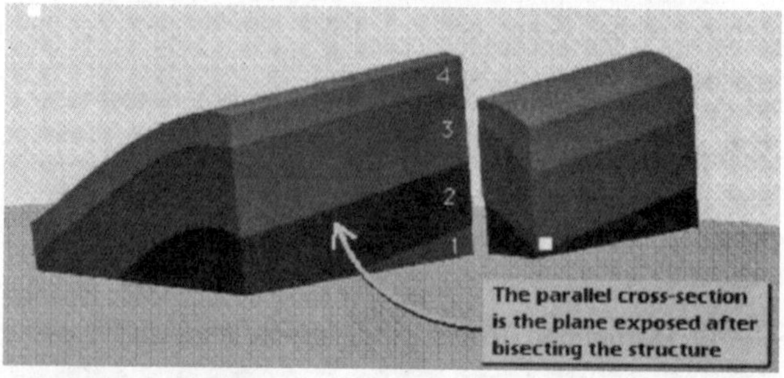

图 12.7 在 Geo3D 中显示地质结构剖面的动画

为学生使用分子模型软件提供脚手架

很多学生在将分子的符号表达式与其二维或三维模型建立联系时存在困难,特别是当分子式中包含了有机化合物的时候就更加困难。Dori 等人(2003)的文章与 Barak 和 Dori (2005)的文章中介绍了利用分子模型软件设计的一组学习活动。这些软件原本是为专业人士设计的,如:WebLab Viewer 以及 ISIS/Draw*。为了帮助学生利用专业软件进行学习,学习资料必须突出那些对学生来说十分重要的信息(Edelson 等,1999)。在这组活动的指导下,学生
154 们利用 ISIS/Draw 软件建立了化学物质的二维表达形式,然后使用 WebLab 将二维表达形式转化为三维图形表示(结构、球和棍或者空间填充)(图 12.8),再相互比较所得到的表达形式。

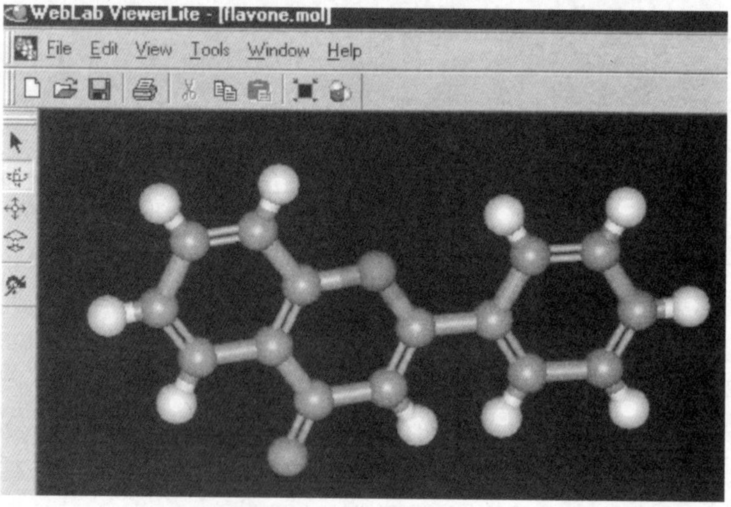

图 12.8 由学生采用 WebLab 工具的脚手架活动产生的球—棒模型

---

* 智能的化学绘图软件包,自动识别化合价、键角和各种环,使你如同在纸上一样,轻轻松松地绘制化学结构。——译者注

Dori 等人(2003)的研究显示,这些活动加深了学生们对简单化合物和复杂化合物物理属性、化学属性的认识。

元原则:帮助学习者相互学习

为了帮助学习者确立判断标准、区分不同的概念,设计者将社会性支持嵌入到探究性活动中,这就提供了鼓励学生们彼此倾听、互相学习、利用全班集体知识的机会。通过鼓励学生对同伴的观点进行分析并在此基础上形成自己的观点,可以为学生引入思考的新视角,并激发他们形成评判标准(Scradamalia 和 Bereiter, 1994)。而且,当学生彼此交流的时候,他们会发现不同学习者所具有的视角及用来阐释观点的准则(Bransford 等,1999)。在此元原则之下我们只谈一个实用原则,并描述两个软件工具以展示其在不同情境下的应用。

实用原则:鼓励学习者相互学习

这个原则强调帮助学习者倾听并向其他人学习。当学生们向其他学生解释他们的思想时,他们需要理清自己的观点,并学习其他人的新观点。学生们可以采用熟悉的词汇和相关的例子来清晰地表述概念,从而帮助他们同伴理解。

CeLS 中的同伴评价结果自动收集功能

这个原则的一个软件实例中包含了自动收集同伴评价的功能。CeLS(Collaborative e-Learning Structures; http://www.mycels.net)让教师能够在网上创建结构化的合作活动,其中包括同伴评价。CeLS 可以自动收集并分析由学生递交的信息,并以不同定制化的形式显示结果。图 12.9 显示了 CeLS 中同伴评价活动中所呈现的信息的类型,包括了统计分析、柱状图以及学生判分的理由(匿名呈现)。Kali 和 Ronen (2005)在一门教育哲学课程中使用 CeLS 设计了同伴评价活动,通过同伴评价,大学生们建构了一个"理想学校"的概念模型,并形成了更加复杂的认识观。

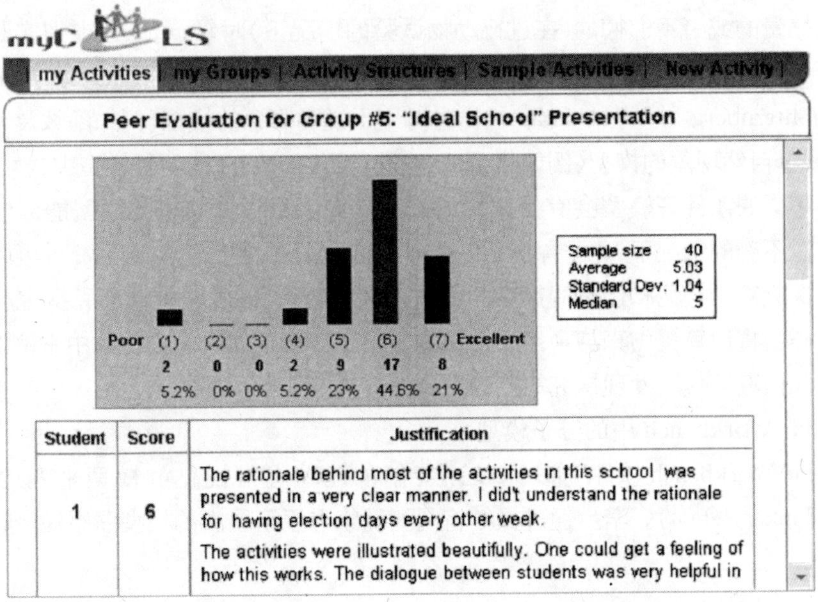

图 12.9 用 CeLS 设计的同伴评价活动

eStep* 中对合作的支持

另一个鼓励学习者之间相互学习的技术支持例子是 eStep 系统(Derry 等,2005;Hmelo-Silver 等,2005)。在 eStep 中,学习者阅读和观看一个表现课堂两难境地的案例。他们先每个
155 人自己分析这种两难境地,提出最初的解决方案,然后与其他学习者合作,形成一个集体的改进方案。最后以个人对小组方案的评论,对学习过程、同伴合作、课堂设计以及所得出的解决方案对其个人职业实践的用处进行反思来结束这堂课。Derry 等人(2005)报告,eStep 大大加深了教师和学习者关于学生理解能力的思考。与采用传统讲授式教学方法教授同样内容的课程相比,这样的课程更有利于学习者对课程内容产生迁移。

元原则:促进终身自治的学习

要成为终身学习者,学生需要能够帮助他们指导他们自己学习、认识新观点,并获得有效探究观的各种支持。他们需要参与到持续的项目工作中,这样他们能够将个人化的问题与课堂主题联系起来,并应用一种有效的探究过程反思自己在不同情境中的经历(Linn 等,2004b)。学生们可以从学习监控自己的进步中获益。为了鼓励自主性,设计者们为探究过程搭建了全面的支持框架,以便学生们能够将其应用到课堂和生活的各种问题中,去探索使这些实践内化的途径。下面我们介绍设计原则数据库中两个应用这个元原则的实用原则,并针对每个实用原则列举两个特性实例。

实用原则:能够操作模型和仿真中的参数

交互性模型、仿真环境以及可视化工具支持自主学习,但是常常因为它们过于复杂或繁琐而让学习者感到挫败(Hegarty 等,1999)。为了使学生们能够从模型、仿真和可视化功能中获益,设计者需要引导交互,并寻求促进自主性学习的方法。模型、仿真、可视化能够使学习者将日常生活、显微镜以及现象的符号表征联系起来。当开展第一手的研究是不可能的、危险的、困难的、昂贵的或者不道德的(在进行动物试验的情况下)时候,可以在虚拟实验室中使用这些工具开展研究。它们可以阐释很多学科,例如:金融学、数学、物理学、气象学、生物学或者社会科学。Shternberg 和 Yerushalmy (2003)对用于说明概念的模型(例如函数及其导数之间的关系)和解释自然现象的模型(例如化学反应)进行了区分。在这两种模型中,学生都需要策略以探究在不同的条件下模型会有什么样的表现。许多基于计算机的模型能够让学习者在保持其他变量不变的情况下,逐一探究系统中某个变量的影响。通常教学资料可以帮助学习者内化适合探究复杂模型和仿真的策略。例如,学生需要识别极端的情况和探究模型的局限
156 性。学生也需要将计算机仿真与亲自动手实验相结合。在下面介绍的特性中举例说明了指导学生在模型和仿真环境下发现探究策略的方法。

Molecular Workbench 中的分子模型

Molecular Workbench 软件可以让设计者们创建动态可视化的模型来阐述科学概念(Pallant 和 Tinker, 2004)。学生通过操作将观测现象与原子层次的模型联系在一起的可视化

---

* 在 eStep 系统中,学习者阅读与浏览课堂教学案例研究。——译者注

工具,来理解诸如温室效应产生这样的现象。理解原子层面的相互作用对认识现代科学至关重要。许多肉眼可观察的现象实际上来自于大量简单的相互作用,这种观点虽然简单,却意义深远。例如,在图 12.10 中所显示的模型能够让学生看到他们对温度和不同物质摩尔分数的改变如何影响粒子的运动速度和彼此之间的相互作用。为了加强学生的自主性,Molecular Workbench 可视化工具具有非常直观的界面。通过使用 Molecular Workbench,学生能够更好地理解原子层次和分子层次的交互作用,对原子和分子运动进行推理,并能举一反三,更好地理解新问题(http://www.concord.org)。

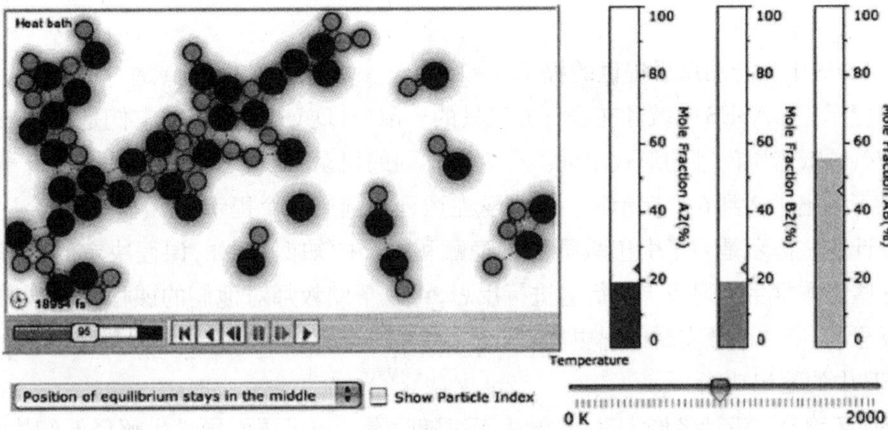

图 12.10 采用 Molecular Workbench 设计的探究可逆化学反应的模型

导数模型(Modeling Derivatives)

为了帮助学生建立函数及其导数之间关系的定性理解,甚至在正式教授数学的形式化表示之前就建立这种理解,Shternberg 和 Yerushalmy (2002)开发了函数和导数模型作为数学可视化(Visual Math)项目的一部分(http://www.cet.ac.il/math/function/enlish/)。这个模型能够对比两个视图:在上方的是函数视图,在下方的是导数视图。通过使用一组 7 个图标,学习者可以构建他们自己的函数。在构建和操作这个函数的时候,他们会观察到导数是如何变化的。这个模型可以用于解决学生提出的问题,或者用于数学可视化课程的教学活动。

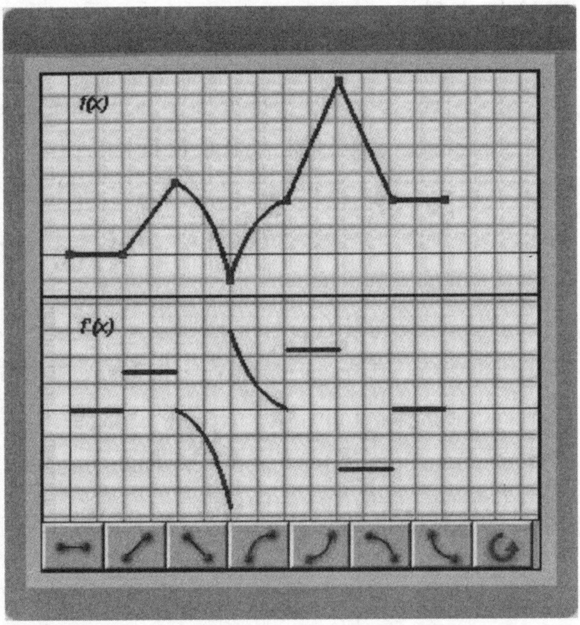

图 12.11 在 Visual Math 中的函数及其导数的模型

实用原则:鼓励反思

已经被证实能够促进终身学习的方法是鼓励学习者反思自己的学习并对其作出解释。Linn 和 His (2000)发现,当学习者反思时,他们可以监测自己的进步并获得新的洞见。这种开展研究而后反思的模式促进并加深了理解(Davis, 2006)。将反思与实验、调查或研究结合起来可以改进所有这些活动。与纸质学习资料不同,技术支持的学习资料可以促进学生反思并在学习的时候捕捉到他们的观点。确定适当的反思次数和反思类型需要紧密联系当时情境并反复进行设计。设计能引发反思的提示用语也是一个挑战。有些提示仅仅是让学生断定自己是成功的(Davis 和 Linn, 2000)。下面的例子展示了这条实用主义原则是如何帮助教师和学生的。

在 CASES 中为行动反思提供的提示

反思提示是 CASES 中教师在线日志工具的一部分(Davis, 2006)。它们是列在日志左边的句子开头语或者以问题的形式出现。有 3 个不同的目录:今日思考、提前计划和一般感想。每个目录下列出了 2 到 6 个提示语。教师从左边列中选择一个提示,这个提示就会显示在日
157 志中。设计这些提示是为了引出教师那些隐藏和默会的知识,例如,课程决定的合理性解释等。对这些影响学生学习成果的行动进行反思,可以帮助教师对他们的课程和教学方式进行批判性反思,以便在课堂实时作出更加有效的决定(Davis 和 Krajcik, 2005)。

WISE 中的笔记功能

WISE 环境允许设计者嵌入笔记,学生可以随时看。提示语引导学生解释他们的思路,建立关联,进行预测(见图 12.1)。Slotta (2004)指出反思笔记能够帮助学生监控自己的学习。

讨论与小结

综上所述,为了发现对探究性学习最为有效的支持,我们利用了设计原则数据库这一集体共建的资源。我们围绕元原则进行讨论,以捕捉有效教学的基本要素。为了说明这些元原则,我们选择了与大多数特性最为相关的一些实用原则,并介绍了关于这些特性的相关研究,从而为实用原则的有效性提供证据。这些特性显示了探究教学的复杂性以及在最近的研究项目中出现的深刻见解。

这些研究结论和在设计原则数据库中的其他发现以及相关研究都为这四项元原则提供了有利的支持。首先,通过连接学习者的兴趣和观点,有效的探究支持使得科学易于被理解(Krajcik 等,1998; Linn 和 Hsi, 2000)。当学生设法解决生活中的问题时,他们能够评估自己的直觉观点,并将它们与专业的观点相区别。第二,通过动画、可视化技术、解说等多种方式展示复杂的现象,有效的支持使得师生对科学现象的思考可视化(Linn 等,2006)。现代技术为不可见的科学现象打开了一扇窗户,为解释这些现象提供了支持。第三,通过要求学生解释自己的观点以及对别人的观点提出评论,有效的支持帮助学生相互学习(Davis, 2006)。当学生
158 们讨论自己的观点时,他们可以确立区分这些观点的评价标准。第四,通过激励学习者监控自己的进步并反思自己的学习,有效的支持能够提高学生的自主性(White 和 Frederiksen,

1998)。当学生评价他们的观点时，能够学会对自己的进步进行批判性思考。

正如这些例子所揭示的，探究性学习环境的设计者们已经创造了功能强大的软件特性，新的设计者可以以此为出发点来建构有效的探究教学。整套元原则的价值也反映在设计原则数据库中软件特性之间的联系上，反映在包括多种特性的学习环境的特征之中。特性与它们所诠释的实用主义原则相互关联，但一些特性也具有与其他实用主义原则相联系的要素。例如：使得科学现象能够具有三维操作的特性也具备促进学习自主性的要素，因为它要求学生反思他们的观察结果。像 WISE 和 Model-It 这样的学习环境包含了与所有四个元原则都相关的特性，例如：WISE 包括意义生成器、原理生成器、在线讨论以及反思笔记。设计原则数据库中的证据说明我们有理由得出这样的结论，即对探究的有效支持应该充分利用所有这四项元原则。

评价这些特性的另一种方法是检验它们如何支持我们在引言中所描述的知识整合过程。设计原则数据库中的特性可以支持知识整合四个过程中的一个或多个过程，即引出观点，添加想法，确定标准，整理思路。诸如一起进行头脑风暴或者对日常现象进行反思等特性引出了学生的观点。那些对科学现象进行描述或者动画显示的特性使学习者在原有知识基础上新增加了知识。同伴评价或者意义生成器等特性鼓励学生为区分不同观点而确立判断标准。因果对应或者反思提示语等特性鼓励学习者理清思路，整理思想。特性与知识整合过程之间的这些联系推动了设计模式的发展，建立了特性之间各种有效的组合(Linn, 2006; Linn 和 Eylon, 2006)。

一个设计模式就是由教师和学生在教室中所进行的一系列活动。Linn 和 Eylon (2006)综合了关于科学探究的大量研究，确定了以富有成效的方式使用知识整合四过程的各种模式。十种研究表明能促进知识整合的设计模式中这四个过程都出现了。例如：采用模型化或者仿真促进知识整合的模式，这种模式首先对一个可观察的现象，比如水的加热，进行预测；然后，利用如 Molecular Workbench 的特性来添加想法；接下来，指导学习者进行猜想，并利用诸如原理生成器等特性对这些猜想进行比较；最后，帮助学习者利用记笔记特性综合并形成看法。我们现在将设计原则与设计模式联系在一起了。

当设计原则数据库被整合进结构化的设计过程，并被应用于社会情境的时候，比如研究生课程、研讨会等，它是十分有效的(Kali 等，2007)。这些课程的参与者们发现设计原则方法可以帮助他们运用头脑风暴设计出各种活动、提供备选方案、设计特殊活动等；但是，他们也发现，设计原则数据库并没有为组织这些活动以形成学习环境提供充分的指导。

设计模式可以解决这个难题，因为设计模式给出了活动顺序的建议。设计原则数据库可以在设计者按顺序执行这些活动并需要寻求执行方式的时候提供帮助。通过为设计者检验和提炼这些资源，以及添加从设计者经验中获得的新资源，这个领域会日渐丰富起来。

设计原则数据库是一个正在进行中的工作。随着越来越多的设计者不断添加他们发现的特性，可能会出现新的实用主义原则，现有的原则也可能会被修改。通过捕捉学习情境和设计原则之间的相互作用，设计原则数据库会使这个领域逐渐丰富起来。许多教学设计者采用分析、设计、开发、实施与评价(ADDIE)框架来创造和检测创新(Dick 等，2001)。而那些致力于设计研究的人则强调反复精细化过程的重要性，在精细化过程中，设计可以被多次检验。(Barab 和 Squire，2004；Bell 等，2004；Collins 等，2004；Design-Based Research Collective，2003)。上述这两种方法都能够产出可以添加到数据库中的结果。而且，我们将继续提供添加和提炼这些特性和原则的机会。这些活动将会扩展和加深我们对探究性学习支持的理解。

致谢

本文所基于的研究工作由美国国家科学基金支持，批件编号：9873180，9805420，
159 0087832，9720384 以及 0334199。本文中的任何意见、发现、结论或者建议都来自于作者，并不代表国家科学基金会的观点。作者真诚感谢为本文提供有益讨论和观点的网上科学探究环境(WISE)小组成员以及在科学中心的技术增强学习小组成员。我们要感谢所有帮助形成设计原则数据库框架及贡献特性和原则的人们。特别要感谢 Tamar Ronen-Fuhrmann 和 Yaakov Snyder，他们作为设计原则数据库的编辑，负责提取设计者贡献的特性和原则并加入到数据库中。作者也感谢 David Crowell 和 Jonathan Breitbart 在本文写作过程中所给予的帮助。

(吴筱萌 译，金　慧 一校，汪　琼 二校)

参考文献

Alexander, C., Ishikawa, S., and Silverstein, M. (1977). *A Pattern Language: Towns, Buildings, and Construction*. New York: Oxford University Press.

Barab, S.A. and Squire, K.D. (2004). Design-based research: putting our stake in the ground. *J. Learn. Sci.*, 13(1), 1-14.

Barab, S.A., Hay, K.E., Barnett, M.G., and Keating, T. (2000). Virtual solar system project: building understanding through model building. *J. Res. Sci. Teach.*, 37(7), 719-756.

Barak, M. and Dori, Y.J. (2005). Enhancing undergraduate students' chemistry understanding through project-based learning in an IT environment. *Sci. Educ.*, 89(1), 117-139.

Baumgartner, E. (2004). Synergy research and knowledge integration: customizing activities around stream ecology. In *Internet Environments for Science Education*, edited by M.C. Linn, E.A. Davis, and P. Bell, pp. 73-85. Mahwah, NJ: Lawrence Erlbaum Associates.

Bell, P. (2004). The educational opportunities of contemporary controversies in science. In *Internet Environments for Science Education*, edited by M.C. Linn, E.A. Davis, and P. Bell, pp. 115-144. Mahwah, NJ: Lawrence Erlbaum Associates.

Bell, P., Hoadley, C.M., and Linn, M.C. (2004). Design-based research in education. In *Internet Environments for Science Education*, edited by M.C. Linn, E.A. Davis, and P. Bell, pp. 73-85. Mahwah, NJ: Lawrence Erlbaum Associates. *

Bransford, J.D., Brown, A.L., and Cocking, R.R., Eds. (1999). *How People Learn: Brain, Mind, Experience, and School*. Washington, D.C.: National Research Council. *

Brown, A.L. (1992). Design experiments: theoretical and methodological challenges in creating complex interventions in classroom settings. *J. Learn. Sci.*, 2(2), 141-178.

Bruer, J.T. (1993). *Schools for Thought: A Science of Learning in the Classroom*. Cambridge, MA: MIT Press.

Clark, D.B. and Linn, M.C. (2003). Designing for knowledge integration: the impact of instructional time. *J. Learn. Sci.*, 12(4), 451-494. *

Clark, D.B. and Sampson, V. (2007). Personally seeded discussions to scaffold online argumentation. *Int. J. Sci. Educ.*, 29(3), 253-277.

Cognition and Technology Group at Vanderbilt. (1990). Anchored instruction and its relationship to situated cognition. *Educ. Res.*, 19(6), 2-10. *

Cognition and Technology Group at Vanderbilt. (1997). *The Jasper Project: Lessons in Curriculum, Instruction, Assessment, and Professional Development*. Mahwah, NJ: Lawrence Erlbaum Associates.

Collins, A. (1992). Toward a design science of education. In *New Directions in Educational Technology*, edited by E. Scanlon and T. O'Shea, pp. 15-22. Berlin: Springer-Verlag. *

Collins, A., Brown, J.S., and Holum, A. (1991). Cognitive apprenticeship: making thinking visible. *Am. Educ.*, 15(3), 6-11, 38-39.

Collins, A., Joseph, D., and Bielaczyc, K. (2004). Design research: theoretical and methodological issues. *J. Learn. Sci.*, 13(1), 15-42.

Davis, E.A. (2006). Characterizing productive reflection among preservice elementary teachers: seeing what matters. *Teach. Teacher Educ.*, 22(3), 281-301.

Davis, E.A. and Krajcik, J.S. (2005). Designing educative curriculum materials to promote teacher learning. *Educ. Res.*, 34(3), pp. 3-14.

Davis, E.A. and Linn, M.C. (2000). Scaffolding students' knowledge integration: prompts for reflection in KIE. *Int. J. Sci. Educ.*, 22, 819-837.

Derry, S.J., Hmelo-Silver, C.E., and Feltovich, J. (2005). Making a mesh of it: a STELLAR approach to teacher professional development. In *Proc. of the 2005 Computer Supported Collaborative Learning (CSCL): Learning 2005 — The Next 10 Years!*, May 30-June 4, Taipei.

Design-Based Research Collective. (2003). Design-based research: an emerging paradigm for educational inquiry. *Educ. Res.*, 32(1), 5-8.

Dick, W., Carey, L., and Carey, J.O. (2001). *The Systematic Design of Instruction*, 5th ed. New York: Longman.

diSessa, A.A. (2000). *Changing Minds: Computers, Learning and Literacy*. Cambridge, MA: MIT Press. *

Dori Y.J., Barak, M., and Adir, N. (2003). A Web-based chemistry course as a means to foster freshmen learning. *J. Chem. Educ.*, 80(9), 1084-1092.

Dori, Y. J., Barak, M., Herscovitz, O., and Carmi, M. (2006). Preparing pre-and in-service teachers to teach high school science with technology. In *Preparing Teachers to Teach with Technology*, edited by C. Vrasidas and G. V. Glass. Greenwich, CT: Information Age.

Edelson, D. C. (1999). Addressing the challenges of inquiry-based learning through technology and curriculum design. *J. Learn. Sci.*, 8(3/4), 391 - 450.

Edelson, D. C., Gordin, D., and Pea, R. D. (1999). Addressing the challenges of inquiry-based learning through technology and curriculum design. *J. Learn. Sci.*, 8(3/4), 391 - 450.

Fishman, B., Marx, R., Blumenfeld, P., Krajcik, J. S., and Soloway, E. (2004). Creating a framework for research on systemic technology innovations. *J. Learn. Sci.*, 13(1), 43 - 76.

Gamma, E., Helm, R., Johnson, R., and Vlissides, J. (1995). *Design Patterns: Elements of Reusable Object-Oriented Software*. Reading, MA: Addison-Wesley.

Hegarty, M., Quilici, J., Narayan, N. H., Homquist, S., and Moreno, R. (1999). Multimedia instruction: lessons from evaluation of a theory-based design. *J. Educ. Multimedia Hypermedia*, 8(2), 1119 - 1150.

Herrington, J., Reeves, T. C., and Oliver, R. (2005). Online learning as information delivery: digital myopia. *J. Interact. Learn. Res.*, 16(4), p. 353 - 367.

Hmelo-Silver, C., Derry, S., Woods, D., DelMarcelle M., and Chernobilsky, E. (2005). From parallel play to meshed interaction: the evolution of the eSTEP system. In *Proc. of the 2005 Computer Supported Collaborative Learning (CSCL): Learning 2005 — The Next 10 Years!*, May 30 - June 4, Taipei.

Hofer, B. K. and Pintrich, P. R., Eds. (2002). *Personal Epistemology: The Psychology of Beliefs About Knowledge and Knowing*. Mahwah, NJ: Lawrence Erlbaum Associates.

Hsi. S., Linn, M. C., and Bell, J. (1997). The role of spatial reasoning in engineering and the design of spatial instruction. *J. Eng. Educ.*, 86(2), 151 - 158.

Jackson, S., Krajcik, J., and Soloway, E. (2000). Model-It: a design retrospective. In *Advanced Designs for the Technologies of Learning: Innovations in Science and Mathematics Education*, edited by M. Jacobson and R. Kozma, pp. 77 - 116. Hillsdale, NJ: Lawrence Erlbaum Associates.

Kali, Y. (2006). Collaborative knowledge building using the Design Principles Database. *Int. J. Comput. Support Collab. Learn.*, 1(2), 187 - 201.

Kali, Y. (in press). The Design Principles Database as means for promoting design-based research. In *Handbook of Design Research Methods in Education*, edited by A. E. Kelly and R. Lesh. Mahwah. NJ: Lawrence Erlbaum Associates.

Kali, Y. and Orion, N. (1996). Spatial abilities of high-school students in the perception of geologic structures. *J. Res. Sci. Teach.*, 33, 369 - 391.

Kali, Y. and Ronen, M. (2005). Design principles for online peer-evaluation: fostering objectivity. In *Proc. of the 2005 Computer Supported Collaborative Learning (CSCL): Learning 2005 — The Next 10 Years!*, May 30 - June 4, Taipei.

Kali, Y., Orion, N., and Mazor, E. (1997). Software for assisting high school students in the spatial perception of geological structures. *J. Geosci. Educ.*, 45, 10 - 21.

Kali, Y., Bos, N., Linn, M., Underwood, J., and Hewitt, J. (2002). Design principles for educational software. In *Proc. of the 2002 Computer Supported Collaborative Learning (CSCL)*, January 7 - 11, Boulder, CO.

Kali, Y. and Ronen-Fuhrmann, T. (2007). How can the design of educational technologies affect graduate students' epistemologies about learning? In *Computer Supported Collaborative Learning 2007: Mice, Minds and Society*, edited by C. Hmelo-Silver and A. O'Donnell. Mahwah, NJ: Lawrence Erlbaum Associates.

Kolodner, J. L., Owensby, J. N., and Guzdial, M. (2004). Case-based learning aids. In *Handbook of Research for Education Communications and Technology*, 2nd ed., edited by D. H. Jonassen, pp. 829 - 861. Mahwah, NJ: Lawrence Erlbaum Associates.

Krajcik, J. S., Blumenfeld, P. C., Marx, R. W., Bass, K. M., Fredricks, J., and Soloway, E. (1998). Inquiry in project-based science classrooms: initial attempts by middle school students. *J. Learn. Sci.*, 7(3/4), 313 - 350.

Linn, M. C. (1995). Designing computer learning environments for engineering and computer science: the scaffolded knowledge integration framework. *J. Sci. Educ. Technol.*, 4(2), 103 - 126.

Linn, M. C. and Eylon, B.-S. (2006). Science education: integrating views of learning and instruction. In *Handbook of Educational Psychology*, 2nd ed., edited by A. Alexander and P. H. Winne, pp. 511 - 544. Mahwah, NJ: Lawrence Erlbaum Associates.

Linn, M. C. and Hsi, S. (2000). *Computers, Teachers, Peers: Science Learning Partners*. Mahwah, NJ: Lawrence Erlbaum Associates.

Linn, M. C., Clark, D. B., and Slotta, J. D. (2003). WISE design for knowledge integration. *Sci. Educ.*, 87(4), 517 - 538.

Linn, M. C., Bell, P., and Davis, E. A. (2004a). Specific design principles: elaborating the scaffolded knowledge integration framework. In *Internet Environments for Science Education*, edited by M. C. Linn, E. A. Davis, and P. Bell, pp. 315 - 340. Mahwah, NJ: Lawrence Erlbaum Associates.

Linn, M. C., Davis, E. A., and Bell, P., Eds. (2004b). *Internet Environments for Science Education*. Mahwah, NJ: Lawrence Erlbaum Associates.

Linn, M. C., Lee, H.-S., Tinker, R., Husic, F., and Chiu, J. L. (2006). Teaching and assessing knowledge integration. *Science*, 313, 1049 - 1050.

Means, B. (1994). *Technology and Education Reform: The Reality Behind the Promise*. San Francisco, CA: Jossey-Bass.

Merrill, M. D. (2002). First principles of instruction. *Educ. Technol. Res. Dev.*, 50(3), 43 - 59.

Mioduser, D., Nachmias, R., Oren, A., and Lahav, O. (1999). Web-based learning environments (WBLES): current implementation and evolving trends. *J. Netw. Comput. Appl.*, 22, 233 - 247. 160

Pallant, A. and Tinker, R. (2004). Reasoning with atomic-scale molecular dynamic models. *J. Sci. Educ. Technol.*, 13(1), 51 - 66.

Quintana, C., Reiser, B. J., Davis, E. A., Krajcik, J., Fretz, E., Golan-Duncan R. et al. (2004). A scaffolding design framework for software to support science inquiry, *J. Learn. Sci.*, 13(3), 337 - 386.

Reigeluth, C. M. (1999). *Instructional Design Theories and Models: A New Paradigm of Instructional Theory*, Vol. II. Mahwah, NJ: Lawrence Erlbaum Associates.

Reiser, B. J., Tabak, I., Sandoval, W. A., Smith, B. K., Steinmuller, F., and Leone, A. J. (2001). BGuILE: strategic and conceptual scaffolds for scientific inquiry in biology classrooms. In *Cognition and Instruction: Twenty-Five Years of Progress*, edited by S. M. Carver and D. Klahr, pp. 263 - 305. Mahwah, NJ: Lawrence Erlbaum Associates.

Roschelle, J., Pea, P., Hoadley, C., Gordin, D., and Means, B. (2000). Changing how and what children learn in school with computer-based technologies. *The Future of Children and Computer Technology*, 10(2), 76 - 101.

Schwartz, D. L., Lin, X., Brophy, S., and Bransford, J. D. (1999). Toward the development of flexibly adaptive instructional designs. In *Instructional Design Theories and Models*, Vol. II, edited by C. M. Reigeluth, pp. 183 - 213. Mahwah, NJ: Lawrence Erlbaum Associates.

Scradamalia, M. and Bereiter, C. (1994). Computer support for knowledge-building communities. *J. Learn. Sci.*, 3(3), 265 - 283.

Scardamalia, M. and Bereiter, C. (1996). Computer support for knowledge-building communities. In *CSCL: Theory and Practice of an Emerging Paradigm*, edited by T. Koschmann, pp. 249 - 268. Mahwah, NJ: Lawrence Erlbaum Associates.

Seethaler, S. and Linn, M. C. (2004). Genetically modified food in perspective: an inquiry-based curriculum to help middle school students make sense of tradeoffs. *Int. J. Sci. Educ.*, 26(14), 1765 - 1785.

Shternberg, B. and Yerushalmy, M. (2003). Models of functions and models of situations: on design of a modeling based learning environment In *Beyond Constructivism: A Model and Modeling Perspective on Teaching, Learning, and Problem Solving in Mathematics Education*, edited by H. M. Doerr and R. Lesh, pp. 479 - 500. Mahwah, NJ: Lawrence Erlbaum Associates.

Simon, H. A. (1969). *The Sciences of the Artificial*. Cambridge, MA: MIT Press. 161

Slotta, J. D. (2004). The Web-based Inquiry Science Environment (WISE): scaffolding teachers to adopt inquiry and technology. In *Internet Environments for Science Education*, edited by M. C. Linn, P. Bell, and E. A. Davis, pp. 203 - 232. Mahwah, NJ: Lawrence Erlbaum Associates.

Songer, N. B. and Linn, M. C. (1991). How do students' views of science influence knowledge integration? *J. Res. Sci. Teach.*, 28(9), 761 - 784.

Songer, N. B., Lee, H.-S., and McDonald, S. (2002). Research towards an expanded understanding of inquiry science beyond one idealized standard. *Sci. Educ.*, 87(4), 454 - 467.

Tate, E. (2005). Hanging with Friends, Velocity Style! A Preliminary Investigation of How Technology-Enhanced Instruction Impacts Students' Understanding of Multiple Representations of Velocity. Poster presented at the annual meeting of the American Educational Research Association, April 11 - 15, Montreal, Canada.

Tinker, R. (2005). Five lessons: a taste of the future, today. *The*

Concord Consortium Newsletter: *Realizing the Promise of Educational Technology*, Fall (http://www.concord.org/publications/newsletter/2005-fall/five.html).

Tufte, E.R. (1983). *The Visual Display of Quantitative Information*. Cheshire, CT: Graphics Press.

White, B.Y. and Frederiksen, J.R. (1998). Inquiry, modeling, and metacognition: making science accessible to all students. *Cognit. Instruct.*, 16 (1), 3-118.

Williams, M. and Linn, M.C. (2003). Collaborating with WISE scientists. *Sci. Child.*, 41(1), 31-35.

van den Akker, J. (1999). Principles and methods of development research. In *Design Methodology and Developmental Research in Education and Training*, edited by J. van den Akker, N. Nieveen, R.M. Branch, K.L. Gustafson, and T. Plomp, pp. 1-14. Dordrecht: Kluwer.

---

* 表示主要参考文献。

13

协作活动的分布式分析法

Thomas Satwicz 和 *Reed Stevens* 163

摘要

协作学习常常被作为能为学生带来富有成效的教育体验的一种手段。正因为如此,在学校和其他学习环境里,设计者们和研究者们用建构技术来支持各种形式的协作活动。在这一章里,我们来看一看对协作学习的研究是如何脱离教育研究和设计中人类活动的纯粹个人观而发展起来的。我们将给协作学习开设的处方和对协作学习进行的描述作为两大类别来帮助我们理解这些研究与设计。通过处方,我们认识协作设计的观点、原则以及设计呈现。通过描述,我们看到协作的实证研究。在对协作活动的论文进行广泛调查的基础上,我们发现了一种不平衡现象:协作研究重处方,轻描述。为了调整这种不平衡,我们认为对待协作学习的描述,一个富有成效的视角就是分布式分析法。分布式分析法是将人类活动与其他人或事物联系起来进行考虑。我们使用我们自己的一些研究工作来说明这个视角。最后我们用分布式分析法挑战研究者们去考虑技术逻辑制品中的协作本质，并在这个假设下推进他们的工作。

关键词

协作：几个人在一起共同解决某个问题并形成共识的活动；常常包括和谐的合作，但也视情况而定。

描述性研究：自然而然发生的人类活动的实例分析。

分布式分析法：通过在人和人工制品之间的分工来了解人类活动的一种分析方法。

处方性研究：设计工具、策略和干预。

164 ## 引言

在最近的15至20年里，教育研究者们对维持和理解协作学习特别感兴趣。在这一章里，我们提供一个并不完全的、关于协作研究所使用的概念、方法和技术的调查。我们用两大类别来区分协作学习的研究工作。第一类，协作的处方性研究，包括设计工具、策略和干预以支持协作学习。这类研究的目的是基于学习理论开发新技术和新方法，支持课堂上和其他情境中的协作学习。第二类研究文献很少，我们称之为协作的描述性研究。描述性工作重在分析自然而然地发生在社会情境中的协作实例，或者分析那些虽然经过设计但是被当作自然发生而被研究的协作实例。

描述性研究的目的是为了从多个层面来理解协作，如在协作活动每一瞬间的展现层面和在更大范围的社会组织层面(Becker, 1996; Hall和Stevens, 1995)。我们的观点是描述会导致处方，处方需要描述，但是这个领域太轻视详细的描述了(Stevens, 2001)。在这里，我们的目的不是强调这种不平衡，而是为了说明对协作的基本的人种志描述是如何有助于理解和设计协作学习的，如何有助于解决个人和小组在学习情境中面临的基本冲突。因此，我们认为人类活动的分布式分析法将有益于协作研究，于是我们罗列出一些核心概念和一些采用这个视角的研究。按照Bruno Latour (1987,1996)的说法，通过分析人类和非人类之间的交互，分布式分析法使我们重新考虑对协作的解释。

在这一章里，我们用Hutchins关于学习的定义，即学习是“在复杂系统里的适应重组”(Hutchins, 1995a, 289页)，来指导我们理解协作的实例及其对学习的影响。当谈到学习这一概念时，我们要牢记“这个相当复杂的系统包含一个在媒体与存在于任务执行者身内或身外的过程之间的协调网络”(Hutchins, 1995a, 289页)。我们认为，协作是指多个人一起解决同一问题而形成共同认识的活动(Stahl等,2006)。这个过程常常包括和谐的合作但也视情况而定(Pea, 1994; Stevens, 2000)。我们认为一起工作的关键是彼此配合的人和呈现类设备，如计算机和其他形式的媒体等(Hutchins, 1995a)。在我们看来，协作学习研究的是人与呈现设备为了完成一组任务而逐渐协调(Stevens, 2000; Stevens和Hall, 1998)。协调是适应性重组与其他形式的重组的差异所在。我们认为，适应性重组隐含一种对待新任务或者长期困难的反应(de la Rocha, 1986)；为了成功地解决这个难题或完成这项任务，就需要协调人与设备。

作为一个概念,复杂系统对于思考在协作活动中人和他们所使用的设备之间的交互是如何变化的很有帮助。

根据 Hutchins 的定义,我们认为个体的改变是学习过程的一个重要方面,但我们想强调的是我们对于学习的理解超越了个体。在这章我们引用的大部分研究都视学习过程主要为一个个体的学习过程,而且对于协作结果的评价也是基于个体学习观的。引用这些研究的目的,是为了在两种观点之间建立联系,所以,个体学习观不是理解学习的唯一方式。诚然,分布式分析法并不能为我们提供测量个体变化的简易途径;但是,在特殊的领域里(如电视游戏、数学、科学、烹饪),我们建议,了解一个人开发人与工具有效配合的分布式系统的能力,是一个可能的起点。

将学习看成是超越个体变化的过程,我们将面临大量协作研究中出现的误配现象。正如 Barron 所指出的那样,"大部分有关协作的实证研究使用个体确定的特征和结果"(2003, 352 页)。即,协作作为多角色参与的过程——包括人与非人——常常是用来测定和解释个体的能力的(Stevens, 2000)。以 Hutchins 的研究为起点,我们正尝试走出这一误配。

概念、方法和技术 165

最近出现的对协作的关注是因为有关学习和认知的研究视角触及到社会情境中人类的活动。20 世纪中大部分时间里有关学习的教育研究都与主流心理学息息相关。20 世纪 70 年代以前,主流心理学和大量的教育研究采用行为主义的研究方法,关注执行仔细规定任务的个体。最终,行为主义的研究范式让位给了所谓的"认知革命"(Bruner, 1997)。"认知革命"提供了一个较复杂的人类学习观,但仍然侧重个体。详细叙述学习研究的范型变迁,如何从行为主义到认知主义再到其他什么主义(Stevens 等,2005),并不是本章要讨论的内容。然而,我们想说的是,学习研究的历史大多时候都关心的是个体以及他们头脑中的思维(Bransford 等, 2000)。我们对协作学习的研究始于学习的社会文化观和情境观对主流心理学心灵主义发出挑战的时期。这种转变部分基于从人类学习的心灵主义观向将实践和活动等概念作为基础的学习观转变的运动(Cole, 1996; Lave, 1988; Vygotsky, 1962; Wertsch, 1998)。

对学习和情境行为的社会文化研究

在教育研究中,主流心理学以外的方法开始受到关注。这种影响的扩大部分地导致一些设计者和研究者开始倾向于采用社会文化视角来理解学习。人类活动的社会文化观部分来自维果斯基关于人类行为的理论,他强调文化、工具和人工制品在人类思维中所起的作用(Cole, 1996; Wertsch, 1998)。这种在主流心理学之外的扩展,包含一个情境行为观,不太重视人类思维特征,而更看重学习情境中的社会和物质方面,也不是没有争议的(Anderson 等, 1996; Greeno, 1997)。情境行为运动中的一个要点就是将协作看成是学习的重要组成部分。

社会文化观在学习技术设计中发挥作用的最常见的一种形式就是通过支架式学习环境让学生参与协作科学探究。这些处方是基于这样的想法,认为学生在一个知识渊博者的引导支持下学习比起他们自己独立学习，可以取得更大的进步(Wood 等，2003)。支架技术被设计为辅助学生进行诸如科学探究(Kolodner 等，2003)和争论(Bell, 2001)等协作学习活动。建立支架环境是认为当学生在进行更复杂和困难的思考时，其身处的环境如果能够提供外部的支持，无论是社会支持还是物资支持，都可能让学习者取得更大的进步。随着时间的推移，因为概念的改变和新的探究实践的发展，学习者将不再需要技术的或社会的支持。换言之，学习者已经将支架的相关部分内化了。支架学习环境的研究常常采用处方形式，探讨促使学生参与协作科学探究的新方法(Kolodner 等，2003)。这种研究的目的主要是为了更好地理解如何吸引学生参与科学探究以促进概念的改变。

Roschelle (1992)试图整合两个理论观点——概念改变和“协作—交互”观——来理解两
166 个或更多的人是如何建立共识的。他的研究是一个例子，说明对协作的描述如何被用来确定学生借助与合作有关的技术进行交互的情况。他分析了两个女生用软件根据牛顿物理学原理模拟速度和加速度时的交互。通过几轮展示、确认和修正行动，两个女生对几个概念建立了一套共同的认识。Roschelle 展示了她们的交流如何产生了对物质世界运行方式的新认识。他的分析侧重两个女生的概念改变，体现了“对话交流能够加强学生相关意义的建构”(Roschelle, 1992，237 页)。这项研究的重要性在于通过细致地描述每一时刻的活动，整合了协作和概念改变。它的贡献在于确定概念改变是一个过程，包括一个环境的社会方面和物质方面，以及学生之间共同认识的发展。

Stevens 和 Hall (1998)对一个帮助学生解数学题的指导教师和两位合作工程师的描述性比较研究，为 Roschelle 的研究提供了有益的补充。他们也发现，随着时间的推移，共同认识会逐渐增多，人与对象之间会自然而然地出现协调。但是与 Roschelle 的研究中两个研究对象都是学习者不同，Stevens 和 Hall 的研究对象是一起工作的异质组。他们的研究表明了一个学生和一个资历稍浅的工程师对数学表征的感知(他们称之为学科感知)是如何随着与更有学识的合作者的互动而改变的。

Brigid Barron (2003)的研究拓展了 Roschelle (1992)关于协作和概念改变的研究，为成功的合作小组如何利用问题解决空间，提供了更好的理解。Barron (2003)的研究——另外一个描述性研究，比较了成功的合作小组和不成功的合作小组。她发现，成功小组有一个关系空间和一个内容空间。关系空间因为交互的挑战和机会而存在；而内容空间是指有待解决的问题。这些不同空间的存在意味着成功小组在确定共同关注点时面临较少的挑战，能够更好地利用组员的见解。她的研究强化了认知的局限并不足以解释小组的失败这一观点。

计算机支持的协作学习

对人类活动个人观的超越也导致了计算机支持的协作学习(CSCL)这一领域的发展(Koschmann, 1994)。CSCL 研究包括设计、开发和描述技术以支持学习环境中的协作。CSCL 的“侧重点不再是学习者个体的大脑里可能正在发生着什么，而是在他们的交互中他们之间正在发生着什么”(Stahl 等，2006，415 页)。两个最早也是最成熟的 CSCL 环境是“计算机支持的有意图的学习环境(CSILE)”和“第五维度”，分别侧重社会交互中的变化和作为协作成果的智力状态的改变。

计算机支持的有意图的学习环境(CSILE)

计算机支持的有意图的学习环境(现在叫知识论坛)是最早为协作学习提供技术处方的实例之一(Scardamalia 和 Bereiter, 1994)。设计这个环境是为了通过鼓励协作知识建构社区的发展来促进学习,而不是仅让学生关注具体的任务。协作知识建构社区的运作有点类似于小型的科学社区,好的点子是由一群人随着时间的推移共同建构起来的(Latour, 1987)。在 CSILE 和知识论坛中,学生通过粘贴图片笔记或文字笔记来转述问题、研究计划及新发现的信息。这些笔记随后会链接起来在本地网络环境中形成一种协作探究。

CSILE 和知识论坛近 20 年的研究已经向人们展示了网络环境如何被用来促进协作知识建构。在学校的知识建构社区里,"学习不是渐进的,环境因个体的适应调整而改变,环境中的其他人必须跟着重新调整"(Scardamalia 和 Bereiter, 1994, 267 页)。也就是说,个体的贡献提高了其他人必须努力的标准。与传统课堂相比,学习的本质发生了变化。这种学习观念认为学习包含通过社会交往而产生的对环境中变化的适应,与 Hutchins"在复杂系统里的适应重组"的学习定义不谋而合(Hutchins, 1995a, 289 页),也是人与物件的协调如何影响个体思维的一个例子。Gilbert 与 Driscoll (2002)在 CSILE 上开展的研究试图进一步了解知识建构社区所必需的条件。在一门研究生课程里,他们运用了四条学习原则来支持协作知识建构,包括建立集体目标、使用合作小组、允许选择材料支撑自主学习及运用技术手段保存文档和便利交流。

167

第五维度

第五维度是另一种产生较早的 CSCL 环境,最初由 Mike Cole 等人在"比较人类认知实验室"(LCHC)里建立。主要目的是为了在课外俱乐部里开发一个活动系统,提供"儿童学习和发展的最佳条件"(Kaptelinin 和 Cole, 2001, 307 页)。这个支持协作玩计算机游戏的社会系统的设计同样基于人类活动的社会文化观(Cole, 1996),其主要贡献是开发了支持社会互动的模式。在这个模式里,环境中的各种制品减少了儿童和成人之间的权利差距。Ito 提供了有关第五维度研究的重要描述性研究,表明儿童借助技术实现目标的方式往往与成人不同(Ito, 1997, 2002, 2005, 2006)。围绕第五维度的工作是关于描述性分析如何用于设计协作系统的范例。

CSCL:处方和描述并需的领域

运用技术工具支持协作学习是 CSCL 项目的一个重要特征,此外还有大量的其他设计努力。CSCL 面临的挑战是既要顾及协作的技术性又要顾及协作的社会性(Kirschner 等, 2004)。我们认为分析人与技术交互的丰富的协作描述在应对这一挑战时具有积极作用。因此, Stahl 等(2006)将 CSCL 领域看成是处方性研究和描述性研究相互作用的领域(Stevens, 2001)。

远程教育

因特网为协作学习提供了许多机会,特别是在远程教育方面(Reeves 等, 2004)。这个处方常常有一个明确的目的,那就是促进在线协作学习。此外,研究者们的精心描述有助于更好地理解如何在在线环境的合作中收获最多。例如,O'Neill (2001)描述了网络环境中与科学家的合作是如何影响科学课堂里的学习活动的。他发现当学生同科学家讨论和分享彼此的观点时,能够更好地遵循科学规范。其他研究探讨了在线课程的活动如何支持协作学习,证实了好的教学法如果不比所使用的技术更重要的话,至少同所使用的技术一样重要(Moallem, 2003)。基于真实情境中人们如何交互的观察研究的发现,Kato 和他的同事调查了远程学习中电视使用情况(2001)。他们的方法是在系统中设计了一个功能,允许学生和老师运用手势,手势是一种自发的人类活动。在另外一个例子中,Fischer 和 Mandl (2005)观察到不同的呈现工具和条件是如何在电视会议中影响协作的。结果表明,在所有他们规定的条件下,小组中常常不会分享知识。远程学习研究往往建议通过创造共享的人工制品和分配个人任务在系统中跨人和制品建立分布特性。正如 Moallem (2003)所主张的那样,成功的在线协作学习不仅仅是让学生参与同一项目,而且是要以交流方式培养学习者分享意义和知识。

基于设计的研究

我们对学习的理解从个体思维过程到社会情境活动的转变,对开发协作学习环境提出了方法论的挑战。如果情境中的物质和关系对支持学习重要的话,那么,协作学习环境会相当复杂。为了应对方法论的挑战,支架式科学探究、趋同概念转变、CSCL、远程教育等大量研究,都使用基于设计的研究方法(Baumgartner 等, 2003; Brown, 1992; Collins, 1992; Reebes, 2006)。基于设计的研究运用设计和观察的循环来建立对新的学习技术的处方。在设计过程中,观察法的运用有助于研究者们识别支持协作的新方法。

分布式分析法

我们认为,受分布式分析法影响的描述性研究可以用于进一步理解协作学习中材料对象
168 和社交世界之间的关系,例如,考虑上文提到的 CSILE,学生参与到知识建构社区里,分布式分析法会将笔记和信息的协调重组看作是一个学习成果。我们这里使用的分布式分析法主要指理解文化、社会和人类活动的四种方法(Bateson, 1972; Becker, 1982; Hutchins, 1995a, b; Latour, 1996)。总的来说,这些方法都强调超越个体行为来理解人类行为,如同上文谈到的大部分协作学习研究所做的那样。分布式分析法非常重视物质环境,认为物质环境是协作学习的重要方面。也就是说,研究分析不再局限于个体行为,同时延伸到非人制品;继而开始进入与学习技术设计有关的共同体。

人类学家 Gregory Bateson (1972)影响了分布式分析法,他认为是思维的概念化扩展而不是肤浅地将其作为一种手段,能更好地解释人类的行为。"精神世界—思维—信息加工的世界不只是通过皮肤"(Bateson, 1972, 454 页)。Bateson 解释了这个思维扩展的过程。他问一个盲人在使用一根白色拐杖时其思维系统是从哪儿开始的:从拐杖柄? 拐杖头? 还是人行道? 最终,他考虑了系统中的所有成分解决了这个难题,并建议这种方法可适用于其他行为研究:"如果你正要解释的是一个行为的片断,诸如盲人的行动问题,那么,为了解释,你需要一遍又

一遍考虑街道、拐杖、盲人,街道,拐杖,等等”(Bateson, 1972,459页)。

社会学家 Howard Becker 研究了艺术、教育和医学领域里的社交世界——一个类似于实践共同体的概念(Lave 和 Wenger, 1991; Wenger, 1999)。在艺术世界研究中,他分析了艺术世界里的惯常做法如何影响新作品的产生(Becher, 1982)。惯常做法体现在一系列的人工制品中,从艺术家们使用的工具到支持他们创作的基金机制,从而使新作品的产生成为可能。“艺术界的人们在对常规操作中和经常使用的人工制品中所蕴含的惯例认识的基础上,通过协调彼此的活动来创作新作品”(Becher, 1982,34页)。他的观点是每一件艺术作品体现的不仅仅是艺术家个人的努力,更是一种合作使然,因为这些惯常做法分布在艺术家使用的物品及其参与的实践中。

同样,Latour (1996)也谈到许多人类能做的事情已经成为物质世界的一部分了。以邮局的日常活动为例,他问道:“没有公式、收据、账户、分类账,你如何计算每日的收支平衡?一个人怎么能够忽视纸张的硬度、墨水的持久、芯片的蚀刻、钉书针的灵便、橡皮图章的震动呢?”(Latour, 1996,235页)。Latour 试图强调人类能做的许多事情已经不由人类自身来承担了,而已成为非人工制品工具的一部分。物理性质让制品属性具有时间上和空间上的恒久性,形成了社会框架。换言之,最好将人类行为理解成一种人与人工制品之间的分布。

最后,Hutchins (1995a, b)接受了心智拓展理论和人工制品代理观,并将其运用到自己的人种志观察研究中。其研究结果表明,人类降低了对复杂心理过程的依赖,这个世界所认为成功的活动都是分布在人与制品之间的:“这个系统层面的认知观指导我们从关注个体的认知特征转向关注外部表征的属性以及内外表征之间的相互作用”(Hutchins, 1995b,287页)。

处方性研究与描述性研究

在教育领域里,常规促进协作的方法会因运用分布式分析法而改变。通过这种改变,我们能够发现特定系统中相互关联的方方面面以及成功协作中人与制品如何合作。处方性研究包括协作解决问题,可将学生分成小组,并提供支持他们进行科学探究的各种工具(Kolodner等,2003)。还有一些研究测试了协作条件的有效性(Fischer 和 Mandl, 2005),例如建立共同的目标、提供做主人的机会、开发合适的表征工具等。分布式分析法认为,当学生完成特定任务时,学生与工具的渐进合作是学习的重要方面。因此,在因为分布式分析法而进行变革的过程中,最重要的是由于工具的运用而得以发展的具体实践,而工具或支架属性的国际化则处于相对次要地位。分布式分析法可以扩展到很多需要处方性研究的领域,包括在线环境(Reeves 等,2004)、协作技能教学(Nath 和 Ross, 2001),以及将协作作为改进教学实践手段的教师发展项目。我们认为这是一种分析方法,它能很好地推动新设计向前发展,并改良旧设计中的重复部分,因为当学习成为研究焦点时,对人、物以及实践之间形成合作的理解,才不会受到轻视。

我们注意到许多重要的描述性协作研究的出现均得益于分布式分析法。这类研究强调有地方能够听到所有组员想法的重要性(Barron, 2003)。它也告诉我们协作技术常常不是最新的创新(Stevens, 2000)。此外,描述性研究提醒我们,学习者会提出他们自己的活动安排,这将会影响到技术如何被使用(Ito, 2006)。

在教育领域之外一项非常著名的描述性研究是关于技术使用的,发生在 Xerox 公司阿波罗研究中心。Lucy Suchman (1987)详细描述了使用者和复印机使用手册之间的互动。这项研究最重要的一点,也是与协作的分布式分析法最相关的地方是,Suchman 谈到使用智能帮助系统的用户将人工智能而不是一本操作手册作为资源。从处方角度来看,帮助系统本来不是一种协作技术,但当它们开始与使用者的活动协调时,它们最终变成了一种协作资源。

我们自己的人种学研究是关于年青人玩电视游戏的,这个例子可以说明我们如何采用分布式分析法根据描述性研究的发现设计产品(Satwicz, 2006; Stevens 等,2007)。在做这项研
169 究时,我们首先调查了许多有关学习和电视游戏的说法(Gee, 2003; Johnson, 2005)。另外,因为游戏系统常常被设计成多个人玩的,因此经常是在社交情境中玩,所以我们就把玩游戏视作一个自然产生协作的场合。最近,我们开始使用我们的描述作为手段,来思考协作学习中的处方设计。

在观察中,我们注意到孩子们之间产生了许多协作学习。有时候,更有经验的玩家会教新手,比如通过创造机会对其观察或降低游戏进入门坎(Lave 和 Wenger, 1991)。而当任务改变时,孩子们会互换专家和新手的角色。而且,我们看到对于同样的游戏,不同的人有不同的玩法,表明学习并没有被编进媒体,而是由游戏玩家自己协作完成的。我们还注意到,游戏玩家在协作中会使用一些令人惊讶的工具,如游戏中的角色和动作。总之,我们发现这些实例对于理解可能产生协作学习的多种方式是有益的。

有一点我们已经意识到,游戏材料和操作中的一些惯常做法让孩子们能够很容易地组织自己的协作学习安排;比方说,我们让研究对象告诉我们不同游戏的按钮组合所具有的一致性,控制器的设计又是如何让新游戏更容易上手、容易学会的。还有,电视游戏常常是在家庭的客厅里用电视机做显示屏多个人同时玩的,游戏玩家很容易交流和分享。我们目前正在开发的一个软件运用了游戏材料中的一些惯常做法,并提供资源让家庭来讨论大学教育的复杂性及如何成为一名成功的学生。目前,该软件还不成熟,为了进行成功且基础牢固的处方性研究工作,接下来的设计需要更多的描述性研究做支撑。

本文第二作者 Reed Stevens 设计的视频跟踪是一种媒介。在这里,把它作为一个具体的例子来说明对协作学习情境的描述如何产生了产品形式的处方。在许多情境里,Stevens 观察到一种普遍的互动模式:一起工作的人们会通过交谈、手势,以及在平面图或实物上勾画让大家都看得到的方式取得共同进步(Hall 和 Stevens, 1995; Stevens, 2000, 2007; Stevens 和 Hall, 1997, 1998)。例如,建筑师们通常是用手或笔配合他们的讲话,在设计平面图上指向或想象可能的设计,由此分享他们的观点。这些瞬间是完全有序的——它们一直在发生着——但 Stevens 发现这些普通资源的综合运用,对于人们如何同步教与学非常必要。

视频跟踪利用资源的这套协作性,允许使用者通过观察、交谈、指点(或勾画),记录下对静止的或移动的图像的注释。这样一来,人们可以围绕一个共同的实物交流、分享观点,如同面对面的协作学习,但其实并不需要真正的面对面。事实上,视频跟踪借用了面对面交流过程中

的互动交往技术,并记录这些交往。视频跟踪被证明在广泛的教学情境下都很有用,包括教师教育、博物馆、舞蹈教育、指挥、建筑和大学运动会(Stevens, 2007)。本章分布式分析法的一个重要的观点就是,对广泛协作环境进行详细描述的研究有助于产生设计数字媒体的处方,使数字媒体以一种全新的方式支持协作。

讨论

170

这一章的目的是为了展示协作学习研究中在概念、方法和技术等方面的重要里程碑。我们已经指出,最近15年来人们日益关注支持协作学习,反映出社会文化观和人类活动情境观对教育研究的影响扩大了。我们建议后续研究还要包括分布式分析法以继续这种扩展,也就是要重视描述性协作研究,展示活动是如何分布在人与制品之间的。

我们希望继续推进好的描述性研究,去挑战学习是个体内部变化过程这一观点(Stevens, 2001);这样一来,我们不再将自然发生的、预期之外的技术运用看成是失败设计的征兆,而是构成一种学习经验的基本特征。我们也提醒读者,如描述所揭示的,当学习者做了什么意料之外的事情,我们就拥有了重要的研究起点。如果协作学习发生了,使用了并不是设计用来支持协作学习的技术(如纸、单人电视游戏),那么,作为设计者,我们就需要注意是否要继续向前推进这个领域了。

这些想法与 Howard Becher 的想法不谋而合,他指出描述性研究的目的是为了找到能够帮助解答我们的问题的情境因素:"描述的目的不是为了完全复制这个物品——既然我们已经有了这个物品,何必费此功夫呢?——而是选择它的相关部分,从由细节构成的整体中抽象出来的细节,能够有助于我们回答一些我们心存的问题"(Becher, 1996,64 页)。

我们关于协作学习是如何在人与人工制品之间进行分布的问题是非常适合产生好的描述性研究的。最后,我们想提醒大家的是,同 Suchman (2001)一样,这里我们倡导的分布式分析法,并不是打算让机器代理人类所有的功能,而是希望推动这方面的发展。用 Latour 的话说,我们希望将人类和被人类设计的物品置于同一水平。但与 Latour 不同的是,在我们的分析里,我们不希望物品具有与人类一样的作用。人类具有独特的特质,我们的描述性研究应该认识到这一点。但是这种差别是一个开放的问题,也成为我们继续这类研究的一个理由。

(赵建华 译,郑　葳 一校,汪　琼 二校)

参考文献

Anderson, J. R., Reder, L. M., and Simon, H. A. (1996). Situated learning and education. *Educ. Res.*, 25(4),5-11.

Barron, B. (2003). When smart groups fail. *J. Learn. Sci.*, 12(3),307-359.

Bateson, G. (1972). Form, substance, and difference. In *Steps to An Ecology of Mind*, edited by G. Bateson, pp. 448-466. New York: Ballantine Books.*

Baumgartner, E., Bell, P., Brophy, S., Hoadley, C., Hsi, S., Joseph, D. et al. (2003). Design-based research: an emerging paradigm for educational inquiry. *Educ. Res.*, 32(1),5-8.

Becker, H.S. (1982). *Art Worlds*. Berkeley, CA: University of California Press.

Becker, H.S. (1996). The epistemology of qualitative research. In *Essays on Ethnography and Human Development*, edited by R. Jessor, A. Colby, and R. Schweder, pp. 53-71. Chicago, IL: University of Chicago Press.*

Bell, P. (2001). Using argument map representations to make thinking visible for individuals and groups. In *CSCL 2: Carrying Forward the Conversation*, edited by T. Koschmann, R. Hall, and N. Miyake, pp. 449-485. Mahway, NJ: Lawrence Erlbaum Associates.

Bransford, J. D., Brown, A. L., and Cocking, R. R., Eds. (2000). *How People Learn: Brain, Mind, Experience, and School*. Washington, D. C.: National Academy Press.

Brown, A. L. (1992). Design experiments: theoretical and methodological challenges in creating complex interventions in classroom settings. *J. Learn. Sci.*, 2(2), 141 - 178.

Bruner, J. (1997). Will cognitive revolutions ever stop? In *The Future of the Cognitive Revolution*, edited by D. M. Johnson and C. E. Erneling, pp. 279 - 292. New York: Oxford.

Cole, M. (1996). *Cultural Psychology: A Once and Future Discipline*. Cambridge, MA: Harvard University Press.

Collins, A. (1992). Toward a design science of education. In *New Directions in Educational Technology*, edited by E. Scanlon and T. O'Shea, pp. 15 - 22. New York: Springer-Verlag.

de la Rocha, O. L. (1986). Problems of Sense and Problems of Scale: An Ethnographic Study of Arithmetic in Everyday Life. Ph. D. dissertation. Irvine, CA: University of California.

Fischer, F. and Mandl, H. (2005). Knowledge convergence in computer-supported collaborative learning: the role of external representation tools. *J. Learn. Sci.*, 4(3), 405 - 441.

Gee, J. P. (2003). *What Video Games Have to Teach Us About Learning*
171 *and Literacy*. New York: Palgrave.

Gilbert, N. J. and Driscoll, M. P. (2002). Collaborative knowledge building: a case study. *Educ. Technol. Res. Dev.*, 50(1), 59 - 79.

Greeno, J. G. (1997). On claims that answer the wrong questions. *Educ. Res.*, 26(1), 5 - 17.

Hall, R. and Stevens, R. (1995). Making space: a comparison of mathematical work in school and professional design practices. In *The Cultures of Computing*, edited by S. L. Star, pp. 118 - 145. Oxford: Blackwell Publishers.

Hutchins, E. (1995a). *Cognition in the Wild*. Cambridge, MA: MIT Press. *

Hutchins, E. (1995b). How a cockpit remembers its speeds. *Cognit. Sci.*, 19, 265 - 188.

Ito, M. (1997). Kids and Simulation Games: Subject Formation Through Human-Machine Interaction. Paper presented at the Annual Meeting of the Society for the Social Studies of Science (4S), October 23 - 26, Tucson, AZ.

Ito, M. (2002). Engineering Play: Children's Software and the Productions of Everyday Life. Ph. D. dissertation. Palo Alto, CA: Stanford University.

Ito, M. (2005). Mobilizing fun in the production and consumption of children's software. *Ann. Am. Acad. Polit. Soc. Sci.*, 597(1), 82 - 102.

Ito, M. (2006). Engineering play: children's software and the cultural politics of edutainment. *Discourse: Stud. Cult. Polit. Educ.*, 27(2), 139 - 160.

Johnson, S. (2005). *Everything Bad Is Good for You: How Today's Popular Culture Is Actually Making Us Smarter*. New York: Riverhead Books.

Kaptelinin, V. and Cole, M. (2001). Individual and collective activities in educational computer game playing. In *CSCL 2: Carrying Forward the Conversation*, edited by T. Koschmann, R. Hall, and N. Miyake, pp. 303 - 316. Mahwah, NJ: Lawrence Erlbaum Associates.

Kato, H., Yamazaki, K., Suzuki, H., Kuzuoka, H., Hiroyuki, M., and Yamazaki, A. (2001). Designing a video-mediated collaboration system based on a body metaphor. In *CSCL 2: Carrying Forward the Conversation*, edited by T. Koschmann, R. Hall, and N. Miyake, pp. 409 - 423. Mahwah, NJ: Lawrence Erlbaum Associates.

Kirschner, P., Strijbos, J.-W., Kreijns, K., and Beers, P. J. (2004). Designing electronic collaborative learning environments. *Educ. Technol. Res. Dev.*, 52(3), 47 - 66.

Kolodner, J. L., Camp, P. J., Crismond, D., Fasse, B., Gray, J., Holbrook, J., Puntambekar, S., and Ryan, M. (2003). Problem-based learning meets case-based reasoning in the middle-school science classroom: putting Learning by Design™ into practice. *J. Learn. Sci.*, 12(4), 495 - 547.

Koschmann, T. (1994). Toward a theory of computer support for collaborative learning. *J. Learn. Sci.*, 3(3), 219 - 225. *

Latour, B. (1987). *Science in Action*. Milton Keynes, U. K.: Open University. *

Latour, B. (1996). On interobjectivity. *Mind Cult. Activ.*, 3(4), 228 - 245. *

Lave, J. (1988). *Cognition in Practice: Mind, Mathematics and Culture in Everday Life*. Cambridge, U. K.: Cambridge University Press. *

Lave, J. and Wenger, E. (1991). *Situated Learning: Legitimate Peripheral Participation*. Cambridge, U. K.: Cambridge University Press.

Moallem, M. (2003). An interactive online course: a collaborative design model. *Educ. Technol. Res. Dev.*, 51(4), 85 - 103.

Nath, L. R. and Ross, S. M. (2001). The influence of a peertutoring training model for implementing cooperative groupings with elementary students. *Educ. Technol. Res. Dev.*, 49(2), 41 - 56.

O'Neill, D. K. (2001). Knowing when you've brought them in: scientific genre knowledge and communities of practice. *J. Learn. Sci.*, 10(3), 223 - 264.

Pea, R. D. (1994). Seeing what we build together: distributed multimedia learning environments for transformative communications. *J. Learn. Sci.*, 3(3), 285 - 299.

Reeves, T. C. (2006). Design research from the technology perspective. In *Educational Design Research*, edited by J. V. Akker, K. Gravemeijer, S. McKenney, and N. Nieveen, pp. 86 - 109. London: Routledge.

Reeves, T. C., Herrington, J., and Oliver, R. (2004). A development research agenda for online collaborative learning. *Educ. Technol. Res. Dev.*, 52(4), 53 - 65.

Roschelle, J. (1992). Learning by collaborating: convergent conceptual change. *J. Learn. Sci.*, 2(3), 235 - 276. *

Satwicz, T. (2006). Technology at Play: An Ethnographic Study of Young People's Video Gaming Practices. Ph. D. dissertation. Seattle, WA: University of Washington.

Scardamalia, M. and Bereiter, C. (1994). Computer support for knowledge-building communities. *J. Learn. Sci.*, 3(3), 265 - 283.

Stahl, G., Koschmann, T., and Suthers, D. D. (2006). Computer-supported collaborative learning. In *The Cambridge Handbook of the Learning Sciences*, edited by R. K. Sawyer, pp. 409 - 425. New York: Cambridge University Press.

Stevens, R. (2000). Divisions of labor in school and in the workplace: comparing computer and paper-supported activities across settings. *J. Learn. Sci.*, 9(4), 373 - 401.

Stevens, R. (2001). Keeping it complex in an era of big education. In *CSCL 2: Carrying Forward the Conversation*, edited by T. Koschmann, R. Hall, and N. Miyake, pp. 269 - 273. Mahwah, NJ: Lawrence Erlbaum Associates.

Stevens, R. (2007). Capturing ideas in digital things: a new twist on the old problem of inert knowledge. In *Video Research in the Learning Sciences*, edited by R. Goldman, S. Derry, R. Pea, and B. Barron. Mahwah, NJ: Lawrence Erlbaum Associates.

Stevens, R. and Hall, R. (1997). Seeing tornado: how Video Traces mediate visitor understandings of (natural?) spectacles in a science museum. *Sci. Educ.*, 18(6), 735 - 748.

Stevens, R. and Hall, R. (1998). Disciplined perception: learning to see in technoscience. In *Talking Mathematics in School: Studies of Teaching and Learning*, edited by M. Lampert and M. L. Blunk, pp. 107 - 149. Cambridge, U. K.: Cambridge University Press.

Stevens, R., Satwicz, T., and McCarthy, L. (2007). In game, in room, in world: reconnecting video game play to the rest of kids' lives. In *Ecology of Games*, edited by K. Salen. Chicago, IL: MacArthur Foundation.

Stevens, R., Wineburg, S., Herrenkohl, L., and Bell, P. (2005). The comparative understanding of school subjects: past, present and future. *Rev. Educ. Res.*, 75(2), 125 - 157.

Suchman, L. (1987). *Plans and Situated Action: The Problem of Human-Machine Communication*. Cambridge, U. K.: Cambridge University Press. *

Suchman, L. (2001). *Human/Machine Reconsidered*, http://www.comp.lancs.ac.uk/sociology/soc0401s.html.

Vygotsky, L. S. (1962). *Thought and Language*. Cambridge, MA: MIT Press.

Wenger, E. (1999). *Communities of Practice: Learning, Meaning, and Identity*. Cambridge, U. K.: Cambridge University Press.

Wertsch, J. V. (1998). *Mind as Action*. New York: Oxford University Press. *

Wood, D., Bruner, J., and Ross, G. (1976). The role of tutoring in problem solving. *J. Child Psychol. Psychiatry*, 17, 89 - 100.

---

* 表示主要参考文献。

14

教学设计的说明性原则

M. David Merrill、Matthew Barclay 和 Andrew van Schaak 173

摘要

本章回顾了一些源于研究或经验的说明性原则，它们被确定为能有助于有效果的、有效率的和有吸引力的教学之生成。就本章的写作目标而言，教学被确定为一种审慎尝试，即设计能促进特定学习目标达成的产品或环境。本章首先回顾了由 Merrill (2002a)所提出的教学的基本原则。在第二部分中，把近年来有关教学设计原则的描述与上述的首要原则进行比较。最后一部分将对以整体任务为中心的教学设计方法进行回顾与评价。

关键词

4C/ID：四成分教学设计模型(van Merriënboer，1997)。

激活原则：当学习者激活相关的认知结构时，学习就会被促进。

应用性原则：当学习者参与到新习得知识或技能的应用中时，学习就会被促进。

认知训练模型：一个五项任务的教学设计模型(Foshay 等，2003)。

教学周期：首要原则中的激活—展示—应用—整合循环。

展示原则：当学习者观察要学习的技能的展示时，学习就会被促进。

在线学习原则：设计在线学习的说明性原则；参见多媒体学习原则。

教学的基本原则：提高教学效果和效率、增加教学吸引力的五项基本原则。

教学设计：为有效果的、有效率的和有吸引力的教学创建蓝图。

整合原则：当学习者把新知识整合到日常生活中去时，学习就会被促进。

极简原则：精简教学的教学设计原则。

多媒体学习原则：文本、动画、音频和图形等对学习的可能影响。

同心圆教学设计法：内容优先的教学设计法。

以问题为中心的教学：参见任务中心的教学原则和策略。

分级教学策略：假设首要原则的运用对于复杂技能来说具有累加的绩效效果。

结构—指导—训导—反思循环：处于激活—展示—应用—整合循环中的教学支持。

任务中心的教学原则：一个核心的原则，即当学习者采用以任务为中心的方法时，学习就会被促进。

任务中心的教学策略：在真实世界的整体任务发展的情境中，对成分技能进行教学。

主题中心的教学策略：在应用到整体任务之前，按顺序教授成分技能。

教学的基本原则

Merrill 回顾了众多教学设计的理论和模型(Dijkstra 等，1997；Gagne，1985；Glaser，1992；Marzano 等，2001；McCarthy，1996；Reigeluth 1983，1987，1999；Reigeluth 和 Carr-Chellman，in press；Tennyson 等，1997；Van Merriënboer，1997)，试图从中抽取出所有或大多数方法中都蕴含的说明性原则。他的结论是，这些理论和模型确实遵循一些共同的原则，并且他们不包含有本质区别的原则(Merrill 2002a，b；2006a，b；2007；印刷中 a，b)。这些首要原则是：

- 以任务为中心的方法(task-centered approach)——学习者采用以任务为中心的方法时，学习就会被促进，而以任务为中心的方法包括成分技能(component skills)的展示和应用。当学习者参与一系列整体任务(whole task)，以任务为中心的方法的效果将得以提高。
- 激活原则(activation principle)——当学习者激活相关的认知结构时，学习就会被促进。这里的激活过程受到如下活动的引导，即回忆、描述或展示相关的先前知识或经验。

当学习者能够回忆或获得一个组织新知识的结构时,激活的效果就得以提高。

- 展示原则(demonstration principle)——当学习者观察到所学技能的展示,并且这种展示也与所学的内容相一致时,学习就会被促进。当学习者受到了如下方面的指导,即把特例与普遍规律联系起来,此时,展示的效果就得以提高。如果学习者可以观看与内容相关的媒体展示,展示的效果也会得以提高。 175
- 应用性原则(application principle)——当学习者参与到新习得知识或技能的应用中,并且这些知识或技能与所学的内容类型相一致时,学习就会被促进。只有当学习者获得内部反馈或纠正性反馈时,应用才是有效的。当学习者受到指导,并且这种指导逐渐从每个后继任务中剥离出来时,应用的效果就会得以提高。
- 整合原则(integration principle)——当学习者把新知识整合到自己的日常生活之中,并且这种整合指向于对新知识或技能进行反思、讨论或辩护,学习就会被促进。当学习者创造、发明或推导出一些个性化的方式去把他们的新知识或技能应用到他们自身的世界中时,整合的效果就得以提升。当学习者公开地展示他们的新知识或技能时,整合的效果也会得以提升。

在本章中,我们总结了一些新近提出的说明性原则,并将其与 Merrill 所确立的首要原则进行对比。在这里,一个说明性原则就是一个关系,它在适当的条件下总是正确的,而不论是具体的教学计划还是实践。一项实践就是一项具体的教学活动。一套教学计划就是一套处方性实践。本章所确立的原则,与其说是不同的数字模型,不如说是潜在的根本的关系。一个特定的实践、计划或模型总是在践行或失于践行潜在的根本原则,无论这些原则是否被列出来。这些原则也可被各种各样的、广泛的教学计划和实践所践行。本章所确立的原则具有如下的共同特征:首先,在一个特定的教学计划中,学习被促进的程度是与践行这些原则的程度直接成比例的。第二,这些教学原则在任何传递系统中都能被实施,同时,也可以通过使用任何的教学方式方法来实施(Clark, 2003)。第三,这些教学原则是设计导向的,而不是学习导向的。它们与创建学习环境及其产品有关,而与描述学习者如何从这些环境和产品中获得知识与技能无关。

我们的前提假设是,这些设计原则适用于所有的教学设计理论或模型指导下的教学计划和实践。如果这个前提假设是正确的,那么,研究就需要进一步证明,当一个特定的教学计划或实践违背了或无法实施一个或多个这些基本原则时,学习或绩效就会受到消极影响。

对首要原则的阐释

很多教学设计者和教育实践者对上述的这些原则都非常熟悉。在过去的至少 200 年时间里,它们都以这种或那种形式得以表述。Clark (1999)指出,赫尔巴特(1776—1841)的追随者所设计的五步教学法(five-step teaching method),就与前述的首要原则有着惊人的相似:

- 要求学生准备好将要学习的新课程(激活);
- 呈现新课程(呈现);
- 把新内容与先前学习的观点联系起来(激活、引导和训导);

- 举例说明新内容中的核心要点(展示);
- 通过对学生的测试来确认他们是否已经习得了新内容(应用);

尽管大家熟知这些原则已久,但它们很少被用到教学材料中。从一项关于五个国家有关婚姻关系的1400门在线课程的广泛调查可以看出,大多数教学计划甚至都没有践行上述原则中的一条(Barclay等,2004)。

教学循环四阶段

对于首要原则的确立并不仅仅是为了搜集一套说明性原则,并以此去挑选或设计有效的教学。这些原则是彼此交织、相互联系的。教学循环四阶段(four-phase cycle of instruction)包括激活、展示、应用和整合。有效的教学牵涉到所有这四个阶段活动的重复与循环,这对不同的问题或整体的任务来说是必须的。一个类似的教学循环四阶段是由McCarthy (1996)所提出的,它包含建立意义(激活)、概念化(展示)、操作(应用)和更新(整合)。温特贝尔特小组(Vanderbilt group)描述了一个学习循环,包括一系列挑战(任务或问题)、产生观点(激活)、多重视角(展示)、研究和修正(展示/应用)、测试潜能(应用)、公开结果(整合)以及前瞻和反思
176 (整合)(Schwartz等,1999)。

以问题为中心的教学

首要原则中的最重要的观念也许就是,有吸引力的教学是以问题为中心的,即每一个教学成分在真实世界的问题不断发展的情境下能被最有效地教授,在这样的情境中,先向学生呈现一个问题,然后教授各个成分,而后再向学生展示该成分是如何用于解决问题或完成整体任务的。Van Merriënboer的4C/ID模型着眼于复杂学习任务的训练,该模型对于如下的方面给予了非常强的基于研究的论证,即把教学的中心定位在整个真实世界的任务上,然后在这些任务的情境中去教授成分知识和技能(van Merriënboer, 1997; van Merriënboer和Kirschner, 2007)。

首要原则和4C/ID所确立的任务中心的方法,把问题的解决与更直接的问题成分的教授结合起来,这与基于问题的方法有所不同。在基于问题的方法中,学生置于合作小组内,给予他们资源和问题,并要求他们建构自己的问题解决方法。相对于那些缺乏指导的、更加纯粹的学生中心方法,已有的研究更加支持那些有指导的教学方法。Klahr和Nigam (2004)曾对有指导的直接教学与发现学习法在帮助学生学习科学实验中的复杂变量的效果方面进行了对比。学生们都会积极地参与到实验活动中去。直接教学的小组可以观察实验的展示(展示—指导),而发现学习的小组则自己去做实验。Klahr和Nigam (2004,61页)指出,"与发现学习相比,更多的孩子是通过直接教学来进行学习的",并且与发现学习小组中的学生相比,直接教学小组中的学生能对科学挂图有着更加广泛、更加丰富的科学判断。两个重要的研究回顾已经证明,那些包括基于问题的教学在内的只包含最少指导的教学方法往往并不奏效,而包含指导和训导在内的任务中心的方法则更加有效(Kirschner等,2006; Mayer, 2004)。

教学策略的层次

以往的文献(Merrill, 2006a, b)强调,首要原则能不断提升与改进复杂任务的绩效。为了评价首要原则的影响,有必要测定学习者完成这些复杂任务的绩效等级。确定绩效层级的方

法包括:(1)给定的任务由易到难,看所完成的任务数量;(2)看为符合要求地解决难题而需要的训导量;(3)看在一个嵌套的复杂任务执行过程中,达到满意绩效阶段的数量。

Merrill (2006a)进一步建议按照首要原则对教学策略定级。他把仅仅着眼于信息的策略标记为0级教学策略,并对教学策略的定级提出了一系列尚待检测的假设:(1)1级教学策略是在0级只着眼信息的策略之上增加了一致性展示,在任务复杂性上高了一级;(2)2级教学策略是在包含信息加演示的1级教学策略之上增加了一致性应用及修正性反馈,在促进对复杂的真实世界任务的执行能力上又上了一个台阶;(3)3级教学策略包含一个任务为中心的教学策略,包含一致性展示、一致性应用与修正性反馈,在复杂任务的执行难度上又有所提高;(4)在1级、2级、3级教学策略的基础上,再提供或回忆相关的经验,就会在学习的效率、效果和参与度上得到额外的提高与增进;(5)在1级、2级、3级教学策略的基础上,再提供激活结构(activation-structure),也会促进学习的效率、效果和参与度;(6)在上述任一教学策略的基础上,再增加反思—整合步骤,就会在学习的效率、效果和参与度上得到额外的提高与增进;(7)在上述任一教学策略的基础上,再增加创造—整合步骤,就会促进把新习得的知识和技能迁移到执行超越教学情境的真实世界的类似任务上去。

结构—指导—训导—反思循环

在对教学研究的元分析基础上,Marzano及其同事们(2001,32页)指出:"总体而言,研究证明了让学生认识到信息的结构,有助于他们对信息形成总括性认识[并且,随之能够更有效地使用信息]"(参见Marzano, 1998)。Rosenshine (1997)指出,当学生组织信息、总结信息以及对新旧信息进行对比时,这些活动所要求的加工过程,能强化认知结构,并帮助学生生成更加完善的心智模型。这些研究结果表明,在激活阶段,学生应被提供或在帮助下去生成一个能组织所学信息的心智结构。在展示阶段,所提供的指导应当要帮助学生把新信息与这一结构联系起来。在应用阶段,所提供的训导应当帮助学生去应用这一结构以完成任务。在整合阶段,要促使学生进行反思,并且该反思会帮助学生把这一结构融入到他们后继应用的心智模型中。

首要原则的应用 177

一些研究论文介绍了各种应用首要原则开发教学材料的努力与尝试。在M. D. Merrill的指导下,Thompson/NETg应用这一方法修改了他们的Excel课程(Thomson, 2002)。随之产生的基于情节的课程(scenario-based course)是在五个Excel的问题情境中对Excel命令进行教学。最后的考试是不使用Excel的帮助系统,完成另外三个Excel表格任务。Thompson/NETg设计了一个研究来证实首要教学原则和教学开发的同心圆模型的有效性。在Merrill的指导下,开发小组为Excel课程创设了情境。然后,他们遵循首要原则以及同心圆模型开发了一个"问题—进展—成分—教学"的策略和教这门课程的教学指南。研究者从NETg的客户中选择了研究参与者,他们都是自愿参与到研究中来的。

这些客户被分成三个小组。组1是情境组(the scenario group) ($n = 49$),他们接受由首要原则所生成的教学。组2是直接的在线学习小组 ($n = 49$),他们接受NETg现成的商业版

Excel课程的教学。这个商业版的课程通过使用有指导的展示来系统地教授Excel中的所有命令和操作,这种有指导的展示引导学生执行一个或多个命令,并进而在屏幕上去观察行动的结果。同样的教学也用于情境小组的成分教学环节。两个小组使用同样的材料来学习每个Excel命令。组3是控制组($n=30$),他们之前没有学过Excel,直接要求完成考试的三个真实情境任务。教学通过公司的网站进行在线传递,网上有常见问题解答,还有一个网上答疑老师负责回答两个实验组提出的问题。

对于三个真实任务,情境组的平均得分是89分,有指导的展示小组的得分为68分,控制组为34分。所有的差异都在.001数量级上具有显著性。此外,就完成三个任务所花费的平均时间来看,情境组是29分钟,有指导的展示小组为49分钟。控制组中的大多数人最终没有完成任务,因此就没有记录时间。这些差异也都在.001数量级上具有显著性。最后,从质性问卷调查的结果来看,情境组相对于有指导的展示小组表达了更加明显的满意。

首要原则构成了Shell EP用来评价和重新设计他们课程的工具的基础(Collis和Margaryan, 2005,2007; Margaryan, 2006)。他们的工具被应用到超过65门的课程中去,这些课程被重新设计以便能更好地满足首要原则。其中的12门课程得到了深入的研究,将课程审查的得分(根据首要原则的得分)与参与者的评估数据和教学者的反思进行了比较。研究结果表明,学生与教学者都感到,基于工作的模型提升了课程的业务相关性,导致更加深入的学习过程以及更有效的学业表现,并且能够推动所学知识立即应用到工作中去(Margaryan, 2006)。

夏威夷的杨百翰大学应用首要原则和同心圆模型开发了一门面向发展中国家学生的远程创业课程(Mendenhall等,2006a, b)。该课程以五个小型企业为背景教授创业的六项原则。最后的考试是评估第六个小型企业的商业计划书。试点研究比较了8名已经学过7门商科课程主修商科的学生与12名只上过这门新课程的非商科专业的学生在这个考试中的表现。在12名非商科专业学生中,7人得到了与商科专业学生相媲美的成绩。在写这篇文章的同时,对课程的进一步开发和评估正在进行中。

Frick等(2007)设计了一个教学者评估表,让学生报告首要原则在多个机构几门课程中的执行情况。进而将这些题目与学生对课业学习时间、学习成就以及学习满意度的自我报告对应起来。初步的研究结果表明,在一门课程中,首要原则的使用与课业学习的时间(斯皮尔曼系数$\rho=0.682$, $p<.005$, $n=111$),与自我报告的学生学习成就($\rho=0.823$, $p<.005$, $n=110$),与学习满意度($\rho=0.830$, $p<.005$, $n=112$)都高度正相关。首要原则分级的内部一致可靠性是0.941(Cronbach's alpha)。Frick建议,在教学者评价中将首要原则包含进来,能提升该类工具评测教学质量的能力。

其他的教学设计原则

最近的一些有关有效教学设计的处方性书籍也谈到了一些教学设计的说明性原则。Merrill (2007)对这些原则进行了综合,并试图将其与教学的基本原则联系起来。接下来,我们将总结一些由其他作者提出的原则,并与教学设计的首要原则建立联系。

多媒体学习的原则

在广泛研究的基础上，Clark 和 Mayer(Clark 和 Mayer，2003；Mayer，2001)确定了多媒体学习的若干原则。这些原则细化了与媒体有关的展示原则(Mayer，2001)：

- 学生通过文字和图片学习要比仅通过文字学得更好(63 页)；
- 当相关的文字和图片在书页或屏幕上是以彼此接近而不是彼此远离的方式得以呈现时，学生会学得更好(81 页)；
- 当相关的文字和图片是同时呈现而非相继呈现时，学生会学得更好(96 页)；
- 当外部无关的材料被排斥在外而非包括进来时，学生会学得更好(113 页)；
- 通过动画与解说相结合的方式，要比通过动画和字幕相结合的方式，学生会学得更好(134 页)；
- 动画与解说相结合，要比动画加解说加字幕的呈现，让学生学得更好(147 页)；
- 教学设计的效果对低知识储备的学习者要强于高知识储备的学习者，对空间感好的学习者要强于空间感差的学习者(161 页)。

在线学习原则

除了多媒体原则之外，Clark 和 Mayer (2003)也提出了其他的教学原则(表 14.1)。其中的每一个原则与首要原则之间的对应也在表 14.1 的右边栏目中列了出来。对于读者而言，显而易见的是，其中的一些原则具有密切的关联性，也有一些原则要比首要原则阐述得更加详细，并且还有一些原则并不包含在首要原则之中。这些原则包括个性化原则、合作原则和学习者控制原则。首要原则并不包括与教学实施有关的原则，诸如个性化原则、合作原则、学习者控制原则和导航原则。Allen (2003)识别了一些面向在线学习的有效原则，并将其分成三个类别：学习者动机、导航和教学交互性。表 14.2 总结了他提出的激发在线学习动机的关键要点和评价优质教学交互的核查表。

表 14.1　Clark 和 Mayer 的在线学习原则与 Merrill 的首要原则的对应表 178

在线学习原则(Clark 和 Mayer，2003)	首要原则(Merrill，2002)
交互应该是工作的真实写照(153 页)。	以任务为中心
关键性任务需要更多的“分布式”练习(159 页)。	以任务为中心—系列推进
运用工作情境来教授问题解决过程(251 页)。	以任务为中心
结合具体工作的问题解决过程(264 页)。	以任务为中心
使用真实的工作实例或加工过的例子(186 页)。	以任务为中心展示
用加工过的例子来取代某些练习题(177 页)。	展示—指导
把媒体要素原则应用于例子(179 页)。	展示—媒体
把媒体要素原则应用到实践练习中去(164 页)。	应用
在接受性的电子课堂中训练学习者的自我质疑能力(166 页)。	整合—反思
教学习者自己解释例子(190 页)。	整合—反思
使学习者意识到他们的问题解决过程(260 页)。	整合—反思
把训练集中在思维过程或工作知识上(256 页)。	整合—推断

179 **表 14.2 Allen 的在线学习原则与 Merrill 的首要原则之间的对应**

在线学习原则(Allen, 2003)	首要原则(Merrill, 2003)
让学习者完成多步骤任务;让学习者尝试真实任务要比让其每一次都重复和模仿一个步骤更能引起他们的兴趣(209 页)。	以任务为中心
学习者必须应用真正的、真实的技能和知识;活动需要尽可能地逼近工作中的要求(276 页)。	以任务为中心
好的交互是在学习者内心深处的有目的的交互;通过在交互中的参与,学习者理解他们能完成什么样的任务(276 页)。	以任务为中心 激活
建立预期的目标;帮助学习者明白,他们参与到在线学习中去,将如何实现他们所关心的目标(158 页)。	激活(展现整个问题)
为每一个学习者选择适当的内容;如果内容没有意义或是学习者已经知道该内容,那么这将不会为学习者带来一段愉快的学习经历(179 页)。	激活—先前知识
使用吸引人的情境;新奇、悬疑、迷人的图表,幽默,音响,音乐和动画等都能把学习者吸引到全力投入的境况之中(193 页)。*	展示—媒体
提供内在的反馈;看清良好表现的积极结果是比仅仅告之"是的,这很好"更好的反馈(214 页);反馈要向学习者展示差的回答的无效性(甚至是危险性)以及好的回答的价值(276 页)。	应用—内在反馈
推迟判断;如果学习者不得不等待确认,他们通常会自己重新评估,与此同时,紧张程度不断增加,特别表现为反复复习和反复练习(220 页)。	应用—反馈
让学习者冒一定的风险;如果学习者要失去些什么,他们就会提高关注度(169 页)。	整合—公开展示

* 当应用这一指导框架时,最好记住 Mayer (2001)的多媒体原则。

极简原则

Van der Meij (1998)提出了极简主义教学的设计方法(表 14.3)。这些设计方法显然是以任务为中心的。在这些演示、应用、指导和训导的启发式方法中,有些比首要原则提出了更为具体的处方。

表 14.3 极简教学与 Merrill 的首要原则

极简原则(Van Meij, 1998)	首要原则(Merrill, 2002)
提供马上行动的机会(22 页)。	以任务为中心
选择和设计那些是真实任务的教学活动(29 页)。	以任务为中心
确认任务的成分,反映任务的结构(31 页)。	以任务为中心—成分
尽可能地预防错误发生(35 页)。	展示—指导
提供错误信息,以支持检测、诊断和复原(38 页)。	展示—指导
简练;不要事无巨细(43 页)。	展示
提供章节的结束语(44 页)。	指导—训导
考虑用户活动的完整性(25 页)。	应用
当场提供有关错误的信息(41 页)。	应用—训导
当行动有错误倾向或当改正变得困难的时候,提供错误方面的信息(37 页)。	应用—训导
鼓励和支持探索和创新(23 页)。	整合—反思、推断

认知训练模型

Foshay 等(2003)提出了一个认知训练模型,该模型识别了五个学习者在学习时必须完成的任务:(1)选择关注的信息;(2)把新信息与已有知识联系起来;(3)组织信息;(4)把新信息同化到已有知识中去;(5)强化记忆新知识。与这些任务相关联,他们也识别出一堂训练课应具备的 17 个设计要素(处方性的设计原则)(表 14.4)。

表 14.4 认知训练模型和 Merrill 的首要原则 180

认知训练模型原则(Foshay 等,2003,29 页)	首要原则(Merrill, 2002)
为学习者回答如下的问题:"对我有什么要求?"	以任务为中心(展示要完成的任务)
详述理想的行为和需要学习的知识。	以任务为中心(他们更接受传统目标)
引起学习者对于新知识的注意。	激活
把学习新知识所需要的已有(旧)的知识调出来,这些知识形成了新知识的建构基础。	激活—先前知识
组织文字呈现,以帮助学习者组织新知识。	激活—结构
对于新知识的学习,告诉学习者"你能做到"。	激活(并不包含在首要原则中)
展示真实生活的例子,说明新学知识在应用时是如何工作的。	任务—中心
	展示
组织并限制新知识的呈现量以匹配人的信息加工能力。	展示
使用良好设计的图示来辅助学习者组织和吸收新知识。	展示
对每一类型的知识采用不同的方法,要以最易理解的方式呈现新知识。	展示——致性(参见 Gagne, 1985; Merrill, 1994)
通过让学习者运用新知识做些事来使学习者参与到学习中来。	应用
要让学习者知道,在运用新知识方面他们做得如何,还有什么样的问题及其原因。	应用—反馈(可以是内部反馈,也可是外部反馈)
再一次呈现内容的结构,包括整个知识的结构。	通过展示指导激活结构
再一次让学习者运用新知识,这一次的应用要向他们自己、向你、向他们的雇主证明,他们已经达到了训练的目标和要求。	应用
让学习者在工作中以一种结构化的方式使用新知识,以保证他们"使用这些知识,而不是遗忘这些知识"。	整合—推断

基于学习原则的教学原则

Seidel 等(2004)从有关学习的实证研究文献中识别出一些影响学习的获得和迁移的因素。他们从这些学习原则中推演出一些指导更有效的教学设计的原则,并围绕如下四个领域来组织这些原则,即认知领域、情感领域、心因动作领域和人际交互领域。表 14.5 总结了对认知领域的设计指导方针。

表 14.5 认知领域的教学原则及 Merrill 的首要原则

教学原则(Seidel 等,2004,24 页)	首要原则(Merrill, 2002)
提供多种情境与环境以促进领域内和领域间的正向迁移。	任务—中心—任务发展
使用先行组织者以促进综合性技能的获得并利用先前知识。	激活—结构(伴随着结构—指导—训导—反思的循环)
应用最小化错误的操作性原则,使用小步骤,并在学习领域知识的基本要素时提供即时强化。	展示——致性(特别是为获取信息)
运用部分任务的训练方法,把复杂任务分解成为可管理的块。	任务—中心展示—成分技能

4C/ID 教学设计

近来最完整呈现教学策略的当属 Van Merriënboer 的工作(Van Merriënboer, 1997; Van Merriënboer 和 Kirschner, 2007)。他提出的模型呈现了一个分析和设计的方法,包含了教学的基本原则中的所有成分。4C/ID* 确定了教学开发过程中的四个活动层级:(1)原则性技能的分解;(2)对成分技能和相关知识进行分析;(3)教学方法的选择;(4)学习策略的开发。首要原则对把复杂技能分解为一个成分技能的层级并未作出阐述;然而,在 4C/ID 中对这些成分技能的分析则类似于对一个问题的分析以确定对于一个给定的任务所需要的成分知识和技能(参见图 14.1)。"这种训练方法的核心就是整体任务练习,在其中,越来越复杂的整体任务技能将被练习"(整体任务的执行过程)(van Merriënboer, 1997, 8 页)。执行整体任务所需要的成分技能在完成任务需要的时候呈现(任务中心的方法)。这种即时信息呈现的关键包括分解、展示(展示和指南要一致)和淡化(训导)。这个模型强调要辨识执行复杂任务不常出现的认知图式。为了促进图式归纳,除了要对周期性成分技能进行及时教学之外,该模型也包含对处理问题中不熟悉方面有用的启发式信息呈现(结构—激活)。"4C/ID 模型声称,对其的应用会导致反思性专业知识和技能,并最终增加迁移效果"(整合)(van Merriënboer, 1997, 73 页)。

181

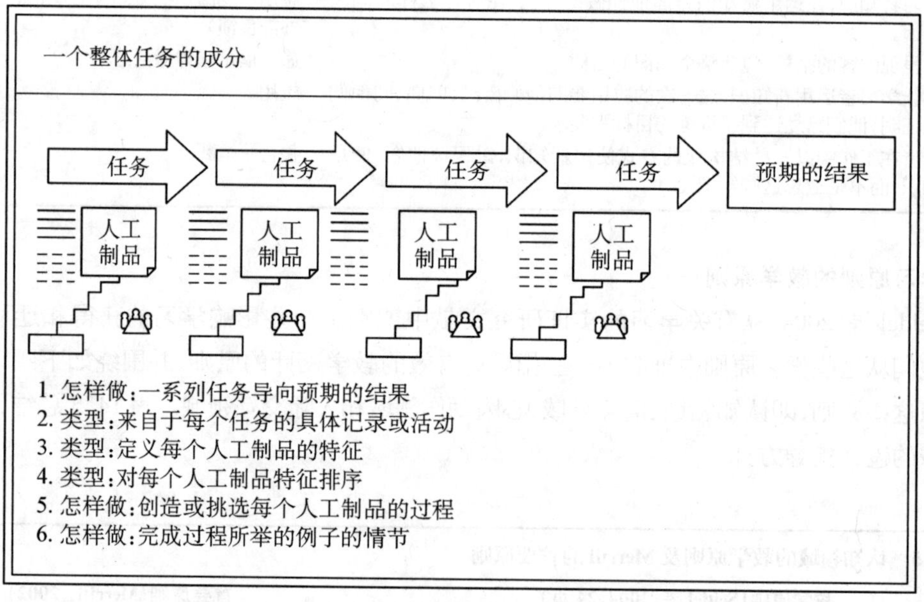

图 14.1 一个整体任务的成分(源自 Merrill, M. D., *Learning Objects for Task-Centered Instruction*, 2006, http://cito.byuh.edu/merrill/merrill_1/merrill-1.html.)

---

* 4C/ID 是一个整合性的方法,其中,每个处方性陈述都难以孤立看待。我们试图总结这一模型的关键方面,并将其与首要原则联系起来。

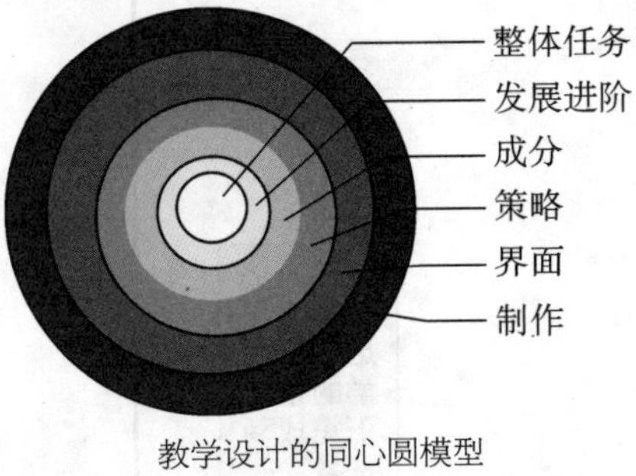

图 14.2 教学的同心圆方法（源自 Merrill, M. D., *Perform. Improve.*, 41(7), 39–44, 2002. 经允许使用。）

设计任务中心的教学

图 14.2 展示了教学开发的同心圆方法，该方法能够帮助设计者把首要原则系统地融入他们的教学设计中(Merrill, 2002b)。这一方法的步骤包括：(1)详述一个整体的任务；(2)详述整体任务的完成步骤；(3)详述每一个任务所需要的成分知识和技能；(4)详述一个教学策略；(5)详述用户界面；(6)制作课程。

Merrill (2006c)按照人工制品的描述及成分概念(类型)和成分过程(怎样做)的信息，细化了为说明每个任务的成分知识和技能的分析(Merrill, 1997)。这一成分分析(图 14.1)包含如下步骤：(1)对完成整个任务(类型)的结果(一个人工制品)进行描述；(2)确定能导致预期结果(怎样做)的一系列子任务(信息)；(3)对于每一个子任务，描述完成这个子任务的结果(类型)——一个人工制品；(4)确定每个人工制品的定义性特征(类型)；(5)确定每个人工制品的序列性特征(类型)；(6)确定创造或选择人工制品的程序(怎样做)；(7)确定阐述这一程序的情节描述(Merrill, 2006c)。

图 14.3 展示了一个典型的主题中心的教学策略。在这一策略中，依次涉及每一个主题，呈现并演示信息，用周期性的评价来评估所呈现的信息。图 14.4 阐释了任务中心教学策略与教学的基本原则以及教学设计的同心圆方法之间的一致性。在这一策略中，展现一个整体性的任务，提供每一个相关任务的层级并在第一个任务中展现。然后，呈现第二个整体性任务。学习者被要求应用这些呈现的主题去解决新任务。提供与第二个任务相关的一组扩展的主题并展现给第二个任务。这一策略被反复使用于更多的一些任务，直到所有的主题都被扩展到满足最后任务所需，并且学生也能够在不需要帮助的情况下把主题应用到新的任务中去。

182

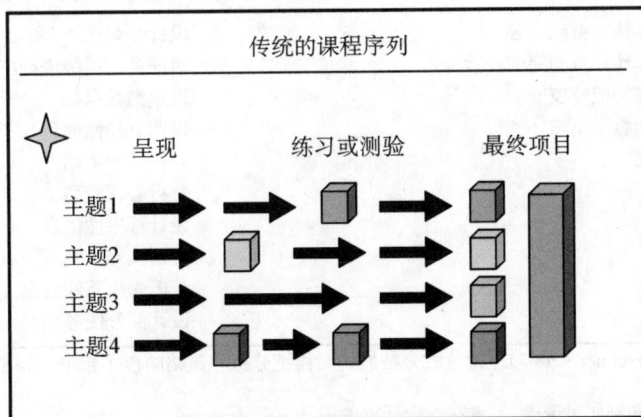

图 14.3 主题中心的教学序列（源自 Mendenhall, A. et al., *Introduction to Entrepreneurship: How to Start Your Own Business*, 2006, http://cito.byuh.edu/entrepreneur/main.swf.）

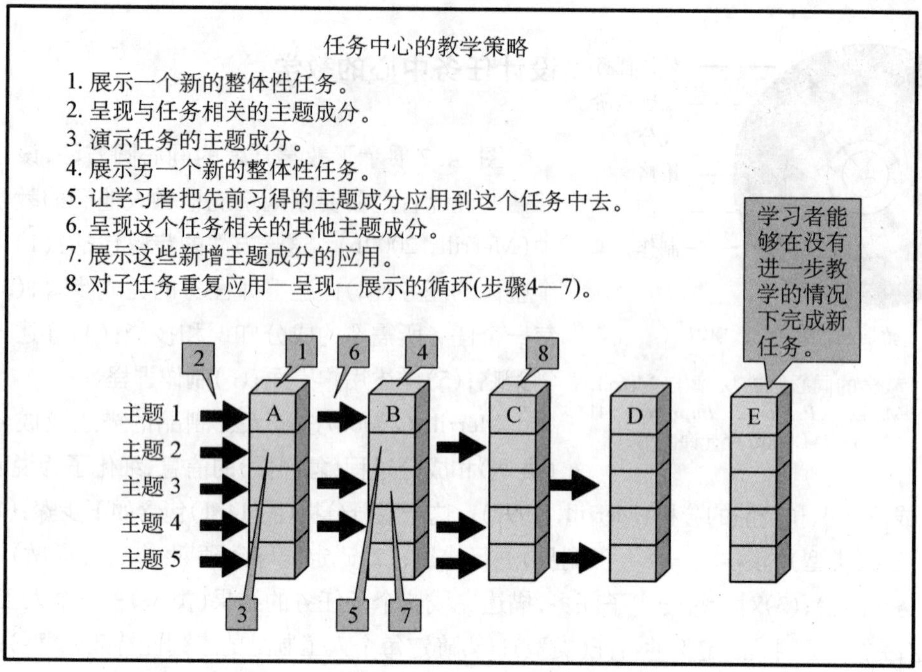

任务中心的教学策略
1. 展示一个新的整体性任务。
2. 呈现与任务相关的主题成分。
3. 演示任务的主题成分。
4. 展示另一个新的整体性任务。
5. 让学习者把先前习得的主题成分应用到这个任务中去。
6. 呈现这个任务相关的其他主题成分。
7. 展示这些新增主题成分的应用。
8. 对子任务重复应用—呈现—展示的循环(步骤4—7)。
学习者能够在没有进一步教学的情况下完成新任务。
主题 1
主题 2
主题 3
主题 4
主题 5
A
B
C
D
E
1
2
3
4
5
6
7
8

图 14. 4 任务中心的教学序列。(改编自 Mendenhall, A. et al., *Introduction to Entrepreneurship: How to Start Your Own Business*, 2006, http://cito.byuh.edu/entrepreneur/main.swf; Merrill, M. D., *J. Res. Technol. Educ.*, 印刷中。)

一本用来帮助设计者使用 4C/ID 模型的新书,将内容优先的教学开发的同心圆模型改编为一个为复杂技能进行教学设计的十个步骤的建议性应用(Van Merriënboer 和 Kirschner, 2007)。表 14.6 对 Van Merriënboer 和 Kirschner 的十个开发步骤与教学设计的同心圆模型进行了对比。

183 **表 14.6 同心圆模型与复杂学习的十个步骤**

同心圆模型	复杂学习的十个步骤
确定一个整体性任务或问题	设计学习任务
详细说明整体性任务的完成步骤	对任务的层级进行序列化
分析每个任务的成分技能	设定绩效目标[c]
详细说明一个教学策略[a]	设计支持性信息
确定用户界面[b]	分析认知策略
制作课程	分析心智模型
	设计程序性信息
	分析认知规则
	分析先决条件信息
	设计部分任务练习

a Van Merriënboer 和 Kirschner (2007)在讨论成分技能的时候把分析和策略结合了起来。同心圆模型则把这两个设计功能分开了。
b 十个步骤对界面、传递和制作讨论很少,重在教学开发的设计方面。
c 同心圆模型并没有详细说明对任务的考核标准。这是该模型应当加以改进的方面。
来源: van Merriënboer, J. J. G. & Kirschner, P. A., *Ten Steps to Complex Learning*, Lawrence Erlbaum Assoociates, Mahwah, NJ, 2007. 经允许使用。

小结

人们对于开发有效果的、有效率的和引人入胜的教学来说十分基础的处方性教学设计原则已经达成共识,并且教学设计的首要原则也汇集了相当多的共识。已经获得的有限的数据表明,当这些原则被应用到教学产品和环境中时,教学的质量就会得以提升;然而,相当多的教学似乎忽视了这些根本性的原则。希望本章为更严谨的研究提供了一个起点,以便在更多的情境中、面向更多的学生、针对更多种类的学科内容去评价这些原则的有效性。同时,我们也应该在我们的教学产品中更加努力地去实施这些原则。

(吕林海 译,石 敏 一校,汪 琼 二校)

参考文献

Allen, M. W. (2003). *Michael Allen's Guide to e-Learning*. New York: John Wiley & Sons.

Barclay, M. W., Gur, B., and Wu, C. (2004). The Impact of Media on the Family: Assessing the Availability and Quality of Instruction on the World Wide Web for Enhancing Marriage Relationship. Paper presented at the UN International Year of the Family Conference, Asia Pacific Dialogue, October 11 - 13, Kuala Lumpur, Malaysia.

Clark, D. (1999). *A Time Capsule of Training and Learning*, http://www.nwlink.com/~donclark/hrd/history/history.html.

Clark, R. C. (2003). *Building Expertise: Cognitive Methods for Training and Performance Improvement*, 2nd ed. Washington D. C.: International Society for Performance Improvement. *

Clark, R. C. and Mayer, R. E. (2003). *e-Learning and the Science of Instruction*. San Francisco, CA: Pfeiffer. *

Collis, B. and Margaryan, A. (2005). Merrill plus: blending corporate strategy with instructional design. *Educ. Technol.*, 45(3), 54 - 59.

Collis, B. and Margaryan, A. (in press). Evaluating flexible learning in terms of course quality. In *Flexible Learning in an Information Society*, edited by B. Kahn. Hershey, PA: Idea Group.

Dijkstra, S., Seel, N. M., Schott, F., and Tennyson, R. D., Eds. (1997). *Instructional Design International Perspective: Solving Instructional Design Problems*, Vol. 2. Mahwah, NJ: Lawrence Erlbaum Associates.

Foshay, W. R. R., Silber, K. H., and Stelnicki, M. B. (2003). *Writing Training Materials That Work: How to Train Anyone to Do Anything*. San Francisco, CA: Pfeiffer. *

Frick, T., Chadha, R., Wang, Y., Watson, C., and Green, P. (2007). *Course Evaluations: How Valid Are They?* Unpublished manuscript, Bloomington, IN.

Gagné, R. M. (1985). *The Conditions of Learning and Theory of Instruction*, 4th ed. New York: Holt, Rinehart and Winston. *

Glaser, R. (1992). *Advances in Instructional Psychology*. Hillsdale, NJ: Lawrence Erlbaum Associates. *

Kirschner, P. A., Sweller, J., and Clark, R. E. (2006). Why minimal guidance during instruction does not work: an analysis of the failure of constructivist, discovery, problem-based, experiential, and inquiry-based teaching. *Educ. Psychol.*, 41(2), 75 - 86.

Klahr, D. and Nigam, M. (2004). The equivalence of learning paths in early science instruction. *Psychol. Sci.*, 15(10), 661 - 667.

Margaryan, A. (2006). Work-Based Learning: A Blend of Pedagogy and Technology. Ph. D. dissertation. Enschede, the Netherlands: University of Twente.

Marzano, R. J. (1998). *A Theory-Based Meta-Analysis of Research on Instruction*. Aurora, CO: Midcontinent Research Laboratory for Education and Learning.

Marzano, R. J., Pickering, D. J., and Pollock, J. E. (2001). *Classroom Instruction That Works: Research-Based Strategies for Increasing Student Achievement*. Alexandria, VA: Association for Supervision and Curriculum Development.

Mayer, R. E. (2001). *Multimedia Learning*. Cambridge, U.K.: Cambridge University Press. *

Mayer, R. E. (2004). Should there be a three-strikes rule against pure discovery learning? *Am. Psychol.*, 59(1), 14 - 19.

McCarthy, B. (1996). *About Learning*. Barrington, IL: Excel.

Mendenhall, A., Buhanan, C. W., Suhaka, M., Mills, G., Gibson, G. 184
V., and Merrill, M. D. (2006a). *Introduction to Entrepreneurship: How to Start Your Own Business*, http://cito.byuh.edu/entrepreneur/main.swf.

Mendenhall, A., Buhanan, C. W., Suhaka, M., Mills, G., Gibson, G. V., and Merrill, M. D. (2006b). A task-centered approach to entrepreneurship. *TechTrends*, 50(4), 84 - 89.

Merrill, M. D. (1994). *Instructional Design Theory*. Englewood Cliffs, NJ: Educational Technology Publications. *

Merrill, M. D. (1997). Instructional strategies that teach. *CBT Solutions*, (Nov./Dec.), 1 - 11.

Merrill, M. D. (2002a). First principles of instruction. *Educ. Technol. Res. Dev.*, 50(3), 43 - 59. *

Merrill, M. D. (2002b). A pebble-in-the-pond model for instructional design. *Perform. Improve.*, 41(7), 39 - 44. *

Merrill, M. D. (2006a). Hypothesized performance on complex tasks as a function of scaled instructional strategies. In *Handling Complexity in Learning Environments: Theory and Research*, edited by J. Elen and R. E. Clark, pp. 265 - 281. Amsterdam: Elsevier.

Merrill, M. D. (2006b). Levels of instructional strategy. *Educ. Technol.*, 46(4), 5 - 10.

Merrill, M. D. (2006c). *Learning Objects for Task-Centered Instruction*, http://cito.byuh.edu/merrill/Merrill_1/Merrill - 1. html (see also http://cito.byuh.edu/merrill/Merrill_2/Merrill_2.html, http://cito.byuh.edu/merrill/Merrill/_3/Merrill - 3.html).

Merrill, M. D. (2007). First principles of instruction: a synthesis. In *Trends and Issues in Instructional Design and Technology*, 2nd ed., edited by R. A. Reiser and J. V. Dempsey, pp. 62 - 71. Upper Saddle River, NJ: Prentice Hall.

Merrill, M. D. (in press a). Converting e sub3 learning to e 3rd power learning: an alternative instructional design method for e-learning. In *E-Learning: Lessons Learned, Challenges Ahead (Voices from Academe and Industry)*, edited by S. Carliner and P. Shank. San Francisco, CA: Pfeiffer.

Merrill, M. D. (in press b). First principles of instruction. In *Instructional-Design Theories and Models*, Vol. III, edited by C. M. Reigeluth and A. Carr-Chellman. Mahwah, NJ: Lawrence Erlbaum Associates.

Merrill, M. D. (in press c). A task-centered instructional strategy. *J. Res. Technol. Educ.*

Reigeluth, C. M., Ed. (1983). *Instructional-Design Theories and Models: An Overview of Their Current Status*. Hillsdale, NJ: Lawrence Erlbaum Associates. *

Reigeluth, C. M., Ed. (1987). *Instructional Theories in Action: Lessons Illustrating Selected Theories and Models*. Hillsdale, NJ: Lawrence Erlbaum Associates.

Reigeluth, C. M., Ed. (1999). *Instructional-Design Theories and Models: A New Paradigm of Instructional Theory*, Vol. II. Mahwah, NJ: Lawrence Erlbaum Associates Publishers. *

Reigeluth, C. M. and Carr-Chellman, A. (in press). *Instructional Design Theories and Models*, Vol. III. Mahwah, NJ: Lawrence Erlbaum Associates.

Rosenshine, B. (1997). Advances in research on instruction. In *Issues in Educating Students with Disabilities*, edited by E. J. Lloyd, E. J. Kameanui, and D. Chard, pp. 197 – 221. Mahwah, NJ: Lawrence Erlbaum.

Schwartz, D. L., Lin, X., Brophy, S., and Bransford, J. D. (1999). Toward the development of flexibly adaptive instructional designs. In *Instructional-Design Theories and Models: A New Paradigm of Instructional Theory*, Vol. Ⅱ, edited by C. M. Reigeluth, pp. 183 – 213. Mahwah, NJ: Lawrence Erlbaum Associates.

Seidel, R. J., Perencevich, K. C., and Kett, A. L. (2004). *From Principles of Learning to Strategies for Instruction: Empirically Based Ingredients to Guide Instructional Development*. New York: Springer. *

Tennyson, R. D., Schott, F., Seel, N. M., and Dijkstra, S., Eds. (1997). *Instructional Design International Perspective: Theory, Research, and Models*, Vol. 1. Mahwah, NJ: Lawrence Erlbaum Associates.

Thomson. (2002). *Thomson Job Impact Study: The Next Generation of Learning*. Naperville, IL: NETg (www.netg.com).

van der Meij, H. (1998). Principles and heuristics for designing minimalist instruction. In *Minimalism Beyond the Nurnberg Funnel*, edited by J. M. Carroll, pp. 19 – 53. Cambridge, MA: The MIT Press. *

van Merriënboer, J. J. G. (1997). *Training Complex Cognitive Skills: A Four-Component Instructional Design Model for Technical Training*. Englewood Cliffs, NJ: Educational Technology Publications. *

van Merriënboer, J. J. G. and Kirschner, P. A. (2007). *Ten Steps to Complex Learning*. Mahwah, NJ: Lawrence Erlbaum Associates. *

---

* 表示主要参考文献。

第三部分　技术

《手册》中技术这部分由 J. Michael Spector 牵头。不同的章节阐述了上游技术(分析，计划和设计)和下游技术(开发，调度，以及评价)。这是《手册》中最大的部分，包括了 16 个章节：(1)程序化技术；(2)教育超文本；(3)计算机中介技术；(4)计算机中介的通讯技术；(5)K－12 图书馆多媒体中心；(6)基于技术的知识系统；(7)灵活学习和学习场所构建；(8)随时、随地、自定步调学习；(9)混合式学习环境；(10)适应性技术；(11)代际差异；(12)学习、认知和教学的联结技术；(13)合成的学习环境；(14)建模技术；(15)学习对象研究综述；以及(16)开源与开放标准。《手册》中的这部分提供读者一个能同第二部分策略、第五部分模型和第六部分设计与开发相联系的、关于不同教学技术的近期研究的广泛而综合的评论。

15

程序化技术

Barbara B. Lockee、Miriam B. Larson、John K. Burton 和 D. Michael Moore 187

摘要

教学中的程序化技术对于教学设计与技术(IDT, Instructional Design and Technology)领域的起源和发展起到了重要作用。本章讨论了程序化技术的历史演变及其潜在的心理学原

理和特性，以及构成 IDT 领域早期理论基础的大量的研究依据。同时回顾了最著名的程序化
188 技术模式，包括程序化教学(PI，Programmed Instruction)、个性化教学系统(PSI，Personalized System of Instruction)和精准教学(PT，Precision Teaching)。几十年的研究验证了这些模式的有效性，它们也成为一些最具实证主义教学研究形式的代表。程序化技术在当前教学和学习模式中的重建应用反映了这些设计方法对于教学系统发展的长期影响。

关键词

程序化技术：基于过程的用于支持学习和教学的方法和途径，经常以算法的形式表现出来，并应用在计算机软件中。

引言

向非教学技术领域的人提起“教学技术”这个术语时，人们往往会在脑海中浮现出计算机硬件和软件、照相机、幻灯机、投影机等事物的图像。然而，这些仅是一些在教学中应用的材料和设备，教学技术远不止这些。教学技术是一个应用领域，就这点而言，它蕴含了一个过程，通过探讨教学设计和技术，我们可能会对此有一个更加清晰的认识。就像会计需要纯数学理论的支持，烹饪和烧烤需要将化学与物理的理论应用于人类营养学，教学技术的应用领域同样需要来自教育心理学、计算机科学、管理科学、通信和许多其他学科理论的支撑。

教学技术的过程包括：分析教学问题和需求，选择策略以满足这些需求，设计和开发材料以支持这些策略，在实施过程中和实施后进行评价。通常，这个过程的结果会是一个教学产品，但有时它也会导致一个新过程(一个教学过程或一项技术)。这些教学技术可能比较简单，也可能非常详尽，它们通过将学习理论应用到一个具体教学问题被开发出来。在本章中，这些基于过程的教学技术被称作程序化技术——程序化是因为它们是基于过程的，未必需要使用电子媒体进行传递(尽管许多程序化技术能够通过电子媒体传递)，技术指的是使用者应用科学理论，或一种系统化技巧、方法、途径来解决一个问题。

本章论述了几种最著名的程序化技术，包括程序化教学、Keller 的个性化教学系统和精准教学。在这些例子中，学习理论作为程序化技术的基础，以说明程序化技术用于满足教学需求和解决教学问题的正当性。一项有关这些程序化技术的研究为如何系统地运用学习理论开发教学过程或教学产品提供了一个非常有价值的实例。

程序化教学

程序化教学可能是大家最熟悉的程序化技术，它被许多人认为是当代教学设计与技术领域的先驱(McDonald 等，2005)。对程序化教学的进一步研究能够帮助我们更深刻地认识教学设计与技术这个领域。程序化教学是教学设计发展过程中一个不可或缺的因素，它是当前教学设计者和绩效技术专家为开发有效学习环境使用程序的基础。以计算机为媒介的教学也

将程序化教学理论和研究作为基础，程序化这个术语在基于印刷品的学习材料中的使用，远早于其在基于计算机学习材料中的应用。程序化教学是第一个由实际经验决定的教学形式；它在科学与教育的融合中扮演了重要角色，并成为这个领域正当性的一个里程碑。程序化教学在教学设计与开发过程的发展中同样发挥了重要影响。最后特别要指出的是，许多在程序化教学早期发展过程中被强调的设计要素，对于当今的教学设计者来说，依然是有效的：比如小步子呈现信息(presenting information in small steps)、提供及时反馈，提供正面强化，允许自定步调，将错误率降到最低(Deutsch, 1992)。

程序化教学的历史起源

尽管与程序化教学类似的尝试要追溯到20世纪20年代(Pressey, 1926)，但实际上，这个 189
术语可能来源于斯金纳(Skinner, 1954)名为《学习的科学与教学的艺术》的论文，该文出现在1954年3月12日匹兹堡大学举办的"心理学和行为科学当前趋势"研讨会上。斯金纳在论文中回忆1953年自己探访女儿四年级算术课堂的情景(Vargas和Vargas, 1992)。他(1954, 90—91页)认为学校不能最终完成能导致创新思维的教学，主要因为：

- 学校依赖于令学生反感的教学刺激或管理控制；正如斯金纳描述的那样，孩子们只是为逃避或逃脱惩罚而学习。
- 学校不重视后效强化作用。
- 学校没有一个用于锻炼学习技能的系统计划，用斯金纳的话就是，"一个精心设计的规划，这个规划通过一系列连续接近最后预期复杂行为的过程来实现"。
- 学校很少提供强化。

斯金纳提出一个系统计划——或称作程序化教学——作为改变现存课堂的手段。在他对这个计划的描述中，他用两点论述说明教学设计的重要性及其与技术的关系。他叙述道"教育可能是科学技术最重要的分支"(1954,93页)，"以教育实践知识的目前状况，我们可以通过对学习材料的设计使行为和结果以最有效的时序呈现"(1954,94页，加着重号)。斯金纳最先系统阐述了行为和结果时序编排的必要性，并提出一个借助操作性条件反射(operant conditioning)进行有效学习的程序。操作性条件反射是一种强化预期行为的条件反射形式，它构成了程序化教学的行为主义理论基础。

1954年，斯金纳论述了使用机械设备提供反馈的潜力，他认为教师最好将时间用在教学的设计和对学生进步的诊断上。在他发表在《科学》杂志上的"教学机器"(1958a)一文中，斯金纳更加推崇在教育中使用技术呈现由编程人员准备的教学材料。他同时强调，好的程序化教学要想成为科学技术而非艺术，这取决于对学生行为数据的修正。他再次设想机器可以在收集数据方面发挥强有力的作用。

设计用于指导教学的教学机器在程序化教学的历史发展中扮演了不可或缺的角色。斯金纳(1958a)和另外一些人(如Hartley和Davies, 1978)认为是Sidney Pressey开发了第一台教学机器。Sidney Pressey早在20世纪20年代就开始设计用于管理测验的机器装备。Hartley和Davies (1978)指出Sidney Pressey开发的机器装备是在教学发生后才被使用的，然而，对于斯金纳来说，更为重要的是 Pressey 对于机器装备的理解(1926)：机器不仅能用来测验与记分，而且还能教学。

20 世纪 50 年代，教育家和心理学家们开始关注因公共教育需求增加导致的大量中小学不能满足个体在学习过程中个性化需要的状况，他们提出教学机器可以实现“个性化教学的许多重要特性”(Skinner, 1986, 103 页)。随着程序化教学的成功，大量的教学机器在 60 年代得到介绍和引进，包括 Skinner 教学机器、Porter 装置、Bell 装备、打孔卡片纸、Briggs 设计的学科内容训练装备、Skinner 和 Zeaman 设计的算术机器以及 Rothkopf 设计的 Polymath (Ysewijn, 1993)。

最负盛名的程序化教学机器是一个专门用于计算机辅助教学的“柏拉图系统”——PLATO (Programmed Logic for Automated Teaching Operations，用于自动教学操作的程序逻辑)。20 世纪六七十年代，PLATO 被开发用于程序化教学。随着教学改革和教育哲学不断变化，PLATO 虽然历经多次大范围内的修改完善，但依然被认为是 CAI 历史上和今天在美国学校广泛使用的最成功的教学软件系统之一。

程序化教学的心理学原理

程序化教学以斯金纳操作性条件反射的基本原理为基础，包括塑造、启动、提示和刺激控制转移。塑造的概念基于这样的行为理念：学习者所处环境(物理的、社会的等)是决定其行为的首要因素。塑造包含了使用正面强化使有机体连续接近预期行为，最终在学习者现有行为库中形成一个新的复杂行为的过程。

190 启动(priming)和提示(prompting)是两个偶尔会混淆的术语。启动意味着引出一个没经过强化便不太可能发生的行为。斯金纳(1968a)用模仿作为启动行为的一个例子。如同教师所有的强化行为，想持久保持就应该使它们在环境中自然地得到强化。启动必须排除需要学习的行为。提示是引出一个可以(在刺激情境中)被强化行为的刺激情境线索。斯金纳(1958a)将拼字作为一个例子对此进行解释，在拼字过程中，单词中不同位置的字母被空出来，要求使用者填写缺省的单个或多个字母。空位置旁边的字母就充当了提示的角色。提示被逐渐消除或减弱，直到可以不用任何提示就能自行完成预期反应(Skinner, 1958a)。

刺激控制的转移，与提示的减消和延迟的实践有关，而这些提示用于鼓励学习者对刺激更加自然地作出反应，例如，在一个学习序列的一开始，学习者被要求对自己熟悉的内容作出反应。随着学习者不断完成随后的活动(这些活动建立在先前活动基础上，但却有别于先前活动)，这时学习就发生了。在完成这些中间活动的过程中，学生将自己最初的反应转移到新的事物内容，同时也将新的习得反应依附在新的事物上。

对程序化教学的研究

毫不夸张地说，已有成千上万的研究指向程序教学这个主题。就这一点而论，大量有关程序教学的研究概要和评论是可用的，包括 Galanter (1959)、Glaser (1965)、Hartley (1974)、Hughes (1963)、Lockee 等(2004)、Lumsdaine 和 Glaser (1960)、Ofiesh 和 Meirhenry (1964)、

Smith 和 Smith (1966)、Stolurow (1961)和 Taber (1965)等,这里仅列出一些最主要的参考文献。下面部分简要概述了与程序教学相关的研究主题。

学习者变量的影响

一些综合性刊物指出,程序教学研究包括:诸如能力、态度这样的学习者变量是如何影响学习者对于程序化素材学习的。多个研究指出能力水平与完成程序化材料之间很少相关或不相关(Detambel 和 Stolurow, 1956; Ferster 和 Sapon, 1958; Porter, 1957)。设计用于测量在各种环境中不同水平层次上的学习者对程序教学态度的研究发现,他们对这种教学方式持一种非常肯定的态度(Eigen, 1963; Engelmann, 1963; Jones 和 Sawyer, 1949; Smith, 1962, 1966; Stolurow, 1963)。

程序化教学的要素

许多研究列出了程序化教学模式的要素,诸如呈现方式,外显与内隐反应效果对比、提示,内容和列联的编排顺序,步调幅度(呈现在一个框面* 中内容难易度的水平),错误比率,以及学生反应选择的种类。

- 呈现方式。研究者发现直线式和分支式程序教材在学习总量上没有明显差别(Anderson, 1967; Coulson 和 Silberman, 1960; Holland, 1965; Leith, 1966; Roe, 1962; Silberman 等,1961)。只有 Coulson 等(1962)做的一个研究发现:分支式程序教材更为好点。一般而言,在教学中分支式程序教材会比直线式程序教材明显节省更多时间(Anderson, 1967; Coulson 和 Silberman, 1960; Holland, 1965; Leith, 1966)。
- 外显与内隐反应效果对比。外显反应指那些需要学生做某件事情(如写出或说出一个答案),而内隐反应指那些不能观察的含有思考或阅读材料的事情。Holland 和 Porter (1961)的研究表明如果反应不是外显的(公开的),学生们经常会终止活动。
- 提示。Holland (1965)将提示定义为在有机会给出外显反应之前能被强化的暗示(如在一个句子中留下空白让学习者填写)。有些研究分析了在一个程序序列中有提示与没有提示的区别,最后发现并不存在显著差异(Cook, 1961; Cook 和 Spitzer, 1960),但 Angell 和 Lumsdaine (1961)的研究发现程序应该同时包含提示和非提示成分要素。程序化教学的这个特别成分要素在现代教学技术中非常明显,例如,使用填充问题作为引导问题解决的模式(van Merriënboer 和 de Croock, 1992; van Merriënboer 和 Krammer, 1990)。类似的策略可以帮助学习者聚焦问题情境的关键特性并轻松地将学习迁移应用到真实世界中。
- 序列。斯金纳的一个主要信条是"对业已细致编排好的相关联的序列的构建,将最终 191
影响学生的行为"(1953, 169 页)。对于逻辑有序的与无逻辑或随机的程序序列的对比研究,呈现一个喜忧参半的结果。大量研究表明有序序列的有效性和效率明显好于无序序列(Gavurin 和 Donahue, 1960; Hickey 和 Newton, 1964; Miller, 1969)。有序和随机程序序列的其他比较研究并不支持斯金纳的顺序序列原则(Duncan, 1971;

---

* 教学材料的基本单元。——译者注

Miller, 1965; Neidermeyer 等,1968; Wager 和 Broderick, 1974)。

- 步调幅度。大多数有关小步调(教学框面含有较少概念)和大步调(教学框面含有较多概念)的对比研究表明:在小步调学习中,学习者尤其是能力较低的学习者产生的错误会明显少很多(Evans 等,1959; Gropper, 1966),然而,另外的多个研究结果也提出这样的警告:使用非常小步调的程序可能产生"平淡的效果"(Rigney 和 Fry, 1961,22页),学习材料会导致厌烦情绪,尤其是对于较聪明的学习者而言(Briggs 等,1962; Feldhusen 等,1962)。
- 错误比率。程序化教学的一个主要的信条是呈现一个具有"诱发预期行为的高概率"的教学序列,(Taber 等,1965,169 页);因此,应关注设计这个序列的难度顺序,以降低或避免(设计序列)出错的可能性。虽然许多研究支持低错误率的概念(Holland 和 Porter, 1961; Keisler, 1959; Melaragno, 1960; Meyer, 1960),但 Gagné 和 Dick (1962)也发现错误比率和学习之间只存在较低的关联性。

个性化教学系统

个性化教学系统的历史起源

随着程序化教学成为有组织的实践活动,它的许多变种和派生方法也逐渐形成。它们维持着行为主义教学一般性的理论基础,同时为了真正反映其创立者的哲学和心理学理念,它们也在不断改善教学的具体方面。最有效的教学模式之一的个性化教学系统就是这样的一个衍生物。这一由 Fred Keller 创建的个性化教学系统,又经常被称为 Keller 计划(Keller 和 Sherman, 1974)。

在他的名为《老师,再见! ……》有创意的论文中,Keller (1968)简要介绍了个性化教学系统模式的发展历史。它是基于这样的实际需要开发的,当时巴西利亚大学需要成立一个新的心理学系并要求在给定期限内创建第一门课程。Keller 的同事与他志趣相投,他们愿意尝试新事物并有兴趣将强化理论作为教学改革的一种方法。个性化教学系统的课程与传统课程相比有着本质的区别,因为它们是自定步调的——其本身不存在班级的概念。学生们通常以印刷材料为基础,以自选时间和地点的方式参加教学单元学习。根据 Keller (1968)的描述,个性化教学系统模式具有以下明显特性:

- 自定学习步调,允许学生根据他的能力和时间需要制定相应的课程学习进度;
- 要求学生对每个单元皆达到完美的掌握程度,学生只有熟练掌握了当前学习单元内容并通过单元测验,方能进入下个单元材料的学习;
- 将讲述和展示作为激发学生学习动机的手段,而不是作为主要信息的来源;
- 使用指导性教材,强调教材的系统编制,书面文字材料才是主要的教学来源;
- 安排学生助理,允许重复测试、即时评分、一对一的学习指导,回答学生的各项问题。

Keller 指出:个性化教学系统和程序化教学的相似性主要聚焦在"任务分析、对最终表现的同等关注、个性化发展中的同样机会等"(Keller, 1977,114 页)。他指出这两种教学方法之间最主要区别在更大的原则上，个性化教学系统聚焦于对某个概念的宽泛理解，而不是对单个提示或问题的不连续回应。在最近的用户定制和基于计算机的教学模型，如智能导师系统中，个性化教学系统的特性表现尤为突出。与个性化教学系统相似，智能导师系统通过策略性评估方法确定学生在某个领域和科目上的知识水平，基于学习者想要达到的学习目标，与其当前已掌握内容知识之间的差距提供个性化课程（Burns 和 Capps，1988）。智能导师系统更具说服力地展示了自动化教学的演变过程：从设计用于代替人类教学任务的“强系统”到服务于延伸人类行为的“弱系统”（Spector 和 Ohrazda，2004）。 192

个性化教学系统的心理学原理

依据 Sherman (1992,59 页)的观点，教学必定支持“三项相倚”*，个性化教学系统包括教学前教师的准备过程、教学中学生的学习过程和教学后对学生的评价过程，为满足每个学生个体的需要，将不断调整这三个过程。Keller (1968)主张个别化教学方法，这与传统的讲授驱动的方法刚好相反。在讲授驱动的教学方法中，当有些学生心不在焉或者遇到困惑，抑或自己也不知怎么地就是不能适应课程的步调时，他们就会被抛在后面。个性化教学系统被设计为一个不放弃任何偶然机遇的过程——因为机遇能产生正态分布曲线（Sherman，1974）。Taveggia (1976)指出，个性化教学系统中对每个教学单元都要求达到熟练掌握的程度，与传统的学习理论紧密联系。对每个已完成教学单元的评价和反馈进行强化的观念，正是其对斯金纳操作性条件反射理论的直接拓展。

对个性化教学系统的研究

学生的成绩和态度

与程序化教学一样，个性化教学系统也以大量实证研究为依据，有很多的研究验证了它在各个不同学科领域的有效性。许多人业已对个性化教学系统做了大量的元分析**（meta-analysis)，其中包括 Hursh (1976)、Johnson 和 Ruskin (1977)、Kulik 等(1976,1979,1990)、Robin (1976)、Ryan (1974)和 Taveggia 等(1976)。这些研究一致聚焦在学生参加个性化教学系统课程后的行为表现上。Kulik 等(1979,317 页)阐述道“与传统课堂教学相比，学生使用个性化教学系统最后的测验平均高了 8 分，使用 Glass 估计值***，效度为 0.5……一门课程结束数月后，我们对参加这门课程的学生进行学业测验，结果发现使用个性化教学系统的学生与

---

* 斯金纳将辨别性刺激—行为—结果这一序列称为三相相倚。——译者注

** meta 分析一词最早由英国教育心理学家 Glass 于 1976 年命名。“meta”是一个前缀，按照韦氏大词典的解释，意为“更加综合的”(more comprehensive)。Glass 对 meta 分析定义为：“the statistical analysis of a large collection of analyses results from individual studies for the purpose of integrating the findings”。即：“meta 分析是对以往的研究结果进行系统定量的综合的统计学分析”。有关 meta 分析的中文译名，曾有荟萃分析、汇总分析、元分析等多种译法，这里对 meta 采用“元”这一译法。——译者注

*** 同上：Glass 是英国教育心理学家，最早提出元分析一词。进行元分析前需要将收集到的统计量(多个独立研究结果)合并(或汇总)成某个单一的效应量(ES: Effect Size)或效应尺度(EM: Effect Magnitude)，即用某个合并统计量反映多个独立研究的综合效应。这里用到标准化均数差(SMD: Standardised Mean Difference)这种效应量。标准化均数差的计算方法有多种，如 Glass 最早提出的估计值，Hedges 提出的估计值 g 和 d 等。——译者注

接受传统教学方式的学生相比，他们在学业成绩上大约要高出 14 个百分点。”学生们对于个性化教学系统和传统教学在评价结果方面的差异也是很明显的。与传统教学相比，学生们认为个性化教学系统更加令人愉快，更有吸引力和有更高的整体质量，也更有利于学生的学习(Hursh, 1978; Kulik 等,1979)。

对个性化教学系统特性的研究

个性化教学系统方法的各个方面都已被研究。Hursh (1976)详细概述了个性化教学系统的主要特性，包括学习单元设计(单元大小、格式)，问题的使用(是否存在、问题形式)，测验(测验安排流程、问题格式和掌握标准)和学生步调。学习监督器作为个性化教学系统的另外一个关键特性也得到广泛研究。Farmer 等人(1972)通过调查不同数量的学习监督器的使用对学生成绩的影响发现，除了不使用学习监督器会对学生成绩产生负面影响外，使用的数量多少对学生成绩的影响并不存在显著差异；然而，Fernald 等人(1975)在分析了个性化教学系统的三个变量(学生步调、掌握要求和学习监督器)后发现，学生与学习监督器大量交互可以学习得更好。喜忧参半的结果或许反映了个性化教学系统研究正面临的一些挑战。

个性化教学系统研究的不足

Hursh (1976,92 页)将研究指向个性化教学系统有效性研究中存在混淆的源头，包括教师、课程材料、评分标准、测验形式、学生选拔、学生期望等方面的分歧点。与许多有关程序化教学的研究相似，对个性化教学系统模式特性不同的解释和应用可能影响到一些个性化教学系统研究结果的质量和普遍性。

精准教学

精准教学的历史起源

精准教学是一种受到斯金纳行为主义理论影响的教学方法，它尤其强调自由操作和流畅性，并将反应速度作为学习测量的维度。精准教学与 20 世纪 50 年代中期斯金纳哈佛大学的一个学生 Ogden Lindsley 紧密相关。同斯金纳一样，Lindsley 也受到 Claude Bernard(1865)有关科学是通过归纳(自下而上)推理而不是演绎的观点的影响。这两个人确实也都受到 Pavlov (1927)术语和他许多测量观念的影响。

193 20 世纪 50 年代，Lindsley 开始了他在哈佛医学院和大都市州立医院的职业生涯，在那里，他创立了行为研究实验室。在他的实验室里，Lindsley 开始确信，自由操作条件作用(free-operant conditioning)应该聚焦于反应速度而不是精确率。自由操作条件作用涉及这样一个环境，在这个环境中，“学生可以不受学习材料或教学过程安排的限制而自定学习步调”(Lindsley, 1950,10 页)。Lindsley 在这方面取得的进步非同寻常。斯金纳先前使用的是受限制的操作(个别试验)，而不是自由操作。Lindsley (1966)并不赞同斯金纳在教学机器和程序化教学方面的工作，理由有三：(1)反应随着刺激也就是框面的跳转而消失，学习者没有机会在刺激出现时作出重复反应；(2)反应测量的是学习者做对框面的精确率(与反应速度相对)；(3)没有设置外在强化，因为教学机器程序基于这样的前提设计，认为正确回答问题就是足够的强化。Lindsley 争论说,如果以上这些都是正确的,那么所有学习者将取得(虽然快慢不同)进步。

Lindsley (1990)开始确信,教育必须改革,教学机器和程序化教学表现得并不足够好。他叙述说:"我知道贮存于反应速度(让学生学习得既精确又流畅)和自记标准(standard self-recording)中通过自由操作条件作用增强的强大学习力。当教育家还没有留意到我的劝告和我对这激动人心学习机会的憧憬时,我决定要做的合乎道德之事便是关闭我在医院里的实验室,将自己投入到教育中。"1965 年,Lindsley 成为堪萨斯大学医学院负责教育研究的主管,1971 年,他成为同职前与在职特殊教育教师一起工作的教育学教授。精准教学作为一种正式教学系统开始于 1964 年和 1965 年间。

精准教学的心理学原理

精准教学指"依据显示在标准关联图* (Standard Celeration Charts)上的连续自我维持行为频率的变化做出教育决策"(Lindsley, 1992,51 页)。就这点而论,精准教学既不描述应该教什么(课程),也不描述如何教它(教学);它只是一种评价课程和教学的精确而系统的方法(West 和 Young, 1992,114 页)。简言之,精准教学是一种个别化的行为方法。它依赖于自由操作环境中操作性条件作用的基本原理。针对确定的目标行为进行精确定义并书写学习计划以提出具体强化物。Lindsley (1968)通过设计被他称为"Dead Man Test"的经验法则来决定对目标行为的精确定义是否恰当。一个好的目标行为精确定义包括可观察的行为和动作;反之则缺少可观察的动作或行为,要不就是仅包含了时间的转变。这些不好的目标行为定义完全是内部的和低层次的。一般而言,如果一个"Dead Man"都可以在精确定义的行为上表现得足够好,那么它肯定就是一个比较差的目标行为定义。诸如用领会(appreciate)、知道(know)、理解(understand)这些术语来定义目标行为就很笼统,因为它们并没有反映真实的可测量行为。

对反应速度的记录是精准教学的显著特性。正如斯金纳所说,"Lindsley 的主要贡献是反应速度和累积反应记录"(1968)。斯金纳认为速度是一个"通用数据",它允许跨越个体和行为的比较。例如,一个人可以将"微笑对一个智力落后儿童产生的穿衣服加速度与其对一个天才少年在数学课程上产生的微小变化"进行比较。我们可以说鼓励性微笑对智力落后儿童产生的加速度仅是其对天才少年在课程上产生变化的一半(Lindsley, 1972,2 页)。Lindsley 同时指出加速度的数字可以用来决定成本—收益率和代替测验分数。

对精准教学的研究

同程序化教学和个性化教学系统一样,精准教学方法的有效性通过实证研究得到证实,同时就教学设计而言,它体现了基于真实数据的决策制定。Binder 和 Watkins (1990)指出,尽

* 一种通过横纵坐标上成对出现的数来确定的图,该图能以标准的形式记录和展示学生的绩效,同时该图也是测量和展示学习变化的一种非常有创意的方法,在以数据为基础作出决定时,这是一种非常重要的工具。——译者注

管精准教学可能确实是“目前在讲英语的学校里已被开发的最彻底的经过验证和一致有效的方法之一”，但教育家与政策制定者们对此不是缺少方法意识，就是在哲学或政治上坚持反对意见。虽然对精准教学的研究不像程序化教学和个性化教学系统那样被广泛地发表，但是众多支持精准教学方法有效性的学生数据还是在20世纪六七十年代被收集到的。

Lindsley (1991)指出，一个详细的令人印象深刻的精准教学编译中所需的学生数据，可以通过一个由Behavior Bank于1967年建立的计算机数据库系统来收集。由教师提交的超过
194 11 000条学生记录被输入数据库并被精准教学的有关科学家获取用于研究。通过对这个广泛的数据集的分析，我们获得几个重要发现，最著名的是“行为频率减速、反弹和成倍扩展，以及应该在多种比例上制作标准相关图”(Lindsley, 1991,262页)。同时，另一个重要发现就是许多不同的刺激物和奖励在产生相同行为方面是同等有效的，对于某个给定的学习行为并不存在一个最好的策略。

美国华盛顿州西雅图“晨兴学会”(Morningside Academy)经常被作为研究案例用来说明精准教学的有效性。这个创立于1980年的私人机构在有效整合精准教学、直接教学和Tiemann-Markle教学设计策略的同时，将流畅性作为自己的目标(Lindsley, 1992)。“晨兴学会”承诺为那些每年未能提高两个等级水平的学生退还学费，不过截至1989年，还没有学生要求退还学费。“晨兴学会”在职业培训伙伴关系法支持的一个成人识字项目中也取得了类似的成功，获得的成效超过联邦政府预期的十倍还要多(Lindsley, 1992)。

小结

尽管教育哲学和学习理论的研究趋势已从行为主义科学转向认知主义与建构主义的方法，但程序化技术在教学设计过程中的影响依然并将继续存在，它成为了这个领域的一个标准(Dick等，2000; Gagné等，1992; Gustafson和Branch, 2002; Kemp等，1998; Smith和Ragan, 1999)。教学设计和技术的发展趋势表明，纵使系统的教学设计过程已在不同领域以多种形式为大家所接受(Reiser和Dempsey, 2002)，但它行为主义的起源依然还是很明显，程序化技术的概念在现有的实践中仍随处可见。这里描述的教学革新将教学设计的多个功能转接到了当前有凝聚力的实践过程中。这些功能包括对需求评估的指导，建立明确定义且可测量的目标，任务分析过程，建立能反映具体结果的评价工具与方法，准备实践和反馈机会，以及评价教学程序或产品。总的来说，程序化技术对于教育最主要的影响可能在于它将学习的科学与教学的实践整合在一起，这个观点源自斯金纳(1954)在《学习的科学与教学的艺术》一文中对程序化教学的初次论述。

在当代教育革新背景下，程序化技术的作用依然显著。以上论述的教学模式的特性在今天先进的学习系统中，尤其是在绩效支持领域中表现得尤为突出。电子绩效支持系统、知识管理系统和专家系统就是当前所使用技术的最好例证，这些技术提供用户定制的反馈和基于用户输入的指导——专门设计用来增强人类绩效的“弱系统”(Spector和Ohrazda, 2004,686页)。当教育研究者们试图评估更多现代教学方法的有效性和价值时，重温那些为提升学习而

进行的有关程序化技术有效性的大量研究，并以此为经验基础，可以为21世纪教学设计技术的研究设计和研究计划提供借鉴和指明方向。

（孙艳超 译，王旭卿 一校，任友群 二校）

参考文献

Anderson, R. C. (1967). Educational psychology. *Annu. Rev. Psychol.*, 18, 129 - 164.

Angell, D. and Lumsdaine, A. A. (1961). Prompted and unprompted trials versus prompted trials only in paired associate learning. In *Student Response in Programmed Instruction*, edited by A. A. Lumsdaine, pp. 389 - 398. Washington, D. C.: National Research Council.

Bernard, C. (1865). *Introduction a l'etude de la medecine experimentale*. New York: Bailliere Bros.

Binder, C. and Watkins, C. L. (1990). Precision teaching and direct instruction: measurably superior instructional technology in schools. *Perform. Improve. Q.*, 3(4), 74 - 96.

Briggs, L. J. (1960). Two self-instructional devices. In *Teaching and Programmed Learning*, edited by A. A. Lumsdaine and R. Glaser, pp. 299 - 304. Washington, D. C.: National Education Association.

Briggs, L. J., Goldbeck, R. A., Campbell, V. N., and Nichols, D. G. (1962). Experimental results regarding form of response, size of step, and individual differences in automated programs. In *Programmed Learning and Computer-Based Instruction*, edited by J. E. Coulson, pp. 86 - 98. New York: Wiley.

Burns, H. L. and Capps, Ç. G. (1988). Foundations of intelligent tutoring systems: an introduction. In *Foundations of Intelligent Tutoring Systems*, edited by M. C. Polson and J. J. Richardson, pp. 1 - 19. Hillsdale, NJ: Lawrence Erlbaum Associates.

Carr, W. J. (1959). A functional analysis of self-instructional devices. In *Teaching Machines and Programmed Instruction*, edited by A. A. Lumsdaine and R. Glaser, pp. 540 - 562. Washington, D. C.: National Education Association.

Cook, J. O. (1961). From audience participation to paired-associate learning and response analysis in paired-associate learning experiments. In *Student Response in Programmed Instruction*, edited by A. A. Lumsdaine, pp. 351 - 373. Washington, D. C.: National Research Council.

Cook, J. O. and Spitzer, M. E. (1960). Supplementing report: prompting versus confirmation in paired-associate learning. *J. Exp. Psychol.*, 59, 257 - 276.

Coulson, J. E. and Silberman, H. F. (1960). Effects of three variables in a teaching machine. *J. Educ. Psychol.*, 51, 135 - 143.

Coulson, J. E., Estavan, D. P., Melaragno, R. J., and Silberman, H. F. (1962). Effects of branching in a computer controlled autoinstructional device. *J. Appl. Psychol.*, 46, 389 - 392.

Detambel, M. H. and Stolurow, L. M. (1956). Stimulus sequence and concept learning. *J. Exp. Psychol.*, 51, 34 - 40.

Deutsch, W. (1992). Teaching machines, programming, computers, and instructional technology: the roots of performance technology. *Perform. Instruct.*, 31(2), 14 - 20.

Dick, W., Carey, L., and Carey, J. O. (2000). *The Systematic Design of Instruction*, 5th ed. Reading, MA: Addison Wesley.

Duncan, K. D. (1971). Fading of prompts in learning sequences. *Programmed Learn. Educ. Technol.*, 8(2), 111 - 115.

Eigen, L. D. (1963). High school student reactions to programmed instruction. *Phi Delta Kappan*, 44, 282 - 285.

Engelmann, M. D. (1963). Construction and evaluation of programmed materials in biology classroom use. *Am. Biol. Teacher*, 25, 212 - 214.

Evans, J. L., Glaser, R., and Homme, L. E. (1959). A Preliminary Investigation of Variation in Properties of Verbal Learning Sequences of the Teaching Machine Type. Paper presented at the Eastern Psychological Association Annual Meeting, Atlantic City, NJ.

Farmer, J., Lachter, G. D., Blaustein, J. J., and Cole, B. K. (1972). The role of proctoring in personalized instruction. *J. Appl. Behav. Anal.*, 5, 401 - 404.

Feldhusen, J. F., Ramharter, H., and Birt, A. T. (1962). The teacher versus programmed learning. *Wisconsin J. Educ.*, 95(3), 8 - 10.

Fernald, P. S., Chiseri, M. H., Lawson, D. W., Scroggs, G. F., and Riddell, J. C. (1975). Systematic manipulation of student pacing, the perfection requirement, and contact with a teaching assistant in an introductory psychology course. *Teach. Psychol.*, 2(4), 147 - 151.

Ferster, C. D. and Sapon, S. M. (1958). An application of recent developments in psychology to the teaching of German. *Harvard Educ. Rev.*, 28, 58 - 69.

Foshay, R. (1998). *Instructional Philosophy and Strategic Direction of the PLATO System*, ERIC Document Reproduction Service ED 464 603. Edina, MN: PLATO.

Gagné, R. M., Briggs, L. J., and Wager, W. W. (1992). *Principles of Instructional Design*, 4th ed. New York: Harper Collins.

Gagné, R. M. and Dick, W. (1962). Learning measures in a selfinstructional program in solving equations. *Psychol. Rep.*, 10, 131 - 146.

Galanter, E. H. (1959). *Automatic Teaching: The State of the Art*. New York: John Wiley & Sons.

Gavurin, E. I. and Donahue, V. M. (1960). *Logical Sequence and Random Sequence Teaching - Machine Programs*. Burlington, MA: RCA.

Glaser, R., Ed., (1965). *Teaching Machines and Programmed Learning*, Vol. II. Washington, D. C.: National Education Association.

Gropper, G. L. (1966). *Programming Visual Presentations for Procedural Learning. Studies in Televised Instruction*. Pittsburgh, PA: American Institute for Research in Behavioral Sciences.

Gustafson, K. and Branch, R. M. (2002). What is instructional design? In *Trends and Issues in Instructional Design and Technology*, edited by R. A. Reiser and J. A. Dempsey, pp. 16 - 25. Upper Saddle River, NJ: Prentice Hall.

Hartley, J. (1974). Programmed Instruction 1954 - 1974: a review. *Programmed Learn. Educ. Technol.*, 11, 278 - 291.

Hartley, J. and Davies, I. (1978). Programmed learning and educational technology. In *Adult Learning: Psychological Research and Applications*, edited by M. Howe, pp. 161 - 183. New York: John Wiley & Sons.

Hickey, A. E. and Newton, J. M. (1964). *The Logical Basis of Teaching: The Effect of Subconcept Sequence on Learning*. Newbury Port, MA: Entelek.

Holland, J. G. (1959). A teaching machine program in psychology. In *Automatic Teaching: The State of the Art*, edited by E. Galanter, pp. 69 - 195
82. New York: John Wiley & Sons.

Holland, J. G. (1960). Design and use of a teaching machine and program. *Teachers Coll. Rec.*, 63, 56 - 65.

Holland, J. G. (1965). Research on programming variables. In *Teaching Machines and Programmed Learning*, Vol. II, edited by R. Glaser, pp. 66 - 177. Washington, D. C.: National Education Association.

Holland, J. G., and Porter, D. (1961). The influence of repetition of incorrectly answered items in a teaching-machine program. *J. Exp. Anal. Behav.*, 4, 305 - 307.

Hughes, J. E., Ed., (1963). *Programmed Learning: A Critical Evaluation*. Chicago, IL: Educational Methods.

Hursh, D. E. (1976). Personalized systems of instruction: what do the data indicate? *J. Personalized Instruct.*, 1, 91 - 105.

Johnson, K. R. and Ruskin, R. S. (1977). *Behavioral Instruction: An Evaluative Review*. Washington, D. C.: American Psychological Association.

Jones, H. L. and Sawyer, M. O. (1949). A new evaluation instrument. *J. Educ. Res.*, 42, 381 - 385.

Joyce, B. and Moxley, R. A. (1988). August Dvorak (1894 - 1975): early expressions of applied behavior analysis and precision teaching. *Behav. Anal.*, 11(1), 33 - 40.

Keisler, E. R. (1959). The development of understanding in arithmetic by a teaching machine. *J. Educ. Psychol.*, 50, 247 - 253.

Keller, F. S. (1968). Good-bye, teacher .... *J. Appl. Behav. Anal.*, 1, 78 - 89.

Keller, F. S. (1977). *Summers and Sabbaticals: Selected Papers on Psychology and Education*. Champaign, IL: Research Press.

Keller, F. S. and Sherman, J. G. (1974). *The Keller Plan Handbook*:

Essays on a Personalized System of Instruction. Menlo Park, CA: W.A. Benjamin. *

Kemp, J., Morrison, G.R., and Ross, S.M.(1998). *Designing Effective Instruction*, 2nd ed. New York: Merrill.

Kulik, J.A., Kulik, C.L.C., and Smith, B.B.(1976). Research on the personalized system of instruction. *J. Programmed Learn. Educ. Technol.*, 13,23 - 30.

Kulik, J.A., Kulik, C.L.C., and Cohen, P.A.(1979). A metaanalysis of outcome studies of Keller's personalized system of instruction. *Am. Psychol.*, 34(4),307 - 318. *

Kulik, C.C., Kulik, J.A., and Bangert-Drowns, R.L.(1990). Effectiveness of mastery learning programs: a meta-analysis. *Rev. Educ. Res.*, 60(2),269 - 299.

Leith, G.O.M.(1966). *A Handbook of Programmed Learning*, 2nd ed., Educational Review Occasional Publication Number 1. Birmingham, U.K.: University of Birmingham.

Lindsley, O.R.(1971). From Skinner to precision teaching: the child knows best. In *Let's Try Doing Something Else Kind of Thing*, edited by J.B. Jordan and L.S. Robbins, pp.1 - 11. Arlington, VA: Council on Exceptional Children.

Lindsley, O.R.(1966). Is fluency free-operant response - response chaining? *Behav. Anal.*, 19,211 - 224.

196 Lindsley, O.R.(1968). *Training Parents and Teachers to Precisely Manage Children's Behavior*. Address presented at the Mott Children's Health Center, Flint, MI.

Lindsley, O.R.(1990). Precision teaching: by teachers for children. *Teaching Exceptional Children*, Spring, 10 - 15.

Lindsley, O.R.(1991). Precision teaching's unique legacy from B.F. Skinner. *J. Behav. Educ.*, 1(2),253 - 266. *

Lindsley, O.R.(1992). Precision teaching: discoveries and effects. *J. Appl. Behav. Anal.*, 25(1),51 - 57. *

Lindsley, O.R.(1996). The four free-operant freedoms. *Behav. Anal.*, 19,199 - 210.

Lockee, B.B., Moore, D.M., and Burton, J.K.(2004). Programmed instruction. In *Handbook for Research for Educational Communications and Technology*, 2nd ed., edited by D. Jonassen, pp.545 - 569. Mahwah, NJ: Lawrence Erlbaum Associates. *

Lumsdaine, A.A.(1962). Experimental research on instructional devices and materials. In *Training Research and Education*, edited by R. Glaser, pp.247 - 294. Pittsburgh, PA: University of Pittsburgh.

Lumsdaine, A.A.(1965). Assessing the effectiveness of instructional programs. In *Teaching Machines and Programmed Learning*. Vol. II. *Data and Directions*, edited by R. Glaser, pp.267 - 320. Washington, D.C.: National Education Association.

Lumsdaine, A.A. and Glaser, R., Eds.(1960). *Teaching Machines and Programmed Learning*. Washington, D.C.: National Education Association. *

Lysaught, J.P. and Williams, C.M.(1963). *A Guide to Programmed Instruction*. New York: John Wiley & Sons.

Maccoby, N. and Sheffield, F.D.(1958). Theory and experimental research on the teaching of complex sequential procedures by alternative demonstration and practice. In *Symposium on Air Force Human Engineering, Personnel and Training Research*, edited by G. Finch and F. Cameron. Washington, D.C.: National Academy of Sciences, National Research Council.

MacDonald-Ross, M.(1973). Behavioral objectives: a critical review. *Instruct. Sci.*, 2,1 - 52.

McDonald, J.K., Yanchar, S.C., and Osguthorpe, R.T.(2005). Learning from programmed instruction: examining implications for modern instructional technology. *Educ. Technol. Res. Dev.*, 53(2),84 - 98.

Melaragno, R.J.(1960). Effect of negative reinforcement in an automated teaching setting. *Psychol. Rep.*, 7,381 - 384.

197 Meyer, S.R.(1960). Report on the initial test of a junior highschool vocabulary program. In *Teaching Machines and Programmed Learning*, edited by A.A. Lumsdaine and R. Glaser, pp. 229 - 246. Washington, D.C.: National Education Association.

Miller, H.R.(1965). An Investigation into Sequencing and Prior Information Variables in a Programmed Evaluation Unit for Junior High School Mathematics. Paper presented at Department of Audiovisual Instruction Meeting, Milwaukee, WI.

Miller, H.R.(1969). Sequencing and prior information in linear programmed instruction. *AV Commun. Rev.*, 17(1),63 - 76.

Neidermeyer, F., Brown, J., and Sulzen, R.(1968). The Effects of Logical, Scrambled and Reverse Order Sequences on the Learning of a Series of Mathematical Tasks at the Math Grade Level. Paper presented at the meeting of the California Educational Research Association, March, Oakland, CA.

Ofiesh, G.D. and Meirhenry, W.C., Eds.(1964). *Trends in Programmed Instruction*, Washington, D.C.: National Education Association.

Pavlov, I.P.(1965). Conditioned reflexes: an investigation of the physiological activity of the cerebral cortex (G.V. Anrep, trans.). London: Oxford University Press (original work published in 1927).

Porter, D.(1957). A critical review of a portion of the literature on teaching devices. *Harvard Educ. Rev.*, 27,126 - 147.

Potts, L., Eshleman, J.W., and Cooper, J.O.(1993). Ogden R. Lindsley and the historical development of precision teaching. *Behav. Anal.*, 16,177 - 189.

Pressey, S.L.(1926). A simple apparatus which gives tests and scores — and teaches. *School Society*, 23,373 - 376.

Pressey, S.L.(1950). Development and appraisal of devices providing immediate automatic scoring of objective tests and concomitant self-instruction. *J. Psychol.*, 29,417 - 447.

Reiser, R.A.(2001). A history of instructional design and technology. Part II. A history of instructional design. *Educ. Technol. Res. Dev.*, 49 (2),57 - 67.

Reiser, R.A. and Dempsey, J.V.(2002). *Trends and Issues in Instructional Design and Technology*. Upper Saddle River, NJ: Merrill Prentice Hall.

Rigney, J.W. and Fry, E.B.(1961). Current teaching-machine programs and programming techniques. *Audiovisual Commun. Rev.*, 9(3, Suppl.3), 7 - 121.

Robin, A.R.(1976). Behavioral instruction in the college classroom. *Rev. Educ. Res.*, 46,313 - 354.

Roe, A.A.(1962). A comparison of branching methods for programmed instruction. *J. Educ. Res.*, 55,407 - 416.

Ryan, B.A.(1974). *Keller's Personalized System of Instruction: An Appraisal*. Washington, D.C.: American Psychological Association.

Severin, D.G.(1960). Appraisal of special tests and procedures used with self-scoring instructional testing devices. In *Teaching Machines and Programmed Learning*, edited by A.A. Lumsdaine and R. Glaser, pp.678 - 680. Washington, D.C.: National Education Association.

Sherman, J.G.(1974). The theory behind PSI. In *PSI: Personalized System of Instruction*, edited by J.G. Sherman, pp.223 - 225. Menlo Park, CA: W.A. Benjamin.

Sherman, J.G.(1992). Reflections on PSI: good news and bad. *J. Appl. Behav. Anal.*, 25(1),59 - 64.

Silberman, H.F., Melaragno, R.J., Coulson, J.E., and Estavan, D. (1961). Fixed sequence versus branching auto-instructional methods. *J. Educ. Psychol.*, 52,166 - 172.

Skinner, B.F.(1953). *Science and Human Behavior*. New York: Macmillan.

Skinner, B.F.(1954). The science of learning and the art of teaching. *Harvard Educ. Rev.*, 24,86 - 97. *

Skinner, B.F.(1958a). Teaching machines. *Science*, 128,969 - 977. *

Skinner, B.F.(1958b). Reinforcement today. *Am. Psychol.*, 13,94 - 99.

Skinner, B.F.(1961). Why we need teaching machines. *Harvard Educ. Rev.*, 31,377 - 398.

Skinner, B.F.(1968a). *The Technology of Teaching*. New York: Appleton Century Crofts. *

Skinner, B.F.(1968b). Reflections on a decade of teaching machines. In *Instructional Process and Media Innovation*, edited by R.A. Weisgerber, pp.404 - 417. Chicago, IL: Rand McNally.

Skinner, B.F.(1986). Programmed instruction revisited. *Phi Delta Kappan*, 68(2),103 - 110.

Smith, K.U. and Smith, M.F.(1966). *Cybernetic Principles of Learning and Educational Design*. New York: Holt, Rinehart and Winston.

Smith, N.H.(1962). The teaching of elementary statistics by the conventional classroom method versus the method of programmed instruction. *J. Educ. Res.*, 55,417 - 420.

Smith, P.L. and Ragan, T.J.(1999). *Instructional Design*, 2nd ed. Upper Saddle River, NJ: Prentice Hall.

Spector, J.M. and Ohrazda, C.(2004). Automating instructional design: approaches and limitations. In *Handbook for Research for Educational Communications and Technology*, 2nd ed., edited by D. Jonassen, pp.685 - 699. Mahwah, NJ: Lawrence Erlbaum Associates.

Stolurow, L.M.(1961). *Teaching by Machine*. Washington, D.C.: U.S. Department of Health, Education, and Welfare.

Stolurow, L.M.(1963). Programmed instruction for the mentally retarded. *Rev. Educ. Res.*, 33,126 - 133.

Taber, J.I., Glaser, R., and Schaefer, H.H.(1965). *Learning and programmed Instruction*. Reading, MA: Addison Wesley.

Taveggia, T.C. (1976). Personalized instruction: a summary of comparative research 1967 – 1974. *Am. J. Physics*, 44, 1028 – 1033.

van Merriënboer, J.J.G. and de Croock, M.B.M. (1992). Strategies for computer-based programming instruction: program completion vs. program generation. *J. Educ. Comput. Res.*, 8, 365 – 394.

van Merriënboer, J.J.G. and Krammer, H.P.M. (1990). The 'completion strategy' in programming instruction: theoretical and empirical support. In *Research on Instruction*, edited by S. Dijkstra, B.H.M. van Hout-Wolters, and P.C. van der Sijde, pp. 45 – 61. Englewood Cliffs, NJ: Educational Technology Publications.

Vargas, E.A. and Vargas, J. (1992). Programmed instruction and teaching machines. In *Designs for Excellence in Education: The Legacy of B.F. Skinner*, edited by R.P. West and L.A. Hamerlynck, pp. 33 – 69. Longmont, CO: Sopris West.

Wager, W.W. and Broderick, W.A. (1974). Three objective rules of sequencing applied to programmed learning materials. *AV Commun. Rev.*, 22(4), 423 – 438.

West, R.P. and Young, K.R. (1992). Precision teaching. In *Designs for Excellence in Education: The Legacy of B.F. Skinner*, edited by R.P. West and L.A. Hamerlynck, pp. 113 – 146. Longmont, CO: Sopris West.

Ysewijn, P. (1993). A more or less subjective view on the history of CAI. *CBT Forum*, 2(3), 35 – 54 (http://www.mypage.bluewin.ch/Ysewijn/DOC/History_of_CAI.PDF).

---

* 表示主要参考文献。

16

教育超文本

199 Dale S. Niederhauser

摘要

数字的、互联的、基于文本的信息库的广泛发展促进了有关从超文本中学习的大量研究。因特网的激增使得具有超链接网页的万维网、维基百科和博客成为21世纪全球公民偏爱的信息源。由于我们日益依赖超文本信息资源，因此去关注阅读具有超链接的文本如何影响学习过程显得很重要。基于认知弹性理论(CFT)和建构-整合模型(construction-integration model, CIM)，本章将聚焦当前研究，加深我们理解超文本学习的实证研究。显然，一个人对阅读给定的超文本的目标，在决定学习内容上起着重要的作用。在阅读超文本时，这些目标是自己设定的或者是外部强加的程度、目标的明确性、目标间的相互影响、系统结构和学习者的个人特征都将影响所学的内容。此外，读者用于浏览超文本内容的导航策略和所包含的导航脚手 200 架也可能影响学习。最后，个体特征，如先验知识(prior knowledge)和认知风格看来也影响着其从超文本中学习。而诸如主动知识建构，自我控制的学习以及连贯性-促进超文本设计元素的元认知方面看来对未来研究大有裨益。

关键词

分层的超文本：一种超文本结构，与呈现的概念相关的内容按顺序排列。在屏幕上呈现的概念与上位(更一般的)概念或下位(更具体的)概念相链接。

超文本：运用计算机呈现的基于文本的信息屏幕；信息屏幕间通过链接相互关联。

线性超文本：允许读者像翻书一样通过链接在内容中，向前或向后移动的超文本结构。

相关超文本：一种带有链接的超文本，它允许读者访问与当前屏幕上的内容具有某种逻辑的、概念的或者层级的联系的其他屏幕上的信息。

自我控制的学习：当学习者设定他们自己的学习目标后，他们尝试计划、监督、调节和控制他们的认知、动机、行为和境脉。

用户控制：读者决定所访问的超文本中信息的顺序和步调的大小。

引言

基于超文本的信息呈现系统的发展和广泛应用，促使研究者去探究使用这些系统如何影响知识的习得。虽然有关超文本的绝大多数研究并不明确地与学习相关，但是越来越多的实证研究关注利用超文本的学习。本章提供了过去 5 年中已报告的实证研究的概念性综述，并更新了以前《教育传播与技术研究手册》的一章(Shapiro 和 Niederhauser, 2004)。

已建立的有助于解释阅读和学习的理论，例如建构-整合模型(Kintsch, 1988)和认知弹性理论(Spiro 等，1988，1992)提供了从超文本中学习过程的理论基础。依据 Shapiro 和 Niederhauser (2004)，文本处理的建构-整合模型(CIM)表明文本理解的三个阶段的过程。前两个过程——字符/单词译码和文本库的建构(文字信息的层级的命题表征)被认为在媒体间是不变的。第三个过程是创建一个情境模型，它对于我们理解利用超文本学习很重要。

创建一个情境模式是通过将来自文本(文本库)的新信息与他的先验知识整合，学习者对文本中的内容建构概念性表征的过程。理想的状态是，文本库与先验知识的这种积极整合构成了意义建构——一种对文本中所呈现内容的深刻的、复杂的和连贯的理解。在这种整合过程中固有的主动认知促使教育者和研究者形成超本文可以成为促进高水平概念性学习的工具的观念。

认知弹性理论(CFT)也有助于我们理解利用超文本学习。认知弹性理论提出基于超文本的环境，允许读者使用超本文中内在的链接功能，去建构他自己独特的文本阅读路径(Jacobson 和 Spiro, 1995；Lawless 和 Kulikowich, 1996)。由于学习者可以从多个其他互联的屏幕上访问给定的信息，所以他就会依据所选择的路径，从不同的角度看到相同的信息。当学习者从不同角度对某个领域进行多种途径的研究，那么就会对复杂的概念景观（complex conceptual landscapes）产生丰富的理解（Jacobson 和 Spiro, 1995）。因此，超文本的互联结构允许读者从不同的路径访问信息——为学习者提供将文本中的新信息整合成已有的概念（即创建情境模型）的机会，以及提供按顺序阅读传统文本时不太可能出现的在概念间建立联系的机会。对概念景观进行十字交叉（criss-crossing the conceptual landscape）（Jocobson 和 Spiro, 1995; Spiro 和 Jehng, 1990; Spiro 等，1987）的处理需要读者投入到更深层次的语义处理中，根据有意义的特征分析内容，比较和对比已链接的信息。

与十字交叉相关的日益发展的学习者控制，对读者的认知资源提出了额外要求，在这些
201 要求中最主要的是元认知要求，它与决定超文本中文本库的结构、与先验知识整合文本库、以促进发展对内容的复杂的、概念上连贯表征的方式在超文本中导航相关。为了有效地导航，学习者必须监督他是否理解已阅读的内容，确定是否需要附加的信息，并决定哪些已有的链接对在超文本中查找所需信息是有用的。

正如 Shapiro 和 Niederhauser (2004, 606—607 页)提到的：

> 建构-整合模型（CIM）对超文本研究是有益的，因为它为用户行为的关联性提供了解释。尤其是它解释了指向用户行为的研究，诸如链接选择、导航模式和作为学习中介（mediators）的元认知实践。认知弹性理论（CFT）提供了对有关高级学习者部分的有意义学习的解释。它成功地解释了为什么探究相同的文本从超文本中会产生比传统文本更灵活的、可迁移的知识。由于它提供了对心理表征如何通过接触动态信息结构而被建构、重新建构和改变的独特解释，因而增加了我们对[超文本辅助的学习]的理解。

正是这些动态的信息结构才使超文本系统不同于传统的印刷媒体。通过使用诸如菜单、概念图、镶嵌在文本中热词（hotwords）的导航元素，超文本支持对信息的非线性访问。这些特征把所呈现的内容组织起来，迫使读者选择他自己的文本浏览路径。要求用户承担这个责任，由此产生了有关用户目标、动机、阅读目的的问题，与阅读内容相关的先验知识，他们用以对内容理解的监控和对信息访问顺序做出决策的元认知策略。因此，利用超文本学习有几个基本的超文本变量，包括（1）读者目标，（2）导航模式，（3）学习者特征，（4）主动认知参与。

读者目标

利用超文本学习时，目标导向的学习看来具有强大的影响力（Jonassen 和 Wang, 1993）。当阅读超文本时，读者的学习目标可能受几个因素影响，包括隐性的和显性的教师/研究者目标（如回答具体问题，了解概要，寻找特定的信息）、超文本中内在的特征和信息（如目标句子、镶嵌的问题）和学习者目标（如兴趣、必须知道的内容）。Gerjets 和 Scheiter (2003)发布了一系列研究，表明了教师目标、学习者目标和学习者处理策略的相互关系对认知负荷的影响以及

对学习的最终影响。他们的结论是教学设计(系统设计)与无关的、相关的认知负荷模型的关系,不像有些研究者所声称的那样具有决定性。这种关系受制于教学(教师强制的)目标、学习者目标和学习者处理策略。区分目标和处理策略看来对于我们理解与利用超文本学习相关的处理是很重要的方面。

目标的明确性

然而,目前为止的许多超文本辅助学习的研究关注于教师或研究者的明确目标。Curry 等(1999)总结了一项考察提供明确的学习目标来引导超文本阅读的影响的研究。五十名大学生阅读 60 组有关莱姆病*(Lyme disease)的层次型超本文。一半学生获得了引导他们学习的具体任务,他们得到一个情境——有关具有身体症状的人和对此可能的诊断,并要求他们使用超文本确定情境中的信息是否正确。另一半学生则被要求仔细地阅读文本,因为要求他们回答列在最后的一系列问题。虽然在回忆性测量方面没有发现差异,但是学生画出的概念图呈现出一些差异。特定目标条件下的学生建构了更多相关联的图示,研究者认为它们表明了对内容的更复杂的概念表征。

更多的近期研究也考察了目标设置取向的明确性对利用超文本学习的影响(Gall, 2006; Moos 和 Azevedo, 2006; Zumbach 和 Reimann, 2002)。研究结果表明这些研究中目标取向也影响着所发生的学习类型。Gall (2006)考察了空军学校学生的差异性学习,他们在三种取向条件下使用了 200 篇标题链接的相关超本文文章:浏览方式下学习内容、搜寻事实信息来回答具体的问题,和寻找文章间的联系来回答概念性问题。使用超文本在概念间发现联系的方式,在测量概念性理解方面表现最好。没有针对性目标的军校学生(那些浏览条件下的研究对象)学得最差。

然而,并非所有明确的学习目标都能促进深层的、有意义的学习。Azevedo 和他的同事们(Azevedo 等,2001, 2002)给一组被试以清晰的目标,即回答有关人类血液循环系统的明确问 202
题,而其他研究对象则在阅读微软 Encarta 相关超媒体系统时,生成他们自己的目标。问题回答组中的一些被试增加了对血液循环的心智模型的复杂认知,但是许多被试实际上表现出复杂认知反而减少。学习者生成目标的控制组中没有一名被试表明减少了他们心智模型的质量,几乎所有人表示增加了心智模型的质量。此外,自我生成目标的控制组中的那些被试更有效地使用了元认知策略。

然而,来自其他考察读者控制目标结构的研究结果与这些结论矛盾。Zumbach 和 Reimann (2002)给学生看七个模块的计算机线性超文本(一个外在强制的清晰目标)或者在教程中以链接方式呈现的包含所有内容的一个相关超本文,接受超文本处理的研究对象在分析、比较和评价事实和信息的因果关系方面给予策略教学(以促进内部施加的目标),或者给予基于目标的情境,要求他们扮演一个必须使用超文本中的信息来写一篇评论的新闻报纸编辑角色(外部强加的总目标)。六十个成人参与者被随机分配到三种待遇的控制组之一中(每组

---

* 莱姆病(Lyme disease)又称莱姆关节炎,由扁虱传染,症状有红斑、头疼、发烧等。——译者注

20 个人)，并评价他们的事实性知识(多项选择题测试)、结构性知识(计算机概念图工具)和知识的应用/推理/迁移("辩论"任务)。研究发现，教程控制组的学生在事实性知识任务方面表现最佳；基于目标的情境控制组的研究对象在结构性知识和应用/推理/迁移任务方面表现最佳，与 Azevedo 和他的同事(2001，2002)的研究结果相反的是策略组的研究对象，尽管采用了明确的教学，但是不能应用元认知策略，产生了令人失望的实验结果。

目标、系统结构与学习者特征之间的关系

在 Curry 和其同事(1999)的研究以及 Gall (2006)的研究中，研究对象很可能从特定的目标获益，这是因为特定的学习目标利用了超文本提供的功能。在研究中由 Azevedo 等(2001，2002)和 Gall (2006)赋予明确的寻找事实的目标，可能与超文本辅助学习不太相符。在教育环境中超文本发展历史的早期，Landow (1992)认为把学习目标与技术的独特性进行匹配是很重要的。他指出超文本和印刷文本具有不同的优势，把超文本作业写下来以补充超文本的做法，诸如检索事实的目标，浪费了超文本的丰富性，因为查找事实不要多个链接辅助。

Shapiro (1998b)在把明确的学习目标与使用清晰的、概念上基于超文本的系统进行匹配时考察了把系统结构、目标与先验知识进行匹配产生的影响，她发现先验知识不足(low prior knowledge, low PK)的学习者达到他们目标的能力是通过将给定的结构与学习目标相适应来调节的。在内容领域的先验知识不足的参与者，可以接受特别的教学来学习内容，并得到一个在超文本中呈现的、表征内容的概念性结构的先行组织者，因此增强了学习。这个结果表明了定义良好的、目标适当的结构对新手进行初步学习时的潜在作用。

导航模式

一些研究者试图识别出读者阅读超文本时的导航模式(navigation patterns)。在有关导航模式的一项早期研究中，研究者在对研究对象阅读超文本的观察中，识别出了六个不同的策略：略读、检查、阅读、回答、学习和复习(Horney 和 Anderson-Inman, 1994)。在另一项研究中，Castelli 等(1998)考察了一组心理学因素和一系列导航指标之间的关系。基于他们的考察，研究者识别了七种超文本用户，和与各种导航模式相关的、对应的认知特征类型。但是，这些研究只提到读者做了什么，而没有说明阅读模式与学习之间的关系。

其他的调研考察了个别的导航模式是如何与学习相关的。Lawless 和她的同事们(Lawless 等，2002)继续他们的早期研究，该项研究识别出超文本读者中三种不同的导航模式——知识搜寻型的读者、特征探索型的读者和缺乏兴趣的读者——通过考察这些导航模式是否与年龄相关(Lawless 和 Brown, 1997; Lawless 和 Kulikowich, 1996)。他们让 60 个四、五和六年级学生使用超文本，并发现了与以前成人研究中识别出的相似的导航模式，但是，研究中人数最多的一组低龄读者是知识搜寻型的，而人数最多的一组成人研究对象是特征探索型的(Lawless 和 Kulikowich, 1998)。他们猜测造成这种差异的主要原因是由于领域知识的不同水平——成人读者具有较少的先验知识，可能对所呈现的内容的兴趣要比低龄读者弱。

导航脚手架

最近的研究考察了有助于用户掌握内容的整体范围和结构的整合性支持机制，是如何影响超文本辅助学习的。研究者考察了各种因素，包括使用层级结构的概要导航菜单(Brinkerhoff 等,2002)；提供链接信息大纲的预览性弹出式窗口(Cress 和 Knabel, 2003)；展开超文本，以允许读者有更详细的信息，但不丢失信息的线性流向(Lee 和 Tedder, 2004)；在屏幕上提供有关主题的附加信息的嵌入式注解(Lee 和 Calandra, 2004)；引导读者浏览内容的导航性提示(Puntambekar 和 Ktylianou, 2005)；可导航的概念图(Puntambekar 等,2003)和图形 203
化概要(de Jong 和 van de Hulst, 2002)。这些研究结果一般支持如下观念，即对用户理解范围和结构的支持有助于组织内容和适应读者。然而，正如我们在本章后面看到的，内容的组织与其他学习变量，诸如读者的导航策略、目标和先验知识、内容的复杂度和被链接信息的连贯性交织在一起。

主动导航和被动导航

另外一些研究考察了阅读信息的顺序如何影响对内容的学习的(Eveland 等,2004; Niederhauser 等,2000; Salmeron 等,2005)——也就是，以顺序的分层方式的影响，与更特殊的在超文本中跳跃的影响之间的比较。Su 和 Klein (2006)使用因特网和万维网上的一段超文本来考察 354 名本科大学生的学习，研究者向他们呈现超文本程序的三种导航形式之一：(1)层级性结构的内容列表，(2)概念图，(3)嵌入式超链接。研究者最后发现，使用内容列表超文本的研究对象，在事实性知识的测试中，表现比使用嵌入式链接超文本的研究对象要好。

Eveland 和同事们(2004)的研究也表明，阅读更具结构的超文本的用户可以学到事实性知识，但是也呈现出阅读非线性超文本的读者获得更多的对文本库的概念性理解。他们向 172 名大学生和非学生成人研究对象呈现一个复杂的、包含健康信息的超文本。一种超文本形式只允许层级性导航，另一个超文本提供了信息结点间的许多相关超链接。结果表明分层条件下的研究对象在事实性知识测评中，表现超过关系型控制下的研究对象，而依据知识结构密度(knowledge structure density)相关条件下的研究对象表现超过了分层条件下的研究对象(用概念图测评)。

Niederhauser 和同事们(2000)向研究对象提供了允许层次型和相关导航的超文本。研究对象可以使用支持两种导航选项的导航工具(分层地图导航工具和热字链接到与概念性相关的内容)。研究者还允许研究对象使用他们选择的导航选项来阅读描述了行为主义和建构主义学习理论的超文本。阅读 83 屏的超文本，这成为 39 名大学生 2 周内常规课堂作业的一部分，之后再作为一次课堂作业检测学生这部分内容的学习情况。通过考察有关屏幕访问顺序的服务器日志文件，研究对象的导航模式偏好被确定下来。

对导航模式的考察表明，一些学生以被动方式导航。这些学生采用线性方式，通过系统性地浏览每一帧屏幕以了解一个理论中的内容，然后采用同样的方式浏览第二个理论的内容。其他学生在阅读屏幕学习一个理论时采取了更主动的策略，然后他们使用链接将那些信息与其他理论进行比较，通过使用比较和对比策略来浏览文本。结果表明以更多顺序方式阅读文本的学生在混合测试(需要学生比较和对比超文本中的重要主题的有关事实性内容和短文的多项选择测试)中得分较高。研究者猜测增加的认知负荷是采用链接功能的学生表现不如后测好的原因。

Zumbach 等(2001)也考察了在共轭控制(yoke-controlled)* 的实验性设计中主动的导航策略和被动的导航策略的影响，在这项设计中一组 11 个研究对象被允许自由地导航 300 页有关
204 海军污染事故的相关超本文，控制组的 11 个学生顺序地浏览与其他研究对象相同的屏幕。实验结果表明在知识测试中主动的超文本用户与被动的超文本用户之间没有明显的差异，被动的超文本用户似乎在概念性理解的测试中表现稍好。研究者总结说，“主动的访问基于(超)文本的信息，并不总是比预先排序的呈现(‘被动的访问’)产生更好的认知和元认知结果”(Zumbach 等 2001，316 页)。

最后，Salmeron 和同事(2005)采用 41 位大学本科学生使用 24 个结点的有关空气污染的分层超本文，结果表明给被试类似数量的阅读结点，以高度连贯的次序阅读内容的被试形成了较好的文本情境模式；也就是当他们跟随链接和访问具有共享的观点和保留连贯的文本表征的信息时，被试往往发展出了对内容更好的概念性理解。

连贯性的作用

促进连贯性(coherence)的导航模式看来是利用超文本学习的一个重要方面。McNamara 和 Shapiro (2005)通过为超文本开发者提供一系列指南，提出了利用超文本学习时连贯性的重要性。使用以下的指南可以帮助学习者组织分散在超文本中的观点之间的关系：(1)为高级学习者提供不良定义的总体结构，(2)为领域新手提供良好定义的目标适当的总体结构，(3)创建一个支持针对内容的元认知方法的环境，(4)强调表示非常重要的文档间关系的链接。

在 Salmeron 和同事早期描述的研究中，研究者也提出了阅读次序连贯性与先验知识水平之间的关系。他们采用 82 名大学生阅读空气污染的超文本，这次包括两个不同的内容概要作为导航辅助。第一个概要包括 6×4 的结点矩阵，它具有高度的概念性连贯，从右往左和从上到下阅读，第二个概要除了结点用较低的概念性连贯来安排外具有类似的阵列。研究对象被要求阅读所有的屏幕，但是不能重复阅读任何用户界面，研究发现表明，当以高度连贯的次序阅读内容时缺乏领域知识(low domain knowledge)的参与者，往往发展了更好的情境模式，而具有丰富领域知识(high domain knowledge)的参与者从低连贯次序中学到更多。然而，阅读次序并不影响文本库建构。

总之，浏览超文本时对导航的需求是区分在超文本环境下进行阅读和学习不同于利用传

* 共轭控制指实验组中的每个学生与控制组中的学生在某些变量(如数学能力或阅读能力)上相配，这是一种确保两组学生尽可能相当的直接方法。——译者注

统的印刷文本进行阅读和学习的明确特征。最初的导航策略由于读者的兴趣、动机、内在目标和外在目标而得到采用。当考察超文本辅助学习的导航模式时，许多研究者(Niederhauser 等，2000；Shapiro，1999；Tergan，1997；Yang，1997；Zumbach 等，2001)已经讨论了认知负荷的问题(要了解更多的有关与认知负荷相关的教学问题，参考 Paas 和 van Merrienboer，1994；Sweller，1988；Sweller 等，1998)。当用户的导航模式不支持连贯性，与浏览文本时的导航相关的认知负荷可能干扰读者理解内容的能力。那么读者可以采用补偿策略简化学习任务，因此，连贯性会影响读者从文本中学到的内容，也会受超文本所提供的导航机会的影响。

学习者特征

诸如先验知识(Hofman 和 van Oostendorp，1999；Potelle 和 Rouet，2002；Shapiro，1998a，b，1999；Shin 等，1994)、元认知(Azevedo，2005；Graesser 等，2005)和认知风格(Dunser 和 Jirasko，2005；Graff，2003；2005；Lin 和 Davidson-Shivers，1996)的个体特征在利用超文本的学习中起着重要作用。

先验知识

有关组织工具和系统结构的研究表明，当学习目标是获得简单的事实性知识(文本库)，先验知识不足(low PK)的学习者可以从良好定义的结构(例如分层)中获益。非分层的超文本结构(如按字母排列的结构化列表或者无规则的链接网络)似乎使先验知识不足的学习者困惑并妨碍学习，甚至只为了一个个呈现在屏幕上的事实性信息(Potelle 和 Pouet，2002)。在过度归纳这些发现时小心谨慎是有理由的，尤其是他们与使用复杂的概念图联系起来。证据表明，如果使用图示，将学习者的注意力远离文本内容，使学习者关注于宏结构(macro structure)，那么为先验知识不足的学习者提供复杂的概念图可能会使他们不知所措，阻碍他们理解(Hofman 和 van Oostendorp，1999)。

仅仅提供分层结构可能对确保先验知识不足的学习者的学习是不够的。使用明确的指 205
向概念性关系(安排主题群)的指针与问题解决能力的提升相关。解释主题间的概念性关系和增加文本连贯性的任何设备或结构，可以有助于先验知识不足的学习者的学习(McNamara 和 Shapiro，2005；Shapiro，1999)。

尤其是当结构与学习目标相符合时，结构良好的超文本可以为先验知识不足的学习者提供一个对主题相互关联的方式的介绍，和一个容易跟随的对一个领域的介绍。良好定义的结构也可以帮助先验知识不足的学习者在探索信息时保持方向，但是正如 Spiro 和及其同事们指出的，为学习者过度简化主题是危险的。尤其是针对结构不良的领域(如历史或心理学)提供严格的结构，会强加随意的描述，由此可能妨碍学习者在学习知识方面的进步。由于这个原因，结构不良的超文本也有其优点。

然而，针对结构不良的超文本表现出一致的好处却由于一些原因受到争议。对可能通过使用结构不良的超文本(深入的和联系的概念性学习)来促进那种好处的适度敏感的、合法的、可靠的措施,最近刚刚被开发和利用。此外,虽然许多人假定先验知识充分(high PK)的用户,能够利用非结构的超文本,发展出对文本库的高级的、相互联系的概念性理解,但是变量间的相互作用使它很难从许多干预和可能混乱的变量中弄清系统结构的独特影响。

提供不明显的组织性结构来挑战学习者,让他们在系统中搜寻他们自己的连贯性。这种总体作用可以促进主动的认知投入和改善学习;然而,不良结构的系统并不总是对高级学习者有效。正如前面提到的,读者目标和动机可以影响学习者是否积极地尝试将文本库整合到他们的先验知识中。一个具有模糊目标的被动学习者不太可能从任何超文本系统中学到什么,而内在于十字交叉概念性景观的主动的认知投入和创建某种情境模式,可以促进对内容的深刻的概念性理解。

与有关传统的基于文本学习的早期研究保持一致,促进对内容的主动投入似乎对开发一个情境模式很重要。提供高度组织性的或者简单用以跟踪的结构会导致读者变得被动。超文本设计者的任务是创建充分挑战初学者的超文本,而不是使他们负担过重以至于到放弃学习的程度。

认知风格

有关认知风格的早期超文本研究文献在预测或解释能力的方法上涉及得不多(Dillon 和 Gabbard, 1998)。这些研究一般考察了与诸如场依赖性和场独立性概念相关的超文本学习(Lin 和 Davidson-Shivers, 1996)。然而,最近的研究已应用呈现更强的预测行为和表现潜力的风格维度(Dunser 和 Jirasko, 2005; Graff, 2003, 2005)。

Graff (2003)从三组包含 64 个结点的超文本来考察学习——线性的、层级型的和关系型的——与两个对用户学习风格的测量相关,九十六名大学本科学生根据他们在整体-分析(wholist-analytic)调查问卷(整体的/介于两者之间的/分析的)中的得分来分组,这项问卷用于识别个体把信息当作整体还是几个部分来处理的倾向。结果表明介于两者之间的小组在相关条件下在测量单词的细节和数量的后测短文中表现往往超过其他小组/条件配置。然后,Graff 使用相同的数据集,根据学生在言语/图像(verbal-imager)调查问卷(言语的/双模态的/图像的)中的得分进行分组,这项问卷用于识别个体用单词(处理言语信息)还是图像(视觉的和空间的信息)处理信息的倾向。在双模态小组中的研究对象在分层条件下在有关测量单词的细节和数量的后测短文中表现超出其他小组/控制配置(虽然言语-关系型小组在两个测量中都表现显著)。

Graff 谨慎地提议支持他的两个认知风格测量、他所采用的超文本结构与学习之间的关系——表明居于两者之间小组的研究对象同时拥有整体的和分析的特征,可能在处理相关超本文中更灵活。此外,他利用 Paivio (1971)的双重编码模式提出双模态(bimodals)能够同时处理言语子系统和图像子系统中的信息,在分层组织的结构中整合基于文本的媒体,同时维持它们的倾向。

206 在使用同样材料和以 55 名本科生作为研究对象的第二项研究中(Graff, 2005),认知风格采用与前述的整体-分析测量类似的直觉-分析认知风格测量来评估。依赖型测量包括回忆和概念图复杂性、概念图浓密性的得分，对于回忆，研究者发现了认知风格和超文本结构之间清晰的关系。分析型小组在分层条件下得分最高，居于两者之间的小组在相关条件下得分最高，直觉小组在线性条件下得分最高。在概念图测量中认知风格没有发现有显著差异。这可能是各小组在他们所发展的概念性模式方面没有差别，或者在有效地区分学习者的方法上概念图不能评估概念性学习。识别和开发合理的、可靠的对概念性知识进行测量的工具对超文本研究者来说是重要也是持续的挑战。

主动认知参与

阅读超文本在读者必须选择怎样浏览文本的程度上不同于阅读传统的印刷文本，表面上它增加了读者的兴趣，使读者投入到信息的深度处理中(Patterson，2000)。阅读过程中的一个基本转向与超文本读者不得不创建他或她自己的阅读文本的路径相关。积极投入的读者，往往感受到更强烈的控制他们读什么和怎么读的感觉。他们选择的结果是自发的，当他们创建了在传统印刷文本情况下不与作者想要的信息加以联系的个性化文本时，读者成为了意义建构的一部分，印刷文本反而变成了作者的角色，而超文本挑战了我们对作者和读者的角色的假设；因此，超文本的教育性应用看来有巨大的潜力，因为它要求读者积极地参与到文本的意义创建中。

影响研究是否会导致知识习得的关键变量，是学生积极地参与尝试性理解材料的程度(Anderson-Inman 和 Tenny，1989)。这种理解活动是内在于建构情境模式，与皮亚杰(1985)的(认知冲突)平衡观相关——是学习过程中的一个基本元素。在传统的文本学习研究中，Mannes 和 Kintsch (1987，93 页)指出避免“给读者提供适当的图示，因此迫使他们创建自己的……可能使文本学习更高效”。这是认知弹性理论的重要原则，提供了使用复杂的、结构不良的超文本以促进深刻的、联系的概念性学习的基础。

主动知识建构

正如前面所提到的，Shapiro (1998a)在美国历史学习的研究中比较分层系统和非结构化系统。当呈现非结构化系统时，那项研究的参与者在几项测量中表现得较好。在包括让他们将超文本的信息整合为一篇短文，以展示他们学习的程度的测量中，在非结构化控制下的研究对象表现明显超出那些分层条件下的研究对象。由于系统的高度结构化特点保留在信息空间，所以分层小组的研究对象似乎能够更被动地导航。因此，由于展示了精心组织的、结构化的模式，读者无需在内容中积极地创建概念性联系或者整合和反思内容以决定访问哪些链接。但是在那些非结构化系统的控制中，研究对象不得不更仔细地调整他们的学习，在浏览信息时更有原则。综合起来，短文和导航结果表明，结构化弱的系统迫使读者投入到更积极的处理中，以及系统性地监控和调整他们的学习，从而能发展出一个连贯的情境模式。

自我控制的学习

到目前为止应该很清楚了,超文本是有认知要求的学习模式。正因为如此,用户管理他或她学习过程的能力在这种情况下似乎很重要。当学习者建立他们自己的目标,并在试图达到这些目标的过程中监督、调节和控制他们的想法和行为时,自我调控的学习(Self-regulated learning,即 SRL)就发生了(Grasesser 等,2005; Pintrich, 2000; Winne, 2001; Zimmerman, 2001)。与利用超文本学习相关,自我调控的学习模式认为学习者:(1)是在学习过程中积极的、建构性
207 的参与者;(2)能够监督、控制和调节他们自己的认知、动机、行为和情境各个方面;(3)具有针对学习过程是否应该继续,或者在策略或元认知监督中的一些修改是否需要做出判断的目标或标准;(4)认知、动机和行为的自我调控,调解着个人特征、境脉特征和学习(Azevedo, 2005; Pintrich, 2000; Zimmerman, 2001)。一系列的研究已考察了自我调控学习对利用超文本学习的影响。

有证据表明,表现出更多自我调控学习行为的学生在利用超文本学习时,往往形成更复杂的心理模式(Azevedo 等,2004)。二十四名本科大学生花了 45 分钟使用关系型超媒体百科全书来学习人类循环系统。基于学生在识别心脏各部分和画出血液在全身流动的图示的能力所反映的概念改变的程度以及自由回忆测试,根据前测和后试的得分将学生分为两组(中数分割)。结果表明,取得较高概念得分的小组投入到更多自我调控的学习行为中,尤其是在监督和使用有效的策略方面。相比有些策略(如无目标的搜索、复制信息),一个取得较好概念得分的小组,往往采用的策略更有效,如归纳、重读和知识的精细化。取得较低得分或得分为零的学生往往不采用自我调控的学习或者无效地使用了自我调控学习模式。他们的研究发现提出有效地使用自我调控学习在使用超文本促进高水平概念理解的形成时是一个重要的考虑因素。其他的研究考察了在利用超文本学习时促进读者使用自我调控学习的方式。

Azevedo 和同事(2002)考察了促进使用自我调控学习的影响。他们使用前述 40 个本科大学生使用过的相同的人类循环超媒体系统。这些学生(1)他们自己采用自我调控的学习技术接受培训,(2)与采用自我调控学习技术受训的人类导师结对(Winne, 1995,2001),导师在研究期间与学生坐在一起,促进使用自我调控学习,(3)要求自我生成和完成个人目标,或者(4)要求回答一系列的事实性问题。在协同调控(co-regulation)条件下,导师通过提供各种提示来支持元认知策略;尤其是,导师鼓励自我提问、内容评价、对学习作判断、规划、目标设定、激活先验知识和其他活动。在自我调控策略教学条件下,研究对象被要求接受培训,像导师一样作为独立学习者做相同的事。其他两个条件没有提供元认知提示、导师或者培训。分析表明,当提供导师或者元认知培训时,比简单给定学习目标或者不培训时,学习者心理模式的复杂性转到一个极其显著的程度。导师组和策略教学组都表明,应最大限度使用有效的学习策略和不采用无效策略;虽然没有报告此后的测试,但是导师组的表现似乎没有显著超越策略教学组。

考虑到采用一对一的导师来促进自我调控学习是不实际的,另外一项研究挑选自我调控培训的有效性,并更直接地考察它。在一项 131 名本科大学生参与的研究中,Azevedo 和 Cromley (2004)让实验条件下的研究对象参与有关如何在使用超媒体环境中调节循环系统的 30 分钟的培训,在控制条件下的研究对象不接受自我调控学习培训。所有的研究对象都被给予一个总的学习目标:“确保你了解不同部分和它们的目的,了解它们各部分和各部分集合在

一起是如何工作的以及它们如何支撑人类全身”(526 页)。研究结果支持了以前研究的发现:(1)接受自我调控培训条件的学生获得对内容更深入的理解,(2)给学生提供总学习目标、没有提供自我调控培训并不促进、增强概念的理解,(3)自我调控培训条件下的学生更经常使用自我调控策略和更有效地使用它们。

但是明确的自我调控学习技术培训并不是在超文本环境下监督读者学习的唯一方式,可以整合于超文本学习环境中的自动化过程和工具包括学习者控制的提问-回答机制和基于人工智能的、动画的对话代理(Graesser 等 2005; Kauffman, 2004)。Kauffman (2004)开发了一个整合了问题、促进元认知的超文本系统。研究者向研究对象展示一个有关教育性测试的超文本,一半的研究对象被分配使用以问题形式呈现自动化的自我监视提示的系统,这些提示每次出现,读者从一个结点移到另一个结点。如果学生不能正确地回答问题,他们被鼓励返回和查看他们刚刚阅读的页面。第二个研究对象小组能够自由地点击超链接按钮,无须就他们的理解回答任何问题就可以移到一个新页面。

对两组在陈述性知识测试中的表现进行比较;元认知提示条件的学生在评估他们将所学的知识应用于实际问题(对情境模式学习的测量)的能力的后测中表现超过另一组学生。有趣 208
的是,在元认知意识方面,两组没有差异。因此,提供自动化的自我调节的提示是促进深度学习的有效手段,即使研究对象没有意识到这种提示改变了他们对自己学习的思考。也应该指出,由于这种超文本的小尺寸,有少量的链接按钮和研究对象在学习期间只获得三次或四次提示。当这种中等干预证明了使用这种提示的前途后,人们可以观察到明显的学习改进。

在阅读超文本时所发生的积极的参与显然对读者提出了附加的认知要求。在传统的印刷文本的阅读中,学习者必须投入到基本的、低水平的处理中(如字母识别和解释单词)和高水平的处理(如将新信息与先验知识联系)。此外,阅读超文本要求其他的元认知运作(metacognitive functioning),例如选择阅读什么和决定阅读信息的顺序。正如,Niederhauser 和同事们(2000)指出的,不熟练的计算机用户必须使用认知资源来操作计算机(如使用鼠标、按键和激活屏幕上的按钮)。考虑到这些和本章前面提到的认知负荷问题,人们对用于管理认知资源和调节学习过程的明确策略看起来是有效的观点并不觉得惊奇。虽然 Azevedo 的工作几乎只与超媒体环境下先验知识不足的学习者打交道,但是似乎使用自我调控的学习技术以增强利用超文本的学习仍有明显的前途。

小结

超文本研究一直是具有挑战性、但成果丰硕的领域。许多相互影响的、甚至时而混乱的变量,阻碍了我们建立利用超文本学习的知识库,对概念性知识学习的测量一直在本领域和其他相关领域构成了挑战。然而,在过去 25 年里自从技术进步使计算机超文本成为可能,严格的、富有见解的研究核心出现了。连贯性和自我调控学习研究的未来发展,将大有前途。

(王旭卿 译,孙艳超 一校,任友群 二校)

参考文献

Anderson-Inman, L. and Tenny, J.(1989). Electronic studying: information organizers to help students to study 'better' not 'harder,' part II. *Comput. Teacher*, 17,21-53.

Azevedo, R. (2005). Using hypermedia as a metacognitive tool for enhancing student learning? The role of self-regulated learning. *Educ. Psychol.*, 40(4),199-209.*

Azevedo, R. and Cromley, J.(2004). Does training on self-regulated learning facilitate students' learning with hypermedia? *J. Educ. Psychol.*, 96 (3),523-535.

Azevedo, R., Guthrie, J., Wang, H., and Mulhern, J.(2001). Do Different Instructional Interventions Facilitate Students' Ability to Shift to More Sophisticated Mental Models of Complex Systems? Paper presented at the American Educational Research Association Annual Meeting, April 10-14, Seattle, WA.

Azevedo, R., Seibert, D., Guthrie, J., Cromley, J., Wang, H., and Tron, M.(2002). How Do Students Regulate Their Learning of Complex Systems with Hypermedia? Paper presented at the American Educational Research Association Annual Meeting, April 1-5, New Orleans, LA.

Azevedo, R., Guthrie, J.T., and Seibert, D.(2004). The role of self-regulated learning in fostering students' conceptual understanding of complex systems with hypermedia. *J. Educ. Comput. Res.*, 30(1-2),87-111.

Brinkerhoff, J.D., Klein, J.D., and Koroghlanian, C.M.(2001). Effects of overviews and computer experience on learning from hypertext. *J. Educ. Comput. Res.*, 25(4),427-440.

Castelli, C., Colazzo, L., and Molinari A.(1998). Cognitive variables and patterns of hypertext performances: lessons learned for educational hypermedia construction. *J. Educ. Multimedia Hypermedia*, 7(2-3),177-206.

Cress, U. and Knabel, O.B.(2003). Previews in hypertexts: effects on navigation and knowledge acquisition. *J. Comput. Assist. Learn.*, 19(4), 517-527.

Curry, J., Haderlie, S., Lawless, K.A., Lemon, M., Ku T.W., and Wood, R.(1999). Specified learning goals and their effect on learners' representations of a hypertext reading environment. *Int. J. Instruct. Media*, 26(1),43-51.

de Jong, T. and van der Hulst, A.(2002). The effects of graphical overviews on knowledge acquisition in hypertext. *J. Comput. Assist. Learn.*, 18(2),219-231.

Dillon, A. and Gabbard, R.(1998). Hypermedia as an educational technology: a review of the quantitative research literature on learner comprehension, control, and style. *Rev. Educ. Res.*, 68(3),322-349.*

Dunser, A. and Jirasko, M.(2005). Interaction of hypertext forms and global versus sequential learning styles. *J. Educ. Comput. Res.*, 32(1),79-91.

Eveland, W.P., Cortese, J., Park, H., and Dunwoody, S.(2004). How Web site organization influences free recall, factual knowledge, and knowledge structure density. *Hum. Commun. Res.*, 30(2),208-233.

Gall, J.(2006). Orienting tasks and their impact on learning and attitudes in the use of hypertext. *J. Educ. Multimedia Hypermedia*, 15(1), 5-29.*

Gerjets, P. and Scheiter, K.(2003). Goal configurations and processing strategies as moderators between design and cognitive load: evidence from hypertext-based instruction. *Educ. Psychol.*, 38(1),33-41.*

Graesser, A.C., McNamara, D.S., and Van Lehn, K.(2005). Scaffolding deep comprehension strategies through Point&Query, AutoTutor, and iSTART. *Educ. Psychol.*, 40(4),225-234.

209 Graff, M.(2003). Assessing learning from hypertext: an individual differences perspective. *J. Interact. Learn. Res.*, 14(4),425-438.

Graff, M.(2005). Differences in concept mapping, hypertext architecture, and the analyst-intuition dimension of cognitive style. *Educ. Psychol.*, 25(4),409-422.*

Hofman, R. and van Oostendorp, H.(1999). Cognitive effects of a structural overview in a hypertext. *Br. J. Educ. Technol.*, 30(2), 129-140.

Horney, M.A. and Anderson-Inman, L.(1994). The electro text project: hypertext reading patterns of middle school students. *J. Educ. Multimedia Hypermedia*, 3(1),71-91.

Jacobson, M.J. and Spiro, R.J.(1995). Hypertext learning environments, cognitive flexibility, and the transfer of complex knowledge: an empirical investigation. *J. Educ. Comput. Res.*, 12(4),301-333.

Jonassen, D.H. and Wang, S.(1993). Acquiring structural knowledge from semantically structured hypertext. *J. Comput.-Based Instruct.*, 20(1), 1-8.*

Kauffman, D.F.(2004). Self-regulated learning in Web-based environments: instructional tools designed to facilitate cognitive strategy use, metacognitive processing, and motivational beliefs. *J. Educ. Comput. Res.*, 30(1),139-161.

Kintsch, W.(1988). The use of knowledge in discourse processing: a construction integration model. *Psychol. Rev.*, 95,163-182.*

Landow, G.(1992). *Hypertext: The Convergence of Contemporary Critical Theory and Technology*. Baltimore, MD: The Johns Hopkins University Press.*

Lawless, K. and Brown, S.(1997). Multimedia learning environments: issues of learner control and navigation. *Instruct. Sci.*, 25(2),117-131.

Lawless, K. and Kulikowich, J.(1996). Understanding hypertext navigation through cluster analysis. *J. Educ. Comput. Res.*, 14(4),385-399.

Lawless, K.A. and Kulikowich, J.M.(1998). Domain knowledge, interest, and hypertext navigation: a study of individual differences. *J. Educ. Multimedia Hypermedia*, 7(1),51-70.*

Lawless, K.A., Mills, R., and Brown, S.W.(2002). Children's hypertext navigation strategies. *J. Res. Technol. Educ.*, 34(3),274-284.

Lee, J.K. and Calandra, B.(2004). Can embedded annotations help high school students perform problem solving tasks using a Web-based historical document? *J. Res. Technol. Educ.*, 37(1),65-84.

Lee, M.J. and Tedder, M.C.(2004). Introducing expanding hypertext based on working memory capacity and the feeling of disorientation: tailored communication through effective hypertext design. *J. Educ. Comput. Res.*, 30(3),171-195.

Lin, C. and Davidson-Shivers, G.(1996). Effects of linking structure and cognitive style on students' performance and attitude in a computer-based hypertext environment. *J. Educ. Comput. Res.*, 15(4),317-329.

Mannes, B. and Kintsch, W.(1987). Knowledge organization and text organization. *Cognit. Instruct.*, 4,91-115.*

McNamara, D.S. and Shapiro, A.M.(2005). Multimedia and hypermedia solutions for promoting metacognitive engagement, coherence, and learning. *J. Educ. Comput. Res.*, 33(1),1-29.*

Moos, D.C. and Azevedo, R.(2006). The role of goal structure in undergraduates' use of self-regulatory processes in two hypermedia learning tasks. *J. Educ. Multimedia Hypermedia*, 15(1),49-86.

Niederhauser, D.S., Reynolds, R.E., Salmen, D.J., and Skolmoski, P.(2000). The influence of cognitive load on learning from hypertext. *J. Educ. Comput. Res.*, 23(3),237-255.*

Paas, F. and van Merriënboer, J.G.(1994). Instructional control of cognitive load in the training of complex cognitive tasks. *Educ. Psychol. Rev.*, 6,351-371.

Paivio, A.(1971). *Imagery and Verbal Processes*. London: Holt, Rinehart and Winston.

Patterson, N.(2000). Hypertext and the changing roles of readers. *English J.*, 90(2),74-80.

Piaget, J.(1985). *The Equilibration of Cognitive Structures: The Central Problem of Intellectual Development* (Brown, T. and Thampy, K.J., trans.). Chicago, IL: University of Chicago Press.

Pintrich, P.R.(2000). The role of goal orientation in self-regulating learning. In *Handbook of Self-Regulation*, edited by M. Boekaerts, P. Pintrich, and M. Zeidner, pp.451-502. San Diego, CA: Academic Press.

Potelle, H. and Rouet, J.F.(2003). Effects of content representation and readers' prior knowledge on the comprehension of hypertext. *Int. J. Hum.-Comput. Stud.*, 58(3),327-345.

Puntambekar, S. and Stylianou, A.(2005). Designing navigation support in hypertext systems based on navigation patterns. *Instruct. Sci.*, 33(5/6), 451-481.

Puntambekar, S., Stylianou, A., and Hubscher, R.(2003). Improving Navigation and Learning in Hypertext Environments with Navigable Concept Maps. *Hum.-Comput. Interact.*, 18(4),395-428.

Salmeron, L., Canas, J.J., Kintsch, W., and Fajardo, I.(2005). Reading strategies and hypertext comprehension. *Discourse Processes*, 40(3), 171-191.

Shapiro, A.M.(1998a). Promoting active learning: the role of system structure in learning from hypertext. *Hum.-Comput. Interact.*, 13(1),1-35.

Shapiro, A.M.(1998b). The relationship between prior knowledge and interactive organizers during hypermedia-aided learning. *J. Educ. Comput. Res.*, 20(2),143-163.

Shapiro, A.M.(1999). The relevance of hierarchies to learning biology from hypertext. *J. Learn. Sci.*, 8(2),215-243.*

Shapiro, A. M. and Niederhauser, D. (2004). Learning from hypertext: research issues and findings. In *Handbook of Research on Educational Communications and Technology*, 2nd ed., edited by D. H. Jonassen, pp. 605 – 620. Mahwah, NJ: Lawrence Erlbaum Associates. *

Shin, E. J., Schallert, D., and Savenye, W. (1994). Effects of learner control, advisement, and prior knowledge on young students' learning in a hypertext environment. *Educ. Technol., Res. Dev.*, 42(1), 33 – 46.

Spiro, R. J. and Jehng, J. C. (1990). Cognitive flexibility and hypertext: theory and technology for the nonlinear and multidimensional traversal of complex subject matter. In *Cognition, Education, and Multimedia: Exploring Ideas in High Technology*, edited by D. Nix and R. J. Spiro, pp. 163 – 205. Hillsdale, NJ: Lawrence Erlbaum Associates.

Spiro, R. J., Vispoel, W., Schmitz, J., Samarapungavan, A., and Boerger, A. (1987). Knowledge acquisition for application: cognitive flexibility and transfer in complex content domains. In *Executive Control Processes in Reading*, edited by B. Britton and S. Glynn, pp. 177 – 199. Hillsdale, NJ: Lawrence Erlbaum Associates.

Spiro, R. J., Coulson, R., Feltovitch, P., and Anderson, D. (1988). Cognitive flexibility theory: advanced knowledge acquisition in ill-structured domains. In *Proceedings of the Tenth Annual Conference of the Cognitive Science Society*, pp. 375 – 383. Hillsdale, NJ: Lawrence Erlbaum Associates.

Spiro, R. J., Feltovitch, P., Jacobson, M., and Coulson, R. (1992). Cognitive flexibility, constructivism, and hypertext: random access instruction for advanced knowledge acquisition in ill-structured domains. In *Constructivism and the Technology of Instruction: A Conversation*, edited by T. Duffy and D. Jonassen, pp. 57 – 75. Hillsdale, NJ: Lawrence Erlbaum Associates. *

Su, Y. and Klein, J. D. (2006). Effects of navigation tools and computer confidence on performance and attitudes in a hypermedia learning environment. *J. Educ. Multimedia Hypermedia*, 15(1), 87 – 106.

Sweller, J. (1988). Cognitive load during problem solving: effects on learning. *Cognit. Sci.*, 12, 257 – 285.

Sweller, J., van Merriënboer, J. G., and Paas, F. G. (1998). Cognitive architecture and instructional design. *Educ. Psychol. Rev.*, 10(3), 251 – 296.

Tergan, S. O. (1997). Multiple views, contexts, and symbol systems in learning with hypertext/hypermedia: a critical review of research. *Educ. Technol.*, 37(4), 5 – 16. *

Winne, P. H. (1995). Inherent details in self-regulated learning. *J. Educ. Psychol.*, 87, 397 – 410.

Winne, P. (2001). Self-regulated learning viewed from models of information processing. In *Self-Regulated Learning and Academic Achievement: Theoretical Perspectives*, 2nd ed., edited by B. J. Zimmerman and D. Schunk, pp. 153 – 189. Mawah, NJ: Lawrence Erlbaum Associates. *

Yang, S. (1997). Information seeking as problem-solving using a qualitative approach to uncover the novice learners' information-seeking processes in a Perseus hypertext system. *Library Inform. Sci. Res.*, 19(1), 71 – 92.

Zimmerman, B. J. (2001). Theories of self-regulated learning and academic achievement: an overview and analysis. In *Self-Regulated Learning and Academic Achievement: Theoretical Perspectives*, edited by B. Zimmerman and D. Schunk, pp. 1 – 37. Mahwah, NJ: Lawrence Erlbaum Associates.

Zumbach, J. and Reimann, P. (2002). Enhancing learning from hypertext by inducing a goal orientation: comparing different approaches. *Instruct. Sci.*, 30(4), 243 – 267. 210

Zumbach, J., Reimann, P., and Koch, S. (2001). Influence of passive versus active information access to hypertextual information resources on cognitive and emotional parameters. *J. Educ. Comput. Res.*, 25(3), 301 – 316.

---

* 表示主要参考文献。

17

计算机中介技术

211 Arthur C. Graesser、Patrick Chipman 和 Brandon G. King

摘要

本章主要是回顾总结计算机中介技术在学习中应用的研究，包括传统的基于计算机教学培训、多媒体、超文本与超媒体、交互式模拟、智能导师系统、基于探究的信息检索(Inquiry-Based Information Retrieval)、动画教学代理(Animated Pedagogical Agent)、具备代理的虚拟环境(Virtual Environments with Agent)、严肃游戏(Serious Games)和协作学习环境。与使用信息传递系统不同，对学生来讲，这些环境中绝大多数都鼓励他们主动学习、知识建构、调查和探究。令人遗憾的是，绝大多数学生拥有的学习策略非常有限，所以这些系统必须要提供一些有效策略模型、智能支架以及精确反馈。有关研究已经证实：与课堂教授、阅读教科书、没有交互控制的条件相比较，学生大多从这些高级的学习环境中学习。但是有关在这些环境中学习的实验研究还相当缺乏，比如具备代理的虚拟环境和严肃游戏。我们认为未来的研究路径应该对由学习技术(T)、教学机制(M)、学习目标(G)和学习者特征(L)构成的宽阔图景进行系统地调查研究。很好地理解 TMGL 图景可以为在恰当的时间将合适的学习环境安排给需要的学习者提供理论基础。通常，开发这些高级学习环境所投入的费用也是很高的，所以我们鼓励设计者要遵循由研究团队开发出来的一些复用学习物件、课程和系统的标准。其中，一个主要的技术性挑战将会是开发出一些著作工具，能够让设计者、教师和学生很方便地开发可以整合这些高级学习技术的新内容。 212

关键词

动画教学代理：通过动画人物头像(只有人头和肩部)的话语、面部表情、手势等来实施教学策略。

超文本、超媒体：文本或其他媒体的页面，页面上有热区，可供使用者点击并访问到其他页面。

探究式学习：学生通过提出问题、解释答案或者形成并验证假说的方式进行积极主动的学习。

智能导师系统：将学习者的知识和技能精细地分层次建模，并提供适应性回应的智能计算机系统。

交互式模拟：学习者操纵一个复杂系统的组件和参数，并观察产生系统输出时的情况。

严肃游戏：帮助学生学习与理论和实践主题相关的新的内容、策略和技能的游戏。

引言

自从 50 年前计算机出现开始，基于技术的培训发生了一场革命。在 20 世纪 60 年代，本章中所讨论的学习环境，诸如基于计算机的自适应训练、多媒体、超文本与超媒体、交互式模拟、智能导师系统、基于探究的信息检索、动画教学代理、具备代理的虚拟环境、严肃游戏以及协作学习环境，一个都不存在。甚至在 20 年前，这些学习环境中的大多数还尚不存在。时至今日，它们仍然不是学校中的主流技术。然而，万维网为所有的这些学习环境提供了案例和成熟的技术，使他们能够为所有的网络用户服务。

目前，在基于技术的教学领域发生的革命要求我们在认知、学习与社会科学方面开展更多的研究。大多数学生不知道如何有效地使用这些高级的学习环境，所以为了使他们能够最佳地应用这些系统，建模、提供支架和反馈是必要的。实际上，学生还常常不知道如何开始。所以，当研究者评估这些学习环境(简称 LEs)的学习收益时，这些数据往往是令人失望的，因为系统开发者没有接受过认知科学、学习科学、教学法、课程设计、人机交互、社会交互、话语处理以及其他在跨学科团队中相互配合的相关领域的充分训练。大多数的学习环境没有经过必要的可用性、参与性以及学习收益的试验测试就发布了。新技术投入市场的步伐如此之快，以至于没有足够的时间对这些系统进行测试。所以，与技术革新步伐相适应的唯一办法就是开发理论模型与工具，使我们能够在这些环境开发之前或之中就能够对其设计质量进行预测。

关于技术在教育、教学中的作用，一直有批评的言论。Cuban (1986,2001)认为从历史上看，技术对提升教育的影响微乎其微，并指出电视和广播就是两个令人失望的案例。Clark (1983)则辩称教学法是学习环境的基础，而非通常用以解释学习收益的技术本身。当然，这些论断也激发了有关特定技术是如何自然地与特定教学原则、理论、模型、假设乃至知觉相适应的调查研究需求。比如，一个有关如何设计核电站的电影不会自然地成为与强调主动发现学习的教学理论相适应的技术；在网络上阅读有关协商策略的文本也不会与主张建模——支架——淡出的社会学习理论很好地吻合。从某种程度上来说，我们需要一种系统化的原则性基础，以开发与理论学习机制相啮合的技术。

首要的关键一步是勾画出学习技术与学习理论的图景(Bransford 等,2000; Jochems 等, 2004; Jonassen, 2004; Merrill, 2002; O'neil 和 Perez, 2003)。任何一个给定的技术(T)都可以给多种认知的、教学的和社会的机制(M)提供给养(affords)(Gee, 2003; Kozma, 1994; Norman, 1998)。这些机制包括利用呈现—测试—反馈—分化的掌握学习、构建先决条件、通
213 过问题和案例实践、多媒体学习、建模—支架—淡出、互惠教学、基于问题的学习、探究学习、协同知识建构等。与仅仅接受由学习环境传递信息不同，所有的这些机制几乎都强调学习者要积极建构知识、修炼技能。除了这些 TM 图景之外，思考学习环境的目标(M)也是很重要的。这就是说，学习环境究竟是为什么而设计，是为快速培训以掌握简易主题的浅层知识而设计，还是为解释复杂系统以开展深度学习而设计？此外，对学习者特征(L)的考虑也是非常必需的。比如，他们是否对所学的主题领域具有一定的知识背景？他们的口头表达能力是高还是低？他们运用技术的经验是高还是低等等。影响 TMGL 图景的每一个要素都要被关注。其中，一些要素对学习来说是可以按期望方式发展的条件(可以实现的条件)，而有一些是不能实现的，还有一些单元群产生了有趣的交互。我们希望能够有一个长期的研究规划，以此为教育、培训指出一个合适的 TMGL 图景。这将为在恰当的时间将合适的学习环境匹配给合适的学习者提供实践基础。

TMGL 图景将允许研究者选择一些研究项目，策略性地涵盖所要求关注的要素。比如：目前对低阅读水平的成年人在提供主动发现学习的严肃游戏(学习环境)中的学习收益研究做得尚不多。相比而言，关于代数、物理方面的智能专家系统的学习收益的研究就比较丰富，涉及学习者特征、教学机制、学习目标等因素(Anderson 等,1995; Doignon 和 Falmagne, 1999; Vanlehn 等,2002)。还有一个例子，目前大家讨论的是动画教学代理在什么条件下可以有效地促进学习和激发学习动机，那么相应的要素也需要得到关注。一个具有较多知识和较大压力的人可能没有耐心向一个嵌入式的动画型对话代理学习，但是这样的环境可能比较适合一个具有持久动机问题的孩子。

对学习环境的评价必须考虑学习收益、可用性、用户参与度以及投资回报几方面。关于学习收益，结果变量包括对深与浅的比较知识记忆程度的测试、问题解决、知识或技能向不同但相关的境脉中迁移的能力。元分析表明：与课堂教学和其他自然控制的条件相比，基于计算机

的学习环境是成功的(Corbett, 2001; Dodds 和 Fletcher, 2004; Wisher 和 Fletcher, 2004)。这些研究报告称基于计算机的教学的效应量为 0.39,多媒体的效应量为 0.50, 智能导师系统的效应量为 1.08。效应量的定义是不同输入与控制条件下产生的绩效的差异,通常用标准差测量,单位用 σ 表示。关于其他类型学习环境学习收益的研究数据是非常少的,所以我们需要在此方面做更多的研究。尽管,在已发表的研究中,通常会有对学习收益的惯例式的报告,但这些数据经常是不完整的,涉及可用性(损耗度)、投入度(包含学习者喜爱该系统的程度)、系统开发的时间、研究时间、教师和学生交互的时间以及花费。以后的测量还应该包括对投资回报的系统、切实的评估(Spector, 2005)。

学习技术的分类

这部分内容主要是介绍了几类计算机作为媒介的学习技术。对于每一类学习技术,我们将会指出该系统主要的理论框架、实验发现以及未来研究的机会和方向。

基于计算机的自适应训练

基于计算机的培训(CBT)系统的原型就是掌握学习。学习者(1)学习课程中呈现的材料,(2)进行多项选择题或者其他的客观性测试,(3)从测试结果获得反馈,(4)如果在第 2 步中获得的成绩低于要求水平就再次学习该材料,(5)如果成绩超过要求水平,就开始学习新的主题。主题呈现和测试的顺序可以遵循不同的教学模型,如按先决技能排序(ordering on prerequisite)(Gagné, 1985),预先的从上至下的层级结构组织(Ausubel 等,1978),尝试弥补学习缺陷或纠正迷失概念的知识空间模型(Doignon 和 Falmagne, 1999),或者其他的允许动态排序和导航的模型(O'neil 和 Perez, 2003)。

在基于计算机的培训中,课程资料的表现形式可以有很大的不同,可以通过文本与图形/表格/图表(本质上是基于网络的书本)相结合的形式、多媒体形式、问题解决形式、问题案例及解决办法形式以及其他的学习物件分类形式。在过去的几十年中,基于计算机的培训得到了比较广泛深入地研究,并且逐渐发展成为一项成熟的技术,到了一个比较经济的成本规模化发展阶段。如前所述,元分析显示:与课堂教学相比,基于计算机的培训的效应量为 0.39 σ (Dodds 和 Fletcher, 2004)。在 CBT 中,学生投入在材料上的学习时间与学习成绩的相关系
数(correlation)为 0.35(Taraban 等,2001),并且可以被分布于实践中的偶然因素所优化。学 214
习研究者曾经研究过学习活动与学习者特征之间的关系问题,诸如关于主题知识、认知能力、学习风格、年龄、性别等等。这些态度调节互动法(Aptitude-Treatment Interaction,简称 ATI)强调学习材料要适应学习者认知特点和经验的重要性。

在基于计算机的培训中,反馈的特征值得关注(Kulhavy 和 Stock, 1989; Moreno 和 Mayer, 2005; Shute, 20006)。测试可以在形成性评价中影响学习课程,但是在总结性评价中对学习者的掌握程度的评量作用就比较小了(Hunt 和 Pellegrino, 2002; Shute, 2006)。一次考试成绩仅仅能够告诉学习者他做得有多好,但是不能够确认他的知识或技能中到底什么地

方存在特别的障碍。我们需要对学习者从正确答案所获得的反馈的基本条件、解释正确答案为什么正确、确认误解、对误解进行解释，以及其他的精细化形式有更深入、正确的理解：研究者也需要指出不给予反馈的最佳条件，以便学习者获得自我调节的学习策略。

测试形式的性质也是影响学习收益程度的一个重要的决定性因素。实际课程、数字化学习设施和商业性测试库中的绝大多数多项选择题都是指向浅层次的理解而非深度理解(Ozuru 等,2006; Wisher 和 Graesser, 2007)。浅层次的问题通常测试学习者在课程中明确的信息、术语的定义、概念的属性、程序的步骤以及其他基于感觉或记忆的过程形式，很少要求甚至不要求推理即可做到。深层次的问题要求学习者能够理解因果机制、对观点进行逻辑判断、对复杂系统进行解释、构建心智模型、进行推理和应用(Bloom, 1956; Chi 等,1994; Graesser 和 Person, 1994)。在教学中，强调浅层知识会导致非常不好的结果——使学习者将学习目标放在理解的浅层标准上(Baker, 1985; Dwyer, 2005; Otero 和 Garesser, 2001)。因而，实验性调查需要操作与课程密切相关的问题的质量，并且要测量在记忆、问题解决、迁移能力方面的影响。

传统的基于计算机的培训还存在两个潜在的缺点。当然，任何一个都还需要开展研究来进一步确认。第一，一些学习者并没有投入到由 CBT 提供的学习过程中，尤其是在一些缺乏多媒体的 CBT 环境。传统的电子翻页器形式的 CBT 对于那些渴望在短时间内学到较容易的学习材料的人来说是适合的，但是对那些缺乏学习动机又对娱乐性有要求的人来说是不适合的。第二，与对知识的积极应用相比，CBT 看起来好像更适合获得默会知识(Bereiter 和 Scardamalia, 1985; Bransford 等,2000)；适用于浅层知识的学习而不宜于深度知识的学习。其他类型的学习环境在加强学习投入、积极的知识和技能应用以及掌握的深度方面则比较擅长(appropriate)。

多媒体

资料可以用不同的表征形式(口头语言、图像)、感官通道(Modalities)(听觉、视觉)和传输媒介(文本、视频和模拟)来传递。Mayer 及其同事就不同形式多媒体的影响开展了广泛的调查研究(Mayer, 2005)。由 Dodds 和 Fletcher (2004)所做的元分析报告显示多媒体学习的效应量为 0.50 σ；由 Mayer (2005)做的元分析报告得出的效应量更高(1.0 σ)。在这些研究中，记忆、问题解决和教学迁移在多媒体环境中得到了提升，因为分离的感觉通道提供了多样的表征(Paivio, 1986)，概念上来说更丰富、更深刻的表征(Craik 和 Lockhart, 1972)，多种检索途径，以及更多的认知灵活性(Spiro 等,1991)。然而，有一点很重要，就是多种媒体表征并没有产生大量的认知负荷，也没有分散学习者的注意力(Kalyuga 等,1999; Sweller 和 Chandler, 1994)；例如：屏幕有图画，还有配音对图画中高亮度的部分进行解释，这样就提供了多种编码方式，但是并没有为工作记忆带来认知负荷。如果屏幕中的文本是对声音解释的多余的重复，那么就可能会产生认知超载、导致干扰和分散注意力(在打印和图画之间)的结果。与那些在不同的感觉通道中输入信息相比，在同一个感觉通道中输入的信息间会相互干扰。

Mayer (2005)曾经提出并且通过实验验证了许多原则，能够预测多媒体的不同信息形式在什么时候能够促进学习。这些多媒体学习原则包括通道原则、一致性原则、冗余原则和个别差异原则。这些原则均是基于一个认知模型，它指明了选择、组织和整合信息的过程。Mayer的多媒体学习模型尝试预言在什么时候，以及用什么方式能够用箭头、线、颜色、声音、口语信息等强调文本和图表。

一个违背知觉的有关多媒体研究的结果是：在一个复杂过程中，一个没有交互的卡通（动画）并不能够对学习产生影响（Lowe，2004；Rieber，1996；Tversky 等，2002）。运用动画存在 215
许多风险：不容易被理解，转瞬即逝，运动得太快，展示一些涣散注意力的资料，对工作记忆提出要求，用一种流行的方式而不是按学生主动建构的方式描述过程（Hegarty，2004）。相反，在屏幕上留有一个静止的画面让人检查（可以通过外部记忆将信息从工作记忆下载，从而释放工作记忆空间），则可以让学习者按照自己喜爱的方式积极主动地建构解释，能够潜在地激发对动态过程的心智建构（Hegarty 等，2003）。虽然一些研究者认为可以从动画中获得学习收益，但是仍有一个问题没有解决，即在动画和控制条件间的信息量是否是等同的。

我们需要有一个正式的认知模型，能够预知特定多媒体形式对学习产生不同程度的影响。比如，我们渴望一个 GOMS（目标、操作、方法和选择规则 Goal，Operators，Methods，Selection Rules）多媒体学习模型（Card 等，1983；Gray 等，1993）。该模型具有理论视野、分析精度和预测的能力，GOMS 在 20 世纪 80、90 年代促生了一个人—机交互的领域。一个令人满意的模型应该考虑内容的认知表征、感知和解释多媒体表征所需的过程、学习者的知识以及学习只需要执行的任务等因素。一个精细的认知模型需要能够解决文献中发现的一些矛盾，并能够做出一些先验的预测。

关于多媒体还有很多其他的问题需要研究。如何训练学习者解释复杂的多媒体呈现信息？需要何种信号学理论来解释图像、图标是如何解释以及与声音输入整合在一起的？如何使图形艺术家了解认知理论？多媒体信息表征如何适应学习者的个性，包括那些在某方面存在障碍的学习者？不同形式的内容如何用不同类型的多媒体表达？考虑到目前大多数有关多媒体的实验研究中，多媒体材料的展示时间均低于 1 小时，那么当学习环境中多媒体材料时间达到几个星期时，多媒体研究的效果是否会成比例的增长？学习者长时间在这种"混乱热闹"奇异的多媒体环境中学习，是否会感到疲惫？

超文本与超媒体

这些系统提供了大量的带有文本、图像、动画和其他媒体形式的网页。每个网页中都有"热区"，供学习者点击和探索。学习者可以在超媒体/超文本空间中自由操作，这种课程为学习者主动学习和探究提供了一个非常理想的环境。令人遗憾的是，目前绝大多数学习者缺乏在自由空间中进行智能探究的自我调节能力和元认知能力（Azevedo 和 Cromley，2004；Conklin，1987；Winne，2001），所以他们经常迷航——被一些具有诱惑力的细节所吸引而忘却了最初的学习目标。与由专家权威预先设计好学习材料顺序的学习环境相比，这种技术的这些倾向导致了超文本/超媒体环境好坏参半的学习收益报告（Azevedo 和 Cromley，2004；Dilllon 和 Gabbard，1998；Rouet，2006）。学习者可以从一个训练、示范和支持良好探究策略的导航指南中受益(Azevedo 和 Cromley, 2004)。另一项辅助是在交互界面中面向学习者提供一个网站媒体空间概览以及其已经访问过的位置。一个图形界面或层级标签可能比较适合于提供这种全球性的境脉(Lee 和 Baylor, 2006)。还有必要开展更多的有关培训学习者的研究,教会他们如何有效利用这超文本/超媒体的技术以达到特定的学习目标。我们也还需要再开展一些研究:评估或提升设计者用认知规律、人文因素、语义和人机交互等来设计这些环境的可能性。一些设计者运用了过多的选项和诱人的细节(比如:功能泛滥)来充斥网页,通常会造成认知负荷过载和低能力学习者的注意力分散。

交互式模拟

如其字面意思所述,交互式模拟通常引发了比仅仅让学生观看模拟更多的学习机会。在交互式模拟中,学生可以主动地控制输入变量,然后观察系统的输出结果。在模拟课程中,学习者可以慢放动画以观察过程的细节内容,也可以将系统中的某个重要的子内容放大,进而从多个视角观察该系统,并将输入与输出进行系统性关联(Kozma, 2000)。一些研究确实显示了交互式模拟对学习具有优势,但是,也有一些研究发现在多种控制条件下,交互式模拟对学习来说没有什么收益(Deimann 和 Keller, 2006; Jackson 等,2006; Stern 等,2006; van der Meij 和 de Jong, 2006a, b)。因此,如果已经开展了足够多的实验研究,这些实验研究结果是好坏参半的,我们还需要进行元分析。

令人遗憾的是,模拟往往具有学习者不熟悉的复杂内容或复杂界面。如果学生缺乏与该
216 领域相关的前期知识或者计算机专业知识的话,那么就不知道从何处起步,或者不知道如何来操作人—机交互界面。而那些具有较多知识和经验的学生通常不知道如何策略性地与模拟进行交互以促进学习。因此,这些系统的设计者通常会因为模拟系统没有被充分和有效应用而感到失望。在学习者能够有效地应用这些复杂的模拟系统之前,必须要对学习者进行培训、示范和提供脚手架。一个具有指导和反馈功能的游戏环境[如飞行模拟程序(Flight Simulation)案例;见 http://wwww. microsoft. com/games/flightsimulator]有可能会激发动机和有效提升学习收益。研究者需要研究认知和动机机制,以促进与这些模拟系统的智能化互动。

智能导师系统

智能导师系统(ITSs)是通过在很细微的层次上跟踪学习者知识状态,然后适应性地回应那些对知识状态敏感的活。对学习者进行知识追踪(亦称为学习者建模)和适应性反应的过程可以很完美地合并为人工智能和认知科学领域中的计算模型,诸如产生式系统、基于案例的推理、贝叶斯网络(Bayesian Networks)、定理证明(theorem proving)、约束满足算法(constraint satisfaction algorithms)等。在代数、几何、程序语言(认知导师)(Anderson 等, 1995; Koedinger,等,1997)、物理(Andes ,Atlas, and Why/Altas)(VanLehn 等,2002,2007)、电子(SHERLOCK)(Lesgold 等,1992)、信息技术(Mitrovix 等,2004)等数学方面结构良好的主题领域已经开发出了成功的系统。这些系统产生了很大的学习收益(接近 1.00 σ),尤其在深度

理解方面。ITS 的开发通常是比较昂贵的，但是，目前处于规模推广应用阶段。这种系统能够被广泛应用的挑战之一是教师不知道可以利用什么样的系统，不知道如何可以获取和应用它们，以及如何将这些 ITS 整合到课程中。第二个挑战是如何及时编制新学科内容，以跟上知识的不断增长。

一些最新研发的 ITS 尝试处理一些尚没有被数学化或结构不良的领域的知识。智能论文评估(The Intelligent Essay Assessor)(Foltz 等，2000；Landauer 等，2000)和 e-Rater (Burstein, 2003)可以对科学、历史和其他领域的论文进行评分，像英文写作专家一样可靠。学习者可以很快地获得有关他们论文质量和特定缺陷的反馈。Summary Street★ (Kintsch 等，2000)通过区分观点间的区别和不相关信息帮助学习者撰写文本摘要。Auto Tutor(Graesser 等，2004b, 2005a)通过基于自然语言的对话，帮助大学生学习有关计算机文化、物理以及批判性思维技能。与阅读教科书学习相比，在相同时间内利用 AutoTutor★★进行学习所获得的学习收益接近 0.80 σ(Graesser 等，2004b；VanLehn 等，2007)。通过整合计算机语言学(Jurafsky 和 Martin, 2000)和信息检索，特别是潜在语义分析(Dumais, 2003；Landauer 等，2007；Millis 等，2004)中的最新进展，这些系统能够对语言和对话进行自动分析。

可以说，有三个原因促使我们对用自然语言进行个别指导型对话的 ITS 展开更多的研究和开发。第一个原因就是在尚不能够很好地在数学结构化的主题领域实现开展涉及概念化和口头推理智能训练的需求。第二，自然语言对话是最常用的交流方式，如聊天室、多用户虚拟空间(MUDs)、面向对象的 MUDs(MOOs)、游戏和即时通信(Kinzie 等，2005；Looi, 2005)；实际上，在美国，大多数青少年每天都在用即时通信。第三，在计算机语言学、文献分析、语音识别(speech recognition)、话语处理(Graesser 等，2003a)方面发生了革命性的进展，这些为自然语言对话系统的开发得以大力发展提供了可能。在此技术方向的研究和发展中，我们还需要注意两个问题：第一，我们应该更多地关注让对话系统对学习者的观点、推理线索和问题进行回应，而不是仅仅训练学习者按照专家制定的教学计划日程来学习。第二，我们需要有一个细微、精致的评估系统，评估自然语言对话的哪些方面对学习、投入程度和动机方面有促进作用。学习者会对那些似乎没有深度倾听的对话伙伴产生反感(Mishra, 2006；Walker 等，2003)。

基于探究的信息检索

探究学习的一种方式就是提出问题，然后在该信息知识库中寻找答案(Graesser 等，2004a；Wisher 和 Graesser, 2007)。"高知识能力"(high-knowledge)的个体有时候没有耐心在资料堆中"跋涉"，而是喜欢主动地提出问题，然后寻找实现他们目标的答案。基于查询的信息检索缘起于 Google 被用于获取网络信息的时候。由于系统应用的是关键词检索算法，所以这 217
些查询不需要在语义和语法方面遵循严格的结构。所得到的反馈不是针对该查询的直接答

★ Summary Street，是一个辅导学生写摘要的在线软件。——译者注

★★ AutoTutor 是一个基于网络的计算机导师体系结构，它通过和学习者会话的形式进行交互作用。——译者注

案，而是包含这些答案的一些网页或文献。最近，计算语言学的新进展已经可以让用户来解析和解释结构良好的问题以及反馈问题的答案(Harabagiu 等，2002；Voorhees，2001)。这种信息知识库类型和范围很广，既包括网络上的焦点主题(比如说“华尔街日报”上的恐怖主义、金融问题)，也包括网络上的开放式检索。

曾经对这些问题答案系统——获取各种所需信息的准确性，重要的是，而非返回无关信息——进行过正式评价(见 informedia. cs. cmu. edu/aquaint/index. html)。这些基于探究的信息检索系统比较适合于简答题(如谁、什么、什么时间、什么地点)，而在论述题(为什么、如何)方面表现得却不太令人满意。对于后种类型的问题，完成得最好的就是返回一段可能包含答案在内的文字。在这些提问—回答系统的评价中，缺少对这种学习环境境脉下绩效问题的评估。在一项研究中发现：在一个学习环境中检索到的段落的准确性判断与研究的价值观有非常大的关系(quite respectable on)。其中，有 95％的段落来由学习者根据其相关性判断，50％的段落由学生根据情报学来判断(2004a)。我们需要对学习者在学习过程中所提出的问题进行评估，以及在学习环境中通过问题—回答机制传递信息的逼真度方面开展更多的研究。

限制基于探究的信息检索系统应用的一个挑战就是绝大多数学生在学习过程中很少问问题，而且所问的问题大多数都是比较浅显的(Graesser 等，2005b；Graesser 和 Person，1994)。当实现目标遇到障碍，或遇到认知冲突、违反常规的信息，很难做出决策，明显的知识鸿沟，学生的经验认知平衡被打破时，学习者才会提出问题(Graesser 和 Olde，2003)。但是，即便如此，大多数学习者都需要接受如何提出好问题方面的训练。这种提问技能的培训能够提升问题的质量和内涵(King，1994；Rosenshine，1996)。学习者需要知道一些好的问题提问、探究和好奇心的模型。在现实生活和学校中具有强烈好奇心的学习者太少了。

对探究学习的一个不同的感觉就是表现在能促进假设推理和科学方法的学习环境上，比如探究岛(Inquiry Island)(White 和 Frederiksen，2005)。学习者会面临真实的挑战，能够激励他们产生假设、规划验证假设、向同伴汇报、修正假设等。理想的情况是，学习者能够本能地被学习环境中的问题和给养所激发，投入到探究过程中。然而，我们还需要对支持不同学习者进行有效探究的过程进行调查研究。许多学习环境未能激发大多数学习者进行真实探究，因而，这确实是一个非常需要研究的领域。从这种学习环境中进行学习的课程时间可以是几周、几月或几年(几乎没有一小时的培训课程)，所以开展研究是比较昂贵的，充分的评价需要几个月或几年。

动画教学代理

嵌入式动画型对话代理在信息传播技术方面已经变得越来越流行，但是，最正规(serious)的应用已出现在学习技术领域(Atkinson，2002；Baylor 和 Kim，2005；Cole 等，2003；Graesser 等，2004；Moreno 和 Mayer，2004；Reeves 和 Nass，1996)。这些代理可以说话、指点、做手势、走路、展示各种面部表情。其中，一些代理是以人的形象出现的，而有些是以动物或卡通的形式出现的。从学习环境的视角看，这些代理的潜在优势在于他们能够模拟面对面的方式，与人类导师、指导者、同伴以及扮演其他角色的人进行交流。多个代理群体可以模拟社会交互过程，而单个代理可以模拟具有不同知识、个性、身体特征和风格的个体。无论单个代理还是多个代理均会被精心地设计动作以模拟各种社会情境：好学、协商、审问、争辩、倾心支持、帮助等等。因此，代理技术可能对社会科学研究产生潜在的革命性影响。

曾经有过这样的研究：调查单个代理促进学习以及其他形式的媒体促进学习的条件(Mayer, 2005)。比如：在表达信息方面，是用打印形式表达好还是用代理说话的形式表达好？现实的代理(人物代理，realistic agent)是不是比卡通代理好？代理的吸引力或对话风格重要吗？这些问题以及其他的一些相似的问题应该与代理技术大量涌现以前的有关多媒体、对话和社会心理学方面研究相联系。当然，非常重要的是要保证代理不能够产生认知超载、不能够分散注意力、不能够影响屏幕中所显示的更重要的其他信息(Moreno 和 Mayer, 2004)。重要的是我们要确保代理不要太逼真，以至学习者对代理的智能抱有太高的期望 (Norman, 1994; 218
Shneiderman 和 Plaisant, 2005)。已有研究表明：在预示学习的过程中，代理所表达的内容要比语言和面部表情的美学质量要重要得多(Graesser 等，2003b)。研究还发现，仅用带有表情的面部肖像——最小限度的代表人格特征的方式就可以塑造社会形象。

在未来的研究中值得注意的有四个方向。第一，多个代理可以模拟学习过程，所以研究者可以研究不同的社会交互理论是如何动态地影响学习的。比如：成对关系(dyad)可以存在于同伴学习者之间、教师与学生之间、或指导者与学生之间；同样，在教师、指导者、学生之间也存在三者一组的关系(McNamara 等，2004)。学习者可以从这些交互中进行替代学习(Craig 等，2000)。这种可能性是无穷尽的。第二，研究者可以探究设计者和学习者应用已经开发出的工具包创建代理的全部过程。除却理解这些设计过程外，研究者将会搜集很多代理并在他们的研究中进行测试(不仅仅是微软代理)，包括那些能够引发特定学习群体共鸣的具有不同身体外观、个性和风格的代理(Baylor 和 Kim, 2005)。第三，研究者应该开发那些能够对学习者在指导型对话或其他形式的人机交互中所表达内容进行深度解释的代理。这个方向要求要整合计算语言学、认知科学以及人工智能的最新进展。第四，研究者可以研究：当学习者的贡献在质量上差异很大时，代理可以选择对学习者做出回应的方式，这些在 AutoTutor(Graesser 等，2005a)已有研究，包含了与学习者的混合式主动对话。AutoTutor 会依据学习者的知识状态做出回应，展开对话：短的反馈(正面的、中立的、负面的)，信息汲取(“还有什么”)，线索，对学习者问题的答案，对学习者错误概念的纠正。同样，McNamara 的 iSTART 系统也拥有一组代理，能够对在阅读科学文本过程中产生自我解释的学习者做出适应性的反应(McNamara 等，2004)。这些反应性代理的智能要求要比那些预先排练好的代理高得多。

具备代理的虚拟环境

虚拟环境正在越来越逼近真实世界情景，因而它们应该很好地对真实世界进行模拟、转换，但是花费可以比在实地场景中学习低得多。为学习者与虚拟现实交互提供支架的代理附加物具有使技术与教学方法达到理想的啮合状态(Winn, 2003)的潜能。在拥有代理的虚拟环境中比较杰出的案例就是由南加利福尼亚大学开发的 Mission Rehearsal (Gratch 等，2002)和 Tactial Iraqi (Johnson 和 Beal, 2005)系统。这些虚拟世界在战争场景方面以及士兵在不同文化下用不同语言与市民交互方面与现实非常接近。学习者能够用自然语言与语音识别和多方代理进行对话。这些备受赞誉的虚拟环境是虚拟现实发展的里程碑,军队投入了大量的资金。令人遗憾的是,这些学习环境目前在网络上还没有,因而,在简单平台上传输简单版本的可行性依然还是一个问题。更多的拥有代理的中等难度的虚拟环境可以在 MOOs 中得到(Slator 等,2004)。如前所述,有关评价这些虚拟环境对学习者影响的文献明显不足(Winn, 2003)。在有关这些系统的学习收益、可用性、学习者印象以及具体计算模块的逼真度方面,我们需要开展更多的研究。

严肃游戏

游戏产业在某种程度上抓住了年轻一代的想象力,其收益比电影产业还要高。热衷于游戏的青少年玩家每个星期玩游戏接近 20 个小时(Yee, 2006)。在众多的游戏分类中,几乎所有的游戏类型都可以与教育及培训相整合(比如:第一人称射击游戏*,多方参与的游戏、城市模拟等)。像美国军队(America's Army)等大型游戏对所有的人都有吸引力,不分老幼,因为它能够使人投入并且参与到编织有关军队的严肃内容之中。将娱乐与教学内容整合在一起所面临的挑战是严肃游戏的基本问题(Brody, 1993)。社会学家需要对这些使严肃游戏能够取得成功的机制进行调查研究。

关于游戏的组成内容,已经开展了相当深层次的分析研究(Gee, 2003; Salen 和 Zimmerman, 2004),但是在这些内容对学习收益、投入和可用性方面产生的影响还需要进行更多的研究(Cameron 和 Dwyer, 2005; Conati, 2002; Lawrence, 2004; Malone 和 Lepper, 1987; Moreno 和 Mayer, 2005; Virvou 等,2005)。推测起来,一个游戏的成功可能归功于这
219 样一些因素:反馈、进展标记、引人投入的内容、幻想、竞争、挑战、不确定性、好奇心、控制,以及与认知、情感、动机、艺术等相关的其他因素。开展关于游戏特征与结果测量之间关系的研究应该成为未来研究者的一个重要方向,因为游戏对社会的影响是深广的,而科学的数据比较少。

如果要对游戏有一个适切的理解,需要研究情感和学习的关系。情感与复杂学习的关系受到了心理学领域(Dweck, 2002; Lepper 和 Henderlong, 2000)、教育学领域(Meyer 和 Turner, 2006)、神经科学领域(Damasio, 2003)、计算机科学领域(Kort 等,2001; Picard, 1997)更多的关注。最近开发的一些智能导师系统能够在指导交互、面部表情、说话语调、姿态和其他交流途径的基础上,自动地推断与追踪学习者的情感和动机状态(De Vicente 和 Pain. 2002; D'Mello 等,2005; Graesser 等,2006; Litman 和 Forbes-Riley, 2004)。在复杂学习中常有的普遍情感状态包括:迷茫混乱、厌倦、顺畅/投入(flow)、好奇/兴趣、高兴/找到了、遇到困难时的沮丧等(Burleson 和 Picard, 2004; Craig 等,2004; Csikszentmihalyi, 1990; Graesser 等,2006; Kort 等,2001)。

* First person shooter 是第一人称射击游戏。有些人说,FPS 太暴力血腥,而另一些人则说,要的就是这种刺激。——译者注

Meyer 和 Turner (2006)指出了联系情绪和学习的三个理论,他们称之为学术冒险、顺畅理论(flow theory)与目标理论。学术冒险理论对比过那些愿意挑战困难任务、承担失败风险和控制管理负面情绪的学生与那些愿意处理容易一些的任务、承担较小风险、将失败的学习状态以及经历负面情绪降到最小化的学生。根据顺畅理论,当学习者全身心地投入到学习材料中,以至于感觉不到时间和疲劳(fatigue)的存在时,学习者处于顺畅状态(Csikszentmihalyi, 1990)。Metcalfe 和 Kornell (2005)预言:当学习效率很高、学习者在学习临近发展区内实现了高度掌握时,就肯定会产生顺畅体验。目标理论重点强调了预测情绪时目标的作用。实现目标的结果会引发积极的情绪,而阻碍学习目标实现的结果会导致负面的情绪(Dweck, 2002)。目标障碍尤其对学习和情绪有诊断作用。困惑的情感状态可能与学习收益相联系,是因为它是深度思考的一种直接反应(Craig 等,2004; Guhe 等,2004)。困惑状态是一种认知失衡的症状,当学习者面临目标障碍、冲突、自相矛盾、反常的人或物、不确定性以及鲜明对比时容易发生(Graesser 等,2006)。在思考、反思、问题解决或者其他深思熟虑后,认知平衡就会恢复。

一个对情绪敏感的指导者大概会提升智能学习环境的功能(D'Mello 等,2005; Graesser 等,2006; Lepper 和 Henderlong, 2000)。比如说,如果一个学习者感到灰心了,那么指导者会提供线索引导学习者进行知识建构,或者提供一些情感支持以增强其动机。如果学习者感到厌烦了,指导者会呈现更多吸引人的、挑战性的问题让学习者继续工作。经历混乱迷茫、高兴、新奇等感觉的学习者渴望指导者能够根据他们的情绪做出适切的适应性动作。未来很重要的研究方向之一就是发现学习者情感和学习间的最佳联系。

计算机支持的协作

在计算机支持的协作学习(CSCL)中,为了实现由教师指定的主题目标,学习者群体共同协作建构该主题的知识(Lee 等,2006)。例如,在知识论坛(Knowledge Forum)(Bereiter, 2002; Scaardanialia 和 Bereiter, 1994)中,学习者提出信息,其他的学习者可以复述、精细化、评论以及再重新构建。CSCL 系统支持涉及形成论题、问题解决、计划、报告写作以及其他很多任务的会话线(Gunawardena 等,1997)。因为这种类型的对话线程的长度绝大多数都比较短(每条线索 2.2 到 2.7 个轮转)(Hewitt, 2005),所以曾经做过设计这些系统以延长线程长度的尝试。一些证据表明 CSCL 对深度学习、批判性思考、共享理解以及长时记忆有促进作用(Garrison 等,2001; Johnson 和 Johnson, 1991)。但是,这种分布式的学习环境的规模(Scale)使得要对他们开展系统化的评价变得非常困难。

非常需要社会学家和行为科学家介入,从多种途径提升这些 CSCL 系统(Clark 和 Brennan, 1991; Dillenbourg 和 Traum, 2006; Looi, 2005; Mazur, 2004; Soller 等,1998; Wang, 2005)。面对这么多的计算机中介交流系统,学习者是如何确定怎样操作这些复杂界面的?一个有潜力的贡献者是如何学习怎样以及什么时候说话?知识如何根植于这些分布式系统?主持人如何引导学习者群体走向一个具有建设性的方向?有关 CSCL 的研究是非常宽泛的。

220 ## 小结

一些人认为,从技术中得来的学习收益主要应归属于作为其基础的教学方法而非技术本身。同时,我们都认识到不同的技术提供了不同的教学方法。针对未来的关键挑战之一就是研究如何能够在考虑学习目标和学习者个性的基础上,将技术与教学方法有效地结合在一起。TMGL 图景中有很多空白领域,对研究者未来的研究方向有潜在的引导作用。只有当社会学、认知科学和行为学的科学家成为学习环境设计、开发和传播这一跨学科团队中的成员时,学习环境才会有较大的发展。

当然,学习环境的开发费用差异也很大。我们经常被询问开发和测试这些不同类型的学习技术要有多少花费,所以我们曾经就这些花费做过一些大概的估计。应该谨慎对待我们的估计,因为其他的专家可能会有不同的观点。在 TMGL 图景中,由于相关因素中细节参数的不同,这些花费差异很大。开发传统的计算机培训系统的一小时培训课程的花费接近 10,000 美元。具有对话功能的基于计算机的培训和基本多媒体的 10 小时的课程花费大约 100,000 美元。一个信息丰富的超文本/超媒体系统的花费大约 1,000,000 美元;不带有著作工具和设施的智能导师系统的开发和检测费用大约10,000,000 美元;面向千名网络用户的严肃游戏(非商业性的游戏)大约需要 100,000,000 美元。

考虑到这些培训系统的花费,尤其一些系统不菲的花费后,我们的一个任务就是:在不损失学习经验质量的前提下,寻找一些削减开发这些系统价格、开发时间以及其他相关资源的方法。这项任务已经通过一些高级分布式学习项目(Advanced Distributed Learning Initiative)得以进行(如参见 www. sdlne. org; Dodds 和 Fletcher, 2004; Duval 等,2004; Fletcher, 2003)。遵循可共享内容对象参考模型(SCORM, Sharable Content Object Reference Model)标准,学习内容通过分解、压缩、组织成学习物件可以实现标准化。每个学习物件都有元数据标签可以明确其使用的相关情境。一个 SCORM-conformant 学习物件可以在绝大多数学习管理系统中应用,因而,内容是共享的、可互操作的、可复用的和可扩展的。这代表了在花费上可以有实质性的节省:一旦内容按 SCORM-conformant 方式创建,那么就可以在整个 E-learning 领域应用。目前面临的一个主要的挑战就是让课件的设计者复用这些 SCORM-conformant 学习物件(Brusilovsky 和 Nijhawan, 2002; Sampson 和 Karampiperis, 2006)。这个可以通过创建和索引一个大的 SCORM-conformant 内容仓库,如在 CORDRA(Rehak, 2005; http://sordra.net),然后通过某种方式出售或鼓励应用这样的数据仓库来实现。既然 SCORM 是基于计算机的培训和多媒体的主流,那么第二个主要的挑战就是为目前更多的高级学习环境开发 SCORM 标准。

还有降低开发学习环境费用的其他方式。如:著作工具可以容易地准备 CBT 和多媒体课程内容。然而,在为更高级的学习环境创建新的课程内容过程中需要有好的著作工具(Murray 等,2003)。目前现有的高级系统的著作工具都是非常难学和难用的,这些著作系统非常复杂,以至于只有顶级的认知科学家和计算机科学家——通常是这些系统的最初设计者才可以使用它们。比如:要让这些工具能够被不同专业背景的人更广泛的应用,有必要对人文因素和人机交互因素展开系统的研究,因为他们可以被应用于使用著作工具开发课程内容的过程中,否则,举例而言,很难看到这些先进系统会扩大规模,适应整个军队的大量的培训需求。

著作工具还有一个很突出的优点在于它们本身就可以被视作是学习环境,也就是说,深层次地学习一个复杂系统可以通过运用著作工具创建一个高级学习环境系统来实现。用这些著作工具创建学习环境,从而经历学习深度内容和策略的过程也是未来的令人振奋的发展方向之一。这不仅能够吸引学生更多地投入到学习当中,而且还能够增强他们操作未来技术的能力。

(贾义敏 译,王旭卿 一校,任友群 二校)

参考文献

Anderson, J.R., Corbett, A.T., Koedinger, K.R., and Pelletier, R. (1995). Cognitive tutors: lessons learned. *J. Learn. Sci.*, 4(2), 167-207.*

Atkinson, R.K.(2002). Optimizing learning from examples using animated pedagogical agents. *J. Educ. Psychol.*, 94(2), 416-427.

Ausubel, D., Novak, J., and Hanesian, H. (1978). *Educational Psychology: A Cognitive View*, 2nd ed. New York: Holt, Rinehart and Winston.

Azevedo, R. and Cromley, J.G.(2004). Does training on selfregulated learning facilitate students' learning with hypermedia? *J. Educ. Psychol.*, 96(3), 523-535.

Baker, L. (1985). Differences in standards used by college students to evaluate their comprehension of expository prose. *Reading Res. Q.*, 20, 298-313.

Baylor, A.L. and Kim, Y.(2005). Simulating instructional roles through pedagogical agents. *Int. J. Artif. Intell. Educ.*, 15, 95-115.

Bereiter, C. (2002). *Education and Mind in the Knowledge Age*. Mahwah, NJ: Lawrence Erlbaum Associates.

Bereiter, C. and Scardamalia, M. (1985). Cognitive coping strategies and the problem of 'inert knowledge.' In *Thinking and Learning Skilts*. Vol. 2. *Current Research and Open Questions*, edited by S. F. Chipman, J. W. Segal, and R. Glaser, pp. 65-80. Hillsdale, NJ: Lawrence Erlbaum Associates.

Bloom, B.S., Ed.(1956). *Taxonomy of Educational Objectives: The Classification of Educational Goals: Handbook I, Cognitive Domain*. New York: Longmans, Green.

Bransford, J.D., Brown, A.L., and Cocking, R.R., Eds. (2000). *How People Learn*, expanded ed. Washington, D.C.: National Academy Press.

Brody, H.(1993). Video games that teach? *Technol. Rev.*, 96, (8), 50-58.

Brusilovsky, P. and Nijhawan, H.(2002) A framework for adaptive e-learning based on distributed re-usable learning activities. In *Proceedings of World Conference on E-Learning, E-Learn 2002: Montreal, Canada*, edited by M. Driscoll and T.C. Reeves, pp. 154-161. Chesapeake, VA: Association for the Advancement of Computing in Education.

Burleson, W. and Picard, R.W.(2004). Affective agents: sustaining motivation to learn through failure and a state of stuck.(2004). In *Proc. of the Intelligent Tutoring Systems 7th Int. Conf. (ITS 2004): Workshop on Social and Emotional Intelligence in Learning Environments*. August 30-September 4, Maceio-Alagoas, Brazil.

Burstein, J.(2003). The E-rater scoring engine: automated essay scoring with natural language processing. In *Automated Essay Scoring: A Cross-Disciplinary Perspective*, edited by M.D. Shermis and J.C. Burstein, pp. 133-122. Mahwah, NJ: Lawrence Erlbaum Associates.

Cameron, B. and Dwyer, F.(2005). The effect of online gaming, cognition and feedback type in facilitating delayed achievement of different learning objectives. *J. Interact. Learn. Res.*, 16(3), 243-258.

Card, S., Moran, T., and Newell, A.(1983). *The Psychology of Human-Computer Interaction*. Hillsdale, NJ: Lawrence Erlbaum Associates.*

Chi, M.T.H., de Leeuw, N., Chiu, M., and LaVancher, C.(1994). Eliciting self-explanations improves understanding. *Cognit. Sci.*, 18, 439-477.

Clark, H.H. and Brennan, S.E.(1991). Grounding in communication. In *Perspectives on Socially Shared Cognition*, edited by L. Resnick, J. Levine, and S. Teasely, pp. 127-149. Washington, D.C.: American Psychological Association.

Clark, R.E.(1983). Reconsidering research on learning from media. *Rev. Educ. Res.*, 53, 445-460.*

Cole, R., van Vuuren, S., Pellom, B., Hacioglu, K., Ma, J., Movellan, J., Schwartz, S., Wade-Stein, D., Ward, W., and Yan, J. (2003). Perceptive animated interfaces: first steps toward a new paradigm for human-computer interaction. *Proc. IEEE*, 91, 1391-1405. 221

Conati, C. (2002). Probabilistic assessment of user's emotions in educational games. *J. Appl. Artif. Intell.*, 16, 555-575.

Conklin, J. (1987). Hypertext: a survey and introduction. *IEEE Comput.*, 20(9), 17-41.

Corbett, A.T.(2001). Cognitive computer tutors: solving the two-sigma problem. In *User Modeling: Proceedings of the Eighth International Conference*, pp. 137-147. Berlin: Springer.

Craig, S.D., Gholson, B., Ventura, M., Graesser, A.C., and the Tutoring Research Group (2000). Overhearing dialogues and monologues in virtual tutoring sessions: effects on questioning and vicarious learning. *Int. J. Artif. Intell. Educ.*, 11, 242-253.

Craig, S.D., Graesser, A.C., Sullins, J., and Gholson, B.(2004). Affect and learning: an exploratory look into the role of affect in learning with AutoTutor. *J. Educ. Media*, 29, 241-250.

Craik, F.I.M. and Lockhart, R.S.(1972). Levels of processing: a framework for memory research. *J. Verbal Learn. Verbal Behav.*, 11, 671-684.

Csikszentmihalyi, M. (1990). *Flow: The Psychology of Optimal Experience*. New York: Harper-Row.

Cuban, L. (1986). *Teachers and Machines: The Classroom Use of Technology Since 1920*. New York: Teachers College.

Cuban, L. (2001). *Oversold and Underused: Computers in the Classroom*. Cambridge, MA: Harvard University Press.*

Damasio, A.R.(2003). *Looking for Spinoza: Joy, Sorrow, and the Feeling Brain*. Orlando, FL: Harcourt.

De Vicente, A. and Pain, H. (2002). Informing the detection of students' motivational state: an empirical study. In *Proceedings of the Sixth International Conference on Intelligent Tutoring Systems*, edited by S. A. Cerri, G. Gouarderes, and F. Paraguacu, pp. 933-943. Berlin: Springer.

Deimann, M. and Keller, J.M.(2006). Volitional aspects of multimedia learning. *J. Educ. Multimedia Hypermedia*, 15(2), 137-158.

Dillenbourg, P. and Traum, D.(2006). Sharing solutions: persistence and grounding in multimodal collaborative problem solving. *J. Learn. Sci.*, 15(1),121 - 151.

Dillon, A. and Gabbard, R. (1998). Hypermedia as an educational technology: a review of the quantitative research literature on learner comprehension, control, and style. *Rev. Educ. Res.*, 68,322 - 349.

D'Mello, S.K., Craig, S.D., Gholson, B., Franklin, S., Picard, R., and Graesser, A.C. (2005). Integrating affect sensors in an intelligent tutoring system. In *Affective Interactions: The Computer in the Affective Loop Workshop at the 2005 International Conference on Intelligent User Interfaces*, pp. 7 - 13. New York: AMC Press.

Dodds, P. and Fletcher, J.D. (2004). Opportunities for new 'smart' learning environments enabled by next-generation Web capabilities. *J. Educ. Multimedia Hypermedia*, 13(4),391 - 404.

Doignon, J.P. and Falmagne, J.C. (1999). *Knowledge Spaces*. Berlin: Springer-Verlag.

Dumais, S. (2003). Data-driven approaches to information access. *Cognit. Sci.*, 27(3),491 - 524.

Duval, E., Hodgins, W., Rehak, D., and Robson, R. (2004). Learning objects symposium special issue: guest editorial. *J. Educ. Multimedia Hypermedia*, 13(4),331 - 342.

Dweck, C.S. (2002). Messages that motivate: how praise molds students' beliefs, motivation, and performance (in surprising ways). In *Improving Academic Achievement: Impact of Psychological Factors on Education*, edited by J. Aronson, pp. 61 - 87. Orlando, FL: Academic Press.

Dwyer, C.A., Ed. (2005). *Measurement and Research in the Accountability Era*. Mahwah, NJ: Lawrence Erlbaum Associates.

Fletcher, J.D. (2003). Evidence for learning from technologyassisted instruction. In *Technology Applications in Education: A Learning View*, edited by H.F. O'Neil, Jr., and R.S. Perez, pp. 79 - 99. Hillsdale, NJ: Lawrence Erlbaum Associates. *

222 Foltz, P.W., Gilliam, S., and Kendall, S. (2000). Supporting content-based feedback in on-line writing evaluation with LSA. *Interact. Learn. Environ.*, 8,111 - 127.

Gagné, R.M. (1985). *The Conditions of Learning and Theory of Instruction*, 4th ed. New York: Holt, Rinehart and Winston.

Garrison, D.R., Anderson, T., and Archer, W. (2001). Critical thinking, cognitive presence, and computer conferencing in distance education. *Am. J. Distance Educ.*, 15(1),7 - 23.

Gee, J. (2003). *What Video Games Have to Teach Us About Learning and Literacy*. New York: Palgrave Macmillan. *

Graesser, A.C. and Olde, B.A. (2003). How does one know whether a person understands a device? The quality of the questions the person asks when the device breaks down. *J. Educ. Psychol.*, 95(3),524 - 536.

Graesser, A.C. and Person, N.K. (1994). Question asking during tutoring. *Am. Educ. Res. J.*, 31,104 - 137.

Graesser, A.C., Gernsbacher, M.A., and Goldman, S., Eds. (2003a). *Handbook of Discourse Processes*. Mahwah, NJ: Lawrence Erlbaum Associates. *

Graesser, A.C., Moreno, K., Marineau, J., Adcock, A., Olney, A., and Person, N.K. (2003b). AutoTutor improves deep learning of computer literacy: is it the dialog or the talking head? In *Proceedings of Artificial Intelligence in Education*, edited by U. Hoppe, F. Verdejo, and J. Kay, pp. 47 - 54. Amsterdam: IOS Press.

Graesser, A.C., Hu, X., Person, P., Jackson, T., and Toth, J. (2004a). Modules and information retrieval facilities of the Human Use Regulatory Affairs Advisor (HURAA). *Int. J. eLearn.*, 3(4),29 - 39.

Graesser, A.C., Lu, S., Jackson, G.T., Mitchell, H., Ventura, M., Olney, A., and Louwerse, M.M. (2004b). AutoTutor: a tutor with dialogue in natural language. *Behav. Res. Methods Instrum. Comput.*, 36, 180 - 193.

Graesser, A.C., Chipman, P., Haynes, B.C., and Olney, A. (2005a). AutoTutor: an intelligent tutoring system with mixed-initiative dialogue. *IEEE Trans. Educ.*, 48,612 - 618.

Graesser, A.C., McNamara, D.S., and VanLehn, K. (2005b).
223 Scaffolding deep comprehension strategies through Point & Query, AutoTutor, and iSTART. *Educ. Psychol.*, 40,225 - 234.

Graesser, A.C., McDaniel, B., Chipman, P., Witherspoon, A., D'Mello, S., and Gholson, B. (2006). Detection of emotions during learning with AutoTutor. In *Proceedings of the 28th Annual Meetings of the Cognitive Science Society*, edited by R. Son, pp. 285 - 290. Mahwah, NJ: Lawrence Erlbaum Associates.

Graesser, A.C., Jackson, G.T., and McDaniel, B. (2007). AutoTutor holds conversations with learners that are responsive to their cognitive and emotional states. *Educ. Technol.*, 47,19 - 22.

Gratch, J., Rickel, J., Andre, E., Cassell, J., Petajan, E., and Badler, N. (2002). Creating interactive virtual humans: some assembly required. *IEEE Intell. Syst.*, 17,54 - 63.

Gray, W.D., John, B.E., and Atwood, M.E. (1993). Project Ernestine: validating a GOMS analysis for predicting and explaining real-world performance. *Hum.-Comput. Interact.*, 8(3),237 - 309.

Guhe, M., Gray, W.D., Schoelles, M.J., and Ji, Q. (2004). Towards an affective cognitive architecture. In *Proceedings of the 26th Annual Meeting of the Cognitive Science Society*, edited by K.D. Forbus, D. Gentner, and T. Regier, p. 1565. Hillsdale, NJ: Lawrence Erlbaum Associates.

Gunawardena, L., Lowe, C.A., and Anderson, T. (1997). Interaction analysis of a global on-line debate and the development of a constructivist interaction analysis model for computer conferencing. *J. Educ. Comput. Res.*, 17(4),395 - 429.

Harabagiu, S.M., Maiorano, S.J., and Pasca, M.A. (2002). Open-domain question answering techniques. *Natural Language English*, 1,1 - 38.

Hegarty, M. (2004). Dynamic visualizations and learning: getting to the difficult questions. *Learn. Instruct.*, 14(3),343 - 351. *

Hegarty, M., Kriz, S., and Cate, C. (2003). The roles of mental animations and external animations in understanding mechanical systems. *Cognit. Instruct.*, 21,325 - 360.

Hewitt, J. (2005). Toward an understanding of how threads die in asynchronous computer conferences. *J. Learn. Sci.*, 14(4),567 - 589.

Hunt, E. and Pellegrino, J.W. (2002). Issues, examples, and challenges in formative assessment. *New Direct. Teaching Learn.*, 89,73 - 85.

Jackson, G.T., Olney, A., Graesser, A.C., and Kim, H.J. (2006). AutoTutor 3 - D simulations: analyzing user's actions and learning trends. In *Proceedings of the 28th Annual Meetings of the Cognitive Science Society*, edited by R. Son, pp. 1557 - 1562. Mahwah, NJ: Lawrence Erlbaum Associates.

Jochems, W., van Merrienboer, J.G., and Koper, R., Eds. (2004). *Integrated e-Learning: Implications for Pedagogy, Technology, and Organization*. London: Taylor & Francis.

Johnson, D.W. and Johnson, R.T. (1991). Classroom instruction and cooperative grouping. In *Effective Teaching: Current Research*, edited by H.C., Waxman and H.J. Walberg, pp. 277 - 294. Berkeley, CA: McCutchan.

Johnson, W.L. and Beal, C. (2005). Iterative evaluation of a large-scale intelligent game for language learning. In *Artificial Intelligence in Education: Supporting Learning Through Intelligent and Socially Informed Technology*, edited by C. Looi, G. McCalla, B. Bredeweg, and J. Breuker, pp. 290 - 297. Amsterdam: IOS Press.

Johnson, W.L., Rickel, J., and Lester, J. (2000). Animated pedagogical agents: face-to-face interaction in interactive learning environments. *Int. J. Artif. Intell. Educ.*, 11,47 - 78.

Jonassen, D.H., Ed. (2004). *Handbook of Research on Educational Communications and Technology*, 2nd ed. Mahwah, NJ: Lawrence Erlbaum Associates. *

Jurafsky, D. and Martin, J.H. (2000). *Speech and Language Processing: An Introduction to Natural Language Processing, Computational Linguistics, and Speech Recognition*. Upper Saddle River, NJ: Prentice Hall.

Kalyuga, S., Chandler, P., and Sweller, J. (1999). Managing split-attention and redundancy in multimedia instruction. *Appl. Cognit. Psychol.*, 13,351 - 371.

King, A. (1994). Guiding knowledge construction in the classroom: effects of teaching children how to question and how to explain. *Am. Educ. Res. J.*, 31(2),338 - 368.

Kintsch, E., Steinhart, D., Stahl, G., and LSA Research Group. (2000). Developing summarization skills through the use of LSA-based feedback. *Interact. Learn. Environ.*, 8(2),87 - 109.

Kinzie, M.B., Whitaker, S.D., and Hofer, M.J. (2005). Instructional uses ofinstant messaging (IM) during classroom lectures. *Educ. Technol. Soc.*, 8(2),150 - 160.

Koedinger, K.R., Anderson, J., Hadley, W., and Mark, M.A. (1997). Intelligent tutoring goes to school in the big city. *Int. J. Artif. Intell. Educ.*, 8,30 - 43.

Kort, B., Reilly, R., and Picard, R. (2001). An affective model of interplay between emotions and learning: reengineering educational pedagogy-building a learning companion. In *Proceedings IEEE International Conference on Advanced Learning Technology: Issues, Achievements, and Challenges*, edited by T. Okamoto, R. Hartley, Kinshuk, and J.P. Klus, pp. 43 - 48. Madison, WI: IEEE Computer Society.

Kozma, R.B. (1994). Will media influence learning? Reframing the debate. *Educ. Technol. Res. Dev.*, 42(2),7 - 17.

Kozma, R.B. (2000). Reflections on the state of educational technology research and development. *Educ. Technol. Res. Dev.*, 48(1),5 - 15. *

Kulhavy, R.W. and Stock, W.A. (1989). Feedback in written

instruction: the place of response certitude. *Educ. Psychol. Rev.*, 1(4), 279 - 308.

Landauer, T. K., Laham, D., and Foltz, P. W. (2000). The Intelligent Essay Assessor. *IEEE Intell. Syst.*, 15, 27 - 31.

Landauer, T. K., McNamara, D., Dennis, S., and Kintsch, W., Eds. (2007). *Handbook of Latent Semantic Analysis*. Mahwah, NJ: Lawrence Erlbaum Associates.

Lawrence, R. (2004). Teaching data structures using competi tive games. *IEEE Trans. Educ.*, 47(4), 459 - 466.

Lee, E. Y. C., Chan, C. K. K., and van Aalst, J. (2006). Students assessing their own collaborative knowledge building. *Int. J. Comput. Supported Collab. Learn.*, 1, 57 - 87.

Lee, M. and Baylor, A. L. (2006). Designing metacognitive maps for Web-based learning. *Educ. Technol. Soc.*, 9(1), 344 - 348.

Lepper, M. R. and Henderlong, J. (2000). Turning 'play' into 'work' and 'work' into 'play': 25 years of research on intrinsic versus extrinsic motivation. In *Intrinsic and Extrinsic Motivation: The Search for Optimal Motivation and Performance*, edited by C. Sansone and J. M. Harackiewicz, pp. 257 - 307. San Diego, CA: Academic Press.

Lesgold, A., Lajoie, S. P., Bunzo, M., and Eggan, G. (1992). SHERLOCK: a coached practice environment for an electronics trouble-shooting job. In *Computer Assisted Instruction and Intelligent Tutoring Systems: Shared Goals and Complementary Approaches*, edited by J. H. Larkin and R. W. Chabay, pp. 201 - 238. Hillsdale, NJ: Lawrence Erlbaum Associates.

Litman, D. J. and Forbes-Riley, K. (2004). Predicting student emotions in computer-human tutoring dialogues. In *Proceedings of the 42nd Annual Meeting of the Association for Computational Linguistics*, pp. 352 - 359. East Stroudsburg, PA: Association for Computational Linguistics.

Looi, C. (2005). Exploring the affordances of online chat for learning. *Int. J. Learn. Technol.*, 1(3), 322 - 338.

Lowe, R. K. (2004). Interrogation of a dynamic visualization during learning. *Learn. Instruct.*, 14(3), 257 - 274.

Malone, T. and Lepper, M. (1987). Making learning fun: a taxonomy of intrinsic motivations of learning. In *Aptitude, Learning, and Instruction*. Vol. 3. *Conative and Affective Process Analyses*, edited by R. E. Snow and M. J. Farr, pp. 223 - 253. Hillsdale, NJ: Lawrence Erlbaum Associates.

Mayer, R. E. (2005). *Multimedia Learning*. Cambridge, MA: Cambridge University Press. *

Mazur, J. M. (2004). Conversation analysis for educational technologists: theoretical and methodological issues for researching the structures, processes and meaning of on-line talk. In *Handbook of Research on Educational Communications and Technology*, 2nd ed., edited by D. H. Jonassen, pp. 1073 - 1098. Mahwah, NJ: Lawrence Erlbaum Associates.

McNamara, D. S., Levenstein, I. B., and Boonthum, C. (2004). iSTART: interactive strategy trainer for active reading and thinking. *Behav. Res. Meth. Instrum. Comput.*, 36, 222 - 233.

Merrill, M. D. (2002). First principles of instruction. *Educ. Technol. Res. Dev.*, 50, 43 - 59. *

Metcalfe, J. and Kornell, N. (2005). A region or proximal of learning model of study time allocation. *J. Memory Language*, 52, 463 - 477.

Meyer, D. K. and Turner, J. C. (2006). Reconceptualizing emotion and motivation to learn in classroom contexts. *Educ. Psychology Rev.*, 18(4), 377 - 390.

Millis, K. K., Kim, H. J., Todaro, S., Magliano, J. P., Wiemer-Hastings, K., and McNamara, D. S. (2004). Identifying reading strategies using latent semantic analysis: comparing semantic benchmarks. *Behav. Res. Meth. Instrum. Comput.*, 36, 213 - 221.

Mishra, P. (2006). Affective feedback from computers and its effect on perceived ability and affect: a test of the computers as social actor hypothesis. *J. Educ. Multimedia Hypermedia*, 15(1), 107 - 131.

Mitrovic, A., Suraweera, P., Martin, B., and Weerasinghe, A. (2004). DB-Suite: experiences with three intelligent, Webbased database tutors. *J. Interact. Learn. Res.*, 15(4), 409 - 432.

Moreno, R. and Mayer, R. E. (2004). Personalized messages that promote science learning in virtual environments. *J. Educ. Psychol.*, 96(1), 165 - 173.

Moreno, R. and Mayer, R. E. (2005). Role of guidance, reflection, and interactivity in an agent-based multimedia game. *J. Educ. Psychol.*, 97(1), 117 - 128. *

Murray, T., Blessing, S., and Ainsworth, S., Eds. (2003). *Authoring Tools for Advanced Technology Learning Environments: Towards Cost-Effective Adaptive, Interactive and Intelligent Educational Software*. Dordrecht: Kluwer.

Norman, D. A. (1988). *The Psychology of Everyday Things*. New York: Basic Books.

Norman, D. A. (1994). How might people interact with agents? *Commun. ACM*, 37(7), 68 - 71.

O'Neil, H. F. and Perez, R. S., Eds. (2003). *Technology Applications in Education: A Learning View*. Hillsdale, NJ: Lawrence Erlbaum Associates. *

Otero, J. and Graesser, A. C. (2001). PREG: elements of a model of question asking. *Cognit. Instruct.*, 19, 143 - 175.

Ozuru, Y., Graesser, A. C., Rowe, M., and Floyd, R. G. (2006). Enhancing the landscape and quality of multiple choice questions. In *Spearman ETS Conference Proceedings*, edited by R. Roberts. Mahwah, NJ: Lawrence Erlbaum Associates.

Paivio, A. (1986). *Mental Representations*. New York: Oxford University Press. *

Picard, R. W. (1997). *Affective Computing*. Cambridge, MA: MIT Press.

Reeves, B. and Nass, C. I. (1996). *The Media Equation*. New York: Cambridge University Press.

Rehak, D. (2005). CORDRA: Content Object Repository Discovery and Registration/Resolution Architecture, http://cordra.net.

Rieber, L. P. (1996). Animation as feedback in a computer-based simulation: representation matters. *Educ. Technol. Res. Dev.*, 44(1), 5 - 22.

Rosenshine, B., Meister, C., and Chapman, S. (1996). Teaching students to generate questions: a review of the intervention studies. *Rev. Educ. Res.*, 66, 181 - 221.

Rouet, J.-F. (2006). *The Skills of Document Use: From Text* 224
Comprehension to Web-Based Learning. Mahwah, NJ: Lawrence Erlbaum Associates.

Salen, K. and Zimmerman, E. (2004). *Rules of Play: Game Design Fundamentals*. Cambridge, MA: MIT Press.

Sampson, D. and Karampiperis, P. (2006). Towards next generation activity-based learning systems. *Int. J. E-Learn.*, 5(1), 129 - 149.

Scardamalia, M. and Bereiter, C. (1994). Computer support for knowledge-building communities. *J. Learn. Sci.*, 3(3), 265 - 283.

Shneiderman, B. and Plaisant, C. (2005). *Designing the User Interface: Strategies for Effective Human-Computer Interaction*, 4th ed. Reading, MA: Addison-Wesley.

Shute, V. J. (2006). *Focus on Formative Feedback*. Unpublished manuscript. Princeton, NJ: Educational Testing Service.

Slator, B. M., Hill, C., and Del Val, D. (2004). Teaching computer science with virtual worlds. *IEEE Trans. Educ.*, 47(2), 269 - 275.

Soller, A., Goodman, B., Linton, F., and Gaimari, R. (1998) Promoting effective peer interaction in an intelligent collaborative learning environment. In *Proceedings of the Fourth International Conference on Intelligent Tutoring Systems (ITS 98), San Antonio, TX*, pp. 186 - 195. Berlin: Springer-Verlag.

Spector, J. M. (2005). Time demands in online instruction. *Distance Educ.*, 26, 3 - 25.

Spiro, R. J., Feltovich, P. J., Jacobson, M. J., and Coulson, R. L. (1991). Cognitive flexibility, constructivism, and hypertext: random access instruction for advanced knowledge acquisition in ill-structured domains. *Educ. Technol.*, 31, 24 - 33. *

Stern, F., Xing, T., Muste, M., Yarbrough, D., Rothmayer, A., and Rajagopalan, G. et al. (2006). Integration of simulation technology into undergraduate engineering courses and laboratories. *Int. J. Learn. Technol.*, 2(1), 28 - 48.

Sweller, J. and Chandler, P. (1994). Why some material is difficult to learn. *Cognit. Instruct.*, 12, 185 - 233.

Taraban R., Rynearson, K., and Stalcup, K. A. (2001). Time as a variable in learning on the World Wide Web. *Behav. Res. Meth.*, 33(2), 217 - 225.

Tversky, B., Morrison, J. B., and Betrancourt, M. (2002). Animation: can it facilitate? *Int. J. Hum.-Comput. Stud.*, 57, 247 - 262.

van der Meij, J. and de Jong, T. (2006a). Supporting students' learning with multiple representations in a dynamic simulation-based learning environment. *Learn. Instruct.*, 16(3), 199 - 212.

van der Meij, J. and de Jong, T. (2006b). Learning with multiple representations: supporting students' learning with multiple representations in a dynamic simulation-based learning environment. *Learn. Instruct.*, 16, 199 - 212.

VanLehn, K., Lynch, C., Taylor, L., Weinstein, A., Shelby, R. H., Schulze, K. G. et al. (2002). Minimally invasive tutoring of complex physics problem solving. In *Intelligent Tutoring Systems 6th International Conference*, edited by S. A. Cerri, G. Gouarderes, and F. Paraguacu, pp. 367 - 376.

Berlin: Springer.

VanLehn, K., Graesser, A.C., Jackson, G.T., Jordan, P., Olney, A., and Rose, C.P. (2007). When are tutorial dialogues more effective than reading? *Cognit. Sci.*, 31(1),3-52.

Virvou, M., Katsionis, G., and Manos, K. (2005). Combining software games with education: evaluation of its educational effectiveness. *Educ. Technol. Soc.*, 8(2),54-65.

Voorhees, E. (2001). The TREC question answering track. *Natural Language Eng.*, 7,361-378.

Walker, M., Whittaker, S., Stent, A., Maloor, P., Moore, J.D., Johnson, M., and Vasireddy, G. (2003). Generation and evaluation of user tailored responses in multimodal dialogue. *Cognit. Sci.*, 28,811-840.

Wang, C.-H. (2005). Questioning skills facilitate online synchronous discussions. *J. Comput. Assist. Learn.*, 21(4),303-313.

White, B. and Frederiksen, J. (2005). A theoretical framework and approach for fostering metacognitive development. *Educ. Psychol.*, 40,211-223.

Winn, W.D. (2003). Learning in artificial environments: embodiment, embeddedness and dynamic adaptation. *Technol. Instruct. Cognit. Learn.*, 1,87-114.*

Winne, P.H. (2001). Self-regulated learning viewed from models of information processing. In *Self-Regulated Learning and Academic Achievement: Theoretical Perspectives*, edited by B. Zimmerman and D. Schunk, pp.153-189. Mahwah, NJ: Lawrence Erlbaum Associates.

Wisher, R.A. and Fletcher, J.D. (2004). The case for advanced distributed learning. *Inform. Secur. Int. J.*, 14,17-25.

Wisher, R.A. and Graesser, A.C. (2007). Question asking in advanced distributed learning environments. In *Toward a Science of Distributed Learning and Training*, edited by S.M. Fiore and E. Salas. Washington, D.C.: American Psychological Association.

Yee, N. (2006). The labor of fun: how video games blur the boundaries of work and play. *Games Culture*, 1(1), 68-71.

---

* 表示主要参考文献。

18

计算机中介的通讯技术

Jay Pfaffman

225

摘要

本章关注基于文本的计算机中介的通讯(CMC)在教育情境中应用的若干最新研究。CMC 有多种形式,可用的工具也很多。本章概要论述了 CMC 的特点及其合适性,以期引起那些设计、评价和描述传播环境的人对这些特点(技术方面的和社会方面的)的关注——这些特点才是活动的精髓,而不应去关注其具体的(提供这些特点的)应用。有关 CMC 应用研究的目的有很多。有的研究关心的是某一特定的活动是否引发了学习;有的研究则把重点放在 CMC 的本质及各种不同形式的 CMC 之间的差异上;根据一个惯常的假设,即人们经由全面深入的评价以及对他人的想法做出回应而学习,有些研究调查如何增强参与或者如何以特定

226 的方式来引导学习者交流。由于 CMC 不受时间和空间因素的影响，也被用于教师培训以及减轻许多教育者所体验到的孤立感。

关键词

博客：源于"网络日志(Web log)"这一术语；最初是指网络日记，但现在多指支持网络日记的软件，它把网页按年份和日期倒序排列。

计算机中介的通讯(CMC)：两人或两人以上利用基于文字的工具如电子邮件、即时通信或者计算机辅助会议系统等进行的传播。

学习管理系统(LMS)：支持或替代课堂学习的计算机辅助系统，如 Blackboard、Moodle、Sakai、WebCT 等。

引言和范围

现在教育中可用的传播工具逐渐增加。除了无处不在的因特网及其各种通用的传播工具外，学习管理系统(如 Blackboard, Moodle, Sakai)也日益盛行，因此教育者面临的问题不是用不用这些工具，而是如何利用这些工具。本章将探究各种不同的传播技术，这些技术的合适性及其利用；有关 CMC 运用研究的目的以及将来的研究领域。

技术适用性

历史上，新媒体一出现就总是被用来取代其他的媒体，最典型的如电影以及后来的电视，它们被用在教育中，使更多人能够享受到出席高质量演讲的益处。以下一系列的研究被用来查明新媒体是否比被它取代的媒体更有效(Cuban, 1986)。一种论点认为媒体只是运载工具，用何种卡车来运送食物是无关紧要的；另一种观点则认为我们必须考虑各种媒体的合适性及其利用方式(Clark, 1983,1994; Kozma, 1994)。Russel(2001)(以及辅助网站)提供了一份有关媒体比较研究的全面的带有评注的文献目录，以此来证明远程教育可以和面对面教学一样有效。本书第二版对这些问题做了深入的讨论(Romiszowski 和 Mason, 2004)。本节的重点是 CMC 的具体特点及其合适性，意在帮助那些设计和发布 CMC 研究的人把注意力集中在活动上而不是集中在所用的特定工具上。比如说，指明参与者使用了线上讨论比起列出某种具有多种未在活动中使用的特征的具体工具就更为有益(信息丰富)。

文本处理

计算机媒介的通讯技术，其文本处理的特点可从以下三方面来说明：同步、检索和存储。同步意指交流是实时的还是异步的，它对传播的本质有深刻的影响。Honeycutt (2001)将 Clark 和 Brennan (1991)的本原理论进行了实验研究。不同媒体的代价各不相同——对于说话者，重要的是系统的陈述和制作；对于接收者，重要的是接收和理解；对于双方而言，重要的是延迟、差错和修正。例如,面对面讨论中的即时反馈使得改正错误理解的代价相对更低。Honeycutt 把学生分为三人一组,在一次两小时的课上,要求每组都要用聊天工具讨论对一份作业的书面订正,而用电子邮件讨论对另一份作业的书面订正。内容分析表明,在用电子邮件讨论的情况下,学生们更多地提及自己的文档、内容和修辞语境等。而在同步聊天的情况下,学生们更多地提及写作和应答任务。

在另一个类似的设计中,Davidson-Shivers 等(2001)把研究生随机分为同步交流组(聊天)和异步交流组(线上讨论),要他们在第一个星期里讨论一个主题,第二个星期两组学生交换交流工具后讨论另一个主题。虽然学生们说两种类型的讨论他们都喜欢,但是学生们更喜欢异步线上讨论的方便性。研究结果发现,与线上讨论的情形相比,学生们在使用聊天工具时对其他讯息做出的反应更多。

文本处理的另一个重要特点是:信息是以电子邮件这种方式推送给读者,还是像组织在线主题讨论那样分发出去。随着电子传播的持续增长,管理信息流的工具就显得更为重要。

在传播信息被接收以后所发生的事情(即应用软件怎样将信息归档),不仅影响到人们如何交流,而且对于那些从事传播研究的人也是非常重要的。归档有时比传播类型更为重要。 227
Tidwell 和 Walther (2002)曾用电子邮件作为即时通信工具,因为电子邮件有助于记录他们想要分析的数据。有效的归档机制和方法对于讨论者和研究者都是很有益的。线上讨论论坛既可以为交流者提供良好的支持,又可以为研究者提供完整的传播记录。线上讨论使用户能够方便地跟踪对话,同时由于可以由机器来对它进行计数,因此对于研究者而言讨论链的长度是进行追踪时的一个方便的变量。随着在线对话的讯息数量不断增加,特别是对于多用户而言,重要的是能够有一种手段来追踪哪些讯息已被阅读从而能够跟踪这些信息的传播过程。

选择参与者

计算机中介的通讯系统的另一个特点,是能否方便地选择参与者以及能否方便地留住这些参与者。使用电子邮件,发信者必须有意识地决定要把信息发送给谁,而在线上讨论中,发信者既无法控制也无责任决定由谁来接收信息。信息一旦发布到网上,发信者往往不知道谁会读到那些内容。Barton (2005)坚持认为博客和其他网络讨论环境的开放性是一种途径,有助于教学生认识公开讨论对大学写作课程的重要性。Richardson (2003)描述了自己所教的中学生如何利用博客来对某本书籍展开讨论,这样的讨论不仅发生在学生之间,也发生在学生与作者之间。公共邮件列表系统降低了体育教师之间的隔离感,这一研究结果也适用于其他学科的教师(Pennington 和 Graham, 2002)。

有关聊天室和网络讨论的公开性的一个有趣的研究结果是:它们使研究者能够接近那些参与聊天或讨论的群体,否则,要想接近和研究他们是很难的。一种常用的研究方法(特别是在那些热衷于研究跟艾滋病相关的公共健康问题的人中间)是对参与网络讨论的人群进行问卷调查,了解他们的实践,以便评估这些论坛对于公共健康教育的作用(Tikkanen 和 Ross, 2003; Wang 和 Ross, 2002)。

这些开放群体很容易受不必要的交流的影响。Whitney (2004)记录了 jESSE(一个图书情报科学教育的讨论邮件系统)是如何随着那些不请自来的商业电子垃圾邮件的百分比由13%升至75%而从一个有价值的资源变为一个不能利用的资源的。同垃圾邮件相比,也许在不知不觉中造成更大危害的是加入开放群体时明显造成了对话中断的人们(Doostdar, 2004)。

身份和声音

对 CMC 研究得最多的一个方面也许是它与面对面传播的区别。交流参与者的身份是公开的还是匿名的抑或使用笔名的,对传播模式也有影响。这些变量对人们的传播方式有显著的影响,但是有时在研究设计及其评价中并没有被明确地予以考虑。

Subrahmanyam 等(2004)对性和身份的发展问题的研究感兴趣,他们发现匿名制使女孩在有成人监督的青少年聊天室里更加具有性攻击,而这类行为在非匿名的环境中却不常见。Panyametheekul 和 Herring (2003)对一个泰国聊天室中女性赋权问题的研究也得出了类似的结果。在这两个案例里,对讨论影响最大的是匿名制这一社会媒介是否合适,而不是技术应用是否合适。在一个彼此不太认识的大班级里,小组对话似乎无拘无束,能够自由表达观点(Collins, 1996)。

为了研究在面对面对话和 CMC 对话中小组成员之间的关系是如何形成的,Tidwell 和 Walther (2002)分派了一些男女配对的小组,分别通过 CMC 或面对面的方式来(1)相互认识,或者(2)共同完成一个决策问题。结果表明,CMC 小组中的人更容易被问出或公开个人信息。在研究报告中没有明确讨论的是,由于他们使用的是专为该研究设立的电子邮件账户,CMC 成员始终得以保持匿名,而面对面成员则相反。这个额外变量不仅有助于成员之间分享更多个人信息,而且增加了要对方透露更多个人信息的需要。正如 O'Connor 和 Ross (2004)所指出的,聊天室中最常见的问题是年龄/性别/地点,而在面对面情境中打听这些问题则是多余的或粗鲁的。匿名是影响交流方式的一个主要社会因素。

在忽略匿名影响的活动中,在线聊天跟面对面聊天具有大致相同的合适性。例如,研究发现,合作工作的在线伙伴比起单独工作的对手来,任务完成得更好(Uribe 等,2003),这种情况跟面对面情境中的情况是一样的(Schwartz, 1995)。Jensen 等(2002)曾允许学生们在接受在
228 线测试时聊天。另一个可以随机得到其他成员的成绩而不是自己成绩的小组,更有可能利用聊天室这一工具来确保每个人在测试中取得优异的成绩。

集体文本创作

一种新的在线交流方式是 wiki 小组传播,wiki 是一种基于网络的应用软件,它允许任何用户编辑任何网页(虽然常常会有详细描述的许可方案)。Wikipedia. org 就是一个有上百万页的百科全书,其内容实际上是由许多读者匿名创作的,这些读者主要对 Wikipedia 中提供的信息感兴趣,对何人创作了这些信息则不感兴趣。集体创作中可能有的一个问题是,很难知晓将作品归功于谁。由于 wiki 可以追踪到是谁修改了文档,wiki 在允许集体共同完成一个项目的同时仍然能够保持个人对其贡献的所有权,因此,wiki 是一个能记录集体合作过程的非常

有用的工具。Wiki 对于集体业绩的影响是一个值得深入研究的课题。至少有一个个案研究表明 Wiki 能够支持合作的知识创造和共享过程(Raman 等,2005)。

研究目的

有关计算机中介通讯的研究目的是多样的。可以说所有关于教育媒体的研究都关注学习,但有些研究更明确地集中于对学习的测量。另一个研究目的是要考察技术(如测试或人工制品)使用的效果,并分析学生们用这些技术交流时,其交流方式是怎样随时间而发生改变的。有些研究则重点关注怎样促进参与者对一项新技术的采用,比如,有一个个案研究就着重于如何增进对学习管理系统的运用(Bell 和 Bell, 2005)。此处涉及的另一类研究关心的是教师专业发展。由于在学校外面也经常使用这些交流工具,因此它们也被社会科学家作为数据源;例如,聊天室就被用来研究由各类原封不动群体所形成的实践共同体。

学习

这部分所讨论的研究明确地集中于交流类型与学习迹象(学习是否发生可由讨论性质的改变,或者班级成绩以及其他度量学习的因素来说明)之间的联系。Wang 等(2001)考察了心理统计方法课上的同步讨论,发现评论的数量同学习(以学生的成绩来度量)显著相关。对一周讨论中交谈内容的分析也表明,对问题的回答数量或讲课中所给的例证也能够用来预测课程的成绩。

Krentler 和 Willis-Flurry (2005)在本科生市场营销课的六个小班采用了异步讨论。他们用帖子数量(帖子中至少应有五个句子表达了基于某种理论的连贯想法,而不仅仅是发表主观意见的帖子)来度量技术的使用,用学生在三次考试和一个课外课题中的成绩来衡量学习的指标。讨论板使用的增加能够可靠地预测学生的成绩。

Weinberger 等(2005)要求学生分析一个与归因理论有关的案例。由专家对学生所做的案例分析进行评价,并以此作为对学习的度量手段。实验设计涉及两个独立的变量:(1)认知脚本(epistemic script)的使用,(2)社会脚本(social script)的使用。认知脚本的设计着眼于对学习任务预先进行组织,以促进学生的知识建构活动,如主题发起者(note starter)。社会脚本则可能通过分配参与者角色等方式来指定互动的结构,互惠教学(reciprocal teaching)就是一个很好的例子(Brown 和 Palincsar, 1989)。在干预前后都要求学生对案例进行评价,以此来测量学习的程度。研究结果表明,在线上讨论的情境中,社会脚本导致了更好的学习结果,而认识脚本则没有。

虽然在课堂外有数百万的个人博客,但是仅仅使一种讨论工具成为班级学生可以使用的工具,并不足以保证学生们真正对它加以利用。在学生愿意或喜欢参与之前,有时必须把在线讨论作为课程的要求提出(Khan, 2005)。只要求参与往往还不够,示范或者规定如何参与(Bryant, 2005)以及如何把讨论整合进教学法(Massimo, 2003)才会更有效。用课程成绩来测量学习的程度时,Ellis 和 Calvo (2004)发现,无论用何种媒体,喜欢进行深度学习(而不是浅层次学习)的学生都学得更多。对澳大利亚工程学学生所做的调查作群集分析,发现可以把学生们分为两大类:一类学生利用讨论工具来帮助自己深入理解学科内容(大约占被调查者的三分之一),另一类学生则只是表面上介入(其余三分之二)。研究报告还指出,进行深度学习的
229 那些学生同样以更有意义的方式对待面对面的讨论。把 CMC 同学习更好地关联起来的其他技巧包括:对语言和读写能力的理解(Mitchell 和 Erickson, 2004)、指导和分类(Brescia, 2003)以及为认知参与提供脚手架(Oriogun 等,2005)。

传播的本质

在研究 CMC 的人中,有很多都对传播的本质感兴趣,因此他们最经常研究的是传播本身,或者说他们最关注的是如何保证更多地出现某些种类的交流模式。例如,他们可能利用 CMC 来改善关系和提高亲密度(O'Sulivan 等,2004),或者促进反思(Greene, 2005; Maor, 2003; Nicholson 和 Bond, 2003)。其他人则研究了 CMC 的各种交流模式(Jeong, 2003)。

用 CMC 引导讨论

有些 CMC 研究是基于这样一个未明确说明的假设:讨论是学习的一个指标。于是,研究的一个普遍主题就是:如何引发讨论以及如何促进某种类型的传播。Gilbert 和 Dabbagh (2005)发现,向讨论协助者提供讨论范例、张贴讨论规则、提出评价标准等都能增进同教育学专业研究生的有意义对话。Nussbaum 等(2004)以心理学专业的大学生为研究对象,发现对话开头增加了意见分歧的频度(作者假设意见分歧是深度思维的正指标)并促使学生们考虑各种可能的观点。把这些数据同人格调查联系起来则表明:这种技巧对于那些不太容易接受新思想但又不是高度焦虑的学生是十分有效的。对笔记开端感兴趣的人应该参考后来发展成了知识论坛的计算机支持的有意学习环境(CSILE)(Scardamalia 和 Bereiter, 1994)。Moore 和 Marra (2005)为了调查学生对知识的共同建构,把教学设计专业的研究生分为两小班,两班学生都使用异步传播,但一班学生被教以能使用建构的辩论方法;另一班则没有。内容分析表明两班学生都出现了共同的知识建构,但是没有约束的那班学生达到了更高的知识建构水平。

Mazzolini 和 Maddison (2003)调查了在本科生的天文学课程中,教师参与如何对学生发帖的频度、讨论线程的长度、学生自己报告的满意度以及其他情感变量产生影响。结果表明教师发帖频度的增加对学生发帖的频度没有影响,但却缩短了讨论线程的长度。发帖多的教授往往被认为更加热情也更有知识。

CMC 作为变革代理

有些研究者把技术用作推动改革的支点。有时只消在面对面课堂中加上在线讨论就足以实现对权威和发言权的重新定义(Merryfield, 2006)、改变课堂实践以更好地崇尚多元文化视角(Maher 和 Jacob, 2006),或者改变课堂对话的模式(Wickstrom, 2003)。

CMC 在其他领域的应用

以前一般不使用或不研究 CMC 的人,现在已越来越多地使用或研究 CMC。Woodruff 等(2001)根据许多青少年可以接近和使用计算机这一事实,发现虚拟现实聊天室是劝诫危险少年戒烟的一种可行途径。另外一些人研究了 CMC 的心理影响。Morgan 和 Cotton (2003)对 500 名大学一年级新生进行了调查,发现使用电子邮件和即时通信等交流工具可以减少沮丧感;然而,花很多时间在网上购物、玩游戏或作研究的学生更容易表现出抑郁症状。另一方面,Beebe 等(2004)发现在聊天室聊天的高中生可能存在心理问题或者有高危行为。基于网络的 CMC 工具还可以提供很多公共数据集,这些数据集能够提供关于各种人员团体的深刻理解。Mazur (2005)在一门有关青春期的大学本科课程中,利用一些专为青少年准备的博客作为了解青少年的生活的窗口,从而帮助大学生更好地理解青春期。对该课程学生的调查表明:以这种方式使用博客增进了学生对青春期问题的理解,是一种有效的教学法技巧。

教师培训和专业发展

有关教育传播研究的一个常见主题是教师培训。异步交流工具使学生无论在什么地方都可以参与,也适合于教师们用来交流自己的实践(Geer 和 Hamill, 2003; Jetton, 2003; 230
Reynolds, 2002; Singer 和 Zeni, 2004)。Devlin-Scherer 和 Daly (2001)要求实习教师在有限的课堂时间以外,通过异步讨论分享实习期间的经验。Goldstein 和 Freedman (2003)利用学生日志来确定和解决其实习教师与学生及学生家长互动中的问题。

小结

CMC 在教育中的运用已日益普及。本章首先指出了教育干预措施的哪些特征可用来更好地使工具与它要支持的活动相匹配。CMC 环境在教育中被用于多种目的,从复制或补充课堂对话到为学生作业提供更多的受众。CMC 作为当前的一个研究课题主要是要研究 CMC 怎样影响学习以及评价讨论是否代表了学习的发生。由于利用 CMC 能够接近原本难以找到的人群,还能够作为一种方便的数据收集手段,因此 CMC 也被当作一种研究手段。

(王为杰 译,胡海洪 一校,任友群 二校)

参考文献

Barton, M. D. (2005). The future of rational-critical debate in online public spheres. *Comput. Composition*, 22(2), 177 - 190.

Beebe, T. J., Asche, S. E., Harrison, P. A., and Quinlan, K. B. (2004). Heightened vulnerability and increased risk-taking among adolescent chat room users: results from a statewide school survey. *J. Adolesc. Health*, 35(2), 116 - 123.

Bell, M. and Bell, W. (2005). It's installed ... now get on with it! Looking beyond the software to the cultural change. *Br. J. Educ. Technol.*, 36(4), 643 - 656.

Brescia, W. (2003). A support taxonomy for developing online discussions. *J. Public Affairs Educ.*, 9(4), 289 - 298.

Brown, A. L. and Palincsar, A. S. (1989). Guided, cooperative learning and individual knowledge acquisition. In *Knowing, Learning, and Instruction: Essays in Honor of Robert Glaser*, edited by L. B. Resnick, pp. 393 - 451. Hillsdale, NJ: Lawrence Erlbaum Associates.

Bryant, B. K. (2005). Electronic discussion sections: a useful tool in teaching large university classes. *Teaching Psychol.*, 32(4), 271 - 275.

Clark, H. H. and Brennan, S. E. (1991). Grounding in communication. In *Perspectives on Socially Shared Cognition*, edited by J. M. Levine and S. D. Teasley, pp. 127 - 149. Washington, D. C.: American Psychological Association.

Clark, R. E. (1983). Reconsidering research on learning from media. *Rev. Educ. Res.*, 53(4), 445 - 459.

Clark, R. E. (1994). Media will never influence learning. *Educ.*

Technol. Res. Dev., 42(2),21－29.*

Collins, A., Greeno, J. G., and Resnick, L. B. (1994). Learning environments. In *International Encyclopedia of Education*, 2nd ed., edited by T. Husen and T. N. Postlewaite, pp. 3297－3302. Oxford: Pergamon.*

Collins, M. (1996). A successful experiment with an electronic bulletin board in a large class. *J. Coll. Sci. Teaching*, 26,189－191.

Cuban, L. (1986). *Teachers and Machines: The Classroom Use of Technology Since 1920*. New York: Teachers College Press.*

Davidson-Shivers, G. V., Muilenburg, L. Y., and Tanner, E. J. (2001). How do students participate in synchronous and asynchronous online discussions? *J. Educ. Comput. Res.*, 25(4),351－366.

Devlin-Scherer, R. and Daly, J. (2001). Living in the present tense: student teaching telecommunications connect theory and practice. *J. Technol. Teacher Educ.*, 9(4),617－634.

Doostdar, A. (2004). 'The vulgar spirit of blogging': on language, culture, and power in Persian Weblogestan. *Am. Anthropol.*, 106(4),651－662.

Ellis, R. and Calvo, R. (2004). Learning through discussions in blended environments. *Educ. Media Int.*, 41(3),263－274.

Geer, C. H. and Hamill, L. B. (2003). Using technology to enhance collaboration between special education and general education majors. *TechTrends*, 47(3),26－29.

Gilbert, P. K. and Dabbagh, N. (2005). How to structure online discussions for meaningful discourse: a case study. *Br. J. Educ. Technol.*, 36(1),5－18.

Goldstein, L. S. and Freedman, D. (2003). Challenges enacting caring teacher education. *J. Teacher Educ.*, 54(5), 441－454.

Greene, H. C. (2005). Theory Meets Practice in Teacher Education: A Case Study of a Computer-Mediated Community of Learners. Ph. D. dissertation. Blacksburg, VA: Virginia Polytechnic University.

Honeycutt, L. (2001). Comparing e-mail and synchronous conferencing in online peer response. *Written Commun.*, 18(1),26－60.

Jensen, M., Johnson, D. W., and Johnson, R. T. (2002). Impact of positive interdependence during electronic quizzes on discourse and achievement. *J. Educ. Res.*, 95(3),161－166.

Jeong, A. (2003). The sequential analysis of group interaction and critical thinking in online threaded discussions. *Am. J. Distance Educ.*, 17(1),25－43.*

Jetton, T. L. (2003). Using computer-mediated discussion to facilitate preservice teachers' understanding of literacy assessment and instruction. *J. Res. Technol. Educ.*, 36(2),171－191.

Khan, S. (2005). Listservs in the college science classroom: evaluating participation and 'richness' in computer-mediated discourse. *J. Technol. Teacher Educ.*, 13(2),325－351.

Kozma, R. B. (1994). Will media influence learning? Reframing the debate. *Educ. Technol. Res. Dev.*, 42(2)7－19.*

Krentler, K. A. and Willis-Flurry, L. A. (2005). Does technology enhance actual student learning? The case of online discussion boards. *J. Educ. Bus.*, 80(6),316－321.

Maher, M. A. and Jacob, E. (2006). Peer computer conferencing to support teachers' reflection during action research. *J. Technol. Teacher Educ.*, 14(1),127－150.

Maor, D. (2003). The teacher's role in developing interaction and reflection in an online learning community. *Educ. Media Int.*, 40(1/2),127－137.

231 Massimo, V. S. (2003). Integrating the Web CT discussion feature into social work courses: an assessment focused on pedagogy and practicality. *J. Technol. Hum. Serv.*, 22(1),49－64.

Mazur, E. (2005). Online and writing: teen blogs as mines of adolescent data. *Teaching Psychol.*, 32(3),180－182.

Mazzolini, M. and Maddison, S. (2003). Sage, guide or ghost? The effect of instructor intervention on student participation in online discussion forums. *Comput. Educ.*,40(3),237－253.

Merryfield, M. M. (2006). Web CT, PDS, and democratic spaces in teacher education. *Int. J. Soc. Educ.*, 21(1),73－94.

Mitchell, J. and Erickson, G. (2004). Constituting conventions of practice: an analysis of academic literacy and computermediated communication. *J. Educ. Thought*, 38(1),19－42.

Moore, J. L. and Marra, R. M. (2005). A comparative analysis of online discussion participation protocols. *J. Res. Technol. Educ.*, 38(2),191－212.

Morgan, C. and Cotten, S. (2003). The relationship between internet activities and depressive symptoms in a sample of college freshmen. *CyberPsychol. Behav.*, 6(2),133－142.

Newhagen, J. and Rafaeli, S. (1996). Why communication researchers should study the internet: a dialogue. *J. Commun.*, 46(1),4－13.

Nicholson, S. A. and Bond, N. (2003). Collaborative reflection and professional community building: an analysis of preservice teachers' use of an electronic discussion board. *J. Technol. Teacher Educ.*, 11(2),259－279.

Nussbaum, E. M., Hartley, K., and Sinatra, G. M. (2004). Personality interactions and ECT3 27 scaffolding in on-line discussions. *J. Educ. Comput. Res.*, 30(1/2),113－137.

O'Connor, S. and Ross, A. (2004). Web CT role-playing: immediacy versus e-mediacy in learning environments. *Learn. Environ. Res.*, 7(2),183－201.

Oriogun, P. K., Ravenscroft, A., and Cook, J. (2005). Validating an approach to examining cognitive engagement within online groups. *Am. J. Distance Educ.*, 19(4),197－214.

O'Sullivan, P. B., Hunt, S. K., and Lippert, L. R. (2004). Mediated immediacy: a language of affiliation in a technological age. *J. Lang. Soc. Psychol.*, 23(4),464－490.

Panyametheekul, S. and Herring, S. C. (2003). Gender and turn allocation in a Thai chat room. *J. Comput. Mediated Commun.*, 9(1),224－251.

Pennington, T. and Graham, G. (2002). Exploring the influence of a physical education listserv on K－12 physical educators. *J. Technol. Teacher Educ.*, 10(3),383－405.

Raman, M., Ryan, T., and Olfman, L. (2005). Designing knowledge management systems for teaching and learning with wild technology. *J. Inform. Syst. Educ.*, 16(3),311－320.

Reynolds, K. M. (2002). The effectiveness of a listserv for teacher preparation. *J. Educ. Technol. Syst.*, 31(1),71－87.

Richardson, W. (2003). Blogging on. *Principal Leadership (High School Ed.)*, 4(3),61－64.

Romiszowski, A. and Mason, R. (2004). Computer-mediated communication. In *Handbook of Research for Educational Communications and Technology*, 2nd ed., edited by D. H. Jonassen, pp. 397－432. Mahwah, NJ: Lawrence Erlbaum Associates.*

Russel, T. (2001). *The No Significant Difference Phenomenon*. Denver, CO: The International Distance Education Certification Center (http://www.nosignificantdifference.org).

Scardamalia, M. and Bereiter, C. (1994). Computer support for knowledge-building communities. *J. Learn. Sci.*, 3(3),265－283.*

Schwartz, D. L. (1995). The emergence of abstract representations in dyad problem solving. *J. Learn. Sci.*, 4(3),321－354.

Singer, N. R. and Zeni, J. (2004). Building bridges: creating an online conversation community for preservice teachers. *Engl. Educ.*, 37(1),30－49.

Subrahmanyam, K., Greenfield, P. M., and Tynes, B. (2004). Constructing sexuality and identity in an online teen chat room. *J. Appl. Dev. Psychol.*, 25(6),651－666.

Tidwell, L. C. and Walther, J. B. (2002). Computer-mediated communication effects on disclosure, impressions, and interpersonal evaluations: getting to know one another a bit at a time. *Hum. Commun. Res.*, 28(3),317－348.

Tikkanen, R. and Ross, M. W. (2003). Technological tearoom trade: characteristics of Swedish men visiting gay Internet chat rooms. *AIDS Educ. Prev.*, 15(2),122－132.

Uribe, D., Klein, J. D., and Sullivan, H. J. (2003). The effect of computer-mediated collaborative learning on solving illdefined problems. *Educ. Technol. Res. Dev.*, 51(1),5－19.*

Wang, A. Y., Newlin, M. H., and Tucker, T. L. (2001). A discourse analysis of online classroom chats: predictors of cyber-student performance. *Teaching Psychol.*, 28(3),222－226.

Wang, Q. and Ross, M. W. (2002). Differences between chat room and e-mail sampling approaches in Chinese men who have sex with men. *AIDS Educ. Prev.*, 14(5),361－366.

Weinberger, A., Ertl, B., and Fischer, F. (2005). Epistemic and social scripts in computer-supported collaborative learning. *Instruct. Sci.*, 33(1),1－30.

Whitney, G. (2004). Messages not sent to jESSE: a study crushed by its own subject. *J. Educ. Library Inform. Sci.*, 45(4),364－369.

Wickstrom, C. D. (2003). A 'funny' thing happened on the way to the forum. *J. Adolesc. Adult Literacy*, 46(5),414－423.

Woodruff, S. I., Edwards, C. C., Conway, T. L., and Elliott, S. P. (2001). Pilot test of an internet virtual world chat room for rural teen smokers. *J. Adolesc. Health*, 29(4),239－243.

---

* 表示主要参考文献。

19

K－12图书馆多媒体中心

Delia Neuman 233

摘要

从20世纪初开始，美国公立学校的图书馆媒体中心就已经收藏非印刷品教学资源了。20世纪中期之后，K－12图书馆媒体项目在设计学习经验时将这些资源整合到了课堂实践当中。对今天的图书馆媒体项目来说，技术——作为资源和过程——具有重要的作用。当今美国中小学的图书馆标准高度重视教学领袖领导力、与一线教师的合作和技术，这三个相互关联的议题对图书馆媒体计划至关重要(AASL和AECT，1998)。早期研究主要关注拓展与解释图书馆媒体项目的多重角色，直到20世纪90年代，才有少数研究开始寻求K－12图书馆媒体计划与学生学习之间的关系。此后，约有20多项研究对此关系做了深入的探讨。不容置疑，政府很关注这方面的工作。在美国，与学校教育相关的一些主要国家立法中缺失图书馆媒体部分，人们对这一现象的关注促使研究将图书馆媒体计划和学生学业成绩挂钩。英联邦和澳大利亚在类似的压力下作了同样的决策。通过定量和定性的方法研究：(1)证明图书馆的优质媒体计划与学生学习之间的广泛联系；(2)确定这些计划的具体作用。近期各方面的创新研究表明K－12学校图书馆媒体研究急剧增多，且研究成果传播更为广泛。

关键词

图书馆多媒体中心：美国绝大多数公立学校都有的导学资料和技术资源库。

引言

近百年来,图书馆媒体中心一直都是 K－12 学校新技术(从幻灯到视频编辑器)的发源地。近五十年中,K－12 图书馆媒体项目一直被寄予厚望,帮助师生使用时下技术促进学习。如今,学校图书馆媒体项目被委以"确保师生有效利用理念和信息"的重任,他们扮演了教师的角色,与其他教师合作进行教学设计和传递教学信息,他们既是信息专家,也担负了管理者的角色(AASL, AECT, 1998,p. 6)。图书馆媒体项目不仅要完成上述工作,作为学习的促进者,同时还要提高教学技术与信息技术。

在美国,图书馆媒体项目主要关注技术和教学两方面,这点在国家历次颁发的相关标准和指南中都有明确的规定——特别是从《学校图书馆计划标准》(AASL, 1960)颁发以来(该标准首次提出"视听材料"这一术语,并指明图书馆媒体项目在"图书馆技能"上的指导作用)。《学校媒体计划标准》(AASL 和 NEA, 1969),是第一套体现了美国教育传播与技术协会(AECT)(当时称为 DAVI) 宗旨的标准。《媒体计划:学区与学校》(AASL, AECT, 1975)里,把图书馆媒体项目提升到教学设计者的地位。《信息力量:学校图书馆媒体计划指南》(AASL,AECT, 1988)拓展了媒体专家的职能,使之适应电子时代的需要。当前国家标准——《信息的力量:建设学习伙伴》(AASL, AECT, 1998)——非常重视"领导力(与教师的教学)合作和技术"三者的有机结合,将其视为"统整图书馆媒体计划所有方面和图书馆媒体项目所有角色成分的必需部分"(p. 49)。《学校图书馆指南》(IFLA/UNESCO, 2002)规定指出,图书馆"必须为获取所需电子的、计算机和视听设备提供服务",通过利用图书馆的资源(p. 8)"教师和图书馆人员(应该)共同合作,以便开发、指导和评价学生在课程中的学习"(p. 12)。

50 年来, K－12 图书馆媒体领域一直努力把自己定位为技术、信息和教学设计之间的链接。Small (1998)简要回顾了美国 K－12 图书馆媒体的发展历史。Newman (2004)作了深入而广泛的研究,仔细考察和分析了为图书馆媒体项目开发的教学设计模式,这些模式被用于他们和教师协作。随着社会各界加大对学校责任的需求,图书馆媒体领域更为强调它对学生学习的贡献,并一直试图证明:在信息时代,无论对学生学习,还是他们的学业成就而言,强有力的K－12 图书馆媒体计划都至关重要。

研究内容

早期对学校图书馆媒体领域的研究集中于拓展和描绘图书馆媒体项目的角色。20 世纪 90 年代之前,只有少数的研究关注图书馆媒体计划对学生学习的作用。然而,1963 年 Mary Gaver 发表了一篇具有里程碑意义的论文,所提出的问题至今仍然反响不凡,她本人至今依然深受图书馆媒体项目的敬重。她详细考察和研究了 13 个州 271 所小学的集中化图书馆服务的有效性(Lance, 2006)。

她对三种环境下的学生测试成绩和预期结果进行了比较:1. 只有课室阅览室,2. 无图书管理员的集中化图书馆,3. 有图书管理员的集中化图书馆。那些能利用集中化图书馆、又有合格的图书管理员指导的学生的成绩,比那些没有集中化图书馆、或没有合格的图书管理员指导的学生的成绩高(以爱荷华州基础技能测试作为参考)。

虽然从方法论上来说,Gaver 的结论存在着一些缺陷——例如,那些考试得分高的学生“已经学习了好几个学期的图书馆使用技能,而这些能力刚好与考试的(图书馆技能)部分内容相似”(Callison, Lance 编,2006)——但很明显,Gaver 站在时代的前沿,努力把强有力的图书馆计划与学生的学业成就联系起来。大概 20 年之后,Didier 回顾了 38 项关于 K-12 图书馆媒体计划对学生学习的影响的研究,并得出结论——“总的来说,这些研究发现充分表明学校图书馆媒体计划与学生的学业成绩呈正相关关系”(Didier, 1985, p. 33)。

整个 20 世纪 90 年代到本世纪初,北美地区学校图书馆媒体研究人员着手探究图书馆媒 235
体计划与学生学习相关的系列课题:基于资源库的学习(Eisenberg 和 Small, 1995),作为过程的学习(Kuhlthau, 1993; McGregor, 1994; Pitts, 1994; Todd, 1995),在电子环境中学习(Bilal, 2001; Fidel 等.,1999; Large 等.,1998; Neuman, 1997; Solomon, 1994)。“图书馆强化计划”(The library power project)(1998—1991)是 K-12 图书馆媒体领域有史以来最大的项目,虽然当时只重视开发和展现有效的图书馆媒体计划,并不注重这些计划引发的学习,后来的数据分析仍显示其有一定的学习效用(Kuhlthau, 1999)。在前期出版的《手册》中,关于图书馆媒体中心的一章对这些年来的研究和学术活动进行了全面的评述(Neuman, 2004)。Callison (2002)也就这方面对近期及前段时期的学术成果作了广泛的探讨。在 Willians 和 Wavell (2001), 和 Williams 等(2002)汇编的论文中,从英国学者的角度阐述了相似的观点,而 Lonsdale (2003)则从澳大利亚的国情提出了深邃的见解。

近期研究

学校图书馆媒体这一领域包括许多方面,学者们持续关注着各个层面:图书馆媒体项目角色的变迁、教学合作的本质及实践、信息素养、电子世界中的信息搜索、政策议题、校长对图书馆媒体项目及其计划的观点等等。一个针对《学校图书馆媒体研究》(由美国校园图书馆协会(AASL)主办的研究期刊)的内容的评论指出,在过去五年中议题与对策相互混杂。对《全球校园图书馆》(国际学校图书馆协会(IASL)出版的期刊)的样刊做的一个类似评论中提出该杂志中也体现出各种折衷观点的混合。尽管如此,近年来,图书馆媒体计划与学生学习的关系已日渐成为图书馆媒体这一宽广的研究领域中最重要的一个研究课题。正如 Neuman(2003, p. 517)在一本致力于研究 21 世纪问题的核心杂志的专题中所指出:“在未来的十年里,学生的学习问题将成为学校图书馆媒体的所有研究中最有研究价值的焦点。”“电子信息资源的出现使学习和信息应用的关系受到了前所未有的重视,大量(信息素养中)与信息使用(直接)相关的学习结果的言论被发布。”(Neuman, 2003, p. 503), 由于这些因素的推动,当代美国及海外学校图书馆媒体领域的知名学者都集中精力探究多功能的 K－12 图书馆媒体计划的重要性及其对学生学习和学业成绩的影响。从 20 世纪 90 年代开始，有超过 24 项之多的研究关注这种关系。

Lance 研究*的现象

这一领域的许多研究都被称为“Lance 研究”，因为这种方法开始于 Lance K. C. 和他的同事们在科罗拉多州图书馆的研究，后来兰斯研究小组和其他学者继续采用这一方法。这一系列研究的第一篇论文于 1993 年发表，确立了后来研究的方法标准。Lance 和他的同事们以各个学校和社区为可控量，使用统计模式来评价校园图书馆因素对学生考试成绩的影响(Lance, 2006)。研究人员相继使用了相关分析、因素分析和回归分析来确定在“爱荷华州基础技能测试”或“全国水平考试”中，影响学生成绩的 23 个独立变量间的关系。虽然这些学生成绩数据不是随机选择的，但这些数据却可能代表了科罗拉多州 221 所公立中小学的学生成绩，并与 1989 年的校园媒体中心的一份调查的结果相一致。Lance 等人利用 1980 年美国议会依据科罗拉多州教育厅(当时兰斯在教育厅指导图书馆研究工作)所提供的校园社区和学校建设水平汇编完善了整套数据。这一研究得出一系列的成果(Lance, 1994)——其中包括一项令人兴奋的发现“图书馆媒体计划规模的大小很好地反映了该校学生学习成绩的优劣，而其规模的大小由工作人员和该馆的信息储存量来判定”(p. 172)。换一句话来说，“当社会经济条件作为可控变量时，在‘爱阿华州基础技能测试’七年级考试的阅读得分中，学校图书馆工作人员的规模和媒体信息储存量这一因素占 21%的权重”(教育图书馆出版，2006, p. 8)。

最初的“Lance 研究”，也就是当时的“科罗拉多州研究”，主导了整个图书馆媒体的研究领域，这并不奇怪。可是，在过了最初的兴奋期之后，人们开始对其研究方法产生疑问——小样
236 本、非随机抽样、非实验设计，且依赖现存数据(而不是原始数据)——削弱了其后来几年的影响。然而，21 世纪 90 年代末政治因素开始介入。2002 年，美国颁布了具有划时代意义的全国教育法“不让一个孩子掉队”，但该教育法中并没有提及学校图书馆媒体计划，许多州的标准化测试中也不包括信息素养。很多重点图书馆媒体内容受到忽视，在全国范围内学校图书馆媒体计划的数量随之下滑，这引起了图书馆媒体领域专家的警觉，他们认为迫切需要证明图书馆媒体计划与学生学业成就的关系。全国至少 17 个州的多家图书馆媒体项目协会，和其他相关组织委托兰斯研究小组或其他学者论证阐明这一关系。最早的州报告于 1999 年发表。其他大多数集中在 2002 年发表，2003 年开始每年都有四个州发布其报告(Education Library Press, 2006)。

调研报告数量的直线上升，再加上研究地点在地理位置上的分布不断扩大，再次引起人们的对该领域的关注。总的来看，这些调查报告为强有力的 K－12 学校图书馆媒体计划与学生的学习成绩的关系描绘出一幅令人瞩目的画面。虽然有些研究工作还在进行之中，但截至

★ Lance 研究：Lance 和他的同事用统计模型来评估图书馆因素对考试分数的影响，这种评估是在控制了不同学校和社区的条件下进行的(Lance, 2006)。

2005年3月所发表的14篇报告都表明，学校图书馆媒体这一因素或条件与学生考试成绩的关系是分不开的(Lance, 2006)。原来的研究方法，经Lance研究小组和其他各地的学者提炼改进之后(如，考察更多的学校，采用原始数据与现成数据相结合，探讨更加宽广而详细的问题和走访各个学校的图书馆媒体中心)，能为这一关系提供更加有力的证据。Lance(2006)坚决反对那些学者否认所有这些论据与学生的学习成绩相关的观点：

> 图书馆与考试成绩之间这种不能由其他的学校和社区条件解释的联系已被反复验证，在我看来，这足以说明两者间存在因果关联性。假设这种相关性不成立，为什么长期以来在这么多州的中小学中都存在呢？如果说还有其他学校和社区条件因素始终能够解释图书馆与考试成绩间的联系，我确实还未曾了解到。

Lance已成为校园图书馆多媒体研究领域的名家，在很多研讨会上做过主题发言，并在2002年白宫校园图书馆会议上发表演讲，概述了他在此领域的研究发现。到2005年5月，为评估这一研究成果的影响程度，他开展了一个网络调研，收集到来自36个州共501份反馈信息，反馈的信息表明他们都应用这一科研成果来倡导图书馆媒体计划，其中有81%的中小学校长，66%的专业教师和其他人员参与这项科研活动。而更重要的是，答卷人指出，“他们花更多的时间与教师协作，教导学生信息素养技能(62%)……为教师筛选教学材料(60%)……用更多的时间与专业教师合作教学(48%)”(Lance, 2006)。很明显，Lance研究的潮流不仅对证明强有力的K-12学校图书馆媒体计划的价值有重要的作用，对这种计划的开发也起着极大的推动作用。

国际视角

“Lance研究”的影响已远远超越了北美地区而渗透到全世界的各个地方。例如，由“苏格兰博物馆、档案馆和图书馆的政务委员会”发起的研究，引用Lance的研究成果(Williams和Wavell, 2001)，综述了校园图书馆资源中心对英格兰地区中小学校的影响，说明Lance的研究成果同样适用于英国的学校(Williams等，2002)。在澳大利亚的情况与此相似，一份严谨的综述指出“在研究校园图书馆对学生成绩的作用这一领域，最有影响力的研究团体是美国的Lance·K·C和他的团队”(Lonsdale, 2003，12页)。

虽然这些综述都指出兰斯及其团队的研究成果的重要性，他们在各自环境中的重要的领域也都有所建树。Willians和Wavell，(2001)在苏格兰的中学开展研究，试图获得对“更加宽广的学习经验”的了解(4页)。他们采用焦点小组和案例跟踪分析的方法评价“在图书馆学习资源中心对学生学习的作用上，教师、学生和图书管理员各自的认知程度”，考察“学习经验与资源中心的关系”，探究“可作为学生学习证据的一些指标”，他们也就学习资源中心对学习之影响的评估过程进行了仔细调查(p. i)。Willians和Wavell (2001)从对焦点小组的研究中发现，学生、教师及图书管理员就资源中心对学习的作用方面有大量的相同的认知——包括信息的获取、信息技能的习得和独立学习与协作学习能力的培养等；通过案例研究，他们提出了

“动机、进步、独立和互动几个学习主题”(2 页)。此外,他们还建议要在现有研究的基础上进一步探究,包括更加重视研究多间条件与环境极为不同的学校:“要将目光放到校园图书馆资源中心(SLRC)之外,寻找其他影响因素……研究不同的学习情境,超越眼前的研究情况、选取合适的时间尺度”(4 页)。

Williams 等专家(2002)对于校园图书馆资源中心在小学中的作用的综述是在 Streatfield 和 Markless (Streatfield 和 Markless, 1994)十多年前的研究的基础之上建立起来的,其借用
237 了他们的研究理念与方法。早期给英国图书馆研究和发展部的报告的题目还可以作为现代的研究内容:“看不见的学习?”“校园图书馆对教与学的贡献”。这两篇报告都强调校园图书馆资源中心(SLRCs)确实为学生学习作出贡献,但这种贡献很难测定。他们还建议探究图书馆媒体资源多种服务模式对学生学习的影响——例如,灵活的或者固定的时间安排,不同级别和职责的工作人员,各种各样的教学与合作的活动。图书馆媒体中心的时间安排多年来一直为美国该领域的热点问题:图书馆媒体计划是应该遵循固定的时间安排,让各班学生每周按事先确定好的时间来媒体中心,还是灵活变通,允许教师和图书馆媒体项目根据学生各自具体的研究项目而定,学生个人和小组在需要时才到资源中心来呢?把对于学生成绩的研究和图书馆资源中心时间安排的问题联系起来,上述两个报告为将来的研究提出了一个非常重要的课题。

分 4 期周刊连载完成的澳大利亚研究综述,代表着澳大利亚图书馆协会,评述了自 1990 年以来澳大利亚和世界各国在此领域的研究,并总结出“现有的研究都表明,无论是从学生的阅读成绩、阅读素养,还是更宽泛地从学习整体来看,校园图书馆都对学生的学业成就有积极的促进作用”(Lonsdale, 2003, 30 页)。与以上结论相关的一些具体细节证实了 Didier (Didier, 1985)所提出的观点,并由 Lance(教育图书馆出版,2005/2006)于近期进一步拓展。Lonsdale (2003, 2 页)进一步指出,行动研究和循证实践对将来的校园图书馆至关重要。

> *总的来说,如果要按照学者研究的成果中所提议的方式来评价校园图书馆和图书馆教师对学生学习的作用,那么,所有研究文献都证实了本地的循证实践研究的必要性。无论是提升图书馆专业人员的形象和威望还是在政策制定者与学校相关人员心中强化“校园图书馆对学生的学业成就有巨大的贡献”的观念,这种研究都是一种及其重要、关键的手段。*

俄亥俄州的研究案例

尽管兰斯研究产生了极大的影响,但 Lance 本人还是注意到科罗拉多研究模式的局限,并指出,现在是拓展研究校园图书馆媒体影响的方向的时候了(Lance, 2006)。Lance 个人关注的是,设计出能把学校图书馆媒体研究与美国教育部所青睐的实验设计相结合的研究方法,然而,上述所提出的研究和在美国当今最有影响力的研究案例都只是定性研究,而不是定量研究。由卢特杰斯大学的校园图书馆国际研究中心(CISSL;读音,sizzle)赞助的俄亥俄研究案

例包括了“俄亥俄州39家先进的校园图书馆……从三年级到十二年级的13123位学生和879位教职工。这一研究旨在探究学生如何从校园图书馆里获益”(Todd, 2004,1页)。

现在的焦点,是要确定一些有效的图书馆,然后通过对其使用者的调查而评定图书馆的影响程度。研究专家采用专家小组法,从收到的提名中审核选取合适的学校图书馆。他们通过分别面向学生和教职工的两组网络调查收集数据。每组调查都包含相同的48项内容(各小项的内容根据调查对象的性质进行调整),并被分为七大块:(1)搜索和获取信息;(2)运用信息完成作业;(3)对学校作业的总体支持;(4)在图书馆,校园其他地方和在家应用计算机;(5)对一般阅读兴趣的支持;(6)对课外的信息任务的帮助;(7)对学习成绩的总体支持。接受调查者要从五个量标(帮助最大,很大帮助,一定的帮助,一点点帮助和完全没有帮助)中选择一个来评定图书馆的作用。问卷既包含认知因素(如“校园图书馆帮助我找到我所讨论的话题的不同观点”),也包含情感因素(如“校园图书馆使我更乐意搜寻信息”)方面的内容。每个调查问卷都有一个开放式问题,以让受访者可根据各自的实际情况进行回答。

不出意料,调查的结果完全是正面的(Todd, 2004,2页)。99.44%的受访者(13050位学生)认为,

> 校园图书馆及其服务,包括图书馆管理人员,或多或少,都在一定程度上对他们的学习起着帮助作用,所调查的48小项与他们的学习都有联系。

教职工的反映比学生更加积极,在七个模块中,他们反应的肯定程度都比学生的高。总体上来说,在小学阶段对学生的帮助最大,因为这时候学生首次接触信息素养的概念,而随着学年逐步升高,帮助的程度逐步减弱。“学生认为最有帮助的”是信息技术,并且无论在哪一模 238
块,信息技术得分都很高(Todd, 2004,5页)。在所有的问卷调查项目中,以下两项获得“帮助最大”的比例最高:“电脑帮助我找到校园图书馆内外的信息”(49.0%)和“校园图书馆的电脑帮助我更好地完成学科作业”(41.6%)。

俄亥俄州的研究案例,回答了K-12图书馆媒体领域关注已久的问题,证实了校园图书馆与学生成绩的关联性,然而,其论证还存在一定的局限。该研究案例所涉及的数据来源“相对狭窄,接受问卷调查的90%是白种人”,或者是这样的结论:“学生和教师肯定性的陈述……其结论自然是拥有合格管理人员的图书馆所提供的服务,对学生的学习成绩有积极的作用。”(Callison, Lance编,2006)此外,此案例仅通过网络调查收集受访者的自我报告——这种方法难免会诱导一些初、高中学生在回复问卷时搞恶作剧,尤其是当他们要完成49小项的问卷。但无论如何,这一研究为高质量的图书馆媒体计划支持学生学习的具体的研究方法提供了丰富的信息。“一个有效的校园图书馆是由一位合格的图书馆媒体项目所主持的,且这位专家已明确自己在以信息为中心的教学中的作用。这样的校园图书馆在学生建构知识的学习过程中起着关键的促进作用”(学术图书馆出版社,Scholastic Library Publishing, 2006,17页)。这一广受瞩目的主要结论不仅有理论支持,也有政治力量作为后盾。

目前的问题

虽然所有的研究结果都表明全面且综合性的学校图书馆媒体计划与促进学生学习联系紧密，但是，许多教育专家依然认为学校图书馆媒体计划是一种奢侈——对课程或学生的成绩来说有价值但不必要——特别是美国联邦立法关注的区域及由大多数州标准化考试覆盖的地区。确实，许多行政部门把学校图书馆媒体看成像音乐或体育那种专门领域，这使得在财政预算吃紧和标准考试的分数更受关注的时候，学校图书馆媒体计划特别容易受抑制和损害。因为个别图书馆的多媒体管理专家被分派到多间学校服务，图书馆多媒体中心就被关闭，其职位要么取消，要么大大削减，这样的证据比比皆是。这种压力在世界其他地区也许没有这么直接和明显，但英国和澳大利亚的学者都认为有必要"全面展现校园图书馆资源中心(SLRC)的价值，让其价值得到应有的重视，是全世界信息与图书馆科学(ILS)业都关注的问题"(Williams 和 Wavell, 2002,4 页)。

虽然面临着边缘化或被取消的威胁，K－12 图书馆媒体领域继续进行研究，将之视为消除图书馆媒体计划的重要性受到重视的阻碍，使整个教育系统实现高质量的图书馆媒体计划的关键。学术图书馆出版社(Schoolastic Library Publishing)汇集了近期美国在此领域的研究成果，在一些发行量大的期刊上现已发行了两期基础研究论文，每期 20 页，标题为"校园图书馆论著"(2005/2006)。2005 年专家峰会由《校园图书馆期刊》(此领域从业者在北美最主要的学术刊物)组织发起，"该峰会在结束时极力要求更多的学术研究探讨校园图书馆对学生学习的影响"(Glick, 2005,11 页)，同时强烈呼吁"运用新的途径论证校园图书馆对学生的学习和发展多方面的贡献，而不仅仅停留在标准化考试方面"(12 页)。与会的专家一致认为，教师—图书馆员合作的研究以及从业人员进行的行动研究，是揭示学校图书馆媒体计划对学生学习贡献的有效方法。

与会者还认识到向更加宽广的教育界宣传他们的研究成果的重要性，指出"大量的研究……已经存在"(Glick, 2005,12 页)，但是，这些研究在学校图书馆媒体领域之外不可用，也未被外界所接受。多年以来这种同外界的隔绝已倍受人们的关注，不断要求学校图书馆媒体研究专家在其他综合领域发表和展示他们的研究成果。正如 Callison (2002, p. 362)所指出的一样，"直到研究受阻……人们才转入更加宽广的研究体系，因为若不如此，无论研究成果有多么重大或显著，仍可能一直不为外人所知而不能引起任何社会变化"。纽曼(2004)对这种情况进行了深入的探讨并指出，当前教育的一系列趋势——特别是对建构主义哲学的接受，泛在的信息和信息技术，学生要学会把运用信息作为专业学习的工具——所有这些趋向汇聚成一个非常有利且能提高人们对学校图书馆媒体研究的兴趣和传播的平台。

目前的两大发展趋势表明无论其研究进程还是其努力向社会扩大影响，这一领域都在向
239 前迈进。由著名的学校图书馆媒体研究专家 Carol Kuhlthau 和 Ross Todd 于 2003 年创办的校园图书馆国际研究中心(CISSL)致力于建立此领域国内和国际研究的一个坚实基地。2005 年，校园图书馆国际研究中心召集一批这一领域的杰出学者在学术出版社的总部举行了一次

大型研讨会。2006年春，校园图书馆国际研究中心宣布成立CISSL虚拟研究社区，这是一个开源网站，五位专家主持2005年的研讨会上所提出的主要课题的在线讨论：合作，学习理论，研究本质，组织变革，领导力，探究学习和研究成果转化成实践。CISSL计划首先向K-12学校图书馆媒体领域免费开放该网站，最终向所有想参与的人自由开放。

同时，2006年春，美国教育研究协会投票同意接受一个新的"特别兴趣小组"(SIG)作为学校图书馆媒体研究专家。这一新"特别兴趣小组"，集科研、教育、信息和校园图书馆于一体，计划把学校图书馆媒体研究纳入世界上最大的教育研究协会的项目之中并出版。虽然现在只是初期的阶段，但是它预示了K-12图书馆媒体领域将会向更宽广的教育研究与实践领域发展的美好前景。

小结

无论在美国还是在其他国家，教育政策对学校图书馆媒体当前研究的重视都是不容置疑的。由于担心对此领域的影响力会减退，各地学者都已经制定了研究进程，这一科研进程与其说是探求新知识，更像是证实一个本身预知的结论。无论如何，近期的研究成果实际上已提供许多令人信服的证据，证明学校图书馆媒体计划与学生各类学业成就都相关。此外，近期的一系列研究对强有力的学校图书馆媒体计划对学生学习的具体贡献有了更深入的理解。在过去的十年中，学者在论证这一关系时既运用了定性研究方法，也运用了定量研究方法。

这些研究的焦点反映了学校图书馆媒体领域的不断演进：图书馆管理人员已不再满足于收集和分发材料的守门人的角色——负责把材料堆放在大厅的角落——当今的K-12学校图书馆媒体项目已郑重宣布，他们是完成学校最重要任务的中心。虽然这一领域依然把提高学生的阅读能力和对文学的热爱这些传统任务放在优先地位，但多年来对图书馆媒体通过运用技术和教学设计促进学习的研究已使人们逐渐认识到，在如今的信息年代，学校图书馆媒体计划对学生的学习是非常必要的。在过去的十年里，随着美国和其他国家对学校责任加大要求——有证据表明确实能帮助学生学习——学校图书馆媒体领域的学者越来越认识到向其他教育专家，家长和政策制定者展示强有力的图书馆媒体计划的重要性，证明强有力的学校图书馆媒体计划不仅对学生的学业成就，也对"现代教育所寻求的，真正的基于信息的学习"十分重要(AASL和AECT, 1998, p. 2)。现在，无论从政策的观点还是从学术的观点来看这一领域的研究，我们都可以肯定现代K-12学校图书馆媒体领域已趋于成熟。

(王琼常 译，李立君 一校，詹春青、王洪荣 二校)

参考文献

American Association of School Librarians (AASL). (1960). *Standards for School Library Programs*. Chicago, IL: American Library Association.

American Association of School Librarians (AASL) and Association for Educational Communications and Technology (AECT). (1975). *Media Programs: District and School*. Chicago, IL, and Washington, D. C.: AASL and AECT.

American Association of School Librarians (AASL) and Association for Educational Communications and Technology (AECT). (1988). *Information Power: Guidelines for School Library Media Programs*. Chicago, IL, and Washington, D. C.: AASL and AECT.

American Association of School Librarians (AASL) and Association for Educational Communications and Technology (AECT). (1998). *Information*

Power: Building Partnerships for Learning. Chicago, IL: American Library Association. *

American Association of School Librarians (AASL) and Department of Audiovisual Instruction, National Education Association (NEA). (1969). *Standards for School Media Programs*. Chicago, IL: American Library Association.

Bilal, D. (2001). Children's use of Yahooligans! Web search engine. II. Cognitive, physical, and affective behaviors on research tasks. *J. Am. Soc. Inform. Sci.*, 52(2), 118 - 136.

Callison, D. (2002). The twentieth-century school library media research record. In *Encyclopedia of Library and Information Science*, Vol. 71 (Suppl. 34), edited by A. Kent and C. M. Hall, pp. 339 - 369. New York: Marcel Dekker. *

Didier, E. K. (1985). An overview of research on the impact of school library media programs on student achievement. *School Library Media Q.*, 14 (1), 33 - 36. *

Eisenberg, M. B. and Small, R. V. (1995). Information-based education: an investigation of the nature and role of information attributes in education. *Inform. Process. Manage.*, 29(2), 263 - 275.

Fidel, R., Davies, R. K., Douglass, M. H., Holder, J. K., Hopkins, C. J., Kushner, E. J., Miyagishima, B. K., and Toney, C. D. (1999). A visit to the information mall: Web searching behaviors of high school students. *J. Am. Soc. Inform. Sci.*, 50(1), 24 - 37.

Gaver, M. (1963). *Effectiveness of Centralized Library Service in Elementary Schools*. New Brunswick, NJ: Graduate Library School at Rutgers, The State University of New Jersey.

240 Glick, A. (2005). More research, please. *School Library J.*, 52(6), 11 - 12.

International Federation of Library Associations and Institutions (IFLA). (2002). *IFLA/UNESCO School Library Guidelines*, http://www.ifla/org/VII/s11/pubs/school-guidelines.htm. *

Kuhlthau, C. C. (1993). *Seeking Meaning: A Process Approach to Library and Information Services*. Norwood, NJ: Ablex. Kuhlthau, C. C. (1999). Student learning in the library: what Library Power librarians say. *School Libraries Worldwide*, 5(2), 80 - 96. *

Lance, K. C. (1994). The impact of school library media centers on academic achievement. *School Library Media Q.*, 22(3), 167 - 170. *

Lance, K. C. (2006). Enough already? Blazing new trails for school library research: an interview [by D. Callison] with Keith Curry Lance. *School Library Media Research*, http://www.ala.org/ala/aasl/aaslpubsandjournals/slmrb. *

Large, A., Beheshti, J., and Breuleux, A. (1998). Information seeking in a multimedia environment by primary school students. *Library Inform. Sci. Res.*, 20(4), 343 - 376.

Lonsdale, M. (2003). *Impact of School Libraries on Student Achievement: A Review of the Research*. Victoria: Australian Council for Educational Research (http://www.asla.org.au/research). *

McGregor, J. H. (1994). Cognitive processes and the use of information: a qualitative study of higher-order thinking skills used in the research process by students in a gifted program. In *School Library Media Annual 1994*, edited by C. C. Kuhlthau, pp. 124 - 133. Englewood, CO: Libraries Unlimited.

Neuman, D. (1997). Learning and the digital library. *Library Trends*, 45(4), 687 - 707.

Neuman, D. (2003). Research in school library media for the next decade: polishing the diamond. *Library Trends*, 51(4), 508 - 524. *

Neuman, D. (2004). The library media center: touchstone for instructional design and technology in the schools. In *Handbook of Research on Educational Communications and Technology*, 2nd ed., edited by D. H. Jonassen, pp. 499 - 522. Mahwah, NJ: Lawrence Erlbaum Associates. *

Pitts, J. M. (1994). Personal Understandings and Mental Models of Information: A Qualitative Study of Factors Associated with the Information Seeking and Use of Adolescents. Ph. D. dissertation. Tallahassee: Florida State University.

Scholastic Library Publishing. (2005/2006). *School Libraries Work!* New York: Scholastic Library Publishing. *

Small, R. V. (1998). School librarianship and instructional design: a history intertwined. In *The Emerging School Library Media Center: Historical Issues and Perspectives*, edited by K. H. Latrobe, pp. 227 - 237. Englewood, CO: Libraries Unlimited.

Solomon, P. (1994). Children's information retrieval behavior: a case study of an OPAC. *J. Am. Soc. Inform. Sci.*, 44(5), 2245 - 2263.

Streatfield, D. and Markless, S. (1994). *Invisible Learning? The Contribution of School Libraries to Teaching and Learning*, Library and Information Research Report 98. London: British Library Research and Development Department.

Todd, R. J. (1995). Integrated information skills instruction: does it make a difference? *School Library Media Q.*, 23(2), 133 - 138.

Todd, R. J. (2004). *Student Learning through Ohio School Libraries*. Columbus, OH: Ohio Educational Library Media Association. *

Williams, D. and Wavell, C. (2001). *The Impact of the School Library Resource Centre on Learning*, Library and Information Commission Research Report 112. Aberdeen: Robert Gordon University (www.rgu.ac.uk/files/SLRCreport.pdf). *

Williams, D., Coles, L., and Wavell, C. (2002). *Impact of School Library Services on Achievement and Learning in Primary Schools: Critical Literature Review*. Aberdeen: Robert Gordon University (www.rgu.ac.uk/files/ACFIC8D.pdf). *

---

* 表示主要参考文献。

20

基于技术的知识系统

Ian Douglas 241

摘要

基于技术的系统以各种方式收集和组织知识以便能支持学习和绩效。知识系统这一通用术语包含四种主要的系统类型:(1)专家系统或基于知识的系统;(2)知识管理系统;(3)知识社区;(4)由其他类型系统的要素组合而成的混合系统。专家系统是使用来自于人类专家的知识为新手提供指导的计算机程序,许多都被用于辅助学习。专家系统采用已获取的知识,以便计算机程序为用户提供帮助。知识管理系统获取和组织知识,以便用户的直接使用。知识社区旨在促进人与人之间直接的知识交流,也包括对各类知识社区或实践社区的研究。这一类型的系统还包括非正式的知识共享网络,这种网络产生于诸如即时通讯等技术中。本章着重研究这三种方式的共同问题,包括知识如何由人产生;知识如何以可被机器阅读的方式编码;数字化知识集怎样用分类、元数据和本体来组织,以及知识质量保证。

242 **关键词**

基于知识的系统：一种由人类专家组建成的知识库为基础的、能够进行推理的计算机程序(也被称为专家系统)。

知识社区：把人们聚集起来形成一个社区，并就共同的兴趣进行知识的创造和共享的技术。

知识管理：在组织内部获取、传播和整理与绩效相关的知识的组织程序和技术的集合。

引言

在开始审查知识系统的范围之前，需要建立我们对知识的理解，特别是知识与信息或数据的区别。关于这个问题，有很多的哲学探讨——见 Ackoff (1989)、Davenport 和 Prusak (1998)、Quigley 和 Debons (1999)等人的文章——但这些探讨超出了本章范围。作为基本的工作模型，我们认为数据是以符号表征的基本记忆元素。信息是描述数据间关联的数据。知识产生于能有效描述行为的信息集合。

知识经常被进一步分类，如(1)陈述性知识(关于事物的知识)和程序性知识(关于怎样做的知识)(Kogut 和 Zander, 1992)；(2)显性知识(编撰在文档或其他正式的传播材料中)和隐性知识(以非正式的方式传播的个人信仰和直觉)(Nonaka, 1994)；(3)常识(被大多数人掌握并很容易迁移的知识)和特殊知识(只有少数人掌握并很难被迁移的知识)(Jensen 和 Meckling, 1996)。特殊知识与专业知识这一概念有关，指某特定领域内一定深度的知识(Ericsson 和 Smith, 1991)。和专家知识有关的是*启发式*知识，即应用源于经验的通用规则来决策。专家往往比新手拥有更多的启发式知识。

大部分的计算史都包括开发更有效的数据和信息处理，而人类则从信息中获取知识，并基于这些知识进行决策(Campbell-Kelly 和 Aspray, 1996)。各知识系统的区别在于期望软件能积极帮助获取知识，以及更直接地促进决策的制定，在某些应用中甚至由软件进行决策(如专家系统和基于 Agent 的系统)。

从历史上来看，可以确定三个与知识系统相关的主要范畴。第一个是直接研究使用来自于专家的知识，来指导新手解决问题的计算机系统(Giarratano 和 Riley, 2004; Jackson, 1998)。这种研究盛行是在 20 世纪 70—80 年代。到了 90 年代，人们开始关注知识管理系统(Awad 和 Ghaziri, 2003；Becerra-Fernandez 等，2004)。关注重点从为智能程序进行知识获取和构成，转移到为决策者(也就是知识工作者)的直接获取和知识的结构化。知识管理的另一个特性是它的跨学科性，而不局限于技术领域。知识管理在商业和管理领域受到推崇，它更关注知识加工、收集和传播过程中的人与传播的问题。最新进展是通过协作技术支持更多动态的知识创建与分享的社区(Fuks 等，2005)。本章回顾了这三个领域所共有的技术和研究问题，特别是，我们该如何获取与构成知识，以促进个体和组织的即时学习且还能做到高绩效？

基于知识的系统/专家系统

基于知识的系统最早出现于早期的人工智能领域(Russell 和 Norvig, 2002)。在人工智能的研究中,计算机科学家们试图提出智能的计算机模型。他们试图把计算机技术从数据处理提升到知识处理,也就是使计算机能够像人类那样进行决策。最初,研究兴趣在语言加工和通用的问题解决算法,如 Newell 和 Simon (1963)等人所做的研究。在人工智能的早期工作中探讨了知识系统中的两个持久的研究问题。第一,如何在计算机系统中最佳地表征知识。第二,如何在表征的知识中进行有效的检索,以便找到解决特定问题的相关知识。解决这些问题 243
的一个方法是缩小我们试图展示智能的研究领域。在这种观念的引导下,20 世纪 70 年代出现了基于知识的系统或专家系统。专家系统被限制在一个狭窄的领域中解决问题,例如专门的医学诊断领域。专家系统带来了知识系统中第三个持久性的研究问题:我们怎样得到人类解决问题的知识?

一个专家系统通常由知识库和推理机组成。知识库是存储了通过访问专家而得来的知识。推理机是一个计算机程序,当给定一个特定的问题时,它能够辨别出在知识库中相关的知识,并且适时的向用户提问以获得解决问题的相关信息。通过与用户的交互,推理机最终能对手头的问题提出解决方案。早期系统中最著名的是 MYCIN,一个医学诊断系统(Shortliffe 和 Davis, 1975),主要针对血液病进行诊断。MYCIN 的软件体系结构后来成为很多专家系统的基础。它使用基于规则的方法表征知识,能表征专家的启发式知识。知识库由若干产生式规则组成。这些规则的一般形式是"如果 A 为真,B 也为真,则诊断 X 为高度可能",其中 A 和 B 代表对病人的详细观察。规则来自于对专家的访谈,并被串联在一起。在前面的例子中 A 和 B 也可以由其他规则来规定,例如:"如果血压高并且是男性,则 A 为真"。甚至规则链也可以生成询问用户的问题,如"病人的血压是 140/90 还是更高?"如果系统拥有该领域足够多的规则,并且用户也能提供所要求的信息,系统的绩效可与真正专家的绩效不相上下。

人们很早以前就认识到专家系统及其所获得的知识不仅有助于提升绩效(如支持诊断),在教育中也大有可为。事实上,第一个为了教育的目的而创建的专家系统,就是由 MYCIN 知识库构成的 GUIDON* (Clancey, 1982)。除了领域的知识库以外,该系统还增加了有关如何教学的规则知识库。在 GUIDON 中,用户执行一个诊断并提出问题(也就是在专家系统中扮演角色)。教学规则决定了如何回答寻求帮助的提问,以及什么时候干预或纠正用户那些不太令人满意的表现。很多被称为智能导师系统的系统和模型是晚些时候才出现的(Becker 等, 1996; Wenger, 1987)。

除了领域知识和教学知识,这类系统的另一个典型特征是学生模型(Self, 1999)。对学生知识的表征使得教学内容和策略得以修订,以适合学生个体的需要。

尽管专家系统技术在 20 世纪七八十年代得到了大量投资,但到 90 年代这种投资兴趣却

---

* 斯坦福大学 GUIDON 项目,研究基于知识的系统如何为教学计划提供依据。

消退了。虽然专家系统这个术语现在已经很少使用了,但与之相关的研究工作并没有消失。它转而成为新的研究途径的基础。专家系统技术是现代计算机游戏的关键组成部分(Laird, 2002),能为玩家创建更具挑战性的,由计算机控制的对手玩家。该技术也是当前流行的智能代理研究的一个组成部分(Agarwal 等,2004; d'Inverno and Luck, 2003)。代理是具有问题解决能力并且可以协助用户完成基于计算机的任务的计算机程序。代理的研究工作建立在传统的专家系统研究的基础上,但也整合了新的技术,如 Baylor 和 Ryu (2003)研究了人类仿真图形界面(化身[personas])在辅助学习者的代理系统中的应用,发现它们对学习者的交互经验有积极的影响。

知识管理

近 15 年来,知识管理成为重要的研究领域。它源于管理思想和被称为知识工作者的不断提升的重要性(Drucker, 1959)。从历史上来看,机构多由大量的劳工和相对少数的决策者组成。绝大多数决策都是由高层人员来制定,很多人员被雇来为这些高层人员提供信息。例如,仓库要雇人完成手工的财产清单,生产中要安置人员四处视察并检查设备的规格和运行。与
244 此同时,许多这种信息搜集的工作开始通过一些技术手段(如条形码和遥感器)实现自动化,很多商业和市场经历了显著的变革。决策制定变得更为分散。更多不同层次的工人开始被要求处理知识和作决策。组织也更加依赖知识和及时的决策制定,使其变得更为灵活,从而能在快速变化的环境中生存。这样,新的依赖知识的职业诞生了(如营销、软件工程),传统的知识密集型的职业(如律师、研究者和教师)也变得更为需要。

在组织水平上,企业更为感兴趣的是他们如何能通过为知识工作者提供方法和技术来更好地支持他们有效开发、分享和使用信息与知识。企业的这种改变和相关技术的发展唤起了对现在所谓的知识管理的需要。

这些转变并不仅仅发生在企业,它们发生在所有的组织中,包括行政和军事组织。在美国军队中更多的讨论是关于军事力量的转变。同那些以预设的教条为基础、以应对已知威胁为目标的训练相比,现在更需要处理所谓的不对称冲突。在不对称冲突中,威胁来自于不同的、常常从多个方向发动攻击的未知敌人(Lovelace 和 Votel, 2004)。人们发现刻板的集中式的指挥和控制对这类威胁来说,反应太慢了。另一个驱动力是,由于军事技术变得更为复杂,可用于训练的人力和时间减少了,这样,传统的训练实践(把知识内化到头脑中)就必须由根据需要为决策者提供知识的系统来加以补充。

很显然技术对知识工作者起了重要的支持作用,因此,知识管理的重点在于技术的使用。但也有一些不同观点,他们更强调所包含的组织和社会因素,比如创建一种知识共享的文化。

因特网——特别是万维网,它是一种重要的知识管理工具。曾经,知识工作者必须花费大量的时间对书籍编目分类、寻找书和文章以及通过索引来浏览。因特网提供了另一种知识和信息的来源,随着搜索引擎复杂度的增加,用户可以在几分钟而不是几小时的时间内查找到资源。尽管网络非常有用,但也存在不足,目前的研究正设法使组织、标注和搜索信息及知识

更为容易。

困难在于搜索引擎不能轻易地分辨出含义。如果你在Google中敲入单词“坦克”，你可能会得到2亿条信息，排在前面的可能是纽约剧院的一个空地、儿童的卡通人物和一个军事坦克博物馆。Bronander (2004)和其同事们的研究表明，很多用户往往选择阻碍最少的路径而不是使用有效的搜索和检索的方法。他们几乎不使用关键词并忽略可用的高级搜索功能。

搜索技术的限制根源在于用于网页编码的语言(HTML)主要是帮助浏览器显示内容，它并未被设计成可以按照含义来组织内容。目前许多正在进行的研究都转向了语义网，在语义网中网页内容的含义更容易被自动化系统和搜索引擎理解。语义网的前景得到网页的发明者Tim Berners-Lee的高度赞同，他特别强调了网络作为知识管理环境的潜力(Berners-Lee等，2001)。语义网的开发要求使用那些计算机可读的编码，来标明网络内容的含义。这包括在数字化资源的文本和元数据(如文本、图形、视频和程序)中嵌入标签。元数据是对其他数据进行描述的专门数据，如，都柏林核心数字图书馆* (Dublin core，见 http://dublincore.org)就是一种标明互联网资源的创建人和创建日期的元数据。元数据是学习对象技术开发的重要组成部分(见本书的第29章)。另一个重要技术是可扩展标记语言(XML)，是一种在网络内容中添加含义的创建标签系统的元语言。

知识社区

一些评论员认为，知识管理系统正走向第二代(McElroy, 2003)。第一代重点是使用技术获取、组织和整理已有的知识，而且主要是显性知识。传统的知识管理措施常常失败，其原因往往在于太关注技术而忽略组织和人的问题，例如为知识共享提供领导力和动机(Ambrosio, 2000; Lesser等，2000; Ribière和Sitar, 2003)。第二代的知识管理系统更关注把人们联系在一起分享隐性知识，更关注知识生成过程而不是知识存档的过程。McElroy (2003)认为知识 245
管理和Senge (1990)提出的结构化学习的概念趋于一致，它们都把学习和创新看作是社会过程而不是管理过程。

这一方向的其他影响来自于虚拟社区(Ellis等，2004)、实践社区(Wenger和Snyder, 2000)和促进群组工作的技术(Fuks等，2005)。虚拟社区研究关心的是专门通过在线交流而产生的关系的发展。研究者考虑的问题包括在线实体的特性(Boyd和Heer, 2006)与真实团体间的关系(Wellman和Gulia, 1999)以及相对于信息支持而言社会支持的重要性(Preece, 1999)。实践团队涉及的是汇集拥有相同目标的人群，他们聚集到一起分享那些能帮助他们最好地实现目标的知识。学习和信息分享被置于工作实践的情境中。研究者对虚拟社区如何促进实践社区特别感兴趣(Davenport和Hall, 2002)。研究者们更关注如何通过虚拟社区的设计来帮助实践团队的工作。而在线实践团队的研究常常关注的是成员的自愿性和自立性

---

* 都柏林核心元数据：英文Dublin Core Metadata(缩写：DC)。1995年3月，由OCLC与国家超级计算应用中心(NCSA)联合发起，52位来自图书馆界、电脑网络界专家共同研究产生。英文网址：http://dublincore.org——译者注

(Wenger 和 Snyder, 2000)。

虽然知识管理中大多数工作是建立在组织机构内部知识的基础上的,但是也有一些技术已在日常生活中影响着人们组建网络、交流、分享知识的方式,尤其是社会化网络站点,如 myspace. com (Boyd 和 Heer, 2006),以及即时通讯(Grinter 和 Palen, 2002)的影响正在逐步扩大。

专家系统、知识管理和知识社区不一定是互相排斥的,人们可以创建一个混合的系统。社区可以在更为正式的框架中分享默会知识、评论和经验。Jubert (1999)描述了一个商业情境中的此类系统,即法国的西门子商务服务系统(Siemens Business Services, SBS),并强调了虚拟社区、实践社区和传统的知识管理之间的相互影响。Weber 和 Kaplan (2003)描述了知识管理和基于知识的系统之间的相互关系。Douglas (2004)描述了可调控的软件架构指导混合知识系统生成的过程。这种软件架构使用绩效人物和目标的组织框架、将知识管理与在线社区相融合来创建混合系统(Sasson 和 Douglas, 2006)。

跨领域问题

知识管理的跨领域问题包括如何从人身上获得知识,知识如何以机器可读的方式编码,如何使用分类、元数据和本体的方式组织知识,最后是知识的质量保证。

用知识组装系统

一个知识系统的有用程度依赖于其所含的知识,所以创建系统重要的第一步是从现有资源中获得知识。这一过程被称为知识抽取,常被看作是创建可用系统的瓶颈。所涉及的问题与教学设计者从学科专家处提取知识相似。对不同技术的有效性研究是相关的。除了传统的技术如问卷和访谈外,基于知识的系统可能需要更复杂的技术,因为它们关注更深层次的分析,需要提取隐性知识而不是显性知识。相关的技术研究有认知任务分析(见本书第 43 章)、原型分析(Ericsson 和 Simon, 1993)、图表技术(Cheng, 1993;本书第 28 章)和自动化技术(Shute 等,1999;本书第 24 章)。

人种学研究是另外一种了解知识工作者如何既运用知识同时又组织信息来支持自己工作的方式。Gabbay 和 le May (2004)的工作就是运用这种方法的一个例子,他们花费两年的时间观察诊所初级护理人员的工作,得出的结论是临床医护人员很少使用来自于研究或其他资源的明确的依据,而是依赖于共同强化的默会方针,作者称之为默会准则(mindline)。阅读在默会准则的形成中起一定作用,不过这些准则主要来自于和病人、同事以及医药代表的交流。默会准则一旦形成,就会在实践中被传播并且融入到社会结构的知识中去。

除了研究人类和关注默会知识之外,研究还包括记录下来的在线交互和已有的正式知识陈述(如文件)。这可能包括关于人的研究,也包括诸如电子邮件、讨论板和即时消息记录等条
246 目的编码。还可能包括自动的分析系统,其中一项很重要的技术是潜在语义分析(Latent semantic analysis , LSA)的使用(Landauer 等,1998),即通过统计分析一个特定领域中的大量

文本来抽取字词的语境意义。

在协作的知识共享系统中，主要的问题是什么才能激发贡献者在少有经济报酬的情况下贡献他们的知识。在线社区的开发被看作是利己主义和利他主义的结合（Kollick，1999），可采用各种机制如社区认可来鼓励人们参与（Wellman 和 Gulia，1999）。Jeong（2006）对一节在线课的主题讨论所使用的语言进行了分析，他发现使用会话语言是在对话中增加回复的一个重要因素。

知识编码

知识获取后，就需要在系统中编码以便于被推理引擎、搜索引擎和知识管理分类方案等软件理解。在关于专家系统的讨论中，我们介绍了一种知识表征形式：产生式规则。这是目前表征程序性知识的常用的一种方法。除了程序性知识，我们还必须表征陈述性知识或关于世界中实体的事实性信息。这些知识经常以节点和连接的层级或网络集合的方式表征。在人工智能领域，这种知识经常被编码成语义网络（Sowa，1991），它和概念图有紧密联系（见第 29 章）。一些知识编码方案可以结合陈述性和程序性知识。面向对象程序设计背后的思想就体现了这一观念（Weisfeld，2003）。一个对象包含属性（关于对象的事实）和规定对象在系统中行为的方法（程序代码）。面向对象的知识系统的另一个重要方面是对象的层级分类。知识分类图式或知识本体成为重要的研究领域，特别是有关语义网的研究（Gomez-Perez 等，2004）。本体是对意义的一种共享的概念化（a shared conceptualization），一些已有的本体建构技术有助于明确网页内容的含义（Warren，2006）。当这些技术难以使用时，出现了一些更高水平的工具以帮助研究者在不同的领域创建本体。其中一个突出的例子是 Protégé（见 http://protege.stanford.edu），斯坦福大学开发的一个免费的开源工具。

由于互联网和万维网被看作是未来知识管理的关键平台，所以开发好的工具和标准以促进其发展就很重要了。网络背后的主要标准机构在促进知识表征和分类技术方面已经起作用了（见 http://www.w3.org/2001/sw）。

确保知识质量

人们总是很关注知识系统所提供的知识的质量保证问题。在早期的专家系统中，人们就认识到用户可能不信任系统所提供的结论。通过呈现决定背后的推理过程，专家系统发展出了解释系统（Richards，2003）。解释被看作是为用户提供信心，使得用户相信结论的得出是基于合适的推理而形成的。在早期专家系统中，解释仅仅是按顺序列出推理过程的规则，但后来发展为可以提供更多有关决策的根本性解释。

传统的知识质量保障主要依赖同伴评论。这一模型主要是为知识发布提供认可的方法，但在一个稿件能够被认可出版之前，要有许多同伴证实被提议稿件的正确性和价值。由于组织工作的原因，评论者的数量常常有限，并且发布之前的评论和编辑过程也可能特别费时。因特网为其他模型的出现提供了可能，尤其是使评论和发行变成开放、连续和协作的过程。

近来,维基百科的发展又引发了一场有趣的争论,这是一个由自愿和自我调节的群体推动发展的在线百科全书(http://en. wikipedia. org/wiki/wikipedia)。一些人认为,没有传统的专家领导和同伴评论的机制,Wikipedia 有可能会散布错误的知识(Denning 等,2005)。另外一些人认为,由于过程的开放性和参加人员众多,这样的系统可以产生更加有效和精炼的知识资源。Surowiecki (2003)指出,在确定条件下,大群组的集体智慧可能比依赖小组专家更能产生有效的决策。

目前出现了很多机制来帮助人们判断资源的质量,他们被统称为推荐系统(Resnick 和 Varian, 1997)。任何允许用户辨别资源质量和有用性的机制都可以被当作是一个推荐系统。
247 有时候协同过滤器被认为是最典型的推荐系统,其中资源的使用者为了他人的利益对资源进行评论和估值。自动化推荐的方法通过用户一定的偏好或在线行为方面的知识来向用户推荐要浏览的其他资源。Burke (2000)提供了一篇试图把基于知识的系统方法整合到推荐系统中的评述。该类系统的一个例子是 Pandora (www. pandora. com),一个音乐基因项目的开发。Pandora 使用的知识库把数千个音乐片段按数百个音乐属性分类。当用户输入一个艺术家或歌曲的名字时,Pandora 就会生成广播台,列出一系列有同样属性的艺术家或歌曲,这样就使得用户可以发现他们可能不会遇到的另一些新音乐。

讨论

很多新技术出现时引起狂热和兴趣,然后就仿佛从主流中消失了一样。多媒体就是这样一个例子,本章强调专家系统的原因之一也在于此。自从 80 年代最初的热情和兴趣之后,目前这个领域的工作已经合并到计算的其他兴趣之中了,如智能代理技术。极有可能的是本章中所提到的大多数技术将进行调整并融入混合系统中,这样的系统在网络计算机系统中很普遍。

除了我们提到的一些永久性话题——在知识系统中如何抽取、编码知识及对其做质量检查——还出现了一些其他趋势。首先是知识的主要单元从文档转向粒度更细的数字单元。很多读者将会熟悉学习对象。在其他领域,对象的概念也正在被采用。技术数据文档社区——创建常被教学设计者使用的内容——已经采用对象标准以使技术数据文档的粒度更细(S1000D;见 http://www. s1000d. org/)。

对象标准是创建数字化知识库的第一步,通过这些知识库人们可以存取和分享这些知识资源。把这些知识库整合到协同和推荐系统,是使知识系统能够服务和利用整个社区的力量,而非单一组织力量的下一步骤。

以网络为中心的操作方式将大大影响人类当前使用非数字的、基于文本的或线性过程的活动。一个特别典型的例子是最近美国国家科学基金倡议的,对科学和工程的网络基础设施的研究(National Science Foundation, 2005)。这一项目旨在通过促进使用互联网的研究来帮助科学家和工程师更好地分享资源和管理知识的开发和存档。伴有数据分享标准、开放讨论和大规模同行审查的科学知识库以及核心标准,被看作是这个领域的发展前景。

小结

各种形式的知识系统，经历了不同程度的成功，也产生了不同程度的影响，然而，万维网这种最出色的知识系统的发展已经影响了人们创建、获得和分享知识的方式。与知识系统有关的专门技术很有可能持续加速地发展，尽管这些技术对社会的影响让人焦虑。研究者将会探讨的根本问题包括：(1)抽取、表征、组织、存取和验证知识的质量；(2)评价技术对个人、组织和社会的影响。这些问题与传统的教学设计所关心的问题相重叠，传统的教学设计对知识系统的研究作出过巨大贡献。事实上，也许应该探讨一下这个问题：学习系统和知识系统不应该被看作是分离的，它们都是支持人类绩效和社会发展的系统中不可分割的组成部分。

（金　慧 译，汪晓东 一校，詹春青、王洪荣 二校）

参考文献

Ackoff, R. L. (1989). From data to wisdom. *J. Appl. Syst. Anal.*, 16,3 - 9.

Agarwal, R., Deo, A., and Das, S. (2004). Intelligent agents in e-learning. *ACM SIGSOFT Software Eng. Notes*, 29(2),1 - 3.

Ambrosio, J. (2000). Knowledge management mistakes. *Computerworld*. 34,27 - 44.

Awad, E. M. and Ghaziri H. M. (2003). *Knowledge Management*. Upper Saddle River, NJ: Pearson Education.

Baylor, A. L. and Ryu, J. (2003). Does the presence of image and animation enhance pedagogical agent persona? *J. Educ. Comput. Res.*, 28(4),373 - 395.

Becerra-Fernandez, I., Gonzalez, A., and Sabherwal R. (2004). *Knowledge Management: Challenges, Solutions, and Technologies*. Upper Saddle River, NJ: Pearson Education.

Beck, J., Stern, M., and Haugsjaa, E. (1996). Applications of AI in education. *ACM Crossroads*, 3(1),11 - 15.

Berners-Lee, T., Hendler., J., and Lassila, O. (2001). The Semantic Web. *Sci. Am.*, May, 28 - 37.

Boyd, D. and Heer, J. (2006). Profiles as conversation: networked identity performance on Friendster. In *Proceedings of the Hawaii International Conference on System Sciences* (*HICSS* - 39), January 7 - 10, Kauai, HI.

Bronander, K. A., Goodman, P. H., Inman, T. F., and Veach, T. L. (2004). Boolean search experience and abilities of medical students and practicing physicians. *Teaching Learn. Med.*, 16,284 - 289.

Burke, R. (2000). Knowledge-based recommender systems. In *Encyclopedia of Library and Information Systems*, Vol. 69 (Suppl. 32), edited by A. Kent. New York: Marcel Dekker.

Campbell-Kelly, M. and Aspray, W. (1996). *Computer: A History of the Information Machine*, Sloan Technology Series. New York: Basic Books.

Cheng, P. C.-H. (1996). Diagrammatic knowledge acquisition: elicitation, analysis and issues. In *Advances in Knowledge Acquisition: 9th European Knowledge Acquisition Workshop* (*EKAW'96*), edited by N. R. Shadbolt, H. O'Hara, and G. Schreiber, pp. 179 - 194. Berlin: Springer-Verlag.

Clancey, W. J. (1982). Overview of GUIDON. *J. Comput. Based Instruct.*, 10(1/2), 8 - 15.*

Davenport, E. and Hall, H. (2002). Organizational knowledge and communities of practice. In *Annual Review of Information Science and Technology*, Vol. 36, edited by B. Cronin, pp. 171 - 227. Medford, NJ: Information Today.

Davenport, T. H. and Prusak, L. (1998). *Working Knowledge: How Organizations Manage What They Know*. Boston, MA: Harvard Business School Press.*

Denning, P., Horning, J., Parnas, D., and Weinstein, L. (2005). Wikipedia risks. *Commun. ACM*, 48(12),152.

d'Inverno, M. and Luck M. (2003). *Understanding Agent Systems*. New York: Springer-Verlag.*

Douglas, I. (2004). Net-centric performance improvement. In *Proceedings of the Sixth International Conference on Information Integration and Web-Based Applications and Services* (*iiWAS2004*), September 27 - 29, Jakarta, Indonesia, pp. 713 - 718.

Drucker, P. F. (1959). *The Landmarks of Tomorrow*. New York: Harper.

Ellis, D., Oldridge, R., and Vasconcelos, A. (2004). Community and virtual community. In *Annual Review of Information Science and Technology*, Vol. 38, edited by B. Cronin, pp. 145 - 186. Medford, NJ: Information Today.

Ericsson, K. A. and Simon, H. A. (1993). *Protocol Analysis: Verbal Reports as Data*, rev. ed. Cambridge, MA: The MIT Press.

Ericsson, K. A. and Smith, J. (1991). *Toward a General Theory of Expertise: Prospects and Limits*. Cambridge, U. K.: Cambridge University 248
Press.

Fuks, H., Lukosch, S., and Salgado, A. C., Eds. (2005). Groupware: design, implementation, and use. In *Proceedings of the 11th International Workshop on Groupware* (*CRIWG 2005*), September 25 - 29, Porto de Galinhas, Brazil.

Gabbay, J. and le May, A. (2004). Evidence based guidelines or collectively constructed 'mindlines'? Ethnographic study of knowledge management in primary care. *Br. Med. J.*, 329(7473),1013 - 1016A.

Giarratano, J. C. and Riley, G. D. (2004). *Expert Systems: Principles and Programming*, 4th ed. Boston, MA: PWS Publishing.

Gomez-Perez, A., Corcho, O., and Fernandez-Lopez, M. (2004). *Ontological Engineering: With Examples from the Areas of Knowledge Management, e-Commerce and the Semantic Web*. London: Springer-Verlag.

Grinter, R. E. and Palen, L. (2002). Instant messaging in teen life. In *Proceedings of Computer Supported Collaborative Work Conference* (*CSCW'02*), pp. 21 - 30. New York: ACM Press.

Jackson, P. (1998). *Introduction to Expert Systems*, 3rd ed. New York: Addison-Wesley.

Jensen, M. C. and Meckling, W. H. (1996). Specific and general knowledge, and organizational structure. In *Knowledge Management and Organizational Design*, edited by P. S. Myers, pp. 17 - 38. Newton, MA: Butterworth-Heinemann.

Jeong, A. (2006). The effects of conversational styles of communication on group interaction patterns and argumentation in online discussions. *Instruct. Sci.*, 34(5),367 - 397.

Jubert, A. (1999). Developing an infrastructure for communities of practice: the Siemens experience. In *Proceedings of the Third International Online Information Meeting*, December 7 - 9, London, pp. 165 - 168.

Kogut, B. and Zander, U. (1992). Knowledge of the firm, combinative capabilities and the replication of technology. *Organ. Sci.*, 3(3),383 - 397.

Kollick, P. (1999). The economics of online cooperation. In

Communities in Cyberspace, edited by M. A. Smith and P. Kollick, pp. 222 - 239. London: Routledge.

Laird, J. (2002). Research in human-level AI using computer games. *Commun. ACM*, 45(1), 32 - 35 (special issue on game engines in scientific research).

Landauer, T. K., Foltz, P. W., and Laham, D. (1998). Introduction to latent semantic analysis. *Discourse Process.*, 25, 259 - 284.

Lesser, E., Fontaine, M., and Slusher, J. (2000). *Knowledge and Communities: Resources for the Knowledge-Based Economy*. Woburn, MA: Butterworth-Heinemann.

Lovelace, J. J. and Votel, J. L. (2004). The asymmetric warfare group: closing the capability gaps. *Army Mag.*, March, 29 - 32.

McElroy, M. (2003). *The New Knowledge Management: Complexity, Learning, and Sustainable Innovation*. Burlington, MA: Elsevier Science. *

National Science Foundation. (2005). *Revolutionizing Science and Engineering Through Cyberinfrastructure*, Report of the National Science Foundation Blue-Ribbon Advisory Panel on Cyberinfrastructure (http://www.communitytechnology.org/nsf_ci_report/).

Newell, A. and Simon, H. A. (1963). GPS, a program that simulates human thought. In *Computers and Thought*, edited by E. Feigenbaum and J. Feldman, pp. 279 - 93. Cambridge, MA: MIT Press. *

Nonaka, I. (1994). A dynamic theory of organizational knowledge creation. *Organ. Sci.*, 5(1), 14 - 37.

Preece, J. (1999). Empathic communities: balancing emotional and factual communication. *Interact. Comput.*, 12, 63 - 77.

Quigley, E. J. and Debons, A. (1999). Interrogative theory of information and knowledge. In *Proceedings of Special Interest Group on Computer Personnel Research Annual Conference (SIGCPR'99)*, pp. 4 - 10. New York: ACM Press.

Resnick, P. and Varian, H. R. (1997). Recommender systems. *Commun. ACM*, 40(3), 56 - 58.

249 Ribière, V. M. and Sitar, A. (2003). Critical role of leadership in nurturing a knowledge-supporting culture. *Knowl. Manage. Res. Pract.*, 1(1), 39 - 48.

Richards, D. (2003). Knowledge-based system explanation: the ripple-down rules alternative. *Knowl. Inform. Syst.*, 5(1), 2 - 25.

Russell, S. J. and Norvig, P. (2002). *Artificial Intelligence: A Modern Approach*, 2nd ed. Upper Saddle River, NJ: Prentice Hall.

Sasson, J. and Douglas, I. (2006). A conceptual integration of performance analysis, knowledge management and technology: from concept to prototype. *J. Knowl. Manage.*, 10(6), 81 - 99.

Self, J. (1999). The defining characteristics of intelligent tutor ing systems research: ITSs care, precisely. *Int. J. Artif. Intell. Educ.*, 10, 350 - 364. *

Senge, P. M. (1990). *The Fifth Discipline: The Art and Practice of the Learning Organization*. London: Random House.

Shortliffe, T. and Davis, R. (1975). Some considerations for the implementation of knowledge-based expert systems. *SIGART Bull.*, 55 (Dec.), 9 - 12.

Shute, V. J., Torreano L. A., and Willis, R. E. (1999). Exploratory test of an automated knowledge elicitation and organization tool. *Int. J. Artif. Intell. Educ.*, 10, 365 - 384.

Sowa, J. F., Ed. (1991). *Principles of Semantic Networks: Explorations in the Representation of Knowledge*. San Mateo, CA: Morgan Kaufmann.

Surowiecki, J. (2003). *The Wisdom of Crowds*. New York: Doubleday.

Warren, P. (2006). Knowledge management and the Semantic Web: from scenario to technology. *IEEE Intell. Syst.*, 21(1), 53 - 59.

Weber, R. and Kaplan, R. (2003). Knowledge-based knowledge management. In *International Series on Advanced Intelligence*. Vol. 4. *Innovations in Knowledge Engineering*, edited by R. Jain, A. Abraham, C. Faucher, and B. van der Zwaag. Adelaide, South Australia: Advanced Knowledge International.

Weisfeld, M. (2003). *The Object-Oriented Thought Process*, 2nd ed. Indianapolis, IN: Sams.

Wellman, B. and Gulia, M. (1999). Net surfer's don't ride alone: virtual communities as communities. In *Communities in Cyberspace*, edited by M. Smith and P. Kollock, pp. 167 - 194. London: Routledge.

Wenger, E. (1987). *Artificial Intelligence and Tutoring Systems*. Los Altos, CA: Morgan Kaufmann. *

Wenger E. and Snyder, W. (2000). Communities of practice: the organizational frontier. *Harvard Bus. Rev.*, 78: 139 - 145.

---

* 表示主要参考文献。

21

灵活学习和学习场所构建

Peter Goodyear 251

摘要

本章的出发点在于,如今学习活动越来越不受时间、空间和教育提供者的组织要求所限制。人们对自己的学习活动有了更多的自主权,因此时间与空间对他们的学习有了成倍的影响力。如果学习在任何地点都可能发生,那么我们必须了解更多关于学习发生场所在教学上的可能性。这是一个高效的学习者需要优先考虑的事情,他们需要知道如何选择、配置合适的学习场所,而对于想搞清楚空间与学习效果之间微妙联系的研究者而言也是如此。本章给出了灵活学习的概述,继而考虑了学习与场所的关系。文章的结构是按照区分情境式学习的弱解释和强解释来安排的。弱解释的作用在于突出学习情境的重要性,这样的话我们就能集中讨论学习场所的效用,并考虑支持性学习环境的工效学。而对情境性学习的强解释则让我们认真考虑:作为学习者人们首先要参与文化活动;人们必须学习参与这样的文化活动;学习场所在文化活动上有着其独特的作用。说来似乎有些矛盾,研究灵活学习和移动学习帮我们把学习放回到它应有的位置。

252 **关键词**

学习环境的工效学：一门研究学习者与学习环境之间关系的应用科学。

灵活学习：相对不受事务性安排和教学限制的学习方式。

学习场所：为学习活动而设置的物理场所，包括各类电子或实物的工具、人工制品。

情境性学习：一种看待学习的视角，强调学习的社会和物理情境。

引言

对教学方法和对学习体验的分类极少是对称的。对教师或教学系统设计师而言完全可以理解的观点，对学习者来说可能完全不可理解。当我们谈到灵活学习、远程教育或混合式学习时，这个问题则更为棘手。在灵活学习中，究竟是谁将什么变得灵活？远程教育中的距离在哪里？混合式学习中究竟要混合什么？

本章的目的有两点。在实质层面，本章介绍了灵活学习、学习的情境性本质以及学习与学习场所之间关系方面的一些关键的思想和著作。在元分析的层面，本章追溯、整合了一些观点，从而得到一个较为丰富的关于"什么是学习者"的概念。这一领域并无太多的实证性材料(Van Note Chism, 2002)；因此我们提供了很多参考资料，旨在帮助读者更好地理解这一领域。本章末尾给出了一些研究方向的建议。

本章中 Learnplace 和 learning place 两个词根据行文相互通用，都是指学习场所。学习场所可以与工作场所一词进行类比，是指进行认真学习的地方。根据文献记载，Ford (1996)与 Slack 等人(1996)最早提出学习场所这一术语。他们有意使用了场所(place)一词，以突出其比空间(space)一词更为具体，强调其蕴含的意义和价值(Auburn 和 Barnes, 2006; Jamieson 等, 2000; Sime, 1986)。

灵活学习是指学习者对学习的安排、特别是对学习活动的地点和时间的安排有较大自主权的学习情境，也可以指学习者对学习内容、如何学习、如何测评有较大自主权的情境。简单来说，灵活学习将种种事务性和教育的限制放宽了(Boot 和 Hodgson, 1987)。对学习场所的关注，反映了人们对物理环境在影响人们的学习方式和学习内容上的重要性，有了更多的认识(Bliss 等, 1999; Poysa 等, 2005; Singleton, 1998)。这在一定程度上是与学习安排更为灵活的趋势分不开的(Jamieson 等, 2000; Monahan, 2002)。如果我们把学习看成是在限定的时间内听教师在教室里讲课，那么学习与空间的关系似乎是既定的、显而易见的——这在很大程度上被认为是理所当然的，尽管教室的布置可能对教学法产生很多限制(Comber 和 Wall, 2001; Graetz 和 Goliber, 2002; Van Note Chism, 2002)。随着学习向随时、随地、多种方式转变，关于学习场所出现了两种针锋相对的观点：场所已无足轻重(即随处都可学习的幻觉)，抑或是我们必须对空间的质量有更深入的了解。本章的第二部分将通过讨论文献中有关学习情境性的强解释或弱解释来进一步研究这一问题。第三和第四部分将给出这两种解释的含义，集中讨论学习的物理情境，以及将学习视为一种文化实践的参与，在这一参与过程中文化提供了影响学习活动性质的物质和数字资源。

灵活学习

> ……空间和时间不仅仅是需要克服的限制性因素或可利用的资源;事实上,在各个特定历史条件下的具体论述中,它们也具有不同的性质。因此,要创立那些能以全新方式控制人类活动的空间和时间的体制,需要新的解读框架来理解空间和时间。(Friedland 和 Boden, 1994, p. 29)

有关灵活学习的文献分为以下两种。一种基本上是功能性的。宽泛地说,这种观点认为灵活性当然是件好事,并试图提供实用的方法来提高、支持更为灵活的学习活动(de Boer 和 253
Collis, 2005; Khan, 2006; Lockwood 和 Latchem, 1997; Mason, 1994; Van den Brande, 1993; Wade 等,1994)。另一种则是批评的态度,他们试图证明灵活学习并不总是能达到预想中的好处,或有关主张灵活性的论述掩盖了一些对学生而言是隐藏的、或是未曾预期的代价(Edwards, 1997; Edwards 和 Clark, 2002; Paechter 等,2001; Willems, 2005)。这两种观点都是必要的。事实上,如果不对灵活性抱有那么浪漫或幼稚的观点,一些文章中所给出的实用性指导可能会更有用。Lieve Van den Brande (1993, p. 2)关于灵活学习的定义至今有用:"灵活学习使学习者能够自主选择学习时间(频率、时间和时长)、学习方式及学习内容。"

时间与空间的灵活使用

时间的灵活性是指学习者可以在其方便的时间安排学习。这可能包括对实现某个学习目标的最终期限、学习活动的持续时间和频率的把握等。在宏观层次(时间跨度以年来衡量),时间的灵活性蕴含与终身学习相符的观念(即学习不仅仅局限于正式学校教育的那几年)。它指的是在人生历程中,但凡有学习需求产生就学习的这种自由,而不是仅在由教育提供者根据自身便利而预设的那些阶段中进行学习。而在中观层次,时间的灵活性以星期或月来衡量。在一年中的任意时间而不只是在开学之初开始一段学习过程,这就是中观层次的灵活性一个例子。微观层次的灵活性以天甚至秒来衡量。这一层次的灵活性允许学习者对自身学习活动的安排、步调进行细节的控制,如允许他们在紧张的时间安排表下利用零碎的时间来学习(Roberts 等,2003)。

灵活学习的空间维度指的是学习者在适合其学习的地点进行学习。灵活学习应该尽量减少对学习者其他活动(工作、家务等)的影响。脱产、离家学习可能具有使学习者专心于学习活动的优点,但对于那些无法离开家或工作岗位的人,这是个缺点,对于学习者和其雇主而言,可能代价都太大。同样,让学习者可以在工作场所学习也使学习更为情境化,使工作与学习之间毫无必要的界线逐渐消融。

目标、方法和评估的灵活性

学习目标的灵活性指的是学习活动可以源于学习者的需求或兴趣,来自于他们日常的工作和生活中(或与之密不可分)。而大多传统的学习活动都在很大程度上受评估系统及其性质、或是教师和教育机构的目标所影响。相对来说,灵活学习可能受此影响较小。

学习者应当自己先确定他们需要学习什么。在这一点上他们可能需要老师(或其他学习者)的帮助,因为他们更了解应当如何确定并达到学习者的目标。需求的界定可能发生在不同层次;学习者可能确定一个高层次的需求,然后让老师完成一个稍低层次的决定,即确定满足自身需求的具体手段。相反,也可能由老师或认证机构来确定高层次的要求,而对于学习内容的细节选择则由学习者决定。

在灵活学习领域,学习者对于如何学习也有更高的控制权。比如,是应该阅读,还是听课,抑或是通过实践来学习。我们倾向于由学习者自主选择,但这并不是说学习者在无人指点的情况下总是能够对自己的学习作出好的决定,或者要他们不要去寻求建议。

灵活性学习应该使所有希望有机会学习的人都获得学习的机会。也就是说我们要废除入学考试。换句话说,是指排除那些与学习者从学习体验中获益没有明确因果关系的障碍。

使用书本、文章、录音带或录像带、电子课件等自学材料来学习,经常与灵活性学习联系在一起。这主要是教育的经济社会组织所带来的副产品,因为很少有人能随时随地找到老师和其他科目专家。但是,并没有原则性的理由规定灵活性学习应该使用自学材料。

灵活学习也经常被看成是个体行为。目前为止这一点仍是正确的,因为它是函授、灵活性学习模型以及分散学习者之间互相沟通的成本(包括经济及其他方面)的副产品。但灵活学习
254 并不一定是个体行为。事实上在多数情况下它确实是个体行为,这是由机构所采用的支持灵活学习的方法所决定的,也可能是因为学习者是在脱离机构的情况下进行的学习。个体灵活性与最有利于合作学习的环境之间也存在着一定的矛盾。比如,当个体学习者想要对自己的学习时间安排有更多的掌控时,他们可能就很难参与讨论班之类的合作学习活动——这类活动一般可从与自己学习进度相近的参与者身上受益。个体利益与群体利益之间的这一矛盾很难处理。

情境的弱解释和强解释

现在我们开始讨论场所。一般认为是 Jean Lave 和 Etienne Wenger 提醒我们学习具有社会和物理上的情境(Lave, 1988; Lave 和 Wenger, 1991; Rogoff 和 Lave, 1984),尽管我们也必须指出其他一些作者也对此说法的复兴有所贡献,比如 Hutchins (1995), Scribner (1985) 和 Suchman (1987)。情境力在不同文章中含义有所不同,但 Engestrom (1999)巧妙地把这些说法归为弱解释和强解释两类。弱解释的情境认为学习是基于物理和社会情境的,因此我们在研究学习时必须考虑情境因素。这一立场的例子可以参见 Greeno (1989)或 Barab 和 Plucker(2002)。强解释的情境,如在 Lave 和 Wenger 的著作中所显示的,指出学习是参与社会实践活动的副产品,这些社会实践活动并不一定被清晰定义为学习活动,我们应当关注于实践而不是情境。思考物理情境性的弱解释和强解释有助于我们将有关学习场所的相关文

献进行区分。弱解释(情境的)援引了工效学和效用的概念。而强解释(社会实践的)提出了更深层的有关作为和成为学习者的问题,以及场所在知识实践中作用的问题。这两个次级主题将在下面两节中讨论。

学习环境的工效学

本书中 John Sweller 和 Richard Mayer (2001)以及其他一些研究多媒体学习认知负荷理论的著作是我们思考如何设计支持高效学习的学习资源的有用的起点。这些研究成果针对的是一个连续体微观的一端,而宏观的那端是学习者活动所处的全球环境。对学习场所的关注是中观层次,但我们必须指出学习场所是由微观的人工制品所组成,同时又处在有影响力的、空间更为广阔的情境中。人工制品和工具(即微观层面的物品)对学习的影响一般会用*效用*这一概念来表示。这一概念源于生态心理学家 Gibson (1977),后通过人机交互被引入教育技术学领域(Norman, 1990,1999),意思稍有改变。目前它被广泛用来指影响的过程而不是原因,因为当人们暗示一个工具或其他物品的特征时,往往是指一种用途或一种对策,而不是另一种(参见本书第 22 章)。

在关注学习场所质量的中观层面,关注工效学而不是其效用可能会更有用。有关学习环境的工效学研究可以在 Goodyear (1997,2000)中看到。这一视角的核心是教育技术的设计最好是从理解学习者的工作现状开始。学习者无视教育技术的原因之一是这些教育技术并不适合学习者的实际工作。它们反应了教师对指定任务的理解,而不是学习者真实世界的活动。对学习场所质量的理解可以被看作为一种情境学习的认知人种学研究。

学习者的存在状态:将学习置于情境中

学习场所的灵活运用(移动学习)意味着学习场所不能用于界定学习的社会实践:如果我们能在任何地点学习,那么这对学习者又意味着什么呢?对这个问题的研究揭示出一些有趣的答案,至少,我们将之与学习联系在一起的社会实践活动都受到场所的微妙影响。举例来说,我们看一下 Charles Crook 和 Paul Light 对学校里学生利用信息通讯技术进行学习的研究(Crook, 2002; Crook 和 Barrowcliff, 2001; Crook 和 Light, 1999,2002)。这一研究项目研究了同一所大学中本科生在学习实践中的异同,其中一半学生在寝室内拥有可以高速上网的计算机,另一半学生则没有。这两组学生在学习实践上的共同点可 255
以帮助我们识别物质世界以及物质世界中互动与沟通方式的一些微妙影响(Crook 和 Light, 2002, p. 174):

> 有意识的学习包括参与解答、有组织的讨论、研究、系统注释、文本学习,以及各种有指导的活动,而这些对于很多学生而言,并不总是容易独立应用的。正规学习的场所包含着由各种文化资源来支持、协调这些活动的架构,比如时间表、课程、经过设计的场所、话

语规范等等。在这一基础架构中进步也是一种文化适应的过程。学生面对的各种各样的学习领域,正是他们在非正式的生活中所熟知的活动正式化。

自学就是一个好的例子。高等教育的一个期望就是个人专心、持久地进行自学。我们很容易忽视自学其实有赖于各种体制空间及实践的设计和实施(比如学生宿舍和安静的图书馆)。信息通信技术可以打破学习较高难度内容的保护性场所和有序的实践与日常生活中我们所熟知的个人空间和非正式实践之间的一些有用的隔阂 (Crook 和 Light, 2002)。

学习场所在其他方面也很重要。场所或多或少可以说是人工制品的存放地。从社会文化的角度来看,物品是思想、概念和方法的具体体现。他们是"默默用人类智能填充世界的人造物"(White, 1996, p. xiii)。不仅是书本、计算机,还有尺子、表、笔记本、报事贴等,都使一些形式的知识得以体现。将记忆承载到学习场所的物品的能力对认知的范围有着巨大影响,同时也是一种应掌握的技能(Perkins, 1993)。有了掌上电脑就有了一切什么的说法其实是忽略了学习场所所蕴含的多种微妙的特质(Crook 和 Barrowcliff, 2001)。

未来的研究

我们需要获取、形成、分享知识的途径,关于循环的模式在与学习相关的物理情境活动中,三个方面的研究都很有前途。第一,我们需要有更多能延续 Crook 等人艰苦的人类学研究,来帮助我们理解学习场所对学习实践和结果的微妙影响(Crook, 2002; Crook 和 Barrowcliff, 2001; Crook 和 Light, 2002)。一个好的研究项目需要包括传统的和新型的学习场所,包括与新的移动技术和普适智能相联系的学习活动。第二,在与物理环境关联的各种学习活动中,我们应该针对它们各种的重复模式进行知识的获取、修正和共享,以此来协助设计者、教师和学生更好地理解如何优化学习环境。身处其中的人们往往缺乏一些共同的语言和概念来处理这些对他们而言至关重要的现象,比如像学习、研究、物理环境的工效学和效用以及数字工具。目前人们对与建筑师 Christopher Alexander 作品中所使用的设计模式和模式语言(Alexander 等,1977; Frizell 和 Hubscher, 2002; Goodyear, 2005)相关的分析方法和文字表现出新的兴趣,而这也是一个有潜力的研究领域。第三,我们需要理解学生在对学习时间和空间有更多控制情境下的学习体验。现象学的研究方法非常适合这种研究(Marton, 1981; Prosser 和 Trigwell, 1999),因为与其他任何一种类似的研究方法相比,这一研究传统可能给予我们对于学生学习体验的性质和变化以更深刻的理解。不过,现象学研究对于学习场所对于学生体验的效果仍未开始。

小结

技术的变革给我们对学习时间和空间的期望、实践和论述都带来了变化。尽管灵活学习、移动学习和其他类似说法有时候被认为征服了时间和空间,然而矛盾的是,它们事实上更为重视时间和空间。本章提供了一个理解学习与空间关系的一些观点和研究的起点,并就如何开展新的研究提出了一些建议。

(石　敏 译,孙艳超 一校,何秋琳、黄小强 二校)

参考文献

Alexander, C., Ishikawa, S., Silverstein, M., Jacobson, M., Fiksdahl-King, I., and Angel, S. (1977). *A Pattern Language: Towns, Buildings, Construction*. New York: Oxford University Press.

Auburn, T. and Barnes, R. (2006). Producing place: a neo-Schutzian perspective on the 'psychology of place.' *J. Environ. Psychol.*, 26, 38 - 50.

Barab, S. and Plucker, J. (2002). Smart people or smart contexts? Cognition, ability and talent development in an age of situated approaches to knowing and learning. *Educ. Psychol.*, 37, 165 - 182.*

Benford, S. (2005). *Future Location-Based Experiences*. London: U.K. Joint Information Systems Committee.

Bliss, J., Saljo, R., and Light, P., Eds. (1999). *Learning Sites: Social and Technological Resources for Learning*. Oxford: Elsevier.

Boot, R. and Hodgson, V. (1987). Open learning: meaning and experience. In *Beyond Distance Teaching: Towards Open Learning*, edited by V. Hodgson, S. Mann, and R. Snell, pp. 5 - 15. Buckingham: Open University Press.

Comber, C. and Wall, D. (2001). The classroom environments: a framework for learning. In *Learning, Space and Identity*, edited by C. Paechter, R. Edwards, R. Harrison, and P. Twining, pp. 87 - 101. London: Paul Chapman.

Crook, C. (2002). The campus experience of networked learning. In *Networked Learning: Perspectives and Issues*, edited by C.

Steeples and C. Jones, pp. 293 - 308. London: Springer.*

Crook, C. and Barrowcliff, D. (2001). Ubiquitous computing on campus: patterns of engagement by university students. *Int. J. Hum.-Comput. Interact.*, 13, 245 - 258.

Crook, C. and Light, P. (1999). Information technology and the culture of student learning. In *Learning Sites: Social and Technological Resources for Learning*, edited by J. Bliss, R. Saljo, and P. Light, pp. 183 - 193. Oxford: Pergamon.

Crook, C. and Light, P. (2002). Virtualisation and the cultural practice of study. In *Virtual Society? Technology, Cyberbole, Reality*, edited by S. Woolgar, pp. 153 - 175. Oxford: Oxford University Press.

de Boer, W. and Collis, B. (2005). Becoming more systematic about flexible learning: beyond time and distance. *ALT-J Res. Learn. Technol.*, 13, 33 - 48.*

Edwards, R. (1997). *Changing Places? Flexibility, Lifelong Learning and a Learning Society*. London: Routledge.

Edwards, R. and Clarke, J. (2002). Flexible learning, spatiality and identity. *Stud. Contin. Educ.*, 24, 153 - 165.

Engestrom, Y. (1999). Situated learning at the threshold of the new millenium. In *Learning Sites: Social and Technological Resources for Learning*, edited by J. Bliss, R. Saljo, and P. Light, pp. 249 - 257. Oxford: Elsevier.

Ford, P., Goodyear, P., Heseltine, R., Lewis, R., Darby, J., Graves, J. et al. (1996). *Managing Change in Higher Education: A Learning Environment Architecture*. Buckingham, U.K.: SRHE/Open University Press.

Friedland, R. and Boden, D., Eds. (1994). *NowHere: Space, Time and Modernity*. Berkeley: University of California Press.

Frizell, S. and Hubscher, R. (2002). Aligning theory and Web-based instructional design practice with design patterns. In *Proceedings of e-Learn 2002 World Conference on e-Learning in Corporate, Government, Health, and Higher Education*, October 15 - 19, Montreal.

Gibson, J. (1977). The theory of affordances. In *Perceiving, Acting, and Knowing: Toward an Ecological Psychology*, edited by R. Shaw and J. Bransford, pp. 67 - 82. Hillsdale, NJ: Lawrence Erlbaum Associates.*

Goodyear, P. (1997). The ergonomics of learning environments: learner-managed learning and new technology. In *Creacion de materiales para la innovacion educativa con nuevas tecnologias*, pp. 7 - 17. Malaga: Instituto de Ciencias de la Educacion, Universidad de Malaga.

Goodyear, P. (2000). Environments for lifelong learning: ergonomics, architecture and educational design. In *Integrated and Holistic Perspectives on Learning, Instruction and Technology: Understanding Complexity*, edited by J. M. Spector and T. M. Anderson, pp. 1 - 18. Dordrecht: Kluwer.*

Goodyear, P. (2005). Educational design and networked learning: patterns, pattern languages and design practice. *Australasian J. Educ. Technol.*, 21(1), 82 - 101.

Goodyear, P. (2006). Technology and the articulation of vocational and academic interests: reflections on time, space and e-learning. *Stud. Contin. Educ.*, 28, 83 - 98.*

Graetz, K. and Goliber, M. (2002). Designing collaborative learning places: psychological foundations and new frontiers. *New Direct. Teaching Learn.*, 92, 13 - 22. 256

Greeno, J. (1989). A perspective on thinking. *Am. Psychol.*, 44, 134 - 141.

Hutchins, E. (1995). *Cognition in the Wild*. Cambridge, MA: MIT Press.*

Jamieson, P., Fisher, K., Gilding, T., Taylor, P., and Trevitt, A. (2000). Place and space in the design of new learning environments. *Higher Educ. Res. Dev.*, 19, 221 - 236.

Khan, B., Ed. (2006). *Flexible Learning in an Information Society*: Hershey, PA: Information Science Publishing.*

Lave, J. (1988). *Cognition in Practice*. Cambridge, U.K.: Cambridge University Press.

Lave, J. and Wenger, E. (1991). *Situated Learning: Legitimate Peripheral Participation*. Cambridge, U.K.: Cambridge University Press.*

Lockwood, F. and Latchem, C., Eds. (1997). *Staff Development in Open and Flexible Education*. London: Routledge.

Marton, F. (1981). Phenomenography: describing conceptions of the world around us. *Instruct. Sci.*, 10, 177 - 200.

Mason, R. (1994). *Using Communications Media in Open and Flexible Learning*. London: Kogan Page.

Mayer, R.E. (2001). *Multimedia Learning*. Cambridge, U.K.: Cambridge University Press.*

Monahan, T. (2002). Flexible space and built pedagogy: emerging IT embodiments, *Inventio*, 4(1), 1 - 19 (http://www.doit.gmu.edu/inventio/past/display_past.asp? pID = spring02&sID = monahan).

Norman, D.A. (1990). *The Psychology of Everyday Things*. New York: Basic Books.

Norman, D. (1999). Affordance, conventions, and design. *Interactions*, 6, 38 - 43.

Paechter, C., Edwards, R., Harrison, R., and Twining, P., Eds. (2001). *Learning, Space and Identity*. London: Paul Chapman.

Perkins, D.N. (1993). Person-plus: a distributed view of thinking and learning. In *Distributed Cognitions: Psychological and Educational Considerations*, edited by G. Salomon, pp. 88 - 110. Cambridge, U.K.: Cambridge University Press.*

Poysa, J., Lowyck, J., and Hakkinen, P. (2005). Learning together 'there'- hybrid 'place' as a conceptual vantage point for understanding virtual learning communities in higher education context. *PsychNol. J.*, 3(2), 162 - 180.

Prosser, M. and Trigwell, K. (1999). *Understanding Learning and Teaching: The Experience in Higher Education*. Buckingham, U.K.: SRHE/Open University Press.

Roberts, J., Beke, N., Janzen, K., Mercer, D., and Soetaert, E. (2003). *Harvesting Fragments of Time: Mobile Learning Pilot Project*. Toronto: McGraw-Hill (http://www.mcgrawhill.ca/college/mlearning/mlearn_report.pdf).

Rogoff, B., and Lave, J., Eds. (1984). *Everyday Cognition*. Cambridge MA: Harvard University Press.

Scribner, S. (1985). Knowledge at work. Anthropol. Educ. *Q.*, 16, 199 - 206.

Sharples, M. (2000). The design of personal mobile technologies for lifelong learning. *Comput. Educ.*, 34, 177 - 193.

Sime, J. (1986). Creating places or designing spaces? *J. Environ. Psychol.*, 6,49-63.

257 Singleton, J., Ed. (1998). *Learning in Likely Places: Varieties of Apprenticeship in Japan*. Cambridge, U.K.: Cambridge University Press.

Slack, R., Tudhope, D., Beynon-Davies, P., and Mackay, H. (1996). *Working from the Learnplace, Learning from the Workplace: Some Thoughts on the Role of the Ethnographer in the Production of Ethnographic Accounts*, No. CSRP 428. Brighton, U.K.: University of Sussex.

Suchman, L. (1987). *Plans and Situated Actions: The Problem of Human-Machine Communication*. Cambridge, U.K.: Cambridge University Press.

Van den Brande, L. (1993). *Flexible and Distance Learning*. Chichester: Wiley.

Van Note Chism, N. (2002). A tale of two classrooms. *New Direct. Teaching Learn.*, 92,5-12.

Wade, W., Hodgkinson, K., Smith, A., and Arfield, J., Eds. (1994). *Flexible Learning in Higher Education*. London: Kogan Page.

White, S. (1996). Foreword. In *Cultural Psychology, A Once and Future Discipline*, edited by M. Cole. Cambridge, MA: Belknapp Press.

Willems, J. (2005). Flexible learning: implications of 'when-ever,' 'where-ever,' and 'what-ever.' *Distance Educ.*, 26,429-435.*

---

* 表示主要参考文献。

22

随时、随地、自定步调学习

Som Naidu 259

摘要

本章讨论的是能够支持随时随地学习的有关技术。特别关注这些技术对于支持自定步调学习（无论线下还是在线）和基于群体的学习（无论异步还是同步）的“功能可供性”。自定步调的线下学习是一种借助移动技术，来帮助个人随时随地以自己的步调学习的模式。支持该种学习模式的技术包括印刷教材和一系列可移动的、非印刷媒介。自定步调的在线学习是一种能够使学习者随时以自己的步调在各自的场所进行在线学习的模式。支持该种学习模式的典型技术就是互联网和其他多种基于计算机通信的技术。基于群体的异步学习是学习者以小组的形式随时随地以自定的步调使用在线技术学习的一种模式。支持该种学习模式的
技术有在线学习管理系统、邮件列表、公告板、网络日志和维基。基于群体的同步学习是一组 260
学习者使用在线技术在不同地点、同一时间以一致的步调进行学习的一种模式。支持这种学习的常见技术有音频会议、视频会议、广播、电视，以及网络电话、群组聊天、网络游戏、模拟等

新技术。

关键词

基于群体的异步学习：基于群体的异步学习是学习者以小组的形式，随时随地以自定的步调使用在线技术进行学习的一种模式。

基于群体的同步学习：基于群体的同步学习是指一组学习者使用在线技术在不同地点、同一时间以一致的步调进行学习的一种模式。

自定步调的线下学习：自定步调的线下学习是学习者借助移动技术来帮助个人随时随地、以自己的步调学习的一种模式。

自定步调的在线学习：自定步调的在线学习是能够使学习者随时以自己的步调在各自的场所进行在线学习的一种模式。

引言

教育机构对于师生而言非常重要，而这些机构所开展教育活动的时间与地点对于师生而言同样重要。学习者关心学习时间和地点是因为这对他们的学习会有影响。教师也同样会受到时间和地点的影响，比如他们在什么时候教、在什么地点教。学习与教学活动的时间和地点同样也会对教育机构产生影响，比如他们必须具备什么样的设施和资源来满足不同时间和不同地点教学的需要。

传统上，校园里所开展的教与学的活动通常是受时间和地点约束的。在这种情境下，学习者和教师需要出现在指定的时间和地点，开展某一教育活动。这样一来，那些由于种种原因而不能在指定地点和规定时间出席活动的学生和教师就受到很多限制。由于在某一特定地点和时间不能参加教学，此种学习和教学模式使大量学习者失去了接受教育的机会。对那些可以接受校园教育但由于各种原因却不能在某一确定时间内完成学习活动的学习者来说，学习时间和学习地点的要求带来了更多的限制。

策略

校园环境下的时间和地点限制对于很多学习者可能是不利的，比如那些定时工作上班或需要照看家庭的人、那些距离学校或服务点太远的人、那些太穷而无法支付校园教育中各种费用的人、那些缺乏不具备正规教育入学资格的人。

函授教育

在多数教育环境下，前面所列举的那些无法在规定时间和地点进行学习的学习者都是不被接受的，对此需要做些事情来改善这种情况。函授教育的出现就是此种努力的直接结果。通过利用两种技术发展的产物——印刷机构和邮政服务——函授教育可以为那些不能接受学校教育的人提供服务。函授教育的初期形式包括那些努力将教育传递给数量较少的、分布在各个地方的学习者的教师。典型的例子就是速记、打字和英语的教学。函授教育这些早期的、个别的努力促使许多教育机构在提供校园教育之外还开展函授教育。

作为学习和教学的另外一种模式,函授教育起先在欧洲、加拿大、澳大利亚、新西兰和南非,稍后于亚洲和整个非洲等地快速稳步地发展。比如,在英国,函授教育的发展是出于工党政治意愿,并随其所建立的英国开放大学而发展。在南非,政府的种族隔离政策限制了某些种族群体接受主流教育,这直接催生了函授教育的需求,并由此建立了南非大学(UNISA)。在 261
亚洲和非洲,函授教育的发展动因主要来自那些需要教育和培训的众多人群(包括儿童和成人),还有那些支付不起相对高额校园教育费用的人。目前,全世界的大量教育机构都在使用函授教育为许多学生提供教育机会。尽管他们能够接触到其他传授技术,但是多数函授教育机构还是仅仅依赖印刷学习材料,并通过邮政服务来为全世界的大量学习者提供正式教育(Daniel, 1996; Keegan 和 Rumble, 1982)。

函授教育的本质是学生与教师或教育机构之间的异步传播(Holmberg, 1995, 2001; Moore, 1989; Peters, 1971)。这种学习模式使得学习者在适合他们自己情况的某一时间、地点,以某一进度进行学习,而不管他们的老师或教学组织在什么地方。教学行为包括为学生准备学习材料和作业,以及批改和评价他们所提交的作业。

尽管函授教育针对校园面授对时间、地点和进度的依赖性提供了一个可行的解决办法,但它也存在许多问题。此种环境下缺乏校园面授教育所拥有的各种学习支持和服务(比如有实验室设施、面授辅导、小组学习和学习者需要的多种指导和咨询服务),因而给学习者和教师带来了许多问题。总之,函授教育的这些不足给学习者的学习带来了许多严重的问题,经常导致学习者放弃学习(Amundsen 和 Bernard, 1989; Simpson, 2003; Sweet, 1986; Woodley 和 Parlett, 1983)。

远程教育

为了继续成为一种可行的教育选择方式,函授教育逐步开始引入更多的学习支持策略,包括提供学习中心支持、到校学习环节(通常安排在暑假)(Bernath 和 Szucs, 2004; Brindley 等, 2004; Sewart, 1993; Tait 和 Mills, 2003)。除了印刷学习材料之外,还采用其他新技术来辅助学习,以支持学习者和教师之间的交互。

函授教育从完全依赖印刷媒体和邮政服务过渡到采用更加多样的师生传播技术,这使得"函授教育"一词不再适用。随着非印刷媒体在这种学习与教学模式中的逐步使用,学习者与教师或者教学机构间已不仅仅是通过邮件交流了。

这推动了人们采用"远程教育"一词来概括此种学习与教学模式。这一新词汇将人们的注意力从传播方式上(也就是印刷材料和邮政服务)移开,因而受到广泛认同。这种教育模式中,"距离"的概念强调了学习者与教育和教育机构在地域上相分离的本质,也强调了教与学互相作用的非接触的本质(Keegan, 1990; Perraton, 1987; Rumble, 1989)。"远程教育"逐步取代"函授教育"一词的使用,主要是因为不断涌现出了大量的支持时间、地点和步调独立性的新技术。尽管这一转变趋势在发达地区和资源丰富的国家中日益明显，但在欠发达和资源贫乏的国家，远程教育依然大量使用印刷材料和邮政服务。

技术

表 22.1 中把能够促进时间、地点、步调独立性的技术进行了有意义的分类(Naidu, 2006; Romiszowski, 2004)。该表中的划分方法帮助我们将注意力放在这些技术的主要“功能可供性”(affordance)方面——也就是指，这些技术能够提供给学习者和学习者群体不拘泥于学习时间、地点和步调、进行同步或异步学习的机会(参见本卷的第 21 章和第 23 章)。

表 22.1　技术对学习可以提供的“功能可供性”的分类

自定步调的线下学习	自定步调的在线学习
基于群体的异步学习	基于群体的同步学习

262 “功能可供性”这一概念最早由 James Gibson 在研究感觉时提出来的，它是指某环境具有的或提供的能够让感觉或认知发生的线索或刺激(不论是积极的还是消极的)(Gibson, 1977, 1979)。该词用在教育技术领域时，通常是指技术的各种“特征”或者“属性”能够提供给各种类型学习活动的“机会”(Barnes, 2000; Gaver, 1991,1992)。

对于学习技术所能提供的“功能可供性”研究的回顾采用了一种统一的格式。首先是对学习的概念及其模式的界定与描述。其次是对支持某一特定学习模式的技术的属性和功能可供性的描述。最后回顾了学习模式的主要研究方向，也包括一系列尚未解答的问题和一些未来研究的方向。

自定步调的线下学习

自定步调学习这个概念意指不受时间和进度的限制。此种学习模式下，个人可以在某一时间段内以适合自己的进度来学习，尽管有些需要在特定的场所来进行，比如图书馆或者实验室。自定步调的学习可以满足不同学习者的需要。对于那些出于爱好或者某一特殊原因而学点东西并且不必拿学分的学生来说，这种学习模式是理想的选择(Brookfield, 1982)。自定步调学习同样也适用于拿学分同时又与别人的学习步调不同的学习者。

在教育文献中存在不少有力论据，赞同给予学习者充分的时间来完成特定学习活动或让其发挥全部潜能，而不就学习的时间和步调做出限制(Carroll, 1963)。围绕着时间灵活性和步调灵活性这一理念已发展出了两种学习模式，即掌握学习(Mastery learning)和个别化教学系统(Block 和 Anderson, 1975; Bloom, 1968; Keller, 1968)。这些学习模式是基于这样一种假设：如果给予学习者符合自身需要的时间和进度去学习，那么任何学习者都能够掌握所学的内容。

就时间、步调和学习地点而言，能提供最大灵活性的技术是印刷教材。其形式包括商业出版的参考书、定制的读物以及学习指南。精心设计的文本材料恰当地采用一系列设计策略来找准信息并传达给读者。这些策略包括:导言、教材里面预设的问题、总结以及图表和插图等。印刷教材便于携带、耐用,任何识字的人都可以使用。它赋予读者了一种随时随地想读就读的灵活性。此外,不同读者阅读不同类型的文本材料时可以采用不同的速度。比如,学生阅读一份报纸要比阅读与学习有关的期刊论文要快得多。

许多非印刷媒介也能够在时间、步调和学习地点等方面提供很大的弹性。在非印刷技术中较为常规的有录音带、录像带、只读光盘和 DVD 等。这些技术可以捕捉声音、动画和运动图像,这对于呈现不同种类的教学内容非常重要。这些技术耐用也便于携带,在使用的时间、步调和地点上弹性很大。

当代的非印刷技术包括越来越多的移动设备,比如移动电话、丰富多样的个人数字助理、iPod、笔记本电脑和平板式电脑等。尽管这些便携式技术的形式和功能还会不断改变,它们支持时间、地点和进度灵活性方面的能力始终是其独特的属性。比如,移动电话,除了是一种通讯设备外,还支持许多其他的功能,如个人管理和时间规划。正在上市的个人数字助理也同样从原来简单的提供日历或计划功能向支持通讯功能发展。笔记本电脑现在成为许多人的工作机器,因为它的性能和速度已经可以和台式机相当。这些技术日益完善的性能给希望随时随地从任何地方开始学习的个人或基于群体的带来了很大的方便。

已有大量的研究是关于相对传统的移动技术的教育应用的,比如印刷学习材料和其他非印刷移动技术(Bernard 和 Naidu, 1990,1992; Bernard 等,1991; Hackbarth, 1996; Heinich 等,1993; Lockwood,1998; Naidu ,1994; Naidu,和 Bernard, 1992; Rigney, 1978)。而研究较为现代的移动技术(移动电话和个人数字助理等)在教学中的应用,才刚刚开始(Kuku-Iska-Hulme 和 Traxter, 2005)。

越来越多的关于手持设备(如手机)在教室中应用的研究显示手持设备,特别是手机在发 263
达国家和发展中国家的拥有率都越来越高。它们能够提供语音交流、短信发送、画面呈现和网页浏览等强大的功能;然而,其支持学习与教学的能力仍有待进一步研究(Prensky, 2005)。

市面上近来出现的个人数字助理可以提供多种教育性功用,如内容的传输、组织、通信以及对各种类型的教育指南和支持服务的访问(Kukulska-Hulme 和 Traxler, 2005)。关于各种移动技术在教育领域中使用的初步研究报告已开始出现。例如,使用手机开展语言学习(Levy 和 Kennedy, 2005),医生不在办公室的时候使用个人数字助理来访问重要的信息(Kneebone 和 Brenton, 2005; Smordell 和 Gregory, 2005)等。还有一些研究是关于使用手持设备和无线电脑来改善学与教的评估的(Moallem 等,2005)。

随着人们对教学弹性和即时学习机会(即在任何需要的时候开展学习)需求的增加,移动技术的应用会更加广泛。毫无疑问,未来移动技术将拥有比目前的个人电脑更多的能力。尽管如此,它的魅力将取决于它们支持特定学习和教学活动的目标应用。关于移动技术使用的报告应该关注以下几类问题:

移动技术支持个别化和基于群体的教育环境的途径有哪些?移动技术的此种应用对学习的各个方面有何影响?

移动技术平衡各种学习和教学活动的方式有哪些？这样使用移动技术会对学习的各个方面产生什么样的影响？

要充分回答这些问题，就应该更加关注这些技术的功能可供性，特别是他们支持某些学习与教学功能的途径。这些研究需要运用大量的研究与评价方法，汲取所有关于技术促进学习研究的集体智慧成果(Abrami 和 Bernard, 2006; Taylor, 2003)。

自定步调的在线学习

自定步调的在线学习是一种学习者使用多种在线技术以其个人的步调进行学习的模式。越来越多的技术出现并可供使用，也能使独立于时间和进度的学习体验变得更加愉悦。支持在线自定步调学习最突出的技术恐怕就是因特网和万维网。因特网是指彼此相连的计算机所组成的网络，计算机之间可以分享数据、信息、通信，用户还可以通过文件共享协议共享其他类型的主题知识。另一类支持在线自定步调学习的技术包括多种计算机支持的通信技术，比如电子邮件、邮件列表和论坛(Naidu, 1989)。这一组技术使用户可以在自己方便的时间和地点以自定的步调，用电子文本与他人和群体交流并分享信息(Naidu, 2006)，并形成一个为用户提供方便的处所。

在校园和远程教育中，支持自定步调在线学习的在线学习管理系统越来越受欢迎。在线学习管理系统是一组包含了各种工具的软件程序，既能支持自定步调的学习也能支持基于群体的学习。它们还可以让学习者随时、随地、随机访问和学习某一学科内容。在线学习管理系统也可以使学习者在方便的时候与同伴和教师进行交流(Naidu, 2006)。

自定步调的在线学习的一个关键动因是可以访问电子资源，这对在线学习者越来越方便。这些资源包括各类电子数据库、学习对象库、期刊和书籍(McGreal, 2004; Richards 等, 2004)。学习者能够在任何时间、地点、以任何进度来从丰富的数据库中检索数据和信息。电子资源的出版商和推销商认为这些资源是“电子学习的建筑大楼……是电子学习时代的图书馆”(Richards 等,2004,236,242 页)。

264 尽管有这些显而易见的优点，自定步调的在线学习也有一些局限性，特别是由于缺少“社会性存在”(是指在非接触性环境中参与者感觉真实的程度)而造成的孤独感和厌倦感。社会学习理论家认为由于缺少社会性存在学习会受到限制(Bandura, 1977; Lave, 1991; Vygotsky, 1978; Wenger, 1998; Wertsch, 1991)。自定步调的在线学习中缺乏社会性存在成为此种学习模式的主要弊端，也是大量研究关注的主题。这些研究关注社会性存在的缺乏对学习造成的影响和启示(Gunawardena, 1995; Gunawardena 和 Zittle, 1997; Richardson 和 Swan, 2003; Swan 和 Shih, 2005)，以及将社会性存在重新整合到在线学习中的策略(Conrad, 2005; Kreijns 等,2002, 2003; Swan, 2002)。这类研究的核心假设是：社会凝聚力和社会团体的建立对于我们的学习和学习能力来说是必备的(Kreijns et. , 2002,2003)。

基于群体的异步学习

基于群体的学习是基于合作学习和协作学习原理的，并将知识的发展视为一个社会过程。这种学习模式需要一组人共同参与意义的建构和理解(Slavin, 1990,1994; Wenger, 1998)虽然学习者可以独立学习,基于群体的学习的提倡者认为基于群体的学习是发展知识和促进理解更有效的手段(Pea993; Resnick 等,1991)。

基于群体的异步学习指让一群学习者一起学习,而这些学习者不需要在同一时间或同一地点。随着现有诸多技术的出现,这越来越可能成为实现。这些技术可以支持不在同一地点的学习者个体和群体进行非实时的交流。最突出的技术就是基于计算机的通信技术,比如在线学习管理系统,邮件列表、网络日志(博客)、维基和播客。在线学习管理系统可以让学习者身处异地在不同时间一起学习。学习者可以在自己方便的时间和地点登录系统来完成布置的作业,也可以看到其他人完成作业的情况。他们可以按意愿或需要花任意时间、以任意频度完成、完善任务,直到小组对完成的作业感到满意为止。在这个环境下,教师可以监控小组及个人的贡献情况。

已有大量研究是针对基于群体的异步学习以及支持该学习模式的技术而开展的(Beldarrain, 2006; Mason, 1993; Mason 和 Kaye, 1989; Naidu, 1989; Rapaport, 1991)。这些研究绝大多数关注的焦点是这些技术在支持协作学习(Koschmann, 1996; McConnell, 2000; Stahl, 2002)、创建学习社区(Bernard 和 Lundgren-Cayrol, 2001; Hathorn 和 Ingram, 2002; Kanuka 和 Anderson, 1998; Paulus, 2004,2005; Salmon, 2000;2003)时的功能可供性。

这些研究的结果和实践表明,要达到最佳学习效果,基于群体的异步学习需要投入与其他学习模式一样多的精力,来构造、管理和协调这类活动。尽管很少人讨论基于群体的异步学习的益处,但我们必须更多的去了解此种环境下如何最恰当的评价学习效果。技术在这方面的功能可供性仍然有待开发和利用。未来关于基于群体的异步学习的研究一定要关注在这种环境下的学习结果如何得到可靠而有效的评估。

基于群体的同步学习

基于群体的同步学习同样能够使学习小组一起学习,但这种模式下,尽管学习者不必同处一地,却必须同时出现,并且要保持与整个小组基本一致的学习步调。为人们所熟知的能够提供该种灵活性的技术包括语音和视频会议、广播和电视。这些技术给了独立学习者以宝贵的机会,让他们与同伴在短暂而集中的同步活动中交流和学习。这些活动包括讲座、辅导课和演示。远程教育环境下这些技术的应用非常普遍,对个别化自定步调的独立学习起到了重要的辅助作用。

众所周知,语音和视频会议及广播和电视,能够为基于群体的同步学习提供大量的机会(Hutton, 1984; Michel, 1987; Schramm, 1977; Thomas, 1987; Zuber-Skerritt, 1984)。在远程教育领域,广播、电视的广泛使用提高和增强了课堂教学和家庭教育(Green, 2006; Potter 和 265
Naidoo, 2006)。

支持同步学习活动的最新技术有 IP 电话、群组聊天以及许多使用 MOO 和 MUD 技术的多角色在线游戏(MOO 是 MUD、object-oriented 的首字母缩写,即面向对象的 MUD;而 MUD 表示 multi-user domain,即多用户域)。

网络远程学习的发展似乎激起了人们对于新式协作学习技术越来越多的兴趣,这些技术为基于群体的同步学习带来更多的可能。在这方面富有价值的研究试图将一些已被证实有效的策略,如角色扮演和问题解决策略,与这些技术整合在一起,来传递这样一种理念:学校学习应该更像生活(Childress 和 Braswell, 2006; Doering, 2006; Naidu 等,2000)。这很鼓舞人心,也应该是同步基于群体的学习研究与实践的发展方向。

讨论

关于技术和教育,常问的问题有(Clark 和 Solomon, 1986; Kozma, 1991):技术怎样影响学习?这种影响是否优于面授教学?这种疑问本身是有问题的,因为它暗示面授教育就是学习与教学的最佳形式,并将其作为判定教与学成功的标准。进一步来说,它没能界定清楚"影响"一词的含义,也没有说清楚这种影响是怎样被确定的以及与面授教育的哪些具体属性有关。

尽管关于技术对学习影响的研究有一定的正当理由,但多数是被误导了(Clark, 1983, 1994; Kulik, 1985)。这类研究过于关注技术的独特影响,而这几乎不可能将其与技术使用的方式和使用的目的清楚地区分开来。研究人员认为,这类研究的风险就是汇报的研究结果不能单纯归因于技术本身,因为它们很可能是技术与教学方法共同作用的结果(Clark, 1994; Kozma, 1991)。

人们逐步形成这样一个共识:有关技术对教育影响的研究焦点应该放在这些技术提供的"功能可用性"方面,而不是技术本身(Clark, 1983,1994)。这些"功能可用性"包括:技术捕捉和呈现不同类型教学内容和信息的能力、激发学习的能力、提供社会性交往机会的能力、评价学习结果的能力以及给学习者提供反馈和矫正的能力(Naidu, 2003)。虽然这些是各种教育形式都普遍具有的教育活动,研究人员也应该关注各种技术如何改善和支持这些活动:例如,具有时间弹性和地点弹性的技术是否对这些教学活动具有特别的好处?这些好处是什么?这些好处如何通过使用各种技术来进行优化?研究应该关注如何使用这些技术来捕捉数据和其他类型的信息以便让用户随时随地的访问。例如,电子书就是不错的主意,但是它是否最适合用 PDA 或者 iPOD 来传递呢?移动技术最适合传递哪些类型的信息,最适合支持哪种学习和教育应用?

小结

不论是在发达国家还是发展中国家,能够支持时间、步调和地点独立性的弹性技术越来越普及。随着这些技术的普及和降价,它们更容易渗透到我们的日常生活中。因此,合理的将这些技术应用于学与教的情境而不是限制或禁止它们的使用将更为明智。这些技术若得不到有效的使用,会产生许多问题,结果只能导致对技术本身的责备。支持时间、步调和地点弹性的技术对于多种学习活动和不同学习者群体有着独特的优势。它可以让师生做到在校园环境下不可能做到的事情。这当中的许多技术能够集中大量资源供学习者随手使用，提高他们的学习效能，给教学带来新的契机。这些新的学习机会需要教师以及教育机构重新思考他们教和学的过程，思考怎样在校园环境下使用这些技术开展教学（Herrington, 2006）。教与学的这种重新定位将会给校园环境下的教学设计和开发带来丰富的启示，这也是该领域的研究与开发实践应该关注的地方。

（张秀梅 译，闫寒冰 一校，任友群 二校）

参考文献 266

Abrami, P. and Bernard, R. M. (2006). Research on distance education: in defense of field experiments, *Distance Educ.*, 27(1), 5 - 26.

Amundsen, C. L. and Bernard, R. M. (1989). Institutional support for peer contact in distance education: an empirical investigation, *Distance Educ.*, 10(1), 7 - 27.

Bandura, A. (1977). *Social Learning Theory*. Englewood Cliffs, NJ: Prentice Hall.

Barnes, S. (2000). What does electronic conferencing afford distance education? *Distance Educ.*, 21(2), 236 - 247.

Beldarrain, Y. (2006). Distance education trends: integrating new technologies to foster student interaction and collaboration. *Distance Educ.*, 27(2), 139 - 153.

Bernard, R. M. and Lundgren-Cayrol, K. (2001). Computer conferencing: an environment for collaborative projectbased learning in distance education. *Educ. Res. Eval.*, 7(2 - 3), 241 - 261.

Bernard, R. M. and Naidu, S. (1990). Enhancing interpersonal communication in distance education: can 'voice-mail' help? *Educ. Training Technol. Int.*, 27(3), 293 - 300.

Bernard, R. M. and Naidu, S. (1992). Post-questioning, concept mapping and feedback: A distance education field experiment. *Br. J. Educ. Technol.*, 23(1), 48 - 60.

Bernard, R. M., Naidu, S., and Amundsen, C. L. (1991). Choosing instructional variables to enhance learning in distance education, *Media Technol. Hum. Resource Dev. J. Educ. Technol.*, 4(1), 3 - 13.

Bernath, U. and Szucs, A., Eds. (2004). Supporting the learning in distance and e-learning. In *Proceedings of the Third European Distance Education and e-Learning Network (EDEN) Research Workshop*, March 4 - 6, Carl von Ossietzky University of Oldenburg, Germany.

Block, J. H. and Anderson, L. W. (1975). *Mastery Learning in Classroom Instruction*. New York: Macmillan.

Bloom, B. (1968). Learning for mastery (UCLA-CSEIP). *Eval. Comment*, 1(2), 1 - 12.

Brindley, J. E., Walti, C., and Zawacki-Richter, O. (2004). *Learner Support in Open, Distance and Online Learning Environments*. Oldenburg: Bibliotheks-und Informationssystem der Universität Oldenburg.

Brookfield, S. (1982). Independent learners and correspondence students, *Teaching Distance*, 22, 26 - 33.

Carroll, J. B. (1963). A model of school learning. *Teachers Coll. Rec.*, 64(8), 723 - 733.

Childress, M. D. and Braswell, R. (2006). Using massively multiplayer online role-playing games for online learning, *Distance Educ.*, 27(2), 187 - 196.

Clark, R. E. (1983). Reconsidering research on learning from media. *Rev. Educ. Res.*, 53(4), 445 - 460. *

Clark, R. E. (1994). Media will never influence learning. *Educ. Technol. Res. Dev.*, 53(2), 21 - 30. *

Clark, R. E. and Solomon, G. (1986). Media in teaching. In *Handbook of Research on Teaching*, 3rd ed., edited by M. Wittrock, New York: Macmillan. *

Conrad, D. (2005). Building and maintaining community in cohort-based online learning. *J. Distance Educ.*, 20(1), 1 - 21.

Daniel, J. S. (1996). *Mega-Universities and Knowledge Media. Technology Strategies for Higher Education*. London: Kogan Page.

Doering, A. (2006). Adventure learning: transformative hybrid online education, *Distance Educ.*, 27(2), 197 - 215.

Gaver, W. W. (1991). Technology affordances. In *Proceedings of the SIGCHI Conference on Human Factors in Computing Systems: Reaching Through Technology*, edited by S. P. Robertson, G. M. Olson, and J. S. Ohlson, pp. 79 - 84. New York: ACM Press.

Gaver, W. W. (1992). The affordances of media spaces for collaboration. In *Proceedings of the 1992 ACM Conference on Computer-Supported Cooperative Work*, edited by M. Mantel and R. Baecker, pp. 17 - 24. New York: ACM Press.

Gibson, J. J. (1977). The theory of affordances. In *Perceiving, Acting, and Knowing: Toward an Ecological Psychology*, edited by R. Shaw and J. Bransford, pp. 67 - 82. Hillsdale, NJ: Lawrence Erlbaum Associates. *

Gibson, J. J. (1979). *The Ecological Approach to Visual Perception*. Boston: Houghton Mifflin.

Green, N. C. (2006). Everyday life in distance education: one family's home schooling experience. *Distance Educ.*, 27(1), 27 - 44.

Gunawardena, C. N. (1995). Social presence theory and implications for interaction and collaborative learning in computer conferences. *Int. J. Educ. Telecommun.*, 1(2/3), 147 - 166.

Gunawardena, C. N. and Zittle, F. (1997). Social presence as a predictor of satisfaction within a computer mediated conferencing environment. *Am. J. Distance Educ.*, 11(3), 8 - 26.

Hackbarth, S. (1996). *The Educational Technology Handbook: A Comprehensive Guide*. Englewood Cliffs, NJ: Educational Technology Publications.

Hathorn, L. G. and Ingram, A. L. (2002). Cooperation and collaboration using computer-mediated communication. *J. Educ. Comput. Res.*, 26(3), 325 - 347.

Heinich, R., Molenda, M., and Russell, J. D. (1993). *Instructional Media and the New Technologies of Instruction*. New York: Macmillan.

Herrington, J., Reeves, T., and Oliver, R. (2006). Authentic tasks online: a synergy among learner, task, and technology, *Distance Educ.*, 27(2), 233 - 247.

Holmberg, B. (1995). *Theory and Practice of Distance Education*. London: Routledge.

Holmberg, B. (2001). *Distance Education in Essence: An Overview of Theory and Practice in the Early 21st Century*. Oldenburg: Bibliotheks-und Informationssystem der Universitat Oldenburg.

Hutton, D. (1984). Video technology in higher education: the state of the art? In *Video in Higher Education*, edited by O. Zuber-Skerritt, pp. 11 - 25. London: Kogan Page.

Kanuka, H. and Anderson, T. (1998). Online social interchange, discord and knowledge construction. *J. Distance Educ.*, 13(1), 57 - 74.

Keegan, D. (1990). *Foundations of Distance Education*, 2nd ed. London: Routledge.

Keegan, D. and Rumble, G. (1982). Distance teaching at university level. In *The Distance Teaching Universities*, edited by G. Rumble and K. Harry, pp. 15 - 31. London: Croom Helm.

Keller, F. S. (1968). Good-bye, teacher.... *J. Appl. Behav. Anal.*, 1, 79 - 89.

Kneebone, R. and Brenton, H. (2005). Training perioperative specialist practitioners, In *Mobile Learning: A Handbook for Educators and Trainers*, edited by A. Kukulska-Hulme and J. Traxler, pp. 106 - 115. London: Routledge.

Koschmann, T., Ed. (1996). *CSCL: Theory and Practice of an Emerging Paradigm*. Mahwah, NJ: Lawrence Erlbaum Associates.

Kozma, R. B. (1991). Learning with media. *Rev. Educ. Res.*, 61(2), 267
179 - 211. *

Kreijns, K., Kirschner, P. A., and Jochems, W. (2002). The sociability of computer-supported collaborative learning environments. *J. Educ. Technol. Soc.*, 5(1), 8-22. *

Kreijns, K., Kirschner, P. A., and Jochems, W. (2003). Identifying the pitfalls for social interaction in computer-supported collaborative learning environments: a review of the research. *Comput. Hum. Behav.*, 19(3), 335-353.

Kukulska-Hulme, A. and Traxler, J. (2005). *Mobile Learning: A Handbook for Educators and Trainers*. London: Routledge.

Kulik, J. A. (1985). The importance of outcome studies: a reply to Clark. *Educ. Commun. Technol. J.*, 34(1), 381-386. *

Lave, J. (1991). Situating learning in communities of practice. In *Perspectives on Socially Shared Cognition*, edited by L. B. Resnick, J. M. Levine, and S. D. Teasley, pp. 63-82.

Washington, D. C.: American Psychological Association. Levy, M. and Kennedy, C. (2005). Learning Italian via mobile SMS. In *Mobile Learning: A Handbook for Educators and Trainers*, edited by A. Kukulska-Hulme and J. Traxler, pp. 76-83. London: Routledge.

Lockwood, F. (1998), *The Design and Production of SelfInstructional Materials*. London: Kogan Page.

Mason, R., Ed. (1993). *Computer Conferencing: The Last Word*. Victoria, B. C.: Beach Holme Publishers.

Mason, R. and Kaye, A., Eds. (1989). *Mindweave: Communication, Computers, and Distance Education*. Oxford: Pergamon Press.

McConnell, D. (2000). *Implementing Computer Supported Cooperative Learning*. London: Kogan Page.

McGreal, R., Ed. (2004). *Online Education Using Learning Objects*. London: Routledge.

Michel, C. (1987). Education radio and television: their transfer to developing societies, pages. In *Educational Technology: Its Creation, Development and Cross-Cultural Transfer*, edited by R. M. Thomas and V. N. Kobayashi, pp. 125-142. Oxford: Pergamon.

Moallem, M., Sue-Jen, C., and Kermani, H. (2005). Using handheld wireless computers to improve assessment of learning and instruction, *Educ. Technol.*, 45(6), 12-21.

Moore, M. G. (1989). Editorial: three types of transaction. *Am. J. Distance Educ.*, 3(2), 1-7.

Naidu, S. (1989). Computer conferencing in distance education, *Int. Counc. Distance Educ. Bull.*, 20, 39-46.

Naidu, S. (1994). Applying learning and instructional strategies in open and distance learning. *Distance Educ.*, 15(1), 23-41. *

Naidu, S., Ed. (2003). *Learning and Teaching with Technology: Principles and Practices*. London: Kogan Page.

Naidu, S. (2006). *E-Learning: A Guidebook of Principles, Procedures, and Practices*. New Delhi, India: Commonwealth Educational Media Center for Asia (CEMCA) and the Commonwealth of Learning.

Naidu, S. and Bernard, R. M. (1992). Enhancing academic achievement in distance education with concept mapping and inserted questions. *Distance Educ.*, 23(1), 218-233.

Naidu, S., Ip, A., and Linser, R. (2000) Dynamic goal-based role-play simulation on the Web: a case study. *Educ. Technol. Soc.*, 3(3), 190-202.

Paulus, T. (2004). Collaboration or cooperation? Small group interactions in a synchronous educational environment. In *Computer-Supported Collaborative Learning in Higher Education*, edited by T. S. Roberts, pp. 100-124. Hershey, PA: Idea Group.

Paulus, T. (2005). Collaborative and cooperative approaches to online group work: the impact of task type. *Distance Educ.*, 26(1), 111-125.

Pea, R. D. (1993) Practices of distributed intelligence and design for education. In *Distributed Cognition: Psychological and Educational Considerations*, edited by G. Salomon, pp. 47-86. Cambridge, MA: Cambridge University Press. *

Perraton, H. (1987). Theories, generalizations and practice in distance education. *Open Learn.*, 2(3), 3-12.

Peters, O. (1971). Theoretical aspects of correspondence instruction. In *The Changing World of Correspondence Study: International Readings*, edited by O. Mackenzie and E. L. Christensen, pp. 223-228. University Park, PA: The Pennsylvania State University.

Potter, C. S. and Naidoo, G. (2006). Using interactive radio to enhance classroom learning and reach schools, classrooms, teachers, and learners, *Distance Educ.*, 27(1), 63-86.

Prensky, M. (2005). What can you learn from a cell phone? Almost anything! *Innovate*, 1(5), 1-7.

Rapaport, M. (1991). *Computer Mediated Communications: Bulletin Boards, Computer Conferencing, Electronic Mail and Information Retrieval*. London: John Wiley & Sons.

Resnick, L. B., Levine, J. M., and Teasley, S. D. (1991). *Perspectives on Socially Shared Cognition*. Washington, D. C.: American Psychological Association.

Richards, G., Hatala, M., and McGreal, R. (2004). POOL, POND, and SPLASH: portals for online objects for learning. In *Online Education Using Learning Objects*, edited by R. McGreal, p. 237. London: Routledge.

Richardson, J. C. and Swan, K. (2003). Examining social presence in online courses in relation to students' perceived learning and satisfaction. *J. Asynchronous Learn. Netw.*, 7(1), 68-88.

Rigney, J. W. (1978). Learning strategies: a theoretical perspective. In *Learnings Strategies*, edited by H. F. O'Neil, Jr., pp. 165-205. New York: Academic Press.

Romiszowski, A. (2004). How's the e-learning baby? Factors leading to success or failure of an educational technology innovation, *Educ. Technol.*, 44(1), 5-27.

Rumble, G. (1989). On defining distance education. *Am. J. Distance Educ.*, 3(2), 8-20.

Salmon, G. (2000). *E-Moderating: The Key to Teaching and Learning Online*. London: Kogan Page.

Salmon, G. (2003). *Etivities: The Key to Active Online Learning*. London: Routledge.

Schramm, W. (1977). *Big Media, Little Media: Tools and Technologies for Instruction*. Beverly Hills, CA: SAGE.

Sewart, D. (1993). Student support systems in distance education. *Open Learn.*, 8(3), 3-12.

Simpson, O. (2003). *Student Retention in Online, Open, and Distance Learning*. London: Kogan Page.

Slavin, R. E. (1990). *Cooperative Learning: Theory, Research, and Practice*. Englewood Cliffs, NJ: Prentice Hall. *

Slavin, R. E. (1994). Student teams achievement divisions. In *Handbook of Cooperative Learning*, edited by S. Sharan, pp. 3-19. Westport, CT: Greenwood Press.

Smordell, O. and Gregory, J. (2005). Knowmobile: mobile opportunities for medical students. In *Mobile Learning: A Handbook for Educators and Trainers*, edited by A. Kukulska-Hulme and J. Traxler, pp. 99-105. London: Routledge.

Stahl, G. (2002). Contributions to a theoretical framework for CSCL. In *Proceedings of the International Conference on Computer Supported Collaborative Learning (CSCL, 2002)*, pp. 62-71. Hillsdale, NJ: Lawrence Erlbaum Associates.

Swan, K. (2002). Building communities in online courses: the importance of interaction. *Educ. Commun. Inform.*, 2(1), 23-49. * 268

Swan, K. and Shih, L. (2005). On the nature and development of social presence in online course discussions. *J. Asynchronous Learn. Netw.*, 9(3).

Sweet, R. (1986). Student dropout in distance education: an application of Tinto's model. *Distance Educ.*, 7(2), 201-203.

Tait, A. and Mills, R. (2003). *Rethinking Learner Support in Distance Education. Change and Continuity in an International Context*. London: Routledge.

Taylor, J. (2003). A task-centered approach to evaluating a mobile learning environment for pedagogical soundness. In *Learning with Mobile Devices: Research and Development*, edited by J. Attewell, and C. Savill-Smith, pp. 167-172. London: Learning and Skills Development Agency.

Thomas, R. M. (1987). Educational radio and television: their development in advanced industrial societies. In *Educational Technology: Its Creation, Development and Cross-Cultural Transfer*, edited by R. M. Thomas and V. N. Kobayashi, pp. 105-124. Oxford: Pergamon.

Vygotsky, L. S. (1978). *Mind and Society: The Development of Higher Psychological Processes*. Cambridge, MA: Harvard University Press.

Wenger, E. (1998). *Communities of Practice: Learning, Meaning and Identity*. Cambridge, U. K.: Cambridge University Press. Wertsch, J. V. (1991). *Voices of the Mind: A Sociocultural Approach to Mediated Action*. Cambridge, MA: Harvard University Press.

Woodley, A. and Parlett, M. (1983). Student drop-out. *Teaching Distance*, 24, 2-23.

Zuber-Skerritt, O. (1984). *Video in Higher Education*. London: Kogan Page.

---

* 表示主要参考文献。

23

混合式学习环境

Charles R. Graham 和 Charles Dziuban 269

摘要

近年来，技术的飞速创新促进了面授教学与分布式（或技术中介的）学习环境之间的相互融合。混合式学习环境正试图利用这两种学习环境的优势（Graham，2006）。研究资料表明，

270 混合式学习在高等教育和培训领域的发展和应用尤其引人注目。《高等教育年鉴》指出,宾夕法尼亚州立大学的校长把在线学习和传统学校教育两者之间的相互结合视为“当今高等教育领域最广为人知的发展趋势”(Young, 2002, p. A33)。同样,美国培训与发展协会(ASTD)也把混合式学习视为知识传递领域内十大新兴趋势之一(Finn, 2002)。不过,令人遗憾的是,我们至今仍然对混合式学习系统的本质知之甚少。在本章中,我们以斯隆联盟(Sloan Consortium)的五大支柱(学习效能、学生满意度、教师满意度、成本效益及可获得性)为组织框架,介绍混合式学习的核心问题和研究(Lorenzo 和 Moore, 2002)。最后,本文就混合式学习的未来研究方向进行探讨。

关键词

混合式学习环境:一种将面授教学与技术中介的教学相互结合而形成的学习环境。

混杂式学习环境:混合式学习环境(Blended learning environment)的代名词。

引言

在高等教育及相关领域,“混合式学习”(Blended learning)是一个相对较新的术语*。许多研究者都曾对混合式学习的确切涵义进行过探讨(Driscoll, 2002; Graham 等,2003; Jones, 2006; Laster, 2004; Masie,2006; Oliver 和 Trigwell, 2005; Osguthorpe 和 Graham, 2003)。目前,混合式学习环境被普遍认可的定义是:一种将面授教学与技术中介的教学相互结合而形成的学习环境(Graham, 2006; Graham 等,2003)。在传统的面授教学过程中,师生在同一地点相互交流与沟通;而在技术中介的教学过程中,师生借助信息通讯技术(ICT)交流学习体验和交互,并不需要师生同时现身于同一场所。

研究表明,采用混合式教学法的主要原因有:(1)提升学习效能。(2)增加教学资源的可获得性与便捷性。(3)更高的成本效益(Graham, 2006)。通常,教育工作者将混合式学习环境与传统的面授教学情境或完全的分布式学习环境相比,采用混合式学习方法探究其利弊。

以斯隆联盟的五大支柱(学习效能、学生满意度、教师满意度、成本效率和可获得性)为组织框架,本章探讨了与混合式学习相关的核心问题和研究(Lorenzo 和 Moore, 2002)。同时,我们也讨论了混合式学习未来的一些研究方向。需要指出的是,尽管混合式学习在非正式学习、军事和企业培训等领域也同样取得了显著的创新成果,但本文主要关注其在高等学校中的应用(Collis 等,2005; Harris, 2005; Kirkley 和 Kirkley, 2005,2006; Lewis 和 Orton, 2006; Newton 和 Ellis, 2005; Wenger 和 Ferguson, 2006; Wisher, 2006)。

---

* Hybrid learning 与 Blended learning 通常被认为是两个可以互换的具有相同含义的概念。

学习效能

关于混合式学习环境的效率问题，主要涉及以下方面：

- 面授教学和技术中介的教学的效用如何？如何利用两者的优势来促进教与学？
- 学生短期的学习成果如何与长期、系统的学习成果相互作用？
- 在混合式学习环境中，哪些新兴模型可用于评估学习成果？
- 在评估自己的学习效能过程中，学生应扮演何种适当的角色？

转变潜能

研究者认为，当面授教学和技术中介的教学相互结合之后，能够转变学习潜能(Garrison 和 Kanuta, 2004; Graham, 2006; Graham 和 Robison, 2007)。很多学者在谈到混合式学习可充分利用两种教学模式的优势时，都曾间接地提到这种潜能。然而，如果我们仅关注教学模式，却忽略了学习经验的整体性，那么，混合式学习的优势也有可能变为劣势。例如，教师们通常会说，他们的课程是由百分之几的在线形式和百分之几的面授形式构成，但是，如果他们不了解不同学习环境中各种活动的本质特点，也不懂得如何在课程中有效地利用这两种环境，那么，这种结合实际上意义不大(Cross, 2006)。因此，对于混合式学习来说，要想真正实现其所 271
具备的转变潜能，我们应将有效性和便捷性放在第二位，主要目标应该是重新思考和设计教与学之间的相互关系(如改进教学方法)(Garrison 和 Kanuta, 2004,99 页)。混合式学习必须利用网上教学和面授形式两者的优势来创造一种更适合主动学习的学习环境(Graham 和 Robison, 2007)。

完成率和学业成绩

目前，关于混合式课程和培训项目的学习效能的研究主要集中于学习成绩和中途退学率等与课程水平、院校和专业高度相关的指标上。而这种指标的不稳定性表明，在比较研究中，将课程模式作为一种效能指标并非一种可靠的研究途径。尽管如此，还是有一些研究已开始关注混合式环境下学习的效率问题。罗彻斯特理工学院(Rochester Institute of Technology)的一个测试性项目报告指出，学生的学业完成率大约是 95%(Humbert 和 Vignare, 2004; Starenko 等, 2007)。Reasons 等人(Reasons, 2004; Reasons 等, 2005)的研究发现，参加完全在线学习的学生的学业完成率要高于面授式或混合式学习的学生。其他一些研究表明，混合式课程的完成率与其他类型课程相近，还有一些研究则指出，从学习效能来看，混合式课程更胜一筹(Boyle 等, 2003; Cottrell 和 Robinson, 2003; Dowling 等, 2003; O'Toole 和 Absalom, 2003; Riffell 和 Sibley, 2004)。在一项有数千位学生注册的数据挖掘研究中，中佛罗里达大学 (University of Central Florida)的研究者发现，当排除院系专业和性别这两个变量后，与面授或完全在线学习的学生相比，混合式学习课程具有相近、甚至更高的学业完成率(Dziuban 等, 2006)。

评估

目前,绝大多数混合学习的评估机制仍然遵循传统的思路,强调评估的客观性,不考虑学生的背景情况,可靠性较低。然而,随着混合式学习的不断成熟,针对学生的评价势必将转变为一种具有解释性、发展性和更加可靠的实施模式。Brown 等人(2007) 提出了关于混合式学习评估技术功效的几个比较重要的学生感知指标。例如,他们发现,初学者认为,与论述说明式的测量工具相比,传统的测量工具(如多选测验)更能反映自己的学习效能。与此相反的是,有经验的学习者则更加相信那些包含协作工作和交流反馈的评估方式更能体现自己的学习效能。这些研究发现进一步表明,我们需要发展一些理论,将混合式学习与信息素养、技术素养和批判性思维结合起来,形成一个更为宽泛的概念"信息流畅性(information fluency)",而这正是评估混合式学习的基础(University of Central Florida, 2005)。

可获得性

与可获得性相关的主要问题包括:

- 在高等教育领域,混合式学习带来的增强的可获取性如何影响学业完成率?
- 混合式学习如何影响弱势群体接受教育的机会?
- 学习资源的可获取性与学习质量之间如何相互作用?

学习者获取学习资源是混合式学习中的一个重要问题,它既包括学校资源获取问题,同时也包括项目资源和课程资源的获取问题(Mayadas, 2001)。显然,当考虑到资源获取目标时,资源的质量首当其冲。Shea (2007,19—20 页)指出:"如果质量不过关,增加学习资源的可获得性则毫无意义。学生不会愿意接受低质量的课程,教师们也不希望教这样的课,校友更不会支持这样的课程。"

在谈到学习资源的可获得性时,三类学生的需求可能会各不相同,即远离学校的学生,住在学校附近的学生和住在校内的学生。学生群体的不同,决定了师生对教学组织形式的选择和态度(Otte, 2005)。此外,诸如混合式学习这样的教学形式,可能会给那些残疾学生提供更多的学习机会。罗彻斯特理工学院提供了一个很好的案例,说明了混合式学习是如何帮助听力有障碍的学生获得更多的受教育机会,并且提高了他们的学习效能(Starenko,等,2007)。从经济学(如降低机会成本和比较优势)的角度来说,无论对于在校生还是住在校园附近的学生,混合式学习都对其有所帮助。

成本效益

与成本效益相关的主要问题包括:

- 在混合式学习中,哪些模型可用于有效评估其成本效益?
- 从相关决策者的角度来看,在何种情况下(如注册课程和特定的学科专业)混合式学习会具有较高的成本效益?

● 成本效益和学生学业成绩之间有何关系？

学术改革中心(The Center for Academic Transformation)(Twigg, 2003)开发的一些混合 272
式学习成本效益模型非常具有代表性。一些机构的研究表明，通常情况下，利用这些模型，通过减少对人力资源的依赖，混合式学习能够提高教学质量和降低成本。Robinson (2005)认为，通过增加技术在教学设计中的应用，教学质量得以提升，而且在大多数情况下，其成本与面授教学相近，有时甚至更低。佛罗里达中央大学(University of Central Florida)的研究报告称，通过采用混合式学习，降低了成本，提高了设施利用率，改善了学习效能，并且促进了教学项目的发展(Dziuban 等，2006)。不过，投资回报率显然不能仅仅通过这样一个简单的电子表格来计算。实际上，其他许多不太明显的因素，包括学业完成率上升，辍学人数减少和师生技能的增强等，都在扮演着重要角色。根据学校背景和选择模式的不同，混合式学习可能会节约成本，也可能会落空。然而，混合式学习确实具备一种能够真正提高教育投资回报率的潜能。

学生满意度

学生满意度主要涉及的研究问题包括：

● 在混合式学习环境中，哪些因素有助于提升学生满意度？
● 在何种背景下，学生满意度能成为测量学习质量的影响变量？
● 在一门课程中，当学生面临有关"混合"特点的一系列选择时，学生的满意度可能会受哪些影响？

在高等教育领域内，混合式学习中学生的问题既与传统的课堂教学相关，同时也与新兴的在线环境有着密切的联系。Prensky (2001a, b)曾指出，由于"数字土著"(Digital natives，千禧一代*)强烈渴望即时通讯技术、协作学习机会和主动学习环境，迫使教师和管理人员不得不采用更加有效的教学方法。Oblinger (2005)认为，对这些学生而言，计算机和个人技术实际上是一种生活方式。在他们看来，因特网要比电视更重要，他们主要通过"试误"的方式进行学习(Bisoux, 2002; Oblinger 和 Oblinger, 2005)。因此，我们不难想象，这些千禧一代学生所希望的学习风格与目前高等教育所提供的教学方式两者之间存着很大的反差——甚至在混合式课程中也不例外(Aviles 等，2005)。

混合式学习中的学生满意度涉及多方面的问题。一些研究报告指出，学生们对于混合式课程的满意度相当高(Dziuban 等，2004)，而其他研究则表明，学生对混合式学习的态度并不是特别积极(Utts 等，2003)。还有一些研究表明，在混合式课程中，与那些利用分析法进行学习的学生相比，那些具有感性认知风格的学生的群体意识相对较弱(Graff, 2003)。与此相反，Rovai 和 Jordan (2004)的研究表明，与面授教学和完全的在线学习相比，学生们在混合式课程中的群体感更强一些。总体而言，尽管研究者对于混合式学习中的学生满意度问题的调查结

---

* 美国人将 20 世纪 1928 年以后出生的人分为四个世代，即：沉默的世代(The Silent generation)、婴儿潮世代(The Baby Boomer)、X 世代(Generation X)、千禧年世代(The Millennial generation)。千禧年世代指的是从 1980 年到 2000 年出生的人，也就是中国最常用的一个词：80 后。——译者注

果各不相同,甚至相互矛盾,但有大量稳定的样本的研究案例表明,学生对于混合式学习的反馈基本上是正面和积极的。绝大多数研究表明,混合式学习方便、灵活和可以降低机会成本等特点是学习过程中最主要的因素(Vignare, 2002)。而这些特点往往不受多个潜在误差因素的影响,如班级规模和学科。

教师满意度

在混合式学习中,与教师满意度相关的一些研究问题包括:

- 在混合式学习中,哪些因素会影响教师的满意度?
- 哪些方式可以促进教师在教学中采用混合式学习?
- 在教师职称评选和升职的背景下,教师们在使用混合式学习时其工作量与满意度之间存在怎样的关系?

教师满意度是影响混合学习是否被教师们在教学中采用的重要因素。中佛罗里达大学的报告指出,在教授混合式课程的教师中,88%的教师对混合式课程的效果感到满意,并且愿意继续采用这种教学方式。然而,在罗彻斯特理工学院的混合式学习试验项目中,却仅有41%的教师表示了类似的兴趣(Dziuban 等,2004; RIT Online Learning Department, 2005)。显然,有许多因素会影响到教师的满意度(Hartman 等,2000)。其中三个主要因素是:(1)对学习的影响,(2)对工作量的影响,(3)教师对因此而付出的努力的价值认可。许多教师之所以采用混合式学习,是因为他们认为这将会提高学习效能。也有一些教师相信,混合式学习有助于增加教学的便利性和提高工作效率。

273 目前,越来越多的教师都在不断学习各种新技能,以应对这些新技能背后所蕴含的对教师角色的新期待和要求(Dziuban 等,2006 ; Kaleta 等,2007)。在混合式学习中,教师必须同时承担两种角色:一是面授教学中的教师,二是在线学习中的辅导者。因此,大多数研究报告都认为,实施混合式学习需要教师付出额外的时间和精力(Kaleta 等,2007; LEE 和 Im , 2006; Lefoe 和 Hitberg, 2006)。通常,教师可以通过一些方法来减少在时间上的额外投入,如适当设计的专业发展和教学支持服务(如培训机会和绩效支持系统)。许多教师之所以愿意承担这种额外的工作量,是因为他们看到这种方式对学生的学习确实有益处(Starenko 等,2007),或者是因为他们认为,随着对新技术工具的逐渐习惯,这种额外的工作量支出会减少。最后,尽管许多研究都认为,在推广混合式学习的过程中,对教师额外付出工作量的认可和相应的补偿、鼓励,是影响应用的关键因素,但仅有五分之一的高校提供对教学与技术整合的正式认可和奖励机制(Green, 2004)。

组织因素

关于组织因素及其对混合式学习的影响,主要涉及以下研究问题:

- 混合式学习欲成为系统的主动选择,应具有哪些组织因素?

- 如何在不同类型的组织中(如社区学院、城市研究性大学和文科类院系等)推广和应用混合式学习?
- 混合式学习正对传统学校产生哪些影响?

显而易见,组织支持机制在混合式课程和项目的实施过程中扮演着极其关键的角色。若想创建一个最优化的组织氛围,Hartman (2005)建议,组织的设立应以注重实践导向的理论为基础,这样,各个教学部门就可以在教学开发方面奠定一个共同的出发点。他还指出,无论从学校层面还是从课程层面来说,这些理论都应包含教学模式、教师发展、课程开发结构以及有效的教学评估设计等要素。而且,伴随着学校在组织能力方面的发展,需要不断完善和建立一种有效的学校运行模式。Hartman强调,一套行之有效的学校运行方式要求在管理方面令行禁止,在实施初期需要向各院系强力推送。其他的先决条件涉及到以教师和学生为中心的方法,这些方法使得混合式学习涉及到学校本身的使命应该是什么,而不是学校现在是什么的问题。(Hartman, 2005)。

研究方向

未来的研究中,我们需要关注两个重要的研究领域:院校研究和学习效能研究。

院校研究

教师的接受程度

从根本上来说,混合式学习方法应用的成功与否,主要取决于教师对此种教学方式有效性的认可和接受程度。但是,对于教师采用某种特定混合式教学模式的原因,以及他们在重新设计课程时如何做出某种教学选择,我们目前却知之甚少(Kaleta 等,2007)。一些课程的重新设计实质上是系统化的,例如学术改革中心资助的 30 个实验项目(Twigg, 2003)。不过,绝大多数的变化都发生在 Collis 和 van der Wende (2002)所说的"拓展模型"(Stretching the mold)的过程中。在一项校园范围内针对教师的调查中,Graham 和 Robison (2007)发现,超过三分之一的教师在自己的课堂中采用过混合式学习,然而其中多数仅对教学产生了微小的促进作用,而没有对教与学活动产生重要或根本性的影响。因此,我们需要学会如何避免曾发生过的那些技术解决方案中存在的各种"陷阱",如墨守成规、安于现状,或者教育系统内常见的为保全自己而采取的"新瓶装旧酒"做法(Beckwith, 1988; Salomon, 2002)。

技术支持与培训模式

研究已经证明,学校的支持是促使师生采用混合式学习风格的重要条件。下一步需要研究的问题包括:(1)如何最大限度地减少对师生时间上的要求;(2)如何使师生掌握必要的技术支持,尤其是在技术中介的环境下;(3)如何形成一种愿意接受创新(如混合式学习)的组织文
化氛围。其他研究问题还包括:混合式学习环境中对教师的支持与培训模式的研究,以及其中 274
的哪些方面可根据背景的不同而有所变化,以适应不同情况的需求。

学习效能研究

概念性的框架和模型

设计问题，如创建一个混合式学习环境，是随着教学情景的不同而灵活多变的，因此，可能的解决方案也不胜枚举。在这种情况下，研究者应该提供一个概念性的框架，以便适应不同背景下的混合式学习的设计(Shea, 2007)。例如，“探究共同体模型”就是一种可供选择的框架(Garrison 等，2000；Garrison 和 Vaughan, 2007)，不过，若能够提供一系列的混合式学习设计模型，设计者就可以根据自己实际情况来选择和设计出符合自己需要的混合式学习方案。

实时交互与计算机中介的通讯的作用

在何种情境下，人际交互会对学习结果和学生满意度产生影响呢？我们应该何时考虑采用人际交互的设计环节(如协作学习和学习共同体)？采用这种设计的原因何在(Alavi 和 Dufner, 2005)？实时交互与低精度的异步交流方式如何影响学习经验？类似上述的问题很多，它们与在师生之间或自然教学系统中，何时采用面对面交流或者技术中介的交流直接相关。一些研究证据表明，混合式学习环境中的学习者更加注重面对面交流，而同时其他研究发现，面对面交流可能是不必要的(Graham, 2006)。因此，有关更好地理解混合式学习环境中人际交流问题的相关研究，是将来研究的一个重点问题(Shea, 2007)。

学习者的选择与自我调节作用

在学习者参与的各种混合式学习活动中，他们是如何做出选择的？学习者的选择主要是基于便捷性和灵活性的考虑吗？要想帮助学习者意识到不同的混合方式会对其学习过程产生不同的影响，我们需要为他们提供哪些信息和指导呢？成功的在线学习通常会要求学习者具备较强的纪律性(Allen 和 Seaman, 2005)，那么，如何设计混合式学习环境可以增强学习者的成熟度和自我调节能力呢？

小结

学习环境既可能促进，也可能会限制各种师生互动和教学活动。尽管混合式学习可以借鉴远程学习和传统学习环境相关的研究成果，但是，我们绝对不能将混合式学习环境理解为远程学习和传统学习两者的简单叠加，它实际上为我们提供了一种全新的范式。例如，在混合式课程中，师生们对计算机中介的讨论的反应，与面对面的讨论和完全在线式的讨论有很大的不同(An 和 Frick, 2006；Schweizer 等，2003；Yanes, 2004)。在一门完全在线的课程中，计算机中介的讨论被视为师生或学生之间唯一的交流途径；而在混合式学习背景下，学习者则可能认为这是一种效能差且耗时的沟通方式。在不同的学习环境下，师生会基于自己的期待、目标和对学习机会的理解，利用各种不同的学习机会和工具。目前，与混合式学习环境相关的研究仍然比较少，但在不断地增长。今后，我们需要对混合式环境的设计，以及在这种环境下师生如何从事教与学等问题进行深入的研究。

(赵国栋 译，吴筱萌 一校，何秋琳、黄小强 二校)

参考文献

Alavi, M. and Dufner, D. (2005). Technology-mediated collaborative learning: a research perspective. In *Learning Together Online: Research on Asynchronous Learning Networks*, edited by S. R. Hiltz and R. Goldman, pp. 191 - 213. Mahwah, NJ: Lawrence Erlbaum Associates.

Allen, I. E. and Seaman, J. (2005). *Growing by Degrees: Online Education in the United States, 2005*. Needham, MA: Sloan Consortium.

An, Y.-J. and Frick, T. (2006). Student perceptions of asynchronous computer-mediated communication in face-to-face courses [electronic version]. *J. Comput.-Mediated Commun.*, 11, Article 5 (http://jcmc.indiana.edu/vol11/issue2/an.html).

Aviles, K., Phillips, B., Rosenblatt, T., and Vargas, J. (2005). If higher education listened to me. *EDUCAUSE Rev.*, 40(5), 16 - 28.

Beckwith, D. (1988). The future of educational technology. *Can. J. Educ. Commun.*, 17(1), 3 - 20.

Bisoux, T. (2002). Rethinking IT. *BizEd*, Jan./Feb., 30 - 34.

Boyle, T., Bradley, C., Chalk, P., Jones, R., and Pickard, P. (2003). Using blended learning to improve student success in learning to program. *J. Educ. Media*, 28(2 - 3), 165 - 178.

Brown, G., Smith, T., and Henderson, T. (2007). Student perceptions of assessment efficacy in online and blended classes. In *Blended Learning: Research Perspectives*, edited by A. G. Picciano and C. D. Dziuban, pp. 145 - 160. Needham, MA: Sloan Consortium.

Collis, B. and van der Wende, M. (2002). *Models of Technology and Change in Higher Education: An International Comparative Survey on the Current and Future Use of ICT in Higher Education*. Enschede, the Netherlands: Center for Higher Education Policy Studies, University of Twente.

Collis, B., Bianco, M., Margaryan, A., and Waring, B. (2005). Putting blended learning to work: a case study from a multinational oil company. *Educ. Commun. Inform.*, 5(3), 233 - 250. *

Cottrell, D. M. and Robinson, R. A. (2003). Blended learning in an accounting course. *Q. Rev. Distance Educ.*, 4(3), 261 - 269.

Cross, J. (2006). Foreword. In *Handbook of Blended Learning: Global Perspectives, Local Designs*, edited by C. J. Bonk and C. R. Graham, pp. xvii - xxiii. San Francisco, CA: Pfeiffer Publishing. *

Dowling, C., Godfrey, J. M., and Gyles, N. (2003). Do hybrid flexible delivery teaching methods improve accounting students learning outcomes? *Account. Educ.*, 12(4), 373 - 391.

Driscoll, M. (2002). Blended learning: let's get beyond the hype [electronic version]. *e-Learning*, 54 (http://elearningmag.com/ltimagazine/article/articleDetail.jsp? id=11755).

Dziuban, C. D., Hartman, J., and Moskal, P. D. (2004). Blended learning. *EDUCAUSE Center for Applied Res. (ECAR) Res. Bull.*, 2004(7), 1 - 12.

Dziuban, C. D., Hartman, J., Juge, F., Moskal, P. D., and Sorg, S. (2006). Blended learning enters the mainstream. In *Handbook of Blended Learning: Global Perspectives, Local Designs*, edited by C. J. Bonk and C. R. Graham, pp. 195 - 208. San Francisco, CA: Pfeiffer Publishing. *

Dziuban, C., Shea, P., and Arbaugh, J. B. (2005). Faculty roles and satisfaction in asynchronous learning networks. In *Learning Together Online: Research on Asynchronous Learning Networks*, edited by S. R. Hiltz and R. Goldman, pp. 169 - 190. Mahwah, NJ: Lawrence Erlbaum Associates.

Finn, A. (2002). Trends in e-learning [electronic version]. *Learning Circuits*, 3 (http://www.learningcircuits.org/2002/nov2002/finn.htm).

Garrison, D. R. and Kanuta, H. (2004). Blended learning: uncovering its transformative potential in higher education. *Internet Higher Educ.*, 7(2), 95 - 105. *

Garrison, D. R. and Vaughan, N. (2007). *Blended Learning in Higher Education: Framework, Principles, and Guidelines*. San Francisco, CA: Jossey-Bass.

Garrison, D. R., Anderson, T., and Archer, W. (2000). Critical inquiry in a text-based environment: computer-conferencing in higher education. *Internet Higher Educ.*, 11(1), 1 - 14.

Graff, M. (2003). Individual differences in sense of classroom community in a blended learning environment. *J. Educ. Media*, 28(2 - 3), 203 - 210.

Graham, C. R. (2006). Blended learning systems: definition, current trends, and future directions. In *Handbook of Blended Learning: Global Perspectives, Local Designs*, edited by C. J. Bonk and C. R. Graham, pp. 3 - 21. San Francisco, CA: Pfeiffer Publishing. *

Graham, C. R. and Robison, R. (2007). Realizing the transformational potential of blended learning: comparing cases of transforming blends and enhancing blends in higher education. In *Blended Learning: Research Perspectives*, edited by A. G. Picciano and C. D. Dziuban, pp. 83 - 110. Needham, MA: Sloan Consortium.

Graham, C. R., Allen, S., and Ure, D. (2003). *Blended Learning Environments: A Review of the Research Literature*, http://msed.byu.edu/ipt/graham/vita/ble_litrev.pdf.

Green, K. C. (2004). *Campus Computing 2004: The 15th National Survey of Computing and Information Technology in American Higher Education*. Encino, CA: The Campus Computing Project.

Harris, P. (2005). Training's new wave. *Train. Dev.*, 59(8), 45 - 48.

Hartman, J. (2005). Online@UCF. Paper presented at the Sloan-C Workshop on Blended Learning, April 17 - 19, Chicago, IL.

Hartman, J., Dziuban, C., and Moskal, P. (2000). Faculty satisfaction in ALNs: a dependent or independent variable? *J. Asynchr. Learn. Netw.*, 4(3), 155 - 179.

Humbert, J. and Vignare, K. (2004). RIT introduces blended learning successfully. In *Engaging Communities: Wisdom from the Sloan Consortium*, edited by J. C. Moore, pp. 141 - 152. Needham, MA: Sloan Consortium.

Jones, N. (2006). e-College Wales, a case study of blended learning. In *Handbook of Blended Learning: Global Perspectives, Local Designs*, edited by C. J. Bonk and C. R. Graham, pp. 182 - 194. San Francisco, CA: Pfeiffer Publishing.

Kaleta, R., Skibba, K., and Joosten, T. (2007). Discovering, designing, and delivering hybrid courses. In *Blended Learning: Research Perspectives*, edited by A. G. Picciano and C. D. Dziuban, pp. 111 - 144. Needham, MA: Sloan Consortium.

Kirkley, S. E. and Kirkley, J. R. (2005). Creating next generation 275
blended learning environments using mixed reality, video games and simulations. *TechTrends*, 49(3), 42 - 53.

Kirkley, J. R. and Kirkley, S. E. (2006). Expanding the boundaries of blended learning: transforming learning with mixed and virtual reality technologies. In *Handbook of Blended Learning: Global Perspectives, Local Designs*, edited by C. J. Bonk and C. R. Graham, pp. 533 - 549. San Francisco, CA: Pfeiffer Publishing.

Laster, S. (2004). Blended learning: driving forward without a definition. In *Engaging Communities: Wisdom from the Sloan Consortium*, editedby J. C. Moore. Needham, MA: Sloan Consortium.

Lee, O. and Im, Y. (2006). The emergence of the cyber-university and blended learning in Korea. In *Handbook of Blended Learning: Global Perspectives, Local Designs*, edited by C. J. Bonk and C. R. Graham, pp. 281 - 295. San Francisco, CA: Pfeiffer Publishing.

Lefoe, G. and Hedberg, J. G. (2006). Blending on and off campus: a tale of two cities. In *Handbook of Blended Learning: Global Perspectives, Local Designs*, edited by C. J. Bonk and C. R. Graham, pp. 325 - 337. San Francisco, CA: Pfeiffer Publishing.

Lewis, N. J. and Orton, P. Z. (2006). Blended learning for business impact. In *Handbook of Blended Learning: Global Perspectives, Local Designs*, edited by C. J. Bonk and C. R. Graham, pp. 61 - 75. San Francisco, CA: Pfeiffer Publishing.

Lorenzo, G. and Moore, J. C. (2002). *The Sloan Consortium Report to the Nation: Five Pillars of Quality Online Education* [electronic version], http://www.sloan-c.org/effective/pillarreportl.pdf.

Masie, E. (2006). The blended learning imperative. In *Handbook of Blended Learning: Global Perspectives, Local Designs*, edited by C. J. Bonk and C. R. Graham, pp. 22 - 26. San Francisco, CA: Pfeiffer Publishing. *

Mayadas, F. (2001). Testimony to the Kerrey Commission on Web-based education. *J. Asynchr. Learn. Netw.*, 5(1), 134 - 138.

Newton, D. and Ellis, A. (2005). Effective implementation of e-learning: a case study of the Australian army. *J. Workplace Learn.*, 17(5/6), 385 - 397.

Oblinger, D. G. and Oblinger, J. L. (2005), *Educating the Net Generation*, http://www.educause.edu/ir/library/pdf/pub7101.pdf.

Oliver, M. and Trigwell, K. (2005). Can 'blended learning' be redeemed? *E-learning*, 2(1), 17 - 26.

Osguthorpe, R. T. and Graham, C. R. (2003). Blended learning 276
systems: definitions and directions. *Q. Rev. Distance Educ.*, 4(3), 227 - 234. *

O'Toole, J. M. and Absalom, D. J. (2003). The impact of blended learning on student outcomes: is there room on the horse for two? *J. Educ. Media*, 28(2 - 3), 179 - 190.

Otte, G. (2005). Using blended learning to drive faculty development (and visa versa). In *Elements of Quality Online Education: Engaging Communities*, Vol. 6, edited by J. Bourne and J. C. Moore, pp. 71 - 84. Needham, MA: Sloan Consortium.

Prensky, M. (2001a). Digital natives, digital immigrants. *On Horizon*, 9 (5), 1 - 6.

Prensky, M. (2001b). Digital natives, digital immigrants. Part 2. Do they really think differently? *On Horizon*, 9(6), 1 - 6.

Reasons, S. G. (2004). Hybrid courses: hidden dangers? *Distance Educ. Rep.*, 8(7), 3 - 7.

Reasons, S. G., Valadares, K., and Slavkin, M. (2005). Questioning the hybrid model: student outcomes in different course formats. *J. Asynchr. Learn.*, 9(1), 83 - 94.

Riffell, S. K. and Sibley, D. F. (2004). Can hybrid course formats increase attendance in undergraduate environmental science courses? *J. Nat. Resour. Life Sci. Educ.*, 33, 1 - 5.

RIT Online Learning Department. (2005). *Blended Learning Pilot Project* [electronic version], http://online. rit. edu/faculty/instructional _ design/blended/RITBlendedPilotFinalReport. pdf.

Robison, R. (2005). The business of online education: are we cost competitive? In *Elements of Quality Online Education: Engaging Communities*, edited by J. Bourne and J. C. Moore, pp. 173 - 181. Needham, MA: Sloan Consortium.

Rovai, A. P. and Jordan, H. M. (2004). Blended learning and sense of community: a comparative analysis with traditional and fully online graduate courses, *Int. Rev. Res. Open Dist. Learn.*, 5(2), 13.

Salomon, G. (2002). Technology and pedagogy: why don't we see the promised revolution? *Educ. Technol.*, 42(2), 71 - 75.

Schweizer, K., Paechter, M., and Weidenmann, B. (2003). Blended learning as a strategy to improve collaborative task performance. *J. Educ. Media*, 28(2 - 3), 211 - 224.

Shea, P. (2007). Towards a conceptual framework for learning in blended environments. In *Blended Learning: Research Perspectives*, edited by A. G. Picciano and C. D. Dziuban, pp. 19 - 36. Needham, MA: Sloan Consortium.

Starenko, M., Vignare, K., and Humbert, J. (2007). Enhancing student interaction and sustaining faculty instructional innovations through blended learning. In *Blended Learning: Research Perspectives*, edited by A. G. Picciano and C. D. Dziuban, pp. 161 - 178. Needham, MA: Sloan Consortium.

Twigg, C. (2003). Improving learning and reducing costs: new models for online learning. *EDUCAUSE Rev.*, 38(Sept. /Oct.), 28 - 38.

University of Central Florida. (2005). *Quality Enhancement Program: Information Fluency Initiative*, http://www. if. ucf. edu/.

Utts, J., Sommer, B., Acredolo, M. W., Maher, M. W., and Matthews, H. R. (2003). A study comparing traditional and hybrid internet-based instruction in introductory statistics classes. *J. Stat. Educ.*, 11(3), 171 - 173.

Vignare, K. (2002). Longitudinal success measures of online learning students at the Rochester Institute of Technology. In *Elements of Quality Online Education: Practice and Direction*, Vol. 4, edited by J. Bourne and J. C. Moore, pp. 261 - 278. Needham, MA: Sloan Consortium.

Wenger, M. S. and Ferguson, C. (2006). A learning ecology model for blended learning from Sun Microsystems. In *Handbook of Blended Learning: Global Perspectives, Local Designs*, edited by C. J. Bonk and C. R. Graham, pp. 76 - 91. San Francisco, CA: Pfeiffer Publishing.

Wisher, R. A. (2006). Blended learning in military training. In *Handbook of Blended Learning: Global Perspectives, Local Designs*, edited by C. J. Bonk and C. R. Graham, pp. 519 - 532. San Francisco, CA: Pfeiffer Publishing.

Yanes, M. J. (2004). Distance education in traditional classes: a hybrid model. *Q. Rev. Distance Educ.*, 5(4), 265 - 276.

Young, J. R. (2002). 'Hybrid' teaching seeks to end the divide between traditional and online instruction. *Chron. High. Educ.*, March 22, A - 33.

---

* 表示主要参考文献。

275

24

适应性技术

Valerie J. Shute 和 *Diego Zapata-Rivera*

摘要

这一章描述适应性技术的研究和发展。适应性技术可以与其他技术和程序一起组成适应性系统。在本章中，适应性技术的目的是为了创造一个健全灵活的教学环境来支持不同能力、残障、兴趣、背景和其他特征的学生的学习。在界定关键术语和确立调整教学内容的基本原理后，我们将展示一个组织适应性技术的总体架构。然后描述专家有关调整什么，怎么调整的意见。最后，我们以适应性技术的主要挑战和潜在未来的概述总结这一章。

关键词

适应性：生物体或人造有机体根据环境改变其行为时所表现的能力。在教学系统的境脉中，这种能力使得系统能够根据学习者的需要和其他特征改变其行为。学习者的需要和特征通常借助学习者模型表征。

硬技术：指可以用于适应性系统的装置(device)，可用于获取学习者的信息(如眼动追踪仪)或为学习者呈现内容(如触摸输入板)。这些设备可以被用于检测和划分学习者的行为数据或情感状态，如困惑、沮丧、兴奋、失望、厌倦、自信、满足等。

学习者模型：一种由适应性系统维护的学习者的表征，学习者模型能用于为特定个体提供个性化教学，并可能涵盖学习者的认知和非认知方面。学习者模型被用于很多领域，如适应性教育和训练系统、帮助系统、建议系统等。

软技术：拓展学生和计算机之间的互动类型的算法、程序或者环境，比如一个程序可能会采用某一适应性算法为某一被试学习者选择评估任务，以最大限度地获取该时刻被试的信息。

引言 279

空调系统监测和调节房间温度，巡航系统监测和调节交通工具速度，与此类似，适应性教育系统监测重要的学习者特征，对教学环境进行适当调节以支持和加强学习。这一章描述与适应性技术有关的研究和发展。适应性技术可以和其他技术和程序一起组成适应性系统。

在本章中，适应性技术的目的是为了创造一个健全灵活的教学环境来支持不同能力、伤残、兴趣、背景和其他特征的学生的学习。达到此目的的挑战主要在于准确识别某学习者或学习者小组的特征，比如知识的种类和程度，技能，性格特点，情感状态，然后决定如何利用这些信息来改善学生学习(Conati, 2002; Park和Lee, 2003; Shute等，2000; Snow, 1989, 1994)。

在界定关键术语和确立调整教学内容的依据后，我们将展示一个组织适应性技术的总体框架。然后描述专家有关适应性技术的意见，包括：(1)执行适应性系统时要考虑哪些变量(调整什么)，(2)达成适应目标最好的技术和方法(怎么调整)。最后，我们以适应性技术的主要挑战和未来的应用概述总结这一章。这些挑战包括：(1)获取有用和准确的学习者信息作为调整决定的依据，(2)学习者利益最大化和开发适应性技术成本最小化，(3)处理学习者控制和隐私的问题，(4)解决带宽问题，这关系到在任一时间获取相关的学习者数据的数量。

定义

在我们开始讨论在教育环境中支持学习者的适应性技术之前，我们先简要地定义某些关键词。极其笼统的来说，适应(adapt，或调整)意为从某一情景或条件到另一情景或条件时作出调整(如软件程序和人都是能够适应的)。技术是指应用科学(方法或材料，电子或数码产品或系统)来达到某一目标,例如加强学习。本文中所说的系统是指一个由电脑软件,硬件和数据传送设备组成的网络。

适应性系统调整自身以符合学习者特征和需求。适应性技术帮助(适应性系统)达到这一目标,通常由电脑装置控制,根据不同学习者需求和喜好,调整内容。表征学习者的信息通常保存在学习者模型中,它由适应性系统管理。学习者模型提供决定怎样将内容个性化的根据,可能包括认知和非认知的信息。学习者模型已被运用于很多领域,比如适应性教育和培训系统(如智能导师系统),帮助系统和建议系统。

适应性系统由硬技术和软技术(如装置和算法)组成。硬技术是指可以用在适应性系统中的装置,用于获取学习者的信息(如眼动追踪仪),因此可用于检测和分类学习者的行为表现数据或情感状态,如困惑、沮丧和厌倦等。硬技术也可以通过不同的形式(如为视觉残障服务的触摸输入板)为学习者呈现内容。软技术指可以扩大学生和计算机之间的互动类型的算法、程序或者环境,比如某一程序可以采用某一适应性的算法,选择在某个特定的时间最适合某特定学习者的评估任务或学习对象。

适应性技术的有效性取决于准确的和信息丰富的学生或学习者模型。在本章余下部分,我们将交替使用学生模型和学习者模型,并将它们缩略为 SM 或 LM。因为本章中心为适应性系统在教育中的作用,我们将对建模的讨论限定在学生或学习者范围内,而非更加广泛意义上的用户。

调整教学内容的基本原理

适应性技术的诱人之处在于它们有广泛的功能。如上所述,一种能力实时传送适应学习者需求与偏好的评估与教学内容。其他技术干预包括对动态事件的模拟,新兴技能(emergent skills)上额外的练习机会,和其他可能的多媒体方式,尤其那些可以增加残障个人接触教育机会的方式。我们可以提供证据支持调整内容以改善学习的重要性。这些观点关系到学生个人或团体的差异。

280 **初始知识,技能和能力的差异**

将内容调整为适应学习者的首要原因与学生初始的(incoming)知识技能的个别差异有关。这些差异是真实的,常常很大,而且强有力;但是我们教育系统的传统教学方法并不能很好地服务于今日美国学校多样化的学生人群(Shute, 2006)。很多人认为初始知识是随后学习唯一最重要的决定性因素(Alexander 和 Judy, 1988; Glaser, 1984; Tobias, 1994)。因此,评估学生初始知识技能来为教学提供完美的起始点是合理的。调整内容以适应学习者的第二个原因有关学生中(与学习)相关的能力和残疾上的差异。后者解决平等和可通达性(accessibility)问题。比如说,一个有视觉障碍的学生当获取视觉展示的材料时会有很大困难。学生的能力和残疾通常较易被识别,内容可被调整为能适应学习者的障碍或能平衡某一能力来支持学习(Shute 等,2005)。

人口学和社会文化变量的差异

将内容调整为适应学习者的另一原因与学生的人口统计和社会文化变量的差异有关。

这些差异可能影响学习结果和最终成就(Conchas, 2006; Desimone, 1999; Fan 和 Chen, 2001)。适应性技术可以帮助缩小一些在美国存留的主要差距(如对信息和其他资源的访问机会的不同);比如,有些研究者(如见 Snow 和 Biancarosa, 2003)认为,美国的学习成绩差距主要起因于语言熟练程度的差异。为了满足这种需求,用来支持英语语言学习者的适应性技术正在开发当中。

情感变量的差异

除了认知,身体和社会文化的区别,学生在许多影响学习的情感状态,如沮丧、厌倦、积极、信心等方面也有差异(Conati, 2002; Craig 等,2004; Ekman, 2003; Kapoor 和 Picard, 2002; Litman 和 Forbes-Riley, 2004; Picard, 1997; Qu 等,2005)。多种非介入性措施可以推断学习者的状态来改变教学环境以适应不同需求。例如,感官输入系统察觉,分类和分析学习者脸部表情(Yeasin 和 Bullot, 2005),眼睛活动(Conati 等,2005),头部位置(Seo 等,2004),身体姿势和位置(Chu 和 Cohen, 2005),手势(Kettebekov 等,2003)和语音(Potamianos 等,2005)。贝叶斯网络和其他统计分类系统可以从多种输入数据推断学生的情感状态(如过度的坐立不安意味着注意力不集中)。简而言之,其吸引人之处在于可以调整内容以适应学习者。我们通过一个通用的四阶段模式为适应性技术提供背景和连贯性。该模式是由较简单的围绕适应性技术的核心(诊断和处方)的两步模式和支持评估的过程模式衍生出来的(Mislevy 等,2003)。

四阶段自适应循环

任何促进学习的适应性技术的成功都要求准确地诊断学习者的特征(如知识,技能,积极性和意志力)。学习者信息集中起来,可用于教学处方(如提示、解释、超文本链接、操练问题、鼓励、元认知支持等)的基础,以提供最优化教学内容。我们的框架包括一个四阶段循环,通过学习者模型(见图 24.1)将学习者与适当的教育材料和资源(如其他学习者、学习对象、应用程序及教学方法代理)连接起来。

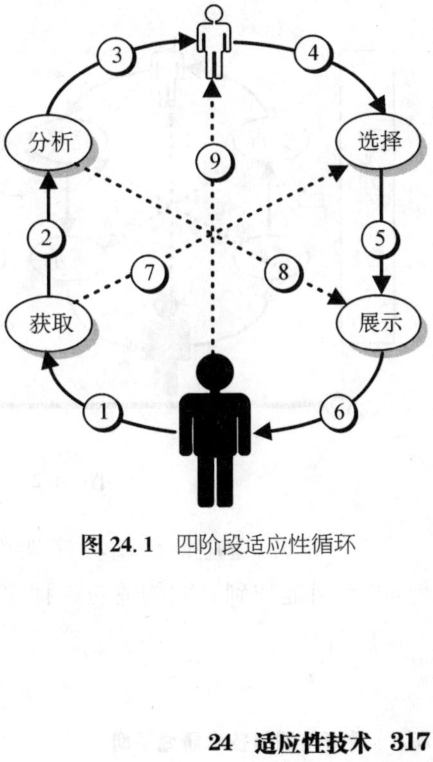

图 24.1 四阶段适应性循环

获取

281

这个过程要求当学习者与环境互动时收集学习者的个人信息(如图 24.1 中较大人型所描述)。有关信息可能包括学习者认知和非认知的方面。这信息可用来更新系统维护的内部模型。

分析

这个过程要求创建和维护一个与领域(domain)相关的学习者模型,该模型按照对当前状况的推断来表征特定的信息。在图 24.1 中被描述为较小人型(也即,缩写为 SM)。

选择

根据系统维护的学习者模型和系统的目标(如下个学习对象或测试项目)来选择信息(也即最广义上的内容)。此步骤经常是必需的,用来决定如何和何时干预(教学)。

展示

根据选择过程的结果,向学习者展示具体(内容)。这包括适当地使用各种不同的媒体,设备和技术来高效地将信息传送给学习者。这个模式考虑到替代的场景。表格 24.1 描述一些涉及不同类型适应的场景,包括从完全适应循环一直到不适应呈现。图 24.2 阐述四阶段自适应回路的逐步演进性。也即,随着时间的推移,学习者模型变得愈来愈精炼和准确,犹如图中人形颜色的不同饱和程度所示。

表 24.1　四阶段适应性循环中代表的场景

场　景	描　述
完整循环(1,2,3,4,5,6)	循环中所有的步骤都被运用:获取有关信息,分析信息,更新变量,选择适当的符合学习者需求的资源和策略,然后将这些通过适当形式展示给学生。这个周期一直持续到目标完成。
修正适应循环(1,2,3,4,5,6,9)	学习者被允许和学习者模型交互。这个交互的特性和对学习者模型的作用是多样化的。允许学习者和学习者模型交互可通过减少不确定性而减少诊断和选择过程的复杂性。这也能够通过提高学习者的自我意识和自我反思使学习者受益。
监测路径(1,2,3)	持续监测学习者;分析收集的信息并用于更新(学习者)特征(如国土安全监督系统,为了风险分析目的,分析个人特征)。这路径可被视为转到第三方而不回到学习者的一个循环。
短时(或临时)记忆循环(1,7,5,6)	(学习)内容和教学资源的选择是利用最近的信息(如当前测试结果和导航指令)进行。不需维护永久的学习者模型。调整是用学习者和系统的最近的交互所收集的信息来执行。
短时(或临时)记忆,无选择循环(1,2,8,6)	在课程结构上采用事先指定的路径。不需维护学习者模型。事先指定的路径决定向学习者展示哪些教育资源和测试材料。

282

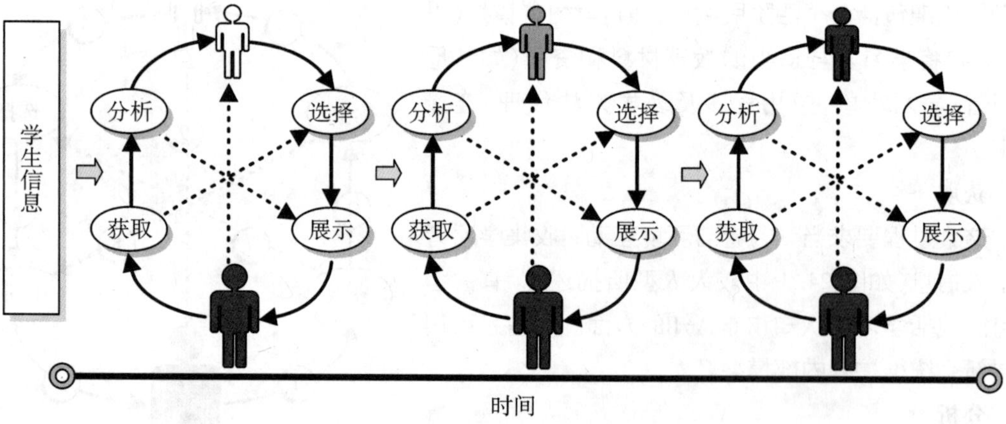

图 24.2　诊断和调整随时间的变化而变化

总的来说,适应性应用程序架构(architecture)的演变反映了软件系统架构的演变。例如,有可能找到独立的适应性程序,即整个适应性系统,包括学习者模型,存在于一台机器上。同时，适应性应用程序的实施也被呈分布式架构模式。一些分布式应用的例子包括：(1)利用学生建模服务器和界面的用户端服务器适应性程序(Fink 和 Kobsa，2000)；(2)分布式基于代理的平台(Azambuja Silveira 等，2002；Vassileva 等，2003)；(3)利用分布式代理和学生建模服务器的混合型方式(Brusilovsky 等，2005；Zapata-Rivera 和 Greer，2004)；(4)端到端(peer-to-peer)架构(Bretzke 和 Vassileva，2003)；和(5)面向服务的架构(SOA)(Fröschl，2005；González 等，2005；Kabassi 和 Virvou，2003；Trella 等，2005；Winter 等，2005)。

为了阐述我们的四阶段自适应循环怎么可以适用于多种分布式场景，图 24.3 描述了一个我们模型的扩展版(包括一组代理：应用程序代理，个人代理和教学代理)。每个代理对学习者有一个自己的看法。学习者模型信息和教学资源可以分布到不同地方。代理各自间直接或通过 LM 服务器沟通，以分享信息来帮助学习者实现他们的学习目标。

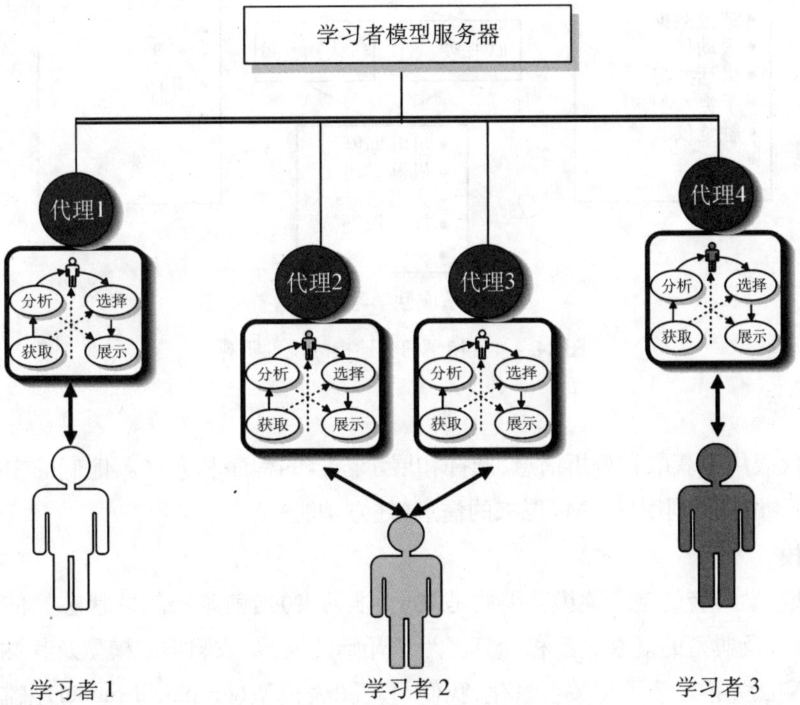

283

图 24.3 代理及学习者之间的通信

当前适应性技术概述

此部分讲述当前应用的适应性技术及与本章相关的内容。这些技术被划分为：软技术和硬技术两个部分。如前所述，这种划分与程序和设备的区别很类似。各自可被用于前面部分所描述的一系列过程[如获取(学习者)数据，分析数据，选择(内容)，展示(内容)]中。本部分所选择包括的技术,在某种程度上,都利用了学习者模型。而且,这个列举只是用于描述而不全面。对适应性技术在 E-learning 系统背景下更完整的描述,请参阅 Fröschl (2005), Kobsa (2006), Jameson (2006a),和 Buxton (2006)。后者包括一个输入技术的出处目录。

图 24.4 展示了根据四阶段自适应循环模型,在适应性环境中运作的软技术和硬技术的例子(在阴影方格中)。例如,被用来分析和选择 LM 信息的技术包括贝叶斯网络和机器学习技术。通过与学习者变量(认知和非认知)和建模方式(定量和定性)两者的关系考察这些技术。同样的,也提供了用于获取和展示内容阶段的软技术和硬技术的例子。

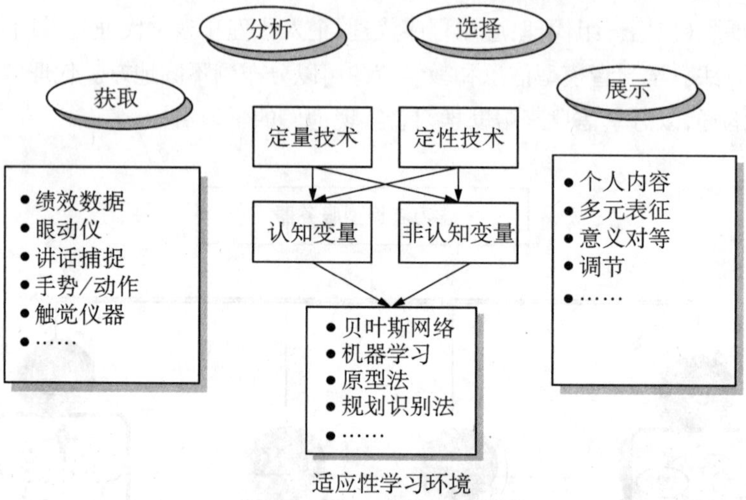

图 24.4 支持学习者建模的技术概观

软技术

软技术代表用来获取和分析信息,选择和展示内容的程序和方法。他们的主要目的是创建 LMs(诊断功能)和利用从 LMs 得来的信息(处方功能)。

定量建模

一般来说,学习者的定量建模获得的是关于(学习者)当前某些属性状态的估计。这包括模型、数据集以及典型的复杂关系和计算。为了开始建模,要依照构成模型及其测试基础的假设来建立和测试关系。为了将关系量化,我们可用图表模型(graphical model)来制作关系图,用统计模型(statistical model)中的量化方程式来定义预期的关系以模拟不确定性(详见 Jameson, 1995)。

定性建模

定性建模通过以定性的形式建立系统和系统行为的概念模型来支持学习者。根据 Bredeweg 和 Forbus (2003)定性建模是一种很有价值的技术,因为教育的很多方面都和概念性知识有关(例如物理现象的因果理论)。运用定性模型的环境可用图形表征来帮助理解重要概念和关系。在教育环境中的评估支持定性建模工具是有价值的学习辅助这一假设(Frederiksen 和 White, 2002; Leelawong 等,2001)。

认知建模

认知模型可以是定量的也可是定性的。它们帮助预测复杂的人类行为，包括技能学习、解决问题和其他类型的认知活动。大体的来说，认知模型可被应用于各种不同领域，执行不同功能，建模定义明确的和不明确的知识（如设计问题）。认知建模方法的范围很广，比如符号模型（symbolic），联结主义模型，混合模型，神经网络模型，概率模型以及确定的数学模型。也许最著名的认知模型的例子来源于 John Anderson 和同事的认知辅导研究（Anderson，1993； 284
Anderson 和 Lebiere，1998；Anderson 等，1990，1995；Koedinger 和 Anderson，1998；Koedinger 等，1997；Matsuda 等，2005）。

机器学习

学习者建模中适用的机器学习法包括规则/树（类比）学习法，概率学习法，以及案例学习法。学习者模型可利用机器学习在以往未曾建模的领域中提高准确率、效率和扩展性（Sison 和 Shimura，1998）。根据 Webb 及同事（2001）的研究，机器学习可用于对下列对象进行建模：（1）学习者行动背后的认知过程，（2）学习者和专家在技能上的差别，（3）学习者的行为模式或喜好，和（4）其他学习者特征。

贝叶斯网络

贝叶斯网络（Pearl，1988）和机器学习法有关（见上），被用于学习者模型，通过运用概率推断更新和改进信念价值观（如关于学习者熟练程度），来处理不确定性。贝叶斯网络的归纳和演绎推理能力，通过激活和观察描述某一案例或情景并把信息通过控制贝叶斯网络的内部概率分布传播，来支持"假如……，那会……"场景。得到的概率根据需要，如在选择过程中，帮助作出决定。将贝叶斯网络用于 LMs 的例子可从 Conati 等（2002），Shute 等（2005），和 VanLehn 和 colleagues（2005）中找到。

原型法

原型是一个经常出现的用户特征（如身体特征、社会背景、电脑经验）的集合。利用适应性方法，最开始将用户分配到各类（原型），在假设同类用户具有同样的特征的前提下，可以推断出先前未知的特征（Kobsa，2006）。创造原型是用户建模的常用方法，此方法通过少量的原始信息获得大量的默认假设。当能得到更多的个人信息时，默认假设可能被改变（Rich，1979）。原型分为确定的（fixed）和默认的（default）两种。在确定的原型中，学习者被按表现分类至事先指定的原型（如学业水平）中。默认的原型是比较灵活的一种方法。在学期开始时，学习者被按默认值原型化。但随着学习过程展开，不断获取学习者表现数据，最初原型的设置渐渐被更个体化的设置替代。

叠加法

叠加模型是一种表征缺失概念的新手—专家差异模型，通常在实际应用时，还指被注释了缺失项的专家模型，或指专家知识库中每个成分都指定权重的专家模型。叠加模型的最早应用是在 WUSOR 项目中（Stansfield 等，1976）。最近叠加法被应用在一系列的研究项目中（Kay，1999；Vassileva，1998；Zapata-Rivera 和 Greer，2000）。

规划识别法

一个规划是为了达到某目标的一个行动序列,它反映学习者的意图和欲望。规划识别法(plan recognition)建立在观察学习者输入行为的基础上,根据观察到的行动,系统推断学习者所有可能的规划。根据 Kobsa (1993),主要有两种方法被用于识别学习者规划:(1)建立规划库(plan library),包括所有可能的规划。实际规划的选择建立在观察到的行为和库中一组行为相匹配的基础上,(2)规划建构(plan construction),系统控制一个库,库中包含结合了结果和前提条件的、所有可能的学习者行动。通过比较前一步行动的结果和行动库里储存的前提条件计算出可能的下一步行动。欲更多了解将规划识别法应用于教学安排的研究,见 Kobsa (1993)和 Vassileva 和 Wasson (1992)。

累积/永久学生模型

累积/永久学生模型(cumulative/persistent student model)代表更传统的方法,此方法根
285 据学习者的活动分析更新 SM。这包括建立学生模型来获取并表征不断涌现的知识,技能和其他学习者特征,计算机根据更新过的观察值来修改可被细致调整的内容。接下来内容的选择和呈现取决于个人反馈史(Shute 和 Psotka, 1996; VanLehn 等,2005; Wenger, 1987)。

临时学生模型

临时学生模型(temporary student model)通常在学习者退出登录后不再持续。在人工智能中,对世界的形式化描述经常要面对的一个问题叫做框架问题,也即推理某些过去真实的事情现在是否还真实。例如,当学生忘记事情时,累积/永久学生模型的准确性可能会退化。Brooks (1999)等人通过使用世界作为它本身的模型(例如,假如你想知道一扇窗是否已关好,就直接查看窗户而不向内部模型了解)回避了框架问题。同样的构想也可用于给学生建模。也就是说,如果你想知道某一学生是否还会分数乘法,就叫他做一做分数乘法。这是真人辅导老师所做的事情,他们的"一次性"学生生成一个学生模型,该模型总是包含最新的信息,并与表 24.1 中所示的短时记忆循环场景相一致。

教学法代理

教学法,意味着这些程序的设计是为了服务于教学;代理,暗示这些程序是半自主的,拥有它们自己的目标而且决定采取何种行动来达到目标(即程序员并没有事先为他们指定每一个行动)。最新一代的教学方法代理(pedagogical agent)是交互的,有时是用动画表现的。例如,学生可以和代理讲话并且代理也能和学生对讲,代理经常有脸和身体,用手势,并可在电脑屏幕上来回移动。有名的代理包括 Steve (Johnson 等,2000),AutoTutor (Graesser 等,2001),AdeLE (Shaw 等, 1999),以及巧言训练系统(the Tactical Language Training System)(Johnson 等,2004)。

代理技术的一种有趣的应用是可教代理,它已被成功用于促进学生数学和科学学习(Biswas 等,2001)。这种基于计算机的环境包含一个多代理系统(Betty 的大脑),它通过教授范例实施学习。学生们通过可视界面用概念图表征来教 Betty。Betty 是有智力的,不是因为她自己可以学习,而是因为她可用定性推理技术来回答与她被教内容直接有关的问题。另一类代理是情感代理(情感运算),被用来支持学生学习(Picard, 1997; Wright, 1997)。让学生

产生并保持积极性，历来是教育中的主要障碍。情感(或者情绪)代理创建了一个包括学习者和交互角色(或者可信的代理)的学习环境。这些角色的两个重要方面是他们表现出情感并能参与社交互动。这要求一个广泛的代理架构，还需要对环境中其他代理进行某些程度上的建模。最后，教学方法代理或者虚拟代理可以和学生合作，这实现了新型互动和对学习的支持。

硬技术

这部分我们述评一下几个基于硬件的技术。这些技术主要用于输入(数据获取)和展示目的。

基于生物学的设备

有些基于生物学的设备最初是开发了来支持有残障的学习者的(如援助性技术)。但是，很多设备的创造或者重新改造，是用于支持学习者模型，从而获取认知的和非认知的学生数据。比如，学习者在学习期间眼睛盯着电脑的哪个部位，获取这种信息可以提供该学习者目前状态和精神集中的证据(眼动追踪研究，详见 Conati 等，2005；Merten 和 Conati，2006)。此信息可告知系统，该学习者下一步所采取的最优路径是什么。就眼动追踪技术而言，眼动、扫视模式以及瞳孔放大率等是学习视觉资料过程中所发生的思维和心理加工的指示器(Rayner，1998)。为了阐明这一方法，我们思考一下这种技术的一种新用途，叫做 AdeLE (García-Barrios 等，2004)。它引入了一种实时的眼动追踪程序，以智能地推断用户特征，并运用动态背景资料库来支持学习。

语音撷取装置 286

这些装置允许用户通过言语，而不依赖打字输入，与电脑交互，因此，此方法对因身体残障而不能打字的个人和年幼还不会打字的儿童等很有价值。一个应用言词获取技术的例子是 Jack Mostow 和同事的 Project LISTEN (Literacy Innovation that Speech Technology Enables，语音技术支持的读写能力教育革新)。这是一个自动的阅读辅导，在电脑屏幕上呈现故事并倾听儿童的朗读。当阅读者出错、卡住、点击要求帮助或有可能遇到困难时，它就介入。

头部姿势获取装置

目前，很多计算机都装有摄像机。处理图像提供了一种跟踪头部位置和动作的途径。比如，Visionics Corp 的软件就有这种能力。Zelinsky 和 Heinzmann (1996)开发了一个系统，能够识别 13 种不同的头部和脸部姿势。而且，动画教学方法和对话代理领域的研究者已用感应器和摄像机来识别脸部姿势。这些信息也被用来促进人类和代理之间的互动(Cassell 等，2001)。

援助性技术

残障和非母语状况可能是用电脑学习的主要障碍。按有效性理论基础来考察适应性，对保障效率即使不是必需的也会很有价值(详见 Hansen 和 Mislevy，2005；Hansen 等，2005)。当前，越来越多的网上站点为有特殊需要的人群提供信息。不同种类为残障人士服务的适应性技术信息，详见“特殊需要机会窗口网站(Special Needs Opportunity Window)”(SNOW, 2006)。

适应性环境

当几种技术(软或硬)被整合到一个环境或平台，实现通过适应来提高学生学习的目标时，这被称为适应性环境(Adaptive environment)。我们现在来考察一下几种著名的适应性环境。

适应性超媒体环境

适应性超媒体环境或系统(Adaptive Hypermedia Environment or System, AHSs)是从一种智能辅导系统基础上衍生来的，是适应性教学系统和基于超媒体的系统的组合(Brusilovsky, 1996)。AHS结合了超文本和超媒体，利用模型中学习者的特性，并在系统的可视方面适应学习者的过程中运用LM。Brusilovsky (2001)区分了两种不同类型的AHS: (1)调整内容的展示(即用不同的媒体形式或顺序)，(2)调整导航或学习路径，通过直接引导、隐藏、重新安排链接或给链接注解，直至禁用链接或删除链接(Kinshuk和Lin, 2004)。

适应性教育超媒体环境

有种特殊的AHS叫做适应性教育超媒体环境(Adaptive Educational Hypermedia Environment, AEHS)。AEHS聚焦一个特定主题，所以其超空间保持得比较小；因此，LM的中心完全围绕学习者的领域知识(Brusilovsky, 1996)。Henze和Nejdl (2003)将AEHS描述为由文档空间、学习者模型、观察和自适应部件组成。文档空间从属于超媒体系统并有丰富的相关信息(如注释，领域或知识图表)。LM储存、描述并推断某一学习者的信息、知识和偏好。观察指的是学习者和AEHS之间互动的信息并被用来更新LM。

协作学习环境

一种替代个人化学习的方法是协作学习，即学生一起学习比各自学习学得多，尤其是大家对集体作出互补的而非相同的贡献(Cumming和Self, 1989)。合作是指一个“个人协商并分享与手头上解决问题的任务有关的意义”的过程 (Teasley和Roschelle, 1993, p. 229)。此领域的研究考察了如何准确获取与分析学生在合作或远程学习环境中互动的方法。例如，Soller (2004)描述了各种不同的建模不同学习者之间知识分享互动的技术(如概率机器学习)。

模拟和沉浸式环境

尽管模拟和沉浸式环境(Simulation and Immersive Environment，如虚拟现实)会因特定的用户行动而改变，但是，典型的改变并非是由于潜在的LM而发生，而是由于预设的规则的作用。然而，有些模拟和沉浸式环境，的确维护学习者模型 (Rickel和Johnson, 1997)。在Smithtown (Shute和Glaser, 1990; Shute等，1989) 这一模拟环境中，学生可以改变假想的小镇的参数，如人均收入、人口、汽油价格等，来观察各种不同市场的即时变化，从而学习供需法则。Smithtown实际上维护两个学习者模型：一个是给学生的微观经济学知识和技能建模，另一个是给他们的科学探究技能建模。

如同刚才所示，有很多不同的程序和设备可用来获取、分析、选择信息或根据学习者当前或潜在的需求或愿望向他呈现信息。我们现在把注意力转向领域中的专家对适应性技术发表的意见。我们的目标是就相关主题提供一些补充视角。

有关适应性技术的专家之见

为了补充我们有关适应性技术的文献评论,我们邀请了一些这方面的专家来回答两个问题:(1)调整什么?(也即当实施适应性系统时考虑哪些变量)(2)怎么调整?(也即您会推荐和使用哪些最好的技术和方法)。通过电子邮件回答我们问题的专家包括 Cristina Conati, Jim Greer, Tanja Mitrovic, Julita Vassileva 和 Beverly Woolf。

调整什么?

我们的专家从两方面回答了调整什么这个问题:(1)作为调整的基础而测量和使用的输入数据或学习者变量,(2)适应学习者需求和有时喜好的输出或教学变量。表格 24.2 小结了他们的集体回答并阐明了一系列的学生变量和适应性教学方法的回应。

表 24.2 调整什么 287

学习者变量	教学变量
认知能力(如数学技能,阅读技能,认知发展阶段,解决问题,推理能力)	反馈类型(如提示,解释)和时机(如立即的,延迟的)
元认知技能(如自我解释,自我评估,反省和计划)	内容排序(如概念,学习对象,任务,项目,和/或要解决的问题)
情感状态(如动力,注意力,和投入程度)	脚手架/支架(如有依据的支持和淡出,奖赏)
其他变量(如个性,学习者风格,合作等社交技能,和感知能力)	材料的使用(如概览,预习,复习,目标和/或解答结构的可视化)

怎么调整?

对这个问题的回答,聚焦于在学生和教学模式分析基础上、与领域无关的方法和技术上。表格 24.3 罗列了专家建议的方法,也描绘了我们先前讨论的适应性技术的创新的实施。

表 24.3 如何调整

调整方法	原 理	参考文献
概率和决策理论	基于规则的方法是适应性系统典型的方法,但是概率学习者模型为作出适应的决定提供了正式的理论。决策理论不但考虑了模型测试以及适应行动结果的不确定性,而且将其与系统目标的正式表述相结合,以找出最理想的行动。	Conati (2006) 288
基于约束的辅导	这个领域模型(domain model)被表征为对正确解答的一组约束;长期学生模型包含了约束的历史记录,而且这些可被用于产生系统对学生知识的估计。约束的历史记录还可被用于产生一个总体的学生人群模型(如概率模型),该模型以后可根据学生数据被改编以提供适应性行动(如问题和反馈的选择)。	Mitrovic (2006)

续 表

调整方法	原　　理	参考文献
画概念图	根据学生调整内容(如概念的顺序、学习对象、提示)。此调整利用一个必要前提(知识)关系的概念图,一个学生知识的重叠模型,及一种反应性的规划算法。	Vassileva (2006)
无监控机器学习	大多现有的学生模型都依赖于专家知识而建立,无论是直接模型定义还是为用于有监督的机器学习标识数据。但是,依赖专家知识可能很昂贵,而且在有些创新的应用型程序上,甚至是不可能的,因为必要的知识不存在。一种替代的办法是用无监督机器学习,从未标识的数据用聚类技术来定义在学习环境交互中的用户行为类型,来建立学生模型。	Conati (2006)
利用学习标准	围绕标准化(如 IMS QTI, IEEE LOM)的内容包调整,可利用(和再利用)大量高质量的内容。这要通过扩展 SCORM 运行时环境规范以包括用户建模功能来实现。这将允许内容创作者利用(并更新)内容管理系统中的学习者模型。给学生的内容建议是建立在学习者模型基础上的,而且提出建议的负担较小,对内容开发者的要求最少。	Greer 和 Brooks (2006)
分析专家教师	研究专家教师/辅导者是获取如何调整教学内容的珍贵的信息来源,但不总是可能的。而且,对某些创新的系统(如教学游戏),人类辅导者可能不知道如何提供有效的教学法支持。一个替代的办法是进行所谓的"Wizard of Oz"研究来测试通过教学法、认知理论、或根据直觉定义的适应性策略。	Conati (2006)
将教学支持与认知能力相配	两个实验性研究发现,改编教学支持使之与学生的认知需要(也即发展阶段和不同的能力)相配,可以促进更好地学习。其原理在于,如果学生得到的教学支持,不是他们认知上已经做好使用准备的那种支持,反而不利于促进学习。	Arroyo 等(2004, 2006), Woolf (2006)

本部分我们展示了各种各样与教育背景中建模有关的学习者特征和状态。除了这些学习者模型中要获取和分析的变量外,新的数据挖掘技术允许发现更多的学习变量来收集一个更完美和及时的学生信息的集合。这会允许系统通过多种不同的来源收集的关于某一学习者以及不同学习者的信息,发现关于某一学习者的新情况。这为将来实现更准确的个体学习者(无论是个体学习者还是分布的学习者)建模做好准备。下面讨论适应性技术面临的挑战和未来。

适应性技术的挑战和未来

适应性技术的进步要求克服几个主要的障碍。如前所述,为了加强这一部分,我们直接邀请了一些适应性技术领域的主要专家来小结他们关于适应性技术的挑战和未来的观点。我们的专家包括 Anthony Jameson, Judy Kay 和 Gord McCalla。

289 实用和技术的挑战

推进适应性教育技术的主要障碍包括:获取有用和准确的学习者信息,以其作为调整决策的基础;适应性技术(开发)费用最低化而学习者利益最大化;处理学习者控制和隐私相关问题;解决与学习者数据范围有关的带宽问题等。我们将在以下部分描述以上的每个问题。

开发有用的学习者模型

开发有效适应性技术的一个主要挑战是创建有用的 LMs。据 Judy Kay (2006),收集有意义的学习痕迹(也即,记录和学生工作日志文件中获得的数据)可以帮助克服这一挑战。也就是说,因为大量的、不断增加的与个人有关的学习痕迹数据通常被堵塞在个人使用的工具日志中。所以,这些数据代表一种浪费了的、没被利用的资源。或许这种资源可被用来创建信息丰富的、价值高的学习者模型。将学习痕迹数据转化成学习者模型是一个过程,这个过程必须解释数据来推断相关的学习者特征,如知识和偏好。这要求加上一个知识层,将学习者痕迹数据(证据)与关于学习者知识的一组推论建立映射关系。

获得有效的学习者数据

另一相关的要克服的障碍,牵涉到有效学习者数据的获取,尤其是通过自我报告取得的数据(Kay, 2006)。自我报告信息至少有两个问题。第一,学习者可能有意地(如考虑到隐私或想美化自己)或无意地(如不懂他们应该提供怎样的特征)输入不准确的数据。这个问题可通过维护单独的 LM 视图(如学习者视图)并提供途径将各种视图调和到一个 LM 来解决。第二,当在学习过程中需要额外的交互时(如完成网上问卷),这增加了时间负担,可能会导致挫败(Kay, 2006)以及来自学生的可能无效的数据,因为他们只是为了很快看到(教学)内容(Greer 和 Brooks, 2006)。然而,收集这样的信息,不但可以减少在诊断上的复杂性,而且可鼓励学生成为学习上更积极的参与者来为他们自己的学习者模型承担更多的责任。

利益最大化

当前,开发和使用适应性技术的费用经常是很高的,然而投资回报却是不确定的。这是一个实际的挑战——如何使适应性技术收益成本比率最大化。尽管现在有很多适应性技术可以利用,但是对技术和系统的控制性的评估还是很少。按照 Jameson (2006b)的观点,解决这个问题要从识别有依据的可适应的某些具体条件开始。至少有两种标准可比较适应性:(1)固定排序和(2)学习者对内容的控制。问题是这些比较的条件所达到的目标,是否与通过适应所达到目标相同。Jameson (2006b) 提出一个策略用于找到合适的适应性应用——看哪些学习者很难自己找到内容的案例:例如(1)学习者想要从很大一组特性不熟悉的项目中挑选一件和(2)学习者缺乏有效工作所必需的资源。

费用最小化

一种直接的使与适应性有关的技术费用降到最少的途径是或多或少地在用户适应上使用现成的技术(Fink 和 Kobsa, 2000; Jameson, 2006b)。Greer 和 Brooks (2006)提出了另一使费用降到最低的可能,牵涉到平衡(leveraging)现有的内容。他们指出适应性算法经常具有领域特殊性,要求将内容手动编码到适合特定的适应形式。但是,随着越来越多地使用标准的内容管理系统,越来越多的内容包含描述性元数据,适应性学习共同体将在设定内容适应标准方面占据优先机会。他们的办法包括创建正式的本体以记录内容、情境和学习结果。学习环境可以基于这些本体的实例进行推理,以提供内容(或者同伴帮助)建议。正式的本体可以被共享(如通过语义网规范),可以提供一套清晰的演绎规则,可被广泛的工具支持。

处理学习者控制的问题 290

学习者经常想要控制他们的学习环境。一种满足这愿望的策略是允许他们部分控制学习过程。按照 Jameson (2006b)的观点,有几种方法可由系统和学习者划分学习路径决策工作

(见 Wickens 和 Hollands, 2000,第 13 章)。系统可(1)推荐几种可能的学习路径,并允许学习者从中选择,(2)就建议的行动,征求学习者同意,(3)开始某一特定行动,但允许学习者打断它的执行。在这一连续体上选择最适合的点,和确保系统建模和决策的高度准确,是一样重要的。

处理隐私和强制问题

当系统可以控制学习环境并自动适应,它的行为可能被学习者视为相对的不可预测、不可理解或不可控制(Jameson, 2006a)。甚至,系统采取的获取学习者信息以及为建议的行为获取认可的行动,可能会让系统显得有强迫性并威胁学习者的隐私(Kobsa, 2002)。据 Kay (2006),解决这一担忧的一种方法是透明地建立学习者模型系统的所有部分来确保学习者可详细检查系统对他们数据的管理及数据被诠释的方法(Cook 和 Kay, 1994)。

考虑学习者模型的范围

据 McCalla (2006),适应个体差异对确保适应性系统的有效性是非常紧要的。尽管对这一论断有一些支持(Arroyo 等,2004,2006),但是还需更多的实验性调查来证实。实现适应的传统方法要求系统维护一个获取每个学习者的某些特征的 LM,然后使用那些数据作为依据来调整内容(Greer 和 McCalla, 1994)。一个重要问题有关获得学习者互动的充足的带宽来允许捕获一个充足的范围内的特征,用以描绘一幅准确的学习者的图画来适当的调整。带宽在这种情况下指在一个特定时期可以沿通讯路径通过的相关的学习者数据数量。坏消息是维护一个前后一致的模型是难的,因为学习者知识和动力随着时间的过去改变,但好消息是带宽问题正在减少,当学习者当前花费更多的时间与技术互动 (McCalla, 2006),并且会集一个关于他们的宽广范围的信息是可能的。而且,学习者的互动现在可能被有足够细度地记录,使在 LM 产生更多深度。维护问题也许由不设法维护持续的 LM,反而搞清学习者与一个适应性系统的互动的简单的权宜之计来解决,为了及时达到特殊教学方法目标。

以上小结了围绕适应性技术的主要挑战和克服他们的可能方法,我们现在将通过三个专家的眼光来展示对该领域未来走向的一些展望。

适应性技术的未来

Judy Kay 的观点

适应性技术的长期远景包括在每位学习者的控制下,设计和开发终身学习者模型。这个设想由从各种不同的工具和情境得到的一系列学习痕迹而来。学习者可以向新的学习环境公布他们终身学习者模型的相关的部分。要实现这一远景就要求学习者模型的所有方面和它的使用应服从学习者控制。这类学习者模型的部分未来必须包括模型间的信息聚合。这和前面提到的两个主要挑战有关:隐私和个人数据的用户控制以及数据的使用和再使用。解决这些问题的一个重要部分是建立 LM 和相联系的应用软件使得学习者可以始终访问并控制他们的学习者模型及其使用。此方法必须超越仅仅使 LM 更开放及可检查,要确保学习者真正地控制 LM 的使用。

Gord McCalla 的观点

下一个展望中的适应性技术的未来和生态学的方法有关。学习环境被假定为一个已知的学习对象库,但是学习对象和库两者都被宽泛地定义为包含各种各样的学习环境。为进一步加强灵活性,库还可包括:(1)代表学习对象的人工代理,及(2)代表用户(如学习者、助教和教师)的个人代理。在这一展望中,每个代理维护其他代理及用户的模型来帮助代理实现它的目标。模型们包含代理和用户们(及其他代理)交互时追踪到的原始数据,以及从原始数据推 291
断出的结论。当一个代理正设法实现一个教学目标时,这些推断只有需要时(和资源允许时)才作出。这叫作主动建模(McCalla 等,2000)。

在学习者和学习对象交互后,他的个人代理所保存的模型的复件被附着在学习对象上。这个复件叫作学习者模型实例,并代表代理在这一交互中对学习者的看法,包括个人代理推断的学习者特征以及学习者如何与系统交互。随着时间的推移,每个学习对象慢慢地积累学习者模型实例,这些实例共同地形成一种很多不同学习者与学习对象交互的经验记录。为了实现不同的教学目标,代理可挖掘附着于一个或多个学习对象上的学习者模型实例,来寻找学习者如何与学习对象交互的模式。此方法被称为生态学的方法,因为环境中的代理和对象必须持续地积累信息,并且可能存在对对象有用的自然选择。无用的对象和代理可因此被删除。此外,生态学的小生境可能基于目标(如某些代理和学习对象对某所给目标有用,而其他的则没用)存在。最后,整个环境通过代理之间的互动及不断进行的将 LM 实例附着于学习对象来自然地演绎和变化。这个生态学的方法要求对很多问题(如发现为某些特定种类的教学法目标服务的算法的实验)进行研究。

Anthony Jameson 的观点

尽管就适应的工具和技巧而言,有很多可以改进也应该完成,但是更重要的是集中在将利益超越费用这个中心问题。适应性,和其他很多新技术一样,是一种虽然处于限定的狭窄的背景范围但很值得研究的技术。从而至关重要的是要清晰地识别这些背景并解决其中的适应问题。最终的目标是要在短期或中期,加强现实世界的现实系统的适用性和有效性。

小结和讨论

适应性系统一直在发展,并将随着新技术在领域中的出现和老技术的变化和确定而不断进化。此领域的未来是全面开放的因为它可依靠诸如与适应性教学有关的新技术、新媒体的出现、学习上的、评估上的和人工智能的进步及与适应性教学和学习有关的总体政策和标准是否落实/确定等因素在不同方向上发展。

我们看到的一个对领域有关键重要性的变化,尤其对近期来说,是对适应性技术和系统进行有控制的评估。这使适应性系统社团可能就增进学生学习或其他有价值的熟练程度(参数)(如自尊、积极性)而言,测量这些经常是昂贵的技术的增值价值。我们的评论已使一系列技术清楚明白地显示出来,但是底线(问题)还是没有解决:哪些有用,对谁有用,在什么条件和情境中有用?

Conati (2006)的断言我们也同意,针对适应的学习者特征应该明显改进系统的教学有效性。这取决于:(1)所给特征是否与实现系统的教学目标有关,(2)在特征上是否有足够的学习者可变性来证明个人化的交互是必需的,及(3)在如何调整为适应学习者特征的差异上是否有足够的知识。于此相似,Jameson (2006b) 争辩适应的利益应该与模拟每个候选特征的费用相对衡量,以集中在所给可利用的资源条件下,能提供最高利益的特征上。

类似的对有控制的评估的呼吁是在十二年前提出的,那是智能化辅导系统开发的全盛期。现在,和当初一样,呼吁对适应性技术和系统的评估对促进学习成功的未来开发尝试是至关重要的。建造适应性系统而不评估它们就和"造一艘船而不将它开到水中"一样(Shute 和 Regian, 1993, p. 268)。评估不仅对领域的未来是重要的,而且和开发工具和系统的过程一样激动人心。再者,评估的结果可能是出人意料的或令人惭愧的,但总是提供丰富信息的。

致谢

我们要对为这一章节作出贡献的各方表示感谢,包括这一手册的编辑,以及本章节中就我们关于适应性技术的问题提供经过认真思考的,有洞察力的回答的专家们:Chris Brooks, Cristina Conati, Jim Greer, Anthony Jameson, Judy Kay, Gord McCalla, Tanja Mitrovic, Julita Vassileva 和 Beverly Woolf。我们也要感谢 Eric Hansen, Irvin Katz,和 Don Powers,对本章早先一稿的审阅。

(胡海洪 译,张志祯 一校,赵 健 二校)

292 ## 参考文献

Alexander, P. A. and Judy, J. E. (1988). The interaction of domain-specific and strategic knowledge in academic performance. *Rev. Educ. Res.*, 58(4), 375 - 404.

Anderson, J. R. (1993). *The Adaptive Character of Thought*. Hillsdale, NJ: Lawrence Erlbaum Associates.*

Anderson, J. R. and Lebiere, C. (1998). *The Atomic Components of Thought*. Mahwah, NJ: Lawrence Erlbaum Associates.

Anderson, J. R., Boyle, C. F., Corbett, A. T., and Lewis, M. (1990). Cognitive modeling and intelligent tutoring, *Artif. Intell.*, 42, 7 - 49.

Anderson, J. R., Corbett, A. T., Koedinger, K. R., and Pelletier, R. (1995). Cognitive tutors: lessons learned. *J. Learn. Sci.*, 4, 167 - 207.

Arroyo, I., Beal, C. R., Murray, T., Walles, R., and Woolf, B. P. (2004). Web-based intelligent multimedia tutoring for high stakes achievement tests. Proc. of ITS 2004: Intelligent Tutoring Systems, 7th Int. Conf., August 30 - September 3, Maceiò, Alagoas, Brazil. *Lect. Notes Comput. Sci.*, 3220, 468 - 477.

Arroyo, I., Woolf, B. P., and Beal, C. R. (2006). Addressing cognitive differences and gender during problem solving, *Technol. Instruct. Cognit. Learn.*, 3(1), 31 - 63.

Azambuja Silveira, R. and Vicari, R. M. (2002). Developing distributed intelligent learning environment with JADE: Java Agents for Distance Education framework. *Intell. Tutoring Syst.*, 2363, 105 - 118.

Biswas, G., Schwartz, D. L., Bransford, J., and the Teachable Agent Group at Vanderbilt (TAG-V). (2001). Technology support for complex problem solving: from SAD environments to AI. In *Smart Machines in Education: The Coming Revolution in Educational Technology*, edited by K. D. Forbus and P. J. Feltovich, pp. 71 - 97. Menlo Park, CA: AAAI/ MIT Press.

Bredeweg, B. and Forbus, K. (2003). Qualitative modeling in education. *AI Mag.*, 24(4), 35 - 46.

Bretzke H. and Vassileva, J. (2003) Motivating cooperation in peer-to-peer networks. In *Proceedings from the User Modeling UM03 Conference*, pp. 218 - 227. Berlin: Springer Verlag.

Brooks, R. A. (1999). *Cambrian Intelligence: The Early History of the New AI*. Cambridge, MA: MIT Press.

Brusilovsky, P. (1996). Methods and techniques of adaptive hypermedia. *User Model. User-Adap. Interact.*, 6(2 - 3), 87 - 129.

Brusilovsky, P. (2001). Adaptive hypermedia. *User Model. User-Adap. Interact.*, 11(1/2), 87 - 110.*

Brusilovsky, P., Sosnovsky, S., and Shcherbinina, O. (2005). User modeling in a distributed e-learning architecture. In *Proceedings of the 10th International User Modeling Conference*, edited by L. Ardissono, P. Brna, and A. Mitrovic, pp. 387 - 391. Berlin: Springer-Verlag.

Buxton, W. (2006). *A Directory of Sources for Input Technologies*. (http://www.billbuxton.com/InputSources.html).

Cassell, J., Nakano, Y., Bickmore, T., Sidner, C., and Rich, C. (2001). Annotating and generating posture from discourse structure in embodied conversational agents. In *Proceedings of Workshop on Representing, Annotating, and Evaluating Non-Verbal and Verbal Communicative Acts to Achieve Contextual Embodied Agents, Autonomous Agents*, Montreal, Quebec.

Chu, C. and Cohen, I. (2005). Posture and gesture recognition using 3D body shapes decomposition. In *Proceedings of IEEE Workshop on Vision for Human-Computer Interaction (V4HCI)*, June 21, San Diego, CA (http://iris.usc.edu/~icohen/pdf/Wayne-v4hci05.pdf).

Conati, C. (2002). Probabilistic assessment of user's emotions in educational games. *J. Appl. Artif. Intell.*, 16(7 - 8), 555 - 575.

Conati, C. (2006). *What to Adapt, and How?* Personal communication, May 18, 2006.

Conati, C., Gertner, A., and VanLehn, K. (2002). Using Bayesian networks to manage uncertainty in student modeling. *User Model. User-Adap. Interact.*, 12(4),371 – 417. *

Conati, C., Merten, C., Muldner, K., and Ternes, D. (2005). Exploring eye tracking to increase bandwidth in user modeling. *Lect. Notes Artif. Intell.*, 3538,357 – 366.

Conchas, G. (2006). *The Color of Success: Race and High Achieving Urban Youth*. New York: Teachers College Press.

Cook, R. and Kay, J. (1994). The justified user model: a viewable, explained user model. In *Proceedings of the Fourth International Conference on User Modeling (UM94)*, edited by A. Kobsa, and D. Litman, pp. 145 – 150, Hyannis, MA: MITRE, UM Inc.

Craig, S. D., Graesser, A. C., Sullins, J., and Gholson, B. (2004). Affect and learning: an exploratory look into the role of affect in learning with AutoTutor. *J. Educ. Media*, 29(3),241 – 250.

Cumming, G. and Self, J. (1989). Collaborative intelligent educational systems. In *Proceedings of Artificial Intelligence and Education*, edited by D. Bierman, J. Breuker, and J. Sandberg, pp. 73 – 80. Amsterdam: IOS.

Desimone, L. (1999). Linking parent involvement with student achievement: do race and income matter? *J. Educ. Res.*, 93(1),11 – 30.

Ekman, P. (2003). *Emotions Revealed: Recognizing Faces and Feelings to Improve Communication and Emotional Life*. New York: Henry Holt.

Fan, X. and Chen, M. (2001). Parental involvement and students' academic achievement: a meta-analysis. *Educ. Psychol. Rev.*, 13(1),1 – 22.

Fink, J. and Kobsa, A. (2000). A review and analysis of commercial user modeling servers for personalization on the World Wide Web. *User Model. User-Adap. Interact.*, 10,209 – 249.

Frederiksen, J. and White, B. (2002). Conceptualizing and constructing linked models: creating coherence in complex knowledge systems. In *The Role of Communication in Learning to Model*, edited by P. Brna, M. Baker, K. Stenning, and A. Tiberghien, pp. 69 – 96. Mahwah, NJ: Lawrence Erlbaum Associates. *

Fröschl, C. (2005). User Modeling and User Profiling in Adaptive e-Learning Systems: An Approach for a Service-Based Personalization Solution for the Research Project AdeLE (Adaptive e-Learning with Eye-Tracking), Master's thesis. Graz, Austria: Graz University of Technology.

García-Barrios, V. M., Gütl, C., Preis, A., Andrews, K., Pivec, M., Mödritscher, F., and Trummer, C. (2004). AdeLE: a framework for adaptive e-learning through eye tracking. In *Proceedings of the International Conference on Knowledge Management (I-KNOW'04)*, June 30 – July 1, Graz, Austria, pp. 609 – 616.

Glaser, R. (1984). Education and thinking: the role of knowledge. *Am. Psychol.*, 39(2),93 – 104. *

González, G., Angulo, C., López, B., and de la Rosa, J. L. (2005). Smart user models: modelling the humans in ambient recommender systems. In *Proceedings of the Workshop on Decentralized, Agent Based and Social Approaches to User Modelling (DASUM 2005)*, July 25, Edinburgh, pp. 11 – 20.

Graesser, A. C., Person, N., Harter, D., and Tutoring Research Group (TRG). (2001). Teaching tactics and dialog in AutoTutor. *Int. J. Artif. Intell. Educ.*, 12,257 – 279.

Greer, J. and Brooks, C. (2006). *What to Adapt, and How?* Personal communication, May 16,2006.

Greer, J. E. and McCalla, G. I., Eds. (1994). *Student Modelling: The Key to Individualized Knowledge-Based Instruction*, Berlin: Springer Verlag. *

Hansen, E. G. and Mislevy, R. J. (2005). Accessibility of computer-based testing for individuals with disabilities and English language learners within avalidity framework. In *Online Assessment and Measurement: Foundation, Challenges, and Issues*, edited by M. Hricko and S. Howell, pp. 212 – 259. Hershey, PA: Idea Group.

Hansen, E. G., Mislevy, R. J., Steinberg, L. S., Lee, M. J., and Forer, D. C. (2005). Accessibility of tests for individuals with disabilities within a validity framework. *Syst. Int. J. Educ. Technol. Appl. Linguist.*, 33(1),107 – 133.

Henze, N. and Nejdl, W. (2003). Logically characterizing adaptive educational hypermedia systems. In *Proc. of Workshop on Adaptive Hypermedia and Adaptive Web-Based Systems (AH2003)*, May 20 – 24, Budapest, Hungary.

Jameson, A. (1995). Numerical uncertainty management in user and student modeling: an overview of systems and issues. *User Model. User-Adap. Interact.*, 5(3 – 4),193 – 251.

Jameson, A. (2006a). Adaptive interfaces and agents. In *Human-Computer Interaction Handbook*, 2nd ed., edited by J. A. Jacko and A. Sears, pp. 305 – 330. Mahwah, NJ: Lawrence Erlbaum Associates.

Jameson, A. (2006b). *Challenges and Future of Learner Modeling*. Personal communication, May 24,2006.

Johnson, W. L. and Rickel, J. (1997). Steve: An animated pedagogical agent for procedural training in virtual environments. *ACM SIGART Bull.*, 8 (1 – 4),16 – 21.

Johnson, W. L., Rickel, J. W., and Lester, J. C. (2000). Animated pedagogical agents: face-to-face interaction in interactive learning environments. *Int. J. Artif. Intell. Educ.*, 11(1),47 – 78.

Johnson, W. L., Beal, C., Fowles-Winkler, A., Narayanan, S., Papachristou, D., Marsella, S., and Vilhjálmsson, H. (2004). Tactical language training system: an interim report. *Lect. Notes Comput. Sci.*, 3220,336 – 345.

Kabassi, K. and Virvou, M. (2003). Using Web services for personalised Web-based learning. *Educ. Technol. Soc.*, 6(3),61 – 71.

Kapoor, A. and Picard, R. W. (2002). Real-Time, Fully Automatic Upper Facial Feature Tracking. Paper presented at the 5th IEEE International Conference on Automatic Face and Gesture Recognition, May 20 – 21, Washington, D.C.

Kay, J. (1999). A Scrutable User Modelling Shell for User-Adapted Interaction. Ph.D. thesis. Sydney, Australia: Basser Department of Computer Science, University of Sydney.

Kay, J. (2000). Stereotypes, student models and scrutability. *Lect. Notes Comput. Sci.*, 1839,19 – 30.

Kay, J. (2006). *Challenges and Future of Learner Modeling*. Personal communication, June 6,2006.

Kettebekov, S., Yeasin, M., and Sharma, R. (2003). Improving continuous gesture recognition with spoken prosody. In *Proc. of IEEE Computer Society Conference on ComputerVision and Pattern Recognition (CVPR)*, June 16 – 22, Madison, WI, pp. 565 – 570.

Kinshuk and Lin, T. (2004). Cognitive profiling towards formal adaptive technologies in Web-based learning communities. *Int. J. WWW-Based Communities*, 1(1),103-108.

Kobsa, A. (1993). User modeling: recent work, prospects and hazards. In *Adaptive User Interfaces: Principles and Practice*, edited by T. K. M. Schneider-Hufschmidt and U. Malinowski, pp. 111 – 128. Amsterdam: North-Holland.

Kobsa, A. (2002). Personalization and international privacy. *Commun. ACM*, 45(5), 64 – 67.

Kobsa, A. (2006). Generic user modeling systems and servers. In *The Adaptive Web: Methods and Strategies of Web Personalization*, edited by P. Brusilovsky, A. Kobsa, and W. Neijdl. Berlin: Springer-Verlag.

Koedinger, K. R. and Anderson, J. R. (1998). Illustrating principled design: the early evolution of a cognitive tutor for algebra symbolization. *Interact. Learn. Environ.*, 5,161 – 180.

Koedinger, K. R., Anderson, J. R., Hadley, W. H., and Mark, M. A. (1997). Intelligent tutoring goes to school in the big city. *Int. J. Artif. Intell. Educ.*, 8,30 – 43.

Leelawong, K., Wang, Y., Biswas, G., Vye, N., and Bransford, J. (2001). Qualitative reasoning techniques to support learning by teaching: the teachable agents project. In *Proceedings of the Fifteenth International Workshop on Qualitative Reasoning*, May 17 – 18, St. Mary's University, San Antonio, TX.

Litman, D. J. and Forbes-Riley, K. (2004). Predicting student emotions in computer-human tutoring dialogues. In *Proceedings of the 42nd Annual* 293
Meeting of the Association for Computational Linguistics (ACL), July 21 – 26, Barcelona, pp. 351 – 358.

Matsuda, N., Cohen, W. W., and Koedinger, K. R. (2005). An intelligent authoring system with programming by demonstration. In *Proc. of the Japan National Conference on Information and Systems in Education*. Kanazawa, Japan.

McCalla. G. I. (2004). The ecological approach to the design of e-learning environments: purpose-based capture and use of information about learners. *J. Interact. Media Educ.*, 7,1 – 23 (special issue on the educational Semantic Web; http://www-jime.open.ac.uk/2004/7/mccalla-2004-7.pdf).

McCalla, G. I. (2006). *Challenges and Future of Learner Modeling*. Personal communication, May 26,2006.

McCalla, G. I., Vassileva, J., Greer, J. E., and Bull, S. (2000). Active learner modeling. In *Proceedings of ITS'2000*, edited by G. Gauthier, C. Frasson, and K. VanLehn, pp. 53 – 62. Berlin: Springer-Verlag.

Merten, C. and Conati, C. (2006). Eye-tracking to model and adapt to user meta-cognition in intelligent learning environments. In *Proc. of Int. Conf. on Intelligent User Interfaces (IUI'06)*, January 29 – February 1, Sydney, Australia (http://www.cs.ubc.ca/～conati/my-papers/IUI06eyetrackingCamera.pdf).

Mislevy, R. J., Steinberg, L. S., and Almond, R. G. (2003). On the structure of educational assessments. *Meas. Interdisciplinary Res. Perspect.*,

1(1), 3-62.

Mitrovic, A. (2006). *What to Adapt, and How?* Personal communication, May 17, 2006.

Park, O. and Lee, J. (2003). Adaptive instructional systems. In *Handbook of Research for Educational Communications and Technology*, edited by D. H. Jonassen, pp. 651 - 685. Mahwah, NJ: Lawrence Erlbaum Associates. *

Pearl, J. (1988). *Probabilistic Reasoning in Intelligent Systems: Networks of Plausible Inference*. San Mateo, CA: Kaufmann.

Picard, R. W. (1997). *Affective Computing*. *Cambridge*, MA: MIT Press.

Potamianos, A., Narayanan, S., and Riccardi, G. (2005). Adaptive categorical understanding for spoken dialogue systems. *IEEE Trans. Speech Audio Process.*, 13, 321 - 329.

Project LISTEN. (2006). http://www.cs.cmu.edu/~listen/.

Qu, L., Wang, N., and Johnson, W. L. (2005). Detecting the learner's motivational states in an interactive learning environment. In *Artificial Intelligence in Education*, edited by C.-K. Looi et al., pp. 547 - 554, IOS Press.

Rayner, K. (1998). Eye movements in reading and information processing: 20 years of research. *Psychol. Bull.*, 124, 372 - 422.

294 Rich, E. (1979). User modeling via stereotypes. *Cognit. Sci.*, 3(4), 329 - 354.

Rickel, J. and Johnson, W. L. (1997). Intelligent tutoring in virtual reality. In *Proc. of Eighth World Conference on Artificial Intelligence in Education*, August 19 - 22, Kobe, Japan, pp. 294 - 301.

Seo, K., Cohen, I., You, S., and Neumann, U. (2004). Face pose estimation system by combining hybrid ICA-SVM learning and re-registration. In *Proc. of Asian Conference on Computer Vision (ACCV)*, January 27 - 30, Jeju Island, Korea.

Shaw, E., Johnson, W. L., and Ganeshan, R. (1999). Pedagogical agents on the Web. In *Proc. of the Third Int. Conf. on Autonomous Agents*, May 1 - 5, Seattle, WA, pp. 283 - 290.

Shute, V. J. (2006). *Tensions, Trends, Tools, and Technologies: Time for an Educational Sea Change*. Princeton, NJ: ETS.

Shute, V. J. and Glaser, R. (1990). Large-scale evaluation of an intelligent tutoring system: Smithtown. *Interact. Learn. Environ.*, 1, 51 - 76.

Shute, V. J. and Psotka, J. (1996). Intelligent tutoring systems: past, present, and future. In *Handbook of Research for Educational Communications and Technology*, edited by D. Jonassen, pp. 570 - 600. New York: Macmillan. *

Shute, V. J. and Regian, J. W. (1993). Principles for evaluating intelligent tutoring systems. *J. Artif. Intell. Educ.*, 4(3), 245 - 271.

Shute, V. J., Glaser, R., and Raghavan, K. (1989). Inference and discovery in an exploratory laboratory. In *Learning and Individual Differences*, edited by P. L. Ackerman, R. J. Sternberg, and R. Glaser, pp. 279 - 326. New York: W. H. Freeman.

Shute, V. J., Lajoie, S. P., and Gluck, K. A. (2000). Individualized and group approaches to training. In *Training and Retraining: A Handbook for Business, Industry, Government, and the Military*, edited by S. Tobias and J. D. Fletcher, pp. 171 - 207. New York: Macmillan.

Shute, V. J., Graf, E. A., and Hansen, E. (2005). Designing adaptive, diagnostic math assessments for individuals with and without visual disabilities. In *Technology-Based Education: Bringing Researchers and Practitioners Together*, edited by L. PytlikZillig, R. Bruning, and M. Bodvarsson, pp. 169 - 202. Greenwich, CT: Information Age Publishing.

Sison, R. and Shimura, M. (1998). Student modeling and machine learning. *Int. J. Artif. Intell. Educ.*, 9, 128 - 158.

SNOW. (2006). http://snow.utoronto.ca/technology/.

Snow, C. E. and Biancarosa, G. (2003). *Adolescent Literacy and the Achievement Gap: What Do We Know and Where Do We Go from Here?* New York: Carnegie.

Snow, R. E. (1989). Toward assessment of cognitive and conative structures in learning. *Educ. Res.*, 18(9), 8 - 14.

Snow, R. E. (1994). Abilities in academic tasks. In *Mind in Context: Interactionist Perspectives on Human Intelligence*, edited by R. J. Sternberg and R. K. Wagner, pp. 3 - 37. Cambridge, U. K.: Cambridge University Press.

Soller, A. (2004). Computational modeling and analysis of knowledge sharing in collaborative distance learning, *User Model. User-Adap. Interact.*, 14(4), 351 - 381.

Stansfield, J., Carr, B., and Goldstein, I. (1976). *Wumpus Advisor: A First Implementation of a Program That Tutors Logical and Probabilistic Reasoning Skills*, Technical Report 381. Cambridge, MA: Artificial Intelligence Laboratory, MIT.

Teasley, S. D. and Roschelle, J. (1993). Constructing a joint problem space: the computer as a tool for sharing knowledge. In *Computers as Cognitive Tools*, edited by S. P. Lajoie and S. J. Derry, pp. 229 - 258. Hillsdale, NJ: Lawrence Erlbaum Associates.

Tobias, S. (1994). Interest, prior knowledge, and learning. *Rev. Educ. Res.*, 64(1), 37 - 54.

Trella, M., Carmona, C., and Conejo, R. (2005). MEDEA: an open service-based learning platform for developing intelligent educational systems for the Web. In *Proc. of Workshop on Adaptive Systems for Web-Based Education at 12th Int. Conf. on Artificial Intelligence in Education (AIED 2005)*, July 18 - 22, Amsterdam, pp. 27 - 34.

VanLehn, K., Lynch, C., Schulze, K., Shapiro, J. A., Shelby, R., Taylor, L., Treacy, D., Weinstein, A., and Wintersgill, M. (2005). The Andes physics tutoring system: lessons learned. *Int. J. Artif. Intell. Educ.*, 15(3), 147 - 204.

Vassileva, J. (1998). DCG + GTE: dynamic courseware generation with teaching expertise. *Instruct. Sci.*, 26(3/4), 317 - 332.

Vassileva, J. (2006). *What to Adapt, and How?* Personal communication, May 15, 2006.

Vassileva, J. and Wasson, B. (1996). Instructional planning approaches: from tutoring towards free learning. In *Proc. of EuroAIED*, Sept. 30 - Oct. 2, Lisbon, Portugal, pp. 1 - 8.

Vassileva, J., McCalla, G. I., and Greer, J. E. (2003). Multiagent multi-user modeling in I-Help. *User Model. User-Adap. Interact.*, 13(1 - 2), 179 - 210.

Webb, G., Pazzani, M. J., and Billsus, D. (2001). Machine learning for user modeling. *User Model. User-Adap. Interact.*, 11, 19 - 29.

Wenger, E. (1987). *Artificial Intelligence and Tutoring Systems*. Los Altos, CA: Morgan Kaufmann.

Wickens, C. D. and Hollands, J. G. (2000). *Engineering Psychology and Human Performance*, 3rd ed. Upper Saddle River, NJ: Prentice Hall.

Winter, M., Brooks, C., and Greer, J. (2005) Towards best practices for Semantic Web student modelling. In *Proc. of the 12th Int. Conf. on Artificial Intelligence in Education (AIED 2005)*, July 18 - 22, Amsterdam.

Woolf, B. (2006). *What to Adapt, and How?* Personal communication, May 22, 2006.

Wright, I. (1997). Emotional Agents. Ph. D. thesis. Birmingham, U. K.: University of Birmingham (http://citeseer.ist.psu.edu/wright97emotional.html).

Yang, M., Zapata-Rivera, D., and Bauer, M. (2006). E-grammar: an assessment-based learning environment for English grammar. In *Proc. of the Annual Conference of ED-Media*, June 26 - 30, Orlando, FL.

Yeasin, M. and Bullot, B. (2005). Comparison of linear and non-linear data projection techniques in recognizing universal facial expressions. *Proc. Int. Joint Conf. Neural Netw.*, 5, 3087 - 3092.

Zapata-Rivera, D. and Greer, J. (2000). Inspecting and visualizing distributed Bayesian student models. In *Proc. of the 5th Int. Conf. on Intelligent Tutoring Systems (ITS 2000)*, June 19 - 23, Montreal, Canada, pp. 544 - 553.

Zapata-Rivera, D. and Greer, J. (2004) Inspectable Bayesian student modelling servers in multi-agent tutoring systems, *Int. J. Hum.-Comput. Stud.*, 61(4), 535 - 563.

Zelinsky, A. and Heinzmann, J. (1996). Real-time visual recognition of facial gestures for human-computer interaction. In *Proc. of the Second Int. Conf. on Automatic Face and Gesture Recognition*, October 13 - 16, Killington, VT.

---

* 表示主要参考文献。

25

代际差异

Thomas C. Reeves 和 Eunjung Oh 295

摘要

代际差异是人们特别愿意探讨但同时又对其缺少足够研究的问题。在探讨中经常提出的建议是:教学设计师在开发教学的时候要将代际差异因素考虑进去;与其前辈相比,对于今天年轻一代人而言,更加有效的学习环境是游戏和模拟情境。本章将会考察支持(或不能支持)这些看法的有关研究和主流文献。多数的主流文献似乎建立在有限的数据上,通常用的是既缺少信度又缺少效度的调查法。最近的研究则是基于以往的心理学研究而进行严格分析的,因而确实产生了有关代际差异,特别是1970年前和1970年后代际差异的丰富证据。该领域对未来研究提出的建议有:要在整个社会经济背景下以及国际环境下来考察代际差异;同样,在教学设计过程中,要采用基于设计的创新性研究方法从而将代际差异性纳入进来。

关键词

教育技术研究:这种研究强调描述、预测、理解和设计有效的技术应用来实现教育、培训和绩效支持方面的目标。

代际差异:该理论认为在20年左右这个时间跨度内出生的人们,根据其历史经验、经济和社会状况、技术进步以及他们共同经历的其他社会变化而具有一组共同的特征。这个术语最早是在20世纪60年代开始流行,当时使用它来区分叛逆的"婴儿潮"一代和他们的父辈。

教学设计：是分析、设计、开发、实施和评价教学的系统化过程；也称为教学系统设计。

引言

代际差异，尤其是在所谓的“婴儿潮一代”、“未知世代”以及“千禧年世代”之间的差异，在大众媒介以及一些学术刊物上受到了广泛的讨论。商业企业家以及社会上的一些权威人士认为，今天高等教育招收的不同世代的学生以及企业工厂招收的不同世代的员工需要不同的教育和培训方式。除此之外，他们还认为教学设计师在开发教学的时候应该考虑代际差异，在考察不同教育技术应用会产生不同效果的研究中，代际差异是一个重要的变量。本章旨在对支持(或不能支持)这个看法的研究和通俗读物进行综述。

世代的界定

对不同的世代进行命名是没有标准可言的，因为不同的研究人员和咨询人员在探讨和写作有关代际差异的时候，会出现各种各样的名称来指代某一特定的世代。此外，不同作者对于任何一个世代应该跨度的年数也有不同的意见。表 25. 1 呈现的就是各种世代被冠以不同名称的比较，以及对每一代人出生年份不同的界定，第一栏是信息来源。如表所示，一些人士认为“后未知世代”工人出生的年份应该较早，是 1978 年(Martin 和 Tulgan, 2002)，而其他人认为应从 1982 年算起(Howe 和 Strauss, 2000)。有趣的是，这两种界定(Howe 和 Strauss, 2000; Martin 和 Tulgan, 2002)的截止年份都是 2000 年。本综述重点关注的是中间三个世代(“婴儿潮”、“未知世代”和“千禧年世代”)，因为这三代人将在今后 15 年入读高等教育和就业。为此，本研究对世代的称谓将如表 25. 2 所示；然而，本章的其他部分也会使用这三个世代的其他同义词，特别是遇到某些个别参考文献用了这些术语时。

表 25. 1　不同来源对世代的称谓及限定的起止时间

来源	称谓				
Howe and Strauss (2000)	沉默世代 (1925—1943)	婴儿潮一代 (1943—1960)	第 13 代 (1961—1981)	千禧年世代 (1982—2000)	—
Lancaster and Stillman (2002)	传统主义者 (1900—1945)	婴儿潮一代 (1946—1964)	未知世代 (1965—1980)	千禧年世代；回声潮世代；后未知世代；非凡婴儿世代；下一代 (1981—1999)	—
Martin and Tulgan	沉默世代 (1925—1942)	婴儿潮一代 (1946—1960)	未知世代 (1965—1977)	千禧年世代 (1978—2000)	—
Oblinger and Oblinger (2005)	成熟世代 (<1946)	婴儿潮一代 (1947—1964)	未知世代 (1965—1980)	后未知世代；网络世代；千禧年世代 (1981—1995)	后千禧年世代 (1995—现在)
Tapscott (1998)	—	婴儿潮一代 (1946—1964)	未知世代 (1965—1975)	数字世代 (1976—2000)	—
Zemke et al. (2000)	退伍军人世代 (1922—1943)	婴儿潮一代 (1943—1960)	未知世代 (1960—1980)	下一代 (1980—1999)	—

表 25.2 世代称谓和起止时间

称谓:	成熟世代	婴儿潮一代	未知世代	千禧年世代	Z 世代
起止时间:	1925—1945	1946—1964	1965—1980	1981—2000	2001—现在

世代之间真的存在差别吗?

代际差异是否真的存在于工作场所、学校、大学和其他环境中这值得考虑,不论是大众舆论还是学术界对此都没有达成共识。初次接触这个话题的人,可以从不同研究者和专家命名 297 的称谓以及不同世代所处的时间跨度中找到明显的差异。此外,与其他人不同的是,Lancaster 和 Stillman (2002)还区分了那些出生在两代之间的人,并把他们命名为“cuspers”(中间代)。Lancaster 和 Stillman (2002)声称,传统世代/婴儿潮的中间代是出生在 1940—1945 年之间的人,婴儿潮/未知世代的中间代是出生在 1960—1965 年之间的人,未知世代/千禧年世代的中间代是出生在 1975—1980 年间的人。中间代的出现进一步限定了个体身上具备的世代特征,使其免于一概而论。

尽管在称谓和年代划分上存在异议,大多数人士都认为任何一代人的显著特征中也存有诸多差异性;因此,很难说一个 1985 年出生的人就会具备“后未知世代”所具备的大部分特征,或者某人生于 1960 年(因此是个后婴儿潮一代的人),就不会像“未知世代”或者“千禧年世代”一样精通技术。换言之,根据某人出生年代判断其所处世代并进而判断他/她所具有的特征,这是绝对不合理的。

事实上,出生年份仅是划分世代的一个因素,而且是一个相对次要的因素。相反,多数专家认为,世代多是由于历史形成的,而不是年代日期。根据 Howe 和 Strauss (2000)的研究,有三个属性(而不是出生年份)能够更清晰地界定某一世代的属性:

- 对自己所属世代的感觉:从青春期到成年初期这段时间个体自我感受到的世代特征;
- 共同的信仰和行为:某代人共同具有的态度(对家庭、职业、个人生活、政治、宗教等方面的态度)和行为(在工作、婚姻、子女、健康、犯罪、性、毒品等方面的选择)。
- 共同的历史节点:在一代人形成的岁月里(青少年时期和成年初期)发生的历史转折点(如自由政治到保守政治)、明显的历史事件(如越南战争)。

一些流行的书籍(比如 Howe 和 Strauss 在 2000 年写的)以及研究论文中有关代际差异的许多理论和结论是通过在社会经济群体的中层和上层人中做调查和收集数据而得到的。现有文献中没有对社会经济状况(socioeconomic status, SES)做全国性调查。此外,大多数研究论文和其他文献关注的都是将要上大学的人,最终想成为白领或知识型工作者的人。事实上,针对那些不去上大学或很可能从事蓝领工作的人而做世代研究的文献根本就找不到。此外,现有的文献都明显充斥着种族优越感,忽视了非西方资本主义文化背景的代际差异。

举个例子,Universum Communications(见 http://www.universumusa.com/)对来自 207 所高等院校即将毕业的 37000 名“千禧年世代”学生做了一项调查(Stone, 2006,1 页)。该调查是在 2006 年春季开展的,当今的“网络世代”大学生将“平衡个人生活与职业生活(59%),寻求深造(46%),打造坚实的经济基础(32%),为社会作贡献(27%)"作为职业目标。这个调查没有说明这些人的职业理想是否比同处"千禧年世代"的其他没上大学的工人要高,也没有调查发展中国家这一群体的职业理想情况。

就代际差异这一问题,常被引用的是 Neil Howe 和 William Strauss 的一系列著作,有:

298 • *Generations*: *The History of America's Future*, *1584 to 2069*
• 13th *Gen*: *Abort*, *Retry*, *Ignore*, *Fail?*
• *The Fourth Turning*, *Millennials Rising*: *The Next Great Generation*
• *Millennials Go to College*: *Strategies for a New Generation on Campus*
• *Millennials and the Pop Culture*

他们提出的最有争议的观点是:"千禧年世代"将是自所谓的最伟大世代(为二战而战的一代人)以来最为成功的一代人。Howe 和 Strauss (2000,4 页)预测了"后未知世代"美好前景:

> 作为一个群体,"千禧年世代"将与人们记忆中以往的其他任何一个年轻世代都不一样。他们人数更多,更加富裕,更有教养,种族更加多元。最重要的是,他们开始显示出广泛的、正面的社会习惯,这使得老年美国人不再与年轻的一代一样,他们更加注重团队合作、取得成就、谦虚和行为端正。

在 Howe 和 Strauss 的研究以及其他民意调查的基础上,Forrester Research,一个独立的技术和市场研究公司,开展了进一步研究,也对"后未知世代"的工作习惯做了预测(Schooley, 2005, Executive Summary):

> "千禧年世代"——出生在 1980 年至 2000 年之间——天生拥有使用技术的能力,会非常惬意地使用多种多样的数字媒体来处理多任务,几乎都需要相互交互来构建知识。"千禧年世代"不像他们疲惫的父辈那样疯狂工作,而是通过使用许多技术,通常是同时使用许多技术,来帮助他们把工作和私人生活处理好。

当然,一些批评者对此乐观预测不以为然,特别是对于 Howe 和 Strauss 仅用有限的调查数据就对结论进行广泛推论这种做法表示反对。Brooks (2000,1 页),纽约时报的评论员,写道:

> 现在,如果你要读完(get through)这本书,你可千万别一看到 Howe 和 Strauss 将一个完整的年龄层的特征进行过度推论就气得把书往墙上摔,因为这样的话,你要么把整个房子搞垮,要么就会把你的袖口甩烂。这不是本好书,除非你认为它好是因为作者一丝不苟的拣选了许多证据并用数据小心的佐证他们的断言。不过它是一本非常好的坏书,里面充满着有趣的好东西,写作巧妙,文笔流畅。如果你把世代抛开的话,它确实描述了一些正在发生的变化。

O'Neill (2000;见 http://www. millennialsrising. com 和 www. fourthturning. com)也批评了 Howe 和 Strauss:

> 最近这本书,跟其他书一样,掺入了许多统计数据,数据的收集是社会研究所(Institute for Social Research)负责的,但数据是来自弗吉尼亚州 200 名高中生和他们网站上的帖子,这并不具有科学性和代表性。

Twenge (2006, pp. 6—7)批评了 Howe 和 Strauss 所作的乐观结论:

> 我对今天年轻一代人的看法与 Neil Howe 和 William Strauss 不同,他们在其 2000 年出版的《正在崛起的千禧年世代》(*Millennials Rising*)一书中认为,那些在 1982 年以后出生的人将重拾责任感、履行公民义务和喜欢团队合作。此书的副标题是《下一个伟大的世代》(*the Next Great Generation*),意指如今的年轻人与二战时期的一代人一样。我认同今天处在各种危机中的年轻人将起来面对这些困境——人们不得不这么做。但是我看不到任何迹象显示今天的年轻人具有责任感或更有群体凝聚力。相反,你会看到的是以下几页要描述的现象,年轻人一直被教导个人需要第一,自我感觉最重要。这不是有助于培养遵守社会规范或将集体利益高于个人利益的态度,……我们儿童时期被给予的不断赞赏、膨胀的自尊和不切实际的期望并没有让我们有充分的准备去应对竞争日趋激烈的工作以及由天价的房价和激增的医疗成本造成的社会经济困难。度过了轻浮的儿童时代,我们这一代(GenMe)只能是加倍努力地工作,而得到的却更少。

在有关代际差异的流行读物中,我们很难找到一些调查的细节,告诉我们代际差异是建立在什么基础之上的。对比之下,Howe 和 Strauss (2000),作为《正在崛起的千禧年世代》一书的作者,在该书配有的网站(http://www. millennialsrising. com)上提供了有关的调查信息。他们公布,在 2000 份完成的调查中,共有 202 名教师和 655 名学生,为此书提供了主要的数据来源。一些批评者认为,所有的调查都是在弗吉尼亚州 Fairfax 县开展的,这个县是华盛顿特区一个非常富裕的郊区,因此这一点使得 Howe 和 Strauss 的研究不能将其乐观的结论扩大到美国其他欠发达的地区。Howe 和 Strauss 为此做了如下的辩解(http://www. millennialsrising. com/survey. shtml):

> Fairfax 县,包括华盛顿特区西部的所有郊区,有 100 万人口,其中有 17 万名学龄儿
> 童。此地拥有美国最大和最著名的学校系统之一。学生人口具有种族多元的特点,67% 299
> 是高加索人,13%是亚裔人,10%是西班牙裔,8%是非裔美国人,3%是其他人种。每十名学生就有三名学生来自讲非英语的家庭。尽管 Fairfax 县相对富裕,家庭平均收入是全国平均水平的两倍,但是,18%的学生是可以获得学校免费或降价的午餐,9%的学生的家庭年收入不到 25000 美元,5%生活在贫困线以下。

Howe 和 Strauss 关注的是高中生，其他人则对高等教育学生开展世代研究。2005 年，Diana G. Oblinger 是 EDUCAUSE* 的副主席，EDUCAUSE 是一家关注应用信息技术改善高等教育的非赢利性组织；James L. Oblinger 是北卡罗来纳州立大学的校长。此二人合编了一本书，名为《对网络世代的教育》(*Educating the Net Gen*)(见 http://www.educause.edu/educatingthenetgen)。编者和书中参编的许多作者都认为，目前高等教育的学生信息技术技能超过了将要教育他们的家庭成员，这一趋势要求学校的专业、课程和学习环境的设计与实施都要做出重要改变。然而，Oblinger 和 Oblinger (2005, p. 2.5)坦言，今天的网络世代的技术能力可能是比较肤浅的：

> 网络世代从小就广泛地接触技术，天生就能够使用多种 IT 设备和上网。尽管他们不需用户手册也能自如地使用技术，但是他们对技术或者信息来源是否优劣的理解可能是很肤浅的。

Debard (2004)总结了婴儿潮、未知世代和后未知世代的价值观，认为这对高等教育管理者和教师会有所启示(见表 25.3)。比如，Debard 声言，千禧年世代的人们高度信任权威，并从他们认为具有意义的工作中得到回报。

表 25.3 12 个维度上的代际差异

看法	婴儿潮一代	未知世代	千禧年世代
信任的程度	相信自己，而不是相信权威	不太信任权威	非常信任权威
对组织的忠诚度	愤世嫉俗	被认为很天真	忠诚
最渴望做的	主管一切	创业	学习英雄正直的榜样(Following a hero of integrity)
职业目标	创造辉煌的事业	创造可移动的事业(portable career)	创造平行的事业(parallel career)
报偿	头衔和坐专属办公室	可以选择不做的自由	有意义的工作
父子关系	放手不管(Receding)	疏远	干涉
拥有孩子	控制	疑虑	肯定
家庭生活	孩提时被溺爱	孩提时被疏远	孩提时被保护
教育	可以自由发表意见	实用主义	各司其职(structure of accountability)
评价	每年一次评价，并做记录	“对不起，但是我做得如何呢？”	想什么时候得到反馈就什么时候得到
政治倾向	反抗压迫	缺乏兴趣，个人的	喜欢社群
最大的问题	这意味着什么？	这有效吗？	我们如何建造它？

来源：Debard, R. D., in Serving the Millennial Generation: New Directions for Student Services, Debard, R. D. and Coomes, M. D., Eds., Jossey-Bass, San Francisco, CA, 2004, pp. 33 - 45. 经作者许可。

尽管一些高等教育界人士对待代际差异这一问题非常认真，其他一些人则质疑高校是否有必要为了新一代学生的需要和偏好而调整教学和其他学校活动。批评“千禧年世代”乐观的

* 是一个非营利的协会，它的任务是通过促进信息技术的智能应用，推动高等教育。——译者注

预测可能比像 Howe 和 Strauss (2000)这样的专家学者去支持这个预测更贴近现实问题。2006 年,《高等教育史》(*the Chronicle of Higher Education*)杂志出版了一份围绕着学校和教育的关系的专刊,2006 年 3 月 10 日的封面附录如下:

> 事实数据让人震惊。超过四成的学生进入大学校园的时候需要补课(remedial work)。只有大约一半的高中生在进入大学前学习了大学预科课程。学院和大学每年花费了数十亿美元来让那些准备不足的学生能跟上大学课程。但是这些院校中的大多数在学校改革中起的作用都是很小的。整个国家为此而遭殃。美国人在关键的领域很快失去领先地位。

Hersh 和 Merrow (2005)在两小时的 PBS 电视专栏节目和他们所写的书名都是《逐步下降:处在危机中的高等教育》(*Declining by Degrees: Higher Education at Risk*),显示了美国学生入学准备不足的境况,这令人沮丧。这本书和视频呈现的访谈和大量的数据从根本上推翻了"千禧年世代"准备良好,有充分的就读大学的学习动机这一论调。 300

Twenge (2006)对世代研究做了创新性的研究并呈现了令人信服的事实:当今大多数的美国年轻人(她将之称为 Generation Me or GenMe,"自我世代")从小就认为他们将会非常成功,甚至成为明星,然而现实中他们会发现自己比以往任何时候都难以入读大学和支付最好的大学教育,同样也很难找到薪水高又能得到个人满足感的工作,很难买到一套体面的房子。其他多数世代研究者采用了跨人群抽样的办法,同时对不同世代的人群做了调查或访谈,Twenge (2006)则不遗余力地分别在 20 世纪的 50 年代、60 年代、70 年代、80 年代、90 年代和现在请学校学生、青少年和大学生填写设计良好、效果较高的问卷。这使她能够比较婴儿潮年轻时候的态度与 GenMe 年轻时候的态度有何不同等类似的问题。自从 20 世纪 50 年代以来,她研究的样本数据取自 130 万名年轻的美国人,其发现包括:

- 2002 年,74%的高中生承认作弊,而 1969 年只有 34%(27 页)。
- 1967 年,86%大学新生说"树立有意义的生活理念"是最基本的生活目标,而 2004 年只有 42%的 GenMe 新生同意此说法(48 页)。
- 2004 年,48%的美国大学新生说自己在高中的平均成绩是 A,1968 年只有 18%的新生说在高中是优等生(63 页)。
- 20 世纪 50 年代,只有 12%的少年认同"我是一个重要的人"这一陈述,20 世纪 80 年代末,却有 80%的学生认为如此(69 页)。
- 20 世纪 60 年代,42%的高中生喜欢从事职业工作,20 世纪 90 年代却有 70%的学生喜欢当职业者(78 页)。

最近一次调查中,53%的 GenMe 母亲认为"一个人的主要责任是对自己和子女负责而不是使世界变得更美好",只有 28%的婴儿潮母亲认同此看法(78 页)。

看看企业界的情况吧,名副其实的家庭作坊式工业如雨后春笋般发展起来,其理念是认为管理者应该注意代际差异,并相应的改变他们的管理风格和其他企业活动。围绕代际差异提供咨询服务的人主要有:

- Eric Chester (2002),著有 *Employing Generation Why*?(Http://www. generation－why. com/)
- Lynne Lancaster and David Stillman (2002),著有 *When Generations Collide* (http://www. generations. com/)
- Carolyn Martin and Bruce Tulgan (2002),著有 *Managing the Generation Mix* (http://www. rainmakerthinking. com/)
- Claire Raines (2003),著有 *Connecting Generations: The Sourcebook for a New Workplace* (http://www. generationsatwork. com/)

Lancaster 和 Stillman (2002)总结了工作场合中世代的差异以及对企业管理者的启示,描述了本研究所关注的三代人的一组显著特征(见表 25. 4)。不幸的是,与 Howe 和 Strauss (2000)一样,Chester (2002)、Martin 和 Tulgan (2002)以及 Raines (2003)为企业管理者和培训者所做的代际差异研究几乎没有做实证研究来支持其论点。

表 25. 4 Lancaster 和 Stillman 的代际差异

因素	婴儿潮一代	未知世代	千禧年世代
态度	乐观主义	怀疑主义	现实主义
301 概况	相信任何事情都是可能发生的,怀揣理想努力奋斗让世界变得更美好。他们也是充满竞争意识的,喜欢寻求办法改变体制。	最被误解的一代人,他们非常富裕,也很独立,不依赖他人解救自己。	欣赏多元化,喜欢合作而讨厌被命令,解决问题时非常注重实效。
描述	婴儿潮这代人有 8000 万,是最大一组群体,他们生于 1946 到 1964 年之间。对他们有很大影响的是 Martin Luther King, JFK, Gloria Steinem 和 the Beatles。引起他们共鸣的地方是 Hanoi Hilton, Woodstock 和 Kent State。电视机改变了他们的世界。总的来说,他们可以说是乐观积极的。这是一代认为自己可以改变世界的人——他们确实改变了世界。	生于 1965—1980 年间,是如今劳动力中数量相对较少的群体,4600 万人。成长期接触的新闻头条有 Bill Clinton, Al Bundy, Madonna, Beavis 和 Butthead, 以及 Dennis Rodman。改变他们世界的有前苏联、洛克比空难,苏格兰和互联网——事实上,这一代比任何一代都更加可以用媒体和技术来界定。未知世代的口头禅是怀疑一切——这群人不论是在婚姻还是在工作方面都更加相信自己,而不是组织机构。	是又一个出生高峰潮,也是最年轻的一组群体,人数大约是 7600 万,生于 1981—1999 年。尽管他们正努力进入劳动力大军,这群人成长经历的有 Williams 王子, Winky Tinky, Felicity, Marilyn Manson, Venus 和 Serena Williams, 以及 Britney Spears。他们早已从 Columbine, the Columbia Space Shuttle disaster 和 911 的阴霾中走出来。Stillman 和 Lancaster 把这群人称为是讲究实际的、自信的和实用主义的。由乐观的婴儿潮一代养育的千禧年世代在当事情做错的时候受到鼓励而采取积极的行动。
工作态度	他们洋溢着乐观的态度,他们努力工作希望从所做的工作中得到个人满足。他们相信自我提高和成长。	他们注重多元化,具有全球化思维。 他们喜欢将工作与生活协调好。 他们喜欢无拘无束。 他们依靠自己。 他们的工作态度讲究实效。 他们喜欢工作充满乐趣。 他们喜欢使用最新潮的技术。	他们洋溢着乐观的态度。 他们自我鼓励,追求成就。 他们具有强烈的道德观,愿意服务社群。 他们注重多元化。

来源:改编自 Lancaster, L. C. and Stillman, D. , When Generations Collide. Who They Are. Why They Clash. How to Solve the Generational Puzzle at Work, Collins Business, New Yok, 2002(节选自 D'Addono, 2004)

讨论

在婴儿潮、未知世代和千禧年世代的认知、情感和心理动因差异的研究中，最令人失望的是那些研究主体建立在小规模的、经过高度选择后的调查上，而没有收集全国性的数据，没有开展横跨诸如社会经济地位和教育水平等重要变量的调查。一些批评者一直特别不满 Howe 和 Strauss 针对千禧年世代做出乐观预测所依据的数据，认为他们收集的数据主要来自对年轻人的访谈和小组调查，并且调查的时候他们的父母是在场的。进一步说，他们的数据取自弗吉尼亚州北部靠近华盛顿特区的富裕郊区，也是作者所居住的地方。评论家认为 Howe 和 Strauss 没有充分考虑地区的差异，更少考虑社会经济地位、种族、文化以及其他重要的因素。

不管这些样本是否代表了美国所有的人群，很重要的一点是，我们要记住这些数据是取自采用自我报告形式的调查，而没有采用行为观察法或其他手段来研究。此外，有关此话题的主流读物所介绍的大多数个案都是轶事趣闻，反映的是新闻或大众媒介上常报道的陈规之词。比如，类似 NBC 的 Dateline, CBS 的 60 minutes 和 ABC 的 20－20 等电视节目通常都谈论代际差异，例如婴儿潮退休对于年轻一代人的影响或者盘旋在"千禧年世代"上空的"直升机父母"，等等。

谈及 1959 年婴儿潮显著特点时，加州大学伯克利分校的校长 Clark Kerr 说到："用人单位 302
将会爱上这一代人……他们很容易管理。他们不会惹麻烦"（转引自 Manchester, 1974）。Kerr 对婴儿潮的天真乐观说明了预测未来世代的行为是很危险的。许多婴儿潮一代的人也会抗议，甚至在人权、越南战争、女权主义和环境问题上有时会暴乱（Gillon, 2004）。Howe 和 Strauss (2000)及其他人对千禧年世代乐观的预测同样也会被误用，就像 Kerr 的错误预言一样。

显然，要验证 Howe 和 Strauss (2000), Lancaster 和 Stillman (2002)以及其他人关于世代的研究是否站得住脚还需要更加严格的研究，特别是要考察中下等阶层和下等阶层人们的情况，尤其是 3500 万名生活在贫困线下的美国人。种族和性别是其他个体间的差异，有关的世代研究对此没有充分讨论。此外，研究不同文化背景下的代际差异也做得不够，在英文出版物中尚未发现此类研究。

目前对世代研究做得最好的是 Twenge (2006)，她投入了大量的精力去研究种族和性别方面的代际差异，尽管不幸的是她没有考虑社会经济地位这个变量。关于种族，基于她在 20 世纪 50 年代至今的大量研究基础上，她分析得出这样的结论，GenMe"将趋向种族之间的平等"，(和)"在界定特征时种族将变得越来越不重要"(214 页)。就性别而言，她预测到，女性将很快成为年轻职业者(比如医生、律师)的主力，而在工程学和物理学领域主力"将仍是男性"(p. 215)。

代际差异与学习风格一样，在某种程度上都是非常薄弱的、可供研究的变量。最近在英格兰 Coffield 等人对学习风格进行了文献综述(Coffield 等, 2004)，他们极其怀疑在所有的世代中通用的学习风格。研究者发现，在教育和心理学研究文献中找到的几百个研究中存在着 70

多种学习风格，却缺乏严谨的科学支持。据 Coffield 等(2004)所讲，即使是研究最多的学习风格也经不起推敲。有关代际差异的大量研究文献也同样如此。

小结

关于代际差异的底线是，教育技术研究者应该知道这个变量在众多个体差异变量中是缺乏严格界定和测量标准的。从研究和开发的角度而言，应该高度警惕那些基于薄弱的调查研究就进行一般化和概括化以及那些靠提供咨询服务赚钱的咨询师。Twenge (2006)的研究为两个世代的差异提供了坚实的基础：那些生于 1970 年以前的婴儿潮和生于 1970 年后的 GenMe 世代。

也就是说，在高等教育领域以及工作场所对视频游戏、即时消息、播客和其他先进的技术进行教学设计的时候，考察当今大学生和工人的偏好是有一定价值的。比如，越来越多的证据显示视频游戏在认知结果方面的好处大于坏处(Gee, 2003)，还有研究发现如今更加年轻的大学生和工人大部分的闲暇时间用来玩视频游戏，他们更加喜欢通过游戏而不是课堂教学来学习。不过，与代际差异类似，这是一个更加需要实证研究的领域。人们建议基于设计的研究方法对此领域未来的研究最为合适，因为这个研究方法旨在解决现实世界中有关教学、学习和绩效支持以及确定可重用的设计原理等问题(van den Akker 等，2006)。特别需要关注代际差异和教育技术的交叉研究。

(张秀梅 译，赵国栋 一校，赵　健 二校)

参考文献

Brooks, D. (2000). What's the matter with kids today? Not a thing. *The New York Times*, Nov. 5(http://query.nytimes.com/gst/fullpage.html?res=9B06EID91E31F936A35752C1A9669C8B3&pagewanted=2).

Chester, E. (2002). *Employing Generation Why?: Understanding, Managing, and Motivating Your New Workforce*. Lakewood, CO: Tucker House Books.

Coffield, F., Moseley, D., Hall, E., and Ecclestone, K. (2004) *Learning Styles and Pedagogy in Post-16 Learning: A Systematic and Critical Review*. London: Learning and Skills Research Centre (http://www.lsda.org.uk/files/pdf/1543.pdf).

303 D'Addono, B. (2004). Bridging the generation gap. *Today's Officer*, http://www.moaa.org/TodaysOfficer/Careers/Generation_Gap.asp.

Debard, R. D. (2004). Millennials coming to college. In *Serving the Millennial Generation: New Directions for Student Services*, edited by R. D. Debard and M. D. Coomes, pp. 33-45. San Francisco, CA: Jossey-Bass.

Gee, J. P. (2003). *What Video Games Have to Teach Us About Learning and Literacy*. New York: Palgrave Macmillan.*

Gillon, S. M. (2004). *Boomer Nation: The Largest and Richest Generation Ever and How It Changed America*. New York: Free Press.

Hersh, R. H. and Merrow, J., Eds. (2005). *Declining by Degrees: Higher Education at Risk*. New York: Palgrave Macmillan.

Howe, N. and Strauss, W. (2000). *Millennials Rising: The Next Great Generation*. New York: Vintage Books.*

Lancaster, L. C. and Stillman, D. (2002). *When Generations Collide. Who They Are. Why They Clash. How to Solve the Generational Puzzle at Work*. New York: Collins Business.*

Manchester, W. (1974). *The Glory and the Dream: A Narrative History of America: 1932-1972*. Boston, MA: Little, Brown and Company.

Martin, C. A. and Tulgan, B. (2002). *Managing the Generational Mix*. Amherst, MA: HRD Press.*

Oblinger, D. and Oblinger, J., Eds. (2005). *Educating the Net Gen*. Washington, D. C: EDUCAUSE.*

O'Neill, S. (2000). *Millennials Rising* by Neil Howe and William Strauss [review]. *Flak*, Sept. 23 (http://flakmag.com/books/mill.html).

Raines, C. (2003). *Connecting Generations: The Sourcebook for a New Workplace*. Menlo Park, CA: Crisp Publications.

Schooley, C. (2005). *Get Ready: The Millennials Are Coming! Changing Workforce*. Cambridge, MA: Forrester Research.

Stone, S. (2006, May). Millennials seek balance, continuing education. *Chief Learning Office (CLO) Online*, http://www.clomedia.com/.

Tapscott, D. (1998). *Growing Up Digital: The Rise of the Net Generation*. New York: McGraw-Hill.*

Twenge, J. M. (2006). *Generation Me: Why Today's Young Americans Are More Confident, Assertive, Entitled — and More Miserable Than Ever Before*. New York: Free Press.*

van den Akker, J., Gravemeijer, K., McKenney, S., and Nieveen, N., Eds. (2006). *Educational Design Research*. London: Routledge.

Zemke, R., Raines, C., and Filipczak, B. (2000). *Generations at Work: Managing the Class of Veterans, Boomers, X-ers, and Nexters in Your Workplace*. New York: Amacon.*

* 表示主要参考文献。

26

学习、认知和教学的联结技术

Sabihe Graf 和 Kihshuk

摘要 306

不同的人采用不同的学习方式。此外,个体的认知能力也存在着差异,这影响了有效学习的发生。如果在教学中能够考虑学习者的学习风格和认知能力等方面的个体差异,则可以降低学习难度、提高学习绩效;反之,如果学习者的需求在学习环境中得不到满足,他们就会在学习过程中遭遇困难。本文介绍了一些十分重要的认知特征。我们还要讨论如何将学习者的各种能力整合到教学系统中来。关于学习风格,我们会介绍一些在网络课程中整合学习风格的主要方法及可能的策略,并将在第二节论述最近对"以学习者在课程中的行为表现为基础,识别学习者学习风格和认知特征"的相关研究。这些内容是提供适应性课程所不可或缺的。最后,我们将就认知特征和学习风格之间的关系展开论述,这种关系能够产生一种附加信息,并指向一个更加可靠的学习者模型。

关键词

认知能力:认知能力指的是认知过程中发挥作用的一切功能的集合。所以认知也可以定义为大脑的知觉过程,它包括意识、感知、推理以及判断。

学习风格:关于学习风格还没有一个统一的定义。Honey 和 Mumford 在 1992 年给出了学习风格的一般性定义:学习风格就是对决定学习者学习偏好的态度和行为的描述。

学生建模:学生模型存储了学生的相关信息,包括具体领域的能力和独立于领域的个性特征。学生建模就是建立并更新学生模型的过程。

引言

在技术支持的学习环境中,个体学习者居于中心地位。每个学习者都有自己的个体特征,如不同的认知能力、学习风格、先前知识、学习动机等。这些个体差异影响着学习者的学习过程。这也是对于相同的课程有的学习者觉得容易,而有人则觉得困难的主要原因(Jonassen 和 Grabowski, 1993)。

学习发生的环境对学习过程也有影响。学习环境包括:学习目标、学习活动、学习评价、技术或工具、信息资源、教师、辅导教师或助教。具有不同个体差异和学习环境的学习者被看作学习系统的一个组成部分。学习系统的所有元素,尤其是它们之间的相互作用,对学习过程产生了深刻的影响。

例如,加涅(1985)曾论述,学习目标和学习活动之间存在着相互作用;不同类型的学习目标,需要不同结构和类型的学习活动。他提出了学习目标的五个分类:言语信息、智慧技能、认知策略、动作技能和情感态度。对于情感态度的学习,有说服力的论据或榜样人物是不能缺少的。相较而言,学习动作技能的一个重要条件就是进行大量的练习。另一方面,对于言语信息(如事实)的学习,却未必需要练习、论据或榜样。

另一个例子是学习风格中信息资源和个别差异之间的相互作用。信息资源能以不同的方式呈现,如文本、图像、动画、模型、图表等,所以可能出现与学习者信息接受方式不匹配的情况。二者之间匹配得越好,学习就能更好地发生。另外,这些信息可能由具体的材料组成,比如事实、数据,也有可能由抽象的材料组成,比如概念、理论。同样地,信息资源类型和学习者的信息接受方式是否匹配对学习过程也会产生影响。

本章也探讨了上述组成元素之间的其他联系,并详细地阐释了它们对学习的影响。我们重点研究个体学习者各方面之间的联系——尤其是认知能力和学习风格,如何进行教学设计才能更好地匹配学习者的需求,以及如何利用技术更好的支持这种教学。

鉴于学习者个体之间的差异性,很多研究都是围绕着学习者的原有知识及其对学习的影 307
响展开的。Jonassen 和 Grabowski (1993)曾提出,原有知识是最具影响力的、贯穿始终的个体差异指示器,它能够预测学习者学习成就的大小。尽管看起来原有知识是学习差异性产生的主要原因,但是最近越来越多的教育研究者开始关注认知能力和学习风格对学习的影响,以及如何在技术支持的学习中包含二者。

认知能力和学习风格在教育中起着重要的作用。例如,认知超载可能阻碍学习过程,导致较低的学习绩效。关于学习风格,Felder (Felder 和 Silverman, 1988; Felder 和 Soloman, 1997)曾指出,如果教师的教学风格和学习者在某门课上的学习风格不匹配时,学习者就可能遇到困难。理论上,我们可以说,将学习者的认知能力和学习风格纳入到教学过程中可以使学习变得容易,并且提高学生的学习效率。另一方面,不能够从学习环境中得到支持的学习者就可能遭遇学习困难。

尽管这些假设看起来比较直观,并且有教育理论的支撑,但是,当人们在研究教学方法是否与具有不同认知能力和学习偏好的学习者相匹配对其学习成绩的影响时,还是得到了一些不一致的结果。Jonassen 和 Grabowski (1993, p. 28)指出了产生这些不一致性结果的几种原因,这就是业内著名的态度调节互动法(ATI)。研究的局限性可能来自"小样本、简化处理、专门化的能力建构、标准化测试以及能力倾向和信息加工处理需求在概念和理论上联系的缺乏。"

Bajraktarevic 等在 2003 年所做的一项支持研究表明,网络课程与学习者学习偏好匹配(不管是连续的还是全部的匹配)的学习者显著优于那些不匹配的学习者的成绩。另一项支持上述观点的研究来自于 Ford 和 Chen (2001),他们调查了课程与学习者认知风格(场独立型或场依存型)匹配的和不匹配的学习者的学习表现。此研究也表明,课程与学习者学习风格匹配的学习者成绩要显著优于不匹配的学习者。然而,Brown 等在 2006 年研究了视觉和语言偏好型学习者,他得出了这样的结论:"学习者是否是视觉或双模学习者似乎并不重要,向学习者呈现的数据形式是否是视觉的、听觉的、还是混合的似乎也不重要"(Brown 等,2006,333 页)。Tillema 在 1982 年以序列型和整体型认知风格的学习者为对象所做的研究也未取得显著差异。这些不一致的结论表明,我们还需要作进一步的研究。

最近的研究强调要将学习者的认知能力和学习风格纳入到技术支持的学习系统中去。在本章,我们将对这些研究做出概述。首先,我们将介绍认知特征和学习风格,并且考虑在教学系统中采用的支持具体认知特征和学习风格的教学策略。在第二部分,我们将论述如何识别学习者的认知特征和学习风格并给出一些例子。最后,我们将讨论认知特征和学习风格之间的相互关系。

认知特征

人类有很多典型的认知能力。这一部分,我们将重点讨论对学习比较重要的认知能力。

在讨论这些能力时，我们将讨论教学是怎么和这些认知能力相关联的，以及如何在教学系统中帮助那些认知能力存在差异的学习者。

工作记忆

工作记忆允许我们在记忆中短暂地保持有限容量的信息(大约5—9组块)。早些时候，工作记忆也指短时记忆。尽管对于工作记忆结构的观点不同，但是研究者一致认为工作记忆是由存储和操作子系统组成的(Richards-Ward, 1996)。工作记忆的容量不足导致了它在执行不同任务时的表现也不一样。其中的一些例子包括自然语言的运用(如理解，造句)、陈述性记忆的识别、技能掌握等等(Byrne, 1996)。

双重编码假设理论就是基于以下假设：工作记忆由两个相互独立的部分组成，一个与言语信息有关，另一个与非言语信息有关(Clark 和 Paivio, 1991)。根据这一假设，当两个通道(言语的及非言语的)都参与时，可以降低认知负荷，由此，学习者可以较好地学习。Moreno 和 Valdez 在 2005 年所做的研究可以支持上面的假设。实验分三组进行，给学习者同时呈现图表(非言语信息)和解释文本(言语信息)，仅给学习者呈现图表或者仅给学习者呈现解释文本。
308 实验表明，同时接受图表和文本的学习者在记忆测试和知识迁移方面表现最好。Wey 和 Waugh 做了另一个支持双重编码假设理论的研究(1993)。他们发现对于那些场依赖[*]的学习者，如果在学习中只呈现文本的材料，会给他们的学习带来困难，而同时呈现包含文本和图表的材料会有益于他们的学习(Al Naeme, 1991; Bahar 和 Hansell, 2000)。

在某些条件下，双重编码理论的陈述有着积极的效果。根据 Mayer (1997)和 Kalyuga 等(1999)的观点，知识应该是综合的而不是重复的，因此，不能强迫学生分散他们的注意力。当呈现内容时用文本和声音表现，会给学习者带来额外的认知负荷，因而给学习带来消极影响。另外，与学习者以往经验的合作似乎很重要。Kalyuga 等(2000)在他的研究中发现，双重编码理论对知识表征的解释力是随着学习者经验的增长而减少的。虽然初学者学习用图表和声音呈现的内容比学习只是图表呈现的内容会取得更好的效果，但是有经验的学习者学习只是图表呈现的内容会获得更好的效果，原因是图表呈现方式降低了他们的认知负荷。

基于探究空间的控制要素(Kashihara 等，2000)，不同版本的课程可以被创造出来以满足不同的需要。这些要素包括呈现方式的适当性和数量，内容的多少、具体性和结构性，还有信息资源的数量。学习系统中的教学设计应该通过考虑学习者的学习能力和避免他们的认知负荷，来帮助学习者学习。对于低工作记忆容量的学习者来说，首先，要减少呈现方式的数量并增强呈现方式的适当性；其次，应当呈现较少、更具体的内容；再次，应增加可利用的媒体资源的数量。相反，对于高工作记忆容量的学习者，要适当地减少一些相应的呈现方式，而增加内容的数量并提高内容的概要性。

---

[*] 场依赖是指趋向于低工作记忆容量又依赖工作。——译者注

推理能力

提到推理能力,我们会想到归纳、演绎和溯因推理。因为归纳推理是关于学习最重要的能力,所以在下面的讨论中,我们将重点探讨归纳推理,同时也简要涉及演绎推理。

归纳推理技能跟情境中的概念建构有关。学生面对复杂问题时,通常寻找通用的模式去建构短暂的、内在的且有效的假设计划(Bower 和 Hilgard, 1981)。而具有较高归纳推理技能的学生,识别一个已经通用的模式和概括更高的状态规则,会更加容易。结果,关于工作记忆的负荷就会减少,学习进程就更有效。总之,归纳能力越强,对学术知识的智力模式建构就越容易。用 Harverty 等(2000)的话来说,归纳推理能力是学业成就的最佳预测器。

学习者通过在计算机模拟的实验中去推断学习模式的特征称为基于模拟的发现学习。因此,应不断地强调让学习者使用他们的归纳推理技能。根据 Veermans 和 van Joolingen (1998)的研究,基于模拟的发现学习能巩固知识、促进知识迁移及促进协调技能获得,因而会产生更强的学习动机。然而,发现学习不会总是产生好的学习效果,其中一个原因是学习者发现完成所必需的步骤是困难的。为了支持归纳推理能力欠缺的学习者学习并改善他们的学习进程。Veermans 和 van Joolingen 通过模拟实验设计了一种能给学习者提出建议的机制,这一机制整合了 SimQuest(一个基于模拟识别的编写系统,van Joolingen 和 de Jong, 2003)。

再一次考虑到探究性学习和探究空间控制要素时,对于那些归纳推理能力不足的学习者应该提供尽可能多的观察机会。学习系统应该通过不同的呈现方式提供大量建构良好的、具体的信息来支持学习者的学习。而对于那些具有高归纳推理技能的学习者,为了减少多维空间的复杂性,信息的数量和呈现方式的种类应该适当减少,从而让学习者更快地抓住要点,另外,信息应通过更概要的方式去呈现(Kinshuk 和 Lin, 2003)。

演绎即由假设出发得出逻辑结果的过程。演绎推理的应用就好比做自然决定(Zsambok 和 Klein, 1997),或者说是人们在真实世界中处理事情的过程。我们发现有经验的决策者会针对可能发生的不同情境采取适当的行为,然而缺乏经验的决策者却会采取无组织的、随意的行为。当遇到复杂问题时,人们通常无法找到适当的解决办法。按照 Dörner (1996)的说 309
法,这种失败主要有几个原因,例如,人们趋向于把复杂系统的智力模型过分简单化。当有意识的想法来临时趋向于思维迟钝,或者说趋向于忽视产生负面影响的可能性。然而,Dörner 的研究表明,工商业中的领导者在处理复杂情境的时候会趋向于做一些更有效的决策,他还论证了必要的行为和技能是可以在处理复杂情境时习得和学习的。

信息加工速度

信息加工速度决定了学习者正确地获取信息的快慢程度。教学设计者们在进行教学设计时应该考虑学习者的信息加工速度。例如,有的学习者阅读速度较慢,那么他们的工作记忆中就不能存储足够的细节信息来支持他们对阅读内容整体大意的理解(Bell, 2001)。根据探索空间控制要素理论,应该给信息加工速度较慢的学习者只提供信息的要点,并且要减少信息的传播途径和信息量,增加传播途径之间的相互关联。另外,增加结构化信息可以促进学习过程。反之,对于信息加工速度较快的学习者,通过大量的信息和多种传播途径,可以扩大学习者的信息空间(Kinshuk 和 Lin, 2003)。

联结式学习技能

联结式学习技能能够将新旧知识联系起来。知识关联过程需要进行模式匹配,它可以发现已有的信息空间,分析新旧知识之间的关系,将新知识存入长时记忆(或者具体地说,保持新知识的线索)。为了帮助学习者在学习过程中进行联想加工,教学设计者必须帮助学习者回忆已有信息,清晰呈现概念(新旧概念)之间的关系,通过提供相关的领域信息促进学习者建立新的、有创造性的联想或信息理解。大量的信息、多种媒体资源、多种关联传播途径,可以帮助具有低联想技能的学习者实现概念之间的关联。再者,良构信息可以使概念之间的关联变得较为容易。反之,对于具有较高联想技能的学习者,结构不良的信息能够给予他们更多的自由,加快他们的学习进度。此外,信息传播途径之间的关联度应该降低,这有利于增加学生的信息空间(Kinshuk 和 Lin, 2003)。

元认知

John Flavell 在 1976 年给出了元认知的概念。现在对于元认知有几个不同的定义。弗莱沃尔(1976,p. 232)的定义如下:"元认知指的是人们关于自己的认知过程、产品或者其他与之相关的一切事情的知识。"Panaoura and Philippou 在 2005 年对元认知的定义如下:元认知是对于个体自己认知系统和功能的知觉和监控。元认知由几个不同的维度组成,其中自我呈现(关于认知的知识)、自我调节是主要的维度。最近的研究表明,元认知在学习过程中有着重要的作用(Alexander 等,2003; Mayer, 1998; Panaoura 和 Philippou, 2004)。例如,在问题解决任务中,元认知能力较高的学习者能够表现较好(Lester 等,1989; Mayer, 1998)。

学习风格

文献中存在几个不同的学习风格模型,每一个模型都给出对于学习风格的不同描述和分类。至今仍没有一个关于学习风格的一致性的定义。Honey 和 Mumford (1992, p. 1)把学习风格定义为:"对决定学习者学习偏好的态度和行为的描述。"James 和 Gardner 对学习风格的定义较为精确。他们将学习风格定义为"学习者在一定的环境和条件下所表现出来的复杂行为,它们能够支持学习者快速有效地理解、加工、存储、回忆他们的学习内容。"另外,研究者对于学习风格在整个学习过程中是否一成不变,也未达成一致。在一些研究中,学习风格变化很快(如 Clariana, 1997),然而其他的研究者发现学习风格在整个学习过程中是十分稳定的(Felder 和 Spurlin, 2005; Keefe, 1979; Kolb, 1981)。

在这一部分,我们将介绍一些很常见的学习风格分类——Myers-Briggs 风格量表(Briggs-Myers, 1962),Kolb 的学习风格模型(Kolb, 1984),Honey-Mumford 的学习风格模型(Honey 和 Mumford, 1982)以及 Felder-Silverman 的学习风格模型(Felder 和 Silverman, 1988)。我们重点关注最后一个模型,并且探讨在教育系统中采用的支持具有不同学习风格的学习者的教学策略。

Myers-Briggs 风格量表 310

Myers-Briggs 风格量表(MBTI)(Briggs-Myers, 1962)是一个性格测试量表,该量表并非专门用于研究学习,但是性格影响着学习者如何进行学习,因而一些学习风格模型都参考了MBTI。根据荣格的心理类型理论(Jung, 1923),MBTI 将人们划分四类相对的性格类型:外向型/内向型,感觉型/直觉型,思考型/情绪型,以及判断型/知觉型。这些性格类型可以任意组合从而可以产生 16 种性格类型。

外向型和内向型指的是个体如何释放和获取他们的精力。外向型的个体倾向于关注他们周围的环境,例如其他人和物。内向型的个体则倾向于关注他们自己的思想和观点。感觉型和直觉型指的是人们在获取数据时的倾向性。感觉型的个体倾向于从他们的感觉器官获得数据,而知觉型的个体则倾向于从他们的潜意识中获得数据。根据对获得数据的判断方式不同,又可将个体分为思考型和情绪型。思考型个体的判断是基于逻辑连结的,例如对—错、如果—那么,但是情感型个体的判断则是对多—少、好—坏的估计。最后的一组类型在描述一个人是否更加外向时,是根据他(她)更强的判断机能(如思考或情绪)或者根据他(她)们的感知机能(如感觉或直觉)。判断型个体喜欢循序渐进的做事方法和结构,以及能够快速完成的任务。知觉型个体则喜欢有多种选择,他们更加灵活和主动。这四组倾向性是相互影响而非各自独立的,要完整地描述一个人的性格类型,这四组性格的倾向性都应该考虑到。

Kolb 的学习风格模型

Kolb 的学习风格模型是在经验学习风格理论的基础上提出来的。该模型对学习过程进行建模,并且将经验的重要作用考虑在内。根据这一理论,学习被看作四阶段循环。具体经验是观察和反思的基础。观察用以形成抽象概念和概括,抽象概念和概括又成为在新情景中对概念实施检验的基础,实施检验导致产生具体经验,至此完成整个学习过程的循环。根据该理论,学习者进行有效学习需要具备四个能力:(1)具体经验能力,(2)反思观察能力,(3)抽象概念能力,(4)主动实验能力。进一步研究表明,存在着两组相反的维度:具体/抽象以及主动/反思。Kolb (1981)指出,“我们的天赋,过去的生活经历,以及当前环境的要求,使我们偏重某些学习能力,进而形成自己的学习风格”。基于这一假设,Kolb 给出了在统计学上占多数的四种学习风格类型。

聚合思维者的主要能力是抽象概念能力和主动实验能力,所以他们更擅长把想法付诸于实践。“聚合思维者”这一名称来源于哈德森的思维风格理论(Hudson, 1966)。在该理论中,聚合思维者被定义为那些擅长收集信息和事实并把它们放在一起,从中发现某一具体问题解决方案的人。相反地,发散思维者更擅长于具体经验和反思观察这两个维度。他们善于从不同的角度看待具体的情景,并将它们之间的联系组织起来形成有意义的图式。哈德森认为,发散思维者的优势在于他们有很多的想法。所以,发散思维者显得十分活跃。同化者善于抽象概念和反思观察。他们的优势在于构建理论模型。他们善于归纳推理,能够将分散的观察结果整合成统一的解释。顺应者的优势与同化者相反。他们的优势在于工作积极，乐于实施计划和做实验，并且积极投身于新的体验。他们同时也具有喜欢冒险和能够快速适应环境的特点。

Honey-Mumford 的学习风格模型

Honey-Mumford 的学习风格模型是建立在 Kolb 的经验学习风格理论基础上的，但是他们又发展了 Kolb 的四种类型学习风格模型。他们定义的学习风格模型同时包含主动/反思和推理/直觉维度。此外，Honey 和 Mumford 指出，Kolb 的模型和他们的模型之间的相似程度
311 要远大于他们之间的差异程度(Honey 和 Mumford, 1992)。在 Honey-Mumford 的学习理论模型中，学习风格包括：行动主义者(类似于顺应者)，理论主义者(类似于同化者)，实用主义者(类似于聚合思维者)，以及反思者(类似于发散思维者)。

行动主义者全身心地投入到新的体验中，他们热衷于一切新的东西，积极主动的“做”是他们最好的学习方式。理论主义者善于将观察结果调整和整合到理论中去，并且他们的学习过程离不开模型、概念和事实的支持。实用主义者对学习材料在现实世界中的应用感兴趣，他们喜欢尝试各种不同的想法、理论和技术以观察它们的应用效果。反思者喜欢从不同角度观察别人和自己的经历，彻底反思这些经历，并最终得出结论。他们也可以在观察和分析已经取得的观察材料的过程中进行学习。

Felder-Silverman 的学习风格模型

尽管 Honey 和 Mumford 以及 Kolb 的学习风格模型主要关注在统计学上占主体的学习类型，但在 Felder-Silverman 的学习风格模型中，学习者的特征可以用四个维度的值进行表征。这几个维度可以分开考虑，他们表征了学习者是如何以自己偏好的方式加工(主动型的/反思型的)、感知(感觉型的/直觉型的)、接受(语言型的/视觉型的)以及理解(序列型的/整体型的)信息的。由于 Felder-Silverman 学习风格模型的各个维度的变化范围都是从 −11 到 +11 的，所以它也可以表示偏好程度的平均值。这些维度的测量值只是反映一种趋势，这意味着即使学习者的测量值是积极的或者是消极的，学习者也可以有相反的表现。

主动型/反思型维度类似于 Kolb 的学习风格模型的反思型维度。主动型学习者积极应用学习材料进行学习，效果很好。例如，分组工作、讨论材料或者应用材料。为了帮助技术支持下的教学系统中的学习者，我们可以给学习者提供练习、交互动画以及小组任务，以支持学习者更加积极地学习。相较而言，反思型的学习者倾向于对学习材料进行思考和反思，因此他们需要足够时间来进行思考和反思。学习系统允许学习者按他们自己的步调进行学习，以支持他们的学习方式。

感觉/直觉维度来源于 Myers-Briggs 的风格量表，它与 Kolb 模型中的感觉/直觉维度类似。倾向于感觉型学习风格的学习者喜欢学习事实和具体学习材料。他们比直觉型的学习者更加关注细节，更加务实。他们也喜欢将已经学过的学习内容和现实世界联系起来。直觉型学习者倾向于学习抽象的学习材料，比如理论，以及理论的含义。他们喜欢发现可能性和事物

之间的联系,他们比感觉型的学习者更加富于创新精神和创造力。因此,他们在开放性题目中的得分要比只有一个正确答案类题目中的得分要高。直觉型学习者擅长于学习抽象的概念和理论,然而感觉型学习者需要大量的事例、多种媒体资源(如音频、视频)来支持他们的学习过程。

有些学习者对于他们看到的东西(像图片、图表、流程图)记得最牢,有些学习者从语言中学得的更多,而不管这些语言是写出的还是说出的。语言/视觉维度在这两类学习者之间是存在差异的。根据上述观点,对于视觉型的学习者,给他们提供带有像图片或图表等视觉元素的学习材料,可以促进他们的学习。对于听觉型的学习者,论坛或者聊天这类的交流工具是很有用的。

第四个维度:序列型/整体型的区别在于,理解学习材料时的方式是序列的还是整体的。序列型的学习者以小步调渐进的方式进行学习,他们的学习过程是线性的。他们倾向于循着逻辑的思路解决问题。相较而言,整体型的学习者采用整体思维模式,跨越式地进行学习。他们倾向于随机地吸收学习材料,却忽视了学习材料之间的联系。但是当他们掌握的学习材料足够多时,他们会突然明白学习材料的整体意义。他们就能够解决复杂的问题,并以新颖的方式组织事物。但是,他们却很难解释自己是怎么做到的。给序列型的学习者提供贯穿课程材料的结构良好的学习路径是很重要的,并且不能使用过多的连接加重他们的负担。要帮助学习者从整体上理解课程,我们应该给他们提供课程的概览。

认知特征和学习风格的识别

要在教学系统中引入认知特征和学习风格,必须首先收集与认知特征以及学习风格相关的信息资料。方式之一就是让学习者进行综合测验和问卷调查,这能够显示出学习者的认知特征和学习风格。然而,学习者可能对这种方法存有偏见或犹豫不决。更好的方法是跟踪学习者的学习行为,并从其行为表现中推知需要的信息。认知特征模型(Kinshuk 和 Lin, 2004; 312
Lin 和 Kinshuk, 2005)就采用了该方法,并根据学习者的认知特征来描述学习者。为了识别学习风格,研究者们采用了很多方法来检测 Felder-Silverman 的学习风格模型的各个维度。

认知特征识别

认知特征模型(CMT)是一种根据学习者的认知特征对学习者进行描述的学生模型。CMT 给出了四种认知特征——工作记忆容量、推理能力、处理速度以及联结式学习技能。CMT 论述了学习伙伴的作用,即能够对特定学习者环境的学习环境中产生影响并提供咨询帮助。因为人类认知特征存在不同程度的连续性,CMT 在很长的一段时间之后依然有效(Decry, 2004)。在新的学习环境中,学习者可以利用本身已经具有的 CMT,而不用再从头开始认识学习环境。对学习者认知特征的识别是基于学习者在教学系统中的行为表现进行的。每一种认知特征都相应地定义了不同的模式也就是特征表现(MOTs)。每一个特征表现都是一个反映学习者性格的相互作用模式。神经网络(Lin 和 Kinshuk, 2004)根据特征表现的相关信息计算学习者的认知特征。

学习风格的识别

文献中可查的很多自适应系统都包含了学习风格，例如 CS383* (Carver 等，1999)是第一个基于 Felder-Silverman 的学习风格模型(FSLSM)开发的适应性多媒体系统。该系统中开发的课程使用了各种媒体对象。系统给学习者提供了多种媒体对象，他们可以从中选出跟他们的学习风格最相适的媒体对象。另一个基于 FSLSM 开发的系统是 MAS-PLANG(Pena 等，2002)，这是一个多代理系统。该系统能够针对学习者的学习风格做出适应性调整，进而丰富了 USD 智能导师系统(Fabregat 等，2000)的功能。再一个例子是 INSPIRE** (Papanikolaou 和 Grigoriadou, 2003)，它是基于 Honey-Mumford 的学习风格理论开发出来的。所有的上述系统以及包含学习风格的大部分其他系统对学习者学习风格的识别都是使用问卷调查的方式实现的。这些问卷由学习者在使用系统之前进行填写。这些问卷都是基于这样的一个假设，即学习者知道自己是如何学习的。乔纳森和格雷鲍斯基(1993，234 页)指出，"学习风格是基于自我陈述的测量而不是对能力的测验，因此调查问卷的效度是一个主要的问题"。

Garcia 等(2007)对基于 SAVER 教育系统中学生的行为利用贝叶斯神经网络(Jensen，1996)探测学生的学习风格进行了研究。根据 Felder-Silverman 的学习风格模型，研究者确定了能够表征各个维度的行为模式，他们同时确定了这些变量和模式所处的不同状态。由于 SAVER 系统中并未包括视觉/听觉维度，因而他们没有对这一维度进行研究。

上面的这些方法是为专门的系统开发的。Graf 和 Kinshuk 在 2006 年提出了一种在学习管理系统中甄别学习者学习风格的普适化方法。同 Garcia 等(2006)的方法类似，上述方法也是以 Felder-Silverman 的学习风格模型为基础的，所不同的是，它包含了全部的四个维度。行为模式来源于学习管理系统中经常使用的一些特征，例如论坛和练习。应用学习风格索引可以确定学习者的学习风格(Felder 和 Soloman, 1997)。学习风格指标是指依据 Felder-Silverman 的学习风格模型识别学习风格的调查问卷。

学习风格和认知特征的关系

直到今天，认知特征和学习风格都是分别进行研究的。考虑二者之间的关系可以得到更多的关于学习者的信息。对于仅考虑学生的学习风格或者认知特征的教学系统而言，研究二者的关系能够得到更多的信息。就学习风格和认知特征而言，这些信息可以使系统变得更加具有适应性。在一个包含学习风格和认知特征的教学系统里，交互作用可用于提高对应维度的甄别过程，这样可以得到一个更加可靠的学生模型。

Graf 等在 2005 年对 Felder-Silverman 的学习风格模型和工作记忆的认知特征之间的关

---

* 计算机中的一种研究方法，"cs"在这里是指 computer science。——译者注

** INSPIRE 是自适应教育超媒体的原型。其中所采用的方法强调了这样的事实，那就是学习者用非常不同的方式来看待和处理信息，并从教学设计理论的思想和学习方式中整合出观点。——译者注

系进行了研究。通过文献调研,能够识别出高的工作记忆容量与反思型、直觉型、序列型的学习风格之间的关系。具有低的工作记忆容量的学习者,他们倾向于主动型、感觉型和整体型的学习风格。考虑到视觉型/听觉型维度,我们能够得出这样一个结论:低工作记忆容量的学习 313
者倾向于视觉型的学习风格,而视觉型学习风格的学习者的工作记忆容量却不一定低。为了证明上述联系的存在,Graf 等人在 2006 年对 39 名学生做了一项探索性的研究。结果显示,工作记忆容量和学习风格模型四个维度中的两个之间有联系,这两个维度分别是感觉/直觉和语言/视觉。对于另外两个维度,仅发现工作记忆容量和它们有一定的倾向性,而没有明显的联系;所以,有待进行包含更多样本的深入研究。

小结

在技术支持的教学系统中包含认知特征和学习风格,会有利于学习者的学习,使学习变得更加容易。然而,很少有系统考虑到这种需求。尽管研究者对自适应系统中的认知特征和学习风格给予了一定的关注,然而,目前在使用最多的网络教育中却仍未将学生的这种个性需求考虑在内。本章我们重点讨论了三方面的问题:(1)介绍了对学习有重要影响的认知特征和主要的学习风格理论;(2)介绍了一些用于识别学习者认知特征和学习风格的方法,这些方法是识别他们所必需的;(3)论述了认知特征和学习风格之间的关系,这有利于改善学习者模型。将学习者的认知特征和学习风格同对学习者的教育联系起来,并将它们考虑到教学系统中,对学习者来说既重要又有益。显然,为了进一步确立学习风格尤其是认知特征在网络教育中的重要地位,尚需更多的研究工作。

(吉喆 译,郑　葳 一校,赵　健 二校)

参考文献

Al Naeme, F. F. A. (1991). The Influence of Various Learning Styles on Practical Problem-Solving in Chemistry in Scottish Secondary Schools. Ph. D. dissertation. Glasgow: University of Glasgow.

Alexander, J., Fabricius, W., Fleming, V., Zwahr, M., and Brown, S. (2003). The development of metacognitive causal explanations. *Learn. Individ. Diff*, 13,227 - 238.

Bahar, M. and Hansell, M. H. (2000). The relationship between some psychological factors and their effect on the performance of grid questions and word association tests. *Educ. Psychol.*, 20(3),349 - 364.

Bajraktarevic, N., Hall, W., and Fullick, P. (2003). Incorporating learning styles in hypermedia environment: empirical evaluation. In *Proc. of the Workshop on Adaptive Hypermedia and Adaptive Web-Based Systems*, August 26 - 30, Nottingham, U.K., pp. 41 - 52.

Bell, T. (2001). Extensive reading: speed and comprehension. *Reading Matrix*, 1(1),1 - 13.

Bower, G.H. and Hilgard, E.R. (1981). *Theories of Learning*. Englewood Cliffs, NJ: Prentice Hall.

Briggs-Myers, I. (1962). *Manual: The Myers-Briggs Type Indicator*. Palo Alto, CA: Consulting Psychologists Press.*

Brown, E., Brailsford, T., Fisher, T., Moore, A., and Ashman, H. (2006). Reappraising cognitive styles in adaptive Web applications. In *Proc. of the Int. World Wide Web Conf.* (*WWW2006*), May 23 - 26, Edinburgh, U.K., pp. 327 - 335.

Byrne, M. D. (1996). A Computational Theory of Working Memory. Paper presented at the Doctoral Consortium of the Conference on Human Factors in Computing Systems (CHI96), April 13 - 16, Vancouver, Canada, pp. 31 - 32 (http://www.acm.org/sigchi/chi96/proceedings/doctoral/Byrne/mdb_txt.htm).

Carver, C. A., Howard, R. A., and Lane, W. D. (1999). Addressing different learning styles through course hypermedia. *IEEE Trans. Educ.*, 42 (1),33 - 38.

Clariana, R. B. (1997). Colloquium: considering learning style in computer-assisted learning. *Br. J. Educ. Technol.*, 28(1),66 - 68.

Clark, J. M. and Paivio, A. (1991). Dual coding theory and education. *Educ. Psychol. Rev.*, 3,149 - 210.

Deary, I. J., Whiteman, M. C., Starr, J. M., Whalley, L. J., and Fox, H. C. (2004). The impact of childhood intelligence on later life: following up the Scottish mental surveys of 1932 and 1947. *J. Pers. Soc. Psychol.*, 86(1),130 - 147.

Dörner, D. (1996). *The Logic of Failure: Why Things Go Wrong and What We Can Do to Make Them Right* (R. Kimber and R. Kimber, trans.). New York: Metropolitan Books.

Fabregat, R., Marzo, J. L., and Peña, C. I. (2000). Teaching support units. In *Computers and Education in the 21st Century*, edited by M. Ortega and J. Bravo, pp. 163 - 174. Dordrecht: Kluwer.

Felder, R. M. and Silverman, L. K. (1988). Learning and teaching styles in engineering education. *Eng. Educ.*, 78(7),674 - 681 (preface added in 2002; http://www.ncsu.edu/felderpublic/Papers/LS-1988.pdf).*

Felder, R. M. and Soloman, B. A. (1997). *Index of Learning Styles Questionnaire*, http://www.engr.ncsu.edu/learning-styles/ilsweb.html.*

Felder, R. M. and Spurlin, J. (2005). Applications, reliability and validity of the Index of Learning Styles. *Int. J. Eng. Educ.*, 21(1), 103-112.

Flavell, J. (1976). Metacognitive aspects of problem solving. In *The Nature of Intelligence*, edited by L. B. Resnick, pp. 231-235. Hillsdale, NJ: Lawrence Erlbaum Associates.

Ford, N. and Chen, S. Y. (2001). Matching/mismatching revisited: an empirical study of learning and teaching styles. *Br. J. Educ. Technol.*, 32(1), 5-22.

Gagné, R. M. (1985). *The Conditions of Learning*, 4th ed. New York: Holt, Rinehart and Winston.

314 García, P., Amandi, A., Schiaffino, S., and Campo, M. (2007). Evaluating Bayesian networks' precision for detecting students' learning styles. *Comput. Educ.*, 49(3), 794-808.*

Graf, S. and Kinshuk. (2006). An approach for detecting learning styles in learning management systems. In *Proceedings of the International Conference on Advanced Learning Technologies*, pp. 161-163. Alamitos, CA: IEEE Computer Science.

Graf, S., Lin, T., and Kinshuk. (2005). Improving student modeling: the relationship between learning styles and cognitive traits. In *Proc. of the IADIS Int. Conf. on Cognition and Exploratory Learning in Digital Age (CELDA 2005)*, December 14-16, Lisbon, Portugal, pp. 37-44.*

Graf, S., Lin, T., Jeffrey, L., and Kinshuk. (2006). An exploratory study of the relationship between learning styles and cognitive traits. Proceedings of the European Conference of Technology Enhanced Learning. *Lect. Notes Comput. Sci.*, 4227, pp. 470-475.

Harverty, L. A., Koedinger, K. R., Klahr, D., and Alibali, M. W. (2000). Solving inductive reasoning problems in mathematics: not-so-trivial pursuit. *Cogn. Sci.*, 24(2), 249-298.

Honey, P. and Mumford, A. (1982). *The Manual of Learning Styles*, 1st ed. Maidenhead: Peter Honey.

Honey, P. and Mumford, A. (1992). *The Manual of Learning Styles*, 3rd ed. Maidenhead: Peter Honey.*

Hudson, L. (1966). *Contrary Imaginations*. London: Penguin.

James, W. B. and Gardner, D. L. (1995). Learning styles: implications for distance learning. *New Direct. Adult Contin. Educ.*, 67, 19-31.

Jensen, F. (1996). *An Introduction to Bayesian Networks*. New York: Springer-Verlag.

Jonassen, D. H. and Grabowski, B. L. (1993). *Handbook of Individual Differences, Learning, and Instruction*. Hillsdale, NJ: Lawrence Erlbaum Associates.*

Jung, C. (1923). *Psychological Types*. London: Pantheon Books.*

Kalyuga, S., Chandler, P., and Sweller, J. (1999). Managing split-attention and redundancy in multimedia instruction. *Appl. Cogn. Psychol.*, 13, 351-371.

Kalyuga, S., Chandler, P., and Sweller, J. (2000). Incorporating learner experience into the design of multimedia instruction. *J. Educ. Psychol.*, 92, 126-136.

Kashihara, A., Kinshuk, Oppermann, R., Rashev, R., and Simm, H. (2000). A cognitive load reduction approach to exploratory learning and its application to an interactive simulation-based learning system. *J. Educ. Multimedia Hypermedia*, 9(3), 253-276.

Keefe, J. W. (1979). Learning style: an overview. In *Student Learning*
315 *Styles: Diagnosing and Prescribing Programs*, edited by J. W. Keefe, pp. 1-17. Reston, VA: National Association of Secondary School Principals.

Kinshuk and Lin, T. (2003). User exploration based adaptation in adaptive learning systems. *Int. J. Inform. Syst. Educ.*, 1(1), 22-31.*

Kinshuk and Lin, T. (2004). Cognitive profiling towards formal adaptive technologies in Web-based learning communities. *Int. J. WWW-Based Communities*, 1(1), 103-108.*

Kolb, D. A. (1981). Learning styles and disciplinary differences. In *The Modern American College: Responding to the New Realties of Diverse Students and a Changing Society*, edited by A. W. Chickering, pp. 232-255. San Francisco, CA: Jossey-Bass.

Kolb, D. A. (1984). *Experiential Learning: Experience as the Source of Learning and Development*. Englewood Cliffs, NJ: Prentice Hall.*

Lester, F., Garofalo, J., and Lambdin-Kroll, D. (1989). Selfconfidence, interest, beliefs and metacognition: key influences on problem solving behaviour. In *Affect and Mathematical Problem Solving*, edited by D. B. McLeod and V. M. Adams, pp. 75-89. New York: Springer-Verlag.

Lin, T. and Kinshuk. (2004). Dichotomic node network and cognitive trait model. In *Proceedings of the Fourth IEEE International Conference on Advanced Learning Technologies*, edited by Kinshuk et al., pp. 702-704. Los Alamitos, CA: IEEE Computer Science.

Lin, T. and Kinshuk. (2005). Cognitive profiling in life-long learning. In *Encyclopedia of International Computer-Based Learning*, edited by C. Howard, J. V. Boettcher, L. Justice, K. Schenk, P. L. Rogers, and G. A. Berg, pp. 245-255. Hershey, PA: Idea Group.*

Mayer, R. E. (1997). Multimedia learning: are we asking the right questions? *Educ. Psychol.*, 32, 1-19.*

Mayer, R. E. (1998). Cognitive, metacognitive and motivational aspects of problem solving. *Instruct. Sci.*, 26, 49-64.*

Miller, G. A. (1956). The magic number seven, plus or minus two: some limit of our capacity for processing information. *Psychol. Rev.*, 63(2), 81-96.*

Moreno, R. and Valdez, A. (2005). Cognitive load and learning effects of having students organize pictures and words in multimedia environments: The role of student interactivity and feedback. *Educ. Technol. Res. Dev.*, 53(3), 35-45.*

Panaoura, A. and Philippou, G. (2004). Young pupil's metacognitive abilities in mathematics in relation to working memory and processing efficiency. In *Proc. of the Third Int. Biennial SELF Research Conf.*, July 4-7, Berlin (http://self.uws.edu.au/Conferences/2004_Panaoura_Philippou.pdf).

Panaoura, A. and Philippou, G. (2005). The Measurement of Young Pupils' Metacognitive Ability in Mathematics: The Case of Self-Representation and Self Evaluation. Paper presented at the Conference of European Society for Research in Mathematics Education. February 17-21, Sant Feliu de Guixols, Spain (http://cerme4.crm.es/Papers%20definitius/2/panaoura.philippou.pdf).

Papanikolaou, K. A. and Grigoriadou, M. (2003). An instructional framework supporting personalized learning on the Web. In *Proceedings of the Third IEEE International Conference on Advanced Learning Technologies (ICALT'03)*, pp. 120-124. Los Alamitos, CA: IEEE Computer Society.

Peña, C. I., Marzo, J. L., and de la Rosa, J. L. (2002). Intelligent agents in a teaching and learning environment on the Web. In *Proc. of the Second Int. Conf. on Advanced Learning Technologies (ICALT 2002)*, September 9-12, Kazan, Russia.

Richards-Ward, L. A. (1996). Investigating the Relationship between Two Approaches to Verbal Information Processing in Working Memory: An Examination of the Construct of Working Memory Coupled with an Investigation of Meta-Working Memory. Ph. D. dissertation. Palmerston North, New Zealand: Massey University.

Tillema, H. (1982). Sequencing of text material in relation to information-processing strategies. *Br. J. Educ. Psychol.*, 32, 170-178.

van Joolingen, W. R. and de Jong, T. (2003). SimQuest, authoring educational simulations. In *Authoring Tools for Advanced Technology Learning Environments: Toward Cost-Effective Adaptive, Interactive, and Intelligent Educational Software*, edited by T. Murray, S. Blessing, and S. Ainsworth, pp. 1-31. Dordrecht: Kluwer.

Veermans, K. and van Joolingen, W. R. (1998). Using induction to generate feedback in simulation based discovery learning environments. Proceedings of the 4th International Conference on Intelligent Tutoring Systems. *Lect. Notes Comput. Sci.*, 1452, 196-205.

Wey, P. and Waugh, M. L. (1993). The Effects of Different Interface Presentation Modes and Users' Individual Differences on Users' Hypertext Information Access Performance. Paper presented at the Annual Meeting of the American Educational Research Association, April 12-16, Atlanta, GA.

Zsambok, C. E. and Klein, G. (1997). *Naturalistic Decision Making*. Mahwah, NJ: Lawrence Erlbaum Associates.

---

* 表示主要参考文献。

27

合成的学习环境

Janis A. Cannon-Bowers 和 Clint A. Bowers

317

摘要

各种各样的基于技术的干预活动已被用于促进学习。虽然这些技术已取得某些成功，但是，这些技术究竟是如何影响教学因素并提升教学质量的，还需要我们更好地去理解。在本章,我们试图通过识别对合成的学习环境十分重要的变量,来厘清合成的学习环境发展的路径。进一步,我们还力图厘清这些技术最有可能获得成功的各种条件。

318 **关键词**

模拟仿真:关于现实的一种工作表征;在训练中用于表征装置和过程,在物理特性和功能性的逼真度方面可能有高有低。

合成的学习环境:一个以特殊技术、学习题材、学习者特征以及教育原则为特征的学习环境;同与实际设备或过程的真实世界的交互相反,是一个通过模拟、游戏、或其他技术为学习者而建立的综合经验。

引言

在过去的30年间,技术在教学中的应用得到广泛关注。而且,随着对学生开展高效、有效教学的需求持续增长,技术所扮演的角色也似乎越来越重要。实际上,人们已经开发了许多技术用于教学或者辅助教学,如计算机辅助教学包、教育游戏、自动导学系统以及其他技术。在这些开发出的技术中,有些成功,有些失败,还有一些(可能是绝大多数)技术由于从未进行过严密的实验检验,所以其价值尚未可知。更重要的是,由于过去基于技术的教育开发更多的是由技术驱动,而非源自教育需求,也非源自最新教学方法的试用(Gee, 2003),因此,我们认为这些基于技术的教学方法应用并没有达到最优效果。

为了说明这个问题,我们首先必须要意识到,为学习创建最佳的环境不仅要考虑技术和学科内容的影响,还要考虑学习者特征和教学原则。这些都是综合的学习环境(SLE)的有机组成部分(Dede 等,1999)。我们认为,这些环境都是实现技术所赋予教育之潜能(technology-enabled education)的绝好机会。为了更好地指导 SLE 的开发,本章回顾了在技术促进学习工具发展方面相关、但是同时又常被人们忽略的科学文献。

定义

在我们开始之前,最首要的是定义好我们在本章用到的关键术语——合成的学习环境(SLEs)、模拟、游戏和虚拟世界。我们将 SLEs 定义为综合各种学习理论和技术的关键因素的工具,它可以创建一种促进适应性学习的情境(境脉)。重要的是,SLEs 创建了一种综合性体验作为学习的基础,也就是说,它们通过扩充、替代、创建和管理学习者对世界的实际经验以支持学习。一些技术被用来创建综合性体验,其中包括模拟和游戏,这些技术通常都是基于计算机的。

模拟特别指那些训练装置,其特征是:"对现实的一种工作表征……可能是一个抽象的、简化的或者加速的过程模型"(Galvao 等,2000,1692 页)。模拟既可以是对一个过程的低逼真度的表征,也可以是一个精细的、相当真实的全动感的平台。所以,基于模拟的培训是一种依靠模拟的培训,它可以提供必要线索从而引发适当行为。模拟的定义主要关注的是学习环境的特征,而游戏的定义更多的关注的是学习者经验的特性。Vogel 和他的同事们(2006)认为一个计算机游戏的本质特征就是目标、交互和反馈。Galvao 等(2000)认为规则和竞争在游戏中也是重要的特征。

游戏和模拟的建构并非互不相关,我们认为它们有相互交叠的构成。比如,一种模拟不具备任何游戏特征(游戏规则、比赛、计分等),或者一种游戏不使用现实模拟,这都是可能的。然而,一个学习环境却可能同时具有模拟和游戏的特性。因为我们在这章主要关注的是能够提供合成经验(synthetic experience)的环境,所以我们最感兴趣的是基于对环境或其他相关现象的某种模拟的训练。这并不意味着该系统一定要建立在精确的物理模拟之上,但是它确实意味着要模拟实际问题和领域的关键方面(更多的有关模拟逼真度的观点会在后面的章节中涉及)。简单地说,我们的兴趣在于通过综合性体验(模拟的、人造的或者虚拟的环境中的经验)促进专家知识发展的 SLEs。

技术上的进步也使得更多复杂类型的 SLEs 成为可能,比如,运用虚拟世界作为训练环境的兴趣正在兴起。这些环境的典型特征就是包含许多分布在不同地方的玩家,他们都与构成虚拟世界的一个共享的信号组合(sestet of cues)发生互动。这些虚拟世界中有许多是持续 319
的,也就是说,无论有无玩家,故事都会继续、世界也在变化。人们将这些虚拟世界作为合成的学习环境的兴趣可能在未来还会提升(Dickey, 2005)。

但应该指出的是,游戏、模拟等并不等同于合成的学习环境本身。虽然在这些环境中确实可能发生学习,但是,只有当这些技术在教学法上以正确的方式用于新信息的呈现与练习时,真正的学习才会发生(Schmid 和 Bjork, 1992)。

应用 SLEs 的理由

应该指出的是,真正的 SLEs 即便有,也是非常少的。也就是说,系统开发一个不仅从技术上得到很好设计、而且其构造也符合当前的学习科学的学习环境,这样的尝试实在太少了。此外,在 SLEs 创建中,几乎总是把重点放在技术上,教学法通常是属于事后才考虑的事情。实际上,在某些领域中,即便你去寻找科学恰当指导,但目前这种指导还是缺乏的(Cannon-Bowers 和 Bowers;待发表);不过,现在我们确实发现一本令人钦佩的文献,它生成了哪些成分可能使 SLE 有效的有关假设,这个文献在后面会有简要介绍。

SLEs 作用原理

主张 SLEs 能够提供一个切实可行的教学境脉的理论合理性,就在于我们所知的关于专家知识是如何通过经验而发展的知识。Glaser (1989)认为,初学者的知识是有缺陷的,由孤立的定义和对中心概念术语的肤浅理解构成。借助经验,各项信息可以变得结构化,并且与过去的知识组织整合在一起。有关专家知识的研究表明:专家"存储有大量简单的条件——行为规则,即一个特定的模式(条件)可以触发一个原型化的"反馈(Chi 等, 1988, xvii 页)。通过专业领域知识的获得,人们认为专家(头脑中)创建了实例库,并且以如下方式建立了索引:当被外界环境线索所触发的时候,他们能够迅速访取这些信息。

专家将信息组块,并且在问题空间中识别有意义的信息模式,这一观念已经得到跨领域应用(DeGroot, 1965; Egan 和 Schwartz, 1979; Lesgold, 1988)。同样建立起来的观念是,专家围绕大观点或大概念建立了一套结构良好的图式。根据 Bransford 等人(2000,26 页)的观点,"专家好像拥有一个有效的知识组织,采用有意义的联系方式把相关成分组合成相关单元,这些单元受基本概念和原理所支配"。

与此相关,学习研究者正在日益区分出知识的死记硬背与理解性学习的捉摸不定的目标之间的差异。Bransford 等人(2000)提出,当今的学习观认为理解性学习比一系列不联系的事实性知识要求更高。他们指出,研究认为专家知识是"围绕重要概念联系和组织的",也就是说,是"条件化的"。它支持迁移到其他领域中去的能力(Bransford 等,2000,9 页)。

SLEs 对学习的潜能

这些结论中蕴含着对 SLEs 设计的启示。其中最相关的是这一观念:即在有意义的境脉中学习效果最好;也就是说,有效的学习引导人们识别那些作为知识组织基础的模式,这些知识是条件化的(即特别针对某一境脉),这意味着,学习环境应该给学习者提供真实的情境和问题。反过来(in turn),新学习就可以整合到过去的学习和世界知识中。实际上,许多条学习科学的探究线索汇聚出一个结论:经验学习(即通过经验学习)是人类进步的基本过程(Kolb, 1984; Kolb 等,2001;也请见本卷第四章)。

抛锚式教学和情境学习的概念都符合基于经验学习的基本假设(Bransford 等,1990; CTGV, 1992,1997,2000)。这些教学方法依赖于教学原则——为了使学习有效,必须将学习抛锚于对学习者有意义的境脉中。抛锚式教学允许学习者理解如何应用概念,以及为什么这些概念重要以及有用,这样就能够使新学习更加容易地整合到已有的知识和心智模型中。根据温特比尔特(Vanderbilt)认知与技术小组(CTGV, 2000)的研究:抛锚式教学寻求帮助学习者理解真正的专家所面对的问题和机会类型,以及他们是如何用自己的知识解决这些问题
320 的。它还应用针对同一个问题的多种视角,帮助学习者进行知识整合。此外,抛锚式(情境化)学习环境还允许学习者理解,新信息是如何与他们早已知道的知识发生联系的。这些调整自己的观念适应外部世界、将经验同化到已有的知识结构中的过程,是促进认知发展的根本驱动力(Kolb, 1984)。

合成的学习环境提供了实现这些目标的一个独特机会。在某些案例中甚至比其他教学方式更加有效,投入成本更低。根据 Cannon-Bowers 和 Bowers(待发表)的观点,与许多传统的培训(尤其是在工作场所中的培训)相比,SLEs 拥有很多优势。因为它们:

- 可以用作那些在真实世界中太危险而不能去练习的任务的练习环境
- 可以为那些不常发生的任务(如应紧训练)提供更多的练习机会
- 当真实的装置不能应用时,可以用于替代
- 可以包含镶嵌式的教学特征(如反馈)从而加强教学体验

● 与操作真实的设备相比,可以节省大量的开支

最近,人们开始普遍关注应用视频和计算机游戏,通过应用于教育目的的电子游戏来捕捉动机因素,从而将其作为提升教学效果的机会(Gee, 2003; Prensky, 2002)。在教育电子游戏的开发方面产生了极大兴趣,其中至少有一部分原因是因为当今一些孩子和成年人都热衷于玩游戏。拥护者认为游戏可以提升受训者对教育材料的热情,这样就会提升投入到任务中的时间,并最终提升学生的成绩。

此外,以娱乐为目的的持续的虚拟世界的到来(及其投入使用),会在未来几年中得到快速发展。因此,这些技术将会出现,并将准备应用于培训的挑战。如前所述,尽管玩游戏需要付费,目前流行的网络虚拟世界仍然吸引了上百万的用户(比如,Second Life, World of Warcraft)。我们不难想象,应用相同的方式来创建一种虚拟现实的组织、市场和经济,提供给雇员一个安全的、便利的和参与性的环境来探索、获取和测试与工作相关的重要技能(比如做决策、领导行为、交流)。当然这些方法的有效性将会在很大程度上取决于它嵌入正确教学设计原则的能力。

有关 SLEs 效能的经验研究

SLEs 中有关有效教学内容的潜在效能已经在很多场景中得到证明。比如,最近的一个元分析研究就支持这些环境在教育场景中是有效的(Vogel 等,2006)。除了 Vogel 等有关基础教育和特殊教育的研究引证外,其他数据也显示,在大学生中也可以获得相似结果。例如,Green 和 Bavekier (2003)描述过一系列的研究,认为玩录像游戏可以提高大学生的视觉注意技能。同样,Emurian (2005)报告说,网上导学在提高大学生编程技能方面是有效的。

McClean 及其同事(2001)用一个浸入式游戏证明了它能提高学习效果。这些研究人员将基于虚拟世界的地质学游戏和生物学游戏的学习效果与基于网络的资料呈现和传统课堂讲课的学习效果作比较。通过分级考试发现:讲课的学习效果最差。网络呈现信息对学习效果的提高是有差别的,在地质学课程中差异并不显著,而在细胞生物学课程中学习效果的显著性从 13%升至 30%。游戏更是大大提高了学习效果,地质学是从 15%提高到 50%,而细胞生物学是从 30%提高到 63%。这些结果表明:激发学习效果提升的不仅仅是资料的可视化表征,还包括积极的投入。这与其他研究人员的研究是一致的(Kearsley 和 Schneiderman, 1998)。

Squire 和同事(2004)在他们的"Supercharged!"游戏中收集了另一组数据。在这个研究中,接受交互式讲座课程的控制组,对知识的理解比前测提高了 15%,而另一个通过游戏学习的小组,对知识的理解水平提高了 28%。"Supercharged!"的研究结果与 McClean 等人(2001)做的视觉表征的研究结果是一致的。本研究结果还证明了游戏的教学效果要优于讲
授。事实上,在女孩子中,控制组(只接受讲课的)最后仅比她们前测成绩提高了 5%,而在模 321
拟组中这个数字是 23%。因此,至少在这个研究中,单单讲课对女孩子是没有起到什么作用。

低真实度的模拟情境也被证明在工作和职业培训中有效。例如,一些研究已经支持的主张:管理模拟情境对毕业生和专业人员来说是一个有效的培训环境(Gredler, 2004; Scherpereel, 2005)。除此之外,飞行员训练已经很依赖模拟环境来训练他们的技术性和非技术性的技能(Goeters, 2002; Jentsch和Bowers, 1998; Roessingh, 2005)。一些研究还建议,SLEs可以帮助训练临床医生(Abell和Galinsky, 2002)、军事人员(Pleban等,2002; Ricci等,1996)、消防员(Spagnolli等,2003)、调查访谈员(Link等,2006)和年长的司机(Roenker等,2003)等。

然而,值得注意的是,SLEs并非处处有效。Dunn (2002)在研究中没有发现,相对于一个无实验干预的控制组而言,运用计算机游戏的受训员工在工作场所多样性问题的知识上有什么变化。Cameron和Dwyer (2005)也没有发现计算机游戏在降低场依存性方面有什么作用。Garg和同事(2002)倒确实发现了向医科学生教授解剖学课程时虚拟环境的微弱优势,不过这些差异在控制空间能力后就消失了。这些空间能力的中介影响在Waller (2000)所报告的另一虚拟环境的实验研究中也被发现过。更具有普遍意义的是,Ellis和他的同事(2005)还发现,一个在线案例模拟系统在兽医学学生中应用后,导致了比接受传统方式培训的同伴更差的成绩和更薄弱的知识结构。

SLE设计的影响因素

如上所述,在开发和测试周全的SLEs方面的尝试很少。当一个SLE采纳了教学设计的系统观点,即包括技术,学习者特征,教学特征和策略以及动机因素。我们认为所有的这些因素在设计SLEs时都应该被考虑到(参见本书中第一部分和第二部分中的一些章节,特别是讲策略和方法的内容)。下面将对我们认为上述领域中对于正确的SLE设计最为重要的各种变量,进行简要综述。

学习者特征

从事教育和培训的学者很早就发现个体差异——即受训者带进学习情境的个性特征——会影响学习效果(Jonassen和Grabowski, 1993)。这些研究变量包括认知能力(通常认知能力高的学习者要胜过能力低的学习者,见Mayer和Massa, 2003),先前知识和经验(在一个领域有较多经验的学习者具备优势,见Shih等,2006),自我效能感(高自我效能感与促进学习有密切关系,见Gist等,1991),目标定位(关注掌握培训内容的学习者比那些只关注在培训中拥有良好表现的学习者更能够表现出良好的知识迁移能力,见Sideridis, 2005)。这些特征很可能对SLEs的学习效果也有影响。然而,由于内容的表征相对灵活,所以可能按受训者的个性需要量身订做,开发出符合受训者个人需要的SLEs。这可能有助于缓解低能力、低自我效能或者缺乏先前经验的影响。

其他的一些个体差异可能也会影响SLE效果。例如,刚才提到的空间智能在决定SLE效果方面是一个重要的潜在的调解器。Garg和同事(2002)还有Walller (2000)的研究发现,学习者的空间智能可能会影响他(她)从 SLE 中受益的能力。看起来我们可以合理地设想:在一个交互的、三维的 SLE 中,与比较被动的教学方式(如听讲座或者读书)或者即便是基于计算机的但却比较静态的教学方式相比,它们施加于学习者的要求是不同的。

此外,对技术的舒适感程度也是影响 SLEs 效果的一个重要中介因素。以往研究者已经讨论过基于知识和基于技术的架构,比如"数字/计算机素养(Gee, 2003)"和"技术流畅(Baker 和 O'Neil, 2003)"。关于这个问题,已发现对这些环境感觉不适应的人从此种环境中获益往往会比较少。其他一些人关注与一般计算机(Hasan, 2003)或者某些具体的软件包(Johnson, 2005)相关的自我效能感。还有一些人曾经讨论过与计算机相关的负面情感,例如计算机焦虑(McFarland 和 Hamilton, 2006)或者技术恐惧(technophobia)(Brosnan, 1999),并且指出这些消极情感会干扰技术环境中的学习。

先前的研究人员还曾提出,对培训的预先态度倾向和期望是随后的学习结果的有效预测 322
器 (Smith-Jentsch 等,1996; Tannenbaum 等,1991)。关于 SLEs,一个 SLE(特别是游戏,甚至一个模拟或虚拟世界)的介绍可能会偏离学习者的经验很远,以至于粉饰了学习者对它将如何有效的期望。事实上,一些学习者可能不会轻易接受用游戏训练严肃的知识和技能。例如,我们很容易看出一些学生至少对在基于计算机的环境中接受教育半信半疑(Hunt 和 Bohlin, 1993)。同样,即使学习者对这种形式的学习效果持有积极的期望,但是在学习过程中,作为学习过程一部分的指导者或教师的消极态度也会影响学习效果(MacArthur 和 Malouf, 1991)。

有趣的是,期望问题可能是一把双刃剑。特别是培训将包含一个视频游戏的设想,很可能魔法般地唤起那些玩过流行娱乐游戏经历的学习者的特别期望。如果教育游戏无法满足受训者的期望(由于与作为一种学习装置的效能无关的那些原因),它的效果就会受损(Tannenbaum 等,1991)。

教学特征和策略

合成的学习环境都是复杂的学习系统,它的成功依赖于许多因素。事实上,SLEs 可以从多种途径开发,并且必须要考虑许多变量。同样,也正是因为这种内在的弹性使得 SLEs 在许多场景中变得有效,并且对许多学习对象都有效。接下来这部分就重点介绍在 SLE 设计中必须要考虑的一些教学特征。

真实性/精确度

在教学设计领域受到关注的一个变量是学习经验的真实性。真实的经验是那些可以使学生与他们实际的经历建立起有意义联系的经验。根据抛锚式教学的观点,这是学习环境的重要特征。然而,Jonassen (2000)指出真实的教学并不一定要围绕具体的、真实世界的任务来开发。而真实性最好被描述成学习环境引导学习者投入与真实世界相似的认知过程的程度(Honebein 等,1993; Petraglia, 1998)。此外,真实的学习环境要向学习者提供要令人投入、具有挑战性的问题,这些问题要与专家们所面临的问题近似(CTGV, 2000)。

一个相关的问题是模型或者模拟的逼真度——即基础模型或者模拟表征它所要表征的实际现象或任务的忠实程度(Andrews 和 Bell, 2000)。这里的问题就是特别关注将在培训中所获得的特定的知识和技能迁移到实际操作环境或工作环境中的能力(Andrews 和 Bell，2000)。当受训者学习如何应用一个特殊技能时，培训(模拟)环境必须以现实的方式做出反应，否则，受训者将会收到错误的反馈，并可能经历负面迁移(即在工作中不正确地应用技能)。考虑到更为传统的教育领域(亦即，没有一个学习可以直接迁移的目标环境)，这个问题对于保证学生所学到的是正确知识依然是很重要的。

基于模型的推理

基于模型的推理概念近年来得到关注。这方面的工作主张，学生需要发展对物质世界的有效的心智表征，并且学会创建、修订以及应用这些模型对真实的物理现象进行推理。这种观点将科学探究视作意义建构，主张模型和建模可以帮助桥接具体和抽象之间的鸿沟(Raghavan 等，1997)。Lehrer 和 Schauble (2000)认为基于模型的推理确切地说开始于儿童早期，然而基于模型的教学却到很晚才被引入到教育中。此外，以 Gentner (1983)的类推句法理论为基础，他们提出了一个模型的分类法(包括物理微观世界、表征系统、句法模型和假设演绎模型)。

对基于模型的教学应用持肯定态度的成果，主要来自遗传学、生物进化、近地天文学(Cartier 和 Stewart，2000；Stewart 等，2005)以及科学推理(Raghavan 等，1997；Zimmerman，等，2003)领域中的证据。综合考虑，这些研究表明，将与模型交互作为正式课程的一部分可以促进学生对领域知识的深度理解，可以促进学生解决问题的技能。与此一致的是，另外有人认为计算机模拟还可以通过将抽象、复杂的物理现象具体化，从而为学习者提供独特的机会投入到这些现象的学习中(Dede 等，1999)。

323 **情节/案例设计**

在设计有效的 SLEs 中，需要重点关注的一个问题就是提供教学的刺激和境脉的情节或者案例设计(Scenario/Case Design)。根据 Cannon-Bowers 等人的说法，在基于模拟的训练中，情节经常是实现教学目标的首要手段。近来，Cannon-Bowers，Salas 和他们的同事(Cannon-Bowers 和 Salas，1998；fo wlkes 等，1998；Salas 和 Cannon-Bowers，1997)开发了一套方法，通过脚本制作和特定的触发事件的序列化来设计情节。触发事件是被设计用来引出目标行为的，因而允许受训者参与练习并且接受有关目标技能方面的反馈(Salas 和 Cannon-Bowers，2001)。迄今，这个基于事件的模拟训练方法已在多个场合中演示成功(Dwyer 等，1999；fowlkes 等，1994；Johnston 等，1995)。同样，Schank 等人(1999)提倡开发基于目标的情节或案例策略，包括对开发学习目标、任务、封面、角色、情节运作、资源和反馈的指导。

情节或案例设计中面临的一个问题是，通常十分耗时，而且还需要学科的专家和教学设计者的专家知识。对于这个挑战，一个可能的解决方案就是为用户提供著作工具(authoring tools)，使情节的开发自动化(Jentsch 等，2001)。在未来的工作中应该优先开发这样的工具。

协作性/社会性学习

近年来，协作学习可以帮助学习的观念受到了教学研究人员的关注(CTGV，2000；Clark 和 Eittrock，2000)。根据 Nelson 的观点，协作学习之所以有效，是因为它利用了学习者自然的协作过程，同时培育学习者在丰富的社会境脉中开展交流，允许多元观点的存在。有人提倡在课堂上创建学习共同体(Bielaczyc 和 Collins, 1999),强调发展彼此尊重、多样性和共同体成长。实现这类方式的例子包括 Brown 和 Campione (1994,1996)的“培育学习者共同体”的方法和 Lampert (1990)在数学教学中的工作。事实上,一项有关 122 个课堂教学研究的元分析表明,协作学习方式大大胜过竞争性学习和个人单独学习。而且后面两种的学习效果大体相当(Johnson, 1981)。

这些研究发现对 SLEs 的设计是特别适切的。因为技术提供了机会去开发多玩家和团队的模拟情境(还有游戏)。事实上,许多人认为在线玩游戏本质上是一种社会现象。游戏产生于分布式的社会群体,这些群体类似于实践共同体,因为他们有自己的语言、实践和规范。这些共同体已经被认为是非常优秀的潜在的学习环境(Squire, 2003)。

动机因素

许多学习学者承认,动机对学习来说是最重要的(Clark 和 Wittrock, 2000)。事实上,许多变量影响了学生的学习动机,继而影响了学习。因而,了解 SLE 设计如何促进(或者抑制)学习动机,是十分重要的。下面简要回顾一下 SLEs 在此方面特有的一些变量。

目标设置/接受

通常,目标设置包括建立一个学业标准或者成绩目标。在学习系统中,目标帮助学习者全神贯注于任务,帮助他们选择或者构建实现目标所需的策略。因此,目标服务于直接的注意力(Locke 和 Latham, 1990)。目标承诺(即学习者对学习目标承诺的程度)是目标影响成绩的一个决定性因素(Locke 等,1981)。除此之外,目标定位和自我调节过程紧密联系(Schunk 和 Ertmer, 1999),这也会影响有效学习。研究还表明,为了最高效地提升学业成就,目标必须具体和有难度,但又是可实现的和处于最近发展区的(Locke 和 Latham, 1990)。

关于 SLEs(特别是游戏),目标设置是特别重要的,因为 SLEs 的建立常常强调目标的达成。例如,在许多游戏中,玩家为了实现最终目标,就必须达到一系列阶段性目标和子目标。实际上这种机制可以应用于教育游戏的目标设置中,因为教学可以在一套基础的目标层级和结构中自然地套嵌起来。开拓这种可能性确保(学习者)更多的注意力。

投入度/情感的境脉

随着虚拟环境的到来,研究者开始探索与学习的投入或浸入有关的变量。浸入的概念已 324
经被假定为:参与者在虚拟世界中的强烈“在场”感所引发的一种心理状态(Gerhard 等,2004)。与此相关的主题是心流(flow)观点。Csikszentmihalyi (1990)将心流描述成一种体验,当一个人完全投入到一项活动时,时间失真了,自我知觉忘记了,外在的奖励也消失了。相反,人们投身于复杂的、目标指引的行为之中是因为内在的激发。从教学法的角度看,心流概念是否会影响学习过程以及如何影响学习过程尚不是很清晰。然而,从一个严格的工作时间(time-on-task)(即投向教学内容的时间量)的视角来看,深度投入有利于学习。

由于人们对游戏的期望是:玩游戏能够驱使人们的行为在游戏结束后发生长时间的改变,因此学习经验的强度可能会影响学习迁移的广度。这种可能性的证据虽然有限,但令人鼓舞。例如,向患有糖尿病的孩子介绍一个糖尿病人管理游戏,实验组比控制组少了 77%的回头客(再次去急救中心)。玩这个游戏不是强迫性的,只是单纯给了小孩子这款游戏,允许他们带回家,他们愿意玩多少就玩多少。然而,对游戏媒体的偶然采纳的强度,还有它的独特的学习范式,所产生的强烈影响是显而易见的。

奖励和社会地位

在动机研究的数十年中,特别是对内在动机的研究,普遍表明对参与某项行为的奖赏外在化,会降低个人投入于其中的内在动机(Deci 等,1999; Ryan 和 Deci, 2000)。然而,研究人员也发现,在某些条件下,外部奖赏和竞赛可以提高内在动机(Reeve 和 Deci, 1996)。特别是,一个看起来具有挑战性的活动,让用户有获得胜任感,而且没有感到被控制(即强加给用户)的,内在动机也会加强。除此之外,当用户认为做好事情很重要,在活动中,竞争会产生情感卷入,并且能提高个人价值(Epstein 和 Harackiewicz, 1992)。必须指出的是:至少有一个研究(在儿童中)发现,按照公众认可的成就来看,性别差异是存在的。在这个案例中,男孩子比女孩子更倾向于对公众认可做出反应(Nemeth, 1999)。

具体化、个性化和投入度

随着协作计算机系统和虚拟世界开发不断增长,用户具体化(具体化、用户呈现)的概念近来得到广泛关注。具体化指的是用户在虚拟世界中的表征机制。根据 Gerhard 等人(2004)的观点,具体化概念可以追溯至有关身体含义的哲学著作中。Avatars★ [1]——用户在世界中的图像表征——可以帮助建立用户身份,并为对话和社会交互提供基础(Gerhard 等,2004; Slater 等,2000)。这些因素转而被预测能提高用户在模拟环境中的投入感。

尽管更好地理解具体化对投入度和学习的影响,还需要开展更多的实验工作,但是一些数据表明,在一个虚拟环境中与学生开展个性化互动可以提升其对科学内容的学习和记忆(Moreno 和 Mayer, 2004)。Baylor 关于智能代理和导师的研究同样表明,个性化和表征方式对学习效果的影响(Baylor, 2001)。为数不多的证据表明,提升学生的具体化和个性化水平可以提高投入度和学习效果。

小结

显然,在为获得新的知识和技能开发最佳环境的过程中许多因素都要考虑。我们只重点关注了其中一小部分因素,因为这些因素与合成的学习环境特别关联。显然,获得对这些因素和他们相互影响的方式的充分理解,是一项艰巨的挑战。SLE 研究通常十分昂贵,因为需要为研究而开发足够发达的 SLE,所以这加剧了研究的挑战。然而,这个领域的投资回报看起来也是非常丰厚的,而且其改善教育过程的潜力是如此之大。我们希望研究人员可以找到各种方式开展切实可行的 SLE 研究——也许是在可行的试验台开发中合作,也许分享设施。我

★ [1]"Avatar"源自印度梵语,本意是指"分身、化身"。互联网时代,Avatar 成为网络虚拟角色——网络用户在以图像为主的虚拟世界中的虚拟形象的代名词。这类虚拟角色通常为卡通形象,他/她可以出现在论坛上,可以出现在聊天室中,也可以出现在游戏里。用户可以根据自己的喜好,更换虚拟角色的造型,如发型、服饰、表情、场景等。在与其他虚拟角色交往的过程中,还可以使用各种虚拟商品,如鲜花、礼品等。而这些发型、服饰和礼品,都是需要付费购买的。

们也希望有资金能支持大规模的努力变为现实。同时,我们鼓励研究人员采用一套广博的系统方法开展 SLE 研究,因为这样可以实现研究发现的整合化和普遍化。

(贾义敏 译,赵国栋 一校,赵　健 二校)

参考文献 325

Abell, M. and Galinsky, M. (2002). Introducing students to computer-based group work practice. *J. Social Work Educ.*, 38(1),39 - 54.

Andrews, D.H. and Bell, H.H. (2000). Simulation-based training. In *Training and Retraining: A Handbook for Business, Industry, Government, and the Military*, edited by S. Tobias and J.D. Fletcher, pp.357 - 384. New York: Macmillan.*

Baker, E.L. and O'Neil, Jr., H.F. (2003). Technological fluency: needed skills for the future. In *Technology Applications in Education: A Learning View*, edited by H.F. O'Neil, Jr., and R.S. Perez, pp.245 - 265. Mahwah, NJ: Lawrence Erlbaum Associates.*

Baylor, A.L. (2001). Agent-based learning environments for investigating teaching and learning. *J. Educ. Comput. Res.*, 26, 249 - 270.

Bielaczyc, K. and Collins, A. (1999). Learning communities in classrooms: a reconceptualization of educational practice. In *Instructional-Design Theories and Models: A New Paradigm of Instructional Theory*, Vol. II, edited by C.M. Reigeluth, pp.269 - 292. Mahwah, NJ: Lawrence Erlbaum Associates.

Bransford, J.D., Sherwood, R.D., Hasselbring, T.S., Kinzer, C.K., and Williams, S.M. (1990). Anchored instruction: why we need it and how technology can help. In *Cognition, Education, and Multimedia: Exploring Ideas in High Technology*, edited by D. Nix and R.J. Spiro, pp.115 - 141. Hillsdale, NJ: Lawrence Erlbaum Associates.

Bransford, J.D., Brown, A.L., and Cocking, R.R., Eds. (2000). *How People Learn: Brain, Mind, Experience, and School*. Washington, D.C.: National Academy Press.*

Brosnan, M. (1999). Modeling technophobia: a case for word processing. *Comput. Hum. Behav.*, 15(2),105 - 121.

Brown, A.L. and Campione, J.C. (1994). Guided discovery in a community of learners. In *Classroom Lessons: Integrating Cognitive Theory and Classroom Instruction*, edited by K. McGilly, pp.229 - 272. Cambridge, MA: MIT Ptess.

Brown, A.L. and Campione, J.C. (1996). Psychological theory and the design of innovative learning environments: on procedures, principles, and systems. In *Innovations in Learning: New Environments for Education*, edited by L. Schauble and R. Glaser, pp. 289 - 325. Mahwah, NJ: Lawrence Erlbaum Associates.

Brown, S.J., Lieberman, D.A., Gemeny, B.A., Fan, Y.D., Wilson, C.M., and Pasta, D.J. (1997). Education video game for juvenile diabetes: results of a controlled trial. *Med. Inform.*, 22(1),77 - 79.

Cameron, B. and Dwyer, F. (2005). The effect of online gaming, cognition and feedback type in facilitating delayed achievement of different learning objectives. *J. Interact. Learn. Res.*, 16(3),243 - 258.

Cannon-Bowers, J.A. and Bowers, C. (in press). Synthetic learning environments: on developing a science of simulation, games, and virtual worlds for training. In *Learning, Training, and Development in Organizations*, edited by S. Koslowski and E. Salas. Mahwah, NJ: Lawrence Erlbaum Associates.

Cannon-Bowers, J.A. and Salas, E. (1998). Team performance and training in complex environments: recent findings fromapplied research. *Curr. Dir. Psychol. Sci.*, 7,83 - 87.

Cartier, J.L. and Stewart, J. (2000). Teaching the nature of inquiry: further development in a high school genetics curriculum. *Sci. Educ.*, 9,247 - 267.

Chi, M.T.H., Glaser, R., and Farr, M.J., Eds. (1988). *The Nature of Expertise*. Hillsdale, NJ: Lawrence Erlbaum Associates.

Clark, R. and Wittrock, M.C. (2000). Psychological principles in training. In *Training and Retraining: A Handbook for Business, Industry, Government, and the Military*, edited by S. Tobias and J.D. Fletcher, pp.51 - 84. New York: Macmillan.

Cognition and Technology Group at Vanderbilt (CTGV). (1992). Anchored instruction in science and mathematics: theoretical basis, developmental projects, and initial research findings. In *Philosophy of Science, Cognitive Psychology, and Educational Theory and Practice*, edited by R.A. Duschl and R.J. Hamilton, pp. 244 - 273. Albany, NY: State University of New York Press.*

Cognition and Technology Group at Vanderbilt (CTGV). (1997). *The Jasper Project: Lessons in Curriculum, Instruction, Assessment, and Professional Development*. Mahwah, NJ: Lawrence Erlbaum Associates.

Cognition and Technology Group at Vanderbilt (CTGV). (2000). Adventures in anchored instruction: lessons from beyond the ivory tower. In *Advances in Instructional Psychology: Educational Design and Cognitive Science*, Vol.5, edited by R. Glaser, pp. 35 - 99. Mahwah, NJ: Lawrence Erlbaum Associates.

Csikszentmihalyi, M. (1990). *Flow: The Psychology of Optical Experience*. New York: Harper Perennial.

Deci, E.L., Koestner, R., and Ryan, R.M. (1999). A metaanalytic review of experiments examining the effects of extrinsic rewards on intrinsic motivation. *Psychol. Bull.*, 125,627 - 668.

Dede, C., Salzman, M., Loftin, R.B., and Sprague, D. (1999). Multisensory immersion as a modeling environment for learning complex scientific concepts. In *Computer Modeling and Simulation in Science Education*, edited by N. Roberts, W. Feurzeig, and B. Hunter, pp. 282 - 319. New York: Springer-Verlag.*

DeGroot, A. (1965). *Thought and Choice in Chess*. The Hague: Mouton.

Dickey, M. (2005). Three-dimensional virtual worlds and distance learning: two case studies of active worlds as a medium for distance education. *Br. J. Educ. Technol.*, 36(3),439 - 451.

Dunn, S. (2003). *Effects of a Simulation Game on Trainees' Knowledge and Attitudes About Age-Related Changes in Learning and Work Behaviors of Older Workers*. Ann Arbor, MI: University Microfilms International.

Dwyer, D.J., Oser, R.L., Salas, E., and Fowlkes, J.E. (1999). Performance measurement in distributed environments: initial results and implications for training. *Milit. Psychol.*, 11,189 - 215.

Egan, D.E. and Schwartz, B.J. (1979). Chunking in recall of symbolic drawings. *Mem. Cogn.*, 7,149 - 158.

Ellis, R., Marcus, G., and Taylor, R. (2005). Learning through inquiry: student difficulties with online course-based material. *J. Comput. Assist. Learn.*, 21(4),239 - 252.

Emurian, H. (2005). Web-based programmed instruction: evidence of rule-governed learning. *Comput. Hum. Behav.*, 21(6),893 - 915.

Epstein, J.A. and Harackiewicz, J.M. (1992). Winning is not enough: the effects of competition and achievement motivation on intrinsic interest. *Pers. Soc. Psychol. Bull.*, 18,128 - 138.

Fowlkes, J., Lane, N., Salas, E., Franz, T., and Oser, R. (1994). Improving the measurement of team performance: the TARGETs methodology. *Milit. Psychol.*, 6(1),47.

Fowlkes, J., Dwyer, D., and Oser, R. (1998). Event-based approach to training. *Int. J. Aviat. Psychol.*, 8,209 - 222.

Galvao, J.R., Martins, P.G., and Gomes, M.R. (2000). Modeling realty with simulation games for a cooperative learning. In *Proc. of the 2000 Winter Simulation Conference (WSC 2000)*, December 10 - 13, Orlando, FL, pp.1692 - 1698. 326

Garg, A., Norman, G.R., Eva, K., Spero, L., and Sharan, S. (2002). Is there any real virtue of virtual reality? The minor role of multiple orientations in learning anatomy from computers. *Acad. Med.*, 77, S97 - S99.

Gee, J.P. (2003). *What Video Games Have to Teach Us About Learning and Literacy*. New York: Palgrave Macmillan.*

Gentner, D. (1983). Structure-mapping: a theoretical framework for analogy. *Cogn. Sci.*, 7,155 - 170.

Gerhard, M., Moore, D.J., and Hobbs, D. (2004). Embodiment and copresence in collaborative interfaces. *Int. J. Hum.-Comput. Stud.*, 61,

453 - 480.

Gist, M. E., Stevens, C. K., and Baveta, E. G. (1991). Effects of self-efficacy and post-training intervention on the acquisition and maintenance of complex interpersonal skills. *Personnel Psychol.*, 44(4), 837 - 861.

Glaser, R. (1989). Expertise in learning: how do we think about instructional processes now that we have discovered knowledge structure? In *Complex Information Processing: The Impact of Herbert A. Simon*, edited by D. Klahr and D. Kotosfky, pp. 269 - 282. Hillsdale, NJ: Lawrence Erlbaum Associates.

Gobet, F. and Simon, H. A. (1996). Recall of random and distorted positions: implications for the theory of expertise. *Mem. Cogn.*, 24, 493 - 503.

Goeters, K. (2002). Evaluation of the effects of CRM training by the assessment of non-technical skills under LOFT. *Hum. Factors Aerospace Safety*, 2(1), 71 - 86.

Gredler, M. E. (2004). *Games and Simulations and Their Relationships to Learning*. Mahwah, NJ: Lawrence Erlbaum Associates.

Green, C. and Bavelier, D. (2003). Action video game modifies visual selective attention. *Nature*, 423(6939), 534 - 537.

Hasan, B. (2003). The influence of specific computer experiences on computer self-efficacy beliefs. *Comput. Hum. Behav.*, 19(4), 443 - 450.

Honebein, P. C., Duffy, T. M., and Fishman, B. J. (1993).
327 Constructivism and the design of learning environments: Context and authentic activities for learning. In *Designing Environments for Constructive Learning*, edited by T. M. Duffy, J. Lowyck, and D. H. Jonassen, pp. 87 - 108. New York: Springer-Verlag.

Hunt, N. and Bohlin, R. (1993). Teacher education students' attitudes toward using computers. *J. Res. Comput. Educ.*, 25(4), 487.

Jentsch, F. and Bowers, C. (1998). Evidence for the validity of PC-based simulations in studying aircrew coordination. *Int. J. Aviat. Psychol.*, 8(3), 243 - 260.

Jentsch, F., Bowers, C., Berry, D., Dougherty, W., and Hitt II, J. M. (2001). Generating line-oriented flight simulation scenarios with the RRLOE computerized tool set. In *Proc. of the Human Factors and Ergonomics Society 45th Annual Meeting*, October 8 - 12, Minneapolis, MN.

Johnson, D. (1981). Effects of cooperative, competitive, and individualistic goal structures on achievement: a meta-analysis. *Psychol. Bull.*, 89(1), 47 - 62.

Johnson, R. (2005). An empirical investigation of sources of application-specific computer-self-efficacy and mediators of the efficacy-performance relationship. *Int. J. Hum.-Comput. Stud.*, 62(6), 737 - 758.

Johnston, J. H., Cannon-Bowers, J. A., and Smith-Jentsch, K. A. (1995). Event-based performance measurement system for shipboard command teams. In *Proceedings of the First International Symposium on Command and Control Research and Technology*, pp. 274 - 276. Washington, D. C.: The Center for Advanced Command and Technology.

Jonassen, D. H. (2000). Revisiting activity theory as a frame-work for designing student-centered learning environments. In *Theoretical Foundations of Learning Environments*, edited by D. H. Jonassen and S. M. Land, pp. 89 - 121. Mahwah, NJ: Lawrence Erlbaum Associates.

Jonassen, D. H. and Grabowski, B. (1993). *Handbook of Individual Differences, Learning, and Instruction*. Mahwah, NJ: Lawrence Erlbaum Associates.

Kearsley, G. and Schneiderman, B. (1998). Engagement theory: a framework for technology-based teaching and learning. *Educ. Technol.*, 38, 20 - 23.

Kolb, D. A. (1984). *Experiential Learning: Experience as the Source of Learning and Development*. Englewood Cliffs, NJ: Prentice Hall.

Kolb, D. A., Boyatzis, R. E., and Mainemelis, C. (2001). Experiential learning theory: previous research and new directions. In *Perspectives on Thinking, Learning, and Cognitive Styles (The Educational Psychology Series)*, edited by R. J. Sternberg and L. Zhang, pp. 227 - 247. Mahwah, NJ: Lawrence Erlbaum Associates.

Lampert, M. (1990). When the problem is not the question and the solution is not the answer: mathematical knowing and teaching. *Am. Educ. Res. J.*, 27(1), 29 - 63.

Lane, J., Slavin, S., and Ziv, A. (2001). Simulation in medical education: a review. *Simut. Gaming*, 32(3), 297 - 314.

Lehrer, R. and Schauble, L. (2000). Modeling in mathematics and science. In *Advances in Instructional Psychology: Educational Design and Cognitive Science*, Vol. 5, edited by R. Glaser, pp. 101 - 159. Mahwah, NJ: Lawrence Erlbaum Associates.

Lesgold, A. (1988). Toward a theory of curriculum for use in designing intelligent instructional systems. In *Learning Issues for Intelligent Tutoring Systems*, edited by H. Mandl and A. Lesgold, pp. 114 - 137. New York: Springer-Verlag.

Link, M., Armsby, P., Hubal, R., and Guinn, C. (2006). Accessibility and acceptance of responsive virtual human technology as a survey interviewer training tool. *Comput. Hum. Behav.*, 22(3), 412 - 426.

Locke, E. A. and Latham, G. P. (1990). Work motivation: the high performance cycle. In *Work Motivation*, edited by U. Kleinbeck and H. Quast, pp. 3 - 25. Hillsdale, NJ: Lawrence Erlbaum Associates.

Locke, E. A., Shaw, K. N., and Saari, L. M. (1981) Goal setting and task performance: 1969 - 1980. *Psychol. Bull.*, 90, 125 - 152 Logan, G. D. (1988). Toward an instance theory of automatization. *Psychol. Rev.*, 95, 492 - 527.

MacArthur, C. and Malouf, D. (1991). Teachers' beliefs, plans, and decisions about computer-based instruction. *J. Spec. Educ.*, 25(1), 44.

Mayer, R. E. and Massa, L. (2003). Three facets of visual and verbal learners: cognitive ability, cognitive style, and learning preference. *J. Educ. Psychol.*, 95(4), 833 - 846.

McClean, P., Saini-Eidukat, B., Schwert, D., Slator, B. M., and White, A. (2001). Virtual worlds in large enrollment scienceclasses significantly improve authentic learning. In *Selected Papers from the 12th International Conference on College Teaching and Learning*, edited by J. A. Chambers, pp. 111 - 118. Jacksonville, FL: Center for the Advancement of Teaching and Learning.

McFarland, D. and Hamilton, D. (2006). Adding contextual specificity to the technology acceptance model. *Comput. Hum. Behav.*, 22(3), 427 - 447.

Moreno, R. and Mayer, R. E. (2004). Personalized messages that promote science learning in virtual environments. *J. Educ. Psychol.*, 96, 165 - 173.

Nelson, L. M. (1999). Collaborative problem solving. In *Instructional-Design Theories and Models: A New Paradigm of Instructional Theory*, Vol. II, edited by C. M. Reigeluth, pp. 241 - 267. Mahwah, NJ: Lawrence Erlbaum Associates.

Nemeth, E. (1999). Gender differences in reaction to public achievement feedback. *Educ. Stud.*, 25, 297 - 310.

Pederson, P. B. (2003) "*Walking the Talk*": *Simulations in Multicultural Training*. Alexandria, VA: Association for Multicultural Counseling and Development.

Petraglia, J. (1998). *Reality by Design: The Rhetoric and Technology of Authenticity in Education*. Mahwah, NJ: Lawrence Erlbaum Associates.

Pleban, R., Matthews, M., Salter, M., and Eakin, D. (2002). Training and assessing complex decision making in a virtual environment. *Percept. Motor Skills*, 94(3), 871 - 882.

Prensky, M. (2002). The motivation of gameplay or the real 21st century learning revolution. *On Horizon*, 10(1), 5 - 11.

Raghavan, K., Satoris, M. L., and Glaser, R. (1997). The impact of model-centered instruction on student learning: the area and volume units. *J. Comput. Math. Sci. Teaching*, 16, 363 - 404.

Reeve, J. and Deci, E. L. (1996). Elements within the competitive situation that affect intrinsic motivation. *Pers. Soc. Psychol. Bull.*, 22, 24 - 33.

Ricci, K., Salas, E., and Cannon-Bowers, J. (1996). Do computer-based games facilitate knowledge acquisition and retention? *Milit. Psychol.*, 8 (4), 295 - 307.

Roenker, D., Cissell, G., Ball, K., Wadley, V., and Edwards, J. (2003). Speed-of-processing and driving simulator training result in improved driving performance. *Hum. Factors*, 45(2), 218 - 233.

Roessingh, J. (2005). Transfer of manual flying skills from PC-based simulation to actual flight: comparison of in-flight measured data and instructor ratings. *Int. J. Aviat. Psychol.*, 15(1), 67 - 90.

Ryan, R. M. and Deci, E. L. (2000). Self-determination theory and the facilitation of intrinsic motivation, social development and well-being. *Am. Psychol.*, 55, 68 - 78.

Salas, E. and Cannon-Bowers J. A. (1997). Methods, tools, and strategies for team training. In *Training for a Rapidly Changing Workplace: Applications of Psychological Research*, edited by M. A. Quinones and A. Ehrenstein, pp. 249 - 280. Washington, D. C.: APA.

Salas, E. and Cannon-Bowers, J. A. (2001). The science of training: a decade of progress. *Annu. Rev. Psychol.*, 52, 471 - 499.

Schank, R. C., Berman, T. R., and MacPherson, K. A. (1999). Learning by doing. In *Instructional-Design Theories and Models: A New Paradigm of Instructional Theory*, Vol. II, edited by C. M. Reigeluth, pp. 161 - 181. Mahwah, NJ: Lawrence Erlbaum Associates.

Scherpereel, C. (2005). Changing mental models: business simulation exercises. *Simul. Gaming*, 36(3), 388 - 403.

Schmidt, R. A. and Bjork, R. (1992). New conceptualizations of practice: common principles in three paradigms suggest new concepts for training. *Psychol. Sci.*, 3(4),207 - 217.

Schunk, D.H. and Ertmer, P.A.(1999). Self-regulatory processes during computer skill acquisition: goal and self-evaluative influences. *J. Educ. Psychol.*, 91,251 - 260.

Shih, P., Muñoz, D., and Sánchez, F.(2006). The effect of previous experience with information and communication technologies on performance in a Web-based learning program. *Comput. Hum. Behav.*, 22(6), 962 - 970.

Sideridis, G. (2005). Goal orientation, academic achievement, and depression: evidence in favor of a revised goal theory framework. *J. Educ. Psychol.*, 97(3),366 - 375.

Slater, M., Sadagic, A., Usoh, M., and Schroeder, R.(2000). Small-group behaviour in a virtual and real environment: a comparative study. *Presence: Teleoperators Virtual Environ.*, 9,37 - 15.

Smith-Jentsch, K.A., Jentsch, F.G., Payne, S.C., and Salas, E. (1996). Can pretraining experiences explain individual differences in learning? *J. Appi. Psychol.*, 81,909 - 936.

Spagnolli, A., Varotto, D., and Mantovani, G. (2003). An ethnographic, action-based approach to human experience in virtual environments. *Int. J. Hum.-Comput. Stud.*, 59(6),797 - 822.

Squire, K.(2003). Video games in education. *Int. J. Intell. Simul. Gaming*, (2),1.

Squire, K., Barnett, M., Grant, J.M., and Higginbotham, T.(2004). Electromagnetism supercharged! Learning physics with digital simulation games. In *Proc. of the Sixth Int. Conf. of the Learning Sciences (ICLS)*. June 22 - 26, Los Angeles, CA.

Stewart, J., Cartier, J.L., and Passmore, C.M.(2005). Developing an understanding through model-based inquiry. In *How Students Learn: History, Mathematics, and Science Inquiry in the Classroom*, edited by M.S. Donovan and J.D. Bransford, pp.515 - 565. Washington, D.C.: National Academies Press.

Tannenbaum, S.I., Mathieu, J.E., Salas, E., and Cannon-Bowers, J. (1991). Meeting trainees' expectations: the influence of training fulfillment on the development of commitment, selfefficacy, and motivation. *J. Appl. Psychol.*, 76(6), 759 - 769.

Vogel, J.J., Vogel, D.S., Cannon-Bowers, J.A., Bowers, C.A., Muse, K., and Wright, M. (2006). Computer gaming and interactive simulations for learning: a meta-analysis. *J. Educ. Comput. Res.*, 34(3), 229 - 243.

Waller, D. (2000). Individual differences in spatial learning from computer-simulated environments. *J. Exp. Psychol. Appl.*, 6(4),307 - 321.

Zimmerman, C., Raghavan, K., and Sartoris, M. L. (2003). The impact of MARS curriculum on students' ability to coordinate theory and evidence. *Int. J. Sci. Educ.*, 25,1247 - 1271.

---

* 表示主要参考文献。

28

建模技术

329 *Roy B. Clariana* 和 *Johannes Strobel*

摘要

建模技术是一种影响学习的强效工具。虽然动态建模并非易事,但是建模技术正逐渐成熟。随着建模工具易用性的提高,越来越多的人能够构造模型,这会促使学习理论和实践向新的方向发展(Hadwin 等,2005)。本章关注建模的一个方面:学生借助技术的动态建模,构造可以“运行”的动态模型。本章不关注其他形式的建模技术,如概念图(领域知识建模的一种形式)、专家系统(对问题建模)和案例库(对经验建模)。本章从运用技术建模的概念框架开始,进而描述现有的动态建模工具,随后回顾建模技术应用于课堂教学的相关因素的研究,最后探讨设计和研究的趋势。 330

关键词

模型:事物或者内部解释的人工表征,常通过计算机屏幕呈现。

模拟:一种可执行(可运行)的模型;允许学习者操纵变量和过程,并观察结果的计算机软件。

建模技术的概念框架

本章术语

建模技术是学生用于构造和运行动态模型的计算机软件。本章中模型指呈现在计算机屏幕上的真实的人工制品,而不是个体的心理结构或者所建模对象的原物。当学生构造模型时,他们对正在建模的原物(原物可以是真实的,也可以是想象的)的即时理解和所创建的计算机模型之间存在相互作用。模拟是指由他人根据对原物的独特理解所设计的计算机软件,允许学生操纵变量或者过程、观察输出结果(Clariana, 1989)。当学生使用模拟时,他们逐渐增长的直觉和模拟的基本观点之间相互作用,模拟会把某一特定的观点强加给学生。因而,模拟和建模这两种方法是不同的。使用他人的模型(模拟)倾向于独断式,而构造个体自身的模型则倾向于对话式。

具有高超编程技巧的程序员在大型计算机发明后,编写了首个用于学习的可执行模型(即基于计算机的模拟)(Alessi, 2000; Riley, 1990)。今天的建模工具可以在个人计算机上运行,而且不需要编程技巧。运用技术建模的本质、方法和限制,取决于个体和建模技术之间的相互关系。技术总是限制(或者支持)建模。模型制品的可扩展性取决于修改模型或者添加元素所需的工作量和难易度,而这是由建模技术决定的。建模过程中两个最关键的建模设计决策是决定显示什么(表征)和计算机程序在何种条件下执行何种操作(Horwitz, 1999)。如果希望他人使用模型,还应该规定使用者能从事的活动。

建模对象和模型的关系

模型和建模对象(原物)之间关系的本质问题如建模本身一样古老。研究文献分为两个阵营。一个阵营强调模型的表征特性,意味着模型代表现实(Tergan 和 Keller, 2005)或者,如普通语义学的创始人 Korzybski (1958)所言："地图并不是它所表征的版图，正确的说法是，它和版图有类似的结构，这说明了它的有用性"(p. 58)。另一阵营强调这一关系的足迹或者铭文式的本质(inscriptional nature)(Pea, 1994)，模型是所留下的可共享的、可感知的心理印象。模型，即外部表征或者铭文，是二手的(即不是直接基于现象或者系统的)。换句话说，由于是建模者的阐释，模型是"变性的"(Gibbons, 2001, p. 514)。

对于模型和建模对象之间关系的本质和有效性的质疑，取决于个体的哲学立场、本体论和认识论信念(作为深入讨论，可参见 Lesh 和 Doerr, 2003)。经验主义者或者客观主义者会强调原物的存在，而且强调存在感知、理解实在的方法，他们留意模型是否恰当表征原物。实用主义者和新实用主义者会探究理论和现实之间的结构性关系。实用主义者会通过模型是
331 否适合解决某一具体问题或者在某一境脉下起作用，来衡量模型的有效性(Strike 和 Posner, 1985)。后现代阵营会主张模型的效度应基于模型与建模者的感知/思维/信念的一致性，而不考虑任何真实的原物，因为原物要么是不可知的(怀疑论立场)，要么仅仅是人们构造出来的独特产物(激进建构主义)。

许多种模型可用于表征世间的现象或者学习者为表征这些现象所构造的心理表征。Harris (1999)描述了三种类型的模型：理论模型、实验模型和数据模型。Giere (1999)描述的模型类型包括表征模型、抽象模型(数学模型)、假设以及理论模型(用理论原则创建的抽象模型，如牛顿定律)。Lethrer 和 Schauble (2003)描述了一个模型类型的连续体，包括物理模型、表征性系统(以模型和世界的相似性为基础)、语法模型(概括了系统的基本功能)和假设-演绎模型(形式抽象)。de Jong 和 van Joolingen (1998)区分了概念模型和操作模型，概念模型认为原则、概念和事实构成被模型化的系统，而操作模型包括可以应用于认知和非认知操作的序列(如程序)。

不同的建模技术从不同的观点构造而来，并对不同的观点进行补充。对建模对象和模型之间关系的不同观点，使得在建模时需要不同的铭文印刻和可视化系统。下面对于支持构造带有视觉输出的、动态的、可运行的模型的各种建模工具进行描述和分类。

动态建模工具

动态和可执行的建模工具通常具有以下特征：(1)软件中嵌入可执行的变量、规则和数学方程式；(2)模型的输出和行为随时间变化；(3)能够计算变化，显示可视化输出；(4)可添加新变量，并规定与已有变量的关系，这样新变量就可以改变系统的行为以及系统中其他变量的值。假如这些一般特征可以将动态建模工具与诸如概念图工具、类似 CAD 和流程图的绘图工具等静态表征工具区分开来，动态建模工具就可以进一步细分。

动态建模工具的分类及实例

下面用于分析动态建模技术的分类体系，是从三个关于学习的分类法扩展而来：(1)Jonassen和 Reeve (1996)的从计算机学习和用计算机学习类比发展为从已完成的模型中

学习和通过建模学习(Jonassen 和 Strobel, 2005);(2)Maier 和 Grobler (2000)的面向建模的模拟和面向游戏性模拟(尽管他们对术语"模拟"的使用还不清晰,主要是因为他们假设模拟包括建模,而我们应区分模拟和建模);以及(3)Mellar 和 Bliss (1994)从模型表达到模型探索的连续体。尽管使用了不同的术语,但这些分类的主要维度均关注学生在模型建构过程中的所有权和主动程度,以及模型中组件、过程和关系的可见性。在 Mellar 和 Bliss (1994)建模工具连续体的基础上,Schwarz 和 White (2005)认为建模工具在多个维度上仍有所不同,比如他们认为模型关注问题解决还是理论建构,更多地取决于教学境脉和模型(或建模)的使用方式,但这些不太适用于界定建模工具。

其他的维度也必须包含进来,以提供额外的分析类别来对动态建模技术进行分类。为了更好地描述不同的建模技术,表 28.1 对它们进行了小结。

模型探索工具与模型构造工具

- 模型探索。模拟(参见本手册中 Cannon-Bowsers 讨论的章节)是黑箱,要求使用者提供输入,模拟软件显示输出,但计算过程隐藏在系统之中,系统中变量之间的因果关系只能靠推测。输入一输出测试是一种模型探索形式,它停留在模型的可见表面((Du Boulay 等,1999)。在模型探索工具连续体的另一端是通常所谓的白箱(Resnick 等,2000),这类模型系统组件的机制和功能是开放的,可供考察和探索。
- 模型构造。与纯粹的模型探索工具(包含黑箱和白箱方法)不同,学生使用模型探索工具,能够改变预先选择的变量,借此输入到已完成的模型,软件并不提供改变系统的选 334
项。但是,通过模型构造工具,学生能够改变系统的某些方面、变量和代理的属性,还能够为系统设计不同的子系统和功能模块。

对于模型探索和模型构造,从黑箱到白箱的探索程度与建模之间的界限逐渐变得模糊。有些工具提供的功能、子系统或者层级对于系统的使用者或者建模者是不可见的、不可访问的或者不可操作的(如 Model-It 的数学方程式水平非常有限);而其他的工具,学习者可以操纵所有的功能和特性(如 STELLA)。

建模单元

- 基于变量的。基于系统动力学的工具,如 STELLA、PowerSim、Vensim 和 Model-It,有其自己用于定性建模(如原料,流程,转换器)的形式化语言,也有用于支持定量建模的强调变量之间相互关系和因果效应的数学方程式(Hannon 和 Ruth, 1999; Richmond, 1993)。变量可以代表任何内容,从数学模型中的函数,到信息加工模型中短时记忆的组块,直至人口模型中成人的数量。
- 基于代理/个体的。基于代理的(Axelrod, 1997; Reynolds, 1987)或者基于个体的(Grimm 和 Railsback, 2005)建模工具借助总体中成员(代理/个体)的局部交互作用所产生的结果来构造模拟。在系统动力学模型中,变量不具备属性,而是按照数学公式随着时间展开动态的交互作用,该数学公式界定了个体变量的因果关系。但是,在基于代理的工具中,代理具有不同的属性,且其行为依照一套可编程的规则而变化,对暴露于环境中的不同境脉作出反应。代理的交互环境通常包含一个具有空间维度的模拟

表 28.1　建模技术及其特征 332

建模技术	模型构造	白箱或者黑箱探索	建模单元	专用—通用	机器人设备，外部数据源	嵌入式系统；Web 界面	嵌入式支持结构	个体或者合作	建模语言	其他工具
BioBLAST（美国国家航空和宇宙航行局）	无	黑箱，部分白箱	变量	专用	无	不适用	部分模拟活动	个体，计算机前的协作	可视化感应图解	白箱特性实现的其他模拟
NetLogo（西北大学）	有	白箱	有属性的代理	通用	外部输入和输出	在合作模拟空间中嵌入	帮助系统	个体或者协作（多个建模者）；参与式建模	基于规则的；条件语句(if-then)；基于变量的	AgentSheets, Swarm
Tangible programming space	有	白箱	有属性的代理	图形组块，专用	物理设备外部输入	不适用	不适用	通过物理输入的协作	境脉符号	不适用
Vmodel（西北大学）	有	白箱	变量	通用	不适用	不适用	积极指导支持	个体，计算机前的协作	定性处理理论	ModelMaker Model-It, Vensim, Berkeley Madonna, Extend, mystrategy, SimApp，其他
CoolModes（University of Duisburg-Essen）	有	白箱	变量	通用	不适用	不适用	同伴评注	个体，合作	系统动力学，随机的	不适用 333
STELLA（ISEE 系统）	有	白箱和黑箱	变量，构造块	已完成的通用的模型；专用	外部输入和输出	Web 界面	讲故事方式；对循环论证的反馈	个体，计算机前的合作	视觉：系统动力学语言；方程式；可视循环	ModelMaker Model-It, Vensim, Berkeley Madonna, Extend, mystrategy, SimApp，其他
PowerSim	有	白箱和黑箱	变量，构造块	通用	外部输入和输出	嵌入其他创作工具	不适用	连通的计算机，网络模型	视觉：系统动力学语言；方程式；可视循环	ModelMaker Model-It, Vensim, Berkeley Madonna, Extend, mystrategy, SimApp，其他
Co-Lab（University of Twente）	有	混合白箱和黑箱	变量	通用	其他领域或者环境中重用	嵌入学习环境中	帮助系统；支架	同一环境中的个体协作	系统动力学；可视影响	不适用
StageCast Creator	有	混合白箱和黑箱	变量	通用	不适用	游戏者模式	有指导的创造	个体，计算机前的协作	图形语言	不适用

或者虚拟环境，代理在此起作用，允许模型进行模拟，例如，病毒在大型人群中扩散，或者模拟足球游戏中运动员（关于基于代理的建模工具的比较，参见 Railsback 等，2006；亦参见 Gilbert 和 Bankes，2002；Tobias 和 Hofmann，2004）。

专用工具与通用工具

- 专用工具（特定目的/特定领域工具）。几乎所有的目的/特定领域工具都是模型探索或者模拟领域的一部分，本章不对其进行深入讨论。其中的例外是商业处理建模工具，例如 ARIS★ 这一实时的商业处理/流程建模工具（Scheer，2000），以及可以用来建模的决策支持或者智能支持工具（Turban 等，2005），它们通常不局限于某一具体的目的或者领域。由于某些特定领域的嵌入式功能，它们的界面（如对其他软件的应用程序、对开发者和设计者、对它们不断增长的用户群，等等）通常只适用于特定领域，对于其他领域或者目的而言效率较低。
- 通用工具。对于那些允许学习者创建、探索和改变模型的工具，如果它们不局限于对某一领域建模，就称其为通用工具。通用工具能够用于广泛的现象或者系统范围。

软硬件结合的建模技术（机器人控制的设备）

大多数基于计算机的建模技术是完全基于软件的，屏幕显示是其唯一的输出方式。其他建模技术，例如基于建构主义范式的建模技术，建立在这样的观念之上：当学习者建构一些具体的东西时，知识建构会进行得很好（Papert，1980）。LEGO Mindstorm（ROBOLAB）工具（Knudsen，1999；Lego Group，2003）结合了硬件和软件技术，学习者可以编程控制机器人设备，如电子心脏、带有简单马达驱动的恐龙等（儿童早期境脉的描述参见 Bers 等，2002；更广泛的境脉，参见 Resnick，1998）。其他采用类似技术的机器人设备，是为数据采集和温室效应控制的设备所建的（参见 Milrad 等描述的太空种植项目，2003）。Thangish 和 Joshi（1997）在关于本科生计算机科学课上编程机器人的论文中认为，使用机器人设备，以及机器在何种条件 335
下方能运作"挑战学生设计具备处理不确定性的功能的程序"（p. 224），如果没有对机器人设备的编程，学生很难模仿。到目前为止，机器人设备系统几乎专门是基于规则的并被用于教学。例如，创建编程语言来将这些规则形式化到系统中（Gilder 等，2003）。

单机工具、协作工具与嵌入大的学习环境的模型

关于协作或者小组建模已经有相当多的文献（参见 Rouwette 等对 77 个研究的元分析，2002）。大多数软件应用程序是单机建模工具，学生们只能在同一个计算机屏幕前共享同一物理空间时，才有协作的机会。最近，可运行的可视化模型构造已经出现在计算机支持的协作学习环境中（Pinkwart 等，2001；van Joolingen，2000）。Collide 团队（Pinkwart 等，2001）开发了一种协作学习工具 CoolModes，包含一个系统建模工具面板，旨在把心理工具这一概念扩展到协作心理工具中（Hoppe，2001）。Co-Lab（van Joolingen 等，2005）和 ModellingSpace（Avouris 等，2003）等协作系统也采用了类似的方法。在 Co-Lab 中，建模工具嵌入到更大的学习环境

★ ARIS：流程优化的利器。IDS Scheer 设计的 ARIS 产品平台，全称是 Architecture of Integrated Information System（集成信息系统的体系结构）。它分为流程设计、流程实施和流程控制三大部分，分别适用于企业流程管理在不同阶段的需求。——译者注

中，提供远程实验，包含特定任务的模拟，以及额外的内容结构(de Jong 和 van Joolingen, 1998)。在 ModellingSpace 中，系统包含了大量不同的工具，并采用了协作空间这一隐喻(Dimitraceopoulou 和 Komis, 2004)。

工具中嵌入的教学或者学习支持结构

计算机化建模工具有一条陡峭的学习曲线(Alessi, 2000; Mayer, 2004)。虽然存在很多支持建模活动的教学策略，但有些建模工具已经包含了所谓的刚性支持结构(hard support structure，该术语从有关脚手架的文献修改而来)。Brush 和 Saye (2002)区分了刚性(hard)和柔性(soft)脚手架。柔性脚手架是动态的、与情境相关的帮助，由教师或者同伴为了支持学习而提供；它们通常针对具体学习者的个别困难做出反应。刚性支架是一种静态的支持，根据学习者遇到的典型学习障碍而设计。例如，Vmodel 的反馈机制，能够识别出模型中结构元素的不一致或者因果关系的缺陷。与此类似，STELLA 对于违反单元一致性错误或者重复性错误能够给出视觉反馈。当通过建模展示学习时，STELLA 中“讲故事”的功能可以看作是如何建模的内嵌支持。这样包括概念知识和程序性知识的思维过程在专家模型中的被可视化，为学习者提供了一个任务的概观，以作为将来绩效的先行组织者。此外，学习者可以说明他们自己的模型，这使他们能够自定步调地检查自己所创建的系统。

不同的建模语言或者构造块

通常，建模技术的表征系统是文本的、图形的或者混合的(如 STELLA 带有文字方程式的原料和流程图表)。图形表征往往更直观，而文本表征(如输入方程式来定义变量之间的关系)更精确和易于控制。进一步而言，整体表征可能或多或少是原物的类比(如具体与抽象，屏幕中可以显示河流、湖泊和云彩的图像，与呈现一些标有河流、湖泊、云彩的文本框)。人们通常假定最具体的表征容易理解。

目前的建模软件通常有图形界面，模型中以定量(如使用方程式，高度精确)或者定性(如使用规定的视觉记号，直观)的方式描述关系。这非常重要，因为有证据表明不同的表征方法会产生不同的推理方法(Lohner 等,2005)。

真实系统经常采用定量的、公理性的描述方法，例如，使用方程式；然而“我们的大多数心智模型和言语理论……并不讨论数字和数值，而通常考虑类别、或最多是顺序方面的属性”(Troitzsch, 2004,第 7 段)。如果是这样，那么建模工作的重要步骤就是将定性的心智模型转换为定量的动态模型。动态建模系统的表征图式受到运行模型的软件代码的限制——机器能理解的建模元素本体——这些约束可能会使建模系统更难使用。

336 **编程语言**

计算机编程可能是最复杂和最灵活的借助技术进行动态建模的方法。计算机屏幕像空白的石板，程序员几乎可以使任何事情发生。除了需要理解所建模的现象或者系统之外，利用计算机编程进行好的建模还需要编程语言形式和系统以及人机交互等方面大量的知识和技能。因此，普通用户很难利用这一方法建模。目前的建模程序比基于文本的程序更容易使用，但总是要在易用性与功能的深度和多样性之间做出权衡取舍。

基于规则的语言

基于规则的编程是一种较易使用的基于文本的计算机语言建模技术。例如,Logo(Papert, 1980)和 StarLogo 是基于规则的编程语言,其中用户的输入是利用一套规则来解释的。编程时可以使用所谓的"原始语(primitive)"、自定义或预定义的函数。通过"如果—那么—否则"(if-then-else)条件的组合,使基于规则的模型可以达到相当的精致和复杂度。虽然大多数基于规则的模型采用基于代理的建模工具,但被认为难以表征特别复杂的问题(Repenning 和 Ioannidou, 2004)。为弥补这一缺陷,把工具概念化从而使行为(一个或一套反应属性)适应情境,把工具进行编程,从而能根据对表现的自我检测来修改规则以达到特定目标,这使模型具备学习功能(如虚拟游戏中玩足球游戏中根据所扮演的角色以前成功射门或者传球的结果调整其射门技巧)。

小结

已有的工具可以归入以上或者其他维度。但是,社会计算和科学建模软件等其他领域的新发展,对我们的分类体系,以及我们运用怎样的建模技术产生模型提出了挑战。为简要说明我们面临的挑战,可以思考下面的例子。例如人们可能会认为大规模多用户在线角色扮演游戏(MMORPG)以及有 150 万玩家的第二生活(Second Life),应该被归类为黑箱、基于代理的建模工具,代理间的动态关系仅部分可见(而且永远不会完全可见,因为代理是人类个体),但是个人控制代理(化身)是游戏者直接操纵和基于规则执行行动的混合体,基于规则的执行互动需要情境的支持,在该情境中软件应用支持行为自动化,并成为其行动的中介,还为行动提供了历史记录。由于这一分类方法和实例源于学习研究的文献,它们仅表述了与在课堂教学应用动态建模复杂性的相关的维度。还有哪些具体因素已经得到研究了呢?

课堂教学中的动态建模

运用技术动态建模的本质和复杂性带来了一些特殊的问题,而建模技术可能会改善或者恶化这些问题。Hmleo-Silver 和 Azevedo (2006)提出,建模的复杂性包括:(1)所欲建模的领域内容的数量;(2)建模任务所需的模型描述的粒度;(3)模型表征的抽象水平;(4)学生能够获得的支持;以及(5)学生感知和理解模型输出的难度。这些复杂性问题可能与学生的个体差异有交互作用,尤其是学生对知识本质的信念。下面将详细考察与建模技术相关的建模复杂性问题。

建模任务的复杂性和结构不良性

领域内容的数量

建模技术会在何种程度上限制模型的规模?建模的任务之一是确定从何处开始、到何处结束,但是决定模型的边界是项困难的任务(Sterman, 2000)。学生怎样才能知道他们正在构造的模型算是完工了?当屏幕被布满的时候,模型就算完成了吗?屏幕有多大,屏幕应该是多大？小型模型的构造应寻求实用的中等规模。Alessi (2000)提倡为原物的一个个小子集建模，例如一次两到三个变量。与传统的教学一样，教学设计者或者教师根据主题、任务、学生成熟度等因素选择内容子集。这些小型模型能够反映、支持和改善学生关于任务和任务子集的心智模型，在后续教学中，如果建模技术支持的话，可以把它们结合成较大的模型(Carney 等，2002)。

模型的粒度

337 粒度(granularity)是一种抽象的形式，它会影响复杂性。聚合水平(level of aggregation)或者粒度是指分解的水平或者模型的规模——例如，把热看作是运动中振动的分子还是温度计上的数字(Spector 等，2001)。粒度大小(Grain size)是动态建模的关键因素，因此，建模技术应允许在不同规模水平上进行表征，并且允许用户很容易地把几个模型合并为一个更大的模型。但是，粒度是和领域相关的，建模技术必须是专门为这样的模型构造和表征而开发的(不是通用的)。

模型表征的抽象水平

动态建模软件采用结构化表征形式体系(Carney, 2002)，包括对象及对象之间关系的显示方式，以及模型运行时不同输出的表达方式。Lohner 等(2003)列出了结构化表征系统的四个功能：(1)支持或者扩展工作记忆，从而通过同时在同一空间中展示所有实体来降低认知负荷；(2)提供问题空间的布局(layout of problem space)，可以仅包含最必需的实体集合之间的关系；(3)确定认知行为——鉴于表征的句法和语义(我们称之为语法)会限制认知行为的某些方面而刺激认知行为的其他方面(参见 Smith 和 Olkun, 2005，空间引爆概念)；以及(4)提供自我与他人交流的途径。

建模技术形式体系会强烈影响模型构造过程中所学到的内容。人们设计 Vmodel (基于概念图的一种视觉表征语言)的目的是试图降低使用动态建模工具通常所必需的教学负载，这被称为低地板方法。Vmodel 背后的理论，定性加工理论(Forbus, 1984)，认为这一过程对解释因果关系极为重要。在一项对 7 年级学生的描述性研究中，Carney (2002)认为 Vmodel 工具语法的一方面被称为过程实体。研究结果显示，学生把过程与模型中的其他元素合并了(混淆了)——例如，将过程称为物体。此外，学生很少使用过程，并且绝大多数所使用的过程对模型中的其他元素无任何影响(即，它们是死节点)。在这种情况下，可视表征系统可能会导致学生把过程实体看作显示结构的表征元素，而非原物的功能(Louca 等，2003)。换句话说，屏幕上任何可以移动的事物都变成了对象。

Löhner 和同事(2003)考察了图形与文本建模表征(SimQuest)对于建模过程和产品的影响。他们让学生建造模型，并使用模型来产生输出数据，将其与隐藏的已有专家模型所产生的数据进行对比。研究者预期会分别产生全盘的和分析的结果，即图形组将产生更好的模型(如，通过测量与隐藏原物的相似度)，因为他们在给定时间内可以试验更多的关系。而文本组可能只试验了较少的关系，但对这些关系有更深刻的理解。正如所预期的，图形组运行的有独特关系的模型数量更多，每个模型的平均关系数量也更多。文本组花了大量时间试图建立方程式。图形组的建模得分显著高于文本组。对于口头言语交互的分析表明，图形组和文本组具有类似的口头推理，两个小组都尽最低限度地把模型的输出数据用于测试模型。研究者建议，这些不同的表征形式，应该支持建模过程的不同阶段。在初始阶段，图形方法更适合早期一般性建模，而基于文本的方法可以用于修正一般性模型——把对定量原物的定性建模转换为定量建模。

在后续研究中，Löhner 及其同事(2005)考察了图形和文本模型表征(SimQuest)对于建模过程中推理的影响。将学生建造的模型所产生的数据与已有的专家模型输出的数据进行对比，与先前的研究一样，图形组学生创建的模型好于文本组的。过程分析表明有些小组花在与任务无关行为的时间相当多(最多为 50%的时间)，虽然大多数小组 90%以上的时间是用于小组任务的，但这与许多声称建模能够提高动机这一效果相反。图形组的学生用于评价其模型的时间要显著高于用于讨论、计划和执行下一次模型迭代的时间。总体上看，两个处理组中的探究过程都未遵循系统的时间顺序。同样，在两个处理组中模型构造和模型使用(即，测试模型)存在明显的界限甚至分歧，这在图形组处理中尤其严重，学生重复着定向—假设—构造循 338
环(orientation-hypothesis-build cycle)，但却没有测试每次迭代生成的模型。在文本组和图形处理组中，大多数情况下，学生在没有明确假设的情况下就开始实验(即使用模型来测试模型)，而且使用假设的时候又显得很突兀，尤其是文本组突然使用假设。

Louca 及其同事(2003)利用境脉探究定性分析方法，使用 Micro Worlds 和 Stagecast Creator 两种计算机建模工具来确定五年级学生在对相对运动(是定量的，公理性原物)进行建模时如何交流观点。MicroWorlds 模型是通过为每个操作(如左，前进 10，等待时间 1)编写正式文本的脚本命令来构建模型，而 Stagecast Creator 模型则只能使用鼠标，通过“点击—拖拽”的方法为每个操作生成可视化脚本。学生在 2 周内的 10 次课上使用该软件，每次课 50 分钟。与 MicroWorlds 组相比，Stagecast Creator 组在编程和编程计划(都是视觉活动)中花费的时间更多，调试的时间很少，但两组在测试和运行模型上所花的时间相同。使用 Stagecast Creator 可视设计方法的学生更关注从整体上描述相对运动，通过尝试—错误的迭代，这是 Horwitz (1999)所说的特别的解释性建模。使用 MicroWorld 的学生被迫检查模型原语和功能性地给每个对象编码(如使用基础公理的精细编程)(Horwitz, 1999)。

最值得注意的是，这些学生互相使用建模系统的语法解释他们的观点，尤其是使用 Stagecast Creator 的学生。这意味着学生不仅仅内化了领域概念(Louca 等，2003)，而且也发展了建模系统语法的心智模式(即，其本体、术语和句法)。建模系统语法的内化可能具有长期而深刻的影响(Carney, 2002)。如果充分接触建模系统，结果可能会掌握软件语法，而这一结果是可以测量的，在某些情况下是有价值的。但是，这也意味着教学设计者必须评价建模软件的语法，以确定是否值得学习。

建模技术的界面

动态建模软件允许建模者输入、拖动、点击，或者很可能做上述所有的操作。屏幕设计是否使上述操作直观明确？除了交互外，动态建模系统也支持其他类型的参与和行动。例如，屏幕布局可以引导使用者在屏幕上使用最佳数量的组件，或者在屏幕的特定区域对特定的事件定位(参见前文对于图形布局和文本布局的讨论)。

从屏幕上还可获得指导、约束和决定个体在使用建模系统时的身体动作和认知行为(Zhang, 1997),以及使用系统产生的认知冗余(Salomon, 1993)。每个动态建模工具都提供了不同的屏幕布局和交互作用,因此这引出了建模提供功能的可见性有多重要等问题。使用不同的布局时,存在重要的心理差异吗？交互作用和布局仅仅是易用性、便利度、个体的选择和熟悉程度的问题吗？

"心一身"联结是否将屏幕功能可见性和心理表征结合起来？Smith 和 Olkun (2005)研究了交互作用对于心理旋转能力的影响。学生观察物体旋转的两种方式:交互拖动使其旋转与仅点击一次观察旋转的动画。三组被试为:9 岁学生组,9 岁组,20 岁组。用基于计算机的后测来测量学生心理旋转能力的精确度和速度。在所有三个被试组中,交互处理组的心理旋转能力的精确性显著高于动画组。至于速度,交互处理 9 岁组总体上比动画处理组更快;但是,这一模式在 20 岁组却正好相反,20 岁组的后测成绩,交互组的心理旋转速度显著慢于动画组。研究者认为交互作用课(lesson interactivity)使 9 岁组的参与者为后测中的心理旋转操作做好了视觉上的准备,而对 20 岁组参与者而言,这一交互经历却是干扰。很明显,交互作用课与年龄较大学生已经得到充分发展的心理旋转方法(如分析性模式匹配)相冲突。

从这一点扩展开,任何学习者可能对某一或另一交互方法有习得的偏见;如果配合不当,将会对个体产生负面影响。在建模系统软件中应利用这一可能的交互效果(Evans 和 Gibbson, 2006)。下一代输入设备(例如 Wii 手持遥控器)和能够检测三维手动的感应条,以及
339 通过输入设备提供触觉(振动)和听觉反馈的点击类型的交互设备,它们将会通过玩游戏被下一代学习者学习和吸收,这可能会成为预期的与建模技术交互的方式。

模型的输出

当动态模型运行时,其输出通常包括文本、数字、图形、图像或者其他视觉材料,动画、视频和声音的组合。多种不同输出表征的组合与模型的表征混合,旨在形成互补,但是学习者通常不善于注意屏幕上适当的信息,这会导致支离破碎的知识结构(Bodemer 等,2004)。此外,对新手而言,某些类型的输出表征更难理解(如矢量表示力的大小和方向,点的模式代表速度、图表)。因此,屏幕上输出信息的数量和复杂性的增长会增加认知负荷,这在某种程度上会对理解造成负面影响。什么是最佳的模型输出格式呢？

Bodemer 与同事(2004)进行了两项研究,操纵视觉信息的认知负荷,三种处理为:将图形图示与标签分开(分离表征);直接在打气筒的图示上作出标签;让学习者交互性地把标签拖放到图示上。认知负荷被分为三类:内部的(特定领域的复杂性,这与先前的熟悉程度有关),外部的(界面)和相关的(仅关注最重要的组件)。实验处理设计的目的是,降低外部认知负荷,同时提高相关认知负荷。他们的研究结果表明集成的屏幕好于分离的屏幕(实验 1),这意味着模型表征和模型输出应该具有空间上的连续性(Mayer, 1997)。此外,在实验 1 和实验 2 中,拖放的交互性好于其他所用的图形表征。

Evans 和 Gibbons (2006)重复了 Bodemer 等(2004)关于交互对学习的影响的研究,提出了交互效果这一术语,用来指代与视觉输出进行交互所得到的学习上的益处,而不是仅仅观察输出。在本研究中,交互效果主要体现在迁移应用测试上,而不是在测量过程描述保持情况

的后测中。在本研究中拖放交互比非交互处理更有效的原因，与其说是交互效果，还不如解释为拖放交互强迫学习者放慢速度，将注意力集中到每一可视组件上，而不是一瞥之下将视觉信息作为整体处理。

真的存在交互效果吗？学习者应如何与模型输出进行交互？典型的动态模型输出通常包含在图形中显示持续更新的数值，以表示随时间变化的数值或者模型组件数值的增减，等等。在临近最相关模型组件的位置，呈现图表和图形是合理的。最新版本的STELLA允许学习者拖放一支股票到图形上，立即看到其输出，这显然利用了交互效果。此外，通过颜色、尺寸和其他形式高亮显示模型组件和模型输出的关联，可能也能够唤起对每一输出值的恰当的注意水平。

个体差异的影响

个体差异是否会影响建模？如果会，建模技术起了什么作用？由于认知负荷与动态建模的复杂性相关，高能力学生与低能力学生相比，也许能构造更好的模型，并从建模过程中获益更多(Gijlers和de Jong, 2005)。个体差异这一领域尚需更深入的研究。

对于利用技术建模而言，对领域内容无知或者缺乏相关的知识与经验，是一个很重要的问题。克服通常持有的但是错误的前概念，是借助模型学习研究所关注的问题，尤其是在科学教育领域。Tao和Gunstone (1999)研究考察了持续10周的充分利用物理模型(模拟)的效应，研究中有意使用了概念冲突，即科学解释和学生典型的前概念相矛盾。研究者报告指出在教学过程中，在不同境脉中，学生在前概念与嵌入模拟中的科学概念之间摇摆不定。学生同时保留了两种心理概念(保持两种见解或者犹豫不决)，他们会根据境脉线索，在不同时刻采用这个或那个立场。

在构造模型时，学生已有观念会带来更严重的问题。无指导的模型构造可能会比使用模型更易强化已有的朴素观念，因为学生会尝试将其已有观念体现在模型中(Briggs, 1990)。因此，建模过程中所提供指导的数量和类型就非常重要。尽管最好的指导可能是来自学习策略、同伴和教师，但有些建模技术还提供了一些支架。

可能影响使用和构造模型的教学效果的关键因素是学生对于知识的本质、来源和广度的 340
信念。Windschitl和Andre (1998)考察了认识论复杂性对学习的影响，在验证性(有指导的发现)或探索性(自由发现)条件下，学生借助人类血液循环系统模拟进行学习。研究发现之一是处理条件和认识论信念的交互作用显著。具有更高级认识论信念的个体从探索性处理中学得更多(用多项选择测验测量)；而高级认识论信念发展不充分的个体，从验证性处理中学得更多。尽管大量研究发现，在借助模型的学习过程中，有指导的探索优于自由探索(Bruner, 1961; Mayer, 2004)，但学生对于知识本质的信念可能是一个关键但却被忽略的变量，这一变量与指导的数量存在交互作用，尤其是在模型构造过程中。另外，大量的动态建模经验似乎会提高学习者的认识论复杂度。

模型构造过程中的支架和指导

围绕、指导和支持建模活动的课堂教学活动是建模成功的关键因素。例如，指导可以包括引导性问题、明确的作业和在线工具(Bera 和 Liu, 2006),尤其是在建立和检验假设过程中提供的帮助(Bodemer 等,2004)。另外,总体的设计原则和模型构造规划技能的学习可不依赖建模软件的编程形式体系(Fay 和 Mayer, 1994)。当然,这些问题超出了本章的范围(参见本卷第 36 章)。我们主要关注建模技术可以直接或者间接提供的指导。

如前所述,无指导的建模可能会强化朴素观念,因为学生倾向于把他们的朴素概念表现在模型中。积极辅导支持系统可能提供了一种解决方法。Ureel 和 Carney (2003)收集整理了学生在使用 Vmodel 过程中的常见问题和常犯错误,他们将这些问题和错误包含在一个积极指导支持系统中。系统采用了带有模型跟踪或者定性模拟功能的基于规则的系统来检测问题,当检测到问题(例如当某一模型元素使用不当,或者有更恰当的组件可用,或者存在不明确的结构)时,屏幕中的化身就会显得迷惑或者皱眉,模型中出错的组件会高亮显示。学生可以点击模型或者化身求助。为了证明这类模型构造指导的有效性,需要知道花费多少时间和精力(成本—收益)才能够为通用模型的构造提供独特的指导方案,这一点是很重要的。

对于大多数学生,理解模型表征和模型的输出可能需要相当多的支持,这取决于学生对每种形式的熟悉程度。例如,Smith 等(1992)利用渐进模拟(即用点建模,阿基米德和沉下木筏)向 6 年级的儿童教授重量和密度关系的原理。教学开始时,学生动手操作不同重量、密度的实际物体;接着,用相同尺寸的盒子中的点来模拟描述密度;之后,用液体模拟漂浮和用相同的带点的盒子描述密度;最后,应用密度模拟。研究者指出这些 6 年级学生形成了这些概念,而这些概念对 7 年级学生还是非常难的,学生通常在 9 年级时还未尝试这些概念。

在输出复杂性方面,模拟(使用模型)和建构模型存在同样的问题,但是模拟中的认知负载要少一些。也许可以将模拟作为构造模型的导入性活动。在 STELLA 中,一个称为界面水平的页码显示屏幕被用作模拟,该页包括输出图表和变量控制调节器,而地图/模型水平隐藏在屏幕界面之后。学生在尝试构造相关模型之前,可以通过模拟学习输出的形式体系和重要的变量。

让学生构造渐进式的模型是合理的。学生可以从基本的观念开始,逐步扩展到更高级的应用和这些原则的交互作用。然而模型的进展必须仔细规划和整合,建模技术必须能够表征所需(定性和定量)的不同抽象水平,像 SimQuest 探究建模者那样(van Joolingen, 2004)。

设计和研究问题

动态建模既有积极也有消极的方面。动态建模花费大量时间,在许多层面上都很复杂,有难度,可能特别依赖学生对知识的信念,多数教师对其都很陌生,与大多数课堂教学文化不同,可能会过早地强化不恰当的观点。另一方面,动态建模是独特的,不同于其他教学方法,潜在
341 的鼓励真实的学习。动态建模技术的确为学生(和教师)提供了看待事物的新方式,在促进新的心理能力形成的同时,鼓励形成独特的眼光。建构模型的教学效果尚未得到确认,而且需要注意的是模拟(使用模型)在教学上并非十分有效(de Jong 和 van Joolingen, 1998)。

学生通常存在下列困难:(1)理解非线性关系的效应;(2)当作用于原物的某一组件时,在

头脑中保持整个原物系统;(3)(整体上)评价复杂系统中控制的范围和可能的影响;(4)将某一情境下学习到的原则迁移到不同情境中(Milrad 等,2002; van Eck 和 Dempsey, 2002)。此外,还存在以下问题:从少数例子过度概括的倾向(Feldman, 2003),换言之,仅仅从几个例子就做出概括的倾向(Tenenbaum, 1999);缺乏从模型的所有组件中优先识别出功能上更重要组件的能力,仅能够使用更少的组件或者不相关的组件(Spector 等,2001);在结果延迟时,不能将决策与结果关联;觉察性近视,顽固的先前观念遮蔽或者扭曲了模型的实际输出(Gunstone 和 Watts, 1985)。有效的模型构造促使学习者体验这些问题,并把它们作为支持弱势领域的心理工具。

因此,运用技术有效建模关乎到一种独特的建模者的概念转变,需要留意不同类型和层次的细节。年轻的或者新手建模者通常会持有简单的复制认识论观点(Barowy 和 Roberts, 1999),认为模型仅仅是原物的微型复制品。模型可以显示表面特征(描述性),也可以表明功能和行为(即关系与过程;说明性的),还可以表征概念性的深层结构(即结构知识;解释性的)。动态建模需要管理不同结构和功能模块之间的相互联系,它特别依赖于功能关系(Seel, 2003)。但是年轻的学生和新手将趋向于表征视觉结构特征,把它们与深层的功能关系相混淆(Hmelo 等,2000)。

构造和使用模型可能会对广泛的学习结果产生影响,这些学习结果无法用传统的领域知识测量方法来检测。例如,de Jong 等(1999)在研究模拟过程中几种不同的指导性发现方法时,采用了三种学习的测量:定义概念和事实的知识;直觉知识的速度测试,包括测量正确性和回答时间;对结构知识的概念分类任务测量。在三种处理中,定义知识和结构知识均未发现差异,直觉知识的正确性也不存在差异,但是"指导最多"组的速度存在显著差异,正确性和速度的前后测也存在显著提高。未来的建模研究必须关注为不同的学习结果确定最佳的建模方法。

许多科学教育者将建模看作科学的基础,认为对科学家有很大的用处(Forbus 等,2001; Jackson, 2006)。Schwarz 和 White (2006)总结学习科学模型的本质和作用,使学生参与到创建和测试模型的过程中(称为基于模型的探究或者元建模)应成为整个科学教育的中心问题。为了支持这一想法,他们开发了名为 Model-Enhanced Thinker Tools 的工具。他们预研究的被试包括来自 San Francisco 的四个 7 年级班级,持续时间为 3 个月,学生获得了物理知识、探究技能、科学信念和建模知识,高能力的学生尤其明显。

基于场所的计算可能会在动态建模中占有重要位置。Colella(2000)考察了一种名为浸入式动态建模的方法,在为期 3 周的项目中,10 年级的学生使用被称为"思考标签"的耐用的计算机,在疾病传播模型中作为动态实体。学生持续表现出质疑其怀疑以及模拟活动似乎是真实的愿望,对于建议的实验表现出令人印象深刻的主人翁态度。由于真实的社会交互的需要,这类基于场所的动态建模可能应用到某些内容领域,在这些领域中不适合应用传统的基于屏幕的建模方法。

在日常工作场景中使用功能强大的模型日益普遍。这引发人们考虑尚未触及的一些重要问题:用于工作场所中的基础模型的最佳学习方式是什么? 天气预报模型是思考的对象吗

(Papert, 1980)？天气预报员需要理解基础模型到什么水平？——"试图从这样的模型中学习气象学，如同从'深蓝'那里学习象棋一样"(Horwitz, 1999,181 页)。大型模型对学习的作用是一个未解决的问题。

如前所述，建模过程中所提供指导的数量和类型是非常重要的研究领域，然而，建模软件
342 将会有进一步发展。例如，Strobel 和 Gottdenker (2002)呼吁连接静态建模和动态建模的工具，仅仅通过点击变量、属性和关系，就可以把概念图转换为动态系统模型。

在我们看来，为远程或者计算机支持的协作学习开发软件时，最大的悬而未决的问题是如何进行针对设备和特性的设计，这些设备和特性允许用户方便地向其他远程用户展示屏幕上的对象。工作场所和应用共享的研究才刚刚起步。

尽管运用技术建模出现的时间并不长，近期许多新的易用软件建模项目的可用性(和建模系统会议)表明了人们对动态建模兴趣正日渐增长。然而，仍需要大量坚实的研究为建模提供经验基础和理论基础。

(张志桢 译，张倩苇 一校，裴新宁、俞　琼 二校)

参考文献

Alessi, S. (2000). Building versus using simulations. In *Integrated and Holistic Perspectives on Learning, Instruction, and Technology*, edited by J. M Spector and T. M. Anderson, pp. 175 - 196. Boston, MA: Kluwer. *

Avouris, N., Margaritis, M., Komis, V., Saez, A., and Melendez, R. (2003). ModellingSpace: interaction design and architecture of a collaborative modelling environment. In *Proc. of the 6th Int. Conference on Computer-Based Learning in Science (CBLIS)*, July 5 - 10, Nicosia, Cyprus, pp. 993 - 1004.

Axelrod, R. (1997). *The Complexity of Cooperation: Agent-Based Models of Competition and Collaboration*. Princeton, NJ: Princeton University Press. *

Barowy, W. and Roberts, N. (1999). Modeling as inquiry activity in school science: what's the point? In *Modeling and Simulation in Science and Mathematics Education*, edited by W. Feurzeig and N. Roberts, pp. 197 - 225. New York: Springer.

Bera, S. and Liu, M. (2006). Cognitive tools, individual differences, and group processing as mediating factors in a hypermedia environment. *Comput. Hum. Behav.*, 22, 295 - 319.

Bers, M., Ponte, I., Juelich, C., Viera, A., and Schenker, J. (2002). Teachers as designers: integrating robotics in early childhood education. *Inform. Technol. Childhood Educ. Annu.*, 2002(1), 123 - 145.

Bodemer, D., Ploetzner, R., Feuerlein, I., and Spada, H. (2004). The active integration of information during learning with dynamic and interactive visualizations. *Learn. Instruct.*, 14, 325 - 341.

Briggs, P. (1990). The role of the user model in learning as an internally and externally directed activity. In *Mental Models and Human - Computer Interaction 1*, edited by D. Ackermann and M. J. Tauber, pp. 195 - 208. North-Holland: Elsevier.

Bruner, J. S. (1961). The act of discovery. *Harvard Educ. Rev.*, 31, 21 - 32. *

Brush, T. and Saye, J. W. (2002). A summary of research exploring hard and soft scaffolding for teachers and students using a multimedia supported learning environment. *J. Interact. Online Learn.*, 1(2), 1 - 12.

Carney, K. (2002). When is a tree a process? Influences on student representations of process in 'low floor' qualitative modeling tasks. In *Keeping Learning Complex: The Proceedings of the Fifth Annual International Conference of the Learning Sciences*, edited by P. Bell and T. Satwicz, pp. 49 - 56. Mahwah, NJ: Lawrence Erlbaum Associates (http://www.qrg.northwestern.edu/projects/NSF/Vmodel/papers/ICLS_02_final_carney.pdf).

Carney, K., Forbus, K., Ureel, L. C., and Sherin, B. (2002). Using Modeling to Support Integration and Reuse of Knowledge in School Science: Vmodel, a New Educational Technology. Paper presented at the annual meeting of the American Educational Research Association, April 1 - 5, New Orleans, LA. (http://www.qrg.northwestern.edu/people/ureel/papers/AERA02 - vmodel-handout.doc).

Clariana, R. B. (1989). Computer simulations of science laboratory experiences. *J. Comput. Math. Sci. Teaching*, 8(2), 14 - 19. *

Colella, V. (2000). Participatory simulations: building collaborative understanding through immersive dynamic modeling. *J. Learn. Sci.*, 9(4), 471 - 500.

de Jong, T., Martin, E., Zamarro, J.-M., Esquembre, F., Swaak, J., and van Joolingen, W. R. (1999). The integration of computer simulation and learning support: an example from the physics domain of collisions. *J. Res. Sci. Teaching*, 36(5), 597 - 615. *

de Jong, T. and van Joolingen, W. (1998). Scientific discovery learning with computer simulations of conceptual domains. *Rev. Educ. Res.*, 68(2), 179 - 201. *

Dimitracopoulou, A. and Komis, V. (2004). Design principles for an open modeling environment for learning, modelling and collaboration in sciences. *Int. J. Contin. Eng. Educ. Life-Long Learning (IJCEELL)*, special issue on role of information and communication technology in science teaching and learning.

Du Boulay, B., O'Shea, T., and Monk, J. (1999). The black box inside the glass box: presenting computing concepts to novices. *Int. J. Hum.-Comput. Stud.*, 51(2), 265 - 277. *

Evans, C. and Gibbons, N. J. (2006). The interactivity effect in multimedia learning. *Comput. Educ.* (doi: 10.1016/j.compedu.2006.01.008).

Fay, A. L. and Mayer, R. E. (1994). Benefits of teaching design skills before teaching LOGO computer programming: evidence for syntax independent learning. *J. Educ. Comput. Res.*, 11, 187 - 210.

Feldman, J. (2003). The simplicity principle in human concept learning. *Curr. Dir. Psychol. Sci.*, 12(6), 227 - 232.

Forbus, K. (1984). Qualitative process theory. *Artif. Intell.*, 24, 85 - 168.

Forbus, K., Carney, K., Harris, R., and Sherin, B. (2001). Modeling environment for middle-school students: a progress report. In *Papers from the 2001 Qualitative Reasoning Workshop*, edited by G. Biswas. Stoughton, WI: The Printing House (http://www.qrg.northwestern.edu/projects/NSF/Vmodel/papers/Vmodel_QR01_Final.pdf).

Gibbons, A. S. (2001). Model-centered instruction. *J. Struct. Learn. Intell. Syst.*, 14(4), 511 - 541. *

Giere, R. N. (1999). Using models to represent reality. In Model-Based Reasoning in Scientific Discovery, edited by L. Magnani, N. J. Nersessian, and P. Thagard, pp. 41 - 57. New York: Kluwer.

Gijlers, H. and de Jong, T. (2005). The relation between prior knowledge and students' collaborative discovery learning processes. J. Res. Sci. Teaching, 42(3), 264 - 282.

Gilbert, N. and Bankes, S. (2002). Platforms and methods for agent-based modeling. Proc. Natl. Acad. Sci., 99(Suppl. 3), 7197 - 7198.

Gilder, J., Peterson, M., Wright, J., and Doom, T. (2003). A versatile tool for student projects: an ASM programming language for the LEGO Mindstorm. ACMJ. Educ. Resources Comput., 3(1), 1 - 14.

Grimm, V. and Railsback, S. F. (2005). Individual-Based Modeling and Ecology. Princeton, NJ: Princeton University Press.

Gunstone, R. F. and Watts, D. M. (1985). Force and motion. In Children's Ideas in Science, edited by R. Driver, E. Guesne, and A. Tiberghien, pp. 85 - 104. Philadelphia, PA: Open University Press.

Hadwin, A. F., Winne, P. H., and Nesbit, J. C. (2005). Roles for software technologies in advancing research and theory in educational psychology. Br. J. Educ. Psychol., 75, 1 - 24.

Hannon, B. and Ruth, M., Eds. (1999). Modeling Dynamic Biological Systems. London: Springer.

Harris, T. (1999). A hierarchy of model and electron microscopy. In Proceedings of the International Conference on Model-Based Reasoning in Scientific Discovery, December 17 - 19, 1998, Pavia, Italy, edited by L. Magnani, N. J. Nersessian, and P. Thagard. New York: Kluwer.

Hmelo, C. E., Holton, D. L., and Kolodner, J. L. (2000). Designing to learn about complex systems. J. Learn. Sci., 9(3), 247 - 298. *

Hmelo-Silver, C. E. and Azevedo, R. (2006). Understanding complex systems: some core challenges. J. Learn. Sci., 15(1), 53 - 61.

Hoppe, H. U. (2001). Collaborative Mind Tools for the Classroom: Strategies for Pedagogical Innovation. Keynote at the International Conference for Computers in Education (ICCE), November 11 - 14, Incheon National University of Education, Seoul, Korea.

Horwitz, P. (1999). Designing computer models that teach. In Modeling and Simulation in Science and Mathematics Education, edited by W. Feurzeig and N. Roberts, pp. 179 - 196. New York: Springer.

Jackson, J. C. (2006). Modeling Instruction in High School Physics, http://www.ed.gov/pubs/edtechprograms/modelinginstruction.pdf.

Jonassen, D. H. and Reeves, T. C. (1996). Learning with technology: using computers as cognitive tools. In Handbook of Research for Educational Communications and Technology, edited by D. H. Jonassen, pp. 693 - 719. London: Macmillan. *

Jonassen, D. H. and Strobel, J. (2005). Modeling for meaningful learning. In Engaged Learning with Emerging Technologies, edited by Learning Sciences and Technologies Group, pp. 1 - 28. Dordrecht: Springer-Verlag.

Knudsen, J. (1999). The Unofficial Guide to LEGO Mindstorms Robots. Sebastopol, CA: O'Reilly and Associates.

Korzybski, A. (1958). Science and Sanity: An Introduction to Non-Aristotelian Systems and General Semantics. Lakeville, CN: The International Non-Aristotelian Library Publishing Company.

Kozma, R. B. (2000). The use of multiple representations and the social construction of understanding in chemistry. In Innovations in Science and Mathematics Education: Advanced Designs for Technologies of Learning, edited by M. Jacobson and R. Kozma, pp. 11 - 46. Mahwah, NJ: Erlbaum.

LEGO Group. (2003). LEGO Mindstorms home page, http://www.mindstorms.com.

Lehrer, R. and Schauble, L. (2003). Origins and evolution of model-based reasoning in mathematics and science. In Beyond Constructivism: Models and Modeling Perspectives on Mathematics Problem Solving, Teaching, and Learning, edited by R. Lesh and H. M. Doerr, pp. 59 - 70. Mahwah, NJ: Lawrence Erlbaum Associates.

Lesh, R. and Doerr, H. M. (2003). In what ways does a models and modeling perspective move beyond constructivism. In Beyond Constructivism: Models and Modeling Perspectives on Mathematics Problem Solving, Learning, and Teaching, edited by R. Lesh and H. M. Doerr, pp. 519 - 556. Mahwah, NJ: Lawrence Erlbaum Associates. *

Löhner, S., van Joolingen, W. R., and Savelsbergh, E. R. (2003). The effect of external representation on constructing computer models of complex phenomena. Instruct. Sci., 31, 395 - 418.

Löhner, S., van Joolingen, W. R., Savelsbergh, E. R., and van Hout-Wolters, B. (2005). Students' reasoning during modeling in an inquiry learning environment. Comput. Hum. Behav., 21, 441 - 461.

Louca, L., Druin, A., Hammer, D., and Dreher, D. (2003). Students' collaborative use of computer-based programming tools in science: a descriptive study. In Designing for Change in Networked Learning Environments: Proceedings of the International Conference on Computer Support for Collaborative Learning (CSCL) 2003, edited by B. Wasson, St. Ludvigsen, and U. Hoppe, pp. 109 - 118. Dordrecht: Kluwer.

Maier, F. and Größler, A. (2000). What are we talking about? A taxonomy of computer simulations to support learning. Syst. Dynam. Rev., 16(2), 135 - 148. *

Mayer, R. E. (1997). Multimedia learning: are we asking the right 343
questions? Educ. Psychol., 32(1), 1 - 19.

Mayer, R. E. (2004). Should there be a three-strikes rule against pure discovery learning? The case for guided methods of instruction. Am. Psychol., 59(1), 14 - 19.

Mellar, H. and Bliss, J. (1994). Introduction: modelling and education. In Learning with Artificial Worlds: Computer-Based Modelling in the Curriculum, edited by H. Mellar, R. Boohan, J. Bliss, J. Ogborn, and C. Tompsett, pp. 1 - 8. London: Falmer Press.

Milrad, M., Spector, J. M., and Davidsen, P. I. (2002). Model facilitated learning. In eLearning: Technology and the Development of Teaching and Learning, edited by S. Naidu, pp. 13 - 27. London: Kogan Page. *

Milrad, M., Gottdenker, J., Strobel, J., Björn, M., and Karlsson, M. (2003). Exploring Technologies and Activities to Support Authentic Scientific Inquiry Learning. Paper presented at the International Conference on Computers in Education (ICCE), December 2 - 5, Hong Kong.

Papert, S. (1980). Mindstorms: Children, Computers, and Powerful Ideas. New York: Basic Books. *

Pea, R. D. (1994). Seeing what we build together: distributed multimedia learning environments for transformative communications. J. Learn. Sci., 3(3), 285 - 299. *

Pinkwart, N., Hoppe, U., and Gaßner, K. (2001). Integration of domain-specific elements into visual language based collaborative environments. In Proc. of the Seventh Int. Workshop on Groupware (CRI WG 2001), September 6 - 8, Darmstadt, Germany, pp. 142 - 147.

Railsback, S. F., Lytinen, S. L., and Jackson, S. K. (2006). Agent-Based Simulation Platforms: Review and Development Recommendations, http://www.humboldt.edu/~ecomodel/documents/ABMPlatformReview.pdf.

Repenning, A. and Ioannidou, A. (2004). Agent-based end-user 344
development. Commun. ACM, 47(9), 43 - 46.

Resnick, M. (1998). Technologies for lifelong kindergarten. Educ. Technol. Res. Dev., 46(4), 43 - 55.

Resnick, M., Berg, R., and Eisenberg, M. (2000). Beyond black boxes: bringing transparency and aesthetics back to scientific investigation. J. Learn. Sci., 9(1), 7 - 30. *

Reynolds, C. W. (1987). Flocks, herds, and schools: a distributed behavioral model. Comput. Graphics, 21(4), 25 - 34 (SIGGRAPH 1987 conference proceedings).

Richmond, B. (1993). Systems thinking: critical thinking skills for the 1990s and beyond. Syst. Dynam. Rev., 9(2), 113 - 133. *

Riley, D. (1990). Learning about systems by making models. Comput. Educ., 15(1 - 3), 255 - 263.

Rouwette, E. A. J. A., Vennix, J. A. M., and van Mullekom, T. (2002). Group model building effectiveness: a review of assessment studies. Syst. Dynam. Rev., 18(1), 5 - 45.

Salomon, G. (1993). Distributed Cognitions: Psychological and Educational Considerations. Cambridge, U.K.: Cambridge University Press. *

Scheer, A. W. (2000). ARIS: Business Process Modeling. New York: Springer.

Schwarz, C. V. and White, B. (2005). Meta-modeling knowledge: developing students' understanding of scientific modeling. Cogn. Instruct., 23(2), 165 - 205.

Seel, N. M. (2003). Model-centered learning and instruction. Technol. Instruct. Cogn. Learn., 1, 59 - 85. *

Smith, C., Snir, J., and Grosslight, L. (1992). Using conceptual models to facilitate conceptual change: the case of weight-density differentiation. Cogn. Instruct., 9(3), 221 - 283.

Smith, G. G. and Olkun, S. (2005). Why interactivity works: interactive priming of mental rotation. J. Educ. Comput. Res., 32(2), 93 - 111.

Spector, J. M., Christensen, D. L., Sioutine, A. V., and McCormack, D. (2001). Models and simulations for learning in complex domains: using causal loop diagrams for assessment and evaluation. Comput. Hum. Behav., 17, 517 - 545. *

Sterman, J. D. (2000). Business Dynamics: Systems Thinking and Modeling for a Complex World. Boston, MA: McGraw-Hill. *

Strike, K. A. and Posner, G. J. (1985). A conceptual change view of learning and understanding. In *Cognitive Structure and Conceptual Change*, edited by L. H. T. West and A. L. Pines, pp. 211 - 231. New York: Academic Press.

Strobel, J. and Gottdenker, J. (2002). New Mindtool (Concept Mapping, System Modeling). Poster at ED-MEDIA— World Conference on Educational Multimedia, Hypermedia and Telecommunications, June 24 - 29, Denver, CO.

Tao, P.-K. and Gunstone, R. F. (1999). The process of conceptual change in force and motion during computer-supported physics instruction. *J. Res. Sci. Teaching*, 36(7), 859 - 882.

Tenenbaum, J. B. (1999). Bayesian modeling of human concept learning in *Advances in Neural Information Processing Systems*, Vol. 11, edited by M. S. Kearns, S. A. Solla, and D. A. Cohn, pp. 59 - 65. Cambridge, MA: MIT Press.

Tergan, S. O. and Keller, T., Eds. (2005). *Knowledge and Information Visualization, Searching for Synergies*, LNCS 3426. Heidelberg: Springer-Verlag.

Thangiah, S. and Joshi, S. (1997). Introducing robotics at the undergraduate level. *J. Comput. Math. Sci. Teaching*, 16(2), 223 - 237.

Tobias, R. and Hofmann, C. (2004). Evaluation of free Javalibraries for social-scientific agent based simulation. *J. Artif. Societies Soc. Simul.*, 7 (1) (http://jasss.soc.surrey.ac.uk/7/1/6.html).

Troitzsch, K. G. (2004). Validating simulation models. In *Proc. of the 18th European Simulation Multiconference*, June 13 - 16, Magdeburg, Germany (http://www.econ.iastate.edu/tesfatsi/EmpValidABM.Troitzsch.pdf).

Turban, E., Aronson, J. E., and Liang, T. P. (2005). *Decision Support Systems and Intelligent Systems*, 7th ed. Upper Saddle River, NJ: Prentice Hall.

Ureel, L. C. and Carney, K. E. (2003). Design of computational supports for students in visual modeling tasks. In *Proceedings of the International Conference on Computer Support for Collaborative Learning, CSCL 2003, Community Events: Communication and Interaction*, edited by B. Wasson, R. Baggetun, U. Hoppe, and S. Ludvigsen, pp. 98 - 100. Bergen, Norway: University of Bergen Press.

van Eck, R. and Dempsey, J. (2002). The effect of competition and contextualized advisement on the transfer of mathematics skills in a computer-based instructional simulation game. *Educ. Technol. Res. Dev.*, 50(3), 23 - 41.

van Joolingen, W. R. (2000). Designing for collaborative discovery learning. In *Proc. of the 5th Int. Conf. on Intelligent Tutoring Systems (ITS 2000)*, June 19 - 23, Montreal, Canada, pp. 202 - 211.

van Joolingen, W. R. (2004). A tool for the support of qualitative inquiry modeling. In *Proc. of the IEEE Int. Conf. on Advanced Learning Technologies (ICALT'04)*, August 30 - September 1, Joensuu, Finland (http://ieeexplore.ieee.org/ie15/9382/29792/01357382.pdf).

van Joolingen, W. R., de Jong, T., Lazonder, A. W., Savelsbergh, E. R., and Manlove, S. (2005). Co-Lab: research and development of an online learning environment for collaborative scientific discovery learning. *Comput. Hum. Behav.*, 21, 671 - 688.

Windschitl, M. and Andre, T. (1998). Using computer simulations to enhance conceptual change: the roles of constructivist instruction and student epistemological beliefs. *J. Res. Sci. Teaching*, 35, 145 - 160.

Zhang, J. (1997). The nature of external representations in problem solving. *Cogn. Sci.*, 21(2), 179 - 217.

---

* 表示主要参考文献。

29

学习对象研究综述

David A. Wiley

摘要

本篇关于学习对象的综述是杂志文章、书籍章节、白皮书和博客条目的资料汇集。总的来看，这些资料基本上很少包含具有开创意义的著作，缺少通用的术语定义，且相互间很少彼此参考引用和相互借鉴。通常来说，对学习对象的研究分为两类。使用学习对象的传统取向主要关注将精心结构化的学习对象即时装配，以产生个性化的教育。使用学习对象的宽容性取向则关注于所有资源尽可能有效、高效地重用和本土化，而不考虑它们的结构。这个领域遭受了许多批评。在开放教育资源方面所做的初步工作会为学习对象这个领域指出可能的发展方向。

346 **关键词**

学习对象：可加以重用来支持学习的一种数字化资源。

开放教育资源：可免费使用、重用、改编和共享的学习对象。

引言

本篇关于学习对象的综述是杂志文章、书籍章节、白皮书和博客条目的资料汇集。总的来看，这些资料基本上很少包含具有开创意义的著作，缺少通用的术语定义，且相互间很少彼此参考引用和相互借鉴。由于学习对象研究缺乏结构性，因此很难进行学习对象的研究综述。与其描述多个有明显分歧、目标不一致的研究方向，作者认为，根据这些研究方向所基于的理念对它们进行汇总更好。但这样做，作者要承担很大的责任。我只是选择自认为最重要的研究主题聚类，当然其他人对哪些研究主题最重要可能会持不同的观点。

历史回顾

几乎计算机一出现，重用数字化教育资源的思想就产生了。早在 20 世纪 60 年代，研究人员就描述了如何将“课程单元做得小并且互相结合，使之像标准麦卡诺*（机械构件）部件那样组装成多种特定程序，为每一个学习者定制使用”(Gibbons 等人，2002，28 页)。尽管学习对象的一般概念至少已存在 40 年之久，在 20 世纪 60 年代早期开发的 Xanadu (Nelson, 1982)和 OSMIC (Nelson, 1996)系统中 Ted Nelson(是他提出的超文本术语)描述了学习对象和现代内容重用，正是他发展了学习对象和现代内容重用概念基础。Nelson 的研究包含了学习对象设计者和复用者今天依然所要面对的大部分主要问题。

Xanadu 的设计展示了 Nelson 的理想的超文本系统，它要求所有内容以固定的、不可编辑的方式存储。无论何时，用户只要想对以前存储在系统中的内容片段进行修改，则改动的内容就会被独立储存，用户可以访问该文档的两个版本。当今 Rice 大学所开发的连结(Connexions)系统就是使用类似的设计方法(参看 http://cnx.org)。

因为 Xanadu 系统可以保证一个文档的特定版本或历史记录永久地存储在特定地点，因此在此系统中可以通过引用的方法重用文档的部分内容。例如，假设作者想在新文档引用已有文档的部分内容，不需要将该部分文本剪切，然后粘贴到文档中，作者可以引用已有文档中特定的开始和结束位置。那么，当新文档被修改时，已有文档中的那些内容在新文档中就会被动态修改。当前开源 Xanadu Transquoter 系统(参看 http://transliterature.org/transquoter)支持这种功能。

困扰当今学习对象设计者和重用者的学习对象的粒度和境脉问题，则完全被巧妙地回避了。例如在 Xanadu 中，不要求作者在设计和创建内容时就考虑将来重用的问题，也不需要将

---

* 麦卡诺(Meccano)，商标名，主要是钢铁组合的模型玩具。

内容分块,作者只要依据他们的想法简单地创建和发布内容。此后,如果其他作者想重用已有文档的一部分内容,只需在文档中指明他们想重用的那一部分,那么这部分内容以后在新文档中将被动态修改。这样一来,学习对象的境脉问题也可完全避免,因为新文档的读者总是能回溯到提供该片段的原来文档,从而他们可以通过原来的文档更好地理解学习对象的境脉。(Purple 系统具有类似功能,参看 htpp://www.eekim.com/software/purple/purple.html)

Nelson 创建了与学习对象相关的一些概念与方法的词汇表,并进行编目。如术语 primedia (描述系统中可重用的原始的媒体比特)和术语 transclusion(描述 prmedia 从一个文档动态插入另一个文档的方法),这些术语对任何想学习可重用数字内容知识的人来说都具有巨大的概念价值。遗憾的是这些术语和概念已经全部从当今学习对象文献中消失,因为现代学习对象概念之父将他的思想建立在另外的文献之上。

20 世纪 90 年代早期,随着万维网的出现,可重用资料的思想又一次成为研究前沿。1994 年,Wayne Hodgins 提出学习对象这个概念(Hodgin, 2002)。可能由于 Nelson 的 Xanadu 项目已经停止,到 Hodgins 提出学习对象时,它已经基本上被忘记。Hodgin 和其他早期研究人员(如 Downes, 2000)将学习对象的概念根植于面向对象的编程中关于重用的相关研究文献之 347
上,这就使研究人员说出下面这样的话(Fernandez-Manju 和 Sancho, 2002,6 页):

> 学习对象背后的思想扎根于面向对象的范式:单个教学片段可能重用于多个学习境脉中,并遵循封装、抽象和继承规则。

这些表述将学习对象的发展置于计算机科学范式之中,要求教学设计者使用封装、抽象、继承、多态等术语进行描述(Morris, 2005)。正是由于学习对象与软件工程之间存在这种普遍认可的关联,因此在学习对象的研究中侧重技术。如果学习对象的概念与 Nelson 的工作相联系,而不是与面向对象的编程相关联,则学习对象的研究可能会聚焦于新媒体、创意性写作、技术性写作以及其他与教学设计相关性更大的领域,而不是与计算机科学相关的领域。这篇研究综述主要围绕不同概念系统的观点与学习对象研究的未来发展道路之间的张力来组织。

不同定义和相关术语

学习对象的概念让人产生迷惑的部分原因是它不仅有数十种定义,而且还有几个不同短语均指向可重用数字教育资源这同一范畴。最常被引用而且也是最宽泛的学习对象定义由电气和电子工程师协会(IEEE)的学习技术标准委员会(LTSC)提出(IEEE, 2005):“学习对象是数字的或非数字的任何实体,这种实体可以在技术支持的学习中被使用、重用或引用。学习对象的实例包括:

- 多媒体内容;
- 教学内容;
- 学习目标;

- 教学软件和软件工具;
- 在技术支持的学习中涉及的个人、组织或事件。”

反对这个极宽泛定义的呼声一直很强烈。Wiley努力将定义限定在“任何可重用的支持学习的数字化资源”(Wiley, 2000a,23页),但这个定义依然过于宽泛。更有意思的是有人写一些诸如我的左大脚趾是学习对象(Levine, 2004)和小便池是一个学习对象(Leinonen, 2005)的文章作为对IEEE学习对象定义的抗议。

另外,由于文献中出现数目庞大的关于学习对象的规定性定义,从而使学习对象定义变得宽泛的这个问题变得更加复杂。实际上,几乎每一篇有关学习对象的文章都会提出自己对这个术语的独特定义。例如,在评述2004年ICALT会议论文时,Rossano等人(2005)发现仅这一次会议上就使用了4种不同的学习对象定义。

一方面,已发表文章中提出许多学习对象定义,另一方面有些稍有差别的术语表达相似的含义。Merrill (1998,2页)喜欢使用知识对象,将它定义为类似数据库模式的一种事物:“知识对象由一组字段组成,每一个字段相当于一个容器,容器中存放实施不同教学策略所需的知识构件。”Gibbons等(2002,27页)偏好使用教学对象,将其描述为“为创建一个教学事件,可以被独立载入即时装配系统的任何对象”。其他描述类似概念的常用术语包括:美国国防部高级分布式计划中的共享内容对象(ADL, 2004),Hannafin等人(2002)的资源(Resource)和Downes对术语资源的不同使用(Downes, 2004)。Friesen (2004)描述有关学习对象定义的整体状况,并提醒我们“创新必须以对教学实践有意义的视角来体现”,从而将讨论引回到学习对象所依赖的基础之上。

指导性隐喻

学习对象的研究人员使用许多隐喻描述学习对象及其用法,最常用的隐喻包括“乐高”(LEGOs)、“分子”(Molecules)和“砖头—灰泥”(Bricks-Mortar),提供一种非常有趣的个人理解教与学的视角。“乐高”隐喻,是依据标准,将学习对象看作小的内容组块,互相之间可以用一种直接的方式进行结合。这是第一个被广泛接受的隐喻,强调学习对象的易用性,由Hodgins (2002)提出。

分子隐喻,是根据学习对象的语义和组成结构,将学习对象描述为易于与一些学习对象
348 绑定,但不易于与其他内容绑定的小块内容。这种隐喻强调学习对象境脉所扮演的角色,强调不是每一个学习对象都能非常好地与其他学习对象相组合。这种隐喻也很流行,曾出现在Wiley (1999)和Norman (2004)的文章中。Mejias (2003)为他提出的学习分子(Learning Molecules)申请了专利。

“砖头—灰泥”隐喻将学习对象描述为小的、形状大小各异的内容组块。如果没有某种境脉化胶水粘合剂很难将它们以有意义的方式组装粘合在一起,并使聚合内容有意义。这种隐喻强调学习对象是“由境脉化的灰泥粘合并使其产生意义的砖”,在Wiley (2005)关于学习对象隐喻的文章中对此进行了讨论。

从隐喻的发展中应该注意到的重要事情是:不是每种隐喻都强调境脉在意义制定和学习过程中所扮演的角色;最需要关注的是每一种隐喻都假设学习对象是封闭的、不可编辑的单元。但与 Nelson 的 Xanadu 系统中 Primedia 不同,这些隐喻缺少创建多个不同对象版本的机制。最常用的这些隐喻都假设学习对象可以被组合但不能被改编,这个不言而明的假设将在以下部分进一步探讨。

规范的等级

对学习对象内部如何结构化,如何标记以查找,如何在学习境脉中重用存在多种观点,这是意料之中的事。这些观点上的差异最好被看作是一个规范连续统底层的东西。一些教学设计方法要求学习对象结构化和标记元数据(如可共享内容对象参考模型或 SCORM)的方法符合严格的标准。而另一些教学设计方法则完全反对这样一种观点,即认为根本不可能事先确定这些信息,并将其强加于教学设计共同体。这两个阵营都做出了有利于各自主张的辩护,同时二者均有严重的缺陷。

规范化级别较高的使用学习对象的方法

Merrill(1999)的教学处理理论为兼容系统的用户提供大量的教学功能。从高一层次来说,实现教学处理理论的系统是一种仿真环境,它嵌入一些工具,既能促使学习者操练具体任务,又能根据学习者在环境中的表现给予个性化的、智能化的反馈。所有的系统内容均表征为数据库中的知识对象,系统软件通过对这些知识对象进行操作,以实施仿真,并对仿真环境中用户的行为做出提示和反应,产生和传递系统反馈。

可实施教学事务的系统可以实现对知识对象的复杂使用,因为这些数据的格式和结构事先进行详细规定,系统算法可以用来寻找内容结构并以特定形式标记。复杂的、自动化的重用是教学处理理论和其他类似(教学设计)方法的优势,这些方法指明了学习对象结构化和标记的方式。如果想更多地了解使用学习对象的高级规范化方法,参见 O'Keeffe 等人(2006)、Duitama 等人(2005)和 Colucci 等人(2005)研究的内容。这些方法的缺陷在于学习对象不能够“自然地”以它们所指明的高度结构化的方式存在,每一个现有内容块在重用前必须专门对其进行处理(往往是矛盾的)。

规范化级别较低的使用学习对象的方法

另一方面,Wiley 和同事(2004)提出使用学习对象的 O2 模型,此模型对学习对象的结构要求较低。O2 模型以学习者要解决的一系列难度逐渐增加的问题为核心,由教学设计人员定位供学习者使用的学习对象,并且在待解决的问题境脉中呈现(可能会附加一些学习者以何种顺序学习这些资料的信息)。对前面所述的学习对象的砖—灰泥隐喻进行扩展,学习对象是这个设计模型的砖,而问题描述(可选的学习对象序列信息)是给各个学习对象赋予意义的境脉式的灰泥。

可公开访问的因特网包含几千兆字节的数字资料，可以被类似O2的模型重用以支持学习，而不需重新格式化。这些资料的结构大相径庭，有些是视频，有些是音频，有些是PDF(便携文件格式)，有些是HTML(超文本标记语言)，等等。但是，由于人们对这些资源进行聚合，
349 所以这些资源的异构性不成问题。使用Spector (1999)提出的弱智能设计支持系统可以对这些资源进行半自动化重用。这类弱系统意在辅助人的行为，而强系统意在替代人。

可使用任何类别数字化资源的教学设计方法的长处是“直接复用”，缺点是只有初步的、简单的复用才可以自动进行。规范化程度较低方法境脉下的重用总是需要教学设计人员的参与(Wiley, 2000b)。

规范化级别较高的编目和查找学习对象的方法

与学习对象本身让人感到迷惑类似，关于应该搜集学习对象的哪几类元数据、如何具体描述学习对象的元数据以发现学习对象，存在多种规范或标准。元数据是有关数据的数据。元数据记录包括标题、著者、出版日期以及其他信息，以帮助人们查找学习对象，就如卡片目录中的卡片帮助图书馆用户查找书籍一样。

对学习对象的研究人员来说，有五种元数据标准或规范需要了解，它们是：IEEE学习对象元数据(LOM)标准(IEEE, 2005)、IMS学习资源元数据规范(IMS, 2006)、ARIADNE教育元数据推荐标准(ARIADNE, 1998)、都柏林核心元数据标准(DCMI, 2006)以及SCORM元数据规范(ADL, 2004)。简单来说，DC、IMS和ARIADNE项目是独立开展它们各自的工作，开发各自的规范来说明元数据如何捕获，数据如何表示。后来，IMS和ARIADNE项目知晓彼此所做工作(IMS项目在美国，ARIADNE项目在欧盟)。他们一致认为应该在一个真正的国际标准组织的号召下协调各自的工作，以保证彼此的工作具有互操作性。IEEE学习对象元数据标准即是他们选择实施此项工作的境脉。后来DC同意在相似的条款下参与进来，ADL的SCORM继承这些可互操作的协议所带来的好处，因为SCORM是现存规范的最佳集成。

建立不同规范和标准之间的互操作的实践工作一直非常成功。Najjar和同事(2003)描述他们如何使用XSLT将ARIADNE元数据转化为LOM元数据。作者指出这项工作并非小事。IMS (2006)已经发布一个最佳实践指南来指导使用XSLT将IMS学习资源元数据转化为IEEE学习对象元数据标准。

考虑到IEEE学习对象元数据标准是一种国际公认的、可信赖的技术标准，可以说它将逐渐成为基本标准。与其他元数据规范或标准相比，LOM属于规范化级别较高的方法。LOM包含几十个元素，许多元素有自己的控制词。例如，当描述学习对象的学习资源类型时，元数据的创建者必须选择下面所给出的值之一：练习、仿真、问卷、图表、数字、曲线、索引、幻灯、表格、解说文字、试题、实验、问题表述、自我评价或演讲。除了要正确使用元素列表和它们可能的值，LOM实施者还必须要符合长达54页的XML约束。

除了正式的规范和标准，一些已发表的研究论文也描述了其他规范化程度较高的学习对象编目方法，即使用建立新的本体(参见Qin和Hernandez, 2006)。学习对象的高度规范化方法所带来的益处是使复杂的、自动化元数据使用成为可能，以支持学习对象的定位和使用，其

缺点在于要使学习对象符合指定标准，需要花费较多的时间、使用较多的技术专业知识。

规范化级别较低的编目和查找学习对象的方法

2005年左右，几个基于网络的服务向它们的用户提供信息编目的新方法，如Del. icio. us★(提供的社会化书签服务)和flickr(照片共享站点)实现的被称作“标签(tagging)”的功能。标签与传统元数据相比，有两点显著不同。第一，图书馆员或教育内容的生产者为学习对象创建元数据时，他们是为了支持将来未知用户搜索资源而创建元数据，但人们在Del. icio. us或flickr中为书签或照片加标签后，他们所创建的元数据是为了帮助自己在未来某个时间找到这个资料。第二，图书馆员或教育内容的生产者为学习对象创建元数据时使用以前特定的词汇列表中的术语，如国会图书馆或IEEE学习对象元数据标准中提供的术语。但人们在 350
Del. icio. us或flickr中为书签或照片加标签时使用自己喜欢的任何术语，即任何他们认为最能帮助自己以后找到那个书签或照片的术语。

复杂的开放文库计划(OAI)元数据获取协议使用结构化较高的方法对外提供元数据，而Del. icio. us或flickr此类服务使用聚合内容(RSS)方法对外提供元数据。Downes (2000)最早提出将学习对象视为组合资源而不是打包资源的想法，后由Downes (2002)、Lamb和Levine (2004)等几位作者进一步完善。

采用规范化程度较高和较低方法的经济学意义非常不同。首先，前一种方法中人们使用冗长的、复杂的方法以支持未知的将来用户的行为，后一种方法中人们使用任何他们认为合适的术语对资源加标签以支持自己未来的使用。由于加标签将创建元数据的简单方法与明确的创建元数据的个人动机结合起来，使得这种方法非常受欢迎。尽管只有大型机构或项目的受培训员工才能创建国会图书馆或LOM元数据，但是成百上千的人已经给数以百万的在线学习对象(将学习对象理解为支持学习的可重用数字化资源)添加数以千万计的标签。到2006年底，大多数著名的在线服务向用户提供标签功能。

使用规范化程度较低的为学习对象编目的方法优点在于经济实用，有成百上千人自愿创建元数据。其不足之处有两点：一点是多义词，即一个标签可能会有许多意思(如“网”可能指蜘蛛的网，也可能指因特网)；另一点是同义词，即一个概念可能使用不同的词来标记(如元数据，可标为metadata，也可标为meta-data)。这两点不足之处可能使学习者难以定位学习对象，即使已给学习对象加上标签。

学习对象编目和应用的折中路线

有些研究人员试图走折中路线，将规范化程度较高方法与规范化程度较低方法二者的优点进行组合。Wang和Hsu (2006)开发一个基于本体为资源进行编目的系统，它不用于支持自动化的教学设计系统。他们的系统支持用户(人)发现学习对象，然后由人们手工将这些学习对象组合到课程中。他们的研究报告指出，创建一门新课程的30个用户中，使用组合系统

★ 这一个性能很高的基于web的社会书签工具。——译者注

的用户比使用传统方法平均节约80%的时间。

Verbert和同事(2006)提出另一种方法,称之为抽象学习对象内容模型(ALOCoM)。ALOCoM包含一个本体,这个本体区别于内容片断、内容对象和学习对象。内容片断组合成内容对象,内容对象组成学习对象。内容对象类型和结构的确定参考了IBM的达尔文信息类型化体系结构(DITA),DITA是一个用以创建和管理可重用技术文档的系统。Verbert等人(2006)首先分析使用何种教学内容解决高度规范化方法的基本问题——需要大量重组工作,而后定义学习对象类型。因而他们选择幻灯片作为第一种用于处理的学习对象类型,并使他们的系统支持OpenOffice (Impress)和MS Office (PowerPoint)讲稿。

系统包括一个数据拆解器,用户可以向其上载讲稿,数据拆解器将幻灯片分解为各个组成部分(如文本列表、文字段落、图像)并将这些部件映射到ALOCoM本体中,自动地创建元数据,存储元数据和内容,以备将来之用。当创建新的讲稿时,用户可以通过插件用Power Point软件搜索内容库中的幻灯片,查找符合要求的文字列表、段落、图像或整个幻灯片,用户将这些要素直接拖入正在创建的讲稿中。

对学习对象的批评

研究者们从几个角度批评学习对象的思考方式。Friesen (2004)在一篇很有名的题为"对学习对象和数字化学习标准的三种反对意见"中明确指出一些常见的对学习对象的批评观点。首先,学习对象兴趣团体没能在一系列共用术语上达成一致,这一观点得到Parrish (2004)和其他人的附和。第二,与学习对象相关的规范和标准几乎都是技术的,集中在诸如XML和控制词,与教学不直接相关,缺少推进教学与学习实践的机遇。第三,大公司和美国军
351 队对规范和标准制定影响太大,使得它们与公共教育和高等教育关系不大。Friesen (2004)总结后提出建议"学习的对象和设施不能同时既保持教学中立又具拥得教学价值"。

对使用自动化系统将学习对象组装成教学的假设,Tompsett (2005)提出一种数学的、基于图论的批评。首先,Tompsett将学习对象视为图中的结点,相互一致的学习对象由图中的边相连。然后,他将选择学习对象用于自动化组装的问题模型化为K-团(K-clique)搜索,其中网络中至少K个结点完全相连。最后,他将这些学习对象的编列问题模型化为"推销员旅行问题",即必须找出一条路径遍历学习对象集合,但对同一个学习对象的访问只能是一次。Tompsett将这个问题描述为数学中的复杂性问题:"如果学习对象的数目较少,则这个问题易于解决,但随着学习对象数量的增加,则实际上这个问题不可能解决"(443页)。

Wiley和同事(2004)提出一些与学习对象境脉相关的问题。为了提升学习对象可重用的潜能,教学设计师尽可能使学习对象脱离周围的境脉,但是在强调诸如社会境脉、多种环境因素和境脉化的当前思想气氛中,教育资源的去境脉化倾向是有问题的。Jonassen和Churchill (2004)认为整个学习对象取向支持的是那种过时的把教与学视作授—受的方法。Bannan Ritland等人(2002)也同意这种说法,但是,他们还看到乐意从事学习对象研究工作的建构主义者所拥有的令人兴奋的机遇。Wiley和同事将与境脉相关的问题总结为"可复用性悖论"。学习对象的可复用性越强,则它们的教学有效性越差,反之亦然。

最后一种对学习对象的批评与可能会出现的教育对象经济有关。在这种经济中,个人或公司可以通过微支付系统买卖学习对象的访问权。微支付系统能以任意少的钱销售数字产品(如以一便士或更少的钱获得一个在线的新闻故事)。正如 Liber (2005)所指出的,微支付系统的思想已经存在很长时间(可以追溯到 20 世纪 60 年代 Nelson 的工作),但至今没有实现切实可行的微支付系统。Wiley 和同事(2004)认为发行者害怕有人会任意拷贝学习对象,在类似 Napster 的网站中进行交易,从而不去创建类似系统。Wilhelm 和 Wilde (2005)指出在课程创建过程中清除所用学习对象的版权会带来很大负担,将会阻碍整个进程。

开放教育资源

在本章开始部分,我指出主要的学习对象隐喻都假设学习对象可以被聚合,但不能被修改。Wilhelm 和 Wilde (2005,69 页)明确指出对学习对象进行再利用或改编中普遍存在的、基本的障碍:"当我们仔细思考去修改一些学习资料以创建成为自己课程的一部分时,一般来说这项工作需要取得网站拥有者的同意。"

从版权拥有者那里获得版权相关的许可会产生两种费用。一种费用是换取可重用学习对象版权的许可费用。另一种费用是一种隐性交易费用,包括决定谁拥有某个学习对象的版权(可能会非常耗时),与版权拥有者联系,就获取可重用学习对象的权限协商并签约。交易和许可费用的总合其实掩盖了教学开发过程主要依赖学习对象这一事实,特别是使用大量学习对象时尤为如此。由于这个原因,大部分研究人员认为从学习对象实践考虑,学习对象只能聚合,不能改编以适用于特定境脉或满足特定学习者的需求。

2002 年春天,William 和 Flora Hewlett 基金会在 UNESCO 上发起有关此论题的论坛。那次会议报告向全世界引入术语开放教育资源(OER)(UNESCO, 2002):

> 开放教育资源定义为:"出于非商业目的,应用技术为用户团体提供查询、使用和改编提供开放的教育资源。"通常在网络或因特网上可以免费获取这些资源。开放教育资源包括诸如讲稿、参考文献和阅读材料、仿真、实验和演示,以及教学大纲、课程表和教师手册等学习对象。

再次使用开放教育资源的个人无需负担许可费用,也不存在类似获取被传统版权羁绊的资料所产生的交易费用。开放教育资源使用开源类型的许可,如知识共享许可(CC, http:// 352
creativecommons. org)或 GNU 自由文档许可(FDL, http://www. gnu. org/copyleft/fdl. html)。

尽管开放教育资源的想法听起来有些理想化,但根据 Wiley (2006)的统计,现有超过 2500 门高校课程(由可独立定位的学习对象组成)可用作开放教育资源,其中美国高校有 1700 门,中国高校有 450 门,日本高校有 350 门,法国高校有 175 门。许多课程已经翻译成西班牙文、葡萄牙文、中文和泰国语,可见这些课程资料的适应性。Rice 大学的 Connexions 项目拥有

3590 个开放学习对象；Textbook Revolution（http://textbookrevolution.org）包含指向 260 种可免费获取的、没有版权问题的教材的链接。

在已经存在的数以百万计的学习对象中，每一个——从模块到教材到课程——都遵循允许重用者既聚合又改编这些资料，而不用支付许可和交易费用的许可。

小结

从对学习对象文献的综述能看出：许多不相关联的研究群体，在重用教育资料这一共同兴趣下联合起来，别无其他。这个研究领域是竞争性的术语、隐喻、技术标准和本体的集合。正如这些分支旁系所暗示，这个研究领域是两种对立理念令人不快的混合体。

一种理念由传统学习对象研究人员所持有，即自动化地将学习对象即刻组装成个性化教学资源。他们依赖符合特定结构和内容标准的学习对象，借助智能系统的力量为学习者提供所需。

另一种理念由自由学习对象的研究人员所持有，即尽可能有效地（效果与效率兼顾）重用和定位所有资源，不考虑它们的结构或符合其他标准。他们假设人将会参与到定位学习对象的过程中，依赖学习者参与选择他们想要什么。

尽管这两个阵营都有长处，但哪一个阵营都没有提出能够变革教育培训的、有光明前景的应用或过程。在此年轻、无领袖的领域中存在大量机遇，研究人员可以围绕教育、培训、非正式学习和终身学习中历史遗留或正面临的问题提出切实可行的回答，来对这个领域进行统一。

使用混合方法，寻找创新途径，综合传统和自由方法看似对立的研究日程、前提和优点，可能是学习对象领域的未来所在。开放教育资源的早期工作揭示出一个似乎早已成为过去的假设，即通过适当许可，学习对象不仅可以用来聚合和联合使用，还可以被改编和调整。既然有识之士已经帮助这个领域识别并清除额外未被言明的障碍，那么我们就应该能够弥合哲学差异的鸿沟，来更好地服务世界各地的用户。

（王爱华 译，贾义敏 一校，宗 华、裴新宁 二校）

参考文献

Advanced Distributed Learning（ADL*）.（2004）. Overview. In *Sharable Content Object Reference Model 2004*, 2nd ed., http://www.adlnet.gov/downloads/70.cfm.

ARIADNE.（1998）. *ARIADNE Educational Metadata Recommendation V2.0*, http://web.archive.org/web/20041025023843/www.ariadne-eu.org/en/publications/metadata/ams_v20.html.

Bannan-Ritland, B., Dabbagh, N., and Murphy, K.（2002）. Learning object systems as constructivist learning environments: related assumptions, theories, and applications. In *The Instructional Use of Learning Objects*, edited by D. A. Wiley, pp. 61－98. Bloomington, IN: AECT.*

Colucci, S., Di Noia, T., Di Sciascio, E., Donini, F. M., and Ragone, A.（2005）. Semantic-based automated composition of distributed learning objects for personalized e-learning. In *The Semantic Web—Research and Applications: Second European Semantic Web Conference（ESWC 2005）*, LNCS 3532, edited by A. Gómez-Pérez and J. Euzenat, pp. 633－648. Berlin: Springer.

DCMI.（2006）. DCMI metadata terms, http://dublincore.org/documents/dcmi-terms/.

Downes, S.（2000）. Content syndication and online learning. *Educ. Dist.*, 14(11)（http://www.usdla.org/html/journal/NOV00_Issue/story02.htm）.

Downes, S.（2002）. *Design Principles for a Distributed Learning Object Repository Network*, http://www.downes.ca/cgibin/page.cgi? db=post&q=crdate=1034188482&for mat=full.

Downes, S.（2004）. Resource profiles. *J. Interact. Media Educ.*, 5.

Duitama, F., Defude, B., Bouzeghoub, A., and Lecocq, C.（2005）. A framework for the generation of adaptive courses based on semantic metadata. *Multimedia Tools Appl.*, 25(3), 377－390.

Fernandez-Manjon, B. and Sancho, P.（2002）. Creating costeffective adaptative educational hypermedia based on markup technologies and e-learning standards. *Interact. Educ. Multimedia*, 4, 1－11.

Friesen, N.（2004）. Three objections to learning objects and e-learning standards. In *Online Education Using Learning Objects*, edited by R. McGreal, pp. 59 - 70. New York: Routledge (http://www.learningspaces.org/n/papers/objections.html).

Gibbons, A. S., Nelson, J., and Richards, R. (2002). The nature and origin of instructional objects. In *The Instructional Use of Learning Objects*, edited by D. A. Wiley, pp. 25 - 58. Bloomington, IN: AECT. *

Hannafin, M. J., Hill, J. R., and McCarthy, J. E. (2002). Designing resource-based learning and performance support systems. In *The Instructional Use of Learning Objects*, edited by D. A. Wiley, pp. 99 - 130. Bloomington, IN: AECT. *

Hodgins, W. (2002). The future of learning objects. In *The Instructional Use of Learning Objects*, edited by D. A. Wiley, 281 - 298. Bloomington, IN: AECT. *

IEEE. (2005). *The Learning Object Metadata Standard*. Piscataway, NJ: Institute of Electrical and Electronics Engineers (http://ieeeltsc.org/wg12LOM/lomDescription). *

IMS. (2006). *IMS Learning Resource Meta-Data Specification*. Lake Mary, FL: IMS (http://www.imsglobal.org/metadata/index.html). *

Jonassen, D. H. and Churchill, D. (2004). Is there a learning orientation in learning objects? *Int. J. E-Learn.*, 3(2), 32 - 41. *

Lamb, B. and Levine, A. (2004). *RSS for Objects*, http://careo.elearning.ubc.ca/wiki? action = browse & id = RSSForObjects.

Leinonen, T. (2005). *Urinal as a Learning Object*, http://flosse.dicole.org/? item = urinal-as-a-learning-object.

Levine, A. (2004). *My Left Big Toe Is a Learning Object*, http://cogdogblog.com/2004/01/23/my-left/.

Liber, O. (2005). Learning objects: conditions for viability. *J. Comput. Assist. Learn.*, 21(5), 366 - 373.

Mejias, U. A. (2003). *Learning Molecules* (white paper), http://ideant.typepad.com/ideant/2003/08/learning_molecu.html.

Merrill, M. D. (1998). Knowledge objects. *CBT Solutions*, March/April, 1 - 11. *

Merrill, M. D. (1999). Instructional transaction theory (ITT): instructional design based on knowledge objects. In *Instructional Design Theories and Models: A New Paradigm of Instructional Technology*, edited by C. M. Reigeluth, pp. 397 - 424. Mahwah, NJ: Lawrence Erlbaum Associates. *

Morris, E. (2005). Object oriented learning objects. *Australasian J. Educ. Technol.*, 21(1), 40 - 59.

Najjar, J., Duval, E., Ternier, S., and Neven, F. (2003). Towards interoperable learning object repositories: the ARIADNE experience. In *Proceedings of the IADIS International Conference WWW/Internet 2003*, pp. 219 - 226. Lisbon: IADIS Press.

Nelson, T. (1982). *Literary Machines*. Watertwon, MA: Eastgate.

Nelson, T. (1996). *OSMIC*, http://xanadu.com.au/ted/OSMIC/OSMICd1m.html.

Norman, D. A. (2004). *Learning Objects as Molecular Compounds*, http://www.darcynorman.net/2004/10/10/learning-objects-as-molecular-compounds.

O'Keeffe, I., Brady, A., Conlan, O., and Wade, V. (2006). Just-in-time generation of pedagogically sound, context sensitive personalized learning experiences. *Int. J. E-Learn.*, 5(1), 113 - 127.

Parrish, P. (2004). The trouble with learning objects. *Educ. Technol. Res. Dev.*, 52(1), 49 - 67. 353

Qin, J. and Hernandez, N. (2006). Building interoperable vocabulary and structures for learning objects. *J. Am. Soc. Inform. Sci. Technol.*, 57(2), 280 - 292.

Rossano, V., Joy, M., Roselli, T., and Sutinen, E. (2005). A taxonomy for definitions and applications of LOs: a metaanalysis of ICALT papers. *Educ. Technol. Soc.*, 8(4), 148 - 160.

Spector, J. M. (1999). Intelligent support for instructional development: Approaches and limits. In *Design Methodology and Developmental Research in Education and Training*, edited by J. Akker, N. Nieveen, and T. Plomp, pp. 279 - 290. Berlin: Kluwer. *

Tompsett, C. (2005). Reconfigurability: creating new courses from existing learning objects will always be difficult! *J. Comput. Assist. Learn.*, 21(6), 440 - 448.

UNESCO. (2002). *UNESCO Promotes New Initiative for Free Educational Resources on the Internet*, http://www.unesco.org/education/news_en/080702_free_edu_ress.shtml.

Verbert, K., Duval, E., Meire, M., Jovanovic, J., and Gasevic, D. (2006). Ontology-based learning content repurposing: the ALOCoM framework. *Int. J. E-Learn.*, 5(1), 67 - 74.

Wang, H. and Hsu, C. (2006). Teaching-material design center: an ontology-based system for customizing reusable e-materials. *Comput. Educ.*, 46(4), 458 - 470.

Wiley, D. A. (1999). *The Post-LEGO Learning Object*, http://opencontent.org/docs/post-lego/.

Wiley, D. A. (2000a). *Getting Axiomatic about Learning Objects*, http://reusability.org/axiomatic.pdf.

Wiley, D. A. (2000b). Learning Object Design and Sequencing Theory. Ph. D. dissertation. Brigham Young University, Provo, Utah: Brigham Young University (http://opencontent.org/docs/dissertation.pdf). *

Wiley, D. A. (2005). *Learning Object Metaphors*, http://opencontent.org/wiki/index.php?title = Learning_Object_Metaphors.

Wiley, D. A. (2006). *On the Sustainability of Open Educational Resource Initiatives in Higher Education*, http://opencontent.org/docs/oecd-report-wiley-fall - 2006.pdf.

Wiley, D. A., Waters, S., Dawson, D., Lambert, B., Barclay, M., Wade, D. et al. (2004). Overcoming the limitations of learning objects. *J. Educ. Multimedia Hypermedia*, 13(4), 507 - 521. *

Wilhelm, P. and Wilde, R. (2005). Developing a university course for online delivery based on learning objects: from ideals to compromises. *Open Learn.*, 20(1), 65 - 81.

---

* 表示主要参考文献。

30

开源与开放标准

Rob Koper

摘要

本章的主要宗旨在于形成有关开源软件(Open Source Software, OSS)和开放标准(Open Standard, OS)在 E-learning 研究中的重要作用的理解。开放源代码是一种全新的软件开发方式,而开放标准则可以规范开源软件,使其构件能够相互协同工作。研究者认为,开源软件与开放标准能够促进 E-learning 领域的知识整合，提高 E-learning 应用软件的质量和互操作性并且可以加强研究人员与用户之间的合作。而所有这些作用都是 E-learning 研究发展的必然要求。本章在简要介绍 OSS 与 OS 的基本概念之后，研究者将讨论并希望解决以下几个问题：(1)OSS/OS 如何在研究方法、协作研究与成果传播三个方面来促进研究者的技术活动？
(2)OSS/OS 如何促进该领域内的技术类知识的发展？(3)OSS/OS 如何推动本领域内技术性 356
成果的发展？本章以开放标准 IMS 学习设计(IMS Learning Design，一种在线课程的形式化设计语言)的开发和应用，以及运行和呈现 IMS 学习设计课程的开源应用软件为例，来阐释 OSS/OS 在 E-learning 研究中的应用。在结论部分，我们为研究者提供了一些实用信息，例如，如何参与到 OSS 与 OS 中，如何在 E-learning 研究中应用 OSS/OS 等。

关键词

IMS 学习设计：一种形式化的教学设计语言，该语言采用计算机可识别的指令来描述教学过程设计。

开源软件(OSS)：是指符合某一开源许可的软件。开源许可规定软件程序的源代码对任何人开放，且任何人可以对其进行修改。

开放标准(OS)：社区用户普遍接受且发布的公约，用以确保产品和服务的质量和互操作性。

技术取向的研究：致力于发展新技术知识、技术方法和技术产物的研究。这类研究的目标在于改变世界并最终改变人们的生活方式。

理论取向的研究：致力于发展现有理论的研究，其最终目标在于解释和预测事件。

引言

本章的宗旨在于解读开源软件与开放标准(OSS/OS)在 E-learning 研究中所发挥的重要作用。开放源代码是一种全新的软件开发方式，而开放标准则可以规范开源软件，使其部件能够协同工作。二者皆可促进交换、协作、互操作性以及知识的聚合，而且这些也是未来 E-learning 研究发展的有利需求。

E-learning 是指利用信息通信技术(ICTs)来辅助和提高教学的教学组织方式。E-learning 研究的目的在于开发新技术，从多个方面来改善学习、培训和教学：

- 使每个人可以随时随地接受教育或培训；
- 运用高级的教学及组织方式以提高教学的有效性；
- 为师生提供(半自动的)支持机制以有助他们完成任务，提高教学效率；
- 提供适应性的学习任务与资源使教学更具吸引力。

E-learning 研究是一种技术取向的而并非理论取向的研究。所谓“技术取向的研究”，也被称作技术开发或技术工程，它与理论取向研究有着本质区别。两种研究在以下几个方面存在差异：(1)研究问题的提出，(2)研究活动进行的方式，(3)使用的符号与交流方式，以及(4)提出的结论(Gibbons, 2000; Hannay, McGinn, 1980; McGinn, 1987; Rogers, 1995; Simon, 1969; Vincenti, 1990)。Mitcham (1994,116 页)曾指出:"事实上,无论是古代还是现代,无论是初级还是高级的制造行为,无论是关于制造和使用人工制品的知识还是关于制品本身的知识,所有的历史学家都使用一个词来表示,那就是'技术'。"而这其中是存在程度上差异的,表现在:(1)研究者的技术活动(制造方法);(2)技术知识,制造活动的成果之一(模式和规范);以及(3)技术产物,制造活动的另一个成果。本章正是利用以上这些差别进行文章脉络的组织,讨论 OSS/OS 在 E-learning 研究中的应用,并试图回答以下几个问题:

- OSS/OS 如何在方法论、合作研究与结论传播方面促进研究者的技术活动?
- OSS/OS 如何促进该领域技术知识的发展?
- OSS/OS 如何推动该领域技术产物的发展?

在回答上述问题之前,我们首先简要介绍开源软件(OSS)以及开放标准(OS)的概念,并重点讨论 OSS/OS 作为 E-learning 研究工具的应用情况。

357 开放源代码

什么是开放源代码?

在被编译成计算机可执行的二进制编码之前,软件程序是采用计算机语言来编写的。这种由计算机程序员采用计算机语言编写的原始可读文本就是程序的源代码。程序的二进制代码由源代码编译而来。源代码及其转化成的二进制代码以及源代码文档均受知识产权(IPRs)保护。只有知识产权权利人才具有修改程序代码或文档的权利,且仅有版权所有者才具有复制和发布程序代码或文档的权利。

然而,这类封闭源软件的开发方式已逐渐受到自由软件和开源软件运动的冲击。免费软件基金会成立于 1984 年,由 Richard Stallman 创办而成,并为麻省理工学院的 GNU 计划提供支持。免费软件基金会的一大突出贡献就是"通用公共许可证"(GPL, 2006)的推行。通用公共许可证用以保护代码贡献者的知识产权,并防止软件的商品化。免费软件基金会(FSF-DEF, 2006)将"自由软件"定义为"任何用户可以自由运行、复制、发布、研究、修改以及完善的软件"。源代码被看作是一种科学知识,应该向世人公布以促进革新。值得注意的是,这里所指的"自由软件"与免费获得的软件这一概念并不相同。一些软件可以免费获得,却并非自由软件,而一些自由软件也向用户收取象征性的小额费用。

自由软件这一名称也助长了一些消极涵义的蔓延,尤为突出地表现在商业领域。也正是这一原因,1997 年,Eric Steven 等人强调指出,自由软件的特征在于其自身的技术优越性和低成本而并非反商业和空想主义,从而进一步推动了自由软件的应用和发展。他们采用开源软件一词代替了自由软件,并于 1998 年成立了开放源代码促进会(OSI),该协会提出了开源软件的定义和开源协议的一系列标准(OSI-licenses, 2006)。目前,GPL 协议被认为是最有效的 OSI 协议之一,因为与其他协议相比,GPL 协议在商业环境下的使用条件更为宽松。

开源开发模式

目前在世界各国，许多 OSS 开发项目正在如火如荼地进行着。以 SourceForge 为例，它支持着 100,000 多个开源项目，其中大部分项目是针对一般用途的，但也有一些项目是针对 E-learning 而开发的。OSS 的一大特征就是其开发模式与商业软件截然不同。Raymond (1998,2001)曾对这两种模式进行了比较：他将传统软件与 OSS 的开发模式分别比喻为教堂模型与集市模型，以体现高品质和低成本的理念。OSS 的集市开发模式包括以下几个特征：(1)开发者遍布世界各地，并主要通过网络进行合作，(2)开发者并行工作，(3)开发者采用同行评议的方式进行程序调试和需求分析，(4)软件发布快，更新快，以及(5)开发团队中不乏经验丰富，受人敬仰的软件开发专家(Feller, Fitzgerald, 2002)。目前，OSS 社区已经形成了强有力的文化准则，以管理主要采取自组织形式的发展系统(Bergquist, Ljungberg, 2001; Jorgensen, 2001)。

OSS 发展模式的成功同时也引发了许多质疑，尤其在经济学和组织理论方面。Madey 等人(2002, p. 1807)对此是这样阐述的：

> OSS 运动这一现象对经济学、软件工程、经营策略以及 IT 管理等领域中的许多传统理论提出了挑战。成千上万的软件程序员投入大量的时间和精力来编写和调试软件，并且大多数情况下，他们并不能因此而获得直接的经济回报。

人们已经对 OSS 的开发模式进行了一些经验性的研究，例如：OSS 开发团队的规模与分布(Crowston, Howison, 2005)，不同 OSS 项目组织形式的比较(Dempsey 等,1999; Gallivan, 2001; Mockus 等,2002)，以及 OSS 社区中的社会组织关系和激励机制(Bergquist, Ljungberg, 2001; Lerner, Triole, 2002)。

尽管人们有时认为 OSS 开发模式是一种全新的现象，但在学术界，这种共享软件和合作开发的理念早在电脑编程发展初期实际上就已成为一种风尚。20 世纪 60 年代初期，许多高校和实验室都在开发各种基础软件项目(操作系统，计算机语言等)，例如麻省理工学院、加利福尼亚大学伯克利分校以及诸如 AT&T Bell 实验室、Xerox's Plo Alto 研究中心等公司实验室。当时研究者们通常都会将代码共享出来，以供其他人对其进行检验、使用和完善。这种工作模式更像是研究者们经常使用的一种方式，通过发表著作、报告、短文或者参与会议来进行意见交换。但是这种共享的模式相对非正式，因此，到 20 世纪 80 年代初，AT&T Bell 实验室开始加强对 UNIX 知识产权的保护。这一举动也促进了 GNU 协议的发展。

通用性开源软件 358

日常生活中，我们使用和享受着很多由开源软件提供的工具与服务，尤其在服务器方面(如 sendmail 邮件服务器，Apache 网络服务器，服务器运行的 Linux 操作系统)。其实对于许多商业软件，用户都可以找到对应的高质量的开源软件。这样的例子有很多，比如，

Thunderbird (2006)邮件客户端软件、Firefox (2006)浏览器、GIMP* (2006)高级绘图软件、FreeMind (2006)思维导图软件、Eclipse (2006)集成软件开发工具、OpenOffice. org (2006)办公应用软件等。并且这些软件大部分都可以与商业软件通用,只要使用输入/输出过滤器进行形式转换即可。

学习、教育和培训中的开源

开源软件在学习、教育和培训场景也有着多方面应用。计算机的很多应用涉及非正式学习,例如使用 Google 搜索,使用 Wiki 百科,制作和使用播客,撰写或阅读博客、wiki 等。全球很多地区的学校已经开始尝试使用或者已经开始使用开源软件。对于这些地区来说,节省开支和促进地方工业都是非常重要的。对于这样的情况,一般使用 Linux 操作系统作为基础,并配以教学软件包。教学软件包中是学校需要使用的通用和专业软件精选(参见 Edubuntu, 2006)。在西班牙的埃斯特雷马杜拉地区,教育领域使用 Debian 版 Linux 的计算机多达 70,000 台,服务器 400 台。在挪威,约有 200 所学校使用 Skolelinux (2006)。

除此之外,许多开源项目还提供专业的教学软件。针对 E-learning 开发的开源学习管理系统(LMS)也有很多,包括 Moodle (2006)、Sakai (2006)、Learn (2006)、Bodington (2006)、ATutor (2006)以及 Dokeos (2006)等。目前,LMS 的发展已经受到了新生技术的冲击,例如:

- 为 E-learning 提供的网络服务(Alonso 等,2004; Vossen, Westerkamp, 2003)
- 语义网原理(Anderson, Whitelock, 2004; Berners-Lee 等,2001)
- 适应性学习原理(Berlanga, Garcia, 2005; Brusilovsky, 2001;De Bra 等,2004)
- 面向学习过程的系统(Dalziel, 2003; LAMS, 2006; Paquette 等,2006)
- 社会性软件(ELGG, 2006)
- 共享与自制多媒体文件(如播客)(LionShare, 2006)
- 移动学习技术(Jones 等,2005)

BECTA (2005)就英国学校中 OSS 的应用情况开展了一项研究。该研究结果表明,OSS 可作为服务器操作系统、计算机操作系统来使用,在教室中作为应用软件来使用,也可用于管理。研究还解释了学校转为使用 OSS 的原因:

- 学校喜欢开源软件的透明度和灵活性,这使得学校可以根据自身需求对软件进行二次开发。
- 具有教育价值,可为学生提供更广泛的操作系统和软件使用的经验。
- 这是节省成本、扩建 ICT 网络及设施的有效途径。
- 可以分享知识、技能和经验来支持 OSS 项目的实施。
- 相关人士(学生、教师、家长)多半对 OSS 的应用表示肯定。

该研究也指出了 OSS 存在的一些问题,包括缺少专业课件、欠缺与商业软件的兼容性,以及师生不能熟练使用等。此外,研究还指出,与专有软件相比,OSS 的使用总成本更低,但是

---

* the GNU Image Manipulation Program. GNU 图像处理程序。——译者注

这很大程度上取决于 OSS 的使用和支持方式。

开放标准

什么是开放标准?

开放标准在开源共同体中发挥着非常重要的作用。它能够确保开源产品和服务的高质量并使其共同工作——也就是具有互操作性。对于“开放标准”一词,有很多不同的解释。Krechmer (2005)指出,由于 OS 的创建者、执行者和使用者对其有不同的需求,因此对 OS 的看法各不相同。举例来说,OS 的创建者代表标准组织,其所关注的是标准发展过程中的开放 359
性,明确地说,是确保标准朝着开放会议一致通过的预期方向发展。实施者则关注标准的自由使用及其与先前版本的兼容性。而终端用户则关注不同厂商发布的版本数量、与正在使用的系统之间的兼容性等类似问题。终端用户经常表示对实际上的标准感兴趣,而并非开放标准——例如,当他们这样说时,他们是想将 Blackboard★ 标准化。

在这里,我们将 E-learning 领域中使用的开放标准定义为“普遍接受并发表的关于共同体所运用的约定的细则说明;共同体运用这些约定来确保(E-learning 的)产品和服务的质量和互操作性”。该定义中有许多值得注意的地方。首先,定义中的细则说明一词应理解为一个或一套文件,而不是某一项具体的产品或服务。这些文件包括质量标准、数据形式、通信等协定。这样做的目的是为了使执行不同开放标准的软件具有互操作性。许多产品也宣称符合某些标准,但是这是难以证明的,因为目前尚缺乏正规的一致性测试手段来断定产品是否真正符合某一具体标准。不过,欧洲的 TELCERT (2006)项目曾开发了第一套类似的一致性测试工具。

第二,该定义界定了 OS 的两大核心功能:

- 确保 E-learning 产品和服务的质量,包括学习对象的质量、系统设计的质量以及软件的可用性等。
- 确保 E-learning 产品和服务的互操作性;互操作性不仅支持系统间的合作,而且支持开发或使用同一系统的人之间的合作(如符号标准和标准词汇)。

第三,该定义指出,标准总是得到某一特定兴趣社群的认同和使用,比如,公司、集团、国家、一种特定技术或(全世界的)专门领域。标准为团体中的成员树立了榜样,这就使同一地区存在不同的社区和不同的标准成为可能,这正如不同的国家具有不同的电压标准和不同的铁路系统一样。对于元数据,我们可以使用(教育领域中的)IMS/IEEE 学习对象元数据(LOM),也可以使用(图书馆领域中的)都柏林核心元数据。此外,许多国家、专业领域或公司制定了他们自己的本土标准,而这些标准彼此之间,乃至与国际标准之间,可能并不兼容。

对于标准协会来说,最理想的情况就是制订一个为全世界所接受的标准,同时它又能被本土化以满足各地区不同组织的不同需求。然而,这个理想在现实中是难以实现的。因此我

★ 在这里是指 Blackboard 网络平台,而不是传统意义上的“黑板”。——译者注

们只能接受不同共同体的存在,并且应对他们各自的标准不相一致的问题。在这种情况下,如果两个共同体想要合作,就必须先解决互操作性问题。

开放标准的发展历程及可用的 E-learning 标准

传统上,国际规范是由三个标准组织制订的:国际标准化组织(ISO,创立于 1947 年),国际电工委员会(IEC,创立于 1906 年),国际电信联盟(ITU,创立于 1865 年)。大多数国家和地区都有各自的标准组织,并且这些组织与国际组织有着直接联系(比如美国的 ANSI,欧洲的 CEN)。

除国家或区域范围内的组织以外,还有一些标准组织采用专家模式而成为跨国界组织,如电气和电子工程师协会(IEEE)。IEEE 标准中,IEEE 802.3 以太网标准和 IEEE 802.11 无线网络标准较为人们所熟悉。并且 IEEE 通过其设立的学习技术标准委员会,在 E-learning 领域中也发挥着积极的作用。学习技术标准委员会针对数字版权表述语言,计算机管理教学,学习对象元数据以及能力界定等问题进行规范和标准化。

ISO 与 IEC 联合成立了一个技术联合委员会(ISO/IEC JTC1)。该委员会致力于根据全
360 球市场需求,开发、维护、提高和促进 ICT 标准,从而满足用户各种商业和个人需求,包括系统和工具的设计与开发、产品和系统的绩效与质量、系统和信息的安全性、应用程序的可移植性、产品和系统的互操作性、统一标准的工具与环境、统一词汇以及根据人体工学设计的用户界面等。

JTC1 下设多个分会,SC36 就是其中一个,该分会主要负责用于学习、教育和培训的信息技术。SC36 对协作式工作场所、代理通信以及学习者交互方案制订规范和标准。目前,他们正在创建更多的小组。

20 世纪 90 年代,特定国家或地区模式工作的标准组织(如 ISO)开始受到人们的质疑,有人指出这种模式的标准组织应对速度过慢,无法满足 ICT、E-learning 等一些快速发展变化的领域的标准化需求。因此 ISO 启动了一个大项目——开源系统连接,该项目试图开发一套通用计算机网络标准,但是并没有获得成功,于 1996 年中止并被因特网工程任务特别组(IETF,创立于 1986 年)所接管。这个特别工作组减少了繁文缛节,更加开放,并开发了互联网操作所需的基本协议程序。但是一段时间以后,人们认为 IETF 的应对速度仍然过慢。因此,许多厂商开始采用更加专业的大型联盟制订的标准,比如万维网联盟(W3C)。该组织创建并维护了互联网标准(HTTP, URL, Linking, XML,语义网等)。

IMS 是 E-learning 领域中具有权威性的专业大型联盟,其成员包括 E-learning 领域中的主要从业人员、公司和研究者。IMS 制订和维护了 17 套标准,涉及以下几个方面:元数据、评估、学习设计、内容封装、编列、电子档案袋、学习者信息、数字仓储、能力界定以及学习管理系统与企业系统的互操作性。

目前,大部分 E-learning 标准集中在用于学习资源或学习者信息的异步交换的数据格式的句法方面,而针对系统之间的同步通讯以及通讯过程的语义标准研究得不够。国际培训绩效与教学标准委员会(IBSTPI; http://www.ibstpi.org)制订了针对教师、教学设计者、培训经

理人以及评估人员的素养标准,这是少数语义相关的标准之一。但是该标准并非是以 IMS, IEEE 或 HR-XML 提出的技术格式来制订的。

将 OSS/OS 作为促进 E-learning 研究的工具

OSS/OS 如何促进 E-learning 研究发展? 正如前面所述,OSS/OS 从新技术知识、新技术产物两方面促进着 E-learning 研究的发展。接下来,我们就来讨论 OSS/OS 在 E-learning 研究中所发挥的作用。

OSS/OS 推动 E-learning 研究中的技术活动

E-learning 研究的主要目标就是发展 E-learning 新技术。基于系统工程原理(Richey, Nelson, 1996)的研究方法促进了这一发展进程。而 OSS/OS 从以下方面推动了这一发展进程:(1)制订标准符号以促进交流与合作,(2)使分布式多用户使用 OSS 开发模式来促进系统开发,(3)促进开发产品的评估,(4)促进成果传播。

在这个发展过程中,需要用户和研究者在其团队内外交流和讨论系统的设计。为达到交流目的,人们需要建立一套符号系统来描述用户需求及设想的系统设计。当这样一套符号系统符合某一众所周知的标准时,它将加强人们对于设计的准确理解,从而提高开发者与用户之间的交流质量。统一建模语言(UML)就是一个很好的例子(Booch 等,1999; Fowler, 2000)。它是由对象管理组织(OMG)制订的一种开放标准,现广泛应用于 ICT 研究中。尽管目前涌现了越来越多的关于统一建模语言的文献,但是它仍是 E-learning 研究中的一种新现象。

统一建模语言定义了 9 种模式图,每种模式图代表正在开发的系统的不同方面。E-learning 文献中最常引用的三种模式图如下:

- 例图:用来为(预设)用户需求以及对于(潜在)用户来说系统所具有的优势的建模(见图 2,Asensio 等,2004)。
- 类图:用来为问题范畴中的核心实体对象及其关系建模,也可用于描述领域本体或设计应用程序的数据结构(见图 2,Koch, Wirsing, 2002)。 361
- 活动图:用于为系统中的过程或工作流程建模(见图 3,Derntl 和 Motschning-Pitrik, 2003)。

UML 模式图也被研究者们用于文献中,这些模式图不仅能够支持在分析和设计过程中的合作与交流,在小组交流中还可以用于创建概念模型,以融合更多不同的观点。这里有一个利用 UML 来创建评估体系的实例,该评估体系融合了经典与现代的评估理念(Joosten-Ten Brinke 等,2005)。

基于 UML 模型开发的开源软件能够遵从开源标准,并且 OSS/OS 对于项目来说都是非常有益的,比如我们可以重用 OSS 代码或采用现有系统的代码来创建新系统。通过 OS 的使用,我们可以重复使用现有的服务或代码。OSS/OS 的另一个优势就是它们可以从多方面促进系统的评估。集市开发模式使得 OSS 的高质量代码成为其一大优势。正如 Raymond (2001)所说,OSS 的版本发行更早,更新更快,并且用户可以参与到软件评估过程中。要知道,在足够多双的眼睛面前,程序错误就变得显而易见了。此外,这种模式也有利于实验本身的设立。当软件可获得且其用户群增长时,同一群用户可用于评估研究。这类研究可以力求较高的生态效度(Gilbert, Troitzsch, 1999)。

在 E-learning 研究中使用 OSS/OS 的另一个优势就是易于传播,比如通过 Sourceforge 等渠道。这就形成了一个能够发起新研究计划,完善软件,使用一定质量的软件的自然方式。但是一个基本的要求就是共同体中的用户对该产品有一定的需求。

OSS/OS 促进技术知识的发展

技术活动产生的结果之一就是新技术知识的发展。技术知识是指描述如何制造及如何使用制品(或系统)的知识。这些知识可从以下途径获得:

- 被用于设计系统的 UML 模式图;
- 已开发的系统代码;
- 以用户视角提供的系统文档;
- 系统评估出版物。

采用 OSS 模式,所有的研究者都可以获得这些知识,并能够对其进行测试、复制或详细描述。但是对于闭源系统或采用常规研究方法的研究来说,系统代码和系统设计的获取是受到限制的,因此只能部分获得其技术知识。如果研究者们开始习惯使用或改进已有的知识,而不是事事从头做起,那么 OSS 模式能够很好地促进知识的融合。

在研究中,OS 的使用还有另外一个优势:OS 可被看作是人们一致认同的关于数据结构、功能或系统语义等方面的知识总汇。标准委员会为各派理论模型提供了交流平台,并取各理论之精华融汇在一起。例如,IMS QTI 细则说明总结了教育领域中常用的一系列测试项。这个过程本身就是综合领域内各方面观点意见,进而达成共识的强有力的手段,尤其当研究者们开始习惯于积极参与标准制订、尽可能地使用标准并对标准进行测试来鉴别其长处和缺点的时候。

OSS/OS 促进技术性产品的发展

除了生产新知识,技术活动的另一个核心成果就是技术产品的开发。在 E-learning 研究中,我们制造以下几类技术产物:模式和开放标准、软件和文档。在前面的段落中,我们提到了很多 OSS/OS 产物,如 IMS QTI、IEEE LOM 标准以及 Moodle、Lionshare、Sakai 等软件。

实例

这里,我们来讨论一个开放标准 IMS 学习设计(IMSLD, 2003; Koper, Olivier, 2004; Koper, Tattersall, 2005)开发和应用的实例以及相关的开源软件,来阐释 OSS/OS 在 E-learning 研究中的应用。

IMS 学习设计模型(技术知识) 362

IMS 学习设计是一种开放标准,它用机器语言来规范教学过程设计。它可被看作是一种正式的教学设计语言。该标准包括了一系列文档以及 XML 模式定义,其中 XML 模式定义支持 XML 格式的课程学习设计代码。IMS 学习设计语言的基础是概念模型,如图 30.1 所示。该模型详细说明了 UML 类图并根据 EML 模型稍做了修改。EML 模型是由不同教学设计方法抽象和发展而建立的(Koper, Manderveld, 2004),它已在不同环境下采用不同技术进行过测试、讨论并被应用(Tattersall 等,2005; Van Es, Koper, 2005),且这个过程仍在继续,尽管开放型细则说明的第一个稳定版本经过 5 年之久(1998—2002)的工作才最终得以发布。该模型本身可以被看作是一个技术理论,它描述了大量各不相同的教学设计手段。从这个角度来说,它可以看作是教学设计领域的汇聚机制。其实,它应该能够描述和实现大多数现有教学设计模型(Reigeluth, 1999)。在学习设计的本体论、学习设计模式、运行时调整、多种编写和运行工具的设计和发展等方面,IMS 学习设计模型实质上作为一个开放型细则说明发起了许多不同的研究计划(Koper, 2005)。

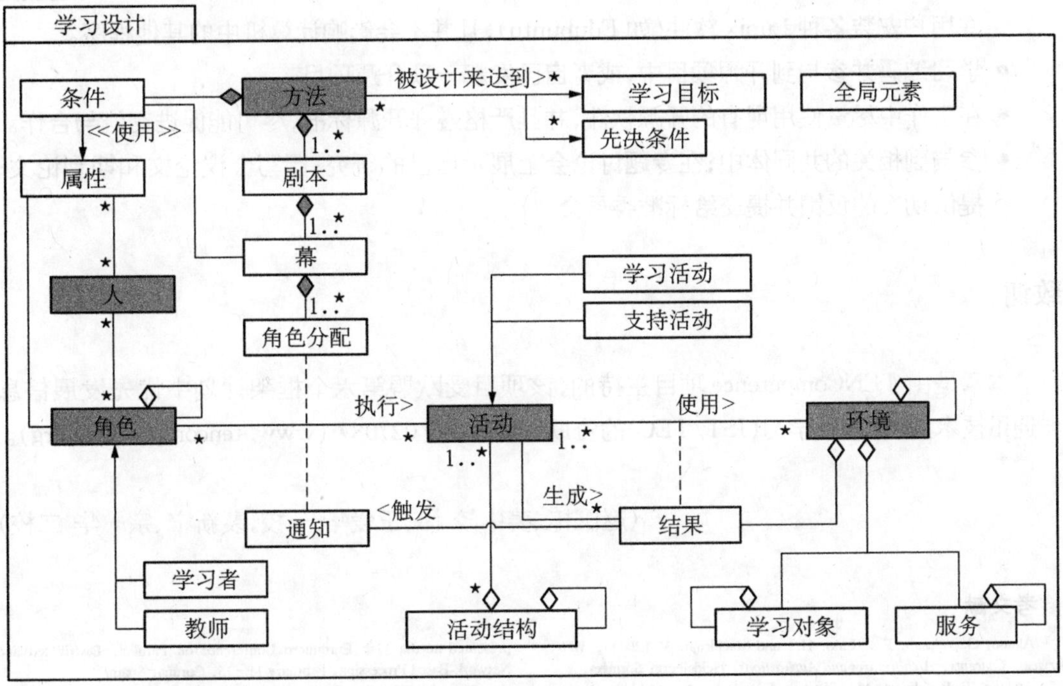

图 30.1 用 UML 表示的 IMS 学习设计的概念域模型

IMS 学习设计开源软件

作为一种开放标准,LD 促进了许多工具的开发以支持其细则说明。并且大多数工具都是作为开源软件在学术环境下开发的——比如作为博士学位论文研究的一部分。Griffiths 及其同事(2005)综述了目前可获得的开源软件及其分类。主要的研究议题包括整合的、界面更加友好的编辑和运行工具的开发(Hernández-Leo 等,2006),适应性学习设计的编写(Van Rosmalen 等,2005),学习设计的图示表征(Paquette 等,2006),学习设计评估的整合(Joosten-ten Brinke 等,2005)以及学习设计中语义网工具的使用(Amorim 等,2006; Knight 等,2006)。

小结与建议

本章详细阐释了 OSS 与 OS 的概念,论述了 OSS 与 OS 可以促进专业领域内知识的融合,
363 提高 E-learning 应用软件的普遍质量和互操作性,以及加强研究者与用户之间的协作。那么,我们在研究中该如何使用 OSS 和 OS 呢? 我归纳为以下几点:

- 学习如何识别和创建 UML 模式图,并用其描述系统,用以解决教学领域中的实际问题。
- 学习 E-learning 领域中现有的开放标准,尤其是 IMS 和 IEEE 开放标准(以及可用的 ISO 标准)。了解 XML (2003),RDF (2003)以及一些标准组织是很有必要的。读者可以参阅本章的参考文献。
- 下载、安装、测试并使用各种开源软件。可以考虑使用虚拟机软件,如 VMware,它们允许用户安装各种 Lunix 软件(如 Edubuntu),且并不会影响计算机中的其他程序。
- 学习编码并参与到开源项目中,或者自己发起一项开源项目。
- 在工作中尽量使用现有的开源软件,并且严格遵守开源标准,尽可能促进交流与合作。
- 参与到相关的共同体中;在专题讨论会上展示自己的研究;撰写会议论文和期刊论文;提供切实的反馈并提交给标准委员会。

致谢

本章是由 TENCompetence 项目主持的,该项目受欧盟第六个框架计划中优先发展信息与通讯技术/信息增强学习(IST/TEC)的资助,协议编号 027087 (www. tencompetence. org)。

(赵国栋、姜中皎 译,王爱华 一校,裴新宁、宗　华 二校)

参考文献

Alonso, G., Casati, F., Kuno, H., and Machiraju, V. (2004). *Web Services: Concepts, Architectures and Applications*. Heidelberg: Springer.

Amorim, R.R., Lama, M., Sánchez, E., Riera, A., and Vila, X.A. (2006). A learning design ontology based on the IMS specification. *Educ. Technol. Soc.*, 9(1), 38 - 57.

Anderson, T. and Whitelock, D. (2004). The educational Semantic Web: visioning and practicing the future of education. *J. Interact. Media Educ.*, 1 (http://www-jime. open. ac. uk/2004/1/editorial-2004-1-disc-paper. html#EditorialStart).

Asensio, J.I., Dimitriadis, Y.A., Heredia, M., Martinez, A., Alvarez, F.J., Blasco, M.T. et al. (2004). Collaborative Learning Patterns: Assisting the Development of Component-Based CSCL Applications. Paper presented at the 12th Euromicro Conference on Parallel, Distributed and Network-Based Processing, February 11 - 13, Coruña, Spain.

ATutor. (2006). *ATutor: Open Source Learning Management System*, http://www. atutor. ca/.

BECTA. (2005). *Open Source Software in Schools*, http://www. becta. org. uk/corporate/publications/documents/BEC5606_Full_report18. pdf.

Bergquist, M. and Ljungberg, J. (2001). The power of gifts: organising social relationships in open source communities. *Inform. Syst. J.*, 11(4), 305 - 320.

Berlanga, A. and Garcia, F.J. (2005). Learning technology specifications: semantic objects for adaptive learning environments. *Int. J. Learn. Technol.*, 1(4), 458 - 472.

Berners-Lee, T., Hendler, J., and Lassila, O. (2001). The Semantic Web: A new form of Web content that is meaningful to computers will unleash a revolution of new possibilities. *Sci. Am.*, 284(5), 34 - 43.

Bodington. (2006). *Bodington: Open Source Learning Management System*, http://bodington.org/.

Booch, G., Rumbaugh, J., and Jacobson, I. (1999). *The Unified Modeling Language User Guide*. Reading, PA: Addison-Wesley.

Brusilovsky, P. (2001). Adaptive hypermedia. *User Model. User Adapt. Interact.*, 11(1/2), 87 - 110.

Crowston, K. and Howison, J. (2005). The social structure of free and open source software development. *First Monday*, 10 (http://firstmonday.org/issues/issue10_2/crowston/index.html).

Dalziel, J. (2003). Implementing learning design: the learning activity management system. In *Interact, Integrate, Impact Conference: Proceedings of the 20th Annual Conference of the Australasian Society for Computers in Learning in Tertiary Education*, December 7 - 13, Adelaide.

De Bra, P., Aroyo, L., and Chepegin, V. (2004). The next big thing: adaptive Web-based systems. *J. Digital Inform.*, 5 (http://jodi.tamu.edu/Articles/v05/i01/DeBra/).

Dempsey, B., Weiss, D., Jones, P., and Greenberg, J. (1999). *A Quantitative Profile of a Community of Open Source Linux Developers*, http://www.ibiblio.org/osrt/develpro.html.

Derntl, M. and Motschnig-Pitrik, R. (2003). Conceptual modeling of reusable learning scenarios for person-centered elearning. In *Proc. of the International Workshop on Interactive Computer Aided Learning (ICL 2003)*, September 24 - 26, Villach, Austria.

Dokeos. (2006). *Dokeos: Open Source Learning Management System*, http://www.dokeos.com/.

DotLearn. (2006). *LRN: Open Source Learning Management System*, http://www.dotlrn.org/.

ECLIPSE. (2006). *Open Source Development Platform and Application Frameworks for Building Software*, http://www.eclipse.org/.

Edubuntu. (2006). *Edubuntu: Linux for Young Human Beings*, http://www.edubuntu.org/.

ELGG. (2006). *Open Source 'Learning Landscape,'* http://elgg.net.

Feller, J. and Fitzgerald, B. (2002). *Understanding Open Source Software Development*. London: Addison-Wesley.*

Firefox. (2006). *Firefox Open Source Web Browser*, http://www.mozilla.com/firefox/.

Fowler, M. (2000). *UML Distilled*, 2nd ed. Upper Saddle River, NJ: Addison-Wesley.

FreeMind. (2006). *FreeMind: Free Mind Mapping Software*, http://freemind.sourceforge.net/wiki/index.php/Main_Page.

FSF-DEF. (2006). Free Software Foundation, http://www.fsf.org/licensing/essays/free-sw.html.

Gallivan, M.J. (2001). Striking a balance between trust and control in a virtual organization: a content analysis of open source software case studies. *Inform. Syst. J.*, 11(4), 277 - 304.

Gibbons, A. (2000). The Practice of Instructional Technology. Paper presented at the annual meeting of the Association for Educational Communications and Technology (AECT), February 18, Long Beach, CA (http://www.aect.org/intranet/publications/index.asp).

Gilbert, N. and Troitzsch, K.G. (1999). *Simulation for the Social Scientist*. Buckingham, U.K.: Open University Press. GIMP. (2006). GNU Image Manipulation Program, http://www.gimp.org/.

GPL. (2006). General Public License, http://www.gnu.org/copyleft/gpl.html.

Griffiths, D., Blat, J., Garcia, R., Vogten, H., and Kwong, K. (2005). Learning design tools. In *Learning Design: A Handbook on Modelling and Delivering Networked Education and Training*, edited by R. Koper and C. Tattersall, pp. 109 - 136. Heidelberg: Springer-Verlag.

Hannay, N.B. and McGinn, R.E. (1980). Anatomy of modern technology: prolegomenon to an improved public policy for the social management of technology. *Daedalus*, 109(1), 25 - 53.

Hernández-Leo, D., Asensio-Pérez, J.I., and Dimitriadis, Y. (2006). Computational representation of collaborative learning flow patterns using IMS learning design. *Educ. Technol. Soc.*, 8(4), 75 - 89.

IMSLD. (2003). IMS Learning Design Specification, http://www.imsglobal.org/learningdesign/index.cfm.

Jones, A., Kukulska-Hulme, A., and Mwanza, D. (2005). Portable learning: experiences with mobile devices. *J. Interact. Media Educ.* (http://www-jime.open.ac.uk/2005/21/).

Joosten-Ten Brinke, D., Van Bruggen, J., Hermans, H., Latour, I., and Koper, R. (2005). Conceptual Model for Assessment. Paper presented at the European Association for Research in Learning and Instruction, August 23 - 27, Nicosia, Cyprus.

Jorgensen, N. (2001). Putting it all in the trunk: incremental software development in the FreeBSD Open Source Project. *Inform. Syst. J.*, 11(4), 321 - 336.

Knight, C., Gasevic, D., and Richards, G. (2006). An ontologybased framework for bridging learning design and learning content. *Educ. Technol. Soc.*, 9(1), 23 - 37.

Koch, N. and Wirsing, M. (2002). The Munich reference model for adaptive hypermedia applications. In *Proceedings of the AH'02 Adaptive Hypermedia and Adaptive Web-Based Systems*, May 29 - 31, Malaga, Spain, LNCS 2347. Heidelberg: Springer-Verlag.

Koper, E.J.R. (2005). Current research in learning design. *Educ. Technol. Soc.*, 9(1), 13 - 22.*

Koper, E.J.R. and Manderveld, J.M. (2004). Educational modelling language: modelling reusable, interoperable, rich and personalised units of learning. *Br. J. Educ. Technol.*, 35(5), 537 - 552.*

Koper, E.J.R. and Olivier, B. (2004). Representing the learning design of units of learning. *Educ. Technol. Soc.*, 7(3), 97 - 111.

Koper, E.J.R. and Tattersall, C. (2005). *Learning Design: A Handbook on Modelling and Delivering Networked Education and Training*. Heidelberg: Springer-Verlag.*

Krechmer, K. (2005). The Meaning of Open Standards. Paper presented at the 38th Hawaii Int. Conf. on System Sciences (HICSS'05), January 3 - 6, Big Island, Hawaii.

LAMS. (2006). *LAMS: Open Source Activity Management System*, http://www.lamsfoundation.org.

Lerner, J. and Triole, J. (2002). Some simple economics of open source. *J. Industr. Econ.*, 50(2), 197 - 234.

LiNex. (2006). Linux version developed and used in the Spanish region of Extremadura, http://www.linex.org/.

LionShare. (2006). *LionShare: Secure Peer-to-Peer Environment for the Sharing of Educational Resources*, http://lionshare.its.psu.edu/main/.

Madey, G., Freeh, V., and Tynan, R. (2002). The Open Source Software Development Phenomenon: An Analysis Based on Social Software Theory. Paper presented at the Eighth Americas Conference on Information Systems, August 9 - 11, Dallas, TX.

McGinn, R.E. (1978). What is technology? *Res. Philos. Technol.*, 1, 179 - 197.

Mitcham, C. (1994). *Thinking Through Technology: The Path between Engineering and Philosophy*. Chicago, IL: The University of Chicago Press.

Mockus, A., Fielding, R.T., and Herbsleb, J.D. (2002). Two case studies of open source software development: Apache and Mozilla. *ACM* 364
Trans. Software Eng. Methodol., 11(3), 309 - 346.*

Moodle. (2006). *Moodle: Open Source Learning Management System*, http://moodle.org.

OpenOffice.org. (2006). Open source office package, http://openoffice.org.

OSI-licenses. (2006). Open source licenses, http://www.opensource.org/licenses/index.php.

Pacurar, E.G., Trigano, P., and Alupoaie, S. (2004). A QTI editor integrated into the netUniversité Web portal using IMS LD. *J. Interact. Media Educ.*, 9 (http://www-jime.open.ac.uk/2004/1/editorial - 2004-1-disc-paper.html#EditorialStart).

Paquette, G., De la Teja, I., Léonard, M., Lundgren-Cayrol, K., and Marino, O. (2005). An instructional engineering model and tool for the design of units of learning. In *Learning Design: A Handbook on Modelling and Delivering Networked Education and Training*, edited by R. Koper and C. Tattersall, pp. 161 - 184. Heidelberg: Springer-Verlag.*

Raymond, E.S. (1998). The cathedral and the bazaar. *First Monday*, 3, 1 - 33 (http://www.firstmonday.org/issues/issue3_3/raymond/index.html).

Raymond, E.S. (2001). *The Cathedral and the Bazaar*. Sebastopol, CA: O'Reilly.

RDF. (2003). Resource Description Format (RDF), http://www.w3c.org/RDF/.

Reigeluth, C.E. (1999). *Instructional-Design Theories and Models: A New Paradigm of Instructional Theory*, Vol. II. Mahwah, NJ: Lawrence Erlbaum Associates.*

Richey, R.C. and Nelson, W.A. (1996). Developmental research. In *Educational Communications and Technology*, edited by D.H. Jonassen, pp. 1213 - 1245. New York: Macmillan.

Rogers, E.M. (1995). *Diffusion of Innovations*. New York: The Free Press.

Sakai. (2006). Sakai open source learning management system, http://sakaiproject.org/.

Simon, H.A. (1969). *The Sciences of the Artificial*, 2nd ed. Cambridge,

365

MA: MIT Press.

Skolelinux. (2006). Skolelinux open source Linux for education, http://www.skolelinux.org.

Tattersall, C., Vogten, H., and Hermans, H. (2005). The Edubox Learning Design Player. In *Learning Design: A Handbook on Modelling and Delivering Networked Education and Training*, edited by R. Koper and C. Tattersall, pp. 303 – 310. Heidelberg: Springer-Verlag.

TELCERT. (2006). European Union research and development project aimed at conformance testing of open learning technology standards, http://www.opengroup.org/telcert/.

Thunderbird. (2006). Thunderbird open source mail client, http://www.mozilla.com/thunderbird/.

Van Es, R. and Koper, E. J. R. (2005). Testing the pedagogical expressiveness of LD. *Educ. Technol. Soc.*, 9(1), 229 – 249.

Van Rosmalen, P., Brouns, F. M. R., Tattersall, C., Vogten, H., van Bruggen, J., and Sloep, P. B. (2005). Towards an open framework for adaptive, agent-supported e-learning. *Int. J. Contin. Eng. Educ. Life-Long Learn.*, 15(3 – 6), 261 – 275.

Vincenti, W. G. (1990). *What Engineers Know and How They Know It: Analytical Studies from Aeronautical History*. Baltimore: The Johns Hopkins University Press.

Vossen, G. and Westerkamp, P. (2003). e-Learning as a Web Service. Paper presented at the Seventh International Database Engineering and Applications Symposium (IDEAS'03), July 16 – 18, Hong Kong.

XML. (2003). Extensible Markup Language (XML), http://www.w3c.org/XML/.

Zarraonandia, T., Dodero, J. M., and Fernández, C. (2005). Crosscutting runtime adaptations of LD execution. *Educ. Technol. Soc.*, 9(1), 123 – 137.

---

* 表示主要参考文献。

第四部分　模型

手册的第四部分由 Jeroen J. G. van Merriënboer 牵头，集中关注不同形式和方法的学习观点。这些学习模型清楚地报告了设计和开发，并与第二部分中所涉及的不同教学策略相联系。这一部分既包括直接与学校学习相关的、与校外和工作场所的学习相关的生成模型，也包括集中在特定领域的学习模型，诸如医药学的、科学的和阅读类的。手册中的这部分包含 11 个章节，囊括以下主题：(1)人类认知结构；(2)学习结果参照的、基于条件的理论和模式；(3)合作与技术应用；(4)教育实践中的认知学徒制模式；(5)教育中的整体任务模式；(6)模型促进的学习；(7)适应性教学系统；(8)基于问题的学习；(9)绩效提升的行为、认知与技术方法；(10)基于资源的学习；(11)领域与专业中的教学模型。这一部分的最后一章是手册中由不同撰写作者的多个部分组成的一章(所有的作者被视为该章的合著者，而相应节的作者则是该节作者本人)。

31

人类认知结构

John Sweller

370 **摘要**

通过将人类认知进化理论的起源与人类认知结构的构造与功能相结合,认知负荷理论提供了有效的教学设计原理。其中的许多原理是与教学技术直接相关的。本章概述了人类认知结构的进化基础;分析了与教学直接相关的认知结构的各个方面;讨论了认知负荷理论提出的各条教学原理,尤其是如何将这些教学原理应用于教学技术。

关键词

认知负荷理论:一种以人类认知结构方面的知识为基础的教学设计理论。

人类认知结构:人的认知过程中所需要的结构及功能的组织方式。

长时记忆:学习过程中获得的所有知识的存储器。

自然信息加工系统:通过诸如人的认知和自然选择的进化的自然系统来处理信息的程序。

工作记忆:处理来自于环境或是长时记忆中的信息,并将获得的信息传输、存储于长时记忆的结构。

引言

教学是否有效,很大程度上取决于是否遵从人类认知规律。为了确定实现最有效学习的条件,我们必须密切关注人的认知。一旦确定了人类认知的机制,以及这些机制为何有某些特征,我们就能够设计出与人类认知结构相一致的学习环境。与人类认知结构一致的理想教学环境并非总是与模拟现实世界的真实学习环境相符。的确,如果人类认知总是以支持现实中而非虚拟环境中的学习的方式来组织,专门的教学程序甚至是教育机构就没有存在的必要了。观察现实世界并与之互动,能够提供最好的教学环境。在这种情况下,所有的教学应该尽可能地真实,且仅仅是出于经济或安全方面的原因而非教育方面的原因才有存在的必要。相反,本章提出,由于人类认知结构的特性,在许多条件下,往往是那些没有精确地模仿现实的教学最有效地促进了学习。

认知负荷理论可以用来确定有效教学的特征。这一整合性的理论旨在提供一个系统组织的层级结构,它既从进化论/生物学角度解释了人的认知结构特征,也考虑了由该认知结构所得出的教学结果。仅有一些依据认知负荷理论得出的教学程序是与教学技术有关的,本章会着重强调这些程序。下面我们从进化论及生物学的框架开始,讨论人类认知结构。

人类认知结构

人类认知的定义已经发展成为同化、加工以及应用信息(或知识,本章中两者同义),以指导人类的行为。它构成了自然信息加工系统的一个例子,自然信息加工系统是可以在自然界找到的一类信息加工系统。作为一种自然信息加工系统,人类认知几乎不可能是独一无二的,事实上,通过自然选择的进化本身也属于自然信息加工系统(Sweller, 2003,2004; Sweller和

Sweller, 2006)。这些系统因功能不同而特征各异,但是所有自然信息加工系统都有一个共同的基本结构或框架。我们反过来可以利用这个基本框架来确定人们如何处理信息,以及何种类型的教学程序(包括基于技术的教学)会有效。

自然信息加工系统的本质特征包括:(1)一个庞大的信息储存库,它使得这个系统能够在自然信息加工系统所处的各种环境中发挥作用。(2)通过将信息从一个实体传送给另一个实体从而使信息得以永久储存的过程。(3)各种改变信息储存库的过程,它们通过创造新信息来应对变化的环境。(4)各种确保信息储存库的改变不致破坏其有效性的过程。(5)各种使信息 371
与外部世界发生联系的过程。在此我们将根据五条原则来讨论人类认知的这些核心特征。(Sweller 和 Sweller, 2006)。

信息存储原理与人类长时记忆

长时记忆为人类认知系统提供了一个庞大的信息储存库,这对一个自然信息系统来说是必不可少的。在生物进化中,物种的基因组具有相同的功能。我们对长时记忆功能的认识是不断发展变化的,而且,有证据表明,长时记忆作用的确定是认知科学革命的主要发现。我们不再将人的长时记忆视为孤立的、毫无关系的各种事实的仓库,不再认为这些事实的存取是偶发性的;相反,它是人类认知结构的核心。

起源、证据和启示

De Groot(1946/1965)对国际象棋专家的研究开始改变了我们对长时记忆作用的认识。De Groot 发现,国际象棋大师观看实际比赛的棋局大约 5 秒钟,就能比普通棋手(weekend player)更加准确地复盘。Chase 和 Simon (1973)的研究得出了与 De Groot 一样的结论,同时指出国际象棋大师与普通棋手在随机复述棋谱的能力上并没有差别。其他许多领域也存在着类似于专家与新手在记忆真实构造和情境方面的差异(Egan 和 Schwartz, 1979; Jeffries 等,1981; Sweller 和 Cooper, 1985)。另外,在解决问题技能方面,这是我们已知晓的区分专家和新手的唯一可靠的差异,也是全面解释某人为何是解决某一类特殊问题的专家所需的唯一差异。国际象棋大师已经学会了辨认成千上万的棋局。当面对某一棋局时,他(她)能马上辨别出来并且知道最好的棋招。在自己的专门知识领域我们都有这样的技能,的确,它们所需要的这种认清形势以及采取恰当行为的能力构成了专业领域的技能基础。

从以上研究我们得出几点启示:首先,问题解决技能是和领域相关的。例如,一位优秀的数学家所具有的数学问题解决技能不能迁移到金融或人际关系技能。他所具有的数学技能使其能够识别出数学的问题状态并采取最合适的相应行动。但这些技能只在数学领域有效。第二,研究新手—专家的区别可以解释为什么成为某一真实领域的专家费时较长。个人要专心学习大约十年时间才能成为国际象棋大师(Simon 和 Gilmartin, 1973)。在这十年期间,个体所学习的并不是复杂、通用的问题解决策略。没有证据证明存在着可习得或可传授的通用的问题解决策略;相反,正像我们要想获得某一领域的问题解决技能就必须学习大量问题情境一样,国际象棋初学者要学习认识大量的棋局,而这些棋局是成为专家所必需的。第三,有关新手—专家区别的数据,证明了存储在长时记忆中的知识或信息对任一领域的技能具有核心重要性(Chi 等,1982)。要具备熟练的技能就必须拥有大量可用的知识。基于这一概念可知,长时记忆对娴熟的表现起着至关重要的作用。就像基因组能够使个体发挥生物功能一样,存储于长时记忆中的知识可使我们在各种不同场合发挥功效。因此,教学(包括基于技术的教学)的一个主要功能是确保适当的知识存储在长时记忆中。

借用原理与迁移性知识

自然信息加工系统中存储的信息一旦被发现就必须永久保存,而且教育的一个主要功能就是保证该知识不会被丢失,因为如同后文所述,有一些结构性的原因解释了为什么发现行为如此之难。在遗传学上,通过有性及无性繁殖,DNA 中所存的基本信息可维持较长时期。无性繁殖中,DNA 信息可以精确地从亲代复制到子代,好像并没有认知等价。相反,有性繁殖是一个建构性的过程,后代 DNA 信息都与其双亲不同。有性繁殖是一个不可避免的随机过程,分别来自于女性和男性祖先的基因信息,经过精确合并后在本质上变得无法预测。

通过人与人之间的信息传递过程来保持长时记忆中的信息也需要一定的心理机制。因此,我们已经进化到能以视觉或听觉形式高效地与其他人进行信息传递和接收的程度。我们
372 模仿他人的行为,听他人所讲,读他人所写。这种技能使存储于长时记忆当中的信息被无限期地永久保存。然而,就像有性繁殖一样,这一过程的本质是建构性的,我们将新信息与存储在长时记忆中的先前信息结合起来(Bartlett, 1932)。也正如有性繁殖一样,这一过程具有随机性,因而我们无法准确地预知这两种信息源是如何结合的。这一随机性对我们所要讨论的下一个主题"改变的有限性原则"有一些启示。

起源、证据和启示

教学的一个主要功能是组织有效的过程以使知识得以转移到学习者的长时记忆中。认知负荷理论为我们提出了许多与基于技术的教学相关的教学过程(见下文)。所有这些都依赖于借用原理。认知负荷理论在指导生成教学过程方面的成功,至少在一定程度上是由于它强调从现有知识中学习。这一成功为借用原理提供了一定依据。

教育的功能在于传递知识,在早期,人们认为这一观点是不言自明的。最近,对发现学习及建构主义学习过程的强调鼓励学习者主动发现知识而非由教师传授知识。由于对长时记忆的巨大容量知之甚少,人们能否发现现代社会所需要的大量信息中的一小部分,目前还不能确定。现在,这种情况逐渐得到改正,越来越多的研究者开始对以前正统的观点提出质疑(Kirschner 等,2006; Klahr 和 Nigam, 2004; Mayer, 2004)。

关于模仿在学习过程中的重要作用,我们了解得越来越多,这也为借用原理提供了另外的证据。镜像神经元的发现为模仿作为一个学习机制的重要性提供了神经心理学方面的证据,因为当我们采取某一行动、观察他人采取相同的行动,甚至倾听描述这个行动的话语时,镜像神经元将以同样的方式被激发(Tettamanti 等,2005)。

随机生成原理及知识创造

尽管有知识迁移的需要,但我们要意识到:要想产生知识迁移,首先就要创造可供迁移的

知识。另外,环境变化和当前知识或许已不够用了。改变自然信息加工系统中的信息储存库的程序是有一定的准则的。所有创造性的改变都是随机的,但只有有效的改变才得以存留维持,而无效的则被丢弃。在自然选择的进化过程中,这一机制被接受保留。所有的基因变异都源于随机突变,但只有成功的变异获得繁殖与延续。在心理学,尤其是教育心理学中,这一观点有待进一步的解释。

在正常运转的自然信息加工系统中,伴随着效力测试的随机生成是不可避免的。想想一个人正在解决新的问题,活动的目的是要创造一个新的(对他而言)解决方案。在确定解决问题的行动或其他一系列的行动时,有两类基本行动生成原则,即随机生成或根据原有知识生成。这两条原则或者两条原则相结合是行动生成的唯一来源。以前获取的储存在长时记忆中的知识会作为中央执行系统来决定下一步的行动,当然,这些知识并非总是可用的。在缺少相关的知识的情况下,没有任何中央执行系统能够决定下一步的行动。此时,无论是在心理世界还是现实世界,随机生成就是唯一的选择。

起源、证据和启示

这一原则更多地源于逻辑推理而非经验证明。如果用以决定解决问题行动的知识难以获得,继效力测试之后的随机生成就是唯一的选择。在问题解决型计算机模式中我们可以看到这一逻辑推理的作用。缺乏相关信息时,这一模型(Sweller, 1988)能够随机生成一些行动。

随机生成是否意味着新问题的解决完全是偶然的?只有与效力测试相结合,随机生成才能够真正地起作用。随机生成与效力测试的结合提供了自然信息加工系统的知识/信息创造过程。只有接受对信息储存库有用的变化,拒绝无效的变化,储存库的有效性才能不断增长。通过将储存库中的信息转移到其他实体(这些实体能够无限期地维持伴随着效力测试的随机生成过程),自然信息加工系统才能建立复杂精密的储存库。这在自然选择进化论与人类认知都是有例可循的。然而,我们必须认识到:伴随着效力测试的随机生成是一种十分缓慢的知识 373
生成方式(Cooper 和 Sweller, 1987; Sweller 和 Cooper, 1985),只有在知识迁移的其他方法不可用的情况下,才应该利用随机生成原则。知识迁移是相当有效的,因此,要求进行问题解决的基于技术的教学(伴随着效力测试的随机生成),在效果上不如那些能够提供演示的教学(通过借用原理实现知识迁移)。

改变的有限性与工作记忆

知识创造是有限制条件的。最初的例子表明,通过随机生成原则可以创造知识,其中随机生成必须伴以效力测试。利用借用原理也可以使知识产生变化,但是,当其中的新旧信息相联系时,随机生成也起到一定的作用。对于长时记忆信息储存库的任何变化,应当有相应机制来保证该变化尽可能有效,同时把有可能损坏信息储存库功能的变化降到最低。这可以通过进行小的、递增的改变(每次改变的有效性都是经过测试的)而非单一的大改变来予以满足。

假设将一个四因素的系列添加到储存库中后测试了其有效性,再假设没有可用的知识来消除该四因素系列的其他可能的排列,或者选择其他排列来优先进行测试。在这样的情况下,该四因素系列可能共有 $4! = 24$ 种排列方式。相反,假如不是四因素而是十因素的序列,那么可能的排列方式有 10！= 3628800 种。如果只有当构成信息的因素数量有限或只有一种排列时才有效，那么处理由较多因素构成的信息将是徒劳的，因为构成信息的因素增加将导致组合的数量激增，从而使得在处理这样的信息时必然伴随着大量随机的效力测试，这种情况是任何自然信息加工系统都无法应对的（除非具备了必要的原有知识）。

起源、证据和启示

以上阐明了人类认知结构的某些主要特征。在先前知识缺乏或有限的条件下处理新知识，人的工作记忆的容量是非常有限的（Miller, 1956）。尽管这种有限性的具体特性为研究和讨论提供了源头（Cowan, 2005），但几乎没有什么研究对工作记忆容量的有限性有所怀疑。这一结论对于教学设计有深远的影响：忽略工作记忆容量的有限性的教学设计有可能是无效的。

环境组织与联系原理

这一原理与我们如何使信息在现实世界发挥作用有关。与工作记忆容量的有限性相比，当我们处理已经储存于长时记忆中的熟悉信息时，工作记忆在功能上就不会受到限制。因此，大量有组织的信息可以从长时记忆转移到工作记忆而不会引起工作记忆超载（Ericsson 和 Kintsch, 1995）。使用这些信息可以使我们在周围复杂的环境中发挥作用。例如，如果读者们试着回忆前一句中非常复杂潦草的字体，大部分人轻而易举就能做到。我们之所以有这种能力，是因为储存于长时记忆中的有组织的图式化的信息能够转移到工作记忆中被工作记忆所用。这些信息使我们能够阅读、加工、组织，并将其与外部世界相联系。与此类似，鉴于基因组的变化是微小、递增的，大量先前组织好的基因信息可被同时用来生产在复杂环境中生存的生物所需要的复杂的蛋白质。

起源、证据和启示

这一原理有多重起源。Miller 的研究（1956）证明，多个单元的信息可以被组织起来作为一个单元的信息在工作记忆中起作用；图式心理学家认为我们处理信息的方式依赖于先前知识（Bartlett, 1932）；最近，Ericsson 和 Kintsch (1995)提出的长时工作记忆概念也促成了环境组织与联系原理。这些研究说明了我们该如何利用自己巨大的信息储存来赋予环境以秩序和意义。环境组织与联系原理为人类认知提供了最终的合理解释。以上四条原理旨在保证认知的产生，以使我们能够在环境中发挥正常的心理功能。

374 认知负荷理论

人类认知结构的特征对于教学设计有着直接启示作用，因此对基于技术之教学的设计和目标也有相应的影响。借助认知负荷理论（Clark 等，2006；Paas 等，2003，2004；Sweller, 2005a；van Merriënboer 和 Sweller, 2005）以及其他相关理论，如 Mayer 的多媒体学习论（Mayer, 2005）或 van Merriënboer (1997)的利用认知结构来确定一般教学设计原则的四成分教学设计（4C/ID）模型，能够确定基于技术的教学的首要特征。正如人们期望的那样，所有使用该框架的理论都是相容的，并能够得出相似或一致的论断。

认知负荷理论详细说明了两种认知(或工作记忆)负荷的来源，它们决定着教学是否有效。外在认知负荷是由不当的教学设计引起的，所以应当减少。如果工作记忆的容量被全部占用，为保证相关负荷(可以使长时记忆发生有效变化的认知负荷)的增加，就要求减少外在认知负荷。这两种认知负荷决定了教学的有效性。但是如果不折中地理解就难以操作第三种认知负荷——内在认知负荷。内在认知负荷(Sweller, 1994)可被理解为学习材料本身的内在复杂性。对于特定专业水平的学习者来说，这种复杂性是可以减少的(Pollock 等，2002)，但是只能通过降低学习者对题材的理解才能减少内在负荷。当然，内在认知负荷也可以通过学习而减少(如用更多专业知识去测试学习者)。

这些认知负荷的来源是可叠加的，但不能超过工作记忆的容量。如果内在认知负荷很低，那么，即使因不恰当的教学技术引起了较高的外在认知负荷，仍然可允许有较高的相关认知负荷。较低的内在认知负荷为学生留出了更多的工作记忆空间，使学生即使在不恰当的教学设计情况下也能够学习。相反，如若由于材料本身的复杂性使内在认知负荷过高，除非外在认知负荷较低，否则便没有足够的工作记忆容量来保证使学习发生所必需的相关认知负荷水平。如若内在认知负荷较高，为保证相关认知负荷维持足够的水平，就有必要降低外在认知负荷。换句话说，对于复杂的学习材料，教学设计尤为重要。

根据前面对认知结构的概述，通过帮助学习者将知识迁移到长时记忆中，可减少外在认知负荷，增加相关认知负荷。来自于感官的新信息是未经组织的，给工作记忆带来巨大的负担(改变的有限性原理)。源自长时记忆的信息是组织有序的，给工作记忆带来的负担最小(环境组织及联系原理)。换句话说，知识一旦被习得就不会给工作记忆带来负担。那么我们如何帮助学习者将新信息转移到长时记忆中呢？在任何可能的情况下，必须将信息组织成有序的形式，这样学习者才不会将工作记忆浪费到组织信息上去。对于要求学习者习得的几乎所有信息，已经有好几代人利用前面所述的随机生成原理对它们进行了艰苦的组织工作。如果要求教学情境中的学生使用伴随效力测试的随机生成原理而非借用原理的话，他们会一无所获。

如上文所述，与当前大多数教学理念相反(Kirschner 等，2006；Mayer，2004)，我们的认知结构更加支持利用借用原理的知识迁移，而非利用随机生成原理的知识生成。我们应该将知识呈现给学习者，而不是让他们完成尝试自己生成知识这一不可能的任务；更重要的是，我们还应该以一种能够降低外在认知负荷并尽量增大相关认知负荷的方式呈现这些知识。认知负荷理论利用借用原理提出了一些旨在达到这个目的的策略。这些策略大多与基于技术的教学有关，我们将在下面进行讨论。我们把每一条策略都作为一种采用随机控制实验的实验效应来进行研究，在实验中，把根据认知负荷理论所得出的教学策略与其他一些通常是更加传统的教学策略进行比较，这些效应即成了由认知负荷理论得出的教学建议。

认知负荷理论效应与基于技术的教学

示例效应

在问题解决测验中如果新手学习者有适当的例子可以参考，他们对问题的解决就会比面临同样问题但无例子可用的学习者更好,这种事先呈现适当例子给学生的情况即示例效应 375 (Sweller 和 Cooper, 1985)。这一效应直接来源于前面所述的认知结构。解决新问题时,由于没有足够的知识可引导他们进行选择,问题解决者面对选择时只能利用伴随效力测试的随机生成原理。结合使用了有效的问题解决程序的工作记忆负荷会阻碍学习(Cooper 和 Sweller, 1987; Paas 和 van Merriënboer, 1994),由此造成外在认知负荷。相反,与随机生成原理相比,利用借用原理更加有利于学习。与让学习者独自利用其有限的工作记忆容量来组织信息相比,为学习者提供有组织的结构从而利用示例向学习者展现如何解决问题,能够将外在认知负荷降到最低。20 世纪 80 年代和 90 年代的许多研究成果为这些假设提供了有力的支持。

我们有充分的理由认为应该把示例效应直接应用于基于技术的教学中。以基于计算机的模拟为例,模拟应该演示一个过程或程序。即使要解决的问题只是所模拟的过程的一部分,也不应该要求学习者去解决新的问题。模拟演示问题解决过程的目的应该与其他问题解决教学的目的相同:帮助学习者从长时记忆中获取与特定问题解决过程相关的知识。一旦获得这些知识,学习者就可对有待解决的问题进行组织,把它归入某一需要特定解决步骤的类别(Chi 等,1982)。与在其他教学情境中寻找新的解决方法相比,利用伴随效力测试的随机生成原理作为模拟的一部分去寻找新的解决方法则更不可能达到这个目标。利用借用原理,通过准确预测所需要学习的知识的结构,一个好的模拟过程就能消除随机性。(练习相似的问题解决过程具有不同的功能,这将会在随后的专业技能的逆转效应中进行阐述)。

分散注意效应

假设呈现给学习者的材料由两个或是两个以上的信息源组成,假设这些信息源在孤立状况下是很难理解的,只有将彼此联系起来才能被理解。新手学习者几乎不能从图形中获得关于问题解决的信息,仅根据问题的陈述而不参考相关图形也难以理解。要理解材料,学习者必须在思想上将两种信息源整合。心智整合过程要求利用工作记忆资源从众多的信息源中选择合适的相关信息。这一过程与伴随效力测试的随机生成过程没有差别,不基于知识的搜寻,需要与随机生成原理一样的随机性。以几何问题为例:如果一个几何问题包含"角 *ABC*"这样的陈述,那么学习者必须随机选择一个角并确定该角是否是所讲的角 *ABC*,这一过程将持续到将该角被找到为止。像这样利用工作记忆资源几乎不能学到所期望的任何知识。相反,借用其他人的知识能减少外在认知负荷。如果教学过程中事先就已经将"角 *ABC*"标注在相应的角的旁边,而不需要再去找相关的角,相应地,外在认知负荷就减少了,学习便得到了促进。上述结论在许多情况下都成立(Ayres 和 Sweller, 2005; Sweller 等,1990)。需要强调的是,只有在必须将许多信息源加以整合才能完全理解题意的情况下,分散注意效应才有效。对于在孤立状态下就能够理解的信息源则无需将它们组织在一起。在孤立状态下就能够理解信息源,则需要不同的教学程序,这将在冗余效应部分进行讨论。

忽视分散注意效应的基于技术的教学的效果较差。例如,有一个机械装置,它的某一个部分的功能只有同另一部分相联系才能被理解,那么演示这个机械装置的功能的模拟就有分散注意的危险。任何情况下,模拟过程必须清晰地指出这两部分之间的关系。另外,书面文本的组织安排也必须减少或消除对相关指示物的寻找,不应该让学习者自己去找模拟过程中各部分之间的联系，工作记忆资源应该得到更有效的利用。

通道效应

通道效应与分散注意效应产生的条件相同：在这两种效应中都存在多个信息源，其中每个信息源在孤立状态下都难以被理解，因此必须把它们结合在一起(Low 和 Sweller, 2005)。该效应的存在依赖于工作记忆的一个特性。在前面关于人类认知的讨论中，工作记忆被当做 376
一个单一概念来处理。但事实上，它由许多通道或处理器构成(Baddeley, 1992)。处理二维或三维信息的视觉处理器及处理言语信息的听觉处理器是部分独立的，因此，在一些情况下如果同时利用这两个处理器，就能扩充工作记忆的有效容量。其中的一种情况就包括那些可以导致分散注意效应产生的条件，即多个信息源只有被结合在一起才能被充分理解。在这些条件下，同时利用听觉处理器及视觉处理器，能以有利于教学的方式扩充工作记忆的有效容量。

再看看上面所讲的几何例子。为理解几何的示例，学习者必须同时考虑图形及文字信息，而将两者分离则不能得到充分的必要信息。通过以口头而非书面形式呈现文字信息，超载的视觉处理器里的信息由视觉(即图画信息)及听觉(即文本信息)处理器同时分担，这样就使工作记忆的容量得以有效扩充。根据认知负荷理论，工作记忆的有效扩充能促进学习。Tindall-Ford 等(1997)论证了通道效应：对于同一学习材料，学习者在视觉的、分散注意的情况下学习的效果不如在以口头而非书面形式呈现言语信息的情况下学习的效果。

通道效应可直接应用于基于技术的教学。考虑到基于技术的教学要求有言语输入以保证教学可理解，因此，只要使用口头描述而非书面文本就可以减少外在认知负荷。在动画中使用口头言语尤其重要。同时使用视觉处理器及听觉处理器可致使有效工作记忆得到扩充，这就使学习者可以在观看动画画面的同时倾听解说，否则，如果换用其他方式来呈现解说的内容将使这部分内容变得不易理解。仅使用书面材料而不用口语信息会造成视觉处理器的超载，相反，恰当地同时使用视觉和听觉信息可以最大限度地发挥借用原理的潜在作用。

冗余效应

上文所阐释的分散注意效应及通道效应，适用于信息源较多且在孤立状态下不易理解的情况。相反，冗余效应比较适用于在信息源孤立时也可被理解的情况。信息源之间不同的逻辑关系会导致极不相同的教学结果。这种差异非常重要，因为导致分散注意效应及冗余效应的条件表面上看来好像是相同的，只有考虑了各信息源之间的联系才能找到恰当的教学对策。

目前，冗余信息被定义为与学习无关的任何信息。最常见的冗余信息包括以不同的形式或媒体来呈现的同一信息，如以书面及口头形式呈现同一言语信息；冗余信息也包括任何不必要的、附加的信息，如装饰性的图片、背景声音或卡通等。

在教学情境中，当文字信息同时也在图画中出现时，冗余便发生了。例如，一幅说明血液在心脏、肺、身体中流动情况的图画，如果同时再加这样的一句陈述"血液从左心室流向主动脉"，便产生了冗余(Chandler 和 Sweller, 1991)。表面上看，几何图形及相关的陈述与血液流动图画及其相关的陈述具有相同的特性，并因此受制于相同的教学原则，然而两者在结构上有相当大的差别，需要对其进行不同的安排。几何图形传递的信息很少，因而需要相关陈述帮助学习者理解题意。这些陈述必须与图形相结合以减少搜寻相关的信息的需要。相反，血液循环图本身就很容易理解，它本身就已经提供了充分的解释。因此，适当的教学程序不是要把陈述与图解结合起来，而是要排除几乎没有什么效果的信息源（在这个例子里指的就是那些陈述）。许多实验结果证明了消除冗余有利于学习（Chandler 和 Sweller，1991）。

尽管冗余效应是反直觉的，但从认知负荷理论的角度来看，冗余信息有负面的影响是不言而喻的。关注不必要的信息、试图将它们与重要信息联系起来会占用工作记忆，这样不利于学习。冗余信息会产生外在认知负荷，是对借用原理的无效使用。

377 除了上文所说的图画及文本冗余外，还有许多其他形式的冗余信息（详情请参考 Sweller 之作，2005b）。所有形式的冗余信息都可能应用于基于技术的教学。例如，只有在视觉材料本身不易理解的情况下，才需要为模拟配以口头解说，否则就无此必要。如果视觉材料本身就是容易理解的，再配以口头解说就会因为学习者试图去整合视觉信息与听觉信息而导致认知负荷的增加。在设计模拟时，必须保证呈现的所有信息都是必要的，而不是换一种形式来呈现同样的信息。同样有害的是，附加信息同必要信息几乎或完全没有关系。一个容易犯的错误是，假定附加信息对学习无益也无害或者可能有益。

技术的进步使得模拟越来越逼真。从定义来看，现实世界是逼真的，但是我们开发教学系统恰好是因为现实世界的许多方面都不能提供适当的教学。这种不适当往往是由冗余信息所引起的。一个描述机械系统的逼真的模拟也许很难跟真实的机械系统区别开来，但那台真的机械系统却不能作为教学工具。在学习血液是如何在心脏、肺以及身体中流动的时候，有关身体的结构、功能、特征则都是无关信息，这就是为什么花了那么长的时间才最终利用随机生成原理发现了循环系统的工作过程，"逼真"但无关的特征掩盖了关键特征。我们不应该仅仅因为逼真就把那些逼真的特征和过程包含在模拟之中。为避免冗余及最大限度地发挥借用原理的作用，使用任何信息都必须有明确的教学上的原因。

专长逆转效应

对于前面所讲的几种效应，在此必须说明两点：第一，前述所有效应都假定学习者是新手。因为是新手才常常需要利用借用原理来学习；第二，之前对冗余效应的解释暗示了冗余是由使用的材料本身所造成的。事实上，专业水平的提高也能造成冗余效应。有些信息对于较熟练的学习者来说是冗余的，但对新手学习者来说却是非常必要的。新手学习时可能需要借助别人的信息，而专家则不需要。专长逆转效应就是基于这样的考虑而产生的。

随着学习者专业技能的提高，原本对初学者有效的教学程序（相对于控制程序）开始变得不那么有效了。之后随着学习者专业技能的持续提高，其效果反不如控制程序，这时就出现了专长逆转效应（Kalyuga 等，2003）。例如，对新手来说，通过老师提供特定的例子来学习比学习者自己解决相类似的问题效果要好，但随着专业技能的增长，解决问题比学习示例效果会更好（Kalyuga 等，2001）。又比如，对于新手学习者，整合的安排或双通道教学要优于按分散注意来安排的教学，但随着专业技能的增长，就不应整合图形和文本或利用双通道教学，最好是完全排除文本信息（Kalyuga 等，1998，2000）。

专长逆转效应是一种依赖于冗余的复杂效应。随着专业技能的增长，以前的必要信息变成了冗余信息，因此造成了外部认知负荷。对新手来说，学习示例是必要的，因为它可以减少认知负荷。但随着专业水平的增长，这类活动就变成冗余的了，最好以亲自动手代之来解决问题，这在专业技能较高时是不会造成认知负荷的。同样地，解释性文本对新手来说可能是必要的，因此须把解释性文本与图形相结合，或者以口语形式呈现，以减少外部认知负荷。随着专业技能的增长，这些解释性文本成了冗余信息，必须去除。

专长逆转效应告诉我们，在基于技术的教学当中应根据学习者的知识基础来决定要不要提供细节。对新手来说是必须的细节，对专家学习者来说可能是冗余信息。所以，基于技术的教学必须能随着学生专业技能的变化而变化，而且，如果教学材料要随着专业技能的发展而变化，那么就要有一种能迅速测定学生专业技能水平的方法。Kalyuga 及 Sweller (2004)根据之前所描述的认知结构提供了一种快速测定学生知识基础的方法：在教学过程中，给学生呈现一个部分解决的问题，要求他们说明下一个解决步骤。学习者在多大程度上知道解决问题的下一步骤，有赖于学习者储存在长时记忆中的知识基础。测定的结果可以用于决定随后的教学。这种快速评估方法同样可以用来确定随后教学的性质。

指导渐隐效应

指导渐隐效应(Renkl 和 Atkinson, 2003; Renkl 等，2004)与示例效应及专长逆转效应密切相关，也是一种综合效应。开始时为新手呈现示例，但随着其专业技能的增长便取消示例， 378
转而提供一个已部分解决的问题(van Merriënboer 等，2002)给学习者，要求学习者完成。随着学习者专业技能的进一步增长，已部分解决的问题应该变成完全没有解决的问题。这就是指导渐隐效应。这些活动顺序的安排是基于这样的假设：外在认知负荷的构成既取决于教学的性质，也取决于教学程序与学习者特征(如专业技能水平)之间的相互关系。专业技能水平低的学习者必须通过借用原理大量借用别人的知识；随着专业技能的增长，可以从学习者自己的长时记忆当中提取同样的信息来指导实践。

基于技术的教学必须利用指导渐隐效应：开始时要给学生提供实质性的指导，之后随着学生专业技能的增长而逐渐减少指导。例如，起初必须确切地告诉学习者他们应该做什么(哪怕是极小的行为)。在使用快速评估法确定学习者的专业技能有所增长之后，就应该增加学习者的自主学习活动，同时相应地减少指导。最终，去掉全部指导让学生自己去实践。

想象力效应

当要求学习者去想象而不是要求学习者学习相应的步骤或概念时，学习者会学得更多，此时想象力效应便发生了(Cooper 等，2001；Leahy 和 Sweller, 2005)。想象教学要求学习者暂时离开相关的材料，尽力去想象相关的步骤或概念。想象要求在工作记忆中运行某些材料，这样做有助于将信息转入长时记忆。想象技术非常有用，但仅适用于这样的情况：即学习者在相关领域有足够的经验，以至于在没有教学材料帮助时也可以处理工作记忆中的所有必要信息。对新手来说，他们可能无法在工作记忆中运行某个程序，所以在这种情况下，侧重于边看边思考具体材料的教学要优于想象教学。学习优先到想象优先的转变也是一种专长逆转效应。与专长逆转效应及指导渐隐效应相似，新手最好是借用他人长时记忆中的信息，但是随着学生专业技能水平的增长，可以借用自身长时记忆中的信息来完成实践(此处是心智活动)。

想象力效应为学习者在处理模拟情境时应该进行什么心智活动提供了必要的信息。最初，学习者只要学习模拟材料或与模拟材料交互，因为此时由于工作记忆的限制，他们还没有充足的知识来有效地想象相关程序或概念。但随着专业技能的增长，他们便应当努力地想象教学所包含的信息，因为想象过程是将信息迁移到长时记忆中从而使专业技能得以增长的最快捷方法。

要素交互性效应

上述专长逆转效应强调的是认知负荷对于专业技能不同的个体所具有的意义。所处理的信息在结构上的差异也同样重要。上述几种效应没有一种是可以通过使用复杂度低的材料（这种材料引起的内在认知负荷低）获取的（Sweller, 1994）。应当注意的是，总的认知负荷是内在认知负荷、外在认知负荷和相关负荷之和。上述几种效应的产生，主要是由于外在认知负荷过大及由此而造成相关认知负荷过低（因为过大的外在认知负荷超出了工作记忆的容量）。如果内在认知负荷低的话，即使有较高的外在认知负荷也没多大关系，因为工作记忆中仍然有足够的容量可分配给相关认知负荷及伴随相关认知负荷的快速学习。

内在认知负荷的水平是由什么决定的呢？在认知负荷理论框架中，与之唯一相关的因素是要素互动性，它取决于理解材料时必须同时考虑的相互作用的要素数量。有些信息的要素交互性很低，这是由于其中的每个要素都可以单独学习而无需同时考虑其他要素。以学习技术术语为例，学生可以一次只学习一个元件的名称而不必同时学习其他元件的名称，因而工作记忆的负荷就很低。当内在认知负荷很低时，认知负荷效应不是很重要。相反，在学习机器中的各个元件是如何联系时，要素的交互性就很高，因为在理解某个元件的作用的时候，不能
379 不同时考虑其他所有元件的作用。要素交互性高会导致较高的内在认知负荷，这样就几乎没有多少工作记忆容量可用于学习了。在这种情况下，外在认知负荷水平变得非常的关键，与上面所讨论的认知负荷效应密切联系；因此，在基于技术的教学中，若涉及到那些复杂的、要素交互性高的材料，认知负荷效应就变得至关重要。

独立要素的交互效应

当要素交互性非常高时，由于学习者无法在工作记忆当中同时处理所有要素，他们在理解材料时就非常困难。那么，这样的材料应当如何呈现呢？从认知负荷理论的角度看，唯一的方法似乎是在开始时就单独呈现这些要素，忽略它们之间的相互关系，这样可以在不用理解的情况下学习各个要素。一旦分别学会了各个要素，接下来就是要强调各要素之间的相互作用关系。到这时材料才真正被理解了，因为仅考虑各个别要素是无法理解整个材料的。实证研究表明，先教个别要素（不必在意理解），然后再教各个要素之间的联系，与一开始就让学习者去理解那些要素之间的交互性很高的材料相比，学习效果更好（Pollock 等，2002）。

独立要素的交互效应对基于技术的教学（如教学模拟）有重要的影响。有些材料因其要素交互性高而很难理解。如果在模拟中以很逼真的形式呈现这样的材料，由于逼真的模拟中包含着大量相互作用的要素，就会令学习者非常难以理解，因为在逼真的模拟中所包含的信息大大超出了学习者的工作记忆容量。不那么逼真的模拟可能更容易被学生理解和习得，因为其中包含的相互作用的要素较少。尽管采用这种方法不可能充分理解学习材料，但同时处理大量相互作用的要素也是不可能的。也许最好的做法是一开始只提供能让学习者部分理解

的模拟，然后再提供能令学习者充分理解的完整的模拟。这样一来，学习者就不用费力去理解那些非常困难的材料了。

讨论

认知负荷理论提出了一个涉及到人类认知发展起源的完整系统，进而解释了认知的结构及过程。反过来，这些结构和过程又可以用来生成教学原则。应用这种形式的教学原则，为最初认知结构的有效性提供了保证。这个完整的系统能为设计包括功能和结构的基于技术的教学奠定基础。

关于一般性的基于技术的教育及本章所论及的研究，有两个方面需要着重强调。首先，在教学中使用技术不应该仅仅取决于该技术是否可以获得。关于新技术应用的历史并不短，如广播、电影、电视、带终端的大型计算机、单机型的微型计算机及现在的网络等，它们由于被认为具有变革教育的能力而大受欢迎。通常，这些技术进步对于教育的影响是小而长期的。虽然技术发生了变化，但人的认知结构却没有发生相应的变化。如果只是引进教育技术而不考虑它所带来的认知结果，教育技术的应用就不可能有效。上面所列出的五条自然信息处理原则提供了一定的指导。根据上述的原则可以得知，学习包括长期存储的各种变化，引发这些改变的最有效的方法是向知识丰富的教师借用知识，并且所借用的知识必须能够以尽可能减少工作记忆负荷的方式加以组织。我从来没有发现有任何证据可以证明仅仅是利用了技术就能符合上述五条原理。不管教学是否使用了技术，任何忽略了人类认知结构的教学都将是无效的。相反地，明确地根据人类认知结构组织的基于技术的教学才很可能是有效的。

上文讨论的所有认知结构效应都基于这样的一种假设：教学的目的是获得长时记忆中的知识，而达到这一目标的最好方法是利用借用原理，根据借用原理，应为学习者提供直接的有组织的教学指导，以减少外在的工作记忆负荷。

在此需要强调的第二点，便是我们是如何确定基于技术的教学是有效的。上面所描述的教学效果不仅仅基于人类认知结构的知识，同时也要接受随机控制实验的测试。实验中，学生被随机分配成两个或更多的实验组，每一组被施以不同的教学程序，但是用来确定该领域的 380
有效教学程序的实验过程必须是完全相同的。先实施利用了新技术的教学，然后询问师生该教学是否有效以及他们是否喜欢该教学，这样的验证过程的效用是很有限的。

尽管认知负荷理论指出了决定教学是否有效的若干条件，但这些条件却极其依赖于我们所讨论的认知结构，特别依赖于工作记忆和长时记忆的特征。认知负荷理论并不想成为普遍的认知或教学理论，而且还有许多因素未在这一理论中得以考虑：例如，尽管有许多讨论认为认知负荷理论中应包含动机变量，并对未来研究的这一课题做了些考虑，但在目前，动机变量并没有被结合到认知负荷理论中。只有确认了认知结构与动机之间的关系，动机因素才有可能被结合到认知负荷理论中。

总之，教学技术的进步使我们能够实施不久前还难以或不可能实施的教学程序。人们推崇某一教学程序往往是因为它们目前是可行的，而不是因为有证据可以证明其认知效果或甚至是被期望的。认知负荷理论旨在为我们选用各种可能起作用的技术类型提供指导。多年来,许多研究人员在各种基于技术的环境中进行了随机控制实验,而认知负荷理论已得到了这些实验的检验。我们完全有理由认为,有关人类认知的知识的运用,将会继续产生许多基于技术的教学程序。

380

致谢

本著作获得了海军研究奖,获奖编号为#N00014-04-1-0209,该奖项由海军研究署授予。本报告中所阐明的研究结果及观点并不代表海军研究署的立场或政策。

(郑　葳 译,王为杰 一校,何秋琳、黄小强 二校)

参考文献

Ayres, P. and Sweller, J. (2005). The split-attention principle. In *Cambridge Handbook of Multimedia Learning*, edited by R.E. Mayer, pp. 135-136. Cambridge, U.K.: Cambridge University Press.*

Baddeley, A. (1992). Working memory. *Science*, 255,556-559.*

Bartlett, F. (1932). *Remembering: A Study in Experimental and Social Psychology*. Cambridge, U.K.: Cambridge University Press.

Chandler, P. and Sweller, J. (1991). Cognitive load theory and the format of instruction. *Cogn. Instruct.*, 8,293-332.

Chase, W.G. and Simon, H.A. (1973). Perception in chess. *Cogn. Psychol.*, 4,55-81.

Chi, M., Glaser, R., and Rees, E. (1982). Expertise in problem solving. In *Advances in the Psychology of Human Intelligence*, edited by R. Sternberg, pp. 7-75. Hillsdale, NJ: Lawrence Erlbaum Associates.

Clark, R., Nguyen, F., and Sweller, J. (2006). *Efficiency in Learning: Evidence-Based Guidelines to Manage Cognitive Load*. San Francisco, CA: Pfeiffer.*

Cooper, G. and Sweller, J. (1987). The effects of schema acquisition and rule automation on mathematical problem-solving transfer. *J. Educ. Psychol.*, 79,347-362.

Cooper, G., Tindall-Ford, S., Chandler, P., and Sweller, J. (2001). Learning by imagining. *J. Exp. Psychol. Appl.*, 7,68-82.

Cowan, N. (2005). *Working Memory Capacity*. Oxford, U.K.: Psychology Press.*

De Groot, A. (1946/1965). *Thought and Choice in Chess*. The Hague: Mouton.

Egan, D.E. and Schwartz B.J. (1979). Chunking in recall of symbolic drawings. *Memory Cogn.*, 7,149-158.

Ericsson, K.A. and Kintsch, W. (1995). Long-term working memory. *Psychol. Rev.*, 102,211-245.*

Jeffries, R., Turner, A., Polson, P., and Atwood, M. (1981). Processes involved in designing software. In *Cognitive Skills and Their Acquisition*, edited by J. R: Anderson, pp. 255-283. Hillsdale, NJ: Lawrence Erlbaum Associates.

Kalyuga, S. and Sweller, J. (2004). Measuring knowledge to optimize cognitive load factors during instruction. *J. Educ. Psychol.*, 96,558-568.

Kalyuga, S., Chandler, P., and Sweller, J. (1998). Levels of expertise and instructional design. *Hum. Factors*, 40,1-17.

Kalyuga, S., Chandler, P., and Sweller, J. (2000). Incorporating learner experience into the design of multimedia instruction. *J. Educ. Psychol.*, 92,126-136.

Kalyuga, S., Chandler, P., Tuovinen, J.E., and Sweller, J. (2001). When problem solving is superior to studying worked examples. *J. Educ. Psychol.*, 93,579-588.

Kalyuga, S., Ayres, P., Chandler, P., and Sweller, J. (2003). Expertise reversal effect. *Educ. Psychol.*, 38,23-31.

Kirschner, P., Sweller, J., and Clark, R. (2006). Why minimal guidance during instruction does not work: an analysis of the failure of constructivist, discovery, problem-based, experiential and inquiry-based teaching. *Educ. Psychol.*, 41,75-86.

Klahr, D. and Nigam, M. (2004). The equivalence of learning paths in early science instruction: effects of direct instruction and discovery learning. *Psychol. Sci.*, 15,661-667.

Leahy, W. and Sweller, J. (2005). Interactions among the imagination, expertise reversal and element interactivity effects. *J. Exp. Psychol. Appl.*, 11,266-276.*

Low, R. and Sweller, J. (2005). The modality principle. In *Cambridge Handbook of Multimedia Learning*, edited by R. E. Mayer, pp. 147-158. Cambridge, U.K.: Cambridge University Press.

Mayer, R.E. (2004). Should there be a three-strikes rule against pure discovery learning? The case for guided methods of instruction. *Am. Psychol.*, 59,14-19.

Mayer, R. E. (2005). Cognitive theory of multimedia learning. In *Cambridge Handbook of Multimedia Learning*, edited by R.E. Mayer, pp. 31-48. Cambridge, U.K.: Cambridge University Press.*

Miller, G.A. (1956). The magical number seven, plus or minus two: some limits on our capacity for processing information. *Psychol. Rev.*, 63, 81-97.

Paas, F. and van Merriënboer, J.J.G. (1994). Variability of worked examples and transfer of geometrical problem solving skills: a cognitive-load approach. *J. Educ. Psychol.*, 86,122-133.

Paas, F., Renkl, A., and Sweller, J. (2003). Cognitive load theory and instructional design: recent developments. *Educ. Psychol.*, 38,1-4.*

Paas, F., Renkl, A., and Sweller, J. (2004). Cognitive load theory: instructional implications of the interaction between information structures and cognitive architecture. *Instruct. Sci.*, 32,1-8.

Pollock, E., Chandler, P., and Sweller, J. (2002). Assimilating complex information. *Learn. Instruct.*, 12,61-86.

Renkl, A. and Atkinson, R. (2003). Structuring the transition from example study to problem solving in cognitive skill acquisition: a cognitive load perspective. *Educ. Psychol.*, 38,15-22.

Renkl, A., Atkinson, R., and Große, C. (2004). How fading worked solution steps works: a cognitive load perspective. *Instruct. Sci.*, 32,59-82.

Simon, H.A. and Gilmartin, K. (1973). A simulation of memory for chess positions. *Cogn. Psychol.*, 5,29-46.

Sweller, J. (1988). Cognitive load during problem solving: effects on learning. *Cogn. Sci.*, 12,257-285.*

Sweller, J. (1994). Cognitive load theory, learning difficulty and instructional design. *Learn. Instruct.*, 4,295-312.*

Sweller, J. (2003). Evolution of human cognitive architecture. In *The Psychology of Learning and Motivation*, Vol. 43, edited by B. Ross, pp. 215-266. San Diego, CA: Academic Press.*

Sweller, J. (2004). Instructional design consequences of an analogy between evolution by natural selection and human cognitive architecture. *Instruct. Sci.*, 32,9-31.

Sweller, J. (2005a). Implications of cognitive load theory for multimedia learning. In *Cambridge Handbook of Multimedia Learning*, edited by R. E.

Mayer, pp. 19 - 30. Cambridge, U.K.: Cambridge University Press.

Sweller, J. (2005b). The redundancy principle. In *Cambridge Handbook of Multimedia Learning*, edited by R.E. Mayer, pp. 159 - 167. Cambridge, U.K.: Cambridge University Press.

Sweller, J. and Cooper, G.A. (1985). The use of worked examples as a substitute for problem solving in learning algebra. *Cogn. Instruct.*, 2, 59 - 89.

Sweller, J. and Sweller, S. (2006). Natural information processing systems. *Evol. Psychol.*, 4, 434 - 458.

Sweller, J., Chandler, P., Tierney, P., and Cooper, M. (1990). Cognitive load and selective attention as factors in the structuring of technical material. *J. Exp. Psychol. Gen.*, 119, 176 - 192.

Tettamanti, M., Buccino, G., Saccuman, M., Gallese, V., Danna, M., Scifo, P., Fazio, F., Rizzolatti, G., Cappa, S., and Perani, D. (2005). Listening to action-related sentences activates fronto-parietal motor circuits. *J. Cogn. Neurosci.*, 17, 273 - 281.

Tindall-Ford, S., Chandler, P., and Sweller, J. (1997). When two sensory modes are better than one. *J. Exp. Psychol. Appl.*, 3, 257 - 287.

Van Merriënboer, J. J. G. (1997). *Training Complex Cognitive Skills*. Englewood Cliffs, NJ: Educational Technology Publications.*

Van Merriënboer, J.J.G. and Sweller, J. (2005). Cognitive load theory and complex learning: recent developments and future directions. *Educ. Psychol. Rev.*, 17, 147 - 177.*

Van Merriënboer, J.J.G., Schuurman, J., de Croock, M., and Paas, F. (2002). Redirecting learner's attention during training: effects on cognitive load, transfer test performance and training efficiency. *Learn. Instruct.*, 381
12, 11 - 37.

---

* 表示主要参考文献。

32

学习结果参照的、基于条件的理论和模式

383 Tillman J. Ragan、Patricia L. Smith 和 L. K. Curda

摘要 384

一种富有影响且十分流行的教学设计的基础理论主张:(1)存在着多种可区分的学习结果;(2)不同学习结果的获得需要不同的内部和外部条件。这些主张构成了学习结果参照的、基于条件的(outcome-referenced, conditions-based)教学设计(ID)范式的基础。这种学习结果参照的、基于条件的观点在当前教学心理学和教学设计思维中就算不是普适的,也是很普遍的,即使作者的取向和价值观不同于支持这种条件视角的认知科学。不管个人是否完全赞同这些理论和模式,也不管个人是否对这些理论和模式感兴趣,它都是教学设计者和教/学环境设计者日常工作的一部分。本章将(1)介绍学习结果参照的、基于条件的观点的假设;(2)描述这一传统中流行的几种理论和模式;(3)提出未来研究和发展的方向。

关键词

基于条件的教学: Robert Gagné (1985)将其描述为:(1)学习的内部和外部条件;(2)学习者的状态(如原有知识)为内部条件,设计用于促进学习的各种教学支持手段为外部条件。

学习层次: 对相继实现的认知技能的描述,每种认知技能都用行为动词来陈述,上一级技能的实现部分地依赖于已经习得必要的下一级技能这一内部条件。

结果参照模式: 教学设计的方法,其特点是:(1)考虑学习任务的性质和支持这些学习任务的必要条件是这种方法的核心;(2)对学习结果进行分类,学习结果的分类不仅代表所获得能力在性质上的差异(作为一个任务或目的范畴),也代表不同的支持学习的外部条件和不同的学习者状态(后者被称为内部条件,也对学习有促进作用)。

引言

一种富有影响且十分流行的教学设计的基础理论主张:(1)存在着多种可区分的学习结果;(2)不同学习结果的获得需要不同的内部和外部学习条件。换句话说,这种理论认为,各种学习在性质上是不同的,但不管内容、情境和学习者如何不同,学习结果对学习者的认知要求却有显著且可识别的相似之处。此外,在对学习者的认知要求上,每种学习结果范畴都跟其他学习结果范畴有显著不同。最后,由于这一派理论本质上是教学理论,所以它们主张,可以通过不同的教学方法、策略、对策和条件来支持不同的认知加工要求。

这些主张构成了 Wilson 和 Cole (1991)所说的教学设计的条件的学习范式的基础。遵循学习结果参照的、基于条件的理论的教学设计模式依据的是 Robert Gagné (1965)的基本原则:(1)学习可以分为若干类别,每种类别所要求的学习的认知活动(Gagné 称此为内部学习条件)是相似的,因此,(2)需要相似的教学支持来促进这些类别的学习(Gagné 称此为外部学习条件)。

基于条件的教学设计中的任务分析、策略制定、评估和评价程序等都反映了学习结果参照的、基于条件的观点的影响；然而，受学习结果参照的、基于条件的观点影响最大的还是教学策略的制定。根据基于条件的理论，在设计教学策略时，教学设计者必须确定教学的目的并将之归于某种结果范畴，再选择那些被认为能有效实现这类学习结果的策略（或者设计出跟学习任务的认知加工要求相一致的策略）。

学习结果参照的、基于条件的理论的假设在当前教学心理学和教学设计思维中是很普遍的，即使作者的取向和价值观不同于支持这种条件视角的认知科学。例如，Nelson (1999, p. 242)注意到她的合作性问题解决对策“应当只用于那些重要的学习类型”。似这般仔细考虑学习任务的性质，在基于条件的理论出现以前是完全没有的，而现在则明显地同基于条件的理论的运用相一致。不管个人是否完全赞同这些理论和模式，也不管个人是否对这些理论和模式感兴趣，它都是教学设计者和教/学环境设计者日常工作的一部分。

385 **学习结果参照的、基于条件的观点的备选理论**

把对学习内容的考虑置于核心地位，这并非教学理论家可以采用或已经采用的唯一视角。虽然各种各样的观点数也数不清，但对四种备选观点做一个简短的思考应当有助于我们把学习结果参照的想法转化成一种视角。此处要讨论的四种观点是：(1)学习者中心教学，(2)经验中心教学，(3)活动中心教学，(4)内容中心教学。

学习者中心教学

教育思想史上对学生的发现，源于卢梭的《爱弥儿》(《爱弥儿》提倡一种与“儿童的自然成长”和谐一致的教育)的教育改革中学生中心思想的普及(Ulich, 1950, p. 219)。Pestalozzi (1746—1827)进一步推动了这种遵循“自然之道”(Ulich, 1950, p. 260)的教育，这种教育主张必须以每个孩子的个人发展路径来指导学习内容和学习方式的确定。Herbart (1776—1841)虽然不如卢梭和 Pestalozzi 那样富于浪漫色彩，但也是 19 世纪初的一位重要的教育改革家。他以对儿童学习的研究为理论基础，并且非常重视学习者的个人兴趣。

经验中心教学

夸美纽斯是 17 世纪的教育改革家，他最先强调要以学习者的经验(而不是内容)来指导教育。虽然 Froebel 是 18、19 世纪卢梭，Pestalozzi 和 Herbart 等人倡导的学习者中心的教育改革中的一分子，但是我们可以在他的著作中看到他对经验的重视：“教育者应该引领孩子经由各种情境，从而帮助他把自己的经验有机地联系起来”(Ulich, 1950,288 页)。同学习结果参照的观点相似，经验中心的教学观念比保守的内容中心方法更强调教学策略。

活动中心教学

John Dewey (1859—1952)常常被描绘成学习者中心和经验中心的教育哲学家。Dewey 极其支持以学习者的活动为核心的观念。Ulich (1950, p. 319)注意到 Dewey“希望兴趣和活动能够更紧密地同社区生活、手工活动、智力活动、情绪活动和社会活动的各方面特征相联系”。对于以活动和经验为中心这一信念，Dewey 有时是很激进的，以致到了完全拒绝外部目的的程度(Dewey, 1910, p. 13)：

> ……确立教育之外的任何目的(如设立教育的目标和标准),都会使教育过程丧失其大部分意义,并容易使我们依靠错误的和外在的刺激来对待孩子。

尽管可以认为学习活动有助于各种先验的学习目的,但也可以认为活动本身就是目的,或者是一些未预先阐明的结果的先导。我们非常重视 Dewey 对教育思想的巨大贡献,但是在我们看来,所有为其自身设计的普通的课堂活动都不是良好的实践。我们的观点是,即使以活动为中心,好的教学也必须跟学习的目的相一致并有助于学习目的的实现。

内容中心教学

结果参照的方法很容易被误解成内容中心的方法。在很多人看来,同学习者中心、经验中心和活动中心相比,结果参照方法和内容中心方法似乎都无可救药地保守。然而,在结果参照方法中,内容只是情境(context)。很多时候,多种可选择的内容都可用于促进一个学习目的的实现。相反,内容中心方法认为内容才是真正重要的。也许关于内容中心方法的最好例子就是由 Robert Maynard Hutchins (1953), Mortimer Adler 等人编的《西方世界的课程名著》。正如 Brameld(1955)所言,永恒主义者(perennialists)首先考虑的就是特定的内容体系。

设计的整合视角

把学习者中心、经验中心、活动中心和内容中心视角加以整合,使之与学习结果参照的、基于条件的方法相协调并非不可能。比如,我们相信,教学设计者在确定学习目的后,根据内容的结构和形式以及学习者的特征来确定能够最有效地促进学习的活动和经验类型是完全正
确的。这些决策在本质上都是策略性的(Smith 和 Ragan, 2005)。绝大多数设计者在对待这 386
些可供选择的观点时或多或少都是折衷兼容的。如果一个设计者首先考虑学习的结果,并且在确定能够促进内部认知过程的教学支持或策略以实现这些结果的时候始终不忘这些学习结果,这样的设计思路基本上是符合学习结果参照的、基于条件的观点的。

学习结果参照的、基于条件的观点框架中的备选理论

由于面对的情境可能是微观的(如为特定情况设计教学策略),也可能是宏观的(如基于课程或标准的方法),对学习结果的关注便可以有不同的形态。本章及本章所述的研究主要关注微观层面,即把重点集中在如何促进详细阐明的特定学习结果的学习。另一方面,宏观层面则多涉及政策问题,如广为人知且不时引起争议的基于结果的教育(outcomes-based education)运动。基于结果的教育主要关注学习目的的性质和来源以及学校课程的方向,它跟如何促进学习、如何开展教学、或者高效且有吸引力的教学所需要的条件等问题关系不大。一般而言,宏观层面上的基于结果的教育只涉及到一个教学要素——评估。相反地,学习结果参照的、基于条件的教学理论和模式最关注的问题就是促进学习的方式(ways to facilitate learning)。我们相信认识这些根本差异的含义是很重要的。

在本书中提出结果参照理论和模式的并非只有本章。因此本章尽量不重复其他章节中讨论到的模式。在这一章我们可能会涉及各种广泛的观念:从哲学到理论、模式甚至特定策略。例如,着眼于多维的复杂认知技能等学习结果以及着眼于促进综合性结果范畴的条件的

整体任务模式就符合学习结果参照的视角,比如 van Merriënboer 和 Dijkstra (1977)的四要素教学设计模式。基于问题的学习从学习结果参照的视角出发,集中于问题解决的条件和策略,以实现有关的结果。绩效改进模式把工作场所的成果和目的同特定的干预措施相联系,以消除实际绩效跟预期绩效水平之间的差距。此外,本书中还有若干关于教学策略的章节讨论了如何把具体的策略同最适用这些策略的学习结果相联系。

虽然对于范畴的辩论可能是无止境的,但我们发现我们所举的这些例子是在许多不同的层面上讨论问题的——从哲学层面直到策略层面。我们认为,对结果参照思维的所有应用和解释证明了应该考虑学习结果参照的视角。我们在本章中深入探究了一组基于研究的、采用结果参照方法的教学理论:基于条件的理论,并把案例的重点放在最符合这一视角的各种模式和理论上。

学习结果参照的、基于条件的观点的应用

学习结果参照的、基于条件的教学设计理论和模式在各种情境、领域和教学理论应用领域的使用是显而易见的(Dijkstra 等,1997)。其应用的情境包括学前至 12 年级(Podolskij, 1997; Wiggins 和 McTighe, 1998),高等教育(Gagné 和 Merrill, 1990; Miles 和 Wilson, 2004; Terlouw, 1997),商业、军队和企业培训(Clark 和 Blake, 1997; Pieters, 1997),还有教学多媒体开发(Deubel, 2003)、远程学习(Bourdeau 和 Bates, 1997; Inglis, 1989)、学习对象(Merrill, 1999)、专家系统(Kasowitz, 1998)以及绩效支持(Van Tiem 等,2001)等各个应用领域。学习结果参照的、基于条件的观点在各种教学设计理论和模式中的普适性,以及它在各种情境和应用领域中的盛行,使它成了教育传播和技术领域中最有影响的视角。本章的目的是:(1)介绍学习结果参照的、基于条件的观点的假设;(2)描述这一传统中流行的理论和模式;(3)提出未来研究和发展的方向。

基于条件的理论的主张

本章引言已经提到,基于条件的理论的基本主张可概括为以下四个论断:(1)学习目的可
387 以归类为学习结果或知识类型;(2)掌握不同的结果类别需要不同的内部条件(也可以说“不同的内部条件导致不同的认知结果”);(3)学习结果可以用能预测的先决关系来表征;(4)不同的内部过程需要不同的教学支持条件(或者说学习的外部条件)来支持。这一部分将讨论跟这四个基本主张相关的一些问题。

学习结果可分类

要分析第一个论断,首先必须理解学习结果的含义。学习结果可以被视为外部的(作为一个任务或目的范畴)或内部的(作为一项可能由独特的记忆系统支持的习得能力),由此使得我们赋予学习结果这一术语的含义便有所不同。在学习结果的含义上,采取内部取向的理论有 Gagné 视结果为**习得能力**(acquired capabilities)的分类系统,以及 Landa 把知识类型概念化为

心理现象的理论。与此相反,Reigeluth 对内容类型的归类则意味着把结果作为外部对象来归类。Merrill(1983)把结果类别描述为**绩效和学会的能力**(performances and learned capabilities),是一种内外含义结合的分类。显然,即使在本章描述的诸模式中,对于**学习结果**一词的含义也没有达成一致的意见。

教学理论家们提出了多种分类系统,其中绝大多数都跟陈述性知识和程序性知识的区分相一致(Anderson, 1990)。Gagné 在此基础上增加了态度、运动技能和认知策略等类别。Tennyson 和 Rasch (1988)增加了第三类学习——境脉性知识。由于各分类系统内和各分类系统之间分类的差异,我们所获得的可用来证明各分类系统有效性的证据类型也就有很大的差异。这些证据在类型和复杂程度等方面的差异的性质取决于我们把那些证据视为**外显的**(outward)实体(即能够采集和观察的)还是内隐的实体(对此我们只能观察到表明其存在的间接证据)。

对学习结果可以分类这一论断进行分析既需要一定的哲学观,也需要一定的心理学见解。提出了知识分类方式的哲学家和心理学家有 Ryle (1949)和 Anderson (1990)。他们各自提出了相似的知识分类系统,即把知识分为陈述性知识和程序性知识。对于哲学家、心理学家或者教学理论家,能证明这一主张真实性的证据是不同的。对哲学家而言,这一主张的真实性问题是一个认识论问题,证明其真实性的方法有赖于某位哲学家所赞同的哲学流派。在此,我们不按照这种方法来直接确定这一论断的有效性。Reigeluth (1983)提出了一个效用标准来确定一种分类系统的适合性。心理学家则希望用经验性的证据来证明那些类别是确切的,这就导致了第二个主张。

不同的结果类别需要不同的内部条件

学习结果参照的、基于条件的理论视角下的绝大多数模式都认为,各个学习类别所涉及的认知加工要求和活动各不相同。本章描述的主要设计模式或多或少都采纳这一假设。尽管本章描述的模式都主张学习需要一般认知加工,但它们也主张对于各个不同的学习类别而言,这一过程具有明显且可预测的区别。如 Gagné 认为:对于不同类别的学习目的,原有知识的提取、编码,新学习的提取和迁移等认知过程在性质上有很大的区别。确实,许多模式开发者(包括 Gagné (1985), Merrill (1983), Smith 和 Ragan (2005)以及 Tennyson 和 Rasch (1988))都假定不同类型的学习结果有不同的记忆结构。

这一主张也可以换一种方式表述,即不同的内部条件导致不同的认知结果,这种表述使我们可以发现它同第一个主张(即学习结果可以分类)之间的密切关系。这样一种规定性更少的描述性质的陈述也受到其他教育理论家的支持,如 Anderson (1990)和 E. Gagné 等(1993)都提出不同的认知过程将导致陈述性或程序性的学习。他们还指出这两类学习具有不一样的记忆系统——陈述性知识的记忆系统为图式,而程序性知识的记忆系统为产物。两种理论都提供了一些经验性证据,以此来证明对两类学习而言,其认知过程和储存系统确实不一样。

我们必须指出,即使是联结主义者(如 Bereiter, 1991; Hawkins 和 Blakeslee, 2004)也恰如其分地认为只存在一个记忆系统(神经网络),只有一种基本的认知过程(模式识别, 388

Bereiter; prediction, Hawkins)。但这并不一定排除存在着不同类型学习能力的可能。比如,一般化的激活模式可能就代表着某些学习类型。

学习结果可以用先决关系来表征

Gagné 关于学习层次的研究成果证明了先决关系这一假设。1973 年,Gagné 描述了学习层次的概念并指出学习层次具有下列特征:(1)它描述了"若干相继实现的认知技能,其中每种认知技能都被陈述为一个行为类别";(2)它不包括"言语信息、认知策略、动机因素和表现集";(3)层级中的每一步都说明了"学习时必须回忆出那些先决技能"才能为全部学习情境提供必要的"内部"要素(21—22 页)。Gagné 还描述过一些能够证明学习层次合理性的研究。

验证其合理性的基本方法是,考察掌握了先决技能的小组与未掌握先决技能的小组在迁移方面的差异。Gagné 等人(1962,9 页,表 3)的研究成果就被引用来作为这种方法的确凿证据。此外其他还有不少有关合理性的研究,每项研究都以这种或那种方式调查了某种学习层次的合理性——换句话说,它们都验证了层级在某种程度上是对假定的各项子任务先决关系的正确描述。这些研究都是证明学习层次这个概念的合理性的证据。表 32.1 是对这些研究的概括。

表 32.1 有关层级的研究结果

作 者	时间	学习任务	结 果
Nicholas	1970	未说明	再现了 Wiegand (1970)的结果
Coleman 和 Gagné	1970	输出比较	控制组掌握得更好,并更好地迁移于问题解决
Eustace	1969	"名词"概念	假定序列的效果更好
Okey 和 Gagné	1970	化学	按学习层次组织的版本比原始版本的效果更好
Resnick 等	1971	双重分类	成功地预言了结果
Caruso 和 Resnick	1971	复制	由 Resnick 等(1971)证实
Wang 等	1971	数学课程	发现了几种依存序列

除了 Gagné 等人的研究外,另一些在完全不同的框架下开展的研究也充分证实了这一假设。早期对学习层次的研究似乎是高度确定的,White (1973)在 20 世纪 70 年代初对有关学习层次的研究进行了回顾。White 在其回顾性研究中,调查了关于学习层次概念合理性的众多研究。由于这些研究在方法论上的缺陷,White 未能找到一项研究能完全准确地符合某种提议的学习层次和最优化的学习,同时还发现了存在于这些研究中的不足。

继 White 之后的研究采纳了他的建议,修正了方法论上的缺陷,产生了一系列公开发表的研究,证实了学习层次这一提法(Linke, 1973; White, 1974a, b, c)。于是,Gagné 得出了如下结论:"关于学习层次的基本假设现在已经完全得到确认,已经有了验证新设计的学习层次的可靠而有效的方法"(White 和 Gagné, 1974,363 页)。其他可归入 Gagné 传统中的证实学习层次假设的研究有 Merrill 等人(1970),Resnick (1967),Resnick 与 Wang (1969)和 Yao (1989)等人的研究。不属于 Gagné 传统(即不采用基于条件的理论视角)的关于学习层次的研究有 Bergan 等人(1982,1984),Kallison (1986)和 Winkles (1986)等人的研究。

不同的学习结果需要不同的外部条件

为了找出支持基于条件的理论这一基本假设的证据，我们考察分析了许许多多的相关研究。表 32.2 为有兴趣的读者提供了有代表性的议题，以及支持学习结果参照的、基于条件的模式的基本假设的若干参考研究，这些研究表明相关的证据是很多的。想要最优地实现不同教学结果需要不同类型的教学支持，表 32.2 提及的研究以不同的方式从不同的角度为这一理论（不同教学结果的实现需要不同类型的教学支持）提供了支持。如果想进一步探讨基于条件的理论的这一基本原则，读者可以参考本书第 14 章的内容以及 Ragan 和 Smith (2004)的研究。

表 32.2　不同的学习结果需要不同的外部条件 389

议　题	述评与研究
目标的有用性与学习结果之间的互动	Hartley 和 Davies (1976)；Yellon 和 Schmtdt (1971)
目标结构与学习任务	Johnson 和 Johnson (1974)
视觉表征模式与学习任务	Dwyer 和 Dwyer (1987)；Dwyer 和 Parkhurst (1982)
诱发性认知策略与学习结果	Kiewra 和 Benton (1987)；Levin (1986)；Peper 和 Mayer (1978, 1986)；Pressley 等(1982)；Shrager 和 Mayer (1989)；
专家知识与学习层次	Anderson (1990)；Dunn 和 Taylor (1990,1994)
附加问题与学习的类型	Hamilton (1985)
练习	Hannafin 和 Calamaio (1978)；Hannafin 等(1986)；Reiber (1989)
对不同学习类型的反馈	Getsie 等(1985)；Schimmel (1983)；Smith 和 Ragan (1993)
对不同学习类型的规定性和诱发性教学支持	Husic 等(1989)

几种基于条件的理论

Gagné 成了学习结果参照的、基于条件的教学理论方面的领袖。这从热衷于 Gagné 遗产的大量研究中可见一斑(Richey, 2000)。许多学者沿着 Gagné 的传统开发了很多详尽的支持不同学习类型的外部条件。Reigeluth (1983,1987,1999a)所编的三本教科书清晰地叙述了若干我们视之为学习结果参照的、基于条件的设计模式。但其中有些模式如 Scandura, Collins 和 Keller 等人所提出的，并不是完全的条件模式，因为这些模式没有针对不同的学习类型提出不同的认知和教学条件。其他模式，尤其是第二册(Reigeluth, 1999a)中介绍的模式不能被视为条件模式，因为它们很少考虑学习任务。我们相信，开发这些模式的理论家们可能不一定接受学习结果参照的、基于条件的理论这一标签以及作为其基础的认知科学。

本章的目的不是要重复讨论 Reigeluth 所介绍的那些基于条件的模式，不过，我们仍然要对这些模式进行简要的讨论和比较，因为通过比较才能揭示并例证关于学习结果参照的、基于条件的模式的一些重要问题。我们参考了很多相关的研究和评价报告，因为这些研究对整个基于条件的模式或理论，或者其某一方面的有效性进行了考察。在我们的讨论中还包含了一些 Reigeluth 的课本中未收录的模式。我们所举的有些例子可以说根本不是**教学设计模式**(如 Horn (1976), Resnick (1967)以及 West (1991)等人的研究成果),但是它们都以某种重要方式采用、反映或扩展了罗列于本章引言中的**基于条件的理论**的主张。

Gagné 和 Gagné, Briggs,以及 Wager

第一个关于基于条件的教学理论的完整叙述,似乎是由 Gagné 在 20 世纪 60 年代初提出的,但在 Gagné 之前,已有很多研究者提出了诸多构成这一范式的猜测。此外,到目前为止,Gagné 及其他人沿着多种思路发展了基于条件的理论。对此很有兴趣的读者,可以参考 Ragan 和 Smith (2004)的著作,他们详细讨论了基于条件的理论的发展演变以及 Gagné 所作的贡献。鉴于 Gagné 通常被视为基于条件的教学设计模式的主要创始人,理解 Gagné 思想的发展过程对于理解由此而发展起来的理论就是十分必要的。这一理论是《教学设计:原理与应用》(Briggs, 1977)和《教学设计的原则》(Gagné 和 Briggs, 1979; Gagné 等,1992)两本书中所介绍的教学设计模式的基础。

考察 Gagné 理论正确性的研究可以分为两类:一类把 Gagné 的教学理论视为一组教学干
390 预变量来考察其准确性,另一类把 Gagné 理论的每一个主张作为单独变量(就像前面所述)来研究。有些研究试图评价那些以 Gagné 理论或 Gagné 理论中某些方面(这些方面并非基于条件的理论的核心内容)为依据的教学的总体价值。Goldberg (1987)、Marshall (1986)、Mengel (1986)和 Stahl (1979)等人比较了现有的教学和根据 Gagné 的原理设计的教学。这些研究涉及了不同年龄段和不同学科。Mengal 和 Stahl 发现,根据 Gagné 原理开发的教学方案跟现行教学方案在学习效果上存在显著的差异,而 Goldberg 和 Marshall 并未发现它们之间存在显著的差异。虽然我们相信这种总体的比较研究对于一个领域研究的发展是有必要的,但是却苦于不能保证其结论的有效性,其他比较研究也同样受到这一问题的影响。尤其是我们并不清楚传统教学方案是否完全不具备 Gagné 原理的特点,以及加涅派(Gagnétian)的教学方案是否与其原理完全吻合。

Merrill 的成分显示理论和教学处理理论

Merrill 的成分显示理论(CDT, Merrill, 1983)和教学处理理论(ITT, Merrill, 1999)是对 Gagné 理论的发展,我们认为这两种理论是学习结果参照的、基于条件的教学设计理论,因为它们根据预期的学习结果来规定教学条件。Merrill 的成分显示理论根据两个维度来区分学习目标(或能力):一个是行为水平(记忆、运用、发现),一个是内容类别(事实、概念、原理、过程)。两个维度组合出 12 种独特的目标类型。他不像 Gagné 那样提出一个包容性的陈述性知识范畴,而是在其成分显示理论中分别描述了记忆事实、概念定义、规则陈述以及过程步骤等。还有,他不像 Gagné 那样只提出一个单一的认知策略范畴,而是提出要发现存在于两个维度交集中的各个内容类别的算法(如发现事实、发现概念、发现规则、发现过程等)。在教学处理理论中,Merrill 提出了 13 种学习类型及其相应的教学策略,他称这些策略为"处理",并将它们归并为三个主要范畴:(1)成分处理,主要涉及到鉴别、执行和解释;(2)抽象处理,包括判断、分类、概括、决策和迁移;(3)联合处理,涉及到传播、类比、替换、设计和发现(Merrill 等,1992)。

Merrill 根据"关于题材性质的一些假设"为其成分显示理论的分类方案提出了一个理论基础(Merrill, 1983, p. 298)。内容类别的理论基础是他提出的能表现题材的五种运算:(1)鉴别(事实),(2)包括(概念),(3)贯穿(概念),(4)排序(过程),(5)因果(原理)。行为水平则来自于存在四种不同的记忆结构这一假设,这四种记忆结构是:联想、情景、形象和算法。Merrill 没有明确地说明伴随各个学习类型的获得的内部过程。

Merrill 在成分显示理论中把教学条件描述为*表征形式*,并将这些表征形式分为基本表征形式和辅助表征形式。基本表征形式有两个维度:内容(概论或特例)和方法(解释性的或调查性的)。辅助表征形式是各种能够扩充基本表征形式的细化类型:情境、先决能力、记忆术、萌发帮助、表象或替代表象以及反馈。Merrill 还进一步为每种能力类型阐述了"能最有效地促进该类目标获得的基本和辅助表征形式的独特组合"(Merrill, 1983, p. 283)。

研究者们通过两种方式对成分显示理论进行验证:一是通过同传统方法进行比较来评价(Keller 和 Reigeluth, 1982; Robinson, 1984; Stein, 1982; Von Hurst, 1984),二是考察成分显示理论的各条策略(Chao, 1983; Keller, 1986; Sasayama, 1985)。Merrill 理论同 Gagné 理论一样,具有以下不足:对内部过程和外部事件之间的联系缺乏清晰的经验性的验证。Merrill 的理论甚至还缺乏对内部过程的设想。由于 Merrill 的理论(1)只阐述了认知领域;(2)没有充分描绘适用于发现(认知策略)类别的教学条件;(3)没有同通常称为问题解决的复杂学习相对应的类别,因此甚至可以说该理论是不够完整的。另一方面,正如 Wilson (1987)所注意到的,成分显示理论的优势在于它符合设计智能计算机辅助教学系统的要求。

Reigeluth:精致化理论

Reigeluth 与其同事们(Reigeluth, 1999b; Reigeluth 和 Darwazeh, 1982; Reigeluth 和 Rogers, 1980; Reigeluth 和 Stein, 1983; Reigeluth 等,1978)提出了精致化理论来指导课程和 391
单元等较大教学片断中宏观策略的开发。精致化理论本质上是基于条件的,它描述了"a)三种教学模式,b)一个根据整个教学课程的目的来制订教学模式的体系"(Reigeluth 和 Stein, 1983, p. 340)。精致化理论详细阐明了一个按照从简到繁的结构来选择、排序、综合及总结内容的一般模式。这个一般模式的主要特征为:(1)教学开始时的概要;(2)把概要细化为若干等级;(3)细化等级内的先决学习序列;(4)学习者控制模式;(5)使用类比、摘要和综合。

之所以说这一模式本质上是基于条件的,是因为它来源于 Reigeluth 对三种基于课程目标的结构(概念性结构、过程性结构、理论性结构)的详细说明。Reigeluth 进一步认为,概念性结构有三类:组成部分、种类以及矩阵(两种或两种以上概念性结构的组合)。他描述了两种过程性结构:过程顺序和过程决策。最后,他把理论性结构分为两类:描述自然现象的描述性结构和影响预期结果的规定性结构。

如果基于课程目标的知识结构的类型不同,细化的概要、序列、摘要、先决条件、综合以及内容也应不同。比如,如果知识结构是概念性的,概要就应该呈现对于整个课程来说最基本的概念;如果知识结构是过程性的,概要就应该呈现最基本的过程或者阐明最短的路径。Reigeluth 建议在每个细化循环中采用 Merrill 的成分显示理论来指导微观或课堂水平上的设计。

Reigeluth (1992)越来越强调采用简化条件法进行教学排序,而不是根据某一主要的知识结构进行教学排序和组织。简化条件法主张设计者“同专家一起识别能最大限度地表征整体任务的最简单的情形”(p. 81)。这一任务可以用作课程的概要,随后在细化等级中去掉这些简化条件,使任务趋于复杂。尽管这一理论仍然保留着某些基于条件的取向,但 Reigeluth 主张必须为他所描述的每种知识结构开发出各种不同的简化条件结构(Reigeluth 和 Curtis, 1987; Reigeluth 和 Rogers, 1980)。近年来,Reigeluth (1999b)在讨论精致化理论时,强调它是一种整体的、学习者中心的方法,尽量将它与以学习任务或内容为核心的分析方法区分开来。

有些研究通过把根据精致化理论原理设计的教学同根据其他模式设计的教学进行对比,来评价根据精致化理论原理设计的教学的有效性。属于这类研究的有 Beukhof (1986)以及 Wedman 和 Smith (1989)所进行的研究。既然 Reigeluth (1979)认为精致化理论是一种只对单元或课程的设计有效的宏观策略,并且推荐把 Merrill 的成分显示理论作为课堂微观设计策略,那么有关研究不能一致地发现精致化理论在短期教学中具有积极效果,就不足为奇了。研究者们还考察了精致化理论中各个别变量的设计问题,如综合(McLean, 1983; Van Patten, 1984)、摘要(Tilden, 1985)、过程学习中的反例(non-examples)(Marcone 和 Reigeluth, 1988)以及排序(English 和 Reigeluth, 1994)等。

精致化理论是一种宏观策略设计理论,教学设计领域非常需要这样的理论,因为它可以作为根据可用目标依次设计教学的一类理论的备选理论。在精致化理论发展的过程中,Reigeluth 提出了仍然具有条件取向的设计原理。在 Reigeluth 之前,许多设计者由于十分强调对学习层次的分析,因而假定教学进程应该从一个可能的目标出发进行到下一个可能的目标。Reigeluth 提出了一种用来设计较大教学片断的、理论上很完整的备选理论。

遗憾的是,这一领域的研究者们并未发现是否可以通过把精致化理论同其他课程层面的教学相对照来对精致化理论进行评价。根据认知理论的进展,Wilson 和 Cole (1991)提出了一些建议来修正精致化理论,对此 Reigeluth (1992)也做出了回应。这可以作为进一步研读的材料。

Smith 和 Ragan

Smith 和 Ragan 没有提出一种新的条件模式,而是试图例证并详细阐述 Gagné 的理论。为了说明他们所看到的绝大多数条件模式的不足,他们把重点放在获得各种不同学习能力所
392 必需的认知过程上。关于学习的外部条件,Smith 和 Ragan 认为 Gagné 把教学事件描绘为由学习者生成或由学习者发动的学习是不够充分的,因此,Smith 和 Ragan 把学习事件重新陈述为既可以是学习者提供的也可以是由外部教学支持的。学习者引起或生成性学习活动占优势的教学表征了学习环境(Jonassen 和 Land, 2000)和新的教学范式(Reigeluth, 1999a)的特性。在学习者发动学习事件的情况下,教学可以帮助或促使学习者提供教学事件所必需的认

知过程。由于教学为教学事件提供了越来越多的认知支持，因此这些事件具有更强的替代（或萌发）性。

如果让学习者自己去生成关联而不是把关联直接提供给学习者，学习者完成理解和记忆测试的情况会更好，基于这样的研究成果，Smith 和 Ragan (2005)主张应该尽可能采用生成性的教学策略。不过，Smith 和 Ragan 承认，有时也必须为学习者提供更多的外部支持以便“学习者在可以承受的挫折、焦虑和危险之下，能够在有限的时间内实现学习目标”(pp. 145—146)。Smith 和 Ragan 所推荐的教学设计方法是问题解决方法，即设计者在仔细考虑情境、学习者和学习任务的基础上，确定教学事件所需要的认知支持的数量。Smith 和 Ragan 还提出了一个模式来说明如何根据情境、学习者和任务等变量来实现生成性策略和替代性策略之间的最佳平衡。与建构主义相关的很多方法，如引导发现法、指导、认知师徒制等都是具有外部帮助的学习者中心事件。就像 Dick(1997)所说，可以把这些方法理解为影响学习结果参照的、基于条件的观点中教学策略要素的微理论。

对于生成性和替代性策略的比较研究(COGSS)中所提出的学习者—任务—情境—策略关系模式，Smith (1992)引用了一些理论性和经验性研究来予以支持。这种学习者—任务—情境—策略关系模式是在外部提供的教学与学习者生成的事件之间实现平衡的基础。Smith 在报告中提出了一个检验该模式正确性的议程。Smith 和 Ragan (2005)认为生成性策略和替代性策略的相对优势尚未得到充分的经验性研究；然而，“若干理论和研究都认为，任何一种教学方法都不是放之四海而皆准的，一种方法是否比另一种方法的效能更好是受许多因素影响的”(143 页)。

Smith 和 Ragan (2005)参考了同生成性和替代性策略相关的若干领域的研究，如生成性教学方法与萌发性教学方法的研究(Jonassen, 1985; Osborne 和 Wittrock, 1985; Wittrock, 1974)、计算机辅助教学中的学习者控制(Hannafin, 1984; Steinberg, 1977; Tennyson, 1984)、发现学习与接受学习(Herman, 1969; Ray, 1961)、认知能力和心理资源的分配(Britton 等，1978; Burton 等，1986; Craik 和 Lockhart, 1972; Duncan, 1980; Watkins, 1983)。此外，Smith 和 Ragan (2005)还提出了一些原则，用来指导人们如何根据学习者、情境、任务等变量来确定替代—生成连续体上的最佳设计点。他们还注意到，按照目前的理论和研究状况，只能提出一些假设性的原则，因此他们建议开展这样的研究：对现有的原则以及变量之间的相互作用进行调查研究，以确定在基于条件的视角内能够提出哪些建议和总体原则。

Merrill, Li 以及 Jones: ID2

Merrill、Li 以及 Jones 从现有教学设计理论和模式（包括 Merrill 自己的模式）的局限出发，提出应当构建第二代教学设计理论(ID2)。ID2 的开发者的目的之一是要促进自动化教学设计系统（教学设计专家）的设计，进而促进教学设计过程本身的发展。开发者们希望该系统最终能够提供基于知识库和规则库的著作系统和传递环境。在本章描述的所有模式中，ID2 反映了要为每种学习类型充分地规定教学条件这一最高抱负。开发 ID2 是为了(1)分析、表征和指导综合性知识和技能的教学；(2)形成有关选择和序列的教学法规定；(3)成为一个能够对新理论作出回应的开放系统。由于 Merrill 及其同事们详细阐述了结果同内部—外部条件之间的关系,因此 ID2 模式仍然具有条件取向(Merrill 等,1990, 8 页)。

> a)特定的习得行为产生于特定的有组织的、精细的认知结构(我们称其为心智模型)。不同学习结果需要不同类型的心智模型;b)在教学中,明确地组织和阐述所教的知识能
> 393 够促进学习者心智模型的建构;c)要促进不同类型的学习结果需要以不同方式对知识加以组织和阐述。

ID2 把教学结果视为由实体、活动、过程等组成的整体,这些实体、活动和过程大致对应于概念、过程和原理。Merrill 与其同事们投入了大量精力来描述跟这些知识类型相关的知识结构以及这些知识类型之间的相互关系。

Merrill 与其同事们描述了许多既可由系统控制也可由学习者控制的外部条件或教学方法。这些条件被称为不同级别的处理,在对这些处理的规定中可以看到 Merrill 的成分显示理论的痕迹。为了创建基于 ID2 模式的系统,Merrill 及其他人(1991,1992a, b, 1993)试图鉴别出设计者为了把各种信息类型组织成为一个系统而针对信息类型采取的决定,以及采用什么方法来使这些信息类型为学习者所用而且必须采取的决定。他们对在实体、活动或过程的学习中能为学习者所用的信息进行了类似的分析。除了详细说明如何选择教学中可用的教学法和信息,系统开发者还应该建立各种规则,以便系统在考虑要呈现给学习者的各种选择时能够做出正确的抉择。

Spector 和 Muraida (1991)以及 Canfield 和 Spector (1991)已经对一些教学设计专家系统进行了评价,但还缺乏与常规设计过程进行比较的数据。在详细解释学习和教学所需的必要知识以及实体间相互作用的途径时,开发者们创建了一个相当复杂的模式。该模式的一个优点是,它反映了许多复杂的教学设计过程并使之具体化。但遗憾的是,在开发的过程中,专业术语似乎发生了变动。对 ID2 常见的批评有:(1)新手使用时的效用问题;(2)其理论基础缺乏证明;(3)在生成策略方面是否达成足够一致的问题;(4)多种应用结果相同的可能性。

ID2 以及伴随 ID2 的教学设计专家在教学设计专家系统的开发中已不再是独一无二的(Kasowitz, 1998)。在高级教学设计顾问(AIDA)研究项目(Muraida 和 Spector, 1993; Spector 等,1991)中已经开发出来的其他专家系统有:教学设计咨询指导(GAIDA)(采用向导和针对特定情境的建议与实例)和实验性高级教学设计顾问(XAIDA)(利用教学处理理论框架来封装特定情境的知识)。除此之外,还有一些其他的顾问系统模式,如 Duchastel (1990)的教学设计高级工作台。在这些自动化教学设计工具中,有些关注于教学设计的认知方面,从而实现了教学设计理论和模式的可操作化,另一些工具则强调了教学设计的程序步骤。还有一些工具只支持教学设计的制作阶段。这些工具有的属于学习结果参照的、基于条件的观点这一传统,有的则不属于这一传统。继续对这些模式和工具的效能和效果开展研究以及对各种工具进行对比研究,在未来将成为非常有价值的研究领域。

基于条件的理论的其他应用

前面讨论的那些理论和模式，代表了对教学设计中的学习结果参照的、基于条件的观点最彻底的开发、研究和评价。提及那些研究和评价得不够详尽的理论和模式，或者再次提及那些不太完备的教学设计模式是有必要的，因为：(1)教学设计领域内外许多著名学者的工作都是以基于条件的理论为基础的；(2)它们说明了基于条件的理论是多么的普遍和富有影响。以下是六个这样的理论和模式：(1)Landa (1983)的启发式算法(algoheuristic)教学理论(或者称为 Landamatics★)，该理论对知识和技能(看来似乎等同于 Gagné 的陈述性知识和程序性知识)进行了明确的区分；(2)Tennyson 和 Rasch (1988)的模式，该模式描述了教学规定同认知学习理论之间的联系；(3)Jonassen 及其他人(1991)根据三种决策水平来选择教学策略的决策模型；(4)Horn (1976)的文本设计方法，该方法具有设计模式的很多要素，也反映了基于条件的理论的若干假设；(5)West 及其他人(1991)的工作，他们提到了三种类型的知识并描述了支持各类知识获得的认知策略；(6)E. Gagné (Gagné 等人，1993)的工作，她的工作主要是描述性 394
的而不是规定性的，但她在讨论掌握各类知识所需的内部过程以及能促进各类知识获得的外部支持时，利用了基于条件的理论。想要更多地了解以上六个理论或模式，请参见 Ragan 和 Smith (2004)。

小结

本章通过概述和分析学习结果参照的、基于条件的视角的基本假设，以及概述和分析针对各种理论和模式的开发与研究，提出了若干值得进一步研究的领域，对这些领域的研究将改进那些指导教学开发的理论。尽管许多作者都在呼吁，要继续对设计实践和工具开展严密的经验性评价，但是很少模式能够证实某种模式是否提高了教学质量(Botturi, 2005)。Dick (1997)建议，对于那些因运用理论而实现了学习结果并已得到 English 和 Reigeluth(1996, p. 48)例证的理论，可以通过对它们加以修正来予以改进：

> 例如，如果对一份设计报告进行了评论和审阅，为什么不利用那些信息来改进设计的过程呢？如果客户不能接受该设计，那么到底出了什么问题？原因是什么？是技能方面的问题呢？还是过程(如我们的理论)需要改进？

Wang 和 Hannafin (2005)在呼吁要更多地利用基于设计的研究范式的同时，也提出了同样的建议。所有对“研究人员和实践人员在真实情境中合作，通过反复分析、设计、开发和实施来改进教育实践，以形成能灵活应对情境的设计原则和理论”(pp. 6—7)这方面进一步研究感兴趣的理论家和设计者都敦促，要对他们鉴别出的基于设计的研究方法的基本特征和目的以

★ Landamatics：关于如何教授思考的一般性方法的教学理论。这个理论的目的是帮助学习者学会如何通过一般的思维方法来处理那些具有相似逻辑结构的不同问题。——译者注

及他们提出的实施基于设计研究的原则进行深入详尽的审查。

虽然 Wang 和 Hannafin 把关注的重点放在技术丰富的环境中实施基于设计的研究的原则,但其他人对他们的呼吁响应更多的则是在各种情境和应用领域实施基于设计的研究(Reigeluth 和 Frick, 1999; Richey 等,2003; Richey 和 Nelson, 1996; van den Akker, 1999)。我们相信,对基于设计的研究方法进行充分探究是未来最有可能鼓舞、改进和提高学习结果参照的、基于条件的理论及模式,以及使我们更好地了解其他教学设计视角的研究范畴。此外,继续沿着 Merrill 及其同事们的研究方向(参见本书第 14 章,以及 Merrill, 2006)开展研究,也将有助于改进基于条件的理论和模式的教学思路,因为 Merrill 及其同事们通过考察教学策略原则之间的内在关联,而提出了一个对教学策略进行综合研究的框架。

由此我们可以得出一些结论。我们反省了在本书第二版(Ragan 和 Smith, 2004)中得出的结论并作了相应的修正。心理学、教育心理学、教育技术学等领域对条件模式感兴趣已经很久了。长久以来的研究说明了那些不大为今天的教育技术专家所知的工作,即关于学习结果参照的、基于条件的理论的实际基础和重要性的有益的工作。也许我们在关于学习类型、学习层次和学习条件的文献中看到的错误陈述将会更少。我们也预想在继续研究考察其理论主张以及如何把理论应用于实际情境的同时,会出现建立于这一研究基础之上的新的研究兴趣。

我们还发现把学习设想成多种类型是很有用的,尤其是对于实践人员而言。在实践人员的工作最紧张的时候,很容易把所有知识都假设为陈述性的(就像在一些大规模的教学系统中经常看到的对学习结果的说明)或者都是问题解决(就像在许多公共教育的评论家或批评家的言论中所假定的一样),结果不是没有考虑陈述性知识应用的巨大舞台,就是没有考虑解决问题所需的许多先决技能。如果只是为了用不同的名称来描述同一个学习类型而建立一个新的学习分类系统,那是毫无用处的,应该根据已查明的同以往确认的认知加工不同的认知加工过程及其所需的外部条件来改进分类系统。旨在为现有的分类方案提供支持性证据的研究,或者能够根据认知与教学的新进展来鉴别现有学习类型之外的其他学习类型的研究,都有益于我们研究领域的进一步发展。

我们针对 Robert Gagné 的工作得出了一个结论,并将与大家分享这一结论,同时也建议
395 读者审视自己从阅读中得出的结论。我们发现 Gagné 的工作(散落在之前和之后的许多研究工作中)既因其魅力和效用而成了占主导地位的理论,同时也有其不足而需要改进。其效用和魅力主要来自于 Gagné 所追求的严谨的学者风范和有说服力的著作,以及他自觉地修改自己的理论以适应时代的变化和新的知识。自相矛盾的是,许多分歧和瑕疵似乎都是他为了跟上当前的研究兴趣而所做修改的产物。我们相信这些修改总的来说是有用的,但是很明显,对于由这些修改所引起的问题还需要系统而严密的说明。

基于条件的理论的特点在于:它既有助于详细阐明教学策略,另一方面又存在相当大的差距和矛盾之处(虽然从绝对意义上说这些差距是确实存在的,但相对而言,同其他视角相比,这些差距是出现在一个行之有效的框架内的)。因此对于基于条件的理论还需要开展更多的工作来使其日臻完善。本章描述了许多值得将来进一步研究的领域。

在学习类型同外部学习条件的联系方面的研究有不少薄弱之处,但真正缺乏的却是对获

得和储存各类学习所需的内部学习条件的说明。从专家过渡到新手的研究以及试图描述专家知识的人工智能研究对于填补这一空白是非常有用的。也许这一空白是由于我们没有充分重视对学习者的行为以及领域内的思潮进行质性分析所导致的。

不同的外部教学事件导致不同类型的学习(尤其是在陈述性知识和程序性知识的层面上),这一结论得到了研究的支持。所缺的似乎是直接针对其核心原则而开展的系统研究,不仅仅是对基于条件的理论的研究,实际上应是对任何想从教的人(而不是想从事设计或教学的人)所进行的研究。学习者的内部条件同随后由教学引发的学习之间是什么关系?这个问题似乎同那些能直接告知设计者有关程序和技巧的研究差异悬殊,而又有非常多的问题都依赖于这个问题。随着对这个问题的深入了解,很多争论以及模棱两可的话都将消失,并且将在更高的效能水平上转化为设计原则。

(王为杰 译,任友群 一校,何秋琳、黄小强 二校)

参考文献

Anderson, J. R. (1990). *Cognitive Psychology and Its Implications*, 3rd ed. New York: W. H. Freeman.

Bereiter, C. (1991). Implications of connectionism for thinking about rules. *Educ. Res.*, 20(3), 10-16.

Bergan, J. R., Towstopiat, O., Cancelli, A. A., and Karp, C. (1982). Replacement and component rules in hierarchically ordered mathematics rule learning tasks. *J. Educ. Psychol.*, 74(1), 39-50.

Bergan, J. R., Stone, C. A., and Feld, J. K. (1984). Rule replacement in the development of basic number skills. *J. Educ. Psychol.*, 76(2), 289-299.

Beukhof, G. (1986). Designing Instructional Texts: Interaction between Text and Learner. Paper presented at the Annual Meeting of the American Educational Research Association, April, San Francisco, CA (ERIC Document Reproduction Service No. ED 274 313).

Botturi, L. (2005). A framework for the evaluation of visual languages for instructional design: the case for EML. *J. Interact. Learn. Res.*, 16 (4), 329-351.

Bourdeau, J. and Bates, A. (1997). Instructional design for distance learning. In *Instructional Design: International Perspectives*. Vol. 2. *Solving Instructional Design Problems*, edited by S. Dijkstra, N. M. Seel, F. Schott, and R. D. Tennyson, pp. 369-398. Mahwah, NJ: Lawrence Erlbaum Associates.

Brameld, T. (1955). *Philosophies of Education in Cultural Perspective*. New York: Dryden.

Briggs, L. J., Ed. (1977). *Instructiontal Design: Principles and Applications*. Englewood Cliffs, NJ: Educational Technology Publications.*

Britton, B. K., Westbrook, R. D., and Holdredge, T. S. (1978). Reading and cognitive capacity usage: effects of text difficulty. *J. Exp. Psychol. Hum. Learn. Mem.*, 4(6), 582-591.

Burton, J. K., Niles, J. A., and Lalik, R. M. (1986). Cognitive capacity engagement during and following intersperse mathemagenic questions. *J. Educ. Psychol.*, 78(2), 147-152.

Canfield, A. M. and Spector, J. M. (1991). *A Pilot Study of the Naming Transaction Shell*, AL-TP-1991-0006. Brooks AFB, TX: Armstrong Laboratory.

Caruso, J. L. and Resnick, L. B. (1971). Task Sequence and Overtraining in Children's Learning and Transfer of Double Classification Skills. Paper presented at the Annual Meeting of the American Psychological Association, Miami, FL.

Chao, C. I. (1983). *Effects of Four Instructional Sequences on Application and Transfer*, IDD&E Working Paper No. 12. Syracuse, NY: Syracuse University (ERIC Document Reproduction Service No. ED 289 461).

Clark, R. E. and Blake, S. B. (1997). Designing training for novel problem-solving transfer. In *Instructional Design: International Perspectives*. Vol. 1. *The ory, Research, and Models*, edited by R. D. Tennyson, F. Schott, N. M. Seel, and S. Dijkstra, pp. 183-214. Mahwah, NJ: Lawrence Erlbaum Associates.

Coleman, L. T. and Gagné, R. M. (1970). Transfer of learning in a social studies task of comparing-contrasting. In *Basic Studies of Learning Hierarchies in School Subjects*, Final Report, Contract No. OEC-4-062940-3066, U. S. Office of Education, edited by R. M. Gagné. Berkeley, CA: University of California.

Craik, F. I. and Lockhart, R. S. (1972). Levels of processing: a framework for memory research. *J. Verbal Learn. Verbal Behav.*, 11, 671-684.*

Deubel, P. (2003). An investigation of behaviorist and cognitive approaches to instructional multimedia design. *J. Educ. Multimedia Hypermedia*, 12(1), 63-90. 396

Dewey, J. (1910). *My Pedagogic Creed*. Chicago, IL: A. Flanagan.*

Dick, W. (1997). Better instructional design theory: process improvement or reengineering? *Educ. Technol.*, 37*I*(5), 47-50.*

Dijkstra, S., Seel, N. M., Schott, F., and Tennyson, R. D., Eds. (1997). *Instructional Design:. International Perspectives*. Vol. 2. *Solving Instructional Design Problems*. Mahwah, NJ: Lawrence Erlbaum Associates.

Duchastel, P. C. (1990). Cognitive design for instructional design. *Instruct. Sci.*, 19(6), 437-444.

Duncan, J. (1980). The demonstration of capacity limitation. *Cogn. Psychol.*, 12, 75-96.

Dunn, T. G. and Taylor, C. A. (1990). Hierarchical structures in expert performance. *Educ. Technol. Res. Dev.*, 38(2), 5-18.

Dunn, T. G. and Taylor, C. A. (1994). Learning Analysis in Ill-Structured Knowledge Domains of Professional Practice. Paper presented at the Annual Meeting of the American Educational Research Association, April 4-8, New Orleans, LA.

Dwyer, C. A. and Dwyer, F. M. (1987). Effect of depth of information processing on students' ability to acquire and retrieve information related to different instructional objectives. *Programmed Learn. Educ. Technol.*, 24 (4), 264-279.

Dwyer, F. M. and Parkhurst, P. E. (1982). A multifactor analysis of the instructional effectiveness of self-paced visualized instruction on different educational objectives. *Programmed Learn. Educ. Technol.*, 19(2), 108-118.

English, R. E. and Reigeluth, C. M. (1994). Formative Research on Sequencing Instruction with the Elaboration Theory. Paper presented at the Annual Meeting of the American Educational Research Association, April 4-8, New Orleans, LA.

English, R. E. and Reigeluth, C. M. (1996). Formative research on sequencing instruction with the elaboration theory. *Educ. Technol. Res. Dev.*, 44(1), 23-42.

Eustace, B. W. (1969). Learning a complex concept at differing hierarchical levels. *J. Educ. Psychol.*, 60, 449-452.

Gagné, E., Yekovich, C. W., and Yekovich, F. R. (1993). *The*

Cognitive Psychology of School Learning, 2nd ed. New York: Harper Collins.

Gagné, R. M. (1965). *The Conditions of Learning*. New York: Holt, Rinehart and Winston. *

Gagné, R. M. (1973). Learning and instructional sequence. In *Review of Research in Education*, Vol. 1, edited by F. N. Kerlinger, pp. 3 – 33. Itasca, IL: Peacock.

Gagné, R. M. (1985). *The Conditions of Learning and Theory of Instruction*, 4th ed. New York: Holt, Rinehart and Winston. *

Gagné, R. M. and Briggs, L. J. (1979). *Principles of Instructional Design*, 2nd ed. Fort Worth, TX: Harcourt Brace Jovanovich.

Gagné, R. M. and Merrill, M. D. (1990). Integrative goals for instructional design. *Educ. Technol. Res. Dev.*, 38(1), 23 – 30. *

Gagné, R. M., Mayor, J. R., Garstens, H. L., and Paradise, N. E. (1962). Factors in acquiring knowledge of a mathematical task. *Psychol. Monogr.*, 76 (7; whole no. 526) (in Gagné, R. M. (1989). *Studies of Learning*, pp. 197 – 227. Tallahassee, FL: Learning Systems Institute).

Gagné, R. M., Briggs, L. J., and Wager, W. W. (1992). *Principles of Instructional Design*, 4th ed. Fort Worth, TX: Harcourt Brace Jovanovich. *

Getsie, R. L., Langer, P., and Glass, G. V. (1985). Meta-analysis of the effects of type and combination of feedback on children's discrimination learning. *Rev. Educ. Res.*, 55(4), 49 – 22.

Goldberg, N. S. (1987). An evaluation of a Gagné-Briggs based course designed for college algebra remediation. *Diss. Abstr. Int.*, 47(12), 4313.

Hamilton, R. J. (1985). A framework for the evaluation of the effectiveness of adjunct questions and objectives. *Rev. Educ. Res.*, 55(4), 47 – 85. *

Hannafin, M. J. (1984). Guidelines for using locus of instructional control in the design of computer-assisted instruction. *J. Instruct. Dev.*, 7 (3), 9 – 14. *

Hannafin, M. J. and Calamaio, M. E. (1987). The Effects of Locus of Instructional Control and Practice on Learning from Interactive Video. Paper presented at the Annual Meeting of the Association for Educational Communications and Technology, Atlanta, GA (published in Simonson, M. L. and Zvacek, S., Eds., *Proceedings of Selected Research Paper Presentations*, pp. 297 – 312. Ames, IA: Iowa State University).

Hannafin, M. J., Phillips, T. L., and Tripp, S. (1986). The effects of orienting, processing, and practicing activities on learning from interactive video. *J. Comput.-Based Instruct.*, 13(4), 134 – 139.

Hartley, J. and Davies, I. K. (1976). Preinstructional strategies: the role of pretests, behavioral objectives, overviews, and advance organizers. *Rev. Educ. Res.*, 46(2), 239 – 265.

Hawkins, J. and Blakeslee, S. (2004). *On Intelligence*. New York: Times Books.

Herman, G. (1969). Learning by discovery: a critical review of studies. *J. Exp. Educ.*, 38, 58 – 72.

Horn, R. E. (1976). *How to Write Information Mapping*. Lexington, MA: Information Resources.

Husic, F. T., Linn, M. C., and Sloane, K. D. (1989). Adapting instruction to the cognitive demands of learning to program. *J. Educ. Psychol.*, 81(4), 570 – 583.

Hutchins, R. M. (1953). *The Conflict in Education*. New York: Harper.

Inglis, A. (1989). Fifteen years of instructional design: a personal perspective. In *Development, Design and Distance Education*, 2nd ed., edited by M. Parer, pp. 259 – 277. Churchill Victoria, Australia: Center for Distance Learning, Monash University College, Gippsland.

Johnson, D. W. and Johnson, R. T. (1974). Instructional goal structure: cooperative, competitive, or individualistic. *Rev. Educ. Res.*, 44(2), 213 – 240. *

Jonassen, D. H. (1985). Generative learning vs. mathemagenic control of text processing. In *Technology of Text II*, edited by D. H. Jonassen, pp. 9 – 45. Englewood Cliffs, NJ: Educational Technology Publications. *

Jonassen, D. H. and Land, S. M., Eds. (2000). *Theoretical Foundations of Learning Environments*. Mahwah, NJ: Lawrence Erlbaum Associates.

Jonassen, D. H., Grabinger, R. S., and Harris, N. D. C. (1991). Analyzing and selecting instructional strategies and tactics. *Perform. Improve. Q.*, 4(2), 77 – 97.

Kallison, J. M. (1986). Effects of lesson organization on achievement. *Am. Educ. Res. J.*, 23(2), 337 – 347.

Kasowitz, A. (1998). *Tools for Automating Instructional Design*.
397 Syracuse, NY: ERIC Clearinghouse on Information and Technology.

Keller, B. H. (1986). The effects of selected presentation forms using conceptual and procedural content from elementary mathematics (component display theory, concept learning and development model, best example). *Diss. Abstr. Int.*, 47(05), 1591.

Keller, B. and Reigeluth, C. H. (1982). *A Comparison of Three Instructional Presentation Formats*, IDD&E Working Paper No. 6. Syracuse, NY: Syracuse University, School of Education.

Kiewra, K. A. and Benton, S. L. (1987). Effects of notetaking, the instructor's notes, and higher-order practice questions on factual and higher order learning. *J. Instruct. Psychol.*, 14(4), 186 – 194.

Landa, L. N. (1983). The algo-heuristic theory of instruction. In *Instructional-Design Theories and Models*, edited by C. M. Reigeluth, pp. 163 – 211. Mahwah, NJ: Lawrence Erlbaum Associates. *

Levin, J. R. (1986). Four cognitive principles of learning strategy instruction. *Educ. Psychol.*, 2(1/2), 3 – 17.

Linke, R. D. (1973). The Effects of Certain Personal and Situation Variables on the Acquisition Sequence of Graphical Interpretation Skills. Ph. D. dissertation. Victoria, Australia: Monash University.

Marcone, S. and Reigeluth, C. M. (1988). Teaching common errors in applying a procedure. *Educ. Commun. Technol. J.*, 36(1), 23 – 32.

Marshall, J. M. (1986). A comparative study of two instructional methods employed in teaching nutrition among culturally diverse adolescents: teacher-oriented lecture and student-oriented instructional design. *Diss. Abstr. Int.*, 47(08), 2901.

McLean, L. (1983). *The Effects of Format of Synthesizer on Conceptual Learning*, IDD&E Working Paper No. 13. Syracuse, NY: Syracuse University.

Mengel, N. S. (1986). The acceptability and effectiveness of textbook materials revised using instructional design criteria. *J. Instruct. Dev.*, 9(2), 13 – 18.

Merrill, M. D. (1983). Component display theory. In *Instructional-Design Theories and Models*, edited by C. M. Reigeluth, pp. 279 – 333. Mahwah, NJ: Lawrence Erlbaum Associates. *

Merrill, M. D. (1999). Instructional transaction theory (ITT): instructional design based on knowledge objects. In *Instructional-Design Theories and Models*. Vol. II. *A New Paradigm of Instructional Theory*, edited by C. M Reigeluth, pp. 397 – 424. Mahwah, NJ: Lawrence Erlbaum Associates. *

Merrill, M. D. (2006). Hypothesized performance on complex tasks as a function of scaled instructional strategies. In *Dealing with Complexity in Learning Environments: Theory and Research*, edited by J. Elen and R. E. Clark, pp. 265 – 281. Amsterdam: Elsevier.

Merrill, M. D., Barton, K., and Wood, L. E. (1970). Specific review in learning a hierarchical imaginary science. *J. Educ. Psychol.*, 61, 102 – 109.

Merrill, M. D., Li, Z., and Jones, M. K. (1990a). Limitations of first generation instructional design. *Educ. Technol.*, 30(1), 7 – 11.

Merrill, M. D., Li, Z., and Jones, M. K. (1990b). Second generation instructional design. *Educ. Technol.*, 30(2), 7 – 14.

Merrill, M. D., Li, Z., and Jones, M. K. (1991). Instructional transaction theory: an introduction. *Educ. Technol.*, 31(6), 7 – 12. *

Merrill, M. D., Jones, M. K., and Li, Z. (1992a). Instructional transaction theory: classes of transactions. *Educ. Technol.*, 32(6), 12 – 26.

Merrill, M. D., Li, Z., and Jones, M. K. (1992b). Instructional transaction shells: responsibilities, methods, and parameters. *Educ. Technol.*, 32(2), 5 – 26.

Merrill, M. D., Li, Z., Jones, M. K., Chen-Troester, J., and Schwab, S. (1993). Instructional transaction theory: knowledge relationships among processes, entities, and activities. *Educ. Technol.*, 33(4), 5 – 16.

Miles, C. L. and Wilson, C. D. (2004). Learning outcomes for the twenty-first century: cultivating student success for college and the knowledge economy. *New Dir. Community Coll.*, 126, 87 – 100.

Muraida, D. J. and Spector, J. M. (1993). The advanced instructional design advisor. *Instruct. Sci.*, 21(4), 239 – 253. *

Nelson, L. M. (1999). Collaborative problem solving. In *Instructional-Design Theories and Models*. Vol. II. *A New Paradigm of Instructional Theory*, edited by C. M Reigeluth, pp. 241 – 267. Mahwah, NJ: Lawrence Erlbaum Associates.

Nicholas, J. R. (1970). Modality of Verbal Instructions for Problems and Transfer for a Science Hierarchy. Ph. D. dissertation. Berkeley, CA: University of California at Berkeley.

Okey, J. R. and Gagné, R. M. (1970). Revision of a science topic using evidence of performance on subordinate skills. *J. Res. Sci. Teaching*, 7, 321 – 325.

Osborne, R. and Wittrock, M. C. (1985). The generative learning model and its implications for science education. *Stud. Sci. Educ.*, 12, 59 – 87.

Peper, R. J. and Mayer, R. E. (1978). Notetaking as a generative activity. *J. Educ. Psychol.*, 70, 514 – 522.

Peper, R. J. and Mayer, R. E. (1986). Generative effects of notetaking during science lectures. *J. Educ. Psychol.*, 78,34-38.

Pieters, J. M. (1997). Training for human resource development in industrial and professional organizations. In *Instructional Design: International Perspectives*, Vol. 2. *Solving Instructional Design Problems*, edited by S. Dijkstra, N. M. Seel, F. Schott, and R. D. Tennyson, pp. 315-340. Mahwah, NJ: Lawrence Erlbaum Associates.

Podolskij, A. L. (1997). Instructional design for schooling: developmental issues. In *Instructional Design: International Perspectives*, Vol. 2. *Solving Instructional Design Problems*, edited by S. Dijkstra, N. M. Seel, F. Schott, and R. D. Tennyson, pp. 289-314. Mahwah, NJ: Lawrence Erlbaum Associates.

Pressley, M., Levin, J. R., and Delaney, H. (1982). The mnemonic keyword method. *Review of Educational Research*, 52(1),61-91.

Ragan, T. J. and Smith, P. L. (2004). Conditions theory and models for designing instruction. In *Handbook of Research on Educational Communications and Technology*, edited by D. H. Jonassen, pp. 623-649. Mahwah, NJ: Lawrence Erlbaum Associates.*

Ray, W. E. (1961). Pupil discovery vs. direct instruction. *J. Exp. Educ.*, 29(3),271-280.

Reiber, L. P. (1989). The effects of computer animated elaboration strategies and practice on factual and application learning in an elementary science lesson. *J. Educ. Comput. Res.*, 54(4),431-444.

Reigeluth, C. M. (1979). In search of a better way to organize instruction: the elaboration theory. *J. Instruct. Dev.*, 6,40-46.

Reigeluth, C. M. (1983). Instructional design: what is it and why is it? In *Instructional-Design Theories and Models*, edited by C. M. Reigeluth, pp. 3-36. Mahwah, NJ: Lawrence Erlbaum Associates.*

Reigeluth, C. M., Ed. (1987). *Instructional Theories in Action: Lessons Illustrating Selected Theories and Models*. Hillsdale, NJ: Lawrence Erlbaum Associates.

Reigeluth, C. M. (1992). Elaborating the elaboration theory. *Educ. Technol. Res. Dev.*, 40(3),80-86.

Reigeluth, C. M., Ed. (1999a). *Instructional-Design Theories and Models*. Vol. II. *A New Paradigm of Instructional Theory*. Mahwah, NJ: Lawrence Erlbaum Associates.*

Reigeluth, C. M. (1999b). The elaboration theory: guidance for scope and sequence decisions. In *Instructional-Design Theories and Models*. Vol. II. *A New Paradigm of Instructional Theory*, edited by C. M. Reigeluth, pp. 425-453. Mahwah, NJ: Lawrence Erlbaum Associates.*

Reigeluth, C. M. and Curtis, R. V. (1987). Learning situations and instructional models. In *Instructional Technology Foundations*, edited by R. M. Gagné, pp. 175-206. Mahwah, NJ: Lawrence Erlbaum Associates.

Reigeluth, C. M. and Darwazeh, A. N. (1982). The elaboration theory's procedures for designing instruction: a conceptual approach. *J. Instruct. Dev.*, 5,22-32.

Reigeluth, C. M. and Frick, T. W. (1999). Formative research: a methodology for creating and improving design theories. In *Instructional-Design Theories and Models*. Vol. II. *A New Paradigm of Instructional Theory*, edited by C. M. Reigeluth, pp. 633-651. Mahwah, NJ: Lawrence Erlbaum Associates.

Reigeluth, C. M. and Rogers, C. A. (1980). The elaboration theory of instruction: prescriptions for task analysis and design. *NSPI J.*, 19,16-26.

Reigeluth, C. M. and Stein, F. S. (1983). The elaboration theory of instruction. In *Instructional-Design Theories and Models*, edited by C. M. Reigeluth, pp. 335-382. Mahwah, NJ: Lawrence Erlbaum Associates.

Reigeluth, C. M., Merrill, M. D., Wilson, B. G., and Spiller, R. T. (1978). *Final Report on the Structural Strategy Diagnostic Profile Project*. San Diego, CA: Navy Personnel Research and Development Center.

Resnick, L. B. (1967). *Design of an Early Learning Curriculum*, Working Paper 16. Pittsburgh, PA: Learning Research and Development Center, University of Pittsburgh.

Resnick, L. B. and Wang, M. C. (1969). *Approaches to the Validation of Learning Hierarchies*. Pittsburgh, PA: Learning Research and Development Center, University of Pittsburgh.

Resnick, L. B., Siegel, A. W., and Kresh, E. (1971). Transfer and sequence in learning double classification skills. *J. Exp. Child Psychol.*, 11, 139-149.

Richey, R. C., Ed. (2000). *The Legacy of Robert M. Gagné*. Syracuse, NY: ERIC Clearinghouse on Information and Technology.*

Richey, R. C. and Nelson, W. A. (1996). Developmental research. In *Handbook of Research for Educational Communications and Technology*, edited by D. Jonassen, pp. 1213-1245. London: Macmillan.

Richey, R. C., Klein, J. D., and Nelson, W. A. (2003). Development research: studies of instructional design and development. In *Handbook of Research for Educational Communications and Technology*, 2nd ed., edited by D. H. Jonassen, pp. 1099-1130. Mahwah, NJ: Lawrence Erlbaum Associates.

Robinson, E. R. N. (1984). The relationship between the effects of four instructional formats and test scores of adult civilian and military personnel when learning to use a text editor. *Diss. Abstr. Int.*, 45,3311.

Rousseau, J. J. (1773). *Emile, or a Treatise on Education*. Edinburgh, U. K.: Dickson and Elliot.

Ryle, G. (1949). *The Concept of Mind*. London: Hutchinson.*

Sasayama, G. M. D. (1985). Effects of rules, examples and practice on learning concept-classification, principle-using, and procedure using tasks: a cross-cultural study. *Diss. Abstr. Int.*, 46(01),65.

Schimmel, B. J. (1983). A Meta-Analysis of Feedback to Learners in Computerized and Programmed Instruction. Paper presented at the Annual Meeting of the American Educational Research Association, April 11-15, Montreal.

Shrager, L. and Mayer, R. E. (1989). Note-taking fosters generative learning strategies in novices. *J. Educ. Psychol.*, 81(2),263-264.

Smith, P. L. (1992). Walking the Tightrope: Selecting from Supplantive and Generative Instructional Strategies. Paper presented at the Annual Meeting of the Association for Educational Communications and Technology, February, Washington, D.C.

Smith, P. L. and Ragan, T. J. (1993). Designing instructional feedback for different learning outcomes. In *Interactive Instruction and Feedback*, edited by J. V. Dempsey and G. C. Sales, pp. 75-103. Englewood Cliffs, NJ: Educational Technology Publications.

Smith, P. L. and Ragan, T. J. (2005). *Instructional Design*, 3rd ed. Hoboken, NJ: Wiley.* 398

Spector, J. M. and Muraida, D. J. (1991). Evaluating instructional transaction theory. *Educ. Technol.*, 31(10),29-35.

Spector, J. M., Muraida, D. J., and Marlino, M. R. (1991). Modeling User Interactions with Instructional Design Software. Paper presented at the Annual Meeting of the American Educational Research Association, April 3-7, Chicago, IL.

Stahl, R. J. (1979). Validating a Modified Gagnean Concept Acquisition Model: The Results of an Experimental Study Using Art-Related Content. Paper presented at the Annual Meeting of the American Educational Research Association, April, San Francisco, CA.

Stein, F. S. (1982). Beyond prose and adjunct questions: a comparison with a designed approach to instruction. *Diss. Abstr. Int.*, 43(09),2880.

Steinberg, E. R. (1977). Review of student control in computerassisted instruction. *J. Comput.-Based Instruct.*, 3,84-90.

Tennyson, R. D. (1984). Application of artificial intelligence methods to computer-based instructional design: the Minnesota adaptive instructional system. *J. Instruct. Dev.*, 7,17-22.

Tennyson, R. D. and Rasch, M. (1988). Linking cognitive learning theory to instructional prescriptions. *Instruct. Sci.*, 17,369-385.

Terlouw, C. (1997). Instructional design in higher education. In *Instructional Design: International Perspectives*, Vol. 2. *Solving Instructional Design Problems*, edited by S. Dijkstra, N. M. Seel, F. Schott, and R. D. Tennyson, pp. 341-368. Mahwah, NJ: Lawrence Erlbaum Associates.

Tilden, D. V. (1985). The nature of review: components of a summarizer which may increase retention (instructional design). *Diss. Abstr. Int.*, 45(12),159.

Ulich, R. (1950). *History of Educational Thought*. New York: American Book Company.

van den Akker, J. (1999). Principles and methods of development research. In *Design Methodology and Developmental Research in Education and Training*, edited by J. van den Akker, N. Nieveen, R. M. Branch, K. L. Gustafson, and T. Plomp, pp. 1-14. Dordrecht: Kluwer.

van Merriënboer, J. J. G. and Dijkstra, S. (1997). The fourcomponent instructional design model for training complex cognitive skills. In *Instructional Design: International Perspectives*, Vol. 1. *Theory, Research, and Models*, edited by R. D. Tennyson, F. Schott, N. M. Seel, and S. Dijkstra, pp. 427-446. Mahwah, NJ: Lawrence Erlbaum Associates.*

Van Patten, J. E. (1984). The effects of conceptual and procedural sequences and synthesizers on selected outcomes of instruction. *Diss. Abstr. Int.*, 44(10),2973.

Van Tiem, D. M., Moseley, J. L., and Dessinger, J. C. (2001). *Performance Improvement Interventions: Enhancing People, Processes, and Organizations Through Performance Technology*. Silver Spring, MD: International Society for Performance Improvement.

Von Hurst, E. M. (1984). The effectiveness of component display theory in the remediation of self-instructional materials for Japanese learners. *Diss. Abstr. Int.*, 45,794.

Wang, F. and Hannafin, M. J. (2005). Design-based research and technology-enhanced learning environments. *Educ. Technot. Res. Dev.*, 53 (4), 5 - 23.

Wang, M.C., Resnick, L.B., and Boozer, R.F. (1971). The sequence of development of some early mathematics behaviors. *Child Dev.*, 42, 1767 - 1778.

Watkins, D. (1983). Depth of processing and the quality of learning outcomes. *Instruct. Sci.*, 12, 49 - 58.

399 Wedman, J. F. and Smith, P. L. (1989). An examination of two approaches to organizing instruction. *Int. J. Instruct. Media*, 16(4), 293 - 303.

West, C.K., Farmer, J.A., and Wolf, P.M. (1991). *Instructional Design: Implications for Cognitive Science*. Upper Saddle River, NJ: Prentice Hall.

White, R. T. (1973). Research into learning hierarchies. *Rev. Educ. Res.*, 43(3), 361 - 375. *

White, R.T. (1974a). A model for validation of learning hierarchies. *J. Res. Sci. Teaching*, 11, 1 - 3.

White, R.T. (1974b). Indexes used in testing the validity of learning hierarchies. *J. Res. Sci. Teaching*, 11, 61 - 66.

White, R. T. (1974c). The validation of a learning hierarchy. *Am. Educ. Res. J.*, 11, 121 - 136.

White, R.T. and Gagné, R. M. (1974). Past and future research on learning hierarchies. *Educ. Psychol.*, 11, 19 - 28 (published in Gagné, R.M. (1989). *Studies of Learning*, pp. 361 - 373. Tallahassee, FL: Learning Systems Institute).

Wiegand, V.K. (1970). A study of subordinate skills in science problem solving. In R. M. Gagne (Ed), *Basic Studies of Learning Hierarchies in School Subjects, Final Report*, edited by R.M. Gagné (ERIC Document Reproduction Service No. ED03964). Berkeley: University of California.

Wiggins, G. and McTighe, J. (1998). *Understanding by Design*. Upper Saddle River, NJ: Prentice Hall.

Wilson, B.G. (1987). Computers and instructional design: component display theory in transition. In *Proceedings of Selected Research Paper Presentations*, edited by M. L. Simonson and S. Zvacek, pp. 767 - 782. Ames, IA: Iowa State University.

Wilson, B. G. and Cole, P. (1991). A review of cognitive teaching models. *Educ. Technol. Res. Dev.*, 39(4), 47 - 64. *

Winkles, J. (1986). Achievement, understanding, and transfer in a learning hierarchy. *Am. Educ. Res. J.*, 23(2), 275 - 288.

Wittrock, M. C. (1974). Learning as a generative process. *Educ. Psychol.*, 11, 87 - 95. *

Yao, K. (1989). Factors related to the skipping of subordinate skills in Gagné's learning hierarchies. In *Proceedings of Selected Research Paper Presentations*, edited by M.L. Simonson and D. Frey, pp. 661 - 674. Ames, IA: Iowa State University.

Yellon, S.L. and Schmidt, W.H. (1971). The Effect of Objectives and Instructions on the Learning of a Complex Cognitive Task. Paper presented at the Annual Meeting of the American Educational Research Association, New York.

---

* 表示主要参考文献。

33

合作与技术应用

David W. Johnson 和 Roger T. Johnson

摘要

技术与合作学习结合使用时也许更实用。合作学习有四种,包括:正式合作学习、非正式合作学习、基于合作的小组以及建设性论争。合作学习理论在世界范围内的广泛应用,这是正统理论(如社会互赖理论)的基础,该理论已被大量的研究证实,其实践操作程序已被应用到各种层级的教育当中。技术支持的合作学习往往能提高学生成就(学业收获和技术习得方法)、改善态度(对技术和合作的态度)、促进健康发展(认知发展、学习自控、社交能力)、促使组员建立良好的关系(包括社会存在),以及推动在群件及硬件方面的创新。合作学习和技术支持的教学二者优势互补。例如,计算机能控制工作流程,监测准确性,给予电子反馈,以及进行计算操作。合作学习能让学习者获得归属感,以及分析和总结学习内容的机会,共享心智模型、社会模型,尊重和肯定组员的努力,鼓励发散思维,以及支持对理论学习和技术使用的人际反馈。在技术支持的教学中应用合作学习,能鼓励学生使用技术(尤其对女生而言),使得论争(如建设性争议)成为运用技术上课的一部分。合作学习是增强围绕与通过计算机进行交互的影响的一个重要组成部分(包括局域网,电子邮件,视频游戏和模拟,探索学习,并与电子教学代理的互动)。

关键词

协作学习:学生们共同学习,使得他们自身和相互之间的学习效果得到最大化(如完成共同的学习目标)。与本章中“合作学习”同义。

竞争性学习:学生独立学习,能够达到只有少数学生可以做到的、或者仅限于这些人达到的分数或者认可程度。

计算机支持的合作学习：技术的教学应用与合作学习相结合。

建设性论争：在小组成员之间存在不同信息、观念、想法、推理过程、理论和结果时，他们必须达成一致，使得讨论有所进展，或继续进行。

合作学习：学生们共同学习，使得他们自身和相互之间的学习效果得到最大化（如共同完成学习目标）。与本章中“协作学习”同义。

积极的互赖性：当个体意识到，当且仅当与他们有合作关系的同伴也实现各自的目标时，他们才能实现目标。

课堂中的技术

我们生活在一个知识成为社会与经济发展最关键资源的时代，人们必须参与到这个网络化、信息化的社会当中。在以前，当人们从事那些以制造为基础的工作时，通常是彼此竞争或独立工作的，而当今人们从事富含信息和技术的工作时，经常需要组成团队合作。人们需要合作来设计、使用、维护工具技术。技术和团队合作将会在大多数人们生活中继续发挥更大的作 403
用。青少年除了发展和增强他们的技术与团队素养外，别无选择。而没有比学校更好的地方可用于培养这些素养了。运用技术工具进行教学时，在学校的各个年级以及各个科目应该采用合作学习的形式（包括面对面学习和网络学习）。

学校未能采纳并持续使用可利用的教育技术（更不用说持续改进）的原因，至少可能是源于两种障碍：(1)软、硬件底层开发的个体假设；(2)未能将合作学习作为教育技术使用的固有部分。技术是否促进或妨碍学习取决于它的应用环境。关于技术促进或妨碍学习的方式，业界目前没有形成相关概念，没有搭建可用的理论框架，也没有做这方面的研究，或被实际应用在课堂中。本章的目的是厘清教育技术和学生之间合作学习的关系。要了解合作学习如何与教育技术整合，我们必须定义合作学习的特征，阐明其理论根源，寻求形成有效合作的基本要素，以及检验其效果。只有在此基础上，我们才可进一步描述合作学习与技术支持的教学的关系和各自优势，才可以藉此讨论以技术支持的合作学习的前景。

个别化假设

在20世纪90年代以前，有关计算机支持的研究多是建立在单个学习者的假设上。个别化假设（individual assumption）指的是教学应根据学生的个人才能、学习风格、个性特征、动机和需求进行因材施教。计算机被人们当作提供个别化学习经验的重要工具，这点对包含规划性质的学习项目，和在建构主义原则上累积学习经验尤为重要（Crook, 1994）。许多软硬件设计人员（以及老师）认为，所有的计算机辅助教学应该按照个别化来组织（一个学生对一台计算机），程序因而相应地体现了个性化的特色。

然而设计人员调整教学程序，以适应学生个别化的认知和情感需求的能力，受制于以下几个因素。其一，学习风格类型和个性特征存在相当大的差异。虽然他们当中许多类型有时与成绩相关,但很少有稳定预测学习成绩的。其二,对于如何将学习风格和个性差异转化成教学处方(instructional prescriptions)尚无一致的定论。唯一被广泛接受的设计原则是学生应该能控制教学信息的流动。其三,建立算法来调整教学以满足个体需求,并设计制作多个版本的课程,这样既耗时间又造价昂贵。最后,由于个体多元化性格和特质交互影响的不可知性和不可测性,教学是不能做到绝对地适应一个人的复杂特质和个性的。

最近,网络课程的开发都建立在学生个别化课程学习的假设上。这种个别化学习的假设在当今的网络课程中,其应用程度和20世纪七八十年代计算机辅助教学的使用是极为相似的。除了上述问题外,个别化教学还假设学生的学习是独立的(这种独立将会因为自身日益剧增的无聊而降低学生的学习动机,使他们更感乏味、受挫和焦虑,甚至不将学习视为自己的事情),他们仅有他们自己拥有的和课程推荐的资源,而缺乏来自同伴的支持和鼓励,不能利用向同学解释和发展共享心智模式(shared mental models)而带来的认知优势。

20世纪80年代,教育者计算机支持学习的教学过程中,对于课堂缺乏互动深表忧虑(Baker, 1985; Cuban, 1986; Hawkins等,1982; Isenberg, 1992)。鉴于个别化假设的缺陷,技术与合作学习的结合可能更有效。而且,有关学生围绕技术学习而自发合作的研究也非常多,这些都对学习个别化假设提出了质疑,同时也倾向在计算机支持教学中使用合作学习。然而,教育者为了使用合作学习,必须首先了解它的特点。

合作学习的本质

将计算机支持的教学嵌入到合作学习中有它的好处。合作学习有别于传统的以教师为
404 知识技能传播者的直接传输教学模式。要了解计算机支持的合作学习,我们必须要了解合作学习的特征、相关理论基础、使用的有效性验证研究、合作学习和其他教学小组组织类型的区别,以及合作学习的基本要素。

合作学习

"合作学习"是指学生们共同学习,使得他们自身和同伴之间的学习效果得到最大的提高(如完成共同的学习目标)(Johnson等,2002)。合作学习通常是与竞争性学习以及个别化学习相对而言的。"竞争性学习"是指学生在学习中相互竞争以期达到一个学业目标,比如只有一个或少数几个学生可达到的程度。"个别化学习"是学生自己学习来完成学习目标,与其他同学无关。当用于教学的技术与合作学习结合使用时,就形成了技术支持的合作学习或计算机支持的合作学习。因为教学技术的使用已超越了计算机范畴,在本章中讨论技术支持的合作学习可能更为精确些,但由于历史原因,在本篇中大部分情况下将使用计算机支持的合作学习名称。

协作学习

协作学习有时是与合作学习区别开来的。协作学习源于20世纪70年代James Britton爵

士和其他学者在英格兰的研究(Britton, 1990)。Britton引用 Vygotsky (1978)的理论指出,正如个人的思想衍生于社会,学生的学习应当衍生于学习者社区。Britton 极力反对那些试图对教师角色进行明确定义的教育者。他建议将学生置于小组情境,让他们形成自己的促进学习的文化、社区或者过程。Britton 相信技术支持的学习应该成为自然学习(通过对小组成员活动产生的任何结果给予直觉的反馈而学习) 而不是培训(通过解释、教学、组织和行动指示激发学习)。学习源于人与人之间的互动;学生在与同学和老师的对话和互动中得到学习。Britton 认为教师组织学习是对学习进行操纵,这种操纵只能算是培训而不能称作学习;所以教师应该将学生分配到小组中,不提供任何指导或教学,直至课堂结束前都不参与学生活动。因此作为一种教育过程,协作学习,历史上是一种比合作学习更缺乏组织、更以学生为导向的学习,而老师仅给予模糊的指导。这种对教师和学生角色的模糊界定,导致了人们对协作学习本质的定义的模糊性。

当代许多的协作学习理论者提出了不同于 Britton 的定义。例如,Dillenbourg (1999)指出,协作学习发生在一种两个或多个人在一起进行或者试图进行学习的情境。他指出"两个或多个人"、"学习"、"在一起" 这些词是模糊的。他还提及协作的概念本身是模糊的,这个词可以指情境、互动、学习机制或效果。当前缺乏的似乎是协作学习的基本理论,是一个类似于 Deutsch (1949)的"合作与竞争理论"那样的能给协作学习一个统一的、定义明确的基础理论。另外,与 Britton (1990)的观点不同,当代的协作学习理论者提倡应用诸如结构、程序和认知策略等等来支持学生互动和参与共同的知识构建。这种更加结构化的方法进一步模糊了合作学习和协作学习的区别。因此这两个词已日益被互相替换使用。本文将这两个概念视为一致。

合作学习的类型

合作学习与教学技术结合时存在以下四种形式(Johnson 等,2002):正式合作学习、非正式合作学习、基于合作的小组和建设性论争。正式合作学习是指学生为达到一个共同学习目标,通过一个课时甚至几个星期,一起完成指定的学习任务和作业(如解决问题、完成单元课程、撰写一个报告、完成一项实验,或讨论布置的课堂资料)。任何课程要求或作业可以组织成合作性的。在正式合作学习中,老师要做到以下几点:

- 教学前的一系列决策。老师必须决定课程教学目标(包括学术和社会技能目标)、小组规模、小组分法、学生分配到的角色、教学所需材料以及教室安排方式。 405
- 解析任务和积极的互赖关系。老师必须明确定义作业,教给学生必须掌握的概念和策略,详细说明小组成员积极的互赖关系和个人责任,给出成功标准,以及培养学生将来所需的社会交际能力。
- 监控学生的学习过程,对小组进行及时干预以提供任务支持或提高学生的社交或团队意识。老师系统地观察和收集每组工作的数据。当有必要时,老师进行干预以帮助学生准确完成任务和有效地进行合作学习。
- 评估学生的学习效果和帮助学生分析小组运行情况。在学生的学习表现得到仔细评估后，小组成员可衡量他们一起工作时的效率有多高。

非正式合作学习是指学生组成几分钟到一个课时的临时小组，来共同学习以达到共同的学习目标(Johnson等，2002，2006)。在这个临时性质的小组中，学生进行快速的对话或活动来回答关于所学内容的有限问题。这些简短的对话或活动可以让学生注意力集中在学习材料上，营造良好的学习气氛，帮助学生预设学习内容，确保教给学生对学习材料进行认知处理的能力，以及对一个教学单元进行总结的能力。非正式合作小组通常表现为老师讲课前或课后3到5分钟的集中讨论和讲课期间每隔10到15分钟进行2到3分钟的相互轮流的搭档讨论。

基于合作的小组是长期的、由异质成员组成的固定的合作学习小组。该小组成员主要是为学生提供支持、鼓励和帮助，促使组员努力学习和健康地发展认知和社会技能，同时还互相监督，对自己的学习负责(Johnson等，2002，2006)。一个典型的合作基础小组有以下特点：(1)成员是不同类型的；(2)定期碰面(比如，每天或两周)；(3)学习持续一个学期、一年或直到所有成员毕业。学生被分配到3或4个人的基础小组，在每节课(或每星期)开始和结束时集中完成学习任务(如互相检查家庭作业)，日常任务(如检查出勤)，和个人辅导任务(富有同情心地聆听同学诉说个人问题，或指导写论文)。

这三种合作学习方法可同时使用。一次典型的课堂，通常以小组会议的形式开始，随后教师做一个简单的演讲，此时也会用到一些非正式合作学习。老师讲课完毕可使用正式合作学习，在整个课将近结束时还可再来一段简短讲授并配合非正式合作学习。最后以基础小组聚会结束课程。

建设性论争发生在小组成员之间，当组员存在信息、观念、想法、推理过程、理论和结果互不统一时，他们通过论争而达成一致(Johnson和Johnson，1979，1995，2003，2006)。老师可选择一个学术问题来组织辩论，将学生分成4人一组，每组分成两对，指定其中一对做正方，另一对做反方。然后学生执行以下五个步骤：(1)为自己的观点寻找最好的案例或者论据；(2)向反方有说服力地陈述最佳案例；(3)双方进行公开讨论，极力辩护己方观点，并评判分析反方观点；(4)双方互换立场；(5)小组成员均放弃立场，就问题的最佳判断达成共识。当辩论情境是合作性的、组员是多元化的、信息和技术也均匀分配到小组中、组员也具备必要的解决冲突的技能，并恪守理性论争的规则时，这些论争才会具有建设性。

合作学习的理论基础

合作学习的研究至少受到三派理论观点的影响：(1)认知发展，(2)行为主义，(3)社会互赖
性。认知发展或建构主义的观点大部分是基于皮亚杰(1950)和维果茨基(1978)的理论。皮亚
杰和相关理论学家的工作基于这样一个前提，当人们在一个环境中合作时产生的社会认知冲
406 突会造成认知的不平衡，而这种不平衡反过来又激发人们的观点采择能力和认知发展。维果
茨基和相关理论学家工作的前提是，知识具有社会性，是人们在合作中共同学习、理解和解决
问题的过程中建构的。行为主义学习理论着眼于小组强化和奖励对学习的作用。斯金纳

(1968)注重小组应激能力，Bandura (1977)注重模仿和小组团队绩效，Homans (1961)以及Kelley和Thibaut (1978)强调相互依赖的人们在社会交换中成本酬劳的均衡。总之，虽然认知发展理论和行为主义理论各有其追随者，至今为止合作研究绝大部分是建立在**社会互赖理论**上。

社会互赖理论

当一个人的目标完成受到其他人的行为的影响，我们称其存在社会互赖(Deutsh, 1949, 1962; Johnson, 1970, 2003; Johnson和Johnson, 1989, 2005)。有两种类型的社会互赖性：积极(合作)和消极(竞争)。当人们感到个人目标只有同合作中的其他人的目标一同达到才能达到时，人们之间就存在积极的相互依存关系，参与者会相互促进对方努力以达到目标。当人们感到个人目标的达成，是建立在对手不能达到自己的个人目标的前提之下时，人们之间就存在消极互赖性，这时参与者会相互妨碍对方努力以使其不能达到目标。无互赖性是指人们意识到个人目标能否达到，这完全无关于情境中其他人目标能否达到。

每种类型的互赖都会导致某些心理过程。积极互赖往往导致可置换性(如一个人行为可替代其他人行为的程度)、可诱导性(如受他人影响或影响他人的开放度)、引发人的注意力集中(如对自身以外的物体投以积极的心理能量)(Deutsch, 1949, 1962; Johnson, 2003; Johnson和Johnson, 1989, 2005)。消极互赖导致不可置换性、抵消他人影响和消极投注。无互赖导致个人与他人的孤立，导致不可置换性、无诱导性或阻力，只专注于自己的行为方式。

社会互赖性理论的基本前提是目标的建构方式决定了参与者的互动方式，而这些互动模式决定情境的最终结果。积极互赖导致促进性互动，消极互赖则导致对立互动或对抗互动[1]，互赖缺失则导致互动的缺失。积极互动可定义为小组成员彼此鼓励和帮助对方完成任务，取得成就，或进行创作以达到小组目标的努力。它包括诸多变量，如互相帮助、交换资源、有效通信、彼此间的影响、信任，和对冲突的建设性管理。对立的互动可定义为小组成员彼此阻止对方完成任务、取得成就，或消减对手达到目标的努力。每个成员不但关注于自己的生产力而且也在防止其他人产生比自己更多的成果。它包括这样一些变量，如妨碍彼此之间为达到目标所作的努力、威胁和高压策略、无效或误导的交流、不信任，争取在冲突中取胜。交互的缺失，可定义为组员完成目标时独立行动，组员间没有任何交流；他们只侧重于自己的生产力和成就，对其他人的努力漠不关心。

合作的基本要素

潜在的小组绩效

不是所有的小组都是合作的(Johnson和Johnson, 2006)。把人们置于同一个屋子里，把他们的座位排在一起，或告诉他们是一组，并不意味着他们会有效合作。要合作而且使得小组的潜力得以充分发挥，我们在小组情境中加入如下五个基本元素：积极的相互依赖关系、个人和小组责任、促进性互动、交际技能的合理使用、小组合作。

积极的相互依赖关系:以“我们” 替代“我”

合作学习的核心因素就是相互依赖关系。有三种类型的相互依赖关系:结果、方式和边际三种(Johnson, 2003; Johnson 和 Johnson, 2005)。当学生处于一种合作或竞争的情形下,他们会被预期结果、最终状态、目标或报酬所指导。如果没有互赖的结果(目标和报酬互赖),就
407 没有合作和竞争。另外,达到共同目标或报酬的手段指定了小组成员必须采取的行动。手段的相互依赖是包括资源、角色、任务的相互依赖关系(他们是重叠的,而不是互相独立的变量),最后,处于边际状态的相互依赖关系(如小组个人之间和小组之间存在的间隔)定义了相互依赖的行为主体 (Koffka, 1935; Wertheimer, 1923)。隔阂可能是由于以下因素导致:环境因素(如房子的不同位置或不同的房间)、相似性(如都穿相同颜色的裙子或夹克)、相近性(如坐在一起)、过去在一起的历史、对组成小组团队的期望以及与其他竞争小组的差别等等。因此边际互赖包括外来对手(如与另一个组的消极互赖)、身份(把他们捆绑在一起组成团队)和环境(如特定的工作区)的相互依赖关系(他们是重叠,不是互相独立的变量)。

笔者进行了一系列的研究来探讨积极的相互依赖关系的本质,以及不同类型的积极互赖的相互影响(Johnson, 2003; Johnson 和 Johnson, 2005)。我们的研究证实:第一,积极的相互依赖关系能为组员提供一个促进性互动所依赖的情境;第二,除非明确地构建积极的相互依赖关系,否则组员和人际互动不会产生更好的成就;第三,结合目标和收获的相互依赖,比仅有目标的相互依赖更能增加成就;除非目标是相互依赖的,否则资源的相互依赖不能增加学习成就。

个体责任

个体责任是指对每个学生的表现进行评估时,将评估的结果反馈给个人和小组与表现的标准进行比较,对队友来说组员有责任对小组的成功贡献自己的一份力量(Johnson, 2003; Johnson 和 Johnson, 2005)。个体责任往往使在合作中学习的学生成绩得到提高,这包括计算机支持的合作学习(Hooper 等,1989; Johnson, 2003; Johnson 和 Johnson, 1989;2005)。

促进性互动

促进性互动越多,合作的效果就越强(Johnson, 2003; Johnson 和 Johnson, 2005)。虽然技术使得世界范围内的学生能够互相促进成功,但它并不总是能取代面对面的互动。面对面通讯具有电子通讯可能永远都望尘莫及的丰富性(Prusak 和 Cohen, 2001)。有证据表明,一个人多达 93%的意图是通过面部表情和说话的语气来传达的,尤以面部表情为最重要的渠道(Druckman 等,1982; Mehrabian, 1971)。Harold Geneen(美国国际电话电报公司前负责人)表示,在面对面相遇时,他对请求的反馈与通过电子通讯是不一样的。他说道,对一个电子请求你可以容易的说“不”而拒绝,但在面对面的交往中,由于一些非文字提示的影响,你可能会说“好”。于是他规定公司员工要求必须通过面对面来解决问题(出自 Trevino 等,1987),同时增建很多的办公室来使面对面互动最大化。虚拟高中的学生最大的抱怨就是学生在线的互动性比不上面对面的互动(Allen, 2001)。但是另一方面,Bonk 和 King (1998)指出,电子环境中的促进性互动,比起课堂讨论在某些方面,的确有它的一些优势,如学生的学习投入、讨论的深度、任务时间、高层次思维技能的提升等。因此当学生尽可能使用多种方法来促进彼此成功时,如果在线和面对面相结合成为可能,教学活动可能是最为有效的。

人际关系技能和团队合作技能

合作学习较之竞争性的学习和个别化的学习而言，有着更大的内在复杂性，因为学生们必须同时进行任务活动和小组活动。组员间的团队合作越好，他们的学习在质量和数量上就越高(Johnson, 1991,2003,2006; Johnson 和 Johnson, 2005,2006)。积极的相互依赖关系、所有组员对提高分数的期望，再加上社交技能，三者相结合往往能提高学业成绩和促进学生间积极的人际关系。

小组协调

小组协调是指小组成员讨论他们目标完成和维持有效的工作关系的进展情况(Johnson 和 Johnson, 1989,2005)。小组协调的目的是明确和提高成员在合作活动中为完成小组目标而尽力的工作效率，其作用体现在：(1)使得小组不断地提高成员的工作质量；(2)促进团队工作技能 408
的学习提高；(3)确保学生的参与得到反馈；(4)使得学生重视小组的管理。小组成员在一起工作时，协调较好的小组往往比那些协调不好的小组或单独工作的个人能取得更好的成绩。

计算机支持的合作学习的研究

正向互动、逆向互动以及无互动对学习情境的结果有着不同的影响(Johnson 和 Johnson, 1989,2005)。合作学习的研究聚焦于多种学习结果，但大都可归纳为广义的、相互关联的三大类，即：为取得成就所做的努力、人际关系的质量和心理健康(Johnson 和 Johnson, 1989)(见图 33.1)。总的来说，研究提供了强有力的证据，表明合作学习(相对于竞争的和个别化学习)有

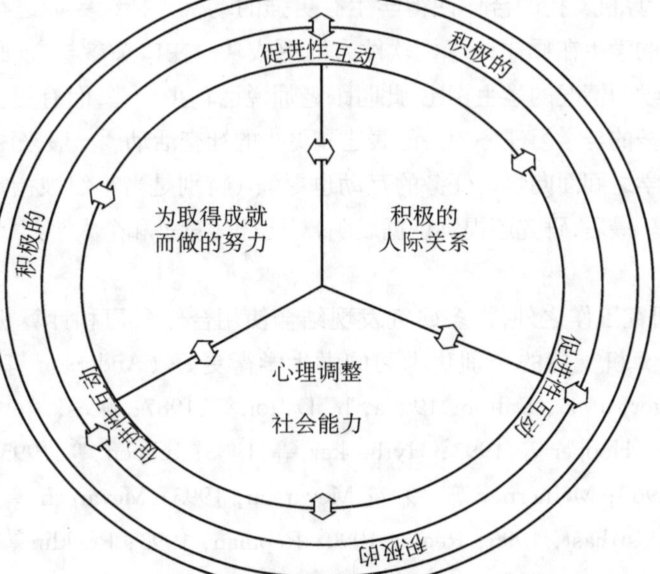

图 33.1 合作的成果(出自 Johnson, D. W. and Johnson, R., *Cooperation and Competition: Theory and Research* Interaction Book Company, Edina, MN, 1989. 经许可。)

以下促进作用(Johnson 和 Johnson, 1989,2005):

- 为取得学习成就做出更大的努力(如更高的成绩和更好的学习效率,更频繁地使用高级的推理论证,产生更多的创意和解决问题的方案,更内在的成就动机,更持久的学习激情,更多的任务行为,更强的学习迁移能力)。
- 更高品质的人际关系(如更良好的人际关系,喜好,具有凝聚力或团体精神,对他人的欣赏,面向任务和个人支持)。
- 更好的心理调节能力(如更好的心理健康状况,更强的社交能力,更强的自尊,一个多重的身份,面对压力与逆境的调试能力)。

这些成果在其他地方有详尽的论述(Johnson 和 Johnson, 1989,2005)。这一章主要讨论计算机支持的合作学习效果。

计算机支持的合作学习和成绩

两次大规模的元分析研究认为:使用技术可以明显提高学习结果(Fletcher-Flinn 和 Gravatt, 1995; Khalili 和 Shashaani, 1994),但这些研究没有将教师的教学实践和技术在教室
409 中的使用加以区别。我们探究了使用计算机进行合作学习、竞争学习和个别化学习活动的情况,以八年级到大学一年级学生为样本,进行了为期 3—30 学时的教学实践。我们规定给学生的学习任务是:在计算机导航与网站地图支持下的问题解决和文字处理任务。与基于计算机的竞争学习和个别化学习比较,计算机支持的合作学习对学生有以下促进:(1)每日学习成果数量的增加;(2)每日学习成果质量的提高;(3)对事实信息有着更好的掌握;(4)更强的运用事实来解答知识应用试题的能力;(5)更强的运用知识来解答有关问题解决的能力;(6)问题解决的成功率更高。计算机支持的合作使得学生有更强的动机来持续完成进行问题解决的学习任务、合作状态下的学生在操作计算机软件方面更成功。在口头参与方面,合作状态中的学生,与竞争和个别学习情况的学生相比,此时跟老师说话较少一些,而有更多的同伴间的互相交谈,并且做了更多的与学习任务相关的表述和更少的社交活动。一般来说,在合作中学习的学生更积极,与同学之间面向学习任务的互动也更强 (特别是当小组被指定要有社交技能和具备小组进程时)。最后,研究还提供证据表明,对比团体竞争和个人小组,女生在合作小组有着更高的地位。

除了我们的研究工作之外,许多研究发现结合使用合作学习和计算机支持的教学的学生,比单独使用计算机支持的个别化学习的学生学得更好 (Anderson 等,1995; Cockayne, 1991; Cox 和 Berger, 1985; Dalton, 1990a, b; Dalton 等,1987; Dees, 1991; Fletcher, 1985; Hooper, 1992a, b; Hooper 等,1993; Hythecker,等,1985; Inkpen,等,1995; King, 1989; Lin 等,1999; Love, 1969; McInerney 等,1997; Mevarech, 1993; Mevarech 等,1991,1987; Okey 和 Majer, 1976; Postthast, 1995; Regin, 1990; Repman, 1993; Rocklin 等,1985; Shlechter, 1990; Stephenson, 1992; Underwood 和 McCaffrey, 1990; Webb, 1984; Weinberger 等, 2005; Whitelock 等,1995; Yeuh 和 Alessi, 1988)。相反,还有许多研究发现合作小组中的学生和个别学习的学生在成绩上不存在显著性差异(Carrier 和 Sales, 1987; Cosen 和 English,

1987; Hooper 和 Hannafin, 1988; Trowbridge 和 Durnin, 1984)。但也没有研究证明学生个别学习时有着显著的更为优异的成绩。然而这些研究许多都是短期的,只有少量学生参与。几个实验数据表明:像一些众所周知的 CSCL 软件,如 CSILE 和 Belvedere,都能促进学生的高层次社会互动,学生也因此在深层次上获得理解性质的学习(Scardamalia 等,1994; Suthers, 1998)。我们现在还缺乏证据表明可以在普通教室得到同样的结果。因为虽然一些 CSCL 项目如 CoVis*已被广泛使用(Pea 等,1994),但很少有良好控制的后续评估结果公布出来。

Hooper 和同事进行了一系列有关计算机支持的合作学习的研究,其中有 5、6、7、8 年级学生以及大学一年级新生参与(Dyer, 1993; Hooper, 1992a, b; Hooper 等,1988,1991,1989; Huang, 1993; McDonald, 1993)。他们的研究发现:

- 合作学习小组的学生成绩明显优于单独学习学生的成绩;
- 强调个体学习职责的合作学习小组比没有个体责任的合作学习小组成绩更高;
- 在异质型合作小组的低能力学生的学习成绩一致地高于在同质型合作小组的低能力学生;
- 学生成绩与同伴之间的学习互助有显著的正相关关系;在异质型合作小组中,学习成绩的提高与合作有明显的关系;
- 合作学习(与个别化学习相比)导致了学生更愿意学习材料,对可选项做更多的选择,更多的学习投入时间,更多的相互依赖,和对同伴的更多支持。

Carlson 与 Falk (1989)和 Noell 与 Carnine (1989)发现使用交互式光盘进行学习时,合作小组的学生成绩优于个别化学习的学生。Adams 等(1990)提到当使用电视媒体时,合作学习能影响学生的注意力、动机和成就。最后 Ocker 和 Yaverbaum (1999)发现就学习、答案质量、答案内容和师生对答案质量的满意度来说,异步合作与面对面合作有同样的效果。在线学习者,不仅是根据小组互动进程,还是小组讨论的效果来看,明显对异步学习经历感到不满。 410
Hiltz (1998)指出学生在合作型结构的网络社区学习会比个别化学习更有效。

学习如何使用技术

除了对学习成就的影响外,合作学习可减少学生单独学习时,硬软件问题对学习成就的干预(Hativa, 1988)。当学习如何使用新技术或软件时,学生会自发地组成小组(Becker, 1984)。一般来说,这个证据表明学生在合作小组会比单独学习更快,更有效的学习软硬件技术,在涉及新的、复杂的步骤时尤其如此(Dwyer, 1994; Dyer, 1993; Hooper, 1992b; Hooper 等,1993; Keeler 和 Anson, 1995; McDonald, 1993; Trowbridge 和 Durnin, 1984; Webb, 1984; Webb 等,1986)。当老师希望引进一种新技术和较为复杂的新软件时,他们应当考虑使用合作学习的方法。

---

* Collaborative Visualization 指可视化的协作学习。——译者注

学习者控制

合作学习和计算机支持的教学相结合，加强了学生的自主学习权限。Hooper 及其助手(Hooper, 1992b; Hooper 等,1993) 指出在技术支持的教学设计中有三种形式的课程控制：学习者、程序、自适应控制。学习者控制是指将教学决策转移给学习者，这样学生就能够决定他们需要什么样的帮助：他们所希望的学习困难程度和学习资料内容的密度、所希望的学习材料的顺序以及希望学多少东西。学习者控制的环境包括模拟、超媒体以及网络数据库。程序或线性控制对所有学生而言，无论个人兴趣和需求，都呈现着相同的教学程序。而自适应控制根据学生才能(Snow, 1980)和已有的表现(Tobias, 1987)，或根据进行中的课程需求(Tennyson 等,1984)来修改课程特征。线性或程序控制可能会因为对学生强加不合适的教学程序而降低他们的学习动机，而适应性控制可能增加学习者的信赖(Hannafin 和 Rieber, 1989)。当学习者控制程度增加，教学效率和效能也将随之增高(Reigeluth 和 Stein, 1983)，同时学生独立性、学习效率、心智努力和动机都得到加强(Federico, 1980; Salomon, 1983,1985; Steinberg,1984)

计算机支持的合作学习往往会增强学习者自我监控的效果。当学生在与他们的同伴隔离单独学习时，他们往往不能有效地控制学习情境，因而做出无效的教育决定，或过于仓促地完成教学(Carrier, 1984; Hannafin, 1984; Milheim 和 Martin, 1991; Sternberg, 1977,1989)。相反，合作学习中的学生在学习控制过程中往往互相激发对方去寻求对他们习题答案详细的反馈，他们比独立学习的学生更频繁地寻求多样化的反馈(Carrier 和 Sales, 1987)。当合作的学生利用计算机检索信息，来讨论反馈程度和习题答案时，他们往往花费更长的时间。学习者控制合作学习情况下的学生，比学习者控制的个别化学习情况下的学生，在课上选修了更多课程，花了更多的时间学习教材(McDonald, 1993)。Hooper 等(1993)发现程序控制情况下的学生比学习者控制情况下的学生做了多于四倍的例题和近两倍的练习。LOGO 计算机环境比 CAI 计算机环境在任务结构上的控制和制定任务结构管理规则上，更能真正帮助学习者(Battista 和 Clements, 1986; Clements 和 Nastasi, 1985,1988; Nastasi 等,1990)。当学生先前的知识较丰富，或学生有着良好发展的元认知能力时，学习者控制是最为有效的(Garhart 和 Hannafin, 1986)。这些研究表明，合作学习是提高学习者控制环境影响程度的一个重要变量。

计算机支持的合作学习和人际关系

合作学习对网络人际关系的影响和它对面对面人际关系的影响是一样大的。在地理位置上相距甚远的个体可以通过由电子邮件、聊天室、BBS 和会议系统为媒体的合作活动而发展积极的关系(Simon, 2003)。与电话谈话和办公室邮件相比，电子通讯可以是异步的而且非常快。人们的活动参与可能更均等化，不受特权和地位的影响(McGuire 等,1987; Siegel 等,
411 1986)。平等主义关系结构可与有相当程度的等级制和集权制共存于通讯模式中(Ahuja 和 Carley, 1998)。然而，根据技术系统的设计和使用的具体方法(O'Mahony 和 Barley, 1999; Sproull 和 Kiesler, 1991)，电子会议可能使雇员风险意识变得薄弱，小组决策变得不可预测，

会议更加耗时和平等主义过于泛滥(Sproull 和 Kiesler, 1991; Wellman 等,1996)。

通过电子系统建立的关系和面对面建立的人际关系有着显著的区别。在电子沟通中,信息发送者很容易与接收者失去联系,同时也较少受到传统的信息编辑规范和条例的限制。与面对面相比,电子沟通者会有较强的匿名感,较少发现到其他人的个性,具有较少的同情心和罪恶感,不太关心自己和别人比较会怎样,也较少受社会传统的影响(Kiesler 等,1984; Short 等,1976)。这些由电子沟通所带来的影响既可导致更高的诚实度,也可导致更多的不礼貌行为(如直呼别人的姓名或绰号)。

社会存在

建立网络关系可能是基于一个人建立社会存在的能力。*社会存在*可定义成一个人对别人展示自己、建立私人的有目的的关系,或与别人在一起的感觉的能力(Biocca, 2003)。为弥补远程教育的缺陷,如社会隔离和动机的降低,从事合作活动的网络学习者需要建立社会存在来使互动更有效。仅仅因为技术能让学生互动,并不意味学生会互动(Kreijns, 2004)。所用的教学策略必须要求一致的互动,并且维持网络学习环境中的互动(Muirhead, 2004)。缺乏社会存在对互动质量和学生之间的合作能产生负面影响(Kreijns 等 2003; Rourke, 2000)。社会存在对网络合作来说非常重要,因为它鼓励建设性对话,鼓励建立一种有益于意见交流的气氛(Rourke 等,1999),并且对网络学习产生影响(Tu 和 Corry, 2002; Tu 和 McIsaac, 2002)。社会存在是预测学生满意度的一个重要指标(Gunawardena 和 Zittle, 1997),对建立网络学习社区起着关键的作用(Hiltz, 1998)。增强社会存在感有几种方法:(1)社会互动;(2)自我展示;(3)面目表情图像化;(4)开场白或讨论启动活动;(5)小组身份的建立(如小组名字或标记)。

计算机支持的合作学习和社会交际能力

很多计算机支持的合作学习方面的研究表明:合作学习对社会互动的量和质都有着积极的影响(Amigues 和 Agostinelli, 1992; Crook, 1994; Davis 和 Huttenlocher, 1995; Fishman 和 Gomez, 1997; McConnell, 1994; Rysavy 和 Sales, 1991)。在小组活动程序和技能都具备时,计算机支持的教学中合作学习的学生,其成就往往高于个别化学习的学生(Hooper 和 Hannafin, 1988,1991; Johnson 等,1985,1986c; Susman, 1998)。然而,研究也发现,当小组程序和技能没有得到强调时,往往不能发现计算机支持的教学中合作学习和个别化学习的学生成绩有着显著的差别(McCaffrey, 1990; Mevarech 等,1987; Susman, 1998; Underwood 和 Hooper 等,1989)。

软件设计者能通过一些方法来促进人际关系和小组工作技能的发展,如要求进行初始的合作技能指导的活动,建议小组成员使用角色法(如打字员、录音员、校对员、活动组织者),给学生时间进行小组加工,以分析讨论小组当前与将来工作效率如何的工作,提醒学生们监控自己的学习成效并帮助优化小组成效,以及对个人成功和小组成就给以切实的奖励来提高学生渴望成功的动机。

对基于技术的教学的态度

学生在合作小组学习比在个别化学习时，往往对基于技术的教学课程和使用计算机学习产生更积极的态度(Hooper 等，1993；Huang，1993；McDonald，1993；Sutton，1996)；他们也在使用计算机支持的合作活动中享受到更多的乐趣。

对合作学习的态度

计算机支持的合作小组的学生，相比个别化学习的学生而言，往往对合作学习及其合作对他们个人的影响有着更积极的态度(Hooper 等，1993；Mevarech 等，1987；Rocklin 等，1985)。参与有结构的合作学习的学生比无结构的合作学习的学生或个别化学习的学生对合
412 作学习有着更积极的态度(Dyer，1993；Hooper 等，1993；Huang，1993；McDonald，1993)。

协同使用技术的偏好

技术和合作有着天然的伴侣关系。将计算机引进教室，往往会增加合作行为和任务倾向的语言互动(Chernick 和 White，1981，1983；Hawkins 等，1982；Levin 和 Kareev，1980；Rubin，1983；Webb，1984)。学生偏好在计算机旁进行合作(Hawkins 等，1982；Levin 和 Kareev，1980；Muller 和 Perlmutter，1985)。学生们在计算机上工作比平时做功课更有可能获得更多彼此的帮助。甚至当同学们玩游戏时，也希望有同伴和帮手的参与。与同学一起用一个计算机合作性的工作对大多数人来说更有趣、更快乐。

个体差异

个人能力和组员成分

一个有相当争议的问题是，计算机支持的合作学习的成功，是否受团队组成同质性或异质性的影响呢？能力异质性小组的学生往往比能力同质性小组的学生学得更多(Yager 等，1985，1986)，尤其是一些高能力的学生(Beane 和 Lemke，1971)。异质性小组(与同质性小组比较)中的学术讨论和同学互动促进学生发现更有效的推理策略 (Berndt 等，1988；Johnson 和 Johnson，1979)。

在一个有关 LOGO 语言学习的为期一周的研究中，Webb (1984)考察了三人合作小组中是否高能力的学生会试图霸占一台计算机。她发现：(1)学生能力和与计算机接触时间是不相关的；(2)学生编程成功是由学生能力差异，以及小组过程变量如语言的互动来预测的。Yeuh 和 Alessi (1998)将小组能力构成因素作为研究对象来考察使用计算机学习三个代数知识的学生。他们组成了中等能力小组和混合能力小组，但发现组员成分对学习成绩无显著影响。Hooper 和 Hannafin (1988)，在一个有 40 位 8 年级学生参与的研究中发现：在面对一个基于计算机的学习任务时，与高能力学生一起合作的低能力学生，比同质性小组或独立学习的低能学生能学得更好，而高能力学生也没有因为合作而降低自己的成绩。在随后的一个由 125 个六、七年级学生参与的研究中，Hooper 和 Hannafin (1991)随机地将学生分成同质或异质二人组，然后将二人组随机地分到合作和个别化学习情形当中。高能力学生在各实验处理中的

互动是相等的，但低能力学生在异质性小组中却增加了30%的互动。异质性小组学生的学习成就和合作程度都显著高于同质性小组(或个别化学习)的学生。

在一堂互动式录像科学课中，当高能力学生和低能力学生在一起合作学习时，都花费了比独立学习时更多的时间在学习活动上，因而也都在课后测验中取得更好的成绩(同时也对教学、小组活动和同学产生更积极的态度)(Simsek和Hooper, 1992)。在异质性合作小组中，低成就学生比同质性合作小组中同等能力的学生有着更好的成绩，同时也对学习经历有着更积极的态度(Simseck和Tsai, 1992)

在一个有关计算机辅助数学教学中，在考察能力结构对于小组成绩、教学效能和讨论的影响的研究中，Hooper (1992a)比较了个别化学习和合作学习的情况。学生在小组中比个人学习更有效率地完成学习任务。在合作小组中，高能力、同质小组的学生学习成绩和效率最高，而中等能力、同质性小组的学生成绩最低。给予和接受帮助是预测学生成绩的一个显著指标。异质性小组中中等能力的学生给予和接受的帮助显著多于同质性小组中中等能力的学生。Hooper等(1993)比较了高、中等或低绩效学生的合作学习和个别化学习。他们发现在完成一个计算机支持的符号推理任务时，合作情况下的学生成绩优于独立学习的学生。那些在合作学习中受益最多的似乎是高能力学生。高能力学生总成绩提升30%，而中等和低等能力学生仅提升4%。

这些研究结果表明在计算机支持的学习中，对同质或异质性小组都可以有效的使用合作学习，但最大的教育收益还是来自那些使用技术支持教学的异质小组。

性别差异 413

组员的性别差异一直被人们假设为决定计算机支持的合作学习成功的重要因素。Johnson等(1986b)发现计算机支持的合作学习，与计算机支持的竞争学习和个别化学习相比，女生参与的积极性更高，组员之间在地位平等上没有出现性别差异，这样女生和男生间有着更平等的参与机会。尽管从积极性来讲，合作小组中的女生比男生更高，但女生与男生间在语言的互动上没有显著差异。Dalton等(1989)考察了教学方法和性别的相互影响，发现低能力女生对合作学习的喜爱高于低能力男生。其他研究发现计算机支持教学的合作学习环境下，男生和女生成绩没有明显差异(Mevarech等，1987; Webb, 1984)。Carrier和Sales (1987)比较大学二年级男女生，以及男女二人小组，发现女生组言语交流得最多，而男生组言语交流得最少。Lee (1993)发现在男女比例均等的混合小组中，男生在言语上变得更加活跃，而女生则相反。Underwood和McCaffery (1990)发现同性别二人小组，比男女混合小组在学习任务上做得更多、完成也更准确。

所以，计算机支持的教学对男女生的影响是不一致的。对此我们的保守解释是，尽管学生在计算机支持的合作学习中，各自绩效不存在显著的性别差异，但女生在合作小组学习时，可能对技术抱有更积极的态度。

建设性论争：论据

建设性的论争是指组员有不同的信息、看法、意见、推理过程、理论和结论，但各自必须达成一致协议的情境(Johnson 和 Johnson, 1979,1989,1995,2003)。学生遇到和自己对立的观点,从而对自己观点是否正确产生不确定性时,就会积极地寻找更多的信息,对自己的知识和结论重新概念化,这样,他们对学习材料就形成了更好的理解、掌握和保持,对所学的问题有着更理性的判断。在竞争学习和个别化学习情境中的独立学习者没有机会经历这样一个过程,因此他们的学习效率、决策质量和成绩都会被打折扣(Johnson 和 Johnson, 1979,1995,2003)。另外,与观点妥协、辩论和个人努力相比,建设性的论争可形成更高质量的问题解决方法、更好的创新思维、更强的动力,来了解更多与题目相关的知识,以及更有效率的小组成员间的专业知识交流、更多的学习精力投入、更好的小组人际关系形成、更准确的观点采择、更高的自尊和更强的学习乐趣(Johnson 和 Johnson, 2003)。所以,若学习情境是合作的、小组成员是不同质的、信息和技术在小组得到平衡运用、小组成员能够化解观点对立并遵守理性争辩的原则,就会产生结构层次良好的建设性论争。

Clements 和 Nastasi 进行了一系列有关计算机支持的教学中组员间合作和论争的研究(Battista 和 Clements, 1986; Clements 和 Nastasi, 1985,1988; Nastasi 和 Clements, 1992; Nastasi 等,1990)。他们发现 LOGO 和 CAI/CBI - W 计算机环境都促进了相当程度的合作和论争(社会的和认知的都有)。LOGO 环境(与 CAI/CBI - W 计算机和传统的教室任务环境比较)增进了学生以下方面的绩效:(1)更多用于学习和解决问题的同伴互动;(2)解决问题的自我导向(如学生解决自己提出的问题)与问题的共同探讨;(3)认知冲突产生和解决次数的更频繁;(4)问题执行层面更强地解决能力(计划、监督、决策)和问题较高层面所要求的推理能力与认知能力的发展。合作中认知冲突的解决似乎推动了高层次的认知过程的发展。他们还发现 LOGO 语言(与 CIA 比较)提升了学生满意度,学生纷纷表示可以找到许多新的认知。而且,这些变量实际上反映了学生内在的和能力的动机[1]。

最近,Bell (2001) 开发了一个可用于学生在和他人辩论时方便寻找论据的软件(取名"SenseMaker")[2]。它支持论据的修辞构建,用户只需连接好论据与论证过程。该软件用于
414 教学生认识科学调查的本质是将表象论据归整到现有理论中。McAlister 等(2004)制作了一个叫"学术谈论"(Academic Talk)的工具来支持学生间的同步辩论。Pilkington 和 Walker (2003)给网络学生分配了角色(如挑战者、澄清提问者、信息提供者)来组织辩论。Baker (2004) 制作了一个程序"连接"(CONNECT)能让网络学生对其他学生的每一个陈述表示同意或反对。Suthers (2003)开发了"论据关系图"系统(Belvedere 3.0)来帮助学生从事复杂的科学论证。"虚拟合作研究所"(VCRI - Virtual Collaborative Research Institute)工具的研究(Jaspers 和 Erkens, 2002; Munneke 等,2003),使用了论证图来扩展学生的证据。图形界面增强了辩论过程,因为它方便参与者明确完整地将想法表示出来 (Suthers 和 Hundhausen, 2003; van Bruggen 等,2003),还可以用来开发用于讨论和推理的资源(Baker, 2003; Suthers, 2003),并能形成一个公理性质的观点(Veerman, 2000),及组织学生思想并维持问题解决过程中的一致性(Suthers, 2001)。

合作学习与技术支持的教学

当技术支持学生之间的合作，从而促使大家形成共通的学习经历后，学生的学习也会得到加强。在分析技术与合作学习的关系时，应该考量以下两方面(Crook, 1994)(见图 33.2)

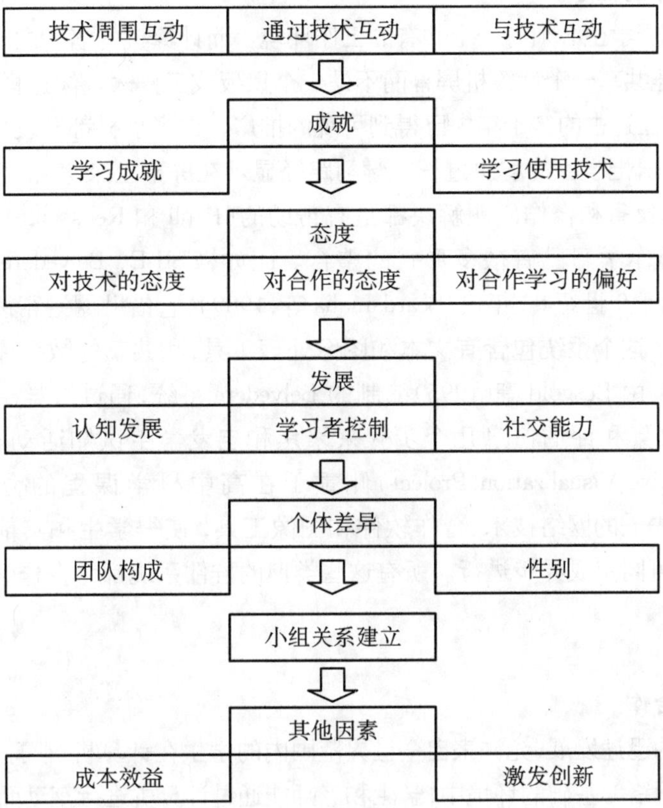

图 33.2 技术支持的合作学习的成果

- 围绕计算机的互动。例如，计算机可用来推进学生面对面的合作(如通过给学生一个共享的参考资料的要点)
- 通过计算机的互动。例如，局域网(LANs)、广域网(WANs)以及国际因特网为合作提供了多样化的媒介工具，如电子信箱和文本短信、聊天室、BBS、会议系统、网页、博客和专门的群件。 415

利用计算机进行合作(如教学代理)是一个不断扩大的研究领域。

合作与计算机

重用到合作学习中的单用户程序

许多计算机程序的编制是为了调整学习情境来适应学生个人需求，然而，将这些程序用于合作学习能带来一些好处(Crook, 1994; Hawkins 等,1982)。由 LOGO 语言衍生的 legoLOGO (LOGO 控制的 LEGO-brick 机器人)已经是一个特别有前途的可用于指导学生合作的工具。许多不同类型的程序都促进了合作学习的发展:数据库、电子数据表格、数学程序、程序语言、模拟、多媒体著作工具(Amigues 和 Agostinelli, 1992; Brush, 1997; Eraut, 1995; Lehtinen 和 Repo, 1996)。

开发促进合作的程序

为使合作产生,学生必须有一个共有的工作环境。而计算机的潜力之一是能让学生建立共享环境。学生能共享一个计算机屏幕而不是一个黑板或工作表。像这样的群件(旨在支持小组而不是个人)在过去的二十年中已得到可观的推广。许多学科都开发程序来使学生的问题解决过程外显化,把学生的解决过程或学习路径显示在屏幕上来实现共享,而且这些程序一般来讲,对个人反省和合作问题解决都是有帮助的(Pauli 和 Reusser, 1997; Lehtinen 等, 1998)。技术和合作学习已有很多形式的整合。比如,CSILE、Belvedere 系统和 CoVis[3]。CSILE 最初产生于 19 世纪 80 年代(Scardamalia 等,1989),它借助网络帮助学生建构、阐述、探索和知识表征。这个系统包含有文本和图像处理工具,和共享的数据库用以制作、搜索、归类和链接知识。由 Lesgold 等(1995)编制的 Belvedere 系统,通过给学生一种图形语言来表示假设、数据收集和评估信息几个步骤来聚焦和启发学生认知活动。CoVis (Learning through Collaborative Visualization Project)侧重于在高中科学课程的合作学习(Pea 等, 1994),通过使用先进的网络技术、合作软件和图像工具,使得学生和其他同学在教室里和全国范围的合作可同步或异步进行。所有这些类似的群件系统都为合作学习提供了强有力的机会。

通过计算机进行合作

计算机网络的迅速发展,允许来自全世界范围内的学生在计算机屏幕上共用强大的共享学习环境。在以网络为基础的环境中,学生和老师能通过计算机进行互动而不受时空的限制。异步和远程通讯的快速发展,使得学生与校外专家的合作更加广泛,学生的校际合作更加紧密,协作编著和知识共享的实现更加方便。

网络环境支持不同层次的合作。通过一系列的研究,Bonk 和 King (1995)认为,网络可以:(1)改变师生互动的方式;(2)增加合作学习机会;(3)促进课堂讨论;(4)使得写作由一种独立学习变成一种积极的社会学习。网络工具包括基于局域网的客户/服务器架构的工具(如 CSILE、Belvedere 和 CoVis)和电子信箱,电子信箱可用来传递信息给学生、监督学生,以及为相距很远的合作学习小组和学校之间提供全国和世界范围的通讯支持。通过邮件名单列表,学生小组成员可以用电子邮件来共享文件和评论彼此的工作。

国际因特网同样也可以用于合作学习。网络会议系统和电子邮件非常相似。宽带技术实
416 现了共享环境共享和双向视听通讯。计算机会议系统自第一个计算机网络产生就存在,但直到最近才用于合作学习。网络支持的合作学习不受时空约束,因而师生们可以综合使用同步和异步讨论。数据库共享技术非常有益于开发基于网络的合作学习环境。实时视频交互使得

组员讨论更加便捷。通过个人网页链接到朋友和组员的网页,使学生获得了不少潜在合作者。博客让学生与其他人分享个人生活,对彼此工作交换意见与建议、对话他人、评论时事。个人主页和博客使得学生更容易获得社会存在感,更容易通过私人方式了解对方。最后,现有学校和远程教育高等院校都通过网络来提供课程和学位。

第四个网络工具是浸入式互动电子娱乐、视频游戏,它已经产生了相当程度的经济、文化和社会影响(Squire, 2006),同时也经常用于合作工作。许多青少年花在数字世界的时间比看电视、读书和看电影时间更多(Funk 等,1999)。这些游戏所采用的技术都是站在仿真文化的最前沿。如"全光谱战士"(Full Spectrum Warrior)和"美国军队"(America's Army) 改变了美国军队对士兵的培训模式。农场和城镇仿真系统如"动物之森"(Animal Crossing)和"牧场物语"(Harvest Moon) 使得幼儿能够计划和种植粮食、偿还贷款和基本上运作一个农场。Disney 的卡通城堡(Toontown) 让全世界的孩子在一个实时的、三维世界里进行互动,在那儿他们互相碰面并进行合作探索。

仿真可以使用合作活动来让学生参与到观念形态体系中,在操作和设计的经历中学习(Squire, 2006)。首先,游戏可以对参与者灌输一些观念形态的内容,如下面两款游戏,"侠盗飞车" (Grand Theft Auto)(教学生如何在犯罪衍生的社会生存)和"文明 III" (Civilization III)(涉及公元前 4000 到现在文明统治,主要对学生进行殖民、经济发展和民主意识的观念形态教育)。游戏使得操作者沉浸于复杂的合作系统,让他们学到系统的主要观点,以及在系统中发展自我个性;所以,一些组织机构,像军队,会考虑将仿真游戏提上部队意识形态教育的日程。其次,这类游戏的核心是用户参与或角色扮演(Squirt, 2006)。通过循环反复的信息接收和思考、行动或操作,游戏者从中得到学习,而且常常会与其他游戏者合作。例如,在"卡通城堡"(Toontown)中,游戏者组成团队使用恶作剧对付"cos","cos"是一个邪恶的卡通恶棍,它试图将 Toontown 环境变为一个单调的办公房。最后,游戏为用户提供设计功能,用户采用自我驱动、树立目标与动机积极建构意义。而在一些更复杂的游戏,像"模拟人生"(The Sims)当中,游戏者组成家庭,生活在社区里;在"魔兽世界"(World of Warcraft)中,大量的游戏者组成小组来解决难题、征服困难和完成任务。"增强现实"(Augmented reality)[4] 游戏(Klopfer 和 Squire,待出版)让用户扮成调研员、科学家或活动家,从而组成小组共同发现问题、提出数据收集策略、得出结论并重新构造假设。若这类浸入式互动电子娱乐游戏与合作学习相结合,它将有可能逐渐成为课堂学习的一部分。

第五个网络工具是探险学习程序,这是一些将网络用于合作学习的最有趣的应用,如 GoNorth*(一个免费为中小学课程教学编制的冒险学习程序 www. PolarHusky. com)(Doering, 2006)。从 2006 年开始到 2010 年,一个由教育、科学、探险专家组成的团队将乘坐狗拉雪橇到达五个北极附近的地区,给全球范围内的学生现场实时分享经历,他们每段行程都配有课程和学习活动指导。探索活动与课堂活动同步实时展开,这样学生就可以与教育、科学、探险界的专家以及拉雪橇的狗(如班级学生可以收养其中一只狗,并参与到它的喂食、护理

---

* a free adventure learning program for K - 12 classes. K - 12 学校课程的一个自由冒险的学习计划。——译者注

和日常表现的观察中)进行深度的交流;学生还与美国宇航局和国家科学基金委一起,进行基地情况和探险结果的实时实地更新。结果,该项目成立了一个凝聚全球超过3百万学习者的社区,学生从探险活动、北极居民、学科专家以及彼此交流中获取了知识(Doering,出版中)。

将技术加入到一堂课中,自然地增加了课的复杂性。学生参加到计算机技术支持的教学会负有双重学习任务,那就是在学习如何使用技术(如课程要求的硬件和软件),以及掌握技术
417 中所呈现的信息、技能、步骤和过程。一旦使用小组合作学习方式,学生又增加了要学习团队工作程序和技能的任务。所以,刚开始使用技术支持的合作学习可能会花更多的时间,而一旦学生和老师逐渐熟悉系统后,会发现结果是值得努力的。

与计算机的合作

计算机本身也可当作合作小组的一份子。教学代理人是用在电子学习环境中的仿真虚拟人物(Baylor, 2002),他们可以像人一样直接跟学生互动(Doering和Veletsianos,待出版;Doering等,待出版;Valetsianos, 2006,2007)。教学代理人已被用在许多科目中(Valetsianos, 2006,2007)。因为人们在与计算机和媒体互动时,往往偏向于将计算机当作人,所以人与计算机的社会互动和人际互动是相似的(Veletsianos, 2006,2007)。如果计算机以一种类似人的人物呈现,能够动态地与使用者进行实时对话和互动,那么人与人之间、人与计算机之间的区别就会变得模糊,就会出现教学代理和学生合作学习。"学生—教学代理"互动一个有意思的方面,是当学生对教学代理互动方式,或对没有代理反应而感到受挫时,就会产生一些冲突。学生对代理生气这一现象,就表明教学代理人将很快成为学生合作小组的一员,将会以类似组员的方式互动。或许将来某天,教学代理甚至能表现出感情和像人一样的智能(Veletsianos, 2006)。

成本效应

合作学习的使用,增加了技术的成本效应。虽然学校可选用的技术范围每年都在扩大,但新技术使用成本是一个妨碍因素。给合作学习小组配以最新技术,通常比单独个人使用,要有更好的成本效应(这不仅仅是最开始的成本,还包括维护和更新)。历史上,学校采用计算机就是一个例子。让学生共用计算机(而不是个人)能够显著地减少计算机的购买与维护成本(Johnson和Johnson, 1986; Wizer, 1987)。

计算机支持合作学习的前景

计算机支持的合作学习看起来似乎前途光明,然而它需要建立在迅速的革新和巨大的潜力基础上。要挖掘计算机支持的合作学习的巨大潜力,我们需要强调几个因素。首先,社会互赖理论提供了一个了解技术教学应用与合作学习之间关系的理论框架;其次,当技术将学生隔离或让学生彼此竞争,就会阻碍学习;第三,当技术与合作学习相结合,学生学业成绩就可能得到提高。

我们应该得到加强有关计算机支持的合作学习研究，更多地关注理论基础。几乎所有的现行研究，其侧重点都在考量具体软件程序对学习成就及相关变量的影响，缺乏理论的验证。将来，应该要进行理论导向的研究，和扩大对潜在教育成果的研究。计算机支持的合作学习的独特优势还不曾被写进文档。

理论的缺乏和研究视野的相对狭隘，也相应地限制着操作步骤的执行。计算机支持的合作学习一直被软件开发和传统的合作学习组织方式所驱使。当技术为合作打开新的渠道后，应该要对怎样组织合作学习而使其作用最优化，以及怎样培训教师和学生使用新的程序等，开展研究，从而给予实践更好的指导。由社会互赖理论和它的验证研究可清楚看到，有效的操作步骤必须具有五个基本元素：积极互赖、个人责任、促进性互动、社交技能适当的使用、小组协调。群件程序应该在它们的框架中明确包含这五个元素。

我们也有必要进行纵向研究来跟踪计算机支持的合作学习的使用，时间上至少一学年，理想状况应是几年。虽然对技术初始使用的短期研究是有益的，但研究计算机支持的合作学习的长期效果是绝对必要的。

有人也许会对技术支持的教学是否会增加教育产出的不平等性(Becker 和 Sterling, 418
1987)。在合作中，学习使用技术的学生将比那些没有使用技术的学生更有优势，也将会得到更多涉及技术的学习机会。

技术的倡导者看到的是教学技术的革新时代的即将来临，但是，教育史专家却指出，事实上过去 100 年课堂教学缺乏持久、深刻的变革。Lepper 和 Gurtner (1989)指出对学校系统产生影响的最近的技术是黑板。通常新的技术仅仅以一种不干涉日常课堂实践的方式出现，这就注定它们可以被忽略或被摒弃而不打断课堂的进行。同样，软件选择也常常是用来支持现有课堂实践的而不是用来改变现有教学。因此，我们需要更多的研究来考察在实际教学过程中的合作学习和学习技术的整合与规范化问题。

小结

我们生活在一个网络化的、信息化的社会，必须学会用团队和技术来应付我们学习、工作和生活的复杂性。为使得教育能发展青少年儿童的技术和团队工作能力，我们必须跨越历史遗留的、与技术支持教学相关的个体假设的阻碍，把合作学习的使用作为教学的固有部分。当技术与合作学习相结合时，技术得到更有效的使用。一个合作学习小组必须在学习情境中具备五种元素：积极互赖、促进性互动、个体责任、社交技能和小组协调。四种类型的合作学习包括正式合作学习、非正式合作学习、基于合作的小组和学术论争。合作学习方法在世界范围内的广泛应用是基于结构良好的理论(如社会互赖理论)基础，这些结构良好的理论已被大量的研究证实，其实践操作程序已被应用到各个层次的教育当中。技术支持的合作学习能够促进学生学习成就(学业收获和技术习得过程)、改善学生态度(对于技术和合作学习)、促进学生健康发展(认知发展、学习控制、社交能力)、与小组成员建立积极的人际关系，而且技术支持的合作学习对不同成绩的学生以及男女生都有积极的影响，同时也有利于提高技术的成本效益和推动群件和硬件的革新。

上述研究表明合作学习与技术支持的教学二者优势互补。技术用得越多，越有必要使用合作学习。例如，计算机能控制工作流、监控准确性、提供电子反馈和进行计算。合作学习能给学习者提供一种归属感，提供解释和总结学习内容、共享心智和社会模型机会，尊重和认同组员的努力、鼓励发散思维，以及支持对理论学习和技术使用的人际反馈。

教育革新很少具有技术支持的合作学习的帮助。合作和技术的结合，有可能将要改变课程的传播模式、教学方式，以及教室和学校生活的本质。在这个领域，我们仍需要更多的理论、研究与实践来帮助实现这些可能性。

[1] Harter (1978) 动机理论认为能力较强的个体也对成就有着较高的期望，因此也会付出更多的努力和毅力去追求一个特定的目标。Harter, S. (1978), Effectance motivation reconsidered: toward a developmental model, Human Development, 21,34 - 64。

[2] SenseMaker 是作为 KIE (http://kie. berkeley. edu/KIE. html)项目的一部分而开发的软件工具，用于帮助学习者理解不同网络资源间的关系。

[3] CoVis 是一个由成千上百个学生和老师以及研究人员组成的社区(http://ww2010. atmos. uiuc. edu/(Gh)/guides/crclm/prjct/home. rxml)，致力于探索在教室里思考和实践科学的新方法。

[4] Ronald Azuma (1997)指出增强现实是一个同时包括虚拟现实和真实世界的环境。借助计算机技术，可以将虚拟的物体和真实的环境实时叠加到同一个画面或空间。增强现实是对现实世界的补充而不是对它的取代。比如计算机用户戴上眼镜可以看到现实世界，还可以看到计算机图像被投射到这个世界上面。Ronald. T. Azuma. A survey of augmented reality [J], Teleoperators and Virtual Enviroments, 1997,6 (4):355 - 385.

(刘晓镜 译，闫志明 一校，詹春青、王洪荣 二校)

参考文献

Adams, D., Carson, H., and Hamm, M. (1990). *Cooperative Learning and Educational Media*. Englewood Cliffs, NJ: Educational Technology Publications.

Ahuja, M. K. and Carley, K. M. (1998). Network structure in virtual organizations. *J. Comput.-Mediated Commun.*, 3 (4) (http://jcmc. indiana. edu/vol3/issue4/ahuja. html).

Allen, R. (2001). Technology and learning: how schools map routes to technology's promised land. *ASCD Curric. Update*, Fall, 1 - 3,6 - 8.

Amigues, R. and Agostinelli, S. (1992). Collaborative problem-solving with computer: how can an interactive learning environment be designed? *Eur. J. Psychol. Educ.*, 7(4),325 - 337.

Anderson, A., Mayes, T., and Kibby, M. (1995). Small group collaborative discovery learning from hypertext. In *Computer Supported Collaborative Learning*, edited by C. O'Malley, pp. 23 - 38. Heidelberg: Springer-Verlag.

Baker, C. (1985). The microcomputer and the curriculum: a critique. *J. Curric. Stud.*, 17,449 - 451.

Baker, M.J. (2003). Computer-mediated argumentative interactions for the co-elaboration of scientific notions. In *Arguing to Learn: Confronting Cognitions in Computer-Supported Collaborative Learning Environments*, edited by J. Andriessen, M. Baker, and D. Suthers, pp. 47 - 78. Dordrecht: Kluwer.

Baker, M.J. (2004). Recherches sur l'elaboration de connaissances dans le dialogue [Research on knowledge elaboration in dialogues]. *Synthese pour l'habilitation a diriger les recherches*. Université Nancy 2.

Bandura, A. (1977). *Social Learning Theory*. Englewood Cliffs, NJ: Prentice Hall.

419 Battista, M. and Clements, D. (1986). The effects of LOGO and CAI problem-solving environments on problem-solving abilities and mathematics achievement. *Comput. Hum. Behav.*, 2, 183 - 193.

Baylor, A. L. (2002). Expanding preservice teachers' metacognitive awareness of instructional planning through pedagogical agents. *Educ. Technol. Res. Dev.*, 50(2),5 - 22.

Beane, W. and Lemke, E. (1971). Group variables influencing the transfer of conceptual behavior. *J. Educ. Psychol.*, 62(3),215 - 218.

Becker, H. (1984). *School Uses of Microcomputers: Reports from a National Survey*, Issue No. 6. Baltimore, MD: The Johns Hopkins University Press.

Becker, H. and Sterling, C. (1987). Equity in schools computer use: national data and neglected considerations. *J. Educ. Comput. Res.*, 3,289 - 311.

Bell, P. (2001). Using argument map representations to make thinking visible in the classroom. In *CSCL2: Carrying Forward the Conversation*, edited by T. Koschmann, R. Hall, and N. Miyake, pp. 449 - 485. Mahwah, NJ: Lawrence Erlbaum Associates.

Berndt, T., Perry, T., and Miller, K. (1988). Friends' and classmates' interactions on academic tasks. *J. Educ. Psychol.*, 80,506 - 513.

Biocca, F. (2003). Toward a more robust theory and measure of social presence: review and suggested criteria. *Presence*, 12(5),456 - 480.

Bonk, C. and King, K. (1998a). Computer conferencing and collaborative writing tools: starting a dialogue about student dialogue. In *Electronic Collaborators: Learner-Centered Technologies for Literacy, Apprenticeship, and Discourse*, edited by C. Bonk and K. King, pp. 3 - 24. Mahwah, NJ: Lawrence Erlbaum Associates.

Bonk, C. and King, K., Eds. (1998b). *Electronic Collaborators: Learner-Centered Technologies for Literacy, Apprenticeship, and Discourse*. Hillsdale, NJ: Lawrence Erlbaum Associates.

Britton, J. (1990). Research currents: second thoughts on learning. In

Perspectives on Small Group Learning: Theory and Practice, edited by M. Brubacher, R. Payne, and K. Richett, pp. 3 - 11. Oakville, Ontario: Rubicon.

Brush, T. (1997). The effects on student achievement and attitudes when using integrated learning systems with cooperative pairs. *Educ. Technol. Res. Dev.*, 45(1),51 - 64.

Carlson, H. and Falk, D. (1989). Effective use of interactive videodisc instruction in understanding and implementing cooperative group learning with elementary pupils in social studies. *Theory Res. Soc. Educ.*, 17(3),241 - 158.

Carrier, C. (1984). Do learners make good choices? A review of research on learner control in instruction. *Instruct. Innovator*, 29(2),15 - 17.

Carrier, C. and Sales, G. (1987). Pair versus individual work on the acquisition of concepts in a computer-based instructional lesson. *J. Comput.-Based Instruct.*, 14(1),11 - 17.

Chernick, R. and White, M. (1981). *Pupils' Interaction with Microcomputers vs. Interaction in Classroom Settings*. New York: Teachers College Press.

Chernick, R. and White, M. (1983). Pupil Cooperation in Computer Learning vs. Learning with Classroom Materials. Paper presented at New York State Psychological Association Meeting, May, Liberty, NY.

Clements, D. and Nastasi, B. (1985). Effects of computer environments on social-emotional development: LOGO and computer-assisted instruction. *Comput. Schools*, 2(2/3),11 - 31.

Clements, D. and Nastasi, B. (1988). Social and cognitive interaction in educational computer environments. *Am. Educ. Res. J.*, 25,87 - 106.

Cockayne, S. (1991). Effects of small group sizes on learning with interactive videodisc. *Educ. Technol.*, 31(2),43 - 45.

Cosen, M. and English, J. (1987). The effects of grouping, self-esteem, and locus of control on microcomputer performance and help seeking by mildly handicapped students. *J. Educ. Comput. Res.*, 3,443 - 460.

Cox, D. and Berger, C. (1985). The importance of group size in the use of problem-solving skills on a microcomputer. *J. Educ. Comput. Res.*, 1, 459 - 468.

Crook, C. (1994). *Computers and the Collaborative Experience of Learning*. London: Routledge.

Cuban, L. (1986). *Teachers and Machines: The Classroom Use of Technology Since 1920*. New York: Teachers College Press.

Dalton, D. (1990a). The effects of cooperative learning strategies on achievement and attitudes during interactive video. *J. Comput.-Based Instruct.*, 17, 8 - 16.

Dalton, D. (1990b). The Effects of Prior Learning on Learner Interaction and Achievement During Cooperative Computer-Based Instruction. Paper presented at the Annual Meeting of the American Educational Research Association, April 16 - 20, Boston, MA.

Dalton, D., Hannafin, J., and Hooper, S. (1987). Effects of individual and cooperative computer-assisted instruction on student performance and attitudes. *Educ. Technol. Res. Dev.*, 37(2),15 - 24.

Dalton, D., Hannafin, M., and Hooper, S. (1989). Effects of individual and cooperative computer-assisted instruction on student performance and attitudes. *Educ. Technol. Res. Dev.*, 37(2),15 - 24.

Davis, J. and Huttenlocher, D. (1995). Shared annotation for cooperative learning. In *Proceedings of CSCL95: First International Conference on Computer Support for Collaborative Learning*. Mahwah, NJ: Lawrence Erlbaum.

Dees, R. (1991). The role of cooperative learning in increasing problem-solving ability in a college remedial course. *J. Res. Math. Educ.*, 22(5), 409 - 421.

Deutsch, M. (1949). A theory of cooperation and competition. *Hum. Relat.*, 2,129 - 152.

Deutsch, M. (1962). Cooperation and trust: some theoretical notes. In *Nebraska Symposium on Motivation*, edited by M. R. Jones, pp. 275 - 319. Lincoln, NE: University of Nebraska Press.

Dillenbourg, P. (1999). What do you mean by collaborative learning? In *Collaborative-Learning: Cognitive and Computational Approaches*, edited by P. Dillenbourg, pp. 1 - 19. Oxford: Elsevier.

Doering, A. (2006). Adventure learning: transformative hybrid online education. *Dist. Educ.*, 27(2),197 - 216.

Doering, A. (in press). Adventure learning: situating learning in an authentic context. *Innovate-J. Online Educ.*

Doering, A. and Veletsianos, G. (in press). Multi-scaffolding learning environment: an analysis of scaffolding and its impact on cognitive load and problem-solving ability. *J. Educ. Comput. Res.*

Doering, A., Veletsianos, G., and Yerasimou, T. (in press). Conversational agents and their longitudinal afffordances on communication and learning. *J. Interact. Learn. Res.*

Druckman, D., Rozelle, R., and Baxter, J. (1982). *Nonverbal Communication: Survey, Theory, and Research*. Beverly Hills, CA: Sage. 420

Dwyer, D. (1994). Apple classrooms of tomorrow: what we've learned. *Educ. Leadership*, 51(7),4 - 10.

Dyer, L. (1993). An Investigation of the Effects of Cooperative Learning on Computer Monitored Problem Solving. Ph. D. dissertation. Minneapolis: University of Minnesota.

Eraut, M. (1995). Groupwork with computers in British primary schools. *J. Educ. Comput. Res.*, 13(1),61 - 87.

Federico, P. (1980). Adaptive instruction: trends and issues. In *Aptitude, Learning, and Instruction*. Vol. 1. *Cognitive Process Analysis of Aptitude*, edited by R. Snow, P. Federico, and W. Montague, pp. 1 - 26. Hillsdale, NJ: Lawrence Erlbaum Associates.

Fishman, B. and Gomez, L. (1997). How activities foster CMC tool use in classrooms. In *Proceedings of the Second International Conference on Computer Support for Collaborative Learning (CSCL'97)*, December 10 - 14, Toronto, Canada, edited by R. Hall, N. Miyake, and N. Enyedy, pp. 37 - 44. Mahwah, NJ: Lawrence Erlbaum Associates.

Fletcher, B. (1985). Group and individual learning of junior high school children on a micro-computer-based task. *Educ. Rev.*, 37,252 - 261.

Fletcher-Flinn, C. and Gravatt, B. (1995). The efficacy of computer assisted instruction (CAI): a meta-analysis. *J. Educ. Comput. Res.*, 12 (3),219 - 241.

Funk, J. B., Hagen, J. D., and Schimming, J. L. (1999). Children and electronic games: a comparison of parent and child perceptions of children's habits and preferences in a United States sample. *Psychol. Rep.*, 85, 883 - 888.

Garhart, C. and Hannafin, M. (1986). The accuracy of cognitive monitoring during computer-based instruction. *J. Comput.-Based Instruct.*, 13, 88 - 93.

Gunawardena, C. N. and Zittle, F. J. (1997). Social presence as a predictor of satisfaction within a computer-mediated conferencing environment. *Am. J. Dist. Educ.*, 11(3),8 - 26.

Hannafin, M. (1984). Guidelines for using locus of instructional control in the design of computer-assisted instruction. *J. Instruct. Dev.*, 7(3),6 - 10.

Hannafin, M. and Rieber, L. (1989). Psychological foundations of instructional design for emerging computer-based interactive technologies, Part II. *Educ. Technol. Res. Dev.*, 37(2),102 - 114.

Hativa, A. (1988). Computer-based drill and practice in arithmetic: widening the gap between high- and low-achieving students. *Am. Educ. Res. J.*, 25(3),366 - 397.

Hawkins, S., Sheingold, K., Gearhart, M., and Berger, C. (1982). Microcomputers in schools: impact on the social life of elementary classrooms. *J. Appl. Dev. Psychol.*, 3,361 - 373.

Hiltz, S. R. (1998). *Collaborative Learning in Asynchronous Learning Networks: Building Learning*, http://web.njit.edu/~hiltz/collaborative_learning_in_asynch.htm.

Homans, G. C. (1961). *Social Behavior: Its Elementary Forms*. New York: Harcourt, Brace and World.

Hooper, S. (1992a). Effects of peer interaction during computer-based mathematics instruction. *J. Educ. Res.*, 85(3),180 - 189.

Hooper, S. (1992b). Cooperation learning and computer-based instruction. *Educ. Technol. Res. Dev.*, 40(3),21 - 38.

Hooper, S. (2003). The effects of persistence and small group interaction during computer-based instruction. *Comput. Hum. Behav.*, 19,211 - 220.

Hooper, S. and Hannafin, M. (1988). Cooperative CBI: the effects of heterogeneous versus homogeneous groups on the learning of progressively complex concepts. *J. Educ. Comput. Res.*, 4(4),413 - 424.

Hooper, S. and Hannafin, M. (1991). The effects of group composition on achievement, interaction, and learning efficiency during computer-based cooperative instruction. *Educ. Technol. Res. Dev.*, 39(3),27 - 40.

Hooper, S., Ward, T., Hannafin, M., and Clark, H. (1989). The effects of aptitude composition on achievement during small group learning. *J. Comput.-Based Instruct.*, 16,102 - 109.

Hooper, S., Temiyakarn, C., and Williams, M. (1993). The effects of cooperative learning and learner control on high- and average-ability students. *Educ. Technol. Res. Dev.*, 41(2),5 - 18.

Huang, C. (1993). The Effects of Feedback on Performance and Attitude in Cooperative and Individualized Computer-Based Instruction. Ph. D. dissertation, Minneapolis: University of Minnesota.

Hythecker, V., Rocklin, T., Dansereau, D., Lambiotte, J., Larson, C., and O'Donnell, A. M. (1985). A computer-based learning strategy training module: development and evaluation. *J. Educ. Comput. Res.*, 1(3), 275-283.

Inkpen, K., Booth, K., Klawe, M., and Upitis, R. (1995). Playing together beats playing apart, especially for girls. In *Proceedings of CSCL 1995: The First International Conference on Computer Support for Collaborative Learning*, edited by J. Schnase and E. Cunnius, pp. 177-181. Hillsdale, NJ: Lawrence Erlbaum Associates.

Isenberg, R. (1992). Social skills at the computer. *Cooperative Link*, 2(6), 1-2.

Jarvela, S. (1996). New models of teacher-student interaction: a critical review. *Eur. J. Psychol. Educ.*, 6(3), 246-268.

Jaspers, J. and Erkens, G. (2002). *VCRI: Virtual Collaborative Research Institute*, Version 1.0. Utrecht, the Netherlands: Utrecht University.

Johnson, D. W. (1970). *Social Psychology of Education*. New York: Holt, Rinehart and Winston. *

Johnson, D. W. (1991). *Human Relations and Your Career*. Englewood Cliffs, NJ: Prentice Hall.

Johnson, D. W. (2003). Social interdependence: the interrelationships among theory, research, and practice. *Am. Psychol.*, 58(11), 931-945.

Johnson, D. W. (2006). *Reaching Out: Interpersonal Effectiveness and Self-Actualization*, 9th ed. Boston, MA: Allyn & Bacon.

Johnson, D. W. and Johnson, F. (2006). *Joining Together: Group Theory and Group Skills*, 9th ed. Boston, MA: Allyn & Bacon. *

Johnson, D. W. and Johnson, R. (1979). Conflict in the classroom: controversy and learning. *Rev. Educ. Res.*, 49, 51-70.

Johnson, D. W. and Johnson, R. (1986). Computer-assisted cooperative learning. *Educ. Technol.*, 26(1), 12-18. *

Johnson, D. W. and Johnson, R. (1989). *Cooperation and Competition: Theory and Research*. Edina, MN: Interaction Book Company. *

Johnson, D. W. and Johnson, R. (1995). *Creative Controversy: Intellectual Challenge in the Classroom*, 3rd ed. Edina, MN: Interaction Book Company.

Johnson, D. W. and Johnson, R. (2003). Controversy and peace education. *J. Res. Educ.*, 13(1), 71-91.

Johnson, D. W. and Johnson, R. (2005). New developments in social interdependence theory: the interrelationships among theory, research, and practice. *Genet. Soc. Gen. Psychol. Monogr.*, 131(4), 285-358.

Johnson, D. W., Johnson, R., and Richards, P. (1986a). A scale for assessing student attitudes toward computers: preliminary findings. *Comput. Schools*, 3(2), 31-38.

421 Johnson, D. W., Johnson, R., Richards, S., and Buckman, L. (1986b). The effect of prolonged implementation of cooperative learning on social support within the classroom. *J. Psychol.*, 119, 405-411. *

Johnson, D. W., Johnson, R., and Stanne, M. (1989). Impact of goal and resource interdependence on problem-solving success. *J. Soc. Psychol.*, 129(5), 621-629.

Johnson, D. W., Johnson, R., Stanne, M., and Garibaldi, A. (1990). The impact of leader and member group processing on achievement in cooperative groups. *J. Soc. Psychol.*, 130, 507-516.

Johnson, D. W., Johnson, R., and Holubec, E. (2002). *Circles of Learning*, 5th ed. Edina, MN: Interaction Book Company.

Johnson, D. W., Johnson, R., and Smith, K. (2006). *Active Learning: Cooperation in the College Classroom*, 3rd ed. Edina, MN: Interaction Book Company. *

Johnson, R., Johnson, D. W., and Stanne, M. (1985). Effects of cooperative, competitive, and individualistic goal structures on computer-assisted instruction. *J. Educ. Psychol.*, 77, 668-677.

Johnson, R., Johnson, D. W., and Stanne, M. (1986c). A comparison of computer-assisted cooperative, competitive, and individualistic learning. *Am. Educ. Res. J.*, 23, 382-392.

Johnson, R., Johnson, D. W., Stanne, M., Smizak, B., and Avon, J. (1987). *Effect of Composition Pairs at the Word Processor on Quality of Writing and Ability to Use the Word Processor*. Minneapolis, MN: University of Minnesota.

Kelley, H. and Thibaut, J. (1978). *Interpersonal Relations: A Theory of Interdependence*. New York: Wiley.

Keeler, C. and Anson, R. (1995). An assessment of cooperative learning used for basic computer skills instruction in the college classroom. *J. Educ. Comput. Res.*, 19(4), 379-393.

Khalili, A. and Shashaani, L. (1994). The effectiveness of computer applications: a meta-analysis. *J. Res. Comput. Educ.*, 27(1), 48-62.

Kiesler, S., Siegel, J., and McGuire, T. (1984). Social psychological aspects of computer-mediated communication. *Am. Psychol.*, 39(10), 1123-1134.

King, A. (1989). Verbal interaction and problem solving within computer-assisted cooperative learning groups. *J. Educ. Comput. Res.*, 5(1), 1-15.

Klopfer, E. and Squire, K. (in press). Environmental detectives: the development of an augmented reality platform for environmental simulations. *Educ. Technol. Res. Dev.*

Koffka, K. (1935). *Principles of Gestalt Psychology*. New York: Harcourt, Brace.

Kreijns, K. (2004). Sociable CSCL Environments: Social Affordances, Sociability, and Social Presence. Ph. D. dissertation. Heerlen: Open University of the Netherlands.

Kreijns, K., Kirschner, P. A., and Jochems, W. (2003). Identifying the pitfalls for social interaction in computer-supported collaborative learning environments: a review of the research. *Comput. Hum. Behav.*, 19, 335-353.

Lee, M. (1993). Gender, group composition, and peer interaction in computer-based cooperative learning. *J. Educ. Comput. Res.*, 9(4), 549-577.

Lehtinen, E. and Repo, S. (1996). Activity, social interaction and reflective abstraction: learning advanced mathematics in a computer environment. In *International Perspectives on the Design of Technology Supported Learning Environments*, edited by S. Vosniadou, E. DeCorte, R. Glaser, and H. Mandl, pp. 105-128. Mahwah, NJ: Lawrence Erlbaum Associates.

Lehtinen, E., Hamalainen, S., and Malkonen, E. (1998). Learning Experimental Research Methodology and Statistical Inference in a Computer Environment. Paper presented at the Annual Meeting of the American Educational Research Association, April, San Diego, CA.

Lepper, M. and Gurtner J. (1989). Children and computers: approaching the twenty-first century. *Am. Psychol.*, 44(2), 170-178.

Lesgold, A., Weiner, A., and Suthers, D. (1995). Tools for Thinking About Complex Issues. Paper presented at the 6th European Conference for Research on Learning and Instruction, August 26-31, Nijmegen, the Netherlands.

Levin, J. and Kareev, Y. (1980). Problem-solving in everyday situations. *Q. Newslett. Lab. Compar. Hum. Cogn.*, 2, 47-51.

Lin, J., Wu, C., and Liu, H. (1999). Using SimCPU in cooperative learning laboratories. *J. Educ. Comput. Res.*, 20(3), 259-277.

Love, W. (1969). *Individual Versus Paired Learning of an Abstract Algebra Presented by Computer Assisted Instruction*. Tallahassee: Florida State University.

McAlister, S., Ravenscroft, A., and Scanlon, E. (2004). Combining interaction and context design to support collaborative argumentation using a tool for synchronous CMC. *J. Comput. Assist. Learn.*, 20(3), 194-204.

McConnell, D. (1994). Managing open learning in computer supported collaborative learning environments. *Stud. Higher Educ.*, 19(3), 175-191.

McDonald, C. (1993). Learner-Controlled Lesson in Cooperative Learning Groups During Computer-Based Instruction. Ph. D. dissertation. Minneapolis: University of Minnesota.

McGuire, T., Kiesler, S., and Siegel, J. (1987). Group and computer-mediated discussion effects in risk decision making. *J. Pers. Soc. Psychol.*, 52, 917-930.

McInerney, V., McInerney, D., and Marsh, H. (1997). Effects of metacognitive strategy training within a cooperative group learning context on computer achievement and anxiety: an aptitude-treatment interaction study. *J. Educ. Psychol.*, 89(4), 686-695.

Mehrabian, A. (1971). *Silent Messages*. Belmont, CA: Wadsworth.

Mevarech, Z. (1993). Who benefits from cooperative computer-assisted instruction? *J. Educ. Comput. Res.*, 9(4), 451-464.

Mevarech, Z., Stern, D., and Levita, I. (1987). To cooperate or not to cooperate in CAI: that is the question. *J. Educ. Res.*, 80(3), 164-167.

Mevarech, Z., Silber, O., and Fine, D. (1991). Learning with computers in small groups: cognitive and affective outcomes. *J. Educ. Comput. Res.*, 7(2), 233-243.

Milheim, W. and Martin, B. (1991). Theoretical bases for the use of learner control: three different perspectives. *J. Comput.-Based Instruct.*, 18(3), 99-105.

Muirhead, B. (2004). Encouraging interaction in online classes. *Int. J. Instruct. Technol. Dist. Learn.*, 1(6).

Muller, A. and Perlmutter, M. (1985). Preschool children's problem-solving interactions at computers and jigsaw puzzles. *J. Appl. Dev. Psychol.*, 6, 173-186.

Munneke, L., van Amelsvoort, M., and Andriessen, J. (2003). The role of diagrams in collaborative argumentation-based learning. *Int. J. Educ. Res.*, 39, 113-131.

Nastasi, B. and Clements, D. (1992). Social-cognitive behaviors and higher-order thinking in educational computer environments. *Learn. Instruct.*, 2, 215 - 238.

Nastasi, B., Clements, D., and Battista, M. (1990). Social-cognitive interactions, motivation, and cognitive growth in LOGO programming and CAI problem-solving environments. *J. Educ. Psychol.*, 82, 150 - 158.

Noell, J. and Carnine, D. (1989). Group and individual computer-based video instruction. *Educ. Technol.*, 29(1), 36 - 37.

Ocker, R.J. and Yaverbaum, G. (1999). Asynchronous computer-mediated communication versus face-to-face collaboration: results on student learning, quality, and satisfaction. *Group Decis. Negot.*, 8, 427 - 440.

Okey, J.R. and Majer, K. (1976). Individual and small-group learning with computer-assisted instruction. *AV Commun. Rev.*, 24(1), 79 - 86.

O'Mahony, S. and Barley, S. (1999). Do digital telecommunications affect work and organization? The state of our knowledge. *Res. Org. Behav.*, 21, 125 - 161.

Papert, S. (1980). *Mindstorms: Children, Computers, and Powerful Ideas.* New York: Basic Books. *

Pauli, C. and Reusser, K. (1997). Supporting collaborative problem solving: supporting collaboration and supporting problem solving. In *Proc. of Swiss Workshop on Collaborative and Distributed Systems*, May 2, Lausanne, Switzerland.

Pea, R.D., Edelson, E., and Gomez, L. (1994). The CoVis Collaboratory: High School Science Learning Supported by a Broadband Education Network with Scientific Visualization, Videoconferencing, and Collaborative Computing. Paper presented at the Annual Meeting of the American Educational Research Association, April 4 - 8, New Orleans, LA.

Piaget, J. (1950). *The Psychology of Intelligence.* New York: Harcourt. *

Pilkington, R. and Walker, A. (2003). Facilitating debate in networked learning: reflecting on online synchronous discussion in higher education. *Instruct. Sci.*, 31, 41 - 63.

Postthast, M. (1995). Cooperative Learning Experiences in Introductory Statistics. Paper presented at the Annual Meeting of the American Educational Research Association, April 18 - 22, San Francisco, CA.

Prusak, L. and Cohen, D. (2001). *In Good Company: How Social Capital Makes Organizations Work.* Cambridge, MA: Harvard Business School Press.

Reeves, B. and Nass, C. I. (1996). *The Media Equation: How People Treat Computers, Television, and New Media as Real People and Places.* Cambridge, U.K.: Cambridge University Press.

Regin, G. (1990). The effects of individualized and cooperative computer assisted instruction on mathematics achievement and mathematics anxiety for prospective teachers. *J. Res. Comput. Educ.*, 22, 404 - 412.

Reigeluth, C. M. and Stein, F. S. (1983). The elaborative theory of instruction. In *Instructional Design Theories and Models*, edited by C. M. Reigeluth, pp. 335 - 382. Hillsdale, NJ: Lawrence Erlbaum Associates.

Repman, J. (1993). Collaborative, computer-based learning: cognitive and affective outcomes. *J. Educ. Comput. Res.*, 9(2), 149 - 163.

Rocklin, T., O'Donnell, A., Dansereau, D., Lambiotte, J., Hythecker, V. I., and Larson, C. (1985). Training learning strategies with computer-aided cooperative learning. *Comput. Educ.*, 9(1), 67 - 71.

Rourke, L. (2000). Operationalizing social interaction in computer conferencing. In *Proc. of the 16th Annual Conf. of the Canadian Association for Distance Education*, http://www.ulaval.ca/aced2000cade/english/proceedings.html.

Rourke, L., Anderson, T., Garrison, D.R., and Archer, W. (1999). Assessing social presence in asynchronous textbased computer conferencing. *J. Dist. Educ.*, 14(3), 51 - 70.

Rubin, A. (1983). The computer confronts language arts: cans and shoulds for education. In *Classroom Computers and Cognitive Science*, edited by A. Wilkinson, pp. 201 - 218. San Diego, CA: Academic Press.

Rysavy, D. and Sales, G. (1991). Cooperative learning in computer-based instruction. *Educ. Technol., Res. Dev.*, 39(2), 70 - 79.

Salomon, G. (1983). The differential investment of mental effort in learning from different sources. *Educ. Psychol.*, 18(1), 42 - 50.

Salomon, G. (1985). Information technologies: what you see is not (always) what you get. *Educ. Psychol.*, 20(4), 207 - 216. *

Scardamalia, M., Bereiter, C., McLearn, R., Swallow, J., and Woodruff, D. (1989). Computer supported intentional learning environments. *J. Educ. Comput. Res.*, 5(1), 51 - 68. *

Scardamalia, M., Bereiter, K., and Lamon, M. (1994). The CSILE project: trying to bring the classroom into world 3. In *Classroom Lessons: Integrating Cognitive Theory and Classroom Practice*, edited by K. McGilly, pp. 201 - 228. Cambridge, MA: Bradford Books/MIT Press.

Shlechter, T. (1990). The relative instructional efficiency of small group computer-based training. *J. Educ. Comput. Res.*, 6, 329 - 341. *

Short, J., Williams, E., and Christie, B. (1976). *The Social Psychology of Telecommunications.* London: Wiley.

Siegel, J., Dubrovsky, V., Kiesler, S., and McGuire, T. (1986). Group processes in computer-mediated communication. *Organ. Behav. Hum. Dec. Proc.*, 37, 157 - 187.

Simsek, A. and Hooper, S. (1992). The effects of cooperative versus individual videodisc learning on student performance and attitudes. *Int. J. Instruct. Media*, 19(3), 209 - 218. 422

Simsek, A. and Tsai, B. (1992). The impact of cooperative group composition on student performance and attitudes during interactive videodisc instruction. *J. Comput.-Based Instruct.*, 19(3), 86 - 91.

Skinner, B. (1968). *The Technology of Teaching.* New York: Appleton-Century-Crofts. *

Snow, R. (1980). Aptitude, learner control, and adaptive instruction. *Educ. Psychol.*, 15, 151 - 158. *

Sproull, L. and Kiesler, S. (1991). Computers, networks and work. *Sci. Am.*, 65, 116 - 123.

Squire, K. (2006). From content to context: videogames as designed experience. *Educ. Res.*, 35(8), 19 - 29.

Steinberg, E. R. (1977). Review of student control in computer-assisted instruction. *J. Comput.-Based Instruct.*, 3(3), 84 - 90.

Steinberg, E. R. (1984). *Teaching Computers to Teach.* Hillsdale, NJ: Lawrence Erlbaum Associates.

Steinberg, E. R. (1989). Cognition and learner control: a literature review, 1977 - 1988. *J. Comput.-Based Instruct.*, 16(4), 117 - 124. *

Stephenson, S. (1992). Effects of student-instructor interaction and paired/individual study on achievement in computer-based training (CBT). *J. Comput.-Based Instruct.*, 19(1), 22 - 26. *

Susman, E. (1998). Cooperative learning: a review of factors that increase the effectiveness of cooperative computer-based instruction. *J. Educ. Comput. Res.*, 18(4), 303 - 332.

Suthers, D. D. (1998). *Computer Aided Education and Training Initiative*, Technical Report 12. Pittsburgh, PA: Learning and Research Development Center, University of Pittsburgh.

Suthers, D. D. (2001). Towards a systematic study of representational guidance for collaborative learning discourse. *J. Universal Comput. Sci.*, 7(3), 254 - 277.

Suthers, D. D. (2003). Studies of representational support for collaborative inquiry with Belvedere. In *Arguing to Learn: Confronting Cognitions in Computer-Supported Collaborative Learning Environments*, edited by J. Andriessen, M. Baker, and D. Suthers, pp. 27 - 46. Dordrecht: Kluwer. 423

Suthers, D.D. and Hundhausen, C. D. (2003). An experimental study of the effects of representational guidance on collaborative learning processes. *J. Learn. Sci.*, 12(2), 183 - 218.

Sutton, S. (1996). Planning for the twenty-first century: the California State University. *J. Am. Soc. Inform. Sci.*, 47(11), 821 - 825.

Tennyson, R.D., Christensen, D., and Park, O. (1984). The Minnesota Adaptive Instructional System: a review of its theory and research. *J. Comput.-Based Instruct.*, 11(1), 2 - 13. *

Tobias, S. (1987). Mandatory text review and interaction with student characteristics. *J. Educ. Psychol.*, 79, 154 - 161.

Trevino, L., Lengel, R., and Daft, R. (1987). Media symbolism, media richness, and media choice in organizations: a symbolic interactionist perspective. *Commun. Res.*, 14, 553 - 574.

Trowbridge, D. and Durnin, R. (1984). *Results from an Investigation of Groups Working at the Computer.* Washington, D. C.: National Science Foundation.

Tu, C.H. and Corry, M. (2002). The Relationships of Social Presence, Tasks, and Social Relationships in Online Learning Environment. Paper presented at the Annual Meeting of the American Educational Research Association, April 1 - 5, New Orleans, LA.

Tu, C.H. and McIsaac, M.S. (2002). An examination of social presence to increase interaction in online classes. *Am. J. Dist. Educ.*, 16(3), 131 - 150.

Underwood, G. and McCaffrey, M. (1990). Gender differences in a cooperative computer-based language task. *Educ. Res.*, 32, 44 - 49.

van Bruggen, J.M., Boshuizen, H.P.A., and Kirschner, P.A. (2003). A cognitive framework for cooperative problem solving with argument visualization. In *Visualizing Argumentation: Software Tools for Collaborative and Education Sense-Making*, edited by P. A. Kirschner, S. J. Buckinghan Shum, and C.S. Carr, pp. 25 - 47. London: Springer.

Veerman, A. L. (2000). Computer-Supported Collaborative Learning through Argumentation. Ph. D. dissertation. Utrecht, the Netherlands: Utrecht University.

Veletsianos, G. (2006). Contextual Pedagogical Agents: Stereotypes and First Impressions and their Impact on Student Learning and Perceptions of Agent Persona. Master's thesis. Minneapolis: University of Minnesota.

Veletsianos, G. (2007). Conversing with intelligent agents: a phenomenological exploration of communication with digital entities. Paper presented at the Annual Meeting of the American Educational Research Association, April 9 - 13, Chicago, IL.

Vygotsky, L. (1978) *Mind in Society*. Cambridge, MA: Harvard University Press. *

Webb, N. (1984). Microcomputer learning in small groups: cognitive requirements and group processes. *J. Educ. Psychol.*, 76, 1076 - 1088.

Webb, N., Ender, P., and Lewis, S. (1986). Problem solving strategies and group processes in small group learning computer programming. *Am. Educ. Res. J.*, 23(2), 243 - 261.

Weinberger, A., Etrl, B., Fischer, F., and Mandl, H. (2005). Epistemic and social scripts in computer-supported collaborative learning. *Instruct. Sci.*, 33, 1 - 30.

Wertheimer, M. (1923). Untersuchungen zur Lehre von der Gestalt: II. *Psychologische Forschung*, 4, 301 - 350.

Whitelock, D., Scanlon, E., Taylor, J., and O'Shea, T. (1995). Computer support for pupils collaborating: a case study on collisions. In *Proceedings of CSCL 1995: The First International Conference on Computer Support for Collaborative Learning*, edited by J. Schnase and E. Cunnius, pp. 380 - 384. Hillsdale, NJ: Lawrence Erlbaum Associates.

Wellman, B., Salaff, J., Dimitrova, D., Garton, L., Gulia, M., and Haythornwaite, C. (1996). Computer networks as social networks: collaborative work, telework, and virtual community. *Annu. Rev. Soc.*, 22, 213 - 238.

Williams, D. (2003). The video game lightning rod. *Inform. Commun. Soc.*, 6(4), 523 - 550.

Wizer, D. R. (1987). Cooperative learning with microcomputers. *Pointer*, 32, 31 - 33.

Yager, S., Johnson, D. W, and Johnson, R. (1985). Oral discussion, group-to-individual transfer, and achievement in cooperative learning groups. *J. Educ. Psychol.*, 77(1), 60 - 66.

Yager, S., Johnson, R., Johnson, D. W., and Snider, B. (1986). The impact of group processing on achievement in cooperative learning groups. *J. Social Psychol.*, 126, 389 - 397.

Yeuh, J. and Alessi, S. (1988). The effects of reward structure and group ability composition on cooperative computer-assisted instruction. *J. Comput.-Based Instruct.*, 15, 18 - 22.

---

* 表示主要参考文献。

34

教育实践中的认知学徒制模式

Vanessa P. Dennen 和 Kerry J. Burner

426 **摘要**

认知学徒制是一个学习者通过认知和元认知技能和过程，向更有经验的人学习的过程。本章探究了认知学徒制的要素，首先提供了定义和历史境脉，然后对研究作了一个综述。该研究综述由以下三部分组成：关于认知学徒制过程在教育中应用的整体路向的研究；关于该过程的组成部分的研究，如脚手架支撑或辅导；关于实践共同体中的认知学徒制活动的研究。关于技术和认知学徒制交叉部分的研究贯穿于这三部分的研究之中，反映了基于社会学习理论，特别是基于认知学徒制理论的系统化设计的、以计算机为媒介的教学的稳定增长趋势。实证研究证实了理论所表明的大多数结果：(1)认知学徒制模式是对学习如何发生的精确描述；(2)从日常生活的观察中提炼的教学策略可以应用到更加正式的学习情境中，并取得正面的效果。本章的结尾呼吁进行更系统和整合的研究，以开发出支持基于认知学徒制模式的教学设计、教学和学习的指导原则。

关键词

学徒制：经验丰富的人通过演示、支持和示例帮助经验不足的人的过程。

清晰表达：在认知学徒制中，用言语表达反思性行为的结果。

指导：在认知学徒制中，帮助和支持学习者的认知活动。

认知学徒制：运用认知和元认知技能和过程去引导学习的学徒制过程。

实践共同体：参与到共同活动中的一群人；可以是正式的，也可以是非正式的。

探究：在认知学徒制中，为追寻学问而形成和检验个人假设。

建模：在认知学徒制中，演示思维过程。

反思：在认知学徒制中，自我分析和自我评估。

脚手架：提供给学习者的支持，以帮助他们达到超越他们当前能力的技能水平；关于脚手架的重要一点是，在学习者获得被支撑的技能后要反过来移除支架。

情境性：情境或控制和塑造人类生活的有影响的事件和要素的集合。

最近发展区：维果茨基提出的一个术语，描述学习者的当前技能水平和学习者经帮助可能到达的下一个技能水平之间的区域。

引言

远在教育成为大学里的一个研究领域之前——事实上，甚至远在大学诞生之前——人类就已经开始通过学徒制进行学习。简单说来，它是一个经验丰富的人帮助一个经验不足的人，提供支持和示例，最终使经验不足的人获得新的知识和技能的过程。学徒制是父母教会孩子怎样系鞋带的过程，是一个人学会成为厨师或裁缝的过程。在前一个例子中，人们不会期望孩子看看父母的演示就能在没有帮助的情况下一下子学会系鞋带。同样，一位新厨师从切佐料或配菜这些简单任务开始，逐渐过渡到自己学会准备所有菜肴或食物，这看起来是合乎逻辑的。大的技能常常被分解为小的技能，同时提供支架，这样给予新手学徒的任务就处于学徒当前的能力水平或最近发展区(Vygotsky, 1978)之内。对于学徒制来说，同样关键的是，任务必须反映真实的技能，而不仅仅是课堂式的练习。

学徒制项目形成于许多职业教育项目。例如，一位学徒要成为熟练电工，就必须经历不同层次的学徒制。然而，学徒制的教育价值不仅仅局限于学习心因动作技能或职业领域。学徒制也完全适用于认知和元认知学习过程，并可出现在正式和非正式学习环境中。本章首先对与认知学徒制模式相关的概念进行了简单描述，接着呈现了构成该模式的教学策略。最后，它对关于认知学徒制及其分支教学策略的运用的最新研究进行了归纳。

对认知学徒制的界定 427

认知学徒制——被 Collins 等人(1989,456 页)界定为“通过引导性经验学习认知和元认知技能和过程，而不是身体技能和过程”——其根源在于社会学习理论。一个人不可能独自参与到认知学徒制中，而是在学习的最初阶段依靠专家演示(建模)和指引(指导)。学习者挑战一些难度稍高于他们自己能够独立完成的任务时，必须依靠他人的帮助并与他人合作完成这些任务。换句话说，学习者必须与更有经验的他人一起学习，并逐渐从最初的观察过渡到积极的实践。认知学徒制中的学习任务在本质上是整体性的(参见本手册中第 35 章关于整体任务模型的论述)，而且随着学习者的经验逐渐丰富，任务的复杂性和多样性也逐渐增加。认知学徒制学习相对于传统课堂教学方法的主要优势在于能看到专家实践中微妙、内隐的要素，而这些在讲课或知识传递模式中是不可能被阐释清楚的。

与认知学徒制相关的教学策略和模式

尽管认知学徒制能在没有干预的情况下轻易地自行发生，但某些教学策略是该理论的标志，可以有意地加以实施以支撑学习。通过认知学徒制进行的有意图的教学和学习要求使内隐的过程对学习者来说变得可视，这样他们能够观察并实践它们(Collins 等,1989)。这个基本模式包括以下策略：

- 建模——演示思维过程
- 指导——必要时帮助和支撑学生的认知活动(包括脚手架)
- 反思——自我分析和评价
- 清晰表达——说出反思的结果
- 探究——形成和检验某人自己的假设

应该指出，这些策略指的是教师或专家的行动；认知学徒制中的学习者参与到观察、实践和反思等行动中。

Collins 及其同事(1989)的模式一般被认为是基本模式,但也有一些学者提出了稍有不同的版本。Gallimore 和 Tharp (1990)发现了六种脚手架的帮助形式:(1)教学;(2)提问;(3)建模;(4)反馈;(5)认知结构化;(6)权变管理。Enkenberg (2001)增加了脚手架和解释作为关键策略。LeGrand Brandt 等(1993)提出了一个由建模(包括行为建模和认知建模)、逼近、脚手架淡出、自我指导学习和概括构成的序列模式。Liu (2005)将认知学徒制方法用于支持职前教育,为教学设计者提供了一个基于网络的三阶段认知学徒制模式,最初是建模—观察阶段,接着是脚手架—实践阶段,最后是指引—概括阶段,三阶段之间呈现出一种动态关系。这些模式之间的相似之处在于它们依靠一些教学策略为学习者提供指导并让学习者参与不同的实践,直到不再需要指导为止。

与认知学徒制相关的概念

认知学徒制文献中经常讨论的四个关键概念是:(1)情境性;(2)合法的边缘性参与;(3)引导性参与;(4)实践共同体中的成员资格。

情境性

情境学习是经由学习者参与到真实任务或场景而发生的积极学习(Lave 和 Wenger, 1991)。情境或情境性反映了文化、历史和制度因素影响我们日常生活行为的方式(Brown 等, 1989; Rogoff, 1990; Wertsch, 1998)。发生在应用情境中的学习被认为更可能促进实践。例如,你是愿意接受仅仅受过课堂训练的人提供的治疗呢,还是愿意接受在临床中受到过真实训练的人的治疗呢? 正如 Brown 等人(1998,230 页)指出的,"学习的中心问题是成为一个实践者,而不是学习有关实践的东西。"当前的教育体系,特别是大学,常因其提供的教育将学习和实践分离,从而导致不能帮助学生为未来的工作做好充分准备而受到批评(Enkenberg, 2001)。换句话说,这些体系之所以受到批判,是因为它们缺乏情境性,未能让学习者借助于文化工具和自然实作条件去参与真实的实践。

428 合法的边缘性参与

在认知学徒制中,主要进行观察的新手被认为是合法的边缘性参与者。实质上,这个标签将观察确认为一种学习活动。期望某位新手成为某项活动的充分参与者是不合理的。新手不仅要学习需要完成的整体任务和它们的评价标准,而且要了解组成这些整体任务的子任务。学徒可以通过从边缘位置上观察整个过程来获得最初经验。一旦了解了大的图景,参与就可从边缘性的变成积极的,学习者完成较大任务中的更小的部分,同时从某位更有经验的人那里获得迭代反馈。此时,这位学习者不再是一位边缘性的参与者,而是一位越过边界走向内部的参与者,开始更多地被视为共同体实践的内部成员。

引导性参与

引导性参与是认知学徒制的社会要素。通常,引导是在一个人自然地参与到日常生活时内隐地提供的(Rogoff, 1990);引导性参与有内在的情境性的成分。引导性参与要想成功,必须发生在学习者的最近发展区(ZPD)内。正如维果茨基(1978)最初所界定的,最近发展区是刚好超出学习者当前能力水平的一个动态区间;正在获取新技能和理解的学习者的最近发展区随着学习者的发展而移动。这个真实表现和潜在表现之间的区域是通过学习者和经验丰富的人之间的社会交互来测量的——这位经验丰富的人可能是教师、家长,甚至是能干的伙伴。Tharp 和 Gallimore (1988)运用了一个四阶段模型来描述学习者在最近发展区内学习、内化知识,然后又在新界定的最近发展区内开始学习这样一个动态和循环的过程。Rogoff (1990,16 页)指出,除了个人的认知发展以外,文化的学习和发展也是最近发展区内教学和学习的结果:

> 最近发展区内的交互是发展和文化的熔炉,因为它们允许儿童运用那些自身必须适应当前特定实践活动的文化工具参与到他们本不能独自进行的活动。

这个观点再次强调了经由认知学徒制发生的学习的情境性本质和社会关联性。

实践共同体

尽管学习型组织和机构寻求在正式学习情境中实施认知学徒制要素,认知学徒制却经常自然地发生于实践共同体中(CoP)。实践共同体是正式或非正式地结合在一起的一群人,他们参与并认同共同的实践。某学区的教育工作者,或单簧管演奏者专业组织的成员,都是实践共同体的例子。将这些人聚集到一起构成一个实践共同体的三个关键要素是:

- 相互投入——一个共享的任务或兴趣,以及一个随之获得的身份
- 共同事业——一套共同的共同体标准和期望
- 共享智库——一套将该实践共同体和其他实践共同体区分开来的共同话语

Wenger (1998)提出了下面的轨迹,作为实践共同体中的成员资格获得的模式:

- 边缘性成员——指某人还未成为共同体的内部成员,但参加到共同体事务(如在课堂中充当志愿者的家长)
- 正走向内部的成员——指一位正逐渐成为共同体事务充分参与者的成员(如师范生或新手教师)
- 内部成员——指一位已经成为共同体中充分参与的成员(如教师)
- 边界性成员——指某人不是共同体中的充分参与者,但把不同的技能或服务带入到共同体中来进行参与(如一位技术专家)
- 正走向外部的成员——一位准备离开共同体的人(如一位正转向管理岗位或打算退休的教师)

尽管一个人可以从某个轨迹点上进入共同体,然后转移到其他点上(比如,从越过边界走向内部的成员成为内部成员,最后成为越过边界走向外部的成员),这条路线并不是强制性的。学习不一定通过不同轨迹水平上的参与者交互而发生,例如,教师专业发展就可以通过同伴互惠教学而发生(Glazer 和 Hannafin, 2006)。在许多情况下,轨迹之间的移动是灵活的,尽管一些共同体可能有与这些标签相一致的正式成员资格层级。这些标签的用途在于它们有助 429

于理解人们参与实践共同体或认知学徒制的不同方式。

关于认知学徒制的研究

关于认知学徒制的研究一直在稳定增加，并在许多方面与其他建构主义学习理论和方法的研究重合。在本章，我们试图囊括关于认知学徒制实证研究的最新报告，理论著作或那些仅仅描述教学项目、软件或实践要素的作品并未涵盖进来。我们按照研究焦点将这些研究分为：(1)教学场景中实施的整体认知学徒制模式；(2)与认知学徒制有关的个体教学策略(辅导、脚手架)；(3)实践共同体中的认知学徒制。然而，我们应该指出，考虑到概念和策略的相关性，这种区分多少带有人为的性质。另外，我们这个文献回顾仅限于那些主要关注认知学徒制和相关策略的研究。那些关于行业或职业学徒制的研究在此不作讨论，因为它们可能更关注那些与认知问题解决技能无关的事情。同样，那些仅仅提到与认知学徒制相关的教学策略，但未明晰地聚焦于这些策略怎样与认知学徒制相关的研究也未被包含进来。在排除了这些研究后，本章便不是一个能穷尽一切的章节，但它能反映目前正在进行的各种研究。

认知学徒制实施的研究

关于认知学徒制的研究既包含了对组成部分的研究，也包含了对整体的研究。这些组成部分通常被理解为 Collins 等人(1989)提出的教学阶段，而整体则包括发生在某特定时间和地点的一些事件的过程，在此过程中独特的个体共同建构一系列学徒制时刻。这些研究试图发现不同场景不同人群间认知学徒制情节的关键要素。认知学徒制对于那些秉持建构主义学习或教学取向的网络学习环境设计者特别具有吸引力。同样，认知学徒制开始在K－12 教育和教师教育项目中得到应用，这两种应用都已成为研究情境。

多媒体环境中的认知学徒制

一个主流的看法是，多媒体环境和网络环境可通过设计来用于支撑认知学徒制过程。这些环境中有许多聚焦于运用认知学徒制的一个或数个策略，这在本章后面会进行讨论，但也有一些着眼于怎样运用整个认知学徒制模式。Wang 和 Bonk (2005)提议把认知学徒制模式作为构建群组环境的基础。Seel 和 Schenk (2003)运用了一个活动序列安排与 Collins 等(1989)相同的认知学徒制模式，旨在开发一个多媒体系统来支持基于模型的学习。他们对五个复制性研究的形成性评价表明，认知学徒制可以作为多媒体学习环境设计的有效指南，但脚手架是最薄弱的一点。他们的发现也证实了一些计算机指导中(Lajoie 和 Lesgold, 1989)将认知学徒制和多媒体进行整合(Casey, 1996)的早期研究。总体上，在一个程序化设计的环境中满足个体学习者的需要已被证明具有挑战性，但在支持学习方面有光明的前景；鉴于此，研究者和开发者正继续寻找一些在多媒体环境中实施认知学徒制要素的途径。

高等教育中的认知学徒制

高等教育中的许多认知学徒制研究都聚焦于教师教育项目。有两项研究尤其代表了教师教育领域内所做的关于认知学徒制的研究类型：de Jager 等人(2002)和 Liu (2005)都研究了认知学徒制和教师培训。在第一个研究中,参与者在认知学徒制环境中参加培训;在第二个研究中,运用认知学徒制方法对参与者进行培训。

de Jager及其同事们(2002)针对中小学在职教师的教学设计行为进行研究,其结果简单说来,就是教师培训导致教师教学行为的变化。具体说来,他们的研究用认知学徒制方法或直接教学法,为教师提供阅读理解方面的培训,然后将他们的行为与运用既定课程方法的控制组教师进行比较。两个实验小组都表现出了教学行为的变化;然而,两位作者得出结论说,转向使用认知学徒制教学方法和转向使用直接教学方法的难易度相当。由于这两种方法都是基于建构主义理论的,两位作者进一步得出结论说,根据他们的研究,"把学习和教学上的新的 430
理论观点转换成日常学校实践"是可能的(de Jager等,2002, p. 841)。

认知学徒制环境也可用于帮助培训职前教师。Liu (2005)研究了基于网络的认知学徒制学习环境在职前教学教育中的效果。与传统的课堂方法相比,基于网络的认知学徒制方法导致了更好的行为表现和制定教学计划的态度。

其他研究者尝试将认知学徒制模式用于诸如教学技术(Darabi, 2005)、护理(Cope等,2000)、化学(Stewart和Lagowski, 2003)和工程等领域,同时也研究了认知学徒制如何从整体上影响高等教育的教学实践。Hendricks (2001)进行了一个实验研究,以判断认知学徒制是否能比传统教学更容易导致知识迁移,结果发现实验组在后测中有更大的收获,但在两周后的迁移活动中并未表现出明显的优势。

K-12教育中的认知学徒制

教师在认知学徒制学习环境中,通过认知学徒制学习环境进行培训,反过来又为他们的学生创设认知学徒制学习环境。学生们是如何看待这些环境的呢?他们从中受益吗?Tsai (2005)开发并检验了一个问卷,随后将其用于判断学生对基于计算机的科学教学的态度;其中一个量表问及了认知学徒制。参与调查的学生表示,与其他环境相比,他们更喜欢那些将概念和实践关联起来的学习环境。Tsai指出,在为特定群体的学习者设计教学环境时,考虑学生的认识论信念和学习偏好是有用而基本的环节。Teong (2003)在他的研究干预中没有应用有关学习者偏好的信息;相反,该研究调查了运用应用题问题解决策略CRIME进行元认知训练对采用基于认知学徒制的教学软件WordMath的实验小组的学习的效果。从时间和决策质量上看,受过元认知训练的实验组在应用题问题解决技能方面,都远远优于其他学生。

对辅导的研究

"辅导"一词常常让人们想起一些正式项目,在这些项目中,有经验的从业者与不太有经验的从业者配对并向其提供新的职业或环境指导。辅导项目和关于怎样开发和参与这些项目的指导非常普遍,但公开发表的实证评述则少得多。通过内部评价或非正式评价进行的对这些项目及其有效性的研究很可能比已发表的要多。另外,也有一些研究调查了不同的辅导实践或策略,以及运用技术来支持辅导的情况。

正式的辅导项目

对青年辅导项目(Jekielek 等,2002)的十个评价的综述表明,它们的影响体现在多个领域,包括学业成就(在出勤、态度和继续教育方面,尽管不一定以分数的形式)、健康和安全(在预防和减少负面行为方面)、社会和情感发展。富有成效的辅导实践被发现是结构化的、定期的会面、辅导者培训和培养,以及对被辅导者的需求而不是辅导者的期望的强调。

Lucas (2001)研究了一个为六年级学生开设的校外辅导项目。辅导者是为学分而选修课程的大学本科生,被辅导者是被承诺会得到学业成绩上的支持的志愿者。Lucas 发现,辅导者和被辅导者的关系很大程度上取决于个人因素,包括个人偏好、先前经验、目标和期望等。实质上,经验的本质超越了任何传统的定义或可能发生的训练,很大程度上受到参与其中的个体的影响。Lucas 还发现,当聚焦于一个被辅导者不能独自成功完成的活动时,人们就会更急切地建立辅导者和被辅导者之间的互动。

Langer (2001)在纽约州立大学(SUNY)帝国学院(ESC)进行的关于强制性辅导的本质的研究中发现,他得出的结果和关于辅导的理论文献中的主流观点不同。文献更强调辅导者和被辅导者之间建立密切的人际关系,而 Langer 观察到的是一个几乎完全聚焦于目标达成的过程。Langer 和帝国学院所指的辅导可能更符合指导的定义,更聚焦于任务而不是关系。

Billet (2000)研究了一个为期 6 个月的正式工作场所辅导项目中被辅导者的学习过程。
431 这个长时间的介入使他能够发现对被辅导者的发展有影响的学习资源和策略。辅导者在工作坊中接受培训,这些工作坊采用了引导性学习策略,例如提问、建模和指导,并帮助他们找到将这些策略用于他们工作场所的办法。参与日常工作被发现对被辅导者发展有最大的影响,这支持了情境认知概念。Billet 认为引导性学习策略的运用加强了这种参与。提问、建模和指导被认为是最有用的,而像图表和类比那些不太常用的策略则被认为没有那么重要。

Young 和 Perrewé (2000)考察了职业和社会支持因素,以及它们怎样影响参与者对成功辅导关系的看法,结果发现,当被辅导者参与到职业支持行为中时,辅导者的期望通常得到了满足。反过来,被辅导者倾向于用他们得到的社会支持的数量来衡量他们辅导关系的成功。Young 和 Perrewé 将这种感知上的差别归结为辅导者的现有地位,能使他们聚焦于与辅导目标(职业提升)直接相关的成功,而那些新手还不能预测特定的与职业相关的行为的影响,但他们会寻求鼓励和友谊,并将之作为指标,以表明他们正在按被期望的方式进行实作。

Bonnett 等人(2006)研究了使用电子辅导项目的科学家和生物专业的大学生组成的 20 对辅导者和被辅导者结对情况。结果发现,那些更有效的搭档的发帖量更多且更加结构化,更聚焦于主题而不是关系管理方面的问题。

Hudson 等(2005)选择了 5 个与辅导有效性相关的因素(个人特征、系统要求、教学法知识、建模和反馈),设计并检验了一个基于小学科学教学文献的工具。该工具名为"为有效的小学科学教学提供辅导"(Mentoring for Effective Primary Science Teaching, MEPST),用来评价被辅导者根据自己的实习和见习经历对辅导者所持的看法。

因特网鼓励对异地环境中辅导者和学习者的辅导进行探索。一系列研究调查了一个称为"网上会议"(COW)的项目中对职前教师在线辅导的效果。该项目持续数年,涉及到国际上其他学校和大学的教师和职前教师之间的协作(Bonk 等,2000,2001a, b)。课后的调查和访谈表明,学生很珍视他们所得到的辅导,并认为以计算机为媒介的论坛是一个合适的平台。学生反思的质量还不够理想,还需要进一步研究来为在线环境开发更好的脚手架和辅导策略。

辅导策略

整合性教学是一个可用的辅导策略。在该策略中,辅导者在向被辅导者进行解释时,将理论和实践结合起来。Hayward 等人(2001)发现,大多数辅导者提供的信息远远超出了被辅导者的需要。三分之一的辅导者使用的一个共同策略是专家推动,即辅导者不直接回答被辅导者的问题,而是提出一些反问,以帮助被辅导者找到正确的答案。

在一个考察大学生物理疗法课堂运用电子同伴辅导的效果的质性研究中,研究者发现,辅导者和被辅导者都通过反思和清晰表达过程而学有所获(Hayward 等,2001)。被辅导者从辅导者的故事和经验中受益,这些故事和经验使得学习更具体更真实,辅导者通过将理论与实际联系起来又强化了已学会的概念。同样,在一项对大学里的辅导进行的研究中,Beck (2004)发现,将写作课程和工程系的课程结合起来,可以帮助学生更好地学会怎样写实验报告。在这个例子中,写作教师提供的辅导关系延伸到了工程学课程中。

同伴相互之间也可充当辅导者,学习者在有些情况下能自己发现他们的知识与学习目标之间的差距,也能发现哪些同伴能帮助自己达成学习目标。参与学习小组,请求同伴帮助是许多教育场景中普遍的实践活动,因为学习者意识到,他们的同伴能经常提供他们所需要的帮助。Loong (1998)研究了两位参与以计算机为媒介的数学任务的学生之间所发展起来的同伴学徒制。最初,学生们有不同的方法,各自独立地学习,其中一位学生更关注数学规则,而另一位更聚焦于概念。然而,过了一段时间,那个聚焦规则的学生发现自己需要那个关注概念的学生的专长,于是他就以学徒身份加入,和同伴一起学习。

Pear 和 Crone-Todd (2002)考察了在一门课程中使用电脑并以一种与社会建构主义信条相符的方式为大学生提供反馈的途径,该课程运用了一个被称为“计算机辅助的个性化教学系统”(Computer-aided Personalized System of Instruction, CAPSI)的教学系统。根据脚手架的概念,课程材料都按照便于管理的单元进行安排。在所开发的同伴—导师模式中,更能干的 432
学习者在一个开放性问题实践测试环境中向他们的同学提供反馈。尽管这个研究的结果表明,这个方法确实能确保学生得到大量反馈,而且教学者能够控制整个过程,但它未提及这种干预对接受反馈的学生和提供反馈的同伴辅导者的学习过程的影响。

对脚手架的研究

关于脚手架的研究聚焦于需要多少脚手架,需要什么类型的脚手架以及怎样最好地向个体和小组提供脚手架等方面。脚手架这个术语出现在很多研究中,但并没有总是得到恰当的应用。Pea (2004)认为这个术语有点被过度使用,以至于它已丧失了其本意和重要性。

他将其本源追溯到由 Wood 等人(1976)所发表的一篇文章,该文将其与最近发展区概念紧密相联。脚手架本来是一种帮助儿童完成在没有帮助情况下不能完成的事情的工具。这个概念所蕴涵的理念是,脚手架在不再需要时(最近发展区已随着学习而发生了变化)可以拆除。Pea (2004)一针见血地指出,在许多已发表的研究中,我们已经从讨论能移除的脚手架转向了一种不同的理解:支撑实作表现的脚手架。Pea 特别指出,许多所谓的基于软件的脚手架,事实上成了永远不会从学习者那儿移除的实作支持。但也有可能这些所谓的面向实作表现的脚手架研究中,有一些反映的是脚手架可以移除的情况,但没有包含在本研究的范围之内。

关于脚手架拆除的典型描述常见于关于互惠教学的文献中(Brown 和 Palincsar, 1989; Palincsar 和 Brown, 1984; Palincsar 等, 1993; Rosenshine 和 Meister, 1994)。Roehler 和 Cantlon (1997)对脚手架拆除进行了明确的研究。他们在两个社会建构主义的课堂中研究了脚手架的应用,探索了在小学语言教学中发生的学习会话中的脚手架的种类和特点。随着时间流逝,学生们在这种环境中逐渐承担起更多的学习责任,教师所用的脚手架的数量逐渐减少。Bean 和 Patel Stevens (2002)获得的结果却与此多少有点冲突。在他们研究脚手架怎样影响师范生的反思过程时,他们发现,学生在书面作业时遵循了脚手架给出的模式,但未在实质意义上超越这个脚手架。两位作者得出结论,尽管脚手架支撑有清晰的效果,却不能帮助实现所有教育目标;这个发现也许反映了脚手架的一个内在问题(特别是面向实作表现的脚手架),换句话说,它表明这一脚手架并不能充分满足学习者的需求。

分布式脚手架和最近发展区

教师在课堂上面临的一个重大挑战在于,他们不得不教授那些处于不同最近发展区的学习者。在一个班级里,许多学生的最近发展区也许相似,但也可能一些学生的最近发展区截然不同。有些研究者认识到,学习者要成功完成那些刚刚超出他们能力的任务,脚手架应该为此提供额外的支持,他们已开始研究怎样灵活地设计脚手架去满足不同学生的需要。

Savery (1998)发现了一些证据,表明不是所有学习者都需要同样数量的脚手架。他指出,在一门商务写作课程中,教师应用了 Gallimore 和 Tharp (1990)所提出的六种形式的脚手架支持。当然,根据学生需要,所提供的每种脚手架数量有所不同。教学、提问、建模和认知结构化是教师与学生交互的一部分。反馈通过对学生作业的打分和评论来进行。最后,尽管权变管理被设计到课程中,学生可能因为无益的行为而面对不良后果,但总体上权变管理未得到明确说明。

Puntambekar 和 Kolodner (2005)研究了通过设计来学习科学的学生。他们应用学习者的设计日记作为他们设计活动的脚手架。结果表明,一种形式的脚手架不足以随时满足所有学习者的要求,因此她们提出了"分布式脚手架"概念。分布式脚手架背后的基本理念是,提供更多数量和种类的脚手架支撑,从而更可能通过有意义的方式有效地支撑每一位学生的学习过程。

根据每个教学干预不必局限于一种脚手架这个观点,Tabak (2004)讨论了分布式脚手架如何在本质上能协同增效，例如，学生既可以使用具有内嵌脚手架的软件，也可以依靠教师即时提供的脚手架。这两种形式的脚手架一起使用，比单独使用一种能提供更强大的学习支持。 433

教师提供的脚手架策略

基于会话的脚手架是教师在课堂场景中回应学习者学习需要时，不知不觉采用的指导形式之一。为了研究基于会话的脚手架，研究者主要调查师生之间发生的交互，以及这些交互怎样支持不同项目中的学习过程。教师的脚手架可能看起来是一个静默活动因而不能立即观察到，但它对于好教师来说是一个常备因素(Masters 和 Yelland, 2002)。通过静默的监控，教师能够在恰当时间进入某个小组来询问问题或提出备选方案，并在这些支持不再需要时将他们移除。

确定学生需求是该研究的一个驱动力。Rasku-Puttonen 等(2003)发现，学生在进行长期的基于问题的学习活动时，需要广泛的脚手架以及充分的反思机会。教师回应学习者自我调节时的灵活性也被认为是很重要的。Tabak 和 Baumgartner (2004)调查了当教师和学生之间分别建立起对称(伙伴式的)或不对称(辅导式的)关系时教师建模的有效性。对称和不对称关系导致了不同的话语结构，影响着对文化工具的掌握。他们建议教师充当伙伴角色，去帮助那些被认为能学习科学概念的学生的发展。Meyer 和 Turner (2002)发现，没有脚手架的课堂会话(如直接教学或聚焦于目标问题)在培养数学学习者自我调节方面，不如有脚手架的会话那么有效。

学生们需要脚手架帮助的另一个方式是将任务结构化(Tharp, 1993)，它包括以下活动，如"组块、排序、细化、回顾或任何其他将任务及其构件结构化，以便使其符合学习者最近发展区的手段" (Sugar 和 Bonk, 1998, p. 142)。作为对该理论的支持，Dennen (2000)发现，将任务组块和排序等形式的脚手架有助于激发学生的动机，使他们更聚焦于基于任务的学习目标，而不是任务的项目管理要素。尽管该研究着眼于一个过去的项目，脚手架拆除在其中没有出现，但在更大的课堂情境中，研究者可能在后续项目中移除这些脚手架。

脚手架支撑不局限于课堂情境，与父母的早期交互就是一种理想的脚手架，引导儿童经历各种新的经验(Rogoff, 1990)。Neitzel 和 Stright (2003)研究了母亲们怎样为自己学龄前孩子的问题解决实作提供脚手架，然后测量了儿童在幼儿园课堂中的自我调节能力。他们发现，母亲学历越高，就越可能为自己孩子的学习提供支撑，并让儿童参与元认知会话，反过来这些行为又使儿童在课堂中表现出了更高的任务持久性和行为控制。

基于软件的脚手架

随着教育软件变得日益成熟，基于软件的脚手架成了一个越来越让人感兴趣的主题。Reiser (2004)认为，基于软件的脚手架满足两个主要目的。第一，它可以用来帮助提供学习任务的结构，引导学习者经历主要阶段或任务，在恰当时机给予他们提示。第二，它能用来创设一个问题空间，让学习者在该空间内探究内容。这两种脚手架可以协同作用，也可能相互冲突。基于软件的脚手架在设计时应权衡各种因素，比如说普及程度、学习者控制和学习者选择，以便为学习者提供支架而不使其觉得烦闷或被过度指导。

Shabo 等人(1997)在 Graphica* 这一关于制图学习的计算机环境中设计了脚手架。Graphica 提供的脚手架以资源(提示,即专家过程的描述)、指导(对学生作品进行基于计算机的评论,这些评论根据需要随时提供)和清晰表达(新闻组,即一种嵌入程序的人际交互形式)等形式嵌入在学习练习中。在对 Graphica 进行的形成性评价中,他们发现许多学生不确定应该怎样应用不同的构件支持他们的学习过程。实践练习和可视化构件很受欢迎,但诸如专家分析和提示之类的脚手架却用得不多。对 Graphica 和类似程序的用户的挑战在于,他们必须有足够的元认知发展来确定他们自己的学习需求,且他们的学习目标也必须与嵌入该系统的目标相符合。

为了满足元认知发展这个目标,Graesser 等人(2005)设计了支持探究和元认知的基于计算机的学习环境。他们开发了一些教学代理,这些代理既能对自我解释建模,又能指导学生发
434 展元认知策略,这表明计算机是一个支持深层元认知思维发展和进行解释性推理的有效工具。Land 和 Zembal-Saul (2003)同样发现,基于软件的脚手架对于清晰表达和反思过程是有用的支撑。

Davis 和 Linn (2000)以及 Davis (2003)研究了在一个由 Bell 等人(1995)开发的名为知识整合环境(KIE)的基于计算机的系统中,运用提示去支持学习科学的中学生的反思过程。这个系统通过在相关活动中给予学生提示来支撑科学过程,如识别支持论断所需的证据,判断所呈现的证据是否充分等。Davis 和 Linn (2000)在两个相关研究中发现,KIE 中的反思性提示促进了那些进行科学项目的学生们的知识整合。他们认为,回应自我监控提示的反思性清晰表达能帮助学生更好地评价他们的理解,从而让他们参与知识整合。

在 2003 年 Davis 主持的一项研究中,将学生进行配对,或者接受一般性提示,让学生们在活动的某个环节上交换想法,或者是接受针对性提示。接受一般性提示的学习者比那些得到更密集支撑或控制性的直接提示的学习者更可能对他们所参与的整个项目形成连贯的理解。学习者自主也是一个因素,自主的学习者从一般性提示中得到最大的理解收获。

被嵌入和整合到 KIE 中的针对性提示对于这些学习者可能太有限或过于狭隘,或者不能给予他们足够的挑战。因此,看看在线会话脚本编写方面的最新研究结果非常有趣(Choi 等,2005; Jonassen 和 Remidez, 2005; Makitalo 等,2005)。另外,计算机不可能像教师那样以一种微妙和个性化的方式满足学习者的独特需要,这使得程序很难充分和持续地识别每个学习者的最近发展区(Ainsworth 等, 1998)。这项研究也间接地支持了 Tabak (2004)和 Puntambekar、Kolodner (2005)对于使用分布式脚手架支撑的呼吁。

脚手架和计算机支持的协作学习

以计算机为媒介的人类交互者可以提供脚手架。这种形式的脚手架与基于软件的支持的差异在于它是一个活生生的人运用基于计算机的工具去支撑另外一个人的实作。当我们逐渐远离在线环境中通常围绕静态内容进行扁平交互的信息传递学习模式时,学习者中心的策略在这里就显得非常重要(Bonk 和 Dennen, 2007)。脚手架被认为对深刻的异步讨论的发

---

* A computer-based environment focused on graphics learning. 一种强调图形学习的基于计算机的环境。——译者注

展是至关重要的(Oliver 和 Herrington, 2000);然而,在在线环境中,脚手架支撑隐喻虽具有吸引力,但也令人困惑并存在问题(McLoughlin, 2002)。为什么在线环境中的脚手架如此富有挑战性呢?部分是因为它提出了是否依赖教师和学习者的传统角色这个问题。McLoughlin 建议了各种依靠脚手架的技术干预,包括:计算机支持的有意图学习环境(CSILEs),它是一个协作学习空间,教师在该空间内是一个促进者,学生承担交流和创造知识制品的任务(Scardamalia 和 Bereiter, 1994);智能导师系统(ITSs),该系统能帮助分解和管理具体的任务;基于目标的情节(GBSs),能让学生参与真实的任务,在需要时以任务帮助和提示的形式提供基于计算机的资源和脚手架(Schank 等,1999)。其他基于 CSILE 的最新研究揭示了知识论坛这个提供知识建构脚手架的项目怎样影响了学生的学习(Bereiter 和 Scardamalia, 2003; Lax 等,2004; Nason 和 Woodruff, 2003; Oshima 等,2003)。该领域的研究经常应用基于设计的研究方法(参见本手册第 54 章)。

Oshima 和 Oshima (2001)研究了通过会话脚手架去改进新手学习的方式,特别是研究了使用 WebCSILE 工具支持他们的互动。对两个小组的会话进行比较分析发现,虽然以理解为目标的学生主要在元认知层面上讨论内容,而那些以综合为目标的学生却没有如此。另外,同样被给予写作提示和日程表作为额外支持的那个小组的写作质量也没有提高。研究者觉得实际上支架在某些方面限制了所发生的互动。第二个小组的学习者将所提供的脚手架用于指示应该做什么事情,并非常严格地遵循其建议,如同任务清单一样。

Guzdial 和 Turns (2000)建议使用锚或学生希望讨论的那些主题去激发兴趣和动机。他们运用协作与多媒体交互学习环境(CaMILE),将抛锚式讨论与不具备 CaMILE 管理、促进和抛锚特征的新闻组工具的运用进行了比较,提出了抛锚式线索比非抛锚式线索更有效(参与 435
广泛,主题集中)的假设。一个考察多个班级参与度的初步研究结果表明,CaMILE 中的讨论线索要比新闻组中的线索更长,新闻组中的长度具有低变异性,但在 CaMILE 中具有高变异性。在活跃参与者的数量方面,两个工具之间没有显著差异。另一个研究聚焦于某一个班级内的讨论。这个研究表明,应用 CaMILE 的学生比应用新闻组的学生参与更加广泛,教师参与在信息的数量上体现更多,但信息的百分比更低。

实践共同体研究

认知学徒制在实践共同体内自然发生,Etienne Wenger (Wenger, 1998; Wenger 等, 2002)率先提出的实践共同体模型在过去 10 年被作为支持专业学习的一种方式来推进。这个把专业视为实践共同体的运动很大程度上与对组织性知识的重新思考和知识管理策略的发展相平行。许多研究者尤其对新员工在社会化地融入一个组织时的经验感兴趣。换句话说,新员工是通过观察更有经验同伴的实践进行学习和同化的吗?这个对处于边缘和正走向共同体内部轨迹的人的研究,有助于调查某组织内的先前经验和初始学习怎样才能塑造一个人在共同体内的经验和总体路线。

认知学徒制和新手的调适

Kammeyer-Mueller 和 Wanberg (2003)发现,社会化对新手的调适非常重要。该研究在有关新手调适的近端指标和远端指标的组织性发展会话的情境中,历经 12 个月四次搜集七个组织内的新来者的数据。除社会化以外,预备知识和积极个性也表明和正面调适相关。

Klein 等(2006)也对实践共同体内个体成员资格轨迹中的这个关键点表示关注,他们调查了某教育机构的 194 名新手员工在被雇佣前和雇佣时社会化经验的影响。他们发现,就角色清晰度、满足感和对组织的忠诚度方面而言,两个因素——预备知识的现实主义和代理人的帮助——对工作结果有正面影响。

Slaughter 和 Zickar (2006)发现,正如角色冲突和角色模糊两个变量所表明的那样,角色理解影响了新手怎样参与组织活动。他们得出结论,共同体内部成员的行为影响了新手的态度,这样一个人在进入共同体时和谁交互就非常重要。他们的研究是在某所大学的一个系里进行的,他们也发现,一个系内有或没有研究生活动也标志着不同的共同体联合。换句话说,有些学生会参与活动,这些活动表明他们对于自己所期望的职业的忠诚度会超过对他们系的忠诚度,因为他们知道对于系的忠诚不一定带来职业上的回报。

在对一家城区非营利组织的作家共同体的研究中,Beaufort (2000)探索了作家们所起的作用以及新手作家如何遵循学徒制模式被整合到共同体中。在这个例子中,研究者共观察了 15 个角色,包括新手一端的观察者、读者/研究者和办公室助理,专家一端的作者、发明者和指导者。新手作家和那些不太有经验的作家通过承担诸如办公室助理(一个专为新手预留的角色)这样的角色,使他们能广泛观察工作中的专家写作者,学会写作过程。结果表明,通过完成真实任务的社会过程来学习写作是有效的。研究者声称,相似的模式在学校场景中可能是有用的,因为学校场景中的写作传统上是个人化的、一般技能性的学习活动。

对认同发展的研究

认同发展——无论某人是否与某特定实践共同体有直接关联——也是研究者所感兴趣的。认同问题是 Klein 及其同事(2006)提出的,指的是那些更能理解组织并更好地发现自己在其中角色的人;然而,实践共同体并不内在地向那些边缘性的或正走向共同体内部的人传递一种认同感。Davis (2006)发现,一个人和实践共同体内的其他人,特别是和那些具有监
436 护能力的人士所确立的专业关系,能影响职业理疗师的轨迹和认同发展。Cope 等人(2000)发现护理实践共同体很愿意接受学生成员进入共同体,但他们的专业接受度取决于所展示的能力。这样,认同似乎和接受度相关,但成为一名成功的专业实践者还涉及到其他因素。

Varelas 等人(2005)研究了一群新教师将自己认同为一名科学家和认同为一名科学教师之间的关系。他们发现,当这些新教师让学生介入科学学习活动时,他们将自己认同为科学家,他们利用教学策略,如辅导、建模和清晰表达,这些都是认知学徒制的部分要素。随着时间推移,这些教师更加将自己认同为科学教师,试图在课堂内创设一个科学家共同体。

对共同体交互的研究

在论述教师和教师专业发展时也经常提到实践共同体。新教师通常从与更有经验的教师的交互中学到很多,包括怎样参与有关教学的会话(Smith, 2005);然而,Smith 发现,尽管学习会发生,但因为不同的个人需求和目标,不同轨迹上的多方之间的紧张关系并不总能被放松。

分布式脚手架(这在上文脚手架研究部分也进行过讨论)是应对一群学习者不同需要的一种方法,这种方法也可以将学习者聚集为一个秉持共同目标、在最近发展区内进行合作的共同体。Goos 等人(2002)研究了怎样在数学共同体内从事探究项目的学习者中开发出一个协作性的最近发展区。他们将学习者之间的交互编码为阅读、理解、分析、探究、计划、实施或验证(编码图式的例子可参见 Artzt 和 Armour-Thomas, 1992; Schoenfeld, 1992),也通过元认知行动对学生的交互进行编码。他们的发现表明,在一起学习的学习者之间的社会交互会导致协作性的最近发展区。

对实践共同体的研究不必局限于工作或学校场景中。Merriam 等人(2003)研究了非正式学习怎样通过执业巫师共同体内的社会交互而发生。通过与不同巫师集会的代表进行交谈,他们发现这些群体的成员资格非常符合 Wenger (1998)的实践共同体轨迹,正式和非正式的情境学习很普遍地发生着。

对认知学徒制研究的归纳

从以上对认知学徒制模式理论和研究的回顾中可以看出,专业的对话跨越了不同的研究领域、学习者群体和场景。实证研究已经证实了理论所表明的绝大多数观点:(1)认知学徒制模式是对学习怎样作为日常生活和社会交互的一部分而自然发生的精确描述;(2)从这些对日常生活的观察中提取的教学策略可以被应用于更正式的学习情境中并取得正面的效果。然而,总体上说,研究还是较零碎的,零零散散地分布在教育研究的不同领域中(如教师教育、多媒体教育、成人教育)。尽管这些研究中有许多以 Collins 等(1989)的研究作为框架,却很少是相互参考的,这可能部分是因为这方面的研究和发表圈子的诞生时间不长。

研究和实践中的未来步骤

关于认知学徒制的未来研究中,尤其有价值的两个领域可能是实践共同体的设计和基于技术的学习项目。情境学习的愈加普及,以及创建学习共同体去支持专业发展和组织性知识管理的愿望,都激发了对实践共同体有意图的设计。问题在于,这些共同体如何能被最好地设计和实施,或者说它们是否能被有意创设而不是自然发展。

计算机技术对认知学徒制的潜在影响已经就两个目的进行了探讨:运用计算机来提供学习支持,运用计算机来支持聚焦学习的会话。前者对研究者和开发者的挑战是双重的:(1)开发计算机支撑的认知学徒制的指导性原则,这些原则将贯穿于专利软件产品的开发中;(2)开发出能充分满足学习者个体需要和适时提供恰当支持的项目。就后者而言,关于远程学习和在线会话的文献尽管不是清晰地聚焦于认知学徒制,却可能为调查怎样在以计算机为媒介的学习环境中进行建模和指导,怎样鼓励清晰表达、反思和探究提供一个良好的开端。

437 最后,随着对认知学徒制模式研究的逐步成熟,如果能有更系统、整合的研究项目来开发基于该模式的指导原则以支持教学设计、教学和学习,这将是非常有帮助的。

(陈家刚 译,王 美 一校 刘玉玉、陈江涛 二校)

参考文献

Ainsworth, S., Wood, D., and O'Malley, C.(1998). There is more than one way to solve a problem: evaluating a learning environment that supports the development of children's multiplication skills. *Learn. Instruct.*, 8(2),141-157.

Artzt, A.F. and Armour-Thomas, E.(1992). Development of a cognitive-metacognitive framework for the study of interactions in the mathematics classroom. *Educ. Stud. Math.*, 41,1-29.

Bean, T.W. and Patel Stevens, L.(2002). Scaffolding reflection for preservice and inservice teachers. *Reflect. Pract.*, 3(2),205-218.

Beaufort, A.(2000). Learning the trade: a social apprenticeship model for gaining writing expertise. *Written Commun.*, 17(2),185-223.

Beck, A.(2004). Collaborative teaching, genre analysis, and cognitive apprenticeship: engineering a linked writing course. *Teaching English Two-Year Coll.*, 31(4),388-398.

Bell, P., Davis, E.A., and Linn, M.C.(1995). The Knowledge Integration Environment: Theory and Design. Paper presented at the Computer Supported Collaborative Learning Conference (CSCL'95), October 17-20, Bloomington, IN.

Bereiter, C. and Scardamalia, M.(2003). Learning to work creatively with knowledge. In *Powerful Learning Environments: Unravelling Basic Components and Dimensions*, edited by E. De Corte, L. Verschaffel, N. Entwistle, and J. van Merriënboer, pp.55-68. New York, Pergamon Press.*

Billet, S.(2000). Guided learning at work. *J. Workplace Learn.*, 12(7),272-285.

Bonk, C.J. and Dennen, V.P.(2007). Pedagogical frameworks for Web-based distance education. In *Handbook of Distance Education*, 2nd ed., edited by M.G. Moore, pp.233-246. Mahwah, NJ: Lawrence Erlbaum Associates.

Bonk, C.J., Hara, N., Dennen, V.P., Malikowski, S., and Supplee, L.(2000). We're in TITLE to dream: envisioning a community of practice, 'The Intraplanetary Teacher Learning Exchange.' *Cyber Psychol. Behav.*, 3(1),25-39.

Bonk, C.J., Angeli, C., Malikowski, S., and Supplee, L.(2001a). Holy COW: Scaffolding case-based 'Conferencing on the Web' with preservice teachers. *Educ. Dist.*, 15(8) (http://www.usdla.org/html/journal/AUG01_Issue/article01.html).

Bonk, C.J., Daytner, K., Daytner, G., Dennen, V.P., and Malikowski, S.(2001b). Using Web-based cases to enhance, extend, and transform preservice teacher training: two years in review. *Comput. Schools*, 18(1),189-211.

Bonnett, C., Wildemuth, B.M., and Sonnenwald, D.H.(2006). Interactivity between protégés and scientists in an electronic mentoring program *Instruct. Sci.*, 34,21-61.

Brown, A.L. and Palincsar, A.S.(1989). Guided, cooperative learning and individual knowledge acquisition. In *Knowing, Learning, and Instruction: Essays in Honor of Robert Glaser*, edited by L. B. Resnick,
438 pp.393-451. Hillsdale, NJ: Lawrence Erlbaum Associates.*

Brown, J.S.(1998). Internet technology in support of the concept of 'communities-of-practice': the case of Xerox. *Account. Manage. Inform. Technol.*, 8,227-236.

Brown, J.S., Collins, A., and Duguid, P.(1989). Situated cognition and the culture of learning. *Educ. Res.*, 18(1),32-42.*

Casey, C.(1996). Incorporating cognitive apprenticeship in multimedia. *Educ. Technol. Res. Dev.*, 44(1),71-84.

Choi, I., Land, S.M., and Turgeon, A.J.(2005). Scaffolding peer-questioning strategies to facilitate metacognition during online small group discussion. *Instruct. Sci.*, 33,483-511.

Collins, A., Brown, J.S., and Newman, S.E.(1989). Cognitive apprenticeship: teaching the craft of reading, writing, and mathematics. In *Knowing, Learning, and Instruction: Essays in Honor of Robert Glaser*, edited by L.B. Resnick, pp. 453-494. Hillsdale, NJ: Lawrence Erlbaum Associates.*

Cope, P., Cuthbertson, P., and Stoddart, B.(2000). Situated learning in the practice placement. *J. Adv. Nurs.*, 31(4),850-856.

Darabi, A.A.(2005). Application of cognitive apprenticeship model to a graduate course in performance systems analysis: a case study. *Educ. Technol. Res. Dev.*, 53(1),49-61.

Davis, E.A.(2003). Prompting middle school science students for productive reflection: generic and directed prompts. *J. Learn. Sci.*, 12(1), 91-142.

Davis, E.A. and Linn, M.C.(2000). Scaffolding students' knowledge integration: prompts for reflection in KIE. *Int. J. Sci. Educ.*, 22(8),819-837.*

Davis, J.(2006). The importance of community of practice in identity development. *Internet J. Allied Health Sci. Pract.*, 4(3),1-8.

de Jager, B., Reezigt, G.J., and Creemers, B.P.M.(2002). The effects of teacher training on new instructional behaviour in reading comprehension. *Teaching Teacher Educ.*, 18(7),831-842.

Dennen, V.P.(2000). Task structuring for online problem-based learning. *Educ. Technol. Soc.*, 3(3),330-336.

Elliott, M.J., Stewart, K.K., and Lagowski, J.J.(2002). Teaching Future Scientists Laboratory Chemistry Using Cognitive Apprenticeship Theory. Paper presented at the National Meeting of the American Chemical Society (ACS'02), April 7-11, Orlando, FL.

Enkenberg, J.(2001). Instructional design and emerging teaching models in higher education. *Comput. Hum. Behav.*, 17(5-6),495-506.

Gallimore, R. and Tharp, R.(1990). Teaching mind in society: teaching, schooling, and literate discourse. In *Vygotsky and Education: Instructional Implications and Applications of Sociohistorical Psychology*, edited by L.C. Moll, pp.175-205. Cambridge, U.K.: Cambridge University Press.*

Glazer, E.M. and Hannafin, M.J.(2006). The collaborative apprenticeship model: situated professional development within school settings. *Teaching Teacher Educ.*, 22(2),179-193.

Goos, M., Galbraith, P., and Renshaw, P.(2002). Socially mediated metacognition: creating collaborative zones of proximal development in small group problem solving. *Educ. Stud. Math.*, 49,193-223.

Graesser, A.C., McNamara, D.S., and VanLehn, K.(2005). Scaffolding deep comprehension strategies through Point & Query, AutoTutor, and iStart. *Educ. Psychol.*, 40(4),225-234.

Guzdial, M. and Turns, J.(2000). Effective discussion through a computer-mediated anchored forum. *J. Learn. Sci.*, 9(4),437-469.

Hayward, L.M., DiMarco, R., Blackmer, B., Canali, A., Wong. K., and O'Brien, M.(2001). Curriculum-based electronic peer mentoring: an instructional strategy for integrative learning. *J. Phys. Ther. Educ.*, 15(4), 14-25.

Hendricks, C.C.(2001). Teaching causal reasoning through cognitive apprenticeship: what are results from situated learning? *J. Educ. Res.*, 94(5),302-311.

Hudson, P., Skamp, K., and Brooks, L.(2005). Development of an instrument: mentoring for effective primary science teaching. *Sci. Educ.*, 89

(4),657-674.

Jekielek, S.M., Moore, K.A., Hair, E.C., and Scarupa, H. J. (2002). *Mentoring: A Promising Strategy for Youth Development* [research brief]. Washington, D.C.: Child Trends.

Jonassen, D. and Remidez, J. (2005). Mapping alternate discourse structures onto computer conferences. *Int. J. Knowl. Learn.*, 1(1/2),113-129.*

Kammeyer-Mueller, J.D. and Wanberg, C.R. (2003). Unwrapping the organizational entry process: disentangling multiple antecedents and their pathways to adjustment. *J. Appl. Psychol.*, 88(5),779-794.

Klein, H.J., Fan, J., and Preacher, K.J. (2006). The effects of early socialization experiences on content mastery and outcomes: a mediational approach. *J. Vocat. Behav.*, 68,96-115.

Lajoie, S.P. and Lesgold, A. (1989). Apprenticeship training in the workplace: computer-coached practice environment as a new form of apprenticeship. *Machine-Mediated Learn.*, 3,7-28.

Land, S. and Zembal-Saul, C. (2003). Scaffolding reflection and articulation of scientific explanations in a data-rich, projectbased learning environment: an investigation of progress portfolio. *Educ. Technol. Res. Dev.*, 51(4),65-84.

Langer, A.M. (2001). Confronting theory: the practice of mentoring non-traditional students at Empire State College. *Mentor. Tutor.*, 9(1),49-62.

Lave, J. and Wenger, E. (1991). *Situated Learning: Legitimate Peripheral Participation*. Cambridge, U.K.: Cambridge University Press.*

Lax, L.R., Taylor, I., Wilson-Pauwels, L., and Scardamalia, M. (2004). Dynamic curriculum design in biomedical communications: integrating a knowledge building approach and a Knowledge Forum® learning environment in a medical legal visualization course. *J. Biocommun.*, 30(1) (http://www.jbiocommunication.org/30-1/BMC.html).

LeGrand Brandt, B., Farmer, J.A., and Buckmaster, A. (1993). A cognitive apprenticeship approach to helping adults learn. In *New Directions for Adult and Continuing Education*, edited by D. Flannery, pp. 69-78. San Francisco, CA: Jossey-Bass.

Liu, T.C. (2005). Web-based cognitive apprenticeship model for improving pre-service teachers' performances and attitudes towards instructional planning: design and field experiment. *Educ. Technol. Soc.*, 8 (2),136-149.

Loong, D.H.W. (1998). Epistemological change through peer apprenticeship learning: From rule-based to idea-based social constructivism. *Int. J. Comput. Math. Learn.*, 3(1),45-80.

Lucas, K.F. (2001). The social construction of mentoring roles. *Mentor. Tutor.*, 9(1),23-47.

Makitalo, K., Weinberger, A., Hakkinen, P., Jarvela, S., and Fischer, F. (2005). Epistemic cooperation scripts in online learning environments: fostering learning by reducing uncertainty in discourse? *Comput. Hum. Behav.*, 21,603-622.

Masters, J. and Yelland, N. (2002). Teacher scaffolding: an exploration of exemplary practice. *Educ. Inform. Technol.*, 7(4),313-321.

McLoughlin, C. (2002). Learn. support in distance and networked learning environments: ten dimensions for successful design. *Dist. Educ.*, 23 (2),149-162.

Merriam, S.B., Courtenay, B., and Baumgartner, L. (2003). On becoming a witch: learning in a marginalized community of practice. *Adult Educ. Q.*, 53(3),170-188.

Meyer, D.K. and Turner, J.C. (2002). Using instructional discourse analysis to study the scaffolding of student selfregulation. *Educ. Psychol.*, 37 (1),17-25.

Nason, R. and Woodruff, E. (2003). Fostering authentic, sustained, and progressive mathematical knowledge-building activity in computer-supported collaborative learning (CSCL) communities. *J. Comput. Math. Sci. Teaching*, 22(4),345-363.

Neitzel, C. and Stright, A.D. (2003). Mothers' scaffolding of children's problem solving: establishing a foundation of academic self-regulatory compliance. *J. Family Psychol.*, 17(1),147-159.

Oliver, R. and Herrington, J. (2000). Using situated learning as a design strategy for Web-based learning. In *Instructional and Cognitive Aspects of Web-Based Education*, edited by B. Abbey, pp. 178-191. Hershey, PA: Idea Publishing Group.

Oshima, J. and Oshima, R. (2001). Next step in design experiments with networked collaborative learning environments: instructional interventions in the curriculum. In *CSCL 2: Carrying Forward the Conversation*, edited by T. Koschmann, R. Hall, and N. Miyake, pp. 99-109. Mahwah, NJ: Lawrence Erlbaum Associates.

Oshima, J., Oshima, R., Inagaki, S., Takenaka, M., Nakayama, H., Yamaguchi, E., and Murayama, I. (2003). Teachers and researchers as a design team: changes in their relationship through the design experiment approach with a CSCL technology. *Educ. Commun. Inform.*, 3(1),105-127.

Palincsar, A.S. and Brown, A.L. (1984). Reciprocal teaching of comprehension-fostering and monitoring activities. *Cogn. Instruct.*, 1,117-175.

Palincsar, A.S., Brown, A.L., and Campione, J.C. (1993). First-grade dialogue for knowledge acquisition and use. In *Contexts for Learning*, edited by E.A. Forman, N. Minick and C.A. Stone, pp. 43-57. New York: Oxford University Press.

Pea, R.D. (2004). The social and technological dimensions of scaffolding and related theoretical concepts for learning, education, and human activity. *J. Learn. Sci.*, 13(3),423-451.

Pear, J.J. and Crone-Todd, D.E. (2002). A social constructivist approach to computer-mediated instruction. *Comput. Educ.*, 38(1-3),221-231.

Puntambekar, S. and Kolodner, J.L. (2005). Toward implementing distributed scaffolding: helping students learn science from design. *J. Res. Sci. Teach.*, 42(2),185-217.

Rasku-Puttonen, H., Etelapelto, A., Arvaja, M., and Hakkinen, P. (2003). Is successful scaffolding an illusion? Shifting patterns of responsibility and control in teacher-student interaction during a long-term learning project. *Instruct. Sci.*, 31, 377-393.

Reiser, B.J. (2004). Scaffolding complex learning: the mechanisms of structuring and problematizing student work. *J. Learn. Sci.*, 13(3),273-304.

Roehler, L.R. and Cantlon, D.J. (1997). Scaffolding: a powerful tool in social constructivist classrooms. In *Scaffolding Student Learning: Instructional Approaches and Issues*, edited by K. Hogan and M. Pressley, pp. 6-42. Cambridge, MA: Brookline.

Rogoff, B. (1990). *Apprenticeship in Thinking: Cognitive Development in the Social Context*. New York: Oxford University Press.* 439

Rosenshine, B. and Meister, C. (1994). Reciprocal teaching: a review of the research. *Re. Educ. Res.*, 64(4),479-487.

Savery, J.R. (1998). Fostering ownership for learning with computer-supported collaborative writing in an undergraduate business communication course. In *Electronic Collaborators: Learner-Centered Technologies for Literacy, Apprenticeship, and Discourse*, edited by C.J. Bonk and K.S. King, pp. 103-127. Mahwah, NJ: Lawrence Erlbaum Associates.

Scardamalia, M. and Bereiter, C. (1994). Computer support for knowledge-building communities. *J. Learn. Sci.*, 3(3),265-283.*

Schank, R.C., Berman, T., and McPherson, J. (1999). Learn. by doing. In *Instructional Design Theories and Models: A New Paradigm of Instructional Theory*, edited by C.M. Reigeluth, pp. 161-181. Mahwah, NJ: Lawrence Erlbaum Associates.*

Schoenfeld, A.H. (1992). Learn to think mathematically: problem solving, metacognition and sense making in mathematics. In *Handbook of Research on Mathematics Teaching and Learning*, edited by D. A. Grouws, pp. 334-370. New York: Macmillan.

Shabo, A., Guzdial, M., and Stasko, J. (1997). An apprenticeship-based multimedia courseware for computer graphics studies provided on the World Wide Web. *Computers and Education*, 29(2/3),103-116.

Seel, N.M. and Schenk, K. (2003). An evaluation report of multimedia environments as cognitive learning tools. *Eval. Prog. Plan.*, 26(2),215-224.

Slaughter, J.E. and Zickar, M.J. (2006). A new look at the role of insiders in the newcomer socialization process. *Group Org. Manage.*, 31(2), 264-290.

Smith, E.R. (2005). Learning to talk like a teacher: participation and negotiation in co-planning discourse. *Commun. Educ.*, 54(1),52-71.

Stewart, K.K. and Lagowski, J.J. (2003). Cognitive apprenticeship theory and graduate chemistry education. *J. Chem. Educ.*, 80(12),1362-1367.

Sugar, W.A. and Bonk, C.J. (1998). Student role play in the World Forum: analyses of an Arctic Adventure learning apprenticeship. In *Electronic Collaborators: Learner-Centered Technologies for Literacy, Apprenticeship, and Discourse*, edited by C.J. Bonk and K.S. King, pp. 131-155. Mahwah, NJ: Lawrence Erlbaum Associates.

Tabak, I. (2004). Synergy: A complement to emerging patterns of distributed scaffolding. *J. Learn. Sci.*, 13(3),305-335.

Tabak, I. and Baumgartner, E. (2004). The teacher as partner: exploring participant structures, symmetry, and identity work in scaffolding. *Cogn. Instruct.*, 22(4),393-429.

Teong, S.K. (2003). The effect of metacognitive training on

mathematical word-problem solving. *J. Comput. Assist. Learn.*, 19(1), 46-55.

Tharp, R. (1993). Institutional and social context of educational reform: practice and reform. In *Contexts for Learning: Sociocultural Dynamics in Children's Development*, edited by E.A. Forman, N. Minnick, and C.A. Stone, pp.269-282. Cambridge, U.K.: Cambridge University Press.

Tharp, R. and Gallimore, R. (1988). *Rousing Minds to Life: Teaching, Learning and Schooling in Social Context*. Cambridge, U.K.: Cambridge University Press. *

Tsai, C.C. (2005). Preferences toward internet-based learning environments: high school students' perspectives for science learning. *J. Educ. Technol. Soc.*, 8(2), 203-213.

Varelas, M., House, R., and Wenzel, S. (2005). Beginning teachers immersed into science: scientist and science teacher identities. *Sci. Educ.*, 89 (3), 492-516.

Vygotsky, L.S. (1978). *Mind in Society: The Development of Higher Psychological Processes*. Cambridge, MA: Harvard University Press. *

Wang, F.K. and Bonk, C.J. (2005). A design framework for electronic cognitive apprenticeship. *J. Asynchr. Learn. Netw.*, 5(2) (http://www.sloan-c.org/publications/jaln/v5n2/v5n2_wang.asp).

Wenger, E. (1998). *Communities of Practice: Learning, Meaning, and Identity*. Cambridge, U.K.: Cambridge University Press. *

Wenger, E., McDermott, R., and Snyder, W.M. (2002). *Cultivating Communities of Practice: A Guide to Managing Knowledge*. Boston, MA: Harvard Business School Press.

Wertsch, J. V. (1998). *Mind as Action*. Oxford: Oxford University Press. *

Wood, D., Bruner, J., and Ross, G. (1976). The role of tutoring in problem solving. *J. Child Psychol. Psychiatry*, 17, 89-100.

Young, A. M. and Perrewé, P.L. (2000). What did you expect? An examination of career-related support and social support among mentors and protégés. *J. Manage.*, 26(4), 611-632.

---

* 表示主要参考文献。

35

教育中的整体任务模式

Jeroen J. G. van Merriënboer 和 Liesbeth Kester

摘要

整体任务模式有助于为学生开发教学计划，这些学生需要学习专业能力或复杂的认知技能，并将它们迁移到日益变化的真实境脉和情境中。这种模式是对传统原子模型方法的回应。

在原子模型方法中，复杂内容和任务被简化为越来越简单的要素，直至各要素可以通过演示或练习教授给学习者的程度。如果这些要素间没有什么相互联系，这些方法是有用的，但是如
442 果这些要素是相互联系的，这些方法就无效了。因为在这种情况下，整体大于各个部分的总和。整体任务模式正是要在不忽视各要素之间相互关系的基础上处理复杂性。本章简要讨论了整体任务模式的历史。它们根植于运动学习、成人教育学以及格式塔心理学。此外本章还讨论了教育传播与技术领域中整体任务模式的特点。精制化理论、基于目标的场景和四要素教学设计将会作为整体任务模式的三个代表性范例被呈现出来。接下来，我们又展示了支持整体任务方法和三个范例模式有效性的实验证据。最后，我们总结了有关整体任务模式的研究发现和未来研究的发展方向。

关键词

能力发展：整体方法的特征，表示教学计划的目的应在于发展能力而不是教授不同课程中的不同主题。

综合课程：是一种基于整体任务方法的课程，其目的在于将支持性的内容与整体任务、知识、技能和态度进行整合，并且把低阶技能与高阶技能结合起来。

萌发性方法：是明确的针对学习迁移的教学方法，这些方法促进学习者投入精力和时间，以发展一般的或抽象的认知图式。

部分任务模式：是一种应用原子模型方法的教学模式，即把复杂的内容和任务逐渐简化为简单的要素，直到各个要素可以被教授给学习者的程度。

整体任务模式：是一种应用了整体方法的教学模式，能连贯地分析复杂内容和任务，从最简单的、仍然有意义的版本开始教学，直到越来越复杂的版本。

的确存在这样的境脉：在整体范围内发生的事情不能从多个碎片的特征中得出结论，而反过来，有明确的案例表明，整体的内部结构定律决定其中一部分所发生的一切。(Max Werthemimer, 1925)

引言

在21世纪，人们对学习和教学设计的整体任务模式的兴趣激增。在处理高度复杂内容和任务的学习方面，整体任务模式提供了有别于原子模型的、部分任务模式的方法。在处理复杂事物时，原子模型模式往往将一个学习领域分解为更小的片段，然后一个一个片段地来教授这个学习领域。与此相反，整体任务模式把一个学习领域看作一个连贯的、相互联系的整体，然后从非常简单却有意义的能够代表整个领域的整体到逐渐复杂的整体来教授这个领域。它们的目的是解决教育中的三个基本问题，也就是破碎，指学生常常不能把他们所学的许多片段组成连贯的整体；划分，指学生很难整合所习得的知识、技能和态度；学习的低迁移，指学习者常常不能将他们所学的内容应用于新问题和新情况(van Merriënboer, 2006)。

网球赛可以作为整体任务方法与部分任务方法对比的一个例子(Gallwey, 1974)。在部

分任务方法中，练习活动分为他们自己不能完成的片段；教练重点教学生打好网球的单个部分，如握拍、姿势和摇摆。与此相反，整体方法采用完整的活动模式，也就是，练习发生在整体任务的境脉中，针对要培训的活动，起初是简单的，逐渐增加复杂性。正如 Strauch (1984)所描述的，活动开始于学生站在球网的一边，手握球拍，教练站在球网的另一边。学生的第一项任务可能是说出“抛球”以指示教练抛球，当网球在学生场地弹起时说出“弹起”。第二项任务可能在教练开始抛球但没有完成抛球后说“抛球”；总之，学生说出“抛球……弹起”，预示之前的模式持续发生。第三项任务可能是说出“抛球”指示教练抛出网球，当网球弹起时说出“弹起”，当学生准备击打网球但并未真正击中网球时说出“击打”，依此类推。

本章首先简要讨论了整体任务模式的历史，它们是根植于运动学习，也来源于成人教育学以及格式塔心理学；第二，本文讨论了教育传播与技术领域中整体任务模式的特点，该模式在 20 世纪 90 年代初才在这个领域开始流行；第三，我们把精制化理论、基于目标的场景和四 443
要素教学设计作为整体任务模式的三个优秀范例来呈现；第四部分，提供了说明整体任务模式和三个模式有效性的实验证据；第五部分和最后部分进行总结，并提出了整体任务模式未来研究的方向。

整体任务模式的简史

在教育传播与技术领域，对整体任务模式的兴趣从 20 世纪 80 年代末 90 年代初开始变得逐渐明显，但是它所根植的其他领域如运动学习、成人教育学和心理学有着更悠久的历史。在运动学习中，已有了比较练习的部分任务与整体任务排序技术的历史。在成人教育学中，已有了整体教育和把学生看待为一个完整的人而不是学习者本身的历史。此外，在心理学中，根植于联结主义的学习迁移的原子模型方法，与根植于德国格式塔心理学的整体方法已经对峙很长时间了。

运动学习

(心理)运动学习领域在比较序列培训的整体任务方法和部分任务方法上有着悠久的历史(了解综述，参见 Schmidt, 1991; Wightman 和 Lintern, 1985)。在整体任务序列中，教授学习者整体有意义的任务需要同时协调各部分技能，在培训中任务变得越来越复杂。相反，在部分任务序列中，教授学习者一个或者同时教授非常有限的孤立的部分技能，新的部分技能练习逐渐增加。如果一项技能包含 A、B、C 几部分技能，可以用正向链接(练习 A，然后练习 B，接着练习 C)对部分任务序列的差异做出进一步的区分；用反向链接安排部分任务序列(AB 结束后练习 C, A 结束后练习 B，然后 A)；用正向链接和滚雪球安排部分任务序列(练习 A，然后练习 AB，接着练习 ABC)；以及用逆向滚雪球式链接反应安排部分任务序列(AB 结束后练习 C，然后 A 结束后练习 BC，接着练习 ABC)。例如，如果 A、B 和 C 是指驾驶、操纵和停车，训练序列包括如下顺序：(1)驾驶、操纵和停车；(2)在教练完成驾驶和操纵之后停车，在教练完成驾驶之后操纵，驾驶；(3)驾驶，驾驶和操纵，驾驶、操纵和停车；最后(4)在教练驾驶、操纵后停车，在教练驾驶后操纵和停车，最后是驾驶、操纵和停车。

此外，整体任务排序和部分任务排序可以以两种方式融合在一起——也就是整体—部分排序和部分—整体排序。在整体—部分排序中，整体任务由简单版本到复杂版本的序列最早被开发出来。如果证明使用第一项整体任务仍然很难开始培训，那么部分任务排序技术被用于分割这个整体任务，在需要的时候，接下来的整体任务被分割为几个部分。例如，一个整体任务序列可以适用于在培训场地、在郊区和在城区驾驶小汽车。如果在培训场地驾驶小汽车仍然被认为很难开始培训，那么学员可以在培训场地从驾驶部分技能开始培训。在部分—整体排序中，部分序列首先被开发出来。如果很难使用第一个部分开始培训，那么可以使用从简单到复杂排序的整体任务序列。例如，如果部分任务序列与驾驶、操纵和停放车辆有关，并且驾驶仍然被认为是很难开始培训的一项任务，那么学员可以从驾驶自动汽车开始培训，然后再驾驶手动汽车。

在 20 世纪 60 年代，虽然 Briggs 和 Naylor (Briggs 和 Naylor, 1992; Naylor 和 Briggs, 1963)发现，如果部分技能不需要协调(如低任务组织)以及如果每一个单独的部分技能自身已经比较复杂了(如任务高度复杂性)，那么，部分任务和部分—整体排序对复杂技能来说是最合适的。但是，对于具有高度任务组织的任务*，整体任务和整体—部分方法一般情况下比较有效。这个发现不仅适用于复杂的运动技能，也适用于许多专业的真实任务。自从 20 世纪 60 年代以来，我们已经获得了很有说服力的证据，表明将一个复杂任务分解为一组单独部分技能并在没有考虑部分技能间的联系和必要的协调的情况下，再教授或培训这些部分技能是无效的，因为学习者最终不会在迁移情境中整合和协调这些单独的部分技能(Clark 和 Estes, 1999; Perkins 和 Grotzer, 1997; Spector 和 Anderson, 2000)。单独地完成特定的部分技能与
444 在整体任务的境脉下完成这些部分技能是不同的。它似乎导致了不同的心理表征(Elio, 1986)，部分技能的自动化往往不能在整体任务绩效表现的境脉下得以保持(Schneider 和 Detweiler, 1988)，这些技能可以被发展为具有拓展的部分任务练习功能的技能。

在运动和专业领域，人们开发了整体任务模式(Dreyfus, 1982; Feldenkrais, 1982; Strauch, 1984)。那些模式的关键问题是如何处理任务的复杂性。绝大多数的整体方法引入了一些建模的思想来着手解决这个问题。一个强大的用于建模的两步走方法是：首先，开发现实或真实任务的从简单到复杂的模型，然后从教育学观点来构建这些模型，确保它们以学生能够真正有所收获的方式来呈现(Achtenhagen, 2001)。因此，从这个观点来看，在理想的情况下，教学应该开始于简单化的但却是真实任务绩效表现的整体模型，它可以根据合理的教育学原理传递给学习者，例如包括给学习者提供指导和支持。

总之，人们发现部分任务模式对降低任务难度是非常有效的，但是它们阻碍了知识、技能和态度的整合，也限制了学习协调部分技能的机会。整体任务模式更适合于学习协调部分技能，优先用于具有高水平组织的任务。为了处理复杂性的任务，将整体任务进行简化，以及给予学习者支持和指导都是有用的方法。

---

* 指该任务的部分技能之间需要协调。——译者注

成人教育学与成人学习

运动学习领域的研究者强调了整体任务的思想,而成人教育领域的研究者主要强调了在所处的境脉中"全人"的思想。全人教育定义如下(Rinke, 1985,67 页):

> 全人教育是一个功能性的、综合性的和普遍性的教育模式,关注完整的教—学情境,改变教—学策略以满足学习者、教师和情境的需求的,并努力获得比将部分累加更好的教育成果。

该方法根植于整体论(Smuts, 1926),例如,它与应变法和整体医学法(Graham-Pole, 2001)相关,管理中的应变法主张管理者应该与情境同步,改变他们的领导风格,以改善管理效果(Graen 和 Hui, 2000);整体医学法则避免了逐个治疗孤立的症状,而将病人看作是一个完整的、对其自身健康(与医生)共同负责的人。

整体教育方法的第一个特征是关注完整的人和其在真实情境下的有意义的、置身其中的行为。为了阐释这个观点,假设你必须接受手术。你是否喜欢一个具有高超技术但却没有人体知识的外科医生?你是否喜欢一个具有丰富的人体知识但却没有精湛医术的外科医生?或者你是否喜欢一个具有高超技术但却以厌恶、不友善的方式和态度对待病人的外科医生?最后,你是否喜欢一个具有 35 年前学到的知识、技能和态度但却没有跟上时代脚步的外科医生?这些问题清楚地表明,区分学习的领域(例如概念性知识、技能和态度)是没有意义的,但在正规的教学计划中却常常这样做。在整体方法中,这种划分行为的方法被关注真实情境中的整体和有意义的行为所替代,学习不同的知识片段被个体发展和成长的模式所替代。

整体教育方法的第二个特征涉及学习者的共同责任:教育者和学习者总是在一起用最佳的方法来处理每一个具有独特特点(如境脉、任务的特征、个性特点)的学习任务或学习机会。由于没有人比学习者更了解自己的愿望、需求和能力,共同负责是使学习过程效益最大化的先决条件。此外,学习者也被要求为成为能够发挥其全部潜能的终身学习者承担责任。因此,虽然教育者对诊断学习者的当前能力水平(包括学习的愿望、独立程度)负责,并竭力让学习者沿着学习连续体★前进,但全人教育者不会也不能对实际的学习过程完全负责。目前在多种形式的按需教育和基于资源的学习中发现了这个观点,在按需教育中,学习者可以选择他们自己的学习任务(van Merriënboer 和 Kirschner, 2007),在基于资源的学习中,要求学习者跟踪他们自己的学习资源(参见本手册第 40 章)。

整体教育方法的最后一个特征是关于教育系统的系统性特征,也就是每一个要素的绩效表现或功能是否直接或间接影响系统中的一个或多个其他要素,或者受一个或多个其他要素所影响。为了对付那种情况,整体方法采用综合的观点重复地逐渐增加创新变革,并使用多种
策略来利用它们的协同效应。Poindexter (2003)把它与减肥项目进行比较:尝试一种食物、一 445
种药物或一种运动的人往往不能达到他们的目标。只有采取一个综合的保健方法,包括逐步

★ 这里的学习连续体是指从教育者为主导的学习到由学习者为主体的独立学习的各种学习形式。——译者注

改变饮食、饮料、生活方式和运动,才能减肥和保持健康。在教育系统中,一个失败的非整体方法的最佳实例可以在采用了关注深层加工、理解和高级技能却没有改变评价系统的新的教学方法中发现。这种孤立的变革注定是要失败的,因为考试至少对决定学习行为来说与所采用的教学方法一样重要(如上下颠倒;参见 Pollio 和 Back, 2000)。为了达到所需的目标,在整个教育系统中应该做到建构性的调整变革(Biggs, 1996)。

总之,在成人教育与成人学习领域,整体任务模式主要发现于整体方法。除了关注整体任务外,该方法强调完整的人的发展和成长、学习者和教师的共同责任以及系统变革的综合方法。

心理学

在实验心理学领域,部分任务模式与整体任务模式之间的区别在有关学习迁移的研究中是最明显的——也就是在新情境中应用所学习的内容去解决新问题(要了解综述参见 Adams, 1987; Annett, 1989; Annett 和 Sparrow, 1985; Ellis, 1965; Osgood, 1949; Royer, 1979)。在 20 世纪初,对学习的迁移仍然具有重要意义的两个方法得到发展:代表部分任务模式的联结主义方法和代表整体任务模式的格式塔方法。

在联结主义传统中,Thorndike 和 Woodworth (1901)的相似性要素理论指出从一个任务迁移至另一个任务只发生在当两个任务都具有所谓相似要素(identical elements)的相同部分。一般情况下,假设相似部分的数量越多,迁移的量就越多。这种建构表明,迁移在功能上与原始任务和迁移任务中刺激和反应之间的异同关系相关。至于学习的迁移,当前的认知观通过仔细分析学习要素的刺激和反应特征来解决迁移问题。这些刺激—反应对可以归入生产系统的概念中,在该系统中,产品也可以视为相似的部分。只要两项任务的绩效表现可以用相似的产品来描述,迁移就可以被预测到(Singley 和 Anderson, 1985, 1988)。这显然是联结主义方法的传统,因为它假设具有相同部分的事件将被学习者认为是相似的,第一个事件中学到的反应可以迁移到第二个事件。

不同于把相似要素的概念看作是训练迁移的决定性因素的联结主义者,格式塔心理学家依赖于作为"格式塔"的心理结构——一个大于各部分总和的整体。他们把思考过程看成重新组织或将问题情境的一个方面与另一个方面联系,由此导致结构性的理解(Ash, 1998; Mandler 和 Mandler, 1964)。这包括用新方法重新组织完整的、有意义的问题情境要素,这样问题就得以解决。格式塔心理学家认为从一个任务到另一个任务的迁移可以通过安排学习情境来实现,这样学习者可以获得问题得以解决的见解。这类学习被认为是永久的,再组织的知识可以迁移到新情境。一些当前的认知观点也提出了有关潜在记忆表征的本质的强有力假设。主要的假设是学习者被概念化为知识的积极建构者而不是信息的被动接收者;他们积极地通过将结构和次序作用于所遇到的刺激、通过直接的感受和练习来探索、理解环境。记忆被概念化为一个高度结构化的存储系统,在该系统中信息用系统的方式存储和检索。这样迁移中的关键步骤就是在遇到特定的问题时检索和再组织相关的认知图式。

调和心理学上的整体任务模式和部分任务模式似乎是不可能的,整体任务模式认为学习迁移是一个解释认知图式以组织整体的有意义问题情境的过程,部分任务模式把迁移解释为一个应用在学习任务中所获得的部分技能(如相似的要素或产品)到新迁移任务的过程。但是,受控的认知处理和自动的认知处理之间的基本差异创造了把两个方法融合成一个模式的机会,该模式区分两类学习过程:图式建立和图式自动化。对于与问题解决和推理相关的任务,学习者面对变化的整体任务情境序列,这些情境促进了一般认知图式的建构以便允许进 446
行受控的处理,例如根据已有的图式(整体任务实践)用可以理解的方式再组织一个新情境。然而,对于要自动化的任务部分,学习者则可能要额外面对重复的练习项目序列,这些项目促进了刺激-反应对或产品的建构以便允许自动化处理,例如执行新迁移任务中的常规事务(部分任务练习)。读者可以参考 van Merriënboer (1997)以获得详细的讨论。

教育传播与技术中的整体任务模式

在 20 世纪 80 年代末以前,部分任务模式主导着教育传播与技术领域,从那时以后,学习和教学的建构观对教学设计领域中许多研究者的思想和行动产生了重大影响。在这一境脉下,一些研究者开始研究基于前面章节所讨论的研究传统的教学设计模型。这些模型都具有三个相同的特点。第一,整体的、有意义的任务被视为学习的驱动力;从容易的到困难的排序技术以及把在学习者获得较多专家知识时可能减少对学习者的支持和指导(如支架)被作为处理任务复杂性的方法来研究;第二,关注完整的人的发展(如以学习者为中心),而不是孤立知识片段的习得,学习者对能力发展的过程共同负责;第三,对明确针对学习迁移的教学方法的研究有了新的兴趣。

综合课程

在教育传播与技术领域,传统方法很长时间以来与运动学习中原子模型的部分任务方法非常相似。这种方法是根据不同的学习目标或目的来描述,而不是将一个复杂的学习领域分解为部分技能。在传统的目标驱动的方法中(Gagné 和 Briggs, 1979; Landa, 1983; Scandura, 1983),在同一时间段里只教授学习者一个或非常有限数量的学习目标。新目标逐渐地被增加到练习中,直至所有的目标都已被处理。这种方法的基本假设是:教授不同类型的学习目标(如记忆事实、应用过程、理解概念)需要不同的教学方法,这是典型的基于结果的教学设计模型(参见本手册第 32 章)。为了对学习目标排列顺序,人们常常使用某种学习层级(Gagné, 1968, 1985),这类层级与部分技能的层级非常相似;最复杂的认知技能置于顶部,所有必需的技能置于其下面。从层级的底部到顶部构成了排序。

在 20 世纪 90 年代初,Gagné 和 Merrill (1990)就确定了使用整合多种目的的学习目标的需要,他们提出术语库来表示真实的学习活动(如表示、证明和发现),在活动中学习者积极投入,达到这些多样的学习目标,他们强调了工作的重要性以达到更好的学习迁移。他们所提出的工作是本章所指的整体任务的好例子,因为他们试图在不忽视单独的要素和要素间相互联系的情况下来处理复杂事物。Van Merriënboer 等人(1992)讨论了在使用整体学习任务时必须满足的需求。他们重视从简单到复杂排序整体的、有意义任务的重要性,也关注了在学习者开始学习高难度任务时给予他们支持和指导的必要性。

能力发展

原子模型的教学设计模式通常关注一个特定的学习领域，例如认知的、情感的或者心理运动的领域。更进一步的区分(如在认知领域)是辨别陈述性学习模式和程序性学习模式之间的差异。陈述性学习强调建构概念性知识的教学方法，而程序性学习强调程序性技能的习得(Andrews 和 Goodson, 1980)。与之相反的是，整体方法的目的在于整合陈述性学习、程序性学习(包括感觉的和心理运动技能)和情感学习(包括使所有这些方面与时俱进的素质)，这样可以促进综合性知识基础的发展，增加学习迁移的发生机会。许多包括知识、技能和态度的高级术语已在文献中提到，包括专家知识、复杂技能和(专业的)能力。

447 在当前的整体任务模式中，最终的达成度常常用能力这个术语来描述。基于对能力概念的全面的分析性研究，van Merriënboer 等人(2002)总结了使用能力这个术语的三个基本维度。第一个维度是综合性，表明能力总是融合了任务执行者的知识、技能、态度以及能力倾向。第二个维度是特定性，指出一个能力总是受限于高度特定的(如一个专业)或者更普遍的(如一个职业)一个境脉。第三个维度是持久性，表示尽管工具、工作方式和技术发生了改变，但一种能力大致是稳定的。

整体任务的教学计划或综合课程常常着眼于同时发展第一层级的、专业的技能和高级的、一般的、诸如自我导向学习的技能——包括对个人绩效表现的反思和评估、任务绩效表现的自我监控和对自我学习轨迹的规划。在这样的教学计划中，学习者能够选择他们自己的学习任务，从而每个学习者个人拥有自己的课程而不是所有学习者拥有同一个课程。在这种按需教育的方式中，教师给予的支持和指导不局限于执行学习任务，也可以针对学习任务的定位、监控、评估和规划给予指导。

萌发性方法

作为教学设计基础的一个采用不同学习目标的逻辑结果是应用教学方法，使所需的练习数目最少、执行任务所花的时间最少和学习者达到那些目标投入的努力最少。设计和制作练习项目要花费时间和金钱，它们常常是匮乏的，学习者没有无限的时间或动机来学习。考虑学生必须学习诊断复杂技术系统中的三种错误类型(e1, e2 和 e3)的情境：如果学习诊断每一个错误最少需要三个练习项目，我们可以先训练学生诊断错误 1，然后诊断错误 2，最后诊断错误 3。这就产生了以下的训练计划：

e1, e1, e1, e2, e2, e2, e3, e3, e3

虽然这个练习时间表对达到这三个目标可能是最有效的，使执行任务所需要的时间和学生付出的努力都最少，但是它也产生了学习的低迁移。这个问题的原因在于所选择的教学方法要求学生建构诊断每个不同错误的高度特定的知识，它只允许学生用目标所指定的方法来完成，但却没有呈现出可以超越给定目标的绩效表现。如果一个设计者着眼于学习迁移，其目的是训练学生诊断技术系统中尽可能多的错误，训练学生以随机次序诊断三种错误会更好些。例如，这种随机次序可以产生如下的训练计划：

e3, e2, e2, e1, e3, e3, e1, e2, e1

这个序列对达到三个孤立的目标可能不如前一个序列有效，原因在于它会增加学习者在任务上所花的时间或者他们所付出的努力。它甚至可能需要四个而不是三个练习项目来达到每个单独的目标相同的绩效表现水平。但是，最后它可以导致学习的更高学习迁移！这种提升迁移的原因在于这种教学方法要求学生建构一般的和抽象的知识，而不是完全局限于三个具体的、特定的错误。这使他们能更好地诊断新的错误而不是早期遇到的错误。这个现象——对达到孤立的、特定的目标最有效的方法往往不是对达到整合的目标、提升学习迁移最有效的方法——即所谓的迁移悖论(van Merriënboer 等，1997，2006)。整体任务方法考虑了这个情况，并总是指向达到多重的、整合的目标，以超越一组有限的高度特定的目标。整体任务方法的特点是采用萌发性的、伴有适当认知负荷的教学方法(参见本手册的第 31 章)，由此产生有意义的学习和迁移。

整体任务模式范例

基于对各种现代设计理论和模型的研究，Merrill (2002a)提出了教学的五个首要原理，该原理说明了促进学习的几种时机：(1)学习者投入到解决真实问题中去；(2)学习者应用新知识；(3)新知识被整合到学习者的世界中；(4)已有的知识作为新知识的基础而被激活；(5)向学习者呈现新知识。整体任务模型的特征清晰地反映在前面三个原理中。

第一条教学原理强调了学生在投入到解决日益复杂的真实问题时学得更好。这与整体 448
任务方法以及任务必须从简单到复杂排序的观点非常相似，但是在学生获得更多的专家知识时，给予他们的支持和指导要减少。第二条教学原理指出了将新近习得的能力应用到真实情境中去的重要性，也反映了促进学习迁移的萌发性教学方法的重要性。第三条教学原理强调了综合的重要性。这与学习者在对他们的学习共同负责的综合课程中能力会发展的观念是一致的，但不同于教授一些孤立的知识、技能和态度。

本节中，我们简要描述三个范例模式。我们并不想详尽地概述这些模式，而只是想讨论代表整体任务模式家族的少数几个模式。首先，我们描述精制化理论，这个当前整体任务模式的先驱强调这样一个观念，即从简单到复杂的工作方式是整体任务方法的必要条件。其次，我们描述基于目标的场景。该理论强调真实世界的应用和学习迁移的重要性。最后，我们讨论四要素教学设计，它是一个试图实现整体任务方法的所有基本原理的理论范例。

精制化理论

Reigeluth 的精制化理论(Reigeluth, 1987, 1999; Reigeluth 和 Stein, 1983; Reigeluth 等, 1983; Van Patten 等, 1986)可以被看作是教育传播与技术中整体任务方法的先驱。该理论的

基本原理是教学应该被组织成从学习领域或任务的最简单表征(如缩影包含在具体的水平上最基本的和代表性的概念)到逐渐复杂的、细化的表征。最初,该理论关注对概念性和理论性领域中教学内容的序列化。

概念性的细化序列(参见表35.1中的左列)强调了概念中上位、并列和下位关系。例如,狗的概念是宠物的下位概念,与猫并列,是狮子狗的上位概念。在概念分析的过程中,概念性的知识结构或分类法是由学习内容组成的。这个结构可以转换成一个细化的序列,首先教授最宽泛的、包容性最强的概念,以及与之相关的支持性内容(如相关的知识、技能和态度),接着教授较狭隘的、具体的概念以及相关的支持性内容。典型的序列化方法是主题性的和螺旋上升的。在主题性方法中,内容以垂直方式来呈现;例如学生首先学习宠物—小狗—狮子狗的序列,然后学习宠物-小猫—斑猫,等等。与此相反,螺旋上升的方法体现了水平方式,例如,学生首先学习宠物—……,然后学习小狗—小猫—……,接着学习狮子狗—虎斑猫,等等。

表35.1 精制化理论中精细化序列概览

	概念性的	理论性的	程序性的
学习目标:	学习许多相关的概念	学习许多相关的原理	学习程序性的或者启发性的任务
序列:	在教狭隘的、具体的概念前教宽泛的、包容性大的概念	在教狭隘的、具体的原理前教宽泛的、包容性大的原理	在教复杂的整体任务前教简化版本的整体任务
	所有的序列		
教学方法:	论题性的或者螺旋上升的序列 整合知识、技能和态度 整体纳入到学习偶发事件中 给予学习者一些对内容/教学方法的控制		

理论性的细化序列(参见表35.1中的中间列)关注有相关关系的原理集合。例如,心理学的导论课程关注人体解剖与生理学、基础统计学、遗传学、文化等等。在理论分析的过程中,结构是由学习内容组成的。这一结构不同于因果模型,原因在于它呈现了对其他原理细化的原
449 理,而因果模型表明了融合其他原理的原理。源自理论性结构的理论性细化序列以主题方式或螺旋上升方式最先教授包容性最强的和最一般的原理以及支持性内容,然后再继续教授较狭隘的、包容性不强的、比较具体的、比较精确的原理和支持性内容。

精制化理论清晰地反映了整体任务模式的一些基本原理。排序的主题性方法和螺旋上升的方法从简单的任务到复杂的整体都发挥作用。将组织性内容(概念性的和理论性的)和支持性内容结合的目的在于整合知识、技能和态度。学习偶发事件的概念被用于表示无需对有意义的整体分解概念、允许回顾和整合的教学单元。最后,精制化理论提出要给予学习者对内容和教学方法的一些控制,它类似于共同分担责任的原理。精制化理论的后期版本更多地关注于程序性组织内容,强调解决问题的步骤或者强调问题解决原理、指南和因果模式的启发性任务。在任务分析过程中,用流程图描绘步骤(针对程序性的任务)或原理、指南和专家用于决定何时做什么的因果模式(针对启发性的任务)。基于这个流程图,已经建立了一个简化的

条件序列(参见表 35.1 中的右列)。这个序列开始于任务的最简单版本,它仍然代表着整体任务,结束于该任务的最复杂版本。该方法也是整体任务和后续两个章节要讨论的做中学模式的典型代表。

基于目标的场景

基于目标的场景(Schank, 1993/1994; Schank 等,1993/1994)是 Schank 所提出的做中学(learning-by-doing)范式的学习主干(Schank 等,1999)。基于目标的场景描绘了"学生从中追求目标的一个做中学仿真,学生通过练习目标技能和使用相关的内容知识来帮助他们达到目标"(Schank 等,1999,165 页)。一个基于目标的场景包括如下七个基本要素:

- 目标。两类学习目标是不同的:过程性知识和内容知识。过程性知识反映了解决问题所必需的技能和态度,而内容知识考虑的是达到目标所需要的知识。基于目标的场景最好能对这两类目标均有所要求。
- 任务。任务与目标密切相关,它表示学生必须完成的实际作业。这项任务必须尽可能地真实并能激发学生的学习动机。它应该与一个现实工作中的人为了一个重要缘由必须争取成功的真实任务类似。
- 封面故事。封面故事促进学生形成投入练习的动机。它可能吸引学生练习技能和态度,并找寻信息和建构反映在学习目标中的知识。
- 角色。角色定义了学生在封面故事中所持有的视角。角色应该确保学生能达到其学习目标,而且它应该尽可能真实和吸引人,以便激发他们的学习动机。
- 情节操作。情节操作是学生为完成任务、达到学习目标的一些活动。每个基于目标的场景都应该引出包含决策点的许多情节操作,这样学生可以对他们行动的结果进行推理。
- 资源。组织良好的和容易访问的资源包含学生为达到学习目标所需要的所有信息(如故事)。
- 反馈。情境性的、及时的反馈可以来自于某个行动的结果,它可以由导师提供,或者可以在有相似经历的领域专家的故事资源中被发现。

精制化理论与基于目标的场景看起来很相似。像精制化理论中的学习偶发事件一样,基于目标的场景提供了在有意义的整体中整合知识、技能和态度的机会。此外,这两个理论都强调学习者对学习内容和策略控制的重要性。在基于目标的场景中,教师可以设计各种不同的目标以帮助具有不同知识储备和兴趣的学习者获得相同的知识、技能和态度,或者有时甚至可以让学习者设定他们自己的子目标。然而,与精制化理论相比,基于目标的场景不太关注教学的序列,而更多地关注在真实的境脉中促进学习迁移的真实任务的绩效表现。它符合应该 450
用更普遍的目标(如整合性目标)来推动学习过程的理念,因为高度明确的学习目标要求学习者所应用的策略并不适合学习迁移的策略(要了解达到学习迁移的目标的作用,参见 Machin, 2002)。

四要素教学设计

van Merriënboer 的四成分教学设计(4C/ID 模式)(van Merriënboer, 1997; van Merriënboer 等,2002,2003)提出支持复杂学习的整体任务环境一般用四个要素来描述:

- 学习任务——基于真实任务的有意义的整体任务体验。理想情况下,学习任务要求学习者综合和协调真实任务绩效表现的许多方面(可以不是全部的),包括属于不同任务的问题解决和推理的方面,以及属于一致性任务的常规方面。
- 支持性信息——对为完成学习任务的学习和问题解决、推理的绩效表现提供支持的信息。它描述了任务领域是如何组织及这个领域中的问题如何被完美解决的。它在学习者已经知道的和有助于他们了解的信息之间建立了一座桥梁,这样学习者能够富有成效地完成学习任务。
- 程序性信息——是学习任务的常规方面的学习和绩效表现的先决信息。这个信息提供了如何执行那些常规方面的算法说明。最好用小型信息单元来组织,并在学习者完成学习任务过程中需要它的时候准确地呈现给他们。
- 部分任务练习——针对学习任务的常规方面的附加练习,它是在教学后为了达到很高的自动化水平所必需的,如果学习任务没有为特定的常规方面提供足够的重复以达到需要的自动化高水平,那么部分任务练习是必需的。

4C/ID 模式与基于目标的场景一样都关注真实的学习任务。这种任务是基于真实的任务,要求学习者融合知识、技能和态度。正如在精制化理论中,需要对学习任务的排序予以足够的关注。为了做到这一点,学习任务被组织为所谓的任务类,这些任务类从易到难(参见图表 35.1;任务类是围绕一组学习任务的虚线框)。第一个任务类包括着一个专家可能在真实世界中遇到的最简单的学习任务,但是这个任务仍然是完整的、有意义的任务,它允许学习

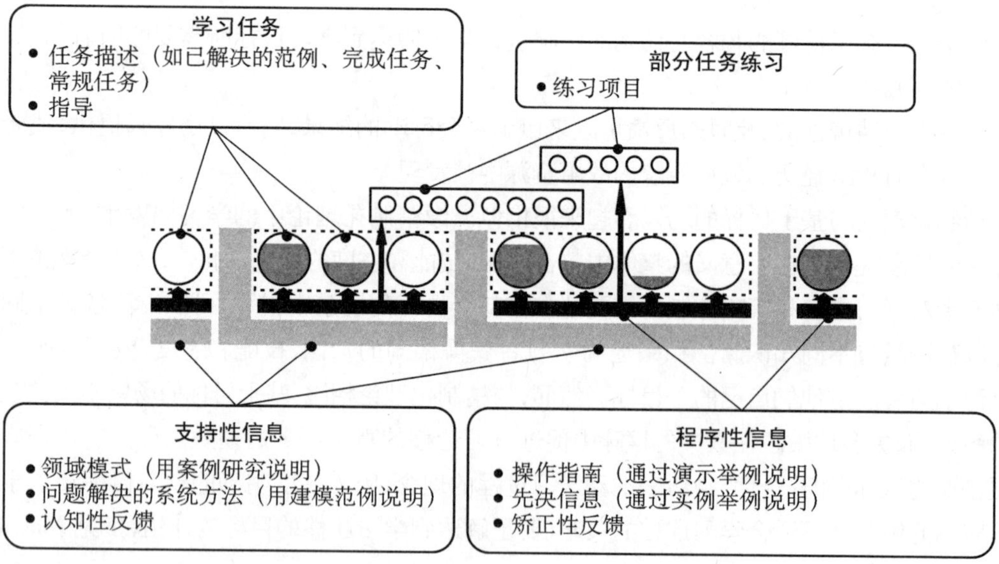

图 35.1 四成分教学设计及其主要元素的图示

者快速地建立起任务的整体观。后续的任务类包括逐步复杂和困难的学习任务。一个特定任务类中的学习任务在某种意义上说它们与在基于相同的知识集合下被执行的情况下是相当的;为达到有效的绩效表现,每个后续的、更复杂的任务类需要更多的知识或更细化的知识。 451

四成分教学设计(4C/ID)中的一个附加元素是给予学习者的支持和指导(在图表 35.1 中,用填充的圆圈表示)。当学习者开始着手新任务类中较难的学习任务时,他们首先获得来自教师或教学资料的相当大的支持或指导。当学习者获得了较多的专家知识后,支持和指导会在搭建脚手架的过程中逐渐减少。当学习者能够独立地完成学习任务而无需任何支持或指导就能达到指定的标准时(在图 35.1 中是空白的圆圈),他们就准备好进入下一个具有较难任务的任务类。

这个模型的另一个特征是它关注学习的迁移。支持性信息(在图 35.1 中是 L 形的淡灰色的图案)与这样一个观念有关,即迁移是通过一般的或抽象的信息来解释,这些抽象的信息可以由解决新问题情境(如格式塔方法)的任务执行者解释。概念性模式(这是什么?)、结构性模式(它是如何搭建的?)、因果模式(它是如何运作的?)和认知性策略(我如何完成这个任务)提供了这类信息。程序性信息(在图 35.1 中带向上箭头的深灰色矩形)和部分任务练习(在图 35.1 中一组组微小的圆圈)与这样的观念相关,即迁移可以通过知识元素的应用来解释,它们在练习和迁移情境之间都用到(如联结主义方法)。程序性信息准确地告诉学习者何时需要信息、如何完成学习任务中的常规方面。部分任务练习可以提供额外的练习,这些练习可以让学习者以较高的自动化水平完成常规方面所需要的知识元素并得到发展。最后,像精制化理论和基于目标的场景一样,四成分教学设计在某种程度上认识到学习者控制和为学习过程承担责任的重要性。在新版模式中(van Merriënboer 和 Kirschner, 2007),学习者能够选择他们自己的学习任务,以及与那些任务相关的支持性信息和部分任务练习。

支持整体任务模式有效性的实验证据

前面的章节回顾了整体任务模式的简要历史,讨论了教育传播与技术领域中的整体任务模式的主要特征,此外还描述了三个范例模式。下面按次序讨论有关整体任务解决方法有效性的研究概况以及有关精制化理论、基于目标的场景和四要素教学设计的有效性的具体研究。

整体任务实践

在综述性研究中,Wightman 和 Lintern (1985)调查了用于部分任务训练的分割、分离和简化技术的有效性,他们发现:整体任务训练一般比部分任务训练更有益于学习。只有滚雪球式向后链接方式中的分割技术(如首先练习一项任务的最后片段,在训练中再依次增加前面的片段)与整体任务训练一样有助于改善迁移的绩效表现。这项结论被 Wightman 和 Sistrunk (1987)的一项研究结果所证实,该研究表明接受整体性着陆训练的学习者胜过那些接受采用简化技术的部分任务训练的学习者,但是他们并没有超过接受部分任务、向后链接训练的学习者。此外，Goettl 和 Shute (1996)发现如果向后链接培训方法由关键性的部分任务组成，那么，采用向后链接培训方法的分割技术与整体任务训练一样有效。反之，整体任务训练将产生更高的迁移测试绩效表现。

在两项实验室实验中，Detweiler 和 Lundy (1995)研究了单一任务和双重任务练习的作用，这些任务是相同的单词类映射和有关双重任务迁移测试绩效表现的空间图形视觉搜索任务。他们发现双重任务练习比单一任务练习产生更高的迁移测试绩效表现。基于他们的发现，他们指出必须一起实施的目标任务也应该一起练习。Peck 和 Detweiler (2000)比较了与调节虚构潜艇的导航和外部系统相关的四个练习并行任务的方法：(1)部分任务方法，(2)部分
452 任务链接方法(如滚雪球)，(3)并行链接方法，(4)整体任务方法。在这项实验里，部分任务练习包括需要调节导航系统或者外围系统的单一任务尝试。在部分任务链接练习中，单一任务练习逐渐变成多任务练习。并行链接练习是指越来越复杂的并行任务练习，在整体任务实践中，从开始就需要进行并行任务练习。这项研究的结果表明，并行链接方法和整体任务方法对于迁移测试绩效均是有益的。

总之，整体任务培训对复杂技能的习得而言似乎是更好的教学方法。然而，有时候在训练中包括一些(附加的)部分任务练习，其可能更令人满意，尤其是在整体任务是危险的或者要求非常高的时候。Roessingh 等(2002)开发和测试了一个模式，以确定这样一种混合训练的最优训练时间表，他们发现，如果一项部分任务必须包含在训练中，那么至少 50%的训练时间必须用于整体任务实践以达到最佳的绩效表现。这个结论表明，在整体任务实践不是唯一的训练类型的情况下，整体任务实践仍然应该占用最多的训练时间。在 Pollock 等人(2002)开展的一项实验中，我们发现了成功应用混合训练的例子。他们将形形色色的教学方法(如先进行部分任务实践再进行整体任务实践)与整体任务方法(如只有整体任务实践)进行比较，用于教授电气安全测试，结果发现，在该领域中的新手在接受各种教学之后的知识测试和练习任务中展示了最佳的表现。在四要素教学设计中人们也发现这种混合方法中的部分任务练习可用来补充占主导地位的整体任务实践。下面，我们首先来讨论有关精制化理论和基于目标的场景的研究。

精制化理论

Beissner 和 Reigeluth (1989，1994)研究了是否可能使用精制化理论所规定的混合序列技术(如多重技术)来设计一门有关物理疗法的课程。他们仔细地描述了四个步骤的设计过程。在第一步中，采用简化条件方法来设计程序性细化序列；接着是程序性序列的独立性，在第二、三步中设计一个处方性的理论细化序列(如理解原理为什么会起作用)和一个描述性的理论细化序列(如理解原理是如何工作的)；最后，这三个步骤被整合为一个单课程序列。Beissner 和 Reigeluth 总结后认为，在一门课程中，具有并列的细化序列并产生整合相关知识、技能和态度的学习偶发事件(整体任务)是可能的。但是这种多重技术的有效性并没有被调查。

English 和 Reigeluth (1996)展开了一项采用混合方法方案的研究，用来确定精制化理论

的优缺点。他们依据多重序列(融合程序性和理论性的序列)修改了一本电子电路分析书的其中三章。在这项研究中所获得的定性数据(如即兴的和汇报的问题)表明序列可以在如下方面得到改进:(1)细化序列的每一个步骤应该强调重要的关系并且把每一步与之前的步骤和知识联系起来;(2)应该告诉学生第一步是入门水平,在序列开始后会跟随更复杂的步骤;(3)应该给予学习者对学习材料的控制(注意这个建议已结合到之前讨论的1999版精制化理论中)。此外,量化数据(前测结果和后测结果)说明,教学材料对低能力的学生和高能力的学生都有效。在展开了针对这一主题的实验课程和常规课程后,一项对学生绩效表现的探索性比较表明,参与实验课程学习的学生表现超过了参与常规课程学习的学生。

基于目标的场景

Bell 等人(1993/1994)评估了一项被称为镰状细胞顾问的有关镰状细胞疾病的基于目标的场景设计,镰状细胞顾问被安装在芝加哥的科学与工业博物馆里,以评估它的实用性。安装镰状细胞顾问的目的在于,在简短互动的过程里让博物馆参观者理解镰状细胞疾病和基本的遗传机理。基于为期25天的观察,933名参与者平均至少花费7分钟时间用于安装,作者总结认为,镰状细胞顾问的成功之处在于它吸引和保持了参观者的注意。在后续的研究中,研究者评估了镰状细胞顾问的有效性。他们比较了三组被试:使用了镰状细胞顾问的一组,阅读传递相同信息的小册子的一组和一个控制组。使用了镰状细胞顾问的一组被试在角色扮演绩 453
效表现和纸笔测试中超过了小册子组和控制组。

另一个基于目标的场景是构建企业变革,它是为在伊利诺斯州圣查尔斯的安德森咨询机构开发的,由 Kantor 等人(2000)评估。这个基于目标的场景提出了八项技能,Kantor 及其同事们展开了需求评估,用来找出每项技能的最低熟练水平。熟练水平的范围从无能力到专家之间,并基于督导给予的等级。这个基于目标的场景依据那些最低的熟练水平来评估。在使用了这个基于目标的场景之后,学生被要求在完成情节学习之前和之后对他们的熟练水平打分,将最低的熟练水平与完成情节学习后所报告的打分进行比较,比较结果表明,学生对自己评定的熟练水平要高于最低所需的八个受训技能中的五个技能。除此以外,在将完成情节学习之前和之后的熟练水平进行比较,比较结果表明在完成基于目标的场景活动之后,所有学生对自己评定的熟练水平高于在完成基于目标的场景之前评定的熟练水平。

四要素教学设计(4C/ID)

在两项研究中,Hoogveld 等人(2001,2003)研究了四要素教学设计的有效性,该模式是设计基于能力的教育(在医学领域中应用,参见 Janssen-Noordman 等,2006)的教学系统设计(ISD)方法。在第一项研究中,比较了两组教师:培训一组教师使用四要素教学设计来设计教学,培训另一组教师优化他们自己的设计方法。培训期之后,他们的教育产品的设计质量由专家来测评,结果发现经过使用四要素教学设计培训的教师开发了比其他教师更好的设计。第二项研究是调查团队或个人是否从设计基于能力的教育的四要素教学设计方法中受益。结果发现,当低成就者在团队中工作时,他们从四要素教学设计中受益更多,但是高成就者在团队中工作与独立工作时一样出色。

其他研究者从学习者的视角研究了基于四要素教学设计的教学有效性。Nadolski 等人(2005)关注了法律领域中将复杂的整体任务进行分段的问题。他们改变了整体任务阶段的数量(一个、四个或九个),以确定整体任务实践的优势与整体任务对学习者而言太复杂而造成认知超载的这一缺点之间的最佳平衡。这项研究的结果表明,用四个阶段来完成学习任务的学习者在使用他们的练习产品的连贯性和内容来评测时最有效。用一个或四个阶段完成学习任务的学习者在用练习一产品质量和所投入的心理努力的混合体评测的练习中最有效。这项研究没有发现整体任务阶段的数量对迁移测试绩效表现的影响。这些结果在后续的研究(Nadolski 等,2006)中得到证实,在这些研究中,获得由四个阶段组成学习任务的学习者的表现胜过了获得由八个阶段组成任务的学习者表现。这一结果表明,如果分割是降低任务复杂性的唯一方法,那么,整体学习任务才应该被分割。

Merrill (2002b)采用与四要素教学设计方法非常相似的模式,在 Thompson/NETg 展开了一项研究,来验证他的首要教学原理。作者用 Excel 开发了课程的三个教学情境:(1)一个整体任务情境小组,(2)一个获得现有商业版本的 NETg Excel 课程的在线学习(E-learning)小组,(3)仅获得三个真实测试任务的控制组。研究者发现了这三个小组之间在测试任务绩效表现上的统计学差异。在测试任务中,整体任务情境小组有 89%的平均正确率得分,在线学习小组有 68%的平均正确率得分,控制组只有 34%的平均正确率得分。此外,与在线学习小组相比,整体任务情境小组需要更少的时间来完成三个测试任务。

由 Lim 和 Reiser (2006)主持的一项研究,比较了四要素教学设计整体任务培训和部分任务培训对新手学习者和高级学习者习得和迁移复杂认知技能(用 Excel 准备一个成绩簿)的影响。他们发现,如果他们接受了四要素教学设计整体任务培训,新手学习者和高级学习者都获得了更好的整体任务绩效表现和更好的迁移绩效表现。四要素教学设计超越其他方法的优势在另外一项课堂研究中也得到证实(Sarfo 和 Elen, 2005,2006),这项课堂研究比较了三个必须学习如何基于本地情况设计一个单幢大楼方案的小组。研究者根据应用在加纳技术学校的方法来教授控制组;研究者根据四要素教学设计方法来教授实验组,一个实验组用了技术增强的学习,另一个实验组没有用技术增强的学习。虽然,两组被试在前测中表现一样好,
454 并且在后测中都有学习进步的表现,但是,两个实验组在后测中超过了控制组。

讨论

本章讨论了整体任务模式的历史根源和主要特征,还提供了在教育传播与技术领域中的三个整体任务模式的范例,呈现了有关整体任务模式有效性的研究发现。总而言之,研究发现表明,整体任务模式对教授复杂的技能和专业能力特别有效;然而,研究也强调了整体任务模式的两个局限。首先,整体任务模式应该仅被用于教授特征为高度协调的内容和任务——也就是知识要素与部分技能之间有着许多相互关系。如果协调是低级的,那么,部分任务模式可以同样有效,甚至比整体任务模式更有效。第二,整体任务实践不应被看作与部分任务实践不

兼容。在主导的整体任务方法中，人们希望为复杂任务的常规方面提供附加的部分任务练习。此外，如果证明开发一种足够简单的可以着手开始培训的整体任务版本是不可能的话，那么，必须从整体—部分任务方法中尽可能大的部分着手开始训练。但是，在纯整体模式中，这种方 454
法被视为非常不得已的方法。

在教育传播与技术领域，整体任务相对较新，显然有必要进行更多的研究。在最基本的层次上，许多有关最优整体学习任务的设计、排序技术和支持完成任务的学习者的方法仍不清楚。另外一些研究问题涉及学习者控制和自我导向学习。在整体任务模式中，自我导向的学习者应该根据他们自我评估的绩效表现和有关任务的信息(如难度、可提供的支持与指导)选择他们自己的学习任务。未来的研究应该研究学习者在任务选择的过程中如何得到更好的指导(如通过使用档案袋或辅导)，以及如何鼓励他们发展自我导向的学习技能。最后，学习迁移的问题对整体任务模式是很关键的。这里，一个有趣的研究系列涉及现实生活的、真实的整体任务的重要性。虽然一些研究者主张在真实的环境下实施那些任务是很重要的(参见，如 Brown 等，1989)，但是，其他研究者却认为，最重要的不是环境的逼真度，而是任务本身在心理学上的逼真度，特别是在学习过程的早期阶段。

显然，今天整体任务模式在教育传播与技术领域具有显著的位置，至少在西欧的职业教育和培训以及高等专业教育中是这样。在我们看来，这是对社会发展和技术发展不可避免的回应，也是对学生和雇主的有关教育价值的互不妥协观点的回应。由于采用新技术，常规任务已经由机器接管，必须由人来完成的复杂的认知任务变得越来越重要。此外，当前现有工作的本质和它所需要的技能飞速变化，完成这些工作有关的信息很快过时。这就对劳动力提出了更高的要求，如雇主强调问题解决、推理和自我导向的学习的重要性，这些可以确保雇员能够灵活地调整以适应环境中的快速变化。教育中整体任务模式旨在准确地达到这些目标。

(王旭卿 译，闫寒冰 一校 刘玉玉、陈江涛 二校)

参考文献

Achtenhagen, F. (2001). Criteria for the development of complex teaching-learning environments. *Instruct. Sci.*, 29(4-5), 361-380.

Adams, J. A. (1987). Historical review and appraisal of research on the learning, retention, and transfer of human motor skills. *Psychol. Bull.*, 101, 41-74.

Andrews, D. H. and Goodson, L. A. (1980). A comparative analysis of models of instructional design. *J. Instruct. Dev.*, 3(4), 2-16.*

Annett, J. (1989). *Training in Transferable Skills*. Sheffield, U. K.: The Training Agency.

Annett, J. and Sparrow, J. (1985). Transfer of training: a review of research and practical implications. *Programmed Learn. Educ. Technol.*, 22, 116-124.

Ash, M. G. (1998). *Gestalt Psychology in German Culture, 1890-1967: Holism and the Quest for Objectivity*. Cambridge, U. K.: Cambridge University Press.

Beissner, K. L. and Reigeluth, C. M. (1989). *Multiple Strand Sequencing Using the Elaboration Theory*, ERIC Document Reproduction Service No. ED 314025.

Beissner, K. L. and Reigeluth, C. M. (1994). A case study on course sequencing with multiple strands using elaboration theory. *Perform. Improve. Q.*, 7(2), 38-61.

Bell, B., Bareiss, R., and Beckwith, R. (1993/1994). Sickle cell counselor: a prototype goal-based scenario for instruction in a museum environment. *J. Learn. Sci.*, 3, 347-386.

Biggs, J. (1996). Enhancing teaching through constructive alignment. *Higher Educ.*, 32(3), 347-365.

Briggs, G. E. and Naylor, J. C. (1962). The relative efficiency of several training methods as a function of transfer task complexity. *J. Exp. Psychol.*, 64, 505-512.

Brown, J. S., Collins, A., and Duguid, S. (1989). Situated cognition and the culture of learning. *Educ. Res.*, 18(1), 32-42.*

Clark, R. E. and Estes, F. (1999). The development of authentic educational technologies. *Educ. Technol.*, 39(2), 5-16.

Detweiler, M. C. and Lundy, D. H. (1995). Effects of singleand dual- 455
task practice on acquiring dual-task skill. *Hum. Factors*, 37, 193-211.

Dreyfus, S. E. (1982). Formal models vs. human situational understanding: Inherent limitations on the modeling of business expertise. *Office Technol. People*, 1, 133-165.

Elio, R. (1986). Representation of similar well-learned cognitive procedures. *Cogn. Sci.*, 10, 41-73.

Ellis, H. C. (1965). *The Transfer of Learning*. New York: Macmillan.

English, R. E. and Reigeluth, C. M. (1996). Formative research on sequencing instruction with the elaboration theory. *Educ. Technol. Res. Dev.*, 1, 23-42.

Feldenkrais, M. (1982). *The Illusive Obvious*. Cupertino, CA: Meta Publications.

Gagné, R. M. (1968). Learning hierarchies. *Educ. Psychol.*, 6, 1 - 9.

Gagné, R. M. (1985). *The Conditions of Learning*, 4th ed. New York: Holt, Rinehart and Winston.

Gagné, R. M. and Briggs, L. J. (1979). *Principles of Instructional Design*, 2nd ed. New York: Holt, Rinehart and Winston.

Gagné, R. M. and Merrill, M. D. (1990). Integrative goals for instructional design. *Educ. Technol., Res. Dev.*, 38(1), 23 - 30. *

Gallwey, W. T. (1974). *The Inner Game of Tennis*. New York: Random House.

Goettl, B. P. and Shute, V. J. (1996). Analysis of part-task training using the backward-transfer technique. *J. Exp. Psychol. Appl.*, 2, 227 - 249. *

Graen, G. B. and Hui, C. (2001). Approaches to leadership: toward a complete contingency model of face-to-face leadership. In *Work Motivation in the Context of a Globalizing Economy*, edited by M. Erez, U. Kleinbeck, and H. Thierry, pp. 211 - 225. Mahwah, NJ: Lawrence Erlbaum Associates.

Graham-Pole, J. (2001). 'Physician, heal thyself': how teaching holistic medicine differs from teaching CAM. *Acad. Med.*, 76, 662 - 664.

Hoogveld, A. W. M., Paas, F., and Jochems, W. M. G. (2001). The effects of a Web-based training in an instructional systems design approach on teachers' instructional design behavior. *Comput. Hum. Behav.*, 17, 363 - 371.

Hoogveld, A. W. M., Paas, F., and Jochems, W. M. G. (2003). Application of an instructional systems design approach by teachers in higher education: individual versus team design. *Teaching Teacher Educ.*, 19, 581 - 590.

Janssen-Noordman, A. M. B., van Merriënboer, J. J. G., Van der Vleuten, C. P. M., and Scherpbier, A. J. J. A. (2006). Design of integrated practice for learning professional competences. *Med. Teacher*, 28(5), 447 - 452.

Kantor, R. J., Waddington, T., and Osgood, R. E. (2000). Fostering the suspension of disbelief: the role of authenticity in goal-based scenarios. *Interact. Learn. Environ.*, 8, 211 - 227.

Landa, L. N. (1983). The algo-heuristic theory of instruction. In *Instructional-Design Theories and Models*, edited by C. M. Reigeluth, pp. 163 - 211. Hillsdale, NJ: Lawrence Erlbaum Associates. *

Lim, J. and Reiser, R. A. (2006). The Effects of Part-Task and Whole-Task Approaches on Acquisition and Transfer of a Complex Cognitive Skill. Paper presented at the Association for Educational Communications and Technology (AECT) Annual Convention, October 10 - 14, Dallas, TX.

Machin, M. A. (2002). Planning, managing, and optimizing transfer of training. In *Creating, Implementing, and Managing Effective Training and Development*, edited by K. Kraiger, pp. 263 - 301. San Francisco, CA: Jossey-Bass.

Mandler, J. M. and Mandler, G., Eds. (1964). *Thinking: From Association to Gestalt*. New York: Wiley (original work published in Germany, 1913).

Merrill, M. D. (2002a). First principles of instruction. *Educ. Technol. Res. Dev.*, 50, 43 - 59. *

Merrill, M. D. (2002b). A pebble-in-the-pond model for instructional design. *Perform. Improve. Q.*, 41(7), 39 - 51. *

Nadolski, R. J., Kirschner, P. A., and van Merriënboer, J. J. G. (2005). Optimizing the number of steps in learning tasks for complex skills. *Br. J. Educ. Psychol.*, 75, 223 - 237. *

Nadolski, R. J., Kirschner, P. A., and van Merriënboer, J. J. G. (2006). Process support in learning tasks for acquiring complex cognitive skills in the domain of law. *Learn. Instruct.*, 16, 266 - 278.

Naylor, J. C. and Briggs, G. E. (1963). Effects of task complexity and task organization on the relative efficiency of part and whole training methods. *J. Exp. Psychol.*, 65, 217 - 224.

Osgood, C. E. (1949). The similarity paradox in human learning: a resolution. *Psychol. Rev.*, 56, 132 - 154.

Peck, A. C. and Detweiler, M. C. (2000). Training concurrent multistep procedural tasks. *Hum. Factors*, 42, 379 - 389.

Perkins, D. N. and Grotzer, T. A. (1997). Teaching intelligence. *Am. Psychol.*, 52, 1125 - 1133.

Poindexter, S. (2003). The case for holistic learning. *Change*, 35(1), 25 - 30.

Pollio, H. R. and Back, H. P. (2000). When the tail wags the dog. *J. Higher Educ.*, 71(1), 84 - 102.

Pollock, E., Chandler, P., and Sweller, J. (2002). Assimilating complex information. *Learn. Instruct.*, 12, 61 - 86.

Reigeluth, C. M. (1987). Lesson blueprints based on the elaboration theory of instruction. In *Instructional Theories in Action: Lessons Illustrating Selected Theories and Models*, edited by C. M. Reigeluth, pp. 245 - 288. Hillsdale, NJ: Lawrence Erlbaum Associates.

Reigeluth, C. M. (1999). The elaboration theory: guidance for scope and sequence decisions. In *Instructional-Design Theories and Models. A New Paradigm of Instruction*, edited by C. M. Reigeluth, pp. 425 - 453. Mahwah, NJ: Lawrence Erlbaum Associates. *

Reigeluth, C. M. and Stein, F. S. (1983). The elaboration theory of instruction. In *Instructional-Design Theories and Models: An Overview of Their Current Status*, edited by C. M. Reigeluth, pp. 335 - 381. Hillsdale, NJ: Lawrence Erlbaum Associates. *

Reigeluth, C. M., Merrill, M. D., Wilson, B. G., and Spiller, R. T. (1980). The elaboration theory of instruction: a model for sequencing and synthesizing instruction. *Instruct. Sci.*, 9, 195 - 219.

Rinke, W. J. (1985). Holistic education: an answer? *Train. Dev. J.*, 39(8), 67 - 68.

Roessingh, J. J. M., Kappers, A. M. L., and Koenderink, J. J. (2002). *Transfer between Training of Part-Tasks in Complex Skill Training*, Technical Report No. NLR - TP - 2002 - 646. Amsterdam: National Aerospace Laboratory.

Royer, J. M. (1979). Theories of the transfer of learning. *Educ. Psychol.*, 14, 53 - 69.

Sarfo, F. K. and Elen, J. (2005). Powerful learning environments and the development of technical expertise in Ghana: investigating the moderating effect of instructional conceptions. In *Proceedings of the 5th IEEE International Conference on Advanced Learning Technologies (ICALT' 2005)*, July 5 - 8, Kaohsiung, Taiwan, edited by P. Goodyear, D. G. Sampson, D. J.-T. Yang Kinshuk, T. Okamoto, R. Hartley, and N.-S. Chen, pp. 1000 - 1004. Los Alamitos, CA: IEEE.

Sarfo, F. K. and Elen, J. (2006). The design of effective support for the acquisition of technical expertise. In *Avoiding Simplicity, Confronting Complexity*, edited by G. Clarebout and J. Elen, pp. 417 - 422. Rotterdam: Sense Publishers.

Scandura, J. M. (1983). Instructional strategies based on the structural learning theory. In *Instructional-Design Theories and Models*, edited by C. M. Reigeluth, pp. 213 - 246. Hillsdale, NJ: Lawrence Erlbaum.

Schank, R. C. (1993/1994). Goal-based scenarios: a radical look at education. *J. Learn. Sci.*, 3, 429 - 453. *

Schank, R. C., Fano, A., Bell, B., and Jona, M. (1993/1994). The design of goal-based scenarios. *J. Learn. Sci.*, 3, 305 - 345.

Schank, R. C., Berman, T. R., and Macpherson, K. A. (1999). Learning by doing. In *Instructional-Design Theories and Models. A New Paradigm of Instruction*, edited by C. M. Reigeluth, pp. 161 - 181. Mahwah, NJ: Lawrence Erlbaum Associates. *

Schmidt, R. A. (1991). *Motor Learning and Performance: From Principles to Practice*. Champaign, IL: Human Kinetics Books.

Schneider, W. and Detweiler, M. (1988). The role of practice in dual-task performance: toward workload modeling in a connectionist/control architecture. *Hum. Factors*, 30, 539 - 566.

Schneider, W. and Shiffrin, R. M. (1977). Controlled and automatic human information processing. I. Detection, search, and attention. *Psychol. Rev.*, 84, 1 - 66. *

Shiffrin, R. M. and Schneider, W. (1977). Controlled and automatic human information processing. II. Perceptual learning, automatic attending, and a general theory. *Psychol. Rev.*, 84, 127 - 190. *

Singley, M. K. and Anderson, J. R. (1985). The transfer of textediting skill. *Int. J. Man-Machine Stud.*, 22, 403 - 423.

Singley, M. K. and Anderson, J. R. (1988). A keystroke analysis of learning and transfer in text editing. *Hum.-Comput. Interact.*, 3, 223 - 274.

Smuts, J. C. (1926). *Holism and Evolution*. New York: Macmillan.

Spector, J. M. and Anderson, T. M. (2000). *Holistic and Integrated Perspectives on Learning, Technology, and Instruction: Understanding Complexity*. Mahwah, NJ: Lawrence Erlbaum. *

Strauch, R. (1984). Training the whole person. *Train. Dev. J.*, 38 (11), 82 - 86. *

Thorndike, E. L. and Woodworth, R. S. (1901). The influence of movement in one mental function upon the efficiency of other functions. *Psychol. Rev.*, 8, 247 - 261.

van Merriënboer, J. J. G. (1997). *Training Complex Cognitive Skills*. Englewood Cliffs, NJ: Educational Technology Publications. *

van Merriënboer, J. J. G. (2006). Alternate models of instructional design: holistic design approaches and complex learning. In *Trends and Issues in Instructional Design and Technology*, 2nd ed., edited by R. Reiser and J. Dempsey, pp. 72 - 81. Old Tappan, NJ: Prentice Hall. *

van Merriënboer, J. J. G. and Kirschner, P. A. (2007). *Ten Steps to*

Complex Learning. Mahwah, NJ: Lawrence Erlbaum Associates. *

van Merriënboer, J. J. G., Jelsma, O., and Paas, F. (1992). Training for reflective expertise: a four-component instructional design model for training complex cognitive skills. *Educ. Technol. Res. Dev.*, 40(2), 23 - 43.

van Merriënboer, J. J. G., Clark, R. E., and de Croock, M. B. M. (1996). Blueprints for complex learning: the 4C-ID model. *Educ. Technol. Res. Dev.*, 50, 39 - 64. *

van Merriënboer, J. J. G., de Croock, M. B. M., and Jelsma, O. (1997). The transfer paradox: effects of contextual interference on retention and transfer performance of a complex cognitive skill. *Percept. Motor Skills*, 84, 784 - 786.

van Merriënboer, J. J. G., van der Klink, M. R., and Hendriks, M. (2002). *Competenties: Van complicaties tot compromis: Een studie in opdracht van de onderwijsraad* [Competences: from complications towards a compromise: a study for the National Educational Council]. The Hague: Onderwijsraad.

van Merriënboer, J. J. G., Kirschner, P. A., and Kester, L. (2003). Taking the load off a learners' mind: instructional design for complex learning. *Educ. Psychol.*, 38, 5 - 13.

van Merriënboer, J. J. G., Kester, L., and Paas, F. (2006). Teaching complex rather than simple tasks: balancing intrinsic and germane load to enhance transfer of learning. *Appl. Cogn. Psychol.*, 20, 343 - 352. *

Van Patten, J., Chao, C., and Reigeluth, C. M. (1986). A review of strategies for sequencing and synthesizing instruction. *Rev. Educ. Res.*, 56, 437 - 471. *

Wertheimer, M. (1925). Über Gestalttheorie [On Gestalt theory], *Philosophische Zeitschrift für Forschung und Aussprache*, 1, 39 - 60 (translation of lecture at the Kant Society, Berlin, 1924).

Wightman, D. C. and Lintern, G. (1985). Part-task training for tracking and manual control. *Hum. Factors*, 27, 267 - 284.

Wightman, D. C. and Sistrunk, F. (1987). Part-task training strategies in simulated carrier landing final-approach training. *Hum. Factors*, 29, 245 - 254.

456

---

* 表示主要参考文献。

36

模型促进的学习

457 Ton de Jong 和 Wouter R. van Joolingen

摘要

在这一章，我们讨论模型在学习中可能起到的作用，重点关注计算机模型（模拟）。首先，在根据模型的学习中（learning from models），学生主要通过改变模型的输入变量的值并观察输出变量的最终值，来探究模型本身。在这个过程中，他们体验被模拟领域的规则或者发现这些规则的特征。其次，当我们要求学生构建模型的时候，模型在学习过程中也起着作用。在通过建模的学习（learning by modeling）中，学生按照要求构建一个外部模型，这个模型可以用来模拟重建真实系统里可观测到的现象。最后，在我们称之为"基于模型的探究性学习（model-based inquiry learning）"中，这两种利用模型的方法可以结合起来。在这里，学生可以这样来处理计算机模型：他们可以通过改变输入变量的值和观察输出变量的值来探究它，然后重建模型（包括对内部功能的重建），这样两个模型所起的作用是相似的。

关键词

探究性学习："一种学习方法，它包含对自然和物质世界的探索过程，同时也引导学生提出问题、进行发现并严谨求证，从而获得新的理解。"（NSF，2000，2 页）

模型：是对一个系统的变量或概念及其他们之间的（定量或定性）关系的结构化表征，这些变量或概念及其关系可以通过各种方式进行模拟，从而预测该系统的行为。

建模：把创建模拟作为一种学习方法的过程。

模拟：一个基于计算机的自然过程或现象的模型，它通过呈现输出变量的最终值来反映输入变量值的变化。

引言

在许多领域，尤其是在自然科学领域，学习都涉及对模型的习得和构建(Lehrer 和 Schauble, 2006)。模型被定义为“允许人们生成预设和解释的一组表征、规则和推理结构”(Schwarz 和 White, 2005, p. 166)。模型可以看作是，依据变量或概念及其他们彼此关系，对某一领域(或领域中的一些部分)的结构化表征。每一个科学领域都有一套被外在表征的领域模型，这些模型得到了工作在这些领域的研究人员的普遍认可。每个个体都有自己的、可以被外在表征的模型或是心智模型(Gentner 和 Stevens, 1983)。在观察的影响或模型自身性质所设定的约束的影响下，科学实践可以看成是一个不断适应、精炼或改变模型的过程。同样地，科学学习包含着创建和适应心智模型，目标是推动心智模型向专家或理论领域模型发展(Clement, 2000; Snyder, 2000)。心智模型的这种适应，既可能是渐变中的发展，也可能包含 458
着心智模型性质的比较巨大的变化(Chi, 1992)。

美国科学促进协会(AAAS, 1989)在一份影响甚大的报告中提到，学生需要更多的时间去探索、去观察、走弯路、检验观点、返工任务、制作东西、校准工具、收集材料、构建物理模型和数学模型、习得必要的数学和其他相关概念、阅读材料、讨论和辩论观点、竭力理解陌生和抽象的概念，以及探索不同观点。按照上述描述，学习类似于通过科学探究来建构和适应心智模型。2000 年，国家科学基金会(NSF)将探究性学习定义为“一种学习方法，它包含对自然和物质世界的探索过程，同时也引导学生提出问题、进行发现并严谨求证，从而获得新的理解。”(NSF, 2000, p. 2)。

在模型促进的学习中，模型代替了上面定义中的自然和物质世界。这些模型可以有多种形式(如一个简化的草图或概念图，见 Gobert, 2000)；但是，在这一章里我们约定，只有在学生和模型交互时，我们才说根据模型学习，这意味着他们可以操作模型的输入，产生的反应作为模型的输出。更具体地说，这一章我们集中研究计算机模型(模拟)(de Jong, 1991)。这个限制意味着我们讨论的模型是可操作的，也就是说，它们在学生输入的基础上用计算机算法去生成输出(即描述模型状态的值的变化)(Hestenes, 1987)。这个过程称为“模拟”。在根据模型的学习中，学生主要通过改变模型的输入变量的值并观察输出变量的最终值，来探究模型本身。在这个过程中，他们体验被模拟领域的规则或者发现这些规则的特征(de Jong, 2006a)。当我们要求学生构建模型的同时，模型在学习的过程中也起着作用。在通过建模的学习中，我们要求学生构建一个尽可能和真实系统一样的外部模型(Penner, 2001)。最后，在我们称之为“基于模型的探究性学习”中，这两种利用模型的方法结合在一起了。在这里，学生可以这样来处理计算机模型：他们可以通过改变输入变量的值和观察输出变量的值进行探索，然后他们需要重建模型(包括对内部功能的重建)，这样，两个模型所起的作用是相似的(Löhner 等,2005; van Joolingen 等,2005)。

在这一章里，我们讨论三种在教育中使用模型的方法：一种是学生试着掌握现有模型的性质(根据模型学习)，一种是学生从构建模型的过程中学习(通过建模学习)，最后一种就是前两种方法的结合。在此我们集中研究科学领域的学习。

根据计算机模型学习

在根据计算机(模拟)模型的学习中，学生用给定模型做实验，在该模型表现的基础上，试图构建一个心智模型。虽然有各种各样的模型，也有各种各样与模型交互的可能方式(van Joolingen和de Jong, 1991)，但是学生们基本上都通过模型界面与一个计算机模型进行交互，这个界面允许他们改变模型变量的值，且允许他们用这样或那样的方式显示他们操作的计算结果。

支持根据计算机模型学习的计算机技术兴起于20世纪70年代后期到80年代。当然，许多模拟曾被或多或少地直接用于教育情景，但是其中只有几个系统是特定适用于教育的。许
459 多系统最初是和操作模型或操作模型与概念模型的结合体相关的，例如，SOPHIE，是一个立足于教授电子检修技能的软件，但同时在这个环境里，学生也能学到诸如电子定律、电路回路、特定设备的功能组织等知识(Brown等，1982)。QUEST的重点也在电路检修(White和Frederiksen, 1989)。QUEST使用模型递进，即随着学生通过QUEST不断取得进步，电路也变得越来越复杂，同时他们还可以从不同角度看待电路(如功能角度和动作角度)。STEAMER是另外一个结合了操作性知识和概念性知识学习的系统。这个系统模拟了巨型船舶复杂蒸汽推进系统(Hollan等，1984)。诸如MACH－III系统(为复杂雷达设备设计的)(Kurland和Tenney, 1988)和IMTS(Towne等，1990)也都重点用于检修。Smithtown是最早针对概念领域(经济法)的教育模拟之一，它包括为学生提供的一些支持性机制(Shute和Glaser, 1990)。在Smithtown，学生能探索模拟市场。他们能改变诸如劳动力成本和居民收入这些变量，并观察它们带来的例如对价格的影响。早期用于教育的概念模拟的另一个例子是ARK (Alternate Reality Kit)，一套关于不同物理主题的模拟(如碰撞)，它为学生提供直接的操作界面(Scanlon和Smith, 1988; Smith, 1986)。

在上述系统中，尽管一定程度上都存在支架，但是研究表明，教师应该意识到只有给予学生充分的支撑后，根据模型的学习才是成功的。缺乏支撑的探究通常是没有成效的(Mayer, 2004)。认知性支架可以和模拟软件整合在一起，它旨在完成一个或更多上述探究性过程。De Jong和van Joolingen (1998)，Quintana等(2004)和Linn等(2004)已经提出了包含认知支架的系统的概述，De Jong最近也提出了这样的观点(2006b)。

确定是否具有足够的支撑基础，需要人们对与根据模型学习相联系的学习过程有较为详细的洞察(de Jong和van Joolingen, 1998)。与根据模型学习相联系的整个学习过程，是一个科学发现或探究的过程。国家研究理事会(NRC)在1996年把“探究”定义为多层面的活动，它包括进行观察、提出问题、检验信息资源、组织调查、评价已有认知、利用工具收集和解释数据、进行解释和预测，以及成果交流；探究需要识别明确假设、运用批判性和逻辑性思考、创新和考虑不同的解释(NRC, 1996)。这个描述列出了一大套组成探究学习的程序。De Jong (2006b)

提出了很多在 NRC 的界定中所提到的过程，包括：目标确定，假设生成，实验（如实验设计、预测、数据解释等），得出结论，进行评估。在目标确定过程中，确定一个总的研究问题，学生对该领域进行广泛的分析；在假设生成过程中，学生选择这个领域的某个具体陈述（如以模型的形式表达的一组陈述）来思考；在实验过程中，学生设计和执行一个检验这个假设或模型有效性的测试，进行预测，并解释实验结果；在结论程序中，学生提出关于假设的有效性结论，或形成新的观点；最后，在评价程序中，学习反思学习过程，习得该领域知识。在探究学习过程中的一个核心的和发展性的成果，是学生所形成的该领域的心智模型（White 和 Frederiksen, 1998）。

图 36.1 尝试用图示的方式描绘贯穿整个探究过程的学生心智模型的发展。该图中，目标确定过程的心智模型方向不明确、未确定关系并缺失变量。当学生生成一种假设的时候，他就选择了变量之间的一种关系，形成了关于此关系的一种观点（尚不清晰）。当然，形成于假设阶段的这些观点，不一定仅仅限于是某些假设，也可以指模型中的其他部分（见下一节）。在实验程序中，学生进一步处理更多可控变量。设计实验的时候，概念变量转化成可操作的变量。在预测程序中，陈述的假设转化成可观察的变量。在数据解释程序中，学生已知实验的结果，而且必须理解数据。表述一个结论，需要回到一个较高的理论层次，在这个层次上，考察和决定原有观点的有效性，并在此基础上将经过解释的数据与假设或者心智模型关联起来。

在图 36.1 中，实验的过程处于可操作变量的层次上，而在目标确定、提出假设和得出结论的过程中对于某个领域的观点，却是处于理论层面上的。理想地，学生对于某个领域的观点应该来自于从确定目标、通过假设、再到结论整个过程，最终得到正确且完整的关于该领域的心智模型。但实际上，在经历了这些学习过程之后，学生的心智模型仍然存在一些没有聚合的目标（在目标确定方面的特征）、尚未解决的问题（在假设方面）、一些顽固的想法（有结论，但仍有些可能是错的）。这一点强调了探究学习过程的反复性特征。

460

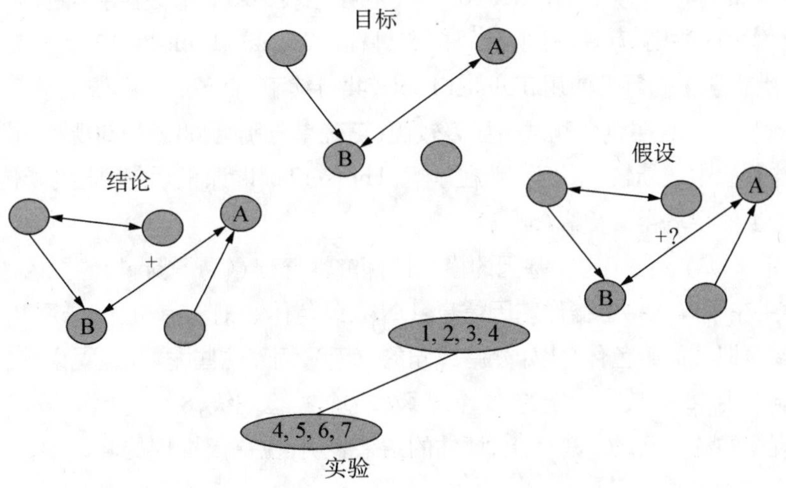

图 36.1 探究性过程学生心智模型概览

上面提到的过程直接产生知识(正如在该领域不断发展的观点所反映的),de Jong 和 Njoo (1992)将这些过程称作"转换性探究过程",它反映了信息到知识的转换。因为探究学习是伴随许多活动和反复的复杂学习,de Jong 和 Njoo (1992)加入了学习的规则这一概念,即它包括那些以计划和检测学习过程为目的的程序。同时,转换性过程和调节性过程形成了探究学习的主要过程(de Jong 和 van Joolingen, 1998)。

评估占据很特殊的位置,它处在转换过程和常规过程之间。在评估(或反思)过程中,学生检验探究过程及其结果,并试图回溯一步,从自己的经验中学习。这种反思可以涉及到探究过程本身(成功还是不太成功),也可以涉及正在研究的领域(如领域的一般性特征)。以所有探究过程为例,评估活动可以发生在循环的任何阶段,而不只是在评估过程中。评估活动可以影响探究过程本身,因而对探究过程具有一种调节的作用。

对探究学习的较小范围的评估,经常聚焦在测评不同类型的支架的效果上。这一工作说明了可以通过为学生提供足够的支架提高探究学习的有效性(de Jong, 2006a, b)。相对于比较传统的教学形式,对基于技术的探究环境的大规模评估不经常出现,但又确实存在一些。利用对 Smithtown 这个经济学学习的支持性模拟环境的评价,首先在一个包括 30 名学生的试点研究中进行,然后在 530 名学生的大规模评估活动中进行。结果表明,在 Smithtown 环境中操作了 5 个小时后的学生,其对微观经济学的理解大致达到了传统教学 11 个小时的程度(Shute 和 Glaser, 1990)。Jasper 项目是大规模评估的又一个经典例子。此项目的领域是数学,学生在一个探究型的环境所提供的真实情景中从事学习。尽管 Jasper 不是一个纯粹的探究环境,但是,当学生收集和解释数据时,这种学习就具有了探究的许多特征。对 700 多名学生作出的评估数据显示,使用 Jasper 系列进行学习的学生,在一系列评价上的表现都要好于接受传统训练的学生(Cognition 和 Technology Group at Vanderbilt, 1992)。

White 和 Frederiksen (1998) 描述了"ThinkerTools 探究课程",这是一个关于物理中力和运动的基于模拟的学习环境。ThinkerTools 软件通过许多探究阶段指导学生,这些阶段包括:模拟实验、建构物理法则、互评法则、反思探究过程。ThinkerTools 在 12 个班实施,每个班大概有 30 名学生。学生们每天使用 ThinkerTools,共持续了 10 多周。和传统学习的学生相比,用 ThinkerTools 的学生在概念测试中显著较优(正确率分别为 68%和 50%)。即使是那些一般性基本技能测验中成绩较低的学生,在学习 ThinkerTools 课程后,也比接受传统课程的学生在物理概念上的平均得分更高(58%)。

Hickey 等(2003)评估了有关基因的模拟性探究性环境(GenScope*)的引入的效应。在这个环境中,学生在不同水平上操作基因信息:DNA、染色体、细胞、有机体、谱系和种群。例如,学生可以改变虚拟龙的染色体(比如翅膀或角的有无),饲养这些龙,并且观察其后代基因型和表现型的影响。由 13 名教师教授的 31 个班级(23 个实验班级,8 个对照班级)总共几百名学生参加了大规模的评估活动。总体上,评估的结果表明,在基因推理的测试中,GenScope 课程

---

* GenScope 是一个学习环境,用计算机提供了不同于课本的科学教育方式。它向教师和学习者提供一个新的工具,让学生通过直接操作和实验来研究科学概念和数学概念。——译者注

的教学效果要优于传统课程。在接下来对两个实验班级和一个对照班级的跟踪研究也表明，在推理测试中两个实验班级成绩显著较优，其中一个接受更多调研练习的班级学生的成绩更优。

另一个新近的案例是 River City 项目。River City 软件旨在教授生物课题和探究技能。它是一个模拟环境，在这个环境里面学生以虚拟形象在其中活动。River City 包括了模拟、数据库和多媒体信息。学生必须按照上面所示的所有探究程序进行全面调研，结束调研后给市长写一封信。River City 项目组织的大规模评估（大概 2000 名学生）的初步结果表明，与从事文献探究型课程的控制组学生相比，基于技术的方法使得实验组学生增加了更多生物知识（32 to 34% vs. 17%），而且在探究技能测试中成绩较好（Ketelhut 等，2006）。Linn 等人（2006）评估了技术支持的科学学习研究中心（TELS）设计的模块。这些模块是基于探究的，包含许多模拟（如安全气囊的功能）。在 4328 位学生的样本中采取 6 个不同的 TELS 模块的学习，对学生知识整合的结果进行测量，观察结果支持 TELS 被试优于接受传统课程的学生，总体效应值是 0.32。

通过创建计算机模型来学习 461

除了观察根据正式模型所做的模拟，学生还可以从亲自创建这些模型中进行学习（Alessi, 2000）。这个方法与建构主义的基本理念相一致（Harel 和 Papert, 1991; Kafai, 2006; Kafai 和 Resnick, 1996），建构主义理论认为，知识建构发生在学生从事创造客体的活动之时（Kafai 和 Resnick, 1996，2 页）。建构的对象可以是自然物体、人工制品（Crismond, 2001）、绘画（Hmelo 等，2000）、概念图（Novak, 1990）、计算机程序（Mayer 和 Fay, 1987）、操作指南（Vreman-de Olde 和 de Jong, 2006）或是更多。在这部分，我们集中关注建构那些可执行的模型，即前面部分提到的学生探究的那类模型，只不过，学生们不是探究这些模型，而是创建它们。

科学总是利用模型来认识一个领域。在第二次世界大战结束后不久，模拟后作为预测模型行为的工具，成为计算机投入使用后最先应用的领域之一。在科学学习过程中使用建模要追溯到 20 世纪 80 年代初期，当时，Jon Ogborn 创造了动态建模系统（DMS）（Ogborn 和 Wong, 1984）。在这个系统中，学生可以通过键入描述初始状态和一段时间后状态变化的方程来创造一个动力系统模型。在这些尝试之前，Jay Forrester 已经发展了关于动力系统的观点，这一系统是作为企业组织中表征过程的方法，迅速成为制作任何系统模型的通用工具而得到广泛应用（Forrester, 1961）。图 36.2 提供了一个系统动力学模型的例子。这个模型采用了 Forrester 引入的系统动力学标记法（1961）。

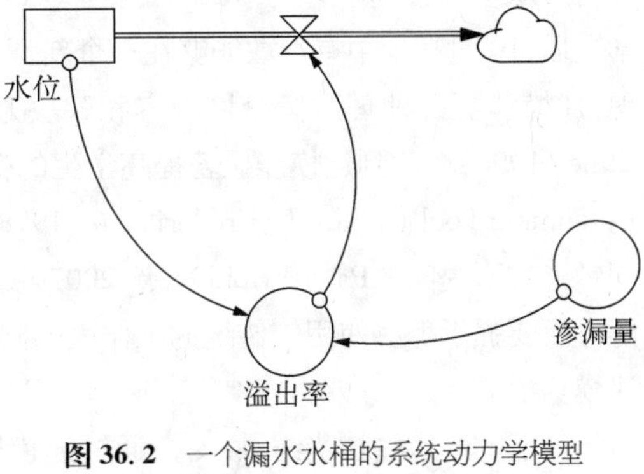

图 36.2 一个漏水水桶的系统动力学模型

水位用库存(长方形)表示,溢出部分作为流量(粗箭头指向云彩),细箭头显示的是两个变量的关系。

起先,系统动力学模型的绘制是用作推理工具。后来,这些模型被用做创造计算机程序的
462 指南。最后,像 STELLA (Steed, 1992)这样的可以直接模拟系统动力模型的系统出现了。这些系统的教育价值很快得到人们的认可。人们按照同一基本动力系统理念,又创造了其他系统,如 Model-It (Jackson 等,1996)和联合实验室(Co-Lab)(van Joolingen 等,2005)。通过提供说明模型的不同方式,这些新的系统在用户友好方面有了很大的提高,但是,它们都是遵照同一个基本原理:学生确定一个可执行(模拟)的模型,这个模型是按照图表结构画的,所产生的结果是模型表现出来的理念的结果。通过所有这些开发,我们可以看出工具的进步使得学生更容易创造正规的模型。

建模活动始于科学问题。一般来说学生提出一个研究性问题很困难,而且在获得好的研究问题的过程中,他们经常需要帮助(White 和 Frederiksen, 1998);因此,需要经常为学生提供让他们模仿某一现象的任务(van Joolingen 等,2005; White, 1993)。学生的总体目标是以这种方式创造一个模型,该模型的行为是模仿理论模型或真实现象的行为。Hestenes (1987)描述了一个数学实体的模型,它的构成包括被命名的物体和代理、用来定义这些物体性质的变量、描述随着时间的推移变量值变化的方程以及将建模的概念与真实世界的对象关联起来的解释。这些就是可以用作模拟的计算实体(可运行,可执行)的模型的特征。最近,关于建模的文献中也包括了定性模型,其中变量值的发展是根据(定性)关系而不是方程式来定义的(Dimitracopoulou 等, 1999; Jackson 等, 1996; Papaevripidou 等, 2007; Schwarz 和 White, 2005; van Joolingen 等,2005),但是,这并没有从本质上改变 Hestenes 的"概念化"观点。

Hestenes (1987)的"概念化"观点建议,构建一个模型,学生需要通过三类过程来复演它:明确目标,在此过程中辨识和定义对象及变量;说明,在此过程中明确变量之间的关系和方程;评价,在此过程中根据真实世界的情况及其和预期相符的情况来解释模型的结果。明确目标阶段,学生提取研究对象和变量,做出模型的最初轮廓。在说明阶段,变量间的关系以定性或可计算的定量的方式加以确定,还可以引入其他变量。在评价阶段,学生评估模型结构,对照预期评价模型结果,并与自己的观察作比较。

初步研究表明,通过建模学习对理解动力系统有积极的作用。Kurtz dos Santos 等(1997报告了从模拟域到一个新领域的转变。Schecker (1998)发现机械课程在采用了 STRELLA 教学之后,10 对学生中有半数能够在一个新课题上构建定性因果推理链。Mandinach (1998)发现,建模能更好地理解概念性内容和解决方案,提高学习者解决问题的能力。Mandinach 和 Cline (1996)注意到建模能显著提高学生的探究技能。Schwarz 和 White (2005)发现,那些使用 ThinkerTool (White 和 Frederiksen, 1998)环境中的建模设施的学生,在探究后测和远迁移问题上有所提高。Papaevripidou 等(2007)发现那些使用建模工具进行建模的同学,在建模技能方面要强于那些使用较传统的工作表的同学,而且他们还可以用较复杂的方法对领域进行建模。

除了上述这些初步结果,支持通过建模进行学习的观点的证据仍然是很少的,尤其是涉

及到实验学习时(Löhner, 2005)。人们的研究局限于质性研究,质性研究主要提供轶事证据,经常只有两个(Resnick, 1994; Wilensky 和 Reisman, 2006)甚至一个主题(Buckley, 2000; Ploger 和 Lay, 1992)。Spector (2001)把缺乏定量证据归因于,这个领域的大多数研究者认为在严谨评估这些环境中的学习时,那些有关学习结果的标准测量是不够的。尽管不排除这种可能,但它也确实指出了这个领域的任务之一,是要实施一些测量,它们确实能够评估通过建模学习到的知识。

Booth Sweeney 和 Sterman (2000)已经开发了一种测试系统动力学思维的工具,旨在测量 463
根据模型解释数据以及区分一个数值及其变化率的能力。这种工具的重点只限于测量基于系统动力学的建模中的一些基本技能。van Borkulo 和 van Joo lingen 开发了一种工具,旨在囊括基于模型创建的学习所涉及的所有知识类型。在概述中,他们把不同的学习结果划归成四种测试题型,这些题型与运用知识进行推理的过程的类型相联系。第一类测试题目是再现事实领域的知识,与之相连的观点是,一个人在建模中获得该领域知识。基于模型的推理表现为通过执行模型的心理模拟过程,因此第二类题目涉及将模型应用于给定情境,或者更明确地说是预测和解释模型行为。关于建模的学习反映在另外两种类型的题目中:模型评估,即针对既定目标决定它的正确性或适切性;以及对模型的整体或部分创建。这四种测试题型可从两个层面上来看待:一是节点水平,重在考察模型中个体之间的关系;二是结构水平,重在关注多样交互关系。此外,应用、评估、创建的题型可以在领域一般性和领域具体性的水平上加以考虑。使用该工具的初始测验表明,它可以监测到基于模型推理的各个方面。这样的工具应该最终帮助我们系统收集关于建模学习的好处的证据,以及收集支持建模过程的更多的具体知识。

基于模型的探究学习

许多关于建模的文献都认为,建模是一个独立活动。在所描述的大部分活动中,建模的过程发生在缺乏要建模的数据的情况下。所以,建模仍然是一个纯理论的活动。Löhner 等(2003)、Schwarz 和 White (2005)介绍了将模型用于描述从给定模拟中生成的数据的研究工作。因此建模成为探究过程中的一个组成部分。本节我们简要介绍一个具体的学习环境 Co-Lab (van Joolingen 等,2005)。Co-Lab 提供了一个学习环境,在其中学生组成小组来合作完成一个科学探究任务,并且给他们提供了一个建模工具。在 Co-Lab 中,学生有机会探究现有模型、借助系统动力学的专用建模语言来创建正式模型,并将自己所建模型的结果,与通过给定模拟所生成的数据或是从实验中收集的数据加以比较。

一种典型的 Co-Lab 任务是,构建在该环境中发现的现象的一个模型,或将其作为一个模拟,或作为一个可以远距离控制的远程实验室。例如,在一个 Co-Lab 环境里,学生可以连接到一个小型温室,里面有植物,有测试 CO_2, O_2, H_2O 浓度、温度、光强的感应器。该环境的目标是构筑一个模型,用来描述作为有效光照量的函数的光合作用率。为了实现这一目标,学生可以利用从感应器读出的数据,并通过改变灯(温室里专用的)的位置或是否点亮来控制光的强度。他们可以制成图表来反映每种水平的光照所带来的光合作用率。综合这些结果能让学生把光合作用率建模成为光照水平的一个函数。

一个 Co-Lab 环境被分成不同的大楼，每个大楼有许多楼层。一个大楼代表一个领域（本案例中即指“温室效应”），每个楼层代表一个子域（如光合作用）或是代表某一个难度水平，这和 SimQuest (van Joolingen 和 de Jong, 2003)及 White、Frederiksen (1990)的早期研究中，关于模型进级的观点相似。每一楼层由四个房间组成：大厅、一个实验室、一个理论室和一个会议室。Co-Lab 环境中的光合作用情景在大厅中开始，大厅是所有 Co-Lab 环境默认的进口处。在这个大厅里，学生碰到一起，发现一个任务的陈述，这个陈述以研究问题的形式（如创造一个解释光合作用效率的模型）解释该“楼层”的目标；他们还获得开始工作所需的一些背景信息。阅读完任务陈述之后，他们到实验室，在实验室他们找到温室的一个远程链接。他们可以通过
464 网络摄像头观察温室，并可以控制它及使用一个专用界面检查温室参数。他们开始一系列的测量，并在图表中绘出数据的变化。通过这个方法得到的数据可以作为数据集储存在对象知识库里。在理论室里，学生找到一个系统动力学模型的工具，这个工具同时允许定性的（“如果 A 增加，那么 B 增加”这一类的关系）和定量的（方程）建模。在理论室，学生可以检查他们已经储存在知识库（在不同房间可以共享）的数据集，也可以用这些数据集作为建模的参考。完成这个（任务）可以通过在一个图表中绘出模型的输出和观察到的数据，并对两者进行比较，或通过使用观察的数据来作为模型中的一个因子。最后，学生可以在会议室计划和监控他们的工作。他们可以运用过程协调程序，在探究和建模的过程中回顾重要的步骤，比如计划实验和评价模型(Manlove 等，2006)。他们通过做笔记记录学习过程，最后笔记可以用作他们总结活动时所做报告的基本素材。

Co-Lab 的主要特征是，它在一个环境里将通过模型学习和通过建模学习结合起来。这些活动各自发生在实验室和研究室。Co-Lab 这样做是为了使学习过程更加透明。作为模型或模型的一部分，假设变得可视化；作为模型输出，假设所预测的结果也变得可视化，模型的有效性可以参照从实验室收集的域模型的数据来评估。把该模型与参考模型进行结构性对比，在此基础上评估学生的模型也是有可能的(Bravo 等，2006)，这说明该领域模型不仅可以作为数据源进行操作，还可以作为教学资源进行操作。

图 36.3 是一个关于 Co-Lab 学习环境的例子。编者展示了一个在系统动力形式论中的模型，STELLA 和 PowerSim 也用过这个模型。这个图表示了运行这一（太阳辐射对地球变暖的影响的）模型的结果。在这个例子中，学生创造了一个物理话题的模型（一个黑球体问题）并且运行这个模型来观察它的行为。这个模型把不同种类的变量和详细描述模型行为的等式或关系联系起来，并用图表表征来展现。结果可以用图形、表格和动画来表示。

在许多重点考察环境的具体方面的实验研究中，Co-Lab 获得了评估。这些实验研究集中于软件某特定细节的考察。Sins 等(2007)发现，具有任务型动机的学习者表现出更深入的学习过程，例如参照先前知识改变或运行模型，可以由此创造更好的模型。他们认为合作者之间的交流方式（在线交流和面对面交流）将影响建模的过程。聊天型学习者不仅把建模工具作为构建模型的渠道，而且将其作为一种交流方式，这也会影响他们建构的模型从而产生更多的

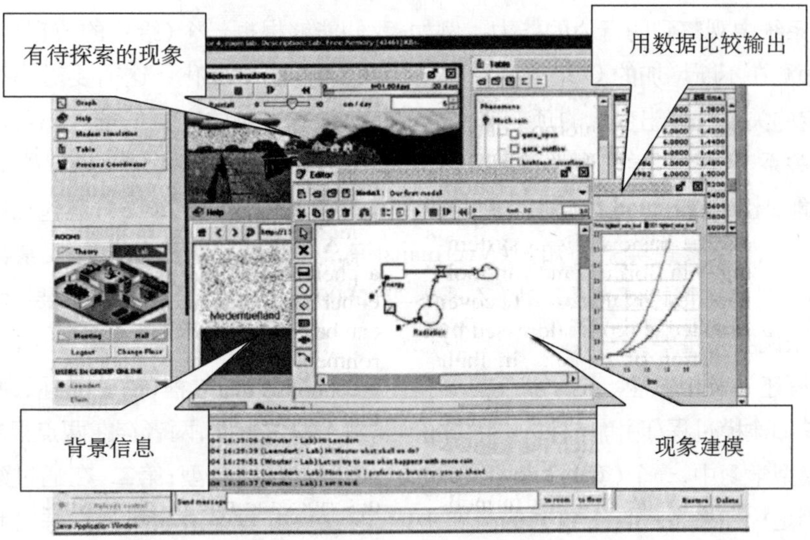

图 36.3　建模工具举例(Co-lab 提供)

细微变化。而 Manlove 等(2006)发现,以所谓"过程合作者"的方式给学习者提供常规性支持,会使得学习者在建模任务上有更好的表现。这个发现强调了在这类复杂学习环境中教学支持的需要。

小结

在这一章,我们讨论了以(计算机)模型为中心的学习的三种样式。一种是根据模型学习,在学习中学生通过探究学习收集隐藏在模拟背后的模型知识。第二种是建模学习,学生通过创建模型来学习。最后,我们展现了一个将上述两种学习样式结合起来的系统的例子,该系统产生一个探究的整合过程。 465

通过模型学习和通过建模学习有许多共同的特征,但是也有不同之处。两种学习方式在模型中生成该领域的知识(例如一个有关运动的物理话题)。Penner (2001)认为,在基于模拟的环境中通过模型学习和通过建模学习二者主要的不同在于:前者中,学生看不到模拟背后潜在的模型(他们无法直接接触这个模型),而在通过建模学习中,模型的准确特征就是学习的重点。因此,知识类型越直观,越适合根据模型来学习(Swaak 等,1998),而在通过建模的学习中,比较明确的概念知识更容易获得(White 和 Frederiksen, 2005)。在两种方法中,比较一般性的、过程导向的知识都应该被习得。例如,Löhner (2005)指出,关于建模和建模过程的学习,是通过建模学习的重要学习结果。由于科学与技术在社会中越来越重要,关于建模的学习日益受到重视;因此,用模型来推理,包括模型建构,也包括对科学模型局限性的认识,都被看作是科学课程中的重要组成部分(Halloun, 1996)。从基于建模的课程中,学生应该提高建模技能,也就是说,应该展现有效的建模过程,同时应该更好地理解建模的认识论(Hogan,

1999; Hogan 和 Thomas, 2001)。基于模型的推理技能,反映着工具性地使用模型来预测和解释在模拟系统中观察到的行为的能力。例如,我们能够根据一个(给定的或自建的)气候变化模型,来预测在不断增加的 CO_2 浓度影响下,大气层的温度变化。这需要对模型的智能模拟,即从给定的关系推理出变量的预期值;或反过来,从观察到的变量值推理出可以解释这些观察结果的关系。在探究学习中学生可以习得关于完整的操作科学调查的知识。这包括比较普遍性的技能,比如知晓如何遵循探究循环(White 和 Frederiksen, 2005);还包括比较特定性的知识,比如关于探索式实验的知识(Veermans 等,2006)或关于如何处理反常数据的策略(Lin, 2007)。更多完整的概述,请参照 Zachos 等(2000)。这些探究技能对于要成为自主的研究者的学生来说非常重要。

学习过程还涉及相似性。正如我们已经指出的科学探究的过程(明确目标、生成假设、实验、总结),它和建模过程(明确目标、说明、评价)非常相似。然而,两者存在两点根本区别。第一,在根据模型学习中,一个(套)假设不必形成一个可运行的模型;第二,在通过建模的学习中,实验并不是构建模型时收集数据的必要手段,学生可以多渠道收集数据并将其作为创建模型的输入。将通过模型学习和通过建模学习相结合(如在 Co-Lab 环境中那样),其背后的假设是两种方法可以彼此促进。支持这个观点的证据可以在 Schwarz 和 White (2005)的研究中找到。他们发现在 Thinker-Tools 中接受建模装置训练的学生,在探究技能测试中也有进步。比较增强建模能力的 Thinker-Tools 课程和传统的 Thinker-Tools 课程,除了在一次小规模测试中发现学生形成结论的能力方面的差异外,在探究技能测试中没有显示出总体上的差异。一个对那些接受带有建模装置的 ThinkerTools 课程的学生的相关性分析显示,前测中有关建模、探究和物理方面的知识之间,没有显著的相关性。然而,在后测中这三项测试显著相关,表明了三类知识领域每一项的发展都是相互促进的。

不管选择什么方法,很显然如果没有支架,学生就无法展开探究和建模或者二者的结合(Klahr 和 Nigam, 2004; Mayer, 2004)。在探究研究中,一整套探究的认知工具已经得到发展(最近的概述请参照 de Jong, 2006a, b; Linn 等,2004; Quintana 等,2004),用于建模的比较性支架也即将出现(Bravo 等,2006)。在整合设计环境中,如 Co-Lab,将不同的方法整合在一起,合作或多种认知工具为学习过程提供支架,这类环境能够为学生提供学习机会,帮助他们获得直观和正式的领域知识以及一般过程知识。

(赵　健、吴晓燕 译,顾小清 一校, 詹春青、王洪荣 二校)

466 **参考文献**

Alessi, S. M. (2000). Building versus using simulations. In *Integrated and Holistic Perspectives on Learning, Instruction, and Technology*, edited by J. M. Spector and T. M. Anderson, pp. 175 - 196. Dordrecht: Kluwer.*

American Association for the Advancement of Science (AAAS). (1989). *Science for All Americans*. New York: Oxford University Press.*

Booth Sweeney, L. and Sterman, J. D. (2000). Bathtub dynamics: initial results of a systems thinking inventory. *Syst. Dynam. Rev.*, 16, 249 - 286.

Bravo, C., van Joolingen, W. R., and de Jong, T. (2006). Modeling and simulation in inquiry learning: checking solutions and giving intelligent advice. *Simul. Trans. Soc. Modeling Simul. Int.*, 82(11), 769 - 784.

Brown, J. S., Burton, R. R., and de Kleer, J. (1982). Pedagogical, natural language and knowledge engineering techniques in Sophie I, II, and III. In *Intelligent Tutoring Systems*, edited by D. Sleeman and J. S. Brown, pp. 227 - 282. London: Academic Press.*

Buckley, B. C. (2000). Interactive multimedia and model-based learning in biology. *Int. J. Sci. Educ.*, 22, 895 - 935.

Chi, M. T. H. (1992). Conceptual change within and across ontological categories: examples from learning and discovery in science. In *Cognitive Models of Science*, Vol. 15, edited by R. N. Giere, pp. 129 - 186.

Minneapolis, MN: University of Minnesota Press. *

Clement, J. (2000). Model based learning as a key research area for science education. *Int. J. Sci. Educ.*, 22, 1041 - 1053.

Cognition and Technology Group at Vanderbilt (CTGV). (1992). The *Jasper* series as an example of anchored instruction: theory, program, description, and assessment data. *Educ. Psychol.*, 27, 291 - 315. *

Crismond, D. (2001). Learning and using science ideas when doing investigate-and-redesign tasks: a study of naive, novice, and expert designers doing constrained and scaffolded design work. *J. Res. Sci. Teaching*, 38(7), 791 - 820.

de Jong, T. (1991). Learning and instruction with computer simulations. *Educ. Comput.*, 6, 217 - 229. *

de Jong, T. (2006a). Computer simulations: technological advances in inquiry learning. *Science*, 312, 532 - 533. *

de Jong, T. (2006b). Scaffolds for computer simulation based scientific discovery learning. In *Dealing with Complexity in Learning Environments*, edited by J. Elen and R. E. Clark, pp. 107 - 128. London: Elsevier.

de Jong, T. and Njoo, M. (1992). Learning and instruction with computer simulations: learning processes involved. In *Computer-Based Learning Environments and Problem Solving*, edited by E. de Corte, M. Linn, H. Mandl, and L. Verschaffel, pp. 411 - 429. Heidelberg: Springer-Verlag.

de Jong, T. and van Joolingen, W. R. (1998). Scientific discovery learning with computer simulations of conceptual domains. *Rev. Educ. Res.*, 68, 179 - 202.

Dimitracopoulou, A., Komis, V., Apostolopoulos, P., and Pollitis, P. (1999). Design Principles of a New Modelling Environment for Young Students Supporting Various Types of Reasoning and Interdisciplinary Approaches. Paper presented at the 9th International Conference on Artificial Intelligence in Education: Open Learning Environments — New Computational Technologies to Support Learning, Exploration and Collaboration, July 19 - 23, Le Mans, France.

Forrester, J. W. (1961). *Industrial Dynamics*. Waltham, MA: Pegasus Communications. *

Gentner, D. and Stevens, A. L., Eds. (1983). *Mental Models*. Hillsdale, NJ: Lawrence Erlbaum Associates.

Gobert, J. D. (2000). A typology of causal models for plate tectonics: Inferential power and barriers to understanding *Int. J. Sci. Educ.*, 22, 937 - 977.

Halloun, I. (1996). Schematic modeling for meaningful learning of physics. *J. Res. Sci. Teaching*, 33, 1019 - 1041.

Harel, I. and Papert, S. (1991). *Constructionism*. Norwood, NJ: Ablex.

Hestenes, D. (1987). Towards a modeling theory of physics instruction. *Am. J. Phys.*, 55, 440 - 454.

Hickey, D. T., Kindfield, A. C. H., Horwitz, P., and Christie, M. A. (2003). Integrating curriculum, instruction, assessment, and evaluation in a technology-supported genetics environment. *Am. Educ. Res. J.*, 40, 495 - 538.

Hmelo, C. E., Holton, D. L., and Kolodner, J. L. (2000). Designing to learn about complex systems. *J. Learn. Sci.*, 9(3), 247 - 298.

Hogan, K. (1999). Relating students' personal frameworks for science learning to their cognition in collaborative contexts. *Sci. Educ.*, 83, 1 - 32.

Hogan, K. and Thomas, D. (2001). Cognitive comparisons of students' systems modeling in ecology. *J. Sci. Educ. Technol.*, 10, 319 - 344.

Hollan, J. D., Hutchins, E. L., and Weitzman, L. (1984). STEAMER: an interactive inspectable simulation-based training system. *AI Mag.*, 5, 15 - 27.

Jackson, S., Stratford, S. J., Krajcik, J., and Soloway, E. (1996). Making dynamic modeling accessible to pre-college science students. *Interact. Learn. Environ.*, 4, 233 - 257.

Kafai, Y. B. (2006). Constructionism. In *The Cambridge Handbook of the Learning Sciences*, edited by R. K. Sawyer, pp. 35 - 47. Cambridge, U. K.: Cambridge University Press.

Kafai, Y. B. and Resnick, M., Eds. (1996). *Constructionism in Practice: Designing, Thinking, and Learning in a Digital World*. Mahwah, NJ: Lawrence Erlbaum Associates.

Ketelhut, D. J., Dede, C., Clarke, J., and Nelson, B. (2006). A Multi-User Virtual Environment for Building Higher Order Inquiry Skills in Science. Paper presented at the Annual Meeting of the American Educational Research Association, April 8 - 12, San Francisco.

Klahr, D. and Nigam, M. (2004). The equivalence of learning paths in early science instruction: effects of direct instruction and discovery learning. *Psychol. Sci.*, 15, 661 - 668. *

Kurland, L. and Tenney, Y. (1988). Issues in developing an intelligent tutor for a real-world domain: training in radar mechanics. In *Intelligent Tutoring Systems: Lessons Learned*, edited by J. Psotka, L. D. Massey, and S. Mutter, pp. 59 - 85. Hillsdale, NJ: Lawrence Erlbaum Associates. *

Kurtz dos Santos, A., Thielo, M. R., and Kleer, A. A. (1997). Students modelling environmental issues. *J. Comput. Assist. Learn.*, 13, 35 - 47.

Lehrer, R. and Schauble, L. (2006). Cultivating model-based reasoning in science education. In *The Cambridge Handbook of the Learning Sciences*, edited by R. K. Sawyer, pp. 371 - 389. Cambridge, U. K.: Cambridge University Press.

Lin, J.-Y. (2007). Responses to anomalous data obtained from repeatable experiments in the laboratory. *J. Res. Sci. Teaching*, 44(3), 506 - 528.

Linn, M. C., Bell, P., and Davis, E. A. (2004). Specific design principles: elaborating the scaffolded knowledge integration framework. In *Internet Environments for Science Education*, edited by M. Linn, E. A. Davis, and P. Bell, pp. 315 - 341. Mahwah, NJ: Lawrence Erlbaum Associates.

Linn, M. C., Lee, H.-S., Tinker, R., Husic, F., and Chiu, J. L. (2006). Teaching and assessing knowledge integration in science. *Science*, 313, 1049 - 1050.

Löhner, S. (2005). *Computer Based Modelling Tasks: The Role of* 467
External Representation. Amsterdam: University of Amsterdam.

Löhner, S., van Joolingen, W. R., and Savelsbergh, E. R. (2003). The effect of external representation on constructing computer models of complex phenomena. *Instruct. Sci.*, 31, 395 - 418.

Löhner, S., van Joolingen, W. R., Savelsbergh, E. R., and van Hout-Wolters, B. H. A. M. (2005). Students' reasoning during modeling in an inquiry learning environment. *Comput. Hum. Behav.*, 21, 441 - 461.

Mandinach, E. B. (1988). The Cognitive Effects of Simulation-Modeling Software and Systems Thinking on Learning and Achievement. Paper presented at the Annual Meeting of the American Educational Research Association, April, New Orleans.

Mandinach, E. B. and Cline, H. F. (1996). Classroom dynamics: the impact of a technology-based curriculum innovation on teaching and learning. *J. Educ. Comput. Res.*, 14, 83 - 102. *

Manlove, S., Lazonder, A. W., and de Jong, T. (2006). Regulative support for collaborative scientific inquiry learning. *J. Comput. Assist. Learn.*, 22, 87 - 98.

Mayer, R. E. (2004). Should there be a three-strikes rule against pure discovery learning? *Am. Psychol.*, 59, 14 - 19. *

Mayer, R. E. and Fay, A. L. (1987). A chain of cognitive changes with learning to program in Logo. *J. Educ. Psychol.*, 79(3), 269 - 279.

National Research Council (NRC). (1996). *National Science Education Standards*. Washington, D. C.: National Academies Press.

National Science Foundation (NSF). (2000). An introduction to inquiry. In *Inquiry: Thoughts, Views and Strategies for the K - 5 Classroom*, Vol. 2, pp. 1 - 5. Washington, D. C.: National Science Foundation. *

Novak, J. D. (1990). Concept mapping: a useful tool for science education. *J. Res. Sci. Teaching*, 27, 937 - 949. *

Ogborn, J. and Wong, D. (1984). A microcomputer dynamical modelling system. *Phys. Educ.*, 19, 138 - 142.

Papaevripidou, M., Constantinou, C. P., and Zacharia, Z. C. (2007). Modelling complex marine ecosystems: an investigation of two teaching approaches with fifth graders. *J. Comput. Assist. Learn.*, 23(2), 145 - 157.

Penner, D. E. (2001). Cognition, computers, and synthetic science: Building knowledge and meaning through modelling. *Rev. Res. Educ.*, 25, 1 - 37. *

Ploger, D. and Lay, E. (1992). The structure of programs and molecules. *J. Educ. Comput. Res.*, 8, 347 - 364.

Quintana, C., Reiser, B. J., Davis, E. A., Krajcik, J., Fretz, E., Duncan, R. G. et al. (2004). A scaffolding design framework for software to support science inquiry. *J. Learn. Sci.*, 13, 337 - 387.

Resnick, M. (1994). *Turtles, Termites, and Traffic Jams*. Cambridge, MA: MIT Press. *

Scanlon, E. and Smith, R. B. (1988). A rational reconstruction of a bubble-chamber simulation using the alternate reality kit. *Comput. Educ.*, 12, 199 - 207.

Schecker, H. P. (1998). *Physik-Modellieren, Grafikorientierte Modelbildungssysteme im Physikunterricht*. Stuttgart, Germany: Ernst Klett Verlag GmbH.

Schwarz, C. V. and White, B. Y. (2005). Metamodeling knowledge: developing students' understanding of scientific modeling. *Cogn. Instruct.*, 23, 165 - 205.

Shute, V. J. and Glaser, R. (1990). A large-scale evaluation of an intelligent discovery world: Smithtown. *Interact. Learn. Environ.*, 1, 51 - 77.

Sins, P. H. M., van Joolingen, W. R., Savelsbergh, E., and van Hout-Wolters, B. H. A. M. (2007). Motivation and performance within a collaborative computer-based modeling task: relations between students' achievement goal orientation, self-efficacy, cognitive processing and achievement. *Contemp. Educ. Psychol.* (doi:10.1016/j.cedpsych.2006.12.004).

Smith, R. B. (1986). The Alternate Reality Kit: An Animated Environment for Creating Interactive Simulations. Paper presented at the IEEE Computer Society Workshop on Visual Languages, June 25 - 27, Dallas, TX.

Snyder, J. L. (2000). An investigation of the knowledge structures of experts, intermediates and novices in physics. *Int. J. Sci. Educ.*, 22, 979 - 992.

Spector, J. M. (2001). Tools and principles for the design of collaborative learning environments for complex domains. *J. Struct. Learn.*
468 *Intell. Syst.*, 14, 484 - 510.*

Steed, M. (1992). STELLA, a simulation construction kit: cognitive process and educational implications. *J. Comput. Math. Sci. Teaching*, 11(1), 39 - 52.

Swaak, J., van Joolingen, W. R., and de Jong, T. (1998). Supporting simulation-based learning; the effects of model progression and assignments on definitional and intuitive knowledge. *Learn. Instruct.*, 8, 235 - 253.*

Towne, D. M., Munro, A., Pizzini, Q., Surmon, D., Coller, L., and Wogulis, J. (1990). Model-building tools for simulationbased training. *Interact. Learn. Environ.*, 1, 33 - 50.*

Van Borkulo, S. P. and van Joolingen, W. R. (2006). A Framework for the Assessment of Modeling Knowledge. Poster presented at the GIREP Conference, August 20 - 25, Amsterdam.

van Joolingen, W. R. and de Jong, T. (1991). Characteristics of simulations for instructional settings. *Education and Computing*, 6, 241 - 262.

van Joolingen, W. R. and de Jong, T. (2003). SimQuest: authoring educational simulations. In *Authoring Tools for Advanced Technology Educational Software: Toward Cost-Effective Production of Adaptive, Interactive, and Intelligent Educational Software*, edited by T. Murray, S. Blessing and S. Ainsworth, pp. 1 - 31. Dordrecht: Kluwer.*

van Joolingen, W. R., de Jong, T., Lazonder, A. W., Savelsbergh, E., and Manlove, S. (2005). Co-Lab: research and development of an on-line learning environment for collaborative scientific discovery learning. *Comput. Hum. Behav.*, 21, 671 - 688.

Veermans, K. H., van Joolingen, W. R., and de Jong, T. (2006). Using heuristics to facilitate scientific discovery learning in a simulation learning environment in a physics domain. *Int. J. Sci. Educ.*, 28, 341 - 361.*

Vreman-de Olde, C. and de Jong, T. (2006). Scaffolding the design of assignments for a computer simulation. *J. Comput. Assist. Learn.*, 22, 63 - 74.

White, B. Y. (1993). ThinkerTools: causal models, conceptual change, and science education. *Cogn. Instruct.*, 10, 1 - 100.*

White, B. Y. and Frederiksen, J. R. (1989). Causal models as intelligent learning environments for science and engineering education. *Appl. Artif. Intell.*, 3, 83 - 106.

White, B. Y. and Frederiksen, J. R. (1990). Causal model progressions as a foundation for intelligent learning environments. *Artif. Intell.*, 42, 99 - 57.

White, B. Y. and Frederiksen, J. R. (1998). Inquiry, modelling, and metacognition: making science accessible to all students. *Cogn. Instruct.*, 16, 3 - 118.*

White, B. Y. and Frederiksen, J. R. (2005). A theoretical framework and approach for fostering metacognitive development *Educ. Psychol.*, 40, 211 - 223.

Wilensky, U. and Reisman, K. (2006). Thinking like a wolf, a sheep, or a firefly: learning biology through constructing and testing computational theories — an embodied modeling approach. *Cogn. Instruct.*, 24, 171 - 209.

Zachos, P., Hick, T. L., Doane, W. E. J., and Sargent, C. (2000). Setting theoretical and empirical foundations for assessing scientific inquiry and discovery in educational programs. *J. Res. Sci. Teaching*, 37, 938 - 962.

---

* 表示主要参考文献。

37

适应性教学系统

Jung Lee 和 Ok-Choon Park

摘要

470 适应性教学包括能够适应不同学习者需求和能力的所有教学形式。本章概括了适应性教学的五种实现方法：(1)宏观适应性教学；(2)能力倾向—处理交互(基于ATI)；(3)微观适应性教学，包括智能导师系统(ITSs)；(4)适应性超媒体Web系统(AHSs)；(5)特定教学法为中心的系统。本章按照历史顺序呈现各种方法，首先介绍了宏观可适应系统。对于每种方法，讨论其特点和典型系统。尽管每种方法都有独特的特点，但也存在共同之处。由于信息通讯技术(ICT)的发展，最近的可适应系统的结构性功能比以往的系统更为强大。新的基于Web的系统可以同时为大量个体学习者提供个性化的学习经验。对于研究者和开发者而言，目前的挑战是如何将多种不同的学习与教学理论、原则和策略与系统功能进行最佳整合，以提供经验性证据来证明这些系统在现实中的效果和价值。

关键词

适应性超媒体系统(Adaptive hypermedia systems, AHSs)：将微观可适应系统和超媒体系统组合，通过为学习者提供选择和指导，使AHSs具有适应性、选择性系统的混合特点。

适应性教学系统(Adaptive instructional systems)：以适应学习者个体差异为目标的、任何形式的教育干预。

能力倾向—处理交互(Aptitude-treatment interactions, ATI)：根据学习者具体特征(或者能力倾向)调整具体的教学过程或者策略。

宏观可适应系统(Macro-adaptive systems)：把学习者分组，允许不同组选择不同的教学目标、课程内容和传递系统。

微观可适应系统(Micro-adaptive systems)：在教学过程中诊断学习者的具体学习需求，根据需求提供教学处方。

定义

教育技术的一个核心和持久问题是，为了适应和支持个体不同教育目标和学习能力，而规划并提供教学环境与条件(Park, 1996)。一般而言，这种能够不断满足不同个体学习某一任务所需的知识和技能的教学方法和技术被称为适应性教学(Corno和Snow, 1986)。因此，任何形式的教学，不管是由教师传递还是基于技术的形式，只要它能适应不同学习者的需求和能力，就是适应性的。

适应性教学有着很久远的历史，曾经在不同的环境采用不同的形式实施，从基于小组的课堂教学到基于Web的开放空间的教学。计算机技术的发展提供了强有力的工具，可以用于开发和实施复杂的教学系统，从诊断评估工具到指导系统产生个性化调整的教学处方。信息通讯技术(ICT)的最新发展，使得同时向大规模学习者提供个性化的信息和教学成为现实。在教育和培训共同体中，大范围地个别化正日益流行，也越来越重要(De Bra等，2004；

Karagiannidis 等,2001; van Merriënboer, 2005)。

适应性教学系统的历史

在使教学适应个体的需求和能力上,许多研究者记载了人们为之所做的长期努力(Corno 和 Snow, 1986; Federico 等,1980; Glaser, 1977; Reiser, 1987; Tobias, 1989; Wang 和 Lindvall, 1984)。至少在公元前四世纪,适应性就被视为教学成功的首要条件(Corno 和 Snow, 1986),直到 19 世纪中期,适应性指导是普遍的教学方法(Reiser, 1987)。即使在采用分级制度之后,人们仍然不断强调应调整教学以适应个体需求。例如,杜威在 1902 年的文章"儿童和课程"中,对当前重视单一类型的课程开发表示强烈的反对,这种课程开发引发了一系列统一的、不灵活的教学序列(Dewey, 1902/1964)。桑代克(1911)认为不但应为同一班中不同的学生提供不同的教学以满足个体差异,而且应为不同班提供专门课程。此后,人们提出各种不同的方式和方法,以构造适合不同学生个体的适应性教学(早期系统可参见 Reiser, 1987)。

Cronbach (1957)提出如果心理学要成为一门统一的学科,则不应仅仅关注有机体,而且 471
要关注有机体和处理变量之间的交互作用。自此,人们进行了大量研究,希望揭示适应性教学系统应该考虑学生的哪些特征,以及如何改变教学方法和过程以适应学生的特征(Cronbach, 1967; Cronbach 和 Snow, 1977; Federico 等,1980; Snow 和 Swanson, 1992)。当然,早期的适应性教学系统仅考虑一个或者两个变量,而现代的适应性教学系统借助计算机实施了多层面的模型,每层均考虑多个变量。每一个可适应系统的复杂度不同,但是根据其采用的不同方法,可以形成多种类型。

适应性教学系统的不同方法

开发和实施适应性教学有五种不同的方法。对于某一具体情况,根据可用的资源和约束条件,人们会采用一种或者多种方法来设计适应性教学。第一种方法是在宏观水平上改变教学,允许不同的教学目标、课程内容难度和传递系统等等。为替代学校中传统的固定步调的集体教学而开发的适应性教学大部分都采用这种方法。第二种方法是根据学生的具体特征调整具体的教学过程和策略。由于这种方法要求确定与学习最相关的学生特征(或者能力倾向),并为具备此特征的学生选择最能促进其学习过程的教学策略,故这一方法是基于能力倾向—处理交互(ATI)的。第三种适应方法是在微观水平上改变教学,在教学过程中动态诊断学生特定的学习需要,为不同需要的学生提供不同的教学。采用这种方法的例子是智能导师系统(ITSs)。第四种方法是适应性超媒体和 Web 系统(AHSs)。虽然这一方法可以看作是 ITSs 的扩展,但是它具有新的特点。首先,大多数 AHSs 运用了适应性特性,允许使用者主动进行选择,同时系统也提供指导(Cristea 和 Garzotto, 2004)。其次,以往的可适应系统的资料库是封闭于程序内部的,而大多数 AHS 应用是基于 Web 的,通常是开放资料库系统,使其具备利用其他 Web 资源的可能性。第五种方法是基于特定教学法开发的可适应系统。应用于这些系统中的教学方法包括建构主义、动机理论、社会学习理论和元认知。

虽然本章将适应性教学系统按照这五种方法分别呈现，但实际上上述类别之间存在着交叉，而且一个适应性教学系统可能体现出上述多个方法的特点。另外，虽然本章的综述力求全面，但肯定不完备。这一领域中的有些探索未包含在本章中，例如，将认知负荷理论应用于适应性教学，因为这些系统尚处于开发的初级阶段。

宏观适应性教学

因为不同组很少获得不同类型的教学处理，所以早期对同质分组的尝试只取得了极小的效果（Tennyson, 1975）。在 20 世纪早期，为更好地适应不同能力的学生，开发了许多可适应系统，例如 Burke 计划、Dalton 计划和 Winnetka 计划（Reiser, 1987）。掌握学习的观念也孕育于 Dalton 和 Winnetka 计划之中。

在 20 世纪 60 年代、70 年代和 80 年代开发了数个宏观适应性教学系统（详细回顾参见 Park 和 Lee, 2003）。宏观适应性教学系统的实例有：Keller 的个别化教学系统（PSI）（Keller 和 Sherman, 1974）、按需学习项目（the Program for Learning in Accordance with Needs, PLAN）（Flanagan 等，1975）、Bloom 及其同事开发的掌握学习系统（Block, 1980）、个别指导教育（IGE）（Klausmeier, 1975）和个别处方教学系统（IPI）（Glaser, 1977）。虽然人们批评很多宏观系统缺乏系统性，但它们在很多学校课堂教学中得到了长时间的应用，有些系统现在还在使用。Wang 及其同事所开发的适应性学习环境模型（ALEM）仍用于很多学校（Wang, 1980; Wang 和 Lindvall, 1984; Wang 等，1995；亦可见 http://www.nwrel.org/scpd/catalog/ModelDetail.asp?ModelID=8）。PLATO 学习管理（PLM）系统是另外一个宏观层面方法的例子。PLM 是个计算机教学管理（CMI）系统，具有诊断学生学习需要和开设符合学习需要的
472 教学活动处方的功能。PLM 能够评价每个学生在测验上的表现，并据此提供具体的教学处方（Hart, 1981）。

正如 Glaser (1977)指出的，在已有系统上开发和实施适应性课程教学是复杂而且困难的。这也许是大多数宏观适应性教学系统未能取得预期的成功、无法得到广泛应用的原因。然而，计算机技术至少能在开发和实施适应性教学系统的过程中，为所遇到的部分问题提供强有力的解决方法。

态度调节互动

Cronbach (1957)认为，要想为多种多样的学生提供教育性发展支持，则需要适合学生们最佳学习的多种多样的学习环境。他建议为具备某一特征的学生制定一种教学顺序，为具备另外一种特征的学生制定另外一种教学顺序。这一策略基于能力倾向—处理交互（ATI）。Cronbach 和 Snow (1977)把能力倾向界定为任何能够提高或者降低学生在某一给定处理下学习成功几率的个体特征，他们把处理界定为教学步调或者风格的变化。

设计 ATI 课件的八步骤模型

Carrier 和 Jonassen (1988)提出了一个八步骤模型,为在基于计算机教学(CBI)课件设计中贯彻 ATI 提供了实践指导。这一模型实际上是对教学开发系统方法的改进(Dick 和 Carey, 1985; Gagne 和 Briggs, 1979):(1)确定课件的目标;(2)详细阐述 任务特征;(3)确定学习者特征的初始集合;(4)选择最相关的学习者特征;(5)分析目标群体中的学习者;(6)选择最终差异(学习者特征的);(7)确定如何改变教学;(8)设计可选择的处理。Carrier 和 Jonassen(1988)也列出了影响学习的重要的个体变量,例如先前知识、认知风格和人格变量。对于教学调整,他们推荐了几类方法:(1)补救性的;(2)参考性的;(3)补充性的;(4)挑战性的。这一模型似乎具有实践价值,然而,由于在不同学习者变量之间缺乏理论上的一贯性和经验性证据,也没有为不同学习任务规定学习需求和教学策略的类型和水平,仅仅利用这一模型很难得到比非适应性教学系统更好的结果。

ATI 的局限

自 Cronbach (1957)提出建议以来,相对而言,很少有研究得到一致的结果支持这一范式。正如在 ATI 研究综述(Berliner 和 Cahen, 1973; Corno 和 Snow, 1986; Cronbach 和 Snow, 1977; Tobias, 1976)中所显示的,在很多研究中,采用智力和其他能力倾向变量来研究其与不同教学处理之间的交互作用,但是并未发现任何令人信服的证据,证明这些个体差异变量对于同一年龄组中不同教学处理具有区分作用(Glaser 和 Resnick, 1972; Tobias, 1987)。

ATI 研究发现之间的不一致促使研究者重新思考这一研究范式,进而提出替代性方法。Tobias (1976,1987,1989)列举了基于 ATI 的模型的局限和问题。例如:

- 对于某一具体处理,所假定的最有效的能力可能未穷尽(Cronbach 和 Snow, 1977)。
- 随着任务的展开,处理所需的能力可能会转换(Burns, 1980; Federico, 1983)。
- 对特定任务和学科领域有效的 ATI,可能无法迁移到其他领域(Peterson, 1977; Peterson 和 Janicki, 1979; Peterson 等,1981)。
- 在实验室实验中有效的 ATI 可能无法应用到真实的课堂教学情境(Tobias, 1976, 1987,1989)。

对于 ATI 研究的另外一个批评是,ATI 研究倾向于过份关注所测量的特性和学习结果之间的简单输入/输出关系(DiVesta, 1975)。由于个体差异变量难以测量,在根据个体差异调整教学时,测量的信度和效度就成问题了。尽管如此,ATI 研究还在继续。

最近,有些研究利用计算机控制学习环境,例如 Maki 和 Maki (2002)考察了学生理解技 473
能和课程形式(联机和讲授)之间的交互作用。Shute 和 Towle (2003)提出了利用 ATI 的适应性 e-Learning 模型,该模型是建立在对于特定学习类型、探索行为和两种不同的学习环境(规则应用和规则归纳)之间交互作用的考察之上的。

微观适应性教学

研究者尝试通过任务执行过程中的实时测量而非任务前测量来建立微观适应性教学模

型。学习者在任务执行过程中行为和表现的测量数据,例如应答错误、应答延迟时间、情绪状态等,对在教学过程中做出适应性决策是非常有价值的信息源。这种在教学过程中进行的测量,可以用于对教学处理和顺序进行更精细的调整和优化(Federico, 1983)。因此,使用任务中测量的微观适应性教学模型对于学生的需要可能更为灵敏。

微观适应性教学的典型例子是一对一指导。指导者根据对学生学习需要和能力的判断,选择最恰当的信息和指导方法(Bloom, 1984; Kulik, 1982)。从一对一指导过程可以看出微观适应性教学的两个核心要素:对学生需要的持续诊断和基于诊断确定教学处理的处方(Hansen 等,1977; Holland, 1977; Landa, 1976; Rothen 和 Tennyson, 1978)。教学研究者和开发者对于诊断和处方过程中应采用哪些变量、指标、过程和行动等方面存在不同观点(Atkinson, 1976; Rothen 和 Tennyson, 1977)。

微观适应性教学模型

与宏观可适应系统不同,微观适应性模型是动态的,在确定教学处理时,它更多地利用了学习者能力和特征的暂时性特点,如当前知识、动机水平等,作为诊断信息的主要来源,并据此提供教学处理的处方。由于包含了更多和教学相关的变量,典型的微观适应性模型比宏观适应性模型或程序教学能够更好地控制对学生需要的反应过程(Merrill 和 Boutwell, 1973)。如 Suppes 等(1976)所描述的,微观适应性模型通常采用定量表征和轨迹方法。微观适应性模型的一个重要特性是在教学过程中确定和调整学习处方的及时性和精确性。

大多数微观适应性模型主要调整两个教学变量:呈现内容的数量和内容的呈现顺序。微观适应性模型的典型例子包括数学模型、多元回归模型、贝叶斯概率模型和结构化/算法模型(详细综述参见 Park 和 Lee, 2003)。贝叶斯概率模型和多元回归模型用于根据任务前和任务过程中获取的信息,确定给定任务的学习所需的教学量(Hansen 等,1977; Park 和 Tennyson, 1980,1986; Ross 和 Anand, 1986; Ross 和 Morrison, 1986; Ross 和 Tennyson, 1977)。结构化/算法模型方法强调教学顺序应由学习任务的内容结构和学生的表现历史共同决定(Scandura, 1977a, b, 1983)。

关于处理变量,有些研究(Hansen 等,1977; Ross 和 Morrison, 1988)表明只有任务前测量中的已有成就(如焦虑、控制点)可以为规定教学量提供一致和可靠的信息。但是,也有研究表明,和只是基于任务前测量确定教学量的学习者相比,综合运用任务前测量和任务中测量确定教学量的学习者,所需的学习时间更少,而测验分数却提高了(Park 和 Tennyson, 1980)。Park 和 Tennyson (1980,1986)对于反应—敏感策略的研究结果表明,随着教学的展开,任务前测量(包括先前知识)的预测力不断降低,而任务过程中实时测量数据的预测力却逐渐提高。

如上所述,微观适应性教学模型的一个共同特点就是在诊断学生学习需要和提供教学处方时的反应敏感性。反应敏感性教学已经存在很长时间了,从 Crowder 的简单分支程序(1959)和 Atkinson 的适应性教学数学模型(1968)到智能导师系统。直到 1960 年代后期,支持反应敏感性诊断和调整过程所需的技术尚无法在实验室之外的日常环境中得到应用(Hall, 1977)。

智能导师系统(ITSs)

智能导师系统(ITSs)是随着人工智能技术(AI)的应用而发展起来的。由于 ITSs 的目标 474
是通过对学生的学习需要和学习进展以反应敏感的方式进行智能诊断,因此可将它们看作微观水平的适应性教学系统。ITSs 包括三个主要成分:对所教内容的表征(专家或者领域模型)、内在的教授或者教学策略(指导或者教学模型)和理解学生所知和未知的机制(学生模型)(Akhras 和 Self, 2002; Shute 和 Psotka, 1996; Wenger, 1987)。人工智能的知识表征方法(如产生式规则、语义网络、脚本框架等)和问题表征方法,使 ITSs 能够基于学生在任务上的表现来生成和呈现知识,而不仅仅是根据事先确定的分支规则选择知识。由于具备对导致错误概念的原因与学生学习需求的推理能力,ITSs 能够基于定性数据进行决策,而大多数其他的微观适应性模型完全依赖于定量数据决策。

此外,ITSs 技术也是记录人类学习和教学过程的有效工具。它显然有助于更好地理解学习特定技能和知识的认知过程(Shute 和 Psotka, 1996)。有些 ITSs 提供了研究环境,用以考察特定的教学策略,还提供了模仿人类导师、模拟人类认知和学习的工具(Koedinger 和 Anderson, 1998; Seidel 和 Park, 1994; Shute 和 Psokta, 1996)。近年来,ITSs 扩展到增强元认知(Aleven 等,2001; White 等,1999)。但是,有研究指出,ITSs 开发者未能对教学研究者和教育工作者所开发的有价值的学习原则和教学策略进行整合(Park 等,1987)。Ohlsson(1987, 1993)等批评 ITSs 及其他基于计算机的交互式学习系统和人类专家教师丰富的教育智慧与策略相比,其教学行动中适应性行为极其有限。为了借助 ITSs 模型和技术开发功能更强大的可适应系统,需要来自多个领域(如学习和教学、人工智能)的专家的通力合作。

ATI 在微观可适应系统中的应用

为了将 ATI 方法整合到微观适应性模型中,Tennyson 和 Christensen(1988;亦参见 Tennyson 和 Park, 1987)基于自己的研究提出了一个两层次的适应性教学模型。第一,这个以计算机为基础的模型利用计算机导师确定教学的条件,教学条件的确定是基于学习者态度变量(认知、情感和记忆结构)和情境脉络的结构特点的;第二,计算机导师对教学条件进行实时调整,包括改变信息的数量、例子的格式、显示时间、教学顺序、教学建议和内嵌的恢复与补救性教学等。微观层次的适应是基于学生任务过程中的表现,这一过程是反应敏感的(Park 和 Tennyson, 1980)。计算机屏幕上呈现的信息数量和信息的显示时间,是根据任务执行过程中的表现数据不断做出的决策确定的。其他教学策略(如样例的顺序、建议、内嵌的恢复和补救)的选择和呈现,是根据对基于任务的绩效评价来确定的。

证据表明,在选择教学处理时,某些能力倾向变量,例如先前知识、兴趣和智力,是重要的预测变量(Tobias, 1994; Whitener, 1989)。然而,有研究(Park 和 Tennyson, 1980,1986)表明,随着学习过程的展开,这些能力倾向变量的预测能力逐步降低。与此形成对比的是,任务表现诊断的效力逐步增加,它反映了能力倾向和其他相关变量的最新和整体的特点。有关前测能力倾向变量预测能力的降低,以及基于任务的绩效预测能力的提高,详见图 37.1。

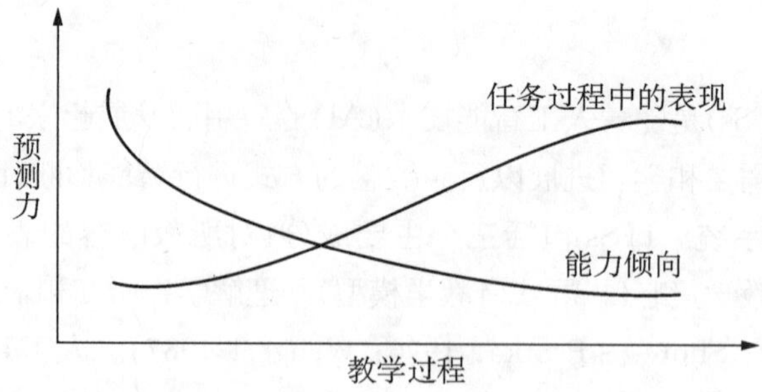

图 37.1 能力倾向和任务表现的预测力

475 在两阶段方法中，根据教学前学生的能力倾向测量结果为学生指定最佳的教学选择，然后，随着学生的反应风格(这些风格反映学生对给定任务的相关知识或技能)逐渐浮现，对反应敏感性的测量程序得以应用。这一个两阶段方法的代表性实例是贝叶斯适应性教学模型。随着利用贝叶斯概率模型对学生学习需要的持续估计，前测表现数据的重要性逐渐降低，近期性能表现数据的重要性逐渐增加。两阶段方法的有效性得到实证研究的支持(Park 和 Tennyson, 1980,1986)。

适应性超媒体系统

在 20 世纪 90 年代早期，研究者将超媒体/超文本概念与智能导师系统相结合，催生了适应性超媒体系统(AHSs)(Beaumont, 1994; Brusilovsky 等，1996; De Bra 等，2005; Fischer 等，1990; Gonschorek 和 Herzog, 1995; Hohl 等，1996; Kay 和 Kummerfeld, 1994)。AHS 利用超链接，其技术方法包括一个基于用户模型的界面，这和 ITSs 类似。但是，由于其选择性/适应性的不同，AHSs 与微观可适应系统(包括 ITSs)及常规的多媒体系统均存在差异。

一般而言，允许用户选择某些参数、并调整系统行为的基于计算机的教学系统，被称为学习者控制的教学(Williams, 1996)或者选择性系统(Cristea 和 Garzotto, 2004; Fink 等，1998; Opperman, 1994)，而在可适应系统中基于用户需求的系统行为是自动化的，这被称为程序控制(系统控制)教学，或者可适应系统*。

常规的多媒体学习环境不是适应性的，它为所有学习者提供同样的内容和链接，但是由于学习者的操作决定了后续呈现的链接或者任务，所以它们是选择性的。不具备适应能力的选择性系统可能会导致学习者选择拙劣的学习路径(Steinberg, 1991; Williams, 1996)。与常规的超媒体环境不同，AHSs 是适应性的，能够根据使用者的需要和特点提供内容和链接。例如，AHSs 中的"下一步(next)"按钮，不同使用者使用时，尽管外观可能是一样的，但是可能会把不同使用者带到不同的页面(Schwarz 等，1996)。

---

* 上述对于适应性(adaptive)和选择性(adaptable)的界定并未得到普遍认可。例如，Leutner (2004)把宏观适应性的学习环境称为选择性的，而将微观可适应系统成为适应性的。

传统的微观可适应系统是适应性的,但不是选择性的。它们根据对学生学习需要和能力的评价控制教学过程和活动,系统不允许学生控制教学调整过程。与此相反,大多数 AHSs 允许用户做出自己的选择。例如,一个 AHS 可能会根据系统对于使用者需要和特征的评估,提供一套最相关的超链接,建议使用者从中选择(Brusilovsky, 1994)。

由于 AHSs 既包含学习者控制,又包含程序(系统)控制,因此,它们也被称为适应性/可适应性混杂系统(Cristea 和 Garzotto, 2004)。Oppermann 开发和测试了可适应系统 Flexcel。他认为选择性和适应性可从彼此获益(Oppermann, 1994)。

AHSs 和微观可适应系统的另外一个差别是,除早期 Web 出现之前的少数 AHSs 外,AHSs 是基于 Web 的。正如 Brusilovsky (2003)所指出的,当利用 Web 平台时,课程教师或者开发者不仅可以使用系统中的封闭资料库,而且可以使用 Web 资源这一开放资料库。先前的可适应系统没有开放的 Web 资料库可用。

自 20 世纪 90 年代中期 Web 出现以来,AHS 得到了快速发展(Brusilovsky, 2001)。当前 Web 已经成为所有 AHSs 的选择,AHSs 被称为适应性的基于 Web 的超媒体或者基于 Web 的适应性超媒体。鉴于 Web 用户的多样性,Web 成为可适应系统的理想选择及 AHSs 研究和开发的平台(Brusilovsky, 2000)。人们已经为教育和培训开发了大量 AHSs,例如超媒体、e-Learning、虚拟博物馆和联机信息系统(Brusilovsky, 2003; Cristea, 2005)。AHSs 研究和开发已经扩展到 AHSs 创作工具的开发,例如 Multibook (Steinacker 等, 1998)、Interbook (Brusilovsky 等, 1998)、ACE (Specht 和 Oppermann, 1998)、知识库系统超文本(Henze 和 Nejdl, 1999, 2001)、AHA (De Bra 等, 2003)、ADAPTS (Brusilovsky 和 Cooper, 2002)、WHURLE (Moore 等, 2004)和 SmexWeb (Albrecht 等, 2000)。同时,AHSs 的功能也有所增强,从采用单一层次的、基于知识的用户模型发展到复杂的、多层次用户模型(Brown 等, 2005)。

AHSs 的分类

在 1997 年,适应性超文本和超媒体论坛(Eklund 和 Sinclair, 2000)将适应性超媒体系统 476
定义为"所有超文本和超媒体系统,这些系统反映了用户模型中用户的某些特征,并应用此模型使系统的多种可视化和功能性方面适应用户"。更具体地说,一个适应性超媒体系统应该:(1)以超媒体或者超文本为基础;(2)具有用户模型;(3)具有领域模型;(4)能够根据用户模型中的信息进行调整(适应)(Eklund 和 Sinclair, 2000)。

Brusikovsky (1996)提出了第一个 AHSs 的分类体系,区分了两个领域的适应:(1)页面内容的改变,称为内容水平的适应或者适应性呈现;(2)链接的行为,称为链路级的适应或者适应性导航支持。适应性呈现的目标是根据用户模型中存储的学习者的目标、知识和其他信息,调整超媒体页面的内容。适应性呈现技术是使用户访问的页面内容能够适应学习者的目标、知识和其他特点,内容呈现不仅仅可以通过文本,而且可以通过一套不同的多媒体元素。适应性导航支持的目标是帮助学习者发现超媒体空间中的最佳学习路径,系统根据学习者的目标、知识和其他特征调整链接的呈现方式和功能。为学习者提供适应性链接的方法有:直接指导、排序、标注、链接隐藏、禁止和删除,链接生成(Brusilovsky, 2000,2003,2004; Brusilovsky 和 Pesin, 1994,1998; Brusilovsky 和 Rizzo, 2002; Brusilovsky 和 Vassileva, 1996; De Bra, 2000; Kayama 和 Okamoto, 1998)。

其他研究者改进了 Brusilovsky 的分类体系。Cristea 和 Calvi (2003)提出了三个层次的适应:直接适应技术(低级水平)、适应性语言(中级水平)、适应性策略(高级水平)。低级水平基于 Brusilovky 的分类,中级水平主要指和特定目标、领域相关的适应性技术,高级水平指的是能够评定学习者信息处理策略和认知风格的适应性技术(Brown 等,2005; Calvi 和 Cristea, 2002; Cristea 和 Calvi, 2003; Cristea 和 De Bra, 2002)。"我的在线教师"(My Online Teacher, MOT)是一个 AHS 创作工具,它是集成了三个层次的适应性技术的典型例子(Brown 等,2005; Cristea 和 Calvi, 2003)。

局限与挑战

如前所述,AHSs 具备两个有别于微观可适应系统的特征:(1)适应性/可选择;(2)开放资料库学习环境。然而,这两个特征带来了新的挑战。Williams (1996)全面深入的综述表明,学习者控制的(选择性)系统和程序控制的(适应性)系统具有不同的优势和缺点。Williams 认为对于某些个体而言,在特定条件下一种系统比另外一种系统更有效(具体条件参见 Williams, 1996)。从这些发现可以推测,同时具备选择性和适应性功能的系统,和只具有一种功能的系统相比,可能会更有效。人们开发 AHSs 以提供混合系统,但是关于如何设计可适应系统的决策仍需要具体问题具体研究,目前仍然缺乏设计混合系统的理论或者经验性基础(Avgerious 等,2004; Cristea 和 De Bra, 2002)。适应性已经提高到一个新的水平,而目前的问题是,在系统中如何平衡选择性和适应性。

Park (1996)提出了"任务中的适应性学习者控制(参见图 37. 1)",即随着教学的进行,学习者在选择学习活动方面的自由度逐渐增加。从中可以发现选择性/可适应系统的一个概念模型。在学习的初始阶段,学习者对学科内容及其学习需求的熟悉程度相对较低,学习者不具备选择最佳学习策略的能力。随着教学和学习的继续,学习者对学科内容的熟悉程度和学习能力将逐步提高,这使得学习者在选择学习这一学科的最佳策略方面能够做出更好的决策。这一观点得到了研究的支持(Carrier, 1984; Ross 和 Rakow, 1981; Seidel 等,1978; Snow, 1980)。任务中的适应性学习者控制系统,不但会根据学生的任务表现确定学习者可以自行决定的最佳时机,而且会确定提供何种控制选项(如内容选择、学习活动选择等)。

Cristea 和 Garzotto (2004)辨别出一套设计变量或者问题类别,并据此形成了一套适应性教育超媒体的分类体系:学习者模型、教学策略、教学观、评定机制和适应机制。此外,他们还列举了开发者面临的典型问题,对每个问题都提出了设计原则。虽然这些指导原则并不完备,
477 但这一分类体系可以作为建立可适应系统设计标准的出发点,包括方法和过程(Cristea 和 De Bra, 2002),并应通过经验性研究来验证和改善这些标准。

基于 Web 的 AHSs 系统可以选择是否利用 Web 上的开放资料库。然而,利用互联网空间中开放资料库的 AHSs 的设计是具有挑战性的。Brusilovsky (2003)指出仅仅提供对多个

外部资源的链接,不能算作对学生的适应性支持。一个重要问题是系统如何为学生提供"适应性开放资源"。人们已开发了许多系统和技术,使用户只接触到与他们相关的信息(Hanani等,2001)。有些Web创作工具,例如WHURLE(Moore等,2004)和KBS Hyperlink(Henze和Nejdl, 2001),根据学习者的先前活动生成超链接,这些超链接不仅能够指向课程内部的信息,而且可以指向外部Web资源。适应性Web推荐系统(AWR)也是为开放资料库学习环境提供适应性导航支持技术的方法(Brusilovsky, 2004)。典型的AHSs试图适应学习者的不同特征,在封闭学习环境中提供一套丰富的适应性导航支持技术,与此相反,AWR关注一个方面——用户的兴趣,并据此提供恰当的外部链接。Web Knowledge Sea系统的开发利用了AWR技术(Brusilovsky, 2004; Brusilovsky和Rizzo, 2002)。提供适应性导航支持是另外一个重要的问题,该问题不但对于适应性教学系统的开发很重要,而且对于信息和通信技术的开发也很重要。随着语义网的稳步发展,提供机器可处理的Web内容的基础设施日趋成熟(参见http://www.w3.org/2001/sw),适应性导航支持将会更加灵活。

可重用性是计算机适应性教学系统长期存在的问题,也依然困扰着AHSs领域的工作人员。直到最近,AHSs是特定系统中针对某一领域的应用,因此,在某一系统中采用的技术很难用于另外的系统。开发适应性技术以建立统一标准的研究正在进行中(Brusilovsky, 2003; Cristea, 2004; de Assiss等,2004)。Minerva项目是其中一个例子。项目的目标是建立基于用户模型的可适应系统的标准、指导原则、技术和工具的欧洲平台(参见http://wwwis.win.tue.nl/~acristea/HTML/Minerva)。人们期望这一标准化的努力能够解决可重用问题。用于AHSs的元适应性模型和适应标准技术已经进入测试阶段(de Assis等,2004)。

支持特定教学法的可适应系统

Andriessen和Sandberg(1999)指出适应性教学系统主要关注概念性和过程性知识的获取、特定领域中常见错误概念的辨别以及程序(或者导师)和学生之间的交互作用。如前所述,与人类专家教师相比,适应性教学系统的教学行为相对有限,因此受到批评。研究者开始尝试在适应性教学系统中采用更复杂的教学方法,例如建构主义学习、偶发学习策略、动机能力、元认知策略和合作学习。这五种适应性教学方法并不互斥,但是从其核心措施可以相互区分。虽然研究者在适应性教学系统中也采用了其他教学方法,但选择上述五种方法是为了提供教学方法对于本领域的影响的概貌。

建构主义可适应系统

建构主义学习理论强调学习者在整合了目标领域的学习境脉中,从经验中建构个体知识的积极作用。为了将建构主义原则落实在基于计算机的学习环境中,研究者开发了智能学习环境(ILSs)这一概念。强调系统的支持性作用而非指导性作用(Akhras, 2004; Brusilovsky, 1994)。

大多数教学系统利用了知识表征以及对学生知识状态的推理来计划教学步骤(Akhras和

Self, 2000)。Akhras 和 Self 认为“非传统的学习观,例如建构主义,也许同样能从系统智能中受益,这类系统智能的知识表征、推理和决策等机制源于对该学习观的价值的形式化解释”(345 页)。建构主义智能系统关注的焦点从学到了“什么(what)”的模型,转换到“如何(how)”学习知识的模型(Akhras 和 Self, 2000)。

为了模仿这一支持性角色,研究者(Akhras, 2004; Akhras 和 Self, 2000,2002)提出了四点建议以指导类似系统的设计:基于情境的境脉、情境中的学习交互、交互的时间延伸过程和学习情境的支持。INCENSE* (INtelligent Constructivist ENvironment for Software Engineering
478 learning,软件工程学习的智能建构主义学习环境)实现了他们的这一方法。知识库系统超文本是建构主义 AHSs 的另外一个例子(Henze 和 Nejdl, 1999)。

应需教学系统

按照维果茨基(Vygotsky, 1978)的理论,为了使学生达到更高水平的学习,根据学习者的行为提供即时、具有适当挑战性的活动和应需教学是非常重要的。他相信最低限度的指导对学习者是最有利的。最近,这一理论以不同方式应用到了基于计算机的教学中。和传统的适应性教学相比,应需教学系统没有学习者的全局模型。学习者的表现是局部的,情境受制于学习者当前活动的偶然性和可能性。在这一理论中,由于指导者的行动和反应应视作对学习者输入的回应,因此促进了学生的积极观念,将学习看作是合作和建构性的过程(Wood 和 Wood, 1996)。应需指导系统通常提供两种评估方法:模型追踪和知识追踪(du Boulay 和 Luckin, 2001)。模型追踪的目的是记录学生解决问题过程中的所有行动,并标明出现的错误,它还会根据具体问题解决的情境来对帮助反馈进行调整。知识追踪的目标是选择下一个最适当的挑战性的问题,使学习者能够及时有效地完成课程。应需教学系统的例子有 SHERLOCK (Lesgold, 2001; Lesgold 等, 1992), QUADRATIC tutor (Wood 和 Wood, 1999), DATA(Wood 等,1998), Ecolab (Luckin 和 du Boulay, 1999)和 M-Ecolab (Rebolledo Mendez 等,2006)。

基于动机的可适应系统

有些新的适应性教学系统考虑了学生的动机。其提倡者提出,全面的适应性教学计划不但应包括传统的教学计划,还应包括一个激励计划(del Soldato 和 du Boulay, 1995; du Boulay 和 Luckin, 2001; Wasson, 1990)。De Vicente 和 Pain (2002)开发了一个模型,即所谓的动机模型,该模型可以通过几个变量(如控制、挑战、独立性、幻想、自信心、感知兴趣、认知兴趣、努力、满意度)诊断学生的动机状态。COSMO (Lester 等,1999)支持教学代理,可以提供非言语性反馈和交谈性信号,例如其面部表情、语调、手势和话语结构等,来表明它自己的情绪状态,系统可以在与学习者的交互过程中提高学习者的动机。

---

* Intelligent Constructivist ENvironment for Software Engineering learning 智能建构学习软件工程环境。——译者注

基于元认知的可适应系统

元认知技能使学习者能够评估自己的学习过程。随着基于 ICT 的个别化教学系统(包括联机学习环境)的日益普遍,在设计系统时元认知和自我调节过程变得愈发重要(Azevedo, 2005a, b; Quintana 等,2005; Zimmerman 和 Tsikalas, 2005),而大多数早期的教学系统并未鼓励学习者的元认知思维(Carroll 和 McKendree, 1987)。

White 等(1999)认为在多代理社会系统中,很容易就能理解和观察到元认知过程,这种系统的社会框架整合了认知的社会性与认知性。基于上述概念模型,他们开发了 SCIWISE 程序,该程序为多个软件代理,如发明者、分析者和合作者,提供了互动空间;学习者在开始研究项目、反思和修改其探究时,代理为学习者提供策略性建议和指导。因此,学习者在复杂的社会认知实践中,可以表达其元认知观点。通过这样的练习,学习者形成了关于合作探究和反思性学习所需的社会和认知过程的外显理论。

关注提高元认知技能的另外一个例子是 Aleven 等(2001)开发的几何解释导师(GET)。他们认为自我解释是有效的元认知策略。让学生解释例子或者问题解决步骤,使他们对所学内容的理解更深入(Aleven 等,2003a, b; Chi 等,1989)。Aleven 与同事借助实验研究检验了 GET 的效果,实验结果表明 GET 对学习结果有积极影响。

在需要帮助时能快速有效地寻求帮助是很重要的元认知技能。Aleven 与同事(Aleven 等,2003c, 2006)也开发了寻求帮助导师智能代理(Help-Seeking Tutor Agent),该软件可以帮助学生更好地寻求帮助。他们将该软件嵌入几何认知导师(Geometry Cognitive Tutor)适应性学习系统中,并检验了该寻求帮助导师智能代理是否有助于学生提高寻求帮助的能力,以及是否有助于学习(Aleven 等,2004)。结果表明,学生在寻求帮助过程中出现的错误越多,其所学就越少。其他研究(Roll 等,2006)显示,虽然寻求帮助导师智能代理取得了积极效应,但原 479
因是学生遵循了软件提供的建议,而学生并没有把帮助寻求原则内化。

协作学习系统

适应性教学系统采用的新的教学方法之一是协作学习(Söller 等,2005)。和同伴的有效协作是强有力的学习经验,但是仅仅给学生分组、给小组分配任务不会产生有价值的学习经验(Söller, 2001)。为了使协作学习有效和有趣,教师(基于计算机系统中的指导者)应该为学生提供策略。通过使用智能合作系统,Söller (2001)辨别出有效协作学习行为的 5 个特点:(1)参与;(2)以社会为基础(social grounding);(3)表现分析和小组加工;(4)应用积极的学习会话技能;(5)鼓励交互。Söller 及其同事(2005)提出了一个概念框架——协作管理周期,用反馈循环的形式呈现了五个阶段的行为。

虽然协作学习环境仍处于开发过程中(Jermann 等,2004; Or-Bach 和 van Joolingen, 2004; Söller, 2005),但这将会对适应性学习系统有显著的贡献。这些系统不但能够支持学生的小组活动,而且有助于教育人员和研究人员更好地理解小组中的交互,进而确定如何更好地支持合作学习。上述健全的教学方法与可适应系统的结构特点、功能进行适当的结合,将进一步提高系统的技术性能和教学效果。

小结

适应性教学有着悠久的历史。开发适应性教学系统的系统性尝试始于 20 世纪初。适应性教学系统采用了不同的方法:宏观适应性、基于 ATI、微观适应性(包括 ITSs)和适应性/可适应性混杂系统,以及采用不同教学法的方法。借助交互式的计算机技术,人们开发了许多不同的微观适应性教学系统。但是,早期系统受到功能的限制,所用设备无法处理复杂的学习和教学过程,因此主要应用于实验室环境中。

自 20 世纪 90 年代,随着 Web 和 AHSs 的出现,适应性教学系统开始走出实验室,进入课堂和工作场所。在 20 世纪的最后十年,开发了大量的 AHS 系统。但是,支持这些系统有效性所需的实证证据贫乏,理论基础薄弱(Shapiro 和 Niederhauser, 2004),阻碍了这类系统在学校教育和工业培训中的广泛应用。开发技术上强健、理论上完善、实践中有效的系统是困难和富有挑战性的。对可适应系统中新的教学法应用的研究和开发,也许会为将来的系统开发提供更坚实的理论基础。协作中的 AHS 技术和语义网技术,也许会带来标准化的开放适应技术,用于未来可适应系统的开发。如果能够开发出更多理论上完善、技术上强健的系统,则这些系统的效果就更有望得到经验性评价的支持。

(张志祯 译,王琼常 一校,佘燕云、焦建利 二校)

参考文献

Akhras, F.N. (2004). From Modelling Teaching Strategies to Modelling Affordances. Paper presented at Workshop on Modelling Human Teaching Tactics and Strategies, August 30, Maceio, Alagoas, Brazil (http://www.cenpra.gov.br/noticiaseeventos/its04workshop/akhras.pdf).

Akhras, F.N. and Self, A.J. (2000). System intelligence in constructivist learning. *Int. J. Artif. Intell. Educ.*, 11(4), 344 - 376.

Akhras, F.N. and Self, J.A. (2002). Beyond intelligent tutoring systems: situations, interactions, processes and affordances. *Instruct. Sci.*, 30(1), 1 - 30.

Albrecht, F., Koch, N., and Tiller, T. (2000). SmexWeb: An adaptive Web-based hypermedia teaching system. *J. Interact. Learn. Res.*, 11(3/4), 367 - 388.

Aleven, V., Popescu, O., and Koedinger, K.R. (2001). Towards tutorial dialog to support self-explanation: adding natural language understanding to a cognitive tutor. In *Artificial Intelligence in Education: AI-ED in the Wired and Wireless Future*, edited by J. Moore, L. Redfield, and W. Johnson, pp. 246 - 255. Amsterdam: IOS Press.

Aleven, V., Koedinger, K.R., and Popescu, O. (2003a). A tutorial dialog system to support self-explanation: evaluation and open questions. In *Proceedings of the 11th International Conference on Artificial Intelligence in Education, AI-ED 2003*, edited by U. Hoppe, F. Verdejo, and J. Kay, pp. 39 - 46. Amsterdam: IOS Press.

Aleven V., Popescu, O., Ogan, A., and Koedinger, K.R. (2003b). A formative classroom evaluation of a tutorial dialogue system that supports self-explanation. In *Supplemental Proceedings of the 11th International Conference on Artificial Intelligence in Education, AIED 2003*. Vol. VI. *Workshop on Tutorial Dialogue Systems: With a View toward the Classroom*, edited by V. Aleven, U. Hoppe, J. Kay, R. Mizoguchi, H. Pain, F. Verdejo, and K. Yacef, pp. 345 - 355. Sydney: School of Information Technologies, University of Sydney.

480 Aleven, V., Stahl, E., Schworm, S., Fischer, F., and Wallace, R. M. (2003c). Help seeking and help design in interactive learning environments. *Rev. Educ. Res.*, 73(2), 277 - 320.

Aleven, V., McLaren, B.M., Roll, I., and Koedinger, K.R. (2004). Toward tutoring help seeking: applying cognitive modeling to meta-cognitive skills. In *Proceedings of the Seventh International Conference on Intelligent Tutoring Systems (ITS - 2004)*, edited by J.C. Lester, R.M. Vicari, and F. Paraguacu, pp. 227 - 239. Berlin: Springer-Verlag.

Aleven V., McLaren, B.M., Roll, I., and Koedinger, K.R. (2006). Toward meta-cognitive tutoring: a model of helpseeking with a cognitive tutor. *Int. J. Artif. Intell. Educ.*, 16, 101 - 130.

Andriessen, J. and Sandberg, J.A.C. (1999) Where is education heading and how about AI? *Int. J. Artificial Intelligence in Education*, 10, 130 - 150.

Atkinson, C.R. (1968). Computerized instruction and the learning process. *Am. Psychol.*, 23, 225 - 239.

Atkinson, C.R. (1976). Adaptive instructional systems: some attempts to optimize the learning process. In *Cognition and Instruction*, edited by D. Klahr, pp. 81 - 108. New York: Wiley.

Avgeriou, P., Vogiatzis, D., Tzanavari, A., and Retalis, S. (2004). Design patterns in adaptive Web-based educational systems: an overview. In *Advanced Technology for Learning: Innovations in Advanced Technology for Learning: Authoring for Adaptive Educational Hypermedia*. Calgary, Canada: ACTA Press.

Azevedo, R. (2005a). Computer environments as metacognitive tools for enhancing learning. *Educ. Psychol.*, 40(4), 193 - 197.

Azevedo, R. (2005b). Using hypermedia as a metacognitive tool for enhancing student learning? The role of self-regulated learning. *Educ. Psychol.*, 40(4), 199 - 209.

Beaumont, I. (1994). User modeling in the interactive anatomy tutoring system NATOM-TUTOR. *User Model. User-Adapt. Interact.*, 4, 121 - 145.

Berliner, D.C. and Cahen, L.S. (1973). Trait-treatment interaction and learning. *Rev. Res. Educ.*, 1, 58 - 94.

Block, J.H. (1980). Promoting excellence through mastery learning. *Theory Pract.*, 19(1), 66 - 74.

Bloom, B.S. (1984). The 2 sigma problem: The search for methods of group instruction as effective as one-to-one tutoring. *Educ. Res.*, 13, 4 -

16. *

Brown, E., Cristea, A., Stewart, C., and Brailsford, T. (2005). Patterns in authoring of adaptive educational hypermedia: a taxonomy of learning styles. *Educ. Technol. Soc.*, 8(3), 77 - 90 (special issue on authoring of adaptive educational hypermedia).

Brusilovsky, P. (1994). Adaptive hypermedia: the state of the art. In *Proceedings of East - West International Conference on Multimedia, Hypermedia and Virtual Reality*, September 14 - 16, Moscow, edited by P. Brusilovsky, pp. 24 - 29. Moscow: ICSTI. *

Brusilovsky, P. (1996) Methods and techniques of adaptive hypermedia. *User Model. User-Adapt. Interact.*, 6(2 - 3), 87 - 129. *

Brusilovsky, P. (2000). Adaptive hypermedia: from intelligent tutoring systems to Web-based education. In *Intelligent Tutoring Systems*, LNCS 1839, edited by G. Gauthier, C. Frasson, and K. Van Lehn, pp. 1 - 7. Berlin: Springer.

Brusilovsky, P. (2001). Adaptive hypermedia. *User Model. User-Adapt. Interact.*, 11, 87 - 110.

Brusilovsky, P. (2003). Adaptive navigation support in educational hypermedia: the role of student knowledge level and the case for meta-adaptation. *Br. J. Educ. Technol.*, 34(4), 487 - 497.

Brusilovsky, P. (2004). Adaptive navigation support: from adaptive hypermedia to the adaptive Web and beyond. *PsychNology*, 2(1), 7 - 23.

Brusilovsky, P. and Cooper, D. W. (2002). Domain, task, and user models for an adaptive hypermedia performance support system. In *Proceedings of 2002 International Conference on Intelligent User Interfaces*, January 13 - 16, San Francisco, CA, edited by Y. Gil and D. B. Leake, pp. 23 - 30. Washington, D. C.: ACM Press.

Brusilovsky, P. and Pesin, L. (1994). An intelligent learning environment for CDS/ISIS users. In *Proceedings of the Interdisciplinary Workshop on Complex Learning in Computer Environments: Technology in School, University, Work and Life-Long Education (CLCE94)*, May 16 - 19, Joensuu, Finland, edited by J. J. Levonen and M. T. Tukianinen, pp. 29 - 33.

Brusilovsky, P. and Pesin, L. (1998). Adaptive navigation support in educational hypermedia: an evaluation of the ISIS-Tutor. *J. Comput. Inform. Technol.*, 6(1), 27 - 38.

Brusilovsky, P. and Rizzo, R. (2002). Map-based horizontal navigation in educational hypertext. *J. Digit. Inform.*, 3(1) (http://jodi.ecs.soton.ac.uk/Articles/v03/i01/Brusilovsky/).

Brusilovsky, P. and Vassileva, J. (1996). Preface. *User Model. User-Adapt. Interact.*, 6(2 - 3), v - vi.

Brusilovsky, P., Schwarz, E., and Weber, G. (1996). ELM-ART: an intelligent tutoring system on the World Wide Web. In *Intelligent Tutoring Systems*, LNCS 1086, edited by C. Frasson, G. Gauthier, and A. Lesgold, pp. 261 - 269. Berlin: Springer.

Brusilovsky, P., Eklund, J., and Schwarz, E. (1998). Web-based education for all: a tool for developing adaptive courseware. *Comput. Netw. ISDN Syst.*, 30(1 - 7), 291 - 300.

Burns, B. R. (1980). Relation of aptitude learning at different points in time during instruction. *J. Educ. Psychol.*, 72, 785 - 797.

Calvi, L. and Cristea, A. I. (2002). Towards generic adaptive systems: analysis of a case study. *Adaptive Hypermedia and Adaptive Web-Based Systems: Proceedings of AH' 02*, edited by P. De Bra, pp. 79 - 89. Berlin: Springer-Verlag (http://wwwis.win.tue.nl/~acristea/Conferences/02/AH02/calvi-cristea-final-w-header-ah2002.pdf).

Carrier, C. (1984). Do learners make good choices? *Instruct. Innov.*, 29, 15 - 17, 48.

Carrier, C. and Jonassen, D. H. (1988). Adapting courseware to accommodate individual differences. In *Instructional Designs for Microcomputer Courseware*, edited by D. Jonassen, pp. 61 - 96. Mahwah, NJ: Lawrence Erlbaum Associates.

Carroll, J. and McKendree, J. (1987). Interface design issues for advice-giving expert systems. *Commun. ACM*, 30(1), 14 - 31.

Chi, M., Bassok, M., Lewis, M., Reimann, P., and Glaser, R. (1989). Self-explanations: how students study and use examples in learning to solve problems. *Cogn. Sci.*, 13, 145 - 182.

Corno, L. and Snow, R. E. (1986). Adapting teaching to individual differences among learners. In *Handbook of Research on Teaching*, edited by M. Wittrock, pp. 605 - 629. New York: Macmillan. *

Cristea, A. I. (2004). Is semi-automatic authoring of adaptive educational hypermedia possible? *Adv. Technol. Learn.*, 1(4), 227 - 236.

Cristea, A. I. (2005). Authoring of adaptive hypermedia; adaptive hypermedia and learning environments. In *Advances in Web-Based Education: Personalized Learning Environment*, edited by S. Y. Chen and G. D. Magoulas. Hershey: IDEA (http://wwwis.win.tue.nl/~acristea/Chen/AHChenBookChapt-camera Ready2.doc).

Cristea, A. I. and Calvi, L. (2003). *The Three Layers of Adaptation Granularity*, LNCS 2702, Berlin: Springer.

Cristea, A. I. and De Bra, P. (2002). ODL Education Environments Based on Adaptability and Adaptivity. Paper presented at E-Learn' 2002 World Conference on E-Learning in Corporate, Government, Healthcare, 481
and Higher Education, October 15 - 19, Montreal, (http://wwwis.win.tue.nl/~acristea/Conferences/02/ELEARN02/Cristea-Adaptation-Adaptability.pdf).

Cristea, A. I. and Garzotto, F. (2004). *Designing Patterns for Adaptive or Adaptable Educational Hypermedia: A Taxonomy*, Morgantown, WV: Association for the Advancement of Computing in Education (http://wwwis.win.tue.nl/~acristea/HTMP/Minerva/papers/Garzotto-Cristea-symposiumpatterns-2give.doc).

Cronbach, J. L. (1957). The two disciplines of scientific psychology. *Am. Psychol.*, 12, 671 - 684. *

Cronbach, J. L. (1967) How can instruction be adapted to individual differences? In *Learning and Individual Differences*, edited by R. M. Gagné, Ed., pp. 353 - 379, Columbus, OH: Merrill. *

Cronbach, J. L. and Snow, E. R. (1977). *Aptitudes and Instructional Methods: A Handbook for Research on Interactions*. New York: Irvingston. *

Crowder, N. W. (1959). *Automatic Tutoring: The State of Art*. New York: Wiley.

de Assis, P., Schwabe, D., and Barbosa, S. (2004). Meta-models for adaptive hypermedia applications and meta-adaptation. In *Proceedings of ED-MEDIA 2004: World Conference on Educational Multimedia, Hypermedia, and Telecommunications*, edited by P. Kommers and G. Richards, pp. 1720 - 1727. Morgantown, WV: Association for the Advancement of Computing in Education.

De Bra, P. (2000). Pros and cons of adaptive hypermedia in Web-based education. *J. CyberPsychol. Behav.*, 3(1), 71 - 77.

De Bra, P., Aroyo, L., and Chepegin, V. (2004). The next big thing: adaptive Web-based systems, *J. Digit. Inform.*, 5(1), Article No. 247 (http://jodi.tamu.edu/Articles/v05/i01/ DeBra/).

De Bra, P., Santic, T., and Brusilovsky, P. (2003). AHA! meets Interbook, and more .... In *Proceedings of World Conference on the E-Learning, E-Learn 2003*, edited by A. Rossett, pp. 57 - 64. Morgantown, WV: Association for the Advancement of Computing in Education.

De Bra, P., Stash, N., and Smits, D. (2005). Creating Adaptive Web-Based Applications, tutorial at the 10th Int. Conf. on User Modeling, July 25, Edinburgh, Scotland (retrieved from htto://wwwis.win.tue.nl/~debra/um2005/tutorial.pdf).

De Vicente, A. and Pain, H. (2002) Informing the detection of the students' motivational state: an empirical study. In *Intelligent Tutoring Systems: Proceedings of the Sixth International Conference on Intelligent Tutoring Systems*, LCNS 2363, edited by S. A. Cerri, G. Gouarderes, and F. Paraguacu, pp. 933 - 943. Berlin: Springer.

del Soldato, T. and du Boulay, B. (1995). Implementation of motivational tactics in tutoring systems. *J. Artif. Intell. Educ.*, 6(4), 337 - 376.

Dewey, J. (1902/1964). The child and the curriculum. In *John Dewey on Education: Selected Writings*, edited by R. D. Archambault, pp. 339 -358. New York: Modern Library.

Dick, W. and Carey, L. (1985). *The Systematic Design of Instruction*, 2nd ed. Glenview, IL: Scott, Foresman.

DiVesta, F. J. (1975). Trait-treatment interactions, cognitive processes, and research on communication media. *AV Commun. Rev.*, 23, 185 - 196.

du Boulay, B. and Luckin, R. (2001). Modeling human teaching tactics and strategies for tutoring systems. *Int. J. Artif. Intell. Educ.*, 12, 235 - 256.

Eklund, J. and Sinclair, K. (2000) An empirical appraisal of the effectiveness of adaptive interfaces for instructional systems. *Educ. Technol. Soc.*, 3(4), 165 - 177.

Federico, P. (1983). Changes in the cognitive components of achievement as students proceed through computer-managed instruction. *J. Comput.-Based Instruct.*, 9(4), 156 - 168.

Federico, P., Montague, E. W., and Snow, E. R. (1980). *Adaptive Instruction: Trends and Issues. Aptitude, Learning and Instruction, Cognitive Process Analyses of Aptitude*. Mahwah, NJ: Lawrence Erlbaum Associates.

Fink, J., Kobsa, A., and Nill, A. (1998). Adaptable and adaptive information provision for all users, including disabled and elderly people. *New Rev. Hypermedia Multimedia*, 4, 163 - 188.

Fischer, G., Mastaglio, T., Reeves, B., and Rieman, J. (1990). Minimalist explanations in knowledge-based systems. In *Proceedings of 23rd Annual Hawaii International Conference on System Sciences*, edited by L. W.

Hoevel and V. Milutinovic, pp. 309 - 317. Los Alamitos, CA: IEEE.

Flanagan, J. C., Shanner, W. M., Brudner, H. J., and Marker, R. W. (1975). An individualized instructional system: PLAN. In *Systems of Individualized Education*, edited by H. Talmadge Berkeley, CA: McCutchan.

Gagné, R. M. and Briggs, L. J. (1979). *Principles of Instructional Design*, 2nd ed. New York: Holt.

Glaser, R. (1977). *Adaptive Education: Individual, Diversity and Learning*. New York: Holt. *

Glaser, R. and Resnick, L. B. (1972). Instructional psychology. *Annu. Rev. Psychol.*, 23, 207 - 276.

Gonschorek, M. and Herzog, C. (1995). Using hypertext for an adaptive help system in an intelligent tutoring system. In *Proceedings of AI-ED' 95, 7th World Conference on Artificial Intelligence in Education*, edited by J. Greer, pp. 274 - 281. Morgantown, WV: Association for the Advancement of Computing in Education.

Hall, A. K. (1977). A research model for applying computer technology to the interactive instructional process. *J. Comput.-Based Instruct.*, 3, 68 - 75.

Hanani, U., Shapira, B., and Shoval, P. (2001). Information filtering: overview of issues, research and systems. *User Model. User-Adapt. Interact.*, 11(3), 203 - 259.

Hansen, D. N., Ross, M. S., and Rakow, E. (1977). *Adaptive Models for Computer-Based Training Systems*, Annual Report to Navy Personnel Research and Development Center. Memphis, TN: Memphis State University.

Hart, R. S. (1981). Language study and the PLATO IV System. *Studies Lang. Learn.*, 3, 1 - 24.

Henze, N. and Nejdl, W. (1999). Adaptivity in the KBS Hyperbook System. In *Proc. of the Second Workshop on Adaptive Systems and User Modeling on the World Wide Web (WWW)*, May 11 - 14, Toronto, Canada (http://www.kbs.uni-hannover.de/~henze/paperadaptivity/Henze.html).

Henze, N. and Nejdl, W. (2001) Adaptation in open corpus
482 hypermedia. *Int. J. Artif. Intell. Educ.*, 12(4), 325 - 350.

Hohl, H., Boecker, D., and Gunzenhaeuser, R. (1996). Hypadapter: an adaptive hypertext system for exploratory learning and programming. *User Model. User-Adapt. Interact.*, 6(2 - 3), 131 - 156.

Holland, G. J. (1977). Variables in adaptive decisions in individualized instruction. *Educ. Psychol.*, 12, 146 - 161. *

Jermann, P., Soller, A., and Lesgold, A. (2004). Computer software support for CSCL. In *What We Know About CSCL ... and Implementing It in Higher Education*, edited by P. Dillenbourg, J. W. Strijbos, P. A. Kirschner, and R. L. Martens pp. 141 - 166. Boston, MA: Kluwer.

Karagiannidis, C., Sampson, D., and Cardinali, F. (2001). Integrating adaptive educational content into different courses and curricula. *Educ. Technol. Soc.*, 4(3), 37 - 44.

Kay, J. and Kummerfeld, J. R. (1994). An individualized course for the C programming language. In *Proceedings of the Second International WWW Conf.*, October 17 - 20, Chicago, IL (http://www.cs.usyd.edu.au/~bob/kay-kummerfeld.html).

Kayama, M. and Okamoto, T. (1998). A mechanism for knowledge navigation in hyperspace with neural networks to support exploring activities. In *Proceedings of Current Trends and Applications of Artificial Intelligence in Education Workshop at the 4th World Congress on Expert Systems*, edited by G. Ayala, pp. 41 - 48. Mexico City: ITESM.

Keller, F. S. and Sherman, J. G. (1974). *The Keller Plan Handbook*. Menlo Park, CA: W. A. Benjamin.

Klausmeier, H. J. (1975). IGE: an alternative form of schooling. In *Systems of Individualized Education*, edited by H. Talmage, pp. 48 - 83. Berkeley, CA: McCutchan.

Koedinger, K. R. and Anderson, J. R. (1998). Illustrating principled design: the early evolution of a cognitive tutor for algebra symbolization. *Interact. Learn. Environ.*, 5, 161 - 180.

Kulik, A. J. (1982). Individualized systems of instruction. In *Encyclopedia of Educational Research* 5th ed., edited by H. E. Mitzel, p. 2. New York: Macmillan.

Landa, L. N. (1976). *Instructional Regulation and Control*. Englewood Cliffs, NJ: Educational Technology Publications. *

Lesgold, A. (2001). The nature and methods of learning by doing. *Am. Psychol.*, 56(11), 964 - 973. *

Lesgold, A. M., Lajoie, S. P., Bunzo, M., and Eggan, G. (1992).
483 SHERLOCK: a coached practice environment for an electronics troubleshooting job. In *Computer Assisted Instruction and Intelligent Tutoring Systems: Shared Issues and Complementary Approaches*, edited by J. Larkin and R. Chabay, pp. 201 - 238. Hillsdale, NJ: Lawrence Erlbaum Associates.

Lester, J. C., Towns, S. G., and Fitzgerald, P. J. (1999). Achieving affective impact: visual emotive communication in lifelike pedagogical agents. *Int. J. Artif. Intell. Educ.*, 10(3 - 4), 278 - 291.

Leutner, D. (2004). Instructional design principles for adaptivity in open learning environments. In *Curriculum, Plans, and Processes in Instructional Design*, edited by N. M. Seel and S. Dijkstra, pp. 289 - 307. Mahwah, NJ: Lawrence Erlbaum Associates. *

Luckin R. and du Boulay B. (1999). Ecolab: the development and evaluation of a Vygotskian design framework. *Int. J. Artif. Intell. Educ.*, 10, 198 - 220.

Maki, H. R. and Maki, S. W. (2002). Multimedia comprehension skill predicts differential outcomes of Web-based and lecture courses. *J. Exp. Psychol. Appl.*, 8, 85 - 98.

Merrill, M. D. and Boutwell, R. C. (1973). Instructional development: methodology and research. In *Review of Research in Education*, edited by F. Kerlinger, pp. 95 - 131. Itasca, IL: Peacock.

Moore, A., Stewart, C. D., Martin, D., Brailsford, T. J., and Ashman, H. (2004). Links for Learning: Linking for an Adaptive Learning Environment. Paper presented at the Third IASTED Int. Conf. on Web-Based Education. February 16 - 18, Innsbruck, Austria (http://whurle.sourceforge.net/wbe04.pdf).

Ohlsson, S. (1987). Some principles of intelligent tutoring. In *Artificial Intelligence and Education*, edited by R. W. Lawler and M. Yazdani, pp. 203 - 237. Norwood, NJ: Ablex.

Ohlsson, S. (1993). Learning to do and learning to understand: a lesson and a challenge for cognitive modeling. In *Learning in Humans and Machines*, edited by P. Reimann and H. Spada, pp. 37 - 62. Oxford: Pergamon Press. *

Oppermann, R. (1994). Adaptively supported adaptability. *Int. J. Hum.-Comput. Stud.*, 40, 455 - 472.

Or-Bach, R. and van Joolingen, W. R. (2004). Designing adaptive interventions for online collaborative modeling. *Educ. Inform. Technol.*, 9, 355 - 375.

Park, O. (1996). Adaptive instructional systems. In *Handbook of Research on Educational Communications and Technology*, edited by D. H. Jonassen, pp. 634 - 664. New York: Macmillan. *

Park, O. and Lee, J. (2003). Adaptive instructional systems. In *Handbook of Research on Educational Communications and Technology*, 2nd ed., edited by D. H. Jonassen, pp. 651 - 684. Mahwah, NJ: Lawrence Erlbaum Associates. *

Park, O. and Seidel, R. J. (1989). A multidisciplinary model for development of intelligent computer-assisted instruction. *Educ. Technol. Res. Dev.*, 37, 72 - 80.

Park, O. and Tennyson, D. R. (1980). Adaptive design strategies for selecting number and presentation order of examples in coordinate concept acquisition. *J. Educ. Psychol.*, 72, 362 - 370. *

Park, O. and Tennyson, D. R. (1986). Computer-based responsesensitive design strategies for selecting presentation form and sequence of examples in learning of coordinate concepts. *J. Educ. Psychol.*, 78, 23 - 28.

Park, O., Perez, R. S., and Seidel, J. R. (1987). Intelligent CAI: old wine in new bottles or a new vintage? In *Artificial Intelligence and Instruction: Applications and Methods*, edited by G. Kearsley, pp. 11 - 45. Boston, MA: Addison-Wesley.

Peterson, L. P. (1977). Review of human characteristics and school learning. *Am. Educ. Res. J.*, 14, 73 - 79.

Peterson, P. L. and Janicki, T. C. (1979). Individual characteristics and children's learning in large-group and small-group approaches. *J. Educ. Psychol.*, 71, 677 - 687.

Peterson, P. L., Janicki, T. C., and Swing, S. (1981). Ability X treatment interaction effects on children's learning in largegroup and small-group approaches. *Am. Educ. Res. J.*, 18, 453 - 473.

Quintana, C., Zhang, M., and Krajcik, J. (2005). A framework for supporting metacognitive aspects of online inquiry through software-based scaffolding. *Educ. Psychol.*, 40(4), 235 - 244.

Rebolledo Mendez, G., du Boulay, B., and Luckin, R. (2006). Motivating the Learner: An Empirical Evaluation. Paper presented at the 8th Int. Conf. on Intelligent Learning Systems, June 26 - 30, Jhongli, Taiwan (http://www.cogs.susx.ac.uk/users/bend/papers/ITS2006.pdf).

Reiser, A. R. (1987). Instructional technology: a history. In *Instructional Technology Foundations*, edited by R. M. Gagné, pp. 11 - 48. Mahwah, NJ: Lawrence Erlbaum Associates.

Roll, I., Aleven, V., McLaren, B. M., Ryu, E., Baker, R., and Koedinger, K. R. (2006). The Help Tutor: Does Metacognitive Feedback Improve Students' Help-Seeking Actions, Skills and Learning? Paper presented at the 8th Int. Conf. on Intelligent Learning Systems, June 26 - 30, Jhongli, Taiwan (http://www.pitt.edu/~bmclaren/HelpTutor-ITS2006.pdf).

Ross, S. M. and Anand, F. (1986). Using Computer-Based Instruction to Personalize Math Learning Materials for Elementary School Children. Paper presented at the American Educational Research Association Annual Meeting, April, San Francisco, CA.

Ross, S. M. and Morrison, G. R. (1986). Adaptive instructional strategies for teaching rules in mathematics. *Educ. Commun. Technol. J.*, 30, 67 - 74.

Ross, S. M. and Morrison, G. R. (1988). Adapting instruction to learner performance and background variables. In *Instructional Designs for Microcomputer Courseware*, edited by D. H. Jonassen, pp. 227 - 243. Mahwah, NJ: Lawrence Erlbaum Associates. *

Ross, S. M. and Rakow, E. A. (1981). Learner control versus program control as adaptive strategies for selection of instructional support on math rules. *J. Educ. Psychol.*, 73, 745 - 753.

Rothen, W. and Tennyson, D. R. (1977). Pre-task and on-task adaptive design strategies for selecting number of instances in concept acquisition. *J. Educ. Psychol.*, 69, 586 - 592.

Rothen, W. and Tennyson, D. R. (1978). Application of Bayes' theory in designing computer-based adaptive instructional strategies. *Educ. Psychol.*, 12, 317 - 323.

Scandura, J. M. (1977a). *Problem Solving: A Structural/Processes Approach with Instructional Implications*. New York: Academic Press. *

Scandura, J. M. (1977b). Structural approach to instructional problems. *Am. Psychol.*, 32, 33 - 53.

Scandura, J. M. (1983). Instructional strategies based on the structural learning theory. In *Instructional-Design Theories and Models: An Overview of Their Current Status*, edited by C. M. Reigeluth, pp. 213 - 249. Mahwah, NJ: Lawrence Erlbaum Associates.

Schwarz, E., Brusilovsky, P., and Weber, G. (1996). World Wide Intelligent Textbooks. Paper presented at the World Conference on Educational Telecommunications, June 1 - 22, Boston, MA (http://www.contrib.andrew.cmu.edu/~plb/EDMEDIA-96.html).

Seidel, R. J. and Park, O. (1994). An historical perspective and a model for evaluation of intelligent tutoring systems. *J. Educ. Comput. Res.*, 10, 103 - 128. *

Seidel, R. J., Wagner, H., Rosenblatt, R. D., Hillelsohn, M. J., and Stelzer, J. (1978). Learner control of instructional sequencing within an adaptive tutorial CAI environment. *Instruct. Sci.*, 7, 37 - 80.

Seidel, R. J., Park, O., and Perez, R. (1989). Expertise of CAI: development requirements. *Comput. Hum. Behav.*, 4, 235 - 256.

Shapiro, A. M. and Niederhauser, D. (2004). Learning from hypertext: research issues and findings. In *Handbook of Research on Educational Communications and Technology*, 2nd ed., edited by D. H. Jonassen, pp. 605 - 620. Mahwah, NJ: Lawrence Erlbaum Associates.

Shute, V. J. and Psotka, J. (1996). Intelligent tutoring systems: past, present and future. In *Handbook of Research on Educational Communications and Technology*, edited by D. Jonassen, pp. 570 - 600. New York: Macmillan. *

Shute, V. J. and Towle, B. (2003). Adaptive e-learning. *Educ. Psychol.*, 38(2), 105 - 114.

Snow, E. R. (1980). Aptitude, learner control, and adaptive instruction. *Educ. Psychol.*, 15, 151 - 158. *

Snow, E. R. and Swanson, J. (1992). Instructional psychology: aptitude, adaptation, and assessment. *Annu. Rev. Psychol.*, 43, 583 - 626.

Söller, A. L. (2001). Supporting social interaction in an intelligent collaborative learning system. *Int. J. Artif. Intell. Educ.*, 12, 40 - 62.

Söller, A. L., Martínez-Monés, A., Jermann, P., and Muehlenbrock, M. (2005). From mirroring to guiding: a review of state of the art technology for supporting collaborative learning. *Int. J. Artif. Intell. Educ.*, 15(4), 261 - 290.

Specht, M. and Oppermann, R. (1998). ACE: adaptive courseware environment. *New Rev. Hypermedia Multimedia*, 4, 141 - 161.

Steinacker, A., Seeberg, C., Rechenberger, K., Fischer, S., and Steinmetz, R. (1998). Dynamically Generated Tables of Contents as Guided Tours in Adaptive Hypermedia Systems. Paper presented at ED-MEDIA/EDTELECOM' 99, 11th World Conf. on Educational Multimedia and Hypermedia and World Conf. on Educational Telecommunications, June 19 - 24, Seattle, WA (http://www.kom.e-technik.tu-darmstadt.de/publications/abstracts/SSR+99-1.html).

Steinberg, E. R. (1991). *Computer-Assisted Instruction: A Synthesis of Theory, Practice, and Technology*. Hillsdale, NJ: Lawrence Erlbaum Associates.

Suppes, P., Fletcher, J. D., and Zanottie, M. (1976). Models of individual trajectories in computer-assisted instruction for deaf students. *J. Educ. Psychol.*, 68, 117 - 127.

Tennyson, D. R. (1975). Adaptive instructional models for concept acquisition. *Educ. Technol.*, 15(4), 7 - 15.

Tennyson, R. D. and Christensen, D. L. (1988). MAIS: an intelligent learning system. In *Instructional Designs for Micro-Computer Courseware*, edited by D. Jonassen, pp. 247 - 274. Mahwah, NJ: Lawrence Erlbaum Associates.

Tennyson, R. D. and Park, O. (1987). Artificial intelligence and computer based learning. In *Instructional Technology: Foundations*, edited by R. M. Gagné, pp. 319 - 342. Mahwah, NJ: Lawrence Erlbaum Associates.

Thorndike, E. L. (1911). *Individuality*. Boston, MA: Houghton Mifflin. *

Tobias, S. (1976). Achievement-treatment interactions. *Rev. Educ. Res.*, 46, 61 - 74.

Tobias, S. (1987). Learner characteristics. In *Instructional Technology: Foundations*, edited by R. M. Gagné, pp. 207 - 231. Mahwah, NJ: Lawrence Erlbaum Associates.

Tobias, S. (1989). Another look at research on the adaptation of instruction to students characteristics. *Educ. Psychol.*, 24(3), 213 - 227. *

Tobias, S. (1994). Interest, prior knowledge, and learning. *Rev. Educ. Res.*, 64, 37 - 54.

van Merriënboer, J. (2005). Learners in a Changing Learning Landscape: Reflections from an Instructional Design Perspective. Paper presented at the Presidential Workshop and Panel Session at the International Convention of the Association for Educational Communications and Technology (AECT), October 18 - 22, Orlando, FL (http://www.learndev.org/dl/ibstpi-AECT2005 - Merrienboer.pdf # search = % 22Merrienboer% 484
20mass-individualization%22). *

Vygotsky, L. (1978). *Mind in Society: The Development of Higher Psychological Processes*. Cambridge, MA: Harvard University Press.

Wang, M. (1980). Adaptive instruction: building on diversity. *Theory Pract.*, 19, 122 - 128. *

Wang, M. and Lindvall, C. M. (1984). Individual differences and school learning environments. *Rev. Res. Educ.*, 11, 161 - 225.

Wang, M., Oates, J., and Whiteshew, N. (1995). Effective school responses to student diversity in inner-city schools: a coordinated approach. *Educ. Urban Soc.*, 27(4), 484 - 503.

Wasson, B. B. (1990). Determining the Focus of Instruction: Content Planning for Intelligent Tutoring Systems. Ph. D. thesis. Saskatchewan: Department of Computational Science, University of Saskatchewan.

Wenger, E. (1987). *Artificial Intelligence and Tutoring Systems: Computational and Cognitive Approaches to the Communication of Knowledge*. Los Altos, CA: Kaufmann.

White, B. Y., Shimoda, T. A., and Frederiksen, J. R. (1999). Enabling students to construct theories of collaborative inquiry and reflective learning: computer support for metacognitive development. *Int. J. Artif. Intell. Educ.*, 10, 151 - 182.

Whitener, E. M. (1989). A meta-analytic review of the effect on learning of the interaction between prior achievement and instructional support. *Rev. Educ. Res.*, 59, 65 - 86.

Williams, D. M. (1996). Learner-control and instructional technologies. In *Handbook of Research for Educational Communications and Technology*, edited by D. H. Jonassen, pp. 957 - 982. Mahwah, NJ: Lawrence Erlbaum Associates.

Wood, H. and Wood, D. J. (1996). Contingency in tutoring and learning. *Learn. Instruct.*, 6(4), 391 - 398.

Wood, H. and Wood, D. J. (1999). Help seeking, learning and contingent tutoring. *Comput. Educ.*, 33(2/3), 153 - 170.

Wood, H., Wood, D. J., and Marston, L. (1998). *A Computer-Based Assessment Approach to Whole Number Addition and Subtraction*, Technical Report No. 56. Nottingham, U. K.: Centre for Research in Development, Instruction and Training, University of Nottingham.

Zimmerman, B. J. and Tsikalas, K. E. (2005). Can computer-based learning environments (CBLEs) be used as self-regulatory tools to enhance learning? *Educ. Psychol.*, 40(4), 267 - 271.

---

* 表示主要参考文献。

38

基于问题的学习

485 Woei Hung、David H. Jonassen 和刘儒德

摘要

基于问题的学习(PBL)也许是教育史上最富有创新性的教学方法。PBL 起源于人们对传统教学和学习方法的反思与批判,因为这种方法无法帮助学生具备解决医学临床问题的能力。与要求学生先学习内容知识再用脱离背景的问题进行练习不同,PBL 将学生的学习过程嵌于真实生活的问题之中。继 PBL 被成功地用于医学教育各领域之后,当前它正广泛应用于高等教育和 K - 12 教育。本章的目的在于帮助研究者和实践者了解 PBL 的研究现状和相关问题,并为未来的研究提供启示。本章回顾了过去三十年中对 PBL 的研究。我们首先描述了 PBL 在不同教育场景中的历史发展与应用,并界定了 PBL 的主要特征。接下来回顾了对 PBL 的研究:首先,我们分析了 PBL 在学生学习结果这个维度的有效性,包括领域基本知识的获得与应用、内容的记忆、问题解决技能、高阶思维、自我导向学习/终身学习和自我感知;其次,考察了 PBL 在实施中的问题,如指导的问题、课程设计的问题、技术应用的问题;最后,提出了未来研究的建议。

关键词

课程设计(Curriculum design):为达成特定的学习目标,按照某一领域的规范要求确定一系列课程的计划过程。 486

PBL (Problem-based learning):一种通过创设解决仿真问题的需求,启动学生学习活动的教学方法。在问题解决的过程中,学生在寻求问题解决方案的同时,建构内容知识,发展问题解决技能,培养自我导向的学习能力。

问题解决(Problem solving):理解问题当前状态和目标状态之间的矛盾、假设问题产生的原因并对之进行检验、设计问题解决的方案、执行解决方案以达成问题目标的过程。

简介与历史

基于问题的学习(PBL)也许可以说是教育史上最富有创新性的教学方法。它不但在医学教育中促进学生问题解决和自我导向学习技能培养的有效性得到了广泛的认同(Barrows 和 Tamblyn, 1980; Schmidt, 1983),而且 PBL 也已经被逐渐广泛地应用于高等教育和 K - 12 教育的多个学科(Barrows, 2000; Dochy 等,2003; Gallagher 等,1992; Hmelo Silver, 2004; Hmelo 等,2000; Torp 和 Sage, 2002; Williams 和 Hmelo, 1998)。那么,什么是 PBL 呢?这种教学方法的理论基础是什么?为何它得到了各学科及各年级研究者和教育者的如此关注?它为何可行?它真的可行吗?本章伊始,我们将介绍 PBL 的起源以及它的简要历史,作为理解 PBL 的背景信息,并随后讨论它的概念假设。接着,将对过去三十年中针对 PBL 有效性的研究和在实施中出现的问题进行回顾;最后,根据 PBL 研究和实施中获得的经验和经验性证据,总结一系列推荐研究的问题以及未来研究的潜在主题。

PBL 的简要历史

医学教育中的 PBL

PBL 起源于 20 世纪 50 年代的医学教育。通常认为,PBL 的发展归功于 20 世纪 70 年代加拿大麦克马斯特大学的医学教育研究者。差不多同一时期,不同国家其他的医学学校,比如美国密歇根州立大学、荷兰马斯特里希特大学、澳大利亚纽卡斯尔大学,也开发了 PBL 课程(Barrows, 1996)。传统的健康科学教育强调对碎片式生物医学知识的记忆,学生难以获得令人满意的临床表现(Barrows, 1996; Barrows 和 Tamblyn, 1980), PBL 正是为应对这一现象应运而生并得以实施的。但这一强调未能使学生具备临床问题解决和终身学习的技能,因而受到谴责(Albanese 和 Mitchell, 1993; Barrows, 1996)。

20 世纪 80 年代,美国医学学院协会启动的 GPEP 报告(医生总体职业教学委员会和医学
487 预备学院报告)促进了 PBL 在美国的广泛传播(Muller, 1984)。这份报告为医学教育的变革提出了建议,如促进独立学习和问题解决、减少讲授时间和课程表时间、对独立学习能力进行评价(Barrows, 1996)。这些建议在很大程度上支持了 PBL 在医学教育中的应用。与此同时,一些医学学校也开始开发与常规课程不同的、与之相平行的基于问题的课程(如美国新墨西哥州立大学的保健护理初级课程、哈佛大学医学院的新路径课程,New Pathways Program),并在一部分学生中使用(Aspy 等,1993; Barrows, 1996)。后来,许多医学学校,如夏威夷大学、哈佛大学和加拿大希尔布鲁克大学,进行了更加冒险的尝试,将其所有的课程都变成 PBL。到了 90 年代,更多的医学学校,如南伊利诺斯州立大学、Rush、Bowman Gray 和 Tufts 将 PBL 作为他们主要的教学方法(Aspy 等,1993; Barrows, 1994)。PBL 在几十年前被首次应用后,便成为全世界医学学校和健康科学课程最主要的教学方法,包括北美、荷兰、英国、德国、澳大利亚、新西兰和印度。

医学领域之外的 PBL

高等教育

20 世纪整个 90 年代, PBL 被逐渐应用于医学领域之外的高等教育和 K－12 教育中。PBL 被应用于全球各种专业学校(Boud 和 Feletti, 1991; Gijselaers 等,1995; Wilkerson 和 Gijselaers, 1996),如建筑(Donaldson, 1989; Maitland, 1998)、商业管理(Merchand, 1995),化学工程(Woods, 1996)、工程研究(Cawley, 1989)、法律学校(Boud 和 Feletti, 1991; Kurtz 等,1990; Pletinckx 和 Segers, 2001)、领导力教育(Bridges 和 Hallinger, 1992, 1995, 1996; Cunningham 和 Cordeiro, 2003)、护理(Barnard 等,2005; Higgins, 1994)、社会服务(Bolzan 和 Heycox, 1998)和教师教育(Oberlander 和 Talbert-Johnson, 2004)。而且 Moust 等人(2005)指出,PBL 也常常被整合到更多的学科中,如生物(Szeberenyi, 2005)、生物化学(Osgood 等,2005)、微积分(Seltzer 等,1996)、化学(Barak 和 Dori, 2005)、经济(Garland, 1995),地理(Smith 和 Hoersch, 1995)、心理学(Reynolds, 1997)、科学课程(Allen 等,1996)、物理、艺术史、教育心理学、领导力教育、刑事司法、营养学以及中学后教育的其他领域(Edens, 2000; Savin-Baden, 2000; Savin-Baden 和 Wilkie, 2004)。

K－12 教育

在把 PBL 引入 K－12 教育时，Barrows 和 Kelson (1993)为中学的所有核心学科都系统开发了 PBL 课程和教师培训项目(见伊利诺斯州数学与科学学院，http://www.imsa.edu)。其后，PBL 被众多学者和实践者所推崇，促进了它在基础教育中的应用(Arends, 1997; Glasgow, 1997; Jones 等，1997; Kain, 2003; Krynock 和 Robb, 1999; Savoie 和 Hughes, 1994; Stepien 等，2000; Torp 和 Sage, 2002; Wiggins 和 Mctghe, 1998)。PBL 在 K－12 中的各种实施效果被广泛报道。首先，经证实，PBL 在多个内容领域都是有效的，如数学(温特比尔特认知与技术小组，1993)、科学(Kolodner 等，2003; Linn 等，1999)、文学(Jacobsen 和 Spiro, 1994)、历史(Wieseman 和 Cadwell, 2005)和微观经济学(Maxwell 等人，2005)。其次，PBL 可以被有效地应用于城市、市郊及农村学校(Delisle, 1997; Fogarty, 1997)。再次，PBL 可以有效地用于各种不同的学生群体，如优质小学/中学/高中学生(Dods, 1997; Gallagher, 1997; Gallagher 等人，1995; Stepien 和 Gallagher, 1993; Stepien 等，1993)，以及低收入的学生(Stepien 和 Gallagher, 1993)。

关于 PBL 的书籍大量被出版，这一现象表明，高等教育和 K－12 教育对 PBL 的兴趣来越浓厚(如 Barrows, 2000; Duch 等人，2001; Evenson 和 Hmelo, 2000; Kain, 2003; Torp 和 Sage, 2002)。PBL 在网络上的相关信息显示(见http://interact.bton.ac.uk/pbl/)，现在全球许多教师都在使用 PBL，而且数量有望继续增长。持续增长的 PBL 文献评论(Albanese 和 Mitchell, 1993; Dochy 等，2003; Gijbels 等，2005; Hmelo-Silver, 2004; Newman, 2003; Smits 等，2002; Van den Bossche 等，2000; Vernon 和 Blake, 1993)以及 PBL 的相关会议也显示了 488
PBL 很受欢迎。

理论假设与特征

理论假设

PBL 的一个主要的假设就是：当我们"解决日常生活中所面临的众多问题时，学习就发生了"(Barrows 和 Tamblyn, 1980，1 页)。虽然这个假设似乎是不证自明的，然而，它却与关于学习的公认假设相违背，通常人们认为学习仅发生在正式的教育场景，一旦离开了学校，学习也就终止了。而 PBL 的倡导者却相信，如 Karl Popper 所说，"生活就是问题解决"。如果说生活就是问题解决，那么，生活中就充满了学习机会。关于 PBL 最一致的研究结论是它在培养终身学习能力方面的优势，这一点我们稍后将会加以解释。

除了强调终身学习的重要性之外，PBL 假设问题在学习中占据首要位置，即学习始于真实、结构不良的问题。在 PBL 课堂中，学生在学习之前会遭遇一个问题，这与持续了几个世纪的常规教育实践不同，常规教育实践希望学生先掌握内容再应用知识解决问题。PBL 的学习是嵌于问题之中的。

PBL 建立在建构主义学习假设的基础之上，如：

- 知识是个体在与环境互动的过程中以个体和社会协同建构的方式生成的，知识不能被传递。

- 对每一现象都必然存在多种观点。
- 意义和思想分布于我们所生存的文化和共同体以及我们所使用的工具中。
- 知识固着于相关境脉,而且通过境脉可检索知识。

同时,PBL 也基于情景学习理论。情景学习理论认为,当学习被嵌于日常境脉中的真实任务时,学习是最有效的。在日常生活和专业领域,人们要不断地解决结构不良的问题,这些问题常有多个或未知的目标、多种解决的方法和判断问题是否得到解决的多个标准。因为意义源于学习者与工作或学习境脉的交互(那些从不同境脉中抽象出来、用理论表述的观念,对学习者几乎无意义),嵌于具体境脉中的知识更富有意义、更具有整合性、更容易被保持,也更容易被迁移。其中一个原因就是学生运用本体表征他们的理解(Jonassen, 2006)。在解决问题的过程中建构的知识会产生有关认识论(任务相关的程序性知识)和现象学(我们在有意识地体验这个世界)的知识,这种知识更丰富、更有意义也更易于记忆。

将学习抛锚在真实的问题之中,除了支持更多的意义获得以外,问题也为学习者提供了学习目标。没有学习的意图(如问题所提供的),有意义学习很难发生。当学习课程内容时,不能明确和清晰表达自己的学习目标或意图的学生很难有意义地学习。通过衡量知识与权威观点的相似性进行评价,会阻碍学生的认知发展,他们很难理解或提出多种观点,也不愿意建构与自身文化相关的理解。

PBL 的特点

PBL 是一种教学方法论,即,它是一种学习解决问题的教学方法。PBL 的主要目标就是通过让学习者解决问题来促进他们的学习。PBL 作为方法论有如下特点:

- 它是聚焦于问题的,如学习者通过面向仿真的、结构不良的问题启动学习。学习的内容和技能围绕着问题来组织,而不是以等级的形式排列,知识与问题之间存在着互相转化的关系。知识建构受到问题解决的激发,而知识反过来又被用于解决问题。
- 它是以学生为中心的,因为教师不能通过教授的方式使学习发生。
- 它是自我导向的,也就是说,学生对自己的学习负责,他们以独立或协作的方式生成学习问题、开展自我评价和同伴评价、寻找学习资料,而很少有指令性的任务。
- 它是自我反思的,也就是说,学习者监控自己的理解,并学习如何调整学习策略。

489
- 教师是促进者(而不是知识传播者),为学习者支持和建模推理过程,促进群体动力和协作,深入探测学生的知识结构,而不会突然插入内容或直接提供问题的答案。

PBL 的学习过程包括以下几个步骤:

- 学生被分成 5 至 8 人的小组,面对一个问题,尝试推理、解决该问题。他们首先要试着界定该问题并设定学习目标,识别自己已有的知识,提出他们能想到的假设,确定为更好地理解问题而需要学习的内容以及所需的学习活动和执行活动的人员。
- 通过自我导向的学习,个体学习者完成自己的学习任务。他们搜集学习资源并准备报告,供小组内交流。

- 学生与小组成员分享他们的学习成果，并重新审视问题、提出其他可能的假设、根据自己的学习所得对他人的见解提出异议。
- 在学习（通常为一周）的最后一个阶段，学生总结和整合他们的学习。

在下面的部分，我们将根据 PBL 的研究结果讨论 PBL 的有效性和实施中的问题。

研究结论

在过去的几十年中，针对 PBL 不同方面，人们开展了大量研究，这些都有助于我们对 PBL 的理解。虽然 PBL 在 K－12 和高等教育中被广泛应用，但是对 PBL 的研究工作仍然主要局限于医学教育领域。在那些研究中，某些问题，如 PBL 提高学生表现的有效性，受到了更多的关注。在下面的部分，我们将回顾对 PBL 两个方面的研究：学生学习结果和实施问题。

学习结果

领域基本知识的获得与应用

PBL 通常被认为更多地强调高级思维技能和问题解决技能的学习，却忽略了低级知识的获得，因而常常受到批判。这种论调不仅来自于教师（Angeli, 2002），也来自于学生（Dods, 1997; Lieux, 2001; Schultz-Ross 和 Kline, 1999）。虽然，与传统学生相比，应用 PBL 的学生对内容理解得更加透彻（Dods, 1997），绩效也相当（Lieux, 2001），但是在某些情况下他们仍然认为教学内容不能被完全涵盖。

高等教育和 K－12 教育

相对于医学领域的 PBL 研究，在非医学学科和 K－12 教育中，针对 PBL 的经验性研究很少。Polanco 等人（2004）围绕 PBL 在提升工程类学生学术成就的有效性方面开展了研究。他们发现，与传统课程相比，PBL 课程能够大大提升工程类学生在力学基准测试中的成绩，因为该测试主要关注的是对概念的理解和应用，而不仅仅是对事实性知识的回忆。同时，针对某些对 PBL 的批判，如 PBL 学生在使用标准测试时常常表现出对知识掌握的效果不佳，Gallagher 和 Stepien (1996) 开展了一项调查研究，他们设计了一个多项选择测试，含有 65 个题目，该测试有意识地模仿了美国典型的期末考试。调查结果显示，使用 PBL 的学生和未使用 PBL 的学生在内容获得方面没有显著差异；实际上，PBL 班级的学生的平均成绩还高于其他三个传统班级的学生。

Zumbach 等人（2004）针对德国一所小学四年级的学生开展了 PBL 效果的研究。他们发现，使用 PBL 的学生与传统班级的学生在领域知识获得方面没有显著差异。在对学习“大量食物生产与服务”课程的学生（Lieux, 2001）和学习糖尿病相关课程的糖尿病患儿（Schlundt 等，1999）的研究中也得出了相似的结论。然而研究也发现，在高中经济学课程中使用 PBL 的班级与讲授式班级和讨论式班级相比，经济学知识的测试得分都显著降低（Mergendoller 等，2000）。

医学领域

另一方面,来自医学教育的研究为评价 PBL 的有效性提供了大量实证数据。Blake 等人(2000)的报告显示,密苏里哥伦比亚大学非常成功地实施了 PBL 课程。他们比较了从 1995 级到 2000 级六个班级的医学学生在美国医学资格考试中的成绩(USMLE,之前叫做 NBME),结果发现,学习 PBL 课程的学生在基础医学和临床医学方面都明显好于学习传统课程的学生。更令人兴奋的是,PBL 班级(1998 和 1999 级)的平均分都显著高于国家平均分,而传统班级的平均分则低于国家平均分。尤其是,1996 级(传统课程)的分数显著低于国家平均分。同时,作为对另一个关键特征问题的考察,Doucet 等人(1998)对"头痛诊断与管理"课程的学生作了一项研究,他们发现,PBL 学生在应用知识进行临床推理方面明显好于传统学生。同样,PBL 学生在实习(Distlehorst 等,2005)和足部医学(Finch, 1999)中的表现也明显好于传统学生。Schwartz 等人(1997)对肯塔基州立大学医学学生进行比较研究,他们发现 PBL 学生在事实性知识测验中的表现与传统学生一样好或甚至更好,而且在短文测试和标准化病人测试中的知识应用方面显著好于传授型课堂的学生。Shelton 和 Smith (1998)也在报告中提到,在大学一年级和二年级的分析科学理论课中,PBL 的生物医学学生都比传统课堂的学习通过率高。

490 为了总结现有的 PBL 经验性研究,不少人陆续开展了元分析研究。Albanese 和 Mitchell (1993)分析了从 1972 到 1992 年的研究,Vernon 和 Blake (1993)也分析了从 1970 到 1992 年的研究。两个元分析都表明,PBL 的研究结果通常都被混淆了。这两个元分析都认为,传统课程的学生在基本科学知识的获得方面更好一些,而 PBL 学生在临床知识获得和推理方面要更强一些。十年之后,Dochy 等人(2003)针对 43 项 PBL 研究作了另一个元分析,Albanese 和 Mitchell (1993),以及 Vernon 和 Blake (1993)关于 PBL 学生知识获得的研究结论却并没有得到该元分析的充分证实。然而,在比较 PBL 学生和传统课程学生在阶段性测试中的表现时,Verhoeven 等人(1998)的研究结论只是在某种程度上赞同 Albanese、Mitchell、Vernon 和 Blake 的观点。他们发现,传统学生在基础科学中的得分更高,而 PBL 学生则在社会科学中的表现更佳。然而,令人惊讶的是,PBL 学生在临床科学中却并不比传统学生做得更好。另外两份由 Berkson (1993)和 Colliver (2000)所做的 PBL 文献综述也不赞同 Albanese、Mitchell、Vernon 和 Blake 元分析的观点,他们发现并没有确凿的证据能证明 PBL 在基本知识和临床知识获得方面具有优越性。然而,他们却可以断定 PBL 的效果堪比传统的方法,也就是说,PBL 并不会影响学生对领域知识的获得。

尽管大多数人赞同 PBL 课程可以更好地帮助学生应用知识以及提高临床推理能力,但是在基础或事实性知识获得方面,PBL 却逊于传统课程。McParland 等人(2004)指出,应用 PBL 的大学精神病学学生在多项选择题测试中明显优于其他学生。另外几项研究(Alleyne 等人, 2002; Antepohl 和 Herzig, 1999; Blue 等, 1998; Distlehorst 等, 2005; Prince 等, 2003; Tomczak, 1991; Verhoeven 等, 1998)也表明,参与 PBL 课程和传统课程的学生在基本科学知识获得(或者 USMLE 第一步)和知识应用、临床推理(或者 USMLE 第二步)方面的学习效果相当。

对内容的记忆

关于学生对内容的记忆,PBL 的研究揭示了一个有趣的趋势。在短期记忆方面,PBL 学生和传统学生之间几乎没有差别(Gallagher 和 Stepien, 1996),或者可以说 PBL 学生的表现略差(Dochy 等人,2003);然而,PBL 学生在长期记忆方面却始终优于传统学生(Dochy 等,2003; Mårtenson 等,1985; Tans 等,1986, 引自 Norman 和 Schmidt, 1992)。Norman 和 Schmidt (1992)对 PBL 效果的若干年研究进行了回顾,他们在几项研究中发现了一些有趣的结论。Tans 和他的同伴在课程结束六个月后对 PBL 学生和传统学生的概念学习效果进行了检测,他们发现 PBL 学生的记忆效果明显更好,几乎是传统学生的五倍。Mårtenson 等人(1985)的研究显示,PBL 学生和传统学生在内容的短期记忆方面没有差异;然而,在课程结束半年后,PBL 学生的长期记忆率(25∶40)却比传统学生(16∶40)高出 60%。同时,PBL 学生对原理记忆得更多,而传统学生则对适合于死记硬背的知识记得更多。同样,Eisensteadt 等人(1990)发现,PBL 学生在即时回忆测试中的表现比传统学生差一些。但是,在两年后他们的保持效果却更好,而传统学生的保持效果则大大减退。Dochy 等人(2003)对 PBL 研究的回顾也回应了 491
Norman 和 Schmidt 的结论。因此,Norman 和 Schmidt (1992)总结说,PBL 也许不能促进学生知识的初始获得,然而,PBL 课堂中对信息的深度处理却能够使知识保持得更持久。

问题解决技能

PBL 声称,提升问题解决技能是其主要优势之一。关于 PBL 的大量研究支持了这一假设。Gallagher 等人(1992)对有天赋的高中生的一门跨学科 PBL 课程"科学、社会与未来"做了一项实验,他们选取了一组中学生作为比较组,进行了对比研究。他们发现,从前测到后测过程中,PBL 学生对"问题发现"这一步骤的应用显著增加了,这是一种重要的问题解决方法。比较而言,在后测中,比较组则倾向于跳过"问题发现"这一步骤,直接从"发现事实"跳到了"实施"这一步。这一研究结果显示,PBL 能够有效地促进学生问题解决过程和能力的发展。

而且,PBL 已被证实有利于提升学生基础科学知识应用能力和解决真实世界专业或个人情境问题的能力。Lohman 和 Finkelstein (1999)发现,一年级牙科教育的学生在经过十个月的 PBL 项目学习后,能够有效地提高问题解决的近迁移能力,平均提升 31.3%,而问题解决远迁移能力则可平均提高 23.1%。基于这些数据,他们建议,反复参与 PBL 学习活动是促进学生问题解决能力的关键。几项研究表明,PBL 能够非常有效地促进学生将问题解决能力迁移至工作场合。例如,Woods (1996)的报告显示,雇佣者对麦克马斯特大学 PBL 化学工程毕业生杰出的问题解决技能和工作表现赞誉有加。其他新入职的员工通常需要接受一至一年半的工作培训才能独立地解决问题,相比之下,"(PBL 毕业生)毕业即能够独立思考并解决问题"(Woods, 1996,97 页)。Kuhn (1998)的研究也阐述了急诊室中一年级 PBL 学生在专业知识方面的快速发展。除了能够将知识和技能应用并迁移到工作环境中,PBL 学生对基础知识和临床经验进行综合的能力也更强(Patel 等,1991),这也许能够解释为何 PBL 学生在 NBME/USMLE 第二部分测试中比传统学生表现得更好,虽然 NBME/USMLE 第一部分测试显示 PBL 学生比传统学生掌握的基础科学知识要少得多。工作中的临床推理和问题解决需要的不仅仅是回忆事实性知识。Norman 和 Schmidt (1992)指出,目前没有证据能够证明 PBL

对于和内容无关的一般问题解决技能具有促进作用，这再次支持了 PBL 中所采用的仿真的、境脉化学习的有效性。

高阶思维

高阶思维是一种重要的认知技能，它是发展复杂问题解决技能和处理复杂结构不良问题所必需的。为了成为有效的问题解决者，学生需要具备分析技能、批判性思维和元认知技能。清晰地理解问题空间需要分析技能(Newell 和 Simon, 1972)，筛选信息需要批判性思维技能，反思自身的问题解决过程需要元认知技能。Shepherd (1998)的报告显示，四年级和五年级的学生在参加 9 个星期的 PBL 课程之后，其批判性思维技能与比较组相比显著提高，该研究中批判性思维通过康奈尔批判性思维测试(CCTT)进行了测量(探测法)。Schlundt 等人(1999)也观察到，青年糖尿病患者在参加了 2 个星期 PBL 暑期项目后，其自我效能、问题解决技能、选择饮食控制策略的灵活性有所提高。他们总结道，PBL 课程不仅教授事实性知识，而且帮助病患理性思考如何自我照顾以及如何多途径地寻找应对不良生活习惯的策略和方法。而且，在对医学教育的 PBL 学生和传统学生的问题解决表现进行纵向研究时，Hmelo (1998)观察到，随着时间的推移，学生的问题解决技能和步骤在质量上有所变化。这种变化毫无疑问是受课程的类型影响的。她提到，与传统学生相比，参与 PBL 课程的学生生成的假设更准确，能
492 够为假设提供更贴切的解释，进行假设驱动的推理，也能更好地用科学概念解释假设和发现。

自我导向学习/终身学习

PBL 最终的目标是使学生成为自我导向的、独立的终身学习者。通过积极地执行问题解决的过程，并观察教师对问题解决的建模进行推理和元认知，PBL 学生学习了如何独立地思考和学习。虽然 Norman 和 Schmidt (1992)的数据不能支持 PBL 在促进知识或一般问题解决技能方面的优越性，但他们总结说，PBL 可以提升自我导向学习。Woods (1996)曾提出，化学工程的学生能够更好地开展自我导向的学习，其观点支持了 Norman 和 Schmidt 的这一结论。Ryan (1993)也在报告中提到，在一门关于健康科学的课程中，PBL 学生对其作为自我导向学习者所需具备的能力的感知在学期末得到大大提升。而且 Blumberg 和 Michael (1992)用学生的自我报告和图书馆借阅记录作为测量学生自我导向学习行为的方法，对 PBL 课堂(部分由教师导向)和讲授式课堂的学生进行了对比研究。他们都认为 PBL 能促进学生自我导向学习的行为。在一些研究中也得出了相似的结论，如 Coulson 和 Osborne (1984)，Dwyer (1993)，Dolmans 和 Schmidt (1994)，以及 van den Hurk 等人(1999)的研究。

其他研究证实了，PBL 在帮助学生发展自我导向/终身学习技能和做好专业准备方面的长效性更明显。两项研究表明，相对于传统学生而言，PBL 毕业生认为他们为专业(工作)做了更好的准备，他们认为自己具有更好的人际交往技能、合作技能、问题解决技能、自我导向技能、信息搜集、专业技能(如组织会议)和有效规划及独立完成任务的能力(Schmidt 和 van der Molen, 2001; Schmidt 等，2006)。而且在前面提到的 Woods 的研究中，PBL 雇佣者对 PBL 毕业生给予了很高的赞誉，他们认为这些学生具有较好的自我导向能力、能够独立解决与工作相关的问题、促进自身的专业发展。这些研究能够很好地证明，PBL 在促进学生自我导向和终身学习技能与态度方面具有积极的长效作用。

反思是 PBL 自我导向学习的另一个基本要素(Barrows 和 Myers, 1993)。Chrispeels 和 Martin (1998)研究中用到的反思探究过程为管理证书项目的学生提供了元认知框架。在练习高阶思维技能以及诊断他们在工作场景所面临的管理问题涉及的个人和组织因素的过程中,反思有助于学生成为有效的问题解决者。

自我感知与自信心

学生已经切实感受到了 PBL 的积极效果。大量研究表明,学生认为 PBL 能够有效地提升他们处理复杂问题的能力(Martin 等人,1998),使他们在判断多个解决方案时更有自信,并且能够促进社会学科内容的学习(Shepherd, 1998),丰富他们对基础科学信息的学习(Caplow 等人,1997),发展思维和问题解决能力(Lieux, 2001),提高人际和专业技能(Schmidt 和 van der Molen, 2001; Schmidt 等人,2006),促进自我导向的学习、高级思维,提升信息管理技能(Kaufman 和 Mann, 1996)。

总而言之,PBL 的全部研究结果都清晰地阐明了 PBL 在培养学生应对真实世界挑战方面的优势。PBL 课程强调领域知识应用、问题解决、高阶思维和自我导向学习技能,能够帮助学生养成专业和终身学习的思维习惯,这对获得专业成功是不可或缺的。虽然 PBL 学生在基础领域知识获得方面的表现比传统学生略差,但是其测试的形式和延时效果(PBL 学生比传统学生保持信息的时间更长,效果也更好)却可以论证这一结论。这一推断为下一步的研究问题提供了建议,也需要更多的实证证据以支持对 PBL 上述方面的更深入的理解。

PBL 的实施

许多研究者认为,PBL 是至今为止最具创新性的教学方法。如前所述,这些信念嵌于 PBL 的非典型教学过程之中,包括由问题引发的学习、自我导向的学习和小组协作学习。与传统教学方法截然不同,这些学习的形式必然会对 PBL 课程中教师与学生/学生与学生之间的动态互动、教师与学生的角色和责任产生巨大的影响。 493

学生角色、教师角色和指导问题

当从传统教学方法转向 PBL 时,无论是学生还是教师都会面临巨大的挑战。这些挑战来自于学生和教师对自我导向学习的解释。Miflin 及其同事(Miflin, 2004; Minflin 等,1999, 2000)的研究表明,PBL 中的自我导向学习涉及预组织教学、由学生发起和选择但由教师引领的学习以及完全自我教学的学习。自我导向学习所涉及的宽泛范围使学生产生了困惑或不安的情绪,因为他们难以明确地界定他们在 PBL 课程中的角色。当教师思考自己在学生学习过程中的角色时,他们也出现了相似的不确定性情绪。在下一部分,我们将讨论学生和教师对 PBL 中自身角色的感知,以及影响学生学习的教学因素。

从传统方法转向 PBL 时学生的转变

PBL 中,学生成为自身学习的发起者、学习过程中的探究者和问题解决者,他们不再是消极的信息接收者。学生不仅需要界定自己在学习过程中的角色,而且必须重新调整他们的学习习惯。Woods (1994,1996)推测,学生的不确定性情绪可能是因为当面临一种新的教学方法时,他们会感到不安,对变化有些抵制,从而使得从传统课程转向 PBL 课程的最初阶段变得更加困难。Schmidt 等人(1992)的报告显示,学生至少需要6个月的时间才能适应这种新的教学方法。PBL 中涉及的内容是否充分也是使学生焦虑的原因之一(Lieux, 2001; Schultz-Ross 和 Kline, 1999)。Jost 等人(1997)检测了学生在 PBL 教学初期的不安程度,他们分析了学生的日志、自我评价,并作了一项调查。他们发现,学生的不安主要因为他们不确定课程中的自身角色和责任,以及他们如何被评价。学生难以认同自己在学习过程中需要扮演更加积极的角色以及承担更多的责任,也是由于学生对传统方法中"被学习"角色的界定(Dean, 1999; Jost 等人,1997,90 页)。在 Fiddler 和 Knoll (1995)、Dabbagh 等人(2000)和 Lieux (2001)的报告中也有相似的观察结论。而且正如 Miflin 及其同事(1999,2000)推测的,对成人学习者能够较好地开展自我导向学习这一假设有所质疑,这可能造成学生转向 PBL 时出现困难。

虽然在 PBL 实施初期学生普遍感到不安和焦虑,但是 Schultz-Ross 和 Kline (1999)发现,学生的不安和不满程度在 PBL 法医精神病学课程结束时大大降低。他们的报告显示,一些学生在 PBL 课程转型的初期存在不安情绪。然而,一旦学生适应了 PBL 环境并意识到 PBL 的优点,他们对证词、可靠性和胜任力等学习问题的舒适度,以及对学科内容(法医精神病学)的感知水平都会大幅度提高。Dabbagh 等人(2000)证实了 Schultz-Ross 和 Kline 的结论。

PBL 中教师的角色

Barrows (1992)指出,教师在 PBL 中的两个主要责任是:促进学习者思维或推理技能的发展,这些技能能够促进问题解决、元认知、批判性思维;以及帮助学生成为独立的、自我导向的学习者。如 Maudsley (1999)所述,教师的有效性是 PBL 成功的关键。Maudsley 认为,PBL 让教育者有机会重新界定学习的本质,以及重新定位他们的角色,从知识/信息的传递者变为学习/思维过程的促进者。这种转变需要 PBL 教师从根本上重新思考他们的教育角色。研究表明,经历了这种重新概念化的过程,类似于学生的概念转变,这种转变在教师中也发生了。

Donaldson 和 Caplow (1996)基于他们的数据,描述了 PBL 指导教师定位的不确定性,如同陷入了"进退两难"的境地。他们对 PBL 指导教师角色的预期研究揭示了 PBL 指导教师感知的两个主要难题:(1)促进者的概念认同;(2)指导教师尝试重新界定他们在 PBL 中的角色与他们作为医学教师的先前角色之间的张力。PBL 教师的适应过程以及面对自身新角色时的一些不安情绪是必然会出现的,也是可预期的。Margetson (1998)认为,这种教学策略的范式转变可能会威胁那些需要持续控制学习环境、更喜欢被动的学生的教师。此外,一些教师将
494 知识看作信息,认为知识应该从有学识的教师传递给无知的学生,这些教师也会感受到 PBL 的威胁。因此,Maudsley (1999)警告 PBL 教师必须在介入学生学习过程方面找到一个平衡点,并抑制讲课的诱惑。Aguiar (2000)做了一项定性的案例研究,考察教师对 PBL 教育者这个角色的感知和体验。五个主要的方面可描述教师如何感知他们在 PBL 中的角色:(1)促进小组活动;(2)角色建模;(3)提供反馈;(4)传授信息;(5)支持学生的专业发展。此外,Wilkerson 和 Hundert (1998)描述了 PBL 教师面临的挑战,如要体验多重角色,把"信息传递者"、"评价者"、"家长"、"专业顾问"、"知心朋友"、"学习者"、"中介者"诸多角色赋予 PBL 指导教师。

认知一致性与积极的参与

Schmidt 和 Moust (1995)引入了"认知一致性"的概念,他们认为这是有效的 PBL 指导教

师必须具备的特征。认知一致性是一种交流技能，即“用学生的语言表达自己想法的能力，使用学生惯用的概念，用学生易于理解的方式解释事物”(Schmidt 和 Moust, 1995,709 页)。具备有效的交流技能是教师开展有效教学的前提，而且教师交互的真实性表现在他们用设身处地的态度与学生进行非正式的交流中。此外，高效的教师必须愿意积极地与学生打成一片。Martin 等人(1998)的研究表明，超过 75%的学生认为 PBL 课程中的教师是不投入的，并且认为如果教师能够更积极地支持学生，那么他们的学习体验将会更加深刻。学生感觉教师只是消极的投入，可能是由于教师把自我导向的学习错误地解释成了自我教学的学习。

建模元认知技能和自我导向学习

Mayo 等人(1993)在一个 PBL 外科实习中考察了学生对指导教师有效性的感知，他们的数据显示了指导教师“元认知导引”的重要性。作为元认知的导引者，PBL 指导教师通过积极地为学生提供建模，可以促进学生临床推理技能的发展。教师不是提供答案，而是为学生建模在临床场景中专家医生会提出什么问题，并引导学生像专家那样提出问题。Wilkerson (1995) 也检测了学生对有效的指导教师的感知，他得出了相似的结论。Donaldson 和 Caplow (1996) 做了一项相似的研究，其结论回应了前述的观点，即有效的指导教师需要具备三种知识和技能：(1)关于如何促进学习的专长；(2)关于知识或认知的专长；(3)关于临床推理的专长。当教师鼓励学生批判地评价搜集到的信息、质疑和探索学生的临床推理过程、让学生控制学习过程(此项最为重要)时，学生认为指导教师是有效的、有助于他们学习的。质疑学生临床推理过程可以起到两个作用：检验学生推理的科学性，建模专家医生的推理过程。让学生在学习过程中自我管理是学生在自己的学习中发展自我导向意识与能力的关键。

小组工作

协作学习是 PBL 的另一个要素。Martin 等人(1998)的一项研究发现，PBL 中的协作团队工作有助于提高学生的元认知技能。在教学中运用协作学习在理论上听起来很好，但是实际应用时却不像听起来那样。Achilles 和 Hoover (1996)指出，在 6—12 年级实施 PBL 时，一个主要的问题就是学生难于开展团队工作。不仅仅是 K－12 的学生，医学学生也同样需要得到团队工作的有效引导。当 Mayo 等人(1993)考察教师促进小组工作的有效性时，他们发现教师的技能差别很大。当 44 名学生用 12 个描述教师有效性的特征来评价 16 位教师时，结果揭示了四种重要的促进技能：(1)帮助学生学会怎样开展小组工作；(2)鼓励小组内的反馈；(3)引导小组选择合适的学习主题；(4)帮助小组整合学习主题。

同样，De Grave 等人(1999)使用教师干预特征量表(TIP)评价 PBL 教师的有效性，他们发现学生认为教师能有效促进教师团队中的学习过程是很重要。因此，研究者提出，具备创设良好协作关系和宽松工作环境的知识与技能十分重要。而且研究发现，团队的规模也是影响学生学习过程和结果的潜在因素。在研究团队规模对学生自我导向性的影响时，Lohman 和 Finkelstein (2000)发现，中等规模的团队(六个学生)比大规模团队(九个学生)的表现要好得多。当 PBL 在大班实施时，团队工作就变得特别困难。Shipman 和 Duch (2001)建议，更具结构性的团队工作可以促进大班的 PBL 课程。Elshafei (1998)得出了一个有趣的结论，当评价学生解决几何问题所使用的高阶思维时，如果以个体为单位对他们进行评价，则 PBL 不能对学生的行为产生积极的影响;但是,如果以团队为单位进行评价,则 PBL 的效果会好一些。不论 PBL 学生的学习结果是协作的还是个体的,这一结论看起来都值得深思和进一步研究。

专家知识

专家知识在促进小组工作中的重要性还没有得到确切的论证。当用 TIP 评价 PBL 指导
495 教师的有效性时,De Grave 等人(1999)建议,有效教学在很大程度上依赖于专家知识的使用。Schmidt 和 Moust (1995)也认为,具备与学习主题相关的知识基础是必要的;其他学者(Davis 等,1992; Silver 和 Wilkerson, 1991)则提出,专家喜欢讲授和解释,阻碍了学生自我导向学习的发展。许多研究都是围绕着这种争论,即学生对内容专家和非内容专家指导过程的感知,与导师的表现没有显著差异(Gilkison, 2003; Kaufman 和 Holmes, 1998; Regehr 等,1995)。学生一般认为专家教师比非专家教师更有效,在一些研究中(如 Eagle 等,1992 的研究中),专家教师指导的学生比非专家教师指导的学生稍好。用学生的感知和即时学习结果测量教学的有效性可能会遮蔽了真正发生的事情,如 Kaufman 和 Holmes (1998)观察到,专家教师为了适应"学生学习促进者"这一角色需要花费的时间更长、也更艰难,他们更习惯于为案例内容提供更多的解释。同样,Gilkison (2003)指出,专家教师会比非专家教师(52%比12.5%)提出更多供讨论的话题,而且比非专家教师能够更多地促进团队学习(55.9%比38.5%),却较少地进行导向性学习(5.9%比 11.4%)。这些观察结果似乎可以说明专家教师会有更好的表现。进一步检测专家、非专家指导和开发学生自我导向学习技能二者之间的交互,将为这个问题的研究提供更好的见解。同时,PBL 课程开发者或设计者在思考雇用专家教师时也将会考虑这些观察结果。

评估的问题

最初应用在 PBL 中的评估主要是美国传统标准考试,主要评估学生的事实性知识(NBME 第一阶段)和临床推理(NBME 第二阶段)。Nendaz 和 Tekian (1999)批评传统评价与 PBL 的原则是矛盾的,因此,PBL 学生的表现在传统评价中处于劣势。Blake 等人(2000)指出,幸运的是,USMLE 在近些年发生了转变,如评价的重点从测试事实性知识转变成评价知识的应用。这种变化不仅对那些学习 PBL 课程的学生有利,而且也标志着更加关注学生基础知识的应用和迁移,而不是仅关注事实性知识的获得。许多不同的方法被开发出来,用于评价学生的问题解决技能、推理技能和个人进步。例如根据 Swanson 等人(1998)的分类,结果导向的工具有进展测试(Van der Vleuten 等人,1996)、短文测试、口头和结构化口头测试、患者管理问题、临床推理练习(Wood 等,2000)、问题分析(Des Marchais 等,1993)、标准化患者本位测试;过程导向的工具有基于三级跳的练习(Smith, 1993)、医学独立学习练习(MILE)(Feletti 等,1984)、四步评价测试(4SAT)(Zimitat 和 Miflin, 2003)、形成性评价(Neufeld 等,1989)和教师评价、同伴评价及自我评价。

正如 Savin-Baden (2004)所主张的,评价也许是 PBL 中最具争议性的问题,因为它是评价 PBL 有效性的最重要的指标。上述关于 PBL 学生学习结果所得出的不同研究结论,很可能是因为使用了无法比较的评价。在对 PBL 研究的元分析中,Gijbels 等人(2005)发现,PBL 的有效性在很大程度上依赖于所使用的评价工具的关注点。当工具关注对联结概念的原理进行

评价时,PBL 最为有效。这可以解释 PBL 研究中的一种结论,即传统学生在基础知识获得方面表现更好,而 PBL 学生则在知识应用和临床推理方面表现更好。回顾 1966 到 1998 年间在实施 PBL 的医学学校所作的评价研究,Nendaz 和 Tekian (1999)指出,测量 PBL 学生表现的评价方法缺乏一致性。 496

PBL 中的课程设计

PBL 一个很明显的特征是,学习是从一个问题启动的,而不是从内容的教授开始的。那么,PBL 是怎样教学的呢? 关于这个问题,Barrows (1996,8 页)认为,"PBL 课程的关键……是所有既定课程的问题集,对每一个问题进行设计,以激发学生对课程相关领域的学习兴趣"。设计问题集需要满足 PBL 的四个教育目标:(1)知识结构化,以用于临床境脉;(2)体验有效的临床推理过程;(3)发展有效的自我导向学习技能;(4)增加学习的动机(Barrows, 1986,481 - 482 页)。基于这些教育目标,Barrows 设计了一个分类方法,用两个变量和三个等级将 PBL 课程分成六类。两个变量是指自我导向性和问题结构性的程度。他进一步界定了自我导向性这一变量的三个等级,即教师导向、学生导向及学生和教师部分导向。问题结构变量的三个等级,即完整的案例、部分的问题模拟及全部的问题模拟(自由探究)。结合这两个变量和三个等级就可以完成对 PBL 课程的分类,包括讲解案例的课程、围绕着案例讲解的课程、基于案例的课程、做过部分改进的基于案例的课程、基于问题的课程以及闭环基于问题的课程。一门既定的 PBL 课程应属于哪一类别,需要考虑必须达到的教育目标层级以及学习者的特点才能确定。

在 PBL 课程设计的近期发展中,学生逐步参与课程设计过程,以便从学生视角为 PBL 课程设计提供独到的见解。Chung 和 Chow (2004)在报告中指出,当课程设计过程有了学生的参与和表现时,课程设计中的评价方法就得到了改进,可以更好地评价学生的能力并提升学习。在医学学校,PBL 课程通常是由一组教师和教学设计者来设计的,然而在 PBL 的 K - 12 教育和高等教育中,正如 Maxwell 等人(2001)所指出的,经常只是一位教师或在一个课程中采用 PBL 课程,而不会作为一个部门的课程来开设。因此,对个体教师来说,在没有资源和支持的情况下为他的班级独立设计 PBL 问题,是很有挑战性的(Angeli, 2002)。这也就能够解释为何 K - 12 和高等教育中应用 PBL 的数量比医学相关领域少了很多。

问题设计

既然一门 PBL 课程中包含一组问题,那么,毫无疑问的是,问题本身对 PBL 的成功实施至关重要(Duch, 2001; Trafton 和 Midgett, 2001)。Perrenet 等人(2000)指出,可以通过提高 PBL 问题的质量来提升学生的学习,因为实际上这些问题可以影响学生对先前知识的激活、团队工作和自我导向的学习(Gijselaers 和 Schmidt, 1990),以及有价值的学习问题的生成(Dolmans 等,1993)。选择和设计适当的、有效的 PBL 问题是非常有挑战性和困难的工作(Angeli, 2002);然而,问题的有效性和如何设计 PBL 问题却没有得到充分的研究。

问题的有效性

问题的有效性决定了 PBL 课程的有效性。PBL 问题的质量不仅影响了学生学习的各个方面,而且也影响了他们的学业成就。如 Dolmans 等人 (1993)所指出的,无效的问题可能引起学生在学习问题生成过程中的困难,也就是说,无效问题可能会引起内容知识的获得不充分。为了阐明应用于医学教育的 PBL 问题的有效性,研究者开展了四项研究,并且得出了相
497 似的结论。在 Dolmans 等人(1993)的研究中,学生生成的学习问题与教学目标之间的一致性程度被用作衡量问题有效性的指标。对教师指定的问题、学生确定学习问题的准确度进行评估时,Coulson 和 Osborne (1984)发现,学生平均可以确定出 24 个学习问题,比 39.3 个目标要少一些(大约占 62%)。Dolmans 等人(1993)分析了教师设定的目标与学生生成的学习问题之间的相关性,学生是基于他们对 PBL 问题的理解来生成学习问题的。他们发现,在学生生成的学习问题中只涵盖了 64%的目标内容。在对 12 个问题的考察中,教师设定的目标与学生生成的学习问题的相关性程度从 27.7%到 100%不等。同样,O'Neill (2000)在报告中指出,教师目标与学生生成的学习问题之间的相关率为 62%。在 van Gessel 等人(2003)的研究中,教师目标与学生生成的学习问题之间的匹配度可以达到 62%。在这四项研究中,学生除了生成一些与教师目标相匹配的学习问题,也生成了一些不相关的学习问题。这些研究结果表明,PBL 不能充分涵盖学习的内容,这种情况是存在的;因此,如果问题的质量或者预期目标的达成不能保证,PBL 的效果就不可预知,也是值得怀疑的。

问题设计模型与原理

许多研究者针对 PBL 问题设计进行了讨论,并提出了相关的建议和指南。例如,Duch (2001)提出了一个设计 PBL 问题的模型,包含五个步骤(选择一个核心概念,围绕该概念思考一个真实世界的境脉,设计问题以引导学生的研究,撰写教师指南,为学生鉴别资源)。Lee (1999)提出了一个问题选择的模型,其中需要考虑学习目标、已有知识、领域知识、问题结构性和复杂性以及时间的限制。为了促进高阶思维,Weiss (2003)提出了设计 PBL 问题的原理,包括要考虑学生的已有知识、使用结构不良和仿真的问题,促进协作、终身学习和自我导向的学习。Stinson 和 Milter (1996)也提出了 PBL 问题设计的指南,问题应该是整合性的、结构不良的并且应该反映专业实践。Drummond-Young 和 Mohide (2001)提出了一个步进式 PBL 问题开发周期,包括八个步骤,是专门为护理教育专业设计的:(1)检查期望得到的学习结果,(2)决定内容,(3)选择优先的健康话题并开发问题,(4)开发补充性材料,(5)寻求评估性反馈;(6)对问题进行试验;(7)对问题进行修改和完善;(8)将问题整合到课程中去。这些问题设计指南、原理和过程虽然很有指导意义,但是有的过于概括,有的又过于指向具体的专业领域,因此,它们尚不能给教育者或实践者提供一个统一的概念框架和系统的设计过程,使他们能够设计有效的 PBL 问题,以适于多个学科和不同年龄的学生。

与对 PBL 学生学习结果、教师技术、学生感知或小组学习的研究相比,对 PBL 问题设计的研究很少,也不够系统。为了给 PBL 教育者和实践者提供一个系统的概念框架以设计有效的 PBL 问题,Hung (2006a)介绍了 3C3R 模型,它可以作为一种概念框架系统地设计理想的 PBL 问题。3C3R PBL 问题设计模型是一种系统的设计方法,其目的就是为了指导教学设计者和教育者为多学科和各种水平的学生设计有效的 PBL 问题,它凸显了 PBL 的特点,减少了 PBL 在实施中的问题(如前面的研究所述),如内容深度与广度之间、事实性知识的获得与问题解决技能的获得之间的两难问题(Albanese 和 Mitchell, 1993; Gallagher 和 Stepien, 1996;

Hung 等,2003)。该 3C3R 模型(见图 38.1)由两个部分组成,核心部分和过程部分。核心部分——内容、境脉和连接——主要关注的是内容知识是否适当和充分,知识的境脉以及知识的整合。过程部分——研究、推理和反思——主要关注的是学生内容知识的获得以及问题解决技能和自我导向学习技能的发展。在 3C3R 模型的基础上,Hung (2006b)开发了一个九步问题设计过程,把概念框架变成了一步步的过程:

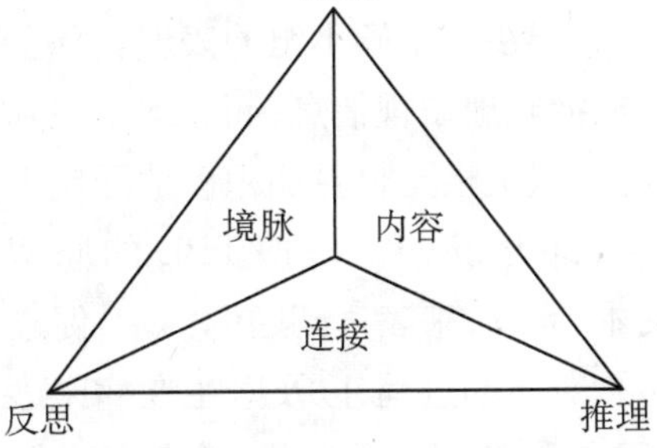

图 38.1 3C3R PBL 的问题设计模型

步骤 1:设定目的和目标。

步骤 2:进行内容/任务分析。

步骤 3:分析特定的境脉。

步骤 4:选择/生成 PBL 问题。 498

步骤 5:进行 PBL 问题支持条件分析。

步骤 6:进行一致性分析。

步骤 7:进行微调处理。

步骤 8:构建反思的部分。

步骤 9:检查 3C3R 中组成部分的内在支持性关系。

PBL 中技术的使用

PBL 中技术的使用主要有两条轨迹:远程学习和多媒体的使用。

远程学习与 PBL

通常情况下,PBL 主要是在小组中进行,在教师的指导下学生之间进行深入的面对面讨论。随着技术的发展和网络的广泛应用,越来越多的在线或分布式基于问题的学习(分布式基于问题的学习,主要指在线环境中的 PBL, Cameron 等,1999)课程被应用于多个学科领域,如社会经济(Björck, 2002)、教育(Orrill, 2002)和科学(Kim 等,2001)。为了支持 PBL 在美国特拉华州立大学的实施,基于网络的技术系统被用于帮助教育者组织课程(教学计划、小组、项目和学生报告),并帮助他们进行网上交流(教师与学生之间的讨论环节),以及提供支持 PBL 课程开发的在线资源,如撰写问题的要素、问题设计的灵感、解决问题需要的信息(Watson, 2002)。

在研究网络技术对学生 PBL 学习的影响时,Reznich 和 Werner (2001)认为因特网总体上具有积极意义,特别是在讨论过程中,教师发挥着重要的作用,保证了小组工作的成功并引导学生使用电子资源。在回顾在线 PBL 的相关文献时,我们发现,能够更好地访问和检索信息是在线 PBL 的主要优势(Helokunnas 和 Herrala, 2001; Reznich 和 Werner, 2001; Watson, 2002);然而,虽然许多在线 PBL 的倡导者声称在线环境可以促进协作学习,但是这一点却是难以实现的,原因在于技术的不成熟和难以使用(Barrows, 2002; Orrill, 2002)。

PBL 中多媒体的使用

随着技术的发展,利用多媒体构建 PBL 环境受到越来越多的关注。应该在仿真境脉中创设 PBL(Albion 和 Gibson, 1998),以帮助学生对特定的信息进行编码,这是学习发生的一个必要条件(Schmidt, 1983),而用多媒体促进 PBL 正是建立在这一假设之上。有研究者(如 Hoffman 和 Ritchie, 1997)指出,对 PBL 问题的书面或口头表达都不能提供充分的境脉或环境信息，以帮助学生获得重要的视觉、听觉或不能用语言表达的线索，而这些线索在一种专业中可能是很重要的(Bridges, 1992)。这些隐藏的境脉信息，如社会习俗或现象、文化/跨文化的问题(Conway 等，2002; Yamada 和 Maskarinec, 2004)或者地区性问题(Hays 和 Gupta, 2003)，在常规的文本或口头表达的问题案例中常常会遗失。Kamin 等人(2001)的研究证实了这一观点，他们指出，问题表征方式对学生在 PBL 课程中的批判性思维能力发展会产生不同的影响。他们分别给两组学生呈现了同一个问题，其中一个是文本形式，另一个是录像形式。他们的研究结果显示，录像小组比文本小组识别出的问题信息要少。录像小组的表现实际上更近似于真实生活的情景；但是，这一组却能比文本小组更加批判地审视信息，而文本小组则倾向于接受问题中给定信息的表面价值。同样，录像小组与对照组相比也更加积极地开展小组活动。Bowdish 等人(2003)在报告中提到了一项试验，即开发一个虚拟 PBL 的原型(VPBL)。VPBL 整合了多种形式，包括数字视频、图片、文本、问题，来表达问题的情境，促进 PBL 的过程。这种 VPBL 环境可以让学习者观察患者—医生对话的过程，以及医生在病床边诊断疾病时的行为和举动(如诊听心脏和肺的声音)，以学习和观察诊断的过程。令他们奇怪的是，文本小组和 VPBL 小组在"教学与学习环境"(TLEQ)问卷中的得分没有明显差异。同样，William 等人(1998)也指出，以七年级学生学习科学概念为对象，他们在基于计算机的 PBL 和文本 PBL 中的得分没有差异。Zumbach 等人(2004)开展了另一项研究，即在 PBL 中使用多媒体促进情境学习。他们的结论也显示，在小学生事实性知识获得和问题解决技能培养方面，
499 多媒体支持的 PBL 和传统班级之间没有明显差异；然而，与传统课堂相比，多媒体课堂中学生的学习动机以及对知识的记忆更高。

未来研究的方向

正如本章之初提到的，PBL 是一种教学方法。PBL 模型需要从仿真问题中建构出一套问题，并且帮助学习小组对学习问题进行协商以解决问题。虽然，PBL 已被证实能够成功地支持深度理解、问题解决技能和终身学习，但是，PBL 研究却应该更加关注问题的种类。PBL 方法论假设，所有的问题都能用同一种方式得到解决，并且能够用同一种方式加以学习。我们认为，这种假设是值得怀疑的。

问题类型与 PBL

也许 PBL 的研究中最重要的就是识别问题的种类，这对 PBL 有着重要影响。PBL 产生于医学学校，在医学学校中，学生学习"诊断—解决"的问题，这些问题在某种程度上都是结构不良的。诊断的目的是寻找生理异常的源头；然而，诊断的途径却有很多。在治疗和管理阶段，问题通常会变得更加结构不良，原因在于治疗有多个方案，再加上患者的信念、期待、公司保险情况不尽相同等等。

PBL 也被应用到高等学校的法律专业，学生在证据推理的基础上学习建构自己的观点，这是一种复杂的规则应用问题。PBL 在大学商业项目中正被逐渐地推广，学生主要解决的是

案例分析问题，这些问题完全是结构不良的。当 PBL 被用到其他教学项目，如工程项目时，必须对所要解决的问题的种类进行研究，并探讨哪种 PBL 方法对这类问题是有效的。在结构良好到结构不良问题的连续统一体(Jonassen, 2000)中，用 PBL 可以支持哪些类型的问题？例如，虽然物理字符问题不是真实的现实问题，但是 PBL 能够被用于这些问题吗？工程师最常解决的问题类型是设计，这可能是人类能够解决的最复杂、最结构不良的问题，存在无数潜在的解决方案。学习者能够自我导向地解决这类问题吗？还是需要某种视频课程来呈现其复杂性？问题需要具备多大程度的复杂性和结构性才能用 PBL 进行有效的学习？Jacobs 等人(2003)基于 Jonassen 的问题复杂性和结构的连续统一体设计了一个问卷，并对医学学生进行了调查，他们发现，相对于问题复杂性而言，学生更看重问题的结构性，他们更喜欢问题具有一定程度的结构性，这样可以更容易地识别出解决的方案。除了考虑学科知识的性质以外，将学生的感知考虑进来，那么，PBL 问题的结构不良程度能够且应该达到什么程度呢？这需要跨领域地比较 PBL 的成功之处与不足之处。

假设 PBL 对一定领域的问题是有效的，那么一个相关的问题就是，已建立起的 PBL 方法是否能够对所有类型的问题同样有效，或者这种方法是否应该被用于不同类型的问题？Jonassen (2004)分别针对故事问题、故障解决问题和案例分析问题提出了不同的学习环境设计模型。适用于其他类型问题的模型(如设计、决策)正在开发中，但是我们不知道每一类问题的模型会有多独特。许多教学支持，如案例库、问题本体、模拟、讨论系统、问题表征工具，可能对几个类型的问题都是有效的，只是我们尚不知晓。

内在因素与 PBL

PBL 最初是用于培训医学学生。在那些境脉中，教育者假设学生已做好认知准备，能够解决结构不良的问题并参与自我导向的学习。虽然 K－12 学校中实施 PBL 时投入了更多的努力，但由于人的发展规律，学生年纪较小，可能很难解决复杂的、结构不良的问题，以及进行自我导向的学习。学习者特征(如发展水平、认识论信念、认知控制、成熟、阅读能力)与 PBL 实施的关系尚未得到深入的探讨，而且问题解决和自我导向学习技能的发展既是课程的目 500
标，又是成功开展 PBL 课程所需要的一种能力。因此，当学习者(年纪小的学生或甚至成年学生)开始学习一门 PBL 课程时，如果只具有较低的问题解决和自我导向学习技能，那么，失败和挫败感是不可避免的。我们怎样才能满足 PBL 的这个先决条件和目标要求呢？

设计分布式基于问题的学习

随着在线学习的出现，研究者尝试将 PBL 应用于在线环境之中(Tan 和 Hung, 2007)。这一趋势在实施中产生了许多问题。怎样才能将 PBL 方法真正地应用于在线环境？PBL 小组工作和协作学习的一个重要因素是构建学习共同体的意识。Barrows (2002)和 Orrill (2002)指出，在线 PBL 学习环境会对协作产生不良影响。显然，在临场感方面，常规面对面 PBL 和在线 PBL 之间有着明显的差别，这是由两个因素决定的：亲密性和即时性(Wiener 和 Mehrabian, 1968)。当前，在线学习环境中使用的技术在亲密性和即时性方面都较差，那么，学习小组如何有效地协作以对意义进行协商呢？教师如何有效地培养并指导在线学习？我们怎样支持自我导向的在线学习？帮助学习者进行在线 PBL 学习有什么折衷的办法？虽然远程学习运动不是概念驱动的，技术也不能像我们所承诺的那样高深，但是这些仍然不可避免地成为了重要的研究话题。

对于所学的学科，如果借助视觉、听觉或触觉感受信号、症状或行为的能力对解决问题至关重要，那么，多媒体可以对 PBL 产生重要的影响。用合适的方式呈现问题对于提高学生在这些领域的问题解决技能有着重要的作用。当对学生进行培训时，这些能力是 PBL 课程的焦点之一。基于文本的问题可能会丢掉线索，同时也难以支撑学习目标和发展自我导向的问题解决技能；然而，迄今为止的研究结果显示，使用多媒体似乎难以实现这一效果。因此，我们会问：当教师处理基于文本的问题时，难道教师没有利用技术并实践同样的指导技术吗？需要怎样协助学生才能引导他们识别问题中的关键境脉信息呢？

这些问题来自于过去几十年中 PBL 实施的经验，以及对当前新技术发展的回应，并激励着 PBL 研究者和实践者在未来提出新的观点。只有不断的研究才能理解和提升 PBL 实践，同时从总体上理解和提高教育实践，提供智力和科学的支持。

（李　妍 译，张志祯 一校，佘燕云、焦建利 二校）

参考文献

Achilles, C. M. and Hoover, S. P. (1996). Exploring Problem-Based Learning (PBL) in Grades 6 - 12. Paper presented at the Annual Meeting of the Mid-South Educational Research Association, November 6 - 8, Tuscaloosa, AL (ERIC Document Reproduction Service No. ED 406 406).

Aguiar, A. C. (2000). Consequences for Faculty of Changes in Medical
501 Education: The Experience of Tutoring a Course About the Patient-Doctor Relationship. Ph. D. dissertation. Boston, MA: Harvard University (*Diss. Abstr. Int.*, 61, 1853B).

Albanese, M. A. and Mitchell, S. (1993). Problem-based learning: a review of literature on its outcomes and implementation issues. *Acad. Med.*, 68, 52 - 81.

Albion, P. R. and Gibson, I. W. (1998). Interactive multimedia and problem-based learning: challenge for instructional design. In *Proceedings of the 10th ED-MEDIA/ED-TELE-COM 98 World Conference on Educational Multimedia and Hypermedia and World Conference on Educational Telecommunications*, June 20 - 25, Freiburg, Germany. Norfolk, WV: Association for the Advancement of Computing in Education (ERIC Document Reproduction Service No. 428 647).

Allen, D. E., Duch, B. J., and Groh, S. E. (1996). The power of problem-based learning in teaching introductory science course. In *Bringing Problem-Based Learning into Higher Education: Theory and Practice*, edited by L. Wilkerson and W. H. Gijselaers, pp. 43 - 52. San Francisco, CA: Jossey-Bass.

Alleyne, T., Shirley, A., Bennett, C., Addae, J., Walrond, E., West, S., and Pinto Pereira, L. (2002). Problem-based compared with traditional methods at the faculty of medical sciences, university of West India: a model study. *Med. Teacher*, 24(3), 273 - 279.

Angeli, C. (2002). Teachers' practical theories for the design and implementation of problem-based learning. *Sci. Educ. Int.*, 13(3), 9 - 15.

Antepohl, W. and Herzig, S. (1999). Problem-based learning versus lecture-based learning in a course of basic pharmacology: a controlled, randomized study. *Med. Educ.*, 33(2), 106 - 113.

Arends, R. I. (1997). *Classroom Instruction and Management*. New York: McGraw-Hill.

Aspy, D. N., Aspy, C. B., and Quinby, P. M. (1993). What doctors can teach teachers about problem-based learning. *Educ. Leadership*, 50(7), 22 - 24.

Barak, M. and Dori, Y. J. (2005). Enhancing undergraduate students' chemistry understanding through project-based learning in an IT environment. *Sci. Educ.*, 89(1), 117 - 139.

Barnard, A., Nash, R., and O'Brien, M. (2005). Information literacy: developing lifelong skills through nursing education. *J. Nurs. Educ.*, 44 (11), 505 - 510.

Barrows, H. S. (1986). A taxonomy of problem-based learning methods. *Med. Educ.*, 20, 481 - 486.*

Barrows, H. S. (1992). *The Tutorial Process*. Springfield, IL: Southern Illinois University School of Medicine.

Barrows, H. S. (1994). *Practice-Based Learning: Problem-Based Learning Applied to Medical Education*. Springfield, IL: Southern Illinois University School of Medicine.

Barrows, H. S. (1996). Problem-based learning in medicine and beyond: a brief overview. In *Bringing Problem-Based Learning to Higher Education: Theory and Practice*, edited by L. Wilkerson and W. H. Gijselaers, pp. 3 - 12. San Francisco, CA: Jossey-Bass.

Barrows, H. S. (2000). *Problem-Based Learning Applied to Medical Education*. Springfield, IL: Southern Illinois University School of Medicine.

Barrows, H. S. (2002). Is it truly possible to have such a thing as dPBL? *Dist. Educ.*, 23(1), 119 - 122.

Barrows H. S. and Kelson, A. (1993). *Problem-Based Learning in Secondary Education and the Problem-Based Learning Institute* [monograph]. Springfield, IL: Southern Illinois University School of Medicine.

Barrows, H. S. and Myers, A. C. (1993). *Problem-Based Learning in Secondary Schools* [unpublished monograph]. Springfield, IL: Problem-Based Learning Institute, Lanphier High School, and Southern Illinois University Medical School.

Barrows, H. S. and Tamblyn, R. M. (1980). *Problem-Based Learning: An Approach to Medical Education*. New York: Springer.*

Berkson, L. (1993). Problem-based learning: have the expectations been met? *Acad. Med.*, 68, S79 - S88.

Björck, U. (2002). Distributed problem-based learning in social economy: key issues in students' mastery of a structured method for education. *Dist. Educ.*, 23(1), 85 - 103.

Blake, R. L., Hosokawa, M. C., and Riley, S. L. (2000). Student performances on step 1 and step 2 of the United States Medical Licensing

Examination following implementation of a problem-based learning curriculum. *Acad. Med.*, 75,66 - 70.

Blue, A. V., Stratton, T. D., Donnelly, M. B., Nash, P. P., and Schwartz, R. W. (1998). Students' communication apprehension and its effects on PBL performance. *Med. Teacher*, 20(3),217 - 221.

Blumberg, P. and Michael, J. A. (1992). Development of self-directed learning behaviors in a partially teacher-directed problem-based learning curriculum. *Teaching Learn. Med.*, 4(1),3 - 8.

Bolzan, N. and Heycox, K. (1998). Use of an issue-based approach in social work education. In *The Challenge of Problem-Based Learning*, 2nd ed., edited by D. Boud and G. Feletti, pp. 194 - 202. London: Kogan Page.

Boud, D. and Feletti, G., Eds. (1991). *The Challenge of Problem-Based Learning*. New York: St. Martin's Press.

Bowdish, B. E., Chauvin, S. W., Kreisman, N., and Britt, M. (2003). Travels towards problem based learning in medical education (VPBL). *Instruct. Sci.*, 31,231 - 253.

Bridges, E. M. and Hallinger, P. (1992). *Problem-Based Learning for Administrators*. Eugene, OR: ERIC Clearinghouse on Educational Management (ERIC Document Reproduction Service No. 347 617).

Bridges, E. M. and Hallinger, P. (1995). *Implementing Problem-Based Learning in Leadership Development*. Eugene, OR: ERIC Clearinghouse on Educational Management.

Bridges, E. M. and Hallinger, P. (1996). Problem-based learning in leadership education. In *Bringing Problem-Based Learning into Higher Education: Theory and Practice*, edited by L. Wilkerson and W. H. Gijselaers, pp. 53 - 61. San Francisco, CA: Jossey-Bass.

Cameron, T., Barrows, H. S., and Crooks, S. M. (1999). Distributed Problem-Based Learning at Southern Illinois University School of Medicine. Paper presented at the Computer Supported Collaborative Learning Conf. (CSCL'99), December 12 - 15, Stanford, CA.

Caplow, J. H., Donaldson, J. F., Kardash, C. A., and Hosokawa, M. (1997). Learning in a problem-based medical curriculum: students' conceptions. *Med. Educ.*, 31,1 - 8.

Cawley, P. (1989). The introduction of a problem-based option into a conventional engineering degree course. *Stud. Higher Educ.*, 14,83 - 95.

Chrispeels, J. H. and Martin, K. J. (1998). Becoming problem solvers: the case of three future administrators. *J. Sch. Leadersh.*, 8,303 - 331.

Chung, J. C. C. and Chow, S. M. K. (2004). Promoting student learning through a student-centered problem-based learning subject curriculum. *Innov. Educ. Teaching Int.*, 41(2),157 - 168.

Cognition and Technology Group at Vanderbilt (CTGV). (1993). Anchored instruction and situated cognition revisited. *Educ. Technol.*, 33 (3),52 - 70.

Colliver, J. A. (2000). Effectiveness of problem-based learning curricula: research and theory. *Acad. Med.*, 75(3),259 - 266.

Conway, J., Little, P., and McMillan, M. (2002). Congruence or conflict? Challenges in implementing problem-based learning across nursing cultures. *Int. J. Nurs. Pract.*, 8(5),235 - 23

Coulson, R. L. and Osborne, C. E. (1984). Insuring curricular content in a student-directed problem-based learning program. In *Tutorial in Problem-Based Learning Program*, edited by H. G. Schmidt and M. L. de Volder, pp. 225 - 229. Assen, the Netherlands: Van Gorcum.

Cunningham, W. G. and Cordeiro, P. A. (2003). *Educational Leadership: A Problem-Based Approach*. Boston, MA: Pearson Education.

Dabbagh, N. H., Jonassen, D. H., Yueh, H.-P., and Samouilova, M. (2000). Assessing a problem-based learning approach to an introductory instructional design course: a case study. *Perform. Improv. Q.*, 13(3),60 - 83.

Davis, W. K., Nairn, R., Paine, M. E., Anderson, R. M., and Oh, M. S. (1992). Effects of expert and non-expert facilitators on the small-group process and on student performance. *Acad. Med.*, 67,407 - 474.

De Grave, W. S., Dolmans, D. H. J. M., and Van der Vleuten, C. P. M. (1999). Profiles of effective tutors in problem-based learning: scaffolding student learning. *Med. Educ.*, 33,901 - 906.

Dean, C. D. (1999). Problem-Based Learning in Teacher Education. Paper presented at the Annual Meeting of American Educational Research Association, April 19 - 23, Montreal, Quebec (ERIC Document Reproduction Service No. ED 431 771).

Delisle, R. (1997). *How to Use Problem-Based Learning in the Classroom*. Alexandria, VA: Association for Supervision and Curriculum Development.

Des Marchais, J. E., Dumais, B., Jean, P., and Vu, N. V. (1993). An attempt at measuring student ability to analyze problems in the Sherbrooke problem-based curriculum: a preliminary study. In *Problem-Based Learning as an Educational Strategy*, edited by P. Bouhuijs, H. G. Schmidt, and H. J. M. van Berkel, pp. 239 - 248. Maastricht, the Netherlands: Network Publication.

Distlehorst, L. H., Dawson, E., Robbs, R. S., and Barrows, H. S. (2005). Problem-based learning outcomes: the glass half-full. *Acad. Med.*, 80(3),294 - 299.

Dochy, F., Segers, M., van den Bossche, P., and Gijbels, D. (2003). Effects of problem-based learning: a meta-analysis. *Learn. Instruct.*, 13, 533 - 568.

Dods, R. F. (1997). An action research study of the effectiveness of problem-based learning in promoting the acquisition and retention of knowledge. *J. Educ. Gifted*, 20, 423 - 437.

Dolmans, D. H. J. M. and Schmidt, H. G. (1994). What drives the student in problem-based learning? *Med. Educ.*, 28,372 - 380.

Dolmans, D. H. J. M., Gijselaers, W. H., Schmidt, H. G., and van der 502
Meer, S. B. (1993). Problem effectiveness in a course using problem-based learning. *Acad. Med.*, 68(3),207 - 213.

Donaldson, J. F. and Caplow, J. A. H. (1996). Role Expectations for the Tutor in Problem-Based Learning. Paper presented at the Annual Meeting of the American Educational Research Association, April 8 - 12, New York.

Donaldson, R. (1989). A good start in architecture. In *Problem-Based Learning: The Newcastle Workshop*, edited by B. Wallis, pp. 41 - 53. Newcastle, Australia: University of New-castle.

Doucet, M. D., Purdy, R. A., Kaufman, D. M., and Langille, D. B. (1998). Comparison of problem-based learning and lecture format in continuing medical education on headache diagnosis and management. *Med. Educ.*, 32,590 - 596.

Drummond-Young, M. and Mohide, E. A. (2001). Developing problems for use in problem-based learning. In *Transforming Nursing Education Through Problem-Based Learning*, edited by E. Rideout, pp. 165 - 191. Boston, MA: Jones and Bartlett.

Duch, B. J. (2001). Writing problems for deeper understanding. In *The Power of Problem-Based Learning: A Practical 'How To' for Teaching Undergraduate Courses in Any Discipline*, edited by B. Duch, S. E. Groh, and D. E. Allen, pp. 47 - 53. Sterling, VA: Stylus Publishing.

Duch, B. J., Groh, S. E., and Allen, D. E., Eds. (2001). *The Power of Problem-Based Learning: A Practical 'How to' for Teaching Undergraduate Courses in Any Discipline*. Steerling, VA: Stylus Publishing.

Dwyer, J. (1993). Predicting self-directed learning readiness: a problem or not? In *Research and Development in Problem-Based Learning*, edited by G. Ryan, pp. 219 - 232. Sydney, Australia: MacArthur.

Eagle, C. J., Harasym, P. H., and Mandin, H. (1992). Effects of tutors with case expertise on problem-based learning issues. *Acad. Med.*, 67, 465 - 469.

Edens, K. (2000). Preparing problem solvers for the 21st century through problem-based learning. *Coll. Teaching*, 48(2),55 - 60.

Eisensteadt, R. S., Barry, W. E., and Glanz, K. (1990). Problem-based learning: cognitive retention and cohort traits of randomly selected participants and decliners. In *Research in Medical Education 1990: Proceedings of the Twenty-Ninth Annual Conference*, edited by B. Anderson, pp. S11 - S12. Washington, D. C.: Association of American Medical Colleges.

Elshafei, D. L. (1998). A Comparison of Problem-Based and Traditional Learning in Algebra II. Ph. D. dissertation. Bloomington, IN: Indiana University.

Evenson, D. H. and Hmelo, C. E., Eds. (2000). *Problem-Based Learning: A Research Perspective on Learning Interactions*. Mahwah NJ: Lawrence Erlbaum Associates.

Feletti, G., Saunders, N., Smith, A. J., and Engel, C. (1984). Assessment of independent learning. *Med. Teacher*, 6,70 - 73.

Fiddler, M. B. and Knoll, J. W. (1995). Problem-based learning in an adult liberal learning context: learner adaptations and feedback. *Contin. Higher Educ. Rev.*, 59(1/2),13 - 24.

Finch, P. M. (1999). The effect of problem-based learning on the academic performance of students studying podiatric medicine in Ontario. *Med. Educ.*, 33,411 - 417.

Fogarty, R. (1997). *Problem-Based Learning and Other Curriculum Models for the Multiple Intelligences Classroom*. Arlington Heights, IL: IRI Skylight Training and Publishing.

Gallagher, S. A. (1997). Problem-based learning: where did it come from, what does it do, and where is it going? *J. Educ. Gifted*, 20(4),332 - 362.

Gallagher, S. A. and Stepien, W. J. (1996). Content acquisition in problem-based learning: depth versus breadth in American studies. *J. Educ. Gifted*, 19(3),257 - 275.

Gallagher, S. A., Stepien, W. J., and Rosenthal, H. (1992). The effects of problem-based learning on problem solving. *Gifted Child Q.*, 36 (4),195 – 200.

Gallagher, S. A., Sher, B. T., Stepien, W. J., and Workman, D. (1995). Implementing problem-based learning in the science classroom. *Sch. Sci. Math.*, 95,136 – 146.

Garland, N. J. (1995). Peer group support in economics: Innovations in problem-based learning. In *Educational Innovation in Economics and Business Administration: The Case of Problem-Based Learning*, edited by W. H. Gijselaers, D. Tempelaar, P. Keizer, E. Bernard, and H. Kasper, pp. 331 – 337. Dordrecht: Kluwer.

Gijbels, D., Dochy, F., van den Bossche, P., and Segers, M. (2005). Effects of problem-based learning: a meta-analysis from the angle of assessment. *Rev. Educ. Res.*, 75(1),27 – 61. *

Gijselaers, W. H. and Schmidt, H. G. (1990). Development and evaluation of a causal model of problem-based learning. In *Innovation in Medical Education: An Evaluation of Its Present Status*, edited by Z. H. Nooman, H. G. Schmidt, and E. S. Ezzat, pp. 95 – 113. New York: Springer.

Gijselaers, W. H., Tempelaar, D. T., Keizer, P. K., Blommaert, J. M., Bernard, E. M., and Kasper, H., Eds. (1995). *Educational Innovation in Economics and Business Administration: The Case of Problem-Based Learning*. Norwell, MA: Kluwer.

Gilkison, A. (2003). Techniques used by 'expert' and 'non-expert' tutors to facilitate problem-based learning tutorials in an undergraduate medical curriculum. *Med. Educ.*, 37,6 – 14.

Glasgow, N. A. (1997). *New Curriculum for New Times: A Guide to Student-Centered, Problem-Based Learning*. Thousand Oaks, CA: Corwin. *

Hays, R. and Gupta, T. S. (2003). Ruralising medical curricula: the importance of context in problem design. *Aust. J. Rural Health*, 11,15 – 17.

Helokunnas, T. and Herrala, J. (2001). Knowledge searching and sharing on virtual networks. *Proc. ASIST 2001*,38,315 – 22.

Higgins, L. (1994). Integrating background nursing experience and study at the postgraduate level: an application of problem based learning. *Higher Educ. Res. Dev.*, 13,23 – 33.

Hmelo, C. E. (1998). Problem-based learning: effects on the early acquisition of cognitive skill in medicine. *J. Learn. Sci.*, 7(2),173 – 208.

Hmelo, C. E., Holton, D. L., and Kolodner, J. L. (2000). Designing to learning about complex systems. *J. Learn. Sci.*, 9,247 – 298.

Hmelo-Silver, C. E. (2004). Problem-based learning: what and how do students learn? *Educ. Psychol. Rev.*, 16(3),235 – 266. *

503 Hoffman, B. and Ritchie, D. (1997). Using multimedia to overcome the problems with problem based learning. *Instruct. Sci.*, 25,97 – 115.

Hung, W. (2006a). The 3C3R model: a conceptual framework for designing problems in PBL. *Interdiscip. J. Problem-Based Learn.*, 1(1),55 – 77. *

Hung, W. (2006b). A 9-Step PBL Problems Designing Process: Application of the 3C3R Model. Paper presented at the 2006 AERA Annual Meeting, April 8 – 12, San Francisco, CA.

Hung, W., Bailey, J. H., and Jonassen, D. H. (2003). Exploring the tensions of problem-based learning: insights from research. *In Problem-Based Learning in the Information Age*, edited by D. Knowlton and D. Sharp, pp. 13 – 23. San Francisco, CA: Jossey-Bass. *

Jacobs, A. E. J. P., Dolmans, D. H. J. M., Wolfhagen, I. H. A. P., and Scherpbier, A. J. J. A. (2003). Validation of a short questionnaire to assess the degree of complexity and structuredness of *PBL* problems. *Med. Educ.*, 37(11),1001 – 1007.

Jacobsen, M. and Spiro, R. J. (1994). A framework for the contextual analysis of technology-based learning environments. *J. Comput. Higher Educ.*, 5(2),3 – 32.

Jonassen, D. H. (2000). Toward a design theory of problem solving. *Educ. Technol. Res. Dev.*, 48(4),63 – 85. *

Jonassen, D. H. (2004). *Learning to Solve Problems: An Instructional Design Guide*. San Francisco, CA: Jossey-Bass. *

Jonassen, D. H. (2006). Accommodating ways of human knowing in the design of information and instruction. *Int. J. Knowl. Learn.*, 2(3/4),181 – 190.

Jones, B. F., Rasmussen, C. M., and Moffitt, M. C. (1997). *Real-Life Problem Solving: A Collaborative Approach to Interdisciplinary Learning*. Washington, D. C.: American Psychological Association.

Jost, K. L., Harvard, B. C., and Smith, A. J. (1997). A study of problem-based learning in a graduate education classroom. In *Proceedings of Selected Research and Development Presentations at the 1997 National Convention of the Association for Educational Communications and Technology*, February 14 – 18, Albuquerque, NM (ERIC Document Reproduction Service No. ED 409 840).

Kain, D. L. (2003). *Problem-Based Learning for Teachers, Grades K – 8*. Boston, MA: Pearson Education.

Kamin, C. S., O'Sullivan, P. S., Younger, M., and Deterding, R. (2001). Measuring critical thinking in problem-based learning discourse. *Teaching Learn. Med.*, 13(1),27 – 35.

Kaufman, D. M. and Holmes, D. B. (1998). The relationship of tutors' content expertise to interventions and perceptions in a PBL medical curriculum. *Med. Educ.*, 32,255 – 261.

Kaufman, D. M. and Mann, K. V. (1996). Students' perceptions about their courses in problem-based learning and conventional curricula. *Acad. Med.*, 71(1),S52 – S54.

Kim, H., Chung, J.-S., and Kim, Y. (2001). Problem-based learning in Web-based science classroom. In *Annual Proceedings of Selected Research and Development and Practice Papers Presented at the National Convention of the Association for Educational Communications and Technology*, November 8 – 12, Atlanta, GA (ERIC Document Reproduction Service No. ED 470 190).

Kolodner, J. L., Camp, P. J., Crismond, D., Fasse, B., Gray, J., Holbrook, J., Puntambekar, S., and Ryan, M. (2003). Problem-based learning meets case-based reasoning in the middle-school science classroom: putting Learning by Design™ into practice. *J. Learn. Sci.*, 12(4),495 – 547. *

Krynock, K. and Robb, L. (1999). Problem solved: how to coach cognition. *Educ. Leadersh.*, 57(3),29 – 32.

Kuhn, G. J. (1998). Designing Problem-Based Instruction to Foster Expertise in Emergency Medicine Residents. Ph. D. dissertation. Detroit, MI: Wayne State University (*Diss. Abstr. Int.*, 59,0713A).

Kurtz, S., Wylie, M., and Gold, N. (1990). Problem-based learning: an alternative approach to legal education. *Dalhousie Law J.*, 13,787 – 816.

Lee, J. (1999). Problem-based learning: a decision model for problem selection. In *Proceedings of Selected Research and Development Papers Presented at the National Convention of the Association for Educational Communications and Technology (AECT)*. February 10 – 14, Houston, TX (ERIC Document Reproduction Service No. ED 436 162).

Lieux, E. M. (2001). A skeptic's look at PBL. In *The Power of Problem-Based Learning: A Practical 'How To' for Teaching Undergraduate Courses in Any Discipline*, edited by B. Duch, S. E. Groh, and D. E. Allen, pp. 223 – 235. Sterling, VA: Stylus Publishing.

Linn, M. C., Shear, L., Bell, P., and Slotta, J. D. (1999). Organizing principles for science education partnerships: case studies of students learning about 'rats in space' and 'deformed frogs.' *Educ. Technol. Res. Dev.*, 47 (2),61 – 84.

Lohman, M. C. and Finkelstein, M. (1999). Segmenting Information in PBL Cases to Foster the Development of Problem-Solving Skill, Self-Directedness, and Technical Knowledge [unpublished manuscript]. Florida State University/University of Iowa.

Lohman, M. C. and Finkelstein, M. (2000). Designing groups in problem-based learning to promote problem-solving skill and self-directedness. *Instruct. Sci.*, 28,291 – 307.

Maitland, B. (1998). Problem-based learning for an architecture degree. In *The Challenge of Problem-Based Learning*, 2nd ed., edited by D. Boud and G. Feletti, pp. 211 – 217. London: Kogan Page.

Margetson, D. (1998). Why is problem-based learning a challenge? In *The Challenge of Problem-Based Learning*, 2nd ed., edited by D. Boud and G. Feletti, pp. 36 – 44. London: Kogan Page.

Mårtenson, D., Eriksson, H., and Ingelman-Sundberg, M. (1985). Medical chemistry: evaluation of active and problem-oriented teaching methods. *Med. Educ.*, 19,34 – 42.

Martin, K. J., Chrispeels, J. H., and D'eidio-Caston, M. (1998). Exploring the use of problem-based learning for developing collaborative leadership skills. *J. School Leadersh.*, 8,470 – 500.

Maudsley, G. (1999). Roles and responsibilities of the problem-based learning tutor in the undergraduate medical curriculum. *Br. Med. J.*, 318, 657 – 660.

Maxwell, N. L., Bellisimo, Y., and Mergendoller, J. R. (2001). Problem-based learning: modifying the medical school model for teaching high school economics. *Soc. Stud.*, 92(2),73 – 78.

Maxwell, N. L., Mergendoller, J. R., and Bellisimo, Y. (2005). Problem-based learning and high school macroeconomics: a comparative study of instructional methods. *J. Econ. Educ.*, 36(4),315 – 331.

Mayo, P., Donnelly, M. B., Nash, P. P., and Schwartz, R. W. (1993). Student perceptions of tutor effectiveness in a problem-based surgery clerkship. *Teaching Learn. Med.*, 5(4),227 – 233.

McParland, M., Noble, L., and Livingston, G. (2004). The effectiveness of problem-based learning compared to traditional teaching in undergraduate psychiatry. *Med. Educ.*, 38(8), 859 - 867.

Merchand, J. E. (1995). Problem-based learning in the business curriculum: an alternative to traditional approaches. In *Educational Innovation in Economics and Business Administration: The Case of Problem-Based Learning*, edited by W. Gijselaers, D. Tempelaar, P. Keizer, E. Bernard, and H. Kasper, pp. 261 - 267. Dordrecht: Kluwer.

Mergendoller, J. R. , Maxwell, N. L., and Bellisimo, Y. (2000). Comparing problem-based learning and traditional instruction in high school economics. *J. Educ. Res.*, 93(6), 374 - 382.

Miflin, B. M. (2004). Adult learning, self-directed learning and problem-based learning: deconstructing the connections. *Teaching Higher Educ.*, 9 (1), 43 - 53.

Miflin, B. M., Campbell, C. B., and Price, D. A. (1999). A lesson from the introduction of a problem-based, graduate entry course: the effects of different views of self-direction. *Med. Educ.*, 33, 801 - 807.

Miflin, B. M., Campbell, C. B., and Price, D. A. (2000). A conceptual framework to guide the development of self-directed, lifelong learning in problem-based medical curricula. *Med. Educ.*, 34, 299 - 306.

Moust, J. H. C., van Berkel, H. J. M., and Schmidt, H. G. (2005). Signs of erosion: reflections on three decades of problem-based learning at Maastricht University. *Higher Educ.*, 50(4), 665 - 683.

Muller, S. (1984). Physicians for the twenty-first century: report of the project panel on the general professional education of the physician and college preparation for medicine. *J. Med. Educ.*, 59(11, part 2), 1 - 208.

Nendaz, M. R. and Tekian, A. (1999). Assessment in problem-based learning medical schools: a literature review. *Teaching Learn. Med.*, 11(4), 232 - 243.

Neufeld, V. R., Woodward, C. A., and MacLeod, S. M. (1989). The McMaster MD program: a case study of renewal in medical education. *Acad. Med.*, 64, 423 - 432.

Newell, A. and Simon, H. A. (1972). *Human Problem Solving*. Englewood Cliffs, NJ: Prentice Hall.

Newman, M. (2003). *A Pilot Systematic Review and Meta-Analysis on the Effectiveness of Problem-Based Learning*. Cambridge, U. K.: Teacher and Learning Research Program, Cambridge University (http://www.ltsn-01.ac.uk/resources/features/pbl).

Norman, G. R. and Schmidt, H. G. (1992). The psychological basis of problem-based learning: a review of the evidence. *Acad. Med.*, 67(9), 557 - 565.

O'Neill, P. A. (2000). The role of basic sciences in a problem-based learning clinical curriculum. *Med. Educ.*, 34, 608 - 613.

Oberlander, J. and Talbert-Johnson, C. (2004). Using technology to support problem-based learning. *Action Teacher Educ.*, 25(4), 48 - 57.

Orrill, C. H. (2002). Supporting online PBL: design considerations for supporting distributed problem solving. *Dist. Educ.*, 23(1), 41 - 57.

Osgood, M. P., Mitchell, S. M., and Anderson, W. L. (2005). Teachers as learners in a cooperative learning biochemistry class. *Biochem. Mol. Biol. Educ.*, 33(6), 394 - 398.

Patel, V. K., Groen, G. J., and Norman, G. R. (1991). Effects of conventional and problem-based medical curricula on problem solving. *Acad. Med.*, 66, 380 - 389.

Perrenet, J. C., Bouhuijs, P. A. J., and Smits, J. G. M. M. (2000). The suitability of problem-based learning for engineering education: theory and practice. *Teaching Higher Educ.*, 5(3), 345 - 358.

Pletinckx, J. and Segers, M. (2001). Programme evaluation as an instrument for quality assurance in a student-oriented educational system. *Stud. Educ. Eval.*, 27, 355 - 372.

Polanco, R., Calderon, P., and Delgado, F. (2004). Effects of a problem-based learning program on engineering students' academic achievements in a Mexican university. *Innov. Educ. Teaching Int.*, 41(2), 145 - 155.

Pontificia Universidad Católica del Perú (PUCP). (2006). *Problem-Based Learning 2006 Conference*, http://www.pucp.edu.pe/eventos/congresos/pbl2006abp/.

Popper, K. (1994). *Alles leben ist problemlösen*. Munich, Germany: Piper Verlag.

Prince, K. J. A. H., van Mameren, H., Hylkema, N., Drukker, J., Scherpbier, A. J. J. A., and Van der Vleuten, C. P. M. (2003). Does problem-based learning lead to deficiencies in basic science knowledge? An empirical case on anatomy. *Med. Educ.*, 37(1), 15 - 21.

Regehr, G., Martin, J., Hutchinson, C., Murnaghan, J., Cuisamano, M., and Reznick, R. (1995). The effect of tutors' content expertise on student learning, group process, and participant satisfaction in a problem-based learning curriculum. *Teaching Learn. Med.*, 7, 225 - 232.

Reynolds, F. (1997). Studying psychology at degree level: Would problem-based learning enhance students' experiences? *Stud. Higher Educ.*, 22(3), 263 - 275.

Reznich, C. B. and Werner, E. (2001). Integrating Technology into
PBL Small Groups in a Medical Education Setting. Paper presented at the 504
Annual Meeting of the American Educational Research Association, April 10 - 14, Seattle, WA (ERIC Document Reproduction Service No. ED 452 786).

Ryan, G. (1993). Student perceptions about self-directed learning in a professional course implementing problem-based learning. *Stud. Higher Educ.*, 18, 53 - 63.

Savin-Baden, M. (2000). *Problem-Based Learning in Higher Education: Untold Stories*. Buckingham, U. K.: Society for Research in Higher Education and Open University Press.

Savin-Baden, M. (2004). Understanding the impact of assessment on students in problem-based learning. *Innov. Educ. Teaching Int.*, 41(2), 223 - 233.

Savin-Baden, M. and Wilkie, K. (2004). *Challenging Research in Problem-Based Learning*. New York: Open University Press.

Savoie, J. M. and Hughes, A. S. (1994). Problem-based learning as classroom solution. *Educ. Leadersh.*, 52(3), 54 - 57.

Schlundt, D. G., Flannery, M. E., Davis, D. L., Kinzer, C. K., and Pichert, J. W. (1999). Evaluation of a multicomponent, behaviorally oriented, problem-based 'summer school' program for adolescents with diabetes. *Behav. Modif.*, 23(1), 79 - 105.

Schmidt, H. G. (1983). Problem-based learning: rationale and description. *Med. Educ.*, 17, 11 - 16.

Schmidt, H. G. and Moust, J. H. C. (1995). What makes a tutor effective? A structural-equations modeling approach to learning in problem-based curricula. *Acad. Med.*, 70(8), 708 - 714.

Schmidt, H. G. and van der Molen, H. T. (2001). Self-reported competency ratings of graduates of a problem-based medical curriculum. *Acad. Med.*, 76(5), 466 - 468.

Schmidt H. G., Boshuizen, H. P. A., and de Vries, M. (1992). Comparing problem-based with conventional education: a review of the University of Limburg medical school experiment. *Ann. Commun.-Oriented Educ.*, 5, 193 - 198.

Schmidt, H. G., Vermeulen, L., and van der Molen, H. T. (2006). 505
Long-term effects of problem-based learning: a comparison of competencies acquired by graduates of a problem-based and a conventional medical school. *Med. Educ.*, 40(6), 562 - 567.

Schultz-Ross, R. A. and Kline, A. E. (1999). Using problem-based learning to teach forensic psychiatry. *Acad. Psychiatry*, 23, 37 - 41.

Schwartz, R. W., Burgett, J. E., Blue, A. V., Donnelly, M. B., and Sloan, D. A. (1997). Problem-based learning and performance-based testing: effective alternatives for undergraduate surgical education and assessment of student performance. *Med. Teacher*, 19(1), 19 - 24.

Seltzer, S., Hilbert, S., Maceli, J., Robinson, E., and Schwartz, D. L. (1996). An active approach to calculus. In *Bringing Problem-Based Learning into Higher Education: Theory and Practice*, edited by L. Wilkerson and W. H. Gijselaers, pp. 83 - 90. San Francisco, CA: Jossey-Bass.

Shelton, J. B. and Smith, R. F. (1998). Problem-based learning in analytical science undergraduate teaching. *Res. Sci. Technol. Educ.*, 16 (1), 19 - 30.

Shepherd, N. G. (1998). The Probe Method: A Problem-Based Learning Model's Affect on Critical Thinking Skills of Fourth and Fifth Grade Social Studies Students. Ph. D. dissertation. Raleigh, NC: North Carolina State University (*Diss. Abstr. Int.*, 59, 779A).

Shipman, H. L. and Duch, B. J. (2001). Problem-based learning in large and very large classes. In *The Power of Problem-Based Learning: A Practical 'How To' for Teaching Undergraduate Courses in Any Discipline*, edited by B. Duch, S. E. Groh, and D. E. Allen, pp. 149 - 164. Sterling, VA: Stylus Publishing.

Silver, M. and Wilkerson, L. (1991). Effects of tutors with subject expertise on the problem-based tutorial process. *Acad. Med.*, 66 (5), 98 - 300.

Smith, D. L. and Hoersch, A. L. (1995). Problem-based learning in the undergraduate geology classroom. *J. Geol. Educ.*, 43, 149 - 152.

Smith, R. M. (1993). The triple jump examination as an assessment tool in the problem-based medical curriculum at the University of Hawaii. *Acad. Med.*, 68, 366 - 71.

Smits, P. B. A., Verbeek, J. H. A. M., and de Buisonje, C. D. (2002). Problem-based learning in continuing medical education: a review of controlled evaluation studies. *Br. Med. J.*, 321, 153 - 156.

Stepien, W. J. and Gallagher, S. A. (1993). Problem-based learning: as authentic as it gets. *Educ. Leadersh.*, 50(7), 25 - 29.

Stepien, W. J., Gallagher, S. A., and Workman, D. (1993). Problem-based learning for traditional and interdisciplinary classrooms. *J. Educ. Gifted*, 16, 338-357.

Stepien, W. J., Senn, P. R., and Stepien, W. C. (2000). *The Internet and Problem-Based Learning: Developing Solutions Through the Web*. Tucson, AZ: Zephyr Press.

Stinson, J. E. and Milter, R. G. (1996). Problem-based learning in business education: curriculum design and implementation issues. In *Bringing Problem-Based Learning to Higher Education: Theory and Practice*, edited by L. Wilkerson and W. H. Gijselaers, pp. 33-42. San Francisco, CA: Jossey-Bass.

Swanson, D. B., Case, S. M., and Van der Vleuten, C. P. M. (1998). Strategies for student assessment. In *The Challenge of Problem-Based Learning*, 2nd ed., edited by D. Boud and G. Feletti, pp. 269-282. London: Kogan Page.

506 Szeberenyi, J. (2005). The biological activity of the large-T protein of SV40 virus. *Biochem. Mol. Biol. Educ.*, 33(1), 56-57.

Tan, O. S. and Hung, D. (2007). *Problem-Based Learning in E-Learning Breakthroughs*. Singapore: Thomson Learning.

Tomczak, R. L. (1991). The Effects of Problem-Based Learning on National Board Scores, Clinical Evaluations, and Residency Selection of Medical Students. Ph. D. dissertation. Des Moines, IA: Drake University (*Diss. Abstr. Int.*, 53, 2210A).

Torp, L. and Sage, S. (2002). *Problems as Possibilities: Problem-Based Learning for K-12 Education*, 2nd ed. Alexandria, VA: Association for Supervision and Curriculum Development.

Trafton, P. R. and Midgett, C. (2001). Learning through problems: a powerful approach to teaching mathematics. *Teaching Child. Math.*, 7(9), 532-536.

Van den Bossche, P., Gijbels, D., and Dochy, F. (2000). Does Problem-Based Learning Educate Problem Solvers? A Meta-Analysis on the Effects of Problem-Based Learning. Paper presented at the Seventh Annual EDINEB Int. Conf., June 21-23, Newport Beach, CA.

van den Hurk, M. M., Wolfhagen, I. H. A. P., Dolmans, D. H. J. M., and Van der Vleuten, C. P. M. (1999). The impact of student-generated learning issues on individual study time and academic achievement. *Med. Educ.*, 33, 808-814.

Van der Vleuten, C. P. M., Verwijnen, G. M., and Wijnen, W. F. H. W. (1996). Fifteen years of experience with Progress Testing in a problem-based learning curriculum. *Med. Teacher*, 18, 103-109.

van Gessel, E., Nendaz, M. R., Vermeulen, B., Junod, A., and Vu, N. V. (2003). Basic science development of clinical reasoning from the basic sciences to the clerkships: a longitudinal assessment of medical students' needs and self-perception after a transitional learning unit. *Med. Educ.*, 37, 966-974.

Verhoeven, B. H., Verwijnen, G. M., Scherpbier, A. J. J. A., Holdrinet, R. S. G., Oeseburg, B., Bulte, J. A., and Van der Vleuten, C. P. M. (1998). An analysis of progress test results of PBL and non-PBL students. *Med. Teacher*, 20(4), 310-316.

Vernon, D. T. A. and Blake, R. L. (1993). Does problem-based learning work: A meta-analysis of evaluative research. *Acad. Med.*, 68, 550-563.

Watson, G. (2002). Using technology to promote success in PBL courses. *Technol. Source*, May/June, http://technologysource.org/article/using_technology_to_promote_success_in_pbl_courses/.

Weiss, R. E. (2003). Designing problems to promote higherorder thinking. In *Problem-Based Learning in the Information Age*, edited by D. S. Knowlton and D. C. Sharp, pp. 25-31. San Francisco, CA: Jossey-Bass.

Wiener, M. and Mehrabian, A. (1968). *Language within Language: Immediacy, a Channel in Verbal Communication*. New York: Appleton-Century-Crofts.

Wieseman, K. C. and Cadwell, D. (2005). Local history and problem-based learning. *Soc. Stud. Young Learner*, 18(1), 11-14.

Wiggins, G. and McTighe, J. (1998). *Understanding by Design*. Alexandria, VA: Association for Supervision and Curriculum Development.

Wilkerson, L. (1995). Identification of skills for the problem-based tutor: student and faculty perspectives. *Instruct. Sci.*, 22, 303-315.

Wilkerson, L. and Gijselaers, W. H., Eds. (1996). *Bringing Problem-Based Learning to Higher Education: Theory and Practice*, New Directions for Teaching and Learning, No. 68. San Francisco, CA: Jossey-Bass.

Wilkerson, L. and Hundert, E. M. (1991). Becoming a problem-based tutor: increasing self-awareness through faculty development. In *The Challenge of Problem-Based Learning*, 2nd ed., edited by D. Boud and G. Feletti, pp. 160-172. London: Kogan Page.

William, D. C., Hemstreet, S., Liu, M., and Smith, V. D. (1998). Examining how middle school students use problem-based learning software. In *Proceedings of ED-MEDIAIED-TELECOM 98 World Conference on Educational Multimedia and Hypermedia and World Conference on Educational Telecommunications*, June 20-25, Freiburg, Germany (ERIC Document Reproduction Service No. ED 428 738).

Williams, S. M. and Hmelo, C. E. (1998). Guest editors' introduction. *J. Learn. Sci.*, 7(3/4), 265-270.

Wood, T. J., Cunnington, J. P. W., and Norman, G. R. (2000). Assessing the measurement properties of a clinical reasoning exercise. *Teaching Learn. Med.*, 12(4), 196-200.

Woods, D. R. (1994). *Problem-Based Learning: How to Gain the Most from PBL*. Waterdown, Canada: Woods.

Woods, D. R. (1996). Problem-based learning for large classes in chemical engineering. In *Bringing Problem-Based Learning to Higher Education: Theory and Practice*, edited by L. Wilkerson and H. Gijselaers, pp. 91-99. San Francisco, CA: Jossey-Bass.

Yamada, S. and Maskarinec, G. G. (2004). Strengthening *PBL* through a discursive practices approach to case-writing. *Educ. Health: Change Learn. Pract.*, 17(1), 85-92.

Zimitat, C. and Miflin, B. (2003). Using assessment to induct students and staff into the PBL tutorial process. *Assess. Eval. Higher Educ.*, 28(1), 17-32.

Zumbach, J., Kumpf, D., and Koch, S. (2004). Using multimedia to enhance problem-based learning in elementary school. *Inform. Technol. Child. Educ. Annu.*, 16, 25-37.

---

* 表示主要参考文献。

39

绩效提升的行为、认知与技术方法

Ruth Colvin Clark 和 Frank Nguyen

摘要

培训通常无法改进组织的产出。在对不同的组织结果之间产生差距的原因进行分析并寻求解决措施的过程中,越来越多的实践人员正在采取一种整体性和系统性的绩效提升观。我们对行为工程型、认知—动机型和技术型这三种不同的绩效提升模型及相关证据进行了评论。行为工程模型在美国以实践者为导向的各专业学会中流传甚广,它采用一种实用主义的系统方法,在组织、过程、个体工作人员或小组层次上对各种绩效因素进行评价。认知—动机型的绩效提升方法在工业和组织心理学家中很流行,它包含设定目标、进行反馈以及实施激励的指导方针。认知型的绩效提升模型是以经验证据为基础的,并整合了其干预措施中的动机及认知缓化因素。计算机技术的新近进展为以新的方式递送绩效支持提供了机遇。在讨论绩效提升的技术方法时,我们主要关注工作场所中电子绩效支持系统的演进及其相关证据。

关键词

电子绩效支持系统(EPSS):通过电子技术进行递送的工作任务的使能者,当工作中有需要时,可以把它提供给个人或团队。典型的支持包括完成任务所需之事实性信息的程序性指南或查阅参考。

反馈:与目标达成有关的信息,用于帮助工作人员、团队或职能单位监控和评价他们在实
508 现预期成果中所取得的进步。反馈可以是量的或质的;它不一定包括绩效指导的说明;它可以用于个体、团队、单位或组织等各种层次;可以通过人际沟通的方式提供反馈,或通过客观途径提供,如在工作区张贴的或由计算机提供的图表和曲线图。

目标设定理论:通过确立特定的、有难度的目标,使工作人员或团队绩效最优化的指导方针;目标设定理论考虑的是自我效能、目标承诺、反馈、激励对目标有效性的影响。

激励:试图使个体或团队绩效最优化的切实的社会性奖赏;可以包括货币、反馈和社会认可等。

绩效提升:一种使用整体性、综合性的方法论界定并消除在组织、过程和个体工作人员等各种层次上存在的差距,使组织成果最优化的方法。

引言

设想一下下面这些情形:(1)如此众多的顾客对粗陋的电讯服务投诉不断,以至于公用事业委员会对电讯商发出指示,要么对问题进行补救,要么就面临罚款,一项大型公用事业成为众矢之的;(2)由高绩效的数据录入人员组成的团队换了新的工作环境,把他们现有的所有设备和计算机都带上,两个星期后,管理部门苦恼地发现其在线出错率飙升;(3)一台设备无缘无故地关机了,这一崩溃让工厂的生产停顿,使公司在生产力方面面临着数百万美元的损失;技术人员之前在另一次轮班中就知道曾经发生过这个问题,但却不清楚修复机器的程序,因为这种情况很罕见;(4)华盛顿特区获得联邦政府资助,额外招募了900名警员来与不断攀升的犯罪案件作斗争,但三年后,在此期间招募的十名警员却因教唆毒贩而被逮捕。对于被卷入其

中的组织而言，所有这些真实生活中的情形都给它们带来了实实在在的消极后果，而且在每一种情形中，负责任的管理人员都提出需要一个培训项目来解决这些问题。然而，即使实施了精心设计的培训项目，这些问题依然存在。为什么会这样？产生绩效差距的原因与工作人员知识和技能的欠缺没有丝毫关系。设计良好的培训项目不一定能转化为改进的组织结果，这样的事情司空见惯，从而导致了绩效提升的原则与实践的出现。

与本手册中讨论教学干预与议题的其他章节不同，这一章的焦点不在于影响组织情境中员工绩效的知识或技能，而在于影响组织情境中员工绩效的各种因素。

什么是绩效提升？

在过去二十年间，像上面所概括的各种情形已经导致了一个称为人类绩效技术的专业实践领域的出现。表 39.1 列举了一些近来对人类绩效技术所做的定义。这些定义有以下两个共同的特色：

509

表 39.1　人类绩效技术的定义

术语	定　义	来　源
人类绩效促进	这一领域关注系统地、整体地提升组织情境中的人们当前和未来所取得的工作成果。	Rothwell (1996)
人类绩效技术	对个体和组织绩效面临的障碍之系统化和整体性鉴别与排除。	国际绩效提升学会(www.ispi.org)
人类绩效技术	对项目进行选择、分析、设计、开发、实施和评价的过程，以最经济的方式影响人的行为和成就。	Harless，引自 Geis (1986)
人类绩效技术	通过设计与开发以结果为导向的、综合的、系统的有效干预措施，来提升组织生产力的研究与伦理实践。	Pershing (2006)
绩效提升	鉴别和分析组织与个人之重要绩效差距，对未来的绩效提升进行规划，设计与开发经济的且具有伦理正当性的干预措施以缩小绩效差距，实施这些干预措施，并对产生的财务与非财务结果进行评价的过程。	美国培训与发展学会(http://www.astd.org)

- 焦点集中于期望的组织成就——绩效提升的革新举措都是实用主义的：为了改进与组织的务实目标联系在一起的产出成果。在商业部门中，产出成果典型的衡量标准是与销售数量、产品质量、顾客满意度和工作效能联系在一起的。在政府部门，产出成果典型的衡量标准则是使命的实现程度、产品或服务的质量以及效能等。
- 综合性和整体性的观点——人类绩效分析和干预强调的是组织中相互关联的各部分，包括个体工作人员、团队、部门、业务流程和组织等各种层次。

2006 年，美国对劳动力学习投资了将近 560 亿(Training Magazine, 2006)。实际的投入额度还远大于此，因为这一数字并没有把任何一个培训项目中最昂贵的要素——培训参与者的领薪时间及失去机会的代价计算在内。当销售人员参加培训时，他们未售出任何东西，也照样领取薪水。培训是一个昂贵的干预措施，因此，一种绩效提升的观点首先要对实现期望的产出成果所需的各种因素进行界定，只有当工作人员的知识和技能存在差距时，才会建议进行培训。管理人员常常认为，培训是实现绩效目标的合适（并且是唯一）的选择。绩效提升专业人员面临的挑战在于，与一线客户进行合作，联合起来对绩效环境进行评估，界定那些能导致预期组织结果的行为所面临的障碍及其有利因素，并提出降低或排除这些障碍的干预措施（解决方案）。

绩效如何测量？

在这一章里，我们考察了绩效提升的三种不同观点：行为型的、认知—动机型的和技术型的。这三种观点都有一个相似的目标——即期望的组织最终结果之改进。教学因变量通常依靠测验形式的学习测量，绩效提升与这些教学因变量不同，它的测量形式千差万别。在商业部
510 门中，务实的衡量是与盈利状况联系在一起的（如销售额、支出、缺陷或返工、利润）。很多情况下，组织中的测量，比如顾客满意度、差错率、生产率测量、雇员流动率和销售额，被用作因变量度；例如，在不同激励对快餐店绩效的影响研究中，因变量度就包括店面盈利、汽车穿梭时间及员工离职等（Peterson 和 Luthans，2006）。在其他组织中，诸如非盈利性组织或政府部门，对绩效的衡量是与组织的使命陈述和目标联系在一起的。当组织没有清晰界定可以测量的目标时，首先采取的绩效提升干预措施必须以认真负责的管理来建立相关的目标和衡量标准。

绩效提升的三种方法

把焦点集中于工作场所的绩效上其实并不新鲜。19 世纪末，工业革命就产生了一些让工作场所的绩效更有效率和效益的最初尝试。Frederick Taylor (1911)基于对时间和步态的研究改进了科学管理，实现了工作效能的最大化。他提出的建议是，奖赏要与绩效水平联系在一起，这与当前补偿对绩效的影响证据相符。20 世纪中叶，Maslow 的需求理论和 Vroom 的期望理论都把焦点放在了从动机方面对绩效所做的解释上。与此差不多同一时间，以 Thorndike 的效果律为基础，并经过 B. F. Skinner 拓展的行为主义促成了绩效提升的人类工程学方法的出现。从这些范式中，演变出绩效提升的两个分支：一个反映了经过系统理论调和过了的行为主义之根源，另一个则源自与工作场所中的动机相关的工业/组织研究与理论。我们把这两个分支称为行为工程分支和认知—动机分支。近来，以计算机为基础的各种技术手段的发展推动了第三种绩效提升方法的出现，我们称之为技术型的绩效提升途径。我们对技术型绩效提升模型的讨论焦点，主要集中于使用计算机技术来提供电子绩效支持。电子绩效支持包含了一系列折中的、以数字化方式进行递送的干预措施，这些干预措施可能体现了行为型的或认知—动机型的绩效提升设想。

绩效提升之行为工程模型的演化发展

大概在 20 世纪中叶前后，行为主义者们通过程序化教学把偶然性概念应用于培训中。在美国，一大批这样的行为科学家于 1962 年成立了全国程序化教学学会。在实施程序化教学和

教学设计模型并对其进行评价的过程中，这些专业人士中的一些人发现，哪怕是经过精心设计的培训也没有实现组织目标。例如 Thomas Gilbert 所说："我发现企业存在各种各样的绩效问题，其中大部分都和培训没什么关系。这确实让我触动很大。我意识到，工作场所中存在的问题是纷繁复杂的，在让教学设计能有把握发挥作用前，我必须把其他所有的问题都解决掉。绩效技术这种理念最初正是从这里产生的。"(Dean，1994，37 页)

培训在产生组织结果时常常遭遇失败，这导致了关注焦点被放在除知识与技能外影响工作场所绩效的因素上。Gilbert 于 1978 年出版的《人类性能：创造有价值的绩效》一书以及 Joe Harless 于 1970 年出版的《一盎司的分析(值一磅的目标)》代表了绩效提升之行为工程途径的两大里程碑。在过去四十年间，随着绩效提升之行为工程取向的不断演化发展，全国程序化教学学会也把它的使命和关注的领域范围的焦点做了重新调整，现在称为国际绩效提升学会(www. ispi. org)。

绩效提升之认知—动机模型的演化发展

与此同时，绩效提升科学家中的认知—动机分支则聚焦于通过各种动机手段，对工作场所中的行为进行管理，其中最惹人注目的是通过目标理论，而且最近还把社会认知与自我效能也整合了进来。Locke 和 Latham (2002)以三十五年的经验研究为基础，对他们的目标设定模型进行了总结概括，这一模型对把目标设定与绩效提升相联系的机制和过程进行了详细说明。

绩效提升之技术模型的演化发展

Gery (1991，34 页)在她里程碑式的著作《电子绩效支持系统》一书中说："一个电子绩效支持系统的目标是，在需要的时候提供任何必要的东西来产生绩效和学习。我们现在有各种手段来模拟、呈现、架构和实施电子绩效支持系统，以电子化的方式提供绩效支持，并有办法让电子绩效支持系统不论任何情境、任何时间和任何地点，都能普遍且始终可用。"绩效支持系统 511
一直伴随着技术的进步而向前发展。知识管理系统让雇员得以接近专家的知识；学习内容管理系统现在则有可能与最初作为在职支持而为培训开发的学习对象相连接；搜索引擎和可视化映射系统让雇员越来越容易确定支持内容的位置；各种移动设备使雇员能通过他们的手机和 iPod 在任何时间和任何地点读取内容。用电子绩效支持系统改进绩效的这种方法，其焦点在于通过各种各样的方式使用技术帮助工作人员、团队和职能单位实现组织结果。电子绩效支持系统的干预措施是多种多样的，可能体现了绩效提升的行为观或认知—动机观。

在接下来的几节中，我们对绩效提升的行为、认知和技术途径进行了总结概括。尽管已对很多行为主义的绩效模型进行了总结，但在这里我们还是对在国际绩效提升学会演化发展过程中扮演了重要角色的三种模型进行了简要描述。它们是 Gilbert 模型、Rummler 和 Brache 模型以及 Pershing 模型。我们总结概括了 Gilbert 模型，对这个人类绩效技术中公认的基本方法之一进行了刻画。我们把 Rummler—Brache 模型也囊括进来，这个模型是近来以 Gilbert 的开创性工作为基础并对其加以扩展的各种最具影响力的绩效提升模型之一。最后，我们对

Pershing 模型也进行了概括，2006 年的《人类绩效技术手册》曾对绩效提升的行为方法进行过总结，Pershing 模型则是对这些方法所做的最新综合。关于认知—动机型的绩效提升途径，我们总结了 Locke 和 Latham (2002)的目标设定和高绩效循环圈，以及其他反映认知观点的目标、反馈和刺激的新近研究。为了强调绩效支持中技术的作用，我们还会对使用电子绩效支持系统提升工作场所之绩效的研究与实践进行考察。

绩效提升的行为工程学模型

Thomas Gilbert 曾与 B. F. Skinner 共事过，他被认为是绩效提升之行为型方法的鼻祖之一。Gilbert 的大多数绩效模型最初都是发表于 1978 年，业已被整合到更为晚近的一些人类绩效模型中。

Gilbert 的人类能力模型

就像图 39.1 表明的那样，Gilbert 阐明了一个行为型的/系统化的模型，在这个模型中，工作人员以能产生结果(反应)的方式作用于输入(刺激)，并依次产生结果。以反馈为基础，工作人员对他们的绩效进行修正，使正面的结果不断增加。这种系统化的观点是所有绩效提升的行为工程学方法的一个重要特色。在一个双重模型中，Gilbert 从信息(输入)、工具手段(输入)和动机(结果)的角度对特定的绩效因素进行了界定，第一重的焦点是环境因素，第二重的焦点则是个体的执行者(图 39.2)。第一个单元格对绩效的环境因素进行了概括，它包括执行工作所需的各种信息资源，其中包括工作标准、工作文档和绩效反馈等。单元格二则对各种环境资源进行了详细说明，包括货币、时间、装备、工效因素、领导支持和工作流程等。单元格三把焦点集中于各种激励措施，包括薪水、认可和发展机会等。相对较低的一层包括类似的几大类别，应用于个体工作人员：单元格四包括以充分培训为基础的知识和技能。承担工作的能力
512 是单元格五的主题，它包括承担工作所需的各种先决条件，其中既有物质的、也有精神的，还有情感的。单元格六重点强调的是个体工作人员对现有的激励投入精力以及坚持做出反应的动力。

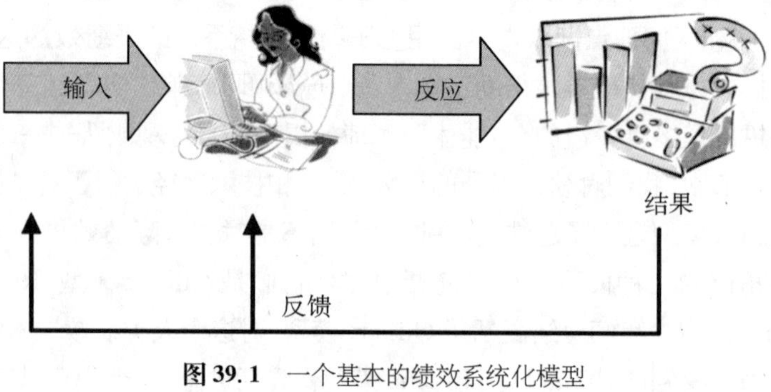

图 39.1 一个基本的绩效系统化模型

	信息	工具手段	动机
环境	数据	装备	激励
	• 导向 • 反馈	• 手段 • 时间 • 步骤	• 工资
人	知识	能力	动力
	• 培训 • 工作辅助	• 选择	• 个体的激发因素

图 39.2 Gilbert 的六格绩效因素(改编自 Gilbert, T., *Human Competence: Engineering Worthy Performance*, McGraw-Hill, New York, 1978.)

Gilbert 模型的焦点是成果,它关注的是结果而不是事件,人类绩效提升的很多基本要素在这一模型中都有所体现。他对环境的各种影响——诸如工具手段与标准等,和与个体执行者相关的一些因素——如工作辅助与选择等,进行了区分。Gilbert 模型是一种绩效提升的行为科学的系统方法,它把工作人员描述成对输入做出反应的人,以行动的反馈及后果为基础来对输出进行调整。Gilbert 模型的方方面面在接下来的所有行为模型中都得以发扬光大。

Rummler—Brache 的三层模型

Rummler—Brache (1995)模型吸收了 Gilbert 的行为工程学概念,增加了一种系统化的组织观,并把通过调整流程来改进绩效的机会也加了进来。他们在 1995 年的著作《改进绩效:如何对组织系统图的空白处进行管理》中说:"根据我们的经验,绩效提升最重要的时机常常就存在于职能交接的过程中,就是在这些点上,指挥棒从一个部门传递到了另一个部门。"(9 页)就像 39.3 图表明的那样,Rummler—Brache 模型的焦点集中于三个层次上的绩效的规划和管

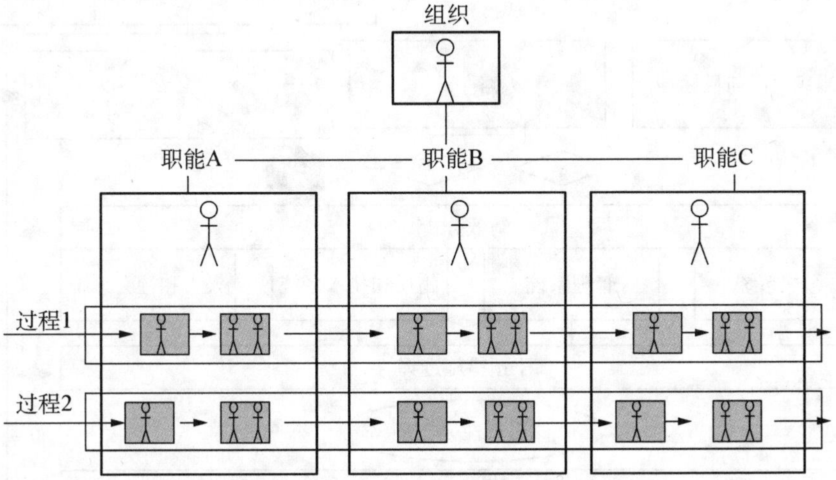

图 39.3 Rummler—Brache 三层绩效提升模型(改编自 Rummler, G. A. and Brache, A. P., *Improving Performance: How to Manage the White Space on the Organization Chart*, *2nd ed.*, Jossey-Bass, San Francisco, CA, 1995.)

理——组织层次、流程层次和个体工作执行者层次。工作层次上的绩效因素与 Gilbert 模型中专门详细说明的那些因素相似；然而，Rummler—Brache 模型更强调组织的整体观以及统一组织、流程和个体执行者三者之间主要接口的必要性。Rummler—Brache 分析对三个层次上的绩效因素进行了评估：组织层次上的战略、目标、测量、架构和资源；流程层次上的输入和输出在各职能单位间的流动；以及各种各样的个体工作人员的因素，这在 Gilbert 模型中已有描述。
513 这里潜在的一个前提假设是：这三个层次是相互依赖的，必须在这三个层次上对绩效进行规划和管理。在这个更大的境脉之外单纯地强调个体工作人员的因素，往往会产生相反的结果。Rummler—Brache 模型作为一种绩效提升的综合性行为工程方式的指南，现已广为使用。

Pershing 的绩效提升过程模型

我们把 Pershing 的模型也放了进来，并在图 39.4 中对其进行了概述，因为它把焦点集中于绩效提升过程，并因此为人类绩效提升增加了一种新的截然不同的视角。一个绩效提升项目典型的指标可能是绩效问题，诸如我们在开头的一段中曾概述过的绩效问题，以及各种质量改进计划或商业机会，如收购与合并。Pershing 的绩效评估过程建议，通过鉴别确定各种感知或能感觉到的需要，开始绩效提升。这个过程包括：确定绩效提升计划的发起人、能手以及利益相关者，确定需求是如何产生的以及绩效提升计划的重要性。在这一过程的早期阶段，要对任何绩效提升计划与组织的可操作目标之间的协调一致性进行评估。如果问题解决了，目标实现了，那么所取得的成果与一个更大的组织环境的价值观、文化、架构和目标契合一致吗？

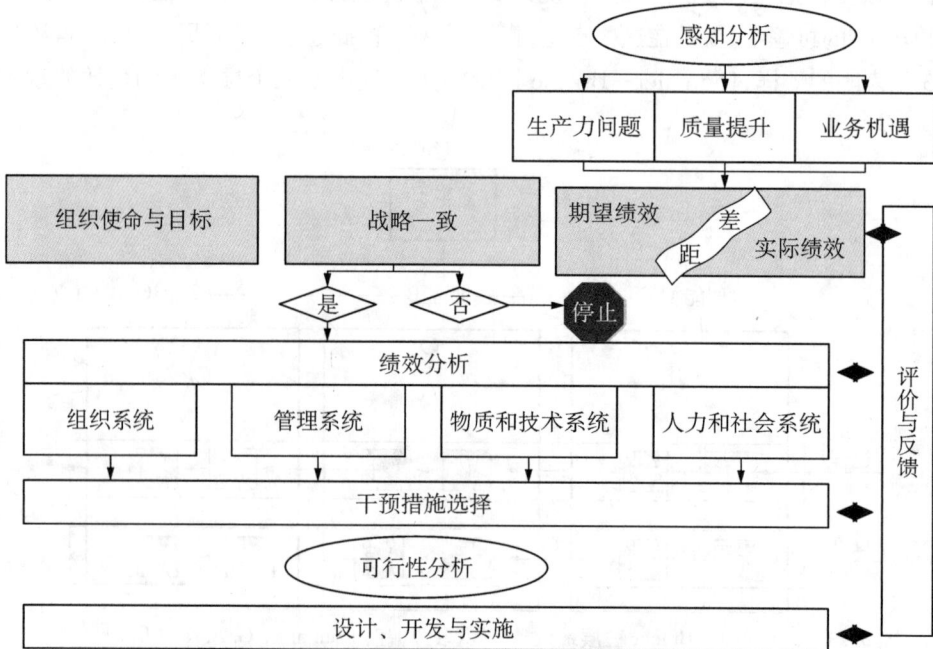

图 39.4 Pershing 绩效提升过程模型(改编自Pershing, J. A., *Handbook of Human performance technology*, *3rd ed.*, Pershing, J. A., Ed., Pfeiffer, San Francisco, CA, 2006, p. 5 - 34.)

就像 Pershing 所说的那样："组织在解决问题或抓住机遇的过程中，常常陷入对资源和时间支出的追逐之中，而对组织目标则很少或没有任何回报或贡献。"

一旦实现了协调一致，绩效评估就要对组织、管理、物质和人力系统中的各种因素进行考察。组织层次上对结构、通讯渠道、劳动部门、运作方式以及决策的考察，可能为提升组织的生存能力和效率开辟通途。管理系统分析评估的是关键的管理职能在授权、促进他人发展、实施绩效评价、设定优先权方面的质量。对物质和技术系统的评估考虑的是技术流程是否充分，以及工作人员用来实现目标的装备与手段是否充分。这包括人类工效学方面的问题、技术系统的功能性、流程工程以及传统的和电子化的工作辅助等。最后，对人类系统所做的评估焦点主要集中于甄选流程、知识和技能，以及奖励和激励等。作为绩效问题审视的结果，绩效差距与一个或更多个这样的系统相关，需要通过适当的干预措施来消除这些绩效差距。

行为工程学模型中的干预措施

在绩效提升的行为工程学方法中，干预措施涉及到消除障碍或者在组织、管理、物理或人力系统中增加新的绩效使能者。典型的干预措施包括流程再造、管理标准和培训、人类工效学方面的改变、工作辅助(传统的和电子的)、工作标准、绩效回馈、激励以及培训等等，不一而足。 514
回想一下我们在引言中提到的那些绩效问题。在所有这些情形中，管理层都呼吁采取培训措施，比如，公用事业管理就要求开设一门电讯礼节方面的课程来降低顾客对粗陋服务的投诉，数据录入文员则上了一门复习进修的培训课程来降低数据录入中的错误，如此等等。然而，在培训之后，绩效问题并没有消失。如果仔细看一看各种组织、管理、物理和人力系统，我们将会发现，这些绩效问题事实上与知识和技能毫不相干。

比如，对顾客电话模拟进行的结构化观察表明，绝大多数公用事业的客户服务代表不能彬彬有礼地对顾客提出的问题做出回答；然而，他们的工作标准、反馈以及激励被设定在每天 120 个电话上，且并没有与期望取得的工作成绩(彬彬有礼地回答)协调一致。一旦管理层只追求和鼓励数量，质量就会受到损害。

关于数据录入文员，对出错模式进行的分析表明，绝大多数错误都是在午后的两点钟之后出现的。通过对工作环境进行访谈和观察，发现在新的工作场所中，阳光通过大窗户射进来，在计算机屏幕上形成了一片炫目的光，这使屏幕的可见程度在午后的几个小时里下降了。一种很便宜的人类工效学解决措施——好的遮光窗帘便就位了(Addison 和 Haig, 2006)。

在华盛顿特区，用于招聘警员的五亿美元联邦经费必须在两年内花完。因此，没有时间像通常那样对这些招募来的警员进行心理方面的检查以及背景审查(Flaherty 和 Harrison, 1993)。产生这一绩效问题的根源在于没有建立起一个有效的筛选机制。就像图 39.5 表明的那样，只有很少一部分比例的绩效差距是源于知识与技能的欠缺，对于其他绩效问题而言，采取培训措施并没有什么根据。大量的绩效差距需要把重点放在组织、管理、物质和人力系统之上的措施。Rothwell 和 Kazanas (2004)在最常用的、除了教学干预措施之外的措施中鉴别出了其中的五种：反馈、工作绩效辅助、奖励机制、员工选拔做法以及组织重整等。

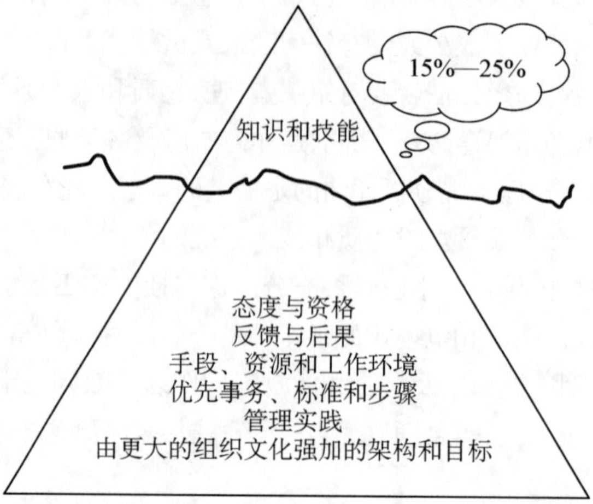

图 39.5 绩效差距的冰山模型(获准选自 Addison, R. M. and Haig, C., *Handbook of Human Performance Technology, 3rd ed.*, Pershing, J. A., Ed., Pfeiffer, San Francisco, CA, 2006, pp. 35 - 54.)

行为工程学方法的特色

绩效提升之行为观的力量在于其整体性和实用主义的取向,这种取向如果应用得有效,可以使横向和纵向的各种组织努力以及个体工作人员层次上的组织努力协调一致,进而改进组织的结果。行为工程学社群的知识基础主要在于广泛的案例研究工作以及对诸如上面概括的这些模型的阐述与表达上。绩效提升的行为工程学观点缺乏实验证据的支持,比如,对在国际绩效提升学会的主要期刊《绩效提升季刊》上发表的论文所进行的综述发现,1997 年到 2000 年,有 36%的文章是基于数据的(Klein, 2002),而 2001 年到 2005 年,这一数字上升到了 54%(Marker 等, 2006)。在 Marker 等人分析的这些以数据为基础的报告中,只有 5%的文章体现了实验研究或准实验研究。

就像这里回顾的模型中所反映的那样,对于界定和实施一项综合性的绩效提升措施而
515 言,实践人员通常需要具有一套多样化的视角。行为工程学的绩效提升模型的第二个潜在局限是其所持的"放之四海而皆准"这种观点。绩效提升之行为工程学取向的一个基本假设是,只要通过对环境做出某些改变,绩效就得以提升,而不用考虑个体工作人员或不同任务之间的差别可能会与这些改变发生的交互作用。这一假设可能会导致建议的提出,即不要将工作任务性质的关键性差异,或个体工作人员动机和技能的差异列为重要因素。

绩效提升的认知—动机型方法

在前面这节中,我们对绩效提升之行为工程学观点的主要原则和假设进行了综述。与之相反,工业和组织心理学家在很大程度上依靠的是通过实验研究获得的证据,他们在工作场所的绩效提升上所持的是一种认知观点。在这一节中,我们将概述目标设定理论,以及反馈和

激励对绩效结果之影响的主要发现。

与前面几段中概述的行为工程学模型类似,人们设计认知—动机型绩效模型的目的是预测和解释组织的结果并对其产生积极正面的影响。此外,认知取向同样对行为型绩效提升模型中的一些绩效因素进行了强调——最明显的是绩效标准(目标)、反馈和激励。然而,与行为工程学绩效提升模型不同的是,认知—动机型绩效提升模型的基本指导方针是以大量的实验为基础——既有可控的实验室实验,也有现场研究。另外,在这些模型中,还加入了工作环境与内部心理过程之间的交互。以内部心理过程和外部环境因素之间的交互为基础,是认知型绩效提升模型区别于行为型绩效提升方法的特色之一;比如,绩效提升的行为观假定工作人员的反馈在一般情况下将会对工作的输出产生一种积极正面的影响。与此相反的是,绩效提升的认知型方法表明,反馈有时候会对绩效产生有害影响,因为它直接关注自身而不是任务(Kluger 和 DeNisi, 1996)。为了取得成功,必须以直接关注任务,而非自身的方式,来设计和传递反馈信息。对诸如目标、反馈、激励等绩效因素进行强调时,绩效提升的认知模型提出的问题是,这些因素是如何施加影响的,应该如何根据它们的行动机制来适应性地实施这些绩效因素等。

目标设定理论

目标设定理论的核心发现是,在目标的难度和随后的绩效二者之间存在着一种直接且正面的相关性,效应值从 0.52 到 0.82 不等,从适度水平到高级水平。Locke 和 Latham (2002) 已经发现,和“尽力而为”之类的更加一般化的目标相比,具有一定难度的目标始终会导致较高的绩效水平。当目标的难度水平保持不变时,那些具有高度自我效能感并相信通过努力能实现目标的个体,其实现的绩效水平相对较高。

高绩效循环圈模型

目标设定理论对目标的机制及其调节器都进行了研究,图 39.6 中的高绩效循环圈对其进行了概括。对于机制而言,目标是有效的,因为通过努力,它们可以把注意力导向与任务相关

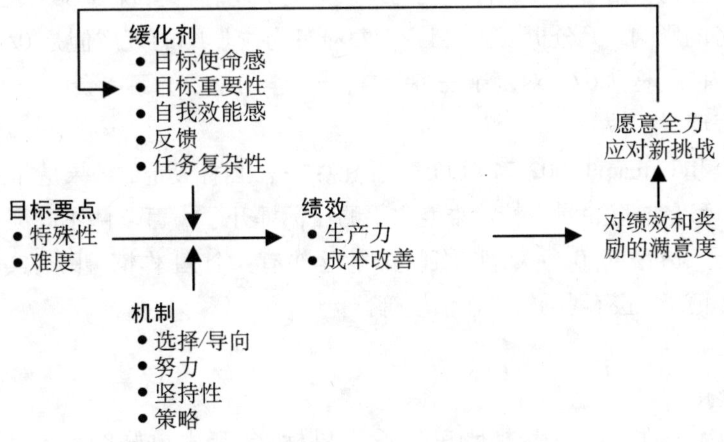

图 39.6 目标设定理论的高绩效循环圈(获准选自 Locke, E. A. and Latham, G. P., *Am. Psychol.*, 57(9), 705—717, 2002.)

的活动,并使注意力远离那些无助于实现目标的活动。另外,目标还给提升工作任务的绩效以激励,使完成任务的努力更加持久,并激发更加有效的工作方法。

然而,那些具有挑战性的特定目标可能并不能总是给我们带来更高的绩效水平,因为对目标设定之于绩效水平的影响而言,存在着一些已得到证明了的缓化剂。首先,工作人员必须有一种实现这个目标的个人使命感。为了使实现目标的这种使命感能得到保证,目标的达成应该被放在一个非常重要的位置上,要确保工作人员能达到这个目标。尽管有一种流行的观点认为,目标设定过程中的广泛参与可以导致对目标更加强烈的使命感,但研究却并没有证明这一点;甚至,如果一个目标的意图或合理性能得到证明的话,那么一个指定的目标和一个集体设定的目标一样有效。对决策过程中的参与之于绩效水平的影响进行的元分析发现,其效应值很低,只有 0.11 (Locke 和 Latham, 2002)。显而易见,作为参与者之间信息交流的结果,参与式目标设定最大的好处实质上是认知性的。

更多的金钱会导致更强的使命感,因此可以通过财政上的激励来进一步强化实现目标的使命感;然而,如果目标难度非常大而激励要视能不能达到目标而定的话,工作者一旦感觉实现不了,他们将倾向于放弃目标。取而代之的是,目标要保持在一个适中的难度水平上,或者
516 雇主应该为实际的绩效水平而不是实现目标的使命感支付薪水。为了强化自我效能感(如增强对实现目标的自信),必须提供充分的培训,以提升其掌握水平,并且要与能够表现对工作人员的能力有信心的角色建模或有说服力的沟通结合在一起。

目标设定效应的第二个缓化剂是反馈。目标要有效,工作人员必须要从反馈中受益,那些反馈表明他们取得了与实现目标相关的进步。把目标和反馈结合在一起,比单独设定目标更有效;然而,针对如何最有效地使用反馈来实现绩效水平的最优化,一项关于反馈对绩效之影响的元分析(Kluger 和 DeNisi, 1996)向我们提供了另外一些新发现,在下一节中,将会对这个元分析进行概述。

任务复杂性是目标设定之效能的第三个缓化剂。绝大多数研究都是围绕复杂性相对较低的任务展开的。随着任务复杂性不断增加,目标设定的效果越来越依赖于工作者发现恰当的任务策略这种能力。因为一些工作者比另外一些更成功,因此目标对复杂任务的影响要小于其对简单任务的影响。元分析表明,目标对复杂任务之影响的效应值是 0.48,而对简单任务之影响的效应值则是 0.67。对复杂任务而言,一个学习型目标可能会比一个绩效型目标带来更好的绩效表现。

总之,Locke 和 Latham (2002,714 页)下结论说:"……目标设定的效果是非常可靠的……业已表明,使用目标设定理论,具有特定难度水平的目标提升了一百多件不同任务的绩效水平,这些任务的参与人员有 4000 多人,涉及到的国家至少有 8 个,工作情境既有实验室工作情境,也有模拟的工作情境,还有现场的工作情境等。"

反馈对绩效的影响

提供目标实现方面的反馈,相比单单设定目标,会产生更好的绩效水平。Kluger 和 DeNisi (1996)对 131 篇论文中横跨 23663 项观测的 607 个效应值进行了元分析,并以此为基

础对反馈的基本指导方针以及一种反馈理论进行了概括。这些效应值构成的柱状图如图39.7所示。尽管平均的效应值(0.4)处于一个适度水平上,并且是积极正面的,但还是有超过三分之一的反馈干预措施要么没效果,要么有时甚至压低了绩效水平。Kluger 和 DeNisi (1996,254页)强调指出:"一系列可观的证据表明,反馈干预措施对绩效的影响是非常多变的,这些证据在过去被绝大多数研究人员漠然地置之不理。这导致了一个流传甚广的共同假设,即反馈干预措施总是能够改进绩效。"

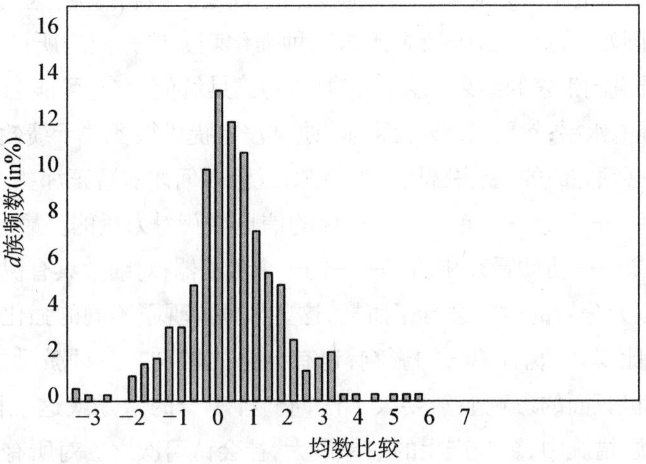

图 39.7 607项反馈干预措施对绩效之影响的分布(获准选自 Kluger, A. N. 和 DeNisi, A., *Psychol. Bull.*, 119(2),254—284,1996.)

为了解释反馈对绩效产生的各种不同影响,Kluger 和 DeNisi 提出,反馈主要是让工作人员把注意力二次聚焦于自己、任务和任务详情这三个层次的某一个层次上。注意力向任务或 517
任务详情层次上的转移常常会带来一种积极正面的效果,然而,如果注意力被重新聚焦于工作者自身,那么绩效水平将会受到损害。在很多情况下,其原因在于把注意力导向工作者自身的反馈是危险的、具有威胁性的,它把具有产出性的任务和任务详情这两个层次上本已有限的资源进一步分散到了别处。

当 Klugar 和 DeNisi 对反馈的缓化剂进行评估时,他们发现把工作人员的注意力导向其自身的一些暗示,诸如规范型的反馈(你怎么和其他人进行比较?)、要么令人沮丧要么就是大加颂扬的反馈、把来自于人的反馈比作是来自一台计算机的反馈等,无一例外地都减弱了反馈具有的积极正面的效应。这是因为,所有这些暗示都把心智资源导向了工作人员自身的目标而不是导向了任务的目标。与此相反,那些能够表明之前完成的工作取得了进步的反馈,重点强调的则是正确无误的解决措施,这样的反馈来自于个人色彩更淡薄的来源,比如一台计算机通过把工作人员的注意力聚焦于任务之上就可以提高反馈的效果。自尊对这些效果有所调节与缓和。自尊程度低的个体与自尊程度高的个体相比,将会更加把消极负面的反馈导向自身;因此,消极负面的反馈对那些自尊程度低的人的绩效产生的消极负面的影响会更大。此外,就像 Locke 和 Latham (2002)概括的那样,Kluger 和 DeNisi (1996)也报告说,在目标面前，反馈对绩效的提升程度更大。

激励对绩效的影响

在所有的绩效提升范式中，后果（奖励）扮演的角色都是一个关键要素，但我们从研究中对能改进绩效的激励类型又有哪些了解呢？2003年发表的两项元分析就激励之于绩效的影响提供了深刻的见解。Stajkovic和Luthans（2003）对金钱、反馈和社会认可这三种常见的激励措施对工作绩效通常具有的单一效应和综合效应进行了评述。他们猜测，这三种强化刺激结合在一起会产生一种协同效应，这种协同效应比这三种强化刺激单一使用所产生的效应的总和还大，而这是差异互补机制带来的结果。金钱有很高的工具价值，它有可能会导致额外的努力出现，以增加绩效表现的水平；然而，金钱方面的奖励并没有提供很多关于绩效的信息。工作者可能不能确定什么是必须完成的，要去哪里获取资源，或者如何才能矫正那些没有产出的行为；因此，第二个强化刺激——反馈——正是从它提供的信息中获得力量的。最后，社会认可作为对未来积极正面的结果——诸如晋升和加薪——的一个预报器，对绩效具有积极正面的影响。

图39.8对这项元分析的数据进行了概括，这些数据展现了不同的强化干预措施对绩效水平产生影响的百分比，其中既有单一的影响，也有综合的影响。三种激励结合在一起（C4）对绩效水平产生的积极正面的影响显然要大于任何一种单一的激励或这三种激励的单一影响
518 之和。在单一的激励措施中，金钱产生的效果最大，社会认可次之。对所有这三种强化激励的效果进行评价的研究显示，它们对绩效的影响比例达到了45%。这三种单一效应值累加的总和达到了1.48；然而，把这三种激励措施结合起来进行研究后，发现其实际效应值达到了1.88。实际效应值和综合效应值之间的这种差别揭示出，所有这三种激励措施之间具有一种协同效应。作者报告说，绩效提升的平均效应值是16%。金钱对绩效提升的效应值比例是23%，社会认同是17%，反馈是10%。Stajkovic和Luthans（2003）提出，在更加复杂的任务中，反

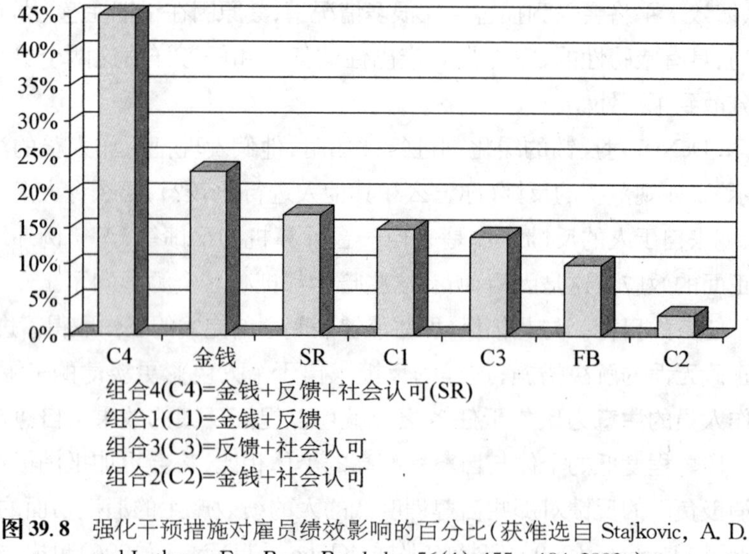

图39.8 强化干预措施对雇员绩效影响的百分比（获准选自Stajkovic, A. D. and Luthans, F., *Pers. Psychol.*, 56(1), 155—194, 2003.）

馈对绩效的影响将更大,因为对于复杂任务而言,反馈具有的信息价值将得到更大程度的释放。

Condly 等人(2003)对激励进行的又一个元分析报告说,在任何工作情境中,对一切工作任务而言,所有激励项目在绩效水平上都会带来 22%的收获,这一数字与 Stajkovic 和 Luthans (2003)报告的 16%非常接近。Condly 等人(2003)发现,以团队为导向的激励措施与以个体为导向的激励措施相比,具有显著的优胜效应,而财政方面的激励与诸如礼物和旅行之类的有形激励相比,也能导致相对更高的绩效水平。他们还发现,长期的激励项目与短期的激励项目相比,在绩效水平方面带来的收获也更大。

最近,Peterson 和 Luthans (2006)进行了一项准实验的控制组研究,比较了快餐专营店团队的财政和非财政方面的激励措施在九个月内对三种绩效结果测量所产生的影响。在他们的研究中,随机选择了 21 家快餐店,对它们进行两种不同的处理或设立一个控制组。其中一种处理方式是向整个小组提供财政激励,财政数目视对目标行为的结构化管理观察所得到的点数而定。非财政方面的处理包括与计划蓝图和社会认可相关的反馈,这些计划蓝图和社会认可是由管理人员提供给整个团队的。Peterson 和 Luthans (2006)分别对三个月、六个月和九个月的店面利润、汽车穿梭时间以及营业额的绩效结果进行了比较。

在利润方面,他们发现这两种干预措施的效果都很重要。三个月时,财政组和反馈—认可组在绩效水平上的表现都优于控制组,而财政干预措施的绩效表现又优于非财政干预措施。但到了六个月和九个月时,无论是财政还是非财政的干预措施对利润都有一个相似的积极正面之影响。对汽车穿梭时间而言,在所有三个时间段,财政和非财政组对绩效的改进与控制组相比都差不多。尽管两个处理组的营业额都低于控制组,但财政方面的激励对营业额的影响却显著大于反馈—认可的激励措施。具体而言,这项研究表明,在九个月的时间里,财政组的平均利润从干预前到干预后增长了 30%,而非财政组则增长了 36%;财政组的汽车穿梭时间下降了 19%,非财政组的汽车穿梭时间下降了 25%;财政组的营业额下降了 13%,非财政组下降了 10%。这项研究得到一个有意思的结论是,对不同的绩效结果而言,激励措施产生的影响也不相同;比如,对货币和反馈—认可的激励措施来讲,营业额的变化甚于盈利水平。因此我们建议,在研究中要使用一种以上的绩效度量作为依变项,而且要对持续一段时间内的结果进行评价。

总之,最近对激励措施所作的元分析和实验研究表明:(1)通常情况下,激励项目会导致绩效结果有 20%左右的提升;(2)一个视目标行为而定,把诸如货币奖励、反馈和社会认可等各种激励措施都结合在一起,各方面都很协调的项目对绩效的影响程度会最大;(3)由团队支配的激励可能产生比个体激励更大的绩效结果;(4)对复杂程度高低各异的任务来说,各种激励措施之间不同的组合产生的效果也不一样,它们对不同绩效量度产生的影响也不相同;(5)为了最大限度地实现价值,对复杂任务之绩效的反馈应该把说明性或针对特定任务的建议也纳入其中。

认知—动机模型的特色

与前面评述的行为工程学模型相反,认知—动机模型在更大程度上依赖于实验研究获得的证据。这些模型也更加具有认知特色,因为它们纳入了内在的个性因素,诸如自信和认知、注意力等，来解释各种动机激发因素对不同绩效结果产生的不同影响。与绩效提升的行为观相比，认知—动机取向对不同因素之间的交互作用考虑得更多，而绩效提升的行为观则假定一种给定的干预措施对绩效结果的影响是始终如一的。比如，绩效提升的行为工程学方法把与目标行为联系在一起的反馈视为一种自始至终一直都有效的绩效提升机制。与此相反，绩效提升的动机观则提出，反馈对绩效结果的影响既可能更加有效，也可能更加无效，这取决于反馈的提示在把注意力导向任务上是否有效。

绩效提升的技术型方法

在绩效提升的行为工程学模型中，我们认为，有时候对提升工作绩效所需的知识和技能进行培训没什么效果或做不到，在这种情况下，一种常见的干预措施就是以工作辅助形式表现出来的记忆支持。技术支持人员常常遇到新问题，他们必须迅速找到或想出解决办法。销售代表在紧跟不断发展的产品线和产品特征上常常面临挑战。财务审计人员则要去做他们在几个月前的培训中就学到的财务分析。尽管可以通过开发与开展培训来应对这些情形，教学干预措施仍有可能是不及时或没有成本效益的。

519 为了应对这些问题，电子绩效支持系统给用户提供了“个性化在线登录整个系统的方式，以实现工作绩效”(Gery, 1995，21 页)。培训要求参与者必须离开原来的工作一段时间，和培训不一样，电子绩效支持系统勿需如此，它可以让他们一边工作，一边给他们提供工作所需的信息与手段。下面概括的对电子绩效支持系统的大量研究总是先入为主地认为，在计算机还不是很容易就可以得到的地方，桌面电脑提供支持以及移动计算设备的发展为电子绩效支持系统带来了更多的机遇；而航空机械师、产业劳动者以及销售代理通过他们的移动电话、iPod或其他小型计算设备，将能在任何时候获取绩效支持内容。

绩效支持的类型

人们提出了很多模型，以对绩效支持系统的类型进行区分，在这些模型中，Raybould (2000)认为绩效技术专家应该首先采用植入式电子绩效支持系统，而后如果这些植入式系统对一个特定的绩效问题束手无策时，再转到那些不是那么强有力的联结式或外接式系统。Rossett 和 Schafer (2006，67 页)指出，当一个绩效执行者“准备好开始行动，并且后来[他们]对[自己]努力的结果进行反思时”，安排表式的系统就派上了用场，而当绩效执行者们“处于工作状态中时”，伙伴式系统则可以为他们提供帮助。

被引用和讨论得最广泛的绩效支持分类是 Gery (1995)提出的，她把绩效支持系统分为三类：外部的、外来的和内部的。外接式系统存储的内容一般都是以一个外接数据库的形式来为绩效任务提供支持。这些内容并非是整合在一个用户工作界面之内的，因此，在一个外接式电子绩效支持系统中，用户被迫要通过手工方式确定相关信息的存储位置。图 39.9 描述了外接式电子绩效支持系统的一种常见形式：搜索引擎。其他例子还包括常见问题页面及帮助索引等。外接式绩效支持系统还“可以以计算机为媒介，也可以不以计算机为媒介”(Gery, 1995,

53 页)。工作辅助或程序说明书就是不基于计算机的绩效支持干预措施的例子。

派生式“绩效支持是与系统整合在一起的,但却不处于首要的工作场所之中”(Gery, 1995,51 页)。换句话说,派生式系统是与用户工作界面整合在一起的,通过这种方式,电子绩效支持系统就可以识别用户在一个系统中所处的位置,甚至还可以识别他们正在从事的确切任务。通过这种境脉信息,派生式系统能准确地确定可能与手头正在做的任务相关的内容所处的位置。图 39.10 展示了一个派生式系统,它把帮助链接嵌入了软件界面中。对一个特定

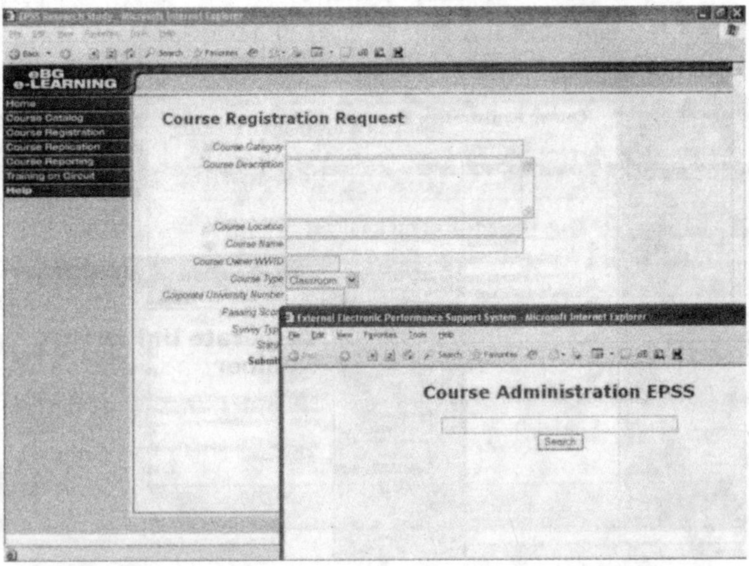

图 39.9 使用搜索引擎的外接式绩效支持系统之样例(获准选自 Nguyen, F. et al., *Perform. Improv. Q.*, 18(4),71—86,2005.)

520

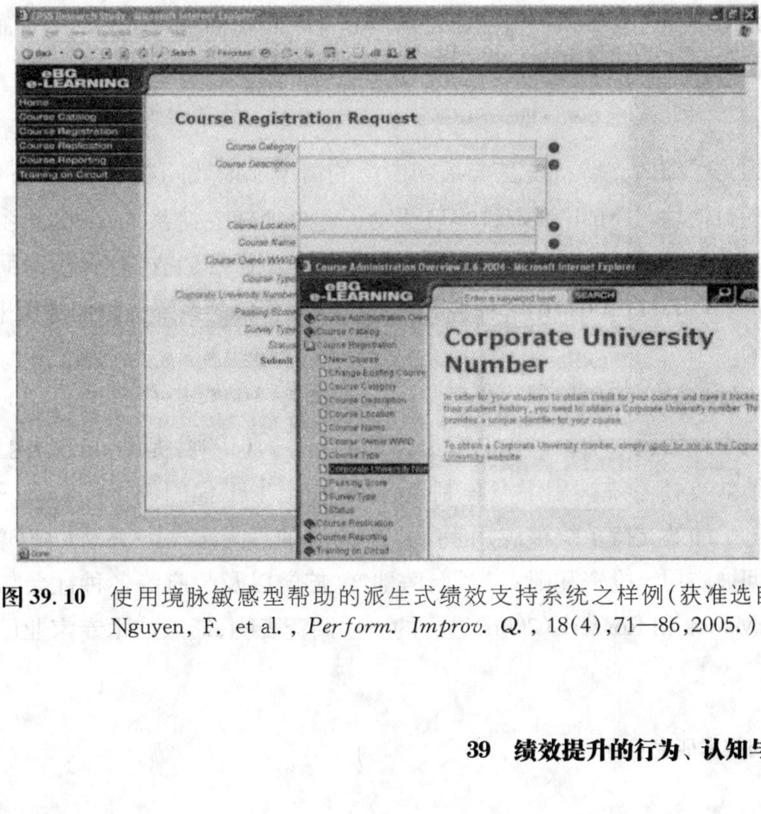

图 39.10 使用境脉敏感型帮助的派生式绩效支持系统之样例(获准选自 Nguyen, F. et al., *Perform. Improv. Q.*, 18(4),71—86,2005.)

的工作境脉而言,这些链接让电子绩效支持系统能准确地确定恰当的支持内容所处的位置。就像外接式绩效支持系统一样,用来为任务提供支持的内容对工作界面而言是外在的。

内生式系统给用户提供的任务支持是直接组合在它们的工作界面之中的。由于与界面的这种直接整合,Gery 断言说内生式电子绩效支持系统提供了“对系统自身而言内在的绩效支持。它是如此高度地整合,以至于对工作人员来讲,它成了这个系统的一部分”(Gery, 1995, p. 51)。在这个相当宽泛的定义下,内生式绩效支持系统的例子可以包括使各种任务和过程自动化的工具、为了降低复杂性并提升可用性而开展的以用户为中心的工作界面设计,或者是直接呈现在工作界面中的植入式知识等,如图 39.11 所示。

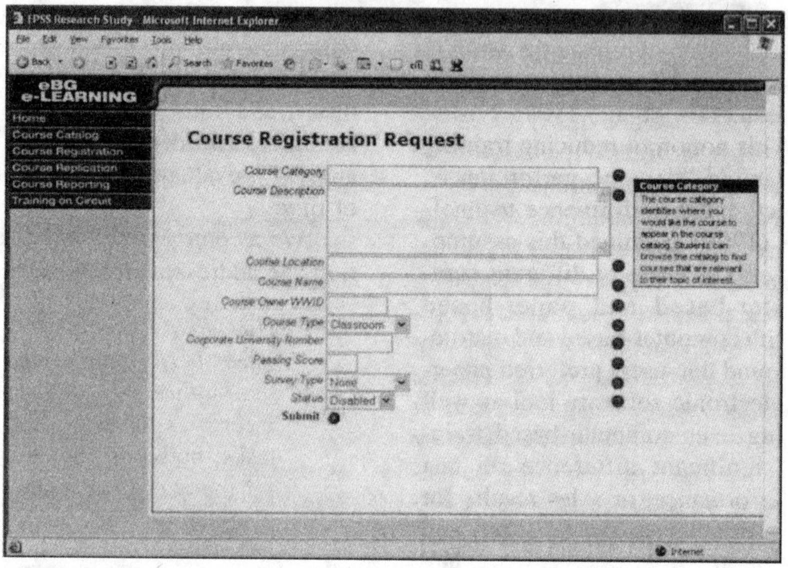

图 39.11 使用工具提示的内生式绩效支持系统之样例(获准选自 Nguyen, F. et al., *Perform. Improv. Q.*, 18(4),71—86,2005.)

绩效支持的应用

案例研究报告了绩效支持系统在一系列广泛的情境和绩效问题中的应用;例如,绩效支持系统被用于教育情境。Brush 等人(1993)开发了一个绩效支持系统,来提升乡村社群中教师之间的协作。McCabe 和 Leighton (2002)创建了一个电子绩效支持系统,帮助硕士生进行分析与教学设计。Darabi (2004)则解释说明了一个与之相似的系统是如何被用来帮助研究生进行绩效分析的。

绩效支持系统还被广泛应用于工业界。Dorsey 等人(1993)和 Cole 等人(1997)应用绩效支持系统来帮助当地和远方负责销售的雇员。Huber 等人(1999)提供了三个内生式、派生式和外接式电子绩效支持系统被用于汽车制造、保险和土木工程的例子。Kasvi 和 Vartiainen (2000)论证了电子绩效支持系统被应用于工厂中的四种不同方式。Gery (2003)援引了绩效支持系统是如何被应用于投资和财务规划、房地产、旅游以及政府等各种社会与产业部门当中的例子。McManus 和 Rossett (2006)进行的一项调查表明,绩效技术专家业已开始使用电子绩效支持系统来解决各种问题了,从美国海岸警卫队的舰船跟踪到酒店管理人员的员工培训等。

绩效支持系统的应用之所以能在实践领域中如此广泛地扩展开来,部分要归功于成本节约。有几位作者已提出了计算绩效支持系统投入回报率的方法(Altalib, 2002; Chase, 1998; Desmarais 等,1997; Hawkins 等,1998)。Desmarais 等人(1997)实施了一项电子绩效支持系统,为一家公用事业公司的客户服务代表提供支持,估计通过诸如缩短呼叫时间、提升工作生产率、减少培训之类的好处可以实现不菲的财政节约。Hawkins 等人(1998)报告说,为一家政府机构开发的电子绩效支持系统在这个系统运行的整个寿命期间,这家政府机构一共节约了 521
超过 1700 万美元的资金。

绩效支持的好处还不止是节约财政。Hunt 等人(1998)对医疗领域内的绩效支持系统做了一个元分析。他们一共考察了 68 项有关绩效支持系统的研究,这些系统为用药、病患诊断、预防保健提供支持。在这些研究中,有 42 项用户绩效得以提升,19 项改变不是很明显,只有 7 例绩效下降。那些设计用来为诊断和某些特定类型的用药提供支持的电子绩效支持系统,尽管对其研究不一致,但研究人员注意到,针对预防保健等其他领域的支持系统,证明对紧急救护、临床诊断和医院具有积极正面的效果。Villachica 等人(2006)报告了自 1997 年至 2004 年在以绩效执行者为中心的设计(PCD)方面取得成功的人所得到的好处。这些项目产生的影响,从减少培训时间到增加用户满意度,再到提高劳动生产率等,不一而足。

对绩效支持系统的研究

研究还对绩效支持系统最有效的类型进行了考察。Bailey (2003)的元分析发现,就像一个人在内生式或派生式绩效支持系统中将会做的那样,在外接式系统中,耦合“趋向于比搜寻内容更积极有效”(Bailey, 2003,1 页)。与此相似,Spool (2001,1 页)发现:“用户搜寻的次数越多,他们找到想要的内容的可能性就越小”。事实上,Spool 注意到,用户在第一次尝试寻找正确的支持信息时,有 55%的机会都是成功的。在第二次搜寻的尝试时,只有 38%的人能取得成功,而在第三次的搜寻企图中则没有人能成功。Nielsen (2001)在另外一项研究中也发现了类似结果,在第一次搜寻企图中,有 51%取得了成功,第二次有 32%,而第三次则只有 18%。

Nguyen 等人(2005)所做的一项研究证实了这些结果中的一部分。研究人员按照 Gery 对电子绩效支持系统的内生式、派生式和外接式分类,对三种不同类型的绩效支持系统进行了测验。研究结果表明,拥有内生式和派生式绩效支持系统的用户在一项软件编制过程上和没有电子绩效支持系统的控制组相比,有明显较好的绩效表现。还有,所有拥有电子绩效支持系统的用户和控制组相比,态度都明显更积极。

目前,有关绩效支持的其他假定的研究要么数量不足,要么就还没有确定性的研究结论。比如,有关电子绩效支持系统,人们所持的最为广泛的观念之一就是,在职绩效支持干预措施的实施能减少甚至消除解决一个绩效问题所需的培训数量(Chase, 1998; Desmerai 等,1997; Foster, 1997; Sleight, 1993)。这种通过电子绩效支持系统来减少培训并使“当天见效”成为可能的观念对很多绩效技术专家而言，已成为吸引他们注意力的一个重要因素。Bastiaens 等人(1997)把基于计算机的绩效支持系统和基于纸张的绩效支持系统进行了不同组合，并把它与基于计算机的培训以及由指导者引导的培训的有效性进行比较，以此对这个先入为主的观点进行了考察。他们发现，用户对基于纸张的绩效支持形式的偏爱甚于对电子软件工具的偏爱，对由指导者引导的培训的偏爱甚于对基于计算机的培训的偏爱。在历时一年的时间内，在对采取了其他处理措施的对象的成就得分、工作绩效或销售结果进行检验时，他们没有发现有显著差异的现象存在。与指导者引导的培训课程相对照，Mao 和 Brown (2005)对使用一个电子绩效支持系统来支持先决任务训练和在职绩效的效果进行了考察。拥有电子绩效支持系统的用户的绩效水平在成就测验上显著好于那些接受培训的人。对程序性任务而言，他们发现在这两组之间并不存在显著差异。需要注意的是，这两个研究都深受潜在的效度问题的困扰，从小样本尺度到操作程序化的问题等等(如在实践训练上使用电子绩效支持系统——这并不是真正意义上为在职提供支持)。

对绩效提升模型的研究建议

在一个很短的时间段内，元分析和效应尺度的出现使我们在对很多研究结果一点一滴的收集积累中收获了有用的绩效提升指导方针。在本章中，我们已经对目标设定、反馈、激励和电子绩效支持系统的元分析研究获得的发现进行了总结概括。在对各种相关研究进行收集整理后，研究小组只评述和挑选了那些符合标准的研究，并把它纳入元分析之内。绝大多数元分析只能使用一小部分可以获得的研究，因为很多研究都不符合效度方面的标准。它们呼唤着高质量的研究，即有控制组的实验研究或准实验研究，我们把这一呼吁进一步向前推进，因
522 为它有助于推进对各种绩效提升措施所做的调查研究、案例研究以及轶事研究等。

我们援引 Peterson 和 Luthans (2006)就快餐店中的激励所做的研究，把它作为一个有用的研究样板，原因在于：(1)它是准实验研究，因为它包括了一个控制组；(2)它对两种类型的激励——货币 VS 反馈和认可——进行了比较；(3)它考察了激励对三种产出结果——利润、汽车穿梭时间、成交额的影响；(4)它对奖励给一个团队而不是个人的激励所产生的影响进行了评估；(5)它对一个长达九个月的产出结果进行了评估。

我们建议在未来的研究中，下面这些议题和问题应该得到重视：

- 任务复杂性和工作人员的专业技能是如何影响绩效干预措施的？很多针对目标设定、反馈和激励的研究都把焦点集中于复杂程度低的任务上了；然而，对很多组织而言，核心的战略优势更依赖于诸如设计、分析、传播和人际交互等复杂程度高的工作。准确确定这些任务产出的数量具有更大的挑战性，这也是为什么在时至今日的研究文献中它一直都非常罕见的原因所在。任务复杂性是与工作人员或团队的经验相关的。我们从认知负载理论(Clark 等，2006)中知道，对初出茅庐的学习者而言，效果很好的教学干预措施不但无助于他们获取更多经验，而且在很多情况下还会压低他们的绩效水平。适合工作复杂程度较高而经验相对不足的工作人员的目标、反馈、激励和电子绩

效支持系统类型，与最适合复杂程度低的任务和新来工作人员的并不相同。例如，有关反馈效果的研究报告显示，相对复杂程度低的任务而言，反馈中的信息提示在复杂程度高的任务上所产生的积极作用更大(Kluger 和 DeNisi, 1996)。

- 如何通过新技术展开绩效支持？之前描述电子绩效提升措施的研究假定，递送都是使用台式电脑进行的。计算技术和通讯技术的合流，让小型手持移动设备为我们提供了把绩效支持递送到新一代技术上的可能性。对反馈所做的研究表明，通过计算机递送的反馈，结果好于通过人提供的反馈(Kluger 和 DeNisi, 1996)。我们需要开展研究，来界定究竟是何种类型的反馈、培训和电子绩效支持系统最适合在手机、PDA 和 iPod 等设备上递送。
- 创建解释模型和分类系统。吸收了干预措施之缓化剂的绩效提升模型为创建绩效理 523
论并使干预措施适应于独一无二的情境提供了机会。比如，Kluger 和 DeNisi (1996)的反馈模型就提出，反馈是否见效是基于嵌入在反馈之中的信息提示之类型的，如果能把注意力导向任务，这种类型的信息提示就最为有用。可以对这一模型进行检验，如果有效的话，它可以给实践人员提供指南，让他们以获取最大利益的方式来递送反馈。对于电子绩效支持系统而言，需要更加强有力的绩效支持类型的分类系统，对给定任务、工作人员和设备而言，这些系统能帮助实践人员界定应该使用的、最好的支持系统之类型。
- 界定组合型干预措施的效果。大多数研究报告基本上都把焦点首先集中于单一的干预措施或是两者之间的组合，如目标和反馈。我们可以从更多的有关激励措施之组合的研究中受益，比如 Stajkovic 和 Luthans (2003)的元分析就提出，在目标、反馈和激励之间存在着一种协同效应。我们需要更多的数据来理解干预措施之间的交互，如电子绩效支持系统和培训，或激励和目标设定。
- 为研究提供支持并推广研究成果。在本章中，我们已经简要地概括了有关绩效提升的行为工程学观点、认知—动机型观点和技术型观点。我们怀疑，这些实践共同体常常都是各行其是的，因此未能把他们潜在的力量拧成一股绳。另外，实践领域的从业人员很少像研究共同体那样阅读相同的出版物，访问相同的网站，或参加同一个会议。我们建议，在这些共同体之间，要进行更多的信息交流，而这需要致力于绩效提升的专业协会付出开创性的努力。

绩效提升的未来

本章是以提供四个组织失败的小插曲开始的，这些组织失败并非由知识和技能的缺乏所导致。我们相信，绩效提升的观点是一种必不可少的工具手段，用它可以形成各种系统化的问题解决方案，它们并非仅仅依赖于培训就能实现组织目标。绩效提升的资格认证项目最近为诸如美国培训与发展协会和国际绩效提升学会之类的、以前只是强调培训的、由实践从业人员组成的专业协会所采纳，随着电子技术的移动性越来越强，使得绩效提升的发展机会也变得越来越多。与此同时，实验研究的缺乏与研究结果向学术研究共同体之外传播的不得力结合在一起，限制着绩效提升干预措施之潜力的充分发挥。现在是一个合适的时机，是把焦点集中于研究，改进研究质量，推广研究成果，以此为绩效提升的实践创建基于证据的基石的时候了。我们希望本章和这本手册对此能有所贡献。

（孟红娟 译、郑旭东 一校，陈丽亚、焦建利 二校）

参考文献

Addison, R.M. and Haig, C. (2006). The performance architect's essential guide to the performance technology landscape. In *Handbook of Human Performance Technology*, 3rd ed., edited by J.A. Pershing, pp.35 - 54. San Francisco, CA: Pfeiffer.

Altalib, H. (2002). ROI calculations for electronic performance support systems. *Perform. Improv.*, 41(10), 12 - 22.

Bailey, B. (2003). *Linking vs. Searching: Guidelines for Use*, http://www.webusability.com/article_linking_vs_searching_2_2003.htm.

Bastiaens, Th.J., Nijhof, W.J., Streumer, J.N., and Abma, H.J. (1997). Working and learning with electronic performance support systems: an effectiveness study. *Int. J. Train. Dev.*, 1(1), 72 - 78.

Brush, T., Knapczyk, D., and Hubbard, L. (1993). Developing a collaborative performance support system for practicing teachers. *Educ. Technol.*, 33(11), 39 - 45.

Chase, N. (1998). Electronic support cuts training time. *Qual. Mag.*, http://openacademy.mindef.gov.sg/OpenAcademy/LearningResources/EPSS/c16.htm.

Clark, R.C., Nguyen, F., and Sweller, J. (2006). *Efficiency in Learning*. San Francisco, CA: Pfeiffer.*

Cole, K., Fischer, O., and Saltzman, P. (1997). Just-in-time knowledge delivery. *Commun. ACM*, 40(7), 49 - 53.

Condly, S.J., Clark, R.E., and Stolovitch, H.D. (2003). The effects of incentives on workplace performance: a meta-analytic review of research studies. *Perform. Improv. Q.*, 16(3), 46 - 63.

Darabi, A. (2004). Contributions of an electronic performance support system to learning a complex cognitive skill. In *The Internet Society: Advances in Learning, Commerce, and Security*, edited by K. Morgan and M.J. Spector, pp.215 - 225. Billerica, MA: WIT Press.

Dean, P.J. (1994). *Performance Engineering at Work*. Batavia, IL: International Board of Standards for Training, Performance and Instruction.*

Desmarais, M.C., Leclair, R., Fiset, J.V., and Talbi, H. (1997). Cost-justifying electronic performance support systems. *Commun. ACM*, 40(7), 39 - 48.

524 Dorsey, L.T., Goodrum, D.A., and Schwen, T.M. (1993). Just-in-time knowledge performance support: a test of concept. *Educ. Technol.*, 33(11), 21 - 29.

Flaherty, P. and Harrison, K.A. (1993). City paying dearly for its 1989 - 1990 rush to hire. *The Washington Post*, December 16.

Foster, E. (1997). Training when you need it. *InfoWorld*, February 24, pp. 42 - 51 (http://openacademy.mindef.gov.sg/OpenAcademy/Learning%20Resources/EPSS/c1.htm).

Geis, G.L. (1986). Human performance technology: an overview. In *Introduction to Performance Technology*, Vol.2, edited by M.E. Smith, pp. 185 - 209. Washington, D.C.: National Society for Performance and Instruction.*

Gery, G. (1991). *Electronic Performance Support Systems*. Boston, MA: Weingarten Publications.*

Gery, G. (1995). Attributes and behaviors of performance-centered systems. *Perform. Improv. Q.*, 8(1), 47 - 93.

Gery, G. (2003). Ten years later: a new introduction to attributes and behaviors and the state of performance-centered systems. In *EPSS Revisited: A Lifecycle for Developing Performance-Centered Systems*, edited by G.J. Dickelman, pp.1 - 3. Silver Spring, MD: International Society for Performance Improvement.

Gilbert, T. (1978). *Human Competence: Engineering Worthy Performance*. New York: McGraw-Hill.*

Harless, J.H. (1970). *An Ounce of Analysis (Is Worth a Pound of Objectives)*. Newnan, GA: Harless Performance Guild.

Hawkins, Jr., C.H., Gustafson, K.L., and Nielsen, T. (1998). Return on investment (ROI) for electronic performance support systems: a Web-based system. *Educ. Technol.*, 38, 15 - 22.

Huber, B., Lippincott, J., McMahon, C., and Witt, C. (1999). Teaming up for performance support: a model of roles, skills and competencies. *Perform. Improv. Q.*, 38(1), 10 - 14.

Hunt, D.L., Haynes, R.B., Hanna, S.E., and Smith, K. (1998). Effects of computer-based clinical decision support systems on physician performance and patient outcomes. *J. Am. Med. Assoc.*, 280(15), 1339 - 1346.

Kasvi, J.J. and Vartiainen, M. (2000). Performance support on the shop floor. *Perform. Improv.*, 39(6), 40 - 46.

Klein, J.D. (2002). Empirical research on performance improvement. *Perform. Improv. Q.*, 15(1), 99 - 110. *

Kluger, A.N. and DeNisi, A. (1996). The effects of feedback intervention on performance: a historical review, a meta-analysis, and a preliminary feedback intervention theory. *Psychol. Bull.*, 119(2), 254 - 284.

Locke, E.A. and Latham, G.P. (2002). Building a practically useful theory of goal setting and task motivation: a 35-year odyssey. *Am. Psychol.*, 57(9), 705 - 717.

Mao, J. and Brown, B.R. (2005). The effectiveness of online task support versus instructor-led training. *J. Org. End User Comput.*, 17(3), 27 - 46.

Marker, A., Huglin, L., and Johnsen, L. (2006). Empirical research on performance improvement: an update. *Perform. Improv. Q.*, 19(4), 7 - 22.

McCabe, C. and Leighton, C. (2002). Developing best practices for knowledge work: ISD plus KM, supported by software [electronic version]. *eLearning Dev. J.*, August 13, http://www.elearningguild.com.

McManus, P. and Rossett, A. (2006). Performance support tools delivering value when and where it is needed. *Perform. Improv.*, 45(2), 8 - 16.

Nguyen, F., Klein, J.D., and Sullivan, H.J. (2005). A comparative study of electronic performance support systems. *Perform. Improv. Q.*, 18(4), 71 - 86.

Nielsen, J. (2001). Search: visible and simple [electronic version]. *Alertbox*, May 13, http://www.useit.com/alertbox/20010513.html.

Pershing, J.A. (2006). Human performance technology fundamentals. In *Handbook of Human Performance Technology*, 3rd ed., edited by J.A. Pershing, pp.5 - 34. San Francisco, CA: Pfeiffer.*

Peterson, S.J. and Luthans, F. (2006). The impact of financial and nonfinancial incentives on business-unit outcomes over time. *J. Appl. Psychol.*, 91(1), 156 - 165.

Raybould, B. (2000). Building performance-centered Web-based systems, information systems, and knowledge management systems in the 21st century. *Perform. Improv.*, 39(6), 69 - 79.

Rossett, A. and Schafer, L. (2006). *Job Aids and Performance Support*. San Francisco, CA: Wiley.*

Rothwell, W.J. (1996). *Beyond Training and Development: State-of-the-Art Strategies for Enhancing Human Performance*. New York: American Management Association.*

Rothwell, W.J. and Kazanas, H.C. (2004). *Mastering the Instructional Design Process*. San Francisco, CA: Wiley.

Rummler, G.A. and Brache, A.P. (1995). *Improving Performance: How to Manage the White Space on the Organization Chart*, 2nd ed. San Francisco, CA: Jossey-Bass.*

Sleight, D.A. (1993). *Types of Electronic Performance Support Systems:*

Their Characteristics and Range of Designs [electronic version], http://openacademy.mindef.gov.sg/OpenAcademy/Learning%20Resources/EPSS/c7.htm.

Spool, J. M. (2001). *Users Don't Learn to Search Better*. North Andover, MA: User Interface Engineering (http://www.uie.com/articles/learn_to_search).

Stajkovic, A. D. and Luthans, F. (2003). Behavioral management and task performance in organizations: conceptual background, meta-analysis, and test of alternative models. *Pers. Psychol.*, 56(1), 155-194.

Taylor, F. W. (1911). *The Principle of Scientific Management*. New York: Harper & Row.

Training Magazine. (2006). Industry reports. *Train. Mag.*, 38(12), 20-32 (www.Trainingmag.com).

Villachica, S. W., Stone, D. L., and Endicott, J. (2006). Performance support systems. In *Handbook of Human Performance Technology*, edited by J. A. Pershing, pp. 539-566. San Francisco, CA: Wiley.

---

* 表示主要参考文献。

40

基于资源的学习

Michael J. Hannafin 和 Janette R. Hill

摘要

在过去25年中,信息的本质已发生了巨大的变化。数字时代已重新定义资源的本质,显著地改变了资源用于支持学习的方式。经常有来源不明、质量不一的媒体用于各种教学系统,以体现出不同认识论信念和相关的学习目标。资源的数目和种类正在呈指数级增长。有几种因素可以提高资源用于学习的能力,包括访问先前无法获取的各种情境中的资源、资源使用 526
灵活性的增加、可用性、可操作性和共享性。本章的目标是简要介绍基于资源的学习的历史;描述基于资源的学习的组成部分;介绍认识论、原理和假设的影响,批判性地分析相关的研究;明确基于资源的学习的启示。

关键词

资源(Resource):"可以支持学习的媒体、人、场所或观点。"(Hill 和 Hannafin, 2001,38 页)。

基于资源的学习(Resource-Based Learning, RBL):利用或运用可获得的人或物以支持各种境脉(context)下的学习需求。

支架(Scaffolding):用于支持个体识别、解释或以其他方式使用资源的过程。

工具(Tools):帮助个体使用资源、处理信息的设备。

引言

数字时代既重新定义了信息的本质,又变革着教育资源。资源不再是完整的、自我包含的,而是可以随时另作他用,在任何地点被访问、创建、修改和组装,以应对个人的目标和需求。随着家庭、学校、教室、工作场所和社区中心逐渐以资源为中心,其教育启示渐露端倪。

基于资源的学习(RBL)潜力无穷,同时面临着巨大的挑战。设计者和学习者必须评估数目日益增加的、为目标而开发的数字资源,而不是那些正被追求和使用的资源,这类资源存储于不断扩张、地域分散的资源库中,且其质量、准确性和完整性都是未知的,因此,尽管人们一再赞美技术使信息获取更加民主化(Kellner, 2003),但是资源的教育应用依然充斥着关于信息素养、曲解和传播的争议,以及版权和合理使用的问题(Kahle, 1997)。

对什么构成一个资源、学习中如何使用资源,目前并不存在统一的、普遍认可的定义,现有定义的区别之一集中于资源体现教学特征的程度如何。Wiley (2001)将学习对象描述为具有教学特征、可重复使用以支持学习的数字资源。Downes (2004)认为资源包含并支持不同用户、不同地点所需的各种不同功能。随着资源粒度的不断细化,教育者可以使用资源以应对多种学习需求,支持多种学习模式,以发挥数字资源的潜力(Hodgins, 2001; Schatz, 2005)。

早期,我们将资源描述为一种具有广泛适用性的信息资产,将资源定义为"可以支持学习的媒体、人、地点或观点"(Hill 和 Hannafin, 2001,38 页)。此外,我们认为已存在的某个资源的含义会随使用它的认识论、心理学以及教学境脉而改变。因此我们将基于资源的学习定义为利用或运用可及的人或物,以支持各种境脉下的学习需求(Beswick, 1977; Doiron 和 Davies, 1998; Haycock, 1991)。

有几种因素可提高资源用于学习的能力，包括访问先前无法获取的各种情境，增加资源使用的灵活性，使资源具备在多情境和多目标下的可行性、可操作性和共享性。本章的目标是简要介绍基于资源的学习的组成；描述与不同学习模式相关的实践和基本理念对资源的定义与应用进行调和的方式，提出为不同学习目标创建和使用数字资源的启示。

基于资源的学习的出现

尽管将资源用于学习并非新论题(Beswick, 1977; Haycock, 1991)，但它们的创建和使用只限于前数字化环境。资源通常是静态的，由公司创建和出版，大都完整地用于应对特定的、明确的需求和目标。有些情况下，可使用完整资源的一部分(如教材中的一节)，但是将资源改编以应对个体需求仍然很难。数字时代已改变资源的本质，带来无数机遇，从资源数目增长、通过资源颗粒化而增加资源的可获取性，到重新使用资源或其组成部分以满足无数的个体需
527 求，再到提供多种观点。我们现在既能访问较传统的历史信息(如书、文章)和当代信息(如每日新闻)，也能访问新兴的、动态的信息资源(如博客、维基、播客)(Martindale 和 Wiley, 2005)。尽管数字化提供很多机遇，但挑战并存。本章我们描述教育资源的变革；介绍基于资源的学习的原理、假设和组成部分；描述在不同教学模式中利用基于资源的学习的一系列研究。

媒体的变革

现在，媒体已经非常易于被处理和访问，例如由于文字处理、电影制作和桌面出版软件的存在，高质量、可共享数字文档已经成为寻常之物(Counts, 2006)。因为个人或小团体有能力快速创建甚至定制资源，所以组装或开发信息资源已经不需要大型的设计和制作设备。数字化也降低了对中心资源库存储资源的需求。根据 Lyman 和 Varian (2003)的观点，因特网已经成为访问和共享信息的主要技术。尽管传统出版社和制作公司依然很重要，但不需再创作、存储和分发信息。现在用户无需等一本书从图书馆或书店送来，而是可以直接从作者处获取许多论题的资源(如从 Stephen King 的个人网站可以下载小说，http://www. StephenKing. com)。同样，电视、电影节目可以直接下载或按需访问——这是一种快速扩展的趋势(Avery, 2004)。许多在线代理商和供应商(如 iTunes, Microsoft, Amazon)允许用户直接下载数字音乐、计算机软件、书籍(pdf 文档或音频书籍)和视频资源。最后一点，公共信息如历史文档、天气信息和政府报告逐渐数字化。数字媒体可以直接从许多主要信息源或代理商处获得，使得大量到目前为止仍以集中式存在的信息源的可用性提高，对它们的访问也更加民主化。

社会化构建的资源

博客和维基已经成为联接日益增多的各类用户的主要信息来源之一。博客使思想得以广泛传播，维基既能使思想广泛传播，又能使思想协作建构(Engstrom 和 Jewett, 2005)。Rainie (2005) 在参加 Pew Internet 和 American Life Project 项目期间，记录并发现，2004 年博

客阅读者上升了58%。政治博客如 Instapundit 和 Daily Kos (Harp 和 Tremayne, 2006)属于访问量最高的博客,在参加 Pew Internet 调查的反馈者中,9%称经常或有时阅读政治博客(Rainie, 2005)。

政治和新闻博客使用的逐渐增加,有力地说明社会化构建的资源如何使观点和信息的访问更加民主化(Bichard, 2006)。教育者在课内既使用博客也使用维基,让不同学科和年级间共享观点(Martindale 和 Wiley, 2005)(如果想了解在研究生层次的信息系统课程如何使用博客,参见 Raman 等人 2005 年的研究;想了解在职前教师教学技术课程中使用博客开展学习的情况,参见 West 等人 2006 年的研究;想讨论中学生使用维基对环境挑战进行检验的情况,参见 Engstrom 和 Jewett 2005 年的研究)。

在对博客或维基等论坛的兴趣和使用逐渐高涨的同时,有一些研究人员则质疑它们的贡献者、读者以及内容的完整性。Harp 和 Tremayne (2006)指出,政治境脉下大部分博客由男性主导。同样在调查 Pew Internet 的博客时,Rainie (2005,2 页)总结出,"与博主类似,博客读者更可能是年轻的男性,受过良好教育,能熟练使用因特网。"这说明,因特网上可能的开放论坛式博客实际上只反映局部状况,而非民主的、开放的信息资源的状况。在文献中讨论到的其他挑战包括不同阅读水平、独特的传播模式、信息质量,以及创建、解释和使用此类资源所需的信息素养技能(McPherson, 2006)。

信息系统的复杂性

过去 20 年里,可获取信息总量呈指数级增长。例如,Lawrence 和 Giles (1998)估计,可索引的 Web(网站)大约由 320 万网页组成,最近,Tilburg 大学的 Dekunder 估计全部网页达到14.3 亿,以每月 2%的速度持续增长(Tilburg 大学,2006)。随着可用资源数量的增加,一些问题也随之产生,特别是如何"准确"定位信息。标记技术提供描述性的元标签,著作家可以利用
元标签为最终用户指明独特的搜索术语和类别(Hill 等人,2007),从而为资源创作者提供细粒 528
度索引能力,而在此之前是不可能的。但是有一些研究人员认为,某一资源的使用不断被后来的用户重新定义了。元数据可以为确定媒体的属性提供指导,但不能洞察资源用于给定境脉或学习模式时的适当性(Mwanza 和 Engestrom, 2005)。

可支付能力、性能和可获取

在性能呈指数级提高的同时,技术的成本在不断降低。根据最近估计,计算机操作系统处理速度每 18—20 个月翻一番(Ekman 等,2004)。21 世纪初,在西方国家,至少拥有一台可接入因特网计算机的家庭所占比例已很高(NTIA, 2000)。现在费用低廉的无线网络接入计算机技术已很普遍,并得到广泛应用,使得在任何时间、任何地点以低成本访问任何信息成为可能。(如想了解关于移动计算前景和挑战的最新研究,参见 Cousins, 2004 年的研究)。网络访问速度也呈指数级提高,根据联邦传播委员会的最新统计(FCC, 2006),家庭网络访问速度不等,从 56 KB/S 的电话拨号上网到 200 KB/S 的宽带都有。现在,T-1 访问速度(1.5 MB/S)已经在公共事务和商业领域普及。只要家庭和教育环境可以随时获得大量基本或高端媒体

资源,则可以向它们提供传统数字文本、图像资源以及流视频和音频,以进行基于资源的学习。

正在改变的资源性质

学习对象的出现(Northrnp, 2007; Wiley, 2001)引发了资源概念的变化。传统视频内容可以被分段,成为一系列场景或片段,这些片段可以独立访问,也可以作为一个整体来观看。书本不需要定义为单一完整实体,而是由许多单个对象(如单词、表格、数字和图片)组成,这些对象可以独立使用,也可以组合使用。当音频、视频片段或网络资源用于新的境脉中时,其含义不断被重新确定。因而,单个资源的成分是有可塑性而非固定的,有被重定义的无限潜力,允许多种文化,支持不同学习目标、境脉和模式(Huotet 等,2004)。

经济和实践的影响

美国教育协会(NEA, 2004)指出,过去 20 年,无论是正规教育项目还是非正规教育项目都受到严格的财政约束。资源的可用性要求资源能使用于不同境脉中、不同学习模式下,以支持基于不同目标的应用。特别是数字环境下,基于资源的学习为跨越不同境脉提供了广泛的资源适用性,使人们可以访问不断扩展的全球数字资源库。

组成部分

基于资源的学习包含三个部分,即境脉的创建、可操作使用的工具和用于指导学习的支架,用以对资源的不同诠释、使用和理解提供指导,这种指导方式与给定学习模式的认识论、基本原理和假设相一致(Hill 和 Hannafin, 2001)。基于资源的学习不体现一种具体的认识论,而是提供一种过程,在这一过程中,认识论不同,但都是基于一定的学习模式。例如,WebQuests 是“探究引导的活动,在这些活动中,与学习者交互的全部或部分信息资源是来自因特网”(Dodge, 1995,12 页)。在开放学习环境中,资源被假定,在被境脉化并设计用于支持独特的教学目标之前,与认识论无关(Hannafin 等,1999)。下面我们描述如何用不同的方法设计基于资源的学习,以支持不同的教与学模式。

境脉

外部境脉提供情景或问题,由教学人员或外部代理提供,引导学习者达到一个特定的学习目标。与客观主义认识论一致的特定问题陈述,明确导向学习期望,并对教师和学生使用的策略和资源进行指导(Hannafin 等,1997)。在个体境脉中,学习者基于个人所处的独特环境或特定需求而建立学习境脉。它与建构主义认识论一致,个人创建学习境脉,确定自己的知识和技能需求,识别满足需求的资源,确定资源的含义以满足他们的需求。协商境脉结合了外部和个体境脉的要素。通常情况下,它提供外部问题或事务(如社会公平、公民权利),
529 但个体学习者要解决的问题(如什么导致 20 世纪中期的非暴力抵抗)是独特的(Hill 等,2007)。

在基于问题的学习模式中，通常可以从境脉识别多个问题，使用不同资源进行研究，以支持个性化方法。例如 Iiyoshi (1999)使用多媒体数据库 Human Body 中的多媒体资源创建不同导向的境脉，然后研究不同境脉对护理专业学生的搜索策略、解释和理解产生的影响。研究人员设计两种境脉，一种是给学习者布置任务，直接将他们导向特定资源，聚焦于两个或多个资源之间的关系；另一种是明确指出需要综合来自多个信息源中的信息。参与者倾向于使用具有明确指向的任务来学习特定的概念，但是只有当明确指出需要对信息进行综合时，学习者才能综合不同资源的含义。同样，Jasper Woodbury 使用真实的视频片段建立问题解决系列，描述疑难，以从中识别不同的问题和子问题，制定和实施计划(Barron 等，1995；范德比尔特大学认知和技术团队，1992)。

工具

工具使学习者能够使用和操作资源并处理信息。工具的使用随境脉和目标的不同而不同。基于同一工具与给定学习模式的吻合情况，这些工具可以支持不同的活动。工具可分为许多类型(如 Hill 和 Hannafin, 1997)，并拥有不同功能(Iiyoshi 等，2005)。处理工具帮助管理与不同基于资源的学习模型相关的认知需求。当体现客观主义认识论时，电子表格使学习者能够处理所期望的方案，以验证仿真所存在的局限，扩展认知能力，减少与任务和心智处理相关的额外认知负担(Hannafin 等，2007)。相反，同样的工具被用于在技术支持的远程学习环境中进行资源意义协商时，可能体现建构主义认识论(Hill，等人，2007)。

搜索工具可以用于指导式教学环境，也可用于以学习者为中心的环境。通用的基于 Web 的搜索引擎，如 Google (www. google. com)，可定位并直接访问各种电子资源。Google 学术搜索能在已发布的文档中进行查找，并生成网页索引链接。Apple Learning Interchange (http://ali. apple. com/)支持搜索已添加索引的、从学龄前至 12 年级的课程规划资源，提供复杂的、具有特定功能的搜索工具。特定领域的资源可以使用乔治亚州的伽利略数据库(www. galileo. usg. edu)来搜索，它包含许多不同种类的特定学科和通用的搜索引擎，不仅可以直接访问相关电子资源(如期刊文章、报告)，也能访问图书馆中的资源。

操作工具用于验证或探索，与建构主义认识论一致。有些应用如 SimCity 或 SimEarth，让学习者制定假设、设计、创建、检验或重建城市和生态环境，以研究对象之间、系统之间的关系。操作工具允许验证对环境的假设和处理系统概念(如全球变暖)如果用其他方法，这些功能是不可能实现或不切实际的。

最后一种工具是交流工具支持信息和观点的交换。异步交流工具(如 e-mail、播客、博客、维基)可以维持学习者、教师、专家之间的沟通。同步交流工具(如即时消息，视频会议)可以让用户与他人实时交流，无论他们相隔几个房间还是遍布世界。

支架

支架是一种在学习开始进行时提供的支持，随着知识和理解发展，其周期性持续衰减。支架的数量和提供频率随学习者个体、所遇到的问题、特定境脉下的需求不同而不同(Sharma 和

Hannafin, 2007)。与基于资源的学习特别相关的支架有程序性支架、概念式支架、元认知支架和策略支架。过程式支架强调如何使用给定资源的特征和功能。例如,Greene 和 Land (2000)大量使用过程式支架以支持职前教师学习开发基于资源的课程。过程式支架允许学习者将认知资源集中用于其他学习活动(如解决问题)。概念式支架通过辅助学习者识别与一个问题相关的知识或使概念之间的关联更清晰,对学习者考虑的内容进行指导。例如英国开放大学开发了具有丰富资源的工具集,以帮助学生在有指导的远程教学环境中学习(Jelfs 等人, 2004)。

元认知支架常见于探究式学习环境中,它基于对知识理解的自我评估,促进反思、对比
530 和调整。例如核查表可以帮助学习者反思所做的决定或采取的行动;而案例则可以支持反思和对比,向学习者提供要考虑的情节,确定学习者反思自己对知识理解情况,以揭示学习者理解什么和不理解什么(Kim 和 Hannafin,待出版; Kolodner 等,2004)。最后,策略支架帮助学习者寻找分析、计划和应对(如识别和选择信息,评估资源)的方法。许多模型现已被开发出来,用以指导学习者发展和应用信息素养技能(如 Eisenberg 等,2004)。有些图书馆创建网站以指导学习者评估可用于不同学习境脉中的印刷和电子资源,如加州大学伯克利分校(http://www. lib. berkeley. edu/TeachingLib/Guides/Evaluation. html)和美国普度大学(http://owl. english. purdue. edu/handouts/research/r _ evalsource. html)已经创建评估资源的大规模网站。与此类似,Trochim (2004)的社会科学研究网站提供策略支架以指导研究过程。

认识论、原理与假设

作为设计实践的基石,认识论、原理和假设要在最大程度上保持一致。为清晰起见,尽管在以下小节中,各部分独立讨论,但活动与相关原理、假设保持一致的程度却决定了某一学习模式如何与其所支持的认识论保持一致。

认识论

我们主张学习系统要基于基本的认识论和相关原理,并与它们保持一致,体现这些认识和原理背后的假设和实践(Hannafin 和 Hill, 2006; Hannafin 等,2004)。例如,客观主义关于知识和学习的价值、信念与相对主义有着根本的不同(Jonassen, 1991)。为给反应和体现客观主义价值的设计实践提供理论基础,必须使用相应的设计原理和实践来支持学习。相反,建构主义者强调独特的个体知识构建和意义生成,因此实践设计用于支持独特的而非特定的意义构建(Hannafin 等,1997)。实际上,在任何学习环境中,基础性的设计原则要求组成部分、策略和活动与认识论背后的相关原理和假设相一致。由于认识论、原理和假设与某个学习模式一致或是从中扩展得到,因此,规划设计实践的各种途径也随之不同(如想了解基于案例的学习中基于理论的设计实践的一些研究,参看 Kim 和 Hannafin,待出版)。

原理与假设

心理学

尽管具体的应用实例由于其认识论的不同而不同，但长期以来心理学原理的重要性已被公认。20 世纪早期，联结主义统治心理学领域。操作行为主义的理论和研究反映客观主义认识论，深受斯金纳操作条件研究的影响。它假设通过对刺激、响应和强化之间关系的制约使行为发生持续变化，从而使学习发生。当受控刺激存在时，期望行为被强化的程度越高，越有可能被重复响应，学习效果越好。典型地，行为主义者几乎不关注个人想法和知识结构，而是倾向于将学习用术语表征为刺激—反应—强化的复杂关联，即观察得到的现象可以影响学习(Burton 等，2004)。

与行为主义类似，认知心理学主要扎根于客观主义认识论，与行为主义不同的是认知心理学强调个人的信息处理和知识存储及检索(Winn, 2004)。例如认知心理学假设心智过程是基于个体背景、需求和兴趣的，并以搜索、记忆、回想和归纳为中介。信息处理包含外部刺激与内部心智处理，如感觉登记、选择性感知、短时记忆(STM)和长时记忆(LTM)(Shuell, 1986)之间的交互。根据信息加工理论，感觉登记过滤外部刺激，选择性地分离需要更深入处理的信息和信号；在工作记忆中对这些信息进行短暂处理，进一步过滤；过滤得到的相关信息在永久记忆中被编码，其余信息则被抛弃。因此，学习就是信息从工作记忆向永久记忆的转化，而检索需要将知识从永久记忆取出到工作记忆中。原始和最近更新的编码越丰富，知识就越容易 531
在适当条件下被激活并检索、应用或迁移(Hannafin 等，2007)。

近代基于资源的学习环境的心理学基础，如探究式学习和基于问题的学习，经常扎根于建构主义认识论。例如 Kim 和 Hannafin (press b)描述了许多基于情境的、建构主义的探究式学习。情境认知研究人员和理论家认为知识和境脉是纠缠不清的，即意义不是独立于境脉而存在的，相反，境脉塑造并界定了意义(Brown 等，1989)。

教学法

心理学和教育学基础是相互依赖的。例如，指导式教学法通常与客观主义认识论和行为主义心理学相一致，强调明确的目标、内容的层次结构、基于目标的活动与评测。而以学生为中心的教学法往往是基于境脉的，与建构主义认识论保持一致。总的来说，教学法反映了人们对学习本质、方法与策略、领域信息组织和获取方式的基本认识。

技术

技术能力表明技术能支持学习的程度，但教学需求则决定了哪些能力应该被整合，以及如何整合。技术性能差别巨大，不在于它们的可获取性，而在于它们支持或限制教学活动的方式将对学习产生影响。鉴于特定学习环境中的教学需求，有些技术特性可获取，但却不恰当，而另一些技术特性则是可取的，但本身却有限。

文化

文化上的考虑反映了教育理念、个人在社会中的角色、不同学科教学的传统以及某一社群的现行惯例。这些文化上的考虑，通过为特定情境赋值来影响设计。例如，“回归基础”学习文化倾向于接受客观主义认识论，强调行为或认知心理学原理直接用于指导式教学法。其实，不同的学习模式都是对文化的反映和扩展，为文化而设计。

实用主义

每一种学习环境都有独一无二的、影响学习模式实施的情境约束。例如，Collins (1996)描述了在设计实践中对一些因素进行权衡以产生不同的结果，如决定教什么、对费用和收益进行评估及对可选活动进行评估。有些因素如硬件和软件的可获取性、类型、性能通常影响创新设计的采用和推广。从实践角度来看，这些情况制约了在特定学习环境中某种方法为什么合理或为什么不合理。

基于资源的学习的相关研究

如前所述，基于资源的学习方法通常反映在不同学习模式的研究中。我们对不同学习模式内部的研究不予讨论，相反地，我们审视没有形式化的学习模式或学习模式不明显的情境下关于资源使用的研究。Armatas 等人(2003)探究个体特征(如学习目标、学习策略、学科兴趣、对计算机的态度)在网络环境中，对学习者使用课程资源的影响，为此他们调查了澳大利亚 731 名报读一年级心理学课程的在校和校外学生。学习管理系统(LMS)将课程链接到各种不同学习资源，从教材、讲课过程、网站，到讨论组，有些资源是指定必读的，而有些是可选的。学期末研究者发布了一个包含 165 项问题的调查，用以评估学习习惯、访问的资源、访问难度、对资源价值的感知。另外，还评估了对计算机的态度、学习目标、学习策略和对心理学的兴趣。

结果表明，背景因素、努力程度对资源价值的理解有极大影响。根据调查结果，在选课学生中，校外学生比校内学生要花更多的时间学习，更喜欢电子资源，访问 LMS(学习管理系统)遇到的问题比校内学生更少，更肯定资源的组织和有用性。总的来说，年龄大的学生(在校外
532 选课生中更多)比年龄小的学生更喜欢用计算机工作。根据调查结果，年龄小的学生比年龄大的学生更缺少对学习策略的信心。在校学生基本上比较年轻，更喜欢印刷材料。

Newnham 等人(1998)对本科生地理课程中因特网资源的利用情况进行了研究。课程学习环境基本上是外部导向的，课程教师提供详细的课程结构和明确的学习指导(如想了解指导式远程学习环境或 DDLEs，参见 Sharma 等人 2007 年的研究)。课程资源由教师事先确定，下载到局域网。另外，鼓励学生使用与学习主题(如火山和地震活动)相关的电子公告牌。研究人员搜集了两学年的学生学习成绩和课程评估信息。

结果显示，在教师指导下使用因特网资源，学生的学习成绩有很大提高。研究人员指出，当学生能访问因特网资源时，学生的课程学业水平较高，这一效果特别突现在第一年中。学生对使用因特网资源的相关认识也是积极的，既为了完成课程任务，也为了提升长期的就业能力。

Greene 和 Land (2000)对大学层次基于问题的 RBL 环境中资源使用的情况进行质性分析，以考查学习者在基于项目的学习中如何使用资源，过程性支架如何影响项目进展及交互(生—生，师—生)如何决定项目质量。参与者是教育技术课程的 18 名本科职前教师(16 女，2

男)。学习活动包括让学生开发一个将 Web 资源与课程整合的项目。参与者选择他们自己的主题(如三年级学生制定旅游计划),可以组成 2—4 人的小组,协作完成项目,也可以独立完成。所用的数据搜集方式有调查、研究人员对参与者的观察、Web 使用的录像观察、学生自述 Web 使用的文字记录。

调查结果显示,识别并将特定 Web 资源整合到项目的能力受已有 Web 知识、研究主题、考虑采用其他方法的意愿这三个方面的影响。被调查学生认为,组内生—生交互和师—生交互很有价值,对项目有用;只有当被认为有价值时,组间生—生交互才能成功。教师和学生之间动态变化的问题和讨论促进人们反思学生为什么使用 Web 资源。Greene 和 Land (2000)得出结论,情境化和有支架支持的资源利用影响了学生对资源有用性的判断和真实感受,表明学习者在选择资源时需要明确的指导,直到他们对主题或境脉足够熟悉。他们也注意到在线信息缺乏足够的索引来支持教育过程,同时他们强调查找和使用网络资源对结构和支架的需求。

Jelfs 等人(2000)研究了英国开放大学的指导式在线学习环境中为学生设计的资源"工具包"的使用情况。研究人员试图确定在远程本科生进行在线学习时,何时、如何为他们提供资源及提供哪些资源。所用研究样本是 60 名非全日制本科生,数据搜集方法包括问卷和访谈。问卷集中于学生对资源支架工具的看法,通过电话对分布在全英国(英格兰、威尔士、苏格兰和北爱尔兰)的一些学生进行访谈,以补充问卷的反馈。

总的来说,尽管资源"工具包"有效地为资源使用提供了支架,但学生要求提供其他格式(如印刷、人员)的资源,并在需要时能够随时访问。有些学生喜欢收到印刷形式的工具包,有些学生喜欢从因特网上获取资料。总体来看,学生偏好工具包中活动较少、有美感的资源。

Macdonald 等人(2001)选择英国开放大学两门课程(一门本科课程,一门研究生课程,讲授均超过两年),对其资源使用情况进行了研究。这两门课程资源种类多样(如电子资源、人员、网络资源)、形式多样(如印刷品、视频、动画),以支持学习过程。研究主题是信息处理技能对资源利用的影响,以及影响信息处理技能获得的因素。采取的数据搜集方法有计算机视频会议、观察、访谈和 e-mail 反思随访,还使用调查问卷搜集量化数据。被调查的本科生指出,他们喜欢基于资源的学习方式,但存在的问题是资源使用时间受限以及信息过载。参与者指出,尽管对分析和评价信息所需技能的开发尚不足够,但对资源的访问(主要是通过 CD—ROM)则相对较容易。

被调查研究生也指出他们喜欢基于资源的学习方式,但是研究人员注意到他们有更多使用多种资源的先前经验,而且也更自信。一些参与者指出 RBL 在一些领域比在其他领域更适
用,如更适用于本科高年级和研究生层次的学习。作者总结出以下几点:(1)有效使用资源需 533
要多种技能,如 IT 技能、认知技能;(2)根据课程复杂性决定引入多少资源、何种资源;(3)需要让学生了解 RBL 带来的好处,也要让他们明白 RBL 面临的挑战。

尽管已发表的研究成果通常集中于高中后环境,但也有少量研究人员研究了中小学基于资源的学习方法的使用情况。在一个针对 7 年级学生的研究项目——"Children, Access and Learnig"中,McNichol 等人(2002)研究了四所英国中小学校的 RBL 方法。研究人员在每一个

学校选择一个班级，要求这些班级的学生在学校、家庭或社区(如公共图书馆)使用信息通讯技术(ICT)资源(如因特网、CD—ROM)。参与项目的学生来自多种社会经济背景(从社会底层到富裕家庭)和生活环境(准农村、准城市、市区、农村)。学生日志用来记录资源使用情况，总结日志用来记录对过程的反思，对个人的后续访谈记录学生的看法。父母与监护人的问卷和访谈提供了家庭中资源使用的独立数据。

结果显示，在家庭中 ICT 资源使用的比例相当高，甚至在贫困地区(93%)。尽管访问方式有差别，有的使用个人计算机，有的使用家庭中共用的计算机，但大多数学生曾访问和使用 ICT 资源。对 ICT 资源的价值认识，学生和家长之间存在着差异。学生关心的问题是可利用的资源数量有限，而父母则更关心学生懒惰(如信息太容易找到)、信息素养不高、访问不合适的信息、上网费用、聊天室的使用以及 ICT 资源不合理利用。

至于学校中 ICT 的使用情况，不同地区间有很大不同。可能在一所学校，大部分资源都可在教室、图书馆和家庭访问到，而另一所学校却只提供非常有限的资源，对资源的访问高度集中化，将大部分计算机放在图书馆。由于资源访问受限，参加这个项目的教师的 ICT 技能没有得到发展。

问题和启示

对 RBL 特别有兴趣的研究领域是素养。在这部分我们注意到，素养关注的问题与多种类型和形式的资源相关，包括快速而总体上未管理的资源的增长；错误信息或误解的存在；将资源用作宣传。数量巨大的数字资源的创建、分发、访问和使用为基于资源的学习提供很好的机遇，也使它面临巨大的挑战。

考虑到一些与识别可靠、有效资源相关的挑战，提高对不同媒体和多种知晓方法的素养日益重要(Mackey, 2002)。无论针对传统文本，还是针对电子化境脉，信息素养的提出都有很长历史。Barnard 等人(2005,509 页)注意到："具有信息素养的人能够决定所需信息的范围，有效获取信息、批判地评估信息及其来源。"美国和西欧的研究人员强调信息素养的日渐重要，例如在 McNichol 等人所做的研究中，一位参与者指出："在学校和企业中使用信息素养是发展趋势，因此人们需要具备很多关于计算机的知识，这是未来所需。如果不具备计算机相关知识，就会顽固不化。"(399 页)其他研究人员倡导在信息时代我们对"素养"的定义与理解应该有所扩展。Mackey (2002)在一个为期一年半的项目中描述了"素养生态学"，探讨年轻学生(10—13 岁)使用多种资源的情况。Huot 等人(2004)与其他学者在他们所编辑的书中主张"素养含义并不唯一，时间会改变我们对素养的理解"(1 页)。

尽管信息素养的重要性已得到公认，但是，对重新情境化的资源在基于资源的学习中(作为信息时代的原始资料)如何影响诠释、意义和理解等的研究还很少。在外部附加境脉中，所期望得到的解释和含义的变化范围基本上由指导资源使用的任务、活动和目标所决定。这种产生自客观主义的学习模式，通常传递通用的而不是独特的含义。但是在个性化和协商式学习模式中，希望个体去选择和解释资源的含义，因此有报告称这种学习模式中，资源利用和资源含义会有很大的变化。

通过提供境脉和工具以探索,并更深入理解资源,提供支架以指导和支持推理,从而对基于资源学习的组成部分进行设计,以实现个性化的资源选择和意义建构。有些情况下,要为特定学习模式开发一套独特的资源、工具和支架,相关的案例有 Linn 等人(2003)描述的“基于 Web 的科学探索环境(Web-based Inquiring Science Environment, WISE)”项目,以及由范德比尔特大学认知技术小组对 Jasper 项目功能的总结。但是另外一些情况下,现有资源由个体进 534
行重新境脉化,几乎没有证据记录它们在不同学习境脉中的有效性。我们需要更进一步探索素养如何在这些境脉中影响资源的使用和解释。

同样地,已发表的大量文献研究了为个体提供多种学习目标和学习活动,使个体浸入学习境脉,从而促进个体绩效的提高。尽管这种研究对资源的使用提供了一些指导,但是它们所体现的认识论、原理和假设与特定学习模式不同。研究发现,为学习者提供一些学习前问题,对设计指导式学习模式有价值但对促生独特学习目标的境脉设计却没有作用。另外,相对较少的研究人员考察了在以学习者为中心的学习模式中,境脉、工具和支架之间的交互。因此尽管已有大量相关研究发表,但是它们与反应某种认识论和观点的学习模式间的相关性还没有形成什么正式的研究结论。

最后,Wellington (2001)指出了与资源使用相关的一些问题,包括教师控制、对剽窃的担心和对教师权威的威胁。很明显,资源的可获取性和质量的提高并没有缓解教师们对日常资源利用中相关风险的关注。更大的障碍来自于教学传统,而不是一个资源固有的或扩展的特征。这些障碍深深地扎根于教育文化,与重新境脉化后的资源质量、可解释性和技术问题相比,教育文化所产生的障碍更难以逾越。

(王爱华 译,穆 肃 一校,陈丽亚、焦建利 二校)

参考文献

Armatas, C., Holt, D., and Rice, M. (2003). Impacts of an online-supported, resource-based learning environment: Does one size fit all? *Dist. Educ.*, 24(2), 141 - 158.

Avery, S. (2004). *On-Demand Movies to Soar by 2010*, http://www.matrixstream.com/press_release/mediaweek.pdf#search=%22on-demand%20movies%20statistics%22.

Barnard, A., Nash, R., and O'Brien, M. (2005). Information literacy: developing lifelong skills through nursing education. *J. Nurs. Educ.*, 44(11), 505 - 510.

Barron, B., Vye, N. J., Zech, L., Schwartz, D. L., Bransford, J. D., Goldman, S. R., Pellegrino, J., Morris, J., Garrison, S., and Kantor, R. (1995). Creating contexts for community-based problem solving: the *Jasper* Challenge Series. In *Thinking and Literacy: The Mind at Work*, edited by P. A. C. Hedley, P. Antonacci, and M. Rabinowitz, pp. 47 - 72. Hillsdale, NJ: Lawrence Erlbaum Associates.

Bednar, A., Cunningham, D., Duffy, T., and Perry, J. D. (1995). Theory into practice: how do we link it? In *Instructional Technology: Past, Present, and Future*, 2nd ed., edited by G. Anglin, pp. 100 - 112. Englewood, CO: Libraries Unlimited.

Beswick, N. (1977). *Resource-Based Learning*. London: Heinemann Educational Books.*

Bichard, S. L. (2006). Building blogs: a multi-dimensional analyses of the distribution of frames on the 2004 presidential Web sites. *Journalism Mass Commun. Q.*, 83(2), 329 - 345.

Brooks, T. (2003). Web search: how the Web has changed information retrieval. *Inform. Res.*, 8(3), paper no. 154, http://informationr.net/ir/8-3/paper154.html.

Brown, A. and Campione, J. (1996). Psychological theory and the design of innovative learning environments: on procedures, principles, and systems. In *Innovations in Learning: New Environments for Education*, edited by L. Schauble and R. Glaser, pp. 289 - 325. Mahwah, NJ: Lawrence Erlbaum Associates.*

Brown, J. S., Collins, A., and Duguid, P. (1989). Situated cognition and the culture of learning. *Educ. Res.*, 18(1), 32 - 41.*

Burton, J., Moore, D. M., and Magliaro, S. G. (2004). Behaviorism and instructional technology. In *Handbook of Research in Educational Communication and Technology*, 2nd ed., edited by D. Jonassen, pp. 3 - 36. Mahwah, NJ: Lawrence Erlbaum Associates.

Cognition and Technology Group at Vanderbilt (CTGV). (1992). The *Jasper* experiment: an exploration of issues in learning and instructional design. *Educ. Technol., Research and Development*, 40(1), 65 - 80.*

Collins, A. (1996). Design issues for learning environments. In *International Perspectives on the Design of Technology-Supported Learning Environments*, edited by S. Vosniadou, E. De Corte, R. Glaser, and H. Mandl, pp. 347 - 361. Mahwah, NJ: Lawrence Erlbaum Associates.*

Counts, E. (2006). From Gertie to gigabytes: revealing the world with digital media. *Int. J. Instruct. Media*, 33(1), 23 - 31.

Cousins, K. C. (2004). Access Anytime, Anyplace: An Empirical Investigation of Patterns of Technology Use within Nomadic Computing Environments. Ph. D. dissertation. Atlanta, GA: Georgia State University (http://etd. gsu. edu/theses/available/etd - 12132004 - 144636/unrestricted/KCDiss. pdf).

Dodge, B. (1995). Some thoughts about WebQuests. *Dist. Educator*, 1 (3), 12 - 15. *

Doiron, R. and Davies, J. (1998). *Partners in Learning: Students, Teachers, and the School Library*. Englewood, CO: Libraries Unlimited.

Downes, S. (2004). Resource profiles. *J. Interact. Media Educ.*, 5, 1 - 32.

Eisenberg, M. B., Lowe, C. A., and Spitzer, K. L. (2004). *Information Literacy: Essential Skills for the Information Age*, 2nd ed. Westport, CT: Libraries Unlimited. *

Ekman, M., Warg, F., and Nilsson, J. (2004). *An In-Depth Look at Computer Performance Growth*, http://www. ce. chalmers. se/research/group/hpcag/publ/2004/EWN04/performance - growth_tr - 2004 - 9. pdf.

Engstrom, M. E. and Jewett, D. (2005). Collaborative learning the wiki way. *TechTrends*, 49(6), 12 - 15, 68.

FCC. (2006). *High-Speed Internet Access: Broadband*. Washington, D. C.: Federal Communications Commission (http://www. fcc. gov/cgb/
535 consumerfacts/highspeedinternet. html).

Gagné, R. M. and Glaser, R. (1987). Foundations in learning research. In *Instructional Technology: Foundations*, edited by R. M. Gagné, pp. 49 - 84. Hillsdale, NJ: Lawrence Erlbaum Associates. *

Greene, B. A. and Land, S. M. (2000). A qualitative analysis of scaffolding use in a resource-based learning environment involving the World Wide Web. *J. Educ. Comput. Res.*, 23(2), 151 - 179.

Hannafin, M. J. and Hill, J. (2006). Epistemology and the design of learning environments. In *Trends and Issues in Instructional Design and Technology*, 2nd ed., edited by R. Reiser and J. Dempsey, pp. 53 - 61. Upper Saddle River, NJ: Prentice Hall. *

Hannafin, M. J., Hannafin, K. M., Land, S., and Oliver, K. (1997). Grounded practice and the design of constructivist learning environments. *Educ. Technol. Res. Dev.*, 45(3), 101 - 117. *

Hannafin, M. J., Land, S., and Oliver, K. (1999). Open learning environments: foundations and models. In *Instructional Design Theories and Models: A New Paradigm of Instructional Theory*, edited by C. M. Reigeluth, pp. 115 - 140. Mahwah, NJ: Lawrence Erlbaum Associates. *

Hannafin, M. J., Kim, M., and Kim, J. (2004). Reconciling research, theory and practice in Web-based teaching and learning. *J. Comput. Higher Educ.*, 15(2), 3 - 20.

Hannafin, M. J., Hill, J., Song, L., and West, R. E. (2007). Cognitive perspectives on technology-enhanced distance learning environments. In *Handbook of Distance Education*, 2nd ed., edited by M. Moore, pp. 123 - 136. Mahwah, NJ: Lawrence Erlbaum Associates.

Harp, D. and Tremayne, M. (2006). The gendered blogosphere: examining inequality using network and feminist theory. *Journalism Mass Commun. Q.*, 83(2), 247 - 264.

Haycock, C. A. (1991). Resource-based learning: a shift in the roles of teacher, learner. *NASSP Bull.*, 75(535), 15 - 22.

Hill, J. R. and Hannafin, M. J. (1997). Cognitive strategies and learning from the World Wide Web. *Educ. Technol. Res. Dev.*, 45(4), 37 - 64. *

Hill, J. R. and Hannafin, M. J. (2001). Teaching and learning in digital environments: the resurgence of resource-based learning. *Educ. Technol. Res. Dev.*, 49(3), 37 - 52. *

Hill, J. R., Domizi, D., Kim, M., Kim, H., and Hannafin, M. J. (2007). Teaching and learning in negotiated and informal environments. In *Handbook of Distance Education*, 2nd ed., edited by M. Moore, pp. 271 - 284. Mahwah, NJ: Lawrence Erlbaum Associates.

Hill, J. R., Hannafin, M. J., and Recesso, P. (2007). Creating a patchwork quilt for teaching and learning: the use of learning objects in teacher education. In *Learning Objects for Instruction: Design and Evaluation*, edited by P. Northrup, pp. 261 - 279. Hershey, PA: Idea Group.

Hodgins, H. W. (2001). The future of learning objects. In *Learning Objects*, edited by D. Wiley, pp. 281 - 298. Bloomington, IN: Association for Educational Communications and Technology.

Huot, B., Stroble, B., and Bazerman, C., Eds. (2004). *Multiple Literacies for the 21st Century*. Cresskill, NJ: Hampton Press.

Iiyoshi, T. (1999). Cognitive Processes Using Cognitive Tools in Open-Ended Hypermedia Learning Environments: A Case Study. Ph. D. dissertation. Tallahassee, FL: Florida State University.

Iiyoshi, T., Hannafin, M. J., and Wang, F. (2005) Cognitive tools and student-centered learning: rethinking tools, functions, and applications. *Educ. Media Int.*, 42(4), 281 - 296.

Jelfs, A., Nathan, R., and Barrett, C. (2004). Scaffolding students: suggestions on how to equip students with the necessary skills for studying in a blended learning environment. *J. Educ. Media*, 29(2), 85 - 96.

Jonassen, D. (1991). Objectivism versus constructivism: do we need a new philosophical paradigm? *Educ. Technol. Res. Dev.*, 39, 5 - 14.

Kahle, B. (1997). Preserving the Internet. *Sci. Am.*, 276(3), 82 - 83.

Kellner, D. (2003). Toward a critical theory of education. *Democracy Nat.*, 9(1), 51 - 64.

Kim, H. and Hannafin, M. J. (in press a). Grounded design and Web-enhanced, case-based reasoning. *Educ. Technol. Res. Dev.*

Kim, M. and Hannafin, M. J. (in press b). Foundations and practice for Web-enhanced science learning environments: grounded design perspectives. In *Trends in Distance Education*, 2nd ed., edited by R. Luppicini. Greenwich, CT: Information Age Publishing.

Kolodner, J. L., Owensby, J. N., and Guzdial, M. (2004). Case-based learning aids. In *Handbook of Research on Educational Communications and Technology*, 2nd ed., edited by D. H. Jonassen, pp. 829 - 861. Mahwah, NJ: Lawrence Erlbaum Associates. *

Lawrence, S. and Giles, C. L. (1998). Searching the World Wide Web. *Science*, 280, 98 - 100.

Linn, M. C., Clark, D., and Slotta, J. D. (2003). WISE design for knowledge integration. *Sci. Educ.*, 87(4), 517 - 538.

Lyman, P. and Varian, H. R. (2003). *How Much Information*, http://www. sims. berkeley. edu/how-much-info-2003 .

Macdonald, J., Heap, N., and Mason, R. (2001). 'Have I learnt it?' Evaluating skills for resource-based study using electronic resources. *Br. J. Educ. Technol.*, 32(4), 419 - 433.

Mackey, M. (2002). *Literacies Across Media: Playing the Text*. New York: Routledge.

Maddux, C. and Johnson, D. L. (1997). The World Wide Web: history, cultural context, and a manual for developers of educational information-based Web sites. *Educ. Technol.*, 37(5), 5 - 12.

Martindale, T. and Wiley, D. A. (2005). Using Weblogs in scholarship and teaching. *TechTrends*, 49(2), 55 - 61.

McNichol, S., Nankivell, C., and Ghelani, T. (2002). ICT and resource-based learning: Implications for the future. *Br. J. Educ. Technol.*, 33(4), 393 - 401.

McPherson, K. (2006). Wikis and literacy development. *Teacher Librarian*, 34(1), 67 - 69.

Mwanza, D. and Engestrom, Y. (2005). Managing content in e-learning environments. *Br. J. Educ. Technol.*, 36(3), 453 - 463.

NEA. (2004). *No Child Left Behind?: The Funding Gap in ESEA and Other Federal Education Programs*. Washington, D. C.: National Education Association (http://www. nea. org/esea/images/funding-gap. pdf).

Newnham, R., Mather, A., Grattan, J., Holmes, A., and Gardner, A. (1998). An evaluation of the use of Internet sources as a basis for geography coursework. *J. Geogr. Higher Educ.*, 22(1), 19 - 34.

Northrup, P., Ed. (2007). *Learning Objects for Instruction: Design and Evaluation*. Hershey, PA: Idea Group.

NTIA. (2000). *Falling Through the Net: Toward Digital Inclusion*. Washington, D. C.: National Telecommunications and Information Administration (http://www. ntia. doc. gov/ntiahome/fttn00/chartscontents. html).

Rainie, L. (2005). *The State of Blogging*. Washington, D. C.: Pew Internet and American Life Project (http://www. pewinternet. org/pdfs/PIP_blogging_data. pdf) .

Raman, M., Ryan, T., and Olfman, L. (2005). Designing knowledge management systems for teaching and learning with Wiki technology. *J. Inform. Syst. Educ.*, 16(3), 311 - 320.

Schatz, S. C. (2005). Unique metadata schemas: a model for user-centric design of a performance support system. *Educ. Technol. Res. Dev.*, 53(4), 69 - 84.

Sharma, P., Oliver, K., and Hannafin, M. (2007). Teaching and learning in directed environments. In *Handbook of Distance Education*, 2nd ed., edited by M. Moore, pp. 259 - 270. Mahwah, NJ: Lawrence Erlbaum Associates. *

Sharma, P. and Hannafin, M. J. (2007). Scaffolding in technology-enhanced learning environments. *Interact. Learn. Environ.*, 15(1), 27 - 46.

Shuell, T. J. (1986). Cognitive conceptions of learning. *Rev. Educ. Res.*, 56(4), 411 - 436. *

Tilburg University. (2006). *World Wide Web Has at Least 14 Billion Pages*, http://ilk. uvt. nl/events/dekunder. html.

Trochim, W. M. K. (2004). *The Web for the Center of Social Research Methods*, http://www. socialresearchmethods. net/.

Wellington, J. (2001). Exploring the secret garden: the growing importance of ICT in the home. *Br. J. Educ. Technol.*, 32(2), 233 - 244.

West, R. E., Wright, G., Gabbitas, B., and Graham, C. R. (2006).

Reflections from the introduction of blogs and RSS feeds into a preservice instructional technology course. *TechTrends*, 50(4),54 - 60.

Wiley, D. A., Ed. (2001). *The Instructional Use of Learning Objects*. Bloomington, IN: Association for Educational Communications and Technology.

Winn, W. (2004). Cognitive perspectives in psychology. In *Handbook of Research in Educational Communication and Technology*, 2nd ed., edited by D. H. Jonassen, pp. 79 - 112. Mahwah, NJ: Lawrence Erlbaum Associates. *

---

*表示主要参考文献。 536

41

领域与专业中的教学模型

537 Henny P. A. Boshuizen、Caroline Phythian-Sence、Richard K. Wagner、
Koeno Gravemeijer、Geerdia Marina van der Aalsvoort、
Fleurie Nievelstein、Tamara van Gog、Frans J. Prins、
Tim Dornan、Albert Scherpbier 和 John Spencer

摘要

本章试图研究一般教学设计模型在特定领域和专业中的应用和适应性基础，并且以阅 539
读、数学、科学、法学和医学为例，调查领域特定教学方法的产生基础。本章首先分析这些领域中教与学存在的困难，然后针对这些问题提出领域特定的解决方案，接着探究这些领域特定的教与学的困难。同时，本章分析了常用教学设计模型在领域特定情景上的应用问题、应用要求，及其内外部变革压力的效应。本章内容主要由五位该领域的专家完成。

关键词

抽象数学知识：一个可以作为经验性事实来体验的数学知识体。

学徒制：一种通过参与实践而获得熟练技能的实用手艺。

临床教育：在有监督的情况下，获得临床技能。

概念模型：一种对自然现象的理论性解释。

建构主义：一种与认知发展有关的观点。认知发展取决于儿童与她(他)所处环境主动进行交互和学习的行为(Piaget)；与其所处的周围环境和他的认知发展之间有非常密切的联系(Vygotsky)。

发现学习环境：这种学习环境提供学生一系列的事件或数据，让学生去独立探索或采用事先安排的方法，使他们发现这些数据中的规则；一个丰富的学习环境能够帮助儿童通过自身建构性的努力来习得经验。

特定领域理论：为适应某一特定专业领域而修正的教学理论。

具体呈现：触觉或视觉模型，用一种可理解的形式表征数学关系和概念。

自发建模：一种用于数学教学中的动态建模方法。在建模过程中，学生所用的模型从非正式数学活动的模型发展成有更多正式数学推理的模型。

经验发展：某一领域中知识和技能的获得。

游戏：参加能够提供概念性学习机会的成功公开的活动。

本体论：关于一个领域的一致公认的明确正式的描述，还包括世界上存在的一切。

基于问题的学习：作为学习小组的一部分，通过分析问题、独自学习、运用各种学习资源、并共同综合知识而获得知识。

推理：依据给定信息，形成并支持推论。

科学学习：理解与生物学、物理、化学和天文学相关的概念。

引言

本章中的案例向读者陈述了特定领域教学设计模型的开发、改进和应用过程。这些案例来自不同的领域：阅读、数学、科学、法律以及医学。本节涵盖了初级学习和高级学习，不仅包括西方社会公认应该去学的那些知识、技能，而且也包含那些只有在大学水平才教授的领域，同时呈现了这些领域的很多教学方法和模型。本章中，我们将首先介绍模型的概念，然后过渡到一个由设计者、教育者和教师共同努力的领域，去认识特定领域的适应性教学问题。研究和实践，二者的工作对象不同，理论假设与原则不同，工作预期也不一样。同时，这些因素又互为基础。现在我们将分析领域间的区别，以及之前章节提及的影响这些因素的高关注度问题。

不同的职责

教学模型的研究者与开发者之间在关注点和研究策略方面存在差异，同时，又与领域特定的教学设计人员存在差异。首先，教学设计者和研究者注重教学模式的研究和改善，以优化教学模型为要旨，确定自己的研究课题以及领域。例如，发现学习，就是利用自然科学中特定主题或原理（如视觉原则或电子学）进行调查研究。发现学习环境提供大量的事实和数据，供 540
学习者以独立的方式或者通过事先安排的方法来探求数据的规律。当研究中数据关系比较简单时，发现其中的规律是最容易的。而且从研究的视角看，这是一种成功机会最大的明智方法。当模型应用到实践中出现变动时，领域特定情境为这个模型的产品实现提供了合适的空间。选择正确的领域是研究项目成功的重要因素；然而教学模式、方法同这些特定领域并不能取得很好联系。如果一个特定领域没有应用到合适的教学方法和模型，研究人员将难以针对它构建系统化知识。

对教学设计人员和教师而言，领域特定的情境是不同的。对他们来说，确定研究领域最重要；他们不会确定这个领域特定问题而同时忽略其他问题。他们的首要职责是解决特定的教与学问题。在此过程中，他们可能会应用或经常改进由研究者开发的普通模型和方法。这样，教学模型将在得到改进的过程中得到发展。基于问题的学习（Problem-Based Learning, PBL）就是其中一个范例，它最早被应用在医学教育中（Barrows, 1984），但目前被广泛应用于工程和经济等不同领域。本章中介绍的自发建模目前多用于数学教育中，可能也会对其他领域具有重要意义。

领域特定问题

对模式方法的应用和修订并非毫无问题。这些问题大多与学习有关，但又不限于此。首先，学习问题与领域二者有内在联系。大部分领域特殊的教学研究揭示了该领域学习面临的挑战以及决定该领域教学设计的概念，例如，医学教育表明整合了不同主题领域的教学，对那些习惯于传统医学课程的学生而言就是一个问题。这些不同的主题在不同时间被教授，而各个主题的授课教师对各自的工作了解并不多，他们更专注于自己教授主题中的原则和习惯，而没有关注临床医学问题情境中知识的整体应用。所以在 PBL 方法中，整合明确地应用于课程设计之中。

数学教育中的问题和挑战是很特殊的。在本章中，Gravemeijer 指出，在数学教学和教科书中所呈现数学知识的抽象观点使高中生理解起来比较困难。Gravemeijer 和他的同事们从生活中的实际数学问题开始，逐渐过渡到较高的抽象水平，使学习者在简单的程序性应用以及直接的知识、技能基础上形成较深的理解，从而解决了这一问题。

法律学习中的问题也是特殊的（见本章的 Nievelstein 等）。法律专业有明确的法律概念界定。这些界定与日常使用的概念有较大差别，而法律的定义本身不可能轻易改变。这种严格的本体论是法学学生必须习惯的。另一个问题是其对抗性的辩论风格。医学教育有悠久的教学设计研究传统，而法律教育中引入教学设计则相对较慢，部分原因在于法律行业的人员习惯于用争论的方式考虑几乎所有的问题。

我们列举了领域特定教学设计者尝试解决问题的一些案例。在教学流程和方法方面，数学教育研究最为成功。法律中严格的本体论与我们日常生活中的惯用词汇并非完全一致。科学学习的困难来自于学生父母的风格和家中语言表达之间的差异性。我们正在尝试更好地理解这一系列问题，这样教学设计人员可以更专注于自己的领域特殊问题。

主要的教学问题来自于社会经济地位(SES)的影响。本章案例已经呈现了相应的事实。然而，通过考量社会高层和社会低层小组中，父母与儿童在相应的经验、知识、技能、价值和预期等方面存在的差异，我们才会有机会消减社会经济状况造成的影响程度。

领域的第三个问题涉及教学过程的组织，因材施教很重要。新知识和技能的学习，要建立在先验知识学习的基础之上。教师如果没有帮助学习者建立与已有知识有意义的联系，往往会导致问题的出现。

所以，优化教学过程来促进知识学习和技能掌握很重要。同时还有其他的问题值得思考，
541 如教学过程的利益相关方、国家教育政策以及专业本身或社会中的一般发展问题。本章所讨论的有关阅读教学，就说明了国家教育政策对研究的影响，它表明由外部机构所做的政治选择，也可以影响到我们的研究议程和策略。医学教育是受外部影响的又一范例，这种影响体现在课程内容安排，以及正在处于实施、发展之中的教学方法和模式上。

模型的问题

模型不会自动地、或者完美地适合于特定领域主题或者技能、能力的培养。模型在不同领域间的实施需要经常变动。教学模型必须为了特定领域而被彻底改造，或做出有效的修正，这个观点目前尚未被人推翻。打个比方，Maastricht 大学在 20 世纪 80 年代尚处于发展时期，开设有医学和健康科学两个系，另两个正在筹建。学校在教学章程中将 PBL 课程作为一项创新举措。这是一项必须强制实施的教育政治决策(明智的决策)，但在事后，设计者和教师发现，PBL 的方法并不太适合法律和经济这两个新专业的教授。甚至 20 年之后，在研究法学教学影响因素时，Nievelstein 和本章的研究者发现 PBL 模式仍然是不可行的。

PBL 模式的引进较慢，因为它完全改变了课程教学惯例，完全不同于传统的、以教师为中心的高度结构化的课程。在 PBL 课程中，成功的教师不仅仅将知识传递给学生，而且诊断学生的个别化问题，并且相应地调整教学方法。法学教学中常常出现一些默会的知识，所以应用 PBL 教学模式时，默会知识显性化的工作就变得非常重要了。

教学模式的另一个问题，则与教学表征和教学产出有关。本节随后的 3 个例子表明，教学过程中使用不熟悉的或不相像的表征物可能会引发某些问题(科学教育中儿童似乎能够领会到教学产出所蕴含概念的含义，但口头表述有困难)，但是教学表征和教学产出的变化也可看作其解决方案。本章中 Phythian-Sence 与 Wagner 所提及的研究表明，呈现多样、即时和非正式的表征物，可以帮助不识字的学习者将词汇的语言解码与英语拼写的正规表述联系起来。与此类似，本章中 Gravemeijer 也在向学生介绍规范的数学表示法之前，刻意地使用他们所熟悉的不同的正规或非正规的象征物。这些研究表明，教学表征应该是教育设计不可分割的一部分。

通过下文例子可以看到的第三个问题是将课程按顺序划分为不同的阶段,如初中和高中、本科和研究生教育、实习前和实习期。不同阶段的关注点不同。概括地说,一般性目标(如文科、科学或一般技能项目)先于专业特定目标。显而易见,这些教学方法和教学模型应适应于不同的目标。

教学模型特定领域应用的必要条件

社会愈发透明、愈发富于责任感的趋势,已经被渗透到教育领域中来。比如,从 2000 年开始已有 40 多个国家参与了“国际学生评价项目”(PISA;http://www.pisa.oecd.org)。该项目立足于研究 15 岁学生阅读、数学和自然文化等的教育目标完成情况。项目中的测试不仅包含对学校课程的掌握,而且包括那些成人生活所需的重要知识和技能。类似的情况还有,美国对循证教育的呼吁,和欧盟提倡的在高等教育和交换生制度上应接受更多共性标准的条约。

对责任感和制度透明的呼吁涉及到教育的不同方面。就“目标”而言,这个问题表现为教育是否达到了预期的目标,这些目标对于不同的利益群体是否正确。就“方法”而言,这个问题表现为要达到目标所使用的方法是否有效、高效。对循证教育的呼吁体现出对后者的关注,本章中 Phythian-Sence 和 Wagner 提及的美国阅读研究就是这个观点的体现。由于在方法可行性和可接受性方面存有争议,他们建议对一些重要问题的研究应该终止。数学教育领域也有类似的研究结论。

医学教育面临着的问题不同。Dornan 及其同事指出(本章),医学教育主要涉及课程内容 542
以及针对不同结果(如知识、技能、能力、态度)选择合适的教学方法。方法本身并非处于争论之中。

变革的压力

教育内容与方法的评价与改革面临如此大的压力,那究竟是哪些压力呢?来自社会和专业组织的压力更倾向于探讨学生的绩效以及他们在平时训练中所学的知识、技能与工作要求之间的差异。实践中的学习挫折会使未来专业教育改革的压力复杂化。问题是,大幅度改革教学实践和专业学习,甚至假设工作和任务分析已充分完成,在通常情况下这样做是否是明智的?在我们认定改变课程内容和方法较好之前,至少应考虑以下三个方面:首先,毕业生的学业成就,是应当在教育的最初阶段加以界定、还是在工作场所或者继续教育时界定较好、抑或兼而有之呢?不同的学校和专业对此的回答各不相同。其次,专业领域的新加入者不可能成为该领域教育改革的带头人。尽管他们是新知识和技能的源泉,但还没有足够的影响力来承担这样的角色。倘若现有的实践不得不改变,学生还可以有一定时间的适应性训练来应对这些改革。然而实践中的改革应由部门领导等负责实践的人发起、实施。最后,新内容的需求有增加课程负荷的趋势,他们不仅涉及到更多的内容,而且还有学习方法、场所以及多样化的认知学习论,这一点已由 Dornan 和他的同事们(本章)所验证。这样,问题就变成了一个在困惑永无休止的情况下,师生们能够应付多少种多样性的问题。

领域特定的教学方法及教学模式的应用,往往与教学设计流程本身相关的内、外部因素有关。这些因素都需要深思熟虑，尤其在占据主导地位的那些教育改革中，教学设计问题是受课程设计问题影响的。接下来，本章将从五个不同背景的领域进行论述。

阅读学习：一个有效的方向*

阅读学习介绍

关于阅读的实验研究似乎始于19世纪晚期的冯特实验室，该研究孕育了1908年Huey的"阅读心理与教育"(Rayner和Pollatsek, 1989)。研究伊始，研究人员关注教会学生阅读的教学实践，将它们看作是阅读所依赖的觉知或认知过程。尽管多年来人们对阅读教学的兴趣时强时弱，但近十年以来，由于人们都期望提高阅读绩效，因而研究的兴趣和活动势头高涨。

尽管有些儿童学习阅读看似非常容易，但对其他儿童而言，学习阅读却是一个困难的、尝试的且充满压力的痛苦经历。美国最近发布的国家教育报告卡(Nation's Report Card)(Perie等人，2005)显示，在4年级和8年级2个颇具代表性的学生样本中，只有不到1/3的学生在英语阅读中可以达到或高于"精通"水平。来自穷困和少数民族地区学生的调查结果更糟糕。在符合接受免费或打折午餐条件的4年级和8年级学生中，只有16%学生的英语阅读可以达到或高于"精通"水平，46%的学生能达到高于"基本"水平的要求。而对少数民族的研究结果也是如此。白人儿童英语阅读达到或超出"精通"水平的占41%，达到或高出"基本"水平的占76%；13%的黑人学生和16%的西班牙学生能够达到"精通"水平，而相对来说，他们达到或高出"基本"水平的比率分别为42%和46%。

我们仍在为如何改变糟糕的阅读而奋斗。纵向研究表明，那些在小学阶段没有获得足够阅读技能的学习者，将不太可能成为"精通"型阅读者(Lonigan, 2006)。过去人们关注于整体认知发展的整体分析方法，而当前的研究关注找到直接提高阅读绩效的特定方法。美国开展"不让一个孩子掉队法案"(No Child Left Behind, NCLB)，其理论基础是"阅读优先原则"
543 (Reading First)，这个法案增强了人们对科学、高效阅读教学的期望。这样，有关阅读学习过程的研究逐步得到重视，以便人们找到教会儿童阅读的最有效途径。

早期成就：补偿教育

长期以来，那些来自贫困和少数民族家庭的儿童都处于学业失败的危险之中(Ramey等，1983)，特别是要求语言达到"精通"水平的阅读时(Rauh等人，2003)。19世纪中期，宗教和慈善小组为来自移民工人的儿童提供日托服务，前提是典型贫困的和少数民族的家庭，少年儿童得不到充足的照管(Ramey和Campbell, 1984)。同样的影响在学业补偿行动中也出现，该行动的背景是，20世纪六七十年代社会和经济发展不平衡，人们寻求公民的权利(Kagan, 2002)。该行动的前身是一些学前项目，如佩里学前项目(Perry Preschool Projects)和头脑启蒙项目(Project Head Start)，人们希望这些儿童照看情景，能为更多的儿童重现他们在入学前

* 本部分受NICHD Grant P50 HD052120和IES Grant R305G030104资助。

所经历的环境,从而为处于劣势的儿童提供社会的、语言的以及早期的文化技能。

头脑启蒙项目对一些儿童进行了追踪研究,发现“早期干预”在教育意义上对儿童有所影响(Hebbeler, 1985),但这些影响在儿童升入中学时便会消失(Lee 等, 1990)。处于学业危险中的儿童(特别是阅读障碍)在走向“精通型”阅读者的道路上,所需要的不仅仅是一个更丰富的学前环境。小学阶段应该给予阅读障碍儿童严格而稳定的教学辅导,以帮助他们成为“精通型”阅读者。

当前成果:国家阅读研究小组、NCLB 及阅读优先

1996 年“国家教育评价”的报告指出,美国 40%的 4 年级学生的阅读能力达不到“基本”水平,对此,国会委托美国国立儿童和人类发展委员会(NILCHD)建立全美阅读研究小组(National Reading Panel, NRP)。NRP 的主要任务是回顾当前教育研究,并确定教授阅读最有效的策略和实践。2000 年,NRP 发布了他们的研究报告,强调利用结合严格、科学的基础阅读训练来提升阅读成效的必要性。为响应 NRP 的报告,2002 年国会通过了“不让一个儿童掉队”(NCLB)行动,提倡“阅读优先”的教学原则,要求各个联邦学校积极开设以科学研究为基础的阅读课程。为了实现这个目的,研究者必须明晰“精通型”阅读的关键要素:解码、词汇层面和理解。

当前对阅读的理解

大部分受“阅读优先”项目资助的教学实践,其阅读教学的目标很明确,特别是针对从幼儿园到三年级儿童词汇层面解码的教学部分。儿童诵读障碍研究也得到了该项目的大力支持。对绝大多数诵读困难的个体而言,主要问题出在解码而非理解过程(Torgesen, 2002)。当前研究表明,阅读障碍源于音韵,这与视觉障碍正好相反(Schatschneider 和 Torgesen, 2004)。因此,作为基础阅读教学内容之一,目前阅读教学的关注点之一,就是促进学生语音意识的发展。

音韵意识指口语当中声音结构的发音意识(Anthony 和 Francis, 2005; Jorm 和 Share, 1983; Wagner 和 Torgesen, 1987)。单词的口语发音被描绘成为一串音素。所有口语单词由将近 40 个音素组成,40 个音素有可能形成 10 万亿个联结,而其中只有很少的部分出现在口语中,其他的部分则出现在复合词中(Wagner 等,1997)。比如,cat,rat 和 hat 包含了三个音素,其中第一个音素各不相同,但后两个是相同的,这些通过单词的拼写就可以看出来。这三个词汇的第一个字母不同,但中间和最后的字母相同。对具备语音意识的儿童来说,他们的“英语写作系统”表现为用一种明智的方式表达那些被“打印”出来的单词。而对于欠缺语音意识的人而言则会发觉自己的“英语写作系统”是非常反复无常的。

两个可以互证的证据都支持语音意识在阅读学习中起根源作用的观点。首先,存在纵向
内在联系的数据的“因果模型”支持这一观点。Wagner 与同事们(1997)发表了一个历时 5 年 544
的纵向研究,该研究面对 216 个从幼儿园到 4 年级的儿童。研究结果提出了一个双向的因果关系模型:语音意识在儿童早期阅读技能发展中扮演“根源”的角色;相反,阅读技能发展在语

音意识的后续发展中也扮演了“根源”的角色。

支持这一结论的第二个证据，是语音意识和单词阅读之间的互为因果关系。这个结论来自于干预研究，以及针对文盲成年人和阅读障碍者的研究。同时，先进行语音意识训练后考查单词阅读效果的研究表明，语音意识与后续词汇层面阅读间存在因果关系（文献综述可见国家阅读小组报告，NICHD, 2000）。Torgesen 和同事们（1999）开展的纵向研究中利用“深度听觉辨别”项目研究那些语音加工技能差的儿童（Lindamood 和 Lindamood, 1984）。研究者给与各个音素相联系的发音分类，使学生通过利用彩色玩具或字母的音素排列活动来呈现单词中的音素。结论表明，相对于那些被提供平衡文本和词汇层面教学的儿童，以及那些接收普通课堂活动的儿童而言，当语音加工技能差的儿童被提供强化的词汇层面教学时，他们的语言加工、语音意识和词汇层面阅读技能会有明显提高。

如何提高阅读理解水平这个以前是被忽视的主题，现在开始受到人们的重视（Biemiller 和 Slonim, 2001），以前仅仅用于促进理解的教学法，现在转移到促进词汇和其他口语技能的教学中。尽管解码是必须的，但一般口语技能与特殊词汇也是有效阅读理解所必须的，因为儿童不仅需要阅读遇到的词汇，而且需要理解他们所读的内容。

Biemiller 与 Slonim (2001)观察从 1 岁到 2 年级的儿童，发现他们平均每天要学到 2.2 个新词根。进入小学后，儿童开始在正式或非正式场合下学习词汇（Graves, 1987），其中直接教学意味着学生被授以词汇和词汇含义的信息。尽管这种直接的方法在传授单词含义时非常有效（尤其是对某些特定故事的成功阅读或者新概念的理解时），但是用这种方法训练儿童成为一个“胜任型”阅读者仍有不足（Sternberg, 1987）。直接教学指出单词含义是儿童通过阅读而获得的；未知的单词含义则衍生自境脉暗示。Beck 等人（2002）开发了用于词汇教学的强有力的方法，这种方法用词汇给学生提供丰富的、多样化的、情境性以及可重复的经验，除了应用直接和情境化教学之外还应用直接显性的词汇教学。它不是关注那些大多数儿童不需要教学就可以获得的词汇（如 clock, baby, walk），而关注那些对理解高水平文章所必须的词汇（如 coincidence, absurd, fortunate）。研究结论整合了许多最有效的词汇教学方法，Beck 与 Mckeown (1991,805 页)总结如下：

首先，词汇学习的教学方法有比没有好；其次，没有哪种方法表现出一贯的优势；第三，那些融合多种技术的方法更具优势；第四，重复呈现对词汇学习更具优势。结论表明，人们习惯于被动接受，关注知识的实用性。

Stahl 与 Fairbanks (1986)进行了词汇教学与阅读理解及词汇分数之间关系的元分析。关于词汇，他们的分析表明，教学对于特定语境词汇测量的效度为 1.37（SD = .76, N = 21, p<.01），对于词汇定义的测量效度为 1.7（SD = 1.42, N = 55, p<.01），普遍意义上的测量效度是 0.26（SD = .29, N = 17, p<.01），而混合教学（直接的和间接的）的效度最高。

最近，国家阅读小组（NICHD, 2000）尝试进行元分析综述，但并没有得到有效数量的研究，不符合词汇小组标准来达到科学所需的要求。尽管对词汇教学进行元分析难以实现，但国家阅读小组总结了若干成功词汇教学的重要趋势（NICHD, 2000），这些趋势与 Beck 和 Mckeown (1991)描绘的很相似：成功的词汇教学应包含直接或间接教学，并且包含丰富的多样性情境的重复呈现;当必须确保学生理解时,应重新建构任务;没有单一的词汇教学方法可以推荐,应该利用多种技术保证学生积极参与。

如前所述,阅读期望的(学习)结果是理解。解码使得学生可以阅读文章中的单词,词汇知 545
识使学生懂得单词意思,而理解则出现在这两种技能之外,并且需要儿童将词汇置于一系列观点和概念之中。尽管词汇与阅读理解之间的关系早就被人们所接受(相关系数在 0.3—0.8 之间),但研究者却继续研究着这个关系(Tannenbaum 等,2006)。Anderson 与 Freebody (1979)提出了三个可能的假说。一般能力倾向假说认为,词汇与阅读理解之间相联系是由于它们都是一般智力的体现;一般知识假说则认为,二者联系是由于二者都是概念知识的表现;工具主义者假说认为,词汇与阅读理解之间存在因果联系,所以词汇能力的提升会对阅读理解产生积极的影响;其中最后一个假说是研究人员最感兴趣的,因为它表明通过词汇教学影响阅读理解是可能的(Stahl 和 Fairbanks, 1986)。

Beck 等人提出,当学习者在多样化、可重复和有意义的教学方式(Tannenbaum 等,2006)中学习词汇时,词汇教学能够影响阅读理解(Beck 和 McKeown, 1991; Beck 等,1987, 2002)。在 Stahl 与 Fairbanks (1986)的元分析中,他们同样分析了词汇教学,他们的研究结论对工具性假设有支持作用。在普遍性阅读测量中词汇教学影响分析的效度在 0.97($SD=.81$, $N=41$, $p<.01$,范围在 0—3.07)和 0.30($SD=.22$, $N=15$, $p<.01$)之间。

除了通过词汇教学间接影响阅读理解之外,教学方法还力图通过对认知策略的直接教学来促进阅读理解。研究者提出的认知策略能够被分解为三个阶段:对理解过程的主动觉知;对理解有所帮助的策略的教学,以及练习并最终自主采取策略进行理解(NICHD, 2000)。来自于经验研究所支持的这些策略,有心理意向、图片组织者、总结,以及最明显的问题生成。有趣的是,对词汇而言,并没有可以解决理解问题的唯一策略。全美阅读研究小组指出,整合性或多样化的策略对于理解"具备大量的科学支持"(NICHD, 2000,46 页)。

结论

总而言之,用于发展阅读和其他语言技能的教学模型得到了大量的研究,学生词汇理解能力、阅读水平以及二者之间关系的研究得到发展。但是,儿童阅读学习初期因面临大量生疏词汇而有所限制,尤其是单词层面的解码。儿童阅读学习内在过程得到进一步解释时,相应的发展有效阅读教学的进展也会随之产生。

数学学习:学习抽象知识的问题

数学学习概述

数学学习的困难之处在于学习者个人知识与抽象的常规数学知识之间的差距。这个差距的弥补不是仅仅给他们架座桥梁那样简单,因为学生在彼岸"一无所有"。专家所具有的抽象的常规数学知识并没有在学生的经验中起到任何作用。让我们来分析数学知识的起源吧:

如果有人留心数学史,他将发觉这么一个重复的模式,在该模式中,过程和程序被发展为对象，比如人类的计数行为。最早出现的计数是一个确定某些事物有多少的过程，然后作为对象本身及其内部，数字逐渐具有了独立的性质，在函数中我们也可以发现相似的变化。早期的函数来自于一个给定的输入如何转换成相应输出的描述。随后函数被界定成有序的数字对，并且被认为是具有某种特征的数学对象；这也就是说，数学家将他们作为可以操作和推理的真实对象进行体验，就像大部分成年人将数字体验为真实对象一般。作为对大量数学对象的解释说明，数学创建了可以体验的知识体系。

数学教师同样可以构建数学作为额外的知识体系，而这一知识体系对于他们来说是真实
546 的体验。因此，教师和教材编写者可以将其自身的抽象数学知识作为可以向学生解释的额外的知识体系。然而存在于教师抽象知识和学生经验性知识之间的差异性，造成了一系列错误的信息传递。

不同的参考框架

在特定年龄，尽管儿童完全懂得 4 个苹果加 4 个苹果等于 8 个苹果，却无法理解“4 + 4 = ?”这样的问题，对这样一个现象的解释是儿童依然将数字与“4 个苹果”这样可计数的物体联系在一起。在本案例中，对儿童而言，“4”更像是形容词而非名词。在更高水平中，4 这个数字会与更多的数字联系在一起，如：4 = 2 + 2 = 3 + 1 = 5 − 1 = 8 ÷ 2 等。该水平中，数字成为了数学对象，可以推理出网络形态数字联系中数字的意义本质(Van Hiele, 1973)。

在谈论数字时小学教师通常说的是在学生的经验中所不具备的数学对象；因此，教师和学生“说的是不一样的语言”，这一点往往被我们所忽视。他或她谈及的数字是存在于数字关系网络中的数学对象。例如，教师可能会这样解释“7 + 6 = 13，因为 7 + 3 = 10，6 = 3 + 3，10 + 3 = 13”。而那些还没有分析必要的数字关系网络或者将数字作为形容词的学生，他们难以理解这样的推论思路，因而只能进行复制和记忆。

模型

为了适应数学的抽象性，教学设计人员尝试用学生乐于理解的方式，来设计和表征数学关系与概念的触、视觉模型。这样一来，数学关系和概念的表征就显得更直观。基于这种考虑，我们用到了“透明”(transparent)这个词汇，用以表现学生能够看穿模型并得到数学的本质。这将使学生能够在头脑中构建一个反映外部呈现的内部心理表征。Dienes 积木是这种方法中最著名的触觉模型，这一模型就是为了使十进制具体化(见图 41.1)。

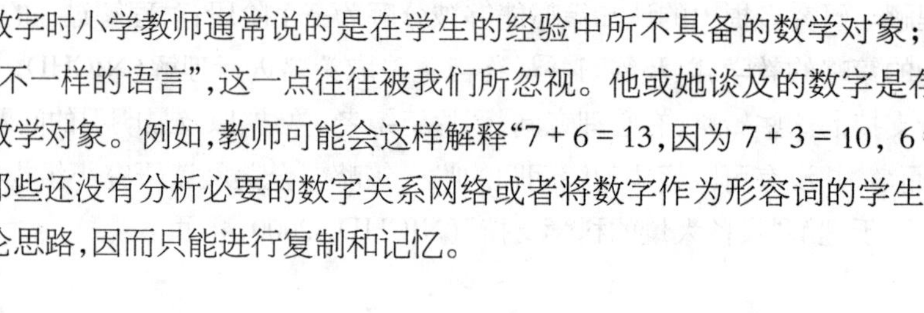

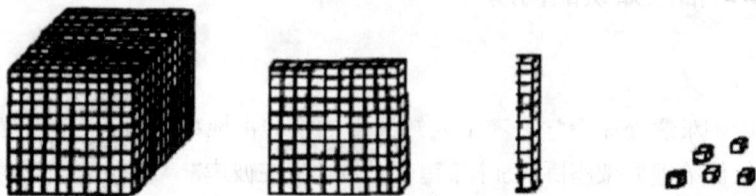

图 41.1 Dienes 积木

要求学生观察一个由1000个小立方体构成的大积木,其中一个平面包含100个小积木,而一竖条包含10个小积木。然而研究却表明,这个说明并非是不言而喻的(Labinowics, 1985)。Cobb等人(1992)认为,Dienes积木使人产生疑问的特征在于它本身的假设,即教学表征是学生数学知识的主要来源。对成年人而言,这个教学呈现所表明的含义是显而易见的,但是对低年级学生却并非如此。事实上,数学教育者将类似于十、个、百这样的数学建构过程,联想成那些能够被指出和表达的类似于实体的个体,而像Dienes积木正好符合这样的需求。这种感觉不仅是由于他们自身数学知识背景的不同,而且和个人社交表达与推理解释能力有关系。

教师和教学设计者认为,尝试开发透明的模型带来了完美的体验,他们能够看到自己的十进制知识系统融入到积木中,而对于学生,Dienes积木仅仅是木块而已。我们不期望学生在积木中看到的知识,比他们已经掌握的知识还复杂。众所周知,这就是学习的潘多拉盒(Bereiter, 1985):怎样才能让学生们认识到比他们已知的还要复杂的数学关系?教学事实是,当学生理解不了他们正在观察的东西时,教师除了详细告知他们积木和运算法则之间的关系之外,别无他法。

数学学习的困难是什么?

简言而之,我们的结论是,数学学习中的困难,并非是由数学知识的条理性和抽象性造成的。实际教学当中,教师和教材编写人员误认为他们能够向学生解释那些他们已有的、高度抽象的数学知识,并把这些知识作为数学知识体系的扩展部分。然而,由于教师知识和学生经验 547
现实之间的差距比较大,这项工作难以进行。因为材料取决于旁观者的视角,所以教学表征有时不能弥补这个差异。尽管如此,我们仍然可以断定,造成数学学习障碍的根源在于忽视数学从何处来这一教学传统。当然现实中不排除有一部分人不会因为这种教学形式而停止数学的学习。然而我们可以推论,他们实际的学习过程并不同于吸收或记忆一个与已有相类似的知识体。依据Freudenthal (1991)的研究,这些人似乎能够重新建构某种意义上的数学知识体系,这个过程与再创造(reinvention)过程非常相似。这些人正如谚语中所说那样,“学习第一,理解第二”。可是Freudenthal却质疑这条谚语是否在鼓吹“指导下的再创造”*这种方式的学习促进作用。

替代

Freudenthal (1973, 1991)称,历代数学家的最终研究成果都被作为教授年轻学生的起点素材,他将其称为“逆向教学转换”。一种替代的方法就是为学生搭建再创造的环境。与此相关,他提出“作为人类活动的数学”一说。正如数学家的活动形成了我们目前的数学一样,学生通过活动也能够构建出数学知识。因此,这种方法为教授学生学习已经成形的数学提供了一种替代的方法。

---

* 参考蔡玉玲、张静的《生活数学之数学成效初探——以乘法公式为例》。——译者注

我们接下来将详细描述 Freudenthal 的观点。他认为数学主要是一种活动，是一种被他描述为“数学化”或“组织化”的过程。与此相关，他提出组织学科内容的活动使其“更加数学化”，这可能既包括现实素材的数学化，也包括组织数学事件使其更加抽象。我们通常将此情境下的“更加数学化”与概括、严谨、简略、确切等特征联系在一起，认为数学活动应该是概括化、公理化、简略化和实证性的。Freudenthal (1973)提出，尽管他承认学生不可能对千百年来由聪明的数学家创造的数学(知识)进行简单地再创造，但学生可以通过数学化再创造属于自己的数学知识，这就是他提出“指导下的再创造”的原因。在此过程中，教师和教科书必须设法保证学生以自己发现数学知识来学习数学。要实现这些，需要告知学生再创造步骤，这时，教师需要教学设计者的帮助，而教学设计者反过来也需要研究者的支持，提供这类帮助是荷兰的 Freudenthal 研究所几十年来一直的使命，相关工作产生了一个特定领域教学理论——“现实数学教育(RME)”。

自发建模

依据该理论，受指导的再创新似乎可以得到自发建模的支持(Gravemeijer, 1999,2004)。这种方法针对“学习的潘多拉盒”而出现，在某种程度上与 Meria (1995)的历史分析法相吻合。以历史分析法为基础，Meria 提出了符号化和意义制定的辩证过程，此中，符号和相应的意义协同发展。从历史的角度看，符号和模式并没有凭空实现；它们是经过长期的发明、调整和改善的结果。因此，我们应该采用更自下而上的方式来帮助学生分析数学，而非帮助他们直接建立与已有数学知识之间的联系。

该建议符合自发建模的理念。自发建模方法以建模活动为出发点，其中“建模”指要求解决某情境问题时，学生所参与的活动。随后，学生建构这一问题，并通过该模型来解决。这样一个建模活动包含蓝图绘制、图表或表格，或者它也可能包含非正式符号的开发或常规数学符号的运用。我们可以推测，依靠这些模型所进行的活动，将帮助学生重新获得更常规的数学知识。

最初，模型是以具体境脉模型的形式出现的，是指学生可以真实体验的那些具体或典型的情境。早期的模型考虑到了与情境化解决策略相一致的非正式策略，这些情境化解决策略定义在具体情境当中。后来，当学生在类似问题中获得更多经验时，他们的注意力可能会转向数学关系以及策略，这将帮助他们进一步发展这些数学关系，使其能够以不同的方式应用模
548 型:作为数学推理关系的基础，模型似乎比表征情境问题更重要。以这种方式，模型开始成为那些更加正式的数学知识的参考基础。简言而之，非正式的数学活动模型发展成为正式的数学推理模型。

这种方法已经被成功地运用到各个不同的情景，从数据分析(Cobb, 2002)、微积分(Doorman, 2005)到 100 内的加减法(Stephan 等,2003)。我们将后一个例子作为范例对教学顺序进行简述，旨在发展一种数学知识框架，使得学生能够使用该框架形成 100 内加减法的灵活策略。该框架序列的起点是通过重复一个给定测量单元来测量长度，紧接着重复 10 和 1 的单位。在 10 和 1 单位的调用过程中，学生开始觉知到有用的数学关系，如 $48 = 50 - 2$，以及 $48 + 10 = 58$。

接下来,这个 10 个刻度的纸条,是用重复单位 10 及其子一级单位而形成的测量装置(见图 41.2);后来,尺子就是通过结合 10 个所谓的十条(tenstrips)而加以解释的。用这把尺子进行测量,是建立在之前对 10 个单位和 1 个单位的重复基础上的,接下来的新活动包括"比较"、"增加"或"减少长度"。学生开始利用若干 10 个单位作为基准,而不再利用对个别单元进行计数。比如说,48 与 75 的大小比较中,可能用到 50, 60 和 70 作为基准,当能够推理出 48 + 2 = 50, 50 + 20 = 70, 70 + 5 = 75,那么差就是 2 + 20 + 5 = 27。接下来,这些算数策略用开端数轴上的跨越加以描述(见图 41.3a)。随后,当学生对数学关系更富有弹性时,他们可以推理出:75 − 48 = 75 − 50 + 2,这可以通过在数轴上的跨跃加以阐述(见图 41.3b)。

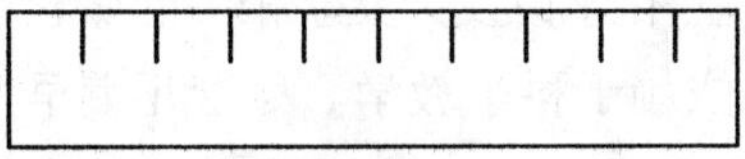

图 41.2

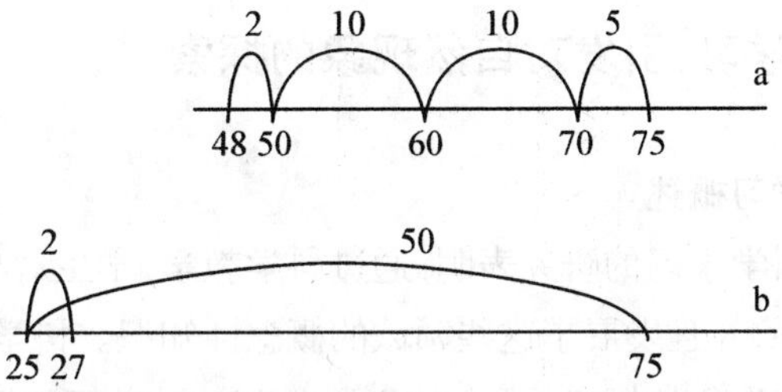

图 41.3 (a) 在空白的数据线上跳 (b) 展示 75 − 48 = 75 − 50 + 2

模型能从数学关系中获得其理论意义,并已成为一个数学推理的模型。回顾一下,我们可以发现这样一种转变,就是从数字最初与测量(如 37 英尺)的约束关系,到数字本身作为一种实体,在数字关系网络(如 37 = 30 + 7 = 40 − 3 = 20 + 17 = 47 − 10)中获得自身的意义。序列化也为自发建模方法用于教学设计增加了趣味。首先,设计者应试图用数学关系的方式描述教学目标,这就告知设计者必须要关注的关系。其次,设计者应试图设计一系列子模型,用于支持由"……的模型"到"为……的模型"的转变,通过这种方式,每一个新的子模型就通过先前的子模型建立了早期经验。

结论

教给学生抽象的数学知识比较困难,因为它们涉及到对知识的不同理解水平。然而,实际的问题是我们倾向于把抽象的数学问题,看作是能够向学生清楚解释的外部知识体系。我们总是在学生原有知识的基础上教授新的数学知识,而不是帮助他们建立新知识与其经验之外那部分知识之间的联系。现实数学教育(亦译为真实数学教育)(RME)中提供了引导重新发明和自发建模等策略作为替代方法。

通过这个方法,学生得以发展以他们的经验现实为基础的数学知识。更重要的是,这种方法建立了与开放资源之间的联系,使得学生在陷入困境时,可以折返到更具体的理解层面。然而,RME 却没有为如何讲授抽象的数学知识提供一种简单的解决办法。首先,现实的数学教育需要教学设计,或者更需要与提供一系列潜在、多产的活动一起的基本原理或局部的教学理论,来支撑这样的教学设计。其次,教师发展是必须的。在教学概念的范畴中,如果将教学看作是一个帮助学生建立数学与其原有知识体系之间联系的过程,那么教学的中心将转向 549

“指导和解释”。若采用另一种方法,教师可能只有将指导和解释转为帮助学生创新数学知识。对教师而言,在达到既定的常规目标的同时,又要以学生的投入和想法为基础展开工作,这的确是一件困难的任务。

帮助学生创新就意味着必须减少教师的权威。尽管如此,教师占据课堂主导地位,只是扮演的角色不同。教师在课堂上确立规则——如何看待数学、学习数学意味着什么。同时,教师选择教学步骤、讨论框架和教学主题,用这样一种方式精心安排课堂讨论,以有利于预期数学知识的建构。这样做,教师必须在指导和发明/再造之间保持平衡。一言以蔽之,正是教师决定了我们所说的课程改革。

科学学习:引发对自然现象的探索

科学学习概述

科学学习的研究表明:通过科学教学,学生对与生物、物理、化学以及天文学相关的概念更加熟悉,并且发展了这些领域的概念性知识。科学学习强烈依赖于科学教学。尽管儿童早期对自然现象的探索,可能引发了学生对科学相关概念的兴趣,但是学生对自然现象的关注仍需要其认知(能力)发展到特定的水平,该水平决定学生是否有能力提出与自然现象潜在机制相关的问题。

在建构主义学家看来,随着时间推移,学生的概念理解不断深入,其认知系统也得到了发展。作为一个建构主义者,皮亚杰(DeLisi 和 Golbeck, 1999)提出了认知功能和发展的理论,该理论尝试解释现有认识系统的形成和发展,以及成型的认知系统的应用问题。皮亚杰认为,儿童对自然概念的形成取决于一种所谓的平衡化过程,该过程存在于对概念形成有影响的新技能和已经成型的概念之间。当儿童努力与这些经验相联系时,他/她可能不是由于环境的某个方面而失败就是过度受到环境压力的影响。儿童个体的行为、注意力以及兴趣,决定了他们在构建概念模型时是否发生了同化或顺应。

Perret - Clermont 等人(2004)在维果茨基观点的基础上,强调了知识构建对外部影响的依赖。他们发现,当教师能够通过在最近发展区内以共同工作的方式,建立学生现有思维模式和新观点之间的桥梁时,儿童有学习行为的产生。这样,教师作为“外部影响”,指导着学生获得思维的高级形式。

特别是在科学案例中,学习被认为是在学校中传播的事情(Nunes 和 Bryant, 2004)。当儿童学习逻辑性强的内容时,若配之以富于理解性的具体情境,则更容易成功。科学定义的概念理解需要以现象为基础,并且通过逻辑思考找到理解该现象的方法。(自然)现象提供了一种培养或训练学生推理能力的途径。理解的过程是可以从科学教学的课堂中产生的。尽管目前的理论认识到当儿童逐渐长大,他们的智力发展遵循普遍的规律,但当儿童需要解决特殊问题时,他们还是需要从目前可利用的知识出发,进行扩充和变更(Nunes 和 Bryant, 2004)。

建构主义者的研究表明,新认知是建立在已有知识结构基础之上的。这样,儿童的知识系统将按如下方式产生概念性的变化:在生命的早期,儿童会在一段时间后了解大量零散的科学观点,这些各不相同的元素以一种复杂的方式组织在一起。当要学习与学生原有知识系统相冲突的新信息时,就需要知识的重组。教师可以作为促进者,来指导科学学习的过程,并且在课堂中有意地引发类似的知识重组(Ohlsson 等,2000),但是我们不能保证教学和重组能马上获得成功。科学学习是新的概念实体的建构过程,而不仅仅是用科学性知识取代简单知识(Kumpulainen 等,2003)那样简单。学生需要在能够掌握科学概念之前,发展好适当的认知结构,因为系统教学之前,学生的初始探索框架与教学之后的微观概念之间存在着差异性 550
(Vosniadou 和 Verschaffel, 2004)。

对天文学习的影响

基于皮亚杰的认知发展理论,一些研究开始涉足自然现象的认知,比如天文学(Vosniadou 和 Brewer, 1992,1994; Vosniadou 等,2005)。在天文学教学研究中,大部分一年级儿童已经形成了关于昼夜更替的最初模型,其中大部分开始试图了解昼夜更替的原因。研究还表明学生已经学会了针对自然现象(如日夜循环)而形成"心智模型"。"心智模型"指一种模拟现实物质世界情形的特殊呈现(方式),它可以被心智所操纵,预测物质世界的因果状态,并且提供物理现象(Vosniadou 和 Brewer, 1994)。

为了研究有关概念改变的发展,人们寻求一种经验性的方法,来探索儿童面对富有启发性的学习内容时概念发展的规律。反思已有的相关研究,试问,一次成功的科学教学需要哪些要素参与呢?比如,Ohlsson 等人研究(2000)发现,幼龄儿童(平均年龄 5 周岁)学习天文知识,得益于一个包括从小行星到地球的虚拟旅行游戏。该游戏促进了学生对天文学知识的掌握。在延迟四个月后,这一效果仍在持续。类似的研究结果表明,探索性学习对于促进年幼儿童对自然现象概念学习,以及提升技术素养而言,都不失为一种富有成效的方式(Cameron 和 Dwyer, 2005;Hertzog 和 Klein, 2005)。

一项田野研究

基于 Ohlsson 等人(2000)的研究结果,我们利用 PICCO(一个针对特殊自然现象的计算机程序)(Kangassalo, 1997)探索了儿童的概念形成。PICCO 为探索地球、行星、与昼夜更替有关的时间意义,以及四季更替提供了虚拟的环境。软件屏幕上呈现了七个活动:在虚拟场景中游览城市;改变参数以变换季节;调整时钟实现昼夜交替;使用望远镜或双目镜;使用字典;使用虚拟的太空飞船;使用可以改变屏幕上视角的罗盘。

通过虚拟太空飞船的发射,儿童认识了地球相对月球、太阳和其他行星在宇宙中所处的位置。同时,也见到了外太空中的地球,意识到地球是圆的。此外,通过参数设置可以实现四季更替,使屏幕中有关春、夏、秋或冬的图画交替变化;或者将手的图标放在钟表上,让白天变为黑夜,这时图画变暗并且鸟儿停止歌唱。孩子们随时可以享受屏幕上的视觉体验。屏幕上既没有时间限制,也没有元素的按钮的使用规则。儿童对地球形成的心智模式,对昼夜循环以及季节所持有的观点,与在屏幕中所展示的图像有所不同。利用 PICCO 进行的活动,我们期望能够激起儿童对这些自然现象理解中的认知冲突,从而激发儿童原有认知与自然现象相关联的概念性知识的失衡状态，这种失衡反过来会加深对现象的认识。

结论

通过PICCO的研究让我们联想到：幼龄儿童是否可以在游戏场景下探索自然现象并有所收获(详细研究见Van der Aalsvoort等，2006)？(为验证这个猜测，我们)在各学校安排一个教室安装PICCO软件，安排4周的实验时间。教师每周至少给学生提供一次使用该软件的时
551 间和机会，四周之后再从计算机中卸载PICCO。实验前后我们就学生从软件中学到的知识，或者就其中图像的理解程度进行了访谈。这是两所常规小学的20名2年级学生，每班前10名的学生参与到项目中。之前为做好学生特征分析，我们收集了智力测试成绩，和孩子所在家庭的社会经济状况信息。虽然学校之间学生的IQ测试平均成绩相当，但是第二所学校中学生家庭的社会经济状况明显好于第一所学校的。

为控制实验变量，观测PICCO软件带来的效益，我们的研究分为三步。第一步是根据实验前后的学生访谈，对比两所学校学生的正确答案数，结果在完成试验后，第二所学校的学生对访谈中所涉及问题的回答正确率明显较高。

研究的第二步是分析学生的面试，揭示试验后学生知识水平的变化分析结果表明，关于地球、昼夜更替和四季更替，可以将概念性知识划分成三个水平。如要求学生描述地球形状的科学模型，第一所学校的学生在后测中的回答比例由20%提升为40%，而第二所学校学生回答比例则由80%变为90%。来自第二所学校的学生对昼夜更替问题做出的回答中，有20%是参与了PICCO游戏后给出的，而第一所学校没有一位同学能达到这一水平。我们把存在于前测成绩中的具体差异性归结为学生所在家庭的社会经济状况，因为来自第二所学校的学生具有明显较高的SES水平。因此，尽管IQ分数大家相当，但是来自第二所学校学生的SES水平较高，并且在前后测的面试中所获得的分数也较高。

最后一步分析了儿童的探索方式。这些方式包括受次数影响的视觉模式，以及在PICCO各个部分中行动实施的原理。我们希望儿童能够通过有意点击屏幕中的按钮，成功完成行动次序，这也表明儿童是在概念化水平中进行信息加工的。我们主要预期的次序有三种。第一种与地球的形状相关：儿童点击按钮发射火箭，从外太空观察地球，发觉它是一个圆形物体，最后返回地球。第二种顺序与昼夜更替相关：儿童转动钟表的指针，观察景色的昼夜变化。第三种顺序与季节相关：儿童改变日历上的日期，使得风景从一个季节转变为另一个季节，随后再一次改变日期。这里有一个叫威廉姆斯的孩子，他参与了PICCO中的10个部分，找到了一个与地球相关的(活动)顺序，另外他对与昼夜更替和季节相关的三种时间顺序也有所认识。在随后的访谈中，威廉姆斯只有在地球主题中的成绩有所提高。

最终，分析表明，在学生探索途径中，高水平学习活动和他们在方案中给出的回答之间存在非显著性相关。因此，我们不能贸然得出结论，认为那些屏幕中呈现的、带有及时反馈的干预性活动，与学生概念性发展的深化有关联。但可以肯定的是，第一所学校学生的主要收获，是学到了地球作为一种自然现象时有关其形状的知识，而第二所学校中学生的主要进步在于学到了昼夜和季节更替的知识。

综上所述，在二年级教室中使用PICCO系统的研究结果表明，学生在这个类似于游戏、并

且允许其对自然现象展开调查的项目中有所收获;然后,每所学校儿童的发展体现在不同的内容领域和不同水平上。第一所学校中儿童的发展在于他们对地球形状的概念理解,第二所学校中的儿童已有大部分掌握了该部分内容,他们最大的收获在于理解了昼夜更替。

影响研究结果的一个主要因素是学生家庭的社会经济状况,似乎学生家庭的社会经济水平越高,他们在对自然现象的概念理解方面进步越大,从这些探究现象的学习游戏中他们的收获就越少。然而,试验后也发现,也许家庭环境可以弥补学生原来欠缺的自然现象概念理解,但概念性知识的改善能够在极短的时间内完成。

552

讨论

我们可以将结论应用到如下几个方面。在这里我们将呈现其中两种主要方式,以期帮助我们理解,儿童所处环境的干预是如何引发其心智模式的建构(如教室情景),以及这一切对于教育计划而言意味着什么。第一种应用,是关注参与者的社会经济状况与可激发概念化模型发展的材料之间的关系(Kohnstamm, 1967; Szechter 和 Liben, 2004)。一项 9—12 岁儿童与父母共同解决科学问题的研究表明,儿童的父母扮演的角色是“证据解析”,而并没有参与到能使儿童发展科学质疑能力的合作性讨论中去(Gleason 和 Schauble, 2000)。该研究使我们意识到,提供有效的支持,似乎与科学问题解决的言语化存在着一定的关系。在这个案例中,如果儿童不善于解释,那么当他们表述自己对自然现象的理解时,会产生一定的局限。这个观点在我们的研究中并没有加以说明,这是因为在我们与儿童的访谈中,我们提供纸、笔和橡皮泥,帮助儿童像利用语言那样,用非语言的形式呈现地球的形状以及太阳的位置。参与的儿童在呈现自然现象的概念化知识时并没有表现出劣势。第二个应用涉及先前学习中,父母辅导孩子进行自然现象探索的方式。研究发现,不同学校之间学生的差异,与父母对儿童在家庭中活动的看法有关;而且,当孩子看到屏幕信息比较生疏时,将降低他们的探索兴趣。

本研究结果的第二种应用与人工制品的使用相关。Vosniadou 等人(2005)探讨了科学推理当中人工制品的特殊意义。他们认为,需要额外教学生使用人工制品,来帮助学生使用并懂得背后的概念。我们利用 PICCO 材料进行的研究表明,儿童能够通过参考人工制品而获得概念,比如太空中的地球在一个平面屏幕中被描绘为一个圆形。对研究结果的另一个解释是,学生浏览软件呈现出来的图形并不一定导致概念性知识的学习。这样一来的话,那么在儿童理解一个自然现象时,需要掌握什么类型的知识呢?

第三也是最后一个观点,我们希望提升对探究学习的关注,而这类探究学习中应利用增量分析来获得与游戏中概念化发展相关的学习过程。尽管 Hertzog 与 Klein (2005)提出,诸如 PICCO 这样的技术应用,可能有利于培养学生的创造力和批判性思维,但是在对自然现象的概念知识形成中添加哪些学习过程并不清楚。另一个问题在于,虚拟探索是否会使真实经验变得无效,尤其是当父母的参与成为教育游戏与学习间的中介变量时。因此,我们认为,增量分析应该更多地用于游戏课程学习期间对儿童行为解释的尝试中。水平的变更以及途径的多样,使我们可以洞察儿童中活跃的变化(Granott 和 Parziale, 2002; Steenbeek 和 Van Geert, 2002; Tunteler 和 Resing, 2004)。

科学学习的结论

从研究中我们可以得到哪些与科学教学与学习相关的结论呢？我们的研究结果表明，学生所处社会经济水平越高，他们从支持自然现象探索的项目中学习的获益越大。因此，一个主要的信息就是，学校需要为那些家庭处于低水平社会经济状况的儿童提供能够满足他们需要的学习环境。然而，我们建议首先要观察儿童每天在家的生活，随后再确定什么类型的方法或环境项目能更好地适应特殊的儿童群组(Tudge 和 Hogan, 2005)。

法律学习：本体论和推理的问题

法律学习介绍

在介绍法律专业学生所经历的困难，描述有关有效教学干预的研究以及此领域未来需要的研究之前，我们先简短地介绍一下普通法法系(Anglo-Saxon★)和民法★★(Continenta)法系，并且提供有关不同法律系统所引发的认知过程和目前应用的教学方法的讨论。

553 **普通法(判例法)**

普通法在很大程度上是未编成法典的，所以，必须要看先前的案例，才能决定合适的条例(Sinclair, 1971)。它具有以下显著特征：法官利用先前经历的特殊知识、关注问题情境(案例)以及那些案例的结果来做出自己的判决。在普通法中，这种类型的推理称为基于案例的推理，本质上是一种归纳。法学学生和律师应该能够识别当前案例和先前案例之间在结构上的相似性，因为通常这些案例的文字特性(表面)可能不同；然后为这些案例建立联系，并且推断出一个一般的结论。基于案例的推理是一个环路，整合了解决问题、从经验中学习、通过类比解决新问题的过程(Aamodt 和 Plaza, 1994)。

在英美国家，案例教学法成为法学教学法的基本模式。成千上万的法律案例被系统化组织起来，供法学教育者使用。学生必须从事实中构建意义，初看起来这些可能很简单，但当他研究某一特定案例到一定深度的时候，就会变得逐渐复杂起来。在案例教学中，通过阅读、讨论以前在法学实践中遇到的相似情境的复杂、真实的案例，学生可以发展其分析思维和反思判断的能力(Aamodt 和 Plaza, 1994; Carter 和 Unklesbay, 1989; Taylor, 2000)。

民法

与此相反，民法则是编成法典的，并且包含了一套规则条例，可以由法官应用和解释。为了实现对特定法案的判决，法官的任务就是分析这一案件、查找法律条文、并且对其进行解释。民法更多地依赖基于条例的推理，其本质上是一种演绎。与处理特定的信息片段得到一般的结论不同，民法更多地是从一般条例或断言出发，得到一个特定的结论(Chalmers, 1976;

★ Anglo-Saxon 的本意就是 Angles 和 Saxons 两个民族结合的民族，英国被称为 Anglo-Saxon 人。——译者注

★★ 民法法系(civil law system)是以古代罗马法特别是 19 世纪初《法国民法典》为传统而发展起来的各国和地区法的总称，所以称为罗马法系，由于它首先在欧洲大陆各国兴起，所以称为大陆法系；由于它也受到中世纪日耳曼法的影响，所以又称为罗马——日耳曼法系或罗马—德意志法系。至于称为民法法系，乃是因为该法系的主要内容是民法。——译者注

Maughan, 1996)。其重点是从一般被接受、认可的条例出发,分析法律问题,从中推理出结论。

在普通法中经常应用的案例教学方法的一个变种就是基于问题的教学方法(Admiraal等,1999; Teich, 1986),学生在其中通过查找和应用相关的法律规则分析和解决法律问题。在荷兰,Crombag等人(1997)开发了一套系统化的问题解决方法,可以通过一步一步的方式解决民法案件。这个说教式的模型表明了一个经验丰富的律师在进行案例推理的时候应该考虑的一个理想的、线性顺序的操作步骤。要解决一个法律案件,需要有7步:(1)将问题进行明确表述;(2)选择法律事实;(3)选择相关的法律或法规;(4)分析和解释这些条例;(5)将这些条例应用于案例中;(6)对诠释进行评价;(7)最终将判决明确表述。在案例分析中,这些阶段并没有很严格的区分,但是形成了一个循环过程。

法律学习中的困难

两个法系有明显的差异,因而,相应的推理方法也有明显不同。但是,对于那些必须要在这两个法系中解决法律问题的初学者而言,困难却是相同的。之所以会有困难,一方面是因为初学者的知识基础还没有打好,另一方面,因为这个领域有一些必须要掌握的非常复杂的概念和技能。

知识结构

要解决一个法律问题,如果必要的话,必须对有效信息进行检查、法律解释和完全落实,还要对相关的法律信息(以前的案例和条例)进行选择。不重要的事实必须与重要的事实区分开。这也是非常复杂的,因为采用的视角(比如,是原告律师还是被告律师)不同,不同的事实就有不同的重要性。根据问题表面现象和结构特征来做的研究看,初学者(新手)往往容易被表面特征(境脉)所干扰,在确认结构特征方面存在问题,而结构特征在决定可能的解决办法方面起着至关重要的作用(Holyoak和Koh, 1987)。有效的法律推理需要从法律的视角对结构特征进行确认和解释。换句话说,对事实的重要性做出恰当的评定需要法律条例知识和案件的基本政策知识(Vandevelde, 1996)。

专家们会在经验的基础上形成"程式"(剧本)帮助他们识别和解决常规例行的问题(Custers等,1998)。有关专家知识差异的研究发现:一个领域的专家通常用包含陈述性知识(概念和原理)的心智框架或图式来理解和设计一个应用原理解决问题的问题或程序性知识(Chi, 2005; Dufresne等,1992; Schank和Abelson, 1977)。Crombag等人(1977)比较了学生 554
和专家有关私法中"侵权"概念的知识结构。参与者必须围绕"侵权"主概念列出29个不同的私法概念。他们发现专家有关此法律概念的概念系统由一些特定的簇和要素组成,均是对"侵权"概念的特征描述。相反,与专家的知识概念相比,学生的知识结构就显得不完整、缺乏组织性、不容易被激活。专家的知识概念还是分层的,低级的、细节的概念在高级概念(它们达到了更高级的抽象)下面(Boshuizen和Schmidt, 1992)。在处理常规问题的过程中,这些抽象的、高级的概念会自动地被激活;低级的、细节的概念仅在特殊的、非常规的任务需要的时候才被激活。总之,法学学生必须要发展他们的能力和简化封装概念,以帮助他们在处理案件的时候能够识别结构特征和与案件相关的事实。

Alexander的有关领域学习的模型(Model of Domain Learning, MDL)描述了在领域特殊* 专业技术发展的三个阶段中质性知识和量性知识发生的转化:(1)新手,在此阶段,初学者拥有的是很难被激活的、有限的、片段化的知识,对此领域逐渐熟悉;(2)胜任者,在此阶段,片段化的知识和变得更加广泛、条理分明的、原则性强的整体;(3)专家,拥有了很广泛的、结构良好的专家知识基础。在最后一个阶段,个体变得能够对此领域贡献新的知识,从而,此领域也保持一种增长的状态(Alexander, 2003)。

知识本体论

除去从案例法规中获取知识、发展能力外,法学的初学者还必须同时要让自己熟悉法律的官方语言(Lindahl, 2004)。他们需要掌握知识存在——即此领域中的共享共识的、清晰的、正式的表达(Bench-Capon和Visser, 1997; Visser和Bench-Capon, 1998)。这可能是比较复杂的,因为我们在日常非正式生活中常规应用的一些概念通常可能有一个特定的正式含义,仅部分含义与日常概念相一致(在科学领域对此相似问题的描述,参见Chi, 2005; Chi和Roscoe, 2002)。下面有关专家和新手对"物主"概念的定义可以说明这个问题。在被问到"物主"的定义时,专家说:"所有人就是对某一物件拥有主观权利,对于该物件有充分的权利,她(他)可以对关于该物件做想做的任何事情。"一个新手就会说:"所有人就是拥有一些物件的人。比如,如果你有一条狗,它就是你的狗"(Nievelstein等,2005)。

中介概念

对于学习者来说还有一个额外的问题,就是在法律领域,某一概念的功能会因为描述语境的不同有很大的差异(Ashley和Aleven, 1991)。法律知识看起来有一定的内在一致性,在这个内在一致的网络框架中一些概念起着中介概念的作用(Ashley和Brüninghaus, 2003)。一个中介概念一方面决定了法律基础间的关系,另一方面,它也会由于描述的法律境脉不同而产生不同的作用(Lindahl, 2003)。例如,"物主"这一术语,在一种条件下可以作为某种辩护基础,然而,该术语在另外一种情况下,也可以作为另外的辩护基础。比如,有关于动物的"物主"就要比"房子"的"物主"拥有多的的权利和责任。

一个应用中介法律概念的教学工具的例子就是由Ashley和Brüninghaus (2003)年开发的预测和解释案例结果的人工模型。该模型依赖于一个数据库,该数据库中拥有大量不同的案例。每个案例都代表了一个原告和被告之间的争论,并且还有很多支持原告主张和被告反驳的诸多因素。每一个争论的观点都描绘成一个中介概念,并且被置于层级树的顶端。根据情境和各自所持观点(比如说原告、被告的角色),中介概念履行了不同的角色,并且也会导致其他的法律结果。该模型会将一个新案例与数据库中已经存储的具有相似结构特征的案例相比较(比如相似的观点)。在比较的基础上,预测和解释该新案例的胜诉方是原告还是被告。

* Expertise,专家的意见、特殊知识。——译者注

对抗性推理

法律辩论在法学中扮演着很关键的角色,因而也是法学教育的重要内容之一(Carr, 2003)。辩论可被界定为是一个伴随着辩护的有力陈词(Kuhn, 1991)。在法学辩论中,困难之一就是推理通常是对抗性的。也就是说,在争执不一的情境中,要求学生学会综合考虑多种观 555
点,使其委托人处于最优位置。一个自身可以接受的法律辩论在抗辩和异议中可能会被推翻,所以目标就是通过预测、理解和对抗对手的反应,能够使自己处于一个相对对手更理想的位置(Thagard, 1992)。虽然条例、法律和先例均可以获得,但是在对抗的情境意味着它们的应用绝不是直接举证那么简单的事情。

对法律学生的支持

上面部分说明,在法律的学习当中,困难既源自一般意义上的知识发展(要求领域专业知识和原本),也与法律这一特定领域有关(发展本体论、理解中介概念、获得辩论和观点采纳的技能)。那么问题就是,在这种方式下,我们该如何设计法学教育以帮助法学学生——尤其是那些处于法学教育道路初期的法学新手克服这些困难。

法律教学模式研究

相比法律领域,强结构性领域已经开展了很多关于教学设计的研究。然而,这些在强结构性领域应用有效的教学模式,在法律教育中的应用还需研究。在这部分,我们讨论以下四种教学模式:(1)样例教学;(2)引出对抗性推理的导师系统;(3)一个支持辩论的模型;(4)一种合作学习的方法。

向学生展示样例和过程工作单的有效性一直在理论上存在争论,并且在学习如何准备一份诉讼中进行了研究(Hummel 和 Nadolski, 2002; Hemmel 等, 2004, 2006; Nadolski 等, 2001)。Hummel 等人(2004)发现学生在学习完样例后能够在诉讼训练中取得比较高的分数(比如保持力),但是样例在即时迁移和延时迁移方面均没有什么效果,而过程工作单在影响延时迁移方面则有积极作用。

Ashley 和 Aleven (1991)开发了一套导师系统,通过提供练习和反馈的机会,促使学生多角度思考,发展辩论的技能,这两种能力在对抗性推理中是必须的。这套系统教学生如何通过比较和对比案例进行辩论。每个案例都是基于原告和被告的一场争论,系统通过让学生面临问题、不同解释、法律规则、反驳行为、最有效的或最好的行为案例,可以教授他们在必须要争论或者在为争论做出反应的一个对抗性的境脉中区分结构案例的特性、做出推理。

Carr (2003)对法学二年级的学生在期末考试中两组学生的辩论做过比较研究。一组学生是在计算机支持的环境中开展教学培训的,依据 Toulmin (1958)★的辩论模型、为法律问题进行辩论,而另一组学生也是为同样的问题进行辩论,但是没有应用这些模型和工具。研究假

★ Toulmin Model 是在西方影响比较广泛的论证分析模式。由英国逻辑学家 Stephen Toulmin 在 The use of argument 一书中提出的。它揭示出论辩性文本中几种典型的功能性成分。这些成分形成相互联系、共同支持论点的动态关系,可以更为细致地观察论证性文本的内部关系。——译者注

设是，经过辩论模型培训的学生的期末成绩会高于那些没有应用该模型学习的学生的成绩，但是这种结果没有出现。对这种发现的一种解释是，可能二年级的学生还没有掌握足够的专业领域知识，不能够从该模型工具中受益。因为要用一种结构化的方式来表达争论，需要专业领域知识(Kuhn, 1991)。那么，更多的高年级学生才可能从此模型工具中受益。

Henderson 和 Martin (2002)研究了家庭法(美国亲属法)中的合作学习。学生必须完成一个相对综合性的作业：审查案例并且撰写一份家庭法的意见书(立场报告)。他们研究发现：针对该作业，合作学习能够使学生对家庭法有更多的批判性思考，能够对法律问题有更深刻的理解，能够提升个人和小组的学习成就。

未来法律教学研究的建议

Hummel 等(2004,2006)应用的样例可以称为是面向结果的(van Gog 等,2004)，因为他们关注的是学习者为了获得解决方案所采用的问题解决步骤，这些面向结果的样例不能够影响迁移。如同 Hummel 等(2004)所提到的，面向过程的样例可能能够改善迁移，但是在本研究中没有调查。面向过程的样例不仅能够提供问题解决的步骤，而且还能够提供在选择每一步骤时所应用的策略和专业领域知识。换句话说，问题解决的系统化方法和伴随的探索法，以及专家在解决问题的推理过程中所应用的一些专业领域知识，会与所提供的解决办法步骤一起得到详尽的解释(van Gog 等,2004)。在法律教学中应用这种面向过程的样例教学可能是非常有效的，因为它们通常会向学生提供解决问题和推理的专家模型。

556 Ashley 和 Brüninghaus (2003)没有提到的一个有趣的问题是，运用案例推测算法的理论原则训练学生时，学生在组织中介概念和案例的结构特征方面是否表现得快一些，辩论得好一点儿。能够帮助学习辩论以及学习理解中介概念的不同功能的另外一项技术就是应用概念图，在科学教育的概念学习中运用概念图已证明是非常有效的(Roth, 1990; Van Boxtel 等, 2000)。通过从不同的观点制作概念图可以帮助此领域的学生学习给概念赋予不同的内涵。如果在应用此技术的过程中能够与合作学习相结合，学习法律可能会更有效，因为在小组讨论时，学生可以向同伴解释不同的概念安排，也可以对他们解释的不同观点进行质疑和挑战。

Maughan (1996)认为在真实的、活生生的境脉中进行实践是非常重要的，尤其对辩论和对抗推理技能的获得来说更加重要。完全真实的教学境脉一般是比较难实现的，然而，真实性可以被视为是一个多维度的建构(Gulikers 等,2004)。在学习某一技能时，某些维度的高度真实可能要比另外一些维度的真实性更重要。一项有关哪些维度应该具有高度真实性的研究可能会对构建教学培训情境产生一些指导原则(如 moot courts，见 Taylor, 2000)。Gulikers 等人还发现，由于专业水平的不同，不同维度真实性的重要性也会不同。因而，在获得辩论技能的早期，并非真实度高的认知导师(Ashley 和 Aleven, 1991)就非常有效，随着技能的逐渐发展，在一个真实度比较高的境脉中进行实践就会变得越来越重要。

对支持法律教师的方式进行调查可能也是很有帮助的，因为教师将会用这些方式支持学生。有关专家与外行交流的研究表明：专家在精确估计新手的知识水平进而依据新手的水平做出适应性解释方面往往存在困难(Bromme 等,2001; Nü ckles 等,2005)。大学教师往往更是这一领域的专家，尽管法学教师应该接受过识别学生的知识水平和适应学生认知水平方面的培训，但专家与外行的交流问题也可能存在于法学教师中。如果是这样，教育研究一方面要关注提升教师对法律存在发展和概念的理解，另一方面，还要向他们提供工具使其能够准确地对学生的发展水平做出评估。

讨论

本部分内容说明，尽管普通法（判例法）和民法引发了不同的教学和学习过程，学生在学习律中都会经历相似的困难。这些困难在很大程度上与这一领域的某些特殊方面（本体论、中介概念和对抗性推理）相关，使学习者在知识和技能的获得方面要比其他的专业领域复杂得多。对教育研究者和教学设计者来说，一个很大的挑战在于找到一些能够对学生在其教育历程不同阶段的知识获得和技能发展方面提供适切支持的技术。奇怪的是，与其他复杂的专业领域（比如医学）相比，法律领域学习与教学的研究是比较贫乏的。我们在这里介绍了一些过去非常有意思的研究，并且尝试找到此领域未来研究有前途的方向，能够使教学方式和教学原则帮助学生克服他们在学习中遇到的困难，尽可能地使他们在接受正式教育期间能够获得最大的发展。

医学学习：从理论到实践的连续统一体

医学学习介绍

医学专业是建立在道德规范之上的，其首要的教育任务就是要鼓励他们的新生代成员坚持这一规范，并将该规范传递给后继的学习者。这套价值系统的不朽精神使教育在这一领域中占有核心地位，这从 Hippocrates* (Lyons 和 Petrucelli, 1987) 至今 (General Medical Council, 1999) 就一直不断地得到证明。虽然看似简单，但是临床实践、教育实践和社会规范在本质上的变化使医学教育变成一个愈来愈复杂的领域。本部分内容主要关注的是大学层次的医学教育。本文将这一领域的特殊性同目前正在影响该领域的因素以及近来发明的一些解决方法联系起来，并且运用英国的一些例子来说明普遍的观点。

领域的特殊性

一般描述

医学的入职者既包括从高中步入医学领域的新手，还包括拥有生活经验或者可能之前就
拥有学位的成熟学生。医学教育一般都需要 4—6 年，这主要取决于国别以及学生所接受的早 557
期教育。在入学方面，也要求有很高的学术标准。学生必须要有很强的学习动机，因为医学学习非常艰难。如果新手没有科学知识的背景，那么他可能被要求学习一个入门课程，以帮助他们打下医学中生物科学术语方面的基础。除远大志向外，大多数医学学生还往往受有利他人

---

* 希波克拉底（公元前 460—377?）古希腊的名医，世称医学之父。——译者注

的动机所驱动。起初,他们学习生物医学科学,还有可能学习行为和社会科学以及人类学,但实际工作经验非常少。在后面的几年,重点会由理论转向实践,他们就会有非常多的临床工作机会。毕业后,新医生必须在监管之下,承担照顾病人的责任,但在他们能够不受监管地进行独立工作之前,必须要接受毕业后培训。那么大学医学教育的目标就是培养能够成为进入工作岗位和接受研究生教育的毕业生,从而最终使他们成为独立工作的实践者。

学习主题和学习结果

支撑医学实践所需的广泛、长远、深厚的能力(Hamilton, 1999)给学习者带来了很大负担。列表 41.1 是从学科中抽取出了一些能力要求。表 41.2 中列举出英国医学总会(General Medical Council)有关一个医生职责的定义(General Medical Council, 1993)。它将技术视作医生所必然具有的前提条件,并且更多地关注医生的社会责任;然而,绝大多数医学学生接受教育都是在于获取技能而非社会责任,并且以通过习得知识而获取职位为荣。

表 41.1 医学院所授学科

更多的理论学科内容,例如:
- 生理学、解剖学、身体组织与系统化学
- 药物化学以及其行为
- 个体和社会的行为科学

更多的应用学科,例如:
- 病理学
- 公众健康

由医学组织起来的一些个性化学科,例如:
- 内科学
- 外科
- 全科医学

表 41.2 医生职责,由英国医学总会制定

医生应该:
将照顾病人作为他最关心的事情。
礼貌、体贴地照顾每一个病人。
尊重病人的尊严和隐私。
倾听病人诉说并尊重他们的观点。
用一种病人可以理解的方式向他们提供信息。
尊重病人有关对他们开展照顾的所有决定的权力。
不断更新其专业知识和技能,跟上时代步伐。
意识到自己专业能力方面的欠缺。
诚实并值得信任。
尊重并保护机密信息。
确保个人信仰不对护理病人持有偏见。
当有足够理由相信病人或者其他同伴不适合实践的时候,能够快速保护病人脱离危险。
避免滥用医生权力。
与同事一起为病人兴趣提供最好的服务。

资料来源:General Medical Council. *Duties of a doctor*. London: General Medical Council, 1993.

医学学科领域的基础知识以及学习方法在特点上与其他学科很不相同。比如说,解剖学通常是靠死记硬背来学习的,为事实回忆性的考试做准备。很简单,因为人体组织的真正科学是与人类胚胎学和人类进化密切联系的,学生没有那么多的时间对这些知识进行全面深入的学习。生物化学和生理学通常被视作实验性学科进行教学,由于学科教师不是医学实践者,两门学科之间的临床意义上的想关性是留给学生和课程规划者来发现的。除正式课程外(Coles, 1998),一个非正式课程涵盖了一种与"知道如何"非常不同类型的知识,诸如时间管理、在实践场景中如何行为、角色、等级制度,以及职业发展(Sinclair, 1997)等。转向技能领域,医学学生必须要具备作为一个学习者所应具备的学习技能,并且还要具有在实践中的神经运动和交流技能。表 41.3 列举了临床技能的一些分类(Dornan 等,2003)。这里也有一个有关能够胜任工作所要求的复杂社会技能方面的隐含课程。态度这一术语不时出现在列表 41.4

中,其中也涵盖了一些学习类型——能够维持学习者的学习以及帮助他们实现专业社会化的学习。这些在医学教育中有关社会的、情感方面的内容在本部分后面内容中会有更细致的分析。

表 41.3 临床技能的分类

技能类型	描述
顾问、咨询	有效地与病人交流以提供医疗护理
身体检查	对病人进行检查进而做出诊断
图像解释	检测一个射线图或者心电图,发现异常,并且能够将这些发现与健康或者疾病知识建立联系
程序	为了诊断或者治疗目的而提升病人身体素质,如输血
治疗	能够安全实施复杂治疗(如输血)所需的那些程序和\或者智力的行为
管理	比如,当病人出院的时候能够协调各方面的服务照看病人
化验	能够安全地处理标本,并且能够对体液进行简单分析
病人和同事的安全	洗手或者其他能够阻止传染疾病传播的方法

表 41.4 常被描述为态度的学习结果

知识:
- 职业、专业价值系统知识
- 医学的法律和道德框架是如何在实践中应用的

个人素质,例如:
- 自信
- 动机
- 正直/诚实
- 职业身份认同感
- 自我意识

待入职的医生必须要有将所学的东西整合为安全、流畅和自发性的专业表现。比如,一个医学急诊需要(调动)许多知识:不同形式的护理等级知识、病人对药物的生化反应知识、应用 558 信息分析问题的智力技能以及与处于紧急事件核心的病人和护士进行冷静交流的情感和社会技能等。

教育过程

通常,医学学生知识获得的途径一般是通过听课或者参加实践课堂、或者通过书本学习。当他们的学习重心从临床前的理论学习转向临床实践后,他们往往是向实践场所的从业者学习的(Sinclair, 1997)。一些态度的学习是通过教师的说教投射到学生身上,被当作知识一样获得的;一些是镶嵌在他们所学技能中的;但是对态度发展最重要的影响是角色塑造(建模)的过程(Elzubeir 和 Rizk, 2001; Tiberius 等,2002)。研究一致显示:医学学生和年轻医生将医学从业者的角色模型定为临床表现优秀、对病人富有同情心、勤勉教学、重视医生和病人的交流、关心病人的社会心理问题(Wright 等,1998)。像在早期课程中进行生理学实验所学的技能也是使他们最终变得有学识的一种手段。后来在工作场所学到的技能,如获得一段完整历史或实施一项全面测试来模仿一个医生的行为,既是一种手段也是一种结果。实践技能不仅是医生必须要掌握的全部技能,对学生来说也是将其融入到实践性的临床队伍中去的一个手段,这在他们的临床学习中是至关重要的(Dornan, 2006)。

559 当今的医学教育孕育于一个还是以医院作为主要实践场所的年代,那时,医院接纳这样一些长时住院的病人,他们患病症状极明显但药物却不能治愈。对医学学生来说,传统的做法就是在一个单独医院病房中跟随一个有丰富经验的临床医生或者负责其毕业后培训的医生(学习)。传统的临床学徒扮演的是医学队伍中最年轻的晚辈角色,他们将病人接待到老师的病房中、从事一些仆人的工作、在外科手术中能够打把下手和帮个忙。医学的评价方式在传统上非常丰富。知识的评估通常用论文、口试以及临床的诘问考试方式。实践能力的测试通常通过让候选人询问病人、用一些时间为病人做检查,或者通过让候选人为几个具有明显外部疾病特征的病人作检查,对其行为进行观察(所以分别称为长期案例考试和短期的案例考试)。这些评估通常在本质上具有对抗性,让学生面对的是一些奇怪病症的疾病,而不是他们将来在实践中可能会遇到的普遍问题。

医学教育中的特殊主题

医学教育必须致力于医学学生的社会发展,这与让他们具备专业能力同等重要。当他们理想化的认识受到挑战或者因"选择一个仪式化的职业身份"感到压力的时候,需要对他们的道德发展过程进行引导(Lempp 和 Seale, 2004)。必须要帮助他们学会如何处理在专业文化适应过程中以及与疾病和病痛接触中所产生的强烈的情感反应;还要帮助维持他们的动机;帮助他们树立能够让他们有勇气与从业者接触交流的信心;使他们逐步形成一种职业身份认同感(Dornan, 2006)。在医学教育中存在很多充满风险的因素。低年级的医学专业的学生可能痛苦地意识到:不假思索脱口而出的"癌症"一词,让病人听到后可能会对这些学生的动机目标会产生不可逆转的伤害,就如他们在医学实践任务中不应该有任何过失一样。学生可能会从病人身上感染一种潜在的致命性的传播疾病、在充满竞争的现实世界中失败,或者变成一个诉讼的对象。

医学教育变革中的压力

社会对更多医生的需求使医学院变得逐渐拥挤,也给传统的临床学徒制带来了压力。大学生入学系统正在被推动向成熟/研究生入学发展,其中有很多影响因素(见列表 41.5)。反过来,拥有更多的成熟学生也推动了医学院采用更尊重学生已有特征属性的教育系统。在发达国家,医学实践已经在某种方式上发生了变化,也影响着医学教育(见表 41.6)。

表 41.5 向研究生入学发展的压力

扩展参与范围	为了使医学职业的社会综合性实现公正、平衡,希望能够给予贫困的青少年机会,使他们在以后生活中能够进入医生这一职业
需要更多的医生	在招收那些可能很快转变为社会需要的编外医生方面存在压力
个体属性	他们美好的生活经验和动机使他们进入高等教育,在后来的阶段他们成为医学院具有特殊价值类型的学生
医学学习的适宜性	证据表明:成熟的新入行者能够顺利实现从教室学习向在工作中学习的转变;且当不成熟的新手达到高原期时,他们能够在学术力量方面有所发展。

表 41.6 影响医学教育实践特性的变化

变 化	教育影响
住院时间变短，更多的是医院外的护理	青睐基于社区的教育，医院教学注重教学的新方法和新场景
更多重点放在阻止疾病和提升健康上，也就是更多地放在对慢性病的长期管理上	学习主题发生了转变，更多地关注医学课程
更多地关注病人的安全和缓解临床风险	消除试误学习，对学习者来说跨入实践变得更加困难
医学传统特权地位发生变化，专业提升依附于药物，灵活运用多种技能	医学教育的重点转向跨学科专业和团队学习，为跨学科教育提供基础理论
向外行人授权	主题的转变：从学习结果以知识为主转向向教师学习；并且提倡对以病人为核心的医学实践进行细化培训
实践的技术性和专业化特征逐渐提升，临床专业的增殖	增加课程内容；增加整体学习的难度，而且任何一个专业学科课程内容涵盖更加广泛
在专业与社会的新社会契约境脉下重新评估医学职业特性	增加课程内容和基础社会与人类科学，特别在伦理学与传播领域
科学的新发展，如新遗传学、分子生物学	增加、提升课程内容

医学陷入了一种更加普遍的紧张之中，学术界传统的观点将教育视做学术，而专业发展呼吁医生要适应充满不确定性和真实世界实践的"沼泽湿地"(Schön, 1983)。医学教育也深深受到自我指导学习学习运动的影响(Knowles, 1975)，这一运动不仅挑战了传统的说教式教学，而且还对临床专家和学徒的等级关系提出挑战，其结果是以学生为中心的教学方法被广泛采纳应用。一直以来医学教育是注重实践的，直到最近才采用了这样一种方法，即给学生一个相当纯净的科学知识基础，然后用学徒制的方式给学生提供理论应用于实践的机会。然而， 560
表 41.7 中列举出的这些力量正在改变和扩展医学教育的认识论。

表 41.7 认识论的变化及其对医学教育的影响

医学教育认识论的变化	影 响
科学的逐渐成熟，使医生从一个使用未经测试的解决办法的先行者变成了一个在社会境脉中运用成熟技术的执行者	医学教育必须要适应医生角色从一个社会角色而非科学代理人的转变
社会对医生的要求表明，社会特性不是纯粹的，无论从理论上还是在实践上都不是仅以生物医学科学为基础的	医学教育必须要做出选择，是提供一个不仅仅以理论为基础的教育，还是采纳包括人类学在内的新的学科基础
行为科学和社会科学的发展在理论上具有趋同性，能够对健康和疾病提供更有利的解释以及提供更多的解决办法	为医学学生的理论教育提供了更新的学习主题
新从业者的经验发现，他们接受先理论后实践的、基于科学的教育后对自己职业角色的准备很不充分	至少要改变顺序，可能是医学课程的理论学习内容方面
现代医学具有多重面孔：作为科学的医学，作为人类学的医学，实践性的"知道如何"的医学以及作为社会公平救助者的医学	明确采纳多种实践认识论，而不是仅教授科学的卓越成果却将其他方面的学习留给非正式课程。

由于在发达社会中，人们越来越平等，被赋予了更多权力，所以，医生特权性的社会地位，以及有时候有些麻木不仁的或者家长式的作风开始受到挑战。其结果导致，要用一个新的框架对医学价值系统进行重新描述，这个框架要强调医学专业的从属地位。

解决办法和待回答的问题

随着实践的变化,专家与学徒之间的传统关系也有所削弱,教育理论也将其焦点从教师转向学生和学生调节自己学习的方式(Ten Cate 等,2004),这个新焦点是一把双刃剑。平衡自我指导学习学习者群体与基于问题学习的促进者之间的关系是教授医学中陈述性(declarative)知识的一种有效途径(Prince 等,2003)。然而,其他类型的学习就要依靠学习者与教师之间的那种固有不对称性关系(Tiberius 等,2002)。要获得神经运动方面的技能,医学学生必须要接受师傅的训练(Patrick, 1992)。要获得临床专业知识或技能,他们必须使自己社会化,参加到一个实践共同体中,在其中他们的老师就是专家(Swanwick, 2005; Wenger, 1998)。我们发现在工作场所中转向自我指导学习剥夺了教师的权利,而且使学习者处于迷茫和无目的性之中(Dornan 等,2005a, b)。所以需要对在一个临床实践共同体中学生需要扮演的角色进行研究。病人也越来越被认为是一个积极的参与者,而不是消极的医疗接受者,所以他们在当今医学教学中的角色也需要进行研究。

基于结果的教育与主题

以前,医学课程都是被描述为用以教授的科目。现在,它们是往往由清晰的学习结果所表示,通常被描述为能力。拥有清晰的目标,这当然非常重要,但是,其将医学专业知识技能可以简单概括为一组能力的假设是有问题的。经验和默会知识在临床经验中有非常明确的位置(Schmidt 等,1990; Wyatt, 2001),但很难将它们用能力来表述。还有,就是在学生向从业者学习逐渐发生关系的过程中将教育过程与教学结果进行区分也是有问题的。目前,对专业化、职业化的重视保证了医学课程的学习主题所涵盖的内容要比生物科学更宽泛。社会意识、道德行为、良好交流以及有效的资源管理均成为对 21 世纪医生的期望。

561 为了履行他们的社会责任,医学学生必须要学习自信、动机以及职业认同等情感态度方面的学习结果(Dornan, 2006)。除此之外,还有内省素质也是非常难以定义的,因为那是非常个性化的,很难识别。有位作者造了一个词"留心"(mindfulness)*用以描述洞察力,它可以使从业者概括归纳和应付未来的挑战,整合新的行为和态度,表达同情以及"在场"(Epstein, 1999)。留心是不能够被教授的,但是它可以通过提问、反思、指导和角色建模等方式得到发展——按照字面的意思,就是教育或者"引发出"。对医生的个人素质有一个更好的定义、用什么样的方式培养这些素质,以及它们之间的关系构成(譬如情感智力)等问题都是未来研究重要的主题。

课程设计

整合是现代医学教育的一个重要主题。当今医学教育越来越多地将医学新生当作一个医生来塑造,而不是教授每一个都是为下一个做准备的不连贯的教育经验。不连贯的转变会延迟学生的学习,包括道德发展在内(Branch, 2000)。在接受理论教育的同时,越来越多地到工作场所的见习能够使学生的学习更加具有实践性、认知理性、社会性和情感性。纵向整合是一种社会反映的课程设计,这种观点可能存在争议(Littlewood 等,2005)。当然目前也呼吁横

---

* 有台湾学者将该词翻译成"正念"。——译者注

向的整合,即专业主题的逻辑顺序依据身体系统各部分组织,而不是按照各自独立的学科来组织。相比医学理论学习,这种针对工作场的学习效果并不是很好。教师们渴望与学生共享的专业知识技能往往受到他们专业实践的限制,从而使面向工作场学习的横向整合产生严重混乱(Patel 等,2002)。与以学科科目为基础的工作场学习相比,整合学习的相对优势在哪里,是未来研究的一个重要课题。

教学法和评估

基于问题的学习是医学教育对高等教育最重要的贡献之一。最初它被认为是一种教授可迁移的问题解决技能的方式(Barrows, 1984)。基于问题的学习是教育从教师控制转向学生控制的一种有效的手段(Schmidt, 1993)。曾经有批评指出:如果忽略它培养了更适切的学习技能、构建了社会技能以及更吸引人等一些证据(Albanese 和 Mitchell, 1993; Vernon 和 Blake, 1993),基于问题的学习并没有使医学学生学到比传统的、说教式的教育方式更多的知识(Berkson, 1993)。

考虑到学生和病人的安全,人们开发了各种模拟技术,临床技能实验室也被广泛引进。人际交流可以通过应用模拟病人得到训练和测试(Van Dalen 等,1999)。神经运动技能可以通
过运用解剖模型学习,更加复杂的程序可以用高保真度的模拟技术(Issenberg 等,2005)。如 562
何促进模拟教育到实践场景的转变是未来研究的另外一个重要课题。

绝大多数对于临床工作场学习的研究受情境的限制非常强,所以需要有一种新的更加概括化的概念。我们提出了基于经验的学习作为一种这样的概念。根据这个模型,工作场学习的核心条件就是支持参与实践。随着学习者拥有越来越多的经验,他们就会逐渐从观察者到从业者,最终会为了病人的利益而达到业绩顶峰。支持参与会引发情感学习和实践学习,二者相互促进。学习是自我增值性的,因为成功的学习会让学习者比较容易地成为一个从业者。支持参与的质量在很大程度上受到学习环境质量的影响,其中最主要的影响因素是从业者和学习者的关系。这个理论为临床场景学习的持续研究提供了基础。

业界曾经对评估做过许多深入的研究。在医学知识领域,值得特别注意的是进度测试(Van der Vleuten 等,1996)。作为基于问题学习的一种补充,以及作为劝阻学生"填鸭与遗忘"学习的一种手段,这种技术是以学生同伴为参考,测试学生纵向的知识增长。在医学领域发展出来的另外一种评估方式是客观结构化临床考试(Objective Structured Clinical Examination, OSCE★)(Harden 等,1975)。OSCE 通过多种任务对学生进行评估,涵盖了很广泛的专业主题。OSCE 作为一种可以减少偏见、克服在实践考试中内容特定等问题的评估方式被广泛采纳。

评价——教育质量的测量——与评估有密切的联系,这两个词在美国英语中是同义词。

★ 客观结构化临床考试(OSCE)概念始于 1975 年,由英国 Dundee 大学的 Dr. R. M. Harden 提出。OSCE 不是具体的考核方法,实际上只是提供一种客观的、有序的、有组织的考核框架,在这个框架当中每一个医学院、医院、医学机构或考试机构可以根据自己的教学大纲、考试大纲加入相应的考核内容与考核方法。通过模拟临床场景来测试医学生的临床能力;同时也是一种知识、技能和态度并重的临床能力评估方法。考生通过一系列事先设计的考站进行实践测试,包括:标准化病人(standardized patients,简称 SP)、在医学模拟人上实际操作、临床资料采集、文件检索等。考站设置分长站、短站,时间从 5 分钟到 20 分钟不等。由主考人或 SP 对考生进行评价。——译者注

然而,将考试表现作为课程质量测量的有效手段是有问题的,其主要原因有二:第一,学生为考试而学习,他们通过自己私下的学习竭力克服贫乏课程的不足,学习结果的这种投入很可能是不被测量的;第二,用评估来测量课程质量就假定了课程的知识质量是可以测量的。因为取否(pass-fail*)决定需要建立在可靠的数据之上,评估必须要关注在高控制条件下可以被测量的知识和技能。所以,当今另外一个重要的研究领域就是真实性评估,就是在工作场景中开展评估。

结论

医学作为一个学习领域具有以下特征:对学习者和病人来说都具有风险性,一个充满丰富知识的教育为学习者在获得资格证书后能够立即处理复杂问题奠定了基础,具有很强的情感力量,教师和学生之间紧密的职业关系也使得教育在职业价值系统方面拥有很高的特权。

(贾义敏、秦丹 译,张育桂 一校,詹春青、王洪荣 二校)

参考文献

563 Aamodt, A. and Plaza, E. (1994). Case-based reasoning: foun-dational issues methodological variations, and system approaches. *AI Commun.*, 7, 39–59.

Admiraal, W., Wubbels, T., and Pilot, A. (1999). College teaching in legal education: teaching method, students' time on task, and achievement. *Res. Higher Educ.*, 40, 687–704.

Albanese, M. A. and Mitchell, S. (1993). Problem-based learning: a review of literature on its outcomes and implementation issues. *Acad. Med.*, 68, 52–81.

Alexander, P. A. (2003). The development of expertise: the journey from acclimation to proficiency. *Educ. Res.*, 32, 10–14.

Anderson, R. C. and Freebody, P. (1979). *Vocabulary Knowledge and Reading*. Reading Education Report no. 11. Urbana: University of Illinois.

Anthony, J. L. and Francis, D. J. (2005). Development of phonological awareness. *Curr. Direct. Psychol. Sci.*, 14(5), 255–259.

Ashley, K. D. and Aleven, V. (1991). Toward an intelligent tutoring system for teaching law students to argue with cases. In *Proceedings of the Third International Conference on Artificial Intelligence and Law*, pp. 42–52. New York: ACM Press.*

Ashley, K. D. and Brüninghaus, S. (2003). A predictive role for intermediate legal concepts. In *Legal Knowledge and Information Systems. Jurix 2003: The Sixteenth Annual Conference*, edited by D. Bourcier, pp. 153–162. Amsterdam: IOS Press.*

Barrows, H. S. (1984). A specific, problem-based, self-directed learning method designed to teach medical problem-solving skills, and enhance knowledge retention and recall. In *Tutorials in Problem-Based Learning*, edited by H. G. Schmidt and M. L. De Volder, pp. 16–32. Assen, the Netherlands: Van Gorcum.

Beck, I. L. and McKeown, M. G. (1991). Conditions of vocabulary acquisition. In *Handbook of Reading Research*, Vol. 2, edited by R. Barr, M. L. Kamil, P. Mosenthal, and P. Pearson, pp. 789–814. Hillsdale, NJ: Lawrence Erlbaum Associates.

Beck, I. L., McKeown, M. G., and Omanson, R. C. (1987). The effects and uses of diverse vocabulary instructional techniques. In *The Nature of Vocabulary Acquisition*, edited by M. McKeown and M. E. Curtis, pp. 147–163. Hillsdale, NJ: Lawrence Erlbaum Associates.

Beck, I. L., McKeown, M. G., and Kucan, L. (2002). *Bringing Words to Life: Robust Vocabulary Instruction. Solving Problems in the Teaching of Literacy*. New York: Guilford.*

Bench-Capon, T. J. M. and Visser, P. R. S. (1997). Ontologies in legal information systems: the need for explicit specifications of domain conceptualizations. In *Proceedings of the Sixth International Conference on Artificial Intelligence and Law*, pp. 132–141. New York: ACM Press.*

Bereiter, C. (1985). Towards a solution of the learning paradox. *Rev. Educ. Res.*, 55, 201–226.

Berkson, L. (1993). Problem-based learning: have the expectations been met? *Acad. Med.*, 68, S79–S88.

Biemiller, A. and Slonim, N. (2001). Estimating root word vocabulary growth in normative and advantaged populations: evidence for a common sequence of vocabulary acquisition. *J. Educ. Psychol.*, 93(3), 498–520.

Boshuizen, H. P. A. and Schmidt, H. G. (1992). On the role of biomedical knowledge in clinical reasoning by experts, intermediates and novices. *Cogn. Sci.*, 16, 153–184.

Branch, Jr., W. T. (2000). Supporting the moral development of medical students. *J. Gen. Intern. Med.*, 15, 503–508.

Bromme, R., Rambow, R., and Nückles, M. (2001). Expertise and estimating what other people know: the influence of professional experience and type of knowledge. *J. Exp. Psychol. Appl.*, 7, 317–330.

Cameron, B. and Dwyer, F. (2005). The effect of online gaming, cognition and feedback type in facilitating delayed achievement of different learning objectives. *J. Interact. Learn. Res.*, 16, 243–258.

Carr, C. S. (2003). Using computer supported argument visualization to teach legal argumentation. In *Visualizing Argumentation: Software Tools for Collaborative and Educational Sense-Making*, edited by P. A. Kirschner, S. J. Buckingham Shum, and C. S. Carr, pp. 75–96. London: Springer.*

Carter, K. and Unklesbay, R. (1989). Cases in teaching law. *J. Curric. Stud.*, 21, 527–536.

Chalmers, A. F. (1976). *What Is This Thing Called Science?* Oxford: University of Queensland Press.

Chi, M. T. H. (2005). Commonsense conceptions of emergent processes: why some misconceptions are robust. *J. Learn. Sci.*, 14, 161–199.

Chi, M. T. H. and Roscoe, R. D. (2002). The processes and challenges of conceptual change. In *Reconsidering Conceptual Change: Issues in Theory and Practice*, edited by M. Limón and L. Mason, pp. 3–27. Dordrecht: Kluwer.

Cobb, P. (2002) Mathematizing, symbolizing, and tool use in statistical data analysis. In *Symbolizing, Modeling and Tool Use in Mathematics Education*, edited by K. Gravemeijer. R. Lehrer, B. van Oers, and L.

---

* 取否法是评定学生成绩的方法之一,只划分合格或不合格而不设其他等级。——译者注

Verschaffel, pp. 171 - 195. Dordrecht: Kluwer.

Cobb, P., Yackel, E., and Wood, T. (1992). A constructivist alternative to the representational view of mind in mathe matics education. *J. Res. Math. Educ.*, 23(1), 2 - 33.

Coles, C. (1998). How students learn: the process of learning. In *Medical Education in the Millennium*, edited by B. Jolly and L. Rees, pp. 63 - 82. Oxford: Oxford University Press.

Crombag, H. F. M., de Wijkersloot, J. L., and Cohen, M. J. (1977). *Een theorie over rechterlijke beslissingen* [*A Theory of Judicial Decisions*]. Groningen, the Netherlands: H. D. Tjeenk Willink.

Custers, E. J. F. M., Boshuizen, H. P. A., and Schmidt, H. G. (1998). The role of illness scripts in the development of medical diagnostic expertise: results from an interview study. *Cogn. Instruct.*, 16, 367 - 398.

DeLisi, R. and Golbeck, S. L. (1999). Implications of Piagetian theory for peer learning. In *Cognitive Perspectives on Peer Learning*, edited by A. M. O'Donnell and A. King, pp. 3 - 37. Mahwah, NJ: Lawrence Erlbaum Associates.

Doorman, L. M. (2005). *Modelling Motion: From Trace Graphs to Instantaneous Change*. Utrecht, the Netherlands: CD - BetaPress.

Dornan, T. L. (2006). *Experience Based Learning: Learning Clinical Medicine in Workplaces*. Maastricht, the Netherlands: Universitaire Pers Maastricht.

Dornan, T., Maredia, N., Hosie, L., Lee, C., and Stopford, A. (2003). A Web-based presentation of an undergraduate clinical skills curriculum. *Med. Educ.*, 37, 500 - 508.

Dornan, T., Hadfield, J., Brown, M., Boshuizen, H., and Scherpbier, A. (2005a). How can medical students learn in a selfdirected way in the clinical environment? Design-based research. *Med. Educ.*, 39, 356 - 364.

Dornan, T., Scherpbier, A. J. J. A., King, N., and Boshuizen, H. (2005b). Clinical teachers and problem based learning: a phenomenological study. *Med. Educ.*, 39, 163 - 170.

Dufresne, R. J., Gerace, W. J., Thibodeau-Hardiman, P., and Mestre, J. P. (1992). Constraining novices to perform expertlike problem analyses: effects on schema acquisition. *J. Learn. Sci.*, 2, 307 - 331.

Elzubeir, M. A. and Rizk, D. E. E. (2001). Identifying characteristics that students, interns and residents look for in their role models. *Med. Educ.*, 35, 272 - 277.

Epstein, R. M. (1999). Mindful practice. *J. Am. Med. Assoc.*, 282, 833 - 839.

Freudenthal, H. (1973). *Mathematics as an Educational Task*. Dordrecht: Reidel.

Freudenthal, H. (1991). *Revisiting Mathematics Education*. Dordrecht: Kluwer.

General Medical Council. (1993). *Duties of a Doctor*. London: General Medical Council.

General Medical Council. (1999). *The Doctor as Teacher*. London: General Medical Council.

General Medical Council. (2002). *Tomorrow's Doctors*. London: General Medical Council.

Gleason, M. E. and Schauble, L. (2000). Parents' assistance of their children's scientific reasoning. *Cogn. Instruct.*, 17, 343 - 378.

Granott, N. and Parziale, J. (2002). Microdevelopment: a process-oriented perspective for studying development and learning. In *Microdevelopment: Transition Processes in Development and Learning*, edited by N. Granott and J. Parziale, pp. 1 - 28. New York: Cambridge University Press.

Gravemeijer, K. (1999). How emergent models may foster the constitution of formal mathematics. *Math. Think. Learn.*, 1(2), 155 - 177.

Gravemeijer, K. (2004). Learning trajectories and local instruction theories as means of support for teachers in reform mathematics education. *Math. Think. Learn.*, 6(2), 105 - 128.

Graves, M. F. (1987). The role of instruction in fostering vocabulary development. In *The Nature of Vocabulary Acquisition*, edited by M. McKeown and M. E. Curtis, pp. 165 - 184. Hillsdale, NJ: Lawrence Erlbaum Associates.

Gulikers, J. T. M., Bastiaens, T. J., and Kirschner, P. A. (2004). A five-dimensional framework for authentic assessment. *Educ. Technol. Res. Dev.*, 52, 67 - 86.

Hamilton, J. D. (1999). Outcomes in medical education must be wide, long and deep. *Med. Teacher*, 21, 125 - 126.

Harden, R. M., Stevenson, M., Wilson Downie, W., and Wilson, G. M. (1975). Assessment of clinical competence using objective structured examination. *Br. Med. J.*, 1, 447 - 451.

Hebbeler, K. (1985). An old and a new question on the effects of early education for children from low income families. *Educ. Eval. Policy Anal.*, 7(3), 207 - 216.

Henderson, T. L. and Martin, K. J. (2002). Cooperative learning as one approach to teaching family law. *Fam. Relat.*, 51, 351 - 360.

Hertzog, N. and Klein, M. (2005). Beyond gaming: a technology 564
explosion in early childhood classrooms. *Gifted Child Today*, 28, 24 - 31.

Holyoak, K. J. and Koh, K. (1987). Surface and structural similarity in analogical transfer. *Mem. Cogn.*, 15, 332 - 340.

Hummel, H. G. K. and Nadolski, R. J. (2002). Cueing for schema construction: designing problem-solving multimedia practicals. *Contemp. Educ. Psychol.*, 27, 229 - 249.

Hummel, H. G. K., Paas, F., and Koper, E. J. R. (2004). Cueing for transfer in multimedia programmes: process worksheets versus worked-out examples. *J. Comput. Assist. Learn.*, 20, 387 - 397.

Hummel, H. G. K., Paas, F., and Koper, E. J. R. (2006). Timing of cueing in complex problem-solving tasks: learner versus system control. *Comput. Hum. Behav.*, 22, 191 - 205.

Issenberg, S. B., McGaghie, W. C., Petrusa, E. R., Gordon, D. L., and Scalese, R. J. (2005). Features and uses of highfidelity medical simulations that lead to effective learning: a BEME systematic review. *Med. Teacher*, 27, 10 - 28.

Jorm, A. F. and Share, D. L. (1983). Phonological recoding and reading acquisition. *Appl. Psycholinguist.*, 4(2), 103 - 147.

Kagan, J. (2002). Empowerment and education: civil rights, expert-advocates, and parent politics in Head Start, 1964 - 1980. *Teachers Coll. Rec.*, 104(3), 516 - 562.

Kangassalo, M. (1997). *The Formation of Children's Conceptual Models Concerning a Particular Natural Phenomenon Using PICCO, a Pictorial Computer Simulation*, Acta Universitatis Tamperensis 559. Tampere, Finland: University of Tampere.

Knowles, M. S. (1975). *Self-Directed Learning: A Guide for Learners and Teachers*. New York: Cambridge Book Co.

Kohnstamm, G. A. (1967). *Piaget's Analysis of Class Inclusion: Right or Wrong*. Paris: Mouton.

Kuhn, D. K. (1991). *The Skills of Argument*. New York: Cambridge University Press.

Kumpulainen, K., Vasama, S., and Kangassalo, M. (2003). The intertextuality of children's explanations in a technologyenriched early years' science classroom. *Int. J. Educ. Res.*, 39, 793 - 805.

Labinowics, E. (1985). *Learning from Children*. Amsterdam: Addison-Wesley.

Lee, V. E., Brooks-Gunn, J., Schnur, E., and Liaw, F.-R. (1990). Are Head Start effects sustained? A longitudinal follow-up comparison of disadvantaged children attending Head Start, no preschool, and other preschool programs. *Child Dev.*, 61(2), 495 - 507.

Lempp, H. and Seale, C. (2004). The hidden curriculum in undergraduate medical education: qualitative study of medical students' perceptions of teaching. *Br. Med. J.*, 329, 770 - 773.

Lindahl, L. (2003). Operative and justificatory grounds in legal argumentation. *Associations*, 7, 185 - 200.

Lindahl, L. (2004). Deduction and justification in the law: the role of legal terms and concepts. *Ratio Juris*, 17, 182 - 202.

Lindamood, C. H. and Lindamood, P. C. (1984). *Auditory Discrimination in Depth*. Austin, TX: Pro-Ed.

Littlewood, S., Ypinazar, V., Margolis, S. A., Scherpbier, A. J. J. A., Spencer, J., and Dornan, T. (2005). Early practical experience and the social responsiveness of clinical education: systematic review. *Br. Med. J.*, 331, 387 - 391.

Lonigan, C. J. (2006). Development, assessment, and promotion of preliteracy skills. *Early Educ. Dev.*, 17(1), 91 - 114.

Lyons, A. S. and Petrucelli, R. J. (1987). *Medicine: An Illustrated History*. New York: Abrams.

Maughan, C. (1996). Problem-solving through reflective practice: the oxygen of expertise or just swamp gas? *Web J. Curr. Legal Issues*, 6, http://webjcli.ncl.ac.uk.

Meira, L. (1995). The microevolution of mathematical representations in children's activities. *Cogn. Instruct.*, 13(2), 269 - 313.

Nadolski, R. J., Kirschner, P. A., van Merriënboer, J. J. G., and Hummel, H. G. K. (2001). A model for optimizing step size of learning tasks in competency-based multimedia practicals. *Educ. Technol. Res. Dev.*, 49, 87 - 103.

NICHD. (2000). *Report of the National Reading Panel. Teaching Children to Read: An Evidence-Based Assessment of the Scientific Research Literature on Reading and Its Implications for Reading Instruction, Reports of the Subgroups*, NIH Publ. No. 00-4754. Washington, D. C.: National

Institute of Child Health and Human Development. *

Nievelstein, F., Boshuizen, H. P. A., van Bruggen, J. M., and Prins, F. J. (2005). The Role of Knowledge Development and Ontological Change in the Development of Expertise in Legal Reasoning: Toward a Domain Model. Paper presented at the 11th Biannual Conference of the European Association for Research on Learning and Instruction (EARLI), August 23 - 27, Nicosia, Cyprus. *

Nückles, M., Wittwer, J., and Renkl, A. (2005). Information about a layperson's knowledge supports experts in giving effective and efficient online advice to laypersons. *J. Exp. Psychol. Appl.*, 11, 219 - 236.

Nunes, P. and Bryant, P. (2004). Mathematical and scientific thinking. In *Cognition and Language Development in Children*, edited by J. Oates and A. Grayson, pp. 261 - 301. Milton Keynes, U.K.: Blackwell.

Ohlsson, S., Moher, T. G., and Johnson, A. (2000). Deep learning in virtual reality: how to teach children that the Earth is round. In *Proceedings of the Twenty-Second Annual Conference of the Cognitive Science Society*, edited by L. R. Gleitman and A. K. Joshi, pp. 364 - 368. Mahwah, NJ: Lawrence Erlbaum Associates.

Patel, L., Buck, P., Dornan, T., and Sutton, A. (2002). Child health and obstetrics: gynaecology in a problem-based learning curriculum-accepting the limits of integration and the need for differentiation. *Med. Educ.*, 36, 261 - 271.

Patrick, J. (1992). *Training, Research and Practice*. London: Academic Press.

Perie, M., Grigg, W., and Donahue, P. (2005). *The Nation's Report Card: Reading 2005*. Washington, D. C.: Department of Education, National Center for Education Statistics. *

Perret-Clermont, A.-N., Carugati, F., and Oates, J. (2004). A socio-cognitive perspective on learning and cognitive development. In *Cognition and Language Development in Children*, edited by J. Oates and A. Grayson, pp. 305 - 332. Milton Keynes, U.K.: Blackwell.

PISA. (2006). *OECD Programme for International Student Assessment*. Paris: Organization for Economic Cooperation and Development (http://www.pisa.oecd.org/dataoecd/51/27/37474503.pdf).

Prince, K. J. A. H., Van Mameren, H., Hylkema, N., Drukker, J., Scherpbier, A. J. J. A., and Van der Vleuten, C. P. M. (2003). Does problem-based learning lead to deficiencies in basic science knowledge? An empirical case on anatomy. *Med. Educ.*, 37, 15 - 21.

Ramey, C. T. and Campbell, F. A. (1984). Preventive education for high-risk children: cognitive consequences of the Carolina Abecedarian Project. *Am. J. Ment. Defic.*, 88(5), 515 - 523.

565 Ramey, C. T., Dorval, B., and Baker-Ward, L. (1983). Group day care and socially disadvantaged families: effects on the child and the family. *Adv. Early Educ. Day Care*, 3, 69 - 106.

Rauh, V. A., Parker, F. L., Garfinkel, R. S., Perry, J. D., and Andrews, H. F. (2003). Biological, social, and community influences on third-grade reading levels of minority Head Start children: a multilevel approach. *J. Commun. Psychol.*, 31(3), 255 - 278.

Rayner, K. and Pollatsek, A. (1989). *The Psychology of Reading*. Hillsdale, NJ: Lawrence Erlbaum Associates.

Roth, K. J. (1990). Developing meaningful conceptual understanding in science. In *Dimensions of Thinking and Cognitive Instruction*, edited by B. F. Jones and L. Idol pp. 139 - 175. Hillsdale, NJ: Lawrence Erlbaum Associates.

Schank, R. C. and Abelson, R. A. (1977). *Scripts, Plans, Goals and Understanding: An Inquiry into Human Knowledge Structures*. Hillsdale, NJ: Lawrence Erlbaum Associates.

Schatschneider, C. and Torgesen, J. K. (2004). Using our current understanding of dyslexia to support early identification and intervention. *J. Child Neurol.*, 19 (10), 759 - 765 (special issue on learning disabilities, attention-deficit hyperactivity disorder, and psychiatric comorbid conditions).

Schmidt, H. G. (1993). Foundations of problem-based learning: some explanatory notes. *Med. Educ.*, 27, 422 - 432. *

Schmidt, H. G., Norman, G. R., and Boshuizen, H. P. A. (1990). A cognitive perspective on medical expertise: theory and implications. *Acad. Med.*, 65, 611 - 621.

Schön, D. A. (1983). *The Reflective Practitioner*. New York: Basic Books.

Sinclair, K. (1971). Legal reasoning: in search of an adequate theory of argument. In *Legal Reasoning*, edited by A. Aarnio and D. N. MacCormick, pp. 3 - 40. Cambridge, U.K.: Dartmouth College.

Sinclair, S. (1997). *Making Doctors. An Institutional Apprenticeship*. Oxford: Berg. *

Spencer, J., Blackmore, D., Heard, S., McCrorie, P., McHaffie, D., Scherpbier, A. J. J. A. et al. (2000). Patient-oriented learning: a review of the role of the patient in the education of medical students. *Med. Educ.*, 34, 851 - 857.

Stahl, S. A. and Fairbanks, M. M. (1986). The effects of vocabulary instruction: a model-based meta-analysis. *Rev. Educ. Res.*, 56, 72 - 110.

Steenbeek, H. and Van Geert, P. (2002). Variations on dynamic variations. *Hum. Dev.*, 45, 167 - 173.

Stephan, M., Bowers, J., Cobb, P., and Gravemeijer, K., Eds. (2003). *Supporting Students' Development of Measuring Conceptions: Analyzing Students' Learning in Social Context*, JRME Monograph No. 12. Reston, VA: National Council of Teachers of Mathematics.

Sternberg, R. J. (1987). Most vocabulary is learned from context. In *The Nature of Vocabulary Acquisition*, edited by M. McKeown and M. E. Curtis, pp. 89 - 105. Hillsdale, NJ: Lawrence Erlbaum Associates.

Swanwick, T. (2005). Informal learning in postgraduate medical education: from cognitivism to 'culturism.' *Med. Educ.*, 39, 859 - 865.

Szechter, L. E. and Liben, L. S. (2004). Parental guidance in preschoolers' understanding of spatial-graphic representations. *Child Dev.*, 75, 869 - 885.

Tannenbaum, K. R., Torgesen, J. K., and Wagner, R. K. (2006). Relationships between word knowledge and reading comprehension in third-grade children. *Sci. Stud. Reading*, 10(4), 381 - 398.

Taylor, S. A. (2000). An experiment in reciprocal experiential learning: law students and lawyers learning from each other. *Active Learn. Higher Educ.*, 1, 60 - 78. *

Teich, P. (1986). Research on American law teaching: is there a case against the case system? *J. Legal Educ.*, 36, 167 - 188.

Ten Cate, O., Snell, L., Mann, K., and Vermunt, J. (2004). Orienting teaching towards the learning process. *Acad. Med.*, 79, 219 - 228.

Thagard, P. (1992). Adversarial problem solving: modeling an opponent using explanatory coherence. *Cogn. Sci.*, 16, 123 - 149.

Tiberius, R. G., Sinai, J., and Flak, E. A. (2002). The role of teacher-learner relationships in medical education. In *International Handbook of Research in Medical Education*, edited by G. R. Norman, C. P. M. Van der Vleuten, and D. I. Newble pp. 463 - 497. Dordrecht: Kluwer.

Torgesen, J. K. (2002). The prevention of reading difficulties. *J. School Psychol.*, 40(1), 7 - 26.

Torgesen, J. K., Wagner, R. K., Rashotte, C. A., Rose, E., Lindamood, P., Conway, T. et al. (1999). Preventing reading failure in young children with phonological processing disabilities: group and individual responses to instruction. *J. Educ. Psychol.*, 91(4), 579 - 593.

Toulmin, S. E. (1958). *The Uses of Argument*. Cambridge, U.K.: Cambridge University Press.

Tudge, J. and Hogan, D. (2005). An ecological approach to observations of children's everyday lives. In *Researching Children's Experience*, edited by S. Greene and D. Hogan, pp. 102 - 122. London: Sage.

Tunteler, E. and Resing, W. C. M. (2004). Age differences in patterns of strategy production for analogy problems among five-to eight-year-old children. *Educ. Child Psychol.*, 21, 74 - 88.

Van Boxtel, C., Van der Linden, J., and Kanselaar, G. (2000). Collaborative learning tasks and the elaboration of conceptual knowledge. *Learn. Instruct.*, 10, 311 - 330.

Van Dalen, J., Van Hout, J. C. H. M., Wolfhagen, H. A. P., Scherpbier, A. J. J. A., and Van der Vleuten, C. P. M. (1999). Factors influencing the effectiveness of communications skills training: programme contents outweigh teachers' skills. *Med. Teacher*, 21, 308 - 310.

Van der Aalsvoort, G. M., Baarda, M., and Bouwense, E. (2006). Conceptual Models of Phenomena in Nature: Exploratory Paths Underlying Development of These Models in Students from Dutch Kindergarten. Paper presented at the AERA 2006 Annual Meeting, April 8 - 12, San Francisco, CA.

Van der Vleuten, C. P. M., Verwijnen, G. M., and Wijnen, W. H. F. N. (1996). Fifteen years of experience with progress testing in a problem-based learning curriculum. *Med. Teacher*, 18, 103 - 108.

Vandevelde, K. J. (1996). *Thinking Like a Lawyer: An Introduction to Legal Reasoning*. Boulder, CO: Westview Press. van Gog, T., Paas, F., and Van Merriënboer, J. J. G. (2004). Process-oriented worked examples: improving transfer performance through enhanced understanding. *Instruct. Sci.*, 32, 83 - 98.

Van Hiele, P. M. (1973). *Begrip en Inzicht* [*Understanding and Insight*]. Purmerend, the Netherlands: Muusses.

Vernon, D. T. A. and Blake, R. L. (1993). Does problem-based learning work? A meta-analysis of evaluative research. *Acad. Med.*, 68, 550 - 563.

Visser, P. R. S. and Bench-Capon, T. J. M. (1998). A comparison of four ontologies for the design of legal knowledge systems. *Artif. Intell. Law*, 6, 27 - 57.

Vosniadou, S. and Brewer, W. F. (1992). Mental models of the earth: a study of conceptual change in childhood. *Cogn. Psychol.*, 24,535 - 585.

Vosniadou, S. and Brewer, W. F. (1994). Mental models of the day/ night cycle. *Cogn. Sci.*, 18,123 - 183.

Vosniadou, S. and Verschaffel, L. (2004). Extending the conceptual change approach to mathematics learning and teaching [editorial]. *Learn. Instruct.*, 14,445 - 451.*

Vosniadou, S., Skopeliti, I., and Iokospentaki, K. (2005). Reconsidering the role of artifacts in reasoning: children's understanding of the globe as a model of the earth. *Learn. Instruct.*, 15,333 - 351.

Wagner, R. K. and Torgesen, J. K. (1987). The nature of phonological processing and its causal role in the acquisition of reading skills. *Psychol. Bull.*, 101(2),192 - 212.

Wagner, R. K., Torgesen, J. K., Rashotte, J. K., Hecht, S. A., Barker, T. A., Burgess, S. R. et al. (1997). Changing relations between phonological processing abilities and word-level reading as children develop from beginning to skills readers: a 5-year longitudinal study. *Dev. Psychol.*, 33(3),468 - 479.

Wenger, E. (1998). *Communities of Practice. Learning, Meaning and Identity*. Cambridge, U. K.: Cambridge University Press.

Working Party of the Royal College of Physicians. (2005). *Doctors in Society. Medical Professionalism in a Changing World*. London: Royal College of Physicians.*

Wright, S. M., Kern, D. E., Kolodner, K., Howard, D. M., and Brancati, F. L. (1998). Attributes of excellent attendingphysician role models. *New Engl. J. Med.*, 339,1986 - 1993.

Wyatt, J. C. (2001). Management of explicit and tacit knowledge. *J. Roy. Soc. Med.*, 94,6 - 9.

---

* 表示主要参考文献。 566

第五部分　设计和开发

手册的第五部分由 M. David Merrill 牵头，并集中研究相关的专业实践。手册中这部分的重点强调检验教学中的技术是做什么的，它们是如何工作的，它们所借助使用的工具。这部分涉及 11 个章节，包括以下主题：(1)新时代教学设计者的能力素质；(2)认知任务分析；(3)基于技术的绩效评定的设计与效率；(4)评价的模式和方法；(5)变革代理的职责；(6)设计语言；(7)设计与开发团队的社会影响；(8)以用户为中心的设计与开发；(9)在线教学的设计与开发工具；(10)在设计过程中作为工具的人工制品；(11)教育与培训变革的系统设计。

42

新时代教学设计者的能力素质

Roderick C. Sims 和 Tiffany A. Koszalka

摘要

本章对实现有效的教学设计与开发所必需的能力(即知识、技能和态度)进行了分析,具体关注现代以技术为媒介的教育应用。根据已有的能力标准与模型(如由 *ibstpi*® 所提出的标准),本章重点阐述了那些有助于将硬件及软件技术(移动工具、个人日志、多人学习环境等)融于合作性教学网络之中的基本能力。另外,分析指出,最近的设计模型为教育工作者提供了一个框架,以确保他们具备所需的知识、技能和态度,并确保他们能在当前复杂社会环境中有效应对教育技术所带来的挑战及利用它们所带来的机会。理解了这些转变,教学设计者们将能体会到他们的职责不断扩展和变化的特性。

关键词

能力:一种能够使人有效地按行业预期标准完成所给定的工作或任务的知识、技能或态度。

开发模型:一系列被推荐的活动或任务。这些活动或任务定义了一个成功的教学设计的过程。

教学设计:一种有目的的活动,它能够产生出一个促进学习的策略、活动和资源的组合。

教学设计者:具有能够设计有效教学技能的人。

引言

教学设计领域及其实践有着繁荣悠久的历史。通过不断发展的研究与开发实践,人们摸索出进行教学干预的最好做法,建立了相应的理论和模型(Reigeluth, 1999),并对作为有效的教学设计者所应具备的知识、技能和态度进行了定义和作出了规范(Richey 等,2001)。实际上,Reigeluth (1999,5 页)曾说过:"教学设计理论……为如何帮助人们学习和发展提供了清晰的指导。"Richey 等人(2001)提出了一项能力标准,在此基础上人们可以有效地实施某个教学理论。但是需要重点说明的是,教学设计与开发人员已经有了很大的变化。在谈及教学设计领域的参与者时,Richey 和他的同事们(2001,108 页)认为,教学设计领域已经或将要出现大量的专家角色。在很多情况下,有四种角色——分析人员、评估人员、E-learning 专家和项目管理人员——已经出现并非常普遍:

- 分析人员专门从事绩效分析与培训需求评估。
- 评估人员专门从事各种评价和评估,特别是传递和影响方面的评估。
- E-learning 专家专门从事多媒体和电子学习产品(特别是网络学习产品)的开发。
- 项目管理人员专门负责管理一个或多个项目的内部或外部设计人员。

最近的文献建议应当把教师和学生作为构成完整设计过程的必要部分(Sims 和 Jones, 2003; Sims 和 Hedberg, 2006)。由于课程的概念和实施都已经发生变化,我们面临这样一种挑战:在为新一代教师和学生创建有效学习环境时,我们如何更好地理解所担任的角色及所需要的技能?同时,我们也一直面临着对现有教学设计模型的抉择,这些模型对理论观点和实践方法两方面都存在影响(Fox, 2006; Sims 和 Jones, 2003)。我们还需要从教育的角度来面对巨大的社会和技术变革,如已众所周知的 Prensky (2001, 2006)提出的数字移民和数字原住民概念,以及网络游戏和社会性网络技术等所引起的学习者行为的变化。

在本章中,我们考察了这些变化对教学设计者的一系列根本技能的影响,以及对何时何地需要进行教学设计等的影响。人们认识到,教学设计实践不是静态的(Irlbeck 等,2006),而是要一直对最好的实践不断进行反思,以满足最新的学习环境和学习预期的需要。理解了教学设计的新观点,也意味着意识到了系统各组成部分间的交互能够带来更复杂、更明智的行为(Kays, 2003)。可见,教学设计的实践也不再仅仅是实施某一教学设计模型的案例,而是在一个更大的教学设计系统范围内对各种行为和活动的合理利用,并以此作为一种工具手段来促使复杂、明智的行为以及高水平的学习的发生。如果将 E-learning 环境与学习过程本身看作是具有组织复杂性的问题,那么涌现理论* (Emergence theory)(Kays, 2003; Kays 和 Francis, 2003)则可以用于设计网络远程教育。Kays 创新性地将涌现理论与教学设计结合在一起(Kays, 2003; Kays 和 Francis, 2003),她在与 Irlbeck 等人的合著中写道(2006, 177 – 178 页):

---

* 涌现理论(Emergence Theory),是当代新兴的跨学科学术理论。基于复杂思想,该理论探讨具有普适性的事物生成与发展变化的规律,其对当代科学技术与人文社科诸领域产生了广泛影响,与当代系统论、控制论、混沌论等理论及各种后现代文化思潮交叉渗透。——译者注

> 系统中的各种基本要素——学生、教师、资源和环境——自发地甚至随意地进行交互，并且随着对学习和动态群体行为等观念不断自我调整的这一社会过程而逐渐成形。……涌现理论最完美的应用中，传统意义上的教师或者“带头人”并不存在。所涌现的角色需要的是与传统角色完全不同的态度，他会变成共同体的一员，而不是有控制权的人。

这些教学设计的观点及对教学设计者的能力要求，向人们提出了一系列挑战，特别是要
求人们具备必要的能力去建立能满足当前学习者需要的学习环境。因此，对现在的教学设计 571
者们来说，扩展他们的技能来应对这些需求与挑战就显得势在必行了。

Reigeluth (1999)在他的教学设计著作中增加了一个副标题，叫做“教学理论的一种新范式”。此后，我们已目睹了网络技术的发展为教育传输带来的根本性转变。当考察教育技术的任务与实践时，一个重要的问题逐渐显现，即设计者和使用者(教师、学生、培训人员、参训人员)的活动逐渐难以分清。尽管已有的模型经常假设教学策略、学习活动和学习资源是独立于传输环境进行设计与开发的，但当前的技术却的确能够让所有课程参加人员一起完成那些活动(Sims 和 Jones, 2003)。因此，有必要质疑谁是设计者，他或她的角色是什么，以及在设计与开发背景下什么能力是必需的？同样非常重要的是，要考虑教学设计者如何获得这些能力，以及方案要到达到什么水平才能满足当前社会和学习者的需求？

当前设计者们需要面对的第二个问题是如何处理扩充自己的知识(在创设环境及了解学习者的需求等方面)与加强执行能力(如教学与学习目标、时间计划的制定以及成果的有效绩效等)之间的平衡关系。经过有效设计与实施的技术支持下的合作学习系统和交互性学习对象可以提高教学与学习的产出；但是，创建这样的环境所需时间却可能远远超过开发预算或执行计划所允许的范围。

另一个问题与学习者群体的变化有关，这一点因 Prensky (2001)对数字移民和数字原住民进行区分而众所周知。有些评论员不断提及新世纪或新生代学习者、移动与广播信息获取方式的动态变化以及持续学习的能力(Carmean, C. pers. Commun.)。这对教学设计来说，就意味着下一代的设计者、教师和教育工作者需要发展一些新能力，以此来扩展甚至替代原先的那些基本能力(Richey 等, 2001)。当然，这些能力应该强调技术只是思考和学习的工具，而不应该是操作的对象或学习的可能来源。这种对技术支持下的学习的较新观点，部分源于它自身的社会属性。当今世界的复杂性要求学习者从多角度去更好地理解内容，并运用各种工具，如通讯网络、建模、仿真及超文本等，从多渠道获取信息以丰富人们的教学和学习经历。值得考虑的一个问题是，这种说法是否暗指：有了这些网络，人们不需要传统教学设计者的干预就能进行学习(Kays, 2003; Siemens, 2004)。

新时代教学设计者所面临的挑战包括：理解有效的学习经验是由什么组成的；在当前环境下，哪些技术可以整合以支持学习以及如何有效地实现整合。正在发展的社会性技术(如博客)使学习者能够进行非正式的合作与交流，且硬件技术也在不断推出便携设备以支持随时随地学习的原则。当前的学习者正在参与处理学习内容并且以非常不同的方式获取这些内容。因此，教学设计者必须面对来自新技术和学习者的双重挑战，而学习者他们正以多种多样

的多元渠道获取学习内容。另外,学习者具有搜索大量信息的能力,这也使得详细陈述内容变成只是那些学科专家的责任了。如果我们接受了这一发展变化,我们就应该考虑如何在学习环境中实现内容的情境化,谁是那些内容的拥有者以及由谁来负责提供那些内容(Sims,2006)。

最后,还有很重要的一点,即:为了适应不断变化中的社会经济条件和环境,我们应如何有效地利用或调整已有的设计和开发模型。例如,最近人们对教育游戏和培训游戏重新开始感兴趣,研究者也在研究播客和博客对学习有何作用。很多特殊因素(如社会资本和可获得性等)对教学过程也会产生影响,人们也需要针对来自多文化背景的学习者进行设计。目前的教学设计模型能够满足这些需求吗?教学设计者是否具备相应能力来辨别这些问题?已有的能力是否有效,或它们是否需要重新确定?

为了解决这些问题,本章使用了由国际培训、绩效与教学标准委员会(International Board of Standards for Training, Performance, and Instruction, *ibstpi*®; http://www.obstpi.org/)开发并经过认证的教学设计者能力系列。它一方面强调教学设计者当前应该具备的关键能力,另一方面说明了迎接 21 世纪的教育与培训所必需的专门知识、技能和态度。为了对此分析,我们引用了 Richey 和他的同事们(2001,37 页)的能力定义:"一种能够使人有效地按行业预期标准完成所给定的工作或任务的知识、技能或态度。"

572 能力标准

教学设计领域已经非常成熟了。同样,很多组织也为希望从事教学设计的人开发了能力标准;例如,国际教育技术协会(ISTE)的教育中的技术标准,尽管它不是专门针对设计者的。与此类似,最近由联合国教科文组织(UNESCO)实施的一个项目提出了教师在接受信息与通讯技术(ICT)培训时所应达到的一系列能力。但是,UNESCO 标准关注的是将教育技术与课程进行整合的能力;ISTE 标准是教育技术标准,它旨在为教师、学生和管理者提供绩效指标;而 *ibstpi*® 则为教学设计者提供了一系列国际认可的能力与绩效指标(Richey 等,2001)。

然而,直到本文撰写之时,依然很少有组织提供的教学设计方面的个人职业证书能够得到所有人的认可。大量机构开设教学设计专业,认为毕业就可以看作是某种形式的证明。即使在教学设计者正规资格证书已经非常普遍的情况下,也不排除存在着不断研究能力分类的需要,因为这样才可以确保它们的普遍性、适当性和完整性。而到底教学设计者是否需要资格证书以及应该符合什么样的标准依然是悬而未决的问题。

以 *ibstpi*® 能力严格的认证程序以及我们与它的合作为指导,我们选择了这种方法来补充已有的教学设计者能力要求,并强调那些需要进一步研究的领域,以展示教学设计者工作变化的方方面面。关于能力认证,我们需要给出许多假设,包括:(1)教学设计是一个过程,它通常在系统设计模型和原则的指导下进行;(2)教学设计通常致力于培训成果的迁移和个人及组织绩效的提高。这些假设强调了有关教学设计者的一种观点——即个人(或小组)是独立于实施和传输环境而进行设计行动的。*ibstpi*® 能力与新一代教学设计者的相关程度则是下一部分重点关注的内容。

ibstpi® 标准

ibstpi®标准很显然对界定教学设计者的能力非常重要；不过，我们还是可以用它们来解释一些其他问题，如教学设计模型中的角色模糊、效率和设计模型的使用问题。*ibstpi*®能力重点关注四个方面的技能：(1)专业基础，(2)规划与分析，(3)设计与开发，以及(4)执行与管理。其中，每个部分都给出了详细而明确的描述。以下的分析从这份标准中(斜体字所示)选择部分描述内容，并提出教学设计者在设计教学资源与环境时应注意的方法问题。

在专业基础能力系列中，教学设计者的第一项基本能力就是“利用视觉、口头及书面语言等进行有效交流”的能力。尽管没有人会争议交流的重要性，但当交互的对象有可能是处在不同时区不同地点且只能依赖合作性网络工具进行交流的人时，一些交流形式就无法利用(如视觉或口头语言)了，而书面交流则成为主要的交互方式。这一点对设计者来说有什么含义？设计者的交流技能必须包含实时和非实时交互，并且他们呈现教学信息的能力必须能够将相关的关键因素整合进虚拟环境之中。在更多的情况下，教学设计者必须借助播客、维基以及移动电话等来接受和反馈信息；这时，传统的模式将被那些以新兴数字技术为支撑的模式所取代。

对于教学设计者来说第二重要的能力是能够“更新和提高……与教学设计及相关领域有关的知识、技能及态度”。当前教学设计研究和理论中出现的关键问题之一就是跨学科方法的重要性。例如，Kays (2003)强调了涌现理论作为一种可以帮助我们更好地理解教学设计的复杂性和动态性的方式的重要性；Irlbeck 及其同事们(2006)则讨论了跨学科方法的价值，拓展了 Sims 和 Jones (2003)最初的概念。人们也使用以设计为基础的研究来揭示技术支持下学
习环境的开发与修订循环。这些研究方法可以帮助我们扩充有关开发、执行和维持有效的技 573
术支持下学习环境方面的知识，并且可以创造和验证这些设计的理论结构。本研究的目的即是深入探究技术支持下学习的本质，并且为如何利用设计因素来增强基于技术的环境建立相应的操作框架(Cobb, 2001; Collins, 1992; Design-Based Research Collective, 2003; Koszalka 和 Ganesan, 2004)。

本系列的第三项能力是鉴别与解决工作场所中设计的道德与法律问题。尽管人们已经意识到剽窃、所有权、版权及知识产权等问题的重要性，但我们依然面临着究竟如何才能有效地将解决方案的获得与传输环境真正分开的问题。设计者不仅要在设计教学资料时考虑这个问题，还要在真正的使用过程中考虑相应的解决办法。这一点迫切要求设计者实现从关注外部资料到关注内部动态变化的角色转变，也强调各方必须对所有利益相关者如何参与设计过程作出明确说明(Sims 和 Hedgerg, 2006)。

在规划和分析能力方面，教学设计者应具备的一项关键技能是进行需求评估以确定一门待开发课程的开发理由、合理性及预期产出。设计框架发生的变化之一，就是此时的输入来自于很多利益相关者，而这些人也与以技术为中介的项目能否取得成功密不可分(Sims 和 Hedgerg, 2006)。由于各种复杂的技术支持下的教学环境不断出现，需求评估输入就显得更

为重要了。明确分析什么以及谁参与需求分析过程是一项重要能力,它要求采用一系列的绩效活动来设计有效的教学。与此类似,设计课程或方案这一能力也无法脱离开其他的利益相关者而独立完成(参见 Sims 等,2002)。因此,教学设计者必须由课程的创建者转变为能够把那些适合动态创作和修改课程的环境进行概念化的人。这就需要将能力扩展至诸如选择和使用各种技巧来确定教学内容等方面,但我们也质疑这些内容是否是教学设计者应该考虑的,还是因其太过琐碎与复杂而应事先确定的(Sims 等,2002)。

网络学习是当前教育技术的重要组成部分,在这一背景下,教学设计人员的能力也扩展至识别与描述目标人群的特点以及分析环境的特点。研究这其中的每一个问题都会涉及到:真正区分目标人群的难易程度有多大?我们能够假设参训人员在多大程度上是同质的?当然,的确存在某种接近同质的学习者(如海军新兵),但是在教室里情况并不相同:种族差异、社会经济背景等的不同会使学习者的特点具有很大差别。同样,人们现在的学习环境也很难预料,例如,他们是在工作场所、还是在家里、或是在路上进行学习呢?我们认为这些不应该是教学设计者应该确定的问题,但是作为教学设计者应能够帮助每一个参与学习的人根据他们自己及情境的需求来选择合适的学习环境。尽管这体现为在确定最终设计方案和策略之前,要对情境的各组成部分进行反思的能力,但我们很怀疑如果教学设计者与教师、学习者和传输环境相隔离,他们如何能够做好这一点。

关于设计与开发能力方面,有一个潜在的假设,即教学设计者是要获得某种结果,而且教学资料可以独立开发。例如,选择和利用各种技巧来确定教学内容及策略,并为它们排序需要一系列预先确定好的顺序,而现在的网络学习内容却只是与某个课程相关的一些内容,是动态和不确定甚至是模糊的。学习者对此的适应能力应比设计者更不可低估(Sims 等,2002)。这一点也与界定诸如开发教学资料,并在充分理解学习者和各组学习者之间的不同的基础上设计教学等能力有关。这时,同样的问题又被提出,即设计者在多大程度上能够预计传输环境,并有效地满足这些不同。设计者不仅仅需要预测学习者将要和应该如何反应,他们还必须创造环境让学习者有能力进行这些选择。

基于以上讨论,与教学环境的执行和管理相关的系列能力就具有了新的意义和重要性;例如,促进设计项目中的合作、伙伴关系以及所有参与者之间的人际关系的能力。但是也有人提出异议:如果参与者具有某种优先权的话,他们是否能够被他人认同。

574

高级能力

在当前的教育与培训中,从业者要面临诸多问题:学习理论的竞争(Driscoll, 2005; McCarthy, 2000)、各种教学设计理论的争论与变化(Fox, 2006; Jonassen, 2006; Reigeluth, 1999)、学习者的学习偏好和生活方式的不断变化(Presky, 2006),以及持续的技术变迁与发展。在这种背景下,人们参与学习活动的方式以及设计那些活动和教学策略的人也将面临挑战。数字技术带来的更强大的交流和联系能力,使学习需求可以得到更及时的反馈,这反过来就对现有教学设计者的作用和能力提出了挑战。在以下的讨论中,我们将展示一系列比已公认的那些基本能力更高一级的能力(Richey 等,2001),以此来满足教学设计领域中的那些希望能扩展其现有能力的人的需求。

我们已经提到不断出现的新变化要求我们对教学设计能力做出重新评价。实际上,如果我们赞成 Reigeluth (1999)所提出的以学习者为中心的学习环境理论,并将这种变化与影响学习环境的关键因素综合考虑的话,那么我们就可以认为,在教学利益相关者的情境中,设计者的总体作用必须重新加以审察和讨论。支持不断发展的合作及网络学习的新模型已经建立了(Crawford, 2004; Sims 和 Jones, 2003),这种情况下,对教学设计者的作用和技能进行重新定位就显得势在必行了,甚至连术语教学设计都可能要被学习者/学习设计来取代(Sims, 2006)。

因此,我们提出,教学设计能力不是仅仅为教学设计者而定义,也应该适用于学习者、教师和技术支持人员。借用一个简单的比喻,我们建议教学设计者的角色从教学的建筑工人变成建筑设计师,而将前者的工作分派给教师和学生去完成。能力系列(如由 *ibstpi*® 所定义的能力)是新一级的能力的基础。但由于本文所分析的必备技能的潜在变化,可能会改变我们对教育和培训的认识,因此这也提出了一个问题,即是否依然使用教学设计能力这个称谓。

这一争论也预示着教学设计者对整个教育过程的控制在逐渐减少。当然,有些人认为社会网络环境允许参与者创造和发展这些设计(Siemens, 2004; Webb 和 Sims, 2006)。基于当前的技术和社会变化,我们会看到,教学资料的设计者将不再开发那种预先规定好的完整的课程,而是只提出一个概念框架,让大量的活动和参与者在动态的、变化的学习环境中进行交互。

另外一个问题就是,"教学"这个词是否是当前教育和工作场所所发生的事情的最好代表?是不是考虑用交互设计师或者学习环境设计师来代替教学设计者更为合适?例如,如果建立起一个大规模多用户网络学习环境,这个环境本身就将成为教师,而参与者与环境之间的交互也可以被解释为学习经验。获得这些经验的能力与当前已经建立起来的教学设计者的角色是不可同日而语的。

根据以上论述,并考虑到 Kays (2003)的研究以及涌现理论与教学设计之间的关系,我们面临着一种可能性,即学习成果有可能可以从一个教学设计者无法控制的学习环境中产生出来,而影响这些情况产生的因素却非常复杂及不确定。因此,我们在考虑目前教学设计者的系列能力时,必须意识到巨大的社会和技术变迁已经影响到我们教学的方式以及我们学习的方式。因此,非常重要的一点就是,进行教学设计的人应该对不断出现的学习环境建立起新的理解,以确保他们的实践能跟上时代的步伐。

小结与讨论

在本章中,我们提出的关键问题是:谁是教学设计者,以及他或她为有效完成任务所需具备的重要能力有哪些。*ibstpi*® (Richey 等,2001)列举了传统定义下教学设计职业所需的主要能力,但随着技术越来越普及、越来越容易使用,这个角色已经不再集中于个人,而是更多地由

那些推动技术支持下教学的人以及参与到这个环境中的学习者来一起分担。现有能力标准
575 的功效在于他们明确了不管由谁进行设计、开发、实施或评价，教学都应该与学习紧密相联。另一方面，尽管这些能力为设计职业提供了坚实基础，但随着新技术飞速发展以及它们在教学与学习中的整合应用，问题依然不断涌现。我们需要结合最近的研究来考虑学习者、环境、技术特性以及执行等方面的新特点。传统的学习与教学理论可以提供一些借鉴，而学习与教学范式的转变会帮助我们更好地关注教学设计的目标：有目的地参与、社会性交互以及活动。

这是一个变革的时代，社会和技术的影响正在重新定义它们对于学习的意义。这是一个变革的时代，学习者正在利用一系列的包括移动、数字、无线技术等在内的新技能。这是一个变革的时代，合作学习的复杂性和个体学习者对大量信息的获取，使人们几乎无法预先规定学习内容。因此，人们必须考虑教学设计者多大程度上能够顺利完成和适应这些情况。尽管当前的系列能力依然非常重要，教学设计者的实践技能对于学习成果的胜利取得也依然非常关键，但我们认为，教学设计的最本质特点——能够脱离传输环境而独立存在——已经遭到挑战，而且如果人们依然认为教学设计与新的学习与教学模式有关的话，那么重新明确和修改教学设计者的核心能力就已经迫在眉睫。

(李海霞 译，庄榕霞 一校，刘美凤、鞠慧敏 二校)

参考文献

Cobb, P. (2001). Supporting the improvement of learning and teaching in social and institutional context. In *Cognition and Instruction*: 25 *Years of Progress*, edited by S. Carver and D. Klahr, pp. 455 - 478. Mahwah, NJ: Lawrence Erlbaum Associates. *

Collins, A. (1992). Toward a design science of education. In *New Directions in Educational Technology*, edited by E. Scanlon and T. O'Shea, pp. 15 - 20. New York: Springer-Verlag.

Crawford, C. (2004). Non-linear instructional design model: eternal, synergistic design and development, *Br. J. Educ. Technol.*, 35(4), 413 - 420. *

Design-Based Research Collective. (2003). Design-based research: an emerging paradigm for educational inquiry. *Educ. Res.*, 32(1), 5 - 8.

Driscoll, M. P. (2005). *Psychology of Learning for Instruction*, 3rd ed. Boston: Pearson. *

Fox, E. J. (2006). Constructing a pragmatic science of learning and instruction with functional contextualism. *Educ. Technol. Res. Dev.*, 54 (1), 5 - 36. *

Irlbeck, S., Kays, E., Jones, D., and Sims, R. (2006). The Phoenix rising: emergent models of instructional design. *Dist. Educ.*, 27(2), 171 - 185. *

Jonassen, D. (2006). A constructivist's perspective on functional contextualism. *Educ. Technol. Res. Dev.*, 54(1), 43 - 47.

Kays, E. (2003). Creating emergent discourse: a critical ingredient in e-learning. In *Proceedings of E-Learn 2003: World Conference on E-Learning in Corporate, Government, Healthcare, and Higher Education*, pp. 252 - 256. Norfolk, VA: Association for the Advancement of Computing in Education.

Kays, E. and Francis, J. B. (2003). Emergence and e-learning: from artificial to natural selection. In *Proceedings of E-Learn 2003: World Conference on E-Learning in Corporate, Government, Healthcare, and Higher Education*, pp. 1286 - 1289. Norfolk, VA: Association for the Advancement of Computing in Education.

Koszalka, T. and Ganesan, R. (2004). Designing online courses: a taxonomy to guide strategic use of features available in course management systems (CMS) in distance education. *Dist. Educ.*, 25(2), 243 - 256.

McCarthy, B. (2000). *About Learning*. Wauconda, IL: About Learning. *

Prensky, M. (2001). Digital natives digital immigrants. *On the Horizon*, 9(5), http://www.marcprensky.com/writing/.

Prensky, M. (2006). *Don't Bother Me, Mom—I'm Learning! How Computer and Video Games Are Preparing Your Kids for 21st Century Success and How You Can Help!* St. Paul, MN: Paragon House.

Reigeluth, C. M., Ed. (1999). *Instructional-Design Theories and Models: A New Paradigm of Instructional Theory*, Vol. II. Mahwah, NJ: Lawrence Erlbaum Associates.

Richey, R. C., Fields, D. C., and Foxon, M. (2001). *Instructional Design Competencies: The Standards*, 3rd ed. Syracuse, NY: ERIC Clearinghouse.

Siemens, G. (2004). *Connectivism: A Learning Theory of the Digital Age*, http://www.elearnspace.org/Articles/connectivism.htm.

Sims, R. (2006). Beyond instructional design: making learning design a reality. *J. Learn. Des.*, 1(2), 1 - 8(http://www.jld.qut.edu.au/).

Sims, R. and Hedberg, J. (2006). Encounter theory: a model to enhancing online communication, interaction and engagement, in *Interactions in Online Education: Implications for Theory and Practice*, edited by C. Jawah, pp. 27 - 45. London: Routledge.

Sims, R. and Jones, D. (2003). Where practice informs theory: reshaping instructional design for academic communities of practice in online teaching and learning. *Inform. Technol. Educ. Soc.*, 4(1), 3 - 20.

Sims, R., Dobbs, G., and Hand, T. (2002). Enhancing quality in online learning: scaffolding design and planning through proactive evaluation. *Dist. Educ.*, 23(2), 135 - 148.

Webb, R. and Sims, R. (2006). Online gaming and online gaming communities: ten reasons why they matter. In *AusWeb06: The Twelfth Australasian World Wide Web Conference: Making a Difference with Web Technologies: Proceedings of AusWeb06*, edited by A. Treloar and A. Ellis (http://ausweb.scu.edu.au/aw06/papers/refereed/webb/index.html).

* 表示主要参考文献。

43

认知任务分析

Richard E. Clark、David F. Feldon、Jeroen J. G. van Merriënboer、
Kenne th A. Yates 和 Sean Early

578 **摘要**

本章综述了认知任务分析(CTA)的研究与实践的现状。认知任务分析运用各种访谈和观察策略,来描述专家用来执行复杂任务的外显知识和内隐知识。捕捉到的知识最常被迁移到培训或专家系统的开发中。第一部分描述了各种认知任务分析技术、它们的共同特征、用以抽取专家知识及其他来源的知识的典型策略。第二部分描述了有关认知任务分析所产生的影响方面的研究,综合了大量与知识抽取背后问题相关的研究和评述。第三部分,我们讨论认知任务分析与培训设计的整合。最后,我们在第四部分提出了关于今后研究的众多建议,并以简要评论作结。

关键词

自动化知识:关于如何做某事的知识;通过不断重复,它在自觉意识之外运作,执行速度远快于有意识的加工。

认知任务分析:抽取专家的内隐知识和外显知识以用于教学和专家系统的访谈和观察报告。

复杂任务:个体需要整合运用控制性知识和自动化知识的那些任务,这些任务通常要花几个小时或数天的时间才能完成。

陈述性知识:关于什么或为什么的知识;按层级进行组织;形式为命题、情节或视觉空间信息；可在长时记忆中访取，可在工作记忆中有意识地进行观察。

学科—内容专家(SME)：拥有广泛经验，能够迅速、成功地执行某类任务的人。

引言 579

认知任务分析是对传统的任务分析技术的拓展，其目的在于产生关于隐藏在可观察任务表现背后的知识、思维过程和目标结构方面的信息。(它同时捕捉)……外显的可观察行为及其背后内隐的认知功能方面的信息，(以)形成一个整合性的整体(Chipman 等，2000，3 页)。

认知任务分析(CTA)运用各种访谈和观察策略来描述专家用于执行复杂任务的知识。复杂任务被界定为个体需要整合运用控制性(有意识的、概念性的)知识和自动化(无意识的、程序化的、策略性的)知识的那些任务，这些任务通常需要花几个小时或者数天的时间才能完成(van Merriënboer 等，2002)。认知任务分析只是描述执行任务所需知识的多种策略中的一种。当有高级专家在某目标任务中可靠地达到了预期的绩效标准，而我们的目标是捕捉他们所用的认知知识时，认知任务分析是一种极有价值的方法(Clark 和 Estes，1999)。分析者运用认知任务分析来捕捉有关认知过程和决策的准确而完整的描述。结果通常是对专家在执行某任务时所运用的绩效目标、工具、概念性知识、程序性知识以及绩效标准的描述。对这些描述进行编排，从而作为任务实作过程的记录，并给予新手更多信息，帮助他们在各种情境下达成绩效目标。认知任务分析最常在教学、工作、工作辅助或测试的设计前进行(或作为设计的不可分割的一部分)。随后，这些描述被用于开发专家系统、工作或任务能力的认证测试，以及为了获得新的、复杂的知识以实现绩效目标而开展的培训(Chipman 等，2000；Jonassen 等，1999)。

当前应用的认知任务分析类型

研究者已经识别出了当前正在运用的 100 多种认知任务分析方法，这使刚入行的从业者很难选择合适的方法(Cooke，1994)。认知任务分析方法的数目和多样性主要是由于认知任务分析发展的多种路径所造成的。它起源于行为任务分析，早期用于说明计算机系统界面，以及用于军事用途——它们有各自的要求、运用和研究基础。20 年来，认知任务分析日益受到认知科学研究进展的影响，已经成为系统设计和多领域培训的一个重要组成部分。越来越多的文献描述了认知任务分析的方法、应用及结果，反映了认知任务分析方法的多元化应用和发展；但是，也有一些评述和分类引导着那些有兴趣探索和应用认知任务分析的人，其中包括 Schraagen 等(2000)对相关评述的一个综合性评述。

认知任务分析类型

Cooke (1994)对认知任务分析进行了一个更广泛的评述。她识别了三种宽泛的技术类型：(1)观察和访谈，(2)进程追踪，(3)概念性技术。观察和访谈是指仔细观察专家，与他们交谈。进程追踪技术通常是通过出声思维报告或事后回忆来捕捉专家在某特定任务中的表现。相较之下,概念性技术生成某领域中相关概念的结构化的、彼此关联的表征。

Cooke (1994)所区分的三种技术类型的不同在于它们的特征和形式。一般而言,观察和访谈是非正式的,允许知识抽取者在抽取过程中有更多的灵活性。进程追踪法中尽管抽取者要作出一些分析决策,但是它有更多结构和特性。概念性技术是界定良好的、正式的,抽取者很少作出判断。进一步比较,更正式的方法比非正式的方法需要更多的机制方面的培训,生成更加量化的数据,非正式的方法则聚焦于访谈技能,生成质性结果。因为不同的技术可能产生不同方面的领域知识,Cooke 建议运用多种方法,这个建议在有关认知任务分析的文献中经常得到响应(Ericsson 和 Simon, 1993; Russo 等,1989; Vosniadou, 1994)。

Wei 和 Salvendy (2004)关于认知任务分析方法的述评介绍了第四种类型——正规模型——运用模拟对认知领域中的任务进行建模。他们的述评与其他述评的更深层的差异在于,他们提供了如何运用认知任务分析方法分类来选择合适的技术以完成不同目标的实用指南。例如,有一条指南建议,如果任务或工作的领域没有得到界定,那么在认知任务分析的初始阶段,观察和访谈对生成更明晰的情境和识别边界条件尤为有用。

认知任务分析方法的多样性及其应用

上述评述为探索认知任务分析方法的多样性及其应用提供了一个起点。我们考察了认知任务分析的整个过程,并深入描述了能特别应用于教学设计的一些方法。尽管认知任务分
580 析方法种类繁多,大多数知识分析者遵循的是一个五阶段的过程(Chipman 等, 2000; Clark, 2007; Coffey 和 Hoffman, 2003; Cooke, 1994; Crandall 等, 2006; Hoffman 等, 1995; Jonassen 等, 1999)。最常用的认知任务分析方法中,大多包括以下五个共同步骤:

- 搜集初步知识;
- 识别知识表征;
- 应用焦点知识抽取方法;
- 分析并验证所获数据;
- 根据预期应用对结果进行编排。

以下部分描述了共同的认知任务分析方法,并简要解释了在一般过程的各个阶段所用的每种类型。

搜集初步知识

在这一阶段,分析者对将会成为认知任务分析焦点的任务顺序加以识别。分析者试图逐渐大致地了解知识领域,并找到参与知识抽取过程的专家。尽管知识分析者和教学开发者自己无需成为学科内容专家(SME),但是他们应该大致了解正在分析的内容、系统或程序。如果可能的话,应该选择两位或以上的学科内容专家参与这一过程(Chao 和 Salvendy, 1994;

Lee 和 Reigeluth, 2003)。寻找专家的特定标准虽然会随环境而改变★,但是所有的 SMEs 都必须在所分析的任务上有过绩效成功的可靠记录。最常见的是对专家进行单独访谈,这样可以避免他们在有效执行任务所需的知识和技能方面达成过早的共识。这一阶段所用到的技术通常包括文献分析、观察和访谈(结构化访谈或非结构化访谈)。分析者运用本阶段所获得的结果,去识别执行这些任务所涉及到的知识类型和结构。

文献分析

分析者的综合分析通常从搜集所有可获得的描述任务及相关学科内容的书面资源开始。这会包含各种文献,如宣传刊物、小册子、操作手册、雇员手册、报告、术语表、课程文本以及已有的培训材料。分析这些文献是为了对任务进行定向,准备深度分析,以及确认初步想法(Jonassen, 1999)。这种定向使分析者为应对后来的任务分析活动做好准备;例如,当分析者熟悉了专家的术语后,非结构化访谈过程中抽取出的信息可能会更加有活力。文献分析还可使分析者就某一程序的已有资料与专家实践者的解释加以比较,从而识别常规性的做法和典型的实施之间的直接差异。

观察

观察是知识抽取中最常用、最有效的一种工具。它可用于识别所涉及到的任务、后续分析的可能局限和限制、执行任务必需的可获信息。它还使分析者将专家对任务的描述与真实事件进行对比。在许多认知任务分析系统中,当专家在执行被分析的任务时,分析者会默默地观察专家,以拓展他们对所在领域的理解。他们观察并记录该情境下事件发生过程中的自然条件和行为(Cooke, 1994)。尽管通过观察并不能实现对专家的心智操作进行明确识别,但是分析者会注意到专家似乎必须作出决策、评估情况或开展分析的那些场合。

非结构化访谈

"想发现某人知道什么,最直接的方式是去问他们"(Cooke, 1999, 487 页)。除了观察以外,非结构化访谈也是认知任务分析过程的早期阶段常用的方法,用以提供领域概览,以及提出后续结构化访谈中要探索的议题和问题。在非结构化访谈中,分析者不一定会指定会话的内容或顺序。但在有的情况下,他们会用"把你所知的关于……的一切告诉我"这样的指示,要求专家聚焦于某一任务、事件或案例。

识别知识表征

通过运用初期阶段搜集的信息,分析者对每个任务进行分析,以识别执行该任务所需的子任务和知识类型。大多数认知任务分析方法是围绕适用于该任务的知识表征而组织的,如 581
概念图、流程图、语义网络等等。这些表征为认知任务分析过程的后期阶段提供了方向和顺序,因为知识抽取方法直接与知识类型相对应。有些方法最宜用于抽取程序性知识,而有些方法在捕捉陈述性知识(Chipman 等, 2000)方面会更成功。学习层级是对执行任务所需的知识

★ 有关专长的适当定义和专家的识别标准的进一步讨论请参见 Cooke (1992), Dawes (1994), Ericssonand Smith (1991), Glaser 和 Chi (1988), Mullin (1989),和 Sternbergand Horvath (1998)。

类型进行组织的一种方法示例。

学习层级分析

学习层级分析是指将技能内容从位于顶层的较复杂的问题解决技能到更简单的学习形式进行按序排列(Gagné, 1962, 1968; Jonassen 等, 1999)。例如,问题解决的下一层级是规则学习,规则学习的下一层级是概念。因此,其基本思想是人们只有在已经掌握了规则学习所必需的前提性概念的条件下才能学习规则。学习层级的分析首先要识别最复杂(最高级)的学习结果,然后决定要实现目标结果所必须掌握的基本技能。技能层级是一个为了发展逐渐复杂的技能而需获得的每项智力技能的任务流程图。在认知任务分析过程的这一阶段所建构的学习层级通过识别必须从学科内容专家那里捕捉到的信息,为组织下一阶段的知识抽取提供了指引。因此,它反映了认知任务分析过程的反复迭代本质,复杂学习所必需的知识、技能和认知策略在该过程中得以揭示、提炼和确认。

应用焦点知识抽取方法

在知识抽取过程中,分析者应用各种技术来搜集先前阶段识别出的知识。以往研究表明,不同的抽取方法会产生不同的知识类型,而且如果知识没有成为抽取的焦点,那么它很难得到清晰表达(Crandall 等, 2006; Hoffman 等, 1998)。分析者试图根据为每个任务识别出的知识表征,选择适合目标知识类型的方法;因此,大多数的抽取工作都包含了多种技术。在多种类型的知识抽取方法中,结构化访谈和半结构化访谈的变换是认知任务分析中最常用的方法,因为它们相对而言易于运用,而且比口语报告分析法(protocol analysis)(Ericsson 和 Simon, 1993)或者凯利方格*(Bradshaw 等, 1993)这些更正式的方法所需的培训更少。正是这些特定技术之间的不同界定了特定的认知任务分析模型之间的主要差异。尽管这些方法强调的重点有所不同,但是它们在捕捉复杂问题解决所必需的条件和认知过程上享有一个共同的目的。下面是对两个认知任务分析模型的描述,它们已被证明能以一种对教学尤为有效的方式有效地抽取专家知识(Crandall 和 Gretchell-Reiter, 1993; Velmahos 等, 2004)。

概念、过程和原则

概念、过程和原则(CPPs)(Clark, 2004,2007)的搜集涉及一个多阶段访谈技术,这种技术能捕捉专家通过经验和实践所获得的自动化的、无意识的知识。众多学科内容专家(SME)描述同一个程序,紧接着是数轮的专家自我评审和同行评审。最初的半结构化访谈始于分析者对认知任务分析过程的描述。然后,学科内容专家被要求列举或大致勾勒出执行所考察的更大任务所必需的所有关键子任务的执行顺序。此外,学科内容专家还要描述(或帮助访谈者找到)专家在掌握该任务后应该能够解决的至少五个逼真问题。如有可能,问题应该既包括常规性问题,也包括高度复杂性的问题。随后导致的任务序列就成为将要设计的培训大纲,或者成

---

* 凯利方格(Repertory Grids),源于人格心理学的研究,凯利方格技术(Repertory Grids Technique)作为辅助心理咨询的技术已超过40年,并被广泛运用在心理学以外的领域。它可以帮助我们了解用户是如何理解某个话题、某个问题域,从而建立心智地图等。同时它作为定性与定量结合的方法,能实现态度、感觉与认知的量化。——译者注

为认知任务分析完成之后所产生的工作描述。从该序列中的第一个子任务开始，分析者要询问一系列的问题来搜集：

- 完成子任务所必需的行为(或步骤)的顺序；
- 完成子任务必须作出的决定；作出每个决定时，要考虑的其他备选决策；在不同备选决策中作出决定的标准；
- 作为专家解决子任务的概念基础的所有概念、过程和原则；
- 启动正确程序所必须的条件或启动性事件；
- 所需的设备和材料；
- 所需的感官经验(如分析者会询问专家，为了执行每个子任务，除了获得有些视觉或听觉线索外，他们是否还必须去嗅、去品尝或去触摸某些东西)；
- 所需的绩效标准，如速度、准确性或质量指标。

对每个学科内容专家重复进行这一访谈；对每次访谈进行记录，并逐字转录以便后期 582
分析。

关键决策方法

关键决策方法(critical decision method, CDM)(Klein 等，1989)是一种半结构化访谈方法，它运用一套认知探测手段，去断定关键(非常规)事件中情境评估和决策的基础(具体的程序描述，请参见 Hoffman 等，1998)。关键决策方法基于以下概念，即专家决策制定是识别任务环境中的线索模式，无需对其他备选决策进行有意识的评价。因此，情境意识在专家行为过程的选择中发挥着主导性的作用。这些决策的速度表明，专家无意识地评估可行目标、关键线索、情境动态性、行为过程以及期望值。为了抽取这种知识，关键决策方法运用一种回溯性的、基于案例的方法，抽取过程多次发生，以越来越细化深入的方式来搜集信息。

关键决策技术始于从专家的任务经验中选择一个非同寻常的关键事件。所涉专家对该事件提供非结构化的描述，由此创建一条时间线。然后，分析者和专家识别出决策制定的特定时间节点。当可能存在其他合理的备选行为路径时，这些决策节点被作为示例。随后，通过提问进一步探测这些决策节点，从而抽取：(1)制定决策所用的感知线索；(2)所应用的先前知识；(3)所考虑的目标；(4)其他备选的决策；(5)其他情境评估因素。对这些报告进行记录，并逐字转录。

分析并验证所获数据

如上所述，认知任务分析方法在结构、形式和结果上都各不相同。由于这里所描述的知识抽取技术不是那么正式，它们需要分析者对结果进行编码和编排，从而对它们进行验证，并保证它们在预期应用中运用的效度或适切性。在开展专家访谈时，实践者建议对访谈进行记录和转录，以便日后分析，而不要在访谈过程中详细做笔记，因为这样会分散对访谈过程的注意力。转录文本会被编码，以概括、归类或综合所搜集到的数据。

编码之后，经过编排的输出结果被提供给参与的学科内容专家进行验证、提炼和修正，以确保任务表征及其背后的认知构件是完整的、准确的。一旦专家验证或修正了编排结果中的信息，分析者随后应将其与其他专家的输出结果进行比较，以证实这些结果准确地反映了期望的知识表征。

概念、过程和原则(CPP)中的分析阶段(Clark, 2004,2007)从分析者准备一个标准的访谈概要开始，包括任务、子任务清单、条件、标准、设备及所需材料。对于每项子任务，分析者接着记录下一个程序，包括执行该任务所需的每个行动步骤和决策步骤，并将该程序交与学科内容专家评审。为了验证每个认知任务分析，分析者将每位学科内容专家的结果交给另一位学科内容专家，要求他从准确性和效率出发对文件进行编辑(即断定一位拥有适当先前知识的新手在执行任务时所需的最少步骤)。在最后阶段，分析者将所有单个认知任务分析编辑成一个关于如何完成所有任务的格式化描述。经过学科内容专家的最终同意后，这份最终的经过编排的文件便为教学设计过程提供了信息。Clark (2007)提供了这种报告的格式。

因为每个特定的研究问题定义了如何对转录文本进行编码，因此对从被录访谈中逐字转录的转录文本的编码，关键决策方法没有规定单一方法(Klein 等, 1989)。但是，编码图式应该是领域相关的并且具有认知的功能；换言之，它应该包括有关感知线索、决策节点和情境评估方面的信息。Hoffman 及其同事(1998)提供一份编码报告的样本。

根据预期应用对结果进行编排

一些高度结构化认知任务分析方法的结果(如认知建模)已顺利地应用于专家系统或计算机辅助的导师系统中。对不那么正式的认知任务分析方法，比如这里描述的这些，它们的结果必须转译成揭示专家在执行高度复杂任务时所用的潜在技能、心智模型和问题解决策略的模型。另外，这些模型为课程、培训和其他绩效应用的教学设计提供了更多信息。概念、过程
583 和原则(Clark, 2004,2007)方法生成了一个对执行某任务所必需的概念知识、条件、行动和决策的具体清单的描述。这些产品可以被整合至一个教学设计系统中。同样，从关键决策方法的应用中所产生的产品已经被用于大量的教学应用中，包括构建和评价专家系统以及识别培训需求。关于任务的哪些方面依赖于显性知识，哪些方面依赖于隐性知识，关键决策方法可以提供案例研究和信息(Klein 等, 1989)。

认知任务分析所产生影响的当前研究证据

现代认知任务分析是从表现分析的行为主义方法发展而来的。随着对职业需求的理解从聚焦于身体表现发展到聚焦于认知表现，有证据表明，实作的关键方面包含了无法直接观察的知识(Ryder 和 Redding, 1993; Schneider, 1985)。行为任务分析在培训中的应用产生了不完整的描述，这些描述导致了工作执行过程中的决策错误(Schraagen 等, 2000)。认知任务分析的早期方法的设计是为了捕捉那些无法直接观察到的决策和分析，以及那些作为分析策略和决策之基础的深度概念性知识(Clark 和 Estes, 1999)。因此，培训从对感知刺激与行为之间的联结强化转向了陈述性知识和程序性知识的发展。

研究证据表明,对专家认知过程的准确识别可适用于培训材料,这些培训材料会比通过其他手段开发出的有效得多(Merrill, 2002; Schaafstal 等, 2000; Velmahos 等, 2004)。如果内容不准确或不完整,任何以此知识为基础的教学都将会是有缺陷的(Clark 和 Estes, 1996; Jonassen 等, 1999)。这些缺陷会影响绩效以及未来教学的效能(Lohman, 1986; Schwartz 和 Bransford, 1998)。尽管试图去补救,但是所产生的错误概念很难纠正(Bargh 和 Ferguson, 2000; Chinn 和 Brewer, 1993; Thorley 和 Stofflet, 1996)。

陈述性知识和认知任务分析

陈述性知识是层级化地进行组织的命题性的、情节性的或视觉空间性的信息,可在长时记忆中访取,在工作记忆中有意识地进行观察(Anderson, 1983; Anderson 和 Lebiere, 1998; Gagné 等, 1992)。通过对与某项任务相关的过程和原则,以及该任务在更广泛情境中所起作用的概念性理解,这种类型的知识为实作提供了支持(Gagné, 1982)。学科内容专家拥有其所在领域的广泛的陈述性知识,其形式为抽象的、基于图式的表征的原则性框架。这些框架使专家可以有效地分析复杂问题(Glaser 和 Chi, 1988; Zeitz, 1997)。精制化的图式使专家可以高度准确地保持并回忆信息、事件和问题状态(Cooke 等, 1993; Dochy 等, 1999; Ericsson 和 Kintsch, 1995)。另外,对他们自己所在领域的广泛、原则性的理解促进了在解决相关新的、复杂问题时的技能迁移(Gagné 和 Medsker, 1996; Hall 等, 1995; van Merriënboer, 1997)。

在与新手交流时,专家知识的组织也会影响培训结果。在一项专家教新手的研究中,Hinds 等人(2001)发现,从专家那里获得解释的受训新手在迁移任务方面比从非专家那里获得解释的受训新手表现更好。与非专家提供的解释相比,专家提供的解释要抽象得多,而且更加以理论为导向,所以在专家-新手的教学条件下的学习者能够比在非专家-新手的教学条件下的学习者更快、更有效地解决迁移问题。

但是,仅有概念性知识不足以产生有效的实作。上述研究中的非专家教学者提供了更具体、程序化的解释,这促使受训新手在试图执行原创性的任务目标时取得了更好的表现。专家所提供的抽象缺乏取得最优化实作所必需的关键细节和过程信息。这一发现和众多其他的培训文献是一致的,表明大多数有效的学习发生在所有必需信息都以教学和/或先前知识的形式提供给学习者的时候(相关评述,请参见 Kirschner 等, 2006)

大量研究发现,如果不用认知任务分析来促进知识的抽取,许多领域的专家会无意中错误表征作为他们自己实作基础的概念性知识。例如,在 Cooke 和 Breedin (1994)开展的一项研究中,物理学家试图预测不同的物体路径,并提供他们获取结论所用方法的书面解释;但是,当研究者尝试着以这些解释为基础去复制物理学家的预测时,他们却不能获得相同的结果。 584
所计算出来的轨迹与专家所提供的轨迹截然不同。

在一个类似研究中,神经心理学家评估假设性的病人档案,以判断他们的理论智力水平(Kareken 和 Williams, 1994)。参与者首先清晰阐述了不同的预测变量(如教育、职业、性别、年龄)与智力之间的关系。然后,他们根据自己所识别的预测变量的值来估计 IQ 分数;但是,他们所作估计与他们在对预测变量间关系的解释中所提供的相关性截然不同。许多预测都是完全不相关的。很明显,专家的实作所依赖的过程完全不同于有关他们自身实践的陈述性知识。

程序性知识和认知任务分析

程序性知识是所有熟练操作都需要的知识。技能的获得通常从对有关某一过程的具体步骤的陈述性知识的学习开始;但是,只有我们实践这些程序时,自动化才会发展。自动化过程包括学会识别重要的环境线索,这些线索将指示何时应用该技能,同时还包括学会识别这些线索与达成某个目标或子目标所需的相分离的内隐(认知)步骤和外显(行动)步骤之间的联系(Neves 和 Anderson, 1981)。通过实践,这些联系和步骤的可靠性和实作速度逐渐提高。随着时间的推移,这些程序的执行所需的心智努力水平或自我监控水平越来越低,到后来,即使还需要的话,也只需运用极少的认知资源(Wheatley 和 Wegner, 2001)。对条件化线索和步骤的一致性的反复映射表明,在从某特定问题状态到实现某目标所需的线索(if)和程序(then)之间存在一个整合性的 if-then 决策规则(Schneider 和 Shiffrin, 1977)。在 Anderson 所提出的学习的 ACT-R 认知模型中,这种表征是一个产生式(Anderson, 1995; Anderson 和 Lebiere, 1998)。

在执行复杂任务的过程中,多个 if-then 产生式串连在一起,生成了更复杂的表现层级。每个单独的产生式达成一个子目标,这个子目标又是总体目标的一个组成部分。要按顺序从一个产生式到达下一个产生式,必须识别出新的子目标并选择一个恰当的产生式。对新手来说,这种针对几乎每个子目标的识别和选择过程是有意识的、有意的决策;但是,专家对这一过程的处理是自动化的,因此,他们不能有意识地识别其中的许多决策节点(Blessing 和 Anderson, 1996)。

自动化的两个主要特点限制了专家所作的无辅助解释的有效性*。其一,自动化知识是在有意识觉知之外操作的,而且执行速度远快于有意识的加工过程(Wheatley 和 Wegner, 2001)。这样,它就不能用于内省或准确的自我监控。其二,自动化过程通常是不间断的,一旦获得之后就不能有效地改变(Hermans 等, 2000);因此,专家对自己的问题解决过程的无辅助自我报告通常是不准确或不完整的**(Chao 和 Salvendy, 1994; Feldon, 2004)。

线索

if-then 产生式的每个要素对于有效培训都是极其重要的。学习者要发展有效的程序,他们必须注意到相关线索以准确地判断哪些子目标和程序是合适的。因此,将专家关于这些线索的知识整合起来对最优化教学是很重要的(Fisk 和 Eggemeier, 1988; Klein 和 Calderwood,

---

* 关于专长的研究文献对于自动化的作用尚未达成共识;但是,许多实证证据表明,它发挥着一个界定性作用。进一步的评述请参见 Feldon(待出版)。该篇论文发表后,可通过数字对象识别码(digital object identifier, DOI)10.1007/s10648-006-9009-0 在 SpringerLink 网站上找到它。在 http://www.cogtech.usc.edu/recent publications.php 也可找到该文正式发表前的草稿。

** 当专家尝试解决新问题时,他们新生成的决策制定过程的要素不太可能被误报;但是,用于这些问题的先前过程会继续导致自我报告的错误(Betsch 等, 1998)。

1991)。例如，Crandall 和 Gretchell-Reiter (1993)调查了从事新生儿或早产儿重症监护的专家护士的程序性知识。这些被试为 17 位注册护士，平均拥有 13 年的总体经验和 8.1 年的专业经验。在不运用正规的知识抽取技术的情况下，她们尝试非常具体地回忆和描述一些她们所实施过的认为能积极影响婴儿医疗状况的关键事件或措施。自由回忆阶段结束后，研究者运用认知任务分析识别护士没有清晰阐述的其他相关信息。对转录文本的分析显示，与其他方式下的报告相比，认知任务分析技术抽取到了明显更多的婴儿医学病痛指标。在认知任务分析之前，护士对自己所用线索的解释不是被遗漏了，就是被模糊地表达成了“非常泛化的线索 585
群”(Kirschner 等, 2006)。

将所抽取的线索与当时已有的医学和护理培训资料中所描述的线索进行比较后发现，该项研究里专家护士用以正确诊断婴儿的线索中，有超过三分之一(70 条中有 25 条)没有出现在资料中。这些线索覆盖了七个之前未发现的类别，它们后来被整合进了对新生儿重症监护领域的新手护士的标准培训中(Crandall 和 Gamblian, 1991)。

决策节点

除了要知道哪些线索对决策制定起重要作用之外，还需要正确识别出必须作出这些决策的节点。决策制定方面的众多研究指出，许多决定是在意识到需要作出决定之前就已经作出了的(Bargh 等, 2001; Wegner, 2002)。Abreu (1999)发现，执业心理医师如果事先被提供有关非裔美国人原型的材料，那么和他们未被提供这些材料时相比，他们对虚拟案例研究的评价更为消极。同样，当 Bargh 等(2001)向参与者潜意识地灌输了合作或高绩效等目标的时候，尽管他们完全没领会所灌输的内容，或没有意识到他们已经把握住了目标本身，他们也会在各种任务中顺从这一潜在目标。

在专业领域，一旦要依赖专家来解释必须作出决策的节点的话，自动化就成了培训的重大问题。例如，在医疗行业，专家内科医生对不同时间所遇的同一症状所作的诊断的信度研究的相关性仅在.40 至.50 之间(Einhorn, 1974;Hoffman 等, 1968)。尽管自我报告显示被试考虑了更多的症状，但是对所列案例中症状的分析表明，仅有四分之一的症状真正影响到了诊断决策(Einhorn, 1974)。

一些专家坦率地承认他们并不能准确地回忆出自己的问题解决策略的各个方面。Johnson (1983)观察发现，一位专家医师的真实诊断中所用的技术与他向医学专业学生阐述的技术之间存在显著的差异。随后，他与这位医师讨论为什么他的实践与解释之间存在差异。医师对这一矛盾的解释是，“噢，我知道我所做和所说的中间有差别，你明白，我并不知道我是如何诊断的，然而我又需要一些东西去教给学生，我就创造了我认为合理的完成任务的方式，并且希望学生们能够将它们转化为有效的手段”(Johnson, 1983, 81 页)。

认知技能

正确识别和解释那些决策点上的线索所触发的认知和心因动作行为的顺序对于有效教学同样是至关重要的。尽管任务的心因动作层面是学习者相对容易观察到的，但是，要使学习者成功地复现专家表现，则需要对认知的运作清晰表达出来。然而，自动化通常会影响这一过程。例如，一个擅长装配复杂研究设备的工程师和技术员团队尽管不断努力，试图把每个相关事实、过程和启发式策略都囊括进去，但却没有能够成功地生成一套完整的装配说明书(Collins 等, 1985)。当购买了该设备的科学家尝试着根据说明书进行装配时，设备却运作不了。在和那些工程师反复讨论之后，科学家最终发现专家团队在说明书上意外地忽略了一个必需步骤。这个步骤对于工程师和技术员来说是一个普遍用到的实践，因而他们没有对它加以清晰表述。

Chao 和 Salvendy (1994)系统地记录了专家在自我报告中忽略认知技能的比率。六位专家程序员被要求去完成一系列挑战性的故障诊断任务，他们的所有行为都被记录下来。这些程序员随后被要求运用各种不同的知识抽取方法，去解释他们的步骤。然而不管运用何种知识抽取方法，没有哪位专家能够报告出自己所作的 41%以上的诊断行为、53%以上的故障排除行为和 29%以上的解释行为。但是，在研究者开始汇集从不同专家那里抽取出的解释之后，他们发现被解释的行为的比例上升了。当来自所有六个专家的解释都汇集在一起之后，对每类行为的言语化表现的比例分别上升到了 87%、88%和 62%。抽取信息的这种增长反映了专家的个体差异，这种个体差异使子目标产生式被自动化的程度变得更大或更小。因此，以专家知识为基础的教学的一个富有前景的实践是在开发教学之前，对多位专家采用认知任务分析方法。

586 **教学证据**

数项研究为基于认知任务分析的教学的有效性提供了直接证据。在一项对医学院外科教学的研究中，一名专家外科医师按照讲座/示范/练习的顺序把一项程序(中心静脉插管)教给一年级的医学实习生(Maupin, 2003; Velmahos 等, 2004)。实验组的讲座是通过对两位参与该程序的专家的认知任务分析生成的。控制组的讲座是专家教学者以自由回忆的形式进行解释，这是医学学校中传统的教学实践。分配给提问、练习和设备操作的时间在两种条件下都是相同的。每种条件下的学生都要完成一份书面后测，并在他们的实习期内在各种病患上执行所学程序。与控制组的学生相比，认知任务分析组的学生从前测到后测上表现出明显更高的收获。在运用所学程序治疗病人的每项表现测量中，包括一份程序步骤的观察核查单、导管置入病人血管所需的尝试插针数目、需要带教医师帮助的频率、完成程序的时间，认知任务分析组学生的表现都要比控制组的学生出色。

同样，Schaafstal 等(2000)比较了雷达系统的故障诊断及排除方面的一个已有培训课程与运用认知任务分析方法形成的一个新版培训课程的有效性。两种课程中的被试在知识前测中所获的得分相同，但是教学结束之后，认知任务分析课程组的学生所解除的故障是传统教学组的学生的两倍多，而且花时更少。在随后实施的所有基于认知任务分析的培训设计中，每组学生的表现都达到或者超过了原有控制组的得分。

Merrill (2002)比较了表单运用方面的基于认知任务分析的直接教学、发现式学习(最少的指导)形式和传统的直接教学形式。认知任务分析组以从表单专家那里抽取的策略为基础提供直接教学。发现式学习形式提供待解决的逼真问题,并有一个教师回答学习者提出的问题。传统的直接教学形式提供的是明晰的技能、概念方面的信息和从一个商业性表单培训课程中提取的指导性演示。后测问题的得分显示,认知任务分析教学组占优势(认知任务分析组为 89%,指导性演示组为 64%,发现式学习组为 34%)。而且,完成问题的平均时间也显示认知任务分析组占优势。发现式学习组的被试需要的时间要超过所分配的 60 分钟,指导性演示组中被试完成问题的平均时间为 49 分钟,认知任务分析组的被试平均需时仅 29 分钟。

基于认知任务分析的培训效益的普适性

Lee (2004)开展了一项元分析,以判断广泛运用的认知任务分析方法是如何提高众多学科的培训结果的。运用"认知任务分析"、"知识抽取"、"任务分析"这样的关键词,对十个主要学术数据库(Dissertation Abstracts International, ArticleFirst, ERIC, ED Index, APA/PsycInfo, Applied Sci-ence Technology, INSPEC, CTA Resource, IEEE, Elsevier/AP/Science Direct)的文献进行搜索后,得到了 318 项研究。有七项研究符合以下条件:(1)在分析师帮助下进行基于认知任务分析方法的培训;(2)研究开展时间在 1985 到 2003 年间;(3)对培训绩效有前后测的测量报告。从这七项研究中计算出一个总计有 39 项对前测和后测之间差异的平均效应值的比较。对这些研究的分析发现效应值在.91 到 2.45 之间,这被认为是大的效应值(Cohen, 1992)。平均效应值是 $d=+1.72$,培训后的绩效收益的总体比例是 75.2%。对前后测的结果测量独立性的卡方检验的结果($\chi^2=6.50$, $p<.01$)表明,认知任务分析很可能提高了表现效益。

认知任务分析的成本—效益研究

所发表的有关认知任务分析与其他任务分析方法的成本-有效性或成本-效益的比较研究为数极少。一个例外是 Clark 和 Estes (1996)描述的由欧洲一个大型组织(拥有 10,000 以上雇员)开展的一项对传统任务分析和认知分析进行的实地比较。该组织为大约 500 名管理者重新设计了一项紧急情况与安全规程方面的必修培训课程。在新课程设计出来之后,新课程和旧课程都继续提供,这样可以比较两种方法的相对效能。在新旧两种课程中,所有培训目标和测试项目都相似。如表 43.1 所示,运用认知任务分析需要更大的前端时间投资(该组织拒绝发布薪资数据)以用于认知任务分析本身和课程教师的培训(未提供旧课程授课教师培训所需时间方面的数据)。但是,即便在设计、开发和教师培训上多花费了约 85%的前端时间, 587
新课程还是节约了 2.5 人年的时间,因为它可以在 1 天内上完(旧课程需要 2 天),而且在绩效后测中可以取得同等或更高的分数。尽管这些数据仅仅是建议性的,但是 Clark 和 Estes (1996)所报告的节约时间数和上述 Velmahos 等(2004)和 Merrill (2002)所报告的节约时间相似。

表 43.1 行为任务分析与认知任务分析的成本比较

比较活动	行为任务分析与设计天数[a]	认知任务分析与设计天数
任务分析与设计	7	38
授课者的培训	0	18
培训者的讲授	80	34
小计	87	90
500 名培训者用时总计	1000	500
培训天数总计[b]	1087	590

[a]天数 = 个人设计和发表安全课程的工作日

[b]CTA 节约总计:1087 天 - 590 天 = 497 天或 2.5 个人年

来源:Clark, R. E. and Estes, F., *Int. J. Educ. Res.*, 25, 403 - 417, 1996. 经许可使用。

整合认知任务分析与培训设计

认知任务分析与培训设计的优化整合

为了在教学中的最优化应用,认知任务分析方法应该与培训设计模型充分地整合,以促进学习目标、实现目标所需的知识(陈述性知识和程序性知识)、适用于所需知识的教学方法之间的一致。目前,三个主要系统采用了这一方法:整合型任务分析模型(ITAM)(Redding, 1995; Ryder 和 Redding, 1993)、指导性经验学习(GEL)(Clark, 2004, 2007)以及四要素教学设计(4C/ID)系统(van Merriënboer, 1997; van Merriënboer 和 Kirschner, 2007; van Merriënboer 等, 2002)。其中,4C/ID 模型得到了最广泛的开发。它在三个方面与其他教学设计模型不同。第一,该模型强调特定任务的构成技能的整合性协调实作,而不是任务的特定知识类型或序列性的任务实作。第二,在支持性信息与程序性或即时(just-in-time, JIT)信息之间作出了区分,支持性信息是帮助学习者执行一个复杂技能的非再用性部分,而程序性或即时信息是在练习中呈现给学习者,帮助他们执行某复杂技能的再用性部分。第三,4C/ID 模型是将学习者执行越来越复杂的技能作为一项整体任务,仅对再用性技能进行部分任务练习(part-task practice),相较之下,传统设计方法强调将复杂任务分解为部分任务,这些部分任务一旦分别学会,就可以汇集起来作为整体任务练习。4C/ID 模型的假设是,支持复杂技能学习的环境可以根据四个互相关联的部分进行描述,即学习任务、支持性信息、即时信息与部分任务练习。

学习任务

学习任务是具体的、逼真的整体任务体验,按照从易到难的顺序组织。同一难度水平的学习任务组成了一个任务集(task class)或利用相同知识体的任务组。一个任务集当中的学习任务最初会运用脚手架支撑,在该任务集的后续任务中脚手架逐渐淡出。学习任务促进了用于支持任务的非再用性部分的图式发展,还促进了用于任务的再用性部分的图式的自动化发展。

支持性信息

支持性信息用阐释、推理和问题解决活动为学习者提供帮助,这些活动构成了学习任务的非再用性部分。它包括通过案例研究示范的心智模型、通过范例建模的认知策略,以及认知反馈。通过精致化,支持性信息帮助学习者在学习执行任务所需的新信息时运用他们的先前知识。 588

即时信息

即时信息包括学习者在执行任务的再用性部分所需的规则、程序、陈述性知识以及纠正性反馈。即时信息以小单元的"how-to"教学的形式呈现,包括程序的示范以及通过范例来阐释概念的定义。随着学习者对任务的再用性部分的执行并获得自动化,所提供的即时信息的数量也逐渐减少。

部分任务练习

部分任务练习机会是在要求高度自动化的情况下,为任务的再用性部分的重复性表现所提供的。部分任务练习在教学中不断重复并和其他类型的练习混合在一起。部分任务练习包括从非常熟悉的项目到完全陌生的不同项目。

认知任务分析和4C/ID模型

4C/ID模型运用认知任务分析来实现四个任务:(1)将复杂任务分解为技能层级;(2)对任务集当中的培训项目进行排序;(3)分析复杂技能的非再用性部分,以识别认知策略和心智模型;(4)分析复杂技能的再用性部分,以识别规则或程序以及产生有效表现的前提性知识。一般而言,这些活动发生在认知任务分析五阶段过程的框架之内;但是,由于这一过程和4C/ID模型高度整合,因此该教学设计模型引导着认知任务分析的活动。这种与教学设计过程的整合倾向于强调认知任务分析过程的迭代本质。

复杂技能的分解

在第一组任务分析活动中,将复杂技能分解为构成技能,并识别它们之间的相互关系*。对所有构成技能的实作目标**加以界定,并将目标分成再用性或非再用性两类。如果不同问题的预期行为各不相同,而且通过运用认知策略或心智模型加以引导,那么目标就是非再用性的。如果不同问题的预期行为高度相同,而且通过规则或程序加以引导,那么目标就是再用性的。有时再用性的构成技能需要高度的自动化;这些技能被识别出来,以用于附加的部分任务练习。

对学科内容专家的文献分析、观察和非结构化访谈揭示了怎样建立一个先前技能层级以引导下一步知识抽取工作。技能层级的数据搜集、验证和确认需要运用多个学科内容专家进行多次迭代的知识抽取。之后,经过验证的技能层级便作为一个深度认知任务分析技术的指南,如Clark提出的概念、原则和过程(Clark, 2004,2007)。这些CPP数据识别出构成技能及

---

* 三类关系是协同的(按照时间顺序执行)、同时的(同一时段执行)、可调换的(按照任一顺序执行)。

** 实作目标反映的是作为学习结果的表现,包括一个行为动词、对所用工具的描述、条件以及表现标准。

其相互关系、每个构成技能的绩效目标、技能归属的再用性或非再用性类别。CPP 方法还识别出不同难易程度的问题,以便为任务集的排序提供帮助。

任务集的排序

第二组任务分析活动是指将学习任务划分为任务集。技能层级和分类实作目标决定了每个构成技能的培训序列。4C/ID 模型采用一个整体任务法,学员同时学习所有的构成技能。在第一个任务集中,学习者执行整体任务的最简版本。随着任务执行的条件逐渐趋于复杂,整体任务情节(scenarios)也更加逼真,反映出专家在真实世界中所遇到的情节。认知任务分析过程既用于验证技能层级,也用于确认任务集是按照从简单到复杂的顺序排列的。

分析复杂技能的非递归部分

第三组分析活动识别出每个任务集所必需的支持性信息,其形式为心智模型(问题领域
589 是如何组织的?)和认知策略(如何解决该领域的问题?)。一些知识抽取方法通常用于学科内容专家以捕捉某复杂技能的非再用性部分的数据,包括访谈和出声思维报告。认知任务分析方法重复用于任务的简单版本和复杂版本,以捕捉执行任务的非再用性部分所需的知识。

分析复杂技能的递归部分

4C/ID 模型的最后一组任务分析活动是对再用性构成技能的一个深入分析。这些再用性构成技能是在技能分解过程中识别出来的,以发现执行任务的再用性部分所需的即时信息。使其他构成技能能够执行的每个构成技能都在一个反复迭代过程中识别出来,直到识别出学习者在最低能力层次上已掌握的前提性知识。

分析者采用认知任务分析技术来识别任务规则,并生成对任务实作的非常具体的算法描述。然后,识别出应用这一程序的前提性知识。对概念的分析是通过创造特征清单来进行的,该特征清单能识别出与概念相关的所有例子的特征。在较低水平上,事实(没有任何前提性知识)被识别出来。在较高水平上,过程和原则被识别出来。这一切完成之后,分析者将这些前提性知识组织成执行任务所需的规则或程序。

概言之,4C/ID 模型的四组认知任务分析活动的结果提供了有关复杂技能学习所需的技能、顺序、认知策略、心智模型、规则和前提性知识的详细而深入的信息,这种复杂技能学习又是通过学习任务、支持性信息、即时信息与部分任务练习这四个相关成分的教学设计来实现的。结合起来,它们就形成了一个面向复杂领域的基于问题的学习的充分整合的系统。实施 4C/ID 模型的详细描述和程序可以参见 van Merriënboer 和 Kirschner (2007)。

下一代的认知任务分析研究

尽管 CTA 显示出提高各类绩效方面的巨大潜力,它也同时面临着教学设计理论与模型研究所提出的诸多挑战(Glaser, 1976; Salas 和 Cannon-Bowers, 2001)。我们需要更多系统比

较不同形式的认知任务分析对相似结果目标和测量的影响的设计更好的研究。我们还需要理解用于不同的培训设计模型和理论的不同认知任务分析方法的效能。

被运用和报告的认知任务分析类型是如此之多,方法应用的变化是如此明显,因此要说关于认知任务分析的任何推广都会满足结构效度的基本标准是值得怀疑的。研究者被告诫,要认真分析那些实施认知任务分析所用方法的描述,弄清正被复制运用的技术的源头。我们在本章的第一节尝试描述了大多数认知任务分析方法的五个共同要素,但不同研究中实施每个要素所用的特定策略是不同的。我们所描述的要素聚焦于实施认知任务分析所用的共同步骤。这是一个顺序模型(sequence model),类似于教学设计所用的分析、设计、开发、实施和评价(ADDIE)模型。Schraagen 等(2000)和 Cooke (1994)详细讨论了这一问题,并试图根据所追求的结果类型将不同的方法组织成各种类型(如培训、工作设计和评价)。Wei 和 Salvendy (2004)已经提出了11 个非常有用的选择最佳认知任务分析方法去实现目标的指南(见表 43.2)。

表 43.2　CTA 方法的选择指南

何时运用各种 CTA 方法	CTA 方法的类型			
	观察与访谈	进程追踪	概念性技术	正规模型
初始阶段未良好定义任务和领域	X			
执行任务的程序未良好定义	X			
任务具代表性,过程清晰		X		
任务过程和实作需要追踪		X		
言语数据易于捕捉而不会影响实作		X		
领域知识和结构需要界定			X	
运用多种任务分析,任务需要更少的言语表现			X	
任务需要定量预测,情节改变时任务模型变动很小				X
任务实作受干预的影响或打扰		X	X	X
任务分析者缺乏关键知识和技术	X	X	X	
任务是基于技能的	X	X		
任务是基于规则的		X	X	
任务是基于知识的			X	X

来源:改编自 Wei, J. and Salvendy, G. , Behav. *Inform. Technol.* , 23(4), 273 - 299,2004.

认知任务分析的首要原则

处理认知任务分析方法多样性的一个具有同等价值的不同策略是,将 Merrill (2002)的首要原则方法用于教学设计模型中的相似问题。在一群常用的、基于证据的教学设计模型中,Merrill 区分出了那些在心理学上看上去最具活力的(most psychologically active)教学方法。他提出的其中一个原则是,那些帮助学习者联结先前知识的设计是更为成功的。通过识别关键认知任务分析方法中的积极要素,这一识别认知任务分析的首要原则的努力对研究者和实践者而言将会是有益的。例如,几乎所有的认知任务分析方法都似乎极度重视对表明技能实施需求的环境线索或境脉线索的识别。Crandall 和 Gretchell-Reiter (1993)对新生儿护士的研究涉及到生成重症婴儿表现出的更准确的诊断症状(线索)。由于条件线索的识别对许多

590 SME而言可能是自动化、无意识的，因此准确而充分地识别重要线索也许是认知任务分析最重要的原则之一。在新生儿护理的研究案例中，认知任务分析中所捕捉的线索改变了后来的新生儿护士的课本教学。其他原则可能会涉及到识别产生式必须执行的顺序和必须作出的决策(包括必须考虑到的备选方案和选择备选方案的标准)。原则还可能会和观察和访谈专家以最准确而充分地描述他们基于任务的知识的那些报告相关。还可能需要一套描绘团队或组织型认知任务分析的特征的独立原则。

自动化的、无意识的专家知识研究

专家对自我专长的觉知和捕捉无意识知识的策略的关注，是有关认知任务分析的最重要的研究议题。对自动化的、无意识知识的大量研究还需要更广泛地整合进教学设计或教育心理学家的实践中。该领域的大多数研究是由那些对心理治疗、原型的动力机制、决策制定偏好(Abreu, 1999; Bargh 和 Ferguson, 2000; Wheatley 和 Wegner, 2001)以及动机(Clark 等, 2007)感兴趣的研究者开展的。但是，根据当前研究的结果，例如，Velmahos 等人(2004)和 Chao 与 Salvendy (1994)的研究，我们有充分的证据来证明该议题在认知任务分析和培训中的重要性。我们需要更清晰地了解无意识专业知识如何影响任务分析的准确性。我们还需要更清晰了解当人们必须学会调整技能时如何调整自动化的、无意识的知识。Clark 和 Elen (2006)回顾了以往的研究并对未来的研究提出了建议。

成本有效性与成本—效益研究

今后研究的另一个颇有前景的领域是成本—有效性和成本—效益分析(Levin 和 McEwan, 2000)。现有研究没有系统地探讨这一议题，但是极富潜力的初步分析表明显著地节省了学习者的时间并减少了重大实作失误(Clark 和 Estes, 1996; Merrill, 2002; Schaafstal 等, 2000; Velmahos 等, 2004)。这些数据在某种程度上是重要的，因为许多重大决策制订者认为认知任务分析是一个过度复杂的过程，开展认知任务分析需要大量的时间，从它的成本考虑应该避免采用认知任务分析(Cooke, 1994, 1999)。要说认知任务分析增加了前端设计所需的时间和工作，这是对的——尤其是必须对拥有相同技能的众多专家进行观察和访谈时；
591 然而，这些成本可能会被后端发布节省出的实践和努力所抵消的，因为它增加了学习者的准确性并减少了学习时间。人们在正规学校情境下很少把学习时间的减少看作一种效益，但在商业和政府场境下，时间确实一种有价值的商品。发现哪些条件下能够节省时间，哪些条件下不能节省时间，这将是认知任务分析持续发展中的一个有价值的附属产物。当然还可能有其他许多建议，但那超出了本章的范围。

小结

从20世纪70年代开始的心理学和教育的认知革命中所诞生的认知任务分析是对教学设计技术的重大贡献之一。认知任务分析并没有试图去取代行为任务分析(或支持培训的文本分析和研究)，相反，它为那些帮助捕捉专家用于完成复杂技能的内隐的心智过程的现有方法提供了补充。认知任务分析的重要性是基于下列有力证据，即专家并不能充分地意识到自己所作决定和对任务所作心智分析的70％（Clark和Elen, 2006; Feldon和Clark, 2006)，因此即便他们想要支持培训、评价、工作辅助或工作的设计，他们也不能充分地解释他们的决定和心智过程。为了解决这一问题，认知任务分析方法试图明确说明那些允许设计者捕捉对专家如何解决复杂任务的更准确且更全面描述的观察和访谈策略。本章所描述的研究证据有力地指出，当基于认知任务分析的实作描述被用于培训和工作辅助时，对设计者和学习者具有极大的潜在效益。

许多设计者显然没有意识到或没有运用认知任务分析。2007年1月，我们在Google Scholar上先搜索“任务分析”或“任务分析模型”术语，接着搜索“认知任务分析”或“认知任务分析模型”术语。前者反馈的命中率是认知任务分析术语的九到十倍。我们浏览了用于教学设计教学的大量文本，没有发现对认知任务分析的任何参引。

认知任务分析更多成为研究的主题，而不是在实践中的运用，因此我们猜测很少有设计者受过培训来开展有效的认知任务分析。还有一种可能是认知任务分析背后的假设与一些当前通行的设计理论相冲突，如建构主义以及基于问题的学习(Kirschner等, 2006)。回避直接教学而喜欢专家支持的小组问题解决或实践共同体的教育者应该不会倾向于开展认知任务分析，去支撑新技能学习的建构主义情境，或在研究生专业教学中教授认知任务分析。我们对有关认知任务分析的研究证据的综述有力地表明，一旦它被采用，它会对学习和实作作出极大贡献。同样清楚的是，有关认知任务分析的众多问题仍有待回答。

（王　美 译，陈家刚 一校，刘美凤、马晓玲 二校）

参考文献

Abreu, J. M. (1999). Conscious and nonconscious African-American stereotypes: impact on first impression and diagnostic ratings by therapists. *J. Consult. Clin. Psychol.*, 67, 387 - 393.

Anderson, J. R. (1983). *The Architecture of Cognition*. Cambridge, MA: Harvard University Press.

Anderson, J. R. (1995) ACT: a simple theory of complex cognition. *Am. Psychol.*, 51, 355 - 365.

Anderson, J. R. and Lebiere, C. (1998). *The Atomic Components of Thought*. Mahwah, NJ: Lawrence Erlbaum Associates.*

Bargh, J. A. and Ferguson, M. J. (2000). Beyond behaviorism: on the automaticity of higher mental processes. *Psychol. Bull.*, 126, 925 - 945.*

Bargh, J. A., Gollwitzer, P. M., Lee-Chai, A., Bamdollar, K., and Trötschel, R. (2001). The automated will: activation and pursuit of behavioral goals. *J. Pers. Soc. Psychol.*, 81, 1014 - 1027.

Betsch, T., Fiedler, K., and Brinkmann, J. (1998). Behavioral routines in decision making: the effects of novelty in task presentation and time pressure on routine maintenance and deviation. *Eur. J. Soc. Psychol.*, 28, 861 - 878.

Blessing, S. B. and Anderson, J. R. (1996). How people learn to skip steps. *J. Exp. Psychol. Learn. Mem. Cogn.*, 22, 576 - 598.

Bradshaw, J. M., Ford, K. M., Adams-Webber, J. R., and Agnew, N. M. (1993). Beyond the repertory grid: new approaches to constructivist knowledge acquisition tool development. In *Knowledge Acquisition as Modelling*, edited by K. M. Ford and J. M. Bradshaw, pp. 9 - 32. New York: John Wiley & Sons.

Chao, C.-J. and Salvendy, G. (1994). Percentage of procedural knowledge acquired as a function of the number of experts from whom knowledge is acquired for diagnosis, debugging and interpretation tasks. *Int. J. Hum.-Comput. Interact.*, 6, 221 - 233.*

Chinn, C. A. and Brewer, W. F. (1993). The role of anomalous data in knowledge acquisition: a theoretical framework and implications for science education. *Rev. Educ. Res.*, 63(1), 1 - 49.

Chipman, S. F., Schraagen, J. M., and Shalin, V. L. (2000) Introduction to cognitive task analysis. In *Cognitive Task Analysis*, edited by J. M Schraagen, S. F. Chipman, and V. J. Shute, pp. 3 - 23. Mahwah, NJ: Lawrence Erlbaum Associates.*

Clark, R. E. (2004). *Design Document for a Guided Experiential Learning Course*, Final Report on Contract DAAD 19 - 99 - D - 0046 - 0004 from TRADOC to the Institute for Creative Technology and the Rossier School of Education.

Clark, R. E. (2007). *The Use of Cognitive Task Analysis and Simulators* 592
for after Action Review of Medical Events in Iraq. Technical Report produced under contract W81XWH - 04 - C - 0093 from the U. S Army Medical Research and Materiel Command, Fort Detrick, MD.

Clark, R. E. and Elen, J. (2006). When less is more: research and theory insights about instruction for complex learning. In *Handling Complexity in Learning Environments: Research and Theory*, edited by J. Elen and R. E. Clark, pp. 283 - 297. Oxford: Elsevier.*

Clark, R. E. and Estes, F. (1996) Cognitive task analysis. *Int. J. Educ. Res.*, 25, 403 - 417.*

Clark, R. E., Howard, K., and Early, S. (2006). Motivational challenges experienced in highly complex learning entvironments. In *Handling Complexity in Learning Environments: Research and Theory*, edited by J. Elen and R. E. Clark, pp. 27 - 43. Oxford: Elsevier.

Coffey, J. W. and Hoffman, R. R. (2003). Knowledge modeling for the preservation of institutional memory. *J. Knowl. Manage.*, 7(3), 38 - 52.

Cohen, J. (1992). A power primer. *Psychol. Bull.*, 112, 155 - 159.

Collins, H. M., Green, R. H., and Draper, R. C. (1985). Where's the expertise? Expert systems as a medium of knowledge transfer. In *Proceedings of the Fifth Technical Conference of the British Computer Society Specialist Group on Expert Systems'85*, edited by M. Merry, pp. 323 - 334. New York: Cambridge University Press.

Cooke, N. J. (1992). Modeling human expertise in expert systems. In *The Psychology of Expertise: Cognitive Research and Empirical AI*, edited by R. R. Hoffman, pp. 29 - 60. Mahwah, NJ: Lawrence Erlbaum Associates.

Cooke, N. J. (1994). Varieties of knowledge elicitation techniques. *Int. J. Hum.-Comput. Stud.*, 41, 801 - 849. *

Cooke, N. J. (1999). Knowledge elicitation. In *Handbook of Applied Cognition*, edited by F. T. Durso, pp. 479 - 509. New York: Wiley.

Cooke, N. J. and Breedin, S. D. (1994). Constructing naive theories of motion on-the-fly. *Mem. Cogn.*, 22, 474 - 493.

Cooke, N. J., Atlas, R. S., Lane, D. M., and Berger, R. C. (1993). Role of high-level knowledge in memory for chess positions. *Am. J. Psychol.*, 106, 321 - 351.

Crandall, B. and Gamblian, V. (1991). *Guide to Early Sepsis Assessment in the NICU*. Fairborn, OH: Klein Associates.

Crandall, B. and Gretchell-Leiter, K. (1993). Critical decision method: a technique for eliciting concrete assessment indicators from the 'intuition' of NICU nurses. *Adv. Nurs. Sci.*, 16(1), 42 - 51.

Crandall, B., Klein, G., and Hoffman, R. R. (2006) *Working Minds: A Practitioner's Guide to Cognitive Task Analysis*. Cambridge, MA: MIT Press. *

Dawes, R. M. (1994). *House of Cards*. New York: Free Press.

Dochy, F., Segers, M., and Buehl, M. M. (1999). The relation between assessment practices and outcomes of studies: the case of research on prior knowledge. *Rev. Educ. Res.*, 69(2), 145 - 186.

Einhorn, H. (1974). Expert judgment: some necessary conditions and an example. *J Appl. Psychol.*, 59, 562 - 571.

Ericsson, K. A. and Kintsch, W. (1995). Long-term working memory. *Psychol. Rev.*, 102, 211 - 245. *

Ericsson, K. A. and Simon, H. A. (1993). *Protocol Analysis: Verbal Reports as Data*, rev. ed. Cambridge, MA: Bradford.

Ericsson, K. A. and Smith, J. (1991). *Towards a General Theory of Expertise: Prospects and Limits*. New York: Cambridge University Press.

Feldon, D. F. (2004) Inaccuracies in Expert Self Report: Errors in the Description of Strategies for Designing Psychology Experiments. Ph. D. dissertation. Los Angeles, CA: Rossier School of Education, University of Southern California.

Feldon, D. F. (in press). Implications of research on expertise for curriculum and pedagogy. *Educ. Psychol. Rev.*

Feldon, D. F. and Clark, R. E. (2006). Instructional implications of cognitive task analysis as a method for improving the accuracy of experts' self-report. In *Avoiding Simplicity, Confronting Complexity: Advances in Studying and Designing (Computer-Based) Powerful Learning Environments*, edited by G. Clarebout and J. Elen, pp. 109 - 116. Rotterdam: Sense Publishers. *

Fisk, A. D. and Eggemeier, R. T. (1988). Application of automatic / controlled processing theory to training of tactical command and control skills: I. Background and task analytic methodology. In *Proceedings of the Human Factors Society 33rd Annual Meeting*, pp. 281 - 285. Santa Monica CA: Human Factors Society.

Gagné, R. M. (1962). The acquisition of knowledge. *Psychol. Rev.*, 69, 355 - 365.

Gagné, R. M. (1968). Learning hierarchies. *Educ. Psychol.*, 6, 1 - 9.

Gagné, R. M. (1982). Developments in learning psychology: implications for instructional design and effects of computer technology on instructional design and development. *Educ. Technol.*, 22(6), 11 - 15.

Gagné, R. M. and Medsker, K. L. (1996). *The Conditions of Learning: Training Applications*. New York: Harcourt Brace.

Gagné, R. M., Briggs, L. J., and Wager, W. W. (1992). *Principles of Instructional Design*. Fort Worth, TX: Harcourt Brace Jovanovich.

Glaser, R. (1976). Components of a psychology of instruction: toward a science of design. *Rev. Educ. Res.*, 46(1), 1 - 24.

Glaser, R. and Chi, M. T. H. (1988). Overview. In *The Nature of Expertise*, edited by M. T. H. Chi, R. Glaser, and M. J. Farr, pp. xv - xxviii. Mahwah, NJ: Lawrence Erlbaum Associates.

Hall, E. M., Gott, S. P., and Pokorny, R. A. (1995). *A Procedural Guide to Cognitive Task Analysis: The PARI Methodology*. Brooks Air Force Base, TX: Manpower and Personnel Division, U. S. Air Force.

Hermans, D., Crombez, G., and Eelen, P. (2000). Automatic attitude activation and efficiency: the fourth horseman of automaticity. *Psychol. Belg.*, 40(1), 3 - 22.

Hinds, P. J., Patterson, M., and Pfeffer, J. (2001). Bothered by abstraction: the effect of expertise on knowledge transfer and subsequent novice performance. *J. Appl. Psychol.*, 86, 1232 - 1243.

Hoffman, P., Slovic, P., and Rorer, L. (1968). An analysis of variance model for the assessment of configural cue utilization in clinical judgment. *Psychol. Bull.*, 69. 338 - 349.

Hoffman, R. R., Shadbolt, N. R., Burton, A. M., and Klein, G. (1995). Eliciting knowledge from experts: a methodological analysis. *Org. Behav. Hum. Decis. Processes*, 62(2), 129 - 158. *

Hoffman, R. R., Crandall, B., and Shadbolt, N. (1998). Use of the critical decision method to elicit expert knowledge: a case study in the methodology of cognitive task analysis. *Hum. Factors*, 40, 254 - 277. *

Johnson, P. E. (1983). What kind of expert should a system be? *J. Med. Philos.*, 8, 77 - 97.

Jonassen, D. H., Tessmer, M., and Hannum, W. H. (1999). *Task Analysis Methods for Instructional Design*. Mahwah, NJ: Lawrence Erlbaum Associates. *

Kareken, D. A. and Williams, J. M. (1994). Human judgment and estimation of premorbid intellectual function. *Psychol. Assess.*, 6(2), 83 - 91.

Kirschner, P., Sweller, J., and Clark, R. E. (2006). Why minimally guided learning does not work: an analysis of the failure of discovery learning, problem-based learning, experiential learning and inquiry-based learning. *Educ. Psychol.*, 41(2), 75 - 86. *

Klein, G. A. and Calderwood, R. (1991). Decision models: some lessons from the field. *IEEE Trans. Syst. Man Cybernet.*, 21, 1018 - 1026.

Klein, G. A., Calderwood, R., and MacGregor, D. (1989). Critical decision method for eliciting knowledge. *IEEE Trans. Syst. Man Cybernet.*, 19, 462 - 472. *

Lee, J.-Y. and Reigeluth, C. M. (2003). Formative research on the heuristic task analysis process. *Educ. Technol. Res. Dev.*, 51(4), 5 - 24.

Lee, R. L. (2004). The Impact of Cognitive Task Analysis on Performance: A Meta Analysis of Comparative Studies. Ed. D. dissertation. Los Angeles, CA: Rossier School of Education, University of Southern California.

Levin, H. M. and McEwan, P. J. (2000). *Cost Effectiveness Analysis: Methods and Applications*, 2nd ed. Beverly Hills, CA: SAGE.

Lohman, D. F. (1986). Predicting mathemathantic effects in the teaching of higher-order thinking skills. *Educ. Psychol.*, 21(3), 191 - 208.

Maupin, F. (2003). Comparing Cognitive Task Analysis to Behavior Task Analysis in Training First Year Interns to Place Central Venous Catheters. Ph. D. dissertation. Los Angeles, CA: University of Southern California.

Merrill, M. D. (2002). A pebble-in-the-pond model for instructional design. *Perform. Improv.*, 41(7), 39 - 44.

Mullin, T. M. (1989). Experts estimation of uncertain quantities and its implications for knowledge acquisition. *IEEE Trans. Syst. Man Cybernet.*, 19, 616 - 625.

Neves, D. M. and Anderson, J. R. (1981). Knowledge compilation: mechanisms for the automatization of cognitive skills. In *Cognitive Skills and Their Acquisition*, edited by J. R. Anderson, pp. 335 - 359. Hillsdale, NJ: Lawrence Erlbaum Associates.

Redding, R. E. (1995). Cognitive task analysis for instructional design: applications in distance education. *Dist. Educ.*, 16, 88 - 106.

Russo, J. E., Johnson, E. J., and Stephens, D. L. (1989). The validity of verbal protocols. *Mem. Cogn.*, 17(6), 759 - 769.

Ryder, J. M. and Redding, R. E. (1993). Integrating cognitive task analysis into instructional systems development. *Educ. Technol. Res. Dev.*, 41, 75 - 96.

Salas, E. and Cannon-Bowers, J. A. (2001). The science of training: a decade of progress. *Annu. Rev. Psychol.*, 52, 471 - 497.

Schaafstal, A., Schraagen, J. M., and van Berlo, M. (2000). Cognitive task analysis and innovation of training: the case of the structured troubleshooting. *Hum. Factors* 42, 75 - 86.

Schneider, W. (1985). Training high-performance skills: fallacies and guidelines. *Hum. Factors*, 27, 285 - 300.

Schneider, W. and Shiffrin, R. M. (1977). Controlled and automatic human information processing. 1. Detection, search, and attention. *Psychol. Rev.*, 84, 1 - 66.

Schraagen, J. M., Chipman, S. F., and Shute, V. J. (2000) State-of-the-art review of cognitive task analysis techniques. In *Cognitive Task Analysis*, edited by J. M Schraagen, S. F. Chipman, and V. J. Shute, pp. 467 - 487. Mahwah, NJ: Lawrence Erlbaum Associates.

Schwartz, D. L. and Bransford, J. D. (1998). A time for telling. *Cogn.*

Instruct., 16,475 - 522.

Stemberg, R.J. and Horvath, J. A. (1998). Cognitive conceptions of expertise and their relations to giftedness. In *Talent in Context*, edited by R. C. Friedman and K.B. Rogers, pp. 177 - 191. Washington, D.C.: American Psychological Association. *

Thorley, N. and Stofflet, R. (1996). Representation of the conceptual change model in science teacher education. *Sci. Educ.*, 80,317 - 339.

van Merriënboer, J.J.G. (1997). *Training Complex Cognitive Skills: A Four-Component Instructional Design Model for Technical Training*. Englewood Cliffs, NJ: Educational Technology Publications. *

van Merriënboer, J. J. G. and Kirschner, P. A. (2007). *Ten Steps to Complex Learning: A Systematic Approach to Four-Component Instructional Design*. Mahwah, NJ: Lawrence Erlbaum Associates.

van Merriënboer, J. J. G., Clark, R. E., and de Croock, M. B. M. (2002). Blueprints for complex learning: the 4C/ID-model. *Educ. Technol. Res. Dev.*, 50(2),39 - 64. *

Velmahos, G.C., Toutouzas, K.G., Sillin, L.F., Chan, L., Clark, R.E., Theodorou, D., and Maupin, F. (2004). Cognitive task analysis for teaching technical skills in an inanimate surgical skills laboratory. *Am. J. Surg.*, 18,114 - 119. *

Vosniadou, S. (1994). Capturing and modeling the process of conceptual change. *Learn. Instruct.*, 4,45 - 69 (special issue).

Wegner, D. M. (2002). *The Illusion of Conscious Will*. Cambridge, MA: MIT Press.

Wei, J. and Salvendy, G. (2004). The cognitive task analysis methods for job and task design: review and reappraisal. *Behav. Inform. Technol.*, 23(4),273 - 299. *

Wheatley, T. and Wegner, D. M. (2001). Automaticity of action, psychology of. In *International Encyclopedia of the Social and Behavioral Sciences*, edited by N. J. Smelser and P. B. Baltes, pp. 991 - 993. Oxford: Elsevier.

Zeitz, C. M. (1997). Some concrete advantages of abstraction: how experts' representations facilitate reasoning. In *Expertise in Context*, edited by P.J. Feltovich, K.M. Ford, and R.R. Hoffman, pp. 43 - 65. Menlo Park, CA: American Association for Artificial Intelligence.

* 表示主要参考文献。 593

44

基于技术的绩效评估的设计与效度

Eva L. Baker，Gregory K. W. Chung 和 Girlie C. Delacruz

摘要

本章介绍了绩效评估的设计与技术验证的方法。本章开始部分对绩效测量进行了界定，并列举了一系列效度标准，以对不同目标的绩效评估提供适当指导。设计标准包括对以下内容的描述，如认知需求的类型、确保内容表征的方法以及能够促进经济地设计和更新模板或对象等。然后，我们从基础教育和培训机构中选择了大量案例，以阐明在设计、管理和自动打分中技术工具的应用，这也是本章的主体内容。最后，我们总结了绩效测量未来的方向及其启示。

关键词 596

评估：使用包括纸张记录、技术支持或者实况判断等多种形式，对成就进行系统观察。

绩效：在某个特定领域，如正规考试，跨领域以及相关主题或者现实背景中，学生或受训者展示他们成就的能力。

有效性验证(效度)：收集和解释评定或测量的结果和过程，使调查结果的推论有证据保证。

引言

自从计算机技术出现以来，对教学或学习成果的测量已经发生了改变。在本章中，我们介绍了结果测量的特点，根据已有研究文献探讨并论证了效度和设计标准问题，并详述了应用与设计的案例及验证过程。本章在结尾指出了结果测量的可能的和臆测性的未来趋势，以及这个未来对于测试评估的实践与政策的鲜明的启示。

绩效测量

尽管"绩效测量"在应用语境——如在军事训练、中小学(K－12 schooling)以及商业团体中有不同的解释，但我们用"绩效测量"是指对学习、技能倾向以及成就等以一定约束条件或标准化程序进行系统的抽样。我们以"绩效"这个词来指一系列刺激与反应模式，包括选择和完成简短问答、对复杂项目举例、在建模或真实条件下完成任务等。这种能力的应用可以用于考察个人或小组、单位或者组织的绩效，而合理的设计需要对认知需求、技能、要测试领域的内容范围等有清晰的认识，并且要熟悉用于判断绩效特点的条件和标准以建立评分或者分类系统。另外，设计还要求评价标准或者其他用于表示绩效等级的工具等应该是可重复的，如果利用人工打分，则打分的人应该可以培训，并进行可靠的绩效评估。绩效测量的目的是为了得到某种结果，可以用于推断一种干预是否能够发展相应的能力或特长。对学生的推断可能应该包括根据他们的分数排序，预测在不同背景下学生的未来表现，或分析学习结果与教学之间的关系等。评价过程中的绩效测量常用于决定特定的目标达到、保持或适用于其他背景的程度。

效度

正如测量的结果可以用于不同目的(如验证培训者的资格、验证教学情况、或者比较不同评价的可选择性等等)，同样地，有效性策略也适用于不同的目的和情况。最重要的一点是，效度并不是某个测量或者过程自身就具备的，而恰恰相反，是受到情境和使用推断的影响。对于效度的讨论也不应仅仅是提供一个简单的过程描述，例如，总是与已知的某个其他测评的分数相关等，而应通过对大量数据的整理来说明事实(AERA 等，1999)。遗憾的是，当一个技术程序，如效度设计，与常规或既定做法有所不同的时候，它的利用和解释都需要评估设计者和执行者有更多的专业技巧才能进行。前者需要在理论和实践结果的基础上做出评论，而后者必须利用它的资源决定所进行的讨论是否与预期目的充分相关并且有利于达到测量目标。这样既减轻了清单核对法的复杂性，确保评估的质量，又可以防止对案例分析和效度解释的指责。在当前的实践中，有些顽固的实践者还在利用旧的效度的模型，如内容(被测量的内容是否与目标或领域相关?)、表面效度(测验成绩与预期测量结果是否相似?)、预测性(得到高分的人是否能在末端标准测量(distal criterion measure)中表现更好?)以及标准性(新测量中的成绩是否与已有的高效度测量所预期的成绩相关?)等。

尽管所有这些方面都可能在效度论证时发挥作用，但是人们再也不会从很多效度检验过程中随便选择一个来使用。不过非常令人遗憾的是，评估的效度常常被认为与拟测量的学习与教学目标无关。效度好像是一种附件，只是促使设计者去寻找一种已知的、效果较好的测量
597 工具。这种方法有利于节约时间和资源，但也存在风险，可能所选择的测量工具无法为任务、学习者、情境或设计者希望达到的目标等提供有效证明。同样令人担忧的是，测量过程可能与教学目标——校正目标——不十分相关，或者对教学干预不够敏感。因此，通过测量得到的成绩或分数很有可能既与测量的预计目标无关，也反应不出教学或学习中的变化。

为了理解以下列举的关于效度的观点，对设计者来说很重要的一点就是要认识到，测量的结果及其特点是构成完整的教学和学习过程的必要部分，而正是这一点推动了整个项目的设计。因此，效度设计也应当包括对学习者预期的专业技巧。以下内容改编自文献中关于教学效果评价的效度方面的论述(Baker 等，1993；Linn 等，1991；Pellegrino 等，2001)。

效度标准

1. 测量中的认知需求应阐明范围、复杂程度和取得最终成果的子任务等。

注：用于教学设计的详细说明书更应该在基本层面上反映绩效测量中认知需求的范围。

2. 场景或话题等案例所反映的主要内容，应该能够详细说明和代表领域的重点，而不应是随意的某部分内容。应当利用并详述对内容抽样的系统化程序。

注：可以利用不同的知识表征方式来明确主要内容及其范围，对任务说明提供一个统一框架，并促进开发者与内容专家之间的交流。

3. 应当证明成绩的稳定性(在一定时间范围)和一致性，或者确保结果的可靠性。

注：成绩的可靠性取决于任务、学生、评分方案和评价者(如果有的话)之间的相互影响。基于计算机给学生的反应计分的算法应该详细说明。

4. 应当确定绩效标准或者建立绩效分类体系，一般是根据参加测试者专业知识的不同及其已有水平推断而出(如专家—新手对比)。

注：对标准组的系统试验是建立标准的一种方法。另一种替代性办法是证明不同类别任务之间的依赖性关系(从理论上和实践上)。第三种方法则包括监督标准绩效的结果，并调整分类方法，使其与实际发现相一致。

5. 应当证明被测者遇到与学到的情况类似但又没有直接教授过的情况时,具有迁移和总结能力。

注:大多数教学是直接面向教学目的、目标或标准等,而不是针对某一特定部分内容的测试题目或者任务。即便教学重点是某个过程(如发现并修理故障或者某一外科手术过程等),也依然会有很多因素包括背景、时间或约束条件等会发生变化。评估应当说明教学中的案例,同时也需要说明将知识或技能用于不同的背景或任务时的大概要求。

6. 非常重要的一点是惯例上应当证明测试的结果是合理的——也就是说,结果应当与不拟测量的因素无关。

注:这些因素包括学习者的背景特征,如性别、语言(对于不使用语言的任务)等,指导语或测试的交流方式(语法、速度、习语、词汇等),测试执行者的行为,以及非个别测试时参加测试者之间的交互等。在建模或其他技术环境中,对设备、任务和语境的熟悉程度不应影响群体差别。

以上这些标准只是提出了有关效度问题最少的应该注意的事项。每一项都需要分析并且要通过不止一次的试验性尝试来加强其效果。在任务系统性开发的过程中,这些与效度相关的各组成部分都应当进行评估,即便是只能在某种程度上也应该进行。一方面,平衡紧迫的时间和日程与做出推论的质量是一项挑战性工作,常常以无法满足基本需求的测量质量而告终。而另一方面,由于测量的结果是用于证明能力与责任、预测是否做好准备、评估培训以及 598
推动对学习和实践系统的修改等,因此应当把绩效测量的质量列为最后一个可以考虑的折衷因素。

基于技术的绩效评估的设计

在本部分中,我们根据效度标准描述了设计的特点。尤其强调了完成任务所需要的知识与认知技能——它的认知需求——以及这些需求如何影响领域的重点、任务表征以及评分等。

认知需求

任务的认知需求涉及到评估目标中域依赖和域独立的各种知识和技能(AERA 等,1999;Baker, 1997;Baker 和 Mayer, 1999;Mislevy 和 Riconscente, 2006)。在设计绩效评估时,应当在设计阶段初期就明确评估是准备测量哪些方面。Baker (1997)的基于模型的评估(MBA)明确强调了这个概念。MBA 提出了 5 个方面的学习成果,大致概括了教育和培训领域这方面的内容,包括:内容理解、问题解决、小组合作、交流以及自我调节。MBA 首先确定拟测学习结果的类型,然后详细说明相关内容、任务和材料,反应方式以及评分方法等。只有当设计者明确他们拟测的学习结果之后,他们才应确定诸如格式、题目的数量以及测试时间等。MBA 方法的优点是设计者必须准确了解他们感兴趣的认知结果的不同类型(如事实、陈述性或程序性知识、概念性知识、问题解决等),并了解评估设计的其他方面如何支持对认知结果的测量。例如,如果决定测量实际知识,那么在测验中经常用到的形式是多项选择。与之类似,如果决定测量学生对概念的理解，则可以利用写短文或者知识地图来达到目标(Baker 等，1991；Herl 等，1996)。

领域表征

领域表征是对内容、知识、技能、能力、兴趣、态度以及其想要评估的特性等给予精确的描述(AERA 等，1999；Baker，1997；Baker 和 Mayer，1999；Baker 和 O'neil，1987)。领域表征是测试项目抽样的基础，也是评估测试项目相关性和代表性的标志，能够反应从测试中归纳出来的成绩的整体水平。

领域表征一个重要功能是帮助评估开发人员从领域中抽样，以便所设计的任务能够代表领域中比较重要的知识和技能。任务也必须能够体现新手和专家绩效的不同。通常的观点认为，可以将学生的表现与标准绩效进行比较，其中标准绩效代表从新手到专家绩效表现连续体区间上的一点(Baker，1974；Glaser，1963；Hively，1974；Popham 和 Husek，1969)。这种绝对(与标准化相比)比较的第二个功能是为个人可以做什么、不可以做什么提供诊断；例如，如果领域由不同的子领域组成(如加法和减法属于更大的算术领域的技能)，那么测试项目则可以从每个子领域抽取，并根据已有原则确定评价量规。学生在这些量规上的绩效水平可以表明他们掌握技能的程度。这种领域范围参照测量方法的重要性在于，绩效可以由知识和技能的明确而又清晰的描述性定义得到反映。由于测试项目与领域范围的描述相一致，它们也必然密切相关。

人们采用了很多方法来进行领域表征。例如，Hively 等人(1968)，描述了一种在算术测验中可以准确指定学生要演算的数学运算的方法。典型的问题形式用来产生数学问题的个例，从而可以根据领域的定义得到(或抽样)大量题目。但是也有人批评这种概括性技巧，认为这种方法只适用于那些边界明确又能清晰说明的比如数学这样的领域(关于领域参照测试的进一步讨论，请参见 Baker 和 O'Neil，1987)。

599 后来人们在该方法的基础上进行了变革。与 Hively 等人(1968)类似，Tatsuoka 的规则空间方法(Birenbaum 等，1993；Katz 等，1998；Tatsuoka 和 Tatsuoka，1983，1997)，将测试项目映射到明确定义的技能特征。Tatsuoka 利用一个项目×技能矩阵，从矩阵中推出技能层级的先后次序，从而延伸了 Hively 等人的工作。第三种描述领域的方法是利用(外部)知识表征。可以利用贝叶斯网络来建模学生的技能、知识水平以及其他与拟观察的学生绩效有关的变量之间的独立性。这些技巧都强调，范围表征应当明晰、精确、客观，并且应当抓住拟测评目标环境的核心要素。同样重要的是，一个好的领域表征可以帮助辨别学生的不足，从而指明对其进行纠正或辅导的努力方向。

有意思的是，基于人工智能的知识表征技巧作为一种领域表征的方法越来越引起人们的兴趣。相反地，由 Hively 等人(1968)提出的强约束表征，一度被人批评为过度简约主义，而今又被重新提起。当然，现在一个重要的不同是已经有很多可资利用的工具来实现领域本体论的发展，这比以前的表征有更好的表达，包括类层次结构和非线性网络联合等(Gruber，1995)。

关于知识表征如何为评估目的服务的案例，可以参见领域表征本体论（Chung 等，2003a，b）以及实现评估的约束性网络等（Chung 等，即将发表；Niemi 等，即将发表；van der Linden，2005）的应用。一旦这些技术、方法、工具等成熟，则对领域的多元描述将成为可能。随着领域表征与目标环境越来越接近，评估出的学生绩效也将更能代表他们在目标环境中的未来绩效。

任务表征

任务表征是期望学生参与的评估活动的重要组成部分，它对如何观察和收集学生绩效表现进行详细说明，是对学生能力做出推断的基础（AERA 等，1999；Baker，2002；Baker 和 Herman，1983；Baker 等，1991，2005；Messick，1995）。任务表征包括产生绩效的主要领域（如知识、技能、行为、态度及其他属性等），刺激材料（如学生将要进行交互的提示和材料等），测试形式（如基于纸质还是基于计算机），测量和学生反馈的形式（如选择性反馈、建设性反馈、点击流等），管理细节（如背景、时间限制）以及与测量密切相关的计分方法等。由于任务表征定义了对学生绩效进行解释的各种条件，因此，任务与目标环境的相似度越高，则测评的绩效越能推广到目标环境（Kane 等，1999；Messick，1995）。正如在讨论领域表征时间接提到的，任务设计的底层基础是领域表征。如果测量任务偏离了领域表征或者领域表征不能代表目标环境，则根据学生对这些任务的完成情况所得到的推论就值得怀疑。当学生测试的内容是他们从未接触过的，或者没有测试他们接触过的内容时，评估结果将不能准确地反应学生的成绩（Baker 等，1991）。

基于计算机的评估的发展重点关注任务建立，尤其关注以其他方式不容易进行的对学生行为特征的观察（Baker 和 Mayer，1999；Bennett，1999；Chung 和 Baker，2003a；Clauser，2000；Huff 和 Sireci，2001；Pellegrino 等，2001；Scalise 和 Gifford，2006；Yang 等，2002）。除了本章列举的例子之外，基于计算机的评估还用于网络搜索技能（Schacter 等，1999），数学推理（Bennett 等，2000），小组合作技能（Chung 等，1999），设计技能（Chung 和 Baker，2003a；Katz& James，1998），建筑设计技能（Bejar，1991），以及写作技能（Attali 和 Burstein，2006；Burstein，2003；Landauer 等，2003；Page 和 Petersen，1995）等。

基于计算机进行绩效评估一般是给予一些任务，这些任务需要学生展示他们对于领域知识以及问题解决策略的运用。但暗含于计算机技巧中的一个重要问题是如何实施才能得到学生期望的行为和认知需求，并且假设能够得到这些结果，又该怎样综合和解释这些观察结果。我们将在“基于计算机的计分方法”部分探讨计分的问题。

设计模板与对象

人们一直在试图寻找能够同时提高评估数量和质量的有效而又具成本效益的方法，这推 600
动了任务设计自动化的发展（Baker，2002；Chung 等，2002，2004，即将发表；Katz，1998）。评估设计与传递系统（ADDS）的建立就是为教师提供工具来创建评估。通过 ADDS，教师能够利用评估对象（如新的或预设的提示，信息资源等）来建立自己的评估。与没有采用 ADDS 的教师相比，利用了该系统的教师发现他们可以更加关注概念性知识，设立更合适的量规，以及对重要观念给予更相关的提示等（Niemi 等，即将发表；Vendlinski 等，2005）。与此类似的努力是试图将用于探究的原则性评定设计（PADI）系统中 Mislevy 的证据中心的设计（ECD）方法变得可操作（Mislevy 和 Riconscente，2005；Mislevy 等，2003；Riconscente 等，2005）。尽管 PADI 系统依然在不断发展，但关于一些普遍的结构和特性的任务已经成功地利用 PADI 框架进行了再设计。这些成功表明，一个成熟的系统可以从一开始就将 ECD 方法纳入测量设计。

基于计算机的计分方法

计分模型是指将对学生绩效的观察变换成分数，从而成为代表他们绩效的有意义的数量。计分模型包括信息测量量表、计分标准、每个指标在量规的每一点上的绩效描述，以及能够反映不同绩效水平的反馈样例等（AERA 等，1999；Baker 等，2005）。在基于计算机的绩效测量中，计分问题非常复杂，计算机使得进行各种大量观察成为可能，尤其当这些观察细致入微、相互关联而又以过程为导向时更是如此（Baker 和 Mayer，1999；Bennett，1999；Chung 和 Baker，2003b；Clauser，2000；Huff 和 Sireci，2001；Pellegrino 等，2001；Scalise 和 Gifford，2006；Yang 等，2002）。因此，明确观察如何组成以及如何计分和度量非常重要。人们应该论证每部分测量与其他测量是何种关系，对于参加测量人员的表现的好和差应该如何说明等。人们利用了一些计分技巧：（1）基于专家的计分，（2）数据驱动的方法，以及（3）领域—模型方法。

专家绩效作为标准

第一种方法与认为标准绩效是一个绩效连续体中的某个点的观点相一致。该方法将专家的绩效表现作为一个参照物或者基准来与学生的绩效进行比较（Baker，1997；Baker 等，1991；Chideng，1988），而不是将专家认为的相当好的绩效或专家对学生绩效的评价作为绩效标准。这种计分方法在设计内容理解任务方面非常成功，例如，短文（Baker 等，1991，2005）和知识地图等（Herl 等，1996，1999）。

一个如何利用专家作为参照的样例是在对概念或知识地图进行计分的情况（Herl 等，1996，1999）。知识地图是展示各概念直接关系的一种形象化方法。节点代表概念，标注性链接代表概念之间的关系（Lambiotte 等，1989；Novak 和 Gowin，1984）。为了支持自动计分，内容专家要确定地图任务的术语和链接。然后将任务交给一个或多个专家，并将专家的地图作为计分标准，为学生的地图打分。在大量针对不同年龄、内容、背景的测试者的研究中，有很多因素会对这种以专家参照作为学生地图的计分标准的方法产生影响，如这种方法对教学、专家与新手之间的差别以及学生的不同绩效水平非常敏感，与对相同概念的客观测量适度相关，也对语言的熟练程度、甚至所表现出来的技术特征比较敏感（Chung 等，2001，2003a；Herl 等，1996，1999；Kim 等，2004；Klein 等，2002；Lee，2000；Osmundson 等，1999；Ruiz-Primo 等，2001；Schacter 等，1999；Yin 和 Shavelson，2004）。

专家决策建模

第二种相关的方法是根据不同的任务变量对专家为学生绩效打分的方法进行建模。在这种方法中，专家的决策是对学生绩效进行比较的基准。这种计分方法可以在各种应用中成功地对专家和测量人员的判断进行建模（参见，如，Burstein，2003；Clauser 等，1999；Margolis 和 Clauser，2006；Williamson 等，1999）。

Clauser 及其同事建立了一个基于计算机的病人管理技能评估系统（Clauser 等，1995，1997，1999，2000；Margolis 和 Clauser，2006）。系统给医学学生描述出病人的外表、在医院的
位置、最初的重要症状以及病史等。然后学生要从四个行动方案中进行选择，这些方案包括申 601
请关于病人历史的更全面信息或者在模拟时间内将病例提前等。学生的选择会记录下来，为以后打分备用。

对学生绩效的计分利用了一个回归模型，根据学生的表现来预测学生的成绩，或者根据一系列从专家组决策程序中抽取出来的规则对学生的表现打分。这两种自动计分的过程都与人们对同一绩效的级别判断高度相关。后来的总结分析显示，这些过程对任务的归纳与专家评分者是一致的（Clauser 等，1995，1997，1999，2000）。

基于专家的评分方法存在的问题

基于专家的方法存在的一个问题是专家的选择问题（Baker 和 Schacter，1996；Linn 等，1991）。当把专家作为绩效标准时，专家的偏好可能在他的绩效以及之后的计分模型中表现出来（Bennett，2006；Bennett 和 Bejar，1998）。与此类似，专家的决策也会受到他们对内容及世界的理解、语言表达能力、对学生能力的预期以及对教学的信念等的影响（Baker 和 O'Neil，1996）。Baker 等人（1995）发现，对领域知识了解得越少，则测评者对书面反馈计分的可靠性越低，而 Brustein 与 Chodorow（1999）根据计分方法对电子评阅人（e-rater）为短文打分时的影响发现了一种重要的代码，可以对偏好进行编码（Powers 等，2001）。

数据驱动技术

第二种计分方法是基于数据驱动的技术。将学生的绩效数据进行统计分析或机器学习（如人工神经网络）分析。学生的绩效被分成不同的组别，组内的相似性较大，而组间的相似性较小。测量者考察每个小组中学生的绩效特征，并对每一个小组所表现出来的绩效进行解释。对小组绩效的解释就是对他们的评分。之后的学生绩效就可以分类到具有不同解释的组中。研究表明，这种方法可以总结同一种或多种建模状态中的任务，并根据预设知识的不同将学生加以区分（Stevens 和 Casillas，2006；Vendlinski 和 Stevens，2002）。

不管用何种数据驱动方法，其最初的确定都比较复杂，因为人们不可能对分数或者对分类框架所蕴涵的意义有事先的预期。这种情况就需要人们建立好分类之后，再对分类进行事后解释（以及对潜在偏见的介绍）。另一种批评认为，机器学习技术非常依赖于选择的样例，并且计分过程只是根据统计方法而没有考虑理论问题（Bennett，2006）。因此，在利用数据驱动技术来给学生反应评分的时候，效度论证非常重要（Powers 等，2000）。

领域建模

第三类方法试图对领域本身的认知需求进行建模。这个模型希望明确知识和技能如何相互影响，并且如何影响被观察的任务变量。这种方法是建立在事先将学生绩效变量和假定的知识和技能的状态作链接的基础上。然后，再根据观察到的学生绩效对其知识和技能做出解释。这种方法成功地用于多个领域和模型，从 Hively 等人(1968)的规模项目类型，到 Tatsuoka 的规则空间方法论(Birenbaum 等，1993；Katz 等，1998；Tatsuoka 和 Tatsuoka，1997)，到利用贝叶斯网络对学生在包括牙科卫生、水力学故障发现与处理、网络故障发现与处理、网络搜索、电路分析以及射击等多个领域的理解进行建模，等等(Bennett 等，2003；Chung 等，2003b，2006；Mislevy 和 Gitomer，1995；Mislevy 等，2002；Williamson 等，2006)。在领域进行中最重要的问题是确定核心概念以及它们之间的关系。这种挑战可以通过深入的知识获取活动来得到缓解，例如认知任务分析以及对绩效的直接观察等。由于领域建模的重要性，收集效度证据尤其关键，它等同于验证推理的结构和由贝叶斯网络所作的推断。具体的实证性证明技巧请参见 Chung (2003b，2006)和 Willianmson 等人(2000)的研究。

未来趋势

一个明显的关于评估结果的设计需求，是任务设计和绩效测量部分的自动化或半自动
602 化。人们进行了大量的努力来实现某种程度评估设计的自动化，有些涉及到非常特殊的题目(Koedinger 和 Nathan，2004)，有些则涉及培训系统(Mislevy 和 Riconscente，2005；Mislevy 等，2003；Riconscente 等，2005)，另外一些则关注要用到的认知和内容模板以及对象等。在将来，人们会希望将更复杂的模型用于教学中、教学后、资格测验，以及归纳和迁移测量中，从而理解和确定系统中哪些方面可能会导致很多学习者同时在知识、注意力、动机或者内容与技能整合方面的失误。根据点击流方法*(Chung 和 Baker，2003a；Schacter 等，1999；Stevens 和 Casillas，2006)，现在已经可以精确识别某些方面。由于计算机支持的数据收集的复杂性不断增加，并且由于参加培训人员学习过程的形成性信息非常重要，未来的评定结果必然将综合考虑过程信息来建立学习者档案(而不仅仅是分数或分类)。我们预计，这些档案中将包括一些域独立的组成部分，可以从学习者的反馈(而不是能力倾向测定)中对学习者其他的系列任务的成就做出预测。我们还希望有更多的关于本体论方法的自动操作和证明，并且希望专家的研究能够不断提供绩效测量及其效度的知识。

(李海霞 译，刘晓镜 一校，刘美凤、康　翠 二校)

---

* 点击流方法(clickstream methods)：指收集、分析和汇报有关访客访问哪个页面、访问页面的顺序以及每个访客鼠标连续点击的结果(即点击流)的整体数据的方法。——译者注

参考文献

American Educational Research Association (AERA), American Psychological Association (APA), and National Council for Measurement in Education (NCME). (1999). *Standards for Educational and Psychological Testing*. Washington, D.C.: American Educational Research Association. *

Attali, Y. and Burstein, J. (2006). Automated essay scoring with e-rater® V. 2. *J. Technol. Learn. Assess.*, 4(3) (available from http://www.jtla.org).

Baker, E. L. (1974). Beyond objectives: domain-referenced tests for evaluation and instructional improvement. *Educ. Technol.*, 14(6), 10 - 16.

Baker, E. L. (1997). Model-based performance assessment. *Theory Into Pract.*, 36(4), 247 - 254. *

Baker, E. L. (2002). Design of automated authoring systems for tests. In *Technology and Assessment: Thinking Ahead—Pro-ceedings from a Workshop*, edited by Board on Testing and Assessment, National Research Council, pp. 79 - 89. Washington, D.C.: National Academy Press.

Baker, E. L. (2005). Technology and effective assessment systems. In *Uses and Misuses of Data for Educational Accountability and Improvement*, NSSE Yearbook, Vol. 104, Part 2, edited by J. L. Herman and E. H. Haertel, pp. 358 - 378. Chicago, IL: National Society for the Study of Education.

Baker, E. L. and Herman, J. L. (1983). Task structure design: beyond linkage. *J. Educ. Meas.*, 20, 149 - 164.

Baker, E. L. and Mayer, R. E. (1999). Computer-based assessment of problem solving. *Comput. Hum. Behav.*, 15, 269 - 282. *

Baker, E. L. and O'Neil, Jr., H. F. (1987). Assessing instructional outcomes. In *Instructional Technology*, edited by R. M. Gagné, pp. 343 - 377. Hillsdale, NJ: Lawrence Erlbaum Associates.

Baker, E. L. and O'Neil, Jr., H. F. (1996). Performance assessment and equity. In *Implementing Performance Assessment: Promises, Problems, and Challenges*, edited by M. B. Kane and R. Mitchell, pp. 183 - 199. Mahwah, NJ: Lawrence Erlbaum Associates.

Baker, E. L. and Schacter, J. (1996). Expert benchmarks for student academic performance: the case for gifted children. *Gifted Child Q.*, 40(2), 61 - 65.

Baker, E. L., Freeman, M., and Clayton, S. (1991). Cognitive assessment of history for large-scale testing. In *Testing and Cognition*, edited by M. C. Wittrock and E. L. Baker, pp. 131 - 153. Englewood Cliffs, NJ: Prentice Hall. *

Baker, E. L., O'Neil, Jr., H. F., and Linn, R. L. (1993). Policy and validity prospects for performance-based assessment. *Am. Psychol.*, 48, 1210 - 1218. *

Baker, E. L., Linn, R. L., Abedi, J., and Niemi, D. (1995). Dimensionality and generalizability of domain-independent performance assessments. *J. Educ. Res.*, 89, 197 - 205.

Baker, E. L., Aschbacher, P. R., Niemi, D., and Sato, E. (2005). *CRESST Performance Assessment Models: Assessing Content Area Explanation*, CSE Tech. Rep. No. 652. Los Angeles, CA: University of California / National Center for Research on Evaluation, Standards, and Student Testing (CRESST).

Bejar, I. I. (1991). A methodology for scoring open-ended architectural design problems. *J. Appl. Psychol.*, 76, 522 - 532.

Bennett, R. E. (1999). Using new technology to improve assessment. *Educ. Meas. Issues Pract.*, 18(3), 5 - 12.

Bennett, R. E. (2006). Moving the field forward: some thoughts on validity and automated scoring. In *Automated Scoring of Complex Tasks in Computer-Based Testing*, edited by D. M. Williamson, I. I. Behar, and R. J. Mislevy, pp. 403 - 412. Mahwah, NJ: Lawrence Erlbaum Associates. *

Bennett, R. E. and Bejar, I. I. (1998). Validity and automated scoring: it's not only the scoring. *Educ. Meas.*, 17(4), 9 - 17.

Bennett, R. E., Morley, M., and Quardt, D. (2000). Three response types for broadening the conception of mathematical problem solving in computerized tests. *Appl. Psychol. Meas.*, 24, 294 - 309.

Bennett, R. E., Jenkins, F., Persky, H., and Weiss, A. (2003). Assessing complex problem solving performances. *Assess. Educ. Princ. Policy Pract.*, 10, 347 - 359.

Birenbaum, M., Kelly, A. E., and Tatsuoka, K. K. (1993). Diagnosing knowledge states in algebra using the rule-space model. *J. Educ. Meas.*, 20, 221 - 230.

Burstein, J. C. (2003). The e-rater scoring engine: automated essay scoring with natural language processing. In *Automated Essay Scoring: A Cross-Disciplinary Perspective*, edited by M. D. Shermis and J. Burstein, pp. 113 - 122. Mahwah, NJ: Lawrence Erlbaum Associates.

Burstein, J. C. and Chodorow, M. (1999). Automated essay scoring for nonnative English speakers. In *Proceedings of Computer-Mediated Language Assessment and Evaluation of Natural Language Processing*, joint symposium of the Association of Computational Linguistics and the International Association of Language Learning Technologies, June 22, College Park, MD.

Chi, M. T. H., Glaser, R., and Farr, M., Eds. (1988). *The Nature of Expertise*. Hillsdale, NJ: Lawrence Erlbaum Associates. *

Chung, G. K. W. K. and Baker, E. L. (2003a). An exploratory study to examine the feasibility of measuring problem-solving processes using a click-through interface. *J. Technol. Learn. Assess.*, 2(2) (available from http://jtla.org).

Chung, G. K. W. K. and Baker, E. L. (2003b). Issues in the reliability and validity of automated scoring of constructed responses. In *Automated Essay Grading: A Cross-Disciplinary Approach*, edited by M. D. Shermis and J. E. Burstein, pp. 23 - 40. Mahwah, NJ: Lawrence Erlbaum Associates. *

Chung, G. K. W. K., O'Neil, Jr., H. F., and Herl, H. E. (1999). The use of computer-based collaborative knowledge mapping to measure team processes and team outcomes. *Comput. Hum. Behav.*, 15, 463 - 494.

Chung, G. K. W. K., Harmon, T. C., and Baker, E. L. (2001). The impact of a simulation-based learning design project on student learning. *IEEE Trans. Educ.*, 44, 390 - 398.

Chung, G. K. W. K., Baker, E. L., and Cheak, A. M. (2002). *Knowledge Mapper Authoring System Prototype*, CSE Tech. Rep. 575. Los Angeles, CA: University of California / National Center for Research on Evaluation, Standards, and Student Testing (CRESST).

Chung, G. K. W. K., Baker, E. L., Brill, D. G., Sinha, R., Saadat, F., and Bewley, W. L. (2003a). Automated assessment of domain knowledge with online knowledge mapping. *Proc. I / ITSEC*, 25, 1168 - 1179.

Chung, G. K. W. K., Delacruz, G. C., Dionne, G. B., and Bewley, W. L. (2003b). Linking assessment and instruction using ontologies. *Proc. I / ITSEC*, 25, 1811 - 1822. *

Chung, G. K. W. K., Sinha, R., de Souza e Silva, A. A., Michiuye, J. K., Cheak, A. M., Saadat, F. et al. (2004). *CRESST Human Performance Knowledge Mapping Tool Authoring System*, Deliverable to Office of Naval Research. Los Angeles, CA: University of California / National Center for Research on Evaluation, Standards, and Student Testing (CRESST).

Chung, G. K. W. K., Dionne, G. B., and Kaiser, W. J. (2006). An Exploratory Study Examining the Feasibility of Using Bayesian Networks to Predict Circuit Analysis Understanding. Paper presented at the Annual Meeting of the National Council on Measurement in Education, April 9 - 11, San Francisco, CA.

Chung, G. K. W. K., Baker, E. L., Delacruz, G. C., Bewley, W. L., Elmore, J., and Seely, B. (in press). An approach to authoring problem-solving assessments. In *Assessment of Problem Solving Using Simulations*, edited by E. L. Baker, J. Dickieson, W. Wulfeck, and H. F. O'Neil. Mahwah, NJ: Lawrence Erlbaum Associates.

Clauser, B. E. (2000). Recurrent issues and recent advances in scoring performance assessments. *Appl. Psychol. Meas.*, 24, 310 - 324.

Clauser, B. E., Subhiyah, R. G., Nungester, R. J., Ripkey, D. R., Clyman, S. G., and McKinley, D. (1995). Scoring a performance-based assessment by modeling the judgments of experts. *J. Educ. Meas.*, 32, 397 - 415.

Clauser, B. E., Margolis, M. J., Clyman, S. G., and Ross, L. P. (1997). Development of automated scoring algorithms for complex performance assessments: a comparison of two approaches. *J. Educ. Meas.*, 34, 141 - 161.

Clauser, B. E., Swanson, D. B., and Clyman, S. G. (1999). A comparison of the generalizability of scores produced by expert raters and automated scoring systems. *Appl. Meas. Educ.*, 12, 281 - 299.

Clauser, B. E., Harik, P., and Clyman, S. G. (2000). The generalizability of scores for a performance assessment scored with a computer-automated scoring system. *J. Educ. Meas.*, 37, 245 - 262.

Glaser, R. (1963). Instructional technology and the measurement of learning outcomes: some questions. *Am. Psychol.*, 18, 519 - 521. *

Gruber, T. R. (1995). Toward principles for the design of ontologies used for knowledge sharing. *Int. J. Hum.-Comput. Stud.*, 43, 907 - 928. *

Herl, H. E., Niemi, D., and Baker, E. L. (1996). Construct validation of an approach to modeling cognitive structure of U.S. history knowledge. *J. Educ. Res.*, 89, 206 - 218.

Herl, H. E., O'Neil, Jr., H. F., Chung, G. K. W. K., and Schacter, J. (1999). Reliability and validity of a computer-based knowledge mapping system to measure content understanding. *Comput. Hum. Behav.*, 15, 315 - 334.

Hively, W. (1974). Introduction to domain-referenced testing. *Educ.*

Technol., 14(6), 5-10.

Hively, W., Patterson, H. L., and Page, S. H. (1968). A 'universe defined' system of arithmetic achievement tests. *J. Educ. Meas.*, 5, 275-290.*

Huff, K. L. and Sireci, S. G. (2001). Validity issues in computerbased testing. *Educ. Meas. Issues Pract.*, 20(3), 16-25.*

Kane, M., Crooks, T., and Cohen, A. (1999). Validating measures of performance. *Educ. Meas. Issues Pract.*, 18(2), 5-17.*

Katz, I. R. (1998). *A Software Tool for Rapidly Prototyping New Forms of Computer-Based Assessments*, GRE Research Report 91-06aP. Princeton, NJ: ETS.

Katz, I. R. and James, C. M. (1998). *Toward Assessment of Design Skill in Engineering*, GRE Research Report 97-16. Princeton, NJ: ETS.

Katz, I. R., Martinez, M. E., Sheehan, K. M., and Tatsuoka, K. K. (1998). Extending the rule space methodology to a semantically rich domain: diagnostic assessment in architecture. *J. Educ. Behav. Stat.*, 24, 254-278.

Kim, J.-O., Chung, G. K. W. K., and Delacruz, G. C. (2004). Examining the sensitivity of knowledge maps using repeated measures: a growth modeling approach. In *Proceedings of Current Issues in Knowledge Mapping in Assessment and Instruction*, symposium conducted at the American Educational Research Association Annual Meeting, April 12-16, San Diego, CA.

Klein, D. C. D., Chung, G. K. W. K., Osmundson, E., and Herl, H. E. (2002). *Examining the Validity of Knowledge Mapping as a Measure of Elementary Students' Scientific Understanding*, CSE Technical Report No. 557. Los Angeles, CA: University of California/National Center for Research on Evaluation, Standards, and Student Testing (CRESST).

Koedinger, K. R. and Nathan, M. J. (2004). The real story behind story problems: effects of representations on quantitative reasoning. *J. Learn. Sci.*, 13, 129-164.

Lambiotte, J. G., Dansereau, D. F., Cross, D. R., and Reynolds, S. B. (1989). Multi-relational semantic maps. *Educ. Psychol. Rev.*, 1, 331-367.

Landauer, T. K., Laham, D., and Foltz, P. W. (2003). Automated scoring and annotation of essays with the Intelligent Essay Assessor. In *Automated Essay Scoring: A Cross-Disciplinary Perspective*, edited by M. D. Shermis and J. Burstein, pp. 87-112. Mahwah, NJ: Lawrence Erlbaum Associates.

Lee, J. J. (2000). The Impact of Korean Language Accommodations on Concept Mapping Tasks for Korean American English Language Learners. Ph. D. dissertation. Los Angeles, CA: University of California.

Linn, R. L., Baker, E. L., and Dunbar, S. B. (1991). Complex,
604 performance-based assessment: Expectations and validation criteria. *Educ. Res.*, 20(8), 15-21.*

Margolis, M. J. and Clauser, B. E. (2006). A regression-based procedure for automated scoring of a complex medical performance assessment. In *Automated Scoring of Complex Tasks in Computer-Based testing*, edited by D. M. Williamson, I. I. Behar, and R. J. Mislevy, pp. 123-167. Mahwah, NJ: Lawrence Erlbaum Associates.

Messick, S. (1995). Standards of validity and the validity of standards in performance assessment. *Educ. Meas. Issues Pract.*, 14(4), 5-8.*

Mislevy, R. J. and Gitomer, D. H. (1995). The role of probability-based inference in an intelligent tutoring system. *User Model. User-Adapt. Interact.*, 5, 253-282.*

Mislevy, R. J. and Riconscente, M. M. (2005). *Evidence-Centered Assessment Design: Layers, Structures, and Terminology*, PADI Technical Report No. 9. Menlo Park, CA: SRI International.

Mislevy, R. J. and Riconscente, M. M. (2006). Evidence-centered assessment design: layers, concepts, and terminology. In *Handbook of Test Development*, edited by S. Downing and T. Haladyna, pp. 61-90. Mahwah, NJ: Lawrence Erlbaum Associates.*

Mislevy, R. J., Steinberg, L. S., Breyer, F. J., Almond, R. G., and Johnson, L. (2002). Making sense of data from complex assessments. *Appl. Meas. Educ.*, 15, 363-389.*

Mislevy, R., Hamel, L., Fried, R. G., Gaffney, T., Haertel, G., Hafter, A. et al. (2003). *Design Patterns for Assessing Science Inquiry*, PADI Technical Report No. 1. Menlo Park, CA: SRI International.

Niemi, D., Vendlinski, T. P., Baker, E. L., and Wang, J. (in press). On-line tools to improve formative assessment. *Br. J. Educ. Technol.*

Novak, J. D. and Gowin, D. B. (1984). *Learning How to Learn*. New York: Cambridge University Press.

Osmundson, E., Chung, G. K. W. K., Herl, H. E., and Klein, D. C. D. (1999). *Concept Mapping in the Classroom: A Tool for Examining the Development of Students' Conceptual Understandings*, CSE Technical Report No. 507. Los Angeles, CA: University of California / National Center for Research on Evaluation, Standards, and Student Testing (CRESST).

Page, E. B. and Petersen, N. S. (1995). The computer moves into essay grading: updating the ancient test. *Phi Delta Kappan*, 76, 561-565.

Pellegrino, J., Chudowsky, N., and Glaser, R., Eds. (2001). *Knowing What Students Know: The Science and Design of Educational Assessment*. Washington, D. C.: National Academy Press.*

Popham, W. J. and Husek, T. R. (1969). Implications for criterion-referenced measurement. *J. Educ. Meas.*, 6, 1-9.

Powers, D. E., Burstein, J. C., Chodorow, M., Fowles, M. E., and Kukich, K. (2000). *Comparing the Validity of Automated and Human Essay Scoring*, RR-00-10. Princeton, NJ: Educational Testing Service.

Powers, D. E., Burstein, J. C., Chodorow, M., Fowles, M. E., and Kukich, K. (2001). *Stumping e-rater: Challenging the Validity of Automated Essay Scoring*, RR-01-03. Princeton, NJ: Educational Testing Service.

Riconscente, M., Mislevy, R., Hamel, L., and PADI Research Group. (2005). *An Introduction to PADI Task Templates*, PADI Technical Report No. 3. Menlo Park, CA: SRI International.

Ruiz-Primo, M. A., Schultz, S. E., Li, M., and Shavelson, R. J. (2001). Comparison of the reliability and validity of scores from two concept-mapping techniques. *J. Res. Sci. Teaching*, 38, 260-278.

Scalise, K. and Gifford, B. (2006). Computer-based assessment in E-learning: a framework for constructing 'intermediate constraint' questions and tasks for technology platforms. *J. Technol. Learn. Assess.*, 4(6) (available from http://www.jtla.org).

Schacter, J., Herl, H. E., Chung, G. K. W. K., Dennis, R. A., and O'Neil, Jr., H. F. (1999). Computer-based performance assessments: a solution to the narrow measurement and reporting of problem-solving. *Comput. Hum. Behav.*, 15, 403-418.*

Stevens, R. H. and Casillas, A. (2006). Artificial neural networks. In *Automated Scoring of Complex Tasks in Computer-Based Testing*, edited by D. M. Williamson, I. I. Behar, and R. J. Mislevy, pp. 259-312. Mahwah, NJ: Lawrence Erlbaum Associates.

Tatsuoka, K. K. and Tatsuoka, M. M. (1983). Spotting erroneous rules of operation by the individual consistency index. *J. Educ. Meas.*, 20, 221-230.

Tatsuoka, K. K. and Tatsuoka, M. M. (1997). Computerized cognitive diagnostic adaptive testing: effect on remedial instruction as empirical validation. *J. Educ. Meas.*, 34, 3-20.

van der Linden, W. J. (2005). *Linear Models for Optimal Test Design*. New York: Springer-Verlag.

Vendlinski, T. and Stevens, R. (2002). Assessing student problem-solving skills with complex computer-based tasks. *J. Technol. Learn. Assess.*, 1(3) (available from http://www.jtla.org).

Vendlinski, T., Niemi, D., and Wang, J. (2005). Learning assessment by designing assessments: an on-line formative assessment design tool. In *Proceedings of the Society for Information Technology and Teacher Education International Conference 2005*, edited by C. Crawford, R. Carlsen, I. Gibson, K. McFerrin, J. Price, and R. Weber, pp. 228-240. Norfolk, VA: Association for the Advancement of Computing in Education.

Williamson, D. M., Bejar, I. I., and Hone, A. S. (1999). 'Mental model' comparison of automated and human scoring. *J. Educ. Meas.*, 36, 158-184.

Williamson, D. M., Almond, R. G., and Mislevy, R. J. (2000). Model criticism of Bayesian networks with latent variables. In *Uncertainty in Artificial Intelligence: Proceedings of the 16th Conference*, edited by C. Boutilier and M. Goldzmidt, pp. 634-643. San Francisco, CA: Morgan Kaufmann.

Williamson, D. M., Almond, R. G., Mislevy, R. J., and Levy, R. (2006). An application of Bayesian networks in automated scoring of computerized simulation tasks. In *Automated Scoring of Complex Tasks in Computer-Based Testing*, edited by D. M. Williamson, I. I. Behar, and R. J. Mislevy, pp. 201-257. Mahwah, NJ: Lawrence Erlbaum Associates.

Yang, Y., Buckendahl, C. W., Juszkiewicz, P. J., and Bhola, D. S. (2002). A review of strategies for validating computer-automated scoring. *Appl. Meas. Educ.*, 15, 391-412.

Yin, Y. and Shavelson, R. J. (2004). *Application of Generalizability Theory to Concept-Map Assessment Research*, CSE Technical Report No. 640. Los Angeles, CA: University of California/National Center for Research on Evaluation, Standards, and Student Testing (CRESST).

---

* 表示主要参考文献。

45

评价的模式和方法

Ron Owston

605

摘要

本章主要讨论一般教育项目评价范畴背景下基于技术的项目评价。本章首先概述了一般教育项目评价所用的主要评价方法，包括 Tyler 评定项目目标达成情况的早期概念、决策方法、自然主义评价，以及 Kirkpatrick 评价项目效果的四等级方法，然后概述了常用的基于特定技术的项目评价标准和框架。在此基础上，作者提出了可以用来评价基于技术的学习项目的策略。这些策略强调在项目一开始就要阐明评价的目的或目标，并确定潜在评价受众的信息需求。这反过来也提示我们应使用最恰当的评价方法。最后，本章描述了可用于分析评价数据的工具，并对评价结果的发布做了简要的讨论。

606 **关键词**

效应值：在定量研究中，对控制组均值和实验组均值间的差异的统计测量。

评价：收集某项目优点或价值相关信息的过程，其目的是确定方案的效果或促进方案的改进。

自然主义评价：一种依赖定性方法论的评价方法，评价者可以自由地选择收集、分析和解释数据的具体方法。

网络日志文件：保存在网络服务器中的数据文件，它记录了访问该服务器托管下网站的所有来访者的信息，包括他们来自何处、点击了哪些链接以及其他信息。

引言

对学习可能产生影响的新技术几乎每天都在发生着变化。比如说，博客、维基、播客、反应点击器、交互式便签簿和白板、高级教育游戏和模拟以及社会性网站等。尽管有些老师总愿意在课堂中率先尝试应用这些技术，但系统管理人员常常面临着要做出明智决策的挑战，决定这些技术是应该推广到更大的范围，还是该整合到某一课程中。技术是否应被经常应用的主要标准是，它们在改进学习方面究竟起了多大作用。但某些技术由于十分新颖，除了早期使用者有一些应用趣事外，我们几乎没有什么令人信服的证据可以证明他们的有效性。这就不可避免地要求人们对应用了这些技术的项目进行正式评价。

本章的目的是为负责评价技术项目的人提供指导信息，帮助他们完成评价任务。在对技术项目评价文献所做的调查中，我们可以很容易地发现，它们和一般项目评价领域文献之间存在很大的差距。从后面的讨论中可以发现，项目评价已发展为成熟的研究领域，评价者可从中找到很多评价方法和观点。而那些有关技术评价的论著，要么忽视了一般项目评价，要么只是在开发自己方法的过程中粗略地提到它。因此，本章的另一个目标，就是要缩小这二者之间的差距。我认为基于技术的项目评价是一般项目评价的特例，因此，项目评价文献中的方法和工具同样可以用于技术的评价。同时，技术项目评价者提出的标准也有可能成为一般项目的评价方法。

本章从一般项目评价领域的讨论开始，概述了其中的一些较具影响力的评价方法。此后，文中概述了一般技术项目评价的标准和框架。在这两方面的基础上，我提出了一些可以用于评价基于技术的学习项目的策略，并介绍了一些能帮助评价者进行数据收集和分析的新的软件工具。

一般项目评价模式

项目评价的演变

20 世纪 70 年代以前，教育项目评价者倾向于集中精力来确定项目达到其预定目标的程度。他们采用的是 Tyler (1942)在 20 世纪 30 年代首先提出的模式，该模式产生于他当时进行的一项针对学校的纵向研究。这个模式看起来很切合实际，且服务了一两代教育工作者。不过，到了 20 世纪 60 和 70 年代，研究者开始超越 Tyler 最初的评价概念，开发出新的评价模式。

当时，美国政府要对其在卫生、教育和福利方面的大型项目支出进行问责，由此，新的模式则应运而生。Scriven (1972)主张评价者不能仅关注项目预期的目标，知道方案的其他结果也同样重要。Scriven 这是在暗示评价者在评价项目的结果时要广撒网，即既要关注预期的产出，也要关注非预期的产出。实际上，他甚至建议评价者避开围绕项目的虚夸的言词，不要阅读项目宣传册、建议书或描述，而是把精力集中在方案的实际结果上。Scriven 还推广了形成性和总结性评价这两术语，并用它们来区分评价的两种不同作用：他们要么是在项目进行的过程中评估方案的优点，要么是对已完成项目的结果进行评估。实际上，这两种作用并不总像 Scriven 说的那样界限分明。尽管如此，两种评价目的之间的这一差异，到现在仍被人们广泛接受。

Suchman (1967)指出，对项目目标实现情况的评价仍很重要，但更关键的是要理解那些导 607
致这些结果的干预过程。他建议评价应检验这样一个假设："活动 A 能够实现目标 B，是因为它能够影响过程 C，而过程 C 则会影响这个目标的出现"(177 页)。据此，Weiss (1972)举例说明了模式是如何形成和被测试的，解释了某个教师家访项目中一系列活动是如何实现提高学生阅读成绩这一最终目标的。这一早期工作引起今天被称为"理论基础上的评价、理论驱动评价或项目理论评价(PTE)"的发展。PTE 包括两个基本要素：一个是可以解释项目如何达到预期或可观察的结果的明确理论或模型，另一个就是在该模型指导下的真实评价(Rogers 等，2000)。这个理论成分并不是传统社会科学意义上的一个宏大理论，而是一个关于变化的理论或看似合理的项目运行的模型(Bickman, 1987)。项目模式常被称为逻辑模式，它通常由评价者和项目开发者合作，在评价开始前或之后开发出来。然后评价者要收集证据来说明该模式的有效性。尽管 PTE 常和定性方法联系在一起，但它并没有提出一种验证模式的方法。Cook (2000)指出，由于因果关系只能通过实验设计来证明，因此使用定性方法的项目理论评价者并不能证实他们观察到的项目成果是由项目自身产生的。总的来说，PTE 的贡献在于促使评价者超越了把项目看作是黑箱的想法，并引导他们调查所观察的变化是源于某个项目的实施。

决策评价法

同时，其他评价者把重点放在如何帮助教育决策者上。其中，最知名的是 Stufflebeam (1973)，他把评价看作是一个为决策提供有意义和有用信息的过程。Stufflebeam 提出了他的背景(context)、输入(input)、过程(process)和产品(product)(CIPP)模型，该模型描述了四种评价活动。背景评价要评估教育项目环境中存在的问题、需求及机会。输入评价要评估竞争战略、工作计划及预算。过程评价要监控、记录和评估项目活动。产品评价要研究项目对目标对象的影响，产品的质量和意义，以及项目可持续和可传递的程度。实质上，CIPP 模式对项目提出以下问题：要解决什么需求？如何解决？是否正在实施？它成功了吗？Stufflebeam 还把他的模式和 Scriven 的形成性及总结性评价结合起来，认为形成性评价重点在于决策，而总结性评价重点在于问责。

当时另一个流行的方法是 Patton (1978)的以利用为中心的评价。Patton 对评价结果常常被决策人员所忽略感到担忧。他试图让评价项目发起方努力去理解为什么会出现这种情况,以及如何改进这种情况。在他的研究中,他开发出的与其说是评价模式,倒不如说是一种一般的评价方法,该方法只有两个基本要求,第一,他提出要明确谁是相关决策者和评价报告听取人。第二,他主张评价者要积极地和决策者合作,共同决定评价的所有其他事项,包括评价问题、研究设计、数据分析、解释和发布。Patton 承认,拿出实际应用的评价研究实例是一个巨大的挑战,但他仍乐观地认为这种方法是可能的,也是值得去尝试的。

Cronbach (1980)是 Tyler 的学生,他也把重点放在决策的过程上。他的贡献在于强调决策的政策背景,他认为一个孤立的人几乎不可能对一个项目进行决策;相反,决策更有可能是在一个现实的政治环境中由一个团队来做出。Cronbach 主张应由评价者作为老师,让他们在评价过程中辅导客户,帮助客户提炼评价问题并确定适合于他们的技术及政策行为。在这个教育过程中,评价者不断地向客户提供反馈,且最终的评价报告仅仅只是和他们进行交流的多种手段之一。与上述其他评价理论不同,Cronbach 认为不应由评价者来确定项目的价值,或提供有关对策的建议。

自然主义评价方法

在这些研究者集中于开发如何使用评价结果的方法时,另外一些人则专心于开发让评价者尽量少受约束的方法。这些方法被称为自然主义的或定性的方法,它们让评价者自由选择收
608 集、分析和解释数据的方式。Stake (1975)的应答性评价就是这样的一种模式。Stake 担心传统方法不能充分满足评价客户的需求。他主张评价者要关照真实的项目活动,而不光是项目的意向。他还主张评价者要对评价听取人的信息需求做出反应,且在汇报项目的成功和失败之处时,要体现出不同的价值观视角。Stake 认为,评价者应采用恰当的数据收集计划,但他强调,这些计划更应建立在人们的观察和判断的基础上,而不是像传统的评价那样仅依赖于实验心理学的方法。Stake 看到,评价者在进行他们的研究时,从人类学和新闻学传统中获得更多启示。

在对自然主义方法的讨论中,有两种其他方法也很有意思。第一种是 Eisner (1979)的鉴赏模式,该模式来源于艺术批评主义。他的模式依靠评价者的判断来评估一个教育项目的质量,这就像艺术批评家评价一个艺术作品的复杂性一样。Eisner 的模型有两个关键概念:教育鉴赏力和教育批评。教育鉴赏力涉及对教育项目的优点的欣赏,这种欣赏能力源于评价者在该领域所具有的经验和背景。教育批评要求评价者具有描述项目特征的能力,它要使那些不具有鉴赏家欣赏水平的人也能完全理解项目的特点。

第二种方法是人种志的评价。该方法的支持者认为,与传统科学方法相比,它可以产生有关教育项目的更有意义的描述(Guba, 1978)。通过参与研究对象的日常活动,人种志的评价者使自己沉浸到所研究的项目之中。他们的数据收集工具包括野外记录、关键人物访谈、个案史和调查。他们的目的是提供关于项目的丰富的信息,并向项目的利益相关者表达他们对项目的评价。

Kirkpatrick 的四个等级

尽管已在人力资源开发领域得到了很好的应用，但 Kirkpatrick (2001)的四等级模式在教育评价圈子里还是不太出名，这是因为该模式主要致力于评价公司培训项目。我把它单独归类，是因为 Kirkpatrick 既不强调与决策者进行协商，也不喜欢自然主义方法，因此，他的方法就显得和我们所讨论的其他方法没有多少共性。Kirkpatrick 第一次提到该模式是在四十多年前，但直到最近他才详细地阐述了该模式的特点。尽管它致力于培训项目评价，但该模式仍可用于一般的教育场合。例如，Guskey (2000)就用它对教师专业化发展项目进行了评价。

Kirkpatrick 提出评价者必须关照的四个层级：反应、学习、行为和结果。“反应”指的是项目参与者对项目的满意情况；用典型的课程评价调查可以测量反应。“学习”指的是，作为参加项目的结果，参与者参加项目之后改变态度、增长知识或提高技能的程度；一般用课程考试、测验或调查等来测量此类变化。另外两个层级对大部分教育评价者来说是新的，并且它们越来越难以评定。“行为”指的是参与者在学完课程后行为改变的程度；为了评估行为，评价者必须判断参与者学到的新知识、技能或态度是否迁移到其工作或后续课程之类的其他情境中去了。第四个评价层级是“结果”，它关注课程的成果，即组织内发生的持久的变化，如产能的提高、管理能力的改善或质量的提高。在一个正规的教育机构中，第四个评价层级是指评定学生毕业后的工作表现。Kirkpatric 建议，在可能的情况下，采用控制组比较的方法来评估项目在“行为”和“结果”这两个较高层级上的成效。

技术评价方法

到目前为止，我主要集中介绍了可用于各类教育项目的评价模式，不论它们是否会涉及到技术。有专门为评估基于技术的学习而提出的框架，尽管它们很少得到开发者以外研究者的使用。这些框架常常建议评价者应从哪些方面收集数据，提供判断基于技术的学习的评判标准，或为评价者提供可以问的问题。举例来说，Riel 和 Harasim (1994)提出了收集数据评价
在线讨论小组时要注意的三个方面：网络环境的结构、课程或项目中发生的社会性互动以及 609
经验对个体的影响。Bates 和 Poole (2003)的 SECTION 模式要求以技术对目标学生的适切性、易用性和可靠性、费用、教和学的因素、由技术支持的交互性、组织机构问题、技术创新以及课程安装和更新的速度等为标准，对两个或多个在线教学传递模式进行比较。Ravitz (1998)提出一个框架，该框架鼓励通过互动式讨论、持续保持记录和编制文献来评估一个项目的进展。Mandinach (2005)向评价者提供了帮他们就 E-learning 课程从三个总体方面来提问的一系列关键问题：学生学习、教学法和直观教学的问题，以及广泛的政策问题。最后，Baker 和 Herman (2003)提出他们称之为分布式评价的方法，来对技术进行大规模的纵向评价。他们强调要向所有的利益相关者阐明评价的目标；要使用包括从问卷和非正式课堂测验，到标准化测试等在内的多种多样的定性和定量测量方法；要设计一个时间足够长的研究，使得研究者可以随着时间的变化来评估学生的变化；要收集当地层面的数据，并把它们输入到一个系统的知识库中；还要提供针对不同听众的反馈。

Scanlon 等(2000)开发的境脉(Context)、交互(Interaction)、态度(Attitude)和结果(Outcome)(CIAO!*)框架,因其来源和综合性而受到人们的特别关注。CIAO! 框架凝聚了作者在英国开放大学所进行的 25 年技术评价工作经验的精华。如表 45.1 所示,表格中的列表示了基于技术的学习项目中必须被评价的三个维度:“境脉”维度主要关注技术如何适应课程,以及技术在哪里和如何被使用;“交互”指的是学生如何与技术及其他人相互作用;而“结果”指作为使用技术的结果,学生发生了什么样的改变。表格第一行对为什么要评价这三个维度分别给出了简洁的理由。第二行和第三行分别强调了各维度各自所需收集的数据的类型和应使用的方法。作者指出,尽管已经证明这个框架在强调哪些领域收集评价数据方面非常有用,但要提醒大家的是,不能过度僵硬地使用它。

表 45.1 CIAO! 框架

	境 脉	交 互	结 果
理由	为了评价技术,我们需要知道技术应用的目标和背景。	观察学生并获得过程数据,这不仅帮我们知道哪些要素起作用,还有助于理解它们为什么以及如何起作用。	当技术只是课程众多组成方面的一个方面时,我们难以把学习结果只归因于技术的应用。因此,对认知和情感学习结果(如观点和态度的改变)都进行评估,就显得很重要了。
数据	设计人员和课程团队的目标 政策文件和会议记录	学生互动的记录 学生的日记 在线日志	学习测量 学生态度和观点的改变
方法	访谈技术项目设计人员和课程团队成员 分析政策文档资料	观察 日记本 视/音频和计算机记录	访谈 问卷 测试

来源:改编自 Scanlon, E. etc, Educ. Technol. Soc., 3(4), 101-107, 2000.

在高等教育中,使用最广泛的评价基于技术教学的标准可能就是“大学本科教育良好实践的七项原则”,这是 Chickering 和 Gamson (1987)在一篇对以后发展有巨大影响的文章中提出的。在这文章发表将近 10 年后,Chickering 和 Ehrmann (1996)表明,这些从数十年的大学本科教育实践研究中提取出来的标准,同样适用于信息传播技术。简单来说,标准建议全体教职员工要:

- 鼓励学生和教职员工之间的接触。
- 发展学生间的互惠与合作。
- 鼓励积极的学习。
- 提供及时的反馈。
- 强调任务的完成时间。
- 表达对学生的高期望。
- 尊重学生的不同才能和学习方式。

610 Graham 及其同事在美国中西部一个很大的大学的职业学院中,应用这个标准评估了四个在线课程(Graham 等,2000)。评估小组根据七项原则列出了一张在线教学的“经验教训”清单,其目的是为了提高课程质量。与此相似,Cook 等(2003a)也用这个标准评价了一个技术支

* context, interactions, attitudes, and outcomes. 境脉、交互、态度和产出。——译者注

持的本科经济课程。他们在对一个开放式学生调查结果做定性分析时,把这些原则作为编码的基础,并评估这些标准在课程中的例证程度。

尽管七原则从大学教学人员的角度描述了什么是有效的教学,但美国心理学会已经提出了一个常被引用的有关学习者和学习过程的 14 项原则列表(见 http://www.apa.org/ed/lcp2/lcp14.htm)。以学习者为中心的原则,旨在一个真实学习情境的背景下全面地看待学生,因此,我们最好把这些原则理解为影响学习者和学习过程的一整套有组织的原则,其中没有一个原则是孤立的。这 14 个原则可以分成以下四个主要类别:

- 认知的和元认知的(包括六个原则):学习过程的本质;学习过程的目标;知识的建构;策略性思维;元思维;学习的境脉
- 动机的和情感的(包括三个原则):动机和情感对学习的影响;学习的内在动机;动机对努力的影响
- 发展的和社会的(包括两个原则):个体发展对学习的影响;社会对学习的影响
- 个体差异的因素(包括三个原则):学习中的个体差异;学习和多样化;标准和评估。

Bonk 和 Cummings (1998)从以学习者为中心的原则出发,探讨了这些原则与从以学生为中心的观点而设计的在线课程的相关性;以及与为在线教学的收益、涵义、问题和解决方案提供一个框架的相关性。如上所示,APA 的原则可以作为标准,用以指导对基于技术的学习环境的有效性进行评价。

评价技术的意义

现在我们应该已经非常清楚了,那就是,我们有太多的评价方法、标准和模式。然而,经验丰富的评价者很少只选择一个模式,并在他的工作中完全使用这个模式;人们更多的是综合使用几个模式的不同方面来完成任务。Worthen 和 Saunders (1987,151 页)对此进行了清楚的表述:

> 这些可供选择的方法的价值,在于它们能帮我们思考,呈现并激发新的思想和技术,并作为我们头脑中的一张清单,列出我们要考虑、记住或担心的事情。它们的启发价值非常高,但它们的指导价值相对就低一些。

从对关于模式的讨论中我们可以得到一些启示,以帮助我们决策如何设计基于技术的项目评价方案。这些启示在图 45.1 中都得到了总结。首先,我们要弄清楚我们为什么要进行评价:是要评估经授权的大学教授开发的一门混合学习课程吗?是要评价一个小学笔记本计算机的创新应用吗?是因为学生对在线课程不满意,我们才评价它吗?是要看看在线专业学习共同体是如何促进教学法的改变吗?评价目的会导致我们偏爱一种方法而不是另一种。举例来说,在一个大学教学人员开发一门课程的情况下,七原则和/或 APA 的学习者为中心的原则是很好的课程评价标准。而当学生对课程不满意时,七原则也适用于指导课程评价。另一方面,在专业项目中,Kirkpatrick 的模式(或 Guskey 的扩展模式)可以指导我们不仅要检查教师对共同体的理解,以及他们在共同体中的学习情况,还要研究项目对课堂实践的影响。表 45.2 能指导我们如何根据六个共同的项目评价目的从众多的广泛应用的模式中进行选择。读者在理解这张表时可要小心,这里可没有硬性规定说什么模式适用于某个给定目标。我们很少能看到一个评价活动中只有一个合适的模式;相反,往往是在一个特定研究中,一些模式更优于其他模式。

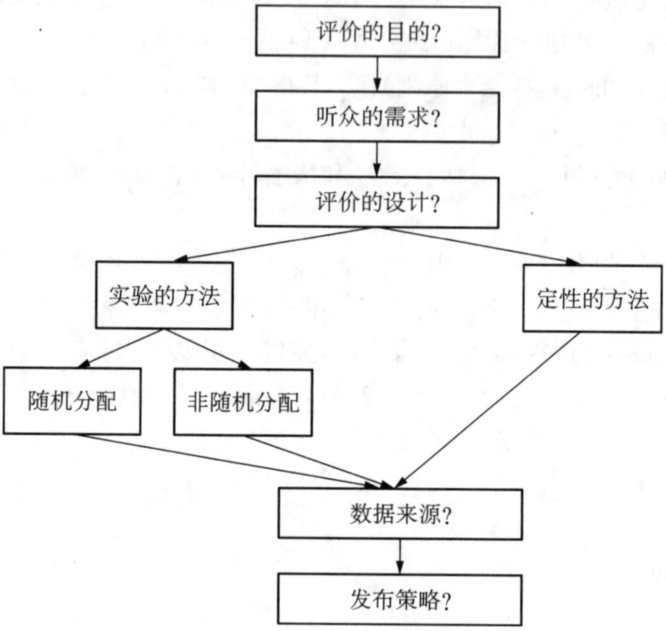

图 45.1 设计一个评价研究的决策步骤

表 45.2 最适合于特定评价目的的评价模式

评价模式	评价的主要目的					
	达到课程的目的和目标	改进课程	认证课程	开发干预理论	满足不同评价听取人的信息需求	课程的总体影响
基于目标评价(Tyler, 1942)	X	X				
目标游离评价(Scriven, 1972)	X	X				X
基于理论评价(Weiss, 1972)	X	X		X		X
境脉、输入、过程和产品评价(CIPP)(Stufflebeam, 1973)	X	X				X
以应用为核心的评价(Patton, 1978)					X	
应答式评价(Stake, 1975)	X	X			X	
鉴赏评价(Eisner, 1979)			X			
人种志的评价(Guba, 1978)	X	X		X		X
多级评价(Guskey, 2000; Kirkpatrick, 2001)		X	X			X
CIAO! 框架(Scanlon 等,2000)	X	X				X
大学本科教育良好实践的七项原则(Chickering 和 EEhrmann, 1996)		X				X

我们接下来就要仔细思考谁是预期的评价报告听取人，并计划为这些人提供他们采取适当行动所需的各种数据。Stufflebeam 曾说过评价的目的是为决策者提供选择。在一个大学机构中，决策者或利益相关者可能是正在讲授在线课程的教师、课程委员会成员、技术圆桌会议成员、教授委员会成员，或高级学术管理人员。

学校机构中的利益相关者可能由家长、教师、学校理事会以及区教育厅长组成。因此，评 611
价者遇到的挑战是识别出这些评价的听众，并找出他们对评价的期望是什么，以及他们想获得与项目有关的什么信息。Patton、Cronback 和 Stake 都强调这一阶段的重要性。这一过程可能涉及和不同的利益相关者召开面对面的会议、电话访谈或简短调查。因为大家的期望不太可能达成一致，因此评价者不得不判断每个利益相关者的相对重要性，并判断谁的信息应优先考虑。

在掌握了期望和信息需求之后，我们就要设计研究方案了。我们从 Scriven 的模式中可以看到，要对所有的项目结果都进行检查，而不用管它们是否是预定的目标。经验告诉我，不仅要评估项目目标的实现情况——这是不出乎利益相关者预期的，还要搜集非预期结果的相关数据，不管非预期结果是积极的还是消极的，它们都能引导我们获得可能错过的、更深入的认识。

研究的设计

下一步，评价者必须决定研究的实际设计方案了。首先要决定是着手进行对照组实验设计还是非实验设计。利益相关者的信息需求将决定后续的步骤(Patton, 1978; Stake, 1975)。如果利益相关者想证明基于技术的项目是有效的，那么可能就需要进行实验设计。由美国教育部教育科学研究所成立的 What Works Clearinghouse 机构认为实验设计代表着确定教育干预有效性(http://www.w-w-c.org)的“科学证据”。另一方面，如果利益相关者想获取如何改进项目的信息，那么非实验设计或定性方法可能会合适。有的人甚至认为，基于教育的本质，定义一个对照组和实验组没有任何意义；因此，随着时间的推移，不断地积累证据，实施定性研究，是确定什么起作用的更有意义的方法(Olson, 2004)。

如果决定要做随机选择实验研究，那么 Cook 等人(2003b)可以给我们一些有用的建议。他们建议评价者不要问诸如“计算机能促进学习吗?”(18 页)之类的宽泛的问题，而应该设计一个更为明确的问题，来描述在更加全球化的技术应用经验中技术所表现出来的日益增加的影响。作者举例说明如何围绕一个较具体的问题来设计研究：“利用因特网的研究对学生的学习有什么影响?”(19 页)。他们不是把利用因特网进行研究的学生和不利用因特网进行研究的学生进行简单的比较，而是创建了一个析因设计。在这项设计中，因特网研究的出现与否，与教师是否指导学生如何进行因特网研究的最佳实践相联系。这么做的结果，是形成了四个实验条件：使用因特网的最佳实践、不使用因特网的最佳实践、典型的因特网实践以及一个控制组。在控制组中，教师既不鼓励也不劝阻学生进行因特网研究。作者的建议和早些时候 Carol Weiss 提出的想法是一样的。当时她指出，控制组不需要严格限制为不接受任何实验处理，它可以少接受点实验处理方案(Weiss, 1972)。当涉及到技术的时候，这个建议就显得特别中肯。这是因为,现在不管在教室里还是在学校外,学生已经普遍使用各种技术了,因此,希望控制组包含那些不使用技术的学生,就变得不切实际了。

Cook 等(2003b)只是顺带提到的一个问题,是样本大小和分析单元——这是实验研究中的关键点。在美国教育科学研究所委托的一个报告中,Agodini 等(2003)在为"技术应用对学生数学和阅读成就的影响"这一全国性研究制订详细计划时,分析了这些问题。他们得出结论,0.35 的效应值是这样一个研究合理的最小目标。这是因为先前有关技术的研究已经对这样大小的效应值进行了检测,认为这个值已大得足以消除学生总体不同部分间的成就差距。0.35 的效应值,意味着实验处理的效应,要比所考虑的结果测量的标准差大 35%。在下列给定的随机分配条件下,要达到这个效应值,就要求有相应数量的学生:

- 学生随机分配接受实验处理,则需要 10 班学生,每班 20 人(共 200 学生)。
- 在技术对阅读成就影响的研究中,班级随机分配接受实验处理,则需要 30 班,每班 20
612 人(共 600 学生)。但在数学成就研究中,如果从统计的角度考虑数学成绩分组方式的话,就需要 40 班,每班 20 人(共 800 学生)。
- 学校随机分配接受实验处理,则需要 29 所学校,每校 20 人(共 1160 学生)。

在第一个条件中,学生随机分配接受实验处理,这对于大部分学校来说是不太可行的,因此评价者只能选择对班级或学校进行随机分配,但这两种情况都需要更多的学生。按照这些方法实施的结果是,如果利用实验设计进行技术评价的话,我们的代价将会相当大。

不幸的是,即使是对班级或学校进行随机分配的话,也会有问题。因此,评价者只能对完整的班级进行比较,但这样的设计是有欠缺的(Campbell 等,1966)。我们难以从一个完整的班级中找教师或学生作为比较组。即使他们愿意与我们合作,也有那么多可能的相互对抗的假设可以解释任何试验组和对照组之间存在的差异(如,对照组可能有一位杰出的教师,或实验组的学生可能有着更强的动机),因此,就削弱了结果的有效性。

当研究的目的是改进项目而不是证明项目有效时,诸如前面部分 Stake 和 Guba 所描述的定性方法就特别适合。Owston (2000)提出,混合使用定性和定量方法与单独使用其中一类方法相比,更能够捕捉和理解 e-learning 环境的丰富性和复杂性。尽管一些方法学家可能会反对这种混合研究范式,但我采取的是一种更为实际的立场。我强调的是研究问题的重要性和主导地位,而不是研究范式。一旦明确了研究问题,就可以让研究者自由选择最适合于回答问题的任何方法。最后,正如 Feuer 等(2002)指出的那样,"就其本质而言,没有一个方法是好的、坏的、科学的或不科学的。相反,方法在实际问题中的恰当应用,能帮我们做出具有科学质量的判断。"

数据来源和分析

制定好研究的基本设计方案后,下一步就要确定评价数据的来源。一般来说,最好的策略是从实际中选择尽可能多的不同数据来源,如测试成绩或其他相关测量的成绩、学生和教师的个人和小组访谈、网络调查数据、相关课程文档以及课堂观察等。在定性评价中,多种数据源的应用是一种标准的做法,这就像三角观察法一样,是必不可少的(Patton, 2002)。在实验研究中,其他定性和定量的数据来源也可用来帮助我们解释和说明从相关测验中观察到的差异。

网络服务器生成的日志文件是一种相对新的数据来源。当所评价的技术是基于网络的时候,日志文件就可以和调查及访谈一起构成信息的多种来源。这些文件以文本的形式,记录了一位网络浏览者和网络服务器之间的交流。由于服务器类型的不同,这些文件会有稍许的差异,但大部分网络服务器会记录以下信息:

- 发出文件请求的计算机的地址
- 请求的日期和时间
- 所请求文件的网络地址
- 用于请求文件的方法
- 网络服务器返回的代码,说明请求是否成功及原因
- 所请求文件的大小

网络服务器日志文件并不显示或记录网络浏览者所请求的内容——只是说明一个请求已生成的事实。因为每个网页都有一个既定且不同的地址,因此能够判断一个用户在看某一特定的页面。日志文件会变得非常庞大,且通常系统管理员会把它删掉,但评价者可以利用 WebTrends Log Analyzer (http://www.webtrends.com)这样的商业工具或 AWStats (http://awstats. sourceforge. net)之类的免费软件来分析这些文件。这些工具的输出结果可以是表格或图的形式(图 45.2 就是一个输出样例)。评价者可以利用这些工具来回答一些问题,如:用户在某周或某天的什么时间访问了系统,他们登陆进入系统有多长时间,他们浏览了哪些网页,他们在网站中经历了什么样的路径。图 45.2 是图形输出的典型形式,它包含了一周内的各天中,访问同一个网站的用户的平均数量。

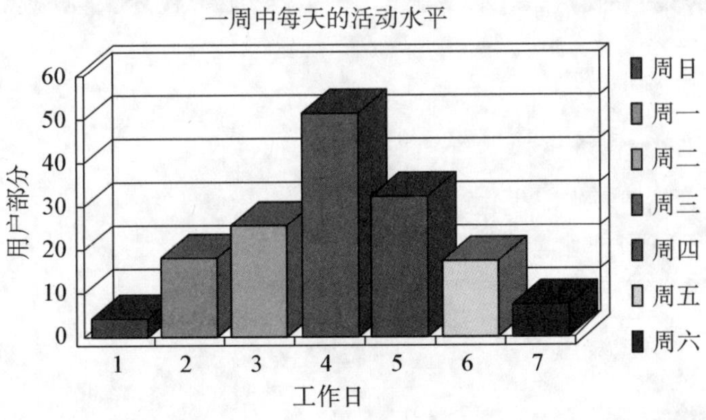

图 45.2 源自网络日志文件分析的输出

作者和他的同事们在几项技术评价研究中成功地运用日志文件进行了分析。在一个研究中,Wideman 等人(1998)发现,一个小组内的学生说他们经常使用一个在线课程中的模拟程序,但日志文件却表明该程序很少有人使用。在另一个研究中,Cook 等人(2003a)让学生访问一个大学课程网站,并以此作为他们最后的课程分数。他们想以此证明网站对学生有多大 613

的帮助。研究者能够获得这些数据，是因为网站要求学生登录，并在日志文件中记录了每一个登录信息，而这些文件和学生的分数相对应。日志文件分析也有一些局限（Haigh 和 Megarity, 1998），但我们发现它能比其他方式，如课程管理系统 WebCT（http://www.webct.com），提供更多更高质量的数据。

作者及其同事开发的可以用来辅助评价基于技术的学习的另一工具，是虚拟可用性实验室（Virtual Usability Lab, VULab）（Owston 等人，2005）。VULab 最初是开发用来进行教育游戏研究的，但只要学习者的计算机连入因特网，它就适用于任何基于网络的学习研究。这个工具可以自动整合多种来源的数据，包括从用户活动日志、在线人口调查问卷的答复、自动触发式弹出问题所得到的数据（见图 45.3 中的例子），到当用户和应用程序交互至某关键点时自动弹出的询问的结果。VULab 的另一个特点是，它不需要在用户的机子上安装专门的软件，就能记录远程用户的屏幕和语音谈话，并把这些文件保存在 VULab 服务器上。收集到的信息被存储在一个综合的数据库系统里，供研究者以后进行数据挖掘和特殊查询。VULab 也使研究者可以很容易地根据研究的需要设置相关参数，并对用户进行自动监控，而不用管用户是身处本地还是散布于因特网的各处。Owston 等人（2005）介绍了在学生结束在线游戏后填写在线调查问卷时，如何利用 VULab 来记录他们的讨论信息。问卷中询问了学生是否喜欢玩游戏，并允许在同一台计算机上玩游戏的学生在小组内展开几分钟的讨论。当到了把答案输入问卷表格的时候，他们只需要输入简单的“是”。这样的话，如果 VULab 没有记录信息的话，有价值的用户反馈信息就会丢失。这个工具也可以有效识别学生在玩游戏时所扮演的组内角色（即组内竞争和合作），还能准确地找出游戏自身的技术问题。

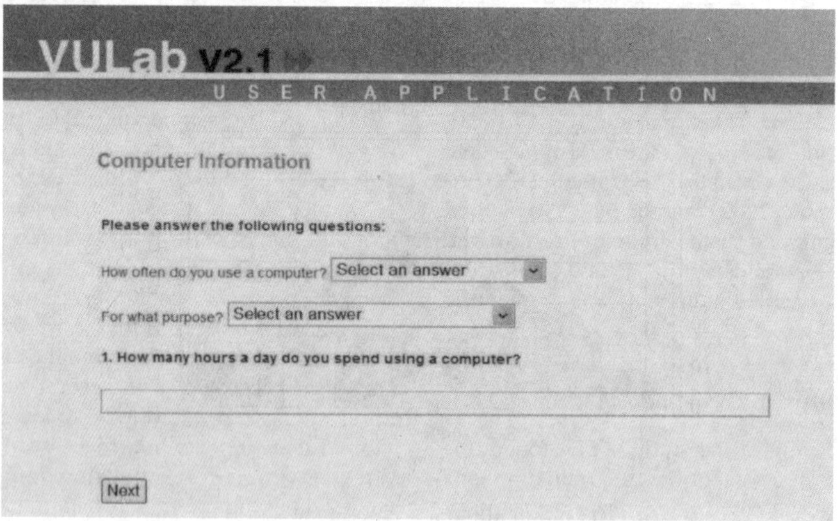

图 45.3 VULab 截屏

评价常常需要收集大量的定性数据，如访谈笔录、对问卷的开放式回答、日记、野外记录、课程文档以及会议纪要等。我们可以用定性数据分析（QDA）软件工具来简化对这些文件的管理和分析工作。最常用的两个 QDA 工具是 Atlas. ti (http://atlasti.com)和 NVivo(http://

www. qsrinternational. com)。这些工具不是用来分析数据,而是帮助我们对数据进行编码和解释。这两个工具都具有一个特点,即研究者可以把那些有助于理论开发的代码之间的关系用图的方式表示出来。举例来说,Owston (2007)研究了哪些因素能促进创新性技术课堂应用的可持续发展。他利用 Atlas. ti 将代码之间的关系用图表示出来,并在此基础上形成了一个模型(见图 45. 4)。这个模型可以解释教师为什么能够持续应用基于技术的创新的教学方法。在 Atlas. ti 中,视频和音频文件可以像文本文件一样输入,而 NVivo 却做不到这一点。在 Atlas. ti 中,视音频文件采用和文本文件一样的编码方式。而在 NVivo 中,虽然不能直接输入视音频文件,但可以对外部视音频文件进行编码。如果一个项目中只有音频或视频,那么最好的办法是使用 Transana (http://transana. org),它是一个免费的开源工具,可以用来分析上述各种文件。Transana 的一个有用特性是当计算机播放视频或音频文件时,一个"打字机"程序可以将声音直接转录到应用程序中的一个独立窗口中。

614

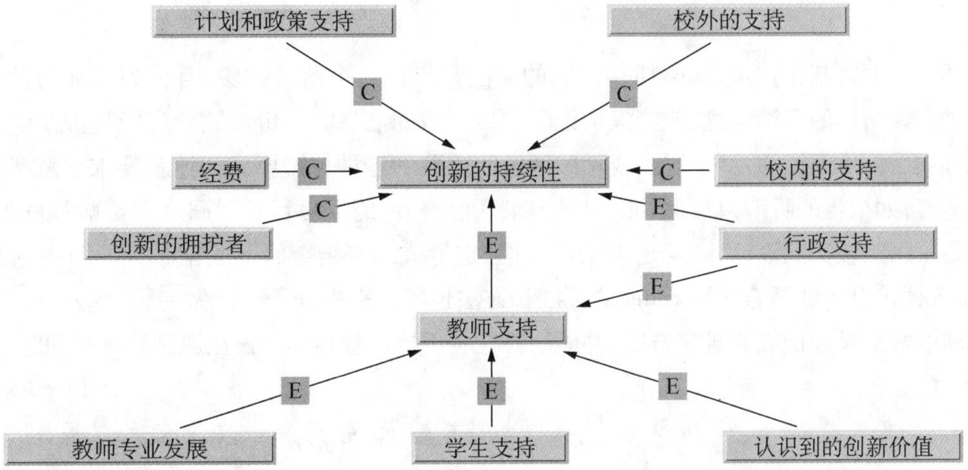

图 45. 4 技术在课堂中的创新应用可持续发展的必要(E)和促进(C)因素。
(改编自 Owston. R. D. , J. Educ. Change, 8(1),61 - 77,2007.)

英国计算机辅助定性数据分析网络(Computer-Assisted Qualitative Data Analysis (CAQDAS) Networking)项目所维护的一个优秀网站(http://caqdas. soc. surrey. ac. uk/),对流行的各种定性数据分析工具和其他有用资源及公告等作了独立的学术比较。那些对用计算机定性分析数据不熟悉的新手,可以访问这个网站,从中获得指导信息来选择最适合他们评价工作的工具。

发布

最后需要强调的是评价结果的发布。美国评价协会的评价者指导原则(见 http://www. eval. org/Publications/GuidingPrinciples. asp)为那些正在发布研究结果的评价者提出了一些好的建议。为了让他人能够很好地理解、解释和评论他们的工作,评价者应准确并详细地说明他们的研究方法和过程。他们要明白评价工作及其结果所具有的局限性。评价者应当在拥有 615

充足背景信息的前提下，讨论那些对评价结果的解释会有重大影响的因素，如价值观、假设、理论、方法、结果和分析方法。上述这些适合于评价的所有方面，包括从开始的概念化到最后的结果应用。

此外，最后的报告中当然还要向利益相关者说明评价者的工作是恰当的。这意味着评价者和利益相关者之间要不断地进行对话，其中包括正式的和非正式的工作进展报告。这也有助于利益相关者对实施中的项目进行相应的调整。同时，当实施中的项目似乎出现一些重大问题时，这也是一种逐步向利益相关者透露有关消息的方式。在项目的最后才把令人震惊的坏消息带给利益相关者，一定会让你的评价报告被埋葬且不见天日！鉴于如此，本章所回顾的各种评价模式，都在不同程度上鼓励评价者和利益相关者之间持续地进行对话。最后的结果应该是，评价报告得到使用，且它所提出的建议或问题都得到了人们的重视。

小结

评价者面对基于技术的项目时，遇到的挑战是设计一个研究方案，且该方案能为他们提供改进设计所需的反馈信息，或能提供证明项目有效的信息。评价者需要广泛地涉及领域中的各种项目评价理论，并从中找到成功的评价所需要的各种关键要素。这就要求注意多个方面的内容，如报告的听取人及他们的信息需求、确定预定的项目目标对研究的影响程度如何、是否要采用比较实验设计、以及是否采用定性、定量或二者结合的方法来研究。那些专为 E-learning 评价开发或适合 e-learning 的标准和方法也要用来指导研究。做完了这些之后，评价者就能很好地设计他们的研究方案，并能回答在利用技术教与学中正在遇到的一些问题。

（庄榕霞 译，张秀梅 一校，刘美凤、方圆媛 二校）

参考文献

616 Agodini, R., Dynarski, M., Honey, M., and Levin, D. (2003). *The Effectiveness of Educational Technology: Issues and Recommendations for the National Study, Draft*. Washington, D.C.: U.S. Department of Education.

Baker E. L. and Herman, J. L. (2003). Technology and evaluation. In *Evaluating Educational Technology: Effective Research Designs for Improving Learning*, edited by G. Haertel and B. Means, pp. 133 - 168. New York: Teachers College Press. *

Bates, A. and Poole, G. (2003). *Effective Teaching with Technology in Higher Education*. San Francisco, CA: Jossey-Bass.

Bickman, L. (1987). The functions of program theory. In *Using Program Theory in Evaluation: New Directions for Program Evaluation*, Vol. 33, edited by L. Bickman, pp. 5 - 18. San Francisco, CA: Jossey-Bass. *

Bonk, C.J. and Cummings, J.A. (1998). A dozen recommendations for placing the student at the centre of Web-based learning. *Educ. Media Int.*, 35(2), 82 - 89.

Bonk, C.J., Wisher, R.A., and Lee, J. (2003). Moderating learner-centered e-learning: problems and solutions, benefits and implications. In *Online Collaborative Learning: Theory and Practice*, edited by T.S. Roberts, pp. 54 - 85. Hershey, PA: Idea Group Publishing.

Campbell, D.T., Stanley, J.C., and Gage, N.L. (1966). *Experimental and Quasi-Experimental Designs for Research*. Chicago, IL: Rand McNally. *

Chickering, A. and Ehrmann, S.C. (1996). *Implementing the Seven Principles: Technology As Lever*, http://www.tltgroup.org/Seven/Home.htm.

Chickering, A. and Gamson, Z. (1987). Seven principles of good practice in undergraduate education. *AAHE Bull.*, 39, 3 - 7 (http://www.tltgroup.org/Seven/Home.htm).

Cook, K., Cohen, A.J., and Owston, R.D. (2003a). *If You Build It, Will They Come? Students' Use of and Attitudes towards Distributed Learning Enhancements in an Introductory Lecture Course*, Institute for Research on Learning Technologies Technical Report 2003 - 1. Toronto: York University (http://www.yorku.ca/irlt/reports.html).

Cook, T.D. (2000). The false choice between theory-based evaluation and experimentation. *New Direct. Eval. Challenges Oppor. Program Theory Eval.*, 87, 27 - 34.

Cook, T.D., Means, B., Haertel, G., and Michalchik, V. (2003b). The case for using randomized experiments in research on newer educational technologies: a critique of the objections raised and alternatives. In *Evaluating Educational Technology: Effective Research Designs for Improving Learning*, edited by G. Haertel and B. Means. New York: Teachers College Press.

Cronbach, L.J. (1980). *Toward Reform of Program Evaluation*. San Francisco, CA: Jossey-Bass. *

Eisner, E.W. (1979). *The Educational Imagination: On the Design and Evaluation of School Programs*. New York: Macmillan. *

Feuer, M.J., Towne, L., and Shavelson, R.J. (2002). Scientific culture and educational research. *Educ. Res.*, 31, 4 - 14.

Graham, C., Cagiltay, K., Craner, J., Lim, B., and Duffy, T.M. (2000). *Teaching in a Web-Based Distance Learning Environment: An Evaluation Summary Based on Four Courses*, Center for Research on Learning and Technology Technical Report No. 13 - 00. Bloomington: Indiana

University (http://crlt.indiana.edu/publications/crlt00-13.pdf).

Guba, E. G. (1978). *Toward a Method of Naturalistic Inquiry in Educational Evaluation*, Center for the Study of Evaluation Monograph Series No. 8. Los Angeles: University of California at Los Angeles. *

Guskey, T. R. (2000). *Evaluating Professional Development*. Thousand Oaks, CA: Corwin Press.

Haigh, S. and Megarity, J. (1998). *Measuring Web Site Usage: Log File Analysis*. Ottawa, ON: National Library of Canada (http://www.collectionscanada.ca/9/1/p1-256-e.html).

Kirkpatrick, D. L. (2001). *Evaluating Training Programs: The Four Levels*, 2 ed. San Francisco, CA: Berrett-Koehler. *

Mandinach, E. B. (2005). The development of effective evaluation methods for e-learning: a concept paper and action plan. *Teachers Coll. Rec.*, 107(8), 1814-1835.

Olson, D. R. (2004). The triumph of hope over experience in the search for 'what works': a response to Slavin. *Educ. Res.*, 33(1), 24-26.

Owston, R. D. (2000). Evaluating Web-based learning environments: strategies and insights. *CyberPsychol. Behav.*, 3(1), 79-87. *

Owston, R. D. (2007). Contextual factors that sustain innovative pedagogical practice using technology: an international study. *J. Educ. Change*, 8(1), 61-77.

Owston, R. D. and Wideman, H. H. (1999). *Internet-Based Courses at Atkinson College: An Initial Assessment*, Centre for the Study of Computers in Education Technical Report No. 99-1. Toronto: York University (http://www.yorku.ca/irlt/reports.html).

Owston, R. D., Kushniruk, A., Ho, F., Pitts, K., and Wideman, H. (2005). Improving the design of Web-based games and simulations through usability research. In *Proceedings of the ED-MEDIA 2005: World Conference on Educational, Multimedia, Hypermedia, and Telecommunications*, June 29-July 1, Montreal, Canada, pp. 1162-1167.

Patton, M. Q. (1978). *Utilization-Focused Evaluation*. Beverly Hills, CA: SAGE. *

Patton, M. Q. (2002). *Qualitative Evaluation and Research Methods*, 3rd ed. Thousand Oaks, CA: SAGE.

Ravitz, J. (1998). Evaluating learning networks: a special challenge for Web-based instruction. In *Web-Based Instruction*, edited by B. Khan, pp. 361-368. Englewood Cliffs, NJ: Educational Technology Publications.

Riel, M. and Harasim, L. (1994). Research perspectives on network learning. *Machine-Mediated Learning*, 4(2/3), 91-113.

Rogers, P. J., Hacsi, T. A., Petrosino, A., and Huebner, T. A., Eds. (2000). *Program Theory in Evaluation Challenges and Opportunities: New Directions for Evaluation, No. 87*. San Francisco, CA: Jossey-Bass.

Scanlon, E., Jones, A., Barnard, J., Thompson, J., and Calder, J. (2000). Evaluating information and communication technologies for learning. *Educ. Technol. Soc.*, 3(4), 101-107.

Scriven, M. (1972). Pros and cons about goal free evaluation. *Eval. Comm.*, 3(4), 1-7. *

Stake, R. E. (1975). *Evaluating the Arts in Education: A Responsive Approach*. Columbus, OH: Merrill. *

Suchman, E. (1967). *Evaluative Research: Principles and Practice in Public Service and Social Action Programs*. New York: Russell Sage Foundation.

Stufflebeam, D. L. (1973). An introduction to the PDK book: educational evaluation and decision-making. In *Educational Evaluation: Theory and Practice*, edited by B. L. Worthern and J. R. Sanders, pp. 128-142. Belmont, CA: Wadsworth. *

Tyler, R. W. (1942). General statement on evaluation. *J. Educ. Res.*, 617
35, 492-501.

Weiss, C. H. (1972). *Evaluation Research: Methods for Assessing Program Effectiveness*. Englewood Cliffs, NJ: Prentice Hall. *

Wideman, H. H., Owston, R. D., and Quann, V. (1998). *A Formative Evaluation of the VITAL Tutorial 'Introduction to Computer Science*,' Centre for the Study of Computers in Education Technical Report No. 98-1. Toronto: York University (http://www.yorku.ca/irlt/reports.html).

Worthen, B. L. and Sanders, J. R. (1987). *Educational Evaluation: Alternative Approaches and Practical Guidelines*. New York: Longman. *

＊表示主要参考文献。

46

变革代理的职责

Brian Beabout 和 Alison A. Carr-Chellman

摘要

本章介绍了变革代理职责的概念、理论基础和实证研究结论,目的是帮助变革代理和学者对组织或教育变革产生实质性的影响。对文献的熟悉可以使教育传播与技术领域中的人们的可信度增加,这些人正试图通过协作的方式来影响重大的变革。我们首先界定了变革代理职责的概念，以及变革理论、代理理论和扩散理论等相关的理论基础，然后基于这些理论的建构，对K-12学校情境、政府组织、企业和卫生保健行业相关的实证研究进行了综述，就变 620
革代理的职责提出了三个至关重要的核心思想：(1)连接组织及其所处的环境是十分重要的；(2)灵活的适应性变革可能是一个预期的目标；(3)成功的变革需要地方领导和外部的支持。

关键词

变革代理职责：促进变革的活动。

致命性适应：一种对创新的修改，逐渐削弱了创新的预期收益。

松散耦合：一种组织安排，其特点是组织层级之间充分自由。

相互调适：创新与其实施环境共同发展。

微扰：对组织功能造成微小破坏的事件，有利于促进人们对组织目标的反思。

间断平衡：一种组织变革的观点，认为组织变革以长期的稳定性和短期的变革为特征。

文化再生：指的是各种对组织的假设和目标进行检验的变革。

组织再造：指的是各种涉及组织的结构、新工作模式或者新功能的变革。

变革代理职责的定义

Suchan (2005，17页)将变革定义为“一个有计划的行动，其目标是随着环境的变化对组织重新进行调整”。在教育技术领域，我们一直希望我们所提供的技术，无论是新的还是经过改进的，都会让我们的课堂和组织产生革命性的变革，但情况很少是这样的(Cuban, 1986)。相反，我们看到的是一轮又一轮的渐进而又微小的变革，技术对学校制度或组织的实质性影响非常小，这些情况引起教育技术领域对理解和促进变革的重要性予以高度重视(Ellsworth, 2000; Ely, 1976)。我们逐渐认识到，为了让我们精心设计的学习环境得到最有效的利用，首先必须弄清如何让人们使用我们设计的学习环境，而不是抵制、妨碍、拒绝或者阻挠我们的努力。尽管一个好的设计会促进创新的顺利开展，但必须知道，我们的创新处于一个极其复杂的关系网络中，在讨论变革代理的职责时，应重视理解而不是操作。其实，我们把变革代理的职责定义为那些教育和促进活动，通过这些活动，组织的相关人员进入“他们自己设计的”的一种新的状态中。正如我们将在本章所看到的那样，这后一部分不是传统意义上对变革代理职责的理解，其主要是用户的设计(Banathy, 1991; Carr-Chellman, 2007)；事实上，我们认为，真正的变革代理职责应该将重点放在对社区、组织和利益相关者的促进上。

变革代理职责的理论基础

这个促进过程是以许多变革理论方法为基础的。Van de Ven和Poole (1995)把变革理论分为四种类型：生命周期理论、目的论、辩证理论和演变理论。尽管我们发现这个分类方法非常实用，但在描述个人和组织的变革理论、发展的变革理论以及扩散理论的时候，我们更加强调过程，其中仅仅包括了少量相关的代理理论。

个人/组织的变革理论

个人和组织的变革理论也许是一套与变革代理职责相关的最复杂的理论，无疑也是关系最密切的理论。在这些理论中，Lewin (1951)的“有计划变革理论”是最早提出的，他把变革看成“解冻—变革—再冻结”的循环过程。他的理论遭到了人们的质疑和批评，部分原因是近来冻结和解冻的循环速度越来越快，这种现象使组织处于一个不断变革的状态。

Burke和Schmidt (1971)提出了一个循环较少的变革理论，他们认为，对组织变革进行分析的较适当层次是团队。在该组织变革理论中，跃变(Abernathy和Utterback, 1978)和渐变(Weick和Quinn, 1999)是有区别的。关于变革的传统观点认为，长期的、小规模的、渐进式的变革会被短期的、非连续性的、激进式的变革所打断(Brown和Eisenhardt, 1997)。这种跃变
621 的观点被人们称为间断平衡(Abernathy和Utterback, 1978)，它塑造了一个理性组织的形象，这个组织会按计划工作，除非戏剧性的外部事件(经济变化、社会状况)迫使组织进行变革。处于这种插曲式范式中的变革代理在整个变革过程中是主要的行动者，他们对外部事件做出回应，提供管理方面的支持，并管理变革的实施(Weick和Quinn, 1999)。

这种观点与“渐进式变革”的观点形成对比，在渐进式变革中，组织以团队成员个体寻求满足其社会和职业需求的行为为基础，因而，组织的行动方式是难以预料的。Weick和Quinn (1999,375页)认为，在渐进式变革中“组织的各个部分不断做出微小的调整，这些调整积聚在一起，进而引起实质性的变革”。变革过程的这种更加分散式的观点受到了混沌理论、复杂理论和复杂系统动力学的影响，要求变革代理扮演一种不同的角色。变革代理的职责变得更具应变性和协助性，而非设定目标，激励他人。跃变和渐变这两种观点的差异将对变革代理的角色产生重要的影响。

French和Raven (1959)用他们的社会影响理论对变革进行了描述。按照威斯康星-麦迪逊大学“循证干预工作小组”(Evidenced-Based Intervention Work Group, EBIWG)的说法，这一理论关注“某一个体改变他人的信念、态度或者行为的能力”。社会影响模型包括物质吸引力、在组织层级中所处的位置、人际交往经历、对奖惩分配的认知能力等组成部分(Cialdini, 2001; French和Raven, 1959; Yukl, 1994)。具备某些特征的人比不具备这些特征的人更可能成为变革代理。社会影响理论通过对那些引进和实施变革的人的重要性进行强调，来引发我们对变革代理的讨论。这个理论框架显示，如果一位不受欢迎的领导提出了一项组织变革，那么，很可能会因为该领导缺乏社会影响力而迅速削弱了这场变革。将那些不受欢迎的人对变革的负面影响降到最低程度的办法就是创建一个社会空间，在这个空间里，个体能够了解当前组织绩效的相关数据，并且参与到关于提高绩效的对话当中。这样一个过程可能比以管理为驱动的变革更加耗时，但也可能会增加相关人员的承诺并减少抵制行为。

发展的变革理论

关于变革的传统观点关注的是个体，而发展的变革理论超越了这种观点，发展的变革理

论采纳传统变革理论的观点,但它超越了对个体部分的重视,从一个更广阔的视野来理解整个组织系统中变革是如何发生的。系统的变革理论强调"涟漪效应",就像把一块石头抛入池塘后发生的现象那样,变革向远离变革始发点的地方传播。当变革在系统的一个局部发生时,系统各要素的相互依赖性会引起系统其他部分的反应(Hutchins, 1996)。Banathy (1991)、Squire 和 Reigeluth (2000)以及 Jenlink 等人(1998)将这些思想应用到了 K－12 学校教育当中。

另一个将变革视为一种发展过程的理论是"关注为本的采纳模型"(Concerns-Based doption Model, CBAM),在这个模型中,Hall 和 Hord (1987)将潜在采纳者对特定创新的态度划分为七个关注阶段,这些阶段的范围从不了解创新,到关注创新如何适用于现有的组织,到适应创新,再到超越创新的初衷。这个模型的核心是了解那些充当"街头官僚"角色的相关人员的态度(Weatherly 和 Lipsky, 1977),这些人最终决定着变革的成败。

关注创新的应用使 CBAM 模型相对于第二级变革(变革)来说更适用于第一级变革(维 622
持)(Mink 等,1993)。第一级变革不改变一个组织的核心过程(如利用计算机取代课本进行阅读教学),人们很容易通过"应用水平"的一览表来观察这种变革。但是,第二级变革更多的是从本质上改变实践过程(如建立一个社区关系办公室),外部观察者不易或者不能够迅速地测量这种变革。第二级变革需要对话,需要整个思想模式的转变,而 CBAM 模型没有涉及到这些。但是,人们已经通过实证研究很好地证实了该模型在第一级变革的实施上所具有的效用性(Ellsworth, 2000)。在这个领域中,教育技术学家特别感兴趣的工作来自于 Caffarell (2000)所做的工作。

扩散理论

扩散理论关注一项创新所遵循的非常难以预料的路径,从对创新的意识到最终各种形式的实施或者拒绝。尽管理论家提出了特定创新可能遵循的很多路径,但是,应该说这是把任何社会组织中的许多因素用来预测一个几乎不可能实现的任务。与以上讨论的变革理论相比,扩散理论框架的核心一直是创新,并应对创新采纳过程中文化、环境和个人力量的碰撞。对扩散理论的正式论述始于 Rogers 所做的基础性工作,以及他对杂交玉米在美国农民之间的扩散研究。基于他的理论和研究,Rogers 提出了影响采纳率的五个被识别的特征:

- 相对优势——创新优于现有方法的程度。潜在采纳者越是认为创新比现有方法优越,扩散就会越快。
- 相容性——创新与采纳了创新的工作环境之间的和谐程度。如果创新不被环境所接受,就不会得到广泛的扩散。
- 复杂性——采纳者更有可能采纳他们能理解的创新,他们不愿意花费过多精力来学习。
- 可试验性——在大规模的采纳之前,某项创新的可试验程度。用户更有可能预先进行试验,如果创新不会让他们付出什么代价,他们就会采纳。
- 可观察性——如果那些尚在犹豫的人能看到早期采纳者的收益,则创新更有可能迅速得到扩散。

扩散研究往往偏重于成功的创新，这一点在此并没有深入探讨，而且相对而言，Rogers 早期的著作还具有殖民主义的性质，但是，罗杰斯提出的用于探讨变革的理论框架以及用于变革研究的词汇都具有不可估量的价值。

变革代理职责的实证研究

K－12 学校的变革代理职责

大多数实证研究都是关于 K－12 学校(从幼儿园到十二年级)变革代理职责的。对 K－12 环境变革代理的实证研究相当普遍，这表明要改革根深蒂固的学校社会制度是十分困难的。关于学校变革，Fullan (2000, p. 581)写道："采纳和实施力度很大，但没有彻底地将其制度化。"也就是说，尽管人们经常构想出各种学校变革，并进行实验，但是，这些变革很少能够坚持下来，最终在学校实践中并没有得到根本性的变革。随着几十年来大多数学校变革的失败，人们正集中精力关注什么样的过程、行为和思想观念最有助于有意义变革在学校中的持续。在本研究中，很多人或事都可作为变革代理：政府政策(Borko 等，2003)、学区领导(Spillane, 2002)、学校校长(Avissar 等，2003)、课堂教师(Olsen 和 Kirtman, 2002)、实习教师(Lane 等，2003)、社区团体(Arriaza, 2004)、K－12 学校和大学的伙伴(Fishman 等，2004; Rust 和 Freidus, 2001)、K－12 学校和企业的伙伴(Corcoran 和 Lawrence, 2003)，甚至是学生自己(Fielding, 2001)。虽然有这么多适合做变革代理的"原料"，但是，实证研究表明，他们拥有一些共同的特征。

变革代理：连接组织与环境

对 K－12 学校变革的实证研究带给我们的第一个明确的启示就是：变革代理必须连接组织与它们所处的环境。学校系统在与环境的接触过程中获得人员、资源、新观念、反馈和政治方面的支持，这对所有成功的变革都是至关重要的。与环境的紧密联系可以带来很多潜在的利益，但也存在着风险。Fullan (2000)将学校的这个变革阶段称为"由内向外的故事"(inside-out story)，在这个阶段中，"进入学校内部的大多数力量可能在某种程度上都会对学校造成威胁，但是，它们对于变革的成功又是必要的(582 页)"。也就是说，被学校认为是不合意的外部要求往往会引起组织机构内部的积极变革。

Avissar 等人(2003)在对 110 个以色列小学校长的调查研究中，对普通班级中所包含的特殊教育学生数量进行了调查，研究发现，1998 年通过的国家法律对那些实施此次变革的校长
623 数量有着显著的影响。这个政策作为变革代理的例子表明了，组织的环境会对如何进行变革产生影响。尽管政策不会直接转化为学校内部可预测的因果反应，但它们确实对变革过程产生了重大的影响。同样，由当地学生家长组成的团体对学校系统施加了压力，以使他们更好地应对西班牙语家庭持续增长的数量，Arriaza (2004, 10 页)在对该家长团体的一项探索性研究表明，"当社区作为一个被授权的变革代理积极参与到学校变革计划中的时候，学校有更多的机会使变革制度化。"通过对历史文献进行分析，并与变革运动的参与者以及当前的教育工作

者进行座谈，Arriaza追踪研究了一个关于社区向学校实践活动施加巨大压力的实例。在他的研究中，具有变革代理特征的社区虽然没有被学校邀请来帮助他们推进变革过程，但是，他们仍然可以施加足够大的压力来促成学校系统的持续变革。

在获得社区的支持和满足社区的需求方面，社区和学校的双向交流无疑会让学校系统更加繁荣，但是，这也会加剧学校的不确定状态，因为特定经济、社会或政治背景下的变革可能对学校产生不必要的压力。与环境的接触会带来一些风险，因为学校将会与团体(父母、企业、大学、基金会等)进行合作，他们可能在教育能够是什么，教育应该是什么这两个问题上持有非常不同的看法。变革代理在协调这些不同的观点以追求成功的变革时，将会面临着困难(EBIWG, 2005)。Fishman等人(2004,67页)对田纳西州的一个项目进行了描述，在那里，“当地政策为某一项目带来了无法预料的挑战，否则，该项目应该会成功。”变革总是遭受环境的压力，因此，一个明智的变革者总是密切关注环境的发展趋势，这些趋势可能会对正在进行中的变革产生影响。正如Fullan (2000,583页)所描述的那样：

> 学校需要外界支持，以实现教育的变革。但是，这些外部力量不总是有利的；它们是复杂和不协调现象的混合体，学校的工作就是规划出如何使自己与外界的关系变得富有成效。

学校从环境中积极寻求变革的动力，这可以将学校和社区间的争斗关系转变为建设性的关系。Tearle (2003)对一所考虑实施信息技术的学校的解释性案例研究表明，学校事先主动寻找周边的潜在变革，就更有可能成功实施信息技术变革。她发现，学校在实施一个项目或者课程计划时普遍采纳的模式，是学校定期与其环境进行交互并且利用随之而来的各种机会的一种标识。

“学校—社区”关系的加强使一些人赞同利用中介组织来对特定变革及其所处的不断变化的环境进行缓冲。Corcoran和Lawrence (2003)描述了K-12学校和企业的一种伙伴关系，即：与四个学区一起合作改善科学教学，他们的纵向评价研究方法包括调查、访谈、学生科学考试成绩的可观测数据等。作者对发起项目的外部非营利组织的作用予以了肯定，他指出：

> 对支持组织进行变革能够帮助学区保持工作重心。它们能够使战略和政策合法化，获得公共支持，争取时间使其生效……中介组织往往能够让利益相关者弄清“问题”，并形成一个更加稳定的改革议程。不像学校和学区那样，它们不直接隶属于政治权威，而是更加聚焦于自己的目标。

尽管变革代理的职责首先应该包括连接组织及其所处的环境，但也必须意识到，我们必须采取一些保护措施，例如与支持性组织进行合作，以防止因日常生活的骚动导致变革的失败(Bodilly等，2004)。

其他一些研究也支持利用外部变革促进者来增进变革的成功(Goldenberg, 2003; Jenlink

等,1998; Lane 等,2003)。在一个特殊的案例中,Lane 和 colleagues (2003)描述了当学生在洛杉矶联合学区进行教学的时候,这种变革型实习教师对其指导教师所产生的影响。为了检验将职前教师培养成反思性实践者的时候,这些职前教师能够产生什么样的影响,他们的研究对实习教师的反思以及指导教师的访谈进行了分析。虽然我们通常将组织的力量和引起变革的能力视为高度相关的,但是,这个关于实习教师作为变革代理的案例向人们强调了,那些几乎没有官方权力的人们也能引起积极的变革。研究表明,这些实习教师从大学获得的外部支持(情感支持、课程中的评论对话等),对他们在实习学校中扮演变革代理的角色起到了十分重要的作用。

624 组织环境也是设计良好的变革理论的重要来源。这些理论可以指导变革促进者实施变革(Reigeluth, 2004)。这些理论使变革促进者相互联系,使变革过程逐渐精致化。学校变革理论包括教育变革的指导系统(GSTE)(Jenlink 等,1998)、迈向卓越(Duffy, 2006)、职业发展方法(Caine, 2006)、用户设计(Carr-Chellman 和 Almeida, 2006)和混沌理论(Reigeluth, 2004)。当学校和变革代理对那些用于描述和预测变革的理论有所了解的时候,他们就有了一个框架,可以支持他们完成变革过程。

K-12 学校的变革完全依赖于教师的变革

传统的有计划的变革往往试图采取科学而有效的"正确"方式来办学校教育,并把它统一移植到不同的学校教育环境当中。然而,当前的变革理论认为日常教学变革的动因来自于教师在课堂上所做出的选择,而不是远方的变革者所做出的政策决定。Fullan (2001,115 页)指出,"教育变革取决于教师想什么和做什么——这既简单又复杂。"同样,在变革实施过程中,"挑战教师当前的思想并指导他们走向新的理解是十分重要的"(Spillane, 2002,396 页)。如果把教师和他们的思想及行为作为学校变革的核心,那么,变革代理如何才能使这些工作繁重的、具有实践取向的专业人员参与到变革中呢? 以教师为变革核心的战略将在此节予以指导。

人们普遍认为,"一开始是个人接受变革,接着是团队,最后是大多数人,环境(在这种环境中实施革新)的特性对此起着根本性的作用"(Arriaza, 2004,14 页)。Olsen 和 Kirtman (2002)的一项研究对加利福尼亚 36 所学校的各类相关人员进行了访谈,结果表明:教师环境的重要性被忽视了,而不管变革的成败。一旦教室的大门被关闭了,"不管学校作出何种努力,教师会以各种方式——并且是被认可的——来调停学校改革;学校可以利用这种影响作为富有建设性的方式,而不是在旁边被动地观察事件的发生"(Olsen 和 Kirtman, 2002,318 页)。因此,在这种以实施为中心的变革中,必须告诉变革代理,教室环境是实施变革的地方。如果变革是一颗种子,可以创造一所更好的学校,那么,我们必须更加关心种子生长的土壤。

在 20 世纪 70 年代兰德公司对变革代理的研究中,提出了"相互调适"的概念,用以解释学校利用外部的变革思想来满足自己需求的过程(Berman 和 McLaughlin, 1975)。通过对美国学校 293 个变革计划的观察数据和调查数据进行检验,他们总结道,在变革实施过程中,变革和学校自身都会发生改变。既然如此,完全忠诚于原始的计划不一定能够促使变革成功。这种观念"认识到为了更好地符合正在采纳的创新的规范(和能力),对创新进行局部再创造是十分重要的”(Fishman 等,2004,66 页)。理性主义变革研究理论提出的“致命性适应”(Bron 和 Campione, 1994)这个术语,可用来形容创新在某种程度上的局部改变会造成最初的目标不能实现。这个领域的研究者指出,“我们面临着这种(相互调适)方法的内在挑战,即:那些使创新变得与本来的预想大相径庭的因素可能削弱了创新所产生的影响”(Fishman 等,2004,66 页)。例如,Fishman 及其同事(2004)发现,有经验的教师太习惯于不按照原先计划好的技术创新,以至于全然忽视技术因素,研究人员因而认为他们破坏了整个计划。

变革代理还要认识到,教师是以社会化的方式从其他人那里获得教学理念,并适应学生的需求。从这种意义上看,教师一直是相互调适的行家。倘若某些要素对创新的成功是重要的,就必须为教师提供与其同事进行讨论的基础理论和空间,以及亲自试验所需的时间。培养教师“作自己学习的积极代理”的观念是现代变革代理的核心任务。Lane 及其同事(2003)所提供的实习教师作为变革代理的例子是这种思想的经典样例。听“专家”开设的培训并阅读管理者的备忘录,这不足以有效地变革教师的习惯(Cuban, 2001),要想改变教师在课堂上的习惯,必须既给予他们自主性,又为他们提供支持。

从“好计划”的形成到“好实施”的制定,这种转变使人们越来越关注特定学校中变革的实施过程,就像兰德公司变革代理研究所指出的那样(Berman 和 McLaughlin, 1975):

> 许多项目评估的重点放在了那些试图与学生成绩关联起来的教育措施上,这些努力 625
> 可能是误入歧途的。仅依据技术或者方法进行定义的教育措施与实施效果的关系是十分微弱的,因为项目设计的其他一些因素会产生更加强烈的影响。分析结果表明,项目的实施策略会对实施过程产生影响。

变革代理可以通过对实施策略的选择来影响相互调适(以及项目的成功),一种途径是通过教师共同参与到有关预先计划好的变革的对话当中。专业发展允许教师和顾问定期联系,并针对课堂实施的特殊问题开展深入的研究,这可以促进项目的成功(Berman 和 McLaughlin, 1975)。

采用对教师的日常工作充满意义的方式来围绕变革进行交流,这也是一种相关的策略。Borko 等人(2003)在对华盛顿 6 所学校的案例研究中提出了这种策略,以最初的成功为基础,关注那些变革较大的可实现部分,并且“将变革的理念移植到熟悉的惯例中去”(Knapp, 1997,引自 Borko 等,2003,195 页),这是他们提出的以教师友好(teacher-friendly)方式来实施变革的方法。对那些具有“变革疲倦”症的教师有所帮助的另一个策略就是保证所有变革的“持续性和创新性”(Borko 等,2003,199 页)。对变革的长期承诺可以打消教师的疑虑,不幸的是,他们经常遭遇资金链断裂或者领导任期缩短,从而失去了支持(Fishman 等人,2004)。

变革代理是愿景的建立者,而不是技术人员

20 世纪 70 年代,兰德公司关于变革代理的研究发现,组织的气氛是显著影响变革的三个因素之一。正如 McLaughlin (1990,12 页)后来指出的那样:“在实践者计划、执行或者维持一项创新的能力方面,地方专家的意见、组织的例行程序以及用于支持变革的资源会产生根本性的差异。”专家意见和组织程序是深层的结构，往往潜在地支配着人们在学校等复杂组织中的工作。为应对这些深层结构，变革代理必须引导教师向自己提出一些根本性的问题：我们学校的目的是什么？社区会从我们的努力中得到好处吗？回答这类问题的那些变革代理不仅充当技术人员的角色，同时也充当促进者的角色，以引导教师来讨论他们的组织需要向哪里发展。

研究者对“组织再造”(Schlechty，1990)和“文化再生”(Fullan，2000)的差异进行了区分。组织再造是以某人对学校应该如何运作的新理解为基础，来建立新的程序或者实践；而文化再生指的是更深层次的挖掘，以清晰明确地呈现出那些指引日常教学实践的基本假设。变革代理职责的概念更接近于文化再生的观点。我们发现，“作为一个变革代理，既包括愿景(为认知所驱动)，也包括采取的行动”(Avissar 等，2003，362 页)。一种“易于接受的学校文化”不是那种教师被动地让干什么就干什么的文化，而是那种尊重专业学习的文化。很显然，这种文化价值尚未在所有学校中出现，但 Cochran-Smith (1991)发现，这样的职业社区在职前教师和某些学校职员中表现出了相似的特征。请参看下面关于个体差异部分，以进行更加深入的讨论。

变革代理还负责培育各种利益相关者的共同变革愿景，建立这种愿景需要时间的投入以及能力的形成。变革代理将会发现，教师会“坚持(这个愿景)而不管变革过程如何变化”(Corcoran 和 Lawrence，2003，34 页)。愿景的形成不必是管理者或者外部咨询者的唯一职责。Lai 和 Pratt (2004)在一项有关新西兰学校技术协调人的研究中发现，他们工作的重要内容包括：形成愿景，并为实现那个愿景而制定计划。建立一个愿景最重要的不是这个愿景出自哪里，而是它可以用于交流，并被各种各样的利益相关者所接受。

虽然建立愿景是十分重要的，但是，愿景的一个本质特征就是个人或者学校可以采取多种途径来实现它。作为一个松散耦合的例子，Newmann 和 Welhage (1995，37 页)对学校进行了研究，在学校中，“学习的使命足够强大，可以指导教学；也足够灵活，可以鼓励学生在此框架下进行争论、讨论和试验”。他们对学校变革研究的元研究包括四个独立的部分，覆盖了 1000 多所美国学校，其结果表明，当鼓励教师寻找自己的方法而又坚持一个全局性的愿景时，变革很可能会成功。

626 **让领导认可并且参与进来**

另一个取得共识的有效变革的特点是得到领导的支持。Borko 及其同事(2003，191 页)对华盛顿学校变革的研究表明，“小学低年级读写能力的促进者将校长的领导形容为‘非常强硬’，并且发现这是学校成功实现变革目标的‘格外重要的’因素”。尽管校长的领导及参与对于变革的成功具有重要性，但是，他们的研究还显示出教师的领导也具有重要性(Borko 等，2003，196 页)：

> 领导——包括主要领导和部门领导——是学校变革成功的关键因素。实际上，由于他们对学校职能的其他五个维度具有影响力，因此，他们或许是最为重要的因素。

其他研究者提出了教师领导参与变革的好处(Fishman 等，2004；Lai 和 Pratt，2004；Olsen 和 Kirtman，2002；Tearle，2003)、校长参与变革的好处(Goldenberg，2003)以及中心办公室参与变革的好处(Corcoran 和 Lawrence，2003)。强有力的领导、资源以及时间的分配可能为教师提供了一个信号：变革是合法的。这种领导显然还没有在所有学校中出现(Newmann 和 Welhage，1995)。

社区的创建以及个人专业发展

有研究认为，在课程、教学方法和评估方面，21 世纪的课堂和 19 世纪的课堂极其相似，这种工业时代基于学生分级排序的学校范式已经不能满足我们信息时代的需求(Reigeluth，1999)。如果要对学校进行变革以满足当前社会的需求，教师必须学会新的工作方式。探索这些新的方式需要人们进行对话和试验，以发现特定课堂中对特定学生有效的教学实践，因此，建立一些用于培养个人和集体能力的专业社区是 K－12 学校变革代理工作的重要组成部分(Corcoran 和 Lawrence，2003；Fullan，2001)。强调本地社区能力的重要性，对于变革早期是尤为重要的。可以理解的是，如果教师不知道如何去做他们需要做的事情，即使再高层次的内部压力或者外部压力也无法保证变革的成功。

以专业发展培训范式来传授新的教学方法的发展历程并不清晰，但是，“重要的是文化再生：在学校中形成专业学习社区的过程。……组织结构可能会阻碍或者促进这个过程，但一个专业社区的形成一定会成为发展的重要驱动力量”(Fullan，2000，582 页)。专业学习社区是教师和学校领导所组成的团体，他们批判性地对教学实践进行检验，探寻新的方式来应对学生未满足的需求。McLaughlin (1990)指出，海湾写作项目(the Bay Area Writing Project)、普吉特湾联盟(the Puget Sound Consortium)和城区数学协会(the Urban Math Collaborative)等都是利用现有教师主导的社区来支持教学实践变革的团体。文化再生促进专业社区的发展，使教师对课堂变革的设计以及实施产生相当大的影响，尽管在变革过程中，专业社区由于缺少技术人员常常面临着解散。Lane 等人(2003)对洛杉矶市实习教师的研究发现，实习教师赋予指导教师以专业技能，这些技能事实上促进了批判性对话，促使教师对实践进行反思，并有助于他们的专业成长。由于指导教师没有受到实习教师的威胁，他们可能更加愿意加入这个重要的过程。Corcoran 和 Lawrence (2003，26 页)对位于新泽西州和宾西法尼亚州的社会变革项目的研究发现：

> 人们对教师教学实践专业知识所表现出来的日益尊重，以及期望他们在政策、项目的设计中献计献策，并对如何促进学区领导就教师学习的观念发生转变提出建议，有利于这些文化变革，进而也引起了 MISE 所支持的暑期学校和学习团体的大学文化变革。

由于教师得不到支持(组织上的或社会上的)，与其他人一起改善实践工作，因而，许多变革被颠覆了。改变这种状况，并为教师开发专业社区创造可能性，这对变革的采纳速度和实施质量都有积极的影响。

忽视专业发展会让变革偏离方向(Lai 和 Pratt，2004)，即使努力追求专业社区的外表，却

没有安排充足的时间、物理空间和物质资源，也会使变革偏离方向(Fishman 等，2004)。那些
627 希望进行变革的学校应该将专业社区看作他们在准备变革时的重要组成部分，因为它可以剔除那些不可能成功的变革，并为那些有潜力在本地情境下改进教学和学习的变革提供支持。

Olsen 和 Kirtman (2002)在对加利福尼亚州 36 所学校进行组织再造的研究中发现，学校的气氛是教师是否接受变革理念并将其用于课堂教学变革的主要影响因素。Tearle (2003)对一所开展信息技术的学校的案例研究也支持了这一观点，研究发现，专业社区的存在有助于创新的采纳。学校的专业社区为创新试验和领导支持提供了一个框架，并有助于创新的扩散。

个体差异问题

以上在讨论 K－12 学校变革代理职责时所提及的一般性问题虽然为实证研究结论所支持，但是，在结束讨论之前应该承认，这些问题受到了各种个体特征的影响，这有助于对特定学校所开展的特定变革进行解释。在所有变革过程中，这些独特的特征使研究远离了系统实施的保真度观，而走向那种强调进行磋商的“实施观”(McLaughlin, 1990)，正如 McLaughlin 所指出的那样，“可变性……预示着一个健全的系统，这个系统正在以最适合于本地资源、传统和顾客的方式来影响着政策并对政策进行整合”(13 页)。这些强调局部组织的个人说辞对于变革过程中的决策绝对是重要的。对 K－12 学校变革研究所揭示的一些个体差异的简略考证将说明这一点。

Avissar 等人(2003)研究了以色列校长对于以色列政府所委托的一项教育变革的看法和实践，结果发现，学校校长的年龄影响着其对此项变革的解释以及实施。他们对以色列 110 所小学的校长进行了调查，发现校长的年龄越大，越不可能全面地实施政府所委托的变革。Fishmanet 等人(2004)对偏离课程计划时的教师特征进行了研究，他们发现，“轻松地使用技术和轻松的程度”可作为教师的特征，这个特征对于技术导向的变革有着非常大的影响。Jenlink 等人(1998)的警告也提及了个体的特征，他们认为，那些内部变革促进者无论多么有能力，都有可能背上政治的包袱，这会扰乱变革的过程。意识到那些感兴趣的早期采纳者以及那些对变革目标意见不一致的抵制者，这是 K－12 学校成功变革所必不可少的。

非 K－12 学校背景下变革代理的职责

尽管本章提到的大多数实证研究是基于 K－12 学校背景的，但是，政府、企业、卫生保健行业等其他一些领域也有不少有价值的研究。对这些研究进行简要的考察，既可验证 K－12 学校研究的发现，也可对变革代理职责的讨论增加额外的认识，从而给教育技术工作者和其他一些对变革人类学习感兴趣的人们以启迪。

政府变革代理的职责

Kakabadse 和 Kakabadse (2003)对 12 位一起工作超过 15 个月的英国公务员进行了一项案例研究，结论表明，如果以制度化作为目标的话，那么，文化变革比组织结构变革更加重要。他们以共享价值的形成作为对当前实践进行讨论的“跳板”，并以此为起点对协作探究(collaborative inquiry, CI)进行深入的研究。他们还探讨了人们在揭示未经验证的价值观并对深藏的个人假设进行批判时，需要具备持之以恒的精神，这一点是非常重要的(Kakabadse

和 Kakabadse, 2003,379 页):

> 当探究过程遭遇任何情境中的基本假设、价值、权力基础以及已经确立的工作方式时,CI 是一种富有挑战性的体验,它需要时间、资源、技能,也需要具备与团队分享个人经验知识的能力。

正如在 K-12 学校环境中那样,开展这些对话,并且提供适当的时间以及支持,对完成变革过程是十分重要的。

Simmons 和 Simmons (2004)进行的一项大型调查研究结论表明,政府变革是一个复杂的过程,几乎涉及各种可能的问题。研究者发现,种族和教育差异是许多差异的核心,但他们指出:"我们认为没有一个专门的环境、政治或者组织理论可以解释政府形态上的所有冲突。"市政府范围的变革如此复杂,以致没有专门的理论能够全面地解释它。个体差异以及支持公开对话的重要性在这里都有所展现。

企业变革代理的职责 628

自 Ackoff (1974)早期的运筹学(Operations Research)研究工作以来,企业经常利用被指称为"外部顾问"的变革代理(Bennis, 1969,引自 Kendra 和 Taplin, 2004)。顾问的定义比我们在本章开始对变革代理职责的定义要窄一些,但是,对这些顾问进行简略的考察,应该有助于我们更加全面地理解什么是变革代理。

这些外部变革代理的价值在于他们"有能力影响组织的权力结构,他们施加影响的方式是那些作为组织雇员的变革代理所不能采用的,因为相对于雇员来说,他们较少受到隐性或显性的组织奖赏与惩罚"(Kendra 和 Taplin, 2004,21 页)。这些观点受到 French 和 Raven (1959)的极大影响。外部顾问能公开批评组织中的人和事,这不会有损于他们的职业,他们对变革的看法带有偏见的可能性也较小。虽然内部变革代理更了解变革的背景和重要的利益相关者,但是,他们很可能会受到组织中的既得利益的影响,进而导致变革过程的中止。组织在选择变革代理的时候必须在这方面作出权衡。

那么,研究人员发现外部代理的哪些特征有助于变革呢?在企业研究中,人们比较一致地认可三种成功的变革代理品质:出色的沟通技能;在管理者和雇员之间发挥松散耦合作用的能力;在组织实践中引发微扰的能力。

在相关文献中,沟通技能常常被作为成功变革顾问的重要特征(Suchan, 1995; Weick 和 Quinn, 1999),他们像翻译人员一样将变革理念变成现实,这些工作要求顾问和相关人员进行沟通,包括正式的和非正式的。Sumner (1999)对实施大规模信息技术系统的 7 个企业进行了比较案例研究,研究发现,在其中 5 个企业中,沟通对于创新的成功起着关键性的作用。同样,Vishwanath 和 Goldhaber (2003)对 225 名非手机用户的一项手机使用调查表明,对于晚期使用者来说,客户和变革代理(售货员)的联系是手机使用过程中的一个重要因素。对于顾问来说,"换一种说法"的观念而非更好的辩护,有利于他们理解沟通的复杂性(Rorty, 1989;转引自 Weick 和 Quinn, 1999)。潜在手机使用者和手机销售员的沟通降低了人们对创新所预见的复杂性，根据 Rogers 的扩散理论(2003)，这提高了手机使用的可能性。

以企业为对象的研究者还发现，变革代理对于培养管理者和雇员之间松散耦合的能力具有重要性(Ortonand Weick, 1990; Weick, 1976)。正如前一小节所描述的 K－12 学校愿景的创建那样，松散耦合是以共享组织愿景的创建为前提的，这种愿景能够对所有成员的行为和意向起到引导的作用。在这种愿景的指导下，员工享有寻找多种途径追求组织愿景的自由。Faulkner 和 Anderson (1987)在对好莱坞电影演员工作关系的研究中指出，由导演、制片人、演员和技术人员所组成的松散耦合的组织建立了一些小型环境，在这些小型环境中，已经取得成功的人们会再次合作，确保了未来的繁荣，结果，更多电影卖出了好票房，很少有失败的。

在对信息技术行业 6 个公司的多案例研究中，Brown 和 Eisenhardt (1997)采用访谈、观察和环境分析法来确定多产品创新成功的相关因素，他们提出，松散耦合是企业实施多产品创新的诸多常见特征之一。与此相反，Dubois 和 Gadde (2002)基于他们以往的研究强调，建筑企业松散耦合的性质尽管在优化项目的时间和成本方面是有益的，但是，也有可能对这个领域的创新产生负面的影响。松散耦合鼓励局部试验和创新，但正规的耦合可让整个建筑领域共享成功的创新，缺乏正规的耦合会减缓这个领域的发展。这些冲突的观点为我们带来的启示是：变革代理应该鼓励管理者和工作人员之间的松散耦合，同时坚持定期的交流，以产生“异花受粉”的效果。

在企业变革文献中，变革代理/顾问的最后一个特征是其在日常工作中引发“微扰”的能力，这有助于变革的启动。Suchan (2005，18 页)就为何这是变革代理的一个重要品质给出了一个明确的解释：

> 为了克服惯性，至少在起始阶段，需要一个微扰来开辟一个空间，为组织系统注入新的能量(Pfeifer, 1997)。微扰的来源可能是一项新技术，一个较大的组织机遇(如一次合并或者并购)，一次组织危机或者潜在的危机，甚至是设置一个实际上不可能实现的目标。

629 变革代理经常与组织日常活动的惯性产生碰撞，成功的变革代理能够中断这个催眠的活动流，不会对个体成员过分施压，而是鼓励他们对日常工作进行严格的自我检视。在一项对习惯性过程的阻断有所启发的健康研究中，Prochaska 和 Norcross (2001)对烟民以及那些打算减肥的人进行了研究，他们发现，个人在行为改变过程中经历了六个阶段：前沉思期、沉思期、准备期、行动期、维持期和终止期。值得注意的是，在六个阶段中，只有一个阶段真正产生了个人行为的转变，其余阶段都是准备和保持阶段。Prochaska 和 Levesque (2001)研制的一种“决策平衡评估”(Decisional Balance Inventory)调查工具将个人行为变革理论扩展到组织的范围。他们报告道，很多研究采用这个工具，从高等教育到饮食服务业，再到零售业，并得出结论，即：采用他们的阶段变革范式可以让更多人参与到变革过程中，并且允许变革代理为不同的个体或者工作团队调配不同的变革活动，这些个体或者工作团队对于变革的准备水平可能有所不同。

Brown 和 Eisenhardt (1997)也强调了干扰日常工作的重要性，其研究发现，6 位产品开发经理“通过不断的探索未来寻求计划的严格性和反应的无序性之间的平衡,在探索未来的过程中他们利用了多种多样的低成本办法……实验性的产品、未来主义者、战略伙伴和频繁的会议”。对未来展望的结果可能会为团队提供信息,引起组织愿景的改变。学者们注意到,在变革过程的早期阶段,向员工提供组织绩效提高的相关数据是十分重要的(Dooley, 1997)。提供这些数据并规定结构化的时间,以此为基础让人们开展讨论,这是一种用于唤起组织脱离墨守成规的路径的策略。企业变革顾问精于微扰日常活动流,从而产生一些不协调,培育团队的创新能力。

卫生保健变革代理的职责

Redfern 和 Christian (2003,236 页)论述了医学界变革代理的重要性,他们提出,“一个值得信赖的变革代理与工作人员合作共事,鼓励他们热情参与到变革中”,这是变革成功的重要因素。尽管医学界有相当严格的实验传统,但研究指出,复杂卫生组织的变革经常会表现出无序性。深刻理解变革代理所处的组织文化背景是必要的。

Berman 和 McLaughlin 的“相互调适”的概念似乎也应用到了医疗专业变革研究当中。Slater 等人(2005)对一个基于社区的乳房 X 光摄影项目进行了研究,他们发现,持有“允许变革代理组织在各种情境下‘再发明’(创新)”(465 页)的态度是十分重要的,人们意识到不同参与者在变革过程中的竞争议程(研究者 vs. 变革代理 vs. 社区),这一点强调了灵活实施的必要性。相反,一个向动物园传播“太阳安全计划”的研究发现,调整动物园传播“太阳安全计划”的方式,这对实施水平的影响很小(Lewis 等,2005),这与很多研究所指出的“创新越有灵活性,就越有可能被采用”的观点(Berman 和 McLaughlin, 1975; Rogers, 2003)背道而驰。对这种不一致性的可能解释就是:没有事先安排就直接将这个创新分派给那些不感兴趣的实施者。这些相互矛盾的发现使人们认识到,创新的来源和它的灵活性或许是同等重要的。

动物园研究的作者还发现,为了避免研究结果含有杂质,他们没有推进参与此项目研究的动物园之间的沟通交流,但是,他们承认这样的沟通交流可能会提高采纳率;此外,Rogers 的“可观察性”理论支持了这个结论,允许所有参与者在变革过程中进行交流似乎是成功的医疗变革的特征。Slater 等人(2005)发现,加强合作机构的联系可以巩固变革,在复杂的组织中,管理人员、变革代理、采纳者可以不是正规的合作者,明智的变革代理会特别关注促进所有参与者的交流。

小结 630

本文对变革代理职责的讨论横跨从学校到医院的多种背景,介绍了变革代理职责理论的现状,着重强调了以下几个方面的问题:连接组织和环境的重要性、相关利益者在变革中的核心地位、愿景和文化的重要性、领导认可并参与进来的必要性、专业社区的用处、对采纳者个人差异的认识。我们还考察了非学校环境并发现文化在所有组织中具有同等的重要性,企业领域的研究对于变革代理职责的定义和界定要明确一些。非学校环境下的变革代理要求人们具有突出的沟通技能,并能够与松散耦合的管理者和雇员相互作用。正如人们倡导学校变革一样(Peck和Carr, 1997),企业变革代理必须能够通过产生变革的积极动力来展现当前的弱点,而这些学校变革通常源自与学校成果相关的数据共享。很多研究发现,变革代理并不总是受欢迎、被支持、或者给予充足的时间或人力资源,事实上,在各种环境下的大多数变革代理非常努力地实现和保持实质性的、系统性的组织变革。当然,像大多数教育技术专家想要做的那样,那些“迎刃而上”(tilt at windmill)的变革代理找到了他们自己的个人意义。我们希望以上研究将“擦亮你的长矛”并“削尖你的目标”。

(高　峰 译、王爱华 一校,刘美凤、方圆媛 二校)

参考文献

Abernathy, W.J. and Utterback, J.,M.(1978). Patterns of industrial innovation. *Technol. Rev.*, 80,40-47.

Ackoff, R.(1974). *Redesigning the Future*. New York: John Wiley & Sons.*

Arriaza, G.(2004). Making change that stay made: school reform and community involvement. *High School J.*, 87(4),10-24.

Avissar, G., Reiter, S., and Leyser, Y.(2003). Principals' views and practices regarding inclusion: the case of Israeli elementary school principals. *Eur. J. Special Needs Educ.*, 18(3),355-369.

Banathy, B.H.(1991). *Systems Design of Education: A Journey to Create the Future*. Englewood Cliffs, NJ: Educational Technology Publications.

Barabasi, A. L.(2002). *Linked: The New Science of Networks*. Cambridge, MA: Perseus.

Berman, P. and McLaughlin, M.(1975). *Federal Programs Supporting Educational Change*. Vol.1. *A Model of Educational Change*. Santa Monica, CA: RAND.*

Bodilly, S.J., Chun, J., Ikemoto, G., and Stockly, S.(2004). *Challenges and Potential of a Collaborative Approach to Education Reform*. Santa Monica, CA: RAND.

Borko, H., Wolf, S.A., Simone, G., and Uchiyama, K.P.(2003).
631 Schools in transition: reform efforts and school capacity in Washington state. *Educ. Eval. Policy Anal.*, 25(2),171-201.

Bron, A. and Campione, J.(1994). Psychological theory and the design of innovative learning environments: on procedures, principles, and systems. In *Contributions of Instructional Innovation to Understanding Learning*, edited by L. Schauble and R. Glaser, pp.289-325. Hillsdale, NJ: Lawrence Earlbaum Associates.

Brown, S. L. and Eisenhardt, K.M.(1997). The art of continuous change: linking complexity theory and time-paced evolution in relentlessly shifting organizations. *Admin. Sci. Q.*, 42,1-34.

Burke, W.W. and Schmidt, W.H.(1971). In primary target for change: the manager or the organization? In *Social Intervention: A Behavioral Science Approach*, edited by H. A. Hornstein, B. B. Bunker, W. W. Burke, M. Gindes, and R.J. Lewicki, pp.373-385. New York: Free Press.

Caffarella, E. P.(2000). Characteristics of Individuals Who Have Adopted an Innovation or Have Not Made a Decision to Adopt an Innovation. Paper presented at the Association for Educational Communications and Technology Conference, February 16-20, Long Beach, CA.

Caine, G.(2006). A professional development approach to systemic change. *TechTrends*, 50(2),43-44.

Capra, F.(1982). *The Turning Point*. New York: Simon & Schuster.

Carr, A.A.(1997). User design in the creation of human learning systems. *Educ. Technol. Res. Dev.*, 45(3),5-22.

Carr-Chellman, A.A.(2007). *User Design*. Mahwah, NJ: Lawrence Erlbaum Associates.

Carr-Chellman, A.A. and Almeida, L.C.(2006). User-design for systemic change. *TechTrends*, 50(2),44-45.

Cialdini, R.B.(2001). *Influence: Science and Practice*. Boston: Allyn & Bacon.

Cochran-Smith, M.(1991). Learning to teach against the grain. *Harvard Educ. Rev.*, 51(3),279-310.

Corcoran, T. and Lawrence, N.(2003). *Changing District Culture and Capacity: The Impact of the Merck Institute for Science Education Partnership*. Philadelphia, PA: Consortium for Policy Research in Education.

Cuban, L.(1986). *Teacher and Machines: The Classroom Use of Technology Since 1920*. New York: Teachers College Press.

Cuban, L.(2001). *Oversold and Underused: Computers in the Classroom*. Cambridge, MA: Harvard University Press.

Dirkx, J.M., Gilley, J.W., and Maycunich Gilley, A.(2004). Change theory in CPE and HRD: toward a holistic view of learning and change in work. *Adv. Dev. Hum. Res.*, 6(1),35-51.

Dooley, K.(1997). A complex adaptive systems model of organizational change. *Nonlinear Dynamics Psychol. Life Sci.*, 1(1),69-97.

Dubois, A. and Gadde, L.E.(2002). The construction industry as a loosely coupled system: implications for productivity and innovation. *Construct. Manage. Econ.*, 20,621-631.

Duffy, F.M.(2006). Step-up-to-excellence: a protocol for navigating the whole-system change in school districts. *TechTrends*, 50(2),41.

Ellsworth, J.B.(2000). *Surviving Change: A Survey of Educational Change Models*. Syracuse, NY: ERIC Clearinghouse on Information and Technology.

Ely, D.(1976). Creating the conditions for change. In *Changing Times: Changing Libraries*, edited by S. Faibisoff and G. Bonn, pp. 150-162. Champaign, IL: University of Illinois Graduate School of Library Science.

Evidence-Based Intervention Work Group (EBIWG).(2005). Theories of change and adoption of innovations: the evolving evidence-based intervention and practice movement in school psychology. *Psychol. School*, 42(5),475-494.

Faulkner, R.R. and Anderson, A.B.(1987). Short-term projecting and emergent careers: evidence from Hollywood. Am. J. Sociol., 92,879-909.

Fielding, M.(2001). Students as radical agents of change. *J. Educ. Change*, 2(2),123-141.

Fishman, B., Marx, R.W., Blumenfeld, P., Krajcik, J., and Soloway, E.(2004). Creating a framework for research on systemic technology innovations. *J. Learn. Sci.*, 13(1),43-76.

French, J.R.P. and Raven, B.H.(1959). The bases of social power. In *Studies in Social Power*, edited by D. Cartwright, pp.150-167. Ann Arbor, MI: Institute for Social Research.

Fullan, M.(2000). The three stories of education reform. *Phi Delta Kappan*, 81(8),581-584.

Fullan, M.(2001). *The New Meaning of Educational Change*, 3rd ed. New York: Teachers College Press.*

Goldenberg, C.(2003). Settings for school improvement. *Int. J. Disab. Dev. Educ.*, 50(1),7-16.

Hall, G.E. and Hord, S.M.(1987). *Change in Schools: Facilitating the Process*. Albany, NY: SUNY Press.*

Hutchins, C.L.(1996). *Systemic Thinking: Solving Complex Problems*. Aurora, CO: Professional Development Systems.

Jenlink, P.M., Reigeluth, C.M., Carr, A.A., and Nelson, L.M.(1998). Guidelines for facilitating systemic change in schools districts. *Syst. Res. Behav. Sci.*, 15,217-233.

Kakabadse, N.K. and Kakabadse, A.(2003). Developing reflexive practitioners through collaborative inquiry: a case study of the U.K. civil service, *Int. Rev. Admin. Sci.*, 69(3),365-383.

Kendra, K.A. and Taplin, L.J.(2004). Change agent competencies for information technology project managers. *Consult. Psychol. J. Pract. Res.*, 56(1),20-34.

Kozol, J.(2006). Success for all: making an end run around inequality and segregation. *Phi Delta Kappan*, 87(8), 624.

Lai, K.-W. and Pratt, K. (2004). Information and communication technology (ICT) in secondary schools: the role of the computer coordinator. *Br. J. Educ. Technol.*, 35(4), 461 - 475.

Lane, S., Lacefield-Parachini, N., and Isken, J. (2003). Developing novice teachers as change agents: student teacher placements 'against the grain.' *Teacher Educ. Q.*, 30(2), 55 - 68.

Lewin, K. (1951). *Field Theory in Social Science*. New York: Harper & Row.*

Lewis, E., Mayer, J. A., Slymen, D., Belch, G., Engelberg, M., Walker, K. et al. (2005). Disseminating a sun safety program to zoological parks: the effects of tailoring. *Health Psychol.*, 24(5), 456 - 462.

McLaughlin, M. (1990). The RAND change agent study revisited: macro perspectives and micro realities. *Educ. Res.*, 19(9), 11 - 16.

Mink, O. G., Esterhuysen, P. W., Mink, B. P., and Owen, K. Q. (1993). *Change at Work: A Comprehensive Management Process for Transforming Organizations*. San Francisco, CA: Jossey-Bass.

Newmann, F. M. and Welhage, G. G. (1995). *Successful school restructuring*. Madison, WI: Center on Organization and Restructuring of Schools.*

Olsen, B. and Kirtman, L. (2002). Teacher as mediator of school reform: an examination of teacher practice in 36 California restructuring schools. *Teachers Coll. Rec.*, 104(2), 301 - 324.

Orton, J. D. and Weick, K. E. (1990). Loosely coupled systems: a reconceptualization. *Acad. Manage. Rev.*, 15(2), 203 - 223.

Oshry, B. (1996). *Seeing Systems: Unlocking the Mysteries of Organizational Life*. San Francisco, CA: Berrett-Koehler.

Peck, K. L. and Carr, A. A. (1997). Restoring public confidence in schools through systems thinking. *Int. J. Educ. Reform*, 6(3), 316 - 323.

Prochaska, J.O. and Levesque, D.O. (2001). A transtheoretical approach to changing organizations. *Admin. Policy Ment. Health*, 28(4), 247 - 261.

Prochaska, J. O. and Norcross, J. C. (2001). Stages of change. *Psychotherapy*, 38(4), 443 - 448.

Redfern, S. and Christian, S. (2003). Achieving change in health care practice. *J. Eval. Clin. Pract.*, 9(2), 225 - 238.

Reigeluth, C. M. (1999). What is instructional-design theory and how is it changing? In *Instructional-Design Theories and Models: A New Paradigm of Instructional Theory*, Vol. 2, edited by C. M. Reigeluth, pp. 5 - 30. Mahwah, NJ: Lawrence Earlbaum Associates.

Reigeluth, C. M. (2004). Chaos Theory and the Sciences of Complexity: Foundations for Transforming Education. Paper presented at the American Educational Research Association Annual Meeting, April 12 - 16, San Diego, CA.*

Rogers, E.M. (2003). *Diffusion of Innovations*, 5th ed. New York: Free Press.*

Rust, F. and Freidus, H., Eds. (2001). *Guiding School Change: The Role and Work of Change Agents*. New York: Teachers College Press.

Sarason, S. B. (1990). *The Predictable Failure of School Reform: Can We Change Course Before It's Too Late?* San Francisco, CA: Jossey-Bass.*

Schlechty, P.C. (1990). *Schools for the Twenty-First Century: Leadership Imperatives for Educational Reforms*. San Francisco, CA: Jossey-Bass.

Simmons, J. R. and Simmons, S. J. (2004). Structural conflict in contemporary cities. *Am. Rev. Public Admin.*, 34, 374 - 388.

Slater, J. S., Finnegan, Jr., J. R., and Madigan, S. D. (2005). Incorporation of a successful community-based mammography intervention: dissemination beyond a community trial. *Health Psychol.*, 24(5), 463 - 469.

Spillane, J. P. (2002). Local theories of teacher change: the pedagogy of district policies and programs. *Teachers Coll. Rec.*, 104(3), 377 - 420.

Squire, K. D. and Reigeluth, C. M. (2000). The many faces of systemic change. *Educ. Horizons*, 78(3), 143 - 152.

Suchan, J. (2006). Changing organizational communication practices and norms: a framework. *J. Bus. Tech. Commun.*, 20(1), 5 - 47.

Sumner, M. (1999). Critical Success Factors in Enterprise-Wide Information Management Systems Projects. Paper presented at the Association of Computing Machinery Special Interest Group on Computer Personnel Research (CPR) Annual Conference, April 8 - 10, New Orleans, LA.

Tearle, P. (2003). ICT implementation: what makes the difference? *Br. J. Educ. Technol.*, 34(5), 567 - 583.

Van de Ven, A. and Poole, M. (1995). Explaining development and change in organizations. *Acad. Manage. Rev.*, 20(3), 510 - 540.

Vishwanath, A. and Goldhaber, G. M. (2003). An examination of the factors contributing to adoption decisions among latediffused technology products. *New Media Soc.*, 5(4), 547 - 572.

Weatherly, R. and Lipsky, M. (1977). Street-level bureaucrats and institutional innovation: implementing special-education reform. *Harvard Educ. Rev.*, 47(2), 171 - 191.

Weick, K. E. (1976). Educational organizations as loosely coupled systems. *Admin. Sci. Q.*, 21, 1 - 19.*

Weick, K. E. and Quinn, R. E. (1999). Organizational change and development. *Annu. Rev. Psychol.*, 50, 361 - 386.

Yukl, G. (1994). *Leadership in Organizations*. Englewood Cliffs, NJ: Prentice Hall.

---

* 表示主要参考文献。

47

设计语言

Andrew S. Gibbons、Luca Botturi、Eddy Boot 和 Jon Nelson

摘要 634

设计语言和符号系统对教学设计具有重大的实用价值和理论意义。在产生设计的过程中,教学设计者使用多种设计语言。符号系统使得设计语言可视化,并把那些解决方案加以归档。设计语言为不断发展演变的设计提供了基石。不同的设计师使用不同的设计语言;而对于一个多人参与的、富有战斗力的设计团队来说,公共的设计语言和符号系统则是必需的,至少在基础层面上是这样的。教学设计的设计语言,能够使我们以一种全新的方式来审视教学设计、教学理论、教学设计理论以及日常实践,这种方式能够增强我们对所有这些问题的理解。

关键词

设计语言:用于为设计问题的解决而提供结构、属性和质地的一系列抽象语言;设计是通过设计语言来表述的。

设计层:是某个已分解的设计问题的其中一方面,这个设计问题可以通过一种或多种设计语言来实现;也是一种或多种设计语言所适合的更大设计问题的子领域。

引言

设计语言和符号系统对教学设计具有重大的实用价值和理论意义。在本章,我们对设计语言之价值的相关证据进行了考察,我们认为,许多领域中的设计者已经意识到了人们在自觉地对设计语言进行研究与应用时所得到的许多益处,包括:

- 增进设计团队的沟通与交流;
- 增进设计者与制作者之间的沟通与交流;
- 增进设计者与客户之间的沟通与交流;
- 促进设计的创新;
- 更多地受到理论的指导,尤其是受到更加适用的理论的指导;
- 理论与设计之间更微妙地进行整合;
- 增进设计的分享交流,提升设计之间的比较;
- 改善设计者的教育;
- 设计与制作的自动化。

什么是设计语言?

作为教学设计者,我们所有人都使用多种设计语言。我们经常使用的词汇,例如讨论、档案袋、形成性评价、特殊编码或者专业概念,都帮助我们探索教学问题的空间和性质,并确定、提炼和策划一个解决方案(Goodwin, 1994)。一种设计语言是一系列抽象语言,它们为所设计问题的解决方案提供结构、属性和质地。设计是通过设计语言来表述的。设计语言为设计提供了基石,它还提供有关设计问题的思考类别,并且提供了技术理论与设计实践之间的一个重要连接。设计语言的术语标明了行动的对象、行动者、行动、概念、关系类型、复合对象、质量以及属性。

一位评论员兼设计理论家评论道,“无论什么时候,当设计者要与他的设计团队讨论问题的时候,他们都在使用一种设计语言(的术语)”(私下交流)。设想这样一个全景,其中描绘了一种典型的设计情境:作为一个教学设计者,要求你向一位传播专家提供支持,他正在为一家
635 企业的员工设计一门有关有效沟通技巧的混合式学习课程。在一次会议上,你和这位专家正在讨论讲座、研讨、案例研究、练习、在线论坛以及其他可能的活动。随着讨论的深入,你意识到这位专家并没有真正理解这些术语。不仅如此,你还发现你们对于这些术语的定义也非常不同,有时甚至是截然不同。你开始意识到,对设计细节进行讨论是很困难的,因为你们并不是依据一个共同意义框架来开展工作的,同时,你们没有对意义进行交流所需的共同语言。

为了勾勒出一种他们可以以大体相同的方式来理解的设计,这位设计师与这位传播专家需要一套共同的术语。他们需要从他们个人所受的训练和经验出发,提取出个人的和公共的设计语言,从而建立一套共同的设计语言。同时,他们将在这个项目范围之内创造一些新的术语。通过意义的协商,一种公共的本土语言就发展起来了(Winograd 和 Flores, 1987)。当地符号系统也将公开地表征这些设计,这种符号系统包含绘图、符号以及文字。这种符号表达将针对一组专门的受众,而这些受众的成员通晓该种语言,同时,其标注符号也足以让人们理解产品设计的意义。因此,设计文档将是丰富且密集的,对于非团队成员而言,要解释清楚这种文档是十分困难的。

Schön (1987)将设计看成一种以语言为中心的社会现象。设计语言对于所有设计领域都是通用的(Gibbons 和 Brewer, 2005; Rheinfrank 和 Evenson, 1996; Waters 和 Gibbons, 2004; Winograd 和 Flores, 1987)。在许多领域里,我们可以分辨出设计语言的共同特征。

设计层与设计语言

根据 Schön (1987)的观点,在一个单一的设计创作中,需要大量的设计语言。他将设计语言与设计问题的范畴联系起来,不同的问题范畴代表了在一个设计完成过程中需要解决的一系列子问题。(Schön, 1987, p. 58):

> 设计语言的要素可以被分成许多群组,我已经确定了 12 个群组……这些设计范畴包含了要素、特征、关系和动作的名称,以及那些用于对问题、结果和影响进行评估的标准的名称。

Schön 的范畴大体上与 Brand (1994)所描述的关于建筑设计的设计层级是一致的。Brand 发现了建筑设计的 6 个层级:地点、结构、外表、服务、空间以及内容(家具)。他认为,用层级来描述一个设计,能够使设计者在一个层级之内对设计进行修改,而将对其他层级的破坏减至最小。这就导致了模块化设计,它允许单个层级独立发展。人们可以对单个层级进行设计,使其绕过其他层级,而不造成相互干扰。Baldwin 与 Clark (2000)则声称,这种设计的模

块化主宰了现代计算机工业的经济学。这一原则似乎也同样适用于软件设计(Bass 等,2003; Czarnecki 等,2006; Rosenberg, 2007)。Gray (2006)描述了这个原则如何为亚马逊(Amazon)的商人提供一种主要的竞争优势。在诸如 W2000 (Baresi 等, 2001)和 IDM (Bolchini 和 Paolini, 2006)之类的网站设计语言中,层级获得了清晰的界定。这些例子表明,设计语言及其层级关系,构成了一种连贯的设计理论。

设计语言与自然语言

设计语言这个术语引出了设计语言与自然语言之间的关系。为了理解这种关系,我们必须考虑自然语言的本质。与我们通常将语言概念看作静态辞典和句法,不同的是,McWhorter (2003,12 页)描述了“一种语言的点点滴滴如何无休止地、与生俱来地变化着”。词汇确立了语言的合法性。语言这个词汇本身就意味着已经界定和解决了的某种东西。McWhorter 说道,“甚至根本就不存在‘语言’这种东西……正是语言变化的本质,使得‘语言’这个概念在逻辑上不可能存在”,事实并非如此,“实际上,大多数‘语言’都是围绕一个基本主题的一组变化,例如方言”(McWhorter, 2003,52—53 页)。

McWhorter 将一种自然语言看作是多种方言的集合,这种观点有助于人们在自然语言的范畴之内定位设计语言的概念。设计语言表述是由一种自然语言的特定方言形成的。设计语言表述与人们日常使用的自然语言表述融为一体,这使非本土听众无法辨别。使一种设计语言区别于自然语言的,正是其独特的语义:一种无法为一般的语言用户所共享的东西。例如,对于正在与另外一位数学家交谈的某位数学家来说,“代码”这个术语通常会被理解为一个加密的解,但是,对于正在与另外一位计算机程序员交谈的某位程序员来说,它更可能是指一种工作产品。Gibbons 和 Rogers (2007)描述了自然语言与设计语言之间的区别(见表 47.1)。

表 47.1　自然语言和设计语言在原语、句法和语义上的比较 636

	自然语言	设计语言
原语	以日常事物和事件为中心;抽象的经验;为大量用户所共有	以特有工具、过程、技术、理论或者最佳实践为中心
句法	以作为表达中介的语词为基础,线性顺序和位置顺序是至关重要的	依赖于问题解决的媒介和解决方案;有时是空间或视角导向的
语义	来自人们所经历的世界,以及那些能够被用于交流或者人们期待用其进行交流的事物	来自问题领域以及领域中问题的情境

出处:摘自 Gibbons, A. S. and Rogers, P. C., *Instructional-Design Theories and Models: A New Paradigm of Instructional Theory* Vol. III, Reigeluth, C., Ed., Lawrence Erlbaum Associates, Mahwah, NJ, 2007.

设计语言是自然语言的一种特例,在自然语言中,一组语言用户共享术语、表述式句法和语义。设计语言表述混合了自然语言要素和特定语言要素,因此,设计语言用户可能用代码进行交流,在某种意义上说,这就是他们在做的事情。需要强调的是,正是用户的共享概念集合,使得设计语言在用户之间富有意义。这种共享的概念集合可以在图表、绘画或其他表征形式中找到表述,所以,设计语言表述所使用的句法可能包括用户特有的空间维度和隐喻维度(例如蓝图或图例)。

设计语言存在于一个形式化的连续统一体之中。要抗拒将设计语言看作一种逻辑的形式主义是非常难的,但是,设计语言同时也是一种设计的工具和设计的副产品。为了特定的目的,它们可以以一种计算机语言的方式被形式化,这些形式可能导致更加精准和复杂的设计,但是,过分强调形式主义也会替代语言中隐喻的使用,并且有损创造性。目前,最普遍使用的设计语言只局限于形式化的沟通;相反,设计语言的更普遍应用,是共同解决问题,以及设计者与设计团队成员之间协商出更确切的含义。

教学设计语言

设计语言与教学设计架构有关:一个教学人造制品的内部结构及其与所在情境之间的外部结构关系。在本节,我们将描述教学设计的设计语言。

教学设计层

Gibbons (2003)将 Brand 的层级设计观点应用到了教学设计的架构上,他以七个主要的层级来描述教学设计,其中每个层级又可以分为许多子层。层级的特性是以设计问题的功能性分解为基础的,而不是面向过程的设计问题的分解。命名的主要层级分别为内容、策略、控制、讯息、表征、媒体-逻辑以及数据管理(Gibbons 和 Rogers, 2006)。在每个层级中,多种设计语言并存,隐含于教学设计师的实践中。每个层级中的每一种语言代表了某一特定功能的设计方法。在单一层级中,那些可以使用的设计语言的多样性表明了迅速变化的技术、方法、过程、理论、工具和风格是如何被吸纳进入语言的。

举例:内容层的设计语言

在过去 50 年里,适用于教学设计内容层的设计语言不断发展演变和繁衍。这些语言鉴别出了主题要素的可能性划分方法。在行为主义之影响盛行的时候,设计者从操作和操作链两方面入手来思考主题内容(Cagné, 1965)。随着时间的推移,普遍的观点转向了学习的信息加工理论,同时,可习得的主题内容的新类别也出现了(Cagné, 1985)。新的设计语言或设计语言的迁移频繁出现,并且受到了理论、技术、工具或概念体系变化的刺激。从内容描述的设计语言角度来审视加涅的学习分类,就意味着我们同样也可以将布鲁姆(1956)、米勒(1994)以及许多其他人的分类学看作是内容设计语言。它也给予我们一个全新的角度,来审视由乔纳森及其同事(1999)、Gibbons (1977)、Gibbons 及其同事(2000)所描述的各种各样的预设计分析方法论。对分析方法论本质进行理解所做出的这些尝试,都归纳罗列了内容描述的语言。

新的理论发展继续繁衍出全新的内容层语言。安德森的教学设计(Anderson, 1993; Anderson 等,1995)从制作(If-then 规则)和工作记忆(语义)要素等方面,描述了可习得的主题内容。安德森和他的同事们已经将这种内容设计语言应用于多个主题内容领域的自动化导师中(Anderson 等,1986,1989; Koedinger 和 Anderson, 1998)。这条研究线路还在继续(Koedinger 和 Corbett, 2006)。Collins 和他的同事(1989)在描述认知学徒制教学理论的时候，界定了设计指导的四个领域，他们命名的其中一个领域就是内容，指的是能用于主题内容分析的四种知识设计师。正如 Lave 和 Wenger (1991)以及 Wenger (1998)所描述的那样，情境学习理论考察了实践社群中的参与。这个理论含蓄地将实践社群界定为内容结构。

实际应用：设计文档的 3D 模型

设计文档的“开发设计文档”(Developing Design Documents, 3D)模型(Boot 等，2005)运用设计分层和设计语言原则来解决设计文档的问题。设计文档将来自教学设计者的信息传输给制造者，以描述要制造的人工制品。对于制作者而言，设计文档之所以难以解读，是因为以下三个原因：(1)人工制品的教学描述和技术描述并不容易被翻译成制造者的术语；(2)从制作者角度来看，不同层次的设计细节混杂在一起；(3)设计表述可以以一种不一致的方式加以使用。人们采用这个 3D 模型来引导设计者创作出层级分明的、精致的和正式的设计文档，模型见图 47.1。 637

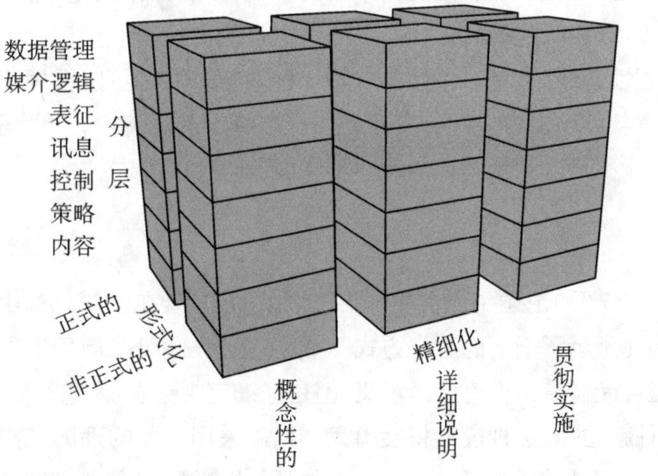

图 47.1 设计文档的 3D 模型(出自 Boot, E. W., *Building Blocks for Developing Instructional Software*, Ph. D. dissertation, Open Universiteit of the Netherlands, Heerlen, 2005. 经许可。)

- 维度 1. 分层——分层帮助制作者从功能上确定不同教学结构和技术结构之间的关系，同时，提供一种有序的表征方式，来对完整设计之中那些结构的整合进行表征。这个 3D 模型解释了由 Gibbons (2003)为设计文档的分层而提出的七个设计层级。
- 维度 2. 精细化——Fowler (2003)描述了一个教学软件设计中精细化的三个可能水平：(1)从概念性的视角，它描述了设计的各种主要因素的结构，并且几乎没有技术细节；(2)从详细说明的视角，它为熟练而富有经验的制作者提供充分详细的信息；(3)从贯彻实施的视角，它以高度的技术细节来描述设计。精细化程度表明了那些必须使用的设计语言的详尽程度。
- 维度 3. 形式化——设计者可以确定他们设计的正规形式，使得他们在正规化或者非正规化的设计语言上做出清晰明确的选择。使用这个 3D 模型，设计者可以确定文档的水平，也可以确定与参与设计的不同专家组进行交流时所使用的设计语言。

教学设计语言与教学理论

Gibbons和Rogers (2007)论述了设计语言与教学理论之间的关系：

> 我们认为,一位教学理论家在一个教学理论中所表达的,是一组专业化的、相互一致的设计语言……这些设计语言分布于不同的设计层……(层)可以被同一个观察者用来分析和比较不同的教学理论。在这个意义上,不同的观察者可以就层的一般定义取得共识,他们可以一起公开地进行这样的分析和比较。

设计语言与理论——设计语言的一种来源就是那些由理论家引进的或给予特殊意义的术语——之间的关系,对"是否有一种最佳的设计语言?"和"你如何判断一种设计语言优于另一种?"这样的问题予以回答。这两个问题的答案就是,声称单种语言的优越性是不适当的。本章后面一节将论述多种教学设计语言(策略语言、表征语言、控制系统语言等等)是如何被用来制作一个教学设计的。这些语言之间,以语言组合的力量得以显现的方式相互作用。说一种语言自身的优越性,实际上是对设计构成的一种误解。人们可以根据语言应用的相对有效性来判断某些语言与其他语言之间的交互。在一个特定的情境中,一种语言组合可能是优秀的;同样的组合可能不足以满足同一情境中不同设计问题的需求。

设计语言与创新

Polanyi (1958,87页)论述了语言在创新思维中的作用,在创新思维中,"符号运算……超出我们的理解,因此预示了全新的思维方式"。他主张,我们可以使用语言规则和语言符号去创建组合,这些组合最初看似没有什么意义,但是仔细审视会发现,它们要么通过(1)摸索来规定创新思维的一种新途径,这种摸索将会由我们随后采用缄默的理解来纠正;要么通过(2)开创性的举措来规定创新思维的一种新途径,这种开创性举措将会由我们随后采用缄默的理解来贯彻到底(Polanyi, 1958,93页):

> 我们应该说,我们指的是……一种内心不安的状态,这种状态是由于我们感觉到自己的缄默思想与符号运算不一致而产生的,因此,我们必须决定其中哪个是我们应该信赖的,哪个是我们应该根据另一个来进行更正的。

那些考虑设计语言的设计师们,正在逐步接受Polanyi的"形式主义(借助语言)的思想"(第94页)。就像一个孩子使用自然语言一样,设计语言的使用者在使用设计语言术语的时候,能够产生毫无意义的表述。他说道,为了使那些个人的知识或者隐性的知识公开化而采用一些形式化系统,这将带来风险。但是他又说道,这也可能带来一些好处(Polanyi, 1958,94页):

> 还记得各种新类型的数字——无理数、负数、虚数、超限序数——是怎样作为将熟悉的数学运算拓展到未知领域的结果而产生的,这些数字,其意义在经历了无数次否定之

后，最终是怎样被接纳为重要的数学新概念的。这些对数字符号进行投机性应用而获得的惊人收获最初并非出于娱乐的目的，它告诫我们，形式化的主要成效可以在其完全未被揭示的功能中展现出来，最大的危险似乎就是陷入荒谬。

因此，为了思考教学设计，人们可能会论述这样一种原则，这种原则将设计语言作为形式主义的一种类型而加以应用(Polanyi, 1958,95 页)：

> 正是由于我们所有知识的隐性特征，我们永远不能说出我们所知道的一切，同样，考虑到意义的隐性特征，我们永远不能完全知道我们所说的究竟暗示着什么。

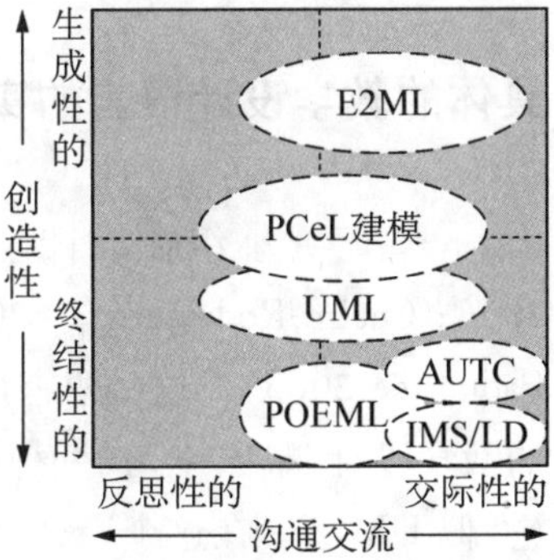

图 47.2 运用设计语言的交流功能和创造性来对不同语言进行比较的一个例子(出自 Botturi, L. etc., A Class ification Framework for Educational Modeling Languages in Instructional Design, Paper presented at the International Conference on Advanced Learning Technologies, July 5 - 7, Kekrade, the Netherlands, 2006。经许可。)

本着这样的精神，Botturi 和他的同事(2006)根据他们沟通和创造的目的，提出了设计语言的二维分类法。为了支持设计者特别设计的活动，人们可以采用这些维度，依据创作者的意图来对设计语言进行比较。图 47.2 显示出了不同设计语言之间的这种比较，而这种比较是以学习目标的设计为目的的。

教学设计语言的范围

根据 Gibbons 和 Brewer (2005, 113 页)的看法，不同设计语言在一系列特点上各不 639
相同：

> 我们的一些设计语言如计算机编程语言是形式化的，在我们使用它们的时候，这是一种自觉的、有意识的设计活动。然而，我们的许多设计语言却是如此微妙，以至于我们无法识别它们，也无法意识到我们运用它们来构造设计。

Gibbons 和 Brewer 描述了设计语言变化的不同维度：

- 复杂性——简单性
- 准确性——不准确性
- 形式化——非形式化
- 个性化——共享性
- 内隐性——外显性
- 标准化——非标准化
- 可计算性——不可计算性

所有这些特点均可以在教学设计语言中看到。与高科技媒体设计和制作相关的语言往往是复杂的、精确的、形式化的、共享的、外显的、标准的和可计算的。描述教学策略结构的语言往往是相对简单的、不准确的、非形式化的，通常是个性化的或风格化的、内隐的、非标准化的和不可计算的。

具体的教学设计语言的实例

一些研究小组在设计学习对象的时候始终追求专业化设计语言的应用(Botturi, 2006; Caeiro-Rodriguez 等，2006; Derntl, 2007; Koper, 2002; Koper 和 Tattersall, 2005; Paquette, 2005)。这些语言应用的便捷性是由下列几点来界定的：(1)一个与生产力相关的教学设计概念(学习对象)，(2)一种编程范式(面向对象)，以及(3)一种编程工具概念(类似 UML)。在这个设计空间中，这些设计语言工具随着时间的推移不断发展，彼此呼应，转变为像自然语言那样的新形式，并且通过 McWhorter (2003)所描述的过程而形成方言。

为什么要研究教学设计语言？

我们理清了认真研究教学设计语言的四个主要理由：(1)它们激发严谨的设计实践；(2)它们为设计领域的发展提供组织性；(3)它们的研究为不断变化的设计领域提供了历史背景，(4)它们将一个设计领域的实践与理论概念联系起来。

设计语言激发严谨的设计实践

在许多设计领域中，设计语言明确化已经带来了设计生产力突飞猛进的发展。计算机芯片设计最初在很大程度上是手工记录详细绘制的。随着时间的推移，大量重复和详细的细节设计决策被发现，为了用多种严格限制的设计语言来表达设计问题，人们发明了一些方法。为了解决问题，这些语言可以被翻译成计算机程序语言。结果，一个使低水平设计决策自动化的计算机芯片设计过程就产生了。芯片设计现在很快捷，并且在复杂性和熟练程度上，设计已经成指数倍数地增加了。回归手工和手绘设计是不可想象的(Brayton 和 Darringer, 2003; Del Man 和 Rabaey, 2003; Kuh 和 Hsu, 2003; Sakallah 等, 2003)。

假如没有为问题表述而创造的设计语言，计算机可能就会与设计无关。在计算机辅助设计的早期，计算机仅仅是用于记录设计决策并淘汰绘图桌(drafting table)。有意识地注意到设计语言的正式应用，也在其他许多设计领域中加快了进程，例如航空、软件、汽车以及建筑设计(Kuehlmann, 2003; Newsome 等, 1989; Saabagh, 1996)。McDonald (McDonald, 2006; McDonald 和 Gibbons, 待发表) 叙述了设计实践是如何借助描述设计实践本身的那些术语的明晰使用而变得严谨的。

设计语言的研究指明了设计领域发展的方向 640

设计语言有助于对技术领域不断增长的知识基础进行组织。设计通常涉及到专家团队的努力。他们实践工作的策划和协调包含了专门化的设计语言的应用。语言最明显的使用体现为设计团队成员的行业术语。语言家族需要做出的协调行动可能包括：

- 人工制品的设计与开发语言
- 与设计过程相关的语言
- 与开发过程相关的语言
- 与设计和开发工具相关的工具语言
- 产品特性/专家语言
- 人工制品的描述语言
- 结构和维度描述语言
- 功能性的描述语言
- 描述人工制品的属性或质量的语言
- 人工制品的操作语言
- 描述人工制品及其物理情境的语言
- 描述操作和应用模式的语言
- 测量语言
- 仪器设计语言
- 测量过程设计语言
- 测量概念和解释语言
- 身份/状态描述语言
- 干预策划语言
- 干预模式语言
- 干预过程语言

设计语言的术语支持设计团队之间就特定对象、维度、属性、质量和过程进行沟通交流。大多数教学设计者并没有意识到，在书面和口头交流中他们自己默默地使用了大量设计语言，也没有意识到这些语言在对设计做出有用的、越来越细微的区别时所发挥的重要作用(Stubbs, 2006)。

设计语言的发展为设计领域提供了历史背景

一个领域的设计语言的发展演变，反映了该领域及其范围内各种不断变化的问题。通过鉴别过去的设计语言，研究者和学生们可以：(1)对尚未解决的问题的轨迹进行跟踪，(2)认识到先前问题的范围和局限，并且(3)从过去的问题中进行推断，进而形成并确定新问题的范围。例如，人们不断尝试去编纂教学技术学领域的定义，并试图确定其理论和实践问题(Dijkstra 等，1997；Januszewski, 2001；Reigeluth, 1983, 1999；Richey, 1986；Seels 和 Richey, 1994；Snelbecker, 1985；Tennyson 等，1997)。这些出版物为一个时期的隐性设计语言提供了一个简要的说明，而这些设计语言可以被研究者和学生在一定的历史背景下用于理解他们的问题。

设计语言将一个设计领域的实践与理论概念联系起来

设计语言的研究揭示了将教学设计实践建立在相关学科理论基础之上的手段与途径。

社会学习理论与社会语言学

社会语言学研究语言在社会互动中的作用。在社会语言学情境中研究设计语言，对于研究设计者的内心会话和设计团队的相互交流是非常重要的。社会语言学允许设计理论家运用话语分析(Barton 和 Tusting, 2005; Bazerman, 1999)、会话理论(Pask, 1976)、会话分析(te Molder 和 Potter, 2005)以及作为社会过程的设计(Bucciarelli, 1994)等研究，来思考研究的意义。

社会语言学家 Barton 和 Tusting (2005)指出，脱离了那些用于对社群的共同兴趣进行沟通交流的公共语言，实践社群就不复存在。Wenger (1998)对实践社群的描述，运用物化概念预见了语言在社群功能中的中心地位，他(1998,58—59 页)将物化概念界定为：

> 通过创造物体来为我们的经验赋予形式的过程，这些物体能够将这种经验凝结为"客观存在的事物"。这样做，我们就创造出了那些使意义协商变得有组织的关注点……任何实践社群都生成了抽象概念、工具、符号、故事、术语以及概念，它们以一种凝结的形式将那些实践具体化为某种东西。

Barton 和 Tusting (2005,26 页)指出，"物化不仅需要共同理解的磋商，而且也能在参与过程中形成各种特定的社会关系。"在一个设计者的社群中，设计语言的形成并非仅是一种兴趣的副产品，它还是一个使社群存在成为可能的基本过程。实践社群的专门化交流是依据这些语言来实施的。

641 认知语义学与语言学

认知语义学(Jackendoff, 1993; Talmy, 2001)是研究人类如何开发和表达意义的。在某种意义上说，设计语言类似于其他言语的、书面的和符号的语言；因此，认知语义学、语言学和符号学的原则也可以用于研究那些专门的、本地的和有界的语言。从语义角度来看，设计语言这个术语所采取的意义和解读，来自于他们的应用情境，来自于设计者的意图，来自于设计者之间的意义协商(Winograd 和 Flores, 1987)。这一原则延伸到了设计语言的语义中，这些设计语言被许多围绕和支持技术应用的利益相关者社群所使用。Bazerman (1999,336—337 页)提供了一个有关托马斯·爱迪生时代电气技术和电力照明新技术稳定性的解释：

> 技术专家被嵌入于那些不太明显的意义系统之中，负责这些系统的开发、鉴定、制作、投资、运作、维护、社会控制、评价和发布。而且这些(也可能是其他一些)功能很可能散布于社会的不同群体之中，这些群体要求将各种表征不重叠地分发给各个社会成员。论文必须提交给财政支持者、政府监管人员、技术研发部门、销售人员、材料供应商、生产机械

制造商以及车间设计师。

Bazerman论述了各种教学技术的稳定性及其大众应用。在未来,类似的描述将成为建立和维护这些技术的一个重要因素。

计算机科学

设计语言也可以与特殊用途的计算机语言相关。程序语言的研究表明,在计算与设计语言之间可能存在着联系。早期人工智能研究包括了在智能导师方面的实验。在许多这样的实验中,研究目标就在于实时生成一些教学经验,并考虑主题内容的结构和学习者新近行动的历史等许多因素。这些实验系统探索了学习经验的许多要素的实时生成,包括其中的信息生成(Carbonell, 1970; Drake等,1998; Stevens和Collins, 1977)、表征生成(Hollan等,1984)、策略生成(Buchannan和Shortliffe, 1984; Clancey, 1984)以及控制系统的生成(Johnson等人,2000)。

设计语言为设计者提供了一种更加准确地进行讨论的工具,借助这个工具,即时的设计决策可以与计算机进行对话;例如,探索崛起(Exploring Emergence, Resnick和Silverman, 2006)将传统的教学形式和一种动态图形模式的计算并行起来,其不可预测的变化是,没有设计师会想到以图形化的方式来创建和预先存储。

设计语言也与新近兴起的本体论研究相关,这些研究侧重于数据库中关系模式的系统化语义搜索。(Nirenburg和Raskin, 2004; Noy和McGuinness, 2006)。本体在一个语义网的开发中将是十分关键的。基于本体的搜索将包括寻找具有标准功能特征的资源,例如那些包含特定模块化教学功能的资源。

教学设计语言的自然史

设计语言以不同的方式出现。McWhorter (2003,11—12页)用变革性的术语描述了自然语言的自然史:

> 语言类似于……云的形成。我们看云的形成时会充分认识到其固有的转瞬即逝的本质:我们知道,如果我们在一小时内再次抬头看,其形成几乎可以肯定会有所不同……

绝大多数设计语言既不是正式的,也不是标准的。它们中的许多只是以最模糊的说明和术语定义被广泛地使用着。即使对那些已经清晰界定了术语的语言而言,这些术语也存在着被其他人盗用或者经过修改后再应用的危险(McDonald, 2006)。这些修改可能会成为事实上的替代标准,并且该设计语言的发明人要么接收并忍受这种模糊性,要么就发布一个更正性的说明,对这个最初的术语和定义进行再表述。这种情况也出现在Barrows的例子中,在经历了常年的定义演变之后,他重申了其关于"基于问题的学习"的定义(Barrows, 1998; Barrows和Tamblyn, 1980)。设计语言在不断地变化着。正如McWhorter (2003,53页)提及自然语言时所说的那样，"方言就是自然语言的一切"。

设计语言的原始术语往往是人们发明的，同时，在引进一种新的过程、工具或者理论之后，发明创造会突然发生。绝大多数设计语言术语并没有找到将它们融入自然语言词典的方式方法。设计语言可能遵循某些自然语言的规则，但往往是与自然语言分离的。设计语言通常由该语言的始作俑者提倡，于是，语言战争便爆发了。发起人可能包括理论家、特殊利益集团、企业或与利益有关的商业社区，特别是在他们已经创造的软件工具或硬件上。

语言的句法规则是在应用中慢慢出现的。句法给予意义表达以顺序。通过改造，单词和短语以不同的顺序出现，而其意义得以保留，但是，这种新的表面形式仍然是线性的。另一方面，设计语言的句法又是多维的。在一种设计语言中，最初的术语可以表达为单词，但是，为了支持人工制品的创造，一个设计中的表述必须足够详细地描述每一个设计元素的多重关系。这些关系可以是空间的(二维或三维)、时间的(四维)或者更复杂的(条件性的)。为了包含一个设计所必需的大量信息，设计语言通常需要更加复杂的标注。这就带来了三维绘画或模型、四维动画，甚至更加复杂的涉及多种表征形式的建模系统(Stubbs, 2006)。诸如传统的建筑绘画之类的系统，已经变得如此专业化，以至于人们创造出语言标注标准来控制设计的表征。

自然语言语义起源于因果模式和真实世界经验中的存在状态，或那些对它们产生作用的隐喻过程(Talmy, 2001)。一种设计语言的语义受限于一个问题域，这个问题域对设计语言进行了详细的说明，例如 Schön 的建筑问题解决域或者 Brand 的层级(Schön, 1987; Brand, 1994)。设计语言的表述具有多种意义，这些意义被它们所创造的问题世界所限定。

642 设计语言与标注系统

通过言语、写作、绘画和手势，Waters 和 Gibbons (2004)对一种设计语言与公共的设计表征进行了区分。存在私人的设计语言，这些语言并没有相应的用于共享的符号形式和规则。Bucciarelli (1994，159 页)对这一点进行了论述：

> 很显然，在文档、文本和人工制品中，在正式的组装和详细图纸、操作和服务手册、合同免责条款、生产计划、营销副本、测试计划、零件清单、采购订单、模型和原型上，人们获得了共同的愿景。但是在设计过程中……过程中的每一位参与者都有自己的草图集、流程图、成本预算、电子表格、模型以及以上所有的故事——故事讲述了他们对于一个物品的特殊愿景。从整体上看，这个共同的远景就像人工制品的综合表征一样，并非存在于文档或书面计划之中。就其作为一个整体存在的程度而言，它是一种社会建构……

设计语言与标注系统之间相互支持，共同改进与成长。一旦一个统一的标注系统创建了，它能成为：(1)一种用于记住设计的工具，(2)一种结构化的问题解决工作空间，在这个工作空间中，设计能够成形，(3)一种用来锐化和细分抽象的设计类别的实验室工具。通过一个连续周期的完善，设计语言与标注系统不仅平行增长，而且产生更为复杂的设计理念。

设计语言研究

Gibbons 和 Brewer (2005)提出了设计语言研究的一些方向及其潜在的应用：

- 鉴别、归档并研究现存的设计语言。
- 在现存语言中抽取出一些原则，并且学会有意识地应用它们。
- 通过依附理论来获得良好的语言基础。
- 对那些带来新设计语言的语言生成原则进行考察。
- 生成一些更加明确的语言和语法。
- 创造一些突出强调设计者的语言而非计算机语言的工具。
- 用设计语言来重新界定设计过程。

本章所描述的更多观点可以补充到这个清单中：

- 探索本体与设计语言之间的关系。
- 探究可计算教学设计语言及其在适应性教学经验中的作用。
- 探索设计过程中语言应用的社会维度。
- 探索设计语言应用带给设计团队的正面经济收益。
- 探索其他设计社群从设计语言应用中所汲取的教训。
- 探索设计语言在新人设计师教育中的应用。
- 探索设计语言在保护新技术，促进这些技术在相关利益者应用中的作用。

预期效益 643

上述研究可能会带来以下若干好处：

- 改进教学设计各个阶段的支持工具，从最初的理念到完整设计的文档；
- 进一步明确设计决策与结构、特色以及设计质量之间的关系；
- 改进技术，以促进教学设计团队的组建并使其迅速朝着高产出活动迈进；
- 改进教学设计师新手培训的方式办法；
- 新人设计师更加开阔的视野，这种开阔的视野是关于其设计团队中许多专业成员所采用的设计语言的范围；
- 对教学设计之本质及其新过程的全新理解，这些新过程会根据设计问题来调整设计过程。

小结

设计语言为个人的设计和设计的公共话语提供了原动力。在一个复杂的世界里，设计不再被看作是一种个人的活动，人们应当越来越重视设计语言作为一种用于共享设计过程之工具的重要性。除了在设计创作中的应用之外，设计语言为人们提供了一种方式方法，借助这种方式方法，人们能够对设计中所使用的理论进行考察、理解、比较和实施。在许多设计领域中，关注设计语言及其应用已经使得生产力和创造性得到了大幅度的提升。设计语言并非一种新发明，相反，它们描述了一种新的观察方式，用于观察设计者在每个设计领域自然而然所做的事情。因此，它是一种概念性的工具，不是一种真理，但是，作为一种概念性的工具，为了提升设计的幅度、准确性和复杂性，我们应该探索设计语言为我们所打开的全新可能性。审视教学设计的设计语言，能够为人们提供一种机会，使人们以全新的方式来考察教学设计、教学理论、教学设计理论以及日常实践，这种全新的方式可以增进我们对所有这些问题的理解。

（焦建利 译，穆肃 一校，刘美凤、赵　磊 二校）

参考文献

Anderson, J. R. (1993). *Rules of the Mind*. Hillsdale, NJ: Lawrence Erlbaum Associates.

Anderson, J. R., Boyle, C. F., and Yost, G. (1986). The geometry tutor. *J. Math. Behav.*, 5 - 20.

Anderson, J. R., Conrad, F. G., and Corbett, A. T. (1989). Skill acquisition and the LISP tutor. *Cogn. Sci.*, 13, 467 - 506.

Anderson, J. R., Corbett, A. T., Koedinger, K. R., and Pelletier, R. (1995). Cognitive tutors: lessons learned. *J. Learn. Sci.*, 14(2), 167 - 207.

Baldwin, C. Y. and Clark, K. B. (2000). *Design Rules*, Vol. 1. *The Power of Modularity*. Cambridge, MA: MIT Press. *

Baresi, L., Garzotto, F., and Paolini, P. (2001). Extending UML for Modeling Web Applications. Paper presented at the 34th Annual Hawaii International Conference on System Sciences, January 3 - 6, Maui, HI.

Barrows, H. S. (1998). The essentials of problem-based learning. *J. Dent. Educ.*, 62(9), 630 - 633.

Barrows, H. S. and Tamblyn, R. M. (1980). *Problem-Based Learning: An Approach to Medical Education*. New York: Springer.

Barton, D. and Tusting, K. (2005). *Beyond Communities of Practice: Language, Power, and Social Context*. Cambridge, U. K.: Cambridge University Press. *

Bass, L., Clements, P., and Kazman, R. (2003). *Software Architecture in Practice*, 2nd ed. Reading, MA: Addison-Wesley.

Bazerman, C. (1999). *The Languages of Edison's Light*. Cambridge, MA: MIT Press. *

Bloom, B., Ed. (1956). *Taxonomy of Educational Objectives, Handbook I: Cognitive Domain*, Vol. I. New York: David McKay.

Bolchini, D. and Paolini, P. (2006). Interactive dialogue model: a design technique for multi-channel applications. *IEEE Trans. Multimedia*, 8 (3), 529 - 541.

Boot, E. W., Nelson, J., van Merriënboer, J., and Gibbons, A. (2005). Stratification, elaboration, and formalization of design documents: effects on the production of instructional materials. In Building Blocks for Developing Instructional Software, edited by E. W. Boot. Ph. D. dissertation. Heerlen: Open Universiteit of the Netherlands. *

Botturi, L. (2006). E2ML: A visual language for the design of instruction. *Educ. Technol. Res. Dev.*, 54(3), 265 - 293.

Botturi, L., Derntl, M., Boot, E., and Figl, K. (2006). A Classification Framework for Educational Modeling Languages in Instructional Design. Paper presented at the International Conference on Advanced Learning Technologies, July 5 - 7, Kerkrade, the Netherlands. *

644 Brand, S. (1994). *How Buildings Learn: What Happens After They're Built*. New York: Penguin Books. *

Brayton, R. and Darringer, J. (2003). Logic synthesis overview. In *The Best of ICCAD: 20 Years of Excellence in Computer-Aided Design*, edited by A. Kuehlmann, pp. 181 - 190. Boston, MA: Kluwer.

Bucciarelli, L. L. (1994). *Designing Engineers*. Cambridge, MA: MIT Press. *

Buchannan, B. and Shortliffe, E. (1984). Intelligent computer-aided instruction. In *Rule-Based Expert Systems: The MYCIN Experiments of the Stanford Heuristic Programming Project*, edited by B. Buchannan and E. Shortliffe, pp. 455 - 463. Reading, MA: Addison-Wesley.

Caeiro-Rodriguez, M., Andino -Rifon, L., and Llamas-Nistal, M. (2006). POEML: A Perspective-Oriented Educational Modeling Language Meta-Model for Engineering e-Learning Practices. Paper presented at the 15th International World Wide Web Conference (WWW2006), May 23 - 26, Edinburgh, Scotland.

Carbonell, J. R. (1970). AI in CAI: an artificial intelligence approach to computer-aided instruction. *IEEE Trans. Man-Machine Syst*, 11(4), 190 - 202.

Clancey, W. (1984). Use of MYCIN's rules for tutoring. In *Rule-Based Expert Systems: The MYCIN Experiments of the Stanford Heuristic Programming Project*, edited by B. Buchannan and E. Shortliffe, pp. 464 - 489. Reading, MA: Addison-Wesley.

Collins, A., Brown, J. S., and Newman, S. E. (1989). Cognitive apprenticeship: teaching the crafts of reading, writing, and mathematics. In *Knowing, Learning, and Instruction: Essays in Honor of Robert Glaser*, edited by L. Resnick, pp. 453 - 493. Hillsdale, NJ: Lawrence Erlbaum Associates.

Czarnecki, K., Antikiewicz, M., and Kim, C. H. (2006). Multi-level customization in application engineering: developing mechanisms for mapping features to analysis models. *Commun. ACM*, 49(12), 61 - 65.

Del Man, H. and Rabaey, J. (2003). System design and analysis overview. In *The Best of ICCAD: 20 Years of Excellence in Computer-Aided Design*, edited by A. Kuehlmann, pp. 93 - 106. Boston, MA: Kluwer.

Derntl, M. (2007). *Patterns for Person-Centered e-Learning*, Dissertations in Database and Information Systems-Infix. Vol. 96. Amsterdam: IOS Press.

Dijkstra, S., Seel, N. M., Schott, F., and Tennyson, R. D., Eds. (1997). *Instructional Design: International Perspectives*. Vol. II. *Solving Instructional Design Problems*, Mahwah. NJ: Lawrence Erlbaum Associates.

Drake, L., Mills, R., Lawless, K., Curry, J., and Merrill, M. D. (1998). The Role of Explanations in Learning Environments. Paper presented at the Annual Meeting of the American Educational Research Association, April 13 - 17, San Diego CA.

Fowler, M. (2003). *UML Distilled: A Brief Guide to the Standard Object Modeling Language*. Boston, MA: Addison-Wesley.

Gabriel, R. P. (1996). *Patterns of Software: Tales from the Software Community*. New York: Oxford University Press.

Gagné, R. M. (1965). *The Conditions of Learning*, 1st ed. New York: Holt, Rinehart and Winston.

Gagné, R. M. (1985). *The Conditions of Learning*, 4th ed. New York: Holt, Rinehart and Winston.

Gibbons, A. S. (1977). *A Review of Content and Task Analysis Methodology*, Technology Report No. 2. San Diego, CA: Courseware, Inc.

Gibbons, A. S. (2003). What and how do designers design? A theory of design structure. *TechTrends*, 47(5), 22 - 27. *

Gibbons, A. S. and Brewer, E. K. (2005). Elementary principles of design languages and notation systems for instructional design. In *Innovations in Instructional Technology: Essays in Honor of M. David Merrill*, edited by J. M. Spector, C. Ohrazda, A. Van Schaack, and D. Wiley, pp. 111 - 129.

Mahwah, NJ: Lawrence Erlbaum Associates. *

Gibbons, A. S. and Rogers, P. C. (2006). Coming at Design from a Different Angle: Functional Design. Paper presented at the AECT Summer Research Symposium, June 22 - 25, Bloomington, IN. *

Gibbons, A. S. and Rogers, P. C. (2007). The architecture of instructional theory. In *Instructional-Design Theories and Models: A New Paradigm of Instructional Theory*, Vol. III, edited by C. Reigeluth, chap. 16. Mahwah, NJ: Lawrence Erlbaum Associates. *

Gibbons, A. S., Nelson, J., and Richards, R. (2000). *Theoretical and Practical Requirements for a System of Pre-Design Analysis: State of the Art of Pre-Design Analysis* (white paper). Idaho Falls, ID: Center for Human-Systems Simulation, Idaho National Engineering and Environmental Laboratory (DOE).

Goodwin, C. (1994). Professional vision. *Am. Anthropol.*, 96(3), 606 - 633.

Gray, J. (2006). A conversation with Werner Vogels: learning from the Amazon technology platform. *ACM Queue*, 4(4) (http://acmqueue.com/modules.php? name = Content&pa = showpage&pid = 388).

Hollan, J., Hutchins, E., and Weitzman, L. (1984). STEAMER: an interactive inspectable simulation-based training system. *AI Mag.*, 5(2), 15 - 27.

Jackendoff, R. (1993). *Semantics and Cognition*. Cambridge, MA: MIT Press.

Januszewski, A. (2001). *Educational Technology: The Development of a Concept*. Englewood, CO: Libraries Unlimited.

Johnson, L., Rickel, J., and Lester, J. (2000). Animated pedagogical agents: face-to-face interaction in interactive learning environments. *Int. J. Artif. Intell. Educ.*, 11, 47 - 78.

Jonassen, D. H., Tessmer, M., and Hannum, W. H. (1999). *Task Analysis Methods for Instructional Design*. Mahwah, NJ: Lawrence Erlbaum Associates.

Koedinger, K. R. and Anderson, J. R. (1998). Illustrating principled design: the early evolution of a cognitive tutor for algebra symbolization. *Interact. Learn. Environ.*, 5, 161 - 180.

Koedinger, K. and Corbett, A. (2006). Cognitive tutors: technology bringing learning sciences to the classroom. In *The Cambridge Handbook of the Learning Sciences*, edited by R. K. Sawyer, pp. 61 - 78. Cambridge, U.K.: Cambridge University Press.

Koper, R. (2002). *Educational Modeling Language*, http://learningnetworks.org.

Koper, R. and Tattersall, C., Eds. (2005). *Learning Design: A Handbook on Modeling and Delivering Networked Education and Training*. Heidelberg: Springer-Verlag.

Kuehlmann, A., Ed. (2003). *The Best of ICCAD: 20 Years of Excellence in Computer-Aided Design*. Boston, MA: Kluwer.

Kuh, E. and Hsu, C. (2003). Physical design overview. In *The Best of ICCAD: 20 Years of Excellence in Computer-Aided Design*, edited by A. Kuehlmann, pp. 467 - 478. Boston. MA: Kluwer.

Lave, J. and Wenger, E. (1991). *Situated Learning: Legitimate Peripheral Practice*. Cambridge, U.K.: Cambridge University Press.

McDonald, J. K. (2006). Technology I, II, and III as Criteria to Better Understand How to Develop Scalable, Adaptive, and Generative Instruction. Ph.D. dissertation. Provo, UT: Brigham Young University.

McDonald, J. K. and Gibbons, A. S. (in press). Technology I, II, and III: criteria for understanding and improving the practice of instructional technology. *Educ. Technol. Res. Dev.*

McWhorter, J. (2003). *The Power of Babel: A Natural History of Languages*. New York: Times Books. *

Merrill, M. D. (1994). The descriptive component display theory. In *Instructional Design Theory*, edited by M. D. Merrill and D. G. Twitchell, pp. 111 - 157. Englewood Cliffs, NJ: Educational Technology Publications.

Miller, R. B. (1971). *Development of a Taxonomy of Human Performance*, Technical Report No. 11. Washington, D.C.: American Institutes for Research.

Newsome, S. L., Spillers, W. R., and Finger, S. (1989). *Design Theory'88: Proceedings of the NSF Grantee Workshop on Design Theory and Methodology*. New York: Springer-Verlag.

Nirenburg, S. and Raskin, V. (2004). *Ontological Semantics*. Cambridge, MA: MIT Press.

Noy, N. and McGuinness, D. (2006). *Ontology Development 101: A Guide to Creating Your First Ontology*, http://protege.stanford.edu/publications/ontology_development/ontology101 - noy - mcguinness.html)

Paquette, G., Marino, O., De la Teja, I., Lundgren-Cayrol, K., Léonard, M., and Contamines, J. (2005). Implementation and deployment of the IMS learning design specification *Can. J. Learn. Technol.*, 31(2).

Pask, G. (1976). *Conversation Theory: Applications in Education and Epistemology*. New York: Elsevier.

Polanyi, M. (1958). *Personal Knowledge: Towards a Post-Critical Philosophy*. New York: Harper Torchbooks.

Reigeluth, C. M. (1983). *Instruction-Design Theories and Models: An Overview of Their Current Status*. Hillsdale, NJ: Lawrence Erlbaum Associates.

Reigeluth, C. M. (1999). *Instructional-Design Theories and Models: A New Paradigm of Instructional Theory*, Vol. II. Mahwah, NJ: Lawrence Erlbaum Associates.

Resnick, M. and Silverman, B. (2006). *Exploring Emergence*, http://llk.media.mit.edu/projects/emergence/contents.html.

Rheinfrank, J. and Evenson, S. (1996). Design languages. In *Bringing Design to Software*, edited by T. Winograd, pp. 63 - 79. New York: ACM Press/Addison - Wesley.

Richey, R. (1986). *The Theoretical and Conceptual Bases of Instructional Design*. New York: Kogan Page.

Rosenberg, S. (2007). Anything you can do I can do meta. *Technol. Rev.*, 110(1), 36 - 48.

Saabagh, K. (1996). *21st - Century Jet: The Making and Marketing of the Boeing 777*. New York: Scribner.

Sakallah, K., Walker, D., and Nassif, S. (2003). Timing, test, and manufacturing. In *The Best of ICCAD: 20 Years of Excellence in Computer-Aided Design*, edited by A. Kuehlmann, pp. 551 - 562. Boston, MA: Kluwer.

Schön, D. A. (1987). *Educating the Reflective Practitioner*. San Francisco, CA: Jossey-Bass. *

Seels, B. and Richey, R. (1994). *Instructional Technology: The Definition and Domains of the Field*. Bloomington, IN: Association for Educational Communications and Technology.

Snelbecker, G. E. (1985). *Learning Theory, Instructional Theory, and Psychoeducational Design*. Lanham, MD: University Press of America.

Stevens, A. L. and Collins, A. (1977). The Goal Structure of a Socratic Tutor. Paper presented at the 1977 ACM Annual Conference, October 17 - 21, Seattle, WA.

Stubbs, S. T. (2006). Design Drawing in Instructional Design at Brigham Young University's Center for Instructional Design: A Case Study. Ph. D. dissertation. Provo, UT: Brigham Young University.

Talmy, L. (2001). *Toward a Cognitive Semantics*. Cambridge, MA: MIT Press.

te Molder, H. and Potter, J., Eds. (2005). *Conversation and Cognition*. Cambridge, U.K.: Cambridge University Press.

Tennyson, R. D., Schott, F., Seel, N. M., and Dijkstra, S., Eds. (1997). *Instructional Design: International Perspectives*. Vol. I. *Theory, Research, and Models*. Mahwah. NJ: Lawrence Erlbaum Associates.

Waters, S. and Gibbons, A. S. (2004). Design languages, notation systems, and instructional technology: a case study. *Educ. Technol. Res. Dev.*, 52(2), 57 - 69. *

Wenger, E. (1998). *Communities of Practice: Learning, Meaning, and Identity*. Cambridge, U.K.: Cambridge University Press. *

Winograd, T. and Flores, F. (1987). *Understanding Computers and Cognition: A New Foundation for Design*. Reading, MA: Addison-Wesley. *

---

* 表示主要参考文献。

645

48

设计与开发团队的社会影响

Laura Blasi、Stephen M. Fiore、John Hedberg 和 Richard F. Schmid

摘要 648

本章以相关文献为基础，简要回顾了设计与开发团队的历史，并提供了过去65年中的几个著名例子。这些例子可以让读者对企业、政府和教育中的设计与开发背景进行比较。尽管文中对不同设计与开发团队工作方法的意蕴进行了探讨，但是我们将重点放在团队各种模型的建立上，因为这些模型对于这个领域的新手而言特别有用。在本章的最后，我们提出了从事教育传播与技术的设计与开发的团队所面临的挑战。设计与开发团队应当：(1)根据已有的研究成果来组织团队；(2)了解并应用关于教学和学习的研究成果；(3)就教育技术的持续性评估(ongoing evaluation)进行研究；(4)关注设计与开发工作的社会影响，通过自身的变革为这一领域的研究做出贡献。

关键词

分析科学：在该领域中，研究人员旨在发展、检验和证明理论(D'Anjou，2004；Hevner等，2004；Klabbers，2003；Simon，1996；van Aken，2004)。参见设计科学和情境科学。

设计与开发团队：投身于教育产品和系统的研究与开发的人员团队及技能的集合。

设计科学：在该领域中，研究者旨在构建和评价用于明确的使用情境的人工制品(D'Anjou，2004；Hevner等，2004；Klabbers，2003；Simon，1996；van Aken，2004)。参见分析科学和情境科学。

整体设计(Design in the large，DIL)：旨在改善现有设计的状况(Klabbers，2003)。参见局部设计。

局部设计(design in the small，DIS)：指对某一具体革新的设计(Klabbers，2003)。参见整体设计。

知识、技能和能力(KSAs)：传统上指团队的各种能力；但近来的研究已对此概念加以扩展，使之不仅包括那些与完成团队任务息息相关的各种能力，而且还包括心因动作技能和认知能力(Cannon-Bowers等，1995)。

共享心智模型：团队工作中的关键因素，因为团队的所有成员需要对要解决的问题和相关任务有一个共同的、准确的模型，以便对问题进行评估，决定各自的角色和责任，并在整个过程中做好协调工作(Cannon-Bowers等，1995)。

情境科学：在该领域中，科学的方法和态度被带入(而非被应用于)项目和实践，并随着时间的推移和项目的展开得以修改(Findeli，2001；Simon，1996)；参见分析科学和设计科学。

团队演变和成熟(Team Evolution和Maturation，TEAM)模型：对在团队实作中观察到的各阶段进行了划分，考虑了时间、经验和培训等因素(Morgan等，1998)。

交易型领导者：通过确定目标、阐明期望的结果、提供反馈、完成后给予报酬和认可等途径施加影响；是有别于传统的自上而下发号施令的、有潜力更有效地提升团队绩效的两种领导风格之一(Bass，1985；Sosik等，1997)。参见变革型领导者。

变革型领导者：通过拓展和提升下属的目标、为他们树立有望超过可接受的最低交易期望值的信心等途径施加影响；是有别于传统的自上而下发号施令、有潜力更有效地提升团队绩效的两种领导风格之一(Bass, 1985; Sosik 等, 1997)。参见交易型领导者。

引言

教育传播与技术的设计开发团队所面临的挑战，首先是要能够明确项目的需求、资源和目标。在设计与开发过程的最后，除了完成个体的任务和产品之外，还明显地会产生社会影响，这些社会影响甚至可能在项目结束后才出现。技术对于社会的各个方面有着不可否认的影响，但是对于设计者和开发者的角色和责任的讨论不多，具体针对教育方面的也很少。

本章的目的是讨论设计和开发的社会影响(Bowers, 1998, 2000; Ellu, 1964; Postman, 1992; Stoll, 1999)，同时结合三个著名的项目、组织理论的最新研究成果，以及应用于教学的各种技术的发展，勾勒出团队工作的模型。在描述研究成果和研究方法的运用时，能够为教育中的个体项目的开发提供一些启示，因为设计者和开发者：(1)希望借助组织理论的研究成果，实现个体和团队的最佳绩效；(2)在开发面向教育的技术时，能了解和运用关于教与学的研究；(3)在为教育技术的形成性评价和终结性评价开展研究时，对教育有着更进一步的认识；(4)通过自身的革新或产品的创造为本领域的研究作出一些贡献，推进教育的系统变革。

649 设计与开发

设计者和开发者是些什么人？他们与教育领域的关系是什么？D'Anjou (2004, 213 页)发现，在多个学科(包括教育)中都有设计者和开发者的存在，他引用 Simon (1996)较早的著作中的话解释说：

> 设计科学成为专业教育的更为宽泛的基础性范式，它包括有意识地改造世界所涉及的所有学科，从桥梁设计到政治活动的设计……他们将世界看作一个项目，而科学，像物理学、生物学、社会学等，将世界看作一个物体。

Klabbers (2003b)和其他一些人(Hevner 等, 2004; van Aken, 2004)对分析科学(发展、检验和证明理论)和设计科学(构建和评价用于明确的使用环境的人工制品)做出了区分。设计与开发团队进行的工作属于设计科学，他们开发一个个项目，然后将这些项目实施于更大的系统中。

有四个关键要素影响着设计与开发团队成员对项目做贡献的能力，团队成员必须对它们达成共识：(1)信息的结构及其表征；(2)教学设计及其背后的关于学习的理念；(3)交互的可能性及其设计；(4)可视化呈现的界面设计机制(Hedberg 和 Sims, 2001)。这一表述从教学设计的基础出发,越来越强调学习者,强调在教学革新中发展互动的潜能(Dick 等, 2005; Ertmer 和 Quinn, 2003; Gagné 和 Briggs, 1974; Preece 等, 2002; Reigeluth, 1999; Schank 和 Jona, 1991)。Findeli (2001)引用 Simon (1996)的论述及其对科学与设计的区分,认为科学是应用性的、而设计是参与性的,他将设计者看作利益相关者,因为这些设计者在项目中参与了学习,并最终会发生改变。

作为系统中的利益相关者,设计者和开发者要有系统观。对于教育而言,这要求我们在项目初期和后来都要考虑教育的需求与情境、评价团队工作为本领域做出的贡献(Blasi 和 Alfonso, 2006)。设计与开发工作的贡献不仅仅是回应社会中的更大问题,也将对社会产生一定的影响。伦理学家认为,除非处于前沿的人能更好地理解当前问题的伦理方面,能更巧妙地执行负责任的解决方案,否则,"科学和技术的力量将会继续加速提升,而人类及其机构理解和应对因科技所带来的变化的能力将不会有大的变化"(Sarewitz, 2000,14 页)。

设计者和开发者的工作发生在两个层面上,即 Klabbers (2003a)所区分的局部设计(DIS)和整体设计,前者指某一具体革新,后者的目标在于改善现存状况(489 页)。单个的设计与开发项目是整个系统的组成部分,设计者和开发者在这个系统中是利益相关者,他们对于局部设计和整体设计都会产生影响。下面的三个例子可以让我们审视一下设计与开发团队的历史和境脉,之后讨论的便是研究文献中最常提及的模型和挑战。每个例子都体现了单个项目在更大的系统中实施的具体情况以及相关的社会影响。

设计与开发的三个例子 650

曼哈顿计划(政府)

曼哈顿工程区包括美国 19 个州的 37 处设施,在顶峰时雇佣了大约 15 万工作人员(Williams, 1999)。针对这段历史,继普利策新闻奖获奖作品《原子弹的制造》(Rhodes, 1995)之后,又有更多的分析文章出炉。这些作品描述了该项目的团队工作状况,对其专制、反民主及使用胁迫手段等种种进行了批判(Goldberg, 1992; Hughes, 2004)。Badash (2005)认为,由于缺乏先例,项目又没有连续性,人们对其所带来的社会责任方面的问题无法估计。开发与设计任务分到工程的各个地方,各地分别管理。很多参与曼哈顿工程的人,包括奥本海默,后来都积极参与对核问题的政治讨论(Badash, 2005)。核武器竞赛的出现,加上与苏联在载人航天飞行方面的竞赛,提升了对科学、技术、工程和数学(STEM)领域的教育改革的需求,也提升了对技术革新的需求,如个人电脑技术。

苹果(企业)

众所周知,今天的苹果公司是由当年的设计与开发团队在家里的车库中白手起家的(Linzmayer, 1999)。在设计与开发方面,苹果电脑一开始就被作为自我管理的团队的一个突出例子:"苹果电脑这个故事的神奇之处在于,Wozniak 和 Jobs 打破了所有的规则。在很多情况下,他们故意蔑视常规,却仍然获得了成功—常规意义上的成功,超乎所有的预料。"

(Elbinger, 1985,90 页;参见:Wolf, 1996)曼哈顿工程的时间表是根据国防部研究制定的,与此不同,苹果电脑的开发靠的是开发者和他们自己建立个人电脑新市场的兴趣。个人电脑时代的到来为计算机应用于课堂,以及设计和开发更多有趣的、能在学校里应用的软件奠定了基础。

贾斯珀历险记(教育)

贾斯珀历险记是温特比尔特大学认知与技术团队开发的(CTGV, 1992;又见 Bransford 等, 1990)。该团队是一个着眼于教育的跨学科团队,专注于开发一个基于学科标准并与具体的课程内容相连接的教育软件,该软件可以在激光视盘上运行,也可以结合计算机和远程会议系统技术进行使用。开发者根据美国数学教师委员会(National Council of Teachers of Mathematics, NCTM)所颁布的《中小学数学标准》进行学习活动和内容的开发(The Learning Technology Center, 1992);该标准是美国教育体系中的几大内容标准之一。有关贾斯珀项目的出版文章提供了一些与教育相关的团队开发和设计的例子,以及关于该团队工作的影响和实施状况方面的研究(Barron 等, 1998; Vye 等, 1997)。

下一部分将对这三个例子中团队工作的几个显著特点进行更系统的讨论,希望讨论的内容能够用于团队的发展和运作。讨论中引用了有关组织理论的已出版的研究成果(参见表 48.1)。

651

表 48.1 设计与开发团队的例子和相关问题

	曼哈顿工程(政府)	苹果电脑(企业)	贾斯珀历险记(教育)
设计与开发的问题	设计与开发的责任和社会影响是什么?	团队发展要考虑哪些因素?如何对团队目标进行自我管理以获得成功?	设计与开发团队如何为教育的发展作贡献?

当前对团队建立、发展和绩效的研究

从以上例子中可以清楚地看到,这些在专长和技能方面具有多样性的团队所解决的问题具有跨学科性质。团队成员能够通过强有力的领导和共享的观念进行有效的合作。这三个设计与开发革新的例子可以从目标(分别针对局部设计和整体设计)、团队运作的条件和团队产品的社会影响等方面加以讨论。而对文献所进行的更充分的研究,可以让我们看到对团队有效运作形成挑战或者带来好处的一些因素。

定义团队

团队工作的特点包括几个方面,即具备精心设计的发展战略、明晰界定的绩效单位以及能够转化为具体绩效目标的一个共同目的。有研究人员对工作小组(group)和团队(team)进行了区分,并论述了二者的差异。Hoffman 等人(2001)指出,在他们对 6 个项目进行的 54 次

访谈和调查中，很少有提到协商制定的团队发展战略。团队发展意味着将多个小组的人聚集到一起完成共同的任务。Hoffman及其同事(2001)列出了他们认为最佳项目小组所具有的特点——相互依赖、凝聚力和承诺，但没有对强化这些特点的具体行动进行概括性的描述。Katzenbach和Smith (1993)对30多家公司的50多个不同的团队进行了研究，发现小组强调个体的产品、个人的责任和委托，而非任务的完成；强调对效果(如财务情况)的间接测评而不是对小组实际工作的评价。相比之下，团队强调共同的领导，致力于实现一个专门的、可能超越更大组织的目标，个体和团队的责任都在于集体完成共同的工作任务。

根据Salas等人(1992,4页)的观点，团队可以被定义为：

> 由两个或者多个独立的人组成，其中的每一个人都承担具体的角色或分工，身份都有着时间限制。他们相互依赖、相互配合，为一个共同的、有价值的目标或任务努力。

当团队成员拥有互补的技能，但彼此间相距甚远、需要运用支持团队跨时空合作的系统来协调他们的行动时，分布式团队就出现了(Fiore等, 2003; Lipnack和Stamps, 2000)。在对设计与开发团队的形成和工作进行研究时，Hoffman等人(2001,2页)注意到，普遍缺乏"对人的变量进行严格定义和分析，而这种情况往往使人们倾向于以一种随意的方式去对待团队。通常是当前流行什么，就将它应用于团队中，而不是采用基于研究成果和经验的、精心设计的团队发展战略"(2页)。Katzenbach和Smith (1993,112页)建议，要实现团队的发展和绩效，团队工作的视角需要从如何建立积极的价值观转到如何确定绩效的具体考核单位上来(另见Faraj和Sproull, 2000)。失败的团队通常缺乏共同目的，而出色的团队则能够"将他们的共同目的转化为具体的绩效目标"(Katzenbach和Smith, 1993,113页)。

团队发展模型

研究发现，团队的发展过程有其活动规律，并非线性发展。Tuckman (1965)研究了50篇关于团队发展的论文，将团队形成过程分为四个阶段：(1)新组成/检测/依赖；(2)冲突；(3)团队融合；(4)分工合作。这四个阶段也分别被称为组成(forming)、风暴(storming)、规范(norming)和运作(performing)阶段。在Tuckman研究的基础上，Morgan等人(1998)提出了团队演变和成熟(Team Evolution和Maturation, TEAM)模型，这一模型描述了在团队工作中观察到的各个阶段，考虑了时间、经验和培训等因素，"为开发和评价教学策略、培训方法、干预手段、工具、程序和教学行为提供了一个框架，可用于促进团队的发展"(288页)。

领导方法

有关组织行为的文献中一直强调个人领导力。领导者不一定是团队的管理者。Barak等人(1999,93页)区分了"由资方任命的外部管理者"和团队中不承担管理角色、更多地是依赖于其专业能力和个人魅力而崭露头角的领导者。领导者在团队发展和运作中的作用颇为复杂。团队成员如果感觉自己能对团队领导所做的决策产生影响，就会有更高的忠诚度和更强的满足感(Morris 等，2000)。如果有知识的领导者能够在团队内创造适当的条件，那么，有效共享个体所持的信息就可以成为设计与开发过程的一部分(Schittekatte，1996；Stasser，1992)。Sosik 等人(1997，90 页)援引 Bass (1985)的研究，认为："交易型领导者通过设定目标施加影响，……变革型领导者通过拓展和提升下属的目标施加影响。"但是，如果团队是自我管理型的，那么就需要协作型的领导才能取得最佳绩效。

652 **准备参与自我管理的团队**

Barry (1991，34 页)提出，在自我管理的团队中"出现的分布式领导模式……必然是自然涌现的。通常在开始的时候，不同的成员会想将团队引向他们各自所熟悉的、同时也是团队所需要的方向"。Barry (1991，32 页)认为，这样的团队"甚至比传统的组织单位需要更多的领导。除了需要带领大家完成任务的领导外，在团队发展过程中，他们还需要有人进行领导"，"如果没有正式的权威出现，围绕着任务和过程问题的权利斗争和冲突就会更频繁地出现，从而增加团队必须处理的领导工作的总体负担"。Stewart 和 Manz (1995)根据 Bandura (1977)的社会学习理论和 Bass (1990)先前界定的领导方式的连续体，提出了针对自我管理团队的领导方式的分类法和整合模型。Stewart 和 Manz (1995，752 页)将领导行为分为四种类型：滥权型(overpowering)、无权型(powerless)、建权型(power building)和赋权型(empowered)。在这四类领导行为中，目标影响着每一类行为，并在团队中产生特定的反应和结果。

团队绩效关键的过程和专长的协调

Faraj 和 Sproull (2000，1554 页)研究了 69 个软件开发团队，发现专长的协调与团队绩效密切相关，它比团队输入特征、专长存在和行政协调更为重要。尽管专长可能显而易见，但团队工作的质量取决于团队认识和利用这些专长的能力。Barry (1991，33 页)指出，"随着团队的成熟，指导性的功能和社会支持功能可能会发生变化"，在项目开始时需要更多的指导功能，而在项目后期支持功能的需求会增加。

协调方法包括：(1)让多数的协调行为在项目结束阶段进行；(2)在项目过程中反复进行协调；(3)在项目最不稳定时进行以解决问题为目的的协调(Chiang 和 Mookerjee，2004)。在教育类项目中，这种协调包括开发团队其他成员的教育专长和技术专长方面的协调，因为他们用形成性评价数据来强调学习者作为互动参与者角色的作用，以及用户或学习者完成任务的过程，而不是仅仅关注学习任务本身(Hedberg 和 Sims，2001)。归根结底，"适当的过程设计是提高生产力的关键"(Chiang 和 Mookerjee，2004，92 页)。

在早期将项目稳定下来

Chiang 和 Mookerjee (2004，967 页)发现，设计与开发团队的协调过程大多是临时性的，他们写道：

> ……能够很快将各模块稳定下来的项目团队，可以在项目早期少进行一些协调工

作……一流开发人员的一个特点是，即使是在自己不熟悉的项目领域，他们也能够迅速获得项目本身的知识，避免大量的返工。这一学习过程存在的证据就是，随着项目的推进，开发团队能越来越高效地将新开发的模块稳定下来。

关于个人在稳定过程中所起的作用，研究发现，个体在项目中对团队工作的喜好，以及在项目过程中发展起来的对团队能力的积极印象，都能决定团队绩效(Jung 和 Sosik，1999)。针对如何提升团队生产力的问题，Chiang 和 Mookerjee (2004)建议提升软件构建技术、改进开发过程，以及建议除了分析个体在团队中的作用外还要增强个体能力。

个人目标和行为的管理

除了团队领导者之外，设计者和开发者参与决策有助于提高他们的忠诚度和满意度。团队中的个体在对自己的绩效进行管理时必须能够确定个体目标。Manz 和 Sims (1980，136 页)援引社会学习理论(Bandura，1977)时强调：

……个体通过确定他们个人的标准、根据这些标准来评价绩效、并根据自我评价对结果进行自我管理这些途径来管理自己的行为。如自我观察、目标细化、提示策略、动机调整及演练等具体技术都可以用于自我管理。

团队的领导者可以通过施加外部控制和外部强化，同时减少监管的方法，促进自己的自我管理和行为示范，以及下属自身的自我管理。

个体的知识、技能和能力(KSAs)对团队的发展和绩效会产生影响，具体影响情况因境脉、团队、任务或这几个要素的组合而定(Cannon-Bowers 等，1995，357 页)。如果要将伦理的、社会的维度以及多学科的问题解决需要也考虑进去，那么构成设计与开发团队的知识、技能和能力需要有更宽泛的定义。团队成员很少能接受到这样的培训，从而在面对这些挑战时不能对问题有所意识、并做出适当的反应。同时，发展共享心智模式和战略共识的能力，与团队及其领导的多元化一起同属这个更宽泛定义的一部分。 653

团队能力和培训要求

团队发展、培训和绩效的每一个方面都必须在项目的境脉中加以理解，具体而言，即所赋予的任务和相关的环境条件。要确定培训需求，就要评价当前任务的能力要求(Cannon-Bowers 等，1995)。Cannon-Bowers 及其同事对 KSAs 中技能的界定进行了扩展，增加了心因动作技能和认知能力。有些能力普遍适用于多个任务，而有些能力只针对某项任务；有些能力只针对某个团队(如效能感和补偿策略)，有些则普遍适用于多个团队(如沟通技能、领导技能和对于团队工作的态度)。在理解复杂的团队工作方面，还必须分析任务复杂度的影响。任务组成的复杂度，指的是与任务相关的行动及需处理的信号的数量的多少(Wood，1986)。这里要强调信息性信号的重要性，因为人们越来越认识到，信号处理是专家情境评估的关键要素。

协调的复杂度，指的是任务变量必须在何种程度上进行整合才能成功完成任务。要协调和参与一个复杂情境的团队工作就必须意识到这两种复杂度之间的区别。

理解共享心智模型对于战略共识的影响

共享心智模型也是团队工作中的关键因素，因为团队的所有成员需要对要解决的问题和相关任务有一个共同的、准确的模型，以便对问题进行评估、决定各自的角色和责任，并在整个过程中做好协调工作(Cannon-Bowers 等, 1995)。研究者研究了战略共识，或者说是研究了在不必专门要求达成共识的情况下心智模型重合的程度。Knight 等人(1999)测量了人员多样性的四个指标，发现职能背景及聘用期限与共识之间呈负相关，而年龄及教育程度与共识之间的联系并不明显。共识的程度会影响大组织的战略取向，以及对个体在设计与开发中的过程和结果的预期。同时，职能背景、聘用期限、年龄和教育程度的差异会有助于提升或挑战团队在共享心智模型下的工作能力，继而会影响形成战略共识的能力；理解了这一点可以使设计与开发团队得到加强。多元化的领导风格是必需的，特别是在自我管理的团队中。但是，正如 Barry (1991，40 页)所解释的，有效利用这些差异意味着"必须真正尊重多样的风格，重视学习"。

有利于团队绩效的最佳境脉的创建

团队中的各种能力是随着团队运作境脉的变化而变化的。Fiore 及其同事(2003，343 页)研究了分布式团队的绩效，指出了三类相互关联的因素：

> (1)社会认知因素，源自内在于团队环境中的团队动力(比如团队态度)；(2)技术因素，包括使分布式团队成员能够彼此互动的技术(如基于计算机的通讯)；(3)与分布式团队的互动相关的动态过程(如项目过程中的协调工作)。

开发环境所支持的协作类型会对设计与开发团队的过程和结果产生影响。Ocke 等人(1998)选取了计算机和信息服务(CIS)及信息服务(IS)专业的 42 个研究生团队，对四种不同的团队交流形式对确定软件需求的结果所产生的影响进行了研究。他们发现混合型团队(使用面对面和异步交流两种方式)的解决方案的质量更高，表现出较高的创造性，对自己的解决方案也有更高的满意度。随着异步通讯技术在协作环境中的应用日益增多，我们的研究显示，根据某个时间点上的团队工作类型来选用固定的交流模式可能会极大地影响团队工作成果的有效性(Ocker 等, 1998，114 页；参见：Linebarger 等, 2005)。

设计与开发团队所面临的挑战

设计与开发团队可以通过吸收组织理论方面的研究文献来达到最佳绩效。通过学习并应用最新的关于学生学习方法和内容的研究(Donovan 等, 1999; Kolodner, 1991; McGinn 和

Roth, 1999；Pellegrino, 2002)，以及关于教育的具体挑战,如学习评价(Hunt 和 Pellegrino, 2002)方面的研究,他们的项目可以得到成长。然而,团队成员自己对研究方法的使用最能够促进用于教与学的技术的发展,使之与更宽广的教育观相一致。为了使项目和更宽广的教育观相一致,评价在项目中自始至终都很关键。Reeves 和 Hedberg (2003)描述了开发和评价的关系,如图 48.1 所示。

开发功能	应始于、并依据于	评价功能
项目的概念化	←	回顾
设计	←	需求分析
开发	←	形成性评价
实施	←	有效性评价
制度化	←	影响力评价
项目的再概念化	←	维护评价

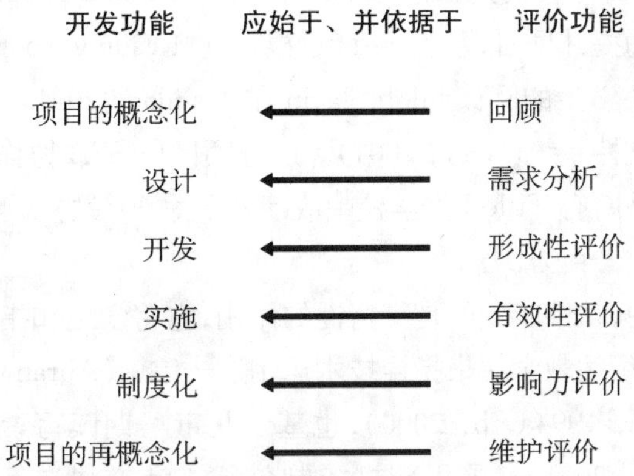

图 48.1　设计者和开发者如何将研究方法用于评价★(注:箭头表示信息流的方向,从评价功能指向开发功能)

教育、政府和企业的开发与设计过程通常都是以一个独立项目的形式开始,不过,研究者也提供了框架来解决可推广性和可持续性的问题,其中考虑了学校能力、政策和管理架构以及组织文化等因素(Blumenfeld 等,2000)。研究者也描述了"研究界提出的革新需求和当前学校的文化、能力和管理架构之间互不相容的情形"(Fishman 等,2001)。在项目完成后,可推广性和可持续性方面的规划在评价数据的基础上进行,使项目与大教育观协调一致。这里,关于有效性、影响力和维护方面的评价数据是关键(Reeves 和 Hedberg,2003)。在设计与开发过程的四个评价阶段中,首先要考虑的是所要开发产品的教育目的是什么,然后设计与开发团队运用研究方法来:(1)对产品进行论证,(2)检查内容的各种变化,(3)论证其在境脉中的用途;最后,(4)记录它在更广的教育领域的价值(Blasi 和 Alfonso,2006)。

除了将研究方法应用于教学的技术方面的形成性和总结性评价之外,研究者还开发了革新研究的框架,这一框架要求在系统革新的境脉中进行研究,以解决不同研究项目的可用性、可推广性和可持续性的问题(Fishman 等,2004)。评价数据不但有助于教育的系统转变,而且研究和开发过程也可以追踪用于教学的技术,比如教材,究竟在哪些方面对教师学习和学生学习产生了影响(Schneider 和 Krajcik,1999)。

研究得出的团队意图和目标

关于设计与开发团队的研究文献提供了一个最佳绩效的框架,不过团队也可以利用关于

★ 编自 Reeves, T. C. & Hedberg, J. G. , in Flexible Learning in an Information Society, Khan, B. , Ed. , Information Science Publishing, Hershey, PA, 2007, pp. 226 - 235.

教与学的研究文献来进行教育项目的开发工作(Quintana 等, 2004; Singer 等, 2000; Talsma 和 Krajcik, 2002)。当设计者和开发者将关于教与学的研究用于设计与开发的决策时,他们是在将研究结果转化成学习体验。团队能够获得并运用关于教与学的研究的程度,将会决定教育中的设计与开发所能实现的更宏大、更长期的社会和经济目标的程度。

学习与绩效研究中心(CSLP, 2006)开发的 Alphie's Alley 是个将关于教与学的研究加以转化的具体例子。人人成功基金会(The Success for All Foundation, SFA)开发了一个综合的、学校层面的读写能力提升项目,名为"阅读之根基"("Reading Roots")。这一项目强调进行早期干预,以预计并解决学生的阅读问题(Slavin 和 Madden, 2001)。Alphie's Alley 就是"阅读之根基"的电子绩效支持系统(Gery, 2001)。这一项目与 SFA 协作开发,用于支持日常的、一对一的指导,其对象是所有 Title I 类学校中成绩处于后 30%的一年级学生。这类学校招收特困生,其学生总数超过一百万。

在 Alphie's Alley 中,软件起到的是支持性的作用,它将学生和指导老师通过计算机联结起来。它的设计基于必须用教学法来指导技术运用这一信念(Abrami 等, 2005; Clark, 2001; Hipps 等, 2005; Kozma, 1994a, b, 2000),也基于儿童早期读写素养方面的研究(Adams, 1990; Slavin 和 Madden, 2001)。采用随机控制分组设计方法进行阅读和评价研究发现, Alphie's Alley 产生了显著的积极效果(Slavin 等, 2006),也受到了指导者们的普遍欢迎(Schmid 等, 2006),因而是个将教学研究成果转化为通过技术来改善学习体验的很好的例子。

讨论与小结

设计与开发的社会影响

如前所述,设计与开发团队在我们的社会中占据着重要地位。他们采用的是一种创造性解决问题的方式,其范围之广,可以涵盖教育软件的开发和原子弹的研制。我们需要理解构成一个设计与开发团队所必需的知识、技能和能力。一方面是如何领导这样一个团队的问题,另一方面是上文所提到的这样一个团队要求达到怎样的能力水平的问题。如果我们能够理解团队是如何努力理解他们工作中任务的复杂性的(局部设计),那么我们也将能够更好地帮助他们理解这一工作是如何在更广的层面上影响社会的(整体设计)。

不幸的是,这样的团队所需要解决的问题往往极为复杂,在没有应有的团队培训的情况下,他们可能无法充分发挥其潜能。而且,研究表明,当我们努力理解复杂问题的时候,我们经常将情境过分简单化。实际上,理解复杂的架构对于人类的福祉而言是一个重要的挑战,因为对系统中的一些因素的错误诠释,或者对于这些因素的错误处理都可能带来灾难性的后果。对复杂系统的科学分析识别出了众多导致复杂系统变得难以理解的元素,包括不断的变化,以及多个变量间紧密关联等等(Feltovich 等, 1997; Spiro 等, 1992)。很大的问题在于,这些复杂性经常会被忽视,因为我们倾向于进行简单的理解和解释,进而导致误解、甚至错误。这一现象被称作简化倾向(Feltovich 等, 2004)。

约二十年前,教育传播与技术协会(AECT)曾对 80 位教学系统设计与技术的教授进行调查,试图了解协会成员对于这一领域的伦理问题的看法(Nochols, 1987)。如今,关于伦理对社会所造成的影响方面的讨论越来越多。二十年前,多数人下结论说,“他们在通过多种途径 655
解决伦理问题,但是还有更多的事情要做”(Nichols, 1987)。那时候,多数人讨论的是“从技术对于学习者的整体影响到对于整个文化的影响”,却没有讨论与设计者角色相关的影响(Nochols, 1987)。Findeli(2001,14 页)指出了技术人员(关注局部设计)和设计者(关注局部设计和整体设计)之间的区别:

> 在这些复杂系统之内,人们期望设计者*有所作为*(act)而不是*简单地制作*(make)……用哲学的术语说,设计者关注的是实践性的一面,而非工具性的一面;或者说,设计项目的基础是伦理,而非技术。用存在主义的术语可以这么说:设计责任意味着设计者应该一直意识到,他们每一次投身于设计项目中时,都是在某种程度上重新创造这个世界。(斜体标注来自原文)

历史上的例子清楚地表明,一些一度很有希望改进教学的革新最后都失败了(Cuban, 1986,2001)。关于变革和革新传播过程的相关记载显示,革新的成败部分地取决于革新被引入和获得支持的方式和时间(Hall 和 Hord, 1987; McLaughlin, 1990; Rogers, 1995)。产品一旦发布,设计者和开发者便不能再控制产品,但尽管如此,因为意识到产品可能带来的长期的社会影响,仍有可能通过培训来使团队工作达到最佳状态。设计与开发团队应当:(1)根据已有的研究成果来组织团队;(2)了解并应用教学方面的研究成果;(3)进行教育技术的形成性评价和总结性评价研究。通过这一过程,他们也能够(4)通过自身的变革对这一领域的研究做出贡献。这样,设计与开发团队就加入了教育系统变革的大集体中,成为共同的创造者,共同关注设计与开发的社会影响。

小结

设计者与开发者的工作在两个层面上进行,Klabbers (2003a, p. 489)将这两个层面区分为:局部设计(DIS)和整体设计(DIL),前者指向设计具体的革新,后者指向改善当前状况。设计者和开发者是利益相关者,对局部设计和整体设计都具有影响力。本章对单个项目和整个系统作了区分,简述了三个例子中设计和开发团队开展工作的历史和境脉,然后给出了研究文献中有关团队的主要模型和挑战。具体而言,本章开始时提到了 20 世纪的团队工作的三个例子,在每个例子中,单个项目中的工作后来都被纳入一个更大的系统中,带来了一定的社会影响。在这些例子所带来的问题的基础上,我们讨论了从研究文献中获得的关于团队发展和管理的一些教益,并回顾了对建立有效的设计团队所必需的一些核心概念,其中包括绩效要素的具体化,如表达清晰的设计意图和目标;识别实现团队意图必备的知识、技能和能力;以及对使团队工作达到最佳状态所需因素的共同理解。我们本章的目标是:(1)强调设计与开发固有的复杂性;(2)描述设计和开发团队如何能从教育领域的研究中获益、并为此做出贡献;(3)帮助读者理解不同学科的理论和方法如何能帮助我们理解和改善这一重要过程。

致谢

656 中佛罗里达大学研究生Julia Berlin和Jennifer Grill为本章的成文提供了文献综述方面的帮助,作者在此表示感谢。

(郑太年 译,石　敏 一校,刘美凤、鞠慧敏 二校)

参考文献

Abrami, P., Savage, R.S., Wade, A., and Hipps, G.(2005). Using Technology to Help Children to Learn to Read and Write. Keynote address to the Children's Learning in a Digital World Conference. August 19 - 20, Brock University, Ontario, Canada.

Adams, M.(1990). *Beginning to Read: Thinking and Learning About Print*. Cambridge, MA: MIT Press.

Badash, L.(2005). American physicists, nuclear weapons in World War II, and social responsibility. *Phys. Perspect.*, 7(2),138 - 149.

Bandura, A.(1977). *Social Learning Theory*. Englewood Cliffs, NJ: Prentice Hall.

Barak, M., Maymon, T., and Harel, G.(1999). Teamwork in modern organizations: implications for technology education. *Int. J. Technol. Design Educ.*, 9.85 - 101.*

Barron, L., Bransford, J., Goin, L., Goldman, E., Goldman, S., Hasselbring, T., Pellegrino, J., Rewey, K., Sherwood, R., and Vye, N.(1993). The *Jasper* experiment: using video to furnish real-world problem-solving contexts. *Arith. Teacher*, 40(8),474 - 479.

Barron, B.J.S., Schwartz, D.L., Vye, N.J., Moore, A., Petrosino, A., Zech, L. et al.(1998). Doing with understanding: lessons from research on problem-and project-based learning. *J. Learn. Sci.*, 7(3),271 - 311.

Barry, D.(1991). Managing the bossless team: lessons in distributed leadership. *Org. Dynam.*, 20(1),31 - 47.*

Bass, B.M.(1985). *Leadership and Performance Beyond Expectations*. New York: Free Press.

Bass, B.M.(1990). *Bass and Stogdill's Handbook of Leadership: Theory, Research, and Managerial Applications*. New York: Free Press.

Blasi, L. and Alfonso, B.(2006). Increasing the transfer of simulation technology from R&D into school settings. *Simul. Gaming*, 37(2),245 - 267.*

Blumenfeld, P., Fishman, B.J., Krajcik, J., Marx, R.W., and Soloway, E.(2000). Creating usable innovations in systemic reform: scaling up technology-embedded project-based science in urban schools. *Educ. Psychol.*, 35(3),149 - 164.

Bowers, C.A.(1988). *The Cultural Dimensions of Educational Computing: Understanding the Non-Neutrality of Technology*. New York: Teachers College Press.*

Bowers, C.A.(2000). *Let Them Eat Data: How Computers Affect Education, Cultural Diversity, and the Prospects of Ecological Sustainability*. Athens, GA: The University of Georgia Press.

Bransford, J.D., Sherwood, R.D., Hasselbring, T.S., Kinzer, C.K., and Williams, S.M.(1990). Anchored instruction: why we need it and how technology can help. In *Cognition, Education, and Multimedia*, edited by D. Nix and R. Spiro, pp.115 - 142. Hillsdale, NJ: Lawrence Erlbaum Associates.

657 Cannon-Bowers, J.A., Tannenbaum, S.I., Salas, E., and Volpe, C.E.(1995). Defining competencies and establishing team training requirements. In *Team Effectiveness and Decision Making in Organizations*, edited by R. Guzzo and E. Salas, pp.333 - 380. San Francisco, CA: Jossey-Bass.*

Centre for the Study of Learning and Performance (CSLP).(2006). *Alphie's Alley*. Montreal: Department of Education, Concordia University (http://doe.concordia.ca/cslp/).

Chiang, I.R. and Mookerjee, V.S.(2004). Improving software team productivity. *Commun. ACM*, 47(5),89 - 93.*

Clark, R.E., Ed.(2001). *Learning from Media*. Greenwich, CT: Information Age Publishing.

Cognition and Technology Group at Vanderbilt (CTGV).(1992). The *Jasper* series as an example of anchored instruction: theory, program description, and assessment data. *Educ. Psychol.*, 27(3),291 - 315.

Cuban, L.(1986). *Teachers and Machines: The Classroom Use of Technology Since 1920*. New York: Teachers College Press.

Cuban, L.(2001). *Oversold and Underused: Computers in the Classroom*. Cambridge, MA: Harvard University Press.

D'Anjou, P.(2004). Theoretical and methodological elements for integrating ethics as a foundation into the education of professional and design disciplines. *Sci. Eng. Ethics*, 10(2),211 - 218.

Dick, W., Carey, L., and Carey, J.O.(2005). *The Systematic Design of Instruction*, 6th ed. Boston, MA: Allyn & Bacon.

Donovan, M.S.E., Bransford, J.D.E., and Pellegrino, J.W.E.(1999). *How People Learn: Bridging Research and Practice*. Washington, D.C.: National Academy of Sciences.

Elbinger, L.(1985). WOZ and The Little Kingdom [book reviews]. *Bus. Soc. Rev.*, 52,90.

Ellul, J.(1964). *The Technological Society*. New York: Vintage.

Ertmer, P. and Quinn, J.(2003). *The ID Case Book: Case Studies in Instructional Design*, 2nd ed. Upper Saddle River, NJ: Pearson Education.

Faraj, S.A. and Sproull, L.(2000). Coordinating expertise in software development teams. *Manage. Sci.*, 46,1554 - 1568.

Feltovich, P.J., Spiro, R.J., and Coulson, R.L.(1997). Issues of expert flexibility in contexts characterized by complexity and change. In *Expertise in Context: Human and Machine*, edited by P.J. Feltovich, K.M. Ford, and R.R. Hoffman, pp.125 - 146. Cambridge, MA: MIT Press.

Feltovich, P.J., Hoffman, R.R., Woods, D., and Roesler, A.(2004). Keeping it too simple: how the reductive tendency affects cognitive engineering. *IEEE Intell. Syst.*, 19(3),90 - 94.

Findeli, A.(2001). Rethinking design education for the 21st century: theoretical, methodological, and ethical discussion. *Design Issues*, 17(1),5 - 17.

Fiore, S.M., Salas, E., Cuevas, H.M., and Bowers, C.A.(2003). Distributed coordination space: toward a theory of distributed team process and performance. *Theor. Issues Ergon. Sci.*, 4(3/4),340.*

Fishman, B., Soloway, E., Krajcik, J., Marx, R., and Blumenfeld, P.(2001). Creating Scalable and Systemic Technology Innovations for Urban Education. Paper presented at the American Educational Research Association Annual Meeting, April 10 - 14, Seattle, WA.

Fishman, B., Marx, R.W., Blumenfeld, P., Krajcik, J., and Soloway, E.(2004). Creating a framework for research on systemic technology innovations. *J. Learn. Sci.*, 13(1),43 - 76.

Gagné, R.M. and Briggs L.J.(1974). *Principles of Instructional Design*. New York: Holt, Rinehart and Winston.

Gery, G.(2002). Achieving performance and learning through performance centered systems. *Adv. Dev. Hum. Resour.*, 4(4),464 - 478.

Goldberg, S.(1992). Inventing a climate of opinion. *Isis*, 83(3),429 - 452.

Hall, G.E. and Hord, S.M.(1987). *Change in Schools: Facilitating the Process*. New York: State University of New York Press.

Hedberg, J. and Sims, R.(2001). Speculations on design team interactions. *J. Interact. Learn. Res.*, 12(2/3),193 - 208.*

Hevner, A.R., March, S.T., Park, J., and Ram, S.(2004). Design science in information systems research. *MIS Q.*, 28,75 - 105.

Hipps, G., Abrami, P., Savage, R.S., Cerna, N., and Jorgensen, A.(2005). Abracadabra: research, design, and development of a Web-based early literacy software. In *Innovations et tendances en technologies de formation et d'apprentissage: Développement, intégration et évaluation des technologies de formation et d'apprentissage*, edited by S. Pierre, pp.89 - 112. Quebec: Presses Internationales Polytechnique. Valeurisation de Researches de Québec (DIVA).

Hoffman, E.J., Kinlaw, C.S., and Kinlaw, D.C.(2001). *Developing*

Superior Project Teams: A Study of the Characteristics of High Performance in Project Teams. Washington, D. C.: NASA (http://www.nasateammates.com/About/findings.pdf).

Hughes, J. (2004). Deconstructing the bomb: recent perspectives on nuclear history. *Br. J. Hist. Sci.*, 37(135), 455 - 464.

Hunt, E. and Pellegrino, J.W. (2002). Issues, examples, and challenges in formative assessment. *New Dir. Teaching Learn.*, (89), 73.

Jung, D.I. and Sosik, J.J. (1999). Effects of group characteristics on work group performance: a longitudinal investigation. *Group Dynam. Theory Res. Pract.*, 3(4), 279 - 290.

Katzenbach, J.R. and Smith, D.K. (1993). The discipline of teams. *Harvard Bus. Rev.*, 71(2), 111 - 120. *

Klabbers, J.H.G. (2003a). Simulation and gaming: introduction to the art and science of design. *Simul. Gaming*, 34, 488 - 494.

Klabbers, J.H.G. (2003b). Gaming and simulation: principles of a science of design. *Simul. Gaming*, 34, 569 - 591. *

Knight, D., Pearce, C.L., Smith, K.G., Olian, J.D., Sims, H.P., Smith, K.A. et al. (1999). Top management team diversity, group process, and strategic consensus. *Strat. Manage. J.*, 20, 445 - 465.

Kolodner, J.L. (1991). The Journal of the Learning Sciences: effecting changes in education. *J. Learn. Sci.*, 1(1), 1.

Kozma, R.B. (1994a). A reply: media and methods. *Educ. Technol. Res. Dev.*, 42(2), 11 - 14.

Kozma, R.B. (1994b). Will media influence learning? Reframing the debate. *Educ. Technol. Res. Dev.*, 42(2), 7 - 19.

Kozma, R.B. (2000). Reflections on the state of educational technology research and development. *Educ. Technol. Res. Dev.*, 48(1), 5 - 15.

Linebarger, J.M., Janneck, C.D., and Kessler, G.D. (2005). Leaving the world behind: supporting group collaboration patterns in a shared virtual environment for product design. *Presence: Teleoperators Virtual Environ.*, 14(6), 697 - 719.

Linzmayer, O. (1999). *Apple Confidential: The Real Story of Apple Computers*. San Francisco, CA: No Starch Press.

Lipnack, J. and Stamps, J. (2000). *Virtual Teams: People Working Across Boundaries with Technology*. New York: Wiley. *

Manz, C. and Sims, H.P. (1980). Self management as a substitute for leadership: a social learning theory perspective. *Acad. Manage. Rev.*, 5(3), 361 - 367.

McGinn, M.K. and Roth, W.M. (1999). Preparing students for competent scientific practice: implications of recent research in science and technology studies. *Educ. Res.*, 28(3), 14 - 24.

McLaughlin, M. (1990). The RAND change agent study revisited: macro perspectives and micro realities. *Educ. Res.*, 19(9), 11 - 16.

Morgan, Jr., B.B., Salas, E., and Glickman, A.S. (1998). An analysis of team evolution and maturation. *J. Gen. Psychol.*, 120(3), 277 - 291. *

Morris, L., Hulbert, L., and Abrams, D. (2000). An experimental investigation of group members' perceived influence over leader decisions. *Group Dynam. Theory Res. Pract.*, 4(2), 157 - 167.

Nichols, R. (1987). *Concern about Ethics and Ethical Issues among Professors of Instructional Systems Design and Technology*, Report Accession Number ED 304 099. Bloomington, IN: Association for Educational Communications and Technology.

Ocker, R., Fjermestad, J., Hiltz, S.R., and Johnson, K. (1998). Effects of four modes of group communication on the outcomes of software requirements determination. *J. Manage. Inform. Syst.*, 15(1), 99 - 118.

Pellegrino, J.W. (2002). Knowing what students know. *Issues Sci. Technol.*, 19(2), 48.

Postman, N. (1992). *Technopoly: The Surrender of Culture to Technology*. New York: Vintage Books.

Preece, J., Rogers, Y., and Sharp, H. (2002). *Interaction Design: Beyond Human-Computer Interaction*. New York: John Wiley & Sons.

Quintana, C., Reiser, B.J., Davis, E.A., Krajcik, J., Fretz, E., Duncan, R.G. et al. (2004). A scaffolding design framework for software to support science inquiry. *J. Learn. Sci.*, 13(3), 337 - 386.

Reeves, T.C. and Hedberg, J.G. (2003). *Interactive Learning Systems Evaluation*. Englewood Cliffs, NJ: Educational Technology Publications.

Reeves, T.C. and Hedberg, J.G. (2007). Evaluation strategies for open and distributed learning environments. In *Flexible Learning in an Information Society*, edited by B. Khan, pp. 226 - 235. Hershey, PA: Information Science Publishing.

Reigeluth, C.M., Ed. (1999). *Instructional-Design Theories and Models: A New Paradigm of Instructional Theory*. Mahwah, NJ: Lawrence Erlbaum Associates.

Rhodes, R. (1995). *The Making of the Atomic Bomb*. New York: Simon & Schuster.

Rogers, E.M. (1995). *The Diffusion of Innovations*. New York: The Free Press.

Salas, E., Dickinson, T.L., Converse, S.A., and Tannenbaum, S.I. (1992). Toward an understanding of team performance and training. In *Teams: Their Training and Performance*, edited by R.W. Swezey and E. Salas, pp. 3 - 29. Norwood, NJ: Albex.

Schank, R.C. and Jona, M.Y. (1991). Empowering the student: new perspectives on the design of teaching systems. *J. Learn. Sci.*, 1, 7 - 35.

Sarewitz, D. (2000). Science Policy Present: Where Is the Frontier? Paper presented at Gordon Research Conference, New Frontiers in Science and Technology Policy, August 20 - 25, Plymouth, NH.

Schittekatte, M. (1996). Facilitating information exchange in small decision-making groups. *Eur. J. Soc. Psychol.*, 26(4), 537 - 556.

Schmid, R.F., Tucker, B., Jorgensen, A., Abrami, P.C., Lacroix, G., and Nicolaidou, I. (2006). Tutor-Based Data on Implementation Fidelity of SFA Program Using Technology Versus No Technology. Paper presented at the American Educational Research Association Annual Meeting, April 8 - 12, San Francisco, CA.

Schneider, R.M. and Krajcik, J. (1999). *The Role of Educative Curriculum Materials in Reforming Science Education*. Arlington, VA: National Science Foundation.

Singer, J., Marx, R.W., Krajcik, J., and Chambers, J.C. (2000). *Designing Curriculum to Meet National Standards*. Arlington, VA: National Science Foundation.

Simon, H.A. (1996). *The Sciences of the Artificial*, 3rd ed. Cambridge, MA: MIT Press.

Slavin, R.E. and Madden, N.A., Eds. (2001). *One Million Children: Success for All*. Thousand Oaks, CA: Corwin.

Slavin, R.E., Chambers, B., Madden, N., Gifford, R., Abrami, P.C., Tucker, B., Therrien, M., and Cheung, A. (2006). Technology Infusion in Success for All: Reading Outcomes for Tutored and Nontutored First Graders. Paper presented at the American Educational Research Association Annual Meeting, April 8 - 12, San Francisco, CA.

Sosik, J.J., Avolio, B.J., and Kahai, S.S. (1997). Effects of leadership style and anonymity on group potency and effectiveness in a group decision support system environment. *J. Appl. Psychol.*, 82(1), 89 - 103.

Spiro, R.J., Feltovich, R.P., Jacobson, M.J., and Coulson, R.L. (1992). Cognitive flexibility, constructivism, and hypertext: random access instruction for advanced knowledge acquisition in ill-structured domains. In 658 *Constructivism and the Technology of Instruction: A Conversation*, edited by T.M. Duffy and D.H. Jonassen, pp. 57 - 76. Hillsdale, NJ: Lawrence Erlbaum Associates.

Stasser, G. (1992). Pooling of unshared information during group discussion. In *Group Process and Productivity*, edited by S. Worchel, W. Wood, and J.A. Simpson, pp. 48 - 68. Newbury Park, CA: SAGE. *

Stewart, G.L. and Manz, C.C. (1995). Leadership for selfmanaging work teams: a typology and integrative model. *Hum. Relat.*, 48(7), 747 - 770.

Stoll, C. (1999). *High-Tech Heretic*. New York: Anchor Books.

Talsma, V.L. and Krajcik, J.S. (2002). Comparing Apples and Oranges: Using the National Science Education Standards as a Tool When Assessing Scientific Understandings. Paper presented at the National Association for Research in Science Teaching Annual Meeting, April 6 - 10, New Orleans, LA.

Tanskanen, T., Buhanist, P., and Kostama, H. (1998). Exploring the diversity of teams. *Int. J. Prod. Econ.*, 56 - 57, 611 - 619.

The Learning Technology Center. (1992). *What Is the Jasper Series?* Nashville, TN: Vanderbilt University (http://peabody.vanderbilt.edu/projects/funded/jasper/intro/Jasperintro.html).

Tuckman, B. (1965). Developmental sequence in small groups. *Psychol. Bull.*, 63, 384 - 399.

van Aken, J.E. (2004). Management research based on the paradigm of the design sciences: the quest for field-tested and grounded technological rules. *J. Manage. Stud.*, 41, 219 - 246.

Vye, N.J., Goldman, S.R., Voss, J.F., Hmelo, C., and Williams, S. (1997). Complex mathematical problem solving by individuals and dyads. *Cogn. Instruct.*, 15(4), 435 - 484.

Williams, R.H. (1999). Atomic spaces: living on the Manhattan Project. *J. Am. Hist.*, 85(4), 1653 - 1654.

Wolf, G. (1996). Steve Jobs: the next insanely great thing. *Wired Interview*, 4(2), http://www.wired.com/wired/archive/4.02/jobs_pr.html.

Wood, R.E. (1986). Task complexity: definition of the construct. *Org. Behav. Hum. Decis. Process.*, 37, 60 - 82. *

---

* 表示主要参考文献

49

以用户为中心的设计与开发

Eun-Ok Baek、Kursat Cagiltay、Elizabeth Boling 和 Theodore Frick

摘要

本章概览了以用户为中心的设计与开发(UCDD, User-Centered design and development)的方法、技术和实践,以及一些具有挑战性的问题。传统的教学系统设计方法带有官僚主义色彩，具有线性进行的特点，而且运作过程较慢，因而受到广泛的批评。对于这种设计方法有两种改进方法，即快速原型法和参与式设计，这些方法已经被看作是针对传统教学设计模式的局限性可供选择的设计和开发模式。

关键词

参与式设计：一种以用户为中心的设计方法。在这种设计取向下，用户能主动地参与面向具体需求的某个系统或产品的设计过程。

快速原型法：一种以用户为中心的设计方法。在这种设计取向下，用户参与某个系统或产品的设计过程，对其进行快速和反复的试验和修改，直到产生出一个被用户接受的版本。

可用性：指人们可以简便地使用一个系统或产品，高效地达到他们的目的，并取得满意的结果。

以用户为中心的设计：一种设计的哲学和取向，从系统的计划、设计阶段到开发和测试阶段，用户是整个设计过程的核心。

引言 660

教学技术面临的重大且频繁发生的挑战之一，是如何使设计和开发出的产品或项目既能高效地支持用户的学习和表现，同时又能让用户满意。当前，大家已经提出了一种新的教学设计取向，并展开了探讨。许多研究者指出，传统的教学系统设计方式在本质上是一种简化法，它趋向于通过拆分问题使得问题得以解决，并在某个特定的时间开展某一阶段的工作(Finegan, 1994; Jonassen, 1990; You, 1993)。在 Gordon 和 Zemke (2000)及 Zemke 和 Rossett (2002)的研究中谈到，一些研究者和实践者对传统教学系统设计取向的线性过程和官僚性进行了抨击，同时也对其迟慢和笨拙的过程进行了批评。

将以用户为中心的设计与开发纳入到教学系统设计中，使所设计的系统能更好地满足用户的需求至关重要(Wills 和 Wright, 2000)。随着教育环境和社会环境的变化，如果教学系统设计不得不进行范式转变的话，那么新的教学系统设计范式一定要反映出这些变化。这也意味着教学系统设计过程必须更加以用户为中心，更加讲究成本和时间效益，更加关注绩效。

UCDD 的理念在于，从系统的计划和设计到产品的开发和测试，整个过程都要将用户置于中心地位。在设计方式上，UCDD 有很多不同于以前的方法的地方。在本章，我们选择一种哲学取向来看待对象与系统设计、参与式设计(PD)及具有特殊过程的快速原型法(RP)，以此阐明以用户为中心的设计的整体观点。我们首先回顾了 UCDD 的整体情况，然后从历史背景到不同参与层次阐述了参与式设计方法，之后描述了快速原型法，并讨论了它面临的挑战。最后在对本章进行总结前，我们从教学设计范式这个层面出发回顾了 UCDD 方法。

UCDD 概览

UCDD 的关键要素

什么是 UCDD? 正如 Bannon (1991,38 页)所说的,“以用户为中心的系统设计这个术语是什么意思及如何才能实现,弄明白这些问题都尚需时日。”为了解答提出的这些问题,我们了解到两种设计和开发的方式:一种是以产品为导向的,另一种是以过程为导向的。以产品为导向的设计方法主要关注产品的研发。产品的用途通常是固定的,并已经被大家充分理解,这就意味着设计的需求是可以预先决定的。以过程为导向的设计方法要求设计者基于人们学习、工作和交流(如使用)的境脉来看待整个设计过程,在开发过程中,产品的用途将随着不断变化的需求而变化。这会带来一些好处,但同时也会受到各种限制,因为在设计过程中变化是很常
661 见的,预先对最终产品进行的详细说明不能完全确定。在 UCDD 中,计划仅仅是设计过程的开始,其主要目标不是完全遵循计划,而是在项目的整个生命周期中回应这些变化。

在这里,我们关注的是以过程为导向的设计方法,尤其是那些受社会技术学的观点影响至深的方法。社会技术学的视角不仅考虑系统的技术方面(如工具、技术和产品),还考虑其社会方面(如人、网络角色、关系和任务)(Goodrum 等, 1993; Munford, 1983)。为了能将社会技术的方法贯穿于系统设计中,我们必须从社会背景中抽取出一定的信息。

UCDD 可以被看作是社会技术学取向的一个子循环。它和社会技术学是一种指导性的哲学取向,但不是一种具体的设计方法或过程。其观点是将人类活动的知识,以及对人类活动的社会和认知的分析融入设计中,并有意识地加以利用。这些是某个给定项目的设计基础,并指导着其开发。因此,UCDD 强调用户需求,并将这些需求牢记于心。设计者需要提前了解预期的用户,并不断地与这些预期用户保持联系,从而明确他们的需求,了解他们将要如何学习,以及想取得什么样的成绩。这种方式也强调,以用户为导向的设计过程在开发中要进行有用性测试。这种测试是反复进行的,与定向的分阶段测试和锁步测试正好相反。UCDD 的关键要素可归纳如下:用户参与(互动式学习),境脉分析和迭代设计。下面将分别对这些组成要素进行分析。

用户参与

技术用户,可以被简单地认为是那些使用设计者开发的工具的人们。然而,我们需要对这个术语的含义作进一步的解释。Maguire (2001)、McCrachen 和 Wolfe (2004)对主要用户和广义的用户进行了区分。主要用户,是指那些直接使用系统并与系统进行交互以完成某些任务的人;而广义上的用户则可以被定义为利益相关者,也就是那些将被主要用户完成任务的能力所影响的人们,或者是那些影响系统需求的人们。主要用户和利益相关者的反馈在设计决策过程中将受到重视。

在 UCDD 过程中,用户参与至关重要。因此,用户一定要主动地参与到设计的整个过程中,而不是在设计的开始和产品测试阶段简单地做咨询工作。用户能提供来自他们工作情境的重要的“民俗知识”。在这一点上,设计者应该理解,用户所知道的通常比能言说的要多。如

果适当地询问用户,他们能提供与设计思路有关的有用的意见和反馈。这种交互的过程也能提高用户对于待开发产品或系统的接受程度。设计者必须尊重用户的不同背景和专业领域,这也是进行相互学习的必要条件。

从 UCDD 的观点来看,具体应用的方法随着用户参与时间和程度的情况而变化。Carr-Chellman (2007)认为,用户在整个设计过程中应被视为设计伙伴而赋予完全的特权。有些时候,用户仅在产品的机械性功能的测试中扮演一定的角色,发挥最小的作用,然而,这对于整个设计循环来说来得太迟,难以对要生产的产品再做出修改(Krug, 2005)。在 1994 年的参与式设计会议上,苹果公司的 Tom Erickson 提出了用户参与的四个维度,即与设计者的交互、设计过程中的长期参与、整个系统设计中的广泛参与,以及在控制设计决策中持续发挥重要作用。

境脉分析

UCDD 的另一个重要组成要素,是在境脉中考虑用户的工作需求。从社会技术学的观点出发,Goodrum 等人(1993)认为,设计者必须将人、环境、工作实践和技术等方面的因素考虑到设计中,以开发出一个丰富的学习和信息环境。沿着同样的思路,Read 等人(2002)提出了在设计活动中会影响用户参与的各种境脉变量,包括环境、知识、技能和安全性。Read 等人(2002, p. 60)认为:

- 参与式设计活动发生的文化背景和物理环境将影响这些设计活动。
- 每个参与者都会将自己已有的常识、专业知识和技术知识带到他们参与的设计活动中。
- 个体的认知、心理和语言等技能将影响他们对参与式设计活动的贡献程度。不同参与者将为其参与的项目带来不同的技能,一个小组中各种技能的平衡将影响整个项目的设计。
- 舒适指数、情感稳定度和压力情况都会对人们在小组活动中所起的作用有影响,这些因素可能非常个性化,而且难以预测。在小组中,安全感主要受环境、知识和技能情况的影响。

迭代设计 662

在 UCDD 中,设计者被期望能尽早地与预期用户进行联系,然后不断关注用户对要设计的技术的要求。而且,为了检测设计中不断发现的问题和取得的进步,必须反复进行测试,而不是执行预定的设计过程。迭代的过程是在行动中反思的方法之一,是为了机智并创造性地处理持续变化世界中的"不确定、独特性和价值冲突",而开发的各个阶段则由所处的境脉决定。

迭代设计与设计空间的概念最为相关。设计空间这个概念是从建筑设计和平面设计领域借用而来的。Beadouin Lafon 和 Mackay (2003)对设计空间做出了以下的解释:

> 设计者有责任为某一具体设计问题创设一个设计空间。他们对设计空间进行探索,通过增加和消除设计的想法来对它进行扩展和缩减。这一过程是迭代进行的,循环多于简化。也就是说,设计者开始设计时只具备一些初步的想法,只有通过不断加入精细的细

节，才能得到最后满意的解决方案。设计者从一个带有很多限制的设计问题开始，从初始的设计空间中产生一系列的想法。然后，设计者最好与用户一起探索这个设计空间，选择一个特定的设计方向去开展进一步的设计工作。这样隔离了部分的设计空间，但开启了一些可探索的新的维度和方向。沿着这些新的维度和方向，设计者会产生更多的设计理念，对这扩展了的设计空间进行探索，并做出新设计的选择和决策。

为了产生设计理念，设计者们拓展设计空间，并由此做出各种选择，这时要用到各种设计工具和技术。除了我们通常使用的调查问卷、访谈(包括个人访谈、中心小组和工作坊)和文献分析等方法外，还可以在迭代设计过程中使用其他的技术和方法，如任务分析、原型法(Badouin-Lafon 和 Mackay, 2003; Ehn 和 Kyng, 1991)、角色扮演(Ehn, 1992)、现场观察法(Ehn, 1992)、情境设定(Carroll, 1995; Carroll, 2000)、在设计的场景中进行扮演(具有工作、爱好、家庭和教育背景的虚拟人物)(Grudin 和 Pruitt, 2002)及虚拟现实(Davies, 2004)。

UCDD 的操作方法

基于 UCDD 的观点，我们可以采用多种过程方法，如参与式设计(PD)(Bodker, 1988)、快速原型法(RP)(Goodrum 等, 1993; Frick, 2005)、用户友好的设计(Corry, 1997; Dumas 和 Redish; 1993; Norman, 1998; Sugar 和 Boling, 1995)、多元化预排设计(Bias, 1994)、基于情境的设计(Beyer 和 Holtzblatt, 1998; Tessmer 和 Wedman, 1995)、合作探究(Druin, 1999)、情景化设计(Merrill, 1992)、用户—设计者方法(Reigeluth, 1996)、ID2 教学事件处理框架(Merrill, 1992)、R2D2 模式(Willis 和 Wright, 2000)、解放式设计(Carr-Chellman 和 Savoy, 2004)及用户设计(Carr-Chellman, 2007)。虽然这些方法所持的观点并非一致或类似，但他们的共同点在于，这些设计方法都有用户的积极参与，以达到对设计产品和系统某种程度的认同。为了阐明以用户为中心的设计的总体观点，我们从哲学的取向来对对象或系统的设计(参与式设计)以及特定的设计过程(快速原型法)进行更深入的讨论。

参与式设计的特点

参与式设计的发展历史

参与式设计，既是参考用户的意见以设计产品或系统的一套理论，又是一种实践。正如 Greenbaum 和 Kyng (1991,4 页)对其做出的解释那样，设计者要认真考虑用户的工作实践和需要；用户被看作是具有行动能力的人(human actors)，而不是事先准备的人为影响因素(human factors)。他们的工作实践应该被放在他们工作的具体情境中来看待和讨论。观察用户在工作场所中的社会性交往也是设计者应该做的工作，因此，要求用户和设计者之间要不断地进行交流。

系统和产品研发的参与式设计的根源，可以追溯到 20 世纪 70 年代斯堪的纳维亚系统的设计活动(Ehn, 1988,1993)。这种设计方式开始于一个政治劳工运动,该运动提倡在工作中引入民主。早期,这个项目主要由工会和计算机科学研究人员合作开展,参与式设计的发起人是 Kristen Nygaard,他当时的工作就是参与工会领导人和工人的合作,目的是要在挪威建立一个国家协议,保障工会在工作场所中设计和使用技术的权益(Ehn, 1998; Huhn 和 Winograd, 1996)。这一研究在斯堪的纳维亚引发了其他类似的项目。如在瑞典,DEMOS 项目也有一个由各学科研究人员组成的研究团队,该团队与工会合作开展项目。瑞典和丹麦的研究人员与北欧集团图形工会合作,创建了 UTOPIA 项目,为报纸图片设计者设计并开发了计算机桌面出版系统(Ehn, 1992)。

这次劳工运动的发起是为了适应社会的变化,其重点在于逐渐加强用户的自主权。在回顾了 20 世纪 70 年代到 80 年代软件开发领域的十个参与式设计项目后,Clement 和 Van den Besselaar (1993)注意到,这次劳工运动的重点从加强工人大众的自主权转移到关注少数民族和女性工人的权利。这一变化反应了工作场所中女性的增多。当参与式设计最终应用于美国时,这种政治的关注已经不再重要(Clement 和 Van den Besselaar, 1993)。现在,参与式设计已经扩展到工程、建筑和社区设计等领域了(Al-Kodmany, 1999; Carroll, 2000; Cohen, 2003)。

不同层次的用户参与 663

正如前面讨论的那样,用户在参与式设计中参与的程度有很多种。虽然不同的项目对参与的定义不同,但 Kensing 提出了参与的基本要求,即"工作人员必须能接触到相关的信息,在解决问题时应该有可能持有独立的观点和立场,必须以某种方式参与决策过程"(Clement 和 Van den Besselaar, 1993)。按照 Willis 和 Wright (2000,7 页)的论述,存在着弱参与式设计和强参与式设计两种情况。在弱参与式设计中,虽然用户的各种要求和想法被一定的技术手段和工具所记录和关注,但设计的决策主要在于设计者。而在强参与式设计中,整个设计过程都要求用户全面的参与。表 49.1 将这些分析与 Erickson 的用户参与维度相结合(Kuhn 和 Winograd, 1996),总结出用户参与的不同层次。

表 49.1 用户参与的层次

	弱参与	**强参与**
交互作用	间接	直接
长度	短时	长期
范围	小规模	大规模
控制	非常有限	非常广泛

根据参与的维度不同,用户的参与层次可以分布在最小程度参与、完全参与(Read 等, 2002)、开放式设计或用户设计之间,增强了相关利益者在设计中的参与(Carr-chellman, 2007; Carr-Chellman 和 Savoy, 2004)。在最少参与层次上,用户可能只在有限的时间里参与到设计中,或者影响范围有限。在完全参与层次和解放式设计层次上,用户被授权与研究者和

开发者合作进行设计,或者在受过训练的设计者的帮助下实施自己的设计。

参与式设计的应用

Clement 和 van den Besselaar 在 1993 年发表的文章里介绍了很多参与式设计项目的成功案例。这些案例是 70 年代以来工作场所(如计算机中心、人力中心办公室和当地政府)进行系统设计的项目,包括建筑、郊区开发计划和社区设计,还有一些是在保健培训中保存的记录。这里要提及的是,在教育领域中开展参与式设计的项目还有待研究(Carroll, 2000)。在本部分,我们将简要地介绍一个教育研究和设计项目,该项目在进行计算机系统设计时成功地采用了参与式设计方法,然而,我们建议有兴趣的读者可以更多地了解上面我们提到的那些参与式设计的典型案例。这里介绍的是一个为期 5 年的参与式设计项目,主要是为初中和高中物理学教学而设计和开发的基于网络的合作学习系统。介绍这个例子的目的在于:(1)展示参与式设计在特定领域中是如何开展的,包括应用了什么样的方法和什么时候用这些方法;(2)考虑参与式设计方法的效果和效率,参与者对这些方法的满意度,以及将这些具体方法应用于项目时所面临的各种挑战。

案例分析

Carroll 等人(2000)提供了一个案例,展现了参与式设计应用于一个支持初中和高中物理协作学习的虚拟学校的设计过程。该案例对项目进行中参与者角色的转变进行了强有力的洞察和分析。这个为期 5 年的项目名叫 LiNC (Learning in Networked Communities),由美国国家科学基金资助,最初它只是一个小规模项目,只有一所初中和一所高中的物理老师参与。

664 LiNC 项目的主要参与者是 4 位中学(包括初中和高中)物理教师及 8 位大学研究团队的成员,其中 4 位是人机交互的专家,另外 4 位是计算机科学家。该项目是维吉尼亚技术大学和蒙哥马利公立学校的合作项目,为了支持自然科学的协作学习。在项目开展过程中,每隔一年会开设很小的物理班,仅有 3 到 5 个学生。该项目的目的在于,通过一个新的计算机网络系统将整体变革引入到学校教育中。

随着项目的发展,项目小组观察到参与教师角色的发展性变化。教师们最开始只是信息提供者,然后一路演化为分析者、设计者,最后成为教练。从一开始,大学的项目小组就采用参与式设计的思路和方法,将它运用到概念化项目中,并预测即使在项目结束后教师们积极的参与活动也要继续进行,这样才能给学校教育带来持续的系统性变化,这也是项目开始时就制定好的主要目标。

尽管这个项目最后被接受的程度很高,其设计的产品也得到了大量的运用,然而,值得我们注意的是,Carroll 等人(2000)质疑这个项目是否得花五年时间与教师们一起开展工作。按照他们的观点,一些阶段的工作本可以更有效率,如可以指定一个负责的教师,或者帮助教师们掌握一些必备的设计技能等。然而,他们也提醒人们,在这样的项目中,压缩时间将会在需求发展的参与式方法与人种学方法之间进行妥协,他们还强调,要花时间建立信任和理解,使得设计工作能更有效地开展。实际上,参与式设计更多的是一种哲学观点,而不是一系列制定好的具体方法。基于这样的观点，用户参与的内在价值和假定会取得的收益，将比其具体方法的功效更为重要。

也许，由于所做的准备不同，在这种项目中，受过训练的设计者们能更有效地促进用户和设计者的参与，但也要根据具体情况来考虑在培训设计者时什么是必须的。如果设计中用户参与的意义足够大，那么对为教育系统设计者提供的培训进行全面的检修也是切实可行的。

这个案例最后一个值得关注的方面是，用户或者参与者看起来仅仅是那些将所设计的系统应用于其课堂的教师们。然而，学生也是系统的用户。尽管在系统开发的过程中学生会成为小班中的成员，他们却没有被纳入参与设计者的行列。该案例虽然描述了一种潜在有效但费用昂贵的过程性方法，这种方法有可能引发课堂教学变化，但是，对可能和值得应用这种哲学观点的情境和方法认真地进行讨论是非常重要的。

另外一个关于参与式设计的案例，是 Reigeluth 和 Duffy (2007)在 Decatur 镇区学校开展的工作。参与者包括学校的教师、管理人员、学生、家长和社区成员，以及设计领导者们。虽然这是进行整体变革的一种努力，但同样也是一个很好的参与式设计的例子。在设计过程中，相关利益者们扮演着重要的角色，他们的目的是要让学校系统成为他们愿景中所希望的那样。如同前面我们所提到的 LiNC 项目一样，这个过程将持续多年。

快速原型法的概况

快速原型法的背景

快速原型法是软件设计中用到的一种方法(也可通过 CAD/CAM 应用于工业中的制备技术)，这种方法具有突破传统教学系统设计模式局限的潜力。自从快速原型法被当作一种设计模式引入到教学系统设计领域中后(Tripp 和 Bichelmeyer, 1990)，对其在教学开发中的应用有着各种迥然不同的描述，因此，对这种方法也产生了不同的看法。

教学技术领域的 Tessmer (1994)和 Northrup (1995)认为，快速原型法应该被看作是对设计和开发阶段进行形成性评价一种可选择的方法。正如关于人—机交互(HCI)和软件设计的许多研究所描述的那样，这与原型法的作用是一致的。然而，许多教学技术领域的人也将快速原型法看作是一种新的教学设计范式(Dorsey 等, 1997; Jones 和 Richey, 2000; Rathbun 等, 1997; Tripp 和 Bichelmeyer, 1990)。在这一章里，我们赞成后者的观点，认为快速原型法是一种替代传统教学系统设计的可选方法。值得注意的是，当快速原型法被当作传统教学设计过程的替代方法而用于实践时，这种方法在参与式设计方面会相对较弱(Kuhn 和 Winograd, 1996; Willis 和 Wright, 2000)。但这并不意味着这种方法本身很薄弱，而是说在用户参与程度上它比其他参与式设计要差一些。

适合于教学设计领域的定制化的快速原型法是基于设计的两个基本观点，一个是 Simon (1996)所认为的人工科学不同于自然科学的理论观点。教学设计和软件设计领域基本上共享着相同的设计理论，即认为设计过程是一个寻求最优化程序的问题解决过程。另一个是

Schon (1987)提出的观点,即将设计过程看成是一个在行动中反思的交互过程。设计的计划不是预先决定为了达到某个预定的目标,而是一个创造性地解决"不确定、独特性和价值冲突"的过程(Schon, 1987,6 页)。

快速原型法的目的在于,通过快速形成一系列廉价的模型(mock-ups)以展示出各种可能性,这样,设计者便能尽早尽快地获得反馈,以回应用户的需求。这种做法所产生效果在以下三种情况下较明显:(1)项目涉及很复杂的因素,因而很难做出预测和预言;(2)项目已经试用过传统设计方法,但没能取得满意的效果;(3)项目各方面的情况比较新,大家都缺乏相关的经验(Tripp 和 Bichelmeyer, 1990)。因此,快速原型法适用于电子绩效支持系统开发(Gery, 1995; Gustafson 和 Branch, 1997; Gustafson 和 Reeves, 1990; Law 等, 1995; Witt 和 Wager, 1994)、视频会议设计(Appelman 等, 1995)、软件设计(Dumas 和 Redish, 1993; Sugar 和 Boling, 1995)和计算机辅助教学(Tripp 和 Bichelmeyer, 1990),在 Web 设计(Boling 和 Frick, 1997; Corry 等, 1997; Frick 等, 2005)和协作学习的设计中它也很有用(Goodrum 等, 1993; Tessmer, 1994)。

然而,正如快速原型法的支持者所说的,快速原型法并非万能,它可能引发通过修改来引导设计(design-by-repair)的混乱的过程,这会忽略掉最初的分析和计划。虽然 Sugar 和 Boling (1995)描述了不存在技术(nonexistent technologies)的概念原型,快速原型法还是不能轻易地应用于许多常规教学应用的原型开发,例如讲授、研讨和广播教学活动等,因为原型的建立会受到时间和成本的限制(Tssermer, 1994; Tripper 和 Bichelmeyer, 1990)。Tripp 和 Bichelmeyer (1990)指出,使用快速原型法要进一步注意的问题,包括对有效建立原型的支持性工具的需求,对设计和评价原型的最优方法的选择,更为重要的是有知识和经验的设计者。

Frick 等人(2005)为快速原型过程加入了重要的前端分析和后端分析。他们通过形成性研究方法发展和改善了基于调查的(Inquiry-based)迭代设计过程,该设计过程包括对相关利益者需求的评估,从理论上快速建立具有可用性测试的原型,在计算机上进一步快速建立更具可用性评估的原型,以及创建和维护设计的产品等(Reigeluth 和 Frick, 1999,21 页)。虽然他们的关注点是 Web 设计,但他们的工作表明,对于产品的设计而言,与潜在用户有效的合作远比快速原型法本身来得重要。

665 **快速原型法的定义**

正如 Boling 和 Bichelmeyer (1998)曾经指出的,快速原型法已被用于许多不同的设计和开发过程中,应用的例子包括快速原型(Tripp 和 Bichelmeyer, 1990)、参与式设计过程(Goodrum 等, 1993)、快速合作原型(Dorsey 等, 1997)、以用户为中心的设计(Corry 等, 1997; Dumas 和 Redish, 1993; Sugar 和 Boiling, 1995)、境脉感知设计(Tessmer 和 Wedman, 1995)和 ID2 教学事件处理框架(Li 和 Merrill, 1990)等。所有这些例子都伴随着用户们的直接参与,包含了一系列快速的迭代测试和修改的循环,直到产生出被大家所接受的版本为止(如表 49.2)。

表 49.2　包含快速原型法的教学系统设计方法的比较

	Tripp 和 Bichelmeyer (1990)	Jones 等(1992)	Dorsey 等(1997)	Tessmer 和 Wedman (1995)
模式名称	快速原型	第二代教学设计	快速合作原型	境脉感知(context sensitive)教学设计模式
原型的含义	该工作模式包含必要的数据库、主程序模块、屏幕显示和包含输入/输出的界面系统。	一个最终产品的可执行版本,但非完成版。	具有不同精确度的、切实的解决方案。	最终产品的一个可运作部分,它可被一组学习者立即执行或被专家评估。
过程	确定需求和分析内容,设定目标,建立原型,利用原型,安装和维护系统。	分析知识,分析用户和环境,分析策略,明确处理、结构,开发处理的细目,实施。	建立愿景,研究概念原型,利用模型进行实验,原型的先验测试,执行产品。	分析各种层面的情况,明确教学场景,开发可选用的原型,讨论原型。
教学系统设计	教学系统设计过程模式的新范式	大部件原型法	设计者和用户共同参与	教学系统设计的新形式

666

虽然各种设计方法都使用快速原型法,但对原型到底是什么的理解却略有不同。Tripp 和 Bichelmeyer (1990)认为,原型应该包含必要的数据库、主程序模块、屏幕显示和包含输入/输出的界面系统。这个界定强调了计算机软件的实用性,计算机软件通常是模块化的,因此,能在不引发其他模块相互作用的情况下,灵活地进行指令集的增删改。模块化也使得软件更加实用,只需少量的时间和费用就能实现指令集的一些改变(Tripp 和 Bichelmeyer, 1990,38 页)。

Jones 等人(1992)认为,原型是不完善的,但本质上却是最终产品可执行的版本。Tessmer 和 Wedman (1995)将原型定义为最终产品的可运作部分,它可由一组学习者立即执行,或由专家进行评价。这两种定义都强调原型具有快速及可作为最终产品运作版本的特点,因此,原型不需要包含最终产品应有的所有模块和功能。Dorsey 等人(1997)及 Sugar 和 Boling (1995)将原型看作是一种能反映各种可能的解决方案的切实方法,这些解决方案具有不同的精确度。在他们看来,一个概念层次的解决方法也是原型,这与其他人的理解很不相同,但与应用于软件设计领域的原型概念更为接近(Rudd 等, 1996)。

具有挑战的问题

设计者在尝试实施 UCDD 的时候,会遇到很多具有挑战性的问题,如设计过程中有效的用户参与、对资源的控制及对所用方法的实际操作等。接下来我们将对这些问题进行讨论。

问题 1. 有效的用户参与

UCDD 方法最难克服的挑战就是在设计过程中用户参与的有效性。用户提出的哪些要求和建议将被收集,哪些将在设计中反映出来取决于价值决策,这种决策往往很难做出。对于大规模的、用于不同背景用户的商业化项目而言,更是如此。当最终用户群范围大且广的时候,伴随着谁将参与这个问题而来的是,如何才能找到一些能充分代表潜在的最终用户群的用户。此外,当用户只限于参与设计过程的某一阶段时,用户的角色将是信息提供者,而非项目的合作设计者。

即便 UCDD 的目标是让用户在设计过程中处于中心地位，但在许多情况下，对“为谁设计”和“与谁一起设计”两种取向的取舍成了一种哲学的和实践的考虑。“为谁设计”取向中，设计者在设计过程中发挥领导作用，而在“与谁一起设计”取向中，用户在整个过程中都有发言权。用户何种程度的参与才算合适呢？虽然设计者认为设计过程中活跃的用户参与是一种完美的状态，但是，一些研究者在具体实施过程中却遇到很多具体的困难。在一个参与式设计项目中，667 Luke 等人(2004)尝试利用开源工具建立一个网络学习社区，他们观察到早期的小组头脑风暴提高了用户对系统的期望和要求，按他们所提出的实施时间和费用，这些要求是远远不能达到的。当第一个原型在超出原定完成时间发布后，这些较高的期望变成了一种失望。研究者认为，其原因在于，用户参与太多，而设计者太过开放地接受他们的各种观点和意见(Luke 等，2004，11 页)。他们警告说，项目早期阶段的用户参与如果不能与现实限制保持平衡，那么对于设计将很不利。虽然在设计的过程中能尽量排除或改善以上问题，但是，它们仍然有存在的可能性。

然而，一些研究者还是肯定了用户参与的积极作用，即使是在长时间、大规模的参与式设计项目中亦如此。Letondal 和 Mackay (2004)与巴黎 Pasteur 研究所的生物学家、生物信息学家和程序员合作开展了长达七年的参与式设计活动。他们项目关注的是工具的开发，用以支持最终用户的程序编写。在研究过程中，他们发现了不同参与小组间的张力，而整个合作设计就是在那种情境中进行的。这个项目之所以成功，原因主要在于保持了“低责任”与“有用结果”之间的平衡(Letondal 和 Mackay，2004，39 页)。此外，该项目也说明，以 UCDD 的观点进行有效设计要求一定的经验和技能基础。

问题 2. 对资金、时间、工具和场地等资源的控制

UCDD 设计中存在的另一个挑战在于，为了支持项目的发展，需获得足够的资源，如资金、时间、工具和场地，以及对这些资源的持续控制。寻找和收集这些资源会带来很大的压力。即使确定了设计团队的所有成员后，仍然会存在一些问题，如当用户必须完成自己的全职工作时，如何才能让团队进行全面的用户参与。在回顾了十个不同的参与式设计项目后，Clement 和 van den Besselaar (1993)发现，虽然一些项目为用户提供了经费，可供他们在与设计团队一起工作时雇用临时人员完成其原来的工作。但是，在有些项目中，用户还是同时兼顾自己原有的工作和参与式设计的工作。如果设计团队只是让用户短时间或临时参与，那么难度会小一些，但若希望用户参与原型测试，或者重复参与这一过程则很困难。

Sugar (2001)指出，UCDD 的研究者中普遍存在的一个错误概念是，设计者应该放弃他们所有的权威而让参与的用户进行设计中的所有决策。他警告说，用户不是设计专家，设计者不应该期望他们总是清楚他们想用什么。他还指出，用户并非总是对的，即便他们的观点应该得到重视，但是，设计者应该能对提出的解决方案的可行性和局限性做出恰当的评判。虽然任何项目都是如此，但 Sugar 认为，设计者合理地承担一些责任，在 UCDD 中是非常重要的。为了有效地实施这种设计方法，设计者不能仅仅停留于这些问题的表面，而是要深入分析其中的内涵，对这些问题进行认真考虑(Sugar，2001)。Carr-Chellman (2007)为用户设计活动的开展提供了很多建议，在这些活动中，用户可作为主要设计者，而受过训练的设计者则作为促进者，但同时他还指出，这种设计过程可能会难以执行，而且并非适用于所有的情况或情境。

Raskin (2000)曾在苹果公司的计算机的人机界面设计中担任重要的设计师，他强调，在设计中用户想要的并不必然是最有效的。他还援引了几个实证研究，研究表明，实际上，相对于用户不喜欢的、与他人合作的项目而言，他们在自己喜欢参与的界面设计中表现得反倒更差。基于已证实的科学规律，在“用户想要的”与“最适合他们的”这二者之间存在着张力，这就好比“人们想吃的食物”与“对人们有好处的食物”一样，从营养价值和长期健康上来看，这两者之间是存在差别的。

讨论

当设计者选择设计方法时，他们的选择将被他们的哲学取向所影响。在试图理解现实生活中设计者是如何开展教学设计时，Visscher-Voerman 和 Gustafson (2004)发现，他们观察的十二个设计者(在最初始的研究中他们来自六种不同的情境)都在自己的工作中整合了传统的教学设计模式，但整合这种模式的方法各不相同。在第二个研究中，他们提出了四种可选用的设计范式(或称作概念框架)，这些范式具有不同的特点，如工具性、交流性、实用性和艺术性，表 49.3 展示了这些范式各自的特点。总体而言，因为 UCDD 强调用户在设计过程中应该作为合作开发者，因此，UCDD 方法与交互式和实用主义范式的相关性更大。这就意味着合作设计是一种反复进行分析、设计和评估的非线性过程。快速原型法作为改变教学系统设计的基石，其在哲学观上与实用主义范式更为接近。无论是强参与还是弱参与，UCDD 都代表着教学设计人员哲学取向的某种转变。就 UCDD 为教学和教学设计实践带来的冲击程度而言，我们有望看到这个领域的项目设计在逻辑、方法和能动性上的变化。

表 49.3 四种可选择的设计范式 668

	工具范式	交流范式	实用主义范式	艺术范式
重点	一致的目标、学习情景、过程和设计结果	设计者和用户为达成共识而进行交流	反复测试和修改	创造性设计
设计者的角色	专家(负责设计)	推动者(与用户共同设计)	专家(负责设计)	艺术家(负责全部设计)
用户的角色	信息提供者和行动支持者	信息提供者，合作设计者	信息提供者，产品使用者	产品使用者
设计过程	典型的线性	非线性、迭代	非线性、迭代	线性或非线性

(穆　肃 译，李妍 一校，刘美凤、马晓玲 二校)

参考文献

Al-Kodmany, K. (1999). Combining artistry and technology in participatory community planning. *Berkeley Plan. J.*, 13, 28 - 36.

Appelman, R., Pugh, R.C., and Siantz, J.E. (1995). Increasing the Efficacy of Informal Video Through Rapid Prototyping. Paper presented at the Midwestern Educational Research Association Annual Meeting, Chicago, IL.

Bannon, L. (1991) From human factors to human actors: the role of psychology and human - computer interaction studies in systems design. In *Design at Work: Cooperative Design of Computer Systems*, edited by J. Greenbaum and M. Kyng, pp. 25 - 44. Hillsdale, NJ: Lawrence Erlbaum Associates.

Beadouin-Lafon, M. and Mackay, W. (2003). Prototyping tools and techniques. In *The Human - Computer Interaction Handbook: Fundamentals, Evolving Technologies, and Emerging Applications*, edited by J. Jacko and A. Sears, pp. 1006 - 1031. Mahwah, NJ: Lawrence Erlbaum Associates. *

Beyer, H. and Holtzblatt, K. (1998). *Contextual Design: Defining Customer-Centered Systems*. San Francisco, CA: Morgan Kaufmann.

Bias, R. G. (1994). The pluralistic usability walkthrough: coordinated empathies. In *Usabiliry Inspection Methods*, edited by J. Nielsen and R. L. Mack, pp. 63 - 76. New York: John Wiley & Sons.

Bodker, S., Ehn, P., Knudsen, J. L., Kyng, M., and Madsen, K. H. (1988). Computer support for cooperative design. In *Proceedings of CSCW 88: Second Conference on Computer-Supported Cooperative Work*, September 16 - 28, Portland, OR (http://citeseer. ist. psu. edu/bodker88computer. html).

Boling, E. and Bichelmeyer, B. (1998). Filling the Gap: Rapid Prototyping as Visualization in the ISD Process. Paper presented at Association for Educational Communications and Technology Annual Meeting, February 18 - 20, St. Louis, MO. *

Boling, E. and Frick, T. (1997). Holistic rapid prototyping for Web design: early usability testing is essential. In *Web-Based Instruction*, edited by B. H. Khan, pp. 319 - 328. Englewood Cliffs, NJ: Educational Technology Publications. *

Carr-Chellman, A. A. (2007). *User Design*. Mahwah, NJ: Lawrence Erlbaum Associates.

Carr-Chellman, A. A. and Savoy, M. (2004). User-design research. In *Handbook of Research for Education, Communications, and Technology*, 2nd ed., edited by D. H. Jonassen, pp. 701 - 716. Mahwah, NJ: Lawrence Erlbaum Associates. *

Carr-Chellman, A. A., Cuyar, C., and Breman, J. (1998). Userdesign: a case application in health care training. *Educ. Technol. Res. Dev.*, 46 (4), 97 - 114.

Carroll, J. M. (1995). Introduction: the scenario perspective on system development. In *Scenario-Based Design: Envisioning Work and Technology in System Development*, edited by J. M. Carroll, pp. 1 - 17. New York: John Wiley & Sons.

Carroll, J. M. (2000). *Making Use: Scenario-Based Design of Human - Computer Interactions*. Cambridge, MA: MIT Press.

Carroll, J. M., Chin, G., Rosson, M. B., and Neale, D. C. (2000). The development of cooperation: five years of participatory design in the virtual school. In *Proc. of the Conference on Designing Interactive Systems: Processes, Practices, Methods, and Techniques*, June 25 - 28, London, pp. 239 - 251. New York: ACM Press.

Clement, A. and Van den Besselaar, P. (1993). A retrospective look at PD projects. *Commun. ACM*, 36(4), 29 - 37. *

Cohen, J. (2003). Participatory design with the Internet. *Architect. Rec.*, http://archrecord. construction. com/features/digital/archives/0308da-l. asp.

Corry, M. D., Frick, T., and Hansen, L. (1997). User-centered design and usability testing of a Web site: an illustrative case study. *Educ. Technol. Res. Dev.*, 45(4), 65 - 76.

Davies, R. C. (2004). Adapting virtual reality for the participatory design of work environments. *CSCW J.*, 13(1), 1 - 33.

Dorsey, L. T., Goodrum, D. A., and Schwen, T. M. (1997). Rapid collaborative prototyping as an instructional development paradigm. In *Instructional Development Paradigms*, edited by C. R. Dills and A. J. Romiszowski, pp. 445 - 465. Englewood Cliffs. NJ: Educational Technology Publications.

669 Druin A. (1999). Cooperative inquiry: developing new technologies for children with children. In *Proceedings of CHI'99*, May 15 - 20, Pittsburgh PA, pp. 529 - 599. New York: ACM Press.

Dumas, J. S. and Redish, J. C. (1993). *A Practical Guide to Usability Testing*. Norwood, NJ: Ablex Publishing.

Ehn, P. (1988). Playing the language games of design and use on skill and participation. In *Proceedings of the ACM SIGOIS and IEEECS TC-OA 1988 Conference on Office Information Systems*, edited by R. B. Allen, pp. 142 - 157. New York: ACM Press.

Ehn, P. (1992). Scandinavian design: on participation and skill. In *Usability: Turning Technologies into Tools*, edited by J. S. Brown and P. Duguid, pp. 96 - 132. New York: Oxford University Press.

Ehn, P. (1993). Scandinavian design: on participation and skill. In *Participatory Design: Principles and Practices*, edited by D. Schuler and A. Namioka, pp. 41 - 78. Hillsdale, NJ: Lawrence Erlbaum Associates. *

Ehn, P. and Kyng, M. (1991). Cardboard computers: mockin-git-up or hands-on the future. In *Design at Work: Cooperative Design of Computer Systems*, edited by J. Greenbaum and M. Kyng, pp. 169 - 195. Hillsdale, NJ: Lawrence Erlbaum Associates. *

Finegan, A. (1994). Soft systems methodology: an alternative approach to knowledge elicitation in complex and poorly defined systems. *Complex. Int.*, 1, http://www. csu. edu. au/ci/vo101/finega01/.

Flagg, B. N. (1990). *Formative Evaluation for Educational Technologies*. Hillsdale, NJ: Lawrence Erlbaum Associates.

Frick, T., Su, B., and An, Y. J. (2005). Building a large, successful website efficiently through inquiry-based design and content management tools. *TechTrends*, 49(4), 20 - 31 (http://education. indiana. edu/practical. html).

Gery, G. (1995). Attributes and behavior of performance-centered systems. *Perform. Improv. Q.*, 8(1), 47 - 93.

Goodrum, D. A., Dorsey, L. T., and Schwen, T. M. (1993). Defining and building an enriched learning and information environment. *Educ. Technol.*, 33(11), 10 - 20. *

Gordon, J. and Zemke, R. (2000). The attack on ISD. *Train. Mag.*, 37(4), 42 - 49.

Greenbaum, J. and Kyng, M. (1991). Introduction: situated design. In *Design at Work: Cooperative Design of Computer Systems*, edited by J. Greenbaum and M. Kyng, pp. 1 - 24. Hillsdale: NJ: Lawrence Erlbaum Associates. *

Grudin, J. and Pruitt, J. (2002). Personas, Participatory Design and Product Development: An Infrastructure for Engagement. Paper presented at the Participatory Design Conference, June 23 - 25, Malmö University, Sweden.

Gustafson, J. L. and Branch, R. M. (1997). Revisioning model of instructional development. *Educ. Technol. Res. Dev.*, 45(3), 73 - 89.

Gustafson, K. L. and Reeves, T. C. (1990). IDioM: a platform for a course development expert system. *Educ. Technol.*, 30(3), 19 - 25.

Jonassen, D. H. (1990). Thinking technology: chaos in instructional design. *Educ. Technol.*, 30(2), 32 - 34.

Jones, M., Li, Z., and Merrill, M. (1992). Rapid prototyping in automated instructional design. *Educ. Technol. Res. Dev.*, 40 (4), 95 - 100. *

Jones, T. S. and Richey, R. C. (2000). Rapid prototyping methodology in action: a developmental study. *Educ. Technol. Res. Dev.*, 48(2), 63 - 80.

Kuhn, S. and Winograd, T. (1996). Design for people at work. In *Bringing Design to Software*, edited by T. Winograd, pp. 290 - 294. New York: Addison-Wesley.

Krug, S. (2005). *Don't Make Me Think: A Common Sense Approach to Web Usability*, 2nd ed. Indianapolis, IN: Pearson Education.

Law, M. P., Okey, J. R., and Carter, B. J. (1995). Developing electronic performance support systems for professionals. In *Proceedings of the Annual Conference of the Association for Educational Communications and Technology*, February 8 - 12, Anaheim, CA.

Letondal, C. and Mackay, W. E. (2004). Participatory programming and the scope of mutual responsibility: balancing scientific, design and software commitment. In *Proceedings of PD C 2004: The Eighth Biennial Participatory Design Conference*, July 27 - 31, Toronto, Canada.

Luke, R., Clement, A., Terada, R., Bortolussi, D., Booth, C., Brooks, D., and Christ, D. (2004). The promise and perils of a participatory approach to developing an open source community learning network. In *Participatory Design Conference 2004*. Vol. 1. *Artful Integration: Interweaving Media, Materials and Practices*, edited by A. Clement, F. de Cindio, A. M. Oostveen, D. Schuler, and P. van den Besselaar, pp. 11 - 19. New York: ACM Press (http://trout. cpsr. org/conferences/pdc2004/proceedings/vol_1/p11_Luke. pdf).

Maguire, M. (2001). Context of use within usability activities. *Int. J. Hum.-Comput. Stud.*, 55, 453 - 483.

McCracken, D. D. and Wolfe, R. J. (2004). *User-Centered Website Development: A Human - Computer Interaction Approach*. Upper Saddle River, NJ: Prentice Hall.

Merrill, M. D., Li, Z., and Jones, M. K. (1992). Instructional transaction shells: responsibilities, methods, and parameters. *Educ. Technol.*, 32(2), 5 - 26.

Moonen, J. (1994). Prototyping as a design activity. In *Postlethwaiste: The International Encyclopedia of Education*, 2nd ed., edited by T. Husén and T. Neville. Oxford: Elsevier Science.

Mumford, E. (1983). *Designing Human Systems for New Technology:*

The ETHICS Method. Manchester, U.K.: Manchester Business School.

Muller, M. J. (2003). Participatory design: the third space in human-computer interaction. In *The Human - Computer Interaction Handbook: Fundamentals, Evolving Technologies, and Emerging Applications*, edited by J. Jacko and A. Sears, pp. 1051 - 1068. Mahwah, NJ: Lawrence Erlbaum Associates.*

Nisbett, R. E. and Wilson, T. D. (1977). Telling more than we can know: verbal reports on mental processes. *Psychol. Rev.*, 84(3), 231 - 259.

Norman, D. A. (1988). *The Psychology of Everyday Things*. New York: Basic Books.

Northrup, P. T. (1995). Concurrent formative evaluation: guidelines and implications for multimedia designers. *Educ. Technol.*, 35(6), 24 - 31.

Raskin, J. (2000). *The Humane Interface: New Directions for Designing Interactive Systems*. Boston, MA: Addison-Wesley.

Rathbun, G. A., Saito, R. S., and Goodrum, D. A. (1997). Reconceiving ISD: Three Perspectives on Rapid Prototyping as a Paradigm Shift. Paper presented at the Association for Educational Communications and Technology Annual Meeting, February 12 - 16, Albuquerque, NM.

Read, J., Gregory, P., MacFarlane, S., McManus, B., Gray, P., and Patel, R. (2002). An investigation of participatory design with children: informed, balanced and facilitated design. In *Proceedings of Interaction Design and Children International Workshop*, pp. 53 - 64. Maastricht: Shaker Publishing.

Reigeluth, C. M. (1996). A new paradigm of ISD. *Educ. Technol.*, 36 (3), 13 - 20.

Reigeluth, C. M. and Duffy, F. M. (2007). Trends and issues in P - 12 educational change. In *Trends and Issues in Instructional Design and Technology*, 2nd ed., edited by R. A. Reiser and J. V. Dempsey, pp. 209 - 220. Upper Saddle River, NJ: Prentice Hall.

Reigeluth, C. M. and Frick, T. (1999). Formative research: a methodology for creating and improving design theories. In *Instructional-Design Theories and Models*. Vol. II, edited by C. Reigeluth, pp. 633 - 652, Mahwah, NJ: Lawrence Erlbaum Associates.

Rudd, J., Stern, K., and Isensee, S. (1996). Low vs. high-fidelity prototyping debate. *Interactions*, 3(1), 76 - 85.

Schön, D. A. (1987). *Educating the Reflective Practitioner*. San Francisco, CA: Jossey-Bass.

Simon, H. A. (1996). *The Sciences of the Artificial*, 3rd ed. Cambridge, MA: MIT Press.

Sugar, W. A. (2001). What is a good about user-centered design? Documenting the effect of usability sessions on novice software designers. *J. Res. Comput. Educ.*, 3(3), 235 - 250.

Sugar, W. A. and Boling, E. (1995). User-Centered Innovation: A Model for Early Usability Testing. Paper presented at the Annual Conference of the Association for Educational Communications and Technology, February 8 - 12, Anaheim, CA.

Tessmer, M. (1994). Formative evaluation alternatives. *Perform. Improv. Q.*, 7(1), 3 - 18.

Tessmer, M. and Wedman, J. F. (1995). Context-sensitive instructional design models: a response to design research, studies, and criticism. *Perform. Improv. Q.*, 8(3), 38 - 54.

Tripp, S. and Bichelmeyer, B. (1990). Rapid prototyping: an alternative instructional design strategy. *Educ. Technol. Res. Dev.*, 38(1), 31 - 44.*

Visscher-Voerman, I. and Gustafson, K. L. (2004). Paradigms in the theory and practice of education and training design. *Educ. Technol. Res. Dev.*, 52(2), 69 - 89.*

Walenstein, A. (2002). Cognitive Support in Software Engineering 670
Tools: A Distributed Cognition Framework. Ph. D. dissertation. Burnaby, B. C.: Simon Fraser University.

Willis, J. and Wright, K. E. (2000). A general set of procedures for constructivist instructional design: the new R2D2 model. *Educ. Technol.*, 40 (2), 5 - 20.*

Witt, C. L. and Wager, W. (1994). A comparison of instructional systems design and electronic performance support systems design. *Educ. Technol.*, 34(6), 20 - 24.

You, Y. (1993). What can we learn from chaos theory? An alternative approach to instructional systems design. *Educ. Technol. Res. Technol.*, 41 (3), 17 - 32.

Zemke, R. and Rossett, A. (2002). A hard look at ISD. *Train. Mag.*, 39(2), 26 - 35.

＊表示主要参考文献。

50

在线教学的设计与开发工具

Bryan L. Chapman

摘要

如今,教学设计者可以选择丰富的著作和在线学习开发工具。随着学习技术的发展,那些学习和培训领域之外的人们期望技术可以提供教学设计上的指导,使得新手开发者可以制作出适合教学的在线学习内容。本章从设计和开发的视角探究了那些教学设计者和新手开发者制作在线学习内容最常用的工具,以及这些工具所提供的教学设计支持的类型,对满足教学需求的能力的影响。通过采用一种分类方式,分析了以下几个工具:(1)标准化著作工具;(2)前端设计和自动化教学设计工具;(3)仿真和游戏工具;(4)团队开发或者出版工具,如学习内容管理系统、群件著作工具。尽管在一些类型的开发工具中已经内嵌了某种形式的教学设计指导,但是为了创造完整的系统,取消或者最大限度地降低对教学设计知识的需求,仍然需要有相当多的 672
创新和研究,使得未经培训的设计者能够在没有帮助的情况下也可以制作在线学习的课件。

关键字

异步学习:学习者和教师之间的交流不是同步或实时进行的。学习者在不与他人交流的情况下进行自定步调、自我服务的学习便是异步学习的一个例子。

著作工具:一种应用软件,非编程人员可以用它将数字媒体文件集成到显示器、演示文稿及交互练习中。

自动化教学设计(AID):利用技术使得教学设计自动化,并使之成为学习内容开发过程的一部分。

动态前测:是一种在线进行的测试,通过该测试,学习者的不足得以确定,这样可以使得课件能更好地适应学习者,更好地满足特定学习者的需求。

群件著作:在团队环境中制作学习内容的并发过程,团队中的多位作者通常扮演着不同的角色,如创作者、图形艺术家或教学设计者等。

学习内容管理系统(LCMS):一种多用户应用软件,学习开发者可以在一个中心对象储存库(数据库)中创建、存储、重用、管理以及传送数字化学习内容。

新手开发者:几乎没有或者从未接受过教学设计培训,然而有责任使用著作工具制作学习内容的人。

软技能仿真:为了教授如领导力(leadership)、指导(coaching)、促进(facilitating)等人际交往技能的特定目的而设计的模拟。

故事板:是一个详细说明屏幕上的文字、叙事脚本和交互的文档,在转化为在线课程之前,它是以书面形式呈现的。

引言

如果威廉·莎士比亚可以使用现代的文字处理软件,那会怎样呢?这会使他成为更好的作家吗?答案显然是:否。把这个分析再推进一步,如果生产文字处理软件的厂商在其中嵌入了向导功能,可以帮助莎士比亚用非常完美的抑扬格五音步诗行创作十四行诗,那又会如何呢?这个向导功能对于莎士比亚诗歌的数量和质量的提高有什么影响?再者,如果某个厂商吹嘘他们的新软件已经吸纳涵盖了莎士比亚的全部天赋,任何使用这个软件的人(即便是创作新手)都可以写出与莎士比亚同样风格和效果的经典作品,又将如何?与大多数人一样,你肯定对此非常怀疑吧。

这些看似是一连串荒唐可笑的事情,但是,不论你相信与否,教学设计者虽使用软件工具设计和开发在线学习的课件,但关于这些工具的作用的类似争论却一直盛行。而且,许多组织机构都提高了他们的期望,希望相关的初学者、非技术开发者,甚至是学科内容专家(SMEs)应该能够使用这样的工具开发大量的传统学习和在线学习。在许多案例中,开发者几乎没有或者从未接受过教学设计培训,在整个开发过程中,他们反而依靠设计和开发工具提供的指南。

毋庸置疑,软件工具在教学开发过程中发挥着重要的作用,但是,我们能够期待这些工具能为我们提供哪种层次的教学设计支持,而哪些支持仍然需要依靠那些使用工具的人们呢?本章的目的就是要从设计与开发的视角探究教学设计者和新手开发者常常使用什么样的工具设计在线学习,在不同类型的开发工具中可以找到什么类型的教学设计支持,以及这些工具是如何影响(或者不影响)其满足教学需求的能力的。本章聚焦于 4 种不同类型的工具:

- 标准化著作工具;
- 前端设计和自动化教学设计工具;
- 聚焦于学习活动的设计工具,如仿真和游戏;
- 团队开发/出版工具,如学习内容管理系统和群件著作工具。

标准化著作工具

对于那些从事在线学习课程工作的教学设计者而言,时代已经变了。在早期基于计算机的培训(computer-based training, CBT),及其向基于网络的异步的、自定步调的传输形式转变时,教学开发团队常常有明显的分工,例如,有些人设计课程,有些人编程或者编写课程资料等。教学设计人员主要负责计划书的制作,如设计文档、脚本、故事板等;而创作专家和编程人员则主要依照计划书的要求装配各种在线学习材料。但是后来,这些角色之间的界限逐渐变得模糊,在开发的创作阶段,人们越来越要求教学设计人员发挥更加积极的作用。

为了说明当前对创作技能的要求,2006 年 4 月到 5 月,我们从 monster. com、Yahoo! hotjobs. com 及 CareerBuilder. com 网站上对教学设计工作职位的广告进行了随机抽样。从中可以发现,68%的广告着重指出,能够使用著作工具是申请工作的必备技能,而且大多数广告还指明了特定的著作工具,诸如 Adobe Flash、Dreamweaver、Authorware 及 ToolBook 等(参见图 50. 1)。张贴这些广告的组织机构类型众多,有大机构也有小单位,包括约翰霍普金斯大学、美国碧迪公司、奥菲斯马克斯公司(OfficeMax)、富达投资公司、沃尔格林公司、西尔斯公司、哈特福德金融服务公司、默克公司及美国联邦储备银行。在另一项研究中,为内部培训创作定制课件的机构介绍了他们用于制作自定步调学习资料的工具。表 50. 1 列出了最常用的

673 10 种著作工具,按使用率由高到低进行排列(Chapman, 2006b)。其中有很多工具以某种形式存在十多年了,包括 Flash、Dreamweaver、Authorware、Directory、Lectora、ToolBook 和 Quest 等工具。从早期的基于技术的培训开始,标准化著作工具的确没有太多变化,即便追溯到更早的硬盘传输和 CD-ROM 课程到基于 Web 传输的运动,亦如此(Foshay 和 Preese, 2005)。

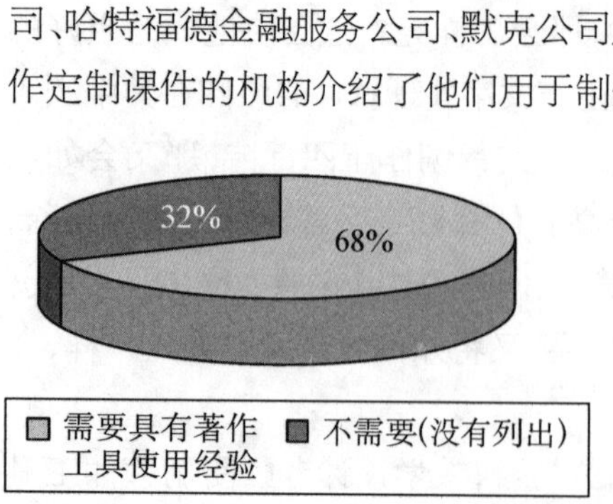

图 50. 1 要求具有著作工具使用经验的教学设计职位广告的比例

表 50.1　在线课件开发最常用的标准化著作工具

著作工具	厂商	使用该工具的公司(%)
Flash	Adobe	92
Dreamweaver	Adobe	67
Authorware	Adobe	34
Director	Adobe	27
Lectora Publisher	Trivantis	21
Captivate	Adobe	18
ToolBook	Sumtotal	18
Breeze	Adobe	6
Total LCMS	SumTotal	4
Quest	Allen Communication	4

著作工具最早是设计用于帮助非编程人员方便地集成各种媒体对象,预先创建脚本编码以构建教学学习应用。大多数标准化著作工具都会设置一个空白页,使作者(著作工具的使用者)尽可能灵活地创建可视化的、吸引人的版面和设计,同时,这些工具也会提供一种脚本语言,在复杂交互的创作中,他们能够进行进一步的拓展。在大多数情况下,著作工具能够像它们所声称的那样工作,尽管如此,但是为了更好地利用它们的优势,通常仍然需要经历一个艰难的学习过程(Merrill, 1997)。在很多方面,采用一种著作工具构建课程就像用一块块砖搭建整个房屋一样。由于著作工具的开放特性,以及这种空白页的方式,起初几乎没有教学设计指南可以帮助新手开发者创作比较好的教学课件。

著作工具的下一个发展阶段是模版引入阶段,这样的设计出于两个主要目的:(1)促进课程内容的快速开发;(2)为新手开发者提供额外的教学设计指南。在著作工具中有一组模板,名为CourseBuilder,该模板被创建用以作为 Macromedia 公司的 Dreamweaver 附加功能。Dreamweaver原本是设计用于标准化网页开发,而不是用于创建学习资料的。这些学习模板通过菜单栏以向导的形式启动,能够帮助新手开发者完成复杂学习交互的创建过程;可以用来设计各种不同形式的测验问题、发现式练习,以及复杂的拖放式练习(参见图 50.2)。这些模板内嵌了自动控制的功能,以记录成绩信息、回答判断正误、反馈,以及根据学习者的选择进行修正辅导等。

模板还有另外一个重要的作用,即为不同类型的教学干预提供优秀的设计实例与想法。例如,Articulate Presenter 是一款将 PowerPoint 演示文稿转换成 e-learning 课程的很流行的工具。为了扩展它的核心技术,Articulate 发布了它的快速 E-learning PowerPoint 模板工具包(Rapid E-Learning PowerPoint Template Kit),其中包含了几十个专业的设计模板,包括屏幕—外观模板等,而且更加重要的是,它还包括了将模板应用于教学的例子(参见图 50.3)。

尽管模板为创作者提供了相当多的所需的附加设计指导,但是,要确保完全遵循合理的教学设计原则,桌面著作工具仍然缺乏一些核心功能,尤其是在早期的前端分析、目标撰写及设计贯穿整个课程的恰当的交互方面。Bell (1998)总结到:著作工具支持很多可能的教学应用,其中有些可能很好实现,有些可能会难以实现,但是没有一种应用能从这些工具中获得足够多的指导。

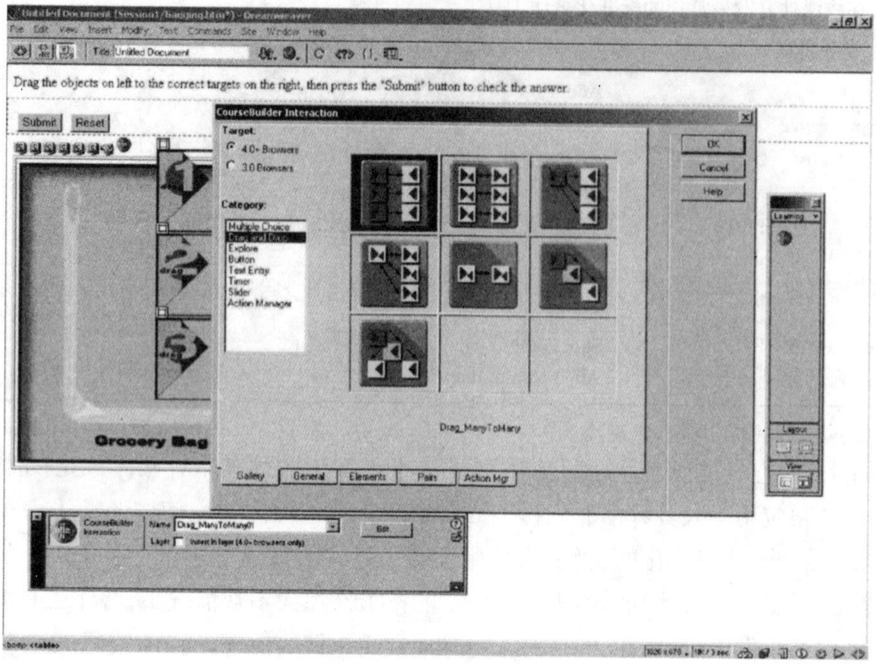

图 50.2　Dreamweaver 中用于创建拖放式练习的 CourseBuilder 模板向导

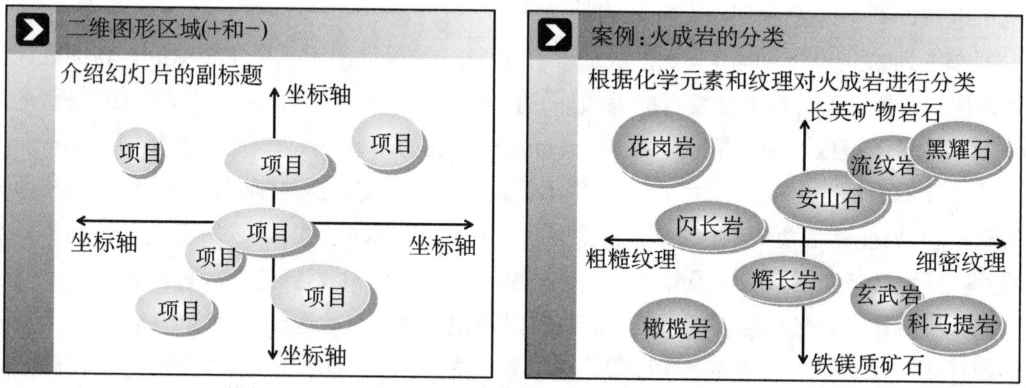

模板　　　　有内容的模板

图 50.3　跨多个区域提供分类实例的清晰的教学设计模板

无论如何,在整个教学开发过程中,著作工具确实扮演着重要的角色,教学设计职位广告中对具有著作工具使用经验的要求已经为此提供了证据。但是那些可能会使用著作工具的教学设计者,在教学开发的早期首先必须利用自己的设计专长,然后再按照计划书的要求使用著作工具进行设计。

图 50.4 显示了由标准化著作工具提供的典型的教学设计支持。大多数著作工具很少甚至不提供需求分析、目标撰写、高水平(课程)设计、脚本/故事板及教学设计指南等方面的指导。相反,这些工具更多地被用于开发过程的交互创建阶段,即为学习者对自己学习的控制

(学习者控制)、在线课程资料的快速开发(与最基本的开始编程相反),以及为支持自动化评定的创建提供反馈或机会。认识到标准化著作工具提供的教学设计指导是很有限的,开发机构才能够通过在前端设计工作中使用其他的方法和资源,将著作工具的使用正确地置于教学开发过程更加广阔的情境之中。尽管这些工具有望在开发过程中提供指导和大致的框架,我们仍然认为,标准化著作工具可能并不是最合适新手开发学习内容的工具。

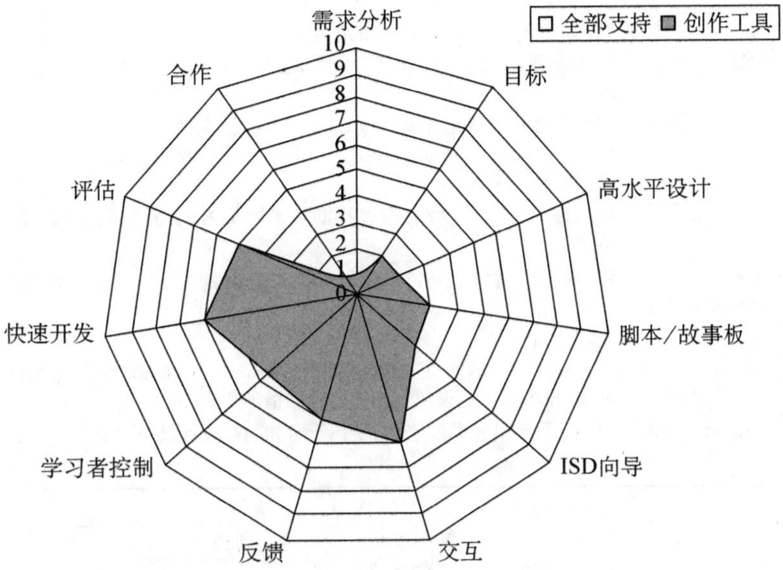

675

图 50.4 由标准化著作工具提供的典型的教学设计支持

前端设计和自动化教学设计工具

从另一个方向解决设计和开发任务的是一组特殊的软件工具,它们在教学开发的前端提供指导。在这些工具中,没有一个像标准化著作工具那样被大规模地使用。有些工具最初是作为体验项目(Experience Projects)创建的,有些是作为支持 CBT 和在线课件的定制开发的内部开发工具,还有些只作为绩效支持工具,以弥补标准化著作工具的不足。这些工具在功能和目标上分布也比较广泛。有些是为创作高水平的教学设计文档而设计,有些则纵贯整个开发过程:从前端设计到开发生产阶段。那些也提供课件制作的完整系统常常被称为自动化教学设计(Automated Instructional Design, AID)工具,这个名字将它与其他的设计工具区分开来(Gros 和 Spector, 1994)。作为一种设计和开发工具,这个类别提供了最多的教学设计向导,这些向导的目标服务对象是新手设计者、学科内容专家及其他负责教学开发的人员(Muraida 和 Spector, 1993)。有关使用前端设计和 AID 解决方案的频率信息比较难以获取,因为大多数教学设计和开发工具的研究聚焦于商业产品。表 50.2 标识了在这个领域广受关注的项目和解决方案。在这些工具中,最常见的思路是:为缺乏教学设计专业知识的人员或者学科内容专家,以及其他主要负责教学开发的人员提供有意义的指导帮助(Muraida 和

Spector, 1993)。图50.5显示了前端设计和AID解决方案在哪些地方为教学开发提供了最多的支持，尤其把重点放在需求分析、目标撰写、高水平设计、脚本/故事板及教学系统设计指导上。

表 50.2　一些最受认可的前端设计和自动化教学设计工具

设计或者 AID 工具	开发原因
AIM II	为海军制作，用以推动统一的教学设计实践，并作为一个课程设计规范的知识库。
The Designer's Edge (Allen Communication)	作为一种商业应用，主要聚焦于前端分析、目标撰写、设计说明、故事板和评估。
GAIDA	以 Gagné 的 9 项教学事件为基础，由布鲁克斯空军基地的阿姆斯特朗实验室(Armstrong Laboratories)制作，目的在于在教学开发的前端设计期间提供教学设计指导和实例。
IDExpert	由犹他州立大学制作，通过补助和赞助的方式，将自动化教学设计的理论付诸实践。
ADG (acronym for "didactic engineering workbench" in French)	作为研究和学术机构的联合项目产生，作为课程设计的智能支持系统。
DesignWare(Langevin)	作为一种商业的支持工具，辅助 Langevin 的培训师培训工作坊(train-the-trainer workshops)，主要聚焦于课程设计的指导和组织。
CourseWriter (DarryI Sink and Associates)	作为一种商业工具而产生，聚焦于诸如前端设计、目标撰写及课程组织等方面。

676

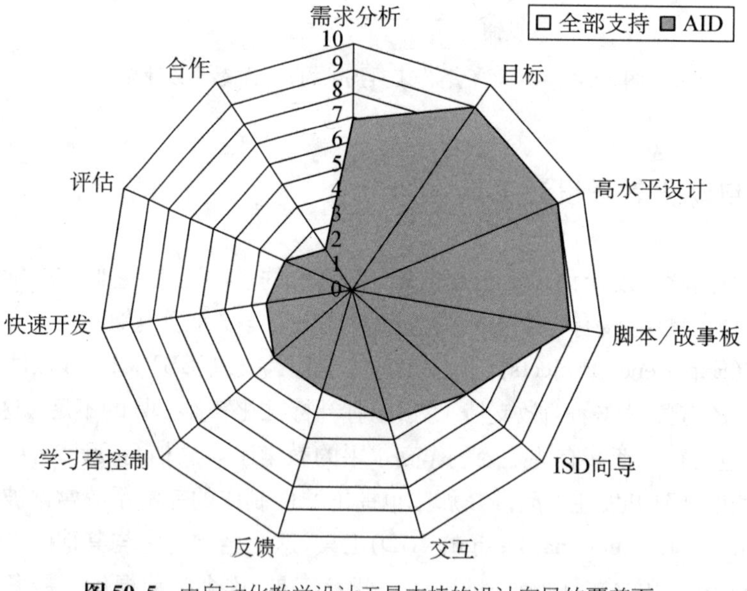

图 50.5　由自动化教学设计工具支持的设计向导的覆盖面

按照 Kasowitz (1998)的分类方式，前端设计和 AID 工具可分为：(1)聚焦于教学设计的认知方面的系统，换句话说，就是基于最好的实践理论来进行教学干预的系统(如 IDExpert、ADG)；(2)为教学设计的程序化步骤提供支持和指导的系统(如 AIM II、The Designer's Edge、GAIDA、DesignWare 和 Coursewriter)。以 IDExpert 为例(由 M. David Merrill 博士领导的 ID2 研究小组),它是基于教学处理理论的(instructional transaction theory)(Chine 和 Merrill, 1995)。简单地说,IDExpert 包含这样的智能,即它可以将知识表征的各种要素、最佳的实践教学策略,以及教学设计描述结合起来,为学生获得某种特殊的知识或技能而自动生成所需的所有交互(Merrill, 1999)。用户按照系统提供的步骤进入相关的内容。之后,系统自动生成和传递恰当的交互,直到学习者掌握了所学内容。

与之相反,The Designer's Edge (Allen Communication)使用一种绩效支持方法,仿效教学设计的分析、设计、开发、实施、评估(ADDIE)模型,将其作为主要的交互界面(参见图 50.6)。这个系统并非指定某种特定的设计方法,而是要求新手和专业设计者按照教学设计的一般性步骤进行操作,例如,进行需求分析,创建学习者档案袋,使用内嵌的向导产生适当的格式化的绩效目标;绘制一个主要课程的地图,以及为脚本和故事板的创建提供大量工具,这些脚本和故事板是多媒体编程人员在设置在线学习课程的时候要用到的。

677

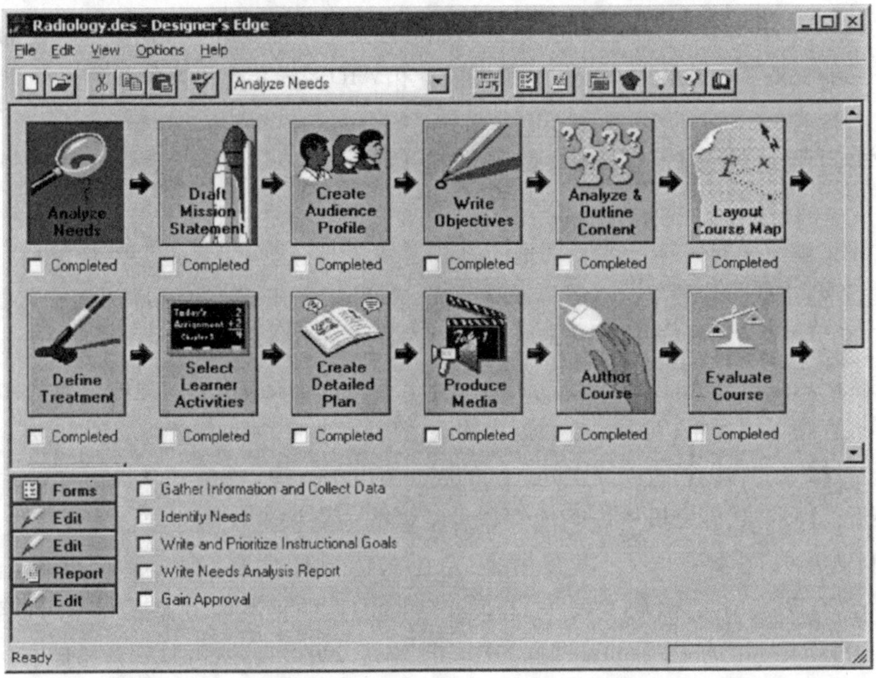

图 50.6 基于 ADDIE 标准模型的 The Designer's Edge 界面

除了提供 ADDIE 模型界面的指导之外,该系统也提供适用于不同情境的教学设计建议,以及来自该领域的带头人的指导,这些建议和指导与可以用于完成任务的工具相关。尽管 Allen Communication 已经添加了一些工具,可以将学习内容从故事板工具直接导入标准化著作工具,如 Authorware、ToolBook 和 Dreamweaver 等,但是,系统主要还是聚焦于教学开发的前端设计任务上。

利用 AID 工具成功地进行前端设计的实例是 GAIDA (Guided Approach to Instructional Design Advising),它以 Gagné 的 9 项教学事件(Gagné, 1991)为基础。GAIDA 推出了一系列

测试，在这些测试中，新手只借助支持工具的向导进行课程设计。结果显示，在制定所教授的合理的学习内容方面，这些工具具有“普遍的有效性”(Spector 和 Whitehead, 1994)。根据 Gagné 的观点，这个工具背后的理论是要“为新手提供易于理解的、高水平的指导及完全有效的实例，使得新手能像熟练的实习生那样完成任务”(Gagné, 1991)。人们只需付出少许的费用，便可从 Cyberlearning 网站* 上获得这个工具。现在，这个产品已经更名为 GUIDE。

AIM (Authoring Instruction Materials) II 也已被美国海军证明为一次成功的尝试，事实上，它现在是海军培训中最大的独立数据库(Arnone, 2001)。除了提供教学设计指导之外，它还作为一个主要的内容管理系统，并监测着教学开发项目的整个工作流程。美国海军也使用
678 这个系统保持内部开发和外包课程开发者之间设计的一致性(Johnson, 2005)。

尽管前端设计和 AID 解决方案具有良好的前景，并且已经部分地被证实是成功的，但是令人费解的是，在越来越多的开发机构期望新手开发者和学科内容专家要同时作为课程设计者的时候，这些系统却没有得到更加广泛的应用。这是一个需要进一步研究和探讨的领域，而这些早期前驱性的项目将会为下一代的前端设计和 AID 系统奠定良好的基础。

聚焦于学习活动的设计工具(仿真和游戏)

教学设计者使用的另外一类工具是仿真和游戏工具，这些工具是为特定的目标而设计的，旨在达到特定的教学效果。从最早期的计算机辅助教学开始，仿真和游戏就已经是很重要的教学干预方式了，它们被用以支持体验式学习，促进高水平的认知学习。早期的仿真和游戏通常是在代码层定制编程，或者是通过标准化著作工具的复杂应用封装集成。当然，仿真已经以各种形式存在了很多年，其中包括大规模的飞行仿真，教室中的角色扮演仿真，基于计算机的仿真，以及最近的可以通过网络空间进行的高保真度仿真等。

在最近的研究中，开发机构表明他们非常愿意把仿真和游戏作为混合式课程的一部分，但是，他们认为入门障碍(如开发费用高、自己难以制作仿真)很容易使他们止步不前(Chapman, 2005)。事实上，研究发现，开发 1 小时仿真的平均时间是 750 小时(最高可达 1300 : 1)，而开发标准的 e-learning 课程的平均比率是 220 : 1。这可以解释为什么仿真和游戏在目前的在线学习课程中并未得到充分的使用。但是，对使用仿真的渴望仍然引发了教学设计与开发工具的蓬勃发展，使得这些工具聚焦于仿真和游戏的开发。在当今的市场上，有多达 106 家仿真工具提供商，主要的工具如下：

- 软件仿真；
- 软技能仿真；
- 角色扮演(如与屏幕人物进行对话)；
- 商业技能(如在某个商业场景下，如进行某种模拟交易时作出决策)；

---

* 网址为 www. cyberlearning. com。

- 商业模型化/分析(如设置可变的条件,观察商业规则下的产出,学习如何解释数据); 679
- 故事—问题/基于情景(如设置故事问题并让学习者进行决策以解决问题);
- 销售过程仿真器(模拟销售情景);
- 硬技能/技术;
- 问题查找/诊断(作出决策并观察每个行动的结果);
- 程序化操作(学习者按照程序进行操作);
- 仿真物理系统(如模拟计算机设备或者其他组件,设置一个计算机网络);
- 仿真概念(如模拟一个模式图,用模式图模拟天气模型是如何工作的);
- 紧急情况反应仿真(如对紧急事件采取行动);
- 虚拟世界/空间关系(如飞行仿真器或者模拟一个办公室环境、战场或工厂);

表 50.3 显示了运用于所有这些部分的一些主要工具。

表 50.3　商业化的软件仿真工具

产　品	公　司	产　品	公　司
Captivate	Adobe	Assima	Assima
OnDemand	Global Knowledge	SoftSim	OutStart
Firfly	KnowledgePlanet	RapidBuilder	XStream Software
STT Trainer	Kaplan IT Learning		

软件仿真工具

软件仿真工具能够让新手开发者在开发过程中记录屏幕交互信息。这个工具可以记录每次的鼠标点击和键盘输入,以便在后期制作交互仿真。例如,记录坐标位置并为每次鼠标点击创建一个点击区域。要完成仿真制作,仿真制作者必须清除这些记录,并添加反馈信息,进行修改。在捕捉屏幕、手动添加点击区域和文本输入区域、为学习者创建提示和指导、将每个鼠标点击或者键盘输入连接到某个分支处理模块等方面,这个工具比标准化创作工具要快得多。软件仿真工具能够在确保学习活动高保真性和交互性的前提下,显著地缩短开发时间。

软技能仿真工具

软技能工具(参见表 50.4)常常基于一个模板模型(template model),以便快速地产生特定类型的交互,例如,设计一个对话,选择屏幕人物,以及创建一个角色扮演仿真,并给予评分,通过仿真与专家进行比较(关于同种情境,专家会怎样处理)。仿真工具开发者的主要困难在于,在保证在短时间内创建出传递高保真的、与工作场所相关的场景的同时,他们还必须为各种不同目的的仿真需求提供便利。图 50.7 显示了一个复杂的仿真实例,学习者可以在这里就社会如何应对全球变暖做出决策。Forio 公司的这个仿真产品能够模拟已流逝的时间,因为学习者可以穿越到几个月甚至是几年前的场景,其在线时间压缩为 1 小时或者更短。

表 50.4　商业化的软技能工具

产　品	公　司	产　品	公　司
Redwood development platform	Redwood e-Learning systems	RealCall	SIVOX
Forio simulation development software	Forio	StarTrainer	Knowlagent
KDSimStudio	Knowledge Dynamics	Simulated Role Play	SIMmersion, LLC
Experience Builder	ExperienceBuilders, LLC		

680

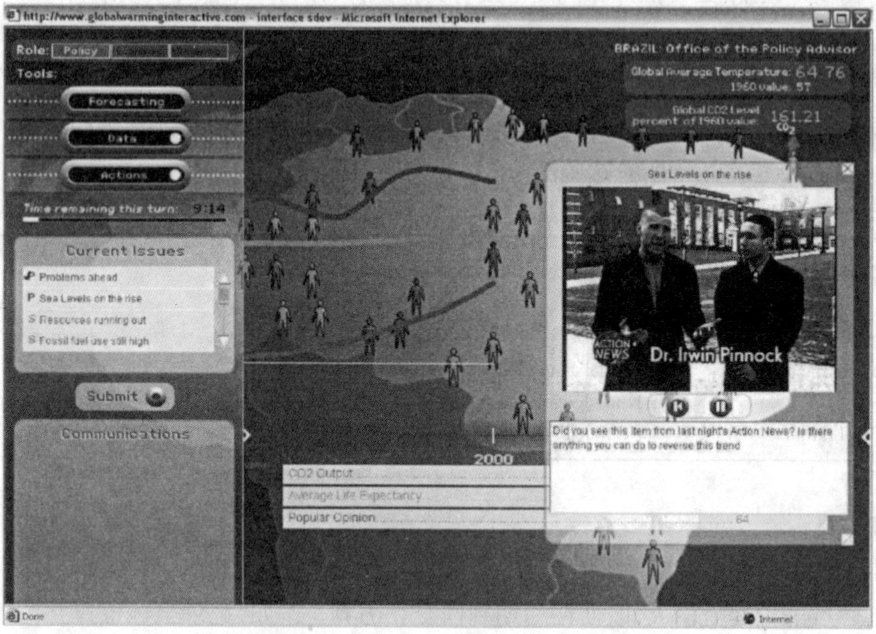

图 50.7　Forio 公司开发的全球变暖仿真软件

硬技能/技术仿真工具

硬技能/技术仿真类别(参见表 50.5)涵盖了广泛的技能。设想一下,这个类别中的系统能够模拟物理系统,如一台机器或者一个电子测量系统。这个类别也包含了任务仿真器,可以让学习者在各种不同层次的向导下完成各个步骤,并测量他们完成各个步骤的能力。在航空工业中经常使用的飞行模拟器就是证明这些工具如何工作的最好例子。很多航空公司已经成功地将学习者在飞行模拟器中的绩效数据传递到中央学习管理系统,这个管理系统记录了课堂学习和 e-learning 课程的绩效数据。

表 50.5　硬技能/技术仿真开发工具

产　品	公　司	产　品	公　司
Multigen Creator	Multigen-Paradigm	NGRAIN Producer	NGRAIN
KDCalc	Knowledge Dynamics	Visual Purple	Visual Purple

游戏工具

在采用企业普遍适用的学习策略时，游戏扮演着独特的角色（参见表 50.6）。尽管游戏并非专门为培训或教学的传递而设计（Kirk 和 Belovics, 2004），但是，在诸如分类（匹配游戏）、补充真实信息（问答游戏）及背诵（记忆游戏）等学习领域，游戏可以激发特殊的学习动机；而且，随着新一代的游戏进入劳动力市场，讲座式的培训效果可能不那么乐观（Kirk 和 Belovices, 2004）。仿真和游戏开发工具的独特之处在于，它的教学设计指导在交互界面上往往不是很明显，相反，这些指导来自于高智能、高灵活性的仿真或游戏，这些仿真或游戏为了达到特定的学习效果而设计。这些工具为教学带来的主要益处在于，学习者可以获得深度的交互和丰富的反馈。而以上目标，在制作者对教学文本资料等了解甚少的情况下，经过相对短暂的开发过程就可以实现（参见图 50.8）。

表 50.6　用于教学游戏开发的流行工具

产　品	公　司	产　品	公　司
Gameshow Pro (Web)	Learningware	Games2Train	Games2Train
Composica Enterprise	Composica	Game Development Environment	Galaxy Scientific

681

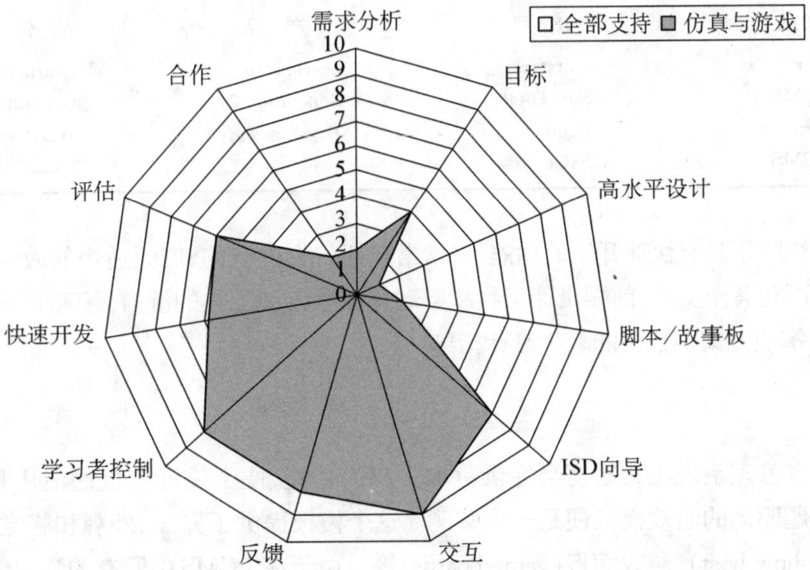

图 50.8　由聚焦于学习活动的工具（如仿真或游戏工具）提供的教学设计支持

团队开发/出版工具

从 2000 年初开始，一种新型的教学开发工具逐渐发展起来。作为在线学习开发的一种选择，从商业上来讲它是切实可行的，而且已经开始受到关注。当前，许多广泛使用的传统著作工具都是桌面应用程序，也就是说，通常它们每次只能由一个教学开发人员创建交互。相反，这种新型的工具基于群件项目(groupware projects)，该项目在一个出版模型的基础上开发在线学习，它有多个相互协作的内容创作者，每个人负责开发一堂课或者一门课程中的一部分学习内容和交互练习。为了说明这点，请大家思考一个问题：《洛杉矶时报》的出版商能使用Microsoft Word 排版和组织每天的报纸吗？答案是"可以"。那么它的制作效率如何？答案是"效率不高"。

这些群件出版系统被称为学习内容管理系统(LCMS)。依据定义，LCMS 是一个具有多个开发者的环境，在这里，开发人员可以在一个中心对象存储库中创建、存储、重用、管理及传递学习内容(Chapman, 2006a)。尽管许多 LCMS 解决方案已经内嵌了创作功能，但是大多数用于集成个性化的学习活动，这些学习活动是采用各种传统的著作工具制作的，被存储为学习对象。一个学习对象是一个可重用的学习活动，(1)能够进行元数据标注以便检索，(2)是与其他学习技术相通的标准，或者(3)是能够与其他学习对象结合或集成的对象，能够创建新的、派生的学习结构，如一节课、一个单元、或者一门课程。表 50.7 列出了一些迄今为止最常用的商业 LCMS 解决方案(Chapman, 2006b)。

表 50.7　最常用的 LCMS 解决方案

产　品	公　司	产　品	公　司
Evolution	Outstart	Learn. com	Learn. com
TotalLCMS	SumTotal	Generation 21	Generation 21
ForceTen	Eedo	TopClass	WBT Systems
Saba LCMS	Saba		

这些系统除了具有快速开发的功能外，常常包括一个内嵌的、广泛适用的教学设计指导，有时还是标准化著作工具、前端设计工具和自动化教学设计工具的混合。下面是一些可以在商业 LCMS 解决方案中找到的教学设计指导。

交互模板

学习内容管理系统工具甚至会提供更加广泛的功能，便于设计模板的使用和重用。由一组测试问题驱动的游戏模板便是一个实例。这个模板提供了界面、外观和感觉、游戏活动主持(game show host)、游戏面板(game boards)等。由于在 LCMS 中所有的学习内容都被存储到数据库中，测试问题可以被数据库自动随机抽取，从而每次产生的都是新的游戏；因此，同样的模板可以发生成千上万种变化。尽管大多数 LCMS 解决方案被设计成教学理论的不可知论(instructional-theory agnostic)，但是，我们还是可以看到，大多数系统遵循了教学理论的某些特定的方面。这听起来好像是个缺点，但是，它实际上可以产出更加集中的设计模板。以某种特定的设计理论为标准，模板设计者就能设计出模板(Foshay 和 Preese, 2005)。这种逻辑意味着，除非恰巧由你来规定那一套理论，否则，模板化的著作工具有着严格的限制。

动态前测

大多数 LCMS 产品使用一种动态前测模型，也就是说，个人的测试问题可能与学习内容 682
(被存储为学习对象)相关。基于学习者在测试中的表现，LCMS 可以动态地创建新的课程内容，这样，学习者不需要再学习那些已经掌握了的教学内容。如果使用恰当，动态前测可以大大地缩短课程学习时间。

学习对象

尽管大多数关于学习对象的参考文献关注它们的可用性问题，但是，还有一个更加重要的教学关系问题值得关注。学习对象通常基于一个单独的、能够实现的学习目标，因此，可以依据学习者对目标的掌握情况，使得教学和对他们表现的评估更加清晰并有所侧重。学习对象与学习目标有着一对一的关系，可以与其他可实现的目标一起，为实现更加宽广的终极目标(一节课或者一门课程)提供新的途径。学习对象设计有助于教学设计者聚焦于他们的终极目标。

故事板说明书

在教学开发过程中，故事板以一个精细化的、高水平的设计文档的形式呈现详细的课程设计说明书。LCMS 技术提供了一些方法，不仅使得根据学习目标来设计学习对象成为可能，而且通过能支持音频/视频产品、讯息设计和复杂交互追踪的故事板，可以将学习对象设计成为教学传递的详细说明。图 50.9 显示了一个 LCMS 生成的用于 QMIND 的故事板界面。

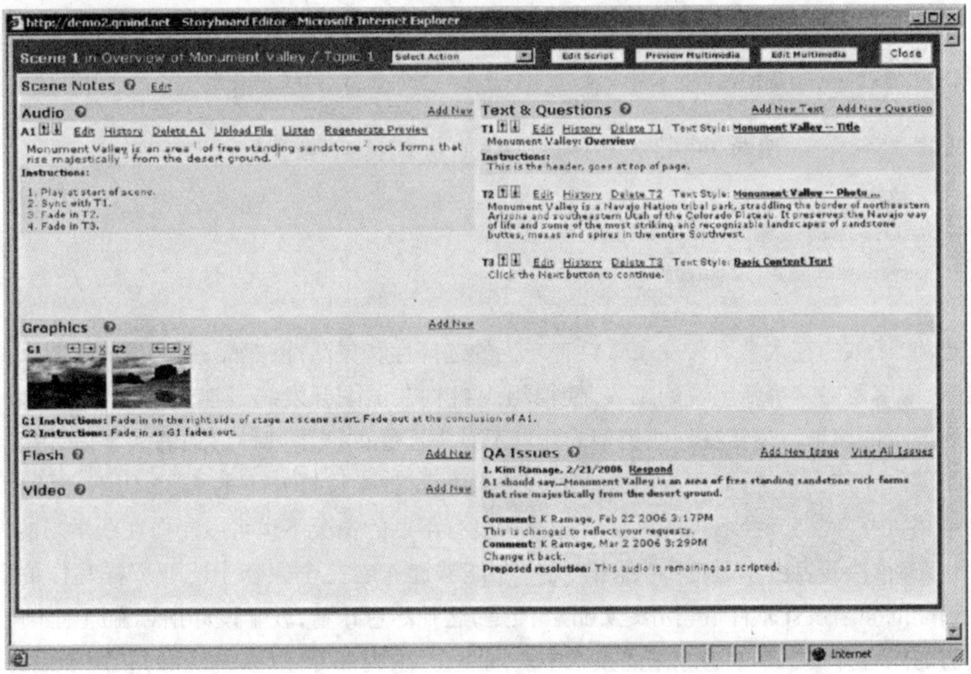

图 50.9 在 QMIND 中的脚本/故事板工具

评估和能力之间的连接

LCMS 技术的固有性质使得它可以在测试问题和能力(技能、知识和态度)之间建立复杂的连接。使用标准化著作工具可以在学习表现和能力之间建立大量的联系,但是,对新手开发者而言,这种复杂性使得他们难以采取有意义的方式测量学习表现。一般情况下,LCMSs 提供的教学设计指导比前端设计和自动化设计工具要少(参见图 50.10)。大多数系统的结构是基于这样的理念,即前端分析和高水平的设计在前期就已经完成,LCMS 的目的在于支持后续的开发和传送过程。LCMS 确实鼓励发展性实践,但是,在整个过程中,却一直缺乏全面的教学设计指导;在所有商业化可行的学习技术中,LCMS 技术似乎正朝着平台的方向发展,它最终可能会兑现既提供教学设计指导、又提供系统开发的承诺。

683

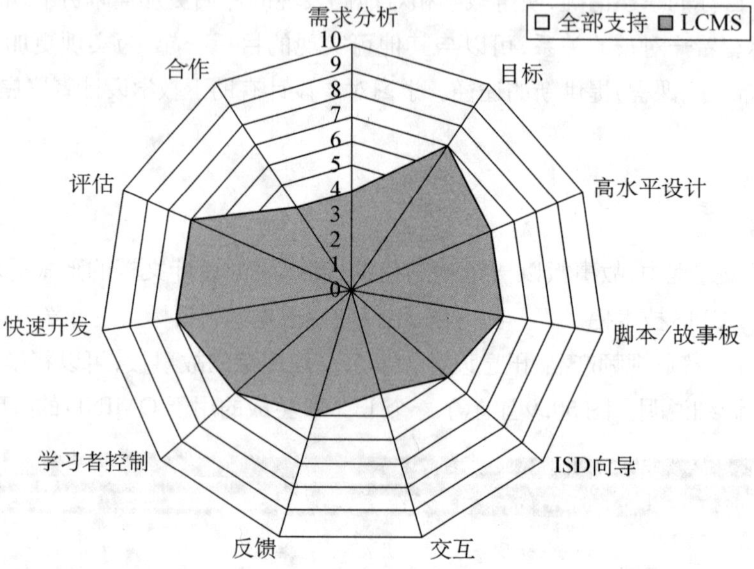

图 50.10 由学习内容管理系统(LCMS)提供的教学设计支持

小结

当前,无数的在线学习开发工具具有广泛的选择性和灵活性;然而,这大量的工具,外加诸如维基、博客及播客等新出现的工具,使得组织机构在试图开发统一连贯的创作和开发策略时陷入混乱的境地。尽管在一些类型的开发工具中已经内嵌了某种形式的教学设计指导,但是为了创造完整的系统,取消或者最大限度地降低对教学设计知识的需求,仍然需要相当多的创新和研究,使得未经培训的设计者能够在没有帮助的情况下也可以制作在线学习的课件。

也许,软件开发者永远也不会创作出一个能够让作者完全像莎士比亚那样写作的向导,对于智能的教学设计软件而言亦是如此。但是,这并不意味着,教学设计指导和原则不应该嵌入现有的内容开发工具或者未来的技术中。同时,寻求内部专家(人的资源)和用于设计教学的工具与技术之间恰当的平衡和结合,是每个在线学习开发机构义不容辞的责任。

对于那些不断拓展工具的性能范围，以及把教学设计引入到工具领域中的人们，我们深表感谢。他们已经为未来的创新者发现新方法、创作新工具、提出新的解决方案奠定了坚实的基础。只要未来的创新者始终明确地聚焦于终极目标，即设计和创建有效的学习体验，实现最优化的知识迁移，他们就一定可以逐步实现这一目标。

（吴筱萌 译，金　慧 一校，刘美凤、赵　磊 二校）

参考文献 684

Arnone, M. (2001). Navy rewrites its course-writing software to enhance online distance education. *Chronicle Higher Educ.*, December 5 (http://chronicle.com/free/2001/12/2001120501u.htm).

Bell, B. (1998). Investigate and decide learning environments: specializing task models for authoring tool design. *J. Learn. Sci.*, 7(1), 65-105.

Chapman, B. (1995). Accelerating the design process: a tool for instructional designers. *J. Interact. Instruct. Dev.*, 8(2), 8-15.

Chapman, B. (2005). *Online Simulations Knowledgebase*. San Jose: Brandon Hall Research.*

Chapman, B. (2006a). *LCMS Knowledge Base*, San Jose, CA: Brandon Hall Research.*

Chapman, B. (2006b). *Custom Content Developers: A Knowledge Base of 100 + Outsource Learning Providers*. San Jose, CA: Brandon Hall Research.

Clark, R. C. and Lyons, C. (1999). Using Web-based training wisely. *Training*. 36(7), 51-56.

Cline, R. W. and Merrill, M. D. (1995). Automated instructional design via instructional transactions. In *Automating Instructional Design: Computer-Based Development and Delivery Tools*, edited by R. D. Tennyson and A. E. Baron, pp. 317-353. New York: Springer-Verlag.*

Foshay, W. R. and Preese, F. (2005). Do we need authoring systems? A commercial perspective. *Technol. Instruct. Cogn. Learn.*, 2, 249-260.

Gagné, R. M. (1991). AIDA: concept of Operation. In *Designing an Advanced Instructional Design Advisor: Conceptual Frameworks*, Vol. 5, AL-TP-1991-0017, edited by R. M. Gagné, R. D. Tennyson, and D. J. Gettman. Brooks Air Force Base, TX: Armstrong Laboratory, Human Resource Directorate.*

Gros, B. and Spector, J. M. (1994). Evaluating automated instructional design systems: a complex problem. *Educ. Technol.*, 34(5), 37-46.*

Johnson, R. L. (2005). Authoring instructional materials (AIM). In *Encyclopedia of Educational Technology*, edited by B. Hoffman. San Diego, CA: San Diego State University.

Kasowitz, A. (1998). *Tools for Automating Instructional Design*, ED420304. Syracuse, NY: ERIC Clearinghouse on Information and Technology.

Kirk, J. J. and Belovics, R. (2004). An intro to online learning games. *Learn. Circuits*, April (www.learningcircuits.org).

Lewis, D. (2003). Automating Instructional Design with Automated Pedagogical Agent Systems: Will There Always Be a Need for Instructional Designers? Paper presented at the Association for Educational Communications and Technology Annual Meeting, October 22-26, Anaheim, CA (http://www.coedu.usf.edu/agents/aect2003/).

Merrill, M. D. (1997). Learning-oriented instructional development tools. *Perform. Improv.*, 36(3), 51-55.*

Merrill, M. D. (1999). Instructional transaction theory (ITT): instructional design based on knowledge objects. In *Instructional-Design Theories and Models: A New Paradigm of Instructional Theory*, Vol. II, edited by C. M. Reigeluth, pp. 397-424. Mahwah, NJ: Lawrence Erlbaum Associates.*

Muraida, D. J. and Spector, J. M. (1993). The advanced instructional design advisor. *Instruct. Sci.*, 21(4), 239-253.*

Nantel, R. and Vipond, S. (2006). *Authoring Tool Knowledgebase 2006: A Buyer's Guide to 100 of the Best E-Learning Content Development Applications*. San Jose, CA: Brandon Hall Research.*

Paquette, G., Aubin, C., and Crevier, F. (1994). An intelligent support system for course design. *Educ. Technol.*, 34(9), 50-57.*

Spector, J. M. and Whitehead, L. K. (1994). A Guided Approach to Instructional Design Advising. Paper presented at the Conference of the Association for the Development of Computer-Based Instructional Systems (ADCIS), February 15-19, Nashville, TN.*

Wiley, D. A., Ed. (2002). *The Instructional Use of Learning Objects*. Bloomington, IN: Association for Educational Communications and Technology/Agency for Instructional Technology (http://reusability.org/read/).

* 表示主要参考文献。

51

在设计过程中作为工具的人工制品

Elizabeth Boling 和 Kennon M. Smith

摘要

在很多设计领域,人工制品都被当作是设计知识的一种来源。人工制品包括过程制品和产物制品,它们的收集和传播是以先例形式进行的。这些被收集和传播的先例既包括制品本身,也包括在检验或与这些人工制品打交道时所留下的记忆或图式等。在我们这个领域*里,针对设计实践的研究主要限于"过程模式"。如果我们能够理解人工制品是怎样被设计者作为工具使用的,我们将可能会获得大量有价值的信息,使研究范围拓展到"过程模式"之外。

关键词

人工制品：设计出来的对象或系统,包括那些在设计过程中创建出来的,也包括那些设计结果。

先例：设计或检测所设计的物体或系统时的人工制品和/或留下的记忆。

---

* 在本文中,作者指教学设计与教育技术领域。——译者注

引言

近年来，在教学设计与技术文献中，有很多针对我们如何“做”设计以及如何“教”设计的讨论。尽管在这个领域的历史上，有着通过开发过程模式来指导和支持设计活动的成功经历（见 Andrews 和 Goodson 的评述，1980 年），但是，近年来对于各种各样模式的批评（Gordon 和 Zemke, 2000; Zemke 和 Rossett, 2002）促使我们重新审视那些支持领域实践的基本假设，同时也提示我们还需要开发更为灵活的方法来应对复杂的设计问题（Nelson 和 Stolterman, 2003）。面对快速多变的学术与实践环境，学者们强调了界定领域附加价值命题的重要性（Hill 等，2004）。而且，多年以来学者们就在公开地讨论：如果关注相关设计领域的设计过程和思维习惯，是否会对我们这个领域有帮助（Bichelmeyer 等，2006; Johnson, 2005; Murphy, 1992; Rowland 等，1994）。

在这种反思的氛围中，我们需要对设计科学（Cross, 2001）领域研究愈加关注，这种期望伴随着拓展 Bichelmeyer (2003) 称为*教学设计理论*的观点，她所持的该观点要求对教学设计工作及其影响开展系统研究。 686

为了开展“设计科学”领域的研究，我们建议在一定程度上应从审视其他设计领域（如艺术、建筑和工程）所采用的教学与实践方法开始。当然，我们并不认为教学设计从整体上等同于或应该等同于其他设计领域。但是，通过将教学系统设计（ISD）与相关领域的实践（包括成功的与不成功的）相比较，探寻其中发现的问题，将很有可能是一条扩展我们自己的“设计科学”研究的有效途径。本章将关注其他设计领域实践中与教学系统设计有着共同特点的一个方面，那就是为了开展和教授“设计”而作为工具使用的——人工制品。

作为工具的人工制品

很多设计领域都有这样一个突出的特点，就是在设计过程中广泛地使用或关注人工制品工具。这些人工制品可以分为两大类：过程制品和产物制品。过程制品包括多种类型的草图（如概念图，决策图，形式化的或视觉草图，等等）及文档，这些文档通常是在真实设计过程中的某一阶段产生的文字报告。产物制品是已完成的设计作品的集合，包括教学材料、最终文档、用户文档、演示材料以及在评价或体验设计产物后留下的片段性记忆。这两大类的人工制品有所交叉，因为一个具体的人工制品属于哪一类取决于它在某个既定的时间里是如何被设计者所使用的。

一些过程制品和产物制品是建议性的，也就是说，它们很大程度上是口头的、观念性的。举例来说，（在我们这个领域，）即使设计方案中描述了为某个教学体验所做的计划，这种描述也常常并不是为了具体而明确地表征该体验。它可能会非常具体，但并不经常采用如下表达方式：叙事的、符号的/表格的、空间的/文字性表格，这些形式是最近被 Parrish (2006), Appelman (2005) 和 Botturi (2006) 探索出来的。而在此讨论的一些相关设计领域中，人工制品则往往更具描述性、具体性、可视性或结构性。这些人工制品包括草图、概念图、原型,还包括比我们这一领域(就已知的实践而言)多得多的已完成制品(产品)或制品出版物。

作为认知工具的可视化过程制品

在很多设计领域广泛存在的过程制品的形式之一是画草图。Fish 和 Scrivener (1990)详细介绍了包括画草图在内的可视化认知过程。他们描述了在制作草图过程中两种智力表征模型——命题模型(大部分是符号)和模拟模型(“准图型的,空间描述的”)——之间的相互作用(121 页)。在人们制作草图时,知觉对象(他们看到的东西)在表征为某种标记之前总是要经过智力处理;反过来,这些标记会产生智力图像,这些图像也许反过来会影响草图(120 页)。尽管 Fish 和 Scrivener 认为草图的绘制大部分直接来自于生活,他们同时也认为“客观证据表明,由记忆生成的空间描述影像具有许多属性,这些属性能用来解释艺术家和设计者在想象不存在的可视物体时创造、处理、合并和审视的能力”(122 页)。

在 Fish 和 Scrivener 工作的基础上,Goldschmidt (1991)研究了设计过程中的草图应用,发现了被她称之为命题性思维与描述性思维之间的振荡。在设计过程中,她观察了使用两种立论类型(即上述两种思维模式)的不同设计者。第一种是目睹论点(seeing as),是基于描述与绘制的;第二种是鉴于论点(seeing that),是非图形的。对两种论点之间“振荡”的使用,特别是对于有技巧的设计者来说,重复很多次。Goldschmidt 认为:“论点之间特征转换的顺序不重要。重要的是事实上两种方向的转换都有……(它)帮助我们将某种形式的特殊性转换为通用的特征,也将通用的原则转换为特定的表现(138—139 页)。Goldschmidt 发现“在迄今为止的非画草图的协议中,‘目睹’式立论还是少数”(140 页)。

Fish 和 Scrivener 研究了对现实直接画草图,而 Goldschmidt 则将注意力转向在建筑设计过程中从内部视角进行草图绘制。Laseau (1986)虽然没有开展正式的研究,但是他凭着数十年的观察和职业经验形成了设计空间非形式化属性的可视化人工制品的观点。他的工作说明可视化人工制品并不是仅仅为了画下一个重要的可见物品而制作出来的。
687 Suwa 和 Tversky (1996)在建筑领域的学生与专家中开展了关于草图绘制的研究,该研究强调了 Laseau 的经验性观点。他们认为学生参与者们不仅仅能够应用他们的草图来探究不同部分之间的可视化关系,还能够探究功能性的关系(如照明与通风)。他们解释道:“这种分析揭示了图形不仅能够使知觉关系清晰,还能够使内在的非视觉关系清晰,从而既有助于学习设计的学生也有助于从事实践的设计师”(192 页)。

Goel (1995)提供了在设计过程中画草图支持认知的机制说明。他解释到,草图通过开放选项来支持设计认知,这是因为在绘制草图时所应用的符号系统的要素是非表示法的。Goel 采用的是 Goodman (1976)的符号系统分类法,在这个分类法中,非表示法系统是指那些所代表的意义含糊不清的符号。例如,草图中的一个圆圈可能代表太阳,车轮,盘子或者任何圆的东西。这种模糊性既允许设计者遵循对草图(或图表,见 Laseau 的论述,1986)的特定解释,也允许设计者考虑并采用该草图允许的、但在开始创建时可能根本就没有想到的替代物。Fish 和 Scrivener (1990)将这种特点称之为不确定性,并根据 Kosslyn (神经生理学中大脑准图画与可操纵表征的主要代表人物)的视觉理论,推测“草图的不确定性可能会触发设计者内在的认知搜索引擎,从而产生有助于创造的图像流”(121—123 页)。

在 Vincenti (1990,220 页)关于设计工程师所需要的知识类别的详尽讨论中,他指出非文字思考在素描、绘图、制表以及建模等形式的工作中是非常重要的一种思维方式,这种思维方式属于设计工具这种知识类别。在论及在工程领域是如何建构知识时,Vincenti 也讨论了草图绘制和信手涂鸦,认为这是替代性的开放性尝试。在面对那些设计方案或方案组成中包括盲目变异(“盲目”在某种意义上是说,它们的结果只有在真正建造并尝试后才会被知道)产生的较大模型时,这些尝试正是选择变量、使用选择变量的统一过程,保持或传播所选择变量的途径。Baird (2004, xvii 页)在讨论自己的假说“仪器与理论同样承载着知识”时,批评 Vincenti 在关于工程知识的探索中走得不够远,没能将人工制品本身(大概包括草图)即作为知识的一种状态。不过,Baird 的论著主要聚焦于科学仪器,在这个领域中进行探索确实需要在详细分析与过程制品之间建立可靠的联系。

产物制品的使用

Lawson (1980)在论述建筑师使用的设计知识时,认为在解决设计问题时,设计者依赖的是片段性记忆而非通用原则或问题解决法则(如过程模型)。片段性记忆包括对所设计出来的人工制品的直接经验(设计这些人工制品的经验,或者是体验他人设计的经验),以及通过对制品的描述和表征所产生的间接经验。在 Lawson 新近发表的文章中,他(2004b,443 页)解释说“以片段记忆的形式贮藏的先例”,不管是自己设计的,还是来自他人的设计制品,“都被专家用于识别出蕴含策略的设计情境”,这里的“策略”(gambits)指的是“拥有特定属性并能够提供特定能力的模式”(449 页)。

在 Cross (2001,54 页)那篇被广泛引用的关于设计科学或设计研究的文章中,他将设计和制作人工制品的体验作为设计知识的两种来源,而第三种来源则是“人造世界中制品所固有的知识”。Vincenti (1990,208 页)认为对于工程师来讲,“基础设计概念”是第一类设计知识。这些概念包括某种设备的操作原理(设备是如何运转)、“基本构造”或是“通常被认为最能够体现操作原理的通用形状和布局”。这些基本概念是通过体验习得的,可能在学生们学习设计之前就无意识地习得了,也可以通过设计社区而有意识地习得。固化在人工制品中的片段性记忆与知识,以及基础设计概念都是以这样或那样的方式来自于对产物制品的有意识的研究。“观察显示,设计者们能够随意浏览(翻阅)多种先例,并在先例之间建立关联。通常在无意间,这种浏览会帮助设计者发现先例中所蕴含的新概念”(Oxman, 1994)。

在很多设计教育中,使用产物制品都被认为是十分重要的。有学者对已出版的“图形设计”和“插图设计”学习班课程大纲进行了简单分析(Heller, 1998; Heller 和 Arisman, 2000),以便了解他们是否在教学中以某种方式(如下表所示)使用人工制品,结果如下:

- 学生们使用他人创建的人工制品。
- 学生们展示自己设计的人工制品,并在展示过程中参与对自己作品的评论。
- 学生们被期望唤起对人工制品的记忆或体验。

表 51.1 总结了作者的发现。在每一个教学大纲中，既有覆盖了专业问题(如，设计者的商业技巧)和理论(或哲学)问题(如，绿色设计)的课程，也有进行设计实践的画室课程；一般来讲，前者不涉及人工制品的使用。而其他课程，如上表抽样所示的一半以上的“插图设计”课程，都要求学生们使用自己或他人创建的人工制品作为设计教育的一部分。在小样本的“图形设计”课程大纲中，大概有 40％的课程要求学生使用他人创建的制品。在“图形设计”的课程大纲中，没有什么关于制品记忆的要求，这也不奇怪，在这些需要动手操作的课程中，教师会假设学生们将在设计课程中使用片段性记忆。

688

表 51.1 在“图形设计”和“插图设计”学习班上使用人工制品情况的调查——基于课程大纲的案例研究

教学大纲类别	调查的教学大纲数目	在教学大纲中外显的使用人工制品的数量		
		他人创建的制品	学生们创建的制品	人工制品中的学生记忆或体验
插图设计	21	13/21(62％)	14/21(67％)	2/21(10％)
图形设计	8	3/8(38％)	1/8(13％)	0

Anthony (1999)批评了在建筑教育中所采用的(传统的)设计评审(这是一种公开评价形式，通常会请来外部的评价者或评审团来评价学生的作品)方法。在她的文章中，她质疑这种教法实践所采取的形式，同时也明确地指出：解释个人的制品并参与他人对制品的评价过程，在她所教学科的设计教育中是必不可少的重要部分。从 Anthony 的文章中可以看出，她是支持在设计教育中使用人工制品的。因为她所提出的用于替代传统设计评审的方法，都包括对于设计出来的人工制品的研究与评价。

大多数设计领域的最显见的证据之一是这些领域均有正式的先例(precedent)产生的作品：如出版物，设计大奖赛，作品先例集，案例研究等等。在法律术语中，precedent 译为“判例”，承载着对未来判决“有例在先”的含义，本文所应用的“先例”没有这层意思。先例包括了所有的和每一个被设计出来的人工制品，一个设计者可以从中得出在特定境脉下对解决方案的理解，或者得出灵感去发现可能用于当前设计情境的论点。片段性记忆是一种对每个设计者而言都具有个性化的先例形式。对于每个设计者的体验和关注焦点而言，片段性记忆都是特殊的，从这个意义上来讲，它是不正式的。片段性记忆被正式先例的生产极大的拓展了，因为正式先例允许个体设计者研究更多同行的制品——而如果没有设计产品的出版和展示，个体设计者们就没有这样的机会了。Vincenti (1990)认为正式先例与非正式先例并存，并且这种存在在传播设计知识方面所扮演的角色是理所当然的，他认为：“这种传播并保存工程知识的方法(期刊，手册，教材，工程学校教学，设计传统，口头用语等等)在我们的各个案例中非常明显，不需要再做精致处理”(242 页)。

在传播先例以及创造条件让设计者与学生更方便地访问这些先例方面，大部分设计领域都花费了大量的时间和金钱。对储备丰富的书店与在线书城进行简单搜索的结果，以及对这些出版物进行调查的结果可以充分地证明这一点。要探究部分出版物以及某设计领域竞赛的情况，可以访问美国图片艺术家学院(the American Institute of Graphic Artists)的网站

(AIGA; http://www. aiga. org)。

Rowe 等人(2005)对三个领域(雕塑、编辑插图和图形设计)的设计实习者进行了访问,并在文章中报告了在这些实习者的工作空间里所观察到的他们收集并使用的先例形式。这些先例包括年度出版物,其特点是作者需要自费使自己的作品收入其中;专业出版物,其特点是展示附有评论的产物制品和过程制品;书籍,多种样式的专业产品类型都被包括在内,经常附有关于设计情境与决策情况的描述;从各种渠道收集到的插图作品集和个人图片;在线图片 689
集;竞赛展示的目录集。不同形式的先例均需要收集、出版和发布资源的工作,也需要对于贡献先例(如参加竞赛或展示活动的)的个人设计者的作品给出有说服力、有价值的评论,这些工作很明显都需要大量的经济和后勤支持。在这个小范围的调查中,设计者们特别将这些先例材料作为学习技术和概念的来源,产生设计灵感的跳板,以及构建基础技能的媒介。

教学系统设计(ISD)领域中先例的收集与传播

在教学设计领域,一些值得注意的收集和传播先例的努力确实存在。1905 年建立的圣路易斯教育博物馆(最终成为圣路易斯公立学校的音视频系,附属于其他系)是最早做出这种努力的。Allen (2005)报道说,这个博物馆最先收藏了来自于圣路易斯 1904 年世界博览会的重要教育展品,后来又陆续收集了视频材料、教具以及音视频材料和教育广播节目。大部分收藏都于大约 2003 年捐献给了密苏里州历史学会(the Missouri Historical Society)和北美洲的学术电影档案馆(the Academic Film Archive of North America)。1946 年,印地安纳大学的 Ole Larson 开始通过购买大英百科全书的资料或其他渠道来建立教学电影图书馆。这些资料用于租借给学校,而租金反过来用来资助新的音视频教育材料的生产(教学系统技术系,2007)。尽管前面所说的两种收藏还仍然以档案的形式存在着,但是两家谁也没有在开始的时候想到将其作为设计者的先例材料,现在也没有哪家准备这么做。

来自明尼苏达大学的 Hooper 等人(2002)(分别来自课程、教学、设计、房产、服装专业)酝酿并组织了明尼苏达大学的“学习软件设计竞赛”,该竞赛于 2000 至 2002 年间举办,其目标是“提升教育软件创新力度,为教学设计领域的学生与实践者们开发资源”(5 页)。太平洋公司和 AECT(美国教育传播与技术协会)的设计与发展分部自 2004 年开始合作开展了“太平洋设计与发展竞赛”。该竞赛的目标是促进并选拔成人教学中的创新设计,促进学生、教师和教学设计参与者之间的合作与互助(AECT, 2007)。该竞赛没有明确的表明通过此竞赛所收集和传播的材料将作为此领域的先例。自 2004 年的 5/6 月刊开始,*TechTrends* (AECT 的会员杂志)在“教学设计档案袋”标题下出版了一些文章。其所标明的目标是“为教学设计领域中的参与者提供了解其他设计者工作的机会”,以及“共享其他形式无法提供的设计知识”(AECT, 2004)。

除了以上谈到的这些努力(不是所有的努力都能以出版的先例的形式展示出来,另外有一些企业的设计作品也不会让公司外或设计小组外的设计者看到),笔者尚未发现在教学设计领域有像前面 Rowe 等人研究时所发现的那样大量的相关先例材料或者是以学科范围的努力来传播这样的先例。

对于教学系统设计的启示

我们*就是一个设计领域。Murphy (1992)在阅读了 Lawson (1980)关于设计者如何思考的专著后得出了这样一个结论。研究设计认知的 Goel (1995)认为教学设计是一种原型设计活动:因为它的核心活动——对教学的设计——在高级特性方面与其他原型设计工作相同。对于那些参与过教学设计的人来讲,Goel 对原型设计领域的分析具有很强的表面效度(face validity)。他列举了设计任务环境的 12 个特性,并解释说某一环境符合这些特征的程度表明了它与原型设计领域相似的程度。这些特征是(1)缺少开始状态、目标状态以及从此状态转换到彼状态的信息;(2)对任务的自然或人为限制没有构建起或界定清楚任务。(3)问题大而复杂;(4)问题不能解构成清晰的单元,除非设计者或客户有要求;(5)问题的组成部分是有条件地互相依赖的;(6)没有正确和错误的答案;(7)问题的信息输入与输出遵循一定的分类;(8)在设计的人工制品产生之前,反馈环是需要被模拟的;(9)错误会增加成本;(10)人工制品必须脱离设计者独立起作用;(11)解释与传送是彼此界线分明的;(12)解释和传送是在不同时
690 间里发生的(85—87 页)。使用这些特征,大部分的教学设计问题空间可以看作与原型设计案例接近。这样一来,就将教学设计领域置于与建筑、设计工程、图形设计以及其他领域相近的位置。这就允许我们思考这些相关领域的实践是否与我们的相关。

如果真是这样,我们在很多方面都应该可以开展研究。在将人工制品当作设计工具这方面,研究可以关注以下内容:

- 进一步研究如何将草图绘制和先例的使用有效地结合于教学设计活动之中。
- 判断什么可能在作为先例的教学设计的表征中构建严密性和应用性。
- 探究在我们这个领域中制作与使用先例的投入所面临的阻碍与促进因素。
- 为将"设计者式的认知方式"(Cross, 2001)结合于教学系统设计教育而制作教法指南。

(闫寒冰 译,任友群 一校,刘美凤、鞠慧敏 二校)

参考文献

Allen, J. (2005). St. Louis Educational Museum: a centennial commemoration. *TechTrends*, 49(2),22-26,65.

Andrews, D.H. and Goodson, L.A. (1980). A comparative analysis of models of instructional design. *J. Instruct. Dev.*, 3(4),2-16.*

Anthony, K. (1999). *Design Juries on Trial: The Renaissance of the Design Studio*. Urbana-Champaign: University of Illinois.

Appelman, R. (2005). Designing experiential modes: a key focus for immersive learning environments. *TechTrends*, 49(3),64-74.*

Association for Educational Communications and Technology (AECT). (2004). Call for proposals: *TechTrends* instructional design portfolio. *TechTrends*, 48(3),71.

Association for Educational Communications and Technology (AECT). (2007). PacifiCorp Design and Development Award website, from http://www.aect.org/Pacificorp/.

Baird, D. (2004). Thing knowledge: a philosophy of scientific instruments. Berkeley, CA: University of California Press.

Bichelmeyer, B. (2003). Instructional theory and instructional design theory: what's the difference and why should we care? *IDT Rec.*, http://www.indiana.edu/%7Eidt/articles/documents/ID_theory.Bichelmeyer.html.

Bichelmeyer, B., Boling, E., and Gibbons, A. (2006). Instructional design and technology models: their impact on research and teaching in instructional design and technology. In *Educational Media and Technology Yearbook*, Vol. 29, edited by M. Orey, V.J. McClendon, and R.M. Branch, pp.23-43. Westport, CN: Libraries Unlimited.*

* "我们"在这里指的就是"教学设计和教育技术领域"。——译者注

Botturi, L. (2006). E2ML: a visual language for the design of instruction. *Educ. Technol. Res. Dev.*, 54(3), 265 - 293. *

Cross, N. (2001). Designerly ways of knowing: design discipline vs. design science. *Design Issues*, 77(3), 49 - 55. *

Fish, J. and Scrivener, S. (1990). Amplifying the mind's eye: sketching and visual cognition. *Leonardo*, 23, 177 - 126.

Goel, V. (1995). *Sketches of Thought*. Cambridge, MA: MIT Press.

Goldschmidt, B. (1991). The dialectics of sketching. *Creativity J.*, 4 (2), 123 - 143.

Goodman, N. (1976). *Languages of Art: An Approach to a Theory of Symbols*, 2nd ed. Indianapolis, IN: Hackett.

Gordon, J. and Zemke, R. (2000). The attack on ISD. *Training*, 37 (4), 43 - 53.

Heller, S., Ed. (1998). *Education of a Graphic Designer*. New York: Allworth Press.

Heller, S. and Arisman, M., Eds. (2000). *Education of an Illustrator*. New York: Allworth Press.

Hill, J.R., Bichelmeyer, B.A., Boling, E., Gibbons, A.S., Grabowski, B.L., Osguthorpe, R.T., Schwier, R.A., and Wager, W. (2004). Perspectives on significant issues facing instructional design and technology. In *Educational Media and Technology Yearbook*, Vol. 29, edited by M. Orey et al., pp. 23 - 43. Westport, CN: Libraries Unlimited.

Hooper, S., Hokansen, B., Bernhardt, P., and Johnson, M. (2002). A learning software design competition. *Educ. Technol.*, 42(5), 5 - 7.

Instructional Systems Technology Department. (2007). *The Larson to Sputnik Years: 1940 - 1957*, Bloomington: Indiana University, http://education.indiana.edu/~ist/students/history/larson.html.

Johnson, C. (2005). Pedagogical Patterns in Required Masters Level Instructional Design Courses with Reference to the IBSTPI Competencies of 1999. Ph.D. dissertation. Bloomington: Indiana University.

Laseau, P. (1986). *Graphic Problem Solving for Architects and Designers*, 2nd ed. New York: Van Nostrand Reinhold.

Lawson, B. (1980). *How Designers Think*. London: The Architectural Press, Ltd. *

Lawson, B. (2004a). Schemata, gambits and precedents: some factors in design expertise. *Design Stud.*, 25(5), 443 - 457.

Lawson, B. (2004b). *What Designers Know*. Amsterdam: Elsevier. *

Murphy, D. (1992). Is instructional design truly a design activity? *Educ. Train. Technol. Int.*, 29(4), 279 - 282.

Nelson, H.G. and Stolterman, E. (2003). *The Design Way: Intentional Change in an Unpredictable World: Foundations and Fundamentals of Design Competence*. Englewood Cliffs, NJ: Educational Technology Publications. *

Oxman, R.E. (1994). Precedents in design: a computational model for the organization of precedent knowledge. *Design Stud.*, 12(2), 141 - 157.

Parrish, P. (2006). Design as storytelling. *TechTrends*, 50(4), 72 - 82. *

Rowe, D., Smith, K.M., and Boling, E. (2005). In Defense of Picture Books: Design Artifacts as Sources of Knowledge for Instructional Designers. Paper presented at the Association for Educational Communications and Technology Annual Meeting, October 18 - 22, Orlando, FL.

Rowland, R., Parra, M., and Basnet, K. (1994). Educating instructional designers: different methods for different outcomes. *Educ. Technol.*, 34(6), 5 - 11.

Suwa, M. and Tversky, B. (1996). What architects see in their sketches: implications for design tools. In *Proceedings of CHI'96: Conference on Human Factors in Computing Systems*, pp. 191 - 192. New York: ACM Press.

Vincenti, W.G. (1990). *What Engineers Know and How They Know It: Analytical Studies from Aeronautical History*. Baltimore, MD: The Johns Hopkins University Press.

Zemke, R. and Rossett, A. (2002). A hard look at ISD. *Training*, 37 (2), 27 - 35.

---

*表示主要参考文献。

52

教育与培训变革的系统设计

Sunnie Lee Watson、Charles M. Reigeluth 和 William R. Watson

摘要

本章旨在介绍教育与培训领域为整体变革而进行系统设计的当前研究和理论。系统设计就是确定新系统应有特征的过程,将产生新系统的模型和创建它的方案。整体变革是运用系统思想和理论把一个系统从原来的范式转换为另一种范式的过程。对教育和培训实践进行巨大变革的呼声在过去的几十年间不断高涨,对教育这个复杂而庞大的系统进行整体变革的必要性正在越来越多地受到人们的重视,然而过去所做的零碎的、局部性质的教育改革都没能显著地改进教育现状。本文首先阐述系统设计的理论基础——设计理论与系统理论,设计理论的观念与原则有利于提出设计策略与方法。已有许多研究者从不同的角度提出“系统”这个概念的含义,但其核心概念是组成整体的要素间的一种关系。

关键词

设计理论:是一系列有关设计策略与方法的观念与原则。

整体变革:运用系统思想与理论把一个系统从原来的范式转换为另一种范式的过程。

系统设计:决定新系统应该具有什么特性的过程。

系统理论:一个兼具硬科学与软科学知识的跨学科研究领域,致力于理解构成整体的各部分之间的相互关系。

引言

本章旨在介绍教育与培训领域为整体变革而进行系统设计的当前的研究和理论。系统设计就是确定新系统应有特征的过程,它将产生新系统的模型并为之创建方案(Banathy, 1996)。整体变革是运用系统思想与理论把一个系统从原来的范式转换为另一种范式的过程。但是,对不同的人来说,整体变革在教育中具有不同的含义。Squier 和 Reigeluth (2000)确定出四种不同的含义:州际变革;学区性变革;校际变革和生态性变革。生态性系统变革是基于一种对系统与系统、系统与其整体环境之间的相互关系和相互依赖的理解,其含义是通过运用社会系统固有的那种有机的相互依存性来更好地体现系统概念和系统思维。它涵盖了其他三种含义,因此将是这一章的重点。

系统思维或系统方法是从整个系统的角度来设计问题及其解决办法。一个系统由许多部分构成,彼此间相互联系。系统设计考虑到这些部分之间的相互关系,而不是采用将事物进行分解和分离成更容易理解但不完整的方法,来孤立地看待个别问题和简化解决方案。

本章下一节介绍系统设计的基础,说明在教育和培训领域进行系统设计的必要性,并总结设计理论和系统理论的主要文献。第三节提供一个综合的系统设计原则。第四和最后一节介绍了一些文献研究中现有的系统设计模型。

系统设计的基础

系统设计和整体变革的必要性

693 整体变革是指建立一个全新的系统,而不仅仅是对现行系统的重组。这需要范式转变,而不是零敲碎打的变化。过去几十年内要求对现行的教育和培训系统进行大规模改革的要求不断见诸于报刊,这导致人们越来越认识到对教育进行整体变革的必要性,因为教育领域中已实施过许多零碎的改革,但却没有明显改善教育现状。但是,一个真正的范式上的转变就能够更好地满足今天的学习者的需要吗?

已经有很多刊物讨论过从工业时代到现在大家所说的“信息时代”的社会变迁(Reigeluth, 1994; Senge 等,2000; Toffler, 1980)。目前教育和培训体系的建立是为了满足工业时代社会的需求,重点是选拔学习者,而不是学习(Reigeluth, 1994)。在工业时代,学习者在同样的时间内学习同等数量的学习内容,如此就会不断拉大学习差距,最终导致学习比较慢的学习者学习失败。在工业时代,把学习者筛分成管理者和劳动者是很重要的,以教师为中心的标准化教育范式能够很好地满足这一要求(Joseph 和 Reigeluth, 2002)。

但是,在当今的信息时代,大部分工作要求工作者掌握诸如信息沟通、问题解决、批判性思维和团队合作等技能的知识,而且在诸如工作积极性、自我管理和与他人合作等方面也提出了更高的要求。因此,现代培训和教育必须是个性化的和以学生为中心的,在旧范式中不是这样。整体变革力求从一个范式(在这种范式下,学习时间保持不变,而个人能够达到的成就却有差别)转变为另一种新的范式,而这种新的范式是专为满足信息时代的学生和社会需要的,允许学生根据各自的需要,花更多的时间在其所需技能上并达到熟练程度。系统设计的重点是建立一个新的系统,以满足信息时代新的教育和培训需求。

系统设计的基础是系统理论和设计理论。以下两节将总结这些理论及其与系统设计的关系。

设计理论

设计理论是整体变革和系统设计的基础之一。设计理论的概念和原则是帮助制定设计的策略与方法。已有文献提出过的多种不同的设计理论向我们展示出教育组织和教育系统的设计环节中很多很复杂但同样也是充满挑战性的课题。其中包括 Nelson 和 Stolterman (2003)的设计方法(the design way),适用于所有类型的组织;Ackoff (1999)的理想化设计(idealized design),适用于公司;Banathy (1996)的社会系统设计(social systems design),适用于所有组织;Reigeluth (2006a)的杠杆应急方法(leveraged emergent approach),适用于教育系统。

设计方法

Nelson 和 Stolterman (2003)指出,从根本上来说,设计是创造性的行为,创造了一些以前从未存在的事物。它重点在于做出选择,以为一个非常具体的系统做出最佳设计。因此,它会检查一个真正的、自然的、复杂的世界,这需要运用系统思维,以思考在工作中相互依存的关系。设计是以服务于人为宗旨的,是对人的期望和想法的创造性表达,并且它依赖于一个协作式的社会系统中参与者正式角色之间的相互关系。

理想化设计

Ackoff (1999)的理想化设计的关键概念是理想的选择,新的制度应是怎样的理想愿景。一个理想化的设计应在技术上可行,操作上可行,并能快速地学习和发展。这是一个最有效的系统,设计者可以在其中进行设想,并将它的愿景与所有参与者共同分享。

社会系统设计

Banathy (1996)认为设计是一种创造性的、迭代的、整体的、以决策为导向的过程,并创造出新的系统模型。其关键是要认识到,设计者必须超越目前的做法和解决方法,设计出一个全新的、适合于具体的、独特情境的系统模型。

杠杆应急方法

Reigeluth (2006a)的杠杆应急方法假设:一次性做出巨大变化,并转变成一个新的范式是很困难的。但是,零碎的变化可能会导致失败。因此,就应该采用高杠杆原理的结构性变革的 694
方法来抵抗变革过程中现有系统维持现状的引力,发挥杠杆作用来影响系统的其他部分进行变革。这些高杠杆变革遵循几个原则,系统其余部分的变革需要一定的时间,在有进行变革的必要和具备相关资源条件时才能发生。这种做法经常能取得明显进展,以维持动力和战胜疑虑。

系统理论

系统理论是由一个多学科小组的研究人员在 20 世纪中叶建立的。它认为,科技已日益简单化而各学科之间却相互独立。Bertalanffy (1986)最早提出了一般系统理论。该理论指出,无论各个系统在类型上或者与其他系统的联系上有着怎样的差异,我们都可以从系统之间或者其内部组成的运作规律中总结出一些普遍的法则和定律。

如何定义"系统"一词,不同的研究者有着不同的看法,但其核心概念是系统内各个要素之间的关系将系统组成为一个整体。最终，系统理论发展成为一个涉及到硬科学和软科学的跨学科研究领域。硬系统思维适合封闭式的工程系统，而软系统思维则适合复杂的社会制度(Checkland和Scholes, 1990)。Nelson和Stolterman (2003)却认为，根本就不需要对系统进行类型上的划分，人们怎么看待一个系统是取决于主观倾向和选择的问题。

Flood (1990)采取了这一观点，他甚至进一步在他的解放系统理论(LST)中坚定地站在批判的立场上关注系统理论。LST与批判理论相关，是由Habermas (1973)提出，旨在寻求人类制度上的解放以改进人们对压迫的逆来顺受的现状(Flood, 1990)。LST使用一种后实证方法来分析社会条件，解放被压迫的人民，同时也有寻求解放系统理论的倾向，如自我隔离，话语中内部局限性克制的案例，把系统概念从主观和客观方法的不足中解放出来(Flood, 1990)。

Banathy (1991)通过考察教育系统设计，将系统理论应用于社会系统设计。他提出以三种视角来观察一个系统："静态画面视角"用来理解组成系统的各个要素以及他们之间的关系；"动态画面视角"用来理解系统运作的动态过程；"鸟瞰视角"来理解系统与其同级别的其他系统的联系性(Banathy, 1992)。

Senge (1990)将系统理论应用于学习型组织。系统思维是学习型组织五项修炼中的第五项但也是最重要的一项。按照Senge的观点，学习型组织应该让它的成员意识到该组织是一个由相互关联的部分所构成的复杂系统，而不是一个孤立的部门。

系统设计的原则

系统设计有很多原则，本章主要介绍系统思维、设计理论、理想化设计、广泛的利益相关者的参与、思维方式与文化、参与式领导、共同愿景、学习型组织，以及奇异吸引子与其杠杆作用。

系统思维

系统设计的一个重要原则就是运用系统思维方法进行设计。系统思维是一个框架，通过这个框架可看到复杂性组织或系统内部的运作模式和相互关系。前面所讲的Banathy (1992)的"三视角"观点就是一个很好的框架，可以用来观察一个系统内部各部分之间、系统与其他系统之间的运作过程及其关系。一个系统错综复杂的程度难以置信，但是运用系统思维可以把这些复杂现象变得更易于管理和解读，同时还能保持其真实性，而不是一种片面的且不精确的系统性分析方法。

设计理论

有一点很重要，那就是系统设计终归是设计，意味着创造一个之前并未存在过的新系统(Banathy, 1996; Nelson和Stolterman, 2003)。这是一个向全新范式的转变，一个完全超越现有系统的转变，而不是对现有系统进行的零碎修改。此外，设计过程应是整体的和可迭代的，而不是按顺序和逻辑的(Banathy, 1996; Nelson和Stolterman, 2003)，首先勾勒出新系统的

"粗略轮廓"或者说"模糊图像",然后一步一步逐渐描绘出整个新系统的具体细节,一次一个高度依次进行(Banathy, 1991)。因此,能够通过人工制品开发和责任的履行对新系统不断产生 695 的远景或模型产生反馈非常重要(Banathy, 1996; Nelson 和 Stolterman, 2003; Reigeluth, 2006a)。

理想化设计

相关性是理想化设计的原则。设计过程的结果应该是一个理想的系统模型(Ackoff, 1981; Banathy, 1996)。这一理想的设计应该是设计者对客户或利益相关者需求的最佳表达,Nelson 和 Stolterman (2003)称其为"渴望之物"(desiderata)。设计是由希望和愿景所驱动的,激励参与者跃升到一个新的范式,且新创建的系统应尽可能取得所期望的最好结果(Banathy, 1996; Nelson 和 Stolterman, 2003)。

广泛的利益相关者的参与

在系统设计中一个重要的原则是要考虑那些由于系统的任何改变而受到影响的参与者。这是一个道德问题,也是一个设计质量的问题。不同的利益相关者为系统变革的过程提供了不同的视角。不同的专业、文化、理解和技能应结合在一起,在学校或其他组织中共同建立一个适合做出设计决策的良好环境。Hutchins (1996)指出,由于系统是复杂的,他们通常服务于多种目标,往往随着时间的推移而不断变化或者相互之间发生冲突。基于系统的复杂性本质,设计者设计时必须听取并表达出所有利益相关者的意见和看法,以使学校发生积极的系统变革。

社会在组织变革中的作用也是极为重要的(Jenlink, 1998)。系统并不是孤立存在的,社会对于处于其中的学校和其他组织产生影响。高等教育机构、社区组织和企业的作用常常被忽视,但他们应包括在一个新的教育范式的设计中。此外,不仅仅涉及利益相关者,重要的是要创造一个合作的社会系统(Nelson 和 Stolterman, 2003)。这就需要在设计文化上改进,让设计参与者懂得更多系统设计的知识,发展设计能力并且给自己赋权(Banathy, 1996)。

思维方式与文化

思维方式(mindsets)或心智模式(mental models)是系统变革需考虑的重要部分之一。思维方式的一个方面就是变化过程的本质。教育工作者常常考虑用零碎的方法实行自上而下的改革。一个成功的系统变革过程需要不同的思维方式、授权、合作、建立共识和信任,重要的是要帮助利益相关者,使其思维方式发展,以有效地参与改革进程(Banathy, 1996; Nelson 和 Stolterman, 2003)。

思维方式的其他方面是需要帮助参与者,使他们的思维方式从培训或教育的标准化的、以时间为基础的工业时代范式转变为个性化、以现实为基础、信息时代的范式,从零碎的改变到整体变革。Senge (1994)指出,良好的、新的想法很少会付诸实践,这往往是因为这些新的想法与参与者的潜意识,与世界内在意象相互冲突。如果系统内的利益相关者对于诸如一个理想化体系应该是什么样的以及应该以怎样的方式来创造这种理想化体系这类的问题有着和我们不同的思维方式和看法，那么他们就会抵制和反对变革而尽力维护和延续现有体制。

文化的改变可以被看作是变化过程中参与成员集体的文化理念，利益相关者之间合作的、建立共识、赋权和相互信任是组织结构范式进行成功转变的关键因素。领导人的作用(如校长，学区管理人员，或首席执行官)是特别重要的，在整体变革的开始，领导者必须勇敢走出第一步，这样才能一直向前迈进。

参与式领导

实施改革的领导人对整体变革承担着很大的责任。他们不仅要发展自己的思维方式和指导改革进程，而且在决策过程中还要考虑到其他利益相关者，以及责任的分担。许多有经验的领导人采取以权力为中心的领导方法；然而，领导人在整体变革的过程需要不同的领导范式。领导人必须接受新的思想，认识自我，并关注跟随者并授予他们权力，帮助他们成长，激发他们的智能(Duffy 等，2000；Senge，1944)。此外，重要的一点是，领导人需积极参与到改革进程中。一个设计团队必须有足够的权力来规划改革并保证他们的实施。如果没有高层的支
696 持，改革的推进就随时可能有被推翻的风险；因此，应该积极吸收当权者参与改革规划(Nelson 和 Stolterman，2003)。改变目前大多数机构所实行的那种传统的自上而下的管理办法，和学校管理中的那种"校长永远正确"(Senge，2000)的作风，对于实现教育系统范式上的转变来说非常重要。

共同愿景

共同愿景是整体变革中另一个至关重要的概念。在学校系统中的每个利益相关者都必须要共享一定的价值观和信仰以进行范式变革。Senge (1994)指出，没有任何组织能在缺乏共同目标、价值观和使命下变得强大。一个愿景描述或领袖的魅力是远远不够的。共同愿景是学习型组织的基础，这能帮助其雇员从根本上改变他们的工作效率。总体构想的确定不仅仅是承诺，而且是一种新的思维方式和行动。因此，这能促进在组织中承担风险和尝试(Senge，1994)。这种共同的理想与早前讨论的一个共同的理想设计是相关的。

学习型组织

教育系统必须转变为学习型组织，以期成功进行系统变革。Senge (1994)指出，一个学习型组织要求其成员获得五个方面的修炼：系统思维、自我超越、思维方式、共同愿景和团队学习。这些能力能帮助组织的团队与成员转变他们的思维方式，以更好地理解他们所处的系统是一个整体而不是某个部分，藉此达成成员间的共识。此外，他们必须精通系统设计方面的知识，并且有能力全权参与设计(Banathy，1996)。这些行为准则认为所有成员都是他们个人成长的贡献者，同时也是整个组织和团队成长的贡献者(Senge，1994)。

奇异吸引子和杠杆率点

分形和奇异吸引子(strange attractors)是整体变革进程的又一个重要概念。分形指的是在系统内各级都重复出现的方法和范式(Wheatley, 1999),在教育领域的表现形式就是核心观点、价值观和信仰(Banathy, 1991; Reigeluth, 2006, 2007)。奇异吸引子是一种分形指标,它是在进程和结构转型过程中出现的,且具有强大的影响力(Wheatley, 1999)。这些东西类似于"拟子"(memes),一种与生物组织学里的基因类似的,能够以特定方式构建系统的社会型基因(Caine 和 Caine, 1997)。这些奇异吸引子是绝大多数系统成员的思维方式或者思考模式中固有的东西。因此,它们是组织文化的一个重要组成部分(Reigeluth, 2007)。

杠杆率点(leverage points)是变革过程中有关效率和效益方面重要的概念。它们都与 Senge (1994)的小变化能产生大结果的理念相关。它们是系统中的某些部分,在整个组织中能产生巨大的影响(Reigeluth, 2006)。为了使系统变革过程中杠杆率点发生得快速且有效,很重要的是在学校系统中找到杠杆率点。但是,Senge (1994)也谈到最富效率的杠杆率点往往是一些不太引人注意的地方。所以,调查学校系统组织以查明杠杆率点,是整体变革的一个关键步骤。

系统设计模型

本章描述了系统理论与设计理论作为系统设计的基础,以及提出了一些系统设计原则,以期指导教育和培训系统的设计。最后一节介绍了文献中的主要系统设计模型。这些模型具体、详细地展现了教育和培训系统的设计过程。这些模式包括 Jenlink 等人的教育变革的指导系统(GSTE)、Duffy 的"迈向卓越"(Step-Up-to-Excellence)模式、Schlechty 中心的学校改革领导方针、Harmmer 和 Champy 的业务流程再设计/再造和 Ackoff 的理想化系统设计。

教育变革的指导系统

教育变革的指导系统(GSTE)(Jenlink 等,1996,1998)是促进整体变革的一个过程模型。GSTE 旨在为 K－12 学区范围内的整体变革努力提供过程性的指导方针。GSTE 没有提供任何在学区层面上应该如何进行改革的建议,而是提供了助推器式的程序准则,以帮助学区和社区做出合适变化的决策。GSTE 包括:

- 关于变化过程的核心价值观 697
- 离散事件(一系列按照时间前后顺序展开的、贯穿大部分或整个改革过程的活动)
- 持续事件(在大部分或整个的变化过程中都必须不断开展的活动)

GSTE 是由 Jenlink 等人(1996,1998)最先提出的。它是在 Reigeluth 用于位于印第安纳州印第安纳波利斯的迪凯特镇大都市学区的经验基础上经过了进一步的发展。表 52.1 所列的离散事件反映了 GSTE 的尝试性修改。

这些事件都遵循基本原则和建议的活动,帮助人们了解和参与其中。GSTE 的核心价值 698
观是:

表 52.1 GSTE 中经修订的离散事件

第1阶段:发起整体变革	改革促进者评估和提高自身对改革进程的准备,并形成一个支持团队。改革促进者建立或重建与学区的关系,讨论活动3所需的每日经费。 改革促进者评估和加强学区变革意识。 与董事会和学区负责人协商并签订第2阶段的合同/协议。
第2阶段:建立首发队伍	改革促进者和学区负责人成立一支首发团队。 进行休整培养首发团队的活力。 促进团队对系统、设计、思维方式、整体变革过程、对话和小团体促进等概念的理解。 评估和加强地区和社区变革的能力(确定已有条件和存在的障碍,如果需要可利用社区论坛)。 与首发团队和学校董事会签订第3阶段的开发协议/合同。列出所需资源,并做出一份内部资金的预算和吸引外来资金的计划。
第3阶段:构建学区一级的框架及提升变革的能力	将首发队伍扩大到领导班子;首发团队成为后一阶段的改革促进者;前一阶段的改革促进者成为顾问和"诤友"。 进行为期一天的休整,以提高领导班子的活力。 改革促进者对领导团体进行关于系统、设计、思维方式、整体变革过程、对话和小团体促进等概念的教育以提高其对相关概念的认识(在事件13至17期间进行交流)。 领导团队在众多利益相关者的参与下(社区论坛)开发一个地区性的教育改革框架。包括:确定社区教育需求的变化,并以此确定新的、理想中的教育体系所应该具有的使命、观念和核心价值观。借此机会来评估和加强地区或社区对整体变革的兴趣和文化倾向。它构成了一个由众多利益相关者构成的"金字塔"群体。 领导团队确定当前和近期的改革目标,并决定达到这一目标应该考虑些什么因素。 领导团队开发一个改革过程的战略,包括能力的提高和资金上的支持,并为第4阶段工作的展开确定顾问的作用及提供资金支持。
第4阶段:为新的教育系统创设理想化设计	领导团队与能力建设设计团队形成,并为框架的设计开展一次专题研讨会。 设计团队创建能力建设级设计,以及评估系统,在评估中联合众多利益相关者;领导团队支持并监测设计团队。 领导团队建立一个学区级的设计团队并赋予其权力。 设计团队设计一个理想的区行政管理及评估系统,有众多利益相关者的参与;领导团队支持和监督这一设计团队。 设计团队尽可能按照接近其理想设计的原则制定一个建设级改革程序;领导团队支持和监督设计团队。 贯彻执行计划,在实施过程中对其做形成性评价和修订。

来源:Reigeluth, C. M. and Duffy, F. M., in *Trends and Issues in Instructional Design and Technology*, 2nd ed., Reiser, R. A. and Dempsey, J. V., Eds., Prentice Hall, Upper Saddle River, NJ, 2007. 经许可.

- 关爱儿童
- 共同进步
- 协作
- 共同语言
- 社区
- 语境
- 会谈
- 文化
- 民主
- 思维方式的演变
- 促进者

- 理想愿景
- 全纳
- 义务均担
- 过程导向
- 准备就绪
- 尊重
- 责任
- 空间
- 利益相关者获权
- 系统思想
- 时间
- 整体性

迈向卓越

迈向卓越(SUTE)(Duffy, 2002,2003,2004,2006)是一个过程方法论,旨在帮助地区领导者在整个地区内发起和维持改革。这种方法结合了学校系统转变的有效工具。SUTE是三步骤程序,在其实施之前还有一个“前期准备工作”,具体实施过程如下:

前期准备阶段

第1步:重新设计整个学校系统

第2步:进行策略性的调整

第3步:评估整个系统的绩效

循环到下一个前期准备阶段

前期准备阶段

前期准备活动在学区负责人员的监督下开展实施。这个小团队是临时的,它不会导致转变;其目的是为系统进行整体变革做好准备。如果决定启动改革,则活动移交到一个战略领导小组,由学区负责人、教师和学校管理者共同组成。该小组还任命改革协调员。这个过程之后就进入步骤1。

步骤1:重新设计整个学校系统

步骤1定义学区的核心目的、使命、价值观和既定目标,接着,学区内学校间组成团队一起工作(这些学校由同一所高中管辖,加上这所高中),通过完善三个方面来重新构建整个学区的教育系统,这三个方面是:学区系统的核心理念和支持性工作规程,学区内部的社会架构,学区与周围环境的关系。

步骤2:进行策略性的调整

经过重新设计学区后,变革领导人邀请教育工作者,使他们的个人工作目标与团队目标、学校的工作与群体目标、群体工作与学区目标都相一致。建立战略调整,确保每个人都朝着相同的目标和学区的愿景进行系统性的工作。它还明确了所有参与儿童教育的利益相关者应尽的责任,让学区能够放手进行改革,而不受到官僚主义、政策失当和程序上的障碍的限制,这些都影响改革的有效性。

步骤 3:评估整个系统的绩效

在步骤 3 中,变革领导人对群体,学校和学区团队的绩效进行评价。评价的目的是衡量学区的工作是否成功。评价结果将呈示给利益相关者,并通过对学区绩效管理,维持并促进学区发展。

循环到下一个前期准备阶段

在预定的期限内,学区应循环到下一轮的前期准备阶段,以便进一步提高和变革。

Schlechty 中心的学校改革领导力指导方针

学校改革领导力 Schlechty 中心利用全面和系统的办法,参与到学区转化过程中(Solomon, 2006)。同时还为学区改革活动和与 Schlechty 中心合作的学校改革活动提供了理论与基本框架,下面进行介绍。

699 **支撑 schlechty 中心活动的两个理论**

变革理论

变革理论(Christensen, 1997)假设学校的中心事务是培养学生的顺从和出勤率。变革理论关注的焦点是将学校从培养顺从和出勤率转变为对培养学生的重视和责任。变革理论是 10 个学区标准的基础,也是下一节介绍的 schlechty 中心的一个基础框架。

参与理论

该理论关注学生的动机和策略,这些理论和策略是学校和教师扩大参与任务和学校日常活动所需的。参与理论是“让学生学应该学的东西”框架的基础(Schlechty, 2002),说明如下。

Schlechty 中心活动的两个基础框架

学区标准

10 个学区标准的框架,有助于提高领导人评估和建设系统的能力,使整个地区的目的一致并从以下方面专注于核心目的:

- 提高对变革必要性的共同认识
- 制定共同的信念和愿景
- 以学生为中心,为他们提供高质量的服务
- 开发参与式领导机制
- 开发结果导向的决策机制
- 开发可持续发展机制
- 提供持续的支持
- 培育创新精神和灵活性
- 采用技术
- 培育合作精神

让学生做该做的事

让学生学该学的东西，这种观点要求每个人都为学生提供具有挑战性和参与性的工作，使学生学习到学校、家长和社会希望他们学习的：

- ◆ 对学生具有挑战性的工作
- ◆ 学生遇到困难时仍然能继续坚持学习的工作
- ◆ 学生从中获得满足感的工作

Hammer 和 Champy 的业务流程再设计/再造

Hammer 和 Champy (1993,2003)将一个公司的业务流程再设计定义为："对业务流程从根本上的再思考和彻底的重新设计，以实现诸如成本、质量、服务和速度之类的具有即时性、也是关键的指标上的改观"(32 页)。他们运用业务流程再设计/再造(BPR)的方法，为企业部门组织变革提供了整体变革设计模型。业务流程再造是一个管理方法，考察公司或企业各方面以及他们之间的相互作用，以提高现有工作流程的运作效率。这是一个整体性的、基本的方法，它重新设计公司的核心工作流程，修改或者删去没有价值的活动。Hammer 和 Champy (1993,2003)认为，企业为完成一项工作而在内部各部门之间来回辗转浪费了太多的时间，他们声称，组建一个可以在流程中把所有任务都处理掉的团队非常重要，他们确定了四个与系统再构建有关的重要主题：

- 基本原则——关注基本原则，可以允许弄清楚活动的法定原则和假设，一旦这些原则和假设得到确认，就必须用于一个全新系统的重新设计中。
- 根本性的——组织变革不能零敲碎打；必须进行整体变革。
- 显著性的——变革应使系统绩效有大的飞跃；再造不是边缘的变化。
- 过程性的——变革必须是面向过程，不能把重点放在个别任务上。

再造尝试中的共同主题

尽管再造进程采取各种形式，但仍存在相似性。Hammer 和 Champy (1993,2003)为再造进程确定了九个共同的主题。

- 每个流程都进行简化，多种职能集于一身 700
- 工人做决策，避免决策中的等级制度问题
- 步骤或过程按照一种自然的顺序展开
- 过程不是标准化的；可以有多种方式
- 在最有意义的地方开展工作，有时由顾客或者供应商开展
- 减少检查和控制步骤，以降低成本
- 尽可能减少调和，鼓励一致性
- 客户经理提供一个与客户的单一联系方式
- 集权和分权在一个流程内完成

再造尝试中的变革流程

Hammer 和 Champy (1993,2003)也为再造尝试提供了变革流程的指南：

- 用流程图辨别和描述流程
- 确定再造需要的流程
- 从客户的角度对目前流程进行深层次理解
- 通过观察绩效,从外部了解客户需求
- 通过观察绩效,检查流程本身
- 了解流程中的关键因素
- 考虑其可行性,如范围、成本和义务
- 指定流程的负责人,并组成一个团队

Ackoff 的理想化系统设计

基于系统理论的理论基础和对世界与组织的系统观,Ackoff(1999)的理想化系统设计方法为机构变革和企业重组提供了设计策略和实施计划。理想化系统设计的过程包括以下阶段:

- 确定混乱现状(感觉并意识到现实情况)
- 制定最终目的(将去哪里)
- 设计具体方法(怎样到达)
- 规划资源(需要提供哪些资源才能到达)
- 实施与控制(边做边学)

要进行设计就要进行现状分析,这是对组织目前所处的环境现状的系统了解和详尽的评价。Ackoff (1999)认为,通过对目前的系统进行整体的、全面的了解,该系统可以达到理想化设计的标准。

一个组织的最终目的包括该组织的理想、目标和目的。制定最终目的应该明确什么才是该组织需要的。Ackoff (1999)强调,一个组织的理想化系统,必须反映系统中所有利益相关者的共同愿景,并且它应由系统中的所有利益相关者共同建立。理想化设计有三个特点:技术上可行、操作上可行、能不断改进。

在设计构想上达成共识之后,系统设计者就开始将预想好的计划付诸实施。在计划阶段选用的手段衍生出用来帮助达成目标的手段,规划者首先进行方法上的设计。方法设计决定了当前系统与理想系统之间的差距,并构成了一套指令,使愿景能够实现。这些方法包括行动、实践、程序、方案和系统的政策。

方法设计决定了实施过程所需的资源,同时也需要进一步确定这些资源的分配。此外,在此阶段需要人力资源的任命:谁做什么,何时做,如何做,在系统的什么位置。下一步是分配方法设计中所需的资源,资金、资本货物、人员、消耗品、数据、信息和知识都应包含在内。最后,设计者进行规划管理学习和适应系统的设计,这将有助于实现这些要求。

小结

本章对现有的教育和培训的系统化改革设计研究进行了评述,它主张只有进行系统变革以创造一个全新范式的教育系统，才能满足信息时代的要求。本章介绍了作为系统设计理论基础的设计理论和系统理论，现有的系统设计原则和一些系统设计模型。尽管过去几十年中人们对整体变革的要求和呼声不断高涨，但大多数的变革尝试仍然是零碎的，停留在对现有使用的、已经完全过时的教育和培训范式的修补或修订水平上。本章总结了系统设计的基本原理以及在教育和培训领域中的应用方法，以帮助人们更好地理解系统设计理论。 701

（赵建华 译，孙亚玲 一校，刘美凤、康　翠 二校）

参考文献

Ackoff, R. L. (1999). *Recreating the Corporation: A Design of Organizations for the 21st Century*. New York: Oxford University Press. *

Banathy, B. H. (1991). *Systems Design of Education: A Journey to Create the Future*. Englewood Cliffs, NJ: Educational Technology Publications. *

Banathy, B. H. (1992). *A Systems View of Education: Concepts and Principles for Effective Practice*. Englewood Cliffs, NJ: Educational Technology Publications.

Banathy, B. H. (1996). *Designing Social Systems in a Changing World*. New York: Plenum Press.

Bertalanffy, L. V. (1968). *General Systems Theory*. New York: George Braziller.

Caine, R. N. and Caine, G. (1997). *Education on the Edge of Possibility*. Alexandria, VA: Association for Supervision and Curriculum Development.

Checkland, P. and Scholes, J. (1990). *Soft Systems Methodology in Action*. New York: Wiley.

Christensen, C. (1997). *Innovator's Dilemma: When New Technologies Cause Great Firms to Fail*. Boston, MA: Harvard Business School Press.

Duffy, F. M. (2002). *Step-Up-to-Excellence: An Innovative Approach to Managing and Rewarding Performance in School Systems*. Lanham, MD: Scarecrow Education. *

Duffy, F. M. (2003). *Courage, Passion and Vision: A Guide to Leading Systemic School Improvement*. Lanham, MD: Scarecrow Education and the American Association of School Administrators.

Duffy, F. M. (2004). *Moving Upward Together: Creating Strategic Alignment to Sustain Systemic School*, Vol. 1, Leading Systemic School Improvement Series. Lanham, MD: Scarecrow Education.

Duffy, F. M. (2006). *Step-Up-to-Excellence: A Change Navigation Protocol for Transforming School Systems*, Houston, TX: Connexions (http://cnx.org/content/m13656/latest/).

Duffy, F. M., Rogerson, L. G., and Blick, C. (2000). *Redesigning America's Schools: A Systems Approach to Improvement*. Norwood, MA: Christopher-Gordon Publishers.

Flood, R. L. (1990). Liberating systems theory: toward critical systems thinking. *Hum. Relat.*, 43(1), 49 - 75.

Habermas, J. (1973). *Theory and Practice* (J. Viertel, trans.). Boston, MA: Beacon.

Hammer, M. and Champy, J. (1993). *Reengineering the Corporation: A Manifesto for Business Revolution*. New York: HarperBusiness. *

Hammer, M. and Champy, J. (2003). *Reengineering the Corporation: A Manifesto for Business Revolution*, pbk. ed. New York: HarperBusiness Essentials.

Hutchins, C. L. (1996). *Systemic Thinking: Solving Complex Problems*. Aurora, CO: Professional Development Systems.

Jenlink, P. M., Reigeluth, C. M., Carr, A. A., and Nelson, L. M. (1996). An expedition for change. *TechTrends*, 41(1), 21 - 30.

Jenlink, P. M., Reigeluth, C. M., Carr, A. A., and Nelson, L. M. (1998). Guidelines for facilitating systemic change in school districts. *Syst. Res. Behav. Sci.*, 15(3), 217 - 233. *

Joseph, R. and Reigeluth, C. M. (2002). Beyond technology integration: the case for technology transformation. *Educ. Technol.*, 42(4), 9 - 13.

Nelson, H. G. and Stolterman, E. (2003). *The Design Way*. Englewood Cliffs, NJ: Educational Technology Publications. *

Reigeluth, C. M. (1994). The imperative for systemic change. In *Systemic Change in Education*, edited by C. M. Reigeluth and R. J. Garfinkle, pp. 3 - 11. Englewood Cliffs, NJ: Educational Technology Publications. *

Reigeluth, C. M. (2006a). A leveraged emergent approach to systemic transformation. *TechTrends*, 50(2), 46 - 47.

Reigeluth, C. M. (2006b). A chaos theory approach to systemic change. *TechTrends*, 50(2), 45 - 46.

Reigeluth, C. M. (2007). Chaos theory and the sciences of complexity: foundations for transforming education. In *Systems Thinkers in Action: A Field Guide for Effective Change Leadership in Education*, edited by B. Despres. New York: Rowman and Littlefield.

Reigeluth, C. M. and Duffy, F. M. (2007). Trends and issues in P - 12 educational change. In *Trends and Issues in Instructional Design and Technology*, 2nd ed., edited by R. A. Reiser and J. V. Dempsey, pp. 209 - 220. Upper Saddle River, NJ: Prentice Hall.

Schlechty, P. C. (1997). *Inventing Better Schools: An Action Plan for Educational Reform*. San Francisco, CA: Jossey-Bass.

Schlechty, P. C. (2002). *Working on the Work: An Action Plan for Teachers, Principals, and Superintendents*. San Francisco, CA: Jossey-Bass.

Senge, P. M. (1990). *The Fifth Discipline*. New York: Doubleday.

Senge, P. M. (1994). *The Fifth Discipline: The Art and Practice of the Learning Organization*. New York: Doubleday. *

Senge, P. M., Cambron-McCabe, N., Lucas, T., Smith, B., Dutton, J., and Kleiner, A. (2000). *Schools That Learn: A Fifth Discipline Fieldbook for Educators, Parents, and Everyone Who Cares About Education*. Toronto: Currency.

Solomon, M. (2006). The Schlechty Center for leadership in school reform. *TechTrends*, 50(2), 43.

Squire, K. and Reigeluth, C. M. (2000). The many faces of systemic change. *Educ. Horiz.*, 78(3), 143 - 152.

Toffler, A. (1980). *The Third Wave*. New York: Bantam Books.

Wheatley, M. (1999). *In Leadership and the New Science*. San Francisco, CA: Berrett-Kohler.

---

* 表示主要参考文献。

第六部分 方法论观点

由 Jeroen J.G. van Merrienboer 领导编写的《手册》的最后一部分侧重于研究相关的议题。这一部分不是独立的、随意的分章节论述定性的、定量的、以及其他研究途径，而是循着理论发展、实验设计、数据收集以及分析这样一个研究周期来展开的。设计部分是《手册》的重要组成部分，这部分将研究处理为策略、技术、模式、设计以及开发。而分析方法包括对学习过程、交互、以及复杂绩效的分析。整个这一部分以一个振奋人心的讨论作为结束，这个讨论试图帮助我们的领域建立一个面向未来的、强健的、科学的基础。《手册》的这一部分共包括四章，各自的主题依次为：(1)理论发展，(2)研究设计，(3)数据收集与分析，以及(4)未来的基础。这四章中有几章都囊括了多个节，它们也是由多位作者共同完成的。与前面的情况一样，所有作者都被视为是该章的共同作者，他们各自对具体章节的贡献在所在章节中均有注明。

53

理论发展

Jan Elen 和 Geraldine Clarebout

摘要

教育技术领域的特点是有大量的、各类理论陈述。这些理论陈述至少可从四个视角进行描述。第一个视角有关理论陈述(类)的对象或取向。此类的理论陈述能重点讨论教育原则、干预或工具的特征、开发程序或领域本身的性质。第二个视角是这些类别理论陈述的起源(理论情境或实际情境)。理论陈述既能够清晰明确地扎根于特定的实践经验,又可作为运用基本理论观念或理论观点的演绎推理的结果,还能作为一个实际情境与一个理论观点之间深思熟虑地的一个互动的反映。第三个视角涉及理论陈述(类)的成熟度。理论类陈述可以是孤立的理论表达的集合,也可以是有关教育技术问题的描述性或处方性模型,或理论原则内在的有条理的整合。第四个视角是这些类别理论陈述的合理性程度。有些陈述纯粹是理论探索性质的,有些则具有现成的经验证据。综合考虑上述因素,本章旨在阐述理论发展。本章首先通过

706 分析描述性和处方性理论的联系和区别，来详尽说明它们的特征。其次，通过对演绎方法、归纳方法和二者混合方法的说明，来探讨理论发展问题。第三，探讨理论的成熟度与合理性。所有这些都集中在对教学设计模型的详细说明方面。

关键词

教学设计模型：一套连贯的有关特定教学方法或干预的恰当性的处方性理论陈述。

理论陈述：对至少两个变量或变量的实例之间的关系所做的正式表述。

理论：一套完整的、连贯的理论陈述，它们可为检验这些陈述的实证研究提供充分的依据。

理论发展：为产生(一套连贯的)理论陈述所做的系统努力。

引言

教育技术，尤其是教学设计，它们的特征是拥有大量的理论陈述。众多的理论观点和认识的概述一直不断反复出现(Dijkstra 等，1997；Dills 与 Romiszowski，1997；Jonassen，1982，1985，1996a，2004a；Reigeluth，1983a，1999；Seel 和 Dijkstra，2003；Tennyson 等，1997)。典型的理论陈述是对至少两个变量或变量实例间关系的正式表述。通常，教育技术中的理论陈述一般被认为是和教育技术或教学设计相关。理论是一套完整的和有紧密内在关系的理论原则，这些原则为检验这些理论陈述的实证研究提供充分的依据。例如，一个理论陈述能够解释，一个与教学目标结合的学习者相关变量是如何与教学策略联系在一起的，或者，不同的活动是如何进行排序的。教育技术理论就是由一系列相互协调、相互联系的陈述构成的。

本章通过用来描述理论陈述的四个不同视角，探讨了各种不同类别理论陈述的差别。以此为基础，本章余下的部分主要关注教学设计理论的发展。通过分析描述性理论和处方性理论的区别与联系来详细阐明二者的特征。通过关注演绎法、归纳法以及二者的混合方法来讨论理论发展。最后论述理论成熟度和经验合理性。

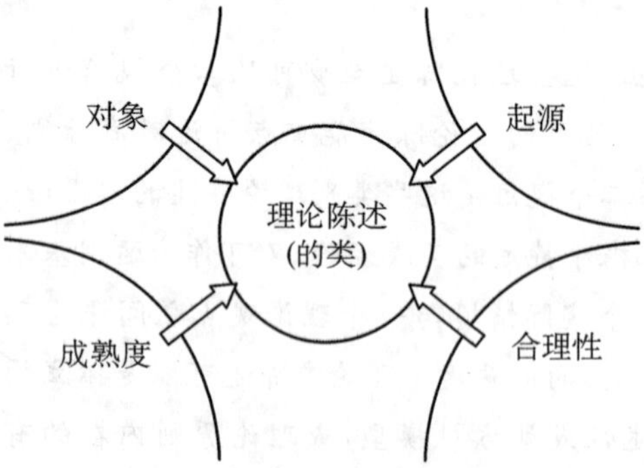

图 55.1 描述理论陈述(类)的四个视角

理论陈述的四个视角

理论陈述及其类别在本质上有许多不同。人们至少可以从对象、起源、成熟度和合理性四个方面(见图 55.1)来鉴别和描述其联系与区别。从这四个视角对各类理论陈述进行描述，我们可以发现教育技术领域缺乏清晰且稳固的理论基础。

对象视角

因探讨内容的不同，各类理论陈述也各不相同，理论陈述对象的差异很大。在此，首当其冲的是那些与教学相关的原则。这些原则指出了教学环境中学习行为产生的必不可少的条件。一个明显的例子就是 Ausubel (1968, vi 页)的陈述:“如果说我把全部的教育心理学归结为一个原则的话，我会说影响学习的因素是学习者的已有知识。弄清这一点后，再开展相应的教学。”最近的例子来自 Merrill，他试图整合教育技术领域的多种理论陈述，提出“五个首要教 707
学原则”，如“当学习者投入解决现实世界问题时，学习才能得到促进”(Merrill, 2002, 45 页)。

其次是解决与教学干预、工具或方法的(技术)特征有关的问题。按照常理，这类陈述通常多与信息呈现的格式和形态有关，同时又与可获取性和可用性有关(Fleming 和 Levie, 1993)。例如，那些与正文(Glynn 等, 1985)、标题(Hartley 和 Jonassen)、目录和索引(Wright, 1985)的排版打印线索，或者，促进获取印刷或数字材料中信息的基于网络材料(Brooks, 1997)的各种特征。最近，特别是贴上多媒体设计的标签之后，这些陈述也与信息呈现的格式和形态，以及学习有关的认知问题之间的联系有关。一个明显的例子是“学生从文字和图片中进行学习比单独从文字进行学习学得更好”(Mayer, 2001, 63 页)这就是多媒体原则。《剑桥多媒体学习手册》(Mayer, 2005)编写了大量的原则。大量的如何使用诸如不同类型的信息和通信技术(Alessi 和 Trollip, 2001; Jonassen, 1996b; Morrison 等, 1999)这些促进学习的技术手段的陈述也属于这一系列。目前，在线学习(Clark 和 Mayer, 2003; Jochems 等, 2004)领域的研究正产生大量类似的理论陈述。

第三类是设计或开发过程。这些陈述讨论什么样的程序，或工具更适合什么类的设计问题(任务分析程序;见 Jonassen 等, 1999)，描述设计、开发过程的活动怎样相结合(Andrews 和 Branch, 1997; Kemp 等, 1994; Lee 和 Owens, 2000; Rothwell 和 Kazanas, 1998)等等问题。

最后，理论反思也与教学设计本身有关。人们经常讨论教育技术或教学设计的本质(Clark 和 Estes, 1998; Heinich, 1984; Van Patten, 1989; Wilson, 1997)，它们的开发(Clark 和 Estes, 1999; Reigeluth, 1983b; Schott 和 Driscoll, 1997)，以及确定研究方法(Reeves, 2005; Ross 和 Morrison, 2004)的合理性。例如，Clark 和 Estes (1999)指出教学设计的技术本质，Schott 和 Driscoll (1997)强调需要关注效能，而 Reeves (2005)主张更多地应用基于设计的研究方法。

起源视角

理论陈述也可通过清晰地考究其发展来源来加以描述。对此，人们可区分三种不同的起源。第一种是实践导向和以实践为基础的。理论陈述扎根于实践，并且导致对设计和开发实践的反思。例如，那些直接与特定的设计或开发项目相关联的理论结论(Elen 和 Clarebout, 2001; Hannafin 和 Land, 1997)。通常，这样的理论陈述是处方性的。它们详述在特定的情境中如何通过特定方法的应用来实现结果。第二种是理论驱动和理论导向的。理论陈述产生于从更基本的理论(如学习理论、系统理论、活动理论)或特定的理论视角(Gros, 2002; Jonassen 和 Rohrer-Murphy, 1999; Richey, 1986)推导出设计或开发原则的深思熟虑的努力。一个一般的理论应用于特定的问题或情境会产生更具体的理论视角。而经典例子是 Skinner (1968) 和 Gagné (1985)的贡献,最近的例子是 van Merriënboer (1997)的四成分教学设计(4C/ID)模型。然而,最典型的是第三种起源,即通过将特定的理论视角应用于特定的教学设计问题来开发本地的教学设计理论。将特定的教学问题、干预或媒介作为教学设计的抛锚点(Elen, 2004),来试图建构一套一致的直接应用于问题解决(Janassen, 2004b)之类问题的理论陈述。这些理论陈述也与教学干预的使用有关(Elen 和 Clarebout, 2006);干预,如基于问题的学习(Schmidt, 1993)或元认知提示(Bannert, 2006);或媒介,如在线学习(Jochems 等, 2004)或学习对象(Wiley, 2002)。

成熟度视角

理论陈述的另外两个差异体现在理论成熟度和经验合理性上,同时,各类理论陈述的成熟度和经验合理性的水平也很不相同。在许多个案中,某些理论陈述只是孤立的理论表达的简单汇集;比如,某实验研究结论部分提到的教学设计的一些意义等。然而,教学设计有代表
708 性的主要是关于教育技术问题的大量描述性或处方性模型(Reigeluth, 1983a,1999)。此外,也有少量理论陈述试图真正提出一个教育技术理论,这些理论陈述由完整的、内在连贯的理论原则构成,为可以检验这些陈述的实验研究提供充分的理论基础。当人们试图开展自动化教学设计(Spector 等, 1993)时,对完整的、内在连贯的理论陈述的需求变得更为清晰。对内在一致的和连贯的理论陈述进行精确阐述的需求有助于使理论陈述更为清晰和成熟。

合理性视角

这是一个对理论陈述进行经验证实有关的不同视角。有些陈述只是纯粹地探索或推测,而有些则具有现成的经验证据。人们可通过多种定量和定性的方法(如实验研究、可用性和可行性研究、设计研究、个案研究、开发研究)来收集经验证据。理论成熟度与经验合理性不一定非得一致;例如,尽管 Merrill (2002)声称其首要教学原则的理论正确性,但他还是指出需要验证其经验上的有效性(Merrill, 2006)。

描述性与处方性理论

教育技术领域和教学设计领域既是实践领域,又是科学探究领域。教学设计领域的研究工作有两方面。一方面,研究工作和方法旨在描述教学现象。为什么一个特别的干预适合某一类学生?或者那些实践过的设计过程究竟是如何被描述和解释的?当(研究)对象涉及教学干预或方法如何影响特定学习者类群的学习过程时(至于协作学习,参见 Littleton 和 Häkkinen, 1999),这些努力会产生教学理论的详细说明(Reigeluth, 1983b)。当人们关注过程时,理论陈述的对象便主要集中在设计与开发的程序和过程得以发展的不同的具体情境(Richey 等, 2004),以及教学设计人员在实施设计精良的线性设计程序时所遇到的困难(Gibbons, 2003; Rowland, 1993)。

另外一类研究工作的目的在于确认教学干预或方法在具体情境下的教学效果,或者是什么样的教学步骤(按照什么程序)最可能生成适合的教学设计。这些理论尝试本质上是处方性的(Reigeluth, 1983b)。"教学设计"(ID)往往被当作优化教学决策的处方性学科的标签(Ellen, 1995)。而"教学系统设计"(ISD)既包括以上类似的工作,也包括教学的实际开发过程。ID与ISD如何相互关系常常成为人们讨论的主题。

尽管描述性和处方性理论有所区别,但是,它们之间还是高度关联的。描述性理论逐渐带有处方的迹象(Clark和Mayer, 2003)。而处方性理论生成的研究问题可以反过来使得描述性理论更加精细化,或者得以改进(Merrill, 2006)。

描述性理论

教育技术领域中的描述性理论,旨在将实际教学过程及效果或开发教学的实际方式加以建模和解析。通过对教学和开发过程的建模,理论陈述可确认哪些变量是相关的,以及它们是怎样相关。这类理论陈述具有预测和解释力。它们可以帮助我们更好地理解在具体的环境中正在发生的现象,并估测可能的效果和潜在的困难。

在模型化教学过程时,研究者深受他们所采用的理论视角的影响,如选取哪些重要的和值得研究的,摈弃不重要的等等。例如,关于教学过程,人们可以观察到从行为主义(Skinner, 1968)、信息加工(Anderson, 1983; Andre, 1939; Kintsch和van Dijk, 1978)、建构主义(von Glasersfeld, 1987; Wilson, 1996)直到社会建构主义(Lave和Wenger, 1991)的清晰演变。每个理论视角提供了了解教学过程的不同视角,因而,就会导致对不同的变量以及这些变量间不同的相互关系的确认。

在强调人类学习的建构主义性质一段时期之后,最近兴起的是对教学设计的理论探讨。首先,越来越多的研究非常强调需要系统考虑人类认知的局限性,特别是教学环境中有限的 709
自我调控技能(Kirschner等, 2006; Mayer, 2004)。而且,学者们发出了学习者可能不像期望的那样服从的警告(Goodyear, 2000),其部分原因在于他们的教学概念未能与设计者的教学概念相匹配(Elen和Lowyck, 2000)。

谈到教学开发,系统方法和活动理论似乎仍然重要。不断修改模型以确保设计的所有重要方面都被系统考虑到(Dick等, 2001; Tennyson, 2000)。同时,认知研究清楚地表明设计者甚至专家设计者不遵循线性程序。因此,开发过程被描述成迭代的过程。受信息学开发方法的影响,快速原型法(Dorsey等, 1996)作为对线性程序的有价值的替代方法而受到人们的普遍关注。Jonassen和Rohrer-Murphy (1999)坚信,活动理论可为建构主义者学习环境提供合适的框架。

处方性理论

与描述性理论相反,处方性理论讨论事物的应然,而不是实然。建立在这样的处方性理论基础上,研究者通过多种尝试将处方嵌入到支持自动化教学设计的系统中,如高级教学设计顾问(Muraida和Spector, 1992)和教学设计专家(Merrill, 1998);至于更深入的讨论,参见

Spector 和 Ohrazda (2004)。

正如 Reigeluth (1983b)清楚陈述的那样,处方性导向揭示了规范性的视角,并迅速地将目的问题提到前端。处方性理论基本上详述教学(一般的或更具体的)应该如何使特定的学习者群体达到教学目的,或开发过程应该如何增加开发恰当的教学的可能性。因而,我们所认为的重要教学结果的变化,会影响处方性理论陈述的本质,这一点就不足为奇了。同样,新的目标人群(远距离教育学生),或更具体来说,相关的学习者特征因素的不同观点导致了教学设计模型的差异。例如,对动机问题的兴趣不断增强就会带来教学设计模型上的变化(Clark 等, 2006)。最后,可选择的教学干预的多样性也会影响模型。目的、目标人群和教学干预的可选择性极大地受到阐述教学设计模型的情境的影响;例如,新出现的一些基于多媒体的教学模型(Lee 和 Owens, 2000),它们不同于一般模型,因为它们仅将数字化学习环境作为嵌入教学干预的情境。

在过去几十年,目的问题对教学设计模型的精细化影响很大。有两个相关的证据:首先,教学结果的范围扩大了(Reigeluth, 1999)。现在,人们对教学目的诸如态度的发展以及复杂问题的解决和学习技能的获得的关注远远超过以往。这种教学目的的重新定向导致了更整合的和基于任务的教学设计模型的出现,然而,以前的模型是更具分析性特点并且是基于信息的。其次,与扩大的教学结果直接相关的是,有些作者指出了用操作性术语详述教学结果的困难,所以,与这种模糊的教学结果相关的模型也往往更笼统更不具体,这一点也就顺理成章了。典型的例子是认知学徒模型(Collins 等, 1989)和强大的学习环境(De Corte, 2003)的理念。在这些例子中,没有形成直接的处方,但提供了教学的一般标准。人们对自动化技能模型的兴趣正在增长(Clark, 2006),众所周知,解决复杂的、结构不良的问题需要运用丰富的、高度自动化的认知技能。

发展理论

正如前文所提到的,教育技术领域描述性和陈述性理论的不同之处在于它们的起源。有些产生于对实践经验的反思,有些是深思熟虑推理的结果,还有的产生于理论驱动的反思与试图解决具体设计问题之间的相互作用。本部分关注教学设计模型的开发,因为它们构成了
710 教育技术领域大量系统的、成套的理论陈述。这就意味着我们主要关注处方性理论陈述。

考虑到教学设计的应用本质经典的方法是演绎。当一个理论,尤其是学习理论,被用作模型精细化的起点时,教学设计模型便成为演绎方法的结果。教学设计者在开发模型时,分析学习理论,特别对理论所详述的重要的学习者变量(内在条件)和环境特征(外在条件)感兴趣。教学设计模型的精细化意味着把学习理论应用到特定的教学情境之中。模型详细说明学习理论的教学意义。演绎方法必然意味着从描述转向处方。学习理论如何描述学习,常常被用作描述教学应该像什么的起点。这种转变其实是有问题的,因为"是什么"和"应该是什么"可能有巨大的不同。Gagné (1985)提出的连锁模型就是典型的演绎方法的例子。Gagné 模型的系列版本还清楚地表明,模型随着构成其理论基础的学习理论的变化而不断改变。为评价这

些依据推理建构的设计模型的有效性，评价研究和实验被认为是适当的研究方法（Tennyson和Cocchiarella, 1986）。

当教学设计模型源自特定的实践情境时，它们就是经由归纳法而来。在特定的情境中，它们常常是为了特定的目标群体而探索的一些教学干预、媒体或方法。研究者们所研究的是，通过这些教学干预、媒体或方法究竟能达到什么样的结果（关于视频游戏的这种方法，参见Gee, 2003；关于WebQuest参见Dodge, 1995）。在大多数情况下，这些努力始于对教学干预、媒体或方法的高期望。教学设计模型的归纳性阐述需要进行抽象。模型建设者旨在对具体的情境进行概括，以扩大教学干预、媒体或方法的应用范围。由于缺乏对这些概括的批判性检验，所以，有时会有明显过度概括的危险。案例研究、可用性测试和可行性研究有助于检验归纳所形成的理论陈述。

归纳法和演绎法在逻辑上被认为是可替代的，大多数教学设计模型也确实产生于归纳法和演绎法的结合。Elen (1995)建议，教学设计模型的理论陈述间的差异可通过同时考虑其知识基础和参照系统来加以解释。然而，知识基础是指模型的理论基础，参照系统是指模型的应用情境。因此，任何试图只考虑知识基础或参照系统来建立一个模型的努力，都注定是要失败的。毫不奇怪，即使没有清晰地提到，甚至宣称一个模型具有普适性时，大多数模型还是很清楚地与特定的理论观点相联系，并植根于由一套高度重视的教学结果、潜在目标群体或正在考虑的教学媒体组成的特定的教学情境中。例如，当针对具体的结果、目标群体和教学媒体时，程序教学（Skinner, 1968）和交错对照的理念（Spiro等, 1991）才能被很好地理解和比较。

基于混合方法评价模型的有效性仍然令人关注。我们认为，合适的办法是，设计深深地植根于理论与实践的实验，并以两种理论的发展和实际问题的解决为取向（Reeves, 2005）。

理论的成熟度与合理性

Gorden (1968)制定了教学理论的许多标准。他主张教学理论的陈述应包括一套假设，以及这些假设所涉及的术语的定义；每个教学理论或子理论应明确所关心的界限以及局限性；任何理论的建设必须保持内在一致性；它必须有一套逻辑的相互关系。而且，教学理论应与经验数据一致，能产生假设，包含超越数据的归纳，可以被证实，能通过收集数据来证伪理论陈述；并且它不仅要能解释过去的事件，也必须能预测未来事件，并可以被表征为定性的综合体。这些一般标准今天还在为人们使用。简要地回顾目前的理论陈述，不难发现，实际上只有非常有限的理论陈述符合这些标准。教育技术领域是以模型为基础的，而不是以理论为基础的。
这个领域的特征是拥有大量的模型，这些模型有可能被视为是强大理论的初期形式。其中最 711
突出的问题是术语的混乱，缺乏对模型局限性的详细说明，缺乏经验证据来支持嵌在模型里的主张。尽管这些模型代替了在研究论文的结尾处对“教学意义”的简单汇集，但是，人们还是可以观察到，每当新媒体或新技术被引入到教育技术领域时，这种想象就会重复出现。这意味着，我们需要(1)一个整合的理论方法，以及(2)对各种模型分类，这样可以更清楚地列举它们的关系，详细说明更强大的理论。有人（如Duchastel, 1998）对这种整合的需求提出疑问，不是每个人都相信这种努力的相关性和可能性(参见 ITFORUM 里的讨论,http://itech1. coe. uga. edu/itforum/paper27/index27. html)。

小结

总体而言,教育技术,特别是教学设计的特征是通过多种努力致力于理论发展。尽管有这些努力,但很难确认一套普遍为人们所接受的强大的理论,或广泛为人们所接受的方法来发展这些理论。从理论发展的角度看,教育技术领域具有多样性和分散性。这种多样性既反映了教育技术领域所涉及方面的复杂性,也反映了带入本领域的理论视角的多样性。更好的稳定性会要求这些理论视角要更加一致,并需要进一步进行抽象。比如,这种抽象会要求人们,不是将新的技术手段作为新模型精细化的起点,而是将其作为把已知应用到新手段中的挑战。这种使用已有模型的尝试反过来会成为证实实际模型的好机会,并突出它们的普适性。类似的抽象是关于教学目的和目标群体的形成。人们应该使用最相关的变量,在足够抽象的水平上,对教学目的和目标群体进行描述。只要教育技术领域不能区分相关的和表面上的变量,其理论发展就会仍然有其价值,仍需要业界内行为之付出不懈努力。从这个角度来看,可以认为,理论发展最好得到自动化教学设计系统努力的帮助。即使类似的努力所得到的实际产品可能永远不会用于实际的设计工作,但是,明晰变量的需要,以及试图自动化的一致的需要,对产生连贯的理论陈述和开发实际的教学设计理论会非常有帮助。

(张倩苇 译,焦建利 一校,詹春青、焦建利 二校)

参考文献

Alessi, S.M. and Trollip, S.R.(2001). *Multimedia for Learning. Methods and Development*, 3rd ed. Boston, MA: Allyn & Bacon.

Anderson, J.R.(1983). *The Architecture of Cognition*. Cambridge, MA: Harvard University Press.

Andre, T.(1979). Does answering higher-level questions while reading facilitate productive learning? *Rev. Educ. Res.*, 49,280 - 318.

Andrews, D.H. and Goodson, L.A.(1980). A comparative analysis of methods of instructional design. *J. Instruct. Dev.*, 3(4),2 - 16.

Ausubel, D.P.(1968). *Educational Psychology: A Cognitive View*. New York: Holt, Rinehart and Winston.*

Bannert, M.(2006). Effects of reflection prompts when learning with hypermedia. *J. Educ. Comput. Res.*, 4,359 - 375.

Brooks, D.W.(1997). *Web-Teaching: A Guide to Designing Interactive Teaching for the World Wide Web*. New York: Plenum Press.

712 Clark, R.C. and Mayer, R.E.(2003). *e-Learning and the Science of Instruction: Proven Guidelines for Consumers and Designers of Multimedia Learning*. San Francisco, CA: Pfeiffer.

Clark, R.E.(2006). Not knowing what we don't know: reframing the importance of automated knowledge for educational research. In *Avoiding Simplicity, Confronting Complexity: Advances in Studying and Designing (Computer-Based) Powerful Learning Environments*, edited by G. Clarebout and J. Elen, pp.3 - 14. Rotterdam: Sense Publishers.

Clark, R.E. and Estes, F.(1998). Technology or craft: what are we doing? *Educ. Technol.*, 38(5),5 - 11.

Clark, R.E. and Estes, F.(1999). The development of authentic educational technologies. *Educ. Technol.*, 39(2),5 - 16.*

Clark, R.E., Howard, K., and Early, S.(2006). Motivational challenges experienced in highly complex learning environments. In *Handling Complexity in Learning Environments: Theory and Research*, Advances in Learning and Instruction Series, edited by J. Elen and R.E. Clark, pp. 27 - 41. Amsterdam: Elsevier.

Collins, A., Brown, S.J., and Newman, S.E.(1989). Cognitive apprenticeship: teaching the craft of reading, writing, and mathematics. In *Knowing, Learning, and Instruction: Essays in Honor of Robert Glaser*, edited by L.B. Resnick, pp. 453 - 494. Hillsdale, NJ: Lawrence Erlbaum Associates.

De Corte, E.(2003). Designing learning environments that foster the productive use of acquired knowledge and skills. In *Powerful Learning Environments: Unravelling Basic Components and Dimensions*, Advances in Learning and Instruction Series, edited by E. De Corte, L. Verschaffel, N. Entwistle, and J.J.G. van Merriënboer, pp.21 - 33. Amsterdam: Pergamon.

Dick, W., Carey, L., and Carey, J.O.(2001). *The Systematic Design of Instruction*, 5th ed. New York: Addison-Wesley.

Dijkstra, S., Seel, N.M., Schott, F., and Tennyson, R.D., Eds.(1997) *Instructional Design: International Perspective*, Vol.2. Mahwah, NJ: Lawrence Erlbaum Associates.

Dills, C.R. and Romiszowski, A.J., Eds.(1997). *Instructional Development Paradigms*. Englewood Cliffs, NJ: Educational Technology Publications.*

Dodge, B.(1995). WebQuests: a technique for Internet-based learning. *Dist. Educator*, 1(2),10 - 13.

Dorsey, L.T., Goodrum, D.A., and Schwen, T.M.(1996). Rapid collaborative prototyping as an instructional development paradigm. In *Instructional Development Paradigms*, edited by C.R. Dills and A.J. Romiszowski, pp.445 - 465. Englewood Cliffs, NJ: Educational Technology Publications.

Duchastel, P.(1998) *Prolegomena to a Theory of Instructional Design*, http://itech 1 . coe. uga. edu/itforum/paper27/paper27. html.

Elen, J. (1995). *Blocks on the Road to Instructional Design Prescriptions: A Methodology for ID Research Exemplified*. Leuven, Belgium: Leuven University Press.

Elen, J. (1998). Automating ID: the impact of theoretical knowledge bases and referent systems. *Instruct. Sci.*, 26, 281 - 297.

Elen, J. (2004). Electronic learning environments as instructional design anchor points. *Educ. Technol. Res. Dev.*, 52(4), 67 - 73.

Elen, J. and Clarebout, G. (2001). An invasion in the classroom: influence of an ill-structured innovation on instructional and epistemological beliefs. *Learn. Environ. Res.*, 4, 87 - 105.

Elen, J. and Clarebout, G. (2006). The use of instructional interventions: lean learning environments as a solution for a design problem. In: *Handling Complexity in Learning Environments: Research and Theory*, Advances in Learning and Instruction Series, edited by J. Elen and R.E. Clark, pp. 185 - 200. Oxford: Pergamon.

Elen, J. and Lowyck, J. (2000). Instructional metacognitive knowledge: a qualitative study of conceptions of freshmen about instruction. *J. Curric. Stud.*, 32(3), 421 - 444.

Fleming, M. and Levie, W.H., Eds. (1993). *Instructional Message Design. Principles from the Behavioral and Cognitive Sciences*, 2nd ed. Englewood Cliffs, NJ: Educational Technology Publications

Gagné, R.M. (1985). *The Conditions of Learning*, 4th ed. New York: Holt, Rinehart and Winston. *

Gee, J.P. (2003). *What Video Games Have to Teach Us about Learning and Literacy*. New York: Palgrave Macmillan.

Gibbons, A.S. (2003). What and how designers design: a theory of design structure. *TechTrends*, 47(5), 22 - 27.

Glynn, S.M., Britton, B.K., and Tillman, M.H. (1985). Typographical cues in text: management of reader's attention. In *The Technology of Text: Principles for Structuring, Designing, and Displaying Text*, Vol. 2, edited by D.H. Jonassen, pp. 192 - 209. Englewood Cliffs, NJ: Educational Technology Publications.

Goodyear, P. (2000). Environments for lifelong learning: ergonomics, architecture and educational design. In *Integrated and Holistic Perspectives on Learning, Instruction and Technology*, edited by J.M. Spector and T.M. Anderson, pp. 1 - 18. Dordrecht: Kluwer.

Gordon, I.J. (1968). *Criteria for Theories of Instruction*. Washington, D.C.: Association for Supervision and Curriculum Development, National Education Association. *

Gros, B. (2002). Knowledge construction and technology. *J. Educ. Multimedia Hypermedia*, 11(4), 323 - 343.

Gustafson, K.L. and Branch, R. (1997). *Survey of Instructional Development Models*, 3rd ed. Syracuse, NY: ERIC Clearinghouse on Information and Technology.

Hannafin, M.J. and Land, S.M. (1997). The foundations and assumptions of technology enhanced student-centered learning environments. *Instruct. Sci.*, 25, 167 - 202.

Hartley, J. and Jonassen, D.H. (1985). The role of headings in printed and electronic text. In *The Technology of Text: Principles for Structuring, Designing, and Displaying Text*, Vol. 2, edited by D.H. Jonassen, pp. 237 - 263. Englewood Cliffs, NJ: Educational Technology Publications.

Heinich, R. (1984). The proper study of instructional technology. *Educ. Commun. Technol. J.*, 32(2), 67 - 87. *

Jochems, W., van Merriënboer, J.J.G., and Koper, R., Eds. (2004). *Integrated e-Learning: Implications for Pedagogy, Technology and Organization*. London: Routledge Falmer. Jonassen, D.H., Ed. (1982). *The Technology of Text: Principles for Structuring, Designing, and Displaying Text*, Vol. 1. Englewood Cliffs, NJ: Educational Technology Publications.

Jonassen, D.H., Ed. (1985). *The Technology of Text: Principles for Structuring, Designing, and Displaying Text*, Vol. 2. Englewood Cliffs, NJ: Educational Technology Publications.

Jonassen, D.H., Ed. (1996a). *Handbook of Research for Educational Communications and Technology*. New York: Macmillan. *

Jonassen, D.H. (1996b). *Computers in the Classroom: Mindtools for Critical Thinking*. Englewood Cliffs, NJ: Merrill.

Jonassen, D.H., Ed. (2004a). *Handbook of Research for Educational Communications and Technology*, 2nd ed. Mahwah, NJ: Lawrence Erlbaum Associates.

Jonassen, D.H. (2004b). *Learning to Solve Problems: An Instructional Design Guide*. San Francisco, CA: Pfeiffer. Jonassen, D.H. and Rohrer-Murphy, L. (1999). Activity theory as a framework for designing constructivist learning environments. *Educ. Technol. Res. Dev.*, 47(1), 61 - 79.

Jonassen, D.H., Tessmer, M., and Hannum, W.H. (1999). *Task Analysis Methods for Instructional Design*. Mahwah, NJ: Lawrence Erlbaum Associates.

Kemp, J.E., Morrison, G.R., and Ross, S.M. (1994). *Designing Effective Instruction*. New York: Merrill.

Kintsch, W. and van Dijk, T. (1978). Toward a model of text comprehension and production. *Psychol. Rev.*, 85, 363 - 394.

Kirschner, P.A., Sweller, J., and Clark, R.E. (2006). Why minimal guidance during instruction does not work: an analysis of the failure of constructivist, discovery, problembased, experiential and inquiry-based teaching. *Educ. Psychol.*, 41(2), 75 - 86.

Lave, J. and Wenger, E. (1991). *Situated Learning: Legitimate Peripheral Participation*. Cambridge, U.K.: Cambridge University Press.

Lee, W.W. and Owens, D.L. (2000). *Multimedia-Based Instructional Design*. San Francisco, CA: Jossey-Bass.

Littleton, K. and Häkkinen, P. (1999). Learning together: understanding the processes of computer-based collaborative learning. In *Collaborative Learning: Cognitive and Computational Approaches*, Advances in Learning and Instruction Series, edited by P. Dillenbourg, pp. 20 - 30. Amsterdam: Pergamon.

Mayer, R.E. (2001). *Multimedia Learning*. Cambridge, U.K.: Cambridge University Press. *

Mayer, R.E. (2004). Should there be a three-strikes rule against pure discovery learning: the case for guided methods of instruction. *Am. Psychol.*, 59(1), 14 - 19. 713

Mayer, R.E., Ed. (2005). *The Cambridge Handbook of Multimedia Learning*. Cambridge, U.K.: Cambridge University Press.

Merrill, M.D. (1998). ID Expert: a second generation instructional development system. *Instruct. Sci.*, 26(3 - 4), 243 - 262.

Merrill, M.D. (2002). First principles of instruction. *Educ. Technol. Res. Dev.*, 50(3), 43 - 59. *

Merrill, M.D. (2006). Hypothesized performance on complex tasks as a function of scaled instructional strategies. In *Handling Complexity in Learning Environments: Research and Theory*, Advances in Learning and Instruction Series, edited by J. Elen and R.E. Clark, pp. 265 - 281. Amsterdam: Pergamon.

Morrison, G.R., Lowther, D.L., and DeMeulle, L. (1999). *Integrating Computer Technology into the Classroom*. Upper Saddle River, NJ: Merrill.

Muraida, D.J. and Spector, J.M. (1992). The advanced instructional design advisor. *Instruct. Sci.*, 21(4), 239 - 253.

Reeves, T.C. (2005). Design-based research in educational technology: progress made, challenges remain. *Educ. Technol.*, 45 (1), 18 - 52. Reigeluth, C.M., Ed. (1983a). *Instructional Design Theories and Models: An Overview of Their Current Status*. Hillsdale, NJ: Lawrence Erlbaum Associates. *

Reigeluth, C.M. (1983b). Instructional design: what is it and why is it? In *Instructional Design Theories and Models: An Overview of Their Current Status*, edited by C.M. Reigeluth, pp. 3 - 36. Hillsdale, NJ: Lawrence Erlbaum Associates. *

Reigeluth, C.M., Ed. (1999). *Instructional-Design Theories and Models. A New Paradigm of Instructional Theory*, Vol. II. Mahwah, NJ: Lawrence Erlbaum Associates. *

Richey, R.C. (1986). *The Theoretical and Conceptual Bases of Instructional Design*. London: Kogan Page. *

Richey, R.C., Klein, J.D., and Nelson, W.A. (2004). Development research: studies of instructional design and development. In *Handbook of Research for Educational Communications and Technology*, 2nd ed., edited by D.H. Jonassen, pp. 1099 - 1130. Mahwah, NJ: Lawrence Erlbaum Associates. *

Ross, S.M. and Morrison, G.R. (2004). Experimental research methods. In *Handbook of Research for Educational Communications and Technology*, 2nd ed., edited by D.H. Jonassen, pp. 1021 - 1043. Mahwah, NJ: Lawrence Erlbaum Associates.

Rothwell, W.J. and Kazanas, H.C. (1998). *Mastering the Instructional Design Process: A Systematic Approach*, 2nd ed. San Francisco, CA: Jossey-Bass.

Rowland, G. (1993). Designing and instructional design. *Educ. Technol. Res. Dev.*, 41(1), 79 - 91.

Schmidt, H.G. (1993). Foundations of problem-based learning: some explanatory notes. *Med. Educ.*, 27, 422 - 432.

Schott, F. and Driscoll, M.P. (1997). On the architectonics of instructional theory. In *Instructional Design: International Perspective*, Vol. 1, edited by R.D. Tennyson, F., Schott, N. Seel, and S. Dijkstra, pp. 135 - 173. Mahwah, NJ: Lawrence Erlbaum Associates.

Seel, N.M. and Dijkstra, S., Eds. (2003). *Curriculum, Plans and Processes of Instructional Design: International Perspectives*. Mahwah, NJ: Lawrence Erlbaum Associates.

Skinner, B.F.(1968). *The Technology of Teaching*. New York: Appleton-Century-Crofts.

Spector, J.M. and Ohrazda, C. (2004). Automating instructional design: approaches and limitations. In *Handbook of Research for Educational Communications and Technology*, 2nd ed., edited by D.H. Jonassen, pp. 685 - 699. Mahwah, NJ: Lawrence Erlbaum Associates.*

Spector, J.M., Polson, M.C., and Muraida, D.J., Eds. (1993). *Automating Instructional Design: Concepts and Issues*. Englewood Cliffs, NJ: Educational Technology Publications.*

Spiro, R.A., Feltovich, P.J., Jacobson, M.J., and Coulson, R.L.(1991). Cognitive fiexibility, constructivism, and hypertext: random access instruction for advanced knowledge acquisition in ill-structured domains. *Educ. Technol.*, 31(5), 24 - 33.

Tennyson, R.D.(2000). Fourth generation instructional systems development: A problem solving approach. *J. Struct. Learn. Intell. Syst.*, 14, 114 - 128.

Tennyson, R.D. and Cocchiarella, M.J.(1986). An empirically based instructional design theory for teaching concepts. *Rev. Educ. Res.*, 56(1), 40 - 71.

Tennyson, R.D., Schott, F., Seel, N.M., and Dijkstra, S., Eds. (1997). *Instructional Design: International Perspective*, Vol. 1. Mahwah, NJ: Lawrence Erlbaum Associates.

van Merriënboer, J.J.G.(1997). *Training Complex Cognitive Skills: A Four-Component Instructional Design Model for Technical Training*. Englewood Cliffs, NJ: Educational Technology Publications.*

Van Patten, J. (1989). What is instructional design? In *Instructional Design: New Alternatives for Effective Education and Training*, edited by K.A. Johnson and L.K. Foa, pp. 16 - 31. New York: Macmillan.*

von Glasersfeld, E. (1987). *The Construction of Knowledge*. Seaside: Intersystems Publications.

Wiley, D.A., Ed.(2002). *The Instructional Use of Learning Objects*. Bloomington, IN: Agency for Instructional Technology, Association for Educational Communications and Technology.

Wilson, B.G.(1996). Reflections on constructivism and instructional design. In *Instructional Development Paradigms*, edited by C.R. Dills and A. J. Romiszowski, pp. 63 - 80. Englewood Cliffs, NJ: Educational Technology Publications.

Wilson, B.G.(1997). Thoughts on theory in educational technology. *Educ. Technol.*, 37(1), 2 - 26.*

Wright, K.C.(1985). Designing contents lists and indexes for access. In *The Technology of Text: Principles for Structuring, Designing, and Displaying Text*, Vol. 2, edited by D.H. Jonassen, pp. 264 - 286. Englewood Cliffs, NJ: Educational Technology Publications.

---

*表示主要参考文献。

54

研究设计*

Steven M. Ross、Gary R. Morrison、Robert D. Hannafin、Michael Young、Jan van den Akker、Wilmad Kuiper、Rita C. Richey和James D. Klein 715

* Steven M. Ross为本章的主要作者,负责组织协调本章各部分的写作。

摘要

教育技术和教学设计领域的研究者采用各种不同的设计类型和研究方法,对教学策略、教育技术、教学设计模型以及教学设计与开发进行研究与开发。本章对这些设计类型和研究方法进行了梳理。上述的四个方面与本书的四个主要部分相对应。在开篇部分,Ross 和 Morrison 讨论了实验法是如何作为优先使用的研究方法,以确定特定教学策略在教授某一特定内容,影响一门课程的设计,或者改进信息设计等方面的有效性。在第二部分中,Hannafin 和 Young 调查了教育技术的研究是如何受到一种新的观念的影响,即把技术看作是一种处方或者干预。当技术仅仅被看作是一种学习的媒体(如计算机辅助教学)时,使用高度控制的实验设计进行研究便最为常见;而更广泛地看待技术时,即提供一种技术增强的学习环境(TELE)时,则基于设计的研究更受欢迎。在第三部分,van den Akker 和 Kuiper 对关注教学设计模型的一些设计与开发研究进行了调查。在调查中,他们特别关注的是,对模型开发和验证中所显现出来的趋势进行了分析,并探究了如何重新定位模型研究,以便促进理论和实践的相互结合。在最后一部分,Richey 和 Klein 关注的是与教学设计与开发研究相关的方法和问题。这一领域的研究,虽然多样化程度非常高,但是,人们通常主要依靠质性研究方法,包括案例研究、访谈、文档调查和观察等。

关键字

成分调查:借助研究步骤(过程模型)和影响因素(概念模型),确定或者证明哪些是对教学设计过程而言非常重要的。

设计与开发研究：此类研究旨在创造新的知识，这些知识以源自实践的系统数据和典型案例的系统分析为基础。

实验：一种研究设计，将一种处理方法与另外一种进行比较，通常使用两个或者两个以上的小组。

外部效度：一项实验的结果能够推广到其他环境的程度。

过程中学习者行为：对参与某项教学任务的学习者的学习活动及其结果所进行的测量。

教学策略：为达到某一教学目标而预先设定的教学顺序和方法。

内部效度：一项研究的结果与其采用处理手段的相关程度，而不受外在的或令人混淆的其他变量影响。

日志文件：储存在一个永久文件中的一系列行为信息，提供以时间或者位置为标签的记录，这些记录是学习者在学习环境中通过计算机界面做出的。

混合方法调查研究：结合了定性和定量的数据收集方法的研究。

模型研究：针对已有的或者新建立的开发模型、过程或技术的有效性所开展的研究。

模型验证：借助实验、准实验、访谈和专家评审等方法，对某一种设计和开发技术进行确定和评价。

开放式学习环境：以建构主义原则为基础（不同程度上）的教学项目，要求学习者在参与真实的学习任务过程中依靠自己探索概念和原则。

定性研究：对研究中所观察或记录的事件着重进行文字描述或者描述性解释的研究。

准实验：是实验的一种，在准实验设计中对研究对象不作随机处理。

718 技术增强的学习环境：基于技术的学习和教学系统，在此系统中，学习者在教师或促学者的帮助下、借助学习支持工具和技术资源，掌握技能或者知识。

工具研究：对产品和工具进行基于研究的设计和开发，从而促进学习。

引言

Steven M. Ross

教育技术与传播领域的研究历史久远，跨越了半个多世纪。在20世纪的大部分时间，这些研究受行为主义范式和自然科学的影响最为强烈，研究者们主要依靠实验研究方法获得原则和规律，并根据经验确定设计和传递教学的更为有效的方法。随着这一领域的逐渐成熟，以及教学设计与技术概念的逐渐扩展，对研究方法多样性的需求也越发突出，这就要求研究方法不仅要关注技术干预产生的最佳效果，而且也要关注这些干预所影响的学习和发展的过程。在干预的作用过程中，还涉及与学习环境的交互、个体差异和采用的教学设计方法等因素。

基于上述理由，本章对当代教学设计和教育技术研究者们所采用的设计类型和研究方法进行了梳理，这些设计类型和研究方法用来对(1)教学策略，(2)教育技术，(3)教学设计模型以及(4)教学设计和开发进行调查。在开篇部分,Ross 和 Morrison 讨论了实验法是如何作为优先使用的研究方法,用来确定特定教学策略在教授某一特定内容,影响一门课程的设计,或者改进信息设计等方面的有效性。进一步地,他们对这种研究方法与现实研究需求之间的冲突进行了分析,也就是,目前国内的研究方法过于强调严谨性(因此更倾向于随机试验),而教育实施者和研究者们需要学会的(通过质的和量的方法)更多地是,在复杂的实际应用情境中,如何使得干预发挥作用。

在第二部分,Hannafin 和 Young 调查了教育技术的研究是如何受到一种新的观念的影响,即把技术(指类似 IT 这样的技术)看作是一种处方或者干预。当技术仅仅被看作是一种学习的媒体(如计算机辅助教学)时,使用高度控制的实验设计进行研究最为常见;而更广泛地看待技术时,即提供一种技术增强的学习环境(TELE)时,则基于设计的研究更受欢迎。对于研究者来说,除了确定对教学有效的相关变量或变量集之外,更为重要的以及更具挑战的是,要找到并定义具有可操作性的相关方法,以确定技术对学习者说所具有的潜在的复杂影响。

在第三部分,van den Akker 和 Kuiper 对关注教学设计模型的一些设计与开发研究进行了调查。在调查中,他们特别关注的方面是,对模型开发和验证研究中所显现出来的趋势进行了分析,并探究了如何重新定位模型研究,以便促进理论和实践的相互结合。鉴于设计模型的复杂性及概念化的特点,这一领域的研究虽然所采用的方法可谓高度多样化,但人们主要采用的还是质性研究方法(案例研究,文献,分析和调查),特别是在调查模型的使用,以及对模型进行验证的实验型方法中。

在第四部分也就是最后一部分,Richey 和 Klein 侧重于讨论进行教学设计与开发研究相关的方法和问题。这些研究包括对他人的设计和开发工作进行的研究,或者对自身的开发和设计活动进行研究。相应地,教学设计与开发研究方面的研究虽然采用多样的研究方法(包括实验型方法),但最为频繁使用的方法,还是采用在实际工作环境中进行的质性技术,包括案例研究、访谈、文献调查以及观察。在这部分,作者也对如何提高研究效度问题(如避免研究者自身的偏见,过于依赖回忆的数据等)进行了讨论。

这些章节为本书的主题提供了支撑,也就是,在教学设计和教育技术领域,所采用的研究方法仍在不断完善,从而对当代技术应用和技术支持的学习环境的影响进行更加全面的、更加有意义的审视。因此,研究者如能全面地了解如何、在哪些时候应用诸如案例研究、文献调查及随机实验等不同的方法来开展研究,那将会非常有帮助。

教学策略研究 719

Steven M. Ross, Gary R. Morrison

在这一部分中,我们将对教育技术领域中针对教学策略研究的方法进行讨论。正如下文将要谈到的那样,这些策略致力于提供改进教学传递、设计以及学习绩效的方法。虽然所有的研究方法,包括从形成性评价和基于设计的研究(见本章节中 Richey 和 Klein; Wang 和 Hannafin, 2005),定性研究和案例研究,到纯粹的(随机)实验,都已经被用来对策略的应用效果进行调查，但是，从研究文献来看，占主导的研究方法还是实验设计法，以提高研究的客观性和严谨性。在此过程中，这些研究的内部有效性（即是否能够从策略的有效性推断因果关系）和外部效度（即是否能够将结果推广到真实世界的教育情境中）之间，频繁地且常常是自然地相互妥协。在本书后面的部分中我们将再次谈到这个问题。

关于教育技术中教学策略的研究广泛地依赖于实验方法，这应该不足为奇。实验设计法在心理学和教育学研究中已经有了相当长的一段历史。20 世纪初，当心理学刚刚萌芽时，实验设计效仿已成熟的自然科学研究范式而形成了自己的研究方法。几个世纪以来，自然科学遵循的研究方法就是从实验中总结原则和规律。在 20 世纪的上半叶，行为主义方法在教育学和心理学中占据了主导地位，其对实验方法的依赖又进一步巩固了实验方法的地位。因此，过去 60 年来，实验方法在教育技术领域中的应用，深受其来源学科领域中的理论发展以及研究实践的影响。

在后面的内容中，我们将对教育技术领域中与实验研究方法的应用相关的实践、问题以及趋势进行审视，我们的重点是教学策略研究中的实验方法应用。考虑到本章所占的篇幅，我们对实验研究的相关问题以及采用的具体方法将会进行概述。有兴趣的读者可以在 Ross 及其同事的论述（Ross 等，2005）中，以及任何一本主流的教育研究教材中（如 Creswell，2002）找到详细的论述。在随后的部分中，我们将通过解释，并配以教学策略研究中的具体案例，来对教学策略研究进行论述，这些策略包括微观策略，宏观策略以及信息设计研究方法。接下来，我们将为读者呈现对已出版的实验研究所做的分析。在最后部分中，我们对影响教学策略实验严谨性的一些因素（比如关注外部效度还是关注内部有效性）进行考察，之后，对本文所呈现的主要观点进行总结。

教育技术领域中的教学策略研究

教学策略研究中实验方法的崛起、回落和重新出现

在《教育技术研究和开发》（ETR&D）这份杂志所发表的教学策略方面的研究报告中，比例最高的是采用了实验研究方法。但是，有一个趋势值得注意，那就是，在过去的二十年里，在 ETR&D 以及其他一些顶级的教育心理学杂志（Hsieh 等，2005；Levin，2004）上所发表的论文中，对教育干预采用实验研究的数量一直在下降。当然，这也是首先有了“崛起”之后才产生的回落。

是什么最初促使实验设计方法在教学策略研究中被人们所采纳？二十年多以前，Hannafin（1986）提出了四个理由：首先，这显然是受到了该领域中行为主义根源所带来的影响。第二个理由是，一直以来，实验方法都被定义为该领域可被接受的研究方法。实证主义的观点更加增强了这样的信念，也就是，强调研究中的科学严谨、控制、数据核查和假设检验等特性，并认为这些特性才构成了进行研究的“正确”方法。质性研究者对这样的一种思维方法提出了挑战，但是，直到目前为止，对这种替代模式的接受程度还是非常有限的，其结果也不尽如人意（Guba，1981；Savenye 和 Robinson，2004）。第三，大学里的晋升和任期标准强烈地倾向于实验研究。第四，专业杂志上发表的研究论文，采用实验研究的远远多于其他研究方法的。

因此，就出现了这样一种情况，即接触到的实验研究越多，刚起步的研究者也就越倾向于在他们的研究中采用实验的方法。

借用音乐界鲍勃·迪伦(Bob Dylan)*的传奇故事(同时向我们过去的英语老师说抱歉)，“时代一直在变化”，而且还将继续变化。在 Hsieh 及其同事(Hsieh 等，2005)最近的研究中，对四份教育心理学杂志分别在 1983 年，以及从 1995 年到 2004 年发表的文章进行了回顾。研究结果发现，采用随机干预方法所进行的研究，在这些杂志所发表的文章中，从 1983 年的 47%，到 1995 年下降到了 34%，而到 2004 则进一步下降到 26%(Hsieh 等，2005，524 页)。发 720
生这种趋势的原因是什么呢？具有讽刺意味的是，一个可能的原因是，这种研究更为普遍地被奉为是科学可信的研究“黄金定律”。面对更为明确的、更为复杂的严格标准(Shavelson 等，2002)，加上在实际教学环境中进行随机干预所固有的挑战，研究者也许认识到随机实验超过了其拥有的资源和时间。第二个原因，如上文所述，可能是近几年来，人们对质性研究方法的兴趣逐渐提高，也逐渐接受了这种研究。

然而，潮流似乎又将再次改变，新一轮的随机的、严谨的准实验研究潮来得有些迟了，以致在 Hsieh (Hsieh 等，2005)或 Levin (Levin，2004)的综述中都没能提到。这波潮流背后的推动力是“不让一个孩子掉队”(No Child Left Behind，2001)法案，这个法案要求采用严谨的科学研究方法，以确定“是什么在教育中发挥着作用”。最近，一些国家机构，如国家研究委员会(National Research Council，NRC)(Eisenhart 和 Towne，2003；Feuer 等，2002；Shavelson 等，2002)，以及一个叫作“有效教育策略资料中心”(What Works Clearing-house，http://w-w-c.org/standards.html)的机构，提出了对研究质量进行评判的指南。在严谨的研究层级中，随机实验研究层级最高，随后是不连续回归设计和准实验设计。值得注意的是，2005 年教育科学研究院组织的地区教育实验室(Regional Educational Laboratories，RELs)比赛，其关注点也发生了转移，不再强调如何利用研究数据来为实践者提供技术支持，而是强调利用随机实验方法，为教育干预设计研究方法并产生研究数据。如今，在 2007 年，许多国家资助的竞赛，更是明确鼓励甚至规定项目的评估部分要采用随机实验或准实验设计。因此，我们可以预测，在未来的几年间，此类研究在专业性杂志上的发表将会增多。

实验设计的类型

实验的目的，是要确定由实验手段(干预)所导致的相应结果的程度(相对于外部因素)。对于“纯正的”或者随机实验来说，由于对可能的取样偏差有一定的控制度，通常被认为是最能提供这种根据的。相对于不太严谨的设计来说，随机实验的一个优势是排除，也就是，通过随机的分配，能够消除任何可能的系统错误(这往往是不随机所固有的)。从而，所产生的学习结果的差异，就可以单纯地归因于所采用干预方法的不同。

在教育研究中，对参与者进行随机分配不仅不实际也通常不可行。在校本研究中，校长和老师都不愿意改变学生的课堂任务，或改变学科内容，让学生凭运气参与不同的项目。在这样

* 鲍勃·迪伦：美国民谣宗师。出生于明尼苏达州的图卢斯。60 年代，Bob 受民间音乐大师 Woody GuthRie 的影响来到纽约，开始了他的歌唱生涯。——译者注

的情况下，严格的准实验设计(相匹配的干预-控制组)通常更为实际，可应用于广泛而多样的应用场景(Borman 等，2003)。在教育技术领域中，一种常见的应用方法是，对相似的班级或学生小组使用不同的教学策略，并在同一年内在指定的相应方面(如学习，态度，课堂行为)对其进行比较。

准实验研究的一个重要部分是，需要通过前测或先前成绩的分析以建立水平相当的小组。在纯正的实验研究中，随机性使得不同小组的能力不可能存在显著的差异，但是在准实验研究中，就很容易出现这种系统性偏差。比如，虽然在研究的第一和第三阶段，代数课是同一个授课老师，上完全相同的课程，但是有可能英语提高课程只在第三阶段授课，这就把这些优秀学生限制在只能学习第一阶段的代数课程。

为了确定教学策略的有效性，教育技术的研究者广泛地采用随机的实验以及准实验研究方法，以提高研究的内部有效性——排除外部变量对干预效果的影响。因为教学策略研究体现了我们领域的重点，接下来，我们对“教学策略”建立了更为明确的定义，然后对一些示范性研究进行了分析，以明确这些研究是如何对理论和假设进行验证的。

教学策略和启发法

教学策略可以被定义为“为完成某一教学目标而预先设定的一系列步骤和方法”(Morrison 等，2007, 150 页)。某一特定的教学处方不仅取决于针对某一学习目标的学习内
721 容和学习绩效，也取决于基本的学习理论。例如，行为学习理论推崇使用刺激和反应的策略，来建立刺激和反应之间的强联系。认知理论的重点则转向通过在新的学习材料与学习者先前的知识之间建立联系从而促进有意义的学习。

考虑到内容的类型，期望的绩效，理论范式等因素，以及学习情境本身所具有的局限(比如学生特点、资源、分配的时间)，对教学策略进行选择通常非常复杂。然而，正如 Morrison 和他的同事(2007)描述的那样，可以采用以实践和科学为依据的启发法，为某一类型的教学内容选择何种教学策略做出指导，比如事实、概念、原则和规则、过程性知识、人际关系技巧以及态度等。例如，启发法的研究表明，对于事实性知识的教学，可以采用演练法、助记法和具体表述法。

在 Morrison 和 Anglin (2005)最近的一篇论文中，对启发法在有限领域中的应用做了详述。两位作者在对 ETR&D 特辑所刊登的一系列认知负荷理论的实验研究论文进行了回顾之后，在研究发现的基础上提出了 E-learning 的启发式原则。为了更清楚地予以阐述，此处列出他们的两个例子：

- 为了对技术水平较低的学习者进行教学，所采取的策略应该是，首先让他们了解相关的技术技能，然后学习相关领域的概念，这样能提高学习效果(Morrison 和 Anglin, 2005, 95 页；基于 Clark 等，2005)。
- 对于有经验的学生，探索性的实践比重复性的练习更有用(Morrison 和 Anglin, 2005, 96 页；基于 Paas 等，2005)。

以上的例子表明，教学策略的研究成果可以直接地对教学设计过程产生影响。尤其是研

究成果可以被阐述为启发式原则，针对特定的教育情境、特定的教学目标，为教学策略的确定、形成以及应用提供指南。这一章节的中间部分，为这些策略的效果提供科学依据的实验研究历史及现状。

研究和教学方法

在这一部分，我们首先对微观教学策略（也就是关注特定内容的教学的策略）的研究方法进行了描述。其次，我们对宏观教学策略，例如合作学习，基于问题的学习以及反馈（将对课程设计产生影响）进行了回顾。最后，我们对信息设计策略的研究方法进行了讨论。

微观教学策略研究方法

关注微观教学策略，以帮助学生学习某一特定的内容，如事实、概念和原则，这些方面对研究者而言是一个丰富的可探索的领域，对于实践者来说，也是形成启发式原则的重要知识基础。最常见的研究方法是采用纯正的实验设计，对两个或两个以上的策略进行控制。下文的例子是微观策略研究的典型实例。前两个研究关注事实性知识的学习，第三个研究关注的是概念的学习。

实例一（Rummel, Levin 和 Woodward, 2003）

Rummel 及其同事（2003）对分别利用视觉助忆法和自由学习法来记忆一系列理论家的姓名的不同效果进行了比较。实验参与者被随机分配到视觉助忆组或自由学习组中。在视觉助忆组，一些有助于记忆的一个或多个物体的图片会呈现给实验参与者以帮助他们记忆。因变量包括实验后的即时和延迟的反馈，以及对此方法产生效果所持的态度评估。研究设计形成了一个 2（学习策略）×2（子主题）的方差分析（ANOVA）★。结果显示，助忆组中的实验参与者比自由学习组中的参与者记下了更多的目标信息（即测试中所要求记忆的信息）。对于设计者来说，这项研究成果显示，视觉助忆法对于帮助学习者记忆重要信息是非常有帮助的。

实例二（Woloshyn 和 Pressley, 1994）

在 Woloshyn 等人（1994）所作的研究中，首先向参与者展示了 32 个事实性论述，这些事实与其中 16 个参与者的原有观点一致，而与另外 16 个不一致。实验控制组被要求阅读这些事实性陈述并理解它们；而实验组则被要求对这些事实进行阐述，说明它们为什么是真实的。这些陈述的表现方式有三种形式：传统型（“不是所有的消防车都是红色的”），辩驳式（“有些人认为所有的消防车都是红色的，但它们不是”）、反向辩证——即不正确的观点在正确观点之后呈现（“不是所有的消防车都是红色的，虽然有些人认为它们都是的”）。参与者完成了一项即时的测试和一项延迟 14 天的测试。这些数据通过 2（策略）×2（事实）×3（陈述形式）进行方
差分析（ANOVA）。结果显示，不管所回忆的事实是否与参与者的原有信念相一致，阐述法 722
都大大提高了事实性信息的记忆；因此，可选择阐述策略来提高对事实信息的重现。

★ ANOVA 是方差分析，方差分析是用于两个及两个以上样本均数差别的显著性检验。由于各种因素的影响，研究所得的数据呈现波动状，造成波动的原因可分成两类，一是不可控的随机因素，另一类是研究中施加的对结果形成影响的可控因素。——译者注

实例三(Park 和 Tennyson, 1986)

这个实验是为了调查不同策略对于概念学习的有效性(Park 和 Tennyson, 1986)。所实施的四种干预包括:两种不同的呈现形式(弹性的和固定的选择)和两个不同的顺序(概括性的和区分性的)。对结果的分析,是采用 2×2 的多元方差分析(MANOVA),之后再进行独立的单变量测试(ANOVAs)。这样的设计使研究者能够确定呈现形式和顺序之间的重要关系,这种关系对于设计者在设计特定目标的策略时是非常有启发作用的;也就是说,针对概念性知识和程序性知识的发展,可分别设计不同的针对性方法。

宏观教学策略研究方法

相对于微观教学策略来说,宏观教学策略关注的范围更广,对课程产生的影响面也更宽泛。为了对宏观教学策略进行阐述,我们将对以下这些宏观策略领域中的实验研究方法进行描述,包括个性化设计、反馈、教学助理、基于问题的学习、合作学习以及远程教育等。

实例一(Ku 和 Sullivan, 2000)

Ku, Sullivan (2000)曾做过一项对个性化设计的研究。在研究中,根据每个参与者的个人信息来提供更具个性化的问题表述(Anand 和 Ross, 1987)。参与者按照能力(高或低)进行分组,然后分别使用个性化以及非个性化的干预方法。测试数据包括实验前的非个性化前测,实验后的个性化与非个性化的后测,以及一项参与者看法调查。对数据的分析采用了两种不同的分析方法。第一种是 2(方法)×2(能力)×2(测试:前测对后测)方差分析(ANOVA)。这种分析将干预方法和能力视为个体间的变量,而将测试视为个体内的变量。第二种分析方法是 2(方法)×2(能力)×2(问题类型:个性化 vs 非个性化)的方差分析(ANOVA),用此分析方法来对实验后测中两个不同类型问题的表现进行比较。与上述 Park 和 Tennyson (Park 和 Tennyson, 1986)的研究类似,在这一实验设计中,研究者能够在数据中确定出重要的关系,以及主要的效果。这项研究没有发现个性化表述问题是否存在优势,但却发现了个性化表述问题更受参与者的欢迎。虽然这些结果与其他关于个性化策略的研究结果并不一致,但是却表明,个性化问题表述有助于提高学习者解决数学问题的动机。

实例二(Kim, Baylor 和 Group, 2006)

宏观策略的另一个研究实例是代理的使用(Kim 等,2006)。在研究中,参与者按能力水平分组,分别进行主动(由代理发起)互动或者响应(由参与者发起)互动,从而形成了四种干预方法。收集的数据包括参与者对自我效能的评级、对代理的态度以及一项成就测试。对数据的分析采用多元协方差分析的 2(能力)×2(互动)个体间因素设计(MANCOVA)。研究发现,当学习目标集中于学习知识和能力的获得时,设计者应选择能力水平高的代理作为学习伴侣(伙伴)。然而,如果学习者自我能力较低,可能会感受到来自这种类型的学习伙伴的压力。因此,设计者需要考虑为他们提供能力稍低些的,更加相当的学习伙伴。

实例三(Clariana 和 Lee, 2001)

教学反馈在宏观策略的研究中是一个典型的研究热点。Clariana 和 Lee (2001)对五种不同的反馈干预方法的效果进行了比较研究。其中四种包括:(1)单一的尝试,(2)多种尝试和反馈,(3)单一尝试,并有明显的正确反应,(4)多次尝试,并伴有明显的反应。第五种干预方法是有反馈的结构性问题。研究所收集的数据包括,即时的后测数据,实时的数据,以及对学习者的访谈(包括两个问题)。数据的分析采用混合方差的分析方法,分析反复实验后 5(方法)×7(实验后问题水平)的实验后设计。同时也使用了 5(方法)×2(课程时间和测验时间)混合方差分析法。研究发现,对于认知型学习来说,在回答错误后即时提供正确答案,是最有效果也是最有效率的策略。

实例四(Cavalier, Klein 和 Cavalier, 1995)

课堂导向的策略研究,如合作学习和基于问题的学习,普遍地采用纯正的实验和准实验设计。Cavalier 等人(1995)针对技术培训课程中的合作学习所进行的研究,则采用了准实验 723
设计。参与者按照原来所在的小组,分别开展合作学习或常规教学(控制)的方法,两种方法都由同一个教师教学。采用的评估包括实验后测、态度调查和组间交互行为观察。数据分析采用 ANOVA 方差来对两个小组实验后测分数进行比较,并采用 MANOVA 对小组交互行为中的社会和认知交互差异进行分析。结果显示,合作小组不仅取得了更高的学业成就,在社会和认知交互方面也达到了更高的水平。

信息设计研究方法

信息设计的研究主要关注感知方面的问题,比如图片、颜色和易读性(Fleming 和 Levie, 1978)。近期,认知负荷理论的工作也被归纳到信息设计的范围之内(Anglin 和 Morrison, 2001)。

实例一(Lamberski 和 Dwyer, 1983)

Lamberski 和 Dwyer (1983)的研究,对彩色和黑白色对学习产生的不同效果进行调查。参与者阅读了有关人类心脏的 21 页教学单元内容,每页内容上都有黑白或者彩色的插图。在完成教学后以及六周之后,分别进行包含 80 道题目的标准化测试,测试内容包括术语、是否能够画出心脏、能否识别部分器官的名称以及对心脏功能的综合理解。测试题也有两个版本,其中之一画出了同种颜色的图示以作为干扰。参与者被随机地分配到四个小组中:(1)彩色标记的教学,彩色标记的测试;(2)彩色标记的教学,黑白图片的测试;(3)黑白图片教学,彩色标记的测试;(4)黑白图片教学,黑白图片的测试。收集到的数据通过方差分析法进行反复分析。结果显示,对于这项教学任务来说,彩色标记的教学比黑白的图片教学更加有效,但是彩色标记的测试则没有产生任何好处。

实例二(Chande 和 Sweller, 1992)

Sweller 和他的同事最近的一项研究对分散注意力的效果进行了调查。在传统教科书中,读者不得不将其注意力分散到叙述性解释文字、表格或图片之间。在 Sweller 等的研究中(Chandler 和 Sweller, 1992),对教科书的呈现方式进行了修正,使教科书中的解释性文字和图表信息进行整合式呈现。研究采用 T 测试法对分散组和整合组的实验后测进行分析。根据研究结论,Sweller 等人认为用来减少注意力分散的整合设计,对提高学习绩效和学习效率有效果。

以上的讨论中,对于开展微观、宏观和信息设计策略的有效性研究所采用的研究方法进行了综述。所列举的例子都是采用纯正的实验或严格的准实验研究方法,因此很大程度上反映了在教育技术的研究历史上,研究者倾向于通过实验来开展教学策略研究。但是,这些年来，教育技术研究者的这些实验研究倾向减弱了吗？在接下来的部分中，我们将通过对ETR&D这份教育技术研究顶级杂志中所出版文章的分析，来审视这种趋势。

实验研究在教育技术干预研究中的风靡：ETR&D 趋势分析

正如在本书前面的部分中提到的那样，Hsieh 等人（Hsieh 等，2005）最近质疑教育的干预研究是否正在萎缩。他们把干预研究定义为影响认知、情感和行为结果的策略。对四本教育心理学杂志的分析显示，所发表的干预研究方面的文献比例正在下降。在 1983 年，干预研究方面的论文占到 55%，但是在 1995 年和 2004 年，其百分比分别下降到了 47%和 35%。在本章的这一部分，我们对 ETR&D 在同一年度的研究部分发表的论文进行了一个类似的分析。

方法

分析中包括了在 1983* 年《教育传播和技术杂志》（ECTJ；ETR&D 的前身）所发表的论文，以及 ETR&D 研究部分（1994—2005）所发表的论文。分析中将"研究"排除在外，不管此项研究是实验还是其他，都将其作为杂志"发展"部分的特辑。分析中所囊括的论文被分类为"纯正的实验"或者"其他"，后者进一步分为调查、案例研究、定性分析、理论、文献调查或者其他。对于纯正的实验部分，又将参与者分为 K－12 年级的学生，大学生或者成人（即非大学层次的课程参与者）。如果有不同形式的成就表现，则记录下评估的类型（成就、表现和态度）。比如，如果后测对学习内容的记忆和应用都进行了测试，那么这就被认为是多项评估。测试的时间分为即时、延迟或者即时及延迟。干预的时间分为少于 3 小时、一天以内、一周以内和一周以上。最后，研究中涉及的技术分为计算机、印刷材料、电视、音频或其他。

结果及其含义

724 与 Hsieh 等人的研究一致，从数据（见图 54.1）中可以看出，在 1995 年到 2004 年期间，干预研究呈下降趋势。在 1983 年，所发表的文章有 75%是关于干预研究的。而在 1995 年至 2004 年期间，干预研究的文章只占到总数的 44%。图 54.2 显示了使用纯正实验设计（如给参与者随机分配任务）的干预研究数量。与干预研究的一般性趋势相一致，在 ETR&D 所发表的论文中，采用纯正实验的干预研究也呈现下降趋势。

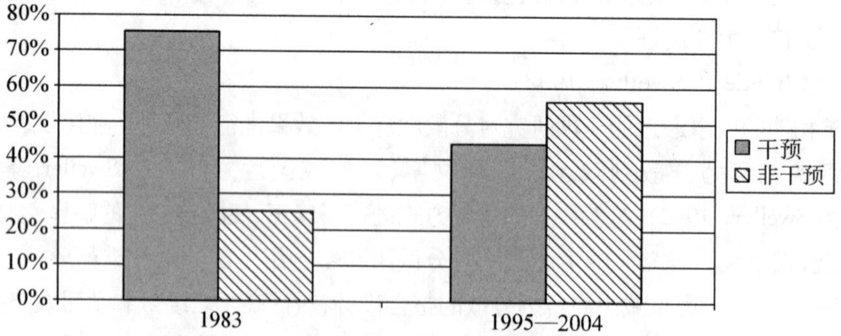

图 54.1 发表在 ETR&D 上的干预研究比例

---

* 在 Hsieh 等人（2005）的研究中，1983 年被作为一个基准点。

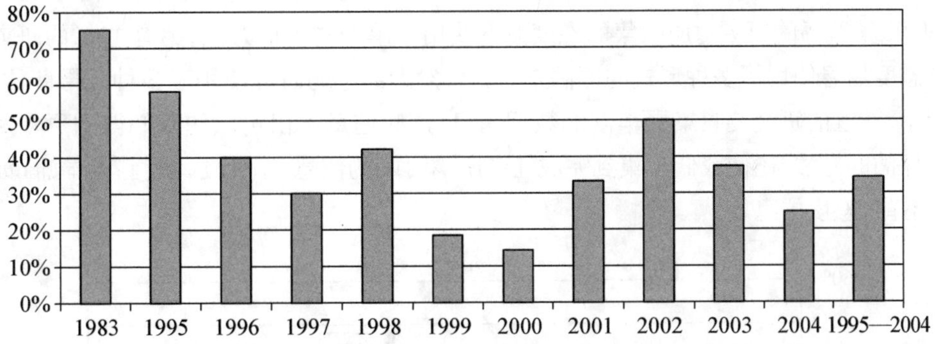

图 54.2 发表在 ETR&D 上的试验研究比例

对非干预研究的分析(图 54.3),显示了在这些杂志的研究部分所发表文章的类型。在 1983 年,非干预研究的文章只占了总数的 25%。这些非干预研究的文章均匀地分散在杂志的理论研究、文献调查和质性研究板块中。其中,发表最多的是理论研究的论文,而质性研究类论文在 1994 年到 2004 年期间也位居非干预研究的第二。我们的研究发现,也印证了 Hsieh 和他的同事们(Heieh 等,2005)对教育心理学领域的研究结果,也就是,教育技术领域的干预研究也呈现了下降的趋势。

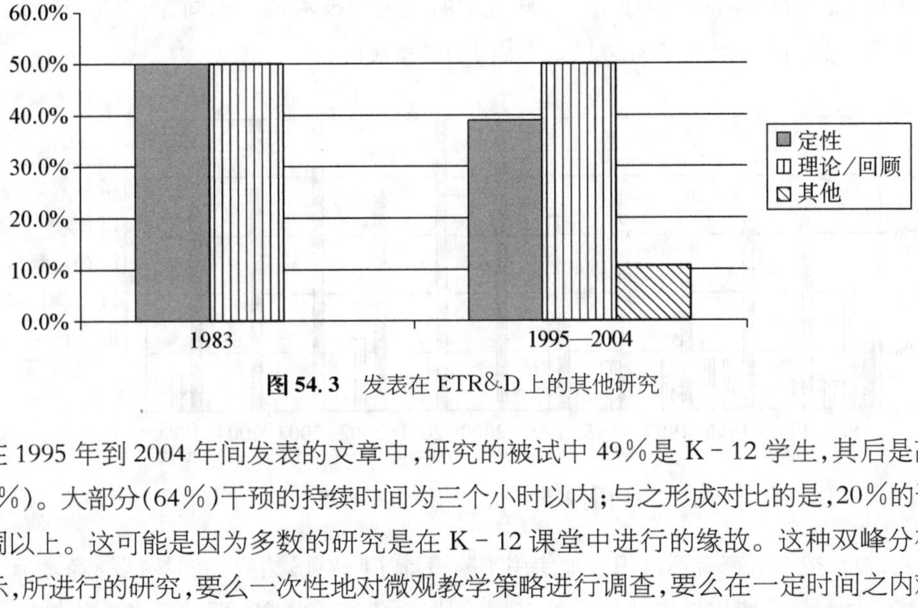

图 54.3 发表在 ETR&D 上的其他研究

在 1995 年到 2004 年间发表的文章中,研究的被试中 49%是 K-12 学生,其后是高校学生(43%)。大部分(64%)干预的持续时间为三个小时以内;与之形成对比的是,20%的干预持续一周以上。这可能是因为多数的研究是在 K-12 课堂中进行的缘故。这种双峰分布的情况显示,所进行的研究,要么一次性地对微观教学策略进行调查,要么在一定时间之内对宏观教学策略(如合作学习)进行调查。由于大量的教学设计人员在商业、军事、政府和医疗领域供职,上述的数据也显示了这样一种合作的可能性,即教学设计实践者和研究者通过合作,在工作场所环境下,利用真实的材料,针对那些有着学习需要和动机的被试,进行教学策略的研究。这些研究能够以不一样的视角,为微观和宏观教学策略的研究提供补充。

在 1995 年到 2004 年间的研究中,86%只使用了即时的成就测量或绩效评估。14%采用 725

了即时加延迟的评估方法。如图 54.4 所示，几乎 50%的研究采用了多种成果/绩效测试方法；然而仅有 27%的研究对所收集的态度信息使用了单一的评估方法，另有 12%的研究对所收集的态度信息使用了多种形式的评估方法。虽然大部分的研究使用了多种成果评估方法，数据显示，新近的研究要收集更丰富的数据信息，这些信息不仅可以使我们得到更多对高水平学习评估的方法，还使我们收集到完成任务所需时间的信息、个体使用材料的信息(如学习途径/选择)、态度信息等。

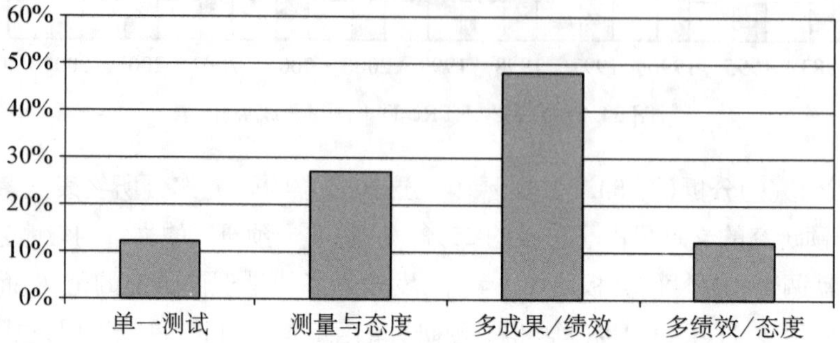

图 54.4 数据类型

我们最后的分析是关于在这些干预研究中所使用的技术类型。图 54.5 显示了所使用的主要相关技术。1983 年的资料显示干预研究中所使用的技术各不相同，而 1995 年到 2004 年所发表的文章表明干预研究中计算机技术居于主要地位。

726

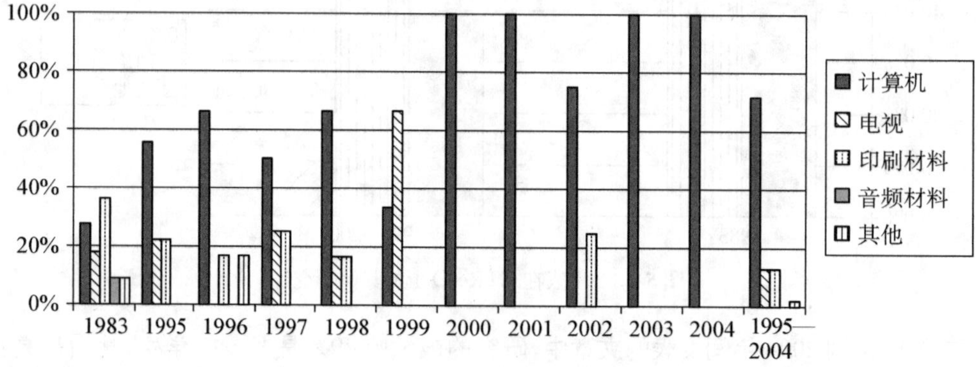

图 54.5 研究中所使用的技术

那么，教育技术研究者不再积极地使用实验设计了吗？虽然我们的数据的确显示了质性研究的增长，但是，这些增长主要是反映在理论研究和文献综述方面。后者的趋势也许符合 Hsieh 和他的同事们(Hsieh 等，2005)的担心，即对有意义的教学策略进行实验，创造具有刺激作用的材料，这些工作都很复杂，并且需要很高的成本。1983 年，创建电视、印刷材料、音频和投影材料相对比较容易，比如制作 35 毫米的幻灯片作为刺激材料。类似的，在微型计算机上创建简单的计算机程序作为实验的教学材料也是相对简单的。然而，1995 年到 2004 年期间，研究的重点是将计算机技术用于干预方法的传播。创建多媒体材料的复杂性和成本，可能大大地限制了个体研究者对这种方法的使用，对于个体研究者而言，要么缺乏专门的技能，要么缺乏相关的资源。然而，技术的复杂程度以及其成本，始终是教育技术领域的一个大问题。比如，Hoban (1953)的研究，使用的是美国军队培训用的 16 毫米电影胶卷；而 Levonian (1963) 的研究，则专门为研究拍摄了所需的电影。比较这两个研究，其花费的成本和复杂程度就一目了然了。虽然使用技术进行实验需要成本，但也有其他的好处，比如能够自动收集数据和评分等。如果技术的成本和复杂程度是进行干预研究的主要障碍，那么研究者可能会考虑使用印刷材料作为主要的技术，并且将研究重点放在对教学策略的关注上，就像 Clark (1983, 1994) 所建议的那样。然而，当前这个时代，科学研究越来越重视实际干预(程序、模型、策略)在提高学习者学业成就方面的效果(Shavelon 等, 2002; Slavin, 2006)，以提高学习成绩。从外部效度的角度来看，使用人工的、简化的课程材料或者传递系统所进行的"基础性"研究，被接受程度会比几十年前低得多。

影响教学策略实验严谨度的因素

迄今为止，我们已经对各种实验设计、它们在教学策略研究中的应用，以及教育技术策略研究中的趋势进行了调查。在总结部分中，为了给研究者以及研究受益者一个清楚的概览，我们对影响教学策略实验严谨度的一些因素进行简略的回顾。

影响有效性的类型

严格的实验因为有着非常高的内部有效性而备受青睐，所谓严格的实验，是指实验中的设计对外部变量所带来影响的控制程度(Borget 等, 1993)。对外在变量的控制，常见的做法是，将被试分为能力控制组和实验组，实验组有更多的时间学习或接触到一个较好的老师，或其他类似的持续性事件(如参与课后学习项目)。1963 年，Campbell 和 Stanley 对这些不同程度的影响因素做了分析。教学设计和教学技术领域对实验研究感兴趣的研究者，也应该熟悉这些影响因素。

"有效性威胁"是指对可能使研究结果产生偏差的那一个因素。了解"有效性威胁"，有助于研究者对研究情境进行综合评价，并对其严重性做出判断。这些知识也有助于研究者采取相应的行动，以限制有效性威胁的影响。例如：

- 考虑到实验前测可能会使实验后测产生偏差，研究者决定不采用实验前测。
- 考虑到进行对比(准实验设计)的两个小组可能在能力方面很不相当，研究者决定对被试的能力进行前测，如果的确差距甚远，那么就采用统计方法(方差分析)进行调整。
- 考虑到被试可能在实验中中途退出，研究者决定缩短干预的时间，使用不同类型的参与者，或采用一些激励性措施以满足所有参与者的需求。
- 考虑到实验后测的难度可能与前测不同，决定对每一份测试卷，以一半学生作为前测， 727
另一半作为后测。

即使采取所有的行动来消除影响有效性的那些"威胁"，实验者还是必须对实验的总体内部有效性做出判断。一旦实验的内部有效性受到很大程度的威胁，则需要重新进行实验。在问题不是非常严重的情况下，实验者则需要记录下对有效性造成影响的那些因素，并对实验结果做出相应的解释。

平衡内部和外部效度

为了寻求较高的内部有效性，研究者需要在实验中设计严格的控制操作。在自然条件(比如真实的教室环境)中控制内部有效性的难度较高，因为很多外在的变量会在这些环境中发生作用。如20世纪60年代和70年代广泛开展的语言学习的研究，采用了试图提高简单词汇和无意义音节的联想学习的很多教学策略(Underwood, 1966)。因为比较简单，而且是人工的，所以变量的控制就比较容易。

这一研究倾向所产生的最直接的影响，是为学习或教育心理学研究目标的选择提供支撑。这些领域的研究者所感兴趣的，是对一些广泛的原则或干预进行测试，而不是这些原则和干预的实施方法或实施情境(如教师的准备和所持有的态度，教室结构和资源)(Ross, 2003)。然而，教育技术研究者所感兴趣的是媒体和方法的交互作用(Kozma, 1991, 1994; Ullmer, 1994)。为了对这种交互作用进行研究，需要进行实际的媒体应用。换句话说，外部效度与内部有效性一样成为了一个重要的关注点。

基础应用设计的重复实验

一旦一个原则在高度控制的实验中经过了彻底的测试，顺其自然，接下来就是评估其在实际应用中的效果。然而，将其用到实际生活中，要冒着将外部变量与引起测试结果的原因相混淆的危险(Ross, 2005)。

Levin的阶段模型

在讨论这些问题时，Levin (2004)提出了一个教育干预研究的模型(Levin和O'Donnel, 1999)。阶段1和2由形成想法和假设、进行观察和尝试组成。阶段2包括对所关注的策略进行可控的实验室研究(内部有效性很高)，同时也在教室环境下进行实验验证和设计实验。演示性实验包括在教室中或者教室外的一组特定的学生中应用教学策略。虽然这种做法可以实现，但由于无法控制外部变量带来的影响，而外部变量又是教室中固有的一部分，内部有效性可能会很低，并且测试时只有一个教室，其中的设置和其他教室环境基本相同，所以外部效度同样地也会很低。正如Levin (2004)描述的那样，设计实验与教学技术领域中流行的研究形式相似，如基于设计的研究，开发性研究，设计研究和形成性研究(Wang和Hannafin, 2005; 也可参见这章中Richey和Klein部分)。这些研究也在真实的学习环境中进行，但是不像传统实验那样应用固定的教学策略，而是根据形成性评价的信息和教学设计结果之间的联系来不断修正教学策略。阶段3由随机实地试验(RFTs)组成，在实际环境中对随机选择的被试实施干预措施。实验的结果将与控制组中随机选择的被试进行比较。

随机任务单元

在进行随机实地试验时，随机选择的单元有哪些呢？如第一作者(Ross, 2005)所描述的那样，最有力的方法是在班级里对学生水平作随机选择。在每一个参加实验的班级里选择一半的学生参加实验，另一半作为对照。两个组的教室环境和教师都一样，以消除主要的有效性因素所产生的影响。这种方法更加有利于对大样本进行试验，使之更具有统计力度，因为分析的单位是个体学生而不是整个班级或者学校。不幸的是，除非实验性的干预手段能够通过计算机或者自学手册来进行个人控制,不然他们可能互相干扰或者对教师提出不合情理的教学要求(Ross, 2005)。

如果按照学生水平来分组的方法不可行,研究者下一步可以考虑按照班级来进行随机分组;比如,参加实验的学校,四年级班级中一半的学生参加项目A,另一半的学生参加项目B的实验。这样做主要的好处是每一个班级(以及教师)只参加一个项目实验。然而坏处在于把整个班级而不是学生作为随机观察的单位,这样就减小了样本,削弱了统计的力度。研究者可能也会遇到来自校长和教师的阻力,他们会关心这样是否会使学校的课程项目受到影响。按照研究者们所称的"John Henry效应",控制组的教师可能会通过模仿实验组教师使用的策略或者仅仅是更加地努力,超过实验组的表现。 728

第三种方法是在学校层面上进行随机选择;比如,随机选择一个地区中符合条件的一半学校进行实验,另一半作为实验对照组。虽然这些实验设计与学校的教学活动保持一致,它的主要劣势在于因为学校成为了随机选择的单位,而大幅缩小了样本。除了项目带来的效应,学校还会有很多其他的事情发生。只有通过足够大的样本(每组20—30个学校)来比较实验组和控制组,我们才能够自信地认为项目效果(而不是学校的因素)是产生不同实验结果的主要原因。

复本实验

以上回顾的Levin的模型涵盖了从不进行实验,逐渐到实验验证,设计研究,最后到随机实地实验的进步。Ross和Morrison (Ross和Morrison, 1989)提出了一个补充模型,改进了高度可控的、可比较的教学策略的应用设计模型。在这个模型中,实验1,也就是基础研究部分,将通过建立相对高程度的控制和高度的有效性来测试所研究的教学策略。实验2,即应用部分,将通过建立更加实际的条件和高度的内部有效性来重新测试相同的学习变量。实验中一致的研究结果将为已获得的效果和基本的理论原则提供强有力的支持。然而,研究结果的不一致也显示出,干预所带来的效果,从应用在单纯的研究情境到应用在实际环境中时,有可能会发生改变。这种影响可能会表现出"媒体效果",比如,使用印刷材料的教学策略,如果通过计算机中介的通讯(Lou等,2006)和基于计算机的教学(CBI)来提供,会使教学变得更加强大而有效。在计算机辅助适应性教学的情况下,比如,学习者在回答课堂问题时,混淆了发现学习和探究性学习,那么这种情况可能会立即通过CBI得到解决,因为CBI框架中有两种方法进行区别的知识点,而使用印刷材料来学习同样课程的同学可能要参照在答题纸上选择的答案,并人工地确定自己在课程学习到的知识来得到反馈。复本设计的下一个步骤是进一步对一些效果的性质和起因进行实验,这些效果都是和应用环境相联系的。

作为基础应用复本研究的一个例子,Morrison和他的同事们(Morrison, 1995)调查了计算机辅助教学(CBI)中不同反馈策略的使用。他们在实验设计中融入了环境因素,在真实的或者是模拟的环境下让高校学生参加这项实验。有趣的是,实验结果显示不同反馈条件具有相同的效果。然而,对学习过程变量的调查更进一步揭示出,在实际环境下,学生更大程度、更适当地利用了与反馈有联系的教学支持,因而表现得更加出色。虽然在模拟环境下实验作为一种对理论假设的基本和更纯正的测试是有价值的,但是实地实验为这一问题提供了宝贵的见解,即不同形式的反馈在实际学习任务中是如何与其他学习资源组合的。

媒体是教学策略吗?

对教育技术领域教学策略的研究,过去主要关注针对不同类型的基于媒体的教学进行比较,或者与教师为主的教学进行比较,以确定哪一种是“最好”的方法。这一研究方向是错误的,至少是不合理的,现在这种研究被称为媒体比较研究,Clark (1983)在他的那篇被认为是经典的文章中对此作了强有力的阐述(参见 Hagler 和 Knowlton, 1987; Petkovich 和 Tennyson, 1984; Ross 和 Morrison, 1989; Salomond 和 Clark, 1977)。Clark 认为媒体就像类似杂货店卡车,但自己本身却不提供营养(比如,教学)。

这一观点强烈反对只是进行媒体比较的实验。这种传统的媒体比较研究在今天仍然流
729 行着,并且在“不让一个孩子掉队”法案的推动下,为了基于严格的干预研究以确定教育中发挥作用的因素,使得这种趋势重新复苏了(Berliner, 2002; Slavin, 2002)。例如,一项刚刚完成第三年也是最后一年的研究中,使用了大规模的实地随机测试,以确定技术在提高学生数学和阅读能力方面的应用效果(heep://edtech. mathematica-mpr. com/)。基本的设计包括对学校教师在教授课程时使用商业的教学软件进行随机分配,并与对照组(不使用软件)进行比较。两组教师教的学生随后通过标准测试进行比较。写本书时,这项结果还没有发表,但是可以推测,如果对照组的教师用相同的时间提供质量相当的补充教学(使用工作手册或者合作学习),那么两个小组可能有相同的表现。技术的效果真的得到测试了吗,这是软件开发者融入软件的教学策略所发挥的作用吗?对某种类型的学习者和环境有效的教学策略,技术是如何促进其使用的?

第二种不合理的媒体比较实验是人工创建具有比较性的媒体形式,如此两个比较的对象都具有一样的属性,只是使用不同的传递模式。因此,如果研究者想要探究计算机作为一种媒体在代数课程远程教育中的效果(Lou 等,2006),那么再开发与在同一所学校使用的传统代数课程一样的课程(只是 90 分钟的讲座)是毫无意义的。实际上,第一位作者目前是随机实地实验小组中的一员,该小组对兼有远程教育和面对面授课的代数课程进行了随机试验。为了教育和科学的目的,该小组首要的兴趣点是在远程教育和教师授课两者优势的结合下,使这门混合授课的课程取得最大的效果。在混合授课和传统授课中使用的教学策略将适当的有所区别,但是要体现现实的、生态上有效的干预。

值得推荐的与媒体比较不同的另一种方法是,直接基于对两种媒体不同属性的分析,对两种媒体不同呈现方式的先验假设进行测试(Kozma, 1991,1994)。例如,可能有这样的假设:就心脏外科手术过程的教学单元而言,传统的讲座授课方式可能比互动的教学视频更加有利于学生对于实际信息的记忆,而互动教学视频对于概念的意义性理解更有效果。这些假设是以对媒体的特殊功能和其所呈现的教学材料类型的分析为基础的。实验结果将用来支持或者反驳这些假设。

第二个要推荐的研究,我们称为媒体复本(Ross 和 Morrison, 1989),即对同一教学策略采用不同媒体的教学效果的一致性问题进行调查。如果获得了一致的结果,那么就证实了我们

对所研究的教学变量的理论层面的理解，同时也认为这一教学策略能提高学习效果。如果获得了不一致的结果，那么要重新检查方法和理论假设，使用各种学习者和环境来进行进一步的经验性测试。因此，媒体复本这一研究方法对特定教学策略的一般性效果测试是有价值的。

小结

这一节的关注点在于教学策略研究，这些教学策略包括了教育技术的应用。主要的概念和重点如下：

- 实验研究是研究者们一直以来调查教学策略的方法。
- 教育技术和教育心理研究中实验设计的使用在过去几十年中呈下降趋势。一个主要的原因可能是对有意义的干预进行实验的需求不断增长；另一个原因是质性研究和相关性研究越来越受到欢迎。然而，受到“不让一个孩子掉队”法案的推动，目前科学研究的重点是实验研究的复苏。
- 纯正的或者随机的实验包括随机分配被试到不同环境。然而准实验是使用先前存在的小组或者非随机组成的样本。相对准实验来说，纯正的实验通过减小威胁实验有效性的样本偏差，取得了较高的内部有效性，实际操作中能将实验结果仅仅归因于方法 730
  所引起的偏差。
- 教学策略是为了达到某一目标而预先设定的一系列教学顺序和方法。特定的教学策略不仅仅由内容，以及教学目标详细阐述的绩效决定，也由基本的学习理论所决定。实际的、科学的启发式原则可以用来指导教授某一类型的内容，如事实、概念、原则和规则，程序、人际关系和态度等，需要何种策略。
- 微观教学策略主要关注教授某一特定的内容信息，如事实和概念。宏观教学策略如合作学习，基于问题的学习和反馈，代表了更广泛、更复杂的、影响课程设计的教学策略。信息设计研究关注如图片、颜色和易读性这些概念问题。最近，认知负荷理论方面的研究也已经被纳入了信息设计的范畴。
- 通过对过去几十年在 ETR&D 杂志上发表的文章的研究设计的趋势分析，我们发现，教学策略方面的实验呈下降趋势，而质性研究呈上升趋势。开发多媒体材料的复杂程度和成本问题大大限制了个体研究者数量，研究者要么是缺乏专业技能，要么是缺乏所必需的资源。
- 对于开展严格的教学策略实验研究有兴趣的研究者，需要注意到一些潜在的影响有效性的因素，如历史、发展、测试、工具、统计回归、选择、失败率和教学处理的推广等。在内部有效性和外部效度之间，在基础和应用研究之间达到平衡都很重要。
- 相对比较媒体而言，精心设计的实验调查从科学和现实角度来看更重要：(1)使用不同的媒体，哪一种教学策略最有效且最实际；(2)教学策略的效果是如何通过媒体的特点得到有效传播或者被削弱的。

教育技术研究

Robert D. Hannafin 和 Michael Young

技术……它能发挥作用吗？这是教育技术研究者们不太常问的一个问题。教师们会问这个问题，他们现在希望更好地运用这些工具；还有父母们，他们买来新的家用电脑来帮助他们的孩子们更好地学习；另外还有校董们，他们需要证明昂贵的网络改善费用是值得的；纳税人，他们为此支付了千分之一的税款。这是一个从表面看来很简单的问题，也是一个所谓的专家应该能够回答的问题；然而，虽然经过无数的研究和努力，这一问题的答案还没有出现，反而引出了更多的问题。在这一部分，我们借用这个问题来对技术领域的研究进行讨论。

与这一问题密切相关的是：研究方法对人们如何思考和学习的理解，以及教育研究者们对这个问题的一致见解，即学习效果和思维能力提高的根据有哪些；例如，有些人认为学习只是在使用者的大脑中进行，因此如果能够从记忆中提取事实和程序性知识，将表明获得了学习。建构主义者主张知识是通过大脑积累和储存的，就像计算机储存和查询信息一样。然而，另外一些观点认为知识和实践是和发生的环境紧密相连的。他们主张社会不需要脱离实际、不能应用知识来解决问题的学生，也不需要对执行的程序没有任何反应或者毫不理解的机器人。所以，从这一角度看说，知识必须是有意义的，是基于情境的、深入的以及具体的认知行为。对于持这种观点的人来说，测试的表现不能够说明问题。他们寻求学生在情境中、真实世界中应用知识解决问题的证据。角度的不同导致了在问“技术是否能起作用”这个问题时，对于“技术”和“作用”的不同理解。

在这一部分，我们讨论技术是什么以及过去30年该定义的演变过程。我们简单地调查了这一时期的研究样本，以期为这种演变提供例证。接下来，通过对最近几个技术增强型学习环境的回顾，我们讨论设计和研究之间界限的日趋模糊(Wang 和 Hannafin, 2005)。最后，我们阐述了其中一些数据分析和研究设计面临的挑战，这些挑战是由新的技术环境和对技术的重
731 新理解所带来的。在这部分，我们并不奢望涵盖与这一讨论内容相关的所有类型的研究，而是希望能够发起这样的讨论，并为此提供一个框架。

“技术”什么时候是简单的

“技术”是什么？

我们可以根据自己的目的来把“技术”定义为使用某种技术来影响一个预定的结果的任何教学处理。近几年来，教育“攸关者”和研究人员问的一些问题都是用了这样的方式：计算机能否提高学习效果？20世纪七八十年代的人们对凭借计算机来提高学习效果寄予很高的期望，尽管那时候发明的媒体(如电影、收音机、电视)一直不能得到所期望的效果(Cuban, 1986)。计算机时代的媒体比较研究要么是实验性的，要么就是准实验性的，进而检验一种媒体传播手段(计算机)是否比其他方法(书本或者工作手册)更受欢迎。在一个典型的媒体比较研究中，研究者控制了所有的影响因素，来证明通过计算机来发送指令要比通过传统方法

(Clark, 1983)发送同样的指令更加高效。为了证明其中的因果关系,要使所有其他影响教学的因素如教学策略和方法都保持稳定;所以这些研究在设计得好的时候能使研究者回答"技术能否发挥作用"这个问题。这里,"技术"仅仅是计算机,"作用"是测试后的表现和其他一些学习结果。

这个问题的价值受到一些研究人员的质疑,最有名的要数 Clark (1983)了,在他的影响深远的"重新审视媒体学习研究"中,Clark 呼吁不要再赋予媒体在学习中的特殊角色。他指出,许多研究将学习效果归功于媒体,要么没有深入的解释,要么无意中将教学方法的影响归因于传播媒体,这种研究方法被定义为"能被用来培养能力的条件"(Glaser, 1976, 1 页,在 Clark, 1983 中被引用)。

作为传播工具的技术:计算机辅助教学的时代

从 20 世纪 70 年代末到 20 世纪 90 年代,大多数经验性的技术研究都属于 Salomon 和 Clark 以及后来 Clark 定义的"使用媒体学习"这一范畴。这些研究使用一种技术(通常是计算机)作为传播的工具(比如计算机辅助教学,CAI),来排除其他所关注的因素带来的影响。尽管计算机不是研究对象,但是研究的目标是一样的——也就是,将影响因素分离开来,来证明其与学习之间的因果关系。为了使教育技术的研究被认真对待并且根据经验来证明因果性,研究过程中不能改变实验方法。按照 Ross 和 Morrison (1989;本章)的观点,这一要求可以追溯到教育心理学领域的基础,以及内部有效性高的研究的固有价值。我们将使用技术(大部分是计算机)作为传播工具的研究分为三类:能力倾向与教学处置交互(Aptitude-Treatment Interaction, ATI)、学习者控制和过程中的学习行为。我们将按次序逐个讨论。

能力倾向与教学处理交互作用

一些将计算机作为传播工具的研究工作包括能力倾向与教学处理交互作用(ATI)的研究(Cronbach 和 Snow, 1981; DiVesta, 1975)。在这些研究中,能力倾向是一个学习者将要获得的知识、技能和个性特征,而教学处理是支持学习的环境和条件。ATI 的研究在计算机流行之前就开始了,但是许多研究人员利用计算机的优势,使教学处理用户化(比如针对用户先前的表现调整问题,或者按用户之前的表现省去相应的内容),以便针对学习者能力倾向进行交互作用(Cronbach 和 Snow, 1981)。不幸的是,尽管计算机使研究者能够灵活地设计课程,但还是难以捕捉到稳定的能力倾向与教学处理交互模式,进而为教学开出处方。

学习者控制

学习者控制研究是计算机作为传播工具这一范畴中的另一个分支。在这些研究中,学习者通常借助计算机控制他们的学习过程的某些要素,并利用计算机跟踪学习者在教学过程中所做的选择。举个例子,Kinzie 等人(1988)发现能够控制复习内容的学生在后测中的分数要比那些不能控制的学生分数高。Gray (Gray , 1987)的报告指出,那些能控制自己的教学顺序的学生,比那些受程序控制的学生,成绩高出 1 或 2 个测量点。Ross 等人(1989)发现大学生中可以为他们的学习选择呈现媒体的(打印或者计算机)要比没得选择的学生有更高的成就。Tennyson 和他的助理注意到,如果大学生能控制学习中的各个要素,他们就能从中获益,但是前提是他们能够获得一些关于课程学习要求的相关建议(Tennyson 和 Buttrey, 1980;

732 Tennyson 和 Rothen, 1979)。另一方面,学生并不总是会做出明智的选择。Pollock 和 Sullivan (1990)的报告指出经过必要练习的学生会比没有经过练习的得分高。Tennyson 和 Rothen (1979)认为在复杂的学习任务中,学生做出错误选择的频率很高,Carrier (1984)的报告指出这种情况在学生缺少足够的先验知识时也会发生。研究者还注意到,在给予指导后,学生会比没有指导时更易于做出较好的选择且取得更好的学习成果(Ross 和 Rakow, 1981; Tennyson, 1980)。

有很多研究对有或者没有学习者控制的情况下学生的学习能力进行了调查。这样做是希望那些能力比较弱的学生能从中获益,因为计算机有无限的耐心,能够进行大量的练习、反馈和动态地调整教学来满足学习者的需要。总而言之,有证据表明,通过程序控制,那些能力较弱的学生要比他们自己控制获益更多(Goetzfried 和 Hannafin, 1985; Ross 和 Rakow, 1981)。Hativa (Hativa, 1988)发现能力强的学生在学习者控制实验中会比那些能力较弱的学生在学习任务上花更多的时间。其余人得出结论,能力较弱的学生缺少元认知技巧来控制他们自己的学习(Chung 和 Reigeluth, 1992; Hannafin, 1984)。所以使学习者放弃控制权在某些环境下是有效的,但是在其他环境下却无效(Hannafin, 1984)。

过程中的学习行为

许多研究使用计算机来跟踪学习者在实验中的行为,比如,他们的选择模式和 CAI 项目中完成任务的时间(Hannafin 和 Sullivan, 1995; Hicken 等,1992)。在 Carrier 和她的助理们的研究中,他们发现,六年级的学生在一个广告节目的开始阶段会做出较多的选择,而在节目结尾阶段会做出较少的选择(Carrier 等,1984,1986)。Hannafin 和 Sullivan 在参与几何学 CAI 项目的高中生中也有同样的发现。Kinzie 和助理们(Kinzie 和 Sullivan, 1989; Kinzie 等,1988)的报告指出,在一个学习者控制小组,尽管省去了复习的时间,但与其他小组(需要复习)相比,总体的项目学习时间却差不多。Tennyson (Tennyson, 1980)发现能够对学习内容的数量和顺序进行控制的学生,较之接受程序建议的学生,在学习中花了较少的时间并且做出了较少的选择。根据 Carrier 和她的同事们(Carrier, 1986)的观点,跟踪任务中学习者的行为对理解这一问题很重要,即为什么一些学习者在选择时更谨慎。

这些实验和准实验的研究通过环境控制、将独立的变量(技术)分离开来证明技术对学习的影响。技术是简单的或者说是纯粹的。但是,我们并不认为,研究是简单或者说是过分简单化的。设计和进行具有较高内部有效性的实验研究比任何其他的研究设计都要难(参见本章 Ross 和 Morrison 的论述),但是在 20 世纪 80 年代后期,在实验室中对外部条件进行严格控制的研究的价值,以及研究中媒体和方法两者相分离的做法,都受到了教育技术研究人员的质疑。

"技术"开始变复杂了

"技术"和媒体大辩论

Kozma (1991,1994)同意 Clark (1983,1994)的大部分观点,但是,对于 Clark 的逻辑中的一些循环论证部分则是个例外。Kozma 指出,如果正如他所信奉的那样,学习机会存在于学习方法和媒体的相互交流中，并且如果为了设计的完整性，不允许研究者涉及这方面的内容，那么它们怎么可能被发现呢？所以，在这种讨论情境下，Kozma 提倡给技术一个更广泛的，更具包含性的定义，他承认无法准确地知道到底是教学处理的哪个部分引发了学习；然而，Clark 认为技术的定义就是媒体，他坚持那是我们唯一能够证明技术和学习之间因果关系的途径。在许多方面，这个媒体大辩论为 Ross 和 Morrison 所描述的严格的研究设计的需要（内部有效性）与建立现实的、生态有效的教育环境（外部效度）之间的矛盾提供了佐证。

Clark 的研究其意义影响深远。它使得许多研究人员重新思考他们的设计，对因果关系的阐述更加谨慎，并且在出现混淆的因素时承认研究的局限性，但是他最重要最具影响力的贡献可能是引发了积极的讨论并且最终澄清了许多误解。Clark 和 Kozma 两人一起引发了一场对话，并且最终给一个时代的研究人员带来了更精确的定义和更清晰的术语。只要引用"杂货卡车的比拟"，就能使所有人都理解媒体和方法是分开的。媒体大辩论从某种意义上来说是关于"技术是否发挥作用?"的疑问。虽然大辩论专注于传播媒介，但是它也提出了这一领域对"技术"的一些理解，怎么样的研究才是优秀的研究，什么是值得研究的等直接相关的问题。

在 Kozma 回答 Clark 的问题之前，Ross 和 Morrison (1989)认为，因为教育技术研究者对 733
他们调查方法的技术层面很感兴趣，所以重视媒体和方法之间的交互是合乎情理的，而不是把这种交互看作是引起错误的原因。因此，他们认为外部效度——或者说是其结果能应用到真实环境的程度，应该成为设计时一个重要的考虑因素。他们也曾说研究者并不总是希望将媒体与方法分离，因而在某种意义上允许这一领域更广泛的对"技术"进行定义。

开放式学习环境(OLEs)和技术增强型学习环境(TELEs)

Ross 和 Morrison (1989)将此问题从方法论的观点转向了教育技术研究者，几乎同时出现了一项影响深远的教学运动，随之出现了理论假设，并无可辩解地打破了许多引起早期争论的惯例。"开放式学习环境(OLEs)"这个短语一直被用来描述以建构主义原则为基础的一系列不同程度的教学项目。建构主义作为解释数年来人们的学习是怎样的一种状态的理论，没有将他的一些原则体现在教学模型或者产品中，来帮助研究者测试理论。换句话说，建构主义学习仍然只是个理论主张——可以在真实环境中体验，但是没有人知道如何将建构主义学习主动应用到学校的教学设计中去。技术的发展使得问题情境能够在实际环境中进行模拟，进而改变了这种局面。在这一部分，我们使用技术增强型学习环境（TELEs）这一术语，该术语曾被 Wang 和 Hannafin★(2005, 5 页)用来描述"通过基于技术的学习和教学系统，学生们在教师、代理、学习支持工具和技术资源的帮助下学习技能或者知识"。

"技术"成为"一组相互关联的变量"

在"技术"一词的演变中，另一个转折点是《教育研究者》中 Salomon 等人（Salomon, 1991）的一篇论文，在这篇论文中，他们认为对于真正参与到如 TELEs 这样的人工智能环境的学习

★ Wang 和 Hannafin 是以 Aleven 等(2003)，Land (2000)和 Shapiro 等(1995)的研究工作为基础所做的描述。

者而言,其学习效果有可能获得提高。作者在这篇文章中所举的一个例子,是学生使用计算机程序 STELLA (Richmond, 1985)来建构生态系统数学模型,在此,学生能够自己控制各种外部条件,形成假设并对假设进行测试,而无需事先记忆孤立的事实。他们认为,这一工具能够帮助学习者深层次地(而非表面地)形成想法,这是一个专家而不是一个新手才有的能力。他们断定,这些真正参与到技术增强型学习环境的活动,有力地支持了 Pea 所提出的计算机作为"认知工具"这样一种观念(Pea, 1985)。更进一步地,他们主张工具能够(Salomon 等,1991,4 页):

> ……允许学习者超越他的认知系统极限而达到某一认知水平。……的确,对于同样的事情,一个初学者使用某一特定的计算机软件能够创造得更多,而且更快更省力。这些工具可能重新定义和建构学习任务,就如铅笔从本质上改变了记忆的方法……总之,利用这些工具能够改变获得知识的方法和新知识的建构过程。……人类使用技术能比仅仅靠人力更加"智能"。

另外,他们也认为技术的影响是文化方面的,并且不能对其单独进行评估(Salonmon 等,1991, 8 页):

……只有当文化发生重大变化时,智能技术才可能对人类思维产生深刻的影响。只是将以前同样的活动在技术的作用下变得稍微快一些或者简单一些,这些都不足以产生重大的影响;需要改变的是活动本身,这样的改变不能在一个文化真空环境中发生……但是这意味着,不仅仅是技术这一独立变量能带来影响,而是"一组相互关联的变量"* 的组合作用——技术、活动、目标、环境、教师角色、文化——发挥它们的综合影响。

Jasper Woodbury 系列**

技术增强型学习环境最早也最有名的一个例子是 Vanderbilt 大学认知与技术小组(CTGV, 1990,1993)开发的 Jasper Woodbury 系列。CTGV 的研究强调在"情境中"学习,诸
734 如距离、速度、时间等中学数学概念,最好是那些具有真实世界属性的,能学到真实的日常知识的情境(Rogoff 和 Lave, 1999),将认知融于"自然情境中"(Hutchins, 1995)。这一观点引发了不同的研究问题,特别是对"技术"应该是什么的不同观点。观察 Jasper Woodbury 系列是否能发挥作用,前提是评估本身也要在真实的环境中进行,来反映学生与环境之间交互的结果,而在不同环境中交互也不尽相同。

基于设计的研究

因为困扰于前面类似的研究问题,Brown (1992)借鉴工程研究中的做法,提出了一个混合的研究模型:构建原型、教室实地测试、实验研究,她将其称为设计研究。设计研究包含了定性和定量分析,并且排除了在教育研究中进行纯科学的、严格控制的实验方法来证明因果的做

---

* 作者借用了 Scarr (1985)的比喻。

** 由美国 Vanderbilt 大学"温特贝尔特认知与技术小组"(CTGV)所开发的贾斯珀系列(Jasper Woodbury Series),它包括以录像为载体的 12 个历险故事(包括一些录像制品、附加材料和教学插图等)。——译者注

法。使用这种混合的方法，能够同时优化内部有效性和外部效度，同时也认可其他形式的有效性验证方法，如生态和系统有效性等(Messick, 1995)。基于设计的研究在理论上是与情境认知一致的，即都认为评估要与情境无缝连接，因为其本身是认知的结果也是认知的具体表现。总之，设计研究寻求理论和实践的辩证统一，并在理论和实践上都做出了学术贡献。

这一方法仍然存在争议(参见《教育研究者》专刊，32(1)，2003)，但是也引发了研究者之间的关于研究价值的一场对话，是寻找无法应用到学校环境的实验结果有价值，还是对理论建构没有丝毫帮助的描述更有价值？对学习的不同层面分别使用定性和定量分析的迭代技巧进行多层描述，给目前大部分的研究框架提出了挑战，因为这样的做法舍弃了线性模型，取而代之的则是采用非线性的、多维的、复杂的系统，对学生与环境的交互进行关注。这样的研究如果只关注被试是看不出效果的，需要分析被试与环境之间的交互，而不是单单对学生的表现或对环境进行分析(Kulikowich 和 Young, 2001)。

2006 年春天[★]，我们有幸采访了七位在技术增强型学习环境方面的著名开发者，在回答“技术在发挥作用吗？”这个问题时，他们一致推荐使用 Brown (1992)所提倡的设计研究(以其中的一些形式)方法。我们接下来对其中的三个进行讨论：Model-it、外来援救(Alien Rescue)和 River City。可以肯定的是，因为学习内容和实验设计都不相同，所以每一种技术增强型学习环境都各具特点。然而，就像 CTGV 那样，他们的前提都是：学习是融于环境的，而且和环境、媒体密不可分的(CTGV, 1990; Kozma, 1994)。促进这些以学生为中心的技术增强型学习环境的开发还有待思考以下问题：是什么构成了学习？在“技术能发挥作用吗？”这个问题中“发挥作用”意味着什么？这些项目试图对这些问题展开深入思考，并为这些思考提供相应的证据。

Model-it

Model-it 的设计者试图创造一个适应性的、灵活的认知工具，这个工具可以用来建立和测试不同复杂程度的系统模型，以便于帮助学习者像专家那样进行操作和推理(Metcalf 等，2000)。设计者相信计算机能够扩大学习者活动的范围，他们主张学习者在计算机辅助学习环境中主动建构一个知识环境以促进认知(Jackson 等，1995)。引用 Salomon (1990)，Jackson 和他的同事们认为认知能力在使用视觉技术的情况下能够得到延伸；比起没有计算机的情况，学习者不但能在计算机的辅助下学习到更多知识，而且能够更加用心地投入学习。在 Model-it 首次应用时，八年级学生在多次系统地评估了池塘中的化学成分后，建立了一个池塘的生态系统模型。研究者发现，当学生能够收集分析真实的数据，利用模型呈现这些数据，并精确地描述生态系统中各个元素之间的相互关系时，他们能够对这一系统有更加清楚的了解(Metcalf 等，2000)。

Alien Rescue 735

Alien Rescue 模拟环绕地球轨道的太空船上有六种外来生物的视频新闻报道。学生被告知外星人的家园被毁灭了，因此他们来到地球寻求帮助，希望能在太阳系中找到一个新的家

★ 作为交互学习环境的一部分本科课程，作者采访了 Dr. Elliot Soloway 等人。

园。为了显得更加紧急，在他们能够与地球取得联系前，他们的太空船被破坏了，这就迫使他们处于一直悬空的状态中。学生科学家被送到新建的国际空间站，参与对这些外星人的多国救援行动。他们的任务是使用可支配的各种工具了解外星人的信息，并探索太阳系中适合外星物种的头像。在具有挑战性的一系列探究任务中，有一项是要找到针对特定的问题，哪一种工具最有帮助(Liu 和 Bera，2005；Liu 等，2002)。Alien Rescue 将一系列策略、支架和技术进行了融合，这就使得区分媒体与方法变得尤其困难(如果不是不可能的话)。

River City

River City 这样的三维多用户虚拟环境(MUVEs)向我们展示了理解的复杂过程，并分析了学习者和环境之间的互动。River City 是一种基于教室环境的、帮助学习者进行生物和生态学中的问题解决的体验式学习(Dede，2003)。学生在三维虚拟的 19 世纪城镇中探索，寻找居民们(非玩家)生病的原因。三种病因(水、空气和昆虫)与历史、社会和地理知识相互交融，让学生解决在复杂环境中由多种原因所引发的问题。一条河穿过城镇，不同的地形使得水土流失。学生作为下凡的天神，在城市中居住，与城市中其他由计算机扮演的人物交流。通过交流获得线索，听取居民们的对话，了解城市中发生的事情，从中间接地获得线索。

River City 以日志形式生成学生的个人历史记录。日志清楚地显示了每一个学生去了哪里、和谁交流过、说了什么、使用了哪些虚拟物品、每一项活动花了多长时间。根据 Dede (2006，私人通信)，研究者的挑战在于使这些日志信息与我们熟悉的定量(知识测验的分数和给市长的信的质量)和质的(教室观察采访)测量方法产生关联。在 2006 年的访谈中，Dede 承认，要使日志中的巨大信息有意义是非常富有挑战性的：

问题能够得到自动回答是不太可能的。这取决于我们所问问题的类型。日志文件不能解释为什么发生了这些事情。日志文件需要在人们进行观察或者采访后，才能得到充分的解释说明。目前，我们正在对日志可以回答哪些问题进行探索。

一部分“技术”看起来既熟悉又陌生

我们相信，在早期有关计算机辅助教学的大部分文献中(先前提到过)，关于学习者和他们行为的丰富的研究成果，还没有被技术增强型环境的设计者充分应用。技术增强型学习环境开发者遇到的一些问题(比如，程序中学习支架未能充分使用)可能在先前的研究中已经被预计到了，比如，Tennyson 和他的助理在一个计算机辅助教学项目中的项目建议，似乎对于有效的支架设计有所启示，但是这项研究在支架研究的文献中并没有经常被引用(Tennyson，1980；Tennyson 和 Buttery，1980；Tennyson 和 Rothen，1979)。另外，Carrier 及其合作者在路经选择方面的研究，对于如何保持学习者的兴趣以及好奇心也是很有帮助的(Carrier 等，1984，1986)。在新(技术的新视角)旧(纯实验)阵营之间似乎存在着一条鸿沟，导致了研究者过分关注彼此之间的区别，却忽略了有可能融合两种观点的有价值的相似之处。

“技术”将何去何从？

正如 Ross 和 Morrison 在本章中提到的那样，在 2006 年间，研究设计的趋势是，观察或实验研究增多，而质的调查减少。他们认为，产生这一结果的部分原因，是因为政府研究资助优先支持这样的研究。这一趋势也得到了我们采访的 TELE 设计者的认可。在回答“对设计中的内容标准的重视程度”这一问题上，大部分的回答是，除了与相关的地区和国家标准看齐外，他们没有其他的选择。即使他们与这些标准意见不一致，他们也不认为标准会降低项目的有效性。有些人预见到，如果想要得到研究资助，他们就必须按规则来 736
进行，但这也说明，他们认为这不会威胁研究的总体目标。大部分人认为，他们能够两者兼顾，但是，如果 Ross 和 Morrison 是对的，那么，技术增强型学习环境的开发其长远意义是什么呢？

未来对教育技术的定义可能会超出硬件和软件的范畴，甚至是教育学的范畴，而囊括个人和小组的人机交互，丰富的三维虚拟世界，以及为思维和学习建立社会文化情境的多元环境。我们可能会沿用 Friedman (2005)“世界是平的”这一观点，认为学习技术可能使在世界任何地方的任一学习者与他们拥有共同兴趣的人通过虚拟空间进行合作。教育研究者可以利用的另一个优势是，服务器的日志文件可以记录学习者的每一个动作，包括时间地点，因此可以将学习者的行为标准化为何时、何地、通过何种方式进行交互，并在学习环境中进行情境再现，以产生知识和理解。

还有一个趋势，是将我们对技术和学习的理解延伸到素养范围(Leu 等，2004)。技术在学校中无处不在，学生可能会创建一个多媒体作品，以电影、图片、动画、模拟器、音乐、声音，当然还有文字的形式来完成，而不是递交一份书面报告。同时，交流的形式可能也不再局限于书面报告，而是扩展到利用幻灯片、数字电影、网页、超链接、个人博客、合作写作(维基)等方式。很多人都清楚，这种形式除了需要撰写和理解一本书面报告的能力外，还需要一些新的素养；比如，理解 Google 搜索的结果与理解一本小说的某一章节或者莎士比亚戏剧是不一样。同样的，我们不能要求学生将他们已知的原则，比如写好一篇散文(开篇句、阐述、结尾议论)的原则，应用于创建网站的导航菜单。未来的教育技术研究可能包括其对课程的影响，以及对成为一位有素养的、优秀的读者和作者意味着什么。因此，除了定义特定教室环境下针对某一特定教学目标使用的特定技术之外，在不久的将来，研究者还要解决技术使用所带来的系统影响，以及融入技术支持的学习环境所需要的素养程度等问题。

如果正如我们这里所提出的那样，对技术效果的研究需要对学习者、技术、物质、社会与环境这五者之间的交互进行深入理解，那么，仅在高可控性的实验环境中进行简单的统计分析可能是不够的。为此，需要利用大型的数据库处理日志文件中多用户与环境的交互的信息，在这样的情况下，新的实验设计和统计方法，包括数据可视化、复杂系统模型和模拟，可能在教育技术研究中发挥作用，正如这些方法在物理、气象学、天文学和其他领域中的应用一样。

这些假设认为，纯粹的随机实验设计可能会为了所有的应用价值而牺牲内部有效性，从而没有普遍意义；并且他们可能与学习是高度情境化的、个人的、社会的和互动的这样一种假设相对立。也就是说，虽然实际实验的结果可能是正确的，但是他们可能仅仅是因为控制了实验室中的条件，略去了研究者感兴趣的交互过程，以确保只是其中一个因素引起了变化。如果认知应该更情境化、具体化这样的观点是正确的，那么，那种只有一个变量对思维、学习、理解发挥着影响着的情境不可能是真实的——学习者不可能两次踏进同一条河流。因此，关注复杂交互情境的研究方法必须要得到发展并广泛应用，这包括那些已经在其他复杂领域成功应用的一些方法，比如建立模型、模拟以及对情境中出现的数据进行可视化等，在研究设计中采用这些技术或许能够有助于解释日志文件并使其有意义，同时提高教学设计的理论和实践研究。

日志文件，如那些在 River City 中生成的文件，是一系列储存在永久文件中的行为数据(Hulshof, 2004)。他们提供按时间节点记录下的，有时是以地点为标记信息记录下的人为选择，这些选择是通过学习环境的人机交互界面完成的。图 54.6 是日志文件的一个例子，展现了关于使用者行为的文字性总结。图 54.7 和图 54.8 是日志文件的可视化形式，用图形展示了在技术环境中的时间和空间信息。这些文件是使用在线网络浏览(储存在服务器端或者客户端的 cookies)、在线游戏、计算机模型、写作工具、虚拟交互所产生的结果。日志文件记录了这些过程，为研究者进行评估和决策提供了丰富的资源。日志文件能够被重复使用，倡导使用日志文件的研究者认为，基于设计的研究不像高度控制的实验研究那样，研究者不可能进行先验的假设，甚至可以说在基于设计的研究中假设是没有作用的。通过日志文件的可视化数据，对所有的变量进行观察，从中可以得到改进设计的依据，或课堂活动的理论根据。参见 Shavelson 等人(2003)年《教育研究者》专刊中谈到的在教育研究中“设计”的角色。

737

```
Student:     Young    Mike
Starting 9/18/98
Time in: 11:43:59 AM
 Startup 11:43:59 AM
Instructions 11:44:01 AM
...
Facts 3:33:38 PM
  Add Fact: CC at 156.6 3:33:51 PM
  Add Fact: home at 132.6 3:33:59 PM
Calculating 3:34:02 PM
  Calc: 156.6  -  132.6 = 24
 ANSWER: How far is it from Cedar Creek to home? = 24 miles
...
Facts 3:38:39 PM
  Add Fact: has 12 gallons 3:38:53 PM
  Add Fact: burns 5 gal/hr 3:39:08 PM
Calculating 3:39:10 PM
  Calc: 5   *   3  = 15
 ANSWER: How much fuel is needed? = 15 gals.
...
Survey Data:
P Q F C V, So, Ma, Sc, St, Ba, Cma, Comp, R, H, Sol
101, 78, 1012, 170, 27, 0, 0, 0, 0, 0, 87, 99, 46, 98, 0,
Time out:      3:56:47 PM
```

图 54.6 日志的例子

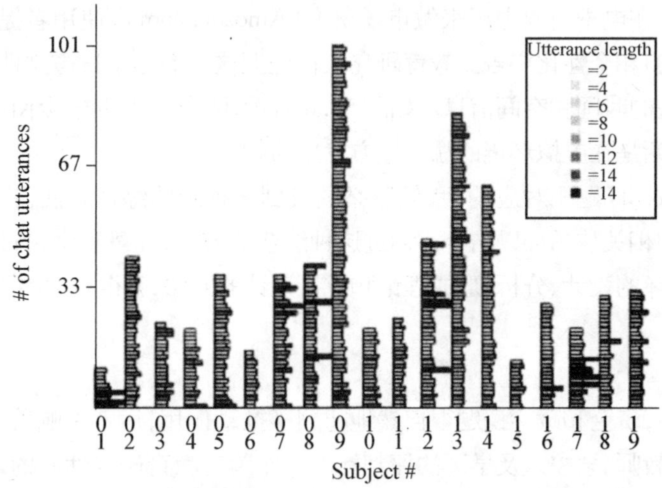

图 54.7 日志文件的可视化(来自 Börner, K. etc. , Proceedings of the Sixth *International* Conference on Information *Visualization* (IV'02), July 10 – 12, London, pp. 25 – 31; http://vw. indiana. edu/cive02/004_borner_VisSpatialTemporal. pdf.)

738

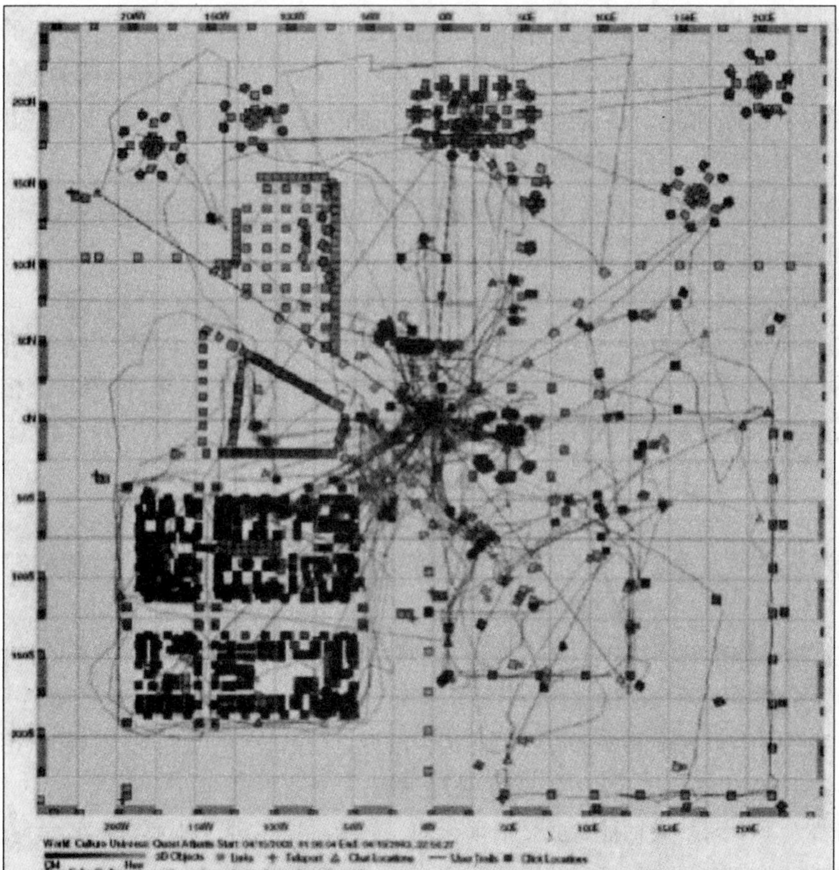

图 54.8 日志可视化另一例

日志文件在电子商业中用来做市场研究(Amozon. com 向使用者提供书籍导购是基于书籍购买记录的)和个性化广告。教育研究正在挖掘这一潜力。日志文件数据包括与每一个在线行为相关联的时间和空间信息。如图 54. 8 所示,两个文件都能显示信息是在哪里发现的,或者每一个对话是在虚拟环境的哪个地方发生的。

与这些新的数据问题相对应的,我们还必须找到一种新的综合方法,将纯实验中的因果要素和质性研究的相关技巧加以结合。通过这种综合的方法,在尊重学习过程中交互的复杂性的同时,采用循环的设计、分析、形成理论和重新设计的方法,获得科学的研究信息。

“技术”包装

在教育研究中,资金和政治议题很自然地起到了推动作用,后者影响着学校要做的事情,也决定着对学生、教师、学校以及学区的评判标准。作为对教育研究性质的最后总结,以及对教育技术研究的未来展望,这里提出一个非常重要的因素,那就是——政策。政策制定者规定需要研究什么内容,规定哪些是可说明技术有效应用的依据。这表明,就像其他所有科学领域一样,我们必须承认教育技术研究是一种人类行为,因此,需要利用社会沟通来定义“技术应该如何发挥作用”,确定哪些是被认可的表明技术发挥作用的证据。我们必须接受这样一个事实,即使我们发现技术现在正在发挥作用,而当对教育有了新的期待或采取了新的测试标准之后,这些技术在明天可能就不再起作用了,反之亦然。我们的目标只是持续的记录技术的发展。正如文中所述的那样,我们忠实于现在的学习理论,我们对教育技术研究的描述必须是符合当前的教育实践和学习环境情境。

如果这一部分内容的作者是来自教师教育领域的研究者,或者学习科学领域、企业或军
739 队培训领域的研究者,那么其侧重点可能就会不一样。然而我们相信,这里所探讨的核心话题——建议所有针对技术的研究都能回归到“是否起作用?”——是同样适用的。虽然工具有了更加强大的力量,环境变得更加复杂和实际,数据收集更加多元和动态,但是研究者和利益相关者仍想要知道干预是否产生了预期的效果,是否会有不好的效果,或者与之相关的其他任何影响,并最终促进安全、有效以及高效率的学习。

小结

我们讨论了在“技术是否发挥作用”这个问题情境下的技术研究。主要的观点和概念如下:

- 技术被当作教育研究中的研究变量(如媒体比较研究),作为教学方法的传播渠道,或为复杂的学习环境提供支持。
- 研究者看重具有很高内部有效性的实验研究,这些研究可以显现技术和学习之间的因果关系,但也导致了对研究内容的狭隘理解。
- 随着人类学习越来越被看成是情境化的、具体化的,出现了技术增强型学习环境,进而创造复杂且实际的环境。
- 技术增强型学习环境的研究大部分是以设计为基础的,强调外部效度,它把技术看作

学习者和环境交互的"一组相互关联的变量"。

➢ 在基于设计的研究成果中,某些发现可通过以前的研究成果预见到。

➢ 技术增强型学习环境中的日志文件,记录了大量的用户信息,有助于提高研究者对学生在开放的环境中是如何学习的这一问题的理解,但是,有效的分析技巧是复杂的、多维的、多元的。

我们解决了两个重要问题:(1)是什么促使技术在教学中得到合理应用;(2)如何定义一种可操作的方法,以回答技术-教育-环境之间的相互作用是如何影响知识、态度和行为这一问题。我们选择的这些因素将从辩证理论中显露出来,如情境认知、能产生大量日志文件(学生与计算机的交互动态)的环境,以及按照学习目标学习和建构知识的学习者。在介绍中,我们引用了"技术是否发挥作用?"这个问题来展开讨论。展望未来,我们可以对未来的趋势寄予希望,深化对"技术是什么"这一问题的理解,并且更加全面地评价技术的作用。

教学设计模型的研究

Jan van den Akker 和 Wilmad Kuiper

这一章主要关注教学设计模型的研究。教学设计的文献大都涉及教学模型,许多这样的模型都声称自己是独特的并值得关注的,但是大多数模型都太抽象、不容易实现、不能够支持设计人员的实践工作。我们的最终目的是试图使得教学设计模型的理论与实践之间的薄弱联系得到增强,因此,我们提出了两个主要问题:第一,目前为止,对教学设计模型的开发、使用和验证方面的研究具有哪些明显的趋势?第二,如何能够使教学设计研究重新回到理论和实践相互结合的研究方向上去?对于第二个问题,我们认为,如果以更宽广的"教育设计"视野来进行探究,"教学设计"会变得更为有效。这就意味着,我们需要将学习和教学的不同层次和构成要素加以整合(如不仅仅包括单独的学生或者学习小组,也包括教师,因为教师是课程框架的运作者)并把设计工作作为教学系统开发过程的一部分。基于这一考虑,需要运用设计研究方法。

我们所使用的"模型研究"这个术语,源自 Richey 和 Klein(参照本章相应部分),他们把教学设计和开发区分为两种类型的设计与开发研究:产品与工具的研究以及模型的研究。这两种类型之前也被分别称为类型 1 和类型 2(Richey 等,2004),或者形成性研究和重构性研究(van den Akker, 1999)。第一种类型的研究是属于基于设计的研究,并关注产品和工具的设计与开发。其中具有代表性的产品和工具研究是 McKenney 关于 CASCADESEA 的报告(McKenney, 2000),开发的产品是南非的一种基于计算机的支持科学和数学课程文本资料开 740
发的工具。第二种类型的研究,也是本章所论述的,关注设计与开发模型的开发、评价和使用,例如 Jones 和 Rihey (2000)深入研究的快速原型法,探究该方法如何在真实的工作情境中进行教学设计。这些研究关注模型和过程本身,而不是模型的演示。虽然模型研究可以和产品或者项目的开发结合起来进行,但是大多数的模型研究关注之前开发的教学,因而不是具体的项目。模型研究应当着眼于现有的或者最新的开发模型、方法和技术的效力或效果。除此之外，这些研究也试图分析、描述成功的设计和开发所需的条件(Richey 和 Klein，本章)。

教学设计模型：趋势和反思

教学设计模型作为概念、沟通和程序工具

近年来，美国教育传播技术协会(AECT)在阐明和定义教学设计或技术的领域方面做了大量的尝试和努力。备受推崇的 AECT 的定义是 1994 年发表的“教学设计：领域定义和范畴”(Seel 和 Richy, 1994)。在那个定义中，教学技术被简明地定义为“为了促进学习对过程和学习资源进行设计、开发、利用、管理、评价的理论和实践”(1 页)。在本章中，我们以这个定义中的术语“教学设计”作为出发点。继而，教学设计视角被扩展为系统化教育工程学。94 定义中使用了“资源和过程”一词，而我们倾向于用更具有普遍意义的术语“干预”来作为产品、项目、资源、过程、人员、过程和相关内容的通用指称(van den Akker, 1999)。

文献提供了大量的定义(Reiser 和 Dempsey, 2002)以及多种不同的教学设计模型。这些模型作为概念、沟通和程序性的工具，用来对广泛的教育环境或是特定的培训领域应用进行分析、设计、创造以及评价(Gustafson 和 Branch, 2002b)。多数模型都是假定采用系统化的程序能够使得干预更为有效。设计和开发应当被构想为线性的，或者同时发生的反复或递归的过程，这个过程中所整合的研究活动，为设计过程的改进与迭代提供给养。大多数模型的描述都包括了分析、设计、开发、实施和评价这几个核心要素(ADDIE)。一旦开发过程开始，这五个核心要素即彼此关联地发挥作用，并不断修订完善，直至设计过程结束(Guatafson 和 Branch, 2002a, b)。图 54.9 描述了 ADDIE 要素之间的联系。

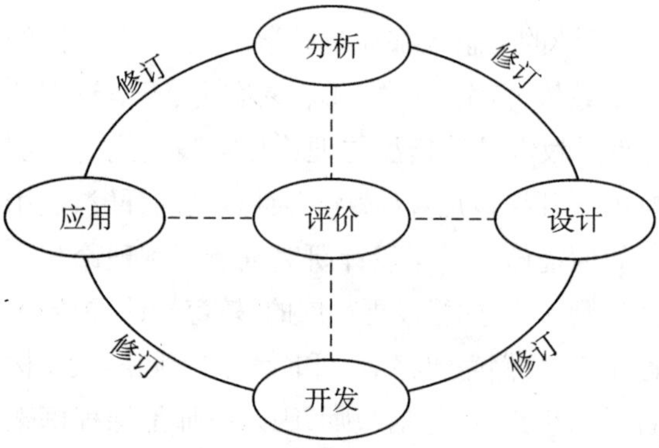

图 54.9 教学设计关键要素

教学设计模型的特征

为了对教学设计模型的研究进行回顾，Richey 和他的同事们(2004)对 1984 年到 2002 年期间发表的 58 个教学设计模型的例子进行了研究，针对其采用的研究方法、所形成的研究结论进行了分析。从他们的研究可以发现，在模型研究中所采用的研究方法非常多样。对模型开发而言，常用的研究方法有文献综述、调查法(基于访谈)、案例研究(采用，但主要用于产品和工具研究中)、德尔斐法(Delphi)(目的在于综合专家观点)及出声思考法。对于模型应用方面的研究，经常采用的研究方法则是调查法(基于访谈)、案例研究(访谈和实地观察)、文档分析和出声思考法。模型验证通常采用的研究方法是实验、准实验(对于验证和评价某一个特定设计和开发技术来说非常关键)、访谈及专家审查法。模型研究是一种独特的研究，因为它指向的是普遍性的原则，而这些原则能够在广泛的设计和开发项目中得到应用。所研究的问题
741 得到的结论包括(Richey 等，2004)：某一特定技术或模型的合理性和有效性；成功地利用某一

技术或模型的条件和过程;对利用某一技术或模型的成功或失败的结果进行解释;对利用某一技术或模型或改进的模型所发生的事件或产生的意见加以综合。

本文的后面部分,结合四个模型研究的案例,对一些典型的模型研究进行了较为细致的介绍。从1970年早期到现在,研究人员发表了对不同教学设计模型进行评论的文章,包括Andrews和Goodson于1980年在《教学开发杂志》(*Journal for Instructional Development*)上发表的对40个模型进行的评论。稍近些的,则是Gustafson在1981和1991年,以及Gustafson和Branch于1997年和2002年所发表的对教学开发模型的评论。为了帮助理清每一种模型依据的假设并鉴别其使用条件,Gustafson和Branch依据他们预先设计要开发的教学类型,划分了多达15种的ADDIE模型(Gustafson和Branch, 2002a)。他们关于教学开发模型的分类包含三个类别,用以确定某一模型是否能够进行最佳的设计和开发应用:(1)教师在教室内传递的教学,教师没有很多时间和资源去开发教学材料(四种模型);(2)用户而不是设计者使用的教学设计产品,例如设计用于广泛发行的基于计算机的模块,这种开发模型关注试用和修改(五种模型);(3)旨在解决某一个机构的问题或者为实现某个目标而开发的大范围的教学系统,例如一个远程教学课程或者包含全部学位课程的总课程(六种模型)。Gustafson和Branch依据下面九个特性对ADDIE模型进行了分类:(1)依据教学准备程度的典型输出;(2)用于开发所需的资源;(3)是团队还是个人努力的结果;(4)对个人或者团队教学设计技能、经验的期望;(5)教学资料是在已有的课程资源中选择还是设计与开发;(6)前期分析的量;(7)预期的开发和传输环境中技术的复杂性;(8)试行和修改的量;(9)开发后推广的及后续工作的量。在选择模型时,我们推荐使用Gustafson和Branch的方法明确模型的特性和使用条件。

其他作者也对教学设计模型和开发过程创建了不同的分类方法。Richey (2005)区分了两种主要的教学设计模型。一种类型是概念模型,这种模型指出了影响设计过程的变量和它们之间的内在关系;另一种类型是过程模型,这种模型指出了在设计过程中所推荐遵循的步骤。大多数的教学设计模型都能够以图表的形式可视化地呈现,模型开发的过程也能借助图表得到最自然的体现。大多数的过程模型适合于不同的设计项目。其他的模型更多关注设计、开发和评价过程。

另一个模型开发研究的例子源自前面提到的Jones与Richey的研究,Richey及其同事、Richey和Klein的研究(本章)都参考了这个研究。Jones和Richey在两个基于实际环境的教学设计项目中,对快速原型法的使用进行了深入探究。研究收集的数据来自结构化的个人评论、活动日志和现有的一些资料。参与者包括两名在自动化和保健领域应用快速原型法进行设计和开发的专家。除此之外,一位用户接受了采访,采访的内容包括产品的使用、可用性、缩短的循环时间和用户满意度。在讨论了快速原型法如何在这个研究情境中得到成功应用之后,作者得出了一个普适的结论并提供了一个包含快速原型法的教学设计修订模型。

关于模型使用研究的一个例子是Rowland (1992)对专家级别的教学设计人员的行为的研究。在这个研究中,四位专家和四位新手设计师被要求解决一个设计问题并且在设计过程中进行出声思维。他们的设计结果被拿来分析和比较，专家和新的设计师之间有明显的区别，包括以下几个方面：

- 专家解释，根据已知的信息，他们需要解决的设计问题的定义不明确。他们质疑已有的条件并通过推论补充了更多的信息。新手设计师认为，根据已知的信息，问题很明确，没有补充新的内容；
- 专家在短时间内思考了多种可能的解决方案，但是直到对这个问题进行深入的理解之后，他们才给出了解决方案。新手设计师对材料作了简单分析之后就迅速地给出了解决方案；
- 742 专家认为这个问题与其他联系之间有深入和丰富的因果联系。新手设计师仅仅依据表面的不同就把这个问题分割为单独的部分(包括结果)；
- 专家在考虑了全局(系统层面)和局部(当前的)因素之后，才得出结论。新手设计师仅仅考虑了局部因素，并且只是同一时期的因素，而没有考虑其他影响因素。

与此同时，Rowland 也分析了利用上述不同之处改善和培训教学设计师。

另外一个对模型使用进行研究的例子是 Visscher-Voerman (1999)的重构研究，这个研究分析了在多样的培训和教育情境中(文本、课程、开发、多媒体、人力资源开发项目和远程教育)，教学设计人员如何进行项目设计。Visscher-Voerman 通过访谈和文献分析，收集了来自 24 位设计专家的案例数据。结果显示，科学设计模型区别于经验丰富的设计师在实践中应用的设计过程，这是因为，与模型所建议的相比，经验丰富的教育设计师其设计更具多样性和丰富性。经验丰富的教学设计师的实践活动主要包括：(1)在初期仅对一个限制问题和一种应用情境进行分析，其结果通常是对可能的解决方案进行描述，而不是对这个问题进行描述；(2)极少出现多种解决方案并把多种解决方案进行比较，而是在一个确定的解决方案内部考虑其他可能情况；(3)不混淆设计和开发的概念；(4)通常是把形成性评价活动整合到设计活动中，而不是把形成性评价活动作为一个独立的部分。基于上述研究发现，Visscher-Voerman 创立了包含四种设计范式的分类框架图(Visscher-Voerman 和 Gustafson, 2004; Visscher-Voerman 等,1999)：(1)指导性(基于项目进行规划)；(2)交互性(和每一位意见相同能够者进行交流沟通)；(3)实效性(交互并进行多次使用和修订)；(4)艺术性(以一种教学鉴赏家的眼光设计产品)。与 Gustafson 和 Branch 关注开发情境和教学使用所不同的是，Visscher-Voerman 关注潜在的设计哲学和每一个设计范式的价值。

第三个对模型使用进行研究的例子是 Kirschner 等人的研究(Kirschner 等,2002)。首先，他们回顾了下述八个研究，这些研究描述了真实的教学设计实践：Kerr (1983), Le Maistre (1998), Perez 和 Emery (1995), Pieters 和 Bergman (1995), Rowland (1992), Visscher-Voerman (1999), Wedman 和 Tessmer (1993), Winer 和 BasquezAbad (1995)。通过回顾这些研究，他们总结出教学设计人员，应当彻底地探究并解释研究问题；在广阔的范围内思考解决方案并考虑多种影响因素；整合自己的知识并应用情境知识；更多地关注原型设计和评价；使用高度交互和协作的设计过程。其次，他们与来自院校和商业界的专家们一起完成了两项实验，实验的目的是探究在设计基于能力的学习环境时，设计人员是如何做的，以及他们优先考虑哪些相关因素。这两项实验表明,来自院校和商业的专家一致认同设计所遵循的原则是非常重要的,设计原则之一是,设计首先必须充分考虑学习者的学习需求,而不是学习内容的架构。两组专家的主要分歧在于,来自院校的设计人员认为考虑整个设计过程中所有可能出现的结果是非常重要的,而商业领域的设计人员并不认同这个观点。院校设计人员更倾向于关注项目计划和预期的教学蓝图中希望出现的特征,而商业设计人员更倾向于客户体验并在设计之初就着眼于最终促使客户购买的商业目的。

一个关于模型确认研究的例子来自 Tracey (Tracey, 2002,另参考本章 Richey 和 Klein 的研究)的研究。Tracey 对比了 Dick 与 Cary 模型和 MI 多智能教学设计模型。Tracey 创建了两个设计队伍,每个队伍有两名设计新手,其中一个队伍使用 Dick 与 Cary 模型,而另外一个使用 MI 模型。两个队伍的任务是为一个非盈利的组织设计一个两小时的、以教师为中心的、基于课堂的关于如何创建团队的课程。然后应用了两种设计方案,并对比了这两种方案对学习者知识和态度产生的影响。研究中使用的工具包括设计者日志、设计人员对任务和模型进行反馈、学习者知识后测以及参与者的学习情况的反馈调查。

对教学设计模型研究的反思

许多教学设计模型在其文字描述上都强调是独一无二的并且是值得关注的。然而,在大
多数情况下,这些模型的创建者都是假定他们的模型是有价值的,或者需要使用者进行使用 743
从而证明其有效性,但是模型创建者却没有提供任何证据证明他们的立场。任何对模型的测试的描述,在文字上面都有一些小的分歧。许多模型被系统地应用过,但是没有得到确切的评价和基于经验的证实(Gusrafson 和 Branch, 2002a; Richey, 2005)。Visscher-Voerman (1999)的回顾研究(参照 Visscher-Voerman 和 Gusrafson, 2004)表明有经验的教学设计人员开展的设计过程有别于科学设计模型所反映的设计过程,我们有必要开展模型实施和评价研究。与此同时,Kirschner 和他的同事发现概念化的教学设计和真实情景中的教学设计,在设计过程方面有明显的差别。

如前所述,研究表明专业设计师和新手设计师对设计模型的理解是不同的(Perez 和 Emery, 1995; Rowland, 1992,1993)。虽然主要的设计任务仍旧是由专家来完成的,但是专家倾向于认为设计问题在一开始没有得到明确的定义。无论是在教学环境还是非教学环境下,专家都能够考虑到多种限制因素并把它们整合起来,而他们也尽可能地延长获得设计结论的时间(Richey, 2005)。专家解释设计问题,而新手则辨别设计问题(Perez 和 Emery, 1995)。对快速原型法在实践中的开发研究表明(Jone 和 Richey, 2000),设计过程中的一些步骤,尤其是交互、循环、螺旋行进(如快速或者进阶原型),需要设计人员具备很高的判断能力和全面的设计技能。专业的设计师通常使用常规的教学设计模型,但是他们的设计过程却呈现出迭代的特性,并且设计步骤的顺序是不同的,从而满足不同设计项目的需求。设计测试经常是同时开展的,这项研究也是由 Visscher-Voerman 证实的。

Richey (2005)提出模型验证方面的研究很少,并把此归咎于时间的限制和对模型确认过程的错误定义,而不是缺少模型确认研究的基本需求。她认为教学设计模型的验证,作为一个仔细计划的过程,包括收集和分析实验性数据,从而证明一个模型在工作环境(外部变量)中的

有效性或者为这个模型自身(内部变量)的多种组成成分提供支持。Richey 提出了进行验证研究的下述五种途径:

➢ 内部验证过程(关注模型的形成性评价)

专家审阅:也就是由教学设计专家(通常包括设计实践者和理论研究人员)从其组成成分、整体结构和预期应用方面对一个给定的模型进行评价。

可用性文档:设计人员在使用一个特定的模型时参考的系统文档。

组成成分调查:通过与教学设计过程相关的关键步骤(过程模型)和因素(概念模型)的研究确定组成成分。

➢ 外部验证过程(关注模型的总结性评价和确定性评价)

实地评价:实地使用模型并开展教学。

控制测试:创建实验以区分已有的教学设计模型产生的效果,并与其他的模型或者过程产生的效果进行对比。

教学设计模型研究面临的重要挑战

我们很难从 Richey 的这句话"我们应当在开发多种教学设计模型的同时对这些模型进行验证,模型验证应当成为模型开发过程中的一个自然的组成部分"(Richey, 2005, p. 183)中发现破绽,然而,当我们处理上述问题的时候还是会面临很多重要的挑战。

就像从 Visscher-Voerman 的回顾研究中得到的推论一样,加强抽象的教学设计模型和真实的、凌乱的设计和开发实践之间的联系是非常必要的。这个问题具有两面性。首先,我们需要承认这样一个现实,即大多数的设计实践偏离了理论的指导(如 Visscher-Voerman 的研究所表明的),因此需要对模型进行改善以符合实际应用。与此同时,在改善现有的、通常是无效的实践方面也有很大的操作空间。

我们如何定义一个概念化的模型能够更好地应对实践者在真实世界中所面临的挑战,同
744 时关注并支持哪些在理论上看起来更加确定的步骤呢?换句话说,我们如何加强教学设计模型在理论和实践之间的联系,从而更好地改善学习?基于这个目的,笔者认为,有效的教学设计模型应当:

➢ 与现实环境保持高度联系;

➢ 在更广阔的环境里考虑设计和开发所面临的挑战,对在使用者情境中的应用过程作出更加深入的预测;

➢ 在改善教育方面,综合考虑多种系统的观点;

➢ 在处理学习过程和学习结果时,要从多种视角出发并考虑多种变量的影响。

拓宽教学设计视角

考虑多层次的学习和教学

教学设计的最终目的应该是促进教学,但是要实现这一目标,要求把教学设计扩展到教育系统设计的高度。一种主流的观点认为,当教育情境以一种独特的方式影响学习的目标、过程和结果时,个别化学习才能发生。在大多数教学情况下,教师在管理学习轨迹和学生学习环

境方面仍旧处于主导地位。当然教师也不是孤立的或者完全自制的,而是在课程框架的范围内开展教学。这些课程框架(本质上是学习计划)有不同的级别,从宏观的级别(系统、社会、国家、地区)到中观的学校或者机构,再到微观的课堂或者小组,最终到最小的级别——个体学习者(van den Akker, 2003)。学生的学习通常受较高级别的课程框架的影响,例如在学习者在学习中学习什么和如何学习这个问题上,学校通常不是处于中立位置。尽管如此,教师在他们所遵循的微观课程框架(教科书、教学材料)内的教学对学生的日常学习活动还是有很大影响的。因此,针对个体学习者的学习设计通常被整合到教育计划之中,并且被应用到其他级别中,这种观点应当被整合到设计过程中去(McKenny 等,2006)。

整合影响学习和教学的多种因素

如果设计范围得到扩展和详细的阐述,教学设计的相关性和意义将能够得以改善。教学设计不仅仅和学习活动有关,许多与设计相关的问题也还有待解决。从一种更广泛的课程视角出发,有必要关注如表所示的这十个彼此相关的组成要素,这些要素涉及到进行学习计划的十个方面的特定问题(表 54.1)(McKenney 等,2006; van den Akker, 2003)。

表 54.1　课程组成

基本原理	为什么要学习?
目标和计划	学习的最终目标是什么?
内容	学习的内容是什么?
学习活动	如何开展学习活动?
教师的角色	教师是如何影响学习的?
材料和资源	学习的资源是什么?
小组	和谁一起学习?
地点	在哪里开展学习?
时间	学习何时开始,持续多长时间?
评价	如何对学习开展评价?

我们倾向于可视化地将上述十个组成部分描述成一个蜘蛛网络(图 54.10),这个图不仅描述了不同组成部分之间的联系,而且暗示了尤其是在应用层面,课程本身是一个整体。在模型的中心是基本原理,它联系着其他的组成部分:目标和计划、内容、学习活动、教师角色、材料和资源、小组、地点、时间和评价。这个蜘蛛网络隐喻了在一个课程中,每一个组成部分是随着时间而改变的,但是任何涉及平衡的重大变动都会把整个系统破坏。虽然短时间内这个系统 745
能够承受这样的压力,但是时间一长系统就会因为不平衡而被破坏。在课程改革、设计、开发和应用方面的尝试和努力需要考虑十个组成部分之间的联系并保持平衡。其中一个典型例子是把 ICT 整合到课程,通常最初关注改变材料和资源。许多应用研究表明,在对课程的任何一个组成部分做重大调整之前,需要考虑整个课程体系。这个蜘蛛网络也表明:每一条链都和网络中最弱的链的力度一样。这似乎是对课程的另一个非常恰当的隐喻,即在对课程的平衡、组成、现有样式进行改善时要做多方面的努力。

图 54.10 课程蜘蛛网

强化设计方法的范围和联系

除了考虑学习的多个层次和多个组成部分之外,教学设计要更有成效的话,需要与其他的教育开发活动保持密切联系。如果教学设计关注前述课程蜘蛛网中的各个要素以寻求有效的学习轨迹,那么这样的教学设计已经增强了课程相关因素之间的联系。如果想要扩大教学设计的范围和潜在的影响以便应用于更广阔的领域,那么我们建议,在教师教育、学校发展和评价等范围内,设计工作应与其他的系统活动保持联系(McKenney 等,2006)。这种内部联系毫无疑问能够促使系统保持一致,而这也是系统稳步更新的重要条件。如 Hargreaes 和 Fink (2006, 1 页)所述:"教育领域的变革很容易设想,却很难实现,更难去维持。"把教学设计整合到系统的教育开发过程(通常是长期的)之中,能够维持教学设计的成果。

对研究方法的启示

设计研究

如 Richey (2005)所建议的,虽然关于教学系统模型的验证研究值得采用,但是前文已经强调了有效的研究方法所包含的多种特征。这些特征涉及扩展教学设计的范围,并且把教学设计纳入到整合的教育开发内。除此之外,在研究教学设计模型的时候,研究要更多地采用交
746 互性和开发性方法。对于这样的方法,虽然也使用了其他的术语,但通常被称为基于设计的研究或设计研究(van den Akker 等,2006a)。由 Barab 和 Squire (2004)提出的一般性定义,整合了教学设计研究的多数变量,定义如下:"设计研究是一系列的方法,其目的是制造新的理论、假设和实践,而新的理论、假设和实践能够对真实情境中的学习和教学产生影响。"van den

Akker 等(2006a)指出,与设计研究相关的研究目的包括:(1)增加与教育政策和实践相关的研究;(2)开发有经验依据的理论;(3)促进设计实践的效用。《教育设计研究》(van de Akker 等,2006b)一书中,有一系列的章节从不同的视角(如学习设计、技术、课程、哲学、工程学)介绍了设计研究的案例和产生的影响。设计研究的常见特征包括(Cobb 等,2003;基于设计的研究,2003; Kelly, 2003; Reeves 等,2005; van den Akker, 1999; van den Akker 等,2006a):

- 干预——研究的目的是在真实的世界中开发一种干预;
- 重复——研究包括了设计、评价和修改的循环过程;
- 过程导向——避免使用输入—输出测量的黑箱模型,而是关注理解并改善干预;
- 使用导向——从某种程度上说,设计的本质是测量,测量的内容是用户在真实情境中的可用性;
- 理论导向——设计是(至少部分是)基于理论的,并且对设计的测试是为了完善理论的创建。

除此之外,还应该注意到设计研究没有把注意力放在独立的变量上。虽然设计研究人员的确关注特定情境中的特殊的项目和过程,但是他们还是尝试把这些作为有意义的、整体的现象进行研究。许多设计研究(通常是有目的的、小样本)的情境本身也解释了为什么研究人员没有基于统计技术,把不考虑情境的普遍结论从案例推广到全部。在得出分析形式的普遍性结论方面,还需要投入更多的努力;另外,需要给读者提供更多的支持,以便通过他们自己的努力,把研究发现转变为潜在的理论观点,这个理论观点应当与他们所处的情境相关。设计研究的报告,借助清晰的设计原则,以及对应用情境和评价过程的清晰描述,可以缓解推理过程面临的困难(van den Akker, 1999)。

基于设计的教育工程学

在设计研究中,研究人员需要区分验证研究(主要目的是证明或反驳学习理论)和开发研究(主要目的是借助相关理论知识解决教育问题)。开发研究主要包括以下几个步骤(Nieveen 等,2006; van den Akker, 1999):

- 预备研究:在一个概念框架下,对开发涉及的情境和问题进行基于文献综述的彻底的分析。一些典型的活动包括查阅文献综述、与专家进行研讨、对与目标和情境相关的可能的案例进行分析、对现有实践中的案例进行分析从而更好地理解我们所预期的使用情境面临的需求和问题。这一阶段应该形成正式的设计原则,从而指导后续设计活动;
- 原型阶段:制定实际的设计说明和过程指南,并通过设计、形成性评价和修改的循环对设计原型进行优化(Nieveen, 1999);
- 总结性评价:对有效性进行总结性评价,内容包括探索迁移性和可推广性(Burkhardt, 2006; Burkhardt 和 Schoenfeld, 2003);
- 系统回顾和说明文档:对整个研究进行描述从而进行回顾分析,确定设计原则的一致性并且明确设计原则和概念框架之间的联系。

基于研究的教育工程学的整个循环过程从理论确认开始,通过对实践的深入理解进行开发，最终通过有效性研究（大范围的）进行测试。这一循环过程也体现了从探索到确定的研究途径的逐步转变（Nieveen 等，2006）。对基于实际的学习和教学方法的需求日益增多，暗示了
747 教育设计和开发活动自身需要有强大的理论和经验基础从而能够支持上述需求，而前述基于研究的教育工程学能够应对这种挑战。

很显然，仅仅依靠教学设计人员或者教育研究人员是难以应对这些挑战的。这些挑战需要设计者、研究者、实践者、政策制定者深化交流和协作。除此之外，上述交互应当超越短期的设计和研究活动的时间限制，在一个能够联系并维持一系列独立研究的项目框架下进行交互。

小论

这一节主要探讨了教学设计模型的开发、使用和确定。其中主要的观点包括以下几个方面：

- 常见的模型开发的研究方法包括文献综述、调查（基于谈话的）、案例研究、德尔斐法、出声思考法。对模型使用研究而言，研究方法包括调查（基于谈话的）、案例研究（谈话和调查）、文本分析和出声思考法。通常应用在基于情境的模型确定研究中的研究方法包括实验、准实验、访谈和专家修订。本章也描述了针对上述三个类别的模型研究的案例。
- 明显与其他研究不同的是，需要加强抽象的教学设计模型和应用在真实情境中的设计和开发实践之间的联系。承认大多数的教学设计实践似乎偏离了理论指导这个实际情况，因此需要对模型进行修订从而更加符合现实的需求。与此同时，需要改善现有的、通常是无效的实践。
- 为了能够加强理论研究和实践之间的联系以及促使模型更好地改善学习（教学设计的最终目的），有效的教学设计模型应当从不同视角关注学习过程和学习结果（不仅关注学生，同时也关注教师在不同级别的课程框架下的教学），并且包含更广泛的研究变量。一般而言，需要扩展到教育设计层面。
- 如果设计范围得到扩展和详细的阐述，教学设计的相关性和意义将能够得以改善。教学设计不仅仅和学习活动有关，许多与设计相关的问题也有待解决。从一种更广泛的课程视角出发，有必要关注课程的十个组成部分之间的一致性，这十个组成部分涉及到与学习计划相关的十个不同方面的问题：原理、目标和计划、内容、学习活动、教师角色、材料和资源、小组、地点、时间和评价。
- 除了考虑学习的多种级别和多个组成部分之外，教学设计要更有成效的话，需要与其他的教育开发活动保持密切联系。如果想要扩大教学设计的范围和潜在的影响以便应用于更广阔的领域，那么我们建议在教师教育、学校发展和评价等范围内，设计工作与其他的系统活动保持联系。
- 除此之外，在研究教学设计模型的时候，要更多地采用交互性和开发性研究方法。虽然也使用了其他的术语，但这种研究通常被称为基于设计的研究或者设计研究。教育

设计研究被定义为："教育设计研究是一系列的方法，其目的是制造新的理论、假设和实践，而新的理论、假设和实践能够对真实情境中的学习和教学产生影响。"与教育设计研究相关的多种研究目标包括：(1)增加与教育政策和实践相关的研究；(2)开发有经验依据的理论；(3)促进设计实践的强壮性。设计研究的特征包括：干预、迭代、过程导向、使用导向和理论导向。

- 在设计研究中我们可能想区分验证性研究（主要是证明或证伪学习理论）和开发性研究（主要是利用有关知识解决教育问题）。后者主要包括以下阶段：(1)在一个概念框架下，对开发涉及的情境和问题进行基于文献综述的彻底的分析（预备研究）；(2)制定 748
实际的设计说明和过程指南，并通过设计、形成性评价和修改的循环对设计原型（原型）进行优化；(3)对有效性进行总结性评价，内容包括探索迁移性和可推广性；(4)系统回顾和说明。
- 基于研究的教育工程学的整个循环过程从模型确定研究的理论基础开始，通过对实践的深入理解进行开发，最终通过有效性研究（大范围的）进行测试。

设计与开发研究

Rita C. Richey 和 James D. Klein

本章的这一节调查了设计与开发研究。设计与开发研究为测试理论并促使实践活动更加有效提供了一种方法，并且这类研究对于开展设计和开发一贯具有重要意义。除此之外，设计与开发研究还为创建基于案例分析的新的理论、技术和工具提出了一种方法。

设计和开发的实践是从自然的经验中得来的。大多数设计模型与科学问题的解决过程是一致的，因此有理由相信这样一种假设，即认为设计和开发过程自身也是受经验支持的。但是具有讽刺意味的是，几乎没有研究是以设计过程和产品为导向的，设计与开发研究则正是解决这一问题的一种经验性方法。

在接下来的论述中，我们调查了与设计和开发相关的方法、策略和事件，分析了设计和开发的定义和范畴，提出了两种主要的设计与开发研究类型——产品、工具研究和模型研究，指出了设计与开发研究问题的三种主要来源。在设计与开发研究中，常用的方法和策略包括定性研究、定量研究和混合研究方法，我们也提供了如何使用上述研究方法的例子。除此之外，我们还探讨了设计和开发人员经常面临的与方法论有关的问题，包括在真实的工作环境中开展研究的局限，研究人员同时也是参与人员的双重角色问题。设计和开发的趋势也是我们要努力探求的，对设计与开发研究的叙述有必要简明扼要。对这一部分感兴趣的读者可以参阅 Richey 与 Klein (2007)的研究。

设计与开发研究的定义和范畴

设计与开发研究不断变化的性质

设计与开发研究通过对源自实践的数据做系统的分析，创造新的知识。许多与设计与开发研究有关的例子可以追溯到四十年前。最近人们又开始重新关注这项研究以及它为这个领域带来的益处,与此同时,设计和开发的概念也处在不断的演变之中。设计与开发研究★被定义为对设计、开发和评价过程进行的系统性研究,其目的是奠定以事实为依据的基础,从而创建服务于教学和非教学的产品、工具,并且创建新的或者增强型的模型,以管理产品和工具的开发(Richey 和 Klein, 2007)。

设计与开发研究包含了广泛的研究活动和研究兴趣点。简而言之,包括:(1)研究某一个设计和开发所产生的过程和影响;(2)把设计和开发过程看作一个整体,或者看作一个过程中的独特的组成部分。设计与开发研究一方面需要人们学习其他人的设计和开发活动;另一方面,也要求在研究其他人设计和开发活动的同时,展示自己的设计和开发活动。无论在哪种情
749 况下,我们都需要区分进行设计和开发与分析设计和开发过程之间的差异。设计和开发通常需要研究人员和实践者之间的协作,并且使用定性和定量等多种研究方法。研究人员和实践者致力于对设计和开发过程的本质进行研究,并基于本质研究弥补教学设计理论的不足,而这一工作通常使用的是基于真实工作环境的项目。

设计与开发研究的类型

设计与开发研究的两种主要类型是:(1)产品和工具研究;(2)模型研究。这两种类型通常被称为类型 1 和类型 2(Richey 等,2004),从他们所产生的结果上,我们更容易把握每种类型的研究范围。第一种类型主要关注设计并开发产品和工具,例如 Preese 与 Foshay (1999)对一系列项目导向的指导工具的开发及其应用效果的研究。通常,设计和开发的整个过程是文字描述的。但是某些研究只关注设计和开发的一个方面(如产品)或者仅注重一些阶段(如需求分析)。近期许多研究关注基于技术的教学设计和开发,这种类型的研究趋向于把进行设计和开发活动同研究设计和开发过程相结合。

设计和开发的第二种类型关注开发、验证性研究以及设计和开发模型的运用,例如 Adamski (1998)为高风险工作所设计的模型。这种类型的研究关注模型本身及其应用过程,而不仅仅是对模型进行描述。虽然可以把模型研究与产品开发相结合,但是多数的模型研究针对的是已经成熟的教学活动,并且不是针对特定的项目。模型研究可以判别现有的或者新的开发模型或者技术的有效性。除此之外,相关的研究还试图辨别并描述促使设计和开发成功的条件。

普遍的和基于特定情境的结论

在当代对研究的定位中,多数研究人员认同这样一个前提,即研究应该包括更多的功能而不仅仅是创建普遍的结论,基于特定情境的结论也是有价值的。设计与开发研究应该整合普遍的结论和基于特定情境的结论。这就要求产品和工具研究需要对在特定项目中进行的设计和开发过程进行描述和分析,进而把他们推广到更广泛的应用情境之中。模型研究定位

★ 之前用“发展研究”这个术语描述这种方法(Richey 和 Klein, 2005; Richey 和 Nelson, 1996; Richey 等, 2004; Seel 和 Richey, 1994)。随后在教育设计和技术领域,人们对“发展”这个术语的理解产生了混淆,并促使人们深入地分析这个词的含义。发展涉及许多其他领域的研究,例如人类发展,国际发展,组织发展和团队发展。Richey 和 Klein 对研究术语的演变做了全面合理的分析。

于对设计和开发过程的整体分析之上。模型研究倾向于比产品研究更具有普遍意义。表 54.2 展示了这两种主要的设计和开发类型的联系。

表 54.2　设计与开发研究的类型

	产品和工具研究	模型研究
关注	对特定的产品、工具设计和项目开发进行的研究	对模型开发、验证性和使用开展的研究
结论	开发特定的产品并分析其应用条件，从而促进它们的使用	建立新的设计和开发过程或者模型，并促进其应用
	基于特定产品的结论 ⟶ 普遍应用的结论	

设计与开发研究问题的来源

虽然个体研究者的不同兴趣引导着许多研究活动，但是设计与开发研究问题普遍源自下述三个方面：

- 真实的工作环境和项目；
- 新的技术；
- 由文献所提出的理论问题。

工作环境和实践人员是研究问题的主要来源。这些问题表现为可研究的、重复的并且是常见的现象，通常这些问题是可以解决的，并且反映了当前设计与开发研究的兴趣点。来自工作环境问题的一个例子可以参考 Sullivan 等人(2000)的研究，他们研究所关注的是在美国已经使用了二十多年，涉及 120 亿儿童的 K－12 能源教育课程的开发和应用。在这个案例中，工作环境是覆盖整个国家的 K－12 教育环境。他们的研究报告描述了这个项目的组成，包括教学计划、测试内容、教学材料和为长期的教学开发项目制定的指导方案。Sullivan 等人所指出的问题是非常重要的，因为许多地区的学校都在使用能源教育课程。除此之外，这个项目的应用范围如此广泛，因此其结果必须符合不同地区的学校的需求，并且这个项目的长期性也确保了可以调查从不同年级 K－12 学生中收集的回顾数据。

今天，许多的研究关注开发和使用新的技术手段。一般而言，这些研究关注我们如何使用新的技术手段。而人们所遇到的与技术相关的设计和开发问题也非常简单——你如何做？会遇到哪些问题？如何避免出现问题？需要什么资源？上述问题促使人们研究基于真实项目的产品的开发。Corry 等人(1997)对一个大学网站的设计和可用性进行了研究。这个项目旨在寻找如何促使信息类网站的可用性最大化。他们采用了案例研究法，对促进可用性的设计过程和策略进行了研究。这类研究是非常重要的，因为网站设计在今天非常重要，并且有许多开发人员参与其中。

教学设计模型依旧是这个领域的研究理论的重要组成部分，并且为确定设计和开发领域所要解决的问题指明方向。这些问题大多关注教学设计模型的验证，或者关注于教学设计过程中的某个要素或者阶段的研究。这些研究对完善设计过程是非常重要的。教学设计模型的验证可以视为是内部验证，即对模型组成成分和模型使用过程的验证，也或者是模型外部的验证，即对模型产品的使用效果的确认(Richey, 2005)。

另一类基于理论的问题，是设计与开发研究的技术，这与研究人员自身的理解和决策特性相关。Perez 与 Emery (1995)的研究是这方面的一个例子。他们试图找到新的设计者和专家在认知过程和解决问题的过程之间的区别。在这个研究中，提供给每位参与者的设计任务是确定的，每位参与者都面临相同的设计任务和时间限制。这项研究所希望解决的问题是非常重要的，因为它能够决定真实的设计过程，理解不同级别的设计实践中人们所使用的不同策略，并把认知心理学的研究与教学设计过程相联系。

设计与开发研究方法的特点

设计与开发研究是广泛采用传统的方法和策略，包括定性和定量，进行设计与开发研究的总称。选择何种研究方法，如何应用这些方法不仅取决于研究问题自身，而且取决于研究是否包括产品、工具研究和模型研究。后续章节调查了设计与开发研究的三个方面：

- 常用研究方法；
- 运用混合或者多重研究方法；
- 典型的被试和应用环境。

常用的设计和开发方法及策略

750 设计与开发研究使用了非常广泛的研究方法。多数设计与开发研究，无论是产品和工具研究还是模型研究，都依靠一系列定性研究方法，包括案例研究法、访谈法、文献综述和观察法。许多关注产品和工具开发的研究也包括了评价研究方法(定性研究法和定量研究法)。模型开发和使用通常整合了调查法，而模型验证研究通常使用传统的实验设计法。许多常用的设计和开发方法如表 54.3 所示。设计和开发更倾向于使用定性方法而非定量方法，或许这是因为设计与开发研究通常需要探索，而不是应用定量方法通常所采用的控制。也或许是因为设计与开发研究倾向于处理真实情境中的项目而不是模拟或者策划的项目。无论在哪种情况下，设计与开发研究是对教学设计的实践进行应用研究，而不是对独立的变量进行调查。

表 54.3　设计和开发使用的常用方法

研究类型	项目重点	研究方法
产品和工具研究	全面的设计和开发项目	案例研究、内容分析、评价、观察、深入访谈
	设计和开发阶段	案例研究、内容分析、专家评审、观察、深入访谈、调查
	工具开发和使用	评价、专家评审、深入访谈、调查
模型研究	模型开发	案例分析、德尔斐法、深度访谈、文献综述、调查、思维发散
	模型验证	实验、专家评审、深入访谈
	模型使用	案例研究、内容分析、观察、深入访谈、调查、出声思考法

通常采用的混合方法和多重方法

设计与开发研究涉及复杂的方法，这主要是由于客观世界的外部条件是复杂的，设计和开发过程本身也是复杂的。因此，设计与开发研究倾向于应用混合的或者多重的研究方法。

“混合方法的研究”这个术语描述的是整合了定性和定量方法的研究,其中一个例子是Plummer (1992)等人在一个教学设计活动中整合了两种研究方法——案例研究和实验研究。这个项目旨在开发帮助军人操纵复杂通讯设施的工作辅助。实验阶段评价了工作辅助的有效性,并对三种类型的工作辅助的使用情况进行了对比。这项研究的结论具有一定的影响,其所提供的与开发和使用产品的最佳条件有关的信息也具有一定的影响。

许多设计与开发研究并没有将定性研究方法和定量研究方法加以混合,而是采用了多重相同策略的研究方法。例如Corry (1997)和他的同事开展的基于深度访谈和实地观察的产品开发研究,就使用了多种定性研究方法。

典型的被试和环境

设计与开发研究通常是和情境联系在一起的,对一个特定的项目而言,人们工作环境的条件对这个项目的过程和结果具有明显的影响。因此,对一项研究而言,其所处的环境和参与这项研究的人员是同样重要的。每一种设计和开发环境,作为一个独立的文化和条件,都能够对基于这个环境的活动产生深远的影响,当研究真实的工作环境时,这种影响尤为重要。研究人员面临的与环境相关的问题是:环境是否需要包括与研究问题相关的条件和要素?当然,还包括可行性(如如何在这种环境中开展实践活动?)、权限(如组织是否会允许所有需要的人员参与到研究中?)及优先权(如研究人员是否可以使用关键文档?数据是否会公开?)

参与到设计和开发中的人员,因为他们与特定组织的联系,他们可能被选中也可能不会
被选中。但是,他们中的大多数会被选择,因为,在设计和开发过程中,他们扮演了特定的角 751
色。对研究所做的记录以及对设计产品所做的分析显然都需要包括这些设计过程的实际参与者——设计者、开发者,可能还会有使用者和评价者,在相关研究中,设计团队是作为一个整体出现的。研究一项新的产品和工具的有效性通常需要包括——用户、学习者、指导者,或许还有主管人员。模型开发和模型使用研究中的参与者通常和产品开发和使用的研究人员一致。模型验证研究包括上述所有的参与者。设计和开发的参与者是作为设计者和开发者,而不是学习者和指导者。这是设计与开发研究区别于传统的教学研究的关键。也因为如此,很多参与到设计与开发研究中的人们难以确定其角色。

设计与开发研究的独特之处在于,非人类的实体也作为研究的参与者,例如,项目本身通常也是一个典型的参与者。在这种情况下,项目的特征成为研究关注的重点。例如,我们可以根据项目所创造的产品类型的不同对项目进行区分,不同的项目可能会有不同的传输系统变量或者内容变量,对一项研究中一个特定的项目而言,正是由于上述差异导致了这个项目的组成成分与其他项目不同。而在设计与开发研究中,项目是分析的重要单元。

在一些设计与开发研究中,参与者也是组织者。在一个给定的研究内,需要对组织的类型进行选择,从而确定系统的配置。通过这种方法,我们可以辨别环境所产生的影响。组织的大小取决于人员、预算及其理念。在确定是否选择某一特定组织作为研究的参与者时,这些都是需要考虑的因素。例如,有些研究可能会试图寻找在教育、企业、军队等不同机构中开展设计和开发实践有哪些不同之处。

产品和工具研究:方法和策略

产品开发研究的方法

产品开发使用的典型方法是案例研究法。许多类似的研究详细描述了产品开发过程的全部生命周期。Visser (2002)等人的研究是产品研究的一个例子,从最初的试点研究到持续一年的对产品使用的评价,产品开发的整个过程就是一个经验性研究的过程,通过开发与学习者动机相关的教学产品,避免远程教学的失败并减少参与远程教学项目的学生的辍学率。

试点研究的目的是确定有效的动机信息,并开发与之相关的信息原型。参与者是来自一门远程教育课程中的17位国际学生。收集的数据来自学生记录、与项目人员的交谈和课程结束的测试。

主要的研究成果被扩展到参与五门远程教育课程的81名学生中。其中两门课程使用个性化动机信息,两门课程使用协作动机信息,一门课程不使用动机信息。每一门课程都是相对独立的为期一年的案例研究。指导者依据研究人员制定的结构化的计划,把这些动机信息加入到自身的课程中。在试验研究中使用了很多数据收集设备,与学生相关的数据在课程之前和之后都通过电话访谈的形式加以收集。指导者向研究人员提供了现有的课程完成记录、时间安排表、深入访谈记录。研究人员借助这些数据确定动机信息是否有效,以及哪种类型的信息更为有效。

752 **工具开发和使用研究的方法**

最近许多研究关注工具的开发和使用,这些研究或者是为了促使设计和开发更加简单,或者是支持教或者学的过程。不必奇怪,这些工具多数是基于计算机的,而工具研究本身也转向通过运用这些工具,来进行自动化的设计和开发。下面是一个工具使用研究的例子。

Nieveen与van den Akker (1990)的工具研究关注一个计算机系统,这个系统能够在教学设计的形成性评价阶段,作为设计者的绩效评价支持工具。这项研究关注工具的使用,评估的内容不仅包括工具的有效性,还包括工具的可用性。在第一个阶段,65名具有不同经验和技能的设计人员和开发人员参与到一个有关工具使用的工作组中,然后他们使用这个工具,并在一个小时内制作一份形成性评价计划。计算机系统跟踪参与者的行为,并把数据及时地显示到屏幕上。工作组的领导和助理记录下在实验过程中他们为设计者所提供的帮助和指导意见。研究所分析的数据包括:所收集的工作组的评价计划,通过访谈所收集的参与者的使用感受,以及他们对于工具的其他反馈信息。

在第二个阶段,要求在两个不同的工作情境中试用四个教学设计项目。设计人员中包括三位专家和一个新手。收集的数据来自:(1)在完成对形成性评价最主要部分的设计后,采访其中两到三位设计师;(2)记录的完整的评价活动(评价计划、工具、最终报告、活动指南)。把收集的数据整合到一起,撰写包含细节在内的每一个试用项目的报告,同时要撰写每个项目报告的总结。参与的设计者查阅总结的内容并做微调。这项研究的结论会促使我们改善工具,证明工具对新手和专业设计人员而言都是适用的这个假设,并找出在日常应用中影响工具的使用和效果的限制因素。

和许多其他的设计与开发研究案例一样,工具的使用研究也采用了多种混合的设计方法。在第一个阶段使用的方法包括调查和内容分析，在第二个阶段使用的方法包括深度访谈和内容分析。

模型研究：方法和策略

模型开发研究的方法

虽然模型在我们的领域被广泛采用，但是对模型的形成进行的研究还相对较少。许多教学设计模型仅仅是对教学设计的理论和研究进行了文献综述之后就得出了结论，但是也有一些研究涉及到模型形成的过程。Jones 和 Richey (2000)的研究就是使用多种定性方法进行模型开发的一个例子。这项研究的结果，是一个修正的教学设计模型的快速原型，描述了设计者需要完成的任务、任务的完成过程，以及客户的参与特性。人们所搜集的数据来自真实的设计和开发过程。参与到这个研究中的设计者和用户来自两个截然不同的项目，其项目大小、产品和领域都不同，且都是在这个研究过程中完成的。

设计者创建了任务日志，记录所完成的任务，任务完成的时间，以及所花的时间。作为记录过程的组成部分，设计者对记录的数据进行审阅，包括项目目标、时间卡片、设计备忘、原型说明，以及最终的产品。接下来，对每一个设计者进行一个小时的结构化访谈，以确定快速原型法对教学设计过程和产品质量产生的影响。另外，还对产品用户进行了电话访谈。所有的访谈都进行了录音。

通过对数据进行编码和分析，研究人员能够知道什么人在什么时间完成了什么设计和开 753
发任务。完成每一个任务的时间是确定的，从中得出教学设计的快速原型过程。在这个模型开发研究过程中，所应用的主要方法包括内容分析法和日志法，以及深入访谈法。

模型验证研究的方法

我们可以通过控制特定模型，将其产生的效果同使用其他模型的效果进行比较，从而来验证这个模型。Tracey (2002)的一项研究就是采用控制实验来进行模型验证的。Tracey 对比了 Dick 和 Carey (1996)模型和教育系统设计模型，并且考虑了多重智能的影响。这项研究可以作为最新创建的多重智能(MI)设计模型的外部验证。Tracey 创建了两个设计队伍，每个队伍有两名设计新手。一个队伍使用 Dick 与 Carey 模型，另外一个使用 MI 模型，两支队伍都要求为一个非营利组织设计一个两个小时的、以指导者为中心的、室内使用的团队构建课程。每个队伍有：(1)关于组织的资料；(2)团队构建的书面内容；(3)受众、环境和分析数据；(4)一个教学系统设计模型。

四名设计师作为一个团队，评估需求、确定任务目标并修正内容。然后两个队伍被分开，各自管理他们的学习者，并基于已知的信息和他们所选择的模型进行环境分析。基于分析结果和所选择的设计模型的步骤，两个队伍创建了各自的绩效目标。接着把两个队伍召集在一起，修订他们的目标，以确定这个目标符合相同的团队创建目标，两个队伍一起写下后测问题。然后两个队伍又被分开，并在同一地区的不同办公室内完成设计任务。每一个队伍都有笔记本电脑、办公室和任何所需的设计资料、打印指导资料的打印机、指导模版和所有已经完成的产品。

两个队伍完成的设计成果会得以应用，并对比学习者在知识和态度方面的改变。研究过程中使用到的教学方法包括:设计者日志——记录对任务和模型使用的反馈;学习者知识后测;调查法——调查参与者对教学的反馈。

模型使用研究的方法

关注模型使用的设计与开发研究,把教学设计过程描述为自然发生的过程,或者关注某一种特定模型的使用。Visscher-Voerman 与 Gustafson (2004)的研究提供了一个案例,探究了深入访谈法是如何促使设计和开发人员探究教学设计过程中错综复杂的关系的。基于预先制订的标准,选择了 24 位设计人员,包括参加或没有参加过正式培训的人员,一共有 6 种不同的设计情境。研究共分两个阶段:在第一个阶段,12 位设计师,每两个人一种设计情境,对其进行了半个小时到一个小时的访谈。第一轮的访谈内容采访了他们的背景,他们的项目,他们被问及在最近的项目中他们所使用的策略,并要求他们举出具体的例子,来解释他们为何使用这种方法,而不是使用其他常规的方法。这些访谈都用录音保存下来,采访的数据也与相关的项目文档进行了确认。最后基于采访内容撰写一份报告,包括每位受访者的项目概述和项目描述,报告由每位受访者修订。这种精确地确定某个人的数据的过程叫做记忆核对(Creswell, 2002)。修订后的报告,而不是采访内容,作为初步分析的基础。

754 初步分析被应用在每一个使用分析、设计、开发、实施和评价(ADDIE)的设计活动中。接下来,对每一个设计人员所描述的每一个重要活动进行更加深入的细节分析。然后综合分析的数据以文字的形式生成四种不同的常规设计范式(非模型),每一种设计范式都代表了特定的理论倾向。

第二轮的深入访谈,来自每种设计情境的两名设计人员接受与之前类似的采访,采访数据也以相同的格式保存。然后把所有的数据整合到一起,分析这些数据并且确定影响设计活动的潜在因素。通过分析设计人员参与活动的详细描述,我们可以发现设计人员所遵循的潜在的设计范式。

独特的设计与开发方法的关注点

和其他的研究者相比,设计与开发研究者更需要关注的问题包括:

- 当研究人员充当参与者角色时,如何避免个人偏见;
- 处理数据恢复时的困难;
- 在真实的工作环境中开展研究所带来的局限。

研究者—参与者的双重角色

在大多数研究中,研究人员同时作为被观察对象并不是常见的。在设计与开发研究中,尤其是在产品和工具开发研究中,研究人员通常既是设计者也是开发者。换句话说,在设计过程中研究人员观察的是他们自己。这与在人口统计中常用的参与观察法是截然不同的,研究人员同时作为参与者的话,有可能会导致收集的数据不准确。在任何研究者同时也是参与者的项目中,设计研究必须采取相关的措施避免产生有偏颇的数据。避免产生有偏颇数据的最常见的技术是,使用精确设置的数据收集设备,并把多种来源的数据进行分类。

McKenney 与 van den Akker(2005)的一项研究表明,不仅研究者和设计者具有双重角色,开发者、项目制作者和评价者也有双重角色。他们使用了下述的策略以避免收集的数据带有个人偏好：

- 创建可以区分数据和主观推断的方法；
- 根据类型和来源的不同对收集的数据进行分类；
- 让不同的调查人员收集数据；
- 让众多的同事和研究助手一起分析并描述数据。

这些原理也适用于其他研究人员同时具有设计者、开发者等多重角色的研究。

在产品和工具研究中，研究人员也被假定具有参与者的角色，这个参与者的角色一般是指设计者，当然也有例外的情况。研究人员同时也作为指导者的情况并不多见，尤其是在产品试验研究中。再一次强调的是，必须创建某种方法，从而避免研究人员无意中把个人偏好带入收集的数据之中。

处理数据恢复

虽然我们倾向于在项目进行过程中开展设计与开发研究，但在某些情况下这是不现实的，尤其是那些发生在真实的工作情境中并受时间限制的项目。使用数据恢复的弊端是显而易见的——人们会忘记项目细节。当有必要使用数据恢复时，应当注意：(1)使用系统的方法激发/刺激参与者的记忆；(2)证明收集的数据恢复是否精确。我们可以许多技术手段可以帮 755
助达到上述目标，包括：

- 让参与者建立项目任务日志，利用现有的数据来检验回忆的数据；
- 要求参与者预先参与一个访谈活动以刺激回忆；
- 从多种来源收集数据以便三角验证数据；
- 允许参与者自己证明他们报告的是否精确。

使用到数据恢复的设计研究需要提供多重的数据来源，从而证明收集的数据恢复是可信的。

真实的工作环境中的研究

设计与开发研究是应用研究的一种。多数的研究旨在从真实的设计和开发环境中搜集数据。产品和工具研究通常是实地的设计与开发研究取得的成果。当我们研究在真实的情境中开展的教学设计过程时，会遭遇真实性和许多与情境相关的因素的制约，其中一些因素与研究相关，但也有无关的因素。总体而言，这类研究需要从对真实的工作环境的全面描述中，意识到工作环境的重要性。例如，设计和开发需要考虑下述与工作和教学情境相关的几个方面：

- 产品、项目和工具的用户即学习者的特点和背景；
- 工具的用户即设计者/开发者的特点和背景；
- 设计和开发团队的结构；
- 产品应用所需的其他设施情况；
- 产品、工具或项目分发和应用过程中所使用的资源与过程。

除了把多种情境变量包含在案例研究中之外，很多研究在定量分析中也考虑到了这些要素。这种情况一般发生在产品或项目的评价阶段。例如，Sullivan (2000)等人的研究，考察了学校管理者的态度和学校氛围的特性，并考察这些因素对学校成功开展能源课程所产生的影响。

设计与开发研究的趋势

随着越来越多的人依据最新的设计理念追踪教学设计问题，设计与开发研究逐渐得到扩展(Richey 和 Klein, 2007; Wang 和 Hannafin, 2005)。新的产品和工具在实践应用中进行着试用，新的模型也进行着修订和验证。在这一部分，我们对这些趋势作了简要回顾，并对设计与开发研究在我们的领域中所扮演的角色进行了展望。

产品和工具研究的趋势

教学产品和工具的设计与开发被认为是我们领域的核心。产品和工具研究通常所关注的是学校或职业培训中运用的教育干预。近期的研究同时也关注非教学性的产品和工具，例如 Nguyen (2005)描述了一种需求分析，用来确定电子绩效支持系统(EPSS)的类型，培训专家和使用者都认为此研究对增强绩效非常有价值。除此之外，Nguyen 等人开展了一项实验，在这个实验室中，制造企业的员工完成了一项程序性任务，实验的对比情况是任务过程中的支持来自内部、外部、EPSS 和没有任何支持。最近很多研究人员关注非教学干预的研究，这一趋势要求我们对设计与开发研究的定义(参考前文)加以扩展，将绩效改进和非教学干预这两个概念包含其中(Reiser, 2007)。

产品和工具研究的另外一个趋势，体现了该领域所用的媒体技术的变革。例如，早期的产品研究关注视听媒体，如 Greenhill (1995)描述的低成本的、动态的教学有声图片，Cambre (1979)为教学电视开发的形成性评价方法。随着越来越多的基于计算机的教学用于学校和培训，与之相关的产品和工具的设计、开发和评价研究也会日益增多(Buch, 1989; Kearsley, 1986; Lewis 等，1993; Munro 和 Towne, 1992)。除此之外，远程教学产品和基于网络的工具研究也是设计和开发人员关注的热点(Chou 和 Sun, 1996; Corry 等, 1997; Koszalka, 2001; Visser 等, 2002)。

模型研究的趋势

虽然设计和开发模型会一如既往地繁荣下去，但是针对这些模型的研究仍然处于起步阶段。而毫无疑问，将会有更多的实践性工作为模型的开发过程提供支持。许多类似的研究关注利用新的教学设计模型和方法开发教学，这些新的模型和方法体现了认知科学和建构主义的影响。例如，Cronje (2006)创建了一个整合了目标导向和建构主义导向的新的设计模型，并对这个模型进行了测试，Schatz (2005)为 K-12 教学者开发了一个学习目标分类标签，并对其进行了测试。在许多案例中，新的模型开发研究中综合了多种模型验证方法，例如 Tracey 和 Richey (2007)的研究。

另一方面，模型使用研究在某些时候也是非常重要的，尤其是设计者确定设计策略阶段(Goel 和 Pirolli, 1998; Nelson, 1990)。模型使用研究一直在继续，近期的研究关注在设计过程中，设计人员的某些特征可能对研究所产生的影响。最值得关注的是，对设计者的专业知识的研究，以及设计专家和新手设计师之间的差别(Kirschner 等，2002; Perez 和 Emery, 1995;

Rowland, 1992; Tennyson, 1998)。很多研究也关注了其他的一些特征,并确定这些特征对模型使用产生的影响,例如 Chase (2003)研究了性别和与性别相关的思维模式对模型使用所产生的影响。模型研究正在不断扩展,更广泛的理论倾向、使用环境和相关变量被包含到模型研究之中。

设计与开发研究的前景

除了我们在这里讨论的传统的设计与开发研究,其他的研究人员正在使用不同的方法解决同样的问题。其中最典型的是基于设计的研究。基于设计的研究是一种情境之中的研究(基于设计的研究集,2003;也可以参阅本章 van den Akker 和 Kuiper),使用的是这样一种方法(Winn, 2004,104 页):

> ……设计者创建工具,并在真实的教室中测试工具。利用收集的数据,研究人员创建理论并对工具加以完善。这一过程不断地反复进行,直到工具被证明是有效的,并且我们知道为什么它是有效的,且吸收到相关的理论中。

基于设计的研究试图揭示人们学习过程的本质。典型的做法是,通过学习者与教学材料 756
以及学习者相互之间的交互,揭示学习过程的本质。这种类型的研究设计被广泛地应用于基于技术的教学材料的研究中。基于设计的研究虽然与设计和开发研究(特别是产品和工具研究)有相似之处,但是就这里所讨论的设计和开发过程自身的细节而言,二者有着不同的技术取向。

虽然研究方法不同,但是这些研究方法都反映出这样一种倾向,即学者们更关注于在现实的、复杂的设计和教学环境中开展设计和进行研究,而不再是在可控的情境中。这些研究不仅反映了理论改进的需求,同时也反映了实践者的需求。最终,设计与开发研究的更广泛应用,不是源于对这种方法的呼吁,而是来自真实工作情境中的问题的呼声。

源自技术、情境和理论的很多问题引领着当前的设计与开发研究,而这些问题也最有可能刺激设计与开发研究在未来继续开展下去。技术是促使开展设计与开发研究的直接推动力,与此同时,实践者面临的清晰的问题也促进了这一研究的开展,而研究人员有责任解决真实情境中的问题。最终个别专家的研究兴趣汇聚成设计与开发研究的理论基础。未来的研究有可能会涉及与教学和非教学相关的问题和产品。

小结

这一节关注设计与开发研究。主要的观点包括下述几个方面:

设计与开发研究通过对源自实践的数据进行系统的分析从而创造新的知识。设计与开发研究提供了一种测试理论、验证实践、创建新的方法、技术和工具的方法,这种方法基于对特定案例开展的系统分析。

类似的研究要求创设这样一种情境,在这个情境中,人们可以学习他人的设计和开发工 757
作,或者在展示自己的设计和开发活动的同时,也被他人学习。无论在哪种情况下,都需要区分开展设计、开发活动和研究设计、开发过程。

设计和开发的两种主要类型是产品、工具研究和模型研究。产品和工具研究通常要求描述并分析在特定项目中使用的设计和开发过程，其结论是受情境限制的。模型研究是分析常规的设计与开发研究过程，模型研究比产品和工具研究更具有普遍性。

在产品和工具研究中通常会对整个设计和开发过程加以描述。然而，也有一些产品和工具研究仅仅关注设计和开发的一个阶段或者不关注某些阶段。

模型研究包括模型开发研究、模型验证研究和模型使用研究。

常见的设计和开发问题的来源包括真实的工作情境和项目，新的技术和由于文字描述所产生的理论问题。

虽然设计与开发研究使用了非常广泛的研究方法，但是这些研究倾向于使用定性研究而非定量研究。定性的数据收集法，包括案例研究、访谈法、文献综述、观察法都是经常使用的。评价法通常包含在很多关注产品和工具开发的研究中。模型开发和使用研究通常使用调查研究法，而模型验证通常使用传统的实验设计法。

由于在真实的工作情境中，设计和开发过程是非常复杂的，许多研究整合了质性和定量的混合研究方法，或者整合了多种相似的多重研究方法。

设计和开发人员在管理他们所开展的研究时，应该解决下述方法问题：在研究者同时充当参与者的研究中，要避免个人偏见；依赖数据恢复是有风险的；在真实环境中开展的研究会受到多种因素的限制。

（顾小清 译，赵建华 一校，詹春青，焦建利 二校）

参考文献

Adamski, A.J. (1998). The Development of a Systems Design Model for Job Performance Aids: A Qualitative Developmental Study, Ph. D. dissertation, Wayne State University, 1998. *Dissert. Abstr. Int. A*, 59 (03), 789.

Aleven, V., Stahl, E., Schworm, S., Fischer, F., and Wallace, R. (2003). Help seeking and help design in interactive learning environments, *Rev. Educ. Res.*, 73, 277-320.

Anand, P. G. and Ross, S. M. (1987). Using computer-assisted instruction to personalize arithmetic materials for elementary school children. *J. Educ. Psychol.*, 79, 72-78.

Andrews, D.H. and Goodson, L.A. (1980). A comparative analysis of models of instructional design. *J. Instruct. Dev.*, 3(4), 2-16.

Anglin, G.J. and Morrison, G.R. (2001). Cognitive Load Theory: Implications for Instructional Design Research and Practice. Paper presented at the Association for Educational Communications and Technology Annual Meeting, Atlanta, GA.

Barab, S. and Squire, K. (2004). Design-based research: putting a stake in the ground. *J. Learn. Sci.*, 13(1), 1-14. *

Berliner, D.C. (2002). Educational research: the hardest science of all.
758 *Educ. Res.*, 31(8), 18-20.

Borg, W. R., Gall, J. P., and Gall, M. D. (1993). *Applying Educational Research*, 3rd ed. New York: Longman.

Borman, G.D., Hewes, G., Overman, L.T., and Brown, S. (2003). Comprehensive school reform and achievement: a meta-analysis. *Rev. Educ. Res.*, 73(2), 125-230.

Börner, K., Hazlewood, W.R., and Sy-Miaw, L. (2002) Visualizing the spatial and temporal distribution of user interaction data collected in three-dimensional virtual worlds. In *Proceedings of the Sixth International Conference on Information Visualization (IV'02)*, July 10-12, London, pp. 25-31 (http://vw.indiana.edu/cive02/004_borner_VisSpatialTemporal.pdf).

Brown, A. L. (1992). Design experiments: theoretical and methodological challenges in creating complex interventions in classroom settings. *J. Learn. Sci.*, 2(2), 141-178.

Buch, E. E. (1989). A systematically developed training program for microcomputer users in an industrial setting, Ph. D. dissertation, University of Pittsburgh, 1988. *Dissert. Abstr. Int. A*, 49(4), 750.

Burkhardt, H. (2006). From design research to large-scale impact: engineering research in education. In *Educational Design Research*, edited by J. van den Akker, K. Gravemeijer, S. McKenney, and N. Nieveen, pp. 121-150. London: Routledge.

Burkhardt, H. and Schoenfeld, A. H. (2003). Improving educational research: towards a more useful, more influential and better funded enterprise. *Educ. Res.*, 32(9), 3-14.

Cambre, M. A. (1979). The development of formative evaluation procedures for instructional film and television: the first fifty years, Ph. D. dissertation, Indiana University, 1978. *Dissert. Abstr. Int. A*, 39 (7), 3995.

Campbell, D. T. and Stanley, J. C. (1963). Experimental and quasi-experimental designs for research on teaching. In *Handbook of Research on Teaching*, edited by N. L. Gage, pp. 171-246. Chicago, IL: Rand McNally. *

Carrier, C. A. (1984). Do learners make good choices? *Instruct. Innov.*, 29(2), 15-17.

Carrier, C.A., Davidson, G.V., Higson, V., and Williams, M.D. (1984). Selection of options by field independent and field dependent children in a computer-based coordinate concept lesson. *J. Comput.-Based Instruct.*, 11(2), 49-54.

Carrier, C. A., Davidson, G. V., Williams, M. D., and Kalweit, C. M. (1986). Instructional options and encouragement effects in a microcomputer-delivered concept lesson. *J. Educ. Res.*, 79, 222 - 229.

Cavalier, J. C., Klein, J. D., and Cavalier, F. J. (1995). Effects of cooperative learning on performance, attitude, and group behaviors in a technical team environment. *Educ. Technol. Res. Dev.*, 43(3), 61 - 71.

Chandler, P. and Sweller, J. (1992). The split-attention effect as a factor in the design of instruction. *Br. J. Educ. Psychol.*, 62, 233 - 246.

Chase, C. A. (2003). The effects of gender differences and levels of expertise on instructional design, Ph. D. dissertation, Wayne State University, 2002. *Dissert. Abstr. Int. A*, 63(11), 3815.

Chou, C. and Sun, C. (1996). Constructing a cooperative distance learning system: the CORAL experience. *Educ. Technol. Res. Dev.*, 44 (4), 71 - 84.

Chung J. and Reigeluth, C. M. (1992). Instructional prescriptions for learner control, *Educ. Technol.*, 32(10), 14 - 20.

Clariana, R. B. and Lee, D. (2001). The effects of recognition and recall study tasks with feedback in a computer-based vocabulary lesson. *Educ. Technol. Res. Dev.*, 49(3), 23 - 36.

Clark, R. E. (1983). Reconsidering the research on learning from media. *Rev. Educ. Res.*, 53(4), 445 - 459.*

Clark, R. E. (1994). Media will never influence learning. *Educ. Technol. Res. Dev.*, 42(2), 21 - 29.

Clarke, T., Ayres, P., and Sweller, J. (2005). The impact of sequencing and prior knowledge on learning mathematics through spreadsheet applications. *Educ. Technol. Res. Dev.*, 53(3), 15 - 24.

Cobb, P., Confrey, J., diSessa, A., Lehrer, R., and Schauble, L. (2003). Design experiments in educational research. *Educ. Res.*, 32(1), 9 - 13.

Cognition and Technology Group at Vanderbilt (CTGV). (1990). Anchored instruction and its relationship to situated cognition. *Educ. Res.*, 19(6), 2 - 10.

Cognition and Technology Group at Vanderbilt (CTGV). (1993). Anchored instruction and situated cognition revisited. *Educ. Technol.*, 33 (3), 52 - 70.

Corry, M. D., Frick, T. W., and Hansen, L. (1997). User-centered design and usability testing of a Web site: an illustrative case study. *Educ. Technol. Res. Dev.*, 45(4), 65 - 76.

Creswell, J. W. (2002). *Educational Research: Planning, Conducting, and Evaluating Quantitative and Qualitative Research*. Upper Saddle River, NJ: Pearson Education.

Cronbach, L. J. and Snow, R. E. (1981). *Aptitudes and Instructional Methods: A Handbook for Research on Interactions*. New York: Irvington.

Cronjé, J. (2006). Paradigms regained: toward integrating objectivism and constructivism in instructional design and the learning sciences. *Educ. Technol. Res. Dev.*, 54(4), 387 - 416.

Cuban, L. (1986). *Teachers and Machines: The Classroom Use of Technology Since 1920*. New York: Teachers College Press.

Dede, C. (2003). MUVEES project, http://vista.uconn.edu/webct/cobaltMainFrame.dowebct.

Dede, C. (2006). *River City*, videoconference interview presented to students and faculty at the University of Connecticut, Storrs, CT.

Design-Based Research Collective. (2003). Design based research: an emerging paradigm for educational inquiry. *Educ. Res.*, 32(1), 5 - 8.

Dick, W. and Carey, L. (1996). *The Systematic Design of Instruction*, 4th ed. New York: HarperCollins.

DiVesta, F. J. (1975). Trait-treatment interactions, cognitive processes, and research on communication media. *AV Commun. Rev.*, 23, 183 - 196.

Eisenhart, M. and Towne, L. (2003). Contestation and change in national policy on 'scientifically based' education research. *Educ. Res.*, 32 (7), 31 - 38.

Feuer, M. J., Towne, L., and Shavelson, R. J. (2002). Scientific culture and educational research. *Educ. Res.*, 31(8), 4 - 14.

Fleming, M. and Levie, W. H. (1978). *Instructional Message Design: Principles from the Behavioral Sciences*. Englewood Cliffs, NJ: Educational Technology Publications.

Friedman, T. L. (2005). *The World Is Flat: A Brief History of the Twenty-First Century*. New York: Farrar, Straus and Giroux.

Glaser, R. (1976). Components of a psychology of instruction: towards a science of design. *Rev. Educ. Res.*, 46, 1 - 24.

Goel, V. and Pirolli, P. (1988). *Motivating the Notion of Generic Design within Information Processing Theory: The Design Problem Space*, Report No. DPS-1. Washington, D. C.: Office of Naval Research (ERIC Document Reproduction Service No. ED 315041).

Goetzfried, L. and Hannafin, M. J. (1985). The effect of the locus of CAI control strategies on the learning of mathematics rules. *Am. Educ. Res. J.*, 22(2), 273 - 278.

Gray, S. H. (1987). The effect of sequence control on computer assisted learning. *J. Comput.-Based Instruct.*, 14(2), 54 - 56.

Greenhill, L. P. (1955). *A Study of the Feasibility of Local Production of Minimum Cost Sound Motion Pictures*, Technical Report No. SDC 269 - 7 - 48, Pennsylvania State University Instructional Film Research Program. Port Washington, NY: U. S. Naval Training Device Center, Office of Naval Research.

Guba, E. G. (1981). Criteria for assessing the trustworthiness of naturalistic inquiries. *Educ. Commun. Technol. J.*, 29, 75 - 92.

Gustafson, K. L. (1981). *Survey of Instructional Development Models*. Syracuse, NY: ERIC Clearinghouse on Information and Technology, Syracuse University.

Gustafson, K. L. (1991). *Survey of Instructional Development Models*, 2nd ed. Syracuse, NY: ERIC Clearinghouse on Information and Technology, Syracuse University.

Gustafson, K. L. and Branch, R. M. (1997). *Survey of Instructional Development Models*, 3rd ed. Syracuse, NY: ERIC Clearinghouse on Information and Technology.

Gustafson, K. L. and Branch, R. M. (2002a). *Survey of Instructional Development Models*, 4th ed. Syracuse, NY: ERIC Clearinghouse on Information and Technology.

Gustafson, K. L. and Branch, R. M. (2002b). What is instructional design? In *Trends and Issues in Instructional Design and Technology*, edited by R. A. Reiser and J. V. Dempsey, pp.16 - 25. Upper Saddle River, NJ: Merrill/Prentice Hall.*

Hagler, P. and Knowlton, J. (1987). Invalid implicit assumption in CBI comparison research. *J. Comput.-Based Instruct.*, 14, 84 - 88.

Hannafin, M. J. (1984), Guidelines for using locus of instructional control in the design of computer-assisted instruction. *J. Instruct. Dev.*, 7 (2), 6 - 10. 759

Hannafin, M. J. (1986). The status and future of research in instructional design and technology. *J. Instruct. Dev.*, 8, 24 - 30.

Hannafin, R. D. and Sullivan, H. J. (1995). Learner control in full and lean CAI programs. *Educ. Technol. Res. Dev.*, 43(1), 7 - 19.

Hannafin, R. D. and Sullivan, H. J. (1996). Learner preferences and learner control over amount of instruction. *J. Educ. Psychol.*, 88, 162 - 173.

Hargreaves, A. and Fink, D. (2006). *Sustainable Leadership*. San Francisco, CA: Jossey-Bass.

Hativa, N. (1988). Differential characteristics and methods of operation underlying CAI/CMI drill and practice systems. *J. Res. Comput. Educ.*, 20, 258 - 270.

Hicken, S., Sullivan, H. J., and Klein, J. P. (1992). Learner control modes and incentive variations in computer-delivered instruction, *Educ. Technol. Res. Dev.*, 40(4), 15 - 26.

Hoban, C. F. (1953). Determinants of audience reaction to a training film. *Audio Visual Commun. Rev.*, 1(1), 30 - 52.

Hsieh, P., Acee, T., Chung, W., Hsieh, Y., Kim, H., Thomas, G., Levin, J. R., and Robinson, D. H. (2005). Is educational intervention research on the decline? *J. Educ. Psychol.*, 97(4), 523 - 529.

Hulshof, C. D. (2004). Log file analysis. In *Encyclopedia of Social Measurement*, edited by K. Kempf-Leonard. New York: Academic Press.

Hutchins, E. (1995). *Cognition in the Wild*. Boston, MA: MIT Press.

Jackson, S., Stratford, S. J., Krajcik, J., and Soloway, E. (1995). Making System Dynamics Modeling Accessible to Pre-College Science Students. Paper presented at the Annual Meeting of the National Association for Research in Science Teaching, April 3 - 6, San Francisco, CA.

Jones, T. S. and Richey, R. C. (2000). Rapid prototyping in action: a developmental study. *Educ. Technol. Res. Dev.*, 48(2), 63 - 80.

Kearsley, G. (1986). Automated instructional development using personal computers: research issues. *J. Instruct. Dev.*, 9(1), 9 - 15.

Kelly, A. (2003). Research as design. *Educ. Res.*, 32(1), 3 - 4.

Kerr, S. T. (1983). Inside the black box: making design decisions for instruction. *Br. J. Educ. Technol.*, 14, 45 - 58.

Kim, Y., Baylor, A. L., and Group, P. (2006). Pedagogical agents as learning comparisons: the role of agent competency and type of interaction. *Educ. Technol. Res. Dev.*, 54(3), 223 - 243.

Kinzie, M. B. and Sullivan, H. J. (1989). Continuing motivation, learner control, and CIA. *Educ. Technol. Res. Dev.*, 37(2), 5 - 14.

Kinzie, M. B., Sullivan, H. J., and Berdel, R. L. (1988). Learner control and achievement in science computer-assisted instruction. *J. Educ. Psychol.*, 80, 299 - 303.

Kirschner, P. A., Carr, C., van Merriënboer, J. J. G., and Sloep, P.

(2002). How expert designers design. *Perform. Improv. Q.*, 15(4),86-104.

Koszalka, T. A. (2001). Designing synchronous distance education: a demonstration project. *Q. Rev. Dist. Educ.*, 2(4),333-345.

Kozma, R. B. (1991). Learning with media. *Rev. Educ. Res.*, 61, 179-212. *

Kozma, R. B. (1994). Will media influence learning? Reframing the debate. *Educ. Technol. Res. Dev.*, 42,7-19.

Ku, H. and Sullivan, H.J. (2000). Personalization of mathematics word problems in Taiwan. *Educ. Technol. Res. Dev.*, 48(3),49-59.

Kulikowich, J. M. and Young, M. F. (2001). Locating an ecological psychology methodology for situated action. *J. Learn. Sci.*, 10(1/2),165-202.

Lamberski, R.J. and Dwyer, F.M. (1983). The instructional effect of coding (color and black and white) on information acquisition and retrieval. *Educ. Commun. Technol.*, 31(1),9-21.

Land, S. M. (2000). Cognitive requirements for learning with open-ended learning environments, *Educ. Technol. Res. Dev.*, 48(3),61-78.

Le Maistre, C. (1998). What is an expert instructional designer? Evidence of expert performance during formative evaluation. *Educ. Technol. Res. Dev.*, 46,21-36.

Leu, Jr., D.J., Kinzer, C.K., Coiro, J., and Cammack, D. (2004). Toward a theory of new literacies emerging from the Internet and other information and communication technologies. In *Theoretical Models and Processes of Reading*, 5th ed., edited by R. B. Ruddell and N. Unrau, pp. 1568-1611. Newark, DE: International Reading Association (http://www.readingonline.org/newliteracies/lit_index.asp?HREF=/newliteracies/leu).

Levin, J. R. (2004). Random thoughts on the (in)credibility of educational-psychological intervention research. *Educ. Psychol.*, 39(3),173-184. *

Levin, J. R. and O'Donnell, A. M. (1999). What to do about educational psychology's credibility gaps? *Issues Educ. Contrib. Educ. Psychol.*, 5,177-229.

Levonian, E. (1963). Opinion change as mediated by an audience-tailored film. *Audio Visual Commun. Rev.*, 11(4),104-113.

Lewis, E.L., Stern, J.L., and Linn, M.C. (1993). The effect of computer simulations on introductory thermodynamics understanding. *Educ. Technol.*, 33(1),45-58.

Liu, M. and Bera, S. (2005). An analysis of cognitive tool use patterns in a hypermedia learning environment. *Educ. Technol. Res. Dev.*, 53(1), 5-21.

Liu, M., Williams, D., and Pedersen, S. (2002). Alien Rescue: a problem-based hypermedia learning environment for middle school science, *J. Educ. Technol. Syst.*, 30(3),255-270.

Lou, Y., Bernard, R. M., and Abrami, P. C. (2006). Media and pedagogy in undergraduate distance education: a theory-based meta-analysis of empirical literature. *Educ. Technol. Res. Dev.*, 54(2),141-176.

McKenney, S. (2002). Computer-Based Support for Science Education Materials Developers in Africa: Exploring Potentials, Ph. D. dissertation. Enschede: University of Twente.

McKenney, S. and van den Akker, J. (2005). Computer-based support for curriculum designers: a case of developmental research. *Educ. Technol. Res. Dev.*, 53(2),41-66. *

McKenney, S., Nieveen, N., and van den Akker, J. (2006). Design research from a curriculum perspective. In *Educational Design Research*, edited by J. van den Akker, K. Gravemeijer, S. McKenney, and N. Nieveen, pp.67-90. London: Routledge.

Messick, S. (1995). Standards of validity and the validity of standards in performance assessment. *Educ. Meas. Issues Pract.*, 14(4),5-8.

Metcalf, S.J., Krajcik, J., and Soloway, E. (2000). Model-It: a design retrospective. In *Innovations in Science and Mathematics Education: Advanced Design for Technologies of Learning*, edited by M. J. Jacobson and R. B. Kozma, pp.77-115. Mahwah, NJ: Lawrence Erlbaum Associates.

760 Morrison, G.R. and Anglin, G.J. (2005). Research on cognitive load theory: application to e-learning. *Educ. Technol. Res. Dev.*, 53(3),94-104.

Morrison, G.R., Ross, S.M., Gopalakrishnan, M., and Casey, J. (1995). The effects of incentives and feedback on achievement in computer-based instruction. *Contemp. Educ. Psychol.*, 20,32-50.

Morrison, G.R., Ross, S.M., and Kemp, J.E. (2007). *Designing Effective Instruction*, 5th ed. Hoboken, NJ: Jossey-Bass.

Munro, A. and Towne, D.M. (1992). Productivity tools for simulation-centered training development. *Educ. Technol. Res. Dev.*, 40(4),65-80.

Nelson, W.A. (1990). Selection and utilization of problem information by instructional designers, Ph.D. dissertation, Virginia Polytechnic Institute and State University, 1988. *Dissert. Abstr. Int. A*, 50(4),866.

Nguyen, F. (2005). EPSS needs assessment: oops, I forgot how to do that! *Perform. Improv.*, 44(9),33-39.

Nguyen, F., Klein, J.D., and Sullivan, H.J. (2005). A comparative study of electronic performance support systems. *Perform. Improv. Q.*, 18 (4),71-86.

Nieveen, N. (1999). Computer Support for Curriculum Developers. A Study on the Potential of Computer Support in the Domain of Formative Curriculum Evaluation, Ph.D. dissertation. Enschede: University of Twente.

Nieveen, N. and van den Akker, J. (1999). Exploring the potential of a computer tool for instructional developers. *Educ. Technol. Res. Dev.*, 47 (3),77-98.

Nieveen, N., McKenney, S., and van den Akker, J. (2006). Educational design research: the value of variety. In *Educational Design Research*, edited by J. van den Akker, K. Gravemeijer, S. McKenney, and N. Nieveen, pp.151-158. London: Routledge. *

No Child Left Behind Act. (2001). Pub. L. No. 107-110, 107th Congress.

Paas, F., Tuovinen, J.E., van Merriënboer, J.J.G., and Darabi, A. A. (2005). A motivational perspective on the relation between mental effort and performance. *Educ. Technol. Res. Dev.*, 53(3),25-34.

Park, O. and Tennyson, R. D. (1986). Computer-based-response sensitive design strategies for selecting presentation form and sequence of examples in learning of coordinate concepts. *J. Educ. Psychol.*, 78,153-158.

Pea, R. D. (1985). Beyond amplification: using the computer to reorganize mental functioning. *Educ. Psychol.*, 20,167-182.

Perez, R.S. and Emery, C.D. (1995). Designer thinking: how novices and experts think about instructional design. *Perform. Improv. Q.*, 8(3), 80-95.

Petkovich, M.D. and Tennyson, R.D. (1984). Clark's 'Learning from media': a critique. *Educ. Commun. Technol. J.*, 32,233-241.

Pieters, J.M. and Bergman, R. (1995). The empirical basis of designing instruction. *Perform. Improv. Q.*, 8(3),118-129.

Plummer, K.H., Gillis, P.D., Legree, P.J., and Sanders, M.G. (1992). The development and evaluation of a job aid to support mobile subscriber radio-telephone terminal (MSRT). *Perform. Improv. Q.*, 5(1), 90-105.

Pollock, J.C. and Sullivan, H.J. (1990). Practice mode and learner control in computer-based instruction. *Contemp. Educ. Psychol.*, 15,251-260.

Preese, F. and Foshay, W. (1999). The PLATO courseware development environment. In *Design Approaches and Tools in Education and Training*, edited by J. van den Akker et al., pp. 195-204. Dordrecht: Kluwer.

Reeves, T., Herrington, J., and Oliver, R. (2005). Design research: a socially responsible approach to instructional technology research in higher education. *J. Comput. Higher Educ.*, 16(2),97-116. *

Reiser, R.A. (2007). What field did you say you were in? Defining and naming our field. In *Trends and Issues in Instructional Design and Technology*, 2nd ed., edited by R. A. Reiser and J. V. Dempsey, pp.2-9. Upper Saddle River, NJ: Prentice Hall.

Reiser, R.A. and Dempsey, J.V. (2002). What field did you say you were in? Defining and naming our field. In *Trends and Issues in Instructional Design and Technology*, edited by R.A. Reiser and J.V. Dempsey, pp.5-15. Upper Saddle River, NJ: Prentice Hall.

Richey, R.C. (2005). Validating instructional design and development models. In *Innovations in Instructional Technology: Essays in Honour of David Merrill*, edited by J.M. Spector, C. Ohrazda, A. van Schaack, and D.A. Wiley, pp.171-185. Mahwah, NJ: Lawrence Erlbaum Associates. *

Richey, R.C. and Klein, J.D. (2005). Developmental research methods: creating knowledge from instructional design and development practice. *J. Comput. Higher Educ.*, 16(2),23-38.

Richey, R.C. and Klein, J.D. (2007). *Design and Development Research: Methods, Strategies, and Issues*. Mahwah, NJ: Lawrence Erlbaum Associates.

Richey, R.C. and Nelson, W.A. (1996). Developmental research. In *Handbook of Research for Educational Communications and Technology*, edited by D. Jonassen, pp.1213-1245. New York: Simon & Schuster.

Richey, R.C., Klein, J.D., and Nelson, W.A. (2004). Developmental research: studies of instructional design and development. In *Handbook of Research on Educational Communications and Technology*, 2nd ed., edited by D.H. Jonassen, pp.1099-1130. Mahwah, NJ: Lawrence Erlbaum Associates.

Richmond, B. (1985). *STELLA*. Lyme, NH: High Performance Systems.

Rogoff, B. and Lave, J. (1999). *Everyday Cognition: Its Development in Social Context*. New York: iUniverse.

Ross, S.M. (2003). Effective schools correlates as indicators of educational improvement: an examination of three urban reform initiatives. *J. Effective Schools*, 2(2), 67-81.

Ross, S.M. (2005). Randomized field trials: challenges and strategies. *TransFormation*, Spring/Summer, p.7.

Ross, S.M. and Morrison, G.R. (1989). In search of a happy medium in instructional technology research: issues concerning external validity, media replications, and learner control. *Educ. Technol. Res. Dev.*, 37, 19-24.*

Ross, S.M. and Rakow, E.A. (1981). Learner control versus program control as adaptive strategies for selection of instructional support on math rules. *J. Educ. Psychol.*, 73, 745-753.

Ross, S.M., Morrison, G.R., and O'Dell, J.K. (1989). Uses and effects of learner control of context and instructional support in computer-based instruction, *Educ. Technol. Res. Dev.*, 37(4), 29-39.

Ross, S.M., Morrison, G.R., and Lowther, D. (2005). Using experimental methods in higher education. *J. Comput. Higher Educ.*, 16(2), 39-64.*

Rowland, G. (1992). What do instructional designers actually do? An initial investigation of expert practice. *Perform. Improv. Q.*, 5(2), 65-86.

Rowland, G. (1993). Designing and instructional design. *Educ. Technol. Res. Dev.*, 41(1), 79-91.

761 Rummel, N., Levin, J.R., and Woodward, M.M. (2003). Do pictorial mnemonic text-learning aids give students something worth writing about? *J. Educ. Psychol.*, 95, 327-334.

Salomon, G. and Clark, R.W. (1977). Reexamining the methodology of research on media and technology in education. *Rev. Educ. Res.*, 47, 99-120.

Salomon, G., Perkins, D.N., and Globerson, T. (1991). Partners in cognition: extending human intelligence with intelligent technologies. *Educ. Res.*, 20(3), 2-9.

Savenye, W.C. and Robinson, R.S. (2004). Qualitative research issues and methods. In *Handbook for Educational Communications and Technology*, 2nd ed., edited by D.H. Jonassen, pp. 1045-1071. Mahwah, NJ: Lawrence Erlbaum Associates.

Scarr, S. (1985). Constructing psychology: making facts and fables of our times. *Am. Psychol.*, 40, 449-512.

Schatz, S.C. (2005). Unique metadata schemas: a model for user-centric design of a performance support system. *Educ. Technol. Res. Dev.*, 53(4), 69-84.

Seels, B. and Richey, R. (1994). *Instructional Technology: The Definitions and Domains of the Field*. Washington, D.C.: Association for Educational Communications and Technology.

Shapiro, W.L., Roskos, K., and Cartwright, G.P. (1995). Technology-enhanced learning environments, *Change*, 27(6), 67-69.

Shavelson, R.J., Phillips, D.C., Towne, L., and Feuer, M.J. (2003). On the science of education design studies, *Educ. Res.*, 32(1), 25-28.

Shavelson, R.J., Towne, L., and the Committee on Scientific Principles for Education Research, Eds. (2002). *Scientific Research in Education*. Washington, D.C.: National Academy Press.

Shute, V.J. (1993). A macroadaptive approach to tutoring. *J. Artif. Intell. Educ.*, 4(1), 61-93.

Slavin, R.E. (2002). Evidence-based educational policies: transforming educational practice and research. *Educ. Res.*, 31(7), 15-21.

Slavin, R. (2006). *Educational Psychology: Theory and Practice*, pp. 133-162. Boston, MA: Pearson.

Sullivan, H.J., Ice, K., and Niedermeyer, F. (2000). Long-term instructional development: a 20-year ID and implementation project. *Educ. Technol. Res. Dev.*, 48(4), 87-99.

Tennyson, R.D. (1980). Instructional control strategies and content structures as design variables in concept acquisition using computer-based instruction. *J. Educ. Psychol.*, 72, 525-532.

Tennyson, R.D. (1998). Defining the core competencies of an instructional developer. *J. Courseware Eng.*, 1, 31-36.

Tennyson, R.D. and Buttrey, T. (1980). Advisement and management strategies as design variables in computer-assisted instruction. *Educ. Commun. Technol. J.*, 28, 169-176.

Tennyson, R.D. and Rothen, W. (1979). Management of computer-based instruction: design of an adaptive control strategy. *J. Comput.-Based Instruct.*, 5, 63-71.

Tracey, M.W. (2002). The construction and validation of an instructional design model for incorporating multiple intelligences, Ph.D. dissertation, Wayne State University 2001. *Dissert. Abstr. Int. A*, 62(12), 4135.

Tracey, M.W. and Richey, R.C. (2007). ID model construction and validation: a multiple intelligences case. *Educ. Technol. Res. Dev.*, 55(4), 369-390.

Ullmer, E.J. (1994). Media and learning: are there two kinds of truth? *Educ. Technol. Res. Dev.*, 42, 21-32.

Underwood, B.J. (1966). *Experimental Psychology*. New York: Appleton-Century-Crofts.

van den Akker, J. (1999). Principles and methods of development research. In *Design Approaches and Tools in Education and Training*, edited by J. van den Akker, R.M. Branch, K. Gustafson, N. Nieveen, and T. Plomp, pp. 1-14. Dordrecht: Kluwer.

van den Akker, J. (2003). Curriculum perspectives: an introduction. In *Curriculum Landscapes and Trends*, edited by J. van den Akker, W. Kuiper, and U. Hameyer, pp. 1-10. Dordrecht: Kluwer.*

van den Akker, J, Gravemeijer, K., McKenney, S., and Nieveen, N. (2006a). Introducing educational design research. In *Educational Design Research*, edited by J. van den Akker, K. Gravemeijer, S. McKenney, and N. Nieveen, pp. 1-8. London: Routledge.

van den Akker, J., Gravemeijer, K., McKenney, S., and Nieveen, N., Eds. (2006b), *Educational Design Research*. London: Routledge.

Visscher-Voerman, I. (1999). Design Approaches in Training and Education. A Reconstructive Study, Ph.D. dissertation. Enschede: University of Twente.

Visscher-Voerman, I. and Gustafson, K.L. (2004). Paradigms in the theory and practice of education and training design. *Educ. Technol. Res. Dev.*, 52(2), 69-89.

Visscher-Voerman, I., Gustafson, K., and Plomp, T. (1999). Educational design and development: an overview of paradigms. In *Design Approaches and Tools in Education and Training*, edited by J. van den Akker, R.M. Branch, K. Gustafson, N. Nieveen, and T. Plomp, pp. 15-28. Dordrecht: Kluwer.

Visser, L., Plomp, T., Amirault, R.J., and Kuiper, W. (2002). Motivating students at a distance: the case of an international audience. *Educ. Technol. Res. Dev.*, 50(2), 94-110.

Wang, F. and Hannafin, M.J. (2005). Design-based research and technology-enhanced learning environments. *Educ. Technol. Res. Dev.*, 53(4), 5-24.*

Wedman, J.F. and Tessmer, M. (1993). Instructional designers' decisions and priorities. a survey of design practice. *Perform. Improv. Q.*, 8, 43-57.

Winer, L.R. and Vasquez-Abad, J. (1995). The present and future of ID practice. *Perform. Improv. Q.*, 8(3), 55-67.

Winn, W. (2004). Cognitive perspectives in psychology. In *Handbook of Research for Educational Communications and Technology*, 2nd ed., edited by D. Jonassen, pp. 79-112. Mahwah, NJ: Lawrence Erlbaum Associates.

Woloshyn, V.E., Paivio, A., and Pressley, M. (1994). Use of elaborative interrogation to help students acquire information consistent with prior knowledge and information inconsistent with prior knowledge. *J. Educ. Psychol.*, 86(1), 79-90.

---

* 表示主要参考文献。

55

数据收集与分析

763 Tamara van Gog、Fred Paas*、Wilhemina Savenye、Rhonda Robinson、Mary Niemczyk、Robert Atkinson、Tristan E. Johnson、Debra L. O'Connor、Remy M. J. P. Rikers、Paul Ayres、Aaron R. Duley、Paul Ward和Peter A. Hancock

* Tamara van Gog 和 Fred Paas 是本章的主要作者，负责组织协调本章各部分的写作。

摘要

765 本章关注用于评定学习过程和复杂绩效的数据收集与分析方法。数据收集与分析是理论发展和实验设计之后的经验性研究循环中的最后一个环节。导论部分(van Gog 和 Paas)简要描述了总体背景和本章各部分之间的关系。Savenye、Robinson、Niemczyk 和 Atkinson 撰写的部分关注个体学习过程评定的数据收集和分析方法。而 Johnson 和 O'Connor 撰写的一节则关注小组学习过程的评定。van Gog、Rikers 和 Ayres 探讨了复杂绩效的评定。本章最后一部分由 Duley、Ward、Szalma 和 Hancock 撰写,关注如何安排实验室测量学习和复杂绩效。

关键词

评估校标:描述所要评定的绩效的各个方面。

学习评估:通过多种方式,测量学习的成就、表现、结果和过程。

评估标准:描述不同阶段(如年龄、年级)的参与者可预期指标各个方面的表现质量。评价标准基于参与者先前的表现(自我参照),同龄组的表现(常模参照),或者客观标准(标准参照)。

集体数据收集:从小组个体成员处获得数据,对数据进行整合或处理,用以代表小组整体。

复杂绩效:指真实世界中的活动,其测量需整合分离的测量方法,同时也需要严格控制实验时间。

直接过程测量:从团队学习过程的开始到结束连续地记录数据。直接过程测量包括录音、录像、研究者直接观察,或这些方法的综合使用。

小组:两个或更多个体一起工作,达成共同的目标。

小组学习过程:在小组学习任务中,小组成员的行为和互动。

整体数据收集:从整个小组中获得数据。由于这种类型的数据收集最终是一个小组而不是小组中的个体成员的代表,所以不必聚合或处理这些数据。

间接过程测量:在团队过程中,不连续地对特定(时间)点的间接测量。通常包括多重(时间)点的数据收集。间接过程测量能够测量过程、结果、产品或和团队过程有关的其他方面。

测量工具:用于帮助数据的获得和测量过程的硬件设备。

混合方法研究：结合定性和定量数据收集方法的研究。同时也指依靠定性、定量及其他方法形成研究问题、收集与分析数据和解释调查结果的研究。

在线/离线测量：在线测量是在任务表现过程中记录，离线测量是在任务完成以后记录。

过程追踪技术过程追踪技术：记录表现过程的数据，如口头报告、眼动和行动，它们可用于推断认知过程或任务表现背后的知识。

质性研究：有时也被称为自然主义的。对于人类系统的研究，其典型特征包括研究者作为工具、自然情境和很少人为操纵。 766

定量研究：经常以更为传统的或实证的、实验性或相关性的研究为典型代表。数据和发现一般以数字和统计检验的结果来呈现。

任务复杂性：可以从主观(个体特征，如专长或感知能力)、客观(任务特征，如多种解决途径或多个目标)或主客观相互作用(个体特征和任务特征)的角度加以定义。

引言

Tamara van Gog 和 Fred Paas

对于数据收集和分析而言，最重要的规则是“不要试图收集或者分析所有可能的数据”，除非你所做的研究是真正的探索性研究(鉴于大多数研究主题都已存在丰富的文献，目前很少需要这样的研究)。经验性循环的第一步——理论发展的过程——应该已形成了清晰的研究问题或者假设，使研究者可以选择适当的研究设计方法。从这些假设中也可以推测出需要收集的数据类型——即支持假设所需要数据以及某些控制数据(如任务所花时间)，此外设计还为如何分析数据提供了线索(如 2×2 因素设计、2×2MANCOVA 多变量协方差分析)。当然，这只是初步的判断，我们仍然需要大量的细致决策。下面是与数据收集相关的常见的一些问题(对上述问题的详细阐述，参见 Christensen, 2006; Sapsford 和 Jupp, 1996)：被试特征如何(人类/非人类、年龄、教育背景、性别)？被试的数量应为多少？呈现何种任务或者刺激？任务或者刺激的数量为多少？用何种设备呈现？在什么条件下进行测量？给出何种指令？使用什么步骤？如何安排实验处理的时间？

对上述问题作出决策并非易事，同时，不幸的是无法给出严格的指导原则，因为合适的答案高度依赖于研究的本质、背景、目标和境脉。我们给出的建议是，参考所在领域中的高水平研究，看看这些研究是如何处理这些问题的，这可能会对你有所帮助。高质量研究通常发表在同行评审、影响力大的杂志上。鉴于找到这些问题正确的操作方法很困难，却非常重要，可行的方法是通过预研究测试你的数据收集和分析过程。

教育领域中的很多研究具有相同的目标，即对学习或者绩效进行评定。本章的各个部分提供了用于收集和分析学习与绩效的数据的方法。虽然学习和绩效在概念上存在差异，但是许多数据收集和分析技术均可对两者进行评定；因此，我们先讨论学习评估和绩效评定之间的不同，之后再简要介绍本章各部分的内容。

学习评估与绩效评定

学习和绩效的定义有一个重要的相似点，即它们都可以用来指代结果或产出以及过程。学习这一术语指通过教学或者研习获得的知识或者技能(注意，这一定义忽略了非正式学习，除非研习涵盖这个意思)。绩效这一术语用来指完成的事情(结果或者产品)，也指去完成事情(过程)。绩效意味着知识的使用，而不仅仅是知识的加工。绩效与技能的联系似乎比与知识获取(即学习)的联系更加紧密。但是学习和绩效的定义的一个重要区别是，绩效未被界定为教学或者研习的结果。

对于教育研究而言，术语之间的相同和不同之处具有重要意义。首先，由于学习和绩效都可以指产品或者过程这一事实，因此可以用很多不同的测量方法或者这些方法的组合来评定它们。这导致在比较学习和绩效的研究时非常困难，这些研究评定的是同一概念的不同方面，结论会存在很大差别。

第二，对个体所拥有知识的数据的收集和分析，可以用于评定学习，但是不能用于评定绩效。很多研究都已表明，拥有知识并不能保证个体具有应用这些知识的能力(参见 Ericsson 和 Lehmann, 1996)。尽管如此，很久以来，教育认证实践却是基于这样的假设：学生成功修完一系列课程，即可获得证书，成功与否是通过测量学生所拥有的知识数量来衡量的。由于这一测
767 量和成功的绩效之间不能一一对应，当学生完成学业开始工作时，这种认证实践给学生和雇主都带来诸多问题。因此，在教育领域，人们已经认识到知识是绩效的必要而非充分条件，这一领域正经历从基于知识的测验文化到基于绩效的测验文化的转换(Birenhaum 和 Dochy, 1996)。

最后，由于绩效未被界定为教学或者研习的结果，在所有情况下都可以对其进行评定。在应用于教学或者研究中时，可以在教学或者练习之前、过程中或者之后进行评定。需要注意的是，在这种情况下，教学或者练习前后绩效的评定差异才能表明学习的发生。研究者需要认真解释教学或者研习过程中绩效的提高，但它不适合作为学习的指示变量，因为这可能是教学方法人为制造出来的结果(Bjok, 1999)。

章节内容概述

本章的第一部分是由 Savenye、Robinson、Niemczyk 和 Atkinson 撰写的“个体学习过程的评定”，为教育技术研究者介绍了个体学习过程研究的基本概念和数据收集与分析的方法。作者讨论了定量和质性研究范式，以及相关的数据收集与分析方法，并指出了使用混合方法(即定性和定量方法相结合)开展研究的优势。

本章第二部分是由 Johnson 和 O'Connor 撰写的“小组学习过程的评定”，关注小组学习过程的研究，这比个体学习过程的研究更复杂。作者讨论了在开展小组学习过程研究之前需要考虑的问题，如整体和集体数据、直接和间接数据的收集方法，如何聚合或者处理个体数据以获得小组数据，以及小组学习过程的研究设计需特别注意的问题。

本章第三部分是由 van Gog 和 Ayres 撰写的“复杂绩效的评定”，讨论了复杂绩效的数据收集和分析方法。从绩效是“达成的事情”和“事情达成过程”这两个定义出发，他们讨论了产品测量和过程测量，将过程测量细分为在线测量(在任务进行过程中)和离线测量(任务完成

后),并探讨了综合几种不同方法的时机以及这样做的好处。

本章第四部分,也是最后一部分,是由 Duley、Ward、Szalma 和 Hancock 撰写的"复杂绩效测量实验室的建立",探索了学习过程和复杂绩效评定所需的实验室建设中的技术问题。作者没有停留在提供可用的硬件和工具列表,而是选择了更明智的方法,使读者熟悉与大多数实验室研究相关的刺激呈现、控制选项和反应记录等的安装配置。

个体学习过程的评定

Wilhelmina Savenye, Rhonda Robinson 和 Mary Niemcyzk 和 Robert Atkinson

本部分的目标是为教育技术研究者介绍个体学习过程研究的基本概念和数据收集与处理方法,包括定性和定量研究技术。当然,学习过程可能包括个体和学习者小组的努力,会得到用以促进学习的策略和活动的支持。虽然这一部分关注个体的学习过程和表现,本部分所涉及的这些方法,经调整也可用于小组学习的评定(参见 Johnson 和 O'Connor 的部分)。

有多个假设引导了本综述的写作。虽然本部分提出了一些方法,但是研究者必须认真理解研究的基础理念。研究者在进行研究时需要特别关注研究质量,应寻求更具体和详细的参考文献,以获得对研究方法更深入的了解。这一部分将为研究者提供获取参考资源的方法。

下面列出了本部分的目标。我们希望在阅读这部分之后,教育技术研究者能够:

- 描述可用于个体学习研究的方法与技巧,比较定性与定量方法。
- 描述借助定性和定量研究方法考察学习过程的研究以及研究评价的常见问题。
- 思考使用混合方法提高研究质量的相关问题。

使用混合方法的依据

定量(quantitative)和*定性*(qualitative)通常用于描述两类相互对照的研究方法。通常,人 768
们认为定量研究是数字驱动的、实证主义的和传统的(Borg 和 Gall, 1989),而定性研究则通常和自然主义、人种学(Goetz 和 LeCompte, 1984)、主观主义或者后实证主义等术语同义。在本部分,我们将定性研究界定为致力于发展对人类系统的理解的研究。这里的人类系统可以很小,如在教学中利用技术的教师、学生和班级;它也可以很大,如文化系统。在某种程度上,数据收集的定量方法和定性方法根源于个体看待世界的方式的差异,这导致有些人所说的范式争论的产生。但是,在评定学习过程时,两种数据收集方法都很重要,两种方法的元素均会对评定有所帮助。Driscoll (1995)建议教育技术研究者根据他们所认为的最重要的问题选择研究范式。Robinson (1995)和 Reigeluth (1989)都注意到本领域中与适当的研究问题和方法相关的激烈争论。学习过程是复杂的和个体化的。Lowyck 和 Elen (2004)认为学习过程是积极的、建构性的、自我调节的、目标导向的和基于背景的。此外,数字技术正在改变知识、教学和学习的本质(Cornu, 2004)。这使得我们需要借鉴混合方法来收集和分析学习过程如何发生、何时发生和何为有效的相关数据。因此,研究者可以仔细地、创造性地调查他们所选择的任何问题,借助综合了不同视角的方法,获取有效数据,帮助理解学习过程。虽然这不是本章的重

点，但这里假设研究者会把所有研究过程、协议、工具和被试参与表格提交给其组织内适当的人类被试或者研究伦理审查机构。在任何情况下，研究者都需要具体说明他们是如何确定研究假设，以及采用某一研究措施的理由——简言之，他们应当以深思熟虑的、批判性的、创造性的研究者的身份加入到当前和未来的讨论中。

分析学习的定量方法与技术

在教育技术研究中，学习成就或者绩效通常是研究者最关注的测量结果或者因变量。通常采用更量化的测量方法来研究学习，如研究者所谓的测验、评定、考试或者小测验，这些测量可以通过纸笔形式或者借助其他技术手段实现。如果采用技术形式，可以通过安排了指导教师或者监考老师的测验中心提供，或者完全由学生自己完成。不管采用何种形式，都可以由教师或者指导老师评分，甚至由计算机自动评分(Savenye, 2004a, b)。在实践项目的完成过程中测量学习时，选择与发展测验和测验项目也是需要关注的问题。另一个学习过程变量则是完成时间，它通常和测验相关联，也可以通过定量方法进行有效地测量。

复杂任务的学习成就也可以通过数字化量规或者一览表(或者核查表)进行定量测量，借助量规或者一览表可以测量产品或者行为，可以评价作文或者学生档案袋。量规和一览表也常用于定量测量在线讨论中的学习，或者通过对学习过程的观察得到某些行为的频率，通常和定性方法联合使用(参见本部分的讨论)。目前，许多基于计算机的课程管理系统，常规性地收集课程统计信息，可以利用这些信息确定学习者在教学过程中的进展，揭示学习过程中学习者做出了哪些决定。自我评价或者对学习的其他方面的测量，例如学习者特征，通常通过问卷进行。下面将依次介绍所选择的考察学习的定量方法：

- 测验、考试和小测验(借助纸笔或者技术实施，包括自评)
- 测量学习表现的量规和一览表
- 在基于技术的交流中测量学习过程
- 基于技术的课程统计
- 使用李克特项目问卷测量态度

选择测验

教育技术研究者经常采用已有的测验来评定新颖的教育干预如何影响个体的学习过程。
769 在这一过程中，研究者必须理解一系列重要的概念，包括效度和信度。接下来，我们将详细描述这些概念，着重关注研究者在选择测验时需要知道什么。

效度

质量或者效度可以说是测验最重要的属性。简单地说，测验测量到了它真正想测的东西，才可以说它是有效的(Borg 和 Gall, 1989)。测验分数有助于施测者对被试某一内在特征、特点或者属性做出精确的推论，才可以说测验是有效的。例如，假设某一研究者想要探索几个学习环境的相对影响力，则需判断不同学习环境所引起的学习的质量和程度，测验对于研究者的帮助程度决定了测验的效度。

效度不是一个单一的概念，事实上，测验开发者使用几种被普遍采用的过程来确定测验的效度水平。效度包括内容关联效度、效标关联效度和结构关联效度。内容关联效度是指测验内容对学习环境中所提供的学科内容总体的代表程度。效标关联效度代表测验分数与测验之外标准测量中预测性表现相关的密切程度。和内容效度不同，效标关联效度是一个数值，即相关系数，其数值范围在 - 1(完全负相关)到 + 1(完全正相关)之间。第三种效度是结构关联效度，指测验分数与特定的结构或从理论推导而来的假设性概念的一致性程度。

还有一种效度相对简单，但也值得一提，即表面效度，它基于测验的外部表面特征。虽然这种建立效度的方式相对粗糙和朴素，但由于它可能会影响被试的测试动机，因此研究者认为表面效度也非常重要。需特别说明的是，如果测验不具备表面效度，被试可能会不愿意完成测验。

信度

和测验选择相关的另外一个重要概念是信度。简单而言，信度是指一致性，即在重复参加同一测验时，同一被试应该有相同结果(Borg 和 Gall, 1989)。假定测验关注某一具体特征或者属性，那么对于特定被试，在几次测验之间不会发生改变，信度有助于弄清楚以下问题：同一被试在不同时刻参加同一考试，其分数是否相同?

确定和判断信度

确定测验信度有三种基本方法：测验——重测、替换形式和内部一致性(Borg 和 Gall, 1989; Morris 等，1987)。确定信度最简单的方法可能就是测验——重测法。采用这一方法时，研究者让同一组被试两次参加同一测验，并计算两次分数的相关系数。一个通用的规则是，研究者选择信度系数值最高的测验，原因是如果分数接近 + 1.00，则表明两次测验被试者的分数十分接近，即在两次测验中被试的表现保持一致。特别要说明，信度系数应高于 0.80 (Chase, 1999)。

确定信度的另外一种方法是替换形式法，同一组被试在不同时刻参加两套相当的测验，并计算两次测验分数的相关系数。和测验——重测法一样，测验的信度系数越高，研究者就可以对测验是否能够一贯地测量到欲测量内容的能力更有信心。

确定测试信度的备选方法是内部一致性。和前面的两种方法不同，在确定内部一致性信度时，不需要同一组被试参加两次测验。测验的信度可以根据一次测验的结果估计，可以采用两种方法：分半法或者使用某一库德·理查逊方法，后者不需要将测验的项目分为两半。

信度的局限性

需要对信度做几点说明，以防止误用。第一，高信度并不能保证效度，这非常重要。换句话说，一个测验可能测量不到研究者所需要测量的特质，但是可以表现出很高的一致性。因此，信度是效度的必要条件。研究者根据测验分数对被试内在的特征或者属性做出推论时，信度会影响推论的精确性。信度受到诸多因素的影响。首先是测验的长度，在其他条件相同的情况下，短测验不如长测验可靠，原因是后者为研究者提供了更多精确测量特征或属性的机会。测验的信度还受到题目形式的影响。启发式的经验法则是，选答题目比供答题目或者其 770
他主观评分题目更可靠。

测验和测验题目的评价与开发

教师和研究人员最重要的责任之一是建构学习评估。测验中的题目应源于重要的目标，且目标的阐述应清楚明白，这些题目应能够充分代表所有学习目标的内容。确保题目对内容、认知过程和目标具有代表性的最有效的方法是开发测验蓝图或者细目表(Sax, 1980)。多种类型的绩效测量，使得学习者有机会展示特定领域的独特技能，也可能从其绩效获得不同的反馈。这对于自学环境，如网络课程，尤其重要(Savenye, 2004a, b)。在在线环境中，多元学习测量还具有安全优势(Ko和Rossen, 2001)。

测验应该为学生提供不同形式的题目，学生回答这些题目时，可以测量不同的认知水平，例如理解、应用、分析和综合(Popham, 1991)。不同的方法和形式也可以为教师提供不同的诊断信息，例如，精心设计的选择题选项能够代表常见的误解或者错误。学生对于简答题的反应可以让教师了解学生回答这些问题时的思维(Mehrens等，1998)。

由于测验题目是任何测验的基本构造单元，在确定测验的效度之前，先确定测验题目的效度是非常重要的。商业测验的出版商通常进行预研究(称为题目预试)来获取关于题目质量的经验性证据。为了进行预试，会准备多种形式的测验，每个测验包含不同的题目集合，每一题目能够和其他任一题目同时出现。每个测验可能需要上百个被试。然后，计算题目的统计数据，接着计算每个题目的表现特征参数，例如题目的难度和区分度(即题目把在测验中表现好的被试和表现不好的被试区分或鉴别开来的程度)。测验开发者把不具备某些统计特性的题目删除(Downing和Haladyna, 1997; Nitko, 2001; Thorndike, 1997)。

利用数值型量规和一览表评分

利用数值型量规和一览表可以评定绩效，通常可评定两个方面，即学习者创作的作品和完成作品的过程，可以对上述任一元素或者所有元素进行评定。由于绩效任务通常比较复杂，每一个任务都为从多个学习目标评价学生提供了机会(Nitko, 2001)。绩效指标是指为了完成某一任务或者创造某一产品，学生必须做出的特定的行为。确定绩效指标的关键在于，将完整的表现或者产品分解为几个组成部分。绩效指标必须是具体的、可观察的和清晰表述的，这一点非常重要(Airasian, 1996)。

评分量规是不同表现水平的简洁的书面描述，可以用于概括绩效和产品。评分量规对绩效进行总体概括，而一览表和等级量表可以对学生优势和缺点提供诊断性信息(Airasian, 1996)。一览表通常是行为、特征或者特性的列表，它们可能出现也可能不出现，观察者可以根据实际情况登记(Sax, 1980)。虽然等级量表与一览表存在相似之处，但等级量表允许观察者在一个连续体上判断绩效，而不仅仅是二分法，即有和无(Airasian, 1996)。

技术中介的交流中学习过程的测量

Tiffin和Rajasingham (1995)认为，教育建立在交流的基础上。在线技术为学习提供了大量的机会，也使得我们可以用新的方法测量学习。例如，基于因特网的课程中的在线讨论可以用来评定学生的学习过程。Paulsen (2003)描述了多种类型的学习活动，例如在线会谈、在线兴趣小组、角色扮演、头脑风暴和项目组。这些活动通常包含数字记录，会产生可用于研究目的的在线通信数据。当然，将上述数据用于研究，需要遵循相关的伦理和被试指导原则。

可以用前文讨论过的量规和一览表评价学生创建和共享的网络文章。如果学生在课程早期就能把这些量规和一览表作为评定工具,进行自评或者同伴互评,将提高他们学习的质量,且非常有价值(Savenye, 2006,2007)。Goodyear (2000)提醒我们,数字技术为研究和开发 771
活动增添了多媒体交流能力。

在线讨论对研究者的另外一个价值在于,可以量化评定学生发表的网络文章和他们讨论的观点,用以揭示学生的学习过程。Chen (2005)研究了一个小组的在线活动,该小组由彼此互不相识的6位学生组成;研究发现,在结构化程度比较低的论坛中发社会性帖子更多的学习者,在任务中的表现并不比发社会性帖子较少的学生差。此外,她还发现,小组内的交互越多,学生对课程的态度就越积极。

借助基于技术的课程统计信息考察学习过程

除了记录学习者在小测验、测试和其他作业中的成绩之外,大多数在线课程管理系统会自动收集大量不同类型的数据,这也可以用于研究学生的学习过程。这些数据可能包括学习者在什么时候、花了多长时间、完成了哪些课程模块等问题的精确信息。对这些数据进行综合,就可以发现课程组件和课程特性的使用模式(Savenye, 2004a)。

借助 Likert 项目问卷测量态度

有几种技术可以用于评定学生在参与研究项目或者教学过程中的态度和情感。在这些方法中,李克特量表是最常用的。通常,量表要求被试表明他们对所陈述的一系列情感的体验强度,但更多的是他们对于所描述立场的赞同程度。先前的研究发现,对李克特项目做出反应这一任务,比排序和配对更容易,而且能够提供更多信息。李克特量表的优势在于能够得到个体反应的绝对水平,可以确定态度的强度(O'Neal 和 Chissom, 1993)。

Thorndike (1997)提出了在编制李克特量表时应考虑的因素,包括等级的数量、奇数个或者偶数个等级、等级标签的类型等。量表中等级的数量非常重要,它和量表的信度相关——等级数越多,信度就越高。到7个等级为止,信度的增长是显著的;超过7个,信度开始降低,这是因为很难提供有意义的标签。五点量表似乎是最常用的。增加项目的数量也能够提高可靠性。虽然下面这一点引起了大量的争论,很多研究者还是相信奇数个等级会得到更好的结果,因为它们提供了一个中立的反应。使用的标签应符合陈述的意义和测量的目标。常见的例子包括"同意—不同意"、"有效—无效"、"重要—不重要"、"喜欢我—不喜欢我"等连续体。

分析学习的定性方法与技术

虽然可以通过前面描述的定量方法有效地考察学习的结果和过程,在混合方法中,研究者用许多定性方法获得了对学习者学到了什么、为什么学习以及如何学习等问题的更深入的理解。在教育和工业领域中,随着交互式远程技术使用的增多,有关学习和教学的探索机会(或者有时也应该是责任)也在增加。新的技术也使研究者能够利用新的方法研究学习者和学习过程,使研究者扩展了我们应该研究什么和如何研究的观点。例如,关于教师和学生如何利用新技术学习的定性研究,可能会获得在使用技术时真正发生了什么的观点。

和任何研究项目一样,实际的研究问题指引着如何选择恰当的数据收集方法。研究问题或者课题一经确定,可用的定性方法大致分为以下类别:观察、访谈、文献与人工制品分析,尽管也有研究者对方法的理解有所不同(Bogdan 和 Biklen, 1992; Goetz 和 LeCompte, 1984; Lincoln 和 Guba, 1985)。定性研究者基本都同意人类研究者是首要的研究工具(Pelto 和 Pelto, 1978)。

下面我们首先描述定性研究方法"扎根理论",随后介绍具体的研究方法,即观察、访谈、文献与人工制品分析。和所有的定性研究一样,这里也假设:教育技术研究者会从与参与者互动
772 程度不同这一视角,来使用和完善这些方法。下面讨论这些定性研究方法及相关研究视角:

- 扎根理论
- 参与观察
- 非参与观察
- 访谈,包括小组访谈和个体访谈
- 文献、人工制品和在线交流与活动分析

扎根理论

在对扎根理论的综述中,Strauss 和 Corbin (1994, 273 页)指出它是"一种发展理论的一般方法论,所形成的理论植根于系统收集与分析的数据",并补充说明,它有时也被称为持续比较方法,也可以用于定量研究。在扎根理论中,数据可能来自观察、访谈、视频或者文献分析,和其他质性研究一样,这些数据可能被认为是严格定性的或者可能是定量的。这一方法论的目标是发展理论,通过数据分析和理论分析的交替重复过程,在整个研究过程中持续不断地验证假设。在开始研究之前,研究者对研究问题尚无确定不移的、完备的概念,而是以一种开放的心态大范围地收集和分析数据。随着研究的深入,研究者持续考察数据以发现模式,发现的模式将引导研究者构建理论。研究者会持续收集和检查数据,直到模式不断重复,且很少出现新的模式。研究者从数据中构建理论,因此理论是基于(或者扎根于)现象的。

参与观察

在参与观察中,观察者成为环境(或者文化境脉)的一部分。参与观察的标志性特点是研究者和参与者之间的持续互动。例如,研究可能包括定期的访谈,间以不定期的观察。研究者可以向参与者提出问题,验证研究者的感知和模式。这些访谈的结果可能会确定观察过程中初始记录的内容。随后,在观察数据中显现出模式之后,研究者可以访谈参与者,探究这些模式以及模式的出现原因等信息。

由于研究者无法观察和记录所有信息,在大多数教育研究中研究者事先确定观察和记录的内容;研究问题引导,但不限定这一过程,参与观察常常成功地用于描述某一背景下发生了什么和为什么会发生。而标准实验法无法回答这些问题。

很多研究者利用参与观察法考察学习过程。Robinson (1994)观察了使用第一频道(Channel One*)电视节目的中西部中学的班级。她把观察聚焦于电视新闻秀节目的使用,以

---

* Channel One 是魏特尔通讯公司(Whittle Communications)制作的电视新闻节目,自 1992 年开始每天对美国的 11,900个高中班级广播。节目时长为 12 分钟,目的是促使学生关心时事。该公司和学校签订协议,为学校免费提供电视节目接受、录制和播放设备,要求学校组织学生每天收看。1994 年 Vaney, A. D. 编辑的"Watching Channel One"是对该节目影响的研究论文集。——译者注

及学生、教师、管理人员和家长的反应。Reilly (1994)分析了研究者和学生在项目中的视频记录,这一项目试图界定一种新的文化素养,这一文化素养综合了印刷、视频和计算机技术。Higgins 和 Rice (1991)调查了教师对于测验的感知。他们利用三角互证和一系列不同的方法收集数据,然而,这一研究最重要的特点是参与观察。研究者观察了 6 位教师,每位 10 个小时,记录了可以被归类为评定的课堂教学行为实例。与此类似,Moallem (1994)使用多种方法构造了一位经验丰富的教师的教学和思维模型,为构造这一模型,研究者在 7 个月的时间里进行了一系列的观察和访谈。

非参与观察

非参与观察是几种所谓的非介入性数据收集方法之一。许多研究者认为 Webb 等人(1966)的早期著作奠定了所有非介入性测量方法的基础。Goetz 和 Le Compte (1984)确定了几种类型的非参与观察方法,包括利用书面或者音视频记录的行为流序列,近体学、身势学(即社会空间和运动的使用研究)和互动分析协议。且通常采用如下形式,即将观察到的行为进行分类和编码,以便进一步分析。在非参与观察中,观察者和被观察者通常不进行互动。研究者主要是借助为本研究开发的观察表格或者利用大量的田野笔记,进行观察和记录,不承担任何参与性角色。

采用了非参与观察法的研究,包括 Savenye 和 Strand (1989)的初始预测试,以及 Savenye
(1989)后续开展的对基于多媒体的科学课程更大规模的现场测试。课程实施过程中最受关注 773
的是教师如何使用课程。研究者用视频记录了精心选取的一节课,对其进行了编码。例如,教师提问的编码结果表明,教师常常利用系统暂停的功能,来提问回忆水平的问题而非更高水平的问题。对于教师添加内容这一行为的编码表明,样本中的大多数教师为课程添加的例子是和他们的学生相关的。有一个现象对于开发者特别有价值,即教师在课程使用时有很大的自由,而学生的学业成就仍然很高。

在混合方法研究中,非参与观察可以和定量方法一起使用,以回答学习者在学习过程中做了什么这一核心研究问题。在一个调查多媒体学习材料的效果和使用情况的混合方法研究中,研究者采用定期测验的方法收集学习结果的数据。他们也观察在一起学习的学生。用视频记录观察结果,通过分析视频来考察学习过程的多个方面,包括学生的认知加工水平、探索性交谈和合作过程(Olkinuora 等,2004)。研究者可能也有兴趣用观察法来研究学生在课程学习过程中所做出的抉择类型。例如,Klein 及其同事开发了用于研究基于技术的课堂中合作学习行为的观察工具(Crooks 等,1995; Jones 等,1995; Klein 和 Pridemore, 1994)。

出声阅读思维记录是非参与观察中的一种技术,表现出了该方法与行为跟踪、人工制品或者文档分析的融合。在活动过程,如在课堂学习中,询问学生做了什么以及为什么这样做(即他们对于加工过程的思考)。Smith 和 Wedman (1988)利用这一技术分析了学习者的跟踪和选择。Spradley (1980)描述了编码技术,而原始记录分析(Ericsson 和 Simon, 1984)技术可以用于研究获得的言语数据。

与进行观察相关的问题

Savenye 和 Robinson(2004,2005)提出了在利用观察法研究学习时应该注意的几个关键问题，包括那些和观察范围、偏见、观察者的角色、取样和多个观察者等相关的问题。他们警告说，不管是直接观察还是借助视频、录音等技术，都可以收集大量数据，而研究者可能会迷失在数据中。他们建议要限制研究的范围，以回答当前的研究问题。研究者必须小心谨慎，不能操纵研究结果，也就是说不能人为安排使自己希望发生的事情发生。在研究报告中简单描述研究者的角色，潜在的偏见可能得以克服。研究者需要定期反省自己的角色，并思考这一角色可能带来的影响。在观察性研究中，取样是有目的的而非随机的(Borg 和 Gall, 1989)。为使研究有效，应让读者相信所观察的被试在总体中是具有代表性的，即所有文化背景下的多元现实都应有所反映。如果通过多个观察者收集数据，那么他们的数据将会有差异或者发生聚合，数据的可靠性问题也随之而来。对于同一现象，不同观察者看到的内容是不同的，进而会从不同角度对其进行解释。因此，非常有必要对观察者进行训练，保证他们用同样的方式记录同一现象。当多个观察者对行为进行计数、分类和统计时，需要计算和报告评分者信度。

访谈

与前面提到的互动性相对较低的非参与观察方法相比，访谈代表了直接互动式的经典的定性研究方法。访谈可以是结构化的，也可以是非结构化的；可以以个体为单位进行，也可以以小组为单位进行。在一个信息与通讯技术(ICT)相关的研究中，Demetriadis 等(2005)研究了 ICT 如何被引入传统的学校环境。在两年中，研究者对 15 名教师/导师(他们为其他教师提供技术培训)进行了一系列的半结构化访谈。

访谈的基础是研究者真正倾听被试者的诉说，并进行客观记录，而不是仅记录研究者想听到的内容或者研究者的主观解释。这一经验法则适用于所有的定性研究。最好保持原始数据的完整性，逐字逐句使用被试自己的语言，并用引号标明。大多数研究者会在研究过程中记现场笔记，笔记中可能包含尚待精炼的模式的解释，应在整个研究过程中持续进行这一工作。

结构化访谈的许多古老的、适应性的和令人振奋的技术都处于持续演化中。前面所提到的 Higgins 和 Rice (1991)的研究中对访谈的使用就是其中之一。在这一研究中，教师们把他
774 们在访谈过程中提到的评定类型进行归类，把最相似的归为一类；随后，采用多维度量表分析这些数据，产生了教师们如何看待测验的生动图景。Goetz 和 Le Compte (1984)曾经提及另一类型的结构化访谈，在访谈中采用投射技术，用照片、绘画和其他视觉材料或者事物诱导出个体的观点或感受。

很久以来，教育技术研究者就对教学计划和设计过程感兴趣。例如，通过案例研究方法，Reiser 和 Mory (1991)借助访谈考察了两位教师的教学设计和计划技巧。此外，van Merriënboer 等(1992)提出的四成分模型，是设计复杂学习的模型之一，它继续发展为 4C/ID 模型(van Merriënboer, 1997)。上述模型通过混合方法(包括访谈)得到了有效的研究，尤其是和复杂学习有关的过程。专家设计者如何处理复杂的设计任务这一问题，已通过访谈和对设计者作品的考察得到研究(Kirschner 等，2002)。

基于问题的教学设计混合了课程、教学和媒体等多方面的观点(Dijkstra, 2004)，也可以借助访谈进行有效研究。考察学习过程的访谈可以针对个体，也可以针对小组。小组访谈的具体例子是焦点组 (Morgan, 1996)，它通常是对具有相似特征的参与者进行的访谈，可以使

用结构化或者半结构化的编码方案考察学习行为、态度或者兴趣等的模式。

提高访谈质量的方法，包括：采用仔细倾听和记录的技术；在需要的时候，谨慎地追问；即使在分析之后，也应使数据保持原始的形式；尊重被试；在访谈后向被试说明情况等(Savenye 和 Robinson, 2005)。

文献、制品和网络交流与活动分析

除了非参与性观察，还有很多非介入性方法可以用于收集人类行为的信息。这些方法大致可以归类为文献和人工制品分析，但是和其他方法存在交叉。例如，在视频记录中会产生言语或者非言语的行为流，可以对其进行微观分析，这一方法能够回答的研究问题几乎是没有限制的。例如，内容分析可以用于分析这些叙述性材料。在 Moallem(1994)、Higgins 和 Rice (1991)以及 Reiser 和 Mory (1991)对于教师计划、思维、行为、测验观等的研究中，研究者收集并分析了教师们生成的文档资料，如教学计划和真实测验。

Goetz 和 LeCompte (1984)将研究者感兴趣的人工制品定义为人们制造的物品和做的事情。教育技术专家感兴趣的人工制品通常是书面的，但是计算机和在线操作跟踪记录也可以是分析的对象。有助于了解研究问题的人工制品，包括教科书和其他教学材料，如媒体材料；便笺记录条、书信和活动；人口学信息，例如注册人数、出勤率以及参与者的详细信息；参与者的个人日志。

在教育技术研究中，研究者常常分析学习者在计算机学习材料中的学习路径、学习过程中决策和选择的模式(Savenye 等，1996；Shin 等，1994)。对于任何形式文字材料的内容分析可以看做人工制品——文献类的质性研究方法。Lawless (1994)使用开放大学学生绘制的概念图考察学生的理解情况。Perez-Prado 和 Thirunarayanan (2002)通过对学生日记的分析，了解学生对同一大学课程的在线版和面授版的感受。Espey (2000)则研究了一个学区技术计划的内容。

定性数据的分析方法

定性研究的标志性特点是在整个研究过程中持续的数据分析，从研究问题的概念化到完整的数据收集阶段，直到最终的解释和写作阶段。实际上，Goetz 和 LeCompte (1984)把分析和写作过程合并为他们所谓的分析和解释。

简化数据

Goetz 和 LeCompte (1994)描述了在研究过程中持续压缩和浓缩数据的概念基础。研究者在研究开始时就进行理论化，基于数据中观察到的模式不断地构建和测试理论。Goetz 和 LeCompte 描述了研究者用于确定数据意义的分析性过程。这些过程包括寻找模式、链接和关联。和实验研究不同，定性研究者在寻找数据的意义的过程中会积极推测；这些推测会指引研 775
究者进行新的观察，安排新的访谈和在这一循环过程中更深入地寻找新的模式。人们建议按照其原始形式收集数据，充分保留所有细节，之后再记录模式。这使得研究者今后可以用不同的方法分析原始数据，有可能用其回答比最初设想的更深入的问题。还需要指出的是，几乎所有采用人种学研究方法的研究者都提倡每天在离开现场后，立即撰写田野笔记。如果研究者从参与者处收集资料，例如日志、工作日记、私人日记、便条和书信，这些可以作为原始数据进行分析。与此类似，某一组织的官方文档也可以用于分析，也可收集照片、电影或者视频形式的数据，这些数据可以是研究者生成的，也可以是参与者提供的。在人种学和教育学研究中这类数据的采用已有很长的历史，同样也可以分析这些数据，以获取意义（Bellman 和 Jules-Rosette，1977；Bogaart 和 Ketelaar，1983；Bogdan 和 Biklen，1992；Collier 和 Collier，1986；Heider，1976；Hockings，1975）。

数据编码

在研究的早期阶段，研究者就应该开始浏览记录的数据，以形成现象的类别。这些类别通常被称为编码。这使得研究者在管理数据时，可以按照编码系统标识、存储和检索数据。Miles 和 Huberman (1994)建议对数据进行描述性或者解释性编码。Bogdan 和 Biklen(1992)建议至少将数据通读数遍之后，才开始形成编码系统。在他所列举的许多例子中，均为语义数据，大多数是定性数据。他还描述了如何建构领域、结构、类别和成分分析的方法。

数据管理

数据分析需要持续地检查数据，以及对其进行排序和再检查。定性研究者通过多种方法进行数据的组织、检索和分析。在编码数据时，许多研究者仅仅使用记事本和成箱的纸张，这可以持续地重新排序和分析。长期以来，研究者就已经借助计算机管理和分析定性数据，已经存在一些资源，帮助研究者发现和使用软件进行数据分析和管理，这些资源包括书籍(Weitzman 和 Miles，1995)和网站(美国评价协会，2007；Cuneo，2000；Horber，2006)。

撰写研究报告

在某些方面来说，使用混合方法的研究报告撰写和传统的实验研究报告的差别并不大。例如，撰写研究报告的标准格式是：介绍、文献综述、方法描述、研究发现、总结和讨论(Borg 和 Gall，1989)。但是混合方法研究使研究者有机会扩展传统的研究报告。研究报告的定量研究部分可以采用和实验研究相同的格式(Ross 和 Morrison，2004)。研究报告的定性部分通常围绕一个主题或者主旨，通常包括介绍、核心材料和结论(Bogdan 和 Biklen，1992)。定性研究的结果可以采用访谈数据中一系列的主题形式或者个案形式，如 Reiser 和 Mory(1991)的研究。对于案例研究，报告中可以包括大量定量数据和列举数据的表格，或者也可采用严格的叙事形式。最近的研究更多采用非传统形式报告，例如表达参与者观点的故事、戏剧和诗歌。研究者给出了众多撰写定性研究报告的建议(Meloy，1994；van Maanen，1988；Wolcott，1990)。

除了前文所提到的研究，还有大量优秀的混合方法研究，可供仔细阅读，参考其研究结果的表述方式。Seel 及其同事(2000)，研究了心理模型和以模型为中心的学习环境，研究采用的定量方法包括前测、后测和教学四个月后对于学习稳定性的测量。他们也采用了因果解释的接受性访谈技术，调查学习者的心理模型和学习过程。在该研究及其后续研究中，Seel(2004)还通过因果图表和反向教学过程调查了学习者所形成的动态系统的心理模型。所谓反向教学是指学生向另一学生解释模型，然后考察这一认识性会话过程。

结论

选择混合方法进行研究的教育技术研究者面临诸多挑战,但是选择混合方法的潜在回报是很可观的。实验研究和混合方法研究的中心问题都是效度、信度和概化(Ross 和 Morrison, 776
2004),但是在定性方法中这些问题的处理方法不同。下面的混合方法研究质量的评价指标和建议,改编自 Savenye 和 Robinson (2005)的建议:

- 尽可能了解研究的背景,安排充足的研究时间;
- 尽可能熟悉所采用的研究方法,对自己进行方法培训;
- 只要可能,就进行预研究;
- 使用三角互证(简言之,利用多个数据源,以得到更深入和真实的研究发现);
- 不管用何种方法,都需要考虑道德伦理问题;
- 用心倾听参与者的声音,仔细记录他们的言行;
- 保持完善的记录,包括审计记录;
- 在研究过程中持续分析数据,考虑让其他研究者或者参与者审阅你的主题、模式和发现,以验证它们;
- 对所有的方法、角色、假设和偏见都进行详尽的描述;
- 在教育研究中,要想取得成功,关键是应使用恰当的方法(在使用混合方法时,还需要把握不同方法之间的平衡)。

小组学习过程的评定

Tristan E. Johnson 和 Debra L. O'Connor

组织机构通常会组建工作小组解决困难和挑战性的任务(Salas 和 Fiore, 2004),与此类似,在不同的学习背景中,为了满足教学需要,或者探索小组学习在教学法、学习过程和实用性等方面的优势,也会创建小组(Stahl, 2006)。在教育情境中,小组通常用于促进参与和增强学习。组建学习小组的一个主要原因是小组学习有助于促进某些专业技能的发展,例如交流、团队协作、决策、领导、尊重他人、问题解决、协商、创造性思维和作为团队的成员工作(Carnevale 等,1989)。

小组学习过程是两个或者更多个体之间以及与环境之间的相互作用,以改变知识、技能或者态度。术语"小组"指代小型群组这一概念,而不是大型机构那样的大型群组(Levine 和 Moreland, 1990; Woods 等,2000)。不仅中小学对小组学习感兴趣,在工作场所,例如军队、工业、商业甚至体育,也关注小组学习(Guzzo 和 Shea, 1992; Levine 和 Moreland, 1990)。

评定小组学习过程的原因有几个,包括需要对小组学习作为过程的结果进行评定及记录小组学习过程,以便为小组交互提供反馈,进而提高整个小组的表现。考察小组学习过程的研究已增进了我们对小组做了些什么、如何做以及为什么做等问题的理解(Salas 和 Canon-Bowers, 2000)。评定小组学习过程的另外一个原因,是揭示异常成功的小组过程行为,以便形成交互框架,将来可以用于指导小组教学策略的设计和开发。此外,由于小组支持和促进学习的作用和应用日益增加,人们对于研究潜在的小组相互作用机制更加感兴趣。

可以用许多不同类型的数据收集和分析方法评定小组学习过程。这一部分的目的是描述一些方法,如,(1)阐明这些方法和个体学习者评定方法之间的异同;(2)描述一个数据收集和分析技术的框架;(3)结合具体例子,呈现用已有方法研究小组学习过程时应有的具体考虑。

与个体学习过程相比的小组学习过程以及小组绩效

传统的关于学习过程的研究大多从心理学视角,采用传统心理学方法。这些方法的分析单元强调个体的行为或者心理活动,关注学习、教学结果、意义建构或者认知,所有这些都是基于个体水平的(Koschmann, 1996; Stahl, 2006)。与此不同,小组研究框架源于多个学科的研究传统,例如传播学、信息学、社会学、语言学、军事学、人因学和医学,以及应用心理学的诸多
777 领域,例如教学心理学、教育心理学、社会心理学、工业心理学和组织心理学。总体来说,这些学科扩展了传统心理学的研究视角,寻求对交互、口头语言、书面语言、文化以及其他和社会情境相关问题的理解。Stahl (2006)指出,个体通常在他人不在场的情况下思维和学习,但是独自学习和思维仍然受到重要社会因素的制约和干预。

小组研究考虑了各种不同的社会维度,但是主要关注的,要么是小组绩效,要么是小组学习。在学习领域,通常关注小组学习。在学校环境中我们经常可以看到儿童青少年参与到小组学习活动中。成人小组学习可以在后高中教育、专业学院、职业学校、大学和培训活动,以及基于工作场所的培训环境中看到。有些学习方法已用于所有这些环境。借助小组支持学习的少数具体策略包括合作学习、协作学习(Johnson 等,2000; Salomon 和 Perkins, 1998)、计算机支持的合作学习(Stahl, 2006)和基于团队的学习(Michaelsen, 2004)。用于指代使用多人学习活动的通用术语包括学习小组、团队学习和小组学习。通常,这些术语和具体策略会交替使用,但某些时候其使用方式和前面所描述的有所不同。

除了学习小组,成人在绩效(工作)环境下也会参与小组活动。虽然人们对学习和绩效进行了区分,但是以学习为目的的小组和以绩效为目的的小组其过程是相似的。工作场所中小组(小组首先关注任务的完成)的研究文献提供了一些可以用来研究小组学习过程的方法,这和个体学习的研究文献非常类似。小组学习过程方法包括那些在研究个体学习时经常能看到的方法,也包括额外的专门用于研究小组的方法。

方法学框架:过程的直接和间接测量

在研究小组学习过程时,可以采用三大类测量方法:(1)直接过程测量,即测量小组的过程或者行动;(2)间接过程测量,即测量小组活动过程中某一状态或者时间点;(3)间接非过程测量,即测量小组的产出或者绩效。直接过程测量是直接记录小组活动过程的技术。这些测量在本质上是连续的,通过记录小组交互的声音和画面,跨越时间捕获数据。这类测量的例子包括口头语言、书面语言和可视交互的记录。记录方式可以是视觉的、听觉的,也可以是观察笔记。

间接过程测量是间接记录小组活动过程的技术。这些测量是离散的,在某一时间点上记录小组活动过程的某一状态或者条件,可以在小组活动过程中或者在小组活动后进行记录,包括记录小组成员或者观察者对小组活动的感受和反应。访谈、调查和问卷都属于间接过程

测量,它们都关注在某一时间点解释小组学习过程的特性。这些测量方法主要收集小组成员对过程的反应,而不是对过程的直接观察。

间接非过程测量记录与结果、产品或者绩效有关的小组学习数据。它们并不是测量实际的过程,而是测量可能与小组过程相关的数据,包括小组特征,诸如人口学特征、信念、效能感、喜好、小组规模、背景、经验、多样性和信任感(Mathieu 等,2000)。这些类型的测量具有详细阐明和支持小组学习过程的潜力。这些测量方法专注于收集产品或者绩效分数,也征求小组成员对小组特征的看法,但不是对小组过程的直接测量。其测量内容包括绩效分数、产品评价、调查表、问卷、访谈转录文本和小组成员的知识结构。这些测量方法侧重于阐明特定小组的非过程性特征。

在考虑如何评价小组学习过程时,很多技术与研究个体学习过程的技术类似或者完全相同。小组学习过程的测量可以在个体或者小组水平上收集数据(O' Neil 等,2000; Webb,1982)。由于用于个体和小组的评定技术可能相似或者相同,而反映个体水平的数据不能直接用于小组过程或产品的分析,因此这可能会导致混乱。在评定小组时,用于分析的数据必须是小组水平的数据(小组数据集,参见图 55.1)。

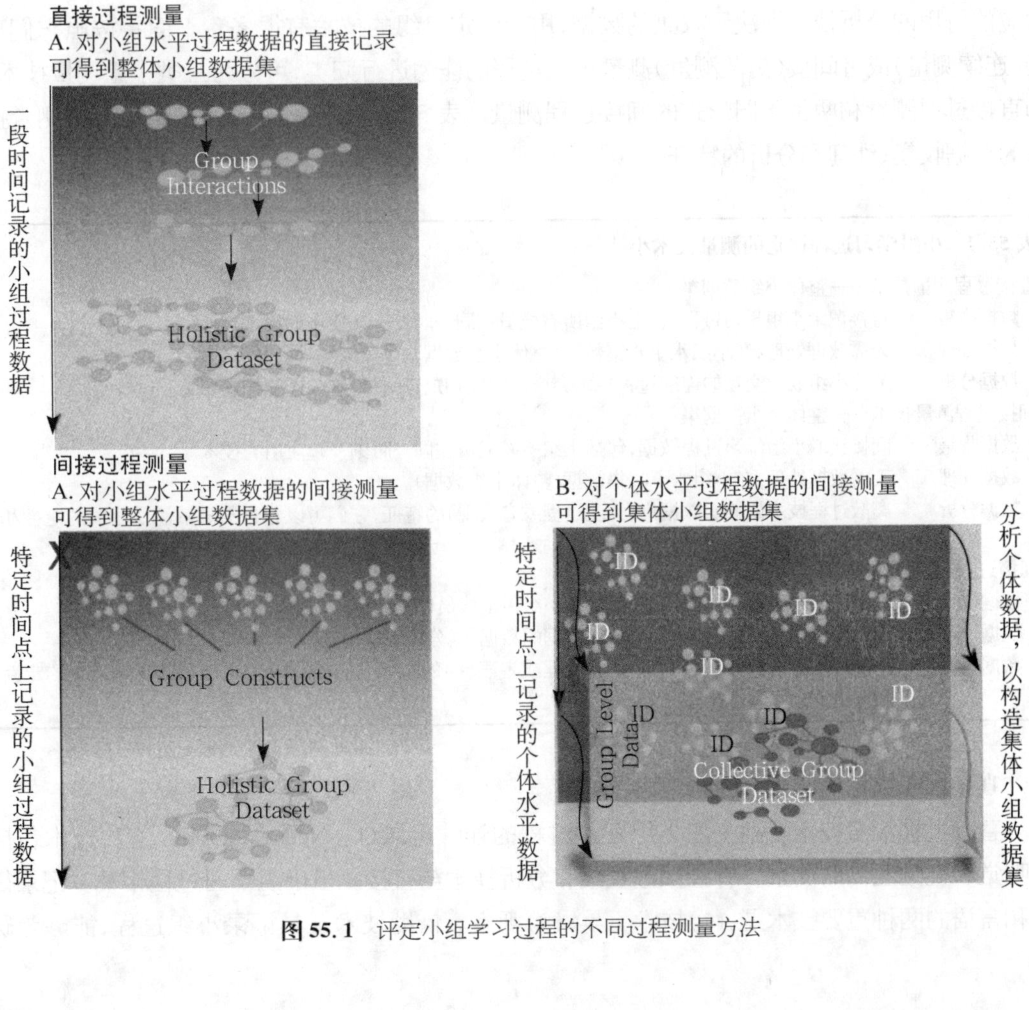

图 55.1 评定小组学习过程的不同过程测量方法

在设计关于小组学习过程的研究时,根据研究问题的不同,可以采用不同的测量技术。虽
778 然在评定小组学习过程时,存在诸多可能性,在考虑采用何种技术时,需要考虑三个方面:数据收集、数据处理和数据分析。

数据收集技术涉及到在个体或者小组水平捕获和诱发与学习过程相关的数据。在小组水平收集到的数据(记录小组交互或者引发小组活动的数据)产生整体小组数据集(图 55.1)。如果收集到的数据是小组形式的,没有必要再对其进行处理,其数据可以直接用于分析。但是,如果是在个体水平收集数据,则必须进一步处理数据,通常需要聚合(Stahl, 2006),以创建代表小组的数据集(聚合小组数据集),这需要在数据分析之前完成(图 55.1)。在个体水平收集数据,包括收集每个小组成员的数据,然后将个体数据转换为适当的形式(集体数据集)以便分析(参见图 55.1)。这一从个体数据生成小组数据集的技术与被称为由分析组建起来的数据集合的创建(O'Connor 和 Johnson, 2004)过程类似。这种形式的数据可以进行进一步分析。

数据收集和分析技术

在考虑不同的小组学习过程评定技术时,可以根据测量的类型(连续的或离散的)分类。对应的可用的分析技术取决于收集的数据,用于评定小组的技术有很多。下面将按照它们直接(连续测量)或者间接(离散测量)测量小组过程的能力进行归类,可分为三类小组测量技术,即直接过程测量和两种不同形式的间接过程测量。表 55.1 概括了这三种主要的小组测量技术的数据收集、处理和分析的特征。

表 55.1 小组学习过程评定的测量技术小结

直接过程测量技术——整体小组数据集	
数据收集	直接记录小组学习过程,包括小组所有成员在同一时刻一起使用的技术。
数据处理	无需数据处理,在小组水平收集数据(整体小组数据)。
数据分析	关注小组成员交互的连续过程技术会产生定性和定量结果,这与连续测量相关。
间接过程测量技术——整体小组数据集	
数据收集	间接获取小组学习过程数据,包括小组所有成员在同一时刻一起使用的技术。
数据处理	无需数据处理,在小组水平收集数据(整体小组数据)。
数据分析	离散过程技术依赖于数据集(关注过程或者表现)的特征,它们可以包含与离散测量相关的定性和定量数据分析技术。
间接过程测量技术——聚合小组数据集	
数据收集	间接获取小组学习过程数据,包括由小组每个成员单独使用的技术。
数据处理	需要聚合个体数据,创建代表小组数据的数据集(分析性构造)。
数据分析	离散过程技术依赖于数据集(关注过程或者表现)的特征。它们可以包含与离散测量相关的定性和定量数据分析技术。

直接过程数据的收集和分析

直接过程测量技术特别关注小组互动过程的连续记录(O'Neil 等,2000),这些技术包括
779 对听觉和视觉互动的测量。有些数据收集和分析技术与直接测量小组学习过程相关。记录行动和言语的两种重要技术是:(1)技术工具;(2)观察。借助技术工具记录小组过程,能够为研

究者提供不同于观察的数据。研究者在记录小组活动过程时,可以同时综合使用技术工具和观察两种方法(O'Neil 等,2000; Paterson 等,2003),进而可分析记录的原始数据或者转录文本。

利用技术捕捉小组过程

口头语言过程

可用于记录小组口头语言的技术包括录音和摄像(Schweiger, 1986; Willis, 2002),它们记录小组互动过程中所产生的口头语言(Pavitt, 1998),也可以包含小组成员按照出声思维法解释小组活动中的思维时(Ericsson 和 Simon, 1993)的口头语言。

书面语言过程

通常人们认为小组学习过程是利用口头语言的,但是新的通信工具使小组可以通过书面语言交流和互动,如聊天室、白板(虽然不仅仅局限于书面语言)和讨论板。此外,计算机支持的协作学习(CSCL)是基于计算机的网络系统,可用于支持小组学习互动(Stahl, 2006)。

可视化过程

用于记录小组可视化交互的技术包括发生在小组互动过程中的行为和行动的视频记录(Losada, 1990; Prichard, 2006; Schweiger, 1986; Sy, 2005; Willis 等,2002)。

利用观察捕捉小组过程

虽然通过技术工具可以高度真实地记录数据,但人类能够更好地记录某些小组事件,可以观察而不像技术工具那样仅仅是记录数据。理想的观察通常借助一套精心设计的观察记录指南,以帮助观察者聚焦,并教会他们如何描述关键的过程事件。观察者能捕捉各种信息(Patton, 2001),如背景、人类和社会环境、小组活动、语言风格、非言语交流以及不寻常的事件。观察数据对于研究小组学习非常重要(Battistich 等,1993; Lingard, 2002; Sy, 2005; Webb, 1982; Willis 等,2002)。记录的信息类型通常是位置、组织、活动和行为(Battistich 等,1993; Losada, 1990),以及交互的频率和质量等(Battistich, 1993)。

直接过程数据的分析

小组过程直接测量收集到的数据是整体形式的,可以直接用于分析(图 55.1 和表 55.1)。 780
有一些技术可以用来分析小组数据,尤其是直接过程数据。下面所列出的技术,可用于分析口头或者书面语言、视觉互动和观察数据,如小组互动的序列分析(Bowers, 2006; Jeong, 2003; Rourke 等,2001)、互动交流分析(Bales, 1950; Qureshi, 1995)、传播分析(Bowsers 等,1998)、预期比率(anticipation ratio)(Eccles 和 Tenenbaum, 2004)、过程中的协同(in-process coordination)(Aviv, 2003; Hara 等,2000)、内容分析(Aviv, 2003; Hara 等,2000)、一致性分析(cohesion analysis)(Aviv, 2003)和原始记录分析(protocol analysis)(Ericsson 和 Simon, 1980,1993)。视觉互动技术也包括使用行为时序分析(Losada, 1990),这一分析包括寻找支配—服从、友好—不友好以及任务指向—情感表达等行为。对于观察性数据,研究者关注多种与自然观察相关的定性观察技术(Adler 和 Adler, 1994; Patton, 2001),与这类分析相关的常见任务有小组和角色序列分析及确定评价(Garfinkel, 1967; Jorgensen, 1989)。

间接过程数据的收集和分析

许多数据收集方法是关于如何间接测量小组学习过程的。间接小组过程特征和产品测量方法提供在某一具体时间点的小组信息。这些离散的测量不能直接记录连续的小组过程，但是能够产生描述小组过程或者与过程相关的数据，例如小组特征或者小组结果(可能和小组过程有关的事物)。和小组学习过程相关的三种主要数据类型为间接小组过程数据、小组特征数据和小组产品数据，每一类型均可以测量特定的因素。间接小组过程数据可描述小组过程，包括诸如小组交流(言语和非言语)、行动、行为、表现和过程等因素。小组特征数据与小组过程相关，包括小组知识、技能、效能、态度、成员角色、环境和小组领导权等因素。收集上述两种间接数据的主要方法，有访谈、问卷和概念方法(Cooke 等，2000)。每种方法均可聚焦于小组过程或者小组特征。我们先回顾分析小组过程的方法，再讨论分析小组产品的方法。

访谈

访谈是收集小组一般性数据的有效方法，包括无结构访谈(Lingard, 2002)和结构化访谈，后者受控于事先指定的形式，可以产生严格或者松散限定形式的数据。结构化访谈所需的开发时间更长，但是更系统(Cooke 等，2000)，通常一次只访谈一个被试个体；但是焦点组访谈也很常见，访谈者通过组织自由开放的小组讨论开展访谈，小组全体成员同时接受访谈(Myllyaho 等，2004)。对访谈数据的分析需要基本的定性数据分析技能(Adler 和 Adler, 1994; Patton, 2001)。访谈的实施可能比较容易，但是其数据分析极大依赖于访谈者的解释(Langan-Fox, 2000)。分析访谈数据的主要步骤包括编码数据寻找主题(Lingard, 2002)、研究编码以发现意义。每一阶段都应认真检查，以发现重要概念，揭示总体关系。小组访谈可以用于讨论研究发现、生成对特定问题的集体意义，是更整体化的分析方法(Myllyaho 等，2004)。内容分析常用于分析书面陈述(Langan-Fox, 1997)。其他主要分析技术关注过程分析(Fussell 等，1998; Prichard, 2006)，尤其关注对讨论主题、小组协调、小组认知负荷和任务过程的分析。其他小组特征分析技术则有角色分析和权力分析(Aviv, 2003)。

问卷

问卷是收集小组过程数据的常用方法(O'Neil 等，2000; Sy, 2005; Webb, 1982; Willis 等，2002)。和高度结构化的访谈类似，问卷也可以用于关系指向的过程和任务指向的过程(Urch Druskat 和 Kayes, 2000)。问卷可以是封闭式问答，也可以是开放式问答(Alavi, 1994)。开放式问答问卷和结构化访谈的关联更密切，它收集到的数据可以关注小组过程，也可以关注小组特征。封闭式问卷则提供一套有限的反应，包括某些形式的量表，可以是称名、
781 顺序、等距或者等比的。这种形式的问卷获得的数据对于记录小组过程的数据能力有限，但是这是收集与小组特征相关的数据的典型形式，如社会空间、小组效能量表、小组技巧、小组效能、小组态度、小组成员角色、领导权和小组知识等。如果是开放式问卷，其数据的分析方法和访谈数据的分析方法非常相似。如果是封闭式问卷，在进行数据分析之前则需仔细审查问卷的信度。假定有足够的证据表明问卷的可靠性，其数据分析需基于特定的理论构想来解释测量数据。数据分析技术的类型取决于问卷中所使用的量度的类型(名称、顺序、等距和等比)。

概念性方法

概念性方法可用于评定个体或者小组对某一主题的理解。有几种数据收集技术可以用来测量知识结构。Langan-Fox 等人(2000)的文献综述发现调查研究团队的知识可用几种定性和定量技术,包括不同的诱导技术(如认知访谈、观察、卡片排序、因果映射、配对评级等)和使用聚合方法的表征技术(如 MDS、距离比率公式、Path-finder)。

概念图是评定小组知识最常用的方法(Herl 等,1999; Ifenthaler, 2005; O'Connor 和 Johnson, 2004; O'Neil 等,2000)。通过绘制概念图,小组的心智模型的相似性可以通过不同概念图之间共同的节点和链接的比率来测量(Rowe 和 Cooke, 1995)。有些研究者相信小组知识和小组过程是相关联的。研究已发现,特定的小组互动,例如交流和协调,可以调节小组知识的发展,也可以调节小组绩效(Mathieu 等,2000)。小组互动和小组知识共享的共同作用是构建小组认知的前提性力量。在团队成员的互动过程中,他们开始共享知识,这使得他们能够以类似的方式解释线索,做出彼此协调的决策,进而采取恰当的行动(Klimoski 和 Mohammed, 1994)。小组共享的知识可以帮助小组成员解释其他成员的行动,理解任务过程中发生了什么,对成员未来的行动和任务状态作出准确的预期,更有效地交流意义。

分析知识数据当然会采用定性方法。和统计学分析相比,这些方法通常能够提供更多细节和更加深入的信息(Miles 和 Huberman, 1994; Patton, 2001)。通过定性方法,我们能够对个体心智模型背景下的概念之间的关系有更深刻的了解,也能够更深刻地洞察小组成员之间对理解的共享。定量数据分析技术为研究者提供了对小组知识变化进行推论的工具,也能够在统计学上证明知识结构的改变或者变异。

研究者已开发了几种分析小组知识相关数据的方法。大多数都包括引出(elicitation)和分析两部分。有些技术采用混合方法,例如分析—构造共享心智模型(ACSMM)(O'Connor 和 Johnson, 2004)、DEEP(Spector 和 Koszalka, 2004)、社会网络分析(Qureshi, 1995)。其他方法在本质上属于定量方法,例如斯坦福微阵列数据库(Stanford Microarray Database, SMD)(Ifenthaler, 2005)、概念关系的模型审查跟踪(MITOCAR)(Pirnay-Dummer, 2006)、多维度量表(MDS)、距离比率公式和层析系统(Cooke 等,2000)。

小组产品数据是小组互动所创造的人工制品。小组产品通常无法记录小组创造产品的过程,但它是小组能力的证据。很多声称研究小组过程的研究,实际上仅仅记录了小组产品数据。这部分可归因于研究者相信小组作品和过程与小组特征之间存在关联(Cooke 等,2000; Lesh 和 Dorr, 2003; Mathieu 等,2000; Salas 和 Cannon-Bowers, 2001; Schweiger, 1986)。虽然有证据表明在少数领域存在这一关系,但尚需更多研究支持这一观点。

对小组作品数据的分析需要采用个体产品数据分析技术。使用具体的指标,能够有利于对产品质量的分析。这些指标可以用于创建产品等级评定量表。评级量表可以包括数值量表、描述性量表和一览表。数值型量表通常呈现一系列数字(一般是按顺序的),在连续体的两端会用标签定义。问卷中的每个项目都按照数值量表进行评级。除了量表两端的标识之外,并没有具体的定义其他的不同数值。例如形如从 1(很弱)到 5(很强)的量表是非常主观的,但
是容易创建。描述型量表与此类似,但是关注语言陈述。可以为每个陈述指定一个数字。这 782

些陈述通常按照某一逻辑顺序排序。描述型量表的普遍例子是"非常不同意(1)、不同意(2)、中立(3)、同意(4)、非常同意(5)"。对于给定指标,可以开发一个一览表,以详细描述每个具体的特征。由于呈现了某一具体特征,评价者可以简单指出某一特征是否存在,这能够提高信度水平。一览表的有效性需要进行仔细的任务分析,以保证其效度。

小组学习过程评定的一般性考虑

在评定小组学习过程时,研究者应考虑如下几个问题。这些问题可分为以下四类:(1)小组情境;(2)小组成员参与的差异;(3)数据收集和分析的总体方法;(4)阈限。

小组情境

和其他三个问题相比,这一问题的重要程度要低一些,在确定特定研究最好的方式和方法时需要考虑小组情境。最后确定采用何种技术,取决于小组是一直进行小组学习活动,还是个体先独自学习再在某些特殊的时刻集合到一起。有些小组可以面对面交流,或者在其他情况下实现同步交流;但是,分布式小组只有借助技术实现同步或者异步交流,甚至只有异步互动。小组情境的差异会影响小组学习过程具体评价方法的选择。

小组成员参与的差异

当在较长一段时间内收集多组数据时,研究者需要考虑如何处理小组成员参与差异的问题(某些小组成员在数据收集过程中缺席,新成员在研究过程中加入)。任何决定都有优势和不足,但是有必要确定是否利用所有收集到的数据,不管小组成员在数据收集时是否出现。不选择所有数据的研究者,可能考虑仅仅选择每次数据收集活动都出现的小组成员提交的数据(O'Connor 和 Johnson, 2004)。如果数据分析基于固定数量的小组成员,有必要考虑应如何处理那些不是每次数据收集都出现的成员的数据。此外,如果小组构成有变化,重要的一点是要考虑总体的小组人口学特征,以及小组成员个体对于小组整体的可能影响。

数据收集和分析的总体方法

在整体方法中,小组成员一起工作,一个数据集表征小组总体。但是,小组互动过程会自然改变小组成员个体的思维。替代的方法是记录对个体的测量,利用某些类型的聚合分析方法来表征小组;但是,研究者需要思考聚合结果是否能真正代表小组。

阈限

当使用的间接测量方法需要在分析之前聚合或者处理数据时,研究者必须考虑相似分数这类问题。这些分数规定了一些参数,用于确定某一小组成员的反应和其他小组成员的反应是否相同(O'Connor 和 Johnson, 2004; Rentsch 和 Hall, 1994; Rentsch 等,出版中)。例如,在 5 点量表上得分 3.5,是近似 3.0 还是近似 4.0?在把个体数据进行聚合以形成对小组的表征时,研究仅仅考虑那些测量的反应在某一百分比的小组吗(Ancona 和 Caldwell, 1991)?如何确定小组成员个体之间的相似性或者共享的事物?使用计数的方法(x 个小组成员)还是占小组百分比的方法进行分析(如 50%)?在组间比较时,相似度或者敏感度的水平应为多少——50%?70%(O'Connor 和 Johnson, 2004)?问卷的平均反应水平应该是多少(Urch Druskat 和 Kayes, 2000)?在评定小组学习和分析小组数据时,需要考虑很多不同的阈限,以上这些在研究个体时是不需要考虑的。

结论

小组学习过程的评定比个体学习过程的评定更复杂,需要考虑额外的数据收集和分析方法问题。正如大多数研究一样,“研究者安排的实验类型将决定数据的类型,也将决定对这些数据进行的分析和解释”(Langan-Fox 等,2004, 348 页)。的确,让具体的研究问题驱动数据收集方法的选择是符合逻辑的。研究问题的确定,以及后续数据收集方法的确定,自然会限制什么样的数据分析方法是合适的。对于认真计划小组学习过程的研究而言,核心问题包括从选择直接或者间接评定测量方法,到考虑小组特征对于小组学习过程的可能影响。

由于研究小组学习过程存在很多方法和技术,而且这些方法和技术还可以进行组合,有些研究者认为这一领域的研究还不够充分,导致无法确定研究小组的最佳方法(Langan-Fox 等,2000)。许多小组学习过程研究仅仅考虑了对结果的测量,而未直接研究小组学习过程 783
(Worchel 等,1992)。其他研究仅仅考察了研究过程的某些方面,或者仅尝试通过在某个时间段上选择几个时间点,获取离散的数据,比较评定小组学习过程。正如我们所提到的,很多小组数据的收集和分析方法正处于发展之中(Seel, 1999)。分析小组学习过程的数据还没有唯一的最佳方法,因此,我们建议研究应采用多种方法,以获得关于小组学习过程的综合面貌。如果我们希望更好地理解小组学习过程这一概念,并且在未来学习小组的设计、实施和管理中体现这一概念,就必须解决和概念化与测量相关的基本问题(Langan-Fox 等,2004)。

复杂绩效的评定

Tamara van Gog、Remy M. J. P. Rikers 和 Paul Ayres

本部分从教育研究的角度探讨复杂绩效的评定,关注数据收集和分析这一问题。首先简要介绍复杂绩效,之后讨论有关选择和定义适当的评定任务、指标和标准的问题,这些将使得评定变得有意义。虽然这里讨论的问题对于教育实践中的绩效评定也非常重要,但对这问题特别感兴趣的读者可参考本手册的第 44 章,或者 Birenbaum 和 Dochy (1996)、Segers 等人(2003)的著作。对收集数据的实验室设置的讨论,参见本章中 Duley 等撰写的内容。

复杂绩效可以定义为在复杂任务上的绩效,但是任务复杂度的定义存在差异。Campbell (1988)在文献综述中,把复杂度主要分为主观性的(心理的)或者客观性的(客观任务特征的功能),或者是客观和主观(个体)特征的相互作用。Campbell 指出,主观视角强调心理学维度,例如任务重要性和识别。另一方面,客观定义考虑了任务的结构化程度以及多种解决路径的可能性(Byström 和 Järvelin, 1995; Campbell, 1988)。当任务完成过程可以用详细的规则说明(非常结构化)时,可以认为任务不太复杂;与此相反,如果存在大量不确定性,人们就认为任务高度复杂。与此类似,按照可能的解决路径的数量,任务复杂度也存在差异。和存在多个正确解决路径或者可能有多种解决方法的任务相比,只有一个正确解决路径的任务的复杂性更低。

对于交互类别，Campbell (1988)认为问题解决者和任务都重要。通过将任务复杂度界定为认知负荷(Chandler 和 Sweller, 1991; Sweller, 1988; Sweller 等，1998)，能够很容易地给出这一交互的例子。从认知负荷的角度看，复杂度由任务所包含的信息元素之间相互作用的数量决定，需要在工作记忆中同时处理这些元素之间的交互作用。这样，复杂度受到专长(即主观的、个体特征)的影响，对新手而言的复杂任务，对专家来说可能很容易。在专家的心理结构中，一定数量的元素被合并为一个认知模式，在工作记忆中可以被当做一个元素来处理。在复杂度的客观性定义下，高度复杂的任务(如缺乏结构，多种可能的解决路径)，在主客观交互作用定义下仍然是复杂的。但是，即使是高度结构化、只有唯一正确解决路径的任务，按照后一定义也可能被视为是复杂的，因为可能会存在多个信息元素的交互作用，或者任务完成者的专长较差。

本部分中，我们把讨论限定于认知任务复杂绩效的评定方法上。需要注意的很重要的一点是，这里讨论的方法可以用于评定培训中以及培训后的复杂绩效(或者复杂绩效的提高)，具
784 体评定的对象与欲解决的研究问题有关。培训后的复杂绩效评定通常用于评定学习，这在教育和教学设计研究中很常见。如果研究者希望评定学习，则必须谨慎，不能仅根据参与者在培训过程中表现的提高而断定学习发生了。如 Bjork (1999)所指出的，与培训条件有关，培训过程中绩效的大幅度提高可能与学习无关，而绩效的小幅度提高倒有可能与学习相关。因此，非常重要的是，要通过保持或者迁移任务，而非练习任务(培训中的)来评定学习。选择恰当的评定任务非常重要，这是下一部分要讨论的内容。

评定任务

绩效评定的一个关键步骤是确定一系列代表性任务，用以捕捉研究感兴趣的参与者的知识和技能(Ericsson, 2002)。影响评定任务集代表性的重要因素有真实性、数量和任务完成时间，这些特征在很大程度上都受研究领域的影响。

我们通常很难选择能够充分记录表现的任务。如果选择了不典型的，人为的任务，甚至可能会妨碍学习者展现出真实的水平或者理解。传统的评定学习者知识和技能的方法一直受到批评，原因是它们评定学习者在培训中所获得的知识和技能，常常无法预测学习者在现实生活中或者未来工作场所中的表现(例子可参见，Anderson 等，1996; Shepard, 2000; Thompson, 2001)。

是否使用真实任务评定学习者的理解，这个争辩已有很长的历史。它始于杜威(1916)时代，一直延续到今天(Merrill, 2002; van Merriënboer, 1997)。完全真实的任务在研究情境下很难实现，领域的结构性会在这里起作用。对于结构化领域，例如国际象棋和桥牌，可以在实验室中重建与现实完全相同的条件。对于结构化程度比较低的领域，是非常困难的，甚至是不可能的(Ericsson 和 Lehmann, 1996)。不管怎样，研究者总是追求更高的真实度。Gulikers 等人(2004)把真实评定界定为具有五个维度的构想(即任务、社会背景、物理背景、形式/结果和指标)，每一维度都可从低到高变化。

任务集的任务数量和持续时间是影响研究信度和概括能力的重要因素。一方面，选择的

任务过少，或者持续时间太短，会对信度和概括力产生负面影响。另一方面，选择大量任务或者任务持续时间过长，会导致很多现实问题，可能会使研究者和参与者都筋疲力尽。在很多复杂领域(例如医疗诊断)，采用很小的案例集是很常见的也是不得已的，这不仅因为真实实践环境的复杂性，也因为分析复杂问题极其困难，而且需要大量时间(Ericsson, 2004; Ericsson 和 Smith, 1991)。不幸的是，不存在关于足够的任务数量和持续时间的黄金法则，很多重要因素取决于领域和特殊的背景(van der Vleuten 和 Schuwirth, 2005)。在高度结构化的领域(如物理、数学和国际象棋)，通常较小的代表性任务集即可记录这一领域绩效的相关方面，而在结构不良领域(例如政治科学、医学)则需要很多存在交互作用的复杂技能。因此，和结构不良领域相比，高度结构化领域更容易确定任务集。

评估校标和标准

评估校标这一术语指对所评定的绩效的元素或者不同方面的描述，而评估标准指对于不同阶段(如年龄、年级)的参与者在某些方面绩效质量的描述(如优秀/良好/一般/较差)(Arter 和 Spandel, 1992)。正如 Woolf(2004)所指出的，评估校标这一术语也经常用于指代评估标准的含义。根据研究者所欲回答的研究问题，可以使用不同的标准，例如参与者以往的绩效(自我参照)、同伴小组绩效(常模参照)或者客观标准(标准参照)，设置标准可以采用不同的方法(Cascallar 和 Cascallar, 2003)。有关指标和标准的大多数研究都是在国立(或者州立)学校测验的教育实践背景下开展的(Hambleton 等，2000)，或者用于高度技能化的专业，如医学，对这些领域设置适当的标准具有很重要的利害关系(Hobma 等，2004; van der Vleuten 和 Schuwirth, 2005)。虽然在教育实践领域中形成有效的指标和标准特别重要，但在教育研究领域，这一问题也同样重要。测量绩效的哪些方面，如何设置标准，对于研究的概括力和价值有重要的影响。

领域的良构程度不但会影响代表性任务集的创建，而且会影响指标的定义、标准的设置， 785
和参照标准对绩效的解释。在高度结构化的领域，如数学或者国际象棋，评定学习者的反应相对直截了当，问题较少。然而，在结构化程度更低的领域，通常更难确定清晰的标准。例如，音乐专业学生对于钢琴协奏曲的解释比在曲子上的技术表现更难评定。和后者相比，前者包含更多主观元素(例如鉴赏力)或者文化差异。

收集绩效数据

对复杂绩效的评定并不存在唯一最好的方法，通常组合使用多种测量或方法尽量获取绩效全貌是最明智的。这里描述了一些方法，即在线(在任务执行过程中)和离线(在任务完成后)，用于收集绩效结果(产品)数据和过程数据。具体研究问题、研究背景的可能限制和领域等决定了哪一方法或者哪些方法的组合是最有效的。例如，相比高度结构化的领域而言，在结构不良领域其过程测量的附加值更高。

收集绩效结果(产品)的数据

绩效结果数据的收集是相当直接的。研究者收集绩效的产品(例如有故障的电路板，现在被修好了),按照预定标准进行评分(例如,是不是所有组件的功能都正常,如每个组件以及组件整体功能等)。除了对正确的方面进行评分,研究者也可以对错误进行计数、分析犯错误的类型。但是,尤其对于复杂绩效的评价,仅收集产品数据获取的信息量不够充分。把获得这一产品的过程和认知付出也考虑在内,能够提供同样重要甚至更重要的信息。

收集绩效过程的数据

任务时间或者速度

完成任务所需的时间是某一任务掌握水平的重要指示。根据练习的幂定律(Newell 和 Rosenbloom, 1981; VanLehn, 1996),随着练习时间的增多,完成任务所需的时间成比例下降,下降速度和练习时间的幂成正比。Newell 和 Rosenbloom (1981)发现这一定律对很多任务都有效,从解决几何问题到键盘输入。为了解释练习的幂定律,研究者提出了几种理论。Anderson 的 ACT - R 假设,将速度较慢的陈述性知识转换为更快的过程性知识来解释加速问题(Anderson, 1993; Anderson 和 Lebiere, 1998)。对加速现象的另一种解释认为,加速是重复遇到有意义的模式(Ericsson 和 Staszewski, 1989),意思是,由于重复遇到相似的元素,这些元素不再被感知为独立的单元,而是被感知为有意义的整体(亦即组块)。除了组块以外,在持续的练习下去过程会自动化(Schneider 和 Shiffrin, 1977; Shiffrin 和 Schneider, 1977),导致更快速和需要更少意识努力。总之,随着专长的发展,同样的任务可以在更短的时间内完成。因此,在评定复杂绩效时,收集完成任务所花的时间这一数据非常重要。

认知负荷

在执行任务过程中导致的任务完成时间缩短的组块和自动化过程,也能够用于解释执行任务所需的认知负荷的降低(Paas 和 van Merriënboer, 1993; Yeo 和 Neal, 2004)。认知负荷可以通过在线和离线技术测量。为执行任务而分配的认知能力称为心理努力,研究者认为心理努力反应了任务带来的真实的认知负荷(Paas 和 van Merriënboer, 1994a; Paas 等,2003)。一个主观却可靠的心理努力测量技术是让个体提供对所投入的心理努力的自我评定。可以使用一个单维度主观评定量表,例如 Paas (1992)开发的 9 点量表,或者多维度工具,NASA 的任务负荷指数(TLX),Gerjets 等人(2004,2006)使用了该量表。由于主观认知负荷测量通常在每一任务或者一系列任务完成后进行,所以它们是离线测量。当然也存在一些例外,例如 Ayres (2006)要求参与者在任务过程中的某些时间点评定认知负荷。

客观在线测量包括生理心理学测量,例如心率变化(Paas 和 van Merriënboer, 1994b)、眼
786 动数据和第二任务过程(Brünken 等人,2003)。由于是在任务执行过程中测量,这些在线测量方法可以显示任务执行过程中认知负荷的波动。需要注意的是,Paas 和 van Merriënboer (1994b)发现心率变化测量具有很强的干扰性(intrusive),而且对于细微的认知负载波动不敏感。主观性的离线数据通常更容易收集和分析,任务造成的整体认知负载是有效的指示变量(Paas 等,2003)。

行动:观察和视频记录

过程追踪技术非常适合评定在任务执行过程中不同类型的行动,有些完全是认知性的,而其他的会导致身体动作,由于"所记录的数据是事先指定的类型(例如言语报告、眼动、行

动)，可以推论出隐藏在任务绩效之后的认知过程或知识”(Cooke, 1994, 814 页)。下面将介绍允许对认知活动进行推论的数据记录方法。要记录任务执行过程中的人体动作学，可以采用如下方法：(1)训练有素的观察者能够记录发生的动作，或者在事先制订的一览表上勾选(使用多个观察者)；(2)对参与者的绩效进行(数字)视频记录；(3)对基于计算机的任务，可以通过屏幕录制软件、键盘按键和鼠标点击位置记录软件来记录操作。

注意和认知操作：眼动记录

眼动跟踪(Duchowski, 2003)——即在参与者执行任务(通常是基于计算机的，但不是必须的)时记录眼动数据。它也可以用来收集绩效的在线过程数据，但其在教育领域的应用远远少于前面提到的方法。眼动数据能够提供注意分配信息，使研究者获取参与者正在观察的对象的详细信息，以及观察了多长时间、顺序如何等。通过这些数据可以推断认知过程(Rayner, 1998)，当然是谨慎的推论，因为数据不会提供关于参与者为什么这么长时间注视某一事物、为什么以这一顺序注视等信息。注意的转移可能是对外部或者内部线索的反应(Rayner, 1998; Stelmach 等，1997)。外源的注意转移主要是对环境特点或者环境变化(如如果计算机屏幕一角有高亮度的事物开始闪烁，你的注意可能会被吸引过去)的反应。内源转换是由关于任务、环境或者重要的可用信息源的知识驱动的(即受到专长水平的影响)(Underwood 等，2003)。例如，在国际象棋中，研究发现专家棋手在相关部分的凝视比例要高于非专家棋手(Charness 等，2001)。在电子线路问题解决中，van Gog 等人(2005a)也发现，在问题定向阶段，专业水平更高的参与者在可能有错误的组件上的凝视时间要高于专业水平较低的参与者*。请读者注意，这不是一个全面的综述，对于前面提到的研究，我们也没有任何相关商业或者其他利益。Haider 和 Frensch (1999)使用眼动数据来证实他们的信息降格假说(information-reduction hypothesis)，这一假说认为，伴随着实践练习，人们学会忽略任务冗余信息，只限定在与任务相关的信息上。

对于那些需要大量视觉绩效的任务(例如错误处理技术系统)，和视频记录相比，眼动数据可能能够提供更多的信息。有些重要的问题解决活动可能完全是视觉的或者认知的，这些将会显示在眼动记录中，而在视频记录中只能根据记录到的手工或者人体动作学推测视觉或者认知活动(van Gog 等，2005b)。除了提供注意分配的信息，眼动数据还能提供任务执行的某些方面对认知负荷的影响的信息；例如，当处理要求提高时，学生的瞳孔扩张(Van Gerven 等，2004)，凝视的持续时间(Underwood 等，2004)增加，而扫视(即眼睛的注视点从一个位置快速移动到另外一个位置，参见 Duchowski, 2003)的持续时间反而会降低(关于眼动数据和认知加工的深入讨论，参见 Rayner, 1998)。

思维过程和认知操作：言语报告

即时报告和事后报告可能是最常用的口头报告技术(Ericsson 和 Simon, 1993)。如它们的名称所示，即时报告是一种在线技术，而事后报告是一种离线技术。即时报告，或者出声思

---

* 需要注意不同组的专长水平差异相对较小(即这不是专家-新手研究)，这提示我们眼动数据可能在调查相对微小的专长水平差异或者专长发展方面是有效的。

787 维，需要参与者将任务执行过程中头脑中所有的思考报告出来。事后报告需要参与者在完成任务后立即报告他们在任务执行过程中的思考。虽然将口头报告作为研究数据存在着大量争论，研究者一般认为这两种方法都可用于推断任务绩效背后的认知过程，但其前提是对指导语和提示语要注意措词(Ericsson 和 Simon, 1993)。

指导语和提示语的措词应该能够激起反应，但是不会和任务执行的认知过程相冲突。例如，即时报告的指令应该告诉参与者出声思维，把头脑中的任何想法都说出来，但是不应要求他们解释任何思维。提示应尽可能不引人注目。提示被试“继续出声思维”，比要求他们回答“你在想什么呢?”要好。后一提问方式可能会引起自我反思，这会导致认知过程冲突。违反这些指令和提示技术，可能会改变实际的认知过程或者报告过程，这会降低报告的效度(Boren 和 Ramey, 2000; Ericsson 和 Simon, 1993)。例如 Magliano 等人(1999)发现阅读理解过程中解释、预测、关联和理解等不同指导语会影响从被试出声思维产生的数据中所作出的推论。尽管认知过程的指令效应是一个有趣的研究主题，当研究的目的是在没有干预的情况下探索参与者真实的认知过程时，应该遵守 Ericsson 和 Simon (1993)的指导语和提示语措词指导原则。

两种报告方法都可以产生言语记录，使研究者可以对认知过程进行有效的推断。但是在为具体的研究问题选择研究方法时，必须要考虑两种方法获得的信息的差异。根据 Taylor 和 Dionne (2000)的研究，同时记录似乎主要可提供行动和结果的信息，而事后记录则提供更多关于“控制问题解决进程的策略”和“引发特定反应的条件”(414 页)的信息。Kuusela 和 Paul (2000)报告即时记录比事后记录包含的信息更多，原因是后者通常只包含对于解决方案有效的行动信息。van Gog 等人(2005b)研究了有提示的事后报告技术。在有提示的事后报告中通过重放任务过程中的眼动和鼠标/键盘操作来提供线索，它应会具备即时(即更多行动信息)和事后(即更多策略性和条件性信息)报告的优点。他们发现即时和有提示的事后报告均产生了更多行动信息，而且它产生的策略性和条件性信息也多于无提示的事后报告。

与我们期望的相反，即时报告产生了比事后报告更多的策略性和条件性信息。这可能是因为:(1)反映了与 Taylor 和 Dionne 研究结果的真正不同;(2)所采用的编码方案中信息类型的操作定义不同;或者(3)研究所采用的分段方法与 Taylor 和 Dionne (2000)的不同。

对于即时报告比事后报告产生了更多行动相关的信息这一研究发现的一个解释是，即时报告是在线的，而不是离线的。即时报告记录的是任务执行过程中短时记忆中可用的信息;对事后报告而言，如果任务持续时间很短，参与者报告的是从短时记忆中回忆的信息，如果任务持续时间比较长，则被试是从长时记忆中提取信息(Camps, 2003; Ericsson 和 Simon, 1993)。长时记忆中有可能只保存了实现目标所需的正确步骤，因为只有这些步骤是和将来的应用相关的。这也是以下现象的原因，让被试基于观察记录或者问题解决的中间产品进行报告时，会比无提示的情况下产生更好的结果(省略得更少)(van Gog 等,2005b; van Someren 等,1994)。不同的记忆系统的参与也许能够解释 Taylor 和 Dionne (2000)的发现，即事后报告似乎包含更多的条件性和策略性信息。这一知识可能在过程中已经被运用，但是在做报告时却被忽略了，原因是报告活动对短时记忆提出了更高的处理要求(Russo 等,1989)。尽管这一解释是尝试性的，但是有研究证据暗示即时报告在高水平认知负荷下非常难以维持(Ericsson 和 Simon, 1993)。的确，van Gog 等人的研究表明，在执行任务时经历更高认知负荷(即报告说投入了更多的心理努力)的参与者，在实验处理结束后的陈述中声明他们不喜欢即时报告，而更倾向于有提示的事后报告(van Gog, 2006)。

神经科学数据

在教育研究中，一个正在浮现且大有希望的领域是用神经科学的方法直接研究大脑的功 788
能和结构(及其变化)，这可以为学习过程、记忆过程和认知发展提供详细的数据(参见，Goswami, 2004; Katzir 和 Paré-Blagoev, 2006)。诸如磁共振成像(MRI)、功能性磁共振成像(fMRI)、脑电图(EEG)、脑磁图(MEG)、正电子发射成像(PET)、单光子发射计算机断层显像(SPECT)提供了(间接的)神经活动的测量。对于上述方法及其在教育研究中应用的例子，读者可以参考 Katzir 和 Paré-Blagoev (2006)。

数据分析

对绩效产品、任务时间和心理努力(至少当使用主观评定量表时)等数据的分析是非常直接的，这里不予讨论。在这一部分讨论观察、眼动和言语记录数据的分析，以及综合方法/测量的分析。

观察、眼动和言语记录数据的分析

观察数据

观察数据的编码和分析可以采取多种不同的形式，这也取决于研究问题。编码方案是基于研究者希望评定的性能方面(指标)开发的，有时也包含对绩效方面的评价。不管编码是在线的(观察者在任务执行过程中编码)还是离线的(在任务执行后，根据视频、抓屏记录或者鼠标—键盘记录)，为了确定编码的信度，使用多个观察者或者评分者都是非常必要的。对编码数据的量化分析可以采用比较频率、正确率(例如，错误的数量)或者行动序列(即和理想的序列或者专家序列对比)，之后根据设定的标准解释结果。

人们已经开发了辅助行动数据分析的商业或者非商业软件*。例如，Observer (Noldus 等人，2000)是一个商业软件，用于数字视频记录的编码和分析；NVivo (Bazeley 和 Richards, 2000)是一个商业软件，可以读取、规划、管理和分析非数值型的定性数据；多情节记录分析(Multiple Episode Protocol Analysis, MEPA)(Erkens, 2002)是一个共享软件，可以注释、编码和分析非言语和言语数据；以及 ACT Pro (Fu, 2001)可用于离散型用户行动数据的序列分析，例如鼠标点击和按键。

眼动数据

对于注视数据的分析，重要的一点是要确定表征注视的凝视数据点集合。这是非常必要的，因为在注视时眼球并不是完全静止，会有微小的颤动或者漂移(Duchowski, 2003)。Salvucci (1999)指出有三种注视确定方法，分别基于速度、弥散、区域。大多数眼动跟踪软件

* 请注意这不是详尽的综述，我们和这里列出的任何程序都没有商业或者其他利益关联。

允许使用基于弥散的方法，这种方法把注视点定义为紧密相邻的最小数量的数据点的集合(即在某一弥散区域中，以像素定义)，并且要持续最短的一段时间(持续阈限)。在定义了注视之后，可在刺激材料上定义兴趣区域(AoIs)，这会使得巨大的数据文件的分析变得可管理，软件可以为每个兴趣区域生成概括数据，诸如注视的次数、平均注视时间长度、注视的总时间等。进而在兴趣区域的注视，可以以顺序的方式列出来，对其进行序列分析以发现观察的模式。

言语记录数据

言语记录被转录后，就可以分段和编码。根据言语分段是非常可靠的，因为可以借助自然谈话的暂停(Ericsson 和 Simon, 1993)。但是很多研究者基于意义分段(Taylor 和 Dionne, 2000)。在这种情况下，分段和编码交织在一起，两者的信度均需要评定。这点也非常重要，要使用多个评价者(至少对于数据中重要的数据集)，并且需确定编码方案的信度。Ericsson 和 Simon (1993)的作品为言语编码和分析技术树立了标准，也提供了丰富的信息。MEPA 软件(Erkens, 2002)可以帮助形成言语数据的分析编码方案，该软件也支持用多种定性和定量方法分析编码得到的数据。

联合方法与测量

789 如前面所述，复杂绩效的评定不存在单一的最佳方法。通过组合多种方法，可以获得绩效的更完全和更详细的图景。例如可以同时使用多种过程追踪技术，诸如眼动和言语报告，还可以综合其他评定方法来收集和分析数据(van Gog 等，2005a)。可以很容易地把不同的产品和过程数据合并起来，当然我们也可以质疑有些结果是否应该合并，因为仅仅只有一个绩效分数*会忽略这一事实：随着专长的发展，完成任务所需的时间和认知负荷降低，同时绩效水平也会提高。

请思考下面的例子，假设某一学生在前后两个对比任务的绩效分数相同，但是认知负荷测量表明该学生在第一次完成这一任务时投入大量心理努力，而第二次的心理努力很少。如果只看绩效分数，研究者可能会做出错误的结论：没有任何进步。而实际上学习者有实质性的进步，心理努力的降低意味着可将更多的心理能量用于进一步的学习。

Paas 和 van Merriënboer (1993)开发的心理效率测量反映了这一关系：如果低水平的心理努力投入可以获取高水平的绩效，则认为其效率更高。这一测量值计算方法如下：首先计算绩效和心理努力的标准分，用绩效的标准分(zP)减去心理努力的标准分(zE)，两者之差除以 2 的平方根。公式如下：

$$\frac{zP - zE}{\sqrt{2}}$$

当任务执行有时间限制时，心理努力和绩效测量就足够了；但是，如果任务时间是自定的，

* 这一术语可能有点模糊，我们之前将心理努力和任务时间作为行为过程数据。我们认为它们应该被看做过程数据。但是在文献中，绩效分数通常用来指赋给解决方案或者解决过程的分数，本部分后面的内容中，我们将在这个意义上使用表现分数。

在效率测量时应该包含时间参数(这使其成为三维变量)(Paas 等,2003; Tuovinen 和 Paas,2004):

$$\frac{zP - zE - zT}{\sqrt{3}}$$

讨论

很多学习和教学的研究都包括对复杂认知任务的评定。本部分关注可以完成这类评定的数据收集和分析方法。首先,讨论了与选择适当的评定任务集,确定适当的评估校标和标准有关的重要问题。随后,讨论了收集绩效的产品和过程的数据的不同方法,描述了在线(在任务执行过程中)和离线(在任务完成后)测量。最后,讨论了分析技术,由于对复杂绩效的评定不存在单一的最佳方法,因此介绍了如何综合不同测量的分数,以获得对复杂绩效更完整或者更细致的理解。

本部分不是为了提供指导原则,而是对认知任务上的复杂绩效评定的重要问题,以及这类评定可以使用的数据收集和分析技术进行了概述。由于本书读者的多样性,提供指导原则的做法是不可行的。复杂绩效评定的一些关键问题,诸如"合适的任务集应包括哪些任务?""什么样的数据收集和分析技术是恰当的?"等等,高度依赖于研究者欲解决的问题和感兴趣的问题领域,这导致很难概括出可以广泛使用的研究指导原则。我们希望这一综述,和本章其他部分,能够成为读者进一步发展有价值、能够增进知识的研究的起点。

测量复杂绩效的实验室设置

Aaron R. Duley、Paul Ward 和 Peter A. Hancock

这一部分描述如何设置实验室来测量复杂绩效。这里的复杂绩效不仅仅指那些本身就难以执行的任务,其含义更加宽泛,也包括那些现实世界的活动,其测量需要整合不同的测量工具,或者需要严格的实验时间控制。我们假定本部分的读者由研究生和研究人员构成,虽然这一章提出的问题与所有寻求更深入理解行为反应的个体都相关。

本部分的主题是实验室仪器。由于就复杂绩效测量而言,仪器是前提性元素,对研究者而 790
言,一个常见的问题是如何克服多种多样的技术障碍,这些障碍通常会使对高难度研究目标的追逐受挫。在任何研究项目的计划过程中,创建适合研究问题的测试环境是一个主要问题。但是在检索实验室仪器配置方面的文献时,研究者会发现和这类问题相关的参考资源少得令人惊奇。本章的尝试,即清晰地表述通用实验室的配置,的确是一个挑战性的任务。我们提出了复杂绩效这一模糊的主题,使本部分的尝试变得更加困难。尽管如此,本部分希望提供解决这类问题的方向性指导。具体来说,我们涵盖了刺激呈现和控制方法,信号路由(routing)和触发的硬件选择,还提供了在实验室建设过程中常见问题的解决方法。本部分的某些内容是偏技术性的,但是我们已经尽力确保内容适合目标读者。

测量工具和通用配置

心理学在使用工具和仪器支持科学探究方面有很长的历史传统。例如,在线的心理学仪器历史博物馆拥有150多个设备,早期的研究者用这些设备实现机体功能的可视化,以及系统研究人类的心理过程和行为(参见 http://www. chss. montclair. edu/psychology/museum/museum. htm)。在这个博物馆中,人们可以看到诸如早期冯特(Wundt*)风格的速视器或者复杂研究用的旋转装置。Titchener** 和 Wundt 的学生,在他的康乃尔大学实验室中延续了这一传统,描述了理想的心理学实验室应具备的建筑特点和每个设备的费用(Titchener, 1900, 252—253页):

> 对于光学研究,需要两个房间,明亮的和黑暗的,分别朝南和朝北,后者应分为前厅和里间。对于听觉研究,应有一个大的房间,该房间直接和一个小而暗的(不经特殊建筑就可实现的)隔音间相连。对于触觉研究,应有一间中等大小的房间,专门用于皮肤压力、温度和疼痛研究工作。另外一个大一些的房间,用于研究运动知觉。味觉和嗅觉研究各自应该有个小房间,后者应贴瓷砖或者釉面砖,应有方便的通风设施,无需开门开窗即可通风,以防气味扩散到建筑中。还应有一个钟表间,用于安放和控制记录时间的设备。一个大房间,研究情绪知觉背后的机体进程和变化。

复杂绩效测量的核心成分是仪器。但是研究者为解决不同背景下的实验问题,协调安排多种设备的过程也的确是富有挑战性的。现在的研究方法和早期的心理学研究方法相比,已经表现出研究范式的转变。传统研究中,整个研究过程只使用一个设备。但是对于复杂绩效评价而言,下面的情形很常见:一台计算机控制刺激的呈现,额外的仪器收集其他数据流,这一设备安装在第二台或者第三台计算机上。显然,理想的测试解决方法应允许研究者花最短的时间安排实验,最大限度地实现实验自动化,这样可以使研究者的干预最少,而不影响整个实验的科学完整性。然而,复杂绩效的评定通常和这一理想状态相去甚远。今天的研究者还无法做到仅仅设计实验,他们也需要和必要的人力、财力或者计算资源打交道,以便把科学问题转化为方法学上有效的测试台。

实验室设备的设计模式

设计模式用于表示常见评定问题的结构化解决方案(Gamma 等,1995)。设计模式的正规应用可作为解决实验室仪器配置和设备购买决策等相关问题的抽象蓝图。虽然每个研究的问题不同,实验通常可共享类似的解决方案。确定这些相似性是非常重要的,因为与为每一个具体问题提供一个特定解决方案相比,不同实验共用同一套工具具有很大的优势,如节省费用、设备共享、延长设备使用年限和实验室的扩展性(即同时进行多个实验的能力)。

---

* 威廉·冯特(Wilhelm Wundt, 1832—1920),德国生理学家、心理学家,是构造心理学派创始人之一,也是科学心理学的创始人。

** 即爱德华·铁钦纳(Edward Bradford Titchener),在康乃尔(Cornell)大学创建美国第一个心理学实验室。

下一部分内容旨在为复杂绩效有关的实验设计中经常遇到的仪器配置问题提供比较概括和抽象的解决方案。这一方法优于仅仅提供每个实验室都能够看到的实验设备项目和产品的列表。即使存在不同的研究方向、仪器设备和专长等，但我们认为这一方法对不同实验室均是有效的。我们主要关注设计模式所表征的仪器的配置和架构，它们适用于很多复杂绩效的操纵。 791

鉴于实验经常需要以结构化的方式操纵刺激，同时试图涵盖所有研究设计情境是不现实的，我们做出如下假定：(1)以物理形式给被试呈现刺激；(2)刺激的某些属性属于实验控制(例如呈现时间长短)；(3)参与者必须有可测量的反应；以及(4)可能需要控制附属设备或者与附属设备通信。这些假设能够支持广泛的实验设计，从这些假定出发可以得到多个设计框架。

刺激呈现和控制模型

图 55.2 是最简单的设计模式，我们称之为刺激呈现和控制(SPC)模型。SPC 模型是更复杂配置的构造单元，其基本框架包括表征层与刺激、控制和反应层。表征层表示用于向参与者显示物理刺激的媒介(例如显示器、投影机、麦克风或者耳机)。刺激、控制与反应层(SCRL)封装了一系列相互关联的功能，这些功能是复杂绩效实验的核心，如实验协议逻辑，它是协调和控制实验流程、甚至是参与者反应的代理。广义上说，SCRL 的作用包括操纵刺激和计时、设备记录和协调、反应记录以及实验过程管理。

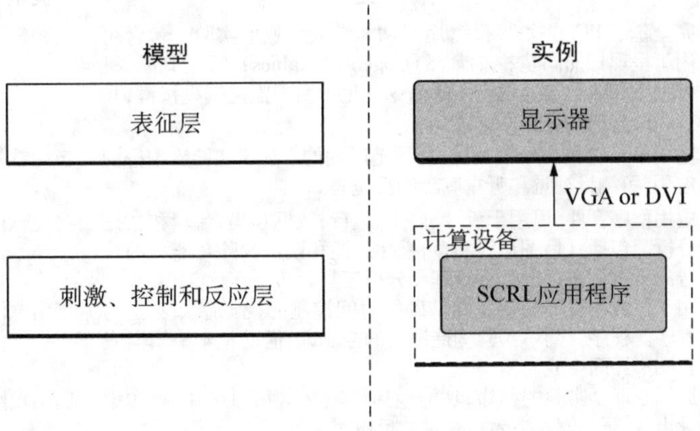

图 55.2 刺激和呈现控制模型

由于 SCRL 通常包括执行实验设计所需的逻辑流程，它通常在软件中执行。因此通常假定 SCRL 应用程序在计算设备上执行(例如桌面计算机、便携式数字助理)，在图 55.2 中用虚线框表示。下面用例子说明 SCRL 模型的实现，假设有一个实验，向被试呈现一系列视觉刺激。每一视觉刺激的呈现时间为 6 秒，在每一个刺激的开始设置 1 秒钟的前置等待，最后为 500 毫秒的注视十字(要求被试所注视中的那一点)。每一视觉刺激后有 2 秒的尝试间隔(ITI)。实验只要求参与者在呈现过程中接受视觉刺激。我们应如何实现这一实验呢?

这一问题有若干种可能的解决方法。显示器(表征层)和 Microsoft Powerpoint (SCRL)就能轻松完成这一任务。但是 SRC 模型适用于处理多种实验设计，因此额外的过程性需求需要

增加 SCRL 的功能。假设某一实验需要监视器和扬声器共同呈现刺激。这一基本的模式仍然
792 反映 SPC 模型,可以配置 Powerpoint 呈现听觉信息和视觉刺激,虽然其设置的参数有限。在另一方面,真实的实验可能要求前置等待、注视十字和 ITI 都是可变的,不能采用固定的时间长度。Powerpoint 这样的演示软件,不是为实验设计的。因此,随着实验设计的逐步精细,其局限也暴露出来。解决方案之一是采用嵌入在 Powerpoint 中的 Visual Basic for Applications (VBA)功能。然而,对诸如变长计时、时间限定(在精确指定的时间段内执行任务)、随机和反平衡支持、反应获取以及记录等特性的需求说明了对于研究而言 SCRL 应用灵活性的重要性。

过去的几十年中,为帮助研究者进行 SCRL 类型的实验,开发了大量商业和自由软件应用程序。程序的选择需要考虑编程需求、操作系统、协议需求,或者所有上述因素。表 55.2 列出了可以用于心理学或者生理心理学实验的 SCRL 应用程序。关于这些 SCRL 应用的更多信息
793 可以参见 Florer (2007)。表中对软件的描述直接来自 Florer(2007)提供的对产品的叙述。传统的编程语言是实现 SCRL 功能的最好工具。这和表 55.2 列出的方法不同,需要自己考虑实现与外部硬件的通信、和外部代码的接口、数据库查询或者其他程序性能需求,表 55.2 中的 SCRL 程序在不同程度上具备上述能力(如 EPrime、SuperLab)。

表 55.2 SCRL 型应用程序

名称	描　述	类型	平台(操作系统)
Cogent 2000/Cogent Graphics	完全基于 PC 的软件环境,用于功能性大脑映射实验。包含可用于呈现扫描同步视觉刺激(Cogent Graphics)、听觉刺激、机械刺激和味觉与嗅觉刺激的命令。也可用于监控键盘按键,和被试的其他物理操作记录。	自由软件	Windows
DMDX	基于 Win32 的显示系统,在世界范围内的心理学实验室中得到应用,可测量视觉和听觉刺激的反应时。	自由软件	Windows
E-Prime	应用程序套件,可用于设计、产生、运行、数据收集、编辑和数据分析。包括:(1)图形界面,可视化选择和设置实验功能;(2)综合的脚本语言;(3)数据管理和分析工具。	商业软件	Windows
Flashdot	用于生成和呈现需要高度精确的时间控制的视觉感知实验的程序。程序受简单实验构造语言的控制,可借助文本编辑器或者图形界面生成实验。	自由软件	Windows, Linux
FLXLab	运行心理学实验的程序,功能包括呈现文本和图片、播放和记录声音、记录键盘或者声音键的反应时。	自由软件	Windows, Linux
PEBL(心理学实验构造语言)	创建心理学实验的新的专用计算机语言。	自由软件	Linux、Windows、Mac
PsychoPy	用于 Python 的心理学刺激软件,结合了 OpenGL 的强大功能和 Python 语法的易用性,为心理学家提供了免费和简单的刺激呈现与控制包。	自由软件	Linux、Mac
PsyScope	Macintosh 机器上的实验设计和控制的交互式图形系统。	自由软件	Mac
PsyScript	可以编写脚本控制心理学实验的程序,和 SuperLab、MEL 或者 E-Prime 类似。	自由软件	Linux、Mac
PyEPL (Python 实验编程库)	用于 Python 的心理实验编程库,支持视觉和听觉刺激的呈现,支持的反应方式包括手动(键盘/游戏杆)和声音(麦克风)。	自由软件	Linux、Mac
Realtime Experiment Interface	功能丰富的硬件实时平台,支持新的实验控制的开发和信息处理应用。	自由软件	Linux
SuperLab	刺激呈现软件,还具有如下特性:可呈现多种媒体形式,快速视觉系列呈现模式,集成眼动等。	商业软件	Windows、Mac

相比编程语言所能提供的灵活性和功能,实验室建设更重视便利性。例如从实验室管理的角度看,希望所有成员都使用同一个平台来创建实验。考虑到掌握一门编程语言所需的投入,在实践中实现单一平台具有挑战性,以这种方式建立一个实验室,的确使成员之间能够共享和重用以往的测试应用程序或者使用关于如何利用和概念化 SCRL 应用的知识。

尽管存在学习曲线,和组装完毕即可使用的 SCRL 应用相比,程序设计语言具有无法估量的潜力。如前所述,高级程序设计语言可以提供更大的灵活性。虽然重要的是考虑 SCRL 应用是否可以用于产生特定的试验台,研究者必须考虑初始数据阶段之后的数据分析需求。在这个问题上,编程语言的灵活性可能会非常有帮助。研究者也需要考虑以书本、论坛和网站等形式提供的关于某一特定语言的支持基础,这通常有助于解决学习过程中的问题。

利用外部硬件的刺激呈现和控制模型

对于复杂绩效设计来说,和外部硬件设备的通信是很关键的。以 SPC 框架为基础,图 55.3 描述了增加外部硬件支持的 SPC 模型(SPCxh)。在图 55.3 描述的例子中,SCRL 控制显示器和耳机的输出。同时 SCRL 有连接眼动仪和生物仪器的接口,分别通过并口和数据采集设备(DAQ)连接。DAQ 仪器是信号路由和获取信号的重要管道,后面我们会详细讨论。SPCxh 和 SPC 模型的扩展是接口和设备层。在呈现层和 SCRL 层之间增加另外一个接口层,是一个很好的想法,但是在我们看来,接口层特指 SCRL 层和设备层之间的物理连接。图 55.3 描绘了带有外部硬件支持(SPCxh)的刺激呈现和控制模型。SPCxh 从基本的 SPC 模型扩展 794
而来,增加了两个额外的层:一个用来表征外部硬件;一个是硬件和 SCRL 之间的接口。

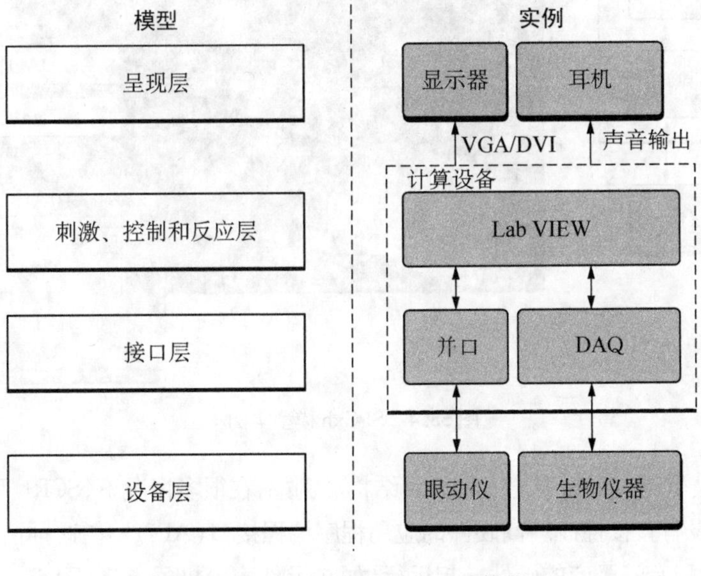

图 55.3 带有外部硬件的 SPC 模型

这里需要重点强调一下,SPC 和 SPCxh 模型都仅仅是例子。我们注意到,在不同实验室之间,任何一个模型的实现通常会存在差异。按照这种方式描述不同的设置,主要目的在于在抽象水平上解决复杂绩效设计范式如何安排这一主要问题。当为具体的研究目标确定了必要的元素时,随后的过程就是要确定具体的硬件和软件,以实现这一目标。

有必要理解给定模型(抽象)和其与现实世界中对应事物之间的联系。借助上面的例子,假设实验需要收集视觉刺激出现时生物电活动反应有关的数据。这种生理学数据收集被称为事件相关电位,我们要在某些事件(本例中是视觉刺激呈现)发生后的指定时间段内测定脑电水平。因此,我们需要在物理记录中标识出这一时间点,以便任务结束后进行分析。图55.4描述了实现这一需求的方法。在左边,呈现了该情境下的SPCxh模型。显示器用来显示刺激。名为LabVIEW的程序设计语言提供SCRL功能。由于生物仪器支持数字信号的输入/输出(即允许研究者发送和接收数字信号的硬件),LabVIEW通过DAQ仪器输出数字标识到生物仪器的输入端口,同时也连接到这一设备以通过网络收集生理数据。这里我们用生物仪器这一术语特指用来收集和评定生理数据的硬件。右边的图片是左边图表的实例。应该能够观察到,图表用来表示物理存在的软件和硬件实体。虽然本例中LabVIEW是作为我们的SCRL应用,也可以采用其他的方法为SCRL中使用的软件和仪器建立连接。

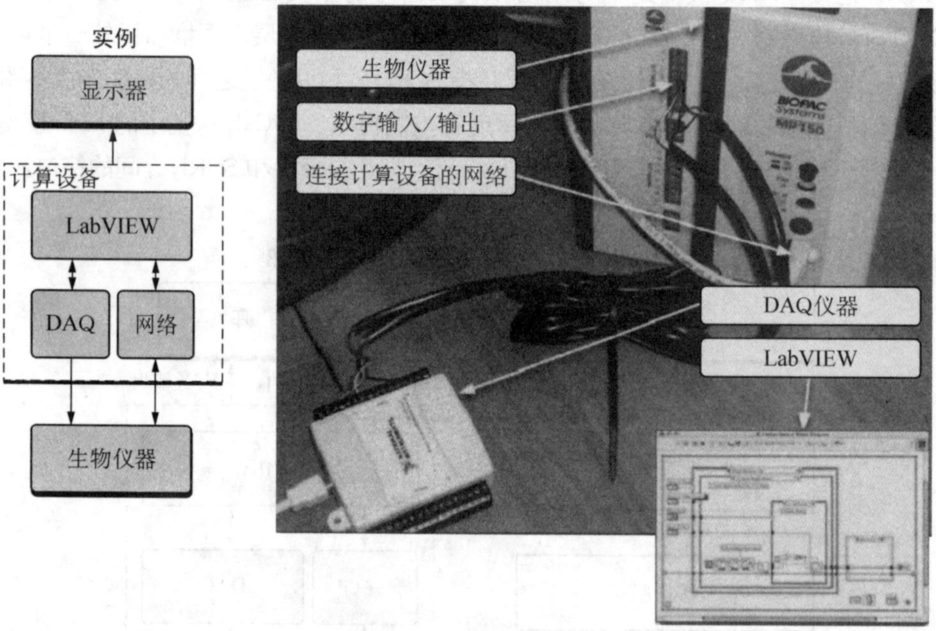

图55.4 SPCxh模型实例

从SPCxh模型还可以组织出多种派生结构。例如,在很多情况下,SCRL可能只包含执行实验的逻辑,而没有直接控制厂商硬件的应用程序编程接口(API)。在这种情况下,可能有必要让SCRL程序和专门厂商的硬件一起运行(如在另外一台机器上)。图55.5描述了这一变
795 异,厂商专门的硬件执行其过程的同时,SCRL程序也在运行。由于SPCxh的各层和图55.3的相同,图55.5仅仅显示模型的实例,而并未显示SPCxh模型的各层。图55.5是常见的配置,原因是很多情况下硬件厂商不提供其他软件可以调用的编程接口。如图所示,这两个选项的

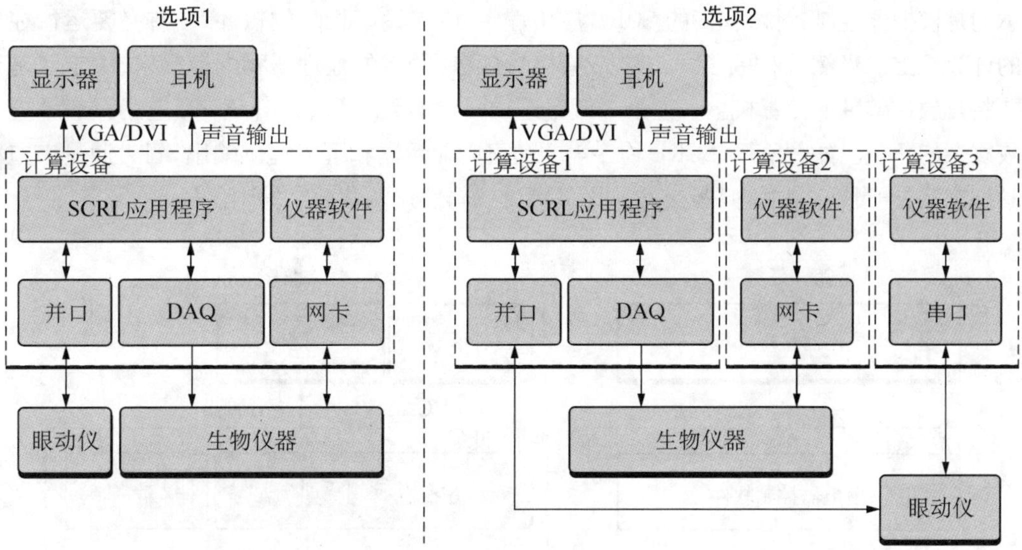

图 55.5 与软件同时工作的 SCLE 应用程序

主要不同在于,第二种选项总共需要三个计算设备:第一个用于执行 SCRL 应用程序和刺激呈现,第二个用于执行生物仪器设备软件,第三个用于执行眼动仪设备软件。

一个常见问题是如何同步 SCRL 应用程序和仪器设备。在前面的例子中,所采用的方法是通过 DAQ 仪器与生物仪器通信,通过并口和眼动仪通信。但是,事件标识和同步措施的选择只有在特定仪器支持时才可用。进一步说,具体的接口(如数字信号输入/输出、串口/并口)取决于制造商为最终用户提供的可用选项。考虑到这一问题,研究者在为任何设备或者 SCRL 模块投入资源之前,需要问自己以下问题:第一,当和我已有的资源建立连接时,可能会受到什么限制? 也就是说,厂商是否为和其他仪器或者应用程序的外部通信提供了支持? 第二,如果我的外部硬件提供与其他应用程序通信的选项,我选择的 SCRL 应用是否支持这一通信选项? 第三,如果数据收集需要进行某种形式的处理,设备制造商是否提供或者销售编程库或者应用程序编程接口? 第四,运行设备软件对计算机有什么要求? 这一软件是否需要大量的计算资源,必须在一台专门的计算机上单独执行?

通用模式和配置

在心理学研究中存在一些常见的模式,从回忆和再认模式到中断模式。虽然为每个模式提供一个配置实例超出了本书的范围,但是我们选择一个当前研究中常见的模式,即第二任务模式。SPC 和 SPCxh 模型都可以支持采用这一模式的实验,但是常见的设计问题是,把第一任务和第二任务实现为互斥的实体。采用模拟器作为第一任务环境的实验可以看做是一个独立的 SPCxh 模型,其中包含模拟器呈现环境(呈现层)、模拟器控制软件(SCRL 应用)和模拟器相关硬件(接口和仪器层)。现在的问题是第一任务(本例中由模拟器执行)如何与包含第二任务的 SPRL 应用互动?

图 55.6 包含了一个可能配置的图示。模拟器的 SPCxh 模型连接到网卡,运行第二任务 796
的 SCRL 监控该网卡的数据。图 55.6 左侧是第一任务的配置,右侧是第二任务的配置。需要

注意的是模拟器控制软件，我们的 SCRL 应用程序，或者设备相关的软件，没有必要运行在单独的计算机上。当然，取决于第一任务或者第二任务，两者的处理器和内存需求，决定了是否需要将其放在单独的计算机上。在第二任务这边，从图示中可以看出 SCRL 应用程序承担了比较复杂的角色。如图所示，SCRL 程序需要负责向显示器和耳机提供输出，同时通过串口和眼动仪交互，通过网络和模拟器交互，通过 DAQ 仪器发送两路数字输出信号。

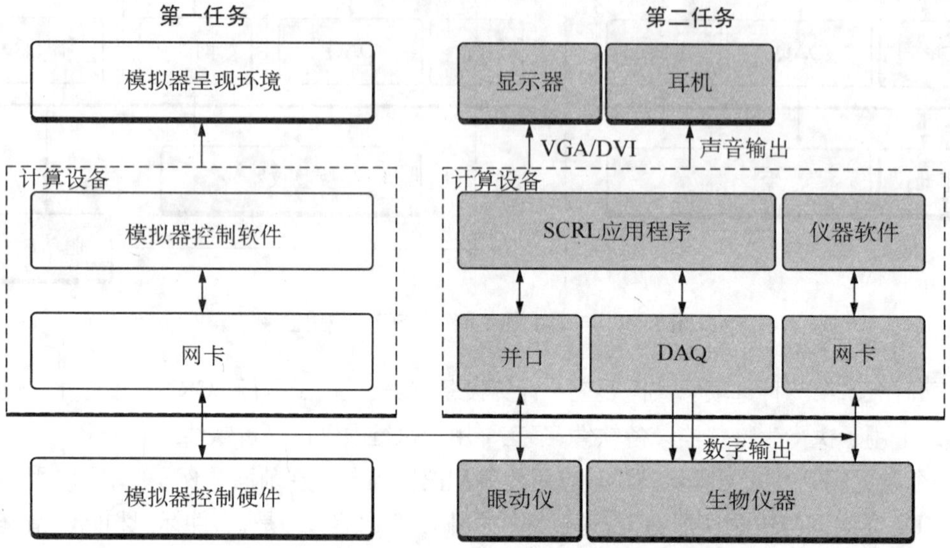

图 55.6 第二任务图示

许多复杂绩效测试台需要实现第一任务和第二任务模式，用于详细阐明任意数量过程之间的关系。在人因学领域，通常需要在第一任务中模拟某些活动，然后连接到第二任务，当第一任务中出现某一特定事件时，第二任务启动。在模拟研究中经常遇到的问题是模拟器通常是封闭的系统。尽管如此，大多数模拟器仍可被视为 SPCxh 设备，包含某种类型的呈现层，提供 SCRL 功能的应用程序，以及模拟器硬件本身。模拟过程中，在研究者希望某些事件出现的时候，生成第二任务，问题可能会成为：如果两个系统(即第一任务系统和第二任务系统)之间没有预先设计好的接入点，我们如何配置以得到上述解决方案？右侧的图示显示了第二任务的 SPCxh 模型图，它负责和多个外接设备交互。图表中第二任务的网卡和由模拟器控制的第一任务的网卡之间有一条线，表示两者的连接。由于模拟器制造商通常会提供技术说明，以解释模拟器如何与其他计算机或者硬件通信，因此为了与第二任务的 SCRL 集成，研究者需要确定这些信息。

设计配置小结

前面例子呈现的细节有限，主要省略了关于研究者如何配置 SCRL 程序以便和外部软件、硬件通信的信息。由于存在大量的 SCRL 选项，这方面的具体信息反而不实用。同样，图表中也没有呈现 SCRL 在与其他设备交互的过程中所起的具体作用。可能的情况是，SCRL 应用
797 程序在设备的启动和停止方面所起作用非常有限，而且不能通过编程接口对设备进行完全的

控制。尽管如此，研究者还是应该尝试理解这些不同的配置，它们在复杂绩效设计中太常见了。最后，特别重要的是在做出某一设备、接口或者应用程序的购买决策之前，需要仔细考虑可能带来的问题。

通用硬件

人们在家居用品商店可以看到不计其数的工具，很多工具可以完成的任务似乎是无限的（例如，锤子）。类似的，对于复杂绩效研究已经有很多特别有用的工具，下一部分的目标是讨论几个这类工具及其在复杂绩效评估中的作用。

数据采集装置

鉴于前面的例子中 DAQ 硬件似乎无处不在，相信读者已经对 DAQ 仪器能够提供的功能有了一般性的概念。DAQ 仪器是研究者手中的瑞士军刀，是实验室中不可或缺的工具。DAQ 硬件设备是 SCRL 和实验中所采用的一系列仪器之间的桥梁。也就是说，DAQ 硬件为复杂绩效测量中的 SCRL 程序提供了大量有价值的支持。下面列出了几个功能：DAQ 仪器可以成为仪器之间重要的数据传递途径、是复杂操作或者时间序列协调的支持机制、通过硬件时钟提供确定性计时、为独立运行的设备之间提供同步的方法。

DAQ 仪器的常见用途是发送和接收数字信号。但是，为了在复杂绩效设计这一背景中理解这一应用及其价值，研究者需要熟悉几个术语。事件是指实验过程中产生的任何信息。例如，一个事件可能标识刺激的开始或结束、参与者的反应、试验的开始或者结束。通常，设计障碍之一是我们需要知道某一事件出现的时间，以便后续分析，或者触发辅助设备。术语触发经常和事件一起出现，用来描述某一事件出现后应该采取的行动。在有些情况下，事件触发完全内置于单个的 SCRL 程序，但是在另外的情况下，事件触发可能包括与设备或者系统之间的外部通信。

数据采集设备传统上是指 A/D 板（模拟—数字转换电路板），原因是它们经常用于信号采集。信号，在这里宽泛地指任何可测量的物理现象。信号可以被分为两种类型：模拟信号和数字信号。模拟信号可以连续变化，其取值范围是无限的；而数字信号仅在离散的状态中包含信息。要记住这两种信号之间的区别，在头脑中想象两幅图画，一个是某人的声音记录（模拟），另一个是一盏灯的开或关（数字）。

DAQ 仪器的传统作用将可测量的现象采集和转换为可以被数字设备表征的二进制单元（如计算机、示波器）。假设我们要记录对测力台施加的压力，可以配置 DAQ 仪器使其每 1 毫秒取一次样，即从测力台读取当前的压力值，并将数据记录到计算机或者仪器中。

读者需要注意人们通常用名词“仪器”代替电路板，由于很多情况下 DAQ 不是自足的电路板，而是以不同方式连接到计算设备，因此这种名称的替换是适当的。DAQ 仪器有不同的总线类型。“总线”是计算机术语，指传输数字数据的方式（如 USB、FireWire、PCI）。例如图 55.4 中的 DAQ 仪器，通过 USB 端口连接到计算机。

不管在信号获取（即模拟输入）中其传统作用如何，大多数 DAQ 仪器包含模拟输出选项。模拟输出是 A/D 转换的翻转，可以用于将数字信号转换为模拟信号（D/A 转换）。模拟输出很有用，例如，模拟输出信号可以用作产生听觉刺激，控制外部硬件，或者将模拟数据输出到辅助设备。前面呈现的第一任务和第二任务例子是模拟输出的一个应用。回想一下前面描述的 SPCxh 模型中的模拟器，它是一个封闭系统，通过网卡和 SCRL 应用程序相互作用。假设需要把模拟器中发生的事件传递到附属硬件，这样做的原因，可能仅仅是把文件分解为单独的测量文件。例如，假设在武器模拟中，我们需要评价生理信息与瞄准变化之间的关系。策略之一
798 可能要求我们在记录所有事件后，合并不同的数据流，但是也可以采用模拟输出选项，我们可以设置数据的传输路线，使其从模拟器经由 SCRL 应用控制 DAQ 仪器，连接到我们的生理记录设备。

除了模拟输出，DAQ 的数字输入/输出也是解决复杂绩效测量相关问题的重要特性。回顾前面的例子，实验设计要求 SCRL 程序在呈现视觉刺激时，通知生理测量控制软件。这一实验要求的实现是通过 SCRL 程序把数字输出通过 DAQ 仪器输入到生理设备的数字输入端口。如图 55.7 所示，生理设备的软件表示了这一现象的发生。图中显示一个通道记录来自参与者头皮的数据(即 EEG)；另一个数字通道表示视觉刺激的开始和结束。

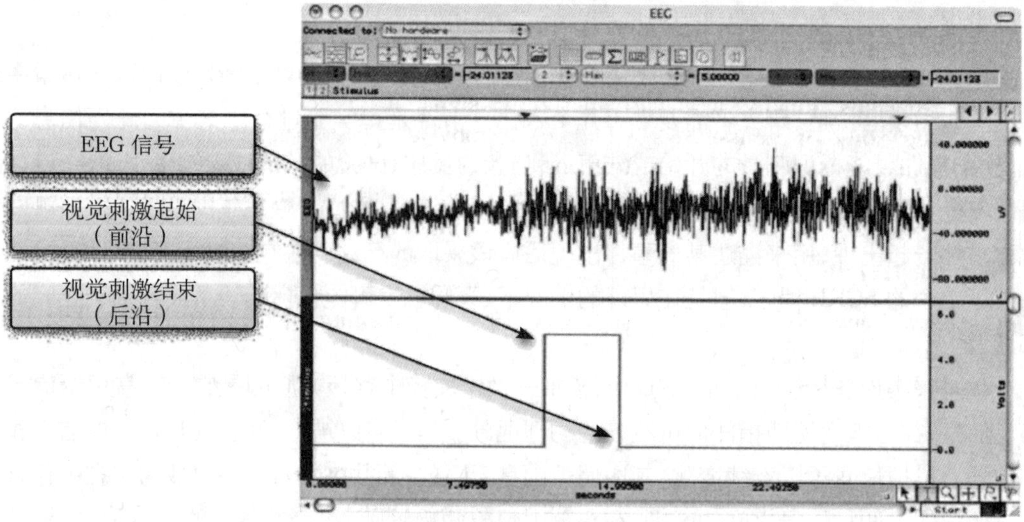

图 55.7 事件触发和记录

在配置数字信号时，研究者需要理解时间可以定义在数字信号的前沿或者后沿。如图 55.7 所示，前沿(也称为上升边)是指数字波形的第一个正向偏移，而后沿(也称为下降边)指波形的负向移动部分。这一区分非常重要，因为在很多情况下，附属设备会提供一个选项，研究者可以设置从前沿或者后沿开始或者结束记录。这就意味着，如果我们错误地把附属设备定义为后沿触发开始记录，而关键事件却发生于前沿，则我们可能会记录不到任何内容或者所记录的数据存在延迟。数字事件专有的另外一个术语是晶体管—晶体管逻辑(TTL)，它经常用于指在特定参数下所执行的数字触发。TTL 指的是如果输入电压在特定的范围内，某一设备数字线状态发生变换的标准(例如，开到关)。如果数字线供应的电压是 0 伏，其状态为关；如果数字线的电压是 5 伏，则状态为开。

事件触发是复杂绩效实验的重要组成部分。知道事件何时发生对于数据分析和触发后续事件都至关重要。这里的例子描述了下列场景:假设我们对视觉刺激的开始发生时刻感兴趣,这样我们就可以检查 EEG 信号,看是否存在和事件相关的变化。传递方形波的通道通知事件何时发生,前沿代表事件发生的开始(5 伏),后沿表示其结束(0 伏)。可以很容易地配置和图 55.4 类似的设置,以实现这一例子所需的功能。虽然这个例子只显示了两个通道,现实世界中的测试场景可能具有几百个通道,以表明特定事件何时发生。一种策略是在不同通道上定义不同事件。一个通道可能代表刺激的可见性(开或者关),另一通道可能代表颜色的变化,其他的通道则可能代表任意其他数量的事件。另外一种解决方法,是配置 SCRL 程序通过单一通道传递数据,然后建立一个编码方案反映不同的事件(如,0 伏,刺激隐藏;2 伏,刺激可见;3 伏,颜色变为黑色;4 伏,颜色变为白色)。这一方法减少了通道的数目,而使研究者可以控制的数字通道数量最大化。

数字事件触发的作用怎么强调都不过分。虽然将其用于复杂绩效测量需要一定技术专 799
长,实现事件触发的功能可以大幅度提高实验的灵活性。在某些情况下,模拟触发也是合理的。例如,假设将实验中参与者的说话音量阈限作为附属刺激的引发事件,在这种情况下,需要确定 SCRL 程序和 DAQ 接口是否支持这种类型的触发。这种方法能够为某些设计配置提供更多的灵活性。

购买 DAQ 仪器

在为复杂绩效研究购买 DAQ 仪器时,应注意思考以下问题。首先,DAQ 仪器将用于收集生理数据还是其他数据?如果回答是,研究者应该明白 DAQ 仪器的价格主要取决于其分辨率、速度、外形因素和所支持的输入/输出通道的数量等方面。关于单极和双极数据采集的讨论超出了本章的范围,读者可参考 Olansen 和 Rosow (2002)以及 Stevenson 和 Soejima (2005)的文章,它们提供了如何影响最终设备选择的更多信息。

其次,仪器分辨率,在另一方面,指 DAQ 仪器分解模拟信号的精确度,即仪器能够检测到最小变化是多少。在选择电路板时,分辨率用比特描述。与 12 比特电路板相比,16 比特的电路板对信号的分解更精细。其原理可以通过把电路板分辨率设置为 2 的幂看出。12 比特的电路板可以有 2^{12} 即 4096 个可能的取值,而 16 比特的电路板则有 2^{16} 即 65536 个可能的值。分辨率还受其他几个因素(例如信号范围、放大倍数)的功能的影响。在决定任一设备之前需要彻底理解上述两个主要问题。同样,由于高分辨率电路板的价格会更高,在投资购买更高分辨率的电路板之前,研究者需要评价研究中应采用哪种分辨率的电路板。如果 DAQ 仪器主要用于数字事件触发,则重要的是要购买适合处理特定研究设计所需的数字通道数量的设备。

第三,设计是否需要模拟信号输出?数字通道通常可以重新配置为输入或者输出,而模拟通道则不同,因此事先确定 DAQ 仪器支持的模拟通道数量就非常重要。第四,测试环境是否需要某种水平的定时?例如定时精度要求小于 1 毫秒,而这无法由软件提供。对于这些情况,研究者可能会考虑支持硬件计时的 DAQ 仪器。对于 A/D 电路板的规格和其他可能影响购买决策的信息,参见 Staller (2005)。

作为工具的计算机

在现代实验室中,计算机是必不可少的。当考虑到它们在研究过程中各种作用时,其价值显而易见。其结果是,计算机在科学中的普遍应用导致可观的支出。由于学术机构通常和大型原始设备制造厂商签订合同,因此计算机系统通常竞标定价并且有保证书,以保证数年的维护。从头开始构造一个系统也是可行的措施,与从原始设备制造商那里购买计算机相比,其性价比更高。虽然自行组装计算机这一想法可能听上去让人畏惧,这一过程其实非常简单,数不清的书籍和网站专门讨论这一主题(参见 Hardwidge, 2006)。一方面,定制是自行组装计算机的最大好处,由于只购买必须的组件,总体的费用会降低。另一方面,这一方法的主要缺点是检查组件、组装硬件和安装必要的软件等需花费一定的时间。

大多数新计算机都具有处理绝大多数实验室任务的能力,但是为了在计划复杂绩效测试台时可以做出明智的购买决策,研究者需要对其主要组件有基本的理解。这是非常重要的,因为在保证满足某一实验模式要求的情况下,可以节省大量资源,而这些资源可以用于其他设备。

在考虑是构造还是购买完整的计算机系统时,需要考虑下面的问题。首先,扩展槽的数量是否足够容纳和其他设备交互所需的输入板?例如,如果仪器设备和其他程序通过网络端口交互,而我们还希望该计算机保留和其他机器通过网络连接或者访问因特网的功能,确定计算机的主板是否有足够的插槽以容纳这一扩展就显得尤为重要了。此外,由于 DAQ 仪器通常以输入板的形式销售,需要考虑同样的问题。

800 计算机从通用机器发展为针对特定任务的专门机器。最近,制造商将专门的计算系统投入市场,例如专门以“游戏”或者“视频编辑”或者“家庭娱乐”等为目的。为理解这些配置之后的原因,我们强烈倡导形成对特定组件如何有助于完成特定任务的见解。篇幅所限,我们无法在本章完成这一内容,但重要的是要意识到计算性能会改变时间决定论,尤其是在复杂绩效环境中。

讨论

当复杂绩效评定成为中心目标时,主要障碍在于理解实验室设置和配置的不同技术侧面。这一章讨论了研究者在安排这样的实验室时常见的问题和设计配置。这一方法,在某些方面是抽象的,我们并非试图描述复杂绩效评估所有可用的设计配置;这里所讨论的常见配置,应仅仅视为通用的架构,它不受新出现的技术的影响。在形成对不同设计配置的理解之后,个体必须确定解决研究问题所需的具体的硬件和软件。在这里,仅提供少量设计配置的目的在于,强调在很多复杂绩效测试环境中,研究者必须确定实现呈现、刺激控制和反应功能,以及所需仪器和它们之间接口的具体的软硬件。

结束语

为测量复杂绩效建立实验室,的确是富有挑战性的工作。但是,掌握能够帮助达成研究目标的解决方法和工具的知识，能得到多个层面上的回报；确定和操纵多种软硬件组件的能力，使研究者能够快速有效地将研究问题转换成为方法学上可靠的测试台。

（张志祯 译，焦建利 一校，何秋琳、焦建利 二校）

参考文献

Adler, P. A. and Adler, P. (1994). Observational techniques. In *Handbook of Qualitative Research*, edited by N. K. Denzin and Y. S. Lincoln, pp. 377 - 392. Thousand Oaks, CA: Sage. *

Airasian, P. W. (1996). *Assessment in the Classroom*. New York: McGraw-Hill.

Alavi, M. (1994). Computer-mediated collaborative learning: an empirical evaluation. *MIS Q.*, 18, 159 - 174.

American Evaluation Association. (2007). Qualitative software, www.eval.org/Resources/QDA.htm.

Ancona, D. G. and Caldwell, D. F. (1991). *Demography and Design: Predictors of New Product Team Performance*, No. 3236 - 91. Cambridge, MA: MIT Press.

Anderson, J. R. (1993). *Rules of the Mind*. Hillsdale, NJ: Lawrence Erlbaum Associates.

Anderson, J. R. and Lebiere, C. (1998). *The Atomic Components of Thought*. Mahwah, NJ: Lawrence Erlbaum Associates.

Anderson, J. R., Reder, L. M., and Simon, H. A. (1996). Situated learning and education. *Educ. Res.*, 25(4), 5 - 11.

Arter, J. A. and Spandel, V. (1992). An NCME instructional module on: using portfolios of student work in instruction and assessment. *Educ. Meas. Issues Pract.*, 11, 36 - 45.

Aviv, R. (2003). Network analysis of knowledge construction in asynchronous learning networks. *J. Asynch. Learn. Netw.*, 7(3), 1 - 23.

Ayres, P. (2006). Using subjective measures to detect variations of intrinsic cognitive load within problems. *Learn. Instruct.*, 16, 389 - 400. *

Bales, R. F. (1950). *Interaction Process Analysis: A Method for the Study of Small Groups*. Cambridge, MA: Addison-Wesley.

Battistich, V., Solomon, D., and Delucchi, K. (1993). Interaction processes and student outcomes in cooperative learning groups. *Element. School J.*, 94(1), 19 - 32.

Bazeley, P. and Richards, L. (2000). *The NVivo Qualitative Project Book*. London: SAGE.

Bellman, B. L. and Jules-Rosette, B. (1977). *A Paradigm for Looking: Cross-Cultural Research with Visual Media*. Norwood, NJ: Ablex Publishing.

Birenbaum, M. and Dochy, F. (1996). *Alternatives in assessment of achievements, learning processes and prior knowledge*. Boston, MA: Kluwer.

Bjork, R. A. (1999). Assessing our own competence: heuristics and illusions. In *Attention and Performance*. Vol. XVII. *Cognitive Regulation of Performance: Interaction of Theory and Application*, edited by D. Gopher and A. Koriat, pp. 435 - 459. Cambridge, MA: MIT Press.

Bogaart, N. C. R. and Ketelaar, H. W. E. R., Eds. (1983). *Methodology in Anthropological Filmmaking: Papers of the IUAES Intercongress, Amsterdam, 1981*. Gottingen, Germany: Edition Herodot.

Bogdan, R. C. and Biklen, S. K. (1992). *Qualitative Research for Education: An Introduction to Theory and Methods*, 2nd ed. Boston, MA: Allyn & Bacon. *

Boren, M. T. and Ramey, J. (2000). Thinking aloud: reconciling theory and practice. *IEEE Trans. Prof. Commun.*, 43, 261 - 278.

Borg, W. R. and Gall, M. D. (1989). *Educational Research: An Introduction*, 5th ed. New York: Longman.

Bowers, C. A. (2006). Analyzing communication sequences for team training needs assessment. *Hum. Factors*, 40, 672 - 678. *

Bowers, C. A., Jentsch, F., Salas, E., and Braun, C. C. (1998). Analyzing communication sequences for team training needs assessment. *Hum. Factors*, 40, 672 - 678. *

Bridgeman, B., Cline, F., and Hessinger, J. (2004). Effect of extra time on verbal and quantitative GRE scores. *Appl. Meas. Educ.*, 17(1), 25 - 37.

Brünken, R., Plass, J. L., and Leutner, D. (2003). Direct measurement of cognitive load in multimedia learning. *Educ. Psychol.*, 38, 53 - 61.

Byström, K. and Järvelin, K. (1995). Task complexity affects information seeking and use. *Inform. Process. Manage.*, 31, 191 - 213.

Campbell, D. J. (1988). Task complexity: a review and analysis. *Acad. Manage. Rev.*, 13, 40 - 52. *

Camps, J. (2003). Concurrent and retrospective verbal reports as tools to better understand the role of attention in second language tasks. *Int. J. Appl. Linguist.*, 13, 201 - 221.

Carnevale, A., Gainer, L., and Meltzer, A. (1989). *Workplace Basics: The Skills Employers Want*. Alexandria, VA: American Society for Training and Development.

Cascallar, A. and Cascallar, E. (2003). Setting standards in the assessment of complex performances: the optimised extended-response standard setting method. In *Optimising New Modes of Assessment: In Search of Qualities and Standards*, edited by M. Segers, F. Dochy, and E. Cascallar, pp. 247 - 266. Dordrecht: Kluwer.

Chandler, P. and Sweller, J. (1991). Cognitive load theory and the format of instruction. *Cogn. Instruct.*, 8, 293 - 332. *

Charness, N., Reingold, E. M., Pomplun, M., and Stampe, D. M. (2001). The perceptual aspect of skilled performance in chess: evidence from eye movements. *Mem. Cogn.*, 29, 1146 - 1152. *

Chase, C. I. (1999). *Contemporary Assessment for Educators*. New York: Longman.

Chen, H. (2005). The Effect of Type of Threading and Level of Self-Efficacy on Achievement and Attitudes in Online Course Discussion, Ph. D. dissertation. Tempe: Arizona State University.

Christensen, L. B. (2006). *Experimental Methodology*, 10th ed. Boston, MA: Allyn & Bacon.

Colliér, J. and Collier, M. (1986). *Visual Anthropology: Photography as a Research Method*. Albuquerque, NM: University of New Mexico Press.

Cooke, N. J. (1994). Varieties of knowledge elicitation techniques. *Int. J. Hum.-Comput. Stud.*, 41, 801 - 849.

Cooke, N. J., Salas E., Cannon-Bowers, J. A., and Stout R. J. (2000). Measuring team knowledge. *Hum. Factors*, 42, 151 - 173. *

Cornu, B. (2004). Information and communication technology transforming the teaching profession. In *Instructional Design: Addressing the Challenges of Learning Through Technology and Curriculum*, edited by N. Seel and S. Dijkstra, pp. 227 - 238. Mahwah, NJ: Lawrence Erlbaum Associates. *

Crooks, S. M., Klein. J. D., Jones, E. K., and Dwyer, H. (1995). Effects of Cooperative Learning and Learner Control Modes in Computer-Based Instruction. Paper presented at the Association for Communications and Technology Annual Meeting, February 8 - 12, Anaheim, CA.

Cuneo, C. (2000). *WWW Virtual Library: Sociology Software*, http://socserv.mcmaster.ca/w3virtsoclib/software.htm

Demetriadis, S., Barbas, A., Psillos, D., and Pombortsis, A. (2005). Introducing ICT in the learning context of traditional school. In *Preparing Teachers to Teach with Technology*, edited by C. Vrasidas and G. V. Glass, pp. 99 - 116. Greenwich, CO: Information Age Publishers.

Dewey, J. (1916/1966). *Democracy and Education: An Introduction to the Philosophy of Education*. New York: FreePress.

Dijkstra, S. (2004). The integration of curriculum design, instructional design, and media choice. In *Instructional Design: Addressing the Challenges of Learning Through Technology and Curriculum*, edited by N. Seel and S. Dijkstra, pp. 145 - 170. Mahwah, NJ: Lawrence Erlbaum Associates. *

Downing, S. M. and Haladyna, T. M. (1997). Test item development: validity evidence from quality assurance procedures. *Appl. Meas. Educ.*, 10 (1), 61 - 82.

Driscoll, M. P. (1995). Paradigms for research in instructional systems. In *Instructional Technology: Past, Present and Future*, 2nd ed., edited by G. J. Anglin, pp. 322 - 329. Englewood, CO: Libraries Unlimited. *

Duchowski, A. T. (2003). *Eye Tracking Methodology: Theory and Practice*. London: Springer.

Eccles, D. W. and Tenenbaum, G. (2004). Why an expert team is more 801 than a team of experts: a social-cognitive conceptualization of team coordination and communication in sport. *J. Sport Exer. Psychol.*, 26,542-560.

Ericsson, K. A. (2002). Attaining excellence through deliberate practice: insights from the study of expert performance. In *The Pursuit of Excellence Through Education*, edited by M. Ferrari, pp. 21 - 55. Hillsdale, NJ: Lawrence Erlbaum Associates.

Ericsson, K. A. (2004). Deliberate practice and the acquisition and maintenance of expert performance in medicine and related domains. *Acad. Med.*, 79(10),70-81. *

Ericsson, K. A. and Lehmann, A. C. (1996). Expert and exceptional performance: evidence for maximal adaptation to task constraints. *Annu. Rev. Psychol.*, 47,273-305.

Ericsson, K. A. and Simon, H. A. (1980). Verbal reports as data. *Psychol. Rev.*, 87,215-251. *

Ericsson, K. A. and Simon, H. A. (1984). *Protocol Analysis: Verbal Reports as Data*. Cambridge, MA: MIT Press. *

Ericsson, K. A. and Simon, H. A. (1993). *Protocol Analysis: Verbal Reports as Data*, rev. ed. Cambridge, MA: MIT Press.

Ericsson, K. A. and Smith, J., Eds. (1991). *Toward a General Theory of Expertise: Prospects and Limits*. Cambridge, U.K.: Cambridge University Press.

Ericsson, K. A. and Staszewski, J. J. (1989). Skilled memory and expertise: mechanisms of exceptional performance. In *Complex Information Processing: The Impact of Herbert A. Simon*, edited by D. Klahr and K. Kotovsky, pp. 235-267. Hillsdale, NJ: Lawrence Erlbaum Associates.

Erkens, G. (2002). *MEPA: Multiple Episode Protocol Analysis, Version 4.8*, http://edugate.fss.uu.nl/mepa/index.htm.

Espey, L. (2000). Technology planning and technology integration: a case study. In *Proceedings of Society for Information Technology and Teacher Education International Conference 2000*, edited by C. Crawford et al., pp. 95-100. Chesapeake, VA: Association for the Advancement of Computing in Education.

Florer, F. (2007). *Software for Psychophysics*, http://vision.nyu.edu/Tips/FaithsSoftwareReview.html.

Fu, W.-T. (2001). ACT-PRO action protocol analyzer: a tool for analyzing discrete action protocols. *Behav. Res. Methods Instrum. Comput.*, 33,149-158.

Fussell, S. R., Kraut, R. E., Lerch, F. J., Shcerlis, W. L., McNally, M. M., and Cadiz, J. J. (1998). Coordination, Overload and Team Performance: Effects of Team Communication Strategies. Paper presented at the Association for Computing Machinery Conference on Computer Supported Cooperative Work, November 14-18, Seattle, WA.

Gamma, E., Helm, R., Johnson, R., and Vlissides, J. (2005). *Design Patterns: Elements of Reusable Object-Oriented Software*. Addison-Wesley: Reading, MA.

Garfinkel, H. (1967). *Studies in Ethnomethodology: A Return to the Origins of Ethnomethodology*. Englewood Cliffs, NJ: Prentice Hall.

802 Gerjets, P., Scheiter, K., and Catrambone, R. (2004). Designing instructional examples to reduce cognitive load: molar versus modular presentation of solution procedures. *Instruct. Sci.*, 32,33-58. *

Gerjets, P., Scheiter, K., and Catrambone, R. (2006). Can learning from molar and modular worked examples be enhanced by providing instructional explanations and prompting self - explanations? *Learn. Instruct.*, 16,104-121.

Goetz, J. P. and LeCompte, M. D. (1984). *Ethnography and Qualitative Design in Educational Research*. Orlando, FL: Academic Press. *

Goodyear, P. (2000). Environments for lifelong learning: ergonomics, architecture and educational design. In *Integrated and Holistic Perspectives on Learning, Instruction, and Technology: Understanding Complexity*, edited by J. M. Spector and T. M. Anderson, pp. 1-18. Dordrecht: Kluwer. *

Goswami, U. (2004). Neuroscience and education. *Br. J. Educ. Psychol.*, 74,1-14.

Gulikers, J. T. M., Bastiaens, T. J., and Kirschner, P. A. (2004). A five-dimensional framework for authentic assessment. *Educ. Technol. Res. Dev.*, 52(3),67-86. *

Guzzo, R. A. and Shea, G. P. (1992). Group performance and intergroup relations in organizations. In *Handbook of Industrial and Organizational Psychology* Vol. 3, 2nd ed., edited by M. D. Dunnette and L. M. Hough, pp. 269-313. Palo Alto, CA: Consulting Psychologists Press.

Haider, H. and Frensch, P. A. (1999). Eye movement during skill acquisition: more evidence for the information reduction hypothesis. *J. Exp. Psychol. Learn. Mem. Cogn.*, 25,172-190.

Hambleton, R. K., Jaegar, R. M., Plake, B. S., and Mills, C. (2000). Setting performance standards on complex educational assessments. *Appl. Psychol. Meas.*, 24,355-366.

Hara, N., Bonk, C. J., and Angeli, C. (2000). Content analysis of online discussion in an applied educational psychology course. *Instruct. Sci.*, 28,115-152.

Hardwidge, B. (2006) *Building Extreme PCs: The Complete Guide to Computer Modding*. Cambridge, MA: O'Reilly Media.

Heider, K. G. (1976). *Ethnographic Film*. Austin, TX: The University of Texas Press.

Herl, H. E., O'Neil, H. F., Chung, G. K. W. K., and Schacter, J. (1999). Reliability and validity of a computer-based knowledge mapping system to measure content understanding. *Comput. Hum. Behav.*, 15,315-333.

Higgins, N. and Rice, E. (1991). Teachers' perspectives on competency-based testing. *Educ. Technol. Res. Dev.*, 39(3),59-69.

Hobma, S. O., Ram, P. M., Muijtjens, A. M. M., Grol, R. P. T. M., and Van der Vleuten, C. P. M. (2004). Setting a standard for performance assessment of doctor-patient communication in general practice. *Med. Educ.*, 38,1244-1252.

Hockings, P., Ed. (1975). *Principles of Visual Anthropology*. The Hague: Mouton Publishers.

Horber, E. (2006). *Qualitative Data Analysis Links*, http://www.unige.ch/ses/sococ/qual/qual.html.

Ifenthaler, D. (2005). The measurement of change: learning-dependent progression of mental models. *Technol. Instruct. Cogn. Learn.*, 2, 317-336. *

Jeong, A. C. (2003). The sequential analysis of group interaction and critical thinking in online threaded discussions. *Am. J. Distance Educ.*, 17 (1),25-43. *

Johnson, D. W., Johnson, R. T., and Stanne, M. B. (2000). *Cooperative Learning Methods: A Meta-Analysis*, http://www.co-operation.org/pages/cl-methods.html. *

Jones, E. K., Crooks, S., and Klein, J. (1995). Development of a Cooperative Learning Observational Instrument. Paper presented at the Association for Educational Communications and Technology Annual Meeting, February 8-12, Anaheim, CA.

Jorgensen, D. L. (1989). *Participant Observation: A Methodology for Human Studies*. London: SAGE. *

Katzir, T. and Paré-Blagoev, J. (2006). Applying cognitive neuroscience research to education: the case of literacy. *Educ. Psychol.*, 41,53-74.

Kirschner, P., Carr, C., van Merrienboer, J., and Sloep, P. (2002). How expert designers design. *Perform. Improv. Q.*, 15(4), 86-104.

Klein, J. D. and Pridemore, D. R. (1994). Effects of orienting activities and practice on achievement, continuing motivation, and student behaviors in a cooperative learning environment. *Educ. Technol. Res. Dev.*, 41(4),41-54. *

Klimoski, R. and Mohammed, S. (1994). Team mental model: construct or metaphor. *J. Manage.*, 20,403-437.

Ko, S. and Rossen, S. (2001). *Teaching Online: A Practical Guide*. Boston, MA: Houghton Mifflin.

Koschmann, T. (1996). Paradigm shifts and instructional technology. In *Computer Supportive Collaborative Learning: Theory and Practice of an Emerging Paradigm*, edited by T. Koschmann, pp. 1 - 23. Mahwah, NJ: Lawrence Erlbaum Associates. *

Kuusela, H. and Paul, P. (2000). A comparison of concurrent and retrospective verbal protocol analysis. *Am. J. Psychol.*, 113,387-404.

Langan-Fox, J. (2000). Team mental models: techniques, methods, and analytic approaches. *Hum. Factors*, 42,242-271. *

Langan-Fox, J. and Tan, P. (1997). Images of a culture in transition: personal constructs of organizational stability and change. *J. Occup. Org. Psychol.*, 70,273-293.

Langan-Fox, J., Code, S., and Langfield-Smith, K. (2000). Team mental models: techniques, methods, and analytic approaches. *Hum. Factors*, 42,242-271.

Langan-Fox, J., Anglim, J., and Wilson, J. R. (2004). Mental models, team mental models, and performance: process, development, and future directions. *Hum. Factors Ergon. Manuf.*, 14,331-352.

Lawless, C. J. (1994). Investigating the cognitive structure of students studying quantum theory in an Open University history of science course: a pilot study. *Br. J. Educ. Technol.*, 25,198-216.

Lesh, R. and Dorr, H. (2003). *A Models and Modeling Perspective on Mathematics Problem Solving, Learning, and Teaching*. Mahwah, NJ: Lawrence Erlbaum Associates. *

Levine, J. M. and Moreland, R. L. (1990). Progress in small group research. *Annu. Rev. Psychol.*, 41,585-634.

Lincoln, Y. S. and Guba, E. G. (1985). *Naturalistic Inquiry*. Beverly

Hills, CA: SAGE.

Lingard, L. (2002). Team communications in the operating room: talk patterns, sites of tension, and implications for novices. *Acad. Med.*, 77, 232 - 237.

Losada, M. (1990). Collaborative Technology and Group Process Feedback: Their Impact on Interactive Sequences in Meetings. Paper presented at the Association for Computing Machinery Conference on Computer Supported Cooperative Work, October 7 - 10, Los Angeles, CA.

Lowyck, J. and Elen, J. (2004). Linking ICT, knowledge domains, and learning support for the design of learning environments. In *Instructional Design: Addressing the Challenges of Learning Through Technology and Curriculum*, edited by N. Seel, and S. Dijkstra, pp. 239 - 256. Mahwah, NJ: Lawrence Erlbaum Associates. *

Magliano, J. P., Trabasso, T., and Graesser, A. C. (1999). Strategic processing during comprehension. *J. Educ. Psychol.*, 91, 615 - 629.

Mathieu, J. E., Heffner, T. S., Goodwin, G. F., Salas, E., and Cannon-Bowers, J. A. (2000). The influence of shared mental models on team process and performance. *J. Appl. Psychol.*, 85, 273 - 283.

Mehrens, W. A., Popham, J. W., and Ryan, J. M. (1998). How to prepare students for performance assessments. *Educ. Measure. Issues Pract.*, 17(1), 18 - 22.

Meloy, J. M. (1994). *Writing the Qualitative Dissertation: Understanding by Doing*. Hillsdale, NJ: Lawrence Erlbaum Associates.

Merrill, M. D. (2002). First principles of instruction. *Educ. Technol. Res. Dev.*, 50(3), 43 - 55. *

Michaelsen, L. K., Knight, A. B., and Fink, L. D. (2004). *Team-Based Learning: A Transformative Use of Small Groups in College Teaching*. Sterling, VA: Stylus Publishing.

Miles, M. B. and Huberman, A. M. (1994). *Qualitative Data Analysis: An Expanded Sourcebook*, 2nd ed. Thousand Oaks, CA: SAGE.

Miles, M. B. and Weitzman, E. A. (1994). Appendix: choosing computer programs for qualitative data analysis. In *Qualitative Data Analysis: An Expanded Sourcebook*, 2nd ed., edited by M. B. Miles and A. M. Huberman, pp. 311 - 317. Thousand Oaks, CA: SAGE.

Moallem, M. (1994). An Experienced Teacher's Model of Thinking and Teaching: An Ethnographic Study on Teacher Cognition. Paper presented at the Association for Educational Communications and Technology Annual Meeting, February 16 - 20, Nashville, TN.

Morgan, D. L. (1996). *Focus Groups as Qualitative Research Methods*, 2nd ed. Thousand Oaks, CA: SAGE.

Morris, L. L., Fitz-Gibbon, C. T., and Lindheim, E. (1987). *How to Measure Performance and Use Tests*. Newbury Park, CA: SAGE.

Myllyaho, M., Salo, O., Kääriäinen, J., Hyysalo, J., and Koskela, J. (2004). A Review of Small and Large Post-Mortem Analysis Methods. Paper presented at the 17th International Conference on Software and Systems Engineering and their Applications, November 30 - December 2, Paris, France.

Newell, A. and Rosenbloom, P. (1981). Mechanisms of skill acquisition and the law of practice. In *Cognitive Skills and Their Acquisition*, edited by J. R. Anderson, pp. 1 - 56. Hillsdale, NJ: Lawrence Erlbaum Associates.

Nitko, A. (2001). *Educational Assessment of Students*, 3rd ed. Upper Saddle River, NJ: Prentice Hall.

Noldus, L. P. J. J., Trienes, R. J. H., Hendriksen, A. H. M., Jansen, H., and Jansen, R. G. (2000). The Observer Video-Pro: new software for the collection, management, and presentation of time-structured data from videotapes and digital media files. *Behav. Res. Methods Instrum. Comput.*, 32, 197 - 206.

O'Connor, D. L. and Johnson, T. E. (2004). Measuring team cognition: concept mapping elicitation as a means of constructing team shared mental models in an applied setting. In *Concept Maps: Theory, Methodology, Technology, Proceedings of the First International Conference on Concept Mapping* Vol. 1, edited by A. J. Cañas, J. D. Novak, and F. M. Gonzalez, pp. 487 - 493. Pamplona, Spain: Public University of Navarra. *

Olansen, J. B. and Rosow, E. (2002). *Virtual Bio-Instrumentation*. Upper Saddle River, NJ: Prentice Hall.

Olkinuora, E., Mikkila-Erdmann, M., and Nurmi, S. (2004). Evaluating the pedagogical value of multimedia learning material: an experimental study in primary school. In *Instructional Design: Addressing the Challenges of Learning Through Technology and Curriculum*, edited by N. Seel and S. Dijkstra, pp. 331 - 352. Mahwah, NJ: Lawrence Erlbaum Associates.

O'Neal, M. R. and Chissom, B. S. (1993). A Comparison of Three Methods for Assessing Attitudes. Paper presented at the Annual Meeting of the Mid-South Educational Research Association, November 10 - 12, New Orleans, LA.

O'Neil, H. F., Wang, S., Chung, G., and Herl, H. E. (2000). Assessment of teamwork skills using computer-based teamwork simulations. In *Aircrew Training and Assessment*, edited by H. F. O'Neil and D. H. Andrews, pp. 244 - 276. Mahwah, NJ: Lawrence Erlbaum Associates. *

Paas, F. (1992). Training strategies for attaining transfer of problem-solving skill in statistics: a cognitive load approach. *J. Educ. Psychol.*, 84, 429 - 434.

Paas, F. and van Merriënboer, J. J. G. (1993). The efficiency of instructional conditions: an approach to combine mental-effort and performance measures. *Hum. Factors*, *35*, 737 - 743. *

Paas, F. and van Merriënboer, J. J. G. (1994a). Instructional control of cognitive load in the training of complex cognitive tasks. *Educ. Psychol. Rev.*, 6, 51 - 71.

Paas, F. and van Merriënboer, J. J. G. (1994b). Variability of worked
examples and transfer of geometrical problem-solving skills: a cognitive load 803
approach. *J. Educ. Psychol.*, 86, 122 - 133.

Paas, F., Tuovinen, J. E., Tabbers, H., and Van Gerven, P. W. M. (2003). Cognitive load measurement as a means to advance cognitive load theory. *Educ. Psychol.*, 38, 63 - 71.

Paterson, B., Bottorff, J., and Hewatt, R. (2003). Blending observational methods: possibilities, strategies, and challenges. *Int. J. Qual. Methods*, 2(1), article 3.

Patton, M. Q. (2001). *Qualitative Research and Evaluation Methods*, 3rd ed. Thousand Oaks, CA: SAGE.

Paulsen, M. F. (2003). An overview of CMC and the online classroom in distance education. In *Computer-Mediated Communication and the Online Classroom*, edited by Z. L. Berge and M. P. Collins, pp. 31 - 57. Cresskill, NJ: Hampton Press.

Pavitt, C. (1998). *Small Group Discussion: A Theoretical Approach*, 3rd ed. Newark: University of Delaware (http://www.udel.edu/communication/COMM356/pavitt/).

Pelto, P. J. and Pelto, G. H. (1978). *Anthropological Research: The Structure of Inquiry*, 2nd ed. Cambridge, U. K.: Cambridge University Press.

Perez-Prado, A. and Thirunarayanan, M. (2002). A qualitative comparison of online and classroom-based sections of a course: exploring student perspectives. *Educ. Media Int.*, 39(2), 195 - 202.

Pirnay-Dummer, P. (2006). Expertise und modellbildung: Mitocar [Expertise and Model Building: Mitocar]. Ph. D. dissertation. Freiburg, Germany: Freiburg University.

Popham, J. W. (1991). Appropriateness of instructor's test-preparation practices. *Educ. Meas. Issues Pract.*, 10(4), 12 - 16.

Prichard, J. S. (2006). Team-skills training enhances collaborative learning. *Learn. Instruct.*, 16, 256 - 265.

Qureshi, S. (1995). Supporting Electronic Group Processes: A Social Perspective. Paper presented at the Association for Computing Machinery (ACM) Special Interest Group on Computer Personnel Research Annual Conference, April 6 - 8, Nashville, TN.

Rayner, K. (1998). Eye movements in reading and information 804
processing: 20 years of research. *Psychol. Bull.*, 124, 372 - 422.

Reigeluth, C. M. (1989). Educational technology at the crossroads: new mindsets and new directions. *Educ. Technol. Res. Dev.*, 37(1), 67 - 80. *

Reilly, B. (1994). Composing with images: a study of high school video producers. In *Proceedings of ED-MEDIA 94: Educational Multimedia and Hypermedia*. Charlottesville, VA: Association for the Advancement of Computing in Education.

Reiser, R. A. and Mory, E. H. (1991). An examination of the systematic planning techniques of two experienced teachers. *Educ. Technol. Res. Dev.*, 39(3), 71 - 82.

Rentsch, J. R. and Hall, R. J., Eds. (1994). *Members of Great Teams Think Alike: A Model of Team Effectiveness and Schema Similarity among Team Members*, Vol. 1, pp. 22 - 34. Stamford, CT: JAI Press.

Rentsch, J. R., Small, E. E., and Hanges, P. J. (in press). Cognitions in organizations and teams: What is the meaning of cognitive similarity? In *The People Make the Place*, edited by B. S. B. Schneider. Mahwah, NJ: Lawrence Erlbaum Associates.

Robinson, R. S. (1994). Investigating Channel One: a case study report. In *Watching Channel One*, edited by De Vaney, pp. 21 - 41. Albany, NY: SUNY Press.

Robinson, R. S. (1995). Qualitative research: a case for case studies. In *Instructional Technology: Past, Present and Future*, 2nd ed., edited by G. J. Anglin, pp. 330 - 339. Englewood, CO: Libraries Unlimited.

Ross, S. M. and Morrison, G. R. (2004). Experimental research methods. In *Handbook of Research on Educational Communications and Technology*, 2nd ed., edited by D. Jonassen, pp. 1021 - 1043. Mahwah, NJ: Lawrence Erlbaum Associates.

805

Rourke, L., Anderson, T., Garrison, D.R., and Archer, W. (2001). Methodological issues in the content analysis of computer conference transcripts. *Int. J. Artif. Intell. Educ.*, 12,8-22.

Rowe, A. L. and Cooke, N. J. (1995). Measuring mental models: choosing the right tools for the job. *Hum. Resource Dev. Q.*, 6,243-255.

Russo, J.E., Johnson, E.J., and Stephens, D. L. (1989). The validity of verbal protocols. *Mem. Cogn.*, 17,759-769.

Salas, E. and Cannon-Bowers, J. A. (2000). The anatomy of team training. In *Training and Retraining: A Handbook for Business, Industry, Government, and the Military*, edited by S. T. J. D. Fletcher, pp. 312-335. New York: Macmillan.

Salas, E. and Cannon-Bowers, J. A. (2001). Special issue preface. *J. Org. Behav.*, 22,87-88.

Salas, E. and Fiore, S.M. (2004). Why team cognition? An overview. In *Team Cognition: Understanding the Factors That Drive Process and Performance*, edited by E. Salas and S. M. Fiore. Washington, D. C.: American Psychological Association.

Salomon, G. and Perkins, D.N. (1998). Individual and social aspects of learning. In *Review of Research in Education*, Vol. 23, edited by P. Pearson and A. Iran-Nejad, pp. 1-24. Washington, D. C.: American Educational Research Association. *

Salvucci, D. D. (1999). Mapping eye movements to cognitive processes [doctoral dissertation, Carnegie Mellon University]. *Dissert. Abstr. Int.*, 60,5619.

Sapsford, R. and Jupp, V. (1996). *Data Collection and Analysis*. London: SAGE.

Savenye, W. C. (1989). *Field Test Year Evaluation of the TLTG Interactive Videodisc Science Curriculum: Effects on Student and Teacher Attitude and Classroom Implementation*. Austin, TX: Texas Learning Technology Group of the Texas Association of School Boards.

Savenye, W. C. (2004a). Evaluating Web-based learning systems and software. In *Curriculum, Plans, and Processes in Instructional Design: International Perspectives*, edited by N. Seel and Z. Dijkstra, pp. 309-330. Mahwah, NJ: Lawrence Erlbaum Associates.

Savenye, W. C. (2004b). Alternatives for assessing learning in Web-based distance learning courses. *Distance Learn.*, 1(1),29-35. *

Savenye, W.C. (2006). Improving online courses: what is interaction and why use it? *Distance Learn.*, 2(6),22-28.

Savenye, W. C. (2007). Interaction: the power and promise of active learning. In *Finding Your Online Voice: Stories Told by Experienced Online Educators*, edited by M. Spector. Mahwah, NJ: Lawrence Erlbaum Associates.

Savenye, W.C. and Robinson, R.S. (2004). Qualitative research issues and methods: an introduction for instructional technologists. In *Handbook of Research on Educational Communications and Technology*, 2nd ed., edited by D. Jonassen, pp. 1045-1071. Mahwah, NJ: Lawrence Erlbaum Associates.

Savenye, W.C. and Robinson, R.S. (2005). Using qualitative research methods in higher education. *J. Comput. Higher Educ.*, 16(2),65-95.

Savenye, W. C. and Strand, E. (1989). Teaching science using interactive videodisc: results of the pilot year evaluation of the Texas Learning Technoiogy Group Project. In *Eleventh Annual Proceedings of Selected Research Paper Presentations at the 1989 Annual Convention of the Association for Educational Communications and Technology in Dallas, Texas*, edited by M.R. Simonson and D. Frey. Ames, IA: Iowa State University.

Savenye, W.C., Leader, L.F., Schnackenberg, H.L., Jones, E. E. K., Dwyer, H., and Jiang, B. (1996). Learner navigation patterns and incentive on achievement and attitudes in hyper-media-based CAI. *Proc. Assoc. Educ. Commun. Technol.*, 18,655-665.

Sax, G. (1980). *Principles of Educational and Psychological Measurement and Evaluation*, 2nd ed. Belmont, CA: Wadsworth.

Schneider, W. and Shiffrin, R. M. (1977). Controlled and automatic human information processing. I. Detection, search, and attention. *Psychol. Rev.*, 84,1-66.

Schweiger, D. M. (1986). Group approaches for improving strategic decision making: a comparative analysis of dialectical inquiry, devil's advocacy, and consensus. *Acad. Manage. J.*, 29(1),51-71.

Seel, N.M. (1999). Educational diagnosis of mental models: assessment problems and technology-based solutions. *J. Struct. Learn. Intell. Syst.*, 14,153-185.

Seel, N. M. (2004). Model-centered learning environments: theory, instructional design, and effects. In *Instructional Design: Addressing the Challenges of Learning Through Technology and Curriculum*, edited by N. Seel and S. Dijkstra, pp. 49-73. Mahwah, NJ: Lawrence Erlbaum Associates.

Seel, N.M., Al-Diban, S., and Blumschein, P. (2000). Mental models and instructional planning. In *Integrated and Holistic Perspectives on Learning, Instruction, and Technology: Understanding Complexity*, edited by J. M. Spector and T.M. Anderson, pp. 129-158. Dordrecht: Kluwer. *

Segers, M., Dochy, F., and Cascallar, E., Eds. (2003). *Optimising New Modes of assessment: In Search of Qualities and Standards*. Dordrecht: Kluwer.

Shepard, L. (2000). The role of assessment in a learning culture. *Educ. Res.*, 29(7),4-14.

Shiffrin, R. M. and Schneider, W. (1977). Controlled and automatic human information processing. II. Perceptual learning, automatic attending, and a general theory. *Psychol. Rev.*, 84,127-190. *

Shin, E. J., Schallert, D., and Savenye, W. C. (1994). Effects of learner control, advisement, and prior knowledge on young students' learning in a hypertext environment. *Educ. Technol. Res. Dev.*, 42(1),33-46.

Smith, P.L. and Wedman, J.F. (1988). Read-think-aloud protocols: a new data source for formative evaluation. *Perform. Improv. Q.*, 1(2),13-22.

Spector, J.M. and Koszalka, T.A. (2004). *The DEEP Methodology for Assessing Learning in Comptex Domains*. Arlington, VA: National Science Foundation. *

Spradley, J. P. (1979). *The Ethnographic Interview*. New York: Holt, Rinehart and Winston. *

Spradley, J. P. (1980). *Participant Observation*. New York: Holt, Rinehart and Winston. *

Stahl, G. (2006). *Group Cognition: Computer Support for Building Collaborative Knowledge*. Cambridge, MA: MIT Press. *

Staller, L. (2005). Understanding analog to digital converter specifications. [electronic version]. *Embedded Syst. Design*, February, 24, http://www.embedded.com/.

Stelmach, L. B., Campsall, J. M., and Herdman, C. M. (1997). Attentional and ocular movements. *J. Exp. Psychol. Hum. Percept. Perform.*, 23,823-844.

Stevenson, W. G. and Soejima, K. (2005). Recording techniques for electrophysiology. *J. Cardiovasc. Electrophysiol.*, 16,1017-1022.

Strauss, A.L. and Corbin, J.M. (1994) Grounded theory methodology: an overview. In *Handbook of Qualitative Research*, edited by N.K. Denzin and Y. Lincoln, pp.273-285. Thousand Oaks, CA: SAGE. *

Sweller, J. (1988). Cognitive load during problem solving: effects on learning. *Cogn. Sci.*, 12,257-285. *

Sweller, J., van Merriënboer, J.J.G., and Paas, F. (1998). Cognitive architecture and instructional design. *Educ. Psychol. Rev.*, 10,251-295.

Sy, T. (2005). The contagious leader: Impact of the leader's mood on the mood of group members, group affective tone, and group processes. *J. Appl. Psychol.*, 90(2),295-305.

Taylor, K. L. and Dionne, J. P. (2000). Accessing problemsolving strategy knowledge: the complementary use of concurrent verbal protocols and retrospective debriefing. *J. Educ. Psychol.*, 92,413-425.

Thompson, S. (2001). The authentic standards movement and its evil twin. *Phi Delta Kappan*, 82(5),358-362.

Thorndike, R. M. (1997). *Measurement and Evaluation in Psychology and Education*, 6th ed. Upper Saddle River, NJ: Prentice Hall. *

Tiffin, J. and Rajasingham, L. (1995). *In Search of the Virtual Class: Education in an Information Society*. London: Routledge.

Titchener, E.B. (1900). The equipment of a psychological laboratory. *Am. J. Psychol.*, 11,251-265. *

Tuovinen, J. E. and Paas, F. (2004). Exploring multidimensional approaches to the efficiency of instructional conditions. *Instruct. Sci.*, 32, 133-152.

Underwood, G., Chapman, P., Brocklehurst, N., Underwood, J., and Crundall, D. (2003). Visual attention while driving: sequences of eye fixations made by experienced and novice drivers. *Ergonomics*, 46,629-646.

Underwood, G., Jebbett, L., and Roberts, K. (2004). Inspecting pictures for information to verify a sentence: eye movements in general encoding and in focused search. *Q.J. Exp. Psychol.*, 57,165-182.

Urch Druskat, V. and Kayes, D. C. (2000). Learning versus performance in short-term project teams. *Small Group Res.*, 31,328-353.

Van der Vleuten, C.P.M. and Schuwirth, L.W.T. (2005). Assessing professional competence: from methods to programmes. *Med. Educ.*, 39, 309-317.

Van Gerven, P. W. M., Paas, F., van Merriënboer, J. J. G., and Schmidt, H. (2004). Memory load and the cognitive pupillary response in aging. *Psychophysiology*, 41,167-174.

van Gog, T. (2006). Uncovering the Problem-Solving Process to Design Effective Worked Examples. Ph. D. dissertation. Heerlen: Open University of the Netherlands.

van Gog, T., Paas, F., and van Merriënboer, J. J. G. (2005a).

Uncovering expertise-related differences in troubleshooting performance: combining eye movement and concurrent verbal protocol data. *Appl. Cogn. Psychol.*, 19, 205-221. *

van Gog, T., Paas, F., van Merriënboer, J. J. G., and Witte, P. (2005b). Uncovering the problem-solving process: cued retrospective reporting versus concurrent and retrospective reportmg. *J. Exp. Psychol. Appl.*, 11, 237-244.

Van Maanen, J. (1988). *Tales of the Field: On Writing Ethnography*. Chicago, IL: The University of Chicago Press.

van Merriënboer, J. J. G. (1997). *Training Complex Cognitive Skills: A Four-Component Instructional Design Model for Technical Training*. Englewood Cliffs, NJ: Educational Technology Publications. *

van Merriënboer, J. J. G., Jelsma, O., and Paas, F. (1992). Training for reflective expertise: a four-component instructional design model for complex cognitive skills. *Educ. Technol. Res. Dev.*, 40(2), 1042-1629.

Van Someren, M. W., Barnard, Y. F., and Sandberg, J. A. C. (1994). *The Think Aloud Method: A Practical Guide to Modeling Cognitive Processes*. London: Academic Press.

VanLehn, K. (1996). Cognitive skill acquisition. *Annu. Rev. Psychol.*, 47, 513-539. *

Wainer, H. (1989). The future of item analysis. *J. Educ. Meas.*, 26 (2), 191-208.

Webb, E. J., Campbell, D. T., Schwartz, R. D., and Sechrest, L. (1966). *Unobtrusive Measures: Nonreactive Research in the Social Sciences*. Chicago, IL: Rand McNally.

Webb, N. M. (1982). Student interaction and learning in small groups. *Rev. Educ. Res.*, 52(3), 421-445.

Weitzman, E. A. and Miles, M. B. (1995). *A Software Source-book: Computer Programs for Qualitative Data Analysis*. Thousand Oaks, CA: SAGE.

Willis, S. C., Bundy, C., Burdett, K., Whitehouse, C. R., and O'Neill, P. A. (2002). Small-group work and assessment in a problem-based learning curriculum: a qualitative and quantitative evaluation of student perceptions of the process of working in small groups and its assessment. *Med. Teacher*, 24, 495-501.

Wolcott, H. F. (1990). *Writing Up Qualitative Research*. Newbury Park, CA: SAGE. *

Woods, D. R., Felder, R. M., Rugarcia, A., and Stice, J. E. (2000). The future of engineering education. Part 3. Development of critical skills. *Chem. Eng. Educ.*, 34, 108-117.

Woolf, H. (2004). Assessment criteria: reflections on current practices. 806
Assess. Eval. Higher Educ., 29, 479-493. *

Worchel, S., Wood, W., and Simpson, J. A., Eds. (1992). *Group Process and Productivity*. Newbury Park, CA: SAGE.

Yeo, G. B. and Neal, A. (2004). A multilevel analysis of effort, practice and performance: effects of ability, conscientiousness, and goal orientation. *J. Appl. Psychol.*, 89, 231-247.

---

* 表示主要参考文献。

56

未来的基础*

807 ChanMin Kim、JungMi Lee、M. David Merrill、J. Michael Spector 和 Jeroen J. G. van Merriënboer

摘要

在本章中，我们（本手册主编和编辑们）希望通过五个问题对教育传播与技术领域进行科学性地探究。这五个问题是：(1)过去五年里，教育传播与技术领域最重要的发展是什么？
808 (2)在未来五年里，可能有哪些重要的发展？(3)在过去五年里，有哪些重要的研究发现？(4)在未来五年里，有哪些研究问题值得关注？(5)就教育传播与技术领域未来的研究与发展而言，有哪些关键性的、基础性的方面和影响因素？在本文中，我们除了关注以上问题之外，还对如何开展教学设计的研究进行了评论，并讨论了如何培养本领域的实践者与研究者。

关键词

核心参考资料：某特定领域的研究者重点关注的参考文献，以及通常被认为是主要的数据或信息源；在本手册每一章的参考文献部分，核心参考资料都用一个星号加以

---

* 作者注：本章作者是按照他们名字的拼音字母来排序的，因为他们的贡献难分伯仲。

标识。

关键词：对于某一主题非常重要的词或短语，或者是对理解问题及深入讨论很重要的、特别界定的词或短语。

引言

当我们接受了编写“手册”第三版的任务后，首先确定的是本手册的定位：它是为本领域的专业群体而写的。这就意味着本手册的内容在很大程度上应该跟随专业群体的兴趣。因而，在教育传播与技术协会(AECT，也是本手册的发起者)的资助下，我们开展了一次调查——目的是了解前两版手册的使用情况以及专业群体对新版手册的期待，以便在本手册中做出回应。

面向专业群体的这一定位也让我们认识到自己的观点或见解不应占主导地位，进一步而言，在这本手册中，任何人的观点都不应该占主导地位。因此，基于这样一条可操作的原则，在本手册中，参与者不可以做一章以上的第一作者。与之前版本不同的是，我们这次主动邀请了更多的专家，而且鼓励权威专家与资历稍浅的作者合写文章，以保证内容与视角的多样化。真诚地希望我们的这些努力达到了预期的效果。

现在轮到我们对那些我们认为对教育传播与技术领域的研究与发展的未来非常重要的基础性问题进行集中评述了*。我们决定通过五个问题完成这一任务。这五个问题是：(1)过去五年里，教育传播与技术领域最重要的发展是什么？(2)在未来五年里，可能有哪些重要的发展？(3)在过去五年里，有哪些重要的研究发现？(4)在未来五年里，有哪些研究问题值得关注？(5)就教育传播与技术领域未来的研究与发展而言，有哪些关键性、基础性的方面和影响因素？我们对这些问题的回应将交织在本章的不同部分里。最后，我们讨论了教学设计和技术的研究，以及如何培养本领域的实践者与研究者。

过去五年的重要发展

论及教学策略和学习技术，过去五年的重要发展产生于网络学习领域，从更广的范围来说，是产生于 e-Learning**领域。虽然很多人在解释“e-learning”的“e”时，都是指互联网，但我们在这里采用的是更传统意义上的解释——“电子化”，既包括互联网也包括很多其他的数字技术。当前的关注焦点已经快速地从“将网络当作发布信息的媒介”转换到“将网络当作维持学习互联的媒介”，学习者之间的社会交互至少与内容的习得同样重要(可能比内容的习得更加重要)。

---

* 在本章中，我们交替使用教育技术、教学设计和教学技术等术语。在一些情况下，我们并没有刻意去区别这些术语的使用，因为不同的人对于这些术语的理解本来就有所不同。粗略地讲，教育技术比教学技术的范围更广，后者关注的是应用技术来支持特定、有目的、有计划的学习结果。教学设计，广义来讲，是研究技术以及技术如何用于支持学习和教学的学科。

** 由于 e-Learning 这一术语在教育传播与技术领域已得到广泛认同和使用，同时考虑上下文，因此直接采用英文原词。——译者注如今,内容已变得容易获取,而且表现形式丰富多样。由此产生的一个结果是,教育研究与开发的重点已从“以内容为中心”的视角转向了“以用户为中心”——这种视角是关于“人是怎样处理内容”的,当然人对内容的处理通常是在与他人协商、合作或竞争中完成的。该视角已经成为很多开发者与研究者的兴趣焦点。带有丰富内容的社会情境化活动业已成为许多教育技术研究与开发的焦点。

809 整合基于计算机的技术与学习心理学的运动已经进行了很多年。教育传播与技术领域一直都是新工具与新干预的试验场,人们更多地关注用新的教学技术(博客、播客、维基等等)来支持学习,由此开创了丰富的研究空间。在这方面,教师们可能是感觉负担最重的人群,因为他们要不断地追赶学生,不断地追赶技术潮流。

对那些为时间、空间、文化和语言所隔离的学习者来说,技术的发展使得为他们提供教育资源和访问途径成为可能。尽管现在很多学校和大学都在常规使用在线学习管理系统,但是,真正的挑战在于创建有意义的学习环境与体验。

技术在学习情感方面也得到了发展。也就是说,人们在应用技术使情感反应最优化方面(如使用教学法代理,Craig 等,2004; Kim 和 Baylor, 2006)取得了进展。诸如态度、动机和情绪等情感要素会很明显地影响学习过程,因此,开发学习情感支持是教育技术研究的自然延伸。最近,拟人动画(virtual humanlike animations)发展到可与学习者有更多的互动,其相关技术实例包括麻省理工大学的情感计算(http://affect. media. mit. edu/index. php),斯坦福大学的劝说技术(persuasive technologies)(http://captology. stanford. edu),南加利福尼亚大学的虚拟人(http://www. ict. usc. edu/content/view/32/85),犹他州立大学的拟人化界面(anthropomorphized interfaces)(http://www. create. usu. edu)。

在教学模式及其设计与开发实践方面,建构主义教学设计和工程型教学设计之间的差距与对抗极大地缩小了。长时间以来,建构主义和系统方法被人们认为是互不相容的,在设计和实施学习支持方面经常是对立的两种观点。最近,整体任务模式(van Merriënboer, 1997; van Merriënboer 和 Kirschner, 2007;又见本手册第 35 章)、模型促进的学习模式(Milrad 等,2002; Seel, 2003; Seel 等,2002; Spector, 2006; Spector 和 Koszalka, 2004)和基于问题的学习(Jonassen, 2000;又见本手册的第 38 章)越来越多地将教学设计中的系统方法与建构主义学习原则整合在一起。建构主义与系统思考的“关系解冻”(可能这么用不太合适,但这个词确实适于表达原来以为属于敌对阵营的双边关系的恢复)部分地体现了人们为支持复杂、动态、劣构的学习所做出的努力。创新学习环境的发展(参见 Dörner, 1996)源于人们对系统中各组件的丰富性与多样性的思考(也包括对组件间关系以及与其他系统和使用者之间关系的思考),这些思考涉及到每个身处其中的人的认知、物质、情感要素,也包括社会以及文化的关系。

就研究方法而言,一方面表现为教学策略与技术之间研究的平衡;另一方面,则表现为教学模式和设计开发实践的巨大变化。实验设计与开发研究越来越重要,这可以看作是从模式创建到模式验证的一种转换,也可以理解为本领域正成为一门真正的设计科学(请参看本手册的第 47 章和 54 章,以深入理解本段的含义)。

未来五年的可能发展

未来会与过去相似吗？对于归纳推理而言，“未来与过去是相似的”这条普遍原理是非常重要的，并被认为是科学发展的基石。然而，休谟在《人类理解研究》(Hume，1777/1910)一书中指出，没有任何证据支持该归纳原理。即便如此，我们也很自然地形成了关于未来的预期，这些预期对于理解我们所处的世界显然大有裨益。当然，在预测未来时，我们不得不谦虚一点儿，毕竟你我都不能够确切知道未来将会怎样。

教学策略与技术、移动设备，如便携式数字助理(PDAs)、智能移动手机以及电子纸，可能在学习和教学中变得越来越重要。这些技术将可能为将学习拓展到学校之外的非正式学习，以及使工作环境发生变化或更具动态性提供新的方法。有力的移动技术使得丰富的学习情境成为可能，在这一情境中，及时的信息、有效的合作、真实的任务等等可以有机地结合在一起。

基于网络的技术将可能在连接、应用、功能等方面继续拓展，开发出更为有效，更为强大的技术。博客将变得更加普遍，更易于应用。能够允许人们在其中动态交流思想与反应的虚拟 810
环境将在教学与工作中更为普及。这些发展可能意味着对 e-learning 中“e”的强调的终结。简而言之，我们期望几乎所有的学习都变成 e-learning，也就是说，由某种形式的电子化技术支持或辅助学习。随着人们对 e-learning 及电子化技术的热情的逐渐减退，我们预见对学习和绩效成果的关注会加强，而所关注的学习和绩效成果当然是由具有丰富多样性的电子化解决方法(e-solution)所支持。

另一个重要的技术发展可能涉及开放教育资源，如 Wikipedia(http://en.wikipedia.org/wiki/MainPage)。越来越多的教育机构将会通过互联网给公众提供他们的学习内容。随着开放内容的增多，学习支持、指导，以及对基于资源的学习(RBL)的评估也将越来越重要(参见本手册的第 40 章)。

在未来五年里，教学模式将更能适于支持具有高度灵活性的学习情境以及即时/任务绩效的设计开发以及教学支持。事实上，这将是当前人们对设计研究方面的兴趣与关注所产生的成果之一。教学模式将在时间、地点和内容等方面变得更为灵活，也允许更丰富的多样性以及与学习支持的融合，包括对有指导的以及自主导向的学习的更多支持。地点与时间的独立可达性，还有允许个人调适以及新的个性化学习技术，将提升成本效益，使大规模定制成为可能。过去，适应性的和个性化的教学已经被概念化并应用于面向个体的情境中，以回应特殊学习者的经验、专长和理解(或误解)。事实证明，建构基于强健的学生模型的智能导师系统比想象的更困难，目前只在小范围的学习任务和情境中获得了成功。随着智能导师系统的成熟，内容数据库因包含个体经验与培训内容，会变得更为庞大，更易获得。这些事件合起来为系统在大范围里的个性化能力提供了根基。既然商业先例已经存在(如戴尔计算机的 build-to-order 系统)，相信其教育应用也将很快出现。

过去五年的重要研究发现

所有人都会扪心自问,研究者也不例外。例如,我们会思考:我们现在正在做的事情以及明天将要做的事情会带来什么? 确实,我们研究者群体所做的被认为对学习和教学有重要贡献的事情产生了什么结果? 希望本手册提供的都是优秀范例。接下来我们会提及一些。

一个重要的研究结果是关于建构主义学习原则,如发现法和探究性学习,其局限性变得越来越清晰(Kirschner 等,2006)。然而,在教育传播与技术领域,人们主要关注的是某种特定的教学策略在怎样的条件下有效或无效,关于这个问题的争论可能永远不会有令所有人信服的结果。不过,当前这个问题已根据学习的证据而不是根据所持的立场来重新聚焦了,这种变化是值得提倡的。教学设计研究的经典模型(Reigeluth, 1983)仍然充满生机并得到认可。在我们来看,此模型为教育技术研究的未来奠定了良好的基础。

"模型"和"方法"这两个术语,初看没有什么相同之处,但是 Merrill (2002)的"首要教学原则"使得它们之间有了明确的相似之处。特别是他对当前各种教学模型的分析表明,基于真实生活问题与情境的学习任务将是学习强有力的驱动力。这个发现在基于问题的学习(Jonassen, 2000),以及整体任务培训(van Merriënboer 和 Kirschner, 2007;也可参见本手册的第 35 章)中也得到了回应。

另一个重要的发现是与专长逆转效应(Kalyuga 等,2003)相关的。很多研究者认为,那些对初学者很有效的教学设计方法,对于高级学习者而言,是不需要的,但也是无害的,带着这种不言而喻的假设,长期以来,研究者认为先验知识是影响学习的最重要因素。而与此相矛盾的是,专长逆转效应表明,对于初学者效果良好的方法对于高级学习者而言具有相反的效果,反
811 之亦然。这一发现是由关于个体学习者智力模型的发展研究(Seel 等,2000)得到的。Seel 和他的同事们在实验中注意到概念模型(基于认知学徒教学模式设计的)往往对初入某领域的、缺乏相关知识和经验的学习者有用,但同样的模型经常会与那些有着丰富经验和知识的学习者的学习相冲突,从而减损学习效果。因此,那些对某些人有用的方法未必适用于所有人。

未来五年的可能研究问题

在回顾了过去五年的一些重要发展和发现,并提出了未来五年可能出现的一些技术发展之后,我们现在要预测有哪些研究问题将很快出现。

未来五年,一个重要研究问题是在丰富学习情境中的"技术整合"。在教育传播与技术领域,总会关注某种特别的媒体或技术;然而,在未来的学习情境中,由于有了互联(无线)设备,有线的、无线的,以及正式的、非正式的网络会将人、资源和工具连接在一起。当前,有很多关于技术整合的讨论,但却极少开展实质性的工作。首先,我们需要对与教学相关的技术整合有一个强有力的定义。鉴于支持学习的技术与方法的种类持续增加,可能很难定义技术整合。要想为技术整合做定义,我们想首先提出这样一个观点,即当人们的兴趣与关注点不在技术

上面，而是定位于技术的情境支持(例如，通过互联网进行基于视频的对话，或是在基于网络的互动模拟中形成和验证假设)，技术与教学的整合才是成功的。用一种略显奇怪方式来说，当忘记了技术的存在时，整合就成功了。我们相信在未来几年技术整合将是一个特别丰富的研究领域，涉及到诸如“什么是技术整合”，“是什么使之更有效或更无效”，“它是怎样以及为什么对学习有帮助的”等问题。

研究将会越来越关注复杂学习的策略与模型，因为常规的问题解决技能、推理技能以及自我导向学习技能需要与快速变化的技术和工作相整合。实际上，社会越来越需要能够应对复杂性，并在多变的工作情况中做出快速与灵活调整的工作者。复杂学习的模型将更多地针对丰富(虚拟)的任务环境中的、游戏环境中、社会网络中的学习等。

与对复杂学习的关注相关的将是对结构不良的问题和任务领域中的学习评估与绩效的关注。在涉及到有多种解决方法和途径的问题时，尚没有可靠的方法来判定相关学习和绩效的进展情况，这就不可能产生有效支持学习的系统方法(Spector, 2006; Spector 和 Koszalka, 2004)。

由于技术和社会的快速变化，非正式环境与职业环境下的终生学习将变得越来越重要，这对教育传播与技术领域提出了新的挑战。之前，这个领域总是关注比较正式的、不太活跃的学习场景。目前，对复杂学习和非正式学习的强调，将要求更多的教学和绩效技术的专业人员集中对这些领域进行研究。我们将在后面讨论这些要求。

研究与发展的关键基础

在教育传播与技术领域，最关键的研究与发展基础是扎实的科学和工程实践。从根本上来说，科学是发展和验证那些旨在解释或预测一系列现象的理论。工程学则是将这些理论系统应用于设计与开发实际问题的解决方法。如果没有科学和工程学这两方面的坚实基础，教学设计(广义来讲)就不会蓬勃发展，也不能对学习和绩效起到重大的促进作用。

我们知道技术将不断变化。技术将会改变我们正在做的事情以及我们能够做的事情。正如技术改变了我们的购物与娱乐一样，技术也在改变我们的学习和教学。学习工具在变化，学习任务在变化，学习愿景也在变化。我们的任务就是要在这些变化(“winds of changes shift”，从 Bob Dylan 的“May You Stay Forever Young”的歌中借来的词)中拥有坚实的基础。这坚实的基础部分来自于科学、工程学，以及对“是什么、何时、为何有效”之类的问题所持的现实的、谦逊的态度。愿意试错并探索其他可行方法的态度也是这基础中的重要部分。

未来研究的关键是在不同类型的研究之间寻求最佳的平衡，并创建良好的接口。教育传播与技术是一个兼收并蓄的领域，其理论与模式的良性发展只能通过不同类型研究(如实验研究，概念证明，设计实验和开发性研究)之间严谨的相互作用来实现。不同研究社区之间的 812
丰富接口需要借助共同的术语和设计语言。作为谦逊的教学技术研究者，我们应该具有足够的灵活性，从用于特定教学和研究目的的不同范式中选择有用的部分。我们甚至偶尔要试着去怀疑我们的假设，给我们的假设证伪，而不是一味地寻找确凿的证据。

长期以来，原子方法统治着教育传播与技术这个领域。而当前在整合学习目标、高阶思维技能以及学习迁移(问题解决、推理，创新)等方面出现的新热点(Spector, 2001; Spector 和 Anderson, 2000)是值得重视的。此外，用于学习和教学的整体性方法可能会为支持复杂学习提供更好的机会。

最后，脑研究方面所取得的巨大进展也是我们研究与发展的关键基础。神经认知图像法(如功能性的磁共振成像)越来越多地解释了大脑的不同部分在学习中所扮演的角色。勿庸置疑，这将在未来十年里影响学习和教学。在学习所涉及到的物理机制方面我们还有很多未知的事物。在未来五年里，教育技术研究的一个特别目标就是和脑研究者们建立紧密的联系，并积极参与到其学术社区之中。

教学设计研究

在本章中，我们不断地使用教育技术、教学设计和教学技术等术语。在一些情况下，我们并没有严格区分它们，虽然我们相信它们之间有轻微的不同。粗略地讲，教育技术在范围上更广，包括所有支持各种环境下、不同类型学习的技术。教学技术的范围要窄一些，聚焦于使用技术来支持特定、有目的、有计划的学习结果。教学设计，从广义上来讲，是一门研究技术及其应用，并通过使用技术支持学习和教学的学科。那么，教学设计/教学系统/教学技术的恰当研究范围是什么呢？人们可以关注学习所涉及的对象，如学习活动、材料、支持、技术等等。当然，我们需要对这些进行分类，并将其规范化。而比这更具挑战的则是研究这些使用中的不同种类的对象。特殊的学习者会用特定的对象做什么，又是怎样提高学习或绩效的？

人们可以聚焦于开发这些不同对象的过程。某些过程可能比另外一些更有效。某些过程可能会减损质量，而另外一些可能不可复制。与此紧密相关的问题是:如何最好地支持设计过程？什么样的设计模型和工具才是有用的(标准是什么)？

教学设计中涉及到的对象以及用于开发这些对象所需要的过程均受到很多因素的影响，例如教学任务，目标群体的特点，以及学习情境。在现代社会，这些因素正经历着巨大的变化，如从良构的程序型任务到劣构的问题解决型任务，从高度同质(从年龄、先验知识、文化背景等方面来说)的目标群体到高度异质的目标群体，从正式的情境到对终生学习越来越重要的非正式以及职业化的情境。这些变化对教学设计对象及过程的研究产生了重大的影响。

最后，教学设计的研究包括对设计者的研究。由于经验不同，教学设计者的绩效将有非常大的变化。而更需注意的是:迄今为止，仅有非常小的一部分教学是由受过一些正规教育的设计者开发的，而很大一部分教学是由业余设计者*和教师们来开发的。而且，教学当然可能由个体开发，但更典型的情况是由团队来开发，团队中包括内容专家、程序员、美术设计者等等。

---

* designer-by-assignment 是由 M. David Merrill 介绍的术语，用以描述在实践中任命一个教材专家或有着某种特殊技术技能的人来设计和开发教学材料以及相应的技术支持。具体来讲，指那些没有受过教学设计能力培训的人来做教学设计工作。该词直译为“任命的设计者”，由于无法反映其原本确指的含义，故译成“半路出家”的设计者。——译者注

勿庸置疑,教学设计对象和过程的变化将对设计者和设计团队的工作、设计团队的分工,以及团队成员所需要的设计能力产生重要的影响。

而另一个关于教学设计研究的方向则是考虑三种截然不同的活动:(1)开发支持教学的工具和人工制品;(2)证明这些工具在设计和开发教学方面的功能和效能;(3)预测和评估在学与教中使用这些工具的作用。这种研究教学设计的思考方法大体上遵循了这样的一个连续统一体,即“从教学开发(使用教学技术)实践到教学技术研究(关于什么有效,什么时间、为什么有效的研究),并最终形成关于教学设计不同方面的理论(决定我们将如何使用工具和技术,系 813
统地提高学习和教学)”。人们可能会说这样一个连续统一体与本科生、硕士生以及博士生的培养是一致的。那么,我们又将如何开展这三种层面的培养活动呢?

如何培养实践者与研究者

在21世纪的前半叶,我们应该如何使实践者与研究者成为富有成效的工作者?教学设计/教学系统/教学技术的研究生培养计划在很大程度上不同,且在不断地变化。各种专业学会,如研究学习技术的IEEE技术学会(LTTC; http://lttf.ieee.org/),正为教育技术培养计划开发课程标准。

有证据表明,大部分从事教学设计的实践者并没有接受正规的教育。他们只是被任命到教学设计者这个岗位上——可能是作为对他们在工作上突出绩效的奖励,也可能是因为找不到别的合适人选,还可能是因为没有人愿意做这项工作。实际上,这种情况和当前雇员经常调换工作的大背景是相对应的。此外,和其他专业领域一样,教学设计/教学系统/教学技术的知识正在以越来越快的速度更新换代。很明显,我们需要在时间、地点,以及内容(如根据学生的认证先验学习来决定学习内容,或缩写成APL)上更具灵活性的教育技术培养计划。

电子化工作助理、绩效支持系统,以及基于计算机的设计工具等方面的进展也将为教学设计/教学系统/教学技术领域的终生学习做出贡献。这意味着在教育传播与技术及人类绩效技术(HPT;参见www.ispi.org)两个领域间有着有趣、不断增长的关联度。一方面,非正式环境下的终生学习是由植根于两个领域的研究方法共同支持的;另一方面,人类绩效技术将有助于开发更为灵活的方法来教授教育技术。

通常,人们会认为他们知道如何教那些自己擅长的知识。因为某人是一个逻辑学家,结果很多人就相信他能够教好逻辑学——这种想法在大学里是很普遍的。人们相信他们能够教那些自己所知道和理解的东西,接下来,这种“相信”就会很自然地迁移到他们相信自己知道如何设计有效的教学支持和学习活动。实际上,教学人员培训在师范生(准教师)教育中基本上被忽略了,而且,在这些培养计划中,很少重视对教学能力的培养(Klein等,2004)。

“半路出家”的设计者(与那些将教学设计当作是事业,并有着充分专业准备的设计者是相对的)已能够开发一些令人印象深刻的学习环境,特别是当他们工作在有优秀教学范例、界定良好的领域中时。然而,社会的变化不断地要求应对新任务所需要的新的培训环境——预培训模式和方法在这样的情况下是较难应用的,而“半路出家”的设计者们在开发有效的教学方面也是困难重重。现在需要有这样一个广泛的共识,即对于教学设计者而言,专业准备是必须的——教学设计是需要特定能力的确定行业 (Richey 等,2001;也可参见本手册的第 42 章)。另外,也需要开发一些专业培训项目来培养实践者的这些能力。教学设计专业的很多研究生培养计划关注的是研究而非实践。最佳的培养计划应认识到"理论指导实践、实践又反过来验证理论"的需求,既强调实践又关注研究。

在教学设计方面,什么才是有效的准备呢?仅仅作为建议,我们认为认识到实践者与研究者有不同的需求是很重要的,我们这本书正是为研究者所写的。在研究生培养中同时满足这两方面的需求是一个挑战。就教学设计教育与培训而言,在本科生阶段关注基本能力可能是一个更为自然的进程。当人们相信教学设计是一个有着相应知识和技能(如理论、原则、模型、标准和能力)的行业,是一个由知识和技能系统组织起来的专业社区,有着最好的实践和有效工作的案例,旨在提高实践和基础理解的研究时,这一点会更为真实。这似乎就是教学设计的
814 情况,所以在教学设计或教育技术方面缺乏本科生培养计划是很反常的事情。弗莱堡大学教育科学专业新的本科生培养计划旨在弥补这个缺陷(http://www.ezw.uni-freiburg.de),而且我们在本科生阶段需要更多这样的培养计划。当前这种计划不够多的现实应引起教学设计社群的关注。IEEE 学习技术协会(http://lttf.ieee.org)已确定并开始为教育技术专业的本科生培养设置课程标准。希望这种努力能够引领大学开发相关的研究项目。在这项工作结束时(大概在 2008 年),该学会将开始致力于为教育技术专业的硕士生和博士生培养做出努力。

通常,人们将教学技术专家定义为知道如何使用特定技术的人。根据这个普遍的定义,随着技术变得越来越容易使用,越来越容易得到,教学技术专家的数量将增加。教学技术的发展经常跟随着计算机科学的发展,并会延迟约一代。计算机科学已是一个成熟的学科,它已从培训程序员转变为研究计算以及应用程序和其他工具的使用。

教学技术正到达一个相似的十字路口。"半路出家"的设计者们组成了一个庞大的实践者队伍。即使弗赖堡大学根据新课程标准设计的具有创新意义的本科生培养计划很成功,我们还是会有很多这样的设计者。我们这个领域对此的反应可能是开展教学设计方向的研究生培训,以将其关注焦点从培养教学设计者转换到研究教学和教学技术,包括培养能够开发教学设计工具的高级学生。

如果某人拥有教学技术专业的硕士学位,并在培训部门工作,他可能很少有时间来开发教学——这是留给"半路出家"的设计者来做的。他将可能很快地成为培训经理,负责雇佣和管理"半路出家"的设计者。教学设计/教学系统/教学技术方面的研究生培养计划是不是为这样的职位做了专业准备呢?人们至多只能说在"有限的"培养计划中对如何成为有效的培训管理者做了"一些"关注,而关注如何为教学设计者(特别是"半路出家"的设计者)开发工具的研究生培养计划则更少。

在硕士生层次上,培养的重点应从"将学生培养成为教学技术的使用者"转变为"使他们有能力去管理、监管、激励那些使用教学技术的人('半路出家'的设计者)"。硕士生学习的重点应该是通彻研究实证理论,以及开发"半路出家"的设计者和非专业人士使用的基于技术的、面向学习的教学设计和开发的工具。

博士生培养又该是什么样的呢？美国学校的很多专业所要求的是单纯的实证研究或调查；欧洲学校与此有些不同，其典型的培养方式包括让博士生参与一系列研究和出版工作。教学设计的博士生应该能够识别、修正并发展某种教学设计理论（这种能力正是国际培训、绩效与教学标准委员会 IBSTP 所界定的一种高级教学设计能力；参见 Richey 等，2001）。博士生应该能够依据所关注的理论产出大量成果并进行大量的文献综述。另外，博士生还应该能够产出具有原创性的、与该理论发展相关的实证研究。博士生也应该能够开发相应的工具，以便将理论应用到恰当的情境或场景中。然后，他们还应该能够演示这些用于设计教学的工具。当这些工具应用于具体实际并产出教学产品时，他们应该能够对这些教学产品进行评价，或者能够监管对这些教学产品的评价。

关于教学设计的研究应该是怎样的？如果我们同意教学设计是一门研究教学技术的学科，那么就可能得出这样的结论：教学设计的关注点应该在工具和人工制品，特别要将重点放在其创造、使用与影响上——就像人们在高级的工程类培养计划中期望看到的那样。工程师或设计者的目标是设计有用的人工制品和工具，然后预测它们的绩效以及它们对使用者的影响（Vincenti，1990）。

小结

总之，我们希望这本手册能够帮助人们为教育传播与技术领域正在进行以及将要进行的研究与发展建立有意义、有价值的根基。我们希望如此，但不知道能不能做到。我们十分感激有这么多专家级的研究者为本手册做贡献。在过去的两年多里，我们在编写这本手册的过程中受益匪浅。当然，我们原本对在这里讨论的各种专题就有自己的想法，而 David Jonassen 的卓越贡献和指导更让我们有了一个很好的开始。同行们对 AECT 资助的关于“手册”使用情况的调查的积极反馈，使我们意识到我们所承担的工作是我们专业的研究者、实践者、教师与学生都很关注的重要工作。 815

（闫寒冰 译，赵建华 一校，何秋琳、焦建利 二校）

参考文献

Craig, S. D., Graesser, A. C., Sullins, J., and Gholson, B. (2004). Affect and learning: an exploratory look into the role of affect in learning with AutoTutor. *J. Educ. Media*, 29(3), 241–250.

Dörner, D. (1996). *The Logic of Failure: Why Things Go Wrong and What We Can Do to Make Them Right* (R. Kimber and R. Kimber, trans.). New York: Holt, Rinehart and Winston.*

Hume, D. (1777/1910). *An Enquiry Concerning Human Understanding*, http://eserver.org/18th/hume-enquiry.html.

Jonassen, D. H. (2000). Toward a design theory of problem solving. *Educ. Technol. Res. Dev.*, 48(4), 63–85.*

Kalyuga, S., Ayres, P., Chandler, P., and Sweller, J. (2003). The expertise reversal effect. *Educ. Psychol.*, 38(1), 23–31.

Kim, Y. and Baylor, A. (2006). A social-cognitive framework for pedagogical agents as learning companions. *Educ. Technol. Res. Dev.*, 54(6), 569–596.

Kirschner, P. A., Sweller, J., and Clark, R. E. (2006). Why minimal guidance during instruction does not work: an analysis of the failure of constructivist, discovery, problembased, experiential, and inquiry-based teaching. *Educ. Psychol.*, 46(2), 75–86.*

Klein, J. D., Spector, J. M., Grabowski, B., and de la Teja, I. (2004). *Instructor Competencies: Standards for Face-to-Face, Online and Blended Settings*. Greenwich, CT: Information Age Publishing.

Merrill, M. D. (2002). First principles of instruction. *Educ. Technol. Res. Dev.*, 50(3), 43–59.*

Milrad, M., Spector, J. M., and Davidsen, P. I. (2002). Model facilitated learning. In *Learning and Teaching with Technology: Principles and Practices*, edited by S. Naidu, pp. 13–27. London: Kogan Page.

Reigeluth, C. M. (1983). Instructional design: what is it and why is it? In *Instructional-Design Theories and Models: An Overview of Their Current Status*, edited by C. M. Reigeluth, pp. 3–36. Hillsdale, NJ: Lawrence Erlbaum Associates.*

Richey, R. C., Fields, D. C., and Foxon, M. with Roberts, R. C.,

Spannaus, T., and Spector, J. M. (2001). *Instructional Design Competencies: The Standards*, 3rd ed. Syracuse, NY: ERIC Clearinghouse on Information and Technology.

Seel, N. M. (2003). Model centered learning and instruction. *Technol. Instruct. Cogn. Learn.*, 1(1), 59 - 85. *

Seel, N. M., Al-Diban, S., and Blumschein, P. (2000). Mental models and instructional planning. In *Integrated and Holistic Perspectives on Learning, Instruction and Technology: Understanding Complexity*, edited by M. Spector and T. M. Anderson, pp. 129 - 158. Dordrecht: Kluwer Academic Publishers.

Spector, J. M. (2001). Philosophical implications for the design of instruction. *Instruct. Sci.*, 29(4), 381 - 402.

Spector, J. M. (2006). A methodology for assessing learning in complex and ill-structured task domains. *Innov. Educ. Teaching Int.*, 43(2), 109 - 120.

Spector, J. M. and Anderson, T. M., Eds. (2000). *Integrated and Holistic Perspectives on Learning, Instruction and Technology: Understanding Complexity*. Dordrecht: Kluwer. *

Spector, J. M. and Koszalka, T. A. (2004), *The DEEP (Dynamic and Enhanced Evaluation of Problem Solving) Methodology for Assessing Learning in Complex Domains*, NSF EREC 03 - 542 Final Report, http://idde.syr.edu/NSF-DEEP/.

van Merriënboer, J. J. G. (1997). *Training Complex Cognitive Skills: A Four-Component Instructional Design Model for Technical Training*. Englewood Cliffs, NJ: Educational Technology. *

van Merriënboer, J. J. G. and Kirschner, P. A. (2007). *Ten Steps to Complex Learning*. Mahwah, NJ: Lawrence Erlbaum Associates. *

Vincenti, W. G. (1990). *What Engineers Know and How They Know It: Analytical Studies from Aeronautical History*. Baltimore, MD: The Johns Hopkins University Press.

---

* 表示主要参考文献。

关键词汇表 817

A

抽象数学知识(Abstract mathematical knowledge):一个可以作为经验性事实来体验的数学知识体。

激活原则(Activation principle):当学习者激活相关的认知结构时,学习就会被促进。

主动学习(Active learning):体验学习的支持者常常提到主动学习,并且认为这是体验学习参与式的本质。学习者在他们的学习中扮演了主动的角色,这种角色常常意味着学习者要对自己的学习和理解力的发展承担责任。

适应性超媒体系统(Adaptive hypermedia systems-AHSs):将微观可适应系统和超媒体系统组合,通过为学习者提供选择和指导,使AHS具有适应性、选择性系统的混合特点。

适应性教学系统(Adaptive instructional systems):以适应学习者个体差异为目标的、任何形式的教育干预。

适应性(Adaptivity):生物体或人造有机体根据环境改变其行为时所展现的能力。在教学系统的境脉中,这种能力使得系统能够根据学习者的需要和其他特征改变其行为。学习者的需要和特征通常借助学习者模型表征。

分析科学(Analytical science):在该领域中,研究人员旨在发展、检验和证明理论(D'Anjou, 2004; Hevner 等, 2004; Klabbers, 2003; Simon, 1996; van Aken, 2004)。参见设计科学和情境科学。

动画教学智能代理(Animated pedagogical agents):通过动画人物头像(只有人头和肩部)的话语、面部表情、手势等来实施教学策略。

应用性原则(Application principle):当学习者参与到新习得知识或技能的应用中时,学习就会被促进。

学徒制(Apprenticeship):一种通过参与实践而获得熟练技能的实用手艺。学徒制是一种学习者通过跟随师傅一起工作从而学习的传统学习形式,这种教育的方式在中世纪得到广泛应用。许多行业和技能要求学习者以学徒的方式学习7年,在通过独立制作物品或者完成某项任务等正式的测试之后方可以毕业。毕业前的这段较长经历可以帮助学习者获得更多的实践经验,而这些经验正是成为本行业的能工巧匠所需要的。到20世纪,随着大众教育的兴起,这种耗时较长的学徒制逐渐衰落。它是指经验丰富的人通过演示、支持和示例帮助经验不足的人的过程。

能力倾向—处理交互(Aptitude-treatment interactions, ATIs):根据学习者具体特征(或者能力倾向)调整具体的教学过程或者策略。

清晰表达(Articulation):在认知学徒制中,用言语表达反思性行为的结果。

人工制品(Artifacts):设计出来的对象或系统,包括那些在设计过程中创建出来的,也包括那些设计结果。

评价(Assessment):使用包括纸张记录、技术支持或者实况判断等多种形式,对成果进行系统观察。

评估校标(Assessment criteria):描述所要评定的绩效的各个方面。

学习评估(Assessment of learning):通过多种方式,测量学习的成就、表现、结果和过程。

评估标准(Assessment standards):对于不同阶段(如年龄、年级)的参与者描述其可预期指标各个方面的表现质量。评价标准基于参与者先前的表现(自我参照),同龄组的表现(常模参照),或者客观标准(标准参照)。

异步学习(Asynchronous learning):学习者和教师之间的交流不是同步或实时进行的。学习者在不与他人交流的情况下进行自定步调、自我服务的学习便是异步学习的一个例子。

注意力(Attention):头脑中会影响个体学习过程的觉醒和意愿。 818
如果不去积极地、动态地以及选择性地注意环境中的刺激,意义的生成就不能发生。

真实性(Authenticity):学习者感知到相关实践与其预计或预想到的这些实践的使用价值之间的关系。

著作工具(Authoring tool):一种应用软件,非编程人员可以用它将数字媒体文件集成到显示器、演示文稿及交互练习中。

自动化教学设计(Automated instructional design-AID):利用技术使得将教学设计自动化的 leveraging 技术,并使之成为这些设计是学习内容开发过程的一部分。

自动化知识(Automated knowledge):关于如何做某事的知识;通过不断重复,它在自觉意识之外运作,执行速度远快于有意识的加工。

B

Baddeley 的记忆模型(Baddeley's memory model):一种信息加工模型,认为视觉类信息和听觉类信息具有不同的短时记忆存储区,即视空间模板(sketchpad)和语音环路(phonological loop)。

混合式学习环境(Blended learning environment):一种将面授教学与基于技术媒介的教学相互结合而形成的学习环境。

博客(Blog):源于"网络日志(Web log)"这一术语;最初是指网络日记,但现在多指支持网络日记的软件,它把网页按年份和日期倒序排列。

C

变革代理职责(Change agentry):促进变革的活动。

临床教育(Clinical education):在有监督的情况下,获得临床技能。

指导(Coaching):在认知学徒制中,帮助和支持学习者的认知活动。

认知能力(Cognitive abilities):认知能力指的是认知过程中发挥作用的一切功能的集合。所以认知也可以定义为大脑的知觉过程,它包括意识、感知、推理以及判断。

认知学徒制(Cognitive apprenticeship):运用认知和元认知技能和过程去引导学习的学徒制过程。

认知负荷理论(Cognitive load theory):一种以人类认知结构方面的知识为基础的教学设计理论。信息加工的认知模型,强调在理解人类思维时概念化的心理负荷。

认知模型(Cognitive models)：通过隐喻结构描述人类的思维过程。这些结构可能代表也可能不代表真实的生理结构。判断任何一个模式的价值是看其在描述或预测实际思维过程中的效用，而不是描绘大脑结构的准确度。

认知任务分析(Cognitive task analysis)：抽取专家的内隐知识和外显知识以用于教学和专家系统的访谈和观察报告。

认知训练模型(Cognitive training model)：一个五项任务的教学设计模型(Foshay 等,2003)。

协作(Collaboration)：几个人在一起共同解决某个问题并形成共识的活动；常常包括和谐的合作，但也视情况而定。

协作学习(Collaborative learning)：学生们共同学习，使得他们自身和相互之间的学习效果得到最大化（例如，完成共同的学习目标）。与本章中"合作学习"同义。

集体数据收集(Collective data collection)：从小组个体成员处获得数据，对数据进行整合或处理，用以代表小组整体。

实践共同体(Community of practice)：参与到共同活动中的一群人；可以是正式的，也可以是非正式的。

能力(Competency)：一种能够使人有效地按行业预期标准完成所给定的工作或任务的知识、技能或态度。

能力发展(Competence development)：整体方法的特征，表示教学计划的目的应在于发展能力而不是教授不同课程中的不同主题。

竞争性学习(Competitive learning)：学生独立学习，能够达到只有少数学生可以做到的、或者仅限于这些人达到的分数或者认可程度。

复杂体(Complex)：指多个独立而又彼此相互关联的实体通过适应性过程达成一个共同的目标而构成的组合。

复杂绩效(Complex performance)：指真实世界中的活动，其测量需整合分离的测量方法，同时也需要严格控制实验时间。

复杂任务(Complex tasks)：个体需要整合运用控制性知识和自动化知识的那些任务，这些任务通常要花几个小时或数天的时间才能完成。

复杂化的(Complicated)：由许多相互联系的部分和元素构成；错综复杂；包括许多不同的、模糊不清的情况。

成分调查(Component investigation)：借助研究步骤（过程模型）和影响因素（概念模型），确定或者证明哪些是对教学设计过程而言非常重要的。

819 **计算机中介的传播**(Computer-mediated communication-CMC)：两人或两人以上利用基于文字的工具如电子邮件、即时通信或者计算机辅助会议系统等进行的传播。

计算机支持的合作学习(Computer-supported cooperative learning)：技术的教学应用与合作学习相结合。

概念模型(Conceptual model)：一种对自然现象的理论性解释。

基于条件的教学(Conditions-based instruction)：Robert Gagné (1985)将其描述为：(1)学习的内部和外部条件；(2)学习者的状态（如原有知识）为内部条件，设计用于促进学习的各种教学支持手段为外部条件。

建构—整合模型(Construction - integration model)：一种理解文本处理过程的认知模型，认为对文本的处理就是一个不停对照文本内容和读者先前知识，通过多层次的建构和确认，形成统一心智模型的过程。

建设性论争(Constructive controversy)：在小组成员之间存在不同信息、观念、想法、推理过程、理论和结果时，他们必须达成一致，使得讨论有所进展，或继续进行。

建构主义(Constructivism)：一种与认知发展有关的观点。认知发展取决于儿童与她（他）所处环境主动进行交互和学习的行为(Piaget)；与其所处的周围环境和他的认知发展之间有非常密切的联系(Vygotsky)。在学习理论中它是指一系列关于人类学习的假说，强调在学习新知识时，个体的积极主动建构所起的关键作用。

境脉主义(Contextualism)：一种哲学世界观，它认为任何事件都可以解释为一种与其当前和历史的境脉不可分割的、正在进行的行为，它还采用一种完全实用的方法来解释事实和意义。境脉主义的根隐喻是境脉中的行动，它的真实性标准是成功运行或有效的行动。

合作学习(Cooperative learning)：学生们共同学习，使得他们自身和相互之间的学习效果得到最大化（例如，共同完成学习目标）。与本章中"协作学习"同义。

核心参考资料(Core reference)：某特定领域的研究者重点关注的参考文献，以及通常被认为是主要的数据或信息源；在本手册每一章的参考文献部分，核心参考资料都用一个星号加以标识。

课程设计(Curriculum design)：为达成特定的学习目标，按照某一领域的规范要求确定一系列课程的计划过程。

控制论(Cybernetics)：与在处理复杂系统和过程时我们所面临的规范、秩序和稳定性等问题有关的系统理论。

教学周期(Cycle of instruction)：首要原则中的激活-展示-应用-整合循环。

D

陈述性知识(Declarative knowledge)：关于是什么或为什么的知识；按层级进行组织；形式为命题、情节或视觉空间信息；可在长时记忆中访取，在工作记忆中有意识地进行观察。

展示原则(Demonstration principle)(**或实证原则**)：当学习者观察要学习的技能的展示时，学习就会被促进。

描述性研究(Descriptive accounts)：对自然而然发生的人类活动的实例分析。

描述性境脉主义(Descriptive contextualism)：境脉主义的一种变体。其主要目标是通过对一个完整事件的参与者及事件特征的认识，来理解该事件的复杂性和丰富性。描述性境脉主义要探寻对知识的建构，而这种知识是具体的、个人的、转瞬即逝的、具有时空限制的，就像一个历史叙事。

设计与开发研究(Design and development research)：此类研究旨在创造新的知识，这些知识以源自实践的系统数据和典型案例的系统分析为基础。

设计与开发团队(Design and development team)：投身于教育产品和系统的研究与开发的人员团队及技能的集合。

整体设计(Design in the large-DIL)：旨在改善现有设计的状况(Klabbers, 2003)。参见具体局部设计。

局部具体设计(Design in the small-DIS)：指对某一具体革新的设计(Klabbers, 2003)。参见整体设计。

设计语言(Design language)：用于为设计问题的解决而提供结构、属性和质地材质的一系列抽象语言；设计是通过设计语言来表述的。

设计层(Design layer)：是某个已分解的设计问题的其中一方面，这个设计问题可以通过一种或多种设计语言来实现；也是一种或多种设计语言所从属的更大设计问题的子领域。

设计原则(Design principles)：基于研究发现的用于教学设计的指

导性原则；设计原则可以在不同的粒度上阐述，例如：表述那些用来设计学习环境中某一特性的基本原理的具体原则，连接若干特性背后所蕴含原理的实用主义原则，以及综合一组实用主义原则的元原则等。

设计科学(Design science)：在该领域中，研究者旨在构建和评价用于明确的使用情境的人工制品(D'Anjou, 2004; Hevner等，2004; Klabbers, 2003; Simon, 1996; van Aken, 2004)。参见分析科学和情境科学。

设计理论(Design theory)：是一系列有关设计策略与方法的观念与原则。

开发模型(Development model)：一系列被推荐的活动或任务。这些活动或任务定义了一个成功的教学设计的过程。

直接过程测量(Direct process measure)：从团队学习过程的开始到结束连续地记录数据。直接过程测量包括录音、录像、研究者直接观察，或这些方法的综合使用。

发现学习环境(Discovery learning environment)：这种学习环境提供学生一系列的事件或数据，让学生去独立探索或采用事先安排的方法，使他们发现这些数据中的规则；一个丰富的学习环境能够帮助儿童通过自身建构性的努力来习得经验。

远程教育(Distance education)：是以教师和学生的时空分离为特点的，师生借助通讯媒体进行交互的一种教育模式。

分布式分析法(Distributed perspective)：通过人和人工制品之间的互动来了解人类活动的一种分析方法。

特定领域理论(Domain-specific theories)：为适应某一特定专业领域而修正的教学理论。

双重编码理论(Dual-coding theory)：一种信息加工的认知模型，认为言语子系统与视觉子系统在理解人类认知方面各有独特贡献。

动态前测(Dynamic pretest)：是一种网上在线进行的测试，通过在线该测试，学习者的不足得以确定，这样可以使得课件能更好地适应学习者的学习不足，并调整课件更好地以满足特定学习者的需求。

E

在线学习原则(E-Learning principles)：设计在线学习的说明性原则；参见多媒体学习原则。

教育传播学(Educational communications)：用来表达和分享观点、信息和知识以便支持学习和教学的各种形式、手段和方法。

教育技术学(Educational technology)：专业化的应用科学原理和理论知识以支持和促进学习与绩效提升。

教育技术研究(Educational technology research)：这种研究强调描述、预测、理解和设计有效的技术应用来实现教育、培训和绩效支持方面的目标。

效应值(Effect size)：在定量研究中，对控制组均值和实验组均值之间的差异的统计测量。

电子绩效支持系统(Electronic performance support system-EPSS)：通过电子技术进行递送的工作任务的使能者，当工作中有需要时，可以把它提供给个人或团队。典型的支持包括完成任务所需之事实性信息的程序性指南或查阅参考。

具体呈现(Embodiments)：触觉或视觉模型，用一种可理解的形式表征数学关系和概念。

涌现建模(Emergent modeling)：一种用于数学教学中的动态建模方法。在建模过程中，学生所用的模型从非正式数学活动的模型发展成有更多正式数学推理的模型。

学习环境的人体工程学(Ergonomics of learning environments)：一门研究学习者与学习环境之间关系的应用科学。

评估(Evaluation)：一种对方案的优点或者价值等相关信息进行收集的过程，其目的是确定方案的效果或促进方案的改进。

实验(Experiment)：一种研究设计，将一种处理方法与另外一种进行比较，通常使用两个或者两个以上的小组。

经验发展(Expertise development)：某一领域中知识和技能的获得。

探究(Exploration)：在认知学徒制中，为追寻学问而形成和检验 820
个人假设。

外部效度(External validity)：一项实验的结果能够推广到其他环境的程度。

外部负荷(Extraneous load)：在认知负荷理论中，那些和特定内容没有直接关联的信息所产生的负荷成分。

F

反馈(Feedback)：一个系统的输出，作为系统控制器的输入信号 821
返回，经与参照值的比较来调节系统(控制论的定义)；在学习者做出响应后提供给学习者的信息，以便让他们了解自己实际的学习或表现情况(教学情境中的定义)。与目标达成有关的信息，用于帮助工作人员、团队或职能单位监控和评价他们在实现预期成果中所取得的进步。反馈可以是量的或质的；它不一定包括绩效指导的说明；它可以用于个体、团队、单位或组织等各种层次；可以通过人际沟通的方式提供反馈，或通过客观途径提供，如在工作区张贴的或由计算机提供的图表和曲线图。

教学的基本原则(First principles of instruction)：提高教学效果和效率、增加教学吸引力的五项基本原则。

灵活学习(Flexible learning)：相对不受事务性安排和教学限制的学习方式。

形式体系(Formalism)：内容领域概念框架的内在形式结构与抽象原理；例如，侵蚀的概念是科学学科中的一种形式体系，除法是数学学科中的一种形式体系，而隐喻则是语言艺术学科中的一种形式体系。

4C/ID(Four-component instructional design model-4C/ID)：四成分教学设计模型(van Merriënboer, 1997)。

功能性境脉主义(Functional contextualism)：它既是一种科学哲学，又是境脉主义的一种变体。它的主要目标是运用基于实证的观念和规则，从准确性、范围以及深度几个方面，对一些事件所带来的预见和影响进行判断。它探寻知识的建构，而这种知识是一般性的、抽象的、无时空限制的，就像一个科学原理。

G

游戏(Gaming)：参加能够提供概念性学习机会的成功公开的活动。

世代差异代际差异(Generational differences)：该理论认为在20年左右这个时间跨度内出生的人们，根据其历史经验、经济和社会状况、技术进步以及他们共同经历的其他社会变化而具有一组共同的特征。这个术语最早是在20世纪60年代开始流行，当时使用它来区分叛逆的"婴儿潮"一代和他们的父辈。

关联负荷(Germane load)：在认知负荷理论中，指用来处理可以让相关内容更易获取的策略而产生的工作负荷。

目标设定理论(Goal-setting theory):通过确立特定的、有难度的目标,使工作人员或团队绩效最优化的指导方针;目标设定理论考虑的是自我效能、目标承诺、反馈、激励对目标有效性的影响。

小组(Group):两个或更多个体一起工作,达成共同的目标。

小组学习过程(Group learning process):在小组学习任务中,小组成员的行为和互动。

群件著作(Groupware authoring)(或组件著作):在团队环境中制作学习内容的并发过程,团队中的多位作者通常扮演着不同的角色,如创作者、图形艺术家或者教学设计者等。

H

硬技术(Hard technologies):指可以用于适应性系统的装置(device),可用于获取学习者的信息(例如,眼动追踪仪)或为学习者呈现内容(例如,触摸输入板)。这些设备可以被用于检测和划分学习者的行为数据或情感状态,如困惑、沮丧、兴奋、失望、厌倦、自信、满足等。

分层的超本文(Hierarchical hypertext):一种超文本结构,与呈现的概念相关的内容按顺序排列。在屏幕上呈现的概念与上位(更一般的)概念或下位(更具体的)概念链接。

超文本(Hypertext):运用计算机呈现的基于文本的信息屏幕;信息屏幕间通过链接相互关联。

超文本、超媒体(Hypertext / hypermedia):文本或其他媒体的页面,页面上有热区,可供使用者点击并访问到其他页面。

整体数据收集(Holistic data collection):从整个小组中获得数据。由于这种类型的数据收集最终是一个小组而不是小组中的个体成员的代表,所以不必聚合或处理这些数据。

人类认知结构(Human cognitive architecture):人的认知过程中所需要的结构及功能的组织方式。

I

IMS学习设计(IMS Learning Design):一种形式化的教学设计语言,该语言采用计算机可识别的指令来描述教学过程设计。

激励(Incentives):试图使个体或团队绩效最优化的切实的社会性奖赏;可以包括货币、反馈和社会认可等。

间接过程测量(Indirect process measure):在团队过程中,不连续地对特定(时间)点的间接测量。通常包括多重(时间)点的数据收集。间接过程测量能够测量过程、结果、产品或和团队过程有关的其他方面。

822

信息加工(Information processing):由感觉输入和认知转换构成的包含一系列加工阶段的建模过程。

信息丰富的教学辅导反馈(Informative tutoring feedback):对多次尝试的反馈策略,提供精细反馈来引导学习者成功完成任务,而不是直接给出正确答案。

探究式学习(Inquiry learning):学生通过提出问题、解释答案或者形成并验证假说的方式进行积极主动的学习。"一种学习方法,它包含对自然和物质世界的探索过程,同时也引导学生提出问题、进行发现并严谨求证,从而获得新的理解。"(NSF, 2000, p.2)

过程中学习者行为(In-program learner behaviors):对参与某项教学任务的学习者的学习活动及其结果所进行的测量。

教学设计(Instructional design):一种有目的的活动,它能够产生出一个促进学习的策略、活动和资源的组合。它也为有效果的、有效率的和有吸引力的教学创建蓝图。教学设计:是分析、设计、开发、实施和评价教学的系统化过程;也称为教学系统设计。

教学设计模型(Instructional design model):一套连贯的有关特定教学方法或干预的恰当性的处方性理论陈述。

教学设计者(Instructional designer):具有能够设计有效教学技能的人。

教学策略(Instructional strategies):为达到某一教学目标而预先设定的教学顺序和方法。

测量工具(设备)(Instrumentation):用于帮助数据的获得和测量过程的硬件设备。

综合课程(Integrated curriculum):是一种基于整体任务方法的课程,其目的在于将支持性的内容与整体任务、知识、技能和态度进行整合,并且把低阶技能与高阶技能结合起来。

整合原则(Integration principle):当学习者把新知识整合到日常生活中去的时候,学习就会被促进。

智能辅助系统(Intelligent tutoring systems):将学习者的知识和技能精细地分层次建模,并提供适应性回应的智能计算机系统。

互动学习任务(Interactive learning task):这类学习任务提供多级回答步骤或尝试机会,以及诸如反馈、引导性问题、提示语、模拟工具等教学性成分。

交互式多媒体(Interactive multimedia):采用了超过一种媒体形式(如文本、视觉类信息、影片、动画和声音)用户有很大的权限来控制程序的进展,作出选择。

交互式模拟(Interactive simulation):学习者操纵一个复杂系统的组件和参数,并观察产生系统输出时的情况。

内部效度(Internal validity):一项研究的结果与其采用处理手段的相关程度,而不受外在的或令人混淆的其他变量影响。

内部负荷(Intrinsic load):在认知负荷理论中,那些与特定内容及其复杂度相关联的负荷成分。

K

关键词(Keyword):对于某一主题非常重要的词或短语,或者是对理解问题及深入讨论很重要的、特别界定的词或短语。

基于知识的系统(Knowledge-based system):一种基于专家知识库的、能够进行推理的计算机程序(也被称为专家系统)。

知识社区(Knowledge communities):把人们聚集起来形成一个社区,并产生和分享与共同兴趣相关的知识的技术。

知识生成(Knowledge generation):通过建立观点之间的联系生成理解。

知识整合(Knowledge integration):添加、辨别、组织和评价现象、情境和抽象概念的过程。

知识管理(Knowledge management):在组织内部获取、传播和整理与绩效相关的知识的组织程序和技术的集合。

知识、技能和能力(Knowledge, skills, and abilities-KSAs):传统上所指的团队的各种能力;但近来的研究已对此概念加以扩展,使之不仅包括那些与完成团队任务息息相关的各种能力,而且还包括心理能力和认知能力(Canno-Bowers 等,1995)。

L

学习者模型(Learner model):一种由适应性系统维护的学习者的表征,学习者模型能用于为特定个体提供个性化教学,并可能涵盖学习者的认知和非认知方面。学习者模型被用于很多领域,如适应性教育和训练系统、帮助系统、推荐 系统等。

学习内容管理系统(Learning content management system-LCMS):一种多用户应用软件,学习开发者可以在一个中心对象储存库(数据库)中创建、存储、重用、管理以及传送数字化学习内容。

学习环境(Learning environment):一个整合了包括导航在内的一组特性的系统,学习环境可以支持任何主题的课程。

学习层次(Learning hierarchy):对相继实现的认知技能的描述,每种认知技能都用行为动词来陈述,上一级技能的实现部分地依赖于已经习得必要的下一级技能这一内部条件。

学习管理系统(Learning management system-LMS):支持或替代课堂学习的计算机辅助系统,如 Blackboard、Moodle、Sakai、WebCT 等。

学习对象(Learning object):可加以重用来支持学习的一种数字化资源。

学习场所(Learning places or learnplaces):为学习活动而设置的物理场所,包括各类电子或实物的工具、人工制品。

学习风格(Learning style):一种学习风格包括一个描述个体学习偏好的理论模型。典型的学习风格一般包括视觉呈现、言语解释和实际案例。体验学习研究者认为,尽管每种学习风格都与学习的实际表现有所偏差并且也缺乏对学习的理论表达,但是,体验学习仍然提供了多种途径使得教育者可以顺应不同的学习风格。关于学习风格还没有一个统一的定义。Honey 和 Mumford 在 1992 年给出了学习风格的一般性定义:学习风格就是对决定学习者学习偏好的态度和行为的描述。

致命性适应(Lethal adaptation):一种对创新的修改,逐渐削弱了创新的预期收益。

图书馆多媒体中心(Library media center):美国绝大多数公立学校都有的导学资料和技术资源库。

线性超文本(Linear hypertext):允许读者像翻书页一样通过链接在内容中向前或向后移动的超文本结构。

日志文件(Log files):储存在一个永久文件中的一系列行为信息,提供以时间或者位置为标签的记录,这些记录是学习者在学习环境中通过计算机界面做出的。

长时记忆(Long-term memory):这是认知信息加工模型的一个组成部分,用于存储那些会保存一辈子的信息。

松散耦合(Loose coupling):一种组织安排,其特点是组织层级之间充分自由。

M

宏观可适应系统(Macro-adaptive systems):把学习者分组,允许不同组选择不同的教学目标、课程内容和传递系统。

萌发性方法(Mathemagenic methods):是明确的针对学习迁移的教学方法,这些方法促进学习者投入精力和时间,以发展一般的或抽象的认知图式。

意义制定(Meaning making):将新知识与先前知识建立联系的过程,会受学习者的意愿、动机以及所采用的策略的影响。

记忆(Memory):保存和回忆过去经验的心智能力。

心智模型(Mental model):人们用以组织经验的心智表征,包括关于自己的、他人的、环境的和与他们互动的事物的经验。心智模型的功能是为理解这些现象提供预测性和解释性的力量。

微观可适应系统(Micro-adaptive systems):在教学过程中诊断学习者的具体学习需求,根据需求提供教学处方。

极简原则(Minimalist principles):精简教学的教学设计原则。

混合方法研究(Mixed-methods research):结合定性和定量数据收
集方法的研究。同时也指依靠定性、定量及其他方法形成研 823
究问题、收集与分析数据和解释调查结果的研究。它是结合了质性和定量的数据收集方法的研究。

模型(Model):事物或者内部解释的人工表征,常通过计算机屏幕呈现。是对一个系统的变量或概念及其他们之间的(定量或定性)关系的结构化表征,这些变量或概念及其关系可以通过各种方式进行模拟,从而预测该系统的行为。

模型研究(Model research):针对已有的或者新建立的开发模型、过程或技术的有效性所开展的研究。

模型验证(Model validation):借助实验、准实验、访谈和专家评审等方法,对某一种设计和开发技术进行确定和评价。

建模(Modeling):把创建模拟作为一种学习方法的过程。在认知 824
学徒制中,演示思维过程。

动机过程(Motivation processes):Wittrock (1991)认为兴趣和归因是动机过程中两个基本的、相互联系的组成部分,动机过程是由觉醒和意愿通过递减的错综网状的激活系统激发的。

多媒体学习原则(Multimedia learning principles):文本、动画、音频和图形等对学习的可能影响。

相互调适(Mutual adaptation):创新及其实施环境共同发展。

N

自然信息加工系统(Natural information processing system):通过诸如人的认知和自然选择的进化的自然系统来处理信息的程序。

自然主义评价(Naturalistic evaluation):一种依赖于定性方法的评价方式,它能让评价者自由地选择收集、分析和解释数据的适当方法。

新手开发者(Novice developer):几乎没有或者从未接受过教学设计培训的人,然而有责任使用著作工具制作学习内容。

O

在线/离线测量(Online/offline measures):在线测量是在任务表现过程中记录,离线测量是在任务完成以后记录。

本体论(Ontology):关于一个领域的一致公认的明确正式的描述,还包括世界上存在的一切。

开放式学习环境(Open-ended learning environment):以建构主义原则为基础(不同程度上)的教学项目,要求学习者在参与真实的学习任务过程中依靠自己探索概念和原则。

开放教育资源(Open educational resource):可免费使用、重用、改编和共享的学习对象。

开源软件(Open source software-OSS):是指符合某一开源许可的软件。开源许可规定软件程序的源代码对任何人开放,且任何人可以对其进行修改。

开放标准(Open standard-OS):社区用户普遍接受且发布的公约,用以确保产品和服务的质量和互操作性。

结果参照模式(Outcome-referenced models):教学设计的方法,其特点是:(1)考虑学习任务的性质和支持这些学习任务的必要条件是这种方法的核心,(2)对学习结果进行分类,学习结果的分类不仅代表所获得能力在性质上的差异(作为一个任务或目的范畴),也代表不同的支持学习的外部条件和不同的学习者状态(后者被称为内部条件,也对学习有促进作用)。

P

部分任务模式(Part-task models):是一种应用原子模型方法的教学模式,即把复杂的内容和任务逐渐简化为简单的要素,直到各个要素可以被教授给学习者的程度。

真实性参与模型(Participation models of authenticity):可以在学习者从事真实世界的任务时,通过让他们投身于真实实践而获得一种真实感的模型,这些任务是真实共同体的一个组成部分,所处之境脉也珍视这些任务的结果。

参与式设计(Participatory design):一种以用户为中心的设计方法。在这种设计取向下,用户能活跃地参与面向具体需求的某个系统或产品的设计过程。

同心圆教学设计法(Pebble-in-the-Pond instructional design):内容优先的教学设计法。

绩效(Performance):在某个特定领域,如正规考试,跨领域以及相关主题或者现实背景中,学生或受训者展示他们成就的能力。

绩效提升(Performance improvement):一种使用整体性、综合性的方法论界定并消除在组织、过程和个体工作人员等各种层次上存在的差距,使组织成果最优化的方法。

微扰(Perturbances):对组织功能造成微小破坏的事件,有利于促进人们对组织目标的反思。

语音环路(Phonological loop):在 Baddeley 的记忆模型中,专门用于保留听觉信息的短时记忆成分。

积极的互赖性(Positive interdependence):当个体意识到,当且仅当与他们有合作关系的同伴也实现各自的目标时,他们才能实现目标。

先例(Precedent):设计或检测所设计的物体或系统时的人工制品和留下的记忆。

处方性研究(Prescriptive accounts):设计工具、策略和干预。

基于问题的学习(Problem-based learning):作为学习小组的一部分,通过分析问题、独自学习、运用各种学习资源、并共同综合
825 知识而获得知识。一种通过创设解决仿真问题的需求,启动学生学习活动的教学方法。在问题解决的过程中,学生在寻求问题解决方案的同时,建构内容知识,发展问题解决技能,培养自我导向的学习能力。

以问题为中心的教学(Problem-centered instruction):参见任务中心的教学原则和策略。

问题解决(Problem solving):理解问题当前状态和目标状态之间的矛盾、假设问题产生的原因并对之进行检验、设计问题解决的方案、执行解决方案以达成问题目标的过程。

过程追踪技术(Process-tracing techniques):记录表现过程的数据,如口头报告、眼动和行动,它们可用于推断认知过程或任务表现背后的知识。

程序化技术(Programmed technologies):基于过程的用于支持学习和教学的方法和途径,经常以算法的形式表现出来和应用在计算机软件中。

间断平衡(Punctuated equilibrium):一种组织变革的观点,认为组织变革以长期的稳定性和短期的变革为特征。

826

Q

质性研究(Qualitative research):有时也被称为自然主义的。对于人类系统的研究,其典型特征包括研究者作为工具、自然情境和很少人为操纵。

定性研究(Qualitative research):对研究中所观察或记录的事件着重进行文字描述或者描述性解释的研究。

定量研究(Quantitative research):经常认为是更为传统的或实证的,实验性或相关性的研究为典型代表。数据和发现一般以数字和统计检验的结果来呈现。

准实验(Quasi-experiment):是实验的一种,在准实验设计中对研究对象不作随机处理。

R

快速原型法(Rapid prototyping):一种以用户为中心的设计方法。在这种设计取向下,用户参与某个系统或产品的设计过程,对其进行快速和反复地试验和修改,直到产生出一个被用户接受的版本。

推理(Reasoning):依据给定信息,形成并支持推论。

文化再生(Reculturing):指的是各种对组织的假设和目标进行检验的变革。

冗余(Redundancy):以相同或不同的形式多次呈现信息;传播中冗余的价值依赖于情境,这也是尚有争议的。

反思(Reflection):反思被看作是体验学习中的核心要素,在体验学习中,学习者对自己在实践学习中的一系列行动结果进行内部心智思考。在用体验方法进行学习时,需要用到一些心智模型以便进行高效的反思。在认知学徒制中,是指自我分析和自我评估。

相关超本文(Relational hypertext):一种带有链接的超文本,它允许读者访问与当前屏幕上的内容具有某种逻辑的、概念的或者层级的联系的其他屏幕上的信息。

资源(Resource):"可以支持学习的媒体、人、场所或观点。"(Hill 和 Hannafin, 2001, p.38)。

基于资源的学习(Resource-based learning):利用或运用可获得的人或物以支持各种境脉(context)下的学习需求。

组织再造(Restructuring):指的是各种涉及组织的结构、新工作模式或者新功能的变革。

S

脚手架(Scaffolding):用于支持个体识别、解释或以其他方式使用资源的过程。提供给学习者的支持,以帮助他们达到超越他们当前能力的技能水平;关于脚手架的重要一点是,在学习者获得被支撑的技能后要反过来移除支架。

分级教学策略(Scaled instructional strategies):假设首要原则的运用对于复杂技能来说具有累加的绩效效果。

图式(Schemata):表征一般知识和特定知识的数据结构。

科学学习(Science learning):理解与生物学、物理、化学和天文学相关的概念

自我控制的学习(Self-regulated learning):当学习者设定他们自己的学习目标后,他们尝试计划、监督、调节和控制他们的认知、动机、行为和境脉。

自我调节(Self-regulation):学习者在学习过程中在行为、动机以及元认知方面的积极参与(齐默尔曼,1986)。

感觉记忆(Sensory memory):认知信息处理模型的一个组件,它描述了信息的初始输入(如视觉和听觉)。

严肃游戏(Serious games):帮助学生学习与理论和实践主题相关的新的内容、策略和技能的游戏。

共享心智模型(Shared mental models):团队工作中的关键因素，因为团队的所有成员需要对要解决的问题和相关任务有一个共同的、准确的模型，以便对问题进行评估，决定各自的角色和责任，并在整个过程中做好协调工作(Cannon-Bowers 等，1995)。

短时记忆(Short-term memory):认知信息加工模型中的描述人们注意的成分。

模拟(Simulation):一种可执行(可运行)的模型;允许学习者操纵变量和过程，并观察结果的计算机软件。一个基于计算机的自然过程或现象的模型，它通过呈现输出变量的最终值来反映输入变量值的变化。它也指关于现实的一种工作表征;在训练中用于表征装置和过程，在物理特性和功能性的逼真度方面可能有高有低。

真实性仿真模型(Simulation models of authenticity):建立在课堂活动要与现实世界实践者所参与的活动尽可能相似这一假设之上的模型。

情境性学习(Situated learning):一种看待学习的视角，强调学习的社会和物理情境。

情境科学(Situated science):在该领域中，科学的方法和态度被带入(而非被应用于)项目和实践，并随着时间的推移和项目的展开得以修改(Findeli, 2001; Simon, 1996);参见分析科学和设计科学。

情境性(Situatedness):情境或控制和塑造人类生活的有影响的事件和要素的集合。

情境化的真实感:当对要学习内容的体验与某个具体的应用情境有关时，就建立了情境化的真实感。这个应用情境为学习内容和学生行为提供了合法性，并为学习者确立了一个有意义的目标，及一系列应采取的行动，正是以此为基础，学习者的行为将产生一些结果。

软件技术(Soft technologies):拓展学生和计算机之间的互动类型的算法、程序或者环境，比如一个程序可能会采用某一适应性算法为某一被试学习者选择评估任务，以最大限度地在某个特定的时间及时获取学习者该时刻 被试的信息。

软件特性(Software features):旨在促进学习之技术的具体应用;这些软件特性包括模型化工具、仿真环境、微世界、可视化工具、合作工具、反思提示语、游戏、以及内嵌式评估工具等。

软技能仿真(Soft-skills simulation):为特定目的而设计的模拟，例如，为了教授领导、指导、推进等交际能力。

故事板(Storyboard):是一个详细说明屏幕上的文字、叙事脚本和交互的文档，在转化为在线课程之前，它是以书面形式呈现的。

结构-指导-训导-反思循环(Structure-guidance-coaching-reflection cycle):处于激活-展示-应用-整合循环中的教学支持。

学生建模(Student modeling):学生模型存储了学生的相关信息，包括具体领域的能力和独立于领域的个性特征。学生建模就是建立并更新学生模型的过程。

合成的学习环境(Synthetic learning environments):一个以特殊技术、学习题材、学习者特征以及教育原则为特征的学习环境;同与实际设备或过程的真实世界的交互相反，是一个通过模拟、游戏、或其他技术为学习者而建立的综合经验。

系统(System):一个有规则的、相互依赖的实体，该实体对它所处环境的开放或闭合的性质作出反应并为其所制约。

系统变革(Systemic change):运用系统思想与理论把一个系统从原来的范式转换为另一种范式的过程。

系统设计(Systems design):决定新系统应该具有什么特性的过程。

系统理论(Systems theory):一个兼具硬科学与软科学知识的跨学科研究领域，致力于理解构成整体的各部分之间的相互关系。

学科-内容专家(SME)(Subject-matter expert (SME)):拥有广泛经验，能够迅速、成功地执行某类任务的人。

T

任务中心的教学原则(Task-centered instruction principle):一个核心的原则，即，当学习者参与到以任务为中心的方法时，学习就会被促进。

任务中心的教学策略(Task-centered instructional strategy):在真实世界的整体任务发展的情境中，对成分技能进行教学。

任务复杂性(Task complexity):可以从主观(个体特征，如专长或 827
感知能力)、客观(任务特征，如多种解决途径或多个目标)或主客观相互作用(个体特征和任务特征)的角度加以定义。

团队演变和成熟(Team Evolution and Maturation, TEAM)**模型**:对在团队实作中观察到的各阶段进行了划分，考虑了时间、经验和培训等因素(Morgan 等，1998)。

技术(Technology):科学知识或者其他有组织的知识在实践中的应用。

技术增强的学习环境(Technology-enhanced learning environments):基于技术的学习和教学系统，在此系统中，学习者在教师或促学者的帮助下、借助学习支持工具和技术资源，掌握技能或者知识。

技术取向的研究(Technology-oriented research):致力于发展新技术知识、技术方法和技术产物的研究。这类研究的目标在于改变世界并最终改变人们的生活方式。

理论基础(Theoretical foundation):能够预测并解释各种现象的一系列相关的规则和原理。

理论陈述(Theoretical statement):对至少两个变量或变量的实例之间的关系所做的正式表述。

理论(Theory):一套完整的、连贯的理论陈述，它们可为检验这些陈述的实证研究提供充分的依据。

理论取向的研究(Theory-oriented research):致力于发展现有理论的研究，其最终目标在于解释和预测事件。

理论发展(Theory development):产生(一套连贯的)理论陈述所做的系统努力。

工具(Tools):帮助个体使用资源、处理信息的设备。

工具研究(Tool research):对产品和工具进行基于研究的设计和开发，从而促进学习。

主题中心的教学策略(Topic-centered instructional strategy):先按顺序教成分技能，再应用到整体任务。

交易型领导者(Transactional leader):通过确定目标、阐明期望的结果、提供反馈、完成后给予报酬和认可等途径施加影响;是有别于传统的自上而下发号施令、有潜力更有效地提升团队绩效的两种领导风格之一(Bass, 1985; Sosik 等，1997)。参见变革型领导者。

变革型领导者(Transformational leader):通过拓展和提升下属的目标，为他们树立有望超过可接受的最低交易期望值的信心等途径施加影响;是有别于传统的自上而下发号施令、有潜力更有效地提升团队绩效的两种领导风格之一(Bass, 1985; Sosik 等，1997)。参见交易型领导者。

U

不确定性(Uncertainty)：由不可预测的相互作用所产生的非线性模式。

可用性(Usability)：指人们可以简便地使用一个系统或产品，高效地达到他们的目的，并取得满意的结果。

以用户为中心的设计(User-centered design)：一种设计的哲学和取向，从系统的计划、设计阶段到开发和测试阶段，用户是整个设计过程的核心。

用户控制(User control)：读者决定所访问的超文本中信息的顺序和步调的大小。

V

有效性验证(效度)(Validation (validity))：收集和解释评估或测量的结果和过程，使调查结果的推论有证据保证。

视觉略图簿(Visual sketchpad)：在 Baddeley 的记忆模型中，用于表现视觉和空间信息的短时记忆组件。

可视化媒体(Visuals)：视觉上呈现信息的媒体形式；文本可能是也可能不是可视化的形式。

W

网络日志文件(Web log file)：一个驻留在网络服务器中的数据文件，它记录了寄存于该服务器中的网站的所有来访者信息，包括他们来自何处、点击了哪些链接以及其他信息。

整体任务模式(Whole-task models)：是一种应用了整体方法的教学模式，能连贯地分析复杂内容和任务，从最简单的、仍然有意义的版本开始教学，直到越来越复杂的版本。

工作记忆(Working memory)：处理来自于环境或是长时记忆中的信息、并将获得的信息传输存储于长时记忆的结构。

Z

易学区(Zone of learnability)：在文本加工的建构—整合模型中，在文字内容和读者的先前知识之间假设存在一个最佳的重叠区。

最近发展区(Zone of proximal development-ZPD)：Vygotsky 提出的一个术语，描述学习者的当前技能水平和学习者经帮助可能到达的下一个技能水平之间的区域。

名词索引*

A

* 本部分页码是原书页码,即中译版边码。——译者注

B

C

D

E

F

G

H

J

K

L

M

N

O

P

Q

887

* process 可译为进程、过程、加工、处理等。——译者注

R

S

889

892

U

V

W

X

Z

图书在版编目(CIP)数据

教育传播与技术研究手册/(美)斯伯克特等主编;任友群等译.—上海:华东师范大学出版社,2011.10
ISBN 978-7-5617-8999-5

Ⅰ.①教… Ⅱ.①斯…②任… Ⅲ.①教育学:传播学—手册 Ⅳ.①G40-05

中国版本图书馆CIP数据核字(2011)第206723号

本书由上海文化发展基金会图书出版专项基金资助出版。

教育传播与技术研究手册(第三版)

主　　编　J. Michael Spector　M. David Merrill
　　　　　Jeroen van Merriënboer　Marcy P. Driscoll
主　　译　任友群　焦建利　刘美凤　汪　琼
策划编辑　彭呈军
审读编辑　罗雯瑶
责任校对　邱红穗
装帧设计　卢晓红

出版发行　华东师范大学出版社
社　　址　上海市中山北路3663号　邮编200062
网　　址　www.ecnupress.com.cn
电　　话　021-60821666　行政传真021-62572105
客服电话　021-62865537　门市(邮购)电话021-62869887
地　　址　上海市中山北路3663号华东师范大学校内先锋路口
网　　店　http://hdsdcbs.tmall.com

印 刷 者　上海中华商务联合印刷有限公司
开　　本　787×1092　16开
印　　张　63.75
字　　数　1712千字
版　　次　2012年9月第1版
印　　次　2012年9月第1次
书　　号　ISBN 978-7-5617-8999-5/G·5341
定　　价　168.00元

出 版 人　朱杰人

(如发现本版图书有印订质量问题,请寄回本社客服中心调换或电话021-62865537联系)